WÖRTERBUCH

Russisch — Deutsch

mit etwa 40000 Stichwörtern

von Edmund Daum und Werner Schenk

Verlag Enzyklopädie Leipzig

Mitarbeiter:
Günter Dalitz · Rainer Eckert · Waltraut Lee
Karlfried Leyn · Heinz Stankoweit

21., unveränderte Auflage

Gesamtherstellung:
Graphischer Großbetrieb Pößneck GmbH
Ein Mohndruck-Betrieb
Printed in Germany
Einbandgestaltung: Rolf Kunze

ISBN 3-324-00090-4

VORWORT

Das vorliegende russisch-deutsche Wörterbuch enthält etwa 40000 Stichwörter. Die Auswahl umfaßt das wichtigste Wortgut der modernen russischen Schriftsprache und berücksichtigt außerdem die russische Literatur des 19. Jahrhunderts. Sämtlichen Stichwörtern sind grammatische Angaben beigefügt. In den vorangestellten Deklinations- und Konjugationstabellen erhält der Benutzer die Möglichkeit, sich über alle Flexionsformen des Stichworts zu informieren. Von diesen Mustern abweichende Formen sind bei den einzelnen Stichwörtern vermerkt. Von jedem unregelmäßigen Verb wird durch einen Stern auf die Liste der unregelmäßigen Verben verwiesen, die dem Wörterbuch vorangestellt ist. Auch die Kurzformen der Adjektive, die unregelmäßigen Steigerungsformen sowie die Aspektbeziehungen der Verben sind angegeben. Ein ausführliches Verzeichnis russischer Familiennamen befindet sich am Schluß des Buches. Der Bearbeitung des russischen Wortguts liegen die einschlägigen Werke der sowjetischen Lexikographie zugrunde.

Der Fachredaktion des Moskauer Verlages „Sowjetenzyklopädie“ sowie den Lektoren der Karl-Marx-Universität Leipzig, K. Leyn und W. Voigt, danken wir aufrichtig für ihre wertvollen Korrekturhinweise.

Wir bitten die Benutzer, durch Mitteilung von Wünschen und Änderungsvorschlägen an den Verlag zur weiteren Verbesserung des Buches beizutragen.

E. DAUM W. SCHENK

INHALT

HINWEISE FÜR DIE BENUTZUNG

Abkürzungen

a.	auch
A	Akkusativ
Abk	Abkürzung
Adj	Adjektiv
Adv	Adverb
Adv Ptz uv	Adverbialpartizip (Gerundium) des unvollendeten Aspekts
Adv Ptz v	Adverbialpartizip des vollendeten Aspekts
Akt	Aktiv
alt	veraltet
anat	Anatomie
arch	Architektur, Bauwesen
astr	Astronomie
ausländ	ausländisch, außerhalb der UdSSR
berg	Bergbau
best	bestimme Aktionsart
biol	Biologie
bot	Botanik
buchspr	buchsprachlich
bzw.	beziehungsweise
chem	Chemie
D	Dativ
Dekl	Deklination
Dem	Deminutivum
Dem Pron	Demonstrativpronomen
Deter Pron	Determinativpronomen
dgl	dergleichen
el	Elektrotechnik
etw.	etwas
f	Femininum
finanz	Finanzwesen
flug	Flugwesen
folkl	Folklore
fut	Futurum
G	Genitiv
gbt	gebietsweise gebraucht
geogr	Geographie
geol	Geologie
gram	Grammatik
hdl	Handel
hist	historisch
I	Instrumental
idkl	ohne Deklination
Imp	Imperativ
Indef Pron	Indefinitpronomen
Inf	Infinitiv
Interj	Interjektion
Interr Pron	Interrogativpronomen
iron	ironisch
itr	intransitiv
j-m, j-n, j-s	jemandem, -en, -es
jur	Rechtswesen
kirch	Kirche
Koll	Kollektivum
Komp	Komparativ
Konj	Konjunktion
Kzf	Kurzform
landw	Landwirtschaft
ling	Sprachwissenschaft
lit	Literatur
m	Maskulinum
math	Mathematik
med	Medizin
met	Meteorologie
metr	Metrik
mil	Militärwesen
min	Mineralogie
mißb	mißbilligend
mod	Modalwort
mom	Verb vollendeten Aspekts m. d. Bedeutung der einmal. Handlung
mus	Musik
myth	Mythologie
n	Neutrum
N	Nominativ
nahr	Ernährungswesen
naut	Schiffahrt, Seewesen
Num	Zahlwort
P	Präpositiv
Part	Partikel
Pass	Passiv
Pers	Person
Pers Pron	Personalpronomen
pharm	Pharmazeutik
phil	Philosophie
phon	Phonetik
phot	Photographie
phys	Physik
Pl	Plural
poet	poetisch
pol	Politik
Poss Pron	Possessivpronomen

Präf	Präfix	u. ä.	und ähnliche(s)
Präpos	Präposition	übtr	in übertragener Bedeutung
Präs	Präsens	umg	umgangssprachlich
Prät	Präteritum	unbest	unbestimmte Aktionsart
Pron	Pronomen	ungebr	ungebräuchlich
psych	Psychologie	unpers	unpersönlich
Ptz	Partizip	usw.	und so weiter
rad	Rundfunk	uv	unvollendeter Aspekt
refl	reflexiv	v	vollendeter Aspekt
Refl Pron	Reflexivpronomen	V	Vokativ
rel	Religion	verächtl	verächtlich
Rel Pron	Relativpronomen	vet	Veterinärmedizin
s.	siehe	vgl.	vergleiche
S.	Seite	Vn	Vorname
scherz	scherzhaft	volksspr	volkssprachlich, der volkstümlichen Umgangssprache angehörend
Sg	Singular	weibl	weiblich
Sprichw	Sprichwort	wirtsch	Wirtschaft
Subst	Substantiv	zärtl	zärtlich
Sup	Superlativ	z. B.	zum Beispiel
tech	Technik	zool	Zoologie
text	Textilindustrie	Zuss	Zusammensetzungen
theat	Theater		
tr	transitiv		
typ	Typographie		
u.	und		
u. a.	und andere(s)		

Zeichen

~ Die Tilde ersetzt das Stichwort innerhalb der Beispiele und Wendungen; innerhalb einer Gruppe steht sie für den vor dem senkrechten Strich stehenden Stichwortteil, z. B.:

колоко́льный, -ая, -ое . . .; ~ звон (lies: колоко́льный звон)
за|же́чь* . . .; ~ спи́чку (lies: заже́чь спи́чку)
книго|ве́дение, -я *n* . . .; **~е́д,** -а *m* . . .; **~лю́б,** -а *m* . . .
(lies: книгове́дение, книгое́д, книголю́б)
зло|ка́чественный, -ая, -ое . . .; ~ка́чественная о́пухоль
(lies: злока́чественная о́пухоль)

\- Der Bindestrich vor russischen Wortteilen steht als Ersatz für das ganze Stichwort oder für einen Teil von ihm, z. B.:

стол, -а́ *m* (lies: стол, стола́)
кре́пкий, -ая, -ое; *Kzf* -пок, -пка́! (lies: кре́пкий, кре́пкая, кре́пкое; *Kzf* кре́пок, крепка́!)
кни́жка, -и, *PlG* -жек, *D* -жкам
(lies: кни́жка, кни́жки, *PlG* кни́жек, *D* кни́жкам)
заровня́ть, -я́ю, -я́ешь; заро́вненный, -ен, -а
(lies: заровня́ть, заровня́ю, заровня́ешь; заро́вненный, заро́внен, заро́внена, заро́внено, заро́внены)
автомати́ческий, -ая, -ое . . .; -ая ли́ния (lies: автомати́ческая ли́ния)

| Der senkrechte Strich steht nur beim ersten russischen Stichwort einer Gruppe und trennt den ersten bei den folgenden Stichwörtern der Gruppe durch eine Tilde ersetzten Teil des Wortes ab, z. B.:

зоо|па́рк, -а *m* . . .; **~са́д,** -а *m* . . .; **~те́хник,** -а *m* . . .
(lies: зоопа́рк, зооса́д, зооте́хник)

Trennt bei einem präfigierten russischen Verb ein senkrechter Strich das Präfix ab (за|кры́ть*), so sind die Konjugationsformen bei dem unpräfigierten Verb (крыть*) in der Liste der unregelmäßigen Verben nachzuschlagen.

Bei Doppelzeitwörtern steht der senkrechte Strich vor der Nennung des bestimmten oder unbestimmten Partners, z. B.:

бежáть* *uv* 1. *best* . . . | *unbest* бéгать

Ferner steht der senkrechte Strich vor der Angabe eines Verbs der iterativen Aktionsart, z. B.:

игрáть, -áю, -áешь *uv* . . . | *uv iterativ* и́грывать, -аю, -аешь

|| Der senkrechte Doppelstrich steht vor der Aspektentsprechung des Stichworts, z. B.:

у|йти́* *v* . . . || *uv* уходи́ть

( ) In runden Klammern stehen

a) Wörter, Teile eines Wortes oder Ausdrucks, die nach Belieben eingefügt oder weggelassen werden können, z. B.:

помýс(ó)лить (lies: помýслить *u.* помусóлить)
Dental(laut) (lies: Dental *u.* Dentallaut)

b) Rektionsangaben, z. B.:

наглядéться, -ляжýсь, -ляди́шься sich sattsehen (на *A* an)

c) die Entschlüsselungen der im Wörterbuch aufgenommenen Abkürzungen und Kurzwörter, z. B.:

ООН (Организáция Объединённых Нáций)
полпрéд (полномóчный представи́тель)

[ ] In eckige Klammern eingeschlossene Wörter sind mögliche Varianten eines Ausdrucks, z. B.:

насторожи́ть ýши [слух] die Ohren spitzen

Ferner dienen die eckigen Klammern zur verkürzten Wiedergabe eines anderen Beispiels:

заключи́ть [растóргнуть] контрáкт einen Vertrag schließen [auflösen]

Außerdem werden Abweichungen von den Regeln der Aussprache russischer Wörter in eckige Klammern hinter dem jeweiligen Stichwort genannt, und zwar nur für den betreffenden Teil des Stichworts, z. B.:

отéль [тэ], -я *m*

Verben, deren Konjugation in der Liste der unregelmäßigen Verben genannt ist, werden im Wörterbuch mit einem Stern versehen, z. B.:

идти́*
при|бы́ть*

, Das Komma trennt Synonyme.

; Das Semikolon trennt leichte Bedeutungsnuancen sowie Beispiele und Wendungen.

! Das Ausrufezeichen steht als Akzenthinweis bei den Kurzformen des Adjektivs im Wörterbuchteil sowie bei den Formen des Präteritums und den Kurzformen des Partizips Präteritum Passiv in der Tabelle der unregelmäßigen Verben. Es steht jeweils bei der femininen Form und bedeutet, daß nur diese Form in der Betonung von der vorhergenannten abweicht, z. B.:

прямóй, -áя, -óе; *Kzf* прям, -á!
(lies: прям, прямá, пря́мо, пря́мы)
был, -á! (lies: был, былá, бы́ло, бы́ли)
взят, -á! (lies: взят, взятá, взя́то, взя́ты)

: Der Doppelpunkt steht hinter dem Stichwort, wenn es nur in einer festen Fügung angeführt ist, z. B.:

навы́тяжку *Adv*: стоя́ть ~ strammstehen

◇ Nach dem Rhombus sind Beispiele, Redewendungen usw. aufgeführt, die zu keiner vorhergenannten Bedeutung passen.

↑ Der Pfeil ist ein Verweis auf ein anderes Stichwort.

Wortauswahl

Die Auswahl umfaßt das wichtigste Wortgut der modernen russischen Schriftsprache, das durch aktuelle Begriffe aus den Bereichen der Gesellschafts- und Naturwissenschaften, der Technik, der Wirtschaft und anderer wichtiger Gebiete ergänzt wurde. Aufgenommen wurden ferner Wörter, die heute zwar veraltet, für eine Lektüre der russischen Literatur des 19. Jahrhunderts jedoch wichtig sind. Außerdem enthält das Wörterverzeichnis die wichtigsten Personen- und Völkernamen, geographische Bezeichnungen, Abkürzungen und Kurzwörter. Internationalismen sind nur in beschränktem Umfang aufgenommen worden. Ebenso wurde der Raumersparnis wegen auf die Aufnahme seltener Adjektivabstrakta und Verbalsubstantive verzichtet, wenn sich ihre Bedeutungen aus denjenigen des Adjektivs bzw. des Verbs erschließen lassen. So wurden z. B. натя́нутость und доставле́ние nicht berücksichtigt, weil sich ihre Bedeutungen aus den Bedeutungen von натя́нутый bzw. доста́вить ergeben.

Aufbau der Artikel

Die Stichwörter sind fett gedruckt und streng alphabetisch geordnet. Häufig werden Stichwörter zu Wortgruppen zusammengefaßt. Doch wurden die Gruppen zur Wahrung der Übersichtlichkeit in überschaubaren Grenzen gehalten. Gleichlautende Wörter verschiedener Abstammung (Homonyme) werden als selbständige Stichwörter behandelt und durch hochgestellte kleine arabische Ziffern vor dem Stichwort gekennzeichnet, z. B.:

[1]**ла́йка**, -и *f* . . .
[2]**ла́йка**, -и *f* . . .

Substantiven, Adjektiven und Verben folgen grammatische Angaben, die in der Regel ausreichende Information über die Flexion bieten, zumal insbesondere die Formen beim Stichwort angegeben worden sind, die von den Musterbeispielen der Deklinations- und Konjugationstabellen abweichen.
Substantive erhalten regelmäßig die Angabe des Genitivs Singular, bei Pluralwörtern des Genetivs Plural und des Genus, z. B.:

карти́на, -ы *f* . . .
штаны́, -о́в *Pl* . . .

Adjektive erhalten regelmäßig die Angabe der femininen und neutralen Form; ferner sind die maskuline und feminine Kurzform sowie abweichende Komparativ- und Superlativbildungen genannt, z. B.:

кра́ткий, -ая, -ое; *Kzf* -ток, -тка́!; *Komp* кра́тче; *Sup* кратча́йший

Verben erhalten grundsätzlich die Angabe des Aspekts (*v oder uv*). In der Regel werden die 1. und 2. Person Singular Präsens oder, falls diese ungebräuchlich sind, die 3. Person Singular Präsens vermerkt. Außerdem wird das Partizip Präteritum Passiv angeführt. Unregelmäßige Verben erhalten einen Stern als Hinweis auf die Liste der unregelmäßigen Verben. Als Stichwort der Artikel wird in der Regel der vollendete Aspekt gewählt. Die unvollendete Aspektentsprechung ist am Schluß hinter den Bedeutungen nach einem senkrechten Doppelstrich angegeben. Sie steht in fetter Schrift, wenn sie sich in die alphabetische Reihenfolge einfügt; durchbricht sie diese, so steht sie in normaler Schrift und ist außerdem als Stichwort genannt, z. B.:

осве́домить, -млю, -мишь; осведомлённый, -ён, -ена́ *v* . . . ‖ *uv* осведомля́ть, -я́ю, -я́ешь

Die Rektion eines russischen Stichworts wird gewöhnlich nur angegeben, wenn sie von der des deutschen Gegenwortes abweicht. Sie ist entweder durch die Abkürzung des verlangten Falles bezeichnet oder ist in runden Klammern durch eine Präposition mit Angabe des Falles, den sie erfordert, dargestellt, z. B.:

учи́ться *D*
благодари́ть danken (за *A* für)

Die verschiedenen Wortarten werden bei gleichlautenden Wörtern durch fette arabische Ziffern getrennt.
Bei den deutschen Übersetzungen eines russischen Stichworts werden Synonyme durch Komma, leichte Bedeutungsnuancen durch Semikolon getrennt. Stärker verschiedene Bedeutungen der Übersetzungen werden durch fette arabische Ziffern geschieden. Falls es zur Verdeutlichung der Übersetzung erforderlich ist, werden die Bedeutungen durch die im Verzeichnis der Abkürzungen (S. VII) aufgeführten Sachgebietshinweise oder durch erläuternde Zusätze in kursiver Schrift näher bestimmt. Redewendungen stehen unmittelbar bei den Bedeutungen, zu denen sie gehören.

Aussprache und Betonung

Ausspracheangaben bei einigen russischen Stichwörtern stehen in eckigen Klammern, z. B.:

партéр [тэ], -а *m*

Die Betonung der russischen Wörter wird durch einen Akzent über dem Vokal der Tonsilbe angegeben. Trägt ein Wort zwei Akzentzeichen, so kommen beide Betonungen vor, z. B.:

на́ли́л (lies: на́лил *u.* нали́л)

Trägt eine mit einem Bindestrich angeführte Kurzform des Adjektivs oder eine Flexionsform ein Akzentzeichen, so gilt nur diese Betonung, z. B.:

кре́пкий, -ая, -ое; *Kzf* -пок, -пка́! (lies: кре́пок, крепка́!)
мая́к, -а́ *m* (lies: мая́к, маяка́)

Zur Betonung der Konjugationsformen nach der Liste der unregelmäßigen Verben:
Bei allen unregelmäßigen Verben gibt die Liste der unregelmäßigen Verben auch Aufschluß über die Betonung. Jedoch werden abweichend betonte Formen im Wörterbuch genannt; dabei gilt der Akzent der angeführten Pluralform in gleicher Weise für das Neutrum, z. B.:

со|рва́ться*; -рвали́сь, ergänze: -рва́ло́сь und nach der „Liste der unregelmäßigen Verben" -рва́лся, -рвала́сь
подня́ться*; подня́лся́, -яли́сь, ergänze: -яло́сь und nach der „Liste der unregelmäßigen Verben" -яла́сь

Die Betonung der in der Liste aufgeführten unpräfigierten Verben gilt auch für alle präfigierten Verben, die in das Wörterbuch aufgenommen worden sind, z. B.:

крыл — укры́л
то́птанный — нато́птанный

In der Liste gibt es außerdem eine Reihe von Formen mit vorgesetztem Bindestrich, die nur für Verben mit Präfixen gelten. Tragen diese Formen kein Akzentzeichen, so ist in jedem Fall das Präfix betont, z. B.:

-спанный, -спан, -а — про́спанный, -ан, -а
-гнанный, -гнан, -а — за́гнанный, -ан, -а

Die von der Liste abweichend betonten Formen werden im Wörterbuch vermerkt, z. B.:

про|зва́ть*; прозвана́! (lies: про́званный, про́зван, прозвана́!)

Zur Bedeutung des Ausrufezeichens bei einigen Konjugationsformen in der Liste s. Abschnitt „Zeichen", S. VIII.

Das russische Alphabet

Buchstaben klein	Buchstaben groß	Russ. Benennung beim Buchstabieren	Deutsche Umschrift (in Eigennamen)
а	А	а	a
б	Б	бэ	b
в	В	вэ	w
г	Г	гэ	g
д	Д	дэ	d
е	Е	е	e, je
ё	Ё	ё	o, jo
ж	Ж	жэ	sh
з	З	зэ	s
и	И	и	i
й	Й	и кра́ткое	i, j
к	К	ка	k
л	Л	эль	l
м	М	эм	m
н	Н	эн	n
о	О	о	o
п	П	пэ	p
р	Р	эр	r
с	С	эс	s, ss, ß
т	Т	тэ	t
у	У	у	u
ф	Ф	эф	f
х	Х	ха	ch
ц	Ц	цэ	z
ч	Ч	чэ	tsch
ш	Ш	ша	sch
щ	Щ	ща	schtsch
ъ		твёрдый знак	*unbezeichnet*
ы		еры́	y
ь		мя́гкий знак	*unbezeichnet*
э	Э	э оборо́тное	e
ю	Ю	ю	ju
я	Я	я	ja

GRAMMATIK

Die nachstehenden Tabellen geben eine Übersicht über die Flexionsendungen der Substantive, der Adjektive, der Pronomen und der Verben. Bei der Zusammenstellung dieser Tabellen haben wir uns bewußt auf die Angabe der regelmäßigen Endungen beschränkt. Alle abweichenden Bildungen, die sich auf Grund der Lautgesetze und des Betonungswandels ergeben, sind bei den Stichwörtern genannt. Die grammatischen Angaben, die den Substantiven, Adjektiven, Pronomen und Verben beigefügt sind (s. Abschnitt „Aufbau der Artikel", S. X), ermöglichen es dem Benutzer, ohne Schwierigkeiten die Einreihung in die nachfolgenden Beispiele vorzunehmen.

Deklinationsmuster

Substantive

Maskulina

Sg	N	**балко́н**	**писа́тел|ь**	**геро́|й**	**мурав|е́й**
	G	балко́н-а	писа́тел-я	геро́-я	мурав-ья́
	D	балко́н-у	писа́тел-ю	геро́-ю	мурав-ью́
	A	+	+	+	+
	I	балко́н-ом	писа́тел-ем	геро́-ем	мурав-ьём
	P	балко́н-е	писа́тел-е	геро́-е	мурав-ье́
Pl	N	балко́н-ы*	писа́тел-и	геро́-и	мурав-ьи́
	G	балко́н-ов	писа́тел-ей	геро́-ев	мурав-ьёв
	D	балко́н-ам	писа́тел-ям	геро́-ям	мурав-ья́м
	A	+	+	+	+
	I	балко́н-ами	писа́тел-ями	геро́-ями	мурав-ья́ми
	P	балко́н-ах	писа́тел-ях	геро́-ях	мурав-ья́х

Feminina

Sg	N	**карти́н|а**	**неде́л|я**	**батаре́|я**
	G	карти́н-ы*	неде́л-и	батаре́-и
	D	карти́н-е	неде́л-е	батаре́-е
	A	карти́н-у	неде́л-ю	батаре́-ю
	I	карти́н-ой *oder* -ою	неде́л-ей *oder* -ею	батаре́-ей *oder* -ею
	P	карти́н-е	неде́л-е	батаре́-е
Pl	N	карти́н-ы	неде́л-и	батаре́-и
	G	карти́н	неде́л-ь	батаре́-й
	D	карти́н-ам	неде́л-ям	батаре́-ям
	A	+	+	+
	I	карти́н-ами	неде́л-ями	батаре́-ями
	P	карти́н-ах	неде́л-ях	батаре́-ях

\+ bei belebten Substantiven: A = G
bei unbelebten Substantiven: A = N

* nach г, к, х, ж, ч, ш, щ **steht и statt ы**

Sg	N	**стат|ья́**	**ли́ни|я**	**опа́снsocт|ь**
	G	стат-ьи́	ли́ни-и	опа́сност-и
	D	стат-ье́	ли́ни-и	опа́сност-и
	A	стат-ью́	ли́ни-ю	опа́сност-ь
	I	стат-ьёй *oder* -ьёю	ли́ни-ей *oder* -ею	опа́сност-ью
	P	стат-ье́	ли́ни-и	опа́сност-и
Pl	N	стат-ьи́	ли́ни-и	опа́сност-и
	G	стат-е́й	ли́ни-й	опа́сност-ей
	D	стат-ья́м	ли́ни-ям	опа́сност-ям
	A	+	+	+
	I	стат-ья́ми	ли́ни-ями	опа́сност-ями
	P	стат-ья́х	ли́ни-ях	опа́сност-ях

Neutra

Sg	N	**по́л|е**	**пит|ьё**	**сре́дств|о**
	G	по́л-я	пит-ья́	сре́дств-а
	D	по́л-ю	пит-ью́	сре́дств-у
	A	по́л-е	пит-ьё	сре́дств-о
	I	по́л-ем	пит-ьём	сре́дств-ом
	P	по́л-е	пит-ье́	сре́дств-е
Pl	N	пол-я́	пит-ья́	сре́дств-а
	G	пол-е́й	пит-е́й	средств
	D	пол-я́м	пит-ья́м	сре́дств-ам
	A	пол-я́	пит-ья́	сре́дств-а
	I	пол-я́ми	шит-ья́ми	сре́дств-ами
	P	пол-я́х	пит-ья́х	сре́дств-ах
Sg	N	**жили́щ|е**	**зда́ни|е**	**уще́л|ье**
	G	жили́щ-а	зда́ни-я	уще́л-ья
	D	жили́щ-у	зда́ни-ю	уще́л-ью
	A	жили́щ-е	здани-е	уще́л-ье
	I	жили́щ-ем	зда́ни-ем	уще́л-ьем
	P	жили́щ-е	зда́ни-и	уще́л-ье
Pl	N	жили́щ-а	зда́ни-я	уще́л-ья
	G	жили́щ	зда́ни-й	уще́л-ий
	D	жили́щ-ам	зда́ни-ям	уще́л-ьям
	A	жили́щ-а	зда́ни-я	уще́л-ья
	I	жили́щ-ами	зда́ни-ями	уще́л-ьями
	P	жили́щ-ах	зда́ни-ях	уще́л-ьях

Adjektive

mit hartem Stammauslaut

	Sg/m	Sg/f	Sg/n	Pl/m, f, n
N	**но́в|ый**	**но́в|ая**	**но́в|ое**	**но́в|ые**
G	но́в-ого	но́в-ой	но́в-ого	но́в-ых
D	но́в-ому	но́в-ой	но́в-ому	но́в-ым
A	+	но́в-ую	но́в-ое	+
I	но́в-ым	но́в-ой	но́в-ым	но́в-ыми
P	но́в-ом	но́в-ой	но́в-ом	но́в-ых

\+ bei belebten Substantiven: A = G
bei unbelebten Substantiven: A = N

	Sg/m	Sg/f	Sg/n	Pl/m, f, n
N	**золот|óй**	**золот|áя**	**золот|óе**	**золот|ы́е**
G	золот-óго	золот-óй	золот-óго	золот-ы́х
D	золот-óму	золот-óй	золот-óму	золот-ы́м
A	+	золот-ýю	золот-óе	+
I	золот-ы́м	золот-óй	золот-ы́м	золот-ы́ми
P	золот-óм	золот-óй	золот-óм	золот-ы́х

mit weichem Stammauslaut

	Sg/m	Sg/f	Sg/n	Pl/m, f, n
N	**си́н|ий**	**си́н|яя**	**си́н|ее**	**си́н|ие**
G	си́н-его	си́н-ей	си́н-его	си́н-их
D	си́н-ему	си́н-ей	си́н-ему	си́н-им
A	+	си́н-юю	си́н-ее	+
I	си́н-им	си́н-ей	си́н-им	си́н-ими
P	си́н-ем	си́н-ей	си́н-ем	си́н-их

gemischte Deklination

	Sg/m	Sg/f	Sg/n	Pl/m, f, n
N	**высóк|ий**	**высóк|ая**	**высóк|ое**	**высóк|ие**
G	высóк-ого	высóк-ой	высóк-ого	высóк-их
D	высóк-ому	высóк-ой	высóк-ому	высóк-им
A	+	высóк-ую	высóк-ое	+
I	высóк-им	высóк-ой	высóк-им	высóк-ими
P	высóк-ом	высóк-ой	высóк-ом	высóк-их
N	**свéж|ий**	**свéж|ая**	**свéж|ее**	**свéж|ие**
G	свéж-его	свéж-ей	свéж-его	свéж-их
D	свéж-ему	свéж-ей	свéж-ему	свéж-им
A	+	свéж-ую	свéж-ее	+
I	свéж-им	свéж-ей	свéж-им	свéж-ими
P	свéж-ем	свéж-ей	свéж-ем	свéж-их
N	**больш|óй**	**больш|áя**	**больш|óе**	**больш|и́е**
G	больш-óго	больш-óй	больш-óго	больш-и́х
D	больш-óму	больш-óй	больш-óму	больш-и́м
A	+	больш-ýю	больш-óе	+
I	больш-и́м	больш-óй	больш-и́м	больш-и́ми
P	больш-óм	больш-óй	больш-óм	больш-и́х

Deklination der Gattungsadjektive

	Sg/m	Sg/f	Sg/n	Pl/m, f, n
N	**ли́с|ий**	**ли́с|ья**	**ли́с|ье**	**ли́с|ьи**
G	ли́с-ьего	ли́с-ьей	ли́с-ьего	ли́с-ьих
D	ли́с-ьему	ли́с-ьей	ли́с-ьему	ли́с-ьим
A	+	ли́с-ью	ли́с-ье	+
I	ли́с-ьим	ли́с-ьей	ли́с-ьим	ли́с-ьими
P	ли́с-ьем	ли́с-ьей	ли́с-ьем	ли́с-ьих

\+ mit belebten Substantiven: A = G
mit unbelebten Substantiven: A = N

Deklination der Possessivadjektive

	Sg/m	Sg/f	Sg/n	Pl/m, f, n
N	**дя́дин**	**дя́дин|а**	**дя́дин|о**	**дя́дин|ы**
G	дя́дин-а *oder* -ого	дя́дин-ой	дя́дин-а *oder* -ого	дя́дин-ых
D	дя́дин-у *oder* -ому	дя́дин-ой	дя́дин-у *oder* -ому	дя́дин-ым
A	+	дя́дин-у	дя́дино	+
I	дя́дин-ым	дя́дин-ой *oder* -ою	дя́дин-ым	дя́дин-ыми
P	дя́дин-ом*	дя́дин-ой	дя́дин-ом	дя́дин-ых

*Männliche Familiennamen auf -ов, -ев, -ин und -ын haben die Endung -е.

Pronomen

	Sg/m	Sg/f	Sg/n	Pl/m, f, n
N	**наш**	**на́ш|а**	**на́ш|е**	**на́ш|и**
G	на́ш-его	на́ш-ей	на́ш-его	на́ш-их
D	на́ш-ему	на́ш-ей	на́ш-ему	на́ш-им
A	+	на́ш-у	на́ше	+
I	на́ш-им	на́ш-ей *oder* -ею	на́ш-им	на́ш-им
P	на́ш-ем	на́ш-ей	на́ш-ем	на́ш-их
N	**мой**	**мо|я́**	**мо|ё**	**мо|й**
G	мо-его́	мо-е́й	мо-его́	мо-и́х
D	мо-ему́	мо-е́й	мо-ему́	мо-и́м
A	+	мо-ю́	моё	+
I	мо-и́м	мо-е́й *oder* -е́ю	мо-и́м	мо-и́ми
P	мо-ём	мо-е́й	мо-ём	мо-и́х
N	**э́т|от**	**э́т|а**	**э́т|о**	**э́т|и**
G	э́т-ого	э́т-ой	э́т-ого	э́т-их
D	э́т-ому	э́т-ой	э́т-ому	э́т-им
A	+	э́т-у	э́то	+
I	э́т-им	э́т-ой *oder* -ою	э́т-им	э́т-ими
P	э́т-ом	э́т-ой	э́т-ом	э́т-их

\+ mit belebten Substantiven: A = G
mit unbelebten Substantiven: A = N

Konjugationsmuster

e-Konjugation

1. Verben auf -ать, -ять, -еть

	(про)чита́ть
Präs *bzw.* Fut	(про)чита́ю, -ешь, -ет, -ем, -ете, -ют
Imp	(про)чита́й, -те
Ptz Präs Akt	чита́ющий
Adv Ptz uv	чита́я
Ptz Präs Pass	чита́емый
Prät	(про)чита́л, -ла, -ло, -ли
Ptz Prät Akt	(про)чита́вший
Adv Ptz v	прочита́в
Ptz Prät Pass	прочи́танный; Kzf -ан, -ана, -ано, -аны

2. Verben auf -нуть

Ausfall des Suffix -ну- im Präteritum ist im Wörterbuch stets angegeben, Diese Verben bilden auch das Partizip Präteritum Aktiv und das Adverbial, partizip des vollendeten Aspekts von der suffixlosen Präteritalform, z. B. сох- со́хший, со́хши.

	сту́кнуть
(Präs *bzw.*) Fut	сту́кну, -ешь[1], -ет, -ем, -ете, -ут
Imp	сту́кни, -те; -ь, -ьте[2]
Prät	сту́кнул, -ла, -ло, -ли
Ptz Prät Akt	сту́кнувший
Adv Ptz v	сту́кнув
Ptz Prät Pass	сту́кнутый; Kzf -т, -та, -то, -ты

[1] Bei endbetonten Verben steht -ё statt -е.

[2] Der Imperativ endet auf -ь(те), wenn vor der Endung nur ein Konsonant steht und die Endung der 1. Pers Sg Präs nicht betont ist, z. B. сунь.

3. Verben auf -овать, -евать

	электрифици́ровать
Präs *bzw.* Fut	электрифици́рую, -ешь, -ет, -ем, -ете, -ют
Imp	электрифици́руй, -те
Ptz Präs Akt	электрифици́рующий
Adv Ptz uv	электрифици́руя
Ptz Präs Pass	электрифици́руемый
Prät	электрифици́ровал, -ла, -ло, -ли
Ptz Prät Akt	электрифици́ровавший
Adv Ptz v	электрифици́ровав
Ptz Prät Pass	электрифици́рованный; Kzf -ан, -ана, -ано, -аны

i-Konjugation

Verben auf -ить, -еть, -ать, -ять

Mit Bindestrich beginnende Formen (z. B. -говори́в) gelten für präfigierte Verben.

	говори́ть
Präs (*bzw.* Fut)	говорю́ (-у[1]), -и́шь, -и́т, -и́м, -и́те, -я́т (-ат[1])
Imp	говори́, -и́те; -й, -йте; -ь, -ьте[2]
Ptz Präs Akt	говоря́щий (-ащий[1])
Adv Ptz uv	говоря́ (-а[1])
Ptz Präs Pass	-и́мый
Prät	говори́л, -ла, -ло, -ли
Ptz Prät Akt	-говори́вший
Adv Ptz v	-говори́в
Ptz Prät Pass	говорённый; Kzf -ён, -ена́, -ено́, -ены́ (-енный; *Kzf* -ен, -ена, -ено, -ены[3])

[1] Nach Zischlauten steht у statt ю, а statt я.

[2] Der Imperativ endet auf -ь(те), wenn vor der Endung nur ein Konsonant steht und die Endung der 1. Pers Sg Präs nicht betont ist, z. B. верь.

[3] Bei nicht endungsbetonten Verben steht е statt ё.

Konjugation der wichtigsten

Infinitiv	Präs *bzw.* Fut	Imp	Ptz Präs Akt	Adv Ptz uv
бежа́ть	бегу́, бежи́шь	беги́	бегу́щий	—
бере́чь	берегу́, -жёшь	береги́	берегу́щий	—
бить	бью, бьёшь	бей	бью́щий	бия́ *alt*
блесте́ть	блещу́, -сти́шь, -стя́т; *daneben* бле́щешь, -ут	блести́	бле́щущий *oder* блестя́щий	блестя́
блюсти́	блюду́, -ёшь	блюди́	блюду́щий	блюдя́
бормота́ть	бормочу́, -о́чешь	бормочи́	бормо́чущий	бормоча́
боро́ться	борю́сь, бо́решься	бори́сь	бо́рющийся	боря́сь
брать	беру́, -ёшь	бери́	беру́щий	беря́
брести́	бреду́, -ёшь	бреди́	бреду́щий	бредя́
бреха́ть	брешу́, бре́шешь	бреши́	бре́шущий	—
брить	бре́ю, -е́ешь	брей	бре́ющий	бре́я
бры́згать	бры́зжу, -зжешь	бры́згай	бры́зжущий	бры́зжа
быть	—, (есть), (суть); *Fut* бу́ду, -ешь	будь	—	бу́дучи
-быть *v*	-бу́ду, -ешь	-бу́дь	—	—
везти́	везу́, -ёшь	вези́	везу́щий	везя́
вести́	веду́, -ёшь	веди́	веду́щий	ведя́
взять *v*	возьму́, -ёшь	возьми́	—	—
вить	вью, вьёшь	вей	вью́щий	вия́ *alt*
влечь	влеку́, влечёшь	влеки́	влеку́щий	влеча́
воло́чь	волоку́, волочёшь	волоки́	волоку́щий	волоча́
врать	вру, врёшь	ври	вру́щий	—
выть	во́ю, во́ешь	вой	во́ющий	во́я
вяза́ть	вяжу́, вя́жешь	вяжи́	вя́жущий	—
вя́нуть	вя́ну, -ешь	вянь	вя́нущий	—
глода́ть	гложу́, гло́жешь	глода́й	гло́жущий	глода́я *oder* гложа́
гнать	гоню́, го́нишь	гони́	гоня́щий	гоня́
гнести́	гнету́, -ёшь	гнети́	гнету́щий	гнетя́

[1] Mit Bindestrich beginnende Verbformen (z. B. -данный) gelten für die betref-
der Form. — Im Präteritum und Partizip Präteritum Passiv gilt der Akzent der
nur diese Form von der vorher genannten in der Betonung abweicht, z. B.

unregelmäßigen Verben[1]

Ptz Präs Pass	Prät	Ptz Prät Akt	Adv Ptz v	Ptz Prät Pass Langform	Ptz Prät Pass Kurzform
—	бежа́л, -а	бежа́вший	-бежа́в	—	—
берего́мый	берёг, берегла́	берёгший	-берёгши	-бережённый	-бережён, -бережена́
—	бил, -а	би́вший	-би́в	би́тый	бит, -а
—	блесте́л, -а	блесте́вший	-блесте́в	—	—
блюдо́мый *alt*	блюл, -а́	блю́дший	блю́дши	блюдённый	блюдён, -ена́ *alt*
—	бормота́л, -а	бормота́вший	-бормота́в	-бормо́танный	-бормо́тан, -а
—	боро́лся, -ась	боро́вшийся	-боро́вшись	—	—
—	брал, -а́!	бра́вший	-бра́в	-бранный	-бран, -а
—	брёл, брела́	бре́дший	-бре́дши	(-бредённый)	(-бредён, -бредена́)
—	бреха́л, -а	бреха́вший	-бреха́в	—	—
—	брил, -а	бри́вший	-бри́в	бри́тый	брит, -а
бры́згаемый	бры́згал, -а	бры́згавший	-бры́згав	бры́зганный	бры́зган, -а
—	был, -а́!	бы́вший	—	—	—
—	-бы́л, -а́!	-бы́вший	-бы́в(ши)	-бы́тый	-бы́т, -а
(везо́мый)	вёз, везла́	вёзший	-вёзши	везённый	везён, везена́
ведо́мый	вёл, вела́	ве́дший	-ве́дши	ведённый	ведён, ведена́
—	взял, -а́!	взя́вший	взяв	взя́тый	взят, -а́!
—	вил, -а́!	ви́вший	-ви́в	ви́тый	вит, -а́!
влеко́мый	влёк, влекла́	влёкший	-влёкши	-влечённый	-влечён, -влечена́
—	воло́к, -ла́	воло́кший	-воло́кши	—	—
—	врал, -а́!	вра́вший	-вра́в	-вранный	-вран, -а
—	выл, -а	вы́вший	-вы́в	—	—
—	вяза́л, -а	вяза́вший	-вяза́в	вя́занный	вя́зан, -а
—	вя́нул, -а *oder* вял, -а	вя́дший *oder* вя́нувший	-вя́дши	—	—
—	глода́л, -а	глода́вший	-глода́в	гло́данный	гло́дан, -а
гони́мый	гнал, -а́!	гна́вший	-гна́в	-гнанный	-гнан, -а
—	—	—	—	—	—

fenden Verben mit Präfixen. Klammern weisen auf eingeschränkten Gebrauch letzten Form auch für die übrigen Formen; das Ausrufezeichen bedeutet, daß **был, -а́! — ergänze бы́ло, бы́ли. Siehe auch Abschnitt „Betonung", S. XI**

Infinitiv	Präs *bzw.* Fut	Imp	Ptz Präs Akt	Adv Ptz uv
гнить	гнию́, -ёшь	—	гнию́щий	гния́
грести́	гребу́, -ёшь	греби́	гребу́щий	гребя́
грохота́ть	грохочу́, -о́чешь	грохочи́	грохо́чущий	грохоча́
грызть	грызу́, -ёшь	грызи́	грызу́щий	грызя́
дава́ть	даю́, даёшь	дава́й	даю́щий	дава́я
дать *v*	дам, дашь, даст, дади́м, дади́те, даду́т	дай	—	—
дви́гать	дви́гаю, -ешь; *daneben* дви́жу, -жешь	дви́гай	дви́жущий *od.* дви́гающий	дви́гая
деть *v*	де́ну, -ешь	день	—	—
доня́ть *v*	дойму́, -ёшь	дойми́	—	—
драть	деру́, -ёшь	дери́	деру́щий	деря́
дрема́ть	дремлю́, -е́млешь	дремли́	дре́млющий	дремля́
дуть	ду́ю, ду́ешь	дуй	ду́ющий	ду́я
есть	ем, ешь, ест, еди́м, еди́те, едя́т	ешь	едя́щий	едя́
е́хать	е́ду, е́дешь	(поезжа́й)	е́дущий	е́хав *u. alt* е́дучи
жа́ждать	жа́жду, -ешь	(жа́жди)	жа́ждущий	жа́ждя
[1]жать	жму, жмёшь	жми	жму́щий	—
[2]жать	жну, жнёшь	жни	жну́щий	—
ждать	жду, ждёшь	жди	жду́щий	—
жева́ть	жую́, жуёшь	жуй	жую́щий	жуя́
жечь	жгу, жжёшь	жги	жгу́щий	—
жить	живу́, -ёшь	живи́	живу́щий	живя́
жрать	жру, жрёшь	жри	жру́щий	—
заня́ть *v*	займу́, -ёшь	займи́	—	—
запере́ть *v*	запру́, -ёшь	запри́	запру́щий	—
застря́ть *v*	застря́ну, -ешь	застря́нь	—	—
зача́ть *v*	зачну́, -ёшь	зачни́	—	—
звать	зову́, -ёшь	зови́	зову́щий	зовя́
-знава́ть	-знаю́, -знаёшь	-знава́й	-знаю́щий	-знава́я
идти́	иду́, идёшь	иди́	иду́щий	идя́ *oder* и́дучи
изъя́ть *v*	изыму́, изы́мешь	изыми́	—	—

Ptz Präs Pass	Prät	Ptz Prät Akt	Adv Ptz v	Ptz Prät Pass Langform	Kurzform
—	гнил, -á!	гни́вший	-гни́в	—	—
—	грёб, гребла́	грёбший	-грёбши	-гребённый	-гребён, -гребена́
—	грохота́л, -а	грохота́вший	-грохота́в	—	—
грызо́мый	грыз, -ла	гры́зший	-гры́зши	-гры́зенный	-гры́зен, -а
дава́емый	дава́л, -а	дава́вший	-дава́в(ши)	—	—
—	дал, -á!	да́вший	дав	да́нный -данный	дан, -á -дан, -á!
дви́жимый	дви́гал, -а	дви́гавший	-дви́гав	—	—
—	дел, -а	-де́вший	-де́в(ши)	-де́тый	-де́т, -а
—	до́нял, доняла́!	доня́вший	доня́в	до́нятый	до́нят, донята́!
—	драл, -á!	дра́вший	-дра́в	-дранный	-дран, -а
—	дрема́л	дрема́вший	-дрема́в	—	—
—	дул, -а	ду́вший	-ду́в	ду́тый	дут, -а
едо́мый	ел, -а	е́вший	-е́в(ши)	-е́денный	-е́ден, -а
—	е́хал, -а	е́хавший	-е́хав	—	—
—	жа́ждал, -а	жа́ждавший	-жа́ждав	—	—
—	жал, -а жал, -а	жа́вший жа́вший	-жа́в -жа́в	жа́тый жа́тый	жат, -а жат, -а
—	ждал, -á!	жда́вший	-жда́в	-жда́нный	—
—	жева́л, -а	жева́вший	-жева́в	жёванный	жёван, -а
—	жёг, жгла	(-жёгший)	(-жёгши)	-жжённый	-жжён, -жжена́
—	жил, -á!	жи́вший	-жи́в	-житый	-жит, -á!
—	жрал, -á	жра́вший	-жра́в	-жранный	-жран, -а
—	за́нял, -á!	заня́вший	заня́в	за́нятый	за́нят, -á!
—	за́пер, -ла́!	за́перший	запере́в	за́пертый	за́перт, -а!
—	застря́л, -а	застря́вший	застря́в	—	—
—	зача́л, -á!	зача́вший	зача́в	зача́тый	зача́т, -á!
—	звал, -á!	зва́вший	-зва́в	зва́нный -званный	зван, -á! -зван, -а
-знава́емый	-знава́л, -а	-знава́вший	—	—	—
—	шёл, шла	ше́дший	-ше́дши	—	—
—	изъя́л, -а	изъя́вший	изъя́в	изъя́тый	изъя́ть, -а

Infinitiv	Präs *bzw.* Fut	Imp	Ptz Präs Akt	Adv Ptz uv
искáть	ищý, и́щешь	ищи́	и́щущий	ищá
-йти́ *v*	-йдý, -йдёшь	-йди́	—	—
(-)казáть *v*	(-)кажý,(-)кáжешь	-кажи́	—	—
класть	кладý, -дёшь	клади́	кладýщий	кладя́
клевáть	клюю, -юёшь	клюй	клюющий	клюя́
клеветáть	клевещý, -éщешь	клевещи́	клевéщущий	клевещá
клепáть	клеплю́, клéплешь	клепли́	клéплющий	клепля́
кли́кать	кли́чу, -ешь	кличь	кли́чущий	кли́ча *oder* кли́кая
клокотáть	клокочý, клокó-чешь	клокочи́	клокóчущий	клокочá
клохтáть	клохчý, клóхчешь	клохчи́	клóхчущий	клохчá
клясть	клянý, -ёшь	кляни́	клянýщий	кляня́
ковáть	кую́, куёшь	куй	кую́щий	куя́
колебáть	колéблю, -лешь	колéбли	колéблющий	колéбля
колóть	колю́, кóлешь	коли́	кóлющий	коля́
колыхáть	колы́шу, -ешь	колыши́	колы́шущий	колы́ша
красть	крадý, -ёшь	клади́	крадýщий	крадя́
крыть	крóю, -ешь	крой	крóющий	крóя
кудáхтать	кудáхчу, -ешь	кудáхчи	кудáхчущий	кудáхча
лгать	лгу, лжёшь	лги	лгýщий	—
лезть	лéзу, -ешь	лезь	лéзущий	лéзя
лепетáть	лепечý, -éчешь	лепечи́	лепéчущий	лепечá
лечь *v*	ля́гу, ля́жешь	ляг	—	—
лизáть	лижý, ли́жешь	лижи́	ли́жущий	—
лить	лью, льёшь	лей	лью́щий	лия́ *alt*
лопотáть	лопочý, лопóчешь	лопочи́	лопóчущий	лопочá
мáзать	мáжу, -ешь	мажь	мáжущий	—
махáть	машý, мáшешь	маши́	мáшущий	(машá)
-мерéть *v*	-мрý, -мрёшь	-мри́	-мрýщий	—
мести́	метý, -ёшь	мети́	метýщий	метя́
метáть	мечý, мéчешь	мечи́	мéчущий	мечá
молóть	мелю́, мéлешь	мели́	мéлющий	меля́
(-)мочь	могý, мóжешь	(-)моги́	могýщий	—
мыть	мóю, мóешь	мой	мóющий	мóя
мять	мну, мнёшь	мни	мнýщий	—

Ptz Präs Pass	Prät	Ptz Prät Akt	Adv Ptz v	Ptz Prät Pass Langform	Ptz Prät Pass Kurzform
иско́мый	иска́л, -а	иска́вший	-иска́в	-и́сканный	-и́скан, -а
—	-шёл, -шла́	-ше́дший	-ше́дши *oder* -йдя́	-йденный	-йден, -а
—	-каза́л, -а	-каза́вший	-каза́в	-ка́занный	-ка́зан, -а
—	клал, -а	кла́вший	-кла́в(ши)	кла́денный	кла́ден, -а
—	клева́л, -а,	клева́вший	-клева́в	клёванный	клёван, -а
—	клевета́л, -а	клевета́вший	-клевета́в	—	—
—	клепа́л	клепа́вший	-клепа́в	клёпанный	клёпан, -а
—	кли́кал, -а	кли́кавший	-кли́кав	—	—
—	клокота́л, -а	клокота́вший	-клокота́в	—	—
—	клохта́л, -а	—	—	—	—
—	клял, -а́!	кля́вший	-кля́в	кля́тый	клят, -а́!
	кова́л, -а	кова́вший	-кова́в	ко́ванный	ко́ван, -а
колеблемый	колеба́л, -а	колеба́вший	-колеба́в	-коле́бленный	-коле́блен, -а
—	коло́л, -а	коло́вший	-коло́в	ко́лотый	ко́лот, -а
—	колыха́л, -а	колыха́вший	-колыха́в	—	—
—	крал, -а	кра́вший	-кра́в	кра́денный	кра́ден, -а
—	крыл, -а	кры́вший	-кры́в	кры́тый	крыт, -а
—	куда́хтал, -а	куда́хтавший	-куда́хтав	—	—
—	лгал, -а́!	лга́вший	-лга́в	-лганный	-лган, -а
—	лез, -ла	ле́зший	-ле́зши	—	—
—	лепета́л, -а	лепета́вший	-лепета́в	—	—
—	лёг, легла́	лёгший	лёгши	—	—
—	лиза́л, -а	лиза́вший	-лиза́в	ли́занный	ли́зан, -а
—	лил, -а́!	ли́вший	-ли́в	ли́тый	лит, -а́!
—	лопота́л, -а	лопота́вший	-лопота́в	—	—
—	ма́зал, -а	ма́завший	-ма́зав	ма́занный	ма́зан, -а
—	маха́л, -а	маха́вший	-маха́в	—	—
—	-мер, -мерла́!	-ме́рший	-ме́рши	—	—
—	мёл, мела́	мётший	мётши	метённый	метён, -ена́
—	мета́л, -а	мета́вший	-мета́в	мётанный	мётан, -а
—	моло́л, -а	моло́вший	-моло́в	мо́лотый	мо́лот, -а
	мог, -ла́	мо́гший	-мо́гши	(изне)можённый	-можён, -можена́
—	мыл, -а	мы́вший	-мы́в	мы́тый	мыт, -а
—	мял, -а	мя́вший	-мя́в	мя́тый	мят, -а

Infinitiv	Präs *bzw.* Fut	Imp	Ptz Präs Akt	Adv Ptz uv
наня́ть *v*	найму́, -мёшь	найми́	—	—
нача́ть *v*	начну́, -ёшь	начни́	—	—
нести́	несу́, -ёшь	неси́	несу́щий	неся́
низа́ть	нижу́, ни́жешь	нижи́	ни́жущий	—
ныть	но́ю, но́ешь	ной	но́ющий	но́я
обле́чь *v*	облеку́, -чёшь	облеки́	—	—
обня́ть *v*	обниму́, обни́мешь; *daneben* обойму́, обоймёшь	обними́	—	—
обрести́ *v*	обрету́, -ёшь	обрети́	—	—
обу́ть *v*	обу́ю, -у́ешь	обу́й	—	—
обяза́ть *v*	обяжу́, обя́жешь	обяжи́	—	—
опере́ть *v*	обопру́, -ёшь	обопри́	—	—
опоя́сать *v*	опоя́шу, -ешь	опоя́шь	—	—
ора́ть	ору́, орёшь	ори́	ору́щий	(оря́)
отня́ть *v*	отниму́, отни́мешь	отними́	—	—
отпере́ть *v*	отопру́, -ёшь	отопри́	—	—
пасти́	пасу́, -ёшь	паси́	пасу́щий	пася́
пасть *v*	паду́, -ёшь	пади́	—	—
паха́ть	пашу́, па́шешь	паши́	па́шущий	(вспа́хивая)
переня́ть *v*	переиму́, -ёшь	перейми́	—	—
пере́ть	пру, прёшь	при	—	—
петь	пою́, поёшь	пой	пою́щий	—
пе́чь	пеку́, печёшь	пеки́	пеку́щий	—
писа́ть	пишу́, пи́шешь	пиши́	пи́шущий	—
пить	пью, пьёшь	пей	пью́щий	—
пла́кать	пла́чу, -чешь	плачь	пла́чущий	пла́ча
плева́ть	плюю́, -юёшь	плюй	плюю́щий	плюя́
плеска́ть	плещу́, пле́щешь	плещи́	пле́щущий	плеска́я *oder* плеща́

Ptz Präs Pass	Prät	Ptz Prät Akt	Adv Ptz v	Ptz Prät Pass Langform	Ptz Prät Pass Kurzform
—	на́нял, -а́!	наня́вший	наня́в	на́нятый	на́нят, -а́!
—	на́чал, -а́!	нача́вший	нача́в	на́чатый	на́чат, -а́!
несо́мый	нёс, несла́	нёсший	-нёсши	несённый	несён, несена́
—	низа́л, -а	низа́вший	-низа́в	ни́занный	ни́зан, -а
	ныл, -а	ны́вший	-ны́в	—	—
—	облёк, облекла́	облёкший	облёкши	облечённый	облечён, облечена́
—	о́бнял, -а́!	обня́вший	обня́в	о́бнятый	о́бнят, -а́!
—	обрёл, обрела́	обре́тший	обре́тши *oder* обретя́	обретённый	обретён, обретена́
—	обу́л, -а	обу́вший	обу́в	обу́тый	обу́т, -а
—	обяза́л, -а	обяза́вший	обяза́в	обя́занный	обя́зан, -а
—	опёр, оперла́ *u.* опёрла, опёрло	опёрший	опёрши *oder* опере́в	опёртый	опёрт, оперта́ u. опёрта, опёрто
—	опоя́сал, -а	опоя́савший	опоя́сав	опоя́санный	опоя́сан, -а
—	ора́л, -а	ора́вший	-ора́в	—	—
—	о́тнял, отняла́!	отня́вший	отня́в	о́тнятый	о́тнят, -а́!
—	о́тпер, -ла́!	отпёрший	отпере́в *od.* о́тперши	о́тпертый	о́тперт, отперта́!
(пасо́мый)	пас, -ла́	па́сший	-па́сши	пасённый	пасён, пасена́
—	пал, -ла	па́вший *oder* па́дший	пав	—	—
(вспа́хиваемый)	паха́л, -а	паха́вший	-паха́в(ши)	па́ханный	па́хан, -а
—	пе́ренял, -а́!	переня́вший	переня́в	пе́ренятый	пе́ренят, -а́!
—	пёр, -ла	пёрший	-пёрши	пёртый	пёрт, -а
—	пел, -а	пе́вший	-пе́в	пе́тый	пет, -а
—	пёк, пекла́	пёкший	-пёкши	печённый	печён, печена́
—	писа́л, -а	писа́вший	-писа́в	пи́санный	пи́сан, -а
—	пил, -а́!	пи́вший	-пи́в	пи́тый	пит, -а́!
—	пла́кал, -а	пла́кавший	-пла́кав	-пла́канный	-пла́кан, -а
—	плева́л, -а	плева́вший	-плева́в	плёванный	плёван, -а
—	плеска́л -а,	плеска́вший	-плеска́в	—	—

Infinitiv	Präs *bzw.* Fut	Imp	Ptz Präs Akt	Adv Ptz uv
плести́	плету́, -ёшь	плети́	плету́щий	плетя́
плыть	плыву́, -ёшь	плыви́	плыву́щий	плывя́
пляса́ть	пляшу́, пля́шешь	пляши́	пля́шущий	—
подня́ть *v*	подниму́, подни́-мешь	подними́	—	—
подпере́ть *v*	подопру́, -ёшь	подопри́	—	—
подпоя́сать *v*	подпоя́шу, -ешь	подпоя́шь	—	—
подъя́ть *v*	подыму́, поды́-мешь	подыми́	—	—
ползти́	ползу́, -ёшь	ползи́	ползу́щий	ползя́
полоска́ть	полощу́, -о́щешь	полощи́	поло́щущий	полоща́
поло́ть	полю́, по́лешь	поли́	по́лющий	—
поня́ть *v*	пойму́, -ёшь	пойми́	—	—
поро́ть	порю́, по́решь	пори́	по́рющий	поря́
пренебре́чь *v*	пренебрегу́, -жёшь	прене-бреги́		—
приня́ть *v*	приму́, при́мешь	прими́	—	—
проня́ть *v*	пройму́, -ёшь	пройми́	—	—
прясть	пряду́, -ёшь	пряди́	пряду́щий	прядя́
пря́тать	пря́чу, -ешь	прячь	пря́чущий	пря́ча
-пря́чь *v*	-прягу́, -пряжёшь	-пряги́	—	—
пы́хать	пы́шу, -ешь	—	пы́шущий	пы́ша
разня́ть *v*	разниму́, разни́-мешь	разними́	—	—
разу́ть *v*	разу́ю, -ешь	разу́й	—	—
распоя́сать *v*	распоя́шу, -ешь	распоя́шь	—	—
распя́ть *v*	распну́, -ёшь	распни́	—	—
рассвести́ *v*	рассветёт	—	—	—
расти́	расту́, -ёшь	расти́	расту́щий	растя́
расче́сть *v*	разочту́, -ёшь	разочти́	—	—
рвать	рву, рвёшь	рви	рву́щий	рвя
реве́ть	реву́, -ёшь	реви́	реву́щий	ревя́
ре́зать	ре́жу, -ешь	режь	ре́жущий	—
-речь *v*	-реку́, -речёшь	-реки́	—	—

Ptz Präs Pass	Prät	Ptz Prät Akt	Adv Ptz v	Ptz Prät Pass Langform	Kurzform
—	плёл, плела́	плётший	-плётши	плетённый	плетён плетена́
—	плыл, -а́!	плы́вший	-плы́в	—	—
—	плясал, -а	пляса́вший	-пляса́в	-пля́санный	пля́сан, -а
—	по́днял, -а́!	подня́вший	подня́в	по́днятый	по́днят, -а́!
—	подпёр, -ла	подпёрший	подпере́в *oder* подпёрши	подпёртый	подпёрт, -а
—	подпоя́сал, -а	подпоя́савший	подпоя́сав	подпоя́санный	подпоя́сан, -а
—	подъя́л, -а	—	—	подъя́тый	подъя́т, -а
—	полз, -ла́	по́лзший	-по́лзши	—	—
—	полоска́л, -а	полоска́вший	-полоска́в	поло́сканный	поло́скан, -а
—	поло́л, -а	поло́вший	-поло́в	по́лотый	по́лот, -а
—	по́нял, -а́!	поня́вший	поня́в	по́нятый	по́нят, -а́!
—	поро́л, -а	поро́вший	-поро́в	по́ротый	по́рот, -а
—	пренебрёг, -брегла́	пренебре́гший	пренебре́гши	пренебрежённый	пренебрежён, -ена́
—	при́нял, -а́!	приня́вший	приня́в	при́нятый	при́нят, -а!
—	про́нял, -а́!	проня́вший	проня́в	про́нятый	про́нят, -а́!
—	прял, -а́!	пря́дший	-пря́дши	пря́денный	пря́ден, -а
—	пря́тал, -а	пря́тавший	-пря́тав	-пря́танный	пря́тан, -а
—	-пряг, -прягла́	-пря́гший	-пря́гши	-пряжённый	-пряжён, -пряжена́
—	пыша́л, -а	пы́шавший	-пы́шав	—	—
—	разня́л, -а́!	разня́вший	разня́в	разня́тый	разня́т, -а́!
—	разу́л, -а	разу́вший	разу́в	разу́тый	разу́т, -а
—	распоя́сал, -а	распоя́савший	распоя́сав	распоя́санный	распоя́сан, -а
—	распя́л, -а	распя́вший	распя́в	распя́тый	распя́т, -а
—	рассвело́	—	—	—	—
—	рос, -ла́	ро́сший	-ро́сши	—	—
—	расчёл, разочла́	—	разочтя́	разочтённый	разочтён, -ена́
—	рвал, -а́!	рва́вший	-рва́в	-рванный	-рван, -а
—	реве́л, -а	реве́вший	-реве́в	—	—
—	ре́зал, -а	ре́завший	-ре́зав	ре́занный	ре́зан, -а
—	-рёк, -рекла́	-ре́кший	-ре́кши	-речённый	-речён, -речена́

Infinitiv	Präs *bzw.* Fut	Imp	Ptz Präs Akt	Adv Ptz uv
ржать	ржу, ржёшь	ржи	ржу́щий	—
ропта́ть	ропщу́, ро́пщешь	ропщи́	ро́пщущий	ропща́
ры́скать	ры́щу, -ешь	ры́щи	ры́щущий	ры́ща
рыть	ро́ю, -ешь	рой	ро́ющий	ро́я
свиста́ть	свищу́, сви́щешь	свищи́	сви́щущий	свистя́
сесть *v*	ся́ду, -ешь	сядь	—	—
сечь	секу́, сечёшь	секи́	секу́щий	(сеча́)
сжечь *v*	сожгу́, сожжёшь	сожги́	—	—
скака́ть	скачу́, ска́чешь	скачи́	ска́чущий	скача́
скрежета́ть	скрежещу́, скре-же́щешь	(скреже-щи́)	—	(скрежеща́)
скрести́	скребу́, -ёшь	скреби	скребу́щий	скребя́
слать	шлю, шлёшь	шли	шлю́щий	—
слыть	слыву́, -ёшь	слыви́	слыву́щий	слывя́
сниска́ть *v*	снищу́, сни́щешь	—	—	—
снова́ть	сную́, снуёшь	(снуй)	сную́щий	снуя́
снять *v*	сниму́, сни́мешь	сними́	—	—
соблюсти́ *v*	соблюду́, -ёшь	соблюди́	—	—
сова́ть	сую́, -ёшь	суй	сую́щий	(су́я)
созда́ть *v*	созда́м, -да́шь, -да́ст, -дади́м, -дади́те, -даду́т	созда́й	—	—
соса́ть	сосу́, -ёшь	соси́	сосу́щий	cося́
спать	сплю, спишь, спят	спи	спя́щий	—
-става́ть	-стаю́, -стаёшь	-става́й	-стаю́щий	-става́я
стать *v*	ста́ну, -ешь	стань	—	—
стере́чь	стерегу́, -жёшь	стереги́	стерегу́щий	стережа́
-стичь *v* (*neben* -сти́гнуть	-сти́гну, -ешь	-сти́гни	—	—
стлать	стелю́, сте́лешь	стели́	сте́лющий	стеля́
стона́ть	стону́, сто́нешь	стони́	сто́нущий	стона́я
стрекота́ть	стрекочу́, стреко́чешь	стрекочи́	стреко́чущий	стрекоча́
стричь	стригу́, -жёшь	стриги́	стригу́щий	—

Ptz Präs Pass	Prät	Ptz Prät Akt	Adv Ptz v	Ptz Prät Pass Langform	Kurzform
—	ржал, -а	ржа́вший	-ржа́в	—	—
—	ропта́л, -а	ропта́вший	-ропта́в	—	—
—	ры́скал, -а	ры́скавший	-ры́скав	—	—
—	рыл, -а	ры́вший	-ры́в	ры́тый	рыт, -а
—	свиста́л, -а	свиста́вший	-свиста́в	—	— —
—	сел, -а	се́вший	сев	—	—
(секо́мый)	сек, се́кла (prügeln) *oder* секла́ (abschlagen)	се́кший	се́кши	се́ченный -сечённый	се́чен, -а -сечён, -ена́
—	сжёг, сожгла́	сжёгший	сжёгши	сожжённый	сожжён, -ена́
—	скака́л, -а	скака́вший	-скака́в	—	—
—	скрежета́л, -а	скрежета́вший	-скрежета́в	—	—
—	скрёб, скребла́	скрёбший	-скрёбши	скребённый	скребён, скребена́
—	слал, -а	-сла́вший	-сла́в	-сланный	-слан, -а
—	слыл, -а́!	слы́вший	-слы́в	—	—
—	сниска́л, -а	—	—	сни́сканный	сни́скан, -а
—	снова́л, -а	снова́вший	-снова́в	-сно́ванный	-сно́ван, -а
—	снял, -а́!	сня́вший	сняв	сня́тый	снят, -а́!
—	соблю́л, -а́	соблю́дший	соблюдя́	соблюдённый	соблюдён, -ена́
—	сова́л, -а	сова́вший	-сова́в	со́ванный	со́ван, -а
—	со́здал, -а́!	созда́вший	созда́в	со́зданный	со́здан, -а́!
—	соса́л, -а	соса́вший	-соса́в	со́санный	со́сан, -а
—	спал, -а́!	спа́вший	-спа́в	-спанный	-спан, -а
—	-става́л, -а	-става́вший	-става́в	—	—
—	стал, -а	ста́вший	став	—	—
—	стерёг, стерегла́	стерёгший	-стерёгши	стережённый	стережён, -ена́
—	-сти́г, -ла	-сти́гший	-сти́гши	-сти́гнутый	-сти́гнут, -а
—	-стла́л, -а	-стла́вший	-стла́в	-стланный	-стлан, -а
—	стона́л, -а	стона́вший	-стона́в	—	—
—	стрекота́л, -а	стрекота́вший	-стрекота́в	—	—
—	стриг, -ла	стри́гший	-стри́гши	стри́женный	стри́жен, -а

Infinitiv	Präs *bzw.* Fut	Imp	Ptz Präs Akt	Adv Ptz uv
сты́ть (*neben* сты́нуть)	сты́ну, -ешь	стынь	сты́нущий	—
счесть *v*	сочту́, -ёшь	сочти́	—	—
сы́пать	сы́плю, -ешь	сыпь	сы́плющий	сы́пля
тере́ть	тру, трёшь	три	тру́щий	—
теса́ть	тешу́, те́шешь	теши́	те́шущий	теша́
течь	теку́, течёшь	теки́	теку́щий	—
ткать	тку, ткёшь	тки	тку́щий	—
толо́чь	толку́, -чёшь	толки́	толку́щий	толча́
топота́ть	топочу́, топо́чешь	топочи́	топо́чущий	топо́ча
топта́ть	топчу́, то́пчешь	топчи́	то́пчущий	топча́
трепа́ть	треплю́, тре́плешь	трепли́	тре́плющий	трепля́
трепета́ть	трепещу́, трепе́щешь	трепещи́	трепе́щущий	трепеща́
трясти́	трясу́, -ёшь	тряси́	трясу́щий	тряся́
ты́кать	ты́чу, -ешь	тычь	ты́чущий	ты́ча
уня́ть *v*	уйму́, -ёшь	уйми́	—	—
упере́ть *v*	упру́, -ёшь	упри́	—	—
хлеста́ть	хлещу́, хле́щешь	хлещи́	хле́щущий	хлеща́
хлопота́ть	хлопочу́, -о́чешь	хлопочи́	хлопо́чущий	хлопоча́
хны́кать	хны́чу, -ешь	хнычь	хны́чущий	хны́ча
хоте́ть	хочу́, хо́чешь, хо́чет, хоти́м, -ти́те, -тя́т	(хоти́)	хотя́щий	(хотя́)
хохота́ть	хохочу́, -о́чешь	хохочи́	хохо́чущий	хохоча́
цвести́	цвету́, -ёшь	цвети́	цвету́щий	цветя́
чеса́ть	чешу́, че́шешь	чеши́	че́шущий	чеша́
-честь *v*	-чту́, -чтёшь	-чти́	—	—
чтить	чту, чтишь, чтят *u.* чтут	чти	чту́щий	чтя
чу́ять	чу́ю, чу́ешь	чуй	чу́ющий	чуя

Ptz Präs Pass	Prät	Ptz Prät Akt	Adv Ptz v	Ptz Prät Pass Langform	Kurzform
—	стыл, -а	сты́вший *oder* сты́нувший	-сты́в	—	—
—	счёл, сочла́	счётший	сочтя́	сочтённый	сочтён, -ена́
—	сы́пал, -а	сы́павший	-сы́пав	сы́панный	сы́пан, -а
—	тёр, -ла	тёрший	тёрши	тёртый	тёрт, -а
—	теса́л	теса́вший	-теса́в	тёсанный	тёсан, -а
—	тёк, текла́	тёкший	-тёкши	—	—
—	ткал, -а́!	тка́вший	-ткав	тка́нный -тканный	ткан, -а́! -ткан, -а
—	толо́к, толкла́	толо́кший	-толо́кши	толчённый	толчён, -ена́
—	топота́л, -а	топота́вший	-топота́в	—	—
(зата́птываемый)	топта́л, -а	топта́вший	-топта́в	то́птанный	то́птан, -а
—	трепа́л, -а	трепа́вший	-трепа́в	трёпанный	трёпан, -а
—	трепета́л, -а	трепета́вший	-трепета́в	—	—
—	тряс, -ла́	тря́сший	-тря́сши	трясённый	трясён, -ена́
—	ты́кал, -а	ты́кавший	-ты́кав	ты́канный	ты́кан, -а
—	уня́л, -а́!	уня́вший	уня́в	уня́тый	уня́т, -а́!
—	упёр, -ла	упёрший	уперéв *oder* упёрши	упёртый	упёрт, -а
—	хлеста́л, -а	хлеста́вший	-хлеста́в	хлёстанный	хлёстан, -а
—	хлопота́л, -а	хлопота́вший	-хлопота́в	—	—
—	хны́кал, -а	хны́кавший	—	—	—
—	хоте́л, -а	хоте́вший	-хоте́в	—	—
—	хохота́л, -а	хохота́вший	-хохота́в	—	—
—	цвёл	цве́тший	-цве́тши	—	—
—	цвела́				
(почёсываемый)	чеса́л, -а	чеса́вший	-чеса́в	чёсанный	чёсан, -а
—	-чёл, -чла́	-чётший	-чтя́	-чтённый	-чтён, -чтена́
чти́мый	чтил, -а	чти́вший	-чти́в	—	—
—	чу́ял, -а	чу́явший	-чу́яв	чу́янный	—

Infinitiv	Präs *bzw.* Fut	Imp	Ptz Präs Akt	Adv Ptz uv
шептáть	шепчý, шéпчешь	шепчи́	шéпчущий	шепчá
-шиби́ть *v*	-шибý, -шибёшь	-шиби́	—	—
шить	шью, шьёшь	шей	шьющий	—
щебетáть	щебечý, -éчешь	щебечи́	щебéчущий	щебечá
щекотáть	щекочý, -óчешь	щекочи́	щекóчущий	щекочá
щепáть	щеплю́, щéплешь	щепли́	щéплющий	—
щипáть	щиплю́, щи́плешь	щипли́	щи́плющий	щипля́
-ыскáть *v*	-ыщý, -ы́щешь	-ыщи́	—	—

Fortsetzung:

Ptz Präs Pass	Prät	Ptz Prät Akt	Adv Ptz v	Ptz Prät Pass Langform	Ptz Prät Pass Kurzform
—	шептáл, -а	шептáв-ший	-шептáв	-шёптанный	-шёптан, -а
—	-ши́б, -ши́бла	-ши́бший	-ши́бши	-ши́бленный	-ши́блен, -а
—	шил, -а	ши́вший	-шив	ши́тый	шит, -а
—	щебетáл, -а	щебетáв-ший	-щебетáв	—	—
—	щекотáл, -а	щекотáв-ший	-щекотáв	—	—
—	щепáл, -а	щепáвший	—	—	—
—	шипáл, -а	щипáвший	-щипáв	ши́паннный	щи́пан, -а
—	-ыскáл, -а	-ыскáвший	-ыскáв	-ы́сканный	-ы́скан, -а

A

[1]а *Konj* **1.** und, aber; он бо́лен, а она́ здоро́ва er ist krank und sie ist gesund **2.** aber, jedoch; хотя́ здесь и о́чень ве́село, а на́до уходи́ть hier ist es zwar sehr lustig, aber ich muß gehen **3.** sondern; я приду́ не за́втра, а послеза́втра ich komme nicht morgen, sondern übermorgen **4.** *am Beginn einer Frage oft unübersetzt:* а кто э́то сказа́л? wer hat denn das gesagt? ◇ а (не) то sonst, andernfalls; а и́менно und zwar, nämlich

[2]а *Part* ja?, nicht wahr?; сыгра́ем ещё па́ртию, а? wir spielen noch eine Partie, nicht wahr?

[3]а *Interj* ach!, ah!

абажу́р, -а *m* Lampenschirm

абба́т, -а *m* Abt

аббати́са, -ы *f* Äbtissin

аббревиату́ра, -ы **1.** Abkürzung **2.** Kurzwort, *z. B.* **исполко́м**

аберра́ция, -и *f phys* Aberration, Abweichung

абза́ц, -а, *I* -ем, *G Pl* -ев *m* Absatz *im Text*

абонеме́нт, -а *m* Abonnement; *theat* Anrecht

абонеме́нтный, -ая, -ое Abonnements-

абоне́нт, -а *m* Abonnent; Teilnehmer *Telefon*

абориге́н, -а *m* Ureinwohner

або́рт, -а *m* Fehlgeburt, Abort

абрико́с, -а *m* Aprikosenbaum; Aprikose

абрико́совый, -ая, -ое Aprikosen-

абсолюти́зм, -а *m* Absolutismus

абсолюти́стский, -ая, -ое absolutistisch

абсолю́тный, -ая, -ое; *Kzf* -тен, -тна absolut

абсорби́ровать, -рую, -руешь *v, uv* absorbieren, einsaugen

абсо́рбция, -и *f* Absorption, Einsaugung

абстракциони́зм, -а *m* abstrakte Kunst

абсу́рд, -а *m* Unsinn; довести́ до -а ad absurdum führen

абсу́рдный, -ая, -ое; *Kzf* -ден, -дна absurd, unsinnig

абсце́сс, -а *m med* Abszeß

абсци́сса, -ы *f math* Abszisse

абха́з, -а *m* Abchase

Абха́зия, -и *f* Abchasien

абха́зка, -и, *Pl G* -зок, *D* -зкам *f* Abchasin

абха́зский, -ая, -ое abchasisch; Абха́зская АССР Abchasische ASSR

аван|га́рд, -а *m mil, pol* Vorhut; **~га́рдный,** -ая, -ое Vorhut-; **~по́рт,** -а *m* Außenhafen; **~по́ст,** -а *m* Vorposten

ава́нс, -а *m* Vorschuß; получи́ть -ом де́сять рубле́й zehn Rubel Vorschuß bekommen

аванси́ровать, -рую, -руешь; -рованный, -рован, -а *v, uv* vorstrecken, vorschießen; ~ предприя́тие dem Betrieb viel Geld vorschießen

ава́нсом *Adv umg* im voraus, als Vorschuß

авансце́на, -ы *f theat* Vorbühne

авантю́ра, -ы *f* Abenteuer

авантюри́ст, -а *m* Abenteurer, Hochstapler

авантюристи́ческий, -ая, -ое abenteuerlich

авантюри́стка, -и, *Pl G* -ток, *D* -ткам *f* Abenteurerin, Hochstaplerin

авантюри́стский, -ая, -ое abenteuerlich

авантю́рный, -ая, -ое; *Kzf* -рен, -рна abenteuerlich

авари́йный, -ая, -ое Havarie-; -ая слу́жба Abschleppdienst *Auto*

ава́рия, -и *f* Panne; Havarie ◇ потерпе́ть -ю eine Panne haben; *übtr* Pech haben

а́вгуст, -а *m* August; в конце́ -а Ende August

А́вгуст, -а *m* August *männl Vn*

Авдо́тья, -ьи *f weibl Vn, Nebenform von* Евдоки́я

а́виа *Adv, Abk für* авиапо́чтой mit [per] Luftpost

авиа- *in Zuss Abk für* авиацио́нный Luft-, Flug-, Flieger-

авиа|база, -ы *f* Luftstützpunkt; **~бомба,** -ы *f* Fliegerbombe; **~двигатель,** -я *m* Triebwerk; **~десант,** -а *m* Luftlandung; Luftlandetruppe(n); **~десантный,** -ая, -ое Luftlande-; **~завод,** -а *m* Flugzeugwerk; **~компания,** -и *f* Luftverkehrsgesellschaft; **~конструктор,** -а *m* **1.** Flugzeugkonstrukteur **2.** Flugzeugbaukasten; **~маяк,** -а́ *m flug* Landefeuer; **~моделист,** -а *m* Flugmodellbauer; **~модель,** -и *f* Flugmodell; **~носец,** -сца, *I* -сцем, *G Pl* -сцев *m* Flugzeugträger; **~парк,** -а *m* Flugzeugpark; **~почта,** -ы *f* Luftpost; -ой mit [per] Luftpost; **~промышленность,** -и *f* Flugzeugindustrie; **~разведка,** -и *f* Luftaufklärung; **~разведчик,** -а *m* Aufklärungsflugzeug; **~соединение,** -я *n* Fliegerverband

авиатор, -а *m* Flieger

авиатранспорт, -а *m* **1.** Lufttransport **2.** Flugzeugmutterschiff

авиационный, -ая, -ое Flug-, Flieger-; -ая школа Fliegerschule; ~ завод Flugzeugwerk; -ая промышленность Luftfahrtindustrie

авиация, -и *f* **1.** Luftflotte **2.** Flugwesen, Luftfahrt

авиа|школа, -ы *f* Fliegerschule; **~эскадра,** -ы *f* Fliegergeschwader

авиетка, -и, *Pl G* -ток, *D* -ткам *f* Kleinflugzeug

авось *Part umg* vielleicht; на ~ aufs Geratewohl

аврал, -а *m* **1.** gemeinsame Arbeit der Schiffsmannschaft **2.** *übtr* vom gesamten Kollektiv ausgeführte dringende Arbeit

австралиец, -ийца, *I* -ийцем, *G Pl* -ийцев *m* Australier

австралийский, -ая, -ое australisch

Австралия, -и *f* Australien

австриец, -ийца, *I* -ийцем, *G Pl* -ийцев *m* Österreicher

австрийка, -и, *Pl G* -риек, *D* -рийкам *f* Österreicherin

австрийский, -ая, -ое österreichisch

Австрия, -и *f* Österreich

автаркия, -и *f* Autarkie

авто *n, m idkl umg* Auto

авто- 1. *in Zuss Abk für* автомобильный Auto(mobil)- **2.** *in Zuss Abk für* автоматический automatisch **3.** Selbst-, Auto- *z. B.* автопортрет Selbstbildnis

авто|база, -ы *f* Kraftwagenpark; **~биографический,** -ая, -ое autobiographisch; **~биография,** -и *f* Autobiographie; Lebenslauf

автобус, -а *m* Autobus

автобусный, -ая, -ое Autobus-

автогенщик, -а *m* Autogenschweißer

авто|гонки, -нок, -нкам *Pl* Autorennen; **~гонщик,** -а *m* Autorennfahrer

автограф, -а *m* **1.** Autogramm **2.** Originalhandschrift

авто|дорожный, -ая, -ое Autostraßen-; **~дрезина,** -ы *f* Motordraisine; **~жир,** -а *alt* Hubschrauber; **~завод,** -а *m* Auto(mobil)werk; **~кар,** -а *m* Elektrokarren; **~колонна,** -ы *f* Autokolonne; **~конструктор,** -а *m* **1.** Autokonstrukteur **2.** Autobaukasten

автократия, -и *f* Autokratie, Selbstherrschaft

авто|курсы, -ов *Pl* Fahrschule; **~магазин,** -а *m* Verkaufszug; **~магистраль,** -и *f* Autobahn

автомат, -а *m* **1.** Automat; ~-контролёр Kontrollautomat **2.** Maschinenpistole

автоматизация, -и *f* Automatisierung

автоматизировать, -рую, -руешь; -рованный, -рован, -а *v, uv* automatisieren

автоматика, -и *f* Automatik

авто|матический, -ая, -ое automatisch; -ая телефонная станция Selbstanschlußfernsprechamt, Selbstwählanlage; -ая линия Taktstraße; -ая межпланетная станция automatische interplanetare Station, Raumkapsel; **~матичный,** -ая, -ое; *Kzf* -чен, -чна automatisch, unwillkürlich

автоматчик, -а *m mil* MPi-Schütze

авто|машина, -ы *f* Auto, Kraftwagen; **~мобилестроение,** -я *n* Automobilbau; **~мобилизм,** -а *m* Autosport; **~мобилист,** -а *m* Kraftfahrer

автомобиль, -я *m* Auto; легковой ~ Personenauto, Personenkraftwagen; ~-пикап Lieferwagen

автомобильный, -ая, -ое Auto-, Automobil-; -ое сообщение Autoverkehr; -ая поездка Autofahrt

авто|мотриса, -ы *f* Dieseltriebwagen; **~номия,** -и *f* Autonomie; **~номный,** -ая, -ое; *Kzf* -мен, -мна autonom; **~пилот,** -а *m flug* automatische Kurssteueranlage; **~плуг,** -а *m* Motorpflug; **~погрузчик,** -а *m tech* Hub-, Gabelstapler; **~поезд,** -а, *Pl* автопоезда, -ов, -ам *m* Lastzug; **~поилка,** -и, *Pl G* -лок, *D* -лкам *f* Selbsttränke; **~портрет,** -а *m* Selbstbildnis; **~про-**

бéг, -а *m* Autorennen; **~происшéствие,** -я *n* Autounfall
áвтор, -а *m* Autor, Verfasser; Urheber
авто|ремóнтная, -ой *Subst f* Autoreparaturwerkstatt, Kraftfahrzeug-Instandsetzungswerk; **~ремóнтный,** -ая, -ое Autoreparatur-
авторизовáть, -зýю, -зýешь; -зóванный, -зóван, -а *v, uv* autorisieren
авторитáрный, -ая, ое; *Kzf* -рен, -рна autoritär
авторитéт, -а *m* Autorität; пóльзоваться (большúм) -ом (große) Autorität besitzen; подорвáть чей-н. ~ j-s Autorität untergraben
авторитéтный, -ая, -ое; *Kzf* -тен, -тна maßgebend, kompetent
áвторские, -их *Subst Pl* Autorenhonorar
áвторский, -ая, -ое Autoren-; ~ экземплáр Autorenexemplar; -ое прáво Urheberrecht
áвторств|о, -а *n* Autorschaft
авто|рýчка, -и, *Pl G* -чек, *D* -чкам *f* Füll(feder)halter; **~самосвáл,** -а *m* Kipper *Lkw*; **~сáни,** -санéй, -санáм *Pl* Autoschlitten; **~спýск,** -а *m phot* Selbstauslöser
автострáда, -ы *f* Autobahn
авто|телéжка, -и, *Pl G* -жек, *D* -жкам *f* Eidechse *Fahrzeug*; **~трáкторный,** -ая, -ое: -ая промы́шленность Automobil- und Traktorenindustrie; **~трáнспорт,** -а *m* Autoverkehr, Kraftverkehr; **~цистéрна,** -ы *f* Tankwagen; **~шúна,** -ы *f* Autoreifen; **~шкóла,** -ы *f* Fahrschule
агá [aha] *Interj* **1**. aha! **2**. *volkssprache* ja
агáва, -ы *f bot* Agave
агáт, -а *m* Achat
Агáфья, -ьи *f* Agathe
агéнт, -а *m* **1**. Agent, Vertreter **2**. Spion
агéнтство, -а *n* Agentur; телеграфное ~ Telegrafenagentur, Nachrichtenbüro.
агентýра, -ы *f* Agenten; Agentur
агит- *in Zuss Abk. für* агитациóнный Agitations-
агитациóнный, -ая, -ое Agitations-
агитáция, -и *f* Agitation
агитбáза, -ы *f* (агитациóнная бáза) Agitationszentrale
агитúровать, -рую, -руешь *uv* **1**. agitieren **2**. überzeugen ‖ *v* сагитúровать *zu* 2
агúтка, -и, *Pl G* -ток, *D* -ткам *f umg* Agitationsschrift, -plakat
агит|мáссовый, -ая, -ое: -ая рабóта Agitationsarbeit unter den Massen; **~прóп,** -а *m* (агитациóнно-пропагандúстский отдéл) Agitations- und Propagandaabteilung; **~пýнкт,** -а *m* Aufklärungslokal
Аглáя, -и *f weibl Vn*
агóния, -и *f* Agonie, Todeskampf
агрáрий, -я, *P* -и, *G Pl* -ев *m buchspr* Großgrundbesitzer
агрáрный, -ая, -ое Agrar-
агрегáт, -а *m* Aggregat; Baugruppe
агрегáтный, -ая, -ое Aggregat-; -ая констрýкция Baukastensystem
агремáн, -а *m pol* Agrément
агрессúвный, -ая, -ое; *Kzf* -вен, -вна aggressiv
агрéссия, -и *f* Aggression, bewaffneter Überfall
агро- *in Zuss Abk für* агрономúческий
агро|бáза, -ы *f* (агрономúческая бáза) landwirtschaftliche Station; **~мúнимум,** -а *m* für die Landwirtschaft nötige Mindestkenntnisse
агронóм, -а *m* Agronom
агронóмия, -и *f* Agronomie
агро|пýнкт, -а *m* (агрономúческий пункт) agronomische Station; **~тéхника,** -и *f* Agrotechnik
ад, -а, *P* об áде, в адý *m* Hölle *a. übtr*; у них сýщий ~ в дóме bei ihnen zu Hause ist eine wahre Hölle
адáжио **1**. *Adv* adagio **2**. *n idkl* Adagio
адáмов, -а, -о: -о я́блоко *anat* Adamsapfel
адáптер [тэ] -а *m* Tonabnehmer
адвокáт, -а *m* Rechtsanwalt
Аддúс-Абéба, -ы *f* Addis-Abeba
адеквáтный, -ая, -ое; *Kzf* -тен, -тна adäquat
Áден [дэ], -а *m* Aden *Stadt*
аджáрец, -рца, *I* -рцем, *G Pl* -рцев *m* Adshare
Аджáрия, -и *f* Adsharien
аджáрский, -ая, -ое adsharisch; Аджáрская АССР Adsharische ASSR
администратúвный, -ая, -ое administrativ, Verwaltungs-; -ые óрганы Verwaltungsorgane; в -ом поря́дке auf dem Verwaltungswege
администрáтор, -а *m* Verwalter; verantwortlicher Leiter
администрáция -и *f* Verwaltung
адмирáл, -а *m* Admiral
адмиралтéйство, -а *n* Admiralität
áдрес, -а, *Pl* адресá, -óв, -áм *m* **1**. Adresse, Anschrift; по моемý ~у an meine Adresse **2**.: поздрáвитель-

ный ~ Glückwunschschreiben ◇ обрати́ться не по ~у an die falsche Adresse geraten; э́то по твоему́ ~у das ist an deine Adresse gerichtet, das ist auf dich gemünzt

адреса́т, -а *m* Adressat, Empfänger; ~ вы́был Empfänger verzogen

а́дресный, -ая, -ое Adreß-; -ая кни́га Adreßbuch; ~ стол Adressenauskunftsstelle, Adreßbüro

адресова́ть, -су́ю, -су́ешь; -со́ванный, -со́ван, -а *v, uv* adressieren; ~ письмо́ кому́-н. einen Brief an j-n adressieren

адресова́ться, -су́юсь, -су́ешься *v, uv* sich (schriftlich) wenden (an); ~ к дире́ктору sich an den Direktor wenden

адриати́ческий, -ая, -ое adriatisch; Адриати́ческое мо́ре Adria(tisches Meer)

а́дски *Adv umg* verteufelt; э́то ~ тяжело́ das ist verteufelt schwer; я ~ уста́л ich bin hundemüde

а́дский, -ая, -ое höllisch; ~ хо́лод Hundekälte; ~ шум Höllenlärm

адъюта́нт, -а *m* Adjutant

адыге́ец, -е́йца, *I* -е́йцем, *G Pl* -е́йцев *m* Adyge

адыге́йский, -ая, -ое adygisch; Адыге́йская Автоно́мная о́бласть Adygisches Autonomes Gebiet

ажу́рный, -ая, -ое durchbrochen; -ые чулки́ Netzstrümpfe ◇ -ая рабо́та feine [kunstvolle] Arbeit

аз, -а́ *m* 1. *alter Name des Buchstabens* a 2. *Pl* Anfangsgründe des Wissens; нача́ть с -о́в *umg* ganz von vorn anfangen; ни -а́ не знать *umg* gar nichts wissen

аза́лия, -и *f bot* Azalee

аза́рт, -а *m* 1. Eifer; войти́ в ~ sich ereifern; рабо́тать с -ом eifrig arbeiten 2. Jähzorn, Wut

аза́ртный, -ая, -ое; *Kzf* -тен, -тна leidenschaftlich, hitzig ◇ -ые и́гры Glücksspiele

а́збука, -и *f* 1. Alphabet; ~ Мо́рзе Morsealphabet; но́тная ~ Notenschrift 2. Fibel 3. Anfangsgründe

а́збучный, -ая, -ое 1. alphabetisch 2. elementar; -ая и́стина Binsenwahrheit

Азербайджа́н, -а *m* Aserbaidshan

азербайджа́нец, -нца, *I* -нцем, *G Pl* -нцев *m* Aserbaidshaner

азербайджа́нский, -ая, -ое aserbaidshanisch; Азербайджа́нская Сове́тская Социалисти́ческая Респу́блика Aserbaidshanische sozialistische Sowjetrepublik

азиа́т, -а *m* Asiat

азиа́тский, -ая, -ое asiatisch

а́зимут, -а *m astr* Azimut

А́зия, -и *f* Asien

Азо́в, -а *m* Asow *Stadt*

азо́вский, -ая, -ое: Азо́вское мо́ре Asowsches Meer

азо́рский, -ая, -ое: Азо́рские острова́ Azoren

азо́т, -а *m* Stickstoff

азо́тистый, -ая, -ое salpetrig, stickstoffhaltig; -ая кислота́ salpetrige Säure

азо́тный, -ая, -ое Stickstoff-; -ая кислота́ Salpetersäure

а́ист, -а *m* Storch

ай *Interj* 1. au!, ach!, oh weh!; ай, бо́льно! au weh! 2. ach!, sieh an! *Vorwurf, Tadel* ◇ ай да . . . *Ausruf des Entzückens*; ~ да молоде́ц! was für ein Prachtkerl!

айва́, -ы́ *f* Quittenbaum; Quitte

айда́ *Interj volksspr* los!, wir wollen gehen!; ~ в лес! gehen wir in den Wald!

а́йсберг, -а *m* Eisberg

акад. (акаде́мик) Akademiemitglied

акаде́мик, -а *m* Akademiemitglied

академи́ческий, -ая, -ое 1. akademisch; ~ час akademische Stunde 2. rein theoretisch, abstrakt; э́тот вопро́с име́ет чи́сто ~ хара́ктер diese Frage hat einen rein theoretischen Charakter ◇ -ая жи́вопись traditionelle Malerei *in den ersten Jahrzehnten des 19. Jahrh.*

академи́чный, -ая, -ое; *Kzf* -чен, -чна rein theoretisch, abstrakt

акаде́мия, -и *f* Akademie; Акаде́мия Нау́к Akademie der Wissenschaften; медици́нская ~ Medizinische Akademie

а́канье, -ья *n* Akanje *Aussprache eines unbetonten russischen* o *als* a

а́кать, -аю, -аешь *uv* unbetontes o wie a aussprechen

ака́ция, -и *f* Akazie

аквала́нг, -а *m* Sauerstoffgerät *für Taucher*

акваланги́ст, -а *m* Sporttaucher

аквапла́н, -а *m* Wasserschi

акваре́ль, -и *f* 1. Aquarell-, Wasserfarbe 2. Aquarell *Bild*

акваре́льный, -ая, -ое Aquarell-

Аки́м, а *m* Achim

Аки́м(уш)ка, -и *m Dem zu* Аки́м

акклиматиза́ция, -и *f* Akklimatisierung

акклиматизи́ровать, -рую, -руешь; -рованный, -рован, -а *v, uv* akklimatisieren, anpassen
аккомпанеме́нт, -а *m mus* Begleitung; петь под ~ роя́ля mit Klavierbegleitung singen
аккомпани́ровать, -рую, -руешь *uv D mus* begleiten
акко́рд, -а *m mus* Akkord; заключи́тельный ~ Schlußakkord; взятъ ~ einen Akkord greifen
аккордео́н, -а *m* Akkordeon; игра́ть на ~е Akkordeon spielen
аккордеони́ст, -а *m* Akkordeonspieler
акко́рдный, -ая, -ое Akkord-
А́ккра, -ы *f* Akkra
аккредити́в, -а *m* Akkreditiv, Kreditbrief
аккредити́вный, -ая, -ое: -ая гра́мота *pol* Beglaubigungsschreiben
аккредито́ванный, -ая, -ое beglaubigt, akkreditiert
аккредитова́ть, -ту́ю, -ту́ешь; -то́ванный, -то́ван, -а *v, uv* als diplomatischen Vertreter akkreditieren, bevollmächtigen
аккумуля́тор, -а *m* Akku(mulator)
аккура́т *Adv volksspr* gerade
аккура́тный, -ая, -ое; *Kzf* -тен, -тна 1. korrekt, pünktlich 2. genau, ordentlich
акроба́т, а *m* Akrobat
акроба́тика, -и *f* Akrobatik
акроба́тка, -и, *Pl G* -ток, *D* -ткам *f* Akrobatin
акселера́тор, -а *m* Gaspedal
аксельба́нты *Pl* -ов, *Sg* аксельба́нт, -а *m* Achselschnüre *an Uniformen von Offizieren*
аксессуа́р, -а *m* 1. Zubehör, Beiwerk 2. *theat* Requisit
аксио́ма, -ы *f* Axiom
акт, -а *m* 1. Akt; террористи́ческий ~ Terrorakt; пьéса в пяти́ -ах Theaterstück in fünf Akten 2. Urkunde, Akte; обвини́тельный ~ Anklageschrift; соста́вить ~ ein Protokoll aufnehmen; -ы гражда́нского состоя́ния Personenstandsregister 3. Festakt, Feier
актёр, -а *m* Schauspieler
актёрский, -ая, -ое Schauspieler-, schauspielerisch
актёрство, -а *n* Schauspielerei, Heuchelei
[1]**акти́в,** -а *m* Aktiv; профсою́зный ~ Gewerkschaftsaktiv
[2]**акти́в,** -а *m wirtsch* Aktiva, Aktivbestand
активиза́ция, -и *f* Aktivierung
активизи́ровать, -рую, -руешь; -рованный, -рован, -а *v, uv* aktivieren
активизи́роваться, -руюсь, -руешься *v, uv* lebhafter [aktiver] werden
активи́ст, -а *m* Angehöriger eines Aktivs, gesellschaftlich aktiver Mensch
акти́вность, -и *f* Aktivität; проявля́ть ~ Aktivität entwickeln
акти́вный, -ая, -ое; *Kzf* -вен, -вна aktiv; -ое избира́тельное пра́во aktives Wahlrecht
а́ктовый, -ая, -ое 1. Akten-; -ая бума́га Aktenpapier 2. Fest(akt)-; ~ зал Festsaal, Aula
актри́са, -ы *f* Schauspielerin
актуа́льность, -и *f* Aktualität
актуа́льный, -ая, -ое; *Kzf* -лен, -льна aktuell
аку́ла, -ы *f* Haifisch *a. übertr von Ausbeutern*
аку́стика, -и *f* 1. Akustik, Schallehre 2. Akustik, Klangwirkung
акусти́ческий, -ая, -ое akustisch
акушёр, -а *m* Geburtshelfer
акуше́рка, -и *Pl G* -рок, *D* -ркам Hebamme
акуше́рство, -а *n* Wissenschaft von der Geburtshilfe
акце́нт, -а *m* 1. Akzent, Betonungszeichen 2. Akzent ◇ сде́лать ~ на чём-н. *buchspr* auf etw. besonderen Nachdruck legen
акценти́ровать, -рую, -руешь; -рованный, -рован, -а *v, uv* 1. akzentuieren 2. *übtr* betonen
акци́з, -а *m* Akzise, indirekte Verbrauchssteuer
акционе́рный, -ая, -ое Aktien-; -ое о́бщество Aktiengesellschaft
[1]**а́кция,** -и *f* Aktie
[2]**а́кция,** -и *f* Aktion
акы́н, -а *m* Volkssänger, -dichter *in Kasachstan, Kirgisien*
ала́ндский, -ая, -ое: Ала́ндские острова́ Alandsinseln
алба́нец, -нца, *I* -нцем, *G Pl* -нцев *m* Albanier
Алба́ния, -и *f* Albanien; Наро́дная Респу́блика ~ Volksrepublik Albanien
алба́нский, -ая, -ое albanisch
а́лгебра, -ы *f* Algebra
алгебраи́ческий, -ая, -ое algebraisch
алеба́стр, -а *m* Alabaster
Алекса́ндр, -а *m* Alexander
Алекса́ндра, -ы *f weibl Vn*
александри́йский, -ая, -ое alexandrinisch; -ие ли́стья Sennesblätter
Александри́я, -и *f* Alexandria *Stadt*
Алексе́й, -я *m* Alexei

але́ть, *1. u. 2. Pers. ungebr,* -е́ет *uv* 1. rot schimmern 2. rot werden
алеу́тский, -ая, -ое alëutisch; Алеу́тские острова́ Alëuten
Алёша, -и, *I* -ей *m Dem zu* Алексе́й
Алжи́р, -а *m* 1. Algier 2. Algerien
алжи́рец, -рца, *I* -рцем, *G Pl* -рцев *m* Algerier
алжи́рский, -ая, -ое algerisch
а́либи *n idkl* Alibi
алиме́нтщик, -а *m umg* Alimentenzahler
алиме́нты, -ов *Pl* Alimente
алка́ть, а́лчу, а́лчешь *u.* алка́ю, алка́ешь *uv buchspr alt* verlangen
алкого́лик, -а *m* Alkoholiker, Trinker
алкого́ль, -я *m* Alkohol
алла́х, -а *m* Allah; одному́ -у изве́стно das weiß niemand
аллего́рия, -и *f* Allegorie, Sinnbild
алле́гро 1. *Adv* allegro 2. *n idkl* Allegro
алле́я, -и *f* Allee
аллитера́ция, -и *f* Stabreim
алло́! *Interj* hallo
аллю́вий, -я, *P* -и *m geol* Alluvium
аллю́р, -а *m* Gangart *von Pferden*
Алма́-Ата́, -ы́ *f* Alma-Ata
алма́з, -а *m* 1. Diamant; техни́ческий ~ Industriediamant 2. Glasschneider *Instrument*
алма́зный, -ая, -ое diamanten
ало́э *n idkl* Aloe
Алта́й, -я *m* Altai(gebirge); на -е im Altai
алта́йский, -ая, -ое Altai-; Алта́йские го́ры Altaigebirge
алта́рь, -я́ *m* Altar
алфави́т, -а *m* Alphabet; расста́вить по -у nach dem Alphabet ordnen
алфави́тный, -ая, -ое alphabetisch
а́лчность, -и *f* Habsucht, Gier; ~ к деньга́м Geldgier
а́лчный, -ая, -ое; *Kzf* -чен, -чна habsüchtig, gierig; ~ к деньга́м geldgierig
а́лый, -ая, -ое; *Kzf* ал, а́ла́, а́ло purpurrot, hochrot
альбатро́с, -а *zool* Albatros
альбино́с, -а *m* Albino
альбо́м, -а *m* Album
альмана́х, -а *m* Almanach
альпи́йский, -ая, -ое alpin, Alpen-
альпина́рий, -я, *P* -и, *G Pl* -ев *m* Steingarten
альпини́зм, -а *m* Bergsteigen
альпини́ст, -а *m* Bergsteiger
А́льпы, Альп, Альпам *Pl* Alpen; в Альпах in den Alpen
альт, -а́ *u.* -а, *Pl* альты́, -о́в, -а́м *m* 1. *mus* Alt 2. Bratsche
альти́ст, -а *m* Bratschist
альти́стка, -и, *Pl G* -ток, *D* -ткам *f* Bratschistin
альфо́ль, -и *f* (алюми́ниевая фо́льга) Aluminiumfolie
алюми́ниевый, -ая, -ое Aluminium-
алюми́ний, -я, *P* -и Aluminium
аляпова́тый, -ая, -ое; *Kzf* -а́т, -а geschmacklos; plump
Аля́ска, -и *f* Alaska
амазо́нка, -и, *Pl G* -нок, *D* -нкам *f alt* 1. Amazone 2. Reitkleid
Амазо́нка, -и *f* Amazonas *Fluß*
амба́р, -а *m* Speicher, Lagerraum
амба́рный, -ого *Subst m* Speicherwächter
амби́ция, -и *f* Ehrgeiz; Eitelkeit ◇ войти́ [вломи́ться *oder* уда́риться] в -ю *umg* den Beleidigten spielen
амбразу́ра, -ы *f* 1. Schießscharte 2. Fensternische, Türnische
амбулато́рия, -и *f* Ambulatorium, Ambulanz
амбулато́рный, -ая, -ое ambulatorisch; ~ больно́й ambulanter Kranker
амёба, -ы *f* Amöbe
Аме́рика, -и *f* Amerika; Соединённые Шта́ты Аме́рики Vereinigte Staaten von Amerika
америка́нец, -нца, *I* -нцем, *G Pl* -нцев *m* Amerikaner
америка́нка, -и, *Pl G* -нок, *D* -нкам *f* 1. Amerikanerin 2. Schnellimbiß 3. *typ* Tiegeldruckpresse
америка́нский, -ая, -ое amerikanisch
аммиа́к, -а *m* Ammoniak; Salmiakgeist
аммо́ний, -я, *P* -и *m* Ammonium
амнисти́ровать, -рую, -руешь; -рованный, -рован, -а *v, uv* amnestieren
амни́стия, -и | Amnestie
амора́льный, -ая, -ое; *Kzf* -лен, -льна unmoralisch
амортиза́тор, -а *m* Stoßdämpfer
амортиза́ция, -и *f* 1. *wirtsch* Amortisation 2. Stoßdämpfung
ампе́р, -а, *G Pl* ампе́р *el* Ampere
ампе́р-ча́с, -а *m* Amperestunde
ампи́р, -а *m arch* Empirestil
амплиту́да, -ы *f* Amplitude, Schwingungsweite
а́мпула, -ы *f* Ampulle
ампута́ция, -и *f* Amputation
ампути́ровать, -рую, -руешь; -рованный, -рован, -а *v, uv* amputieren
Амстерда́м, -а *m* Amsterdam
Аму́-Дарья́, -и́ *f* Amu-Darja *Fluß*
амуни́ция, -и *f alt* Ausrüstung des

Soldaten (außer Waffen und Kleidung)
Аму́р, -а *m* Amur
амфи́бия, -и *f* 1. *biol* Amphibie 2. Amphibienflugzeug; Amphibienfahrzeug
амфитеа́тр, -а *m* Amphitheater
АН (Акаде́мия Нау́к) Akademie der Wissenschaften
ана́лиз, -а *m* Analyse
аналити́ческий, -ая, -ое analytisch
аналоги́ческий, -ая, -ое analog
аналоги́чный, -ая, -ое; *Kzf* -чен, -чна analog, gleichartig
анало́гия, -и Analogie; заключе́ние по -и Analogieschluß
анало́й, -я, *G Pl* -ев *m kirch* Chorpult
анана́с, -а *m* Ananas
анана́сный, -ая, -ое *u.* **анана́совый,** -ая, -ое Ananas-
ана́пест, -а *m lit* Anapäst
анархи́ст, -а *m* Anarchist
анархи́стский, -ая, -ое anarchistisch
анархи́ческий, -ая, -ое anarchisch
анархи́чный, -ая, -ое; *Kzf* -чен, -чна zu Anarchie neigend
ана́рхия, -и *f* Anarchie, Unordnung
Анаста́сий, -я, *P* -и *m männl Vn*
Анаста́сия, -и *f weibl Vn*
Анато́лий, -я, *P* -и *m männl Vn*
ана́том, -а *m* Anatom
анатоми́ровать, -рую, -руешь; -рованный, -рован, -а *v, uv* sezieren
анатоми́ческий, -ая, -ое anatomisch; ~ теа́тр Seziersaal
анатоми́чка, -и, *Pl G* -чек, *D* -чкам *f volkssp* Anatomieprüfung
анато́мия, -и *f* Anatomie
ана́фема, -ы 1. Kirchenbann 2. *Schimpfwort volksspr* Verfluchter
анахрони́ческий, -ая, -ое anachronistisch, zeitwidrig
ангажи́ровать, -рую, -руешь; -рованный, -рован, -а *v, uv alt* 1. engagieren *Künstler* 2. zum Tanz auffordern
анга́р, -а *m* Hangar, Flugzeughalle
Ангара́, -ы́ *f* Angara *Fluß*
а́нгел, -а *m* Engel *a. übertr*; день -а *alt* Namenstag
англи́йский, -ая, -ое englisch ◇ -ая була́вка Sicherheitsnadel; ~ замо́к Sicherheitsschloß
англика́нский, -ая, -ое anglikanisch
англи́стика, -и *f* Anglistik
англича́нин, -а, *Pl* -а́не, -а́н, -а́нам *m* Engländer
англича́нка, -и, *Pl G* -нок, *D* -нкам *f* Engländerin
А́нглия, -и *f* England
ангóрский, -ая, -ое Angora-
анда́нте [тэ] 1. *Adv* andante 2. *n idkl* Andante
Андре́й, -я *m männl Vn*
Андрю́ша, -и, *I* -ей *u.* **Андрю́шка,** -и *m Dem zu* Андре́й
А́нды, Анд, А́ндам *Pl* Anden *Gebirge*
анекдо́т, -а *m* 1. Anekdote 2. *umg* ungewöhnlicher Vorfall; с ним случи́лся ~ mit ihm ist etwas Komisches passiert
анекдоти́ческий, -ая, -ое anekdotenhaft, wenig wahrscheinlich
анекдоти́чный, -ая, -ое; *Kzf* -чен, -чна anekdotenhaft, wenig wahrscheinlich
анеми́ческий, -ая, -ое blutarm; bleich
анеми́чный, -ая, -ое; *Kzf* -чен, -чна blutarm; bleich, welk
анеми́я, -и *f* Anämie, Blutarmut
анемо́н, -а *m u.* **анемо́на,** -ы *f* Anemone, Windröschen
анестези́ровать [нэстэ], -рую, -руешь *v, uv* anästhesieren, unempfindlich machen
анестези́рующий, -ая, -ее anästhetisch
анестези́я [нэстэ], -и *f* 1. Anästhesie, Unempfindlichkeit 2. Schmerzbetäubung
анили́новый, -ая, -ое Anilin-
анимали́ст, -а *m* Tiermaler
ани́с, -а *m* 1. Anis 2. Anisapfel
ани́совка, -и *f* Anisbranntwein
Анкара́, -ы *f* Ankara
а́нкер, -а *m* Anker *in der Uhr*
а́нкерный, -ая, -ое Anker-; часы́ на -ом ходу́ Ankeruhr
анке́та, -ы *f* Fragebogen
А́нна, -ы *f* 1. Anna 2. *hist* Annenorden
анна́лы, -ов *Pl* Annalen
аннексиони́стский, -ая, -ое annexionistisch
аннекси́ровать, -рую, -руешь; -рованный, -рован, -а *v, uv* annektieren
анне́ксия, -и *f* Annexion
аннота́ция, -и *f* kurze Inhaltsangabe
аннoти́ровать, -рую, -руешь; -рованный, -рован, -а *v, uv* eine kurze Inhaltsangabe verfassen
аннули́ровать, -рую, -руешь; -рованный, -рован, -а *v, uv* annullieren, rückgängig machen
А́ннушка, -и *f Dem zu* Анна 1
ано́д, -а *m* Anode
аноди́ровать, -рую, -руешь; -рованный, -рован, -а *v, uv* eloxieren
анома́лия, -и *f* Anomalie

анони́мка, -и, *Pl G* -мок, *D* -мкам *f volksspr* anonymer Brief
анони́мный, -ая, -ое; *Kzf* -мен, -мна anonym
ано́нс, -а *m* Annonce
анса́мбль, -я *m* **1.** Gesamtbild **2.** Ensemble, Kulturgruppe; ~ пе́сни и пля́ски Volkstanzgruppe
антагонисти́ческий, -ая, -ое antagonistisch
Антаркти́да, -ы *f* Antarktika *Kontinent*
Анта́рктика, -и *f* Antarktis
антаркти́ческий, -ая, -ое antarktisch
Антве́рпен, -а *m* Antwerpen
анте́нна [тэ], -ы *f* Antenne; ~ напра́вленного де́йствия Richtantenne
анти- *in Zuss* anti-
антибио́тик, -а *m* Antibiotikum
анти|вое́нный, -ая, -ое Antikriegs-; ~вое́нный конгре́сс Kongreß der Kriegsgegner; **~детонацио́нный,** -ая, -ое klopffest *Benzin*; **~империалисти́ческий,** -ая, -ое antiimperialistisch
антиква́р, -а *m* Antiquitätenhändler
антиква́рный, -ая, -ое **1.** altertümlich **2.** Antiquitäten-; ~ магази́н Antiquitätenhandlung
антило́па, -ы *f* Antilope
анти́льский, -ая, -ое: Анти́льские острова́ Antillen
анти|наро́дный, -ая, -ое; *Kzf* -ден, -дна volksfeindlich; **~нау́чный,** -ая, -ое; *Kzf* -чен, -чна unwissenschaftlich; wissenschaftsfeindlich
антипати́чный, -ен, -на; *Kzf* -чен, -чна unsympathisch
антипа́тия, -и *f* Antipathie; я чу́вствую к ней -ю ich habe eine Abneigung gegen sie
анти|религио́зный, -ая, -ое; *Kzf* -зен, -зна antireligiös; **~санита́рный,** -ая, -ое; *Kzf* -рен, -рна gesundheitswidrig; **~семи́т,** -а *m* Antisemit; **~семити́ческий,** -ая, -ое *u.* **~семи́тский,** -ая, -ое antisemitisch
антисе́птика [сэ], -и *f* **1.** Antisepsis **2.** *Koll* Antiseptika
анти|септи́ческий [сэ], -ая, -ое antiseptisch; **~сове́тский,** -ая, -ое antisowjetisch, sowjetfeindlich
антите́за [тэ], -ы *f* Antithese
анти|фаши́ст, -а *m* Antifaschist; **~фаши́стский,** -ая, -ое antifaschistisch; **~фри́з,** -а *m* Frostschutzmittel *für Kühlwasser*; *flug* Enteisungsflüssigkeit; **~худо́жественный,** -ая, -ое; *Kzf* -ен, -енна unkünstlerisch; kunstfeindlich

анти́чный, -ая, -ое antik; ~ мир Antike, Altertum
антоло́гия, -и *f Lit* Anthologie, Sammlung ausgewählter Werke verschiedener Autoren
анто́ним, -а *m ling* Antonym
Антони́на, -ы *f weibl Vn*
анто́новка, -и *f* Antonowka *Apfelsorte*
Анто́ша, -и, *I* -ей *m Dem zu* Анто́н
антра́кт, -а *m theat* Zwischenpause
антреко́т, -а *m* Rippenstück *vom Rind*, Entrecôte
антрепренёр, -а *m* privater Theaterunternehmer
антресо́ль, -и *f* Zwischenstockwerk, Zwischengeschoß
антропо́лог, -а *m* Anthropologe
антрополо́гия, -и *f* Anthropologie
анфила́да, -ы *f* Zimmerflucht
анчо́ус, -а *m* Anchovis
аншла́г, -а *m* Anschlag über eine ausverkaufte Vorstellung; спекта́кль с -ом Vorstellung vor ausverkauftem Hause
Аню́та, -ы *f Dem zu* Анна 1
аню́тин, -а, -о: -ы гла́зки *bot* Stiefmütterchen
А́ня, -и *f Dem zu* Анна 1
ао́рта, -ы *f* Aorta
апати́чный, -ая, -ое; *Kzf* -чен, -чна apathisch, gleichgültig, teilnahmslos
апа́тия, -и *f* Apathie
апа́ш *Adj idkl*: руба́шка ~ Herrenhemd mit weitem, offenem Kragen
апелли́ровать, -рую, -руешь *v, uv* **1.** *jur* Berufung einlegen **2.** appellieren (к *D* an)
апелля́ция, -и *f jur* Appellation, Berufung
апельси́н, -а *m* **1.** Apfelsine **2.** Apfelsinenbaum
апельси́нный, -ая, -ое Apfelsinen-
апельси́новый, -ая, -ое Apfelsinen-
апенни́нский, -ая, -ое apenninisch, Apenninen-; ~ полуо́стров Apenninenhalbinsel
Апенни́ны, -и́н *Pl* Apenninen
аплоди́ровать, -рую, -руешь *uv* applaudieren, Beifall spenden
аплодисме́нты, -ов *Pl* Applaus, Beifall
апло́мб, -а *m* Selbstsicherheit
апоге́й, -я, *G Pl* -ев *m* **1.** *astr* Apogäum, Erdferne **2.** höchste Stufe, Höhepunkt
аполити́чность, -и *f* unpolitische Haltung, Gleichgültigkeit gegenüber dem gesellschaftlich-politischen Leben

аполити́чный, -ая, -ое; *Kzf* -чен, -чна unpolitisch
апологéт, -а *m* Apologet, Verteidiger
апоплекси́ческий, -ая, -ое apoplektisch
апоплéксия, -и *f med* Apoplexie, Schlag, Schlaganfall
апóстол, -а *m* Apostel
апострóф, -а *m* Apostroph
апофеóз, -а *m* **1.** Apotheose, Verherrlichung **2.** *theat* feierliche Massenszene *am Schluß einer Vorstellung*
аппарáт, -а *m* **1.** *tech* Apparat, Gerät; телефóнный ~ Telefonapparat; летáтельный ~ Flugkörper **2.** *biol* Apparat, Organe; пищевари́тельный ~ Verdauungsorgane; дыхáтельный ~ Atmungsorgane **3.** Verwaltung(sapparat); госудáрственный ~ Staatsapparat ◇ наýчный ~ wissenschaftlicher Apparat *bei einer wissenschaftl. Arbeit benutztes Material*
аппаратýра, -ы *f Koll* Apparatur; ~ свя́зи Nachrichtengerät; ~ самонаведéния *mil* Zielsuchgerät
аппарáтчик, -а *m* **1.** Arbeiter, der einen oder mehrere Apparate überwacht **2.** *umg* Funktionär
аппендици́т, -а *m* Blinddarmentzündung
аппети́т, -а *m* Appetit; прия́тного -а! guten Appetit!; у меня́ появи́лся ~ ich habe Appetit; он ест с больши́м -ом er spricht dem Essen tüchtig zu; лиши́ться -а den Appetit verlieren; э́то лиши́ло егó -а das hat ihm den Appetit verschlagen
аппети́тный, -ая, -ое; *Kzf* -тен, -тна appetitlich
аппретýра, -ы *f* Appretur
апрéль, -я *m* April
апрéльский, -ая, -ое April-
апробáция, -и *f* Approbation, Genehmigung
аптéка, -и *f* Apotheke ◇ как в -е *scherz* ganz genau
аптéкарский, -ая, -ое: -ие товáры Drogen; ~ магази́н Drogerie
аптéкарь, -я *m* Apotheker
аптéчка, -и, *Pl G* -чек, *D* -чкам *f* Hausapotheke; Verbandkasten
аптéчный, -ая, -ое Apotheken-
ар, -а *m* Ar
арáб, -а *m* Araber
арáбка, -и, *Pl G* -бок, *D* -бкам *f* Araberin
арáбский, -ая, -ое arabisch
арави́йский, -ая, -ое arabisch; Арави́йский зали́в Golf von Arabien
Арáвия, -и *f* Arabien
арáк, -а *m* Arrak
аракчéевский, -ая, -ое despotisch, diktatorisch; ~ режи́м Araktschejew-Regime *nach dem Minister Araktschejew, Günstling Alexanders I.*
аракчéевщина, -ы *f hist u. übtr* Araktschejew-Regime
арáльский, -ая, -ое: Арáльское мóре Aralsee
аранжи́ровать, -рую, -руешь; -рованный, -рован, -а *v, uv mus* bearbeiten
аранжирóвка, -и *f mus* Bearbeitung
арáп, -а *alt* Mohr
арáпник, -а *m* Jagdpeitsche
Арарáт, -а *m* Ararat *Berg*
арбá, -ы́, *Pl* áрбы, арб, áрбам *f* zweirädriger Karren *im Süden der UdSSR*
арбалéт, -а *m* Armbrust
арби́тр, -а *m* Schiedsrichter
арбитрáж, -а, *I* -ем, *G Pl* -ей *m* **1.** Schiedsgericht **2.** Schiedsspruch
арбýз, -а *m* Wassermelone
Аргенти́на, -ы *f* Argentinien
аргенти́нец, -нца, *I* -нцем, *G Pl* -нцев *m* Argentinier
аргенти́нский, -ая, -ое argentinisch
аргó *n idkl* Jargon; воровскóе ~ Rotwelsch
аргóн, -а *m chem* Argon
арготи́зм, -а *m* Jargonausdruck
аргумéнт, -а *m* Argument, Beweis; вы́двинуть вéские ~ы schwerwiegende Beweise erbringen
аргументáция, -и *f* Argumentation, Beweisführung
аргументи́ровать, -рую, -руешь; -рованный, -рован, -а *v, uv* argumentieren
Ардéнны, -éнн *Pl* Ardennen *Gebirge*
арéна, -ы *f* **1.** Arena **2.** *übtr* Schauplatz
арéнда, -ы *f* Pacht; взять в -у pachten; сдать в -у verpachten; сни́зить -у die Pacht senken
арендáтор, -а *m* Pächter
арéндный, -ая, -ое Pacht-
арендовáть, -дýю, -дýешь; -дóванный, -дóван, -а *v, uv* pachten
арéст, -а *m* **1.** Arrest, Verhaftung; взять [посади́ть] под ~ verhaften; под -ом hinter Schloß und Riegel; вы́дать óрдер на ~ einen Haftbefehl erlassen; стрóгий ~ *mil* verschärfter Arrest **2.** Beschlagnahme; наложи́ть ~ mit Beschlag belegen; *mil* eine Arreststrafe verhängen
арестáнт, -а *m alt* Arrestant
арéстный, -ая, -ое Arrest-, Haft-; ~ дом *alt* Haftlokal

арестóванный, -ого *Subst m* Verhafteter
арестовáть, -тýю, -тýешь; -тóванный, -тóван, -а *v, uv* 1. verhaften, festnehmen 2. beschlagnahmen ‖ *uv a.* **арестóвывать,** -аю, -аешь
ариóзо *n idkl mus* Arioso
аристократи́ческий, -ая, -ое aristokratisch
арифмéтика, -и *f* Arithmetik
арифмети́ческий, -ая, -ое arithmetisch
арифмóметр, -а *m* Rechenmaschine
áрия, -и *f* Arie
áрка, -и, *PlG* áрок, *D* áркам *f arch* Bogen
аркáда, -ы *f* Arkade, Bogengang
аркáн, -а *m* Lasso
Áрктика, -и *f* Arktis
аркти́ческий, -ая, -ое arktisch, Polar-; ~ перелёт Polarflug
арлеки́н, -а *m* Harlekin
арлекинáда, -ы *f* Harlekinade
арматýра, -ы *f* Armatur
армéец, -éйца, *I* -éйцем, *G Pl* -éйцев *m* Armeeangehöriger, Soldat
армéйский, -ая, -ое Armee-; ~ кóрпус Armeekorps
Армéния, -и *f* Armenien
áрмия, -и *f* Armee, Heer; Совéтская Áрмия Sowjetarmee; нарóдно-освободи́тельная ~ Volksbefreiungsarmee; регуля́рная ~ stehendes Heer; дéйствующая ~ Feldheer, Fronttruppen; ~ безрабóтных *übtr* Arbeitslosenarmee
армя́к, -á *m alt* Bauernkittel
армяни́н, -а, *Pl* -я́не, -я́н, -я́нам *m* Armenier
армя́нка, -и, *PlG* -нок, *D* -нкам *f* Armenierin
армя́нский, -ая, -ое armenisch; Армя́нская Совéтская Социалисти́ческая Респýблика Armenische Sozialistische Sowjetrepublik
аромáт, -а *m* Aroma
ароматúческий, -ая, -ое aromatisch
аромати́чный, -ая, -ое; *Kzf* -чен, -чна aromatisch
аромáтный, -ая, -ое; *Kzf* -тен, -тна aromatisch
áрочный, -ая, -ое Bogen-
аррети́р, -а *m tech* Feststelleinrichtung, Feststeller
арсенáл, -а *m* 1. Arsenal, Waffenlager 2. Rüstungsbetrieb 3.: ~ знáний Quelle des Wissens; цéлый ~ посóбий ein ganzer Vorrat von Hilfsmitteln
арт- *in Zuss Abk für* артиллери́йский
артáчиться, -чусь, -чишься *uv umg* sich sträuben, sich widersetzen
артéль, -и *f* Artel, Genossenschaft; промыслóвая ~ Produktionsgenossenschaft des Handwerks
артéрия, -и *f* 1. Arterie, Schlag-, Pulsader 2. Verkehrsader
арти́кль, -я *m gram* Artikel
артикуляциóнный, -ая, -ое Artikulations-; -ая бáза Artikulationsbasis
артикуля́ция, -и *f* Artikulation
артиллери́ст, -а *m* Artillerist
артиллéрия, -и *f* Artillerie
арти́ст, -а *m* Schauspieler; Künstler; заслýженный ~ респýблики Verdienter Schauspieler der Republik; нарóдный ~ СССР Volkskünstler der UdSSR ◇ ~ в своём дéле ein Meister seines Faches
артисти́ческий, -ая, -ое künstlerisch, meisterhaft; ~ приём Kunstgriff
арти́стка, -и, *PlG* -ток, *D* -ткам *f* Künstlerin; Schauspielerin
артишóк, -а *m* Artischocke
артри́т, -а *m med* Arthritis, Gelenkentzündung
áрфа, -ы *f* Harfe
арфи́ст, -а *m* Harfenist
арфи́стка, -и, *PlG* -ток, *D* -ткам Harfenistin
арх. (архитéктор) Architekt
архаи́зм, -а *m* 1. Archaismus, veraltetes Wort 2. Überbleibsel des Alten
архаи́ческий, -ая, -ое archaisch
архаи́чный, -ая, -ое; *Kzf* -чен, -чна archaisch
Архáнгельск, -а *m* Archangelsk
археóлог, -а *m* Archäologe
археолóгия, -и *f* Archäologie
архи- *in Zuss* Erz-
архи́в, -а *m* Archiv ◇ сдать чтó-н. в ~ etw. zu den Akten legen *a. übtr*
архивáриус, -а *m* Archivar
архи́вный, -ая, -ое Archiv-
архиепи́скоп, -а *m* Erzbischof
архиерéй, -я, *G Pl* -ев *m* Bischof, Erzbischof
архипелáг, -а *m* Archipel
архитéктор, -а *m* Architekt, Baumeister
архитектýра, -ы *f* Architektur
архитектýрный, -ая, -ое Architektur-; ~ стиль Baustil; ~ пáмятник Baudenkmal
арши́н, -а, *G Pl* арши́н *m* Arschin *russ. Längenmaß, 0,71 m*

ары́к, -а *m* Bewässerungsgraben *in Mittelasien*
арьерга́рд, -а *m* Nachhut
арьерга́рдный, -ая, -ое *mit* Nachhut-
асепти́ческий [сэ], -ая, -ое aseptisch
асимметри́ческий, -ая, -ое asymmetrisch
асимметри́чный, -ая, -ое; *Kzf* -чен, -чна asymmetrisch
аскети́зм, -а *m* Askese
аспе́кт, -а *m buchspr* Gesichtspunkt, Aspekt
[1]**а́спид,** -а *m* **1.** giftige Natter **2.** *volksspr* Giftschlange *Schimpfwort*
[2]**а́спид,** -а *m* Schiefer(stein)
а́спидный, -ая, -ое: -ая доска́ Schiefertafel
аспира́нт, -а *m* Aspirant
ассамбле́я, -и *f* Versammlung; Генера́льная Ассамбле́я Организа́ции Объединённых На́ций Vollversammlung der Organisation der Vereinten Nationen
ассигна́ция, -и *f alt* Geldschein
ассигнова́ние, -я *n* **1.** *finanz* Bewilligung **2.** bewilligte Summe; -я на социа́льные ну́жды Aufwendungen für soziale Zwecke
ассигнова́ть, -ну́ю, -ну́ешь; -но́ванный, -но́ван, -а *v, uv Geld* bewilligen
ассигно́вка, -и, *Pl G* -вок, *D* -вкам *f* Geldanweisungsschein
ассимили́ровать, -рую, -руешь; -рованный, -рован, -а *v, uv* assimilieren
ассимили́роваться, -руюсь, -руешься *v, uv* sich anpassen
ассимиля́ция, -и *f* Assimilation
ассири́йский, -ая, -ое assyrisch
Асси́рия, -и *f* Assyrien
ассисти́ровать, -рую, -руешь *uv* assistieren
ассортиме́нт, -а *m* Sortiment, Auswahl
ассоциа́ция, -и *f* **1.** Vereinigung, Gesellschaft **2.** Assoziation, Gedankenverbindung
ассоции́ровать, -рую, -руешь; -рованный, -рован, -а *v, uv* assoziieren, verbinden
АССР (Автоно́мная Сове́тская Социалисти́ческая Респу́блика) ASSR
а́стма, -ы *f* Asthma
а́стра, -ы *f* Aster
астраха́нец, -нца, *I* -нцем, *G Pl* -нцев *m* Astrachaner
астраха́нский, -ая, -ое astrachanisch, Astrachaner
А́страхань, -и *f* Astrachan
астро́лог, -а *m* Astrologe
астрона́вт, -а *m* Astronaut, Weltraumfahrer
астрона́втика, -и *f* Astronautik
астроно́м, -а *m* Astronom
астроно́мия, -и *f* Astronomie
астрофи́зика, -и *f* Astrophysik
Асунсьо́н, -а *m* Asunción *Stadt*
асфа́льт, -а *m* Asphalt
асфа́льтовый, -ая, -ое Asphalt-
атависти́ческий, -ая, -ое atavistisch
ата́ка, -и *f* Angriff, Attacke
атакова́ть, -ку́ю, -ку́ешь; -ко́ванный, -ко́ван, -а *v, uv mil* angreifen
атама́н, -а *m* **1.** Ataman *Kosakenoberhaupt* **2.** Anführer
атеи́ст [тэ], -а *m* Atheist
атеисти́ческий [тэ], -ая, -ое atheistisch
ателье́ *n idkl* Atelier, Werkstatt; ~ мод Modeatelier; ~ индивидуа́льного поши́ва Atelier für Maßkleidung
атланти́ческий, -ая, -ое atlantisch; Атланти́ческий океа́н Atlantischer Ozean
а́тлас, -а *m* Atlas *Kartenwerk*; анатоми́ческий ~ Anatomieatlas
атла́с, -а *m* Atlas *Seidenstoff*
атла́сный, -ая ,-ое atlassen, Atlas-; -ая ко́жа samtweiche Haut
атла́сский, -ая, -ое: Атла́сские го́ры Atlasgebirge
атле́т, -а *m* Athlet
атле́тика, -и *f* Athletik; лёгкая ~ Leichtathletik
атмосфе́ра, -ы *f* **1.** Atmosphäre, Lufthülle **2.** Milieu, Umgebung **3.** Atmosphäre *Maßeinheit für den Druck*
атмосфери́ческий, -ая, -ое atmosphärisch
атмосфе́рный, -ая, -ое atmosphärisch; -ые оса́дки Niederschläge
а́том, -а *m* Atom; расщепле́ние -а Atomspaltung; ме́ченые -ы markierte Atome
атомисти́ческий, -ая, -ое atomistisch, Atom-
а́томник, -а *m* Atomwissenschaftler
а́томный, -ая, -ое Atom-, atomar; ~ вес Atomgewicht; -ая война́ Atomkrieg; ~ котёл Atommeiler; -ая электроста́нция Atomkraftwerk; ~ век Atomzeitalter
атомохо́д, -а *m* Atomschiff
а́томщик, -а *m verächtl* Atompolitiker
атони́я, -и *f* Atonie, Erschlaffung
атрофи́роваться, *1. u. 2. Pers ungebr,*

-руется *v, uv buchspr* schrumpfen, verkümmern
атрофи́я, -и *f* Athrophie, Zellenschwund
АТС (автомати́ческая телефо́нная ста́нция) Fernsprechamt für Selbstwählbetrieb, automatische Fernsprechanlage
атташе́ *m idkl* Attaché; вое́нный ~ Militärattache
аттеста́т, -а *m* Zeugnis, Bescheinigung; ~ зре́лости Reifezeugnis
аттестова́ть, -ту́ю, -ту́ешь; -то́ванный, -то́ван, -а *v, uv* attestieren, empfehlen
аттракцио́н, -а *m* 1. Attraktion, Zugstück 2. *meist Pl* Rummelplatzvergnügen
ау́ *Interj* hallo *Zuruf im Wald, um einander nicht zu verlieren*
аудито́рия, -и *f* 1. Hörsaal 2. *Koll* Zuhörerschaft
ау́кать, -аю, -аешь, *uv umg* hallo rufen *im Wald* ‖ *v mom* ау́кнуть, -ну, -нешь
ау́каться, -аюсь, -аешься *uv umg* einander hallo zurufen ‖ *v mom* **ау́кнуться,** -нусь, -нешься ◇ как ау́кнется, так и откли́кнется *Sprichw* wie man in den Wald ruft, so schallt es heraus
аукцио́н, -а *m* Auktion, Versteigerung; прода́ть с -а versteigern
аукцио́нщик, -а *m* Auktionator
ау́л, -а *m* Aul *Siedlung im Kaukasus und in Mittelasien*
а́ут, -а *m Sport* Aus
аутенти́чность [тэ], -и *f* Echtheit, Glaubwürdigkeit
аутенти́чный [тэ], -ая, -ое; *Kzf* -чен, -чна authentisch, echt
Афана́сий, -я, *P* -и *m männl Vn*
афга́нец, -нца, *I* -нцем, *G Pl* -нцев *m* Afghane
Афганиста́н, -а *m* Afghanistan
афга́нский, -ая, -ое afghanisch
афе́ра, -ы *f* Schwindelei, unsauberes Geschäft; зло́стная ~ Hochstapelei; пусти́ться в -у sich in eine unsaubere Sache einlassen
афери́ст, -а *m* Hochstapler, Schwindler
Афи́ны, Афи́н *Pl* Athen
афиня́нин, -а, *Pl* -яне, -ян, -янам *m* Athener
афи́ша, -и, *I* -ей *f* Anschlagzettel
афиши́ровать, -рую, -руешь; -рованный, -рован, -а *v, uv buchspr* zur Schau stellen
афи́шный, -ая, -ое Plakat-
Афо́нька, -и, **Афо́нюшка,** -и, **Афо́ня,** -и *m Dem zu* Афана́сий
А́фрика, -и *f* Afrika
африка́нец, -нца, *I* -нцем, *G Pl* -нцев *m* Afrikaner
африка́нский, -ая, -ое afrikanisch
аффе́кт, -а *m* Affekt, Gemütserregung
аффекта́ция, -и *f* Affektiertheit
аффекти́рованный, -ая, -ое affektiert, geziert
ах *Interj* ach!; ах да! ach ja!
а́хать *uv zu* а́хнуть
ахилле́сов, -а, -о: -а пята́ Achillesferse
ахине́я, -и *f umg* Unsinn; нести́ -ю Unsinn reden
а́хнуть, -ну, -нешь *v mom* 1. *umg* ach rufen 2. *volksspr A* einen Hieb versetzen 3. *volksspr* krachen, donnern ‖ *uv* а́хать, -аю, -аешь *zu* 1
ахти́ *Interj alt* ach, o weh
Ашхаба́д, -а *m* Aschchabad *Stadt*
аэра́рий, -я, *P* -и, *G Pl* -ев *m* Terrasse für Luftbäder
аэро- *in Zuss* Luft-, Flug-
аэро|бо́мба, -ы *f* Fliegerbombe; **~вокза́л,** -а *m* Empfangsgebäude des Flughafens; **~динами́ческий,** -ая, -ое aerodynamisch; **~дро́м,** -а *m* Flugplatz; **~клу́б,** -а *m* Fliegerklub
аэроли́т, -а *m* Meteorstein
аэро|мая́к, -а́ *m flug* Landefeuer; **~навига́ция,** -и *f* Aeronautik
аэropла́н, -а *m alt* Flugzeug
аэро|по́рт, -а, *P* об аэропо́рте, в аэропорту́ *m* Flughafen; **~по́чта,** -ы *f* Luftpost; **~са́ни,** -сане́й, -саня́м *Pl* Propellerschlitten
аэроста́т, -а *m* (Fessel-) Ballon
аэросъё́мка, -и, *Pl G* -мок, *D* -мкам *f* Luftbildaufnahme
Аэрофло́т, -а *m* Aeroflot *sowjetische Luftfahrtgesellschaft*
аэрофото|аппара́т, -а *m* Luftbildkamera; **~разве́дка,** -и *f* Luftbilderkundung; **~сни́мок,** -мка *m* Luftaufnahme, Luftbild; **~съё́мка,** -и, *Pl G* -мок, *D* -мкам *f* Luftbildaufnahme
аэрохо́д, -а *m* Luftkissenfahrzeug

Б

б *Part statt* бы *nach Wörtern, die auf Vokal enden*: если б я мог wenn ich könnte; было б врéмя wenn (noch) Zeit wäre
ба *Interj des Staunens, umg* ei, ei!; da sieh mal an!; ба! когó я вúжу! ei, ei! wen sehe ich!
[1]**бáба,** -ы *m* **1.** *volksspr meist verächtl* Frauenzimmer, Weibsbild, Weib; вздóрная ~ zänkisches Weib; Mannweib **2.** *alt* Bäuerin **3.** *volksspr* Frau, Ehefrau **4.** *iron* Memme; Feigling **5.** *tech* Rammer, Rammbär ◇ кáменная ~ steinernes Götzenbild, Idol; снéжная ~ Schneemann
[2]**бáба,** -ы *m tech* Rammbär
[3]**бáба,** -ы *m* Napfkuchen
бáба-ягá, бáбы-ягú *f folkl* Hexe; böse Fee
баббúт, -а *m* Weißmetall, Lagermetall
бабёнка, -и, *Pl G* -нок, *D* -нкам *f volksspr* fesches, junges Weib
бáбий, -ья, -ье *volksspr* weibisch ◇ -ьи скáзки Ammenmärchen; -ье лéто Altweibersommer
[1]**бáбка,** -и, *Pl G* -бок, *D* -бкам *f* **1.** Großmutter **2.**: повивáльная ~ *alt* Hebamme; Geburtshelferin
[2]**бáбка,** -и, *Pl G* -бок, *D* -бкам *f* Fußgelenk; Knöchel, Fessel *bei Tieren* ◇ игрá в -и Knöchelspiel
[3]**бáбка,** -и, *Pl G* -бок, *D* -бкам *f*: перéдняя ~ *tech* Spindelkasten, -stock; зáдняя ~ Reitstock
бáбник, -а *m volksspr* Schürzenjäger
бáбочка, -и, *Pl G* -чек, *D* -чкам *f* **1.** Schmetterling, Falter; капýстная ~ Kohlweißling; ночнáя ~ Nachtfalter **2.** *umg* Fliege *Krawatte*
бабýся, -и *f umg* Großmütterchen
бáбушка, -и, *Pl G* -шек, *D* -шкам *f* **1.** Großmutter **2.** *umg* Mütterchen *Anrede für eine alte Frau* ◇ (это ещё) ~ нáдвое сказáла das wird die Zukunft lehren [zeigen]; das werden wir noch sehen; вот тебé, ~, и Юрьев день! da haben wir die Bescherung!
бабьё, -ья́ *n Koll volksspr verächtl* Weibervolk
бавáрец, -рца, *I* -рцем, *G Pl* -рцев *m* Bayer
Бавáрия, -и *f* Bayern
бавáрский, -ая, -ое bayrisch
багáж, -á, *I* -óм *m* **1.** Gepäck; ручнóй ~ Handgepäck; сдать вéщи в ~ das Gepäck aufgeben; кáмера хранéния -á Gepäckaufbewahrung *Raum*; отпрáвить вéщи -óм das Gepäck abfertigen **2.** *übtr* Kenntnisse, Wissen; ýмственный ~ *übtr* Wissensschatz
багáжник, -а *m* Gepäckträger *am Fahrrad*; Kofferraum *Auto*
багáжный, -ая, -ое Gepäck-; -ая квитáнция Gepäckschein
багáмский, -ая, -ое: Багáмские островá Bahamainseln
Багдáд, -а *m* Bagdad
багéт, -а *m* Leiste, Zierleiste; ~ для занавéсок Gardinenleiste
багóр, -грá *m* Hakenstange; Boots-, Fischhaken; пожáрный ~ Feuer(wehr)haken
бáгрить, -рю, -ришь; бáгренный, бáгрен, -а *uv* mit dem Haken fischen
багрúть, -рю́, -рúшь; -рённый, -рён, -ренá *uv* röten, flammendrot [glutrot] färben
багровéть, -éю, -éешь *uv* glutrot werden, sich purpurrot färben; ~ от гнéва vor Wut rot werden
багрóвый, -ая, -ое; *Kzf* -óв, -а glutrot, purpurrot
багря́нец, -нца, *I* -нцем, *G Pl* -нцев *m buchspr* flammende Röte, Purpurröte
багря́ный, -ая, -ое; *Kzf* -я́н, -а purpurn
бадéйка, -и, *Pl G* -éек, *D* -éйкам *Dem zu* бадья́ *f* kleiner Eimer; Milchtopf
бадья́, -ú, *Pl G* -éй, *D* -ья́м *f* Eimer, Kübel, Bottich; рудоподъёмная ~ *berg* Fördereimer
бáза, -ы *f* **1.** Basis, Grundlage; материáльно-технúческая ~ materiell-technische Basis; на -е чегó-н. auf Grund von etw; auf der Grundlage von etw; подвестú -у подо чтó-н. einer Sache eine feste Grundlage geben **2.** Basis, Fundament; ~ колóнны Säulenfuß **3.** Station, Depot; Zentralstelle; Versorgungspunkt; Materiallager; турúстская [экскурсиóнная] ~ Touristenheim; лы́жная ~ Schiausleihstelle **4.** *mil* Stützpunkt; воéнно-морскáя ~ Flottenstützpunkt **5.** Radstand *Auto*
базáльт, -а *m* Basalt
базáр, -а *m* **1.** Markt; Marktplatz **2.** Sonderverkauf; Jahrmarkt; кнúжный ~ Bücherbasar **3.** *übtr*

umg Stimmengewirr; Rummel ◇ пти́чий ~ Sammelplatz der Vögel an Meeresküsten
база́рный, -ая, -ое Markt-; ~ день Markttag
базе́дов, -а, -о: -а боле́знь Basedowsche Krankheit
Ба́зель, -я *m* Basel
бази́лика, -и *f* Basilika
бази́ровать, -рую, -руешь *uv* basieren, sich stützen, gründen (на *P* auf)
бази́роваться, -руюсь, -руешься *uv* **1.** sich gründen, sich stützen, beruhen (на *P* auf) **2.** als Stützpunkt [Versorgungspunkt] haben, stationiert sein (на *A oder P*)
ба́зис, -а *m* **1.** Basis, Fundament; Säulenfuß **2.** *übtr* Basis, Grundlage; материа́льный ~ materielle Basis [Grundlage]
ба́зисный, -ая, -ое Grund-; ~ склад Materiallager
бай, ба́я, *G Pl* -ев *m* Bai, Großbauer *in Mittelasien*
бай-ба́й *Interj* eia, eiapopeia
байба́к, -а́ *m* **1.** *zool* Siebenschläfer **2.** *übtr umg* Faulpelz, Nichtstuer
байда́рка, -и, *Pl G* -рок, *D* -ркам *f* Paddelboot; разбо́рная ~ Faltboot; ~-одино́чка Kajak
[1]**ба́йка,** -и *f* Boi *Baumwollgewebe*
[2]**ба́йка,** -и, *Pl G* ба́ек, *D* ба́йкам *f gbt* kleine Fabel
Байка́л, -а *m* Baikal, Baikalsee
байка́льский, -ая, -ое Baikal-; Байка́льское о́зеро Baikalsee
[1]**бак,** -а *m* Tank, Behälter
[2]**бак,** -а *m naut* Back
бакала́вр, -а *m* Bakkalaureus
бакале́йный, -ая, -ое: ~ магази́н Lebensmittelgeschäft für Gewürze, Teigwaren, Zucker u. a.
бакале́я, -и *f Koll* Genußmittel und Lebensmittel (*wie Gewürze, Teigwaren, Zucker u. a.*)
ба́кан ↑ ба́кен
ба́кен *u.* **ба́кан,** -а *m naut* Boje, Bake
бакенба́рды *Pl* -ба́рд, *Sg* бакенба́рда, -ы *f* Backenbart
ба́ки, бак, ба́кам *Pl* Backenbart
баки́нец, -нца, *I* -нцем, *G Pl* -нцев *m* Einwohner von Baku
баки́нский, -ая, -ое von [aus] Baku
[1]**баккара́** *n idkl* Kristallglas; ва́за ~ Kristallvase
[2]**баккара́** *n idkl alt* Bakkarat *Kartenglücksspiel*
бакла́га, -и *f* flaches Gefäß; Feldflasche
баклажа́н, -а, *G Pl* -жа́н *u.* -жа́нов *m bot* Aubergine, Eierfrucht
бакла́н, -а *m zool* Kormoran
баклу́ши: бить ~ faulenzen
бактери́йный, -ая, -ое Bakterien-; ~ яд Bakteriengift
бактерио́лог, -а *m* Bakteriologe
бактериологи́ческий, -ая, -ое bakteriologisch
бакте́рия, -и *f* Bakterie
баку́ *m idkl* Baku *Stadt*
бал, -а, *P* о ба́ле, на балу́, *Pl* балы́, -о́в, -а́м *m* Ball, Tanzabend; костюмиро́ванный ~ *oder* ~-маскара́д Maskenball ◇ ко́нчен ~! *umg* aus ist der Schmaus!
балабо́лка, -и, *Pl G* -лок, *D* -лкам *umg* **1.** *f* Berlocke, Schmuckanhängsel **2.** *m, f* Schwätzer(in)
балага́н, -а *m alt* **1.** Bude, Schuppen **2.** Schaubude, Jahrmarktsbude **3.** Posse, Schaubudenvorstellung **4.** *übtr volksspr* Rummel
балага́нить, -ню, -нишь *uv volksspr* Possen treiben [reißen]
балага́нный, -ая, -ое **1.** *alt* Schaubuden-; -ое представле́ние Schaubudenvorstellung **2.** *übtr umg* possenhaft, mutwillig, närrisch
балагу́р, -а *m umg* Witzbold, Spaßvogel
балагу́рить, -рю, -ришь *uv umg* Possen reißen; Spaß machen; spaßen
балагу́рство, -а *n umg* Spaß, Posse
балала́ечник, -а *m* Balalaikaspieler
балала́йка, -и, *Pl G* -ла́ек, *D* -ла́йкам *f mus* Balalaika
баламу́т, -а *m volksspr* Schwätzer
баламу́тить, -у́чу, -у́тишь *uv volksspr* **1.** verwirren; beunruhigen **2.** trübe machen *Wasser*
бала́нс, -а *m* **1.** Balance, Gleichgewicht **2.** *finanz* Bilanz; составля́ть [подводи́ть] ~ die Bilanz ziehen
балансёр, -а *m* Balancekünstler; ~ на кана́те Seiltänzer
баланси́р, -а *m* **1.** Balancierstange **2.** *tech* Schwinge **3.** Unruhe *Uhr*
баланси́ровать, -рую, -руешь *uv* **1.** balancieren, das Gleichgewicht halten **2.** *finanz* Bilanz ziehen **3.** ausgleichen **4.** *tech* auswuchten ‖ *v* сбаланси́ровать *zu* 3
Ба́латон, -а *m* Balaton, Plattensee
балахо́н, -а *m alt* Kittel; *umg* weites, schlechtsitzendes Kleidungsstück; э́то пла́тье сиди́т как ~ dieses Kleid sitzt wie ein Sack
балбе́с, -а *m derb* Tölpel; Tagedieb

балда́, -ы́ 1. *f alt berg* schwerer Hammer 2. *m, f derb* Dummkopf
балеа́рский, -ая, -ое: Балеа́рские острова́ Balearen
балери́на, -ы *f* Ballerina, Balletttänzerin
бале́т, -а *m* Ballett
бале́тка, -и, *Pl G* -ток, *D* -ткам *f umg* Stadtköfferchen
балетме́йстер, -а *m* Ballettmeister
бале́тный, -ая, -ое Ballett-
балетома́н, -а *m* (leidenschaftlicher) Ballettliebhaber
[1]**ба́лка,** -и, *Pl G* -лок, *D* -лкам *f tech* Balken, Träger
[2]**ба́лка,** -и, *Pl G* -лок, *D* -лкам *f* Schlucht
балка́нский, -ая, -ое Balkan-; Балка́нский полуо́стров Balkanhalbinsel; Балка́нские го́ры Balkangebirge
Балка́ны, -а́н *Pl* Balkan
балко́н, -а *m* 1. Balkon 2. *theat* Rang(plätze)
балл, -а *m* 1. Grad, Stärkegrad; ве́тер в шесть -ов Windstärke sechs 2. Zensur, Note *Schule, Sport* 3. Punkt *im Wettbewerb*
балла́да, -ы *f* Ballade
балла́ст, -а *m* 1. Ballast 2. Bettung *für Eisenbahnschwellen*
балли́стика, -и *f* Ballistik, Wurflehre
баллисти́ческий, -ая, -ое ballistisch; -ая межконтинента́льная ракéта interkontinentale ballistische Rakete
балло́н, -а 1. Ballon 2. Gasflasche; Glaskolben; ~ с кислоро́дом Sauerstoffflasche; возду́шный ~ Preßluftflasche 3. Kugelschreiberpatrone 4. (Luft-) Reifen *für Fahrzeuge*
баллоти́ровать, -рую, -руешь; -рованный, -рован, -а *uv* wählen; zur Abstimmung bringen
баллоти́роваться, -руюсь, -руешься *uv* kandidieren; zur Abstimmung gebracht werden
баллотиро́вка, -и *f* Abstimmung
бало́ванный, -ая, -ое verwöhnt, verzogen, verhätschelt
балова́ть, -лу́ю, -лу́ешь; -ло́ванный, -ло́ван, -а *uv* 1. verwöhnen, verziehen, verhätscheln 2. *volksspr* unartig [ausgelassen] sein; Unfug treiben
балова́ться, -лу́юсь, -лу́ешься *uv umg* 1. unartig sein; Unfug treiben 2. *I* sich vergnügen, sich zerstreuen
ба́ловень, -вня *m umg* verwöhntes [verhätscheltes] Kind; Nesthäkchen ◇ ~ сча́стья vom Glück Verwöhnter; Glückspilz; он всео́бщий ~ er ist der Liebling aller
баловни́к, -а́ *m umg* verzogenes Kind, Balg, Schelm
баловни́ца, -ы, *I* -ей *f umg* verzogenes Kind, Balg, Schelm *Mädchen*
баловно́й, -а́я, -о́е *volksspr* ausgelassen, unartig
баловство́, -а́ *n umg* 1. Verwöhnung, Verhätschelung 2. Übermut, Mutwille, Ungezogenheit; э́то одно́ ~ das ist nicht ernst zu nehmen
балти́ец, -и́йца, *I* -и́йцем, *G Pl* -и́йцев 1. Balte 2. Matrose der Ostseeflotte
балти́йский, -ая, -ое baltisch; Балти́йское мо́ре Ostsee
Балха́ш, -а, *I* -ем *m* Balchaschsee
балы́к, -а́ *m* Balyk, gedörrter Störrücken
бальза́м, -а *m* Balsam
бальзами́рование, -я *n* Einbalsamierung
бальзами́ровать, -рую, -руешь; -рованный, -рован, -а *uv* (ein)balsamieren ‖ *v* набальзами́ровать
ба́льный, -ая, -ое Ball-; -ое пла́тье Ballkleid
балюстра́да, -ы *f* Balustrade
баля́сина, -ы *f* Geländerpfeiler
баля́сничать, -аю, -аешь *uv gbt* scherzen, Witze reißen
баля́сы, -ля́с *Pl*: точи́ть ~ *volksspr* müßiges Zeug reden
бамбу́к, -а *m* Bambus
бамбу́ковый, -ая, -ое Bambus-
ба́мпер, -а *m* Stoßstange *Auto*
бана́льный, -ая, -ое; *Kzf* -лен, -льна banal, abgedroschen
бана́н, -а *m* 1. Banane 2. Bananenbaum
бана́новый, -ая, -ое Bananen-; ~ конта́кт Bananenstecker
Бангко́к, -а *m* Bangkok
ба́нда, -ы *m* Bande, Rotte
банда́ж, -а́, *I* -о́м, *G Pl* -е́й *m* 1. Bandage, Binde; Bruchband 2. *tech* Radreifen, Ring
бандажи́ст, -а *m* Bandagist
бандеро́ль, -и *f* 1. Kreuzband; Drucksache; Päckchen; посыла́ть (под) -ю als Drucksache verschicken 2. Zoll-, Steuerstreifen
банди́т, -а *m* Bandit
бандити́зм, -а *m* Banditentum
Банду́нг, -а *m* Bandung
банду́ра, -ы *f mus* Bandura, Bandola
банду́рист, -а *m* Bandolaspieler
банк, -а *m* 1. *finanz* Bank; госуда́рст-

венный ~ Staatsbank; име́ть счёт в -е ein Bankkonto haben 2. Bank *im Glücksspiel*; держа́ть ~ die Bank halten; сорва́ть ~ die Bank sprengen 3. Pharao *Kartenglücksspiel*

[1]**ба́нка,** -и, *Pl G* -нок, *D* -нкам *f* 1. Büchse, Einweckglas; консе́рвная ~ Konservenglas, -büchse 2. *med* Schröpfkopf; ста́вить -и Schröpfköpfe setzen

[2]**ба́нка,** -и, *Pl G* -нок, *D* -нкам *f naut* Sandbank

банкаброш, -а, *I* -ем, *G Pl* -ей *m text alt* Spindelbank, Flyer

банке́т, -а *m* Bankett, Festessen

банки́р, -а *m* Bankier

банки́рский, -ая, -ое Bank-; **-ая** конто́ра Bankgeschäft, -haus

банкно́ты *Pl* -но́т, *Sg* банкно́т, -а *m u. alt* банкно́та, -ы *f* Banknoten, Geldscheine

ба́нковский, -ая, -ое Bank-; ~ рабо́тник Bankangestellter

ба́нковый, -ая, -ое Bank-; ~ биле́т Banknote

банкомёт, -а *m* Bankhalter

банкро́т, -а *m* Bankrotteur *a. übtr*; объяви́ть себя́ -ом den Bankrott erklären

банкро́тство, -а *n* Konkurs; Bankrott *a. übtr*

ба́нный, -ая, -ое Bade- ◇ приста́ть к кому́-н. как ~ лист *volksspr* sich an j-n wie eine Klette hängen

бант, -а *m* Schleife; завяза́ть -ом eine Schleife binden

ба́нтик, -а *m Dem zu* бант kleine Schleife; гу́бки -ом mit aufgeworfener Oberlippe

ба́нщик, -а *m* Badegehilfe, Badewärter

ба́ня, -и *f* 1. Badeanstalt; Baderaum 2. *umg* Bad(en), Dampfbad 3. *übtr* Schwitzbad, Hitze ◇ крова́вая ~ Blutbad; зада́ть -ю кому́-н. *umg* j-m (tüchtig) den Kopf waschen

баоба́б, -а *m bot* Affenbrotbaum

[1]**бар,** -а *m* Imbißstube

[2]**бар,** -а *m phys* Bar

бараба́н, -а *m* 1. *mus* Trommel; большо́й ~ Pauke; бить в ~ trommeln 2. *tech* Trommel, Zylinder; Federgehäuse 3. *anat* Paukenhöhle 4. *arch* Kuppelunterbau

бараба́нить, -ню, -нишь *uv* trommeln; ~ на роя́ле *umg* auf dem Klavier klimpern

бараба́нный, -ая, -ое Trommel-; ~ бой Trommelschlag; -ая перепо́нка *anat* Trommelfell

бараба́нщик, -а *m* Trommler

бара́к, -а *m* Baracke

бара́н, -а *m* 1. Hammel, Widder 2. Schaf ◇ как ~ на но́вые воро́та смотре́ть [уста́виться] *umg* dastehen wie die Kuh vorm neuen Tor

бара́ний, -ья, -ье 1. Hammel-; -ья груди́нка Hammelbrust 2. Schaf(fell)-; -ья ша́пка Schaffellmütze ◇ согну́ть [скрути́ть] кого́-н. в ~ рог j-n kleinkriegen, j-n ins Bockshorn jagen

бара́нина, -ы *f* Hammelfleisch

бара́нка, -и, *Pl G* -нок, *D* -нкам *f* 1. Kringel *Gebäck* 2. *volksspr* Lenkrad *Auto*

барахло́, -а́ *n Koll volksspr* Plunder, Kram, unbrauchbares Zeug

бара́хтаться, -аюсь, -аешься *uv* zappeln, strampeln

бара́чный, -ая, -ое Baracken-

бара́шек, -шка *m* 1. *Dem zu* бара́н Lamm 2. Schafpelz 3. *Pl* -шки, -шков kleine schaumgekrönte Wellen, Schaumkronen 4. *Pl* -шки, -шков Schäfchenwolken 5. Flügelmutter

бара́шковый, -ая, -ое Lammfell-

барбари́с, -а (-у) *m bot* Berberitze

барбо́с, -а *m* 1. Hofhund 2. böser, grober Mensch

барви́нок, -нка *m bot* Immergrün

бард, -а *m hist* Barde

барда́, -ы́ *u.* **барда,** -ы *f* Treber

барелье́ф, -а *m* Basrelief, Flachrelief

ба́ренцев, -а, -о: Ба́ренцево мо́ре Barentssee

ба́ржа, -и, *G Pl* барж *u.* **баржа́,** -и́, *G Pl* -е́й *f* Last-, Schleppkahn

ба́рий, -я, *P* -и *m chem* Barium

ба́рин, -а, *Pl volksspr* ба́ре *u.* ба́ры, бар, ба́рам *m* 1. *hist* Gutsbesitzer, -herr; Adliger; Beamter 2. *alt* (*im Pl gebräuchlich* господа́, госпо́д, господа́м) Herr, Hausherr; gnädiger Herr *als Anrede* 3. *umg* Schmarotzer ◇ держа́ть себя́ -ом den großen Herrn spielen; жить -ом ein sorgloses Leben führen, auf großem Fuße leben; сиде́ть -ом faulenzen

барито́н, -а *m* 1. Bariton(stimme) 2. Bariton(sänger) 3. Bariton *Musikinstrument*

ба́рич, -а, *I* -ем, *G Pl* -ей *m umg alt* 1. Herrensohn, junger Adliger 2. Gutsherr; Adliger 3. Beamter 4. Schmarotzer

ба́рка, -и, *Pl G* -рок, *D* -ркам *f* Barke
баркаро́ла, -ы *f* Barkarole, Gondellied
барка́с, -а *m* Barkasse
ба́рмы, барм *Pl* reichverzierter weiter Schulterumhang der Moskauer Zaren und Fürsten
баро́граф, -а *m* Barograph
барока́мера, -ы *f* Unterdruckkammer
баро́кко *n idkl* Barock
баро́метр, -а *m* Barometer; ~ па́дает das Barometer fällt; ~ поднима́ется das Barometer steigt
барометри́ческий, -ая, -ое Barometer-
баро́н, -а *m* Baron
барон́есса, -ы *f* Baronesse
барра́ж, -а, *I* -ем, *G Pl* -ей *m* **1.** *mil* Ballonsperre **2.** Schneezaun *an Eisenbahnlinien*
барражи́ровать, -рую, -руешь *uv mil* (Luft-) Sperre fliegen, sperren
баррика́да, -ы *f* Barrikade; сража́ться на -ах auf den Barrikaden kämpfen
баррикади́ровать, -рую, -руешь *uv* verbarrikadieren, versperren
баррика́дный, -ая, -ое Barrikaden-
барс, -а *m* Panther, Leopard
ба́рский, -ая, -ое *hist* herrschaftlich, Herren-; -ие зама́шки herrisches Wesen
ба́рство, -а *n* **1.** Herrenmanieren, Hoffart **2.** Schmarotzertum **3.** *Koll alt* adlige Sippe
ба́рствовать, -твую, -твуешь *uv* ein müßiges Leben führen
барсу́к, -а́ *m* Dachs
бархáны *Pl* -ов, *Sg* бархáн, -а *m* Wanderdünen *in Steppen und Wüsten*
ба́рхат, -а (-у) *m* Samt
бархати́стый, -ая, -ое; *Kzf* -и́ст, -а samtig, samtweich
ба́рхатка, -и *Pl G* -ток, *D* -ткам *f* kleines Samtband
ба́рхатный, -ая, -ое **1.** samten, Samt-; -ое пла́тье Samtkleid **2.** *übtr* samtweich; ~ го́лос samtweiche Stimme
барчу́к, -а́ *m volksspr* junger Adliger, Junker; junger Herr, Herrensohn
ба́рщина, -ы *f hist* Fron, Frondienst
ба́рщинный, -ая, -ое Fron-
ба́рыня, -и *f* **1.** *hist* Herrin, Gutsherrin **2.** *alt* gnädige Frau *als Anrede* **3.** *mißb* große Dame, Schmarotzerin **4.** Name eines Volkstanzliedes
бары́ш, -а́, *I* -о́м, *G Pl* -е́й *m alt* **1.** Profit, Gewinn; дава́ть -и́ Gewinn bringen **2.** Vorteil
бары́шник, -а *m alt* **1.** Zwischenhändler, Aufkäufer **2.** Pferdehändler
бары́шничать, -аю, -аешь *uv I alt* Zwischenhandel treiben, aufkaufen, wuchern
бары́шничество, -а *n alt* Zwischenhandel, Aufkauf
ба́рышня, -и *Pl G* -шень, *D* -шням *f alt* Fräulein; gnädiges Fräulein *Anrede* ◇ кисе́йная ~ Zierpuppe, Gänschen
барье́р, -а *m* **1.** Barriere, Schranke; Schlagbaum; тамо́женные -ы Zollschranken **2.** *Sport* Hürde; взять ~ eine Hürde nehmen **3.**: звуково́й ~ Schallmauer
барье́рный, -ая, -ое: ~ бег Hürdenlauf
бас, -а, *Pl* басы́, -о́в, -а́м *m* **1.** Baß(stimme); петь -ом Baß singen **2.** Bassist, Baß(sänger) **3.** Baßtuba; Baßgeige
баси́стый, -ая, -ое; *Kzf* -и́ст, -а tief, Baß-; ~ го́лос tiefe Stimme; -ые зву́ки Baßtöne
баси́ть, башу́, баси́шь *uv umg* Im Baß(ton) sprechen, Baß singen
ба́ска, -и, *Pl G* -сок, *D* -скам *f* Schößchen
баскетбо́л, -а *m* Basketball
баскетболи́ст, -а *m* Basketballspieler
баскетбо́льный, -ая, -ое Basketball-
басма́ч, -а́, *I* -о́м, *G Pl* -е́й *m* Basmatsch(e), konterrevolutionärer Bandit in Mittelasien
баснопи́сец, -сца, *I* -сцем, *G Pl* -сцев *m* Fabeldichter
баснoсло́вный, -ая, -ое; *Kzf* -вен, -вна **1.** *alt* legendär **2.** fabelhaft, unglaublich
ба́сня, -и, *Pl G* -сен, *D* -сням *f* **1.** Fabel **2.** *übtr umg* Erfindung, Einfall ◇ -и расска́зывать einen Stiefel zusammenreden
басови́тый, -ая, -ое; *Kzf* -и́т, -а *umg* tief, Baß-
басо́вый, -ая, -ое *mus* Baß-
басо́к, -ска́ *m umg* weiche Baßstimme
басо́н, -а (-у) *m* Tresse, Borte
бассе́йн, -а *m* **1.** Bassin, (Wasser-) Becken; ~ для пла́вания Schwimmbassin, -becken; закры́тый [зи́мний] ~ Hallen(schwimm)bad **2.**: каменно у́гольный ~ Steinkohlenbecken **3.**: (речно́й) ~ Stromgebiet
ба́ста! *Interj umg* basta!, genug davon!
бастова́ть, -ту́ю, -ту́ешь *uv* streiken, in den Streik treten
басту́ющий, -его *Subst m* Streikender
басурма́н, -а *m alt* Andersgläubiger, *meist* Mohammedaner

батали́ст, -а *m* Schlachtenmaler
бата́лия, -и *f* 1. *alt* Schlacht 2. *umg iron* Streit, Zank
бата́льный, -ая, -ое Schlachten-; -ая живопись Schlachtenmalerei
батальо́н [льё], -а *m* Bataillon
батальо́нный [льё], -ая, -ое Bataillons-; ~ команди́р Bataillonskommandeur
батаре́ец, -ре́йца, *I* -ре́йцем, *G Pl* -ре́йцев *m umg* Artillerist
батаре́йка, -и, *Pl G* -ре́ек, *D* -ре́йкам *f Dem zu* батаре́я kleine Batterie; Taschenlampenbatterie
батаре́йный, -ая, -ое Batterie-
батаре́я, -и *f mil, el* Batterie; ~ парово́го отопле́ния Heizkörper
ба́тенька, -и, *Pl G* -нек, *D* -нькам *m alt* mein Lieber *Anrede*
ба́тик, -а *m text* Batik
бати́ст, -а (-у) *m* Batist
бато́г, -а́ *m* 1. *hist* Stock *für Prügelstrafen* 2 *alt u. gbt* Stock, Stab
бато́н, -а *m* 1. (längliches) Weißbrot 2. Riegel *Schokolade u.a.*
батра́к, -а́ *hist m* Knecht, Landarbeiter
батра́цкий, -ая, -ое Knechts-, Landarbeiter-
батра́чество, -а *n hist* 1. Knechtsarbeit 2. *Koll* Landarbeiter
батра́чить, -чу, -чишь *uv* als Knecht arbeiten
батра́чка, -и, *Pl G* -чек, *D* -чкам *f* Magd, Landarbeiterin
баттерфля́й, -я *m Sport* Schmetterlingsstil
Бату́ми *m idkl* Batumi *Stadt*
ба́тюшка, -и, *Pl G* -шек, *D* -шкам *m* 1. *alt* Vater, Väterchen; ваш ~ Ihr Herr Vater 2. *alt* mein Lieber *Anrede* 3. *umg* Geistlicher ◇ -и (мой)! ach, du meine Güte!; как вас по -е? wie ist Ihr Vatersname?
ба́тюшкин, -а, -о dem Vater gehörig, Vater-
бау́л, -а *m* länglicher Reisekoffer
бах 1. *Interj* bums! 2. *prädikativ umg* versetzte einen Schlag; он его́ ~ er gab ihm einen Schlag
ба́хать *uv zu* ба́хнуть
бахва́л, -а *m volksspr* Prahlhans
бахва́литься, -люсь, -лишься *uv volksspr I* prahlen (mit), aufschneiden
бахва́льство, -а *n volksspr* Prahlerei
ба́хнуть, -ну, -нешь *v mom umg* 1. krachen 2. geräuschvoll einen Schlag versetzen; plumpsen ‖ *uv* ба́хать, -аю, -аешь
бахрома́, -ы́ *f* Franse(n)
бахро́мчатый, -ая, -ое mit Fransen, fransig
бахча́, -и́, *I* -о́й, *G Pl* -е́й *f* Melonenfeld
бахчеводство, -а *n* Melonenanbau
бац 1. *Interj* bums!, bauz! 2. *prädikativ umg* versetzte einen Schlag
баци́лла, -ы *f* Bazillus
баци́лловый, -ая, -ое Bazillen-
бациллоноси́тель, -я *m* Bazillenträger
бачо́к, -чка́ *m* Behälter
ба́шенный, -ая, -ое Turm-
башибузу́к, -а *m alt* Räuber, Wagehals
башка́, -и́ *f volksspr* Kopf, Schädel
башки́р, -а, *G Pl* башки́р *m* Baschkire
Башки́рия, -и *f* Baschkirien
башки́рка, -и, *Pl G* -рок, *D* -ркам *f* Baschkirin
башки́рский, -ая, -ое baschkirisch; Башки́рская АССР Baschkirische ASSR
башкови́тый, -ая, -ое; *Kzf* -и́т, -а *volksspr* klug
башлы́к, -а́ *m* Kapuze
башма́к, -а́ *m* 1. Schuh 2. *tech* Bremsklotz, -schuh ◇ быть под -о́м у жены́ unter dem Pantoffel stehen
башма́чник, -а *m alt* Schuhmacher
башма́чный, -ая, -ое Schuh-
башмачо́к, -чка́ *m* kleiner Schuh; Pantöffelchen
ба́шня, -и, *Pl G* -шен, *D* -шням *f arch, mil* Turm; водонапо́рная ~ Wasserturm; бронева́я ~ Panzerturm
башта́н, -а *m gbt* Melonenfeld
ба́ю-ба́й, ба́юшки-баю́, ба́ю-ба́юшки-баю *Interj* eia, eiapopeia
баю́кать, -аю, -аешь *uv* in den Schlaf singen [wiegen]
[1]**бая́н,** -а *m* altrussischer Barde
[2]**бая́н,** -а *m* große Ziehharmonika
баяни́ст, -а *m* Ziehharmonikaspieler
бде́ние, -я *n buchspr alt* Wachen
бдеть, *1. Pers. ungebr.*, бдишь *uv buchspr alt* 1. wachen 2. aufmerksam beobachten
бди́тельный, -ая, -ое; *Kzf* -лен, -льна wachsam
бег, -а, *P* о бе́ге, на бегу́ *m* 1. Lauf; на -у́ im Laufen 2. (Wett-) Rennen; состяза́ние в -е Wettlauf; ~ на сто ме́тров 100-m-Lauf; ~ с препя́тствиями Hindernislauf; барье́рный ~ Hürdenlauf; ~ на ме́сте Stehlaufschritt 3. *Pl* бега́, -о́в Pferderennen; рысисты́е -а́ Trabrennen; он был на -а́х er war zum Pferderennen

4. *Pl* бегá, -óв *alt* Desertion; в -áх *umg* unterwegs, auf den Beinen; *alt* auf der Flucht
бéганье, -ья *n* Laufen, Rennen
бéгать, -аю, -аешь *uv* **1.** *unbest zu* бежáть **2.** *volksspr* от *G* meiden, ausweichen **3.** *1. u. 2. Pers ungebr* rasch hin- und herlaufen **4.** umherschweifen *Augen*
бегемóт, -а *m* Nilpferd, Flußpferd
беглéц, -á, *I* -óм, *G Pl* -óв *m* Entlaufener
бéглый, -ая, -ое **1.** *alt* flüchtig; ausgebrochen **2.** -ого *Subst m alt* Flüchtling **3.** flüchtig, oberflächlich; schnell; ~ взгляд flüchtiger Blick **4.** fließend, geläufig *vom Lesen, Schreiben, Sprechen* **5.** flüchtig *von Sprachlauten* ◇ ~ огóнь *mil* Gruppenfeuer; ~ шаг Laufschritt
беглянка, -и, *Pl G* -нок, *D* -нкам *f* Flüchtige, Entlaufene
беговóй, -áя, -óе Renn-; -áя лóшадь Rennpferd; -áя дорóжка Aschen-, Rennbahn
бегóм *Adv* im Laufschritt, im Lauf; ~ марш! *mil* im Laufschritt marsch! ◇ бежáть ~ eilig laufen, rennen
бегóния, -и *f bot* Begonie
беготня, -й *f umg* **1.** Hin- und Herrennen, -laufen **2.** Lauferei
бéгство, -а *n* Flucht; обратить в ~ in die Flucht schlagen; обратиться в ~ die Flucht ergreifen, flüchten
бегý ↑ бежáть
бегýн, -á *m* **1.** Läufer; ~ на корóткие дистáнции Kurzstreckenläufer, Sprinter; ~ на длинные дистáнции Langstreckenläufer **2.** *Pl tech* Misch- und Mahlmaschine
бегýнья, -ьи, *Pl G* -ний, *D* -ньям *f* Läuferin
бедá, -ы́, *Pl* бéды, бед, бéдам *f* **1.** Unglück, Unheil; Elend, Not; попáсть в -ý in die Klemme geraten; ~ не великá das hat nichts auf sich; что за ~! das schadet nichts! **2.** *prädikativ umg* schlimm, schwierig; ~ мне с ним ich habe meine liebe Not mit ihm; в тóм-то и ~ das ist es eben, das ist eben das Schlimme; (это) не ~! das macht nichts!, das ist nicht schlimm!; на -ý zum Unglück, unglücklicherweise; ~ как *umg* sehr, schrecklich; ~ емý! wehe ihm!; лихá ~ начáло *Sprichw* aller Anfang ist schwer
бедлáм, -а *m umg* Durcheinander, Chaos
беднéть, -éю, -éешь *uv* arm werden, verarmen
бéдность, -и *f* Armut, Elend; Dürftigkeit
беднотá, -ы́ *f* **1.** *Koll* die Armen, Armut **2.** *umg* Armut, Elend, Dürftigkeit
бéдный, -ая, -ое; *Kzf* -ден, -днá **1.** arm, ärmlich; mittellos **2.** dürftig, kümmerlich, karg; ~ чéм-н. arm an etw. **3.** *ohne Kzf* arm, unglücklich, elend
бедняга, -и *m, f umg* armer Schlucker, armer Teufel
бедняжка, -и, *Pl G* -жек, *D* -жкам *m, f umg* armer Tropf
бедняк, -á *m* **1.** Armer, Mittelloser **2.** Kleinbauer
беднямцкий, -ая, -ое kleinbäuerlich, Kleinbauern-
бедóвый, -ая, -ое *umg* keck, verwegen
бедокýрить, -рю, -ришь *uv umg* Unheil anrichten
бéдренный, -ая, -ое *anat* Schenkel-, Hüft-
бедрó, -á, *Pl* бёдра, -дер, -драм *n* **1.** Oberschenkel **2.** Hüfte **3.** Lendenstück
бéдственный, -ая, -ое; *Kzf* -вен, -венна elend, erbärmlich; -ое положéние Notlage
бéдствие, -я *n* Not, Unglück, Katastrophe; стихийное ~ Naturkatastrophe
бéдствовать, -твую, -твуешь *uv* Not leiden, darben
бедуин, -а *m* Beduine
беж *Adj idkl* beige; чулки цвéта ~ beigefarbene Strümpfe
бежáть* *uv* **1.** *best* laufen, rennen; ~ рысью traben **2.** laufen, rennen, fließen, vergehen; водá бежит das Wasser rinnt; врéмя бежит die Zeit verrinnt; молокó бежит die Milch läuft über **3.** *best a. v* fliehen, flüchten; ausbrechen; die Flucht ergreifen | *unbest* бéгать *zu* **1**, **2**
бéжевый, -ая, -ое *umg* beige(farben)
бéженец, -нца, *I* -нцем, *G Pl* -нцев *m* Flüchtling
бéженка, -и, *Pl G* -нок, *D* -нкам *f* Flüchtling *Frau*
бéженский, -ая, -ое Flüchtlings-
без *u. vor* весь *u.* всякий **безо** *ohne Betonung Präpos mit G* **1.** ohne; ~ сомнéния ohne Zweifel, zweifellos; ~ исключéния ausnahmslos; остáвить ~ внимáния außer acht lassen **2.** in Abwesenheit (von); ~ меня in

meiner Abwesenheit, als ich fort war 3. weniger als *bei Maßangaben*; ~ пятна́дцати грамм полкило́ es fehlen fünfzehn Gramm an einem Pfund 4. vor *bei Zeitangaben*; ~ че́тверти час drei Viertel eins; ~ десяти́ (мину́т) три zehn (Minuten) vor drei ◇ пропа́сть бе́з вести vermißt sein; бе́з году неде́ля vor kurzem, neulich; ~ того́ ohnehin

безала́берный, -ая, -ое; *Kzf* -рен, -рна *umg* liederlich, unordentlich

безала́берщина, -ы *f umg* Schlamperei

безалкого́льный, -ая, -ое alkoholfrei

безапелляцио́нный, -ая, -ое; *Kzf* -о́нен, -о́нна kategorisch; *jur* keine Berufung zulassend

безбе́дный, -ая, -ое 1. sorgenlos, sorgenfrei; -ое существова́ние gesicherte Verhältnisse 2. -о *Adv*: жить -о auskömmlich leben

безбиле́тный, -ая, -ое ohne Fahrkarte; ~ пассажи́р blinder Passagier, Schwarzfahrer

безбо́жие, -я *n* Atheismus

безбо́жник, -а *m* Gottloser, Atheist

безбо́жный, -ая, -ое *umg* gewissenlos, unverschämt

безболе́зненный, -ая, -ое; *Kzf* -ен, -енна 1. schmerzlos 2. *übtr* glatt, reibungslos

безборо́дый, -ая, -ое bartlos

безбоя́зненный, -ая, -ое; *Kzf* -ен, -енна *buchspr* furchtlos, unerschrocken

безбра́чие, -я *n* Ehelosigkeit, Zölibat

безбра́чный, -ая, -ое ehelos, unverheiratet

безбре́жный, -ая, -ое; *Kzf* -жен, -жна uferlos, endlos; grenzenlos

безве́рие, -я *n* Ungläubigkeit, Unglaube

безве́стность, -и *f* Unbekanntheit; жить в -и unbekannt leben

безве́стный, -ая, -ое; *Kzf* -тен, -тна unbekannt; в -ом отсу́тствии *jur* verschollen

безве́тренный, -ая, -ое; *Kzf* -рен, -ренна windstill

безве́трие, -я *n* Windstille

безви́нный, -ая, -ое; *Kzf* -ви́нен, -ви́нна schuldlos, unschuldig

безвку́сие, -я *n* Geschmacklosigkeit

безвку́сица, -ы, *I* -ей *f umg* Geschmacklosigkeit

безвку́сный, -ая, -ое; *Kzf* -сен, -сна 1. geschmacklos, fade, schal 2. geschmacklos, ohne Eleganz; -ая обстано́вка ко́мнаты geschmacklose Zimmereinrichtung

безвла́стие, -я *n* Anarchie

безво́дный, -ая, -ое; *Kzf* -ден, -дна 1. wasserarm, -los 2. *chem* wasserfrei

безво́дье, -ья *n* Wassermangel, Wassernot

безвозвра́тный, -ая, -ое; *Kzf* -тен, -тна 1. unwiederbringlich 2. unwiderruflich; -ая ссу́да Darlehen ohne Rückerstattung

безвозду́шный, -ая, -ое luftleer

безвозме́здный, -ая, -ое unentgeltlich, kostenlos; -ое отчужде́ние entschädigungslose Enteignung

безво́лие, -я *n* Willenlosigkeit

безво́льный, -ая, -ое; *Kzf* -лен, -льна willenlos

безвре́дный, -ая, -ое; *Kzf* -ден, -дна unschädlich; harmlos

безвре́менный, -ая, -ое *hoher Stil* vorzeitig, verfrüht, (zu) früh; -ая кончи́на vorzeitiger Tod

безвре́менье, -ья *n alt* schwere Zeiten

безвы́ездный, -ая, -ое 1. ständig, ohne den Aufenthaltsort zu ändern 2. -о *Adv*: он -о живёт в Москве́ er lebt ständig in Moskau

безвы́ходный, -ая, -ое 1. ständig, ohne auszugehen 2. *Kzf* -ден, -дна aussichts-, hoffnungslos, verzweifelt, ausweglos

безгла́зый, -ая, -ое ohne Augen; einäugig

безгла́сный, -ая, -ое; *Kzf* -сен, -сна *alt* 1. wortlos, schweigsam, stumm 2. urteilslos

безголо́вый, -ая, -ое; *Kzf* -о́в, -а 1. kopflos, ohne Kopf 2. *übtr umg* dumm, beschränkt; vergeßlich

безголо́сый, -ая, -ое ohne Stimme; mit schlechter *oder* schwacher Stimme

безгра́мотность, -и *f* 1. Analphabetentum 2. Unwissenheit, Mangel an Bildung 3. ungenügende Kenntnisse im Lesen und Schreiben

безгра́мотный, -ая, -ое; *Kzf* -тен, -тна 1. des Lesens und Schreibens unkundig 2. ungebildet, unwissend (в *P* in) 3. fehlerhaft, schlecht *von einer Arbeit* 4. *Adv*: -о писа́ть beim Schreiben grobe Fehler machen

безграни́чный, -ая, -ое; *Kzf* -чен, -чна grenzenlos, unbeschränkt

безда́рный, -ая, -ое; *Kzf* -рен, -рна unbegabt, talentlos; stümperhaft

безде́йствие, -я *n* Untätigkeit, Müßiggang; Stillstand
безде́йствовать, -твую, -твуешь *uv* untätig [müßig] sein; stillstehen, außer Betrieb sein
безде́лица, -ы, *I* -ей *f umg* Kleinigkeit
безде́лка, -и, *Pl G* -лок, *D* -лкам *f alt* 1. Nippsache, Tand 2. Kleinigkeit, Bagatelle
безделу́шка, -и, *Pl G*-шек, *D*-шкам *f* Nippsache
безде́лье, -ья *n* Müßiggang, Nichtstun
безде́льник, -а *m umg* Müßiggänger, Faulenzer, Nichtstuer
безде́льничать, -аю, -аешь *uv* faulenzen, auf der faulen Haut liegen
безде́льный, -ая, -ое; *Kzf* -лен, -льна *umg* unbeschäftigt, müßig, untätig
безде́нежный, -ая, -ое 1. bargeldlos 2. *umg* ohne Geld
безде́нежье, -ья *n* Geldmangel
безде́тность, -и *f* Kinderlosigkeit
безде́тный, -ая, -ое; *Kzf* -тен, -тна kinderlos
безде́ятельный, -ая, -ое; *Kzf* -лен, -льна untätig, tatenlos
бе́здна, -ы *f* 1. Abgrund, Kluft 2. *G übtr umg* Unmenge, Unmasse ◇ ~ премýдрости *scherz* abgrundtiefe Weisheit
бездоказа́тельный, -ая, -ое; *Kzf* -лен, -льна beweislos, unbewiesen
бездо́мный, -ая, -ое; *Kzf* -мен, -мна obdachlos; -ая собáка herrenloser Hund
бездо́нный, -ая, -ое; *Kzf* -нен, -нна bodenlos, abgrundtief ◇ -ая бóчка *scherz* a) Erzsäufer; b) „Faß ohne Boden"
бездоро́жный, -ая, -ое; *Kzf* -жен, -жна unwegsam, unbefahrbar
бездоро́жье, -ья *n* 1. Wegelosigkeit 2. Zeit der Unbefahrbarkeit; aufgeweichte Wege
бездохо́дный, -ая, -ое; *Kzf* -ден, -дна ertraglos, ohne Nutzen, unrentabel
безду́мный, -ая, -ое gedankenlos, sorglos, leichtsinnig
безду́шие, -я *n* Herzlosigkeit, Hartherzigkeit
безду́шный, -ая, -ое; *Kzf* -шен, -шна 1. herzlos, hartherzig 2. leblos, ausdruckslos
безды́мный, -ая, -ое rauchlos
бездыха́нный, -ая, -ое; *Kzf* -áнен, -áнна leblos, tot
безе́ [зэ] *n idkl* Baiser *Schaumgebäck*
безжа́лостный, -ая, -ое; *Kzf* -тен, -тна unbarmherzig, schonungslos
безжи́зненный, -ая, -ое; *Kzf* -нен, -ненна 1. tot, leblos 2. *übtr* leblos, ausdruckslos
беззабо́тный, -ая, -ое; *Kzf* -тен, -тна sorglos, sorgenfrei
беззаве́тный, -ая, -ое; *Kzf* -тен, -тна 1. selbstlos, grenzenlos 2. -о *Adv*: -о пре́данный grenzenlos ergeben
беззако́ние, -я *n* 1. Gesetzlosigkeit, Willkür 2. Gesetzwidrigkeit, ungesetzliche Handlung; совершáть -я gesetzwidrig handeln
беззако́нный, -ая, -ое; *Kzf* -нен, -нна ungesetzlich, gesetzwidrig; willkürlich
беззасте́нчивый, -ая, -ое; *Kzf* -ив, -а unverschämt, rücksichtslos
беззащи́тный, -ая, -ое; *Kzf* -тен, -тна schutzlos, wehrlos; hilflos
беззвёздный, -ая, -ое; *Kzf*-ден, -дна sternenlos
беззву́чный, -ая, -ое; *Kzf* -чен, -чна klanglos, lautlos; kaum hörbar, still
безземе́лье, -ья *n* Landmangel, -hunger
безземе́льный, -ая, -ое landlos, ohne (Besitz an) Land
беззло́бный, -ая, -ое; *Kzf* -бен, -бна gutmütig, gutherzig
беззу́бый, -ая, -ое 1. zahnlos 2. *übtr* ohne Schärfe, schwach; ohnmächtig; -ая злóба ohnmächtige Wut
безле́сный, -ая, -ое; *Kzf* -сен, -сна waldlos, unbewaldet
безле́сье, -ья *n* Waldmangel
безли́кий, -ая, -ое ohne charakteristische Eigenschaften
безли́ственный, -ая, -ое blattlos, unbelaubt, ohne Blätter
безли́чный, -ая, -ое; *Kzf* -чен, -чна 1. ohne Eigenart, unpersönlich 2. *gram* unpersönlich
безлу́нный, -ая, -ое; *Kzf* -нен, -нна mondlos
безлю́дный, -ая, -ое; *Kzf* -ден, -дна menschenleer; schwach bevölkert
безлю́дье, -ья *n* Menschenleere; Menschenmangel
безме́н, -а *m* Schnell-, Balkenwaage
безме́рный, -ая, -ое; *Kzf* -рен, -рна maßlos, unermeßlich
безмо́зглый, -ая, -ое *umg* hirnlos, stupid
безмо́лвие, -я *n* Schweigen, Stille
безмо́лвный, -ая, -ое; *Kzf* -вен, -вна schweigend, still, stumm
безмо́лвствовать, -твую, -твуешь *uv* schweigen, sich in Schweigen hüllen

безмяте́жный, -ая, -ое; *Kzf* -жен, -жна ruhig, friedlich, ungestört
безнадёжный, -ая, -ое; *Kzf* -жен, -жна hoffnungslos; игра́ для них -а das Spiel ist für sie aussichtslos
безнадзо́рный, -ая, -ое unbeaufsichtigt
безнака́занный, -ая, -ое; *Kzf* -ан, -анна ungestraft, straflos; оста́ться -ым straflos ausgehen
безнали́чный, -ая, -ое bargeldlos
безнача́лие, -я *n* Anarchie; Fehlen der Staatsgewalt
безно́гий, -ая, -ое bein-, fußlos; ohne Bein, ohne Fuß
безнра́вственность, -и *f* Sittenlosigkeit, Unsittlichkeit
безнра́вственный, -ая, -ое; *Kzf* -вен *u.* -венен, -венна sittenlos, unsittlich, unmoralisch
безо ↑ без
безоби́дный, -ая, -ое; *Kzf* -ден, -дна harmlos, ungefährlich
безо́блачный, -ая, -ое; *Kzf* -чен, -чна **1.** wolkenlos, unbewölkt; heiter, klar **2.** *übtr* ungetrübt
безобра́зие, -я *n* **1.** (äußere) Häßlichkeit, Mißgestalt **2.** Unordnung; Unfug **3.** Unanständigkeit, Unschicklichkeit; како́е ~! *umg* wie abscheulich!, was für eine Gemeinheit!
безобра́зить, -а́жу, -а́зишь *uv* **1.** entstellen, verunstalten **2.** *volksspr* sich flegelhaft [unanständig] benehmen
безобра́зник, -а *m umg* Flegel
безобра́зничать, -аю, -аешь *uv umg* sich flegelhaft [unanständig] benehmen
безо́бразный, -ая, -ое; *Kzf* -зен, -зна *buchspr* ausdruckslos, trocken
безобра́зный, -ая, -ое; *Kzf* -зен, -зна **1.** häßlich *im Aussehen* **2.** *übtr* empörend, abscheulich, gemein *von einer Handlung*
безоговоро́чный, -ая, -ое; *Kzf* -чен, -чна bedingungslos, unbedingt, vorbehaltlos
безопа́сность, -и *f* Gefahrlosigkeit, Sicherheit; обще́ственная ~ soziale Sicherheit; Сове́т Безопа́сности Sicherheitsrat
безопа́сный, -ая, -ое; *Kzf* -сен, -сна **1.** ungefährlich; sicher; ~ от чего́ vor etw. sicher; спря́тать в -ом ме́сте sicher unterbringen **2.** *tech* Sicherheits-; -ая бри́тва Rasierapparat
безору́жный, -ая, -ое; *Kzf* -жен, -жна **1.** unbewaffnet **2.** *übtr* wehrlos, hilflos
безоснова́тельный, -ая, -ое; *Kzf* -лен, -льна unbegründet; grundlos
безостано́вочный, -ая, -ое; *Kzf* -чен, -чна ununterbrochen, unaufhörlich
безотве́тный, -ая, -ое; *Kzf* -тен, -тна **1.** unbeantwortet; -ая любо́вь unerwiderte Liebe **2.** schweigend, wortlos **3.** demütig, unterwürfig
безотве́тственность, -и *f* Verantwortungslosigkeit
безотве́тственный, -ая, -ое; *Kzf* -вен, -венна unverantwortlich, verantwortungslos
безотговоро́чный, -ая, -ое *umg* widerspruchslos, ohne Widerspruch
безотка́зный, -ая, -ое; *Kzf* -зен, -зна *umg* **1.** störungslos, ununterbrochen **2.** -о *Adv*: мото́р рабо́тает -о der Motor arbeitet einwandfrei
безотлага́тельный, -ая, -ое; *Kzf* -лен, -льна unverzüglich, unaufschiebbar, dringend
безотлу́чный, -ая, -ое; *Kzf* -чен, -чна ständig, beständig
безотноси́тельно *Adv* unabhängig (к *D* von); beziehungslos
безотноси́тельный, -ая, -ое; *Kzf* -лен, -льна absolut
безотра́дный, -ая, -ое; *Kzf* -ден, -дна freudlos, trostlos, untröstlich
безотры́вный, -ая, -ое ohne Unterbrechung
безотчётный, -ая, -ое; *Kzf* -тен, -тна **1.** unbewußt, unwillkürlich, instinktiv; ~ страх unerklärliche Angst **2.** unkontrolliert
безоши́бочный, -ая, -ое; *Kzf* -чен, -чна fehlerfrei, -los; unfehlbar
безрабо́тица, -ы, *I* -ей *f* Arbeits-, Erwerbslosigkeit
безрабо́тный, -ая, -ое **1.** arbeits-, erwerbslos **2.** -ого *Subst m* Arbeits-, Erwerbsloser
безра́достный, -ая, -ое; *Kzf* -тен, -тна freudlos, trübselig
безразде́льный, -ая, -ое; *Kzf* -лен, -льна ungeteilt, vollständig, uneingeschränkt
безразли́чие, -я *n* Gleichgültigkeit
безразли́чный, -ая, -ое; *Kzf* -чен, -чна **1.** gleichgültig, indifferent; unwichtig **2.** -о *Adv*: э́то мне -о das ist mir gleich
безрассу́дный, -ая, -ое; *Kzf* -ден, -дна unbesonnen, unvernünftig; -ая сме́лость Verwegenheit, Tollkühnheit
безрезульта́тный, -ая, -ое; *Kzf* -тен,

-тна ergebnislos, erfolglos; ~ **шаг** ein Schlag ins Wasser
безре́льсовый, -ая, -ое schienenlos; -ые доро́ги Landstraßen
безро́гий, -ая, -ое ohne Hörner
безро́дный, -ая, -ое; *Kzf* -ден, -дна **1.** alleinstehend, ohne Angehörige, verwaist **2.** heimatlos, vaterlandslos **3.** *alt* nichtadeliger Herkunft
безро́потный, -ая, -ое; *Kzf* -тен, -тна **1.** ergeben, demütig **2.** -о *Adv* ohne zu murren
безрука́вка, -и, *Pl G* -вок, *D* -вкам *f* ärmellose Jacke, Weste
безру́кий, -ая, -ое **1.** ohne Arm, ohne beide Arme, ohne Hand, ohne beide Hände **2.** *umg scherz* ungeschickt, linkisch
безры́бье, -ья *n* Fischmangel ◇ на ~ и рак ры́ба *Sprichw* in der Not frißt der Teufel Fliegen
безубы́точный, -ая, -ое; *Kzf* -чен, -чна verlustlos, ohne Verlust
безуда́рный, -ая, -ое; *Kzf* -рен, -рна *ling* unbetont
безу́держный, -ая, -ое; *Kzf* -жен, -жна unaufhaltsam, ungestüm
безукори́зненный, -ая, -ое; *Kzf* -ен, -енна tadellos, untadlig, makellos; einwandfrei
безу́мец, -мца, *I* -мцем, *G Pl* -мцев *m* **1.** *alt* Geisteskranker **2.** *übtr* Tor, höchst unvernünftiger Mensch
безу́мие, -я *n* **1.** *alt* Wahnsinn **2.** Unbesonnenheit, Verrücktheit, Torheit; люби́ть до -я wahnsinnig lieben
безу́мный, -ая, -ое; *Kzf* -мен, -мна **1.** *alt* wahnsinnig, verrückt **2.** unsinnig, töricht **3.** *übtr umg* sehr stark, heftig, wahnsinnig
безумо́лчный, -ая, -ое; *Kzf* -чен, -чна unausgesetzt, unaufhörlich
безу́мство, -а *n* Wahnsinn, Tollkühnheit
безу́мствовать, -твую, -твуешь *uv* unvernünftig handeln, toben, rasen; sich wie ein Besessener aufführen
безупре́чный, -ая, -ое; *Kzf* -чен, -чна tadellos, einwandfrei, makellos
безусло́вно **1.** *Adv* unbedingt, völlig, absolut **2.** *mod* zweifellos, natürlich
безусло́вный, -ая, -ое; *Kzf* -вен, -вна **1.** unbedingt; -ое повинове́ние unbedingter Gehorsam **2.** unzweifelhaft, sicher
безуспе́шный, -ая, -ое; *Kzf* -шен, -шна erfolglos
безуста́нный, -ая, -ое; *Kzf* -нен, -нна *alt* unermüdlich; unaufhörlich
безу́сый, -ая, -ое **1.** bartlos **2.** *übtr, scherz* unerfahren, grün; ~ ма́льчишка Grünschnabel **3.** ohne Grannen
безуте́шный, -ая, -ое; *Kzf* -шен, -шна trostlos, untröstlich
безуча́стие, -я *n* Teilnahmslosigkeit, Gleichgültigkeit
безуча́стный, -ая, -ое; *Kzf* -тен, -тна teilnahmslos, gleichgültig
безъя́дерный, -ая, -ое kernwaffenfrei
безъязы́кий, -ая, -ое ohne Sprache, stumm
безъязы́чный, -ая, -ое; *Kzf* -чен, -чна ohne Sprache, stumm
безыде́йный, -ая, -ое; *Kzf* -де́ен, -де́йна ideenlos
безызве́стный, -ая, -ое; *Kzf* -тен, -тна unbekannt
безымя́нный *u.* **безымённый,** -ая, -ое namenlos, anonym ◇ безымя́нный па́лец Ringfinger
безынициати́вный, -ая, -ое; *Kzf* -вен, -вна ohne Initiative
безынтере́сный, -ая, -ое; *Kzf* -сен, -сна uninteressant
безыску́ственный, -ая, -ое; *Kzf* -ен, -енна ungekünstelt, natürlich, einfach
безысхо́дный, -ая, -ое; *Kzf* -ден, -дна hoffnungslos, ausweglos
бе́йка, -и, *Pl G* бе́ек, *D* бе́йкам *f* Blende; Streifen *an Kleidung*
Бейру́т, -а *m* Beirut
бек, -а *m alt Sport* Verteidiger
бека́р, -а *m mus* Auflösungszeichen
бека́с, -а *m* Schnepfe
беке́ша, -и, *I* -ей *f* Pekesche, Schnürenrock
бeко́н, -а *m* Bacon, geräucherter Speck
Белгра́д, -а *m* Belgrad
белена́, -ы́ *f bot* Bilsenkraut ◇ он -ы́ объе́лся er ist nicht recht bei Trost
беле́ние, -я *n* Bleichen
белёный, -ая, -ое gebleicht
белёсый *u. selten* **беле́сый,** -ая, -ое weißlich
беле́ть, -е́ю, -е́ешь *uv* **1.** weiß werden, verbleichen **2.** *1. u. 2. Pers ungebr* weiß schimmern, weiß scheinen
беле́ться, *1. u. 2. Pers ungebr,* -е́ется *uv umg* weiß schimmern
бе́ли, -ей *Pl med* Weißfluß
белиберда́, -ы́ *f umg* Unsinn
белизна́, -ы́ *f* das Weiße *als Farbe*
бели́ла, -и́л *Pl* **1.** weiße Farbe; свинцо́вые ~ Bleiweiß **2.** weiße Schminke

бели́льный, -ая, -ое zum Bleichen dienend
бели́льня, -и, *Pl G* -лен, *D* -льням *f* Bleiche, Bleicherei
бели́ть, белю́, бе́ли́шь; белённый, -ён, -ена́ *uv* **1.** weißen, tünchen; weiß anstreichen **2.** weiß schminken **3.** bleichen
бели́ться, белю́сь, бе́ли́шься *uv* sich weiß schminken
бе́личий, -ья, -ье Eichhörnchen-; ~ мех Feh
бе́лка, -и, *Pl G* -лок, *D* -лкам *f* **1.** Eichhörnchen **2.** Feh ◇ как ~ в колесе́ ohne Rast und Ruh
белкови́на, -ы *f* Eiweißstoff
белко́вый, -ая, -ое Eiweiß-; -ое перерожде́ние Eiweißzersetzung; -ое веществó Eiweißstoff, Albumin
белладо́нна, -ы *f bot* Tollkirsche
беллетри́стика, -и *f* Belletristik
беллетристи́ческий, -ая, -ое belletristisch
бело- *in Zuss* **1.** weiß- **2.** weiß-, konterrevolutionär
бело|боро́дый, -ая, -ое weißbärtig; **~бры́сый,** -ая, -ое; *Kzf* -бры́с, -а *umg* weißblond
белова́тый, -ая, -ое weißlich
белови́к, -а́ *m* Reinschrift, ins reine geschriebenes Manuskript
белово́й, -а́я, -о́е ins reine geschrieben; ~ экземпля́р Reinschrift
бело|воло́сый, -ая, -ое weißhaarig; **~гварде́ец,** -де́йца, *I* -де́йцем, *G Pl* -де́йцев *m* Weißgardist; **~гварде́йский,** -ая, -ое weißgardistisch; **~голо́вый,** -ая, -ое; *Kzf* -о́в, -а weißköpfig, weißhaarig; blondköpfig
бело́к, -лка́ *m* **1.** das Weiße *des Eies* **2.** *biol, chem* Eiweiß(stoff) **3.** das Weiße *des Auges*
бело|кро́вие, -я *n med* Leukämie, Weißblütigkeit; **~ку́рый,** -ая, -ое; *Kzf* -у́р, -а blond, hellblond; **~ли́цый,** -ая, -ее; *Kzf* -и́ц, -а mit weißem Gesicht, weißhäutig
Беломоркана́л, -а *m* (Беломо́рско-Балти́йский кана́л) Weißmeer-Ostsee-Kanal
бело|мо́рский, -ая, -ое Weißmeer-; **~ру́с,** -а *m* Belorusse
Белору́ссия, -и *f* Belorußland
бело|ру́сский, -ая, -ое belorussisch; Белору́сская Сове́тская Социалисти́ческая Респу́блика Belorussische Sozialistische Sowjetrepublik; **~ру́чка,** -и, *Pl G* -чек, *D* -чкам *m, f umg, verächtl* Arbeitsscheue(r); **~сне́жный,** -ая, -ое; *Kzf*-жен, -жна schneeweiß; **~шве́йка,** -и, *Pl G* -е́ек, *D* -е́йкам *f* Weißnäherin; **~шве́йный,** -ая, -ое Weißnäh-; ~шве́йная мастерска́я Weißnähwerkstatt; **~эмигра́нт,** -а *m* (in den ersten Jahren der Sowjetmacht) emigrierter Konterrevolutionär
белу́га, -и *f zool* Hausen ◇ реве́ть -ой *umg* wild schreien; zetern
белу́ха, -и *f* Weißwal
бе́лый, -ая, -ое **1.** *Kzf* бел, бела́, бе́ло́, бе́лы́ weiß; hell; -ые но́чи die weißen [hellen] Nächte **2.** weißgardistisch ◇ ~ гриб Steinpilz; -ая горя́чка Säuferwahnsinn; -ые стихи́ reimlose Verse, Blankverse; на -ом све́те in [auf] der weiten Welt; среди́ бе́ла (*oder* -ого) дня am hellichten Tage; -ая кость *iron* blaues Blut; Бе́лое мо́ре Weißes Meer
бельги́ец, -и́йца, *I* -и́йцем, *G Pl* -и́йцев *m* Belgier
бельги́йский, -ая, -ое belgisch
Бе́льгия, -и *f* Belgien
бельё, -ья́ *n* Wäsche; столо́вое ~ Tischwäsche; посте́льное ~ Bettwäsche; носи́льное ~ Leibwäsche; ни́жнее ~ Unterwäsche
бельево́й, -а́я, -о́е Wäsche
бельме́с, -а *m*: ни -а не знать *volksspr* gar nichts wissen, nichts verstehen
бельмо́, -а́, *Pl* бе́льма, бельм, бе́льмам *n med* weißer Star ◇ как ~ на глазу́ *umg* wie ein Dorn im Auge
бельэта́ж, -а, *I* -ем, *G Pl* -ей *m* **1.** erster Stock **2.** erster Rang *im Theater*
беля́к, -а́ *m* **1.** Schneehase **2.** *Pl* Schaumwellen
беля́нка, -и, *Pl G* -нок, *D* -нкам *f* **1.** Blondine **2.** *zool* Kohlweißling
бемо́ль, -я *m mus* Zeichen ♭ Erniedrigungszeichen
бенга́льский, -ая, -ое bengalisch; Бенга́льский зали́в Golf von Bengalen
бенефи́с, -а *m* Benefizvorstellung
бензи́н, -а (-у) *m* Benzin
бензи́нка, -и, *Pl G* -нок, *D* -нкам *f* Benzinkocher
бензи́новый, -ая, -ое Benzin-; -ая горе́лка Benzinlampe
бензово́з, -а *m* Tankwagen
бензозапра́вочный, -ая, -ое: -ая коло́нка Tankstelle
бензоколо́нка, -и, *Pl G* -нок, *D* -нкам *f* Tankstelle
бензо́л, -а (-у) *m* Benzol
бензоме́р, -а *m* Benzinstandsmesser

бензохрани́лище, -а, *I* -ем *n* Benzinbehälter; Benzinlager
бенуа́р, -а *m*: ло́жа -а Parkettloge
берда́нка, -и, *Pl G* -нок, *D* -нкам *f* Berdangewehr
бёрдо, -а *n tech* Weberkamm
бе́рег, -а, *P* о бе́реге, на берегу́, *Pl* берега́, -о́в, -а́м *m* Ufer, Küste, Strand; сойти́ на ~ an Land gehen; вы́йти из -о́в über die Ufer treten; держа́ться -а an der Küste entlang fahren; приста́ть к -у landen, (am Ufer) anlegen ◇ от одного́ -а отста́ть, к друго́му не приста́ть sich zwischen zwei Stühle setzen
берегово́й, -а́я, -о́е Ufer-, Land-, Küsten-, Strand-; ~ ве́тер Landwind; -ы́е ска́лы Strandklippen
берегу́ ↑ бере́чь
береди́ть, -ежу́, -еди́шь *uv* reizen, aufreiben, wund reiben; ~ ста́рую ра́ну *übtr* eine alte Wunde aufreißen
бережёный, -ая, -ое *gbt* behütet, beschützt
бережли́вый, -ая, -ое; *Kzf* -и́в, -а sparsam, wirtschaftlich, haushälterisch
бе́режный, -ая, -ое vorsichtig, behutsam, schonend
берёза, -ы *f* Birke; плаку́чая ~ Trauerbirke
бере́зник, -а *m* Birkenwald
березня́к, -а́ *m* Birkenwald
берёзовик, -а *m* Birkenpilz
берёзовый, -ая, -ое Birken-; -ая ро́ща Birkenhain
бере́йтор, -а *m* **1.** Zureiter **2.** Reitlehrer
бере́менеть, -ею, -еешь *uv* schwanger werden
бере́менная; *Kzf* -енна schwanger
бере́менность, -и *f* Schwangerschaft
берёста *u.* **бере́ста,** -ы *f* Birkenrinde
берёстовый, -ая, -ое aus Birkenrinde
берестяно́й, -а́я, -о́е aus Birkenrinde
бере́т, -а *m* Barett; Baskenmütze
бере́чь* *uv* **1.** hüten, bewachen **2.** (auf)bewahren, verwahren; aufheben, sparen; ~ та́йну ein Geheimnis wahren; копе́йка рубль бережёт wer den Pfennig nicht ehrt, ist des Talers nicht wert **3.** schonen, bewahren; ~ глаза́ die Augen schonen; ~ свои́ си́лы seine Kräfte schonen
бере́чься* *uv* **1.** sich vorsehen; береги́сь! (-и́тесь!) Vorsicht!, Achtung! **2.** *G* sich hüten (vor), sich in acht nehmen (vor)
бери́лл, -а *m min* Beryll
бери́ллий, -я, *P* -и *m* Beryllium
бе́рингов, -а, -о: Бе́рингов проли́в Beringstraße; Бе́рингово мо́ре Beringmeer
бе́рковец, -вца, *I* -вцем *m alt* Gewichtseinheit von 10 Pud (= 163 kg)
бе́ркут, -а *m zool* Königsadler
Берли́н, -а *m* Berlin
берли́нец, -нца, *I* -нцем, *G Pl* -нцев *m* Berliner
берли́нский, -ая, -ое Berliner, berlinisch; -ая лазу́рь Berlinerblau
берло́га, -и *f* **1.** Bärenhöhle **2.** *umg, scherz* Behausung
берму́дский, -ая, -ое: Берму́дские острова́ Bermuda-Inseln
Берн, -а *m* Bern
беру́ ↑ брать
берцо́вый, -ая, -ое: больша́я -ая кость *anat* Schienbein; ма́лая -ая кость *anat* Wadenbein
бес, -а *m* Teufel, böser Geist ◇ рассыпа́ться ме́лким -ом пе́ред ке́м-н. *umg* j-m schmeicheln; scharwenzeln vor j-m; седина́ в бо́роду, а ~ в ребро́ Alter schützt vor Torheit nicht; je oller, je toller
бесе́да, -ы *f* **1.** Unterhaltung, Gespräch; Meinungsaustausch **2.** Unterredung; Besprechung **3.** (öffentlicher) Vortrag mit Diskussion
бесе́дка, -и, *Pl G* -док, *D* -дкам *f* Laube, Gartenlaube; Pavillon
бесе́довать, -дую, -дуешь *uv* sich unterhalten, ein Gespräch führen (с *I* mit)
бесе́дчик, -а *m umg* Diskussionsleiter
бесёнок, -нка, *Pl* бесеня́та, -я́т, -я́там *m umg Dem zu* бес **1.** kleiner Teufel [Unhold] **2.** Wildfang, Schalk
беси́ть, бешу́, бе́сишь *uv* in Wut bringen; rasend machen
беси́ться, бешу́сь, бе́сишься *uv* **1.** *1. u. 2. Pers ungebr* an Tollwut erkranken *von Tieren* **2.** wüten, rasen; vor Wut toben **3.** *volksspr* ausgelassen sein, (herum)toben ◇ он с жи́ру бе́сится *volksspr* ihn sticht der Hafer
бескла́ссовый, -ая, -ое klassenlos
бескозы́рка, -и, *Pl G* -рок, *D* -ркам *f* schirmlose Mütze, Tellermütze; матро́сская ~ Matrosenmütze
бесконе́чность, -и *f* **1.** Unendlichkeit **2.** Ewigkeit, sehr lange Zeit **3.** *math* Infinität ◇ до -и bis ins Un-

endliche; sehr lange; ждать до -и eine Ewigkeit warten

бесконе́чный, -ая, -ое; *Kzf* -чен -чна 1. unendlich, endlos; -ая дробь *math* unendlicher Bruch; ~ винт *tech* endlose Schnecke; ~ реме́нь *tech* Laufriemen 2. unaufhörlich, ewig, ohne Ende 3. grenzenlos, unbegrenzt

бесконтро́льный, -ая, -ое; *Kzf* -лен, -льна unkontrolliert, unbeaufsichtigt

беско́рмица, -ы, *I* -ей *f* Futtermangel

бескоры́стие, -я *n* Uneigennützigkeit, Selbstlosigkeit

бескоры́стный, -ая -ое; *Kzf* -тен, -тна uneigennützig, selbstlos

беско́стный, -ая, -ое; *Kzf* -тен, -тна ohne Knochen, ohne Gräten

бескра́йний, -яя, -ее *u.* **бескра́йный,** -ая, -ое unendlich, grenzenlos

бескро́вный, -ая, -ое; *Kzf* -вен, -вна 1. blutlos, blutleer; -ые гу́бы bleiche Lippen 2. ohne Blutvergießen

бескры́лый, -ая, -ое 1. *zool* flügellos 2. *übtr* flügellahm

бескульту́рье, -ья *n umg* Kulturlosigkeit; kulturelle Rückständigkeit

бесова́ние, -я *n* Besessenheit, Raserei

бесnова́ться, -ну́юсь, -ну́ешься *uv* rasen, wüten, sich wie ein Besessener aufführen

бесо́вский, -ая, -ое teuflisch

беспа́лый, -ая, -ое fingerlos; zehenlos

беспа́мятный, -ая, -ое; *Kzf* -тен, -тна *umg* vergeßlich ◇ в -ом состоя́нии besinnungslos, bewußtlos

беспа́мятство, -а *n* Bewußt-, Besinnungslosigkeit; Ohnmacht; впасть в ~ das Bewußtsein verlieren; в -е ohne Besinnung; *übtr* außer sich

беспардо́нный, -ая, -ое *volksspr* rücksichtslos, frech

беспарти́йный, -ая, -ое 1. parteilos 2. -ого *Subst m* Parteiloser

беспа́спортный, -ая, -ое ohne Paß

бесперебо́йный, -ая, -ое; *Kzf* -о́ен, -о́йна ununterbrochen, störungsfrei, regelmäßig

беспереме́нный, -ая, -ое unveränderlich

беспереса́дочный, -ая, -ое durchgehend, ohne Umsteigen; -ое сообще́ние direkte (Zug-) Verbindung; по́езд -ого сообще́ния durchgehender Zug

бесперспекти́вный, -ая, -ое; *Kzf* -вен, -вна ohne klare Perspektiven

беспёрый, -ая, -ое *zool* ungefiedert

беспеча́льный, -ая, -ое; *Kzf* -лен, -льна sorglos, unbekümmert

беспе́чность, -и *f* Sorglosigkeit, Leichtsinn; Fahrlässigkeit

беспе́чный, -ая, -ое; *Kzf* -чен, -чна sorglos, unbekümmert, leichtsinnig; fahrlässig; быть -ым alles auf die leichte Schulter nehmen

беспило́тный, -ая, -ое *flug* unbemannt

беспи́сьменный, -ая, -ое ohne Schrifttum

беспла́новый, -ая, -ое planlos

беспла́тный, -ая, -ое; *Kzf* -тен, -тна unentgeltlich, kostenlos; ~ биле́т Freikarte; ~ вход freier Eintritt

беспло́дие, -я *n* 1. Unfruchtbarkeit 2. Unergiebigkeit *vom Boden*

беспло́дный, -ая, -ое; *Kzf* -ден, -дна 1. unfruchtbar 2. unergiebig *Boden* 3. *übtr* fruchtlos, vergeblich

беспло́тный, -ая, -ое; *Kzf* -тен, -тна *buchspr* körperlos, immateriell

бесповоро́тный, -ая, -ое; *Kzf* -тен, -тна unwiderruflich, unwiederbringlich

бесподо́бный, -ая, -ое; *Kzf* -бен, -бна unvergleichlich, beispiellos; unübertroffen

беспозвоно́чный, -ая, -ое 1. wirbellos 2. -ые, -ых *Pl Subst* Wirbellose

беспоко́ить, -о́ю, -о́ишь *uv* 1. beunruhigen; меня́ беспоко́ит . . . mich beunruhigt . . . 2. stören, belästigen; э́то вас не беспоко́ит? stört Sie das (nicht)?

беспоко́иться, -о́юсь, -о́ишься *uv* 1. besorgt sein (о *P* um), sich Sorgen machen (um, wegen); ~ не́чего! kein Grund zur Beunruhigung! 2. sich bemühen; не беспоко́йтесь, пожа́луйста! lassen Sie sich bitte nicht stören!, bitte machen Sie sich keine Mühe!

беспоко́йный, -ая, -ое; *Kzf* -о́ен, -о́йна 1. unruhig, ruhelos 2. *übtr* bewegt

беспоко́йство, -а *n* 1. Unruhe 2. Störung; прости́те за ~! entschuldigen Sie, daß ich (Sie) störe!

бесполе́зный, -ая, -ое; *Kzf* -зен, -зна unnütz, nutzlos, vergeblich

беспо́лый, -ая, -ое *biol* geschlecht(s)-los, ungeschlechtlich

беспо́мощный, -ая, -ое; *Kzf* -щен, -щна hilflos, unbeholfen; schwach

беспоро́дный, -ая, -ое; *Kzf* -ден, -дна nicht reinrassig; von geringerer Qualität

беспоро́чный, -ая, -ое; *Kzf* -чен, -чна *alt* makellos, fehlerfrei; ~ свиде́тель unbescholtener Zeuge
беспоря́док, -дка *m* 1. Unordnung 2. *alt Pl* Unruhen
беспоря́дочный, -ая, -ое; *Kzf* -чен, -чна unordentlich, liederlich
беспоса́дочный, -ая, -ое: ~ перелёт Nonstopflug
беспо́чвенный, -ая, -ое; *Kzf* -ен, -енна unbegründet, grundlos
беспо́шлинный, -ая, -ое zollfrei
беспоща́дный, -ая, -ое; *Kzf* -ден, -дна erbarmungslos, unerbittlich
бесправие, -я *n* Gesetzlosigkeit; Rechtlosigkeit
беспра́вный, -ая, -ое; *Kzf* -вен, -вна rechtlos
беспреде́льный, -ая, -ое; *Kzf* -лен, -льна grenzenlos, unendlich
беспредме́тный, -ая, -ое; *Kzf* -тен, -тна gegenstandslos, sinnlos
беспрекосло́вный, -ая, -ое; *Kzf* -вен, -вна widerspruchslos, unweigerlich
беспрепя́тственный, -ая, -ое; *Kzf* -ен *u.* -енен, -енна ungehindert; ~ вход и вы́ход freier Ein- und Ausgang
беспреры́вный, -ая, -ое; *Kzf* -вен, -вна ununterbrochen, pausenlos, unausgesetzt; идёт ~ дождь es regnet unaufhörlich
беспреста́нный, -ая, -ое; *Kzf* -та́нен, -та́нна 1. ununterbrochen, fortwährend 2. -о *Adv*: -о смея́ться in einem fort lachen
беспри́быльный, -ая, -ое; *Kzf* -лен, -льна unvorteilhaft, unrentabel
бесприда́нница, -ы, *I* -ей *f alt* Braut ohne Mitgift
беспризо́рник, -а *m* obdachloses [verwahrlostes] Kind
беспризо́рный, -ая, -ое; *Kzf* -рен, -рна 1. aufsichtslos, verwahrlost 2. obdachlos
бесприме́рный, -ая, -ое; *Kzf* -рен, -рна beispiellos, unvergleichlich
беспринци́пный, -ая, -ое; *Kzf* -пен, -пна ohne Grundsätze, prinzipienlos
беспристра́стие, -я *n* Unparteilichkeit, Unvoreingenommenheit
беспристра́стный, -ая, -ое; *Kzf* -тен, -тна unparteiisch, unvoreingenommen
беспричи́нный, -ая, -ое; *Kzf* -нен, -нна grundlos; затея́ть ~ спор einen Streit vom Zaune brechen
бесприю́тный, -ая, -ое; *Kzf* -тен, -тна obdachlos
беспробу́дный, -ая, -ое; *Kzf* -ден, -дна 1. tief, fest *Schlaf* 2. *umg* hemmungslos *Säufer*
беспро́волочный, -ая, -ое drahtlos
беспро́игрышный, -ая, -ое: -ая лотере́я Lotterie ohne Nieten; *übtr* -ое де́ло sichere Sache, sicheres Geschäft
беспросве́тный, -ая, -ое; *Kzf* -тен, -тна 1. stockfinster 2. *übtr* hoffnungslos, düster
беспросы́пный, -ая, -ое *umg* 1. fest *Schlaf* 2. hemmungslos *Trunksucht*
беспроце́нтный, -ая, -ое ohne Zinsen; ~ вы́игрышный заём unverzinsliche Gewinnanleihe
беспу́тник, -а *m alt* Wüstling
беспу́тничать, -аю, -аешь *uv umg* ein loses [ausschweifendes] Leben führen
беспу́тный, -ая, -ое; *Kzf* -тен, -тна 1. sinnlos, unvernünftig 2. leichtfertig; ausschweifend, sittenlos
беспу́тство, -а *n* Leichtfertigkeit, Liederlichkeit; Sittenlosigkeit
Бессара́бия, -и *f* Bessarabien
бессвя́зный, -ая, -ое; *Kzf* -зен, -зна unzusammenhängend
бессеме́йный, -ая, -ое ohne Familie, alleinstehend, unverheiratet
бессеме́ровский, -ая, -ое *tech* Bessemer-
бессемя́нный, -ая, -ое samen-, kernlos
бессерде́чие, -я *n* Herzlosigkeit
бессерде́чный, -ая, -ое; *Kzf* -чен, -чна herzlos, hartherzig
бесси́лие, -я *n* 1. Kraftlosigkeit; ста́рческое ~ Altersschwäche; полово́е ~ *med* Impotenz 2. *übtr* Machtlosigkeit, Ohnmacht
бесси́льный, -ая, -ое; *Kzf* -лен, -льна 1. kraftlos, schwach; impotent 2. *übtr* machtlos, ohnmächtig
бессисте́мный, -ая, -ое; *Kzf* -мен, -мна systemlos, unsystematisch
бессла́вие, -я *n* Schmach
бессла́вный, -ая, -ое; *Kzf* -вен, -вна ruhmlos, schmachvoll, schmählich
бессле́дный, -ая, -ое spurlos
бессслове́сный, -ая, -ое; *Kzf* -сен, -сна 1. stumm 2. wortkarg
бессме́нный, -ая, -ое; *Kzf* -нен, -нна nicht ablösbar, ständig, ohne Unterbrechung
бессме́ртие, -я *n* Unsterblichkeit
бессме́ртник, -а *m bot* Immortelle
бессме́ртный, -ая, -ое; *Kzf* -тен, -тна unsterblich
бессмы́сленный, -ая, -ое; *Kzf* -ен, -енна 1. sinnlos 2. stumpfsinnig, verständnislos
бессмы́слица, -ы, *I* -ей *f umg* Unsinn, ungereimtes Zeug

бесснéжный, -ая, -ое schneelos, -frei
бессóвестный, -ая, -ое; *Kzf* -тен, -тна 1. gewissenlos, ehrlos 2. frech, unverschämt; skrupellos
бессодержáтельный, -ая, -ое; *Kzf* -лен, -льна inhaltslos, hohl
бессознáтельный, -ая, -ое; *Kzf* -лен, -льна 1. besinnungslos; -ое состоя́ние Bewußtlosigkeit 2. unbewußt, nicht vorsätzlich
бессóнница, -ы, *I* -ей *f* Schlaflosigkeit
бессóнный, -ая, -ое schlaflos
бесспóрный, -ая, -ое; *Kzf* -рен, -рна unstreitig, unbestreitbar; unumstößlich; -ое прáво unbestrittenes Recht
бессрéбреник, -а *m alt* uneigennütziger Mensch
бессрóчный, -ая, -ое unbefristet
бесстрáстный, -ая, -ое; *Kzf* -тен, -тна leidenschaftslos, gelassen; kaltblütig
бесстрáшие, -я *n* Furchtlosigkeit
бесстрáшный, -ая, -ое; *Kzf* -шен, -шна furchtlos, unerschrocken, kühn
бесступéнчатый, -ая, -ое *tech* stufenlos
бессты́дник, -а *m umg* Schamloser
бессты́дница, -ы, *I* -ей *f umg* Schamlose
бессты́дный, -ая, -ое; *Kzf* -ден, -дна schamlos, unverschämt
бессты́дство, -а *n* Schamlosigkeit, Unverschämtheit
бессты́жий, -ая, -ее *volksspr u. gbt* schamlos, unverschämt
бессчётный, -ая, -ое zahllos, unzählig
бестáктность, -и *f* Taktlosigkeit; совершúть ~ sich eine Taktlosigkeit zuschulden kommen lassen
бестáктный, -ая, -ое; *Kzf* -тен, -тна taktlos
економ
бесталáнный, -ая, -ое; *Kzf* -нен, -нна 1. unbegabt, talentlos 2. *folkl* unglücklich, unglückselig
бестелéсный, -ая, -ое; *Kzf* -сен, -сна körperlos
бéстия, -и *f* schlauer Betrüger; продувнáя ~ durchtriebener Kerl; тóнкая ~ Schlaukopf
бестолкóвщина, -ы *f umg, verächtl* Wirrwarr, Unordnung
бестолкóвый, -ая, -ое; *Kzf* -óв, -а 1. verständnislos, begriffsstutzig 2. zusammenhanglos; unverständlich
бéстолочь, -и *f umg, verächtl* 1. Wirrwarr, Unordnung 2. Dummkopf
бестрéпетный, -ая, -ое; *Kzf* -тен, -тна *hoher Stil* furchtlos, unerschrocken
бесфóрменный, -ая, -ое; *Kzf* -ен, -енна form-, gestaltlos; verschwommen
бесхарáктерный, -ая, -ое; *Kzf* -рен, -рна charakterlos, -schwach
бесхвóстый, -ая, -ое schwanzlos
бесхúтростный, -ая, -ое; *Kzf* -тен, -тна treu-, offenherzig; einfach
бесхóзный, -ая, -ое *umg* herrenlos
бесхозя́йственность, -и *f* Mißwirtschaft
бесхозя́йственный, -ая, -ое; *Kzf* -вен, -венна unwirtschaftlich; unpraktisch; -ое ведéние дел Mißwirtschaft
бесхребéтный, -ая, -ое; *Kzf* -тен, -тна *übtr* prinzipienlos; ohne Rückgrat
бесцвéтный, -ая, -ое; *Kzf* -тен, -тна 1. farblos, blaß 2. *übtr* farblos, fade; trocken, ausdruckslos
бесцéльный, -ая, -ое; *Kzf* -лен, -льна ziellos, zwecklos
бесцéнный, -ая, -ое; *Kzf* -нен, -нна 1. unschätzbar, kostbar 2. *alt* wertlos
бесцéнок, -нка *m umg*: за ~ spottbillig
бесцеремóнный, -ая, -ое; *Kzf* -нен, -нна 1. rücksichtslos, ungeniert 2. -о *Adv*: дéйствовать -о kurzen Prozeß machen
бесчеловéчный, -ая, -ое; *Kzf* -чен, -чна unmenschlich, grausam
бесчéстить, -éщу, -éстишь *uv* entehren
бесчéстный, -ая, -ое; *Kzf* -тен, -тна ehrlos, schändlich
бесчéстье, -ья *n* Schmach, Schande
бесчúнство, -а *n* Unfug, Ausschreitung
бесчúнствовать, -твую, -твуешь *uv* Unfug treiben; randalieren
бесчúсленный, -ая, -ое; *Kzf* -ен, -енна zahllos, unzählig; -ое мнóжество Unzahl
бесчу́вственный, -ая, -ое; *Kzf* -ен *u.* -енен, -енна 1. gefühllos; teilnahmslos 2. mitleidslos
бесчу́вствие, -я *n* 1. Bewußtlosigkeit, Ohnmacht; до -я bis zur Bewußtlosigkeit 2. Gefühllosigkeit; Kälte; Teilnahmslosigkeit
бесшабáшный, -ая, -ое; *Kzf* -шен, -шна *umg* unbekümmert, sorglos; übermütig, ausgelassen
бесшóвный, -ая, -ое nahtlos; -ые трýбы nahtlose Rohre
бесшу́мный, -ая, -ое; *Kzf* -мен, -мна geräusch-, lautlos
бетóн, -а (-у) *m* Beton

бетони́рование, -я *n* Betonieren
бетони́ровать, -рую, -руешь; -рованный, -рован, -а *uv* betonieren
бето́нный, -ая, -ое Beton-, aus Beton
бетономеша́лка, -и, *Pl G* -лок, *D* -лкам *f* Betonmischmaschine
бето́нщик, -а *m* Betonarbeiter
бетонье́рка, -и, *Pl G* -рок, *D* -ркам *f* Betonmischmaschine
беф-стро́ганов *m idkl* Beef Stroganow *Fleischgericht*
бечева́, -ы́ *f* Schlepptau, Zugseil
бечёвка, -и, *Pl G* -вок, *D* -вкам *f* Schnur, Bindfaden
бечевни́к, -а́ *u.* **бече́вник,** -а *m* Treidelweg
бешаме́ль, -и *f* Bechamelsoße
бе́шенство, -а *n* 1. *med* Tollwut 2. *übtr* Raserei; прийти́ в ~ in Wut geraten
бе́шеный, -ая, -ое 1. *med* tollwütig 2. *übtr* ungestüm, rasend; -ая ско́рость enorme Geschwindigkeit; -ое сопротивле́ние erbitterter Widerstand 3. *übtr* rasend, besessen ◇ -ые це́ны *umg* enorme Preise; -ые де́ньги leicht erworbenes und verausgabtes Geld; -ая го́нка вооруже́ний fieberhaftes Wettrüsten
биатло́н, -а *m Sport* Biathlon
библе́йский, -ая, -ое biblisch
библиографи́ческий, -ая, -ое bibliographisch
библиогра́фия, -и *f* Bibliographie
библиоте́ка, -и *f* Bibliothek, Bücherei; ~-чита́льня Bibliothek mit Lesesaal; ~-передви́жка Wanderbibliothek
библиоте́карский, -ая, -ое bibliothekarisch
библиоте́карша, -и, *I* -ей *f umg* Bibliothekarin
библиоте́карь, -я *m* Bibliothekar
библиотекове́дение, -я *n* Bibliothekswissenschaft
библиоте́чный, -ая, -ое Bibliotheks-, Bücherei-; -ое де́ло Bibliothekswesen
библиофи́л, -а *m* Bibliophile
би́блия, -и *f* Bibel
бива́к *u.* **бивуа́к,** -а *m mil* Biwak, Feld(nacht)lager; стоя́ть -ом biwakieren, im Freien lagern
би́вни *Pl* -ей, *Sg* би́вень, -вня *m* Stoßzahn, Hauer
бивуа́к ↑ бива́к
бигуди́ *Pl idkl* Lockenwickel
бидо́н, -а *m* (Blech-) Kanne, Kanister; ~ для молока́ Milchkanne; ~ для кероси́на Petroleumbehälter
бие́ние, -я *n* Schlag, Schlagen; ~ пу́льса Pulsschlag ◇ ~ жи́зни Pulsschlag des Lebens
би́знес [нэ], -а *m umg* Busineß
бизо́н, -а *m zool* Bison
бикфо́рдов, -а, -о: ~ шнур Zündschnur
билабиа́льный, -ая, -ое *ling* bilabial
биле́т, -а *m* 1. (Fahr-) Schein, (Eintritts-) Karte; проездно́й ~ Fahrkarte; обра́тный ~ Rückfahrkarte; перо́нный ~ Bahnsteigkarte; входно́й ~ Eintrittskarte; ~ в теа́тр Theaterkarte 2. Ausweis, Buch; Kärtchen; парти́йный ~ Parteidokument; чле́нский ~ Mitgliedskarte; отпускно́й ~ Urlaubsschein; пригласи́тельный ~ Einladung 3. *alt* креди́тный ~ Banknote, Geldschein ◇ бе́лый ~ *hist* Bescheinigung über Befreiung vom Wehrdienst wegen Untauglichkeit
билетёр, -а *m* Platzanweiser
билетёрша, -и, *I* -ей *f umg* Platzanweiserin
биле́тный, -ая, -ое Karten-, Fahrkarten-; -ая ка́сса Fahrkartenschalter; *theat* Theaterkasse
биллиа́рд [лья], -а *m* Billard
биллио́н, -а *m Num* Billion
би́ло, -а *m* 1. Schlägel 2. Klopfbrett
билья́рд, -а *m* Billard; игра́ть на -е Billard spielen
билья́рдный, -ая, -ое Billard-
бино́кль, -я *m* Doppelglas, Fernglas; театра́льный ~ Opernglas; полево́й ~ Feldstecher
бинт, -а́ *m* Binde; наложи́ть ~ на ра́ну eine Wunde verbinden
бинтова́ть, -ту́ю, -ту́ешь *uv* einen Verband anlegen, verbinden
био́граф, -а *m* Biograph
биогра́фия, -и *f* Biographie
био́лог, -а *m* Biologe
биоло́гия, -и *f* Biologie
биофа́к, -а *m* (биологи́ческий факульте́т) biologische Fakultät
бипла́н, -а *m flug* Zweidecker, Doppeldecker
би́ржа, -и, *I* -ей *f* Börse; фо́ндовая ~ Effektenbörse; ~ труда́ Arbeitsamt; Stempelstelle
биржеви́к, -а́ *m* Börsenspekulant
биржево́й, -а́я, -о́е Börsen-; -а́я сде́лка Börsengeschäft
би́рка, -и, *Pl G* -рок, *D* -ркам *f* 1. Kerbholz, Kerbstock 2. beschriftetes Schildchen *am Gepäck usw.*
Би́рма, -ы *f* Birma
бирма́нец, -нца, *I* -нцем, *G Pl* -нцев *m* Birmane

бирма́нка, -и, *Pl G* -нок, *D* -нкам *f* Birmanin

бирма́нский, -ая, -ое birmanisch

Би́рмингем, -а *m* Birmingham

бирюза́, -ы́ *f* Türkis *Edelstein*

бирюзо́вый, -ая, -ое Türkis-, türkisblau

бирю́к, -а́ *m* 1. *gbt* nicht im Rudel lebender Wolf 2. *übtr* Griesgram; смотре́ть -о́м finster dreinschauen

бирю́льки *Pl* -лек, *Sg* бирю́лька, -и *f* Stäbchenspiel; игра́ть в ~ das Stäbchenspiel spielen; *übtr* tändeln, seine Zeit vergeuden

бис! *Interj* noch einmal!, da capo!; выступле́ние на ~ Zugabe

би́сер, -а (-у) *m Koll* Glasperlen ◇ мета́ть ~ пе́ред сви́ньями *übtr* Perlen vor die Säue werfen

би́серина, -ы *f umg* Glasperle

би́серинка, -и, *Pl G* -нок, *D* -нкам *f Dem zu* би́серина (kleine) Glasperle

би́серный, -ая, -ое 1. Glasperlen-, perlenartig 2. zierlich, klein

биси́ровать, -рую, -руешь *v*, *uv* seinen Auftritt wiederholen, zugeben

биска́йский, -ая, -ое: Биска́йский зали́в Golf von Biskaya

бискви́т, -а *m* Biskuit

биссектри́са, -ы *f math* Winkelhalbierende, Halbierungslinie

бита́, -ы́ *f umg* Schlagholz, Schläger *bei einigen Spielen*

би́тва, -ы *f* Schlacht

битки́ *Pl* -о́в, *Sg* бито́к, -тка́ *m* (Fleisch-) Klopse

битко́м *Adv*: ~ наби́тый vollgestopft, überfüllt; zum Bersten voll, brechend voll

бито́чки *Pl* -ов, *Sg* бито́чек, -чка *m Dem zu* битки́ (Fleisch-) Klopse

би́тый, -ая, -ое zerschlagen; geschlachtet ◇ ~ час eine geschlagene [volle] Stunde

бить* *uv* 1. schlagen (по *D oder* в *A* auf, an); ~ в бараба́н die Trommel rühren, trommeln; ~ в ладо́ши in die Hände klatschen; ~ по недоста́ткам *übtr* die Mängel bekämpfen 2. schlagen, läuten; ~ в колокола́ die Glokken läuten; ~ трево́гу *mil* Alarm schlagen; ~ отбо́й *mil* zum Rückzug blasen; *übtr* sich drücken, kneifen; часы́ бьют die Uhr schlägt 3. schlagen, prügeln, hauen 4. schlagen, besiegen 5. schlachten 6. schießen, erlegen; ~ за́йца einen Hasen schießen 7. tragen; ружьё бьёт пятьсо́т ме́тров das Gewehr schießt fünfhundert Meter weit 8. treffen, zielen; ~ в цель ins Ziel schießen; *übtr* ins Schwarze treffen 9. sprudeln, springen, quellen; ~ ключо́м hervorsprudeln; жизнь бьёт ключо́м *übtr* das Leben pulsiert 10. zerschlagen, zerbrechen ◇ ~ в глаза́ in die Augen springen; ~ ка́рту eine Karte stechen; ~ ма́сло Butter schlagen, buttern; ~ баклу́ши faulenzen, die Zeit totschlagen; меня́ бьёт лихора́дка ich habe Schüttelfrost; ~ по самолю́бию das Ehrgefühl verletzen; ~ за́дом ausschlagen *vom Pferd*; ~ чело́м *alt* untertänigst bitten; э́то бьёт по карма́ну das reißt ins Geld; на что он бьёт? worauf will er hinaus?

битьё, -ья́ *n* 1. Prügel, Schläge 2. Zerschlagen

би́ться* *uv* 1. sich schlagen, sich raufen; ~ на шпа́гах sich duellieren 2. schlagen, klopfen; се́рдце бьётся das Herz klopft 3. kämpfen; ~ за выполне́ние пла́на um die Erfüllung des Planes kämpfen 4. schlagen, stoßen (о *A* gegen, an); ~ голово́й о сте́ну mit dem Kopf gegen die Wand rennen 5. sich abmühen, sich abplagen (над *I* mit); ~ над реше́нием зада́чи sich mit der Lösung einer Aufgabe abplagen 6. sich zerschlagen lassen; стекло́ легко́ бьётся Glas zerbricht leicht ◇ ~ как ры́ба об лёд vergebliche Anstrengungen machen; ~ об закла́д wetten, eine Wette eingehen; ~ в исте́рике einen hysterischen Anfall haben

битю́г, -а́ *m* Lastpferd

бифурка́ция, -и *f buchspr* Gabelung, Zweiteilung

бифште́кс [тэ], -а *m* Beefsteak, gebratenes Lendenstück

бич, -а́, *I* -о́м, *G Pl* -е́й *m* 1. Peitsche 2. *übtr* Geißel, Plage; война́ – ~ челове́чества der Krieg ist die Geißel der Menschheit

бичева́ние, -я *n* Geißelung; *übtr* Brandmarkung

бичева́ть, -чу́ю, -чу́ешь *uv buchspr* geißeln; *übtr* brandmarken; anprangern

бишь *Part umg alt* doch, ja; как ~ его́ зову́т? wie heißt er doch gleich?

б-ка (библиоте́ка) Bibliothek

[1]**бла́го,** -а *n* 1. Wohl, Heil, Nutzen; обще́ственное ~ das allgemeine Wohl 2. *meist Pl* Güter, Wohlstand; бла́га жи́зни die Güter des Lebens ◇ всех благ! alles Gute!; счита́ть за ~ für gut erachten; ни за каки́е

бла́га (в ми́ре) um nichts in der Welt

[2]**бла́го** *Konj umg* um so mehr als; weil ja; da doch; я помогу́, ~ я здесь da ich einmal da bin, werde ich helfen

благо|ве́рная, -ой *Subst f umg, scherz* Ehehälfte, Ehefrau; **~ве́рный,** -ого *Subst m umg, scherz* Ehehälfte, Ehemann

бла́говест, -а *m alt* Kirchenglockengeläut *vor dem Gottesdienst*

благове́щение, -я *n* Mariä Verkündigung *kirchlicher Feiertag*

благо|ви́дный, -ая, -ое; *Kzf* -ден, -дна anständig; angemessen, schicklich; под ~ви́дным предло́гом unter einem passenden Vorwand; **~воле́ние,** -я *n alt* Wohlwollen, Gunst; **~воли́ть,** -лю́, -ли́шь *uv* **1.** wohlwollen, gewogen sein, begünstigen (к *D*) **2.** *mit Inf*: благоволи́те *alt* seien Sie so gut; **~во́ние,** -я *n buchspr* Wohlgeruch; **~во́нный,** -ая, -ое *buchspr* wohlriechend, duftend; **~воспи́танный,** -ая, -ое; *Kzf* -ан, -анна wohlerzogen, gesittet; **~гове́йный,** -ая, -ое; *Kzf* -е́ен, -е́йна ehrfurchtsvoll, andächtig; **~гове́ние,** -я *n* Ehrfurcht, Andacht; **~гове́ть,** -е́ю, -е́ешь *uv* verehren, emporschauen (пе́ред *I* zu); **~дари́ть,** -рю́, -ри́шь *uv A* danken, Dank sagen; sich bedanken (bei); благодарю́ тебя́ ich danke dir; **~да́рность,** -и *f* **1.** Dankbarkeit **2.** *Pl* Erkenntlichkeit, Dankesworte **3.** Dank, Würdigung; принос́ить ~да́рность seinen Dank aussprechen; **~да́рный,** -ая, -ое; *Kzf* -рен, -рна dankbar, dankerfüllt; я ему́ о́чень благода́рен ich bin ihm sehr dankbar; **~да́рственный,** -ая, -ое *alt* Dank-; ~да́рственное письмо́ Dankschreiben, Dankbrief

благодаря́ *Präpos mit D* dank, durch, infolge; ~ твое́й по́мощи dank deiner Hilfe; ~ случа́йности durch (einen) Zufall; ~ тому́, что dadurch, daß

благо|да́тный, -ая, -ое; *Kzf* -тен, -тна glückselig; wohltätig, segensreich; ~да́тный край ein fruchtbares Land; **~да́ть,** -и *f* **1.** Glückseligkeit **2.** *alt* Gnade, Segen; **~де́нствие,** -я *n alt* Wohlleben, Wohlstand; **~де́нствовать,** -твую, -твуешь *uv alt* im Wohlstand leben; **~де́тель,** -я *m alt* Wohltäter; **~де́тельный,** -ая, -ое; *Kzf* -лен, -льна wohltuend; wohltätig; **~де́тельствовать,** -твую, -твуешь *uv alt* Wohltaten erweisen; **~де́яние,** -я *n alt* Wohltat; **~ду́шествовать,** -твую, -твуешь *uv* sorglos dahinleben, angenehm leben; **~ду́шие,** -я *n* Gutmütigkeit, Herzensgüte; **~ду́шный,** -ая, -ое; *Kzf* -шен, -шна gutmütig; ~ду́шное настрое́ние gute [heitere] Stimmung; **~жела́тель,** -я *m* Gönner; **~жела́тельность, -и** *f* Wohlwollen; **~жела́тельный,** -ая, -ое; *Kzf* -лен, -льна wohlwollend, gutgemeint; **~зву́чие,** -я *n* Wohlklang; **~зву́чность,** -и *f* Wohlklang; **~зву́чный,** -ая, -ое; *Kzf* -чен, -чна wohlklingend

[1]**благо́й,** -а́я, -о́е *alt* gut, trefflich; -и́е наме́рения gute Vorsätze

[2]**благо́й,** -а́я, -о́е: -и́м ма́том крича́ть *umg* aus vollem Halse schreien, schreien, als ob man am Spieß steckt

благо|ле́пие, -я *n buchspr, alt* Schönheit, Pracht, Gepränge; **~надёжный,** -ая, -ое; *Kzf* -жен, -жна *alt* **1.** zuverlässig, vertrauenswürdig **2.** regierungstreu; **~наме́ренный,** -ая, -ое; *Kzf* -ен, -енна *alt* regierungstreu; **~нра́вие,** -я *n alt* Sittsamkeit; **~нра́вный,** -ая, -ое; *Kzf* -вен, -вна *alt* sittsam, gesittet; **~обра́зие,** -я *n alt* wohlgestaltetes Äußeres, Würde; **~обра́зный,** -ая, -ое; *Kzf* -зен, -зна *alt* wohlgestaltet, würdig; **~полу́чие,** -я *n* Wohlergehen, Wohlstand, Wohlfahrt; **~полу́чный,** -ая, -ое; *Kzf* -чен, -чна wohlbehalten, glücklich, günstig; **~приобре́тенный,** -ая, -ое; *Kzf* -тен, -а *jur* gekauft, selbst erworben; **~присто́йный,** -ая, -ое; *Kzf* -о́ен, -о́йна *alt* wohlanständig; **~прия́тный,** -ая, -ое; *Kzf* -тен, -тна günstig; wohlwollend; anerkennend, beifällig; ~прия́тный о́тзыв günstiges Gutachten; представля́ть де́ло в ~прия́тном ви́де eine Sache in ein vorteilhaftes Licht rücken; **~прия́тствовать,** -твую, -твуешь *uv D* begünstigen, gewogen sein; **~разу́мие,** -я *n* Vernunft, Verständigkeit, Klugheit; Umsicht; **~разу́мный,** -ая, -ое; *Kzf* -мен, -мна vernünftig, verständig, einsichtsvoll; **~располо́женный,** -ая, -ое; *Kzf* -жен, -а *alt* geneigt, gewogen; **~ро́дие,** -я *n* Wohlgeboren *alter Titel*; **~ро́дный,** -ая, -ое; *Kzf* -ден, -дна **1.** edel, edelmütig; ~ро́дный посту́пок eine edle Tat **2.** ideal, erhaben **3.** *alt* adlig, vornehm **4.** *chem, zool* Edel-; ~ро́дный мета́лл Edelmetall; ~ро́дный оле́нь Edelhirsch; **~ро́дство,** -а *n* **1.** Edelmut, Edelsinn **2.** hohe Qualität, Eleganz **3.** *alt* Zugehörigkeit zum Adel; **~склóнность, -и** *f* Wohlwollen, Zuneigung; Gunst; **~склóнный,** -ая, -ое; *Kzf* -óнен, -óнна wohlwollend, gewogen, zugetan; **~словéние, -я** *n kirch* Segen *auch übtr*; Segnen; **~словéнный,** -ая, -ое; *Kzf* -éн, -éнна *hoher Stil* gesegnet

благословúть, -влю́, -вúшь **1.** segnen, Segen spenden **2.** *alt* dankbar sein ‖ *uv* **благословля́ть,** -я́ю, -я́ешь

благосостоя́ние, -я *n* Wohlstand

блáгостный, -ая, -ое; *Kzf* -тен, -тна *buchspr* gütig, wohltuend

благо|творúтель, -я *m* Wohltäter; **~творúтельный,** -ая, -ое wohltätig; ~творúтельный спектáкль Wohltätigkeitsvorstellung; **~твóрный,** -ая, -ое; *Kzf* -рен, -рна wohltuend, heilsam; **~устрóенный,** -ая, -ое; *Kzf* -óен, -óенна wohlgeordnet, geregelt, gut eingerichtet; ~устрóенная квартúра eine gut eingerichtete Wohnung; **~устрóить,** -óю, -óишь; -óенный, -óен, -а *v* komfortabel einrichten; **~устрóйство,** -а *n* **1.** bestmögliche Einrichtung, vorbildliche Ordnung **2.** Wohnkultur; **~ухáние,** -я *n* Wohlgeruch, Duft, Aroma; **~ухáнный,** -ая, -ое; *Kzf* -áнен, -áнна wohlriechend, aromatisch; **~ухáть,** -áю, -áешь *uv* duften (*I* nach); **~честúвый,** -ая, -ое; *Kzf* -úв, -а *buchspr alt* fromm, strenggläubig; **~чéстие,** -я *n buchspr alt* Frömmigkeit, Strenggläubigkeit

блажéнный, -ая, -ое **1.** *Kzf* -éн, -éнна (glück)selig, wonnig; -ая улы́бка verzücktes Lächeln **2.** *umg* töricht **3.** -ого *Subst m* Besessener

блажéнство, -а *n* (Glück-) Seligkeit, Wonne ◇ быть на верху́ -а im siebenten Himmel sein

блажéнствовать, -твую, -твуешь *uv* sich selig [glücklich] fühlen, in Glückseligkeit schwelgen

блажúть, -жу́, -жúшь *uv volksspr* launisch [eigensinnig] sein

блажнóй, -áя, -óе *volksspr* launisch, eigensinnig, unberechenbar

блажь, -и *f volksspr* Laune, Eigensinn, Unberechenbarkeit, Grille

бланк, -а *m* Vordruck, Formular; ~ для заявок Bestellzettel; ~ для почтóвого перевóда Postanweisung

блáнковый, -ая, -ое Blanko-; -ая нáдпись Blankoindossament

блат, -а *m* **1.** Gaunersprache **2.** *volksspr* Vetternwirtschaft; по -у durch Protektion, durch die Hintertür

блатнóй, -áя, -óе: ~ язы́к *oder* -áя му́зыка Gaunersprache, Rotwelsch

блевáть, блюю́, блюёшь *uv volksspr* erbrechen

бледнéть, -éю, -éешь *uv* **1.** erblassen, bleich werden **2.** *übtr* verblassen

бледнолúцый, -ая, -ое; *Kzf* -úц, -а blaß, mit blassem Gesicht

блéдность, -и *f* **1.** Blässe **2.** *übtr* Farblosigkeit, Nüchternheit

блéдный, -ая, -ое; *Kzf* -ден, -днá! **1.** bleich, blaß; óчень ~ totenbleich **2.** *übtr* farblos, nüchtern; э́то блéдно das hat weder Saft noch Kraft ◇ -ая нéмочь *med* Bleichsucht, Chlorose

блёклый, -ая, -ое welk; fahl, matt; verschossen; -ые áстры mattfarbene Astern

блёкнуть, -ну, -нешь; блёк, -ла *uv* welken; fahl [matt] werden; verschießen, verblassen

блеск, -а (-у) *m* **1.** Glanz, Blitzen, Funkeln; ~ алмáза das Blitzen [Funkeln] des Brillanten **2.** *übtr* Pracht, Prunk; ~ наря́да Kleiderpracht; ~ остроу́мия Geistesblitz **3.** *min* Glanz; желéзный ~ Eisenglanz, Roteisenerz

блеснá, -ы́, *Pl* блёсны, -сен, -снам *f* (metallischer) Köder

блесну́ть, -ну́, -нёшь *v* **1.** *v mom zu* блестéть **2.** *übtr* aufblitzen; у меня́ блесну́ла мысль ein Gedanke schoß mir durch den Kopf

блестéть* *uv* glänzen, strahlen; funkeln; leuchten; глазá блестя́т a) die Augen glänzen; b) die Augen funkeln ‖ *v mom* блесну́ть, -ну́, -нёшь

блёстки *Pl* -ток, *Sg* блёстка, -и *f* Flitter; ~ остроу́мия Geistesblitze

блестя́щий, -ая, -ее; *Kzf* -я́щ, -а **1.** glänzend, strahlend, funkelnd **2.** *übtr* glanzvoll, prächtig **3.** *übtr* glänzend; ~ примéр leuchtendes Vorbild

блеф, -а *m* Bluff

блещу́ ↑ блестéть

блéяние *u.* **блея́ние,** -я *n* Blöken *von Schafen*, Meckern *von Ziegen*

блéять, *1. u. 2. Pers ungebr*, блéет *u.* **блея́ть,** блеёт *uv* blöken *von Schafen*, meckern *von Ziegen*

ближáйший, -ая, -ее **1.** nächst(liegend); в -ем бу́дущем in allernächster Zukunft; -ее учáстие unmittelbare Teilnahme **2.** näher; при -ем рассмотрéнии bei näherer Betrachtung **3.** nah, intim

блúже ↑ блúзкий

ближневосто́чный, -ая, -ое vorderasiatisch
бли́жний, -яя, -ее **1.** nah; vertraut **2.** -его *Subst m alt* Nächster
близ *Präpos mit G* nahe (an), bei
бли́зиться, *1. u. 2. Pers ungebr,* бли́зится *uv* **1.** nahen, sich nähern **2.** anbrechen
бли́зкие, -их *Subst Pl* nahe Verwandte
бли́зкий, -ая, -ое; *Kzf* -зок, -зка́! *Komp* бли́же; *Sup* ближа́йший **1.** nah, nahegelegen **2.** nahestehend, intim; -ие отноше́ния a) freundschaftliches Verhältnis; b) Liebesverhältnis **3.** (wort-) getreu; ähnlich
бли́зко **1.** *Adv* nah; intim, gut; ~ от nahe bei; мы ~ знако́мы wir sind gute Bekannte **2.** *prädikativ* in der Nähe gelegen, nicht (mehr) weit
близлежа́щий, -ая, -ее nahegelegen
близнецы́ *Pl* -о́в, *Sg* близне́ц, -а́, *I* -о́м *m* **1.** Zwillinge **2.** (Близнецы́) *astr* Zwillinge
близору́кий, -ая, -ое; *Kzf* -у́к, -а kurzsichtig *a. übtr*
близору́кость, -и *f* Kurzsichtigkeit *a. übtr*
бли́зость, -и *f* **1.** Nähe **2.** enge Freundschaft, Vertraulichkeit **3.** Ähnlichkeit
блик, -а *m* Lichtstelle, Lichtfleck *stark kontrastierend auf dunklem Hintergrund;* со́лнечные -и besonnte Stellen
блин, -а́ *m* Plinse, flacher Pfannkuchen ◇ пе́рвый ~ ко́мом *Sprichw* aller Anfang ist schwer
блинда́ж, -а́, *I* -о́м, *G Pl* -е́й *m mil* Unterstand
бли́нчики *Pl* -ов, *Sg* бли́нчик, -а *m* Pfannkuchen
блиста́тельный, -ая, -ое; *Kzf* -лен, -льна *buchspr* glänzend, großartig, prachtvoll
блиста́ть, -а́ю, -а́ешь *uv* glänzen; sich auszeichnen; ~ отсу́тствием *übtr* durch Abwesenheit glänzen
[1]**блок,** -а *m tech* Block; Seilscheibe; Flaschenzug
[2]**блок,** -а *m* **1.** *pol* Block **2.** Block; ~ домо́в Häuserblock
блокга́уз, -а *m mil* Blockhaus
блоки́рование, -я *n* **1.** Blockierung, Absperrung **2.** *pol* Blockbildung
блоки́ровать, -рую, -руешь; -рованный, -рован, -а *v, uv* blockieren, sperren
блоки́роваться, -руюсь, -руешься *v, uv pol* einem Block beitreten ‖ *v a.* с б л о к и́ р о в а т ь с я
блокиро́вка, -и, *Pl G* -вок, *D* -вкам *f* **1.** Blockade **2.** *pol* Blockbildung **3.** Blockung, Blockierung *Eisenbahn*
блокно́т, -а *m* Notizblock
блонди́н, -а *m* Blonder, Blondkopf
блонди́нка, -и, *Pl G* -нок, *D* -нкам *f* Blondine
блоха́, -и́, *Pl* бло́хи, блох, блоха́м *f* Floh
бло́чный, -ая, -ое *tech* Block-; ~ кана́т Blockseil; -ая сбо́рка Baukastensystem
блоши́ный, -ая, -ое Floh-; ~ уку́с Flohbiß
бло́шка, -и, *Pl G* -шек, *D* -шкам *f* **1.** *Dem zu* блоха́ (kleiner) Floh **2.** *Pl* Flohspiel
блуд, -а *m alt* Unzucht, Ausschweifung
[1]**блуди́ть,** блужу́, блуди́шь *uv volksspr* ein ausschweifendes [unzüchtiges] Leben führen
[2]**блуди́ть,** блужу́, блу́дишь *uv volksspr* umherirren
блудли́вый, -ая, -ое; *Kzf* -и́в, -а *volksspr, alt* unzüchtig, geil, lüstern
блудни́к, -а́ *m alt* Wüstling, Wollüstling
блудни́ца, -ы, *I* -ей *f alt* Dirne, Hure
[1]**блу́дный,** -ая, -ое: ~ сын *scherz* der verlorene Sohn
[2]**блу́дный,** -ая, -ое *alt* unzüchtig, lüstern
блужда́ние, -я *n* **1.** Umherschweifen; Umherirren **2.** Wandern
блужда́ть, -а́ю, -а́ешь *uv* **1.** umherschweifen *ohne Ziel;* umherirren *den Weg suchend* **2.** wandern
блужда́ющий, -ая, -ее umherschweifend; umherirrend; wandernd; ~ огонёк Irrlicht; -ая по́чка *med* Wanderniere; ~ нерв *anat* Vagus
блу́за, -ы *f* (Arbeits-) Kittel; Bluse
блу́зка, -и, *Pl G* -зок, *D* -зкам *f* Bluse
блю́дечко, -а, *Pl G* -чек, *D* -чкам *n* *Dem zu* блю́дце Untertasse; Schälchen
блю́до, -а *n* **1.** (flache) Schüssel **2.** Gericht, Gang; второ́е ~ zweiter Gang, Hauptgericht
блюду́ ↑ блюсти́
блю́дце, -а, *Pl G* -дец, *D* -дцам *n* Untertasse, Schälchen
блю́минг, -а *m tech* Blockwalzwerk, Blooming
блюсти́* *uv* (be)hüten, beschützen; beachten; ~ зако́ны die Gesetze befolgen
блюсти́тель, -я *m alt, jetzt iron* Hüter; ~ поря́дка Ordnungshüter

бля́ха, -и *f* Blechschild *mit eingestanzter Schrift*
боа́ *idkl* 1. *m* Boa, Riesenschlange 2. *n alt* Pelzboa
боб, -а́ *m* Bohne ◇ оста́ться на -а́х das Nachsehen haben; -ы́ разводи́ть Unsinn reden
бобёр, -бра́ *m* 1. Biberfell 2. Biberkragen, Biberpelz
боби́на, -ы *f tech* Bobine, Spule
бобко́вый, -ая, -ое aus Lorbeeren, Lorbeer-
бобо́вый, -ая, -ое Bohnen-; -ые расте́ния Hülsenfrüchte
бобр, -а́ *m* Biber ◇ уби́ть -а́ *iron* einen Bock schießen
бо́брик, -а *m text* Flausch
бо́бриком *Adv*: причёска ~ Bürstenfrisur, Bürstenschnitt
бобро́вый, -ая, -ое Biber-, aus Biberpelz
бобы́ль, -я́ *m* 1. *alt* armer landloser Bauer 2. *umg* Unverheirateter, Hagestolz, Einsamer
бог [бох], бо́га, *Pl* бо́ги, бого́в, бога́м *m* Gott ◇ ~ зна́ет *oder* ~ весть *umg* weiß Gott, weiß der Kuckuck; сла́ва -у! *umg* Gott sei Dank!; не дай ~! *umg* Gott bewahre!; дава́й ~ но́ги *umg* nahm die Beine unter die Arme
богаде́льня, -и, *Pl G* -лен, *D* -льням *f alt* Altersheim ◇ разводи́ть -ю *umg iron* untätig herumsitzen
богате́й, -я *m volksspr* Reicher
богате́ть, -е́ю, -е́ешь *uv* reich werden
бога́тство, -а *n* Reichtum
бога́тый, -ая, -ое; *Kzf* -а́т, -а; *Komp* бога́че; *Sup* богате́йший 1. reich, vermögend; о́чень ~ schwerreich, steinreich 2. reich, üppig 3. reich, herrlich; -ые перспекти́вы *übtr* großartige Aussichten 4. -ого *Subst m* Reicher ◇ чем бога́ты, тем и ра́ды nehmen Sie bitte vorlieb mit dem, was das Haus bieten kann *Einladung des Gastgebers, wenn er die Gäste zu Tisch bittet*
богаты́рский, -ая, -ое reckenhaft, riesenstark; Riesen-; -ая си́ла Riesenkraft; ~ го́лос Stentorstimme; ~ э́пос Heldenepos; -ое здоро́вье eiserne Gesundheit
богаты́рь, -я́ *m* Recke, Held; Kraftmensch
бога́ч, -а́, *I* -о́м, *G Pl* -е́й *m* Reicher, reicher Mann
бога́че ↑ бога́тый
богдыха́н, -а *m hist* Kaiser von China
богéма, -ы *f* Boheme
Боге́мия, -и *f* Böhmen
боге́мский, -ая, -ое böhmisch
боги́ня, -и *f* Göttin
бого|боя́зненный, -ая, -ое; *Kzf* -ен, -енна *alt* gottesfürchtig; **~ма́терь, -и** *f* Mutter Gottes, Madonna; **~мо́лец,** -льца, *I* -льцем, *G Pl* -льцев *m alt* Betbruder; Pilger, Wallfahrer; **~мо́лье,** -ья *n alt* Wallfahrt, Pilgerfahrt; **~мо́льный,** -ая, -ое; *Kzf* -лен, -льна *alt* fromm; **~отсту́пник,** -а *m alt* Gottesleugner; **~ро́дица,** -ы, *I* -ей *f* Mutter Gottes, Madonna; **~сло́в,** -а *m* Theologe; **~сло́вие,** -я *n* Theologie; **~сло́вский,** -ая, -ое theologisch; **~служе́бный,** -ая, -ое gottesdienstlich; **~служе́ние,** -я *n* Gottesdienst; **~твори́ть,** -рю́, -ри́шь *uv* vergöttern; **~уго́дный,** -ая, -ое; *Kzf* -ден, -дна *alt* gottgefällig, wohltätig; **~ху́льник,** -а *m alt* Gotteslästerer; **~ху́льствовать,** -твую, -твуешь *uv alt* Gott lästern
бода́ть, -а́ю, -а́ешь *uv* mit den Hörnern stoßen ‖ *v mom* боднУ́ть, -ну́, -нёшь
бода́ться, -а́юсь, -а́ешься *uv* 1. die Angewohnheit haben, mit den Hörnern zu stoßen 2. einander mit den Hörnern stoßen
Бо́денское о́зеро, -а *n* Bodensee
бодли́вый, -ая, -ое; *Kzf* -и́в, -а stößig
бодну́ть *v mom zu* бода́ть
бодри́ть, -рю́, -ри́шь *uv* ermutigen, ermuntern; stärken
бодри́ться, -рю́сь, -ри́шься *uv* sich Mut machen, Mut fassen
бо́дрость, -и *f* Munterkeit, Frische, Rüstigkeit; Mut; ~ ду́ха Lebensmut; э́то придаёт мне ~ das hebt meinen Mut
бо́дрствовать, -твую, -твуешь *uv* wachen, wach bleiben
бо́дрый, -ая, -ое; *Kzf* бодр, -а́! munter, frisch; lebensvoll; rüstig, wacker
бодря́щий, -ая, -ее ermutigend; aufmunternd; stärkend, belebend
боеви́к, -а́ *m* 1. Mitglied einer revolutionären Kampfgruppe 2. *umg alt* ~ сезо́на der Schlager der Saison
боево́й, -а́я, -о́е 1. Kampf-, Kriegs-, Gefechts-; ~ това́рищ Kampfgenosse; Kriegskamerad; -о́е креще́ние Feuertaufe; -а́я пози́ция Gefechtsstellung; -ы́е припа́сы Munition; -а́я мощь Kampfkraft 2. kriegerisch; ~ дух Kampfmoral 3. kriegerisch, kampflustig; ~ па́рень

umg ein schneidiger [flotter] Bursche ◇ ~ патрóн scharfe Patrone; -áя пружи́на Schlagfeder *an Schußwaffen*
боеголóвка, -и, *Pl G* -вок, *D* -вкам *f*: áтомная ~ Atomsprengkopf
боёк, бойкá *m* Schlagbolzen *an Schußwaffen*
бое|питáние, -я *n* Munitionsversorgung; **~припáсы,** -ов *Pl* Munition; **~спосóбность,** -и *f* Kampffähigkeit, Kampfwert; **~спосóбный,** -ая, -ое; *Kzf* -бен, -бна kampftüchtig, kampffähig
боéц, бойцá, *I* бойцóм, *Pl G* бойцóв *m* Kämpfer *a. übtr*; Soldat
бóже *Interj* ach Gott!, mein Gott!
божéственный, -ая, -ое **1.** *Kzf* -ен, -енна göttlich; religiös **2.** *übtr, umg* göttlich schön, bezaubernd
божествó, -á *n* **1.** Gottheit **2.** *übtr* Abgott
бóжий, -ья, -ье Gottes- ◇ -ья корóвка *zool* Marienkäfer
божи́ться, -жу́сь, -жи́шься *uv* (bei Gott) schwören ‖ *v* побожи́ться
божóк, -жкá *m* **1.** Götzenbild **2.** *übtr* Abgott
бой, бóя (с бóю), *P* о бóе, в бою́, *Pl* бои́, боёв, боя́м *m* **1.** Kampf, Gefecht; рукопáшный ~ Handgemenge; *mil* Nahkampf; кулáчный ~ Faustkampf; ~ быкóв Stierkampf; взять с -ю im Sturm nehmen, erstürmen; сдáться без -я sich kampflos ergeben; ввести́ в ~ *mil* einsetzen **2.** Schläge, Prügel; бить смéртным -ем halbtot schlagen **3.** Zerschlagen, Zertrümmern **4.** Scherben, Bruch ◇ барабáнный ~ Trommelschlag, Getrommel; ~ часóв Schlag der Uhr
бой-бáба, -ы *f scherz* energisches Frauenzimmer
бóйкий, -ая, -ое; *Kzf* бóек, бойкá! *Komp* бóйче **1.** behend, gewandt; lebhaft, findig, schlagfertig; у негó -ое перó er führt eine gewandte Feder; имéть ~ язы́к ein gewandtes Mundwerk haben **2.** belebt; -ая у́лица belebte Straße; -ое движéние reger Verkehr
бóйкость, -и *f* **1.** Behendigkeit; Lebhaftigkeit, Schlagfertigkeit; ~ языкá Redegewandtheit **2.** Belebtheit
бойкóт, -а *m* Boykott
бойкоти́ровать, -рую, -руешь; -рованный, -рован, -а *uv* boykottieren
бойни́ца, -ы, *I* -ей *f* Schießscharte
бóйня, -и, *Pl G* бóен, *D* бóйням *f* **1.** Schlachthof **2.** *übtr* Gemetzel, Massaker; кровáвая ~ Blutbad
бóйче ↑ бóйкий
бок, бóка, *P* о бóке, на боку́, *Pl* бокá, -óв, -áм *m* **1.** Seite; по -áм von beiden Seiten; с -у нá ~ von einer Seite auf die andere; ложи́ться нá ~ *naut* kentern **2.** Seite; *bei Tieren* Flanke; у меня́ кóлет в -у́ ich habe Seitenstechen **3.** *Pl* Hüften ◇ ~ ó ~ Seite an Seite, Schulter an Schulter; пóд -ом in (aller)nächster Nähe, nebenan; намя́ть кому́-н. -á j-n windelweich schlagen; пó -у *volksspr* fort, beiseite; лежáть на -у́ auf der Seite liegen; *übtr* auf der faulen Haut liegen
бокáл, -а *m* Pokal, Römer; подня́ть ~ das Glas erheben
бокови́на, -ы *f volksspr* Seitenteil
боковóй, -áя, -óе Seiten-; -áя кáчка *naut* Schlingern; -áя дверь Nebeneingang ◇ отпрáвиться на -у́ю *umg* sich schlafen legen
бóком *Adv* **1.** mit der Schulter nach vorn **2.** seitwärts, von der Seite ◇ вы́йти ~ *übtr umg* schiefgehen
бокс, -а *m* Boxkampf
боксёр, -а *m* Boxer
боксёрский, -ая, -ое Boxer-, Box-; -ая перчáтка Boxerhandschuh; -ое восстáние *hist* Boxeraufstand
боксировать, -рую, -руешь *uv* boxen
бокси́т, -а *m* Bauxit
болвáн, -а *m* **1.** *gbt* Hackklotz **2.** *grob* Dummkopf, Tölpel
болвáнка, -и, *Pl G* -нок, *D* -нкам *f* **1.** *tech* Barren, Rohling **2.** Hutform, Hutblock
болгáрин, -а, *Pl* -áры, -áр, -áрам *m* Bulgare
Болгáрия, -и *f* Bulgarien; Нарóдная Респу́блика ~ Volksrepublik Bulgarien
болгáрка, -и, *Pl G* -рок, *D* -ркам *f* Bulgarin
болгáрский, -ая, -ое bulgarisch
болевóй, -áя, -óе schmerzhaft, Schmerz-
бóлее *Adv* **1.** mehr; ни ~ ни мéнее nicht mehr und nicht minder; ~ тогó mehr als das; всё ~ immer mehr (und mehr); тем ~ um so mehr **2.** *mit Adj oder Adv zur Bildung des Komp*; ~ подрóбный ausführlicher
болéзненный, -ая, -ое; *Kzf* -нен, -ненна **1.** *nur Langform* kränklich **2.** krankhaft; -ые явлéния Krankheitserscheinungen **3.** schmerzhaft
болезнетвóрный, -ая, -ое krankheitserregend

боле́знь, -и *f* Krankheit, Leiden; морска́я ~ Seekrankheit; схвати́ть ~ sich eine Krankheit zuziehen; перенести́ ~ eine Krankheit durchmachen; по -и krankheitshalber

боле́льщик, -а *m umg* Schlachtenbummler; Kiebitz *beim Kartenspiel*; leidenschaftlicher Anhänger, Fan

[1]**боле́ть,** -е́ю, -е́ешь *uv* 1. krank sein, leiden; ~ гри́ппом die Grippe haben 2. sich sorgen, bangen ◇ у меня́ душа́ боли́т mir wird weh ums Herz; мать боле́ет душо́й о ребёнке das Wohl des Kindes liegt der Mutter sehr am Herzen 3. *umg* leidenschaftlich Partei ergreifen *für eine Sportgemeinschaft, für einen Sportler*

[2]**боле́ть,** *1. u. 2. Pers ungebr,* боли́т *uv* schmerzen, weh tun; что у вас боли́т? was tut Ihnen weh?; у меня́ боли́т голова́ ich habe Kopfschmerzen

болеутоля́ющий, -ая, -ее schmerzstillend, lindernd

боливи́ец, -и́йца, *I* -и́йцем, *G Pl* -и́йцев *m* Bolivianer

боливи́йка, -и, *Pl G* -ви́ек, *D* -ви́йкам *f* Bolivianerin

боливи́йский, -ая, -ое bolivianisch

Боли́вия, -и *f* Bolivien

боли́д, -а *m astr* Bolid, Feuerkugel, Meteor

боло́нка, -и, *Pl G* -нок, *D* -нкам *f* Bologneser Hündchen, Schoßhündchen

боло́тистый, -ая, -ое; *Kzf* -ист, -а sumpfig, morastig

боло́тный, -ая, -ое Sumpf-, Moor-; ~ газ Sumpfgas, Methan

боло́то, -а *n* Sumpf, Morast; торфяно́е ~ Torfmoor

боло́тце, -а, *I* -ем, *G Pl* -ев *n Dem zu* боло́то Sumpf, Moor, Morast

болт, -а́ *m tech* Bolzen

[1]**болта́ть,** -а́ю, -а́ешь *uv* 1. (um-) rühren; schütteln *Flüssigkeit*; ~ ло́жкой mit dem Löffel rühren 2. baumeln, schlenkern; ~ нога́ми mit den Beinen schlenkern

[2]**болта́ть,** -а́ю, -а́ешь *uv* plaudern, schwatzen; ~ вздор faseln; Unsinn schwatzen

болта́ться, -а́юсь, -а́ешься *uv* 1. *umg* baumeln, herunterhängen, hin- und herschaukeln; schlottern *weite Kleidung* 2. *volksspr* sich herumtreiben

болтли́вый, -ая, -ое; *Kzf* -и́в, -а schwatzhaft, geschwätzig

болтовня́, -и́ *f umg* Geschwätz, Gerede; э́то пуста́я ~ das ist leeres Geschwätz, da steckt nichts dahinter

[1]**болту́н,** -а́ *m umg* Schwätzer

[2]**болту́н,** -а́ *m* taubes Ei

болту́нья, -ьи, *Pl G* -ний, *D* -ньям *umg* Schwätzerin

[1]**болту́шка,** -и, *Pl G* -шек, *D* -шкам *f umg Dem zu* болту́нья Schwätzerin, Plappermäulchen

[2]**болту́шка,** -и, *Pl G* -шек, *D* -шкам *f volksspr, gbt* 1. Rührei 2. Quirl 3. Mehltränke *für das Vieh*

боль, -и *f* Schmerz, Weh; причини́ть ~ weh tun ◇ душе́вная ~ Herzweh; с -ю в душе́ mit blutendem Herzen

больни́ца, -ы, *I* -ей *f* Krankenhaus

больни́чный, -ая, -ое Krankenhaus-, Kranken-; ~ листо́к Krankenschein

[1]**бо́льно** 1. *Adv* empfindlich, schmerzhaft 2. *unpers, prädikativ*; мне ~ за него́ es tut mir leid um ihn; де́лать ~ кому́-н. j-m weh tun; j-m Schmerzen bereiten

[2]**бо́льно** *Adv volksspr* sehr, allzusehr; он ~ хитёр er ist unerhört schlau

больно́й, -а́я, -о́е; *Kzf* бо́лен, больна́ 1. krank, leidend; *übtr* krankhaft; он тяжело́ бо́лен er ist schwerkrank; -о́е ме́сто wunder Punkt; ~ вопро́с brennende Frage; -о́е вообра-же́ние krankhafte Einbildung 3. -о́го *Subst m* Kranker, Patient

больша́к, -а́ *m gbt* 1. Familienoberhaupt 2. Landstraße

бо́льше *Komp zu* большо́й, вели́кий *u.* мно́го größer (als), mehr; ~ того́ mehr noch ◇ чтоб э́того ~ не́ было! daß es nie wieder vorkommt!; всё ~ и ~ immer mehr und mehr

большеви́зм, -а *m* Bolschewismus

большеви́к, -а́ *m* Bolschewik

большеви́стский, -ая, -ое bolschewistisch

большеголо́вый, -ая, -ое mit großem Kopf

большегру́зный, -ая, -ое: ~ ваго́н Großraum(güter)wagen

бо́льший, -ая, -ее *Komp von* большо́й *u.* вели́кий größer; -ая часть der größere Teil; -ей ча́стью *oder* по -ей ча́сти größtenteils, meistens; са́мое -ее höchstens, nicht mehr als

большинство́, -а́ *n* Mehrheit; подавля́ющее ~ die überwiegende Mehrheit; ~ това́рищей die meisten Kollegen; в -е слу́чаев meist(ens)

большо́й, -а́я, -о́е; *Komp* бо́льший, бо́льше, бо́лее 1. groß; bedeutend; ~ учёный ein großer Gelehrter 2. erwachsen; ∼ сын erwachsener Sohn **3.** groß, zahlreich; -óe знакóмство großer Bekanntenkreis; -и́е дéньги viel Geld ◇ ∼ пáлец Daumen; die große Zehe; -áя бýква großer Buchstabe, Anfangsbuchstabe; -и́е друзья́ dicke Freunde

большýщий, -ая, -ее *volksspr* riesig, ungeheuer, rießengroß

боля́чка, -и, *Pl G* -чек, *D* -чкам *f umg* (eitrige) Hautwunde

бóмба, -ы *f* Bombe; фугáсная ∼ Sprengbombe; глуби́нная ∼ Wasserbombe

бомбардировáть, -рýю, -рýешь; -рóванный, -рóван, -а *uv* mit Artilleriefeuer belegen; bombardieren *a. übtr*

бомбардирóвка, -и, *Pl G* -вок, *D* -вкам *f* Artilleriebeschuß; Bombardierung, Bombardement; воздýшная ∼ Bombenangriff

бомбардирóвщик, -а *m* Bombenflugzeug, Bomber; пики́рующий ∼ Sturzkampfflugzeug

бомбёжка, -и, *Pl G* -жек, *D* -жкам *f umg* Bombardierung, Bombenangriff

Бомбéй, -я *m* Bombay

бомби́ть, -блю́, -би́шь *uv umg* bombardieren

бомбовóз, -а *m* Bombenflugzeug, Bomber

бóмбовый, -ая, -ое *u.* **бомбовóй,** -áя, -óе Bomben-; ∼ удáр Bombenangriff

бомбо|держáтель, -я *m* Bombenträger, Bombenaufhängung(svorrichtung); **-мёт,** -а *m* Wasserbombenwerfer; **-метáние,** -я *n* Bombenabwurf; **-сбрáсыватель,** -я *m* Bombenabwurfgerät; **-убéжище,** -а, *I* -ем *n* Luftschutzkeller, Luftschutzraum

бонбоньéрка, -и, *Pl G* -рок, *D* -ркам *f alt* Bonbonniere, Konfektschachtel

бондáрный, -ая, -ое Böttcher-; ∼ прóмысел Böttcherhandwerk

бондáрня, -и, *Pl G* -рен, *D* -рням *f* Böttcherwerkstatt, Böttcherei

бóндáрство, -а *n* Böttcherhandwerk

бóндарь, -я *u.* **бондáрь,** -я́ *m* Böttcher, Faßbinder

бóнза, -ы *m* **1.** Bonze *buddhistischer Priester* **2.** *umg* Bonze *schmarotzerhafter Funktionär*

бонификáция, -и *f* Vergütung

Бонн, -а *m* Bonn

бóнна, -ы *f alt* Kindererzieherin

бóны *Pl* бон, *Sg* бóна, -ы *f finanz* **1.** Kreditscheine **2.** alte Geldscheine

[1]бор, -а, *P* о бóре, в борý, *Pl* боры́, -óв, -áм *m* Nadelwald ◇ с -у да с сóсенки *umg* wahllos

[2]бор, -а *m* Bohrer *Zahnarzt*

[3]бор, -а *m chem* Bor

Бордó *m idkl* Bordeaux *Stadt*

[1]бордó *Adj idkl* bordeauxrot, weinrot

[2]бордó *n idkl* Bordeauxwein

бордóвый, -ая, -ое *umg* bordeauxrot

бордю́р, -а *m* Borte, Bordüre, Besatz

Бóренька, -и *m Dem zu* Бори́с

борéц, -рцá, *I* -рцом, *G Pl* -рцóв *m* **1.** Kämpfer, ∼ за свобóду Freiheitskämpfer **2.** *Sport* Ringer, Ringkämpfer

боржóм, -а (-у) *m* Borshom-Wasser *ein Mineralwasser*

борзáя, -óй *Subst f* Barsoi, russischer Windhund

борзопи́сец, -сца, *I* -сцем, *G Pl* -сцев *m iron* Schreiberling

бóрзый, -ая, -ое *alt, poet* schnell, schnellfüßig; ∼ конь feuriges Roß

Бори́с, -а *m* Boris

бормаши́на, -ы *f* Bohrmaschine *Zahnarzt*

бормотáть* *uv* murmeln, brummen; ∼ чтó-н. под нос etw. in den Bart brummen

бормочý ↑ бормотáть

Борнéо [нэ] *m idkl* Borneo

Бóрнхольм, -а *m* Bornholm

бóрный, -ая, -ое *chem* Bor-

[1]бóров, -а, *Pl* бóровы, боровóв, боровáм *m* Bork, kastrierter Eber

[2]бóров, -а, *Pl* боровá, -óв, -áм *m* Fuchs, Rauchzug

борови́к, -á *m gbt* Steinpilz

бородá, -ы́, *A* бóроду, *Pl* бóроды, борóд, бородáм *f* Bart

бородáвка, -и, *Pl G* -вок, *D* -вкам *f* Warze

бородáвчатый, -ая, -ое; *Kzf* **-ат, -а** warzig, voller Warzen

бородáтый, -ая, -ое; *Kzf* -áт, -а bärtig

бородáч, -á, *I* -óм, *G Pl* -éй *m* **1.** *umg* bärtiger Mensch **2.** *bot* Bartgras

Бородинó, -á *n* Borodino

борóдка, -и, *Pl G* -док, *D* -дкам *f* **1.** Bärtchen **2.** Schlüsselbart

бороздá, -ы́, *A* борозду *u.* бороздý, *Pl* бóрозды, борóзд, бороздáм *f* Furche

бороздить, -зжý, -зди́шь *uv* **1.** furchen **2.** *übtr* durchfurchen; парохóд борозди́т океáн das Schiff durchpflügt den Ozean **3.** *übtr* durchfurchen

борóздка, -и, *Pl G* -док, *D* -дкам *f Dem zu* бороздá Furche, Rinne

боро́здчатый, -ая, -ое; *Kzf* -ат, -а durchfurcht
борона́, -ы́, *A* бо́рону, *Pl* бо́роны, боро́н, борона́м *f* Egge
борони́ть, -ню́, -ни́шь *uv* eggen
бороно́ва́ть, -ну́ю, -ну́ешь *uv* eggen
бороньба́, -ы́ *f* Eggen
боро́ться* *uv* **1.** kämpfen, ringen **2.** *Sport* ringen
борт, -а, *P* о бо́рте, на борту́, *Pl* борта́, -о́в, -а́м *m* **1.** *naut* Bord; пра́вый ~ Steuerbord; ле́вый ~ Backbord; вы́бросить за́ ~ *a. übtr* über Bord werfen; на -у́ an Bord; челове́к за -ом! Mann über Bord! **2.** Seitenwand *eines Lastwagens usw.* **3.** Borte, Kleiderborte
бортжурна́л, -а *m naut* Schiffstagebuch
бо́ртик, -а *m Dem zu* борт (Kleider-) Borte
бортмеха́ник, -а *m* Bordmechaniker
бо́ртник, -а *m alt* Waldbienenzüchter
бортово́й, -а́я, -о́е Bord-; -а́я ка́чка *naut* Schlingern
борт|проводни́к, -а́ *m* Steward *im Flugzeug*; **~проводни́ца,** -ы, *I* -ей *f* Stewardeß *im Flugzeug*; **~ради́ст,** -а *m* Bordfunker
борть, -и *f alt* Bienenstock *im hohlen Baum(stamm)*
борщ, -а́ (-у́), *I* -о́м, *G Pl* -е́й *m* Borstsch *Suppe aus roten Rüben*
борьба́, -ы́ *f* Kampf, Ringen; кла́ссовая ~ Klassenkampf; вы́держать -у́ den Kampf bestehen; во́льная ~ Freistilringen
Бо́рька, -и *m Dem zu* Бори́с
борю́сь ↑ боро́ться
Бо́ря, -и *m Dem zu* Бори́с
босико́м *Adv* barfuß
босни́йский, -ая, -ое bosnisch
Бо́сния, -и *f* Bosnien
босо́й, -а́я, -о́е; *Kzf* бос, -а́! barfüßig ◇ на босу́ но́гу barfuß
босо|но́гий, -ая, -ое barfüßig; **~но́жка,** -и, *Pl G* -жек, *D* -жкам *f* Barfüßige; **~но́жки** *Pl* -жек, -жкам, *Sg* босоно́жка, -жки *f* Pantoletten
босто́н, -а *m* **1.** Boston *Kartenspiel* **2.** (feines) Tuch **3.** Boston *langsamer Walzer*
Босфо́р, -а *m* Bosporus
བося́к, -а́ *m* Landstreicher, Strolch
бот, -а *m* Kahn, Boot, kleines Schiff
ботаниза́рка, -и, *Pl G* -рок, *D* -ркам *f* Botanisiertrommel
бота́ник, -а *m* Botaniker
бота́ника, -и *f* Botanik
ботани́ческий, -ая, -ое botanisch
ботва́, -ы́ *f* Kraut *von Kartoffeln, Rüben u. a.*
ботви́нья, -ьи *f* Botwinja *Suppe aus Kwas, Gemüse und Fisch*
ботворе́зальный, -ая, -ое: -ая маши́на Krauthobel
бо́тик, -а *m Dem zu* бот Nachen, kleines Boot
бо́тики *Pl* -ов, *Sg* бо́тик, -а *m* hohe Überschuhe *für Damen*
боти́нки *Pl* -нок, -нкам, *Sg* боти́нок, -нка *m* Schnürschuhe; Halbstiefel
ботни́ческий, -ая, -ое: Ботни́ческий зали́в Bottnischer Meerbusen
ботфо́рты *Pl* -ов, *Sg* ботфо́рт, -а *m* Kanonenstiefel
бо́ты *Pl* бо́тов *u.* бот, *Sg* бот, -а *m* hohe Überschuhe
бо́цман, -а *m* Bootsmann
боча́р, -а́ *m* Böttcher, Faßbinder
боча́рный Böttcher-
бо́чка, -и, *Pl G* -чек, *D* -чкам *f* Faß, Tonne
бочко́м *Adv* seitwärts; пробира́ться ~ sich seitwärts vorbeidrücken
бочо́нок, -нка *m* Fäßchen
боязли́вый, -ая, -ое; *Kzf* -и́в, -а ängstlich, furchtsam
боя́знь, -и *f* Angst, Furcht; ~ простра́нства *med* Platzangst
боя́рин, -а, *Pl* боя́ре, -я́р, -я́рам *m hist* Bojar
боя́рский, -ая, -ое *hist* Bojaren-; -ая ду́ма Bojarenduma
боя́рство, -а *n hist* Bojarentum
боя́рыня, -и *f hist* Bojarin
боя́рышник, -а *m bot* Hagedorn, Weißdorn
боя́рышня, -и, *Pl G* -шень, *D* -шням *f hist* Bojarentochter
боя́ться, бою́сь, бои́шься *uv* **1.** (sich) fürchten, Angst haben (*G* vor); бою́сь, что бу́дет по́здно ich fürchte, es wird zu spät sein **2.** *1. u. 2. Pers ungebr* nicht vertragen; расте́ния боя́тся темноты́ Pflanzen vertragen keine Dunkelheit ◇ бою́сь сказа́ть ich bin nicht sicher
бра *n idkl* Wandleuchter, Wandarm
брава́да, -ы *f* Bravourstück
брави́ровать, -рую, -руешь *uv* (leichtsinnig) riskieren; prahlen; ~ опа́сностью mit der Gefahr spielen
бра́во! *Interj* bravo!
браву́рный, -ая, -ое; *Kzf* -рен, -рна laut, schneidig *von Musik*; ~ марш Bravourmarsch
бра́вый, -ая, -ое wacker, tapfer
бра́га, -и *f* Dünnbier, selbstgebrautes Bier

брадобре́й, -я, *G Pl* -ев *m alt* Barbier

бра́жничать, -аю, -аешь *uv alt, gbt* zechen; schlemmen

бразды́ *Pl buchspr, alt* Zügel; ~ правле́ния *hoher Stil* die Zügel der Regierung

бразилец, -льца, *I* -льцем, *G Pl* -льцев *m* Brasilianer

Брази́лия, -и *f* Brasilien

брази́льский, -ая, -ое brasilianisch

бразилья́нка, -и, *Pl G* -нок, *D* -нкам *f* Brasilianerin

[1]**брак,** -а *m* Ehe; вступи́ть в ~ heiraten, eine Ehe schließen; состоя́ть в -е verheiratet sein

[2]**брак,** -а *m* 1. Ausschuß(ware) 2. Fehler, Schaden

бракера́ж, -а, *I* -ем *m* Sortieren der Ware nach der Qualität

брако́ванный, -ая, -ое Ausschuß-; ~ това́р Ausschußware

бракова́ть, -ку́ю, -ку́ешь; -ко́ванный, -ко́ван, -а *uv wegen Unbrauchbarkeit* beanstanden, aussondern, als Ausschuß erklären

брако́вка, -и *f* Aussortieren, Aussondern

брако́вщик, -а *u.* **браковщи́к,** -а́ *m* Warenprüfer

бракоде́л, -а *m* Arbeiter, der viel Ausschuß erzeugt

бракоде́льство, -а *n* Ausschußarbeit

браконье́р, -а *m* Wilddieb

браконье́рство, -а *n* Wilddieberei

бракоразво́дный, -ая, -ое Ehescheidungs-

бракосочета́ние, -я *n* Eheschließung

Брамапу́тра, -ы *f* Brahmaputra

брами́н, -а *m* Brahmane

Бра́нденбург, -а *m* Brandenburg

брандспо́йт, -а *m* 1. Feuerspritze 2. Endstück des Feuerwehrschlauches

брани́ть, -ню́, -ни́шь *uv* schelten, schimpfen, tadeln

брани́ться, -ню́сь, -ни́шься *uv* 1. sich streiten, sich zanken 2. schimpfen

[1]**бра́нный,** -ая, -ое Schelt-, Schimpf-; -ые слова́ Schimpfworte

[2]**бра́нный,** -ая, -ое *alt* Kriegs-, Schlacht-; -ое по́ле Schlachtfeld; -ые доспе́хи Kriegsrüstung

бранчи́вый, -ая, -ое; *Kzf* -и́в, -а *u.* **бранчли́вый,** -ая, -ое; *Kzf* -и́в, -а *volksspr* zänkisch, streitsüchtig

[1]**брань,** -и *f* Zank, Gezänk; Geschimpfe

[2]**брань,** -и *f alt* Krieg, Schlacht; на по́ле -и auf dem Schlachtfeld

брасле́т, -а *m* Armband

брасле́тка, -и, *Pl G* -ток, *D* -ткам *f umg* Armband

брасс, -а *m* Brustschwimmen

брат, -а, *Pl* бра́тья, -ьев, -ьям *m* 1. Bruder; родно́й ~ der leibliche Bruder; двою́родный ~ Vetter; сво́дный ~ Stiefbruder 2. Brüderchen, mein Lieber *Anrede* ◇ наш ~ *umg* unsereins, unsereiner; на -а *umg* pro Person

брата́ние, -я *n* Verbrüderung

брата́ться, -а́юсь, -а́ешься *uv* 1. sich verbrüdern, enge Freundschaft schließen 2. sich verbrüdern *Soldaten* ‖ *v* побрата́ться *zu* 1

братва́, -ы́ *f Koll volksspr* Jungens, Freunde

бра́тец, -тца, *I* -тцем, *G Pl* -тцев *m Dem zu* брат Brüderchen; *Anrede* mein Lieber

бра́тина *u.* **брати́на,** -ы *f alt* (großer) Humpen

Братисла́ва, -ы *f* Bratislava

брати́шка, -и, *Pl G* -шек, *D* -шкам *m umg* kleiner Bruder

бра́тия, -и *f* 1. *alt, kirch* Bruderschaft 2. *umg, scherz* Gesellschaft

бра́тнин, -а, -о *umg* dem Bruder gehörig, des Bruders; ~ дом des Bruders Haus

братоуби́йственный, -ая, -ое: -ая война́ Bruderkrieg

братоуби́йство, -а *n* Brudermord

бра́тский, -ая, -ое brüderlich, Bruder- ◇ -ая моги́ла Massengrab

бра́тство, -а *n* 1. Brüderlichkeit 2. *alt, kirch* Bruderschaft

брать* *uv* 1. nehmen, ergreifen; ~ па́лку einen Stock nehmen; ~ под ру́ку кого́-н. j-n unter den Arm fassen, sich bei j-m einhaken 2. mitnehmen, mit sich nehmen; ~ кни́гу с собо́й das Buch mitnehmen 3. entgegennehmen, übernehmen; ~ поруче́ние einen Auftrag übernehmen; ~ на себя́ обя́занность eine Verpflichtung übernehmen 4. einstellen, in Dienst nehmen; ~ кого́-н. на слу́жбу j-n einstellen; ~ в солда́ты einziehen 5. leihen, borgen; ~ взаймы́ borgen, leihen; ~ кни́гу ein Buch (aus)leihen 6. erheben, einfordern; ~ штраф Geldstrafe erheben; ~ по́шлину Zoll erheben 7. einnehmen, Besitz ergreifen; ~ при́ступом im Sturm (ein)nehmen; ~ пле́нных Gefangene machen; ~ власть die Macht ergreifen; ~ под стра́жу verhaften 8. *1. u. 2. Pers ungebr, übtr* ergreifen, packen;

страх меня́ берёт Furcht erfaßt mich; его́ берёт сомне́ние ihn überkommen Zweifel 9. *1. u. 2. Pers ungebr, übtr* beanspruchen, wegnehmen 10. (ein)holen, kaufen; ~ биле́т eine Fahrkarte lösen ◇ бери́ впра́во! halte dich rechts!; ~ верх die Oberhand gewinnen, den Sieg davontragen; ~ кого́-н. в жёны j-n zur Frau nehmen; ~ на му́шку *übtr* aufs Korn nehmen; ~ под обстре́л *mil* unter Feuer nehmen; ~ на учёт registrieren; berücksichtigen; ~ на себя́ сме́лость sich erkühnen, sich erdreisten; ~ нача́ло entspringen *Fluß*; ~ приме́р с кого́-н. sich an j-m ein Beispiel nehmen; ~ сло́во das Wort ergreifen; ~ себя́ в ру́ки sich beherrschen; его́ пу́ля не берёт ihn trifft keine Kugel; его́ ничто́ не берёт er ist gegen alles gefeit; ~ за се́рдце zu Herzen gehen; ~ за ско́бки *math* ausklammern; ~ в ско́бки *math* einklammern; ~ кого́-н. за го́рло j-m an die Gurgel fahren; *übtr* j-m das Messer an die Kehle setzen; ~ своё sich nichts entgehen lassen; ~ кого́-н. в оборо́т j-m tüchtig den Kopf waschen; ~ го́лыми рука́ми etw. ohne Mühe erreichen; ~ на пору́ки *jur* für j-n bürgen; ~ сло́во с кого́-н. j-m das Versprechen abnehmen ‖ *v* взять*

бра́ться*; брали́сь *uv* 1. einander anfassen; ~ за́ руки einander [sich] an den Händen fassen 2. übernehmen, auf sich nehmen; он берётся почини́ть сам er übernimmt es, selber zu reparieren 3. herangehen, in Angriff nehmen; ~ за рабо́ту an die Arbeit gehen, sich an die Arbeit machen ◇ ~ за ум zur Besinnung kommen, vernünftig werden; ~ за кого́-н. как сле́дует *umg* j-n tüchtig vornehmen; отку́да де́ньги беру́тся? wo kommt das Geld her? ‖ *v* взя́ться*; взяли́сь

бра́унинг, -а *m* Browning *Pistole*

бра́чный, -ая, -ое ehelich, hochzeitlich; ~ сою́з Ehebund

бра́шпиль, -я *m naut* Ankerwinde

бреве́нчатый, -ая, -ое Balken-, aus Balken

бревно́, -а́, *Pl* брёвна, -вен, -внам *n* 1. Balken 2. *übtr umg* ungeschliffener Patron, (grober) Klotz 3.: ~ для равнове́сия *Sport* Schwebebalken

бред, -а, *P* о бре́де, в бреду́ *m* Delirium, Fieberphantasie

бре́день, -дня *m* kleines Schleppnetz

бре́дить, бре́жу, бре́дишь *uv* 1. phantasieren, im Fieber sprechen 2. schwärmen; ~ ке́м-н. von j-m entzückt sein; ~ наяву́ wachend träumen

бре́дни, -ей *Pl verächtl* Gefasel, Phantastereien

бредово́й, -а́я, -о́е Wahn-, Phantasie-; -а́я иде́я Wahngebilde

бреду́ ↑ брести́

бре́згать, -аю, -аешь *uv* 1. sich ekeln, Widerwillen haben 2. *übtr* verachten, verschmähen, Abscheu empfinden; он не бре́згает ниче́м kein Mittel ist ihm zu schlecht ‖ *v* побре́згать

брезгли́вый, -ая, -ое; *Kzf* -и́в, -а 1. ekelig, (leicht) Ekel empfindend; -ое чу́вство Ekelgefühl, Widerwille 2. voller Ekel

брезе́нт, -а *m* Plane, Zeltbahn

брезе́нтовый, -ая, -ое Zeltbahn-; -ая ку́ртка Windjacke

бре́зжить, -ит *uv* 1. *1. u. 2. Pers ungebr* schwach schimmern 2. *unpers* dämmern, tagen

бре́зжиться, -ится *uv* 1. *1. u. 2. Pers ungebr* schwach schimmern 2. *unpers* dämmern, tagen

брек! *Sport* trennen!

бреква́тер, -а *m naut* Wellenbrecher

брело́к, -а *m* Berlocke, Anhängsel *an Uhrketten*

Бре́мен, -а *m* Bremen

бре́мя, *G, D, P* -мени, *I* -менем *n* Last, Bürde; разреши́ться от -мени gebären, entbunden werden

бре́нный, -ая, -ое; *Kzf m ungebr,* бре́нна *buchspr, alt* vergänglich; -ые оста́нки die sterblichen Überreste

бренча́ть, -чу́, -чи́шь *uv* klirren, klimpern

Брест, -а *m* Brest

брести́* *uv best* 1. sich schleppen, sich mit Mühe fortbewegen 2. langsam gehen, schlendern ‖ *unbest* [1]броди́ть

Брета́нь, -и *f* Bretagne

брете́ли [тэ] *Pl* -ей, *Sg* брете́ль, -и *f* Träger *am Rock, Leibchen*; брю́чки на -ях Trägerhöschen

брете́лька [тэ], -и, *Pl G* -лек, *D* -лькам *f* Träger, Achselband *am Rock u. ä.*

брето́нец, -нца, *I* -нцем, *G Pl* -нцев *m* Bretagner, Bretone

брето́нка, -и, *Pl G* -нок, *D* -нкам *f* Bretagnerin, Bretonin

брето́нский, -ая, -ое bretonisch

бреха́ть* *uv gbt, volksspr* 1. bellen, kläffen 2. lügen; aufschneiden
брехня́, -и́ *f volksspr* Aufschneiderei; Verleumdung, dummes Gerede
бреху́н, -а́ *m volksspr* Lügner, Aufschneider
брешу́ ↑ бреха́ть
брешь, -и *f* 1. Bresche; пробива́ть ~ в чём-н. *übtr* in etw. eine Bresche schlagen 2. *übtr* Mangel, Manko
бре́ю ↑ брить
бре́ющий, -ая, -ее: бре́ющий полёт *flug* Tiefflug
бриг, -а *m naut* Brigg
брига́да, -ы *f* 1. *mil* Brigade 2. Brigade, Gruppe; уда́рная ~ Stoßbrigade 3. Zugmannschaft; паровóзная ~ Lokomotivbesatzung
[1]**бригади́р,** -а *m* Brigadier
[2]**бригади́р,** -а *m alt* Brigadegeneral
брига́дный, -ая, -ое Brigade-
бридж, -а, *I* -ем *m* Bridge *Kartenspiel*
бриз, -а *m* Brise
БРИЗ, -а, *m* (бюро́ по рационализа́ции и изобрета́тельству) Büro für Erfindungs- und Vorschlagswesen
бриза́нтный, -ая, -ое Spreng-, Brisanz-; ~ снаря́д Brisanzgeschoß
брике́т, -а *m* Brikett
брике́тный, -ая, -ое Brikett-; -ые щипцы́ Brikettzange
бриллиа́нт [лья́] *u.* **брилья́нт,** -а *m* Brillant
бриллиа́нтовый [лья́] *u.* **брилья́нтовый,** -ая, -ое Brillant-
Бри́столь, -я *m* Bristol *Stadt*
брита́нец, -нца, *I* -нцем, *G Pl* -нцев *alt* Brite
Брита́ния, -и *f* Britannien
брита́нка, -и, *Pl G* -нок, *D* -нкам *f alt* Britin
брита́нский, -ая, -ое britisch
бри́тва, -ы *f* Rasiermesser; безопа́сная ~ Rasierapparat ◇ у него́ язы́к как ~ *übtr* er hat eine scharfe Zunge, er hat Haare auf den Zähnen
бри́твенный, -ая, -ое Rasier-; ~ прибо́р Rasierzeug
бри́тый, -ая, -ое rasiert
брить* *uv* rasieren
бритьё, -ья́ *n* Rasieren
бри́ться* *uv* sich rasieren (lassen)
бри́чка, -и, *Pl G* -чек, *D* -чкам *f* Kalesche
Брно, -а *m* Brno
бровь, -и, *Pl* бро́ви, брове́й, бровя́м *f* Augenbraue, Braue; хму́рить -и die Stirn runzeln ◇ попа́сть не в ~, а (пря́мо) в глаз den Nagel auf den Kopf treffen; он и -ью не повёл er verzog keine Miene
брод, -а (-у) *m* Furt
броди́льный, -ая -ое Gärungs-
[1]**броди́ть,** брожу́, бро́дишь *uv* 1. *unbest zu* брести́ 2. huschen, streifen; улы́бка броди́ла по лицу́ ein Lächeln huschte übers Gesicht ◇ ~ в потёмках *übtr* im Dunkeln tappen
[2]**броди́ть,** *1. u. 2. Pers ungebr,* бро́дит *uv* gären
бродя́га, -и *f, m* Vagabund, Landstreicher
бродя́жить, -жу, -жишь *uv umg* sich herumtreiben, vagabundieren
бродя́жничать, -аю, -аешь *uv umg* sich herumtreiben, vagabundieren
бродя́жничество, -а *n* Landstreicherei
бродя́чий, -ая, -ее umherziehend, Wander-; -ая жизнь Nomadenleben; -ая соба́ка herrenloser Hund
броже́ние, -я *n* 1. Gärung, Fermentierung 2. *übtr* Gärung, Unruhen; ~ умо́в Erregung der Gemüter
бром, -а *m* Brom
бро́мистый, -ая, -ое bromhaltig, Brom-; ~ на́трий Bromnatrium
бро́мовый, -ая, -ое Brom-; ~ щёлок Bromlauge
бро́не- *in Zuss Abk für* бронево́й, брониро́ванный Panzer-; gepanzert
броне|автомоби́ль, -я *m* Panzerspähwagen; **~ба́шня,** -и, *Pl G* -шен, *D* -шням *f* Panzerturm; **~бо́йка,** -и, *Pl G* -бо́ек, *D* -бо́йкам *f umg* Panzerbüchse; **~бо́йный,** -ая, -ое panzerbrechend, panzerdurchschlagend; ~бо́йный снаря́д Panzergeschoß; **~бо́йщик,** -а *m* Panzerbüchsenschütze; **~ви́к,** -а́ *m* Panzerspähwagen
бронево́й, -а́я, -о́е Panzer-, gepanzert-; -ы́е пли́ты Panzerplatten
броне|маши́на, -ы *f* gepanzertes Fahrzeug; **~но́сец,** -сца, *I* -сцем, *G Pl* -сцев *m* 1. Panzerschiff 2. *zool* Gürteltier; **~но́сный,** -ая, -ое gepanzert; ~но́сный кре́йсер Panzerkreuzer; **~по́езд,** -а, *Pl* бронепоезда́, -о́в, -а́м *m* Panzerzug; **~та́нковый,** -ая, -ое: ~та́нковые войска́ Panzertruppen; **~транспортёр,** -а *m* Schützenpanzerwagen
бро́нза, -ы *f* 1. Bronze 2. *Koll* Kunstwerke aus Bronze
бронзирова́ть, -ру́ю, -ру́ешь; -ро́ванный, -ро́ван, -а *v, uv* bronzieren
бронзиро́вка, -и *f* Bronzieren, Bronzierung

бронзиро́вщик, -а *m* Bronzierer, Bronzearbeiter
бро́нзовый, -ая, -ое 1. bronzen, Bronze-; ~ век Bronzezeit 2. bronzefarben
бронирóванный, -ая, -ое gepanzert
брони́рованный, -ая, -ое reserviert
бронирова́ть, -ру́ю, -ру́ешь; -ро́ванный, -ро́ван, -а *v, uv* panzern
брони́ровать, -рую, -руешь; -рованный, -рован, -а *v, uv* reservieren, sichern
бро́нхи *Pl* -ов, *Sg* бронх, -а *m* Bronchien
бронхиа́льный, -ая, -ое bronchial, Bronchial-
бронхи́т, -а *m* Bronchitis
бро́ня, -и *f* Reservierung, Sicherung; ~ на ме́сто в по́езде Reservierung eines Platzes im Zuge
броня́, -и́ *f* 1. *hist* Panzerhemd, Brustharnisch 2. *mil* Panzer, Panzerung
броса́ть, -а́ю, -а́ешь *uv* 1. werfen, hinwerfen, schleudern, schmeißen *auch übtr*; ~ взгляд на кого́-н. einen Blick auf j-n werfen; ~ замеча́ние eine Bemerkung fallen lassen; ~ обвине́ние кому́-н. j-n beschuldigen; ~ кому́-н. упрёк j-m einen Vorwurf machen 2. werfen; ~ това́ры на ры́нок Waren auf den Markt werfen; ~ войска́ в сраже́ние Truppen in die Schlacht werfen 3. verlassen, im Stich lassen; ~ семью Frau und Kind verlassen; ~ всё alles stehen und liegen lassen 4. aufhören, aufgeben; ablassen; ~ рабо́ту aufhören zu arbeiten, die Arbeit an den Nagel hängen; ~ кури́ть das Rauchen aufgeben ◇ ~ я́корь Anker werfen, ankern; ~ ору́жие die Waffen strecken; ~ жре́бий das Los werfen, losen ‖ *v* **бро́сить,** бро́шу, бро́сишь; бро́шенный, -ен, -а; меня́ бро́сило в дрожь ich schauderte; меня́ бро́сило в жар и хо́лод mir wurde heiß und kalt; брось! laß das (bleiben)!
броса́ться, -а́юсь, -а́ешься *uv* 1. einander bewerfen; ~ снежка́ми einander mit Schneebällen bewerfen 2. sich werfen, sich stürzen; ~ на ше́ю sich an den Hals werfen; ~ в сто́рону zur Seite stürzen 3. hinunterspringen ◇ ~ деньга́ми Geld verschleudern; ~ в глаза́ auffallen, in die Augen springen ‖ *v* **бро́ситься,** бро́шусь, бро́сишься; кровь бро́силась мне в лицо́ das Blut stieg mir ins Gesicht; бро́ситься бежа́ть die Flucht ergreifen
бро́ский, -ая, -ое; *Kzf* -сок, -ска *umg* auffällig, grell; ~ узо́р ein auffallendes Muster
броско́м *Adv* mit einem Ruck
бро́совый, -ая, -ое *volksspr* schlecht, wertlos; ~ э́кспорт Dumping; -ая цена́ Schleuderpreis
бросо́к, -ска́ *m* 1. Wurf 2. *mil* Sprung
бро́шка, -и, *Pl G* -шек, *D* -шкам *f* Brosche
брошь, -и *f* Brosche
брошю́ра [шу], -ы *f* Broschüre, Heft
брошюрова́ть [шу], -ру́ю, -ру́ешь; -ро́ванный, -ро́ван, -а *uv* broschieren, heften ‖ *v* сброшюрова́ть
брошюро́вка [шу], -и *f* Broschieren, Heften
брудерша́фт [дэ], -а *m* Brüderschaft; вы́пить на ~ с ке́м-н. mit j-m Brüderschaft trinken
брус, -а, *Pl* бру́сья, -ьев, -ьям *m* Balken, Bohle; попере́чный ~ Querbalken; паралле́льные бру́сья *Sport* Barren
бруско́вый, -ая, -ое Stab-, Stangen-; -ое мы́ло Stangenseife
брусни́ка, -и *f* 1. Preiselbeere *Strauch* 2. *Koll* Preiselbeeren
брусни́чный, -ая, -ое Preiselbeer-
брусо́к, -ска́ *m* 1. Schleifstein 2. Block, Klotz; Stange, Riegel
бру́ствер, -а *m mil* Brustwehr
брусча́тка, -и *f Koll* vierkantige Pflastersteine
брусча́тый, -ая, -ое 1. aus Blöcken [Klötzen] gemacht 2. mit Vierkantsteinen gepflastert
бру́тто *Adj idkl u. Adv.* brutto
брыже́йка, -и, *Pl G* -е́ек, *D* -е́йкам *f anat* Gekröse
бры́згать* *u.* -аю, -аешь *uv* 1. spritzen, sprühen; ~ слюно́й geifern 2. bespritzen, besprengen ‖ *v mom* бры́знуть, -ну, -нешь
бры́згаться* *u.* -аюсь, -аешься *uv* 1. bespritzen 2. sich [einander] bespritzen
бры́зги, брызг *Pl* 1. Spritzer; ме́лкие ~ Wasserstaub 2. Splitter
бры́зжу ↑ бры́згать
бры́знуть, -ну, -нешь *v* 1. *mom zu* бры́згать 2. hervorspritzen, herausschießen
брыка́ть, -а́ю, -а́ешь *uv* ausschlagen (mit den Hinterbeinen) ‖ *v mom* **брыкну́ть,** -ну́, -нёшь
брыка́ться, -а́юсь, -а́ешься *uv* 1. ausschlagen 2. *volksspr* bocken, bockig

[störrisch] sein || *v mom* **брыкнýться** -нýсь, -нёшься

брынза, -ы *f* Schafkäse

брысь! *Interj* weg! *Ausruf zum Verscheuchen einer Katze*

брюзгá, -й *m, f* Brummbär, Nörgler

брюзгли́вый, -ая, -ое; *Kzf* -и́в, -а mürrisch, brummig, verdrießlich

брюзжáние, -я *n* Gebrumm, Meckern

брюзжáть, -зжý, -зжи́шь *uv* brummen, meckern, nörgeln

брю́ква, -ы *f* Steckrübe

брю́ки, брюк *Pl* Hose

брюкодержáтель, -я *m* Hosenbügel

брюнéт, -а *m* brünetter Mann

брюнéтка, и, *Pl G* -ток, *D* -ткам *f* brünette Frau

Брюссéль, -я *m* Brüssel

брюссéльский, -ая, -ое Brüsseler; -ая капýста Rosenkohl

брю́хо, -а *n volksspr* Bauch, Wanst

брюши́на, -ы *f anat* Bauchfell

брюшкó, -á, *Pl* брюшки́, -óв, -áм *n* 1. *umg* Schmerbauch 2. hinterer Körperteil der Gliederfüßler

брюшнóй, -áя, -óе Bauch-; ~ тиф Bauchtyphus, Unterleibstyphus

бря́кать *uv zu* бря́кнуть

бря́кнуть, -ну, -нешь *v mom umg* 1. klappern, klirren; ~ посýдой mit dem Geschirr klappern 2. geräuschvoll hinwerfen 3. herausplatzen, offen sagen || *uv* б р я́ к а т ь, -аю, -аешь

бря́кнуться, -нусь, -нешься *v, uv umg* schwer hinstürzen, hinschlagen

бря́нец, -нца, *I* -нцем, *G Pl* -нцев *m* Einwohner von Brjansk

Брянск, -а *m* Brjansk *Stadt*

бряцáние, -я *n* Geklirr

бряцáть, -áю, -áешь *uv* klirren, klimpern; ~ орýжием *übtr* mit dem Säbel rasseln

БСЭ (Большáя Совéтская Энциклопéдия) Große Sowjet-Enzyklopädie

бýбен, -бна *m u.* **бýбны,** -ов *Pl* Tamburin, Schellentrommel

бубенéц, -нцá, *I* -нцóм, *G Pl* -нцóв *m* Schelle; колпáк с -нцáми Schellenkappe, Narrenkappe

бубéнчик, -а *m Dem zu* бубенéц Schelle; звон -ов Schellengeläut

бýблик, -а *m* Kringel *Gebäck*

бубни́ть, -ню́, -ни́шь *uv umg* in den Bart brummen

бубнóвый, -ая, -ое Karo-; ~ валéт Karo Bube

[1]**бýбны** *Pl* бубён, бубнáм *u.* бýбен, бýбнам, *Sg volksspr* бýбна, -ы *f* Karo, Schellen *Spielkartenfarbe*

[2]**бýбны** ↑ бýбен

бубóн, -а *m med* Drüsengeschwulst, Leistengeschwulst; Beule

бубóнный, -ая, -ое Beulen-; -ая чумá *med* Beulenpest

Буг, -а *m* Bug *Fluß*

бýгель, -я *m* Gleitbügel *Stromabnehmer bei Straßenbahn, O-Bus u. a.*

бугóр, -грá *m* Hügel, Anhöhe

бугорóк, -ркá *m* 1. kleiner Hügel 2. *med* Knötchen; туберкулёзный ~ Tuberkel

бугорчáтка, -и *f alt* Tuberkulose

бугóрчатый, -ая, -ое hügelig

бугри́стый, -ая, -ое; *Kzf* -и́ст, -а hügelig, uneben

Будапéшт, -а *m* Budapest

будапéштец, -тца, *I* -тцем, *G Pl* -тцев *m* Budapester

будди́зм, -а *m* Buddhismus

будди́йский, -ая, -ое buddhistisch

будди́ст, -а *m* Buddhist

будёновец, -вца, *I* -вцем, *G Pl* -вцев *m* Reiter der Budjonny-Armee

будёновка, -и *Pl G* -вок, *D* -вкам *f* Budjonny-Helmmütze

бýдет! *als Adv, umg* genug (davon)!, basta!

буди́льник, -а *m* Wecker *Uhr*

буди́ть, бужý, бýдишь *uv* 1. (auf)wecken 2. *übtr* wachrufen, aufrütteln

бýдка, -и, *Pl G* бýдок, *D* -дкам *f* Häuschen; постовáя ~ Schilderhaus; суфлёрская ~ Souffleurkasten; железнодорóжная ~ Bahnwärterhäuschen; телефóнная ~ Fernsprechzelle

бýдни *Pl* -ей, *Sg alt, volksspr* бýдень, -дня *m* 1. Werktag, Wochentag 2. *übtr* Alltag

бýдний, -яя, -ее Werktags-; ~ день Wochentag

бýдничный, -ая, -ое *u.* **бýдништний,** -яя, -ее 1. Werktags-; ~ день Wochentag 2. *übtr* Alltags-, alltäglich

будорáжить, -жу, -жишь *uv umg* aufregen; aufwühlen

будорáжиться, -жусь, -жишься *uv* sich beunruhigen, sich erregen

бýдочник, -а *m* 1. Bahnwärter 2. *hist* Polizeiposten

бýдто 1. *Konj* als ob, als wenn; ~ ничегó не случи́лось als ob nichts geschehen wäre 2. *Konj* daß *mit einem Ausdruck des Zweifels*; говоря́т, ~ он уéхал man sagt, er sei fortgefahren 3. *Part* es scheint; мне послы́шалось, ~ ктó-то идёт mir scheint, da kommt jemand

бýду ↑ быть

будуáр, -а *m* Boudoir

бу́дущее, -его *Subst n* Zukunft
бу́дущий, -ая, -ее zukünftig, nächst; -ее вре́мя *gram* Zukunft, Futurum; в ~ раз das nächste Mal
бу́дущность, -и *f* Zukunft
буёк, буйка́ *m Dem zu* буй Boje
бу́ер, -а, *Pl* буера́, -о́в, -а́м *m* Segelschlitten
буера́к, -а *m gbt* Mulde, Erdkluft
бу́ерный, -ая, -ое: ~ спорт Eissegeln
буж, -а́, *I* -о́м, *G Pl* -е́й *m med* Bougie
бужени́на, -ы *f* gekochtes Schweinefleisch besonderer Zubereitung
[1]**буза́,** -ы́ *f gbt* Busa *alkoholisches Getränk*
[2]**буза́,** -ы́ *f grob, volksspr* Skandal, Radau
бузина́, -ы́ *f* Holunder
бузи́ть, *1. Pers ungebr,* -зи́шь *uv grob, volksspr* Unfug treiben, lärmen
бузотёр, -а *m grob volksspr* Skandalmacher, Krakeeler, Störenfried
буй, -я, *Pl* буи́, -ёв, -я́м *m* Boje; ~ -реву́н Heulboje
бу́йвол, -а *m* Büffel
бу́йволица, -ы, *I* -ей *f* Büffelkuh
бу́йволовый, -ая, -ое Büffel-
бу́йный, -ая, -ое; *Kzf* бу́ен, буйна́! 1. stark, heftig; ~ве́тер heftiger Wind 2. ungestüm, stürmisch ◇ -ое помеша́тельство Tobsucht; ~ рост üppiges Wachstum
бу́йство, -а *n* Radau, Unfug, Gewalttätigkeit
бу́йствовать, -твую, -твуешь *uv* toben, Unfug treiben, Radau machen, Gewalttätigkeiten verüben
бук, -а *m* Buche
бу́ка, -и *m, f umg alt* 1. Schreckgespenst, Popanz *für Kinder* 2. *übtr* Griesgram ◇ сиде́ть [смотре́ть] -ой mit finsterer Miene dasitzen
бука́шка, -и, *Pl G* -шек, *D* -шкам *f* Käferchen *Bez. für kleine Insekten*
бу́ква, -ы *f* 1. Buchstabe; прописна́я ~ großer Buchstabe; строчна́я ~ kleiner Buchstabe; нача́льная ~ Anfangsbuchstabe 2. *typ* Schriftzeichen ◇ остава́ться мёртвой -ой nur auf dem Papier stehen; ~ в -у Wort für Wort, buchstäblich
буква́льный, -ая, -ое 1. buchstäblich, wörtlich; ~ перево́д wörtliche Übersetzung 2. buchstäblich, tatsächlich; в -ом смы́сле сло́ва im eigentlichen Sinne des Wortes
буква́рь, -я́ *m* Fibel
бу́квенный, -ая, -ое Buchstaben-; -ое обозначе́ние Bezeichnung mit Hilfe von Buchstaben
буквое́д, -а *m iron* Pedant, Haarspalter
буквое́дство, -а *n* Haarspalterei, Pedanterie
буквопеча́тающий, -ая, -ее Fernschreib-; ~ (телегра́фный) аппара́т Fernschreiber
буке́т, -а *m* 1. Strauß, Blumenstrauß 2. Blume, Aroma *bei Wein, Tee usw.*
букини́ст, -а *m* Antiquar
букинисти́ческий, -ая, -ое: ~ магази́н Antiquariat
бу́кли, -ей *Pl alt* Locken
Букови́на, -ы *f* Bukowina
бу́ковый, -ая, -ое buchen, Buchen-
букол́ический, -ая, -ое bukolisch, Schäfer-; -ая пье́са Schäferspiel
букс, -а *m* Buchsbaum
бу́кса, -ы *f tech* Buchse, Büchse
букси́р, -а *m* 1. Schleppdampfer 2. Schlepptau; брать на ~ ins Schlepptau nehmen, schleppen; *übtr* kollektive Nachhilfe leisten
букси́рный, -ая, -ое Schlepp-
букси́ровать, -рую, -руешь *uv* schleppen, bugsieren
буксиро́вка, -и *f* Schleppen, Bugsieren
буксиро́вщик, -а *m* Schleppdampfer
буксова́ть, *1. u. 2. Pers ungebr,* букс́ует *uv* sich auf der Stelle drehen, rutschen *Räder*
булава́, -ы́ *f* 1. Keule *alte Waffe, Sportgerät* 2. *hist* Stab; ге́тманская ~ Hetmanstab
була́вка, -и, *Pl G* -вок, *D* -вкам *f* Stecknadel; англи́йская ~ Sicherheitsnadel
була́вочный, -ая, -ое Stecknadel-; с -ую голо́вку so groß wie ein Stecknadelkopf ◇ -ые уко́лы Nadelstiche
була́ный, -ая, -ое falb
була́т, -а *m, alt* Damaszener Klinge
бу́лка, -и, *Pl G* -лок, *D* -лкам *f* Weißbrot; Brötchen
бу́лла, -ы *f kirch* Bulle
бу́лочка, -и, *Pl G* -чек, *D* -чкам *f* Brötchen
бу́лочная [шн], -ой *Subst f* Bäckerei
бу́лочник [шн], -а *m alt* Bäcker
бултых *prädikativ, umg* plumpste [fiel] ins Wasser
бултыха́ться, -а́юсь, -а́ешься *uv umg* 1. klatschend ins Wasser fallen, plumpsen 2. klatschen, plätschern *Flüssigkeit* ‖ *v mom* **булты́хнуться,** -нусь, -нешься *u.* **бултыхну́ться,** -ну́сь, -нёшься
булы́жник, -а *m, auch Koll* Pflasterstein, Katzenkopf
булы́жный, -ая, -ое steinern, Stein-

бульва́р, -а *m* Boulevard
бульва́рный, -ая, -ое Boulevard- ◇ -ая пре́сса Asphaltpresse
бульдо́г, -а *m* Bulldogge
бульдо́зер, -а *m* Planierraupe
бу́лькать, -аю, -аешь *uv* gluckern, glucksen ‖ *v mom* **бу́лькнуть,** -ну, -нешь
бульо́н, -а *m* Bouillon, Fleischbrühe
бум, -а *m umg* Boom, plötzlicher kurzer wirtschaftlicher Aufschwung
[1]**бума́га,** -и *f* 1. Papier; пи́счая ~ Schreibpapier; почто́вая ~ Briefpapier; промока́тельная ~ Löschblatt, Löschpapier; ~ в кле́тку kariertes Papier; нажда́чная ~ Schmirgelpapier; обёрточная ~ Packpapier; слоно́вая ~ Büttenpapier; светочувстви́тельная ~ Kopierpapier; копирова́льная ~ Kohlepapier 2. Schreiben, Schriftstück; официа́льная ~ dienstliches Schreiben 3. *Pl* Papiere, Akten, Dokumente ◇ це́нные -и Wertpapiere
[2]**бума́га,** -и *f alt, umg* Baumwolle
бумаго|мара́ние, -я *n umg* Vielschreiberei, Schmiererei; **~мара́тель,** -я *m umg, iron* Schmierer, Vielschreiber; **~пряде́ние,**-я *n alt* Baumwollspinnen; **~пряди́льный,** -ая, -ое *alt* Spinn-, Baumwollspinn-; **~пряди́льня,** -и *f alt* Baumwollspinnerei
бума́жка, -и, *Pl G* -жек, *D* -жкам *f* 1. Papierchen, ein Fetzen Papier 2. *umg, alt* Geldschein 3. amtliches Schrifttück, Papier
[1]**бума́жник,** -а *m* Brieftasche
[2]**бума́жник,** -а *m* Papierarbeiter
бума́жный, -ая, -ое 1. Papier-; ~ стака́н Papierbecher 2. Baumwoll-, baumwollen 3. bürokratisch 4. *übtr* papieren
бумажо́нка, -и, *Pl G* -нок, *D* -нкам *f umg* ein Fetzen Papier
бумазе́йный, -ая, -ое Barchent-
бумазе́я, -и *f* Barchent
бумера́нг, -а *m* Bumerang
бумкомбина́т, -а *m* (бума́жный комбина́т) Papierkombinat
бу́нкер, -а, *Pl* бункера́, -о́в, -а́м *m* Bunker, Lagerraum
бункерова́ть, -ру́ю, -ру́ешь *uv* bunkern
бункеро́вка, -и *f* Einlagerung *von Schüttgut*
[1]**бунт,** -а́ *m* Bund, Ballen
[2]**бунт,** -а *m* Empörung, Aufruhr, Rebellion
бунта́рский, -ая, -ое aufrührerisch, aufständisch, rebellisch
бунта́рство -а *n alt* Rebellentum
бунта́рь, -я́ *m alt* Aufrührer, Aufständischer, Rebell
бунтова́ть, -ту́ю, -ту́ешь *uv* 1. sich empören, rebellieren 2. *alt* aufwiegeln, zum Aufstand aufreizen
бунтова́ться, -ту́юсь, -ту́ешься *uv volksspr* sich empören, rebellieren
бунтовско́й, -а́я, -о́е aufrührerisch, aufständisch, rebellisch
бунтовщи́к, -а́ *m* Empörer, Aufrührer, Rebell
бунчу́к, -а́ *m* Stab mit daran befestigtem Roßschweif *Machtsymbol der Kosakenhetmane*
бур, -а *m* (Erd-) Bohrer
бура́, -ы́ *f chem* Borax
бура́в, -а́ *m* Bohrer
бура́вить, -влю, -вишь *uv* bohren
бура́вчик, -а *m Dem zu* бура́в Bohrer *Werkzeug*
[1]**бура́к,** -а́ *m gbt* Runkelrübe
[2]**бура́к,** -а́ *m gbt* runder Behälter aus Birkenrinde
бура́н, -а *m* Schneesturm, -gestöber
бургоми́стр, -а *m* Bürgermeister
бурда́, -ы́ *f umg* dünne, trübe Brühe
бурдю́к, -а́ *m* Weinschlauch *aus Tierhäuten*
буреве́стник, -а *m zool* Sturmvogel
бурево́й, -а́я, -о́е Sturm-
бурело́м, -а *m* Windbruch
буре́ние, -я *n* Bohren; глубо́кое ~ Tiefbohrung
буре́ть, -е́ю, -е́ешь *uv* (grau)braun werden, sich (grau)braun färben
буржуа́ *m idkl* Bourgeois
буржуази́я, -и *f* Bourgeoisie
буржуа́зный, -ая, -ое; *Kzf* -зен, -зна bürgerlich
буржу́й, -я, *G Pl* -ев *m volksspr* Bourgeois, Ausbeuter
буржу́йка, -и, *Pl G* -у́ек, *D* -у́йкам *f* kleiner Kanonenofen
бури́льный, -ая, -ое Bohr-
бури́льщик, -а *m* Bohrer *Arbeiter*
бури́ть, -рю́, -ри́шь *uv geol* bohren
бу́рка, -и, *Pl G* -рок, *D* -ркам *f* Burka *Filzmantel der Kaukasier*
бу́рки, бу́рок *Pl* Filzstiefel mit Ledersohlen
бу́ркнуть, -ну, -нешь *v mom volksspr* brummen, knurren
бурла́к, -а́ *m alt* Treidler
бурла́цкий, -ая, -ое Treidler-
бурла́чество, -а *n* 1. Treideln 2. *Koll* die Treidler
бурла́чить, -чу, -чишь *uv* treideln
бурли́вый, -ая, -ое; *Kzf* -и́в, -а unruhig, stürmisch

бурли́ть, -лю́, -ли́шь *uv* brodeln, wallen, sieden; у него́ кровь бурли́т *übtr* sein Blut gerät in Wallung
бурми́стр, -а *m alt* Gutsverwalter, Amtmann
бу́рный, -ая, -ое; *Kzf* -рен, -рна́! stürmisch, heftig; -ое мо́ре schwere See; ~ разгово́р heftige Auseinandersetzung; -ые аплодисме́нты stürmischer [brausender] Beifall; -ая ра́дость ungestüme Freude
бурово́й, -а́я, -о́е Bohr-; -а́я сква́жина Bohrloch
бу́рса, -ы *f alt* Priesterseminar
бурса́к, -а́ *m hist* Seminarist einer geistlichen Lehranstalt
бу́рский, -ая, -ое Buren-; ~ язы́к Afrikaans
буру́н, -а́ *m* Sturzwelle, Brandung
бурунду́к, -а́ *m* Erdeichhörnchen
бурча́ние, -я *n* 1. Brummen, Murmeln 2. Brodeln; Knurren (im Magen)
бурча́ть, -чу́, -чи́шь *uv umg* 1. brummen, murmeln; ~ себе́ под нос etw. in den Bart brummen 2. *1. u. 2. Pers ungebr* kollern, knurren; brodeln; у меня́ в животе́ бурчи́т mein Magen knurrt
бу́рщик, -а *m* Bohrer *Arbeiter*
бу́рый, -ая, -ое; *Kzf* бур, -а́! 1. graubraun; ~ у́голь Braunkohle 2. schwarzbraun; ~ медве́дь Braunbär
бурья́н, -а *m Koll* Steppengras; (hohes) Unkraut
бу́ря, -и *f* Sturm, Unwetter
буря́т, -а, *G Pl* -ов *u.* буря́т *m* Burjate
буря́тка, -и, *Pl G* -ток, *D* -ткам *f* Burjatin
буря́тский, -ая, -ое burjatisch; Буря́тская АССР Burjatische ASSR
бу́сина, -ы *f* Glasperle
бу́синка, -и, *Pl G* -нок, *D* -нкам *f* Glasperle
буссо́ль, -и *f* Richtkreis, Bussole
бу́сы, бус *Pl* Glasperlen, Halskette
бут, -а *m tech* Baustein, Bruchstein
бута́н, -а *m chem* Butan
бутафо́р, -а *m theat* Requisiteur
бутафо́рия, -и *f* 1. *theat* Requisiten 2. Attrappe
бутафо́рский, -ая, -ое 1. *theat* Requisiten- 2. *übtr* künstlich
бутербро́д [тэ], -а *m* belegte Schnitte
бути́ть, бучу́, бути́шь; бучённый, -ён, -ена́ *uv* mit Bruchsteinen ausmauern
бу́товый, -ая, -ое Bruchstein-; -ая кла́дка Bruchsteinmauerung
буто́н, -а *m* (Blüten-) Knospe
бу́тсы, бутс *Pl* Fußballschuhe
буту́з, -а *m umg* Pausback, Dickerchen
буты́лка, -и, *Pl G* -лок, *D* -лкам *f* Flasche; ~ из-под вина́ Weinflasche; ~ вина́ eine Flasche Wein
буты́лочный, -ая, -ое Flaschen-; ~ цвет Flaschengrün
буты́ль, -и *f* große Flasche, Ballon
бу́фер, -а, *Pl* буфера́, -о́в, -а́м *m* Puffer *Eisenbahn*
бу́ферный, -ая, -ое Puffer-
буфе́т, -а *m* 1. Büfett, Geschirrschrank 2. Schenktisch; Erfrischungsraum
буфе́тная, -ой *Subst f* Anrichtezimmer
буфе́тчик, -а *m* Büfettier
буфе́тчица, -ы, *I* -ей *f* Büfetteuse
буфф *Adj idkl* komisch, spaßig; о́пера-~ komische Oper
бу́фы, буф *Pl* Rüschen; отде́лано бу́фами mit Rüschen besetzt; рука́в с бу́фами Puffärmel
бух 1. *Interj* plumps!, bums! 2. *prädikativ volksspr* fiel hin, stürzte, plumpste
буха́нка, -и, *Pl G* -нок, *D* -нкам *f* Laib Brot
Бухара́, -ы́ *f* Buchara
Бухаре́ст, -а *m* Bukarest
буха́рец, -рца, *I* -рцем, *G Pl* -рцев *m* Buchare
буха́рка, -и, *Pl G* -рок, *D* -ркам *f* Bucharin
буха́рский, -ая, -ое bucharisch
бу́хать *uv* zu [1]бу́хнуть
бу́хаться *uv zu* бу́хнуться
бухга́лтер [yha], -а *m* Buchhalter
бухгалте́рия [yha], -и *f* Buchhaltung, Buchführung
бухга́лтерский [yha], -ая, -ое Buchhaltungs-, Buchhalter-; -ая кни́га Geschäftsbuch
[1]**бу́хнуть,** -ну, -нешь *v mom, umg* 1. krachen *Schuß*; knallen *Tür* 2. krachend hinwerfen ‖ *uv* б у́ х а т ь, -аю, -аешь
[2]**бу́хнуть,** -ну, -нешь; бух, -ла *uv* (auf)quellen
бу́хнуться, -нусь, -нешься *v mom umg* hinstürzen, hinplumpsen ‖ *uv* б у́ х а т ь с я, -аюсь, -аешься
бу́хта, -ы *f* Bucht
бу́хты-бара́хты: с бу́хты-бара́хты *volksspr* ohne zu überlegen, so mit einem Mal, holterdiepolter!
бу́ча, -и, *I* -ей *f volksspr* Lärm, Tumult
бушева́ть, -шу́ю, -шу́ешь *uv* 1. brausen, stürmen, tosen; branden 2. *übtr, umg* toben, Radau machen

бушла́т, -а *m* Matrosenjacke
бушме́н, -а *m* Buschmann
бушпри́т, -а *m naut* Bugspriet
Бу́энос-А́йрес, -а *m* Buenos Aires
буя́н, -а *m* Raufbold, Radaumacher
буя́нить, -ню, -нишь *uv umg* Radau machen, krakeelen, Unfug treiben
буя́нство, -а *n* Radau, Unfug
б. ч. (бо́льшею ча́стью) größtenteils
бы, *auch* **б** *Part* **1.** *mit Prät zur Bildung des Konjunktivs*: a) *mögliche Handlung*; я пришёл бы к вам, е́сли бы был свобо́ден ich würde zu Ihnen kommen, wenn ich Zeit hätte; b) *höflich-bestimmter Vorschlag*; ты бы поспа́л немно́го schlaf doch ein wenig **2.** *mit Inf*: a) *Ausdruck eines Wunsches*; вы́спаться бы könnte ich mich doch ausschlafen; b) *mit* не *in der Bedeutung des Konjunktivs*; е́сли б не намекну́ли, ему́ не догада́ться бы wenn man keine Andeutung gemacht hätte, hätte er es nicht erraten können
быва́ло *mod* früher, manchmal; я ~ ча́сто е́здил в дере́вню früher reiste ich öfters aufs Land
быва́лый, -ая, -ое *umg* **1.** erfahren, bewandert **2.** alltäglich; э́то де́ло -ое das ist etwas Alltägliches **3.** *alt* früher, vergangen
быва́ть, -а́ю, -а́ешь *uv* **1.** vorkommen, geschehen; быва́ет, что . . . es kommt vor, daß . . .; таки́х веще́й не быва́ет so etwas gibt es nicht **2.** sich befinden, sein; zu sein pflegen; по суббо́там он быва́ет в клу́бе sonnabends ist er im Klub ◇ как ни в чём не быва́ло als ob nichts geschehen wäre; бо́ли как не быва́ло die Schmerzen waren spurlos verschwunden
бы́вший, -ая, -ее gewesen, ehemalig, Ex-
бык, -а́ *m* Stier, Bulle ◇ он упёрся как ~ er ist halsstarrig
быки́ *Pl* -о́в, *Sg* бык, -а́ *m* Brückenpfeiler
были́на, -ы *f* Byline, (altrussische) Sage, Heldengedicht
были́нка, -и, *Pl G* -нок, *D* -нкам *f* Grashalm
были́нный, -ая, -ое Bylinen-
было (unbetont) *Part, mit dem Prät, zur Bezeichnung dessen, daß eine Handlung begonnen hat oder beabsichtigt war, jedoch aus irgendwelchen Gründen nicht verwirklicht wurde*; я, ~, во́все не хоте́л идти́ в кино́ ich wollte eigentlich gar nicht ins Kino gehen; я чуть ~ не упа́л fast [beinahe] wäre ich gefallen; я чуть ~ не сказа́л ich wollte schon sagen
было́е, -о́го *Subst n* Vergangenheit, das Vergangene
было́й, -а́я, -о́е *hoher Stil* vergangen, früher
быль, -и *f* **1.** *alt* Vergangenes **2.** wahre Erzählung
быльё, -ья́ *n Koll alt* Gras ◇ быльём поросло́ darüber ist endlich Gras gewachsen
быстрина́, -ы́, *Pl* быстри́ны, -и́н, -и́нам *f* Stromschnelle
быстро|заморо́женный, -ая, -ое Feinfrost-; **~но́гий,** -ая, -ое schnellfüßig
быстрота́, -ы́ *f* Schnelligkeit; с -о́й мо́лнии blitzschnell
быстроте́чный, -ая, -ое; *Kzf* -чен, -чна *alt* schnell vergehend
быстрохо́дность, -и *f* Schnelligkeit
быстрохо́дный, -ая, -ое; *Kzf* -ден, -дна schnellaufend; ~ ка́тер Schnellboot
бы́стрый, -ая, -ое; *Kzf* быстр, -а́! schnell, rasch, geschwind
быт, -а, *P* о бы́те, в быту́ *m* **1.** Lebensweise, Sitten und Bräuche **2.** alltägliches Leben; дома́шний ~ häusliches Leben ◇ э́то вошло́ в ~ das hat sich eingebürgert
бытие́, -я́ *n* Sein, Dasein; ~ определя́ет созна́ние das Sein bestimmt das Bewußtsein
бы́тность, -и *f*: в ~ zur Zeit, während; в его́ ~ während seines Aufenthalts; в мою́ ~ на Крыму́ als ich auf der Krim war
бытова́ть, *1. u. 2. Pers ungebr*, быту́ет *uv* vorkommen, sich erhalten
бытови́к, -а́ *m umg* **1.** Sittenschilderer **2.** Genremaler
бытово́й, -а́я, -о́е Lebens-; ~ укла́д Lebensweise; стать -ы́м явле́нием zum Brauch werden
бытописа́тель, -я *m* **1.** *alt* Geschichtsschreiber **2.** Sittenschilderer
быть* *Präs nur 3. Pers Sg* есть *u. alt 3. Pers Pl* суть *uv* **1.** *Hilfsverb* sein, werden; бу́дьте так добры́! seien Sie so gut!; чем ты хо́чешь ~? was willst du werden? **2.** sein, sich befinden, anwesend sein; ~ в отсу́тствии abwesend sein, fehlen **3.** existieren, vorhanden sein; есть те до́брые лю́ди на све́те es gibt doch gute Menschen; у него́ есть де́ньги er hat Geld **4.** stattfinden, sich ereignen ◇ должно́ ~ wahrscheinlich; ~ мо́жет vielleicht, es ist möglich; так и ~! meinetwegen!; как ~? was

tun?, was nun?; ~ не при чём nicht schuld sein; бу́дет тебе́! genug davon! hör auf!; ~ в си́лах imstande sein; была́ не была́ man muß es riskieren; будь что бу́дет mag kommen, was will; бу́дет ему́ за э́то er wird schon sein Teil dafür abbekommen; и был тако́в und weg war er

бытьё, -ья́ *n alt* Lebensweise; житьё-~ Leben und Treiben

быча́чий, -ья, -ье Stier-, Bullen-

бы́чий, -ья, -ье Stier-, Bullen-

[1]бычо́к, -чка́ *m* junger Stier, junger Bulle

[2]бычо́к, -чка́ *m* Kaulkopf *Fisch*

бьеф, -а *m* Fluß- oder Kanalabschnitt zwischen zwei Schleusen oder Wehren

бью ↑ бить

бюва́р, -а *m* Schreibmappe

бюдже́т, -а *m* Budget, Haushaltsplan ◇ вы́йти из -а zu viel verbrauchen

бюдже́тный, -ая, -ое Budget-, Haushalts-

бюллете́нить, -ню, -нишь *uv umg* krank machen, Kasse machen

бюллете́нь, -я *m* 1. Bericht; ~ пого́ды, метеорологи́ческий ~ Wetterbericht 2. Bulletin 3. Wahlschein; избира́тельный ~ Stimmzettel 4. *umg* Krankenschein

бю́ргер, -а *m* 1. *alt* Bürger *ausländ* 2. *übtr* Spießbürger, Philister

бюре́тка, -и, *Pl G* -ток, *D* -ткам *f chem* Bürette, Maßröhre

[1]бюро́ *n idkl* 1. Büro, Amt; спра́вочное ~ Auskunftsbüro; похоро́нное ~ Bestattungsamt; маши́нное ~ Schreibmaschinenzimmer; ~ нахо́док Fundstelle; ~ поврежде́ний Störungsstelle 2. Leitung, leitendes Organ

[2]бюро́ *n idkl* Schreibpult, Sekretär

бюрократи́ческий, -ая, -ое bürokratisch

бюрокра́тия, -и *f* Bürokratie

бюст, -а *m* 1. Büste *Skulptur* 2. Büste, Busen

бюстга́льтер [бюзhальтэр], -а *m* Büstenhalter

бя́зевый, -ая, -ое Nessel-; -ая руба́шка Hemd aus Nesselstoff

бязь, -и *f text* Nessel(stoff)

В

в, *vor einigen Konsonantengruppen, vor* весь, вся́кий *und einigen Ausdrücken* **во** *Präpos* **I.** *mit A* 1. in, nach *Richtung, Ziel*; идти́ в лес in den Wald gehen; е́хать в Москву́ nach Moskau fahren; прыжки́ в высоту́ Hochsprung; дверь в ку́хню Küchentür; биле́т в теа́тр Theaterkarte 2. an, in *Zeit*; в сре́ду am Mittwoch; в свобо́дное вре́мя in der Freizeit; в по́лночь um Mitternacht; в три часа́ um drei Uhr 3. bei *Witterung*; в дождь и снег bei Regen und Schnee; в лю́бую пого́ду bei jedem Wetter 4. in, innerhalb, pro; раз в неде́лю einmal in der Woche; две ты́сячи оборо́тов в мину́ту zweitausend Umdrehungen pro Minute; я э́то сде́лаю в полчаса́ das mache ich in [während] einer halben Stunde 5. von *Maß*; парохо́д водоизмеще́нием в две ты́сячи тонн ein Dampfer mit zweitausend Bruttoregistertonnen; у́гол в со́рок пять гра́дусов ein Winkel von fünfundvierzig Grad; ве́тер в шесть ба́ллов Windstärke sechs; большинство́ в две тре́ти Zweidrittelmehrheit; длино́й в сто ме́тров hundert Meter lang; в пять раз бо́льше fünfmal soviel 6. zu *Resultat*; объедине́ние крестья́н в колхо́зы Zusammenschluß der Bauern zu Kolchosen; перерабо́тать де́рево в бума́гу Holz zu Papier verarbeiten 7. zu *Zweck*; в доказа́тельство zum Beweis; в заключе́ние zum (Ab-) Schluß; в его́ по́лзу zu seinen Gunsten; отнести́ пальто́ в химчи́стку den Mantel zur chemischen Reinigung schaffen 8. *Art und Weise*; вы́пить в два глотка́ in zwei Zügen austrinken; ю́бка в скла́дку Faltenrock; ткань в поло́ску [в горо́шек] gestreifter [gepunkteter] Stoff; тетра́дь в лине́йку [в клё́тку] liniertes [kariertes] Heft; упла́та в рассро́чку Teilzahlung, Ratenzahlung 9. *mit A Pl* (*formengleich mit N Pl, nicht mit G Pl*): приня́ть в пионе́ры in die Pionierorganisation aufnehmen; пойти́ в меха́ники Mechaniker werden; годи́ться в лётчики zum Flieger taugen; произвести́ в майо́ры zum Major befördern; кандида́т в президе́нты Präsidentschaftskandidat; идти́ в го́сти zu Besuch gehen ◇ смотре́ть в окно́ zum Fenster hinaussehen, durchs Fenster sehen; она́ вся в мать sie ist ganz die Mutter; сказа́ть в шу́тку zum Scherz sagen **II.** *mit P* **1.** in; жить в Москве́ in Moskau wohnen; во мно́гих газе́тах in vielen Zeitungen; боль в го́рле Halsschmerzen; мир во всём ми́ре Weltfrieden **2.** in *Zeit*; в ма́е im Mai; в про́шлом году́ voriges Jahr, im vorigen Jahr; в де́тстве in der Kindheit **3.** *Entfernung*; в киломе́тре [в пяти́ мину́тах] от ста́нции einen Kilometer [fünf Minuten] vom Bahnhof **4.** *Art und Weise*; письмо́ в стиха́х ein Brief in Versen ◇ он был в се́ром костю́ме er hatte einen grauen Anzug an; не́бо бы́ло в ту́чах der Himmel war von Wolken bedeckt; он пришёл весь в снегу́ er kam und war ganz mit Schnee bedeckt; ру́ки у тебя́ в черни́лах deine Hände sind voll Tinte; быть в восто́рге от конце́рта von dem Konzert begeistert sein; в э́той о́бласти auf diesem Gebiet; во главе́ госуда́рства an der Spitze des Staates

в. (век) Jahrhundert

ва́бик, -а *m Jagd* Lockpfeife

ва́бить, -блю, -бишь *uv Jagd* (an-)locken

Вавило́н, -а *m* Babylon

вавило́нский, -ая, -ое babylonisch; -ое столпотворе́ние der Turmbau zu Babel; *übtr* Wirrwarr, Durcheinander

ва́га, -и *f* **1.** *gbt* große Waage **2.** Hebebaum

ваго́н, -а *m* Waggon, (Eisenbahn-)Wagen; спа́льный ~ Schlafwagen; мя́гкий ~ Wagen der ersten Klasse *gepolstert*; жёсткий ~ Wagen der zweiten Klasse *ungepolstert*; това́рный ~ Güterwagen; бага́жный ~ Gepäckwagen; трамва́йный ~ Straßenbahnwagen; изотерми́ческий ~ Kühlwagen; ~-рестора́н Speisewagen; ~-транспортёр Tiefladewagen; ~-цисте́рна Kesselwagen

вагоне́тка, -и, *Pl G* -ток, *D* -ткам *f* Lore; *berg* Hund

ваго́нный, -ая, -ое Waggon-, Wagen-

вагоновожа́тый, -ого *Subst m* Straßenbahnfahrer

вагоноремо́нтный, -ая, -ое Eisenbahnausbesserungs-

вагоностро́ительный, -ая, -ое Waggonbau-; ~ заво́д Waggonwerk

вагра́нка, -и, *Pl G* -нок, *D* -нкам *f tech* Kupolofen

ва́жничанье, -ья *n umg* Wichtigtuerei, Großtuerei

ва́жничать, -аю, -аешь *uv umg* wichtig tun, großtun

ва́жно *prädikativ*: э́то о́чень ~ das ist sehr wichtig; э́то не ~ das ist nicht wichtig, das hat nichts zu sagen; мне ~ es liegt mir daran

ва́жность, -и *f* **1.** Wichtigkeit, Bedeutung **2.** Wichtigtuerei, Hochmut ◇ э́ка ~! *oder* велика́ ~! *umg* das ist unwichtig, das ist nicht der Rede wert

ва́жный, -ая, -ое; *Kzf* -жен, -жна́! **1.** wichtig, bedeutend, schwerwiegend **2.** *umg* wichtig, gewichtig, maßgebend; -ая ши́шка großes Tier **3.** aufgeblasen, hochmütig, stolz **4.** -о *Adv*: -о держа́ть себя́ sich hochmütig benehmen

ва́за, -ы *f* Vase

вазели́н, -а (-у) *m* Vaselin(e)

вака́нсия, -и *f* unbesetzte [freie] Stelle

вака́нтный, -ая, -ое; *Kzf* -тен, -тна unbesetzt, frei

ва́кса, -ы *f* schwarze Schuhkrem

ва́ксить, ва́кшу, ва́ксишь *uv umg* wichsen ‖ *v* нава́ксить

ва́куум, -а *m* Vakuum

вакци́на, -ы *f* Vakzine, Impfstoff

вакцина́ция, -и *f* Schutzimpfung

[1]**вал,** -а, *P* о ва́ле, на валу́, *Pl* валы́, -о́в, -а́м *m* **1.** Wall, Erdwall **2.** Woge ◇ девя́тый ~ *übtr* die schwerste Prüfung

[2]**вал,** -а, *P* о ва́ле, на валу́, *Pl* валы́, -о́в, -а́м *m tech* Walze, Welle

вала́ндаться, -аюсь, -аешься *uv volksspr u. gbt* **1.** die Zeit vertrödeln, langsam arbeiten **2.** herumlungern, bummeln

Вала́хия, -и *f* Walachei

Валда́йская возвы́шенность Waldai-Höhe

вале́жник, -а (-у) *m Koll* Bruchholz

валёк, -лька́ *m* **1.** Wäschebleuel **2.** *typ* Walze **3.** Rudergriff **4.** Ortscheit, Zugscheit

ва́ленки *Pl* -нок, -нкам, *Sg* -нок, -нка *m* Filzstiefel

вале́нтность, -и *f chem* Valenz, Wertigkeit
валерья́на, -ы *f bot* Baldrian
валерья́нка, -и *f umg* Baldriantropfen
валерья́новый, -ая, -ое Baldrian-; -ые ка́пли Baldriantropfen
вале́т, -а *m* Bube *im Kartenspiel*
ва́лик, -а *m* **1.** *Dem zu* [2]вал *tech* (kleine) Walze **2.** Sofarolle, Schlummerrolle
[1]**вали́ть,** валю́, ва́лишь *uv* **1.** umwerfen, niederwerfen, umstoßen; ~ дере́вья Bäume fällen **2.** *umg* unordentlich zusammenwerfen, -legen; ~ всё в одну́ ку́чу alles auf einen Haufen werfen; *übtr* alles über einen Kamm scheren **3.** *übtr umg* abwälzen; ~ вину́ на кого́-н. j-m die Schuld zuschieben
[2]**вали́ть,** *1. u. 2. Pers ungebr*, -и́т *uv* **1.** *umg* in Massen herbeiströmen; fallen, fliegen; снег вали́т хло́пьями es schneit in großen Flocken; дым вали́т из трубы́ der Rauch steigt in Schwaden auf **2.** *Imp* вали́(те)! *volksspr* los!
вали́ться, валю́сь, ва́лишься *uv* (um)fallen, stürzen; sich zur Seite neigen; ~ с ног от уста́лости vor Müdigkeit umfallen; у него́ всё из рук ва́лится ihm fällt alles aus den Händen ◇ на бе́дного Мака́ра все ши́шки ва́лятся er ist ein Pechvogel
[1]**ва́лка,** -и *f* Fällen *der Bäume*
[2]**ва́лка,** -и *f text* Walken
ва́лкий, -ая, -ое; *Kzf* -лок, -лка́! wackelig, schwankend; labil ◇ ни ша́тко ни -о nicht sonderlich gut, mittelmäßig
валово́й, -а́я, -о́е Brutto-
валом *Adv*: ~ вали́ть sich haufenweise fortbewegen, in Massen kommen
валто́рна, -ы *f mus* Waldhorn
валу́н, -а́ *m* Rollstein, runder Feldstein, Findling
ва́льдшнеп [нэ], -а *m* Waldschnepfe
вальс, -а *m* Walzer
вальси́ровать, -рую, -руешь *uv* Walzer tanzen
вальцева́ть, -цу́ю, -цу́ешь; -цо́ванный, -цо́ван, -а *uv tech* walzen
вальцо́вка, -и, *Pl G* -вок, *D* -вкам *f* **1.** das Walzen **2.** Walzmaschine
вальцо́вщик, -а *m* Walzer *Arbeiter*
вальцо́вый, -ая, -ое *tech* Walz-
вальяжный, -ая, -ое; *Kzf* -жен, -жна *volksspr* gewichtig, würdevoll
валю́та, -ы *f* Valuta, Währung
валю́тный, -ая, -ое Valuta-, Währungs-
Ва́ля, -и *m, f Dem zu* Валенти́н *u.* Валенти́на
валя́льный, -ая, -ое Walk-, Walker-
валя́льщик, -а *m* Walker
ва́ляный, -ая, -ое gewalkt
валя́ть, -я́ю, -я́ешь; ва́лянный, -ян, -а *uv* **1.** wälzen, rollen, schleppen; ~ по́ полу am Boden schleppen; ~ в грязи́ durch den Schmutz ziehen **2.** *volksspr u. gbt* kneten **3.** walken **4.** *volksspr* etw. liederlich [nachlässig] tun **5.** *Imp* валя́й(те)! *volksspr* los! ◇ ~ дурака́ faulenzen; Dummheiten machen; sich dumm stellen
валя́ться, -я́юсь, -я́ешься *uv* **1.** sich wälzen **2.** *umg* untätig daliegen **3.** *umg* umherliegen; на полу́ валя́ется бума́га auf dem Fußboden liegt Papier herum ◇ ~ в нога́х у кого́-н. auf den Knien vor j-m liegen, j-n anflehen
вам ↑ вы
ва́ми ↑ вы
вана́дий, -я, *P* -и *m chem* Vanadium
ванда́л, -а *m* Barbar, Vandale
Ва́нечка, -и *m Dem zu* Ива́н
ванили́н, -а (-у) *m* Vanillin
вани́ль, -и *f* Vanille
ва́нна, -ы *f* **1.** Wanne; Badewanne; но́мер с -ой Zimmer mit Bad **2.** (Wannen-) Bad; приня́ть -у ein Bad nehmen; со́лнечная ~ Sonnenbad; возду́шная ~ Luftbad; ножна́я ~ Fußbad **3.** *tech* Wanne, Becken
ва́нная, -ой *Subst f* Badezimmer
ва́нный, -ая, -ое Wannen-, Bade-; -ая ко́мната Badezimmer
ва́нты *Pl* вант, *Sg* ва́нта, -ы *f naut* Wanten
Ва́нька, -и *m Dem zu* Ива́н
ва́нька, -и, *Pl G* -нек, *D* -нькам *m alt* armseliger Droschkenkutscher
ва́нька-вста́нька, ва́ньки-вста́ньки *m* Stehaufmännchen
Ва́ня, -и *m Dem zu* Ива́н
вар, -а *m* **1.** Pech; сапо́жный ~ Schusterpech **2.** *volksspr* heißes Wasser меня́ сло́вно [то́чно, как] -ом о́бдало mich überkam es heiß
ва́рвар, -а *m* Barbar
Варва́ра, -ы *f* Barbara
ва́рварский, -ая, -ое barbarisch, grausam
ва́рево, -а *n volksspr* (dünne) Brühe
ва́режки *Pl* -жек, -жкам, *Sg* ва́режка, -и *f* Fausthandschuhe, Fäustlinge

варене́ц, -нца́, *I* -нцо́м *m* im Ofen gedämpfte Sauermilch
варе́ние, -я *n* Kochen, Sieden
варе́ники *Pl* -ов, *Sg* варе́ник, -а *m* kleine Pasteten mit Quark, Beeren u. a. gefüllt
варёный, -ая, -ое gekocht
варе́нье, -ья *n* Konfitüre *ganze Früchte in Zuckersirup oder Honig*
вариа́нт, -а *m* Variante
вариа́ция, -и *f* **1.** Variante **2.** *mus* Variation
вари́ть, варю́, ва́ри́шь; ва́ренный, -ен, -а *uv* **1.** kochen; sieden; ~ пи́во Bier brauen; ~ суп Suppe kochen **2.** *tech* schweißen ◇ желу́док ва́рит der Magen verdaut; голова́ у него́ ва́рит *umg* er hat Köpfchen
вари́ться, варю́сь, ва́ри́шься *uv* kochen, sieden *itr* ◇ ~ в со́бственном соку́ im eigenen Saft schmoren
ва́рка, -и *f* **1.** Kochen **2.** *tech* Schweißen
ва́ркий, -ая, -ое *volksspr* leicht zu kochen
ва́рница, -ы, *I* -ей *f alt* Salzsiederei
Варша́ва, -ы *f* Warschau
варша́вец, -вца, *P* -вцем, *G Pl* -вцев *m* Warschauer
варша́вский, -ая, -ое Warschauer
варшавя́нка, -и, *Pl G* -нок, *D* -нкам *f* **1.** Warschauerin **2.** *ohne Pl* Warschawjanka *poln. Revolutionslied*
варьете́ [тэ] *n idkl* Varieté
варьи́ровать, -рую, -руешь *uv* variieren, (ab)wechseln
Ва́рька, -и *f Dem zu* Варва́ра
Ва́ря, -и *f Dem zu* Варва́ра
варя́ги *Pl* -ов, *Sg* варя́г, -а *m hist* Waräger
вас ↑ вы
Ва́сек, -а *m Dem zu* Васи́лий
Ва́сенька, -и *m Dem zu* Васи́лий
василёк, -лька́ *m* Kornblume
Васи́лий, -я, *P* -и *m männl Vn*
васили́ск, -а *m myth, zool* Basilisk
василько́вый, -ая, -ое Kornblumen-; ~ цвет Kornblumenblau
васса́л, -а *m* Vasall, Lehnsmann
васса́льный, -ая, -ое Vasallen-; -ая зави́симость Vasallenschaft
Ва́ська, -и *m Dem zu* Васи́лий
Ва́ся, -и *m Dem zu* Васи́лий
ва́та, -ы *f* Watte; на -е wattiert
вата́га, -и *f umg* Schar, Bande, Rotte
ватерли́ния [тэ], -и *f naut* Wasserlinie
ватерпа́с [тэ], -а *m tech* Wasserwaage, Libelle
вати́н, -а *m text* Watteline
ва́тман, -а *m* (dickes) Zeichenpapier
ва́тник, -а *m umg* gesteppte Wattejacke
ва́тный, -ая, -ое **1.** Watte-; aus Watte **2.** wattiert; -ое одея́ло Steppdecke
ватру́шка, -и, *Pl G* -шек, *D* -шкам *f* Quarkspitze *Gebäck*
ватт, -а, *G Pl* ватт *m el* Watt
ватт-ча́с, -а *m el* Wattstunde
ва́фельница, -ы, *I* -ей *f* Waffeleisen
ва́фельный, -ая, -ое Waffel-
ва́фля, -и, *Pl G* -фель, *D* -флям *f* Waffel
вахла́к, -а́ *m volksspr, alt* Tolpatsch
ва́хта, -ы *f* **1.** *naut* Wache; стоя́ть на -е Wache stehen **2.** *übtr* Wacht; стоя́ть на -е ми́ра auf Friedenswacht stehen
ва́хтенный, -ая, -ое *naut* Wach-; Wacht-; ~ журна́л Logbuch
ва́хтер *u. volksspr* **вахтёр,** -а *m* Wächter, Pförtner *Betriebsschutz*
ваш, -его *m*; ва́ша, -ей *f*; ва́ше, -его *n*; *Pl* ва́ши, -их *Poss Pron* euer, Ihr, der eure, der Ihrige; как -и пожива́ют? wie geht es Ihren Angehörigen?; лу́чше -его besser als ihr [Sie] ◇ по-ва́шему nach Ihrer Meinung
Вашингто́н, -а *m* Washington
вая́ние, -я *n alt* Bildhauerkunst
вая́тель, -я *m alt* Bildhauer
вая́ть, ваяю, ваяешь *uv Kunst* meißeln, aus Stein hauen; gießen; schnitzen
вбега́ть *uv zu* вбежа́ть
в|бежа́ть* *v* hineinlaufen, -rennen ‖ *uv* вбега́ть, -а́ю, -а́ешь
вбива́ть *uv zu* вбить
вбира́ть *uv zu* вобра́ть
в|бить*, вобью́ *v A oder* в *A* einschlagen, -rammen ◇ ~ себе́ в го́лову что́-н. sich etw. in den Kopf setzen ‖ *uv* вбива́ть, -а́ю, -а́ешь
вблизи́ *Adv u. Präpos mit G* in der Nähe, unweit von
вбок *Adv umg* zur Seite
вброд *Adv* watend, durch eine Furt; переходи́ть реку́ ~ den Fluß durchwaten
вв. (века́) Jahrhunderte
ВВА (Вое́нно-возду́шная акаде́мия) Fliegerakademie
вва́ливаться *uv zu* ввали́ться
ввали́ться, ввалю́сь, вва́лишься *v* **1.** *umg* в *A* hineinfallen, -stürzen **2.** *1. u. 2. Pers ungebr* einfallen *von der Haut, von den Augen*; щёки ввали́лись die Wangen sind eingefallen **3.** *volksspr* hereinstürzen,

-platzen || *uv* вва́ливаться, -аюсь, -аешься

введе́ние, -я *n* 1. Einleitung; Einführung 2. *mus, theat* Vorspiel

в|везти́* *v* в *A* 1. hineinfahren *tr* 2. einführen, importieren || *uv* ввози́ть, ввожу́, вво́зишь

ввек *Adv umg* niemals; ~ не забу́ду э́того ich werde es nie (im Leben) vergessen

вверга́ть(ся) *uv zu* вве́ргнуть(ся)

вве́ргнуть, -ну, -нешь; вверг, -ла; вве́ргнутый, -ут, -а *v* (hinein)werfen, (hinein)stürzen (в *A* in) *a. übtr*; ~ в отча́яние zur Verzweiflung treiben || *uv* вверга́ть, -а́ю, -а́ешь

вве́ргнуться, -нусь, -нешься; вве́ргся, -лась *v* eindringen, sich hineinstürzen || *uv* вверга́ться, -а́юсь, -а́ешься

вве́рить, -рю, -ришь; вве́ренный, -рен, -а *v* anvertrauen || *uv* вверя́ть, -я́ю, -я́ешь

вве́риться, -рюсь, -ришься *v* sich anvertrauen || *uv* вверя́ться, -я́юсь, -я́ешься

вверну́ть, -ну́, -нёшь; ввёрнутый, -ут, -а *v* 1. einschrauben 2. *umg, übtr*: ~ слове́чко ein Wort einflechten || *uv* **ввёртывать,** -аю, -аешь

вверх *Adv* nach oben, hinauf; ру́ки ~! Hände hoch!; ~ по реке́ flußaufwärts; ~ по ле́стнице treppauf ◇ стоя́ть ~ нога́ми (auf dem) Kopf stehen; ~ дном drunter und drüber

вверху́ *Adv* oben

вверя́ть(ся) *uv zu* вве́рить(ся)

в|вести́* *v* 1. hinführen, herein-, hineinführen; ~ войска́ в го́род die Stadt mit Truppen besetzen 2. einführen, einsetzen; ~ в эксплуата́цию [в строй] in Betrieb nehmen; ~ во́инскую обя́занность die Wehrpflicht einführen 3. hineinziehen; ~ кого́-н. в расхо́ды j-n in Unkosten stürzen; ~ в заблужде́ние irreführen 4. einführen; ~ кого́-н. в курс де́ла j-n in eine Sache einweihen; ~ во владе́ние *jur* in den Besitz einführen || *uv* вводи́ть, ввожу́, вво́дишь

в|вести́сь*, *1. u. 2. Pers ungebr v* üblich werden || *uv* вводи́ться, вво́дится

ввива́ть *uv zu* ввить

ввиду́ *Präpos mit G* in Anbetracht, wegen; ~ того́, что da, weil; ~ э́того in Anbetracht dessen

ввинти́ть, -нчу́, -нти́шь; вви́нченный, -ен, -а *v* einschrauben || *uv* **вви́нчивать,** -аю, -аешь

в|вить*, вовью́ *v* einflechten || *uv* ввива́ть, -а́ю, -а́ешь

ввод, -а *m* 1. Einführung, Einsetzung, Einweisung 2.: ~ в эксплуата́цию Inbetriebnahme 3. Anschluß(stelle); Zuleitung; электри́ческий ~ Stromanschluß

вводи́ть(ся) *uv zu* ввести́(сь)

вво́дный, -ая, -ое 1. Anschluß-, Zuleitungs- 2. einführend, einleitend; -ое сло́во Schaltwort; -ое предложе́ние Schaltsatz

ввоз, -а *m* Einfuhr, Import

ввози́ть *uv zu* ввезти́

вво́зный, -ая, -ое Einfuhr-, Import-

вво́лю *Adv umg* nach Herzenslust; in Hülle und Fülle, sehr viel

вво́сьмеро *Adv* achtmal, achtfach

ввосьмеро́м *Adv* zu acht

в-восьмы́х *mod* achtens

ВВС (Вое́нно-возду́шные си́лы) Luftstreitkräfte

ввысь *Adv* in die Höhe, nach oben

в|вяза́ть* *v* в *A* 1. (hin)einstricken (in) 2. *übtr umg* verstricken, hineinziehen (in) || *uv* **ввя́зывать,** -аю, -аешь

в|вяза́ться* *v umg* sich einmischen (в *A* in) || *uv* **ввя́зываться,** -аюсь, -аешься

вгиба́ть(ся) *uv zu* вогну́ть(ся)

вглубь *Adv* in die Tiefe; tief hinein

вгляде́ться, -яжу́сь, -яди́шься *v* в *A* genau [aufmerksam] betrachten, fixieren || *uv* **вгля́дываться,** -аюсь, -аешься

вгоня́ть *uv zu* вогна́ть

вгрыза́ться *uv zu* вгры́зться

в|гры́зться* *v umg* sich verbeißen, sich festbeißen *von Tieren* || *uv* вгрыза́ться, -а́юсь, -а́ешься

вдава́ться *uv zu* вда́ться

вдави́ть, вдавлю́, вда́вишь; вда́вленный, -ен, -а *v* (hin)eindrücken, -pressen || *uv* **вда́вливать,** -аю, -аешь

вда́лбливать *uv zu* вдолби́ть

вдалеке́ *Adv* in der Ferne; ~ от fern von

вдали́ *Adv* in der Ferne, fern

вдаль *Adv* in die Ferne

в|да́ться*, вдали́сь *v* 1. eindringen, hineinragen, einschneiden 2. sich (in etw.) einlassen, sich (einer Sache) ergeben ◇ ~ в подро́бности auf Einzelheiten eingehen || *uv* в|дава́ться*

вдвига́ть *uv zu* вдви́нуть

вдви́нуть, -ну, -нешь; -нутый, -нут,

-а *v* hineinschieben || *uv* вдвига́ть, -а́ю, -а́ешь

вдво́е *Adv* 1. doppelt, zweimal; ~ бо́льше zweimal soviel; zweimal so groß; увели́чивать ~ verdoppeln 2. in zwei Hälften; сложи́ть лист ~ das Blatt zusammenfalten

вдвоём *Adv* zu zweit

вдвойне́ *Adv* doppelt (soviel), zweifach

вдева́ть *uv zu* вдеть

вде́вятеро *Adv* neunmal, neunfach

вдевятеро́м *Adv* zu neunt

в-девя́тых *mod* neuntens

вде́лать, -аю, -аешь; -анный, -ан, -а *v* einsetzen, einfassen || *uv* **вде́лывать,** -аю, -аешь

вдёргивать *uv zu* вдёрнуть

вдёрнуть, -ну, -нешь; -нутый, -нут, -а *v* einziehen, einfädeln || *uv* вдёргивать, -аю, -аешь

вде́сятеро *Adv* zehnmal, zehnfach

вдесятеро́м *Adv* zu zehnt

в-деся́тых *mod* zehntens

в|деть* *v* durchziehen, -schieben, -stecken; ~ ни́тку в иго́лку einfädeln; ~ но́гу в стре́мя den Fuß in den Steigbügel setzen || *uv* вдева́ть, -а́ю, -а́ешь

ВДНХ (Вы́ставка достиже́ний наро́дного хозя́йства СССР) Ausstellung der Errungenschaften der Volkswirtschaft der UdSSR *in Moskau*

вдоба́вок *Adv umg* obendrein, außerdem

вдова́, -ы́, *Pl* вдо́вы, вдов, вдо́вам *f* Witwe ◇ соло́менная ~ Strohwitwe

вдове́ть, -е́ю, -е́ешь *uv* verwitwet sein

вдове́ц, -вца́, *I* -вцо́м, *G Pl* -вцо́в *m* Witwer

вдо́вий, -ья, -ье Witwen-

вдо́воль *Adv umg* vollauf, reichlich; im Überfluß; ~ нае́сться sich satt essen

вдовство́, -а́ *n* Witwenstand

вдо́вый, -ая, -ое; *Kzf* вдов, -а verwitwet

вдого́нку *Adv umg* hinterher; пусти́ться ~ за ке́м-н. j-m nachjagen; кри́кнуть ~ кому́-н. j-m nachrufen

вдолби́ть, -блю́, -би́шь; -блённый, -блён, -блена́ *v volksspr* einpauken, eintrichtern; ~ что́-н. в го́лову j-m etw. eintrichtern [begreiflich machen] || *uv* вда́лбливать, -аю, -аешь

вдоль 1. *Präpos mit G* entlang, längs; идти́ ~ бе́рега das Ufer entlang gehen 2. *Adv* der Länge nach; разре́зать ~ der Länge nach durchschneiden ◇ ~ и поперёк kreuz und quer; знать что́-н. ~ и поперёк etw. wie seine Westentasche kennen

вдо́сталь *Adv volksspr* vollauf, reichlich

вдох, -а *m* Atemzug

вдохнове́ние, -я *n* Eingebung, Inspiration; Begeisterung

вдохнове́нный, -ая, -ое; *Kzf* -е́нен, -е́нна inspiriert; begeistert; -ая речь eine flammende Rede

вдохнови́тель, -я *m* Inspirator

вдохнови́ть, -влю́, -ви́шь; -влённый, -влён, -влена́ *v* 1. begeistern 2. anregen; inspirieren (кого́-н. на что́-н. j-n zu etw.) || *uv* **вдохновля́ть,** -я́ю, -я́ешь

вдохнови́ться, -влю́сь, -ви́шься *v I* sich begeistern (für), entflammen || *uv* **вдохновля́ться,** -я́юсь, -я́ешься

вдохну́ть, -ну́, -нёшь *v* 1. einatmen 2. einhauchen, einflößen (что́-н. в кого́-н. j-m etw.); ~ в кого́-н. му́жество j-m Mut einflößen || *uv* вдыха́ть, -а́ю, -а́ешь *zu* 1

вдре́безги *Adv* 1. in (kleine) Stücke; разби́ть ~ kurz und klein schlagen; разби́ться ~ in Scherben gehen 2. *umg* vollkommen, völlig; ~ пья́ный völlig betrunken

вдруг *Adv* plötzlich, auf einmal; все ~ alle auf einmal

вдува́ние, -я *n* 1. Einblasen 2. *med* Einblasung

вдува́ть *uv zu* вдуть

вду́маться, -аюсь, -аешься *v* sich hineindenken, sich vertiefen (в *A* in) || *uv* вду́мываться, -аюсь, -аешься

вду́мчивый, -ая, -ое; *Kzf* -ив, -а nachdenklich, gedankenvoll, ernst

вду́мываться *uv zu* вду́маться

вду́нуть *v mom zu* вдува́ть

в|дуть* *v* einblasen, einhauchen || *uv* вдува́ть, -а́ю, -а́ешь | *v mom* вду́нуть, -ну, -нешь; -нутый, -нут, -а

вдыха́ние, -я *n* Einatmen, Einatmung

вдыха́тельный, -ая, -ое Einatmungs-

вдыха́ть *uv zu* вдохну́ть

вегетариа́нец [рья], -нца, *I* -нцем, *G Pl* -нцев *m* Vegetarier

вегетариа́нский [рья], -ая, -ое vegetarisch

вегета́ция, -и *f* Vegetation

ве́дать, -аю, -аешь *uv* 1. *alt* kennen, wissen; не ве́дает, что твори́т er weiß nicht, was er tut 2. *I* verwalten, leiten; кто ве́дает э́тим? wer ist dafür zuständig?

ве́дение, -я *n* **1.** Leitung; Verwaltung **2.** Kompetenz

веде́ние, -я *n* Führung, Leitung; ~ де́ла *jur* Prozeßführung

ве́домо *mod alt* es ist bekannt

ве́домость, -и, *Pl* ве́домости, ведомосте́й, ведомостя́м *f* **1.** Verzeichnis, Liste **2.** *Pl* Nachrichten *Benennung einiger Periodica*; -и Верхо́вного Сове́та СССР Nachrichten des Obersten Sowjets der UdSSR

ве́домственный, -ая, -ое behördlich, Behörden-

ве́домство, -а *n* Behörde, Amt

ве́домый, -ая, -ое; *Kzf* -ом, -а **1.** *alt* bekannt **2.**: с -а mit Wissen, mit Einverständnis; без -а ohne Wissen, ohne Einverständnis

ведро́, -а́, *Pl* вёдра, -дер, -драм *n* **1.** Eimer; (дождь) льёт как из -а́ es gießt in Strömen **2.** russisches Flüssigkeitsmaß, etwa 12 l

вёдро, -а *n alt u. volksspr* schönes, trockenes Wetter

веду́ ↑ вести́

веду́щий, -ая, -ее **1.** Vor-, Spitzen-, vorangehend; ~ самолёт Führungsflugzeug **2.** -его *Subst m* Leiter **3.** führend, leitend; Haupt-, Grund- **4.** *tech* Trieb-; -ее колесо́ Triebrad

ведь **1.** *Konj* doch, ja; ~ я не ребёнок ich bin doch kein Kind **2.** *mod, Part zur Verstärkung der Aussage* ja, doch, wirklich; ~ вы бы́ли пра́вы in der Tat, Sie hatten recht; ~ я не спо́рю! ich streite ja gar nicht!

ве́дьма, -ы, *G Pl* ведьм *f folkl* Zauberin, Hexe

ве́ер, -а, *Pl* веера́, -о́в, -а́м *m* Fächer

ве́жливость, -и *f* Höflichkeit

ве́жливый, -ая, -ое; *Kzf* -ив, -а höflich, zuvorkommend; artig

везде́ *Adv* überall

вездесу́щий, -ая, -ее; *Kzf* -у́щ, -а allgegenwärtig; *umg* Hansdampf in allen Gassen

вездехо́д, -а *m* geländegängiger Kraftwagen

вездехо́дный, -ая, -ое geländegängig

везе́ние, -я *n umg* Glück, Erfolg

везти́* *uv* **1.** *best* fahren, bringen, holen *mit dem Wagen*; ~ кого́-н. j-n fahren **2.** *unpers umg* Glück haben; ему́ везёт в жи́зни er hat Glück im Leben; с меха́никами ему́ не везло́ mit den Mechanikern hatte er kein Glück; ему́ не везёт er hat Pech || *v* повезти́ *zu* 2 | *unbest* вози́ть *zu* 1

везу́ ↑ везти́

Везу́вий, -я, *P* -и *m* Vesuv

Ве́ймар, -а *m* Weimar

[1]век, -а (-у), *P* о ве́ке, на веку́, *Pl* века́, -о́в, -а́м *m* **1.** Jahrhundert **2.** Zeit(alter); ка́менный ~ Steinzeit; сре́дние века́ Mittelalter **3.** Leben, Lebenszeit; на его́ -у́ zu seinen Lebzeiten; весь свой ~ sein ganzes Leben lang **4.** *übtr umg* eine Ewigkeit, sehr lange Zeit; ~ с тобо́й мы не вида́лись wir haben uns seit einer Ewigkeit nicht gesehen ◇ ~ живи́, ~ учи́сь zum Lernen ist niemand zu alt; в ко́и-то -и alle Jubeljahre einmal; во -и -о́в *alt* ewig

[2]век *Adv umg* immer, ständig

ве́ки *Pl* век, *Sg* ве́ко, -а *n* Augenlider

векова́ть, -ку́ю, -ку́ешь *uv umg*: век ~ *folkl* sein ganzes Leben zubringen

векове́чный, -ая, -ое; *Kzf* -чен, -чна dauernd, ewig

веково́й, -а́я, -о́е jahrhundertealt, uralt; ~ дуб hundertjährige Eiche

ве́ксель, -я, *Pl* векселя́, -е́й, -я́м *m finanz* Wechsel

ве́ксельный, -ая, -ое *finanz* Wechsel-

ве́кша, -и, *I* -ей *f gbt* Eichhörnchen

веле́невый, -ая, -ое Velin-

веле́ние, -я *n alt* Gebot, Befehl

веле́ть, велю́, вели́шь *v, uv* (*Prät nur v*) befehlen, gebieten

велика́н, -а *m* Riese

вели́кий, -ая, -ое; *Kzf* вели́к, -ика́, -ико́, -ики́; *Sup* велича́йший **1.** *Kzf* -и́к, -ика́; *Komp* бо́льший *u.* бо́льше sehr groß, gewaltig **2.** *Kzf* -и́к, -и́ка groß, hervorragend, bedeutend; Вели́кая Октя́брьская социалисти́ческая револю́ция die Große Sozialistische Oktoberrevolution; -ие держа́вы Großmächte **3.** *nur Kzf* -и́к, -ика́ zu groß; боти́нки -ики́ die Schuhe sind zu groß ◇ от ма́ла до -и́ка groß und klein

Великобрита́ния, -и Großbritannien

велико|во́зра́стный, -ая, -ое; *Kzf* -тен, -тна erwachsen, volljährig; **~держа́вный,** -ая, -ое; Großmacht-; **~ду́шие,** -я *n* Großmut, Hochherzigkeit; **~ду́шничать,** -аю, -аешь *uv umg* den Großmütigen spielen; **~ду́шный,** -ая, -ое; *Kzf* -шен, -шна großmütig, großherzig; **~ле́пие,** -я *n* Pracht, Prunk, Luxus; **~ле́пный,** -ая, -ое; *Kzf* -пен, -пна **1.** pracht-

voll, prunkvoll, luxuriös 2. *umg* großartig, herrlich, ausgezeichnet; **~ру́сский,** -ая, -ое (groß)russisch; **~ру́с,** -а *m* Großrusse; **~све́тский,** -ая, -ое *alt* aristokratisch, vornehm, mondän
велича́вый, -ая, -ое; *Kzf* -а́в, -а erhaben, majestätisch
велича́йший ↑ вели́кий
велича́льный, -ая, -ое *alt* preisend, rühmend
велича́ть, -а́ю, -а́ешь *uv* 1. *alt* nennen, titulieren 2. *alt* rühmen, preisen
вели́чественный, -ая, -ое; *Kzf* -ен, -енна erhaben, groß, majestätisch
вели́чество, -а *n* Majestät *Titel*
вели́чие, -я *n* Größe, Erhabenheit
величина́, -ы́, *Pl* величи́ны, -и́н, -и́нам *f* Größe *a. math*; в натура́льную -у́ in Lebensgröße
вело- *in Zuss Abk für* велосипе́дный Fahrrad-, Rad-
вело|апте́чка, -и, *Pl G* -чек, *D* -чкам *f* Fahrradflickzeug; **~го́нка,** -и, *Pl G* -нок, *D* -нкам *f* Radrennen; **~го́нщик,** -а *m* Radrennfahrer; **~доро́жка,** -и, *Pl G* -жек, *D* -жкам *f* Radweg
велодро́м, -а *m* Radrennbahn
вело|ка́мера, -ы *f* Fahrradschlauch; **~пря́жка,** -и, *Pl G* -жек, *D* -жкам *f* Hosenklammer; **~ро́ллер,** -а *m* Kleinroller
велосипе́д, -а *m* Fahrrad; е́хать на -е radfahren
велосипеди́ст, -а *m* Radfahrer
велосипе́дный, -ая -ое Fahrrad-; -ая доро́жка Radweg
велотури́зм, -а *m* Radwandern
вельве́т, -а (-у) *m* Velvet; ~ в ру́бчик Manchester
вельмо́жа, -ы, *I* -ей *m alt* Würdenträger, Magnat
велю́р, -а (-у) *m text* Velours
Ве́на, -ы *f* Wien
ве́на, -ы *f anat* Vene
венге́рец ↑ венгр
[1]**венге́рка,** -и, *Pl G* -рок, *D* -ркам *f* Ungarin
[2]**венге́рка,** -и, *Pl G* -рок, *D* -ркам *f* 1. ungarischer Tanz 2. *alt* Jacke mit aufgenähten Schnüren
венге́рский, -ая, -ое ungarisch; Венге́рская Наро́дная Респу́блика Ungarische Volksrepublik
венгр, -а *u. alt* **венге́рец,** -рца, *I* -рцем, *G Pl* -рцев *m* Ungar
Ве́нгрия, -и *f* Ungarn
Вене́ра, -ы *f astr*, *myth* Venus
венери́ческий, -ая, -ое *med* Geschlechts-, venerisch
Венесуэ́ла, -и *f* Venezuela
венесуэ́лец, -льца, *I* -льцем, *G Pl* -льцев *m* Venezolaner
вене́ц, -нца́, *I* -нцо́м, *G Pl* -нцо́в *m* 1. *alt* Kranz, Krone; терно́вый ~ Dornenkrone 2. *rel*, *alt* Brautkrone 3. (Herrscher-) Krone 4. *übtr* Krönung, Höhepunkt 5. *astr* Korona 6. Aureole, Heiligenschein 7. waagerechte Balkenreihe *im Zimmerwerk* ◇ идти́ под ~ *alt* heiraten; по́сле венца́ *alt* nach der Trauung; коне́ц — де́лу ~ Ende gut, alles gut
ве́нец, -нца, *I* -нцем, *G Pl* -нцев *m* Wiener
Вене́ция, -и *f* Venedig
ве́нзель, -я, *Pl* вензеля́, -е́й, -я́м *m* Monogramm
ве́ник, -а *m* (Ruten-) Besen; Rute
ве́нка, -и, *Pl G* -нок, *D* -нкам *f* Wienerin
вено́зный, -ая, -ое Venen-, venös
вено́к, -нка́ *m* Kranz
ве́нский, -ая, -ое Wiener
вентили́ровать, -рую, -руешь *uv* lüften, ventilieren
ве́нтиль, -я *m* Ventil
вентиля́ция, -и *f* 1. Ventilation, Lüftung 2. Ventilationssystem, -anlage
венча́льный, -ая, -ое Trau-, Hochzeits-
венча́ние, -я *n* 1. *kirch* Trauung 2. Krönung
венча́ть, -а́ю, -а́ешь; ве́нчанный, -ан, -а *uv* 1. *a. v* krönen, bekränzen; ~ на ца́рство inthronisieren 2. *übtr* krönen, abschließen 3. (kirchlich) trauen ◇ ~ ла́врами mit einem Lorbeerkranz schmücken
венча́ться, -а́юсь, -а́ешься *uv* sich kirchlich trauen lassen
ве́нчик, -а *m* 1. *Dem zu* вене́ц Kränzchen 2. Blütenblätter, Blütenkelch
вепрь, -я *m* Wildschwein
ве́ра, -ы *f* 1. Glaube, Zuversicht 2. Glaube. Religion 3. *alt u. umg* Vertrauen ◇ приня́ть на -у что́-н. etw. auf Treu und Glauben annehmen
Ве́ра, -ы *f* Vera
ве́рба, -ы *f bot* Weide(nbaum)
верблю́д, -а *m* Kamel
верблю́жий, -ья, -ье 1. Kamel- 2. Kamelhaar-
ве́рбный, -ая, -ое Weiden- ◇ -ое воскресе́нье *kirch* Palmsonntag
вербова́ть, -бу́ю, -бу́ешь; -бо́ванный, -бо́ван, -а *uv* (an)werben (в *A* für)
вербо́вка, -и *f* Werbung, Anwerbung
вербо́вщик, -а *m* Werber

Верде́н, -а *m* Verdun
верёвка, -и, *Pl G* -вок, *D* -вкам *f* Strick, Leine, Seil
верёвочка, -и, *Pl G* -чек, *D* -чкам *f* *Dem zu* верёвка Schnur, Bindfaden
верёвочный, -ая, -ое Strick-, Seil-; -ая ле́стница Strickleiter
верени́ца, -ы, *I* -ей *f* (lange) Reihe; Zug, Kette *a. Vögel*
ве́реск, -а *m* Heidekraut, Erika
веретено́, -а́, *Pl* веретёна, -ён, -ёнам *n* 1. Spindel 2. (rotierende) Achse
вереща́ть, -щу́, -щи́шь *uv* kreischen, schreien; zirpen
верзи́ла, -ы *m, f umg* Lulatsch
вери́тельный, -ая, -ое: -ая гра́мота Beglaubigungsschreiben
ве́рить, -рю, -ришь *uv* 1. glauben, vertrauen 2. glauben (в *A* an), Glauben schenken ◇ не ~ свои́м глаза́м seinen Augen kaum trauen ‖ *v* пове́рить; пове́ренный, -ен, -а
ве́риться, -ится *unpers uv*: не ве́рится es ist nicht zu glauben; ве́рится с трудо́м es ist kaum zu glauben
вермише́ль, -и *f* Fadennudeln
верне́е *mod* genauer gesagt; ~ сказа́ть vielmehr
ве́рно 1. *Adv* richtig, wahr; э́то ~ das stimmt 2. *Adv* treu, zuverlässig 3. *mod* wohl, wahrscheinlich
верноподда́ннический, -ая, -ое *alt* 1. untertänig 2. *übtr* kriecherisch
верноподда́нный, -ого *Subst m alt* treuer Untertan
ве́рность, -и *f* 1. Richtigkeit, Genauigkeit 2. Treue, Zuverlässigkeit ◇ для -и *umg* zur Sicherheit
верну́ть, -ну́, -нёшь *v* 1. zurückgeben, -erstatten, abgeben; ~ долг eine Schuld bezahlen; ~ себе́ wieder-, zurückgewinnen 2. zurückholen, -rufen; ~ кого́-н. домо́й j-n nach Hause (zurück)schicken
верну́ться, -ну́сь, -нёшься *v* zurückkehren, -kommen; ~ домо́й heimkehren; ~ наза́д umkehren
ве́рный, -ая, -ое; *Kzf* -рен, -рна́! 1. treu, ergeben; ~ друг ein treuer Freund 2. sicher, zuverlässig; из -ых исто́чников aus zuverlässiger Quelle 3. richtig, wahr, genau; -ое реше́ние richtige Lösung [Entscheidung]; у вас -ые часы́? geht Ihre Uhr richtig? 4. genau, unfehlbar 5. sicher, unvermeidlich; -ая ги́бель ein sicherer Tod; ~ при́знак ein untrügliches Zeichen
ве́рование, -я *n* Glaube, Religion
ве́ровать, -рую, -руешь *uv alt* glauben
веро|исповеда́ние, -я *n* Glaubensbekenntnis, Konfession; **~ло́мный,** -ая, -ое; *Kzf* -мен, -мна treulos, verräterisch; **~ло́мство,** -а *n* Treulosigkeit, Verrat; **~отсту́пник,** -а *m alt* Glaubensabtrünniger; **~терпи́мость,** -и *f* religiöse Toleranz, Glaubensfreiheit; **~уче́ние,** -я *n* Glaubenslehre, Religion
вероя́тие, -я *n alt* Wahrscheinlichkeit; по всему́ -ю aller Wahrscheinlichkeit nach
вероя́тно *mod* wahrscheinlich, wohl
вероя́тность, -и *f* Wahrscheinlichkeit; по всей -и aller Wahrscheinlichkeit nach
вероя́тный, -ая, -ое; *Kzf* -тен, -тна wahrscheinlich, vermutlich
Верса́ль, -я *m* Versailles
версифика́ция, -и *f alt* Versbau
ве́рсия, -и *f* Version, Fassung
верста́, -ы́, *A* версту́ *u.* вёрсту, *Pl* вёрсты, вёрст, вёрстам *f* Werst *altes russisches Längenmaß*, 1,06 km ◇ за́ -у sehr weit
верста́к, -а́ *m* Werkbank, Hobelbank
верста́ть, -а́ю, -а́ешь; вёрстанный, -ан, -а *uv* 1. *typ* umbrechen 2. *I alt* zuteilen
вёрстка, -и *f typ* Umbruch
верстово́й, -а́я, -о́е Werst-
ве́ртел, -а, *Pl* вертела́, -о́в, -а́м *m* Bratspieß
verте́п — **верте́п,** -а *m* 1. Verbrecherhöhle, Lasterhöhle 2. *hist* Puppentheater
верте́ть, верчу́, ве́ртишь; ве́рченный, -ен, -а *uv* 1. *A u. I* drehen, herumdrehen 2. *I umg* nach Belieben [nach Laune] verfahren (mit)
верте́ться, верчу́сь, ве́ртишься *uv* 1. sich drehen, sich herumdrehen 2. *übtr umg* sich herumtreiben; sich ständig befinden 3. *übtr volksspr* ausweichen, Ausflüchte machen ◇ э́та мысль ве́ртится у меня́ в голове́ dieser Gedanke will mir nicht aus dem Sinn; ~ на языке́ *übtr* auf der Zunge liegen
вертика́льный, -ая, -ое vertikal
вертихво́стка, -и, *Pl G* -ток, *D* -ткам *f* *volksspr verächtl* leichtsinnige, kokette Frau
вёрткий, -ая, -ое; *Kzf* вёрток, вертка́! *umg* beweglich, wendig
вертлю́г, -а́ *m* 1. *anat* Oberschenkelkopf 2. *tech* Drehbolzen, Wirbel
вертля́вый, -ая, -ое; *Kzf* -я́в, -а *umg* beweglich, unruhig, zappelig

вертолёт, -а *m* Hubschrauber
вертопрах, -а *m umg alt* Leichtfuß
вертушка, -и, *Pl G* -шек, *D* -шкам *f umg* 1. Drehscheibe, Wählscheibe *Telefon* 2.: дверь-~ Drehtür 3. leichtsinnige Frau
верующий, -его *Subst m* Gläubiger
верфь, -и *f* Werft
верх, -а (-у), *P* о верхе, на верху, *Pl* верхи, -ов, -ам *m* 1. oberer Teil, Oberteil; жить на самом -у ganz oben wohnen 2. Wagenverdeck 3. rechte Seite *eines Stoffes*, Außenseite *der Kleidung* 4. *übtr* Oberhand; взять ~ die Oberhand gewinnen 5. Gipfel, Höhepunkt, Spitze; он на -у славы er ist auf dem Gipfel seines Ruhmes; ~ нахальства Gipfel der Frechheit 6. *Pl umg* führende Kreise, Spitzen *der Gesellschaft, einer Organisation usw.*; конференция в верхах Gipfelkonferenz 7. *Pl übtr* Äußerlichkeiten, Oberfläche; скользить по-ам an der Oberfläche schwimmen; нахвататься -ов sich etw. oberflächlich aneignen 8. *meist Pl mus* hohe Noten, hohe Töne
верхне- *in Zuss* Ober-, ober-
верхний, -яя, -ее 1. oberer; Ober-; -ее течение Волги Oberlauf der Wolga; -яя одежда Straßenkleidung 2. *mus* hoch, höchst ◇ верхняя палата Oberhaus
верховный, -ая, -ое oberster; Ober-; Верховный Совет СССР der Oberste Sowjet der UdSSR; -ое командование *mil* Oberkommando
верховод, -а *m umg* Rädelsführer
верховодить, -ожу, -одишь *uv umg I* anführen; die erste Geige spielen
[1]**верховой,** -ая, -ое 1. Reit-; -ая езда Ritt, Reiten, Reitkunst; -ая лошадь Reitpferd 2. -ого *Subst m* Reiter, Berittener
[2]**верховой,** -ая, -ое *u.* **верховый,** -ая, -ое am Oberlauf des Flusses gelegen
верховье, -ья, *G Pl* -ьев *n* Oberlauf
верхогляд, -а *m umg* oberflächlicher Mensch
верхолаз, -а *m* Hochbauarbeiter; сварщик-~ Hochbauschweißer
верхом *Adv* 1. oben, auf der Anhöhe; идти ~ oben gehen 2. bis zum Rand; höher als der Rand
верхом *Adv* zu Pferde; ездить ~ reiten
верхушка, -и, *Pl G* -шек, *D* -шкам *f* 1. Spitze, Wipfel, Gipfel 2. *übtr umg* Spitzen, obere Schichten *einer Gesellschaft, Organisation*
верчение, -я *n* Drehen
верша, -и, *I* -ей *f* (Fisch-) Reuse
вершина, -ы *f* 1. Gipfel, Spitze; ~ угла *math* Scheitelpunkt des Winkels 2. *übtr* Gipfel, Höhe, Höhepunkt
вершитель, -я *m buchspr* Herr, Machthaber
вершить, -шу, -шишь *uv I hoher Stil* entscheiden, verfügen (über), lenken; vollziehen
вершок, -шка *m* Werschok *altes russisches Längenmaß*, 4,4 cm
[1]**вес,** -а (-у), *Pl von Maßeinheiten* -а, -ов, -ам *m* 1. Gewicht; чистый ~ Nettogewicht; -ом в три кило drei Kilo schwer; на ~ nach Gewicht; меры и -а Maße und Gewichte 2. *Sport* полутяжёлый ~ Halbschwergewicht; полусредний ~ Weltergewicht 3. *übtr* Gewicht, Einfluß; он пользуется большим -ом er ist sehr einflußreich ◇ на ~ золота Goldes wert
[2]**вес,** -а *m*: на -у in hängender Lage, hängend
веселеть, -ею, -еешь *uv* lustig werden
веселить, -лю, -лишь *uv* belustigen, erheitern
веселиться, -люсь, -лишься *uv* sich vergnügen, sich amüsieren
весёлый, -ая, -ое; *Kzf* весел, -а! 1. lustig, heiter, fröhlich; amüsant 2. *unpers, prädikativ*: мне весело mir ist froh zumute
веселье, -ья *n* 1. Heiterkeit, Ausgelassenheit 2. Unterhaltung; у нас сегодня ~ wir haben heute eine Feier
весельчак, -а *m umg* Spaßvogel
весенний, -яя, -ее Frühjahrs-
весить, вешу, весишь *uv* wiegen, Gewicht haben
веский, -ая, -ое; *Kzf* -сок, -ска 1. schwer 2. *übtr* schwerwiegend, gewichtig
весло, -а, *Pl* вёсла, -сел, -слам *n* Ruder
весна, -ы, *Pl* вёсны, -сен, -снам *f* Frühling
весной *u.* **весною** *Adv* im Frühling
веснушки *Pl* -шек, -шкам, *Sg* веснушка, -и *f* Sommersprossen
веснушчатый, -ая, -ое; *Kzf* -ат, -а sommersprossig
[1]**весовой,** -ая, -ое 1. Gewichts-; -ая гиря Gewicht; -ые категории *Sport* Gewichtsklassen 2. nach Gewicht verkauft
[2]**весовой,** -ая, -ое Waage-; ~ сбор Wiegegebühr
весовщик, -а *m* Wiegemeister

весóмый, -ая, -ое; *Kzf* -óм, -а wägbar; Gewicht [Masse] besitzend
вест, -а *m* 1. *naut* Westen 2. *naut, met* Westwind
вести́* *uv* 1. *best* führen, geleiten; ~ слепóго einen Blinden führen 2. *best* lenken, steuern *Fahrzeug*; anführen *Truppen*; ~ сýдно das Schiff steuern 3. (an)legen *Weg, Leitung* 4. *best* hinweggleiten, -fahren (чéм-н. по чемý-н. mit etw. über etw.); ~ смычкóм по стрýнам den Bogen über die Saiten führen 5. *1. u. 2. Pers ungebr* führen, gehen; дорóга ведёт чéрез лес der Weg führt durch den Wald 6. *übtr* lenken, leiten, führen; ~ войнý Krieg führen; ~ развéдку aufklären, erkunden; ~ торгóвлю Handel treiben; ~ кружóк einen Zirkel leiten; ~ перепи́ску im Briefwechsel stehen; ~ дом das Haus verwalten 7. *übtr* führen (к *D* zu), zur Folge haben ◇ ~ себя́ sich benehmen, sich betragen; ~ (своё) начáло seinen Anfang nehmen | *unbest* води́ть *zu* 1, 2, 4
вестибю́ль, -я *m* Vorhalle, Vestibül
Вест-И́ндия, -и *f* Westindien
вести́сь*, *1. u. 2. Pers ungebr uv* 1. geführt [geleitet] werden 2. *umg* üblich sein, Sitte sein; так уж у нас ведётся so ist es bei uns üblich, so ist es bei uns Brauch || *v* повести́сь
вéстник, -а *m* 1. Bote 2. *Name einiger Zeitschriften*
вестовóй, -áя, -óе 1. *alt* Signal-, Alarm- 2. -óго *Subst m mil* Ordonnanz
вéсточка, -и, *Pl G* -чек, *D* -чкам *f Dem zu* [1]весть Nachricht
Вестфáлия, -и *f* Westfalen
[1]**весть,** -и, *Pl* вéсти, вестéй, вестя́м *f* Nachricht, Kunde, Botschaft; бéз вести пропáсть spurlos verschwinden, verschollen sein
[2]**весть:** бог ~ кто *oder* не ~ кто es ist 'unbekannt, wer
весы́, -óв *Pl* Waage
весь, всегó, всемý, весь (всегó), всем, о(бо) всём *m*; вся, всей, всей, всю, всей, о всей *f*; всё, всегó, всемý, всё, всем, о(бо) всём *n*; *Pl* все, всех, всем, всех (все), всéми, о всех *Deter Pron* alle, ganz, voll, sämtlich; ~ день den ganzen Tag; во ~ гóлос aus vollem Halse; я ~ промóк ich bin völlig durchnäßt; при всём желáнии beim besten Willen; сáхар ~ (кóнчился) *umg* der Zucker ist alle; он всё забы́л er hat alles vergessen; всегó хорóшего! alles Gute!, auf Wiedersehen! ◇ при всём том a) bei alledem; b) obendrein, außerdem; всё равнó a) einerlei; es ist gleichgültig; b) sowieso; по всемý allen Anzeichen nach; без всегó a) unbekleidet; b) unbemittelt; все и вся alle ohne Ausnahme; прéжде всегó vor allem; всё бóльше immer größer; immer mehr
весьмá *Adv* sehr, überaus; я был ~ удивлён ich war höchst verwundert; ~ возмóжно durchaus möglich
ветви́стый, -ая, -ое; *Kzf* -и́ст, -а vielästig, weitverzweigt
ветви́ться, *1. u. 2. Pers ungebr*, -и́тся *uv* sich verzweigen, sich gabeln
ветвра́ч, -á, *I* -óм, *G Pl* -éй *m* (ветеринáрный врач) Tierarzt
ветвь, -и, *Pl* вéтви, ветвéй, ветвя́м *f* 1. Zweig, Ast 2. *übtr* Zweig 3. (Familien-) Zweig, (Neben-) Linie
вéтер, -тра (-тру), *P* о вéтре, на ветрý, *Pl* вéтры, вéтрóв, вéтрáм *m* Wind; попýтный ~ Rückenwind; ~ поднимáется der Wind kommt auf; ~ стихáет der Wind legt sich ◇ держáть нос по -тру den Mantel nach dem Wind hängen; бросáть словá на ~ in den Wind reden; ~ в головé leichtsinnig; подби́тый -тром a) leichtsinnig; b) ohne Futter *Kleidung*
ветеринáр, -а *m* Tierarzt
ветеринáрия, -и *f* Veterinärmedizin
ветеринáрный, -ая, -ое Veterinär-, tierärztlich
ветерóк, -ркá *m* leichter Wind, Lüftchen
вéтка, -и, *Pl G* -ток, *D* -ткам *f* 1. Zweig, Reis 2. Abzweigung, Zweiglinie; железнодорóжная ~ Zweigbahn
ветлá, -ы́, *Pl* вётлы, -тел, -тлам *f* Silberweide
вéто *n idkl* Veto, Einspruch; прáво ~ Veto-, Einspruchsrecht
ветóшка, -и, *Pl G* -шек, *D* -шкам *f umg* alter Lappen, Lumpen, Fetzen
ветóшник, -а *m alt* Trödler
вéтошь, -и *f* Trödel, Kram
вéтреник, -а *m umg* Wildfang
вéтреный, -ая, -ое; *Kzf* -ен, -а 1. windig; на дворé -о draußen ist es windig 2. *übtr* leichtsinnig, -fertig
ветровóй, -áя, -óе Wind-; -óе стеклó Windschutzscheibe *Auto*
ветро|гóн, -а *m volksspr, übtr* Windbeutel; **~двигатель,** -я *m* Windkraftmaschine; **~мéр,** -а *m* Windmesser
ветря́к, -á *m* 1. *umg* Windmotor 2. *volksspr* Windmühle
[1]**ветря́нка,** -и, *Pl G* -нок, *D* -нкам *f gbt u. volksspr* Windmühle

[2]**ветрянка,** -и *f med, umg* Windpocken
[1]**ветряный,** -ая, -ое *u.* **ветряной,** -áя, -óе Wind(kraft)-; -áя мéльница Windmühle
[2]**вéтряный,** -ая, -ое: -ая óспа Windpocken
вéтхий, -ая, -ое; *Kzf* ветх, -á! **1.** baufällig, alt; abgenutzt **2.** gebrechlich, hinfällig ◇ Вéтхий завéт *rel* Altes Testament
вéтхость, -и *f* **1.** Alter, Baufälligkeit; приходи́ть в ∼ baufällig werden, in Verfall geraten **2.** Gebrechlichkeit, Altersschwäche
ветчина́, -ы́ *f* Schinken
ветша́ть, -áю, -áешь *uv* alt [baufällig] werden, in Verfall geraten
вéха, -и *f* **1.** Absteckpfahl; стáвить -и abstecken **2.** *übtr* Abschnitt, Meilenstein
вéче, -а, *Pl* вéча, вéчей, вéчам *n hist* **1.** Wetsche, (altslawische) Volksversammlung **2.** Ort für diese Versammlung
вéчер, -а, *Pl* вечерá, -óв, -áм *m* **1.** Abend; под ∼ *oder* к -у gegen Abend; по -áм abends **2.** Abend(veranstaltung); литерату́рный ∼ literarischer Abend; танцевáльный ∼ Tanzabend
вечерéть, *1. u. 2. Pers ungebr*, -éет *uv* *meist unpers* Abend werden ‖ *v* повечерéть
вечери́нка, -и, *Pl G* -нок, *D* -нкам *f* Abendgesellschaft, Party, geselliger Abend; ∼ с тáнцами Tanzabend
вечеркóм *Adv umg* abends
вечéрний, -яя, -ее Abend-
вечéрник, -а *m volksspr* Schüler einer Abendschule
вечéрня, -и, *Pl G* -рен, *D* -рням *f rel* Vesper, Abendandacht
вéчером *Adv* am Abend, abends; сегóдня ∼ heute abend
вéчно *Adv* **1.** ewig **2.** *umg* ständig
вечнозелёный, -ая, -ое immergrün
вéчность, -и *f* Ewigkeit; кáнуть в ∼ spurlos verschwinden
вéчный, -ая, -ое; *Kzf* -чен, -чна **1.** ewig **2.** *umg* fortwährend, dauernd ◇ -ое перó Füllfederhalter
вéшалка, -и, *Pl G* -лок, *D* -лкам *f* **1.** Kleiderhaken, -ständer **2.** Aufhänger *am Kleidungsstück*
[1]**вéшать,** -аю, -аешь *uv* **1.** hängen, aufhängen **2.** hängen, henken ◇ ∼ гóлову den Kopf hängen lassen
[2]**вéшать,** -аю, -аешь *uv* abwiegen
[1]**вéшаться,** -аюсь, -аешься *uv* **1.** aufgehängt werden *Kleidung* **2.** sich erhängen ◇ ∼ комý-н. нá шéю sich j-m an den Hals werfen
[2]**вéшаться,** -аюсь, -аешься *uv volksspr* sich wiegen, sein Gewicht prüfen
вéшний, -яя, -ее *alt u. gbt* Frühlings-
вещáние, -я *n* **1.** *alt* Verkündung **2.** Radiosendung
вещáть, -áю, -áешь *uv* **1.** *alt* verkünden **2.** *rad 1. u. 2. Pers ungebr* senden
вещевóй, -áя, -óе Sach-; ∼ мешóк Rucksack; ∼ обóз *mil* Gepäcktroß; -áя лотерéя Sachwertlotterie, Tombola
вещéственный, -ая, -ое; *Kzf* -ен, -енна materiell, körperlich; -ое докáзательство *jur* Beweisstück
веществó, -á *n* Stoff, Materie
вéщий, -ая, -ее *alt* prophetisch; weise
вещи́ца, -ы, *I* -ей *f Dem zu* вещь kleiner Gegenstand, Kleinigkeit
вещýн, -á *m alt* Prophet
вещь, -и, *Pl* вéщи, вещéй, вещáм *f* **1.** Sache, Ding; Gegenstand, Stück **2.** *meist Pl* Gepäck(stücke), Sachen **3.** Werk, Stück *der Wissenschaft, Literatur, Kunst*; удáчная ∼ ein gelungenes Stück [Werk, Bild] **4.** Ding, Umstand; произошлá непоня́тная ∼ es geschah etwas Unverständliches ◇ ∼ в себé *phil* das Ding an sich; в поря́дке -éй gewöhnlich, normal
вéялка, -и, *Pl G* -лок, *D* -лкам *f* Kornschwinge
вéяние, -я *n* **1.** das Wehen *des Windes* **2.** *landw* Schwingen, Worfeln **3.** *übtr* Strömung, Richtung, Tendenz
вéяный, -ая, -ое; *Kzf* вéян, -а geworfelt *Getreide*
вéять, вéю, вéешь; вéянный, вéян, -а *uv* **1.** *1. u. 2. Pers ungebr* blasen, wehen **2.** *1. u. 2. Pers ungebr* flattern **3.** *landw* schwingen, worfeln
вживáться *uv zu* вжи́ться
в|жи́ться*; вжили́сь *v* sich einleben (в *A* in) ‖ *uv* вживáться, -áюсь, -áешься
взад *Adv umg* zurück: ∼ и вперёд hin und her
взаи́мность, -и *f* **1.** Gegenseitigkeit **2.** gegenseitige Sympathie, Gegenliebe; люби́ть без -и unglücklich lieben
взаи́мный, -ая, -ое; *Kzf* -мен, -мна gegenseitig; ∼ глагóл *gram* reziprokes Verb
взаимо|вы́годный, -ая, -ое; *Kzf* -ден, -дна zu beiderseitigem Nutzen; **∼дéйствие,** -я *n* **1.** Wechselwirkung **2.** Zusammenarbeit, Zusammenwir-

ken; **~действовать,** -твую, -твуешь *uv* zusammenwirken; **~зависимость,** -и *f* gegenseitige Abhängigkeit; **~отношение,** -я *n* **1.** Wechselbeziehung **2.** *Pl* Beziehungen; **~помощь,** -и *f* gegenseitige Hilfe [Unterstützung]; **~понимание,** -я *n* gegenseitiges Verständnis; gegenseitiges Einverständnis; Verständigung; **~связь,** -и *f* wechselseitige Verbindung; wechselseitiger Zusammenhang
взаймы́ *Adv* leihweise; взять ~ (ent-)leihen, borgen; дать ~ (ver)leihen
взалка́ть, -а́ю, -а́ешь *v G hoher Stil, jetzt iron* verlangen, heiß begehren
взаме́н 1. *Adv* statt dessen, dafür **2.** *Präpos mit G* anstatt, an Stelle
взаперти́ *Adv* eingesperrt, hinter Schloß und Riegel
взапра́вду *Adv volkssрr* wirklich
вза́пуски *Adv umg* um die Wette; бе́гать ~ um die Wette laufen
взасо́с *Adv:* целова́ться ~ *volkssрr* sich lange und leidenschaftlich küssen
взатя́жку *Adv*: кури́ть ~ *volkssрr* auf [durch die] Lunge rauchen
взба́дривать *uv zu* взбодри́ть
взбаламу́тить, -у́чу, -у́тишь; -у́ченный, -у́чен, -а *v* **1.** in Aufregung versetzen **2.** trübe machen *Flüssigkeit*
взба́лмошный, -ая, -ое; *Kzf* -шен, -шна *umg* unberechenbar; töricht
взба́лтывать *uv zu* взболта́ть
взбега́ть *uv zu* взбежа́ть
вз|бежа́ть* *v* hinauflaufen ‖ *uv* взбега́ть, -а́ю, -а́ешь
взбелени́ться, -ню́сь, -ни́шься *v volkssрr* in Wut geraten
взбеси́ть, -ешу́, -е́сишь; -ешённый, -ешён, -ешена́ *v* in Wut bringen
взбеси́ться, -ешу́сь, -е́сишься *v* **1.** an Tollwut erkranken *Tiere* **2.** wütend werden, toben
взбешённый, -ая, -ое; *Kzf* -ён, -ена́ wütend, rasend
взбива́ть *uv zu* взбить
взбира́ться *uv zu* взобра́ться
взби́тый, -ая, -ое (zu Schaum) geschlagen; -ые сли́вки Schlagsahne
вз|бить*, взобью́ *v* **1.** (zu Schaum) schlagen; ~ сли́вки Sahne schlagen **2.** aufschütteln *Kissen* ‖ *uv* взбива́ть, -а́ю, -а́ешь
взбодри́ть, -рю́, -ри́шь; -рённый, -рён, -рена́ *v umg* ermutigen, aufmuntern ‖ *uv* взба́дривать, -аю, -аешь
взболта́ть, -а́ю, -а́ешь; взбо́лтанный, -ан, -а *v* durchschütteln ‖ *uv* взба́лтывать, -аю, -аешь
взборозди́ть, -зжу́, -зди́шь; взборождённый, -ён, -ена́ *v* (durch)furchen
взборони́ть, -ню́, -ни́шь; -нённый, -нён, -нена́ *v* (durch)eggen
взбороновать, -ну́ю, -ну́ешь; -но́ванный, -но́ван, -а *v* eggen
взбреда́ть *uv zu* взбрести́
вз|брести́* *v umg* (langsam, mühselig) hinaufsteigen ◇ ~ в го́лову [на ум] *umg* einfallen, in den Sinn kommen ‖ *uv* взбреда́ть, -а́ю, -а́ешь
взбры́згивать *uv zu* взбры́знуть
взбры́знуть, -ну, -нешь; -нутый, -нут, -а *v* **1.** *umg* bespritzen **2.** *volkssрr scherz* „begießen" *mit Alkohol* ‖ *uv* взбры́згивать, -аю, -аешь
взбудора́живать(ся) *uv zu* взбудора́жить(ся)
взбудора́жить, -жу, -жишь; -женный, -жен, -а *v* in Aufruhr bringen ‖ *uv* взбудора́живать, -аю, -аешь
взбудора́житься, -жусь, -жишься *v umg* in Aufruhr geraten ‖ *uv* взбудора́живаться, -аюсь, -аешься
взбунтова́ть, -ту́ю, -ту́ешь; -то́ванный, -то́ван, -а *v* aufwiegeln
взбунтова́ться, -ту́юсь, -ту́ешься *v* sich empören, rebellieren
взбуха́ть *uv zu* взбу́хнуть
взбу́хнуть, *1. u. 2. Pers ungebr*, -нет; взбух, -ла *v* anschwellen, aufquellen ‖ *uv* взбуха́ть, -а́ет
взбу́чка, -и *f*: зада́ть -у кому́-н. *volkssрr* j-m den Kopf waschen
взва́ливать *uv zu* взвали́ть
взвали́ть, -алю́, -а́лишь; -а́ленный, -а́лен, -а *v* aufladen, aufbürden (на *A* j-m) ‖ *uv* взва́ливать, -аю, -аешь
взве́сить, -е́шу, -е́сишь; -е́шенный, -е́шен, -а *v* **1.** (ab)wiegen **2.** *übtr* abwägen, erwägen ‖ *uv* взве́шивать, -аю, -аешь
взве́ситься, -е́шусь, -е́сишься *v* sich wiegen lassen ‖ *uv* взве́шиваться, -аюсь, -аешься
вз|вести́* *v* **1.** hinaufführen **2.** verleumden; grundlos einer Sache bezichtigen; ~ на кого́-н. напра́слину j-m etw. andichten; он взвёл на него́ обвине́ние в кра́же er beschuldigte ihn des Diebstahls ◇ ~ о́чи den Blick erheben; ~ куро́к den Hahn spannen ‖ *uv* взводи́ть, -ожу́, -о́дишь
взве́шивание, -я *n* **1.** Abwiegen **2.** Abwägen
взве́шивать(ся) *uv zu* взве́сить(ся)
взвива́ть(ся) *uv zu* взви́ть(ся)
взви́згивать *uv zu* взви́згнуть

взвизгнуть, -ну, -нешь *v mom* (auf-) kreischen, (auf)winseln ‖ *uv* взвизгивать, -аю, -аешь
взвинтить, -нчу́, -нти́шь; взви́нченный, -ен, -а *v umg* **1.** reizen; erregen *Nerven* **2.** *übtr*: ~ цены die Preise in die Höhe schrauben ‖ *uv* взви́нчивать, -аю, -аешь
взви́нчивание, -я *n* **1.** *übtr* starke Anspannung **2.**: ~ цен Preistreiberei
взви́нчивать *uv zu* взвинти́ть
вз|вить*, взовью́ *v* aufwirbeln ‖ *uv* взвива́ть, -а́ю, -а́ешь
вз|ви́ться*, взовью́сь; взви́лся́, взвили́сь *v* aufsteigen, sich in die Höhe schwingen ‖ *uv* взвива́ться, -а́юсь, -а́ешься
взви́хриться, *1. u. 2. Pers ungebr*, -рится *v* wirbeln, sich aufwirbelnd erheben
взвихри́ться, *1. u. 2. Pers ungebr*, -ри́тся *v umg* aufwirbeln *itr*
[1]**взвод,** -а *m mil* Zug
[2]**взвод,** -а *m* **1.**: ~ курка́ Spannen des Hahnes **2.** Rast *am Gewehr*; куро́к на -е gespannter Hahn ◇ быть на -е angeheitert sein
взводи́ть *uv zu* взвести́
взво́дный, -ая, -ое *mil* **1.** Zug- **2.** -ого *Subst m* Zugführer
взволно́ванность, -и *f* Aufregung, Erregung
взволно́ванный, -ая, -ое; *Kzf* -ан, -анна aufgeregt, erregt
взволнова́ть, -ну́ю, -ну́ешь; -но́ванный, -но́ван, -а *v* **1.** bewegen, in wellenartige Bewegung versetzen **2.** aufregen, erregen
взволнова́ться, -ну́юсь, -ну́ешься *v* **1.** in Bewegung geraten, wogen **2.** sich aufregen
вз|выть* *v* aufheulen
взгляд, -а *m* **1.** Blick; бро́сить ~ на что́-н. einen Blick auf etw. werfen; любо́вь с пе́рвого -а Liebe auf den ersten Blick **2.** Meinung, Ansicht; ~ на жизнь Lebensauffassung; ~ на приро́ду Naturauffassung; на мой ~ meiner Meinung nach ◇ на ~ dem Anschein nach
взгля́дывать *uv zu* взгляну́ть
взгляну́ть, -яну́, -я́нешь *v* anblicken, betrachten, (an)schauen, sehen; ~ в лицо́ ins Gesicht sehen; взгляни́ сюда́! schau her!; он взгляну́л на э́то соверше́нно серьёзно *übtr* er nahm die Sache sehr ernst ‖ *uv* взгля́дывать, -аю, -аешь
взго́рье, -ья *n umg* Anhöhe, Hügel
взгрева́ть *uv zu* взгреть
взгреть, -е́ю, -е́ешь; -е́тый, -е́т, -а *v volksspr A* verprügeln; *übtr* (j-m) den Kopf waschen, einheizen ‖ *uv* взгрева́ть, -а́ю, -а́ешь
взгромождáть(ся) *uv zu* взгромозди́ть(ся)
взгромозди́ть, -зжу́, -зди́шь; взгромождённый, -ён, -ена́ *v umg* auftürmen ‖ *uv* взгроможда́ть, -а́ю, -а́ешь
взгромозди́ться, -зжу́сь, -зди́шься *v umg* (mit Mühe) erklettern ‖ *uv* взгроможда́ться, -а́юсь, -а́ешься
взгрустну́ться, -нётся *unpers v umg*: мне взгрустну́лось es wurde mir wehmütig ums Herz
вздёргивать *uv zu* вздёрнуть
вздёрнутый, -ая, -ое: ~ нос Stupsnase
вздёрнуть, -ну, -нешь; -нутый, -нут, -а *v* **1.** nach oben ziehen, hinaufziehen **2.** *volksspr* henken, aufknüpfen ◇ ~ нос *volksspr* die Nase hoch tragen ‖ *uv* вздёргивать, -аю, -аешь
вздор, -а *m umg* Unsinn, dummes Zeug ◇ поро́ть [нести́, моло́ть] ~ Unsinn reden
вздо́рить, -рю, -ришь *uv umg* sich zanken, streiten ‖ *uv* повздо́рить
вздо́рный, -ая, -ое; *Kzf* -рен, -рна *umg* **1.** unsinnig **2.** zänkisch
вздорожа́ние, -я *n* Verteuerung
вздорожа́ть, *1. u. 2. Pers ungebr*, -а́ет *v* teurer werden, sich verteuern
вздох, -а *m* Seufzer ◇ испусти́ть после́дний ~ den Geist aufgeben
вздохну́ть, -ну́, -нёшь *v* **1.** *mom zu* вздыха́ть **2.** *umg* verschnaufen
вздра́гивать *uv zu* вздро́гнуть
вздремну́ть, -ну́, -нёшь *v umg* (ein-) schlummern; ein wenig schlafen
вздро́гнуть, -ну, -нешь *v* zusammenzucken, -fahren, auffahren ‖ *uv* вздра́гивать, -аю, -аешь
вздува́ть *uv zu* [1]вздуть
вздува́ться *uv zu* взду́ться
взду́мать, -аю, -аешь *v umg* (plötzlich, unerwartet) auf einen Gedanken kommen; не взду́майте *mit Inf* laßt es euch nicht einfallen zu . . .
взду́маться, -ается *unpers v umg* einfallen, in den Sinn kommen; что тебе́ взду́малось? was fällt dir ein?
взду́тие, -я *n* **1.** *med* Schwellung, Blähung **2.** Anschwellen; Ansteigen *vom Preis*
[1]**вз|дуть*** *v* **1.** aufwirbeln **2.** anfachen, anblasen **3.** *unpers*: у меня́ взду́ло

щёку meine Wange ist angeschwollen 4. *übtr umg* übermäßig erhöhen; ~ цéны die Preise hochtreiben || *uv* вздувáть, -áю, -áешь

[2]**вз|дуть*** *v volksspr* verprügeln

вздýться, *1. u. 2. Pers ungebr,* -ýется *v umg* 1. anschwellen, schwellen 2. übermäßig ansteigen *vom Preis* || *uv* вздувáться, -áется

вздыбиться, *1. u. 2. Pers ungebr,* -ится *v* sich aufbäumen, sich auf die Hinterbeine stellen

вздымáть, -áю, -áешь *uv* in die Höhe stieben; ~ пыль Staub aufwirbeln

вздыхáть, -áю, -áешь *uv* 1. seufzen 2. sich sehnen (по *oder* о *P* nach) ◇ ~ по дéвушке *scherz* verliebt sein || *v mom* вздохнýть, -нý, -нёшь *zu* 1

взимáние, -я *n* Erhebung, Eintreibung

взимáть, -áю, -áешь *uv* erheben, eintreiben, einziehen *Gebühren, Steuern*

взирáть, -áю, -áешь *uv alt* schauen ◇ не взирáя на лúца ohne Rücksicht auf die Person; не взирáя на э́то ungeachtet dessen; не взирáя ни на что trotz alledem

взлáмывать *uv zu* взломáть

взлезáть *uv zu* взлезть

вз|лезть* *v umg* hinaufklettern; я взлез на скалý ich erklomm den Felsen || *uv* взлезáть, -áю, -áешь

взлёт, -а *m* 1. Auffliegen, Aufsteigen; *flug* Start 2. *übtr G* Aufschwung

взлетáть *uv zu* взлетéть

взлетéть, взлечý, взлетúшь *v* 1. (hin-) auffliegen, sich in die Luft erheben 2. *flug* aufsteigen, starten 3. *umg* schnell hinauflaufen, -fahren; hinaufstürzen *Treppen* ◇ ~ на вóздух in die Luft fliegen, explodieren || *uv* взлетáть, -áю, -áешь

взлётный, -ая, -ое: -ая дорóжка *flug* Startbahn

взлúза *u.* **взлúзина,** -ы *f umg* „Geheimratsecken"

взлом, -а *m* Einbruch; кражá со -ом Einbruchsdiebstahl

взломáть, -áю, -áешь; взлóманный, -ан, -а *v* 1. aufbrechen, einbrechen; aufreißen 2. *mil* durchbrechen || *uv* взлáмывать, -аю, -аешь

взлóмщик, -а *m* Einbrecher

взлохмáтить, -áчу, -áтишь; -áченный, -áчен, -а *v* zerzausen

взлущúть, -щý, -щúшь; -щённый, -щён, -щенá *v landw* schälen *Boden*

взлюбúть, -юблю, -юбишь *v*: не ~ когó-н. *umg* j-n nicht mögen

взмах, -а *m* Schwingen, Schwenken; Schwung; ~ крыльев Flügelschlag

взмáхивать *uv zu* взмахнýть

взмахнýть, -нý, -нёшь *v* schwenken, schwingen; ~ крыльями mit den Flügeln schlagen || *uv* взмáхивать, -аю, -аешь

взмáщиваться *uv zu* взмостúться

[1]**вз|метáть*** *u. umg* -áю, -áешь *v* hochheben, aufwirbeln || *uv* взмётывать, -аю, -аешь

[2]**взметáть** *uv zu* взметнýть

взметнýть, -нý, -нёшь *v mom* 1. hoch-, hinaufwerfen 2. *I* schwingen, schlagen || *uv* взметáть, -áю, -áешь *u.* взмётывать, -аю, -аешь

взметнýться, *1. u. 2. Pers ungebr,* -нётся *v* nach oben streben, steil aufsteigen || *uv* взмётываться, -аюсь, -аешься

взмётывать *uv zu* [1]взметáть *u.* взметнýть

взмётываться *uv zu* взметнýться

взмолúться, -олю́сь, -óлишься *v* о *P* flehen, flehend bitten (um)

взмóрье, -ья *n* Strand, Küste

взмостúться, -ощýсь, -остúшься *v volksspr* hinaufklettern, -steigen || *uv* взмáщиваться, -аюсь, -аешься

взмутúть, -учý, -ýтишь; -ýченный, -ýчен, -а *v* aufwühlen, trüben || **взмýчивать,** -аю, -аешь

взмывáть *uv zu* взмыть

взмы́ленный, -ая, -ое schaumbedeckt *Pferd*

вз|мыть* *v* (hin)auffliegen, aufsteigen || *uv* взмывáть, -áю, -áешь

взнос, -а *m* 1. Zahlung, Einzahlung 2. (Mitglieds-) Beitrag

взнуздáть, -áю, -áешь; взнýзданный, -ан, -а *v* aufzäumen || *uv* **взнýздывать,** -аю, -аешь

взо|брáться*, взберýсь; взобралúсь *v* hinaufklettern, -steigen, erklimmen || *uv* взбирáться, -áюсь, -áешься

взо|йтú*, *kein Ptz Prät Pass v* 1. hinaufsteigen, -gehen; ~ нá гору einen Berg ersteigen 2. aufgehen *Sonne* 3. aufkeimen, aufgehen || *uv* всходúть, -ожý, -óдишь

взопрéть, -éю, -éешь *v volksspr* schwitzen

взор, -а *m* Blick ◇ потýпить ~ die Augen senken

взо|рвáть* *v* 1. sprengen; ~ на вóздух in die Luft sprengen 2. *übtr* empören, aus der Fassung bringen || *uv* взрывáть, -áю, -áешь *zu* 1

взо|рвáться*, *1. u. 2. Pers ungebr;*

-рвали́сь *v* **1.** explodieren **2.** *übtr vor Ärger, Wut* platzen, hochgehen || *uv* взрыва́ться, -а́ется

вз|реве́ть* *v* aufheulen, -brüllen

вз|ре́зать* *v* aufschneiden || *uv* **взреза́ть,** -а́ю, -а́ешь *u.* **вре́зывать,** -аю, -аешь

взросле́ть, -е́ю, -е́ешь *uv umg* erwachsen werden

взро́слый, -ая, -ое **1.** erwachsen **2.** -ого *Subst m* Erwachsener

взрыв, -а *m* **1.** Explosion, Detonation **2.** Sprengung **3.** *übtr* Ausbruch; ~ сме́ха Lachsalve; ~ весе́лья Heiterkeitsausbruch; ~ аплодисме́нтов Beifallssturm

взрыва́тель, -я *m* Zünder *am Geschoß*; дистанцио́нный ~ Zeitzünder

[1]**взрыва́ть** *uv zu* взорва́ть

[2]**взрыва́ть** *uv zu* взрыть

взрыва́ться *uv zu* взорва́ться

взрывно́й, -а́я, -о́е **1.** Spreng-, Explosions- **2.**: ~ согла́сный *ling* Explosiv-, Verschlußlaut

взрывча́тка, -и, *Pl G* -ток, *D* -ткам *f umg* Sprengstoff

взры́вчатый, -ая, -ое explosiv; -ое вещество́ Sprengstoff

вз|рыть* *v* aufgraben, auflockern || *uv* взрыва́ть, -а́ю, -а́ешь

взрыхли́ть, -лю́, -ли́шь; -лённый, -лён, -лена́ *v* auflockern *Boden* || *uv* **взрыхля́ть,** -я́ю, -я́ешь

взъерепе́ниться, -нюсь, -нишься *v volksspr u. gbt* widerspenstig sein, sich widersetzen

взъеро́шенный, -ая, -ое *umg* zerzaust

взъеро́шивать(ся) *uv zu* взъеро́шить(ся)

взъеро́шить, -шу, -шишь; -шенный, -шен, -а *v umg* zerzausen *Haare* || взъеро́шивать, -аю, -аешь

взъеро́шиться, *1. u. 2. Pers ungebr*, -ится *v umg* zerzaust sein *Haare* || *uv* взъеро́шиваться, -ается

взъ|е́сться* *v volksspr* ausschimpfen; ~ на кого́-н. über j-n herfallen

взыва́ть, -а́ю, -а́ешь *uv hoher Stil* anrufen, anflehen (к кому́-н. о чём-н. j-n um etw.)

взыгра́ть, -а́ю, -а́ешь *v* **1.** in Erregung [in Spieleifer] geraten **2.** in Bewegung geraten, stürmisch werden **3.** *gbt* losbrechen *Sturm*

взыска́ние, -я *n* **1.** Eintreibung, Einziehung *Schulden* **2.** Strafe; дисциплина́рное ~ Disziplinarstrafe; снима́ть ~ eine Strafe löschen; отменя́ть ~ eine Strafe aufheben

взыска́тельный, -ая, -ое; *Kzf* -лен, -льна anspruchsvoll, streng

вз|ыска́ть* *v* **1.** einziehen, eintreiben *Schulden, Strafe u. ä.*; ~ нало́ги с кого́-н. von j-m Gebühren erheben **2.** bestrafen (с *G* j-n) ◇ не взыщи́(те) ich bitte um Nachsicht || *uv* **взы́скивать,** -аю, -аешь

взыщу́ ↑ взыска́ть

взя́тие, -я *n* Einnahme, Eroberung; ~ в плен Gefangennahme

взя́тка, -и, *Pl G* -ток, *D* -ткам *f* **1.** Bestechung(sgeld), Schmiergeld; брать -и sich bestechen lassen; дава́ть -у кому́-н. j-n bestechen **2.** Stich *im Kartenspiel*

взя́точник, -а *m* bestechlicher Mensch

взя́точнический, -ая, -ое bestechlich

взя́точничество, -а *n* Bestechlichkeit

взять* *v* **1.** *v zu* брать **2.** folgern, schließen, entnehmen; с чего́ ты взял, что . . . wie kommst du darauf, daß . . . **3.** festnehmen, verhaften **4.** *meist Imp mit* да *u. einem Verb in der gleichen Form zum Ausdruck einer unerwarteten Handlung*; а он возьми́ да умри́ und plötzlich starb er ◇ он взял да и сказа́л er sagte es, ohne sich lange zu besinnen; а ты возьми́ да скажи́ ему́? hast du es ihm tatsächlich gesagt?; ~ на му́шку aufs Korn nehmen; ~ себя́ в ру́ки sich zusammennehmen; ~ в толк begreifen; его́ взял страх Angst befiel ihn; меня́ взяла́ охо́та . . . ich bekam plötzlich Lust . . .; ~ сло́во a) das Wort ergreifen; b) das Versprechen abnehmen; чёрт возьми́! hol's der Teufel!; на́ша взяла́! der Sieg ist unser!

взя́ться *v zu* бра́ться

виаду́к, -а *m* Viadukt

вибра́тор, -а *m* **1.** *phys* Oszillator **2.** Rüttler *Bauwesen*

вибра́ция, -и *f* Vibration, Schwingung

вибри́ровать, *1. u. 2. Pers ungebr*, -рует *uv* vibrieren, schwingen

виго́нь, -и *f* **1.** *zool* Vikunja **2.** Vikunjawolle

[1]**вид,** -а (-у), о ви́де, в ви́де, в виду́, на виду́ *m* **1.** Aussehen, Äußeres; у него́ здоро́вый ~ er sieht gesund aus; молодцева́тый ~ schneidiges Auftreten **2.** Anblick, Aussicht, Ausblick; Ansicht; Sicht; при -е beim Anblick; откры́тки с -ами Ansichtskarten **3.** Landschaft **4.** Gestalt, Form; брошь в -е цветка́ eine Brosche in der Gestalt einer Blume **5.** Zu-

stand; в нетре́звом -е betrunken **6.** *Pl* Aussichten, Absicht(en), Perspektiven, Vorhaben, Pläne; -ы на урожа́й Ernteaussichten; име́ть -ы на кого́-н. [что́-н.] Absichten auf j-n [etw.] haben **7.** *übtr* Anschein, Schein; под -ом unter dem Schein; для -а zum Schein; де́лать ~ sich verstellen; не показа́ть -а sich nichts merken lassen, keine Miene verziehen ◇ ни под каки́м -ом keinesfalls; в -е чего́-н. in der Art [Weise], als; в -е о́пыта versuchsweise; име́ть в -у́ *G* im Sinne haben, berücksichtigen, beabsichtigen; в -у́ того́, что da, weil; быть на -у́ eine ansehnliche Stellung innehaben; потеря́ть и́з -у aus den Augen verlieren; поста́вить кому́-н. на ~ j-m einen Verweis erteilen

[2]**вид,** -а *m* **1.** *biol* Art, Spezies **2.** *gram* Aspekt

[1]**вида́ть,** -а́ю, -а́ешь; ви́данный, -ан, -а *uv* **1.** oft sehen, oft treffen **2.** erleben, erfahren; ви́дано ли э́то де́ло? hat man so etwas schon erlebt?; он вида́л ви́ды er hat viel erlebt **3.** *umg mit Negation*: не ~ nicht zu sehen, nicht bemerkbar

[2]**вида́ть** *volksspr* **1.** *unpers prädikativ* sehen; zu sehen sein; ничего́ не ~ es ist nichts zu sehen **2.** *mod* offensichtlich, anscheinend

вида́ться, -а́юсь, -а́ешься *uv* sich sehen [treffen], einander begegnen

ви́дение, -я *n* Sicht; Sehvermögen

виде́ние, -я *n* Erscheinung, Gespenst

видео|кана́л, -а *m* Bildkanal *Fernsehen*; **~телефо́н,** -а *m* Fernsehtelefon, Bildtelefon

ви́деть, ви́жу, ви́дишь; ви́денный *uv* **1.** sehen; ~ во сне́ träumen; ~ ме́льком flüchtig sehen **2.** sehen können **3.** begegnen, treffen **4.** durchmachen, erleben; он мно́гое ви́дел в свое́й жи́зни er hat in seinem Leben viel durchgemacht **5.** einsehen, erkennen ◇ ~ насквозь кого́-н. j-n durchschauen; ви́дишь ли *mod* siehst du | *uv iterativ umg* ви́дывать, *ohne Präs*, *zu* **1**, **3**, **4**

ви́деться, ви́жусь, ви́дишься *uv* **1.** sich sehen, sich treffen, einander begegnen **2.** *unpers* erscheinen; мне ви́делось во сне mir träumte

ви́димо *mod* anscheinend, augenscheinlich; он, ~, бо́лен er scheint krank zu sein

ви́димо-неви́димо *Adv umg* eine unzählige Menge, unzählig, sehr viel

ви́димость, -и *f* **1.** Sicht **2.** Schein, Anschein

ви́димый, -ая, -ое; *Kzf* -им, -а **1.** sichtbar **2.** offensichtlich, merklich **3.** *nur Langform* scheinbar, trügerisch

видне́ться, *1. u. 2. Pers ungebr*, -е́ется *uv* sichtbar [zu sehen] sein

ви́дно **1.** *prädikativ* (es) ist zu sehen, man kann sehen; самолёта уже́ почти́ не́ было ~ das Flugzeug war kaum noch zu sehen **2.** *mod umg* augenscheinlich, offenbar

ви́дный, -ая, -ое **1.** *Kzf* ви́ден, видна́, ви́дно, ви́дны sichtbar, erkennbar **2.** bedeutend, hervorragend **3.** *umg* stattlich, ansehnlich

[1]**видово́й,** -а́я, -о́е Ansichts-; ~ фильм Landschaftsfilm

[2]**видово́й,** -а́я, -о́е **1.** Art-; -о́е поня́тие Artbegriff **2.**: -ы́е разли́чия глаго́ла Aspektunterschiede des Verbs

видоизмене́ние, -я *n* **1.** Abwandlung, Abänderung **2.** Abart, Variante

видоизмени́ть, -еню́, -ени́шь; -енённый, -енён, -енена́ *v* abwandeln, (ab)ändern, modifizieren ‖ *uv* **видоизменя́ть,** -я́ю, -я́ешь

видоизмени́ться, -ню́сь, -ни́шься *v* sich verändern, sich modifizieren ‖ *uv* **видоизменя́ться,** -я́юсь, -я́ешься

видоиска́тель, -я *m phot* Sucher

ви́дывать *uv iterativ zu* ви́деть

ви́за, -ы *f* **1.** Visum; ~ на въезд Einreisevisum; ~ на вы́езд Ausreisevisum **2.** Sichtvermerk

византи́ец, -и́йца, *I* -и́йцем, *G Pl* -и́йцев Byzantiner

византи́йский, -ая, -ое byzantinisch

Византи́я, -и *f* Byzanz

визг, -а *m* Gekreisch, Gewinsel

визгли́вый, -ая, -ое; *Kzf* -и́в, -а **1.** kreischend, winselnd **2.** häufig schreiend [kreischend]

визжа́ть, -жу́, -жи́шь *uv* kreischen, winseln, quieken

вязи́га, -и *f* gedörrte Rückensehne *der Knorpelfische*

визи́р, -а *m* **1.** *mil* Visier **2.** *phot* Sucher

[1]**визи́ровать,** -рую, -руешь; -рованный, -рован, -а *v*, *uv* mit einem Visum versehen

[2]**визи́ровать,** -рую, -руешь; -рованный, -рован, -а *v*, *uv* (an)visieren

визи́т, -а *m* Besuch, Visite; нанести́ ~ einen Besuch machen; отве́тный ~ Gegenbesuch

визи́тка, -и, *Pl G* -ток, *D* -ткам *f alt* Halbfrack

визи́тный, -ая, -ое Visiten-

ви́ка, -и *f bot* Wicke
Вике́нтий, -я, *P* -и *m* Vinzenz
ви́кинг, -а *m hist* Wikinger
Ви́ктор, -а *m* Viktor
виктори́на, -ы *f* Frage- und Antwortspiel, Quiz, Wissenstoto
Викто́рия, -и *f* Viktoria
ви́лка, -и, *Pl G* -лок, *D* -лкам *f* 1. Gabel 2. *tech* Gabel; *el* Stecker; ште́псельная ~ Steckkontakt
ви́лла, -ы *f* Villa
вило́к, -лка́ *m umg* Kohlkopf
вилообра́зный, -ая, -ое; *Kzf* -зен, -зна gabelförmig
ви́лы, вил, ви́лам *Pl* Heu-, Mistgabel ◇ э́то ещё -ами по воде́ пи́сано das ist noch völlig unklar
вильну́ть *v mom zu* виля́ть
Ви́льнюс, -а *m* Wilnjus *Stadt*
виля́ть, -я́ю, -я́ешь *uv* 1. *I* wedeln 2. *übtr umg* ausweichen, Ausflüchte machen ‖ *v mom* вильну́ть, -ну́, -нёшь *zu* 1
вина́, -ы́, *Pl* ви́ны, вин, ви́нам *f* 1. Schuld, Vergehen; поста́вить [вмени́ть] кому́-н. в -у́ j-m die Schuld zuschreiben; э́то не по мое́й -е́ daran bin ich nicht schuld 2. Ursache
винегре́т, -а *m* 1. Salat aus feingeschnittenem Gemüse, Fleisch, Fisch und Eiern 2. *übtr umg* Mischmasch, Durcheinander
вини́тельный, -ая, -ое: ~ паде́ж *gram* Akkusativ
вини́ть, -ню́, -ни́шь *uv* 1. beschuldigen; ~ кого́-н. в чём-н. j-m die Schuld an etw. zuschreiben 2. einen Vorwurf machen (за *A* wegen)
вини́ться, -ню́сь, -ни́шься *uv alt u. volksspr* в *P* sich schuldig bekennen ‖ *v* повини́ться
ви́нный, -ая, -ое Wein-; ~ по́греб Weinkeller ◇ ~ ка́мень a) *chem* Weinstein; b) Zahnstein; -ая я́года getrocknete Feige
вино́, -а́, *Pl* ви́на, вин, ви́нам *n* 1. Wein *Getränk* 2. *umg* Schnaps
винова́тый, -ая, -ое; *Kzf* -а́т, -а 1. *meist Kzf* schuldig; он круго́м винова́т er trägt alle Schuld; он в э́том не винова́т er ist nicht schuld daran 2. schuldbewußt ◇ винова́т! Verzeihung!
вино́вник, -а *m* Schuldiger, Urheber
вино́вность, -и *f* Schuld
вино́вный, -ая, -ое; *Kzf* -вен, -вна schuld (в *P* an)
вино|гра́д, -а (-у) *m* 1. Wein, Weinrebe, Weinstock 2. *Koll* Weintrauben; сбор ~гра́да Weinlese; разведе́ние ~гра́да Weinbau; **~гра́дарство,** -а *n* Weinbau; **~гра́дарь,** -я *m* Winzer, Weinbauer; **~гра́дина,** -ы *f umg* eine einzelne Weinbeere; **~гра́дник,** -а *m* Weinberg; **~гра́дный,** -ая, -ое Weintrauben-; ~гра́дная лоза́ Weinrebe, -stock; ~гра́дный сок Traubensaft; ~гра́дная кисть Traubenzweig; ~гра́дное су́сло Weinmost; **~де́л,** -а *m* Fachmann für Weinbereitung; **~де́лие,** -я *n* Weinbereitung, Weinfabrikation; **~ку́р,** -а *m* Branntweinbrenner; **~куре́ние,** -я *n* Branntweinbrennerei; **~ку́ренный,** -ая, -ое: ~ку́ренный заво́д Branntweinbrennerei; **~торго́вля,** -и *f* Weinhandel
[1]винт, -а́ *m* 1. Schraube; затяну́ть ~ eine Schraube anziehen 2. Propeller; Schiffsschraube
[2]винт, -а *m* Wint *Kartenspiel*
ви́нтик, -а *m Dem zu* [1]винт Schräubchen; у него́ -а не хвата́ет *volksspr* bei ihm ist eine Schraube locker
винти́ть, -нчу́, -нти́шь *uv umg* schrauben, zuschrauben, losschrauben
винто́вка, -и, *Pl G* -вок, *D* -вкам *f* Gewehr; автомати́ческая ~ Schnellfeuergewehr
винтово́й, -а́я, -о́е Schrauben-; -а́я ле́стница Wendeltreppe; ~ пароxо́д Schraubendampfer; ~ самолёт Flugzeug mit Kolbentriebwerk
винто́м *Adv umg* spiral-, schraubenförmig
винтообра́зный, -ая, -ое; *Kzf* -зен, -зна schraubenförmig; spiral
винторе́зный, -ая, -ое: ~ стано́к Schraubendrehbank
винье́тка, -и, *Pl G* -ток, *D* -ткам *f* Vignette
вио́ла, -ы *f mus* Viola
виолончели́ст, -а *m* Cellist
виолонче́ль, -и *f* Violoncell, Cello
[1]вира́ж, -а́, *I* -о́м, *G Pl* -е́й *u.* **ви́раж,** -а, *I* -ем, *G Pl* -ей *m* Kurve; Drehung; круто́й ~ steile Kurve
[2]вира́ж, -а, *I* -ем, *G Pl* -ей *m phot* Tonbad; ~-фикса́ж Tonfixierbad
виртуо́з, -а *m* Virtuose
виртуо́зный, -ая, -ое; *Kzf* -зен, -зна virtuos, meisterhaft
ви́русный, -ая, -ое Virus-
ви́русы *Pl* -ов, *Sg* ви́рус, -а *m* Viren
вис, -а *m Sport* Hang; ~ на со́гнутых рука́х Beugehang
Ви́сбаден [дэ], -а *m* Wiesbaden
ви́селица, -ы, *I* -ей *f* Galgen

ви́сельник, -а *m* **1.** *alt* Gehenkter; ю́мор -а *übtr* Galgenhumor **2.** Halunke, Galgenvogel
висе́ть, -шу́, -си́шь *uv* **1.** hängen *itr* **2.** schweben *Vogel, Ballon* ◇ ~ на волоске́ *übtr* an einem Haar [Faden] hängen; вопро́с виси́т в во́здухе *volksspr* die Frage schwebt in der Luft; ~ на ше́е у кого́-н. *übtr* von j-m unterhalten werden, j-m zur Last fallen **3.** над *I* überhängen, hervorragen
ви́ски *n idkl* Whisky
виско́за, -ы *f* **1.** Viskose **2.** Kunstseide
Ви́сла, -ы *f* Weichsel *Fluß*
вислоу́хий, -ая, -ое; *Kzf* -у́х, -а schlappohrig; langohrig
ви́смут, -а *m chem* Wismut
ви́снуть, -ну, -нешь; вис, -ла *u.* ви́снул, -а *uv umg* hängen *itr* ◇ ~ у кого́-н. на ше́е *umg* sich an j-n hängen; j-m sehr zugetan sein
висо́к, -ска́ *m* Schläfe
високо́сный, -ая, -ое: ~ год Schaltjahr
висо́чный, -ая, -ое Schläfen-; -ая кость *anat* Schläfenbein
вист, -а *m* Whist *Kartenspiel*
висю́лька, -и, *Pl G* -лек, *D* -лькам *f umg* kleines (Schmuck-) Anhängsel
вися́чий, -ая, -ее hängend, Hänge-; ~ мост Hängebrücke; ~ замо́к Vorhängeschloß
витамино́зный, -ая, -ое Vitamin-, vitaminreich
витами́ны *Pl* -ов, *Sg* витами́н, -а *m* Vitamine
вита́ть, -а́ю, -а́ешь *uv poet, iron* schweben; sich befinden; ~ в облака́х in höheren Regionen schweben; смерть вита́ет над ним er ist dem Tode nahe
витиева́тый, -ая, -ое; *Kzf* -а́т, -а geschraubt, geziert, schwülstig *Stil*
вити́я, -и, *G Pl* -и́й *m alt, poet* Rhetoriker
вито́й, -а́я, -о́е gewunden, gedreht
вито́к, -тка́ *m* **1.** Windung *einer Spirale* **2.** (Erd-) Umkreisung *Astronautik*
витри́на, -ы *f* **1.** Vitrine, Schaukasten **2.** Schaufenster
Ви́ттенберг, -а *m* Wittenberg
вить* *uv* winden, drehen, flechten; ~ верёвку einen Strick drehen; ~ гнездо́ ein Nest bauen ◇ из него́ верёвку мо́жно ~ er läßt sich alles gefallen
витьё, -ья́ *n* Winden, Drehen, Flechten
ви́ться*; вили́сь *uv* **1.** sich ranken, sich winden; sich schlingen; де́ти вью́тся о́коло ма́тери *übtr* die Kinder umschmeicheln die Mutter **2.** wirbeln, aufwirbeln **3.** kreisen (*Raub-*)*Vögel* **4.** sich schlängeln *Weg, Bach* **5.** sich locken, sich kräuseln; sich wellen *Haare*
Ви́тя, -и *m, f Dem zu* Ви́ктор
ви́тязь, -я *m poet, alt* Recke, Held
вихля́ть, -я́ю, -я́ешь *uv volksspr* wackeln; schwanken *beim Laufen*
вихо́р, -хра́ *m* (Haar-) Schopf; Haarlocke
вихра́стый, -ая, -ое; *Kzf* -а́ст, -а zottig; mit zottigem Haar
вихрево́й, -а́я, -о́е Wirbel-, Wirbelwind-; wirbelartig, wirbelförmig
ви́хрем *Adv* wie ein Wirbelwind
вихри́ться, *1. u. 2. Pers. ungebr,* ви́хри́тся *uv* wirbeln
вихрь, -я *m* Wirbel, Wirbelwind; сне́жный ~ Schneegestöber, -sturm ◇ в -е собы́тий *übtr* im Wirbel der Ereignisse
вице- *in Zuss* Vize-
вице-адмира́л, -а *m* Vizeadmiral
ви́шенник, -а *m* Kirschgarten
вишнёвка, -и *f* Kirschlikör
вишнёвый, -ая, -ое (Sauer-) Kirsch-; -ого цве́та kirschrot; ~ сад Kirschgarten
ви́шня, -и, *Pl G* -шен, *D* -шням *f* **1.** Sauerkirschbaum **2.** Sauerkirsche
вишь *Part gbt u. volksspr* schau mal!, sieh einmal an!; ~ ты како́й! du bist mir einer!
вка́лывать *uv zu* вколо́ть
вка́пывать *uv zu* вкопа́ть
вкати́ть, -ачу́, -а́тишь; -а́ченный, -а́чен, -а *v* hineinrollen, -wälzen, -fahren, -schieben ‖ *uv* **вка́тывать,** -аю, -аешь
вкати́ться, -ачу́сь, -а́тишься *v* hineinrollen, -fahren *itr*, sich hineinwälzen; мяч вкати́лся в воро́та der Ball rollte ins Tor ‖ *uv* **вка́тываться,** -аюсь, -аешься
вклад, -а *m* **1.** Anlage, Einzahlen; Investition **2.** eingezahltes Geld, Einlage; Deposit **3.** *übtr* Beitrag; сде́лать ~ в нау́ку der Wissenschaft einen wichtigen Beitrag liefern
вкла́дка, -и, *Pl G* -док, *D* -дкам *f* **1.** Einlegen **2.** Beilage, eingelegtes Blatt *in einem Buch*
вкладно́й, -а́я, -о́е **1.** Einlage-, Deposit- **2.** eingelegt *in ein Buch u. ä.*; ~ лист *typ* Einlegebogen
вкла́дчик, -а *m* Deponent

вкла́дывать *uv zu* вложи́ть
вкла́дыш, -а, *I* -ем, *G Pl* -ей *m* etwas Zwischengelegtes; Beilage, Einlage, eingelegtes Blatt; ~ подши́пника *tech* Lagerschale
вкле́ивать *uv zu* вкле́ить
вкле́ить, -е́ю, -е́ишь; -е́енный, -е́ен, -а *v* einkleben ◇ ~ словцо́ *übtr umg* ein Wort ins Gespräch werfen || *uv* вкле́ивать, -аю, -аешь
вкле́йка, -и, *Pl G* -е́ек, *D* -е́йкам *f* **1.** Einkleben **2.** eingeklebtes Blatt Papier
вкли́нивать(ся) *uv zu* вклини́ть(ся)
вкли́нить, -ню, -нишь; -ненный, -нен, -а *u.* **вклини́ть,** -ню́, -ни́шь; -нённый, -нён, -нена́ *v* einkeilen, hineintreiben || *uv* вкли́нивать, -аю, -аешь
вкли́ниться, -нюсь, -нишься *u.* **вклини́ться,** -ню́сь, -ни́шься *v* sich einkeilen, einbrechen, -dringen; ~ в расположе́ние проти́вника einen Keil in die Aufstellung des Gegners treiben || *uv* вкли́ниваться, -аюсь, -аешься
включа́тель, -я *m el* Einschalter
включа́ть(ся) *uv zu* включи́ть(ся)
включа́я *Präpos mit A* einschließlich
включе́ние, -я *n* **1.** Einschluß, Einschließung; со -ем einschließlich **2.** *tech* Schaltung, Einschaltung; одновреме́нное ~ Simultanschaltung
включи́тельно *Adv* einschließlich
включи́ть, -чу́, -чи́шь; -чённый, -чён, -чена́ *v* **1.** aufnehmen; einfügen, einbeziehen; einreihen, eingliedern **2.** anschließen **3.** einschalten, in Gang setzen; einkuppeln *Auto*; ~ ста́ртер *Auto* anlassen; ~ свет das Licht einschalten || *uv* включа́ть, -а́ю, -а́ешь
включи́ться, -чу́сь, -чи́шься *v* в *A* teilnehmen (an), sich einreihen (in), sich anschließen (an), sich einschalten (in) || *uv* включа́ться, -а́юсь, -а́ешься
вкола́чивать *uv zu* вколоти́ть
вколоти́ть, -очу́, -о́тишь; -о́ченный, -о́чен, -а *v* einrammen, einschlagen || *uv* вкола́чивать, -аю, -аешь
в|коло́ть* *v* hineinstecken || *uv* вка́лывать, -аю, -аешь
вконе́ц *Adv umg* ganz und gar, gänzlich
вкопа́ть, -а́ю, -а́ешь; вко́панный, -ан, -а *v* eingraben ◇ он стои́т как вко́панный er steht wie angewurzelt || *uv* вка́пывать, -аю, -аешь
вкорени́ть, -ню́, -ни́шь; -нённый, -нён, -нена́ *v* einwurzeln, verwurzeln, fest einbürgern || *uv* **вкореня́ть,** -я́ю, -я́ешь
вкорени́ться *1. u. 2. Pers ungebr*, -и́тся *v* sich einbürgern; in Fleisch und Blut übergehen || *uv* **вкореня́ться,** -я́ется
вкось *Adv* schräg, schief
ВКП(б) [Всесою́зная Коммунисти́ческая па́ртия (большевико́в)] KPdSU (B) [Kommunistische Partei der Sowjetunion (Bolschewiki)]; *heute* КПСС
вкра́дчивость, -и *f* einschmeichelndes Wesen
вкра́дчивый, -ая, -ое; *Kzf* -ив, -а einschmeichelnd
вкра́дываться *uv zu* вкра́сться
вкра́пить, -плю, -пишь; -пленный, -плен, -а *u.* **вкрапи́ть,** -плю́, -пи́шь; -плённый, -плён, -плена́ *v* **1.** besprenkeln **2.** *übtr* einfügen
вкра́сться* *v* **1.** *1. u. 2. Pers ungebr* sich hineinstehlen, sich einschleichen; в текст вкра́лась оши́бка *übtr* in den Text hat sich ein Fehler eingeschlichen **2.** *übtr* sich einschleichen *ins Vertrauen* || *uv* вкра́дываться, -аюсь, -аешься
вкра́тце *Adv* kurz, mit knappen Worten
вкривь *Adv* krumm ◇ ~ и вкось schief und krumm; суди́ть ~ и вкось vorschnell [ungerecht] urteilen
вкруг *alt* **1.** *Adv* rings(her)um, ringsumher **2.** *Präpos mit G* um . . . herum
вкругову́ю *Adv* ringsum, im Kreis
вкрути́ть, -учу́, -у́тишь; -у́ченный, -у́чен, -а *v umg* einschrauben || *uv* вкру́чивать, -аю, -аешь
вкруту́ю *Adv*: свари́ть яйцо́ ~ ein Ei hart kochen
вкру́чивать *uv zu* вкрути́ть
вку́пе *Adv*, *buchspr*, *alt* zusammen
вкус, -а *m* **1.** Geschmack; одева́ться со -ом sich geschmackvoll kleiden; э́то мне не по -у das ist nicht mein Geschmack; э́то де́ло -а das ist Geschmacksache **2.** Neigung, Lust; ~ к поэ́зии Neigung zur Poesie **3.** Stil, Manier ◇ войти́ во ~ чего́-н. Geschmack an etw. finden
вкуси́ть, вкушу́, вку́сишь; вкушённый, -ён, -ена́ *v* **1.** *buchspr, alt* kosten, probieren **2.** *hoher Stil* genießen; *Leid* erfahren || *uv* вкуша́ть, -а́ю, -а́ешь
вку́сный, -ая, -ое; *Kzf* -сен, -сна́! wohlschmeckend, schmackhaft
вкусово́й, -а́я, -о́е geschmacklich,

Geschmacks-; -ое ощуще́ние Geschmacksempfindung
вкуша́ть *uv zu* вкуси́ть
вла́га, -и *f* Feuchtigkeit, Nässe
влага́лище, -а, *I* -ем *n* 1. *anat* Scheide 2. *bot* Blattscheide
влага́ть *uv zu* вложи́ть
владе́лец, -льца, *I* -льцем, *G Pl* -льцев *m* Eigentümer, Besitzer; Inhaber
владе́льческий, -ая, -ое herrschaftlich, Herrschafts-
владе́ние, -я *n* 1. Beherrschung; ~ англи́йским языко́м die Beherrschung der englischen Sprache 2. *alt* Besitztum, Besitzung, Gut ◇ вступи́ть во ~ че́м-н. Besitz ergreifen von etw.
владе́тель, -я *m alt* Herrscher, Machthaber
владе́тельный, -ая, -ое *alt* herrschend, regierend
владе́ть, -е́ю, -е́ешь *uv I* 1. besitzen 2. *übtr* beherrschen, handhaben; ~ ру́сским языко́м die russische Sprache beherrschen ◇ ~ перо́м eine gewandte Feder führen; ~ собо́й sich in der Gewalt haben
Владивосто́к, -а *m* Wladiwostok
Влади́мир, -а *m männl Vn*
влады́ка, -и *m* 1. *alt, hoher Stil* Herrscher, Machthaber 2. Erzbischof
влады́чество, -а *n alt, hoher Stil* Herrschaft, Obergewalt
влады́чествовать, -твую, -твуешь *uv alt, hoher Stil* herrschen
влажне́ть, *1. u. 2. Pers ungebr*, -е́ет *uv* feucht werden
вла́жность, -и *f* Feuchtigkeit
вла́жный, -ая, -ое; *Kzf* -жен, -жна́ feucht
вла́мываться *uv zu* вломи́ться
вла́ствовать, -твую, -твуешь *uv hoher Stil* herrschen (над *I* über); regieren
властели́н, -а *m hoher Stil* Herrscher
власти́тель, -я *m alt* Herrscher
вла́стный, -ая, -ое; *Kzf* -тен, -тна 1. herrschsüchtig, machthaberisch; gebieterisch 2. *nur Kzf* ermächtigt, berechtigt; в э́том я не вла́стен das steht nicht in meiner Macht
властолю́бец, -бца, *I* -бцем, *G Pl* -бцев *m* Herrschsüchtiger
властолюби́вый, -ая, -ое; *Kzf* -и́в, -а *buchspr* herrschsüchtig
властолю́бие, -я *n* Herrschsucht
власть, -и, *Pl* вла́сти, -те́й, -тя́м *f* 1. (Staats-) Macht, Gewalt; исполни́тельная ~ Exekutive; прийти́ к -и zur Macht gelangen 2. *meist Pl* Obrigkeit, Behörde; ме́стные -и die lokalen Behörden 3. Macht, Gewalt ◇ в моéй -и es liegt in meiner Macht; ва́ша ~ wie Sie wollen; ~ над сами́м собо́й Selbstbeherrschung; превыше́ние -и Überschreitung der Machtbefugnisse
влачи́ть, -чу́, -чи́шь *uv*: ~ жа́лкое существова́ние ein elendes Leben fristen
вле́во *Adv* nach links, links
влеза́ть *uv zu* влезть
в|лезть* *v* 1. hinaufklettern, hinaufkriechen 2. hineinklettern, hineinkriechen; eindringen; einsteigen; ~ в окно́ durchs Fenster klettern 3. Platz finden; sich unterbringen lassen 4. *volksspr* hineingehen ◇ ~ в долги́ sich in Schulden stürzen; ~ кому́-н. в ду́шу sich in j-s Vertrauen einschleichen, j-n in aufdringlicher Weise über sein Privatleben ausfragen; ско́лько влéзет soviel man will ‖ *uv* влеза́ть, -а́ю, -а́ешь
влеку́ ↑ влечь
влепи́ть, влеплю́, вле́пишь *v* einkleben ◇ ~ кому́-н. поще́чину j-m eine Ohrfeige geben ‖ *uv* **влепля́ть, -я́ю, -я́ешь**
влета́ть *uv zu* влете́ть
влете́ть, влечу́, влети́шь *v* 1. hineinfliegen 2. schnell hineinlaufen ◇ мне влете́ло ich habe einen Verweis erhalten ‖ *uv* влета́ть, -а́ю, -а́ешь
влече́ние, -я *n* Hang, Neigung
влечь* *uv* 1. *buchspr* schleppen, ziehen 2. *übtr* anziehen, Anziehungskraft besitzen ◇ ~ за собо́й nach sich ziehen, zur Folge haben
влива́ние, -я *n* 1. Eingießen 2. *med* Infusion
влива́ть(ся) *uv zu* вли́ть(ся)
влипа́ть *uv zu* вли́пнуть
вли́пнуть, -ну, -нешь; влип, -ла *v volksspr* in eine unangenehme Situation geraten; in die Klemme geraten ‖ *uv* влипа́ть, -а́ю, -а́ешь
в|ли́ть*, волью́ *v* 1. eingießen; *übtr* einflößen; ~ в кого́-н. бо́дрость j-m Mut einflößen 2. *übtr* zuführen, eingliedern ‖ *uv* влива́ть, -а́ю, -а́ешь
в|ли́ться*, *1. u. 2. Pers ungebr*, вольётся; влила́сь, влили́сь *v* 1. (hin)einfließen 2. *übtr* sich anschließen; ~ в ряды́ sich einreihen ‖ *uv* влива́ться, -а́юсь, -а́ешься
влия́ние, -я *n* 1. Einfluß, Einwirkung; ока́зывать ~ Einfluß ausüben; поддава́ться -ю sich beeinflussen lassen; быть под -ем кого́-н. von j-m be-

einflußt werden 2. Ansehen, Autorität
влия́тельный, -ая, -ое; *Kzf* -лен, -льна einflußreich
влия́ть, -я́ю, -я́ешь *uv* на *A* beeinflussen ‖ *v* повлия́ть
ВЛКСМ (Всесою́зный Ле́нинский Коммунисти́ческий Сою́з Молодёжи) Leninscher Kommunistischer Jugendverband der Sowjetunion
вложе́ние, -я *n* 1. (Hin-) Einlegen; со -ем (mit) Anlage *in Briefen* 2. *wirtsch* Anlage, Investierung; ~ капита́ла Kapitalanlage
вложи́ть, вложу́, вло́жишь; вло́женный, -ен, -а *v* 1. hineinlegen, hineintun 2. deponieren, anlegen, investieren; ~ все си́лы alle Kräfte aufbieten ‖ *uv* влага́ть, -а́ю, -а́ешь *zu 1 u.* вкла́дывать, -аю, -аешь
вломи́ться, вломлю́сь, вло́мишься einbrechen, gewaltsam eindringen; ~ в дверь sich mit Gewalt Eintritt verschaffen ‖ *uv* вла́мываться, -аюсь, -аешься
вло́паться, -аюсь, -аешься *v volkssp*r (durch Unvorsichtigkeit, unvermutet) hineingeraten
влюби́ть, влюблю́, влю́бишь *v A* den Kopf verdrehen, verliebt machen ‖ *uv* влюбля́ть, -я́ю, -я́ешь
влюби́ться, влюблю́сь, влю́бишься *v* sich verlieben ‖ *uv* влюбля́ться, -я́юсь, -я́ешься
влюблённый, -ая, -ое; *Kzf* -лён, -лена́ verliebt
влюбля́ть(ся) *uv zu* влюби́ть(ся)
влю́бчивый, -ая, -ое; *Kzf* -ив, -а *umg, iron* leicht verliebt; leicht entflammt
вм. (вме́сто) anstatt, an Stelle
в|ма́зать* *v* einmauern; einsetzen, einkitten ‖ *uv* вма́зывать, -аю, -аешь
вма́зка, -и *f umg* Einsetzen, Einkitten; Einmauern
вма́зывать *uv zu* вма́зать
вма́тывать *uv zu* вмота́ть
вмени́ть, -ню́, -ни́шь; -нённый, -нён, -нена́ *v alt*: ~ что́-н. кому́-н. в вину́ j-m etw. als Schuld anrechnen, j-n einer Sache beschuldigen; ~ что́-н. кому́-н. в обя́занность j-m etw. zur Pflicht machen, j-n verpflichten zu etw. ‖ *uv* вменя́ть, -я́ю, -я́ешь
вменя́емость, -и *f* Zurechnungsfähigkeit
вменя́емый, -ая, -ое; *Kzf* -ем, -а zurechnungsfähig
вменя́ть *uv zu* вмени́ть
вме́сте *Adv* 1. zusammen; gemeinschaftlich 2. gleichzeitig, zugleich ◇ ~ с тем zugleich, gleichzeitig; всё ~ взя́тое alles zusammen, alles in allem
вмести́лище, -а, *I* -ем *n* Behälter
вмести́мость, -и *f* Rauminhalt, Fassungsvermögen
вмести́тельный, -ая, -ое; *Kzf* -лен, -льна geräumig
вмести́ть, вмещу́, вмести́шь; вмещённый, -ён, -ена́ *v* 1. *1. u. 2. Pers ungebr* fassen, aufnehmen 2. hineinlegen, -stellen ‖ *uv* вмеща́ть, -а́ю, -а́ешь
вмести́ться, вмещу́сь, вмести́шься *v* sich unterbringen lassen, Platz finden; hineingehen ‖ *uv* вмеща́ться, -а́юсь, -а́ешься
вме́сто *Präpos mit G* statt, anstelle; ~ того́ что́бы рабо́тать anstatt zu arbeiten
вмета́ть, -а́ю, -а́ешь; вмётанный, -ан, -а *v* einheften, lose einnähen ‖ *uv* **вмётывать,** -аю, -аешь
вмеша́тельство, -а *n* Einmischung, Einschreiten; Eingriff; хирурги́ческое ~ chirurgischer Eingriff
вмеша́ть, -а́ю, -а́ешь; вме́шанный, -ан, -а *v* 1. hinein-, beimischen 2. *übtr* verwickeln, mit hineinziehen ‖ *uv* **вме́шивать,** -аю, -аешь
вмеша́ться, -а́юсь, -а́ешься *v* 1.: ~ в толпу́ sich unter die Menge mischen 2. sich einmischen; ~ в чужи́е дела́ sich in fremde Angelegenheiten mischen ‖ *uv* **вме́шиваться,** -аюсь, -аешься
вмеща́ть(ся) *uv zu* вмести́ть(ся)
вмеще́ние, -я *n* Aufnehmen, Fassen; Hineinlegen, Unterbringen
вмиг *Adv* im Nu, im Handumdrehen
вмина́ть *uv zu* вмять
вмонти́ровать, -рую, -руешь *v* einmontieren
вмота́ть, -а́ю, -а́ешь; вмо́танный, -ан, -а *v* hineinwickeln ‖ *uv* вма́тывать, -аю, -аешь
вмя́тина, -ы *f* eingedrückte Stelle
в|мять*, вомну́ *v* hineindrücken ‖ *uv* вмина́ть, -а́ю, -а́ешь
внаём *u.* **внаймы́** *Adv*: взять ~ mieten; отда́ть ~ vermieten
внаки́дку *Adv* umgehängt, übergeworfen
внакла́де *Adv volksspr*: оста́ться ~ im Nachteil sein
внакла́дку *Adv umg*: пить чай ~ Tee mit (darin aufgelöstem) Zucker trinken
внача́ле *Adv* zuerst, anfangs
вне *Präpos mit G* außer, außerhalb;

~ го́рода außerhalb der Stadt; ~ до́ма außer Haus; ~ опа́сности außer Gefahr; ~ о́череди außer der Reihe ◇ он был ~ себя́ er war außer sich, er war ganz aus dem Häuschen; ~ пла́на über den Plan hinaus; объяви́ть ~ зако́на für vogelfrei erklären; быть ~ подозре́ния über jeden Verdacht erhaben sein

вне- *in Zuss* außer-, un-

внебра́чный, -ая, -ое außerehelich, unehelich

вневре́менный, -ая, -ое *buchspr* außerhalb der Zeit, zeitlos

внедре́ние, -я *n* Einführung, Einbürgerung

внедри́ть, -рю́, -ри́шь; -рённый, -рён, -рена́ *v* einführen, einbürgern || *uv* **внедря́ть,** -я́ю, -я́ешь

внедри́ться, -рю́сь, -ри́шься *v* sich einprägen, eindringen || *uv* **внедря́ться,** -я́юсь, -я́ешься

внеза́пный, -ая, -ое; *Kzf* -пен, -пна plötzlich, unerwartet, unvermutet

вне|кла́ссный, -ая, -ое außerschulisch, außerhalb des Unterrichts; **~кла́ссовый,** -ая, -ое außerhalb der gesellschaftlichen Klassen (stehend); **~ма́точный,** -ая, -ое: ~ма́точная бере́менность Bauchhöhlenschwangerschaft; **~очередно́й,** -а́я, -о́е außerordentlich, außer der Reihe; ~очередна́я се́ссия außerordentliche Sitzung; **~парти́йный,** -ая, -ое außerhalb der Partei stehend; **~пла́новый,** -ая, -ое außerplanmäßig

внесе́ние, -я *n* 1. Hineintragen 2. Einzahlung 3. Eintragung, Aufnahme

внеслуже́бный, -ая, -ое außerdienstlich

в|нести́* *v* 1. hineintragen, -bringen 2. einzahlen 3. eintragen; ~ в кни́ги buchen; ~ попра́вки Korrekturen vornehmen 4. einbringen, vorlegen; ~ предложе́ние Antrag stellen, beantragen; ~ законопрое́кт einen Gesetzentwurf einbringen; ~ измене́ние eine Änderung beantragen 5. *übtr* beitragen, beisteuern; ~ оживле́ние beleben, Leben in die Bude bringen || *uv* вноси́ть, вношу́, вно́сишь

внешко́льный, -ая, -ое außerschulisch; -ое образова́ние Erwachsenenbildung

вне́шне *Adv* äußerlich

внешне|полити́ческий, -ая, -ое außenpolitisch; **~торго́вый,** -ая, -ое Außenhandels-

вне́шний, -яя, -ее 1. äußerlich, äußerer; oberflächlich; ~ вид die Außenseite; das Äußere; ~ лоск *übtr* der äußere Schein 2. auswärtig; Außen-; -яя торго́вля Außenhandel

вне́шность, -и *f* Äußere

внешта́тный, -ая, -ое außerhalb des Etats, außeretatmäßig; ~ сотру́дник freiberuflicher Mitarbeiter

Внешто́рг, -а *m* (Министе́рство вне́шней торго́вли) Ministerium für Außenhandel

вниз *Adv* abwärts, hinunter, nach unten; ~ по тече́нию stromab(wärts); ~ по ле́стнице treppab; све́рху ~ смотре́ть на кого́-н. auf j-n herabsehen

внизу́ *Adv* unten

вника́ть *uv zu* вни́кнуть

вни́кнуть, -ну, -нешь; вник, -ла *u.* вни́кнул, -а *v* ergründen, zu begreifen suchen; ~ в суть де́ла in das Wesen einer Sache eindringen || *uv* вника́ть, -а́ю, -а́ешь

внима́ние, -я *n* 1. Aufmerksamkeit; обрати́ть на себя́ ~ die Aufmerksamkeit auf sich ziehen; досто́йный -я beachtenswert; уделя́ть ~ чему́-н. etw. Beachtung schenken 2. Aufmerksamkeit; Rücksicht; приня́ть во ~ in Betracht ziehen; принима́я во ~ unter Berücksichtigung von, mit Rücksicht auf; оставля́ть без -я unberücksichtigt lassen ◇ ока́зывать ~ Achtung erweisen; он весь ~ er ist ganz Auge und Ohr; ~! Achtung!

внима́тельный, -ая, -ое; *Kzf* -лен, -льна 1. aufmerksam, achtsam 2. aufmerksam, zuvorkommend

внима́ть, -а́ю, -а́ешь *u. alt* вне́млю, вне́млешь; внима́й *u. alt* вне́мли; внима́я *u. alt* вне́мля *uv D* 1. *alt* lauschen, (an)hören 2. *hoher Stil* die Aufmerksamkeit richten || *v* внять, *Fut ungebr*, внял, -а́! *zu* 1

вничью́ *Adv* unentschieden; сыгра́ть па́ртию ~ eine Partie remis spielen

вновь *Adv* 1. von neuem, nochmals, wieder; всё ~ и ~ immer wieder 2. unlängst, neulich

вноси́ть *uv zu* внести́

вно́ска, -и *f* Einfügung, Zusatz

внук, -а *m* Enkel

вну́тренне *Adv* innerlich

вну́тренний, -яя, -ее 1. innerlich, inner; -ие боле́зни innere Krankheiten; для -его употребле́ния zur innerlichen Verwendung *Medizin* 2. Innen-, Binnen-; -яя торго́вля Binnenhandel; -яя поли́тика Innenpolitik ◇ ~ смысл der eigentliche Sinn

вну́тренность, -и *f* 1. das Innere 2. *Pl anat* innere Organe, Eingeweide

внутри́ *Adv u. Präpos mit G* innen, innerhalb; ~ го́рода innerhalb der Stadt; ~ страны́ im Inneren des Landes

внутри- *in Zuss* inner-, innerhalb

внутри|ве́нный, -ая, -ое intravenös; **~мы́шечный,** -ая, -ое intramuskulär; **~парти́йный,** -ая, -ое innerparteilich; parteiintern

внутрь *Adv u. Präpos mit G* nach innen, ins Innere; приня́ть ~ лека́рство eine Arznei einnehmen

внуча́та, -а́т, -а́там *Pl* Enkelkinder

внуча́тный *u.* **внуча́тый,** -ая, -ое im 3. Grade (großelterlicherseits) verwandt: ~ племя́нник Großneffe; ~ брат Großcousin

вну́чка, -и, *Pl G* -чек, *D* -чкам *f* Enkelin

внуша́ть *uv zu* внуши́ть

внуше́ние, -я *n* 1. Einflößung, Suggestion; Hypnose 2. Verweis

внуши́тельный, -ая, -ое; *Kzf* -лен, -льна eindrucksvoll; imponierend, imposant; у него́ ~ вид er sieht (sehr) imponierend aus

внуши́ть, -шу́, -ши́шь; -шённый, -шён, -шена́ *v* 1. einflößen, eingeben, einflüstern; (an)raten; ~ му́жество Mut einflößen; ~ кому́-н. что́-н. j-m etw. auf die Seele binden 2. suggerieren || *uv* внуша́ть, -а́ю, -а́ешь

вня́тный, -ая, -ое; *Kzf* -тен, -тна 1. hörbar, vernehmlich 2. deutlich, klar *sprechen*

внять, *Fut ungebr*; внял, -а́! *v D* 1. *alt v zu* внима́ть 2. die Aufmerksamkeit richten; ~ про́сьбе eine Bitte erhören

во ↑ в

во́бла, -ы *f* Plötze *Fisch*

во|бра́ть*, вберу́ *v* einsaugen, aufsaugen; in sich aufnehmen || *uv* вбира́ть, -а́ю, -а́ешь

Во́ва, -ы *m Dem zu* Влади́мир

вове́к *u.* **вове́ки** *Adv poet* 1. ewig 2.: ~ не niemals

вовлека́ть(ся) *uv zu* вовле́чь(ся)

вовлече́ние, -я *n* Heranziehung

во|вле́чь* *v* 1. heranziehen, (hin)zuziehen 2. verleiten; ~ в преступле́ние zum Verbrechen verleiten || *uv* вовлека́ть, -а́ю, -а́ешь

во|вле́чься* *v* hingerissen werden || *uv* вовлека́ться, -а́юсь, -а́ешься

вовне́ *Adv* darüber hinaus; außen, draußen

вовну́трь *Adv u. Präpos volksspr* nach innen, ins Innere

во́время *Adv* zur rechten Zeit; не ~ ungelegen

во́все *Adv* ganz und gar; **~ не** durchaus nicht, keineswegs

вовсю́ *Adv umg* mit allen Kräften, mit aller Macht; бежа́ть ~ aus Leibeskräften rennen

во-вторы́х *mod* zweitens

во|гна́ть*, вгоню́ *v* 1. hineinjagen, hineintreiben 2. *umg* hineinschlagen; ~ гвоздь einen Nagel (hin)einschlagen 3. in eine unangenehme Lage bringen; ~ в страх Schrecken einjagen ◇ ~ в кра́ску кого́-н. j-m die Schamröte ins Gesicht treiben; ~ в пот кого́-н. *umg* j-n in Schweiß bringen || *uv* вгоня́ть, -я́ю, -я́ешь

во́гнутый, -ая, -ое; *Kzf* -ут, -а konkav, hohl

вогну́ть, -ну́, -нёшь; во́гнутый, -ут, -а *v* nach innen biegen, einbiegen || *uv* вгиба́ть, -а́ю, -а́ешь

вогну́ться, *1. u. 2. Pers ungebr*, -нётся *v* sich einwärts biegen || *uv* вгиба́ться, -а́ется

вода́, -ы́, *A* во́ду, *Pl* во́ды, вод, во́да́м *f* 1. Wasser; питьева́я ~ Trinkwasser; сыра́я ~ ungekochtes Wasser; пре́сная ~ Süßwasser; родниково́я ~ Quellwasser; по -е́ zu Wasser 2. *Pl* Kurort mit Heilquellen 3. *Pl* Gewässer ◇ чи́стой -ы́ von reinstem Wasser; как в -у ка́нуть spurlos verschwinden; вы́вести кого́-н. на чи́стую -у j-n entlarven; вы́йти сухи́м из -ы́ sich aus der Affäre ziehen; в му́тной -е́ ры́бу лови́ть im trüben fischen; их -о́й не разольёшь sie sind unzertrennlich; толо́чь -у (в сту́пе) leeres Stroh dreschen; он и -ы́ не заму́тит er kann kein Wässerchen trüben; он прошёл сквозь ого́нь и -у er ist mit allen Wassern gewaschen; в докла́де его́ мно́го -ы́ *iron* sein Bericht war inhaltsarm; с него́ как с гу́ся ~ es läßt ihn kalt, es macht ihm nichts aus

водворе́ние, -я *n* 1. Ansiedlung 2. Einführung, Herstellung

водвори́ть, -рю́, -ри́шь; -рённый, -рён, -рена́ *v* 1. ansiedeln, einquartieren, unterbringen 2. *übtr* (wieder)herstellen, einführen; ~ тишину́ Ruhe herstellen || *uv* **водворя́ть,** -я́ю, -я́ешь

водвори́ться, -рю́сь, -ри́шься *v* **1.** sich ansiedeln, sich niederlassen; sich einrichten **2.** *1. u. 2. Pers ungebr* eingeführt werden; eintreten; водвори́лась тишина́ Ruhe trat ein ‖ *uv* **водворя́ться,** -я́юсь, -я́ешься

води́тель, -я *m* Fahrer, Chauffeur, Traktorist

води́тельский, -ая, -ое Fahrer-; -ие права́ Fahrerlaubnis

води́тельство, -а *n alt, hoher Stil* Führung

води́ть, вожу́, во́дишь *uv* **1.** *unbest zu* вести́ **2.** verkehren, Umgang haben (mit); ~ дру́жбу с ке́м-н. mit j-m befreundet sein; ~ кого́-н. за́ нос *übtr* j-n an der Nase herumführen

води́ться, вожу́сь, во́дишься *uv* **1.** *1. u. 2. Pers ungebr* es gibt; es ist vorhanden; в э́том лесу́ во́дится мно́го ди́чи es gibt viel Wild in diesem Walde; у него́ води́лись де́ньги er hatte Geld **2.** *umg* с *I* verkehren, Umgang haben ◇ э́то за ним во́дится das sieht ihm ähnlich; как во́дится wie üblich, wie es Brauch ist; в ти́хом о́муте че́рти во́дятся stille Wasser sind tief

во́дка, -и *f* Branntwein, Wodka, Schnaps; ца́рская ~ *chem* Königswasser

во́дник, -а *m* Binnenschiffer

во́дный, -ая, -ое Wasser-

водо|боя́знь, -и *f med* Tollwut; **~во́з,** -а *m* Trinkwasserfuhrmann; **~воро́т,** -а *m* Wasserwirbel, Strudel; **~ём,** -а *m* Wasserbehälter, Staubecken; **~измеще́ние,** -я *n* Wasserverdrängung; су́дно ~измеще́нием в 200 тонн ein Schiff mit 200 Tonnen Wasserverdrängung; **~ка́чка,** -и, *Pl G* -чек, *D* -чкам *f* Pumpenhaus

[1]**водола́з,** -а *m* Taucher

[2]**водола́з,** -а *m* Neufundländer *Hund*

водо|ла́зный, -ая, -ое Taucher-; ~ла́зный ко́локол Taucherglocke; **~ле́й,** -я, *G Pl* -ев *m* **1.** Wasserträger, -holer *Arbeiter* **2.** *umg* Schwätzer

Водоле́й, -я *m astr* Wassermann

водо|лече́бница, -ы, *I* -ей *f* Wasserheilanstalt; **~лече́ние,** -я *n* Wasserkur; **~лы́жный,** -ая, -ое *Sport* Wasserschi-; **~ме́р,** -а *m tech* Wassermesser; **~мёт,** -а *m* Wasserwerfer; **~мото́рник,** -а *m* Motorwassersportler; **~напо́рный,** -ая, -ое Wasser(druck)-; ~напо́рная ба́шня Wasserturm; **~непроница́емый,** -ая, -ое; *Kzf* -ем, -а wasserdicht, wasserundurchlässig; **~но́с,** -а *m* Wasserträger; **~но́сный,** -ая, -ое; *Kzf* -сен, -сна *geol* wasserhaltig; **~отво́дный,** -ая, -ое Wasserableitungs-, Dränier-; ~отво́дный кана́л Wasserableitungskanal, Wasserabzugskanal; **~отли́вный,** -ая, -ое Wasserabfluß-; **~очисти́тельный,** -ая, -ое Wasserreinigungs-; **~па́д,** -а *m* Wasserfall; **~пла́вающий,** -ая, -ее Schwimm-; ~пла́вающие пти́цы Schwimmvögel; **~подъёмный,** -ая, -ое Wasserpump-; **~по́й,** -я, *G Pl* -ев *m* Tränke; **~прово́д,** -а *m* Wasserleitung; **~прово́дный,** -ая, -ое Wasserleitungs-; ~прово́дная сеть Wasserleitungsnetz; **~прово́дчик,** -а *m* Wasserleitungsarbeiter; **~проница́емый,** -ая, -ое; *Kzf* -ем, -а wasserdurchlässig; **~разбо́рный,** -ая, -ое: ~разбо́рная коло́нка Hydrant; **~разде́л,** -а *m* Wasserscheide; **~ре́з,** -а *m naut* Bug; **~ро́д,** -а *m* Wasserstoff; **~ро́дный,** -ая, -ое Wasserstoff-; ~ро́дная бо́мба Wasserstoffbombe

во́доросль, -и *f* Alge, Tang

водо|сбо́рный, -ая, -ое: ~сбо́рная плоти́на Talsperre; **~сли́в,** -а *m* Deichschleuse, Wasserableitungsvorrichtung; **~снабже́ние,** -я *n* Wasserversorgung; **~спу́ск,** -а *m* Schleuse, Wasserablaß; **~сто́к,** -а *m* Wasserabfluß, Wasserabflußrinne, Abflußgraben; **~сто́чный,** -ая, -ое Wasserabfluß-; ~сто́чный жёлоб Abflußrinne; Dachrinne; ~сто́чная труба́ Abflußrohr; **~упо́рный,** -ая, -ое wasserdicht; ~упо́рная гли́на wasserdichter Lehm; **~храни́лище,** -а, *I* -ем *n* Stausee

во́дочный, -ая, -ое Branntwein-, Schnaps-; ~ заво́д Branntweinbrennerei

водружа́ть *uv zu* водрузи́ть

водрузи́ть, -ужу́, -узи́шь; -ужённый, -ужён, -ужена́ *v hoher Stil* aufrichten, aufstellen; hissen, aufpflanzen *Fahne* ‖ *uv* водружа́ть, -а́ю, -а́ешь

водяни́стый, -ая, -ое; *Kzf* -и́ст, -а **1.** wässerig **2.** *übtr* blaß, ausdruckslos

водя́нка, -и *f med* Wassersucht

[1]**водяно́й,** -о́го *Subst m* Nix, Wassermann

[2]**водяно́й,** -а́я, -о́е Wasser-; ~ знак Wasserzeichen; ~ смерч Wasserhose; -а́я ме́льница Wassermühle; -а́я ба́ня *chem* Wasserbad

воева́ть, вою́ю, вою́ешь *uv* **1.** Krieg führen, kämpfen **2.** *umg* sich streiten

воево́да, -ы *m hist* Heerführer; Statthalter *im alten Rußland*

воево́дство, -а *n* Wojewodschaft

воеди́но *Adv buchspr* zusammen, vereint
воен- *in Zuss Abk für* вое́нный Militär-, Kriegs-
военача́льник, -а *m* Feldherr, Heerführer
военвра́ч, -а́, *I* -о́м, *G Pl* -е́й *m* (вое́нный врач) Militärarzt
военизáция, -и *f* Anpassung an die Erfordernisse des Krieges
военизи́ровать, -рую, -руешь *v, uv* den Erfordernissen des Krieges anpassen
военко́м, -а *m* (вое́нный комиссáр) Kriegskommissar
военкомáт, -а *m* (вое́нный комиссариáт) Kriegskommissariat
военко́р, -а *m* (вое́нный корреспонде́нт) Kriegsberichterstatter
вое́нно- *in Zuss* Kriegs-, Militär-
вое́нно-возду́шный, -ая, -ое Luftkampf-, Luftstreit-, Luft-; -ые си́лы Luftstreitkräfte
вое́нно-морско́й, -а́я, -о́е Kriegsmarine-; -и́е си́лы Seestreitkräfte
военнообя́занный, -ого *Subst m* Wehrpflichtiger, Militärpflichtiger
военнопле́нный, -ого *Subst m* Kriegsgefangener
вое́нно-полево́й, -а́я, -о́е: ~ суд Standgericht, Feldgericht
военнопромы́шленный, -ая, -ое Kriegsindustrie-
военнослу́жащий, -его *Subst m* Militärperson
вое́нный, -ая, -ое 1. Kriegs-, Wehr-, Militär-; -ая слу́жба Militär-, Wehrdienst; -ое положе́ние Kriegszustand; ~ бюдже́т Rüstungshaushalt; ~ о́круг Militärbezirk; ~ суд Kriegsgericht; начáть -ые де́йствия die Feindseligkeiten eröffnen; -ая хи́трость Kriegslist 2. -ого *Subst m* Militärperson
военру́к, -а *m* (вое́нный руководи́тель) militärischer Leiter
вое́нщина, -ы *f Koll* 1. Soldateska 2. *verächtl* aggressive militärische Kreise, Militärclique
вожáк, -а́ *m* 1. Führer, Begleiter; ~ медве́дя Bärenführer 2. Anführer, Führer, Leiter 3. Leittier
вожáтый, -ого *Subst m* 1. *alt* Führer, Begleiter 2. Pionierleiter 3. *umg* Straßenbahnfahrer 4. Leittier
вожделе́ние, -я *n* 1. Begierde, starkes Verlangen 2. Lüsternheit
вожделе́нный, -ая, -ое *buchspr* heißersehnt, heißbegehrt
вожде́ние, -я *n* Führung, Leitung; ~ войск Truppenführung
вождь, -я́ *m* Führer
во́жжи *Pl* -е́й, *Sg* вожжá, -и́ *f* Zügel, Leine
воз, -а (-у), *P* о во́зе, на возу́, *Pl* возы́ *u.* возá, возо́в, возáм *m* 1. Fuhre, Fuhrwerk 2. Fuhre, Fuder ◇ ~ новосте́й ein Sack voll Neuigkeiten
возбрани́ть, -ню́, -ни́шь; -нённый, -нён, -ненá *v alt* verbieten, untersagen ‖ *uv* **возбраня́ть,** -я́ю, -я́ешь
возбуди́мый, -ая, -ое; *Kzf* -и́м, -а erregbar, reizbar
возбуди́тель, -я *m* Erreger; ~ боле́зни Krankheitserreger
возбуди́ть, -ужу́, -уди́шь; -уждённый, -уждён, -ужденá *v* 1. erregen, anregen; hervorrufen; ~ любопы́тство Neugier erregen 2. aufreizen, aufwiegeln 3. aufpeitschen 4. zur Entscheidung vorlegen; ~ вопро́с eine Frage aufwerfen; ~ ходáтайство ein Gesuch einreichen ‖ *uv* **возбуждáть,** -áю, -áешь
возбуди́ться, -ужу́сь, -уди́шься *v* in Erregung geraten, sich aufregen ‖ *uv* **возбуждáться,** -áюсь, -áешься
возбуждáющий, -ая, -ее Reiz-; -ее сре́дство Reizmittel
возбужде́ние, -я *n* 1. Anregung, Reizung; Aufwiegelung 2. Erregung, Aufregung
возбуждённость, -и *f* Erregung
возбуждённый, -ая, -ое; *Kzf* -ён, -енá erregt, aufgeregt
возведе́ние, -я *n* 1. Errichtung 2.: ~ в сте́пень *math* Potenzieren
возвели́чение, -я *n alt, hoher Stil* Rühmen, Preisen
возвели́чивать *uv zu* возвели́чить
возвели́чить, -чу, -чишь *v alt, hoher Stil* rühmen, preisen; ~ до небе́с in den Himmel heben ‖ *uv* возвели́чивать, -аю, -аешь
воз|вести́* *v* 1. errichten, (auf)bauen 2. *math*: ~ в сте́пень potenzieren, in eine Potenz erheben 3. к *D* ableiten, herleiten (von); zurückführen (auf) 4. *alt* erheben, emporheben; ~ о́чи (к не́бу) den Blick (zum Himmel) erheben 5. *alt* eine Würde [ein Amt] verleihen ◇ ~ в при́нцип zum Prinzip machen; ~ клевету́ на кого́-н. j-n verleumden, j-m etw. andichten; ~ обвине́ние на кого́-н. j-n beschuldigen; ~ на престо́л inthronisieren ‖ *uv* возводи́ть, -ожу́, -о́дишь
возвести́ть, -ещу́, -ести́шь; -ещённый,

-ещён, -ещенá *v* (feierlich) verkünden || *uv* **возвещáть,** -áю, -áешь

возводи́ть *uv zu* возвести́

возврáт, -а *m* **1.** Rückgabe; Rückzahlung **2.** Rückkehr; ~ болéзни *med* Rückfall, Rezidiv

возврати́ть, -ащу́, -ати́шь; -ащённый, -ащён, -ащенá *v* **1.** zurückerstatten, zurückgeben, zurückzahlen **2.** zurückgewinnen, wiederherstellen || *uv* возвращáть, -áю, -áешь

возврати́ться, -ащу́сь, -ати́шься *v* zurück-, wiederkehren, zurückkommen; ~ к рабóте den Dienst [die Arbeit] wiederaufnehmen || *uv* возвращáться, -áюсь, -áешься

возврáтный, -ая, -ое **1.** Rück-; ~ путь Rückweg **2.** Rückfall-; ~ тиф *med* Rückfalltyphus **3.** reflexiv; ~ глагóл *gram* reflexives Verb

возвращáть(ся) *uv zu* возврати́ть(ся)

возвращéние, -я *n* **1.** Rückgabe, Rückerstattung, Rückzahlung **2.** Rückkehr; ~ домóй [на рóдину] Heimkehr **3.** Wiederherstellung

возвы́сить, -ы́шу, -ы́сишь; *alt* -ы́шенный, -ы́шен, -а *v* erhöhen, erheben ◇ ~ гóлос die Stimme erheben || *uv* **возвышáть,** -áю, -áешь

возвы́ситься, -ы́шусь, -ы́сишься *v* steigen, sich heben; он óчень возвы́сился в моих глазáх *übtr* er ist in meinen Augen sehr gestiegen || *uv*

[1]**возвышáться,** -áюсь, -áешься

[2]**возвышáться,** -áюсь, -áешься *uv* sich erheben

возвышéние, -я *n* **1.** Aufstieg; Hebung **2.** Erhöhung, Anhöhe

возвы́шенность, -и *f* **1.** Anhöhe, Erhöhung **2.** Erhabenheit

возвы́шенный, -ая, -ое; *Kzf* -шен, -шенна **1.** hochgelegen, erhöht **2.** *hoher Stil* erhaben

возглáвить, -влю, -вишь; -вленный, -влен, -а *v* leiten, an der Spitze stehen || *uv* **возглавля́ть,** -я́ю, -я́ешь

вóзглас, -а *m* Ausruf, Ruf; -ы рáдости Freudenrufe

возгласи́ть, -ашу́, -аси́шь; -ашённый, -ашён, -ашенá *v* (laut) verkünden || *uv* **возглашáть,** -áю, -áешь

возгóнка, -и *f chem* Sublimation

возгорáемый, -ая, -ое leichtentzündlich

возгорáться *uv zu* возгорéться

возгорди́ться, -ржу́сь, -рди́шься *v I* stolz werden (auf), anfangen zu prahlen (mit)

возгорéться, -рю́сь, -ри́шься *v* **1.** *alt* sich entzünden, entflammen **2.** *übtr* ausbrechen, entbrennen || *uv* возгорáться, -áюсь, -áешься

воздавáть *uv zu* воздáть

воз|дáть* *v* **1.**: ~ комý-н. по заслу́гам j-n nach Verdienst behandeln; ~ комý-н. дóлжное j-m geben, was ihm gebührt **2.** vergelten; ~ злом за добрó Gutes mit Bösem vergelten || *uv* воз|давáть*

воздая́ние, -я *n alt* **1.** Lohn, Belohnung **2.** Vergeltung

воздвигáть *uv zu* воздви́гнуть

воздви́гнуть, -ну, -нешь; воздви́г, -ла; -нутый, -нут, -а *v* errichten, erbauen || воздвигáть, -áю, -áешь

воздевáть *uv zu* воздéть

воздéйствие, -я *n* Einwirkung, Einfluß

воздéйствовать, -твую, -твуешь *v, uv* на *A* einwirken; beeinflussen, Einfluß ausüben

воздéлать, -аю, -аешь *v* **1.** bebauen, bestellen **2.** anbauen, züchten || *uv* **воздéлывать,** -аю, -аешь

воздержáние, -я *n* Enthaltsamkeit; Abstinenz

воздéржанный, -ая, -ое; *Kzf* -ан, -анна enthaltsam, maßvoll

воздержáться, -ержу́сь, -éржишься *v* sich enthalten, verzichten; ~ от голосовáния sich der Stimme enthalten; при двух воздержáвшихся bei zwei Stimmenthaltungen || *uv* **воздéрживаться,** -аюсь, -аешься

воздéржный, -ая, -ое; *Kzf* -жен, -жна (*Langform alt*) enthaltsam, maßvoll

воз|дéть*: ~ рýки *alt* die Hände emporheben || *uv* воздевáть, -áю, -áешь

вóздух, -а *m* Luft; сжáтый ~ Druckluft, Preßluft; жи́дкий ~ flüssige Luft; давлéние -а Luftdruck; на вóльном [свéжем] -е im Freien ◇ вопрóс виси́т в -е die Frage schwebt in der Luft; ~! *mil* Fliegeralarm!; подня́ть на ~ sprengen

воздухо|ду́вка, -и, *Pl G* -вок, *D* -вкам *f tech* Gebläse; **~ду́вный,** -ая, -ое: ~ду́вный мех Blasebalg; **~мéр,** -а *m phys* Luftmesser, Aerometer; **~нагнетáтельный,** -ая, -ое: ~нагнетáтельный насóс Luftpumpe; **~плáвание,** -я *n* Luftschiffahrt; **~плáватель,** -я *m* Luftschiffer

воздушнодесáнтный, -ая, -ое Luftlande-; -ые войскá Luftlandetruppen

возду́шный, -ая, -ое **1.** Luft-; -ое давлéние Luftdruck; ~ потóк Luftstrom, -zug; -ое сообщение Luftverkehr; ~ шар Luftballon; ~ флот Luftflotte; ~ насос Luftpumpe; -ая разведка Luftaufklärung; ~ бой Luftgefecht, -kampf; ~ гимнаст Luftakrobat 2. *Kzf* -шен, -шна luftig, leicht; -ое платье ein luftiges Kleid 3. gepufft *Getreidekörner*; ~ рис Puffreis ◇ -ые замки Luftschlösser

воззвание, -я *n* Aufruf, Appell

воз|звать* *v alt* anrufen, anflehen (кому-н. о чём-н. j-n um etw.)

воззрение, -я *n buchspr* Ansicht, Meinung

воззриться, -рюсь, -ришься *v volksspr* unverwandt ansehen, fixieren

возить, вожу, возишь *uv* 1. *unbest zu* везти 2. *umg* hinstreichen (по *D* über)

возиться, вожусь, возишься *uv* 1. hantieren, herumwirtschaften 2. sich abmühen 3. trödeln 4. sich balgen, toben

возка, -и *f umg* 1. Fahren, Transport 2. Fuhre

возлагать *uv zu* возложить

возле 1. *Adv* daneben, nebenan; жить ~ nebenan wohnen 2. *Präpos mit G* neben, bei

возликовать, -кую, -куешь *v hoher Stil* sich sehr freuen, in Jubel ausbrechen

возложить, -ожу, -ожишь; -оженный, -ожен, -а *v* 1. feierlich niederlegen 2. *übtr* auferlegen; ~ поручение на кого-н. j-m einen Auftrag erteilen ◇ ~ вину на кого-н. j-m die Schuld zuschreiben; ~ ответственность на кого-н. j-n verantwortlich machen || *uv* возлагать, -аю, -аешь

возлюбить, -юблю, -юбишь; -юбленный, -юблен, -а *v alt* liebgewinnen

возлюбленный *hoher Stil* 1. -ая, -ое (heiß)geliebt 2. -ого *Subst m umg* Geliebter; -ая, -ой *Subst f umg* Geliebte

возмездие, -я *n hoher Stil* Vergeltung, Strafe

возместить, -ещу, -естишь; -ещённый, -ещён, -ещена *v* vergüten, ersetzen; ~ убытки entschädigen || *uv* возмещать, -аю, -аешь

возмечтать, -аю, -аешь *v* 1. sich den Träumereien hingeben 2. *volksspr* много ~ о себе sich viel einbilden

возмещать *uv zu* возместить

возмещение, -я *n* Ersatz, Entschädigung; ~ убытков Schadenersatz

возможно 1. *unpers, prädikativ* (es ist) möglich, es kann sein; это очень ~ das ist leicht möglich 2. *Adv* möglichst, womöglich; ~ скорее so schnell wie möglich, möglichst schnell 3. *mod* vielleicht; ~, меня не будет дома ich werde vielleicht nicht zu Hause sein

возможность, -и *f* 1. Möglichkeit; есть ~ es besteht die Möglichkeit; по -и nach Möglichkeit, möglichst 2. Gelegenheit; при первой -и bei der ersten Gelegenheit 3. *Pl* Möglichkeiten, Aussichten; материальные -и (Geld-) Mittel

возможный, -ая, -ое; *Kzf* -жен, -жна möglich; etwaig; denkbar; сделать всё -ое sein Möglichstes tun

возмужалость, -и *f* Mannbarkeit, Reife

возмужалый, -ая, -ое mannbar, reif; erwachsen

возмужать, -аю, -аешь *v* 1. mannbar werden 2. erwachsen werden

возмутительный, -ая, -ое; *Kzf* -лен, -льна empörend

возмутить, -ущу, -утишь; -ущённый, -ущён, -ущена *v* 1. aufbringen, erzürnen, empören 2. *alt* aufwiegeln || *uv* **возмущать,** -аю, -аешь

возмутиться, -ущусь, -утишься *v* 1. sich empören, auffahren, sich entrüsten 2. *alt* sich erheben, sich (gegen die Obrigkeit) auflehnen || *uv* **возмущаться,** -аюсь, -аешься

возмущение, -я *n* 1. Empörung, Entrüstung 2. *alt* Aufruhr; Empörung 3. *alt* bewaffneter Aufstand

возмущённый, -ая, -ое empört, entrüstet

вознаградить, -ажу, -адишь; -аждённый, -аждён, -аждена *v* belohnen, entgelten; ~ себя за что-н. sich für etw. schadlos halten || *uv* **вознаграждать,** -аю, -аешь

вознаграждение, -я *n* 1. Belohnung 2. Entlohnung, Bezahlung, Honorar; за ~ gegen Bezahlung

вознамериваться *uv zu* вознамериться

вознамериться, -рюсь, -ришься *v alt* beabsichtigen, die Absicht haben; beschließen || *uv* вознамериваться, -аюсь, -аешься

вознегодовать, -дую, -дуешь *v buchspr* in Zorn geraten

возненавидеть, -ижу, -идишь *v* hassen, Haß empfinden (gegen)

Вознесение, -я *n kirch* Himmelfahrt

воз|нести* *v hoher Stil* (er)heben; ~ до небес *übtr, iron* in den Himmel heben || *uv* возносить, -ошу, -осишь

воз|нестись* *v* 1. *alt* sich erheben,

sich emporschwingen 2. *volksspr* sich viel einbilden, stolz [hochmütig] werden ‖ *uv* возноси́ться, -ошу́сь, -о́сишься

возника́ть *uv zu* возни́кнуть

возникнове́ние, -я *n* Entstehung

возни́кнуть, *1. u. 2. Pers ungebr*, -нет; возни́к, -ла *v* entstehen, aufkommen; у него́ возни́кла мысль, что . . . es kam ihm der Gedanke, daß . . .; возни́к слух das Gerücht kam auf; возни́к вопро́с die Frage tauchte auf ‖ *uv* возника́ть, -а́ет

возни́ца, -ы, *I* -ей *m* Kutscher, Fuhrmann

возноси́ть(ся) *uv zu* вознести́(сь)

возня́, -и́ *f umg* 1. Durcheinander, Gepolter, Spektakel, Lärm; Balgerei 2. Scherereien; у меня́ мно́го -и́ с э́тим де́лом ich habe damit alle Hände voll zu tun

возобнови́ть, -влю́, -ви́шь; -влённый, -влён, -влена́ *v* erneuern; wiederaufnehmen; ~ разгово́р auf ein Gespräch zurückkommen; ~ пье́су ein Theaterstück wiederaufführen ‖ *uv* возобновля́ть, -я́ю, -я́ешь

возобнови́ться, *1. u. 2. Pers ungebr*, -и́тся *v* wieder aufgenommen werden, erneuert werden ‖ *uv* возобновля́ться, -я́ется

возобновле́ние, -я *n* Erneuerung, Wiederaufnahme; Wiederaufführung

возобновля́ть(ся) *uv zu* возобнови́ть(ся)

возомни́ть, -ню́, -ни́шь *v*: ~ о себе́ sich (zu) viel einbilden, sich dünken

возража́ть *uv zu* возрази́ть

возраже́ние, -я *n* Einwand, Erwiderung; Widerspruch; без -й ohne Widerrede; не терпе́ть -й keinen Widerspruch dulden

возрази́ть, -ажу́, -ази́шь *v* erwidern, einwenden; widersprechen ‖ *uv* возража́ть, -а́ю, -а́ешь

во́зраст, -а *m* (Lebens-) Alter; ребёнок шко́льного -а ein schulpflichtiges Kind; призывно́й ~ Einberufungsalter ◇ войти́ в ~ erwachsen werden; де́вушка на -е erwachsenes Mädchen; вы́йти из -а zu alt werden *für etw.*

возраста́ние, -я *n* Anwachsen; Wachstum; Zunahme

возраста́ть *uv zu* возрасти́

воз|расти́*, *1. u. 2. Pers ungebr v* (an)wachsen, steigen, zunehmen ‖ *uv* возраста́ть, -а́ет

возрастно́й, -а́я, -о́е altersmäßig, Alters-

возроди́ть, -ожу́, -оди́шь; -ождённый, -ождён, -ождена́ *v* erneuern; wiederbeleben; ~ к жи́зни ins Leben zurückrufen ‖ *uv* **возрожда́ть,** -а́ю, -а́ешь

возроди́ться, -ожу́сь, -оди́шься *v* erneut entstehen, wiederaufleben, wiederaufkommen ‖ *uv* **возрожда́ться,** -а́юсь, -а́ешься

возрожде́ние, -я *n* Erneuerung, Wiederbelebung, Wiedergeburt; эпо́ха Возрожде́ния die Renaissance

во́зчик [ощ], -а *m* Fuhrmann

возыме́ть, -е́ю, -е́ешь *v alt* haben, bekommen; ~ наме́рение eine Absicht haben; ~ жела́ние Lust bekommen ◇ ~ де́йствие ein Ergebnis zeitigen; ~ си́лу in Kraft treten

возьму́ ↑ взя́ть

во́ин, -а *m* Krieger, Kämpfer

во́инский, -ая, -ое Kriegs-, Militär-; -ая обя́занность Wehrpflicht

вои́нственность, -и *f* Kampflust

вои́нственный, -ая, -ое; *Kzf* -вен, -венна 1. militärisch, soldatisch 2. kriegerisch, kampflustig

во́инство, -а *n hoher Stil* Heer, Truppen

вои́нствующий, -ая, -ее streitbar, militant; unversöhnlich

вои́стину *Adv* wirklich, wahrhaftig

вой, -я *m* Geheul, Heulen

во́йлок, -а *m* Filz

во́йлочный, -ая, -ое aus Filz, Filz-

война́, -ы́, *Pl* во́йны, войн, во́йнам *f* Krieg; гражда́нская ~ Bürgerkrieg; наступа́тельная ~ Angriffskrieg; оборони́тельная ~ Verteidigungskrieg

во́йско, -а, *Pl* войска́, войск, войска́м *n* Heer, Truppen; наёмное ~ Söldnerheer; инжене́рные -а́ Pioniertruppen, Pioniere; -а́ свя́зи Nachrichtentruppen

войсково́й, -а́я, -о́е Truppen-; -а́я часть Truppenteil

во|йти́* *v* 1. hineingehen, eintreten; einsteigen 2. hineingehen, Platz finden; в ба́нку войдёт кило́ дже́ма in das Glas geht ein Kilo Marmelade hinein 3. Mitglied werden; ~ в коми́ссию Mitglied einer Kommission werden 4. sich wenden; ~ в министе́рство с хода́тайством dem Ministerium ein Gesuch vorlegen 5. *übtr* eindringen; ~ в суть де́ла in das Wesen der Sache eindringen; ~ в роль sich in die Rolle einfühlen ◇ ~ в чьё-н. положе́ние sich in j-s Lage versetzen; ~ в мо́ду in Mode kommen; ~ в быт sich einbürgern; ~ в си́лу in Kraft treten; ~ в погово́рку sprichwörtlich werden; ~ в дове́рие к кому́-н. j-s Vertrauen erwerben; ~ в сноше́ния Verbindungen anknüpfen; ~ во вкус чего́-н. an etw. Geschmack finden; ~ в долги́ in Schulden geraten; ~ в аза́рт in Eifer geraten; ~ в перегово́ры in Verhandlungen eintreten; ~ с предложе́нием einen Antrag stellen ‖ *uv* входи́ть, вхожу́, вхо́дишь

вока́льный, -ая, -ое Gesangs-, Vokal-; ~ ве́чер Gesangsabend; -ая му́зыка Vokalmusik

вокза́л, -а *m* Bahnhof; Empfangsgebäude; речно́й ~ Empfangsgebäude im Hafen

вокза́льный, -ая, -ое Bahnhofs-

вокру́г 1. *Adv* rings(her)um, ringsumher 2. *Präpos mit G* a) um . . .herum; ~ го́рода um die Stadt herum; ~ нас um uns her; b) um; разгово́р шёл ~ вопро́сов поли́тики das Gespräch drehte sich um Fragen der Politik ◇ ходи́ть ~ да о́коло wie die Katze um den heißen Brei herumgehen

ВОКС [вокс] (Всесою́зное о́бщество культу́рной свя́зи с загран́ицей) Unions-Gesellschaft für kulturelle Verbindung mit dem Ausland (1925 bis 1958)

вол, -а́ *m* Ochse

Во́лга, -и *f* Wolga

Волгогра́д, -а *m* Wolgograd

волды́рь, -я́ *m* Wasser-, Brandblase; Hitzebläschen

волево́й, -а́я, -о́е 1. Willens- 2. energisch, willensstark, tatkräftig

волеизъявле́ние, -я *n buchspr* Willensäußerung

волейбо́л, -а *m* Volleyball

волейболи́ст, -а *m* Volleyballspieler

во́лей-нево́лей *Adv* wohl oder übel, ob man will oder nicht

волжа́нин, -а, *Pl* волжа́не, -а́н, -а́нам *m* Bewohner des Wolgagebiets

во́лжский, -ая, -ое Wolga-

волк, -а, *Pl* во́лки, волко́в, волка́м *m* Wolf ◇ морско́й ~ *übtr* Seebär; смотре́ть -ом finster dreinschauen; хоть -ом вой! es ist nicht mehr auszuhalten!; с волка́ми жить – по-во́лчьи выть mit den Wölfen muß man heulen

волкода́в, -а *m* Wolfshund

волна́, -ы́, *Pl* во́лны, волн, во́лна́м *f* 1. Welle; Woge; гре́бень -ы́ Wellenkamm; Wellenberg 2. *übtr* Welle; ~ забасто́вок Streikwelle 3. *phys* Welle; звукова́я ~ Schallwelle; дли́нные -ы Langwellen; коро́ткие -ы Kurzwellen; ультракоро́ткие -ы Ultrakurzwellen

волне́ние, -я *n* 1. Wallung, Brandung, Seegang 2. *übtr* Aufregung 3. *meist Pl* Unruhen

волни́стый, -ая, -ое; *Kzf* -и́ст, -а wellig, gewellt; hügelig; -ое желе́зо Wellblech

волнова́ть, -ну́ю, -ну́ешь *uv* 1. Wellen [Wogen] erzeugen 2. *übtr* aufregen, erregen; in Aufregung versetzen 3. *alt* (zum Aufstand) aufwiegeln

волнова́ться, -ну́юсь, -ну́ешься *uv* 1. wallen, wogen; мо́ре волну́ется das Meer wogt 2. *übtr* sich aufregen, sich beunruhigen 3. *alt* rebellieren, sich erheben; рабо́чие волнова́лись unter den Arbeitern kam es zu Unruhen

волново́й, -а́я, -о́е Wellen-

волно|ло́м, -а *m* Wellenbrecher; **~ме́р,** -а *m rad* Frequenzmesser; **~обра́зный,** -ая, -ое; *Kzf* -зен, -зна wellenförmig, -artig; **~ре́з,** -а *m* Wellenbrecher

волну́шка, -и, *Pl G* -шек, *D* -шкам *f bot* Falscher Reizker

воло́вий, -ья, -ье Ochsen-, Stier-

Во́логда, -ы *f* Wologda *Fluß u. Stadt*

Воло́д(ен)ька, -и *m Dem zu* Влади́мир

Воло́дя, -и *m Dem zu* Влади́мир

[1]**волоки́та,** -ы *f* Bürokratismus; Verschleppung einer Angelegenheit; бума́жная ~ Papierkrieg

[2]**волоки́та,** -ы *m umg, alt* Schürzenjäger; ста́рый ~ alter Schwerenöter

волоки́тчик, -а *m verächtl* saumseliger Bearbeiter; Bürokrat

волокни́стый, -ая, -ое; *Kzf* -и́ст, -а faserig, Faser-; ~ лён Faserflachs

волокно́, -а́, *Pl* воло́кна, -о́кон, -о́кнам *n biol, tech* Faser

во́локом *Adv*: тащи́ть ~ schleifend schleppen, schleifen

волоку́ ↑ воло́чь

волонтёр, -а *m alt* Freiwilliger

во́лос, -а, *Pl* во́лосы, воло́с, волоса́м *m* Haar; ко́нский ~ Roßhaar ◇ ни на́ ~ nicht im geringsten, keineswegs; рвать на себе́ -ы sich die Haare raufen; -ы встаю́т ды́бом die Haare stehen einem zu Berge; притяну́ть что́-н. за́ -ы etw. an den Haaren herbeiziehen

волоса́тый, -ая, -ое; *Kzf* -а́т, -а (dicht) behaart

волоси́нка, -и, *Pl G* -нок, *D* -нкам *f* einzelnes Härchen

волосно́й, -а́я, -о́е *u.* **воло́сный, -ая,** -ое Haar-, Kapillar-; -ы́е сосу́ды Haargefäße, Kapillaren

волосо́к, -ска́ *m* 1. *Dem zu* во́лос Härchen 2. Feder (im Uhrwerk); Glühfaden ◇ держа́ться на -ске́ an einem Haar hängen; быть на -ске́ от сме́рти am Rande des Todes sein; не тро́нуть -ска́ у кого́-н. j-m kein Haar krümmen

во́лость, -и, *Pl* во́лости, волосте́й, волостя́м *f hist* Amtsbezirk

волосяно́й, -а́я, -о́е Haar-; ~ матра́ц Roßhaarmatratze; ~ покро́в Haarpelz *der Tiere*

волоче́ние, -я *n* 1. Schleppen, Schleifen 2. *tech* Ziehen

волочи́льный, -ая, -ое *tech* Zieh-, Drahtzieh-

волочи́льня, -и *f* Drahtzieherei

волочи́ть, -очу́, -о́чишь *uv* 1. schleppen, schleifen; е́ле но́ги ~ *umg* sich mühsam fortschleppen 2. *tech* ziehen; ~ про́волоку Draht ziehen

волочи́ться, -очу́сь, -о́чишься *uv* 1. sich schleppen; (auf der Erde) schleifen 2. *umg, alt* den Hof machen (за ке́м-н. j-m)

воло́чь* *uv umg* schleppen, schleifen

волхв, -а́ *m* Zauberer, Wahrsager *bei den alten Slawen*

волча́нка, - и *f med* Hauttuberkulose

волча́тник, -а *m umg* Wolfsjäger

во́лчий, -ья, -ье Wolfs-, wölfisch; -ья я́года *bot* Seidelbast; -ья пасть *med* Wolfsrachen; ~ аппети́т Wolfs-, Bärenhunger ◇ ~ па́спорт [биле́т] ein Paß, auf dem die politische Unzuverlässigkeit vermerkt war *im zaristischen Rußland*

волчи́ха, -и *f volksspr* Wölfin

волчи́ца, -ы, *I* -ей *f* Wölfin

волчко́м *Adv*: верте́ться ~ sich wie toll drehen

волчо́к, -чка́ *m* (Brumm-) Kreisel

волчо́нок, -нка, *Pl* волча́та, -ча́т, -ча́там *m* Wolfsjunges

волше́бник, -а *m* Zauberer

волше́бница, -ы, *I* -ей *f* Zauberin

волше́бный, -ая, -ое 1. Zauber-, zauberhaft; -ая фле́йта Zauberflöte; ~ жезл Zauberstab, Wünschelrute; -ое ца́рство Feenreich 2. *Kzf* -бен, -бна bezaubernd, zauberhaft, wunderschön

волшебство́, -а́ *n* Zauberei, Hexerei

волы́нец, -нца, *I* -нцем, *G Pl* -нцев *m* Wolynier

[1]**волы́нка,** -и, *Pl G* -нок, *D* -нкам *f* 1. Dudelsack, Sackpfeife 2. *volksspr* absichtliche Verzögerung, Trödelei; тяну́ть -у zögern, trödeln

[2]**волы́нка, -и** *f* Getrödel, Gezauder

волы́нский, -ая, -ое wolynisch

волы́нщик, -а *m* 1. Dudelsackpfeifer 2. *umg* Trödelfritz

Волы́нь, -и *f* Wolynien

волыня́нин, -а, *Pl* -яне, -ян, -янам *m* Wolynier

вольго́тный, -ая, -ое; *Kzf* -тен, -тна frei, ungebunden, ungehemmt

волье́р, -а *m u.* **волье́ра, -ы** *f* Gehege, Käfig

во́льная, -ой *f* Freibrief, mit dem der Leibeigene aus der Leibeigenschaft entlassen wurde

во́льничать, -аю, -аешь *uv umg* sich etw. herausnehmen, eigenwillig handeln

во́льно 1. *Adv* frei, ungehemmt, ungebunden 2.: ~! rührt euch!

вольно́ *prädikativ, umg* wozu auch; уста́л? ~ же тебе́ бы́ло так бы́стро бежа́ть! bist du müde? wozu mußtest du auch so schnell laufen!; ~ тебе́ говори́ть du hast gut reden

вольно|ду́мец, -мца, *I* -мцем, *G Pl* -мцев *m alt* Freidenker, Freigeist; **~ду́мный,** -ая, -ое; *Kzf* -мен, -мна *alt* freidenkerisch; **~ду́мство,** -а *n alt* Freidenkertum, Freigeisterei; **~люби́вый,** -ая, -ое; *Kzf* -и́в, -а freiheitsliebend; **~наёмный,** -ая, -ое 1. im freien Arbeitsverhältnis stehend 2. bei einer Militärbehörde arbeitend; **~отпу́щенник,** -а *m hist* Freigelassener; **~слу́шатель,** -я *m* Gasthörer

во́льность, -и *f* 1. *alt* Freiheit 2. Ungebundenheit, Unabhängigkeit; поэти́ческая ~ dichterische Freiheit 3. (übermäßige) Ungezwungenheit, Zwanglosigkeit 4. *Pl alt* Freiheiten, Privilegien

во́льный, -ая, -ое 1. frei, unabhängig 2. *Kzf* -лен, -льна́, -льно, во́льны́ ungebunden, ungezwungen; dreist; -ое поведе́ние zu freies Benehmen ◇ ~ го́род freie Stadt; -ая га́вань Freihafen; -ые движе́ния *Sport* Freiübungen; -ые стихи́ freie Verse; ~ перево́д eine freie Übersetzung; ~ стиль Freistil *Schwimmsport*; на -ом во́здухе im Freien

[1]**вольт,** -а, *P* о во́льте, на вольту́ *m Sport* Volte

[2]**вольт,** -а, *GPl* -ов *u.* вольт *m el* Volt

вольта́ж, -а́, *I* -о́м *m el alt* Spannung
вольтижёр, -а *m Sport* Voltigeur, Kunstspringer
вольтме́тр, -а *m el* Voltmeter, Spannungsmesser
вольфра́м, -а *m chem* Wolfram
во́ля, -и *f* **1.** Wille(n); име́ть си́лу -и Willenskraft besitzen **2.** Wille, Wunsch; по до́брой -е freiwillig; не по свое́й -е wider seinen Willen **3.** Macht, Belieben; э́то в ва́шей -е es steht Ihnen frei **4.** Freiheit; отпусти́ть на -ю freilassen, die Freiheit geben, auf freien Fuß setzen ◇ дать -ю слеза́м seinen Tränen freien Lauf lassen; дать -ю (свои́м) чу́вствам sich Luft machen; дать -ю рука́м handgreiflich werden; -ею суде́б *buchspr* zufällig; сда́ться на -ю победи́теля sich auf Gnade und Ungnade ergeben
[1]**вон** *Adv umg* fort, weg, hinaus; ~ отсю́да! hinaus!; пошёл ~! mach, daß du fortkommst! ◇ из рук ~ пло́хо sehr schlecht, unter aller Kritik; из ря́да ~ выходя́щий hervorragend, außergewöhnlich
[2]**вон** *Part umg* da, dort; ~ там dort; ~ он идёт da kommt er ◇ ~ оно́ что! da sieh mal einer an!
вонза́ть(ся) *uv zu* вонзи́ть(ся)
вонзи́ть, вонжу́, вонзи́шь; вонзённый, -зён, -зена́ *v* hineinstoßen; ~ нож в грудь das Messer in die Brust stoßen ‖ *uv* вонза́ть, -а́ю, -а́ешь
вонзи́ться, *1. u. 2. Pers ungebr,* -и́тся *v* sich hineinbohren, eindringen; ~ когтя́ми sich einkrallen ‖ *uv* вонза́ться, -а́ется
вонь, -и *f umg* Gestank, übler Geruch
воню́чий, -ая, -ее; *Kzf* -ю́ч, -а *umg* stinkend, übelriechend
вонючка, -и, *Pl G* -чек, *D* -чкам *f* Stinktier
воня́ть, -я́ю, -я́ешь *uv umg* stinken
вообража́емый, -ая, -ое scheinbar, eingebildet, imaginär
вообража́ть *uv zu* вообрази́ть
воображе́ние, -я *n* Einbildungskraft, Phantasie; всё э́то одно́ ~ das ist alles nur Einbildung
вообрази́ть, -ажу́, -ази́шь; -ажённый, -ажён, -ажена́ *v* **1.** sich vorstellen, sich vergegenwärtigen **2.** sich einbilden, sich ausdenken ‖ *uv* вообража́ть, -а́ю, -а́ешь; вообража́ть о себе́ *volksspr* sehr von sich eingenommen sein
вообще́ *Adv* **1.** im allgemeinen, im großen (und) ganzen **2.** überhaupt, immer ◇ ~ говоря́ eigentlich
воодушеви́ть, -влю́, -ви́шь; -влённый, -влён, -влена́ *v* begeistern, anfeuern ‖ *uv* воодушевля́ть, -я́ю, -я́ешь
воодушеви́ться, -влю́сь, -ви́шься *v I* in Begeisterung geraten, sich begeistern (für) ‖ *uv* воодушевля́ться, -я́юсь, -я́ешься
воодушевле́ние, -я *n* Begeisterung, Enthusiasmus
воодушевлённый, -ая, -ое *I* begeistert, entflammt (für)
воодушевля́ть(ся) *uv zu* воодушеви́ть(ся)
вооружа́ть(ся) *uv zu* вооружи́ть(ся)
вооруже́ние, -я *n* **1.** Rüsten; Ausrüsten; го́нка -й Wettrüsten **2.** Bewaffnung, Waffen **3.** Zubehör, Ausrüstung
вооружённость, -и *f* Ausrüstung(sstand), Ausstattung
вооружённый, -ая, -ое **1.** bewaffnet; -ые си́лы Streitkräfte; -ое восста́ние bewaffneter Aufstand **2.** *I übtr* ausgerüstet, bestückt (mit)
вооружи́ть, -жу́, -жи́шь; -жённый, -жён, -жена́ *v* **1.** bewaffnen, ausrüsten **2.** *I übtr* versehen, ausrüsten (mit) **3.** *übtr* aufreizen, aufbringen ‖ *uv* вооружа́ть, -а́ю, -а́ешь
вооружи́ться, -жу́сь, -жи́шься *v* **1.** rüsten, sich bewaffnen **2.** *übtr* sich versorgen; ~ терпе́нием sich mit Geduld wappnen ‖ *uv* **вооружа́ться,** -а́юсь, -а́ешься
во́очию *Adv* mit eigenen Augen
во-пе́рвых *mod* erstens
вопи́ть, -плю́, -пи́шь *uv umg* schreien, heulen
вопию́щий, -ая, -ее (himmel-) schreiend, empörend; -ее противоре́чие krasser Widerspruch
вопия́ть, -ию́, -ие́шь *uv hoher Stil* laut schreien, laut ausrufen ◇ ка́мни вопию́т das schreit zum Himmel
воплоти́ть, -ощу́, -оти́шь; -ощённый, -ощён, -ощена́ *v* verkörpern; ~ в жизнь verwirklichen ‖ *uv* **воплоща́ть,** -а́ю, -а́ешь
воплоти́ться, -ощу́сь, -оти́шься *v* sich verkörpern; sich verwirklichen ‖ *uv* **воплоща́ться,** -а́юсь, -а́ешься
воплоще́ние, -я *n* **1.** Verkörperung; она́ ~ скро́мности sie ist die Bescheidenheit in Person **2.** Verwirklichung
вопль, -я *m* Klagegeschrei; Wehklagen

вопреки́ *Präpos mit D* entgegen, zuwider, trotz; ~ тру́дностям trotz der Schwierigkeiten; ~ всем пра́вилам entgegen allen Regeln; ~ всему́ trotz allem

вопро́с, -а *m* **1.** Frage; обрати́ться с -ом к кому́-н. eine Frage an j-n richten; э́то ещё ~ das ist noch fraglich **2.** Frage, Angelegenheit, Sache; по ли́чному -у in persönlicher Angelegenheit; ~ че́сти Ehrensache; ~ вре́мени eine Frage der Zeit; весь ~ в том, что́бы . . . es handelt sich darum, daß . . . **3.** Frage, Problem; жили́щный ~ Wohnungsfrage ◇ поста́вить под ~ in Frage stellen; что за ~! *umg* natürlich!, selbstverständlich!; ~ жи́зни и сме́рти eine entscheidende Frage, eine Schicksalsfrage

вопроси́тельный, -ая, -ое **1.** fragend **2.** *gram* Frage-, Interrogativ-; -ое местоиме́ние Interrogativpronomen

вопроси́ть, -ошу́, -оси́шь; -ошённый, -ошён, -ошена́ *v alt* fragen ‖ *uv* вопроша́ть, -а́ю, -а́ешь

вопро́сник, -а *m* Frageliste

вопро́сный, -ая, -ое Frage-; ~ лист Fragebogen

вопроша́ть *uv zu* вопроси́ть

вопроша́ющий, -ая, -ее *übtr* fragend

вор, -а, *Pl* во́ры, воро́в, вора́м *m* Dieb; карма́нный ~ Taschendieb; ута́йщик – тот же ~ der Hehler ist so gut wie der Stehler ◇ на -е ша́пка гори́т der Schuldige verrät sich selbst

во́рвань, -и *f* Tran

во|рва́ться*; -рвали́сь *v* eindringen, hineinstürmen; einbrechen ‖ *uv* врыва́ться, -а́юсь, -а́ешься

вори́шка, -и, *Pl G* -шек, *D* -шкам *m Dem zu* вор Dieb

воркова́нье, -ья *n* Gurren, Girren

воркова́ть, -ку́ю, -ку́ешь *uv* **1.** *1. u. 2. Pers ungebr* gurren, girren **2.** *übtr scherz, iron* kosen, schöntun

воркотня́, -и́ *f umg* Brummen, Knurren

Воркута́, -ы́ *f* Workuta *Fluß u. Stadt*

воробе́й, -бья́, *G Pl* -бьёв *m* Sperling, Spatz ◇ стре́ляный [ста́рый] ~ *umg* geriebener Kunde; ста́рого -ья́ на мяки́не не проведёшь ein alter Fuchs geht nicht zum zweiten Mal in die Falle

воробьи́ный, -ая, -ое Sperlings-, Spatzen- ◇ -ая ночь a) Gewitternacht; b) die kürzeste Sommernacht; коро́че -ого но́са sehr kurz, winzig

воро́ванный, -ая, -ое gestohlen

词

вörова́тый, -ая, -ое; *Kzf* -а́т, -а verstohlen, spitzbübisch; gerissen, durchtrieben

ворова́ть, -ру́ю, -ру́ешь *uv* stehlen, entwenden

воро́вка, -и, *Pl G* -вок, *D* -вкам *f* Diebin

воровски́ *Adv umg* betrügerisch, gaunerhaft

воровско́й, -а́я, -о́е Diebs-, Gauner-; ~ язы́к [жарго́н] Gaunersprache

воровство́, -а́ *n* Diebstahl; литерату́рное ~ Plagiat

ворожба́, -ы́ *f* Wahrsagerei, Zauberei

вороже́я, -и́ *f* Wahrsagerin; Kurpfuscherin

ворожи́ть, -жу́, -жи́шь *uv* wahrsagen, zaubern

во́рон, -а *m* Rabe

воро́на, -ы *f* **1.** Krähe **2.** ungeschickter, zerstreuter Mensch ◇ воро́н счита́ть Maulaffen feilhalten, gaffen; пу́ганая ~ куста́ бои́тся gebranntes Kind scheut das Feuer

Воро́неж, -а, *I* -ем Woronesh *Stadt*

воронёнок, -нка, *Pl* -ня́та, -ня́т, -ня́там *m* Krähenjunges

воронёный, -ая, -ое *tech* brüniert

воро́ний, -ья, -ье Krähen-

воро́нить, -ню, -нишь *uv volksspr* Maulaffen feilhalten

воро́нка, -и, *Pl G* -нок, *D* -нкам *f* **1.** Trichter; стекля́нная ~ Glastrichter **2.** Granat-, Bombentrichter

воронкообра́зный, -ая, -ое; *Kzf* -зен, -зна trichterförmig

во́ронов: цве́та -а крыла́ rabenschwarz

вороно́й, -а́я, -о́е schwarz *von Pferden*; -а́я ло́шадь Rappe

воронье́, -ья́ *n Koll* Raben-, Krähenschwarm

[1]**во́рот,** -а *m* Kragen; Halsausschnitt

[2]**во́рот,** -а *m tech* Haspel, Winde

воро́та, -ро́т, -ро́там *Pl* Tor; триумфа́льные ~ Triumphbogen

вороти́ла, -ы *m umg verächtl* Geschäftsmann; Hauptperson

вороти́ть, -очу́, -о́тишь *v umg* zurückschicken

вороти́ться, -очу́сь, -о́тишься *v umg* zurückkommen, -kehren

воротни́к, -а́ *m* **1.** Kragen; стоя́чий ~ Stehkragen; отложно́й ~ Umlegekragen **2.** *tech* Manschette

воротничо́к, -чка́ *m Dem zu* воротни́к Kragen, Hemdkragen

во́рох, -а, *Pl* вороха́, -о́в, -а́м *m* Haufen

воро́чать, -аю, -аешь *uv* **1.** schieben, rücken; bewegen **2.** umwenden **3.** *übtr, umg* verfügen, leiten; ~ дела́ми schalten und walten
воро́чаться, -аюсь, -аешься *uv umg*: беспоко́йно ~ на посте́ли sich im Bett unruhig von einer Seite auf die andere wälzen
вороши́ть, -шу́, -ши́шь *uv* (um)wenden; ~ се́но Heu wenden
ворс, -а *m* Anrauhung, Strich *auf Stoffen*; по -у mit dem Strich; про́тив -а gegen den Strich
ворси́нка, -и, *Pl G* -нок, *D* -нкам *f* **1.** Stoffädchen **2.** Härchen *an Pflanzen oder vom Tierfell* **3.** *anat* Darmzotte
ворси́стый, -ая, -ое; *Kzf* -и́ст, -а wollig, flauschig
ворсова́льный, -ая, -ое: -ая маши́на *tech* Rauhmaschine
ворсова́ть, -су́ю, -су́ешь; -со́ванный, -со́ван, -а *uv text* kardieren, rauhen ‖ *v* наворсова́ть
ворча́ние, -я *n* Brummen, Knurren
ворча́ть, -чу́, -чи́шь *uv* brummen, knurren
ворчли́вый, -ая, -ое; *Kzf* -и́в, -а brummig, grämig
ворчу́н, -а́ *m umg* Brummbär
восвоя́си *Adv umg* nach Hause, heim
восемнадцатиле́тний, -яя, -ее achtzehnjährig
восемна́дцатый, -ая, -ое *Num* achtzehnter
восемна́дцать, -и *Num* achtzehn
во́семь, восьми́, *I* восьмью́ *oder* восемью́ *Num* acht
во́семьдесят, восьми́десяти, *I* восьмью́десятью *oder* восемью́десятью *Num* achtzig
восемьсо́т, восьмисо́т, восьмиста́м, восемьсо́т, восемьюста́ми, восьмиста́х *Num* achthundert
во́семью *Adv* acht mal, mit acht malgenommen; ~ три acht mal drei
воск, -а (-у) *m* Wachs
воскли́кнуть, -ну, -нешь *v* ausrufen ‖ *uv* восклица́ть, -а́ю, -а́ешь
восклица́ние, -я *n* Ausruf, Schrei
восклица́тельный, -ая, -ое Ausruf-, Ausrufungs-; ~ знак *gram* Ausrufungszeichen
восклица́ть *uv zu* воскли́кнуть
воско́вка, -и, *Pl G* -вок, *D* -вкам *f* Wachsmatrize
восково́й, -а́я, -о́е **1.** Wachs-, aus Wachs; -а́я свеча́ Wachskerze **2.** *übtr* wächsern, wachsbleich
воскреса́ть *uv zu* воскре́снуть
воскресе́ние, -я *n* **1.** *rel* Auferstehung **2.** *übtr* Wiederbelebung
воскресе́нье, -ья *n* Sonntag; по -ьям sonntags
воскреси́ть, -ешу́, -еси́шь; -ешённый, -ешён, -ешена́ *v* **1.** *rel* auferstehen lassen **2.** *übtr* wiederbeleben, -erwecken ‖ *uv* воскреша́ть, -а́ю, -а́ешь
воскре́сник, -а *m* freiwilliger (kollektiver) Arbeitseinsatz am Sonntag
воскре́снуть, -ну, -нешь; воскре́с, -ла *v* **1.** *rel* auferstehen **2.** *übtr* wiederaufleben ‖ *uv* воскреса́ть, -а́ю, -а́ешь
воскре́сный, -ая, -ое Sonntags-, sonntäglich
воскреша́ть *uv zu* воскреси́ть
воскреше́ние, -я *n* Wiederbeleben
воспале́ние, -я *n med* Entzündung; ~ лёгких Lungenentzündung
воспалённый, -ая, -ое; *Kzf* -лён, -лена́ entzündet
воспали́тельный, -ая, -ое Entzündungs-
воспали́ться, *1. u. 2. Pers ungebr*, -и́тся *v* sich entzünden ‖ *uv* **воспаля́ться,** -я́ется
воспева́ть *uv zu* воспе́ть
вос|пе́ть* *v hoher Stil* besingen, lobpreisen ‖ *uv* воспева́ть, -а́ю, -а́ешь
воспита́ние, -я *n* **1.** Erziehung **2.** (gute) Erziehung, Benehmen
воспи́танник, -а *m* **1.** Zögling **2.** Pflegekind
воспи́танный, -ая, -ое; *Kzf* -ан, -анна wohlerzogen, höflich
воспита́тель, -я *m* Erzieher
воспита́тельница, -ы, *I* -ей *f* Erzieherin
воспита́тельный, -ая, -ое erzieherisch, Erziehungs-
воспита́ть, -а́ю, -а́ешь; воспи́танный, -ан, -а *v* **1.** erziehen, aufziehen **2.** anerziehen **3.** (groß)ziehen *Tiere, Pflanzen* ‖ *uv* **воспи́тывать,** -аю, -аешь
воспита́ться, -а́юсь, -а́ешься *v* erzogen werden ‖ *uv* **воспи́тываться,** -аюсь, -аешься
воспламене́ние, -я *n* **1.** Entzündung, Aufflammen **2.** Begeisterung
воспламени́ть, -ню́, -ни́шь; -нённый, -нён, -нена́ *v* **1.** entzünden, anzünden **2.** *übtr* begeistern, anspornen ‖ *uv* воспламеня́ть, -я́ю, -я́ешь
воспламени́ться, -ню́сь, -ни́шься *v* **1.** *1. u. 2. Pers ungebr* sich entzünden, in Brand geraten **2.** *I übtr* entflam-

men, sich begeistern (für) || *uv* воспламеня́ться, -я́юсь, -я́ешься
воспламеня́емый, -ая, -ое entzündbar
воспламеня́ть(ся) *uv zu* воспламени́ть(ся)
восполне́ние, -я *n* Ergänzen, Ergänzung
воспо́лнить, -ню, -нишь; -ненный, -нен, -а *v* ergänzen, ausfüllen || *uv* **восполня́ть,** -я́ю, -я́ешь
воспо́льзоваться, -зуюсь, -зуешься *v I* 1. ausnutzen, Nutzen ziehen (aus) 2. benutzen, verwenden
воспомина́ние, -я *n* 1. Erinnerung 2. *Pl* Lebenserinnerungen, Memoiren
воспрепя́тствовать, -твую, -твуешь *v D buchspr* (ver)hindern, hemmen
воспрети́ть, -ещу́, -ети́шь; -ещённый, -ещён, -ещена́ *v* verbieten, verwehren || *uv* **воспреща́ть,** -а́ю, -а́ешь
воспреща́ться, *1. u. 2. Pers ungebr,* -а́ется *uv* verboten sein
воспреще́ние, -я *n* Verbot
восприе́мник, -а *m kirch* Pate
восприе́мница, -ы, *I* -ей *f kirch* Patin
восприи́мчивость, -и *f* Empfänglichkeit, Aufnahmefähigkeit
восприи́мчивый, -ая, -ое; *Kzf* -ив, -а empfänglich (к *D* für); aufnahmefähig, eindrucksfähig
воспринима́ть *uv zu* восприня́ть
вос|приня́ть* *v* wahrnehmen; verstehen, auffassen; sich aneignen || *uv* воспринима́ть, -а́ю, -а́ешь
восприя́тие, -я *n* Wahrnehmung
воспроизведе́ние, -я *n* 1. Wiedergabe; ~ зву́ка *rad* Tonwiedergabe 2. *biol* Wiedererzeugung 3. Nachbildung, Reproduktion; Nachdruck
воспроиз|вести́* *v* 1. wiedererzeugen, reproduzieren; ~ в па́мяти sich ins Gedächtnis zurückrufen, sich vergegenwärtigen 2. nachbilden, wiedergeben || *uv* **воспроизводи́ть,** -ожу́, -о́дишь
воспроизво́дство, -а *n* Reproduktion
воспроти́виться, -влюсь, -вишься *v D* sich widersetzen, Widerstand leisten
воспря́нуть, -ну, -нешь *v alt, hoher Stil* sich aufraffen, Auftrieb bekommen ◇ ~ ду́хом wieder Mut fassen
воспыла́ть, -а́ю, -а́ешь *v übtr I* entbrennen, glühen, brennen (vor)
восседа́ть, -а́ю, -а́ешь *uv alt, iron* thronen
вос|се́сть* *v alt, iron* sich niederlassen; ~ на престо́л den Thron besteigen
воссла́вить, -влю, -вишь *v hoher Stil, alt* rühmen, preisen || *uv* **восславля́ть,** -я́ю, -я́ешь
воссоедине́ние, -я *n* Wiedervereinigung
воссоедини́ть, -ню́, -ни́шь; -нённый, -нён, -нена́ *v* wiedervereinigen || *uv* **воссоединя́ть,** -я́ю, -я́ешь
воссоедини́ться, -ню́сь, -ни́шься *v* sich wiedervereinigen || *uv* **воссоединя́ться,** -я́юсь, -я́ешься
воссоздава́ть *uv zu* воссозда́ть
воссозда́ние, -я *n* Wiederherstellung, Neuschaffung
воссоз|да́ть*; воссо́зданный, воссо́здана *v* 1. neu schaffen, wiederherstellen 2. sich vergegenwärtigen || *uv* воссоз|дава́ть*
восстава́ть *uv zu* восста́ть
восста́вить, -влю, -вишь *v*: ~ перпендикуля́р *math* ein Lot fällen, eine Senkrechte errichten || *uv* **восставля́ть,** -я́ю, -я́ешь
восстана́вливать(ся) *uv zu* восстанови́ть(ся)
восста́ние, -я *n* Aufstand
восстанови́тельный, -ая, -ое Wiederherstellungs-, Wiederaufbau-, Renovierungs-
восстанови́ть, -овлю́, -о́вишь; -о́вленный, -о́влен, -а *v* 1. wiederherstellen; wiederaufbauen; restaurieren; ~ своё здоро́вье seine Gesundheit wiederherstellen 2. *übtr*: ~ что́-н. в па́мяти sich etw. ins Gedächtnis zurückrufen 3. wieder einsetzen; ~ кого́-н. в права́х j-n wieder in seine Rechte einsetzen 4. aufreizen, aufbringen || *uv* восстана́вливать, -аю, -аешь
восстанови́ться, -овлю́сь, -о́вишься *v* 1. wiederhergestellt werden, sich normalisieren 2. wiedereingesetzt werden; wiederaufgenommen werden || *uv* восстана́вливаться, -аюсь, -аешься
восстановле́ние, -я *n* 1. Wiederherstellung; Wiederaufbau; Restauration 2. Auffrischung *Gedächtnis* 3. Wiedereinsetzung; ~ в права́х Wiederherstellung der Rechte 4. *chem* Reduktion
вос|ста́ть* *v* 1. sich erheben, sich empören 2.: ~ про́тив чего́-н. sich gegen etw. auflehnen || *uv* вос|става́ть*
восто́к, -а *m* 1. Osten 2. *mit großem Anfangsbuchstaben* Orient; Osten; на -е im Osten; Бли́жний Восто́к der Nahe Osten; Да́льний Восто́к

der Ferne Osten; на ~ от чего́-н. östlich von etw.

востоко|ве́д, -а *m* Orientalist; **~ве́дение,** -я *n* Orientalistik; **~ве́дческий,** -ая, -ое orientalistisch

восто́рг, -а *m* Begeisterung, Entzücken; приводи́ть в ~ entzücken, in Entzückung versetzen

восторга́ть, -а́ю, -а́ешь *uv* begeistern

восторга́ться, -а́юсь, -а́ешься *uv I* sich begeistern (für)

восто́рженность, -и *f* Entzücken, Verzückung

восто́рженный, -ая, -ое; *Kzf* -жен, -женна begeistert, entzückt

восторжествова́ть, -тву́ю, -тву́ешь *v* triumphieren, siegen (над *I* über)

восто́чнее *Adv* östlich (*G* von)

восто́чный, -ая, -ое östlich, Ost-, orientalisch

востре́бование, -я *n* Anforderung; до -я postlagernd

востре́бовать, -бую, -буешь *v* anfordern

востро́ *Adv*: держа́ть у́хо ~ *umg* auf der Hut sein, die Ohren steif halten

вострогла́зый, -ая, -ое mit scharfem Blick

восхвале́ние, -я *n* Lobpreisung

восхвали́ть, -алю́, -а́лишь; -алённый, -алён, -алена́ *v* lobpreisen, sehr loben ‖ *uv* **восхваля́ть,** -я́ю, -я́ешь

восхити́тельный, -ая, -ое; *Kzf* -лен, -льна entzückend, reizend

восхити́ть, -ищу́, -ити́шь; -ищённый, -ищён, -ищена́ *v* entzücken, bezaubern ‖ *uv* **восхища́ть,** -а́ю, -а́ешь

восхити́ться, -ищу́сь, -ити́шься *v I* in Entzücken geraten, entzückt sein, sich begeistern (für) ‖ *uv* **восхища́ться,** -а́юсь, -а́ешься

восхище́ние, -я *n* Entzücken; прийти́ в ~ in Entzücken geraten

восхо́д, -а *m* Aufgang; ~ со́лнца Sonnenaufgang

восходи́ть, -ожу́, -о́дишь *uv* 1. hinauf-, besteigen 2. aufgehen *Gestirne* 3. zurückreichen, seinen Ursprung haben

восходя́щий, -ая, -ее aufsteigend, emporsteigend; -ее со́лнце aufgehende Sonne; -ая звезда́ *übtr* aufgehender Stern

восхожде́ние, -я *n* Aufstieg

восше́ствие, -я *n alt*: ~ на престо́л Thronbesteigung

восьма́я, -о́й *Subst f* Achtel

восьмёрка, -и, *Pl G* -рок, *D* -ркам *f* 1. Acht *Ziffer*; *volksspr Straßenbahn, Omnibus der Linie 8*; *umg* Gruppe von acht Personen oder Gegenständen 2. Acht *Spielkarte* 3. Achtgespann, -spänner 4. *Sport* Achter

во́сьмеро, -ы́х *kollektives Num* 1. acht *bei männlichen Subst, die Personen bezeichnen u. bei Pluraliatantum*; ~ челове́к acht Personen 2. acht Paar; ~ глаз acht Augenpaare

восьми|весе́льный, -ая, -ое *naut* achtriemig; **~гра́нник,** -а *m math* Oktaeder; Achtflach; **~десятиле́тие,** -я *n* 1. achtzig Jahre *Zeitraum* 2. achtzigster Jahrestag, Achtzigjahrfeier; achtzigjähriges Jubiläum; **~деся́тый,** -ая, -ое achtzigster; ~деся́тые го́ды achtziger Jahre; **~дне́вный,** -ая, -ое achttägig; **~кла́ссник,** -а *m* Schüler der achten Klasse; **~кра́тный,** -ая, -ое achtmalig; **~ле́тие,** -я *n* 1. acht Jahre *Zeitraum* 2. achter Jahrestag; achtjähriges Jubiläum; **~ле́тний,** -яя, -ее achtjährig; **~ме́сячный,** -ая, -ое achtmonatig; **~сло́жный,** -ая, -ое achtsilbig; **~сотле́тие,** -я *n* 1. achthundert Jahre *Zeitraum* 2. achthundertster Jahrestag, Achthundertjahrfeier; **~сотле́тний,** -яя, -ее achthundertjährig, Achthundertjahr-; **~со́тый,** -ая, -ое *Num* achthundertster; **~сти́шие,** -я *n lit* achtzeilige Strophe; **~сто́пный,** -ая, -ое *lit* achtfüßig; **~стру́нный,** -ая, -ое achtsaitig; **~ты́сячный,** -ая, -ое achttausendster; **~уго́льник,** -а *m math* Oktogon, Achteck; **~уго́льный,** -ая, -ое achteckig; **~часово́й,** -а́я, -о́е achtstündig; ~часово́й рабо́чий день Achtstundentag; **~эта́жный,** -ая, -ое siebenstöckig, achtgeschossig

восьмо́й, -а́я, -о́е 1. *Num* achter; -о́го числа́ am Achten (des Monats); -о́е ию́ня der achte Juni; ~ час es geht auf acht; в -о́м часу́ nach sieben, zwischen sieben und acht; -а́я часть Achtel; ему́ ~ деся́ток (пошёл) er ist in den Siebzigern 2. -а́я, -о́й *Subst f* Achtel

восьму́шка, -и, *Pl G* -шек, *D* -шкам 1. Achtel 2. Achtelbogen

вот *Part* 1. hier, da; ~ он идёт da kommt er; ~ и я da bin ich; ~ как ну́жно де́лать so muß man es machen; дай мне ~ э́ту кни́гу gib mir dieses Buch (da) 2. *unterstreicht das Folgende*; ~ и всё das ist alles; ~ пре́лесть! das ist ja reizend! ◇ ~ ещё! das hat gerade noch gefehlt!; ~ как! da sieh mal einer an!; ~ тебе́ на! da haben wir's!; ~ тебе́, ба́бушка, и Юрьев день! da haben wir die Bescherung!

вот-вот *Adv umg* jeden Augenblick; иногда́ каза́лось, что ~ пойдёт дождь manchmal schien es, als wolle es jeden Augenblick beginnen zu regnen

воти́ровать, -рую, -руешь; -рованный, -рован, -а *v, uv* abstimmen *im Parlament*

во|тка́ть* *v* (hin)einweben

воткну́ть, -ну́, -нёшь; во́ткнутый, -ут, -а *v* (hin)einstechen; (hin)einstoßen; ~ кол в зе́млю einen Pfahl in die Erde rammen ‖ *uv* втыка́ть, -а́ю, -а́ешь

воткну́ться, *1. u. 2. Pers ungebr*, -нётся *v* (hin)eindringen *mit der Spitze* ‖ *uv* втыка́ться, -а́ется

во́тум, -а *m pol* Votum

во́тчина, -ы *f hist* Stammgut, Erbgut

воцаре́ние, -я *n alt* Thronbesteigung

воцари́ться, -рю́сь, -ри́шься *v* 1. den Thron besteigen 2. *übtr* eintreten, anbrechen; воцари́лось молча́ние Stille trat ein ‖ *uv* **воцаря́ться,** -я́юсь, -я́ешься

вошь, вши, *I* во́шью, *Pl* вши, вшей, вшам *f* Laus

воща́нка, -и, *Pl G* -нок, *D* -нкам *f* Wachspapier

вощёный, -ая, -ое gewachst, gebohnert; wachsgetränkt

вощи́на, -ы *f* leere Honigwaben

вощи́ть, вощу́, вощи́шь; вощённый, -ён, -ена́ *uv* wachsen, bohnern

во́ю ↑ выть

вою́ющий, -ая, -ее kriegführend

воя́ка, -и *m umg*, *iron* Haudegen; Raufbold

впада́ть, -а́ю, -а́ешь *uv* 1. *uv zu* впасть 2. *1. u. 2. Pers ungebr* münden, sich ergießen

впаде́ние, -я *n* Mündung

впа́дина, -ы *f* Höhlung, Vertiefung; глазна́я ~ Augenhöhle

впа́ивать *uv zu* впая́ть

впа́йка, -и *f* 1. Einlöten 2. eingelötetes Stück

впа́лый, -ая, -ое hohl, eingefallen; -ые щёки hohle Wangen

в|пасть* *v* 1. *1. u. 2. Pers ungebr* einfallen, hohl werden 2. geraten, (ver-) fallen; ~ в де́тство kindisch werden ‖ *uv* впада́ть, -а́ю, -а́ешь *zu* 2

впая́ть, -я́ю, -я́ешь; впа́янный, -ян, -а *v* einlöten ‖ *uv* впа́ивать, -аю, -аешь

впервой *Adv, volksspr, gbt, meist mit Verneinung*: э́то мне не ~ das ist mir nicht neu

впервы́е *Adv* zum ersten Mal

вперебо́й *Adv umg* einander unterbrechend

вперева́лку *Adv*: ходи́ть ~ watscheln; einen (leicht) schwankenden Gang haben

вперего́нки *u.* **вперегонки́** *Adv umg* um die Wette; бежа́ть ~ um die Wette laufen

вперёд *Adv* 1. vorwärts, voran, vor; идти́ ~ vorwärtsgehen; взад и ~ hin und her 2. künftig, in Zukunft; ~ бу́дьте осмотри́тельнее seien Sie in Zukunft vorsichtiger 3. im voraus; заплати́ть ~ vorausbezahlen ◇ часы́ иду́т ~ die Uhr geht vor; дать кому́-н. не́сколько очко́в ~ j-m weit überlegen sein

впереди́ 1. *Adv* a) vorn, voraus, voran; идти́ ~ vorangehen; b) in Zukunft, vor sich; у него́ ещё це́лая жизнь ~ er hat noch das ganze Leben vor sich 2. *Präpos mit G* vor; быть ~ други́х die anderen überflügeln

впереме́жку *Adv* abwechselnd

впереме́шку *Adv* durcheinander, kunterbunt

вպери́ть, -рю́, -ри́шь; -рённый, -рён, -рена́ *v*: ~ взор во что́-н. den Blick auf etw. richten, etw. anstarren ‖ *uv* **вперя́ть,** -я́ю, -я́ешь

впечатле́ние, -я *n* Eindruck; производи́ть ~ einen Eindruck machen

впечатли́тельный, -ая, -ое; *Kzf* -лен, -льна leicht zu beeindrucken, empfänglich

впива́ть, -а́ю, -а́ешь *uv* in sich einsaugen, in sich aufnehmen

впива́ться *uv zu* впи́ться

впи́санный, -ая, -ое *math* eingezeichnet

в|писа́ть* *v* 1. einfügen *in einen Text* 2. einschreiben, eintragen 3. einzeichnen; ~ треуго́льник в круг *math* ein Dreieck in einen Kreis zeichnen ‖ *uv* впи́сывать, -аю, -аешь

впи́ска, -и *f volkssprr* Eintragung; Ergänzung

впи́сывание, -я *n* Einschreiben; Eintragung

впи́сывать *uv zu* вписа́ть

впита́ть, -а́ю, -а́ешь *v* 1. auf-, einsaugen 2. *übtr* in sich aufnehmen ‖ *uv* **впи́тывать,** -аю, -аешь

впита́ться, *1. u. 2. Pers ungebr*, -а́ется *v* einsickern, eindringen; вла́га впита́лась в по́чву die Feuchtigkeit drang in den Boden ein || *uv* **впи́тываться,** -ается

в|пи́ться*, вопью́сь; впили́сь *v* 1. sich festsaugen; пия́вка впила́сь der Blutegel hat sich festgesaugt 2. sich anklammern, sich festklammern; он су́дорожно впи́лся в стол па́льцами er hielt den Stuhl krampfhaft mit den Fingern umklammert; ~ зуба́ми sich festbeißen ◇ она́ впила́сь в карти́ну глаза́ми *übtr* sie sah unverwandt das Bild an || *uv* впива́ться, -а́юсь, -а́ешься

впи́хивать *uv zu* впихну́ть

впихну́ть, -ну́, -нёшь; впи́хнутый, -ут, -а *v umg* hineinstoßen, -pressen || *uv* впи́хивать, -аю, -аешь

вплавь *Adv* schwimmend

в|плести́* *v* hineinflechten || *uv* **вплета́ть,** -а́ю, -а́ешь

вплотну́ю *Adv* 1. dicht; подойти́ ~ к бе́регу dicht an das Ufer herangehen 2. ernst, wie es sich gehört

вплоть *Adv* 1. *mit Präpos* к ganz nahe, dicht 2. *mit Präpos* до bis; ~ до ве́чера bis zum Abend

вплыва́ть *uv zu* вплыть

в|плыть* *v* einlaufen *Schiff* || *uv* вплыва́ть, -а́ю, -а́ешь

вповалку *Adv umg* (ohne Ordnung) nebeneinander(liegend)

вполгла́за *Adv volksspr* mit halbem Auge; спать ~ unruhig schlafen

вполго́лоса *Adv* halblaut

вполза́ть *uv zu* вползти́

в|ползти́* *v* 1. hineinkriechen 2. hinaufkriechen || *uv* вполза́ть, -а́ю, -а́ешь

вполне́ *Adv* vollkommen, völlig

вполоборо́та *Adv* halb zugewandt

вполови́ну *Adv umg* um die Hälfte, zur Hälfte

вполпути́ *Adv* auf halbem Wege

впопа́д *Adv umg* zur rechten Zeit, gelegen; отве́тить ~ eine treffende Antwort geben

впопыха́х *Adv* 1. atemlos, außer Atem 2. in der Eile, in aller Eile

впо́ру *Adv umg* 1. passend; э́то пальто́ ему́ не ~ dieser Mantel paßt ihm nicht 2. rechtzeitig, gelegen; не ~ ungelegen

впорхну́ть, -ну́, -нёшь *v* hineinflattern, -hüpfen

впосле́дствии *Adv* danach, später

впотьма́х *Adv* im Dunkeln

впра́вду *Adv volksspr* tatsächlich

впра́ве *Adv, prädikativ*: быть ~ berechtigt sein

впра́вить, -влю, -вишь; -вленный, -влен, -а *v med* einrenken ◇ ~ мозги́ кому́-н: *übtr* j-n zur Vernunft bringen || *uv* вправля́ть, -я́ю, -я́ешь

впра́вка, -и *f med* Einrenkung

вправля́ть *uv zu* впра́вить

впра́во *Adv* nach rechts, rechts

впредь *Adv* künftig, in Zukunft; fernerhin; ~ до (дальне́йшего) распоряже́ния bis auf weiteres

вприглядку *Adv volksspr, scherz*: пить чай ~ Tee ohne Zucker trinken

вприку́ску *Adv*: пить чай ~ beim Teetrinken kleine Stückchen Zucker abbeißen

вприпры́жку *Adv* hüpfend

вприся́дку *Adv*: пляса́ть ~ hockend tanzen

вприти́рку *Adv umg* ganz dicht, in enger Berührung

вприти́к *Adv umg* sehr dicht

впро́голодь *Adv* hungernd; жить ~ hungern, am Hungertuch nagen

впрок *Adv* 1. auf Vorrat; заготовля́ть ~ einen Vorrat anlegen 2. *prädikativ* zum Nutzen, zum Vorteil; э́то ему́ не ~ das bekommt ihm nicht

вприса́к *Adv umg*: попа́сть(ся) ~ *umg* hereinfallen, sich blamieren

впросо́нках *Adv umg* im Halbschlaf

впро́чем *Konj* 1. übrigens, im übrigen 2. nichtsdestoweniger, jedoch

впры́гивать *uv zu* впры́гнуть

впры́гнуть, -ну, -нешь *v* hineinspringen; hinaufspringen || *uv* впры́гивать, -аю, -аешь

впры́скивание, -я *n* Injektion

впры́скивать *uv zu* впры́снуть

впры́снуть, -ну, -нешь; -нутый, -нут, -а *v* einspritzen, injizieren || *uv* впры́скивать, -аю, -аешь

впряга́ть *uv zu* впрячь

впрямь *mod umg* tatsächlich, in der Tat, wirklich

в|прячь* [ре] *v* ein-, an-, vorspannen, anschirren; ~ ло́шадь в теле́гу das Pferd vor den Wagen spannen || *uv* впряга́ть, -а́ю, -а́ешь

впуск, -а *m* Einlaß

впуска́ть *uv zu* впусти́ть

впускно́й, -а́я, -о́е Einlaß-; ~ кла́пан Einlaßventil

впусти́ть, впущу́, впу́стишь; впу́щенный, -ен, -а *v* hinein-, hereinlassen || *uv* впуска́ть, -а́ю, -а́ешь

впусту́ю *Adv umg* unnütz, vergebens; говори́ть ~ in den Wind reden

впу́тать, -аю, -аешь *v* 1. einflechten 2. *übtr umg* verwickeln || *uv* **впу́тывать,** -аю, -аешь

впу́таться, -аюсь, -аешься *v* sich ver-

wickeln, sich verstricken (во *A* in) || *uv* **впу́тываться,** -аюсь, -аешься
впя́теро *Adv* fünfmal, fünffach
впятеро́м *Adv* zu fünft
в-пя́тых *mod* fünftens
враба́тываться *uv zu* врабо́таться
врабо́таться, -аюсь, -аешься *v umg* sich einarbeiten || *uv* враба́тываться, -аюсь, -аешься
враг, -а́ *m* **1.** Feind, Gegner; закля́тый ~ geschworener Feind **2.** *G* prinzipieller Gegner *z. B. des Rauchens*
вражда́, -ы́ *f* Feindschaft
вражде́бность, -и *f* Feindseligkeit, Mißgunst
вражде́бный, -ая, -ое; *Kzf* -бен, -бна feindselig, feindlich; -ые де́йствия Feindseligkeiten
враждова́ть, -ду́ю, -ду́ешь *uv* feind sein; ~ ме́жду собо́й sich befeinden
вра́жеский, -ая, -ое feindlich, Feindes-
вра́жий, -ья, -ье *poet* feindlich, Feindes-
враз *Adv volksspr* **1.** gleichzeitig, auf einmal **2.** sofort
вразби́вку *Adv umg* außer der Reihe, durcheinander
вразбро́д *Adv umg* ungeordnet; getrennt; uneinheitlich
вразбро́с *Adv* **1.** mit der Hand ausstreuend **2.** *umg* verstreut
вразва́лку *Adv umg* watschelnd; ходи́ть ~ watscheln
вразнобо́й *Adv volksspr* einzeln, nicht gemeinsam
вразно́с *Adv umg*: торгова́ть ~ hausieren
вразре́з *Adv* zuwider, gegen; идти́ ~ zuwiderlaufen
вразря́дку *Adv* gesperrt; набра́ть ~ *typ* gesperrt setzen
вразуми́тельный, -ая, -ое; *Kzf* -лен, -льна **1.** klar, verständlich **2.** überzeugend
вразуми́ть, -млю́, -ми́шь; -млённый, -млён, -млена́ *v* belehren, überzeugen, zur Vernunft bringen; его́ не вразуми́шь er ist unbelehrbar || *uv* **вразумля́ть,** -я́ю, -я́ешь
вра́ки, врак, вра́кам *Pl umg* Lüge, Unsinn
враль, -я́ *m umg* Lügner, Schwätzer
враньё, -ья́ *n umg* **1.** Lügen **2.** Lüge, dummes Geschwätz
враспло́х *Adv* unerwartet; заста́ть кого́-н. ~ j-n überraschen
врассыпну́ю *Adv* zerstreut; бро́ситься ~ sich (nach allen Seiten) zerstreuen
враста́ние, -я *n* Hineinwachsen
враста́ть *uv zu* врасти́
в|расти́*, *1. u. 2. Pers ungebr* hineinwachsen, Wurzel fassen || *uv* враста́ть, -а́ет
врастя́жку *Adv umg* ausgestreckt, der Länge nach
врата́, врат, врата́м *Pl alt* Tor
врата́рь, -я́ *m Sport* Torwart
врать* *uv umg* **1.** lügen **2.** falsch singen, falsch spielen **3.** *alt* Unsinn reden ◇ часы́ врут die Uhr geht nach dem Mond || *v* совра́ть
врач, -а́, *I* -о́м, *G Pl* -е́й *m* Arzt; гла́вный ~ Chefarzt
враче́бный, -ая, -ое ärztlich; -ая гимна́стика Heilgymnastik
врачева́ть, -чу́ю, -чу́ешь *uv buchspr* kurieren, heilen
враща́тельный, -ая, -ое rotierend
враща́ть, -а́ю, -а́ешь *uv* drehen; ~ глаза́ми mit den Augen rollen
враща́ться, -а́юсь, -а́ешься *uv* **1.** sich drehen **2.** verkehren
враще́ние, -я *n* Drehen, Drehung, Kreisen, Rotation
вред, -а́ *m* Schaden, Nachteil; во ~ zum Schaden, zum Nachteil; быть кому́-н. во ~ j-m zum Nachteil gereichen
вреди́тель, -я *m* Schädling
вреди́тельский, -ая, -ое Schädlings-
вреди́тельство, -а *n* schädliche Handlung, Schädlingstätigkeit
вреди́ть, -ежу́, -еди́шь *uv* schaden, schädigen
вре́дность, -и *f* Schädlichkeit
вре́дный, -ая, -ое; *Kzf* -ден, -дна́ schädlich, gefährlich
вредоно́сный, -ая, -ое; *Kzf* -сен, -сна *buchspr* schädlich, nachteilig
в|ре́зать* *v* **1.** einfügen; einsetzen; ~ замо́к в дверь ein Schloß in die Tür einbauen **2.** *übtr* einprägen || *uv* **вреза́ть,** -а́ю, -а́ешь
в|ре́заться* *v* **1.** eindringen, einschneiden **2.** eindringen, hineinstoßen **3.** *übtr* sich einprägen; ~ в па́мять sich ins Gedächtnis einprägen **4.** *volksspr* sich verlieben || *uv* **вреза́ться,** -а́юсь, -а́ешься
времена́ми *Adv* zeitweise, manchmal
времени́к, -а́ *m* Jahrbuch *Name einiger wiss. Zeitschriften*
вре́менно *Adv* zeitweilig
временно́й, -а́я, -о́е Zeit-
вре́менный, -ая, -ое; *Kzf* -менен, -менна zeitweilig; provisorisch; vorübergehend
временщи́к, -а́ *m verächtl* Günstling
вре́мя, *G, D, P* -мени, *I* -менем, *Pl*

времена́, -мён, -мена́м *n* 1. Zeit(punkt); в э́то ~ in dieser Zeit, in diesem Augenblick; в любо́е ~ jederzeit; с того́ -мени как ... seit ...; за коро́ткое ~ in kurzer Zeit; в после́днее ~ in letzter Zeit, neuerdings 2. Zeit(dauer); в коро́ткое ~ binnen kurzem 3. Zeit, Epoche; в на́ше ~ heutzutage 4.: ~ го́да Jahreszeit; в ле́тнее ~ im Sommer 5. *gramm* Zeit, Tempus; настоя́щее ~ Gegenwart, Präsens; проше́дшее ~ Vergangenheit, Präteritum; бу́дущее ~ Zukunft, Futurum ◇ во ~ *G Präpos* während; в то ~ как *Konj* während; в то же ~ gleichzeitig, zu gleicher Zeit; от -мени до -мени, по -мена́м von Zeit zu Zeit, hin und wieder; с тече́нием -мени mit der Zeit, im Laufe der Zeit, nach und nach; до сего́ -мени bis jetzt; в своё ~ zu seiner Zeit; im geeigneten Augenblick; тем -менем inzwischen, unterdessen; на ~ zeitweilig, auf einige Zeit; не́которое ~ eine Zeitlang; в да́нное ~ augenblicklich; ~ пока́жет kommt Zeit, kommt Rat; де́лу ~, поте́хе час erst die Arbeit, dann das Vergnügen; ско́лько -мени? wie spät ist es?; пе́рвое ~ am Anfang, anfangs; на пе́рвое ~ um einen Anfang zu machen

времяисчисле́ние, -я *n* Zeitrechnung

времянка, -и, *Pl G* -нок, *D* -нкам *f umg* 1. kleine Leiter 2. provisorischer eisener Ofen

времяпрепровожде́ние, -я *n* Zeitvertreib

вро́вень *Adv* in gleicher Höhe; ~ с края́ми bis an den Rand

вро́де 1. *Präpos mit G* ähnlich, in der Art von 2. *Konj* wie zum Beispiel 3. *Part volksspr* anscheinend; он ~ заболе́л er ist anscheinend krank geworden

врождённый, -ая, -ое; *Kzf* -ён, -ена́ angeboren

врозь *Adv* getrennt, einzeln ◇ де́ло идёт ~ die Sache klappt nicht

Вро́цлав, -а *m* Wrocław

вру ↑ врать

врубá́ть(ся) *uv zu* врубúть(ся)

врубúть, врублю́, вру́бишь; вру́бленный, -лен, -а *v* einsetzen; einrammen ‖ *uv* врубáть, -áю, -áешь

врубúться, врублю́сь, вру́бишься *v* schlagend eindringen; ‖ *uv* врубáться, -áюсь, -áешься

вру́бовый, -ая, -ое: -ая маши́на *berg* Schrämmaschine

врукопа́шную *Adv*: они́ схвати́лись ~ es entstand ein Handgemenge

врун, -á *m umg* Lügner

вручáть *uv zu* вручи́ть

вруче́ние, -я *n* 1. Aushändigung, Überreichung 2. Anvertrauen

вручи́ть, -чу́, -чи́шь; -чённый, -чён, -ченá *v* 1. aushändigen, überreichen 2. anvertrauen ‖ *uv* вручáть, -áю, -áешь

вручну́ю *Adv* mit der Hand; рабо́та ~ Handarbeit

врывáть *uv zu* врыть

врывáться *uv zu* ворвáться

в|рыть* *v* eingraben, einsetzen *in eine Öffnung* ‖ *uv* врывáть, -áю, -áешь

вря́д ли *Adv* schwerlich, kaum; ~ он придёт es ist zweifelhaft, ob er kommt

всади́ть, всажу́, вса́дишь; вса́женный, -жен, -а *v* hineinstoßen, -hauen ‖ *uv* всáживать, -аю, -аешь

вса́дник, -а *m* Reiter

вса́дница, -ы, *I* -ей *f* Reiterin

вса́живать *uv zu* всади́ть

вса́сывание, -я *n* Ein-, Aufsaugen

вса́сывать(ся) *uv zu* всосáть(ся)

все, всё ↑ весь

всё *Adv umg* 1. immer(fort), dauernd; он ~ рабо́тает er arbeitet fortwährend 2. bis jetzt; он ~ ещё бо́лен er ist immer noch krank 3. nur, ausschließlich; э́то ~ вы винова́ты daran sind nur Sie schuld 4. *mit Komp* immer; ~ да́льше immer weiter 5. *umg* dennoch, trotzdem; ~ же dennoch ◇ ~ равно́ einerlei; sowieso

все- *in Zuss* all-

всеве́дущий, -ая, -ее *alt, iron* allwissend

всевла́стие, -я *n* unbeschränkte Macht

всево́буч, -а, *I* -ем *m* (всео́бщее вое́нное обуче́ние) allgemeine militärische Ausbildung

всевозмо́жный, -ая, -ое allerlei; verschiedenerlei

Все́волод, -а *m männl Vn*

всегда́ *Adv* immer, stets

всегда́шний, -яя, -ее ständig, immerwährend; üblich

всего́ [во] *Adv* 1. im ganzen, insgesamt 2. nur; erst; ~ на три го́да ста́рше меня́ nur drei Jahre älter als ich; ~ лишь ме́сяц наза́д erst vor einem Monat ◇ ~-на́всего alles in allem; ~ ничего́ fast nichts; ~ хоро́шего! alles Gute!, auf Wiedersehen!

в-седьмы́х *mod* sieb(en)tens

всезна́йка, -и, *Pl G* -áек, *D* -áйкам *m, f umg, iron* Alleswisser, Besserwisser

вселе́ние, -я *n* Einquartierung, Ansiedelung

вселённая, -ой *Subst f* Weltall

вселе́нский, -ая, -ое ökumenisch
всели́ть, -лю́, -ли́шь; -лённый, -лён, -лена́ *v* 1. einquartieren, ansiedeln 2. *übtr* einflößen; ~ в кого́-н. беспоко́йство j-n in Unruhe versetzen || *uv* **вселя́ть,** -я́ю, -я́ешь
всели́ться, -лю́сь, -ли́шься *v* 1. sich einquartieren, einziehen 2. *übtr* einziehen, eindringen *von Seelenzuständen* || *uv* **вселя́ться,** -я́юсь, -я́ешься
всеме́рный, -ая, -ое 1. größtmöglich, nach Kräften; -ое соде́йствие jede mögliche Unterstützung 2. -о *Adv* mit allen Mitteln
все́меро *Adv* siebenmal, siebenfach
всемеро́м *Adv* zu siebt
всеми́рный, -ая, -ое Welt-; Всеми́рный Конгре́сс сторо́нников ми́ра Weltfriedenskongreß; Всеми́рная федера́ция демократи́ческой молодёжи Weltbund der Demokratischen Jugend; Всеми́рная федера́ция профсою́зов Weltgewerkschaftsbund
всемогу́щество, -а *n* Allmacht
всемогу́щий, -ая, -ее; *Kzf* -у́щ, -а allmächtig, allgewaltig
всенаро́дный, -ая, -ое; *Kzf* -ден, -дна allgemein, Volks-; -ое достоя́ние Gemeingut des Volkes
все́нощная, -ой *Subst f rel* Abendmesse
всео́буч, -а, *I* -ем *m* (всео́бщее обуче́ние) allgemeine Schulpflicht
всео́бщий, -ая -ее; *Kzf* -о́бщ, -а allgemein; -ая забасто́вка Generalstreik; -ее избира́тельное пра́во allgemeines Wahlrecht
всео́бщность, -и *f* Allgemeinheit, Gesamtheit
всеобъе́млющий, -ая, -ее; *Kzf* -лющ, -а allumfassend
всеору́жие, -я *n*: во -и gewappnet, ausgerüstet; im Vollbesitz
всепобежда́ющий, -ая, -ее alles besiegend, alles bezwingend
всепоглоща́ющий, -ая, -ее überwältigend
всепроща́ющий, -ая, -ее *alt* alles vergebend
всепроще́ние, -я *n alt* völlige Vergebung
всеросси́йский, -ая, -ое allrussisch
всерьёз *Adv umg* im Ernst, ernstlich
всеси́лие, -я *n buchspr* unbeschränkte Macht
всеси́льный, -ая, -ое; *Kzf* -лен, -льна allmächtig, allgewaltig
всесою́зный, -ая, -ое Allunions-; Всесою́зный Ле́нинский Коммунисти́ческий Сою́з Молодёжи der Leninsche Kommunistische Jugendverband der Sowjetunion
всесторо́нний, -яя, -ее allseitig; ausführlich, gründlich
всё-таки *Adv, Konj* doch; trotzdem, ungeachtet dessen; он ~ пришёл er ist doch gekommen
всеуслы́шание, -я *n*: во ~ laut, vor aller Ohren
всецéло *Adv* völlig, vollständig
всея́дный, -ая, -ое; *Kzf* -ден, -дна alles essend, alles fressend; -ое живо́тное Allesfresser
вска́кивать *uv zu* вскочи́ть
вска́пывать *uv zu* вскопа́ть
вскара́бкаться, -аюсь, -аешься *v umg* hinaufklettern || *uv* **вскара́бкиваться,** -аюсь, -аешься
вска́рмливание, -я *n* Ernährung, Auffütterung
вска́рмливать *uv zu* вскорми́ть
вскачь *Adv* im Galopp
вски́дывать *uv zu* вски́нуть
вски́нуть, -ну, -нешь; -нутый, -нут, -а *v* 1. hinaufwerfen; ~ мешо́к на плечо́ den Sack auf die Schulter heben 2. schnell heben; ~ ружьё das Gewehr hochreißen || *uv* вски́дывать, -аю, -аешь
вскипа́ть *uv zu* вскипе́ть
вскипе́ть, -плю́, -пи́шь *v* 1. aufkochen 2. *übtr* aufbrausen; vor Wut schäumen || *uv* вскипа́ть, -а́ю, -а́ешь
вскипяти́ть, -ячу́, -яти́шь; -ячённый, -ячён, -ячена́ *v* aufkochen
вскипяти́ться, -ячу́сь, -яти́шься *v* 1. zum Kochen kommen 2. *übtr, umg* aufbrausen
вскloко́чивать *uv zu* всклоко́чить
всклоко́чить, -чу, -чишь; -ченный, -чен, -а *v umg* zerzausen || *uv* всклоко́чивать, -аю, -аешь
вскло́чивать *uv zu* вскло́чить
вскло́чить, -чу, -чишь; -ченный, -чен, -а *v umg* zerzausen, zottig machen || *uv* вскло́чивать, -аю, -аешь
всколы́хивать(ся) *uv zu* всколыхну́ть(ся)
всколыхну́ть, -ну́, -нёшь *v* 1. zum Wogen bringen 2. *übtr* in Bewegung bringen, aufwühlen || *uv* всколы́хивать, -аю, -аешь
всколыхну́ться, -ну́сь, -нёшься *v* 1. zu wogen beginnen 2. *übtr* in Bewegung geraten || *uv* всколы́хиваться, -аюсь, -аешься
вскользь *Adv* nebenbei, beiläufig
вскопа́ть, -а́ю, -а́ешь; вско́панный, -ан, -а *v* aufgraben, auflockern || *uv* вска́пывать, -аю, -аешь

вско́ре *Adv* bald, in kurzer Zeit
вскорми́ть, -ормлю́, -о́рмишь; -о́рмленный, -о́рмлен, -а *v* aufziehen, großziehen; ernähren ‖ *uv* вска́рмливать, -аю, -аешь
вскочи́ть, -очу́, -о́чишь *v* **1.** hinaufspringen; ~ на ло́шадь sich aufs Pferd schwingen **2.** aufspringen, auffahren; ~ от испу́га vor Schreck auffahren; ~ с ме́ста vom Platz aufspringen **3.** *1. u. 2. Pers ungebr* sich (plötzlich) bilden *blauer Fleck, Pustel* ‖ *uv* вска́кивать, -аю, -аешь
вскри́кивать *uv zu* вскри́кнуть
вскри́кнуть, -ну, -нешь *v mom* aufschreien, einen Schrei ausstoßen ‖ *uv* вскри́кивать, -аю, -аешь
вскрича́ть, -чу́, -чи́шь *v* schreien, ausrufen
вскружи́ть, -ужу́, -у́жи́шь *v*: ~ кому́-н. го́лову j-m den Kopf verdrehen
вскружи́ться, *1. u. 2. Pers ungebr,* -и́тся *v*: у него́ вскружи́лась голова́ er verlor den Kopf
вскрыва́ть(ся) *uv zu* вскры́ть(ся)
вскры́тие, -я *n* **1.** Öffnen **2.** *med* Obduktion, Sezieren **3.**: ~ реќи Eisgang **4.** *übtr* Aufdeckung
вс|кры́ть* *v* **1.** öffnen, aufmachen **2.** *med* sezieren, obduzieren; operieren **3.** *übtr* aufdecken ‖ *uv* вскрыва́ть, -а́ю, -а́ешь
вс|кры́ться*, *1. u. 2. Pers ungebr, v* **1.** platzen, aufbrechen **2.** sich vom Eis befreien *Flüsse* **3.** *übtr* sich zeigen; aufgedeckt werden ‖ *uv* вскрыва́ться, -а́ется
вскры́ша, -и, *I* -ей *f berg* Abraum
всласть *Adv umg* nach Herzenslust, zur Genüge
вслед **1.** *Adv* hinterher, nach-; посла́ть ~ nachschicken; идти́ ~ за ке́м-н. j-m auf dem Fuß folgen **2.** *Präpos mit D* hinter, nach; она́ смотре́ла ему́ ~ sie schaute ihm nach
всле́дствие *Präpos mit G* infolge, auf Grund; ~ э́того infolgedessen
вслепу́ю *Adv umg* blindlings, aufs Geratewohl; лете́ть ~ *flugw* blindfliegen
вслух *Adv* laut; чита́ть ~ vorlesen
вслу́шаться, -аюсь, -аешься *v* в *A* aufmerksam zuhören ‖ *uv* **вслу́шиваться,** -аюсь, -аешься
всма́триваться *uv zu* всмотре́ться
всмотре́ться, -отрю́сь, -о́тришься *v* genau ansehen; fixieren ‖ *uv* всма́триваться, -аюсь, -аешься
всмя́тку *Adv*: яйцо́ ~ ein weiches [weichgekochtes] Ei
всо́вывать *uv zu* всу́нуть
в|соса́ть* *v* ein-, aufsaugen; absorbieren ◇ ~ с молоко́м ма́тери mit der Muttermilch einsaugen ‖ *uv* вса́сывать, -аю, -аешь
в|соса́ться*, *1. u. 2. Pers ungebr, v* **1.** sich fest-, sich ansaugen **2.** einsickern, eindringen *von Flüssigkeiten* ‖ *uv* вса́сываться, -ается
вспа́ивать *uv zu* вспои́ть
вспа́рхивать *uv zu* вспорхну́ть
вспа́рывать *uv zu* вспоро́ть
вс|паха́ть* *v* (auf)ackern, pflügen ‖ *uv* **вспа́хивать,** -аю, -аешь
вспа́шка, -и *f* Aufackern, Aufpflügen
вспе́нивать(ся) *uv zu* вспе́нить(ся)
вспе́нить, -ню, -нишь; вспе́ненный, -е́нен, -а *u.* вспенённый, -ён, -ена́ *v* Schaum bilden, schäumen machen ‖ *uv* вспе́нивать, -аю, -аешь
вспе́ниться, *1. u. 2. Pers ungebr,* -ится *v* schäumen ‖ *uv* вспе́ниваться, -ается
всплакну́ть, -ну́, -нёшь *v umg* ein wenig weinen, leise weinen, schluchzen
всплеск, -а *m* Plätschern
всплёскивать *uv zu* всплесну́ть
всплесну́ть, -ну́, -нёшь; всплёснутый, -нут, -а *v mom*: ~ рука́ми die Hände zusammenschlagen *vor Freude, Erstaunen* ‖ *uv* всплёскивать, -аю, -аешь
сплошну́ю *Adv umg* dicht [eng] aneinander, lückenlos
всплыва́ть *uv zu* всплыть
вс|плыть* *v* **1.** auftauchen, an die Wasseroberfläche kommen **2.** *übtr 1. u. 2. Pers ungebr* zum Vorschein kommen; auftauchen *Frage* ‖ *uv* всплыва́ть, -а́ю, -а́ешь
вспои́ть, -ою́, -ои́шь *u. umg* -о́ишь; -о́енный, -о́ен, -а *u.* -оённый, -оён, -оена́ *v umg* **1.** mit Milch [mit der Flasche] aufziehen *Tiere* **2.**: ~ и вскорми́ть erziehen; großziehen *Menschen* ‖ *uv* вспа́ивать, -аю, -аешь
всполохну́ть(ся) *v mom zu* всполоши́ть(ся)
всполоши́ть, -шу́, -ши́шь; -шённый, -шён, -шена́ *v umg* in Aufregung [Unruhe] versetzen; Aufregung verursachen; beunruhigen ‖ *v mom gbt* всполохну́ть, -ну́, -нёшь
всполоши́ться, -шу́сь, -ши́шься *v umg* in Aufregung [Unruhe] geraten,

sich beunruhigen || *v mom gbt* всполохну́ться, -ну́сь, -нёшься

вспомина́ть(ся) *uv zu* вспо́мнить(ся)

вспо́мнить, -ню, -нишь *v A oder* о *P* sich erinnern, zurückdenken (an); sich entsinnen; gedenken, sich besinnen (auf); я вспо́мнил то вре́мя, когда́ мы вме́сте учи́лись ich dachte an die Zeit zurück, als wir zusammen studierten || *uv* вспомина́ть, -а́ю, -а́ешь

вспо́мниться, *1. u. 2. Pers ungebr,* -ится *v* wieder in den Sinn kommen, einfallen; мне вспо́мнилось es kam mir in den Sinn || *uv* вспомина́ться, -а́ется

вспомога́тельный, -ая, -ое Hilfs-; ~ глаго́л *gramm* Hilfsverb

вспомяну́ть, -яну́, -я́нешь; -я́нутый, -я́нут, -а *v A oder* о *P volksspr* sich erinnern, zurückdenken (an)

вс|поро́ть* *v umg* auftrennen || *uv* вспа́рывать, -аю, -аешь

вспорхну́ть, -ну́, -нёшь *v* aufflattern, -fliegen || *uv* вспа́рхивать

вспоте́ть, -е́ю, -е́ешь *v* **1.** schwitzen; ins Schwitzen geraten **2.** anlaufen *Fenster, Brille*

вспры́гивать *uv zu* вспры́гнуть

вспры́гнуть, -ну, -нешь *v* (hin)aufspringen; ~ на ло́шадь sich aufs Pferd schwingen || *uv* вспры́гивать, -аю, -аешь

вспры́скивать *uv zu* вспры́снуть

вспры́снуть, -ну, -нешь; -нутый, -нут, -а *v* **1.** bespritzen, besprengen **2.** *umg med* einspritzen **3.** *umg scherz* „begießen" *feiern* || *uv* вспры́скивать, -аю, -аешь

вспу́гивать *uv zu* вспугну́ть

вспугну́ть, -ну́, -нёшь; вспу́гнутый, -ут, -а *v* aufschrecken, aufscheuchen || *uv* вспу́гивать, -аю, -аешь

вспуха́ть *uv zu* вспу́хнуть

вспу́хнуть, *1. u. 2. Pers ungebr,* -нет; вспух, -ла; вспу́х(нув)ший *v* an-, aufschwellen || *uv* вспуха́ть, -а́ет

вспу́чивать(ся) *uv zu* вспу́чить(ся)

вспу́чить, -ит *meist unpers v volksspr* (auf)blähen || *uv* вспу́чивать, -аю, -аешь

вспу́читься, *1. u. 2. Pers ungebr,* -ится *v volksspr* sich (auf)blähen || *uv* вспу́чиваться, -ается

вспыли́ть, -лю́, -ли́шь *v umg* aufbrausen

вспы́льчивость, -и *f* Jähzorn

вспы́льчивый, -ая, -ое; *Kzf* -ив, -а aufbrausend, jähzornig, hitzig

вспы́хивать *uv zu* вспы́хнуть

вспы́хнуть, -ну, -нешь *v* **1.** aufflammen, auflodern; ausbrechen; aufbrausen **2.** ausbrechen *Panik, Streik, Krieg* **3.** erglühen, erröten || *uv* вспы́хивать, -аю, -аешь

вспы́шка, -и, *Pl G* -шек, *D* -шкам *f* **1.** Aufblitzen; Aufflammen; Explosion **2.** *phot* Blitzlicht **3.** *übtr* Ausbruch

вспять *Adv buchspr* zurück, rückwärts

встава́ние, -я *n* Aufstehen

встава́ть *uv zu* встать

вста́вить, -влю, -вишь; -вленный, -влен, -а *v* einsetzen, einfügen; ~ в ра́м(к)у einrahmen; ~ зу́бы Zähne einsetzen lassen || *uv* вставля́ть, -я́ю, -я́ешь

вста́вка, -и *f* **1.** Einsetzen, Einfügen **2.** Einsatz; Zusatz; Einschub *in den Text* **3.** Einsatz *beim Kleid*

вставля́ть *uv zu* вста́вить

вставно́й, -а́я, -о́е eingesetzt, eingefügt; -ы́е ра́мы doppelte Fensterrahmen; -ы́е зу́бы falsche Zähne

встарь *Adv* in alter Zeit

в|стать* *v* **1.** aufstehen, sich erheben **2.** sich (hin)stellen; treten, steigen (на *A* auf) **3.** aufgehen *Gestirne u. ä.* **4.** entstehen; aufsteigen; встал вопро́с es entstand die Frage **5.** *übtr* aufstehen, sich erheben, den Kampf aufnehmen ◇ ~ на рабо́ту die Arbeit aufnehmen; ~ на́ ноги auf eigenen Füßen stehen; selbständig werden || *uv* в|става́ть*

встопо́рщить, -щу, -щишь; -щенный, -щен, -а *v umg* sträuben, (starr) emporrichten *Haare, Federn*

встопо́рщиться, *1. u. 2. Pers ungebr,* -ится *v umg* (sich) sträuben *Haare*

встра́ивать *uv zu* встро́ить

встрево́жить, -жу, -жишь; -женный, -жен, -а *v* beunruhigen, aufregen

встрево́житься, -жусь, -жишься *v* sich beunruhigen, sich aufregen

встрёпанный, -ая, -ое; *Kzf* -ан, -а *umg* zerzaust ◇ как ~ ungestüm

встрепену́ться, -ну́сь, -нёшься *v* **1.** aufwachen, sich schütteln *von Vögeln* **2.** plötzlich auffahren, zusammenzucken **3.**: се́рдце у него́ встрепену́лось sein Herz schlug bis zum Halse

встрёпка, -и *f volksspr* Ausputzer; зада́ть -у кому́-н. j-m den Kopf waschen

встре́тить, -е́чу, -е́тишь; -е́ченный, -е́чен, -а *v* **1.** begegnen, treffen; stoßen (auf); я встре́тил его́ ich bin ihm begegnet 2. finden, erfahren; я встре́тил у него́ хоро́ший приём ich fand bei ihm gute Aufnahme; ~ затрудне́ния auf Schwierigkeiten stoßen 3. entgegenkommen 4. empfangen, begrüßen, willkommen heißen || *uv* встреча́ть, -а́ю, -а́ешь; встреча́ть Но́вый год Neujahr [Silvester] feiern

встре́титься, -е́чусь, -е́тишься *v* 1. sich treffen, begegnen; ~ со знако́мыми Bekannte treffen; ~ с препя́тствием auf ein Hindernis stoßen 2. sich treffen; мы встре́тились на у́лице wir trafen uns auf der Straße 3. sich sehen, zusammenkommen 4. *1. u. 2. Pers ungebr* vorkommen || *uv* встреча́ться, -а́юсь, -а́ешься

встре́ча, -и *f* 1. Begegnung, (Zusammen-) Treffen; ме́сто -и Treffpunkt 2. Begrüßung, Empfang 3. *Sport* Wettkampf 4. Versammlung, Zusammenkunft ◇ ~ Но́вого го́да Neujahrsfeier, Silvesterfeier

встреча́ть(ся) *uv zu* встре́тить(ся)

встре́чный, -ая, -ое Gegen-; entgegenkommend; ~ по́езд Gegenzug; ~ тра́нспорт Gegenverkehr; ~ ве́тер Gegenwind; ~ иск *jur* Gegenklage; пе́рвый ~ der erste beste; ~ и попере́чный jeder (beliebige)

встро́ить, -о́ю, -о́ишь; -о́енный, -о́ен, -а *v* (hin)einbauen || *uv* встра́ивать, -аю, -аешь

встро́йка, -и, *Pl G* -о́ек, *D* -о́йкам *f* Einbau(en)

встря́ска, -и, *Pl G* -сок, *D* -скам *f* 1. *umg* seelische Erschütterung, Schock 2.: зада́ть -у *volksspr* j-m den Kopf waschen

встря́хивать(ся) *uv zu* встряхну́ть(ся)

встряхну́ть, -ну́, -нёшь; встря́хнутый, -ут, -а *v* 1. (aus)schütteln 2. *übtr* aufrütteln, wachrufen || *uv* встря́хивать, -аю, -аешь *zu* 1

встряхну́ться, -ну́сь, -нёшься *v* 1. sich schütteln, von sich abschütteln 2. *umg* aufleben, Mut fassen; sich zerstreuen || *uv* встря́хиваться, -аюсь, -аешься

вступа́ть(ся) *uv zu* вступи́ть(ся)

вступи́тельный, -ая, -ое Eintritts-; Antritts-; einleitend; -ое сло́во Vorrede; Einleitung; ~ экза́мен Aufnahmeprüfung

вступи́ть, -уплю́, -у́пишь *v* 1. (ein)treten; einziehen, -rücken 2. eintreten, beitreten; ~ в па́ртию in die Partei eintreten 3. beginnen, eröffnen; ~ в разгово́р с ке́м-н. ein Gespräch mit j-m anknüpfen; ~ в сноше́ния с ке́м-н. mit j-m in Beziehung treten; ~ в бой den Kampf eröffnen; ~ в спор einen Streit anfangen ◇ ~ в сою́з с ке́м-н. mit j-m ein Bündnis schließen; ~ в брак heiraten; ~ во владе́ние че́м-н. von etw. Besitz nehmen; ~ в исполне́ние обя́занностей seine Arbeit aufnehmen; ~ в си́лу in Kraft treten; ~ в строй in Betrieb genommen werden, in Gang kommen || *uv* вступа́ть, -а́ю, -а́ешь

вступи́ться, -уплю́сь, -у́пишься *v* eintreten, sich einsetzen (за *A* für); in Schutz nehmen || *uv* вступа́ться, -а́юсь, -а́ешься

вступле́ние, -я *n* 1. Eintritt, Einrücken, Einzug 2. Einleitung, Vorwort; Vorspiel

всу́нуть, -ну, -нешь; -нутый, -нут, -а *v* (hin)einstecken || *uv* всо́вывать, -аю, -аешь

всухомя́тку *Adv umg*: пита́ться [есть] ~ trocken essen, kein warmes Mittagessen essen

всу́чивать *uv zu* всучи́ть

всучи́ть, всучу́, всу́чишь; всу́ченный, -ен, -а *u.* всучённый, -ён, -ена́ *v* 1. eindrehen, einflechten 2. *volksspr* aufbinden, -schwatzen, -zwingen || *uv* всу́чивать, -аю, -аешь

всхли́пнуть *v mom zu* всхли́пывать

всхли́пывание, -я *n* Schluchzen

всхли́пывать, -аю, -аешь *uv* schluchzen || *v mom* всхли́пнуть, -ну, -нешь

всходи́ть *uv zu* взойти́

всхо́ды, -ов *Pl* junge Saat, Keime; ~ хороши́ die junge Saat steht gut

всхо́жесть, -и *f* Keimfähigkeit

всхо́жий, -ая, -ое; *Kzf* всхож, -а keimfähig

всхрапну́ть, -ну́, -нёшь *v* 1. *mom zu* всхра́пывать 2. *volksspr* ein Schläfchen machen

всхра́пывать, -аю, -аешь *uv* 1. schnarchen 2. schnaufen *Tiere* || *v mom* всхрапну́ть, -ну́, -нёшь *zu* 2

в|сы́пать* *v* 1. *A oder G* (hin)einschütten, (hin)einstreuen 2. *D volksspr* ausschimpfen; verprügeln || *uv* **всыпа́ть,** -а́ю, -а́ешь

всю́ду *Adv* überall; везде́ и ~ weit und breit

вся́кий, -ая, -ое *Deter Pron* 1. jeder, jeder beliebige; во -ое вре́мя zu jeder Zeit; во -ом слу́чае jedenfalls; на ~ слу́чай auf jeden Fall, auf alle Fälle **2.** verschieden, allerlei; -ие ве́щи allerhand Gegenstände **3.** *verächtl* jeder, irgendein **4.** ein jeder, jedermann; ~ зна́ет, что ... jedermann weiß, daß ... ◇ без -ой жа́лости ohne jegliches Mitleid; -ое быва́ет nichts ist unmöglich

вся́ко *Adv volksspr* sehr verschieden, auf sehr verschiedene Weise

вся́чески *Adv umg* auf jede Art und Weise, mit allen (möglichen) Mitteln

вся́ческий, -ая, -ое *umg* verschiedenartigst, jeglich; -ими спо́собами auf jede mögliche Weise

вся́чина, -ы *f umg*: вся́кая ~ Allerlei, allerhand Zeug

вся́чинка, -и *f*: со -ой *umg* mal so, mal so, sehr unterschiedlich

вта́йне *Adv* heimlich, im stillen

вта́лкивать *uv zu* втолкну́ть

вта́птывать *uv zu* втопта́ть

вта́скивать(ся) *uv zu* втащи́ть(ся)

втача́ть, -а́ю, -а́ешь; вта́чанный, -ан, -а *v* einnähen, annähen; einsetzen ‖ *uv* **вта́чивать,** -аю, -аешь

втащи́ть, втащу́, вта́щишь; вта́щенный, -ен, -а *v* **1.** hineinschleppen, hinein-, hereinziehen **2.** hinauf-, hochschleppen, hinauf-, hochziehen ‖ *uv* вта́скивать, -аю, -аешь

втащи́ться, втащу́сь, вта́щишься *v umg* **1.** sich (mühselig) hineinschleppen **2.** unter Anstrengungen hinaufgelangen ‖ *uv* вта́скиваться, -аюсь, -аешься

втека́ть, *1. u. 2. Pers ungebr*, -а́ет *uv* hineinfließen; münden ‖ *v* в|течь*

втёмную *Adv umg* blindlings

втемя́шить, -шу, -шишь; -шенный, -шен, -а *v*: ~ в го́лову [башку́] *volksspr* einpauken, eintrichtern

втемя́шиться, *1. u. 2. Pers ungebr*, -ится *v D*: втемя́шилось ему́ э́то *volksspr* er hat sich dies in den Kopf gesetzt

в|тере́ть*, вотру́ *v* einreiben ◇ ~ кому́-н. очки́ j-n täuschen, j-n betrügen ‖ *uv* втира́ть, -а́ю, -а́ешь

в|тере́ться* *v* **1.** *umg* sich hineindrängen, sich mengen **2.** *umg* sich einschleichen; ~ к кому́-н. в дове́рие sich bei j-m einschmeicheln **3.** *1. u. 2. Pers ungebr* eindringen, sich einsaugen ‖ *uv* втира́ться, -а́юсь, -а́ешься

в|теса́ться* *v volksspr* sich einschleichen, eindringen ‖ *uv* **втёсываться,** -аюсь, -аешься

втечь *v zu* втека́ть

втира́ние, -я *n* **1.** Einreiben, Einreibung **2.** Salbe

втира́ть(ся) *uv zu* втере́ть(ся)

вти́скивать(ся) *uv zu* вти́снуть(ся)

вти́снуть, -ну, -нешь; -нутый, -нут, -а *v* hineindrücken, -pressen ‖ *uv* вти́скивать, -аю, -аешь

вти́снуться, -нусь, -нешься *v* **1.** *umg 1. u. 2. Pers ungebr* sich (mit Mühe) hineindrücken lassen; kaum hineinpassen **2.** *volksspr* sich hineindrängen ‖ *uv* вти́скиваться, -аюсь, -аешься

втихомо́лку *Adv umg* heimlich

втиху́ю *Adv volksspr* insgeheim, heimlich; still für sich

втолкну́ть, -ну́, -нёшь; вто́лкнутый, -ут, -а *v* hineinstoßen ‖ *uv* вта́лкивать, -аю, -аешь

втолкова́ть, -ку́ю, -ку́ешь; -ко́ванный, -ко́ван, -а *v umg* erklären, beibringen, begreiflich machen ‖ *uv* **втолко́вывать,** -аю, -аешь

в|топта́ть* *v* hineinstampfen, -treten ◇ ~ в грязь *übtr* in den Schmutz ziehen ‖ *uv* вта́птывать, -аю, -аешь

вто́ра, -ы *f mus* zweite Stimme; zweite Violine

вторга́ться *uv zu* вто́ргнуться

вто́ргнуться, -нусь, -нешься; вто́ргся, -лась *v* **1.** eindringen, einfallen **2.** *übtr* sich einmischen ‖ *uv* вторга́ться, -а́юсь, -а́ешься

вторже́ние, -я *n* **1.** Einfall, Invasion **2.** Einmischung

вто́рить, -рю, -ришь *uv D* **1.** widerhallen **2.** *übtr* wiederholen, nachsprechen **3.** *mus* die zweite Stimme spielen *oder* singen

втори́чный, -ая, -ое **1.** zum zweiten Mal stattfindend, wiederholt **2.** sekundär

вто́рник, -а *m* Dienstag

второго́дник, -а *m* Sitzenbleiber

второ́й, -а́я, -о́е **1.** *Num* zweiter; ~ эта́ж erster Stock; -о́го числа́ am Zweiten (des Monats); -о́е ию́ня der zweite Juni; am zweiten Juni; ~ час es geht auf zwei; во -о́м часу́ nach eins, zwischen eins und zwei; во ~ раз zum zweiten Mal; одна́ -а́я (часть) Hälfte **2.** zweiter, zweitrangig; -ая скри́пка zweite Geige **3.** -о́е, -о́го *Subst n* zweiter Gang *beim Essen* **4.** -а́я, -о́й *Subst f* Hälfte ◇ из -ы́х рук aus zweiter Hand

второ|кла́ссник, -а *m* Schüler der zweiten Klasse; **~кла́ссница,** -ы, *I* -ей *f* Schülerin der zweiten Klasse;

~кла́ссный, -ая, -ое zweitrangig; **~очередно́й,** -а́я, -о́е zweitrangig
второпя́х *Adv* in größter Eile, überstürzt, Hals über Kopf
второ|разря́дный, -ая, -ое zweiten Ranges, mittelmäßig; **~со́ртный,** -ая, -ое zweiter Güte; **~степе́нный,** -ая, -ое; *Kzf* -е́нен, -е́нна **1.** nebensächlich, zweitrangig; Neben- **2.** mittelmäßig, Durchschnitts-
втрави́ть, -авлю́, -а́вишь; -а́вленный, -а́влен, -а *v* **1.** zur Hetzjagd abrichten **2.** *übtr*, *volksspr* hineinziehen, verwickeln (в *A* in) ‖ *uv* **втра́вливать,** -аю, -аешь
в-тре́тьих *mod* drittens
втри́дорога *Adv umg* dreimal so teuer; sehr teuer
втро́е *Adv* dreimal, dreifach
втроём *Adv* zu dritt
втройне́ *Adv* dreifach, dreimal soviel
втуз, -а *m* (вы́сшее техни́ческое уче́бное заведе́ние) technische Hochschule
вту́зовец, -вца, *I* -вцем, *G Pl* -вцев *m umg* Student einer technischen Hochschule
вту́лка, -и, *Pl G* -лок, *D* -лкам *f* **1.** *tech* Buchse, Nabe **2.** Spund, Zapfen
в т. ч. (в том числе́) davon, darunter
втыка́ть(ся) *uv zu* воткну́ть(ся)
втя́гивать(ся) *uv zu* втяну́ть(ся)
втяжно́й, -а́я, -о́е *tech* Saug-
втяну́ть, -яну́, -я́нешь; -я́нутый, -я́нут, -а *v* **1.** (hin)einziehen; hoch-, hinaufziehen **2.** einsaugen, einziehen (*z. B. Kopf, Bauch; Luft*) **3.** einbeziehen **4.** *übtr* verleiten; verwickeln ‖ *uv* втя́гивать, -аю, -аешь
втяну́ться, -яну́сь, -я́нешься *v umg* **1.** sich gewöhnen, eindringen, sich vertraut machen **2.** *1. u. 2. Pers ungebr* einfallen *Wangen* ‖ *uv* втя́гиваться, -аюсь, -аешься
вуали́ровать, -рую, -руешь *uv* verschleiern
вуа́ль, -и *f* **1.** Schleier **2.** *phot* Nebelflecken, Nebelschleier
вуз, -а *m* (вы́сшее уче́бное заведе́ние) Hochschule
ву́зовец, -вца, *I* -вцем, *G Pl* -вцев *m umg* Student einer Hochschule
ву́зовский, -ая, -ое Hochschul-; -ие програ́ммы Studienpläne
вулка́н, -а *m* Vulkan ◇ жить (как) на -е (wie) auf einem Vulkan leben
вулканиза́ция, -и *f* Vulkanisierung
вулкани́ческий, -ая, -ое vulkanisch, Vulkan-
вульга́рный, -ая, -ое **1.** *Kzf* -рен, -рна vulgär, gemein **2.** *derb* vereinfacht, verflacht
ВФДМ (Всеми́рная Федера́ция Демократи́ческой Молодёжи) WBDJ (Weltbund der Demokratischen Jugend)
вход, -а *m* **1.** Eingang; гла́вный ~ Haupteingang **2.** Eintritt, Zutritt, Betreten; пла́та за ~ Eintrittsgeld
входи́ть *uv zu* войти́
входно́й, -а́я, -о́е **1.** Eingangs- **2.** Eintritts-; ~ биле́т Eintrittskarte
входя́щий, -ая, -ее einlaufend, eingehend *Post*
вхо́жий, -ая, -ее; *Kzf* вхож, -а *umg* freien Zutritt habend; быть -им к кому́-н. gut bekannt sein mit j-m
вхолосту́ю *Adv* unnütz; im Leerlauf
вцепи́ться, вцеплю́сь, вце́пишься *v* sich anklammern (в *A* an) ‖ *uv* **вцепля́ться,** -я́юсь, -я́ешься
ВЦИК, -а *m* (Всеросси́йский Центра́льный Исполни́тельный Комите́т) *hist* Allrussisches Zentralexekutivkomitee (1917 - 36)
ВЦСПС (Всесою́зный Центра́льный Сове́т Профессиона́льных Сою́зов) Zentralrat der Gewerkschaften der UdSSR
вчера́ *Adv* gestern
вчера́шний, -яя, -ее gestrig
вчерне́ *Adv* im Entwurf; im Rohbau
вчерти́ть, вчерчу́, вче́ртишь; вче́рченный, -ен, -а *v* (hin)einzeichnen ‖ *uv* **вче́рчивать,** -аю, -аешь
вче́тверо *Adv* viermal, vierfach
вчетверо́м *Adv* zu viert
в-четвёртых *mod* viertens
вчисту́ю *Adv volksspr* vollständig, endgültig
вчита́ться, -а́юсь, -а́ешься *v umg* sich (hin)einlesen; aufmerksam durchlesen ‖ *uv* **вчи́тываться,** -аюсь, -аешься
ВЧК (Всеросси́йская чрезвыча́йная коми́ссия по борьбе́ с контрреволю́цией и сабота́жем) *hist* Allrussische Sonderkommission zur Bekämpfung von Konterrevolution und Sabotage
вчу́же *Adv umg* als Außenstehender, unbekannterweise; мне его́ ~ жаль er tut mir leid, auch wenn es mich nicht betrifft
вше́стеро *Adv* sechsmal, sechsfach
вшестеро́м *Adv* zu sechst
в-шесты́х *mod* sechstens
вшива́ть *uv zu* вшить
вши́веть, -ею, -еешь *uv* verlausen, Läuse bekommen

вши́вка, -и *f umg* Einnähen; eingenähtes Stück

вшивно́й, -а́я, -о́е eingenäht, eingesetzt

вши́вый, -ая, -ое; *Kzf* вшив, -а verlaust

вширь *Adv* in die Breite

в|шить*, вошью *v* einnähen, einsetzen || вшива́ть, -а́ю, -а́ешь

въеда́ться *uv zu* въе́сться

въе́дливый, -ая, -ое; *Kzf* -ив, -а *umg* 1. ätzend 2. zudringlich, neugierig

въе́дчивый, -ая, -ое; *Kzf* -ив, -а *umg* 1. ätzend 2. zudringlich; stichelnd, giftig

въезд, -а *m* 1. Einfahren; Einzug 2. Einfahrt, Auffahrt 3. Einreise

въездно́й, -ая, -ое Einfahrts-, Auffahrts-; -а́я ви́за Einreisevisum

въезжа́ть *uv zu* въе́хать

въ|е́сться* *v* eindringen; sich hineinfressen || *uv* въеда́ться, -а́юсь, -а́ешься

въ|е́хать* *v* 1. (hin)einfahren 2. hinauffahren 3. einziehen *in eine Wohnung* || *uv* въезжа́ть, -а́ю, -а́ешь

въявь *Adv alt, volksspr* in wachem Zustand; in Wirklichkeit

вы, вас, вам, вас, ва́ми, о вас *Pers Pron* ihr, Sie; он дово́лен ва́ми er ist mit euch [mit Ihnen] zufrieden ◇ мы с ним на вы wir sagen Sie zueinander, ich sieze mich mit ihm

выба́лтывать *uv zu* вы́болтать

выбега́ть *uv zu* вы́бежать

вы́|бежать* *v* hinaus-, herauslaufen, -rennen || *uv* выбега́ть, -а́ю, -а́ешь

вы́белить, -лю, -лишь; -ленный, -лен, -а *v* weißen

выбива́ть(ся) *uv zu* вы́бить(ся)

выбира́ть(ся) *uv zu* вы́брать(ся)

вы́|бить*, -бьешь *v* 1. herausschlagen, einschlagen; einwerfen; vertreiben 2. *umg* ausklopfen 3. prägen ◇ ~ из колей aus dem Geleise bringen || *uv* выбива́ть, -а́ю, -а́ешь

вы́|биться*, -бьешься *v* 1. *umg* sich mit Mühe herausarbeiten; sich emporarbeiten 2. sich befreien, loskommen, herauskommen 3. *1. u. 2. Pers ungebr* hervortreten, sich zeigen ◇ я совсе́м вы́бился из сил ich bin ganz erschöpft; ~ из колей aus dem Geleise kommen; ~ на доро́гу auf den rechten Weg kommen; ~ в лю́ди Karriere machen; во́лосы вы́бились из-под шля́пы das Haar quoll unter dem Hut hervor || *uv* выбива́ться, -а́юсь, -а́ешься

вы́боина, -ы *f* 1. Schlagloch 2. Aushöhlung, Vertiefung

вы́болтать, -аю, -аешь; -анный, -ан, -а *v volksspr* ausplaudern, -schwatzen || *uv* выба́лтывать, -аю, -аешь

вы́бор, -а *m* Wahl, Auswahl; у неё не́ было -а ihr blieb keine Wahl; сде́лать ~ eine Wahl treffen; на ~ zur Auswahl; ~ тру́ден wer die Wahl hat, hat die Qual

Вы́борг, -а *m* Wyborg

вы́борка, -и, *Pl G* -рок, *D* -ркам *f* 1. Auswahl 2. *meist Pl* Auszug, Exzerpt; де́лать -и Auszüge machen; прове́рить на -у *volksspr* eine Stichprobe machen

вы́борность, -и *f* Wählbarkeit

вы́борный, -ая, -ое 1. Wahl- 2. gewählt, abgeordnet 3. wählbar 4. -ого *Subst m* Abgeordneter, Gewählter

вы́борочный, -ая, -ое: -ая прове́рка Stichprobe

вы́борщик, -а *m* Wahlmann, Wählervertreter

вы́боры, -ов *Pl* Wahlen, Wahl; приступи́ть к -ам zur Wahl schreiten; ~ в Верхо́вный Сове́т СССР die Wahlen zum Obersten Sowjet der UdSSR

вы́бранить, -ню, -нишь; -ненный, -нен, -а *v umg* ausschelten

выбра́сывать(ся) *uv zu* вы́бросить(ся)

вы́|брать*, -берешь *v* 1. wählen; auswählen, die Wahl treffen 2. *umg* auslesen, aussuchen 3. wählen *durch Abstimmen* 4. herausnehmen, -ziehen; auspacken 5. lichten *Anker*; einholen *Netz* 6. *alt* erhalten, bekommen || *uv* выбира́ть, -а́ю, -а́ешь

вы́|браться*, -берешься *v umg* 1. herauskommen, herausgelangen *mit Mühe*, loskommen; ~ на доро́гу den Weg finden 2. *übtr* sich herausfinden; ~ из затрудни́тельного положе́ния einen Ausweg aus einer schwierigen Lage finden 3. ausziehen, umziehen *in eine andere Wohnung* 4. *umg* sich finden *Zeit* || *uv* выбира́ться, -а́юсь, -а́ешься

выбрива́ть *uv zu* вы́брить

вы́|брить* *v* (ab)rasieren, (ab)scheren || *uv* выбрива́ть, -а́ю, -а́ешь

вы́бросить, -ошу, -осишь; -ось *u.* -оси; -ошенный, -ошен, -а *v* 1. hinaus-, herauswerfen 2. *übtr* (aus)streichen; herausnehmen 3. hinauswerfen, -jagen 4. *umg* vergeuden, hinauswerfen 5. *volksspr* zum Verkauf bringen; ~ това́р на ры́нок Ware auf den Markt werfen ◇ ~ что́-н. из головы́ etw. aus dem Sinn schlagen; ~ деса́нт Truppen landen; ~ ло́зунг eine Losung ausgeben || *uv* выбра́сывать, -аю, -аешь

вы́броситься, -ошусь, -осишься; -осься *u.* -осись *v* sich hinabstürzen; hinausspringen || *uv* выбра́сываться, -аюсь, -аешься

выбыва́ть *uv zu* вы́быть

выбы́тие, -я *n*: за -ем wegen Austrittes [Abganges]

вы́|быть* *v* **1.** verlassen; abreisen; ausziehen **2.** ausscheiden; ab-, austreten; ~ из шко́лы von der Schule abgehen; ~ из игры́ aus dem Spiel ausscheiden; ~ из стро́я a) *mil* kampfunfähig werden; b) *übtr* ausscheiden, aus den Reihen scheiden; адреса́т вы́был Adressat verzogen || *uv* выбыва́ть, -а́ю, -а́ешь

[1]**выва́ливать(ся)** *uv zu* вы́валить(ся)

[2]**выва́ливать(ся)** *uv zu* вы́валять(ся)

вы́валить, -лю, -лишь; -ленный, -лен, -а *v umg* hinauswerfen, ausschütten || *uv* выва́ливать, -аю, -аешь

вы́валиться, -люсь, -лишься *v* hinaus-, herausfallen || *uv* выва́ливаться, -аюсь, -аешься

вы́валять, -яю, -яешь *v* (umher)wälzen || *uv* выва́ливать, -аю, -аешь

вы́валяться, -яюсь, -яешься *v volksspr* sich im Schmutz wälzen || *uv* выва́ливаться, -аюсь, -аешься

выва́ривать *uv zu* вы́варить

вы́варить, -рю, -ришь; -ренный, -рен, -а *v* **1.** auskochen **2.** gar kochen **3.** herauskochen *von Flecken* || *uv* выва́ривать, -аю, -аешь;

вы́варка, -и *f* Auskochen

вы́ведать, -аю, -аешь; -анный, -ан, -а *v* ausforschen, auskundschaften; ~ у кого́-н. что́-н. j-m auf den Zahn fühlen, aus j-m etw. herauskriegen || *uv* **выве́дывать,** -аю, -аешь

вы́|везти*, -везешь *v* **1.** wegfahren, abtransportieren **2.** ausführen, exportieren **3.** mitbringen, importieren **4.** *volksspr 1. u. 2. Pers ungebr* (aus der Not) heraushelfen || *uv* вывози́ть, -ожу́, -о́зишь

вы́верить, -рю, -ришь; -ри *u. umg* -рь; -ренный, -рен, -а *v* prüfen, eichen; *tech* justieren ~ часы́ die Uhr regulieren; ~ списки избира́телей die Wählerlisten einsehen || *uv* выверя́ть, -я́ю, -я́ешь

вы́верка, -и *f umg* Prüfung, Eichung

вы́вернуть, -ну, -нешь; -нутый, -нут, -а *v* **1.** herausschrauben, **2.** *umg* ausrenken **3.** wenden *Kleider* || *uv* вывёртывать, -аю, -аешь

вы́вернуться, -нусь, -нешься *v* **1.** *umg 1. u. 2. Pers ungebr* sich losschrauben; herausfallen **2.** *1. u. 2. Pers ungebr umg* sich ausrenken **3.** *1. u. 2. Pers ungebr* sich umstülpen *Kleider* **4.** *übtr* sich herauswinden *aus einer schwierigen Lage* || *uv* вывёртываться, -аюсь, -аешься

вы́верт, -а *m umg* **1.** (Körper-) Verrenkung **2.** Absonderlichkeit; geschraubte Redewendung; с -ом geschraubt

вы́вертеть, -рчу, -ртишь; -рченный, -рчен, -а *v volksspr* herausschrauben, -drehen || *uv* выве́рчивать, -аю, -аешь

вывёртывать(ся) *uv zu* вы́вернуть(ся)

выве́рчивать *uv zu* вы́вертеть

выверя́ть *uv zu* вы́верить

[1]**вы́весить,** -ешу, -есишь; -еси *u. umg* -есь; -ешенный, -ешен, -а *v* auf-, aus-, hinaushängen; ~ фла́ги flaggen || *uv* выве́шивать, -аю, -аешь

[2]**вы́весить,** -ешу, -есишь; -еси *u. umg* -есь; -ешенный, -ешен, -а *v* abwiegen; ~ ги́ри die Gewichte eichen || *uv* выве́шивать, -аю, -аешь

вы́веска, -и, *Pl G* -сок, *D* -скам *f* (Aushänge-) Schild, Firmenschild

вы́|вести*, -ведешь *v* **1.** hinaus-, heraus-, wegführen **2.** ausschließen; ~ из прези́диума aus dem Präsidium ausschließen **3.** entfernen; ausrotten; vertilgen; ~ злоупотребле́ния Mißstände abschaffen **4.** schlußfolgern; einen Schluß ziehen **5.** ausbrüten; züchten **6.** errichten **7.** ausführen, vortragen ◇ ~ кого́-н. из терпе́ния [из себя́] j-n aus der Fassung bringen ~ кого́-н. из затрудне́ния j-m aus der Patsche helfen; ~ из стро́я a) *mil* kampfunfähig machen; b) *übtr* arbeitsunfähig machen; außer Betrieb setzen; ~ на чи́стую во́ду entlarven; ~ самолёт ein Flugzeug abfangen || *uv* выводи́ть, -ожу́, -о́дишь

вы́|вестись*, *1. u. 2. Pers ungebr,* -ведется *v* **1.** aus dem Gebrauch kommen, aussterben **2.** verschwinden; sich entfernen lassen **3.** aus dem Ei kriechen || *uv* выводи́ться, -о́дится

выве́тривание, -я *n* **1.** Lüften, Lüftung **2.** *geol* Verwitterung

выве́тривать(ся) *uv zu* вы́ветрить(ся)

вы́ветрить, -рю, -ришь; -ренный, -рен, -а *v* (aus)lüften ‖ *uv* выве́тривать, -аю, -аешь
вы́ветриться, *1. u. 2. Pers ungebr*, -ится *v* 1. *geol* verwittern 2. (dem Gedächtnis) entschwinden ‖ *uv* выве́триваться, -ается
1, 2выве́шивать *uv zu* 1, 2вы́весить
вы́винтить, -нчу, -нтишь; -нченный, -нчен, -а *v* heraus-, abschrauben ‖ *uv* **выви́нчивать,** -аю, -аешь
вы́вих, -а *m* Verrenkung, Ausrenkung
выви́хивать *uv zu* вы́вихнуть
вы́вихнуть, -ну, -нешь; -нутый, -нут, -а *v* verrenken, ausrenken ‖ *uv* выви́хивать, -аю, -аешь
вы́вод, -а *m* 1. Zurückziehung, Abzug *der Truppen* 2. Schlußfolgerung; Ableitung; сде́лать -ы die Konsequenzen ziehen; мы пришли́ к -у, что ... wir kamen zu dem Schluß, daß ... 3. Ausbrüten; Züchtung, Aufzucht 4. *tech* Ableitung, Ablauf
выводи́ть(ся) *uv zu* вы́вести(сь)
выводно́й, -а́я, -о́е 1. *tech* Ablaß-, Ablauf- 2.: -а́я жи́дкость Fleckenwasser
вы́водок, -дка *m* Brut, Tierjunge
вы́воз, -а *m* 1. Transport, Hinausfahren 2. Ausfuhr, Export; предме́т -а Exportartikel
вывози́ть *uv zu* вы́везти
вы́возка, -и *f* Abfuhr, Wegfahren; ~ нечисто́т Müllabfuhr
вывозно́й, -а́я, -о́е Ausfuhr-, Abfuhr-
волла́кивать *uv zu* вы́волочь
вы́|волочь*, -волочешь *v umg* herausschleifen, -schleppen ‖ *uv* выволакива́ть, -аю, -аешь
вывора́чивать(ся) *uv zu* вы́воротить(ся)
вы́воротить, -очу, -отишь; -оченный, -очен, -а *v volksspr* 1. herausrütteln, -ziehen, -reißen 2. wenden *Kleider* 3. ausschütteln ‖ *uv* вывора́чивать, -аю, -аешь
вы́воротиться, *1. u. 2. Pers ungebr*, -ится *v umg* 1. herausfallen, sich losdrehen 2. sich umstülpen *Kleider* ‖ *uv* вывора́чиваться, -ается
вы́гадать, -аю, -аешь; -анный, -ан, -а *v* einsparen, gewinnen; Vorteil aus etw. ziehen; ~ вре́мя Zeit gewinnen; что ты вы́гадал? was hast du davon? ‖ *uv* **выга́дывать,** -аю, -аешь
вы́гиб, -а *m* Krümmung, Biegung
выгиба́ть(ся) *uv zu* вы́гнуть(ся)
вы́гладить, -ажу, -адишь; -аженный, -ажен, -а *v* (aus)plätten; eben machen ‖ *uv* **выгла́живать,** -аю, -аешь
вы́глядеть, -яжу, -ядишь *uv* aussehen
выгля́дывать *uv zu* вы́глянуть
вы́глянуть, -ну, -нешь; -ни *u. volksspr* -нь *v* 1. hinaus-, heraussehen 2. hervorsehen; со́лнце вы́глянуло из-за туч die Sonne sah hinter den Wolken hervor ‖ *uv* выгля́дывать, -аю, -аешь
вы́|гнать* *v* 1. hinaustreiben, -jagen; ~ с рабо́ты *umg* entlassen 2. brennen, destillieren ‖ *uv* выгоня́ть, -я́ю, -я́ешь
вы́гнуть, -ну, -нешь; -нутый, -нут, -а *v* krümmen, biegen ‖ *uv* выгиба́ть, -а́ю, -а́ешь
вы́гнуться, -нусь, -нешься *v* sich krümmen, sich biegen ‖ *uv* выгиба́ться, -а́юсь, -а́ешься
выгова́ривать, -аю, -аешь *uv* 1. *uv zu* вы́говорить 2. *D umg* einen Verweis erteilen, rügen
вы́говор, -а *m* 1. *ling* Aussprache 2. Verweis, Tadel
вы́говорить, -рю, -ришь; -ренный, -рен, -а *v* 1. sagen, hervorbringen 2. *ling* aussprechen 3. *D umg* ausbedingen, vorbehalten ‖ *uv* выгова́ривать, -аю, -аешь
вы́года, -ы *f* Gewinn, Vorteil, Nutzen; извле́чь -у из чего́-н. Vorteil aus etw. ziehen; кака́я мне от э́того ~ was nützt mir das?
вы́годный, -ая, -ое; *Kzf* -ден, -дна vorteilhaft; gewinnbringend; nützlich
вы́гон, -а *m* Weide
вы́гонка, -и *f umg* Destillation
выгоня́ть *uv zu* вы́гнать
выгора́живать *uv zu* вы́городить
1, 2выгора́ть *uv zu* 1, 2вы́гореть
1вы́гореть, *1. u. 2. Pers ungebr*, -рит *v* 1. ab-, niederbrennen; verbrennen *itr* 2. verblassen, -bleichen ‖ *uv* выгора́ть, -а́ю, -а́ешь
2вы́гореть, *1. u. 2. Pers ungebr*, -рит *v volksspr* gelingen; де́ло не вы́горело es hat nicht geklappt ‖ *uv* выгора́ть, -а́ет
вы́городить, -ожу, -одишь; -оженный, -ожен, -а *v* 1. abzäunen 2. *übtr volksspr* einstehen; verteidigen ‖ *uv* выгора́живать, -аю, -аешь
вы́гравировать, -рую, -руешь; -рованный, -рован, -а *v* eingravieren
выгреба́ть *uv zu* вы́грести
выгребно́й, -а́я, -о́е: -а́я я́ма Müllgrube
вы́|грести*, -гребешь *v* 1. herauskratzen, -scharren; ausleeren 2. (hin-

aus)rudern || *uv* выгребать, -аю, -аешь

выгружа́ть(ся) *uv zu* вы́грузить(ся)

вы́грузить, -ужу, -узишь; -уженный, -ужен, -а *v* ab-, ausladen; *naut* löschen || *uv* выгружа́ть, -а́ю, -а́ешь

вы́грузиться, -ужусь, -узишься *v* 1. entladen werden 2. aussteigen || *uv* выгружа́ться, -а́юсь, -а́ешься

вы́грузка, -и *f* Ausladen; Löschen

выгрыза́ть *uv zu* вы́грызть

вы́|грызть*, -грызешь *v* herausnagen ||*uv* выгрыза́ть, -а́ю, -а́ешь

выдава́ть(ся) *uv zu* вы́дать(ся)

вы́давить, -влю, -вишь; -вленный, -влен, -а *v* 1. auspressen, -quetschen; ~ слезу́ *naut* eine Träne herauspressen; ~ улы́бку *übtr* sich zum Lächeln zwingen; сло́ва не вы́давишь из неё man bringt kein Wort aus ihr heraus 2. herausdrücken, -brechen 3. eindrücken || *uv* **выда́вливать,** -аю, -аешь

выда́ивать *uv zu* вы́доить

выда́лбливать *uv zu* вы́долбить

вы́данье, -ья: де́вушка на ~ *alt* heiratsfähiges Mädchen

вы́|дать* *v* 1. ausgeben; übergeben; aushändigen; ~ удостовере́ние eine Bescheinigung ausstellen; ~ за́работную пла́ту das Gehalt auszahlen 2. ausliefern 3. verraten, preisgeben 4. enthüllen, verraten; ~ свою мысль seinen Gedanken offenbaren 5.: ~ себя́ за кого́-н. sich ausgeben für j-n; ~ за́муж verheiraten || *uv* вы|дава́ть*

вы́|даться*, *1. u. 2. Pers ungebr v* 1. hervorragen, -treten; vorspringen 2. sich hervortun; sich auszeichnen 3. *umg* sich ereignen, vorfallen; ле́то вы́далось сухо́е der Sommer fiel trocken aus; ну, уж вы́дался денёк! das war aber [mal] ein Tag! || *uv* вы|дава́ться*

вы́дача, -и *f* Ausgabe, Aushändigung; Auslieferung; Ausstellung

выдаю́щийся, -аяся, -ееся hervorragend, bedeutend

выдвига́ть(ся) *uv zu* вы́двинуть(ся)

выдвиже́нец, -нца, *I* -нцем, *G Pl* -нцев *m*: он ~ er wurde auf einen verantwortlichen Posten befördert

выдвиже́ние, -я *n* 1. Vorrücken; Hervorkommen 2. Vorschlagen, Aufstellen 3. Beförderung *im Rang*

выдвижно́й, -а́я, -о́е herausziehbar, Schub-; ~ я́щик Schublade, -fach

вы́двинуть, -ну, -нешь; -нутый, -нут, -а *v* 1. vorrücken; hervorziehen; vorschieben 2. vorbringen *Argumente*; aufwerfen *Fragen*; aufstellen *These, Kandidatur*; ~ на пе́рвый план in den Vordergrund stellen; ~ в кандида́ты als Kandidaten aufstellen 3. befördern, ernennen || *uv* выдвига́ть, -а́ю, -а́ешь

вы́двинуться, -нусь, -нешься *v* 1. sich vorschieben 2. sich hervortun; aufrücken; befördert werden || *uv* выдвига́ться, -а́юсь, -а́ешься

вы́дворить, -рю, -ришь; -ренный, -рен, -а *v* 1. *alt* exmittieren, ausweisen 2. *umg* hinauskomplimentieren || *uv* **выдворя́ть,** -я́ю, -я́ешь

вы́дел, -а *m* Besitzanteil, Erbteil

вы́делать, -аю, -аешь; -анный, -ан, -а *v* 1. verfertigen, herstellen; zubereiten 2. bearbeiten, herrichten || *uv* выде́лывать, -аю, -аешь

выделе́ние, -я *n* 1. *jur* Abfindung 2. *chem* Ausscheidung, Aussonderung 3. Absonderung; Ausfluß

выдели́тельный, -ая, -ое: -ые о́рганы Ausscheidungsorgane

вы́делить, -лю, -лишь; -ленный, -лен, -а *v* 1. aussondern, absondern, abtrennen; aussuchen, abzweigen 2. abfinden; zuteilen *Vermögen* 3. *mil* abgeben 4. bestimmen 5. hervorheben, anmerken; kennzeichnen 6. *1. u. 2. Pers ungebr* ausscheiden, absondern, aussondern || *uv* выделя́ть, -я́ю, -я́ешь

вы́делиться, -люсь, -лишься *v* 1. sich auszeichnen, sich hervortun; hervorstechen 2. seinen (Vermögens-) Anteil übernehmen 3. *1. u. 2. Pers ungebr* sich absondern *z. B. Schweiß* || *uv* выделя́ться, -я́юсь, -я́ешься

вы́делка, -и *f* Verfertigung, Herstellung, Zubereitung; ~ кож Gerbung

выде́лывать, -аю, -аешь *uv* 1. *uv zu* вы́делать 2. bearbeiten, verfertigen, zubereiten; ~ ко́жу gerben 2. *umg* ausführen; ~ ра́зные фо́кусы allerhand Possen treiben

выделя́ть(ся) *uv zu* вы́делить(ся)

выдёргивать *uv zu* вы́дернуть

вы́держанный, -ая, -ое 1. beherrscht, diszipliniert 2. konsequent 3.: -ое вино́ (ab)gelagerter Wein

вы́держать, -жу, -жишь; -жанный, -жан, -а *v* 1. aushalten, standhalten; tragen; ertragen 2. bestehen *Prüfung* 3. (ab)lagern *Tabak, Wein* ◇ ~ не́сколько изда́ний einige Auflagen haben; ~ роль nicht aus der Rolle fallen; ~ хара́ктер festbleiben, standhalten || *uv* **выде́рживать,** -аю, -аешь; э́то не выде́рживает кри́тики das ist unter aller Kritik

¹вы́держка, -и *f* **1.** Selbstbeherrschung, Ausdauer **2.** *phot* Belichtungszeit

²вы́держка, -и, *Pl G* -жек, *D* -жкам *f* Zitat, Auszug ◇ на -у aufs Geratewohl; auszugsweise; als Stichprobe

вы́дернуть, -ну, -нешь; -нутый, -нут, -а *v* herausziehen, -reißen || *uv* выдёргивать, -аю, -аешь

выдира́ть *uv zu* ¹вы́драть

вы́доить, -ою, -оишь; -оенный, -оен, -а *v* melken || *uv* выда́ивать, -аю, -аешь

вы́долбить, -блю, -бишь; -бленный, -блен, -а *v* **1.** aushöhlen, ausmeißeln **2.** einpauken || *uv* выда́лбливать, -аю, -аешь

вы́дох, -а *m* Ausatmung, Ausatmen

вы́дохнуть, -ну, -нешь; -нутый, -нут, -а *v* ausatmen || *uv* выдыха́ть, -а́ю, -а́ешь

вы́дохнуться, -нусь, -нешься; вы́дохся, -лась *v* **1.** verfliegen, sich verflüchtigen; verlieren *Aroma, Duft* **2.** *umg* schwächer werden; erschöpft sein || *uv* выдыха́ться, -а́юсь, -а́ешься

вы́дра, -ы *f* Fischotter

¹вы́|драть*, -дерешь *v umg* (her)ausreißen || *uv* выдира́ть, -а́ю, -а́ешь

²вы́|драть*, -дерешь *v umg* durchprügeln; ~ за́ уши an den Ohren ziehen

вы́дрессировать, -рую, -руешь; -рованный, -рован, -а *v* dressieren

вы́дубить, -блю, -бишь; -бленный, -блен, -а *v* gerben

выдува́ть *uv zu* вы́дуть

выдувно́й, -а́я, -о́е geblasen, hohl *Glas*

вы́думать, -аю, -аешь; -анный, -ан, -а *v* ausdenken; erfinden; erdichten ◇ он по́роха не вы́думает er hat das Pulver nicht erfunden || *uv* выду́мывать, -аю, -аешь ◇ не выду́мывай! bilde dir das nicht ein!; что ты выду́мываешь? was fällt dir ein?

вы́думка, -и, *Pl G* -мок, *D* -мкам *f* **1.** Erfindung, Lüge **2.** Einfall **3.** *umg* Einbildungskraft, Phantasie

вы́думщик, -а *m umg* **1.** erfinderischer Mensch **2.** Lügner, Aufschneider

выду́мывать *uv zu* вы́думать

вы́|дуть* *v* **1.** (heraus)blasen; wegblasen **2.**: всё тепло́ вы́дуло *umg* die Wärme hat sich verflüchtigt **3.** *tech* blasen **4.** *volksspr* aussaufen ◇ ~ ого́нь das Feuer anblasen || *uv* выдува́ть, -а́ю, -а́ешь

выдыха́ние, -я *n* Ausatmung

выдыха́ть(ся) *uv zu* вы́дохнуть(ся)

выеда́ть *uv zu* вы́есть

вы́езд, -а *m* **1.** Ausfahrt *Ort* **2.** Abfahrt, Ausreise; Hinausreiten; Übersiedeln **3.** *alt* Gespann

вы́ездить, -зжу, -здишь; -зженный, -зжен, -а *v* einfahren; zureiten || *uv* выезжа́ть, -а́ю, -а́ешь

вы́ездка, -и *f* Einfahren; Zureiten

выездно́й, -а́я, -о́е Ausfahrts-; -о́е пла́тье *alt* Ausgehkleid ◇ -а́я се́ссия суда́ *jur* Lokaltermin

¹выезжа́ть *uv zu* вы́ехать

²выезжа́ть *uv zu* вы́ездить

вы́ем, -а *m* **1.** Herausnahme **2.** Vertiefung **3.** Ausschnitt

вы́емка, -и, *Pl G* -мок, *D* -мкам *f*. **1.** Herausnahme **2.** Beschlagnahme **3.** Vertiefung, Einschnitt **4.** Ausschnitt **5.** Leerung *Briefkasten*

вы́|есть*; вы́еденный, -ен, -а *v* **1.** herausessen; herausnagen **2.** *1. u. 2. Pers ungebr* zerfressen, ausätzen ◇ не сто́ит вы́еденного яйца́ das ist keinen Pfifferling wert || *uv* выеда́ть, -а́ю, -а́ешь

вы́|ехать*; *Imp fehlt v* **1.** fort-, weg-, ausfahren; hinausreiten; мы за́втра выезжа́ем wir reisen morgen ab **2.** aus-, umziehen; übersiedeln; ~ из кварти́ры aus der Wohnung ziehen **3.** на *P umg* (zu seinem Vorteil) ausnutzen || *uv* выезжа́ть, -а́ю, -а́ешь

¹вы́|жать¹*, -жмешь *v* **1.** auspressen, -drücken **2.** (aus)wringen **3.** *Sport* heben, stemmen ◇ ~ всё, что то́лько мо́жно das Letzte herausholen || *uv* выжима́ть, -а́ю, -а́ешь

²вы́|жать²*, -жнешь *v* abernten; abmähen || *uv* выжина́ть, -а́ю, -а́ешь

вы́|ждать*, -ждешь *v* abwarten, abpassen || *uv* выжида́ть, -а́ю, -а́ешь

вы́желтить, -лчу, -лтишь; -лченный, -лчен, -а *v* **1.** gelb färben **2.** gelbe Flecken machen (auf)

вы́|жечь*, -жжешь *v* **1.** ver-, ausbrennen; einäschern **2.**: ~ клеймо́ ein Mal einbrennen, brandmarken **3.** *med* ausbrennen || *uv* выжига́ть, -а́ю, -а́ешь

¹,²выжива́ть *uv zu* ¹,²вы́жить

вы́жига, -и *m*, *f volksspr* Schlaukopf; Gauner

выжига́ние, -я *n* **1.** Ausbrennen **2.**: ~ по де́реву Holzbrandmalerei

выжига́ть *uv zu* вы́жечь

выжида́тельный, -ая, -ое abwartend
выжида́ть *uv zu* вы́ждать
выжима́ть *uv zu* [1]вы́жать
вы́жимка, -и *f* Ausdrücken, Auspressen; Wringen
вы́жимки, -мок *u.* -мков, -мкам *Pl* (Preß-) Rückstände
выжина́ть *uv zu* [2]вы́жать
[1]**вы́|жить*,** -живешь *v* **1.** am Leben bleiben **2.** *umg* sich aufhalten, wohnen, bleiben **3.** aushalten, ertragen ◇ ~ из ума́ schwachsinnig werden ‖ *uv* выжива́ть, -а́ю, -а́ешь
[2]**вы́|жить,** -живешь *v umg* vertreiben, verdrängen; loswerden ‖ *uv* выжива́ть, -а́ю, -а́ешь
вы́|звать*, -зовешь *v* **1.** herbei-, herausrufen; einladen; ~ кого́-н. к себе́ j-n kommen lassen; ~ в суд vor Gericht laden; ~ кого́-н. по телефо́ну bei j-m anrufen; ~ врача́ den Arzt rufen **2.** herausfordern, aufrufen; ~ на соревнова́ние zum Wettbewerb auffordern **3.** hervorrufen, erregen; ~ слёзы у кого́-н. j-n zum Weinen bringen; ~ аппети́т den Appetit anregen ‖ *uv* вызыва́ть, -а́ю, -а́ешь
вы́|зваться*, -зовешься *v* sich erbieten, sich anbieten; он вы́звался вести́ кружо́к er erbot sich, den Zirkel zu leiten ‖ *uv* вызыва́ться, -а́юсь, -а́ешься
вы́звездить, -ит *v unpers*: уж вы́звездило die Sterne standen schon am Himmel
вы́зволить, -лю, -лишь; -ленный, -лен, -а *v volksspr* (aus einer schwierigen Lage) heraushelfen; ~ из беды́ aus der Patsche helfen ‖ *uv* **вызволя́ть,** -я́ю, -я́ешь
выздора́вливать *uv zu* вы́здороветь
вы́здороветь, -вею, -веешь *v* genesen, wieder gesund werden ‖ *uv* выздора́вливать, -аю, -аешь
выздоровле́ние, -я *n* Genesung
вы́зов, -а *m* **1.** Herausrufen; Einladung; Bestellung; Vorladung; Abruf; по -у auf Abruf; ~ по телефо́ну Anruf **2.** Herausforderung; ~ на соревнова́ние Aufforderung zum Wettbewerb ◇ броса́ть ~ (zum Kampf) herausfordern
вызола́чивать *uv zu* вы́золотить
вы́золотить, -очу, -отишь; -оченный, -очен, -а *v* vergolden ‖ *uv* вызола́чивать, -аю, -аешь
вызрева́ть *uv zu* вы́зреть
вы́зреть, *1. u. 2. Pers ungebr*, -еет *v* ausreifen ‖ *uv* вызрева́ть, -а́ет
вызу́бривать *uv zu* вы́зубрить
вы́зубрить, -рю, -ришь; -ренный, -рен, -а *v umg* einpauken ‖ *uv* вызу́бривать, -аю, -аешь
вызыва́ть(ся) *uv zu* вы́звать(ся)
вызыва́ющий, -ая, -ее herausfordernd; aufreizend; ~ тон frecher Ton
вы́играть, -аю, -аешь; -анный, -ан, -а *v* **1.** gewinnen (у кого́-н. gegen j-n) **2.** Gewinn [Vorteil] haben; ~ на чём-н. einen Vorteil aus etw. ziehen ‖ *uv* **выи́грывать,** -аю, -аешь
вы́игрыш, -а, *I* -ем, *G Pl* -ей *m* **1.** Gewinn; гла́вный ~ Hauptgewinn **2.**: быть в -е gewinnen; *übtr* im Vorteil sein **3.** Gewinn, Nutzen
вы́игрышный, -ая, -ое **1.** Gewinn-; ~ заём Gewinnanleihe **2.** vorteilhaft; gewinnbringend; в -ом положе́нии in günstiger Lage
вы́|искать* *v umg* herausfinden; ausfindig machen ‖ *uv* **выи́скивать,** -аю, -аешь
вы́|искаться*, *1. u. 2. Pers ungebr v umg* sich finden ‖ *uv* **выи́скиваться,** -ается
вы́|йти*, -йдешь *v* **1.** hinausgehen; herausgehen; ausscheiden, verlassen; ~ из ваго́на aussteigen; ~ из-за стола́ vom Tisch aufstehen **2.** erscheinen *Zeitschrift*, *Buch*; ~ на сце́ну die Bühne betreten **3.** ausgehen, zu Ende gehen; у меня́ вы́шли все де́ньги mein Geld ist zu Ende **4.** gelingen, herauskommen; werden; э́то пло́хо вы́шло das ist schlecht geraten; из него́ вы́йдет хоро́ший учи́тель aus ihm wird ein guter Lehrer **5.** folgen, herrühren; отсю́да и вы́шли все недоразуме́ния daraus folgten alle Mißverständnisse ◇ ~ в мо́ре *naut* auslaufen; ~ за́муж за кого́-н. j-n heiraten *bei Frauen*; ~ в отста́вку den Abschied nehmen; ~ на пе́нсию in (die) Rente gehen; ~ из себя́ außer sich geraten; ~ за преде́лы die Grenzen überschreiten; ~ из терпе́ния die Geduld verlieren; ~ из берего́в über die Ufer treten; ~ из стро́я kampfunfähig werden; arbeitsunfähig werden; ausfallen; ~ из положе́ния einen Ausweg finden; он ро́стом не вы́шел er ist zu klein geraten; ~ в лю́ди Karriere machen; срок вы́шел der Termin ist abgelaufen ‖ *uv* выходи́ть, -ожу́, -о́дишь
вы́|казать* *v umg* zeigen; beweisen;

an den Tag legen ‖ *uv* **выка́зывать,** -аю, -аешь
выка́лывать *uv zu* вы́колоть
выка́пывать *uv zu* вы́копать
вы́карабкаться, -аюсь, -аешься *v umg* **1.** (mit Mühe) herausklettern; sich herausarbeiten **2.** *übtr* sich befreien ‖ *uv* **выкара́бкиваться,** -аюсь, -аешься
выка́рмливать *uv zu* вы́кормить
вы́катать, -аю, -аешь; -анный, -ан, -а *v* rollen, mangeln *Wäsche* ‖ *uv* выка́тывать, -аю, -аешь
вы́катить, -ачу, -атишь; -аченный, -ачен, -а *v* hinaus-, herausrollen ◇ ~ глаза́ *volksspr* die Augen aufreißen ‖ *uv* выка́тывать, -аю, -аешь
вы́катиться, -ачусь, -атишься *v* hinausrollen ‖ *uv* выка́тываться, -аюсь, -аешься
[1]**выка́тывать** *uv zu* вы́катать
[2]**выка́тывать** *uv zu* вы́катить
выка́тываться *uv zu* вы́катиться
вы́качать, -аю, -аешь; -анный, -ан, -а *v* (her)auspumpen *a. übtr* ‖ *uv* **выка́чивать,** -аю, -аешь
выка́шивать *uv zu* вы́косить
выка́шливать *uv zu* вы́кашлять
вы́кашлять, -яю, -яешь *v umg* beim Husten auswerfen ‖ *uv* выка́шливать, -аю, -аешь
выки́дывать(ся) *uv zu* вы́кинуть(ся)
вы́кидыш, -а, *I* -ем, *G Pl* -ей *m* **1.** Fehlgeburt **2.** Abtreibung
вы́кинуть, -ну, -нешь; -нутый, -нут, -а *v* **1.** hinaus-, herauswerfen, wegwerfen; entfernen, (aus)streichen **2.** *volksspr* eine Fehlgeburt haben ◇ вы́кинь э́то из головы́ schlag dir das aus dem Sinn; ~ шту́ку etw. anstellen ‖ *uv* выки́дывать, -аю, -аешь
вы́кинуться, -нусь, -нешься *v volksspr* sich hinausstürzen, -springen ‖ *uv* выки́дываться, -аюсь, -аешься
выкипа́ть *uv zu* вы́кипеть
вы́кипеть, *1. u. 2. Pers ungebr,* -пит *v* verdampfen, auskochen *itr* ‖ *uv* выкипа́ть, -а́ет
вы́кладка, -и *f* **1.** Auslegen, Bedecken, Besetzen **2.** *meist Pl G* -док, *D* -дкам Berechnungen **3.** *mil* (Marsch) Gepäck
выкла́дывать *uv zu* вы́ложить
вы́|клевать*, -клюешь *v* **1.** (mit dem Schnabel) aushacken, auspicken **2.** *alles* aufpicken ‖ *uv* **выклёвывать,** -аю, -аешь
выклика́ть, -а́ю, -а́ешь *uv* aufrufen *namentlich* ‖ *v mom* **вы́кликнуть,** -ну, -нешь; -нутый, -нут, -а
выключа́тель, -я *m el* Schalter; перекидно́й ~ Kippschalter
выключа́ть *uv zu* вы́ключить
вы́ключить, -чу, -чишь; -ченный, -чен, -а *v* **1.** *el* aus-, abschalten; *tech* abstellen **2.** ausschließen; ~ из спи́сков aus den Listen streichen ‖ *uv* выключа́ть, -а́ю, -а́ешь
выкля́нчивать *uv zu* вы́клянчить
вы́клянчить, -чу, -чишь; -ченный, -чен, -а *v volksspr* erbetteln ‖ *uv* выкля́нчивать, -аю, -аешь
вы́|ковать*, -куешь *v* schmieden ‖ *uv* **выко́вывать,** -аю, -аешь
выковы́ривать *uv zu* вы́ковырять
вы́ковырнуть *v mom zu* выковы́ривать
вы́ковырять, -яю, -яешь; -янный, -ян, -а *v umg* herausstochern, -kratzen ‖ *uv* выковы́ривать, -аю, -аешь | *v mom* вы́ковырнуть, -ну, -нешь; -нутый, -нут, -а
выкола́чивать *uv zu* вы́колотить
выкола́шиваться *uv zu* вы́колоситься
вы́колоситься, *1. u. 2. Pers ungebr,* -ится *v* in vollen Ähren stehen ‖ *uv* выкола́шиваться, -ается
вы́колотить, -очу, -отишь; -оченный, -очен, -а *v* **1.** ausklopfen; herausschlagen **2.** *umg* erzwingen; mit Mühe verdienen ‖ *uv* выкола́чивать, -аю, -аешь
вы́|колоть* *v* heraus-, ausstechen ◇ темно́, хоть глаз вы́коли es ist stockdunkel ‖ *uv* выка́лывать, -аю, -аешь
вы́копать, -аю, -аешь; -анный, -ан, -а *v* **1.** graben **2.** heraus-, ausgraben **3.** *übtr, umg* hervorholen, -kramen ‖ *uv* выка́пывать, -аю, -аешь
вы́кормить, -млю, -мишь; -мленный, -млен, -а *v* **1.** auffüttern **2.** großziehen ‖ *uv* выка́рмливать, -аю, -аешь
вы́корчевать, -чую, -чуешь; -чеванный, -чеван, -а *v* **1.** ausroden **2.** *übtr* ausmerzen, ausrotten ‖ *uv* **выкорчёвывать,** -аю, -аешь
вы́косить, -ошу, -осишь; -ошенный, -ошен, -а *v* **1.** abmähen **2.** *übtr* niedermähen ‖ *uv* выка́шивать, -аю, -аешь
выкра́дывать *uv zu* вы́красть
выкра́ивать *uv zu* вы́кроить
вы́красить, -ашу, -асишь; -ашенный, -ашен, -а *v* (an)streichen; färben; ~

в си́ний цвет blau färben || *uv* выкра́шивать, -аю, -аешь
вы́|красть*, -крадешь *v* stehlen || *uv* выкра́дывать, -аю, -аешь
выкра́шивать *uv zu* вы́красить
выкра́шиваться *uv zu* вы́крошиться
вы́крик, -а *m* Aufschrei, Ausruf
выкри́кивать *uv zu* вы́крикнуть
вы́крикнуть, -ну, -нешь; -нутый, -нут, -а *v* aufschreien; auf-, ausrufen || *uv* выкри́кивать, -аю, -аешь
вы́кристаллизоваться, *1. u. 2. Pers ungebr*, -зуется *v* **1.** kristallisieren **2.** *übtr* sich (heraus)bilden || *uv* **выкристаллизо́вываться,** -ается
вы́кроить, -ою, -оишь; -оенный, -оен, -а *v* **1.** zuschneiden; herausschneiden **2.** *übtr* abzweigen (für); (einen Vorteil) herausschlagen || *uv* выкра́ивать, -аю, -аешь *zu* 2
вы́кройка, -и, *Pl G* -оек, *D* -ойкам *f* Schnitt, Schnittmuster
вы́крошиться, *1. u. 2. Pers ungebr*, -ится *v umg* zerbröckeln || *uv* выкра́шиваться, -ается
выкрута́сы, -ов *Pl umg* **1.** Körperverrenkungen *beim Tanzen* **2.** Verzierungen, Verschnörkelungen
вы́крутить, -учу, -утишь; -ученный, -учен, -а *v* herausdrehen, -schrauben || *uv* **выкру́чивать,** -аю, -аешь
вы́крутиться, -учусь, -утишься *v volksspr* **1.** sich losschrauben, -drehen **2.** *übtr* sich herauswinden || *uv* **выкру́чиваться,** -аюсь, -аешься
вы́куп, -а *m* **1.** Loskauf; Einlösung **2.** Lösegeld
вы́купать, -аю, -аешь; -анный, -ан, -а *v* baden *tr*
выкупа́ть *uv zu* вы́купить
вы́купаться, -аюсь, -аешься *v* baden, ein Bad nehmen
вы́купить, -плю, -пишь; -пленный, -плен, -а *v* einlösen; loskaufen || *uv* выкупа́ть, -а́ю, -а́ешь
выкупно́й, -а́я, -о́е Einlöse-, Löse-; -ы́е де́ньги Lösegeld
1, 2выку́ривать *uv zu* 1, 2вы́курить
1вы́курить, -рю, -ришь; -ренный, -рен, -а *v* **1.** ausrauchen, zu Ende rauchen **2.** ausräuchern **3.** *volksspr* hinausekeln, hinausjagen || *uv* выку́ривать, -аю, -аешь
2вы́курить, -рю, -ришь; -ренный, -рен, -а *v alt u. gbt* brennen *Schnaps* || *uv* выку́ривать, -аю, -аешь
выла́вливать *uv zu* вы́ловить
вы́лазка, -и, *Pl* G -зок, *D* -зкам *f* **1.** *mil* Ausfall **2.** Anschlag, unerwarteter Überfall **3.** *Sport* Ausflug; лы́жная ~ Skitour
вы́лакать, -аю, -аешь; -анный, -ан, -а *v* auflecken
выла́мывать *uv zu* вы́ломать
вы́лежать, -жу, -жишь *v* das Bett hüten || *uv* **вылёживать,** -аю, -аешь
вы́лежаться, -жусь, -жишься *v* **1.** *umg* lange Zeit liegen; sich (liegend) ausruhen **2.** *1. u. 2. Pers ungebr* ausreifen; ablagern || *uv* **вылёживаться,** -аюсь, -аешься
вылеза́ть *uv zu* вы́лезти
вы́|лезти* *u.* **вы́|лезть*;** вы́лези *u. umg* вы́лезь *v* **1.** herauskriechen, -klettern **2.** *volksspr* aussteigen **3.** *umg* zum Vorschein kommen, sich zeigen **4.** *1. u. 2. Pers ungebr* ausfallen *von Haaren* || *uv* вылеза́ть, -а́ю, -а́ешь
вы́лепить, -плю, -пишь; -пленный, -плен, -а *v* modellieren || *uv* **вылепля́ть,** -я́ю, -я́ешь
вы́лет, -а *m* Fortfliegen; Abflug, Start; ~ стрелы́ Auslegeweite *eines Krans*
вылета́ть *uv zu* вы́лететь
вы́лететь, -лечу, -летишь *v* **1.** hinausfliegen; fortfliegen; abfliegen **2.** *übtr* hinausstürzen; автомоби́ль вы́летел из-за угла́ das Auto kam um die Ecke gerast ◇ э́то вы́летело у меня́ из головы́ das ist mir gänzlich entfallen || *uv* вылета́ть, -а́ю, -а́ешь
выле́чивать(ся) *uv zu* вы́лечить(ся)
вы́лечить, -чу, -чишь; -ченный, -чен, -а *v* heilen || *uv* выле́чивать, -аю, -аешь
вы́лечиться, -чусь, -чишься *v* sich auskurieren, gesund werden || *uv* выле́чиваться, -аюсь, -аешься
вылива́ть(ся) *uv zu* вы́лить(ся)
вы́|лизать* *v* ab-, auslecken || *uv* **выли́зывать,** -аю, -аешь
вы́линять, *1. u. 2. Pers ungebr*, -яет *v* **1.** haaren; mausern **2.** ausbleichen, verschießen
вы́литый, -ая, -ое: он ~ оте́ц *umg* er ist ganz der Vater
вы́|лить*, -льешь *v* **1.** ausgießen, ausschütten **2.** gießen *aus Metall u. ä.* || *uv* вылива́ть, -а́ю, -а́ешь
вы́|литься*, *1. u. 2. Pers ungebr*, -льется *v* **1.** herausfließen, -laufen **2.** *übtr* eine Form [Gestalt] annehmen; неизве́стно, во что э́то вы́льется man weiß noch nicht, was daraus wird || *uv* вылива́ться, -а́ется
вы́ловить, -влю, -вишь; -вленный, -влен, -а *v* **1.** (restlos) fangen, fischen

2. herausfischen, -fangen || *uv* выла́вливать, -аю, -аешь
вы́ложить, -жу, -жишь; -женный, -жен, -а *v* 1. herauslegen; ausbreiten 2. auslegen; besetzen; ~ дёрном mit Rasen belegen 3. *übtr, umg* offen aussprechen; ~ всё кому́-н. j-m sein Herz ausschütten 4. *gbt* kastrieren || *uv* выкла́дывать, -аю, -аешь
вы́ломать, -аю, -аешь; -анный, -ан, -а *v* herausbrechen, aufbrechen; ~ дверь die Tür einschlagen || *uv* выла́мывать, -аю, -аешь
вы́лощенный, -ая, -ое geschniegelt und gebügelt
вы́лудить, -ужу, -удишь; -уженный, -ужен, -а *v* verzinnen
вы́лупить, -плю, -пишь; -пленный, -плен, -а *v* 1. abschälen 2.: ~ глаза́ *volksspr* die Augen aufreißen || *uv* **вылу́пливать,** -аю, -аешь
вы́лупиться, *1. u. 2. Pers ungebr*, -ится *v* 1. aus dem Ei kriechen 2. *volksspr* weit geöffnet sein *Augen* || *uv* **вылу́пливаться,** -ается
вылу́щивать *uv zu* вы́лущить
вы́лущить, -щу, -щишь; -щенный, -щен, -а *v* 1. ent-, aushülsen 2. *med* herausschneiden || *uv* вылу́щивать, -аю, -аешь
вы́|мазать*; вы́мажи *u. umg* вы́мажь *v* 1. einschmieren, -reiben 2. *umg* beschmieren, besudeln || *uv* **выма́зывать,** -аю, -аешь
вы́|мазаться*; вы́мажись *u. umg* вы́мажься *v* schmutzig werden || *uv* **выма́зываться,** -аюсь, -аешься
выма́ливать *uv zu* вы́молить
выма́нивать *uv zu* вы́манить
вы́манить, -ню, -нишь; -ненный, -нен, -а *v* 1. *umg* herauslocken 2. ablisten || *uv* выма́нивать, -аю, -аешь
вы́марать, -аю, -аешь; -анный, -ан, -а *v volksspr* 1. beschmieren, -schmutzen 2. (aus)streichen || *uv* **выма́рывать,** -аю, -аешь
вы́мараться, -аюсь, -аешься *v volksspr* sich beschmieren || *uv* **выма́рываться,** -аюсь, -аешься
выма́тывать *uv zu* вы́мотать
выма́чивать *uv zu* вы́мочить
выма́щивать *uv zu* вы́мостить
выме́нивать *uv zu* вы́менять
вы́менять, -яю, -яешь; -янный, -ян, -а *v* um-, eintauschen (на *A* gegen) || *uv* выме́нивать, -аю, -аешь
вы́|мереть*, *1. u. 2. Pers ungebr*, -мрет *v* aussterben || *uv* вымира́ть, -а́ет
вымерза́ть *uv zu* вы́мерзнуть
вы́мерзнуть, *1. u. 2. Pers ungebr*, -нет; вы́мерз, -ла *v* gefrieren; erfrieren || *uv* вымерза́ть, -а́ет
выме́ривать *uv zu* вы́мерить
вы́мерить, -рю, -ришь; -ренный, -рен, -а *v* aus-, abmessen || *uv* **вымеря́ть,** -я́ю, -я́ешь *u.* выме́ривать, -аю, -аешь
вы́месить, -ешу, -есишь; -ешенный, -ешен, -а *v* (durch)kneten || *uv* выме́шивать, -аю, -аешь
вы́|мести*, -метешь *v* ausfegen, auskehren || *uv* вымета́ть, -а́ю, -а́ешь
вы́местить, -ещу, -естишь; -ещенный, -ещен, -а *v*: ~ зло́бу на ко́м-н. seine Wut an j-m auslassen || *uv* вымеща́ть, -а́ю, -а́ешь
вы́метать, -аю, -аешь; -анный, -ан, -а *v*: ~ пе́тли Knopflöcher umnähen || *uv* выме́тывать, -аю, -аешь
вымета́ть *uv zu* вы́мести
выме́тывать *uv zu* вы́метать
выме́шивать *uv zu* вы́месить
выме́щать *uv zu* вы́местить
вымира́ть *uv zu* вы́мереть
вымога́тель, -я *m* Erpresser
вымога́тельство, -а *n* Erpressung
вымога́ть, -а́ю, -а́ешь *uv* erpressen
вымока́ть *uv zu* вы́мокнуть
вы́мокнуть, -ну, -нешь; вы́мок, -ла *v* 1. durchnäßt sein; naß werden; ~ до после́дней ни́тки bis auf die Haut naß werden 2. wässern; селёдка вы́мокла der Hering ist gewässert || вымока́ть, -а́ю, -а́ешь
вымола́чивать *uv zu* вы́молотить
вы́молвить, -влю, -вишь *v* aussprechen; он не вы́молвил ни сло́ва er sprach kein Wort
вы́молить, -лю, -лишь; -ленный, -лен, -а *v* erflehen, erbitten || *uv* выма́ливать, -аю, -аешь
вы́молот, -а *m* Druschertrag
вы́молотить, -очу, -отишь; -оченный, -очен, -а *v* dreschen || *uv* вымола́чивать, -аю, -аешь
вымора́живать *uv zu* вы́морозить
вы́морить, -рю, -ришь; -ренный, -рен, -а *v* vernichten, vertilgen
вы́морозить, -ожу, -озишь; -оженный, -ожен, -а *v* 1. abkühlen; ausfrieren lassen 2. durch Frost vertilgen || *uv* вымора́живать, -аю, -аешь
вы́морочный, -ая, -ое ohne Erben; -ое иму́щество *jur* erbloses Gut
вы́мостить, -ощу, -остишь; -ощенный, -ощен, -а *v* pflastern || *uv* выма́щивать, -аю, -аешь
вы́мотать, -аю, -аешь; -анный, -ан,

-а *v* zermürben, erschöpfen ◇ он мне вымотал всю душу er hat mich (zu Tode) gequält ‖ *uv* выматывать, -аю, -аешь
вымочить, -чу, -чишь; -ченный, -чен, -а *v* 1. durchnässen, durchweichen 2. weichen, wässern ‖ *uv* вымачивать, -аю, -аешь
вымпел, -а *m* 1. Wimpel 2. *flug* Abwurftasche
вымученный, -ая, -ое (ab)gezwungen, erzwungen
вымучивать *uv zu* вымучить
вымучить, -чу, -чишь; -ченный, -чен, -а *v* erzwingen, mit Mühe hervorbringen ‖ *uv* вымучивать, -аю, -аешь
вымуштровать, -рую, -руешь *v umg* drillen
вымывать *uv zu* вымыть
вымысел, -сла *m* Erfindung, Erdichtung; Hirngespinst, Lüge
вы|мыть* *v* (aus)waschen ‖ *uv* вымывать, -аю, -аешь
вы|мыться* *v* sich waschen
вымышленный, -ая, -ое erdichtet; erdacht, erlogen
вымя, *G, D, P* -мени, *I* -менем, *Pl selten* вымена, -мён, -менам *n* Euter
вынашивать *uv zu* выносить
вы|нести*, -несешь *v* 1. hinaus-, forttragen; лодку вынесло на берег die Wellen haben das Boot ans Ufer getrieben 2. nach vorn stellen [setzen, legen] 3. aushalten, ertragen; erdulden; я не вынесу этого ich kann das nicht aushalten ◇ ~ приговор ein Urteil fällen; ~ резолюцию einen Beschluß fassen; ~ за скобки *math* ausklammern; ~ впечатление einen Eindruck bekommen; ~ на своих плечах *übtr* auf seinen Schultern tragen ‖ *uv* выносить, -ошу, -осишь
вы|нестись*, -несешься *v* hervorstürmen, -jagen, herausjagen ‖ *uv* выноситься, -ошусь, -осишься
вынимать *uv zu* вынуть
вынос, -а *m* Leichenbegängnis
выносить, -ошу, -осишь; -ошенный, -ошен, -а *v* 1. austragen, gebären 2. gut durchdenken 3. *umg* abtragen *Kleidung* ‖ *uv* вынашивать, -аю, -аешь
выносить(ся) *uv zu* вынести(сь)
выноска, -и *f* 1. *umg* Hinaustragen 2. Anmerkung, Fußnote
выносливый, -ая, -ое; *Kzf* -ив, -а ausdauernd, widerstandsfähig; zäh; standhaft
выношенный, -ая, -ое 1. *übtr* ausgereift; durchdacht; reif 2. *umg* abgetragen *Kleidung*
вынудить, -ужу, -удишь; -ужденный, -ужден, -а *v* (er)zwingen; ~ у кого-н. признание j-m ein Geständnis abzwingen ‖ *uv* **вынуждать,** -аю, -аешь
вынужденный, -ая, -ое erzwungen, notgedrungen; -ая посадка Notlandung
вынуть, -ну, -нешь; вынь *v* herausnehmen, -ziehen ◇ вынь да положь *umg* auf der Stelle *die Erfüllung von etw.* (*oft Unmöglichem*) *verlangend* ‖ *uv* вынимать, -аю, -аешь
выныривать *uv zu* вынырнуть
вынырнуть, -ну, -нешь *v* 1. auftauchen, an die (Wasser-) Oberfläche kommen 2. *übtr* auftauchen, plötzlich erscheinen ‖ *uv* выныривать, -аю, -аешь
вынюхать, -аю, -аешь *v volksspr* 1. finden, aufspüren *nach dem Geruch* 2. *übtr, volksspr* auskundschaften ‖ *uv* **вынюхивать,** -аю, -аешь
вынянчивать *uv zu* вынянчить
вынянчить, -чу, -чишь; -ченный, чен, -а *v umg* großziehen, aufziehen ‖ *uv* вынянчивать, -аю, -аешь
выпад, -а *m* 1. *Sport* Ausfall, Auslage 2. Angriff, Ausfall
выпадать *uv zu* выпасть
выпадение, -я *n* 1. Herausfallen, Ausfallen 2.: ~ снега Schneefall 3. *med*: ~ матки Gebärmuttervorfall
выпаивать *uv zu* выпоить
выпаливать *uv zu* выпалить
выпалить, -лю, -лишь *v umg* 1. feuern (в *A* auf) 2. herausplatzen ‖ *uv* выпаливать, -аю, -аешь *zu* 2
выпалывать *uv zu* выполоть
выпаривание, -я *n* Verdampfung
выпаривать(ся) *uv zu* выпарить(ся)
выпарить, -рю, -ришь; выпари *u. umg* выпарь *v* 1. durch Dampf reinigen, ausbrühen 2. verdampfen lassen ‖ *uv* выпаривать, -аю, -аешь
выпариться, -рюсь, -ришься *v* 1. mit Dampf reinigen 2. verdampfen 3. *umg* sich mit Birkenreisern schlagen *im Dampfbad* ‖ *uv* выпариваться, -аюсь, -аешься
выпархивать *uv zu* выпорхнуть
выпарывать *uv zu* [1]выпороть
выпас, -а *m* Weideplatz
вы|пасть*, -падешь *v* 1. (her)ausfallen, herausgleiten 2. *1. u. 2. Pers ungebr* fallen *von Niederschlägen*; выпал снег es hat geschneit 3. *1. u.*

2. *Pers ungebr* zuteil werden, zufallen; на на́шу до́лю вы́пала честь uns wurde die Ehre zuteil || *uv* выпада́ть, -а́ю, -а́ешь

вы́пачкать, -аю, -аешь; -анный, -ан, -а *v umg* beschmieren, beschmutzen

вы́пачкаться, -аюсь, -аешься *v umg* sich schmutzig machen

выпека́ть *uv zu* вы́печь

вы́|переть*, -прешь *v* 1. *volksspr* hinausdrücken, -stoßen, verdrängen 2. *1. u. 2. Pers ungebr* hervor-, herausstehen || *uv* выпира́ть, -а́ю, -а́ешь

вы́пестовать, -тую, -туешь *v alt* liebevoll betreuen, aufziehen; erziehen

вы́печка, -и *f* Backen

вы́|печь*, -печешь *v* 1. backen 2. ausbacken, gut durchbacken || *uv* выпека́ть, -а́ю, -а́ешь

выпива́ть *uv zu* вы́пить

вы́пивка, -и *f umg* 1. Trinkgelage, Zecherei 2. alkoholische Getränke

выпи́ливать *uv zu* вы́пилить

вы́пилить, -лю, -лишь; -ленный, -лен, -а *v* (her)aussägen || *uv* выпи́ливать, -аю, -аешь

выпира́ть *uv zu* вы́переть

вы́|писать* *v* 1. herausschreiben, Auszüge machen; ~ цита́ту ein Zitat herausschreiben 2. sorgfältig schreiben; sorgfältig malen 3. ausschreiben *Dokument*; ~ о́рдер на кварти́ру die Wohnraumzuweisung ausschreiben 4. abonnieren, bestellen, beziehen; ~ газе́ту eine Zeitung abonnieren 5. brieflich herbeirufen; я вы́писал свою́ мать ich schrieb, meine Mutter solle kommen 6. abmelden, entlassen, (aus der Liste) streichen || *uv* выпи́сывать, -аю, -аешь

вы́писаться, -ишусь, -ишешься *v* sich abmelden, verlassen; ausscheiden; ~ из больни́цы aus dem Krankenhaus entlassen werden || *uv* выпи́сываться, -аюсь, -аешься

вы́писка, -и, *Pl G* -сок, *D* -скам *f* 1. Ausschreiben, Abschreiben 2. Auszug 3. Bestellung *von Zeitungen* 4. Abmeldung

выпи́сывать(ся) *uv zu* вы́писать(ся)

вы́|пить*, -пьешь *v* (aus)trinken; он вы́пил ли́шнее er hat einen über den Durst getrunken || *uv* выпива́ть, -а́ю, -а́ешь

выпи́хивать *uv zu* вы́пихнуть

вы́пихнуть, -ну, -нешь; -нутый, -нут, -а *v umg* hinausstoßen || *uv* выпи́хивать, -аю, -аешь

вы́плавить, -влю, -вишь; -вленный, -влен, -а *v* (aus)schmelzen || *uv* выплавля́ть, -я́ю, -я́ешь

вы́плавка, -и *f* 1. Schmelzen 2. Schmelzertrag

выплавля́ть *uv zu* вы́плавить

вы́|плакать* *v* 1. ausweinen 2. unter Tränen erflehen ◇ ~ все глаза́ sich die Augen ausweinen

вы́|плакаться* *v* sich ausweinen

вы́плата, -ы *f* Zahlung, Auszahlung

вы́платить, -ачу, -атишь; -аченный, -ачен, -а *v* bezahlen, (aus)zahlen; ~ долг eine Schuld tilgen || *uv* выпла́чивать, -аю, -аешь

выплатно́й, -а́я, -о́е: ~ пункт Zahlstelle

выпла́чивать *uv zu* вы́платить

выплёвывать *uv zu* вы́плюнуть

вы́|плескать* *v* vergießen, verschütten || *uv* **выплёскивать,** -аю, -аешь

вы́|плескаться*, *1. u. 2. Pers ungebr v* herausschwappen || *uv* **выплёскиваться,** -ается

вы́плеснуть, -ну, -нешь; -нутый, -нут, -а *v mom* vergießen, verschweppern; anspülen *Muscheln*

вы́плеснуться, *1. u. 2. Pers ungebr,* -нется *v mom* herausschwappen

вы́|плести*, -плетешь *v* 1. (her)ausflechten 2. flechten || *uv* **выплета́ть,** -а́ю, -а́ешь

вы́|плестись*, *1. u. 2. Pers ungebr,* -плетется *v* sich lösen und herausfallen *von Eingeflochtenem, z. B. Haarschleife* || *uv* **выплета́ться,** -а́ется

выплыва́ть *uv zu* вы́плыть

вы́|плыть*, -плывешь *v* 1. auftauchen *a. übtr* 2. hervorschwimmen; an Land schwimmen || *uv* выплыва́ть, -а́ю, -а́ешь

вы́плюнуть, -ну, -нешь; вы́плюни *u. umg* вы́плюнь *v* ausspucken || *uv* выплёвывать, -аю, -аешь

вы́поить, -ою, -оишь; вы́пои *u. umg* вы́пой *v* mit einem Nährtrank aufziehen *Tiere* || *uv* выпа́ивать, -аю, -аешь

выпола́скивать *uv zu* вы́полоскать

выполза́ть *uv zu* вы́ползти

вы́|ползти* *v* heraus-, hervorkriechen || *uv* выполза́ть, -а́ю, -а́ешь

выполне́ние, -я *n* Ausführung, Erfüllung

выполни́мый, -ая, -ое; *Kzf* -и́м, -а ausführbar, erfüllbar

вы́полнить, -ню, -нишь; -ненный, -нен, -а *v* ausführen, erfüllen; ~ распоряже́ние einer Anordnung Folge leisten || *uv* **выполня́ть,** -я́ю, -я́ешь

вы́|полоскать* *v* (aus)spülen, gurgeln ‖ *uv* выпола́скивать, -аю, -аешь
вы́|полоть* *v* (aus)jäten ‖ *uv* выпа́лывать, -аю, -аешь
[1]**вы́|пороть*** *v* abtrennen ‖ *uv* выпа́рывать, -аю, -аешь
[2]**вы́|пороть*** *v umg* durchprügeln
вы́порхнуть, -ну, -нешь *v* hinausflattern, aufflattern ‖ *uv* выпа́рхивать, -аю, -аешь
вы́потрошить, -шу, -шишь; -шенный, шен, -а *v* die Eingeweide herausnehmen, ausweiden
[1]**вы́править,** -влю, -вишь; вы́правь *u.* вы́прави *v volksspr* **1.** gerademachen, -biegen **2.** abziehen *Rasiermesser* **3.** verbessern, korrigieren **4.** berichtigen ‖ *uv* выправля́ть, -я́ю, -я́ешь
[2]**вы́править,** -влю, -вишь; вы́правь *u.* вы́прави *v volksspr* erhalten, sich ausstellen lassen *Papiere* ‖ *uv* выправля́ть, -я́ю, -я́ешь
вы́правиться, *1. u. 2. Pers ungebr,* -ится *v* **1.** sich geradebiegen **2.** sich bessern, besser werden ‖ *uv* выправля́ться, -я́ется
вы́правка, -и *f* **1.** *volksspr* Berichtigung **2.** Haltung, Auftreten
[1, 2]**выправля́ть** *uv zu* [1, 2]вы́править
выправля́ться *uv zu* вы́правиться
выпра́стывать *uv zu* вы́простать
выпра́шивать *uv zu* вы́просить
выпрова́живать *uv zu* вы́проводить
вы́проводить, -ожу, -одишь; -оженный, -ожен, -а *v* hinauswerfen, die Tür weisen ‖ *uv* выпрова́живать, -аю, -аешь
вы́просить, -ошу, -осишь; -ошенный, -ошен, -а *v* erbitten, erflehen ‖ *uv* выпра́шивать, -аю, -аешь
вы́простать, -аю, -аешь *v* **1.** *volksspr* herausnehmen, herausziehen **2.** leeren; befreien ‖ *uv* выпра́стывать, -аю, -аешь
выпры́гивать *uv zu* вы́прыгнуть
вы́прыгнуть, -ну, -нешь *v* hinausspringen ‖ *uv* выпры́гивать, -аю, -аешь
выпряга́ть *uv zu* вы́прячь
выпрями́тель, -я *m el* Gleichrichter
вы́прямить, -млю, -мишь; -мленный, -млен, -а *v* **1.** geradeмachen, -biegen **2.** *el* gleichrichten ‖ *uv* выпрямля́ть, -я́ю, -я́ешь
вы́прямиться, -млюсь, -мишься *v* eine gerade Haltung annehmen, sich aufrichten ‖ *uv* выпрямля́ться, -я́юсь, -я́ешься
выпрямле́ние, -я *n* Geradebiegen; *el* Gleichrichtung
выпрямля́ть(ся) *uv zu* вы́прямить(ся)
вы́|прячь*, -пряжешь *v* ausspannen ‖ *uv* выпряга́ть, -а́ю, -а́ешь
вы́пуклость, -и *f* **1.** *phys* Konvexität **2.** Wölbung **3.** *übtr* Klarheit
вы́пуклый, -ая, -ое **1.** *phys* konvex **2.** gewölbt, erhaben **3.** *übtr* klar
вы́пуск, -а *m* **1.** Heraus-, Ablassen **2.** Herausgabe *Bücher*; Emission, Ausgabe *Banknoten* **3.** Ausstoß *Produktion*; Baujahr, Herstellungsjahr **4.** *tech* Abstich **5.** Auslassung Streichung **6.** Heft, Lieferung, Folge *eines Werkes* **7.** *Koll* Abiturienten, Absolventen *eines Jahrgangs*: Schulabgänger **8.** Auspuff(gase) *Auto* **9.**: ~ шасси́ *flug* Ausfahren des Fahrwerks; ~ из-под воды́ Unterwasserstart *Rakete*
выпуска́ть *uv zu* вы́пустить
выпускни́к, -а́ *m* Abiturient, Absolvent
выпускно́й, -а́я, -о́е **1.** *tech* Ablaß-; ~ кла́пан Ablaßventil **2.** Abgangs-; -ы́е экза́мены Abschlußprüfungen
вы́пустить, -ущу, -устишь; -ущенный, -ущен, -а *v* **1.** hinauslassen; ~ из рук fallen lassen **2.** herausgeben *Bücher*; emittieren, im Umlauf setzen *Banknoten* **3.** produzieren, herstellen **4.** entlassen, freilassen; *Schulabgänger* entlassen **5.**: ~ мета́лл из пе́чи *tech* abstechen **6.** auslassen, streichen **7.**: ~ шов den Saum auslassen **8.** hinausstecken, -stellen ◇ ~ и́з виду außer acht lassen ‖ *uv* выпуска́ть, -а́ю, -а́ешь
вы́путать, -аю, -аешь *v* entwirren ‖ *uv* **выпу́тывать,** -аю, -аешь
вы́путаться, -аюсь, -аешься *v* **1.** sich losmachen, sich (von Fesseln) befreien **2.** *übtr* sich (aus der Not) heraushelfen ‖ *uv* **выпу́тываться,** -аюсь, -аешься
выпу́чивать *uv zu* вы́пучить
вы́пучить, -чу, -чишь *v* herauspressen, vorwölben; ~ глаза́ *volksspr* die Augen aufreißen ‖ *uv* выпу́чивать, -аю, -аешь
вы́пушка, -и, *Pl G* -шек, *D* -шкам *f* Verbrämung, Besatz
вы́пытать, -аю, -аешь *v umg* ausforschen, auskundschaften, in Erfahrung bringen ‖ *uv* **выпы́тывать,** -аю, -аешь
выпь, -и *f zool* Rohrdommel
вы́пятить, -ячу, -ятишь; -яченный, -ячен, -а *v* heraus-, hervorstrecken;

wölben; *übtr* hervorheben || *uv* **выпя́чивать,** -аю, -аешь
выраба́тывать(ся) *uv zu* вы́работать(ся)
вы́работать, -аю, -аешь; -анный, -ан, -а *v* 1. herstellen, erzeugen 2. ausarbeiten, schaffen; herausbilden 3. erarbeiten, verdienen || *uv* выраба́тывать, -аю, -аешь
вы́работаться, *1. u. 2. Pers ungebr,* -ается *v* sich herausbilden || *uv* выраба́тываться, -ается
вы́работка, -и, *Pl G* -ток, *D* -ткам *f* 1. Herstellung, Erzeugung 2. Ausarbeitung 3. Produktion, Ausstoß; ~ проду́кции Produktionsergebnis 4. *umg* Qualität 5. *meist Pl berg* Abbaustelle, Grube
выра́внивание, -я *n* Ebnen, Ausgleichen; *mil* Richten; ~ давле́ний Druckausgleich
выра́внивать(ся) *uv zu* вы́ровнять(ся)
выража́ть *uv zu* вы́разить
выража́ться, -а́юсь, -а́ешься *uv* 1. *uv zu* вы́разиться 2. *volksspr* Schimpfwörter gebrauchen
выраже́ние, -я *n* 1. Ausdruck, Äußerung 2. Ausdruck, Redewendung 3.: алгебраи́ческое ~ algebraische Formel 4. Gesichtsausdruck, Mimik
вырази́тель, -я *m* Vertreter, Wortführer, Verkünder
вырази́тельность, -и *f* Ausdrucksfähigkeit, Ausdrucksstärke
вырази́тельный, -ая, -ое; *Kzf* -лен, -льна ausdrucksvoll; bedeutsam
вы́разить, -ажу, -азишь; -аженный, -ажен, -а *v* ausdrücken; äußern, || *uv* выража́ть, -а́ю, -а́ешь
вы́разиться, -ажусь, -азишься *v* 1. *1. u. 2. Pers ungebr* sich zeigen, sich äußern; расхо́ды вы́разились в су́мме ... die Ausgaben betrugen ... 2. sich ausdrücken, sich äußern || *uv* выража́ться, -а́юсь, -а́ешься
выраста́ть *uv zu* вы́расти
вы́|расти* *v* 1. (auf)wachsen, groß werden 2. *übtr* anwachsen, steigen, zunehmen 3. auswachsen *Kleidung* 4. sich zeigen; entstehen ◇ он вы́рос в мои́х глаза́х er ist in meinen Augen gestiegen || *uv* выраста́ть, -а́ю, -а́ешь *zu* 2, 3
вы́растить, -ащу, -астишь; -ащенный, -ащен, -а *v* 1. großziehen *Kinder*; heranbilden *Kader*; 2. anbauen *Kulturpflanzen*; erzielen *landw. Erträge*; ~ молодня́к Jungvieh aufziehen || *uv* выра́щивать, -аю, -аешь
выра́щивание, -я *n* 1. Heranbilden 2. Anbau; Aufzucht
выра́щивать *uv zu* вы́растить
[1]**вы́|рвать*,** -рвешь *v* 1. (her)ausreißen, entreißen; ~ зуб einen Zahn ziehen 2. у *G übtr* abzwingen ◇ ~ с ко́рнем ausrotten || *uv* вырыва́ть, -а́ю, -а́ешь
[2]**вы́|рвать*,** -рвет *v unpers umg* sich übergeben, sich erbrechen; его́ вы́рвало er hat sich erbrochen
вы́|рваться*, -рвешься *v* 1. *1. u. 2. Pers ungebr* sich loßreißen, sich lösen 2. sich (mit Gewalt) befreien, sich losreißen; hervor-, durchbrechen 3. *übtr* entschlüpfen, entfahren || *uv* вырыва́ться, -а́юсь, -а́ешься
вы́рез, -а *m* 1. Herausschneiden 2. Ausschnitt; откры́тый ~ weiter Ausschnitt
вы́|резать*; вы́режи *u. umg* вы́режь *v* 1. (her)ausschneiden 2. schnitzen 3. eingravieren, einritzen 4. abschlachten, niedermetzeln || *uv* **выреза́ть,** -а́ю, -а́ешь *u.* выре́зывать, -аю, -аешь
вы́резка, -и, *Pl G* -зок, *D* -зкам *f* 1. Herausschneiden 2. Schnitzen; Eingravieren 3. Zeitungsausschnitt 4. Lendenstück
вырезно́й, -а́я, -о́е geschnitzt
выре́зывать *uv zu* вы́резать
вы́рисовать, -сую, -суешь; -сованный, -сован, -а *v* sorgfältig [in allen Einzelheiten] (auf)zeichnen || *uv* **вырисо́вывать,** -аю, -аешь
вы́рисоваться, *1. u. 2. Pers ungebr,* -суется *v* sich abzeichnen, sichtbar werden || *uv* **вырисо́вываться,** -ается
вы́ровнять, -яю, -яешь; вы́ровненный, -ен, -а *v* 1. ebnen; *tech* nivellieren 2. *mil* (aus)richten 3. ausgleichen ◇ ~ шаг im Gleichschritt bleiben || *uv* выра́внивать, -аю, -аешь
вы́ровняться, -яюсь, -яешься *v* 1. eben [glatt] werden, ausgleichen 2. *1. u. 2. Pers ungebr, mil* sich (aus)richten 3. *übtr* sich bessern || *uv* выра́вниваться, -аюсь, -аешься
вы́родиться, *1. u. 2. Pers ungebr,* -ится *v* entarten, degenerieren || *uv* вырожда́ться, -а́ется
вы́родок, -дка *m umg* Mißgeburt
вырожда́ться *uv zu* вы́родиться
вырожде́ние, -я *n* Entartung, Degeneration; Dekadenz, Verfall
вы́ронить, -ню, -нишь; -ненный, -нен, -а *v* (heraus)fallen lassen
вырубáть *uv zu* вы́рубить

вы́рубить, -блю, -бишь; -бленный, -блен, -а *v* **1.** vollständig abhauen, abholzen **2.** heraushauen; zurechthauen || *uv* вырубáть, -áю, -áешь
вы́рубка, -и *f* **1.** Abholzen **2.** Holzschlag, Lichtung
вы́ругать, -аю, -аешь; -анный, -ан, -а *v umg* ausschimpfen
вы́ругаться, -аюсь, -аешься *v* schimpfen
выручáть *uv zu* вы́ручить
вы́ручить, -чу, -чишь; -ченный, -чен, -а *v umg* **1.** (aus)helfen; ~ когó-н. из беды́ j-m aus der Not helfen **2.** verdienen, Geld einnehmen || *uv* выручáть, -áю, -áешь
вы́ручка, -и *f* **1.** Hilfe **2.** Einnahme, Erlös
вырывáть *uv zu* [1]вы́рвать *u.* вы́рыть
вырывáться *uv zu* вы́рваться
вы́|рыть* *v* **1.** graben, ausheben **2.** ausgraben || *uv* вырывáть, -áю, -áешь
вы́рядить, -яжу, -ядишь; -яженный, -яжен, -а *v volksspr* herausputzen, hübsch anziehen || *uv* **выряжáть,** -áю, -áешь
вы́садить, -ажу, -адишь; -аженный, -ажен, -а *v* **1.** ausschiffen, an Land setzen **2.** aussteigen lassen **3.** verpflanzen **4.** *volksspr* einschlagen, einstoßen || *uv* высáживать, -аю, -аешь
вы́садиться, -ажусь, -адишься *v* aussteigen; an Land gehen || *uv* высáживаться, -аюсь, -аешься
вы́садка, -и *f* **1.** Ausschiffung, Landung **2.** Verpflanzung
высáживать(ся) *uv zu* вы́садить(ся)
высáсывать *uv zu* вы́сосать
высвéрливать *uv zu* вы́сверлить
вы́сверлить, -лю, -лишь; -ленный, -лен, -а *v* ausbohren || *uv* высвéрливать, -аю, -аешь
вы́|свистать* *u.* **вы́свистеть,** -ищу, -истишь *v umg* **1.** pfeifend vortragen **2.** durch Pfeifen rufen || *uv* **высви́стывать,** -аю, -аешь
вы́свободить, -божу, -бодишь; -божденный, -божден, -а *v* **1.** losmachen, freimachen **2.** befreien || *uv* **высвобождáть,** -áю, -áешь
вы́свободиться, -ожусь, -одишься *v* sich befreien, herauskommen || *uv* **высвобождáться,** -áюсь, -áешься
вы́сев, -а *m* Aussaat
высевáть *uv zu* вы́сеять
высекáть *uv zu* вы́сечь
выселéние, -я *n* Aussiedelung, Ausweisung
вы́селить, -лю, -лишь; -ленный, -лен, -а *v* aussiedeln, ausweisen || *uv* выселя́ть, -я́ю, -я́ешь
вы́селиться, -люсь, -лишься *v* ausziehen, fortziehen; übersiedeln || *uv* выселя́ться, -я́юсь, -я́ешься
вы́селок, -лка *m u.* **вы́селки,** -ов *Pl* Ansiedlung
выселя́ть(ся) *uv zu* вы́селить(ся)
вы́серебрить, -брю, -бришь; -бренный, -брен, -а *v* versilbern
[1]**вы́|сечь*,** -сечешь *v* einmeißeln, herausmeißeln ◇ ~ огóнь Feuer (aus einem Stein) schlagen || *uv* высекáть, -áю, -áешь
[2]**вы́|сечь*,** -сечешь *v* verprügeln
вы́сеять, -ею, -еешь; -еянный, -еян, -а *v* aussäen || *uv* высевáть, -áю, -áешь
вы́сидеть, -ижу, -идишь; -иженный, -ижен, -а *v* **1.** ausbrüten **2.** sitzen, sitzenbleiben, verweilen **3.** *übtr volksspr* mit Mühe und Not zustandebringen || *uv* **выси́живать, -аю,** -аешь
вы́сидка, -и *f* Ausbrüten
выси́живать *uv zu* вы́сидеть
вы́ситься, *1. u. 2. Pers ungebr*, **-ится** *uv* sich erheben, aufragen
выскáбливание, -я *n* Abkratzen, **Aus**kratzen; *med* Auskratzung
выскáбливать *uv zu* вы́скоблить
вы́с|казать* *v* aussprechen, äußern || *uv* выскáзывать, -аю, -аешь
вы́с|казаться* *v* sich äußern, seine Meinung sagen || *uv* выскáзываться, -аюсь, -аешься
выскáзывание, -я *n* **1.** Aussprechen, Äußern **2.** Äußerung; Ausspruch
выскáзывать(ся) *uv zu* вы́сказать(ся)
выскáкивать *uv zu* вы́скочить
выскáльзывать *uv zu* вы́скользнуть
вы́скоблить, -лю, -лишь; -ленный, -лен, -а *v* abkratzen, abschaben; *med* auskratzen || *uv* выскáбливать, -аю, -аешь
вы́скользнуть, -ну, -нешь *v* **1.** entgleiten, -schlüpfen **2.** (schnell und unbemerkt) entwischen || *uv* выскáльзывать, -аю, -аешь
вы́скочить, -чу, -чишь *v* **1.** hinausspringen; hervorspringen **2.** *umg* herausfallen ◇ э́то вы́скочило из егó головы́ das ist ihm entfallen || *uv* выскáкивать, -аю, -аешь
вы́скочка, -и, *Pl G* -чек, *D* -чкам *m, f umg* **1.** Naseweis **2.** Emporkömmling
выскребáть *uv zu* вы́скрести
выскрёбывать *uv zu* вы́скрести
вы́|скрести*, -скребешь *v umg* ab-, auskratzen || *uv* выскребáть, -áю,

-а́ешь *u.* выскрёбывать, -аю, -аешь

вы́|слать*, -шлешь *v* 1. weg-, abschikken; absenden 2. (hin)ausweisen; verbannen ‖ *uv* высыла́ть, -а́ю, -а́ешь

вы́следить, -ежу, -едишь; -еженный, -ежен, -а *v* aufspüren ‖ *uv* **высле́живать,** -аю, -аешь

вы́слуга, -и *f*: за -у лет für langjährigen Dienst: пре́мия за -у лет Treueprämie

выслу́живать(ся) *uv zu* вы́служить(ся)

вы́служить, -жу, -жишь; -женный, -жен, -а *v* 1. durch Dienst erwerben; ~ пе́нсию pensionsberechtigt sein 2. *umg* abdienen, im Amt sein ‖ *uv* выслу́живать, -аю, -аешь

вы́служиться, -жусь, -жишься *v verächtl, umg* liebedienern, sich einschmeicheln ‖ *uv* выслу́живаться -аюсь, -аешься

вы́слушать, -аю, -аешь; -анный, -ан, -а *v* 1. anhören, zu Ende hören 2. *med* abhorchen ‖ *uv* выслу́шивать, -аю, -аешь

выслу́шивание, -я *n med* Abhorchen

выслу́шивать *uv zu* вы́слушать

высма́тривать *uv zu* вы́смотреть

высме́ивать *uv zu* вы́смеять

вы́смеять, -ею, -еешь; -еянный, -еян, -а *v* auslachen, verspotten ‖ *uv* высме́ивать, -аю, -аешь

вы́смолить, -лю, -лишь; -ленный, -лен, -а *v* teeren

вы́сморкать, -аю, -аешь *v*: ~ нос sich die Nase putzen

вы́сморкаться, -аюсь, -аешься *v umg* sich schneuzen

вы́смотреть, -рю, -ришь; -ренный, -рен, -а *v* 1. sorgfältig betrachten 2. (alles) erspähen, erblicken ◇ ~ глаза́ *volksspr* sich die Augen müde sehen ‖ *uv* высма́тривать, -аю, -аешь

высо́вывать(ся) *uv zu* вы́сунуть(ся)

высо́кий, -ая, -ое; *Kzf* -о́к, -ока́, -о́ко́; *Komp* вы́ше; *Sup* вы́сший *u.* высоча́йший 1. hoch; groß; hochgelegen; -ая трава́ hohes Gras; -ая ме́стность hochgelegene Gegend 2. groß, reich; ~ урожа́й reiche Ernte; -ое давле́ние hoher Druck 3. bedeutend, hervorragend 4. bedeutsam, ehrenvoll; -ое зва́ние ehrenvoller Titel 5. erhaben *Stil* 6. hell *Töne* 7. высо́ко́ *Adv*; вы́ше hoch

высоко- *in Zuss* höchst-; hoch-

высоко|благоро́дие, -я *n hist* Hochwohlgeboren; **~во́льтный,** -ая, -ое *el* Hochspannungs-; **~го́рный,** -ая, -ое Hochgebirgs-, alpin; ~го́рная ме́стность Hochgebirge; **~ка́чественный,** -ая, -ое hochwertig, Qualitäts-; **~квалифици́рованный,** -ая, -ое hochqualifiziert; **~ме́рие,** -я *n* Hochmut, Dünkel; **~ме́рный,** -ая, -ое; *Kzf* -рен, -рна hochmütig, dünkelhaft; **~образо́ванный,** -ая, -ое hochgebildet; **~па́рный,** -ая, -ое; *Kzf* -рен, -рна schwülstig, geschraubt *Rede*; **~поста́вленный,** -ая, -ое *alt* hochgestellt; **~про́бный,** -ая, -ое; *Kzf* -бен, -бна 1. von hohem Feingehalt *Gold, Silber* 2. hochwertig, Qualitäts-; ~про́бное вино́ Qualitätswein; **~производи́тельный,** -ая, -ое; *Kzf* -лен, -льна hochproduktiv, von hoher Produktivität; **~ро́дие,** -я *n hist* Hochgeboren; **~со́ртный,** -ая, -ое Qualitäts-; **~това́рный,** -ая, -ое *landw* mit hoher Marktproduktion **~уважа́емый,** -ая, -ое *alt* hochgeschätzt, hochverehrt; **~урожа́йный,** -ая, -ое ertragreich; **~часто́тный,** -ая, -ое Hochfrequenz-

вы́|сосать*, -сосешь *v* (her)aussaugen ◇ ~ из па́льца что́-н. sich etw. aus den Fingern saugen; ~ все со́ки из кого́-н. *übtr* j-n aussaugen, ‖ *uv* выса́сывать, -аю, -аешь

высота́, -ы́, *Pl* высо́ты, -о́т, -о́там *f* 1. Höhe; ~ над у́ровнем мо́ря Höhe über dem Meeresspiegel; ~треуго́льника *math* die Höhe des Dreiecks; набира́ть -у́ *flug* steigen 2. *geogr* Höhe, Anhöhe ◇ кома́ндные -ы Kommandohöhen; быть на -е́ положе́ния auf der Höhe sein, den Anforderungen genügen

высо́тник, -а *m* 1. Erbauer von Hochhäusern 2. *flug* Spezialist für Höhenflüge

высо́тный, -ая, -ое 1. Höhen-; ~ полёт Höhenflug 2. Hoch-; -ое строи́тельство Hochbau; -ое зда́ние Hochhaus

высотоме́р, -а *m* Höhenmesser

вы́сохнуть, -ну, -нешь; вы́сох, -ла *v* 1. *1. u. 2. Pers ungebr* trocken werden; vertrocknen, austrocknen 2. verwelken 3. *umg* abmagern ‖ *uv* высыха́ть, -а́ю, -а́ешь

высоча́йший, -ая, -ее 1. *Sup von* высо́кий 2. *alt* kaiserlich, (auf Geheiß) des Zaren; ~ ука́з ein Erlaß des Zaren

высо́чество, -а *n hist* Hoheit

вы́|спаться* *v* (sich) ausschlafen ‖ *uv* высыпа́ться, -а́юсь, -а́ешься

выспева́ть *uv zu* вы́спеть
вы́спеть, *1. u. 2. Pers ungebr*, -пеет *v* ausreifen || *uv* выспева́ть, -а́ет
выспра́шивать *uv zu* вы́спросить
вы́спренний, -яя, -ее *iron alt* schwülstig, hochtrabend
вы́спросить, -ошу, -осишь; -ошенный, -ошен, -а *v* (er)fragen, auskundschaften || *uv* выспра́шивать, -аю, -аешь
вы́ставить, -влю, -вишь; -вленный, -влен, -а *v* **1.** vorschieben, vorrücken; hinausstellen **2.** herausnehmen; ~ ра́мы die Doppelfenster herausnehmen **3.** ausstellen; zur Schau stellen **4.** aufstellen; ~ кандидату́ру eine Kandidatur aufstellen ~ тре́бование eine Forderung stellen; ~ а́рмию eine Armee aufstellen **5.** eintragen, -setzen *Datum* **6.** *volksspr* hinauswerfen, -setzen **7.** hin-, darstellen; ~ в смешно́м ви́де lächerlich machen || *uv* выставля́ть, -я́ю, -я́ешь
вы́ставка, -и, *Pl G* -вок, *D* -вкам *f* **1.** Ausstellung; ~ карти́н Gemäldeausstellung **2.** Ausstellungsgegenstände; Ausstellungs(ort)
выставле́ние, -я *n*: ~ кандида́та Aufstellung eines Kandidaten
выставля́ть *uv zu* вы́ставить
вы́ставочный, -ая, -ое Ausstellungs-
выста́ивать(ся) *uv zu* вы́стоять(ся)
[1]**вы́стегать,** -аю, -аешь; -анный, -ан, -а *v* steppen || *uv* выстёгивать, -аю, -аешь
[2]**вы́стегать,** -аю, -аешь; -анный, -ан, -а *v volksspr gbt* auspeitschen
выстёгивать *uv zu* [1]вы́стегать
вы́стелить, -лю, -лишь *v volksspr* belegen, auslegen || *uv* выстила́ть, -а́ю, -а́ешь
выстила́ть *uv zu* вы́стлать *u.* вы́стелить
вы́стирать, -аю, -аешь; -анный, -ан, -а *v* waschen *Wäsche*
вы́|стлать* *v* auslegen, belegen || *uv* выстила́ть, -а́ю, -а́ешь
вы́стоять, -ою, -оишь *v* **1.** *eine gewisse Zeit* stehen **2.** standhalten; aushalten || *uv* выста́ивать, -аю, -аешь
вы́стояться, *1. u. 2. Pers ungebr*, -оится *v* **1.** lagern *Wein* **2.** (sich) verschnaufen *Pferd* || *uv* выста́иваться, -ается
выстра́гивать *uv zu* вы́строгать
вы́страдать, -аю, -аешь; -анный, -ан, -а *v* **1.** erleiden, erdulden **2.** durch Qualen erreichen
выстра́ивать(ся) *uv zu* вы́строить(ся)
выстра́чивать *uv zu* вы́строчить
вы́стрел, -а *m* Schuß; разда́лся ~ ein Schuß fiel ◇ на ~ auf Schußweite
вы́стрелить, -лю, -лишь *v* schießen, einen Schuß abgeben (в *A* auf)
выстрига́ть *uv zu* вы́стричь
вы́|стричь*, -стрижешь *v* abscheren, abschneiden || *uv* выстрига́ть, -а́ю, -а́ешь
вы́строгать, -аю, -аешь; -анный, -ан, -а *v* abhobeln || *uv* выстра́гивать, -аю, -аешь
вы́строить, -ою, -оишь; -оенный, -оен, -а *v* **1.** (er)bauen **2.** richten, in Reih und Glied antreten lassen || *uv* выстра́ивать, -аю, -аешь
вы́строиться, -оюсь, -оишься *v* **1.** sich richten, sich in Reih und Glied aufstellen; antreten **2.** entstehen, gebaut werden || *uv* выстра́иваться, -аюсь, -аешься
вы́строчить, -чу, -чишь; -ченный, -чен, -а *v* steppen, abnähen || *uv* выстра́чивать, -аю, -аешь
вы́стругать, -аю, -аешь; -анный, -ан, -а *v* abhobeln || *uv* **выстру́гивать,** -аю, -аешь
вы́студить, -ужу, -удишь; -уженный, -ужен, -а *v volksspr* auskühlen [kalt werden] lassen *z. B. Zimmer* || *uv* **выстýживать,**-аю, -аешь
вы́стукать, -аю, -аешь; -анный, -ан, -а *v med* beklopfen, perkutieren || *uv* **выстýкивать,** -аю, -аешь
вы́ступ, -а *m* Vorsprung, vorspringender Teil
выступа́ть, -а́ю, -а́ешь *uv* **1.** *uv zu* вы́ступить **2.** *1. u. 2. Pers ungebr* vorspringen, hinausragen **3.** einherschreiten, -stolzieren
вы́ступить, -плю, -пишь *v* **1.** heraustreten, nach vorn treten **2.** aufbrechen, ausrücken; ~ в похо́д ins Feld ziehen **3.** (öffentlich) auftreten, sprechen; ~ с докла́дом einen Vortrag halten; ~ в защи́ту кого́-н. für j-n eintreten **4.** *1. u. 2. Pers ungebr übtr* hinaustreten; ~ из берего́в über die Ufer treten; у меня́ вы́ступил пот mir brach der Schweiß aus; слёзы вы́ступили у неё на глаза́х ihr traten die Tränen in die Augen || *uv* выступа́ть, -а́ю, -а́ешь
выступле́ние, -я *n* **1.** Aufbruch, Ausrücken **2.** Auftritt, Darbietung **3.** (öffentliche) Rede
выстыва́ть *uv zu* вы́стыть
вы́|стыть*, *1. u. 2. Pers ungebr v*

umg auskühlen || *uv* выстыва́ть, -а́ет

вы́сунуть, -ну, -нешь; -нутый, -нут, -а *v* hinausstrecken, hinausstecken, hinaushängen ◇ вы́сунув язы́к бежа́ть in atemloser Eile laufen || *uv* высо́вывать, -аю, -аешь

вы́сунуться, -нусь, -нешься *v* sich hinauslehnen || *uv* высо́вываться, -аюсь, -аешься

высу́шивать(ся) *uv zu* вы́сушить(ся)

вы́сушить, -ушу, -ушишь; -ушенный, -ушен, -а *v* (aus)trocknen (lassen) || *uv* высу́шивать, -аю, -аешь

вы́сушиться, *1. u. 2. Pers ungebr*, -ится *v* (aus)trocknen || *uv* высу́шиваться, -ается

вы́считать, -аю, -аешь; -анный, -ан, -а *v* aus-, berechnen || *uv* **высчи́тывать,** -аю, -аешь

вы́сший, -ая, -ее **1.** *Sup von* высо́кий best, höchst; това́р -его со́рта erstklassige Ware **2.** oberst **3.** höher; Hochschul-; -ая матема́тика höhere Mathematik; -ее уче́бное заведе́ние Hochschule; -ее образова́ние Hochschulbildung ◇ в -ей сте́пени in höchstem Grade

высыла́ть *uv zu* вы́слать

вы́сылка, -и *f* **1.** Absenden, Versenden **2.** Ausweisung; Verbannung

вы́|сыпать* *v* **1.** ausschütten, -streuen, verschütten **2.** *1. u. 2. Pers ungebr med* Ausschlag bekommen **3.** *1. u. 2. Pers ungebr* все вы́сыпали из до́ма на у́лицу alle strömten aus dem Haus auf die Straße (hinaus) || *uv* **высыпа́ть,** -а́ю, -а́ешь

вы́|сыпаться*, *1. u. 2. Pers ungebr v* herausfallen, -rieseln || *uv* [1]**высыпа́ться,** -а́ется

[2]**высыпа́ться** *uv zu* вы́спаться

высыха́ть *uv zu* вы́сохнуть

высь, -и *f* Höhe

выта́лкивать *uv zu* вы́толкать *u.* вы́толкнуть

вы́танцеваться *v zu* вытанцо́вываться

вытанцо́вываться, *1. u. 2. Pers ungebr*, -ается *uv umg* gelingen; де́ло не вытанцо́вывается die Sache will nicht gelingen || *v* вы́танцеваться, -цуется

[1, 2]**выта́пливать** *uv zu* [1, 2]вы́топить

выта́птывать *uv zu* вы́топтать

вытара́щивать *uv zu* вы́таращить

вы́таращить, -щу, -щишь; -щенный, -щен, -а *v*: ~ глаза́ *umg* die Augen aufreißen || *uv* вытара́щивать, -аю, -аешь

вы́таскать, -аю, -аешь; -анный, -ан, -а *v umg* hinausschleppen, -schleifen || *uv* [1]**выта́скивать,** -аю, -аешь

[2]**выта́скивать** *uv zu* вы́тащить

вы́тачать, -аю, -аешь; -анный, -ан, -а *v* steppen, zusammennähen

выта́чивать *uv zu* вы́точить

вы́тачка, -и, *Pl G* -чек, *D* -чкам *f* Falte, Abnäher

вы́тащить, -щу, -щишь; -щенный, -щен, -а *v* **1.** hinausschleppen, -ziehen **2.** herausreißen **3.** *umg* (heraus)stehlen || *uv* выта́скивать, -аю, -аешь

вы́твердить, -ржу, -рдишь; -рженный, -ржен, -а *v umg* (auswendig) lernen

вы́творить *v zu* вытворя́ть

вытворя́ть, -я́ю, -я́ешь *uv umg* anstellen, anrichten; ~ глу́пости Dummheiten machen || *v* вы́творить, -рю, -ришь

вытека́ть, *1. u. 2. Pers ungebr*, -а́ет *uv* **1.** *uv zu* вы́течь **2.** entspringen **3.** *übtr* folgen, sich ergeben

вы́теребить, -блю, -бишь; -бленный, -блен, -а *v* raufen, ernten *Flachs*

вы́|тереть*; вы́терев *u.* вы́терши *v* abwischen, abtrocknen || *uv* вытира́ть, -а́ю, -а́ешь

вы́|тереться* *v* **1.** sich abwischen, sich abreiben, sich abtrocknen **2.** *1. u. 2. Pers ungebr uv* sich abtragen, sich abnutzen || вытира́ться, -а́юсь -а́ешься

вы́терпеть, -плю, -пишь *v* aushalten, ertragen

вы́тертый, -ая, -ое *umg* abgetragen, schäbig *Kleidung*

вы́|тесать* *v* behauen *Holz* || *uv* вытёсывать, -аю, -аешь

вытесне́ние, -я *n* Verdrängung

вы́теснить, -ню, -нишь; -ненный, -нен, -а *v* hinaus-, verdrängen || *uv* **вытесня́ть,** -я́ю, -я́ешь

вытёсывать *uv zu* вы́тесать

вы́|течь*, *1. u. 2. Pers ungebr*, -течет *v* (her)ausfließen, auslaufen || *uv* вытека́ть, -а́ет

вытира́ть(ся) *uv zu* вы́тереть(ся)

вы́тиснить, -ню, -нишь; -ненный, -нен, -а *v* prägen; ziselieren || *uv* **вытисня́ть,** -я́ю, -я́ешь

вы́|ткать*, -ткешь *v* **1.** weben **2.** einweben *Muster*

вы́толкать, -аю, -аешь; -анный, -ан, -а *v umg* hinausstoßen || *uv* выта́лкивать, -аю, -аешь

вы́толкнуть, -ну, -нешь; -нутый, -нут, -а *v* hinausstoßen || *uv* выта́лкивать, -аю, -аешь

¹вы́топить, -плю, -пишь; -пленный, -плен, -а *v* (ein)heizen || *uv* выта́пливать, -аю, -аешь

²вы́топить, -плю, -пишь; -пленный, -плен, -а *v* schmelzen, auslassen || *uv* выта́пливать, -аю, -аешь

вы́|топтать* *v* zertreten, zerstampfen || *uv* выта́птывать, -аю, -аешь

вы́торговать, -гую, -гуешь; -гованный, -гован, -а *v umg* 1. erhandeln, einhandeln 2. abhandeln *vom Preis* || *uv* **выторго́вывать,** -аю, -аешь

вы́точить, -чу, -чишь; -ченный, -чен, -а *v* drehen, drechseln ◇ сло́вно вы́точенный wie (heraus)gemeißelt *Gesichtszüge, Körperformen* || *uv* выта́чивать, -аю, -аешь

вы́травить, -влю, -вишь; -вленный, -влен, -а *v* 1. vertilgen; *chem* beseitigen, entfernen *Flecke* 2. (aus)ätzen 3. zerstampfen *Felder*; abgrasen 4. *med* abtreiben || *uv* **вытра́вливать,** -аю, -аешь *u.* **вытравля́ть,** -я́ю, -я́ешь

вытравно́й, -а́я, -о́е ätzend, Ätz-

вы́требовать, -бую, -буешь; -бованный, -бован, -а *v umg* 1. verlangen, auf Anforderung erhalten 2. kommen lassen, vorladen

вы́трезвить, -влю, -вишь; -вленный, -влен, -а *v* ernüchtern, nüchtern machen || *uv* вытрезвля́ть, -я́ю, -я́ешь

вы́трезвиться, -влюсь, -вишься *v* nüchtern werden || *uv* вытрезвля́ться, -я́юсь, -я́ешься

вытрезвле́ние, -я *n* Ernüchterung

вытрезвля́ть(ся) *uv zu* вы́трезвить(ся)

вытряса́ть *uv zu* вы́трясти

вы́|трясти*, -трясешь *v* 1. ausschütten 2. durch Schütteln ausstauben || *uv* вытряса́ть, -а́ю, -а́ешь

вытряха́ть *uv zu* вы́тряхнуть

вытря́хивать *uv zu* вы́тряхнуть

вы́тряхнуть, -ну, -нешь; -нутый, -нут, -а *v* herausschütteln, herausfallen lassen; ausklopfen *Pfeife* || *uv* вытря́хивать, -аю, -аешь *u. volksspr* вытряха́ть, -а́ю, -а́ешь

выту́ривать *uv zu* вы́турить

вы́турить, -рю, -ришь; -ренный, -рен, -а *v volksspr* hinauswerfen, -jagen || *uv* выту́ривать, -аю, -аешь

выть* *uv* heulen

вытьё, -ья́ *n volksspr* Geheul

вытя́гивать(ся) *uv zu* вы́тянуть(ся)

вы́тяжка, -и *f* 1. Absaugen, Abziehen 2. Ausdehnen 3. *chem* Extrakt ◇ стоя́ть на -у stramm stehen

вытяжно́й, -а́я, -о́е Zug-, Abzug-; ~ пла́стырь Zugpflaster

вы́тянуть, -ну, -нешь; -нутый, -нут, -а *v* 1. (aus)dehnen; ~ про́волоку Draht ziehen 2. ausstrecken *Arme, Beine* 3. *umg* herausziehen *a. übtr* 4. herausziehen, aufsaugen; ~ гной пла́стырем den Eiter durch das Pflaster herausziehen 5. aus-, durchhalten; он до́лго не вы́тянет er hält nicht lange durch ◇ ~ ду́шу quälen; ~ ру́ки по швам die Hände an die Hosennaht legen || *uv* вытя́гивать, -аю, -аешь *zu* 1, 2, 4

вы́тянуться, -нусь, -нешься *v* 1. *1. u. 2. Pers ungebr* sich ausdehnen, länger werden 2. sich ausstrecken 3. sich strecken; wachsen, aufschießen ◇ лицо́ у неё вы́тянулось sie machte ein langes Gesicht || *uv* вытя́гиваться, -аюсь, -аешься

вы́удить, -ужу, -удишь; -уженный, -ужен, -а *v* 1. (heraus)angeln 2. *übtr volksspr* herausziehen, erlangen || *uv* **выу́живать,** -аю, -аешь

вы́утюжить, -жу, -жишь; вы́утюжи *u. umg* вы́утюжь; -женный, -жен, а *v* (aus)bügeln

вы́ученик, -а *m umg* 1. Lehrling 2. Schüler

выу́чивать(ся) *uv zu* вы́учить(ся)

вы́учить, -учу, -учишь; -ученный, -учен, -а *v* 1. (er)lernen; ~ наизу́сть auswendig lernen 2. lehren, beibringen (*D oder Inf* etw.); он вы́учил меня́ пла́вать er hat mir das Schwimmen beigebracht || *uv* выу́чивать, -аю, -аешь

вы́учиться, -учусь, -учишься *v* 1. (er)lernen; он вы́учился пла́вать er hat das Schwimmen gelernt 2. die Lehre [Ausbildung] beenden || *uv* выу́чиваться, -аюсь, -аешься

вы́учка, -и *f* 1. Lehre, Schulung; отда́ть на -у in die Lehre geben 2. Können, Fertigkeiten, Ausbildungsstand

выха́живать *uv zu* вы́ходить

вы́хватить, -ачу, -атишь; -аченный, -ачен, -а *v* 1. herausreißen, -ziehen; ~ что́-н. у кого́-н. j-m etw. entreißen 2. *umg* zu viel herausschneiden *beim Zuschneiden* || *uv* **выхва́тывать,** -аю, -аешь

вы́хлоп, -а *m tech* Auspuff
выхлопа́тывать *uv zu* вы́хлопотать
выхлопно́й, -а́я, -о́е *tech* Auspuff-
вы́|хлопотать*; -отанный, -отан, -а *v* erwirken, erlangen; (sich) verschaffen ‖ *uv* выхлопа́тывать, -аю, -аешь
вы́ход, -а *m* **1.** Hinausgehen; Ausgang; при -е и́з дому beim Verlassen des Hauses **2.** *übtr* Ausscheiden, Austritt; ~ в отста́вку Abschied, Pensionierung; *pol* Rücktritt **3.** Erscheinen *von Druckerzeugnissen* **4.** Ausgang *Tür* **5.** *wirtsch* Ertrag ◇ найти ~ из положе́ния einen Ausweg aus der Lage finden; дать ~ чему́-н. etw. freien Lauf lassen; знать все хо́ды и -ы genau Bescheid wissen, alle Schliche kennen; ~ на орби́ту Eintritt in die Kreisbahn *Satellit*
вы́ходец, -дца, *I* -дцем, *G Pl* -дцев *m* **1.** Zugewanderter; ~ из Фра́нции aus Frankreich gebürtig **2.** aus einem anderen sozialen Milieu kommend; ~ из крестья́нской среды́ ein Bauer von Geburt; ~ из друго́й па́ртии ehemaliges Mitglied einer anderen Partei
вы́ходить, -ожу, -одишь; -оженный, -ожен, -а *v umg* **1.** gesundpflegen **2.** großziehen, aufziehen ‖ *uv* выха́живать, -аю, -аешь
выходи́ть, -ожу́, -о́дишь *uv* **1.** *uv zu* вы́йти **2.** окно́ выхо́дит в сад das Fenster geht zum Garten (hinaus); выхо́дит, что ты был прав es zeigt sich, daß du recht hattest
вы́ходка, -и, *Pl G* -док, *D* -дкам *f* Ausschreitung, Fehltritt
выходно́й, -а́я, -о́е **1.** Ausgangs-; -а́я дверь Ausgang **2.** Ausgeh-; ~ костю́м Ausgehanzug **3.** arbeitsfrei; ~ день (arbeits)freier Tag **4.** -о́го *Subst m* Kollege, der seinen arbeitsfreien Tag hat; он сего́дня ~ er hat heute seinen freien Tag **5.** -о́го *Subst m* arbeitsfreier Tag ◇ -а́я роль Nebenrolle; -о́е посо́бие Entlassungsgeld
выхола́щивать *uv zu* вы́холостить
вы́холенный, -ая, -ое gepflegt
вы́холить, -лю, -лишь; -ленный, -лен, -а *v* sorgsam pflegen
вы́холодить, -ложу, -лодишь; -ложенный, -ложен, -а *v volksspr* auskühlen lassen
вы́холостить, -ощу, -остишь; ощенный -ощен, -а **1.** kastrieren **2.** *übtr* des Inhalts berauben
вы́хухоль, -я *m u.* -и *f* **1.** Bisamratte **2.** Bisam *Fell*
вы́царапать, -аю, -аешь; -анный, -ан -а *v* **1.** (her)auskratzen **2.** *übtr, umg* (mit Mühe) abringen, abzwingen ‖ *uv* **выцара́пывать,** -аю, -аешь
вы́|цвести*, *1. u. 2. Pers ungebr,* -цветет *v* ausbleichen, verschießen ‖ *uv* **выцвета́ть,** -а́ет
вы́цедить, -ежу, -едишь; -еженный, -ежен, -а *v* **1.** abzapfen **2.** *volksspr* langsam austrinken ‖ *uv* **выце́живать,** -аю, -аешь
вычека́нивать *uv zu* вы́чеканить
вы́чеканить, -ню, -нишь; -ненный, -нен, -а *v* prägen, schlagen *Münzen* ‖ *uv* вычека́нивать, -аю, -аешь
вычёркивать *uv zu* вы́черкнуть
вы́черкнуть, -ну, -нешь; -нутый, -нут, -а *v* (aus)streichen ‖ *uv* вычёркивать, -аю, -аешь
вы́черпать, -аю, -аешь; -анный, -ан, -а *v* (her)ausschöpfen ‖ *uv* **выче́рпывать,** -аю, -аешь
вы́чертить, -рчу, -ртишь; -рченный, -рчен, -а *v* (auf)zeichnen ‖ *uv* **выче́рчивать,** -аю, -аешь
вы́|чесать* *v* (her)auskämmen ‖ *uv* вычёсывать, -аю, -аешь
вы́|честь*, -чтешь *v* **1.** *math* subtrahieren, abziehen **2.** einbehalten, abziehen ‖ *uv* вычита́ть, -а́ю, -а́ешь
вычёсывать *uv zu* вы́чесать
вы́чет, -а *m* **1.** Abziehen, Abzug **2.** Abzug; за -ом десяти́ копе́ек nach Abzug von zehn Kopeken
вычисле́ние, -я *n* Berechnung
вычисли́тельный, -ая, -ое Rechen-
вы́числить, -лю, -лишь; -ленный, -лен, -а *v* berechenen, ausrechnen ‖ *uv* **вычисля́ть,** -я́ю, -я́ешь
вы́чистить, -ищу, -истишь; -ищенный, -ищен, -а *v* säubern, reinigen; reine machen; ~ щёткой abbürsten ‖ *uv* вычища́ть, -а́ю, -а́ешь
вы́чиститься, -ищусь, -истишься *v* sich putzen, seine Kleidung säubern ‖ *uv* вычища́ться, -а́юсь, -а́ешься
вычита́емое, -ого *n math* Subtrahend
вычита́ние, -я *n math* Subtraktion
вы́читать, -аю, -аешь; -анный, -ан, -а *v* **1.** herauslesen, durch Lesen erfahren **2.** *typ* lesen, zum Druck vorbereiten; ~ гра́нки Fahnenkorrektur lesen -аешь ‖ *uv* вычи́тывать, -аю,
вычита́ть *uv zu* вы́честь
вычи́тывать *uv zu* вы́читать
вычища́ть(ся) *uv zu* вы́чистить(ся)
вы́чурный, -ая, -ое; *Kzf* -рен, -рна

geziert, geschraubt, gekünstelt; verschnörkelt
вы́чуры *Pl* -ур, *Sg* вы́чура, -ы *f* 1. *alt* Schnörkel 2. *umg* Launen
вышвы́ривать *uv zu* вы́швырнуть
вы́швырнуть, -ну, -нешь; -нутый, -нут, -а *v umg* 1. hinauswerfen, -schleudern 2. hinausjagen || *uv* вышвы́ривать, -аю, -аешь
вы́ше 1. ↑ высо́кий 2. *Adv* oben; смотри́ ~ siehe oben 3. *Präpos mit G* über, mehr; oberhalb (von); flußaufwärts; пять гра́дусов ~ нуля́ fünf Grad über Null ◇ быть ~ предрассу́дков über Vorurteile erhaben sein; э́то ~ мои́х сил das übersteigt meine Kräfte; в э́том отноше́нии ты ~ его́ darin bist du ihm überlegen
вышеизло́женный, -ая, -ое obengesagt
вышелу́шивать *uv zu* вы́шелушить
вы́шелушить, -шу, -шишь *v* enthülsen || *uv* вышелу́шивать, -аю, -аешь
выше|на́званный, -ая, -ое obengenannt; **~означе́нный,** -ая, -ое obenerwähnt; **~приведённый,** -ая, -ое obenangeführt; **~стоя́щий,** -ая, -ее übergeordnet; **~ука́занный,** -ая, -ое obenerwähnt, obengesagt; **~упомя́нутый,** -ая, -ое obenerwähnt
вышиба́ть *uv zu* вы́шибить
вы́|шибить*, -шибешь *v umg* 1. einschlagen *Tür*; herausschlagen *aus den Händen* 2. *übtr* hinausjagen || *uv* вышиба́ть, -а́ю, -а́ешь
вышива́льный, -ая, -ое Stick-; -ая игла́ Sticknadel
вышива́льщица, -ы, *I* -ей *f* Stickerin
вышива́ние, -я *n* 1. Sticken, Ausnähen 2. zu bestickender *oder* bestickter Stoff
вышива́ть *uv zu* вы́шить
вы́шивка, -и, *Pl G* -вок, *D* -вкам *f* Stickerei, gesticktes Muster
вышина́, -ы́, *Pl* выши́ны, выши́н, выши́нам *f* Höhe
вы́|шить*, -шьешь *v* 1. sticken, ausnähen 2. besticken || *uv* вышива́ть, -а́ю, -а́ешь
вы́шка, -и, *Pl G* вы́шек, *D* -шкам *f* 1. Söller 2. Hochstand, Turm; бурова́я ~ Bohrturm; наблюда́тельная ~ Beobachtungsturm
вы́школить, -лю, -лишь *v umg* schulen; zur Ordnung erziehen
вы́шутить, -учу, -утишь; -ученный, -учен, -а *v* auslachen, verspotten || *uv* **вышу́чивать,** -аю, -аешь
выщела́чивать *uv zu* вы́щелочить
вы́щелочить, -чу, -чишь; -ченный, -чен, -а *v* 1. auslaugen 2. in Lauge (aus)waschen || *uv* выщела́чивать, -аю, -аешь
вы́щербить, -блю, -бишь *v umg* schartig machen || *uv* **выщербля́ть,** -я́ю, -я́ешь
вы́|щипать* *v* auszupfen, -rupfen || *uv* выщи́пывать, -аю, -аешь
вы́щипнуть, -ну, -нешь *v* auszupfen, -rupfen || *uv* выщи́пывать, -аю, -аешь
выщи́пывать *uv zu* вы́щипать *u.* вы́щипнуть
вы́явить, -влю, -вишь; -вленный, -влен, -а *v* 1. zeigen, offenbaren; ~ свои́ спосо́бности seine Fähigkeiten unter Beweis stellen 2. enthüllen, aufdecken || *uv* выявля́ть, -я́ю, -я́ешь
вы́явиться, *1. u. 2. Pers ungebr*, -вится *v* sich zeigen, zutage treten || *uv* выявля́ться, -я́ется
выявле́ние, -я *n* Enthüllung, Entdeckung
выявля́ть(ся) *uv zu* вы́явить(ся)
выясне́ние, -я *n* (Auf-)Klärung, Klarstellung
вы́яснить, -ню, -нишь; -ненный, -нен, -а *v* (auf)klären, klarstellen || *uv* **выясня́ть,** -я́ю, -я́ешь
вы́ясниться, *1. u. 2. Pers ungebr*, -нится *v* klarwerden, sich (auf)klären || *uv* **выясня́ться,** -я́ется
Вьетна́м, -а *m* Vietnam
вьетна́мец, -мца, *I* -мцем, *G Pl* -мцев *m* Vietnamese
вьетна́мка, -и, *Pl G* -мок, *D* -мкам *f* Vietnamesin
вьетна́мский, -ая, -ое vietnamesisch
вью ↑ **вить**
вьюга, -и *f* Schneesturm, Schneegestöber
вьюжный, -ая, -ое: -ая пого́да Schneetreiben
вьюк, -а *m* Last, Traglast *eines Lasttieres*
вьюн, -а́ *m* 1. *zool* Schmerle *Süßwasserfisch* 2. *übtr* gewandter Mensch ◇ ви́ться о́коло кого́-н. -о́м *umg* um j-n herumscharwenzeln
вьюно́к, -нка́ *m bot* Winde
вьюро́к, -рка́ *m* Bergfink
вью́чить, -чу, чишь *uv* beladen, bepacken
вью́чный, -ая, -ое Last-, Saum-; -ое живо́тное Lasttier
вью́шка, -и, *Pl G* -шек, *D* -шкам *f* (Regulier-) Klappe im Ofenrohr

вьющийся, -аяся, -ееся 1. kraus, lockig 2.: -ееся растéние Schlingpflanze
Вю́ртемберг, -а *m* Württemberg
вяжу́ ↑ вязáть
вя́жущий, -ая, -ее 1. herb *im Geschmack* 2. *tech* (festes Material) bindend, Binde-
вяз, -а *m* Ulme
вязáльный, -ая, -ое Häkel-; Strick-; -ая спи́ца Stricknadel
вязáльщик, -а *m* 1. Binder *Arbeiter*; ~ снопóв Garbenbinder 2. Stricker
вязáльщица, -ы, *I* -ей *f* 1. Binderin 2. Strickerin
вязáние, -я *n* 1. Binden, Zusammenbinden; ~ снопóв Garbenbinden 2. Stricken; Häkeln
вя́занка, -и, *Pl G* -нок, *D* -нкам *f volksspr u. gbt* gestricktes Kleidungsstück
вязáнка, -и, *Pl G* -нок, *D* -нкам *f* Bund, Bündel
вя́заный, -ая, -ое gestrickt; gehäkelt
вязáнье, -ья *n* Strickerei; Häkelei
вязáть* *uv* 1. (zusammen)binden 2. stricken; häkeln 3. fesseln 4. *umg* zusammenziehen; во рту вя́жет das zieht den Mund zusammen 5. *tech* binden, zusammenfügen *festes Material*
вязáться*, *1. u. 2. Pers ungebr*, вя́жется *uv* (zusammen)passen, übereinstimmen ◇ дéло не вя́жется die Sache klappt nicht
вязи́га, -и *f* gedörrter Störrücken
вя́зка, -и, *Pl G* -зок, *D* -зкам *f* 1. Binden 2. Stricken; Häkeln
вя́зкий, -ая, -ое; *Kzf* -зок, -зкá!; *Komp* вя́зче 1. zäh, dickflüssig 2. schlammig; sumpfig
вя́зкость, -и *f* Viskosität, Zähigkeit
вя́знуть, -ну, -нешь; вяз, -ла *uv* einsinken, steckenbleiben
вя́зче ↑ вя́зкий
вязь, -и *f* Zierschrift; Ligatur
вя́ление, -я *n* Dörren
вя́леный, -ая, -ое gedörrt, Dörr-
вя́лить, вя́лю, вя́лишь; вя́ленный, -ен, -а *uv* dörren
вя́литься, *1. u. 2. Pers ungebr*, -ится *uv* austrocknen, dörren
вя́лый, -ая, -ое 1. welk, verwelkt 2. *Kzf* вял, -а schlaff; träge, energielos
вя́ну ↑ вя́нуть
вя́нуть* *uv* welken, verwelken ◇ у́ши вя́нут *umg* es ist nicht zum Anhören
Вячеслáв, -а *m männl Vn*
вя́щий, -ая, -ее *buchspr, alt, jetzt scherz* größer, höher; для -ей оригинáльности der größeren Originalität halber

Г

г (грамм) Gramm
г. (год; гóрод; господи́н) Jahr; Stadt; Herr
га *m idkl umg* (гектáр) Hektar
Гаáга, -и *f* Den Haag
габарди́н, -а *m* Gabardine
габари́т, -а *m* 1. *tech* Außenmaß, Abmessung 2. Lade-, Durchfahrtsprofil
гавáйский, -ая, -ое hawaiisch; Гавáйские островá Hawaii-Inseln
Гавáна, -ы *f* Havanna *Stadt*
гáванский, -ая, -ое Hafen-
гавáнский, -ая, -ое: -ая сигáра Havanna(zigarre)
гáвань, -и *f* Hafen; войти́ в ~ in den Hafen einlaufen
гáвкать, -аю, -аешь *uv volksspr* bellen, kläffen
Гавр, -а *m* Le Havre *Stadt*
Гаври́л, -а *m* Gabriel
Гаврю́ша, -и, *I* -ей *m Dem zu* Гаври́л
гáга, -и *f* Eiderente
гагáчий, -ья, -ье Eider-; ~ пух Eiderdaunen
гад, -а *m* 1. *meist Pl* Reptilien und Amphibien 2. *übtr, volksspr* Scheusal
гадáлка, -и, *Pl G* -лок, *D* -лкам *f* Wahrsagerin
гадáние, -я *n* 1. Wahrsagen; ~ на кáртах Kartenlegen; ~ по рукé Handlesekunst 2. Vermutung
гадáтельный, -ая, -ое 1. zum Wahrsagen gehörig 2. *Kzf* -лен, -льна fraglich, zweifelhaft, mutmaßlich
гадáть, -áю, -áешь *uv* 1. wahrsagen; weissagen; ~ на кáртах Karten legen 2. о *P* Vermutungen anstellen, mutmaßen ‖ *v* погадáть *zu* 1

гáдина, -ы *f volkssрr* Scheusal
гáдить, гáжу, гáдишь *uv* **1.** *umg* sich entleeren *Tiere* **2.** *D volkssрr* schaden, ver-, dazwischenpfuschen ‖ *v* нагáдить
гáдкий, -ая, -ое; *Kzf* -док, -дкá!; *Komp* гáже abscheulich, widerlich
гадл́ивость, -и *f* Ekel, Abscheu
гадл́ивый, -ая, -ое; *Kzf* -ив, -а Ekel-; -ое чýвство Abscheu, Widerwillen
гáдость, -и *f umg* Gemeinheit, Niederträchtigkeit
гадю́ка, -и *f* **1.** Otter, Viper **2.** *übtr volkssрr* Scheusal
гадю́чий, -ья, -ье Schlangen-
гáер [гаэр], -а *m alt* Possenreißer
гáечный, -ая, -ое *tech* Schrauben-
гáже ↑ гáдкий
[1]газ, -а (-у), *P* на гáзе *u. volkssрr* на газý *m* **1.** Gas; прирóдный ~ Erdgas ◇ дать [сбáвить] газ *volkssрr* Gas geben [wegnehmen] *Auto*; на пóлном -ý *volkssрr* mit Vollgas **2.** *Pl* Blähungen
[2]газ, -а (-у) *m* Gaze
газгóльдер [дэ], -а *m* Gasbehälter
газéль [зэ], -и *f* Gazelle
газéта, -ы *f* Zeitung; стеннáя ~ Wandzeitung; бульвáрная ~ Revolverblatt ◇ ходя́чая ~ Klatschbase
газéтный, -ая, -ое Zeitungs-; Presse-; ~ рабóтник Journalist; -ое сообщéние Pressemeldung
газéтчик, -а *m* **1.** Zeitungsverkäufer **2.** *umg* Journalist
газéтчица, -ы, *I* -ей *f* **1.** Zeitungsverkäuferin **2.** *umg* Journalistin
газирóванный, -ая, -ое mit Kohlensäure gesättigt; -ая водá Sodawasser
газирóвка, -и *f umg* Sodawasser
газификáция, -и *f* **1.** *tech* Vergasung **2.** Anschluß ans Gasnetz, Gasversorgung
газифицúровать, -рую, -руешь; -рованный, -рован, -а *v, uv* **1.** vergasen, zu Gas verarbeiten **2.** ans Gasnetz anschließen
газо- *in Zuss* Gas-
газобаллóн, -а *m* Gasflasche
газовáть, -зýю, -зýешь *uv volkssрr* Gas geben
[1]гáзовый, -ая, -ое Gas-; ~ счётчик Gasuhr; -ая плитá Gasherd
[2]гáзовый, -ая, -ое Gaze-
газомéр, -а *m* Gasuhr
газóн, -а *m* Rasen(platz)
газонепроницáемый, -ая, -ое; *Kzf* -ем, -а gasdicht
газонокосúлка, -и, *Pl G* -лок, *D* -лкам *f* Rasenmähmaschine
газо|нóсный, -ая, -ое; *Kzf* -сен, -сна gashaltig; **~обрáзный,** -ая, -ое; *Kzf* -зен, -зна gasförmig; **~отравлéние,** -я *n* Gasvergiftung; **~прóвод,** -а *m* Gasleitung; **~убéжище,** -а, *I* -ем *n* Gasschutzraum; **~хранúлище,** -а, *I* -ем *n* Gasbehälter
Гаúти *n idkl* Haiti
гаитя́нин, -а, *Pl* -я́не, -я́н, -я́нам *m* Bewohner von Haiti
гайдамáк, -а *m* Haidamak **1.** *hist ukrainischer Kosak im 17.-18. Jahrh.* **2.** *ukrainischer Weißgardist*
гáйка, -и, *Pl G* гáек, *D* гáйкам *f* (Schrauben-) Mutter ◇ подкрутúть -у [-и] *volkssрr* die Forderungen hochschrauben; у тебя́ ~ слабá *volkssрr* das schaffst du nicht, das kriegst du nicht hin
гáйморов, -а, -о: -а пóлость *anat* Oberkieferhöhle
гак, -а *m* Haken; буксúрный ~ Schlepphaken
галантерéйный, -ая, -ое Galanterie-, Kurzwaren-
галантерéя, -и *f* Galanterie-, Kurzwaren
галáнтный, -ая, -ое; *Kzf* -тен, -тна galant, höflich, zuvorkommend
галдёж, -ежá, *I* -ежóм *m volkssрr* Lärm; Radau
галдéть, *1. Pers ungebr*, -дúшь *uv volkssрr* lärmen; randalieren
галéра, -ы *f* Galeere
галерéя, -и *f* **1.** Galerie; Gang; картúнная ~ Gemäldegalerie **2.** *theat* Galerie; местá на -е Galerieplätze **3.** *berg* Förderbrücke; Stollen
галёрка, -и, *Pl G* -рок, *D* -ркам *f umg theat* „Olymp"
галéта, -ы *f* Zwieback
галиматья́, -ьú *f volkssрr* Unsinn
Галúна, -ы *f weibl Vn*
галифé [э] *Pl idkl* Reit-, Breecheshose
гáлка, -и, *Pl G* -лок, *D* -лкам *f* Dohle
Гáлле *m idkl* Halle *Stadt*
галлюцинáция, -и *f* Halluzination
галóп, -а *m* Galopp
галóпом *Adv* **1.** im Galopp; скакáть ~ galoppieren **2.** *übtr* sehr schnell
гáлочка, -и, *Pl G* -чек, *D* -чкам *f umg* Zeichen zum Abhaken; стáвить -и abhaken
Гáлочка, -и *f Dem zu* Галúна
галóши *Pl* -лóш, *Sg* галóша, **-и *f*** Galosche, (Gummi-) Überschuh
гáлстук, -а *m* Krawatte, Schlips; Halstuch; крáсный ~ rotes Hals-

tuch *der Pioniere* ◇ зали́ть [заложи́ть] за ~ *volksspr scherz* einen hinter die Binde gießen
галу́н, -а́ *m* Tresse, Litze
галу́шки *Pl* -шек, -шкам, *Sg* галу́шка, -и *f* Mehlklöße *in Suppe oder Milch gekocht*
гальваниза́ция, -и *f* Galvanisation
га́лька, -и, *Pl G* -лек, *D* -лькам *f* 1. Kiesel(stein) 2. *Pl* Geröll
Га́ля, -и *f Dem zu* Гали́на
гам, -а (-у) *m umg* (Stimmen-) Lärm; шум и ~ Höllenlärm
гама́к, -а́ *m* Hängematte
гама́ши *Pl* -а́ш, *Sg* гама́ша, -и *f* Gamaschen
Га́мбург, -а *m* Hamburg
га́мма, -ы *f* 1. Tonleiter 2. *übtr* Skala; ~ кра́сок Farbenskala
Га́на, -ы *f* Ghana
гангре́на, -ы *f med* Gangrän, Brand
га́нгстер [тэ], -а *m* Gangster
гандика́п, -а *m Sport* Vorgaberennen; Vorgabespiel *Schach u. a.*
га́нец, -нца, *I* -нцем, *G Pl* -нцев *m* Ghanese
ганзе́йский, -ая, -ое *hist* hansisch, hanseatisch, Hanse-, Hansa-
Ганно́вер, -а *m* Hannover
га́нский, -ая, -ое ghanesisch
ганте́ль [тэ], -и *f* Hantel
гара́ж, -а́, *I* -о́м, *G Pl* -е́й *m* Garage
гаранти́йный, -ая, -ое Garantie-; -ое письмо́ Garantieschein
гаранти́ровать, -рую, -руешь; -рованный, -рован, -а *v, uv* 1. garantieren, gewährleisten (что́-н. кому́-н. j-m etw.); bürgen (что́-н. für etw.) 2. schützen (от *G* vor)
гара́нтия, -и *f* Garantie, Gewähr (за *A*, в *P* für); без -и ohne Gewähr
гардеро́б, -а *m* 1. Garderobe, Kleiderablage 2. Kleiderschrank 3. Kleidung, Kleiderbestand
гардеро́бная, -ой *Subst f* Garderobe, Kleiderablage
гардеро́бщица, -ы, *I* -ей *f* Garderobenfrau
гарди́на, -ы *f* Gardine, Store
гарево́й, -а́я, -о́е mit Steinkohlenasche bestreut; -а́я доро́жка Aschenbahn
гаре́м, -а *m* Harem
га́ркать *uv zu* га́ркнуть
га́ркнуть, -ну, -нешь *v volksspr* kreischen, schreien ‖ *uv* га́ркать, -аю, -аешь
гармонизи́ровать, -рую, -руешь; -рованный, -рован, -а *v, uv mus* harmonisieren
гармонизова́ть, -зу́ю, -зу́ешь; -зо́ванный, -зо́ван, -а *v, uv mus* harmonisieren
гармо́ника, -и *f* 1. *mus* Ziehharmonika; губна́я ~ Mundharmonika 2. *umg* Harmonika *an Bahnwagen* ◇ сложи́ть -ой in Falten legen
гармони́ровать, -рую, -руешь *uv* harmonieren, übereinstimmen (с *I* mit)
гармони́ст, -а *m* Harmonikaspieler
гармони́ческий, -ая, -ое harmonisch
гармони́чный, -ая, -ое; *Kzf* -чен, -чна harmonisch, voll(er) Harmonie
[1]**гармо́ния,** -и *f* 1. Harmonielehre 2. Harmonie, Wohlklang 3. *übtr* Übereinstimmung, Einklang
[2]**гармо́ния,** -и *f umg* Ziehharmonika
гармо́нь, -и *f umg* Ziehharmonika
гармо́шка, -и, *Pl G* -шек, *D* -шкам *f umg* Ziehharmonika
гарни́р, -а *m* (Gemüse-) Beilage *zu Fleisch- und Fischgerichten*
га́рный, -ая, -ое *alt* Brenn-; -ое ма́сло Brennöl
гарпу́н, -а́ *m* Harpune; бить -о́м harpunieren
гарпу́нный, -ая, -ое Harpunen-; -ая пу́шка Harpunenkanone
га́рус, -а *m* Stick-. Strickwolle
Гарц, -а, *I* -ем *m* Harz *Gebirge*
гарцева́ть, -цу́ю, -цу́ешь *uv* Reiterkunststücke vorführen
гарь, -и *f* 1. Verbranntes; Brandgeruch 2. Steinkohlenasche
гаси́тель, -я *m* 1. Feuerlöscher *Gerät* 2. *buchspr alt übtr* Unterdrücker
гаси́ть, гашу́, га́сишь *uv* 1. (aus)löschen 2. *übtr* unterdrücken 3. entwerten, ungültig machen ◇ ~ долги́ Schulden tilgen ‖ *v* погаси́ть; -а́шенный, -а́шен, -а
га́снуть, *1. u. 2. Pers ungebr*, -нет; га́снул, -а *u.* гас, -ла *uv* erlöschen, ausgehen; си́лы га́снут die Kräfte versiegen
гастролёр, -а *m* 1. Künstler(in), der (die) ein Gastspiel gibt 2. *umg verächtl* Arbeiter, der den Arbeitsplatz ständig wechselt
гастро́ли *Pl* -ей, *Sg* гастро́ль, -и *f* Gastspiel; Gastspielreise; выезжа́ть на ~ auf Tournee gehen; прие́хать на ~ в . . . ein Gastspiel geben in . . .
гастроли́ровать, -рую, -руешь *uv* 1. gastieren, ein Gastspiel geben 2. *übtr verächtl* eine Gastrolle geben
гастро́льный, -ая, -ое Gastspiel-; -ая пое́здка Gastspielreise, Tournee

гастроно́м, -а *m* 1. Feinschmecker 2. Feinkosthandlung
гастрономи́ческий, -ая, -ое gastronomisch; Feinkost-, Delikateß-; ~ магази́н Feinkosthandlung
гастроно́мия, -и *f* 1. Gastronomie, verfeinerte Kochkunst 2. Delikateßwaren
гати́ть, гачу́, гати́шь *u.* **га́тить,** га́чу, га́тишь *uv* mit Faschinen belegen
гать, -и *f* Knüppeldamm; Faschinenweg
га́убица, -ы, *I* -ей *f* Haubitze
гауптва́хта, -ы *f mil* 1. Arrestlokal 2. *alt* Hauptwache
гаше́ние, -я *n* 1. Löschen 2. Entwerten, Tilgen
гашёный, -ая, -ое: -ая и́звесть gelöschter Kalk
гаши́ш, -а, *I* -ем *m* Haschisch *Rauschgift*
га́щивать *uv umg iterativ zu* гости́ть
гвалт, -а *m umg* (Höllen-) Lärm
гварде́ец, -е́йца, *I* -е́йцем, *G Pl* -е́йцев *m* Gardist
гва́рдия, -и *f* Garde
гватема́лец, -льца, *I* -льцем, *G Pl* -льцев *m* Guatemalteke
Гватема́ла, -ы *f* Guatemala
Гвиа́на, -ы *f* Guayana
Гвине́я, -и *f* Guinea
гвоздево́й, -а́я, -о́е Nagel-
гво́здик, -а *m Dem zu* гвоздь kleiner Nagel
гвозди́ка, -и *f* Nelke *Blume*; *Koll Gewürz*
гвозди́льный, -ая, -ое Nagel-
гвозди́ть, -зжу́, -зди́шь *uv volksspr* heftig schlagen, prügeln
гвозди́чный, -ая, -ое Nelken-
гвоздь, -я́, *Pl* гво́зди, гвозде́й, гвоздя́м *m* 1. Nagel; приби́ть -я́ми annageln; заби́ть -я́ми vernageln 2. *übtr G* Haupt-, Kernpunkt; ~ програ́ммы Zugstück ◇ и никаки́х гвозде́й! *volksspr* keine Widerrede!, erledigt!
гг. (го́ды; господа́) Jahre; Herren
Гданьск, -а *m* Gdansk *Stadt*
где *Adv* 1. wo 2. *umg* irgendwo 3. *mit D u. Inf zum Ausdruck des Zweifels*; ~ ему́ быть писа́телем! was ist er schon für ein Schriftsteller! ◇ ~ бы ни́ было wo auch immer; ~ ни на есть *umg* ganz gleich wo
где́-либо *Adv* irgendwo
где́-нибудь *Adv* irgendwo
где́-то *Adv* irgendwo *an einem bestimmten, aber nicht genau bekannten Ort*
ГДР (Герма́нская Демократи́ческая Респу́блика) DDR
гебри́дский, -ая, -ое: Гебри́дские острова́ Hebriden
ге́йзер [зэ], -а *m* Geiser, Geysir
гекза́метр, -а *m* Hexameter
гекта́р, -а *m* Hektar
гекто́граф, -а *m* Hektograph
ге́лий, -я, *P* -и *m* Helium
Гельзенки́рхен, -а *m* Gelsenkirchen
геморро́й, -я *m* Hämorrhoiden
гемофили́я, -и *f* Bluterkrankheit
генеало́гия, -и *f* Genealogie
ге́незис [нэ], -а *m* Genesis, Entstehung
генера́л, -а *m* General
генера́л-губерна́тор, -а *m* Generalgouverneur
генерали́ссимус, -а *m* Generalissimus
генералите́т, -а *m* Generalität
генера́льный, -ая, -ое General-, Haupt-; ~ секрета́рь Generalsekretär; -ая репети́ция *theat* Haupt-, Generalprobe; Генера́льная Ассамбле́я ООН UN-Vollversammlung
генера́льский, -ая, -ое Generals-
гене́тика [нэ], -и *f* Genetik
генети́ческий [нэ], -ая, -ое genetisch
гениа́льность, -и *f* Genialität
гениа́льный, -ая, -ое; *Kzf* -лен, -льна genial
ге́ний, -я, *P* -и, *G Pl* -ев *m* 1. Genie 2. Genius ◇ он ~ на э́то *umg* darin ist er Meister; непри́знанный ~ verkanntes Genie
Ге́нуя, -и *f* Genua
геншта́б, -а *m* (генера́льный штаб) Generalstab
гео- *in Zuss* Geo-
гео́граф, -а *m* Geograph
геогра́фия, -и *f* Geographie
геоде́зия [дэ], -и *f* Geodäsie
гео́лог, -а *m* Geologe
геоло́гия, -и *f* Geologie
геологоразве́дка, -и *f* Schürfung, geologische Erkundung
гео́метр, -а *m* Geometer
геоме́трия, -и *f* Geometrie; начерта́тельная ~ darstellende Geometrie
георазве́дка, -и, *Pl G* -док, *D* -дкам *f* (геологи́ческая разве́дка) geologische Erkundung
Гео́ргий, -я, *P* -и *m* Georg
георги́н, -а *m u.* **георги́на,** -ы *f* Dahlie, Georgine
гера́нь, -и *f* Storchschnabel, Geranie
Гера́сим, -а *m männl Vn*
герб, -а́ *m* Wappen

гербáрий, -я, *P* **-и,** *G Pl* -ев *m* Herbarium
гéрбовый, -ая, -ое 1. Wappen- 2. Stempel-; -ая мáрка Stempel-, Gebührenmarke
геркулéс, -а *m* 1. Herkules, athletischer Mensch 2. Haferflocken
геркулéсовский, -ая, -ое herkulisch
германец, -нца, *I* -нцем, *G Pl* -нцев *m* Germane
германи́зм, -а *m ling* Germanismus
германи́стика, -и *f* Germanistik
Гермáния, -и *f* Deutschland
гермáнка, -и, *Pl G* -нок, *D* -нкам *f* Germanin
гермáнский, -ая, -ое 1. germanisch 2. deutsch *Staat u. ä.*; Гермáнская Демократи́ческая Респу́блика Deutsche Demokratische Republik
гермафроди́т, -а *m* Zwitter
гермети́ческий, -ая, -ое hermetisch
гермети́чный, -ая, -ое; *Kzf* -чен, -чна hermetisch
гермокаби́на, ы *f flug* Druckausgleichkabine
герои́зм, -а *m* Heroismus, Heldentum
герои́ня, -и *f* Heldin ◇ мать-~ Ehrentitel für Mütter, die zehn oder mehr Kinder aufgezogen haben *in der UdSSR*
герои́ческий, -ая, -ое heroisch, heldenhaft
герóй, -я, *G Pl* -ев *m* Held; Герóй Совéтского Сою́за Held der Sowjetunion; Герóй Социалисти́ческого Трудá Held der sozialistischen Arbeit
герóйский, -ая, -ое heldenhaft, -mütig
герóйство, -а *n* Heldentum, Heldenmut
гéрцогство, -а *n* Herzogtum
Гéссен, -а *m* Hessen
гéтман, -а *m hist* Hetman *Oberhaupt der ukrainischen Kosaken*
гéтры *Pl* гетр, *Sg* гéтра, **-ы** *f* Gamaschen
гéтто *n idkl* G(h)etto
г-жа (госпожá) Frau, Fräulein
гиаци́нт, -а *m* Hyazinthe
гиббóн, -а *m* Gibbon
ги́бель, -и *f* 1. Verderben, Untergang; готóвить комý-н. ~ j-m einen Strick drehen; находи́ться на краю́ -и reif zum Untergang sein; идти́ к своéй -и in sein Unglück rennen 2. *G volksspr* Unmenge
ги́бельный, -ая, -ое; *Kzf* -лен, -льна unheilvoll, verhängnisvoll
ги́бкий, -ая, -ое; *Kzf* -бок, -бкá!; *Komp* ги́бче 1. biegsam, gelenkig, flexibel 2. *übtr* gewandt, wendig, geschmeidig
ги́блый, -ая, -ое *volksspr* verloren, hoffnungslos ◇ -ое мéсто gefährlicher Ort
ги́бнуть, -ну, **-нешь**; **гиб,** -ла *u.* ги́бнул, -а *uv* zugrunde gehen
Гибралтáр, -а *m* Gibraltar
гибралтáрский, -ая, -ое Gibraltar-; Гибралтáрский проли́в Straße von Gibraltar
гибри́д, -а *m* Hybride, Mischling
ги́бче ↑ ги́бкий
гигáнт, -а *m* Riese, Gigant; завóд-~ Riesenwerk, -betrieb
гигáнтский, -ая, -ое riesengroß, gigantisch; -ими шагáми mit Riesenschritten ◇ -ие шаги́ Rundlauf *Turngerät*
гигиéна, -ы *f* Hygiene
гигиени́ческий, -ая, -ое hygienisch, Hygiene-; Gesundheits-
гигиени́чный, -ая, -ое; *Kzf* -чен, -чна hygienisch, den Erfordernissen der Hygiene entsprechend
гид, -а *m* Fremden-, Reiseführer
гидрáвлика, -и *f* Hydraulik
гидро- *in Zuss* 1. Wasser-, Hydro- 2. hydraulisch
гидроаккумули́рующий, -ая, -ое: -ая электростáнция Pumpspeicherwerk
гидрóлиз, -а *m* Hydrolyse
гидро|монитóр, -а *m* Wasserwerfer; (Hydro-) Monitor; **~плáн,** -а *m* Wasserflugzeug; **~самолёт,** -а *m* Wasserflugzeug; **~стáнция,** -и *f* Wasserkraftwerk; **~техни́ческий,** -ая, -ое Wasserbau-; **~турби́на,** -ы *f* Wasserturbine; **~у́зел,** -узлá *m* System hydrotechnischer Anlagen; **~электростáнция,** -и *f* Wasserkraftwerk
гиéна, -ы *f* Hyäne
ги́кать, -аю, -аешь *uv umg* schreien, brüllen ‖ *v mom* **ги́кнуть,** -ну, -нешь
ги́льдия, -и *f hist* Gilde, Zunft
ги́льза, -ы *f* 1. Patronenhülse 2. Zigarettenhülse
гильоти́на, -ы *f* Guillotine, Fallbeil
Гимала́и, -ев *Pl* Himalaja
гимала́йский, -ая, -ое Himalaja-; Гимала́йские гóры Himalajagebirge
гимн, -а *m* Hymne; госудáрственный ~ Nationalhymne
гимнази́ст, -а *m alt u. ausländ* Gymnasiast
гимнáзия, -и *f alt u. ausländ.* Gymnasium
гимнáст, -а *m* Turner

гимнастёрка, -и, *PlG* -рок, *D* -ркам *f* Militärhemd, -bluse (mit hohem geschlossenem Kragen)
гимна́стика, -и *f* Gymnastik, Turnen; снаря́дная ~ Geräteturnen; занима́ться -ой turnen
гимнасти́ческий, -ая, -ое gymnastisch; Gymnastik-, Turn-; ~ зал Turnhalle
гимна́стка, -и, *PlG* -ток, *D* -ткам *f* Turnerin
гинеко́лог, -а *m* Gynäkologe, Frauenarzt
гинеколо́гия, -и *f* Gynäkologie
гипе́рбола, -ы *f math, lit* Hyperbel
гиперболи́ческий, -ая, -ое hyperbolisch, übertrieben
гиперболи́чный, -ая, -ое; *Kzf* -чен, -чна hyperbolisch, übertrieben
гипертони́я, -и *f* Hypertonie
гипно́з, -а *m* Hypnose
гипнотизёр, -а *m* Hypnotiseur
гипноти́ческий, -ая, -ое hypnotisch
гипо́теза, -ы *f* Hypothese
гипотену́за, -ы *f math* Hypotenuse
гиппопота́м, -а *m* Nilpferd, Flußpferd
гипро- (госуда́рственный институ́т по проекти́рованию) Staatliches Projektierungsbüro für . . .
гипс, -а *m* **1.** Gips **2.** Gipsverband; наложи́ть ~ на́ ногу das Bein in Gips legen **3.** Gipsabguß
гипсова́ть, -су́ю, -су́ешь *uv* gipsen; einen Gipsverband anlegen
ги́псовый, -ая, -ое aus Gips, Gips-; -ая повя́зка Gipsverband
гиреви́к, -а́, *m Sport* Gewichtheber
гирево́й, -а́я, -о́е Gewicht-
ги́рло, -а *n* Flußarm *im Delta*
гирля́нда, -ы *f* Girlande
гироко́мпас, -а *m* Kreiselkompaß
ги́ря, -и, *G Pl* гирь *f* Gewicht *a. Sport*; ~ для гимна́стики Hantel
гисто́лог, -а *m* Histologe
гистоло́гия, -и *f* Histologie
гита́ра, -ы *f* Gitarre; Klampfe
гитари́ст, -а *m* Gitarrenspieler
ги́чка, -и, *Pl G* -чек, *D* -чкам *f* Gig, schmales Ruderboot
глав- *in Zuss* **1.** гла́вный Haupt-, *z. B.* главбу́х Hauptbuchhalter **2.** гла́вное управле́ние, *z. B.* Главсевморпу́ть (Гла́вное управле́ние се́верного морско́го пути́) Hauptverwaltung des nördlichen Seewegs
[1]**глава́,** -ы́, *Pl* гла́вы, глав, гла́вам *f* **1.** (Ober-) Haupt, Chef; ~ прави́тельства Regierungschef; ~ делега́ции Delegationsleiter **2.** Kuppel **3.** *alt* Kopf ◇ во -е́ an der Spitze; во -е́ с *I* geführt von; поста́вить что́-н. во -у́ угла́ etw. für das Wichtigste halten
[2]**глава́,** -ы́, *Pl* гла́вы, глав, гла́вам *f* Kapitel, Abschnitt *in Büchern*
глава́рь, -я́ *m* Anführer, Rädelsführer
главбу́х, -а *m* (гла́вный бухга́лтер) Hauptbuchhalter
главвра́ч, -а́, *I* -о́м, *G Pl* -е́й *m* (гла́вный врач) Chefarzt
главе́нство, -а *n* (Vor-) Herrschaft, Vorrang
главе́нствовать, -твую, -твуешь *uv* vorherrschen, eine führende Stellung einnehmen (в *P oder* над *I* in), herrschen (über)
главк, -а *m* гла́вный комите́т) Hauptverwaltung
главко́м, -а *m* (главнокома́ндующий) Oberbefehlshaber, Oberkommandierender
главнокома́ндование, -я *n*: Верхо́вное ~ Oberkommando
главнокома́ндующий, -его *Subst m* Oberkommandierender; Oberbefehlshaber
гла́вный, -ая, -ое **1.** hauptsächlich, wesentlich **2.** Haupt-; Ober-; Chef-; ~ врач Chefarzt; -ое управле́ние Hauptverwaltung; -ое предложе́ние *gram* Hauptsatz **3.** -ое, -ого *Subst n* Hauptsache ◇ -ым о́бразом hauptsächlich; -ое *umg mod* vor allem
глаго́л, -а *m* Verb, Zeitwort; (не)перехо́дный ~ (in)transitives Verb
глаго́лица, -ы, *I* -ей *f* das glagolitische Alphabet
глаго́льный, -ая, -ое verbal
глади́лка, -и, *Pl G* -лок, *D* -лкам *f* **1.** *typ* Falzbein **2.** Bügelmaschine
глади́льный, -ая, -ое Plätt-, Bügel-; -ая доска́ Plättbrett
глади́льщица, -ы, *I* -ей *f* Büglerin
гла́дить, гла́жу, гла́дишь; гла́женный, -ен, -а *uv* **1.** plätten, bügeln **2.** *A od* по *D* streicheln, streichen; ~ кого́-н. по голо́вке a) j-m über den Kopf streichen; b) zu nachsichtig sein gegen j-n
гла́дкий, -ая, -ое; *Kzf* -док, -дка́!; *Komp* гла́же **1.** glatt, eben **2.** fließend, flüssig *Rede, Stil* ◇ с него́ взя́тки -и *umg* bei ihm ist nichts zu holen
гла́дкость, -и *f* Glattheit, Glätte
[1]**гладь,** -и *f* glatte Fläche, Spiegel *Wasser* ◇ тишь да ~ ruhiges, idyllisches Leben
[2]**гладь,** -и *f* Plattstickerei
гла́же ↑ гла́дкий
гла́женый, -ая, -ое geplättet, gebügelt

гла́женье, -ья *n* Plätten, Bügeln

глаз, -а (-у), *P* о гла́зе, в глазу́, *Pl* глаза́, глаз, глаза́м *m* **1.** Auge; невооружённым -ом mit bloßem Auge; Sehfähigkeit **2.** *umg* Aufsicht, Überwachung ◇ у него́ хозя́йский ~ er ist ein guter Wirt; куда́ достаёт ~ *oder* наско́лько хвата́ет ~ soweit das Auge reicht; игра́ть [стреля́ть] -а́ми schöne Augen machen, kokettieren; ~ не каза́ть [пока́зывать] sich nicht blicken lassen; коло́ть кому́-н. -а́ j-m ein Dorn im Auge sein; пра́вда -а́ ко́лет *Sprichw* Wahrheit tut der Zunge weh; отвести́ -а́ кому́-н. j-s Aufmerksamkeit ablenken; откры́ть кому́-н. -а́ на что́-н. j-m über etw. die Augen öffnen; проглядеть [просмотре́ть] все -а́ sich die Augen aussehen *nach j-m*; у него́ -а́ слипа́ются die Augen fallen ihm zu; для отво́да ~ *umg* zum Schein; -а́ бы (мои́) не смотре́ли [гляде́ли] э́того es fällt mir schwer, das mit anzusehen; -а́ на лоб ле́зут *volksspr* da ist man einfach platt; не знать, куда́ -а́ деть vor Scham nicht wissen, wohin; не спуска́ть ~ с кого́-н. a) von j-m kein Auge [keinen Blick] wenden; b) j-n nicht aus den Augen lassen; в -а́ говори́ть ins Gesicht sagen; смотре́ть [гляде́ть] во все -а́ ganz Auge sein; упа́сть в чьи́х-то -а́х in j-s Meinung sinken; ни в одно́м -у́ kein bißchen (betrunken); его́ в -а́ не вида́ть er ist überhaupt nicht zu sehen; в -а́х [пе́ред глаза́ми] стоя́ть vor der Seele stehen; за -а́ hinter dem Rücken; за -а́ дово́льно (es ist) übergenug; на -а́х у всех vor aller Augen; на ~ nach Augenmaß; с -у на ~ unter vier Augen; с безу́мных ~ wütend; с пья́ных ~ *volksspr* betrunken; с ~ доло́й — из се́рдца вон aus den Augen, aus dem Sinn; прочь с ~ мои́х! geh mir aus den Augen!

глаза́стый, -ая, -ое; *Kzf* -а́ст, -а *umg* **1.** großäugig **2.** scharf(sichtig) *von den Augen*

глазе́т, -а *m* Glanzbrokat, Glanzstoff

глазе́ть, -е́ю, -е́ешь *uv* на *A volksspr, verächtl* gaffen

глазирова́ть, -ру́ю, -ру́ешь; -ро́ванный, -ро́ван, -а *v, uv* **1.** glasieren **2.** satinieren *Papier*

глазни́к, -а́ *m umg* Augenarzt

глазни́ца, -ы, *I* -ей *f* Augenhöhle

глазно́й, -а́я, -о́е Aug(en)-; -о́е я́блоко Augapfel; -о́й врач Augenarzt

глазо́к, -зка́, *Pl* гла́зки, -зок, -зкам *u.* глазки́, -о́в, -а́м *m* **1.** (гла́зки) *Dem zu* глаз Äuglein **2.** (глазки́) *umg* Guckloch **3.** (глазки́) Knospe, Auge *zum Aufpfropfen*; Keim **4.** (глазки́) Punkt, Tupfen, Auge, *z. B. am Pfauenschwanz, Schmetterling* ◇ на ~ nach Augenmaß, über den Daumen gepeilt; де́лать [стро́ить] кому́-н. гла́зки j-m schöne Augen machen, j-m verliebte Blicke zuwerfen; одни́м глазко́м взгляну́ть [посмотре́ть] flüchtig (hin)sehen

глазоме́р, -а *m* Augenmaß; на ~ nach Augenmaß

глазу́нья, -ьи, *Pl G* -ний, *D* -ньям *f* Spiegelei

глазурова́ть, -ру́ю, -ру́ешь; -ро́ванный, -ро́ван, -а *v, uv* glasieren *Töpferwaren, Kacheln*

глазу́рь, -и *f* **1.** Zuckerguß **2.** Glasur

гла́нды *Pl* гланд, *Sg* гла́нда, -ы (Hals-) Mandeln

гласи́ть, *1. u. 2. Pers ungebr,* -и́т *uv buchspr* lauten, besagen

гла́сность, -и *f* Öffentlichkeit; преда́ть -и veröffentlichen, bekanntgeben

[1]гла́сный, -ая, -ое; *Kzf* -сен, -сна öffentlich

[2]гла́сный, -ого *Subst m* Vokal

глаша́тай, -я, *G Pl* -ев *m hist* Herold, Verkünder *a. übtr*

Глеб, -а *m männl Vn*

глетчер, -а *m* Gletscher

гли́на, -ы *f* Ton, Lehm; бе́лая ~ Kaolin

гли́нистый, -ая, -ое; *Kzf* -ист, -а lehmig

глинобитный, -ая, -ое Stampf(lehm)-; -ая постро́йка Stampfbau, Lehmbau

глинозём, -а *m* Tonerde

глинтве́йн, -а *m* Glühwein

гли́няный, -ая, -ое tönern, irden

гли́ссер, -а *m* Gleitboot

глист, -а́ *m* Eingeweidewurm; ле́нточный ~ Bandwurm

глиста́, -ы́ *f volksspr* Eingeweidewurm

глистого́нный, -ая, -ое *med* wurm(ab)treibend

гл. обр. (гла́вным о́бразом) hauptsächlich

гло́бус, -а *m* Globus

глода́ть* *uv* **1.** *A* nagen (an) **2.** *übtr* quälen, zermürben

гложу́ ↑ глода́ть

глосса́рий, -я, *P* -и, *G Pl* -ев *m* Glossar, Wörterverzeichnis

глота́ть, -а́ю, -а́ешь *uv* schlucken, verschlingen *a. übtr*; ~ слёзы das Weinen unterdrücken; ~ слова́ Worte verschlucken || *v mom* глотну́ть, -ну́, -нёшь

гло́тка, -и, *Pl G* -ток, *D* -ткам *f* 1. Schlund 2. *volksspr* Kehle, Gurgel; заткну́ть кому́-н. -у j-m den Mund stopfen; драть -у aus vollem Halse schreien; во всю -у aus vollem Halse

глотну́ть *v mom zu* глота́ть

глото́к, -тка́ *m* Schluck

гло́хнуть, -ну, -нешь; глох, -ла *uv* 1. taub werden 2. still werden, verhallen 3. erlöschen, ausgehen; abgewürgt werden *Motor* 4. verwildern *Gärten usw.*

глу́бже ↑ глубо́кий

глубина́, -ы́, *Pl* глуби́ны, -и́н, -и́нам *f* Tiefe *a. übtr*; ~ сце́ны Bühnenhintergrund; на -е́ десяти́ ме́тров in einer Tiefe von zehn Metern ◇ в -е́ веко́в in grauer Vorzeit; в -е́ души́ im tiefsten Inneren; из -ы́ души́ von ganzem Herzen

глуби́нный, -ая, -ое Tief-; ~ лов ры́бы Tiefseefischfang; -ая бо́мба Wasserbombe; ~ аэродро́м tief im Hinterland gelegener Flugplatz

глубо́кий, -ая, -ое; *Kzf* -о́к, -ока́, -око́; *Komp* глу́бже; *Sup* глубоча́йший 1. tief *a. übtr*; -ая печа́ть Tiefdruck; ~ тыл tiefes Hinterland; до -ой но́чи bis tief in die Nacht hinein; ~ ана́лиз tiefschürfende Analyse; -ое убежде́ние tiefwurzelnde Überzeugung; -ие зна́ния gründliches [fundiertes] Wissen; -ое чу́вство tief(gehend)es Gefühl ◇ -ая ста́рость hohes Alter; ~ стари́к steinalter Mann; -ая о́сень Spätherbst; -ое неве́жество krasse Unwissenheit; в -ой дре́вности in grauer Vorzeit 2. -о́ *Adv* zutiefst, höchst; глубоко́ уважа́ть hoch verehren; я глубоко́ потрясён ich bin aufs tiefste erschüttert

глубоко|во́дный, -ая, -ое 1. *Kzf* -ден, -дна wasserreich, tief 2. Tiefsee-; -ая ры́ба Tiefseefisch; **~мы́сленный,** -ая, -ое; *Kzf* -ен, -енна 1. tiefsinnig 2. ernst, konzentriert; **~уважа́емый,** -ая, -ое hochverehrt, sehr geehrt

глубоча́йший ↑ глубо́кий

глубь, -и, *P* в глуби́ *u.* в глу́би *f* Tiefe

глуми́ться, -млю́сь, -ми́шься *uv* над *I* verspotten, verhöhnen, sich lustig machen (über)

глумле́ние, -я *n* Hohn, Spott

глупе́ть, -е́ю, -е́ешь *uv* dumm werden

глупе́ц, -пца́, *I* -пцо́м, *G Pl* -пцо́в *m verächtl* Dummkopf

глупи́ть, -плю́, -пи́шь *uv umg* sich dumm benehmen; Dummheiten machen

глупова́тый, -ая, -ое; *Kzf* -а́т, -а einfältig, albern

глу́пость, -и *f* Dummheit; говори́ть -и dummes Zeug reden; глу́пости! Unsinn!, dummes Zeug!

глу́пый, -ая, -ое; *Kzf* глуп, -а́! dumm; глуп как про́бка dumm wie Bohnenstroh; -ая шу́тка fauler Witz

глупы́ш, -а́, *I* -о́м, *G Pl* -е́й *m umg* Dummchen *Kind*

глуха́рь, -я́ *m* 1. Auerhahn 2. *volksspr scherz* tauber Mensch

глухова́тый, -ая, -ое; *Kzf* -а́т, -а schwerhörig

глухо́й, -а́я, -о́е; *Kzf* глух, -а́!; *Komp* глу́ше 1. taub *a. übtr*; глух ко всем про́сьбам taub gegenüber allen Bitten 2. dumpf *Laut, Gefühl* 3. *ling* stimmlos; ~ согла́сный stimmloser Konsonant 4. still, abgelegen; öde; -а́я дере́вня entlegenes Dorf 5. -о́го *Subst m* Tauber, Gehörloser ◇ -а́я ночь stille, stockfinstere Nacht; -о́е окно́ blindes Fenster

глухонемо́й, -а́я, -о́е 1. taubstumm 2. -о́го *Subst m* Taubstummer

глухота́, -ы́ *f* Taubheit

глу́ше ↑ глухо́й

глуши́тель, -я *m* 1. Schalldämpfer 2. *übtr G* Unterdrücker

глуши́ть, глушу́, глу́ши́шь *uv* 1. betäuben 2. dämpfen 3. nicht wachsen lassen, ersticken; *übtr* unterdrücken, ersticken 4. *volkssspr* (aus-)löschen 5. abwürgen *Motor*

глушь, -и́, *I* глу́шью *f* 1. Dickicht 2. Einöde; entlegener Ort

глы́ба, -ы *f* Klumpen, Scholle

глюко́за, -ы *f* Traubenzucker

гляде́ть, гляжу́, гляди́шь; глядя́, *poet u. gbt* гля́дючи *uv* 1. schauen, blicken (на *A* auf); ansehen 2. *umg* aufpassen (за *I* auf) ◇ куда́ глаза́ глядя́т ganz gleich wohin; сквозь па́льцы ~ ein Auge zudrücken; гляди́ в о́ба! sei vorsichtig!, sei auf der Hut!; идти́ куда́-н. на́ ночь гля́дя spät abends irgendwohin gehen; ни на что не глядя́ ohne jede Rücksicht; того́ и гляди́ ehe man sich's versieht; того́ и гляди́ дождь пойдёт es kann jeden Augenblick regnen; ~ в гроб [в моги́лу] mit einem Fuß im Grabe stehen, dem Tode nahe sein; ~ вон fortgehen wollen; глядя по *D* je nach || *v mom* глянуть, -ну, -нешь *umg zu* 1

глядеться, гляжусь, глядишься *uv* в *A* sich betrachten; ~ в зеркало sich im Spiegel betrachten

глядь! *Interj umg* siehe da!

глянец, -нца, *I* -нцем *m* Glanz, Politur; навести ~ на сапоги die Stiefel spiegelblank wichsen

глянуть *v mom zu* глядеть

глянцевать, -цую, -цуешь *uv* polieren

глянцевитый, -ая, -ое; *Kzf* -ит, -а glänzend; -ая бумага Glanzpapier

глянцевый, -ая, -ое glänzend, spiegelblank

гм! *Interj des Zweifelns, der Ironie* hm!, so so!

г-н (господин) Herr

гнать* *uv* 1. *best* treiben, jagen; ~ стадо домой die Herde heimtreiben; ~ лес Holz flößen 2. *best* vertreiben, verjagen; ~ из дому aus dem Hause jagen 3. antreiben, hetzen; ~ лошадь во весь дух das Pferd zu größter Eile antreiben; ~ машину mit dem Auto rasen 4. *umg* hetzen, schnell machen 5. destillieren; ~ спирт Schnaps brennen || *unbest* гонять *zu* 1, 3

гнаться*; гнались *uv best* за *I* 1. nachjagen; ~ за кем-н. по пятам j-m auf den Fersen sein 2. *umg* streben, trachten (nach) || *unbest* гоняться

гнев, -а *m* Zorn, Wut ◇ не во ~ будь сказано *alt* nehmen Sie es mir nicht übel

гневный, -ая, -ое; *Kzf* -вен, -вна! zornig

гнедой, -ая, -ое rotbraun *Pferd*

гнездиться, *1. u. 2. Pers ungebr*, -ится *uv* 1. nisten 2. *übtr* sich einnisten, sich drängen *Gedanken, Gefühle u. ä.*

гнездо, -а, *Pl* гнёзда, гнёзд, гнёздам *n* 1. Nest, Horst; вить ~ ein Nest bauen; воровское ~ Diebesnest; пулемётное ~ MG-Nest 2. Wurf, Brut *Tierjunge* 3. Klinke *Telefonvermittlung*; *el* (Steck-) Buchse; *rad* Sockelkontakt *bei Röhren* 4. Gruppe von zusammenwachsenden Pflanzen, Pilzen, Beeren 5. *ling* Wortfamilie, -nest

гнездоваться, *1. u. 2. Pers ungebr*, -дуется *uv* Nester bauen *von Vögeln*

гнездовой, -ая, -ое: ~ посев Dibbelsaat

гнейс, -а *m* Gneis

гнести*; *Prät ungebr uv* 1. bedrücken, quälen 2. herauspressen

гнёт, -а *m* 1. Presse; Preßgewicht 2. *übtr* Joch, Unterdrückung; Druck

гнету ↑ гнести

гнетущий, -ая, -ее (be)drückend

гнида, -ы *f* Nisse

гниение, -я *n* Fäulnis, Verwesung

гнилой, -ая, -ое; *Kzf* гнил, -а! 1. faul, verfault 2. naß, ungesund 3. *übtr* faul, hohl

гниль, -и *f* Vermodertes, Verfaultes

гнить* *uv* (ver)faulen, vermodern

гнию ↑ гнить

гноение, -я *n* Eiterung, Eitern

гноить, гною, гноишь *uv* 1. verfaulen lassen 2.: ~ кого-н. в тюрьме j-n im Kerker verkommen lassen

гноиться, *1. u. 2. Pers ungebr*, -ится *uv* eitern

гной, гноя (гною), *P* в гное *u.* в гною *m* Eiter

гнойник, -а *m* Eiterbeule, -herd *a. übtr*

гнойный, -ая, -ое eitrig, Eiter-

гном, -а *m* Gnom, Kobold

г-ну *Abk für* господину *auf Briefen*

гну *m, f idkl* Gnu

гнусавить, -влю, -вишь *uv* näseln

гнусавый, -ая, -ое; *Kzf* -ав, -а näselnd

гнусить, гнушу, гнусишь *uv umg* näseln

гнусливый, -ая, -ое; *Kzf* -ив, -а *umg* näselnd

гнусный, -ая, -ое; *Kzf* -сен, -сна! gemein, schändlich

гнутый, -ая, -ое gebogen, geschwungen

гнуть, гну, гнёшь; *Adv Ptz ungebr uv* 1. biegen, krümmen 2. niederbeugen, neigen 3. *umg* abzielen, hinarbeiten (*A oder* к *D* auf); куда [к чему] он гнёт? worauf will er hinaus?; ~ свою линию seine Linie durchsetzen ◇ ~ шею [спину] перед кем-н. vor j-m katzbuckeln; ~ горб [спину] bis zur Erschöpfung arbeiten

гнуться, гнусь, гнёшься; *Adv Ptz ungebr uv* 1. sich biegen, sich krümmen 2. sich biegen lassen

гнушаться, -аюсь, -аешься *uv G, I oder mit Inf* verabscheuen, sich ekeln (vor) || *v* погнушаться

Гоа *m idkl* Goa

гобелен, -а *m* Gobelin

Гоби *f idkl* Gobi

гобой, -я, *G Pl* -ев *m* Oboe

говаривать *uv iterativ zu* говорить

говеть, -ею, -еешь *uv rel* fasten

го́вор, -а *m* **1.** Gerede, Gemurmel **2.** lokaler Dialekt

говори́ть, -рю́, -ри́шь; -рённый, -рён, -рена́ *uv* **1.** sprechen, reden (können); sagen; постоя́нно ~ о чём-н. etw. ständig im Munde führen; ~ речь eine Rede halten; ~ обиняка́ми drum herum reden; не дать ~ кому́-н. j-n nicht zu Worte kommen lassen; говоря́т man sagt; говоря́т, что он у́мер er soll gestorben sein **2.** о *P* sprechen (für), zeugen (von); э́то говори́т о том, что das zeugt davon, daß; э́то говори́т само́ за себя́ das spricht für sich selbst; э́то говори́т в его́ по́льзу das spricht für ihn ◇ не́чего [что и] ~ natürlich, das versteht sich von selbst; не́чего ~ об э́том das ist nicht der Rede wert; говоря́т тебе́! hörst du!; что ни говори́ was man auch sagen mag; что и говори́(ть) freilich, natürlich; что вы говори́те! was Sie nicht sagen!; ~ на ра́зных языка́х *übtr* einander nicht verstehen; ина́че говоря́ mit anderen Worten; коро́че говоря́ um es kurz zu machen; открове́нно [по со́вести] говоря́ offen gesagt; ме́жду на́ми говоря́ unter uns gesagt; по пра́вде говоря́ um die Wahrheit zu sagen; со́бственно говоря́ eigentlich; не говоря́ уже́ о abgesehen von, geschweige denn; ~ как по пи́саному wie ein Buch reden; и не говори́(те)! *umg* das ist doch klar! ‖ *uv iterativ* гова́ривать, *Präs ungebr*

говори́ться, *1. u. 2. Pers ungebr*, -и́тся *uv* gesprochen werden; как говори́тся wie es heißt, wie man sagt

говорли́вый, -ая, -ое; *Kzf* -и́в, -а redselig, geschwätzig

говору́н, -а́ *m umg* Schwätzer

говору́нья, -ьи, *Pl G* -ний, *D* -ньям *f umg* Schwätzerin

говя́дина, -ы *f* Rindfleisch

говя́жий, -ья, -ье aus Rindfleisch; ~ жир Rinderfett

го́голь, -я *m zool* Schellente ◇ ходи́ть -ем einherstolzieren

го́голь-мо́голь, -я *m* geschlagenes Eigelb mit Zucker

го́гот, -а *m* **1.** Gackern, Schnattern **2.** *volksspr* lautes Gelächter

гогота́ть, -очу́, -о́чешь *uv* **1.** schnattern *Gänse* **2.** *volksspr* laut lachen

год, -а (-у), *P* в году́, о го́де, *Pl* го́ды *u.* года́, *G Pl* годо́в *u.* лет **1.** (*G Pl* лет) Jahr; уче́бный ~ Schuljahr, Studienjahr; с Но́вым -ом! Prosit Neujahr!; с Но́вым -ом (, с но́вым сча́стьем)! viel Glück im neuen Jahr!; ско́лько вам лет? wie alt sind Sie? ей испо́лнилось три́дцать оди́н ~ [три́дцать пять лет] sie ist 31 [35] geworden; ему́ деся́тый ~ (идёт) er ist neun, er wird zehn; ро́вно че́рез ~ heute in einem Jahr; на́ ~ auf [für] ein Jahr; за́ ~ im Laufe eines Jahres, in einem Jahr **2.** (*Pl* го́ды, годо́в *mit Ordnungszahl zur Bezeichnung von Jahrzehnten*) в конце́ двадца́тых -о́в am Ende der zwanziger Jahre **3.** (*Pl* года́ *u.* го́ды, годо́в) Zeit(spanne), Periode; в -ы пе́рвой пятиле́тки in den Jahren [zur Zeit, während] des ersten Fünfjahrplans **4.** (года́ *u.* го́ды, годо́в) (Lebens-) Alter: он уже́ в -а́х er ist schon bei Jahren, er ist schon alt; он не по -а́м серьёзный er ist viel zu ernst für sein Alter; войти́ в -а́ [лета́] *alt* erwachsen werden; тепе́рь уже́ -ы не те man ist alt geworden ◇ в ста́рые -ы in alten Zeiten; бе́з -у неде́ля *scherz* vor kurzem, unlängst; из -а в ~ von Jahr zu Jahr; jahraus, jahrein; ~ о́т -у *oder* ~ от -а mit jedem Jahr; с -у на́ ~ von Jahr zu Jahr

года́ми *Adv* jahrelang

го́дик, -а *m Dem zu* год Jährchen

годи́на, -ы *f hoher Stil* Zeit; тяжёлая ~ schwere Zeit; в тя́жкую -у испыта́ний in der Zeit der schweren [harten] Prüfung(en)

годи́ться, гожу́сь, годи́шься *uv* **1.** taugen; он в лётчики не годи́тся er eignet sich nicht zum Flieger; никуда́ не ~ zu nichts taugen **2.** passen; sich schicken; э́ти боти́нки мне годя́тся diese Schuhe passen mir ◇ не годи́тся es gehört sich nicht: он ей в подмётки не годи́тся er kann ihr nicht das Wasser reichen; я тебе́ в отцы́ [в ма́тери] гожу́сь ich könnte dein Vater [deine Mutter] sein

годи́чный, -ая, -ое Jahres-, alljährlich; -ое кольцо́ *bot* Jahresring

го́дный, -ая, -ое; *Kzf* -ден, -дна́, -дно, го́дны́ geeignet, tauglich; ~ к вое́нной слу́жбе kriegsdienstfähig; ~ для питья́ trinkbar; ~ на всё zu allem brauchbar

годова́лый, -ая, -ое einjährig

годово́й, -а́я, -о́е jährlich, Jahres-; ~ дохо́д Jahreseinkommen

годовщи́на, -ы *f* Jahrestag; ~ сме́рти Todestag; деся́тая ~ сва́дьбы zehnter Hochzeitstag

годо́к, -дка́ *m umg Dem zu* год Jährchen

гол, -а *m Sport* Tor; заби́ть ~ ein Tor schießen; ~ в свои́ воро́та Selbsttor *a. übtr* Bumerang

голена́стый, -ая, -ое **1.** *Kzf* -а́ст, -а langbeinig **2.** -ые, -ых *Subst Pl* Storchenvögel

голени́ще, -а, *I* -ем *n* Stiefelschaft

голеносто́пный, -ая, -ое: ~ суста́в *anat* Sprunggelenk

го́лень, -и *f* Unterschenkel

голе́ц, -льца́, *I* -льцо́м, *G Pl* -льцо́в *m* **1.** Schmerle **2.** Saibling *Fisch*

голи́к, -а́ *m* Reisigbesen

голла́ндец, -дца, *I* -дцем, *G Pl* -дцев *m* Holländer

Голла́ндия, -и *f* Holland

[1]**голла́ндка** [нк], -и, *Pl G* -док, *D* -дкам *f* Holländerin

[2]**голла́ндка** [нк], -и, *Pl G* -док, *D* -дкам *f umg* **1.** holländischer Kachelofen **2.** holländische Kuh; Holländerhuhn

голла́ндский [нск], -ая, -ое holländisch

голова́, -ы́, *A* го́лову, *Pl* го́ловы, голо́в, голова́м *f* **1.** Kopf, Haupt **2.** Stück Vieh; сто голо́в скота́ hundert Stück Vieh **3.** Verstand, Vernunft; он у́мная ~ er ist ein heller Kopf **4.** *m, f übtr G oder D umg* Führer, Chef, Oberhaupt **5.** Spitze, vorderer Teil; ~ коло́нны Spitze der Kolonne ◇ ~ са́хара [са́хару] Zuckerhut; ~ ело́вая [садо́вая] Dummkopf; вы́мыть [намы́лить] -у кому́-н. *übtr* j-m den Kopf waschen; не жале́ть -ы́ sein Leben nicht schonen; подня́ть -у *übtr* frischen Mut fassen; сложи́ть -у sein Leben lassen; поплати́ться [заплати́ть] -о́й за что́-н. etw. mit dem Leben bezahlen (müssen); снять -у den Kopf abreißen, schwer bestrafen; отвеча́ть -о́й за что́-н. für etw. voll verantwortlich sein; очертя́ -у blindlings; сломя́ -у Hals über Kopf; в -а́х am Kopfende; у меня́ э́того и в -е́ не́ было ich habe überhaupt nicht daran gedacht; мне пришло́ в -у mir fiel ein; в пе́рвую -у in erster Linie; вино́ уда́рило ему́ в -у der Wein ist ihm in den Kopf gestiegen; э́то вы́шло [вы́летело] у меня́ из -ы́ das ist mir entfallen; вы́бросить [вы́кинуть] из -ы́ sich aus dem Kopf schlagen; на свою́ -у сде́лать zum eigenen Schaden tun; он -о́й [на́ -у] вы́ше меня́ a) er ist einen Kopf größer als ich; b) er ist mir geistig überlegen; как снег на́ -у wie ein Blitz aus heiterem Himmel; на све́жую -у mit frischem Kopf; он о двух -а́х er ist unerschrocken; уйти́ [погрузи́ться] с -о́й во что́-н. sich einer Sache ganz hingeben, sich in etw. vertiefen; с -ы́ по пять ма́рок pro Kopf fünf Mark; с -ы́ до ног [пят] von Kopf bis Fuß; с больно́й -ы́ на здоро́вую свали́ть die Schuld auf einen anderen schieben; де́йствовать че́рез чью-н. -у über j-s Kopf hinweg handeln, j-n übergehen; дурна́я ~ нога́м поко́я не даёт was man nicht im Kopf hat, muß man in den Beinen haben; сто голо́в, сто умо́в *Sprichw* soviel Köpfe, soviel Sinne

голова́стик, -а *m* Kaulquappe

голове́шка, -и, *Pl G* -шек, *D* -шкам *f* schwelendes [verkohltes] Holzscheit

голови́зна, -ы *f* Kopf und Teile des Rückgrats vom Stör *als Speise*

голо́вка, -и, *Pl* -вок, *D* -вкам *f* **1.** *Dem zu* голова́ Köpfchen **2.** (Nadel-) Kopf, (Nagel-) Kopf; ~ винта́ Schraubenkopf; ~ лу́ка Zwiebel(knolle) **3.** *Pl* Oberleder *an Stiefeln* ◇ стира́ющая ~ *rad* Löschkopf

головно́й, -а́я, -о́е **1.** Kopf-; -а́я боль Kopfschmerz; ~ мозг Gehirn **2.** vorderer, Vor-; -ы́е ваго́ны die vorderen Wagen; ~ отря́д Vortrupp

головня́, -и́, *G Pl* -е́й *f* **1.** glimmendes Holzscheit **2.** *landw* Kornbrand

голово|круже́ние, -я *n* Schwindel(gefühl); **~кружи́тельный,** -ая, -ое schwindelerregend, schwindelnd; **~ло́мка,** -и, *Pl G* -мок, *D* -мкам *f* Rätsel (zum Kopfzerbrechen), Denksportaufgabe; **~ло́мный,** -ая, -ое; *Kzf* -мен, -мна Kopfzerbrechen verursachend, sehr schwer zu entscheiden; **~мо́йка,** -и, *Pl G* -мо́ек, *D* -мо́йкам *f umg* Rüffel, strenger Verweis; **~ре́з,** -а *m umg* **1.** tollkühner Kerl, Wagehals **2.** Bandit; **~тя́п,** -а *m umg* Tölpel; **~тя́пство,** -а *n umg* Tölpelei

го́лод, -а (-у) *m* **1.** Hunger; умере́ть с -у verhungern **2.** Hungersnot **3.** Mangel; де́нежный [у́гольный] ~ Mangel an Geld [Kohlen]

голода́ть, -а́ю, а́ешь *uv* hungern

голо́дный, -ая, -ое; *Kzf* го́лоден, -дна́! **1.** hungrig **2.** Hunger-; -ая смерть Hungertod **3.** *umg* kärglich; ~ паёк Hungerration

голодо́вка, -и *Pl G* -вок, *D* -вкам *f* **1.** *umg* Hungern **2.** Hungerstreik;

объяви́ть -у in den Hungerstreik treten
голоду́ха, -и *f volksspr* Hungern; с -и vor Hunger
гололе́дица, -ы, *I* -ей *f* Glatteis
го́лос, -а (-у), *Pl* голоса́, -о́в *m* Stimme *a. übtr*; пра́во -а Stimmrecht; име́ть пра́во -а stimmberechtigt sein; отда́ть ~ за кого́-н. für j-n stimmen, seine Stimme abgeben für j-n; собра́ть мно́го -о́в viele Stimmen erhalten; подня́ть ~ проте́ста Protest erheben; для четырёх -о́в [на четы́ре -а] *mus* für vier Stimmen, vierstimmig; петь в два -а zweistimmig singen ◇ во весь ~ aus vollem Halse; быть в -е bei Stimme sein; в оди́н ~ einstimmig, wie aus einem Mund; с -а петь nach Gehör singen; в ~ [не свои́м -ом] крича́ть laut schreien; с чужо́го -а говори́ть keine eigene Meinung haben, unbesehen fremde Meinungen übernehmen
голоси́стый, -ая, -ое; *Kzf* -и́ст, -а stimmgewaltig, stimmkräftig
голоси́ть, -ошу́, -оси́шь **1.** *volksspr* laut singen **2.** *alt* wehklagen
голосло́вный, -ая, -ое; *Kzf* -вен, -вна unmotiviert, unbegründet
голосова́ние, -я *n* Abstimmung; предвари́тельное ~ Urabstimmung; ~ подня́тием рук Abstimmung durch Handzeichen; поста́вить вопро́с на ~ eine Frage zur Abstimmung bringen; воздержа́ться от -я sich der Stimme enthalten
голосова́ть, -су́ю, -су́ешь *uv A oder* за *A* **1.** stimmen, seine Stimme abgeben; ~ за кандида́та für den Kandidaten stimmen **2.** abstimmen (über); ~ резолю́цию über die Resolution abstimmen
голосово́й, -а́я, -о́е Stimm-; -ы́е свя́зки Stimmbänder
голубе́ть, *1. u. 2. Pers ungebr*, -е́ет *uv* **1.** hellblau schimmern **2.** hellblau werden
голубизна́, -ы́ *f* Bläue
голуби́ка -и *f bot* Sumpfheidelbeere
голуби́ный, -ая, -ое **1.** Tauben- **2.** *alt* sanftmütig
голу́бить, -блю, -бишь *uv poet* liebkosen
голу́бка, -и, *Pl G* -бок, *D* -бкам *f* **1.** weibliche Taube **2.** *umg* mein Täubchen, meine Beste *Anrede*
голубова́тый, -ая, -ое bläulich
голубогла́зый, -ая, -ое; *Kzf* -а́з, -а blauäugig
голубо́й, -а́я, -о́е himmelblau
голу́бушка, -и, *Pl G* -шек, *D* -шкам *f umg* meine Liebe *Anrede*
голубцы́ *Pl* -о́в, *Sg* голубе́ц, -бца́, *I* -бцо́м *m* Kohlrouladen
голу́бчик, -а *m umg* mein Lieber, meine Liebe *Anrede*
го́лубь, -я, *Pl* го́луби, голубе́й, голубя́м *m* Taube; ~ ми́ра Friedenstaube; почто́вый ~ Brieftaube
голубя́тня, -и, *Pl G* -тен, *D* -тням *f* Taubenschlag
го́лый, -ая, -ое; *Kzf* гол, -а́! nackt, bloß, kahl; соверше́нно ~ splitternackt; -ые поля́ kahle Felder; -ая и́стина die reine Wahrheit; -ыми рука́ми mit bloßen Händen, ohne Waffen ◇ гол как со́кол arm wie eine Kirchenmaus
голытьба́, -ы́ *f Koll, volksspr* arme Leute, Habenichtse
голы́ш, -а́, *I* -о́м, *G Pl* -е́й *m umg* **1.** Nackedei, nackter Mensch **2.** nackte Zelluloidpuppe **3.** Kieselstein
голышо́м *Adv umg* nackt
голь, -и *f Koll alt* arme Leute ◇ ~ на вы́думки хитра́ *Sprichw* Not macht erfinderisch
го́льды *Pl* -ов, *Sg* гольд, -а *m* die Golden *heute Nanaizen*
гольф, -а *m Sport* Golf ◇ брю́ки-~ Knickerbocker
Гольфстри́м, -а *m* Golfstrom
го́льфы, -ов *Pl umg* Knickerbocker
гомеопа́тия, -и *f* Homöopathie
гоминда́н, -а *m* Kuomintang
гомоге́нный, -ая, -ое *buchspr* homogen
го́мон, -а *m umg* Lärm, Stimmengewirr
гонг, -а *m* Gong
гондо́ла, -ы *f* Gondel *a. flug*
Гондура́с, -а *m* Honduras
гоне́ние, -я *n buchspr* Verfolgung, Unterdrückung
гоне́ц, -нца́, *I* -нцо́м, *G Pl* -нцо́в *m alt* Kurier, Eilbote
гони́мый, -ая, -ое verfolgt, gejagt
гони́тель, -я *m* Verfolger, Unterdrücker
го́нка, -и, *Pl G* -нок, *D* -нкам *f* **1.** *umg* Eile, Hast **2.** *Pl* Rennen; гребны́е -и Ruderregatta; па́русные -и Segelregatta; шоссе́йные -и Straßenrennen **3.** Flößen **4.** Destillieren ◇ го́нка вооруже́ний Wettrüsten
го́нкий, -ая, -ое; *Kzf* го́нок, гонка́! hitzig, unermüdlich bei der Verfolgung des Wildes *von Hunden*
Гонолу́лу *idkl* Honolulu

гóнор, -а (-у) *m* Dünkel

гонорáр, -а *m* Honorar

гонорéя, -и *f med* Gonorrhöe

гóночный, -ая, -ое Renn-; -ая лóдка Rennboot

гонт, -а *m Koll* Dachschindeln

гонтовóй, -áя, -óе Schindel-; -áя кры́ша Schindeldach

гончáр, -á *m* Töpfer

гончáрный, -ая, -ое Töpfer-; -ые издéлия Töpferwaren

гóнчая, -ей *Subst f* Jagdhund

гóнщик, -а *m* Rennfahrer

гоню́ ↑ гнать

гоня́ть, -я́ю, -я́ешь *uv* 1. *unbest zu* гнать 2. mehrmals mit Aufträgen schicken; ~ когó-н. за чéм-н. *umg* j-n mehrmals nach etw. schicken ◇ ~ лóдыря [собáк] faulenzen, sich herumtreiben

гоня́ться, -я́юсь, -я́ешься *uv unbest zu* гнáться

гоп! [hon] *Interj* hopp!

гопáк, -á *m* Hopak *ukrainischer Tanz*

гор. (гóрод) Stadt

гор- *in Zuss Abk für* городскóй Stadt-

горá, -ы́, *A* гóру, *Pl* гóры, гор, горáм *f* 1. Berg; *Pl* Gebirge; в гóру bergauf *a. übtr*; пóд гору bergab *a. übtr*; взбирáться [подня́ться] нá гору auf einen Berg steigen, einen Berg ersteigen 2. Stoß, Berg, Haufen; ~ книг Stoß Bücher ◇ рýсские гóры Achterbahn; катáться с гор rodeln; быть не за горáми nicht allzu weit sein; надéяться на когó-н. как на кáменную гóру auf j-n felsenfest vertrauen; у меня́ как ~ на плечáх mir ist's schwer ums Herz; стоя́ть горóй за когó-н. fest für j-n einstehen; у меня́ как ~ с плеч свали́лась mir fiel ein Stein vom Herzen; пир горóй *umg* ein üppiges Mahl

горáзд, -а, -о на *A oder mit Inf volksspr* geschickt; ~ на вы́думки einfallsreich ◇ кто во что ~ jeder so gut er kann

горáздо *Adv beim Komp* viel, bedeutend; ~ лýчше viel besser

горб, -á, *P* на горбý, о горбé *m* Buckel, Höcker ◇ на своём -ý испытáть am eigenen Leibe erfahren; своим -óм заработáть mit eigenen Händen erarbeiten

горбáтый, -ая, -ое; *Kzf* -áт, -а gebogen, bucklig, verwachsen

горби́нка, -и, *Pl G* -нок, *D* -нкам *f* kleiner Buckel; нос с -ой gebogene Nase

гóрбить, -блю, -бишь *uv* krümmen; ~ спи́ну einen Buckel machen ‖ *v* сгóрбить

гóрбиться, -блюсь, -бишься *uv* den Rücken krümmen ‖ *v* сгóрбиться

горбýн, -á *m* Buckliger

горбýнья, -ьи, *Pl G* -ний, *D* -ньям *f* Bucklige

горбýшка, -и *Pl G* -шек, *D* -шкам *f* Ränftchen, Brotkanten

гордели́вый, -ая, -ое; *Kzf* -и́в, -а stolz, hochmütig

гордéц, -á, *I* -óм, *G Pl* -óв *m* stolzer [hochmütiger] Mensch

гóрдиев, -а, -о: ~ ýзел gordischer Knoten

горди́ться, -ржýсь, -рди́шься *uv* stolz sein (auf *I*)

гóрдость, -и *f* Stolz

гóрдый, -ая, -ое; *Kzf* горд, гордá, гóрдо, гóрды́ *I* stolz (auf)

гóре, -я *n* 1. Gram, Kummer, Leid; Unglück; с -я vor Kummer; дели́ть ~ и рáдость Freud und Leid teilen; однó ~ с тобóй ich habe meinen Kummer [meine liebe Not] mit dir; к моемý -ю [на моё ~] zu meinem Unglück; ~ в том, что ... leider ... 2. *D umg* wehe; ~ мне! weh mir! ◇ „Гóре от умá“ „Verstand schafft Leiden“ *Drama von Gribojedow*; емý и -я мáло *umg* er macht sich nichts daraus, es kümmert ihn wenig; с -ем пополáм *umg* mit Mühe und Not

гóре- *vor einem Subst* erbärmlich, schlecht; ~-переводчик erbärmlicher Übersetzer; ~-поэ́т Dichterling; ~-охóтник Sonntagsjäger

горевáть, -рю́ю, -рю́ешь *uv* sich grämen, trauern (о *P* um)

горéлка, -и, *Pl G* -лок, *D* -лкам *f tech* Brenner; свáрочная ~ Schweißbrenner

горéлки, -лок, -лкам *Pl* Fangspiel

горéлый, -ая, -ое angebrannt; verbrannt

горельéф, -а *m* Hochrelief

горемы́ка, -и *m, f umg* armer Teufel, Pechvogel

горемы́чный, -ая, -ое; *Kzf* -чен, -чна *umg* armselig; unglücklich

горéние, -я *n* Brennen, Glühen

гóрестный [сн], -ая, -ое; *Kzf* -тен, -тна traurig, kläglich

гóресть, -и *f* 1. *alt* Kummer 2. *Pl* Unglück

горéть, горю́, гори́шь *uv* 1. (ver)-

brennen *itr* 2. brennen, Licht [Wärme] geben 3. glühen, sich röten 4. glänzen, funkeln; звёзды горя́т die Sterne funkeln 5. durch Erwärmung faulen; сено́ гори́т в копна́х das Heu fault in den Haufen ◇ ~ от стыда́ vor Scham vergehen; ~ жела́нием den brennenden Wunsch haben; ~ не́навистью vor Haß brennen; рабо́та [де́ло] гори́т в его́ рука́х die Arbeit geht ihm von der Hand; у него́ по́чва гори́т под нога́ми der Boden wird ihm zu heiß; не гори́т! es hat keine Eile

го́рец, -рца, *I* -рцем, *G Pl* -рцев *m* Bergbewohner

горе́ц, -рца́, *I* -рцо́м, *G Pl* -рцо́в *m* *bot* Knöterich

гореча́вка, -и *f bot* Enzian

го́речь, -и *f* 1. Bitteres; bitterer Geschmack 2. *übtr* Bitterkeit

горже́т, -а *m* Pelzkragen, Pelzkollier

горже́тка, -и, *Pl G* -ток, *D* -ткам *f* Pelzkragen, Pelzkollier

горизо́нт, -а *m* 1. Horizont *a. übtr* 2. Wasserstand 3. *Pl* (Bereich der) Möglichkeiten

горизонта́ль, -и *f* 1. Horizontale, Waagerechte 2. Höhenschichtlinie

горизонта́льность, -и *f* waagerechte Lage

горизонта́льный, -ая, -ое; *Kzf* -лен, -льна horizontal, waagerecht

гори́лла, -ы *f* Gorilla

гори́стый, -ая, -ое; *Kzf* -и́ст, -а bergig, gebirgig

горихво́стка, -и, *Pl G* -ток, *D* -ткам *f* Rotschwänzchen

горицве́т, -а *m* Lichtnelke

го́рка, -и, *Pl G* -рок, *D* -ркам *f* 1. Anhöhe 2. Gestell, Glasschrank 3. Ablaufberg *Eisenbahn*

го́ркнуть, *1. u. 2. Pers ungebr*, -нет; горк, -ла *u.* го́ркнул, -а ranzig werden

горко́м, -а *m* (городско́й комите́т) Stadtkomitee, Stadtleitung

горла́нить, -ню, -нишь *uv volksspr* grölen, schreien

горла́стый, -ая, -ое; *Kzf* -а́ст, -а *volksspr* laut, schreiend; ~ па́рень Schreihals

го́рлинка, -и, *Pl G* -нок, *D* -нкам *f* Turteltaube, wilde Taube

го́рлица, -ы, *I* -ей *f* Turteltaube

го́рло, -а *n* 1. Kehle, Gurgel, Hals; дыха́тельное ~ Luftröhre; у меня́ в -е пересо́хло ich habe eine trockene Kehle 2. Flaschenhals 3. Mündungsarm ◇ крича́ть во всё ~ aus vollem Halse schreien; по ~ стоя́ть в воде́ bis zum Hals im Wasser stehen; рабо́ты по ~ *umg* Arbeit gibt es mehr als genug; я сыт по ~ *umg* ich bin bis oben hinauf satt; с ножо́м к -у приста́ть *umg übtr* das Messer an die Kehle setzen; драть ~ *volksspr* laut schreien; (в)стать поперёк -а кому́-н. [у кого́-н.] *umg* j-m zum Hals heraushängen; слова́ застря́ли в -е das Wort blieb in der Kehle stecken

горлови́на, -ы *f* trichterförmige Öffnung; ~ вулка́на Krater

горлово́й, -а́я, -о́е Kehl(kopf)-; -а́я чахо́тка Kehlkopftuberkulose

го́рлышко, -а, *Pl* -шки, -шек, -шкам *n* Flaschenhals

гормо́н, -а *m* Hormon

[1]**горн,** -а *m* 1. Schmiedeherd, -esse 2. Gestell des Hochofens

[2]**горн,** -а *m mus* Horn

горни́ло, -а *n alt* 1. Schmiedeherd 2. *übtr*, *hoher Stil* Bewährungsprobe, Feuerprobe;

горни́ст, -а *m* Hornist

го́рница, -ы *f* „gute Stube" *in Bauernhäusern*

го́рничная, -ой *Subst f* Zimmermädchen

Го́рно-Алта́йск, -а *m* Gorno-Altaisk *Stadt*

го́рно-алта́йский, -ая, -ое: Го́рно-Алта́йская Автоно́мная о́бласть Autonomes Gebiet Gorno-Altaisk

го́рно-бадахша́нский, -ая, -ое: Го́рно-бадахша́нская Автоно́мная о́бласть Autonomes Gebiet Berg-Badachschan

горно|заво́дский, -ая, -ое Bergbau-, Hütten-; **~промы́шленный,** -ая, -ое Bergbauindustrie; **~рабо́чий,** -его *Subst m* Bergarbeiter, Bergmann; **~ру́дный,** -ая, -ое Erzberg(werk)-; ~ру́дная промы́шленность Erzbergbau

горноста́й, -я, *G Pl* -ев *m* Hermelin

го́рный, -ая, -ое 1. bergig, gebirgig; Berg-; -ая страна́ Gebirgsland; -ая цепь Gebirgskette, Gebirge 2. Bergbau-; ~ инжене́р Bergingenieur ◇ -ое со́лнце *med* Höhensonne; ~ лён *min* Bergflachs, Asbest

горня́к, -а́ *m umg* 1. Bergarbeiter 2. Bergingenieur; Bergbaustudent

горня́цкий, -ая, -ое *umg* Bergarbeiter-; ~ посёлок Bergarbeitersiedlung

го́род, -а, *Pl* города́, -о́в, -а́м *m* 1. Stadt; ~-геро́й Heldenstadt ◇ за́ город aufs Land, ins Grüne 2. Lager *der Spielpartei*

городи́ть, -ожу́, -о́дишь *uv* 1. *gbt* einzäunen 2. Unsinn reden; ~ вздор [чепуху́, чушь] *volksspr* dummes Zeug schwatzen ◇ ~ огоро́д sich unnötige Mühe machen

городи́ще, -а, *I* -ем *n* vorgeschichtliche Siedlung

городки́, -о́в *Pl* Knüttelspiel

городни́чий, -его *Subst m alt* Stadthauptmann

городово́й, -о́го *Subst m alt* Schutzmann, Polizist

городо́к, -дка́ *m* Städtchen

городско́й, -а́я, -о́е städtisch, Stadt-

городьба́, -ы́ *f gbt* 1. Einzäunen 2. Umzäunung, Zaun

горожа́нин, -а, *Pl* -а́не, -а́н, -а́нам *m* Städter

гороно́ *n idkl* (городско́й отде́л наро́дного образова́ния) Abteilung für Volksbildung bei der Stadtverwaltung

горо́х, -а (-у) *m* 1. Erbse *Pflanze* 2. *Koll* Erbsen ◇ как о́б стену ~ *umg* ganz wirkungslos; при царе́ Горо́хе vor undenklichen Zeiten

горо́ховый, -ая, -ое 1. Erbsen- 2. erbsenfarbig ◇ ~ шут Hanswurst

горо́шек, -шка (-шку) *m* 1.: зелёный ~ grüne Erbsen, Schoten 2.: в ~ *oder* горо́шком getupft *Muster*

горо́шина, -ы *f* 1. (einzelne) Erbse 2. Punkt, Tupfen *auf dem Stoff*

го́рский, -ая, -ое Berg(bewohner)-, Gebirgs(bewohner)-; -ие племена́ Bergstämme

горсове́т, -а *m* (городско́й сове́т) Stadtsowjet; Rat der Stadt

го́рстка, -и, *Pl G* -ток, *D* -ткам *f umg* 1. hohle Hand 2. Handvoll *a. übtr*

го́рсточка, -и, *Pl G* -чек, *D* -чкам *f Dem zu* горсть 1. hohle Hand 2. kleine Handvoll *a. übtr*

горсть, -и, *G Pl* -е́й *f* 1. hohle Hand 2. Handvoll *a. übtr*

горта́нный, -ая, -ое Kehl-; ~ звук Kehllaut, Guttural

горта́нь, -и *f* Kehlkopf

горте́нзия [тэ], -и *f bot* Hortensie

горча́йший ↑ го́рький

го́рче ↑ го́рький

горчи́ть, *1. u. 2. Pers ungebr*, -и́т *uv* bitter schmecken

горчи́ца, -ы, *I* -ей *f* Senf

горчи́чник [шн], -а *m* Senfpflaster

горчи́чница [шн], -ы, *I* -ей *f* Senfglas

горчи́чный [шн], -ая, -ое Senf-; -ое се́мя Senfkorn

го́рше ↑ го́рький

горше́чник, -а *m* Töpfer

горше́чный, -ая, -ое Töpfer-

горшо́к, -шка́ *m* Tontopf; Blumentopf; ночно́й ~ Nachtgeschirr

го́рький, -ая, -ое; *Kzf* -рек, -рька́; *Sup* горча́йший 1. *Komp* го́рче bitter 2. *Komp* го́рше, го́рший bitter, schwer; -ая и́стина bittere Wahrheit; ~ о́пыт trübe [traurige] Erfahrung ◇ го́рький (*bzw.* го́рькая) пья́ница *umg* Trunkenbold

Го́рький -ого *Subst m* Gorki *Stadt*

горьковча́нин, -а, *Pl* -а́не, -а́н, -а́нам *m* Einwohner der Stadt Gorki

го́рько-солёный, -ая, -ое: -ая вода́ Bitterwasser

горю́чее, -его *Subst n* Treibstoff

горю́честь, -и *f* Brennbarkeit

горю́чий, -ая, -ее; *Kzf* -ю́ч, -а brennbar; -ая смесь Kraftstoffgemisch ◇ ~ие слёзы heiße Tränen

го́рюшко, -а *n Dem zu* го́ре: ему́ и -а ма́ло das kümmert ihn wenig

горя́чечный [шн], -ая, -ое Fieber-

горя́чий, -ая, -ее; *Kzf* -я́ч, -яча́ 1. heiß; -ая пи́ща warmes Essen; ~ исто́чник Thermalquelle 2. heiß, hitzig, heftig; ~ спор heftiger Streit; ~ о́тклик lebhafter Widerhall ◇ по -им следа́м auf frischer Spur; -ая голова́ Hitzkopf; -ая пора́ Zeit, wo mit Hochdruck gearbeitet wird

горячи́ть, -чу́, -чи́шь *uv* erhitzen; erregen, anstacheln

горячи́ться, -чу́сь, -чи́шься *uv* sich ereifern

горя́чка, -и *f umg* 1. Fieber; роди́льная ~ Kindbettfieber; бе́лая ~ Säuferwahn, Delirium 2. Erregung, Hast; экзаменацио́нная ~ Prüfungsfieber ◇ поро́ть -у unüberlegt [überstürzt] handeln

горя́чность, -и *f* Eifer, Feuer; Heftigkeit

гос- *in Zuss Abk für* госуда́рственный Staats-, staatlich

госаппара́т, -а *m* (госуда́рственный аппара́т) Staatsapparat

госба́нк, -а *m* (госуда́рственный банк) Staatsbank

госизда́т, -а *m* (госуда́рственное изда́тельство) Staatsverlag

Гослитизда́т (Госуда́рственное изда́тельство худо́жественной литерату́ры) Staatsverlag für schöngeistige Literatur

госпитализа́ция, -и *f* Unterbringung im Krankenhaus, Hospitalisierung

го́спиталь, -я, *Pl* го́спитали, госпитале́й, госпиталя́м *m* Lazarett

Госпла́н, -а *m* (Госуда́рственный пла́новый комите́т при Сове́те Мини́стров СССР) Staatliches Plankomitee beim Ministerrat der UdSSR

господи́н, -а, *Pl* господа́, -о́д, -ода́м *m* **1.** Herr . . .; mein Herr *Anrede an Ausländer*; *Pl* господа́ meine Herrschaften **2.** Herr, Herrscher; сам себе́ ~ sein eigener Herr; ~ положе́ния Herr der Lage

госпо́дство, -а *n* Herrschaft; мирово́е ~ Weltherrschaft; ~ в во́здухе Luftherrschaft

госпо́дствовать, -твую, -твуешь *uv* **1.** herrschen (над *I* über), beherrschen **2.** *übtr* (vor)herrschen

госпо́дствующий, -ая, -ее herrschend; vorherrschend; -ее положе́ние Vormachtstellung

госпо́дь, го́спода *m* Gott *des Christentums*; го́споди!, ах ты, го́споди! *etwa* großer Gott! *zum Ausdruck der Verwunderung, des Ärgers, der Ungeduld*

госпожа́, -и́, *I* -е́й *f* **1.** Frau, Fräulein . . .; gnädige Frau, gnädiges Fräulein *Anrede an Ausländerinnen* **2.** Herrin

Госполитизда́т (Госуда́рственное изда́тельство полити́ческой литерату́ры) Staatsverlag für politische Literatur

госстра́х, -а *m* (госуда́рственное страхова́ние) staatliche Versicherung(sanstalt)

гост. (гости́ница) Hotel

гост *u.* **ГОСТ** [гост], -а *m* (госуда́рственный общесою́зный станда́рт) Staatlicher Unions-Standard *seit 1940*

гостево́й, -а́я, -о́е: Gäste-, Ehren-; ~ биле́т Ehrenkarte

гостеприи́мный, -ая, -ое; *Kzf* -мен, -мна gastfreundlich

гостеприи́мство, -а *n* Gastfreundschaft

гости́ная, -ой *Subst f* Besuchszimmer, Salon

гости́нец, -нца, *I* -нцем, *G Pl* -нцев *m volksspr* kleines Geschenk, kleine Aufmerksamkeit

гости́ница, -ы, *I* -ей *f* Hotel, Gasthof

гости́ный, -ая, -ое: ~ двор *alt* Verkaufshalle

гости́ть, гощу́, гости́шь *uv* zu Besuch sein || *uv iterativ* га́щивать, *Präs ungebr umg*

гость, -я, *Pl* го́сти, госте́й, гостя́м *m* **1.** Gast; у нас -и wir haben Besuch; идти́ в -и zu Besuch gehen; быть в -я́х zu Besuch [zu Gast] sein **2.** Gast *einer Versammlung u. ä.*

го́стья, -ьи, *Pl G* -тий, *D* -тьям *f* (weiblicher) Gast

госуда́рственный, -ая, -ое staatlich, Staats-

госуда́рство, -а *n* Staat; опа́сный для -а staatsgefährdend; за счёт -а auf Staatskosten

госуда́рыня, -и *f hist* Monarchin ◇ ми́лостивая ~ gnädige Frau *alte Anrede*

госуда́рь, -я *m hist* Monarch ◇ ми́лостивый ~ gnädiger Herr *alte Anrede*

го́тика, -и *f* Gotik

готи́ческий, -ая, -ое *arch* gotisch

гото́вальня, -и, *Pl G* -лен, *D* -льням *f* Reißzeug

гото́вить, -влю, -вишь *uv* **1.** к *D* vorbereiten (auf); ~ кни́гу к печа́ти ein Buch druckfertig machen; ~ уро́ки die Aufgaben machen; ~ роль eine Rolle einstudieren **2.** zubereiten, kochen **3.** ausbilden; ~ учителе́й Lehrer ausbilden ◇ ~ сюрпри́з eine Überraschung vorbereiten

гото́виться, -влюсь, -вишься *uv* **1.** sich vorbereiten (к *D* auf); ~ к войне́ zum Kriege rüsten **2.** sich anbahnen, bevorstehen

гото́вка, -и *f umg* Vorbereitung; Zubereitung

гото́вность, -и *f* Bereitschaft; боева́я ~ Kampfbereitschaft; вы́разить ~ sich bereit erklären

гото́вый, -ая, -ое; *Kzf* -о́в, -а **1.** fertig; ~ к отъе́зду reisefertig; -ое пла́тье Konfektion **2.** к *D* bereit, willig; всегда́ гото́в! immer bereit!; ~ на вся́кие же́ртвы zu jedem Opfer bereit!; он гото́в на всё er ist zu allem fähig ◇ жить на всём -ом Kost und Logis haben; на -ых харча́х *volksspr* mit Verpflegung [Beköstigung]; он был гото́в запла́кать er war dem Weinen nahe

го́тский, -ая, -ое gotisch

гофриро́ванный, -ая, -ое gaufriert, gewellt; -ое желе́зо Wellblech; -ая бума́га Kreppapier

гр. (граждани́н) Bürger

граб, -а *m* Hainbuche, Weißbuche

грабёж, -ежа́, *I* -о́м, *G Pl* -е́й *m* Raub, Plünderung

граби́тель, -я *m* Plünderer, Räuber

граби́тельский, -ая, -ое räuberisch; -ая война́ Raubkrieg

гра́бить, -блю, -бишь; -бленный, -блен, -а *uv* (be)rauben, plündern

гра́бленый, -ая, -ое Raub-; -ые ве́щи Diebesgut

гра́бли, -бель *oder* -блей, -блям *Pl* Harke, Rechen

гра́бовый, -ая, -ое Hainbuchen-, Weißbuchen-

гравёр, -а *m* Graveur; ~ по ме́ди Kupferstecher

гра́вий, -я, *P* -и *m* Kies, Schotter

гравирова́ть, -ру́ю, -ру́ешь; -ро́ванный, -ро́ван, -а *uv* (ein)gravieren; ~ на ме́ди in Kupfer stechen

гравиро́вщик, -а *m* Graveur

гравю́ра, -ы *f* Gravüre, Stich; ~ на де́реве Holzschnitt; ~ на ме́ди Kupferstich

град, -а *m* Hagel *a. übtr*; ~ идёт es hagelt; ~ вопро́сов eine Unmenge Fragen

града́ция, -и *f* Graduierung, Abstufung

гра́дина, -ы *f umg* Hagelkorn

гради́рня, -и, *Pl G* -рен, *D* -рням *f* Gradierwerk

градоби́тие, -я *n* Hagelschlag

градово́й, -а́я, -о́е Hagel-; -а́я ту́ча Hagelwolke

гра́дом *Adv*: уда́ры ~ посы́пались es hagelte Schläge; пот льётся ~ der Schweiß fließt in Strömen

градонача́льник, -а *m hist* Stadthauptmann *Oberhaupt einer verwaltungsmäßig selbständigen Stadt mit den Rechten eines Gouverneurs*

градо|строе́ние, -я *n* Städtebau; **~строи́тельство,** -а *n* Städtebau

гра́дус, -а *m* **1.** Grad; пять -ов моро́за fünf Grad Kälte **2.** Prozent *Alkoholgehalt* ◇ под -ом *umg* angeheitert

гра́дусник, -а *m umg* Thermometer

гра́дусный, -ая, -ое Grad-; -ая се́тка Gradnetz

граждани́н, -а, *Pl* гра́ждане, -ан, -анам *m* **1.** Staatsbürger; сове́тский ~ Sowjetbürger **2.** Bürger *offizielle Anrede*

гражда́нка, -и, *Pl G* -нок, *D* -нкам *f* **1.** Staatsbürgerin **2.** Bürgerin *offizielle Anrede*

гражда́нский, -ая, -ое **1.** bürgerlich, Bürger-; ~ ко́декс bürgerliches Gesetzbuch; ~ долг Bürgerpflicht; -ая война́ Bürgerkrieg **2.** zivil; -ое пра́во Zivilrecht; -ое му́жество Zivilcourage ◇ -ая смерть *alt* Aberkennung der bürgerlichen Ehrenrechte

гражда́нство, -а *n* Staatsbürgerschaft; состоя́ть в сове́тском -е Sowjetbürger sein

грамза́пись, -и *f* Schallplattenaufnahme

грамм, -а, *G Pl* -ов, *mündlich nach Zahlen* грамм *m* Gramm

грамма́тика, -и *f* Grammatik

граммати́ческий, -ая, -ое grammatisch

граммофо́н, -а *m* Grammophon *mit Schalltrichter*

граммофо́нный, -ая, -ое Grammophon-; -ая пласти́нка Schallplatte

гра́мота, -ы *f* **1.** Lesen und Schreiben; учи́ться -е Lesen und Schreiben lernen **2.** Urkunde, Schreiben; почётная ~ Ehrenurkunde; вери́тельная ~ Beglaubigungsschreiben

гра́мотность, -и *f* Beherrschung des Lesens und Schreibens

гра́мотный, -ая, -ое; *Kzf* -тен, -тна **1.** des Lesens und Schreibens kundig; быть -ым lesen und schreiben können **2.** fehlerlos, richtig **3.** mit guten Kenntnissen

грампласти́нка, -и, *Pl G* -нок, *D* -нкам *f* Schallplatte

[1]**грана́т,** -а *m* **1.** Granatapfel **2.** Granatapfelbaum

[2]**грана́т,** -а *m min* Granat

грана́та, -ы *f* Granate; ручна́я ~ Handgranate

грана́тный, -ая, -ое Granat-; -ые оско́лки Granatsplitter

[1]**грана́товый,** -ая, -ое Granat(apfel)-, Granatbaum-

[2]**грана́товый,** -ая, -ое Granat-, aus [mit] Granatedelsteinen gefertigt

гранатомёт, -а *m* Gewehrgranatwerfer

грандио́зный, -ая, -ое; *Kzf* -зен, -зна grandios, großartig

гранёный, -ая, -ое geschliffen

грани́льный, -ая, -ое Schleif-

грани́льня, -и, *Pl G* -лен, *D* -льням *f* Schleiferei

грани́т, -а *m* Granit

грани́тный, -ая, -ое graniten; Granit-

грани́ть, -ню́, -ни́шь; -нённый, -нён, -нена́ *uv* schleifen, facettieren

грани́ца, -ы, *I* -ей *f* Grenze *a. übtr*; сухопу́тная ~ Landgrenze; -ы возмо́жного die Grenzen des Möglichen; э́тому нет грани́ц dem sind keine Grenzen gesetzt; э́то перехо́дит все -ы das übersteigt alle Grenzen; вы́йти из грани́ц über die Stränge schlagen ◇ за -ей im Ausland; за

-у ins Ausland; из-за -ы aus dem Ausland
грани́чить, *1. u. 2. Pers ungebr,* -ит *uv* grenzen (c *I* an) *a. übtr*
грани́чный, -ая, -ое *alt* Grenz-
гра́нка, -и, *Pl G* -нок, *D* -нкам *f typ* Korrekturfahne
грань, -и *f* **1.** Grenze *übtr,* Rand; поли́тика на -и войны́ Politik am Rande des Krieges **2.** *geom* Fläche eines Körpers
грасси́ровать, -рую, -руешь *uv* das „r" nach französischer Art sprechen
граф, -а *m* Graf
графа́, -ы́ *f* Spalte, Rubrik
гра́фик, -а *m* graphische Darstellung; Zeitplan, graphischer Plan; рабо́тать стро́го по -у genau nach Plan arbeiten
гра́фика, -и *f* **1.** Graphik **2.** *ling* Schreibweise
графи́н, -а *m* Karaffe
графи́ня, -и *f* Gräfin
графи́т, -а *m* **1.** Graphit **2.** (Bleistift-) Mine
графи́ть, -флю́, -фи́шь; -флённый, -флён, -флена́ *uv* linieren
графи́ческий, -ая, -ое graphisch
графлёный, -ая, -ое liniert
графо́лог, -а *m* Graphologe
графоло́гия, -и *f* Graphologie
грацио́зный, -ая, -ое; *Kzf* -зен, -зна graziös, anmutig
гра́ция, -и *f* Grazie, Anmut
грач, -а́, *I* -о́м, *G Pl* -е́й *m* Saatkrähe
гребёнка, -и, *Pl G* -нок, *D* -нкам *f* Kamm ◇ стричь во́лосы под -у das Haar kurz schneiden; стричь всех под одну́ -у alle über einen Kamm scheren
грebе́нчатый, -ая, -ое kammartig, Kamm-
гре́бень, -бня *m* **1.** Kamm; ча́стый ~ Staubkamm **2.** Kamm *der Vögel;* петуши́ный ~ Hahnenkamm **3.** Gebirgskamm; Wellenkamm **4.** *text* Hechel **5.** Dammkrone
грebе́ц, -бца́, *I* -бцо́м, *G Pl* -бцо́в *m* Ruderer
гребешо́к, -шка́ *m* Kamm
гре́бля, -и *f* Rudern; состяза́ние по -е Ruderregatta
гребнечеса́льный, -ая, -ое: -ая маши́на *tech* Kammstuhl
гребно́й, -а́я, -о́е Ruder-; ~ спорт Rudersport; ~ винт Schiffsschraube
гребо́к, -бка́ *m* **1.** Ruderschlag, Ruderzug **2.** kurzes Ruder
гребу́ ↑ **грести́**
грёза, -ы *f* Träumerei; Trugbild
грéзить, -е́жу, -е́зишь *uv* träumen; sich Träumereien hingeben
гре́зиться, *1. u. 2. Pers ungebr,* -ится *uv* träumen, vorschweben; мне гре́зилось, что . . . mir träumte, daß . . .
гре́йдер [дэ], -а *m* Straßenhobel(maschine); ~ на гу́сеничном ходу́ Planierraupe
гре́йпфрут, -а *m* Pampelmuse
грек, -а *m* Grieche
гре́лка, -и, *Pl G* -лок, *D* -лкам *f* Wärmflasche; электри́ческая ~ Heizkissen; ~ на ча́йник Teewärmer
греме́ть, -млю́, -ми́шь *uv* **1.** donnern; гром греми́т es donnert **2.** dröhnen; klirren; ~ ключа́ми mit den Schlüsseln klirren **3.** ertönen, erschallen **4.** einen guten Klang haben, weit und breit bekannt sein
гремучий, -ая, -ее; *Kzf* -у́ч, -а: -ая змея́ Klapperschlange; ~ газ Knallgas
гренаде́р, -а *m* Grenadier
гренла́ндец, -дца, *I* -дцем, *G Pl* -дцев *m* Grönländer
Гренла́ндия, -и *f* Grönland
гренла́ндка, -и, *Pl G* -док, *D* -дкам *f* Grönländerin
гренла́ндский, -ая, -ое grönländisch, Grönland-
гренки́ *Pl* -о́в, *Sg* грено́к, -нка́ *m* Toast, geröstete Weißbrotschnitten
грести́* *uv* **1.** rudern **2.** zusammenharken
греть, гре́ю, гре́ешь; гре́тый, грет, -а *uv* **1.** wärmen; warm halten; пе́чка хорошо́ гре́ет der Ofen hält warm **2.** erhitzen, aufwärmen ◇ ~ ру́ки *umg* einen unehrlichen [unverdienten] Gewinn einstreichen
гре́ться, гре́юсь, гре́ешься *uv* **1.** sich wärmen; ~ на со́лнце sich sonnen **2.** warm [heiß] werden
грех, -а́ *m* **1.** *rel* Sünde **2.** Sünde, Vergehen; грехи́ мо́лодости Jugendsünden **3.** *prädikativ mit Inf umg* es ist eine Schande; над ста́ростью смея́ться ~ es ist eine Schande, sich über das Alter lustig zu machen **4.** *prädikativ mit Inf:* не ~ *umg* es würde nicht schaden, es wäre kein Fehler ◇ ~ попола́м *volksspr* die Schuld trifft beide; с -о́м попола́м *umg* mit Mühe und Not; что [не́чего] -а́ таи́ть *umg* es hat keinen Zweck, es zu verbergen; как на ~ *umg* wie zum Trotz; она́ дурна́ как

смертный ~ sie ist häßlich wie die Nacht; от -á подáльше *umg* um Unannehmlichkeiten zu vermeiden

грехóвный, -ая, -ое; *Kzf* -вен, -вна *alt* sündhaft, sündig

грехопадéние, -я *n biblisch* Sündenfall

Грéция, -и *f* Griechenland

грéцкий, -ая, -ое: ~ орéх Walnuß

грéча, -и, *I* -ей *f umg* Buchweizen

гречáнка, -и, *Pl G* -нок, *D* -нкам *f* Griechin

грéческий, -ая, -ое griechisch

гречúха, -и *f* Buchweizen

гречúшный, -ая, -ое Buchweizen-

грéчневый, -ая, -ое Buchweizen-

грешúть, -шý, -шúшь *uv* **1.** *alt* sündigen **2.** verstoßen ‖ *v* согрешúть *zu* 1

грéшник, -а *m* Sünder

грéшный, -ая, -ое; *Kzf* -шен, -шнá! sündig, sündhaft ◇ -ым дéлом *umg* leider

грешóк, -шкá *m Dem zu* грех kleines Vergehen; Schwäche; за ним вóдится этот ~ das sieht ihm ähnlich

гриб, -á *m* Pilz; бéлый ~ Steinpilz; съедóбный ~ eßbarer Pilz

грибкóвый, -ая, -ое Pilz-; -ая культýра Pilzkultur

грибнóй, -áя, -óе Pilz- ◇ ~ дождь warmer Regen bei Sonnenschein

грибóк, -бкá *m* **1.** kleiner Pilz **2.** Stopfpilz **3.** Schwamm

грúва, -ы *f* Mähne

грúвенник, -а *m umg* Zehnkopekenstück

грúвна, -ы, *Pl G* -вен, *D* -внам *f* **1.** *hist* Silber- oder Goldbarren *Geldeinheit* **2.** *alt* Griwna *Zehnkopekenstück*

Григóрий, -я, *P* -и *m* Gregor

грим, -а *m theat* Schminke

гримáса, -ы *f* Grimasse

гримáсничать, -аю, -аешь *uv* Grimassen schneiden

гримёр, -я́а *m theat* Maskenbildner

гримировáть, -рýю, -рýешь; -рóванный, -рóван, -а *uv* **1.** schminken **2.** *theat I* schminken (als); ~ дéвушку старýхой ein Mädchen als alte Frau schminken

гримировáться, -рýюсь, -рýешься *uv* sich schminken

грипп, -а *m* Grippe

гриппóзный, -ая, -ое grippal, Grippe-

[1]**гриф,** -а *m* **1.** *myth* Greif **2.** *zool* Lämmergeier

[2]**гриф,** -а *m mus* Griffbrett *an Saiteninstrumenten*

[3]**гриф,** -а *m* Namensstempel

грúфель, -я *m* Griffel, Schieferstift

грúфельный, -ая, -ое Griffel-, Schiefer-; -ая доскá Schiefertafel

грифóн, -а *m* **1.** *myth* Greif **2.** Affenpinscher

Грúш(к)а, -и *m Dem zu* Григóрий

гроб, -а, *P* в гробý, на грóбе *u.* на гробý, о грóбе, *Pl* гробы́ *u.* гробá, -óв, -áм *m* Sarg ◇ вéрность до -а Treue bis in den Tod; стоя́ть однóй ногóй в -ý mit einem Fuß im Grabe stehen; вогнáть в ~ ins Grab bringen; перевернýться в -ý sich im Grabe umdrehen; это вгóнит меня́ в ~ das ist ein Nagel zu meinem Sarg

гробнúца, -ы, *I* -ей *f* Grab(denk)mal

гробовóй, -áя, -óе Sarg-; Grabes-; -áя тишинá, -óе молчáние Totenstille ◇ до -óй доскú bis in den Tod

гробовщúк, -á *m* Sargtischler

грог, -а (-у) *m* Grog

грозá, -ы́, *Pl* грóзы, гроз, грóзам *f* **1.** Gewitter **2.** *übtr* Schrecken

гроздь, -я, *Pl* грóзди, гроздéй, гроздя́м *u.* **грóздья** *Pl* -ьев, -ьям *m* Traube

грозúть, -ожý, -озúшь *uv* **1.** *I* drohen; ~ пáльцем [кулакóм] mit dem Finger [mit der Faust] drohen; ~ войнóй mit Krieg drohen **2.** *I* drohen, ankündigen; дом грозúт падéнием das Haus droht einzustürzen **3.** bevorstehen, drohen

грозúться, -ожýсь, -озúшься *uv volksspr* drohen

грóзный, -ая, -ое; *Kzf* -зен, -знá! **1.** schrecklich **2.** drohend **3.** grausam

грозовóй, -áя, -óе Gewitter-; -áя тýча Gewitterwolke

гром, -а, *Pl* грóмы, громóв, громáм *m* Donner; ~ гремúт es donnert; ~ аплодисмéнтов Beifallssturm ◇ как ~ среди я́сного нéба wie ein Blitz aus heiterem Himmel; покá ~ не гря́нет solange nichts Ernstes geschieht

громáда, -ы *f umg* Koloß, Riese; -ы гор Bergriesen

громáдина, -ы *f umg* Koloß, riesiger Gegenstand

громáдный, -ая, -ое; *Kzf* -ден, -дна riesig, riesengroß

громúла, -ы *m umg* **1.** Einbrecher **2.** Pogromheld

громúть, -млю́, -мúшь *uv* zerschlagen, vernichten

грóмкий, -ая, -ое; *Kzf* -мок, -мкá!; *Komp* грóмче **1.** laut **2.** berühmt, hervorragend, glänzend; ~ процéсс aufsehenerregender Prozeß

громкоговори́тель, -я *m* Lautsprecher
громово́й, -а́я, -о́е donnernd, Donner-
громогла́сный, -ая, -ое; *Kzf* -сен, -сна laut, mit lauter Stimme; -ое заявле́ние öffentliche Erklärung
громозди́ть, -зжу́, -зди́шь *uv* aufhäufen, aufstapeln, anhäufen
громозди́ться, -зжу́сь, -зди́шься *uv* sich (auf)türmen
громо́здкий -ая, -ое; *Kzf* -док, -дка sperrig
громоотво́д, -а *m* Blitzableiter
гро́мче ↑ гро́мкий
громыха́ть, -а́ю, -а́ешь *uv umg* donnern, poltern; rattern ‖ *v mom* **громыхну́ть,** -ну́, -нёшь
гроссме́йстер, -а *m Schach* Großmeister
грот, -а *m* Grotte
гроте́ск, -а *m* Groteske
гро́хать(ся) *uv zu* гро́хнуть(ся)
гро́хнуть, -ну, -нешь *v mom umg* krachen; mit Gepolter fallen lassen ‖ *uv* гро́хать, -аю -аешь
гро́хнуться, -нусь, -нешься *v umg* mit Gepolter hin(unter)fallen ‖ *uv* гро́хаться, -аюсь, -аешься
[1]**гро́хот,** -а *m* Krachen, Gepolter
[2]**гро́хот,** -а *m tech* Sieb
грохота́ть* *uv* krachen
грохочу́ ↑ грохота́ть
грош, -а́ *m alt* Groschen *Münze im Wert von 2 Kopeken, später* $^{1}/_{2}$ Kopeke ◇ быть без -а́ keinen Pfennig in der Tasche haben; за -и́ рабо́тать für einen Hungerlohn arbeiten; э́тому ~ цена́ *oder* -а́ ло́маного [ме́дного] не сто́ит das ist nichts wert; ни на ~ не ве́рю ему́ ich glaube ihm kein Wort
гроšо́вый, -ая, -ое *umg* billig, minderwertig; -ое жа́лованье erbärmliches Gehalt
грубе́ть, -е́ю, -е́ешь *uv* rauh werden; grob werden *im Benehmen*
груби́ть, -блю́, -би́шь *uv D* grob sein (gegenüber), Grobheiten sagen
грубия́н, -а *m umg* Grobian
грубия́нить, -ню, -нишь *uv umg D* grob sein (j-m gegenüber); Grobheiten sagen
грубова́тый, -ая, -ое gröblich
гру́бость, -и *f* Grobheit
грубошёрстный, -ая, -ое aus [mit] grober Wolle
гру́бый, -ая, -ое; *Kzf* груб, -а́! **1.** grob, barsch, rauh **2.** rauh, derb; -ое сукно́ derbes Tuch; ~ го́лос rauhe Stimme; ~ помо́л Schrot ◇ -ая игра́ *Sport* unfaires Spiel; в -ых черта́х in groben Zügen, in großen Umrissen; ~ расчёт Überschlag
гру́да, -ы *f* Haufen, Menge
гру́дами *Adv* haufenweise, in Haufen
груди́нка, -и *f* Bruststück *Fleisch als Speise*
грудни́ца, -ы I -ей *f med* Brustdrüsenentzündung
грудно́й, -а́я, -о́е Brust-; ~ ребёнок Säugling; ~ го́лос tiefe Stimme: -а́я кость Brustbein
грудобрю́шный, -ая, -ое: -ая прегра́да *anat* Zwerchfell
грудь, -и, *P* о гру́ди, в [на] груди́ *f* Brust, Busen; прижа́ть к свое́й груди́ ans Herz drücken; отня́ть ребёнка от груди́ ein Kind entwöhnen; дыша́ть по́лной гру́дью in vollen Zügen atmen; корми́ть гру́дью stillen ◇ встать гру́дью за кого́-н. [что́-н.] sein Leben für j-n [etw.] einsetzen
гружёный, -ая, -ое beladen
груз, -а *m* **1.** Ladung, Fracht; ~ ма́лой ско́рости Frachtgut; ~ большо́й ско́рости Eilgut **2.** Last
груздь, -я́, *Pl* гру́зди, грузде́й, грузде́м *m bot* Milchpilz
грузи́ло, -а *n* Senkblei
грузи́н, -а, *G Pl* грузи́н *m* Georgier
грузи́нка, -и, *Pl G* -нок, *D* -нкам *f* Georgierin
грузи́нский, -ая, -ое georgisch; Грузи́нская Сове́тская Социалисти́ческая Респу́блика Georgische Sozialistische Sowjetrepublik
грузи́ть, гружу́, гру́зи́шь; гру́женный, -жен, -а *u.* гружённый, -жён, -жена́ *uv* **1.** beladen **2.** verladen, (ein)laden
грузи́ться, гружу́сь, -гру́зи́шься *uv* **1.** beladen werden **2.** verladen werden *Truppen*
Гру́зия, -и *f* Georgien
грузне́ть, -е́ю, -е́ешь *uv umg* schwer werden; dicklich werden
гру́зный, -ая, -ое; *Kzf* -зен, -зна́! schwer; schwerfällig; schwer beladen
грузови́к, -а́ *m* Last(kraft)wagen
грузово́й, -а́я, -о́е Last-, Fracht-; ~ парохо́д Fracht(dampf)er
грузо|оборо́т, -а *m* Güterumschlag; **~подъёмник,** -а *m* Lastenaufzug; **~подъёмность,** -и *f* Tragfähigkeit; Ladefähigkeit; **~подъёмный,** -ая, -ое Hebe-; ~подъёмный кран Hebekran
гру́зчик [ущи] Lastträger; Schauermann
грунт, -а *m* **1.** Grund, Boden; Unter-

grund; гли́нистый ~ Lehmboden 2. Grundfarbe

грунтова́ть, -ту́ю, -ту́ешь; -то́ванный, -то́ван, -а *uv* grundieren

грунтово́й, -а́я, -о́е Grund-; -а́я кра́ска Grundfarbe; -ы́е во́ды Grundwasser; -а́я доро́га Fahrweg, unbefestigte Landstraße

гру́ппа, -ы *f* Gruppe; Gruppenaufnahme; сня́ться -ой eine Gruppenaufnahme machen lassen

группирова́ть, -ру́ю, -ру́ешь *uv* gruppieren

группирова́ться, *1. u. 2. Pers ungebr*, -ру́ется *uv* sich gruppieren, Gruppen bilden

группиро́вка, -и *Pl G* -вок, *D* -вкам *f* Gruppierung

группово́д, -а *m* Gruppenleiter

групповщи́на, -ы *f verächtl* Cliquenwirtschaft

грусти́ть, -ущу́, -усти́шь *uv* traurig sein

гру́стный [сн], -ая, -ое; *Kzf* гру́стен, грустна́! traurig; наводи́ть на -ые мы́сли auf trübe Gedanken bringen

грусть, -и *f* Traurigkeit; Schwermut

гру́ша, -и *f* 1. Birne 2. Birnbaum

грушеви́дный, -ая, -ое; *Kzf* -ден, -дна birnenförmig

гру́шевый, -ая, -ое *u.* **грушо́вый,** -ая, -ое 1. Birnen- 2. Birnbaum-

грушо́вка, -и, *Pl G* -вок, *D* -вкам *f* 1. Birnenlikör 2. Birnenapfel

гры́жа, -и, *I* -ей *f med* Bruch; пахова́я ~ Leistenbruch

грыжево́й, -а́я, -о́е *u.* **гры́жевый,** -ая, -ое *med* Bruch-; ~ банда́ж Bruchband

гры́зло, -а *n* Kandare

грызня́, -и́ *f umg* 1. Beißerei *zwischen Tieren* 2. Zank, Streiterei

грызть* *uv* 1. (be)nagen, knabbern, zerbeißen; ~ кость am Knochen nagen 2. fortwährend reizen [ärgern]

гры́зться* *uv* 1. sich beißen 2. *umg* sich zanken

грызу́ ↑ грызть

грызу́н, -а́ *m* Nagetier

гряда́, -ы́, *Pl* гря́ды, гряд, гряда́м *f* 1. Beet 2. Kette, Reihe; ~ холмо́в Hügelkette

гря́дка, -и, *Pl G* -док, *D* -дкам *f* Beet

гряду́щий, -ая, -ее *hoher Stil* künftig

грязево́й, -а́я, -о́е Schlamm-; -а́я ва́нна Moorbad

грязелече́бница, -ы, *I* -ей *f* Moorbad(eanstalt)

грязне́ть, -е́ю, -е́ешь *uv* schmutzig werden

грязни́ть, -ню́, -ни́шь *uv* 1. beschmutzen, beschmieren 2. *übtr* beschmutzen, entehren

грязни́ться, -ню́сь, -ни́шься *uv* schmutzig werden

грязну́ля, -и *m, f umg* Schmutzfink

гря́зный, -ая, -ое; *Kzf* гря́зен, грязна́! 1. schmutzig; -ое ведро́ Mülleimer 2. *übtr* unsauber, schmutzig, gemein

грязь, -и, *P* о гря́зи, в грязи́ *f* 1. Schmutz; Müll 2. *Pl* Schlamm *Heilmittel*; Moorbad; лечи́ться -ями Moorbäder nehmen ◇ втопта́ть в ~ in den Schmutz ziehen; не уда́рить лицо́м в ~ sich nicht blamieren; меси́ть ~ durch den Schlamm waten

гря́нуть, *1. u. 2. Pers ungebr*, -нет *v* 1. erschallen, ertönen 2. ausbrechen *Krieg u. ä.*

гря́нуться, -нусь, -нешься *v umg* mit Lärm hinstürzen, hinfallen

грясти́, гряду́, грядёшь, *Inf u. Prät ungebr uv buchspr, alt* beginnen, anbrechen; sich nähern

ГСО (Гото́в к санита́рной оборо́не) Bereit zum Sanitätsdienst *Leistungsnorm und Abzeichen*

ГТО (Гото́в к труду́ и оборо́не) Bereit zur Arbeit und Verteidigung

[1]**губа́,** -ы́, *Pl* гу́бы, губ, губа́м *f* Lippe; куса́ть гу́бы sich auf die Lippen beißen ◇ наду́ть гу́бы schmollen; за́ячья ~ Hasenscharte; у него́ молоко́ на губа́х не обсо́хло er ist noch nicht trocken hinter den Ohren; у него́ ~ не ду́ра *volksspr* er hat keinen schlechten Geschmack; по губа́м пома́зать *volksspr* den Mund wäßrig machen

[2]**губа́,** -ы́, *Pl* гу́бы, губ, губа́м *f* Meerbusen *im Norden der UdSSR übliche Bezeichnung*

губа́стый, -ая, -ое; *Kzf* -а́ст, -а *umg* dicklippig

губерна́тор, -а *m* Gouverneur

губерна́торский, -ая, -ое Gouverneurs- ◇ положе́ние ху́же -ого *scherz* eine äußerst schwierige Lage

губе́рния, -и *f* Gouvernement

губе́рнский, -ая, -ое Gouvernements-

губи́тель, -я *m* Zerstörer, Verderber; ~ серде́ц Herzensbrecher

губи́тельный, -ая, -ое; *Kzf* -лен, -льна verderblich, schädlich

губи́ть, гублю́, гу́бишь 1. verderben, zugrunde richten 2. nutzlos vergeuden ‖ *v* погуби́ть

гу́бка, -и, *Pl G* -бок, *D* -бкам *f* 1. Schwamm 2. *Dem zu* [1]губа́ Lippe

губно́й, -а́я, -о́е Lippen-; ~ каран-

да́ш Lippenstift; ~ звук *ling* Lippenlaut, Labial
губоцве́тные, -ых *Subst Pl bot* Lippenblütler
гу́бчатый, -ая, -ое schwammig, porig; -ая рези́на Schaumgummi
гуверна́нтка, -и, *Pl G* -ток, *D* -ткам *f* Gouvernante
гувернёр, -а *m* Erzieher in Bürger- und Adelsfamilien, meist Ausländer
гугу́ *umg*: об э́том ни ~! kein Wort darüber!; сиди́т и весь ве́чер ни ~ den ganzen Abend sitzt er da und sagt kein Wort
гуде́ние, -я *n* Heulen; Summen
гуде́ть, гужу́, гуди́шь *uv* heulen, dröhnen; summen; brummen; surren; hupen ◇ гуди́т в уша́х es saust in den Ohren
гудо́к, -дка́ *m* Hupe, Sirene; Pfeifen *Lok*; трево́жный ~ Alarmsignal
гудрони́ровать, -рую, -руешь *v, uv* mit Goudron asphaltieren
гуж, -а́, *I* -о́м, *G Pl* -е́й *m* Kummetriemen ◇ перево́зка -о́м Transport mit Pferdefuhrwerk; взя́лся за ~, не говори́, что не дюж wer A sagt, muß auch B sagen
гужево́й, -а́я, -о́е Zugtier-; ~ тра́нспорт Frachtfuhrwesen; -а́я пово́зка Pferdefuhrwerk
гужо́м *Adv* auf Pferdewagen oder -schlitten
гу́зка, -и, *Pl G* -зок, *D* -зкам *f volksspr* Bürzel *bei Vögeln*
гул, -а *m* dumpfes Getöse, Gedröhn; ~ голосо́в Stimmengewirr
гу́лкий, -ая, -ое; *Kzf* -лок, -лка́! **1.** hallend, dröhnend **2.** widerhallend
гулли́вый, -ая, -ое; *Kzf* -и́в, -а *poet, volksspr* vergnügungssüchtig
гульба́, -ы́ *f volksspr* Bummel; Gelage, Zecherei
гульну́ть *v mom zu* гуля́ть
гуля́ка, -и *m, f umg* Bummler
гуля́нье, -ья, *Pl G* -ний, *D* -ньям *n* Spaziergang; наро́дное ~ Volksfest *unter freiem Himmel*
гуля́ть, -я́ю, -я́ешь **1.** spazierengehen **2.** *umg* frei haben, nicht arbeiten **3.** sich vergnügen; zechen **4.** *volksspr* verkehren; она гуля́ла с ним задо́лго до сва́дьбы sie verkehrte mit ihm lange vor der Hochzeit ‖ *v mom volksspr* гульну́ть, -ну́, -нёшь *zu* 3
гуля́ш, -а, *I* -ем *m* Gulasch
гуля́щий, -ая, -ее *volksspr* ausschweifend
ГУМ [гум], -а *m* (Госуда́рственный универса́льный магази́н) Staatliches Warenhaus
гумани́зм, -а *m* Humanismus
гуманисти́ческий, -ая, -ое humanistisch
гуманита́рный, -ая, -ое geisteswissenschaftlich; -ые нау́ки Geisteswissenschaften
гума́нный, -ая, -ое; *Kzf* -а́нен, -а́нна human, menschlich
гумённый, -ая, -ое Tennen-
гумно́, -а́, *Pl* гу́мна, гумён *u.* гу́мен, гу́мнам *n* Tenne, Dreschplatz
гунн, -а *m* Hunne
гури́ец, -ри́йца, *I* -ри́йцем, *G Pl* -ри́йцев *m* Gurier
гури́йка, -и, *Pl G* -ри́ек, *D* -ри́йкам *f* Gurierin
гури́йский, -ая, -ое gurisch
гурма́н, -а *m* Feinschmecker
гурт, -а́ *m* Herde
гурто́м *Adv* im großen; en gros
гурьба́, -ы́ *f umg* lärmende Gruppe; идти́ -о́й in Scharen gehen
ГУС [гус], -а *m* (госуда́рственный учёный сове́т) Staatlicher wissenschaftlicher Rat *1919–1933*
гуса́к, -а́ *m* Gänserich
гуса́р, -а, *G Pl* гуса́ров, *bei Sammelbezeichnungen* гуса́р *m* Husar
гу́сеница, -ы, *I* -ей *f* **1.** *zool* Raupe **2.** Raupenkette
гу́сеничный, -ая, -ое Raupen(ketten)-; ~ тра́ктор Raupenschlepper
гусёнок, -нка, *Pl* гуся́та, -я́т, -я́там *m* junge Gans
гуси́ный, -ая, -ое Gänse- ◇ -ая ко́жа Gänsehaut
гу́сли, -ей *Pl* Gusli *altes russisches Zupfinstrument*
гусля́р, -а *u.* -а́, *Pl* гусляры́, -о́в, -а́м *m* Guslispieler
густе́ть, *1. u. 2. Pers ungebr*, -е́ет *uv* **1.** dicht(er) werden **2.** dick(flüssig) werden
густоволо́сый, -ая, -ое dicht behaart
густо́й, -а́я, -о́е; *Kzf* густ, -а́!; *Komp* гу́ще **1.** dicht, kompakt, dicht gedrängt **2.** dick(flüssig) ◇ ~ цвет satte Farbe; ~ бас tiefer [volltönender] Baß; не гу́сто *umg* nicht viel
густоли́ственный, -ая, -ое dichtbelaubt
густота́, -ы́ *f* **1.** Dichte, Dichtheit **2.** Dickflüssigkeit
гусы́ня, -и *f* weibliche Gans
гусь, -я, *Pl* гу́си, гусе́й, гуся́м *m* Gans ◇ хоро́ш ~! *iron* ein sauberer

Patron!; с негó как с -я водá das läßt ihn kalt
гуськóм *Adv* im Gänsemarsch
гусятина, -ы *f* Gänsefleisch
гусятник, -а *m* Gänsestall
гуталин, -а *f* Schuhkrem
гутóрить, -рю, -ришь *uv gbt* plaudern, schwatzen
гуцýл, -а *m* Huzule *Angehöriger eines ukrainischen Volksstammes*
гýща, -и, *I* -ей *f* 1. Dickicht 2. Satz, Bodensatz, Niederschlag; кофéйная ~ Kaffeesatz 3. Gewühl
гýще ↑ густóй
гущинá, -ы́ *f volksspr* 1. Dichte, Dichtheit 2. Dickicht

Д

д. (день; дом) Tag; Haus; Hausnummer *bei Adressen*
[1]**да** *Part* 1. *zustimmend* ja; да, э́то прáвда ja, es ist wahr 2. *fragend* ja, wirklich? 3. *verstärkend*: да ты уж э́то знáешь? du weißt es also schon?; онá чтó-н. да скáжет! sie wird doch wohl etwas sagen!; да скажи мне . . . nun sag mir endlich . . .; да замолчи! so schweige doch!
[2]**да** *Part in Verbindung mit der 3. Pers, zum Ausdruck des Wunsches* es möge(n): Да здрáвствует германо-совéтская дрýжба! Es lebe die deutsch-sowjetische Freundschaft!
[3]**да** *Konj* 1. und; хлеб да соль Brot und Salz *als Ausdruck der Gastfreundschaft* 2. aber, doch; хулигáн бежáл, да не убежáл der Rowdy riß aus, entkam aber nicht; хорошó, да не óчень es könnte besser sein ◇ да и а) und auf einmal; пошёл в лес да и заблудился er ging in den Wald, und auf einmal hatte er sich verlaufen; b) ja sogar; Натáша устáла, да и отéц устáл Natascha war müde, und sogar der Vater war müde; да и тóлько in einem fort; онá плáчет, да и тóлько sie weint in einem fort
дабы́ *Konj alt* damit, um . . . zu, auf daß
давáть* *uv* 1. *uv zu* дать 2. *umg Imp* давáй(те) *mit Inf eines uv Verbs oder mit der 1. Pers Pl Fut eines v Verbs* wollen wir, laß(t) uns; also, wohlan; давáй(те) обéдать! *oder* давáй пообéдаем! essen wir Mittag!; давáй мириться laßt uns Frieden schließen; давáйте останóвимся laßt uns anhalten 3. *umg Imp Sg* давáй *mit uv Inf* begann, fing an; он давáй бежáть da lief er los
давáться* *uv zu* дáться
дáвеча *Adv volksspr* neulich
дáвешний, -яя, -ее *volksspr* vor kurzem, jüngst geschehen; vorig
давильный, -ая, -ое zum Auspressen dienend; Preß-
давильня, -и, *Pl G* -лен, *D* -льням *f* Weinkelterei
давить, давлю, дáвишь; дáвленный, -ен, -а *uv* 1. на *A* drücken, lasten (auf); снег дáвит на крышу der Schnee lastet schwer auf dem Dach 2. *1. u. 2. Pers ungebr* drücken, beengen *a. übtr*; сапóг дáвит нóгу der Stiefel drückt; у меня в груди дáвит ich habe Brustbeklemmungen 3. (aus)pressen, (aus)quetschen; ~ сок из виногрáда den Wein keltern 4. zerdrücken, zerquetschen 5. überfahren, töten; zum Krüppel machen 6. *umg* (er)würgen, erdrosseln 7. *übtr* unterdrücken, bedrängen
давиться, давлюсь, дáвиться *uv* 1. *I* (fast) ersticken (an), würgen; ~ от смéха vor Lachen fast ersticken 2. *umg* sich aufhängen
дáвка, -и *f umg* Gedränge
давлéние, -я *n* 1. Druck *a. übtr*; ~ вóздуха Luftdruck; кровянóе ~ Blutdruck; под давлéнием обстоятельств unter dem Druck der Verhältnisse; окáзывать ~ на когó-н. einen Druck auf j-n ausüben 2. Pressen 3. Beklemmung
дáвленый, -ая, -ое 1. zerdrückt *Obst* 2. *umg* erwürgt *durch Fangschlinge*
давнéнько *Adv Dem zu* давнó *umg* schon recht lange
дáвний, -яя, -ее 1. längst vergangen, einstig; с -их пор von alters her 2. alt(hergebracht)
давнишний, -яя, -ее *umg* alt(hergebracht); -яя ссóра ein alter Streit
давнó *Adv* 1. längst; он ~ ýмер er ist (schon) längst gestorben 2. (schon)

lange, seit langem; я ~ здесь живу́ ich wohne schon lange hier ◇ ~ бы так! na endlich!, es wird höchste Zeit!
давнопроше́дший, -ая, -ее längstvergangen ◇ -ее вре́мя *gram* Plusquamperfekt, Vorvergangenheit
да́вность, -и *f* **1.** hohes Alter; langes Zurückliegen; Baufälligkeit **2.** lange Dauer, langes Bestehen **3.** *jur* Verjährung; срок -и Verjährungsfrist
давны́м-давно́ *Adv umg* vor [seit] sehr langer Zeit
Дагеста́н, -а *m* Dagestan
дагеста́нец, -нца, *I* -нцем, *G Pl* -нцев *m* Dagestaner
дагеста́нский, -ая, -ое dagestanisch; Дагеста́нская АССР Dagestanische ASSR
Дагоме́я, -и *f* Dahomey
да́же *Part* sogar, selbst; ~ не nicht einmal; ~ своему́ дру́гу он ничего́ не сказа́л nicht einmal seinem Freund hat er etwas gesagt
да́кать, -аю, -аешь *uv volksspr* ja sagen, bejahen ‖ *v mom* **да́кнуть,** -ну, -нешь
дактилоскопи́ческий, -ая, -ое daktyloskopisch; ~ о́ттиск Fingerabdruck
да́ктиль, -я *m lit* Daktylus
да́лее *Adv* **1.** weiter, ferner; до го́рода не ~ киломе́тра bis zur Stadt ist es nicht weiter als ein Kilometer **2.** darauf, sodann, hernach ◇ и так ~ und so weiter, *Abk* и т. д. usw.; не ~ как вчера́ erst gestern
далёкий, -ая, -ое; *Kzf* -ёк, -ека́, -еко́ *u.* -ёко, -еки́ *u.* -ёки; *Komp* да́льше **1.** fern, weit; -ое путеше́ствие weite Reise; -ое про́шлое längst vergangene Zeiten; в далёком бу́дущем in ferner Zukunft **2.** *übtr* от *G* weit entfernt (von); я далёк от мы́сли, что ... ich bin weit entfernt zu denken, daß ...; es liegt mir fern zu denken, daß ... **3.** fremd, wenig Gemeinsames habend; мы с ней (лю́ди) -ие ich habe wenig Gemeinsames mit ihr ◇ он не о́чень ~ mit ihm ist es nicht weit her
далеко́; *Komp* да́льше *Adv* weit, fern; вокза́л о́чень ~ der Bahnhof ist sehr weit entfernt; ~ позади́ weit hinten ◇ он ~ пойдёт er wird es weit [zu etwas] bringen; на э́том ~ не уе́дешь damit kommt man nicht weit, dabei erreicht man nichts; ~ иду́щие це́ли weitgesteckte Ziele; ~ за по́лночь es ist längst Mitternacht vorbei; до э́того ещё ~ das liegt noch in weiter Ferne, das hat noch lange Zeit; заходи́ть сли́шком ~ zu weit gehen; ~ не все bei weitem nicht alle
да́лия, -и *f alt* Dahlie, Georgine
даль, -и, *P* о да́ли, в дали́ *f* **1.** weite Fläche, Weite, Ferne **2.** *umg* entlegener Ort, Ferne; не пойду́ в таку́ю ~ so weit weg gehe ich nicht
дальне- *in Zuss* fern, weit-
дальневосто́чный, -ая, -ое fernöstlich
дальне́йший, -ая, -ее weiter, ferner; -ее разви́тие Weiterentwicklung ◇ в -ем a) fernerhin, in Zukunft; b) im folgenden, (weiter) unten *im Text*
да́льний, -яя, -ее **1.** fern, entlegen, entfernt, weit (ausgedehnt); по́езд -его сле́дования Fernzug; ~ путь weiter Weg **2.** weitläufig, entfernt; ~ ро́дственник entfernter Verwandter ◇ без -их слов [разгово́ров] ohne viel Federlesens
дально|бо́йность, -и *f* Tragweite *eines Geschützes*; **~бо́йный,** -ая, -ое *mil* weittragend, Fern-; ~бо́йное ору́дие Ferngeschütz; **~ви́дный,** -ая, -ое; *Kzf* -ден, -дна scharfsichtig, weitblickend; umsichtig; **~зо́ркий,** -ая, -ое; *Kzf* -рок, -рка **1.** *med* weitsichtig **2.** *übtr* weitblickend; **~ме́р,** -а *m* Entfernungsmesser
да́льность, -и *f* Weite; ~ полёта Flugweite
дальтони́зм, -а *m* Farbenblindheit
да́льше 1. *Komp von* далёкий *u.* далеко́ **2.** *Adv* weiter; чита́й ~! lies weiter! что бу́дет ~? wie wird es weitergehen? **3.** *Adv* weiter unten, im folgenden **4.** *Adv* später, hernach
дам ↑ дать
да́ма, -ы *f* Dame *a. Spielkarte u Tanzpartnerin*
Дама́ск, -а *m* Damaskus
да́мба, -ы *f* Damm, Wehr
да́мка, -и, *Pl G* -мок, *D* -мкам *f* Dame *im Damespiel*
да́мский, -ая, -ое Damen-
Да́ния, -и *f* Dänemark
да́нные, -ых *Subst Pl* **1.** Angaben, Daten; Material; цифровы́е ~ Zahlenangaben **2.** Voraussetzungen, (notwendige) Eigenschaften, Fähigkeiten; он име́ет все ~ для получе́ния пре́мии er hat alle Voraussetzungen, um eine Prämie zu erhalten
да́нный, -ая, -ое gegeben; betreffend; entsprechend; dieser; в ~ моме́нт im gegebenen Augenblick; в -ом слу́чае im vorliegenden Fall
данти́ст, -а *m* Zahnarzt, Dentist; Zahntechniker

дань, **-и** *f hist* Tribut, Abgaben ◇ отда́ть ~ чему́-н. einer Sache Tribut zollen, etw. genügend würdigen
дар, -а, *Pl* дары́, -о́в, -а́м *m* **1.** Gabe, Geschenk **2.** Begabung, Talent; ~ ре́чи Rednergabe
Дардане́ллы, -е́лл *Pl* Dardanellen
дардане́лльский, -ая, -ое: Дардане́лльский проли́в Dardanellen
даре́ние, -я *n buchspr* Schenkung
дарёный, -ая, -ое *umg* geschenkt ◇ -ому коню́ в зу́бы не смо́трят einem geschenkten Gaul schaut man nicht ins Maul
дари́ть, дарю́, да́ришь *uv* (be)schenken ‖ *v* подари́ть; пода́ренный, -а́рен, -а
дармое́д, -а *m umg* Schmarotzer
дармое́дничать, -аю, -аешь *uv umg* schmarotzen; nassauern
Да́рмштадт, -а *m* Darmstadt
дарова́ние, -я *n* **1.** *alt* Schenkung **2.** Begabung, Talent
дарова́ть, -ру́ю, -ру́ешь; -ро́ванный, -ро́ван, -а *v, uv hoher Stil, alt* gewähren, schenken
дарови́тый, -ая, -ое; *Kzf* -и́т, -а begabt, talentiert
даровóй, -а́я, -о́е unentgeltlich
даровщи́нка, -и *f*: на -у *volksspr* auf fremde Kosten, unentgeltlich
да́ром *Adv umg* **1.** umsonst, unentgeltlich; э́то про́сто ~ das ist spottbillig [fast geschenkt] **2.** umsonst, unnütz; vergebens; ~ потеря́ть вре́мя unnütz Zeit verlieren ◇ э́то не ~ доста́лось das hat viel Mühe gekostet; э́то тебе́ ~ не пройдёт das wird dir teuer zu stehen kommen, das wird unangenehme Folgen für dich haben; ~ что *volksspr* obwohl; ungeachtet dessen, daß ...
да́рственный, -ая, -ое: -ая за́пись Schenkungsurkunde; -ая на́дпись Widmung
Да́рья, -ьи *f weibl Vn*
да́та, -ы *f* Datum
да́тельный, -ая, -ое: ~ паде́ж Dativ
дати́ровать, -рую, -руешь; -рованный, -рован, -а *v, uv* **1.** datieren **2.** zeitlich bestimmen; ~ собы́тия die Ereignisse zeitlich bestimmen
да́тский, -ая, -ое dänisch
датча́нин, -а, *Pl* -а́не, -а́н, -а́нам *m* Däne
датча́нка, -и, *Pl G* -нок, *D* -нкам *f* Dänin
дать* (не́ дал, не дала́, не́ дали) *v* **1.** geben; gewähren; ~ пить zu trinken geben; ~ конце́рт ein Konzert geben; ~ по́вод к чему́-н. Anlaß geben zu etw.; ~ о́тпуск Urlaub gewähren **2.** (hervor)bringen; verschaffen; ~ удово́льствие Befriedigung gewähren **3.** *D mit Inf* (zu)lassen; да́йте мне договори́ть lassen Sie mich aussprechen; ~ знать wissen lassen **4.** *D* schlagen; *Schlag* versetzen; я тебе́ дам! ich werde es dir zeigen!; du wirst gleich was abkriegen!; ~ по́ носу кому́-н. j-m eine herunterhauen **5.** ско́лько (лет) вы мне да́дите? für wie alt schätzen Sie mich?; я ему́ дам со́рок (лет) ich schätze ihn auf vierzig (Jahre) ◇ ~ взаймы́ (ver)borgen, (ver)leihen; ~ во́жжи die Zügel locker lassen; ~ во́лю своему́ гне́ву seinem Zorn Luft machen; ~ во́лю слеза́м den Tränen freien Lauf lassen; ~ вы́говор einen Verweis erteilen; ~ доро́гу den Weg freigeben, ausweichen; ~ залп eine Salve abfeuern; ~ за́навес den Vorhang herunterlassen; ~ звоно́к läuten, klingeln; ~ напрока́т verleihen; не ~ себя́ в оби́ду sich nichts gefallen lassen; ~ показа́ние aussagen, eine Aussage machen; ~ поня́ть zu verstehen geben, durchblicken lassen; ~ результа́т Erfolge zeitigen; ~ себе́ труд sich die Mühe machen; ~ себя́ знать sich bemerkbar machen; ~ сло́во a) das Wort geben, versprechen; b) das Wort erteilen; ~ свет das Licht einschalten; ~ сраже́ние eine Schlacht liefern; ~ телегра́мму ein Telegramm aufgeben; ~ течь leck werden; ~ тре́щину platzen, einen Riß bekommen; ни ~ ни взять genau so, genau dasselbe, haargenau ‖ *uv* дава́ть*
да́ться*; да́лся́, дала́сь, дали́сь *v umg* **1.** *meist mit Negation* sich fangen lassen; sich ... lassen; sich fügen, sich ergeben; не ~ в обма́н sich nicht betrügen lassen **2.** *1. u. 2. Pers ungebr* sich leicht aneignen lassen, leichtfallen; матема́тика ему́ не дала́сь die Mathematik fiel ihm schwer **3.** *1. u. 2. Pers ungebr* es j-m angetan haben; дала́сь тебе́ э́та кни́га! wozu brauchst du denn dieses Buch! ‖ *uv* дава́ться* *zu* 1, 2
[1]**да́ча,** -и, *I* -ей *f* bestimmte Menge; две -и овса́ zwei Rationen Hafer
[2]**да́ча,** -и, *I* -ей *f* Sommerhaus, Landhaus; Sommerfrische; на -е auf dem Lande; in der Sommerfrische; вы-

ехать на -у aufs Land fahren; in die Sommerfrische fahren

[3]да́ча, -и, *I* -ей *f* Waldrevier; Waldparzelle

да́чник, -а *m* Landhausbewohner, Sommerfrischler

да́чный, -ая, -ое Landhaus-, Villen-; ~ посёлок Villenkolonie; -ое ме́сто Sommerfrische; ~ по́езд Vorortzug

Да́ша, -и, *I* -ей *f Dem zu* Да́рья

Да́шенька, -и *f Dem zu* Да́рья

даю́ ↑ дава́ть

два *Num m, n*; две *f*; двух, двум, двумя́, о двух zwei; по́ ~ je zwei; по ~ рубля́ je zwei Rubel; в две руки́ *mus* zweihändig ◇ в двух слова́х kurz gesagt; он живёт в двух шага́х er wohnt ganz in der Nähe; ни ~, ни полтора́ nichts Ganzes und nichts Halbes; в ~ счёта *volksspr* im Handumdrehen; ум хорошо́, а ~ лу́чше *Sprichw* vier Augen sehen mehr als zwei

двадцати|ле́тие, -я *n* 1. zwanzig Jahre *Zeitraum* 2. zwanzigster Jahrestag, Zwanzigjahrfeier; zwanzigjähriges Jubiläum; **~ле́тний,** -яя, -ее zwanzigjährig

двадцатипяти|ле́тие, -я *n* 1. fünfundzwanzig Jahre *Zeitraum* 2. fünfundzwanzigster Jahrestag, Fünfundzwanzigjahrfeier; fünfundzwanzigjähriges Jubiläum; **~ле́тний,** -яя, -ее fünfundzwanzigjährig

двадца́тый, -ая, -ое *Num* zwanzigster

два́дцать, -и́, *I* -ью́ *Num* zwanzig

два́дцатью *Adv math* zwanzigmal

два́жды *Adv* zweimal; ~ два – четы́ре zwei mal zwei ist vier; ~ геро́й Сове́тского Сою́за zweifacher Held der Sowjetunion

две ↑ два

двенадцатипе́рстный, -ая, -ое: -ая кишка́ *anat* Zwölffingerdarm

двена́дцатый, -ая, -ое *Num* zwölfter

двена́дцать, -и *Num* zwölf

дверно́й, -а́я, -о́е Tür-; -а́я щеко́лда Türklinke

две́рца, -ы, *I* -ей, *Pl G* -рец, *D* -рцам *f* 1. Türflügel 2. kleine Tür, Türchen; ~ автомаши́ны Autotür; ~ каре́ты Wagenschlag

дверь, -и, *P* о две́ри, в [на] двери́, *Pl* две́ри, двере́й, дверя́м, дверя́ми *u.* дверьми́, о дверя́х *f* Tür ◇ показа́ть кому́-н. на ~ j-m die Tür weisen; ломи́ться в откры́тую ~ offene Türen einrennen; при закры́тых -я́х hinter verschlossenen Türen, unter Ausschluß der Öffentlichkeit; широко́ откры́ть две́ри чему́-н. einer Sache Tür und Tor öffnen; жить ~ в ~ Tür an Tür wohnen

две́сти, двухсо́т, двумста́м, двумяста́ми, о двухста́х *Num* zweihundert

дви́гательный, -ая, -ое motorisch; Bewegungs-, Antriebs-; -ая си́ла Antriebskraft; -ые не́рвы motorische Nerven, Bewegungsnerven

дви́гатель, -я *m* 1. Motor; ~ вну́треннего сгора́ния Verbrennungsmotor; турбовинтово́й ~ Turboprop-Triebwerk; турбореакти́вный ~ Turbinentriebwerk 2. *G übtr* Triebkraft

дви́гать* *u.* -аю, -аешь *uv* 1. (*meist* -аю, -аешь) bewegen; verschieben, verrücken; ~ ме́бель Möbel verrücken 2. (*meist* -аю, -аешь) *I* zucken (mit), bewegen; он па́льцем не дви́нул er hat keinen Finger gerührt 3. (*meist* -аю, -аешь) *Truppen* vorrücken lassen, in Marsch setzen 4. *1. u. 2. Pers ungebr* in Bewegung setzen, bewegen, in Gang setzen, antreiben; пружи́на дви́жет механи́зм eine Feder setzt den Mechanismus in Bewegung 5. *übtr* vorantreiben, fördern; ~ нау́ку (вперёд) die Wissenschaft vorantreiben ‖ *v mom* дви́нуть, -ну, -нешь *zu* 1-3, 5

дви́гаться* *u.* -аюсь, -аешься *uv* 1. sich bewegen, in Bewegung sein; sich vorwärtsbewegen, gehen; Земля́ дви́жется вокру́г Со́лнца die Erde dreht sich um die Sonne; не дви́гайся! rühr dich nicht! 2. vorwärts kommen, befördert werden; он бы́стро дви́гался по слу́жбе er hat schnell Karriere gemacht ◇ ~ в путь sich auf den Weg machen; де́ло не дви́гается die Sache kommt nicht vom Fleck ‖ *v* дви́нуться, -нусь, -нешься

движе́ние, -я *n* 1. Bewegung *a. übtr*; приводи́ть в ~ in Bewegung setzen; без -я bewegungslos, regungslos; ~ вперёд *mil* Vormarsch; во́льные -я *Sport* Freiübungen; рабо́чее ~ Arbeiterbewegung; национа́льно-освободи́тельное ~ nationale Befreiungsbewegung; ~ сторо́нников ми́ра *oder* ~ за мир Friedensbewegung; ~ сопротивле́ния Widerstandsbewegung 2. Verkehr; трамва́йное ~ Straßenbahnverkehr; пра́вила у́личного -я Verkehrsregeln

дви́жимость, -и *f* bewegliche Habe, Mobilien

движимый, -ая, -ое; *Kzf* -им, -а 1. bewogen, veranlaßt, angeregt; ~ чу́вством сострада́ния vom Mitleid bewogen 2. beweglich, mobil; -ое иму́щество Mobilien
дви́житель, -я *m tech* Triebwerk
движо́к, -жка́ *m* 1. *tech* Gleiter, Schieber 2. hölzerne Schneeschippe 3. *umg* kleiner Motor
дви́жу ↑ дви́гать
дви́жущий, -ая, -ее bewegend; -ие си́лы Triebkräfte
Двина́, -ы́ *f* Dwina *Fluß*
дви́нуть *v mom zu* дви́гать
дви́нуться *v zu* дви́гаться
дво́е, двои́х *kollektives Num* 1. zwei *bei männlichen Subst, die Personen bezeichnen u. bei Pluraliatantum*; нас бы́ло ~ wir waren zwei; ~ друзе́й zwei Freunde; у меня́ ~ дете́й ich habe zwei Kinder; но́мер на двои́х Zweibettzimmer; есть за двои́х für zwei essen; ~ су́ток zwei Tage, 48 Stunden 2. zwei Paar; ~ перча́ток ein Paar Handschuhe ◇ на свои́х (на) двои́х *umg scherz* auf Schusters Rappen, zu Fuß
двое|бо́рье, -ья *n Sport* Zweikampf; **~бра́чие,** -я *n* Doppelehe; **~вла́стие,** -я *n* Doppelherrschaft; **~ду́шный,** -ая, -ое; *Kzf* -шен, -шна *alt* doppelzüngig, heuchlerisch, falsch; **~жёнство,** -а *n* Bigamie; **~то́чие,** -я *n* Doppelpunkt
дво́ечник, -а *m umg* schlechter Schüler [Student], der ständig die 2 (*zweitschlechteste Zensur*) erhält
двои́ть, двою́, двои́шь *uv* 1. in zwei Teile teilen 2. *landw* zum zweiten Mal ackern
двои́ться, двою́сь, двои́шься *uv meist unpers* 1. doppelt erscheinen; у меня́ двои́тся в глаза́х ich sehe alles doppelt 2. sich gabeln *Weg*; *übtr* sich teilen, sich spalten *Vorstellungen, Gedanken*
дво́йка, -и, *Pl G* дво́ек, *D* дво́йкам 1. Zwei, Zweier *Ziffer*; *volksspr* Zwei *Straßenbahn, Omnibus der Linie* 2 2. Zwei *zweitschlechteste Schulzensur in der UdSSR* 3. Zwei *Spielkarte* 4. Zweier(boot)
двойни́к, -а́ *m* Doppelgänger
двойно́й, -а́я, -о́е 1. doppelt (so groß), zweifach 2. doppelt, Doppel-; -ые ра́мы Doppelfenster ◇ -а́я игра́ *übtr* Doppelspiel
дво́йня, -и, *Pl G* дво́ен, *D* дво́йням *f* Zwillingspaar, Zwillinge
дво́йственный, -ая, -ое; *Kzf* -ен, -енна 1. zwiespältig 2. heuchlerisch, unaufrichtig 3. doppelt, zweifach ◇ -ое число́ *gram* Dual
двор, -а́ *m* 1. Hof; за́дний ~ Hinterhof; пти́чий ~ Geflügelhof 2. Gehöft 3. Hof *von Monarchen* ◇ моне́тный ~ Münzamt; на -е́ draußen, im Freien; ни кола́, ни -а́ weder Haus noch Hof
дворе́ц, -рца́, *I* -рцо́м, *G Pl* -рцо́в *m* Palast, Schloß; ~ пионе́ров Pionierpalast; ~ культу́ры Kulturpalast; ~ съе́здов Kongreßpalast, -halle; Зи́мний ~ Winterpalais
дворе́цкий, -ого *m* Haushofmeister
дво́рник, -а *m* 1. Hausmeister 2. *umg* Scheibenwischer *Auto*
дво́рницкая, -ой *Subst f* Hausmeisterwohnung
дво́рничиха, -и *f umg* 1. Hausmeisterin 2. *alt* Frau des Hausmeisters
дво́рня, -и *f hist* Gesinde
дворня́га, -и *f umg* Hofhund
дворня́жка, -и, *Pl G* -жек, *D* -жкам *f umg* Hofhund, Hofköter
дворо́вый, -ая, -ое Hof-; ~ пёс Hofhund
дворцо́вый, -ая, -ое Schloß-; ~ парк Schloßpark ◇ ~ переворо́т Palastrevolution
дворяни́н, -а, *Pl* -я́не, -я́н, -я́нам *m* Adliger
дворя́нка, -и, *Pl G* -нок, *D* -нкам *f* Adlige
дворя́нский, -ая, -ое adlig, Adels-
дворя́нство, -а *n* Adel
двою́родный, -ая, -ое: ~ брат Cousin; -ая сестра́ Cousine; ~ дед Großonkel
двоя́кий, -ая, -ое; *Kzf* -я́к, -а 1. doppelt, zweifach 2. -о *Adv*: реши́ть -о auf zweierlei Art entscheiden
двояко|во́гнутый, -ая, -ое bikonkav; **~вы́пуклый,** -ая, -ое bikonvex
дву- *u.* **двух-** *in Zuss* doppel-, zwei-
дву|бо́ртный, -ая, -ое zweireihig; ~бо́ртный пиджа́к zweireihiger Sakko; **~вале́нтный,** -ая, -ое *chem* zweiwertig; **~гла́вый,** -ая, -ое doppelköpfig; **~гла́сный,** -ого *Subst m* Diphthong; **~голо́сный,** -ая, -ое zweistimmig; **~го́рбый,** -ая, -ое zweihöckerig; **~гри́венный,** -ого *Subst m umg* Zwanzigkopekenstück; **~жи́льный,** -ая, -ое *volksspr* ausdauernd, zäh; **~зна́чный,** -ая, -ое *math* zweistellig
двуко́лка, -и, *Pl G* -лок, *D* -лкам *f* zweirädriger Wagen
дву|кра́тный, -ая, -ое zweimalig,

doppelt; **~ли́кий, -ая,** -ое; -и́к, -а zweigesichtig; doppelsinnig; **~ли́чие,** -я *n* Heuchelei, Falschheit; **~ли́чный,** -ая, -ое; *Kzf* -чен, -чна heuchlerisch, falsch; **~но́гий,** -ая, -ое zweibeinig

двуо́кись, -и *f chem* Dioxyd

дву|по́лье, -ья *n landw* Zweifelderwirtschaft; **~по́льный,** -ая, -ое: ~по́льное хозя́йство *landw* Zweifelderwirtschaft; **~ру́шник,** -а *m* Doppelzüngler; **~ру́шничать,** -аю, -аешь *uv* doppelzüngig reden, ein doppeltes Spiel spielen; **~ру́шнический,** -ая, -ое doppelzüngig

дву|ска́тный, -ая, -ое nach zwei Seiten geneigt; ~ска́тная кры́ша Satteldach; **~сло́жный,** -ая, -ое zweisilbig; **~смы́сленный,** -ая, -ое; *Kzf* -лен, -ленна 1. doppelsinnig, zweideutig 2. zweideutig, unanständig; **~спа́льный,** -ая, -ое: ~спа́льная крова́ть Doppelbett

дву|ство́лка, -и, *Pl G* -лок, *D* -лкам *f* Doppelflinte, doppelläufiges Gewehr; **~створ́чатый,** -ая, -ое 1. zweiflügelig *Tür*; ~створ́чатая дверь Flügeltür 2. *zool* zweischalig; **~сти́шие,** -я *n lit* Distichon, Doppelvers; **~сторо́нний,** -яя, -ее 1. *med* zweiseitig, beiderseitig, doppelseitig; 2. gegenseitig, für beide Seiten verbindlich; **~углеки́слый,** -ая, -ое *chem* doppeltkohlensauer

двух- ↑ дву-

двух|годи́чный, -ая, -ое zwei Jahre dauernd, zweijährig; **~годова́лый,** -ая, -ое zweijährig, zwei Jahre alt; **~дне́вный,** -ая, -ое zweitägig; **~доро́жечный,** -ая, -ое zweispurig *Tonband*; **~коле́йный,** -ая, -ое zweigleisig, doppelgleisig, zweispurig; **~колёсный,** -ая, -ое zweirädrig

двухле́тие, -я *n* 1. zwei Jahre *Zeitraum* 2. zweiter Jahrestag; zweijähriges Jubiläum

двух|ле́тний, -яя, -ее zweijährig *Dauer oder Alter*; **~ма́чтовый,** -ая, -ое zweimastig; ~ма́чтовое су́дно Zweimaster; **~ме́стный,** -ая, -ое zweisitzig; ~ме́стная каю́та Doppelbettkabine *Schiff*; **~ме́сячный,** -ая, -ое 1. zweimonatig *Dauer oder Alter* 2. zweimonatlich; **~мото́рный,** -ая, -ое zweimotorig; **~неде́льный,** -ая, -ое 1. zweiwöchig *Dauer oder Alter* 2. zweiwöchentlich, alle zwei Wochen erscheinend; **~о́сный,** -ая, -ое zweiachsig; **~пала́тный,** -ая, -ое *pol* Zweikammer-; **~полю́сный,** -ая, -ое *phys* zweipolig

двухсотле́тие, -я *n* 1. zweihundert Jahre *Zeitraum* 2. zweihundertster Jahrestag, Zweihundertjahrfeier

двух|сотле́тний, -яя, -ее zweihundertjährig; **~со́тый,** -ая, -ое *Num* zweihundertster; **~та́ктный,** -ая, -ое Zweitakt-; ~та́ктный дви́гатель Zweitaktmotor; **~ты́сячный,** -ая, -ое 1. *Num* zweitausendster; в ~ты́сячном году́ im Jahr zweitausend 2. aus zweitausend bestehend 3. *umg* im Wert von zweitausend Rubeln; **~цве́тный,** -ая, -ое zweifarbig; **~часово́й,** -а́я, -о́е 1. zweistündig 2. Zweiuhr-; ~часово́й по́езд Zweiuhrzug, 2-Uhr-Zug; **~эта́жный,** -ая, -ое einstöckig, zweigeschossig; ~ эта́жный по́езд Doppelstockzug

двухъя́русный, -ая, -ое: ~ мост Doppelstockbrücke

дву|чле́н, -а *m math* Binom; **~язы́чие,** -я *n* Zweisprachigkeit; **~язы́чный,** -ая, -ое; *Kzf* -чен, -чна zweisprachig

-де *Part zur Wiedergabe einer fremden Rede, volksspr* sagt er (sie); о́н-де не мо́жет прийти́ er sagt, er kann nicht kommen

дебаркаде́р [дэба; дэ], -а *m* 1. Landungssteg, Anlegestelle 2. *alt* Bahnsteig

дебати́ровать, -рую, -руешь *uv A oder* о *P* debattieren

дебати́роваться, *1. u. 2. Pers ungebr*, -руется *uv* zur Debatte stehen

деба́ты, -ов *Pl* Debatte

дебе́лый, -ая, -ое; *Kzf* -е́л, -а *alt* dick, beleibt

де́бет [дэ], -а *m* Debet, Soll; **~ и кре́дит** Soll und Haben

дебо́ш, -а, *I* -ем *m* Skandal, Radau, Krach, Rauferei

дебоши́р, -а Ruhestörer, Radaubruder

дебоши́рить, -рю, -ришь *uv* randalieren, Radau machen

де́бри *Pl* -ей, *Sg alt* дебрь, -и *f* 1. undurchdringliches Dickicht, Urwald 2. *übtr* Labyrinth, Wirrnis; schwer verständliche Stellen *Wissenschaft Technik u. ä.*

дебю́т, -а *m* 1. Debüt, erstes öffentliches Auftreten 2. Eröffnung *Schach*

де́ва, -ы *f alt, poet* Jungfrau; Jungfer ◇ ста́рая ~ alte Jungfer

девальва́ция [дэ], -и *f finanz* Geldabwertung

девальви́ровать [дэ], -рую, -руешь;

-рованный, -рован, -а *v*, *uv finanz* abwerten, den Geldwert herabsetzen
девáть, -áю, -áешь *umg* 1. *uv zu* деть 2. *v* (*nur Prät*) hintun, legen, stekken *irgendwohin*; не пóмню, кудá я девáл перчáтки ich weiß nicht, wohin ich die Handschuhe getan habe 3. *v* (*nur Prät*) unterbringen; verbrauchen, ausgeben; емý дéнег ~ нéкуда er weiß nicht wohin mit seinem Geld
девáться, -áюсь, -áешься 1. *uv zu* дéться 2. *v* (*nur Prät*) (hin)geraten, hinkommen; verlorengehen, verschwinden; sich verstecken; кудá ты девáлся? wo hast du gesteckt?; кудá девáлись егó дéньги? wo ist sein Geld geblieben? 3. *v* (*nur Prät*) Unterkunft [Unterschlupf] finden
дéверь, -я, *Pl* деверья́, -рéй *u. volksspr* -рьёв, -рья́м *m* Schwager *Bruder des Mannes*
деви́з, -а *m* Devise, Wahlspruch
деви́за, -ы *f finanz* Devise
деви́ца, -ы, *I* -ей *u. poet* **дéвица,** -ы, *I* -ей *f alt* Mädchen, Jungfrau
деви́ческий, -ая, -ое Mädchen-, Jungfrauen-; jungfräulich, mädchenhaft
дéви́чий, -ья, -ье Mädchen- Jungfrauen-; jungfräulich, mädchenhaft; -ья фами́лия Mädchenname
деви́чник [шн], -а *m* Polterabend
дéвичья, -ьей *Subst f alt* Dienstmädchenzimmer
дéвка, -и, *Pl G* -вок, *D* -вкам *f* 1. *volksspr u. gbt* Mädchen, Jungfer 2. *alt* Bauernmädchen ◇ (ýличная) ~ *grob*, *volksspr* Dirne; засидéться в -ах sitzenbleiben, keinen Mann bekommen
дéвочка, -и, *Pl G* -чек, *D* -чкам *f* kleines Mädchen
дéвственница, -ы, *I* -ей *f* keusche Jungfrau
дéвственный, -ая, -ое; *Kzf* -ен, -енна 1. jungfräulich, keusch, unberührt 2. *übtr* jungfräulich, noch unbenutzt; ~ лес Urwald ◇ -ая плевá *anat* Jungfernhäutchen
дéвушка, -и, *Pl G* -шек, *D* -шкам *f* 1. erwachsenes Mädchen 2. *umg* Fräulein *Anrede an Kellnerinnen, Verkäuferinnen u. a.*
девчáта, -áт *Pl volksspr* Mädchen
девчóнка, -и, *Pl G* -нок, *D* -нкам *f umg meist verächtl* Mädchen
девянóсто, *G*, *D*, *I*, *P* -а, *A* -о *Num* neunzig
девяносто|лéтие, -я *n* 1. neunzig Jahre *Zeitraum* 2. neunzigster Jahrestag; Neunzigjahrfeier; neunzigjähriges Jubiläum; **~лéтний,** -яя, -ее neunzigjährig
девянóстый, -ая, -ое *Num* neunzigster; -ые гóды die neunziger Jahre
дéвятеро, -ы́х *kollektives Num* 1. neun *bei männlichen Subst, die Personen bezeichnen u. bei Pluraliatantum*; ~ сыновéй neun Söhne 2. neun Paar
девяти|днéвный, -ая, -ое neuntägig; **~клáссник,** -а *m* Schüler der neunten Klasse; **~крáтный,** -ая, -ое neunmalig; **~лéтие,** -я *n* 1. neun Jahre *Zeitraum* 2. neunter Jahrestag; neunjähriges Jubiläum; **~лéтний,** -яя, -ее neunjährig *Dauer oder Alter*; **~мéсячный,** -ая, -ое neunmonatig *Dauer oder Alter* 2. neunmonatlich; **~сóтый,** -ая, -ое *Num* neunhundertster; **~ты́сячный,** -ая, -ое 1. *Num* neuntausendster 2. aus neuntausend bestehend 3. *umg* im Wert von neuntausend Rubeln; **~угóльник,** -а *m* Neuneck; **~угóльный,** -ая, -ое neuneckig; **~этáжный,** -ая, -ое achtstöckig, neungeschossig
девя́тка, -и, *Pl G* -ток, *D* -ткам *f* 1. Neun *Ziffer*; *volksspr Straßenbahn, Omnibus der Linie 9*; *umg* Gruppe von neun Personen oder Gegenständen 2. Neun *Spielkarte* 3. Kartenglücksspiel
девятнадцатилéтний, -яя, -ее neunzehnjährig *Dauer oder Alter*
девятнáдцатый, -ая, -ое *Num* neunzehnter
девятнáдцать, -и, *I* -ью *Num* neunzehn
девя́тый, -ая, -ое 1. *Num* neunter; -ого числá am Neunten (des Monats); -ого июня am neunten Juni; ~ час es geht auf neun; в -ом часý nach acht, zwischen acht und neun; -ая часть Neuntel 2. -ая, -ой *Subst f* Neuntel ◇ ~ вал die schwerste Prüfung, die höchste Gefahr
дéвять, -и́, *I* -ью *Num* neun
девятьсóт, девятисóт, девятистáм, девятьюстáми, о девятистáх *Num* neunhundert
дéвятью *Adv* neun mal, mit neun malgenommen; ~ пять neun mal fünf
дегазáция [дэ], -и *f* Entgasung, Entgiftung
дегази́ровать [дэ], -рую, -руешь *v*, *uv* entgasen, entgiften
дегенерáт, -а *m* Degenerierter
дегенерати́вный, -ая, -ое; *Kzf* -вен, -вна degeneriert, entartet

дегенера́ция [дэ, нэ], -и *f* Degenerierung, Entartung
дёготь, -гтя *m* Teer ◇ ло́жка -гтя в бо́чке мёда ein Tropfen Wermut im Freudenbecher
деграда́ция [дэ], -и *f* Verfall
деградúровать [дэ], -рую, -руешь verfallen, sich allmählich verschlechtern
дегтя́рный, -ая, -ое Teer-; teerig
дегуста́тор [дэ], -а *m* Verkoster, Geschmackprüfer
дегуста́ция [дэ], -и *f* Verkosten, Kostprobe, Prüfen des Geschmacks
дегустúровать [дэ], -рую, -руешь; -рованный, -рован, -а *v, uv* (ver)kosten, den Geschmack prüfen
дед, -а *m* Großvater *a. Anrede an einen alten Mann* ◇ на́ши -ы unsere Vorfahren; ~-моро́з Väterchen Frost, Weihnachtsmann
де́дов, -а, -о dem Großvater gehörend
де́довский, -ая, -ое großväterlich; altväterisch
де́душка, -и, *Pl G* -шек, *D* -шкам *m* Großvater, Großväterchen
деепричá́стие, -я *n* Adverbialpartizip, Gerundium
дееспосо́бный, -ая, -ое; *Kzf* -бен, -бна **1.** *buchspr* arbeitsfähig **2.** *jur* handlungsfähig
дежа́, -и́, *I* -о́й, *Pl* дёжи, деже́й, дежа́м Backtrog
дежу́рить, -рю, -ришь *uv* **1.** Dienst haben, Dienst tun **2.** wachen
дежу́рный, -ая, -ое **1.** diensthabend, diensttuend; ~ офице́р Offizier vom Dienst; -ая апте́ка dienstbereite Apotheke; ~ магази́н Spät- oder Sonntagsverkaufsstelle **2.** -ого *Subst m* Diensthabender; ~ по кла́ссу Klassenordner; ~ по ста́нции Fahrdienstleiter ◇ -ое блю́до Stamm-, Tagesgericht
дежу́рство, -а *n* (Wach-) Dienst; ночно́е ~ Nachtdienst, Nachtwache
дез- *in Zuss Abk für* дезинфекцио́нный Desinfektions-
дезертúр, -а *m* Deserteur, Fahnenflüchtiger
дезертúрство, -а *n* Fahnenflucht
дезинсе́кция [дэзын], -и *f* Schädlingsbekämpfung; Entlausung
дезинфекцио́нный, -ая, -ое Desinfektions-
дезинфе́кция, -и *f* Desinfektion, Entseuchung
дезинформа́ция [дэзын], -и *f* auf Irreführung ausgehende Information
дезорганиза́ция, -и *f* Desorganisation
дезориента́ция [дэ], -и *f* Desorientierung, Irreführung
дезсре́дство, -а *n* (дезинфекцио́нное сре́дство) *meist Pl* Desinfektionsmittel
деи́зм [дэ], -а *m* Deismus
де́йственный, -ая, -ое; *Kzf* -ен, -енна aktiv, wirksam
де́йствие, -я *n* **1.** Handlung, Tätigkeit, Aktion; вое́нные -я Feindseligkeiten, militärische Operationen; боевы́е -я Kampfhandlungen; ~ происхо́дит в Москве́ die Handlung [das Stück] spielt in Moskau; его́ -я seine Handlungsweise; еди́нство -й Aktionseinheit; дру́жба в -и Freundschaft in Aktion; предоста́вить кому́-н. свобо́ду -й j-m freie Hand lassen; приводи́ть в ~ in Gang bringen [setzen] **2.** Wirkung, Einfluß, Einwirkung; обра́тное ~ Rückwirkung; лека́рство оказа́ло ~ die Arznei hat gewirkt; поле́зное ~ Nutzeffekt; под -ем чего́-н. unter dem Einfluß von etw. **3.** Wirkung, Gültigkeit; догово́р сохраня́ет своё ~ der Vertrag behält seine Gültigkeit **4.** *theat* Akt, Aufzug **5.** *math* Grundrechnungsart
действи́тельно **1.** *Adv* tatsächlich; wahrhaftig **2.** *Part mod* in der Tat
действи́тельность, -и *f* **1.** Wirklichkeit **2.** Wirksamkeit **3.** Gültigkeit; ~ па́спорта Gültigkeit des Passes ◇ в -и wirklich, in der Tat; ото́рванный от -и weltfremd, lebensfremd
действи́тельный, -ая, -ое; *Kzf* -лен, -льна **1.** wirklich, tatsächlich **2.** wirksam **3.** gültig ◇ -ая слу́жба aktiver Militärdienst; ~ член ordentliches Mitglied
де́йствовать, -твую, -твуешь *uv* **1.** handeln, verfahren, vorgehen **2.** in Gang sein, in Betrieb sein, funktionieren, gehen; телефо́н не де́йствует das Telefon geht nicht **3.** wirken, wirksam sein; beeinflussen; лека́рство уже́ де́йствует die Arznei wirkt schon; э́то мне де́йствует на не́рвы das geht mir auf die Nerven; э́то уже́ переста́ло ~ *umg* das zieht nicht mehr; ничто́ не де́йствует es hilft nichts **4.** gültig sein, gelten *Gesetze u. a.* ‖ *v* подействовать *zu* 3
де́йствующий, ая, -ее: -ее лицо́ *theat* handelnde Person; -ая а́рмия Feldheer
декабри́ст, -а *m* Dekabrist *Teilnehmer am Dezemberaufstand 1825*
дека́брь, -я́ *m* Dezember
дека́брьский, -ая, -ое Dezember-

дека́да, -ы *f* Dekade
декада́нс [дэ], -а *m* Dekadenz, Verfall
декаде́нт, -а *m* Vertreter *oder* Anhänger der Dekadenz
декаде́нтство, -а *n* Dekaden *bürgerliche Kunstrichtung Anfang des 20. Jh.*
деклама́тор, -а *m* Rezitator, Vortragskünstler
деклама́ция, -и *f* Rezitation, Vortrag; хорова́я ~ Sprechchor
деклами́ровать, -рую, -руешь *uv* rezitieren, vortragen
декларати́вный, -ая, -ое; *Kzf* -вен, -вна deklarativ, erklärend
деклара́ция, -и *f* Deklaration, Erklärung; прави́тельственная ~ Regierungserklärung; нало́говая ~ Steuererklärung; тамо́женная ~ Zollerklärung
деклассиро́ванный, -ая, -ое deklassiert, moralisch heruntergekommen
деклассиро́ваться, -руюсь, -руешься *v, uv* deklassiert werden, moralisch herunterkommen
декольте́ [дэ; тэ] *n idkl* Dekolleté
декольтиро́ванный [дэ], -ая, -ое; *Kzf* -ван, -а dekolletiert, mit tiefem Ausschnitt (versehen)
декорати́вный, -ая, -ое; *Kzf*-вен, -вна dekorativ; -ое расте́ние Zierpflanze
декора́тор, -а *m* **1.** Dekorateur **2.** Bühnenmaler
декорацио́нный, -ая, -ое Dekorations-; -ая жи́вопись Dekorationsmalerei
декора́ция, -и *f* Bühnenbild; сме́на -й Kulissenwechsel
декори́ровать, -рую, -руешь; -рованный, -рован, -а *v, uv* dekorieren, (aus)schmücken
декре́т, -а *m* Dekret, Verfügung ◇ уйти́ в ~ *volksspr* in Schwangerschaftsurlaub gehen
декрети́ровать, -рую, -руешь; -рованный, -рован, -а *v, uv* dekretieren, durch ein Dekret anordnen
декре́тный, -ая, -ое laut Dekret ◇ ~ о́тпуск Schwangerschaftsurlaub
де́ланный, -ая, -ое; *ohne männl Kzf*, -анна gekünstelt, affektiert
де́лать, -аю, -аешь; -анный, -ан, -а *uv* **1.** tun, machen, handeln; ~ поку́пки Einkäufe machen; ~ докла́д einen Vortrag halten; ~ вы́вод den Schluß ziehen; ~ кому́-н. опера́цию j-n operieren; ~ попы́тку einen Versuch unternehmen **2.** machen, verfertigen, herstellen; ~ ме́бель Möbel herstellen **3.**: ~ кого́-н. ке́м-н. j-n zu etw. machen, j-n einsetzen als; его́ сде́лали секретарём er ist Sekretär geworden; ~ его́ счастли́вым ihn glücklich machen **4.** bestellen, anfertigen [machen] lassen; ~ (себе́) костю́м sich einen Anzug machen lassen **5.** из *G* etw. machen (aus), verwandeln (in); ~ из кого́-н. посме́шище j-n lächerlich machen ◇ ~ не́чего da ist nichts zu machen; от не́чего ~ vor lauter Nichtstun, aus lauter Übermut; ~ вы́говор einen Verweis erteilen; э́то де́лает ему́ честь das gereicht ihm zur Ehre; ~ вид, что (so) tun, als ob; ~ — так ~ wenn schon, denn schon ‖ *v* сде́лать
де́латься, -аюсь, -аешься *uv* **1.** *I* werden; ~ весёлым lustig werden; ему́ де́лается не по себе́ ihm wird übel **2.** *1. u. 2. Pers ungebr* geschehen vorgehen; что там де́лается? was geht dort vor (sich)? **3.** *1. u. 2. Pers ungebr umg* sich zeigen, entstehen ‖ *v* сде́латься
делега́т, -а *m* Delegierter
делега́тский, -ая, -ое Delegierten-; -ое собра́ние Delegiertenkonferenz
делега́ция, -и *f* Delegation, Abordnung
делёж, -лежа́, *I* -лежо́м, *G Pl* -лежéй *m umg* Teilung, Auf-, Verteilung
делёжка, -и, *Pl G* -жек, *D* -жкам *f umg* Teilung, Auf-, Verteilung
деле́ние, -я *n* **1.** Teilen **2.** *math* Division **3.** *biol* Teilung; ~ кле́тки Zellteilung **4.** Teilstrich; термо́метр подня́лся на пять -й das Thermometer ist fünf Teilstriche gestiegen
деле́ц, -льца́, *I* -льцо́м, *G Pl* -льцо́в *m verächtl* Geschäftemacher; биржево́й ~ Börsenjobber
Де́ли [дэ] *m idkl* Delhi
деликате́с, -а *m* Delikatesse
делика́тничать, -аю, -аешь *uv umg* с *I* allzu schonend verfahren (mit), mit Samthandschuhen anfassen
делика́тность, -и *f* Feinfühligkeit
делика́тный, -ая, -ое; *Kzf* -тен, -тна **1.** feinfühlig, rücksichtsvoll **2.** *umg* heikel; ~ вопро́с eine heikle Frage **3.** *umg* zart, schwach
дели́мое, -ого *Subst n math* Dividend
дели́мость, -и *f* Teilbarkeit
дели́тель, -я *m math* Teiler, Divisor; о́бщий наибо́льший ~ größter gemeinsamer Teiler
дели́ть, делю́, де́лишь *uv* **1.** (ver-, ein-)teilen; ~ ученико́в на две гру́ппы die Schüler in zwei Gruppen

teilen 2. dividieren; ~ во́семь на два acht durch zwei dividieren 3. teilen (с *I* mit) *a. übtr*

дели́ться, делю́сь, де́лишься *uv* 1. *1. u. 2. Pers ungebr* teilbar sein: шесть де́лится на три sechs ist durch drei teilbar 2. sich teilen 3. teilen (че́м-н. с ке́м-н. etw. mit j-m); дели́лся после́дним er teilte das Letzte [sein Letztes] 4.: ~ че́м-н. с ке́м-н. j-m etw. mitteilen, j-m etw. anvertrauen

дели́шки *Pl* -шек, -шкам, *Sg* дели́шко, -а *n umg Dem zu* де́ло unbedeutende Sachen, kleine Geschäfte

де́ло, -а, *Pl* дела́, дел, дела́м *n* 1. Ding; Sache, Angelegenheit; э́то моё ~ das ist meine Sache; не твоё ~ das geht dich nichts an; э́то — ~ вку́са das ist Geschmackssache; э́то ~ давно́ забы́то diese Sache ist schon längst vergessen 2. Arbeit, Beschäftigung, Werk; взя́ться за ~ anpacken, sich an die Arbeit machen; у меня́ дел по го́рло ich habe vollauf zu tun; ~ его́ жи́зни sein Lebenswerk; по -у [-а́м] geschäftlich, in geschäftlicher Angelegenheit, dienstlich 3. Tat, Werk, Handlung; сло́вом и -ом in Wort und Tat; на (са́мом) -е in der Tat, wirklich 4. dringende Sache, Anliegen; у меня́ к вам ~ ich habe ein Anliegen an Sie; без -а не входи́ть! ohne dringenden Grund nicht eintreten!, nur in dringenden Fällen eintreten! 5. Wesen *Fachgebiet*; столя́рное ~ Tischlerhandwerk; го́рное ~ Bergbau; вое́нное ~ Kriegskunst, -wesen; газе́тное ~ Zeitungswesen 6. Prozeß, Fall; уголо́вное ~ Kriminalfall; возбуди́ть ~ einen Prozeß anstrengen 7. Akte(nstück); па́пка для дел Aktendeckel; ли́чное ~ Personalakte; подши́ть к -у zu den Akten heften 8. Gefecht 9. *alt* Unternehmen ◇ в са́мом -е wirklich, wahrhaftig; в то́м-то и ~ darauf kommt es eben an, das ist es ja eben; в чём ~? worum geht es?, worum handelt es sich?, was gibt's?; ~ в том, что es handelt sich darum, daß; ~ в шля́пе *umg* die Sache ist in Butter, der Laden klappt; вот э́то ~! das läßt sich hören!; гла́вное ~ Hauptsache; э́то ~ деся́тое *volksspr* das ist unwichtig; ~ дрянь *volksspr* das ist eine faule Sache; die Sache steht schlecht; за ~ zu Recht, nicht ohne Grund; за кем [чем] ~ ста́ло an wem [woran] liegt es?; ~ идёт о es geht um; име́ть ~ с ке́м-н. es mit j-m zu tun haben; я зна́ю, с кем име́ю ~ ich kenne meine Pappenheimer; как -а́? wie geht's [steht's]?; ме́жду -ом zwischendurch, nebenher; моё ~ сторона́ ich habe damit nichts zu tun, mein Name ist Hase, ich weiß von nichts; на -е in Wirklichkeit; пе́рвым -ом in erster Linie, vor allem; положе́ние дел Sachlage; таки́е-то -а́! so steht die Sache!; то и ~ immer wieder, ständig; что лимона́д, то ли ~ пи́во ach was, Limonade, etwas anderes wäre es mit einem Bier; како́е ему́ ~? *oder* что ему́ за ~? was geht es ihn an?

делови́тый, -ая, -ое; *Kzf* -и́т, -а geschäftig, sachlich; erfinderisch

делово́й, -а́я, -о́е 1. geschäftlich; -а́я пое́здка Geschäftsreise; -а́я бума́га Aktenstück 2. geschäftskundig; sachlich; ~ подхо́д sachliche Behandlung 3. *alt* Nutz-; ~ лес Nutzholz

дело|производи́тель, -я *m* Schriftführer, Geschäftsführer; **~произво́дство,** -а *n* Schrift-, Geschäftsführung

де́льный, -ая, -ое 1. tüchtig, gescheit, gründlich; ~ рабо́тник eine tüchtige Arbeitskraft 2. vernünftig, ernsthaft

де́льта [дэ], -ы *f* Delta *von Flüssen*

дельфи́н, -а *m* Delphin

делю́вий [дэ], -я, *P* -и *m geol* Diluvium

деля́га, -и *m umg verächtl* Geschäftemacher; prinzipienloser Praktiker

деля́нка, -и, *Pl G* -нок, *D* -нкам *f* Parzelle *zum Holzschlag oder zum Bebauen*

деля́ческий, -ая, -ое *verächtl* praktizistisch

деля́чество, -а *n verächtl* engstirniger Praktizismus

демаркацио́нный, -ая, -ое Demarkations-

демилитариза́ция [дэ], -и *f* Entmilitarisierung

демилитаризова́ть [дэ], -зу́ю, -зу́ешь; -зо́ванный, -зо́ван, -а *v, uv* entmilitarisieren

демисезо́нный, -ая, -ое: -ое пальто́ Übergangsmantel

демобилизова́ть, -зу́ю, -зу́ешь; -зо́ванный, -зо́ван, -а *v, uv* demobilisieren

демогра́фия [дэ], -и *f* Bevölkerungsstatistik

демокра́т, -а *m* Demokrat

демократиза́ция, -и *f* Demokratisierung

демократизи́ровать, -рую, -руешь; -рованный, -рован, -а *v, uv* demokratisieren
демократи́ческий, -ая, -ое demokratisch
демократи́чный, -ая, -ое; *Kzf* -чен, -чна demokratisch
демокра́тия, -и *f* Demokratie
де́мон, -а *m* Dämon
демони́ческий, -ая, -ое dämonisch
демонстра́нт, -а *m* Demonstrant
демонстрати́вный, -ая, -ое; *Kzf* -вен, -вна demonstrativ
демонстра́ция, -и *f* **1.** Demonstration, Kundgebung; первома́йская ~ Maidemonstration **2.** Vorführung *von Filmen u. ä.*
демонстри́ровать, -рую, -руешь; -рованный, -рован, -а *v, uv* **1.** demonstrieren **2.** vorführen, zeigen *Film u. a.*
демонта́ж [дэ], -а, *I* -ем *m* Demontage
демонти́ровать [дэ], -рую, -руешь; -рованный, -рован, -а *v, uv* demontieren
деморализа́ция [дэ], -и *f* Demoralisierung
деморализова́ть [дэ], -зу́ю, -зу́ешь; -зо́ванный, -зо́ван, -а *v, uv* demoralisieren
де́мпинг [дэ], -а *m wirtsch* Dumping
Демья́н, -а *m männl Vn*
денатура́т, -а *m* vergällter Spiritus
денацифика́ция [дэ], -и *f* Entnazifizierung
де́нежки, -жек, -жкам *Pl umg* Geld
де́нежно-вещево́й, -ая, -ое: -а́я лотере́я Geld- und Sachwertlotterie
де́нежный, -ая, -ое **1.** Geld-; -ое обраще́ние Geldumlauf; ~ дохо́д Geldeinnahme; ~ перево́д Geldanweisung; ~ знак Banknote **2.** *umg* reich
денёк, -нька́ *m Dem zu* день Tag
де́нно *Adv*: ~ и но́щно Tag und Nacht, ununterbrochen
денонси́ровать [дэ], -рую, -руешь; -рованный, -рован, -а *v, uv* für ungültig erklären, kündigen
де́ну ↑ деть
денщи́к, -а́ *m alt* Offiziersbursche
день, дня, *Pl* дни, дней, дням *m* **1.** Tag; рабо́чий ~ Arbeits-, Werktag; семичасово́й рабо́чий ~ Siebenstundentag; выходно́й ~ freier Tag; ~ рожде́ния Geburtstag; Междунаро́дный же́нский ~ Internationaler Frauentag **2.** *Pl* Zeit, Periode, Tage; в на́ши дни heutzutage; в дни войны́ während des Krieges ◇ в оди́н прекра́сный ~ eines (schönen) Tages; весь ~ den ganzen Tag; ~ в ~ auf den Tag genau; ~-деньско́й den ganzen Tag über, den lieben langen Tag; ~ ото дня von Tag zu Tag; до́брый ~! guten Tag!; изо дня в ~ tagaus, tagein, Tag für Tag; ~ за́ ~ einförmig, monoton; на днях dieser Tage, neulich; nächstens, in den nächsten Tagen; на чёрный ~ *umg* für den Notfall; по це́лым дням tagelang; со дня на́ ~ von einem Tag auf den anderen, an einem der nächsten Tage; средь бе́ла дня am hellichten Tage; тре́тьего дня vorgestern; це́лый ~ einen ganzen Tag; че́рез ~ aller zwei Tage; на дню́ *alt* am Tage, im Laufe eines Tages
де́ньги, де́нег, деньга́м *u.* де́ньгам, деньга́ми *u.* де́ньгами, о деньга́х *u.* о де́ньгах *Pl* **1.** Geld; ме́лкие ~ Kleingeld; кру́пные ~ großes Geld; нали́чные ~ Bargeld; потре́бность в -а́х Geldbedarf **2.** Gelder, Kapital; больши́е ~ viel Geld ◇ ни за каки́е ~! um keinen Preis!; быть при -а́х bei Kasse sein
деньжа́та, -а́т, -а́там *u.* **деньжо́нки,** -нок, -нкам *Pl volksspr* Geld, Moneten
департа́мент, -а *m* Departement *a. Ministerialabteilung alt*; госуда́рственный ~ USA-Außenministerium
депо́ *n idkl* Depot; трамва́йное ~ Straßenbahnhof; парово́зное ~ Lokomotivschuppen; железнодоро́жное ~ Bahnbetriebswerk; пожа́рное ~ Feuerwache
депози́т, -а *m* Depositen; внести́ в ~ deponieren
депони́ровать [дэ], -рую, -руешь; -рованный, -рован, -а *v, uv* deponieren, hinterlegen
депресси́вный [дэ], -ая, -ое; *Kzf* -вен, -вна **1.** *wirtsch* Depressions- **2.** seelisch niedergeschlagen, depressiv
депре́ссия [дэ], -и *f wirtsch, med* Depression
депута́т, -а *m* Deputierter, Abgeordneter
депута́тский, -ая, -ое Deputierten-, Abgeordneten-
де́рби [дэ] *n idkl* Derby *Pferderennen*
дёрг *prädikativ umg* zupfte, zog
дёргать, -аю, -аешь *uv* **1.** ziehen, zupfen (за *A* an); ~ за рука́в am Ärmel zupfen [ziehen] **2.** *umg* ausreißen, ziehen; ~ зу́бы Zähne ziehen lassen **3.** *umg* (krampfhaft) zucken; у меня́ дёргает па́лец es zuckt mir im Finger **4.** *übtr* hin- und herzerren,

dauernd belästigen; ~ кого́-н. постоя́нными про́сьбами j-n durch ständige Bitten belästigen ◇ никто́ тебя́ за язы́к не дёргал man hat dich ja nicht zum Sprechen herausgefordert ‖ *v mom* дёрнуть, -ну, -нешь *zu* 1, 3

дёргаться, -аюсь, -аешься *uv* **1.** krampfhaft zucken **2.** sich ruckweise bewegen [in Bewegung setzen] ‖ *v mom* дёрнуться, -нусь, -нешься

деревене́ть, -е́ю, -е́ешь *uv* **1.** holzig werden **2.** steif werden, erstarren

деревéнский, -ая, -ое Dorf-, Land-, dörflich; ~ жи́тель Dorfbewohner

дере́вня, -и, *Pl G* -ве́нь, *D* -вня́м *f* **1.** kleines Dorf **2.** Land *im Gegensatz zur Stadt*; в -е auf dem Land

де́рево, -а, *Pl* дере́вья, -ьев, -ьям *u. alt* дерева́, -ре́в, -рева́м *n* **1.** Baum; хво́йное ~ Nadelbaum; ли́ственное ~ Laubbaum; плодо́вое ~ Obstbaum **2.** Holz; чёрное ~ Ebenholz; кра́сное ~ Mahagoni; поде́лочное ~ Nutzholz; ◇ родосло́вное ~ Stammbaum; за -ьями [из-за -ьев] ле́са не ви́деть den Wald vor (lauter) Bäumen nicht sehen

деревообде́лочный, -ая, -ое Holzbearbeitungs-

деревообраба́тывающий, -ая, -ее holzbearbeitend, holzverarbeitend

деревýшка, -и, *Pl G* -шек, *D* -шкам *f Dem zu* дере́вня kleines Dorf, Dörfchen

деревяни́стый, -ая, -ое **1.** Holz- **2.** *Kzf* -и́ст, -а holzig *Apfel*

деревя́нный, -ая, -ое **1.** Holz-, aus Holz; ~ дом Holzhaus **2.** *übtr* hölzern, steif

деревя́шка, -и, *Pl G* -шек, *D* -шкам *f* **1.** Holzklötzchen **2.** *umg* Stelzfuß, Holzbein

держа́ва, -ы *f* **1.** Macht *Staat*; вели́кая ~ Großmacht **2.** *hist* Reichsapfel

дёржаный, -ая, -ое *umg* gebraucht, abgenutzt

держа́тель, -я *m* **1.** Inhaber *von Wertpapieren* **2.** Halter; ~ для бума́г Ordner

держа́ть, держý, де́ржишь; де́ржанный, -ан, -а *uv* **1.** halten, festhalten; stützen, tragen; ~ ребёнка за́ руку das Kind an der Hand halten; держи́те во́ра! haltet den Dieb!; ~ рýку вы́тянутой die Hand ausgestreckt halten; ~ под аре́стом gefangen halten **2.** aufbewahren; ~ в холо́дном ме́сте! kühl aufbewahren! **3.** halten, haben *Tiere*; ~ кур Hühner halten **4.** Richtung einhalten; держи́ впра́во halte dich rechts **5.** gewerblich unterhalten, führen ◇ ~ в ежо́вых рукави́цах streng halten, unter der Fuchtel halten; ~ в рука́х in der Hand [Gewalt] haben; ~ в та́йне geheim halten; ~ контро́ль над че́м-н. etw. kontrollieren; ~ курс на что́-н. auf etw. Kurs halten *a. übtr*; ~ пари́ wetten; ~ путь einen Weg einschlagen; ~ речь eine Rede halten; ~ сло́во sein Wort halten; ~ себя́ (прили́чно) sich (anständig) benehmen; ~ чью́-н. сто́рону j-s Partei ergreifen, für j-n Partei nehmen; ~ ýхо востро́ auf der Hut sein; ~ экза́мен sich einer Prüfung unterziehen, eine Prüfung ablegen; ~ язы́к за зуба́ми den Mund halten

держа́ться, держýсь, де́ржишься *uv* **1.** за *A* sich (fest)halten (an), sich klammern (an); ~ за го́лову sich an den Kopf fassen; ~ вме́сте zusammenhalten **2.** *1. u. 2. Pers ungebr* на *P* befestigt sein (an), ruhen (auf); hängen, sich halten (an) **3.** sich halten; ~ на воде́ sich über Wasser halten **4.** sich benehmen, auftreten **5.** *G* sich halten (an) *eine bestimmte Richtung*; ~ пра́вой стороны́ sich rechts halten, rechts gehen; ~ в стороне́ sich abseits halten **6.** *G* sich halten (an), sich richten (nach); ~ те́мы sich ans Thema halten; ~ взгля́да, что der Meinung [Ansicht] sein, daß **7.** sich halten, standhalten, Widerstand leisten; держи́сь! halte aus! ◇ руга́ть тебя́ бýдут то́лько держи́сь! Zunder wirst du kriegen, aber wie!

дерза́ние, -я *n hoher Stil* Wagemut, Kühnheit

дерза́ть, -а́ю, -а́ешь *uv* **1.** *hoher Stil* wagen, wagemutig sein **2.** *buchspr* на *A oder mit Inf* wagen, sich erkühnen ‖ дерзнýть, -ну, -нёшь *zu* 2

дерзи́ть, *1. Pers ungebr*, -зи́шь *uv umg* Frechheiten [Grobheiten] sagen

де́рзкий, -ая, -ое; *Kzf* -зок, -зка́!; *Komp* де́рзче *selten* **1.** frech, unverschämt **2.** verwegen, tollkühn

дерзнове́нный, -ая, -ое; *Kzf* -ве́н(ен), -ве́нна verwegen, kühn

дерзнýть *v zu* дерза́ть

де́рзость, -и *f* **1.** Unverschämtheit, Frechheit, Grobheit **2.** Verwegenheit, Tollkühnheit

де́рзче *Komp von* де́рзкий

дермати́н, -а *m* Dermatin, Kunstleder

дермато́лог [дэ], -а *m* Dermatologe, Hautarzt
дёрн, -а *m* Rasen
дерно́вый, -ая, -ое Rasen-
дёрнуть, -ну, -нешь *v* **1.** *mom zu* дёргать **2.** sich plötzlich in Bewegung setzen, sich ruckweise bewegen; ло́шади дёрнули die Pferde zogen plötzlich an **3.** *volksspr* sich auf den Weg machen, aufbrechen ◇ дёрнуло [чёрт дёрнул, нелёгкая дёрнула] меня́ э́то сде́лать der Teufel hat mich geritten, das zu tun
дёрнуться, -нусь, -нешься *v* **1.** *mom zu* дёргаться **2.** sich ruckweise [plötzlich] bewegen; anfahren
деру́ ↑ драть
деса́нт, -а *m* **1.** *mil* Landung **2.** Landetruppen; *naut* Landungstruppen; возду́шный ~ Luftlandetruppen
деса́нтный, -ая, -ое *mil* Landungs-
десе́рт, -а *m* Dessert, Nachtisch
десе́ртный, -ая, -ое Dessert-; -ое вино́ Dessert-, Süßwein
де́скать *Schaltwort zur Wiedergabe einer fremden Rede umg* man [er, sie] sagt, es heißt; мне говоря́т ты, ~, сам винова́т man sagt, ich sei selbst schuld
десна́, -ы́, *Pl* дёсны, -сен, -снам *f* Zahnfleisch
Десна́, -ы́ *f* Desna *Fluß*
десни́ца, -ы, *I* -ей *f alt, poet* rechte Hand
де́спот, -а *m* Despot
десть, -и, *Pl* де́сти, дессте́й, десстя́м *f* Buch *Papiermaß*
де́сятеро, -ы́х *kollektives Num selten* **1.** zehn *bei männlichen Subst, die Personen bezeichnen u. bei Pluraliatantum*; ~ прия́телей zehn Freunde **2.** zehn Paar
десяти|бо́рье, -ья *n Sport* Zehnkampf; **~дне́вка,** -и *f umg* Dekade; **~дне́вный,** -ая, -ое zehntägig; **~кла́ссник,** -а *m* Schüler der zehnten Klasse; **~кла́ссница,** -ы, *I* -ей *f* Schülerin der zehnten Klasse; **~кра́тный,** -ая, -ое zehnfach; **~ле́тие,** -я *n* **1.** Jahrzehnt **2.** zehnter Jahrestag, Zehnjahresfeier; zehnjähriges Jubiläum; **~ле́тка,** -и, *Pl G* -ток, *D* -ткам *f* Zehnklassenschule, Zehnjahresschule; **~ле́тний,** -яя, -ее **1.** zehnjährig *Dauer oder Alter* **2.** zehnter; -ле́тняя годовщи́на zehnter Jahrestag; **~ме́сячный,** -ая, -ое **1.** zehnmonatig *Dauer oder Alter* **2.** zehnmonatlich
десяти́на, -ы *f* **1.** *alt* Deßjatine *Flächenmaß von 1,09 Hektar* **2.** *hist* Zehnt(e)
десяти|рублёвка, -и, *PlG* -вок, *D* -вкам *f umg* Zehnrubelschein; **~ты́сячный,** -ая, -ое zehntausendster; **~уго́льник,** -а *m* Zehneck; **~уго́льный,** -ая, -ое zehneckig
десяти́чный, -ая, -ое dezimal, Dezimal-; -ая дробь Dezimalbruch
десятиэта́жный, -ая, -ое zehngeschossig; neunstöckig
деся́тка, -и, *Pl G* -ток, *D* -ткам *f* **1.** Zehn *Ziffer*; *volksspr Sraßenbahn, Omnibus der Linie 10*; *umg* Gruppe von zehn Personen oder Gegenständen **2.** Zehn *Spielkarte* **3.** *umg* Zehnrubelschein **4.** Zehner *Boot*
деся́тник, -а *m* Polier, Vorarbeiter
деся́ток, -тка *m* **1.** zehn Stück; ~ яи́ц zehn Eier **2.** Jahrzehnt *bei Altersangaben*; ему́ пошёл седьмо́й ~ er ist über siebzig **3.** *Pl math* Zehner; viele, Dutzende; -тками zu Dutzenden ◇ он не ро́бкого -тка *umg* er ist keiner von den Schüchternen
деся́тый, -ая, -ое **1.** *Num* zehnter; -ого числа́ am Zehnten (des Monats); -ое ию́ня der zehnte Juni; ~ час es geht auf zehn; в -ом часу́ nach neun, zwischen neun und zehn; -ая часть Zehntel **2.** -ая, -ой *Subst f* Zehntel ◇ из пя́того в -ое *oder* с пя́того на -ое vom Hundertsten ins Tausendste
де́сять, -и́, *I* -ью́ *Num* zehn
де́сятью *Adv* zehn mal, mit zehn malgenommen; ~ пять zehn mal fünf
дет- (де́тский) Kinder-
детализи́ровать, -рую, -руешь; -рованный, -рован, -а *v, uv* detaillieren, bis ins einzelne ausarbeiten
детализова́ть, -зу́ю, -зу́ешь; -зо́ванный, -зо́ван, -а *v, uv* detaillieren, bis ins einzelne ausarbeiten
дета́ль, -и *f* **1.** Detail, Einzelheit; со все́ми -ями in allen Einzelheiten **2.** *tech* Einzelteil; -и маши́н Maschinenteile **3.** Werkstück
дета́льный, -ая, -ое; *Kzf* -лен, -льна detailliert, ausführlich
детвора́, -ы́ *f Koll umg* kleine Kinder, Kinderschar
Детги́з (Госуда́рственное изда́тельство де́тской литерату́ры) Staatsverlag für Kinderliteratur
детдо́м, -а *m* Kinderheim
детекти́в [дэтэ], -а *m* **1.** Detektiv **2.** *umg* Kriminalroman; Kriminalfilm

детекти́вный [дэтэ], -ая, -ое Detektiv-

детéкторный [дэтэ], -ая, -ое Detektor-

детёныш, -а, *I* -ем, *G Pl* -ей Tierjunges

дéти *Pl* детéй, дéтям, детьми́, о дéтях, *Sg* дитя́ *u.* ребёнок Kinder; у меня́ двóе [трóе, чéтверо, пя́теро] детéй ich habe zwei [drei, vier, fünf] Kinder

дети́на, -ы *m volkssрr* stämmiger Bursche

дéтишки, -шек, -шкам *Pl Dem zu* дéти *volkssрr* Kinder

дéтище, -а, *I* -ем, *G Pl* дéтищ *n* **1.** *alt* Kind **2.** *übtr* geistiges Kind; eigenes Werk; люби́мое ~ Lieblingswerk; мертворождённое ~ *übtr* totgeborenes Kind

дéтка, -и *f umg* (liebes) Kind

детонáтор, -а *m* Detonator, Zündpatrone

детонáция, -и *f* Detonation

детоуби́йство, -а *n* Kindesmord

дéтская, -ой *Subst f* Kinderzimmer

дéтский, -ая, -ое **1.** Kinder-; ~ сад Kindergarten; Kindertagesstätte; ~ие я́сли Kinderkrippe; ~ дом Kinderheim; -ая болéзнь Kinderkrankheit *a. übtr*; -ая игрá Kinderspiel *a. übtr*; -ая площáдка Kinderspielplatz **2.** kindlich, naiv; ~ пóчерк kindliche Handschrift ◇ -ое мéсто *anat* Plazenta, Mutterkuchen

дéтство, -а *n* Kindheit; с -а von klein auf, von Kind auf ◇ впасть в ~ (im Alter) kindisch werden

дéтушки, -шек, -шкам *Pl volkssрr zärtl* Kind(er)chen

деть* *v umg* **1.** hintun, hinlegen, (wohin) stecken, verlegen **2.** unterbringen; vertun, verbrauchen, ausgeben ‖ *uv* девáть, -áю, -áешь, *nur Inf u. Präs*

дéться* *v umg* **1.** (hin)geraten, hinkommen; verlorengehen, verschwinden; sich verstecken; кудá он дéлся? wo ist er hingeraten?, wo steckt er?; он не знáет, кудá емý ~ er weiß nicht, wo er hingehört; емý нéкуда ~ от стыдá er weiß nicht, wohin er sich vor Scham verkriechen soll **2.** Unterkunft [Unterschlupf] finden ‖ *uv* девáться, -áюсь, -áешься, *nur Inf u. Präs*; не знáю, кудá дéньги девáются ich weiß nicht, wo das Geld bleibt; кудá мне девáться? wo soll ich bleiben?, wo soll ich hin?

дефéкт [дэ], -а *m* Defekt, Mangel; Schaden

дефекти́вный [дэ], -ая, -ое; *Kzf* -вен, -вна abnorm, geschädigt, mißgebildet; krankhaft, nicht normal

дефéктный [дэ], -ая, -ое; *Kzf* -тен, -тна defekt, fehlerhaft, beschädigt

дефили́ровать [дэ], -рую, -руешь *uv* defilieren, (parademäßig *oder* feierlich) vorüberziehen

дефи́с, -а *m* Bindestrich; Silbentrennungsstrich

дефици́т, -а *m* **1.** Defizit, Fehlbetrag; Verlust **2.** Mangel

дефици́тный, -ая, -ое; *Kzf* -тен, -тна **1.** mit Verlust arbeitend **2.** Mangel-; ~ товáр Mangelware

деформи́ровать [дэ], -рую, -руешь; -рованный, -рован, -а *v, uv* deformieren

дехкáнин, -а, *Pl* -áне, -áн, -áнам *m* Bauer *in Usbekistan u. Tadshikistan*

децентрализовáть [дэ], -зýю, -зýешь; -зóванный, -зóван, -а *v, uv* dezentralisieren

дешёвенький, -ая, -ое *verächtl* recht billig

дешевéть, *1. u. 2. Pers ungebr*, -éет *uv* billiger werden

дешеви́зна, -ы *f* Billigkeit, niedriger Preis

дешёвка, -и *f umg* **1.** niedriger Preis; продáть по -е billig verkaufen **2.** *verächtl* wertloses Zeug

дешéвле ↑ дешёвый

дёшево *Adv* billig; ~ отдéлаться billig davonkommen

дешёвый, -ая, -ое; *Kzf* дёшев, дешевá, дёшево; *Komp* дешéвле **1.** billig; -ые цéны niedrige Preise; дешéвле всегó am billigsten **2.** *übtr* leicht, billig; wertlos

дешифри́ровать [дэ], -рую, -руешь; -рованный, -рован, -а *v, uv* dechiffrieren, entziffern

дешифрóвка [дэ], -и *f* Dechiffrierung, Entzifferung

дея́ние, -я *n hoher Stil* Handlung, Tat

дéятель, -я *m* auf einem Gebiet des öffentlichen Lebens Tätiger; госудáрственный ~ Staatsmann, Staatsfunktionär; полити́ческий ~ Politiker; наýчный ~ Wissenschaftler; профсоюзный ~ Gewerkschaftsfunktionär; заслýженный ~ искýсств verdienter Künstler; ~ культýры Kulturschaffender, -funk-

tionär; она́ — обще́ственный ~ sie steht im gesellschaftlichen Leben
де́ятельность, -и *f* Tätigkeit; развить бу́рную ~ eine rege Tätigkeit entfalten
де́ятельный, -ая, -ое; *Kzf* -лен, -льна tätig, aktiv; принима́ть -ое уча́стие aktiv teilnehmen
де́яться, *1. u. 2. Pers ungebr*, де́ется; *Prät nur* де́ялось *uv volksspr u. gbt* geschehen, vor sich gehen
джаз, -а *m* 1. *mus* Jazz 2. Jazzorchester, Jazzkapelle
джаз-ба́нд, джаз-ба́нда *m* Jazzkapelle, Jazzband
джа́зовый, -ая, -ое Jazz-
Джака́рта, -ы *f* Djakarta
дже́мпер, -а *m* Jumper, ärmelloser Pullover; Westover
джиги́т, -а *m* Kunstreiter; verwegener Reiter
джигито́вка, -и *f* Reiterkunststücke
джу́нгли, -ей *Pl* Dschungel
джут, -а *m* Jute
джу́товый, -ая, -ое Jute-
дзот, -а *m* (де́рево-земляна́я огнева́я то́чка) Erdbunker, Feldbefestigung
диабе́т, -а *m med* Diabetes, Zuckerkrankheit
диабе́тик, -а *m umg* Diabetiker, Zuckerkranker
диа́гноз, -а *m* Diagnose
диагона́ль, -и *f* Diagonale; идти́ по -и quer über etw. hinweggehen; чита́ть по -и *umg* oberflächlich lesen
диагона́льный, -ая, -ое; *Kzf* -лен, -льна diagonal
диагра́мма, -ы *f* Diagramm
диакрити́ческий, -ая, -ое diakritisch
диале́кт, -а *m* Dialekt, Mundart
диалекти́зм, -а *m* mundartlicher Ausdruck
диале́ктик, -а *m* Dialektiker
диале́ктика, -и *f* Dialektik
диалекти́ческий, -ая, -ое dialektisch
диалекти́чный, -ая, -ое; *Kzf* -чен, -чна dialektisch
диале́ктный, -ая, -ое mundartlich, Dialekt-
диало́г, -а *m* Dialog
диама́т, -а *m umg* (диалекти́ческий материали́зм) dialektischer Materialismus *als Studienfach*
диа́метр, -а *m* Durchmesser
диаметра́льный, -ая, -ое diametral
диапазо́н, -а *m* 1. *mus* Stimmumfang 2. *G* Bereich, Umfang; ~ волн Wellenbereich
диапозити́в, -а *m phot* Dia(positiv)
диаско́п, -а *m* Bildwerfer für Dias
диафра́гма, -ы *f* 1. Zwerchfell 2. *phot* Blende; автомати́ческая ~ Springblende
дива́н, -а *m* Diwan, Sofa; ~-крова́ть Bettcouch
диверсио́нный, -ая, -ое Diversions-, Sabotage-; ~ акт Sabotageakt
диве́рсия, -и *f* 1. *mil* Ablenkungsmanöver 2. Diversion, Sabotage
divиде́нд, -а *m* Dividende
дивизио́н, -а *m mil* Abteilung; Flottille
диви́зия, -и *f mil* Division; стрелко́вая ~ Schützendivision; пехо́тная ~ Infanteriedivision
диви́ть, -влю́, -ви́шь *uv umg* in Erstaunen setzen
диви́ться, -влю́сь, -ви́шься *uv D umg* sich wundern (über), staunen (über)
ди́вный, -ая, -ое; *Kzf* -вен, -вна 1. wunderlich, erstaunlich 2. wunderbar, wundervoll, herrlich
ди́во, -а *n* Wunder ◇ что за ~ a) das ist wunderbar, seltsam; b) das ist nicht verwunderlich; на ~ wundervoll, ausgezeichnet; -у да́ться sich wundern
дидакти́ческий, -ая, -ое 1. didaktisch 2. *buchspr* belehrend, schulmeisterlich
дие́з [иэ], -а *m mus* Kreuz, Erhöhungszeichen; фа ~ fis
дие́та [иэ], -ы *f* Diät, Schonkost
диети́ческий [иэ], -ая, -ое Diät-; ~ магази́н Diätkostgeschäft
ди́зель, -я *m* Dieselmotor
ди́зельный, -ая, -ое Diesel-
дизентери́я, -и *f med* Ruhr
дика́рка, -и, *Pl G* -рок, *D* -ркам *f* 1. Wilde *Frau* 2. *übtr umg* menschenscheue Frau
дика́рь, -я́ *m* 1. Wilder 2. *übtr umg* Menschenscheuer
ди́кий, -ая, -ое; *Kzf* дик, -а́! 1. wild; -ая у́тка Wildente; -ая ме́стность Wildnis; -ие племена́ wilde Volksstämme 2. roh, ungezügelt; -ие нра́вы rohe Sitten 3. seltsam, unsinnig, absurd; -ая иде́я Schnapsidee 4. menschenscheu, schüchtern; ◇ -ое мя́со *umg* wildes Fleisch; ~ у́жас *umg* schrecklich; ~ восто́рг *umg* helle Begeisterung
дикобра́з, -а *m* Stachelschwein
дико́вина -ы *f umg* Seltenheit, Wunderding; э́то не ~ das ist nichts Verwunderliches; в -у erstaunlich
дико́винка, -и, *Pl G* -нок, *D* -нкам *f Dem* дико́вина *umg* Seltsamkeit,

Wunderding; в -у erstaunlich, verwunderlich
дико́винный, -ая, -ое; *Kzf m ungebr*, -инна *umg* sonderbar, wunderlich
дикорасту́щий, -ая, -ее wildwachsend
ди́кость, -и *f* 1. Wildheit 2. Menschenscheu 3. Unsinn
дикта́нт, -а *m* Diktat *in der Schule*
дикта́т, -а *m pol* Diktat
дикта́торский, -ая, -ое diktatorisch
диктату́ра, -ы *f* Diktatur; ~ пролетариа́та Diktatur des Proletariats
диктова́ть, -ту́ю, -ту́ешь *uv* 1. diktieren *a. pol*; ~ усло́вия ми́ра die Friedensbedingungen diktieren 2. *1. u. 2. Pers ungebr* eingeben, befehlen
дикто́вка, -и, *Pl G* -вок, *D* -вкам *f* 1. Diktat; писа́ть под -у nach Diktat schreiben; под -у auf Befehl 2. *umg* Diktat *in der Schule*
ди́ктор, -а *m rad* Sprecher, Ansager
диктофо́н, -а *m* (Band-) Diktiergerät
ди́кция, -и *f* Sprechweise, Aussprache
дилета́нт, -а *m* Dilettant, Laie
дилижа́нс, -а *m hist* Postkutsche
Ди́ма, -ы *m Dem zu* Дими́трий
Дими́трий, -я, *P* -и *männl Vn*
ди́на, -ы *f* dyn *Krafteinheit im absoluten Maßsystem*
дина́мика, -и *f phys u. übtr* Dynamik
динами́т, -а *m* Dynamit
динами́ческий, -ая, -ое *phys u. übtr* dynamisch
динами́чный, -ая, -ое; *Kzf* -чен, -чна dynamisch, voller Bewegung
дина́мо *n idkl* Dynamo
дина́мо-маши́на, -ы *f* Dynamo(maschine)
дина́р, -а *m* Dinar *jugoslawische Währungseinheit*
дина́стия, -и *f* Dynastie
динь-ди́нь *Interj* klingling
дипло́м, -а *m* Diplom
диплома́нт, -а *m* Diplomand
диплома́т, -а *m* Diplomat *a. übtr*
дипломати́ческий, -ая, -ое 1. diplomatisch; -им путём auf diplomatischem Wege 2. gewandt
дипломати́чный, -ая, -ое; *Kzf* -чен, -чна gewandt, diplomatisch
диплома́тия, -и *f* Diplomatie *a. übtr*
диплома́тка, -и, *Pl G* -ток, *D* -ткам *f* diplomatische [klug berechnende] Frau
дипломи́ровать, -рую, -руешь; -рованный, -рован, -а *v, uv buchspr* mit einem Diplom auszeichnen; дипломи́рованный инжене́р Diplomingenieur
дипло́мник, -а *m* Diplomand
дипло́мный, -ая, -ое Diplom-
дир. (дире́ктор) Direktor
директи́ва, -ы *f* Direktive, Richtlinie
директи́вный, -ая, -ое; *Kzf* -вен, -вна richtungweisend, -gebend
дире́ктор, -а, *Pl* директора́, -о́в, -а́м *m* Direktor(in)
дире́кторский, -ая, -ое Direktor(en)-; -ие обя́занности Pflichten eines Direktors
дире́кторствовать, -твую, -твуешь *uv umg* (als) Direktor (tätig) sein
дире́кция, -и *f* Direktion
дирижа́бль, -я *m* Luftschiff, Zeppelin; жёсткий ~ starres Luftschiff
дирижёр, -а *m* Dirigent
дирижёрский, -ая, -ое Dirigenten-; -ая па́лочка Taktstock
дирижи́ровать, -рую, -руешь *uv I mus* dirigieren
дисгармо́ния, -и *f* Disharmonie *mus, übtr*
диск, -а *m* 1. *Sport* Diskus; мета́ние -а Diskuswerfen 2. Scheibe; ~ номеронабира́теля Wählscheibe *Telefon*
ди́скант, -а *m mus* Diskant
дискобо́л, -а *m* Diskuswerfer
ди́сковый, -ая, -ое 1. Diskus- 2. Scheiben-; ~ плуг Scheibenpflug
дискредити́ровать, -рую, -руешь; -рованный, -рован, -а *v, uv* in Mißkredit [in üblen Ruf] bringen
дискримина́ция, -и *f* Diskriminierung; ра́совая ~ Rassendiskriminierung
дискримини́ровать, -рую, -руешь *v, uv* diskriminieren, in den Rechten beschränken
дискуссио́нный, -ая, -ое Diskussions-; umstritten; ~ вопро́с Streitfrage; в -ом поря́дке in einer Diskussion
дискуссиро́вать, -рую, -руешь *uv A oder* о *P buchspr* diskutieren
диску́ссия, -и *f* Diskussion; печа́тается в поря́дке -и als Diskussionsbeitrag gedruckt
дискути́ровать, -рую, -руешь *uv A oder* о *P* diskutieren
диспансе́р [сэ], -а *m med* Gesundheitsfürsorgestelle; туберкулёзный ~ Tbc-Fürsorge(stelle)
диспе́тчер, -а *m* Dispatcher; Fahrdienstleiter
диспе́тчерская, -ой *Subst f* Dispatcherstelle, -zimmer
диспе́тчерский, -ая, -ое Dispatcher-; -ая устано́вка Dispatcheranlage
ди́спут, -а *m* 1. Disput, Streitgespräch 2. *alt* Verteidigung einer Dissertation

диспути́ровать, -рую, -руешь *uv* disputieren

диссерта́нт, -а *m* Verteidiger einer Dissertation

диссерта́ция, -и *f* Dissertation; кандида́тская ~ Doktordissertation; до́кторская ~ Habilitationsarbeit, -schrift; защи́та -и Verteidigung der Dissertation; защити́ть кандида́тскую -ю promovieren

дистанцио́нный, -ая, -ое Distanz-; -ое управле́ние Fernsteuerung, -bedienung; -ая тру́бка *mil* Zeitzünder

диста́нция, -и *f* 1. Distanz, Entfernung 2. Strecke; бегу́н на сре́днюю -ю Mittelstreckenläufer

дистилли́ровать, -рую, -руешь; -рованный, -рован, -а *v*, *uv* destillieren

дистилля́ция, -и *f* Destillation

[1]**дисципли́на,** -ы *f* Disziplin, Zucht; Ordnung; соблюда́ть -у Disziplin halten; трудова́я ~ Arbeitsdisziplin, -moral; шко́льная ~ Schuldisziplin

[2]**дисципли́на,** -ы *f* Disziplin, wissenschaftliche Fachrichtung

дисциплина́рный, -ая, -ое disziplinarisch; -ое взыска́ние Disziplinarstrafe ◇ ~ батальо́н *alt* Strafbataillon

дисциплини́рованность, -и *f* Diszipliniertheit

дисциплини́рованный, -ая, -ое; *Kzf* -ан, -анна diszipliniert

дитя́, *G*, *D* дитя́ти, *I* дитя́тею, *P* о дитя́ти *n*; *Pl* ↑ де́ти 1. *alt* (kleines) Kind 2. *übtr mit G* Kind; ~ своего́ ве́ка ein Kind seiner Zeit ◇ ~ приро́ды Naturkind

ди́тятко, -а, *Pl G* -ток, *D* -ткам *n* *volksspr Anrede zärtl* liebes Kind

дифира́мб, -а *m* 1. *hist* Dithyrambe 2. übertriebenes Lob; петь кому́-н. -ы ein Loblied auf j-n anstimmen

дифтери́т, -а *m umg* Diphtherie

дифтери́я, -и *f* Diphtherie

диффама́ция, -и *f jur* Diffamierung

дифференциа́л, -а *m* 1. *math* Differential 2. *tech* Differential, Ausgleichsgetriebe

дифференциа́льный, -ая, -ое 1. *math* Differential-; -ое исчисле́ние Differentialrechnung 2. differenziert; ~ тари́ф differenzierter Tarif

дифференциа́ция, -и *f* Differenzierung, Trennung, Scheidung

дифференци́ровать, -рую, -руешь; -рованный, -рован, -а *v*, *uv* differenzieren *a. math*

диффу́зный, -ая, -ое diffus, zerstreut

дича́ть, -а́ю, -а́ешь *uv* 1. verwildern 2. schüchtern [menschenscheu] werden

дичи́ться, -чу́сь, -чи́шься *uv umg* 1. *G* sich scheuen (vor) 2. befangen [schüchtern, menschenscheu] sein

дичо́к, -чка́ *m bot* 1. Wildling; я́блоня-~ wilder Apfelbaum 2. *umg* scheues [schüchternes] Kind

дичь, -и *f* 1. *Koll* Wild; Wildbret 2. *umg* Unsinn; поро́ть ~ Unsinn reden 3. *umg P* в дичи́ Wildnis, abgelegener Ort

диэле́ктрик, -а *m el* Nichtleiter

длина́, -ы́, *Pl tech*, *math* дли́ны, длин, дли́нам *f* Länge; -о́й (в) два ме́тра *oder* два ме́тра в -у́ zwei Meter lang; ме́ра -ы́ Längenmaß; в -у́ *oder* во всю -у́ der (ganzen) Länge nach

длинно|воло́сый, -ая, -ое; *Kzf* -о́с, -а langhaarig; **~но́гий,** -ая, -ое; *Kzf* -о́г, -а langbeinig; **~ру́кий,** -ая, -ое; *Kzf* -у́к, -а langarmig

длинно́ты, -о́т, -о́там *Pl* Längen, langatmige Stellen *im Roman u. a.*

длиннофо́кусный, -ая, -ое *phot* langbrennweitig

дли́нный, -ая, -ое; *Kzf* -и́нен, -инна́! lang *räumlich u. zeitlich* ◇ у неё ~ язы́к sie redet zu viel; ~ рубль *volksspr* leicht erworbener hoher Verdienst

дли́тельность, -и *f* (lange) Dauer

дли́тельный, -ая, -ое; *Kzf* -лен, -льна lange dauernd, langwierig; на ~ перио́д auf lange Sicht

длить, длю, длишь *uv* (ver)zögern, hinziehen, in die Länge ziehen

дли́ться, *1. u. 2. Pers ungebr*, дли́тся *uv* dauern, sich hinziehen

для *Präpos mit G* 1. für; zu *Zweck, Empfänger*; ~ по́льзы де́ла zum Nutzen der Sache; ~ того́, что́бы узна́ть всю пра́вду um die volle Wahrheit zu erfahren; ~ чего́? wozu?; ~ поря́дка ordnungshalber; ~ прили́чия anstandshalber 2. *im Deutschen oft zusammengesetzte Substantive*: я́щик ~ пи́сем Briefkasten; щипцы́ ~ оре́хов Nußknacker; альбо́м ~ почто́вых ма́рок Briefmarkenalbum; жи́дкость ~ воло́с Haarwasser; мы́ло ~ бритья́ Rasierseife; корзи́на ~ бума́г Papierkorb; но́жницы ~ ногте́й Nagelschere; купе́ ~ куря́щих Raucherabteil; конце́рт ~ скри́пки Violinkonzert; переда́ча ~ шко́льников Schulfunk 3. für, im Verhältnis zu; ~ своего́ вре́мени э́то бы́ло больши́м достиже́нием für die damalige Zeit war das eine große Errungenschaft ◇ не́ ~ чего́ es ist unnötig

Дми́трий, -я, *P* -и *m männl Vn*

днева́лить, -лю, -лишь *uv mil umg* (Stuben-) Dienst haben

днева́льный, -ого *Subst m* Gehilfe des UvD, Soldat, der Stubendienst hat

днева́ть, днюю, днюешь *uv* den Tag zubringen, einen Tag Rast haben; ~ и ночева́ть у кого́-н. bei j-m den ganzen Tag sitzen [hocken]

днёвка, -и, *Pl G* -вок, *D* -вкам *f* Rasttag

дневни́к, -а́ *m* Tagebuch; Schülertagebuch; Aufgabenheft

дневно́й, -а́я, -о́е **1.** Tages-, täglich; ~ свет Tageslicht; ~ за́работок Tagesverdienst; -о́е кино́ Freilichtkino **2.** Nachmittags-

днём *Adv* am Tage, tagsüber

Днепр, -а́ *m* Dnepr

днепро́вский, -ая, -ое Dnepr-; -ие поро́ги Dnepr-Stromschnellen

Днепрогэ́с, -а *m* (Днепро́вская гидроэлектроста́нция) Dnepr-Wasserkraftwerk

Днестр, -а́ *m* Dnestr *Fluß*

дни́ще, -а, *I* -ем *n* Boden *Faß, Boot*

дно, дна *n* **1.** *nur Sg* Boden, Grund *von Gewässern*; морско́е ~ Meeresgrund; идти́ ко дну versinken, untergehen; *übtr* zugrunde gehen; пуска́ть ко дну versenken **2.** *Pl* до́нья, -ьев, -ьям Boden *eines Gefäßes*; вы́пить до дна das Glas bis auf den Grund leeren; переверну́ть вверх дном das Unterste zuoberst kehren; вверх дном drunter und drüber; золото́е ~ *übtr* Goldgrube

до *Präpos mit G* **1.** bis (zu), bis nach; до реки́ bis zum Fluß; до за́втра bis morgen; с девяти́ до десяти́ (часо́в) von neun bis zehn (Uhr); до каки́х пор? bis wann?; до того́, как . . . bevor . . ., ehe . . .; до тех пор, как solange **2.** vor *zeitlich*; до револю́ции vor der Revolution; до на́шей э́ры vor unserer Zeitrechnung; за́ день до отъе́зда einen Tag vor der Abreise **3.** bis zu, gegen, ungefähr; бы́ло до десяти́ гра́дусов моро́за es waren gegen zehn Grad Kälte; си́лой до ро́ты etwa in Kompaniestärke **4.** auf *Erhöhung od. Senkung*; сни́зить брак до трёх проце́нтов die Ausschußquote auf drei Prozent senken ◇ у меня́ де́ло до тебя́ *gbt* ich habe ein Anliegen an dich, ich habe mit dir eine Angelegenheit zu besprechen; что до меня́ was mich betrifft; мне де́ла нет до э́того das geht mich nichts an, ich habe nichts damit zu tun; ему́ не до сме́ху er hat nichts zu lachen; мне не до шу́ток [разгово́ров] ich bin nicht zu Scherzen [Gesprächen] aufgelegt; до чего́ жа́рко! es ist aber heiß!

доб. (доба́вочный) zusätzlich; (Haus-) Apparat *Telefon*

доба́вить, -влю, -вишь; -вленный, -влен, -а *v A oder G* hinzufügen, ergänzen; ~ не́чего es ist nichts hinzuzufügen ‖ *uv* добавля́ть, -я́ю, -я́ешь

доба́вка, -и *f umg* Zusatz, Zugabe

добавле́ние, -я *n* Zusatz, Ergänzung; в ~ к ска́занному in Ergänzung zu dem Gesagten

добавля́ть *uv zu* доба́вить

доба́вочный, -ая, -ое ergänzend, zusätzlich; ~ паёк Zusatzration; ~ за́работок Nebenverdienst; ~ аппара́т Nebenstelle, (Haus-) Apparat *Telefon*

добега́ть *uv zu* добежа́ть

добе́гаться, -аюсь, -аешься *v umg*: ~ до уста́лости sich müde laufen

до|бежа́ть* *v* laufen bis; ~ до до́ма bis nach Hause laufen [rennen] ‖ *uv* добега́ть, -а́ю, -а́ешь

добела́ *u.* **до́бела** *Adv* **1.** bis es weiß ist; отмы́ть бельё ~ Wäsche waschen, bis sie weiß ist **2.** раскали́ть желе́зо ~ Eisen bis zur Weißglut erhitzen

добива́ть(ся) *uv zu* доби́ть(ся)

добира́ть(ся) *uv zu* добра́ть(ся)

до|би́ть* *v A* **1.** den Todesstoß [Gnadenstoß] geben **2.** *Angeschlagenes* völlig zerschlagen ‖ *uv* добива́ть, -а́ю, -а́ешь

до|би́ться* *v G* erringen, erreichen; ~ своего́ seinen Willen durchsetzen; ~ отве́та от кого́-н. j-m eine Antwort abzwingen ‖ *uv* добива́ться, -а́юсь, -а́ешься streben (nach), zu erreichen versuchen

до́блестный, -ая, -ое; *Kzf* -тен, -тна *hoher Stil* tapfer, Heldenmut

до́блесть, -и *f hoher Stil* Tapferkeit, Heldenmut

до|бра́ть* *v* **1.** *A oder G* noch dazunehmen; на́до ~ де́нег, нехвата́ет ich muß noch Geld dazunehmen, es reicht nicht **2.** *typ* bis zu Ende setzen ‖ *uv* добира́ть, -а́ю, -а́ешь

до|бра́ться*; добрали́сь *v* до *G* mit Mühe erreichen [erlangen], gelangen (bis) ◇ до него́ не доберёшься *umg* bei ihm ist nicht anzukommen; я до тебя́ доберу́сь! *umg* ich werde dich schon noch an den Hammelbeinen kriegen! ‖ добира́ться, -а́юсь, -а́ешься

добре́йший *Sup von* до́брый

[1]**добре́ть,** -е́ю, -е́ешь *uv* gutmütiger werden, besser werden

[2]**добре́ть,** -е́ю, -е́ешь *uv umg* zunehmen, dick werden

[1]**добро́,** -а́ *n* **1.** Gutes; Wohltat; сде́лать мно́го -а́ viel Gutes tun; жела́ть кому́-н. -а́ j-m alles Gute wünschen; э́то не к -у́ das führt zu nichts Gutem; за ~ -о́м и пла́тят Gutes wird mit Gutem vergolten **2.** (Hab und) Gut; чужо́е ~ fremdes Eigentum ◇ помина́ть -о́м *umg* in gutem Andenken behalten; убира́йся по -у́ по здоро́ву hau ab, bevor etwas passiert

[2]**добро** *Adv* **1.** *unpers, prädikativ, umg* gut, einverstanden; ~, сде́лаем так! gut, machen wir es so! **2.** *Konj mit Part* бы, *umg* wenn . . . wenigstens; ~ бы сам сде́лал wenn er es (doch) wenigstens selbst getan hätte ◇ ~ пожа́ловать! herzlich willkommen!

добро|во́лец, -льца, *I* -льцем, *G Pl* -льцев *m* Freiwilliger; записа́ться в ~во́льцы sich als Freiwilliger melden; **~во́льность,** -и *f* Freiwilligkeit; **~во́льный,** -ая, -ое; *Kzf* -лен, -льна freiwillig; **~во́льческий,** -ая, -ое Freiwilligen-; **~де́тель,** -и *f* Tugend; **~де́тельный,** -ая, -ое; *Kzf* -лен, -льна tugendhaft; **~ду́шие,** -я *n* Gutmütigkeit; **~ду́шный,** -ая, -ое; *Kzf* -шен, -шна gutmütig; **~жела́тель,** -я *m* Gönner; **~жела́тельный,** -ая, -ое; *Kzf* -лен, -льна wohlwollend; **~жела́тельство,** -а *n* Wohlwollen, Gunst; **~ка́чественность,** -и *f* **1.** gute Qualität **2.** *med* Gutartigkeit; **~ка́чественный,** -ая, -ое; *Kzf* -ен, -енна **1.** von guter Qualität **2.** *med* gutartig; ~ка́чественная о́пухоль gutartige Geschwulst

добро́м *Adv umg* im Guten, freiwillig

добро|нра́вный, -ая, -ое; *Kzf* -вен, -вна sittsam; **~серде́чный,** -ая, -ое; *Kzf* -чен, -чна gutherzig; **~со́вестность** [сн], -и *f* Gewissenhaftigkeit; **~со́вестный** [сн], -ая, -ое; *Kzf* -тен, -тна gewissenhaft; **~сосе́дский,** -ая, -ое gutnachbarlich

доброта́, -ы́ *f* Güte, Gutmütigkeit; ~ се́рдца Herzensgüte

добро́тность, -и *f* Güte, gute Qualität, Haltbarkeit

добро́тный, -ая, -ое; *Kzf* -тен, -тна von guter Qualität, haltbar, gediegen; ~ дом solide gebautes Haus

до́брый, -ая, -ое; *Kzf* добр, добра́, до́бро, до́бры́; добре́йший gut; gutmütig ◇ ~ день! guten Tag!; -ое у́тро! guten Morgen!; он ~ ма́лый er ist ein guter Kerl; в ~ час viel Glück!, Glück auf!; всего́ -ого alles Gute!; бу́дьте добры́ seien Sie so gut; -ых два часа́ gute [volle] zwei Stunden; все лю́ди -ой во́ли alle Menschen guten Willens; по -ой во́ле aus freiem Willen, freiwillig; чего́ -ого (он рассе́рдится) am Ende (wird er noch böse)

добря́к, -а́ *m umg* gutmütiger Mensch

добря́чка, -и, *Pl G* -чек, *D* -чкам *f umg* gutmütige Frau

добуди́ться, -ужу́сь, -у́дишься *v umg* mit Mühe aufwecken

добыва́ть *uv zu* добы́ть

до|бы́ть*; добы́л, добыла́!; добы́тый, до́бы́т, добыта́! *v* **1.** sich verschaffen, auftreiben **2.** fördern, gewinnen *geol* ‖ *uv* добыва́ть, -а́ю, -а́ешь

добы́ча, -и, *I* -ей *f* **1.** Gewinnung, Förderung *von Bodenschätzen*; ~ ка́менного у́гля Steinkohlenförderung **2.** Beute, Fang; пойти́ за -ей auf Beute ausziehen ◇ дом стал -ей огня́ das Haus wurde ein Raub der Flammen

дова́ривать *uv zu* довари́ть

довари́ть, -арю́, -а́ришь; -а́ренный, -а́рен, -а *v* garkochen ‖ *uv* дова́ривать, -аю, -аешь

до|везти́* *v* hinfahren, hinbringen; ‖ *uv* довози́ть, -ожу́, -о́зишь

дове́ренность, -и *f* (schriftliche) Vollmacht; Prokura; ~ на получе́ние де́нег Vollmacht für den Geldempfang; по́лная [о́бщая] ~ Blankovollmacht

дове́ренный, -ая, -ое **1.** bevollmächtigt; -ое лицо́ Vertrauensperson **2.** -ого *Subst m* Bevollmächtigter; Prokurist

дове́рие, -я *n* Vertrauen, Zutrauen; челове́к, не заслу́живающий -я ein unzuverlässiger Mensch: по́льзоваться -ем Vertrauen genießen; внуша́ть ~ Vertrauen erwecken; пита́ть к кому́-н. ~ zu j-m Vertrauen haben; лиши́ть кого́-н. -я j-m das Vertrauen entziehen

довери́тель, -я *m* Vollmachtgeber

довери́тельный, -ая, -ое vertraulich

дове́рить, -рю, -ришь; -ренный, -рен, -а *v* 1. anvertrauen 2. *mit Inf* beauftragen, bevollmächtigen || *uv* доверя́ть, -я́ю, -я́ешь

дове́риться, -рюсь, -ришься *v D* sich anvertrauen, sich verlassen (*D* auf) || *uv* доверя́ться, -я́юсь, -я́ешься

доверну́ть, -ну́, -нёшь; довёрнутый, -ут, -а *v umg* festschrauben || *uv* **довёртывать,** -аю, -аешь

до́верху *Adv* bis oben, bis zum Rand

дове́рчивость, -и *f* Zutraulichkeit; Leichtgläubigkeit

дове́рчивый, -ая, -ое; *Kzf* -ив, -а zutraulich; leichtgläubig

доверша́ть *uv zu* доверши́ть

доверше́ние, -я *n*: в ~ всего́ zu guter Letzt

доверши́ть, -шу́, -ши́шь; -шённый, -шён, -шена́ *v* vollenden || *uv* доверша́ть, -а́ю, -а́ешь

доверя́ть(ся) *uv zu* дове́рить(ся)

дове́сок, -ска *m* Zugabe *bis zur Erreichung des erforderlichen Gewichts*

до|вести́* *v* 1. führen, bringen; ~ кого́-н. до до́му j-n bis nach Hause bringen 2. führen, verlängern 3. *übtr* führen, bringen; ~ де́ло до конца́ eine Sache zu Ende führen; ~ кого́-н. до слёз j-n zum Weinen bringen; ~ до кра́йности bis zum äußersten treiben ◇ ~ до све́дения zur Kenntnis bringen || *uv* доводи́ть, -ожу́, -о́дишь; не доводи́ де́ло до того́, что . . . laß es nicht dahin kommen, daß . . .

до|вести́сь* *v unpers D* sich ergeben, daß . . ., Gelegenheit haben; ей (так и) не довело́сь повида́ться с ним sie hatte keine Gelegenheit, ihn wiederzusehen [sich mit ihm zu treffen] || *uv* доводи́ться, -о́дится

довле́ть, *1. u. 2. Pers ungebr*, -е́ет *uv* 1. *alt D* genügen 2. *volksspr* lasten (auf над *I*)

до́вод, -а *m* Beweis, Argument

доводи́ть *uv zu* довести́

доводи́ться, -ожу́сь, -о́дишься *uv* 1. *uv zu* довести́сь 2. *D* verwandt sein; он доводи́лся ей дя́дей er war ihr Onkel

довое́нный, -ая, -ое Vorkriegs-; ~ у́ровень Vorkriegsstand

довози́ть *uv zu* довезти́

дово́льно *Adv* 1. ziemlich; ~ хорошо́ ziemlich [recht] gut; ~ большо́й ziemlich groß 2. *prädikativ mit G* genug; с меня́ э́того ~ das genügt mir; ~ на сего́дня! genug [das reicht] für heute! 3. *mit Inf* genug, hör(t) auf!; ~ спо́рить hört auf zu streiten! ~ слов! genug der Worte!

дово́льный, -ая, -ое; *Kzf* -лен, -льна *I* zufrieden

дово́льствие, -я *n mil* Verpflegung

дово́льство, -а *n* 1. materieller Wohlstand 2. Zufriedenheit

дово́льствоваться, -ствуюсь, -ствуешься *uv* 1. *mil* Verpflegung und Dienstkleidung bekommen 2. *I* sich begnügen, sich zufrieden geben (mit)

довы́боры, -ов *Pl* Nachwahl

дог, -а *m* Dogge *Hunderasse*

догада́ться, -а́юсь, -а́ешься *v* erraten || *uv* дога́дываться, -аюсь, -аешься *uv* vermuten, zu erraten suchen

дога́дка, -и, *Pl G* -док, *D* -дкам *f* 1. Vermutung; теря́ться в -ах sich in Vermutungen verlieren; стро́ить -и rätseln, Vermutungen anstellen 2. *umg* Findigkeit, Scharfsinn

дога́дливость, -и *f* Findigkeit, Scharfsinn

дога́дливый, -ая, -ое; *Kzf* -ив, -а findig, scharfsinnig

дога́дываться *uv zu* догада́ться

доглядеть, -яжу́, -яди́шь *v umg* 1. bis zu Ende ansehen 2. за *I*, *meist verneint* aufpassen; не ~ übersehen, nicht bemerken

до́гмат, -а *m* Dogma, Glaubenssatz

догма́тик, -а *m* Dogmatiker

догмати́ческий, -ая, -ое dogmatisch

догмати́чный, -ая, -ое; *Kzf* -чен, -чна dogmatisch

до|гна́ть* *v* einholen *a. übtr* || *uv* догоня́ть, -я́ю, -я́ешь

догова́ривать(ся) *uv zu* договори́ть(ся)

догово́р, -а, *Pl* догово́ры, -ов, -ам *u. umg* **до́говор,** -а, *Pl* договора́, -о́в, -а́м *m* Vertrag; заключи́ть ми́рный ~ einen Friedensvertrag abschließen; ~ о ненападе́нии Nichtangriffspakt; ~ о дру́жбе и взаимопо́мощи Freundschafts- und Beistandspakt; коллекти́вный ~ предприя́тия Betriebskollektivvertrag; страна́, подписа́вшая ~ Signatarmacht

договорённость, -и *f* Vereinbarung, Übereinkunft

договори́ть, -рю́, -ри́шь; -рённый, -рён, -рена́ *v* zu Ende sprechen, ausreden; дай мне ~ laß mich ausreden || *uv* догова́ривать, -аю, -аешь

договори́ться, -рю́сь, -ри́шься *v* 1. о *P* sich einigen, übereinkommen *durch Besprechungen* 2. sich versteigen (до *G* zu) || *uv* догова́риваться, -аюсь, -аешься

договóрный, -ая, -ое vertraglich; на -ых начáлах auf vertraglicher Grundlage
доголá *Adv*: раздéться ~ sich splitternackt ausziehen
догоня́лки, -лок, -лкам *Pl volksspr* Haschen *Spiel*
догоня́ть *uv zu* догнáть
догорáть *uv zu* догорéть
догорéть, *1. u. 2. Pers ungebr,* -ри́т *v* 1. ab-, niederbrennen *itr*; костёр догорéл das Lagerfeuer ist niedergebrannt 2. erlöschen; зáрево догорéло der Feuerschein erlosch ‖ *uv* догорáть, -áет
догребáть *uv zu* догрести́
до|грести́* *v* 1. zusammenharken 2. rudern *bis zu einem Ort* ‖ *uv* догребáть, -áю, -áешь
додавáть *uv zu* додáть
до|дáть*; дóдал, -á! *v Fehlendes* dazugeben, hinzufügen; не ~ чегó-н. von etw. zu wenig geben ‖ *uv* до|давáть*
додáча, -и, *I* -ей *f* Zugabe
додéлать, -аю, -аешь; -анный, -ан, -а *v* (völlig) fertigmachen, fertigstellen, zu Ende führen ‖ *uv* **додéлывать,** -аю, -аешь
додýматься, -аюсь, -аешься *v* до чегó-н. durch (langes) Nachdenken auf einen Gedanken kommen ‖ *uv* **додýмываться,** -аюсь, -аешься
доедáть *uv zu* доéсть
доезжáть *uv zu* доéхать
доéние, -я *n* Melken
до|éсть* *v* aufessen; das Essen beenden ‖ *uv* доедáть, -áю, -áешь
до|éхать* *v* fahren (до *G* bis); ankommen; ~ до стáнции bis zum Bahnhof fahren ‖ *uv* доезжáть, -áю, -áешь; киломéтра два не доезжáя до гóрода etwa zwei Kilometer vor der Stadt
до|ждáться*; -ждáли́сь *v G* erwarten; мы дождáли́сь егó прихóда wir warteten, bis er kam; ~ побéды den Sieg noch erleben; онá дождалáсь, наконéц, письмá sie erhielt endlich den langerwarteten Brief ◇ ждём не дождёмся wir können es kaum erwarten ‖ *uv* дожидáться, -áюсь, -áешься
дождевáльный, -ая, -ое Berieselungs-
дождевáние, -я *n* Berieselung, Beregnung; искýсственное ~ (künstliche) Beregnung
[1]**дождеви́к,** -á *m bot* Bovist
[2]**дождеви́к,** -á *m* Regenmantel
дождевóй, -áя, -óе Regen-; ~ червь Regenwurm
дождемéр, -а *m* Regenmesser, Pluviometer
дóждик, -а *m Dem zu* дождь (leichter) Regen
дожди́нка, -и, *Pl G* -нок, *D* -нкам *f umg* Regentropfen
дожди́ть, -и́т *unpers uv umg* regnen
дождли́вый, -ая, -ое; *Kzf* -ив, -а regnerisch
дождь, -я́ *m* Regen; проливнóй ~ Regenguß; кратковрéменный ~ zeitweise Regenschauer *im Wetterbericht*; ~ идёт es regnet; бýдет ~ es wird regnen; ~ льёт как из ведрá es gießt in Strömen ◇ ~ искр Funkenregen; ~ упрёков ein Schwall von Vorwürfen
доживáть *uv zu* дожи́ть
дожидáться *uv zu* дождáться
до|жи́ть*; дóжил, -á! *v* 1. erleben, leben (до *G* bis); ~ до глубóкой стáрости ein hohes Alter erreichen; ~ на дáче до óсени bis zum Herbst in der Sommerfrische leben 2. *restliche Zeit* verbringen; он дóжил лéто на дáче er verbrachte den Rest des Sommers in der Sommerfrische ‖ *uv* доживáть, -áю, -áешь; доживáть свой век seinen Lebensabend verbringen
дóза, -ы *f* Dosis
дозвáниваться *uv zu* дозвони́ться
до|звáться*; -звáли́сь *v* durch wiederholtes Rufen herbeirufen
дозвóленный, -ая, -ое; *Kzf* -лен, -а erlaubt, bewilligt
дозвóлить, -лю, -лишь; -ленный, -лен, -а *v alt, volksspr* gestatten ‖ *uv* **дозволя́ть,** -я́ю, -я́ешь
дозвони́ться, -ню́сь, -ни́шься *v umg* до *G* 1. (telefonisch) erreichen, Anschluß bekommen 2. klingeln, bis geöffnet wird ‖ *uv* дозвáниваться, -аюсь, -аешься
дози́ровать, -рую, -руешь; -рованный, -рован, -а *v, uv* dosieren
дозирóвка, -и *f* Dosierung
дознавáться *uv zu* дознáться
дознáние, -я *n jur* Untersuchung
дознáться, -áюсь, -áешься *v umg* ermitteln, in Erfahrung bringen ‖ *uv* до|знавáться* in Erfahrung zu bringen suchen
дозóр, -а *m mil* Streife, Patrouille; Spähtrupp; идти́ -ом patrouillieren
дозóрный, -ая, -ое 1. Patrouillen-, Wacht-; Späh-; -ое сýдно Wacht-

schiff 2. -ого *Subst m* Patrouillengänger, Späher

дозрева́ть *uv zu* дозре́ть

дозре́лый, -ая, -ое völlig reif

дозре́ть, *1. u. 2. Pers ungebr*, -е́ет *v* ausreifen ‖ *uv* дозрева́ть, -а́ет

доигра́ть, -а́ю, -а́ешь; дои́гранный, -ан, -а *v* zu Ende spielen ‖ *uv* **дои́грывать,** -аю, -аешь

доигра́ться, -а́юсь, -а́ешься *v umg* spielen *bis zum unerfreulichen Ende* ◇ вот и доигра́лся! *umg* da hast du die Bescherung! ‖ *uv* **дои́грываться,** -аюсь, -аешься

до́ильный, -ая, -ое Melk-

до́ильщица, -ы, *I* -ей *f* Melkerin

до|иска́ться* *v umg G* ausfindig machen ‖ *uv* дои́скиваться, -аюсь, -аешься

дои́скиваться, -аюсь, -аешься *uv umg* 1. *uv zu* доиска́ться 2. zu entdecken trachten, ausfindig machen

доистори́ческий, -ая, -ое vorgeschichtlich, prähistorisch

дои́ть, дою́, до́ишь; до́енный, до́ен, -а *uv* melken

дои́ться, *1. u. 2. Pers ungebr*, до́йтся *uv* Milch geben

до́йка, -и *f* Melken

дойму́ ↑ доня́ть

до́йный, -ая, -ое: -ая коро́ва Milchkuh; *übtr* melkende Kuh

до|йти́* *v* 1. gehen (до *G* bis) 2. до *G* erreichen, anlangen; gelangen 3. so weit kommen, ausarten; ссо́ры дошли́ до дра́ки der Streit artete in eine Schlägerei aus; де́ло дошло́ до того́, что ... es war dazu gekommen, daß ... 4. *übtr* kommen (auf etw.); я сам дошёл до реше́ния зада́чи ich bin selbst auf die Lösung der Aufgabe gekommen 5. völlig gar werden, völlig reif werden; помидо́ры дошли́ die Tomaten sind nachgereift ‖ *uv* доходи́ть, -ожу́, -о́дишь; не доходя́ до вокза́ла kurz vor dem Bahnhof

док, -а *m* Dock; плаву́чий ~ Schwimmdock

до́ка, -и *m, f volksspr* Kenner, Meister seines (ihres) Fachs

доказа́тельный, -ая, -ое; *Kzf* -лен, -льна beweiskräftig

доказа́тельство, -а *n* 1. Beweis; веще́ственное ~ *jur* corpus delicti, Beweisgegenstand; в ~ zum Beweis 2. Beweisführung

до|каза́ть* *v* beweisen ‖ *uv* дока́зывать, -аю, -аешь

доказу́емый, -ая, -ое; *Kzf* -у́ем, -а beweisbar, nachweisbar

дока́зывать *uv zu* доказа́ть

дока́нчивать *uv zu* доко́нчить

докапиталисти́ческий, -ая, -ое vorkapitalistisch

дока́пываться *uv zu* докопа́ться

докати́ть, -ачу́, -а́тишь; -а́ченный, -а́чен, -а *v* 1. (hin)rollen, (hin)wälzen (до *G* bis) 2. *umg* schnell fahren, ankommen; в три часа́ мы докати́ли до Берли́на in drei Stunden fuhren wir bis nach Berlin ‖ *uv* **дока́тывать,** -аю, -аешь

докати́ться, -ачу́сь, -а́тишься *v* 1. rollen (bis) 2. *umg verächtl* moralisch herunterkommen; смотри́те, до чего́ он докати́лся na sehen sie, wie tief er gesunken ist ‖ *uv* **дока́тываться,** -аюсь, -аешься

до́кер, -а *m* Hafenarbeiter *in kapitalistischen Ländern*

докла́д, -а *m* 1. Vortrag, Referat; чита́ть ~ einen Vortrag halten 2. Bericht; отчётный ~ Rechenschaftsbericht 3. Anmeldung *eines Besuchers durch Sekretärin usw.*; без -а не входи́ть! ohne Anmeldung kein Zutritt!

докладна́я, -о́й *Subst f umg* Aktennotiz

докладно́й, -а́я, -о́е: -а́я запи́ска schriftlicher Bericht, Aktennotiz

докла́дчик, -а *m* Vortragender, Referent

докла́дчица, -ы, *I* -ей *f umg* Vortragende, Referentin

[1,2]докла́дывать *uv zu* [1,2]доложи́ть

докла́ссовый, -ая, -ое: -ое о́бщество Gesellschaft vor Entstehung der Klassen

докли́каться, -и́чусь, -и́чешься *v volksspr* herbeirufen

доко́ле *u.* **доко́ль** *Adv alt* 1. wie lange (noch)? bis wann? 2. (so lange) bis; soweit

докона́ть, -а́ю, -а́ешь *v umg A* erledigen, den Rest geben

доко́нчить, -чу, -чишь; -ченный, -чен, -а *v* beenden, zu Ende führen ‖ *uv* дока́нчивать, -аю, -аешь

докопа́ться, -а́юсь, -а́ешься *v* 1. graben (до *G* bis); ~ до воды́ graben, bis man auf Wasser stößt 2. *übtr umg* dahinterkommen, ausfindig machen; ~ до су́ти де́ла der Sache auf den Grund kommen ‖ *uv* дока́пываться, -аюсь, -аешься

до́красна́ *Adv* 1. bis zur Rotglut 2. bis zum Rotwerden; растере́ть ко́жу ~ die Haut reiben, bis sie rot wird

докрича́ться, -чу́сь, -чи́шься *v* 1. *G* durch häufiges Schreien herbeirufen 2.: ~ до хрипоты́ sich heiser schreien

до́ктор, -а, *Pl* доктора́, -о́в, -а́м *m* 1. Doktor *Grad*, Dr. habil.; ~ филосо́фии Dr. phil. habil.; получи́ть сте́пень -а (sich) habilitieren 2. Arzt; Herr Doktor *Anrede*

доктора́льный, -ая, -ое; *Kzf* -лен, -льна *buchspr* pedantisch [streng] belehren

до́кторский, -ая, -ое: -ая диссерта́ция Habilitationsarbeit; ~ экза́мен Habilitation

до́кторша, -и, *I* -ей *f volksspr* 1. Ärztin 2. *alt* Arztfrau

доктри́на, -ы *f* Doktrin

доктринёр, -а *m* Doktrinär

доктринёрский, -ая, -ое doktrinär

доку́да *Adv volksspr* bis wohin

докуме́нт, -а *m* Dokument, Ausweis; предъяви́ть (свой) ~ seinen Ausweis vorzeigen

документа́льный, -ая, -ое dokumentarisch; ~ фильм Dokumentarfilm

документа́ция, -и *f* Dokumentation; техни́ческая ~ technische Unterlagen

документи́ровать, -рую, -руешь; -рованный, -рован, -а *v, uv* dokumentieren, beurkunden

докупа́ть *uv zu* докупи́ть

докупи́ть, -уплю́, -у́пишь; -у́пленный, -у́плен, -а *v* hinzukaufen ‖ *uv* докупа́ть, -а́ю, -а́ешь

доку́ривать *uv zu* докури́ть

докури́ть, -урю́, -у́ришь; -у́ренный, -у́рен, -а *v* zu Ende rauchen ‖ *uv* доку́ривать, -аю, -аешь

докуча́ть, -а́ю, -а́ешь *uv D umg* belästigen; ~ кому́-н. постоя́нными про́сьбами j-m mit ständigen Bitten in den Ohren liegen

доку́чливый, -ая, -ое; *Kzf* -ив, -а lästig, zudringlich

доку́чный, -ая, -ое; *Kzf* -чен, -чна *umg* langweilig, lästig

дол, -а, *D Pl* по дола́м *u. alt* по до́лам *m alt, poet* Tal ◇ за гора́ми, за -а́ми über Berg und Tal

долбёжка, -и *f volksspr* Paukerei

долбёжный, -ая, -ое: -ое долото́ Stemmeißel

долби́ть, -блю́, -би́шь; -блённый, -блён, -блена́ *uv* 1. aushöhlen, meißeln; ка́пля и ка́мень долби́т *Sprichw* steter Tropfen höhlt den Stein 2. *umg* beständig wiederholen 3. *umg verächtl* pauken, büffeln

долблёный, -ая, -ое ausgehöhlt, ausgemeißelt

долг, -а (-у), *P* о до́лге, в долгу́, *Pl* долги́, -о́в, -а́м *m* 1. Pflicht, Schuldigkeit ◇ исполня́ть свой ~ пе́ред ке́м-н. seiner Pflicht j-m gegenüber nachkommen; по -у слу́жбы pflichtgemäß; отда́ть после́дний ~ кому́-н. j-m die letzte Ehre erweisen; пе́рвым -ом *umg* zu allererst, vor allen Dingen 2. (Geld-) Schuld ◇ взять в ~ у кого́-н. von j-m borgen; дать в ~ (ver)borgen, (ver)leihen; наде́лать -о́в Schulden machen; влезть в -и́ *volksspr* große Schulden machen; не оста́ться в -у́ a) nichts schuldig bleiben; b) keine Antwort schuldig bleiben; быть в -у, как в шелку́ bis über die Ohren in Schulden stecken; ~ не ревёт, а спать не даёт *Sprichw* Borgen macht Sorgen

до́лгий, -ая, -ое; *Kzf* до́лог, долга́, до́лго, до́лги; *Komp* до́льше *u.* до́лее 1. lang *zeitlich*; ~ гла́сный langer Vokal 2. *alt* lang *räumlich* ◇ э́то -ая пе́сня das ist eine lange Geschichte; откла́дывать в ~ я́щик auf die lange Bank schieben

до́лго *Adv* lange ◇ ~ ли, коро́тко ли *umg* über kurz oder lang; ~ ли до беды́ [греха́] wie leicht kann ein Unglück passieren; ~ ли упа́сть на льду wie leicht kann man auf dem Eis hinfallen

долгове́чный, -ая, -ое; *Kzf* -чен, -чна lang dauernd, dauerhaft

долгово́й, -а́я, -о́е Schuld-; -о́е обяза́тельство Schuldverschreibung

долговре́менный, -ая, -ое lange während, für lange Zeit; -ая огнева́я то́чка *mil* ständige Feueranlage

долго|вя́зый, -ая, -ое; *Kzf* -я́з, -а *umg* langaufgeschossen, schlaksig; **~жда́нный,** -ая, -ое langerwartet, langersehnt; **~игра́ющий,** -ая, -ее: ~игра́ющая пласти́нка Langspielplatte; **~ле́тний,** -яя, -ее langjährig

долгоно́сик, -а *m zool* Rüsselkäfer

долгосро́чный, -ая, -ое langfristig

долгота́, -ы́, *Pl* долго́ты, -о́т, -о́там *f* *geogr* Länge *a. zeitlich*

долготерпе́ние, -я *n* Langmut

долево́й, -ая, -ое Längs-; ~ разре́з Längsschnitt

до́лее ↑ до́лгий

долета́ть *uv zu* долете́ть

долете́ть, -лечу́, -лети́шь *v* fliegen (до *G* bis) ‖ *uv* долета́ть, -а́ю, -а́ешь

должа́ть, -а́ю, -а́ешь *uv alt* Schulden machen

до́лжен, должна́, -о́, -ы́ *prädikativ* 1. müssen, sollen; чы не ~ э́того де́лать du sollst [darfst] das nicht tun 2. muß (wohl); он ~ скоро верну́ться er muß (wohl) bald wiederkommen 3. *D* schulden; он мне ~ пять рубле́й er ist mir fünf Rubel schuldig ◇ должно́ быть wahrscheinlich

должни́к, -а́ *m* Schuldner

до́лжно *unpers, prädikativ, meist mit Inf alt* man muß, man soll

до́лжное, -ого *Subst n* das Gebührende ◇ отда́ть ~ кому́-н. j-m Gerechtigkeit widerfahren lassen

должностно́й, -а́я, -о́е Amts-

до́лжность, -и, *G Pl* -е́й *f* Amt, Dienststellung; занима́ть ~ eine Stelle bekleiden; по -и von Amts wegen

до́лжный, -ая, -ое gebührend, gehörig; на -ой высоте́ auf entsprechender Höhe

долива́ть *uv zu* доли́ть

доли́на, -ы *f* Tal

до|ли́ть*; до́лил, -а́!; доли́тый, до́лит, -а́! *v* vollgießen, auffüllen; ~ молока́ Milch zugießen ‖ *uv* долива́ть, -а́ю, -а́ешь

до́лларовый, -ая, -ое Dollar-; -ая зо́на Dollarzone, Dollarraum

[1]**доложи́ть,** -ожу́, -о́жишь; -о́женный, -о́жен, -а *v A oder* о *P* melden, berichten ‖ *uv* докла́дывать, -аю, -аешь

[2]**доложи́ть,** -ожу́, -о́жишь; -о́женный, -о́жен, -а *v umg A, G* hinzufügen, dazulegen ‖ *uv* докла́дывать, -аю, -аешь

доло́й *Adv* nieder mit, hinweg; hinunter, ab; ~ поджига́телей войны́! nieder mit den Kriegstreibern! ◇ уйди́ с глаз ~! geh mir aus den Augen!; с плеч ~ ich bin es los

долото́, -а́, *Pl* доло́та, -ло́т, -ло́там *n* Stemmeisen, Meißel

до́лька, -и, *Pl G* -лек, *D* -лькам *f Dem zu* до́ля Teilchen; ~ апельси́на Apfelsinenscheibe

до́льше ↑ до́лгий

до́ля, -и, *Pl* до́ли, доле́й, доля́м *f* 1. Teil, Anteil; на мою́ -ю прихо́дится со́рок копе́ек auf meinen Anteil entfallen vierzig Kopeken; в -ю секу́нды im Bruchteil einer Sekunde; в э́том есть ~ и́стины daran ist etwas Wahres; льви́ная ~ Löwenanteil 2. *bot, anat* Lappen; -и лёгких Lungenlappen 3. Schicksal, Los 4. *alt* russ. Gewicht von 44 mg

дом, -а (-у), *P* в до́ме, на дому́, *Pl* дома́, -о́в, -а́м *m* 1. Haus *a. übtr*; жило́й ~ Wohnhaus; де́тский ~ Kinderheim; инвали́дный ~ Pflegeheim; сумасше́дший ~ Irrenhaus; банки́рский ~ Bankhaus 2. Haus, Wohnung; вам и́з дому звони́ли man hat Sie von zu Hause [aus Ihrer Wohnung] angerufen; присла́ть на́ ~ ins Haus [in die Wohnung] schicken; зада́ние на́ ~ Hausaufgabe; на дому́ bei sich zu Hause; приня́ть кого́-н. в дом j-n ins Haus nehmen, in die Familie aufnehmen; тоскова́ть по до́му Heimweh haben 3. *Koll* Familie; Hausbewohner 4. Herrscherhaus, Dynastie

дом- *in Zuss Abk für* дома́шний *oder* домо́вый Haus-

до́ма *Adv* zu Hause; бу́дьте как ~ fühlen Sie sich wie zu Hause; у него́ не все ~ *umg* er hat nicht alle Tassen im Schrank

дома́шние, -их *Subst Pl* Familienangehörige

дома́шний, -яя, -ее Haus-; -ее хозя́йство Hauswirtschaft; -яя хозя́йка Hausfrau; -яя колбаса́ hausschlachtene Wurst; -ее живо́тное Haustier; располага́йтесь по-дома́шнему *umg* machen Sie es sich bequem

до́менный, -ая, -ое Hochofen-; -ая печь Hochofen

до́менщик, -а *m* Hochöfner

до́мик, -а *m Dem zu* дом Häuschen; ка́рточный ~ Kartenhaus

доминика́нский, -ая, -ое dominikanisch; Доминика́нская Респу́блика Dominikanische Republik

доминио́н, а *m* Dominion

домини́ровать, *1. u. 2. Pers ungebr,* -рует *uv* dominieren

домино́ *n idkl* Domino *Spiel und Kostüm*

домко́м, -а *m* (домо́вый комите́т) Hauskomitee

домкра́т, -а *m* Wagenheber

до́мна, -ы, *Pl G* -мен, *D* -мнам *f* Hochofen

домови́тый, -ая, -ое; *Kzf* -и́т, -а häuslich, um das Haus besorgt

домовладе́лец, -льца, *I* -льцем, *G Pl* -льцев *m* Hausbesitzer

домовни́чать, -аю, -аешь *uv volksspr u. gbt während der Abwesenheit anderer* das Haus hüten, die Wirtschaft betreuen

домово́дство, -а *n* Haushaltsführung

домово́й, -о́го *Subst m* Hausgeist
домо́вый, -ая, -ое Haus-; -ая кни́га Hausbuch
домога́тельство, -а *n* dringendes Bitten, hartnäckiges Ersuchen
домога́ться, -а́юсь, -а́ешься *uv G* sich eifrig bewerben (um), hinarbeiten (auf)
домо́й *Adv* nach Hause
домонополисти́ческий, -ая, -ое vormonopolistisch
домо|се́д, -а *m* Stubenhocker; **~се́дка,** -и, *Pl G* -док, *D* -дкам *f* Stubenhockerin; **~строе́ние,** -я *n* Hausbau, Häuserbau; **~строи́тельный,** -ая, -ое: ~строи́тельный заво́д Werk für Betonfertigteile; **~строи́тельство,** -а *n* Hausbau, Häuserbau; **~тка́ный,** -ая, -ое hausgewebt; **~упра́в,** -а *m* (управля́ющий дома́ми) Hausverwalter; **~управле́ние,** -я *n* Hausverwaltung; **~хозя́ин,** -а, *Pl* -я́ева, -я́ев, -я́евам *m* Hausbesitzer; **~хозя́йка,** -и, *Pl G* -зя́ек, *D* -зя́йкам *f* Hausfrau
домоча́дцы *Pl* -ев, *Sg* домоча́дец, -дца *m alt* Familienangehörige, Hausgenossen mit den Rechten von Familienangehörigen
до́мра, -ы *f* Domra *mandolinenähnliches russisches Zupfinstrument*
домрабо́тница, -ы, *I* -ей *f* Hausangestellte
домча́ться, -чу́сь, -чи́шься *v umg* blitzschnell ankommen
до́мысел, -сла *m* Mutmaßung, Vermutung
Дон, -а, *P* о До́не, на Дону́ *m* Don
донага́ *Adv umg* splitternackt
дона́шивать *uv zu* [1]доноси́ть
Донба́сс, -а *m* (Доне́цкий бассе́йн) Donezbecken
доне́льзя *Adv umg* äußerst, wie es schlimmer nicht sein kann; ~ пло́хо äußerst schlecht, hundsmiserabel
донесе́ние, -я *n* Meldung, Bericht
[1]**до|нести́*** *v* tragen (до *G* bis) || *uv* доноси́ть, -ношу́, -но́сишь
[2]**до|нести́*** *v* 1. о *P* melden, berichten (über) 2. на *A* denunzieren || *uv* доноси́ть, -ношу́, -но́сишь
до|нести́сь* *v* 1. *1. u. 2. Pers ungeor* dringen, herüberklingen *Töne*; zu Ohren kommen *Gerücht* 2. in schneller Fahrt [schnellem Lauf] erreichen || *uv* доноси́ться, -но́сится *zu* 1
Доне́ц, -нца́, *I* -нцо́м *m* Donez
до́низу *Adv* bis unten; све́рху ~ von oben bis unten
донима́ть *uv zu* доня́ть
до́нный, -ая, -ое Grund-; ~ лов Fischfang in großer Tiefe; ~ лёд Grundeis
до́нор, -а *m* Blutspender
до́норский, -ая, -ое Blutspende-; ~ пункт Blutspendezentrale
до́норство, -а *n* Blutspendewesen
доно́с, -а *m* Denunziation
[1]**доноси́ть,** -ношу́, -но́сишь; -но́шенный, -но́шен, -а *v* 1. abtragen *Kleidung* 2. austragen *Kind* || *uv* дона́шивать, -аю, -аешь
[2, 3]**доноси́ть** *uv zu* [1, 2]донести́
доноси́ться *uv zu* донести́сь
доно́счик [ощ], -а *m* Denunziant
донско́й, -а́я, -о́е Don-; ~ каза́к Donkosak
доны́не *Adv hoher Stil* bis jetzt
доня́ть* *v umg* belästigen, quälen || *uv* донима́ть, -а́ю, а́ешь
дообсле́дование, -я *n med* Nachuntersuchung
дооктя́брьский, -ая, -ое vor der Oktoberrevolution
допека́ть *uv zu* допе́чь
до|пе́чь* *v* 1. ausbacken, fertig backen 2. *A umg* die Hölle heiß machen (j-m), einheizen (j-m) || *uv* допека́ть, -а́ю, -а́ешь
допива́ть(ся) *uv zu* допи́ть(ся)
до|писа́ть* *v* fertigschreiben, -malen || *uv* **допи́сывать,** -аю, -аешь
до|пи́ть,* *v*; до́пил, -а́! austrinken, leeren || *uv* допива́ть, -а́ю, -а́ешь
до|пи́ться*; -пи́лся́, -пи́ли́сь до *G v umg* durch unmäßiges Trinken unangenehme Auswirkungen erfahren; он допи́лся до чёртиков er ist total betrunken || *uv* допива́ться, -а́юсь, -а́ешься
допла́та, -ы *f* Nachzahlung, Zuschlag; письмо́ с -ой Brief mit Nachporto; за осо́бую -у gegen Mehrberechnung
доплати́ть, -ачу́, -а́тишь; -а́ченный, -а́чен, -а *v* nachzahlen, zuzahlen || *v* допла́чивать, -аю, -аешь
доплатно́й, -а́я, -о́е: -о́е письмо́ Brief mit Nachporto
допла́чивать *uv* доплати́ть
допо́длинный, -ая, -ое *umg* echt, authentisch
допоздна́ [зн] *Adv umg* bis spät in die Nacht hinein
дополне́ние, -я *n* 1. Ergänzung, Nachtrag; Zusatzantrag; в ~ ergänzend, als Nachtrag 2. *gram* Objekt
дополни́тельный, -ая, -ое 1. ergänzend, zusätzlich; -ые цвета́ Komplementärfarben; -ое соглаше́ние Zusatzabkommen 2.: -ое прида́точное предложе́ние Objektsatz

допо́лнить, -ню, -нишь; -ненный, -нен, -а *v* ergänzen, auffüllen ‖ *uv* **дополня́ть,** -я́ю, -я́ешь

допото́пный, -ая, -ое *umg scherz* vorsintflutlich, altmodisch

допра́шивать *uv zu* допроси́ть

допра́шиваться *uv zu* ²допроси́ться

допризы́вник, -а *m* Jugendlicher in der vormilitärischen Ausbildung

допризы́вный, -ая, -ое vormilitärisch; -ая подгото́вка vormilitärische Ausbildung

допро́с, -а *m* Verhör, Vernehmung; перекрёстный ~ Kreuzverhör; подверга́ть кого́-н. -у j-n verhören

допроси́ть, -ошу́, -о́сишь; -о́шенный, -о́шен, -а *v* vernehmen, verhören ‖ *uv* допра́шивать, -аю, -аешь

¹**допроси́ться,** -ошу́сь, -о́сишься *v umg* durch Bitten erreichen; у него́ ничего́ не допро́сишься bei ihm ist nichts zu erreichen

²**допроси́ться,** -ошу́сь, -о́сишься *v umg* durch beständiges Ausfragen erfahren, herausbekommen ‖ *uv* допра́шиваться, -аюсь, -аешься

до́пуск, -а *m* 1. *umg* Einlaß, Zutritt 2. *tech* Toleranz

допуска́ть, -а́ю, -а́ешь *uv* 1. zulassen, gestatten *wohin zu gehen, etw. zu tun*; его́ к отцу́ не допуска́ли man ließ ihn nicht zum Vater (gehen) 2. annehmen, für möglich halten ‖ *v* допусти́ть, -ущу́, -у́стишь; -у́щенный, -у́щен, -а

допусти́мый, -ая, -ое; *Kzf* -и́м, -а zulässig

допусти́ть *v zu* допуска́ть

допуще́ние, -я 1. Zulassung 2. Annahme, Hypothese

допыта́ться, -а́юсь, -а́ешься *v umg* auskundschaften, ermitteln ‖ *uv* допы́тываться, -аюсь, -аешься

допы́тываться, -аюсь, -аешься *uv* 1. *uv zu* допыта́ться 2. zu ermitteln versuchen

до́пьяна́ *Adv umg*: напи́ться ~ sich betrinken; напои́ть кого́-н. ~ j-n völlig betrunken machen

дораба́тывать(ся) *uv zu* дорабо́тать(ся)

дорабо́тать, -аю, -аешь; -анный, -ан, -а *v* 1. fertigmachen, den letzten Schliff geben 2. arbeiten (до *G* bis) ‖ *uv* дораба́тывать, -аю, -аешь

дорабо́таться, -аюсь, -аешься *v umg* до *G* sich durch Arbeit etwas zuziehen; ~ до головно́й бо́ли vom langen Arbeiten Kopfschmerzen bekommen ‖ *uv* дораба́тываться, -аюсь, -аешься

дораста́ть *uv zu* дорасти́

до|расти́* *v* 1. auswachsen, die erforderliche Höhe erreichen 2. ein bestimmtes Alter erreichen; ма́льчик ещё не доро́с, что́бы чита́ть таки́е кни́ги der Junge ist noch nicht alt genug, um solche Bücher lesen zu können 3. *übtr meist verneint* gewachsen sein; она́ не доросла́ до тако́й зада́чи sie ist dieser Aufgabe nicht gewachsen ‖ *uv* дораста́ть, -а́ю, -а́ешь

до|рва́ться*; -рва́ли́сь *v volksspr* herfallen (до *G* über) ‖ *uv* дорыва́ться, -а́юсь, -а́ешься

дореволюцио́нный, -ая, -ое vorrevolutionär

дорефо́рменный, -ая, -ое vor einer Reform (besonders der Bauernreform von 1861 in Rußland)

дорисова́ть, -су́ю, -су́ешь; -со́ванный, -со́ван, -а *v* fertigzeichnen ‖ *uv* **дорисо́вывать,** -аю, -аешь

доро́га, -и *f* 1. Weg, Landstraße; просёлочная ~ Feldweg; больша́я ~ ungepflasterte Landstraße; са́нная ~ Schlittenbahn; уступи́ть кому́-н. -у j-m aus dem Weg gehen 2. Reise; взять еды́ на -у Proviant auf die Reise mitnehmen; отпра́виться в -у sich auf den Weg machen 3. Weg *übtr*; идти́ свое́й -ой seinen eigenen Weg gehen; пробива́ть себе́ -у sich Bahn brechen; стать кому́-н. попере́к -и j-m im Wege stehen, j-m in die Quere kommen ◇ нам с ва́ми по -е a) wir haben den gleichen Weg; b) wir haben gemeinsame Ziele; туда́ ему́ и ~ das geschieht ihm recht; пойти́ не по свое́й -е seinen Beruf verfehlen

дороговизна, -ы *f* Teuerung

доро́гой *Adv* unterwegs

дорого́й, -а́я, -о́е; *Kzf* до́рог, -а́!; *Komp* доро́же 1. teuer; kostbar; ~ ка́мень Edelstein; 2. teuer, lieb, wert; ~ друг! lieber Freund!

доро́дный, -ая, -ое; *Kzf* -ден, -дна wohlbeleibt

дорожа́ть, *1. u. 2. Pers ungebr*, -а́ет *uv* teuer werden

доро́же ↑ дорого́й

дорожи́ть, -жу́, -жи́шь *uv I* hoch einschätzen; (на́до) ~ ка́ждым ча́сом jede Stunde muß genutzt werden

доро́жка, -и, *Pl G* -жек, *D* -жкам *f* 1. Fußweg, Pfad; велосипе́дная ~ Fahrradweg; гарева́я ~ Aschenbahn; рыси́стая ∼ Trabrennbahn **2.** Läufer, schmaler Teppich **3.** Spur *Tonband*

доро́жный, -ая, -ое **1.** Straßen-, Wege-; -ые усло́вия Straßenverhältnisse; -ое строи́тельство Straßenbau **2.** Reise-; -ые расхо́ды Reisespesen

Дорофе́я, -и *f* Dorothea

До́ртмунд, -а *m* Dortmund

дорыва́ться *uv zu* дорва́ться

ДОСААФ [саф], -а *m* (Доброво́льное о́бщество соде́йствия а́рмии, авиа́ции и фло́ту СССР) DOSAAF (Freiwillige Gesellschaft zur Förderung von Armee, Luftstreitkräften und Flotte der UdSSR)

доса́да, -ы *f* Ärger

[1]**досади́ть,** -сажу́, -сади́шь *v D* ärgern ‖ *uv* досажда́ть, -а́ю, -а́ешь

[2]**досади́ть,** -сажу́, -са́дишь; -са́женный, -са́жен, -а *v* das Pflanzen beenden; (bis zu einer bestimmten Grenze) pflanzen; nachpflanzen ‖ *uv* доса́живать, -аю, -аешь

доса́дливый, -ая, -ое; *Kzf* -ив, -а ärgerlich, verdrießlich

доса́дный, -ая, -ое; *Kzf* -ден, -дна ärgerlich, unangenehm

доса́довать, -дую, -дуешь *uv* sich ärgern (на *A* über); ∼ на свою́ судьбу́ mit seinem Schicksal hadern

досажда́ть *uv zu* [1]досади́ть

доса́живать *uv zu* [2]досади́ть

досе́ле *u.* **досе́ль** *Adv alt* bisher

доска́, -и́, *A* до́ску, *Pl* до́ски, досо́к, доска́м *f* **1.** Brett, Bohle; настила́ть до́ски dielen **2.** Tafel; Platte; ∼ стола́ Tischplatte; кла́ссная ∼ Wandtafel; писа́ть на -е́ an die Tafel schreiben; ∼ для объявле́ний Schwarzes Brett; кра́сная ∼ Ehrentafel *für Auszeichnungen*; ша́хматная ∼ Schachbrett; распредели́тельная ∼ Schalttafel ◇ ста́вить на одну́ до́ску auf die gleiche Stufe stellen

дос|каза́ть* *v* ausreden, zu Ende erzählen ‖ *uv* **доска́зывать,** -аю, -аешь

доскона́льный, -ая, -ое; *Kzf* -лен, -льна gründlich, genau

дoсле́дование, -я *n jur* Nachuntersuchung

дoсло́вный, -ая, -ое **1.** wörtlich **2.** -о *Adv* Wort für Wort, wörtlich

дослужи́ться, -ужу́сь, -у́жишься *v* durch Dienen erlangen [erreichen]

дослу́шать, -аю, -аешь *v* zu Ende hören, bis zum Schluß anhören ‖ *uv* **дослу́шивать,** -аю, -аешь

досма́тривать *uv zu* досмотре́ть

досмо́тр, -а (-у) *m* Kontrolle, Durchsuchung; тамо́женный ∼ Zollkontrolle

досмотре́ть, -отрю́, -о́тришь; -о́тренный, -о́трен, -а *v* **1.** bis zu Ende ansehen **2.** kontrollieren, durchsuchen **3.** *meist verneint* aufpassen (за *I* auf); мы за ним не досмотре́ли wir haben auf ihn nicht aufgepaßt ‖ *uv* досма́тривать, -аю, -аешь

до|спа́ть* *v* schlafen (до *G* bis); не ∼ nicht ausschlafen ‖ *uv* досыпа́ть, -а́ю, -а́ешь

доспе́хи, -ов, *Pl* Rüstung, Ritterrüstung

досро́чный, -ая, -ое vorfristig

достава́ть(ся) *uv zu* доста́ть(ся)

доста́вить, -влю, -вишь; -вленный, -влен, -а *v* **1.** liefern, zustellen **2.** verschaffen, bereiten ‖ *uv* доставля́ть, -я́ю, -я́ешь

доста́вка, -и *f* Zustellung; ∼ на́ дом Lieferung frei Haus

доставля́ть *uv zu* доста́вить

доста́вщик, -а *m* Zusteller, Überbringer

доста́ток, -тка *m* Wohlstand, Wohlhabenheit; он челове́к с -тком er hat ein gutes Auskommen

доста́точно **1.** *Adv* genug; ∼ большо́й groß genug **2.** *prädikativ G* genug; у нас ∼ де́нег wir haben genug Geld; э́того ∼ das genügt; ∼ бы́ло одного́ сло́ва es bedurfte nur eines Wortes

доста́точный, -ая, -ое; *Kzf* -чен, -чна **1.** genügend **2.** *alt* wohlhabend

до|ста́ть* *v* **1.** herausnehmen, herunternehmen **2.** verschaffen, auftreiben, bekommen **3.** до *G* langen (bis), reichen (bis) **4.** *unpers G umg* (aus)reichen ‖ *uv* до|става́ть*

до|ста́ться* *v* **1.** zufallen, zuteil werden; ему́ доста́лся вы́игрыш ihm ist ein Gewinn zugefallen **2.** *unpers umg* Strafe abbekommen; ему́ поря́дком доста́лось за ложь für seine Lüge hat er ordentlich was abgekriegt ‖ *uv* до|става́ться*

достига́ть *uv zu* дости́гнуть *u.* дости́чь

дости́гнуть, -сти́гну, -сти́гнешь; дости́г, -ла; -сти́гнутый, -сти́гнут, -а *u.*

до|сти́чь* *v* **1.** *G* erreichen, erlangen; мы дости́гли бе́рега wir erreichten das Ufer **2.** gelangen (до *G* bis); ∼ до уше́й кого́-н. bis zu j-s Ohren dringen **3.** *G* erreichen; ∼ це́ли в жи́зни das Lebensziel erreichen ‖ *uv* достига́ть, -а́ю, -а́ешь

достиже́ние, -я *n* **1.** Erreichung **2.** Errungenschaft

достижи́мый, -ая, -ое; *Kzf* -и́м, -а erreichbar

дости́чь ↑ дости́гнуть

досто|ве́рность, -и *f* Glaubwürdigkeit, Richtigkeit; **~ве́рный,** -ая, -ое; *Kzf* -рен, -рна glaubwürdig, zuverlässig

досто́инство, -а *n* **1.** Würde; счита́ть ни́же своего́ -а es für unter seiner Würde halten; роня́ть своё ~ sich erniedrigen **2.** Wert, Vorzug **3.** (Geld)-wert ◇ оцени́ть по -у nach Gebühr einschätzen

досто́йный, -ая, -ое; *Kzf* -о́ин, -о́йна **1.** *G* wert, würdig; ~ подража́ния nachahmenswert; ~похвалы́ lobenswert **2.** verdient, gerecht **3.** würdig, geschätzt

досто|па́мятный, -ая, -ое; *Kzf* -тен, -тна *alt*, *buchspr* denkwürdig; **~почте́нный,** -ая, -ое; *Kzf* -е́нен, -е́нна *alt*, *iron* ehrwürdig; **~примеча́тельность,** -и *f* Sehenswürdigkeit; **~примеча́тельный,** -ая, -ое; *Kzf* -лен, -льна sehenswürdig

достоя́ние, -я *n* Eigentum

достра́ивать *uv zu* достро́ить

достро́ить, -о́ю, -о́ишь *v* den Bau vollenden || *uv* достра́ивать, -аю, -аешь

достро́йка, -и *f* Aufbauen

до́ступ, -а *m* Zutritt, Einlaß

досту́пный, -ая, -ое; *Kzf* -пен, -пна **1.** zugänglich; begehbar, befahrbar **2.** geöffnet **3.** leicht verständlich **4.** erschwinglich *Preis*

достуча́ться, -чу́сь, -чи́шься *v umg* nach langem Klopfen gehört werden; durch anhaltendes Klopfen sich Eintritt verschaffen

досу́г, -а *m* Freizeit; на -е in der Freizeit культу́рный ~ sinnvolle Freizeitgestaltung

досу́жий, -ая, -ее *umg* **1.** unbeschäftigt, müßig **2.** leer, müßig

до́суха *Adv*: вы́тереть ~ trockenreiben, abtrocknen

до|сы́пать* *v* (hin)zuschütten; ~ муки́ в мешо́к noch mehr Mehl in den Sack schütten || *v* досыпа́ть, -а́ю, -а́ешь

[1]**досыпа́ть** *uv zu* доспа́ть

[2]**досыпа́ть** *uv zu* досы́пать

до́сыта *Adv* bis man satt ist; нае́сться ~ sich sattessen; накорми́ть кого́-н. ~ j-m zu essen geben, bis er satt ist

досю́да *Adv umg* bis hierher

досяга́емость, -и *f* Erreichbarkeit; вне преде́лов -и außer Reichweite

досяга́емый, -ая, -ое; *Kzf* -ем, -а *alt* erreichbar

дот, -а *m* (долговре́менная огнева́я то́чка) *mil* ständige Feueranlage

дота́ция, -и *f* staatliche Geldzuwendung, Subvention

дотла́ *Adv* gänzlich, bis auf den letzten Rest

дото́ле *u.* **дото́ль** *Adv alt* bis dahin, solange

дото́шный, -ая, -ое *umg* sich in jede Kleinigkeit vertiefend, wissensdurstig

дотра́гиваться *uv zu* дотро́нуться

дотро́нуться, -нусь, -нешься *v* до *G* berühren || *uv* дотра́гиваться, -аюсь, -аешься

доту́да *Adv volksspr* bis dorthin

дотя́гивать(ся) *uv zu* дотяну́ть(ся)

дотяну́ть, -яну́, -я́нешь; -я́нутый, -я́нут, -а *v* до *G* **1.** schleppen, ziehen **2.** hinziehen, in die Länge ziehen **3.** *umg* noch erleben, sich mühselig hinschleppen; он не дотя́нет до утра́ er wird den Morgen nicht mehr erleben **4.** *umg* mit seinen Mitteln auskommen; до зарпла́ты ка́к-нибудь дотя́нем bis zum Lohntag [Gehaltstag] werden wir schon irgendwie hinkommen **5.** *umg* verschleppen, hinauszögern; || *uv* дотя́гивать, -аю, -аешь

дотяну́ться, -яну́сь, -я́нешься *v* до *G* **1.** *Ort* reichen (bis); ~ рука́ми до потолка́ mit den Händen bis zur Decke reichen; у́лица дотяну́лась до ли́нии желе́зной доро́ги die Straße erstreckte sich bis zur Eisenbahnlinie **2.** *Zeit* sich hinziehen (bis) || *uv* дотя́гиваться, -аюсь, -аешься

доу́чиваться *uv zu* доучи́ться

доучи́ться, -учу́сь, у́чишься *v* auslernen, die Ausbildung abschließen || *uv* доу́чиваться, -аюсь, -аешься

доха́, -и́, *Pl* до́хи, дох, до́хам *f* Pelzmantel (ohne Stoffüberzug)

до́хлый, -ая, -ое **1.** krepiert, verendet **2.** *volksspr verächtl* schwächlich, kränklich

дохля́тина, -ы *f volksspr* **1.** *f* Aas **2.** *m, f* schwächlicher, kränklicher Mensch

до́хнуть, *1. u. 2. Pers ungebr*, -нет; дох, -ла *uv* krepieren, verenden ◇ там му́хи до́хнут dort ist es sterbenslangweilig

дохну́ть, -ну́, -нёшь *v* **1.** *umg* einmal

ausatmen; einen Atemzug tun 2. (leicht) wehen ◇ не сметь ~ от у́жаса vor Schreck erstarren [nicht zu atmen wagen]; мне ~ не́когда ich habe keine Zeit zum Verschnaufen

дохо́д, -а *m* Einkommen, Einnahme, Ertrag; нетрудово́й ~ müheloses Einkommen; чи́стый ~ Reingewinn; приноси́ть ~ Gewinn bringen, Zinsen bringen

доходи́ть *uv zu* дойти́

дохо́дность, -и *f* Einträglichkeit, Rentabilität

дохо́дный, -ая, -ое; *Kzf* -ден, -дна einträglich, rentabel

дохо́дчивый, -ая, -ое; *Kzf* -ив, -а leichtverständlich

доц. (доце́нт) Dozent

доце́нт, -а *m* Dozent

доценту́ра, -ы *f* 1. Dozentur 2. *Koll* Dozentenschaft, Dozenten

до́черин ↑ доче́рнин

доче́рний, -яя, -ее Tochter-; -ее предприя́тие Tochterunternehmen

доче́рнин *u.* **до́черин,** -а, -о *volkssрr* der Tochter gehörend

до́чиста *Adv* 1. bis es sauber ist; отмы́ть ~ rein waschen 2. *umg* völlig, ohne Rest; съесть всё ~ alles (ratzekahl) aufessen

дочита́ть, -а́ю, -а́ешь; дочи́танный, -ан, -а *v* lesen (до *G* bis), zu Ende lesen ‖ *uv* **дочи́тывать,** -аю, -аешь

до́чка, -и, *Pl G* -чек, *D* -чкам *f umg Dem zu* дочь Tochter

дочь, *G*, *D*, *P* до́чери, *A* дочь, *I* до́черью, *Pl* до́чери, дочере́й, дочеря́м, дочере́й, дочерьми́ *u. umg* дочеря́ми, дочеря́х *f* Tochter

дошко́льник, -а *m* 1. Vorschulkind *Junge* 2. Vorschulerzieher

дошко́льница, -ы, *I* -ей *f* 1. Vorschulkind *Mädchen* 2. Vorschulerzieherin

дошко́льный, -ая, -ое vorschulisch; vorschulpflichtig;

до́шлый, -ая, -ое *volkssрr* erfahren, gewiegt

доща́тый, -ая, -ое Bretter-; ~ забо́р Bretterzaun

доще́чка, -и, *Pl G* -чек, *D* -чкам *f Dem zu* доска́ Täfelchen; kleines Brett

доя́рка, -и, *Pl G* -рок, *D* -ркам *f* Melkerin

д-р 1. (до́ктор) Doktor 2. (дире́ктор) Direktor

др. (друго́й; други́е) anderer; andere

дра́га, -и *f* Schwimmbagger zum Fördern von Bodenschätzen und zur Vertiefung des Flußbettes oder des Meeresgrundes

драги́ровать, -рую, -руешь; -рованный, -рован, -а *v*, *uv* 1. mit dem Schwimmbagger Bodenschätze fördern 2. mit dem Schwimmbagger vertiefen *Flußbett*

драгоце́нность, -и *f* 1. Kleinod, Juwel 2. Kostbarkeit, Schatz,

драгоце́нный, -ая, -ое; *Kzf* -це́нен, -це́нна kostbar ◇ ~ ка́мень Edelstein

драгу́н, -а *m hist* Dragoner

драже́ *n idkl* Dragee

дразни́ть, дразню́, дра́знишь; дразня́щий *uv* 1. reizen, hänseln, necken 2. anregen, erregen

дра́ка, -и *f* Schlägerei

драко́н, -а *m* 1. *myth* Drache 2. *zool* Flügeleidechse

драко́новский, -ая, -ое drakonisch

дра́ма, -ы *f* Drama *lit u. übtr*

драматиза́ция, -и *f* Dramatisierung

драматизи́ровать, -рую, -руешь; -рованный, -рован, -а *v*, *uv* dramatisieren, für die Bühne bearbeiten

драмати́зм, -а *m* Dramatik, Spannung

драмати́ческий, -ая, -ое dramatisch *a. übtr*; ~ кружо́к dramatischer Zirkel, Theaterzirkel; ~ теа́тр Schauspielhaus; ~ слу́чай dramatischer Vorfall ◇ ~ те́нор Heldentenor

драмати́чный, -ая, -ое; *Kzf* -чен, -чна dramatisch, voller Spannung

драмату́рг, -а *m* Dramatiker

драматурги́я, -и *f* 1. Dramaturgie 2. *Koll* dramatische Dichtung

драмкружо́к, -жка́ *m* (драмати́ческий кружо́к) dramatischer Zirkel

дра́нка, -и, *Pl G* -нок, *D* -нкам *f* 1. *Koll* Dachschindeln 2. *einzelne* Dachschindel

дра́ночный, -ая, -ое: -ая кры́ша Schindeldach

дра́ный, -ая, -ое *umg* zerrissen, zerlumpt, abgetragen

дрань, -и *f Koll*, *gbl* Dachschindeln

драп, -а *m text* Drap *Gewebe*

драпирова́ть, -ру́ю, -ру́ешь; -ро́ванный, -ро́ван, -а *uv* drapieren

драпиро́вка, -и, *Pl G* -вок, *D* -вкам *f* 1. Drapierung 2. Draperie, in breiten Falten hängender Vorhang

дра́тва, -ы *f* Pechdraht

драть* *uv* 1. *umg* zerreißen, zerfetzen 2. ab-, herausziehen; ~ шку́ру с овцы́ einem Schaf das Fell abziehen; ~ зу́б *volksspr* einen Zahn ziehen; си́льно дерёт ру́ку ich habe starkes Reißen im Arm **3.** ziehen, zausen (за *A* an); ~ кого́-н. за́ уши j-n an den Ohren ziehen **4.** *umg* verprügeln; ~ плетьми́ auspeitschen **5.** kratzen; бри́тва дерёт das Rasiermesser kratzt; в го́рле дерёт es kratzt im Hals **6.** (zer)reißen, zerfleischen; волк драл ове́ц der Wolf hat Schafe gerissen **7.** с *G volksspr* einen übermäßig hohen Preis fordern; ~ проце́нты zu viel Zinsen verlangen; ~ шку́ру с кого́-н. j-n ausnehmen, j-n ausplündern; он дерёт с живо́го и мёртвого er nimmt es von den Lebendigen ◇ ~ го́рло *volksspr* aus vollem Halse schreien; му́зыка дерёт у́ши die Ohren schmerzen einem von dieser Musik; ~ нос *volksspr* hochnäsig sein, die Nase hoch tragen; (моро́з) по ко́же дерёт es überläuft mich kalt

дра́ться*; драли́сь *uv* **1.** sich raufen, sich schlagen **2.** kämpfen

драчли́вый, -ая, -ое; *Kzf* -и́в, -а *volksspr* rauflustig

драчу́н, -а́ *m umg* Raufbold

дре́безг, -а *m umg*: с -ом klirrend; в ме́лкие -и in tausend Stücke, in Scherben

дребезжа́ть, *1. u. 2. Pers ungebr,* -жи́т *uv* klirren

древеси́на, -ы *f* **1.** Holzfaser, Holzstoff **2.** Nutzholz

древе́сница, -ы, *I* -ей *f* **1.** Laubfrosch **2.** Roßkastanienspinner, Blausieb *Schmetterling*

древе́сно-волокни́стый, -ая, -ое: -ая плита́ Holzfaserplatte

древе́сно-стру́жечный, -ая, -ое: -ая плита́ Spanplatte

древе́сный, -ая, -ое **1.** Holz-; ~ у́голь Holzkohle; ~ спирт Methylalkohol **2.** Baum-; -ые насажде́ния Baumanpflanzungen ◇ -ая лягу́шка Laubfrosch

дре́вко, -а, *Pl* -ки, -ков, -кам *n* Schaft, Stange

древне|верхненеме́цкий, -ая, -ое althochdeutsch; **~гре́ческий,** -ая, -ое altgriechisch; **~евре́йский,** -ая, -ое hebräisch; **~ру́сский,** -ая, -ое altrussisch; **~славя́нский,** -ая, -ое altslawisch

дре́вний, -яя, -ее; *Kzf* -вен, -вня **1.** alt, antik; ~ мир Antike; -яя исто́рия Geschichte des Altertums; -ие языки́ die alten Sprachen **2.** uralt

дре́вность, -и *f* **1.** Altertümlichkeit **2.** Vorzeit; в глубо́кой -и in grauer Vorzeit **3.** *Pl* Altertümer, Antiquitäten

древонасажде́ние, -я *n* Baumanpflanzung

древото́чец, -чца, *I* -чцем, *G Pl* -чцев *m zool* Holzwurm

Дре́зден, -а *m* Dresden

дрези́на, -ы *f* Draisine *Schienenfahrzeug*

дрейф, -а *m* **1.** *naut* Abtrift **2.** Eisdrift

дрейфова́ть, *1. u. 2. Pers ungebr,* -фу́ет *uv naut* driften, treiben

дрема́, -ы́ *u. gbt* **дрёма,** -ы *f umg* Halbschlaf, Schläfrigkeit

дрема́ть* *uv* schlummern ◇ не ~ wachsam sein

дремлю́ ↑ дрема́ть

дремо́та, -ы *f* Schläfrigkeit, Halbschlaf

дремо́тный, -ая, -ое schläfrig, schlaftrunken; einschläfernd

дрему́чий, -ая, -ее; *Kzf* -у́ч, -а dicht *Wald*; ~ лес Urwald

драна́ж, -а, *I* -ем *m* Dränage

дресва́, -ы́ *f* (Kies-) Sand

дрессирова́ть, -ру́ю, -ру́ешь; -ро́ванный, -ро́ван, -а *uv* dressieren

дрессиро́вка, -и *f* Dressur

дрессиро́вщик, -а *m* Dresseur

дроби́льный, -ая, -ое zum Körnen dienend; -ая маши́на Schrotmaschine

дроби́ть, -блю́, -би́шь; -блённый, -блён, -блена́ *uv* zerstückeln, zersplittern *a. übtr*

дроби́ться, *1. u. 2. Pers ungebr,* -и́тся *uv* zerfallen, zersplittern; во́лны дробя́тся о ска́лы die Wellen zerstieben an den Felsen

дроблёный, -ая, -ое zerkleinert, zerstückelt

[1]**дро́бный,** -ая, -ое; *Kzf* -бен, -бна **1.** detailliert **2.** *gbt* fein; ~ дождь feiner Regen

[2]**дро́бный,** -ая, -ое Bruch-; -ое число́ Bruchzahl

дробови́к, -а́ *m* Schrotflinte

дробь, -и *f* **1.** Schrot *zum Schießen* **2.** Wirbel; Triller; бараба́нная ~ Trommelwirbel; соловьи́ная ~ Nachtigallenschlag **3.** *Pl* дро́би, дробе́й, дробя́м Bruch(zahl); десяти́чная ~ Dezimalbruch

дрова́, дров, -а́м *Pl* Brennholz ◇ кто в лес, кто по ~ *Sprichw* der eine sagt hü, der andere hott

дро́вни, дро́вне́й *Pl* Bauernschlitten ohne Kastenaufbau zur Lastenbeförderung

дровозаготó́вки *Pl* -вок, -вкам, *Sg* дровозаготó́вка, **-и** *f* Aufbereitung von Brennholz

дровокó́л, -а *m alt* Holzhacker

дровосé́к, -а *m* **1.** *alt* Holzfäller **2.** *zool* Holzkäfer

дровянó́й, -á́я, -ó́е (Brenn-) Holz-; ~ склад Holzlager

дрó́ги, дрог *Pl* **1.** Bauernwagen *ohne Kasten* **2.** Leichenwagen

[1]**дрó́гнуть,** -ну, -нешь *v* **1.** erzittern **2.** *übtr* ins Schwanken kommen, ins Wanken geraten ◇ у негó́ рукá́ не дрó́гнет э́то сдé́лать er wird [würde] nicht davor zurückschrecken, das zu tun

[2]**дрó́гнуть,** -ну, -нешь; дрог, -ла *uv* frieren

дрожá́ние, -я *n* Zittern, Vibrieren

дрожá́ть, -жý́, -жи́шь *uv* **1.** zittern, beben; vibrieren; ~ от стрá́ха vor Angst zittern **2.** flackern **3.** zittern, bangen, sich ängstigen (за *A oder* над *I* um); ~ за своегó́ ребё́нка sich um sein Kind ängstigen ◇ ~ над кá́ждой копé́йкой jeden Pfennig umdrehen

дрожжевó́й, -ая, -ое Hefe-

дрó́жжи, -é́й *Pl* Hefe; тé́сто на -á́х Hefeteig ◇ расти́ как на -á́х wie Pilze wachsen

дрó́жки, -жек, -жкам *Pl* Droschke

дрожь, -и *f* Zittern, Schauer; меня́ бросá́ет в ~ mich überläuft ein Schauer

дрозд, -á́ *m zool* Drossel

дрок, -а *m bot* Ginster

дромадé́р [дэ], -а *m* Dromedar

дрó́тик, -а *m hist* Wurfspieß, Lanze

дрофá́, -ы́, *Pl* дрó́фы, дроф, дрó́фам *f zool* Trappe

[1]**друг,** -а, *Pl* друзья́, -зé́й, -зья́м *m* Freund; ~ дé́тства Jugendfreund ◇ без беды́ -а не узнá́ешь *Sprichw* den Freund erkennt man in der Not

[2]**друг:** друг дрý́га, друг дрý́гу, друг дрý́гом, друг о дрý́ге, друг на дрý́га einander; ~ с дрý́гом miteinander; ~ за дрý́гом hintereinander, nacheinander; они́ отли́чно понимá́ют ~ дрý́га sie verstehen sich ausgezeichnet; ~ от дрý́га voneinander; ~ на дрý́ге aufeinander

другó́й, -á́я, -ó́е anderer; на ~ день am nächsten Tag; ничегó́ -ó́го nichts anderes; ктó́-то ~ jemand anderes; и тот и ~ der eine wie der andere, beide; ни тот ни ~ weder der eine noch der andere, keiner von beiden; оди́н за -и́м einer nach dem anderen; (в) ~ раз ein andermal; в -ó́м мé́сте anderswo; с -ó́й сторонь́і anderseits; э́то -ó́е дé́ло *umg* das ist etwas anderes

дрý́жба, -ы *f* Freundschaft ◇ не в слý́жбу, а в -у tu(n Sie) mir das zuliebe; ~ дрý́жбой, а слý́жба слý́жбой in Dienstsachen hört die Freundschaft auf

дружелю́бие, -я *n* Freundlichkeit

дружелю́бный, -ая, -ое; *Kzf* -бен, -бна freundschaftlich, freundlich

дрý́жеский, -ая, -ое freundschaftlich; -ая услý́га Freundesdienst ◇ быть на -ой ногé́ с кé́м-н. mit j-m auf gutem Fuße stehen

дрý́жественный, -ая, -ое: *Kzf* -вен, -венна **1.** freundschaftlich, freundlich **2.** befreundet *Staat*

дружи́на, -ы *f* **1.** *hist* Gefolge *eines Stammesfürsten* **2.** Trupp, Gruppe; боевá́я рабó́чая ~ Kampfgruppe (der Arbeiter) **3.**: пионé́рская ~ Pionierfreundschaft

дружи́нник, -а *m* **1.** *hist* Gefolgsmann **2.** Angehöriger einer Gruppe *z. B Kampfgruppe, Feuerwehr u. a.*

дружи́ть, дружý́, дрý́жишь *uv* befreundet sein (с *I* mit)

дружи́ться, дружý́сь, дрý́жишься *uv* sich anfreunden

дружи́ще, -а, *I* -ем *m*, *Pl ungebr*, *umg*, *Anrede* lieber Freund, mein Lieber

[1]**дрý́жка,** -и, *Pl G* -жек, *D* -жкам *m* Brautführer

[2]**дрý́жка** *umg*: друг -у, друг -е, друг -ой einander; друг о -е *oder* друг на -у gegenseitig, einander

дрý́жный, -ая, -ое; *Kzf* -жен, -жнá́! **1.** einmütig, einträchtig; ~ коллекти́в ein gutes Kollektiv **2.** gleichzeitig, allgemein; ~ хó́хот allgemeines Gelächter **3.** -о: *Adv* дрý́жно взя́ться за рабó́ту sich gemeinsam an die Arbeit machen

дружó́к, -жкá́ *m umg Dem zu* друг Freund

дры́гать, -аю, -аешь *uv umg* strampeln, zappeln ‖ *v mom* **дры́гнуть,** -ну, -нешь

дры́згать, -аю, -аешь *uv volksspr* bespritzen

дры́хнуть, -ну, -нешь; дрых, -ла *u.* дры́хнул, -а *uv volksspr* pennen

дря́блый, -ая, -ое; *Kzf* дря́бл, -á́! **1.** schlaff, welk **2.** willensschwach

дря́бнуть, -ну, -нешь *uv umg* welk [schlaff] werden

дря́зги, дрязг *Pl umg* Gezänk, Streitereien

дрянно́й, -а́я, -о́е *umg* schlecht, minderwertig; elend, zu nichts tauglich

дрянь, -и *f umg* 1. Plunder, Schund 2. Lump ◇ де́ло ~ *volksspr* die Sache steht schlecht, der Karren läuft schief

дряхле́ть, -е́ю, -е́ешь *uv* (alt und) gebrechlich werden

дря́хлость, -и *f* Altersschwäche, Gebrechlichkeit

дря́хлый, -ая, -ое; *Kzf* дряхл, -а́! gebrechlich, altersschwach

дуб, -а, *P* в [на] ду́бе, в [на] дубу́, *Pl* дубы́, -о́в, -а́м *m* 1. Eiche; про́бковый ~ Korkeiche 2. *umg* Klotz, sturer Kerl

дуба́сить, -а́шу, -а́сишь *uv volksspr* 1. verprügeln 2. по *D*, в *A* schlagen, pochen (auf, an); ~ в дверь an die Tür pochen; ~ по столу́ auf den Tisch hauen

дуби́льный, -ая, -ое Gerb-, Loh-; -ое вещество́ Gerbstoff

дуби́льня, -и, *Pl G* -лен, *D* -льням *f* Gerberei

дуби́льщик, -а *m* Gerber

дуби́на, -ы *f* 1. Knüppel 2. *volksspr* sturer Kerl, Klotz; Dummkopf

дуби́нка, -и, *Pl G* -нок, *D* -нкам *f* Knüppel

дуби́тель, -я *m* Gerbstoff

дуби́ть, дублю́, дуби́шь; ду́бленный, -ен, -а *uv* gerben

дублёный, -ая, -ое gegerbt

дублёр, -а *m* Double, Ersatzschauspieler; Sprecher *bei Synchronisation eines Films*

дубле́т, -а *m* 1. Dublette, zweites Exemplar 2. Dublette, Doppelschuß

Ду́блин, -а *m* Dublin

дубли́ровать, -рую, -руешь; -рованный, -рован, -а *uv* 1. synchronisieren *Film* 2.: ~ роль für j-n Double sein 3.: ~ рабо́ту (meist unnötige) Parallelarbeit leisten

дубля́ж, -а, *I* -ем, *G Pl* -ей *m* Synchronisation *Film*

Дубна́, -ы́ *f* Dubna *Stadt bei Moskau*

дубня́к, -а́ *m* Eichenwald

дубова́тый, -ая, -ое; *Kzf* -а́т, -а *umg* grob, schwerfällig; schwer von Begriff

дубо́вый, -ая, -ое Eichen-, aus Eichenholz; -ая ро́ща Eichenhain

дубра́ва, -ы *f* 1. Eichenwald 2. *poet* Hain

дуга́, -и́, *Pl* ду́ги, дуг, ду́гам *f* 1. Krummholz *an Geschirren* 2. Bogen; во́льтова [электри́ческая] ~ Lichtbogen ◇ согну́ть кого́-н. в дугу́ [в три дуги́] j-n zur völligen Unterwerfung zwingen

дугово́й, -а́я, -о́е Bogen-; -а́я ла́мпа Bogenlampe

дугообра́зный, -ая, -ое; *Kzf* -зен, -зна bogenförmig

дуде́ть, *1. Pers ungebr*, -ди́шь *uv umg* auf der Rohrpfeife spielen

ду́дка, -и, *Pl G* -док, *D* -дкам *f* Hirtenpfeife, Rohrpfeife ◇ пляса́ть под чью-н. ду́дку nach j-s Pfeife tanzen

ду́дки *Interj volksspr zum Ausdruck der Verweigerung* nichts da!, denkst Du!, Pustekuchen!

ду́жка, -и, *Pl G* -жек, *D* -жкам *f* 1. *Dem zu* дуга́ Krummholz 2. Henkel, Bügel

Ду́йсбург, -а *m* Duisburg

дука́т, -а *m hist* Dukaten

ду́ло, -а *n* Mündung *an Schußwaffen*

ду́ма, -ы *f* 1. *alt* Gedanke 2. Duma *Parlament im zaristischen Rußland* 3. Duma *ukrainisches Volkslied*

ду́мать, -аю, -аешь *uv* 1. denken (о *P* an); nachdenken (над *I* über); то́лько об одно́м ~ nur auf eins bedacht sein 2. glauben, meinen; как вы ду́маете? was meinen Sie?; не ду́маю, что́бы . . . ich glaube nicht, daß . . . 3. (ge)denken, beabsichtigen; я не ду́маю уезжа́ть ich denke nicht daran, zu verreisen ◇ мно́го о себе́ ~ sich viel einbilden, sehr von sich eingenommen sein; ~ ду́му sich in Gedanken vertiefen; не до́лго ду́мая ohne sich lange zu besinnen, kurz entschlossen; я и не ду́маю! das fällt mir nicht im Traume ein!; и ~ не́чего! kein Gedanke daran!, das kommt nicht in Frage!; я ду́маю! das will ich meinen!, natürlich! ‖ *v* поду́мать *zu* 1, 3

ду́маться, -ается *unpers uv D* scheinen, vorkommen

Дуна́й, -я *m* Donau

дуна́йский, -ая, -ое Donau-

дунове́ние, -я *n* Wehen, Lufthauch

ду́нуть *v mom zu* дуть

Ду́нька *Dem zu* Авдо́тья *u.* Евдоки́я

Ду́ня, -и *f Dem zu* Авдо́тья *u.* Евдоки́я

Дуня́ш(к)а, -и *f Dem zu* Авдо́тья *u.* Евдоки́я

дупли́стый, -ая, -ое; *Kzf* -и́ст, -а hohl; -ое де́рево hohler Baum

дупло́, -á, *Pl* ду́пла, ду́пел, ду́плам *n* 1. Höhlung *im Baum* 2. Loch *im Zahn*

ду́ра, -ы *f* Närrin, dumme Gans

дура́к, -á *m* 1. Dummkopf; он ~ -óм *oder* он наби́тый ~ er ist ein ausgemachter Dummkopf, er hat ein Brett vor dem Kopf 2. *Pl* Art Kartenspiel ◇ валя́ть -á a) sich dumm stellen; b) faulenzen; оста́вить в -áх кого́-н. j-n zum Narren halten, hereinlegen; оста́ться в -áх das Nachsehen haben, mit langer Nase abziehen; -áм зако́н не пи́сан *Sprichw* mit der Dummheit kämpfen Götter selbst vergebens; он ма́лый не ~ er versteht sich gut darauf; нашли́ -á! so dumm bin ich nicht (, das zu machen)

дуракова́тый, -ая, -ое; *Kzf* -áт, -а *umg* etwas dumm

дурале́й, -я, *G Pl* -ев *m volkssрr* Dummkopf Schafskopf

дура́цкий, -ая, -ое 1. närrisch, Narren- 2. *Adv* по-дура́цки *umg* närrisch

дура́чество, -а *n umg* dummer Streich

дура́чить, -чу, -чишь *uv umg* zum Narren halten, foppen

дура́читься, -чусь, -чишься *uv umg* den Narren spielen, dumme Streiche machen

дурачо́к, -чкá *m umg* 1. *Dem zu* дура́к Dummkopf, Narr 2. Idiot, Schwachkopf

дура́шливый, -ая, -ое; *Kzf* -ив, -а *umg* etwas dumm, einfältig, tölpelhaft; spaßig, ausgelassen

ду́рень, -рня *m volksspr* Dummkopf

дуре́ть, -е́ю, -е́ешь *uv volksspr* verdummen, verblöden

дури́ть, дурю́, дури́шь *uv umg* 1. Unsinn treiben, dumme Streiche machen 2. bocken *Pferd u. ä.*

дурма́н, -а *m* 1. *bot* Stechapfel 2. Betäubungsmittel *a. übtr*

дурма́нить, -ню, -нишь *uv* betäuben

дурне́ть, -е́ю, -е́ешь *uv* häßlich werden

ду́рно *Adv* schlecht; ~ вести́ себя́ sich schlecht benehmen; ему́ сде́лалось [ста́ло] ~ ihm wurde übel

дурно́й, -а́я, -о́е; *Kzf* ду́рен, дурна́! 1. schlecht, übel; ~ во́здух schlechte Luft 2. schlecht, ungehörig; -а́я привы́чка eine schlechte Angewohnheit; приобрести́ -у́ю сла́ву in Verruf geraten ◇ она́ дурна́ собо́й sie ist häßlich

дурнота́, -ы́ *f umg* Übelkeit, Unwohlsein, leichte Ohnmacht

дурну́шка, -и, *Pl G* -шек, *D* -шкам *f umg* häßliche Frau

ду́рость, -и *f umg* Dummheit, Spleen; по -и aus Dummheit

ду́рочка, -и, *Pl G* -чек, *D* -чкам *f umg* 1. *Dem zu* ду́ра Närrchen 2. *alt, volksspr* Idiotin, Schwachsinnige

дуршла́г, -а *m* Durchschlag, Sieb

дурь, -и *f umg* Dummheit, Grillen; на него́ ~ нашла́ er hat Grillen im Kopf; вы́бить [вы́колотить] ~ из головы́ die Grillen aus dem Kopf schlagen

Ду́ся, -и *f Dem zu* Авдо́тья *u.* Евдоки́я

ду́тый, -ая, -ое 1. hohl *Glas* 2. aufgebauscht, übertrieben

дуть* *uv* 1. blasen, wehen; здесь ду́ет *unpers* hier zieht es 2. pusten, blasen 3. *Glas* blasen 4. *volksspr* in großen Mengen trinken; ~ во́дку Schnaps saufen 5. *volksspr* mit Eifer [Leidenschaft] tun ◇ он и в ус не ду́ет *volksspr* er zuckt nicht mit der Wimper, er läßt sich deswegen keine grauen Haare wachsen ‖ *v mom* ду́нуть, -ну, -нешь *zu* 1, 2

дутьё, -ья́ *n tech* 1. Gebläse 2. (Glas-)Blasen

ду́ться* *uv umg*: ~ на кого́-н. mit j-m schmollen

дух, -а (-у) *m* 1. Geist; в здоро́вом те́ле здоро́вый ~ im gesunden Körper ein gesunder Geist 2. Geist, Inhalt, Sinn; в -е дру́жбы ме́жду наро́дами im Geiste [Sinne] der Völkerfreundschaft 3. Geist, Moral, Stimmung, Mut; боево́й ~ Kampfesstimmung; собра́ться с -ом Mut fassen; па́дать -ом den Mut verlieren; подня́ть ~ die Stimmung heben; быть в -е gute Laune haben; быть не в -е schlechte Laune haben 4. Geist, überirdisches Wesen; злой ~ böser Geist 5. *umg* Atem(zug); перевести́ ~ Atem schöpfen; у меня́ ~ захва́тывает mir stockt der Atem 6. *volksspr* Geruch ◇ э́то в моём -е das ist in meinem Sinn, das ist nach meinem Geschmack; о нём ни слу́ху ни -у er läßt nichts von sich hören; одни́м [еди́ным] -ом in einem Zug, auf einmal; во весь ~ бежа́ть aus Leibeskräften laufen; ~ вон из него́ *umg* er ist hinüber [tot]; у меня́ не хвати́ло -у *umg* a) ich war außer Atem; b) ich brachte es nicht übers Herz, ich konnte nicht den Mut aufbringen

духа́н, -а *m* Schenke *im Kaukasus*

духи́, -о́в *Pl* Parfüm

духове́нство, -а *n Koll* Klerus

духо́вка, -и, *Pl G* -вок, *D* -вкам *f* Back-, Bratröhre

духовни́к, -а́ *m* Beichtvater

духо́вный, -ая, -ое **1.** geistig; -ые интере́сы geistige Interessen **2.** geistlich, kirchlich **3.** -ого *Subst m* Geistlicher ◇ ~ оте́ц Beichtvater

духово́й, -а́я, -о́е *mus* Blas-; ~ инструме́нт Blasinstrument ◇ -а́я печь Back-, Bratröhre

духота́, -ы́ *f* drückende Hitze, Schwüle

душ, -а, *I* -ем, *G Pl* -ей *m* Dusche; принима́ть ~ duschen

душа́, -и́, *A* ду́шу, *I* душо́й, *Pl* ду́ши, душ, ду́шам *f* **1.** Seele **2.** Charakter; благоро́дная [ни́зкая] ~ ein edler [niedriger] Charakter; он ~-челове́к er ist ein seelensguter Mensch **3.** Gefühl, Innigkeit; петь с -о́й mit Gefühl singen **4.** *übtr* Seele; быть -о́й де́ла die Seele des Unternehmens sein **5.** Mensch, Person; вокру́г не́ было ни -и́ ringsum war keine Menschenseele; их бы́ло пять душ sie waren fünf Personen **6.** *hist* Leibeigener; „Мёртвые ду́ши" Го́голя „Die toten Seelen" von Gogol ◇ бума́жная [черни́льная] ~ Schreiberseele, Bürokrat; ~ моя́! meine Liebe!; у меня́ ~ в пя́тки ушла́ mir wurde angst und bange, mir ist das Herz in die Hosen gefallen; у меня́ ~ не лежи́т к нему́ er ist mir nicht sympathisch; у него́ ~ не лежи́т к э́тому dafür hat er nichts übrig; у него́ ~ нараспа́шку er ist ein offenherziger Mensch, er trägt sein Herz auf der Zunge; у него́ ~ не на ме́сте er ist aufgeregt; -и́ не ча́ять в ко́м-н. *umg* an j-m einen Narren gefressen haben; ско́лько -е́ уго́дно nach Herzenslust; вложи́ть -у в де́ло sich ganz einer Sache widmen; изли́ть кому́-н. -у j-m sein Herz ausschütten; отвести́ -у *umg* seinem Herzen Luft machen; всей -о́й *oder* от всей -и́ von ganzem Herzen; криви́ть -о́й *umg* sich verstellen, lügen; *mit Präpositionen* в -е́ a) innerlich; b) seiner Natur nach; он поэ́т в -е́ er ist dichterisch veranlagt, er hat eine dichterische Ader; влезть кому́-н. в -у sich in j-s Vertrauen einschleichen; жить ~ в -у ein Herz und eine Seele sein; для -и́ *umg* zum eigenen Vergnügen; сде́лать что́-н. за ми́лую -у etw. mit großem Vergnügen tun; хвата́ть за́ ду́шу ans Herz greifen, nahe gehen; за -о́й у него́ нет ничего́ er besitzt überhaupt nichts; взять на́ душу [на свою́ -у] что́-н. für etw. die Verantwortung übernehmen, etw. auf die eigene Kappe nehmen; у меня́ легко́ [тяжело́] на -е́ mir ist leicht [schwer] ums Herz; на -у населе́ния pro Kopf der Bevölkerung; как бог на́ душу поло́жит wie es einem gerade einfällt; э́то ему́ по -е́ das ist ganz nach seinem Herzen [Geschmack]; говори́ть по -е́ [по -а́м] offen sprechen

душева́я, -о́й *Subst f* Duschraum

душевнобольно́й, -а́я, -о́е **1.** geisteskrank **2.** -о́го *Subst m* Geisteskranker

душе́вный, -ая, -ое **1.** seelisch, innerlich **2.** herzlich, freundlich ◇ -ая боле́знь Geisteskrankheit

[1]**душево́й,** -а́я, -о́е pro Kopf; -о́е потребле́ние Pro-Kopf-Verbrauch

[2]**душево́й,** -а́я, -о́е Dusch-, Brause-

душегу́бка, -и, *Pl G* -бок, *D* -бкам *f* **1.** Seelenverkäufer *leicht umkippendes Boot* **2.** *faschistischer* Vergasungswagen

ду́шенька, -и, *Pl G* -нек, *D* -нькам *f* Herzchen *Kosewort*

душеприка́зчик, -а *m jur, alt* Testamentsvollstrecker

душераздира́ющий, -ая, -ее herzzerreißend

души́стый, -ая, -ое; *Kzf* -и́ст, -а wohlriechend, duftend

души́тель, -я *m buchspr, alt* Unterdrücker, Verfolger

[1]**души́ть,** душу́, ду́шишь *uv* **1.** (er)würgen; зло́ба души́ла его́ er keuchte vor Wut **2.** *übtr* unterdrücken, abwürgen

[2]**души́ть,** душу́, ду́шишь *uv* parfümieren

души́ться, душу́сь, ду́шишься *uv* sich parfümieren

ду́шка, -и, *Pl G* -шек, *D* -шкам *umg m* netter Junge; *f* nettes Mädchen

ду́шно *prädikativ* **1.** stickig, schwül; здесь ~ hier ist es drückend warm **2.** *D* beklommen; ему́ бы́ло [ста́ло] ~ er bekam keine Luft

ду́шный, -ая, -ое; *Kzf* -шен, -шна́! schwül, drückend, stickig

душо́к, -шка́ *m umg* **1.** leicht fauler Geruch **2.** *übtr* Anflug, Hauch

душо́нка, -и *f verächtl*: дрянна́я ~ elender Wicht; ме́лкая ~ Krämerseele

дуэ́ль, -и *f* Duell; дра́ться на -и sich duellieren
дуэ́т, -а *m* Duett
ду́ю ↑ дуть
ды́ба, -ы *f hist* Folterbank
ды́биться, *1. u. 2. Pers ungebr*, ды́бится *uv* sich aufbäumen, sich auf die Hinterbeine stellen
ды́бом *Adv*: во́лосы вста́ли ∼ die Haare standen zu Berge
дыбы́: встать на ∼ sich auf die Hinterbeine stellen *a. übtr*
ды́лда, -ы *m, f volksspr* Lulatsch
дым, -а (-у), *P* о ды́ме, в дыму́, *Pl* дымы́, -о́в, -а́м *m* Rauch ◇ нет -а без огня́ *Sprichw* kein Rauch ohne Feuer, alles hat seine Ursache; там ∼ коромы́слом dort geht es drunter und drüber, dort geht es hoch her
дыми́ть, дымлю́, дыми́шь *uv* **1.** *1. u. 2. Pers ungebr* schlecht brennen, qualmen **2.** *I* paffen, rauchen;
дыми́ться, *1. u. 2. Pers ungebr*, дыми́тся *uv* rauchen, schwelen, dampfen
ды́мка, -и *f* Dunstschleier
ды́мный, -ая, -ое verqualmt, rauchig
дымово́й, -а́я, -о́е Rauch-; -а́я труба́ Schornstein; -а́я заве́са *mil* Nebelvorhang; ∼ снаря́д Nebelgranate -а́я ма́ска Rauchmaske
дымо́к, -мка́ *m* Rauchwölkchen
дымохо́д, -а *m* Zug, Rauchabzug *im Ofen*
ды́мчатый, -ая, -ое; *Kzf* -ат, -а rauchfarben; -ое стекло́ Rauchglas
ды́ня, -и *f* Zuckermelone
дыра́, -ы́, *Pl* ды́ры, дыр, ды́рам *f* **1.** Loch **2.** *übtr alt* (Provinz-) Nest ◇ заткну́ть -у́ *übtr* ein Loch stopfen
ды́рка, -и, *Pl G* -рок, *D* -ркам *f* (kleines) Loch
дыроко́л, -а *m umg* Locher *für Papier*
дыря́вить, -влю, -вишь *uv volksspr* (durch)löchern
дыря́вый, -ая, -ое; *Kzf* -я́в, -а löcherig, zerrissen ◇ -ая па́мять [голова́] *scherz* ein Gedächtnis wie ein Sieb
дыха́ние, -я *n* Atmung, Atem; затруднённое ∼ Atemnot
дыха́тельный, -ая, -ое Atmungs-; -ые пути́ Atemwege; -ое го́рло Luftröhre
дыхну́ть, -ну́, -нёшь *v volksspr u. gbt* **1.** einmal ausatmen; einen Atemzug tun **2.** (leicht) wehen
дыша́ть, дышу́, ды́шишь *uv* **1.** atmen; тяжело́ ∼ keuchen **2.** strahlen (*I* vor); ∼ ра́достью vor Freude strahlen ◇ е́ле [на ла́дан] ∼ in den letzten Zügen liegen
дыша́ться, ды́шится *unpers, uv D* atmen können; здесь ле́гче ды́шится hier kann man leichter atmen
ды́шло, -а *n* Deichsel
дья́вол, -а *m* Teufel
дьяволёнок, -нка, *Pl* -ля́та, -ля́т, -ля́там *m* **1.** *umg* kleiner Teufel **2.** *volksspr* Schalk, kleiner Schlingel
дья́вольски *Adv umg* verteufelt, schrecklich; я ∼ уста́л ich bin hundemüde
дья́вольский, -ая, -ое **1.** teuflisch, heimtückisch **2.** *umg* furchtbar, schrecklich; -ое терпе́ние Engelsgeduld
дья́волщина, -ы *f umg* Teufelei
дьяк, -а́ *m* **1.** *hist* Beamter *im alten Rußland* **2.** Kirchendiener
дья́кон, -а, *Pl* дьякона́, -о́в, -а́м *m kirch* Diakon
дьячо́к, -чка́ *m* Küster
дю́жий, -ая, -ее; *Kzf* дюж, -а́, -е *volksspr* kräftig, robust
дю́жина, -ы *f* Dutzend
дю́жинами *Adv* dutzendweise
дю́жинный, -ая, -ое alltäglich, durchschnittlich; Durchschnitts-
дюйм, -а *m* Zoll *23 mm*
дюймо́вый, -ая, -ое einen Zoll lang
дю́на, -ы *f* Düne
дюралюми́ний, -я, *P* -и *m* Duraluminium
Дю́ссельдорф, -а *m* Düsseldorf
дя́денька, -и, *Pl G* -нек, *D* -нькам *m umg zärtlich zu* дя́дя Onkelchen
дя́дин, -а, -о dem Onkel gehörig
дя́дька, -и, *Pl G* -дек, *D* -дькам *m* **1.** *umg* Onkel(chen) *Anrede* **2.** *alt* Erzieher eines adligen Knaben
дя́дюшка, -и, *Pl G* -шек, *D* -шкам *f zärtlich zu* дя́дя Onkelchen
дя́дя, -и, *Pl* дя́ди, -ей, -ям *m* Onkel, *umg a. Anrede an Erwachsene*
дя́тел, -тла *m* Specht

E

Е́ва, -ы *f* Eva
ева́нгелие, -я *n* Evangelium
евангели́ческий, -ая, -ое evangelisch
Евге́ний, -я, *P* -и *m* Eugen
Евге́ния, -и *f* Eugenie
Евдоки́м, -а *m männl Vn*
Евдоки́я, -и *f weibl Vn*
е́внух, -а *m* Eunuch
Евпато́рия, -и *f* Eupatoria *Stadt*
евре́й, -я, *G Pl* -е́ев *m* Jude
евре́йка, -и, *Pl G* -е́ек, *D* -е́йкам *f* Jüdin
евре́йский, -ая, -ое jüdisch; Евре́йская Автоно́мная о́бласть Jüdisches Autonomes Gebiet
Евро́па, -ы *f* Europa
европе́ец, -е́йца, *I* -е́йцем, *G Pl* -е́йцев *m* Europäer
европе́йский, -ая, -ое europäisch
Евфра́т, -а *m* Euphrat
е́герь, -я, *Pl* егеря́, -е́й, -я́м *u.* **е́гери,** -ей, -ям *m* Jäger *a. mil*
Еги́пет, -пта *m* Ägypten
еги́петский, -ая, -ое ägyptisch
египто́лог, -а *m* Ägyptolog(e)
египтоло́гия, -и *f* Ägyptologie
египтя́нин, -а, *Pl* -я́не, -я́н, -я́нам *m* Ägypter
египтя́нка, -и, *Pl G* -нок, *D* -нкам *f* Ägypterin
его́ 1. ↑ он, оно́ 2. *Poss Pron* sein; ~ дом sein Haus
егоза́, -ы́ *m, f umg* unruhiger Mensch, Quecksilber
егози́ть, егожу́, егози́шь *uv umg* 1. hin und her rutschen, unruhig sitzen 2. *verächtl* sich einkratzen, sich einschmeicheln (пе́ред ке́м-н. bei j-m)
Его́р, -а *m* Georg
Его́рий, -я, *P* -и *m* Georg
Его́р(уш)ка, -и *m Dem zu* Его́р *u.* Его́рий
еда́, -ы́ *f* 1. Essen; во вре́мя еды́, за едо́й beim Essen 2. Speise, Kost
едва́ 1. *Adv* mit Mühe und Not; ~ вы́держал экза́мен er hat mit Ach und Krach die Prüfung bestanden 2. *Adv* kaum; он ~ уме́ет чита́ть er kann kaum lesen 3. *Adv*: ~ не fast; она́ ~ не упа́ла sie wäre beinahe gefallen 4. *Konj* kaum, sobald; ~ он вошёл, (как) на́чал говори́ть kaum war er eingetreten, da fing er schon an zu sprechen ◇ ~ ли kaum, schwerlich; ~ ли э́то уда́стся das wird kaum gelingen; ~ **ли не** wie es scheint, wohl, fast; э́то сочине́ние ~ ли не са́мое лу́чшее из всех dieser Aufsatz ist wohl der beste von allen
едине́ние, -я *n* Einigkeit; в **-и** си́ла Einigkeit macht stark
едини́ца, -ы, *I* -ей *f* 1. Eins *Ziffer* 2. Eins *i. d. UdSSR schlechteste Zensur* „ungenügend" 3. *Pl* Einer *math* 4. Einheit; ~ измере́ния Maßeinheit; де́нежная ~ Geldeinheit 5. *Pl* einzelne; не вы́полнили зада́ния то́лько -ы nur einzelne erfüllten den Plan nicht
едини́чный, -ая, -ое; *Kzf* -чен, -чна einzeln, vereinzelt; Einzel-
едино|бо́жие, -я *f* Monotheismus; **~бо́рство,** -а *n* Zweikampf; **~бра́чие,** -я *n* Monogamie; **~вла́стие,** -я *n* Alleinherrschaft; **~вла́стный,** -ая, -ое; *Kzf* -тен, -тна alleinherrschend; **~вре́менный,** -ая, -ое einmalig; **~гла́сие,** -я *n* Einstimmigkeit, Einmütigkeit; **~гла́сный,** -ая, -ое; *Kzf* -сен, -сна einstimmig, einmütig; **~ду́шие,** -я *n* Einmütigkeit, Eintracht; **~ду́шный,** -ая, -ое; *Kzf* -шен, -шна einmütig
единоли́чник, -а *m* Einzelbauer
единоли́чный, -ая, -ое 1. Einzelbauern-; -ое хозя́йство Einzel(bauern)wirtschaft 2. von einer einzelnen Person geleitet; -ое реше́ние von einem einzelnen gefaßter Beschluß
едино|мы́слие, -я *n* Gleichheit der Gesinnung; **~мы́шленник,** -а *m* 1. Gesinnungsgenosse 2. Komplize; **~нача́лие,** -я *n* Einzelleitung; **~обра́зие,** -я *n* Einheitlichkeit; **~обра́зный,** -ая, -ое; *Kzf* -зен, -зна einheitlich
еди́нственно 1. *Adv* einzig, allein, nur 2. *Part* einzig; ~ потому́, что einzig und allein deswegen, weil; и ~ для того́, что́бы nur deswegen, um
еди́нственный, -ая, -ое; *Kzf* -ен, -енна einziger; ~ в своём ро́де einzigartig; -ое число́ Singular, Einzahl
еди́нство, -а *n* Einheit, Einigkeit; ~ де́йствий Aktionseinheit
еди́ный, -ая, -ое; *Kzf* еди́н, -а 1. einheitlich, gemeinsam; ~ фронт Einheitsfront; Социалисти́ческая еди́ная па́ртия Герма́нии Sozialistische Einheitspartei Deutschlands 2. *alt* einzig: там **не́** было **ни -ой души́** es

war keine Menschenseele dort; все до -ого *umg* alle bis auf den letzten, alle ohne Ausnahme

е́дкий, -ая, -ое; *Kzf* е́док, едка́!; *Komp* е́дче **1.** ätzend; ~ натр Ätznatron **2.** beißend, scharf; ~ дым beißender Rauch **3.** *übtr* scharf, bissig; -ая иро́ния beißende Ironie; -ое замеча́ние bissige Bemerkung

е́дкость, -и *f* **1.** Ätzkraft, Schärfe **2.** *übtr* Bissigkeit **3.** bissige Bemerkung, Stichelei

едо́к, -а́ *m* Esser; он плохо́й ~ er ist ein schlechter Esser; в семье́ три -а́ die Familie besteht aus drei Personen

е́ду ↑ е́хать

е́дче ↑ е́дкий

её 1. ↑ она́ **2.** *Poss Pron* ihr; ~дом ihr Haus

ёж, ежа́, *I* ежо́м, *G Pl* ежéй *m* Igel

еже- *in Zuss* jeder, jede, jedes; all-

ежеви́ка, -и *f* **1.** Brombeerstrauch **2.** *Koll* Brombeeren

ежеви́чник,-а *m* Brombeerdickicht

ежеви́чный, -ая, -ое Brombeer-; -ое варе́нье Brombeerkonfitüre

ежего́дник, -а *m* Jahrbuch, Jahresschrift

ежего́дный, -ая, -ое (all)jährlich

ежедне́вный, -ая, -ое **1.** (all)täglich **2.** Alltags-

е́жели *Konj alt u. volksspr dasselbe wie* е́сли

ежеме́сячник, -а *m* Monatsschrift, -heft

ежеме́сячный, -ая, -ое (all)monatlich

ежемину́тный, -ая, -ое **1.** fortwährend **2.** -о *Adv* jeden Augenblick

еже|неде́льник, -а *m* Wochenschrift; **~неде́льный,** -ая, -ое (all)wöchentlich; **~секу́ндный,** -ая, -ое jede Sekunde; **~ча́сный,** -ая, -ое stündlich

ёжик, -а *m* **1.** *Dem zu* ёж kleiner Igel **2.** Bürsten(haar)schnitt

ёжиться, ёжусь, ёжишься *uv* zusammenschauern, sich zusammenkauern

ежо́вый, -ая, -ое Igel- ◇ держа́ть кого́-н. в -ых рукави́цах j-n kurz halten, j-n unter der Fuchtel haben

езда́, -ы́ *f* Fahren; верхова́я ~ Reiten; в двух часа́х -ы́ от го́рода zwei Stunden Fahrt von der Stadt; ~ по желе́зной доро́ге das Reisen mit der Bahn

е́здить, е́зжу, е́здишь *uv* **1.** *unbest zu* е́хать **2.** hin und zurück fahren; вчера́ я е́здил в Дре́зден gestern bin ich nach Dresden gefahren, gestern war ich in Dresden **3.** fahren [reiten] können; он отли́чно е́здит верхо́м er reitet ausgezeichnet; ~ на велосипе́де radfahren

ездово́й, -а́я, -о́е **1.** Fahr-, Reit-; -ы́е соба́ки Zughunde **2.** -о́го *Subst m mil* Fahrer

ездо́к, -а́ *m* Reiter; Fahrgast; отли́чный ~ на велосипе́де ein ausgezeichneter Radfahrer

ей ↑ она́

ей-бо́гу! *Interj umg* bei Gott!, wahrhaftig!

ей-е́й! *Interj volksspr* wahrlich!, wahrhaftig!

е́канье, -ья *n ling* Jekanje *Aussprache eines unbetonten* я *als* е

Екатери́на, -ы *f* Katharina

ёкать, ёкаю, ёкаешь *uv*: се́рдце ёкает *umg* das Herz klopft *vor Schreck u. a.* ‖ *v mom* **ёкнуть,** ёкну, ёкнешь

е́ле *Adv* kaum; ~ живо́й halbtot; е́ле-е́ле mit Mühe und Not; е́ле-е́ле душа́ в те́ле *volksspr* er [sie] ist sehr schwach

еле́й, -я *kirch* Olivenöl

еле́йный, -ая, -ое salbungsvoll

Еле́на, -ы *f* Helene

Елизаве́та, -ы *f* Elisabeth

ёлка, -и, *Pl G* ёлок, *D* ёлкам *f* **1.** Tanne, Fichte **2.**: рожде́ственская ~ Weihnachtsbaum; новогóдняя ~ Neujahrstanne **3.** Weihnachtsfeier; Neujahrsfeier; подари́ть на -у *umg* zu Weihnachten schenken; пода́рок на -у *umg* Weihnachtsgeschenk

ело́вый, -ая, -ое Fichten- ◇ голова́ -ая *volksspr* Dummkopf

ёлочка, -и, *Pl G* -чек, *D* -чкам *f Dem zu* ёлка kleine Fichte [Tanne]; -ой *oder* в -у im Fischgrätenmuster

ёлочный, -ая, -ое Fichten-, Tannen-; Weihnachts-; -ые украше́ния (Weihnachts-) Baumschmuck; -ые све́чи Maiwuchs

ель, -и *f* Fichte, Tanne

е́льник, -а (-у) *m* **1.** Fichtenwald **2.** Fichtenreisig, -zweige

ем ↑ есть

Емелья́н, -а *m männl Vn*

ёмкий, -ая, -ое; *Kzf* ёмок, ёмка geräumig

ёмкость, -и *f* Geräumigkeit; Fassungsvermögen; Kapazität; ме́ра -и Hohlmaß; ~ ры́нка *wirtsch* Aufnahmefähigkeit des Marktes

ему́ ↑ он, оно́

Енисе́й, -я *m* Jenissei *Fluß*

ено́т, -а *m* Waschbär

ено́товый, -ая, -ое Waschbär-

епи́скоп, -а *m* Bischof
епи́скопство, -а *n* **1.** Bischofswürde **2.** Bistum
Ерева́н, -а *m* Jerewan *Stadt*
е́ресь, -и *f* **1.** *rel* Ketzerei **2.** *umg* Unsinn; нести́ [городи́ть] ~ Unsinn zusammenreden
ерети́к, -а́ *m* Ketzer
ерети́ческий, -ая, -ое ketzerisch
ерети́чка, -и, *Pl G* -чек, *D* -чкам *f* Ketzerin
ёрзать, -аю, -аешь *uv umg* hin- und herrutschen; не ёрзай! sitz doch still!
ермо́лка, -и, *Pl G* -лок, *D* -лкам *f* rundes Käppchen
еро́шить, -шу, -шишь *uv umg* zerzausen
еро́шиться, *1. u. 2. Pers ungebr*, -ится *uv umg* sich sträuben *Haare*
ерунда́, -ы́ *f umg* **1.** Unsinn, dummes Zeug **2.** Kleinigkeit
ерунди́ть, *1. u. 2. Pers ungebr*, -ди́шь *uv volksspr* Unsinn reden
ерундо́вский, -ая, -ое *volksspr* dumm, unbedeutend
[1]**ёрш,** ерша́, *I* ершо́м, *G Pl* ерше́й *m* **1.** *zool* Kaulbarsch **2.** Reinigungsbürste; Flaschenbürste
[2]**ёрш,** ерша́, *I* ершо́м *m umg* Mischung von Wodka und Bier
есау́л, -а *m hist* Kosakenrittmeister
е́сли *Konj* **1.** wenn, falls; ~ бы он был здоро́в wenn er gesund [gewesen] wäre; ~ бы не дождь wenn nicht der Regen [gewesen] wäre; что ~ бы пойти́ в кино́ *umg* wie wäre es, wenn wir ins Kino gingen; ~ то́лько не . . . wenn nur nicht . . .; уж ~, то . . . wenn schon, dann . . .; ~ и wenn auch; что ~ он не придёт? und wenn er nicht kommt? **2.** während *bei Gegenüberstellung*; ~ в прибалти́йских респу́бликах кли́мат морско́й, то в Сре́дней А́зии он континента́льный während in den baltischen Republiken Seeklima herrscht, hat Mittelasien Kontinentalklima
есте́ственно 1. *Adv* natürlich; normal; ungezwungen **2.** *mod* natürlich
есте́ственный, -ая, -ое **1.** natürlich, Natur-; -ые нау́ки Naturwissenschaften; -ые бога́тства Naturschätze, Bodenschätze; ~ отбо́р *biol* natürliche Zuchtwahl **2.** *Kzf* -вен, -венна natürlich; normal; ungezwungen; ~ путь разви́тия normaler Entwicklungsweg; -ым о́бразом auf natürliche Weise; -ая по́за ungezwungene Pose ◇ -ое де́ло *umg* selbstverständlich, natürlich
естество́, -а́ *m* **1.** *buchspr* Wesen **2.** *alt* Natur
естество|ве́д, -а *m* Naturwissenschaftler; **~ве́дение,** -я *alt* Naturkunde; **~зна́ние,** -я *n* Naturwissenschaft(en); **~испыта́тель,** -я *m* Naturforscher
[1]**есть* 1.** essen; fressen *von Tieren*; мне хо́чется ~ ich möchte etwas essen; ~ глаза́ми кого́-н. *scherz* j-n mit den Augen verschlingen, sich nicht sattsehen können an j-m **2.** *chem 1. u. 2. Pers ungebr* zerfressen; ржа́вчина ест желе́зо Rost zerfrißt das Eisen; дым ест глаза́ der Rauch beißt in die Augen **3.** *übtr umg* quälen, bedrücken, keine Ruhe lassen **4.** *volksspr* Vorhaltungen machen, schelten
[2]**есть 1.** *prädikativ* es gibt, es existiert, es ist [sind] da; в э́том до́ме (есть) не́сколько вы́ходов in diesem Haus gibt es [dieses Haus hat] mehrere Ausgänge; у меня́ ~ . . . ich habe . . .; спи́чки ~? hast du [haben Sie] Streichhölzer?; ~ наде́жда es besteht Hoffnung **2.** *3. Pers Sg Präs zu* быть, *meist in Begriffsbestimmungen; auch in den anderen Pers gebräuchlich*; bin, bist, ist, sind, seid; кто ты ~? wer bist du?; коммуни́зм ~ сове́тская власть плюс электрифика́ция всей страны́ Kommunismus ist Sowjetmacht plus Elektrifizierung des ganzen Landes; я оста́нусь тем, что я ~ ich bleibe, was ich bin ◇ ~ тако́е де́ло! *volksspr* einverstanden!; (так) и ~ *volksspr* wirklich, in der Tat
[3]**есть** *Interj mil* zu Befehl!
Ефи́м, -а *m männl Vn*
ефре́йтор, -а *m* Gefreiter
е́хать* *uv* **1.** *best* fahren, reisen; ~ на метро́ mit der U-Bahn fahren; ~ в по́езде mit dem Zug fahren; ~ на велосипе́де radfahren; ~ верхо́м reiten; ~ на лошадя́х mit der Postkutsche fahren; ~ на Кавка́з in den Kaukasus fahren [reisen]; я е́ду за́втра ich reise morgen ab; е́дут! sie kommen! **2.** *nach der Seite* gleiten, (ver)rutschen; ша́пка е́дет на́ бок die Mütze rutscht zur Seite ◇ да́льше ~ не́куда *volksspr* schlimmer kann's nicht mehr werden | *unbest* е́здить *zu* 1
ехи́да, -ы *m, f volksspr* Spötter
ехи́дничать, -аю, -аешь *uv umg* sticheln, spotten, witzeln

ехи́дный, -ая, -ое; *Kzf* -ден, -дна boshaft, tückisch
ехи́дство, -а *n* Spötterei, Tücke
ещё *Adv* 1. noch; всё ~ noch immer, immer noch; нет ~ noch nicht; ~ успе́ю ich komme noch zurecht; съешь ~ хле́ба iß noch (mehr) Brot 2. (*mit Prät*) schon; он уе́хал ~ неде́лю наза́д er ist schon vor einer Woche abgereist; ~ Маркс указа́л на э́то schon Marx hat darauf hingewiesen ◇ ~ бы! a) und ob!, natürlich!; b) das wäre noch schöner!; вот ~! *iron* das fehlte noch!; э́то ~ ничего́! das ist noch lange nicht das Schlimmste!; ~ како́й! und was für einer!
ЕЭС [еэ́с] (Европе́йское экономи́ческое соо́бщество) EWG
е́ю ↑ она́

Ж

ж ↑ же
[1]жа́ба, -ы *f* Kröte
[2]жа́ба, -ы *f med, alt* Angina, Bräune; грудна́я ~ Angina pectoris
жа́берный, -ая, -ое *anat* Kiemen-
жа́бры *Pl* жабр, *Sg* жа́бра, -ы *f anat* Kiemen
жаве́лев, -а, -о: -а вода́ *chem* Javellesche Lauge
жа́воронок, -нка *m* Lerche
жа́дничать, -аю, -аешь *uv umg* geizen; gierig [habgierig] sein
жа́дный, -ая, -ое; *Kzf* -ден, -дна́! 1. gierig, versessen (до *G*, к *D*, на *A* auf); unersättlich; ~ до зна́ний wißbegierig; ~ на власть machthungrig; ~ на сла́ву ruhmsüchtig 2. knauserig; habgierig
жа́жда, -ы *f* 1. Durst 2. *übtr, buchspr* Begierde, Drang, Verlangen
жа́ждать* *uv G buchspr* begehren, verlangen (nach), lechzen (nach)
жа́жду ↑ жа́ждать
жаке́т, -а *m u.* **жаке́тка, -и,** *Pl G* -ток, *D* -ткам *f* kurze (Damen-) Jacke
жале́ть, -е́ю, -е́ешь *uv* 1. bedauern, Mitleid haben (mit) 2. о *P oder mit Konj* что bedauern, bereuen 3. *A oder G* schonen, sparen; не ~ сил die Kräfte nicht schonen ‖ *v* пожале́ть
жа́лить, -лю, -лишь *uv* stechen; *umg* beißen *von Schlangen* ‖ *v* ужа́лить; ужа́ленный, -ен, -а
жа́лкий, -ая, -ое; *Kzf* жа́лок, -лка́!; *Komp* жа́льче 1. bedauernswert, mitleiderregend 2. armselig, kläglich, erbärmlich
жа́лко ↑ жаль
жа́ло, -а *n* 1. Stachel 2. Zunge *von Schlangen*
жа́лоба, -ы *f* 1. Klage 2. *jur* Klage, Beschwerde; кни́га жа́лоб (и предложе́ний) Beschwerdebuch
жа́лобный, -ая, -ое; *Kzf* -бен, -бна 1. klagend, kläglich; traurig 2. Klage-, Beschwerde-; -ая кни́га *umg* Beschwerdebuch
жа́лобщик, -а *m jur* Kläger
жа́лованный, -ая, -ое *alt* verliehen; -ая гра́мота *hist* Schenkungsurkunde, Gnadenbrief
жа́лованье, -ья *n* 1. Lohn, Gehalt 2. *alt* Belohnung, Geschenk
жа́ловать, -лую, -луешь *uv* 1. *I alt* belohnen, auszeichnen (mit) 2. *umg* beachten, schätzen ‖ *v* пожа́ловать
жа́ловаться, -луюсь, -луешься *uv* 1. sich beklagen, klagen (на *A* über) 2. *jur* Klage einreichen, sich beschweren; ~ в суд beim Gericht verklagen 3. *umg* verleumden, denunzieren; он на меня́ тебе́ ~ пришёл er will mich bei dir schlecht machen ‖ *v* пожа́ловаться
жа́лостливый [сл], -ая, -ое; *Kzf* -ив, -а *umg* 1. mitleidig 2. rührend
жа́лостный [сн], -ая, -ое; *Kzf* -тен, -тна *umg* 1. kläglich; ergreifend 2. mitleidig
жа́лость, -и *f* Mitleid ◇ кака́я ~! wie schade!
жаль (*u.* **жа́лко**) *unpers prädikativ* (es ist) schade, (es ist) bedauerlich; мне ~ ребёнка das Kind tut mir leid; мне ~, что пого́да дурна́я es tut mir leid [ich bedauere], daß das Wetter schlecht ist; ~ на него́ смотре́ть es ist ein Jammer, ihn anzusehen [er sieht erbärmlich aus]; как ~! wie schade!; ~ но́вого пла́тья es ist schade um das neue Kleid
жа́льче ↑ жа́лкий
жалюзи́ *n idkl* Jalousie
жанда́рм, -а *m* Gendarm
жандарме́рия, -и *f* Gendarmerie

жанр, -а *m* **1.** Genre, Kunstgattung **2.** Genremalerei, Genrebild **3.** *übtr* Manier, Stil

жа́нровый, -ая, -ое **1.** Genre- **2.**: -ая жи́вопись Genremalerei; -ые сце́ны Szenen aus dem täglichen Leben

жар, -а (-у), *P* о жа́ре, в [на] жару́ *m* **1.** Glut, Hitze; *umg* glühende Kohlen **2.** Fieber **3.** Eifer, Leidenschaft ◇ зада́ть кому́-н. -у j-m die Hölle heiß machen; чужи́ми рука́ми ~ загреба́ть sich von j-m die Kastanien aus dem Feuer holen lassen

жара́, -ы́ *f* Hitze

жарго́н, -а *m* Jargon; воровско́й ~ Gaunersprache

жардинье́рка, -и, *Pl G* -рок, *D* -ркам *f* Blumenständer

жа́реный, -ая, -ое **1.** Brat-, Röst-, gebraten, geröstet **2.** -ое, -ого *Subst n alt* Braten

жа́рить, жа́рю, жа́ришь; жа́ренный, -ен, -а *uv* **1.** braten **2.** rösten **3.**: со́лнце жа́рит die Sonne brennt [sticht] **4.** *volksspr* tüchtig einheizen; stark erhitzen

жа́риться, жа́рюсь, жа́ришься *uv* **1.** braten *itr* **2.** rösten *itr* **3.**: ~ [на со́лнце] *umg* sich sonnen, sich braun brennen lassen

жа́ркий, -ая, -ое; *Kzf* -рок, -рка́!; *Komp* жа́рче **1.** heiß **2.** *übtr* glühend, leidenschaftlich; heftig

жа́рко **1.** *Adv* heiß; heftig, leidenschaftlich **2.** *unpers prädikativ* es ist heiß; сего́дня ~ heute ist es (aber) heiß **3.** *unpers prädikativ D*: мне бы́ло ~ mir war heiß

жарко́е, -о́го *Subst n* Braten

жаро́вня, -и, *Pl G* -вен, *D* -вням *f* Kohlenbecken, *Behälter*

жаро|понижа́ющий, -ая, -ее **1.** *med* fiebersenkend **2.** -ее, -его *Subst n med* fiebersenkendes Medikament; **~сто́йкий,** -ая, -ое hitzebeständig; **~упо́рный,** -ая, -ое; *Kzf* -рен, -рна hitzebeständig

жар-пти́ца, -ы, *I* -ей *f folkl* Feuervogel

жа́рче ↑ жа́ркий

жары́нь, -и *f volksspr* starke Hitze

жасми́н, -а *m* Jasmin

жа́тва, -ы *f* (Getreide-) Ernte

жа́твенный, -ая, -ое (Getreide-) Ernte-; -ая маши́на *landw* (Getreide-) Mähmaschine

жа́тка, -и, *Pl G* -ток, *D* -ткам *f landw* (Getreide-) Mähmaschine

[1]**жать**[1]***** *uv* **1.** drücken; zusammendrücken **2.** (aus)pressen; ~ виногра́д keltern **3.** zu eng sein, drücken; сапо́г жмёт (но́гу) der Schuh drückt

[2]**жать**[2]***** *uv* (Korn) schneiden, mähen, ernten

жа́ться[1]***** *uv* **1.** sich drängen, sich schmiegen (к *D* an) **2.** *umg* unschlüssig sein, sich winden **3.** *umg* knausern

жбан, -а *m* Krug mit Deckel

жва́чка, -и *f* **1.** Wiederkäuen **2.** wiedergekäutes Futter; жева́ть -у wiederkäuen *a. übtr*

жва́чный, -ая, -ое **1.** wiederkäuend; -ые живо́тные *zool* Wiederkäuer **2.** -ые, -ых *Subst Pl zool* Wiederkäuer

жгу ↑ жечь

жгут, -а́ *m* **1.** Geflecht; соло́менный ~ Strohwisch **2.** *med* Schlauch, (Abschnür-) Binde

жгу́чий, -ая, -ее; *Kzf* жгуч, -а **1.** glühend, brennend, scharf; ~ вопро́с eine aktuelle Frage -ая крапи́ва Brennessel **2.** heftig, quälend

ж. д. (желе́зная доро́га) Eisenbahn

ж.-д. (железнодоро́жный) Eisenbahn-, Bahn-

ждать* *uv A oder G* warten; erwarten, warten (auf) ◇ вре́мя не ждёт die Zeit drängt; де́ло не ждёт es ist eilig; ~ не дожда́ться es kaum erwarten können; не заста́вить себя́ ~ nicht auf sich warten lassen; того́ и жди jeden Augenblick

жду ↑ ждать

[1]**же,** *a.* **ж** *nach Wörtern mit auslautendem Vokal, Konj* aber, jedoch, hingegen

[2]**же** *u.* **ж** **1.** *Part* aber, doch, denn; говори́те же! sprechen Sie (doch)!; что же? was denn? **2.** *Part zur Bezeichnung der Identität* тот же (са́мый) derselbe; там же ebenda; тогда́ же zur selben Zeit ◇ сего́дня же noch heute; всё же dennoch

жёваный, -ая, -ое **1.** zerkaut **2.** *übtr umg* zerknüllt, zerdrückt

жева́тельный, -ая, -ое Kau-

жева́ть* *uv* kauen; ~ таба́к priemen

жезл, -а́ *m* Stab

жела́ние, -я *n* Wunsch, Bitte; Verlangen; по его́ -ю auf seinen Wunsch; при всём -и beim besten Willen

жела́нный, -ая, -ое; *Kzf* -а́нен, -а́нна **1.** erwünscht, ersehnt **2.** lieb, geliebt

жела́тельно *unpers prädikativ mit Inf oder Konj* что́бы es ist wünschenswert [erforderlich]

жела́тельный, -ая, -ое; *Kzf* -лен, -льна wünschenswert; erwünscht

желати́н, -а (-у) *m u. tech* **желати́на,** -ы *f* Gelatine

желати́новый, -ая, -ое Gelatine-, aus Gelatine; gallertig

жела́ть, -а́ю, -а́ешь *uv* **1.** *A oder G oder mit Inf oder mit Konj* что́бы wünschen, verlangen, wollen; жела́ю, что́бы ты пришёл ich wünsche, daß du kommst; жела́ю тебе́ сча́стья ich wünsche dir Glück **2.** *übtr* begehren ◇ э́то оставля́ет ~ мно́гого das läßt viel zu wünschen übrig ‖ *v* пожела́ть

жела́ющий, -его *Subst m* Interessent

желва́к, -а́ *m* Beule, Schwellung, Geschwulst

желе́ *n idkl* **1.** Gelee; Götterspeise **2.** Sülze

железа́, -ы́, *Pl* же́лезы, желёз, железа́м *f anat* Drüse

¹желе́зистый, -ая, -ое; *Kzf* -ист, -а Eisen-, eisenhaltig

²желе́зистый, -ая, -ое *anat* Drüsen-

¹желе́зка, -и, *Pl G* -зок, *D* -зкам *f umg* ein Stück Eisen

²желе́зка, -и *f* Art Kartenglücksspiel

желёзка, -и, *Pl G* -зок, *D* -зкам *f Dem zu* железа́ *anat* (kleine) Drüse

железнодоро́жник, -а *m* Eisenbahner

железнодоро́жный, -ая, -ое Eisenbahn-, Bahn-; -ая ве́тка Zweigbahn

желе́зный, -ая, -ое **1.** Eisen-, eisenhaltig; ~ лом Schrott **2.** *übtr* eisern, unbeugsam ◇ -ая доро́га Eisenbahn; -ый век *hist* Eisenzeit

железня́к, -а́ *m*: кра́сный ~ *min* Roteisenstein; магни́тный ~ *min* Magneteisenstein

желе́зо, -а *n* **1.** Eisen; листово́е ~ Eisenblech

железо|бето́н, -а *m* Stahlbeton; напряжённый ~бето́н Spannbeton; **~прока́тный,** -ая, -ое Eisenwalz-; ~прока́тный заво́д Eisenwalzwerk; ~прока́тный стан Walzstraße

жёлоб, -а, *Pl* желоба́, -о́в, -а́м *m* Rinne, Kuhle; водосто́чный ~ Dachrinne

желобо́к, -бка́ *m Dem zu* жёлоб kleine Rinne, Rille

желте́ть, -е́ю, -е́ешь *uv* **1.** gelb werden, vergilben **2.** gelb schimmern [leuchten]

желте́ться, *1. u. 2. Pers ungebr,* -е́ется *uv* gelb schimmern, gelb leuchten

желтизна́, -ы́ *f* gelbe Färbung, Gelb

желти́ть, желчу́, желти́шь *uv* gelb färben

желтова́тый, -ая, -ое; *Kzf* -а́т, -а gelblich

желто́к, -тка́ *m* Eidotter, Eigelb

желторо́тый, -ая, -ое; *Kzf* -о́т, -а **1.**: ~ птене́ц junger Vogel (mit gelbem Schnabel) **2.** *übtr umg* grün, unerfahren

желтофио́ль, -и *f bot* Goldlack

желту́ха, -и *f med* Gelbsucht

жёлтый, -ая, -ое; жёлт, желта́, жёлто *u.* желто́, жёлты *u.* желты́ gelb ◇ -ая вода́ *med* grüner Star; Жёлтое мо́ре Gelbes Meer

желудёвый, -ая, -ое Eichel-

желу́док, -дка *m* **1.** Magen **2.** *alt* Bauch ◇ расстро́йство -дка Durchfall

желу́дочек, -чка *m anat* Herzkammer

желу́дочный, -ая, -ое Magen-

жёлудь, -я, *Pl* жёлуди, желуде́й, желудя́м *m* Eichel

жёлчный, -ая, -ое **1.** Gallen- **2.** *Kzf* -чен, -чна *übtr* gallig, bitter, gehässig

жёлчь, -и *f* **1.** Galle **2.** *übtr* Erbitterung, Gereiztheit; Gehässigkeit; он по́лон -и er speit Gift und Galle

жема́ниться, -нюсь, -нишься *uv umg* sich zieren, sich affektiert benehmen

жема́нница, -ы, *I* -ей *f umg* Zierpuppe

жема́нничать, -аю, -аешь *uv umg* sich zieren

жема́нный, -ая, -ое; *Kzf* -а́нен, -а́нна geziert, affektiert

жема́нство, -а *n* Geziertheit, Affektiertheit

же́мчуг, -а, *Pl* жемчуга́, -о́в, -а́м *m Koll* Perlen; Schmuck aus Perlen

жемчу́жина, -ы *f* Perle *a. übtr*

¹жемчу́жница, -ы, *I* -ей *f zool* Perlmuschel

²жемчу́жница, -ы, *I* -ей *f vet* Perlsucht

жемчу́жный, -ая, -ое Perlen-; *übtr* wie Perlen schimmernd

жена́, -ы́, *Pl* жёны, жён, жёнам *f* **1.** Ehefrau, Gattin **2.** *alt* Frau, Weib

жена́тый, -ая, -ое; *Kzf* -а́т, -а verheiratet *vom Mann, nur Kzf Pl vom Ehepaar,* Ehe-; он -ат на мое́й сестре́ er ist mit meiner Schwester verheiratet; они́ -ы sie sind verheiratet

Жене́ва, -ы *f* Genf

жене́вский, -ая, -ое: Жене́вское о́зеро Genfer See

же́нин, -а, -о der Ehefrau gehörig

жени́ть, женю́, же́нишь *v, uv* verheiraten ◇ без меня́ меня́ жени́ли man hat über meinen Kopf hinweg über mich verfügt

женитьба, -ы *f* Heirat
жениться, женюсь, женишься *v, uv* 1. на *A* heiraten, sich verheiraten *vom Mann aus*; он женился на моей сестре er hat meine Schwester geheiratet [zur Frau genommen] 2. *nur v Pl umg* heiraten *von Mann und Frau*
жених, -а *m* Bräutigam, Verlobter
женолюб, -а *m* Schürzenjäger
женоненавистник [сн], -а *m buchspr* Weiberfeind
женский, -ая, -ое Frauen-, weiblich; -ая обувь Damenschuhe; ~ род *gram* Femininum
женственный, -ая, -ое; *Kzf* -ен, -енна fraulich
женщина, -ы *f* Frau; ~-врач Ärztin
Женя, -и *m, f Dem zu* Евгений *u.* Евгения
жердь, -и, *Pl* жерди, жердей, жердям *f* Stange; худой как ~ dürr wie eine Hopfenstange
жерёбая, -ой; *Kzf* -ба: ~ кобыла *landw, vet* trächtige Stute
жеребёнок, -нка, *Pl* жеребята, -ят, -ятам *m* Füllen, Fohlen
жеребец, -бца, *I* -бцом, *G Pl* -бцов *m* Hengst
жеребиться, *1. u. 2. Pers ungebr*, -ится *uv* fohlen
жерёбость, -и *f* Trächtigkeit *von der Stute*
жеребьёвка, -и, *Pl G* -вок, *D* -вкам (Aus-) Losen; *Sport* Auslosung
жерло, -а, *Pl* жерла, жерл, жерлам *n* 1. Schlund; Krater 2. Mündung *Geschütz*
жёрнов, -а, *Pl* жернова, жерновов, жерновам *m* Mühlstein
жертва, -ы *f* Opfer; пасть -ой zum Opfer fallen; принести в -у zum Opfer bringen
жертвенный, -ая, -ое 1. *alt rel* Opfer- 2. *übtr* opferbereit
жертвовать, -твую, -твуешь *uv* 1. spenden 2. *I* opfern; ~ собой sich aufopfern; ~ жизнью sein Leben opfern || *v* пожертвовать
жертвоприношение, -я *n alt rel* Opferung
жест, -а *m* Geste, Gebärde
жестикулировать, -рую, -руешь *uv* gestikulieren
жестикуляция, -и *f* Gebärdenspiel
жёсткий, -ая, -ое; *Kzf* жёсток, жестка!; *Komp* жёстче 1. hart; rauh; starr; -ие волосы struppiges Haar 2. *übtr* schroff, barsch; streng, hart 3. *tech* starr ◇ ~ вагон Eisenbahnwagen der zweiten Klasse *ungepolstert*
жестокий, -ая, -ое; *Kzf* -ток, -тока!; *Sup* жесточайший 1. unbarmherzig, grausam 2. stark, heftig
жестокосердный, -ая, -ое; *Kzf* -ден, -дна hartherzig, unbarmherzig
жестокость, -и *f* 1. Grausamkeit 2. Heftigkeit
жесточайший ↑ жестокий
жёстче ↑ жёсткий
жесть, -и *f* Blech
жестяник, -а *m* Klempner
жестянка, -и, *Pl G* -нок, *D* -нкам *f* 1. Blechdose 2. *umg* Stück Blech
жестяной, -ая, -ое Blech-, blechern
жестянщик, -а *m* Klempner
жетон, -а *m* 1. Denkmünze, Plakette 2. Spielmarke
жечь* *uv* 1. verbrennen; anzünden 2. brennen, sengen 3. *übtr* quälen, schmerzen
жечься* *uv umg* 1. brennen, beißen *itr* 2. sich verbrennen
жжение, -я *n* Brennen
жжёнка, -и *f* Glühpunsch
жжёный, -ая, -ое gebrannt
живительный, -ая, -ое; *Kzf* -лен, -льна belebend, erfrischend ◇ -ая влага das edle Naß
живить, живлю, живишь *uv* beleben, erfrischen, aufmuntern
живность, -и *f Koll umg* Geflügel, Federvieh; Kleinvieh
живодёр, -а *m volksspr* Schinder
живодёрство, -а *n volksspr* Schinderei, Grausamkeit
живой, -ая, -ое; *Kzf* жив, -а! 1. lebendig; lebend 2. lebensvoll; lebhaft, rege 3. Lebens-; lebenswichtig 4. живо *Adv umg* flink, rasch, rege ◇ ~ вес Lebendgewicht; -ая изгородь Hecke; -ая рана offene Wunde; на -ую нитку [руку] nachlässig, oberflächlich; задеть кого-н. за -ое j-n im Innersten treffen; остаться в -ых am Leben bleiben; не осталось -ого места es ist keine heile Stelle geblieben; жив и здоров gesund und munter; ни жив ни мёртв mehr tot als lebendig
живописец, -сца, *I* -сцем, *G Pl* -сцев *m* (Kunst-) Maler
живописный, -ая, -ое 1. Malerei-, Gemälde- 2. *Kzf* -сен, -сна malerisch; *übtr* ausdrucksvoll
живопись, -и *f* 1. Malerei 2. *Koll* Gemälde
живородящий, -ая, -ее; *Kzf* -ящ, -а *zool* lebendgebärend

живость, -и *f* Lebendigkeit, Lebhaftigkeit; с -ю lebhaft, flink

¹живот, -á *m* Bauch, (Unter-) Leib; ~ подвело der Magen knurrt

²живот, -á *m alt* Leben; не на ~, а нá смерть auf Leben und Tod

животворный, -ая, -ое; *Kzf* -рен, -рна belebend; lebenspendend

животно|вод, -а *m* Vieh-, Tierzüchter; **~водство,** -а *n* Vieh-, Tierzucht; **~водческий,** -ая, -ое Viehzucht-, Tierzucht-

животное, -ого *Subst n* **1.** Tier **2.** *umg* Vieh *Schimpfwort*

животный, -ая, -ое **1.** tierisch; Tier- **2.** tierisch, triebhaft **3.** *übtr* viehisch, gemein

животрепещущий, -ая, -ее **1.** aktuell, lebensnah **2.** lebensvoll, lebendig

живу ↑ жить

живучий, -ая, -ее; *Kzf* -уч, -а **1.** lebensfähig, zäh **2.** standhaft, beharrlich

живчик, -а *m* **1.** *biol* Spermatozoon, Samentierchen **2.** *volksspr* sehr lebhafter Mensch, Quecksilber **3.** *umg* nervöses Zucken des Augenlids

живьём *Adv volksspr* bei lebendigem Leibe

жидкий, -ая, -ое; *Kzf* -док, -дка! *Komp* жиже **1.** flüssig **2.** wäßrig **3.** spärlich, dünn **4.** *umg* schwächlich, gebrechlich **5.** *umg* schwach, inhaltsleer

жидкость, -и *f* **1.** Flüssigkeit; ~ для волос Haarwasser **2.** Spärlichkeit

жижа, -и, *I* -ей *f* dicke Flüssigkeit, Brühe; навозная ~ Jauche

жиже ↑ жидкий

жизнедеятельность, -и *f* Lebenstätigkeit, Lebensfunktion

жизнедеятельный, -ая, -ое; *Kzf* -лен, -льна *übtr* tätig, aktiv, energisch

жизненность, -и *f* **1.** Lebensfähigkeit **2.** Lebenswichtigkeit; Aktualität

жизненный, -ая, -ое **1.** *Kzf* жизнен, жизненна Lebens-; lebensvoll, vital **2.** *übtr* lebenswichtig, aktuell

жизне|описание, -я *n* Biographie, Lebensbeschreibung; **~понимание,** -я *n* Weltanschauung, Lebensauffassung; **~радостный,** -ая, -ое; *Kzf* -тен, -тна lebensfroh, lebenslustig; **~способный,** -ая, -ое; *Kzf* -бен, -бна lebensfähig; **~утверждающий,** -ая, -ее lebensbejahend, optimistisch

жизнь, -и *f* Leben; подруга -и *scherz* Lebensgefährtin, (Ehe-) Frau; при его -и zu seinen Lebzeiten; зарабатывать на ~ den Lebensunterhalt [das tägliche Brot] verdienen; проводить в ~ verwirklichen, in Kraft setzen, in die Tat umsetzen; как ~? wie geht's?; не на ~, а нá смерть auf Leben und Tod; это вопрос -и и смерти es geht um Tod oder Leben; он -и не рад er wird seines Lebens nicht froh

жиклёр, -а *m tech* Düse

¹жила, -ы *f* **1.** *umg* Ader, Blutgefäß; Sehne **2.** *berg* (Gesteins-) Ader ◇ тянуть -ы из кого-н. j-n bis aufs Blut quälen

²жила, -ы *m, f volksspr* Geizkragen

жилгородок, -дка *m* Wohnstadt *von Arbeitern*

жилет, -а *m u.* **жилетка,** -и, *Pl G* -ток, *D* -ткам *f* Weste; спасательный жилет Schwimmweste

жилец, -льца, *I* -льцом, *G Pl* -льцов *m* **1.** Mieter **2.** *alt* Einwohner ◇ он не ~ на белом свете er ist ein Todeskandidat

жилистый, -ая, -ое; *Kzf* -ист, -а adrig; sehnig; hager

жилиться, жилюсь, жилишься *uv volksspr* sich anstrengen

жилица, -ы, *I* -ей *f alt* Mieterin, Einwohnerin

жилище, -а, *I* -ем *n* Wohnung, Behausung

жилищный, -ая, -ое Wohnungs-, Wohn-; -ое строительство Wohnungsbau

жилка, -и, *Pl G* -лок, *D* -лкам *f* **1.** *Dem zu* жила kleine [feine] Ader **2.** *übtr* Ader, Neigung, Talent

жилой, -áя, -óе Wohn-, bewohnt; -óе здание Wohngebäude; -áя площадь Wohnfläche, -raum

жил|отдел, -а *m* (жилищный отдел) Wohnungsamt; **~площадь,** -и *f* (жилая площадь) Wohnraum, -fläche; **~строительство,** -а *n* (жилищное строительство) Wohnungsbau

жильё, -ья *n* **1.** bewohnte Gegend, Wohnstätte **2.** *umg* Behausung, Wohnung, Logis; поиски -ья Wohnungssuche; (при)годный для -ья bewohnbar

жим, -а *m Sport* Drücken; ~ двумя руками beidarmiges Drücken

жимолость, -и *f bot* Geißblatt

жир, -а (-у), *P* о жире, в жиру, *Pl* жиры, жиров, жирам *m* Fett; рыбий ~ Lebertran ◇ он с -у бесится *volksspr* ihn sticht der Hafer

жираф, -а *m u.* **жирафа,** -ы *f* Giraffe

жиреть, -ею, -еешь *uv* fett [dick] werden, Fett ansetzen

жирномоло́чность, -и *f* Milchfettgehalt
жи́рный, -ая, -ое; *Kzf* жи́рен, жирна́! **1.** fett, fetthaltig, Fett-; fettig **2.** fett; dick ◇ -ым шри́фтом *typ* fettgedruckt; жи́рно бу́дет *volksspr* das ist zuviel (verlangt)
жирови́к, -а́ *m med* Fettgeschwulst
жиро́вка, -и, *Pl G* -вок, *D* -вкам *f wirtsch* Giroanweisung; Wohnungszuweisung
жирово́й, -а́я, -о́е **1.** Fett-, fettig, fetthaltig **2.** fettverarbeitend
жироприка́з, -а *m wirtsch* Giroanweisung
жите́йский, -ая, -ое Lebens-; Alltags-, alltäglich
жи́тель, -я *m* Einwohner, Bewohner; городско́й ~ Städter; коренно́й ~ Ureinwohner; ме́стный ~ Einheimischer
жи́тельница, -ы, *I* -ей *f* Einwohnerin, Bewohnerin;
жи́тельство, -а *n* Aufenthalt; Wohnsitz; ме́сто -а Wohnort ◇ вид на ~ *alt* Paß, Ausweis
житие́, -я́ *n* **1.** *rel*, *lit* Heiligenleben **2.** *alt*, *jetzt scherz* Leben(sweise)
жи́тница, -ы, *I* -ей *f* **1.** *alt* (Getreide-) Speicher **2.** *wirtsch* Kornkammer
жи́то, -а *n gbt* Getreide, Korn
жить* (не́ жил, не жила́, не́ жили) *uv* **1.** leben; он жил нау́кой er lebte der Wissenschaft, er ging ganz in der Wissenschaft auf; ~ уедине́нно ein einsames Leben führen; он живёт свои́м трудо́м er lebt von seiner Hände Arbeit; ~ на пе́нсию *oder* ~ пе́нсией von der Rente leben **2.** wohnen; я живу́ на у́лице Го́рького ich wohne in der Gorkistraße **3.** *umg* verkehren ◇ как вы живёте? wie geht es Ihnen?; ~ душа́ в ду́шу ein Herz und eine Seele sein; жи́л-бы́л [жила́-была́, жи́ли-бы́ли] *folkl* es war(en) einmal . . . *in Märchen*
житьё, -ья́ *n umg* **1.** Leben, Lebensweise **2.** Aufenthalt ◇ ему́ -ья́ не дава́ли sie machten ihm das Leben zur Qual; -ья́ нет es ist nicht zum Aushalten; ~-бытьё Leben und Treiben
жи́ться, живётся; жило́сь *unpers uv D*: ему́ жило́сь пло́хо *umg* es ging ihm schlecht
жмот, -а *m volksspr* Geizhals
жму ↑ [1]жать
жму́рить, -рю, -ришь *uv*: ~ глаза́ die Augen zusammenkneifen
жму́риться, -рюсь, -ришься *uv* blinzeln, die Augen zusammenkneifen
жму́рки, -рок, -ркам *Pl* Blindekuh; игра́ть в ~ Blindekuh spielen
жмыхи́ *Pl* жмыхо́в, *Sg* жмых, -а́ *m landw* Ölkuchen
жне́йка, -и, *Pl G* жне́ек, *D* жне́йкам *f landw* (Getreide-) Mähmaschine
жнец, -а́, *I* -о́м, *G Pl* -о́в *m* Schnitter
жнивьё, -ья́, *Pl* жни́вья, -ьев, -ьям *n* **1.** Stoppelfeld **2.** *Koll* Stoppeln **3.** *gbt* (Getreide-) Ernte
жни́ца, -ы, *I* -ей *f* Schnitterin
жну ↑ [2]жать
жоке́й, -я, *G Pl* -ев *m Sport* Jockei
жом, -а *m* **1.** Presse, Quetsche **2.** *gbt* Rübenschnitzel *Viehfutter*
жонглёр, -а *m* Jongleur
жонгли́ровать, -рую, -руешь *v* jonglieren
жох, -а *m volksspr* Gauner, Schuft
жрать* *uv derb, volksspr* fressen
жре́бий, -я, *P* -и, *G Pl* -ев *m* **1.** Los **2.** *alt poet* Los, Schicksal ◇ ~ бро́шен die Würfel sind gefallen
жрец, -а́, *I* -о́м, *G Pl* -о́в *m* **1.** *hist* Opferpriester **2.** *übtr alt, jetzt iron* Jünger
жру ↑ жрать
жу́желица, -ы, *I* -ей *f zool* Laufkäfer
жужжа́ние, -я *n* Summen, Surren
жужжа́ть, жужжу́, жужжи́шь *uv* summen, surren, schwirren
жуи́р, -а *m alt* Genießer
жук, -а́ *m* Käfer
жу́лик, -а *m* Dieb, Gauner; *umg* Spitzbube
жулikова́тый, -ая, -ое; *Kzf* -а́т, -а *umg* spitzbübisch, gaunerhaft
жульё, -ья́ *n Koll umg* Spitzbuben, Gauner
жу́льничать, -аю, -аешь *uv umg* betrügen, mogeln
жу́льничество, -а *n umg* Betrügerei, Mogelei, Spitzbüberei
жупа́н, -а *m hist* warmer Überrock, kurzer Kaftan
жу́пел, -а *m* Schreckgespenst
жура́вль, -я́ *m* **1.** Kranich **2.** Schwengel *am Ziehbrunnen*
жури́ть, -рю́, -ри́шь *uv umg* zurechtweisen, seine Meinung sagen
журна́л, -а *m* **1.** Zeitschrift, Journal; ежеме́сячный ~ Monatsschrift; ~ мод Modenzeitung **2.** (Tage-) Buch; кла́ссный ~ Klassenbuch
журнали́ст, -а *m* Journalist
журнали́стика, -и *f* **1.** Journalistik **2.** *Koll* Zeitschriftenwesen
журча́ние, -я *n* Murmeln, Rieseln

журча́ть, *1. u. 2. Pers ungebr*, -чи́т *uv* murmeln, rauschen, rieseln; разгово́р журчи́т *übtr* die Unterhaltung plätschert dahin

жу́ткий, -ая, -ое; *Kzf* жу́ток, жутка́! unheimlich, gruselig

жу́тко 1. *Adv* unheimlich, gruselig 2. *unpers prädikativ D*: мне ~ mir ist bange, mir graut 3. *Adv volksspr* außerordentlich, unheimlich

жуть, -и *f umg* Angst, Schrecken, Grauen ◇ меня́ ~ берёт es wird mir bange, mir graut; до -и *volksspr* entsetzlich, äußerst

жу́хлый, -ая, -ое; *Kzf* жухл, -а verblichen; vertrocknet

жучо́к, -чка́ *m Dem zu* жук kleiner Käfer; древе́сный ~ Holzkäfer

жую́ ↑ жева́ть

жюри́ [жу] *n idkl* Jury, Preisgericht

З

з.а. (заслу́женный арти́ст) Verdienter Künstler

за *Präpos* I. *mit A* 1. hinter (wohin?); поста́вить за шкаф hinter den Schrank stellen; заложи́ть ру́ки за́ спину die Hände auf den Rücken legen; поверну́ть за́ угол um die Ecke biegen; пое́хать за Во́лгу ans andere Wolgaufer fahren; вы́бросить за окно́ zum Fenster hinauswerfen; пое́хать за́ город aufs Land fahren 2. an *sich stellen, sich setzen*; сесть за стол [за роя́ль] sich an den Tisch [ans Klavier] setzen; стать за стано́к sich an die Maschine stellen; сесть за уро́ки sich an die Schularbeiten setzen; взя́ться за де́ло ans Werk gehen 3. an *bei Verben des Festhaltens*; вести́ за́ руку an der Hand führen; тяну́ть за́ волосы [за́ уши] an den Haaren [an den Ohren] ziehen; держа́ться за пери́ла sich am Geländer festhalten; зацепи́ться за крюк an einem Haken hängenbleiben 4. über ... hinaus; ему́ за́ со́рок (лет) er ist über vierzig (Jahre alt); моро́з за два́дцать гра́дусов über zwanzig Grad Kälte; за по́лночь nach Mitternacht 5. in, während, im Verlauf von; за после́дние пять лет in den letzten fünf Jahren сде́лать рабо́ту за́ год die Arbeit in einem Jahr erledigen; за́ день [за́ ночь] мы прошли́ два́дцать киломе́тров an einem Tag [in einer Nacht] legten wir zwanzig Kilometer zurück; за́ зиму im Laufe des Winters 6. für; um; голосова́ть за резолю́цию für die Resolution stimmen; боро́ться за мир für [um] den Frieden kämpfen; спаси́бо за по́мощь Dank für die Hilfe; премирова́ть за отли́чную рабо́ту für ausgezeichnete Arbeit prämieren; пла́та за обуче́ние Schulgeld; Studiengebühren 7. wegen; критикова́ть за бюрократи́зм wegen bürokratischen Verhaltens kritisieren; хвали́ть за хоро́шую рабо́ту wegen guter Arbeit loben 8. für, anstelle; дежу́рить за заболе́вшего това́рища für einen erkrankten Kollegen Dienst tun; есть за двои́х für zwei essen; он у нас за по́вара *umg* er macht bei uns den Koch 9. *zur Angabe der örtlichen und zeitlichen Entfernung, meist unübersetzt*; жить киломе́тра за́ два от заво́да etwa zwei Kilometer vom Werk wohnen; за́ два [за́ три] часа́ до нача́ла zwei [drei] Stunden vor Beginn; я приду́ за полчаса́ ich komme eine halbe Stunde vorher ◇ вы́йти (за́муж) за инжене́ра einen Ingenieur heiraten; води́ть за́ нос an der Nase herumführen; ни за что на све́те nicht um alles auf der Welt; ни за что keinesfalls; ни за что ни про что *umg* für nichts und wieder nichts II. *mit I* 1. hinter (wo?); за са́дом hinter dem Garten; за реко́й jenseits des Flusses; за Москво́й außerhalb von Moskau; за грани́цей im Ausland; зима́ не за гора́ми der Winter steht vor der Tür 2. an; сиде́ть за рулём am Steuer sitzen; усну́ть за столо́м am Tisch einschlafen; сиде́ть за кни́гой über einem Buch sitzen 3. bei *Tätigkeit*; за рабо́той bei der Arbeit; за за́втраком beim Frühstück; проводи́ть вре́мя за чте́нием die Zeit mit Lesen verbringen 4. nach, hinter (... her); идти́ друг за дру́гом hintereinander gehen; иди́те за мной! folgen Sie mir!;

шаг за ша́гом Schritt für Schritt **5.** nach, um *im Sinne von holen, holen lassen*; посла́ть за до́ктором nach einem Arzt schicken **6.** infolge, wegen; за недоста́тком вре́мени infolge Zeitmangels; за вы́ездом wegen der Abreise ◇ быть за́мужем за инжене́ром mit einem Ingenieur verheiratet sein; следи́ть [наблюда́ть] за ке́м-н. auf j-n aufpassen; за по́дписью дире́ктора mit der Unterschrift des Direktors versehen, vom Direktor unterschrieben; за кем де́ло ста́ло? worum handelt es sich?, woran liegt es?; за мной де́сять рубле́й ich bin zehn Rubel schuldig; о́чередь за тобо́й du bist an der Reihe; за ним во́дятся грешки́ er hat kleine Schwächen; пить за чьё-н. здоро́вье auf j-s Gesundheit [Wohl] trinken

заарендова́ть, -ду́ю, -ду́ешь; -до́ванный, -до́ван, -а *v* pachten ‖ *uv* **заарендо́вывать,** -аю, -аешь

заарта́читься, -чусь, -чишься *v* starrköpfig werden, anfangen, sich zu sträuben [sich zu widersetzen]

заасфальти́ровать, -рую, -руешь; -рованный, -рован, -а *v* asphaltieren

заатланти́ческий, -ая, -ое: -ие стра́ны jenseits des Atlantiks [Atlantischen Ozeans] gelegene Länder

заба́ва, -ы *f* Vergnügen, Belustigung, Kurzweil

забавля́ть, -я́ю, -я́ешь *uv* belustigen, unterhalten; ~ дете́й и́грами Kinder durch Spiele unterhalten; э́то меня́ забавля́ет das macht mir Spaß

забавля́ться, -я́юсь, -я́ешься *uv* sich belustigen, sich amüsieren

заба́вник, -а *m umg* Spaßvogel

заба́вный, -ая, -ое; *Kzf* -вен, -вна spaßig, lustig, komisch, unterhaltsam; он о́чень заба́вен er ist sehr komisch

Забайка́лье, -ья *n* Transbaikalien

забаллоти́ровать, -рую, -руешь; забаллоти́рованный, -ан, -а *u.* **забаллотирова́ть,** -ру́ю, -ру́ешь; забаллотиро́ванный, -ан, -а *v bei einer Wahl* durchfallen lassen ‖ *uv* **забаллотиро́вывать,** -аю, -аешь

заба́лтывать(ся) *uv zu* [1]заболта́ть(ся)

забаррикади́ровать, -рую, -руешь; -рованный, -рован, -а *v* verbarrikadieren, verrammeln

забаррикади́роваться, -руюсь, -руешься *v* sich verbarrikadieren

забастова́ть, -ту́ю, -ту́ешь *v* in den Streik treten

забасто́вка, -и, *Pl G* -вок, *D* -вкам *f* Streik; всео́бщая ~ Generalstreik; италья́нская ~ Sitzstreik; объяви́ть -у in den Streik treten

забасто́вочный, -ая, -ое Streik-; ~ пике́т Streikposten

забасто́вщик, -а *m* Streikender

забве́ние, -я *n alt u. hoher Stil* Vergessen(heit); преда́ть что́-н. -ю etw. dem Vergessen anheimfallen lassen

забе́г, -а *m Sport* Wettlauf, Lauf; да́льний ~ Langstreckenlauf; ~ на 400 ме́тров 400-m-Lauf

забе́гать, -аю, -аешь *v* anfangen (hin und her) zu laufen; у него́ глаза́ забе́гали *übtr* seine Augen begannen umherzuirren

забега́ть *uv zu* забежа́ть

забе́гаться, -аюсь, -аешься *v umg* sich müde laufen

за|бежа́ть* *v* **1.** к *D umg* kurz vorsprechen (bei), kurz aufsuchen; in Eile vorbeikommen **2.** (hinein)laufen; она́ забежа́ла во дво́р sie rannte in den Hof **3.** (zu) weit weg laufen ◇ ~ вперёд vorauseilen *a. übtr* ‖ *uv* забега́ть, -а́ю, -а́ешь

забе́ливать *uv zu* забели́ть

забели́ть, -елю́, -е́ли́шь; забелённый, -ён, -ена́ *v* **1.** weiß anstreichen, tünchen **2.** *umg u. gbt* Milch *oder* Sahne beigeben; ~ суп смета́ной dicke saure Sahne in die Suppe tun ‖ *uv* забе́ливать, -аю, -аешь *zu* 1

забере́менеть, -ею, -еешь *v* schwanger werden

забеспоко́иться, -о́юсь, -о́ишься *v* unruhig werden, in Unruhe geraten

забетони́ровать, -рую, -руешь; -рованный, -рован, -а *v* betonieren

забива́ть *uv zu* [1]заби́ть

забива́ться *uv zu* заби́ться

забинтова́ть, -ту́ю, -ту́ешь; -то́ванный, -то́ван, -а *v* verbinden, einen Verband anlegen ‖ *uv* **забинто́вывать,** -аю, -аешь

[1,2]**забира́ть** *uv zu* [1,2]забра́ть

забира́ться *uv zu* забра́ться

заби́тый, -ая, -ое; *Kzf* -и́т, -а eingeschüchtert; unterdrückt; abgestumpft

[1]**за|би́ть*** *v* **1.** einschlagen, einrammen **2.** *Sport ins Ziel* schießen, treffen, stoßen; ~ гол ein Tor schießen **3.** vollstopfen, zustopfen, verstopfen **4.** vernageln, zunageln, verschalen *Öffnung* **5.** *umg* ausstechen, über-

treffen, schlagen 6. *durch Prügeln* abstumpfen; totprügeln 7. *gbt* (ab)-schlachten; ~ два́дцать голо́в скота́ zwanzig Stück Rindvieh schlachten ◇ ~ трево́гу Alarm schlagen; ~ кому́-н. го́лову j-m den Kopf vollstopfen ‖ *uv* з а б и в а́ т ь, -а́ю, -а́ешь

²**за|би́ть*** *v* 1. anfangen zu schlagen *tr u. itr*; заби́ли бараба́ны man begann, die Trommeln zu schlagen 2. anfangen hervorzuströmen

¹**за|би́ться*** *v* 1. *umg* sich verstecken, sich verkriechen 2. eindringen *Staub, Schnee u. a.* 3. sich verstopfen; труба́ заби́лась das Rohr ist verstopft ‖ *uv* з а б и в а́ т ь с я, -а́юсь, -а́ешься

²**за|би́ться*** *v* 1. (stärker) zu schlagen beginnen *vom Herz, Puls* 2.: ~ в су́дорогах *med* Krämpfe kriegen

забия́ка, -и *m, f umg* Raufbold

заблаговре́менно *Adv* frühzeitig, (recht)zeitig, beizeiten; im voraus

заблаговре́менный, -ая, -ое *alt* vorherig, vorbereitend

заблагорассу́диться, -ится *unpers v* in den Sinn kommen, einfallen; он де́лает, что ему́ заблагорассу́дится er tut, was ihm beliebt

за|блесте́ть* *v* 1. anfangen zu strahlen [zu glänzen] 2. erglänzen, erstrahlen

заблиста́ть, -а́ю, -а́ешь *v* 1. anfangen zu strahlen [zu glänzen] 2. erglänzen

заблуди́ться, -ужу́сь, -у́дишься *v* sich verirren, sich verlaufen ◇ ~ в трёх со́снах einer einfachen Aufgabe nicht gewachsen sein

заблу́дший, -ая, -ее verirrt ◇ -ая овца́ *übtr* ein verlorenes Schaf

заблужда́ться, -а́юсь, -а́ешься *uv* sich irren, sich im Irrtum befinden

заблужде́ние, -я *n* Irrtum, irrige Meinung; Verirrung; ввести́ в ~ irreführen; боро́ться с -ями Verirrungen bekämpfen

забода́ть, -а́ю, -а́ешь *v* mit den Hörnern verletzen; mit den Hörnern zu Tode stoßen, aufspießen

¹**забо́й,** -я, *G Pl* -ев *m berg* das Ort

²**забо́й,** -я *m* das Schlachten

забо́йщик, -а *m berg* Häuer

забола́чивание, -я *n* Versumpfung

забола́чиваться *uv zu* заболо́титься

заболева́емость, -и *f* Erkrankungshäufigkeit, Stand der Erkrankungen

заболева́ние, -я *n* Erkrankung; Krankheit

^1,2^**заболева́ть** *uv zu* ^1,2^заболе́ть

¹**заболе́ть,** -е́ю, -е́ешь *v I* erkranken (an); ~ гри́ппом an Grippe erkranken ‖ *uv* з а б о л е в а́ т ь, -а́ю, -а́ешь

²**заболе́ть,** *1. u. 2. Pers ungebr*, -ли́т *v* anfangen zu schmerzen ‖ *uv* з а б о л е в а́ т ь, -а́ет

за́болонь, -и *f* Splint *junge Holzschicht unter der Rinde*

заболо́титься, *1. u. 2. Pers ungebr*, -ится *v* versumpfen ‖ *uv* з а б о л а́ ч и в а т ь с я, -ается

заболо́ченный, -ая, -ое Sumpf-, versumpft; ~ луг Sumpfwiese

¹**заболта́ть,** -а́ю, -а́ешь; забо́лтанный, -ан, -а *v volksspr* einrühren, beimengen ‖ *uv* з а б а́ л т ы в а т ь, -аю, -аешь

²**заболта́ть,** -а́ю, -а́ешь *v umg* anfangen zu plaudern [zu schwatzen]

¹**заболта́ться,** -а́юсь, -а́ешься *v volksspr* ins Schwatzen kommen, beim Schwatzen die Zeit vergessen ‖ *uv* з а б а́ л т ы в а т ь с я, -аюсь, -аешься

²**заболта́ться,** -а́юсь, -а́ешься *v umg* anfangen zu baumeln [hin und her zu schwingen]

забо́р, -а *m* 1. Zaun, Umzäunung 2. Entnahme *von Wasser*

забо́ристый, -ая, -ое; *Kzf* -ист, -а *volksspr* scharf, beißend

забо́рный, -ая, -ое 1. Zaun-; ~ столб Zaunpfahl 2.: -ая ру́гань [брань] *alt* unflätige Schimpferei

забо́та, -ы *f* 1. Sorge, Unruhe; ~ о бу́дущем Sorge um die Zukunft 2. Fürsorge, Sorge; ~ о челове́ке Sorge um den Menschen ◇ ему́ и -ы ма́ло es kümmert ihn nicht viel

забо́тить, -о́чу, -о́тишь *uv A* Sorgen bereiten, bekümmern, beunruhigen

забо́титься, -о́чусь, -о́тишься *uv* о *P* 1. sich sorgen (um), sich beunruhigen (wegen) 2. sorgen (für), sich kümmern (um); ~ о семье́ für die Familie sorgen ‖ *v* п о з а б о́ т и т ь с я

забо́тливый, -ая, -ое; *Kzf* -ив, -а fürsorglich, sorgsam, sorgfältig

забракова́ть, -ку́ю, -ку́ешь; -ко́ванный, -ко́ван, -а *v* aussortieren, aussondern, als Ausschuß erklären

забра́ло, -а *n hist* Visier *des Helms* ◇ с откры́тым -ом *übtr* mit offenem Visier, offen und ehrlich

¹**забра́сывать** *uv zu* ¹заброса́ть

²**забра́сывать** *uv zu* забро́сить

¹**за|бра́ть***; за́брана́ *v* 1. nehmen, ergreifen; ~ с собо́й mitnehmen 2. *umg* wegnehmen; beschlagnahmen; verhaften 3. *umg übtr* ergreifen, packen; страх его́ забра́л Furcht

packte ihn 4. einnähen, kürzer, enger nähen; Kleidungsstücke (hinein)-stecken; ~ рука́в den Ärmel kürzen ◇ ~ себе́ в го́лову sich etw. in den Kopf setzen; ~ си́лу an Kraft *oder* Einfluß gewinnen ‖ *uv* забира́ть, -а́ю, -а́ешь

[2]**за|бра́ть***; за́брана́ *v* verschalen, zu-, vernageln ‖ *uv* забира́ть, -а́ю, -а́ешь

за|бра́ться*; -бра́ли́сь *v* 1. sich einschleichen, heimlich eindringen; hineinschlüpfen 2. eindringen *Wind, Regen, Kälte* 3. hinauf-, hineinklettern; hinauf-, hineinkriechen 4. (weit) wegfahren, weggehen; sich verbergen, sich verkriechen ‖ *uv* забира́ться, -а́юсь, -а́ешься

забреда́ть *uv zu* забрести́

забре́зжить, *1. u. 2. Pers ungebr*, -жит *v* 1. anfangen zu dämmern; забре́зжило der Morgen graute 2. aufleuchten, aufflimmern

за|брести́*; забредя́ *u. alt* забре́дши *v umg beim Umherschlendern* hin(ein)geraten, sich verlaufen ‖ *uv* забреда́ть, -а́ю, -а́ешь

за|бри́ть* *v*: ~ кого́-н. *oder* ~ кому́-н. лоб *alt* zum Militärdienst einziehen

заброни́ровать, -ру́ю, -ру́ешь; -ро́ванный, -ро́ван, -а *v* panzern

заброни́ровать, -рую, -руешь; -рованный, -рован, -а *v* reservieren, sichern

забро́с, -а *m*: в -е *umg* vernachlässigt

[1]**заброса́ть,** -а́ю, -а́ешь; забро́санный, -ан, -а *v* 1. zuwerfen, zuschütten 2. *übtr* überschütten, überhäufen; ~ гря́зью mit Schmutz bewerfen ‖ *uv* забра́сывать

[2]**заброса́ть,** -а́ю, -а́ешь *v* anfangen zu werfen

забро́сить, -о́шу, -о́сишь; -о́шенный, -о́шен, -а *v* 1. *in bestimmter Richtung* werfen; (zu) weit werfen; ~ го́лову наза́д den Kopf zurückwerfen; куда́ судьба́ его́ забро́сила? *übtr* wohin hat das Schicksal ihn verschlagen? 2. verlegen, verlieren 3. vernachlässigen; ~ рабо́ту die Arbeit vernachlässigen 4. *umg* bringen, schaffen, werfen ‖ *uv* забра́сывать, -аю, -аешь

забро́шенный, -ая, -ое vernachlässigt, verwildert; ungepflegt

[1]**забры́згать,** -аю, -аешь; -анный, -ан, -а *v* be-, vollspritzen ‖ *uv* забры́згивать, -аю, -аешь

[2]**за|бры́згать*** *u.* -ает, *1. u. 2. Pers ungebr v* anfangen zu spritzen [zu sprühen]

забры́згивать *uv zu* [1]забры́згать

забубённый, -ая, -ое *volksspr* ausgelassen; -ая голова́ Tollkopf

забулды́га, -и *m volksspr* Säufer; heruntergekommener Mensch

забути́ть, -учу́, -ути́шь; -у́ченный, -у́чен, -а *v* mit Bruchsteinen ausmauern ‖ *uv* забу́чивать, -аю, -аешь

забуха́ть *uv zu* забу́хнуть

забу́хнуть, *1. u. 2. Pers ungebr*, -нет; забу́х, -ла *v vor Feuchtigkeit* aufquellen, sich ausdehnen; око́нные ра́мы забу́хли die Fensterrahmen sind verquollen ‖ *uv* забуха́ть, -а́ю, -а́ешь

забу́чивать *uv zu* забути́ть

забыва́ть(ся) *uv zu* забы́ть(ся)

забы́вчивый, -ая, -ое; *Kzf* -ив, -а vergeßlich, zerstreut

забы́тый, -ая, -ое vergessen

за|бы́ть*; забы́ла *v* 1. *A oder* о *P* vergessen, nicht (mehr) denken (an) 2. *mit Inf* unabsichtlich unterlassen zu tun 3. *aus Zerstreutheit* liegen lassen ◇ не ~ себя́ auf seinen Vorteil bedacht sein; что́ я там забы́л? was habe ich dort zu suchen? ‖ *uv* забыва́ть, -а́ю, -а́ешь

забытьё, -ья́, в забытьи́, о забытье́ *n* Bewußtlosigkeit, Dämmerzustand; Halbschlaf; впасть в ~ das Bewußtsein verlieren; einschlummern

за|бы́ться* *v* 1. einschlummern 2. das Bewußtsein verlieren 3. in Träumerei versinken 4. sich vergessen, die Beherrschung verlieren ‖ *uv* забыва́ться, -а́юсь, -а́ешься

зав, -а *m umg Abk für* заве́дующий Leiter, Chef

[1]**зав-** *in Zuss Abk für* заве́дующий

[2]**зав-** *in Zuss Abk für* заво́дский

зава́л, -а *m* 1. Verschüttung, *den Weg versperrender* Haufen; сне́жный ~ Schneewehe 2. *aus Stämmen, Steinen u. ä. errichtete* Sperre

зава́ливать(ся) *uv zu* завали́ть(ся)

зава́линка, -и, *Pl G* -нок, *D* -нкам *f* Erdaufwurf *um das Haus*

завали́ть, -алю́, -а́лишь; -а́ленный, -а́лен, -а *v* 1. ver-, zuschütten; versperren 2. vollstopfen, überladen, -füllen; *umg* überlasten; ~ рабо́той *übtr umg* mit Arbeit überhäufen 3. *umg* umwerfen, (um)kippen; ~ забо́р den Zaun umstürzen ◇ ~ де́ло *umg* eine Sache völlig verderben || *uv* зава́ливать, -аю, -аешь

завали́ться, -алю́сь, -а́лишься *v* 1. fallen, geraten (unter, hinter etwas) 2. *volksspr* sich hinlegen; ~ спать sich schlafen legen 3. *umg* einstürzen, umstürzen *itr*; durchfallen *in der Prüfung* 4. *umg* sich zur Seite neigen; zurückschnellen || *uv* зава́ливаться, -аюсь, -аешься

зава́лка, -и *f* Zuschütten

за́валь, -и *f Koll volksspr* Ladenhüter

заваля́ться, -я́юсь, -я́ешься *v umg* unbeachtet [ungenutzt] lange liegen bleiben; заявле́ние заваля́лось в канцеля́рии der Antrag blieb in der Kanzlei liegen; това́р заваля́лся die Ware fand keinen Käufer

заваля́щий, -ая, -ее *volksspr* liegengeblieben, schlecht

зава́ривать(ся) *uv zu* завари́ть(ся)

завари́ть, -арю́, -а́ришь; -а́ренный, -а́рен, -а *v* 1. *A oder G* aufgießen, aufbrühen; übergießen, überbrühen 2. *tech* verschweißen 3. *übtr volksspr* einbrocken || *uv* зава́ривать, -аю, -аешь

завари́ться, *1. u. 2. Pers ungebr*, -а́рится *v* 1. ziehen; чай завари́лся der Tee hat gezogen 2.: де́ло завари́лось *umg* eine unangenehme Sache entsteht [wurde eingebrockt] || *uv* зава́риваться, -аюсь, -аешься

зава́рка, -и *f* Aufbrühen

заварно́й, -а́я, -о́е 1. vor dem Backen überbrüht; ~ хлеб süßes Schwarzbrot 2. Brüh-; ~ чан Braukessel

заваруха, -и *f volksspr* Durcheinander, Wirrwarr

заведе́ние, -я *n* 1. Anstalt, Institution, Einrichtung; уче́бное ~ Lehranstalt; вы́сшее уче́бное ~ Hochschule 2. *wirtsch alt* Unternehmen ◇ у нас тако́е ~ *volksspr* es ist bei uns so üblich

заве́довать, -дую, -дуешь *u. alt* **заве́дывать,** -аю, -аешь *uv* 1. *I* leiten, verwalten

заве́домо *Adv* bewußt, wissentlich; offenkundig

заве́домый, -ая, -ое (all)bekannt, offenkundig; notorisch

заве́дующий, -его *Subst m I* Leiter, Chef, Verwalter; ~ ка́федрой Leiter eines Lehrstuhls, Ordinarius; ~ хозя́йством Wirtschaftsleiter

заве́дывать ↑ заве́довать

за|везти́* *v* 1. im Vorbeifahren (hin)bringen 2. (zu) weit wegbringen, fahren; an den falschen Ort fahren [bringen]; verschleppen 3. *umg* (hin)bringen, (hin)schaffen, zustellen; ~ кирпи́ч на заво́д Ziegelsteine in die Fabrik fahren || *uv* завози́ть, -ожу́, -о́зишь

завербова́ть, -бу́ю, -бу́ешь; -бо́ванный, -бо́ван, -а *v* (an)werben || *uv* завербо́вывать, -аю, -аешь

завере́ние, -я *n* 1. Beteuerung, Versicherung 2. Beglaubigung

заве́рить, -рю, -ришь; -ренный, -рен, -а *v* 1. versichern (кого́-н. в чём-н. j-m etw. *oder* j-n einer Sache); он заве́рил нас в свое́й пре́данности er versicherte uns seine Ergebenheit 2. beglaubigen || *uv* заверя́ть, -я́ю, -я́ешь

заве́рка, -и *f* Beglaubigung

заверну́ть, -ну́, -нёшь; завёрнутый, -ут, -а *v* 1. einwickeln, einpacken, einhüllen 2. umschlagen, hochkrempeln; ~ рука́в die Ärmel umschlagen 3. *auf dem Wege* einbiegen; ~ за́ угол um die Ecke biegen 4. *umg* vorbeikommen, einkehren, einen Abstecher machen 5. zuschrauben, zudrehen; ~ кран den Hahn zuschrauben 6. *volksspr* plötzlich und heftig beginnen; заверну́ли моро́зы plötzlich trat starker Frost ein || *uv* завёртывать, -аю, -аешь

заверну́ться, -ну́сь, -нёшься *v* 1. sich einwickeln, -hüllen 2. *1. u. 2. Pers ungebr* sich umschlagen, sich hochkrempeln || *uv* завёртываться, -аюсь, -аешься

[1]**заверте́ть,** -ерчу́, -е́ртишь; -е́рченный, -е́рчен, -а *v umg* verdreht machen, verwirren; она́ его́ заверте́ла sie hat ihn ganz durcheinander gebracht

[2]**заверте́ть,** -ерчу́, -е́ртишь *v I* anfangen zu drehen; пасту́х заверте́л кнуто́м der Hirt begann die Peitsche zu drehen

[1]**заверте́ться,** -ерчу́сь, -е́ртишься *v umg* sich abrackern; он совсе́м заверте́лся er weiß nicht mehr wo ihm der Kopf steht

[2]**заверте́ться,** -ерчу́сь, -е́ртишься *v* anfangen, sich zu drehen

завёртка, -и *f* 1. Einwickeln, Einschlagen 2. *volksspr* Verpackung; Umschlag

завёртывать(ся) *uv zu* заверну́ть(ся)

заверша́ть(ся) *uv zu* заверши́ть(ся)

заверше́ние, -я *n* Abschluß, Vollendung

заверши́ть, -шу́, -ши́шь; -шённый, -шён, -шена́ *v* vollenden, beenden, zum Abschluß bringen, krönen ‖ *uv* завершáть, -áю, -áешь

завершúться, *1. u. 2. Pers ungebr*, -úтся *v* zum Abschluß kommen, zur Vollendung gelangen; э́то предприя́тие заверши́лось успе́хом das Unternehmen wurde erfolgreich beendet [war von Erfolg gekrönt] ‖ *uv* завершáться, -áюсь, -áешься

заверя́ть *uv zu* заве́рить

заве́са, -ы *f* Vorhang; шёлковая ~ Seidenvorhang; ~ дождя́ Regenschleier; огнева́я ~ *mil* Feuervorhang, Sperrfeuer

заве́сить, -е́шу, -е́сишь; -е́шенный, -е́шен, -а *v* zuhängen, verhängen ‖ *uv* заве́шивать, -аю, -аешь

за|вестú* *v* **1.** hin(ein)führen **2.** *umg im Vorbeigehen* (hin)führen, (hin)bringen **3.** (zu) weit *oder* an den falschen Ort führen; ~ в тупи́к *übtr* in die Sackgasse führen **4.** einführen, einrichten; ~ но́вые поря́дки eine neue Ordnung einführen **5.** anschaffen; gründen; ~ велосипе́д sich ein Fahrrad anschaffen; ~ семе́йство eine Familie gründen **6.** anfangen, anknüpfen; ~ разгово́р ein Gespräch anknüpfen **7.** aufziehen, ankurbeln; ~ часы́ die Uhr aufziehen; ~ мото́р den Motor anlassen ‖ *uv* заводи́ть, -ожу́, -о́дишь

за|вестúсь*, *1. u. 2. Pers ungebr*; заведя́сь *v* **1.** sich einfinden, sich einstellen, auftauchen; sich einnisten; у него́ завела́сь но́вая ме́бель er hat sich neue Möbel angeschafft; завели́сь клопы́ Wanzen haben sich eingenistet **2.** sich einbürgern **3.** *tech* anspringen; завёлся мото́р der Motor sprang an ‖ *uv* заводи́ться, -о́дится

заве́т, -а *m hoher Stil übtr* Vermächtnis; -ы Ле́нина das Vermächtnis Lenins ◇ Ве́тхий ~ Altes Testament

заве́тный, -ая, -ое **1.** sehnlichst, ersehnt; -ое жела́ние sehnlichster Wunsch **2.** sorgfältig geschützt, in Ehren [heilig] gehalten; -ая кни́га geheim gehaltenes [sorgfältig gehütetes] Buch

заве́тренный, -ая, -ое dem Wind abgekehrt

завечере́ть, -е́ет *unpers v umg* Abend werden

заве́шать, -аю, -аешь; -анный, -ан, -а *v I* dicht behängen, vollhängen ‖ *uv* заве́шивать

[1]**заве́шивать** *uv zu* заве́шать

[2]**заве́шивать** *uv zu* заве́сить

завеща́ние, -я *n* Vermächtnis, Testament

завеща́тель, -я *m jur* Erblasser

завеща́тельный, -ая, -ое testamentarisch, Testaments-

завеща́ть, -а́ю, -а́ешь; заве́щанный, -ан, -а *v, uv* (testamentarisch) vermachen; als Vermächtnis auftragen

завзя́тый, -ая, -ое *umg* leidenschaftlich, eingefleischt; notorisch; ~ охо́тник ein leidenschaftlicher Jäger

завива́ть *uv zu* зави́ть

завива́ться *uv zu* [1]зави́ться

зави́вка, -и, *Pl ungebr f* **1.** Wellenlegen; Ondulieren, Kräuseln *der Haare* **2.** Welle, wellige Frisur; шестиме́сячная ~ Dauerwelle; холо́дная ~ Wasserwelle; хими́ческая ~ Kaltwelle; сде́лать себе́ -у sich ondulieren (lassen)

зави́деть, -и́жу, -и́дишь; зави́дев(ши) *u. umg* зави́дя *v* von weitem erblicken

зави́дно 1. *Adv* beneidenswert **2.** *prädikativ D* neiderregend, neidisch sein

зави́дный, -ая, -ое; *Kzf* -ден, -дна beneidenswert

зави́довать, -дую, -дуешь *uv D* beneiden, neidisch sein (auf) ◇ ему́ не́чего ~ er ist nicht zu beneiden

завиду́щий, -ая, -ее; *Kzf* -у́щ, -а *volksspr* neidisch

завизжа́ть, -жу́, -жи́шь *v* zu winseln [kreischen] beginnen

завизи́ровать, -рую, -руешь; -рованный, -рован, -а *v* mit einem Visum versehen

завинти́ть, -нчу́, -нти́шь; зави́нченный, -ен, -а *v* zuschrauben, festschrauben, fest zuschrauben; ~ га́йку eine Mutter festschrauben ‖ *uv* **зави́нчивать,** -аю, -аешь

завира́льный, -ая, -ое *alt* unsinnig, unwahr

завира́ться *uv zu* завра́ться

зави́сеть, -и́шу, -и́сишь *uv* abhängig sein, abhängen (от *G* von); я сде́лал всё от меня́ зави́сящее ich habe alles getan, was in meiner Macht steht

зави́симость, -и *f* Abhängigkeit; в -и от обстоя́тельств je nach den Umständen

зави́симый, -ая, -ое; *Kzf* -им, -а abhängig

зави́стливый, -ая, -ое; *Kzf* -ив, -а neidisch

зави́стник [сн], -а *m* neidischer Mensch, Neider

за́висть, -и *f* Neid; от -и vor Neid; на ~ хорошо́ zum Beneiden schön

завито́й, -а́я, -о́е; **1.** *Kzf* за́вит, -а́! gewellt, onduliert, gekräuselt **2.** spiralförmig (gedreht)

завито́к, -тка́ *m* **1.** Welle, Locke *im Haar* **2.** Schnörkel *Schrift* **3.** Schnekke, Spirale *als Säulenschmuck* **4.** *bot* gewundene Ranke **5.** *tech* Spiralring

завиту́шка, -и, *Pl G* -шек, *D* -шкам *f umg* **1.** Welle, Locke *im Haar* **2.** Schnörkel *Schrift*

за|ви́ть* *v* **1.** *Haare* kräuseln, ondulieren **2.** drehen, flechten ‖ *uv* завива́ть, -а́ю, -а́ешь

[1]**за|ви́ться*;** завили́сь *v* **1.** sich kräuseln, sich winden **2.** sich ondulieren, frisieren (lassen) ‖ *uv* завива́ться, -а́юсь, -а́ешься

[2]**за|ви́ться*;** завили́сь *v umg* anfangen sich zu kräuseln

завко́м, -а *m* (заводско́й комите́т) Betriebsgewerkschaftsleitung

завладева́ть *uv zu* завладе́ть

завладе́ть, -е́ю, -е́ешь *v I* **1.** in Besitz nehmen, sich bemächtigen, an sich reißen **2.** *übtr* an sich reißen; ~ о́бщим внима́нием die allgemeine Aufmerksamkeit auf sich lenken ‖ *uv* завладева́ть, -а́ю, -а́ешь

завлека́тельный, -ая, -ое; *Kzf* -лен, -льна fesselnd, packend, spannend

завлека́ть *uv zu* завле́чь

за|вле́чь* *v* **1.** (hinein)locken **2.** *übtr* locken, verleiten; hineinziehen; hinreißen; ~ кого́-н. обеща́ниями j-n durch Versprechungen verleiten; ~ в серьёзный разгово́р in ein ernstes Gespräch verwickeln; он дал себя́ ~ er hat sich hinreißen lassen **3.** fesseln, stark anziehen ‖ *uv* завлека́ть, -а́ю, -а́ешь

завма́г, -а *m* (заве́дующий магази́ном) Verkaufsstellenleiter

[1]**заво́д,** -а *m* **1.** Werk, Betrieb, Fabrik; металлурги́ческий ~ Eisenhütte(nwerk); судострои́тельный ~ Schiffs(bau)werft; пивова́ренный ~ Bierbrauerei; вое́нный ~ Rüstungsbetrieb **2.**: ко́нный ~ Gestüt; рыбово́дный ~ Fischzuchtbetrieb

[2]**заво́д,** -а *m* Aufziehen, Ankurbeln; Aufziehmechanismus; ~ ко́нчился die Uhr ist abgelaufen ◇ э́того у нас и в -е нет *volksspr* so etwas kommt bei uns überhaupt nicht vor; на ~ *oder* для -а zur (Auf-) Zucht

заводи́ла, -ы *m, f volksspr* Anstifter(in), Anführer(in)

заводи́ть(ся) *uv zu* завести́(сь)

заводно́й, -а́я, -о́е Aufzieh-, Aufzugs-, Anlaß-; -а́я игру́шка mechanisches Spielzeug

заводоуправле́ние, -я *n* Betriebsleitung, -verwaltung

заво́дский, -ая, -ое *u.* **заводско́й,** -а́я, -о́е **1.** Werks-, Betriebs-, Fabriks-; заводско́й комите́т Betriebsgewerkschaftsleitung **2.** Zucht-; -а́я ло́шадь Zuchtpferd

заво́дчик, -а *m* **1.** Fabrikant **2.** *alt* Anstifter, Anführer

за́водь, -и *f* kleine flache Bucht *am Fluß oder Binnensee*

завоева́ние, -я *n* **1.** Erobern, Eroberung **2.** *meist Pl* Errungenschaft

завоева́тель, -я *m* Eroberer

завоева́тельный, -ая, -ое *alt* Eroberungs-; -ая война́ Eroberungskrieg

завоева́ть, -ою́ю, -ою́ешь; -оёванный, -оёван, -а *v* **1.** *mit Waffengewalt* erobern **2.** *übtr* erringen, erwerben, gewinnen; ~ пе́рвый приз den ersten Preis gewinnen ‖ *uv* **завоёвывать,** -аю, -аешь

заво́з, -а *m umg* Zufuhr, Zustellung; ~ сырья́ Rohstoffzufuhr

завози́ть *uv zu* завезти́

заво́зный, -ая, -ое *alt* eingeführt

завола́кивать(ся) *uv zu* заволо́чь(ся)

заво́лжский, -ая, -ое jenseits [östlich] der Wolga gelegen

заволнова́ться, -ну́юсь, -ну́ешься *v* **1.** zu wogen beginnen **2.** *übtr* in Erregung geraten

за|воло́чь*; заволочённый, -ён, -ена́ *v* überziehen, verschleiern *von Wolken, Tränen u. ä.*; глаза́ заволокло́ слеза́ми die Augen waren von Tränen umflort ‖ *uv* завола́кивать, -аю, -аешь

за|воло́чься* *v* sich überziehen, sich verschleiern, sich bedecken ‖ *uv* завола́киваться, -аюсь, -аешься

завора́живать *uv zu* заворожи́ть

завора́чивать *uv zu* завороти́ть

заворожи́ть, -жу́, -жи́шь; -жённый, -жён, -жена́ *v* be-, verzaubern ‖ *uv* завора́живать, -аю, -аешь

заворо́т, -а *m umg* Biegung, Krümmung; Knick; в -е реки́ in der Flußbiegung ◇ за́ворот кишо́к Darmverschlingung

завороти́ть, -очу́, -о́тишь; -о́ченный, -о́чен, -а *v umg* **1.** *auf dem Wege* umkehren; einbiegen; einkehren; ~ в тракти́р im Wirtshaus einkehren

2. umlenken; zum Umlenken [Einbiegen] zwingen; (um)leiten 3. umschlagen, hochkrempeln || *uv* завора́чивать, -аю, -аешь

заворо́шка, -и *f volksspr* Durcheinander, Wirrwarr

за|вра́ться*; -врали́сь *v umg* faustdick lügen; sich in Lügen verstricken || *uv* завира́ться, -а́юсь, -а́ешься

завсегда́тай, -я, *G Pl* -ев *m* ständiger Besucher, Stammgast

за́втра *Adv* morgen; ~ в по́лдень morgen mittag; отложи́ть до [на] ~ auf morgen verschieben ◇ не сего́дня — ~ wenn nicht heute, dann morgen; sehr bald

[1]**за́втрак,** -а *m* Frühstück; на ~ zum Frühstück

[2]**за́втрак,** -а *m* ◇ корми́ть -ами *umg* ständig auf morgen vertrösten, mit leeren Versprechungen abspeisen

за́втракать, -аю, -аешь *uv* frühstücken

за́втрашний, -яя, -ее morgig; ~ день der morgige Tag; забо́ты о -ем дне Sorge um das Morgen

вавуали́ровать, -рую, -руешь; -рованный, -рован, -а *v* verschleiern

за́вуч, -а, *I* -ем, *G Pl* -ей *m umg* (заве́дующий уче́бной ча́стью) pädagogischer Leiter; Studiendirektor

завхо́з, -а *m umg* (заве́дующий хозя́йством) Wirtschaftsleiter, Verwalter

завши́веть, -ею, -еешь *v volksspr* verlausen

завыва́ть, -а́ю, -а́ешь *uv* langgezogen heulen

завы́сить, -ы́шу, -ы́сишь; -ы́шенный, -ы́шен, -а *v Zahlen, Zensuren u. ä.* zu hoch [zu gut] angeben; zu hoch festsetzen; ~ отме́тки на экза́мене bei der Prüfung zu gute Noten erteilen; он счита́ет, что план завы́шен er meint, der Plan sei zu hoch festgesetzt worden || *uv* завыша́ть, -а́ю, -а́ешь

за|вы́ть* *v* anfangen zu heulen

завыша́ть *uv zu* завы́сить

завяда́ть *uv zu* завя́нуть

завя́дший, -ая, -ее verwelkt

[1]**за|вяза́ть*** *v* 1. mit Hilfe eines Knotens zubinden; umbinden; verschnüren; verbinden; ~ боти́нки die Schuhe zuschnüren; ~ га́лстук den Schlips umbinden; ~ го́лову платко́м ein Tuch um den Kopf binden 2. *übtr* anknüpfen, anbahnen, anfangen; ~ спор Streit anfangen, anzetteln; ~ бой den Kampf eröffnen || *uv* завя́зывать, -аю, -аешь

[2]**завяза́ть** *uv zu* завя́знуть

за|вяза́ться*, *1. u. 2. Pers ungebr v* 1. sich zubinden lassen, (zu)gebunden sein [werden]; га́лстук пло́хо завяза́лся der Schlips ließ sich schlecht binden 2. sich entspinnen; завяза́лся спор ein Streit entbrannte 3. *bot nach der Befruchtung* ansetzen || *uv* завя́зываться, -ается

завязи́ть, *1. Pers ungebr,* -зи́шь *v umg* einsinken lassen

завя́зка, -и, *Pl G* -зок, *D* -зкам *f* 1. Verknoten 2. (Schnür-) Band, Zugschnur *Beutel* 3. Beginn; Ausgangspunkt einer Handlung; ~ де́йствия *lit* Schürzung des Knotens der Handlung; ~ бо́я Eröffnung des Kampfes

завя́знуть, -ну, -нешь; завя́з, -ла *v* ein-, versinken, stecken(bleiben); где ты завя́з? wo hast du so lange gesteckt? || *uv* завяза́ть, -а́ю, -а́ешь

завя́зывать *uv zu* [1]завяза́ть

завя́зываться *uv zu* завяза́ться

за́вязь, -и *f bot* Fruchtknoten

завя́нуть, -ну, -нешь; завя́л, -ла; завя́дший *u.* завя́нувший *v* verwelken || *uv* завяда́ть, -а́ю, -а́ешь

загада́ть, -а́ю, -а́ешь; зага́данный, -ан, -а *v* 1. zu raten aufgeben; ~ зага́дку ein Rätsel aufgeben 2. *umg* sich *ein Rätsel u. ä.* ausdenken; ~ число́ sich eine Zahl ausdenken 3. *die Karten u. ä.* um die Zukunft [eine Entscheidung] befragen; ~ на ка́ртах die Karten befragen 4. *umg* vorausplanen, vorausdenken || *uv* зага́дывать, -аю, -аешь

зага́дить, -а́жу, -а́дишь; -а́женный, -а́жен, -а *v umg* beschmutzen, besudeln || *uv* зага́живать, -аю, -аешь

зага́дка, -и, *Pl G* -док, *D* -дкам *f* Rätsel; загада́ть -у ein Rätsel aufgeben; разгада́ть -у ein Rätsel lösen ◇ говори́ть -ами in Rätseln sprechen

зага́дочный, -ая, -ое; *Kzf* -чен, -чна rätselhaft, seltsam, geheimnisvoll ◇ -ая карти́нка Vexierbild

зага́дывать *uv zu* загада́ть

зага́живать *uv zu* зага́дить

зага́р, -а *m* Sonnenbräune

загаса́ть *uv zu* зага́снуть

загаси́ть, -ашу́, -а́сишь; -а́шенный, -а́шен, -а *v* (aus)löschen || *uv* загаша́ть, -а́ю, -а́ешь

загáснуть, *1. u. 2. Pers ungebr*, -нет; загáс, -ла *v umg* verlöschen, ausgehen ‖ *uv* загасáть, -áет

загати́ть, -ачý, -ати́шь; -áченный, -áчен, -а *v* mit Faschinen [Bohlen] belegen; ~ болóто einen Knüppeldamm durch einen Sumpf bauen ‖ *uv* **загáчивать,** -аю, -аешь

загаша́ть *uv zu* загаси́ть

загвóздка, -и, *Pl G* -док, *D* -дкам *f umg* Schwierigkeit; тут есть однá ~ die Sache hat einen Haken; в чём тут ~? worin liegt hier das Problem?

заги́б, -а *m* **1.** Biegung, Krümmung, Knick; ~ реки́ Flußbiegung **2.** *übtr* Abweichung

загибáть(ся) *uv zu* загнýть(ся)

загипнотизи́ровать, -рую, -руешь; -рованный, -рован, -а *v* hypnotisieren

заглáвие, -я *n* Titel, Überschrift

заглáвный, -ая, -ое Titel-; ~ лист Titelblatt; -ая роль *theat* Titelrolle ◇ -ая бýква Großbuchstabe, Anfangsbuchstabe

заглáдить, -áжу, -áдишь; -áженный, -áжен, -а *v* **1.** glätten, glatt machen; (aus)bügeln **2.** wiedergutmachen, ausgleichen ‖ *uv* **заглáживать,** -аю, -аешь

заглáзный, -ая, -ое *umg* **1.** hinter j-s Rücken, in j-s Abwesenheit (getan, geschehen); -ое обвинéние hinter dem Rücken geäußerte Beschuldigung **2.** -о *Adv* hinter j-s Rücken, in j-s Abwesenheit

заглáтывать *uv zu* заглотáть

заглотáть, *1. u. 2. Pers ungebr*, -áет; заглóтанный, -ан, -а *v* verschlucken, verschlingen *von Fischen* ‖ *uv* заглáтывать, -ает

заглóхнуть, -ну, -нешь; заглóх, -ла; заглóх(нув)ший *v* **1.** verhallen; verstummen; aussetzen *Motor* **2.** verwildern *Garten u. a.*

заглушáть *uv zu* заглуши́ть

заглуши́ть, -шý, -ши́шь; -шенный, -шён, -шенá *v* **1.** übertönen **2.** betäuben, dämpfen, mildern; unterdrücken; пытáться ~ боль den Schmerz zu betäuben suchen **3.** *bot* überwuchern, ersticken; ~ протéст *übtr* den Protest ersticken ‖ *uv* заглушáть, -áю, -áешь

заглядéнье, -ья *n umg* Augenweide

заглядéться, -яжýсь, -яди́шься *v* на *A* sich nicht satt sehen können (an), sich in den Anblick versenken (von) ‖ *uv* заглядываться, -аюсь, -аешься

загля́дывать *uv zu* заглянýть

загля́дываться *uv zu* заглядéться

заглянýть, -янý, -я́нешь *v* **1.** (flüchtig) hineinschauen, hineinsehen; einen Blick werfen; ~ комý-н. в глазá j-m in die Augen sehen; **2.** к *D umg* kurz aufsuchen, kurz vorsprechen ‖ *uv* загля́дывать, -аю, -аешь

загнáивать(ся) *uv zu* загнои́ть(ся)

зáгнанный, -ая, -ое **1.** abgehetzt, abgejagt; -ая лóшадь abgehetztes Pferd **2.** eingeschüchtert ◇ как ~ зверь wie ein gehetztes Tier [Wild]

за|гнáть* *v* **1.** hineinjagen, hineintreiben; (ver)jagen; ~ скот (в хлев) das Vieh in den Stall treiben; ~ мяч в ворóта den Ball ins Tor jagen **2.** zuschanden hetzen; ~ звéря ein Tier hetzen; ~ лóшадь ein Pferd zuschanden jagen **3.** *umg* fest einschlagen **4.** *volksspr* verkaufen, losschlagen ‖ *uv* загоня́ть, -я́ю, -я́ешь

загнивáние, -я *n* Verfaulen

загнивáть *uv zu* загни́ть

за|гни́ть* *v* in Fäulnis übergehen, verfaulen ‖ *uv* загнивáть, -áю, -áешь

загнои́ть, -ою́, -ои́шь; -оённый, -оён, -оенá *v umg* vereitern lassen ‖ *uv* загнáивать, -аю, -аешь

загнои́ться, *1. u. 2. Pers ungebr*, -и́тся *v* zu eitern beginnen, vereitern ‖ *uv* загнáиваться, -ается

загнýть, -нý, -нёшь; зáгнутый, -ут, -а *v* **1.** umbiegen; hochkrempeln, umschlagen; ~ ýгол страни́цы die Ecke einer Seite umknicken **2.** *volksspr* seitlich einbiegen; ~ зá угол um die Ecke gehen **3.** *volksspr* etwas Unangemessenes [Unsinniges] fordern, sagen; ~ цéну einen unverschämten Preis verlangen; ~ словéчко etwas Unverschämtes [ein Schimpfwort] sagen **4.** *volksspr* lügen ‖ *uv* загибáть, -áю, -áешь

загнýться, -нýсь, -нёшься *v* **1.** sich um-, einbiegen, sich umschlagen **2.** *derb*, *volksspr* sterben, abkratzen ‖ *uv* загибáться, -áюсь, -áешься

[1]**заговáривать,** -аю, -аешь *uv* ein Gespräch anknüpfen

[2]**заговáривать,** -аю, -аешь *uv zu* [1]заговори́ть ◇ ~ комý-н. зýбы *volksspr* j-m ein X für ein U vormachen

заговáриваться, -аюсь, -аешься *uv* **1.** *umg* wirre Reden führen, unzusammenhängendes Zeug reden **2.** *uv zu* заговори́ться

за́говенье, -ья *n kirch* letzter Tag vor der Fastenzeit

загове́ться, -е́юсь, -е́ешься *v umg* das letztemal vor der Fastenzeit Fleisch, Milch u. ä. essen || *uv* **заговля́ться,** -я́юсь, -я́ешься

[1]**за́говор,** -а *m* Verschwörung, Komplott

[2]**за́говор,** -а *m* Zauberspruch, Beschwörungsformel

[1]**заговори́ть,** -рю́, -ри́шь; -рённый, -рён, -рена́ *v* **1.** *umg* j-n durch Reden ermüden, totreden **2.** (durch Beschwören) bannen, besprechen || *uv* загова́ривать, -аю, -аешь

[2]**заговори́ть,** -рю́, -ри́шь *v* **1.** anfangen zu sprechen; anreden; я заговори́л с ним по-ру́сски ich sprach ihn auf russisch an; все заговори́ли сра́зу alle begannen auf einmal zu sprechen; ра́дио заговори́ло der Rundfunk nahm den Sendebetrieb auf; в нём заговори́ла со́весть *übtr* sein Gewissen begann zu sprechen [sich zu regen] **2.** der [einer] Sprache mächtig werden, zu sprechen anfangen; он обеща́л, что заговори́т по-ру́сски че́рез год er versprach, in einem Jahr russisch sprechen zu können

заговори́ться, -рю́сь, -ри́шься *v* **1.** sich verplaudern, über dem Schwatzen die Zeit vergessen **2.** *umg* Überflüssiges reden; flunkern || *uv* загова́риваться, -аюсь, -аешься

загово́рщик, -а *m* Verschwörer

загово́рщицкий, -ая, -ое *umg u.* **загово́рщический** -ая, -ое verschwörerisch

загогу́лина, -ы *f volksspr* Schnörkel

за́годя *Adv volksspr* beizeiten

заголи́ть, -лю́, -ли́шь; -лённый, -лён, -лена́ *v volksspr* entblößen || *uv* заголя́ть, -я́ю, -я́ешь

заголо́вок, -вка *m* Überschrift, Titel, Kopf

заголя́ть *uv zu* заголи́ть

заго́н, -а *m* **1.** Hineintreiben; Eintreiben *in den Stall* **2.** Viehhürde, Pferch, Umzäunung ◇ быть в -е stiefmütterlich behandelt werden

заго́нщик, -а *m Jagd* Treiber

загоня́ть *uv zu* загна́ть

загора́живать(ся) *uv zu* загороди́ть(ся)

загора́ть(ся) *uv zu* загоре́ть(ся)

загóрбок, -бка *m volksspr* oberer Teil des Rückens zwischen den Schultern

загорди́ться, -ржу́сь, -рди́шься *v umg* hochnäsig werden, eingebildet werden

загоре́лый, -ая, -ое sonnengebräunt, braungebrannt

загоре́ть, -рю́, -ри́шь *v* von der Sonne gebräunt [braungebrannt] werden || *uv* загора́ть, -а́ю, -а́ешь

загоре́ться, -рю́сь, -ри́шься *v* **1.** anfangen zu brennen, Feuer fangen **2.** aufflammen, anfangen zu leuchten, erglänzen; вдали́ загоре́лся огонёк in der Ferne flammte ein Licht auf **3.** *übtr I* entbrennen, entflammen; ~ любо́вью in Liebe entbrennen **4.** beginnen, ausbrechen ◇ ему́ загоре́лось неме́дленно уе́хать er brannte darauf, sofort wegzufahren || *uv* загора́ться, -а́юсь, -а́ешься

загороди́ть, -ожу́, -о́ди́шь; загоро́женный, -ен, -а *v* **1.** ein-, umzäunen **2.** versperren, verstellen; та́нки загороди́ли путь Panzer haben den Weg versperrt; ~ кому́-н. свет j-m im Licht stehen || *uv* загора́живать, -аю, -аешь

загороди́ться, -ожу́сь, -о́ди́шься *v* sich *durch etwas Vorgehaltenes* schützen, sich schützend umgeben; sich absondern || *uv* загора́живаться, -аюсь, -аешься

загоро́дка, -и, *Pl G* -док, *D* -дкам *f umg* Umzäunung, Zaun, Verschlag

за́городный, -ая, -ое außerhalb der Stadt gelegen, Land-; Vorort-; ~ дом Landhaus; -ая прогу́лка Ausflug aufs Land [ins Grüne]

загости́ться, -ощу́сь, -ости́шься *v umg* zu lange zu Besuch bleiben

загота́вливать *uv zu* загото́вить

заготови́тельный, -ая, -ое Beschaffungs-, Erfassungs-; ~ пункт Erfassungsstelle

загото́вить, -влю, -вишь; -вленный, -влен, -а *v A* **1.** (rechtzeitig) vorbereiten, bereit halten **2.** beschaffen, bereitstellen; sich versehen (mit); ~ дрова́ на́ зиму sich mit Holz für den Winter versehen || *uv* загота́вливать, -аю, -аешь *u. uv* заготовля́ть, -я́ю, -я́ешь

загото́вка, -и, *Pl G* -вок, *D* -вкам *f* **1.** *meist Pl* Beschaffung, Bereitstellung, Erfassung; план -и хле́ба Plan des Getreideaufkommens; госуда́рственные -и staatliche Erfassung **2.**: ~ для сапо́г Oberleder für Schuhe **3.** Halbzeug, Rohling

заготовля́ть *uv zu* загото́вить

заграба́стать, -аю, -аешь; -анный, -ан, -а *v volksspr mißb* sich mit Gewalt aneignen, an sich raffen || *uv* **заграба́стывать,** -аю, -аешь

загради́тель, -я *m mil* Sperrenleger; ми́нный ~ Minenleger

загради́тельный, -ая, -ое Sperr-

загради́ть, -ажу́, -ади́шь; -аждённый, -аждён, -аждена́ *v* ab-, versperren, verlegen; ~ путь den Weg verlegen ‖ *uv* **загражда́ть,** -а́ю, -а́ешь

загражде́ние, -я *n* Sperre, Hindernis; про́волочное ~ Drahtverhau; ли́ния -я Sperrlinie

грани́ца, -ы, *I* -ей *f umg* Ausland

заграни́чный, -ая, -ое ausländisch, Auslands-; ~ па́спорт Auslandspaß

За́греб, -а *m* Zagreb *Stadt*

загреба́ть, -а́ю, -а́ешь *uv* 1. zusammenscharren, zusammenraffen; ~ де́ньги *übtr* Geld scheffeln 2. *umg* rudern ◇ чужи́ми рука́ми жар ~ sich von anderen die Kastanien aus dem Feuer holen lassen ‖ *v* за|грести́* *zu* 1

загребно́й, -о́го *Subst m naut* Schlagmann *Ruderer, der dem Heck am nächsten sitzt*

загребу́щий, -ая, -ее *volksspr* raffgierig

[1]**загреме́ть,** -млю́, -ми́шь *v volksspr* mit lautem Geräusch hinfallen

[2]**загреме́ть,** -млю́, -ми́шь *v* erschallen, zu donnern [dröhnen, klirren] beginnen; загреме́л гром der Donner begann zu grollen

загрести́ *v zu* загреба́ть

загри́вок, -вка *m* 1. unterer Teil der Mähne, unterer Teil des Halses über dem Widerrist des Pferdes 2. *volksspr* Genick ◇ получи́ть по -вку eins aufs Dach bekommen

загримирова́ть, -ру́ю, -ру́ешь; -ро́ванный, -ро́ван, -а *v* schminken ‖ *uv* **загримиро́вывать,** -аю, -аешь

загримирова́ться, -ру́юсь, -ру́ешься *v* sich schminken ‖ *uv* **загримиро́вываться,** -аюсь, -аешься

загро́бный, -ая, -ое *rel* jenseitig, nach dem Tode; ~ мир das Jenseits ◇ ~ го́лос tiefe Stimme

загроможда́ть *uv zu* загромозди́ть

загроможде́ние, -я *n* Versperren, Vollstopfen, Überladung, Über(be)lastung; ~ железнодоро́жного пути́ Verstopfung der Eisenbahnstrecke

загромозди́ть, -зжу́, -зди́шь; загромождённый, -ён, -ена́ *v* 1. vollstellen, vollstopfen 2. *übtr* überladen, über(be)lasten, überfüllen; ~ расска́з подро́бностями *übtr* eine Erzählung mit Einzelheiten überladen ‖ *uv* **загроможда́ть,** -а́ю, -а́ешь

загрубе́лый, -ая, -ое 1. rauh, hart *Haut* 2. *übtr* derb, rauh, verhärtet

загрубе́ть, -е́ю, -е́ешь *v* 1. grob werden 2. rauh werden *Haut*

загружа́ть *uv zu* загрузи́ть

загру́женность *u.* **загружённость,** -и *f* 1. Auslastung 2. *übtr umg* Belastung

загрузи́ть, -ужу́, -у́зи́шь; -у́женный -у́жен, -а *u.* -ужённый, -ужён, -ужена́ *v* 1. beladen, belasten; ~ ваго́н einen Waggon beladen 2. *umg übtr* voll auslasten 3. *tech* beschicken; ~ до́менную печь den Hochofen beschicken ‖ **загружа́ть,** -а́ю, -а́ешь

загру́зка, -и *f* 1. Beladung, Belastung 2. *umg übtr* Auslastung; заво́д име́ет по́лную -у die Fabrik ist voll ausgelastet 3. *tech* Beschickung; ~ реа́ктора Füllung des Reaktors

загрунтова́ть, -ту́ю, -ту́ешь; -то́ванный, -то́ван, -а *v* grundieren ‖ *uv* **загрунто́вывать,** -аю, -аешь

загрусти́ть, -ущу́, -усти́шь *v* zu trauern beginnen, traurig werden

загрыза́ть *uv zu* загры́зть

за|гры́зть* *v* 1. totbeißen, zerfleischen 2. *umg übtr* mit Vorwürfen peinigen; seelische Qualen zufügen ‖ *uv* **загрыза́ть,** -а́ю, -а́ешь

загрязне́ние, -я *n* Verschmutzung, Verunreinigung

загрязни́ть, -ню́, -ни́шь; -нённый, -нён, -нена́ *v* 1. verunreinigen, beschmutzen 2. *übtr* beschmutzen, entehren ‖ *uv* **загрязня́ть,** -я́ю, -я́ешь

загрязни́ться, -ню́сь, -ни́шься *v* verunreinigt werden, schmutzig werden, sich beschmutzen ‖ *uv* **загрязня́ться,** -я́юсь, -я́ешься

загс, -а *m* (отде́л за́писи а́ктов гражда́нского состоя́ния) Amt für Personenstandswesen, Standesamt

загуби́ть, -ублю́, -у́бишь; -у́бленный, -у́блен, -а *v* 1. *umg* zugrunde richten 2. *volksspr* verschwenden

загуде́ть, -ужу́, -уди́шь *v* zu tönen [läuten, summen] anfangen; загуде́л гудо́к die Sirene begann zu heulen

загу́ливать(ся) *uv zu* загуля́ть(ся)

загуля́ть, -я́ю, -я́ешь *v volksspr* sich dem Trunk ergeben; anfangen, sich herumzutreiben ‖ *uv* **загу́ливать,** -аю, -аешь

загуля́ться, -я́юсь, -я́ешься *v umg* 1. überm Spazierengehen die Zeit vergessen 2. überm Zechen [Feiern] die Zeit vergessen ‖ *uv* **загу́ливаться,** -аюсь, -аешься

загусте́ть, *1. u. 2. Pers ungebr,* -е́ет *v* dicht [dickflüssig] werden

загусти́ть, -ущу́, -усти́шь; -ущённый, -ущён, -ущена́ *v* dickflüssiger [zu dickflüssig] machen || *uv* **загуща́ть,** -а́ю, -а́ешь

зад, -а, *P* о за́де, на [в] заду́, *Pl* зады́, -о́в, -а́м *m* **1.** Hinterseite, hinterer Teil **2.** Gesäß, Hinterteil **3.** *Pl umg* längst Bekanntes

зада́бривать *uv zu* задо́брить

задава́ть *uv zu* зада́ть

[1]**задава́ться** *uv zu* зада́ться

[2]**за|дава́ться*** *uv volksspr* wichtig tun, hochmütig [stolz] sein

задави́ть, -авлю́, -а́вишь; -а́вленный, -а́влен, -а *v* **1.** erdrücken, zerquetschen; überfahren **2.** *volksspr* erwürgen **3.** unterdrücken *Gefühl* || *uv* **зада́вливать,** -аю, -аешь

зада́ние, -я *n* Aufgabe, Auftrag; произво́дственное ~ Produktionsauflage; пла́новое ~ Soll

зада́ривать *uv zu* задари́ть

задари́ть, -арю́, -а́ришь; -а́ренный, -а́рен, -а *v* **1.** mit Geschenken überhäufen **2.** bestechen || *uv* зада́ривать, -аю, -аешь

зада́ром *Adv volksspr* **1.** unentgeltlich, umsonst **2.** vergeblich, umsonst

зада́ток, -тка *m* **1.** Anzahlung; внести́ ~ Anzahlung leisten, anzahlen **2.** *Pl übtr* Anlagen, Fähigkeiten; развива́ть зада́тки Anlagen entwickeln

зада́точный, -ая, -ое Anzahlungs-

за|да́ть*; за́дал, -а́! *v* **1.** aufgeben, auftragen, auferlegen; ~ вопро́с eine Frage stellen; учи́тель за́дал уро́к der Lehrer stellte die Hausaufgabe **2.** angeben *Ton, Kurs* **3.** *umg* veranstalten; ~ бал einen Ball [Tanzabend] geben ◇ ~ стра́ху Furcht einjagen; я тебе́ зада́м! *umg* du kriegst gleich was drauf! || *uv* за|дава́ть*

за|да́ться*; задали́сь *v* **1.** *I* sich vornehmen; ~ це́лью изуча́ть ру́сский язы́к sich das Ziel stellen, Russisch zu lernen; ~ мы́слью mit dem Gedanken umgehen **2.** *umg meist verneint* glücken, gelingen || *uv* за|дава́ться*

зада́ча, -и, *I* -ей *f* Aufgabe, Problem; Auftrag; реши́ть алгебраи́ческую -у eine Algebraaufgabe lösen; боева́я ~ Kampfauftrag

зада́чник, -а *m* Aufgabensammlung, Rechenbuch

задвига́ть *uv zu* задви́нуть

за|дви́гаться* *v* beginnen, sich zu bewegen; in Bewegung geraten

задвига́ться *uv zu* задви́нуться

задви́жка, -и, *Pl G* -жек, *D* -жкам *f* **1.** Riegel; дверна́я ~ Türriegel **2.** *tech* Schieber; запо́рная ~ Absperrschieber

задвижно́й, -а́я, -о́е verschiebbar; -а́я дверь Schiebetür

задви́нуть, -ну, -нешь; -нутый, -нут, -а *v* **1.** zuschieben, hinein-, darunterschieben; ~ задви́жку den Riegel vorschieben **2.** verdecken *mit etwas Verschiebbarem*; ~ дверь шка́фом die Tür mit dem Schrank verstellen; *umg* verriegeln, verschließen || *uv* задвига́ть, -а́ю, -а́ешь

задви́нуться, *1. u. 2. Pers ungebr*, -нется *v* zugehen, sich hineinschieben lassen || *uv* задвига́ться, -а́ется

задво́рки, -рок, -ркам *Pl* **1.** Hinterhof **2.** Platz hinter den Häusern *einer Siedlung* ◇ быть на -рках an letzter [unbeachteter] Stelle stehen

[1]**задева́ть,** -а́ю, -а́ешь *v volksspr* (ver)legen; куда́ я очки́ задева́л? wohin habe ich (nur) meine Brille gelegt?

[2]**задева́ть** *uv zu* заде́ть

задева́ться, -а́юсь, -а́ешься *v volksspr wohin* geraten *und dort schwer auffindbar sein*; куда́ задева́лась кни́га? wohin ist (nur) das Buch geraten?

заде́л, -а *m umg* **1.** Vorlauf **2.** Mehrbestand an Erzeugnissen und Halbfabrikaten

заде́лать, -аю, -аешь; -анный, -ан, -а *v* fest zumachen, verschließen, zunageln, zumauern, zustopfen; *umg* verpacken, zukorken; ~ дыру́ соло́мой ein Loch mit Stroh verstopfen || *uv* заде́лывать, -аю, -аешь

заде́лка, -и *f* Zustopfen; Zunageln; Verschließen; Verkitten

заде́лывать *uv zu* заде́лать

[1]**задёргать,** -аю, -аешь; -анный, -ан, -а *v* abhetzen, drangsalieren *durch Reißen an den Zügeln, a. übtr*

[2]**задёргать,** -аю, -аешь *v* **1.** *A oder I* zu reißen anfangen; ~ вожжа́ми an den Zügeln zu reißen beginnen **2.** *I* zu zucken anfangen (mit)

задёргаться, -аюсь, -аешься *v itr* zu zucken beginnen; у него́ задёргались гу́бы um seinen Mund begann es zu zucken

задёргивать *uv zu* задёрнуть

задеревене́лый, -ая, -ое *umg* hart geworden; erstarrt

задержа́ние, -я *n* **1.** Festnahme, Verhaftung **2.**: ~ мочи́ Harnverhaltung

задержа́ть, -ержу́, -е́ржишь; -е́ржанный, -е́ржан, -а *v* **1.** zurückhalten, aufhalten; anhalten; меня́ задержáли ich bin aufgehalten worden; ~ дыхáние den Atem anhalten **2.** verzögern, verlangsamen; hinausschieben, verschleppen **3.** festnehmen, verhaften; beschlagnahmen ‖ *uv* **задéрживать,** -аю, -аешь

задержáться, -ержу́сь, -éржишься *v* **1.** sich (zu lange) aufhalten, verweilen *länger als vorgesehen* **2.** stocken, ins Stocken geraten; sich verzögern ‖ *uv* **задéрживаться,** -аюсь, -аешься

задéржка, -и, *Pl G* -жек, *D* -жкам *f* **1.** Stockung, Verzögerung; Aufschub; рабóтать без -жек ohne Stockungen arbeiten **2.** *mil* Ladehemmung

задёрнуть, -ну, -нешь; -нутый, -нут, -а *v* **1.** zuziehen, vorziehen; ~ штóры die Stores vorziehen **2.** verdecken *mit einem Vorhang*; ~ окнó занавéской das Fenster mit einem Vorhang verhängen ‖ *uv* задёргивать, -аю, -аешь

за|дéть* **1.** *A oder* за *A* streifen, leicht berühren; anstoßen (an); ~ ногóй за кáмень mit dem Fuß an einen Stein stoßen **2.** *umg* kränken, verletzen **3.** *med* angreifen; лёгкое задéто die Lunge ist angegriffen ◇ ~ когó-н. за живóе j-n an einer empfindlichen Stelle treffen ‖ *uv* задевáть, -áю, -áешь

зáдешево *Adv volksspr* spottbillig

задúра, -ы *m, f umg* Händelsucher, Raufbold

задирáть, -áю, -áешь *uv umg* **1.** *uv zu* задрáть **2.** *A* necken, reizen, Streit suchen (mit)

задирáться, -áюсь, -áешься *uv umg* **1.** *uv zu* задрáться **2.** Streit, Händel suchen (mit)

задне- *in Zuss* hinter-

задненёбный, -ая, -ое *ling* Hintergaumen-

задненязы́чный, -ая, -ое: ~ звук *ling* Hinterzungenlaut

зáдний, -яя, -ее hinterer, Hinter-; -ие нóги Hinterbeine; ~ план Hintergrund ◇ ~ ход Rückwärtsgang; помéтить -им числóм rückdatieren; он -им умóм крéпок er überlegt erst, wenn es zu spät ist, er hat die besten Gedanken hinterher; -яя мысль Hintergedanke

зáдник, -а *m* **1.** Hackenleder, Fersenkappe *am Schuh* **2.** *theat* Hintergrundvorhang

задóбрить, -рю, -ришь; -ренный, -рен, -а *v* sich j-n geneigt machen ‖ *uv* задáбривать, -аю, -аешь

задóк, -дкá *m umg* hinterer Teil

задóлго *Adv* до *G* lange (Zeit) vor; ~ до отхóда пóезда lange vor Abfahrt des Zuges

задолжáть, -áю, -áешь *v umg* Schulden machen; Schulden haben, schulden; он давнó задолжáл хозя́йке дéсять рублéй er hatte bei seiner Wirtin schon lange zehn Rubel Schulden

задолжáться, -áюсь, -áешься *v umg* Schulden machen

задóлженность, -и *f* Verschuldung, Schulden; дебитóрская ~ Guthaben, Forderungen

зáдом *Adv* rückwärts, mit der Rückseite; двúгаться ~ sich rückwärts bewegen; стоя́ть ~ к кому́-н. j-m den Rücken zukehren ◇ надéть шáпку ~ напервд die Mütze verkehrt aufsetzen

задóр, -а *m* **1.** Übermut, Eifer; Hitze, Feuer **2.** herausforderndes Verhalten

задóрина, -ы *f* Schramme, Riß, rauhe Stelle *im Holz*

задóринка, -и, *Pl G* -нок, *D* -нкам *f Dem zu* задóрина: без сучкá, без -и wie am Schnürchen

задóрный, -ая, -ое; *Kzf* -рен, -рна **1.** übermütig; eifrig; -ая пéсня übermütiges Lied **2.** herausfordernd

задохну́ться *v zu* задыхáться

задрапировáть, -ру́ю, -ру́ешь; -рóванный, -рóван, -а *v* drapieren, behängen ‖ *uv* **задрапирóвывать,** -аю, -аешь

за|дрáть*; зáдранá *v* **1.** *umg* (hoch)heben; лóшади задрáли хвосты́ die Pferde richteten die Schwänze in die Höhe; ~ гóлову den Kopf in den Nacken werfen **2.** *volksspr* schürzen, in die Höhe raffen; ~ плáтье das Kleid schürzen **3.** aufschürfen, -reißen *Haut u. ä.* **4.** töten, reißen *von Raubtieren*; волк задрáл овцу́ der Wolf hat ein Schaf gerissen ◇ ~ нос die Nase hoch tragen ‖ *uv* задирáть, -áю, -áешь *zu* 2-4

за|дрáться*, *1. u. 2. Pers ungebr*; -драли́сь *v* **1.** *umg* sich aufschürfen, sich abschälen **2.** *volksspr* sich nach oben umstülpen, sich umschlagen *Kleidungsstück* ‖ *uv* задирáться, -áется *umg*

задребезжáть, *1. u. 2. Pers ungebr*, -жи́т *v* zu klirren beginnen

за|дремáть* *v* einschlummern

задрожáть, -жу́, -жи́шь *v* erzittern, zu zittern beginnen

[1,2]задува́ть *uv zu* [1,2]заду́ть
заду́вка, -и *f tech*: ~ до́мны das Anblasen eines Hochofens
заду́мать, -аю, -аешь; -анный, -ан, -а *v* **1.** sich vornehmen, beabsichtigen, planen; он заду́мал статью́ на те́му ... er plant einen Aufsatz über das Thema ... **2.** sich etw. ausdenken; заду́май како́е-н. число́ denk dir irgendeine Zahl aus *z. B. bei Gesellschaftsspielen* ‖ *uv* заду́мывать, -аю, -аешь
заду́маться, -аюсь, -аешься *v* **1.** in Nachdenken versinken, nachdenklich werden; sinnen, nachdenken (над *I*, о *P* über) **2.** *mit Inf, meist mit Negation* zögern, zaudern; он не заду́мался э́то сде́лать er zögerte nicht, dies zu tun ‖ *uv* заду́мываться, -аюсь, -аешься
заду́мчивый, -ая, -ое; *Kzf* -ив, -а nachdenklich, versonnen
заду́мывать(ся) *uv zu* заду́мать(ся)
задуна́йский, -ая, -ое jenseits der Donau gelegen, Donau-
[1]**за|ду́ть*** *v* ausblasen, -löschen ‖ *uv* задува́ть, -а́ю, -а́ешь
[2]**за|ду́ть*** *v tech* anblasen ‖ *uv* задува́ть, -а́ю, -а́ешь
[3]**за|ду́ть*** *v umg* anfangen zu blasen; заду́л ве́тер Wind kam auf
задуше́вный, -ая, -ое; *Kzf* -вен, -вна herzlich, innig; aufrichtig; vertraulich; -ые мы́сли geheimste Gedanken
задуши́ть, -ушу́, -у́шишь; -у́шенный, -у́шен, -а *v* **1.** erdrosseln, ersticken **2.** *übtr* unterdrücken, niederhalten, abwürgen, im Keim ersticken
задыми́ть, -млю́, -ми́шь; -млённый, -млён, -млена́ *v* verräuchern
задыми́ться, *1. u. 2. Pers ungebr*, -и́тся *v umg* **1.** zu rauchen [qualmen] anfangen **2.** verräuchert werden
задыха́ться, -а́юсь, -а́ешься *uv* **1.** außer Atem kommen, keuchen; он задыха́лся от волне́ния vor Erregung ging ihm der Atem aus **2.** *übtr* fast ersticken, umkommen **3.** *itr* ersticken ‖ *v* задохну́ться, -ну́сь, -нёшься; задо́хся, -лась *u.* задохну́лся, -лась; задох(ну́в)шийся
задыша́ть, -ышу́, -ы́шишь *v* zu atmen beginnen
заеда́ть(ся) *uv zu* зае́сть(ся)
заёжиться, -ёжусь, -ёжишься *v umg* **1.** anfangen, sich (wie ein Igel) zu krümmen *vor Kälte u. a.* **2.** anfangen, sich zu sträuben
зае́зд, -а *m* **1.** Anreise, Besuch **2.** *Sport* Lauf, Tour; фина́льный ~ трёхле́ток Endlauf der Dreijährigen *beim Pferderennen*
зае́здить, -е́зжу, -е́здишь; -е́зженный, -е́зжен, -а *v umg* **1.** zuschanden reiten, abjagen *Pferd* **2.** *übtr* schinden, abhetzen, bis auf den Tod peinigen
зае́здом *Adv volksspr* auf der Durchreise
заезжа́ть *uv zu* зае́хать
зае́зженный, -ая, -ое *umg* **1.** abgehetzt *Pferd* **2.** abgedroschen, trivial
зае́зжий, -ая, -ее durchreisend
заём, за́йма *m* Anleihe, Darlehen; госуда́рственный ~ Staatsanleihe; подписа́ться на ~ eine Anleihe zeichnen; сде́лать ~ ein Darlehen aufnehmen
заёмный, -ая, -ое Leih-, Schuld-; -ое письмо́ Schuldverschreibung
заёрзать, -аю, -аешь *v umg* anfangen, hin und her zu rutschen, unruhig werden
за|е́сть* *v* **1.** totbeißen; он зае́л не одного́ слу́жащего *übtr umg* er hat mehr als einen Angestellten bis aufs Blut gepeinigt **2.** *I* etw. nachessen *um einen üblen Geschmack zu beseitigen*; он зае́л лека́рство куско́м са́хара er aß ein Stück Zucker auf die Medizin **3.** *meist unpers umg* sich festklemmen, sich verklemmen ‖ *uv* заеда́ть, -а́ю, -а́ешь 2, 3
за|е́сться* *v volksspr* im Essen mäkelig werden ‖ *uv* заеда́ться, -а́юсь, -а́ешься
за|е́хать* *v* **1.** eine Stippvisite abstatten, einen kurzen Abstecher machen, einkehren; я зае́ду к тебе́ ich komme bei dir vorbei(gefahren) **2.** за *I mit einem Fahrzeug* abholen, (gefahren) kommen, um j-n abzuholen; он зае́хал за врачо́м er ist gekommen, den Arzt abzuholen **3.** в *A* hineinfahren; geraten; куда́ мы зае́хали? wohin sind wir geraten? **4.** (von der Seite) heranfahren **5.** в *A volksspr ins Gesicht* schlagen ‖ *uv* заезжа́ть, -а́ю, -а́ешь
зажа́ривать(ся) *uv zu* зажа́рить(ся)
зажа́рить, -рю, -ришь; -ренный, -рен, -а *v* gar braten, rösten *tr* ‖ *uv* зажа́ривать, -аю, -аешь
зажа́риться, *1. u. 2. Pers ungebr*, -ится *v* gar braten, rösten *itr* ‖ *uv* зажа́риваться, -ается
[1]**за|жа́ть**[1]* *v* **1.** einklemmen, zusammenpressen; ~ дета́ль в тиски́ das Werkstück in den Schraubstock ein-

spannen **2.** zuhalten, zudrücken; ~ (себé) ýши sich die Ohren zuhalten **3.** *übtr umg* unterdrücken ◇ ~ комý-н. рот j-m den Mund stopfen || *uv* зажимáть, -áю, -áешь

²за|жáть²* *v* anfangen zu mähen [zu ernten]

за|ждáться*; заждáлúсь *v G umg* (allzu)lange warten, des Wartens müde werden; а мы тебя́ заждáлись und wir haben so lange auf dich gewartet

зажелтúть, -лчý, -лтúшь; -лчённый, -лчён, -лченá *v umg* gelb machen

зажемáниться, -нюсь, -нишься *v umg* anfangen, sich zu zieren

за|жéчь*; зажглá *v* **1.** anzünden; Licht einschalten; ~ спúчку ein Streichholz anzünden **2.** *übtr* entflammen, begeistern; ~ любóвь Liebe erwecken; ~ интерéс das Interesse entfachen || *uv* зажигáть, -áю, -áешь

за|жéчься*; зажглáсь *v* **1.** zu brennen [zu leuchten] anfangen, aufflammen; зажглúсь фонарú die Laternen gingen an **2.** *I* entbrennen (in); ~ энтузиáзмом in Begeisterung entbrennen || *uv* зажигáться, -áюсь, -áешься

заживáть *uv zu* ¹зажúть

заживáться *uv zu* зажúться

заживúть, -влю́, -вúшь; -влённый, -влён, -вленá *v umg* zum Zuheilen [zum Vernarben] bringen || *uv* заживля́ть, -я́ю, -я́ешь

заживúться, *1. u. 2. Pers ungebr,* -úтся *v umg* verheilen, vernarben || *uv* заживля́ться, -я́ется

заживлéние, -я *n* Heilung, Vernarbung

заживля́ть(ся) *uv zu* заживúть(ся)

зáживо *Adv* bei lebendigem Leibe, lebendig; похоронúть ~ bei lebendigem Leibe begraben

зажигáлка, -и, *Pl G* -лок, *D* -лкам *f* **1.** Feuerzeug **2.** *volksspr* Brandbombe

зажигáние, -я *n* **1.** Anzünden, Anbrennen **2.** Zündung

зажигáтельный, -ая, -ое **1.** Brand-, Brenn-; -ое стеклó Brennglas; ~ снаря́д Brandgeschoß **2.** *Kzf* -лен, -льна *übtr* zündend, hinreißend

зажигáть(ся) *uv zu* зажéчь(ся)

зажúливать *uv zu* зажúлить

зажúлить, -лю, -лишь; -ленный, -лен, -а *v volksspr* sich aneignen *Geborgtes* || *uv* зажúливать, -аю, -аешь

зажúм, -а *m* **1.** Einklemmen, Zusammenpressen; ~ детáли в тискú Einspannen des Teils in den Schraubstock **2.** Unterdrückung **3.** *tech* Klemmvorrichtung, Klemme

зажимáть *uv zu* ¹зажáть

зажúмка, -и, *Pl G* -мок, *D* -мкам *f umg* **1.** Einklemmen, Zusammenpressen **2.** Unterdrückung **3.** Klemmvorrichtung, Klemme

зажúмный, -ая, -ое *tech* Klemm-, Druck-; ~ винт Klemmschraube

зажúмщик, -а *m*: ~ крúтики *umg* einer, der die Kritik unterdrückt

зажúточность, -и *f* Wohlhabenheit, Wohlstand

зажúточный, -ая, -ое; *Kzf* -чен, -чна wohlhabend, vermögend

¹за|жúть*, *1. u. 2. Pers ungebr;* зáжил *v* (zu)heilen, vernarben || *uv* заживáть, -áет

²за|жúть*; зáжил *v*: ~ нóвой жúзнью ein neues Leben beginnen; ~ семьёй einen eigenen Haushalt gründen

за|жúться*; зажилúсь *v umg* zu lange leben [wohnen] bleiben || *uv* заживáться, -áюсь, -áешься

зажмýривать(ся) *uv zu* зажмýрить(ся)

зажмýрить, -рю, -ришь; -ренный, -рен, -а *v*: ~ глазá die Augen zukneifen || *uv* зажмýривать, -аю, -аешь

зажмýриться, -рюсь, -ришься *v* die Augen zukneifen, || *uv* зажмýриваться, -аюсь, -аешься

зажужжáть, -жжý, -жжúшь *v* anfangen zu summen

зажýхнуть, *1. u. 2. Pers ungebr,* -нет; зажýх, -ла *v* **1.** matt werden *Farbe* **2.** *volksspr* hart werden *Segeltuch u. a.*

за|звáть*; -званá! *v* beharrlich zum Kommen [Eintreten] auffordern, einladen || *uv* зазывáть, -áю, -áешь

зазвенéть, -ню́, -нúшь *v* **1.** zu klingen [klirren, tönen] anfangen, erklingen, ertönen; стёкла зазвенéли die Fensterscheiben begannen zu klirren **2.** *I* zu klirren [klimpern] anfangen (mit); он зазвенéл деньгáми er begann, mit dem Geld zu klimpern

зазвонúть, -ню́, -нúшь *v* anfangen zu klingeln

зазвучáть, *1. u. 2. Pers ungebr,* -чúт *v* ertönen, erschallen

заздрáвный, -ая, -ое: поднять ~ тост за когó-н. einen Trinkspruch auf j-n ausbringen

зазевáться, -áюсь, -áешься *v umg*

1. gaffen, Maulaffen feilhalten 2. zerstreut sein, nicht aufpassen

зазеленéть(ся), *1. u. 2. Pers ungebr*, -éет(ся) *v* zu grünen anfangen, grün werden, ergrünen

зазеленúть, -ню́, -нúшь; -нённый, -нён, -ненá *v umg A* grüne Flecken machen (an); ~ плáтье травóй Grasflecken ans Kleid bekommen

заземлéние, -я *n rad* Erdung

заземлúть, -лю́, -лúшь; -лённый, -лён, -ленá *v rad* erden ‖ *uv* **заземля́ть,** -я́ю, -я́ешь

зазимовáть, -му́ю, -му́ешь *v* überwintern

зазнавáться *uv zu* зазнáться

зазнáйка, -и, *Pl G* -знáек, *D* -знáйкам *m, f umg* Angeber(in); aufgeblasener Mensch

зазнáйство, -а *n umg* Angeberei, Anmaßung

зазнáться, -áюсь, -áешься *v umg* überheblich werden ‖ *uv* за|знавáться*

зазнóба, -ы *f folkl* Geliebte, Schatz

зазóр, -а *m tech* Spiel, Spielraum

зазóрный, -ая, -ое; *Kzf* -рен, -рна *alt volksspr* anstößig, schimpflich

зазрéние, -я *n*: без -я (сóвести) skrupellos, schamlos

зáзрить, *1. u. 2. Pers ungebr*, -ит *v*: егó зáзрила сóвесть *umg* er bekam Gewissensbisse

[1]**зазу́бренный,** -ая, -ое schartig; gezackt

[2]**зазу́бренный,** -ая, -ое *umg* eingepaukt, gebüffelt

[1,2]**зазу́бривать(ся)** *uv zu* [1,2]зазу́брúть(ся)

зазу́брина, -ы *f* Scharte

[1]**зазу́брúть,** -у́брю́, -у́брúшь; -у́бренный, -у́брен, -а *v* schartig machen ‖ *uv* зазу́бривать, -аю, -аешь

[2]**зазубрúть,** -убрю́, -у́брúшь; -у́бренный, -у́брен, -а *v umg* einpauken, büffeln ‖ *uv* зазу́бривать, -аю, -аешь

[1]**зазу́брúться,** *1. u. 2. Pers ungebr*, -у́брúтся *v* schartig werden ‖ *uv* зазу́бриваться, -ается

[2]**зазубрúться,** -убрю́сь, -у́брúшься *v umg* zu lange pauken, vom vielen Pauken stumpfsinnig werden ‖ *uv* зазу́бриваться, -аюсь, -аешься

зазывáть *uv zu* зазвáть

заúгранный, -ая, -ое abgedroschen; abgespielt; -ая пьéса abgedroschenes Theaterstück; -ая пластúнка abgespielte Schallplatte

[1]**заигрáть,** -áю, -áешь; заúгранный, -ан, -а *v* 1. abnutzen *durch häufiges Spielen* 2. bis zum Überdruß spielen; ~ пьéсу ein Theaterstück bis zum Überdruß aufführen ‖ *uv* заúгрывать, -аю, -аешь

[2]**заигрáть,** -áю, -áешь *v* zu spielen anfangen

заигрáться, -áюсь, -áешься *v* über dem Spielen die Zeit vergessen ‖ *uv* заúгрываться, -аюсь, -аешься

[1]**заúгрывать,** -аю, -аешь *uv zu* [1]заигрáть

[2]**заúгрывать,** -аю, -аешь *uv umg* 1. kokettieren; anbändeln *im Scherz* 2. scharwenzeln (с *I* vor)

заúгрываться *uv zu* заигрáться

зáика, -и *m, f* Stotterer, Stotterin

заикáние, -я *n* Stottern

заикáться, -áюсь, -áешься *uv* 1. *uv zu* заикну́ться 2. stottern, stammeln

заикну́ться, -ну́сь, -нёшься *v umg* 1. sich auf die Lippen beißen, *angefangenen Satz* abbrechen, steckenbleiben *in der Rede* 2. о *P* eine Andeutung machen; он и не заикну́лся об э́том er erwähnte es mit keinem Sterbenswörtchen ‖ *uv* заикáться, -áюсь, -áешься *zu* 2

заúмка, -и, *Pl G* -мок, *D* -мкам *f* 1. *hist* von den ersten Ansiedlern in Besitz genommenes, außerhalb des Gemeindelandes liegendes Stück Land 2. *gbt* Einzelhof *oder* kleine Siedlung *in Sibirien*

заимодáвец, -вца, *I* -вцем, *Pl G* -вцев, *D* -вцам *m alt* Gläubiger, Darlehensgeber

заимообрáзный, -ая, -ое; *Kzf* -зен, -зна 1. geliehen, Leih- 2. -о *Adv* leihweise; получúть дéньги -о Geld geliehen bekommen

заúмствование, -я *n* Entlehnen, Entlehnung; инострáнные -я fremdsprachige Entlehnungen

заúмствованный, -ая, -ое; *Kzf* -ван, -а: -ое слóво Lehnwort

заúмствовать, -твую, -твуешь; -твованный, -твован, -а *v, uv* entlehnen, übernehmen

заúндевелый, -ая, -ое bereift

заúндеветь, -ею, -еешь *v* sich mit Reif bedecken

заинтересóванность, -и *f* Interesse, Interessiertheit (в *P* an); материáльная ~ materielle Interessiertheit

заинтересóванный, -ая, -ое interessiert (в *P* an); -ые лúца Interessenten

заинтересовáть, -су́ю, -су́ешь; -сóванный, -сóван, -а *v* 1. *I* interessieren; он заинтересовáл меня́ своúм расска́зом er hat mit seinem Bericht mein Interesse geweckt **2.** в *P* (materiell) interessieren (an) || *uv* **заинтересо́вывать,** -аю, -аешь

заинтересова́ться, -су́юсь, -су́ешься *v I* sich interessieren (für) || *uv* **заинтересо́вываться,** -аюсь, -аешься

заинтригова́ть, -гу́ю, -гу́ешь; -го́ванный, -го́ван, -а *v* neugierig machen, Neugierde erwecken; я был заинтриго́ван ich war gespannt || *uv* **заинтриго́вывать,** -аю, -аешь

заи́скивание, -я *n* Liebedienerei, Schmeichelei

заи́скивать, -аю, -аешь *uv* liebedienern, sich einschmeicheln (пе́ред *I* bei)

заи́скивающий, -ая, -ее schmeichlerisch

заискри́ться, *1. u. 2. Pers ungebr,* -и́скрится *v* aufblitzen, zu funkeln beginnen

займодержа́тель, -я *m wirtsch* Besitzer eines Anleihscheines

займу́ ↑ заня́ть

за|йти́*; зайдя́ *v* **1.** к *D* eine Stippvisite abstatten, einen kurzen Abstecher machen; я зайду́ к тебе́ ich komme bei dir vorbei **2.** за *I* abholen kommen; он зашёл за врачо́м er ist gekommen, den Arzt abzuholen **3.** hin(ein)gehen, hin(ein)kommen; geraten; куда́ мы зашли́? wohin sind wir geraten? **4.** untergehen *von Gestirnen* **5.** aufkommen, entstehen *Streit;* разгово́р зашёл вдруг о поли́тике plötzlich kam das Gespräch auf die Politik ◇ де́ло зашло́ далеко́ die Sache nahm ungewöhnliche Ausmaße an || *uv* заходи́ть, -хожу́, -хо́дишь | *uv iterativ* заха́живать, -аю, -аешь

за|йти́сь*, *1. u. 2. Pers ungebr v volksspr* erstarren, (fast) ersterben; у меня́ дух защёлся mir blieb die Luft weg; но́ги зашли́сь от хо́лода die Füße sind vor Kälte erstarrt

за́йчик, -а *m* **1.** *Dem zu* за́яц kleiner Hase, Häschen **2.** *umg* Lichtfleck *von Sonnenstrahlen*

зайчи́ха, -и *f* Häsin

зайчо́нок, -нка, *Pl* зайча́та, -а́т, -а́там *m* Häschen, junger Hase

закабале́ние, -я *n* Unterjochung, Versklavung

закабали́ть, -лю́, -ли́шь; -лённый, -лён, -лена́ *v* knechten, unterjochen || *uv* **закабаля́ть,** -я́ю, -я́ешь

закабали́ться, -лю́сь, -ли́шься *v* sich freiwillig in Knechtschaft begeben, sich versklaven lassen || *uv* **закабаля́ться,** -я́юсь, -я́ешься

закавка́зский, -ая, -ое transkaukasisch

Закавка́зье, -ья *n* Transkaukasien

закады́чный, -ая, -ое *umg*: ~ друг Busenfreund

зака́з, -а *m* Bestellung, Auftrag; подтвержде́ние -а Auftragsbestätigung; на ~ auf Bestellung, auf Sonderanfertigung *von Gebrauchswaren und Kleidungsstücken*

за|каза́ть* *v* bestellen, in Auftrag geben; ~ пла́тье у портно́го ein Kleid beim Schneider in Auftrag geben; ~ телефо́нный разгово́р ein Ferngespräch anmelden || *uv* зака́зывать, -аю, -аешь

зака́зник, -а *m* Waldstück [Gewässer], in dem die Jagd [der Fischfang] verboten ist

заказно́й, -а́я, -о́е **1.** *alt* bestellt, Sonder-; nach Maß; ~ авто́бус Sonderbus **2.** eingeschrieben; -о́е письмо́ Einschreibebrief

зака́зчик, -а *m* Auftraggeber, Kunde

зака́зывать *uv zu* заказа́ть

зака́иваться *uv zu* зака́яться

зака́л, -а *m* **1.** *tech* Härten, Härtung; ~ ста́ли Härtung des Stahls **2.** Abhärtung, Stählung; Härte ◇ челове́к ста́рого -а ein Mann vom alten Schlag

зака́ливать(ся) *uv zu* закали́ть(ся)

закали́ть, -лю́, -ли́шь; -лённый, -лён, -лена́ *v* **1.** *tech* härten **2.** abhärten, stählen; закалённый в боя́х kampfgestählt || *uv* зака́ливать, -аю, -аешь *u.* закаля́ть, -я́ю, -я́ешь

закали́ться, -лю́сь, -ли́шься *v* **1.** *1. u. 2. Pers ungebr* gehärtet werden **2.** sich abhärten, sich stählen || *uv* зака́ливаться, -аюсь, -аешься *u.* закаля́ться, -я́юсь, -я́ешься

зака́лка, -и *f* **1.** *tech* Härten, Härtung; ~ ста́ли Härtung des Stahls **2.** Abhärtung, Stählung, Härte

зака́лывать(ся) *uv zu* заколо́ть(ся)

закаля́ть(ся) *uv zu* закали́ть(ся)

закамене́ть, -е́ю, -е́ешь *v umg* hart [gefühllos wie Stein] werden

закамуфли́ровать, -рую, -руешь; -рованный, -рован, -а *v mil u. umg* mit Tarnanstrich versehen, tarnen

зака́нчивать(ся) *uv zu* зако́нчить(ся)

[1]**зака́пать,** -аю, -аешь *u. alt* -плю, -плешь; -панный, -пан, -а *v* be-

spritzen, vollspritzen || *uv* закáпывать, -аю, -аешь

²**закáпать,** -аю, -аешь *u. alt* -плю, -плешь *v* anfangen zu tropfen

закапри́зничать, -аю, -аешь *v* launisch werden

¹**закáпывать** *uv zu* ¹закáпать

²**закáпывать** *uv zu* закопáть

закáпываться *uv zu* закопáться

закáрмливать *uv zu* закорми́ть

Закарпáтье, -ья *n* Transkarpatien

закаспи́йский, -ая, -ое jenseits des Kaspischen Meeres gelegen

закáт, -а *m* **1.** Untergang *von Gestirnen*; ~ сóлнца Sonnenuntergang **2.** *übtr* Untergang, Niedergang, Ende ◇ на -е дней im Alter

¹**закатáть,** -áю, -áешь; закáтанный, -ан, -а *v* **1.** einrollen, einwickeln **2.** *umg* hochkrempeln; ~ рукавá die Ärmel hochkrempeln || *uv* закáтывать, -аю, -аешь

²**закатáть,** -áю, -áешь *v umg* zu rollen [zu wälzen] anfangen

закáтистый, -ая, -ое; *Kzf* -ист, -а *umg*: ~ смех ein nicht enden wollendes Gelächter

закати́ть, -ачý, -áтишь; -áченный, -áчен, -а *v* **1.** *wohin* rollen; ~ телéгу в сарáй den Wagen in die Scheune rollen **2.** *volksspr* veranstalten **3.** *volksspr* verabreichen, versetzen; ~ пощёчину eine Ohrfeige geben ◇ ~ глазá die Augen verdrehen || *uv* закáтывать, -аю, -аешь

закати́ться, -ачýсь, -áтишься *v* **1.** *wohin* geraten, rollen **2.** untergehen *von Gestirnen* **3.** *umg* in lautes Lachen [Husten, Weinen] ausbrechen; он закати́лся смéхом er brach in schallendes Gelächter aus || *uv* закáтываться, -аюсь, -аешься

¹**закáтывать** *uv zu* ¹закатáть

²**закáтывать** *uv zu* закати́ть

закáтываться *uv zu* закати́ться

¹**закачáть,** -áю, -áешь; закáчанный, -ан, -а *v* **1.** in Schlaf wiegen **2.** *unpers*: егó закачáло ihm ist schwindlig [übel] geworden || *uv* закáчивать, -аю, -аешь

²**закачáть,** -áю, -áешь *v* zu schaukeln beginnen, zum Schaukeln bringen

закачáться, -áюсь, -áешься *v* in Schaukelbewegung geraten, zu schaukeln [zu schwanken] beginnen

закáчивать *uv zu* ¹закачáть

закáшивать *uv zu* ¹закоси́ть

закáшлять, -яю, -яешь *v* zu husten beginnen

закáшляться, -яюсь, -яешься *v* einen Hustenanfall bekommen

закáяться, -áюсь, -áешься *v umg* sich geloben *etw. nicht mehr zu tun*; я закáялся ходи́ть тудá ich habe mir fest vorgenommen, nicht mehr dorthin zu gehen || *uv* закáиваться, -аюсь, -аешься

заквáсить, -áшу, -áсишь; -áшенный, -áшен, -а *v* einsäuern, sauer werden lassen || *uv* заквáшивать, -аю, -аешь

заквáска, -и *f* **1.** Sauerteig, Gärstoff **2.** *übtr umg anerzogene, milieubedingte* charakterliche Veranlagung, Anlage

заквáшивать *uv zu* заквáсить

закидáть, áю, -áешь; заки́данный, -ан, -а *v umg I* **1.** vollwerfen, bewerfen; ~ я́му пескóм die Grube mit Sand zuschütten **2.** *übtr* überschütten, bewerfen ◇ ~ гря́зью mit Schmutz bewerfen || *uv* ¹**заки́дывать**, -аю, -аешь

²**заки́дывать** *uv zu* заки́нуть

заки́нуть, -ну, -нешь; -нутый, -ут, -а, *v* **1.** werfen, schleudern **2.** nach oben [hinten, zur Seite] werfen *von Körperteilen*, zurückwerfen; ~ гóлову den Kopf in den Nacken werfen; сидéть, заки́нув нóгу нá ногу mit übereinandergeschlagenen Beinen sitzen ◇ ~ ýдочку *etwa* die Fühler ausstrecken *um etw. unbemerkt zu erfahren* || *uv* заки́дывать, -аю, -аешь

закипáть *uv zu* закипéть

закипéть, -плю́, -пи́шь *v* **1.** zu kochen beginnen, aufkochen **2.** in Fluß kommen, einen hohen Grad von Intensität [Schnelligkeit, Heftigkeit] annehmen; бой закипéл die Schlacht begann zu toben || *uv* закипáть, -áю, -áешь

закисáть *uv zu* заки́снуть

заки́снуть, -ну, -нешь; заки́с, -ла *v* **1.** sauer werden **2.** *übtr* versauern, abstumpfen; он там совсéм заки́с er ist dort ganz und gar versauert || *uv* закисáть, -áю, -áешь

зáкись, -и *f chem* Oxydul

заклáд, -а *m alt* Verpfändung, Pfand; взять дéньги под ~ Geld gegen Pfand leihen; дать в ~ verpfänden ◇ би́ться об ~ wetten

заклáдка, -и, *Pl G* -док, *D* -дкам *f* **1.** Baubeginn; ~ здáния Grundsteinlegung eines Gebäudes; ~ корабля́ Kiellegung eines Schiffes **2.** Buch-, Lesezeichen

закладной, -ая, -ое *alt* **1.** Pfand-; -ая квитанция Pfandschein **2.** -ая, -ой *Subst f* Pfandbrief **3.**: ~ камень *arch* Grundstein

закладчик, -а *m alt* **1.** Verpfänder **2.** Pfandleiher; Wucherer

закладывать *uv zu* заложить

заклание, -я *n hoher Stil, alt* вести [принести, отдать] на ~ zum Opfer bringen

[1]**за|клевать*** *v* **1.** *mit dem Schnabel* zu Tode hacken, zerfleischen **2.** *umg übtr* auf j-n einhacken, j-n fertigmachen ‖ *uv* заклёвывать, -аю, -аешь

[2]**за|клевать*** *v* zu picken beginnen; anzubeißen beginnen; рыба заклевала die Fische beißen an

заклёвывать *uv zu* [1]заклевать

заклеивать(ся) *uv zu* заклеить(ся)

заклеить, -ею, -еишь; -еенный, -еен, -а *v* zu-, verkleben ‖ *uv* заклеивать, -аю, -аешь

заклеиться, *1. u. 2. Pers ungebr,* -еится *v* zukleben *itr* ‖ *uv* заклеиваться, -ается

заклейка, -и, *Pl G* -еек, *D* -ейкам *f* **1.** Verkleben **2.** Klebestreifen

заклеймить, -млю, -мишь; -мённый, -мён, -мена *v* **1.** mit einem Stempel [Warenzeichen, Kennzeichen] versehen, stempeln **2.** *übtr* brandmarken, anprangern

за|клепать,* *u.* -аю, -аешь *v* ver-, zunieten ‖ *uv* заклёпывать, -аю, -аешь

заклёпка, -и, *Pl G* -пок, *D* -пкам *f* **1.** das Nieten **2.** Niet, Niete ◇ -пок не хватает у него *volksspr* ihm fehlt ein Schräubchen

заклёпочный, -ая, -ое Niet-

заклёпывать *uv zu* заклепать

заклинание, -я *n* Beschwörung; Zauberspruch

заклинатель, -я *m* Beschwörer

заклинать, -аю, -аешь *uv* **1.** durch Zauberformel beschwören; ~ духов Geister beschwören **2.** beschwören, inständig bitten; она заклинала его памятью отца sie beschwor ihn beim Andenken seines Vaters

за|клокотать*, *1. u. 2. Pers ungebr v* zu sprudeln [zu brodeln] beginnen

заклубить, *1. u. 2. Pers ungebr,* -ит *v* anfangen, zu Wolken zu ballen

заключать, -аю, -аешь *uv* **1.** *uv zu* заключить **2.**: ~ в себе enthalten, umfassen

заключаться, -аюсь, -аешься *uv* **1.** bestehen (в *P* in); дело заключается в том, что die Sache besteht darin, daß; es handelt sich darum, daß **2.** *I* enden, schließen, zu Ende gehen; статья заключается призывом der Aufsatz schließt mit einem Aufruf

заключение, -я *n* **1.** Abschluß, Unterzeichnung; ~ мира Friedensschluß **2.** Abschluß, Ende; в ~ хочу отметить zum Schluß möchte ich betonen **3.** Schluß(folgerung); Gutachten; ~ врача ärztliches Gutachten **4.** Inhaftierung; Haft; предварительное ~ Untersuchungshaft

заключённый, -ого *Subst m* Häftling, Gefangener

заключительный, -ая, -ое abschließend, Schluß-; -ое слово Schlußwort

заключить, -чу, -чишь; -чённый, -чён, -чена *v* **1.** abschließen, unterzeichnen; ~ договор einen Vertrag schließen **2.** *I* schließen, beenden; ~ речь призывом die Rede mit einem Aufruf beenden **3.** folgern, schließen; из этого я заключил, что . . . daraus schloß ich, daß . . . **4.** inhaftieren ◇ ~ в скобки in Klammern setzen ‖ *uv* заключать, -аю, -аешь

за|клясться* *v umg* schwören, geloben

заклятие, -я *n alt* **1.** Schwur **2.** Beschwörungsformel, Zauberspruch

заклятый, -ая, -ое: ~ враг geschworener [erbitterter] Feind

за|ковать* *v* fesseln, in Ketten legen ‖ *uv* **заковывать,** -аю, -аешь

заковыристый, -ая, -ое; *Kzf* -ист, -а *volksspr* ausgeklügelt, verwickelt, kompliziert; listig

заковырка, -и, *Pl G* -рок, *D* -ркам *f volksspr* **1.** Hindernis, Haken **2.** Hintergedanke, Hinterlist

закогтить, *1. u. 2. Pers ungebr,* -ит *v* mit den Krallen zerreißen

заколачивать *uv zu* заколотить

заколдованный, -ая, -ое verzaubert, verhext; ~ круг a) ausweglose Lage; b) circulus vitiosus

заколдовать, -дую, -дуешь; -дованный, -дован, -а *v* verwünschen, verzaubern, behexen ‖ *uv* **заколдовывать,** -аю, -аешь

за|колебаться* *v* ins Wanken geraten, zu schwanken beginnen; он заколебался *übtr* er begann zu schwanken, er zauderte

заколка, -и, *Pl G* -лок, *D* -лкам *f umg* **1.** Aufstecken, Feststecken *der Haare* **2.** Haarnadel

заколоси́ться, *1. u. 2. Pers ungebr*, -и́тся *v* in die Ähren schießen

заколоти́ть, -очу́, -о́тишь; -о́ченный, -о́чен, -а *v umg* **1.** zunageln, verschalen **2.** hineintreiben, einschlagen; ~ гвоздь в сте́ну Nagel in die Wand schlagen ‖ *uv* закола́чивать, -аю, -аешь

заколоти́ться, -очу́сь, -о́тишься *v umg* zu hämmern [zu pochen] beginnen; се́рдце заколоти́лось das Herz begann, heftig zu schlagen

за|коло́ть* *v* **1.** erdolchen **2.** schlachten, abstechen; ~ свинью́ ein Schwein abstechen **3.** fest-, anstecken *mit Nadeln*; ~ во́лосы шпи́лькой das Haar mit einer Haarnadel aufstecken **4.** *1. u. 2. Pers ungebr* schmerzhaft zu stechen beginnen; у него́ заколо́ло в боку́ er bekam Seitenstechen ‖ *uv* зака́лывать, -аю, -аешь *zu* 1-3

за|коло́ться* *v* sich erstechen ‖ *uv* зака́лываться, -аюсь, -аешься

зако́лочка, -и, *Pl G* -чек, *D* -чкам *f* kleine Haarnadel

за|колыха́ться*, *1. u. 2. Pers ungebr v* in leichte, gleichmäßige Bewegung geraten; знамёна заколыха́лись die Fahnen begannen zu wehen

закольцева́ть, -цу́ю, -цу́ешь; -цо́ванный, -цо́ван, -а *v* beringen *Vögel* ‖ *uv* **закольцо́вывать,** -аю, -аешь

зако́н, -а *m* **1.** Gesetz; по -у laut Gesetz; -ы разви́тия приро́ды и о́бщества die Entwicklungsgesetze der Natur und der Gesellschaft **2.** Regel, Richtschnur ◇ ~ бо́жий *alt* Religionsunterricht; объяви́ть вне -а für vogelfrei erklären

зако́нник, -а *m umg* **1.** Rechtskundiger **2.** einer, der sich an die Gesetze hält

зако́нность, -и *f* Gesetzlichkeit, Rechtmäßigkeit

зако́нный, -ая, -ое; *Kzf* -о́нен, -о́нна **1.** gesetzlich; rechtmäßig **2.** berechtigt; -ая го́рдость berechtigter Stolz

законо|ве́д, -а *m* Jurist; **~ве́дение,** -я *n* Rechtskunde; **~да́тель,** -я *m* Gesetzgeber; **~да́тельный,** -ая, -ое gesetzgebend, legislativ; ~да́тельная власть gesetzgebende Gewalt; **~да́тельство,** -а *n* **1.** Gesetzgebung **2.** die Gesetze *in ihrer Gesamtheit*; **~ме́рный,** -ая, -ое; *Kzf* -рен, -рна **1.** gesetzmäßig **2.** -о *Adv*: наступа́ть ~ме́рно gesetzmäßig eintreten

законопа́тить, -а́чу, -а́тишь; -а́ченный, -а́чен, -а *v mit Werg, Moos u. dgl.* abdichten, verstopfen ‖ *uv* **законопа́чивать,** -аю, -аешь

законо|положе́ние, -я *n jur* gesetzliche Bestimmung; **~прое́кт,** -а *m* Gesetzesentwurf; внести́ ~прое́кт einen Gesetzesentwurf einbringen; **~учи́тель,** -я *m alt* Religionslehrer

законсерви́ровать, -рую, -руешь; -рованный, -рован, -а *v* **1.** konservieren, einmachen **2.** stillegen; unterbrechen *Bau usw.*

законспекти́ровать, -рую, -руешь; -рованный, -рован, -а *v A* einen Konspekt abfassen (von)

законспири́ровать, -рую, -руешь *v* konspirieren

законтрактова́ть, -ту́ю, -ту́ешь; -то́ванный, -то́ван, -а *v* vertraglich mieten [verpflichten, kaufen], einen Mietvertrag [Verpflichtungs-, Kaufvertrag] abschließen ‖ *uv* **законтракто́вывать,** -аю, -аешь

законтрактова́ться, -ту́юсь, -ту́ешься *v* sich vertraglich verpflichten (на *A* zu) ‖ *uv* **законтракто́вываться,** -аюсь, -аешься

зако́нченный, -ая, -ое **1.** vollendet, abgeschlossen; -ое вы́сшее образова́ние abgeschlossene Hochschulbildung **2.** vollendet, vollkommen **3.**: ~ негодя́й ein ausgemachter Schurke

зако́нчить, -чу, -чишь; -ченный, -чен, -а *v* beenden, abschließen; vollenden ‖ *uv* зака́нчивать, -аю, -аешь

зако́нчиться, *1. u. 2. Pers ungebr*, -ится *v* zu Ende gehen ‖ *uv* зака́нчиваться, -ается

закопа́ть, -а́ю, -а́ешь; зако́панный, -ан, -а *v* ver-, eingraben, verscharren ‖ *uv* зака́пывать, -аю, -аешь

закопа́ться, -а́юсь, -а́ешься *v* **1.** sich eingraben **2.** zu graben [wühlen] beginnen **3.** *volksspr* sich zu lange aufhalten ‖ *uv* зака́пываться, -аюсь, -аешься *zu* 1

закопёрщик, -а *m volksspr* Anstifter

закопте́лый, -ая, -ое rußig, verräuchert

закопте́ть, *1. u. 2. Pers ungebr*, -ти́т *v umg* rußig werden

[1]**закопти́ть,** -пчу́, -пти́шь; -пчённый, -пчён, -пчена́ *v* **1.** rußig machen; verräuchern **2.** räuchern

[2]**закопти́ть,** -пчу́, -пти́шь *v* anfangen zu rußen [zu qualmen]

закопти́ться, *1. u. 2. Pers ungebr*, -и́тся *v* **1.** sich mit Ruß überziehen

2.: рыба хорошó закоптúлась die Fische sind gut durchgeräuchert

закоренéлый, -ая, -ое 1. eingewurzelt, hartnäckig; -ые предрассýдки eingewurzelte Vorurteile 2. unverbesserlich; notorisch

закоренéть, -éю, -éешь *v* 1. в *P* sich versteifen, beharren (auf etw.) 2. sich einwurzeln, sich festsetzen

закóрки, -рок, -ркам *Pl volksspr*: на ~ auf den Rücken, auf die Schultern; нестú на -рках auf dem Rücken [auf den Schultern] tragen

закормúть, -ормлю́, -óрмишь; -óрмленный, -óрмлен, -а *v* überfüttern ‖ *uv* закáрмливать, -аю, -аешь

закорю́чка, -и, *Pl G* -чек, *D* -чкам *f umg* 1. Schnörkel 2. Trick, Finte 3. unerwartetes Hindernis

[1]**закосúть,** -ошý, -óсишь; -óшенный, -óшен, -а *v umg Fremdes* mit abmähen ‖ *uv* закáшивать, -аю, -аешь

[2]**закосúть,** -ошý, -óсишь *v umg* anfangen zu mähen

закоснéлый, -ая, -ое 1. eingewurzelt, starr 2. verstockt, unverbesserlich

закоснéть, -éю, -éешь *v* в *P* verknöchern, versauern

закостенéлый, -ая, -ое verknöchert, erstarrt, starr, steif

закостенéть, -éю, -éешь *v* 1. erstarren, steif werden 2. *übtr* verknöchern, versauern

закоýлок, -лка *m* 1. Seitengasse 2. Winkel, Ecke; во всех -лках дóма in allen Winkeln des Hauses

закоченéлый, -ая, -ое steif gefroren, *vor Kälte* erstarrt

закоченéть, -éю, -éешь *v vor Kälte* steif werden, erstarren; у меня́ рýки закоченéли meine Hände sind (ganz) steif gefroren

закрáдываться *uv zu* закрáсться

закрáивать *uv zu* закрóить

закрáина, -ы *f* 1. *umg* Rand 2. Eiskruste *am Ufer* 3. Wasserstreifen zwischen Ufer und Eis

закрáсить, -áшу, -áсишь; -áшенный, -áшен, -а *v* übermalen, überstreichen ‖ *uv* закрáшивать, -аю, -аешь

закраснéться, -éюсь, -éешься *v* 1. erröten 2. rot zu schimmern beginnen, sichtbar werden *von Rotem*

за|крáсться*, *1. u. 2. Pers ungebr v* aufkommen, sich einschleichen *von Gedanken, Gefühlen*; в егó сéрдце закрáлась грусть Trauer hatte sich in sein Herz geschlichen ‖ *uv* закрáдываться, -ается

закрáшивать *uv zu* закрáсить

закрепúтель, -я *m chem* Fixativ

закрепúтельный, -ая, -ое 1. Befestigungs- 2. *med* stopfend

закрепúть, -плю́, -пúшь; -плённый, -плён, -пленá *v* 1. befestigen, festmachen; ~ дóску гвоздя́ми ein Brett festnageln 2. *übtr* festigen, sichern; ~ побéду den Sieg festigen 3. за *I* reservieren, vorsehen (für), zuteilen; ~ зéмлю за колхóзами den Kolchosen Land zuteilen 4. *phot u. tech* fixieren 5. *med*: ~ желýдок etw. Stopfendes essen ‖ *uv* закрепля́ть, -я́ю, -я́ешь

закрепúться, -плю́сь, -пúшься *v* 1. *1. u. 2. Pers ungebr* befestigt werden 2. *mil* sich festsetzen, sich befestigen 3. sich festigen ‖ *uv* закрепля́ться, -я́юсь, -я́ешься

закреплéние, -я *n* 1. Befestigung 2. Festigung 3. Sicherung

закрепля́ть(ся) *uv zu* закрепúть(ся)

закрепля́ющий, -ая, -ее; -ее срéдство *med* Stopfmittel

закрепостúть, -ощý, -остúшь; -ощённый, -ощён, -ощенá *v* 1. *hist* zum Leibeigenen machen 2. *übtr* knechten, versklaven ‖ *uv* **закрепощáть,** -áю, -áешь

закрепощéние, -я *n* 1. *hist* Überführung in die Leibeigenschaft 2. *übtr* Knechtung, Versklavung

закристаллизовáть, -зýю, -зýешь; -зóванный, -зóван, -а *v* kristallisieren

закричáть, -чý, -чúшь *v* 1. aufschreien 2. zu schreien anfangen

закрóить, -óю, -óишь; -óенный, -óен, -а *v* zuschneiden *Kleider, Schuhe* ‖ *uv* закрáивать, -аю, -аешь

закрóйный, -ая, -ое *text* Zuschneide-; ~ цех Zuschneiderei

закрóйщик, -а *m* Zuschneider

зáкром, -а, *Pl* закромá, -óв, -áм *m landw* Kornkasten

закруглéние, -я *n* 1. Abrunden 2. Ausfeilen, Glätten *Stil* 3. Krümmung, Biegung, Rundung; Kurve

закруглённый, -ая, -ое abgerundet

закруглúть, -лю́, -лúшь; -лённый, -лён, -ленá *v* 1. abrunden, rund machen 2. *übtr* glätten, geschliffen machen *eine sprachliche Formulierung* ‖ *uv* **закругля́ть,** -я́ю, -я́ешь

закруглúться, -лю́сь, -лúшься *v* 1. *1. u. 2. Pers ungebr* rund werden 2. *volksspr scherz* sich kurz fassen ‖ *uv* **закругля́ться,** -я́юсь, -я́ешься

¹закружи́ть, -ужу́, -у́жи́шь; -ужён-ный, -ужён, -ужена́ *u.* -у́женный, -у́жен, -а *v* **1.** herumwirbeln; im Kreise drehen bis zum Schwindligwerden; он закружи́л её в та́нце er drehte sie im Tanze, daß [bis] ihr schwindlig wurde **2.** *umg* verwirrt machen

²закружи́ть, -ужу́, -у́жи́шь *v* (im Kreise) zu drehen anfangen, anfangen zu kreisen; он закружи́л с ней по за́лу er begann, mit ihr durch den Saal zu tanzen; я́стреб закружи́л над о́зером ein Habicht begann, über dem See zu kreisen

закружи́ться, -ужу́сь, -у́жи́шься *v* **1.** anfangen, sich zu drehen **2.** : у меня́ голова́ закружи́лась mir wurde schwindlig

¹закрути́ть, -учу́, -у́тишь; -у́ченный, -у́чен, -а *v* **1.** (zusammen)drehen, durch Drehen herstellen; ~ пря́жу Garn zwirnen; он закрути́л усы́ er zwirbelte seinen Schnurrbart **2.** mit Stricken fesseln; ему́ закрути́ли ру́ки за́ спину man fesselte ihm die Hände auf den Rücken **3.** wickeln, winden (на *A* um, auf) **4.** *volksspr* anziehen, festschrauben; zudrehen || *uv* закру́чивать, -аю, -аешь *zu* 1-3

²закрути́ть, -учу́, -у́тишь *v umg* zu drehen anfangen, aufwirbeln; ве́тер закрути́л пыль der Wind wirbelte den Staub auf

закру́чивать *uv zu* ¹закрути́ть

закрыва́ть(ся) *uv zu* закры́ть(ся)

закры́тие, -я *n* **1.** Schließung, Schluß, Abschluß; ~ магази́на Schließung des Geschäfts, Ladenschluß **2.** Sperrung, Schließung; ~ грани́ц Schließen [Sperren] der Grenzen

закры́тый, -ая, -ое **1.** verdeckt, abgeschlossen, geschlossen; -ое пла́тье hochgeschlossenes Kleid **2.** geschlossen, nichtöffentlich

за|кры́ть* *v* **1.** (zu)schließen, verschließen; ~ дверь die Tür schließen; ~ глаза́ die Augen schließen **2.** zudecken, bedecken **3.** einschließen, einsperren **4.** sperren, schließen; ~ грани́цы die Grenzen schließen **5.** beenden, schließen ◇ ~ глаза́ на что́-н. die Augen vor etw. verschließen; ско́бка закры́та Klammer zu || *uv* закрыва́ть, -а́ю, -а́ешь

за|кры́ться* *v* **1.** sich schließen, zugehen **2.** sich be-, zudecken **3.** schließen, zumachen; zu Ende sein || *uv* закрыва́ться, -а́юсь, -а́ешься

закули́сный, -ая, -ое **1.** *theat* hinter den Kulissen befindlich **2.** *übtr* heimlich, geheim, hinter den Kulissen vor sich gehend; вести́ -ые перегово́ры heimlich verhandeln

закупа́ть *uv zu* закупи́ть

закупи́ть, -уплю́, -у́пишь; -у́пленный, -у́плен, -а *v* aufkaufen, in großer Menge kaufen || *uv* закупа́ть, -а́ю, -а́ешь

заку́пка, -и, *Pl G* -пок, *D* -пкам *f* Einkauf; Aufkauf; де́лать -и Einkäufe machen

заку́поривать(ся) *uv zu* заку́порить(ся)

заку́порить, -рю, -ришь; -ренный, -рен, -а *v* zupfropfen, zukorken, verstopfen || *uv* заку́поривать, -аю, -аешь

заку́пориться, *1. u. 2. Pers ungebr*, -ится *v* **1.** zugekorkt werden **2.** *med* sich verstopfen || *uv* заку́пориваться, -ается

заку́порка, -и *f* **1.** Zupfropfen, Zukorken **2.** *med* Verstopfung

заку́почный, -ая, -ое Aufkauf(s)-

заку́пщик, -а *m* Auf-, Einkäufer

заку́ривать *uv zu* закури́ть

закури́ть, -урю́, -у́ришь; -у́ренный, -у́рен, -а *v* **1.** (sich) eine Zigarette [Zigarre, Pfeife] anzünden **2.** zum Raucher werden, anfangen zu rauchen **3.** durch Rauch dunkel [schwarz] färben, verräuchern; заку́ренные усы́ ein rauchgeschwärzter Schnurrbart || *uv* заку́ривать, -аю, -аешь

¹закуса́ть, -а́ю, -а́ешь; заку́санный, -ан, -а *v umg* zerbeißen; zerstechen *von Insekten*

²закуса́ть, -а́ю, -а́ешь *v* zu beißen beginnen

¹закуси́ть, -ушу́, -у́сишь; -у́шенный, -у́шен, -а *v A* zwischen die Zähne nehmen, sich beißen (auf) ◇ ~ удила́ durchgehen *von Pferden*; *übtr* über die Stränge schlagen; ~ язы́к sich auf die Zunge beißen || *uv* заку́сывать, -аю, -аешь

²закуси́ть, -ушу́, -у́сишь *v* **1.** einen Imbiß (ein)nehmen, schnell etwas essen **2.** nachessen, *damit vorher Gegessenes oder Getrunkenes besser bekommt, oder um einen anderen Geschmack in den Mund zu bekommen*; он закуси́л во́дку ры́бой er aß auf den Wodka etwas Fisch || *uv* заку́сывать, -аю, -аешь

заку́ска, -и *f* 1. Imbiß 2. kalte Vorspeise 3. Nachspeise, *die vorher Genossenes bekömmlicher machen oder den Geschmack von vorher Genossenem beseitigen soll* ◇ на -у zu guter Letzt, zum Schluß

заку́сочная, -ой *Subst f* Imbißstube, -raum

[1,2]**заку́сывать** *uv zu* [1,2]закуси́ть

заку́т, -а *m u.* **заку́та,** -ы *f gbt* 1. Stall für Kleinvieh; Hundezwinger 2. Abstellraum

заку́тать, -аю, -аешь; -анный, -ан, -а *v* warm, dicht einhüllen (*I u.* в *A* in); ребёнок заку́тан в одеяла das Kind ist (warm, fest) in Decken gewickelt ‖ *uv* **заку́тывать,** -аю, -аешь

заку́таться, -аюсь, -аешься *v* sich einhüllen ‖ *uv* **заку́тываться,** -аюсь, -аешься

зал, -а *m* Saal, Halle; а́ктовый ∼ Aula; ∼ ожида́ния Wartesaal; гимнасти́ческий ∼ Turnhalle

зала́дить, -а́жу, -а́дишь *v volksspr* 1. immer wieder ein und dasselbe wiederholen 2. sich zur Gewohnheit machen; он зала́дил ходи́ть на та́нцы er geht jetzt immer tanzen

зала́мывать *uv zu* заломи́ть

заласка́ть, -а́ю, -а́ешь; зала́сканный, -ан, -а *v umg* mit Zärtlichkeiten überhäufen

залата́ть, -а́ю, -а́ешь; зала́танный, -ан, -а *v volksspr* flicken

за|ла́ять, -ла́ю, -ла́ешь *v* zu bellen anfangen

залега́ние, -я *n berg, geol* Vorkommen, Lager

залега́ть *uv zu* зале́чь

заледене́лый, -ая, -ое 1. vereist, eisbedeckt 2. eiskalt, starr vor Kälte; -ые ру́ки eiskalte Hände

заледене́ть, -е́ю, -е́ешь *v* 1. vereisen, sich mit Eis bedecken 2. eiskalt werden, vor Kälte erstarren

залежа́лый, -ая, -ое *umg* 1. (zu) lange nicht benutzt; lange auf Lager geblieben; ∼ това́р Ladenhüter 2. durch langes Lagern verdorben

залежа́ться, -жу́сь, -жи́шься *v* 1. (zu) lange liegenbleiben; пи́сьма залежа́лись на по́чте die Briefe haben (zu) lange auf der Post gelegen 2. durch langes Lagern verderben; залежа́вшиеся консе́рвы verdorbene Konserven ‖ *uv* **залёживаться,** -аюсь, -аешься

за́лежь, -и *f* 1. *geol* Lager, Vorkommen; -и руд Erzvorkommen 2. *Pl* liegengebliebene Haufen; -и желе́зного ло́ма alte Schrotthaufen 3. *Koll volksspr* Ladenhüter 4. Brachland

залеза́ть *uv zu* зале́зть

за|ле́зть* *v* 1. hinauf-, hochklettern; ∼ на кры́шу aufs Dach klettern 2. (hinein)klettern, (hinein)kriechen; 3. sich heimlich einschleichen, heimlich eindringen 4. *umg* hineingreifen, -langen; ∼ в карма́н in die Tasche greifen ◇ ∼ в долги́ in Schulden geraten ‖ *uv* залеза́ть, -а́ю, -а́ешь

залени́ться, -еню́сь, -е́нишься *v umg* faul werden, zum Faulpelz werden

за|лепета́ть* *v* zu stammeln anfangen

залепи́ть, -еплю́, -е́пишь; -е́пленный, -е́плен, -а *v* 1. zuschmieren, verschmieren; zukleben 2. überziehen, bedecken; фа́ры зале́плены гря́зью die Scheinwerfer sind mit Schmutz bedeckt 3. *volksspr* verabreichen, verpassen; ∼ кому́-н. пощёчину j-m eine Backpfeife verabreichen; учи́тель залепи́л мне дво́йку der Lehrer hat mir eine Vier verpaßt ‖ *uv* **залепля́ть,** -я́ю, -я́ешь

залета́ть *uv zu* залете́ть

залете́ть, -лечу́, -лети́шь *v* 1. hereingeflogen kommen, hineinfliegen 2. weit wegfliegen; hoch emporfliegen 3. *umg* beim Fliegen einen Abstecher machen; einen Ort anfliegen; я хоте́л сего́дня ∼ к тебе́ *übtr volksspr* ich wollte heute einmal (ganz) kurz bei dir vorbeikommen ‖ *uv* залета́ть, -а́ю, -а́ешь

зале́чивать(ся) *uv zu* залечи́ть(ся)

залечи́ть, -ечу́, -е́чишь; -е́ченный, -е́чен, -а *v* 1. zum Heilen bringen, heilen 2.: ∼ до́ смерти *umg* durch falsche Heilbehandlung ins Jenseits befördern ‖ *uv* зале́чивать, -аю, -аешь

залечи́ться, -ечу́сь, -е́чишься *v* verheilen, vernarben ‖ *uv* зале́чиваться, -аюсь, -аешься

за|ле́чь* *v* 1. sich (hin)legen 2. sich in Deckung legen 3. (tief) gelegen sein; го́род залёг в котлови́не die Stadt liegt in einem Kessel 4. *übtr* sich festsetzen, sich einwurzeln; в ду́шу его́ залегла́ грусть in seine Seele zog Trauer ein 5. lagern *Bodenschätze* ‖ *uv* залега́ть, -а́ю, -а́ешь

зали́в, -а *m* Meerbusen, Bucht, Golf

залива́ть *uv zu* зали́ть

[1,2]**залива́ться** *uv zu* [1,2]зали́ться

зали́вка, -и *f* 1. *umg* Einfüllen *von Flüssigem* 2. Bedecken, Füllen *mit flüssigem Metall, Zement, Gummi*:

~ доро́ги цеме́нтом Betonierung einer Straße; Bedeckung
заливно́е, -о́го *Subst n* Fleisch *oder* Fisch in Gelee
заливно́й, -а́я, -о́е **1.**: ~ луг durch Überschwemmung bewässerte Wiese **2.**: -а́я ры́ба Fisch in Gelee
за|лиза́ть* *v* **1.** belecken, sauberlekken, durch Lecken zum Heilen bringen **2.** *umg* durch Lecken glätten *Haare, Fell* || *uv* **зали́зывать,** -аю, -аешь
за|ли́ть*; за́ли́л, залила́!; за́ли́тый, за́ли́т, залита́! *v* **1.** überschwemmen, überfluten **2.** *übtr* überfluten, bedecken; erfüllen, ergreifen; пло́щадь залита́ наро́дом der Platz ist von Menschen überflutet **3.** begießen, bespritzen; он за́ли́л себе́ салфе́тку со́усом er begoß sich die Serviette mit Soße **4.** *mit Wasser* löschen **5.** *mit flüssigem Metall, Zement, Gummi* bedecken; ~ доро́гу цеме́нтом die Straße mit Zement decken **6.** *umg* einfüllen; ~ горю́чее в ба́ки Brennstoff in die Kanister schütten ◇ ~ го́ре вино́м den Kummer in Wein ertränken || *uv* залива́ть, -а́ю, -а́ешь
[1]**за|ли́ться*;** зали́лся́, залила́сь, зали́ли́сь *v* (hinein)rinnen, eindringen *von Flüssigem*; вода́ залила́сь в сапо́г Wasser rann in den Stiefel || *uv* залива́ться, -а́юсь, -а́ешься
[2]**за|ли́ться*;** зали́лся́, залила́сь, зали́ли́сь *v* **1.** *I Gesang, Triller, Gebell* anfangen; зали́лся солове́й die Nachtigall begann zu schlagen; ~ ла́ем zu kläffen anfangen **2.** *in Lachen, Weinen* ausbrechen; они́ зали́ли́сь слеза́ми sie brachen in Tränen aus || *uv* залива́ться, -а́юсь, -а́ешься
залихва́тский, -ая, -ое *umg* übermütig, keck
[1]**зало́г,** -а *m* **1.** Pfand, Verpfändung; отдава́ть в ~ verpfänden **2.** Kaution, Sicherheit; освободи́ть под ~ gegen Kaution freilassen **3.** Unterpfand, Beweis, Gewähr; в э́том ~ успе́ха hierin liegt die Gewähr des Erfolgs
[2]**зало́г,** -а *m gram* Genus *des Verbs*; страда́тельный ~ Passiv; действи́тельный ~ Aktiv
зало́говый, -ая, -ое Pfand-; -ая квита́нция Pfandschein
залого|да́тель, -я *m* Pfandschuldner; **~держа́тель,** -я *m* Pfandgläubiger
заложи́ть, -ожу́, -о́жишь; -о́женный, -о́жен, -а *v* **1.** legen; ~ поду́шки за́ спину Kissen unter den Rücken legen; ~ ру́ки за́ спину die Hände auf den Rücken legen; ~ но́гу на́ ногу ein Bein über das andere schlagen **2.** *umg* verlegen *und nicht wiederfinden* **3.** ausfüllen; ~ окно́ кирпичо́м ein Fenster zumauern **4.** *volksspr* zusperren; ~ дверь крючко́м den Haken vor die Tür legen **5.** *unpers* schmerzen; от вы́стрелов заложи́ло у́ши von den Schüssen schmerzten die Ohren **6.** den Grundstein legen; ~ дом den Grundstein eines Hauses legen; ~ осно́вы но́вой нау́ки *übtr* die Grundlagen einer neuen Wissenschaft schaffen; ~ су́дно ein Schiff auf Kiel legen **7.** anspannen, einschirren **8.** verpfänden ◇ ~ страни́цу das Lesezeichen in ein Buch legen || *uv* закла́дывать, -аю, -аешь
зало́жник, -а *m* Geisel
зало́м, -а *m* großer Fetthering im Kaspisee
заломи́ть, -омлю́, -о́мишь; -о́мленный, -о́млен, -а *v* **1.** *umg* ein-, umknicken **2.**: ~ це́ну *volksspr* einen unverschämten Preis verlangen **3.** *unpers*: у меня́ заломи́ло в спине́ mich schmerzt der Rücken ◇ ~ ша́пку die Mütze in den Nacken [aufs Ohr] schieben || *uv* зала́мывать, -аю, -аешь
залосни́ться, *1. u. 2. Pers ungebr*, -и́тся *v* glänzend werden *von langem Tragen*; ло́кти у пиджака́ залосни́лись das Jackett glänzt an den Ellbogen
залп, -а *m* Salve
за́лпом *Adv umg* auf einen Zug, in einem Zug, ohne Pause
залуча́ть *uv zu* залучи́ть
залучи́ть, -учу́, -у́чишь; -учённый, -учён, -учена́ *v umg* herbei- hereinlocken || *uv* залуча́ть, -а́ю, -а́ешь
залюбова́ться, -бу́юсь, -бу́ешься *v I* sich nicht satt sehen können (an)
зам, -а *m umg* Stellvertreter
зам- *in Zuss Abk für* замести́тель Stellvertreter, *z. B.* замдире́ктора stellvertretender Direktor
за|ма́зать* *v* **1.** überstreichen, übermalen **2.** *übtr umg* vertuschen **3.** verkitten, zuschmieren **4.** beschmutzen, beschmieren; ◇ ~ кому́-н. глаза́ j-m Sand in die Augen streuen || *uv* зама́зывать, -аю, -аешь
за|ма́заться* *v* sich beschmieren, sich beschmutzen || *uv* зама́зываться, -аюсь, -аешься
зама́зка, -и *f* **1.** Kitt **2.** Verkitten
зама́зывать(ся) *uv zu* зама́зать(ся)
зама́лчивать *uv zu* [2]замолча́ть

зама́нивать *uv zu* замани́ть
замани́ть, -аню́, -а́нишь; -а́ненный, -а́нен, -а *u.* -анённый, -анён, -анена́ *v* verlocken, heranlocken, hereinlocken ◇ его́ калачо́м не зама́нишь er läßt sich durch nichts verlocken ‖ *uv* зама́нивать, -аю, -аешь
зама́нчивость, -и *f* (verlockender) Reiz, Anziehungskraft
зама́нчивый, -ая, -ое; *Kzf* -ив, -а verlockend, anziehend, verführerisch
замара́ть, -а́ю, -а́ешь; зама́ранный, -ан, -а *v* beschmieren, beschmutzen
замара́ться, -а́юсь, -а́ешься *v* 1. beschmutzen, schmutzig werden 2. *übtr* sich beflecken, sich Schande machen
замара́шка, -и, *Pl G* -шек, *D* -шкам *m, f umg* Schmutzfink
зама́ривать *uv zu* замори́ть
замаринова́ть, -ну́ю, -ну́ешь; -но́ванный, -но́ван, -а *v* 1. marinieren, einlegen 2. *volksspr* absichtlich verzögern ‖ *uv* **замарино́вывать,** -аю, -аешь
замаскирова́ть, -ру́ю, -ру́ешь; -ро́ванный, -ро́ван, -а *v* 1. maskieren 2. *übtr* tarnen; verhüllen ‖ *uv* **замаскиро́вывать,** -аю, -аешь
замаскирова́ться, -ру́юсь, -ру́ешься *v* 1. sich verkleiden, sich maskieren 2. sich tarnen ‖ *uv* **замаскиро́вываться,** -аюсь, -аешься
зама́сливать *uv zu* зама́слить
зама́слить, -лю, -лишь; -ленный, -лен, -а *v* Fettflecken machen; ~ книгу Fettflecken im Buch machen ‖ *uv* зама́сливать, -аю, -аешь
заматере́лый, -ая, -ое unverbesserlich, eingefleischt
зама́тывать *uv zu* [1]замота́ть
зама́тываться *uv zu* замота́ться
зама́х, -а *m Sport* Ausholen
за|маха́ть* *u.* -а́ю, -а́ешь *v I* anfangen zu winken [schwingen, wedeln]; он замаха́л платко́м er begann, mit dem Tuch zu winken
зама́хиваться *uv zu* замахну́ться
замахну́ться, -ну́сь, -нёшься *v* zum Schlag ausholen (че́м-н. на кого́-н. mit etw. gegen j-n) ‖ *uv* зама́хиваться, -аюсь, -аешься
зама́чивать *uv zu* замочи́ть
зама́шка, -и, *Pl G* -шек, *D* -шкам *f umg* Angewohnheit, Manier; ба́рские -и hochmütiges Gebaren
зама́щивать *uv zu* замости́ть
зама́яться, -ма́юсь, -ма́ешься *v volksspr* sich abrackern, völlig erschöpft werden
замая́чить, -чу, -чишь *v umg* in der Ferne auftauchen
Замбе́зи *f idkl* Sambesi
замедле́ние, -я *n* 1. Verlangsamung 2. Verzögerung, Verzug; без -я unverzüglich
заме́дленный, -ая, -ое verlangsamt, verzögert; бо́мба -ого де́йствия Zeitzünderbombe
заме́длить, -лю, -лишь; -ленный, -лен, -а *v* 1. verlangsamen 2. verzögern, aufhalten 3. in Verzug geraten 4. *meist verneint*; *mit Inf oder* с *I* zögern, auf sich warten lassen; слу́чай не заме́длил предста́виться eine Gelegenheit ließ nicht lange auf sich warten ‖ *uv* **замедля́ть,** -я́ю, -я́ешь
заме́длиться, *1. u. 2. Pers ungebr*, -ится *v* sich verlangsamen, sich verzögern; sich in die Länge ziehen ‖ *uv* **замедля́ться,** -я́юсь, -я́ешься
замелька́ть, -а́ю, -а́ешь *v* 1. zu flimmern [zu blinken] anfangen 2. kurz auftauchen, vorüberfliegen; замелька́ли телегра́фные столбы́ die Telegraphenmasten flogen vorüber
заме́на, -ы *f* 1. Ersetzen, Ersatz; Wechsel; ~ ма́сла Ölwechsel *Auto* 2. Ersatzmann
замени́мый, -ая, -ое; *Kzf* -и́м, -а ersetzbar
замени́тель, -я *m* Ersatzstoff, Austauschstoff; -и цветны́х мета́ллов Austauschstoffe für Buntmetalle
замени́ть, -еню́, -е́нишь; -енённый, -енён, -енена́ *v* 1. *I* ersetzen (durch); ~ ста́рые тру́бы но́выми alte Rohre durch neue ersetzen 2. Ersatz bieten, ersetzen, an j-s Stelle treten; она́ замени́ла ей мать sie ersetzte ihr die Mutter 3. ablösen; vertreten ‖ *uv* **заменя́ть,** -я́ю, -я́ешь
за|мере́ть*; за́мерший *v* 1. stehenbleiben, erstarren, ersterben, stocken; се́рдце у него́ за́мерло от стра́ха vor Schreck stand ihm das Herz still; сло́во за́мерло на его́ уста́х das Wort erstarb ihm im Munde 2. *1. u. 2. Pers ungebr* aufhören; verklingen ‖ *uv* замира́ть, -а́ю, -а́ешь
замерза́ние, -я *n* 1. Gefrieren, Zufrieren; то́чка -я Gefrierpunkt 2. Erfrieren ◇ находи́ться на то́чке -я *übtr* auf dem toten Punkt angekommen sein
замерза́ть *uv zu* замёрзнуть
замёрзнуть, -ну, -нешь; замёрз, -ла *v* 1. gefrieren, zufrieren; река́ замёрзла

der Fluß ist zugefroren **2.** erfrieren **3.** frieren, durchfroren sein; пассажи́ры замёрзли die Fahrgäste waren ganz durchfroren ‖ *uv* замерза́ть, -а́ю, -а́ешь

заме́ривать *uv zu* заме́рить

заме́рить, -рю, -ришь; -ренный, -рен, -а *v tech* (aus)messen ‖ *uv* заме́ривать, -аю, -аешь

за́мертво *Adv* leblos, bewußtlos; она́ упа́ла ~ sie fiel wie tot zu Boden

замеси́ть, -ешу́, -е́сишь; -е́шенный, -е́шен, -а *v* einrührenan, machen; ~ те́сто Teig kneten ‖ *uv* заме́шивать, -аю, -аешь

за|мести́* *v* **1.** *wohin* fegen, zusammenfegen; ~ сор в у́гол Schmutz in eine Ecke fegen **2.** *nur 3. Pers oder unpers* verwehen, zuschütten; вьюга замела́ следы́ der Schneesturm hat die Spuren verweht; сне́гом замело́ доро́гу der Schnee hat die Straße verweht ◇ ~ следы́ die Spuren verwischen ‖ *uv* замета́ть, -а́ю, -а́ешь

замести́тель, -я *m* Vertreter, Stellvertreter; ~ председа́теля stellvertretender Vorsitzender

замести́тельство, -а *n* Vertretung, Stellvertretung

замести́ть *v zu* замеща́ть

[1]замета́ть *uv zu* замести́

[2]за|мета́ть* *v.* -а́ю, -а́ешь; замётанный, -ан, -а *v* anheften; ~ вы́тачки на пла́тье Falten am Kleid anheften ‖ *uv* замётывать, -аю, -аешь

за|мета́ться* *v* anfangen, sich hin und her zu werfen, anfangen, hin und her zu rennen

заме́тить, -е́чу, -е́тишь; -е́ченный, -е́чен, -а *v* **1.** bemerken, wahrnehmen; я его́ сейча́с заме́тил ich habe ihn gleich bemerkt **2.** sich merken, sich einprägen; он хорошо́ заме́тил э́тот дом er hat sich das Haus gut gemerkt **3.** kennzeichnen, anmerken, notieren **4.** bemerken, eine Bemerkung machen ‖ *uv* замеча́ть, -а́ю, -а́ешь

заме́тка, -и, *Pl G* -ток, *D* -ткам *f* **1.** Merkzeichen, Mal **2.** Notiz, Aufzeichnung; газе́тная ~ Zeitungsnotiz; -и в блокно́те Aufzeichnungen im Notizblock; ~ на поля́х Randbemerkung

заме́тный, -ая, -ое **1.** *Kzf* -тен, -тна bemerkbar, merklich; -ая ра́зница merklicher Unterschied **2.** auffallend, bemerkenswert; bedeutend

замётывать *uv zu* [2]замета́ть

замеча́ние, -я *n* **1.** Bemerkung **2.** Verweis, leichte Rüge; он сде́лал ему́ ~ er erteilte ihm einen Verweis

замеча́тельно *Adv* wunderbar, ausgezeichnet; ~ краси́вая де́вушка ein wunderschönes Mädchen

замеча́тельный, -ая, -ое; *Kzf* -лен, -льна **1.** großartig, vortrefflich, außerordentlich **2.** bemerkenswert, bedeutend

замеча́ть *uv zu* заме́тить

замеча́ться, *1. u. 2. Pers ungebr*, -а́ется *uv* sich bemerkbar machen, zu beobachten sein; замеча́лось не́которое беспоко́йство es war eine gewisse Unruhe zu bemerken

замечта́ться, -а́юсь, -а́ешься *v* sich in Träumereien [Gedanken] verlieren

замеша́тельство, -а *n* Verwirrung; Verlegenheit; прийти́ в ~ in Verwirrung [Verlegenheit] geraten

замеша́ть, -а́ю, -а́ешь; заме́шанный, -ан, -а *v* verwickeln ‖ *uv* заме́шивать, -аю, -аешь

замеша́ться, -а́юсь, -а́ешься *v* **1.** hineingeraten *in eine unangenehme Sache* **2.** sich mengen, sich mischen, untertauchen; ~ в толпу́ sich unter die Menge mischen ‖ *uv* заме́шиваться, -аюсь, -аешься

[1]заме́шивать *uv zu* замеси́ть

[2]заме́шивать *uv zu* замеша́ть

заме́шиваться *uv zu* замеша́ться

заме́шкаться, -аюсь, -аешься *v umg* sich zu lange aufhalten, zu lange fortbleiben

замеща́ть, -а́ю, -а́ешь *uv* **1.** *I* ersetzen, ergänzen (durch) **2.** vertreten; он замеща́ет заболе́вшего учи́теля er vertritt den erkrankten Lehrer **3.** *I eine Funktion* besetzen (mit) ‖ *v* замести́ть, -ещу́, -ести́шь; -ещённый, -ещён, -ещена́ *zu* 1 *u.* 3

замеще́ние, -я *n* **1.** Ersetzen, Ersatz **2.** Vertreten, Vertretung **3.** Besetzung *einer Funktion* **4.** *chem, math* Substitution

замина́ть(ся) *uv zu* замя́ть(ся)

замини́ровать, -рую, -руешь; -рованный, -рован, -а *v* verminen

зами́нка, -и, *Pl G* -нок, *D* -нкам *f umg* Stockung; без -и fließend, reibungslos

замира́ние, -я *n* **1.**: с -ем се́рдца mit stockendem Herzschlag **2.** *rad* Schwund

замира́ть *uv zu* замере́ть

за́мкнутый, -ая, -ое **1.** *Kzf* -ут, -а abgeschlossen, verschlossen, unzugänglich; exklusiv; вести́ ~ о́браз жи́зни zurückgezogen leben; ~ хара́ктер verschlossener Charakter **2.**: -ая цепь *el* geschlossener Stromkreis

замкну́ть, -ну́, -нёшь; за́мкнутый, -ут, -а *v* **1.** *alt u. volksspr* zuschließen; einschließen **2.** vereinigen, schließen; umschließen; ~ цепь *el* einen Stromkreis schließen ‖ *uv* замыка́ть, -а́ю, -а́ешь

замкну́ться, -ну́сь, -нёшься *v* в *A u. P* sich absondern, sich (von der Außenwelt) abschließen ‖ *uv* замыка́ться, -а́юсь, -а́ешься

за́мковый, -ая, -ое Schloß-, Burg-; ~ парк Schloßpark

замко́вый, -ая, -ое Schloß-, Verschluß-

замоги́льный, -ая, -ое *umg*: ~ го́лос Grabesstimme

за́мок, -мка *m* Burg, Schloß ◇ возду́шные -мки Luftschlösser

замо́к, -мка́ *m* **1.** Verschluß, Schloß; вися́чий ~ Vorhängeschloß; ~ ружья́ Gewehrschloß; ~-мо́лния Reißverschluß **2.** *arch* Schlußstein ◇ под -мко́м [на -мке́] unter Verschluß, eingesperrt

замо́лвить, -влю, -вишь *v umg*: ~ сло́во [слове́чко] за кого́-н. ein gutes Wort für j-n einlegen

замолка́ть *uv zu* замо́лкнуть

замо́лкнуть, -ну, -нешь; замо́лк, -ла; замо́лк(нув)ший *v* **1.** verstummen, nicht weitersprechen, nicht weitersingen *usw.* **2.** *1. u. 2. Pers ungebr* verstummen, nicht mehr zu hören sein, aufhören *von Geräuschen* ‖ *uv* замолка́ть, -а́ю, -а́ешь

¹замолча́ть, -чу́, -чи́шь *v* **1.** verstummen, nicht weitersprechen, nicht weitersingen *usw.* **2.** *1. u. 2. Pers ungebr* verstummen, nicht mehr zu hören sein *von Feuerwaffen*

²замолча́ть, -чу́, -чи́шь *v umg* verschweigen; totschweigen ‖ *uv* зама́лчивать, -аю, -аешь

замора́живание, -я *n* **1.** künstliches Gefrieren; ~ фру́ктов Gefrieren von Früchten *zur Konservierung* **2.** *übtr wirtsch* Einfrieren, Stopp; ~ за́работной пла́ты Lohnstopp

замора́живать *uv zu* заморо́зить

заморённый, -ая, -ое *umg* erschöpft; ~ го́лодом halb verhungert; -ая кля́ча [клячо́нка] Schindmähre

замори́ть, -рю́, -ри́шь; -рённый, -рён, -рена́ *v umg* (zu Tode) schinden, peinigen; ~ го́лодом verhungern lassen ◇ ~ червячка́ den ärgsten Hunger stillen ‖ *uv* зама́ривать, -аю, -аешь

заморо́женный, -ая, -ое **1.** gefroren; -ое мя́со Gefrierfleisch **2.** *übtr* eiskalt, gleichgültig

заморо́зить, -о́жу, -о́зишь; -о́женный, -о́жен, -а *v* **1.** zum Gefrieren bringen, gefrieren lassen (zur Konservierung) **2.** *umg* kalt stellen; ~ шампа́нское Sekt kalt stellen **3.** *übtr wirtsch* einfrieren, ungenutzt lassen ‖ *uv* замора́живать, -аю, -аешь

за́морозки *Pl* -ков, *Sg* за́морозок, -зка *m* leichter Morgenfrost; Nachtfrost; ~ на по́чве Bodenfrost

замо́рский, -ая, -ое **1.** überseeisch, Übersee-; -ая торго́вля Überseehandel **2.** *alt u. umg* ausländisch, fremdländisch

замо́рыш, -а, *I* -ем, *G Pl* -ей *m umg* schwächliches Wesen [Kerlchen], ein Häufchen Unglück

замости́ть, -ощу́, -ости́шь; -ощённый, -ощён, -ощена́ *v* pflastern ‖ *uv* замо́щивать, -аю, -аешь

¹замота́ть, -а́ю, -а́ешь; замо́танный, -ан, -а *v* **1.** *umg* wickeln, winden (вокру́г *G* um) **2.** *umg I* umwickeln, bedecken; ~ ше́ю ша́рфом einen Schal um den Hals wickeln **3.** *volksspr* erschöpfen, aufreiben, fertigmachen **4.** *volksspr* sich widerrechtlich aneignen, sich unter den Nagel reißen ‖ *uv* зама́тывать, -аю, -аешь

²замота́ть, -а́ю, -а́ешь *v umg I* beginnen, hin und her zu bewegen; он замота́л голово́й er schüttelte den Kopf

замота́ться, -а́юсь, -а́ешься *v* **1.** *umg* sich winden, sich wickeln (um) **2.** *umg I* sich einhüllen, sich umwickeln; ~ ша́рфом sich in einen Schal hüllen **3.** *volksspr* müde werden, ermatten, fertigwerden; я совсе́м замота́лся ich bin ganz erledigt ‖ *uv* зама́тываться, -аюсь, -аешься

замочи́ть, -очу́, -о́чишь; -о́ченный, -о́чен, -а *v* **1.** naß machen; ~ но́ги nasse Füße bekommen **2.** einweichen, eintauchen; ~ лён Flachs rösten ‖ *uv* зама́чивать, -аю, -аешь

замо́чка, -и *f* Einweichen, Wässern

замо́чный, -ая, -ое Schloß-; -ая сква́жина Schlüsselloch

за́муж *Adv*: вы́йти ~ heiraten *von der Frau* (за *A* j-n); она́ вы́шла ~ за офице́ра sie hat einen Offizier geheiratet; вы́дать [отда́ть] ~ verheiraten (за *A* mit); они́ вы́дали дочь ~ за офице́ра sie haben ihre Tochter einem Offizier zur Frau gegeben [mit einem Offizier verheiratet]

зáмужем *Adv* verheiratet *von der Frau* (за *I* mit); онá ~ за врачóм sie ist mit einem Arzt verheiratet

замýжество, -а *n* Heirat; Ehe *von der Frau*

замýжний, -яя, -ее 1. Ehe- *von der Frau*; -яя жизнь Eheleben **2.** -яя verheiratet *von der Frau*; -яя жéнщина verheiratete Frau

замуровáть, -рýю, -рýешь; -рóванный, -рóван, -а *v* **1.** zumauern **2.** einmauern ‖ *uv* **замурóвывать,** -аю, -аешь

замуровáться, -рýюсь, -рýешься *v umg alt* sich von der Welt abschließen, sich vergraben ‖ *uv* **замурóвываться,** -аюсь, -аешься

замýсливать *uv zu* замýслить

замýслить, -лю, -лишь; -ленный, -лен, -а *v umg* anlecken, besabbern ‖ *uv* замýсливать, -аю, -аешь

замусóливать *uv zu* замусóлить

замусóлить, -лю, -лишь; -ленный, -лен, -а *v umg mit Speichel, Fettigem u. dgl.* beschmutzen ‖ *uv* замусóливать, -аю, -аешь

замýсоривать *uv zu* замýсорить

замýсорить, -рю, -ришь; -ренный, -рен, -а *v* mit Kehricht [Abfällen] verunreinigen ‖ *uv* замýсоривать, -аю, -аешь

замутúть, -учý, -ýтúшь *v* **1.** (замутнённый, -нён, -нена́) trübe machen, trüben **2.** *alt, volkssрr* aufwiegeln ◇ он воды́ не замутúт er kann kein Wässerchen trüben

замутúться, *1. u. 2. Pers ungebr*, -ýтúтся *v* sich trüben, trübe werden *Flüssigkeit*

замухры́шка,- и, *Pl G* -шек, *D* -шкам *m, f volkssрr* Jammergestalt, nachlässig angezogener Mensch

замýчивать *uv zu* замýчить

замýчить, -чу, -чишь; -ченный, -чен, -а *v* **1.** zu Tode quälen, foltern **2.** quälen, plagen; болéзнь замýчила ребёнка die Krankheit quälte das Kind ‖ *uv* замýчивать, -аю, -аешь

замýчиться, -чусь, -чишься *v* sich abquälen, sich abmühen

зáмша, -и, *I* -ей *f* Wildleder,

зáмшевый, -ая, -ое Wildleder-

замшéть, *1. u. 2. Pers ungebr*, -éет *v* sich mit Moos bedecken

замывáть *uv zu* замы́ть

замы́вка, -и *f* Auswaschen *eines Flecks*

замы́згать, -аю, -аешь; -анный, -ан, -а *v volkssрr Kleidung* schmutzig machen; abtragen ‖ *uv* **замы́згивать, -аю, -аешь**

замыкáние, -я *n*: корóткое ~ *el* Kurzschluß

замыкáть(ся) *uv zu* замкнýть(ся)

зáмысел, -сла *m* **1.** Absicht, Vorhaben, Plan; у негó дурны́е -слы er plant Böses **2.** (Grund-) Idee, Konzeption

замы́слить, -лю, -лишь; -ленный, -лен, -а *v* vorhaben, planen, beabsichtigen ‖ *uv* замышля́ть, -я́ю, -я́ешь

замысловáтый, -ая, -ое; *Kzf* -áт, -а **1.** verzwickt, verwickelt **2.** ausgeklügelt, spitzfindig

замытáрить, -рю, -ришь; -ренный, -рен, -а *v umg* quälen, plagen

за|мы́ть* *v* **1.** herauswaschen, *durch Waschen* entfernen; ~ пятнó на скáтерти den Fleck aus dem Tischtuch herauswaschen **2.** glattspülen, verwaschen, verwischen; следы́ замы́ты дождём die Spuren sind vom Regen verwischt ‖ *uv* замывáть, -áю, -áешь

замышля́ть *uv zu* замы́слить

за|мя́ть* *v umg* **1.** zerdrücken; ~ окýрок einen Zigarettenstummel ausdrücken **2.** vertuschen, unterdrücken, nicht aufkommen lassen; absichtlich nicht beachten; ~ разговóр das Gespräch in eine andere Richtung lenken ‖ *uv* заминáть, -áю, -áешь

за|мя́ться* *v umg* **1.** unentschlossen [verwirrt] stehen bleiben **2.** sich verhaspeln, ins Stocken geraten, den Faden verlieren *beim Reden* ‖ *uv* заминáться, -áюсь, -áешься

зáнавес, -а *m* **1.** Portiere, Vorhang **2.** *theat* Vorhang ◇ под ~ gegen Ende, kurz vor Schluß

занавéсить, -éшу, -éсишь; -éшенный, -éшен, -а *v* verhängen, zuhängen, *mit einem Vorhang* verdecken; óкна занавéшены die Fenster sind verhängt ‖ *uv* занавéшивать, -аю, -аешь

занавéска, -и, *Pl G* -сок, *D* -скам *f* Vorhang, Gardine

занавéсочный, -ая, -ое Gardinen-

занавéшивать *uv zu* занавéсить

занáшивать *uv zu* ²заносúть

занемéть, -éю, -éешь *v* erstarren, absterben *Glied*

зане|мóчь* *v* krank werden

занесéние, -я *n* Eintragung

за|нести́* *v* **1.** hineintragen, (mit)-bringen; куда́ судьба́ занесла́ тебя́? wohin hat dich das Schicksal verschlagen? **2.** vorbeibringen, im Vorbeigehen mitbringen **3.** einschreiben, eintragen; ~ в протоко́л zu Protokoll nehmen **4.** erheben, hochheben; ~ ру́ку для уда́ра die Hand zum Schlag erheben **5.** *meist unpers* zur Seite drehen [wenden]; маши́ну занесло́ es drehte den Wagen zur Seite, der Wagen geriet ins Schleudern **6.** *meist unpers* verwehen, verschütten; доро́гу занесло́ сне́гом die Straße ist (von Schnee) verweht || *uv* заноси́ть, -ошу́, -о́сишь

за|нести́сь* *v umg* **1.** sich hinreißen lassen, sich davontragen lassen *von Gedanken, Träumen* **2.** stolz werden, hoch hinaus wollen || *uv* заноси́ться, -ошу́сь, -о́сишься

занижа́ть *uv zu* зани́зить

зани́зить, -и́жу, -и́зишь; -и́женный, -и́жен, -а *v* zu niedrig bemessen [bewerten, festsetzen]; ~ це́ны zu niedrige Preise festsetzen [angeben] || *uv* занижа́ть, -а́ю, -а́ешь

занима́тельный, -ая, -ое; *Kzf* -лен, -льна unterhaltend, interessant, spannend, anregend

занима́ть, -а́ю, -а́ешь *uv* **1.** *uv zu* [1,2]заня́ть **2.** bewohnen; они́ занима́ют небольшу́ю кварти́ру sie haben eine kleine Wohnung **3.** innehaben, bekleiden; ~ до́лжность eine Funktion bekleiden **4.** besetzt halten

[1,2]**занима́ться** *uv zu* [1,2]заня́ться

занима́ться, -а́юсь, -а́ешься *uv* **1.** lernen, studieren, *geistig* arbeiten; я обы́чно занима́юсь в библиоте́ке ich arbeite gewöhnlich in der Bücherei **2.** *I* sich beschäftigen (mit), betreiben; ~ спо́ртом Sport treiben

за́ново *Adv* von neuem, noch einmal (von vorn)

зано́за, -ы **1.** *f* Splitter **2.** *m, f volkssp*r Nörgler; Streithammel

зано́зистый, -ая, -ое; *Kzf* -ист, -а *umg* spottsüchtig, stichelnd

занози́ть, -ожу́, -ози́шь *v* sich einen Splitter einziehen; я занози́л па́лец ich habe mir am Finger einen Splitter eingezogen

зано́с, -а *m* **1.** *meist Pl* Verwehung; сне́жные -ы Schneeverwehungen **2.** Schleudern *Auto*

[1]**заноси́ть** *uv zu* занести́

[2]**заноси́ть,** -ошу́, -о́сишь; -о́шенный, -о́шен, -а *v* abtragen, *durch langes Tragen* abnützen; дово́льно зано́шенный костю́м ein ziemlich abgetragener Anzug || *uv* зана́шивать, -аю, -аешь

заноси́ться *uv zu* занести́сь

зано́сный, -ая, -ое fremd, von einem anderen Ort hergebracht

зано́счивость, -и *f* Hochmut, Anmaßung, anmaßendes Wesen

зано́счивый, -ая, -ое; *Kzf* -ив, -а hochmütig, anmaßend, eingebildet

заночева́ть, -чу́ю, -чу́ешь *v* übernachten || *uv* **заночёвывать,** -аю, -аешь

зано́шенный, -ая, -ое abgetragen *Kleidung*

занумерова́ть, -ру́ю, -ру́ешь; -ро́ванный, -ро́ван, -а *v* numerieren || *uv* **занумеро́вывать,** -аю, -аешь

за|ны́ть* **1.** dumpf zu schmerzen beginnen **2.** zu jammern beginnen

за́нят, -а́! *Adj, nur Kzf gebräuchlich* besetzt, nicht frei; beschäftigt; э́то ме́сто уже́ за́нято dieser Platz ist schon besetzt; я о́чень ~ ich bin sehr beschäftigt

заня́тие, -я *n* **1.** Einnahme, Besetzung; ~ го́рода Einnahme der Stadt **2.** Übernahme *einer Funktion*, Bekleidung *eines Amtes* **3.** Beschäftigung, Beschäftigungsart **4.** *Pl umg* Lehrveranstaltungen, Studium, Unterricht **5.** *mil* Ausbildung; полево́е ~ Geländeausbildung

заня́тный, -ая, -ое; *Kzf* -тен, -тна *umg* unterhaltsam, interessant; amüsant

занято́й, -а́я, -о́е vielbeschäftigt, stark belastet; ~ челове́к ein vielbeschäftigter Mensch

за́нятость, -и *f* **1.** Beschäftigtsein; ввиду́ -и я не могу́ зайти́ da ich (stark) beschäftigt bin, kann ich nicht vorbeikommen **2.**: и́ндекс -и *wirtsch* Beschäftigungsgrad

[1]**заня́ть*** *v* sich leihen, sich (aus)borgen || *uv* занима́ть, -а́ю, -а́ешь

[2]**заня́ть*** *v* **1.** einnehmen, beanspruchen, ausfüllen; ~ мно́го ме́ста viel Raum einnehmen; ~ мно́го вре́мени viel Zeit beanspruchen **2.** einnehmen, besetzen *Plätze*; ~ пере́дние места́ sich auf die vorderen Plätze setzen **3.** übernehmen, einnehmen; ~ до́лжность секретаря́ eine Sekretärsstelle übernehmen **4.** erobern, einnehmen, besetzen; ~ го́род eine Stadt besetzen **5.** be-

schäftigen, einsetzen **6.** unterhalten; das Interesse gefangennehmen; он старáлся ~ гостéй er bemühte sich, die Gäste zu unterhalten || *uv* занимáть, -áю, -áешь

[1]заня́ться*; заня́лся́, -ли́сь *v* **1.** *I* sich an etw. machen; sich vorübergehend beschäftigen (mit), Interesse gewinnen (an); я заня́лся́ спóртом ich wandte mich für eine Zeit dem Sport zu **2.** sich *als Lehrer, Betreuer* beschäftigen (с *I* mit); ~ с отстаю́щими ученикáми mit den zurückgebliebenen Schülern arbeiten || *uv* занимáться, -áюсь, -áешься

[2]заня́ться*, *1. u. 2. Pers ungebr*; заня́лся́, -ли́сь *v* Feuer fangen; хвóрост заня́лся́ das Reisig fing Feuer ◇ заня́лся́ день der Tag brach an; у меня́ дух заня́лся́ der Atem stockte mir || *uv* занимáться, -áется

заóблачный, -ая, -ое **1.** die Wolken überragend **2.** *übtr* über den Wolken schwebend, irreal

заодно́ *Adv* **1.** gemeinsam, einträchtig, im gegenseitigen Einverständnis; дéйствовать ~ einträchtig handeln **2.** *umg* gleichzeitig, bei dieser Gelegenheit

заокеáнский, -ая, -ое überseeisch, Übersee-

за|орáть* *v volksspr* zu schreien [zu brüllen] anfangen; ~ на когó-н. j-n anschreien

заострённость, -и *f* Zuspitzung

заострённый, -ая, -ое spitz, zugespitzt

заостри́ть, -рю́, -ри́шь; -рённый, -рён, -ренá *v* **1.** spitz machen; schärfen; ~ кóлья Pfähle anspitzen **2.** zuspitzen; ~ вопрóс eine Frage zuspitzen ◇ ~ внимáние на чём-н. die Aufmerksamkeit auf etw. konzentrieren || *uv* **заостря́ть,** -я́ю, -я́ешь

заостри́ться, *1. u. 2. Pers ungebr*, -и́тся *v* **1.** spitz werden; sich verjüngen **2.** sich schärfen, angespannt sein; слух заостри́лся до бóли das Gehör war bis zur Unerträglichkeit angespannt || *uv* **заостря́ться,** -я́ется

заóчник, -а *m* Fernstudent, Fernschüler

заóчно *Adv* **1.** in Abwesenheit; приговори́ть ~ in Abwesenheit verurteilen, kontumazieren **2.** extern, als Externer, als Fernstudent, [Fernschüler]

заóчный, -ая, -ое **1.** in Abwesenheit der betreffenden Person erfolgend; *jur* Kontumaz- **2.** Fernstudiums-, Fern-; -ое обучéние Fernunterricht, Fernstudium

зáпад, -а *m* **1.** Westen; на -е im Westen **2.** Зáпад *pol* die westlichen Länder, der Westen

западáть *uv zu* запáсть

зáпаднее westlich (*G* von)

зáпадник, -а *m* Westler

зáпадничество, -а *n* Westlertum *liberale Strömung in Rußland Mitte des 19. Jahrhunderts*

западноевропéйский, -ая, -ое westeuropäisch

зáпадный, -ая, -ое westlich, West-; ~ вéтер Westwind

западня́, -и́, *Pl G* -éй *f* Falle; расстáвить -и́ Fallen aufstellen; замани́ть в -ю́ *übtr* in eine Falle locken; попáсть в -ю́ *übtr* in eine Falle geraten, in die Falle gehen

запáздывание, -я *n* Verspätung

запáздывать *uv zu* запоздáть

запáивать *uv zu* запая́ть

запаковáть, -кýю, -кýешь; -кóванный, -кóван, -а *v* ver-, einpacken || *uv* **запакóвывать,** -аю, -аешь

запáкостить, -ощу, -остишь; -ощенный, -ощен, -а *v volksspr* beschmutzen, dreckig machen

[1]запáл, -а *m* **1.** Zünder, Zündkapsel **2.** *umg* Eifer, Hitze ◇ под ~ *volksspr* unbedacht, in zorniger Aufwallung

[2]запáл, -а *m* Herzschlächtigkeit *bei Tieren*

запáливать *uv zu* запали́ть

запали́ть, -лю́, -ли́шь; -лённый, -лён, -ленá *v volksspr* anzünden, in Brand stecken || *uv* запáливать, -аю, -аешь

запáльник, -а *m* Zünder, Zündkapsel

запáльный, -ая, -ое Zünd-, Spreng-; ~ шнур Zündschnur

запáльчивый, -ая, -ое; *Kzf* -ив, -а jähzornig, leicht aufbrausend, heftig

запáмятовать, -тую, -туешь *v alt u. volksspr* vergessen

запанибрáта *Adv umg* wie mit seinesgleichen, (allzu) familiär, vertraulich

запáривать(ся) *uv zu* запáрить(ся)

запáрить, -рю, -ришь; -ренный, -рен, -а *v* **1.** (ab)brühen, dämpfen **2.** *volksspr durch Hitze* entkräften **3.** abhetzen *Pferd* || *uv* запáривать, -аю, -аешь

запáриться, -рюсь, -ришься *v* **1.** *umg* gedämpft [gebrüht] werden

2. *volksspr* völlig erschöpft werden *durch zu langes Baden in der Sauna* 3. *volksspr* sich abhetzen || *uv* запа́риваться, -аюсь, -аешься

запа́рка, -и *f* 1. Dämpfen 2. gedämpftes Futter

запарши́веть, -ею, -еешь *v* räudig werden, die Räude bekommen

запа́рывать *uv zu* запоро́ть

запа́с, -а *m* 1. Vorrat, Reserve; -ы сырья́ Rohstoffvorräte 2. Bestand, Umfang, Schatz; у него́ большо́й ~ слов er verfügt über einen großen Wortschatz 3. *umg* Saum „auf Zuwachs" 4. *mil* Reserve; лейтена́нт -а Leutnant der Reserve ◇ про ~ für alle Fälle, für den Notfall

запаса́ть(ся) *uv zu* запасти́(сь)

запа́сливый, -ая, -ое; *Kzf* -ив, -а vorsorglich

запа́сник, -а *m volkssp*r Reservist

запасно́й, -а́я, -о́е *u.* **запа́сный,** -ая, -ое 1. Ersatz-, Auswechsel-; -ы́е ча́сти Ersatzteile; ~ игро́к Ersatzspieler, Auswechselspieler; ~ вы́ход Notausgang 2. *mil* Reserve- 3. -о́й, -о́го *Subst m mil* Reservist

за|пасти́* *v A oder G* auf Vorrat anschaffen || *uv* запаса́ть, -а́ю, -а́ешь

за|пасти́сь* *v* sich versorgen [versehen] (mit); ~ у́глем на́ зиму sich für den Winter mit Kohle eindecken ◇ ~ терпе́нием sich mit Geduld wappnen || *uv* запаса́ться, -а́юсь, -а́ешься

за|па́сть*, *1. u. 2. Pers ungebr v* 1. einfallen, schlaff werden; щёки у него́ запа́ли seine Wangen waren eingefallen 2. *umg* (hinein)fallen, geraten; моне́ты запа́ли в проре́ху в карма́не die Geldstücke sind in einen Riß in der Tasche geraten 3. sich tief einprägen || *uv* запада́ть, -а́ет

запатентова́ть, -ту́ю, -ту́ешь; -то́ванный, -то́ван, -а *v* patentieren || *uv* **запатенто́вывать,** -аю, -аешь

запатова́ть, -ту́ю, -ту́ешь *v* patt setzen *beim Schachspiel*

за́пах, -а *m* Geruch, Duft

за|паха́ть* *v* (um)pflügen, (um)ackern; zupflügen || *uv* [1]**запа́хивать,** -аю, -аешь

[2]**запа́хивать** *uv zu* запахну́ть

запа́хиваться *uv zu* запахну́ться

запа́хнуть, -ну, -нешь; запа́х, -ла, *v* anfangen zu riechen [zu duften]; запа́хло сире́нью Fliederduft verbreitete sich

запахну́ть, -ну́, -нёшь; запа́хнутый, -ут, -а *v* 1. übereinanderschlagen, schließen *die Schöße eines Kleidungsstückes* 2. *umg* heftig zuwerfen || *uv* запа́хивать, -аю, -аешь

запахну́ться, -ну́сь, -нёшься *v* sich (ein)hüllen; ~ в шу́бу sich in den Pelz hüllen || *uv* запа́хиваться, -аюсь, -аешься

запа́чкать, -аю, -аешь; -анный, -ан, -а *v* 1. beschmutzen 2. *übtr* entehren, beschmutzen, beflecken

запа́чкаться, -аюсь, -аешься *v* sich beschmutzen, sich schmutzig machen

запа́шка, -и, *Pl G* -шек, *D* -шкам *f* 1. Umackern, Zupflügen, Pflügen 2. gepflügte Fläche

запашо́к, -шка́ *m umg* schwacher übler Geruch; от мя́са ~ пошёл das Fleisch riecht schlecht

запая́ть, -я́ю, -я́ешь; запа́янный, -ян, -а *v* zulöten, verlöten || *uv* запа́ивать, -аю, -аешь

запе́в, -а *m* 1. Sologesang *in Chorliedern* 2. *lit* Einleitung *eines altrussischen Heldenliedes*

запева́ла, -ы *m, f* 1. Vorsänger(in), Solosänger(in) *im Chor* 2. Initiator(in)

запева́ть, -а́ю, -а́ешь *uv* 1. *als Vorsänger* ein Lied [eine Liedstrophe] beginnen 2. ein Lied anstimmen

запе́вка, -и, *Pl G* -вок, *D* -вкам *f* Vorgesang, Solopartie *eines Liedes*

запека́нка, -и, *Pl G* -нок, *D* -нкам *f* 1. *nahr* Auflauf; ~ из ри́са Reisauflauf 2. Fruchtlikör

запека́ть(ся) *uv zu* запе́чь(ся)

запелена́ть, -а́ю, -а́ешь; запелёнатый, -ат, -а *v* in Windeln wickeln

запеленгова́ть, -гу́ю, -гу́ешь; -го́ванный, -го́ван, -а *v* anpeilen

запе́ниться, *1. u. 2. Pers ungebr,* -ится *v* zu schäumen beginnen, sich mit Schaum bedecken

запере́ть* *v* 1. abschließen, zuschließen; ~ на задви́жку zuriegeln 2. einschließen, einsperren; ~ де́ньги в пи́сьменный стол Geld im Schreibtisch verschließen 3. umzingeln, einschließen || *uv* запира́ть, -а́ю, -а́ешь

запере́ться*; за́перся́, заперла́сь, за́перли́сь; запёршийся; заперши́сь *v* 1. sich einschließen 2. sich (zu)schließen lassen; я́щик не за́перся́ der Kasten ließ sich nicht verschließen 3. (запёрся, запёрлась) *umg* hartnäckig leugnen || *uv* запира́ться, -а́юсь, -а́ешься

заперши́ть, -и́т *unpers v umg*: у меня́ запершило в го́рле es begann mir im Hals zu kratzen

запестре́ть, *1. u. 2. Pers ungebr,* -е́ет *v* 1. bunt zu schimmern beginnen 2. bunt werden 3. *übtr* oft aufzutauchen beginnen

за|пе́ть* *v* ein Lied anfangen, zu singen beginnen

запеча́тать, -аю, -аешь; -анный, -ан, -а *v* 1. versiegeln 2. zukleben *Brief* ‖ *uv* запеча́тывать, -аю, -аешь

запечатлева́ть(ся) *uv zu* запечатле́ть(ся)

запечатле́ть, -е́ю, -е́ешь; запечатлённый, -ён, -ена́ *v* 1. verkörpern, darstellen; prägen 2. sich fest einprägen, im Gedächtnis behalten 3. bezeichnen, hervorheben; besiegeln ◇ ~ поцелу́й на чём einen Kuß drücken auf etw. ‖ *uv* запечатлева́ть, -а́ю, -а́ешь

запечатле́ться, -е́юсь, -е́ешься *v* sich (fest) einprägen, fest im Gedächtnis haften bleiben ‖ *uv* запечатлева́ться, -а́юсь, -а́ешься

запеча́тывать *uv zu* запеча́тать

за|пе́чь* *v* 1. überbacken, braun backen 2. in Teig einbacken ‖ *uv* запека́ть, -а́ю, -а́ешь

за|пе́чься*, *1. u. 2. Pers ungebr, v* 1. *vom Backen* braun werden, sich mit brauner Kruste überziehen; макаро́ны запекли́сь die Makkaroni sind braun gebacken 2. gerinnen *Blut* 3. *vor Trockenheit* rissig werden, aufplatzen *Lippen* ‖ *uv* запека́ться, -а́ется

[1,2]**запива́ть** *uv zu* [1,2]запи́ть

запина́ться *uv zu* запну́ться

запи́нка, -и, *Pl G* -нок, *D* -нкам *f* Stocken *beim Sprechen*

запира́тельство, -а *n* hartnäckiges Leugnen

запира́ть(ся) *uv zu* запере́ть(ся)

за|писа́ть* *v* 1. auf-, niederschreiben, aufzeichnen; mit-, nachschreiben; ~ свои́ мы́сли seine Gedanken niederschreiben 2. aufzeichnen, aufnehmen *auf Tonband* 3. eintragen, einschreiben (lassen), anmelden; ~ сы́на в шко́лу seinen Sohn in der Schule anmelden 4. *alt, volksspr* (schriftlich) vermachen ‖ *uv* запи́сывать, -аю, -аешь

за|писа́ться* *v* sich eintragen, einschreiben (lassen), sich anmelden; ~ на приём к врачу́ sich zur ärztlichen Behandlung anmelden ‖ *uv* запи́сываться, -аюсь, -аешься

запи́ска, -и, *Pl G* -сок, *D* -скам *f* 1. Zettel *mit Notiz* 2. schriftliche Mitteilung; докладна́я ~ schriftlicher Bericht, Aktennotiz 3. *Pl* Aufzeichnungen; Memoiren 4. *Pl* „Blätter" *in Titeln wiss. Zeitschriften*

[1]**записно́й,** -а́я, -о́е: -а́я кни́жка Notizbuch

[2]**записно́й,** -а́я, -о́е *umg* notorisch

запи́сывать(ся) *uv zu* записа́ть(ся)

за́пись, -и *f* 1. Niederschreiben, Aufschreiben; Niederschrift, Nachschrift; -и ле́кции Vorlesungsskripten 2. Eintragung, Einschreibung, Anmeldung 3. *rad* Aufzeichnung; ~ на ле́нту Tonbandaufzeichnung

[1]**за|пи́ть*;** за́пил, -а́! *v* nachtrinken *um unangenehmen Geschmack zu beseitigen, eingenommene Tabletten aufzulösen*; hinunterspülen (что́-н. че́м-н. etw. mit etw.); ~ лека́рство водо́й Medizin mit Wasser hinunterspülen, auf Medizin Wasser trinken ‖ *uv* запива́ть, -а́ю, -а́ешь

[2]**за|пи́ть*;** за́пил, -а́! *v umg* sich dem Trunk ergeben ‖ *uv* запива́ть, -а́ю, -а́ешь

запиха́ть, -а́ю, -а́ешь; запи́ханный, -ан, -а *v umg* hineinstopfen, -pressen ‖ *uv* [1]**запи́хивать,** -аю, -аешь

[2]**запи́хивать** *uv zu* запихну́ть

запихну́ть, -ну́, -нёшь; запи́хнутый, -ут, -а *v umg* (hinein)stopfen, verstauen ‖ *uv* запи́хивать, -аю, -аешь

запища́ть, -щу́, -щи́шь *v* anfangen zu piepsen [zu quieken]

запла́канный, -ая, -ое; *Kzf* -ан, -а verweint

за|пла́кать* *v* anfangen zu weinen

заплани́ровать, -рую, -руешь; -рованный, -рован, -а *v* einplanen

запла́та, -ы *f* Flicken; наложи́ть [поста́вить] -у einen Flicken aufsetzen

заплата́ть, -а́ю, -а́ешь; запла́танный, -ан, -а *v volksspr* flicken

заплати́ть, -ачу́, -а́тишь; -а́ченный, -а́чен, -а *v* 1. bezahlen; ~ по счёту die Rechnung begleichen 2. vergelten (за что́-н. че́м-н. etw. mit etw.); ~ добро́м за зло́ Böses mit Gutem vergelten

за|плева́ть* *v* bespucken ‖ *uv* **заплёвывать,** -аю, -аешь

за|плеска́ть* *v* bespritzen ‖ *uv* **заплёскивать,** -аю, -аешь

запле́сневелый, -ая, -ое verschimmelt

запле́сневеть, -ею, -еешь *v* verschimmeln

[1]**за|плести́*** *v* flechten; ~ ко́су den Zopf flechten || *uv* заплета́ть, -а́ю, -а́ешь

[2]**за|плести́*** *v* zu flechten beginnen ◇ ~ вздор anfangen Unsinn zu reden

заплести́сь *v zu* заплета́ться

заплета́ть *uv zu* [1]заплести́

заплета́ться, *1. u. 2. Pers ungebr*, -а́ется *uv* sich schwerfällig [mit Mühe] bewegen, (den Dienst) versagen; у него́ язы́к заплета́ется ihm wird die Zunge schwer; у него́ но́ги заплета́ются die Beine versagen ihm den Dienst || *v* за|плести́сь*

заплёчный, -ая, -ое: ~ мешо́к Rucksack ◇ ~ ма́стер *alt* Henker

запломбирова́ть, -ру́ю, -ру́ешь; -ро́ванный, -ро́ван, -а *v* 1. plombieren, füllen; ~ зуб den Zahn plombieren 2. plombieren, versiegeln; ~ ваго́н den Waggon versiegeln || *uv* **запломбиро́вывать,** -аю, -аешь

заплута́ться, -а́юсь, -а́ешься *v volksspr* sich verirren, vom Wege abkommen

заплы́в, -а *m* 1. Wettschwimmen; да́льний ~ Langstreckenschwimmen 2. Lauf *beim Wettschwimmen, Wettsegeln usw.*; фина́льный ~ Endlauf

[1,2]**заплыва́ть** *uv zu* [1,2]заплы́ть

[1]**за|плы́ть*** *v* schwimmen, hineinschwimmen; он заплы́л далеко́ в мо́ре er ist weit ins Meer hinausgeschwommen || *uv* заплыва́ть, -а́ю, -а́ешь

[2]**за|плы́ть*** *v I* sich (mit etw.) überziehen; ~ жи́ром verfetten, Fett ansetzen || *uv* заплыва́ть, -а́ю, -а́ешь

за|пляса́ть* *v* anfangen zu tanzen

запну́ться, -ну́сь, -нёшься *v* 1. stokken, steckenbleiben *beim Sprechen* 2. за *A oder* о *A* stolpern (über) || *uv* запина́ться, -а́юсь, -а́ешься

запове́дник, -а *m* Schonrevier; Naturschutzpark

запове́дный, -ая, -ое Naturschutz-; ~ лес unter Naturschutz stehender Wald

за́поведь, -и *f* Gebot

запода́зривать *u.* **заподо́зривать** *uv zu* заподо́зрить

заподо́зрить, -рю, -ришь; заподо́зренный, -ен, -а *v* 1. в *P* verdächtigen; ~ кого́-н. во лжи j-n der Lüge verdächtigen 2. argwöhnen || *uv* запода́зривать *u.* заподо́зривать, -аю, -аешь

запо́ем *Adv umg* ohne Unterbrechung; рабо́тать ~ ohne Rast und Ruh arbeiten; пить ~ trunksüchtig sein

запозда́лый, -ая, -ое verspätet, spät

запозда́ние, -я *n* Verspätung

запозда́ть, -а́ю, -а́ешь *v* 1. zu spät kommen, Verspätung haben; ~ на по́езд den Zug verpassen 2. с *I* sich verspäten, im Rückstand sein || *uv* запа́здывать, -аю, -аешь

запо́й, -я, *G Pl* -ев *m* periodische Trunksucht

запо́лзать, -а́ю, -а́ешь *v* anfangen zu kriechen

заполза́ть *uv zu* заползти́

за|ползти́* *v* (hinein)kriechen || *uv* заполза́ть, -а́ю, -а́ешь

запо́лнить, -ню, -нишь; -ненный, -нен, -а *v* 1. gänzlich füllen, ausfüllen 2. *übtr* ausfüllen; ~ анке́ту den Fragebogen ausfüllen || *uv* **заполня́ть,** -я́ю, -я́ешь

запо́лниться, *1. u. 2. Pers ungebr*, -ится *v* sich gänzlich füllen || *uv* **заполня́ться,** -я́ется

заполуча́ть *uv zu* заполучи́ть

заполучи́ть, -учу́, -у́чишь; -у́ченный, -у́чен, -а *v volksspr* bekommen, kriegen, erwischen || *uv* заполуча́ть, -а́ю, -а́ешь

заполя́рный, -ая, -ое jenseits des Polarkreises gelegen; ~ го́род Polarstadt

запомина́ть *uv zu* [1]запо́мнить

запомина́ться *uv zu* запо́мниться

[1]**запо́мнить,** -ню, -нишь *v* sich einprägen, sich merken; im Gedächtnis bewahren; запо́мни э́то хорошо́ merk dir das gut || *uv* запомина́ть, -а́ю, -а́ешь

[2]**запо́мнить,** -ню, -нишь *uv umg, nur verneint* sich nicht erinnern [entsinnen] können

запо́мниться, -нюсь, -нишься *v* sich (dem Gedächtnis) einprägen, im Gedächtnis haften bleiben || *uv* запомина́ться, -а́юсь, -а́ешься

за́понка, -и, *Pl G* -нок, *D* -нкам *f* Kragenknopf, Manschettenknopf

[1]**запо́р,** -а *m* Verschluß, Riegel; запере́ть на ~ verschließen, verriegeln; hinter Schloß und Riegel setzen; дверь на -е die Tür ist verschlossen [verriegelt]

[2]**запо́р,** -а *m med* Verstopfung

запора́шивать *uv zu* запороши́ть

запо́рный, -ая, -ое Verschluß-, Absperr-; ~ ве́нтиль Absperrventil

запоро́жец, -жца, *I* -жцем, *G Pl* -жцев *m hist* Saporoger *Angehöriger* *der Saporoger Setsch* (Запоро́жская Сечь), *einer befestigten Kosakensiedlung bei Chortiza am Dnepr*

запоро́жский, -ая, -ое Saporoger; zur Saporoger Setsch gehörig *ukrainische Kosakenarmee vom 15.–17. Jh.*

за|поро́ть* *v* **1.** *umg* zu Tode prügeln **2.** *volksspr* verderben *Werkstück* || *uv* запа́рывать, -аю, -аешь

запороши́ть, *1. u. 2. Pers ungebr*, -ши́т; -шённый, -шён, -шена́ *v mit dünner Schicht von Mehl, Schnee, Staub u. dgl.* bedecken, überziehen; пы́лью ему́ запороши́ло глаза́ seine Augen waren staubbedeckt [voller Staub] || *uv* запора́шивать, -аю, -аешь

запотева́ть *uv zu* запоте́ть

запоте́лый, -ая, -ое **1.** *umg* feucht *von Dampf*, angelaufen, beschlagen **2.** *volksspr* schweißbedeckt

запоте́ть, -е́ю, -е́ешь *v* **1.** feucht werden *von Dampf*, anlaufen, beschlagen **2.** *volksspr* sich mit Schweiß bedecken, schwitzen || *uv* запотева́ть, -а́ю, -а́ешь

запра́вила, -ы *m volksspr* Rädelsführer, Anführer

запра́вить, -влю, -вишь; -вленный, -влен, -а *v* **1.** hineinstecken, hineinschieben *beim Anziehen*; ~ брю́ки в сапоги́ die Hosenbeine in die Stiefel stecken **2.** würzen, anrichten, anmachen; ~ суп яйцо́м die Suppe mit einem Ei abziehen **3.** fahrbereit machen; gebrauchsfertig machen; ~ крова́ть [ко́йку] das Bett zurechtmachen; ~ маши́ну бензи́ном den Wagen tanken || *uv* заправля́ть, -я́ю, -я́ешь

запра́виться, -влюсь, -вишься *v* **1.** *umg*: ~ горю́чим tanken **2.** *volksspr* sich *durch Speise und Trank* stärken, gut vorlegen; ~ на доро́гу sich für die Reise stärken || *uv* заправля́ться, -я́юсь, -я́ешься

запра́вка, -и, *Pl G* -вок, *D* -вкам *f* **1.** Tanken **2.** Zurechtmachen **3.** Gewürz, Zutat

заправля́ть, -я́ю, -я́ешь *uv* **1.** *uv zu* запра́вить **2.** *I volksspr* schalten und walten, den Ton angeben; lenken, leiten; она́ заправля́ла всем до́мом sie gab im ganzen Haus den Ton an

заправля́ться *uv zu* запра́виться

запра́вочный, -ая, -ое Tank-; -ая ста́нция Tankstelle

запра́вский, -ая, -ое *umg* zünftig, waschecht

запра́вщик, -а *m* **1.** Tankwagen **2.** Tankwart

запра́шивать *uv zu* запроси́ть

запре́т, -а *m* Verbot; наложи́ть ~ на что́-н. ein Verbot gegen etw. erlassen, eine Sperre über etw. verhängen

запрети́тельный, -ая, -ое Verbots-, Sperr-

запрети́ть, -ещу́, -ети́шь; -ещённый, -ещён, -ещена́ *v* verbieten, untersagen || *uv* запреща́ть, -а́ю, -а́ешь

запре́тный, -ая, -ое verboten, Sperr-; -ая зо́на Sperrgebiet

запреща́ть *uv zu* запрети́ть

запреща́ться, *1. u. 2. Pers ungebr*, -а́ется *uv* verboten sein [werden]

запреще́ние, -я *n* Verbot; ~ а́томного ору́жия Ächtung [Verbot] der Atomwaffen

заприме́тить, -е́чу, -е́тишь; -е́ченный, -е́чен, -а *v volksspr* **1.** bemerken, sehen **2.** sich merken

заприхо́довать, -дую, -дуешь; -дованный, -дован, -а *v wirtsch* als Einnahme verbuchen

запродава́ть *uv zu* запрода́ть

запро|да́ть*; запро́дал, -ла́!; запро́данный, -ан, -а *v* einen Verkaufsvertrag abschließen, auf Lieferung verkaufen || *uv* запро|дава́ть*

запроекти́ровать, -рую, -руешь; -рованный, -рован, -а *v* planen

запроки́дывать *uv zu* запроки́нуть

запроки́нуть, -ну, -нешь; -нутый, -нут, -а *v umg*: ~ го́лову den Kopf in den Nacken werfen || *uv* запроки́дывать, -аю, -аешь

запропасти́ться, -ащу́сь, -асти́шься *v volksspr* abhanden kommen, verschwinden; куда́ же он запропасти́лся? wo bleibt [steckt] er denn?

запро́с, -а *m* **1.** offizielle Anfrage, Interpellation; ~ прави́тельству Anfrage an die Regierung **2.** *meist Pl* Forderungen, Ansprüche **3.** *meist Pl* Bedürfnisse ◇ це́ны без -а feste Preise

запроси́ть, -ошу́, -о́сишь; -о́шенный, -о́шен, -а *v* **1.** *A oder G* anfragen; erbitten; ~ разреше́ния um Genehmigung nachsuchen **2.** *überhöhten Preis* verlangen || *uv* запра́шивать, -аю, -аешь

за́просто *Adv umg* ungezwungen, ohne Umstände; он быва́ет у нас ~ er verkehrt ungezwungen bei uns

запротестова́ть, -ту́ю, -ту́ешь *v* Einspruch erheben, protestieren

запротоколи́ровать, -рую, -руешь; -рованный, -рован, -а *v* zu Protokoll nehmen, ein Protokoll anfertigen

запру́ ↑ запере́ть

запру́да, -ы *f* **1.** Staudamm, Wehr **2.** Staubecken

запруди́ть, -ужу́, -у́дишь; -у́женный, -у́жен, -у́жена *u.* -ужённый, -ужён, -ужена́ *v* **1.** stauen *Fluß* **2.** *übtr umg* überfluten, gänzlich anfüllen || *uv* **запру́живать,** -аю, -аешь

запры́гать, -аю, -аешь *v* zu springen anfangen

запряга́ть(ся) *uv zu* запря́чь(ся)

запря́жка, -и, *Pl G* -жек, *D* -жкам *f* **1.** Einspannen, Schirren **2.** Gespann, Geschirr

за|пря́тать* *v* **1.** *umg* verstecken, verbergen **2.** *volksspr* einsperren, einkerkern || *uv* **запря́тывать,** -аю, -аешь

за|пря́чь* *v* **1.** an-, einspannen; ~ ло́шадь в теле́гу das Pferd vor den Wagen spannen **2.** *übtr, umg* einspannen *in die Arbeit* || *uv* запряга́ть, -а́ю, -а́ешь

за|пря́чься* *v übtr umg* sich einspannen; ~ в рабо́ту sich ins Zeug legen || *uv* запряга́ться, -а́юсь, -а́ешься

запу́ганный, -ая, -ое eingeschüchtert

запуга́ть, -а́ю, -а́ешь; запу́ганный, -ан, -а *v* einschüchtern || *uv* запу́гивать, -аю, -аешь

запу́гивание, -я *n* Einschüchterung

запу́гивать *uv zu* запуга́ть

за́пуск, -а *m* **1.** Anlassen *Motor* **2.** Start *Rakete, Raumschiff* **3.** Steigenlassen *Drachen*

[1,2]запуска́ть *uv zu* [1,2]запусти́ть

запусте́ть, *1. u. 2. Pers ungebr*, -е́ет *v* verwildern, veröden

[1]запусти́ть, -ущу́, -у́стишь; -у́щенный, -у́щен, -а *v* **1.** *umg* schleudern (что́-н. *oder* че́м-н. в *A* etw. nach); ~ ка́мнем в соба́ку einen Stein nach einem Hund werfen **2.** aufsteigen lassen; ~ змей einen Drachen steigen lassen; ~ спу́тник einen Sputnik aufsteigen lassen [starten]; ~ на орби́ту auf eine Umlaufbahn bringen **3.** *umg* anlaufen lassen, in Gang setzen; ~ тока́рный стано́к eine Drehbank in Gang setzen **4.** *umg* hineinstecken; ~ ру́ки в во́ду die Arme ins Wasser tauchen; ко́шка запусти́ла ко́гти в мышь die Katze schlug ihre Krallen in die Maus || *uv* запуска́ть, -а́ю, -а́ешь

[2]запусти́ть, -ущу́, -у́стишь; -у́щенный, -у́щен, -а *v* vernachlässigen; ohne Pflege [Aufsicht] lassen || *uv* запуска́ть, -а́ю, -а́ешь

запу́танный, -ая, -ое verworren, verwickelt, wirr

запу́тать, -аю, -аешь; запу́танный, -ан, -а *v* **1.** verwirren, durcheinanderbringen **2.** *übtr* komplizieren, schwer verständlich machen; ~ вопро́с eine Frage komplizieren **3.** *übtr umg* verwirren, irremachen **4.** *umg* verstricken, (hinein) verwickeln; || *uv* **запу́тывать,** -аю, -аешь

запу́таться, -аюсь, -аешься *v* **1.** sich verwickeln; ни́тки запу́тались die Fäden haben sich verfitzt **2.** *übtr* verwickelt [kompliziert, schwer verständlich] werden **3.** *übtr umg* sich verstricken, sich verwickeln, geraten (в *P* in); ~ в долга́х in Schulden geraten; ~ в противоре́чиях sich in Widersprüche verwickeln **4.** *übtr umg* sich verhaspeln **5.** *volksspr* sich verirren || *uv* **запу́тываться,** -аюсь, -аешься

запуха́ть *uv zu* запу́хнуть

запу́хнуть, -ну, -нешь; запу́х, -ла *v umg* anschwellen || *uv* запуха́ть, -а́ю, -а́ешь

запуши́ть, *1. u. 2. Pers ungebr*, -ши́т; -шённый, -шён, -шена́ *v* wie mit Flaum bedecken *vom Schnee, Reif*

запуще́ние, -я *n alt* Verwilderung, Verödung; находи́ться в -и sich in vernachlässigtem [verwildertem] Zustand befinden

запу́щенный, -ая, -ое **1.** vernachlässigt; verwildert, verödet **2.** verschleppt *Krankheit*

запча́сти *Pl* -е́й, *Sg* запча́сть, -и *f* (запасны́е ча́сти) Ersatzteile

запыла́ть, -а́ю, -а́ешь *v* aufflammen

[1]запыли́ть, -лю́, -ли́шь; -лённый, -лён, -лена́ *v* staubig machen, mit Staub bedecken

[2]запыли́ть, -лю, -ли́шь *v* anfangen, Staub aufzuwirbeln

запыли́ться, -лю́сь, -ли́шься *v* verstauben, staubig werden

запыха́ться, -а́юсь, -а́ешься *uv umg* außer Atem kommen, keuchen

запьяне́ть, -е́ю, -е́ешь *v volksspr* betrunken werden

запья́нствовать, -вую, -вуешь *v umg* zum Trinker werden

запя́стье, -ья, *G Pl* -ий *n* Handgelenk, Handwurzel

запята́я, -о́й *Subst f* Komma

запятна́ть, -а́ю, -а́ешь; запя́тнанный, -ан, -а *v* beflecken, besudeln *auch übtr*

зараба́тывать *uv zu* [1]зарабо́тать
зараба́тываться *uv zu* зарабо́таться
[1]**зарабо́тать,** -аю, -аешь; зарабо́танный, -ан, -а *v durch Arbeit* verdienen, erarbeiten; зарабо́танные де́ньги verdientes Geld || *uv* зараба́тывать, -аю, -аешь
[2]**зарабо́тать,** -аю, -аешь *v* anfangen zu arbeiten; мото́р зарабо́тал der Motor sprang an
зарабо́таться, -аюсь, -аешься *v umg* (zu) lange arbeiten; *durch vieles Arbeiten* erschöpft werden || *uv* зараба́тываться, -аюсь, -аешься
за́работный, -ая, -ое: -ая пла́та Arbeitslohn, Gehalt
за́работок, -тка *m* 1. Arbeitsverdienst, Lohn 2. *meist Pl* Lohnarbeit *außerhalb des Wohnorts*
зара́внивать *uv zu* заровня́ть
заража́ть(ся) *uv zu* зарази́ть(ся)
зараже́ние, -я *n* Ansteckung, Infektion; ~ кро́ви Blutvergiftung; радиоакти́вное ~ Aktivierung, radioaktive Verseuchung
зара́з *Adv umg* gleichzeitig, auf einmal, zugleich
зара́за, -ы *f* 1. Krankheitserreger, Bazillen 2. Infektion
зарази́тельный, -ая, -ое; *Kzf* -лен, -льна 1. ansteckend, übertragbar, Infektions-; -ая боле́знь Infektionskrankheit 2. *übtr* ansteckend, mitreißend; ~ приме́р ansteckendes Beispiel
зарази́ть, -ажу́, -ази́шь; -ажённый, -ажён, -ажена́ *v* 1. anstecken, infizieren; ~ гри́ппом mit Grippe anstecken 2. verpesten, verseuchen; ~ во́здух die Luft verpesten: aktivieren, radioaktiv verseuchen 3. *übtr* anstecken, mitreißen || *uv* заража́ть, -а́ю, -а́ешь
зарази́ться, -ажу́сь, -ази́шься *v I* 1. sich anstecken, sich infizieren, sich *durch Ansteckung* eine Krankheit holen; ~ гри́ппом an Grippe erkranken 2. *übtr* sich anstecken [mitreißen] lassen || *uv* заража́ться, -а́юсь, -а́ешься
зара́зный, -ая, -ое; *Kzf* -зен, -зна 1. ansteckend, Infektions- 2. -ого *Subst m* Infektionskranker
зара́нее *Adv* im voraus, vorher, von vornherein; ~ позабо́титься vorsorgen
зарапортова́ться, -ту́юсь, -ту́ешься *v umg* sich *beim Erzählen* verwirren; das Blaue vom Himmel herunter erzählen
зараста́ть *uv zu* зарасти́
за|расти́* *v* 1. sich bedecken *mit Pflanzenwuchs oder Haaren*, zuwachsen; ~ мхом sich mit Moos bedecken 2. *umg* zuheilen, vernarben ◇ ~ мо́хом verwildern, herunterkommen *vom Menschen* || *uv* зараста́ть, -а́ю, -а́ешь
за|рва́ться*; -рва́ли́сь *v umg* zu weit gehen, sich übernehmen, jedes Maß vergessen, über den Strang schlagen || *uv* зарыва́ться, -а́юсь, -а́ешься
зарде́ться, -е́юсь, -е́ешься *v* 1. sich rot färben, sich röten 2. erröten
за|реве́ть* *v* 1. anfangen zu brüllen, aufheulen; мото́р зареве́л der Motor heulte auf 2. anfangen, laut zu weinen
за́рево, -а *n* roter Schein *am Himmel*
зарегистри́ровать, -рую, -руешь; -рованный, -рован, -а *v* registrieren, eintragen
зарегистри́роваться, -руюсь, -руешься *v* 1. sich registrieren [eintragen] lassen 2. *umg* sich standesamtlich trauen lassen
заре́з, -а *m*: до -у äußerst, dringend
за|ре́зать* *v umg* 1. erstechen, die Kehle durchschneiden, ermorden 2. schlachten, abstechen 3. *übtr* umbringen, ins Verderben stürzen 4. *Pferde durch Antreiben* zu Tode hetzen
за|ре́заться* *v umg* sich die Kehle durchschneiden
зарезерви́ровать, -рую, -руешь; -рованный, -рован, -а *v* zurückbehalten, in Reserve behalten
зарека́ться *uv zu* заре́чься
зарекомендова́ть, -ду́ю, -ду́ешь; -до́ванный, -до́ван, -а *v*: ~ себя́ sich empfehlen, sich bewähren; он зарекомендова́л себя́ стара́тельным рабо́тником er hat sich als fleißiger (Mit-)Arbeiter bewährt || *uv* **зарекомендо́вывать,** -аю, -аешь
заре́чье, -ья *n* Gebiet jenseits des Flusses
за|ре́чься* *v* (sich) geloben, sich fest vornehmen *etw. nicht mehr zu tun* || *uv* зарека́ться, -а́юсь, -а́ешься
заржа́веть, *1. u. 2. Pers ungebr*, -еет *v* verrosten, rostig werden
заржа́вленный, -ая, -ое; *Kzf* -ен, -а verrostet, rostig
за|ржа́ть* *v* anfangen zu wiehern
зарисова́ть, -су́ю, -су́ешь; -со́ванный, -со́ван, -а *v* zeichnen, skizzieren; in einer Zeichnung festhalten || *uv* зарисо́вывать, -аю, -аешь
зарисо́вка, -и, *Pl G* -вок, *D* -вкам *f*

1. Zeichnen, Skizzieren 2. Zeichnung, Skizze *nach der Natur*
зарисо́вывать *uv zu* зарисова́ть
за́риться, за́рюсь, за́ришься *uv volksspr* erpicht sein (на *A* auf)
зарни́ца, -ы, *I* -ей *f* Wetterleuchten
заровня́ть, -я́ю, -я́ешь; заро́вненный, -ен, -а *v* einebnen; ~ я́му eine Grube zuschütten || *uv* зара́внивать, -аю, -аешь
зароди́ть, -ожу́, -оди́шь; -ождённый, -ождён, -ождена́ *v* hervorrufen, erzeugen, erwecken || *uv* зарожда́ть, -а́ю, -а́ешь
зароди́ться, *1. u. 2. Pers ungebr*, -и́тся *v* aufkommen, entstehen; зароди́лась но́вая иде́я eine neue Idee kam auf || *uv* зарожда́ться, -а́ется
заро́дыш, -а, *I* -ем, *G Pl* -ей *m* 1. Keim, Embryo, Leibesfrucht 2. *übtr* Keim, erster Anfang; подави́ть [уничто́жить] в -е im Keim ersticken
заро́дышевый, -ая, -ое keimhaft, Keim-, Embryonal-; -ая кле́тка Keimzelle
зарожда́ть(ся) *uv zu* зароди́ть(ся)
зарожде́ние, -я *n* Entstehung, Aufkommen
заро́к, -а *m* Gelöbnis, Schwur; дать ~ не пить (sich) geloben, nicht wieder zu trinken
зарони́ть, -оню́, -о́нишь; -о́ненный, -о́нен, -а *v* 1. *umg* entgleiten lassen, fallen lassen 2. *übtr* hervorrufen, wachrufen, einflößen; ~ в ко́м-н. мысль j-m einen Gedanken eingeben
за́росль, -и *f* Gestrüpp, Dickicht
зарпла́та, -ы *f umg* (за́работная пла́та) Arbeitslohn
заруба́ть *uv zu* заруби́ть
зарубе́жный, -ая, -ое ausländisch, Auslands-
[1]**заруби́ть,** -ублю́, -у́бишь; -у́бленный, -у́блен, -а *v* 1. niedermetzeln, niedersäbeln, erschlagen 2. einkerben, eine Kerbe machen ◇ ~ себе́ на носу́ sich hinter die Ohren schreiben || *uv* заруба́ть, -а́ю, -а́ешь
зару́бка, -и, *Pl G* -бок, *D* -бкам *f* 1. Einkerben 2. Kerbe, Einkerbung, Einschnitt
зарубцева́ться, *1. u. 2. Pers ungebr*, -цу́ется *v* vernarben || *uv* **зарубцо́вываться,** -ается
зарумя́ниваться *uv zu* зарумя́ниться
зарумя́ниться, -нюсь, -нишься *v* 1. sich röten, rot werden *im Gesicht* 2. braun werden, sich mit brauner Kruste überziehen *Gebackenes* || *uv* зарумя́ниваться, -аюсь, -аешься
заруча́ться *uv zu* заручи́ться
заручи́ться, -чу́сь, -чи́шься *v I* sich sichern; ~ подде́ржкой това́рищей sich den Beistand der Kameraden sichern || *uv* заруча́ться, -а́юсь, -а́ешься
зару́чка, -и, *Pl G* -чек, *D* -чкам *f volkssmr* Rückhalt, Unterstützung
зарыва́ть *uv zu* [1]зары́ть
[1]**зарыва́ться** *uv zu* зары́ться
[2]**зарыва́ться** *uv zu* зарва́ться
зарыда́ть, -а́ю, -а́ешь *v* anfangen zu schluchzen
[1]**за|ры́ть*** *v* vergraben, eingraben, verscharren ◇ вот где соба́ка зары́та da liegt der Hund begraben || *uv* зарыва́ть, -а́ю, -а́ешь
[2]**за|ры́ть*** *v* anfangen zu graben
за|ры́ться* *v* sich vergraben, sich verkriechen; ~ лицо́м в поду́шки das Gesicht in den Kissen vergraben || *uv* зарыва́ться, -а́юсь, -а́ешься
заря́, -и́, *Pl* зо́ри, зорь, заря́м *u.* зо́рям *f* 1.: у́тренняя ~ Morgenrot; вече́рняя ~ Abendrot; на -е́ [с -ёю] bei Tagesanbruch 2. *übtr* Morgenröte; ~ но́вой жи́зни die Morgenröte eines neuen Lebens 3. *A* зо́рю *mil*: у́тренняя ~ Wecken, Wecksignal; вече́рняя ~ Zapfenstreich ◇ от -и́ до -и́ vom Abend bis zum Morgen, die ganze Nacht hindurch; ни свет ни ~ vor Tau und Tag, in aller Frühe
заряби́ть, *1. u. 2. Pers ungebr*, -и́т *v*: у меня́ заряби́ло в глаза́х mir begann es vor den Augen zu flimmern
заря́д, -а *m el, mil* Ladung; боево́й ~ scharfe Ladung; холосто́й ~ blinde Ladung; а́томный ~ Atomsprengladung
[1]**заряди́ть,** -яжу́, -я́дишь; -я́женный, -я́жен, -а *u.* -яжённый, -яжён, -яжена́ *v* 1. laden; ~ ору́дие Geschütz laden 2. (auf)laden; ~ электри́ческую батаре́ю eine elektrische Batterie laden 3.: ~ фотоаппара́т einen neuen Film einlegen || *uv* заряжа́ть, -а́ю, -а́ешь
[2]**заряди́ть,** -яжу́, -яди́шь *v umg* anfangen, unaufhörlich dasselbe zu tun [ständig zu wiederholen]; loslegen; дождь заряди́л es regnet in einem fort
заряди́ться, -яжу́сь, -я́дишься *v* 1. *el, mil* geladen werden 2. *umg* neue Kräfte sammeln || *uv* заряжа́ться, -а́юсь, -а́ешься
заря́дка, -и, *G Pl* -док, *D* -дкам *f* 1. (Auf-) Laden; ~ аккумуля́тора Aufladen eines Akkumulators 2. *übtr*

Aufmunterung, Schuß Energie **3.** *Sport* Körperübung; у́тренняя ~ Morgengymnastik
заря́дный, -ая, -ое *el, mil* Lade-, Ladungs-; Munitions-; ~ ток Ladestrom; ~ я́щик Munitionskasten
заряжа́ть *uv zu* [1]заряди́ть
заряжа́ться *uv zu* заряди́ться
заса́да, -ы *f* Hinterhalt, Versteck; Falle; сиде́ть в -е im Hinterhalt [auf der Lauer] liegen
засади́ть, -ажу́, -а́дишь; -а́женный, -а́жен, -а *v* **1.** bepflanzen **2.** *umg* einsperren; ~ в тюрьму́ ins Gefängnis sperren **3.** *umg* zu einer Arbeit zwingen; оте́ц засади́л его́ за кни́ги der Vater zwang ihn zu lernen **4.** *umg* fest hineintreiben; ~ топо́р в бревно́ die Axt in den Balken treiben ‖ *uv* **заса́живать,** -аю, -аешь
заса́живаться, -аюсь, -аешься *uv volksspr* sich setzen; ~ за что́-н. sich an etw. machen
заса́ленный, -ая, -ое schmutzig, fettig
[1]**заса́ливать** *uv zu* заса́лить
[2]**заса́ливать** *uv zu* засоли́ть
заса́лить, -лю, -лишь; -ленный, -лен, -а *v A* fettig machen, Fettflecken machen ‖ *uv* заса́ливать, -аю, -аешь
заса́сывать *uv zu* [1]засоса́ть
заса́харенный, -ая, -ое kandiert, verzuckert
заса́харивать *uv zu* заса́харить
заса́харить, -рю, -ришь; -ренный, -рен, -а *v* mit Zucker überziehen, kandieren ‖ *uv* заса́харивать, -аю, -аешь
засверка́ть, -а́ю, -а́ешь *v* aufblitzen, aufleuchten, erglänzen ◇ у них пя́тки засверка́ли sie ergriffen das Hasenpanier
[1]**засвети́ть,** -ечу́, -е́тишь; -е́ченный, -е́чен, -а *v* **1.** anzünden **2.** *derb, volksspr* schlagen
[2]**засвети́ть,** -ечу́, -е́тишь; -е́ченный, -е́чен, -а *v*: ~ плёнку *phot* einen Film durch Belichten verderben ‖ *uv* засве́чивать, -аю, -аешь
[1]**засвети́ться,** *1. u. 2. Pers ungebr*, -е́тится *v phot* durch Belichtung verdorben werden ‖ *uv* засве́чиваться, -ается
[2]**засвети́ться,** *1. u. 2. Pers ungebr*, -е́тится *v* aufleuchten, erstrahlen
за́светло *Adv* (noch) bei Tageslicht, vor Einbruch der Dunkelheit
засве́чивать *uv zu* [2]засвети́ть
засве́чиваться *uv zu* [1]засвети́ться
засвиде́тельствовать, -вую, -вуешь *v* **1.** bezeugen, bestätigen **2.** beglaubigen
за|свиста́ть* *v volksspr* anfangen zu pfeifen
засвисте́ть, -ищу́, -исти́шь *v* anfangen zu pfeifen
засева́ть *uv zu* засе́ять
заседа́ние, -я *n* Sitzung, Tagung
заседа́тель, -я *m* Beisitzer; Schöffe; прися́жный ~ *alt* Geschworener
[1]**заседа́ть,** -а́ю, -а́ешь *uv* **1.** tagen; сове́т заседа́ет der Sowjet tagt **2.** an einer Sitzung [Tagung] teilnehmen
[2]**заседа́ть** *uv zu* засе́сть
засе́ка *u.* **за́сека,** -и *f* **1.** Sperre aus Baumstämmen **2.** *alt* Schonung
[1, 2]**засека́ть** *uv zu* [1, 2]засе́чь
засекре́тить, -е́чу, -е́тишь; -е́ченный, -е́чен, -а *v* **1.** für geheim [vertraulich] erklären; ~ докуме́нты Dokumente als vertraulich erklären **2.** *A umg* Zutritt zu vertraulichen [geheimen] Dokumenten gewähren ‖ *uv* **засекре́чивать,** -аю, -аешь
заселе́ние, -я *n* Besiedeln, Bevölkern; ~ цели́нных земе́ль die Besiedelung von Neuland
заселённый, -ая, -ое besiedelt, bevölkert; ~ дом ein bewohntes Haus
засели́ть, -лю́, -ли́шь; -лённый, -лён, -лена́ *v* bevölkern, besiedeln; beziehen; ~ дом ein Haus beziehen [bewohnen]; ~ дом но́выми жильца́ми neue Mieter in ein Haus einweisen ‖ *uv* **заселя́ть,** -я́ю, -я́ешь
засемени́ть, -ню́, -ни́шь *v umg* tippeln
за|се́сть* *v umg* **1.** sich setzen, sich niederlassen; ся́дем за рабо́ту! setzen [machen] wir uns an die Arbeit! **2.** sich festsetzen, sich einschließen; ~ в кре́пости sich in einer Festung einschließen **3.** sich in einen Hinterhalt legen **4.** в *P* steckenbleiben *Kugel*; *übtr* sich festsetzen ‖ *uv* заседа́ть, -а́ю, -а́ешь *zu* 4
засе́чка, -и, *Pl G* -чек, *D* -чкам *f* Kerbe, Einschnitt
[1]**за|се́чь***; засе́к, засекла́ *v* eine Kerbe machen, einkerben; markieren; ~ де́рево einen Baum mit einer Kerbe versehen ◇ ~ вре́мя die Zeit stoppen ‖ *uv* засека́ть, -а́ю, -а́ешь
[2]**за|се́чь***; засе́к, -ла *v* zu Tode [bis zur Bewußtlosigkeit] prügeln [peitschen] ‖ *uv* засека́ть, -а́ю, -а́ешь
засе́ять, -е́ю, -е́ешь; -е́янный, -е́ян, -а *v* **1.** besäen; ~ поля́ пшени́цей auf den Feldern Weizen säen **2.** *übtr, umg* übersäen ‖ *uv* засева́ть, -а́ю, -а́ешь
засиде́ть, *1. u. 2. Pers ungebr*, -ди́т;

засиженный, -жен, -а *v umg* beschmutzen *durch Fliegen, Vögel* ‖ *uv* **засиживать,** -аю, -аешь

засидеться, -ижусь, -идишься *v umg* (zu) lange sitzen bleiben, sich (zu) lange aufhalten ‖ *uv* **засиживаться,** -аюсь, -аешься

засилосовать, -сую, -суешь; -сованный, -сован, -а *v landw* silieren

засилье, -ья *n* Übermacht, Vorherrschaft

засиять, -яю, -яешь *v* erstrahlen, aufleuchten, zu strahlen anfangen

заскакивать *uv zu* заскочить

заскирдовать, -дую, -дуешь; -дованный, -дован, -а *v* zu Schobern zusammenlegen

заскок, -а *m umg* Spleen, seltsames Gebaren, Überspanntheit; у него ~ в голове er hat einen Spleen

заскорузлый, -ая, -ое **1.** hart, schwielig **2.** *übtr* verknöchert, verhärtet

заскорузнуть, -ну, -нешь; заскоруз, -ла *v* **1.** schwielig werden **2.** *übtr* verknöchern

заскочить, -очу, -очишь *v* **1.** *umg* hineinspringen; aufspringen; eindringen **2.** *volksspr* vorbeikommen (bei), einen Abstecher machen ◇ ~ вперёд vorauseilen *a. übtr* ‖ *uv* заскакивать, -аю, -аешь

за|скрежетать* *v* zu knirschen beginnen

заскрипеть, -плю, -пишь *v* zu knarren [zu knirschen] beginnen

заскучать, -аю, -аешь *v*: она заскучала es begann ihr langweilig zu werden

за|слать* *v umg* **1.** *weit oder an die falsche Stelle* schicken; ~ не по адресу an die falsche Adresse schicken **2.** zur Erkundung ausschicken ‖ *uv* засылать, -аю, -аешь

заслон, -а *m* **1.** Schutz, Schutzwand, Schutzwall **2.** *mil* Deckungsabteilung, Sicherungseinheit

заслонить, -ню, -нишь; -нённый, -нён, -нена *v* **1.** bedecken, verdecken, verhüllen; он старался ~ её от ветра er bemühte sich, ihr Deckung vor dem Wind zu bieten **2.** *übtr* überdecken, verdecken, verdrängen ‖ *uv* заслонять, -яю, -яешь

заслониться, -нюсь, -нишься *v* sich decken, sich schützen ‖ *uv* заслоняться, -яюсь, -яешься

заслонка, -и, *Pl G* -нок, *D* -нкам *f* **1.** (eiserne) Ofenklappe, Ofentür **2.**: солнечная ~ *phot* Sonnenblende **3.** Schütze *an einer Schleuse* **4.** Drosselklappe *Auto*

заслонять(ся) *uv zu* заслонить(ся)

заслуга, -и *f* das Verdienst, verdienstvolle Leistung ◇ по -ам nach Gebühr, nach Verdienst; он получил по -ам ihm ist recht geschehen, er hat bekommen, was er verdient

заслуженный *u. umg* **заслужённый,** -ая, -ое verdient, verdienstvoll; пользоваться -ым успехом sich des verdienten Erfolges erfreuen; ~ деятель науки verdienter Wissenschaftler

заслуживать, -аю, -аешь *uv* **1.** *uv zu* заслужить **2.** *G* wert [würdig] sein, verdienen; это сообщение заслуживает доверия die Mitteilung ist glaubwürdig

заслужить, -ужу, -ужишь; -уженный, -ужен, -а *v* (sich) erwerben, (sich) verdienen, gewinnen ‖ *uv* заслуживать, -аю, -аешь

заслушать, -аю, -аешь; -анный, -ан, -а *v* anhören; entgegennehmen; ~ доклад einen Vortrag anhören; ~ отчёт einen mündlichen Rechenschaftsbericht entgegennehmen ‖ *uv* **заслушивать,** -аю, -аешь

заслушаться, -аюсь, -аешься *v* hingegeben lauschen; über dem Anhören die Zeit vergessen ‖ *uv* **заслушиваться,** -аюсь, -аешься

засмаливать *uv zu* засмолить

засматривать, -аю, -аешь *uv umg* hineinspähen ◇ ~ кому-н. в глаза j-m forschend in die Augen blicken

засматриваться, -аюсь, -аешься *uv* **1.** *uv zu* засмотреться **2.** *umg* neidisch [gierig] blicken (на *A* auf)

засмеивать *uv zu* засмеять

засмеять, -ею, -еёшь; -еянный, -еян, -а *v umg* auslachen, verspotten ‖ *uv* засмеивать, -аю, -аешь

засмеяться, -еюсь, -еёшься *v* in Lachen ausbrechen, anfangen zu lachen

засмолить, -лю, -лишь; -лённый, -лён, -лена *v* **1.** teeren, mit Pech zuschmieren **2.** *umg* Teerflecken machen ‖ *uv* засмаливать, -аю, -аешь

засмотреться, -отрюсь, -отришься *v* на *A* sich nicht satt sehen können (an), sich in den Anblick vertiefen (von) ‖ *uv* засматриваться, -аюсь, -аешься

заснежённый, -ая, -ое; *Kzf* -жён, -жена *u.* **заснеженный,** -ая, -ое; *Kzf* -жен, -а verschneit

заснимать *uv zu* заснять

засну́ть, -ну́, -нёшь *v* einschlafen || *uv* засыпа́ть, -а́ю, -а́ешь

за|сня́ть* *v volksspr* photographieren, knipsen, aufnehmen; filmen || *uv* снима́ть, -а́ю, -а́ешь

засо́в, -а *m* (großer) Türriegel; закры́ть на ~ verriegeln

засо́вывать *uv zu* засу́нуть

засо́л, -а *m* **1.** Einsalzen, Einlegen; огурцы́ све́жего -а frisch eingelegte Gurken **2.** Eingesalzenes, Eingelegtes

засоли́ть, -олю́, -о́ли́шь; -о́ленный, -о́лен, -а *v* einsalzen, einlegen || *uv* заса́ливать, -аю, -аешь

засо́лка, -и *f umg* Einsalzen, Einlegen

засоре́ние, -я *n* **1.** Verunreinigung, Verschmutzung; Verstopfung ◇ ~ желу́дка Magenverstimmung **2.** Verunkrautung

засори́ть, -рю́, -ри́шь; -рённый, -рён, -рена́ *v* **1.** verunreinigen, verschmutzen; verstopfen; ~ желу́док sich den Magen verderben **2.** verunkrauten **3.** *übtr* verderben || *uv* **засоря́ть,** -я́ю, -я́ешь

засори́ться, *1. u. 2. Pers ungebr*, -и́тся *v* sich verunreinigen, sich verstopfen; ра́ковина умыва́льника засори́лась das Waschbecken ist verstopft || *uv* **засоря́ться,** -я́ется

[1]**за|соса́ть*** *v* **1.** einsaugen, aufsaugen **2.** *übtr* aufsaugen, hineinziehen || *uv* заса́сывать, -аю, -аешь

[2]**за|соса́ть*** *v umg* anfangen zu saugen

засо́хнуть, -ну, -нешь; засо́х, -ла *v* vertrocknen, eintrocknen, verdorren || *uv* засыха́ть, -а́ю, -а́ешь

за́спанный, -ая, -ое *umg* verschlafen

за|спа́ться* *v umg* verschlafen, zu lange schlafen || *uv* засыпа́ться, -а́юсь, -а́ешься

заспеши́ть, -шу́, -ши́шь *v umg* anfangen, sich zu beeilen

заспиртова́ть, -ту́ю, -ту́ешь; -то́ванный, -то́ван, -а *v* in Spiritus legen || *uv* **заспирто́вывать,** -аю, -аешь

заспо́рить, -рю, -ришь *v* anfangen zu streiten, einen Streit beginnen

заста́ва, -ы *f* **1.** *hist* Stadttor **2.** *alt* Schlagbaum **3.** *mil* Wache, Posten, Wachabteilung; пограни́чная ~ Grenzwache, Grenzposten

за|става́ть* *uv zu* заста́ть

[1]**заста́вить,** -влю, -вишь; -вленный, -влен, -а *v* **1.** vollstellen, vollpacken, vollstopfen **2.** verstellen, versperren, verrammeln || *uv* заставля́ть, -я́ю, -я́ешь

[2]**заста́вить,** -влю, -вишь *v* nötigen, zwingen; tun lassen; ~ рабо́тать zum Arbeiten nötigen; он заста́вил себя́ ждать er ließ auf sich warten || *uv* заставля́ть, -я́ю, -я́ешь

заста́вка, -и, *Pl G* -вок, *D* -вкам *f* **1.** *typ* Zierleiste *am Kapitelanfang* **2.** Schütze *am Wasserwehr*

[1,2]**заставля́ть** *uv zu* [1,2] заста́вить

заста́иваться *uv zu* застоя́ться

застаре́лый, -ая, -ое eingewurzelt, hartnäckig; alt; -ая боле́знь verschleppte Krankheit

за|ста́ть* *v* **1.** antreffen, vorfinden; ~ до́ма zu Hause antreffen **2.** ertappen, erwischen; ~ враспло́х überrumpeln || *uv* за|става́ть*

застёгивать(ся) *uv zu* застегну́ть(ся)

застегну́ть, -ну́, -нёшь; застёгнутый, -ут, -а *v* zuknöpfen, zuschnüren, zuschnallen, schließen *Kleidung* || *uv* застёгивать, -аю, -аешь

застегну́ться, -ну́сь, -нёшься *v* **1.** schließen *itr, von Kleidungsstücken* **2.** *Kleidung* zuknöpfen, schließen || *uv* застёгиваться, -аюсь, -аешься

застёжка, -и, *G Pl* -жек, *D* -жкам *f* Verschluß, Schließe, Spange

застекли́ть, -лю́, -ли́шь; -лённый, -лён, -лена́ *v* verglasen || *uv* **застекля́ть,** -я́ю, -я́ешь

застели́ть, -елю́, -е́лешь; -е́ленный, -е́лен, -а *v volksspr* **1.** bedecken, zudecken; belegen, auslegen **2.** verhüllen, bedecken, überziehen

застенографи́ровать, -рую, -руешь; -рованный, -рован, -а *v* (mit)stenographieren

засте́нок, -нка *m* Folterkammer

засте́нчивый, -ая, -ое; *Kzf* **-ив, -а** schüchtern, verlegen

застига́ть *uv zu* засти́чь *u.* **засти́гнуть**

засти́гнуть, -ну, -нешь; засти́г, **-ла**; засти́гнутый, -ут, -а *v* ertappen, erwischen || *uv* застига́ть, -а́ю, -а́ешь

застила́ть(ся) *uv zu* застла́ть(ся)

за́стить, за́щу, за́стишь; за́сти *u.* засть *uv volksspr*: ~ (свет) im Licht stehen

за|сти́чь* *v* ertappen, erwischen; ~ враспло́х überrumpeln; ~ на ме́сте преступле́ния auf frischer Tat ertappen || *uv* застига́ть, -а́ю, -а́ешь

за|стла́ть* *v* **1.** bedecken, zudecken; belegen, auslegen; ~ пол ковра́ми den Fußboden mit Teppichen auslegen **2.** verhüllen, bedecken, überziehen || *uv* застила́ть, -а́ю, -а́ешь

за|стла́ться*, *1. u. 2. Pers ungebr*, *v* sich überziehen, sich bedecken || *uv* застила́ться, -а́ется

застой, -я, *G Pl* -ев *m* Stillstand, Stagnation, Flaute; ~ в эконо́мике Wirtschaftsflaute; ~ кро́ви Blutstauung
засто́йный, -ая, -ое 1. stockend, stillstehend; Flaute-; -ое состоя́ние Flautezustand 2. langanhaltend, ununterbrochen
засто́льный, -ая, -ое Tisch-, Tafel-; -ая бесе́да Tischgespräch; -ая пе́сня Trinklied
за|стона́ть* *v* anfangen zu stöhnen, aufstöhnen
засто́поривать(ся) *uv zu* засто́порить(ся)
засто́порить, -рю, -ришь; -ренный, -рен, -а *v* 1. abstoppen, bremsen, zum Stehen bringen *Maschine* 2. *übtr, umg* bremsen, aufhalten; ~ разви́тие die Entwicklung hemmen || *uv* засто́поривать, -аю, -аешь
засто́пориться, *1. u. 2. Pers ungebr,* -ится *v* 1. stehen bleiben, zum Stehen kommen, stoppen 2. *übtr, umg* stecken bleiben, nicht vorankommen || *uv* засто́париваться, -ается
засто́яться, -ою́сь, -ои́шься *v* 1. zu lange *ohne Bewegung* stehen; застоя́вшаяся ло́шадь stallmüdes Pferd 2. abgestanden werden; sich stauen; вода́ засто́ялась das Wasser ist abgestanden [schal] || *uv* заста́иваться, -аюсь, -аешься
застра́ивать(ся) *uv zu* застро́ить(ся)
застрахова́ть, -страху́ю, -страху́ешь; застрахо́ванный, -ан, -а *v* от *G* 1. versichern (gegen) 2. *übtr* sichern (vor, gegen); от э́того никто́ не застрахо́ван dagegen ist niemand gefeit, davor ist niemand sicher || *uv* **застрахо́вывать,** -аю, -аешь
застрахова́ться, -страху́юсь, -страху́ешься *v* от *G* 1. sich versichern, eine Versicherung abschließen (gegen) 2. *übtr* sich sichern (vor, gegen) || *uv* **застрахо́вываться,** -аюсь, -аешься
застра́чивать *uv zu* [1]застрочи́ть
застраща́ть, -а́ю, -а́ешь; застра́щанный, -ан, -а *v volksspr* einschüchtern || *uv* **застра́щивать,** -аю, -аешь
застрева́ть *uv zu* застря́ть
застре́ливать(ся) *uv zu* застрели́ть(ся)
застрели́ть, -елю́, -е́лишь; -е́ленный, -е́лен, -а *v* erschießen; erlegen || *uv* застре́ливать, -аю, -аешь
застрели́ться, -елю́сь, -е́лишься *v* sich erschießen || *uv* застре́ливаться, -аюсь, -аешься
застре́льщик, -а *m* Initiator, Urheber
застрига́ть *uv zu* застри́чь
за|стри́чь* *v umg Nägel, Haare* zu kurz schneiden || *uv* застрига́ть, -а́ю, -а́ешь
застро́ить, -о́ю, -о́ишь; -о́енный, -о́ен, -а *v* bebauen || *uv* застра́ивать, -аю, -аешь
застро́иться, *1. u. 2. Pers ungebr,* -о́ится *v* bebaut werden || *uv* застра́иваться, -ается
застро́йка, -ки *f* Bebauung, Bauen; пра́во -и Bebauungsrecht
застро́йщик, -а *m* Bauherr
[1]**застрочи́ть,** -очу́, -о́чи́шь; -о́ченный, -о́чен, -а *v* absteppen, *mit der Maschine* abnähen; ~ вы́тачки Abnäher machen || *uv* застра́чивать, -аю, -аешь
[2]**застрочи́ть,** -очу́, -о́чи́шь *v umg* 1. anfangen, schnell [flüchtig] zu schreiben 2. anfangen zu schießen *aus automatischen Waffen*
застрuга́ть, -а́ю, -а́ешь; застру́ганный, -ан, -а *v umg* glatthobeln; spitz machen *Holz*
застря́ну ↑ застря́ть
застря́ть* *v* 1. steckenbleiben; ~ в грязи́ im Schlamm steckenbleiben 2. *übtr, umg* stecken-, hängenbleiben, nicht vom Fleck kommen; де́ло застря́ло die Sache kommt nicht vom Fleck ◇ слова́ застря́ли у него́ в го́рле die Worte blieben ihm im Munde [in der Kehle] stecken || *uv* застрева́ть, -а́ю, -а́ешь
застуденеть, *1. u. 2. Pers ungebr,* -е́ет *v* erkalten und dabei zu Gallert werden
застуди́ть, -ужу́, -у́дишь; -у́женный, -у́жен, -а *v umg* 1. auskühlen (zu) kalt werden lassen 2. sich erkälten || *uv* **засту́живать,** -аю, -аешь
за́ступ, -а *m* Spaten
заступа́ть(ся) *uv zu* заступи́ть(ся)
заступи́ть, -уплю́, -у́пишь *v* 1. *volksspr* vertreten, die Stelle einnehmen 2. *umg* antreten *Arbeit* 3. *volksspr* treten (auf) 4. *alt* schützen || *uv* заступа́ть, -а́ю, -а́ешь
заступи́ться, -уплю́сь, -у́пишься *v* eintreten, sich einsetzen (за *A* für) || *uv* заступа́ться, -а́юсь, -а́ешься
засту́пник, -а *m* Beschützer, Verteidiger, Fürsprecher
засту́пнический, -ая, -ое Verteidigungs-
засту́пничество, -а *n* Beistand, Eintreten; Fürsprache
застуча́ть, -чу́, -чи́шь *v* zu klopfen beginnen

застыва́ть *uv zu* засты́ть
застыди́ться, -ыжу́сь, -ыди́шься *v* Scham empfinden, sich schämen; verlegen werden
за|сты́ть* *v* 1. gerinnen, fest werden; сту́день засты́л die Sülze wurde fest 2. *umg* vor Kälte steif werden, erstarren 3. *übtr* erstarren, gefrieren, ersterben; усме́шка засты́ла на его́ губа́х das Lächeln erstarb auf seinen Lippen || *uv* застыва́ть, -а́ю, -а́ешь
засуди́ть, -ужу́, -у́дишь; -у́женный, -у́жен, -а *v volkssрr* aburteilen, verurteilen, verdonnern || *uv* **засу́живать,** -аю, -аешь
засу́нуть, -ну, -нешь; засу́нутый, -ут, -а *v* 1. (hinein)stecken, stecken; ~ ру́ку в карма́н die Hand in die Tasche stecken 2. *umg* hinstecken, verlegen || *uv* засо́вывать, -аю, -аешь
засу́сливать *uv zu* засу́слить
засу́слить, -лю, -лишь; -ленный, -лен, -а *v volkssрr* besabbern, mit Spucke [Fett] beschmutzen || *uv* засу́сливать, -аю, -аешь
за́суха, -и *f* Dürre, Trockenheit
засухоусто́йчивый, -ая, -ое; *Kzf* -ив, -а dürrebeständig; -ые расте́ния dürrefeste Pflanzen
засу́чивать *uv zu* засучи́ть
засучи́ть, -учу́, -у́чишь; -у́ченный, -у́чен, -а *v* aufkrempeln, hochstreifen; ~ рукава́ die Ärmel hochkrempeln || *uv* засу́чивать, -аю, -аешь
засу́шивать *uv zu* засуши́ть
засуши́ть, -ушу́, -у́шишь; -у́шенный, -у́шен, -а *v* eintrocknen lassen, trocknen, dörren || *uv* засу́шивать, -аю, -аешь
засу́шливый, -ая, -ое; *Kzf* -ив, -а trocken, Dürre-; ~ год Dürrejahr; -ая пого́да Dürre
засчита́ть, -а́ю, -а́ешь; засчи́танный, -ан, -а *v* anrechnen, berücksichtigen; gutschreiben || *uv* **засчи́тывать,** -аю, -аешь
засыла́ть *uv zu* засла́ть
за|сы́пать* *v* 1. zuschütten, zuwerfen; ~ я́му песко́м eine Grube mit Sand zuschütten 2. bedecken, überschütten 3. *übtr* überschütten; ~ пода́рками mit Geschenken überschütten 4. vorschütten, hineinschütten || *uv* [1]**засыпа́ть,** -а́ю, -а́ешь
[2]**засыпа́ть** *uv zu* засну́ть
[1]**за|сы́паться*** *v* 1. eindringen, hineingeraten *Sand Staub u. ä.* 2. sich bedecken, sich füllen; я́ма засы́палась песко́м die Grube hat sich mit Sand gefüllt || *uv* засыпа́ться, -а́юсь, -а́ешься
[2]**за|сы́паться*** *v volkssрr* 1. einen Reinfall erleben, einbrechen 2. durchfallen, durchrauschen *beim Examen* || *uv* засыпа́ться, -а́юсь, -а́ешься
[1]**засыпа́ться** *uv zu* [1, 2]засы́паться
[2]**засыпа́ться** *uv zu* заспа́ться
засыха́ть *uv zu* засо́хнуть
затаври́ть, -рю́, -ри́шь; -рённый, -рён, -рена́ *v A einem Tier* ein Erkennungszeichen einbrennen
затаённый, -ая, -ое geheim, heimlich, verhalten
зата́ивать *uv zu* затаи́ть
затаи́ть, -аю́, -аи́шь; -аённый, -аён, -аена́ *v* 1. *umg* verstecken, verbergen 2. verbergen, nicht erkennen lassen; ~ зло́бу den Groll verbergen, heimlichen Groll hegen ◇ ~ дыха́ние den Atem anhalten || *uv* **зата́ивать,** -аю, -аешь
зата́лкивать *uv zu* [1]затолка́ть
зата́пливать *uv zu* [1,3]затопи́ть
зата́птывать *uv zu* затопта́ть
зата́сканный, -ая, -ое *umg* 1. abgetragen, abgeschabt, schäbig; -ое пальто́ abgetragener Mantel 2. *übtr* abgedroschen, strapaziert; abgeschmackt, banal; -ое выраже́ние abgedroschene Redensart
затаска́ть, -а́ю, -а́ешь; зата́сканный, -ан, -а *v umg* 1. abtragen, abnutzen 2. *übtr* abnutzen, strapazieren 3.: ~ кого́-н. j-n herumschleppen, j-n von einem Ort zum anderen schleppen || *uv* [1]**зата́скивать,** -аю, -аешь
[2]**зата́скивать** *uv zu* затащи́ть
зата́чивать *uv zu* [2]заточи́ть
затащи́ть, -ащу́, -а́щишь; -а́щенный, -а́щен, -а *v* 1. (hinein)schleppen; ~ мешо́к в сара́й einen Sack in die Scheune schleppen 2. fortschleppen, verschleppen 3. *übtr umg* (mit)schleppen, mitbringen, mitnehmen || *uv* зата́скивать, -аю, -аешь
затвердева́ть *uv zu* затверде́ть
затверде́лость, -и *f* Verhärtung
затверде́ние, -я *n* 1. Verhärten, Verhärtung 2. *med* verhärtete Geschwulst
затверде́ть, *1. u. 2. Pers ungebr*, -е́ет *v* hart werden, fest werden || *uv* затвердева́ть, -а́ет
[1]**затверди́ть,** -ержу́, -ерди́шь; -ержённый, -ержён, -ержена́ *u.* -е́рженный, -е́ржен, -е́ржена *v durch mehrfaches Wiederholen* sich einprä-

gen, auswendig lernen ‖ *uv* затвéрживать, -аю, -аешь

²затвердить, -ржý, -рдишь *v umg* anfangen, unaufhörlich zu wiederholen; он затвердил однó и тó же er fing an, immer dasselbe zu wiederholen

затвéрживать *uv zu* ¹затвердить

затвóр, -а *m* **1.** *umg* Riegel, Verschluß *an Türen, Fenstern* **2.** *tech* Verschluß, Schloß; Schieber; ружéйный ~ Gewehrschloß

затворить, -орю, -óришь; -óренный, -óрен, -а *v* **1.** zumachen, schließen **2.** *umg* einschließen, einsperren ‖ *uv* затворять, -яю, -яешь

затвориться, -орюсь, -óришься *v* **1.** zugehen, sich schließen **2.** sich einschließen **3.** *übtr* sich abschließen, sich absondern, sich zurückziehen *vom Umgang mit anderen* ‖ *uv* затворяться, -яюсь, -яешься

затвóрник, -а *m* **1.** Mönch, Einsiedler **2.** *übtr* Einsiedler; жить -ом wie ein Einsiedler leben

затвóрнический, -ая, -ое Mönchs-, Einsiedler-

затворять(ся) *uv zu* затворить(ся)

затевáть *uv zu* затéять

затéйливый, -ая, -ое; *Kzf* -ив, -а **1.** wunderlich, originell, eigenartig verschnörkelt; ~ узóр originelles Muster **2.** kompliziert, verwickelt **3.** *volksspr* einfallsreich, originell, drollig

затéйник, -а *m* **1.** einfallsreicher Mensch, Spaßvogel **2.** Organisator von Vergnügungen

затекáть *uv zu* затéчь

затéм *Adv* **1.** danach, darauf, hierauf **2.** deswegen, deshalb, darum; ~, чтóбы um zu

затемнéние, -я *n* **1.** Verdunkeln, Verdunkelung; ~ гóрода Verdunkelung der Stadt **2.** Verdunklungsvorrichtung **3.** *übtr* geistige Verwirrung; ~ сознáния geistige Umnachtung **4.** *med* Verschattung

затемнить, -ню, -нишь; -нённый, -нён, -нена́ *v* **1.** dunkel machen, das Licht nehmen **2.** verdunkeln *Fenster* **3.** *übtr* verschleiern, trüben ‖ *uv* затемнять, -яю, -яешь

зáтемно *Adv umg* **1.** noch vor Tagesanbruch **2.** schon im Finstern

затемнять *uv zu* затемнить

затенить, -ню, -нишь; -нённый, -нён, -нена́ *v* **1.** beschatten **2.** das Licht dämpfen; ~ лáмпу eine Lampe verhüllen ‖ *uv* **затенять,** -яю, -яешь

за|терéть*; затёрши *u.* затерёв *v* **1.** auswischen, verwischen; две лúтеры бы́ли затёрты zwei Buchstaben waren ausgewischt **2.** *umg* abtragen, abnutzen **3.** einklemmen, einkeilen; сýдно затёрто во льду das Schiff ist vom Eis eingekeilt **4.** *übtr, umg* zurückdrängen, verdrängen, zurücksetzen; молодóго специалиста затёрли den jungen Fachmann ließ man nicht hochkommen ‖ *uv* затирáть, -áю, -áешь

за|терéться* *v volksspr* sich hineindrängen ‖ *uv* затирáться, -áюсь, -áешься

затéривать(ся) *uv zu* затерять(ся)

затéрянный, -ая, -ое verloren, einsam, der Vergessenheit anheimgefallen; он чýвствовал себя таким -ым er fühlte sich so verloren

затерять, -яю, -яешь; затéрянный, -ян, -а *v umg* verlieren ‖ *uv* затéривать, -аю, -аешь

затеряться, -яюсь, -яешься *v umg* **1.** verlorengehen, abhanden kommen **2.** sich verlieren, verschwinden *a. übtr*; ~ в толпé sich in der Menge verlieren ‖ *uv* затéриваться, -аюсь, -аешься

за|тесáться* *v volksspr* sich hineinzwängen, eindringen ‖ *uv* **затёсываться,** -аюсь, -аешься

за|тéчь* *v* **1.** (hinein)fließen; водá затеклá в подвáл Wasser ist in den Keller geflossen **2.** anschwellen; глаз затёк das Auge ist geschwollen **3.** gefühllos werden (infolge Unterbrechung der Durchblutung), einschlafen ‖ *uv* затекáть, -áю, -áешь

затéя, -и *f* **1.** verschrobener Einfall **2.** origineller Einfall, Streich **3.** *Pl alt* Verschnörkelungen *an Fassaden* ◇ без затéй ungekünstelt, einfach und geradezu

затéять, -éю, -éешь; -éянный, -éян, -а *v umg* **1.** unternehmen, beginnen **2.** auf den Einfall kommen, anzetteln, arrangieren ‖ *uv* затевáть, -áю, -áешь

затирáть(ся) *uv zu* затерéть(ся)

затúскивать *uv zu* затúснуть

затúснуть, -ну, -нешь; -нутый, -нут, -а *v umg* hineinstopfen, hineinschieben ‖ *uv* затúскивать, -аю, -аешь

затихáть *uv zu* затúхнуть

затúхнуть, -ну, -нешь; затúх, -ла *v* **1.** still werden, verstummen; verklingen; гóрод затúх die Stadt wurde still **2.** *übtr* sich beruhigen; sich legen, aufhören; бýря затúхла der

Sturm legte sich || *uv* затиха́ть, -а́ю, -а́ешь

зати́шье, -ья *n* **1.** Windstille **2.** Stille, Ruhe **3.** windgeschützte Stelle, ruhiges Plätzchen **4.** *übtr* Stillstand, Flaute

заткну́ть, -ну́, -нёшь; за́ткнутый, -ут, -а *v* **1.** ver-, zustopfen, verschließen; ~ у́ши ва́той die Ohren mit Watte zustopfen **2.** *umg* (hinein)-stecken, (hinein)schieben; ~ пистоле́т за по́яс die Pistole in den Gürtel stecken ◇ ~ за́ пояс кого́-н. *volksspr* j-n in die Tasche stecken, j-m weit überlegen sein; ~ рот кому́-н. *volksspr* j-m den Mund stopfen || *uv* затыка́ть, -а́ю, -а́ешь

затмева́ть *uv zu* затми́ть

затме́ние, -я *n* **1.** *astr* Finsternis; со́лнечное ~ Sonnenfinsternis **2.** *umg* zeitweilige geistige Umnachtung, Geistesverwirrung ◇ на него́ нашло́ ~ er hat seinen Verstand nicht beisammen

затми́ть, *1. Pers ungebr,* -и́шь *v* **1.** verdunkeln, verhüllen **2.** *übtr* in den Schatten stellen, übertreffen || *uv* затмева́ть, -а́ю, -а́ешь

зато́ *Konj* dafür (freilich); заплати́л до́рого, ~ хоро́шую вещь купи́л ich habe zwar viel bezahlt, aber dafür etwas Gutes gekauft

затова́ривание, -я *n wirtsch* Anhäufung (zu) großer Warenvorräte

затова́ривать(ся) *uv zu* затова́рить-(ся)

затова́рить, -рю, -ришь; -ренный, -рен, -а *v wirtsch* **1.** Waren horten **2.** mit Waren überfüllen; ~ склад посу́дой das Lager mit Geschirr vollstopfen || *uv* затова́ривать, -аю, -аешь

затова́риться, -рюсь, -ришься *v wirtsch* **1.** sich überreich mit Warenvorräten versehen **2.** keinen Absatz finden, sich häufen || *uv* затова́риваться, -аюсь, -аешься

[1]**затолка́ть,** -а́ю, -а́ешь; зато́лканный, -ан, -а *v* **1.** schieben, schubsen **2.** hin und her stoßen [schubsen] **3.** *volksspr* hineinstopfen || *uv* зата́лкивать, -аю, -аешь

[2]**затолка́ть,** -а́ю, -а́ешь *v* anfangen zu schieben [stoßen, schubsen]

зато́н, -а *m* tiefe Einbuchtung *eines Flusses*; geschützter Ankerplatz *für Flußschiffe*

затону́ть, -ону́, -о́нешь *v* untergehen, versinken

[1]**затопи́ть,** -оплю́, -о́пишь; -о́пленный, -о́плен, -а *v* (an)heizen || *uv* зата́пливать, -аю, -аешь *u. volksspr* затопля́ть, -я́ю, -я́ешь

[2]**затопи́ть,** -оплю́, -о́пишь; -о́пленный, -о́плен, -а *v* **1.** überschwemmen, überfluten **2.** versenken || *uv* затопля́ть, -я́ю, -я́ешь *u. volksspr* зата́пливать, -аю, -аешь

[3]**затопи́ть,** -оплю́, -о́пишь *v* anfangen zu heizen

[1,2]**затопля́ть** *uv zu* [1,2]затопи́ть

затопта́ть, -опчу́, -о́пчешь; -о́птанный, -о́птан, -а *v* **1.** zertreten; mit Fußspuren bedecken; ~ цвето́чные клу́мбы Blumenbeete zertreten **2.** mit den Füßen in die Erde stampfen **3.** austreten *Feuer* ◇ ~ кого́-н. в грязь j-n in den Schmutz ziehen || *uv* зата́птывать, -аю, -аешь

зато́р, -а *m* Stockung, Stauung; ~ в у́личном движе́нии Verkehrsstauung; ледяно́й ~ Eisstau

затормáживать(ся) *uv zu* затормози́ть(ся)

затормози́ть, -ожу́, -ози́шь; -ожённый, -ожён, -ожена́ *v* **1.** bremsen, zum Stehen bringen [kommen] **2.** *übtr umg* bremsen, hemmen || *uv* затормáживать, -аю, -аешь

затормози́ться, *1. u. 2. Pers ungebr,* -и́тся *v* **1.** gebremst [gehemmt] werden **2.** *umg* verzögert werden, steckenbleiben || *uv* затормáживаться, -ается

затоскова́ть, -ку́ю, -ку́ешь *v umg* traurig werden, Sehnsucht bekommen (по *D* nach)

заточа́ть *uv zu* [1]заточи́ть

заточе́ние, -я *n alt* **1.** Einkerkerung **2.** Aufenthalt im Gefängnis [in der Verbannung]; Haft

[1]**заточи́ть,** -чу́, -чи́шь; -чённый, -чён, -чена́ *v alt* einsperren *ins Gefängnis, Kloster usw.* || *uv* заточа́ть, -а́ю, -а́ешь

[2]**заточи́ть,** -очу́, -о́чишь; -о́ченный, -о́чен, -а *v umg* schärfen; abschleifen || *uv* зата́чивать, -аю, -аешь

затошни́ть, -и́т *v unpers* Übelkeit verspüren; его́ затошни́ло ihm ist übel geworden

затравене́ть, *1. u. 2. Pers ungebr,* -е́ет *v gbt* mit Gras bewachsen

затрави́ть, -авлю́, -а́вишь; -а́вленный, -а́влен, -а *v* **1.** *Jagd* hetzen **2.** *übtr umg* hetzen, hin und her jagen, verfolgen || *uv* затра́вливать, -аю, -аешь

затрáвка, -и, *Pl G* -вок, *D* -вкам *f* **1.** Zünder, Zündloch **2.** *übtr volksspr* Anreiz

затрáвливать *uv zu* затрави́ть

затрáгивать *uv zu* затрóнуть

затрапéзный, -ая, -ое *umg* Alltags- *z. B. Kleidung*

затрáта, -ы *f* **1.** Aufwendung, Verbrauch, Aufwand; ~ трудá Arbeitsaufwand **2.** *meist Pl* (Geld-) Ausgaben, Kosten

затрáтить, -áчу, -áтишь; -áченный, -áчен, -а *v* ausgeben, verbrauchen, aufwenden ‖ *uv* **затрáчивать,** -аю, -аешь

затрéбовать, -бую, -буешь; -бованный, -бован, -а *v* (offiziell) anfordern; vorladen; verlangen; ~ свéдения Erkundigungen einziehen

затрёпанный, -ая, -ое *umg* abgenutzt, abgetragen; *übtr* abgedroschen

за|трепáть* *v umg* **1.** abnutzen, abtragen **2.** erschöpfen ‖ *uv* затрёпывать, -аю, -аешь

за|трепетáть* *v* erzittern, erbeben

затрёпывать *uv zu* затрепáть

затрещáть, -щý, -щи́шь *v* zu knistern [zu prasseln, zu knarren] anfangen

затрéщина, -ы *f volksspr* Ohrfeige

затрóнуть, -ну, -нешь; затрóнутый, -ут, -а *v* **1.** streifen, berühren; оскóлок затрóнул сéрдце der Granatsplitter hat das Herz gestreift **2.** *übtr* berühren, betreffen, verletzen; ~ интерéсы когó-н. j-s Interessen verletzen **3.** *übtr* berühren, streifen *ein Thema* ◇ у негó лёгкие затрóнуты seine Lungen sind angegriffen ‖ *uv* затрáгивать, -аю, -аешь

затруднéние, -я *n* **1.** Beschwernis; Schwierigkeit; ~ в дыхáнии Atembeschwerden **2.** schwierige Situation; быть в -и sich in schwieriger Lage befinden

затрудни́тельный, -ая, -ое; *Kzf* -лен, -льна schwierig, beschwerlich

затрудни́ть, -ню, -ни́шь; -нённый, -нён, -нена́ *v* **1.** beschweren, bedrükken, in Verlegenheit setzen; э́тот вопрóс затрудни́л егó die Frage brachte ihn in Verlegenheit **2.** erschweren, schwierig machen ◇ éсли вас не затрудни́т wenn es Ihnen keine besondere Mühe macht ‖ *uv* **затрудня́ть,** -я́ю, -я́ешь

затрудни́ться, -ню́сь, -ни́шься *v I oder Inf* in Schwierigkeiten [Verlegenheit] sein; затрудня́юсь отвéтить на э́тот вопрóс ich weiß nicht, wie ich diese Frage beantworten soll ‖ *uv* **затрудня́ться,** -я́юсь, -я́ешься

за|трясти́сь* *v* erzittern, erbeben

затумáнивать(ся) *uv zu* затумáнить(ся)

затумáнить, -ню, -нишь; -ненный, -нен, -а *v* in Nebel hüllen, vernebeln; *übtr* verschleiern, verdunkeln ‖ *uv* затумáнивать, -аю, -аешь

затумáниться, -нюсь, -нишься *v* **1.** sich in Nebel hüllen **2.** *übtr* sich verschleiern, sich trüben, sich umfloren; глазá егó затумáнились seine Augen waren umflort ‖ *uv* затумáниваться, -аюсь, -аешься

затупи́ть, -уплю́, -ýпишь; -ýпленный, -ýплен, -а *v umg* stumpf machen ‖ *uv* **затупля́ть,** -я́ю, -я́ешь

затухáть *uv zu* затýхнуть

затýхнуть, *1. u. 2. Pers ungebr*, -нет; затýх, -ла *v* **1.** *umg* erlöschen **2.** *übtr* abklingen, nachlassen ‖ *uv* затухáть, -áет

затушевáть, -шýю, -шýешь; -шёванный, -шёван, -а *v* **1.** mit Tusche bearbeiten; schattieren **2.** *übtr* vertuschen ‖ *uv* **затушёвывать,** -аю, -аешь

затуши́ть, -ушý, -ýшишь; -ýшенный, -ýшен, -а *v umg* **1.** löschen, ausmachen; ~ свет Licht ausmachen **2.** *übtr* unterdrücken, zurückhalten

зáтхлый, -ая, -ое muffig, modrig, dumpf

затыкáть *uv zu* заткнýть

заты́лок, -лка *m* Nacken, Hinterkopf ◇ в ~ einer hinter dem anderen, hintereinander

заты́чка, -и, *Pl G* -чек, *D* -чкам *f umg* Pfropfen, Spund ◇ на -у *derb volksspr* als Lückenbüßer

затя́гивать *uv zu* [1]затянýть

затя́гиваться *uv zu* затянýться

затя́жка, -и, *Pl G* -жек, *D* -жкам *f* **1.** Zug *beim Rauchen* **2.** Verzögerung

затяжнóй, -áя, -óе langwierig, sich lange hinziehend; -áя болéзнь langwierige Krankheit ◇ ~ прыжóк *flug* verzögerter Absprung

[1]**затянýть,** -янý, -я́нешь; -я́нутый, -я́нут, -а *v* **1.** zuschnüren, zubinden, zuziehen, zusammenbinden, verschnüren; ~ ýзел Knoten schnüren **2.** ansaugen, hineinziehen; корóву затянýло в болóто die Kuh ist in den Sumpf gezogen worden **3.** *übtr* hineinziehen, verwickeln **4.** *I* überziehen, bedecken; морóз затянýл

лу́жи то́нким льдом der Frost hat die Pfützen mit dünnem Eis überzogen **5.** *unpers* zum Vernarben bringen; ра́ну затяну́ло die Wunde ist vernarbt **6.** hinausziehen, verziehen, verzögern **7.** *tech* fest anziehen ‖ *uv* затя́гивать, -аю, -аешь

²затяну́ть, -яну́, -я́нешь *v umg* anstimmen, ein Lied beginnen

затяну́ться, -яну́сь, -я́нешься *v* **1.** sich zuziehen *Knoten* **2.** *I* sich umbinden, anlegen; sich schnüren; ~ по́ясом einen Gürtel umbinden **3.** sich hineinziehen [verwickeln] lassen **4.** sich in die Länge ziehen, lange dauern **5.** sich bedecken; sich beziehen **6.** einen Zug machen *beim Rauchen* ‖ *uv* затя́гиваться, -аюсь, -аешься

зау́мный, -ая, -ое ausgeklügelt, überspannt, (absichtlich) unverständlich

зауны́вный, -ая, -ое; *Kzf* -вен, -вна schwermütig, wehmütig

заупря́миться, -млюсь, -мишься *v* sich zu sträuben [zu widersetzen] anfangen, widerspenstig werden

заура́льский, -ая, -ое jenseits des Ural gelegen

зауря́д- *in Zuss alt* eine Dienststellung bekleidend, ohne den entsprechenden Rang zu haben

зауря́дный, -ая, -ое; *Kzf* -ден, -дна gewöhnlich, mittelmäßig, durchschnittlich; ~ челове́к Durchschnittsmensch, Dutzendmensch

заусе́ница, -ы, *I* -ей *f* Niednagel

заутю́живать *uv zu* заутю́жить

заутю́жить, -жу, -жишь; -женный, -жен, -а *v* bügeln, plätten ‖ *uv* заутю́живать, -аю, -аешь

зау́чивать(ся) *uv zu* заучи́ть(ся)

заучи́ть, -учу́, -у́чишь; -у́ченный, -у́чен, -а *v* auswendig lernen; einstudieren ‖ *uv* зау́чивать, -аю, -аешь

заучи́ться, -учу́сь, -у́чишься *v umg* zu viel lernen, sich dumm lernen ‖ *uv* зау́чиваться, -аюсь, -аешься

заушáтельский, -ая, -ое grob, beleidigend

зау́шница, -ы, *I* -ей *f med* Ziegenpeter

зафарширова́ть, -ру́ю, -ру́ешь; -ро́ванный, -ро́ван, -а *v* füllen *Speisen*

зафикси́ровать, -рую, -руешь; -рованный, -рован, -а *v* **1.** festhalten *in Bild, Bericht* **2.** *phot* fixieren

зафрахтова́ть, -ту́ю, -ту́ешь; -то́ванный, -то́ван, -а *v naut, wirtsch* chartern ‖ *uv* **зафрахто́вывать,** -аю, -аешь

заха́живать *uv iterativ zu* зайти́

захва́ливать *uv zu* захвали́ть

захвали́ть, -алю́, -а́лишь; -а́ленный, -а́лен, -а *v umg* übermäßig loben, in den Himmel heben ‖ *uv* захва́ливать, -аю, -аешь

захва́статься, -аюсь, -аешься *v* anfangen, sich zu brüsten

захва́т, -а *m* **1.** Ergreifen **2.** Raub, Eroberung, gewaltsame Besitzergreifung; ~ вла́сти Machtergreifung **3.** *tech* Greifer, Kralle

захвата́ть, -а́ю, -а́ешь; захва́танный, -ан, -а *v umg* abgreifen ‖ *uv* захва́тывать, -аю, -аешь

захвати́ть, -ачу́, -а́тишь; -а́ченный, -а́чен, -а *v* **1.** (er)fassen, (er)greifen; in die Hand nehmen **2.** mitnehmen **3.** *übtr, umg* angesteckt werden, sich holen **4.** (gewaltsam) ergreifen, an sich reißen; ~ инициати́ву Initiative ergreifen **5.** *übtr* ergreifen, begeistern, fesseln **6.** *umg* überraschend antreffen, überraschen, erwischen; дождь захвати́л нас wir sind vom Regen überrascht worden **7.** rechtzeitig erkennen, vorbeugende Maßnahmen treffen; во́время ~ боле́знь einer Krankheit rechtzeitig vorbeugen ◇ у меня́ захвати́ло дыха́ние es verschlug mir den Atem ‖ *uv* захва́тывать, -аю, -аешь

захва́тнический, -ая, -ое Raub-, Eroberungs-

захва́тчик, -а *m* Eindringling, Eroberer

¹захва́тывать *uv zu* захвати́ть

²захва́тывать *uv zu* захвата́ть

захва́тывающий, -ая, -ее fesselnd, ergreifend, hinreißend; с -им интере́сом mit gespannter Aufmerksamkeit

захвора́ть, -а́ю, -а́ешь *v umg* krank werden

захиле́ть, -е́ю, -е́ешь *v volksspr u. gbt* schwach werden, zu kränkeln beginnen

захире́ть, -е́ю, -е́ешь *v umg* dahinsiechen, verkümmern

захлами́ть, -млю́, -ми́шь; -млённый, -млён, -млена́ *v umg* mit Gerümpel vollstellen, vollpfropfen ‖ *uv* **захла́мливать,** -аю, -аешь *u.* **захламля́ть,** -я́ю, -я́ешь

захлебну́ться, -ну́сь, -нёшься *v* **1.** sich verschlucken; Wasser [Rauch] schlucken **2.** außer sich geraten *vor Erregung* **3.** *übtr* sich totlaufen, zusammenbrechen *Angriff* 4. *tech* versagen *Motor, automatische Waffe* || *uv* **захлёбываться,** -аюсь, -аешься

захлестну́ть [сн], -ну́, -нёшь; захлёстнутый, -ут, -а *v* 1. *Schlinge usw.* zuziehen, zuschnüren; überwerfen; ~ верёвку за ствол де́рева das eine Ende des Strickes um einen Baum schlingen 2. überfluten; волна́ захлестну́ла его́ die Wellen ergossen sich über ihn 3. *übtr* mit sich fortreißen, packen; ра́достное чу́вство захлестну́ло его́ er empfand große Freude || *uv* **захлёстывать,** -аю, -аешь

захло́пать, -аю, -аешь *v* anfangen, in die Hände zu klatschen

захло́пнуть, -ну, -нешь; -нутый, -нут, -а *v* zuschlagen, zuklappen || *uv* захло́пывать, -аю, -аешь

захло́пнуться, *1. u. 2. Pers ungebr*, -нется *v mit lautem Geräusch* zugehen, zuschlagen, zuklappen || *uv* захло́пываться, -ается

за|хлопота́ться* *v umg* sich abmühen, sich abjagen *mit Laufereien usw.*

захло́пывать(ся) *uv zu* захло́пнуть(ся)

захмеле́ть, -е́ю, -е́ешь *v volkssspr* betrunken werden

захо́д, -а *m* 1. *astr* Untergang; ~ со́лнца Sonnenuntergang 2. Einkehr, Besuch, Einlaufen; *flug* Anflug; *naut* Anlaufen; без -а в га́вань ohne den Hafen anzulaufen

заходи́ть *uv zu* зайти́

захо́жий, -ая, -ее *volkssspr* zugereist

захолу́стный [сн], -ая, -ое hinterwäldlerisch; abgelegen

захолу́стье, -ья, *G Pl* -ий *u. volkssspr* -ьев, *D* -ьям *n* weit abgelegene Gegend, Krähwinkel

захорони́ть, -роню́, -ро́нишь; -ро́ненный, -ро́нен, -а *v* 1. begraben 2. *volkssspr* verstecken

за|хоте́ть* *v* den Wunsch [das Verlangen] zeigen, wollen

за|хоте́ться* *unpers v*: мне вдруг захоте́лось ich empfand plötzlich das Verlangen

за|хохота́ть* *v* in lautes Gelächter ausbrechen

захрапе́ть, -плю́, -пи́шь *v umg* anfangen zu schnarchen

захребе́тник, -а *m volkssspr* Schmarotzer

захрипе́ть, -плю́, -пи́шь *v umg* anfangen zu röcheln [zu keuchen]; heiser werden

захрома́ть, -а́ю, -а́ешь *v umg* zu hinken anfangen; lahm werden

захуда́лый, -ая, -ое 1. *alt u. volkssspr* heruntergekommen; verarmt 2. unbedeutend, ganz gewöhnlich

за|цвести́* *v* aufblühen, anfangen zu blühen || *uv* **зацвета́ть,** -а́ю, -а́ешь

зацелова́ть, -лу́ю, -лу́ешь; -ло́ванный, -ло́ван, -а *v umg* mit Küssen bedecken, abküssen

зацепи́ть, -еплю́, -е́пишь; -е́пленный, -е́плен, -а *v* 1. *mit einem Haken oder ähnlichem* ergreifen, festhaken, einhaken 2. versehentlich anstoßen, hängenbleiben, streifen; он стара́лся не зацепи́ть кого́-н. er bemühte sich, niemanden anzustoßen 3. *übtr, umg* verletzen *Gefühle, Interessen* || *uv* зацепля́ть, -я́ю, -я́ешь

зацепи́ться, -еплю́сь, -е́пишься *v* I sich verfangen, hängenbleiben (mit); рука́в зацепи́лся за гвоздь der Ärmel hat sich an einem Nagel verfangen || *uv* зацепля́ться, -я́юсь, -я́ешься

заце́пка, -и, *Pl G* -пок, *D* -пкам *f* 1. Haken 2. *umg* Grund, Vorwand 3. *volkssspr* Haken, Hindernis

зацепля́ться *uv zu* зацепи́ться

зачарова́ть, -ру́ю, -ру́ешь; -ро́ванный, -ро́ван, -а *v* 1. verzaubern 2. *übtr* bezaubern, berücken || *uv* **зачаро́вывать,** -аю, -аешь

зачасти́ть, -ащу́, -асти́шь *v umg* 1. schneller werden, sich beschleunigen; sich verstärken; дождь зачасти́л der Regen wurde heftiger 2. in raschem Rhythmus zu spielen beginnen *auf einem Instrument*; immer schneller und undeutlicher sprechen 3. häufige Besuche beginnen, ständiger Gast werden

зачасту́ю *Adv umg* häufig, oft

зача́тие, -я *n* Empfängnis

зача́ток, -тка *m* 1. Keim 2. *meist Pl, übtr* erste Anzeichen, Beginn 3. *biol* Rudiment

зача́точный, -ая, -ое Keim-, rudimentär, embryonal

[1]**зача́ть*** *v* (*alt außer Ptz Prät Pass*) *ein Kind* empfangen

[2]**зача́ть***; за́чал, -а́! *v volkssspr* anfangen || *uv* зачина́ть, -а́ю, -а́ешь

зача́хнуть, -ну, -нешь; зача́х, -ла *v* 1. dahinsiechen, verkümmern 2. verwelken

заче́м *Adv* weswegen, weshalb, warum, wozu

заче́м-то *Adv* aus irgendeinem Grunde

зачерви́веть, *1. u. 2. Pers ungebr*, -еет *v umg* wurmstichig werden
зачёркивать *uv zu* зачеркну́ть
зачеркну́ть, -ну́, -нёшь; зачёркнутый, -ут, -а *v* aus-, durchstreichen || *uv* зачёркивать, -аю, -аешь
зачерни́ть, -ню́, -ни́шь; -нённый, -нён, -нена́ *v* schwarz färben || *uv* **зачерня́ть,** -я́ю, -я́ешь
зачерпну́ть, -ну́, -нёшь; заче́рпнутый, -ут, -а *v A oder G* **1.** schöpfen **2.** vollaufen; ло́дка чуть не зачерпну́ла воды́ um ein Haar wäre das Boot voll Wasser gelaufen || *uv* **заче́рпывать,** -аю, -аешь
зачерстве́лый, -ая, -ое **1.** trocken, altbacken **2.** *übtr* hartherzig
зачерстве́ть, -е́ю, -е́ешь *v* **1.** trocken, hart werden, austrocknen *Brot* **2.** *übtr* hartherzig werden, verhärten
зачёс, -а *m* glattgekämmte Haare
за|чеса́ть* *v Haare* glattkämmen || *uv* зачёсывать, -аю, -аешь
за|чеса́ться*, *1. u. 2. Pers ungebr v* zu jucken beginnen; у него́ зачеса́лся нос ihm begann die Nase zu jucken
за|че́сть* *v* **1.** anrechnen, berücksichtigen; ~ су́мму в упла́ту до́лга einen Betrag auf die Schuldtilgung anrechnen **2.** als erfüllt betrachten, als bestanden anrechnen *bei Zwischenprüfungen* || *uv* зачи́тывать, -аю, -аешь
за|че́сться*, *1. u. 2. Pers ungebr v*: э́то ему́ зачтётся das wird ihm angerechnet werden || *uv* зачи́тываться, -аюсь, -аешься
зачёсывать *uv zu* зачеса́ть
зачёт, -а *m* **1.** Anrechnung, Berücksichtigung **2.** Zwischenprüfung, Testat
зачётный, -ая, -ое Prüfungs-; -ая кни́жка Studienbuch
зачехли́ть, -лю́, -ли́шь; -лённый, -лён, -лена́ *v umg* mit einem Überzug versehen
зачи́н, -а *m lit* Einleitung *einer Byline, eines Märchens u. a.*
зачина́тель, -я *m* Initiator, Urheber, Bahnbrecher
зачина́ть *uv zu* [2]зача́ть
зачи́нивать *uv zu* зачини́ть
зачини́ть, -иню́, -и́нишь; -и́ненный, -и́нен, -а *v umg* **1.** flicken **2.** (an)spitzen || *uv* зачи́нивать, -аю, -аешь
зачи́нщик, -а *m* Anstifter, Urheber *meist mißb*
зачисле́ние, -я *n* **1.** Einstellung, Aufnahme, Anstellung; ~ на рабо́ту шофёром Einstellung als Kraftfahrer **2.** *wirtsch* Verbuchung, Gutschrift
зачи́слить, -лю, -лишь; -ленный, -лен, -а *v* **1.** einstellen, aufnehmen, anstellen; eintragen; immatrikulieren; ~ на рабо́ту einstellen, in ein Arbeitsverhältnis aufnehmen **2.** *wirtsch* verbuchen, gutschreiben || *uv* **зачисля́ть,** -я́ю, -я́ешь
зачи́слиться, -люсь, -лишься *v* sich einstellen [aufnehmen, eintragen] lassen; ~ на рабо́ту eine Arbeitsstelle annehmen || *uv* **зачисля́ться,** -я́юсь, -я́ешься
зачита́ть, -а́ю, -а́ешь; зачи́танный, -ан, -а *v* **1.** verlesen **2.** *umg* abnutzen, zerlesen *Bücher, Schriftstücke* **3.** *umg* behalten, nicht zurückgeben *ein geliehenes Buch* || *uv* **[1]зачи́тывать,** -аю, -аешь
зачита́ться, -а́юсь, -а́ешься *v umg* sich ins Lesen vertiefen, alles über dem Lesen vergessen || *uv* **[1]зачи́тываться,** -аюсь, -аешься
[2]зачи́тывать(ся) *uv zu* заче́сть(ся)
зачну́ ↑ зача́ть
зачумлённый, -ая, -ое pestkrank; mit Pest verseucht
зашага́ть, -а́ю, -а́ешь *v* anfangen zu schreiten [auszuschreiten]
зашата́ться, -а́юсь, -а́ешься *v* ins Wanken [Schwanken] geraten, zu wanken [schwanken] anfangen
зашвы́ривать *uv zu* зашвырну́ть
зашвырну́ть, -ну́, -нёшь; зашвы́рнутый, -ут, -а *v umg* (weg)werfen, schmeißen || *uv* зашвы́ривать, -аю, -аешь
зашевели́ть, -елю́, -е́ли́шь *v I* zu bewegen anfangen, in Bewegung setzen
зашевели́ться, -елю́сь, -е́ли́шься *v* anfangen, sich zu bewegen, in Bewegung kommen
зашелесте́ть, *1. Pers ungebr*, -ти́шь *v* anfangen zu rauschen [zu rascheln]
зашелуди́веть, -ею, -еешь *v volksspr* räudig werden
зашерша́веть, *1. u. 2. Pers ungebr*, *v* -еет rauh werden
зашиба́ть, -а́ю, -а́ешь *uv volksspr* **1.** *uv zu* зашиби́ть **2.** zechen, trinken
за|шиби́ть* *v volksspr* **1.** schmerzhaft verletzen, stoßen **2.** erwerben, verdienen, einheimsen *Geld* || *uv* зашиба́ть, -а́ю, -а́ешь
зашива́ть *uv zu* заши́ть
за|ши́ть* *v* **1.** zunähen; ~ мешо́к einen Sack zunähen **2.** einnähen; ~

посылку в холст ein Paket in Leinwand einnähen || *uv* зашивáть, -áю, -áешь

зашифровáть, -рýю, -рýешь; -рóванный, -рóван, -а *v* chiffrieren, verschlüsseln || *uv* **зашифрóвывать,** -аю, -аешь

зашнуровáть, -рýю, -рýешь; -рóванный, -рóван, -а *v* zuschnüren || *uv* **зашнурóвывать,** -аю, -аешь

зашнуровáться, -рýюсь, -рýешься *v* sich einschnüren || *uv* **зашнурóвываться,** -аюсь, -аешься

зашпаклевáть, -лю́ю, -лю́ешь; -лёванный, -лёван, -а *v* spachteln, verschmieren || *uv* **зашпаклёвывать,** -аю, -аешь

зашпи́ливать *uv zu* зашпи́лить

зашпи́лить, -лю, -лишь; -ленный, -лен, -а *v umg mit einer Nadel* zustecken, aufstecken || *uv* зашпи́ливать, -аю, -аешь

заштемпелевáть, -лю́ю, -лю́ешь; -лёванный, -лёван, -а *v* (ab)stempeln || *uv* **заштемпелёвывать,** -аю, -аешь

заштóпать, -аю, -аешь; -анный, -ан, -а *v* stopfen || *uv* **заштóпывать,** -аю, -аешь

заштриховáть, -штрихýю, -штрихýешь; -штрихóванный, -штрихóван, -а *v* schraffieren || *uv* **заштрихóвывать,** -аю, -аешь

заштукатýривать *uv zu* заштукатýрить

заштукатýрить, -рю, -ришь; -ренный, -рен, -а *v arch* verputzen || *uv* заштукатýривать, -аю, -аешь

заштуковáть, -кýю, -кýешь; -кóванный, -кóван, -а *v* unsichtbar zusammennähen, kunststopfen || *uv* **заштукóвывать,** -аю, -аешь

зашумéть, -млю́, -ми́шь *v* **1.** anfangen zu lärmen [Lärm zu machen] **2.** anfangen zu rauschen

за|щебетáть* *v* anfangen zu zwitschern

защёлка, -и, *Pl G* -лок, *D* -лкам *f* **1.** Türklinke **2.** Schnapper *am Schloß*

защёлкивать(ся) *uv zu* защёлкнуть(ся)

защёлкнуть, -ну, -нешь; -нутый, -нут, -а *v* zuklinken, zuschnappen lassen; ~ дверь die Tür zuklinken || *uv* защёлкивать, -аю, -аешь

защёлкнуться, *1. u. 2. Pers ungebr,* -нется *v* einschnappen, ins Schloß fallen || *uv* защёлкиваться, -ается

защеми́ть, -млю́, -ми́шь; -млённый, -млён, -млена́ *v* **1.** einklemmen, einzwängen **2.** *umg* sich einklemmen ◇ у неё сéрдце защеми́ло ihr wurde beklommen ums Herz || *uv* **защемля́ть,** -я́ю, -я́ешь

защи́па, -ы *f* Biese; отдéлано -ами mit Biesen versehen

защи́та, -ы *f* **1.** Schutz, Verteidigung; Abwehr; ~ ми́ра Verteidigung des Friedens **2.** Schutz(vorrichtung), Wehr; ~ от излучéния Strahlenschutz **3.** *jur* Verteidigung **4.** *Sport* Verteidigung, Hintermannschaft

защити́тельный, -ая, -ое Verteidigungs-, Schutz-; -ая речь Verteidigungsrede

защити́ть, -ищý, -ити́шь; -ищённый, -ищён, -ищена́ *v* **1.** verteidigen; beschützen; eintreten (für) **2.** schützen (от *G* vor, gegen); ~ глаза́ от лучéй сóлнца die Augen vor den Sonnenstrahlen schützen **3.**: ~ диссертáцию eine Dissertation verteidigen || *uv* защищáть, -áю, -áешь

защити́ться, -ищýсь, -ити́шься *v* sich verteidigen || *uv* защищáться, -áюсь, -áешься

защи́тник, -а *m* **1.** Beschützer, Verteidiger **2.** *jur* Anwalt, Verteidiger **3.** *Sport* Verteidiger, Deckungsspieler

защи́тный, -ая, -ое **1.** Verteidigungs-, Schutz-; -ые очки́ Schutzbrille **2.** *umg* schutzfarben, khakifarben; mit Tarnanstrich versehen

защищáть(ся) *uv zu* защити́ть(ся)

защýривать *uv zu* защýрить

защýрить, -рю, -ришь *v umg* blinzeln || *uv* защýривать, -аю, -аешь

заяви́ть, -явлю́, -я́вишь; -я́вленный, -я́влен, -а *v* о *P* Erklärung abgeben, erklären; ~ о своём соглáсии sein Einverständnis erklären || *uv* заявля́ть, -я́ю, -я́ешь

заявка, -и, *G Pl* -вок, *D* -вкам *f* **1.** Anmeldung, Antrag, Ansuchen *zwecks Zuerkennung von Rechten*; ~ на изобретéние Anmeldung einer Erfindung; концéрт по -ам Wunschkonzert **2.** Anforderung, Bedarfsanmeldung; ~ на материáлы Materialanforderung

заявлéние, -я *n* **1.** offizielle Erklärung; сдéлать ~ Erklärung abgeben **2.** Antrag, Eingabe, Gesuch; подáть ~ einen Antrag einreichen; ~ о вступлéнии Aufnahmeantrag

заявля́ть *uv zu* заяви́ть

зая́длый, -ая, -ое *umg* leidenschaftlich

зáяц, зáйца, *I* зáйцем, *G Pl* зáйцев *m* **1.** Hase **2.** Hasenfell **3.** *volksspr* blinder Passagier, Schwarzfahrer; éхать зайцем als blinder Passagier fahren, schwarzfahren ◇ гоня́ться за двумя́ за́йцами zwei Fliegen mit einer Klappe schlagen wollen

за́ячий, -ья, -ье **1.** Hasen-; ~ мех Hasenfell **2.** *übtr umg* ängstlich, feige; -ья душа́ Hasenfuß ◇ -ья губа́ *med* Hasenscharte

зва́ние, -я *n* **1.** Rang, Titel; учёное ~ wissenschaftlicher Grad; во́инское ~ militärischer Dienstgrad **2.** Stand *im zaristischen Rußland*; меща́нское ~ Kleinbürgerstand ◇ одно́ ~ оста́лось allein der Name ist geblieben

зва́ный, -ая, -ое: ~ обе́д Festessen mit geladenen Gästen; ~ ве́чер Abendgesellschaft, Party; ~ гость (ein)geladener Gast

зва́тельный, -ая, -ое: ~ паде́ж *gram* Vokativ

звать* *uv* **1.** rufen, herbeirufen, heranwinken, anrufen **2.** *umg I* nennen; его́ зва́ли Ива́н(ом) er hieß Iwan; как вас зову́т? wie heißen Sie?

зва́ться*; зва́лся́, звала́сь, зва́ли́сь *uv I* heißen; де́вушка звала́сь Татья́ной das Mädchen hieß Tatjana

звезда́, -ы́, *Pl* звёзды, звёзд, звёздам *f* **1.** Stern **2.** *übtr* Stern, Star ◇ он звёзд с не́ба не хвата́ет *etwa* er hat das Pulver nicht erfunden

звёздный [зн], -ая, -ое **1.** *astr* Stern-; -ая систе́ма Sternsystem **2.** sternübersät, sternklar, sternhell; -ая ночь sternklare Nacht **3.** *übtr* Stern-; ~ пробе́г *Sport* Sternlauf, Sternfahrt

звёздочка, -и, *Pl G* -чек, *D* -чкам *f* **1.** *Dem zu* звезда́ kleiner Stern **2.** *typ* Sternchen *als Hinweis auf Anmerkungen* **3.** *tech* Kettenrad

звене́ть, -ню́, -ни́шь *uv* **1.** klingen, tönen, klirren; це́пи звеня́т die Ketten klirren **2.** *I* klirren, klimpern (mit); он звене́л в карма́не ме́лочью er klimperte mit dem Kleingeld in der Tasche ◇ в уша́х звени́т es klingt in den Ohren

звено́, -а́, *Pl* зве́нья, зве́ньев, зве́ньям *n* **1.** Glied *einer Kette* **2.** *übtr* Kettenglied, Teil **3.** *mil* Gruppe; Kette *von Flugzeugen*; полёт -о́м Kettenflug **4.** Gruppe, kleinste Einheit *einer Organisation*; пионе́рское ~ Pioniergruppe

звеньево́й, -о́го *Subst m* Gruppenleiter

зверёк, -рька́ *u.* **зверо́к,** -рка́ *m* kleines Tier

зверёныш, -а, *I* -ем, *G Pl* -ей *m umg* Tierjunges

звере́ть, -е́ю, -е́ешь *uv* grausam werden, vertieren

звери́нец, -нца, *I* -нцем, *G Pl* -нцев *m alt u. umg* Tierkäfig, Zwinger

звери́ный, -ая, -ое **1.** Tier-; -ая шку́ра Tierfell **2.** *übtr* tierisch, bestialisch, grausam

звероводство, -а *n* Pelztierzucht

зверо́к ↑ зверёк

зверолов, -а *m* Jäger, Pelztierjäger, Fallensteller

зверо́ловный, -ая, -ое Tierfang-, Tierfänger-; -ые сна́сти Tierfängerausrüstung

зверо́ловство, -а *n* Tierfang

звероподо́бный, -ая, -ое; *Kzf* -бен, -бна tierähnlich

зве́рский, -ая, -ое **1.** grausam, bestialisch, tierisch **2.** *umg* gewaltig, außerordentlich, schrecklich; ~ аппети́т Wolfshunger **3.** *Adv* зве́рски, по-зве́рски bestialisch, viehisch

зве́рство, -а *n* **1.** Bestialität, Grausamkeit **2.** *meist Pl* Greueltaten

зве́рствовать, -вую, -вуешь *uv* bestialisch wüten, Greueltaten verüben

зверь, -я, *Pl* зве́ри, звере́й, звеpя́м *m* **1.** Tier **2.** *übtr* Bestie, grausamer Mensch

зверьё, -ья́ *n Koll umg* wilde Tiere

звон, -а *m* Läuten, Klirren, Klang

звона́рь, -я́ *m* **1.** Glöckner **2.** *volksspr, derb* Klatschmaul

звони́ть, -ню́, -ни́шь *uv* **1.** läuten, klingeln **2.** *D* anrufen *telefonisch* ◇ ~ во все колокола́ о чём-н. *volksspr* etw. ausposaunen, etw. an die große Glocke hängen ‖ *v* позвони́ть

звони́ться, -ню́сь, -ни́шься *uv volksspr* klingeln *an der Tür* ‖ *v* позвони́ться

зво́нкий, -ая, -ое; *Kzf* -нок, -нка́!; *Komp* зво́нче klangvoll, hell tönend, laut (wider)hallend ◇ ~ согла́сный stimmhafter Konsonant; -ая моне́та Metallgeld

звонко́вый, -ая, -ое Klingel-, Läute-; -ая сигнализа́ция Läutewerk

звоно́к, -нка́ *m* **1.** Klingel, kleine Glocke; дверно́й ~ Türklingel **2.** Klingelzeichen; был пе́рвый ~ es hat zum erstenmal geläutet *im Theater*

зво́нче ↑ зво́нкий

звук, -а *m* **1.** Laut, Schall, Ton; ско́рость -а Schallgeschwindigkeit **2.** *ling* Sprachlaut; гла́сный ~ Vokal ◇ ~ пусто́й *buchspr* leere Worte

звуково́й, -а́я, -о́е Ton-, Laut-, Schall-; ~ фильм Tonfilm

звуко|глуши́тель, -я *m* Schalldämpfer; **~запи́сывающий,** -ая, -ее schallaufzeichnend; **~за́пись,** -и *f* Tonbandaufnahme, Schallplattenaufnahme; **~непроница́емый,** -ая, -ое schalldicht; **~опера́тор,** -а *m* Tonmeister; **~подража́тельный,** -ая, -ое laut-, schallnachahmend; **~прово́дность,** -и *f phys* Schalleitfähigkeit; **~ря́д,** -а *m mus* Tonleiter; **~снима́тель,** -я *m* Tonabnehmer; **~ула́вливатель,** -я *m mil* Richtungshörer

звуча́ние, -я *n* Tönen; Schall, Klang

звуча́ть, -чу́, -чи́шь *uv* **1.** tönen, schallen, klingen **2.** *I* Klang erzeugen, klirren (mit) **3.** *I* widerhallen (von) **4.** *übtr* mitklingen, anklingen, zu vernehmen sein

зву́чность, -и *f* Tonfülle, Wohlklang; ~ орке́стра Wohlklang des Orchesters

зву́чный, -ая, -ое; *Kzf* -чен, -чна́! **1.** schallend, laut und deutlich; -ые шаги́ hallende Schritte **2.** klangvoll, wohlklingend, klar tönend

звя́кать *uv zu* звя́кнуть

звя́кнуть, -ну, -нешь *v mom* klirren; einen kurzen Ton von sich geben ‖ *uv* звя́кать, -аю, -аешь

зги: (ни) ~ не ви́дно es ist stockfinster

зда́ние, -я *n* Gebäude, Bau

здесь *Adv* hier

зде́шний, -яя, -ее *umg* hiesig

здоро́ваться, -аюсь, -аешься *uv* sich begrüßen; ~ за́ руку sich mit Handschlag begrüßen ‖ *v* поздоро́ваться

здорове́нный, -ая, -ое *volksspr* **1.** baumstark, hünenhaft **2.** sehr groß, gewaltig; ~ о́кунь ein Riesenbarsch

здорове́ть, -е́ю, -е́ешь *uv umg* sich erholen, kräftiger werden

здо́рово *Adv volksspr* **1.** sehr tüchtig; мы ~ порабо́тали wir haben tüchtig gearbeitet **2.** geschickt, ausgezeichnet; ~ сде́лано! (das ist) ausgezeichnet gemacht (worden)!

здоро́во! *Interj volksspr* guten Tag!

здоро́вый, -ая, -ое; *Kzf* -о́в, -а; *Komp* -ове́е **1.** gesund **2.** gesund aussehend **3.** *übtr* vernünftig, richtig; -ые мы́сли vernünftige Gedanken **4.** gesund(heitsfördernd); -ая пи́ща gesunde Nahrung **5.** *volksspr* kräftig, mächtig, hünenhaft **6.** *nur Kzf volksspr* unermüdlich, immer bereit [fähig], etw. zu tun; он здоро́в врать *derb* er lügt wie gedruckt ◇ будь здоро́в! a) leb wohl!; b) Gesundheit! *beim Niesen*

здоро́вье, -ья *n* Gesundheit ◇ (за) ва́ше ~! auf Ihr Wohl!; ку́шайте на ~! lassen Sie es sich gut schmecken!; как ва́ше ~? wie geht es Ihnen?

здоровя́к, -а́ *m umg* vor Gesundheit strotzender, kerngesunder Mensch

здра́вица, -ы, *I* -ей *f* Trinkspruch, Toast; провозгласи́ть -у за кого́-н. einen Toast auf j-s Gesundheit ausbringen

здра́вница, -ы, *I* -ей *f* Heilstätte, Sanatorium

здраво- *in Zuss* **1.** Gesundheits- **2.** vernünftig

здраво|мы́слящий, -ая, -ее vernünftig (denkend); **~охране́ние,** -я *n* Gesundheitswesen

здравотде́л, -а *m* (отде́л здравоохране́ния) Abteilung Gesundheitswesen

здра́вствовать [аств], -вую, -вуешь *uv* **1.** sich wohl befinden, bei guter Gesundheit sein **2.**: *Imp* здра́вствуй(те)! Guten Tag!, Guten Morgen!, Guten Abend! **3.**: *Imp* здра́вствуй(те)! *volksspr* da haben wir die Bescherung! ◇ да здра́вствует...! es lebe...!

здра́вый, -ая, -ое; *Kzf* здрав, -а **1.** vernünftig, gesund, richtig; ~ ум ein vernünftiger Kopf **2.** *alt* gesund, bei guter Gesundheit **3.** -о *Adv:* -о мы́слить о чём-н. vernünftig über etw. denken

зе́бра, -ы *f* Zebra

зев, -а *m* **1.** *anat* Rachen, Schlund **2.** *alt* Rachen *eines Raubtiers* **3.** *tech* Weite, Maul

зева́ка, -и *m, f umg* Gaffer, Nichtstuer

зева́ть, -а́ю, -а́ешь *uv* **1.** gähnen **2.** *umg* Maulaffen feilhalten **3.** *umg* nicht aufpassen, schlafen **4.** aus Versehen *eine Spielfigur* verlieren ‖ *v mom* **зевну́ть,** -ну́, -нёшь *zu* 1 *u.* 4

зево́к, -вка́ *m* **1.** Gähnen **2.** *volksspr* Versehen, Unaufmerksamkeit

зево́та, -ы *f* Gähnbedürfnis, Gähnen

зелене́ть, -е́ю, -е́ешь *uv* **1.** grünen; луга́ зеленéют die Wiesen grünen **2.** grün werden, grüne [grünliche] Farbe annehmen **3.** *umg* sich mit Grünspan bedecken **4.** grün leuchten, grün schimmern

зелени́ть, -ню́, -ни́шь *uv* grün färben

зеленно́й, -а́я, -о́е Gemüse-; -а́я ла́вка Gemüseladen

зеленова́тый, -ая, -ое grünlich

зеленщи́к, -а́ *m* Gemüsehändler

зелёный, -ая, -ое; *Kzf* зéлен, -á! 1. grün, von grüner Farbe 2. *nur Langform* mit Grün bewachsen, grün *durch Pflanzen*; вéтви образовáли ~ свод die Zweige bildeten ein grünes Dach 3. *nur Langform* aus Grünpflanzen bestehend; grün; ~ корм Grünfutter; -ые щи Sauerampfersuppe *mit Ei u. saurer Sahne* 4. unreif, grün; -ое я́блоко unreifer Apfel 5. *übtr* unreif, grün; ~ юнéц grüner Junge ◇ -ая у́лица Freie Fahrt! *vor allem bei der Eisenbahn, a. übtr*

зéлень, -и *f* 1. Grünpflanzen, Grün 2. Grüngemüse; ~ для сýпа Suppengrün 3. grüner Anstrich, grüne Farbe, Grün 4. *umg* Grünspan

земéльный, -ая, -ое Land-, Boden-, Grund-; ~ учáсток Grundstück

земле|владéлец, -льца, *I* -льцем, *G Pl* -льцев *m* Grundbesitzer; **~дéлец,** -льца, *I* -льцем, *G Pl* -льцев *m* Bauer, Landwirt, Ackerbauer; **~дéлие,**-я *n* 1. Ackerbau; Landwirtschaft 2. Agrarwissenschaft; **~дéльческий,** -ая, -ое landwirtschaftlich, Ackerbau-, Landwirtschafts-, Agrar-; **~кóп,** -а *m* Erdarbeiter; **~мéр,** -а *m* Landmesser, Feldmesser; **~пóльзование,** -я *n* Bodennutzung; **~рóйка,** -и, *Pl G* -рóек, *D* -рóйкам *f* Spitzmaus; **~сóс,** -а *m* Saugbagger; **~трясéние,** -я *n* Erdbeben; **~устрóйство,** -а *n* Bodenbewirtschaftungssystem, Bodenbewirtschaftung; **~черпáлка,** -и, *Pl G* -лок, *D* -лкам *f* Schwimmbagger

земли́стый, -ая, -ое; *Kzf* -и́ст, -а 1. (sehr) erdhaltig, mit Erde vermischt 2. erdfarben, fahl; ~ цвет лицá fahle Gesichtsfarbe

земля́, -и́, *A* зéмлю, *Pl* зéмли, земéль, зéмлям *f* 1. Erde, Erdball 2. Land, Festland; на кораблé уви́дели -ю auf dem Schiff wurde Land gesichtet 3. Erdoberfläche, Erdreich, Erde; рабóтать под -ёй unter Tage arbeiten 4. Landbesitz, Land, Grund und Boden 5. *alt* Land *als politischer Begriff* ◇ -и́ под собóй не слы́шать [не чу́ять] vor Freude außer sich sein; сровня́ть с -ёй dem Erdboden gleichmachen; стерéть с лицá -и́ vom Erdboden tilgen; Земля́ Фрáнца Иóсифа Franz-Joseph-Land; Огненная ~ Feuerland

земля́к, -á *m* Landsmann

земляни́ка, -и *f* Erdbeere

земляни́чный, -ая, -ое Erdbeer-; -ое варéнье Erdbeerkonfitüre

земля́нка, -и, *Pl G* -нок, *D* -нкам *f* Erdhütte; *mil* Unterstand

землянóй, -áя, -óе Erd-; -ы́е рабóты Erdarbeiten; ~ червь Regenwurm

земля́чество, -а *n* Landsmannschaft

земля́чка, -и, *Pl G* -чек, *D* -чкам *f* Landsmännin

земновóдные, -ых *Subst Pl zool* Amphibien, Lurche

земнóй, -áя, -óе 1. Erd-; -áя ось Erdachse 2. *übtr* irdisch; -ы́е блáга irdische Güter ◇ ~ поклóн *alt* tiefe Verbeugung

зéмский, -ая, -ое *hist* Semstwo-, Landes-

земснаря́д, -а *m* (землесóсный снаря́д) Saugbagger

зéмство, -а *n hist* Semstwo *lokales Selbstverwaltungsorgan*

зени́т, -а *m* 1. *astr* Zenit 2. *übtr* Zenit, Gipfel-, Höhepunkt; быть в -е слáвы auf der Höhe seines Ruhmes sein

зени́тка, -и, *Pl G* -ток, *D* -ткам *f umg* Fliegerabwehrgeschütz, Flageschütz

зени́тный, -ая, -ое 1. *astr* Zenit- 2. Fliegerabwehr-, Fla[k]-

зени́тчик, -а *m* Flakartillerist

зени́ца, -ы, *I* -ей *f alt* Auge, Pupille ◇ берéчь [храни́ть] как -у óка wie seinen Augapfel hüten

зéркало, -а, *Pl* зеркалá, -кáл, -калáм *n* 1. Spiegel; ~ зáднего ви́да *Auto* Rückspiegel 2. *übtr* Spiegel *von glatter Wasseroberfläche*

зеркáльный, -ая, -ое 1. Spiegel-; -ое произвóдство Spiegelherstellung 2. spiegelglatt, spiegelblank

зерни́стый, -ая, -ое; *Kzf* -и́ст, -а 1. viele Körner enthaltend, körnerreich 2. körnig, gekörnt; -ая икрá körniger Kaviar, schwarzer Kaviar

зернó, -á, *Pl* зёрна, зёрен, зёрнам *n* 1. Korn *als Pflanzensame*; конопля́ное ~ Hanfkorn; кофéйные зёрна Kaffeebohnen 2. *Koll* Getreide 3. Körnchen, Korn; жемчу́жное ~ Perle 4. *übtr* Körnchen, Keim, Kern

зерновóй, -áя, -óе Korn-, Getreide-; ~ фурáж Kornfutter

зерновы́е, -ы́х *Pl* Getreidepflanzen

зерно|очисти́тельный, -ая, -ое Kornreinigungs-, Getreidereinigungs-; **~совхóз,** -а *m* Getreidesowchos; **~суши́лка,** -и, *Pl G* -лок, *D* -лкам *f* Getreidedarre, Korndarre; **~храни́лище,** -а, *I* -ем *n* Getreidespeicher

зёрнышко, -а, *Pl G* -шек, *D* -шкам *n Dem zu* зернó Körnchen

зигзáг, -а *m* Zickzacklinie

зигзагообра́зный, -ая, -ое; *Kzf* -зен, -зна Zickzack-, zickzackförmig
зи́ждиться, *1. u. 2. Pers ungebr*, -дется *uv* на *P buchspr* sich gründen, beruhen (auf)
зима́, -ы́, *A* зи́му, *Pl* зи́мы, зим, зи́мам *f* Winter
зи́мний, -яя, -ее 1. Winter-, winterlich 2. *Adv* по-зи́мнему winterlich
зимова́ть, -му́ю, -му́ешь *uv* überwintern
зимо́вка, -и *f* 1. Überwinterung 2. Überwinterungsort, -station
зимо́вщик, -а *m* Überwinterer
зимо́вье,-ья, *Pl G* -вий, *D* -вьям *n* Überwinterungsort, -station, Winterhütte
зимо́й *u.* **зимо́ю** *Adv* im Winter
зимоpо́док, -дка *m* Eisvogel
зимосто́йкий, -ая, -ое; *Kzf* -о́ек, -о́йка überwinternd, winterfest
Зи́на, -ы *f Dem zu* Зинаи́да
Зинаи́да, -ы *f weibl Vn*
Зино́вий, -я, *P* -и *m männl Vn*
зипу́н, -а́ *m* altertümlicher Bauernrock
зия́ть, *1. u. 2. Pers ungebr*, зия́ет *uv* klaffen, gähnen *Abgrund*
зла́ки, -ов *Pl* Gräser, Grasarten; хле́бные -и Getreidegräser, Getreidearten
златогла́вый, -ая, -ое *alt, poet* mit goldenen Kuppeln
зле́йший ↑ злой
злеть, зле́ю, зле́ешь *uv umg* böse werden
злить, злю, злишь *uv* ärgern, erbosen, wütend machen
зли́ться, злюсь, зли́шься *uv* sich ärgern, wütend sein (на *A* über, auf)
[1]**зло,** зла, *im Pl nur G gebräuchlich* зол *n* 1. *nur Sg* Böses, Übles; основно́е ~ Krebsschaden 2. Unheil, Unglück, Übel; из двух зол вы́брать ме́ньшее von zwei Übeln das kleinere wählen 3. *nur Sg, volksspr* Zorn, Ärger; Bosheit; он сде́лал э́то со зла er hat das aus Bosheit getan ◇ на ~ zum Trotz
[2]**зло** *Adv* böse, boshaft
зло́ба, -ы *f* Bosheit, Gehässigkeit; Wut, Erbitterung ◇ ~ дня Tagesereignis, Tagesgespräch; стихотворе́ние на -у дня aktuelles Gedicht
зло́бный, -ая, -ое; *Kzf* -бен, -бна boshaft, böse, wütend
злободне́вность, -и *f* Aktualität
злободне́вный, -ая, -ое aktuell, brennend
зло́бствовать, -вую, -вуешь *uv* wütend sein (на *A* auf)
злове́щий, -ая, -ее; *Kzf* -е́щ, -а unheilverkündend, -drohend
злово́ние, -я *n* übler Geruch, Gestank; наполня́ть -ем verpesten
злово́нный, -ая, -ое; *Kzf* -нен, -нна übelriechend, stinkend
зловре́дный, -ая, -ое; *Kzf* -ден, -дна bösartig, gehässig, boshaft; schädlich
злоде́й, -я, *G Pl* -ев *m* Bösewicht, Übeltäter, Verbrecher
злоде́йский, -ая, -ое 1. Verbrecher-; -ая ша́йка Verbrecherbande 2. verbrecherisch, meuchlerisch, frevelhaft
злоде́йство, -а *n* 1. verbrecherische Gemeinheit 2. Übeltat, Verbrechen
злоде́йствовать, -твую, -твуешь *uv* Verbrechen verüben
злодея́ние, -я *n* Übeltat, Verbrechen
злой, -а́я, -о́е; *Kzf* зол, зла; *Sup* зле́йший 1. böse, bösartig, boshaft; ~ челове́к böser Mensch 2. *meist Kzf* böse (на *A* auf); он зол на меня́ er ist böse auf mich 3. unheilvoll, böse; -о́е нача́ло unheilvoller Anfang 4. *umg* schlimm, böse, heftig, grimmig; ~ моро́з grimmiger Frost 5. *volksspr* eifrig, besessen; он ~ игро́к er ist ein leidenschaftlicher Spieler
зло|ка́чественный, -ая, -ое; *Kzf* -ен, -енна bösartig; ~ка́чественная о́пухоль bösartige Geschwulst; **~наме́ренный,** -ая, -ое; *Kzf* -рен, -ренна *buchspr* böswillig, übelgesinnt; **~па́мятный,** -ая, -ое; *Kzf* -тен, -тна nachtragend; **~полу́чный,** -ая, -ое; *Kzf* -чен, -чна 1. unglücklich, vom Pech verfolgt 2. unheilbringend, unheilvoll; **~пыха́тель,** -я *m* gehässiger Mensch, Geiferer; **~ра́дный,** -ая, -ое; *Kzf* -ден, -дна schadenfroh, hämisch; **~ра́дство,** -а *n* Schadenfreude; **~ра́дствовать,** -вую, -вуешь *uv* Schadenfreude empfinden, schadenfroh sein; **~сло́вие,** -я *n* üble Nachrede, böswilliger Klatsch, Verleumdung; **~сло́вить,** -влю, -вишь *uv* lästern, schmähen
зло́стный [сн], -ая, -ое; *Kzf* -тен, -тна böswillig, böse, boshaft; -ое наме́рение böse Absicht
злость, -и *f* Bosheit, Wut; ~ меня́ взяла́ mich packte die Wut
злосча́стный, -ая, -ое; *Kzf* -тен, -тна 1. *alt* unglücklich, vom Unglück verfolgt 2. unglückselig, unheilbringend
зло́тый, -ого *Subst m* Zloty *polnische Währungseinheit*
злоумы́шленник, -а *m alt* vorsätzlicher Übeltäter, Verbrecher

злоумышленный, -ая, -ое *alt* böswillig, in böser Absicht
злоупотребить, -блю́, -би́шь *v I* Mißbrauch treiben (mit), mißbrauchen, veruntreuen ‖ *uv* злоупотребля́ть, -я́ю, -я́ешь
злоупотребле́ние, -я *n* Mißbrauch, Veruntreuung; Übergriff; ~ дове́рием Mißbrauch des Vertrauens
злоупотребля́ть *uv zu* злоупотреби́ть
злоязы́чный, -ая, -ое; *Kzf* -чен, -чна *alt* klatschsüchtig, gehässig
злю́ка, -и *m, f umg* bösartiger [boshafter] Mensch
злю́чка, -и, *Pl G* -чек, *D* -чкам *m, f umg* bösartiger [boshafter] Mensch
злю́щий, -ая, -ее *umg* sehr böse, wütend
змеебо́рец, -рца, *I* -рцем, *G Pl* -рцев *m myth* Drachentöter
змеёй *Adv* in Windungen, serpentinenartig
змеёныш, -а, *I* -ем, *G Pl* -ей *m* **1.** junge Schlange **2.** *volksspr, übtr* Teufelsbraten *auf Kinder u. Jugendliche gemünzt*
змеи́ный, -ая, -ое **1.** Schlangen-; ~ яд Schlangengift **2.** *übtr* hinterhältig
змеи́стый, -ая, -ое gewunden, sich schlängelnd
змеи́ться, *1. u. 2. Pers ungebr,* -и́тся *uv* **1.** sich schlängeln **2.** flüchtig hinweggleiten
змей, -я, *G Pl* -ев *m* **1.** *myth* Drache **2.** Papierdrachen; запуска́ть -я einen Drachen steigen lassen
змея́, -и́, *Pl* зме́и, змей, зме́ям *f* **1.** Schlange; грему́чая ~ Klapperschlange **2.** *übtr* bösartiger [hinterhältiger] Mensch
змий, -я, *P* -и, *G Pl* -ев *m buchspr, alt* **1.** Schlange **2.** *myth* Drache ◇ допи́ться до зелёного -я *umg* sich besinnungslos betrinken
знак, -а *m* **1.** Zeichen; опознава́тельные -и Erkennungszeichen; математи́ческий ~ mathematisches Zeichen; фи́рменный ~ Firmenzeichen; де́нежный ~ Banknote; доро́жный ~ Verkehrszeichen **2.** Spur, Zeichen ◇ в ~ благода́рности als Zeichen der Dankbarkeit; пода́ть ~ einen Wink geben
знако́мец, -мца, *I* -мцем, *G Pl* -мцев *m umg, alt* Bekannter
знако́мить, -млю, -мишь *uv* **1.** (miteinander) bekannt machen, vorstellen **2.** bekannt [vertraut] machen, einführen ‖ *v* познако́мить; -мленный, -млен, -а
знако́миться, -млюсь, -мишься *uv* **1.** sich (einander) vorstellen, sich (miteinander) bekannt machen **2.** sich bekannt [vertraut] machen *durch Studium* ‖ *v* познако́миться
знако́мство, -а *n* **1.** Bekanntschaft; возобнови́ть ста́рое ~ eine alte Bekanntschaft erneuern **2.** Bekanntenkreis, Bekanntschaft **3.** Vertrautsein, Kenntnis; ~ с дре́вней исто́рией Kenntnis der alten Geschichte
знако́мый, -ая, -ое; *Kzf* -о́м, -а **1.** (schon) bekannt, vertraut; -ая мело́дия eine vertraute Melodie **2.** bekannt, vertraut; bewandert; он знако́м со все́ми обстоя́тельствами де́ла er ist mit dem ganzen Sachverhalt vertraut; ты с ней знако́м? kennt sie dich? **3.** -ого *Subst m* Bekannter; ста́рый ~ ein alter Bekannter **4.** -ая, -ой *Subst f* Bekannte
знамена́тель, -я *m math* Nenner; привести́ к одному́ [о́бщему] -ю *a. übtr* auf einen (gemeinsamen) Nenner bringen
знамена́тельный, -ая, -ое; *Kzf* -лен, -льна **1.** wichtig, bedeutend, denkwürdig **2.** bedeutsam, bedeutungsvoll **3.** *ling* autosemantisch
зна́мение, -я *n buchspr, alt* Zeichen ◇ ~ вре́мени die Zeichen der Zeit
знамени́тость, -и *f* **1.** Berühmtheit, Ruhm **2.** Berühmtheit, berühmter Mensch
знамени́тый, -ая, -ое; *Kzf* -и́т, -а **1.** berühmt **2.** *volksspr* ausgezeichnet, großartig
знамённый, -ая, -ое Flaggen-, Fahnen-
знаменова́ть, -ну́ю, -ну́ешь *uv buchspr* bedeuten; kennzeichnen, bezeichnen
знамено́сец, -сца, *I* -сцем, *G Pl* -сцев *m* Bannerträger, Fahnenträger
зна́мя, *G, D, P* -мени, *I* -менем, *Pl* знамёна, -мён, -мёнам *n* Fahne, Banner
зна́ние, -я *n* **1.** Wissen; Kenntnis **2.** *Pl* Kenntnisse, Wissen
зна́тный, -ая, -ое; *Kzf* -тен, -тна́! **1.** *alt* vornehm, vornehmer Herkunft **2.** *nur Langform* bekannt, berühmt **3.** *volksspr* großartig, ausgezeichnet
знато́к, -а́ *m* Kenner, Sachverständiger
¹знать, зна́ю, зна́ешь *uv* **1.** kennen, Kenntnis haben, wissen (*A oder* о *P* von, über); я зна́ю об э́том ich weiß davon **2.** kennen, Kenntnis haben,

Fachmann sein; ~ матема́тику Mathematiker sein; in der Mathematik Bescheid wissen; ~ жизнь das Leben kennen 3. kennen, bekannt sein (*A* mit); я зна́ю его́ ich kenne ihn ◇ ~ толк в чём-н. in etw. bewandert sein; ~ не зна́ю! keine Ahnung!; не могу́ ~ *alt* weiß ich leider nicht; знай на́ших! jetzt kommen wir!; то и знай in einem fort, ununterbrochen; он то́лько и зна́ет, что er hat nichts anderes im Kopf, als; как ~? wer weiß?; кто его́ зна́ет? wer kann [soll] das wissen?; на́до [пора́] и честь ~ man muß wissen, wann es genug ist

²**знать** *Adv volksspr* anscheinend, offensichtlich

³**знать,** -и *f* Aristokratie

зна́ться, зна́юсь, зна́ешься *uv umg* bekannt sein, verkehren (с *I* mit)

зна́харь, -я *m* Kurpfuscher

значе́ние, -я *n* 1. Bedeutung, Sinn, Inhalt; ~ сло́ва die Bedeutung eines Wortes 2. Bedeutung, Bedeutsamkeit, Wichtigkeit 3. *math* Wert

зна́чимость, -и *f* Bedeutung, Bedeutsamkeit, Wichtigkeit

зна́чит *mod umg* also, folglich

значи́тельный, -ая, -ое; *Kzf* -лен, -льна 1. bedeutend, bedeutsam, beträchtlich; в -ой сте́пени in bedeutendem Maße; -ые собы́тия bedeutende Ereignisse 2. bedeutungsvoll, bedeutsam, vielsagend

зна́чить, -чу, -чишь *uv* 1. Bedeutung haben, bedeuten; что э́то сло́во зна́чит? was bedeutet dieses Wort? 2. Bedeutung [Gewicht] haben

зна́читься, -чусь, -чишься *uv in einer Liste* geführt werden [stehen], eingetragen sein; он в спи́ске не зна́чится er steht nicht in der Liste

значки́ст, -а *m* Träger eines Leistungsabzeichens, Ehrenzeichens usw.

значо́к, -чка́ *m* 1. Hinweiszeichen *in Büchern, auf Landkarten* 2. Abzeichen

зна́ющий, -ая, -ее bewandert, kundig, erfahren

знобі́ть, *1. u. 2. Pers ungebr*, -и́т *uv* 1. *unpers* frösteln, schütteln *vor Kälte, Fieber*; его́ зноби́ло es schüttelte ihn 2. *gbt* erschauern lassen, frösteln machen

зной, -я, *I* -ем *m* Sonnenglut, (drückende) Hitze

зно́йный, -ая, -ое; *Kzf* зно́ен, зно́йна (drückend) heiß

зоб, -а, *P* о зо́бе, в [на] зобу́ *m* Kropf

зов, -а *m* 1. Ruf(signal) 2. *umg* Einladung

зову́ ↑ зва́ть

зодиа́к, -а *m astr* Tierkreis

зо́дчество, -а *n buchspr, alt u. hoher Stil* Baukunst, Architektur

зо́дчий, -его *Subst m buchspr, alt u. hoher Stil* Baumeister, Architekt

зола́, -ы́ *f* Asche

золо́вка, -и, *Pl G* -вок, *D* -вкам *f* Schwägerin *Schwester des Ehemannes*

золоти́стый, -ая, -ое; *Kzf* -и́ст, -а 1. goldfarbig, goldgelb 2. Gold- *in Pflanzen- u. Mineralbezeichnungen*; ~ се́рный колчеда́н Goldkies

золоти́ть, -очу́, -оти́шь; -очённый, -очён, -очена́ *uv* 1. vergolden 2. *übtr* golden färben, in goldenes Licht tauchen ◇ ~ пилю́лю die bittere Pille versüßen

золоти́ться, *1. u. 2. Pers ungebr*, -и́тся *uv* 1. golden schimmern 2. goldfarbig werden

золотни́к, -а́ *m* 1. *tech* Schieber *zur Dampf- oder Gasregelung* 2. *alt* Solotnik *altes russisches Maß, 4,26* g ◇ мал ~, да до́рог klein, aber fein

зо́лото, -а *n* 1. Gold; чи́стое ~ reines Gold; листово́е [суса́льное] ~ Blattgold 2. *Koll* Gegenstände aus Gold 3. *Koll* Goldgeld; пять рубле́й -ом [в -е] fünf Rubel in Gold(währung) ◇ черво́нное ~ Dukatengold

золотоиска́тель, -я *m* Goldsucher, -gräber

золото́й, -а́я, -о́е 1. Gold-; ~ сли́ток Goldbarren 2. -о́го *Subst m* Goldmünze, Goldstück 3. golden, goldfarben, goldgelb 4. golden, wertvoll, unschätzbar; -ы́е слова́ goldene Worte; -ы́е часы́ goldene Stunden 5. goldig, herzig, lieb 6. Gold- *in Pflanzen-, Tier- u. Mineralbezeichnungen*; -а́я ры́бка Goldfisch ◇ -ы́е ру́ки geschickte Hände

золотоно́сный, -ая, -ое; *Kzf* -сен, -сна goldhaltig

золото|промы́шленность, -и *f* Goldindustrie; **~ты́сячник,** -а *m bot* Tausendgüldenkraut; **~шве́йный,** -ая, -ое Goldsticker(ei)-

золоту́ха, -и *f umg, alt* Skrofulose

золоту́шный, -ая, -ое; *Kzf* -шен, -шна *umg* skrofulös

золочёный, -ая, -ое vergoldet

зо́лушка, -и *f* Aschenbrödel

зо́льник, -а *m tech* Aschekasten, Ascheloch

зо́на, -ы *f* Zone

зона́льный, -ая, -ое; *Kzf* -лен, -льна zonal, Zonen-
зонд, -а *m* 1. *med, tech* Sonde 2. *met* Sondierballon
зонди́ровать, -рую, -руешь *uv* 1. mit der Sonde untersuchen, sondieren 2. *übtr* sondieren ‖ *v* позонди́ровать
зонт, -а́ *m* 1. Sonnenschirm, Regenschirm 2. Schutzdach
зо́нтик, -а *m* 1. Regen-, Sonnenschirm 2. *umg* Sonnenschild, Augenschirm *gegen Sonne* 3. *bot* Dolde
зоо́лог, -а *m* Zoologe
зоологи́ческий, -ая, -ое zoologisch
зооло́гия, -и *f* Zoologie
зоо|па́рк, -а *m* (зоологи́ческий парк) zoologischer Garten, Zoo, Tierpark; **~са́д,** -а *m* (зоологи́ческий сад) zoologischer Garten, Zoo; **~те́хник,** -а *m* Zootechniker; **~фа́к,** -а *m* (зоотехни́ческий факульте́т) zootechnische Fakultät; **~фе́рма,** -ы *f* Tier(zucht)farm
зо́ркий, -ая, -ое; *Kzf* -рок, -рка́! 1. gute Augen besitzend, scharfsichtig 2. *übtr* scharfsichtig, wachsam, aufmerksam
зо́ркость, -и *f* 1. Scharfsichtigkeit 2. *übtr* Scharfsichtigkeit, Scharfblick, Wachsamkeit
Зо́я, -и *f weibl Vn*
зра́зы *Pl* зраз, *Sg* зра́за, -ы *f* Srasy *mit Reis oder Grütze gefüllte Fleischklöße*
зрачо́к, -чка́ *m* Pupille
зре́лище, -а, *I* -ем *n* 1. Anblick 2. *theat* Schauspiel; Vorstellung *Kino*; ма́ссовое ~ Massenaufführung
зре́лищный, -ая, -ое: -ые предприя́тия Bühnenunternehmen
зре́лость, -и *f* 1. Reife; полова́я ~ Geschlechtsreife 2. *übtr* Reife, Vollkommenheit
зре́лый, -ая, -ое; *Kzf* зрел, -а́! 1. reif, organisch völlig entwickelt; -ое я́блоко reifer Apfel 2. geistig reif, erfahren; в -ом во́зрасте im reifen Alter 3. ausgereift, reiflich überlegt; -ое реше́ние reiflich überlegter Entschluß
зре́ние, -я *n* Sehvermögen, Sehkraft ◇ то́чка -я Standpunkt; под э́тим угло́м -я unter diesem Gesichtswinkel betrachtet; по́ле -я a) Blickfeld; b) Gesichtskreis
зреть, зре́ю, зре́ешь *uv* reifen
зри́тель, -я *m* Zuschauer
зри́тельный, -ая, -ое 1. Gesichts-, Seh-; ~ нерв Sehnerv; -ая па́мять visuelles Gedächtnis; -ая труба́ Fernrohr 2. Zuschauer-; ~ зал Zuschauerraum
зря *Adv umg* unnütz, unbedacht; болта́ть ~ ins Blaue hineinschwatzen
зря́чий, -ая, -ее sehend
зря́шный, -ая, -ое *volksspr* 1. unnötig, umsonst getan 2. zu nichts nütze
зуб, -а *m* 1. (*Pl* зу́бы, зубо́в, зуба́м) Zahn; коренно́й ~ Backenzahn 2. (*Pl* зу́бья, зу́бьев, зу́бьям) *tech* Zahn; ~ шестерни́ Zahn eines Zahnrads ◇ -ы разгоре́лись на что́-н. ganz versessen sein auf etw.; положи́ть -ы на по́лку am Hungertuch nagen; име́ть ~ на кого́-н. [про́тив кого́-н.] j-n auf dem Kieker haben, j-n nicht leiden können; чеса́ть -ы *volksspr* klatschen, plappern; э́то навя́зло у меня́ в -а́х es hängt mir zum Halse heraus
зуба́стый, -ая, -ое; *Kzf* -а́ст, -а *umg* 1. zahnbewehrt, mit großen, scharfen Zähnen 2. *übtr* mit Haaren auf den Zähnen, bissig
зубе́ц, -бца́, *I* -бцо́м, *G Pl* -бцо́в *m* 1. *tech* Zahn 2. *meist Pl* Zinne
зуби́ло, -а *n* Meißel
зубно́й, -а́я, -о́е 1. Zahn-; -а́я боль Zahnschmerz 2. *ling* dental; ~ звук Dental(laut)
зубо́вный, -ая, -ое: со скре́жетом -ым zähneknirschend
зубоврачебный, -ая, -ое: ~ кабине́т zahnärztliche Abteilung; Behandlungsraum des Zahnarztes
зубо́к, -бка́ *m:* подари́ть на ~ einem Neugeborenen schenken; попа́сть кому́-н. на ~ Opfer von j-s Gespött [Schikane] werden; знать на ~ aus dem Effeff beherrschen
зуболече́бница, -ы, *I* -ей *f* Zahnklinik
зуболече́бный, -ая, -ое Zahnarzt-
зубоска́л, -а *m volksspr* Spötter, Witzbold
зубоска́лить, -лю, -лишь *uv volksspr* spotten, witzeln; grinsen
зубочи́стка, -и, *Pl G* -ток, *D* -ткам *f* Zahnstocher
зубр, -а *m* 1. Wisent, Auerochse 2. Erzreaktionär
зубрёжка, -и *f umg* Paukerei, Büffelei
зубри́ла, -ы *m, f umg* Büffler
[1]**зубри́ть,** зубрю́, зубри́шь *u.* **зу́брить,** зу́брю, зу́бришь *uv* schartig machen
[2]**зубри́ть,** зубрю́, зу́бри́шь *uv umg* büffeln, pauken

зубцо́вка, -и *f* Zähnung *an Briefmarken*

зубча́тка, -и, *Pl G* -ток, *D* -ткам *f* Zahnrad

зубча́тый *u.* **зу́бчатый,** -ая, -ое 1. Zahn-, Zahnrad-; gezahnt; -ое колесо́ Zahnrad; -ая желе́зная доро́га Zahnradbahn 2. mit Zacken, gezackt

зуд, -а *m* 1. Jucken, Juckreiz 2. *übtr, umg* unüberwindliches Verlangen

зуде́ть, *1. u. 2. Pers ungebr,* -и́т *uv umg* jucken; но́ги зудя́т die Füße jucken ◇ у меня́ ру́ки зудя́т es juckt mir in den Fingern

зы́бкий, -ая, -ое; *Kzf* -бок, -бка́! 1. schwankend, nachgebend; идти́ по ещё -ому льду auf noch nachgebendem Eis gehen; -ая по́чва schwankender Boden 2. *übtr* schwankend, unzuverlässig

зыбу́чий, -ая, -ее; *Kzf* -у́ч, -а beweglich; schwankend ◇ -ие пески́ Treibsand

зыбь, -и *f* geringer Seegang; Dünung

зы́кнуть, -ну, -нешь *v volksspr* 1. laut und scharf rufen 2. pfeifen *Kugel*

зы́чный, -ая, -ое; *Kzf* -чен, -чна schallend, tönend, laut

зюйд, -а *m* 1. *naut* Süden, Süd 2. *naut, met* Südwind

зюйд-ве́ст, -а *m* 1. *naut, met* Südwest(wind) 2. *naut* Südwesten

зюйд-о́ст, -а *m* 1. *naut, met* Südost(wind) 2. *naut* Südosten

зя́бкий, -ая, -ое; *Kzf* -бок, -бка́! *umg* empfindlich gegen Kälte, leicht frierend

зя́блевый, -ая, -ое: -ая вспа́шка Herbststurz

зя́блик, -а *m* Fink

зя́бнуть, -ну, -нешь; зяб, -ла *uv* frieren

зябь, -и *f landw* Herbstacker, Herbstfurche; подъём -и Herbststurz

зять, -я, *Pl* зятья́, -ьёв, -ья́м *m* 1. Schwiegersohn 2. Schwager *Mann der Schwester u. der Schwester des Ehemanns*

И

[1]и *Konj* 1. und 2. *am Anfang von Frage- u. Ausrufesätzen* doch; nur; nein, wie; и как ты мог пропусти́ть э́то ми́мо уше́й? wie hast du das nur überhören können?; и как ме́тко э́то ска́зано nein, wie treffend ist das doch gesagt 3. *einräumend* ja (zwar); и мой ты сын, а не пойму́ я тебя́ du bist ja zwar mein Sohn, aber ich kann dich nicht begreifen 4. *vor dem Prädikat* daraufhin, daher, also, folglich, dann auch (wirklich), nun; там он и заболе́л dort ist er dann auch erkrankt 5. auch, ebenfalls; бу́дет и на на́шей у́лице пра́здник auch bei uns wird das Glück einmal einkehren 6. sogar; и в ста́рости он сохрани́л я́сный, пытли́вый ум selbst im Alter hat er seinen klaren, forschenden Verstand behalten; не хочу́ и до́брой но́чи жела́ть nicht einmal gute Nacht möchte ich wünschen 7.: и ... и sowohl ... als auch ◇ и так да́лее und so weiter; и про́чее und anderes mehr; и тому́ подо́бное und dergleichen (mehr)

[2]и *verstärkende Part* gerade, eben; об э́том я и говорю́ davon spreche ich gerade

[3]и *Interj meist gedehnt gesprochen zum Ausdruck der Ablehnung volksspr, gbt* ach, ei, nun aber, was nicht noch alles

ибери́йский, -ая, -ое iberisch

и́бо *Konj alt u. buchspr* denn

и́ва, -ы *f* Weide, Weidenbaum; плаку́чая ~ Trauerweide

Ива́н, -а *m männl Vn*

ива́н-да-ма́рья, ива́н-да-ма́рьи *f* 1. Wachtelweizen 2. *umg* Feldstiefmütterchen

ива́новский, -ая, -ое: крича́ть во всю -ую aus vollem Halse schreien

ивня́к, -а́ *m* Weidengestrüpp

и́вовый, -ая, -ое Weiden-

и́волга, -и *f* Pirol, Goldamsel

игла́, -ы́, *Pl* и́глы, игл, и́глам *f* 1. Nadel; шве́йная ~ Nähnadel; ело́вые и́глы Tannennadeln 2. *meist Pl* Stacheln; и́глы ежа́ die Stacheln des Igels

игли́стый, -ая, -ое; *Kzf* -и́ст, -а stachelig, mit Stacheln [Nadeln] be-

иглокóжие, -их *Pl zool* Stachelhäuter

Игнáтий, -я, *P* -и *m männl Vn*

игнори́ровать, -и́рую, -и́руешь; -и́рованный, -и́рован, -а *v, uv* ignorieren, (absichtlich) übersehen

и́го, -а *n* Joch, Gewaltherrschaft

игóлка, -и, *Pl G* -лок, *D* -лкам *f* 1. Nadel 2. Stachel ◇ сидéть [быть] как на -ах wie auf Nadeln sitzen

игóлочка, -и, *Pl G* -чек, *D* -чкам *f Dem zu* игóлка kleine Nadel ◇ **с -и** (funkel)nagelneu

игóльник, -а *m* Nadelbüchse; Nadelkissen

игóльный, -ая, -ое Nadel-; -ое ушкó Nadelöhr

игóрный, -ая, -ое Spiel-, für Glücksspiel bestimmt; -ые зáлы Spielsäle

И́горь, -я *m männl Vn*

игрá, -ы́, *Pl* и́гры, игр, и́грам *f* 1. Spiel; дéтская ~ Kinderspiel; ~ в футбóл Fußballspiel; настóльные -ы Tischspiele; ~ крáсок Spiel der Farben; ~ на скри́пке Geigenspiel 2. Moussieren, Schäumen, Perlen ◇ ~ слýчая Spiel des Zufalls; ~ воображéния Hirngespinst; игрáть большýю -ý ein gewagtes Spiel spielen; ~ не стóит свеч es ist die Mühe [den Einsatz] nicht wert

игрáльный, -ая, -ое Spiel-; -ые кáрты Spielkarten

игрáть, -áю, -áешь; игрáя *u. umg* игрáючи; и́гранный, -ан, -а *uv* 1. spielen; дéти игрáют во дворé die Kinder spielen auf dem Hof; ~ в футбóл Fußball spielen; ~ головóй köpfen *Fußball*; ~ в кáрты Karten spielen; ~ на билья́рде Billard spielen; ~ на роя́ле Klavier spielen; ~ на скри́пке Geige spielen 2. *I* sein Spiel treiben (mit); он не позволя́ет собóй ~ er läßt nicht mit sich spielen 3. moussieren, schäumen, perlen; винó игрáет der Wein moussiert ◇ ~ пéрвую скри́пку die erste Geige spielen *a. übtr*; ~ комý-н. нá руку j-m nützlich sein; ~ в молчáнку *volksspr* stumm dasitzen ‖ *uv iterativ* и́грывать, *ohne Präs umg zu* 1

игрáючи *Adv umg* spielend leicht

и́грек, -а *m* Ypsilon

игри́вый, -ая, -ое; *Kzf* -и́в, -а 1. ausgelassen; schalkhaft; kokett 2. lustig, scherzend 3. zweideutig, frivol

игри́стый, -ая, -ое; *Kzf* -и́ст, -а perlend, schäumend, moussierend

игровóй, -áя, -óе Spiel-

игрóк, -á *m* 1. (Mit-) Spieler 2. dem Glücksspiel verfallener Mensch, (Hasard-) Spieler

игротéка, -и *f* Ausleihstelle für Spielzeug

игрýн, -á *m umg* ausgelassenes Kind; котёнок-~ verspieltes Kätzchen

игрýшечный, -ая, -ое 1. Spiel(zeug)-, Spielwaren-; ~ автомоби́ль Spiel(zeug)auto 2. klein wie Spielzeug; вдали́ ви́дны -ые дóмики in der Ferne sind Häuser klein wie Spielzeug zu sehen

игрýшка, -и, *Pl G* -шек, *D* -шкам *f* 1. Spielzeug 2. *übtr* gehorsames, willenloses Werkzeug, Spielzeug

и́грывать *uv iterativ zu* **игрáть**

игуáна, -ы *f zool* Leguan

игýмен, -а *m* Abt

идеáл, -а *m* Ideal; Wunschbild; Vorbild

идеали́ст, -а *m* Idealist

идеалисти́ческий, -ая, -ое 1. idealistisch; -ие взгля́ды idealistische Anschauungen 2. *umg* unrealistisch, (gar zu) idealistisch; -ие и во мнóгом наи́вные поры́вы (gar zu) idealistische und in vieler Hinsicht naive Bestrebungen

идеалисти́чный, -ая, -ое; *Kzf* -чен, -чна zur Idealisierung neigend

идеáльный, -ая, -ое; *Kzf* -лен, -льна 1. *phil* nur in der Vorstellung [als Idee] existierend; ideell 2. *umg* vollkommen, mustergültig, ideal

идейно-воспитáтельный, -ая, -ое: -ая рабóта ideologische Erziehungsarbeit

идéйность, -и *f* fortschrittlicher Ideengehalt; Progressivität

идéйный, -ая, -ое; *Kzf* идéен, идéйна 1. ideologisch; -ая борьбá ideologischer Kampf 2. Ideen-; ideell; -ое содержáние пьéсы Ideengehalt des Stücks 3. von fortschrittlichen Ideen erfüllt, fortschrittliche Ideen vertretend, fortschrittlich; ~ человéк fortschrittliche Ideen vertretender Mensch

идентификáция [де], -и *f buchspr* Identifizierung

иденти́чность [де], -и *f buchspr* Identität

иденти́чный [де], -ая, -ое; *Kzf* -чен, -чна *buchspr* identisch

идеóлог, -а *m* Ideologe

идеолóгия, -и *f* Ideologie

идéя, -и *f* 1. *phil* Idee 2. Grundgedanke, Idee; ~ ромáна Grundidee des Romans 3. Gedanke, Einfall; мне пришлá в гóлову блестя́щая ~ ich hatte einen blendenden Einfall; он по́дал мне хоро́шую -ю er hat mich auf einen guten Einfall gebracht ◇ навя́зчивая ~ fixe Idee, Zwangsvorstellung

идилли́ческий, -ая, -ое idyllisch

иди́ллия, -и *f* **1.** *lit* Idylle **2.** *iron* Idyll

идио́м, -а *m u.* **идио́ма,** -ы *f ling* idiomatische Wendung

идиома́тика, -и *f* Idiomatik, Lehre von den idiomatischen Wendungen; Gesamtbestand der idiomatischen Wendungen *einer Sprache*

идио́т, -а *m* Idiot

идиоти́зм, -а *m* Idiotie

идио́тский, -ая, -ое idiotisch

идио́тство, -а *n umg* Blödsinn, unsinnige Handlung

и́диш *m idkl* Jiddisch

и́дол, -а *m* **1.** Götzenbild, Götze; Abgott, Idol **2.** *verächtl* Heuochse, Ölgötze *von einem unverständigen oder gefühllosen Menschen* ◇ стоя́ть [сиде́ть] -ом unbeweglich dastehen [dasitzen]

идолопокло́нник, -а *m* Götzendiener

идолопокло́нство, -а *n* Götzendienst

и др. (и други́е) und andere

идти́* *uv* **1.** *best* gehen, kommen; laufen; ~ пешко́м zu Fuß gehen; ~ гуля́ть spazierengehen; я иду́ домо́й ich gehe nach Hause; я иду́ и́з дому ich komme von zu Hause; ~ за водо́й Wasser holen gehen **2.** *best* fahren, kommen, sich fortbewegen *von und mit Verkehrsmitteln*; по Во́лге шли ба́рки auf der Wolga fuhren Barken; ~ на вёслах rudern; ~ под паруса́ми segeln; ~ в мо́ре in See stechen **3.** *best* verkehren, fahren, abfahren *von Verkehrsmitteln*; по́езд идёт в 12 часо́в но́чи der Zug geht 12 Uhr nachts **4.** *best* (aus)ziehen; ~ на охо́ту auf Jagd gehen; ~ на [про́тив] врага́ gegen den Feind ziehen **5.** *übtr* eintreten, beitreten; ~ в комсомо́л dem Komsomol beitreten; ~ на биологи́ческий факульте́т das Studium an der biologischen Fakultät aufnehmen wollen; ~ в лётчики Flieger werden, zu den Fliegern gehen **6.** *übtr* gehen, schreiten; ~ к коммуни́зму sich auf dem Wege zum Kommunismus befinden **7.** entströmen, sich verbreiten; из трубы́ идёт дым aus dem Schornstein strömt Rauch; от пе́чки идёт тепло́ der Ofen strahlt Wärme aus; идёт слух es geht das Gerücht **8.** geliefert werden, kommen; чай идёт с Кавка́за der Tee kommt aus dem Kaukasus **9.** *übtr* sich nähern, kommen, anbrechen; идёт весна́ der Frühling bricht an **10.** *umg* Absatz finden, gehen **11.** *übtr* sich einfinden, eingehen; zuerkannt werden; zustehen; иду́т проце́нты Zinsen gehen ein **12.** sich entlangziehen, sich erstrecken, hindurchführen; доро́га идёт ле́сом [че́рез лес] die Straße führt durch den Wald **13.** *best* funktionieren, laufen, gehen; часы́ иду́т то́чно die Uhr geht genau **14.** stattfinden, veranstaltet werden; иду́т экза́мены die Prüfungen sind im Gange; идёт но́вая кинокоме́дия ein neuer Lustspielfilm läuft; что сего́дня идёт в теа́тре? was wird heute im Theater gespielt? **15.** sich bereitfinden, geneigt sein (на *A* zu); ~ на усту́пки sich zu Zugeständnissen bereitfinden; ~ на риск ein Risiko eingehen **16.** erforderlich sein, gebraucht werden, verwendet werden, bestimmt sein (в, на, под *A* für, bei); на сти́рку идёт мно́го мы́ла beim Waschen wird viel Seife verbraucht **17.** *D*, к *D* passen, entsprechen, (gut) stehen; э́та ко́фточка вам не идёт diese Bluse steht Ihnen nicht **18.** *umg* hineingehen, hineinpassen, passen; сапо́г не идёт на́ ногу der Stiefel paßt nicht (für den Fuß) **19.** *umg* vonstatten gehen, (gut) klappen, (gut) von der Hand gehen **20.** *I*, с *G best* ziehen, einen Zug machen *Brettspiele*; ausspielen *beim Kartenspiel*; ~ конём den Springer ziehen; ~ с туза́ das As ziehen [ausspielen] **21.** gegeben werden, gelangen, kommen; ~ в чи́стку in die Reinigung gegeben werden ◇ идёт! einverstanden!; идёт дождь es regnet; идёт снег es schneit; вре́мя идёт die Zeit geht dahin; идёт ты́сяча девятьсо́т пятьдеся́т седьмо́й год es ist das Jahr 1957; ему́ идёт восьмо́й год er ist im achten Jahr, er wird acht (Jahre alt); э́то не идёт в счёт das zählt nicht (mit); ~ в сравне́ние einen Vergleich aushalten; ~ за́муж за *A* heiraten *einen Mann*; ~ ко дну auf Grund gehen, sinken; ~ на у́быль abnehmen, sinken *Wasserstand*; де́ло идёт на лад die Sache geht in Ordnung; ~ на поса́дку *flug* zur Landung ansetzen; речь идёт о *P* es ist die Rede von, es handelt sich um; э́то ещё куда́ ни шло das geht noch an; ~ в но́гу с эпо́хой mit der

Zeit Schritt halten ‖ *v* по|йти́* *zu* 1, 5, 10, 15 - 21 | *unbest* ходи́ть *zu* 1, 2, 3, 4, 13, 20

иду́ ↑ идти́

иезуи́т, -а *m* Jesuit

иезуи́тский, -ая, -ое 1. Jesuiten- 2. *übtr, verächtl* jesuitisch

ие́на, -ы *f* Yen *japanische Währungseinheit*

Ие́на, -ы *f* Jena

иера́рхия, -и *f* Hierarchie

иере́й, -я, *G Pl* -ев *m* Priester *der orthodoxen Kirche*

иеро́глиф, -а *m* Hieroglyphe

Иерусали́м, -а *m* Jerusalem

иждиве́нец, -нца, *I* -нцем, *G Pl* -нцев *m* nicht verdienendes Familienmitglied

иждиве́ние, -я *n*: быть на -и у кого́-н. von j-m unterhalten werden, auf j-s Kosten leben

и́жица, -ы, *I* -ей *f Name des letzten Buchstabens im kirchenslawischen und altrussischen Alphabet, der den Laut „i" bezeichnet* ◇ от аза́ до -ы von A bis Z

из, *u. vor einigen Konsonantenverbindungen, vor* весь *u.* вся́кий *u. in einigen festen Wendungen* **и́зо,** *Präpos mit G* 1. aus; ~ го́рода aus der Stadt (heraus); цита́та ~ Ле́нина Zitat von Lenin; он ~ рабо́чих er stammt aus einer Arbeiterfamilie, ist von Herkunft Arbeiter; он ро́дом ~ Москвы́ er stammt aus Moskau, ist gebürtiger Moskauer; бро́шка ~ зо́лота Brosche aus Gold; изо рта aus dem Mund 2. aus *Ursache*; из за́висти aus Neid; из любви́ к иску́сству aus Liebe zur Kunst 3. von; оди́н из них einer von ihnen 4. *im Deutschen oft zusammengesetzte Substantive*: сала́т из помидо́ров Tomatensalat; кровотече́ние из но́са Nasenbluten; буке́т из роз Rosenstrauß ◇ письмо́ и́з дому [из до́му *umg*] ein Brief von zu Hause; вы́йти и́з дому [из до́му *umg*] von zu Hause fortgehen, aus dem Haus gehen; потеря́ть и́з виду [из ви́ду *umg*] aus den Augen verlieren; изо всех сил aus Leibeskräften; изо дня в день tagaus, tagein; von Tag zu Tag; из го́да в год jahraus, jahrein; von Jahr zu Jahr; из э́того ничего́ не вы́йдет daraus wird nichts

изба́, -ы́, *A* и́збу, *Pl* и́збы, изб, и́збам *f* 1. *hölzernes* Bauernhaus 2. Wohnstube *im Bauernhaus*

избави́тель, -я *m* Befreier, Retter

изба́вить, -влю, -вишь; -вленный, -влен, -а *v* befreien, erlösen, erretten; verschonen; entheben; ~ от упрёков mit Vorwürfen verschonen; он изба́вил меня́ от вся́ких хлопо́т er hat mir alle Scherereien [Laufereien] abgenommen ‖ *uv* избавля́ть, -я́ю, -я́ешь

изба́виться, -влюсь, -вишься *v* sich retten, entgehen, enthoben werden; ~ от опа́сности der Gefahr entrinnen ‖ *uv* избавля́ться, -я́юсь, -я́ешься

избавле́ние, -я *n* Befreiung, Erlösung

избавля́ть(ся) *uv zu* изба́вить(ся)

избало́ванный, -ая, -ое verwöhnt, verzogen, launenhaft

избалова́ть, -лу́ю, -лу́ешь; -ло́ванный, -ло́ван, -а *v* verwöhnen, verziehen ‖ *uv* **избало́вывать,** -аю, -аешь

избалова́ться, -лу́юсь, -лу́ешься *v* 1. verwöhnt [verzogen] werden 2. *umg* ungezogen werden *von Kindern* 3. *volksspr* verdorben werden, schlechte Gewohnheiten annehmen ‖ *uv* **избало́вываться,** -аюсь, -аешься

изба́-чита́льня, избы́-чита́льни, *Pl* и́збы-чита́льни, изб-чита́лен, и́збам-чита́льням *f* Dorflesestube

избе́гать, -аю, -аешь *v umg* die ganze Gegend ablaufen, abrennen

избега́ть, -а́ю, -а́ешь *uv G oder mit Inf* 1. aus dem Wege gehen, meiden, vermeiden; ~ встре́чи с ним einer Begegnung mit ihm aus dem Wege gehen, eine Begegnung mit ihm vermeiden; ~ люде́й die Menschen meiden; ~ оши́бок Fehler vermeiden 2. entgehen, entrinnen; ~ опа́сности die Gefahr meiden ‖ *v* из|бежа́ть* *u.* избе́гнуть, -ну, -нешь; избе́г, -ла *u. alt* избе́гнул, -а; избе́гнутый, -ут, -а

избе́гаться, -аюсь, -аешься *v umg* sich müde laufen

избе́гнуть *v zu* избега́ть

избежа́ние, -я *n*: во ~ чего́-н. zur Vermeidung von etw.

избежа́ть *v zu* избега́ть

избива́ть *uv zu* изби́ть

избие́ние, -я *n* 1. Prügeln, Verprügeln 2. Ausrottung, Vernichtung

избира́тель, -я *m* Wähler

избира́тельный, -ая, -ое 1. Wahl-; ~ бюллете́нь Stimmzettel 2. *rad* trennscharf, selektiv

избира́ть *uv zu* избра́ть

изби́тый, -ая, -ое; *Kzf* -и́т, -а ab-

gedroschen, strapaziert; ausgetreten; -ые фразы abgedroschene Phrasen; -ая дорóга *a. übtr* ausgetretener Pfad [Weg]
из|бить*, изобью *v* 1. (ver)prügeln 2. *buchspr, alt* ausrotten, hinmetzeln 3. *meist Ptz Prät Pass umg* beschädigen, übel zurichten, zerbeulen; *volksspr* abnutzen, -tragen ‖ *uv* избивáть, -áю, -áешь
изборождáть *uv zu* избороздúть
избороздúть, -озжý, -оздúшь; -ождённый, -ождён, -ожденá *v* 1. durchfurchen, mit Furchen durchziehen; изборождённое лицó mit Runzeln überzogenes Gesicht 2. durchziehen, durchstreifen, durchfahren; я избороздúл мнóго морéй ich habe viele Meere durchfahren ‖ *uv* изборождáть, -áю, -áешь
избочéниваться *uv zu* избочéниться
избочéниться, -нюсь, -нишься *v umg* die Arme in die Seiten stemmen; sich schief hinstellen ‖ *uv* избочéниваться, -аюсь, -аешься
избрáние, -я *n* Erwählung, Wahl
избрáнник, -а *m hoher Stil* Auserwählter, Gewählter
úзбранный, -ая, -ое 1.: -ые сочинéния *lit* ausgewählte Werke 2. ausgesucht, auserwählt, bevorzugt
из|брáть* *v* wählen; auswählen; ~ когó-н. в депутáты j-n zum Abgeordneten wählen ‖ *uv* избирáть, -áю, -áешь
избýшка, -и, *Pl G* -шек, *D* -шкам *f Dem zu* избá Hütte, Bauernhütte
избы́ток, -тка *m* 1. Überschuß, überschüssiger Rest; ~ сил Kräfteüberschuß 2. Überfluß; быть в -тке im Überfluß vorhanden sein
избы́точный, -ая, -ое; *Kzf* -чен, -чна reich, im Überfluß; überschüssig
изваяние, -я *n* Skulptur, Statue
изваять, -я́ю, -я́ешь; изва́янный, -ян, -а *u. alt* изваянный, -я́н, -а *v* meißeln, schnitzen, formen *Skulptur, Figur*
изведать, -аю, -аешь; изве́данный, -ан, -а *v buchspr* am eigenen Leibe, aus eigener Erfahrung kennenlernen, erfahren, erleben, zu spüren bekommen ‖ *uv* **изве́дывать**, -аю, -аешь
изверг, -а *m* Unmensch, Ungeheuer
извергáть(ся) *uv zu* извéргнуть(ся)
извéргнуть, -ну, -нешь; извéрг, -ла; извéрженный, -ен, -а *u.* извéргнутый, -ут, -а *v* 1. (her)ausstoßen, (her)auswerfen; ausspeien; вулкáн извéрг лáву der Vulkan spie Lava aus 2. *übtr* ausstoßen, verbannen ‖ *uv* извергáть, -áю, -áешь
извéргнуться, -нусь, -нешься; извéргся, -лась *v* 1. sich ergießen, ausgestoßen werden 2. Feuer speien *Vulkan* ‖ *uv* извергáться, -áюсь, -áешься
извержéние, -я *n* 1. Ausstoßen, Auswerfen 2. Ausbruch *eines Vulkans*
извéриться, -рюсь, -ришься *v umg* den Glauben verlieren (в *P oder A* an)
извернýться, -нýсь, -нёшься *v* 1. rasch, geschickt ausweichen, sich herauswinden 2. *übtr* sich aus der Verlegenheit ziehen ‖ *uv* **извёртываться**, -аюсь, -аешься *u. umg* изворáчиваться, -аюсь, -аешься
из|вестú*; изведя́ *u. alt* извéдши *v* 1. *umg* verbrauchen, aufbrauchen 2. *volksspr* umbringen, ermorden; ausrotten 3. *umg* (bis auf den Tod) quälen, peinigen, piesacken ‖ *uv* изводúть, -ожý, -óдишь
извéстие, -я *n* 1. Nachricht 2. *Pl* Mitteilungen, Nachrichten *in Zeitungs- und Zeitschriftentiteln*
из|вестúсь* *v umg* sich abquälen, sich abrackern; von Kräften kommen ‖ *uv* изводúться, -ожýсь, -óдишься
известúть, -ещý, -естúшь; -ещённый, -ещён, -ещенá *v* benachrichtigen, in Kenntnis setzen (о *P* von), wissen lassen ‖ *uv* извещáть, -áю, -áешь
извёстка, -и *f umg* Kalk
известковáние, -я *n* Kalkdüngung
известковáть, -кýю, -кýешь; -кóванный, -кóван, -а *v, uv* mit Kalk düngen, kalken
известкóвый, -ая, -ое kalkhaltig, Kalk-; ~ раствóр (Kalk-) Mörtel
извéстно [сн] 1. *unpers prädikativ* es ist bekannt; как ~ bekanntlich 2. *mod volksspr* klar!, versteht sich!
извéстность [сн], -и *f* 1. Bekanntheit, (guter) Ruf, Ruhm 2. *umg* eine Berühmtheit ◇ постáвить в ~ in Kenntnis setzen; привестú в ~ *alt* in Erfahrung bringen
извéстный [сн], -ая, -ое; *Kzf* -тен, -тна [сн] 1. bekannt, berühmt 2. bestimmt, gewiß; в -ых слýчаях in bestimmten [gewissen] Fällen
известня́к [сн], -á *m* Kalkstein
úзвесть, -и *f* Kalk
изветшáлый, -ая, -ое *alt* baufällig
извéчный, -ая, -ое; *Kzf* -чен, -чна ewig, uralt

извеща́ть *uv zu* извести́ть
извеще́ние, -я *n* Benachrichtigung, Mitteilung
изви́в, -а *m* Windung; Biegung
извива́ться, -а́юсь, -а́ешься *uv* sich schlängeln, sich winden
изви́лина, -ы *f* Krümmung, Windung; -ы мо́зга Gehirnwindungen
изви́листый, -ая, -ое; *Kzf* -ист, -а gewunden
извине́ние, -я *n* Entschuldigung
извини́тельный, -ая, -ое 1. *Kzf* -лен, -льна entschuldbar, verzeihlich 2. *alt* Entschuldigungs-; -ое письмо́ Entschuldigungsschreiben
извини́ть, -ню́, -ни́шь; -нённый, -нён, -нена́ *v* entschuldigen, verzeihen ◇ извини́те! entschuldigen Sie!; извини́те за выраже́ние verzeihen Sie den (derben) Ausdruck ‖ *uv* **извиня́ть,** -я́ю, -я́ешь
извини́ться, -ню́сь, -ни́шься *v* sich entschuldigen; он извини́лся за до́лгое молча́ние er entschuldigte sich wegen seines langen Schweigens ‖ *uv* **извиня́ться,** -я́юсь, -я́ешься
из|ви́ться*, изовью́сь; извили́сь *v* sich schlängeln, sich winden
извлека́ть *uv zu* извле́чь
извлече́ние, -я *n* 1. Ziehen, Herausziehen, Entfernen 2. Gewinnung; ~ со́ка из фру́ктов die Gewinnung von Saft aus Früchten 3. *übtr* Gewinnung, Entnahme *von Angaben* 4. Auszug, Exzerpt *aus Büchern, Zeitungen*
из|вле́чь* *v* 1. ziehen, herausziehen, entfernen; ~ оско́лок из ра́ны den Splitter aus einer Wunde ziehen 2. gewinnen, entnehmen; ~ сок из фру́ктов Saft aus Früchten gewinnen 3. *übtr* gewinnen, entnehmen, herausziehen; ~ но́вые да́нные из архи́вных материа́лов neue Angaben aus Archivmaterial gewinnen; ~ уро́к из *G* eine Lehre ziehen aus; ~ по́льзу из чего́-н. aus etw. Nutzen ziehen ‖ *uv* извлека́ть, -а́ю, -а́ешь
извне́ *Adv* von außen (her), von draußen (her)
изводи́ть(ся) *uv zu* извести́(сь)
изво́з, -а *m hist* Fuhrunternehmen
изво́зный, -ая, -ое: ~ про́мысел Fuhrwesen, Fuhrgewerbe
изво́зчик [ощ], -а *m* (Lohn-) Fuhrmann, (Lohn-) Kutscher; легково́й ~ Droschkenkutscher; ломово́й ~ Lastfuhrmann; е́хать на -е mit einer Droschke fahren
изво́лить, -лю, -лишь; -ль *uv* 1. *alt G oder mit Inf* belieben; geruhen; когда́ изво́лите поза́втракать? wann belieben Sie zu frühstücken?; изво́льте сесть bitte, nehmen Sie Platz 2. *Imp* изво́ль(те) *umg* einverstanden, meinetwegen, gut, (aber) bitte
извора́чиваться, -аюсь, -аешься *uv* 1. *uv zu* извернуться 2. *umg* sich drehen und wenden; sich aus der Schlinge [Verlegenheit] ziehen
изворо́тливый, -ая, -ое; *Kzf* -ив, -а gewandt, wendig, findig
изврати́ть, -ащу́, -ати́шь; -ащённый, -ащён, -ащена́ *v* 1. verdrehen, entstellen, verzerrt darstellen 2. *sittlich* verderben ‖ *uv* **извраща́ть,** -а́ю, -а́ешь
извраще́ние, -я *n* 1. Verdrehung, Entstellung 2. *sittlich* schlechter Einfluß; *sittliche* Verdorbenheit, Verderbtheit 3. Widernatürlichkeit, Perversität, Verirrung; вкусовы́е -я Geschmacksverirrungen
извращённый, -ая, -ое 1. entstellt, verzerrt, verdreht, ins Gegenteil verkehrt 2. widernatürlich, pervers
изга́дить, -а́жу, -а́дишь; -а́женный, -а́жен, -а *v volksspr* 1. (mit Kot) beschmieren, beschmutzen, besudeln 2. *übtr* verderben, zunichte machen, verpfuschen
изги́б, -а *m* 1. Krümmung, Windung; ~ реки́ Flußkrümmung 2. *tech* (Ver-) Biegen; про́чность на ~ Biegefestigkeit 3. *meist Pl* Feinheit, Nuance, Schattierung
изгиба́ть, -а́ю, -а́ешь *uv* biegen, beugen, verbiegen, krümmen, verziehen; ~ спи́ну den Rücken beugen; ~ гу́бы den Mund verziehen ‖ *v* изогну́ть, -ну́, -нёшь; изо́гнутый, -ут, -а
изгиба́ться, -а́юсь, -а́ешься *uv* sich biegen, sich beugen, sich verbiegen, sich krümmen, sich verziehen ‖ *v* изогну́ться, -ну́сь, -нёшься
изгла́дить, -а́жу, -а́дишь; -а́женный, -а́жен, -а *v* 1. verwischen; изгла́женная на́дпись verwischte Aufschrift 2. *übtr* auslöschen, verwischen; ~ неприя́тное впечатле́ние einen unangenehmen Eindruck verwischen ◇ ~ из па́мяти aus dem Gedächtnis tilgen ‖ *uv* **изгла́живать,** -аю, -аешь
изгла́диться, *1. u. 2. Pers ungebr*, -ится *v* sich verwischen, verschwinden, vergessen werden; неприя́тное впечатле́ние изгла́дилось der unangenehme Eindruck war vergessen ‖ *uv* **изгла́живаться,** -ается
изгна́ние, -я *m* 1. Vertreibung, Verbannung 2. Exil, Verbannung

изгна́нник, -а *m* Vertriebener, Verbannter
из|гна́ть* *v* vertreiben, verjagen, verbannen || *uv* изгоня́ть, -я́ю, -я́ешь
изголо́вье, -ья, *Pl G* -вий, *D* -вьям *n* Kopfende *des Bettes*; Kopfunterlage *beim Schlafen*
изголода́ться, -а́юсь, -а́ешься *v* 1. ausgehungert sein, großen Hunger haben 2. *übtr* gierig [ausgehungert] sein, heftiges Verlangen haben (по *D* nach)
изгоня́ть *uv zu* изгна́ть
и́згородь, -и *f* Staket, Zaun; жива́я ~ Hecke
изгота́вливать(ся) *uv zu* изгото́вить(ся)
изгото́вить, -влю, -вишь; -вленный, -влен, -а *v* 1. herstellen, verfertigen, produzieren 2. *umg* Essen zubereiten || *uv* изгота́вливать, -аю, -аешь *u.* изготовля́ть, -я́ю, -я́ешь
изгото́виться, -влюсь, -вишься *v* 1. *Sport* sich fertig machen 2. *mil* in Anschlag gehen || *uv* изгота́вливаться, -аюсь, -аешься *u.* изготовля́ться, -я́юсь, -я́ешься
изготовле́ние, -я *n* Herstellung, Verfertigung, Produktion; ~ проду́кции Produktionsausstoß
изготовля́ть(ся) *uv zu* изгото́вить(ся)
изгрыза́ть *uv zu* изгры́зть
из|гры́зть* *v* zernagen, zerfressen || *uv* изгрыза́ть, -а́ю, -а́ешь
1,2издава́ть *uv zu* 1,2изда́ть
из|дава́ться* *uv* erscheinen *Bücher*
и́здавна *Adv* seit jeher, von alters her
издалека́, издалёка, и́здали *Adv* von weitem, von fern ◇ нача́ть издалека́ weit ausholen *beim Erzählen*
изда́ние, -я *n* 1. Herausgabe, Veröffentlichung; Erlaß; ~ зако́на Veröffentlichung [Erlaß] eines Gesetzes 2. Ausgabe; Auflage; шко́льное ~ Schulausgabe; второ́е ~ zweite Auflage 3. Druckerzeugnis, Veröffentlichung; -я Акаде́мии нау́к die Veröffentlichungen der Akademie der Wissenschaften
изда́тель, -я *m* Verleger, Herausgeber
изда́тельский, -ая, -ое Verlags-; -ое де́ло Verlagswesen
изда́тельство, -а *n* Verlag
1из|да́ть* *v* 1. herausgeben, verlegen, veröffentlichen, erscheinen lassen; ~ кни́гу ein Buch herausgeben 2. erlassen; ~ декре́т eine Verfügung erlassen || *uv* из|дава́ть*
2из|да́ть* *v* ausstoßen, von sich geben; ausströmen; ~ звук einen Laut ausstoßen; ~ за́пах Geruch ausströmen || *uv* из|дава́ть*
издева́тельский, -ая, -ое spöttisch, höhnisch
издева́тельство, -а *n* 1. Verhöhnung, Verspottung; Hohn, Spott
издева́ться, -а́юсь, -а́ешься *uv* verhöhnen, seinen Spott treiben (над *I* mit)
издёвка, -и, *Pl G* -вок, *D* -вкам *f umg* böswilliger Spott, Hohn; в -у zum Spott
изде́лие, -я *n* 1. Herstellung, Fertigung 2. Erzeugnis, Ware; галанте-ре́йные -я Galanteriewaren
издёрганный, -ая, -ое *umg* überreizt, nervös
издёргать, -аю, -аешь; -анный, -ан, -а *v umg* nervös machen; ~ не́рвы die Nerven überreizen [zerrütten]
издержа́ть, -ержу́, -е́ржишь; -е́ржанный, -е́ржан, -а *v* verbrauchen, aufbrauchen, aufwenden, ausgeben || *uv* **изде́рживать,** -аю, -аешь
издержа́ться, -ержу́сь, -е́ржишься *v umg* sein ganzes Geld ausgeben, sich verausgaben || *uv* **изде́рживаться,** -аюсь, -аешься
изде́ржки *Pl* -жек, -жкам, *Sg* изде́ржка, -и *f* Ausgaben, Kosten; суде́бные ~ Gerichtskosten; ~ произво́дства Produktionskosten
издира́ть(ся) *uv zu* изодра́ть(ся)
издо́хнуть, -ну, -нешь; издо́х, -ла *v* 1. verenden, sterben *von Tieren* 2. *derb, volksspr* krepieren, verrecken || *uv* издыха́ть, -а́ю, -а́ешь
издыха́ние, -я *n*: до после́днего -я bis zum letzten Atemzug; быть при после́днем -и die letzten Atemzüge tun
издыха́ть *uv zu* издо́хнуть
изжа́рить, -рю, -ришь; -ренный, -рен, -а *v* braten, rösten *tr*
изжа́риться, -рюсь, -ришься *v* gebraten, geröstet sein [werden], gar gebraten sein; гусь изжа́рился die Gans ist gar gebraten
изжёванный, -ая, -ое *volksspr* 1. zerknüllt, -knittert 2. *übtr* abgedroschen
изжива́ть *uv zu* изжи́ть
из|жи́ть*; изжи́тый, -и́т, -а́! *u. umg* изжито́й, изжи́т, -а́ *v* beseitigen, überwinden, ausmerzen; ~ свои́ недоста́тки seine Fehler überwinden; ~ себя́ sich überleben, veralten || *uv* изжива́ть, -а́ю, -а́ешь
изжо́га [жж], -и *f* Sodbrennen
из-за *Präpos mit G* 1. hinter . . . hervor; von; aus; выгля́дывать ~ две́ри hinter der Tür hervorsehen;

встать ~ столá vom Tisch aufstehen; ~ границы aus dem Ausland 2. wegen, um ... willen, halber; ~ шýма ничегó не слы́шно vor Lärm ist nichts zu hören; всё э́то случи́лось ~ тебя́ das ist alles durch deine Schuld passiert; они́ спóрили ~ пустякóв sie stritten sich um Bagatellen; ~ болéзни krankheitshalber

иззя́бнуть, -ну, -нешь; иззя́б, -ла *v umg* durchfrieren

изла́вливать *uv zu* излови́ть

излага́ть *uv zu* изложи́ть

изла́мывать(ся) *uv zu* изломáть(ся)

излéниваться *uv zu* излени́ться

излени́ться, -еню́сь, -éнишься *v umg* faul [träge] werden || *uv* излéниваться, -аюсь, -аешься

излечéние, -я *n* 1. Kur, Heilbehandlung, ärztliche Behandlung 2. Wiederherstellung, Heilung, Genesung

излéчивать(ся) *uv zu* излечи́ть(ся)

излечи́мый, -ая, -ое; *Kzf* -и́м, -а heilbar

излечи́ть, -ечу́, -éчишь; -éченный, -éчен, -а *v buchspr* ausheilen, völlig heilen, (aus)kurieren || *uv* излéчивать, -аю, -аешь

излечи́ться, -ечу́сь, -éчишься *v buchspr* genesen, geheilt, wiederhergestellt sein [werden] (от *G* von) || *uv* излéчиваться, -аюсь, -аешься

излива́ть, -áю, -áешь *uv* 1. *uv zu* изли́ть 2. *buchspr* ausströmen, ergießen, von sich geben, ausstrahlen *Laute, Geruch, Licht*

излива́ться, -áюсь, -áешься *uv* 1. *uv zu* изли́ться 2. *buchspr* sich ergießen, sich verbreiten, herausdringen, ausströmen, ausstrahlen *Laute, Geruch, Licht* ◇ ~ в похвáлах комý-н. j-n mit Lob überschütten

из|ли́ть*, изолью́ *v* 1. *buchspr, alt* vergießen, verströmen; ~ потóки слёз Ströme von Tränen vergießen 2. *übtr, buchspr* starken Ausdruck verleihen, ergießen, freien Lauf lassen; ~ свой гнев на когó-н. seinen Zorn über j-n ergießen; ~ всю жёлчь Gift und Galle speien ◇ ~ дýшу sein Herz ausschütten || *uv* излива́ть, -áю, -áешь

из|ли́ться*, изолью́сь; изли́ли́сь *v* 1. *buchspr, alt* sich ergießen, entströmen 2. *übtr, buchspr* sich aussprechen, sein Herz erleichtern || *uv* излива́ться, -áюсь, -áешься

изли́шек, -шка *m* Überschuß; Überfluß; *Pl* freie Spitzen ◇ с -шком mehr als genug, übergenug

изли́шество, -а *n* Unmäßigkeit, Übermaß, Übertreibung

изли́шний, -яя, -ее; *Kzf* -шен, -шня, -шне 1. übermäßig, überflüssig, unnötig; -яя боя́знь unnötige Angst 2. -е *Adv* unnötig; э́то -е das ist nicht nötig

излия́ние, -я *n meist Pl* Gefühlsausbruch, Herzenserguß

излови́ть, -овлю́, -óвишь; -óвленный, -óвлен, -а *v umg* 1. fangen, ergreifen, erwischen 2. *übtr* ertappen, erwischen (на *P* bei) || *uv* изла́вливать, -аю, -аешь

изловча́ться *uv zu* изловчи́ться

изловчи́ться, -чу́сь, -чи́шься *v umg geschickt, im rechten Augenblick* fertigbringen, zustande bringen || *uv* изловча́ться, -áюсь, -áешься

изложéние, -я *n* 1. Darstellung, Wiedergabe *mit Worten* 2. Darstellungsweise, -art 3. schriftliche Nacherzählung

изложи́ть, -ожу́, -óжишь; -óженный, -óжен, -а *v* darlegen, darstellen, erläutern, vorbringen; ~ прóсьбу eine Bitte darlegen; ~ теóрию eine Theorie auseinandersetzen || *uv* излага́ть, -áю, -áешь

излóжница, -ы, *I* -ей *f tech* Kokille

изло́м, -а *m* 1. *tech* Bruch; испытáние на ~ Bruchfestigkeitsprüfung 2. Bruchstelle 3. scharfe Krümmung, Biegung; ~ реки́ scharfe Flußbiegung

изло́манный, -ая, -ое 1. gebrochen, ungerade; mit scharfen Krümmungen; -ая ли́ния gebrochene Linie 2. *übtr* gebrochen, entstellt

излома́ть, -áю, -áешь; изло́манный, -ан, -а *v* 1. zerbrechen, in Stücke brechen 2. *volksspr* mißbilden, verkrüppeln 3. *übtr, umg zu* schanden machen, verderben, zerstören; ~ чью-н. жизнь j-s Leben zerstören 4. entkräften, erschöpfen || *uv* изла́мывать, -аю, -аешь

излома́ться, -áюсь, -áешься *v* 1. zerbrechen, in Stücke gehen 2. *übtr, umg* ein unnatürliches [affektiertes] Benehmen zeigen || *uv* изла́мываться, -аюсь, -аешься

излуча́ть, -áю, -áешь *uv* ausströmen, ausstrahlen || *v* излучи́ть, -чу́, -чи́шь

излуча́ться, *1. u. 2. Pers ungebr*, -áется *uv* entströmen, ausstrahlen *von Strahlenenergie* || *v* излучи́ться, -чи́тся

излучéние, -я *n* Strahlung, Ausstrahlung

излу́чина, -ы *f* scharfe Biegung, Krümmung; ~ реки́ scharfe Flußbiegung

излучи́ть(ся) *v zu* излуча́ть(ся)

излю́бленный, -ая, -ое beliebt, bevorzugt, Lieblings-

из|ма́зать* *v umg* 1. beschmutzen, beschmieren 2. aufbrauchen, verbrauchen *Farbe, Schmiermaterial* || *uv* изма́зывать, -аю, -аешь

из|ма́заться* *v umg* 1. sich beschmutzen, sich beschmieren 2. draufgehen, verbraucht werden *Farbe, Schmiermaterial* || *uv* изма́зываться, -аюсь, -аешься

изма́зывать(ся) *uv zu* изма́зать(ся)

измара́ть, -а́ю, -а́ешь; изма́ранный, -ан, -а *v volksspr* stark beschmutzen

измара́ться, -а́юсь, -а́ешься *v volksspr* sich schmutzig machen

изма́тывать(ся) *uv zu* измота́ть(ся)

изма́яться, -а́юсь, -а́ешься *v volksspr u. gbt* sich abrackern, sich abmühen; он совсе́м изма́ялся er ist völlig erschöpft

¹измельча́ть, -а́ю, -а́ешь *v* 1. klein [kleiner] werden 2. flach, seicht werden; о́зеро измельча́ло der See war flach geworden 3. *übtr* verflachen, unbedeutend werden; entarten

²измельча́ть *uv zu* измельчи́ть

измельчи́ть, -чу́, -чи́шь; -чённый, -чён, -чена́ *v* zerkleinern; zerbröckeln || *uv* измельча́ть, -а́ю, -а́ешь

изме́на, -ы *f* 1. Verrat; ~ идеа́лам Verrat der Ideale [an den Idealen]; госуда́рственная ~ Hochverrat 2. Untreue, Ehebruch

измене́ние, -я *n* Änderung, Veränderung ◇ во ~ in Abänderung

¹измени́ть, -еню́, -е́нишь; -енённый, -енён, -енена́ *v* verändern, abändern || *uv* изменя́ть, -я́ю, -я́ешь

²измени́ть, -еню́, -е́нишь *v D* 1. verraten; brechen *Wort, Eid*; untreu sein; ~ ро́дине die Heimat verraten; ~ прися́ге einen Eid brechen 2. *übtr* im Stich lassen, versagen; сча́стье мне измени́ло das Glück hat mich verlassen; го́лос измени́л ей die Stimme versagte ihr || *uv* изменя́ть, -я́ю, -я́ешь

измени́ться, -еню́сь, -е́нишься *v* sich (ver)ändern; ~ к лу́чшему sich bessern ◇ ~ в лице́ erbleichen, die Farbe wechseln || *uv* изменя́ться, -я́юсь, -я́ешься

изме́нник, -а *m* Verräter; *alt* Treuloser

изме́ннический, -ая, -ое verräterisch, treulos

изме́нчивый, -ая, -ое; *Kzf* -ив, -а (leicht) veränderlich, unbeständig

изменя́емый, -ая, -ое veränderlich; *gram* flektierbar

¹,²изменя́ть *uv zu* ¹,²измени́ть

изменя́ться *uv zu* измени́ться

измере́ние, -я *n* 1. Messung, Vermessung 2. *math* Dimension

измери́мый, -ая, -ое; *Kzf* -и́м, -а meßbar

измери́тель, -я *m* 1. Meßgerät, -apparat 2. Kennziffer, Kriterium

измери́тельный, -ая, -ое Meß-, Messungs-; -ые инструме́нты Meßwerkzeuge

изме́рить, -рю, -ришь; -ренный, -рен, -а *v* 1. (ver)messen, ausmessen 2. *übtr umg* durchqueren, bereisen || *uv* **измеря́ть,** -я́ю, -я́ешь

измождённый, -ая, -ое; *Kzf* -ён, -ена́ erschöpft, entkräftet

измока́ть *uv zu* **измо́кнуть**

измо́кнуть, -ну, -нешь; измо́к, -ла *v umg* völlig durchnäßt werden [sein]; я совсе́м измо́к ich bin völlig durchnäßt || *uv* измока́ть, -а́ю, -а́ешь

измо́р, -а *m*: брать [взять] -ом a) aushungern *Festung, Stadt*; b) *übtr durch Beharrlichkeit* seinen Kopf durchsetzen

измори́ть, -рю́, -ри́шь; -рённый, -рён, -рена́ *v volksspr* erschöpfen, aufreiben, zermürben; hungern lassen

и́зморозь, -и *f* Rauhreif

и́зморось, -и *f* Sprühregen

измота́ть, -а́ю, -а́ешь; измо́танный, -ан, -а *v umg* zermürben, erschöpfen || *uv* изма́тывать, -аю, -аешь

измота́ться, -а́юсь, -а́ешься *v umg* von Kräften kommen, völlig erschöpft sein || *uv* изма́тываться, -аюсь, -аешься

измоча́ливать *uv zu* измоча́лить

измоча́лить, -лю, -лишь; -ленный, -лен, -а *v umg* 1. zerfasern 2. *übtr* anstrengen, erschöpfen; völlig zerrütten *Nerven* || *uv* измоча́ливать, -аю, -аешь

изму́ченный, -ая, -ое erschöpft

изму́чивать(ся) *uv zu* изму́чить(ся)

изму́чить, -чу, -чишь; -ченный, -чен, -а *v* quälen, peinigen; erschöpfen || *uv* изму́чивать, -аю, -аешь

изму́читься, -чусь, -чишься *v* sich abquälen; völlig erschöpft sein || *uv* изму́чиваться, -аюсь, -аешься

измыва́ться, -а́юсь, -а́ешься *uv* (над *I*) *umg* verspotten, verhöhnen

измы́згать, -аю, -аешь; -анный, -ан,

-а *v volksspr* abnutzen; verwischen; beschmutzen

измы́слить, -лю, -лишь; измы́шленный, -ен, -а *v* ersinnen, (sich) ausdenken, erfinden || *uv* измышля́ть, -я́ю, -я́ешь

измыта́рить, -рю, -ришь; -ренный, -рен, -а *v volksspr* völlig ermüden

измышле́ние, -я *n* Ersinnen, Erdichten; Erfindung; клеветни́ческое ~ verleumderische Erfindung

измышля́ть *uv zu* измы́слить

из|мя́ть*, изомну́ *v* **1.** zerknittern, zerknüllen **2.** zertreten, niedertreten **3.** *übtr* verkrüppeln, hart mitnehmen *moralisch*

изна́нка, -и *f* **1.** Rückseite, Unterseite, linke Seite; гла́дить с -и von links bügeln **2.** *übtr* Kehrseite

изнаси́лование, -я *n* **1.** Vergewaltigung, Notzucht **2.** Vergewaltigung, Zwang

изнаси́ловать, -лую, -луешь; -лованный, -лован, -а *v* **1.** vergewaltigen, notzüchtigen **2.** vergewaltigen, zwingen

изна́шиваемость, -и *f tech* Verschleiß, Abnutzung, Abnutzungsgrad

изна́шивать(ся) *uv zu* износи́ть(ся)

изне́женный, -ая, -ое verweichlicht, verzärtelt, verwöhnt

изне́живать(ся) *uv zu* изне́жить(ся)

изне́жить, -жу, -жишь; -женный, -жен, -а *v* verweichlichen, verzärteln, verwöhnen || *uv* изне́живать, -аю, -аешь

изне́житься, -жусь, -жишься *v* verweichlicht werden, verweichlichen || *uv* изне́живаться, -аюсь, -аешься

изнемога́ть *uv zu* изнемо́чь

изнеможе́ние, -я *n* völlige Erschöpfung; до -я bis zum Umfallen

изнеможённый, -ая, -ое; *Kzf* -жён, -жена́ völlig erschöpft, völlig entkräftet

изне|мо́чь* *v* (völlig) von Kräften kommen, erschöpft sein || *uv* изнемога́ть, -а́ю, -а́ешь

изне́рвничаться, -аюсь, -аешься *v* völlig die Nerven verlieren, nervös werden; он весь изне́рвничался er ist mit den Nerven völlig herunter

изничтожа́ть *uv zu* изничто́жить

изничто́жить, -жу, -жишь; -женный, -жен, -а *v volkssprr* vernichten, beseitigen || *uv* изничтожа́ть, -а́ю, -а́ешь

изно́с, -а (-у) *m* Verschleiß, Abnutzung; испыта́ние на ~ Verschleißprobe ◇ не знать -у [-а] unverwüstlich sein

износи́ть, -ошу́, -о́сишь; -о́шенный, -о́шен, -а *v* abtragen, abnutzen *Kleidung, Schuhe* || *uv* изна́шивать, -аю, -аешь

износи́ться, -ошу́сь, -о́сишься *v* **1.** schäbig, abgenutzt, unbrauchbar werden **2.** *umg* vorzeitig seine Kräfte erschöpfen; frühzeitig altern || *uv* изна́шиваться, -аюсь, -аешься

изно́шенный, -ая, -ое **1.** abgenutzt, abgetragen **2.** *umg* frühzeitig gealtert

изнуре́ние, -я *n* Erschöpfung, Entkräftung, Abzehrung

изнурённый, -ая, -ое äußerst erschöpft, entkräftet, abgezehrt

изнури́тельный, -ая, -ое; *Kzf* -лен, -льна kräftezehrend, ermüdend

изнури́ть, -рю́, -ри́шь; -рённый, -рён, -рена́ *v* erschöpfen, entkräften; überanstrengen || *uv* **изнуря́ть,** -я́ю, -я́ешь

изнури́ться, -рю́сь, -ри́шься *v* völlig von Kräften kommen, erschöpft sein || *uv* **изнуря́ться,** -я́юсь, -я́ешься

изнутри́ *Adv* von innen (her)

изныва́ть, -а́ю, -а́ешь *uv* **1.** *uv zu* изны́ть **2.** verschmachten, umkommen; ~ от жа́жды vor Durst vergehen

из|ны́ть* *v vor seelischem Schmerz* vergehen, verschmachten || *uv* изныва́ть, -а́ю, -а́ешь

изо ↑ из

изо- *in Zuss Abk für* изобрази́тельное иску́сство bildende Kunst

изоби́лие, -я *n* Überfluß, Fülle; в -и in Hülle und Fülle

изоби́ловать, *1. u. 2. Pers ungebr*, -лует *uv I* Überfluß haben (an), reich sein (an); о́зеро изоби́лует ры́бой der See ist fischreich

изоби́льный, -ая, -ое; *Kzf* -лен, -льна *I* reich (an)

изобличáть, -а́ю, -а́ешь *uv* **1.** *uv zu* изобличи́ть **2.** erkennen lassen, offenbaren; его́ произноше́ние изоблича́ло (в нём) иностра́нца seine Aussprache verriet den Ausländer

изобличе́ние, -я *n* Überführung, Entlarvung

изобличи́тельный, -ая, -ое überführend, belastend, Belastungs-

изобличи́ть, -чу́, -чи́шь; -чённый, -чён, -чена́ *v* в *P* überführen, entlarven; ~ во лжи der Lüge überführen || *uv* изоблича́ть, -а́ю, -а́ешь

изобража́ть, -а́ю, -а́ешь *uv* **1.** *uv zu* изобрази́ть **2.** darstellen, zeigen; а́втор изобража́ет в рома́не рабо́чую семью́ der Verfasser schildert in seinem Roman eine Arbeiterfamilie **3.** *meist in Verbindung mit* собо́й darstellen, sein; наш путь изобража́л собо́й зигза́ги unser Weg stellte eine Zickzacklinie dar **4.** *meist in Verbindung mit* из себя́ *umg* sich hinstellen als, spielen; он изобража́л из себя́ вели́кого учёного er spielte den großen Gelehrten

изобража́ться *uv zu* изобрази́ться

изображе́ние, -я *n* **1.** Darstellung, Schilderung **2.** Darstellung, Abbildung; Bild; моне́та с -ем герба́ eine Münze mit einem Wappen; зерка́льное ~ Spiegelbild; ре́зкость -я Bildschärfe

изобрази́тельный, -ая, -ое; *Kzf* -лен, -льна darstellend; ~ приём Darstellungsweise ◇ -ые иску́сства bildende Künste

изобрази́ть, -ажу́, -ази́шь; -ажённый, -ажён, -ажена́ *v* **1.** darstellen, (künstlerisch) gestalten; schildern **2.** *theat* darstellen, spielen, verkörpern **3.** *alt* ausdrücken, erkennen lassen; лицо́ изобрази́ло трево́гу das Gesicht drückte Besorgnis aus ‖ *uv* изобража́ть, -а́ю, -а́ешь

изобрази́ться, *1. u. 2. Pers ungebr,* -и́тся *v* sich spiegeln, sich zeigen *von Gefühlen* ‖ *uv* изобража́ться, -а́ется

из|обрести́* *v* erfinden, eine Erfindung machen ‖ *uv* изобрета́ть, -а́ю, -а́ешь

изобрета́тель, -я *m* Erfinder

изобрета́тельность, -и *f* Erfindungsgabe, Erfindergeist, Findigkeit

изобрета́тельный, -ая, -ое; *Kzf* -лен, -льна erfinderisch, findig

изобрета́тельский, -ая, -ое Erfinder-; -ое бюро́ Patentamt

изобрета́тельство, -а *n* Erfindertätigkeit; Erfindungswesen

изобрета́ть *uv zu* изобрести́

изобрете́ние, -я *n* **1.** Erfinden; Erfindung; ~ но́вого дви́гателя die Erfindung eines neuen Motors **2.** *umg* Ausgeklügeltheit; -я францу́зской ку́хни die Raffinessen der französischen Küche

изо|вра́ться*; -врали́сь *v volksspr* ein unverbesserlicher Lügner werden

изо́гнутый, -ая, -ое gebogen

изогну́ть(ся) *v zu* изгиба́ть(ся)

изо|дра́ть*, издеру́; изо́дранный, -ан, -а *v umg* zerreißen, zerfetzen ‖ *uv* издира́ть, -а́ю, -а́ешь

изо|дра́ться*, издеру́сь; изодрали́сь *v umg* in Fetzen gehen, zerreißen; *umg* sich viele Kratzwunden holen ‖ *uv* издира́ться, -а́юсь, -а́ешься

изо|йти́* *v I umg* sich erschöpfen; ~ кро́вью verbluten; ~ слеза́ми in Tränen zerfließen ‖ *uv* исходи́ть, -ожу́, -о́дишь

изо|лга́ться* *v* sich das Lügen angewöhnen, zum notorischen Lügner werden

изоли́рование, -я *n* Isolieren, Isolierung, Isolation

изоли́рованный, -ая, -ое isoliert, abgesondert

изоли́ровать, -рую, -руешь; -рованный, -рован, -а *v, uv* isolieren, absondern; ~ больно́го einen Kranken isolieren; ~ ка́бель Kabel isolieren

изоля́тор, -а *m* **1.** *el* Isolator, Nichtleiter **2.** *el* Porzellanstütze für blanke Leitungen, Isolator **3.** *med* Isolierzimmer

изоляцио́нный, -ая, -ое Isolier-; -ая ле́нта Isolierband

изоля́ция, -и *f* **1.** Isolieren, Isolierung, Isolation **2.** Isoliertheit, Absonderung, Abgesondertheit **3.** *tech* Isolierung, Isolationsmittel

изо|рва́ть*; изо́рванный, -ан, -а *v* zerreißen, in Stücke reißen ‖ *uv* изрыва́ть, -а́ю, -а́ешь

изо|рва́ться*, *1. u. 2. Pers ungebr;* изорвали́сь *v* in Fetzen gehen, zerreißen ‖ *uv* изрыва́ться, -а́ется

изоте́рма [тэ], -ы *f* Isotherme

изотерми́ческий, -ая, -ое **1.** isothermisch **2.** Kühl-; ~ ваго́н Kühlwagen

изото́пы *Pl* -ов, *Sg* изото́п, -а *m* Isotope

изощрённый, -ая, -ое verfeinert, ausgesucht, raffiniert

изощри́ть, -рю́, -ри́шь; -рённый, -рён, -рена́ *v* verfeinern, schärfen, bis zur Vollendung entwickeln *Fähigkeiten, Sinne*; ~ слух das Gehör schärfen; ~ па́мять das Gedächtnis schärfen ‖ *uv* изощря́ть, -я́ю, -я́ешь

изощри́ться, -рю́сь, -ри́шься *v* **1.** sich schärfen, verfeinern, entwikkeln *Fähigkeiten, Sinne* **2.** Feinheit, Übung, Fertigkeit erlangen, geübt sein (в *P* in) ‖ *uv* изощря́ться, -я́юсь, -я́ешься

изощря́ть *uv zu* изощри́ть

изощря́ться, -я́юсь, -я́ешься *uv* **1.** *uv zu* изощри́ться **2.** seine Künste spielen lassen, alle möglichen Kniffe anwenden

из-под, *u. vor einigen Konsonantenverbindungen* **из-подо** *Präpos mit G*

1. unter . . . hervor; ~ стола́ unter dem Tisch hervor; из подо льда unter dem Eis hervor 2. aus der Gegend von; колхо́зник ~ Ха́рькова Kolchosbauer aus der Gegend von Charkow 3. aus, von *bei Befreiung, Errettung*; освободи́ть ~ сле́дствия aus der Untersuchungshaft entlassen; освобожде́ние ~ и́га . . . Befreiung vom Joch . . . 4. *zur Bezeichnung der früheren Verwendung von Behältern*: буты́лка ~ молока́ (leere) Milchflasche; мешо́к ~ муки́ (leerer) Mehlsack ◇ ~ но́су vor der Nase weg; ~ па́лки unter Zwang, gezwungen

изразе́ц, -зца́, *I* -зцо́м, *G Pl* -зцо́в *m* Kachel

изразцо́вый, -ая, -ое Kachel-

изра́илец, -льца, *I* -льцем, *G Pl* -льцев *m* Israeli

Изра́иль, -я *m* Israel *Staat*

израильтя́нин, -а, *Pl* -я́не, -я́н, -я́нам *m* Israeli

израильтя́нка, -и, *Pl G* -нок, *D* -нкам *f* Israeli *Frau*

изра́нить, -ню, -нишь; -ненный, -нен, -а *v* viele Wunden beibringen

израсхо́довать, -дую, -дуешь; -дованный, -дован, -а *v* verbrauchen; ausgeben

израсхо́доваться, -дуюсь, -дуешься *v* 1. verbraucht werden; ausgehen 2. *umg* sich verausgaben, große Ausgaben machen *an Geld*

и́зредка *Adv* hin und wieder, bisweilen, ab und zu

из|ре́зать* *v* 1. zerschneiden, in Stücke schneiden; она́ изре́зала бума́гу на куски́ sie zerschnitt das Papier in Stücke 2. Schnitte beibringen, zerschneiden; он изре́зал себе́ ру́ки о стекло́ er hat sich an dem Glas die Hände zerschnitten 3.: изре́занная ме́стность durchschnittenes Gelände ‖ *uv* изре́зывать, -аю, -аешь *u. volksspr* изреза́ть, -а́ю, -а́ешь

изреза́ть *uv zu* изре́зать

изре́зывать *uv zu* изре́зать

изрека́ть *uv zu* изре́чь

изрече́ние, -я *n* Ausspruch, Denkspruch

из|ре́чь*; изрёк, изрекла́ *u. alt* изре́к, -ла́; изречённый, -ён, -ена́ *u. alt* изрече́нный, -е́н, -а *v alt, poet* von sich geben, aussprechen ‖ *uv* изрека́ть, -а́ю, -а́ешь

изрешети́ть, -ечу́, -е́тишь; -е́ченный, -е́чен, -а *u.* -ечённый, -ечён, -ечена́ *v* durchlöchern ‖ *uv* **изреше́чивать,** -аю, -аешь

изрисова́ть, -су́ю, -су́ешь; -со́ванный, -со́ван, -а *v* (über und über) mit Zeichnungen bedecken ‖ *uv* **изрисо́вывать,** -аю, -аешь

изруба́ть *uv zu* изруби́ть

изруби́ть, -ублю́, -у́бишь; -у́бленный, -у́блен, -а *v* 1. zerhacken, in kleine Teile hacken, hauen 2. niederhauen, -säbeln, erschlagen *mit Säbel, Axt* ‖ *uv* изруба́ть, -а́ю, -а́ешь

изруга́ть, -а́ю, -а́ешь; изру́ганный, -ан, -а *v umg* ausschimpfen, heruntermachen, herunterputzen

[1]**изрыва́ть** *uv zu* изорва́ть

[2]**изрыва́ть** *uv zu* изры́ть

изрыва́ться *uv zu* изорва́ться

изрыга́ть, -а́ю, -а́ешь *uv* 1. erbrechen; auswerfen, (aus)speien *Rauch, Flammen* 2. *übtr* aussprechen, ausstoßen *Tadel, Fluch, Schimpfworte* ‖ *v mom* **изрыгну́ть,** -ну́, -нёшь

из|ры́ть* *v* umwühlen, aufwühlen, um und um graben ◇ изры́тое о́спой лицо́ pockennarbiges Gesicht ‖ *uv* изрыва́ть, -а́ю, -а́ешь

изря́дный, -ая, -ое; *Kzf* -ден, -дна 1. *alt* gut, ausgezeichnet 2. *umg* beträchtlich, bedeutend, groß, ordentlich

изуве́р, -а *m* 1. grausamer (religiöser) Fanatiker 2. Unmensch 3. *übtr* fanatischer Bildungsgegner

изуве́рский, -ая, -ое (religiös) fanatisch; grausam; -ие пы́тки grausame Folterungen

изуве́рство, -а *n* Fanatismus; Grausamkeit

изуве́чивать *uv zu* изуве́чить

изуве́чить, -чу, -чишь; -ченный, -чен, -а *v* 1. zum Krüppel machen, verstümmeln 2. unbrauchbar machen, beschädigen, zerstören ‖ *uv* изуве́чивать, -аю, -аешь

изукра́сить, -а́шу, -а́сишь; -а́шенный, -а́шен, -а *v* 1. *alt u. umg* ausschmücken 2. *umg iron* beschmutzen; entstellen ‖ *uv* **изукра́шивать,** -аю, -аешь

изуми́тельный, -ая, -ое; *Kzf* -лен, -льна (äußerst) erstaunlich, außergewöhnlich, wunderbar

изуми́ть, -млю́, -ми́шь; -млённый, -млён, -млена́ *v* in Erstaunen [Verwunderung] versetzen ‖ *uv* изумля́ть, -я́ю, -я́ешь

изуми́ться, -млю́сь, -ми́шься *v* in Erstaunen [Verwunderung] geraten, sich sehr wundern, erstaunt sein **(*D***

über) || *uv* изумля́ться, -я́юсь, -я́ешься

изумле́ние, -я *n* (äußerste) Verwunderung, Erstaunen

изумлённый, -ая, -ое erstaunt, verwundert, Erstaunen [Verwunderung] ausdrückend

изумля́ть(ся) *uv zu* изуми́ть(ся)

изумру́д, -а *m* Smaragd

изуро́довать, -дую, -дуешь; -дованный, -дован, -а *v* 1. entstellen, verstümmeln, verzerren; изуро́дованное о́спой лицо́ pockennarbiges Gesicht 2. stark beschädigen 3. *übtr* entstellen, verzerrt darstellen; цензу́ра изуро́довала статью́ die Zensur hat den Artikel entstellt 4. *übtr* verderben *durch schlechten Einfluß*

изу́стный [сн], -ая, -ое mündlich

изуча́ть *uv zu* изучи́ть

изуче́ние, -я *n* 1. Erlernen, Studieren, Studium 2. Erforschung, Untersuchung

изучи́ть, -учу́, -у́чишь; -у́ченный, -у́чен, -а *v* 1. erlernen, (durch)-studieren; ~ иностра́нные языки́ Fremdsprachen erlernen 2. untersuchen, erforschen, studieren; ~ вопро́с eine Frage untersuchen; я хорошо́ изучи́л хара́ктер своего́ дру́га ich habe den Charakter meines Freundes hinreichend studiert 3. untersuchen, absuchen || *uv* изуча́ть, -а́ю, -а́ешь

изъеда́ть *uv zu* изъе́сть

изъе́здить, -е́зжу, -е́здишь; -е́зженный, -е́зжен, -а *v umg* 1. *eine ganze Gegend* bereisen, durchreisen, durchfahren 2. zuschanden fahren, zerfahren

изъ|е́сть*, *1. u. 2. Pers ungebr v* 1. zerfressen, zernagen; шу́ба изъе́дена мо́лью der Pelzmantel ist von Motten zerfressen 2. zerfressen, zerstören *durch Ätzwirkung* || *uv* изъеда́ть, -а́ет

изъяви́тельный, -ая, -ое: -ое наклоне́ние *gram* Indikativ

изъяви́ть, -явлю́, -я́вишь; -я́вленный, -я́влен, -а *v* zum Ausdruck bringen, äußern, aussprechen, bekunden; ~жела́ние einen Wunsch äußern || *uv* изъявля́ть, -я́ю, -я́ешь

изъявле́ние, -я *n* Äußerung, Ausdruck; с -ем благода́рности mit dem Ausdruck der Dankbarkeit

изъявля́ть *uv zu* изъяви́ть

изъя́н, -а (-у) *m* Defekt, Fehler, Mangel; това́р с -ом mangelhafte, nicht einwandfreie Ware

изъясни́ться, -ню́сь, -ни́шься *v alt* sich äußern, sich ausdrücken; sich verständigen || *uv* **изъясня́ться,** -я́юсь, -я́ешься; изъясня́ться по-францу́зски sich des Französischen bedienen

изъя́тие, -я *n* 1. Herausnehmen, Entnahme, Entfernen; Beschlagnahme; ~ ста́рых де́нежных зна́ков из обраще́ния Außerkurssetzung alten Geldes 2. Ausnahme; все без -я alle ohne Ausnahme

изъя́ть* *v* herausnehmen *aus dem Gebrauch, Umlauf*; beschlagnahmen; ~ ста́рые де́нежные зна́ки из обраще́ния altes Geld außer Kurs setzen || *uv* **изыма́ть, -а́ю, -а́ешь**

изыму́ ↑ изъя́ть

изыска́ние, -я *n* 1. Suche, Suchen, Ausfindigmachen 2. *meist Pl* Forschung, Untersuchung; нау́чные -я wissenschaftliche Forschungen 3. *meist Pl* Voruntersuchung *von Baugelände*

изы́сканный, -ая, -ое; *Kzf* -ан, -анна ausgesucht, auserlesen; elegant; ~ вкус auserlesener Geschmack

из|ыска́ть* *v buchspr* ausfindig machen, ermitteln; ~ ну́жные сре́дства die erforderlichen Mittel ausfindig machen || *uv* **изы́скивать, -аю, -аешь**

изыщу́ ↑ изыска́ть

изю́м, -а (-у) *m* Rosinen ◇ э́то тебе́ не фунт -у *volksspr* das ist gewiß kein Pappenstiel

изю́мина, -ы *f umg* Rosine

изю́минка, -и, *Pl G* -нок, *D* -нкам *f* 1. *Dem zu* изю́мина (kleine) Rosine 2. *übtr* Würze, das gewisse Etwas

изя́щество, -а *n* Feinheit, Eleganz

изя́щный, -ая, -ое; *Kzf* -щен, -щна elegant; -ое пла́тье elegantes Kleid ◇ -ые иску́сства *alt* schöne Künste; -ая слове́стность *alt* schön(geistig)e Literatur

и́канье, -ья *n ling* Aussprache eines unbetonten е und я als и

и́кать, -аю, -аешь *uv ling* unbetontes е und я als и aussprechen

ика́ть, -а́ю, -а́ешь *uv* Schlucken [Schluckauf] haben || *v mom* икну́ть, -ну́, -нёшь

ика́ться, -а́ется *unpers uv*: мне ика́ется *umg* ich habe Schlucken

икну́ть *mom zu* ика́ть

ико́на, -ы *f* Heiligenbild, Ikone

ико́нный, -ая, -ое Ikonen-

иконопи́сец, -сца, *I* -сцем, *G Pl* -сцев *m* Ikonen-, Heiligenmaler

иконопись, -и *f* Ikonenmalerei

икота, -ы *f* Schluckauf, Schlucken

[1]**икра́,** -ы́ *f* 1. Fischlaich, Rogen 2. Kaviar; па́юсная ~ gepreßter Kaviar; ке́товая ~ roter Kaviar 3.: баклажа́нная ~ kleingehackte Auberginen; грибна́я ~ kleingehackte Pilze

[2]**икра́** ↑ и́кры

и́кры *Pl* икр, и́крам, *Sg* **икра́,** -ы́ *f* Waden; су́дорога в -ах Wadenkrampf

икряно́й, -а́я, -о́е rogenhaltig

ил, -а *m* Schlamm

ИЛ *oder* **Ил** [ил], -а *m* IL *Flugzeugtyp, nach dem Konstrukteur* Илью́шин

Иларио́н, -а *m männl Vn*

и́ли *u. umg* **иль** *Konj* oder; и́ли же beziehungsweise; и́ли . . . и́ли entweder . . . oder

и́листый, -ая, -ое; *Kzf* -ист, -а schlammig

иллю́зия, -и *f* 1. Sinnestäuschung, Illusion 2. irrige, unreale Vorstellung, Illusion

иллюзо́рный, -ая, -ое; *Kzf* -рен, -рна illusorisch; trügerisch

иллюмина́тор, -а *m naut* Bullauge

иллюмина́ция, -и *f* Illumination, Festbeleuchtung

иллюмини́ровать, -рую, -руешь; -рованный, -рован, -а *u.* **иллюминова́ть,** -ну́ю, -ну́ешь; -но́ванный, -но́ван, -а *v, uv* illuminieren, festlich beleuchten

иллюстрати́вный, -ая, -ое 1. Illustrations- 2. anschaulich

иллюстра́ция, -и *f* 1. Illustrieren 2. Illustration

иллюстри́ровать, -рую, -руешь; -рованный, -рован, -а *v, uv* 1. illustrieren 2. veranschaulichen

илова́тый, -ая, -ое; *Kzf* -а́т, -а schlammig

иль ↑ и́ли

Ильи́ч, -а́, *I* -ём *m Vatersname zu* Илья́

ильм, -а *m* Bergulme

И́льмень, -я *m* Ilmensee

Илью́ш(к)а, -и *m Dem zu* Илья́

Илья́, -и́, *I* -ёй *m männl Vn*

им ↑ он, оно́, они́

им. (и́мени) namens; шко́ла им. Го́рького Gorkischule

имби́рь, -я́ *m* Ingwer

име́ние, -я *n* 1. Landgut *im Privatbesitz* 2. *alt* Besitz, Habe

имени́нник, -а *m* 1. einer, der gerade Namenstag hat, gerade seinen Namenstag feiert 2. *übtr, scherz* Held des Tages; Geburtstagskind ◇ смотре́ть -ом froh, zufrieden aussehen; сиде́ть как ~ untätig dasitzen

имени́ны, -и́н *Pl* Namenstag; Namenstagsfeier

имени́тельный, -ая, -ое: ~ паде́ж Nominativ

имени́тый, -ая, -ое; *Kzf* -и́т, -а 1. *umg* angesehen, berühmt 2. *alt* vornehm

и́менно *Part* 1. gerade, eben, ausgerechnet; ~ об э́том и идёт речь gerade davon ist die Rede 2. *in der Verbindung* а и́менно und zwar, nämlich 3. *in der Verbindung* вот и́менно! *umg* ganz recht!, eben!

имено́й, -а́я, -о́е 1. mit dem Namen des Besitzers versehen; -ы́е часы́ Uhr mit eingraviertem Namen 2. Namens-; ~ спи́сок Namensliste 3. *gram* Nominal-; -о́е склоне́ние Nominaldeklination

имено́ванный, -ая, -ое: -ое число́ *math* benannte Zahl

именова́ть, -ну́ю, -ну́ешь; -но́ванный, -но́ван, -а *uv* (be)nennen, bezeichnen

именова́ться, -ну́юсь, -ну́ешься *uv* genannt werden, heißen

име́ть, -е́ю, -е́ешь *uv* 1. haben, besitzen; ~ друзе́й Freunde haben 2. *I oder* в *P buchspr* haben (als), haben (zu); он хоте́л ~ во мне слу́шателя er wollte in mir einen Zuhörer haben; вся теплота́ име́ет свои́м первоисто́чником со́лнце alle Wärme hat die Sonne als ersten Ursprung 3. *mit Inf alt* sollen, müssen, haben; я име́ю предложи́ть де́рзкий прое́кт ich habe ein kühnes Projekt vorzuschlagen 4. *in Verbindung mit vielen Substantiven* haben; ~ успе́х Erfolg haben; ~ пра́во das Recht haben; ~ основа́ние Grund [Veranlassung] haben; ~ на́глость die Frechheit besitzen; ~ си́лу Gültigkeit haben, gelten *von Gesetzen*; ~ цель [це́лью] zum Ziel haben; ~ хожде́ние in Umlauf sein *Geld, Gerücht*; ~ ме́сто stattfinden; ~ де́ло с *I* zu tun haben mit; не ~ никако́го поня́тия keine Vorstellung haben ◇ ~ в виду́ beabsichtigen; im Auge haben; я ничего́ не име́ю про́тив ich habe nichts dagegen

име́ться, *1. u. 2. Pers ungebr*, -е́ется *uv* vorhanden sein, existieren, bestehen; по име́ющимся да́нным nach den zur Verfügung stehenden Unterlagen

ими ↑ они́
имита́тор, -а *m* Imitator
имита́ция, -и *f* **1.** Imitieren, Nachahmen **2.** Imitation, Nachahmung; Ersatz; ~ ко́жи imitiertes Leder **3.** *mus* Imitation
иммигра́нт, -а *m* Einwanderer
иммиграцио́нный, -ая, -ое Einwanderungs-, Einwanderer-
иммигра́ция, -и *f* Einwanderung
иммуните́т, -а *m med, jur* Immunität
императи́в, -а *m* **1.** *phil* Imperativ, kategorische Forderung **2.** *gram* Imperativ, Befehlsform
императо́р, -а *m* Kaiser; Imperator
империали́зм, -а *m* Imperialismus
империали́ст, -а *m* Imperialist
империалисти́ческий, -ая, -ое imperialistisch
империали́стский, -ая, -ое imperialistisch, Imperialisten-
импе́рия, -и *f* **1.** Kaiserreich **2.** imperialistische Kolonialmacht, Imperium
импоза́нтный, -ая, -ое; *Kzf* -тен, -тна imposant, eindrucksvoll
и́мпорт, -а *m* Import, Einfuhr
импортёр, -а *m* Importeur
и́мпортный, -ая, -ое Import-, Einfuhr-; -ые по́шлины Einfuhrzölle
импреса́рио *m idkl* Impresario; Theater-, Konzertunternehmer
импровиза́тор, -а *m* Improvisator; Stegreifdichter
импровиза́торский, -ая, -ое Improvisations-
импровиза́ция, -и *f* **1.** Improvisieren **2.** Improvisation, improvisiertes Werk
и́мпульс, -а *m* Impuls, Antrieb
импульси́вный, -ая, -ое; *Kzf* -вен, -вна impulsiv
и́мут *3. Pers Pl des alten Verbs* яти: мёртвые сра́му не ~ *buchspr alt* über Tote soll man nichts Schlechtes sagen
иму́щественный, -ая, -ое Vermögens-, Eigentums-; -ые отноше́ния Eigentumsverhältnisse
иму́щество, -а *n* **1.** Vermögen, Gut; недви́жимое ~ Immobilien **2.** *Koll* Gerät; ~ свя́зи *mil* Nachrichtengerät
иму́щий, -ая, -ее vermögend, besitzend ◇ власть -ие die Machthaber
и́мя *G, D, P* и́мени, *I* и́менем, *Pl* имена́, имён, имена́м *n* **1.** Name, Vorname **2.** Name, Ruf, Berühmtheit; потеря́ть до́брое ~ einen guten Namen verlieren **3.** *gram* Nomen; ~ существи́тельное Substantiv; ~ прилага́тельное Adjektiv ◇ заво́д и́мени Ки́рова Kirow-Werk; во ~ im Namen, namens, zu Ehren, um willen; от и́мени im Namen, namens, im Auftrag; письмо́ на ~ дире́ктора ein an den Direktor gerichteter Brief
инакомы́слящий, -ая, -ее *alt* andersdenkend
и́на́че **1.** *Adv* anders **2.** *Konj umg* andernfalls, sonst ◇ не ~ *volksspr* ganz gewiß, ganz bestimmt; так и́ли ~ auf jeden Fall, so oder so
инвали́д, -а *m* Invalide, Schwerbeschädigter; ~ войны́ Kriegsversehrter
инвали́дность, -и *f* Invalidität, Arbeitsunfähigkeit
инвентариза́ция, -и *f* Inventarisierung; Inventur
инвентаризи́ровать, -рую, -руешь; -рованный, -рован, -а *u.* **инвентаризова́ть,** -зу́ю, -зу́ешь; инвентаризо́ванный, -ан, -а *v, uv* **1.** inventarisieren, ins Bestandsbuch aufnehmen **2.** Inventur machen
инвента́рь, -я́ *m* **1.** Inventar; ме́лкий ~ Kleininventar **2.** Inventarverzeichnis ◇ живо́й ~ lebendes Inventar; мёртвый ~ totes Inventar
инве́рсия, -и *f ling* Inversion
ингаля́тор, -а *m* **1.** Inhalationsapparat **2.** Inhalatorium
ингалято́рий, -я, *P* -и, *G Pl* -ев *m* Inhalatorium
ингаля́ция, -и *f* Inhalation, Inhalieren
и́ндеветь, -ею, -еешь *uv* sich mit Reif bedecken
инде́ец, -е́йца, *I* -е́йцем, *G Pl* -е́йцев *m* Indianer
инде́йка, -и, *Pl G* -е́ек, *D* -е́йкам *f* Truthenne
инде́йский, -ая, -ое indianisch, Indianer- ◇ ~ пету́х Truthahn
и́ндекс [дэ], -а *m* Index
индиа́нка, -и, *Pl G* -нок, *D* -нкам *f* Indianerin
индиви́д, -а *m buchspr* Individuum
индивидуа́льность, -и *f* **1.** Individualität **2.** Einzelpersönlichkeit, Individuum
индивидуа́льный, -ая, -ое; *Kzf* -лен, -льна **1.** individuell, persönlich; -ые осо́бенности persönliche Eigenart; -ая черта́ individueller Zug **2.** persönlich, *zum persönlichen Besitz ge-*

hörend, dem persönlichen Bedürfnis dienend; ~ креди́т persönlicher Kredit 3. persönlich, individuell, Einzel-; -ое соревнова́ние Wettbewerb von Mann zu Mann; ~ план persönlicher Plan 4. einzeln, Einzel-, Sonder-; ~ слу́чай Einzelfall ◇ ~ перевя́зочный паке́т (persönliches) Verbandspäckchen

и́нди́го *n idkl* Indigo

инди́ец, -и́йца, *I* -и́йцем, *G Pl* -и́йцев *m* Inder

инди́йский, -ая, -ое indisch; Инди́йский океа́н Indischer Ozean

индика́тор, -а *m tech, chem* Indikator; опти́ческий ~ magisches Auge

индифференти́зм, -а *m buchspr* Gleichgültigkeit, Teilnahmslosigkeit, gleichgültiges, indifferentes Verhalten

индифферéнтный, -ая, -ое; *Kzf* -тен, -тна *buchspr* 1. gleichgültig, teilnahmslos, indifferent 2. *alt* uninteressant, gleichgültig

И́ндия, -и *f* Indien

индоевропе́йский, -ая, -ое *ling* indoeuropäisch

Индокита́й, -я *m* Indochina

индонези́ец, -и́йца, *I* -и́йцем, *G Pl* -и́йцев *m* Indonesier

индонези́йка, -и, *Pl G* -и́ек, *D* -и́йкам *f* Indonesierin

индонези́йский, -ая, -ое indonesisch

Индоне́зия, -и *f* Indonesien

Индоста́н, -а *m* Hindustan

индпоши́в, -а *m* (ателье́ индивидуа́льного поши́ва) Atelier für Maßkleidung

индуи́зм, -а *m* Hinduismus

индукти́вный, -ая, -ое 1. *phil* induktiv 2. *phys, el* induktiv, Induktions-

индукцио́нный, -ая, -ое *phys, el* Induktions-

инду́кция, -и *f phil, phys, el* Induktion

инду́с, -а *m* Hindu

инду́ска, -и, *Pl G* -сок, *D* -скам *f* Hindufrau

инду́сский, -ая, -ое Hindu-

индустриализа́ция, -и *f* Industrialisierung

индустриализи́ровать, -рую, -руешь; -рованный, -рован, -а *u.* **индустриализова́ть,** -зу́ю, -зу́ешь; -зо́ванный, -зо́ван, -а *v, uv* industrialisieren

индустриа́льный, -ая, -ое industriell, Industrie-

инду́стрия, -и *f* Industrie

индю́к, -а́ *m* Truthahn

индю́шка, -и, *Pl G* -шек, *D* -шкам *f volksspr* Truthenne, Pute

и́ней, -я *m* Reif, Rauhreif

ине́ртность, -и *f* Trägheit

ине́ртный, -ая, -ое 1. *phys* inert, träge 2. *Kzf* -тен, -тна träge, tatenlos

ине́рция, -и *f* 1. *phys* Beharrungsvermögen, Trägheit; зако́н -и Trägheitsgesetz 2. Trägheit, Tatenlosigkeit ◇ по -и dem Trägheitsgesetz folgend, aus Gewohnheit, ganz mechanisch

инжене́р, -а *m* Ingenieur; ~-строи́тель Bauingenieur

инжене́рный, -ая, -ое Ingenieur-; -ые войска́ Pioniertruppen

инжи́р, -а (-у) *m* 1. Feigenbaum 2. Feige

инициа́лы *Pl* -ов, *Sg* инициа́л, -а *m* Initialen, Anfangsbuchstaben

инициати́ва, -ы *f* Initiative; по его́ -е auf seine Initiative; взять -у в свои́ ру́ки die Initiative ergreifen; прояви́ть -у Initiative beweisen

инициати́вный, -ая, -ое; *Kzf* -вен, -вна Initiative besitzend, mit Initiative

инициа́тор, -а *m* Initiator

инкасса́тор, -а *m* Kassierer *der zum Schuldner kommt*, Inkassant

инкасси́ровать, -рую, -руешь; -рованный, -рован, -а *v, uv* Inkasso durchführen, einkassieren

инквизи́торский, -ая, -ое inquisitorisch

инко́гнито 1. *Adv* inkognito 2. *Subst n idkl* Inkognito 3. *Subst m, n idkl* Mensch, der unter falschem Namen lebt

инкримини́ровать, -рую, -руешь; -рованный, -рован, -а *v, uv* zur Last legen; ~ кому́-н. кра́жу j-m einen Diebstahl zur Last legen

инкруста́ция, -и *f* 1. Herstellung von Intarsien 2. Intarsienarbeit, Einlegearbeit

инкуба́тор, -а *m* Inkubator, Brutapparat

инкубацио́нный, -ая, -ое *med, landw* Inkubations-; ~ пери́од боле́зни Inkubationszeit einer Krankheit; -ая устано́вка Brutanlage

инкуба́ция, -и *f* 1. *med* Inkubationszeit 2. *landw* Ausbrüten von Küken im Brutapparat

инове́рец, -рца, *I* -рцем, *G Pl* -рцев *m alt* Andersgläubige

иногда́ *Adv* bisweilen, manchmal, von Zeit zu Zeit

иногоро́дний, -яя, -ее aus einer anderen Stadt, aus anderen Städten, auswärtig; -ие актёры auswärtige

Schauspieler; -яя корреспонде́нция auswärtige Korrespondenz

инозе́мный, -ая, -ое *alt, hoher Stil* ausländisch, fremdländisch

ино́й, -а́я, -о́е 1. anderer; ины́е времена́ andere Zeiten 2. mancher; в ины́х слу́чаях in manchen Fällen; ино́му э́то мо́жет не понра́виться manchem mag das nicht gefallen 3. mancher, jener *bei Aufzählungen*; ~ ... ~ der eine ... der andere; по-ино́му anders, auf andere Art und Weise ◇ ~ раз manchmal, es kommt vor, daß; не кто ~, как kein anderer als; не что ино́е, как nichts anderes als

и́нок, -а *m alt* Mönch

иноро́дный, -ая, -ое fremd(artig), ganz andersartig; -ое те́ло Fremdkörper

иносказа́тельный, -ая, -ое; *Kzf* -лен, -льна allegorisch, sinnbildlich

иностра́нец, -нца, *I* -нцем, *G Pl* -нцев *m* Ausländer

иностра́нка, -и, *Pl G* -нок, *D* -нкам *f* Ausländerin

иностра́нный, -ая, -ое 1. ausländisch, fremd, Fremd-; -ые языки́ Fremdsprachen; ~ капита́л ausländisches Kapital 2.: министе́рство -ых дел Ministerium für auswärtige Angelegenheiten, Außenministerium

иностра́нщина, -ы *f umg* Ausländertum, das [alles] Ausländische; преклоне́ние пе́ред -ой Anbetung alles Ausländischen

инохо́дец, -дца, *I* -дцем, *G Pl* -дцев *m* Paßgänger *Pferd*

и́ноходь, -и *f* Paßgang *Pferd*

иноязы́чный, -ая, -ое 1. anderssprachig; -ое населе́ние anderssprachige Bevölkerung 2. fremdsprachig, aus einer anderen Sprache; -ое сло́во Fremdwort

инсинуа́ция, -и *f buchspr* Verleumdung

инспекти́ровать, -рую, -руешь; -рованный, -рован, -а *uv* inspizieren

инспе́ктор, -а, *Pl* инспе́кторы, -ов, -ам *u.* инспектора́, -о́в, -а́м *m* Inspektor

инспе́кторский, -ая, -ое Inspektoren-, Inspektions-

инспе́кция, -и *f* 1. Inspizierung, Inspektion 2. Inspektionsbehörde; санита́рная ~ Sanitätsinspektion

инста́нция, -и *f* Instanz; вышестоя́щие -и die höheren Instanzen

инсти́нкт, -а *m* 1. *biol* Instinkt, Naturtrieb 2. *übtr* (instinktives) Gefühl, Instinkt

инстинкти́вный, -ая, -ое; *Kzf* -вен, -вна 1. *biol* instinktiv, durch Instinkt bedingt 2. unbewußt, gefühlsmäßig, unwillkürlich, instinktiv

институ́т, -а *m* 1. wissenschaftliches Institut; нау́чно-иссле́довательский ~ wissenschaftliches Forschungsinstitut 2. Hochschule; педагоги́ческий ~ *selbständiges* pädagogisches Institut 3. *jur* Institution, Einrichtung

инструкта́ж, -а, *I* -ем, *G Pl* -ей *m umg* 1. Instruieren 2. Instruktion, Anweisung, Anleitung

инструкти́вный, -ая, -ое Instruktions-; -ые указа́ния Instruktionen

инструкти́рование, -я *n* Instruieren, Instruktion, Unterweisung

инструкти́ровать, -рую, -руешь; -рованный, -рован, -а *v, uv* instruieren, unterweisen, Instruktion erteilen

инстру́ктор, -а, *Pl a.* инструктора́, -о́в, -а́м *m* Instrukteur, Ausbilder

инстру́кторский, -ая, -ое Instrukteur-

инстру́кция, -и *f* Instruktion, Vorschrift; ~ к по́льзованию Bedienungsanweisung

инструме́нт, -а *m* 1. Instrument, Werkzeug; хирурги́ческий ~ chirurgisches Besteck 2. Musikinstrument; уда́рный ~ Schlagzeug

инструмента́льный, -ая, -ое 1. Instrumenten-, Werkzeug-; -ая сталь Werkzeugstahl; ~ я́щик Werkzeugkasten 2. -ая, -ой *Subst f* Werkzeugmacherei 3. *mus* Instrumental-; -ая му́зыка Instrumentalmusik

инструмента́льщик, -а *m* Werkzeugmacher, Werkzeugschlosser

инструментова́ть, -ту́ю, -ту́ешь; -то́ванный, -то́ван, -а *v, uv mus* instrumentieren

инструменто́вка, -и *f mus* Instrumentieren, Instrumentierung

инсцени́ровать, -рую, -руешь; -рованный, -рован, -а *v, uv* 1. inszenieren; dramatisieren, *für die szenische Aufführung* bearbeiten 2. *übtr* vortäuschen, inszenieren

инсцениро́вка, -и, *Pl G* -вок, *D* -вкам *f* Inszenierung; Dramatisierung, Bühnenbearbeitung

интегра́л, -а *m math* Integral

интегра́льный, -ая, -ое 1. Integral-; -ое исчисле́ние Integralrechnung 2. *Kzf* -лен, -льна *buchspr* integral, zu einem Ganzen verschmolzen

интегри́рование, -я *n math* Integrieren

интегри́ровать, -рую, -руешь; -рованный, -рован, -а *v, uv* 1. *math* integrieren 2. *buchspr* zu einem Ganzen zusammenschließen, integrieren
интелле́кт, -а *m* Intellekt, Denkfähigkeit, Verstand
интеллектуа́льный, -ая, -ое; *Kzf* -лен, -льна intellektuell, geistig, Verstandes-
интеллиге́нт, -а *m* Angehöriger der Intelligenz
интеллиге́нтный, -ая, -ое 1. zur Intelligenz gehörend, Intelligenz-, intellektuell 2. *Kzf* -тен, -тна intelligent, gescheit, geistig interessiert
интеллиге́нтский, -ая, -ое typisch für Intellektuelle, (typisch) intellektuell, Intellektuellen-
интеллиге́нция, -и *f* 1. die Intelligenz, Geistesschaffende; трудова́я ~ die werktätige Intelligenz 2. *Koll* die Intellektuellen
интенда́нт, -а *m mil* Intendant
интенда́нтский, -ая, -ое *mil* Intendantur-
интенда́нтство, -а *n mil* Intendantur
интенси́вность [тэ], -и *f* Intensität
интенси́вный [тэ], -ая, -ое; *Kzf* -вен, -вна intensiv, Intensiv-; -ое хозя́йство Intensivwirtschaft
интенсифика́ция [тэ], -и *f buchspr* Intensivierung
интенсифици́ровать [тэ], -рую, -руешь; -рованный, -рован, -а *v, uv buchspr* intensivieren
интерва́л, -а *m* 1. Zwischenraum, Abstand 2. zeitlicher Abstand, Zeitspanne; с -ом в не́сколько секу́нд mit wenigen Sekunden Abstand 3. *mus, phys* Intervall
интерве́нция, -и *f* Intervention, gewaltsame Einmischung
Интерви́дение, -я *n* Intervision
интервью́ [тэ] *n idkl* Interview
интервьюи́ровать [тэ], -рую, -руешь; -рованный, -рован, -а *v, uv* interviewen
интере́с, -а *m* 1. Interesse, Aufmerksamkeit; прояви́ть ~ к чему́-н. Interesse zeigen für etw.; де́ло представля́ет ~ die Sache ist von Interesse 2. Interesse, Wichtigkeit; э́то в ва́ших -ах das liegt in Ihrem Interesse 3. *meist Pl* Interessen, Belange; кла́ссовые -ы Klasseninteressen 4. *umg* Gewinn, (materieller) Nutzen; како́й мне от э́того ~ was nützt mir das, was habe ich davon
интере́сный, -ая, -ое; *Kzf* -сен, -сна 1. interessant, fesselnd 2. *umg* schön, anziehend; -ая вне́шность anziehendes Äußeres ◇ в -ом положе́нии *alt* schwanger
интересова́ть, -су́ю, -су́ешь *uv* interessieren; э́то вас интересу́ет? interessiert Sie das?
интересова́ться, -су́юсь, -су́ешься *uv I* sich interessieren (für), Interesse haben (für)
интерлю́дия [тэ], -и *f mus* Zwischenspiel
интерме́дия [тэ], -и *f* 1. *theat* Intermezzo, Zwischenspiel 2. *mus* Zwischenspiel
интерме́ццо [тэ] *n idkl mus* Intermezzo
Интернациона́л [тэ], -а *m* 1. Internationale *Vereinigung*; Коммунисти́ческий ~ Kommunistische Internationale 2. Internationale *Lied*
интернационали́зм [тэ], -а *m* Internationalismus
интернациона́льный [тэ], -ая, -ое; *Kzf* -лен, -льна 1. international; -ые свя́зи internationale Verbindungen 2. internationalistisch, im Geiste des (proletarischen) Internationalismus
интерпелля́ция [тэ], -и *f* Interpellation, Anfrage an die Regierung
интерпрета́ция [тэ], -и *f buchspr* Interpretation
интерье́р [тэ], -а *m* 1. *arch* Interieur, Innenausstattung *eines Gebäudes* 2. Interieur *Malerei*
инти́мность, -и *f* Vertrautheit, Intimität
инти́мный, -ая, -ое; *Kzf* -мен, -мна sehr vertraulich, ganz persönlich; vertraut, innig, intim; herzlich
интона́ция, -и *f* 1. Tonfall 2. *ling* Satzmelodie 3. *mus* Intonation
интри́га, -и *f* 1. Intrige, Ränkespiel 2. *lit* Intrige, Knoten der Handlung 3.: любо́вная ~ Liebesaffäre
интрига́н, -а *m* Intrigant
интригова́ть, -гу́ю, -гу́ешь *uv* 1. intrigieren 2. neugierig machen, Spannung erregen; кни́га с интригу́ющим назва́нием ein Buch mit vielversprechendem Titel
интроду́кция, -и *f mus* Introduktion, Einleitung
интуити́вный, -ая, -ое; *Kzf* -вен, -вна intuitiv
интуи́ция, -и *f* Intuition; по -и intuitiv
Интури́ст, -а *m* (Всесою́зное объедине́ние по обслу́живанию иностра́нных тури́стов) Intourist (sowjetisches Reisebüro für den Verkehr zwi-

schen der UdSSR und dem Ausland)

инфа́к, -а *m* (факульте́т иностра́нных языко́в) Fremdsprachenfakultät

инфекцио́нный, -ая, -ое *med* infektiös, Infektions-, ansteckend; -ая боле́знь Infektionskrankheit

инфе́кция, -и *f* Infektion, Ansteckung

инфинити́в, -а *m gram* Infinitiv

инфля́ция, -и *f* Inflation

информа́тор, -а *m* Informator, Berichterstatter

информацио́нный, -ая, -ое Informations-; -ое бюро́ Informationsbüro

информа́ция, -и *f* 1. Information 2. Benachrichtigung, Informierung

информбюро́ *n idkl* (информацио́нное бюро́) Informationsbüro

инфракра́сный, -ая, -ое: -ые лучи́ Infrarotstrahlen

инфузо́рия, -и *f* Infusorium, Aufgußtierchen

инциде́нт, -а *m* Zwischenfall, Vorfall; пограни́чные -ы Grenzzwischenfälle

инъе́кция, -и *f med* Injektion, Spritze; сде́лать -ю кому́-н. j-m eine Injektion [Spritze] geben

и. о. (исполня́ющий обя́занности) kommissarisch, amtierend, in Vertretung, i. V.; ~ нача́льника отде́ла kommissarischer Abteilungsleiter

Иокога́ма, -ы *f* Jokohama

ио́н *u.* **йон,** -а *m phys* Ion

иони́йский *u.* **иони́ческий,** -ая, -ое *arch* ionisch; Иони́ческое мо́ре Ionisches Meer

ио́нный, -ая, -ое Ionen-; -ая реа́кция Ionenreaktion

Иорда́н, -а *m* Jordan *Fluß*

Иорда́ния, -и *f* Jordanien

Ио́сиф, -а *m* Josef

ипоте́ка, -и *f* Hypothek

ипохо́ндрия, -и *f* Hypochondrie

ипподро́м, -а *m* Pferderennbahn

и пр. (и про́чее, и про́чие) und dergleichen, und andere, und anderes (mehr)

ипри́т, -а *m* Yperit, Senfgas

И́ра, -ы *f Dem zu* Ири́на

Ира́к, -а *m* Irak

Ира́н, -а *m* Iran

ира́нец, -нца, *I* -нцем, *G Pl* -нцев *m* Iranier, Iraner

ира́нка, -и, *Pl G* -нок, *D* -нкам *f* Iranerin

ира́нский, -ая, -ое iranisch

Ири́на, -ы *f weibl Vn*

и́рис, -а *m* Schwertlilie, Iris

ири́с, -а *m* Sahnebonbon

Ирку́тск, -а *m* Irkutsk

иркутя́нин, -а, *Pl* -я́не, -я́н, -я́нам *m* Einwohner von Irkutsk

ирла́ндец, -ндца [нц], *I* -ндцем, *G Pl* -ндцев *m* Ire

Ирла́ндия, -и *f* Irland

ирла́ндка, -и, *Pl G* -док, *D* -дкам *f* Irin

ирла́ндский [нск], -ая, -ое irisch, irländisch

и́род, -а *m volksspr Schimpfwort* Unmensch

иронизи́ровать, -рую, -руешь *uv* над *I* sich ironisch verhalten, ironische Bemerkungen machen

ирони́ческий, -ая, -ое ironisch

иро́ния, -и *f* Ironie

ирреа́льный, -ая, -ое *buchspr* irreal

ирригацио́нный, -ая, -ое Bewässerungs-

ирнга́ция, -и *f* künstliche Bewässerung

Ирты́ш, -а́, *I* -о́м *m* Irtysch *Fluß*

Исаа́к, -а *m* Isaak

иск, -а *m jur* gerichtliche Klage, Forderung; гражда́нский ~ Zivilklage; предъяви́ть ~ к кому́-н. gegen j-n klagen

искажа́ть(ся) *uv zu* искази́ть(ся)

искаже́ние, -я *n* Entstellung, Verdrehung, Verfälschung; ~ мы́сли Verfälschung eines Gedankens; ~ изображе́ния Bildverzerrung

искажённый, -ая, -ое 1. verfälscht, entstellt; предста́вить в -ом ви́де verzerrt darstellen 2. sehr verändert, entstellt *Gesichtsausdruck, Äußeres*

искази́ть, -ажу́, -ази́шь; -ажённый, -ажён, -ажена́ *v* 1. verfälschen, verdrehen, verzerrt darstellen, entstellen; ~ смысл den Sinn entstellen 2. völlig verändern, verzerren, entstellen *Gesichtsausdruck, Äußeres* || *uv* искажа́ть, -а́ю, -а́ешь

искази́ться, *1. u. 2. Pers ungebr*, -зи́тся *v* 1. einen falschen Sinn bekommen, unrichtig werden 2. sich völlig verändern, sich verzerren *Gesichtsausdruck* || *uv* искажа́ться, -а́ется

искале́чивать(ся) *uv zu* искале́чить(ся)

искале́чить, -чу, -чишь; -ченный, -чен, -а *v* 1. zum Krüppel machen, verstümmeln 2. *übtr sittlich* verderben || *uv* искале́чивать, -аю, -аешь

искалéчиться, -чусь, -чишься *v umg* zum Krüppel werden; sich zum Krüppel machen, sich verstümmeln ‖ *uv* искалéчиваться, -аюсь, -аешься

искáлывать *uv zu* исколóть

искáние, -я *n* 1. Suche, Suchen; ~ прáвды Suchen nach Wahrheit 2. *Pl* Suche(n) nach neuen Wegen *in Kunst, Wissenschaft*

искáтель, -я *m* 1. Sucher; ~ жéмчуга Perlensucher, Perlenfischer; ~ счáстья Glückssucher 2. *tech* Sucher

искáтельный, -ая, -ое; *Kzf* -лен, -льна einschmeichelnd

искáть* *uv* 1. suchen, sich bemühen zu finden [wiederzufinden]; ~ спря́тавшегося ребёнка ein Kind suchen, das sich versteckt hat 2. *G* streben, zu erhalten suchen; suchen, sich umsehen; ~ влáсти nach Macht streben; ~ пóвода nach einem Anlaß suchen 3. с *G*, на *P jur* (ein)klagen; ~ сýмму убы́тка с желéзной дорóги gegen die Eisenbahn auf Schadenersatz klagen 4. *mit Inf buchspr, alt* versuchen, sich bemühen

исключáть, -áю, -áешь *uv* 1. *uv zu* исключи́ть 2. ausschließen *Möglichkeit*, unmöglich machen; однó исключáет другóе eins schließt das andere aus

исключáться, *1. u. 2. Pers ungebr*, -áется *uv* ausgeschlossen werden; э́то исключáется das ist ausgeschlossen, das kommt nicht in Frage

исключáя *Präpos mit G* ausgenommen, außer; ~ присýтствующих die Anwesenden ausgenommen

исключéние, -я *n* 1. Ausschließung, Ausschluß; ~ из спи́сков Streichung aus den Listen 2. Ausnahme; в ви́де -я ausnahmsweise ◇ ~ неизвéстного *math* Eliminierung der Unbekannten; за -ем *G* mit Ausnahme, ausgenommen

исключи́тельно *Part* nur, lediglich, ausschließlich

исключи́тельный, -ая, -ое 1. Ausnahme-; -ые закóны Ausnahmegesetze 2. *Kzf* -лен, -льна außergewöhnlich, außerordentlich, selten; в -ых слýчаях in seltenen Fällen; -ые спосóбности außergewöhnliche Fähigkeiten 3. *Kzf* -лен, -льна *umg* sehr gut, ganz groß 4. *Kzf* -лен, -льна ausschließlich, alleinig

исключи́ть, -чý, -чи́шь; -чённый, -чён, -ченá *v* 1. ausscheiden, herausnehmen, entfernen, ausschließen; ~ из спи́сков aus den Listen streichen 2. *meist Kzf Ptz Prät Pass* ausschließen *Möglichkeit*; не исключенá возмóжность die Möglichkeit ist nicht ausgeschlossen ‖ *uv* исключáть, -áю, -áешь

исковéркать, -аю, -аешь; -анный, -ан, -а *v* 1. zerbrechen, zerbeulen, verderben; entstellen 2. *übtr* verderben, zuschanden machen 3. *übtr* verdrehen, entstellen, verderben

исковóй, -áя, -óе *jur* Klage-; -óе заявлéние Klageschrift

исколáчивать *uv zu* исколоти́ть

исколеси́ть, -ешý, -еси́шь; -ешённый, -ешён, -ешенá *v umg* durchfahren, -wandern, -streifen

исколоти́ть, -очý, -óтишь; -óченный, -óчен, -а *v umg* 1. verhauen, durchprügeln 2. übel zurichten, beschädigen *Fläche beim Hämmern* ‖ *uv* исколáчивать, -аю, -аешь

ис|колóть* *v* 1. zerstechen; он рýки об кустáрник исколóл er hat sich die Hände am Strauchwerk zerstochen 2. über und über mit Nadeln bestecken ‖ *uv* искáлывать, -аю, -аешь

искóмкать, -аю, -аешь; -анный, -ан, -а *v umg* zerknüllen

искóмое, -ого *Subst n math* gesuchte Größe

искóмый, -ая, -ое gesucht

искони́ *Adv alt* seit jeher, von alters her

искóнный, -ая, -ое althergebracht, alt, seit langem [jeher] bestehend, ureigen; ~ враг alter Feind, Erbfeind; ~ обитáтель Ureinwohner; -ые интерéсы ureigenste Interessen

ископáемое, -ого *Subst n* Fossil

ископáемый, -ая, -ое fossil

искорёживать *uv zu* искорёжить

искорёжить, -жу, -жишь; -женный, -жен, -а *v volksspr* verziehen, verzerren ‖ *uv* искорёживать, -аю, -аешь

искорени́ть, -ню́, -ни́шь; -нённый, -нён, -ненá *v* ausrotten, ausmerzen, vertilgen ‖ *uv* **искореня́ть,** -я́ю, -я́ешь

и́скорка, -и, *Pl G* -рок, *D* -ркам *f* kleiner Funken, Fünkchen

и́скоса *Adv* von der Seite (her), schief; ~ [по]смотрéть на когó-н. j-n von der Seite ansehen

и́скра, -ы *f* 1. Funke; электри́ческая ~ elektrischer Funke 2. *übtr* Funke, Fünkchen; ~ надéжды ein Fünkchen Hoffnung ◇ с -ой gesprenkelt *Stoff*;

у него́ -ы из глаз посы́пались er sah Sterne *als Folge eines Schlags*

и́скренний, -яя, -ее; *Kzf* -нен, -нна aufrichtig, offenherzig, herzlich; -ее письмо́ ein herzlich gehaltener Brief

и́скренность, -и *f* Aufrichtigkeit, Offenherzigkeit

искриви́ть, -влю́, -ви́шь; -влённый, -влён, -влена́ *v* 1. krümmen, (ver)-biegen 2. verzerren, -ziehen *Gesichtszüge* ‖ *uv* искривля́ть, -я́ю, -я́ешь

искриви́ться, -влю́сь, -ви́шься *v* 1. krumm werden, sich verziehen 2. sich verzerren, sich verziehen *Gesichtszüge* ‖ *uv* искривля́ться, -я́юсь, -я́ешься

искривле́ние, -я *n* 1. Krümmen, Verbiegen; Verkrümmung, Verbiegung; ~ позвоно́чника Rückgratverkrümmung 2. Krümmung, verbogene [gekrümmte] Stelle 3. *übtr* (politische) Abweichung

искривлённый, -ая, -ое krumm, gekrümmt

искривля́ть(ся) *uv zu* искриви́ть(ся)

искри́стый, -ая, -ое; *Kzf* -и́ст, -а *u.* **и́скристый,** -ая, -ое; *Kzf* -ист, -а funkelnd

и́скриться, *1. u. 2. Pers ungebr*, -рится *u.* **искри́ться,** *1. u. 2. Pers ungebr*, -ри́тся *uv* funkeln, sprühen, glänzen; глаза́ и́скря́тся ра́достью die Augen funkeln vor Freude

искрово́й, -а́я, -о́е Funken-

искромса́ть, -а́ю, -а́ешь; искро́мсанный, -ан, -а *v umg* sinnlos [unüberlegt] zerschneiden, verderben *durch unüberlegtes Schneiden*

искроши́ть, -ошу́, -о́шишь; -о́шенный, -о́шен, -а *v* 1. zerkrümeln 2. *umg* zusammen-, niederhauen, niedersäbeln

искроши́ться, *1. u. 2. Pers ungebr*, -о́шится *v* zerbröckeln

[1]**искупа́ть** *uv zu* искупи́ть

[2]**искупа́ть,** -а́ю, -а́ешь; иску́панный, -ан, -а *v umg* baden, waschen

искупа́ться, -а́юсь, -а́ешься *v umg* (sich) baden, ein Bad nehmen

искупи́тельный, -ая, -ое *buchspr* Sühne-; -ая же́ртва Sühneopfer

искупи́ть, -уплю́, -у́пишь; -у́пленный, -у́плен, -а *v* 1. büßen, sühnen, wiedergutmachen 2. wettmachen, ersetzen, ausgleichen *einen Mangel* ‖ *uv* искупа́ть, -а́ю, -а́ешь

искупле́ние, -я *n* 1. Buße, Sühne 2. Vergeltung, Sühne; час -я Stunde der Vergeltung

и́скус, -а *m übtr* Prüfung

искуса́ть, -а́ю, -а́ешь; иску́санный, -ан, -а *v* an vielen Stellen stechen [beißen], zerstechen; он искуса́л себе́ все гу́бы er hat sich die Lippen ganz und gar zerbissen ‖ *uv* иску́сывать, -аю, -аешь

искуси́тель, -я *m buchspr* Versucher, Verführer

искуси́ть *v zu* искуша́ть

иску́сник, -а *m umg* geschickter Mensch, Meister

иску́сный, -ая, -ое; *Kzf* -сен, -сна 1. geschickt, gewandt, kunstreich 2. kunstvoll, geschickt ausgeführt

иску́сственность, -и *f* Unnatürlichkeit, Gekünsteltheit

иску́сственный, -ая, -ое 1. künstlich, Kunst-; -ое волокно́ Kunstfaser; -ые зу́бы künstliche Zähne 2. *Kzf* -вен, -венна gekünstelt, geheuchelt; ~ смех gekünsteltes Lachen

иску́сство, -а *n* 1. Kunst; совреме́нное ~ moderne Kunst 2. Kunstfertigkeit, Kunst, Meisterschaft; с больши́м -ом kunstvoll, mit großer Kunst

искусствове́д, -а *m* Kunstwissenschaftler, Kunsthistoriker

искусствове́дение, -я *n* Kunstwissenschaft

иску́сывать *uv zu* искуса́ть

искуша́ть, -а́ю, -а́ешь *uv* zu verführen suchen; verführen; versuchen ‖ *v alt* искуси́ть, -ушу́, -уси́шь; искушённый, -ён, -ена́

искуше́ние, -я *n* Verführung, Versuchung; подда́ться -ю der Versuchung erliegen; проти́виться -ю der Versuchung widerstehen

искушённый, -ая, -ое erfahren, bewandert; ~ о́пытом reich an Erfahrung

исла́м, -а *m* Islam

исла́ндец, -дца [нц], *I* -дцем, *G Pl* -дцев *m* Isländer

Исла́ндия, -и *f* Island

исла́ндка, -и, *Pl G* -док, *D* -дкам *f* Isländerin

исла́ндский [нск], -ая, -ое isländisch

испа́костить, -ощу, -остишь *v volksspr* 1. beschmutzen, verunreinigen 2. verderben, verpfuschen, versauen

испа́нец, -нца, *I* -нцем, *G Pl* -нцев *m* Spanier

Испа́ния, -и *f* Spanien

испа́нка, -и, *Pl G* -нок, *D* -нкам *f* Spanierin

испа́нский, -ая, -ое spanisch

испаре́ние, -я *n* 1. Verdampfung, Verdunstung 2. *meist Pl* Dämpfe, Dünste, Ausdünstungen

испа́рина, -ы *f* Schweiß, Körperschweiß

испари́ться, *1. u. 2. Pers ungebr,* -и́тся *v* **1.** verdampfen, verdunsten, sich verflüchtigen **2.** *übtr, scherz* verschwinden, verduften ‖ *uv* **испаря́ться,** -я́ется

испа́чкать, -аю, -аешь; -анный, -ан, -а *v* beschmutzen, besudeln

испа́чкаться, -аюсь, -аешься *v* sich beschmutzen, sich besudeln

испепели́ть, -лю́, -ли́шь; -лённый, -лён, -лена́ *v* **1.** verbrennen, niederbrennen, in Schutt und Asche legen **2.** *übtr* verbrennen, verzehren, verwüsten ‖ *uv* **испепеля́ть,** -я́ю, -я́ешь

ис|пе́чь* *v* (aus)backen

ис|пе́чься* *v* ausgebacken [gar] sein, ausbacken

испещри́ть, -рю́, -ри́шь; -рённый, -рён, -рена́ *v* übersäen, über und über bedecken, durchsetzen, (über)-füllen ‖ *uv* **испещря́ть,** -я́ю, -я́ешь

испива́ть *uv zu* испи́ть

ис|писа́ть* *v* **1.** vollschreiben, vollmalen **2.** *umg* verschreiben, *beim Schreiben* verbrauchen ‖ *uv* **испи́сывать,** -аю, -аешь

ис|писа́ться* *v umg* **1.** sich abschreiben, sich abnutzen *beim Schreiben,* abgeschrieben [abgenutzt] sein **2.** nichts Neues mehr zu sagen haben, nicht mehr schreiben können *Schriftsteller* ‖ *uv* **испи́сываться,** -аюсь, -аешься

испито́й, -а́я, -о́е *umg* abgezehrt, ausgemergelt

ис|пи́ть*, изопью́ *v* **1.** *volksspr* ein bißchen (ab)trinken **2.** *alt* austrinken ◇ ~ ча́шу до дна den bitteren Kelch bis zur Neige leeren ‖ *uv* испива́ть, -а́ю, -а́ешь

исповеда́льня, -и, *Pl G* -лен, *D* -льням *f kirch* Beichtstuhl

испове́дание, -я *n* **1.** *buchspr, kirch* Beichte, Abnahme der Beichte **2.** *buchspr, alt* Konfession

испове́дник, -а *m kirch* **1.** Beichtvater **2.** Beichtgänger

испове́довать, -дую, -дуешь; -дованный, -дован, -а *v, uv* **1.** *kirch* die Beichte abnehmen; beichten **2.** *übtr umg, scherz* ausfragen, ins Gebet nehmen **3.** *übtr* offen bekennen, beichten **4.** *nur uv buchspr* sich (offen) bekennen (zu); ~ исла́м sich zum Islam bekennen ‖ *uv alt a.* **испове́дывать,** -аю, -аешь

испове́доваться, -дуюсь, -дуешься *v, uv* **1.** *kirch* beichten, zur Beichte gehen **2.** *übtr* offen bekennen, beichten ‖ *uv alt a.* **испове́дываться,** -аюсь, -аешься

и́споведь, -и *f* **1.** *kirch* Beichte **2.** *übtr* offenes Bekenntnis, Geständnis, Beichte

и́сподволь *Adv umg* allmählich, nach und nach

исподло́бья *Adv* finster, mürrisch; смотре́ть на кого́-н. ~ j-n finster ansehen

испо́дни́зу *Adv umg* von unten hervor

испо́дний, -яя, -ее *alt, gbt* untergezogen, Unter-; -яя руба́шка Unterhemd

исподтишка́ *Adv umg* heimlich, verstohlen

испоко́н: ~ ве́ку *oder* ~ веко́в seit eh und jeh, seit jeher, von alters her

исполи́н, -а *m buchspr* Riese, Recke, Gigant

исполи́нов, -а, -о: Исполи́новы го́ры Riesengebirge

исполи́нский, -ая, -ое **1.** riesenhaft, reckenhaft, gigantisch; -ая си́ла Riesenstärke **2.** riesengroß, riesig

исполко́м, -а *m* (исполни́тельный комите́т) Exekutivkomitee, Vollzugsausschuß

исполне́ние, -я *n* **1.** Ausführung, Erfüllung, Vollzug **2.** *Kunst, theat, mus* Ausführung; Besetzung; Vortrag; в -и госуда́рственного орке́стра ausgeführt [gespielt] vom staatlichen Orchester

исполни́мый, -ая, -ое; *Kzf* -и́м, -а erfüllbar, ausführbar

исполни́тель, -я *m* **1.** Vollstrecker, Vollzieher; суде́бный ~ Gerichtsvollzieher **2.** *theat, mus* Vortragender, Interpret

исполни́тельность, -и *f* Verläßlichkeit, Zuverlässigkeit, Gewissenhaftigkeit

исполни́тельный, -ая, -ое **1.** vollziehend, Vollzugs-, Exekutiv-; -ая власть vollziehende Gewalt, Exekutive **2.** *Kzf* -лен, -льна verläßlich, zuverlässig, gewissenhaft ◇ ~ лист Vollstreckungsbefehl

[1]**испо́лнить,** -ню, -нишь; -ненный, -нен, -а *v* **1.** ausführen, erfüllen, vollziehen, in die Tat umsetzen **2.** *theat, mus* darstellen, spielen, ausführen; ~ пе́сню ein Lied vortragen [darbieten] ‖ *uv* исполня́ть, -я́ю, -я́ешь; кто исполня́л роль Фа́уста? wer hat den Faust gespielt?

²испóлнить, -ню, -нишь; -ненный, -нен, -а *v buchspr* anfüllen, erfüllen; егó словá испóлнили всех надéждой seine Worte erfüllten alle mit Hoffnung ‖ *uv* исполня́ть, -я́ю, -я́ешь

¹испóлниться, *1. u. 2. Pers ungebr*, -ится *v* **1.** in Erfüllung gehen, sich erfüllen **2.**: емý испóлнилось двáдцать лет er ist zwanzig Jahre (alt) geworden; сегóдня испóлнилось четы́ре гóда с тогó дня, как es ist heute vier Jahre her, seit ‖ *uv* исполня́ться, -я́ется

²испóлниться, -нюсь, -нишься *v I od. G buchspr, alt* sich füllen, schwellen, durchdrungen werden [sein] ‖ *uv* исполня́ться, -я́юсь, -я́ешься

исполня́ть, -я́ю, -я́ешь *uv* **1.** *uv zu* ¹,²испóлнить **2.**: ~ обя́занности когó-н. j-n in seinem Amt vertreten; исполня́ющий обя́занности дирéктора kommissarischer Direktor

исполня́ться *uv zu* ¹,²испóлниться

исполосовáть, -сýю, -сýешь; -сóванный, -сóван, -а *v umg* **1.** in Streifen schneiden **2.** verprügeln, übel zurichten

испóльзование, -я *n* Ausnutzung, Verwertung, Verwendung, Einsatz

испóльзовать, -зую, -зуешь; -зованный, -зован, -а *v, uv* ausnutzen, verwenden, verwerten, Nutzen ziehen, sich zunutze machen; ~ все срéдства alle Mittel einsetzen; ~ слýчай die Gelegenheit wahrnehmen [ergreifen]

испóртить, -óрчу, -óртишь; -óрченный, -óрчен, -а *v* **1.** verderben, beschädigen, unbrauchbar machen **2.** sittlich verderben, verderblichen Einfluß ausüben **3.** *alt* durch Hexerei krank machen ◇ ~ мнóго крóви viel zu schaffen machen

испóртиться, -óрчусь, -óртишься *v* **1.** verdorben, unbrauchbar werden **2.** sittlich verkommen [verdorben] sein [werden]

испóрченность, -и *f* Verderbtheit, Verdorbenheit, Verkommenheit

испóрченный, -ая, -ое **1.** verdorben, beschädigt, unbrauchbar gemacht [geworden]; ~ замóк beschädigtes Schloß; -ые консéрвы verdorbene Konserven; -ое настроéние verdorbene Stimmung **2.** sittlich verdorben, verkommen

испóшлить, -лю, -лишь; -ленный, -лен, -а *v umg* banalisieren

исправи́мый, -ая, -ое; *Kzf* -и́м, -а korrigierbar, wiedergutzumachen(d)

исправи́тельный, -ая, -ое Besserungs-, Korrektions-; ~ дом *alt* Besserungsanstalt

испрáвить, -áвлю, -áвишь; -áвленный, -áвлен, -а *v* **1.** ausbessern, reparieren, instandsetzen; ~ замóк ein Schloß reparieren **2.** berichtigen, korrigieren, Mängel [Fehler] beseitigen; вторóе, испрáвленное издáние zweite, berichtigte Auflage **3.** sittlich bessern ‖ *uv* исправля́ть, -я́ю, -я́ешь

испрáвиться, -áвлюсь, -áвишься *v* sich bessern *charakterlich, sittlich* ‖ *uv* исправля́ться, -я́юсь, -я́ешься

исправлéние, -я *n* **1.** Korrektur, Verbesserung **2.** Besserung **3.** Reparatur

исправля́ть, -я́ю, -я́ешь *uv* **1.** *uv zu* испрáвить **2.**: ~ дóлжность *alt* ein Amt bekleiden

исправля́ться *uv zu* испрáвиться

испрáвник, -а *m* Kreispolizeichef *im alten Rußland*

испрáвность, -и *f* guter Zustand, Intaktheit; в пóлной -и in bestem Zustand

испрáвный, -ая, -ое; *Kzf* -вен, -вна **1.** in gutem Zustand (befindlich), intakt, gebrauchs-, einsatzfähig **2.** verläßlich, gewissenhaft

испражнéние, -я *n* **1.** Stuhlgang **2.** *Pl* Exkremente

испражни́ться, -ню́сь, -ни́шься *v* sich entleeren, Kot absondern ‖ *uv* **испражня́ться,** -я́юсь, -я́ешься

испрáшивать *uv zu* испроси́ть

испрóбовать, -бую, -буешь; -бованный, -бован, -а *v* **1.** ausprobieren, Qualität nachprüfen **2.** *umg, alt* kosten, probieren, eine Kostprobe nehmen **3.** erleben, erfahren, durchmachen; versuchen

испроси́ть, -ошý, -óсишь; -óшенный, -óшен, -а *v alt* erbitten, erwirken ‖ *uv* испрáшивать, -аю, -аешь

испýг, -а (-у) *m* Erschrecken, Schreck; с -у vor Schreck ◇ брать [взять] когó-н. на ~ j-n einschüchtern, j-m bange machen

испугáть, -áю, -áешь; испýганный, -ан, -а *v* erschrecken, in Schrecken versetzen

испугáться, -áюсь, -áешься *v* erschrecken, Schreck empfinden

испускáть, -áю, -áешь *uv* **1.** *uv zu* испусти́ть **2.** ausstrahlen, ausströmen, verbreiten *Licht, Strahlen*

испусти́ть, -ущý, -ýстишь; -ýщенный, -ýщен, -а *v* ausstoßen, von sich geben

Laut, Geruch ◇ ~ дух [послéдний вздох] *alt, iron* den Geist aufgeben || *uv* испускáть, -áю, -áешь
испытáние, -я *n* **1.** Erprobung, Test, Prüfung; я́дерное ~ Kerntest; ~ на разры́в Zerreißprobe **2.** Examen, Prüfung **3.** Schicksalsschlag, Prüfung **4.** Empfindung; ~ бóлей Schmerzempfindung
испы́танный, -ая, -ое erprobt, bewährt
испытáтель, -я *m*: лётчик-~ Testpilot, Versuchsflieger
испытáтельный, -ая, -ое Probe-, Prüf-; ~ срок Probefrist, Probezeit; ~ стенд Prüfstand
испытáть, -áю, -áешь; испы́танный, -ан, -а *v* **1.** prüfen, erproben **2.** erleben, erdulden, erfahren, empfinden || *uv* испы́тывать, -аю, -аешь
испытýемый, -ая, -ое *buchspr* Versuchs-, Probe-
испытýющий, -ая, -ее **1.** prüfend, durchdringend *Blick* **2.** -е *Adv*: смотрéть испытýюще prüfend anblicken
испы́тывать *uv zu* испытáть
и́ссера- *in Zuss* grau-; ~-си́ний graublau
и́ссиня- *in Zuss* blau-; ~-зелёный blaugrün
исслéдование, -я *n* **1.** Erforschung, Untersuchung **2.** wissenschaftliche Abhandlung, Untersuchung
исслéдователь, -я *m* Forscher
исслéдовательский, -ая, -ое Forschungs-
исслéдовать, -дую, -дуешь; -дованный, -дован, -а *v, uv* **1.** wissenschaftlich erforschen, studieren, untersuchen **2.** genau betrachten, untersuchen; absuchen
иссóхнуть, -ну, -нешь; иссóх, -ла *v* **1.** vertrocknen, austrocknen **2.** *übtr* verkümmern || *uv* иссыхáть, -áю, -áешь
и́сстари *Adv* von alters her; так ~ повелóсь so ist es von alters her Sitte
исстрадáться, -áюсь, -áешься *v* sich abhärmen, sich zu Tode grämen, vor Leid vergehen
исстрéливать *uv zu* исстреля́ть
исстреля́ть, -я́ю, -я́ешь; исстрéлянный, -ян, -а *v* **1.** verschießen **2.** *umg* zerschießen, durch Schüsse zerlöchern || *uv* исстрéливать, -аю, -аешь
исступлéние, -я *n* Raserei, Ekstase
исступлённый, -ая, -ое rasend, verzückt, ekstatisch, leidenschaftlich
иссушáть *uv zu* иссуши́ть
иссýшивать *uv zu* иссуши́ть
иссуши́ть, -ушý, -ýшишь; -ýшенный, -ýшен, -а *v* **1.** austrocknen, ausdörren, trocken machen **2.** *übtr* erschöpfen, völlig verzehren || *uv* иссушáть, -áю, -áешь *u.* иссýшивать, -аю, -аешь
Иссы́к-Кýль, -я *m* Issyk-Kul *See*
иссыхáть *uv zu* иссóхнуть
иссякáть *uv zu* исся́кнуть
исся́кнуть, *1. u. 2. Pers ungebr,* **-нет;** исся́к, -ла *v* versiegen, ausgehen; все срéдства исся́кли alle Mittel sind erschöpft || *uv* иссякáть, -áю, -áешь
[1,2]истáпливать *uv zu* [1,2]истопи́ть
истáптывать *uv zu* истоптáть
истáсканный, -ая, -ое *umg* **1.** abgetragen, abgenutzt **2.** *übtr* abgedroschen **3.** verlebt, verbraucht
истáчивать *uv zu* [2]источи́ть
истекáть *uv zu* истéчь
истéкший, -ая, -ее vergangen, ver flossen, vorig, Vor-
ис|терéть*, изотрý *v umg* **1.** zerreiben **2.** abreiben, durch Reiben abnutzen **3.** durchreiben; wundreiben || *uv* истирáть, -áю, -áешь
ис|терéться*, *1. u. 2. Pers ungebr,* изотрётся *v umg* **1.** sich abnutzen, abgewetzt werden **2.** *alt* verwischt werden || *uv* истирáться, -áется
истерзáть, -áю, -áешь; истéрзанный, -ан, -а *v* **1.** schwere Wunden zufügen, zerfleischen **2.** zerstören, verwüsten, zuschanden machen **3.** *übtr* peinigen, quälen, verzehren
истерзáться, -áюсь, -áешься *v* sich verzehren, vergehen, sich abquälen
истéрика, -и *f* hysterischer Anfall
истери́ческий, -ая, -ое hysterisch
истери́чка, -и, *Pl G* -чек, *D* -чкам *f umg* Hysterikerin
истери́чный, -ая, -ое; *Kzf* **-чен, -чна** hysterisch
истери́я, -и *f* Hysterie
истёртый, -ая, -ое *umg* **1.** schäbig (geworden), abgetragen, abgenutzt; -ая шля́па schäbiger Hut **2.** verwischt, schlecht erkennbar; -ая нáдпись verwischte Aufschrift
истéц, истцá [сц], *I* истцóм, *G Pl* истцóв *m jur* Kläger
истечéние, -я *n* **1.** *tech* Ausfließen, Ausfluß; ~ нéфти из пластóв песчáника Ausfließen des Erdöls aus den Sandsteinschichten **2.** Ablauf, Verstreichen; по -и срóка nach Ablauf der Frist

ис|те́чь*; истёкший *u. alt* исте́кший *v* 1. *buchspr, alt* (her)ausfließen, entströmen 2. ablaufen, verstreichen, zu Ende gehen *Frist* 3. *I*: ~ кро́вью sich verbluten || *uv* истека́ть, -а́ю, -а́ешь

и́стина, -ы *f* Wahrheit; изби́тая ~ Binsenwahrheit

и́стинный, -ая, -ое; *Kzf* -инен, -инна 1. wahr, wirklich, echt, richtig; ~ друг echter [wirklicher] Freund; -ая пра́вда reine Wahrheit 2. *tech* echt, wahr; ~ раство́р echte Lösung; ~ горизо́нт der wahre Horizont

истира́ть(ся) *uv zu* истере́ть(ся)

истлева́ть *uv zu* истле́ть

истле́ть, -е́ю, -е́ешь *v* 1. völlig verwesen, vermodern, verfaulen 2. verglimmen, zu Asche werden || *uv* истлева́ть, -а́ю, -а́ешь

истма́т, -а *m umg* (истори́ческий материали́зм) historischer Materialismus *Vorlesung, Kursus*

исто́к, -а *m* 1. Ausfluß; Quelle; от -а до у́стья von der Quelle bis zur Mündung 2. *meist Pl* Ursprung, Quelle; иде́йные -и оппортуни́зма der geistige Ursprung des Opportunismus

истолкова́ние, -я *n* Auslegung, Deutung, Erklärung, Interpretation

истолкова́тель, -я *m* Erklärer, Kommentator

истолкова́ть, -ку́ю, -ку́ешь; -ко́ванный, -ко́ван, -а *v* auslegen, deuten, erklären, interpretieren || *uv* **истолко́вывать,** -аю, -аешь

ис|толо́чь* *v* zerstoßen, zerstampfen; ~ в порошо́к zu Pulver zerstoßen

исто́ма, -ы *f* Mattigkeit

истоми́ть, -млю́, -ми́шь; -млённый, -млён, -млена́ *v* erschöpfen, ermatten || *uv* истомля́ть, -я́ю, -я́ешь

истоми́ться, -млю́сь, -ми́шься *v* sich verzehren, vergehen; ~ от жа́жды vor Durst vergehen || *uv* истомля́ться, -я́юсь, -я́ешься

истомлённый, -ая, -ое matt, ermattet, erschöpft

истомля́ть(ся) *uv zu* истоми́ть(ся)

[1]**истопи́ть,** -оплю́, -о́пишь; -о́пленный, -о́плен, -а *v* 1. heizen 2. *umg* verheizen, fürs Heizen verbrauchen || *uv* иста́пливать, -аю, -аешь

[2]**истопи́ть,** -оплю́, -о́пишь; -о́пленный, -о́плен, -а *v umg* restlos ausschmelzen, zerlassen, auslassen || *uv* иста́пливать, -аю, -аешь

истопни́к, -а́ *m* Heizer

ис|топта́ть* *v* 1. zertreten, zerstampfen, zertrampeln 2. *umg* durch Fußspuren beschmutzen 3. *volksspr* austreten, abtragen *Schuhwerk* 4. durchstreifen, durchwandern || *uv* иста́птывать, -аю, -аешь

исто́рик, -а *m* Historiker

истори́ческий, -ая, -ое historisch, geschichtlich, Geschichts-

исто́рия, -и *f* 1. Geschichte, Geschichtswissenschaft; но́вая ~ neue Geschichte; войти́ в -ю in die Geschichte eingehen 2. Angelegenheit, Geschichte 3. Erzählung, Geschichte 4. *umg* (unangenehme) Geschichte ◇ ве́чная ~ (immer) die alte Geschichte, die alte Leier

истоскова́ться, -ку́юсь, -ку́ешься *v umg* vor Sehnsucht vergehen (по *D* nach)

источа́ть, -а́ю, -а́ешь *uv* 1. *buchspr, alt*: ~ слёзы Tränen vergießen 2. ausstrahlen, ausströmen, verbreiten *Licht, Geruch* || *v* [1]**источи́ть,** -очу́, -о́чишь

[2]**источи́ть,** -очу́, -о́чишь; -о́ченный, -о́чен, -а *v* 1. abwetzen, abschleifen *durch häufigen Gebrauch* 2. zerfressen, zernagen, durchlöchern || *uv* иста́чивать, -аю, -аешь

исто́чник, -а *m* 1. Quelle; се́рный ~ Schwefelquelle 2. *übtr* Quelle, Ursprung; -и сырья́ Rohstoffquellen

исто́шный, -ая, -ое *volksspr* durchdringend laut, heulend, brüllend, wild; крича́ть -ым го́лосом laut schreien

истоща́ть(ся) *uv zu* истощи́ть(ся)

истоще́ние, -я *n* 1. Schwächung, Erschöpfung; Entkräftung; умере́ть от -я an Entkräftung sterben 2. Erschöpfung *z. B. von Bodenschätzen*

истощённый, -ая, -ое 1. erschöpft, entkräftet 2. unterernährt

истощи́ть, -щу́, -щи́шь; -щённый, -щён, -щена́ *v* 1. entkräften, schwächen, aufzehren, erschöpfen 2. aufbrauchen, erschöpfen, aufzehren || *uv* истоща́ть, -а́ю, -а́ешь

истощи́ться, -щу́сь, -щи́шься *v* 1. von Kräften kommen, erschöpft sein; по́чва истощи́лась der Boden ist ausgelaugt 2. zu Ende gehen, versiegen, sich erschöpfen; терпе́ние истощи́лось die Geduld ist zu Ende || *uv* истоща́ться, -а́юсь, -а́ешься

истра́тить, -а́чу, -а́тишь; -а́ченный, -а́чен, -а *v* verbrauchen, ausgeben, verausgaben || *uv* **истра́чивать,** -аю, -аешь

истребитель, -я *m* **1.** Vertilger; ~ грызунов Vertilger von Nagetieren **2.** *flug* Jagdflugzeug, Jäger; реактивный ~ Düsenjäger **3.** *naut* Torpedoboot

истребительный, -ая, -ое **1.** vernichtend, verheerend, Vernichtungs-; -ая война Vernichtungskrieg **2.** *flug* Jagd-; -ая авиация Jagdflieger(kräfte)

истребить, -блю, -бишь; -блённый, -блён, -блена *v* vernichten, vertilgen, ausrotten || *uv* истреблять, -яю, -яешь

истребление, -я *n* Vernichtung, Vertilgung, Ausrottung

истреблять *uv zu* истребить

истребовать, -бую, -буешь; -бованный, -бован, -а *v buchspr* anfordern

ис|трепать* *v umg* **1.** abnutzen, ruinieren; истрёпанная книга abgenutztes [zerlesenes] Buch; ~ одежду Kleidung abnutzen [abtragen] **2.** *übtr* angreifen, strapazieren; истрёпанные нервы zerrüttete Nerven || *uv* **истрёпывать,** -аю, -аешь

ис|трепаться* *v* **1.** *umg* schäbig [abgenutzt] werden **2.** *übtr, umg* angegriffen werden, ermüden; нервы у неё истрепались sie ist mit den Nerven herunter **3.** *volksspr* herunterkommen, verludern, *sittlich* tief sinken || *uv* **истрёпываться,** -аюсь, -аешься

истрескаться, *1. u. 2. Pers ungebr,* -ается *v umg* überall rissig werden

истукан, -а *m* **1.** Götzenbild **2.** *derb volksspr* Holzklotz *von einem herzlosen oder stupiden Menschen* ◇ стоять -ом [как ~] wie ein Holzklotz dastehen

иступить, -уплю, -упишь; -упленный, -уплен, -а *v* stumpf machen, abstumpfen || *uv* **иступлять,** -яю, -яешь

иступиться, *1. u. 2. Pers ungebr,* -упится *v* stumpf werden || *uv* **иступляться,** -яется

истфак, -а *m* (исторический факультет) historische Fakultät

истый, -ая, -ое wahr, echt

истыкать, -аю, -аешь; -анный, -ан, -а *v umg* zerstechen || *uv* **истыкивать,** -аю, -аешь

истязание, -я *n* Folter, Mißhandlung; подвергнуть -ям Mißhandlungen aussetzen, mißhandeln

истязать, -аю, -аешь *uv* foltern, mißhandeln

исхаживать *uv iterativ zu* [1]исходить

ис|хлестать* *v umg* durchpeitschen, auspeitschen || *uv* **исхлёстывать,** -аю, -аешь

исход, -а *m* **1.** Ausweg **2.** Ausgang, Ergebnis **3.** Ende, Neige; день на -е der Tag geht zur Neige

исходатайствовать, -твую, -твуешь; исходатайствованный, -ан, -а *v buchspr* erwirken, auswirken

[1]**исходить,** -ожу, -одишь; -оженный, -ожен; -а *v umg* durchwandern, durchstreifen || *uv iterativ* исхаживать, -аю, -аешь

[2]**исходить,** -ожу, -одишь *uv* **1.** ausgehen, stammen, veranlaßt sein (от *G*, из *G* von); решение исходит от директора die Entscheidung geht vom Direktor aus; от котлов исходил аппетитный запах von den Kesseln kam ein appetitlicher Duft **2.** из *G* ausgehen (von), sich gründen (auf), sich stützen (auf); исходя из того факта ausgehend von der Tatsache

[3]**исходить** *uv zu* изойти

исходный, -ая, -ое Ausgangs-, Anfangs-; -ое положение Ausgangsstellung, -position

исходящий, -ая, -ее: -ая почта ausgehende Post

исхудалый, -ая, -ое abgemagert, ausgemergelt

исхудать, -аю, -аешь *v* stark abmagern

исцарапать, -аю, -аешь; -анный, -ан, -а *v* zerkratzen || *uv* **исцарапывать,** -аю, -аешь

исцарапаться, -аюсь, -аешься *v umg* sich zerkratzen; ~ об кусты sich an den Sträuchern zerkratzen || *uv* **исцарапываться,** -аюсь, -аешься

исцеление, -я *n buchspr* **1.** Heilung, Genesung **2.** Heilung, Wiederherstellung

исцелить, -лю, -лишь; -лённый, -лён, -лена *v buchspr* heilen, gesund machen, kurieren || *uv* **исцелять,** -яю, -яешь

исцелиться, -люсь, -лишься *v buchspr* genesen, gesund werden || *uv* **исцеляться,** -яюсь, -яешься

исчадие, -я *n alt, buchspr* Brut, Ausgeburt; ~ ада Ausgeburt der Hölle

исчахнуть, -ну, -нешь; исчах, -ла *v* verkümmern; dahinsiechen

исчезать *uv zu* исчезнуть

исчезновение [щ], -я *n* Verschwinden

исчезнуть [щ], -ну, -нешь; исчез, -ла; исчезнувший *v* **1.** verschwinden; sich verlieren; ~ **из вида [из ви-**

ду] aus dem Blickfeld verschwinden **2.** *umg* verschwinden, sich unbemerkt zurückziehen; он куда́-то исчёз er ist irgendwohin verschwunden || *uv* исчеза́ть [щ], -а́ю, -а́ешь

исче́рпать, -аю, -аешь; -анный, -ан, -а *v* **1.** völlig verbrauchen, erschöpfen **2.** erschöpfend behandeln, erörtern; вопро́с исче́рпан die Frage ist erledigt || *uv* **исче́рпывать,** -аю, -аешь

исче́рпывающий, -ая, -ее **1.** erschöpfend, ausführlich **2.** -ще *Adv*: -ще отве́тить на вопро́с eine Frage erschöpfend beantworten

исчерти́ть, -ерчу́, -е́ртишь; -е́рченный, -е́рчен, -а *v* **1.** vollzeichnen, mit Linien bedecken **2.** *umg* verbrauchen, aufbrauchen *beim Zeichnen* || *uv* **исче́рчивать,** -аю, -аешь

исчи́ркать, -аю, -аешь; -анный, -ан, -а *v umg Streichhölzer* verbrauchen

исчисле́ние, -я *n* Berechnung, Errechnung; ~ при́были Gewinnberechnung

исчи́слить, -лю, -лишь; -ленный, -лен, -а *v* berechnen, ausrechnen, errechnen || *uv* **исчисля́ть,** -я́ю, -я́ешь

исчисля́ться, *1. u. 2. Pers ungebr*, -я́ется *uv* betragen, sich belaufen auf; дохо́ды исчисля́ются ты́сячами рубле́й die Einnahmen belaufen sich auf Tausende Rubel

ита́к *Konj* also, folglich

Ита́лия, -и *f* Italien

италья́нец, -нца, *I* -нцем, *G Pl* -нцев *m* Italiener

италья́нка, -и, *Pl G* -нок, *D* -нкам *f* Italienerin

италья́нский, -ая, -ое italienisch

и т. д. (и так да́лее) und so weiter

ито́г, -а *m* **1.** Endsumme, Gesamtsumme, -betrag **2.** *übtr* Endergebnis, -resultat, Bilanz; подвести́ ~ Bilanz ziehen, eine Zusammenfassung geben, auswerten; в -е im Endergebnis

итого́ [во] *Adv buchspr* insgesamt *bei Additionen*

ито́говый, -ая, -ое **1.** zusammenfassend, Gesamt-; -ая су́мма Gesamtsumme **2.** Abschluß-; -ое заня́тие zusammenfassende Abschlußveranstaltung *bei Lehrgängen*

ито́жить, -жу, -жишь *uv* **1.** Bilanz ziehen **2.** *umg* schließen, beschließen

и т. п. (и тому́ подо́бное) und dergleichen (mehr), und ähnliches

ИТР (инжене́рно-техни́ческие рабо́тники) Ingenieure und Techniker *mittleres und leitendes technisches Betriebspersonal*

итти́ ↑ идти́

иуде́йский, -ая, -ое jüdisch; mosaisch

их **1.** ↑ они́ **2.** *Poss Pron* ihr, ihnen gehörig; э́то их кни́га das ist ihr Buch, das Buch gehört ihnen

и́хний, -яя, -ее *Poss Pron volksspr u. gbt* ihr, ihnen gehörig

ихтиоза́вр, -а *m* Ichthyosaurus

иша́к, -а́ *m* **1.** *volksspr* Esel **2.** Maulesel

и́шиас, -а *m* Ischias

ишь! *Interj volksspr* da sieh mal einer an!, da schau mal her! ◇ ~ ты! a) sieh mal einer an!; b) nun hör aber auf!, na höre mal!

ище́йка, -и, *Pl G* ище́ек, *D* ище́йкам *f* **1.** Suchhund, Spürhund **2.** *übtr* Spion, Spürhund

ищу́ ↑ иска́ть

ию́ль, -я *m* Juli

ию́льский, -ая, -ое Juli-

ию́нь, -я *m* Juni

ию́ньский, -ая, -ое Juni-

Й

йе́менец [мэ], -нца, *I* -нцем, *G Pl* -нцев *m* Jemenite

йод [ёд], -а *m* Jod

йо́дистый [ёд], -ая, -ое Jod-, jodhaltig

йо́дный [ёд], -ая, -ое Jod-

йодофо́рм [ёд], -а *m* Jodoform

йот [ёт] Jot *Buchstabe*

йо́та [ёта], -ы *f* Jota *Buchstabe* ◇ ни на -у kein Jota, nicht um ein Haar, nicht im geringsten

К

к *u. vor einigen Konsonantenverbindungen* **ко,** *Präpos mit D* **1.** (auf) zu; дорóга к лéсу der Weg zum Wald; идтѝ к врачý zum Arzt gehen; ко мне zu mir **2.** an; идтѝ к окнý ans Fenster gehen; обратѝться к дирéктору sich an den Direktor wenden; у менѝ прóсьба к вам ich habe eine Bitte an Sie **3.** gegen; bis *Zeit*; к утрý gegen Morgen; к трём часáм gegen drei Uhr; ко втóрнику рабóта бýдет готóва bis Dienstag wird die Arbeit fertig **4.** zu *Zweck*; сухарѝ к чáю Zwiebäcke zum Tee **5.** *übtr* zu, gegenüber, für; любóвь к рóдине Liebe zur Heimat; нéнависть к фашѝзму Haß gegen [auf] den Faschismus; отвращéние ко лжи Abscheu vor der Lüge; интерéс к мýзыке Interesse für Musik; жáлость к ребёнку Mitleid mit dem Kind; он равнодýшен к ней sie ist ihm gleichgültig; в процéнтах к прóшлому гóду in Prozenten gegenüber dem Vorjahr ◇ к счáстью zum Glück; к сожалéнию leider; к моемý стыдý zu meiner Schande; к томý же zudem, außerdem; плáтье ей к лицý das Kleid steht ihr; к ю́гу от Москвы́ südlich von Moskau; к чемý сердѝться? wozu sich aufregen?; на путѝ к Москвé auf dem Weg nach Moskau

к. (копéйка) Kopeke

-ка **1.** *Part, dem Imp angefügt zur Milderung des Befehls* mal, doch: идѝ-ка! geh mal!; нý-ка, покажѝ! nun zeig doch mal!; пойдём-ка! gehen wir! **2.** *der 1. Pers Präs vollendeter Verben angefügt zum Ausdruck eines Wunsches oder Entschlusses*: попрошý-ка я у товáрища . . . ich will mal meinen Freund bitten . . .

кабáк, -á *m alt* Schenke, Kneipe

кабалá, -ы́ *f hist* Hörigkeit; Sklaverei; *übtr* Knechtschaft

кабáльный, -ая, -ое; *Kzf* -лен, -льна **1.** hörig, leibeigen **2.** *übtr* drückend, versklavend

кабáн, -á *m* **1.** Wildschwein **2.** Eber **3.** Block, Klumpen

кабанѝна, -ы *f* Wildschweinfleisch

кабаргá, -ѝ, *G Pl* -рóг *f* Moschustier

кабардѝнец, -нца, *I* -нцем, *G Pl* -нцев *m* Kabardiner

кабардѝнский, -ая, -ое kabardinisch; Кабардѝнская АССР Kabardinische ASSR

кабарé [рэ] *n idkl* Kabarett

кабáтчик, -а *m alt* Schankwirt

[1]кабачóк, -чкá *m Dem zu* кабáк kleine Kneipe

[2]кабачóк, -чкá *m* Flaschenkürbis

кáбель, -я *m* Kabel

кáбельтов, -а, *Pl* -ы, -ых, -ым *m* Kabellänge (185,2 m)

кабѝна, -ы *f* Kabine; ~ водѝтеля (машѝны) Führerhaus *LKW*, *Traktor*

кабинéт, -а *m* **1.** Arbeitszimmer **2.** Fachzimmer **3.** Lehrkabinett, Studierzimmer **4.** *pol* Kabinett

кабинéтный, -ая, -ое: ~ учёный Stubengelehrter; ~ роя́ль Stutzflügel

каблýк, -á *m* Absatz *am Schuh* ◇ быть под -óм (у женý) *umg* unter dem Pantoffel stehen

каботáж, -а, *I* -ем *m* Küstenschiffahrt

каботáжный, -ая, -ое: -ое плáвание Küstenschiffahrt

Кабýл, -а *m* Kabul *Stadt*

кабы́ *Konj volksspr* wenn ◇ éсли бы да ~! wenn das Wenn nicht wäre!

[1]кавалéр, -а *m* Kavalier; Herr *beim Tanz*

[2]кавалéр, -а *m* Träger eines Ordens; ~ Золотóй Звезды́ Ritter des Goldenen Sterns

кавалерѝйский, -ая, -ое Kavallerie-

кавалéрия, -и *f* Kavallerie

кавардáк, -á *m umg* Durcheinander, Wirrwarr

кáверза, -ы *f umg* Schikane, Intrige; емý устрóили -у man hat ihm einen bösen Streich gespielt

кáверзить, -ржу, -рзишь *uv umg* intrigieren, Ränke schmieden

кáверзник, -а *m umg* Intrigant, Ränkeschmied

кáверзничать, -аю, -аешь *uv umg* intrigieren, Ränke schmieden

кáверзный, -ая, -ое; *Kzf* -зен, -зна *umg* **1.** heimtückisch, ränkesüchtig **2.** schwierig, kompliziert

кавéрна, -ы *f med* Kaverne

Кавкáз, -а *m* Kaukasus; на -е im Kaukasus; на ~ in den Kaukasus

кавкáзец, -зца, *I* -зцем, *G Pl* -зцев *m* Kaukasier

кавкáзский, -ая, -ое kaukasisch

кавы́чки *Pl* -чек, -чкам, *Sg* кавы́чка, -и *f* Anführungsstriche ◇ учёный в -ах Pseudogelehrter

кадáстр, -а *m* Kataster, Grundbuch

[1]кадéт, -а *m hist* Kadett

²кадéт, -а *m* Kadett *Mitglied der bürgerlichen Konstitutionellen Demokratischen Partei*
кадúло, -а *n* Weihrauchfaß ◇ раздувáть ~ *volksspr* Lärm machen *wegen einer Sache*; eine Tätigkeit entfalten
кадúльный, -ая, -ое Weihrauch(faß)-
кадúть, кажý, кадúшь *uv* 1. das Weihrauchfaß schwenken 2. *D* beweihräuchern, schmeicheln
кáдка, -и, *Pl G* -док, *D* -дкам *f* Kübel
кáдмий, -я, *P* -и *m chem* Kadmium
кадр, -а *m* 1. einzelne Aufnahme im Film(streifen), Bild 2. Filmszene
кадрúль, -и *f* Quadrille
кадровúк, -á *m umg* 1. Stammarbeiter 2. Berufssoldat 3. Mitarbeiter der Kaderabteilung
кáдровый, -ая, -ое Stamm-; *mil* Berufs-; ~ рабóчий Stammarbeiter; ~ офицéр Berufsoffizier, aktiver Offizier
кáдры, -ов *Pl* 1. Kader; Personalbestand 2. Friedensbestand einer Armee ◇ отдéл -ов Kaderabteilung
кадýшка, -и, *Pl G* -шек, *D* -шкам *f* kleiner Kübel
кадык, -á *m anat* Adamsapfel
каёмка, -и, *Pl G* -мок, *D* -мкам *f umg Dem zu* каймá Saum, Kante
каёмчатый, -ая, -ое *volksspr* mit einer Kante [Borte] versehen
каждоднéвный, -ая, -ое (all)täglich
кáждый, -ая, -ое 1. *Deter Pron* jeder (einzelne); *Pl* alle; ~ день jeden Tag; -ые три дня alle drei Tage; на -ом шагý auf Schritt und Tritt; ~ раз как so oft 2. -ого *Subst m* jeder; ~ дóлжен э́то знать ein jeder muß das wissen
кáжется ↑ казáться
кáжущийся, -аяся, -ееся scheinbar
казáк, -á, *Pl* казáки, -ов, -ам *u.* казакú, -óв, -áм *m* Kosak
казакúн, -а *m* 1. Kosakenrock 2. Kasack
казáнец, -нца, *I* -нцем, *G Pl* -нцев *m* Kasaner, Einwohner von Kasan
казáнский, -ая, -ое Kasaner ◇ ~ [-ая] сиротá Jammerlappen
Казáнь, -и *f* Kasan *Stadt*
казáрма, -ы *f* Kaserne
казáть* *uv*: не ~ глаз [нóсу] *volksspr* sich nicht zeigen, sich nicht sehen lassen
казáться* *uv* 1. *I* scheinen, den Anschein erwecken, vorkommen; он кáжется ýмным er scheint klug zu sein; он кáжется молóже своúх лет er sieht jünger aus als er ist 2. *unpers D* es scheint; э́то мне казáлось стрáнным das kam mir merkwürdig vor 3. *mod* кáжется wie es scheint, anscheinend; кáжется, я не опоздáл anscheinend bin ich nicht zu spät gekommen; он, кáжется, соглáсен er scheint einverstanden zu sein 4. *volksspr* sich zeigen, erscheinen ‖ *v* показáться
казáх, -а *m* Kasache
казáхский, -ая, -ое kasachisch; Казáхская Совéтская Социалистúческая Респýблика Kasachische Sozialistische Sowjetrepublik
Казахстáн, -а *m* Kasachstan
казáцкий, -ая, -ое Kosaken-
казáчий, -ья, -ье Kosaken-
казáчка, -и, *Pl G* -чек, *D* -чкам *f* Kosakin; Kosakenfrau; Kosakentochter
казачóк, -чкá *m* Kosakentanz
казáшка, -и, *Pl G* -шек, *D* -шкам *f* Kasachin
Казбéк, -а *m* Kasbek *Berg im Kaukasus*
казённый, -ая, -ое 1. *alt* staatlich; на ~ счёт *alt* auf Staatskosten 2. formal, bürokratisch
казёнщина, -ы *f umg.* Formalismus, Bürokratismus
казнá, -ы́ *f alt* 1. Staatseigentum, -kasse 2. Staat, Fiskus
казначéй, -я, *G Pl* -ев *m* Schatzmeister; Kassenverwalter; *mil* Zahlmeister
казнúть, -ню́, -нúшь; -нённый, -нён, -ненá *uv* 1. *a. v* hinrichten 2. *übtr buchspr* strafen; ~ презрéнием mit Verachtung strafen
казнокрáдство, -а *n alt* Unterschlagung von Staatseigentum
казнь, -и *f* Hinrichtung; смéртная ~ Todesstrafe; приговорúть к смéртной -и zum Tode verurteilen
казуúст, -а *m* Haarspalter
казуúстика, -и *f* Haarspalterei
кáзус, -а *m* schwierige, verwickelte Angelegenheit
кáзусный, -ая, -ое ungewöhnlich, schwierig
Каúр, -а *m* Kairo
кайлá, -ы́ *f u.* **кайлó,** -á *n berg* Spitzhacke
каймá, -ы́, *Pl G* каём, *D* каймáм *f* Kante, Saum
как 1. *Adv* wie; ~ поживáешь? wie geht dir's?; ~ вы сказáли? wie bitte?, ~ красúво! wie schön! 2. *Konj* so . . . wie; бéлый ~ снег

weiß wie Schnee, schneeweiß **3.** *Konj* als; Пýшкин ~ поэ́т Puschkin als Dichter **4.** *Konj* seit; прошёл год, ~ мы ви́делись ein Jahr ist vergangen, seit wir uns gesehen haben **5.** *Konj in Verbindung mit* едвá als; едвá мы вошли́ в дом, ~ начáлся дождь wir waren kaum im Haus, als es zu regnen anfing **6.** *Konj nach Negationen* als; не что инóе, ~ nichts anderes als **7.** *als erstes Glied von Wortverbindungen*: ~ бýдто a) als ob; дéлай вид, ~ бýдто ничегó не случи́лось tu so, als wäre nichts geschehen; b) anscheinend; ей ~ бýдто лýчше es scheint ihr besser zu gehen; ~ бы a) wie *fragend*; ~ бы мне спрáвиться с э́той рабóтой wie soll ich denn mit der Arbeit fertig werden?; b) als ob; ~ бы не *Befürchtung*: я боюсь, ~ бы он не опоздáл ich fürchte, er könnte zu spät kommen; ~ бы не так! *volksspr* kommt nicht in Frage!, so siehst du aus!; ~ бы ни wie auch immer; ~ бы велики́ ни́ были егó заслýги wie groß seine Verdienste auch sein mögen; ~ бы то ни́ было wie dem auch sei; ~ есть *volksspr* völlig; он ~ есть дурáк er ist ein großer Idiot; ~ же так? *umg* wieso?, wie ist das möglich?; ~ же! natürlich!, selbstverständlich!; расскажи́, ~ и что *volksspr*: erzähle, wie sich die Sache verhält; ~ извéстно bekanntlich; ~ комý *oder* комý ~ jeder wie er will, verschieden; ~ когдá *oder* когдá ~ *umg* je nachdem; ~ мóжно *mit Komp* so . . . wie möglich; ~ мóжно скорée so bald wie möglich; ~ нельзя́ *mit Komp* so . . . wie möglich; ~ нельзя́ лýчше so gut wie möglich, bestens; ~ ни в чём не бывáло als ob nichts geschehen wäre; ~-никáк schließlich, jedenfalls, wie es auch sei; ~ оди́н человéк wie ein Mann, einmütig; ~ попáло *umg* wie es sich gerade trifft, auf gut Glück; ~ раз a) gerade, eben; э́то ~ раз то, что мне нáдо das ist gerade das, was ich brauche; b) passend; брю́ки мне ~ раз die Hose paßt mir; ~ сказáть *mod* kaum, schwerlich; ~ тóлько sobald **8.** *als letztes Glied in konjunktionalen Verbindungen*: в то врéмя ~ während; вся́кий раз ~ sooft, jedesmal wenn; до тогó ~ bevor; междý тем ~ während; пéред тем ~ bevor, ehe; подóбно томý ~ (ähnlich) wie; пóсле тогó ~ nachdem; с тех пóр ~ seitdem

какáо *n idkl* **1.** Kakao *Pulver und Getränk* **2.** Kakaobaum

какáовый, -ая, -ое Kakao-

кáк-либо *Adv* irgendwie

кáк-нибудь *u.* **как-нибýдь** *Adv* **1.** irgendwie *unbestimmt* **2.** *umg* (ein)-mal, gelegentlich, in nächster Zeit, irgendwann; зайди́ ~ ко мне komm gelegentlich mal bei mir vorbei **3.** *umg* nachlässig, oberflächlich

какóв, -á, -ó *Pron, prädikativ* welch, was (für) ein . . . ist; -á причи́на? was ist die Ursache?; ~ он собóй? wie sieht er aus?, wie ist er?; какóв . . . такóв wie . . . so: ~ поп, такóв и прихóд *Sprichw* wie der Herr, so der Knecht

каковó *Adv* wie?, auf welche Weise?; ~ емý живётся? wie geht es ihm?

каковóй, -áя, -óе *Rel Pron alt* welcher, der

какóвский, -ая, -ое *Pron volksspr* was für ein, welcher ◇ по-какóвски? *volksspr* in welcher Sprache?

какóй, -áя, -óе *Pron* **1.** *Interr Pron* a) was für ein, welcher; -áя сегóдня погóда? was ist heute für Wetter?; -и́м óбразом? wie?, auf welche Weise?; b) *negativ in rhetorischen Fragen*: ~ он специали́ст! was ist er schon für ein Spezialist! **2.** *Deter Pron in Ausrufen* was für ein; ~ краси́вый дом! was für ein schönes Haus! **3.** *Indef Pron umg meist fragend* = какóй-нибудь irgendein; нет ли у вас ~ литератýры? haben Sie irgendwelche Literatur? **4.** *Rel Pron* wie; дворéц, -óго я никогдá не видáл ein Palast, wie ich noch nie einen gesehen habe ◇ ~ ни welcher . . . auch (immer); ~ бы то ни́ был beliebiger; -ýю кни́гу ни возьмёшь was für ein Buch man auch (immer) nimmt; ~ (там)! *umg* ach wo!, ganz und gar nicht!; ни в -ýю *volksspr* auf keinen Fall

какóй-либо, -áя-либо, -óе-либо *Indef Pron* irgendein (beliebiger), irgendeiner

какóй-нибудь, -áя-нибудь, -óе-нибудь *Indef Pron* **1.** irgendein (beliebiger), irgendwelcher; дáйте мне какýю-нибудь кни́гу geben Sie mir irgendein (beliebiges) Buch **2.** *bei Zahlenangaben umg* ungefähr; каки́е-нибудь два рубля́, не бóльше höchstens zwei Rubel; остáлся ~ киломéтр es ist nur noch etwa ein Kilometer

како́й-то, -а́я-то, -о́е-то *Indef Pron* 1. irgendein (bestimmter), ein; ~ челове́к тебя́ ждёт jemand (unbekanntes) wartet auf dich 2. eine Art, in der Art, ähnlich, fast so wie . . . ; он чуда́к ~ er ist wie ein [eine Art] Sonderling; э́то како́е-то безу́мие das grenzt an Wahnsinn
ка́к-то *Adv* 1. irgendwie; он ~ спра́вился с де́лом er ist irgendwie mit der Sache fertig geworden 2. etwas, ein bißchen; он говори́т ~ нея́сно er spricht ein bißchen unklar 3. (ein)-mal, einst; я ~ был у неё ich bin mal bei ihr gewesen 4. *Part umg* zum Beispiel, und zwar *vor Aufzählungen*
кал, -а *m* Kot, Exkremente
каламбу́р, -а *m* Wortspiel
каланча́, -и́, *I* -о́й, *G Pl* -е́й *f* 1. Feuerwachtturm 2. *übtr umg* lange Latte
кала́ч, -а́, *I* -о́м, *G Pl* -е́й *m* Kalatsch *Weißbrot in Form eines Vorhängeschlosses* ◇ он тёртый ~ er ist mit allen Wassern gewaschen; его́ -о́м не зама́нишь туда́ *etwa* ihn kriegen keine zehn Pferde dahin
кала́чиком *Adv*: сверну́ться ~ sich zusammenkauern, sich ganz zusammenrollen
Кале́ *m idkl* Calais
кале́ка, -и *m, f* Krüppel
календа́рный, -ая, -ое Kalender-, kalendarisch
календа́рь, -я́ *m* 1. Kalender 2. Arbeitsplan
кале́ние, -я *n* Glühen; Glut; бе́лое ~ Weißglut ◇ довести́ до бе́лого -я *übtr* zur Weißglut bringen
калёный, -ая, -ое; *Kzf* -лён, -а 1. glühend 2. geröstet
кале́чить, -чу, -чишь *uv* 1. zum Krüppel machen, verstümmeln 2. *übtr* verderben, entstellen
кале́читься, -чусь, -чишься *uv* zum Krüppel werden
кали́бр, -а *m* 1. Kaliber 2. *tech* Lehre; проме́рить -ом mit einer Lehre messen 3. *übtr scherz* Größe; балала́йки разли́чного -а Balalaikas verschiedener Größe
ка́лиевый, -ая, -ое Kali-
ка́лий, -я, *P* -и *m* Kalium
кали́йный, -ая, -ое Kali-
кали́ка, -и *m, f alt* Bettler, Pilger; ~ перехо́жий [перехо́жая] *folkl* umherziehender blinder Sänger
кали́льный, -ая, -ое Glüh-; -ая се́тка Glühstrumpf
кали́на, -ы *f* Schneeballstrauch
Кали́нин, -а *m* Kalinin *Stadt*
Калинингра́д, -а *m* Kaliningrad
кали́тка, -и, *Pl G* -ток, *D* -ткам *f* Pforte
кали́ть, -лю́, -ли́шь; -лённый, -лён, -а *uv* 1. glühend machen, erhitzen 2. rösten *Nüsse, Kastanien*
каллигра́ф, -а *m* Kalligraph, Schönschreiber
калмы́к, -а *u.* -а́ *m* Kalmück(e)
калмы́цкий, -ая, -ое kalmückisch; Калмы́цкая АССР Kalmückische ASSR
калмы́чка, -и, *Pl G* -чек, *D* -чкам *f* Kalmückin
калори́йность, -и *f* Kaloriengehalt; Heizkraft
калори́метр, -а *m* Kalorimeter, Wärmemesser
калори́фер, -а *m* Zentralheizungsanlage; Heizkörper
кало́рия, -и *f* Kalorie
кало́ши *Pl* -ло́ш, *Sg* кало́ша, -и *f* Gummischuh, Überschuh ◇ сесть в -у sich blamieren, sich in die Nesseln setzen; посади́ть кого́-н. в -у j-n in eine unangenehme [komische] Lage bringen
Калу́га, -и *f* Kaluga *Stadt*
калы́м, -а *m* Brautgeld *im Orient*
ка́лька, -и, *Pl G* -лек, *D* -лькам *f* 1. Pauspapier 2. Pause *Durchzeichnung* 3. *ling* Lehnübersetzung
кальки́ровать, -рую, -руешь *v, uv* 1. durchpausen 2. durch eine Lehnübersetzung wiedergeben
калькули́ровать, -рую, -руешь *uv* kalkulieren, veranschlagen || *v* скалькули́ровать
калькуля́ция, -и *f* Kalkulation, Berechnung
кальсо́ны, -со́н *Pl* Unterhose
ка́льций, -я, *P* -и *m* Kalzium
каля́кать, -аю, -аешь *uv volksspr* schwatzen, plaudern
Ка́ма, -ы *f* Kama *Fluß*
кама́ринская, -ой *Subst f u.* **кама́ринский,** -ого *Subst m* 1. russisches Tanzlied 2. russischer Volkstanz
ка́мбала, -ы *f* Flunder, Scholle
Камбо́джа, -и, *I* -ей *f* Kambodscha
камбоджи́ец, -и́йца, *I* -и́йцем, *G Pl* -и́йцев *m* Kambodschaner
камбоджи́йский, -ая, -ое kambodschanisch
ка́мбуз, -а *m* Kombüse, Schiffsküche
камво́льный, -ая, -ое Kammgarn-
каме́дь, -и *f* Gummi *Klebstoff*; арави́йская ~ Gummiarabikum

камелёк, -лька́ *m* kleiner Kamin, kleiner Herd

каме́лия, -и *f bot* Kamelie

камене́ть, -е́ю, -е́ешь *uv* 1. versteinern 2. starr, leblos werden *Gesichtsausdruck*

камени́стый, -ая, -ое; *Kzf* -и́ст, -а steinig

каменноуго́льный, -ая, -ое Steinkohlen-

ка́менный -ая, -ое 1. steinern, Stein-; ~ у́голь Steinkohle; -ая кла́дка Mauerwerk 2. *übtr* versteinert, erstarrt ◇ ~ век Steinzeit; -ое се́рдце ein Herz aus Stein; наде́яться как на -ую сте́ну [го́ру] felsenfest vertrauen

каменоло́мня, -и, *Pl G* -мен, *D* -мням *f* Steinbruch

каменотёс, -а *m* Steinmetz

ка́менщик, -а *m* Maurer

ка́мень, -мня, *Pl* ка́мни, камне́й, камня́м *u. alt* каме́нья, -ьев, -ьям *m* Stein; подво́дный ~ Klippe, Riff; драгоце́нный ~ Edelstein; ка́мни в по́чках Nierensteine; про́бный ~ Prüfstein ◇ ~ преткнове́ния Stein des Anstoßes; ка́мня на ка́мне не оста́вить a) keinen Stein auf dem anderen lassen; b) (durch Kritik) zerreißen; у меня́ на се́рдце [душе́] ~ mir ist schwer ums Herz; у меня́ ~ с души́ свали́лся mir ist ein Stein vom Herzen gefallen; держа́ть ~ за па́зухой на [про́тив] кого́-н. gegen j-n Groll im Herzen hegen

ка́мера, -ы *f* 1. Zelle; одино́чная ~ Einzelzelle 2. Kammer; Raum; ~ пе́чи Ofenröhre; ~ хране́ния (багажа́) Gepäckaufbewahrung *Raum* 3. *Film* Kamera 4. Schlauch *Auto, Fahrrad u. ä.*; Blase *Ball*; ло́пнула за́дняя ~ der Hinterreifen ist geplatzt

ка́мерный, -ая, -ое: ~ теа́тр Kammerspiele

камерто́н, -а *m* Stimmgabel

Камеру́н, -а *m* Kamerun

ка́мешек, -шка *m Dem zu* ка́мень Steinchen ◇ э́то ~ в мой огоро́д das gilt mir, das zielt auf mich

каме́я, -и *f min* Kamee

ками́н, -а *m* Kamin ◇ электри́ческий ~ elektrische Heizsonne

камнело́мка, -и, *Pl G* -ло́мок, *D* -ло́мкам *f bot* Steinbrech

камо́рка, -и, *Pl G* -рок, *D* -ркам *f* kleiner Raum, Kämmerchen

кампане́йщина, -ы *f umg mißb* Stoßarbeit; „Feuerwehreinsatz" *um durch Schlendrian entstandenen Zeitverlust aufzuholen*

кампа́ния, -и *f* 1. Kampagne; избира́тельная ~ Wahlkampagne; посевна́я ~ Aussaatkampagne, Bodenbestellung; са́харная ~ Zuckerkampagne; ~ по сбо́ру по́дписей Unterschriftensammlung 2. Feldzug 3. Flottenbewegung 4. *tech* Hauptbetriebszeit

камса́, -ы́ *f zool* Anchovis

камуфле́т, -а *m* 1. *mil* Quetschmine; Quetschsprengung 2. *übtr umg* Pech, Mißerfolg

камуфли́ровать, -рую, -руешь; -рованный, -рован, -а *v, uv mil* mit Tarnanstrich versehen, tarnen

камуфля́ж, -а, *I* -ем *m mil* Tarnanstrich

камфара́, -ы́ *f* Kampfer

камфа́рный, -ая, -ое Kampfer-

камчада́л, -а *m* Kamtschadale *Bewohner der Halbinsel Kamtschatka*

Камча́тка, -и *f* Kamtschatka

камча́тный, -ая, -ое damasten; -ая ска́терть Damasttischtuch

камча́тский, -ая, -ое Kamtschatka-

камы́ш, -а́, *I* -о́м, *G Pl* -е́й *m* 1. Schilf 2. *meist Pl* Schilf, Röhricht

камы́шевка, -и, *Pl G* -вок, *D* -вкам *f* Rohrdrossel

камышо́вый, -ая, -ое Binsen-, Schilf-

кана́ва, -ы *f* schmaler Graben; Gosse

кана́вка, -и, *Pl G* -вок, *D* -вкам *f Dem zu* кана́ва kleiner Graben, Rinne

Кана́да, -ы *f* Kanada

кана́дец, -дца, *I* -дцем, *G Pl* -дцев *m* Kanadier

кана́дка, -и, *Pl G* -док, *D* -дкам *f* Kanadierin

кана́дский, -ая, -ое kanadisch

кана́л, -а *m* Kanal *a. übtr*; ороси́тельный ~ Bewässerungskanal; мочеиспуска́тельный ~ Harnröhre; ~ ствола́ *mil* Rohrseele, Laufinneres

канализацио́нный, -ая, -ое Kanalisations-

канализа́ция, -и *f* Kanalisation

канаре́ечный, -ая, -ое: -ого цве́та kanariengelb

канаре́йка, -и, *Pl G* -ре́ек, *D* -ре́йкам *f* Kanarienvogel

кана́рский, -ая, -ое kanarisch; Кана́рские острова́ Kanarische Inseln

кана́т, -а *m* Seil, Tau; ходи́ть по -у auf dem Seil laufen

кана́тный, -ая, -ое Seil-; -ая доро́га Drahtseilbahn

канатохо́дец, -дца, *I* -дцем, *G Pl* -дцев *m* Seiltänzer

канáтчик, -а *m* Seiler
Кáнберра, -ы *f* Canberra
канвá, -ы́ *f* **1.** Kanevas, Gittergewebe **2.** *übtr* Grundlage, Skelett; ~ биогрáфии die wichtigsten Daten einer Biographie
кандалы́, -óв *Pl alt* Fesseln, Ketten; заковáть в ~ in Fesseln schlagen
канделя́бр, -а *m* Kandelaber
кандидáт, -а *m* Kandidat; ~ в члéны пáртии Kandidat der Partei; вы́ставить -ом в депутáты als Abgeordneten aufstellen; ~ наýк Kandidat der Wissenschaften *in der UdSSR, entspricht dem Doktortitel in der DDR*
кандидáтка, -и, *Pl G* -ток, *D* -ткам *f* Kandidatin
кандидáтский, -ая, -ое Kandidaten-; ~ стаж Kandidatenzeit; ~ экзáмен Doktorexamen
кандидатýра, -ы *f* Kandidatur; вы́ставить чью-н. -у j-n als Kandidaten aufstellen; снимáть -у die Kandidatur zurückziehen
канúкулы, -кул *Pl* Ferien; лéтние ~ Sommerferien, große Ferien; приéхать к комý-н. на ~ zu j-m in die Ferien fahren
канитéлиться, -люсь, -лишься *uv umg* herumtrödeln
канитéль, -и *f* **1.** Kantille *feiner Gold- oder Silberdraht zum Sticken* **2.** *umg* langweilige, langwierige Sache, Trödelei; тянýть ~ (herum)trödeln
канитéльный, -ая, -ое *umg* langwierig, langweilig
канифóль, -и *f* Kolophonium
канонáда, -ы *f* Kanonade
канонéрка, -и, *Pl G* -рок, *D* -ркам *f* Kanonenboot
канонéрский, -ая, -ое: -ая лóдка Kanonenboot
канóэ *n idkl Sport* Kanadier, Kanu
кант, -а *m text* Kante, Borte
кантáта, -ы *f* Kantate
кантиáнский, -ая, -ое *phil* kantianisch
кантовáть, -тýю, -тýешь *uv* **1.** mit einer Kante [Borte] versehen [einfassen] **2.** auf die Seite drehen; umkippen; не ~! nicht stürzen!
Кантóн, -а *m* Kanton *Stadt*
канýн, -а *m* **1.** Tag vor einem Feiertag; ~ Нóвого гóда Silvester **2.** *übtr* Vorabend
кáнуть, -ну, -нешь *v alt* (herab)tropfen ◇ он как в вóду кáнул er ist spurlos verschwunden
канцеляри́ст, -а *m alt* Kanzlist
канцеля́рия, -и *f* Kanzlei, Büro
канцеля́рский, -ая, -ое Büro-; ~ слýжащий Büroangestellter; -ие товáры Schreibwaren, Büroartikel; -ие принадлéжности Schreibutensilien; ~ слог geschraubter Stil ◇ -ая кры́са Schreiberseele
канцеля́рщина, -ы *f umg* Amtsschimmel, Bürokratie
кáнцлер, -а *m pol* Kanzler
канцтовáры, -ов *Pl* (канцеля́рские товáры) Schreibwaren
канючить, -чу, -чишь *uv volksspr* aufdringlich betteln, sich dauernd beklagen
каоли́н, -а *m min* Kaolin
кáпать, -аю, -аешь *u. alt* -плю, -плешь; кáпай; кáпая *uv* **1.** *1. u. 2. Pers ungebr* tropfen; над ним не кáплет er hat es nicht eilig **2.** (ein)träufeln, tropfenweise eingießen, tropfen lassen **3.** *I* verschütten, danebengießen ‖ *v mom* кáпнуть, -ну, -нешь
капéль, -и *f* Tröpfeln *bei Tauwetter*
капельди́нер, -а *m alt* Logenschließer, Theaterdiener
кáпелька, -и, *Pl G* -лек, *D* -лькам *f* **1.** *Dem zu* кáпля Tröpfchen; вы́пить всё до -и bis auf den letzten Tropfen austrinken **2.** *umg* winzige Menge; ein klein wenig, ein bißchen; ни -и nicht im geringsten; мне ни -и не стрáшно ich habe kein bißchen Angst
кáпельку *Adv umg* ein wenig; подождú ~! warte ein bißchen!
капельмéйстер, -а *m* **1.** *alt* Kapellmeister **2.** *mil* Leiter des Musikkorps
кáпельник, -а *m umg* **1.** *min* Tropfstein **2.** *gbt* Eiszapfen *am Dach* **3.** Tropfenzähler *an Flaschen*
кáпельница, -ы, *I* -ей *f* Tropfenzähler *an Flaschen*; Pipette
кáпельный, -ая, -ое *umg* winzig klein
кáперсы *Pl* -ов, *Sg* кáперс, -а *m* Kapern *Gewürz*
капилля́р, -а *m* Kapillare; *anat* Kapillargefäß
капитáл, -а *m* **1.** Kapital; основнóй ~ fixes Kapital; накоплéние -а Akkumulation des Kapitals **2.** Kapital, große Geldsumme, Vermögen
капитали́зм, -а *m* Kapitalismus; при -е im Kapitalismus
капитали́ст, -а *m* Kapitalist
капиталисти́ческий, -ая, -ое kapitalistisch
капиталовложéния *Pl* -ий, *Sg* капиталовложéние, -я *n* Kapitalanlage, Investition, Investierung

капита́льный, -ая, -ое grundlegend, Kapital-, Haupt-; ~ ремо́нт Generalüberholung, -reparatur; -ое строи́тельство Invest(itions)bau, Invest(itions)bauten; -ая стена́ Brand-, Hauptmauer

капита́н, -а *m* **1.** Kapitän *Flotte* **2.** Hauptmann *Armee* **3.**: ~ кома́нды *Sport* Mannschaftskapitän

капита́нский, -ая, -ое Kapitäns-; ~ мо́стик Kommandobrücke

капитули́ровать, -рую, -руешь *v, uv* kapitulieren

капитуля́нт, -а *m* Kapitulant

капитуля́нтство, -а *n* Kapitulantentum

капитуля́ция, -и *f* Kapitulation

капка́н, -а *m* Fangeisen, Falle

каплу́н, -а́ *m* Kapaun

ка́пля, -и, *Pl G* -пель, *D* -плям *f* **1.** Tropfen; -ями *oder* по -е tropfenweise ◇ вы́пить всё до -и alles bis auf den letzten Tropfen austrinken; ~ и ка́мень долби́т steter Tropfen höhlt den Stein; ~ за -ей nach und nach, allmählich; ~ в мо́ре ein Tropfen auf den heißen Stein; они́ похо́жи, как две -и воды́ sie gleichen sich wie ein Ei dem anderen; он и -и в рот не берёт er trinkt keinen Alkohol **2.** *G umg* ein bißchen, ein (klein) wenig; подожди́те хоть -ю! warten Sie doch ein bißchen!; ни -и gar nicht, kein bißchen, nicht im geringsten

ка́пнуть *v mom zu* ка́пать

ка́пор, -а *m* Kapuze; Haube

капо́т, -а *m* **1.** *alt* Morgenrock, Hauskleid **2.** *tech* Schutzdeckel, -klappe; Motorhaube

капремо́нт, -а *m* (капита́льный ремо́нт) Generalreparatur; Generalüberholung

капри́з, -а *m* Laune, Grille

капри́зник, -а *m umg* launischer Mensch, launisches Kind

капри́зничать, -аю, -аешь *uv* Launen haben; bocken

капри́зный, -ая, -ое; *Kzf* -зен, -зна **1.** eigensinnig **2.** launenhaft, launisch **3.** wunderlich

капризу́ля, -и *m, f umg* launisches Kind

капро́н, -а *m* Kapron *dederonartige Kunstfaser*

капро́новый, -ая, -ое Kapron-

ка́псула, -ы *f* Kapsel, Gelatinehülle

ка́псюль, -я *m mil* Zündhütchen; ~-детона́тор Sprengkapsel

капу́ста, -ы *f* Kohl, Kraut; ки́слая [ква́шеная] ~ Sauerkraut; цветна́я ~ Blumenkohl

капу́стник [сн], -а *m* **1.** *volksspr u. gbt* Kohlfeld **2.** Kohlraupe **3.** bunter Abend *bei Studenten, Schauspielern u. a.*

капу́стница [сн], -ы, *I* -ей *f* Kohlweißling

капу́т *m idkl volksspr, scherz* Ende, Verderb(en); тут тебе́ и ~ jetzt ist es aus mit dir; пришёл ему́ ~ jetzt ist es aus mit ihm, er ist erledigt

капюшо́н, -а *m* Kapuze

ка́ра, -ы *f* Strafe, Vergeltung

караби́н, -а *m* **1.** Karabiner **2.** Karabinerhaken

кара́бкаться, -аюсь, -аешься *uv* (hinauf)klettern, klimmen

карава́й, -я, *G Pl* -ев *m* runder Laib Brot

карава́н, -а *m* Karawane

карава́н-сара́й, -я, *G Pl* -ев *m* Karawanserei

Караганда́, -ы *f* Karaganda

каракалпа́к, -а *m* Karakalpake

каракалпа́кский, -ая, -ое karakalpakisch; Каракалпа́кская АССР Karakalpakische ASSR

карака́тица, -ы, *I* -ей *f* Tintenfisch

кара́ковый, -ая, -ое dunkel-, schwarzbraun *Pferd*

кара́кулевый, -ая, -ое Persianer-; ~ воротни́к Persianerkragen

кара́куль, -я *m* Persianer

караку́льский, -ая, -ое: -ая овца́ Karakulschaf

каракульча́, -и́, *I* -о́й *f* Breitschwanz

кара́куля, -и *f* Krakel, unleserlicher Buchstabe; писа́ть -ями krakeln, kritzeln, schmieren

Караку́м, -а *m* Karakum

карамбо́ль, -я *m* Karambolage *Billard*

караме́ль, -и *f* **1.** *Koll* Karamelbonbons **2.** Karamelzucker

караме́лька, -и, *Pl G* -лек, *D* -лькам *f umg* gefülltes Bonbon

каранда́ш, -а́, *I* -о́м, *G Pl* -е́й *m* Bleistift; цветно́й ~ Farb-, Buntstift; кра́сный ~ Rotstift; хими́ческий ~ Tinten-, Kopierstift ◇ взять что́-н. на ~ *umg* sich etw. notieren [aufschreiben]

каранда́шный, -ая, -ое Bleistift-

каранти́н, -а *m* Quarantäne

карапу́з, -а *m umg scherz* Knirps; Dickerchen

кара́сь, -я́ *m zool* Karausche

кара́т, -а, *G Pl* кара́тов *u.* кара́т *m* Karat

кара́тельный, -ая, -ое Straf-; ~ отря́д Straf-, Vergeltungskommando *das Vergeltungsakte gegen die Bevölkerung unternimmt, ausländ*

кара́ть, -а́ю, -а́ешь *uv* (be)strafen || || *v* покара́ть; пока́ранный, -ан, -а

кара́ться, *1. u. 2. Pers ungebr*, -а́ется *uv* bestraft werden; э́то преступле́ние стро́го кара́ется зако́ном auf dieses Verbrechen stehen schwere Strafen

карау́л, -а *m* **1.** *mil* Wache; Wachposten; почётный ~ Ehrenwache; нача́льник -а Wachhabender; нести́ [держа́ть] ~ Wache halten; вы́ставить -ы Wachen ausstellen; взять на ~ das Gewehr präsentieren; взять под ~ in Haft nehmen **2.** *Interj umg* ~! Hilfe!; крича́ть ~ um Hilfe rufen ◇ хоть ~ кричи́! *umg* es ist zum Verzweifeln!

карау́лить, -лю, -лишь *uv* **1.** bewachen; Wache stehen **2.** *A umg* auflauern (j-m)

карау́лка, -и, *Pl G* -лок, *D* -лкам *f volkssprr* Wachstube

карау́льный, -ая, -ое **1.** Wach-; -ое помеще́ние Wachraum; -ая бу́дка Schilderhaus **2.** -ого *Subst m* Wachposten, Wache

Кара́чи *m idkl* Karatschi *Stadt*

кара́чки: на кара́чки *volksspr* auf alle viere; на кара́чках *volksspr* auf allen vieren

карачу́н, -а́ *m*: ~ пришёл кому́-н. *volksspr* jemand ist plötzlich gestorben [umgekommen]

карби́д, -а *m* Karbid

карбо́ванец, -нца, *I* -нцем, *G Pl* -нцев *m gbt* Rubel *in der Ukraine*

карбо́лка, -и *f umg* Karbolsäure

карбо́ловый, -ая, -ое Karbol-

карбу́нкул, -а *m* **1.** *med* Karbunkel **2.** *min alt* Karfunkel

карбюра́тор, -а *m tech* Vergaser

карга́, -и́ *f volksspr* böse Alte, Hexe

кардамо́н, -а *m* Kardamom *Gewürz*

карда́нный, -ая, -ое *tech* Kardan-; ~ вал Kardanwelle

кардина́л, -а *m* Kardinal

кардина́льный, -ая, -ое *buchspr* Kardinal-, hauptsächlich, wichtigst

кардиогра́мма, -ы *f* Kardiogramm

каре́л, -а, *G Pl a.* каре́л Karelier

каре́лка, -и, *Pl G* -лок, *D* -лкам *f* Karelin

каре́ло-фи́нский, -ая, -ое karelo-finnisch

каре́льский, -ая, -ое karelisch; Каре́льская АССР Karelische ASSR

каре́та, -ы *f* Kutsche, Wagen; ~ ско́рой по́мощи Sanitäts-, Unfallwagen

каре́тка, -и, *Pl G* -ток, *D* -ткам *f* **1.** *Dem zu* каре́та **2.** *tech* Walze, Trommel, Schlitten **3.** Wagen *Schreibmaschine*

каре́тник, -а *m alt* Stellmacher

ка́риес, -а *m med* Karies

ка́рий, -яя, -ее (kastanien)braun *Augen, Pferde*

карикату́ра, -ы *f* Karikatur

карикатури́ст, -а *m* Karikaturist

карикату́рный, -ая, -ое; *Kzf* -рен, -рна **1.** karikiert, verzerrt; предста́вить в -ом ви́де karikieren **2.** lächerlich

карио́з, -а *m med* Karies

ка́рканье, -ья *n* Krächzen

карка́с, -а *m* Gerippe, Skelett

карка́сный, -ая, -ое Skelett-; -ое строи́тельство Skelettbauweise

ка́ркать, -аю, -аешь *uv* **1.** krächzen **2.** *übtr volksspr* unken, Unheil verkünden || *v mom* **ка́ркнуть,** -ну, -нешь *zu* **1**

ка́рлик, -а *m* Zwerg

ка́рликовый, -ая, -ое zwergenhaft, Zwerg-

Ка́рловы Ва́ры, Ка́рловых Ва́р *Pl* Karlovy Vary *Stadt*

карма́н, -а *m* Tasche *in Kleidungsstücken*; накладны́е -ы aufgesetzte Taschon; прорезны́е -ы eingeschnittene Taschen; ~ в портфе́ле Fach in der Aktentasche ◇ э́то мне не по -у das geht über meine Mittel; э́то бьёт по -у *umg* das reißt ins Geld; наби́ть себе́ ~ *umg* sich die Taschen füllen, sich bereichern; держи́ ~ ши́ре *umg scherz* da kannst du lange warten; darauf brauchst du gar nicht zu rechnen; она́ за сло́вом в ~ не поле́зет *umg* sie ist nicht auf den Mund gefallen; у него́ ве́тер свисти́т в -ах *umg* er ist abgebrannt, er hat kein Geld; у него́ то́лстый [туго́й, по́лный] ~ er hat viel Geld

карма́нник, -а *m volksspr* Taschendieb

карма́нный, -ая, -ое Taschen-; -ые де́ньги Taschengeld; ~ фона́рик Taschenlampe

карми́н, -а *m* Karmin *Farbstoff*

карми́нный, -ая, -ое karminrot

карнава́л, -а *m* **1.** Karneval, Fasching *ausländ* **2.** Volksfest mit Maskerade, Tänzen und Spielen *gewöhnlich anläßlich eines Feiertags*

карни́з, -а *m* **1.** Sims **2.** Gardinenstange

кароли́нский, -ая, -ое: Кароли́нские острова́ Karolinen

каротéль, -и *f Koll* Karotten
каротéлька, -и, *Pl G* -лек, *D* -лькам *f eine einzelne* Karotte
карп, -а *m* Karpfen
карпáтский, -ая, -ое: Карпáтские гóры Karpaten
Карпáты, -áт *Pl* Karpaten
кáрский, -ая, -ое: Кáрское мóре Karisches Meer
кáрта, -ы *f* **1.** (Land-) Karte; морскáя ~ Seekarte **2.** Spielkarte; игрáть в -ы Karten spielen ◇ постáвить всё на -у alles auf eine Karte setzen; постáвить свою жизнь на -у sein Leben aufs Spiel setzen; раскры́ть свои -ы Farbe bekennen; стоя́ть на -е auf dem Spiel stehen; спу́тать [смешáть] чьи-н. -ы j-s Pläne durchkreuzen; емý и -ы в рýки er versteht sich darauf
картáвить, -влю, -вишь *uv* das r oder l unsauber aussprechen *Zäpfchen-r; u oder w statt l*
картёжник, -а *m umg* leidenschaftlicher Kartenspieler
картéль [тэ], -я *m u.* -и *f* Kartell
картéчь, -и *f* **1.** *mil* Kartätsche **2.** *Jagd* grober Schrot
картúна, -ы *f* **1.** Bild, Gemälde; пьéса в шестú -ах Theaterstück in sechs Bildern **2.** *umg* Film; показáть -у einen Film zeigen
картúнка, -и, *Pl G* -нок, *D* -нкам *f* **1.** *Dem zu* картúна 1 Bildchen **2.** Bild, Illustration; кни́жка с -ами Bilderbuch; не дéвушка, а ~ *umg* ein bildhübsches Mädchen
картúнный, -ая, -ое **1.** Bilder-; -ая галерéя Bilder-, Gemäldegalerie **2.** *Kzf* -úнен, -úнна bildschön; anschaulich, bildhaft
картóграф, -а *m* Kartograph
картографúческий, -ая, -ое kartographisch
картогрáфия, -и *f* Kartographie
картóн, -а *m* Pappe, Karton *Material*
картонáжи *Pl* -ей, *Sg* картонáж, -а, *I* -ем *m* Kartonage
картóнка, -и, *Pl G* -нок, *D* -нкам *f* Karton, Pappschachtel; ~ для шля́пы Hutschachtel
картóнный, -ая, -ое Papp-, Karton-; ~ дóмик *übtr* Kartenhaus
картотéка, -и *f* Kartothek, Kartei
картотéчный, -ая, -ое Kartothek-, Kartei-
картофеле|копáлка, -и, *Pl G* -лок, *D* -лкам *f* Kartoffelroder, Kartoffelschleuder; **~копáтель,** -я *m* Kartoffelroder, Kartoffelschleuder; **~сáжалка,** -и, *Pl G* -лок, *D* -лкам *f* Kartoffelsetzmaschine; **~убóрочный,** -ая, -ое: ~убóрочный комбáйн Kartoffelvollerntemaschine; **~хранúлище,** -а, *I* -ем *n* Kartoffelmiete
картóфелина, -ы *f umg* (einzelne) Kartoffel
картóфель, -а (-ю) *m* **1.** Kartoffel *Pflanze* **2.** *Koll* Kartoffeln; ~ в мундúре Pellkartoffeln; жáреный ~ Bratkartoffeln
картóфельный, -ая, -ое Kartoffel-; -ое пюрé Kartoffelmus; -ая олáдья Kartoffelpuffer; -ая котлéта Kartoffelkeulchen
кáрточка, -и, *Pl G* -чек, *D* -чкам *f* **1.** Karte, Zettel; каталóжная ~ Karteikarte; библиотéчная ~ Bücherzettel; продовóльственная ~ Lebensmittelkarte; по -ам auf Marken **2.** (kleines) Porträtphoto, Photo
кáрточный, -ая, -ое Karten-; -ая систéма Kartensystem *der Verteilung* ◇ ~ дóмик *übtr* Kartenhaus
картóшка, -и, *Pl G* -шек, *D* -шкам *f umg* **1.** *Koll* Kartoffeln **2.** (einzelne) Kartoffel
картýз, -á *m* Schirmmütze
картýшка, -и, *Pl G* -шек, *D* -шкам *f* Rose *am Kompaß*
карусéль, -и *f* Karussell; катáться на -и Karussell fahren
Карфагéн, -а *m* Karthago
кáрцер, -а *m alt* Karzer
[1]**карьéр,** -а *m* gestreckter Galopp; в -е in vollem Lauf ◇ с мéста в ~ unverzüglich
[2]**карьéр,** -а *m* Tagebau; Steinbruch; буроýгольный ~ Braunkohlentagebau; песчáный ~ Sandgrube
карьéра, -ы *f* Karriere; Laufbahn
карьерúст, -а *m* Karrierist, Streber
карьерúстский, -ая, -ое streberhaft
касáние, -я *n* Berührung; тóчка -я *math* Berührungspunkt
касáтельная, -ой *Subst f math* Tangente
касáтельно *Präpos mit G buchspr* bezüglich, hinsichtlich, betreffs
касáтельство, -а *n* Beziehung, Zusammenhang; э́то не имéет никакóго -а к дéлу das hat mit der Sache überhaupt nichts zu tun
касáтка, -и, *Pl G* -ток, *D* -ткам *f* **1.** Rauchschwalbe **2.** *gbt u. folkl* Liebste, Schatz *Anrede*
касáться, -áюсь, -áешься *uv G* **1.** berühren, streifen *a. übtr*; не ~ землú den Boden nicht berühren; он лишь слегкá касáется э́того вопрóса er

streift diese Frage nur kurz 2. betreffen, angehen; э́то тебя́ не каса́ется das geht dich nichts an; что каса́ется меня́ was mich betrifft, ich für meine Person || *v* коснýться, -нýсь, -нёшься

ка́ска, -и, *Pl G* -сок, *D* -скам *f* Helm

каска́д, -а *m* 1. Kaskade, Wasserfall 2. *übtr buchspr*: ~ слов Redeschwall 3. Kaskade *Zirkus* 4. *rad* Stufe

каске́тка, -и, *Pl G* -ток, *D* -ткам *f* leichte Sportmütze

каспи́ец, -и́йца, *I* -и́йцем, *G Pl* -и́йцев *m* Matrose der Kaspiflotte

каспи́йский, -ая, -ое kaspisch; Каспи́йское мо́ре Kaspisches Meer

ка́сса, -ы *f* 1. Kasse; сберега́тельная ~ Sparkasse; ~ взаимопо́мощи Kasse der gegenseitigen Hilfe 2. Schalter; биле́тная ~ Fahrkartenschalter ◇ несгора́емая ~ feuerfester Geldschrank; набо́рная ~ *typ* Setzkasten; проверя́ть -у die Kasse [den Kassenbestand] überprüfen

касса́ция, -и *f* 1. *jur* Kassation, Aufhebung eines Urteils 2. *umg* Berufung; пода́ть (на) -ю Berufung einlegen

кассе́та, -ы *f phot* Kassette

касси́р, -а *m* Kassierer

касси́ровать, -рую, -руешь; -рованный, -рован, -а *v, uv Urteil* aufheben, kassieren

касси́рша, -и, *I* -ей *f umg* Kassiererin

ка́ссовый, -ая, -ое Kassen-

ка́ста, -ы *f* Kaste *a. übtr*

кастеля́нша, -и, *I* -ей *f* Wäscheverwalterin *in einem Heim, Krankenhaus u. ä.*

касте́т, -а *m* Schlagring

ка́стовый, -ая, -ое Kasten-

касто́рка, -и *f umg* Rizinusöl

касто́ровый, -ая, -ое: -ое ма́сло Rizinusöl

кастра́ция, -и *f* Kastrierung

кастри́ровать, -рую, -руешь; -рованный, -рован, -а *v, uv* kastrieren

кастрю́ля, -и *f* Kochtopf

катава́сия, -и *f volksspr* Wirrwarr, Tumult

катакли́зм, -а *m* 1. Naturkatastrophe 2. *übtr* Umsturz

ката́лиз, -а *m chem* Katalyse

катало́г, -а *m* Katalog, Verzeichnis

каталогиза́ция, -и *f* Katalogisierung

ка́таль, -я *m* Arbeiter, der mit einem Karren Lasten zufährt

ката́ние, -я *n* 1. Rollen; ~ белья́ Wäscherollen 2. Spazierfahrt; ~ на конька́х Schlittschuhlaufen; фигу́рное ~ (на конька́х) Eiskunstlauf; ~ с гор Rodeln; ~ на ло́дке Bootfahren

ката́нье, -ья *n*: ~ белья́ Wäscherollen ◇ не мытьём, так ка́таньем *übtr* koste es, was es wolle

катапу́льта, -ы *f* Katapult

ката́р, -а *m* Katarrh

катара́кта, -ы *f med* grauer Star

катастро́фа, -ы *f* Katastrophe

катастрофи́ческий, -ая, -ое katastrophal

катастрофи́чный, -ая, -ое; *Kzf* -чен, -чна katastrophal

ката́ть, -а́ю, -а́ешь; ка́танный, -ан, -а *uv* 1. *unbest zu* кати́ть 2. ausfahren, spazierenfahren; ~ кого́-н. на автомоби́ле по го́роду j-n mit dem Auto durch die Stadt (spazieren)fahren; он ката́л меня́ на ло́дке er fuhr mich im Boot spazieren 3. walzen, glatt machen; ~ бельё Wäsche mangeln [rollen]; ~ желе́зо Eisen walzen

ката́ться, -а́юсь, -а́ешься *uv* 1. *unbest zu* кати́ться 2. на *P* spazierenfahren *itr*; ~ на велосипе́де mit dem Rad (spazieren)fahren; ~ верхо́м (aus)reiten; ~ на конька́х Schlittschuh laufen; ~ на ло́дке Boot fahren; ~ на байда́рке paddeln; ~ на лы́жах Schi fahren; ~ на са́нках [сала́зках] rodeln 3. sich hin- und herwälzen *im Liegen* ◇ ~ со́ смеху sich vor Lachen wälzen; как сыр в ма́сле ~ wie die Made im Speck sitzen

катафа́лк, -а *m* 1. Katafalk 2. Leichenwagen

катафо́т, -а *m* Katzenauge, Rückstrahler

категори́ческий, -ая, -ое 1. kategorisch, entschieden 2. -и *Adv* kategorisch, entschieden

категори́чный, -ая, -ое; *Kzf* -чен, -чна kategorisch, entschieden

катего́рия, -и *f* Kategorie; Gruppe, Klasse

Ка́тенька, -и *f Dem zu* Екатери́на

ка́тер, -а, *Pl* катера́, -о́в, -а́м *m* Kutter; торпе́дный ~ Schnellboot; ~ для прогу́лок Fahrgastschiff, Ausflugsschiff; ~ на подво́дных кры́льях Tragflügelboot; пожа́рный ~ Feuerlöschboot

Катери́на, -ы *f weibl Vn*

ка́тет, -а *m math* Kathete

кати́ть, качу́, ка́тишь *uv* **1.** *best* rollen, wälzen, schieben **2.** *volksspr* schnell fahren [laufen] **3.** *umg* fahren *itr Fahrzeug* | *unbest* ката́ть *zu* 1

кати́ться, качу́сь, ка́тишься *uv* **1.** *best 1. u. 2. Pers ungebr* rollen; sich wälzen, gleiten; fahren, sich fortbewegen **2.** *1. u. 2. Pers ungebr* fließen, strömen; слёзы ка́тятся по щека́м die Tränen rinnen über die Wangen **3.** *volksspr* schnell rennen; кати́сь (отсю́да)! *derb* scher dich [schert euch] fort! | *unbest* ката́ться *zu* 1

като́д, -а *m* Kathode

като́к, -тка́ *m* **1.** Eisbahn **2.** Walze, Rolle; доро́жный ~ Straßenwalze **3.** Wäschemangel, -rolle

като́лик, -а *m* Katholik

католи́ческий, -ая, -ое katholisch

католи́чество, -а *n* Katholizismus

католи́чка, -и, *Pl G* -чек, *D* -чкам *f* Katholikin

ка́торга, -и *f* **1.** Zwangsarbeit, Zuchthaus **2.** *übtr* Plackerei, Schinderei

каторжа́нин, -а, *Pl* -а́не, -а́н, -а́нам *m* Zwangsarbeiter, Zuchthäusler; entlassener Zwangsarbeiter

ка́торжник, -а *m* Zwangsarbeiter, Zuchthäusler

ка́торжный, -ая, -ое **1.** Zuchthaus-; -ые рабо́ты Zwangsarbeit **2.** anstrengend, schwer; ~ труд Schinderei

кату́шка, -и, *Pl G* -шек, *D* -шкам *f* Rolle, Spule; ~ ни́ток Zwirnrolle

Ка́тька, -и *f Dem zu* Екатери́на

Катю́ша, -и, *I* -ей *f Dem zu* Екатери́на

катю́ша, -и, *I* -ей *f umg scherz* Salvengeschütz, Raketenwerfer auf Motorfahrzeug

Ка́тя, -и *f Dem zu* Екатери́на

Ка́унас, -а *m* Kaunas *Stadt*

каў́рый, -ая, -ое hell(kastanien)braun *von Pferden*; -ая ло́шадь Goldfuchs

каусти́ческий, -ая, -ое *chem* kaustisch

каучу́к, -а *m* Kautschuk

каучуконо́с, -а *m* kautschukhaltige Pflanze, Kautschukbaum

кафе́ *n idkl* Café, Kaffeehaus; ~-моло́чная Milchbar

ка́федра, -ы *f* **1.** Rednerpult **2.** Lehrstuhl *entspricht oft unseren Instituten*; ~ средневеко́вой исто́рии Institut für Geschichte des Mittelalters; заве́дующий -ой Lehrstuhlinhaber, Institutsdirektor; заве́довать -ой *alt* einen Lehrstuhl innehaben **3.** alle Lehrkräfte einer Fachrichtung an Hochschulen

ка́фель, -я *m* Kachel

ка́фельный, -ая, -ое Kachel-

кафта́н, -а *m* Kaftan

Кахе́ти *f idkl u.* **Кахе́тия,** -и *f* Kachetien *Landschaft in Grusinien*

кацаве́йка, -и, *Pl G* -е́ек, *D* -е́йкам *f* kurze (Frauen-)Jacke ohne Verschluß

кача́лка, -и, *Pl G* -лок, *D* -лкам *f* Schaukelstuhl

кача́ние, -я *n* **1.** Schaukeln, Wiegen **2.** Schwingung **3.** Pumpen *von Wasser*

кача́ть, -а́ю, -а́ешь *uv* **1.** schaukeln *tr*; wiegen; ~ ребёнка ein Kind wiegen **2.** unter Hochrufen in die Luft werfen **3.** *I* schütteln; ~ голово́й den Kopf schütteln **4.** *unpers* пароход кача́ло das Schiff schlingerte; его́ кача́ло от уста́лости er taumelte vor Müdigkeit **5.** pumpen *Wasser* ‖ *v mom* качну́ть, -ну́, -нёшь *zu* 1, 3

кача́ться, -а́юсь, -а́ешься *uv* **1.** sich wiegen, schaukeln; ~ на каче́лях schaukeln *auf einer Schaukel* **2.** *naut* schlingern, stampfen **3.** taumeln, schwanken ‖ *v mom* качну́ться, -ну́сь, -нёшься

каче́ли, -ей *Pl* Schaukel; Wippe

ка́чественный, -ая, -ое **1.** qualitativ; ~ ана́лиз qualitative Analyse **2.** Qualitäts-; -ая сталь Edelstahl

ка́чество, -а *n* **1.** Qualität, Güte; высшего -а höchster Qualität, erster Güte; перехо́д коли́чества в ~ Umschlag von Quantität in Qualität **2.** Eigenschaft ◇ в -е *G* als

ка́чка, -и *f* Schaukeln, Rollen, Schlingern *Fahrzeug, Schiff* ◇ она́ не перено́сит морско́й -и sie wird leicht seekrank

ка́чкий, -ая, -ое *volksspr* wacklig

качну́ть(ся) *v mom zu* кача́ть(ся)

ка́ша, -и, *I* -ей *f* **1.** Brei, Grütze; овся́ная ~ Haferbrei **2.** Wirrwarr, Durcheinander; у него́ ~ в голове́ in seinem Kopf herrscht ein heilloses Durcheinander ◇ завари́ть -у *umg* (sich) eine unangenehme Sache einrühren; расхлёбывать -у *umg übtr* die Suppe auslöffeln; с ним -и не́ сва́ришь *umg* mit ihm kommt man nicht unter einen Hut; сапоги́ -и про́сят *umg scherz* die Stiefel sind zerrissen; ма́ло -и ел *umg* er ist noch jung und unerfahren, er ist noch feucht hinter den Ohren

кашалóт, -а *m* Pottwal

кашевáр, -а *m* Koch *beim Militär oder bei einer Arbeitergenossenschaft*

кáшель, -шля *m* Husten

кашемúр, -а *m text* Kaschmir

кáшица *u.* **кашúца,** -ы, *I* -ей *f* dünner Brei

кáшлянуть *v mom zu* кáшлять

кáшлять, -яю, -яешь *uv* husten; ~ крóвью Blut spucken ‖ *v mom* кáшлянуть, -ну, -нешь

Кашмúр, -а *m* Kaschmir

кашнé [нэ] *n idkl* Halstuch, Schal

каштáн, -а *m* **1.** Kastanie **2.** Kastanienbaum

каштáновый, -ая, -ое Kastanien-; kastanienbraun

каюк *prädikativ*: ~ пришёл комý-н. *volksspr* es ist aus mit j-m, j-s Ende ist da

каюта, -ы *f* Kajüte

кают-компáния, -и *f* Speiseraum *Schiff*; Offiziersmesse *auf Kriegsschiffen*

кáяться, кáюсь, кáешься *uv* **1.** в *P* bereuen **2.** *D oder* перед *I* (ein)gestehen ◇ кáюсь offen gestanden ‖ *v* покáяться

кв. (квадрáт; квадрáтный; квартáл; квартúра) Quadrat, quadratisch, Quadrat-; Quartal, Vierteljahr; Wohnung

квадрáт, -а *m* Quadrat; возвестú в ~ in die zweite Potenz erheben ◇ в -е *umg scherz* doppelt

квадрáтно-гнездовóй, -áя, -óе: ~ посéв *oder* -ая посáдка *landw* Quadratnestpflanzverfahren

квадрáтный, -ая, -ое quadratisch; ~ кóрень Quadratwurzel; -ая мéра Flächenmaß; -ая скóбка eckige Klammer

квадратýра, -ы *f* Quadratur

квáканье, -ья *n* Quaken, Gequake

квáкать, -аю, -аешь *uv* quaken ‖ *v mom* квáкнуть, -ну, -нешь

квáкер, -а *m* Quäker

квáкнуть *v mom zu* квáкать

квáкша, -и, *I* -ей *f* Laubfrosch

квалификациóнный, -ая, -ое Qualifizierungs-; ~ спрáвочник Lohngruppenkatalog

квалификáция, -и *f* Qualifizierung; произвóдственная ~ berufliche Weiterbildung [Qualifikation]

квалифицúрованный, -ая, -ое; *Kzf* -ан, -анна qualifiziert; ~ рабóчий gelernter Arbeiter; ~ труд Facharbeit, qualifizierte Arbeit

квалифицúровать, -рую, -руешь; -рованный, -рован, -а *v, uv* **1.** *buchspr* bewerten, beurteilen; как ~ такóе поведéние? wie soll man ein derartiges Verhalten beurteilen? **2.** die Qualifikation prüfen

квалифицúроваться, -руюсь, -руешься *v, uv* sich qualifizieren

квант, -а *m phys* Quant

квáнтовый, -ая, -ое *phys* Quanten-

квартáл, -а *m* **1.** Häuserblock; Stadtviertel **2.** Quartal, Vierteljahr; по -ам vierteljährlich

квартáльный, -ая, -ое Quartals-; ~ отчёт Quartalsbericht

квартéт, -а *m mus* Quartett; стрýнный ~ Streichquartett

квартúра, -ы *f* **1.** Wohnung; сдаётся ~ Wohnung zu vermieten; дёшево платúть за -у billig wohnen **2.** *meist Pl mil* Quartier; глáвная ~ Hauptquartier, Oberkommando

квартирáнт, -а *m umg* Mieter

квартúрный, -ая, -ое **1.** Wohnungs-; -ая плáта Miete; -ые дéньги Übernachtungsgeld, Wohnungsgeld *bei Dienstreisen* **2.** -ые, -ых *Subst Pl* Übernachtungsgeld, Wohnungsgeld

квартировáть, -рýю, -рýешь *uv* **1.** *umg* wohnen **2.** *mil* einquartiert sein

квартиро|нанимáтель, -я *m* (Haupt-) Mieter, Wohnungsinhaber; **~хозя́ин,** -а, *Pl* -я́ева, -я́ев, -я́евам *m alt* Wohnungsinhaber; Hauptmieter

квартплáта, -ы *f* (квартúрная плáта) (Wohnungs-) Miete

кварц, -а *m* Quarz

квáрцевый, -ая, -ое Quarz-

квас, -а (-у), *Pl* квасы́, -óв, -áм *m* Kwaß *säuerliches Getränk aus Brot und Wasser*

квáсить, квáшу, квáсишь; квáшенный, -ен, -а *uv* (ein)säuern, gären lassen

квасной, -áя, -óе Kwaß-; ~ патриотúзм Hurrapatriotismus

квасóк, -скá *m umg* säuerlicher Beigeschmack

квасцóвый, -ая, -ое Alaun-; alaunhaltig

квасцы, -óв *Pl* Alaun

квáшеный, -ая, -ое (ein)gesäuert

квашня́, -и́, *G Pl* -éй *f* **1.** Backtrog **2.** *umg* angesäuerter Teig **3.** *volksspr verächtl* Schlappschwanz

квéрху *Adv* nach oben, hinauf

квинтéт, -а *m* Quintett

квит *u.* **квúты** *prädikativ umg* quitt; мы с ним ~ ich bin mit ihm quitt

квита́нция, -и *f* Quittung; бага́жная ∼ Gepäckschein; почто́вая ∼ Paketkarte
квито́к, -тка́ *m volksspr* Quittung, Abschnitt
квиты ↑ квит
квохта́ть, *1. u. 2. Pers ungebr,* квóхчет *uv* gackern
кегельба́н, -а *m* Kegelbahn
ке́гли *Pl* -ей, *Sg* ке́гля, -и *f* 1. Kegel 2. Kegelspiel; игра́ в ∼ Kegeln, Kegelschieben
кедр, -а *m* Zeder; сиби́рский ∼ Zirbelkiefer
кедро́вый, -ая, -ое Zedern-; -ые оре́хи Zirbelnüsse
Кейпта́ун, -а *m* Kapstadt
кейф, -а *m* Muße, Erholung
кекс, -а *m* Rosinenkuchen *meist in Kastenform*
келе́йный, -ая, -ое heimlich, geheim
Кёльн, -а *m* Köln
ке́льтский, -ая, -ое keltisch
ке́льты *Pl* -ов, *Sg* кельт, -а *m* Kelten
ке́лья, -ьи, *Pl G* -лий, *D* -льям *f* Mönchszelle
кем ↑ кто
Ке́мерово, -а *n* Kemerowo *Stadt*
ке́мпинг, -а *m* Camping; Campingplatz
кена́ф, -а *bot* Eibisch
кенгуру́ *m idkl* Känguruh
Ке́ния, -и *f* Kenia
ке́пи *n idkl* Schirmmütze, Sportmütze
ке́пка, -и, *Pl G* -пок, *D* -пкам *f umg* Schirmmütze, Sportmütze
кера́мика, -и *f* 1. *Koll* Keramik(erzeugnisse) 2. Keramikindustrie
керами́ческий, -ая, -ое keramisch
керога́з, -а *m* Petroleumkocher
кероси́н, -а *m* (raffiniertes) Petroleum
кероси́нка, -и, *Pl G* -нок, *D* -нкам *f* Petroleumkocher
кероси́новый, -ая, -ое Kerosin-; -ая ла́мпа Petroleumlampe
Керчь, -и *f* Kertsch *Halbinsel u. Stadt*
ке́сарев, -а, -о: -о сече́ние *med* Schnittentbindung, Kaiserschnitt
ке́сарь, -я *m alt* Kaiser
ке́та, -ы *u. umg* **кета́,** -ы́ *f* sibirischer Lachs
ке́товый *u. umg* **кето́вый,** -ая, -ое: -ая икра́ Lachskaviar
кефи́р, -а *m* Kefir, Joghurt
киберне́тика [нэ], -и *f* Kybernetik
киби́тка, -и, *Pl G* -ток, *D* -ткам *f* 1. Wanderzelt der Nomaden 2. *alt* Kibitka, gedeckter Wagen oder Schlitten
кива́ть, -а́ю, -а́ешь *uv I* nicken; ∼ кому́-н. j-m zunicken ‖ *v mom* **кивну́ть,** -ну́, -нёшь
киво́к, -вка́ *m einmaliges* Kopfnicken
кида́ть, -а́ю, -а́ешь *uv* werfen, wegwerfen ◇ ∼ гря́зью в кого́-н. j-n mit Schmutz bewerfen; ∼ де́ньги на ве́тер das Geld zum Fenster hinauswerfen; ∼ ка́мешки в че́й-н. огоро́д Anspielungen auf j-n machen; меня́ кида́ет в жар и хо́лод mich überläuft es heiß und kalt ‖ *v* ки́нуть, -ну, -нешь
кида́ться, -а́юсь, -а́ешься *uv* sich werfen, sich stürzen; sich bewerfen ◇ ∼ в глаза́ in die Augen springen, auffallen; вино́ кида́ется в го́лову der Wein steigt in den Kopf ‖ *v* ки́нуться, -нусь, -нешься
Ки́ев, -а *m* Kiew
киевля́нин, -а, *Pl* -я́не, -я́н, -я́нам *m* Kiewer
киевля́нка, -и, *Pl G* -нок, *D* -нкам *f* Kiewerin
ки́евский, -ая, -ое Kiewer, aus Kiew
кизи́л, -а *u.* **кизи́ль,** -я́ *m* 1. Kornelkirschen 2. Kornelkirschbaum
кий, кия́, *P* кий, *Pl* кий, киёв, кия́м *m* Billardstock, Queue
килева́ть, -лю́ю, -лю́ешь *uv naut* kielholen, kentern
килево́й, -а́я, -о́е Kiel-; -а́я ка́чка *naut* Stampfen
кило́ *n idkl umg* Kilo
килова́тт, -а, *G Pl* -ва́тт *m* Kilowatt
килова́тт-час, -а *m el* Kilowattstunde
килогра́мм, -а, *G Pl in der gesprochenen Rede meist* килогра́мм *m* Kilogramm
киломе́тр, -а *m* Kilometer
километро́вый, -ая, -ое Kilometer-
киль, -я *m naut* Kiel; *flug* Seitenflosse
Киль, -я *m* Kiel *Stadt*
кильва́тер [тэ], -а *m naut* Kielwasser; в ∼ in Kiellinie
ки́лька, -и, *Pl G* -лек, *D* -лькам *f* Strömling, Sprotte
КИМ [ким] (Коммунисти́ческий Интернациона́л молодёжи) *hist* Kommunistische Jugend-Internationale
кимоно́ *n idkl* Kimono
кинематогра́фия, -и *f* Kinematographie
кинеско́п [нэ], -а *m rad* Bildröhre
кинжа́л, -а *m* Dolch

кинó *n idkl* 1. Filmwesen 2. *umg* (Spiel-) Film 3. *umg* Kino, Lichtspieltheater

кино- *in Zuss* Kino-, kinematographisch, Film-

кино|актёр, -а *m* Filmschauspieler; **~актри́са,** -ы *f* Filmschauspielerin; **~аппара́т,** -а *m* Filmapparat *Aufnahme- oder Vorführgerät*; **~арти́ст,** -а *m* Filmschauspieler; **~арти́стка,** -и, *Pl G* -ток, *D* -ткам *f* Filmschauspielerin; **~ателье́** [тэ] *n idkl* Filmatelier

ки́новарь, -и *f* 1. *min* Zinnober 2. Zinnoberrot

кино|ве́дение, -я *n* Filmwissenschaft; **~журна́л,** -а *m* Wochenschau; **~звезда́,** -ы́, *Pl* -звёзды, -звёзд, -звёздам *f umg* Filmstar *Schauspielerin*; **~карти́на,** -ы *f* (Spiel-) Film; **~коме́дия,** -и *f* Lustspielfilm; **~ле́нта,** -ы *f* Filmstreifen; **~меха́ник,** -а *m* Filmvorführer; **~опера́тор,** -а *m* Kameramann; **~панора́ма,** -ы *f* Panoramakino; **~передви́жка,** -и, *Pl G* -жек, *D* -жкам *f* Wanderkino, Landfilm; **~промы́шленность,** -и *f* Filmindustrie; **~рабо́тник,** -а *m* Filmschaffender; **~режиссёр,** -а *m* Filmregisseur, **~сеа́нс,** -а *m* Filmvorstellung; **~сту́дия,** -и *f* Filmstudio; **~сцена́рий,** -я, *P* -и, *G Pl* -ев *m* Drehbuch; **~съёмка,** -и, *Pl G* -мок, *D* -мкам *f* Filmaufnahme; производи́ть ~съёмку einen Film drehen; **~теа́тр,** -а *m* Kino, Lichtspieltheater; **~уголо́вщина,** -ы *f* Kriminalreißer; **~фестива́ль,** -я *m* Filmfestspiele; **~фи́льм,** -а *m* (Spiel-) Film; цветно́й ~фи́льм Farbfilm

кинофици́ровать, -рую, -руешь; -рованный, -рован, -а *uv, v A* 1. mit einem Kino [mit Kinos] versehen, Kino [Kinos] bauen, einrichten 2. ständige Filmvorführungen veranstalten

кинохро́ника, -и *f* Wochenschau

ки́нуть, -ну, -нешь *v* 1. *v zu* кида́ть 2. *umg* (hin)werfen, verlassen, aufgeben

ки́нуться *v zu* кида́ться

кио́ск, -а *m* Kiosk

ки́па, -ы *f* 1. Packen, Bündel; ~ тетра́дей ein Stoß Hefte 2. Ballen *Maß*

кипари́с, -а *m* Zypresse

кипари́совый, -ая, -ое Zypressen-

кипе́ние, -я *n* Sieden, Kochen; температу́ра -я Siedepunkt

ки́пень, -и *f u.* -пня *m* weißer Schaum beim Sieden; как ~ облака́ *folkl* Wolken so weiß wie Schaum

кипе́ть, -плю́, -пи́шь *uv* 1. *1. u. 2. Pers ungebr* kochen, sieden *itr* 2. *1. u. 2. Pers ungebr* schäumen, brausen *Wasser* 3. *1. u. 2. Pers ungebr* in vollem Gang sein; рабо́та так и кипи́т die Arbeit geht mit Hochdruck voran, es wird mit Feuereifer gearbeitet; бой кипи́т der Kampf tobt 4. *I* kochen, brennen (vor); ~ гне́вом vor Wut kochen; ~ нетерпе́нием vor Ungeduld brennen ◇ как в котле́ ~ vor Arbeit nicht wissen, wo einem der Kopf steht; наро́д кипи́т на пло́щади *alt* auf dem Platz wimmelt es von Menschen

Кипр, -а *m* Zypern

кипу́честь, -и *f* Rastlosigkeit; Lebhaftigkeit

кипу́чий, -ая, -ее; *Kzf* -у́ч, -а 1. brodelnd, sprudelnd, schäumend 2. rastlos, lebhaft; -ая де́ятельность rastlose Tätigkeit, Feuereifer

кипяти́льник, -а *m* Siedekessel, Boiler

кипяти́ть, -ячу́, -яти́шь; -ячённый, -ячён, -ячена́ *uv* (ab)kochen, zum Sieden bringen

кипяти́ться, -ячу́сь, -яти́шься *uv* 1. *1. u. 2. Pers ungebr* kochen, sieden *itr* 2. *umg* aufbrausen, sich ereifern

кипято́к, -тка́ (-тку́) *m* 1. kochendes Wasser; abgekochtes Wasser 2. *umg* Hitzkopf

кипяче́ние, -я *n* (Ab-) Kochen

кипячёный, -ая, -ое (ab)gekocht

Кир, -а *m männl Vn*

Ки́ра, -ы 1. *f weibl Vn* 2. *m Dem zu* Кири́лл

кирги́з, -а *m* Kirgise

Кирги́зия, -и *f* Kirgisien

кирги́зка, -и, *Pl G* -зок, *D* -зкам Kirgisin

кирги́зский, -ая, -ое kirgisisch; Кирги́зская Сове́тская Социалисти́ческая Респу́блика Kirgisische Sozialistische Sowjetrepublik

Кири́лл, -а *m* Kyrill

кири́ллица, -ы, *I* -ей *f* kyrillische Schrift

кири́лловский, -ая, -ое kyrillisch

ки́рка, -и, *Pl G* -рок, *D* -ркам *f* lutherische Kirche

кирка́, -и́, *Pl* ки́рки, -рок, -ркам *f* Spitzhacke, Picke

Ки́ров, -а *m* Kirow *Stadt*

кирпи́ч, -а́, *I* -о́м, *G Pl* -е́й *m* 1. Ziegel *a. Koll* 2. ziegelförmiger Gegenstand

кирпи́чный, -ая, -ое Ziegel-; ∼ заво́д Ziegelei
кисе́йный, -ая, -ое Mull- ◇ -ая ба́рышня *iron* Zierpuppe
кисе́ль, -я́ (-ю) *m* Kissel *süßsaure, mit Fruchtsaft und Mehl gekochte Speise* ◇ она́ мне деся́тая [седьма́я] вода́ на -е́ *umg* sie ist nur ganz entfernt mit mir verwandt
кисе́льный, -ая, -ое: моло́чные ре́ки, -ые берега́ Schlaraffenland
кисе́т, -а *m* (Tabaks-)Beutel
кисея́, -и́ *f text* Mull
кисли́нка, -и: с -ой *umg* mit säuerlichem Beigeschmack
кисли́ть, *1. u. 2. Pers ungebr*, -и́т *uv umg* sauer schmecken
кислова́тый, -ая, -ое; *Kzf* -а́т, -а säuerlich
кислоро́д, -а *m* Sauerstoff
кислоро́дный, -ая, -ое Sauerstoff-; ∼ прибо́р Sauerstoffgerät
кисло-сла́дкий, -ая, -ое; *Kzf* -док, -дка süßsauer
кислосли́вочный, -ая, -ое: -ое ма́сло Sauerrahmbutter
кислота́, -ы́ *f* **1.** Säure, das Saure **2.** *Pl* кисло́ты, -о́т, -о́там *chem* Säure
кисло́тность, -и *f* Säuregehalt
ки́слый, -ая, -ое; *Kzf* -сел, -сла́! **1.** sauer; -ые щи Sauerkohlsuppe; -ое те́сто Hefeteig **2.** *übtr umg* sauer, verdrießlich; сде́лать -ую ми́ну eine saure Miene machen; быть в -ом настрое́нии mißgestimmt sein **3.** *nur Langform chem* sauer, Säure-
кисля́тина, -ы *f umg* **1.** saures Zeug **2.** *verächtl* verdrießlicher Mensch
ки́снуть, -ну, -нешь; кис, -ла *u.* ки́снул, -а *uv* **1.** *1. u. 2. Pers ungebr* sauer werden **2.** *umg* versauern; mißmutig [verzagt] sein
ки́сточка, -и, *Pl G* -чек, *D* -чкам *f* **1.** *Dem zu* кисть kleiner Pinsel **2.** Troddel, Quaste
кисть, -и, *Pl* ки́сти, кисте́й, кистя́м *f* **1.** Traube **2.** Hand, Handgelenk **3.** Pinsel **4.** Troddel, Quaste
кит, -а́ *m* Wal
кита́ец, -та́йца, *I* -та́йцем, *G Pl* -та́йцев *m* Chinese
китаи́ст, -а *m* Sinologe
Кита́й, -я *m* China
кита́йский, -ая, -ое chinesisch; Кита́йская Наро́дная Респу́блика, *Abk* КНР Chinesische Volksrepublik ◇ э́то -ая гра́мота das sind mir böhmische Dörfer; -ие те́ни Schattenspiel; -ие церемо́нии *umg scherz* übermäßige Höflichkeit
китая́нка, -и, *Pl G* -нок, *D* -нкам *f* Chinesin
ки́тель, -я, *Pl* ки́тели, -ей, -ям *u.* кителя́, -е́й, -я́м *m* einreihige Militärjacke mit Stehkragen
кито|ба́за, -ы *f* (китобо́йная ба́за) Walfangmutterschiff; **~бо́ец,** -бо́йца, *I* -бо́йцем, *G Pl* -бо́йцев *m* Walfangschiff; **~бо́й,** -я, *G Pl* -ев *m* Walfänger *Schiff u. Person*; **~бо́йный,** -ая, -ое Walfang-; ∼ бо́йная ба́за Walfangmutterschiff; ∼бо́йный про́мысел Walfang
кито́вый, -ая, -ое Wal(fisch)-
китоло́в, -а *m* Walfänger *Schiff u. Person*
кичи́ться, -чу́сь, -чи́шься *uv I* sich brüsten, prahlen (mit)
кичли́вый, -ая, -ое; *Kzf* -ив, -а eingebildet, hochnäsig, -mütig
кише́ть, *1. u. 2. Pers ungebr*, киши́т *uv* **1.** (umher)kribbeln, (umher)wimmeln; sich drängen **2.** *I* wimmeln (von); у́лица киши́т наро́дом auf der Straße wimmelt es von Menschen
кише́чник, -а *m* Darm, Gedärm; у него́ ∼ не в поря́дке er leidet an Darmverstimmung
кише́чный, -ая, -ое Darm-
Кишинёв, -а *m* Kischinjow
кишка́, -и́, *Pl G* -шо́к, *D* -шка́м *f* **1.** Darm; то́лстая ∼ Dickdarm; слепа́я ∼ Blinddarm; пряма́я ∼ Mastdarm; воспале́ние -шо́к Darmentzündung, Enteritis **2.** *umg* (Wasser-) Schlauch; пожа́рная ∼ Feuerwehrschlauch ◇ у него́ ∼ тонка́ [не вы́держит] *volksspr* ihm fehlt der Mumm; со́ смеху -и́ надорва́ть *volksspr* sich totlachen
кишла́к, -а́ *m* Dorf in Mittelasien
кишми́ш, -а, *I* -ем, *G Pl* -ей *u.* **кишми́ш,** -а́, *I* -о́м, *G Pl* -е́й *m* kleine Rosinen ohne Kerne, Korinthen
кишмя́ *Adv*: ∼ киши́т es wimmelt (von)
клавиату́ра, -ы *f* Klaviatur
кла́виш, -а, *I* -ем, *G Pl* -ей *m u.* **кла́виша,** -и, *I* -ей *f* Taste
кла́вишный, -ая, -ое Tasten-
клад, -а *m* Schatz ◇ э́та кни́га для меня́ ∼ dieses Buch ist ein Schatz für mich; э́то не рабо́тник, а про́сто ∼ dieser Mensch ist ein wahrer Schatz
кла́дбище, -а, *I* -ем *n* Friedhof
кла́дезь, -я *m*: ∼ прему́дрости Born der Weisheit
кла́дка, -и, *Pl G* -док, *D* -дкам *f* **1.** Mauern *Bauen mit Steinen oder*

Ziegeln; производи́ть -у стен Wände ziehen; ~ пе́чи Setzen eines Ofens; ~ труб Röhrenlegen; ~ дров (Auf-) Stapelung von Brennholz **2.** Mauer(werk)

кладовáя, -óй *Subst f* **1.** Vorratskammer, Speisekammer **2.** Lager(raum)

кладóвка, -и, *Pl G* -вок, *D* -вкам *f umg* **1.** kleine Vorratskammer **2.** kleiner Lagerraum

кладовщи́к, -á *m* Lagerarbeiter

кладу́ ↑ класть

кладь, -и *f* Gepäck; Ladung; Fracht; ручнáя ~ Handgepäck

клáняться, -яюсь, -яешься *uv* **1.** *D oder* с *I* sich verneigen, sich verbeugen (vor), (be)grüßen **2.** *D alt* grüßen lassen; клáняйтесь ей от меня́ richten Sie ihr einen Gruß von mir aus **3.** *D oder* пéред *I* demütig bitten ‖ *v* поклони́ться, -оню́сь, -óнишься

клáпан, -а *m* **1.** (Klappen-) Ventil **2.** Herzklappe **3.** Patte *Schneiderei*

кларнéт, -а *m* Klarinette

кларнети́ст, -а *m* Klarinettist

класс, -а *m* Klasse **1.** *pol* Klasse; рабóчий ~ Arbeiterklasse **2.** Schulklasse; он у́чится во вторóм -е er geht in die zweite Klasse **3.** Klassenzimmer **4.** Kategorie, Unterabteilung; ~ растéний Pflanzenklasse; каю́та пéрвого -а Kajüte erster Klasse; ~ корабля́ Schiffstyp **5.** *Sport* Niveau, Rang; игрá высóкого -а erstklassiges Spiel; он спортсмéн мировóго -а er ist ein Sportler von Weltklasse

клáссик, -а *m* **1.** Klassiker **2.** Altphilologe

классификáция, -и *f* Klassifizierung

классици́зм, -а *m* Klassizismus

класси́ческий, -ая, -ое **1.** antik, klassisch; -ая филолóгия Altphilologie; -ая гимнáзия humanistisches Gymnasium **2.** klassisch; ру́сская -ая литерату́ра die klassische russische Literatur **3.** klassizistisch; -ая жи́вопись die klassizistische Malerei **4.** klassisch, typisch **5.** -и *Adv* klassisch, musterhaft

клáссный, -ая, -ое **1.** (Schul-) Klassen-; ~ руководи́тель Klassenlehrer; ~ журнáл Klassenbuch; -ые заня́тия Schulunterricht; -ая доскá Wandtafel; -ая дáма *alt* Klassenlehrerin an Mädchenschulen **2.** *Sport* Klasse-; -ая игрá *Sport* Klassespiel

клáссовость, -и *f* Klassencharakter

клáссовый, -ая, -ое **1.** (Gesellschafts-) Klassen-; -ая борьбá Klassenkampf **2.** klassengebunden

класть* *uv* **1.** legen, stecken, tun; ~ бельё на мéсто die Wäsche an ihren Platz legen; ~ сáхар в чай Zucker in den Tee tun [schütten]; ~ трýбы Rohre legen; ~ нóгу нá ногу die Beine übereinanderschlagen; ~ повя́зку нá руку die Hand verbinden **2.** mauern, aufführen; ~ стéну eine Mauer hochziehen; ~ фундáмент чегó-н. die Grundmauer aufführen; *übtr* den Grundstein zu etw. legen; ~ печь einen Ofen setzen **3.** stapeln; ~ дровá Brennholz aufstapeln **4.** auflegen, auftragen; ~ крáску на холст Farbe auf die Leinwand auftragen **5.** *umg* rechnen, veranschlagen; кладём по рублю́ на человéка rechnen wir einen Rubel pro Person ◇ ~ я́йца Eier legen; ~ клеймó einen Stempel aufdrücken; ~ отпечáток на чём-н. einer Sache das Gepräge geben; ~ в оснóву zugrunde legen; ~ начáло чему́-н. den Anstoß zu etw. geben; ~ на му́зыку vertonen; ~ (себé) в кармáн etw. mitgehen lassen; ~ конéц чему́-н. einer Sache ein Ende setzen; ~ под сукнó auf die lange Bank schieben ‖ *v* положи́ть, -ожу́, -óжишь; -óженный, -óжен, -а *zu* 1, 3-5

клёв, -а *m* Anbeißen *von Fischen*; сегóдня удáчный [плохóй] ~ heute beißen die Fische gut [schlecht] an

клевáть* *uv* **1.** picken, *mit dem Schnabel* hacken **2.** anbeißen *von Fischen* ◇ ~ нóсом duseln, einnicken; у негó дéнег ку́ры не клюю́т er hat Geld wie Heu ‖ *v mom* клю́нуть, -ну, -нешь

клевáться*, *1. u. 2. Pers ungebr*, клюётся *uv* einander hacken, sich beißen *von Vögeln*

клéвер, -а *m* Klee

клéверный, -ая, -ое Klee-

клеветá, -ы́ *f* Verleumdung

клеветáть* *uv* на *A* verleumden

клеветни́к, -á *m* Verleumder

клеветни́ческий, -ая, -ое verleumderisch

клевещу́ ↑ клеветáть

клеевóй, -áя, -óе Leim-

клеёнка, -и, *Pl G* -нок, *D* -нкам *f* Wachstuch

клеёнчатый, -ая, -ое aus Wachstuch; mit Wachstuch bezogen

клеёный, -ая, -ое mit Leim durchtränkt, geleimt; -ая фанéра Sperrholz

клеить, клею, клеишь; клеенный, клеен, -а *uv A* kleben, leimen

клеиться, *1. u. 2. Pers ungebr,* клеится *uv umg* **1.** vonstatten gehen, gelingen; разговор не клеится das Gespräch kommt nicht in Fluß; дело не клеится die Sache will nicht klappen **2.** kleben, klebrig sein [werden]

клей, клея (клею), *P* **о клее, на клею** *m* Leim

клейкий, -ая, -ое; *Kzf* клеек, клейка klebrig, leimig

клеймёный, -ая, -ое gestempelt, gezeichnet

клеймить, -млю, -мишь; -мённый, -мён, -а *uv* **1.** stempeln, markieren *Vieh, Metalle, Waren* **2.** brandmarken, anprangern; ~ презрением mit Verachtung strafen

клеймо, -а, *Pl* клейма, клейм, клеймам *n* Stempel *Gerät u. Abdruck;* Zeichen; Brandmal; фабричное ~ Fabrikmarke; ~ позора Schandmal

клейстер, -а *m* Kleister

клён, -а *m* Ahorn

кленовый, -ая, -ое Ahorn-

клёпаный, -ая, -ое genietet

[1]**клепать,** -аю, -аешь *u.* клеплю, клеплешь; клепай *u.* клепли; клёпанный, -ан, -а *uv* nieten

[2]**клепать*** *uv* на *A volksspr* anschwärzen, Übles nachreden

клёпка, -и, *Pl G* -пок, *D* -пкам *f* **1.** Nieten; Vernietung **2.** Faßdaube ◇ у него какой-то -и не хватает *volksspr* bei ihm ist eine Schraube locker

клеплю ↑ клепать

клерикальный, -ая, -ое klerikal

клёст, клеста, *Pl* клесты, -ов, -ам *m zool* Kreuzschnabel

клетка, -и, *Pl G* -ток, *D* -ткам *f* **1.** Käfig, (Vogel-) Bauer **2.** Quadrat, Würfel, Kästchen *einer karierten Fläche;* в -у kariert, gewürfelt **3.** *biol* Zelle ◇ лестничная ~ Treppenhaus; грудная ~ Brustkasten

клеточка, -и, *Pl G* -чек, *D* -чкам *f* **1.** *Dem zu* клетка kleiner Käfig; Kästchen, Würfel **2.** *biol* Zelle

клетушка, -и, *Pl G* -шек, *D* -шкам *f umg verächtl* kleines Zimmer, Loch

клетчатка, -и *f* Zellulose

клетчатый, -ая, -ое **1.** gewürfelt, kariert **2.** *biol* Zellen-, zellular

клеть, -и, *P* в клети *u.* в клети, *Pl* клети, клетей, клетям *f* **1.** *berg* Förderkorb **2.** *gbt* Vorratskammer

клёцки *Pl* -цек, -цкам, *Sg* клёцка, -и *f* kleine Klöße *aus Weizenmehl oder Grieß, in Suppe gekocht*

клёш, -а *m oder idkl Adj* untere Weite *an Röcken, Hosen;* юбка ~ Glockenrock; брюки ~ weite Hose

клешня, -и, *G Pl* -ей *f* (Krebs-) Schere

клещ, -а, *I* -ом, *G Pl* -ей *m* Milbe

клещи *u.* **клещи,** -ей *Pl* Zange ◇ из него слова -ами надо тащить man muß ihm die Würmer aus der Nase ziehen

клиент [иэ], -а *m* **1.** *jur* Klient **2.** Kunde

клиентка [иэ], -и, *Pl G* -ток, *D* -ткам *f* **1.** *jur* Klientin **2.** Kundin

клиентура, -ы *f Koll* **1.** Klientel **2.** Kundenkreis, Kundschaft

клизма, -ы *f* **1.** Klistier; поставить кому-н. -у j-m ein Klistier geben, j-m einen Einlauf machen **2.** Klistierspritze

клик, -а *m hoher Stil* Ruf, Ausruf, Schrei

клика, -и *f* Clique, Sippschaft

кликать* *uv* **1.** *volksspr* rufen, herbei-, zurufen **2.** *gbt* (mit einem bestimmten Namen) nennen **3.** *1. u. 2. Pers ungebr* laut schreien *von Gänsen, Schwänen*

кликушество, -а *n* Hysterie, hysterisches Benehmen

Клим, -а *m männl Vn*

климактерий, -я, *P* -и *m* Wechseljahre, Klimakterium

климат, -а *m* Klima; изменение [перемена] -а Luftwechsel

климатический, -ая, -ое klimatisch; -ая станция Luftkurort

клин, -а, *Pl* клинья, -ьев, -ьям *m* **1.** Keil; ~ -ом выбивают *Sprichw* ein Keil treibt den anderen, Druck erzeugt Gegendruck **2.** Zwickel **3.** Gruppe von Feldern; яровой ~ Sommeracker; озимый ~ Winteracker ◇ дело -ом сошлось die Sache ist in eine Sackgasse geraten, die Sache hat sich festgefahren; свет не -ом сошёлся a) es gibt einen Ausweg aus dieser Lage; b) es gibt genug Raum auf der Erde; его привычки и -ом не вышибешь man wird ihm das nicht abgewöhnen können

клиника, -и *f* Klinik

клиницист, -а *m* Kliniker

клинический, -ая, -ое klinisch, Klinik-

клиновидный, -ая, -ое; *Kzf* -ден, -дна keilförmig

клинок, -нка *m* Klinge

кли́нопись, -и *f* Keilschrift
кли́псы, -ов *Pl* Ohrclips
клир, -а *m* Klerus
кли́рос, -а *m* Chor *erhöhter Platz vor dem Altar*
клисти́р, -а *m alt* Klistier
клич, -а, *I* -ем, *G Pl* -ей *m hoher Stil* (Auf-, Aus-) Ruf; боево́й ~ Kampfruf
кли́чка, -и, *Pl G* -чек, *D* -чкам *f* **1.** (Ruf-) Name *von Haustieren* **2.** Spitzname; Deckname; парти́йная ~ Partei(deck)name
кли́чу ↑ кли́кать
клише́ *n idkl* Klischee, Druckstock ◇ (гото́вое) ~ Klischee, schablonenhafter Ausdruck
клок, -а́, *Pl* кло́чья, -ьев, -ьям *u.* клоки́, -о́в, -а́м *m* **1.** Büschel, Strähne **2.** Fetzen; изорва́ть в кло́чья zerfetzen, in Stücke reißen
кло́кот, -а *m* Sprudeln, Brodeln, Wallen
клокота́ть*, *1. u. 2. Pers ungebr uv* sprudeln, brodeln, wallen; всё в нём клоко́чет от я́рости er schäumt vor Wut
клони́ть, клоню́, кло́нишь *uv* **1.** neigen, beugen; ло́дку клони́ло на́ бок das Boot neigte sich zur Seite **2.** к *D* geneigt machen (zu); меня́ кло́нит ко сну mich schläfert **3.** lenken, richten (auf) *Gespräch u. a.*; он кло́нит речь к тому́, что ... er will zu verstehen geben, daß ..., er lenkt das Gespräch darauf, daß ...
клони́ться, клоню́сь, кло́нишься *uv* **1.** sich beugen, sich neigen **2.** к *D* sich neigen (zu), sich nähern; де́ло кло́нится к концу́ [к развя́зке] die Sache geht ihrem Ende entgegen; день кло́нится к ве́черу der Tag geht zur Neige
клоп, -а́ *m* **1.** Wanze **2.** *umg scherz* Knirps *von Kindern*
кло́ун, -а *m* Clown
клохта́ть*, *1. u. 2. Pers ungebr uv* gackern, glucken
клочо́к, -чка́ *m Dem zu* клок Fetzen, kleines Büschel; ~ земли́ Stückchen Land, Parzelle
[1]**клуб,** -а *m* Klub, Klubhaus; Klubraum
[2]**клуб,** -а, *Pl* клубы́, -о́в, -а́м *m* Rauchschwaden; -ы́ пы́ли Staubwolke
клу́бень, -бня *m* Knolle
клуби́ть, *1. u. 2. Pers ungebr,* -и́т *uv* aufwirbeln
клуби́ться, *1. u. 2. Pers ungebr,* -и́тся *uv* sich ballen, in Schwaden aufsteigen; облака́ клуби́лись die Wolken ballten sich zusammen
клубнево́й, -а́я, -о́е Knollen-, knollig
клубнепло́д, -а *m* Knollengewächs
клубни́ка, -и *f* **1.** (Garten-) Erdbeere *Pflanze* **2.** *Koll* Erdbeeren
клубни́чный, -ая, -ое Erdbeer-
клубо́к, -бка́ *m* **1.** Knäuel; ~ ше́рсти Wollknäuel; ко́шка сверну́лась -бко́м die Katze rollte sich zusammen **2.** *übtr G* verwirrende Verkettung ◇ слёзы -бко́м подступи́ли к го́рлу die Tränen schnürten die Kehle zu
клу́мба, -ы *f* Blumenbeet
клу́ша, -и, *I* -ей *f gbt* Glucke, Bruthenne
клык, -а́ *m* **1.** Hauer; Stoßzahn **2.** Eckzahn
клюв, -а *m* Schnabel
клюка́, -и́ *f* Krückstock
клю́ква, -ы *f* **1.** Moosbeere *Pflanze* **2.** *Koll* Moosbeeren ◇ вот так ~! *volksspr* da haben wir den Salat [die Bescherung]!
клю́квенный, -ая, -ое Moosbeer-
клю́нуть *v mom zu* клева́ть
[1]**ключ,** -а́, *I* -о́м, *G Pl* -е́й *m* **1.** Schlüssel; га́ечный ~ Schraubenschlüssel; францу́зский ~ Franzose; консе́рвный ~ Büchsenöffner **2.** *mus* (Noten-) Schlüssel; скрипи́чный ~ Violinschlüssel **3.** *übtr* Schlüssel; ~ к уче́бнику Schlüssel zum Lehrbuch; дать ~ к понима́нию den Schlüssel zum Verständnis liefern
[2]**ключ,** -а́, *I* -о́м, *G Pl* -е́й *m* Quelle; бить -о́м hervorquellen, -sprudeln; кипе́ть -о́м *übtr* sprudeln, pulsieren
ключево́й, -а́я, -о́е **1.** Schlüssel-; -а́я пози́ция Schlüsselstellung **2.** Quell-; -а́я вода́ Quellwasser
ключи́ца, -ы, *I* -ей *f* Schlüsselbein
клю́шка, -и, *Pl G* -шек, *D* -шкам *f* Hockeyschläger
клюю́ ↑ клева́ть
Кля́зьма, -ы *f* Kljasma *Fluß*
кля́кса, -ы *f* Tintenklecks
кляну́ ↑ клясть
кля́нчить, -чу, -чишь *uv volksspr* aufdringlich bitten, betteln; ~ де́ньги um Geld betteln
кляп, -а *m* Knebel
клясть* *uv* verfluchen
кля́сться*; кляли́сь *uv* в *P oder mit* что *oder mit Inf* schwören, beteuern; она́ мне кляла́сь в ве́чной дру́жбе sie schwor mir ewige Freundschaft; кляну́сь че́стью! auf Ehre! ‖ *v* поклясться
кля́тва, -ы *f* Schwur, Eid; дать -у einen Eid [Schwur] leisten; нару́-

шить -у eidbrüchig werden; ~ (в) ве́рности Treueid
кля́твенный, -ая, -ое eidlich; -ое обеща́ние eidesstattliche Versicherung
клятвопреступле́ние, -я *n buchspr* Meineid
кля́уза, -ы *f* Verleumdung, Intrige, kleinlicher Streit
кля́узник, -а *m umg* Intrigant
кля́узница, -ы, *I* -ей *f umg* Intrigantin
кля́узничать, -аю, -аешь *uv umg* verleumden, intrigieren, Ränke schmieden
кля́ча, -и, *I* -ей *f* Mähre, Schindmähre
км (киломе́тр) Kilometer
кни́га, -и *f* Buch; жа́лобная ~ Beschwerdebuch ◇ ему́ и -и в ру́ки er ist ein Kenner, sein Urteil ist maßgebend; ~ за семью́ печа́тями *buchspr* ein Buch mit sieben Siegeln
книго|ве́дение, -я *n* Bücherkunde; **~веде́ние,** -я *n* Buchführung; **~е́д,** -а *m* 1. Bücherwurm, Bohrkäfer 2. *iron* Bücherwurm; **~изда́тельство,** -а *m* Buchverlag; **~лю́б,** -а *m* Bücherliebhaber; **~но́ша, -и,** *I* -ей *m, f* Bücherkolporteur, Wanderbuchhändler; **~печа́тание,** -я *n* Buchdruck(erkunst); **~прода́вец,** -вца, *I* -вцем, *G Pl* -вцев *m alt* Buchhändler; **~торго́вля, -и** *f* Buchhandel; **~храни́лище,** -а, *I* -ем *n* 1. Magazin *in einer Bibliothek* 2. große öffentliche Bibliothek
кни́жка, -и, *Pl G* -жек, *D* -жкам *f* 1. *umg* Buch, Büchlein 2.: записна́я ~ Notizbuch; сберега́тельная ~ Sparbuch; положи́ть де́ньги на -у *umg* Geld auf die Sparkasse schaffen; чле́нская ~ Mitgliedsbuch; че́ковая ~ Scheckbuch; ~ с карти́нками Bilderbuch; библиоте́чная ~ Leseheft
кни́жник, -а *m* 1. Buchliebhaber 2. *iron* Buchgelehrter, Bücherwurm
кни́жный, -ая, -ое 1. Buch-, Bücher-; ~ шкаф Bücherschrank; -ая по́лка Bücherbrett; ~ магази́н Buchhandlung 2. lebensfremd, buchgelehrt; -ые зна́ния Bücherweisheit 3. charakteristisch für die Schriftsprache *im Unterschied zur gesprochenen Sprache*; ~ стиль Buchstil; -ое сло́во Buchwort
книжо́нка, -и, *Pl G* -нок, *D* -нкам *f umg verächtl* Schwarte, Schmöker
кни́зу *Adv* nach unten, hinunter, hinab
кни́ксен [сэ], -а *m* Knicks
кно́пка, -и, *Pl G* -пок, *D* -пкам *f* 1. Reißzwecke 2. Druckknopf 3. *el* Kontaktknopf; ~ звонка́ Klingelknopf ◇ нажа́ть на все -и *volksspr* alle Hebel in Bewegung setzen
кнут, -а́ *m* Knute, Peitsche
кнутови́ще, -а, *I* -ем *n* Peitschenstiel
княги́ня, -и *f* Fürstin
кня́жеский, -ая, -ое fürstlich
кня́жество, -а *n* Fürstentum
княжна́, -ы́, *Pl G* -жо́н, *D* -жна́м *f* ledige Fürstentochter
князь, -я, *Pl* князья́, -зе́й, -зья́м *m* Fürst; вели́кий ~ Großfürst
ко ↑ к
коалицио́нный, -ая, -ое Koalitions-
коали́ция, -и *f* Koalition
ко́бальт, -а *m* Kobalt
кобе́ль, -я́ *m* Rüde
ко́бза, -ы *u.* **кобза́,** -ы́ *f* Kobsa *altes ukrainisches Zupfinstrument*
кобза́рь, -я́ *m* Kobsaspieler, ukrainischer Volksliedersänger
ко́бра, -ы *f zool* Kobra
кобура́, -ы́ *f* Revolvertasche
кобы́ла, -ы *f* 1. Stute 2. Pferd *Turngerät* 3. *hist* Bank, auf der Sträflinge zur körperlichen Züchtigung angebunden wurden
кобы́лка, -и, *Pl G* -лок, *D* -лкам *f* 1. *Dem zu* кобы́ла junge Stute 2. Steg *an Saiteninstrumenten* 3. Heupferd; *Koll* Heuschrecken
ко́ваный, -ая, -ое 1. geschmiedet, schmiedeeisern 2. mit Eisen beschlagen *z. B. Truhe* 3. beschlagen *Pferd* ◇ ~ стиль ausgefeilter Stil
кова́рный, -ая, -ое; *Kzf* -рен, -рна tückisch, hinterlistig
кова́рство, -а *n* Tücke, Hinterlist
кова́ть* *uv* 1. schmieden *a. übtr*; ~ своё сча́стье sein Glück schmieden 2. beschlagen *Pferd*
ковбо́йка, -и, *Pl G* -бо́ек, *D* -бо́йкам *f umg* 1. Cowboyhut 2. kariertes Hemd mit Umlegekragen
ковёр, -вра́ *m* Teppich; ~-самолёт fliegender Teppich *im Märchen*
кове́ркать, -аю, -аешь *uv* 1. kaputt machen, verderben, verunstalten 2. entstellt darstellen [aussprechen]; ~ мысль einen Gedanken entstellen; ~ язы́к radebrechen
ко́вка, -и *f* 1. Schmieden 2. Beschlagen
ко́вкий, -ая, -ое; *Kzf* -вок, -вка́! schmiedbar; -ое желе́зо Schmiedeeisen
коври́га, -и *f* Laib Brot
коври́жка, -и, *Pl G* -жек, *D* -жкам *f*

Pfefferkuchen ◇ ни за какие -и um nichts auf der Welt

коврик, -а *m Dem zu* ковёр kleiner Teppich; Bettvorleger

ковровщица, -ы, *I* -ей *f* Teppichweberin

ковровый, -ая, -ое Teppich-

ковш, -а, *I* -ом, *G Pl* -ей *m* 1. (Schöpf-) Kelle 2. *tech* Gefäß, Kübel; Löffel, Eimer; ~ экскаватора Baggereimer; литейный ~ Gießpfanne

ковыль, -я *m* Steppengras, Reihergras

ковылять, -яю, -яешь *uv umg* hinken, humpeln

ковырнуть *v mom zu* ковырять

ковырять, -яю, -яешь *uv* 1. *umg A oder* в *P* bohren, stochern; ~ землю in der Erde wühlen; ~ в зубах in den Zähnen stochern 2. *volksspr* langsam arbeiten ‖ *v mom* ковырнуть, -ну, -нёшь

ковыряться, -яюсь, -яешься *uv* 1. *umg* в *P* wühlen, graben 2. *übtr* trödeln, nicht vom Fleck kommen

когда 1. *Adv* wann; ~ вернёшься? wann kommst du wieder? 2. *Adv volksspr* manchmal; ~ езжу, ~ пешком хожу manchmal fahre ich, manchmal gehe ich zu Fuß 3. *Adv volkssp*r (irgendwann) mal 4. *Konj* wenn; als; каждый раз, ~ он приходил jedesmal, wenn er kam ◇ редко ~ sehr selten; ~ бы то ни было wann es auch sei

когда-либо *Adv* irgendwann *unbestimmt*

когда-нибудь *Adv* irgendwann *unbestimmt*

когда-то *Adv* irgendwann, einst, einmal *bestimmt*

кого ↑ кто

коготь, -гтя, *Pl* когти, когтей, когтям *m* Kralle, Klaue ◇ показать (свои) когти *übtr* seine Krallen zeigen; держать кого-н. в когтях j-n unter seiner Fuchtel haben

когтить, *1. u. 2. Pers ungebr*, -ит *uv* mit den Krallen zerreißen

код, -а *m* Code, Schlüssel

кодекс, -а *m* 1. Gesetzbuch; гражданский ~ Zivilgesetzbuch; уголовный ~ Strafgesetzbuch; трудовой ~ Arbeitsgesetzbuch 2. Kodex, alte eingebundene Handschrift ◇ моральный ~ Sittenkodex

кое-где *u. umg* **кой-где** *Adv* hier und da, stellenweise

кое-как *u. umg* **кой-как** *Adv* 1. mit Mühe und Not 2. irgendwie, nachlässig, schlecht

кое-какой *u. umg* **кой-какой,** -ая, -ое *Indef Pron* (*Präpos stehen zwischen* кое *u.* какой, *z. B.* кое с каким) dieser und jener; einige; кое-какие примеры einige Beispiele

кое-кто, кое-кого, кое-кому, кое-кого, кое с кем, кое о ком *u. umg* **кой-кто,** кой-кого, кой-кому, кой-кто, кой с кем, кой о ком *Indef Pron* 1. dieser und jener, mancher, einige; кое-кого ещё не хватает einige fehlen noch; я кое с кем поговорил ich habe mit diesem und jenem gesprochen 2. jemand, irgendwer

кое-куда *u. umg* **кой-куда** *Adv* hierhin und dorthin, irgendwohin

коечный, -ая, -ое: ~ больной Bettlägeriger, ein stationärer Kranker

кое-что [што], кое-чего, кое-чему, кое-что, кое-чём, кое о чём *u. umg* **кой-что,** кой-чего, кой-чему, кой-что, кой-чём, кой о чём *Indef Pron* einiges, dieses und jenes, irgendetwas; я ~ узнал ich habe einiges erfahren; мы кое о чём поговорили wir haben über dies und jenes gesprochen

кожа, -и, *I* -ей *f* 1. Haut 2. Leder 3. *umg* Schale *von Früchten*; счищать -у с яблока einen Apfel schälen ◇ он — ~ да кости er ist nur Haut und Knochen; из -и вон лезть sich mächtig anstrengen, sich die größte Mühe geben; гусиная ~ Gänsehaut; ни -и, ни рожи *volksspr* ein schrecklich häßlicher Mensch

кожанка, -и, *Pl G* -нок, *D* -нкам *f umg* Lederjacke, kurzer Ledermantel

кожаный, -ая, -ое ledern, Leder-

кожгалантерея, -и *f* (кожевенная галантерея) Lederwaren

кожевенный, -ая, -ое Leder(waren)-; -ая промышленность Lederindustrie; ~ завод Lederwarenfabrik; Gerberei

кожевник, -а *m* Gerber; Lederarbeiter

кожзаменитель, -я *m* (кожевенный заменитель) Kunstleder

кожимит, -а *m* Lederimitation

кожица, -ы, *I* -ей *f* dünne Haut, Schale; ~ колбасы Wursthaut; ~ яблока Apfelschale; снимать -у schälen

кожник, -а *m umg* Hautarzt

кожный, -ая, -ое Haut-

кожура, -ы *f* dicke (Frucht-) Schale; ~ апельсина Apfelsinenschale

кожух, -а *m* 1. Lederjacke mit Schaffell, Schafpelz(mantel) 2. *tech* Mantel

коза, -ы, *Pl* козы, коз, козам *f* Ziege ◇ драть [лупить] как сидорову козу *volksspr* erbarmungslos schlagen

козёл, -зла́ *m* 1. Ziegenbock 2. Bock *Turngerät* ◇ ~ отпуще́ния Sündenbock; пусти́ть -зла́ в огоро́д den Bock zum Gärtner machen; от него́ как от -зла́ молока́ *umg* er taugt zu nichts; драть -зла́ *oder* петь -зло́м *volkssрr* zum Stiefelausziehen singen
козеро́г, -а *m* Steinbock; тро́пик Козеро́га Wendekreis des Steinbocks
ко́зий, -ья, -ье Ziegen- ◇ -ья но́жка a) trichterförmige, selbstgedrehte Zigarette; b) *med* Geißfuß
козлёнок, -нка, *Pl* козля́та, -я́т, -я́там *m* Zickel, Zicklein
козли́ный, -ая, -ое Ziegen-
козло́вый, -ая, -ое Ziegenleder-
ко́злы, -зел, -злам *Pl* 1. Kutschbock 2. Gestell, Bock; Sägebock
козля́тина, -ы *f* Ziegenfleisch *Speise*
ко́зни, -ей *Pl* Intrigen, Ränke
козово́дство, -а *n* Ziegenzucht
козу́ля, -и *f* Reh
козырёк, -рька́ *m* Mützenschirm; сде́лать [взять] под ~ *mil* die Hand an den Mützenschirm legen, grüßen
[1,2]**козырну́ть** *v mom zu* [1,2]козыря́ть
ко́зырь, -я, *Pl* ко́зыри, -е́й, -я́м Trumpf *im Kartenspiel a. übtr*; ходи́ть с -я einen Trumpf ausspielen ◇ ходи́ть -ем *volksspr* einherstolzieren
[1]**козыря́ть,** -я́ю, -я́ешь *uv umg* 1. einen Trumpf ausspielen 2. *I* angeben, prahlen (mit) ‖ *v mom* козырну́ть, -ну́, -нёшь
[2]**козыря́ть,** -я́ю, -я́ешь *uv D umg mil* die Ehrenbezeigung erweisen, grüßen ‖ *v mom* козырну́ть, -ну́, -нёшь
Козьма́, -ы́ *m männl Vn*
козя́вка, -и, *Pl G* -вок, *D* -вкам *f umg* Käferchen
кой, ко́его *m*; ко́я, ко́ей *f*; ко́е, ко́его *n Interr Pron alt* welch, was für ein ◇ на ~ чёрт *volksspr Schimpfwort* warum zum Teufel; ни в ко́ем слу́чае keinesfalls, auf keinen Fall
ко́йка, -и, *Pl G* ко́ек, *D* ко́йкам *f* 1. Hängematte *auf Schiffen* 2. Bett, Schlafstelle *in Krankenhaus, Kaserne, Wohnheim u. ä.*
[1]**кок,** -а *m* abstehender Haarschopf
[2]**кок,** -а *m* Schiffskoch, Smutje
кокаи́н, -а *m* Kokain
ко́кать *uv zu* ко́кнуть
коке́тка, -и, *Pl G* -ток, *D* -ткам *f* 1. Kokette *kokette Frau* 2. Passe *an Hemd oder Kleid u. a.*
коке́тливый, -ая, -ое; *Kzf* -ив, -а kokett
коке́тничать, -аю, -аешь *uv* kokettieren
коке́тство, -а *n* Koketterie
ко́кки *Pl* -ов, *Sg selten* кокк, -а *m* Kokken *Bakterien*
коклю́ш, -а, *I* -ем *m* Keuchhusten
коклю́шка, -и, *Pl G* -шек, *D* -шкам *f* Spitzenklöppel
ко́кнуть, -ну, -нешь *v volksspr* 1. schlagen, klopfen 2. zerschlagen *Glas*; aufschlagen *Eier* ‖ *uv* ко́кать, -аю, -аешь
ко́кон, -а *m* Kokon
коко́с, -а *m* 1. Kokosnuß 2. Kokospalme
коко́совый, -ая, -ое Kokos-
коко́шник, -а *m alt* Frauenkopfputz
кокс, -а *m* Koks
кок-сагы́з, -а *m bot* Kok-Saghys, Kautschuk-Löwenzahn
коксова́льный, -ая, -ое Verkokungs-; -ая печь Koksofen
коксова́ть, -су́ю, -су́ешь; -со́ванный, -со́ван, -а *uv* verkoken
ко́ксовый, -ая, -ое Koks-
коксохими́ческий, -ая, -ое: ~ заво́д Kokerei
кокте́йль [тэ], -я *m* Cocktail
кол, -а́ *m* 1. *Pl* ко́лья, -ьев, -ьям Pfahl 2. *Pl* колы́, -о́в, -а́м *umg* Eins, schlechteste Schulzensur *in der UdSSR* ◇ у него́ ни -а́ ни двора́ er hat weder Haus noch Hof; ему́ хоть ~ на голове́ теши́ *volksspr* er hat ein Brett vor dem Kopf
ко́лба, -ы *f chem* Glaskolben
колбаса́, -ы́, *Pl* колба́сы, -а́с, -а́сам *f* Wurst; копчёная ~ geräucherte Wurst; ли́верная ~ Leberwurst; варёная ~ Kochwurst; жа́реная ~ Rostbratwurst
колба́ска, -и, *Pl G* -сок, *D* -скам *f Dem zu* колбаса́ Würstchen
колба́сный, -ая, -ое Wurst-; -ые изде́лия Wurstwaren
колдова́ть, -ду́ю, -ду́ешь *uv* zaubern, hexen
колдовство́, -а́ *n* Zauberei, Hexerei
колдо́говор, -а *m umg* (коллекти́вный догово́р) (Betriebs-) Kollektivvertrag
колду́н, -а́ *m* Zauberer, Hexenmeister
колду́нья, -и, *Pl G* -ний, *D* -ньям *f* Zauberin, Hexe
колеба́ние, -я *n* 1. *phys* Schwingung, Vibration, Pendeln 2. *übtr* Schwankung, Schwanken; ~ температу́ры Temperaturschwankung 3. *übtr* Bedenken; Unentschlossenheit; по́сле до́лгих -й nach langem Schwanken; без -й ohne zu zögern

колеба́тельный, -ая, -ое *phys* Schwingungs-
колеба́ть* *uv* 1. bewegen, schaukeln, zum Schwingen [Schwanken] bringen 2. *übtr* wankend machen, ins Wanken bringen, erschüttern || *v mom* **колебну́ть,** -ну́, -нёшь
колеба́ться* *uv* 1. schwingen, schwanken; vibrieren, pendeln 2. schwanken, nicht fest sein; температу́ра коле́блется die Temperatur schwankt 3. *übtr* schwanken, unschlüssig sein, zögern || *v mom* **колебну́ться,** -ну́сь, -нёшься
коленко́р, -а (-у) *m* Kaliko ◇ э́то друго́й ~ *volksspr* das ist was ganz anderes
коле́нный, -ая, -ое Knie-
коле́но, -а *n* 1. (*Pl* коле́ни, -ней *u.* -ле́н, -ням) Knie; стать на -и niederknien; стоя́ть на -ях knien; сиде́ть [держа́ть] на -ях auf dem Schoß sitzen [halten]; по -и bis an die Knie; knietief; kniehoch 2. *bot Pl* коле́нья, -ьев, -ьям Knoten 3. *Pl tech* (коле́нья, -ьев, -ьям *u.* коле́на, -е́н, -е́нам) Knie, Gelenk 4. Biegung, Krümmung *eines Flusses u. a.*
коленопреклоне́ние, -я *n alt u. hoher Stil* Kniefall
коле́нчатый, -ая, -ое *tech* Knie-; ~ вал Kurbelwelle
Ко́ленька, -и *m Dem zu* Никола́й
колёсико, -а *n Dem zu* колесо́ Rädchen; кре́сло на -ах Rollstuhl
колеси́ть, -ешу́, -еси́шь *uv umg* viel herumfahren, herumreisen
колесни́ца, -ы, *I* -ей *f alt* großer Wagen für feierliche Anlässe; боева́я ~ Kampfwagen *im Altertum*
колёсный, -ая, -ое Rad-; -ая спи́ца Radspeiche; -ая мазь Wagenschmiere; ~ ма́стер Stellmacher
колесо́, -а́, *Pl* колёса, -ёс, -ёсам *n* Rad; махово́е ~ Schwungrad; веду́щее ~ Treibrad; зубча́тое ~ Zahnrad; ~ обозре́ния Riesenrad ◇ ходи́ть -о́м radschlagen; вставля́ть па́лки в колёса Hindernisse in den Weg legen; пя́тое ~ в теле́ге das fünfte Rad am Wagen; но́ги -о́м krumme Beine
колесова́ть, -сую, -су́ешь; -со́ванный, -со́ван, -а *v, uv hist* rädern
коле́чко, -а, *Pl G* -чек, *D* -чкам *n Dem zu* кольцо́ Ringel, Ringlein
колея́, -и́ *f* 1. (Rad-) Spur, Fahrrinne 2. Gleis ◇ войти́ в -ю́ ins Geleise kommen; вы́йти [вы́биться] из -и́ aus dem Geleise kommen, in Unordnung geraten; вы́бить из -и́ aus dem Geleise bringen
ко́ли *u.* **коль** *Konj alt* wenn, falls
коли́бри *m, f idkl* Kolibri
ко́лики *Pl* -лик, *Sg* ко́лика, -и *f* Kolik
коли́т, -а *m med* Kolitis
коли́чественный, -ая, -ое quantitativ; -ое числи́тельное Grundzahlwort
коли́чество, -а *n* 1. Menge, Anzahl; большо́е ~ люде́й eine Menge Leute; ра́вные -а gleich große Mengen 2. Quantität
ко́лка, -и *f* Spalten, Zerkleinern
[1]**ко́лкий,** -ая, -ое; *Kzf* ко́лок, -лка́! 1. stachlig, spitz 2. *übtr* spitz, beißend; anzüglich
[2]**ко́лкий,** -ая, -ое; *Kzf* ко́лок, -лка́! *umg* leicht spaltbar
ко́лкость, -и *f* Stichelei
колле́га, -и *m, f buchspr* Kollege, Kollegin *vor allem bei Lehrern, Studenten, Ärzten*
коллегиа́льный, -ая, -ое; *Kzf* -лен, -льна kollegial; -ое руково́дство kollektive Leitung
колле́гия, -и *f* 1. Kollegium 2. *alt* Kollegium *Name von Lehranstalten*
коллекти́в, -а *m* Kollektiv; ~ рабо́чих и слу́жащих *oder* рабо́чий ~ Belegschaft
коллективиза́ция, -и *f* Kollektivierung; сплошна́я ~ durchgängige Kollektivierung
коллективизи́ровать, -рую, -руешь; -рованный, -рован, -а *v, uv* kollektivieren
коллекти́вный, -ая, -ое kollektiv; ~ догово́р Kollektivvertrag; -ая по́мощь Gemeinschaftshilfe
колле́ктор, -а *m* 1. *el* Stromwender 2.: библиоте́чный ~ Zentrale für die Bücherverteilung auf die Bibliotheken
коллекционе́р, -а *m* Sammler
коллекциони́ровать, -рую, -руешь *uv* sammeln, eine Kollektion anlegen
колле́кция, -и *f* Sammlung, Kollektion; ~ (почто́вых) ма́рок Briefmarkensammlung
колли́зия, -и *f übtr* Kollision, Zusammenstoß
колло́дий, -я, *P* -и *u.* **колло́диум,** -а *m* Kollodium
колло́ид, -а *m chem* Kolloid
колобро́дить, -о́жу, -о́дишь *uv volksspr* 1. ziellos umherschlendern 2. umhertollen, ausgelassen sein
коловоро́т, -а *m* Handbohrer

коловрáтный, -ая, -ое *alt* **1.** rotierend; ~ насóс Kreiselpumpe **2.** *Kzf* -тен, -тна *übtr alt* unbeständig

[1]**колóда,** -ы *f* **1.** Holzklotz, Holzblock **2.** *gbt* Trog, Rinne *u. a. aus ausgehöhltem Baumstamm*; водопóйная ~ Tränktrog ◇ чéрез пень -у валить etw. nachlässig tun

[2]**колóда,** -ы *f* ein Spiel Karten

колóдезный, -ая, -ое Brunnen-

колóдец, -дца, *I* -дцем, *G Pl* -дцев *m* **1.** Brunnen **2.** *berg* Schacht

колóдка, -и, *Pl G* -док, *D* -дкам *f* **1.** Schuhleisten; постáвить на -у auf den Leisten spannen **2.** Bremsklotz; Hemmschuh **3.**: ~ рубáнка Hobelkasten **4.** *alt meist Pl* Fußblock *für Strafgefangene* **5.** Ordensspange ◇ все на однý -у (сшиты, скрóены) *übtr* sie sind alle von derselben Sorte

кóлокол, -а, *Pl* колоколá, -óв, -áм *m* Glocke; водолáзный ~ Taucherglocke

колокóльный, -ая, -ое Glocken-

колокóльня, -и, *Pl G* -лен, *D* -льням *f* Glockenturm ◇ со своéй -и смотрéть *iron* von seinem engen Standpunkt [aus der Froschperspektive] betrachten; отзвонил, и с -и долóй *volksspr* er hat die Sache verantwortungslos erledigt, nur um sie loszuwerden

колокóльчик, -а *m* **1.** Glöckchen, Schelle; (kleine) Glocke *an Türen*; Handglocke **2.** *bot* Glockenblume

Колóмбо *idkl* Colombo

колониализм, -а *m* Kolonialismus

колониáльный, -ая, -ое kolonial; Kolonial-

колонизáторский, -ая, -ое kolonisatorisch

колонизáция, -и *f* Kolonisation

колóния, -и *f* Kolonie *a. Gemeinschaft von Landsleuten im Ausland u. biol*; трудовáя воспитáтельная ~ Jugendwerkhof

колóнка, -и, *Pl G* -нок, *D* -нкам *f* **1.** Spalte, Kolonne *Buch, Zeitung* **2.** Hydrant **3.** Badeofen **4.** Tanksäule

колóнна, -ы *f* **1.** Kolonne **2.** *arch* Säule; зал с -ами Säulensaal

колóнный, -ая, -ое Kolonnen-, Säulen-; Колóнный зал Säulensaal

колонóк, -нкá *m* sibirischer Marder

колонтитул, -а *m typ* Kolumnentitel

колоратýрный, -ая, -ое Koloratur-

колорит, -а *m* Kolorit, Farbgebung; мéстный ~ Lokalkolorit

колоритный, -ая, -ое; *Kzf* -тен, -тна farbenreich, -prächtig

кóлос, -а, *Pl* колóсья, -ьев, -ьям *m* Ähre

колосистый, -ая, -ое; *Kzf* -ист, -а ährenreich

колоситься, *1. u. 2. Pers ungebr*, -ится *uv* Ähren treiben, in die Ähren schießen

колосники *Pl* -óв, *Sg* колосник, -á *m* **1.** Ofenrost **2.** *theat* Dekorationsgerüst

колóсс, -а *m* Koloß ◇ ~ на глиняных ногáх *buchspr* ein Koloß auf tönernen Füßen

колоссáльный, -ая, -ое; *Kzf* -лен, -льна kolossal, riesig

колотить, -лочý, -лóтишь *uv* **1.** в *A* klopfen; ~ в дверь an die Tür hämmern **2.** по *D* schlagen; ~ по столý auf den Tisch schlagen **3.** *umg* schlagen, verprügeln **4.** *umg* zerschlagen, zerbrechen; ~ посýду Geschirr zerschlagen **5.** *umg 1. u. 2. Pers ungebr* schütteln *Fieber, Erregung*; егó колóтит лихорáдка er wird vom Fieber geschüttelt

колотиться, -лочýсь, -лóтишься *uv* **1.** (an)klopfen, schlagen, hämmern; сéрдце колóтится *volksspr* das Herz klopft stark **2.** *volksspr* sich schütteln, zittern; ~ в лихорáдке sich im Fieber schütteln **3.** *1. u. 2. Pers ungebr volksspr* in Scherben gehen **4.** *volksspr* sich abmühen, sich eifrig mühen; sich kümmerlich durchschlagen

колотýшка, -и, *Pl G* -шек, *D* -шкам *f* **1.** Schlegel; Klapper **2.** *meist Pl volksspr* Faustschlag

кóлотый, -ая, -ое **1.** zerstückelt; ~ сáхар Stückzucker; -ые дровá gehacktes Holz **2.**: -ая рáна Stichwunde

[1]**колóть*** *uv* **1.** stechen; у меня в бокý кóлет [кололо] ich habe [hatte] Seitenstechen; у меня кóлет пáлец es sticht mich im Finger **2.** abstechen, schlachten **3.** *übtr* sticheln, verletzen; ~ когó-н. замечáниями j-n mit Sticheleien kränken ◇ ~ глазá комý-н. (чéм-н.) j-m Vorhaltungen machen (wegen etw.); прáвда глазá кóлет *Sprichw* es ist unangenehm, die Wahrheit zu hören ‖ *v mom* кольнýть, -нý, -нёшь *zu* 1, 3

[2]**колóть*** *uv* spalten, (zer)hacken; knacken; ~ дровá Holz hacken; ~ орéхи Nüsse knacken

кóлотье, -ья *u.* **колотьё,** -ья́ *n umg* Stechen, stechender Schmerz; ~ в бокý Seitenstechen

[1]**колоться*** *uv* stechen, stachlig sein; игла́ ко́лется die Nadel sticht; ёж ко́лется der Igel stachelt

[2]**коло́ться*** *uv 1. u. 2. Pers ungebr* sich spalten lassen

колошма́тить, -а́чу, -а́тишь *uv volksspr* verdreschen, -prügeln

колпа́к, -а́ *m* 1. kegelförmige Mütze; шутовско́й ~ Narrenkappe 2. Dekkel, Glocke *zum Zudecken*; Radkappe *Auto*; ~ над ла́мпой Lampenschirm; стекля́нный ~ Glasglocke 3. Rauchfang 4. *volksspr scherz* Schlafmütze, Trottel ◇ держа́ть под стекля́нным -о́м j-n in Watte packen

колумба́рий, -я, *P* -и, *G Pl* -ев *m* Urnenhalle

Колу́мбия, -и *f* Kolumbien

колу́н, -а́ *m* schwere Axt

колупа́ть, -а́ю, -а́ешь *uv A oder* в *P volksspr* ausklauben, (ein wenig) herauslösen, aushöhlen || *v mom* **колупну́ть,** -ну́, -нёшь

колхо́з, -а *m* (коллекти́вное хозя́йство) Kolchos(e), Kollektivwirtschaft

колхо́зник, -а *m* Kolchosbauer

колхо́зница, -ы, *I* -ей *f* Kolchosbäuerin

колхо́зный, -ая, -ое Kolchos-

колча́н, -а *m alt* Köcher

колчеда́н, -а *m min* Kies; се́рный ~ Schwefelkies

колчено́гий, -ая, -ое *volksspr* lahm; mit einem zu kurzen Bein; ~ стул wackliger Stuhl

колыбе́ль, -и *f* Wiege *a. übtr* ◇ **с -и** von Kindheit an

колыбе́льный, -ая, -ое 1. Wiegen-; -ая пе́сня Wiegenlied 2. -ая, -ой *Subst f* Wiegenlied

колыха́ть* *u. selten* -а́ю, -а́ешь *uv* leicht bewegen, schaukeln, wiegen *tr* || *v mom* **колыхну́ть,** -ну́, -нёшь

колыха́ться* *u. selten* -а́ется, *1. u. 2. Pers ungebr uv* sich wiegen; sich leicht bewegen; wehen; занаве́ска колы́шется от ве́тра die Gardine weht im Wind || *v mom* **колыхну́ться,** -нётся

ко́лышек, -шка *m Dem zu* **кол 1** Pflock

колы́шу ↑ колыха́ть

коль ↑ ко́ли

колье́ *n idkl* Kollier

кольну́ть *v mom zu* [1]коло́ть

кольра́би *f idkl* Kohlrabi

ко́льский, -ая, -ое: **Ко́льский полуо́стров** Halbinsel Kola

кольцева́ть, -цу́ю, -цу́ешь *uv* beringen *Bäume, Vögel*

кольцево́й, -а́я, -о́е Ring-, Kreis-; -а́я автомагистра́ль Autobahnring

кольцо́, -а́, *Pl* ко́льца, коле́ц, ко́льцам *n* 1. Ring; обруча́льное ~ Trauring; гимнасти́ческие ко́льца *Sport* Ringe; упражне́ния на кольца́х Übungen an den Ringen; годи́чное ~ *bot* Jahresring 2. End(halte)-stelle, Schleife *bei Straßenbahn u. Obus* 3. *übtr* Einkreisungsring; *mil* Kessel ◇ сгиба́ться -о́м *oder* гнуть спи́ну в ~ sich erniedrigen, sich demütigen, demütig bitten

ко́льчатый, -ая, -ое aus Ringen bestehend; Ringel-; ringförmig

кольчу́га, -и *f hist* Panzerhemd

колю́ ↑ коло́ть

колю́чий, -ая, -ее; *Kzf* -ю́ч, -а 1. stachlig, dornig; -ая про́волока Stacheldraht 2. *übtr* scharf, bissig

колю́чка, -и, *Pl G* -чек, *D* -чкам *f umg* Stachel, Dorn, Spitze

ко́люшка, -и, *Pl G* -шек, *D* -шкам *f* Stichling

Ко́ля, -и *m Dem zu* Никола́й

коляда́, -ы́ *f alt* Weihnachtsliedersingen

коля́ска, -и, *Pl G* -сок, *D* -скам *f* 1. gefederte Kutsche 2.: де́тская ~ Kinderwagen 3.: ~ мотоци́кла Beiwagen; мотоци́кл с -ой Motorrad mit Beiwagen, Beiwagenmaschine

[1]**ком,** -а, *Pl* ко́мья, -ьев, -ьям *m* Klumpen; ~ земли́ Erdklumpen; сне́жный ~ Schneeball ◇ сверну́ться -ом sich zusammenringeln, -rollen; ~ в го́рле Krampfgefühl (in der Kehle) beim Weinen

[2]**ком** ↑ кто

ком- *in Zuss Abk für* 1. коммунисти́ческий kommunistisch 2. кома́ндный Kommando- 3. команди́р *mil* Kommandeur; Führer

-ко́м *in Zuss Abk für* 1. комите́т Komitee, *z. B.* учко́м (учени́ческий комите́т) Schülerkomitee 2. комисса́р Kommissar, *z. B.* нарко́м (наро́дный комисса́р) Volkskommissar

кома́нда, -ы *f* 1. Kommando, Befehl; по -е auf Kommando, auf Befehl 2. Kommando, Oberbefehl 3. Mannschaft, Trupp, Gruppe; подрывна́я ~ Sprengtrupp; спаса́тельная ~ Rettungsmannschaft; пожа́рная ~ Feuerlöschtrupp 4. Schiffsbesatzung 5. *Sport* Mannschaft; футбо́льная ~ Fußballmannschaft, die Elf; сбо́рная ~ Auswahlmannschaft

команда́рм, -а *m* (кома́ндующий а́рмей) Oberbefehlshaber der Armee
команди́р, -а *m* Kommandeur, Kommandant; ~ батаре́и Batteriechef; ~ взво́да Zugführer
командирова́ние, -я *n* (Ab-) Kommandierung
командирова́ть, -ру́ю, -ру́ешь; -ро́ванный, -ро́ван, -а *v*, *uv dienstlich* (ab)kommandieren
командиро́вка, -и, *Pl G* -вок, *D* -вкам *f* **1.** (Ab-) Kommandierung **2.** Dienstreise; Dienstreiseauftrag; уезжа́ть в -у eine Dienstreise machen; он в -е er befindet sich auf Dienstreise **3.** *umg* Dienstreisebescheinigung
командиро́вочный, -ая, -ое **1.** Dienstreise-; -ое удостовере́ние Dienstreisebescheinigung **2.** -ые, -ых *Pl umg* (Dienst-) Reisegelder
команди́рский, -ая, -ое Kommandeurs-; Kommandanten-; ~ тон Kommandoton
кома́ндный, -ая, -ое **1.** Kommando-, Befehls-; Kommandeurs- **2.** *übtr* leitend, führend; ~ соста́в Kommandeursbestand; ~ пункт Gefechtsstand; Befehlsstand; -ая высота́ a) *mil* beherrschende Höhe; b) *übtr meist Pl* leitende Stellung, führende Position; Vormachtstellung **3.** Mannschafts-; ~ зачёт *Sport* Mannschaftswertung
кома́ндование, -я *n* **1.** Kommandieren **2.** Leitung, Führung, Kommando; приня́ть ~ das Kommando übernehmen; под -ем unter der Führung, unter dem Kommando **3.** *Koll* Kommando(stab); верхо́вное ~ Oberkommando
кома́ндовать, -дую, -дуешь *uv* **1.** kommandieren, Befehl(e) geben **2.** *I* kommandieren, befehligen **3.** *I oder* над *I umg* kommandieren, anordnen, schalten und walten
командо́р, -а *m* **1.** *hist* Komtur **2.** Leiter einer Sportmannschaft *in westlichen Ländern*; Leiter einer Sportveranstaltung
кома́ндующий, -его *Subst m mil* (Ober-) Befehlshaber; Chef; ~ а́рмией Oberbefehlshaber der Armee
кома́р, -а́ *m* Mücke ◇ ~ но́су [но́са] не подто́чит da beißt die Maus keinen Faden ab
комари́ный, -ая, -ое Mücken-
комба́йн, -а *m* Kombine; зерново́й ~ Mähdrescher
комба́йнер, -а *m* Mähdrescher-, Kombineführer
комба́йнерка, -и, *Pl G* -рок, *D* -ркам *v umg* Mähdrescher-, Kombineführerin
комба́т, -а *m* **1.** (команди́р батальо́на) Bataillonskommandeur **2.** (команди́р батаре́и) Batterieführer
комбе́д, -а *m* (комите́т бедноты́) Komitee der landlosen und landarmen Bauern *im Jahr 1918*
комбина́т, -а *m* Kombinat
комбинато́рный, -ая, -ое kombinatorisch
комбинацио́нный, -ая, -ое Kombinations-; kombinatorisch
комбина́ция, -и *f* **1.** Kombination, Zusammenstellung, Verbindung **2.** Kombination, berechnende Verknüpfung; planvolles Zusammenspiel **3.** Unterkleid **4.** Spielanzug
комбинезо́н, -а *m* Kombination, Berufskleidung; Arbeitsanzug; Hemdhose
комбини́ровать, -рую, -руешь; -рованный, -рован, -а *uv* **1.** kombinieren, zusammenstellen, vereinigen, verbinden **2.** *umg* raffinierte Kombinationen anstellen, berechnen ‖ *v* скомбини́ровать
комбри́г, -а *m* (команди́р брига́ды) Brigadekommandeur
комди́в, -а *m* (команди́р диви́зии) Divisionskommandeur
комедиа́нт, -а *m* **1.** *alt* Komödiant, Schauspieler **2.** *übtr* Heuchler
комеди́йный, -ая, -ое Komödien-, Lustspiel-
коме́дия, -и *f* **1.** Komödie, Lustspiel **2.** *übtr* Heuchelei ◇ разы́грывать [лома́ть, игра́ть] -ю eine Komödie spielen, heucheln
коменда́нт, -а *m* **1.** Kommandant **2.** Hausverwalter *in Wohnheimen und öffentlichen Gebäuden*
коменда́нтский, -ая, -ое Kommandanten-; ~ час *mil* Sperrstunden
комендату́ра, -ы *f* Kommandantur
коме́та, -ы *f* Komet
Ко́ми *idkl* **1.** *Subst Pl* Komi *ostfinnisches Volk im Nordosten der UdSSR* **2.** *Adj* Komi-; Ко́ми АССР ASSR der Komi
коми́зм, -а *m* Komik, das Komische
ко́мик, -а *m* **1.** Komiker *Schauspieler* **2.** *umg* Spaßvogel, Witzbold
Коминте́рн, -а *m* (Коммунисти́ческий Интернациона́л) Kommunistische Internationale, Komintern *bis 1943*
комисса́р, -а *m* Kommissar; наро́дный ~ Volkskommissar *bis 1946*
комиссариа́т, -а *m* Kommissariat;

нарóдный ~ Volkskommissariat *bis 1946*
комиссáрский, -ая, -ое kommissarisch, Kommissar-
комиссионéр, -а *m* Kommissionär
комиссиóнный, -ая, -ое **1.** Kommissions-; ~ магазúн Kommissionsgeschäft **2.** -ые, -ых *Subst Pl* Provision, Provisionsgebühr
комúссия, -и *f* **1.** Kommission, Ausschuß; избирáтельная ~ Wahlkommission; Государственная плáновая ~ Staatliche Plankommission; Комúссия по разоружéнию Abrüstungskommission; ~ по распределéнию молодых специалúстов Berufslenkungskommission **2.** *hdl* Kommission; взять [отдáть] на -ю in Kommission nehmen [geben]
комитéт, -а *m* Komitee, Ausschuß; исполнúтельный ~ Exekutivkomitee; ~ дéйствия Aktionsausschuß; заводскóй ~ Betriebsgewerkschaftsleitung; жéнский ~ Frauenausschuß
комúческий, -ая, -ое komisch, lächerlich; -ая óпера komische Oper
комúчный, -ая, -ое; *Kzf* -чен, -чна komisch, lächerlich
кóмкать, -аю, -аешь *uv* **1.** zerknittern, zerknüllen **2.** *übtr umg* hastig und nachlässig kürzen [erledigen], (durch Kürzung) verstümmeln
комментáрий, -я, *P* -и, *G Pl* -ев *m* Kommentar ◇ -и излúшни Kommentar überflüssig
коммерсáнт, -а *m* Großhändler
коммéрческий, -ая, -ое **1.** Handels-, kaufmännisch; ~ флот Handelsflotte; -ая корреспондéнция Handelskorrespondenz; ~ дирéктор kaufmännischer Direktor **2.** *hist*: ~ магазúн Geschäft, wo Lebensmittel ohne Marken zu erhöhtem Preis verkauft werden; -ие цéны freie Preise *ohne Marken*
коммивояжёр, -а *m ausländ* Handlungsreisender
коммýна, -ы *f* Kommune; Парúжская ~ Pariser Kommune
коммунáльный, -ая, -ое kommunal; -ые вы́боры Kommunalwahlen, Gemeindewahlen
коммунáр, -а *m* Kommunarde, Teilnehmer an der Pariser Kommune *1871*
коммунúзм, -а *m* Kommunismus; первобы́тный ~ Urkommunismus
коммуникациóнный, -ая, -ое Kommunikations-, Verkehrs-; -ая лúния Verbindungslinie
коммуникáция, -и *f* **1.** Kommunikation, Verbindung; вóдные -и Wasserwege **2.** Mitteilung, Verkehr; слóво есть срéдство -и das Wort ist ein Verständigungsmittel
коммунúст, -а *m* Kommunist
коммунистúческий, -ая, -ое kommunistisch
коммунúстка, -и, *Pl G* -ток, *D* -ткам *f* Kommunistin
коммутáтор, -а *m* **1.** *el* Kommutator, Stromwender **2.** Klappenschrank, (Hand-) Vermittlung *Telefon*
коммутациóнный, -ая, -ое *el* Schalt-; -ая доскá Schaltbrett
коммюникé *n idkl* Kommuniqué
кóмната, -ы *f* Zimmer, Stube
кóмнатный, -ая, -ое Zimmer-
комнатýшка, -и, *Pl G* -шек, *D* -шкам *f Dem zu* кóмната *umg verächtl* elendes Zimmer, Loch
комóд, -а *m* Kommode
комóк, -мкá *m* Klümpchen, Knäuel ◇ свернýться -мкóм [в ~] sich zusammenringeln; sich zusammenkauern
компáктный, -ая, -ое; *Kzf* -тен, -тна kompakt, fest, dicht
компанéйский, -ая, -ое *umg* gesellig
компáния, -и *f* **1.** Gesellschaft; за -ю zur Gesellschaft; состáвьте мне -ю leisten Sie mir Gesellschaft; расстрóить -ю ein Spielverderber sein; водúть -ю с кéм-н. *umg* mit j-m verkehren **2.** *hdl* Gesellschaft, Kompanie ◇ он тебé не ~ er ist nicht die richtige Gesellschaft für dich
компаньóн, -а *m* **1.** Gefährte **2.** *hdl* Kompagnon, Teilhaber
компáртия, -и *f* (коммунистúческая пáртия) kommunistische Partei
кóмпас, -а *m* Kompaß
кóмпасный, -ая, -ое Kompaß-; -ая стрéлка Kompaßnadel
компенсáция, -и *f* Kompensation, Entschädigung; Ausgleich
компетéнтный, -ая, -ое; *Kzf* -тен, -тна **1.** kompetent; maßgebend **2.** zuständig, befugt
компетéнция, -и *f buchspr* **1.** Kompetenz(bereich) **2.** Zuständigkeit; э́то не в моéй -и dafür bin ich nicht zuständig
кóмплекс, -а *m* Komplex, Gesamtheit; ~ гимнастúческих упражнéний eine Folge von gymnastischen Übungen
кóмплексный, -ая, -ое komplex, umfassend; -ая механизáция komplexe Mechanisierung, Vollmechanisierung

комплéкт, -а *m* Satz, Garnitur; Serie; ~ открыток Postkartenserie; ~ бельá Garnitur Wäsche; ~ почтóвых мáрок Satz Briefmarken ◇ сверх -а zusätzlich
комплéктный, -ая, -ое komplett
комплектовáние, -я *n* Komplettierung, Vervollständigung, Ergänzung *a. mil*
комплектовáть, -тýю, -тýешь; -тóванный, -тóван, -а *uv* vervollständigen, ergänzen ‖ *v* скомплектовáть
комплéкция, -и *f* Körperbau
комплимéнт, -а *m* Kompliment; говорить комý-н. -ы j-m Komplimente machen
композитор, -а *m* Komponist
композиция, -и *f* Komposition *a. mus*, Aufbau *eines Kunstwerkes*
комполкá *m idkl* (командир полкá) Regimentskommandeur
компонéнт, -а *m buchspr* Komponente
компоновáть, -нýю, -нýешь; -нóванный, -нóван, -а *uv* zusammenstellen, anordnen, entwerfen ‖ *v* скомпоновáть
компонóвка, -и *f* Zusammenstellung, Anordnung
компóст, -а *m* Kompost
компóстер, -а *m* Locher, Lochzange *für Fahrkarten*
компостировать, -рую, -руешь *uv* lochen *Fahrkarten*
компóстный, -ая, -ое Kompost-; -ая кýча Komposthaufen
компóт, -а *m* Kompott
компрéсс, -а *m* Kompresse, Umschlag; положить ~ einen Umschlag machen
компромисс, -а *m* Kompromiß; пойти на ~ einen Kompromiß eingehen
комрóты *m idkl* (командир рóты) Kompaniechef
комсомóл, -а *m* (Коммунистический Союз Молодёжи) Kommunistischer Jugendverband, Komsomol
комсомóлец, -льца, *I* -льцем, *G Pl* -льцев *m* Komsomolze
комсомóлка, -и, *Pl G* -лок, *D* -лкам *f* Komsomolzin
Комсомóльск, -а *m* Komsomolsk *Stadt*
комсомóльский, -ая, -ое Komsomol-; ~ билéт Mitgliedsbuch des Komsomol
комсóрг, -а *m* (комсомóльский организáтор) Organisator [Leiter] einer Komsomol-Gruppe
комсостáв, -а *m* (комáндный состáв) Kommandeursbestand
комý ↑ кто
комфóрт, -а *m* Komfort, Bequemlichkeit
комфортáбельный, -ая, -ое; *Kzf* -лен, -льна komfortabel
комхóз, -а *m* (коммунáльное хозяйство) kommunales Wirtschaftsunternehmen
кон, -а, *P* о кóне, на конý, *Pl* кóны, -óв, -áм *m* **1.** bezeichneter Ort, der mit einem geworfenen Gegenstand zu treffen ist *bei einigen Spielen* **2.** Partie, Runde; сыгрáем ещё ~ spielen wir noch eine Partie [Runde] ◇ стоять [быть] на конý auf dem Spiel stehen
Конакри *m idkl* Conakry
конвéйер, -а *m* Fließband
конвéйерный, -ая, -ое Fließband-; -ая систéма Fließbandsystem; -ая линия Bandstraße
конвéнция, -и *f* Konvention
конвéрсия, -и *f finanz* Konversion, Konvertierung
конвéрт, -а *m* **1.** Briefumschlag **2.** Steckkissen; Strampelsack
конвертоплáн, -а *m flug* Senkrechtstarter
конвоир, -а *m* **1.** Begleitsoldat **2.** Geleitschiff
конвоировать, -рую, -руешь *uv* eskortieren, begleiten
конвóй, -я, *G Pl* -ев *m* **1.** Eskorte, Schutzgeleit **2.** *naut* Geleitzug
конвóйный **1.** -ая, -ое Geleit-, Bedeckungs- **2.** -ого *Subst m* Begleitsoldat, Begleitposten
конвульсивный, -ая, -ое; *Kzf* -вен, -вна konvulsivisch, krampfhaft
конвýльсия, -и *f* Konvulsion, Krampf
конгломерáт, -а *m* Konglomerat *a. geol*
Кóнго **1.** *n idkl* Kongo *Staat* **2.** *f idkl* Kongo *Fluß*
конголéзец, -зца, *I* -зцем, *G Pl* -зцев *m* Kongolese
конголéзка, -и, *Pl G* -зок, *D* -зкам *f* Kongolesin
конголéзский, -ая, -ое kongolesisch
конгрéсс, -а *m* Kongreß; Всемирный ~ сторóнников мира Weltfriedenskongreß
кондачóк: с кондачкá *volksspr* leichtfertig, unüberlegt
конденсáция [дэ], -и, *f* Kondensation, Verdichtung
кондитер, -а *m* Konditor
кондитерский, -ая, -ое **1.** Konditor-, Zucker-; -ие издéлия Süßwaren, Zuckerwaren; ~ завóд Süßwaren-,

Zuckerwarenfabrik; -ие щипцы́ Kuchenzange; ~ шприц Tortenspritze 2. -ая, -ой *Subst f* Konditorei

кондиционе́р, -а *m* Klimaanlage

кондициони́рование, -я *n*: систе́ма -я во́здуха Klimaanlage

конду́ктор, -а *m* Schaffner

конду́кторша, -и, *I* -ей *f volksspr* Schaffnerin

конево́д, -а *m* Pferdezüchter

конево́дство, -а *m* Pferdezucht

конево́дческий, -ая, -ое Pferdezucht-

[1]**конёк,** -нька́ *m* 1. Pferdchen; ~-горбуно́к das Zauberpferdchen *Märchen* 2. Dachfirst 3. *übtr* Steckenpferd; сесть на своего́ -нька́ sein Steckenpferd reiten, auf sein Lieblingsthema zu sprechen kommen ◇ морско́й ~ Seepferdchen

[2]**конёк** ↑ коньки́

коне́ц, -нца́, *I* -нцо́м, *G Pl* -нцо́в *m* 1. Ende, Schluß; в -нце́ января́ Ende Januar; под ~ zum Schluß, zuletzt; без -нца́ endlos; э́тому -нца́ нет das will kein Ende nehmen; доводи́ть до -нца́ zu Ende führen, vollenden; положи́ть чему́-н. ~ einer Sache ein Ende setzen; приходи́ть к -нцу́ zu Ende [zur Neige] gehen 2. *umg* Ende, Strecke; поря́дочный ~ ein ganzes Ende, eine ordentliche Strecke; в о́ба -нца́ hin und zurück; биле́т в о́ба -нца́ Rückfahrkarte 3. Ende, Tod ◇ отда́ть -нцы́ losmachen *Schiff*; и де́ло с -нцо́м! Schluß damit!; в конце́ концо́в letzten Endes, schließlich; на худо́й ~ *umg* schlimmstenfalls, wenn alle Stricke reißen; на тот ~ *volksspr* für diesen Zweck; из -нца́ в ~ überallhin, nach allen Seiten; со всех -нцо́в von allen Ecken und Enden; оди́н ~ ganz gleich, was auch passiert; па́лка о двух -нца́х *übtr* ein zweischneidiges Schwert; до -нца́ разру́шить völlig zerstören; едва́ своди́ть -нцы́ с -нца́ми *umg* (mit dem Geld) knapp auskommen; нача́ть не с того́ -нца́ die Sache am verkehrten Ende anfangen; и -нцы́ в во́ду alle Spuren sind verwischt, kein Hahn kräht mehr danach; коне́ц — всему́ де́лу вене́ц *Sprichw* Ende gut, alles gut

коне́чно [шн] *Part oder mod* natürlich, selbstverständlich, freilich; вы, ~, пра́вы Sie haben natürlich recht

коне́чности *Pl* -ей, *Sg* коне́чность, -и *f* Extremitäten, Gliedmaßen

коне́чный, -ая, -ое 1. End-; -ая ста́нция Endstation; -ая цель Endziel, Endzweck; -ая ступе́нь Endstufe *Sputnik* 2. -чен, -чна endlich, vergänglich; -ая величина́ *math* endliche Größe ◇ в коне́чном счёте [ито́ге] letzten Endes

кони́на, -ы *f* Pferdefleisch

кони́ческий, -ая, -ое konisch, kegelförmig

ко́нка, -и, *PlG* -нок, *D* -нкам *f alt* Pferdebahn

конкретиза́ция, -и *f* Konkretisierung

конкре́тный, -ая, -ое; *Kzf* -тен, -тна konkret

конкуре́нт, -а *m* Konkurrent

конкуре́нтный, -ая, -ое Konkurrenz-

конкуре́нция, -и *f* Konkurrenz(kampf) ◇ вне -и außer Konkurrenz, außerhalb des Wettbewerbs

ко́нкурс, -а *m* 1. Wettbewerb 2. Preisausschreiben 3. *ausländ* Konkurs ◇ вне -а außer Konkurrenz

ко́нкурсный, -ая, -ое Wettbewerbs-; ~ экза́мен Aufnahmeprüfung *an sowjetischen Hochschulen*

ко́нница, -ы, *I*-ей *f* Kavallerie, Reiterei

коннозаво́дство, -а *n* 1. Pferdezucht 2. Gestüt

ко́нный, -ая, -ое 1. Pferde-; ~ заво́д Gestüt; ~ приво́д Pferdeantrieb, Göpel; -ая у́пряжь Pferdegeschirr 2. beritten, Reiter-; -ая а́рмия Reiterarmee; -ая ста́туя Reiterstandbild; -ая доро́га Reitweg 3. -ого *Subst m* Reiter ◇ пе́ший -ому не това́рищ *Sprichw* der Ochse paßt nicht zur Kutsche

конова́л, -а *m* 1. Kurpfuscher *bei Pferden* 2. schlechter Arzt

коново́д, -а *m* 1. Pferdepfleger 2. *volkssprr* Anstifter, Rädelsführer

конокра́д, -а *m* Pferdedieb

конопа́тить, -а́чу, -а́тишь; -а́ченный, -а́чен, -а *uv* kalfatern, Fugen abdichten

конопа́тый, -ая, -ое; *Kzf* -ат, -а *volksspr* pockennarbig; sommersprossig

конопля́, -и́ *f* Hanf

конопля́нка, -и, *Pl G* -нок, *D* -нкам *f zool* Hänfling

конопля́ный, -ая, -ое hanfen, Hanf-

консервати́вный, -ая, -ое; *Kzf* -вен, -вна konservativ

консервати́зм, -а *m* Konservatismus, konservative Einstellung

консерва́тор, -а *m* Konservativer

консервато́рец, -рца, *I* -рцем, *G Pl* -рцев *m umg* Musikstudent

консервато́рия, -и *f* Konservatorium

консерви́рование, -я *n* Konservierung, Haltbarmachung

консерви́ровать, -рую, -руешь; -рованный, -рован, -а *v, uv* 1. konservieren, einmachen 2. zeitweise die Tätigkeit einstellen; ~ предприя́тие einen Betrieb vorübergehend stillegen
консе́рвный, -ая, -ое Konserven-; ~ нож [ключ] Büchsenöffner
консе́рвы, -ов *Pl* Konserven
конси́лиум, -а *m* Ärztekonsilium
ко́нский, -ая, -ое Pferde-; ~ заво́д Gestüt
конспе́кт, -а *m* Konspekt, Inhaltsübersicht
конспекти́вность, -и *f* zusammenfassende (übersichtliche) Kürze
конспекти́вный, -ая, -ое; *Kzf* -вен, -вна kurz zusammenfassend, in Form eines Konspekts
конспекти́ровать, -рую, -руешь *uv* einen Konspekt zusammenstellen, kurz zusammenfassen
конспирати́вность, -и *f* konspirativer Charakter
конспирати́вный, -ая, -ое; *Kzf* -вен, -вна konspirativ
конспира́ция, -и *f* Konspiration, Verschwörung
конста́нта, -ы *f math* Konstante
конста́нтный, -ая, -ое konstant, unveränderlich
конституцио́нный, -ая, -ое konstitutionell, verfassungsmäßig
конститу́ция, -и *f* 1. *pol* Verfassung 2. Konstitution, Körperbau
конструи́ровать, -рую, -руешь *v, uv* konstruieren, entwerfen; entwickeln; aufbauen ‖ *v a.* сконструи́ровать; -рованный, -рован, -а
конструкти́вный, -ая, -ое; *Kzf* -вен, -вна konstruktiv
констру́ктор, -а *m* 1. Konstrukteur 2. technischer Baukasten, Stabilbaukasten *für Kinder*
констру́кторский, -ая, -ое: -ое бюро́ Konstruktionsbüro
констру́кция, -и *f* 1. Konstruktion, Bauweise 2. Konstruktion, Bauwerk
ко́нсул, -а *m* Konsul
ко́нсульский, -ая, -ое konsularisch, Konsul-, Konsular-
ко́нсульство, -а *n* Konsulat
консульта́нт, -а *m* Konsulent, Berater
консультацио́нный, -ая, -ое Konsultations-, konsultativ
консульта́ция, -и *f* 1. Konsultation, Beratung; ~ по вы́бору профе́ссии Berufsberatung 2. Beratungsstelle; же́нская и де́тская ~ Mütterberatung
консульти́ровать, -рую, -руешь *uv* 1. *alt* konsultieren, um Rat fragen (с *I* j-n) 2. *A* eine Konsultation geben, einen Rat erteilen
консульти́роваться, -руюсь, -руешься *uv* konsultieren (с *I* j-n)
конта́кт, -а *m* 1. *el* Kontakt; непло́тный ~ Wackelkontakt 2. *übtr* Kontakt, Fühlung, Verbindung; войти́ в ~ Fühlung nehmen, Kontakt aufnehmen; быть [находи́ться] в -е с ке́м-н. mit j-m in Verbindung stehen
конта́ктный, -ая, -ое Kontakt-; ~ про́вод *el* Schleifleitung
конте́йнер [тэ], -а *m* Behälter
конте́кст, -а *m* Kontext, Textzusammenhang ◇ вы́рвать из -а aus dem Zusammenhang reißen
контине́нт, -а *m* Kontinent
континента́льный, -ая, -ое kontinental
конто́ра, -ы *f* Kontor, Büro
конто́рка, -и, *Pl G* -рок, *D* -ркам *f* Schreibpult, Stehpult
конто́рский, -ая, -ое Kontor-, Büro-; -ая кни́га Geschäftsbuch; ~ слу́жащий Büroangestellter
конто́рщик, -а *m alt* Büroangestellter, Kontorist
контр- *in Zuss* Gegen-
контраба́нда, -ы *f* 1. Schmuggel 2. Schmuggelware
контрабанди́ст, -а *m* Schmuggler
контраба́ндный, -ая, -ое Schmuggel-; ~ това́р Schmuggelware
контраба́с, -а *m* Kontrabaß, Baßgeige
контр-адмира́л, -а *m* Konteradmiral
контра́кт, -а *m* Kontrakt, Vertrag; заключи́ть [расто́ргнуть] ~ einen Vertrag schließen [auflösen]
контракта́ция, -и *f* kontraktmäßige Abmachung, Kontrahierung
контрактова́ть, -ту́ю, -ту́ешь *uv A* einen Vertrag abschließen (über); ~ рабо́чих Arbeiter kontraktmäßig verpflichten
контра́ст, -а *m* Kontrast, Gegensatz; по -у с че́м-н. im Gegensatz zu etw.
контра́стность, -и *f* Kontrastwirkung
контра́стный, -ая, -ое; *Kzf* -тен, -тна kontrastierend
контрата́ка, -и *f* Gegenangriff, -stoß
контратакова́ть, -ку́ю, -ку́ешь *v, uv* einen Gegenangriff (durch)führen
контрибу́ция, -и *f* Kontribution
контрме́ра, -ы *f* Gegenmaßnahme
контрнаступле́ние, -я *n* Gegenangriff
контролёр, -а *m* Kontrolleur

контролёрша, -и, *G Pl* -ей *f umg* Kontrolleurin

контро́ль, -я *m* Kontrolle, Überwachung; де́йственный ~ wirksame Kontrolle; ~ над разоруже́нием Kontrolle der Abrüstung; установи́ть ~ над че́м-н. etw. unter seine Kontrolle bringen; взять под ~ unter Kontrolle stellen; ~ за ка́чеством Gütekontrolle; отде́л техни́ческого -я (Abteilung für) Gütekontrolle

контро́льный, -ая, -ое **1.** Kontroll- **2.** -ая, -ой *Subst f* Kontrollarbeit

контрпредложе́ние, -я *n* Gegenvorschlag

контрпрете́нзия, -и *f* Gegenanspruch, Gegenforderung

контрразве́дка, -и, *Pl G* -док, *D* -дкам *f* Spionageabwehr(organisation)

контрреволюцио́нный, -ая, -ое; *Kzf* -о́нен, -о́нна konterrevolutionär

контрреволю́ция, -и *f* Konterrevolution

контруда́р, -а *m* Gegenstoß, -angriff

ко́нтры, контр *Pl* Verstimmung, Streit; они́ друг с дру́гом в -ах sie sind verfeindet

конту́зить, -у́жу, -у́зишь; -у́женный, -у́жен, -а *v meist unpers* quetschen, durch Quetschung verletzen; его́ конту́зило в ру́ку *oder* конту́зило ему́ ру́ку ihm wurde die Hand gequetscht

конту́зия, -и *f* Kontusion, Quetschung

ко́нтур, -а *m* **1.** Kontur, Umriß **2.** *rad* (Sperr-) Kreis **3.** *el* Stromkreis

ко́нтурный, -ая, -ое Umriß-

конура́, -ы́ *f* **1.** Hundehütte **2.** *umg übtr* elendes Loch, schlechtes Zimmer

ко́нус, -а *m math* Konus, Kegel

конусообра́зный, -ая, -ое; *Kzf* -зен, -зна kegelförmig

конфедера́ция, -и *f* Konföderation

конферансье́ *m idkl* Conférencier

конфере́нц-за́л, -а *m* Konferenzsaal

конфере́нция, -и *f* Konferenz

конфе́та, -ы *f* Bonbon; шокола́дная ~ Praline

конфе́тный, -ая, -ое Süßwaren-; -ая фа́брика Süßwarenfabrik; -ая коро́бка Pralinen-, Konfektschachtel

конфетти́ *n idkl* Konfetti

конфиденциа́льный, -ая, -ое; *Kzf* -лен, -льна *buchspr* vertraulich

конфиска́ция, -и *f* Beschlagnahme, Konfiskation, Einziehung

конфискова́ть, -ку́ю, -ку́ешь; -ко́ванный, -ко́ван, -а *v, uv* beschlagnahmen, konfiszieren, einziehen

конфли́ктный, -ая, -ое Konflikt-

конфо́рка, -и, *Pl G* -рок, *D* -ркам *f* **1.** Herdring; плита́ с двумя́ -рками Zweiflammenherd **2.** Ringaufsatz *am Samowar*

конфу́з, -а *m* Verlegenheit, Verwirrung; Blamage; испы́тывать ~ in Verlegenheit sein

конфу́зить, -у́жу, -у́зишь *uv* konfus [verlegen] machen, in Verlegenheit bringen ‖ *v* сконфу́зить; -у́женный, -у́жен, -а

конфу́зиться, -у́жусь, -у́зишься *uv* **1.** in Verlegenheit geraten **2.** *G* sich genieren (vor); он вас конфу́зится er geniert sich vor Ihnen ‖ *v* сконфу́зиться

конфу́зливый, -ая, -ое; *Kzf* -ив, -а leicht verlegen, schüchtern

конфу́зный, -ая, -ое *umg* verwirrend

концево́й, -а́я, -о́е End-; -а́я строка́ *typ* Schlußzeile

концентра́т, -а *m* **1.** Konzentrat; пищево́й ~ Lebensmittelkonzentrat; бульо́нный ~ Suppenwürfel **2.** Kraftfutter

концентрацио́нный, -ая, -ое: ~ ла́герь Konzentrationslager

концентра́ция, -и *f* Konzentration

концентри́ровать, -рую, -руешь; -рованный, -рован, -а *uv* konzentrieren; ~ своё внима́ние на чём-н. seine Aufmerksamkeit auf etw. konzentrieren ‖ *v* сконцентри́ровать

концентри́ческий, -ая, -ое konzentrisch

конце́нтры, -ов *Pl math* konzentrische Kreise

конце́пция, -и *f* Konzeption

конце́рт, -а *m* Konzert; ~ по зая́вкам (слу́шателей) Wunschkonzert; ~ лёгкой му́зыки Unterhaltungskonzert; ~ грамза́писи Schallplattenkonzert

концерти́ровать, -рую, -руешь *uv* konzertieren, Konzerte geben

концертме́йстер, -а *m* Konzertmeister

конце́ртный, -ая, -ое Konzert-; ~ зал Konzertsaal

конце́ссия, -и *f* Konzession; ~ на постро́йку желе́зной доро́ги Konzession zum Bau einer Eisenbahn

концла́герь, -я *m* (концентрацио́нный ла́герь) Konzentrationslager

концо́вка, -и, *Pl G* -вок, *D* -вкам *f* **1.** Schlußvignette **2.** Schlußteil *eines literarischen Werkes, einer Oper*

конча́ть(ся) *uv zu* ко́нчить(ся)

ко́нчить, -чу, -чишь; ко́нченный, -ен, -а *v* **1.** beenden, abschließen; ~ на том, что . . . damit aufhören, daß . . .; ~ рабо́тать aufhören zu arbeiten **2.** absolvieren; ~ университе́т die Universität absolvieren, das Studium an der Universität beenden ‖ *uv* конча́ть, -а́ю, -а́ешь

ко́нчиться, *1. u. 2. Pers ungebr*, -ится *v* enden, zu Ende sein; уда́чно ~ glücklich ablaufen; ~ ниче́м im Sande verlaufen, ergebnislos enden; э́тим де́ло не ко́нчилось damit war die Sache nicht abgetan ‖ *uv* конча́ться, -а́ется

ко́нченный, -ая, -ое; *Kzf* -чен, -чена erledigt ◇ ко́нчено с э́тим es ist Schluß damit; не пойду́ туда́, и ко́нчено! *umg* ich gehe nicht dahin, und damit Schluß!; ко́нчен бал *umg* aus ist der Schmaus; ко́нчено, да́льше не пое́ду! *umg* nun reichts mir, weiter fahre ich nicht!

ко́нченый, -ая, -ое *umg* erledigt; э́то де́ло -ое die Sache ist erledigt; ~ челове́к ein erledigter Mensch

ко́нчик, -а *m* Ende; Spitze; ~ верёвки das Ende des Bindfadens; ~ но́са Nasenspitze

кончи́на, -ы *f hoher Stil* Ableben, Tod

конъюнкту́ра, -ы *f* Konjunktur; спад -ы Konjunkturrückgang

конъюнкту́рщик, -а *m umg verächtl* Konjunkturritter

конь, -я́, *Pl* ко́ни, -е́й, -я́м *m* **1.** Pferd **2.** Rössel, Springer *Schach*; ход -я́ Rösselsprung, Springerzug **3.** *Sport* Pferd ◇ ~ о четырёх нога́х да спотыка́ется *Sprichw* auch der Klügste kann einen Fehler machen; ~ (ещё) не валя́лся es ist noch nichts getan worden; не в -я́ корм a) das ist für ihn zu hoch, das begreift er nicht; b) das nützt ihm sowieso nichts

коньки́ *Pl* -о́в, *Sg* конёк, -нька́ *m* Schlittschuhe; ката́ться на -а́х Schlittschuh laufen; надева́ть ~ die Schlittschuhe anschnallen; ро́ликовые ~ Rollschuhe

конькобе́жец, -жца, *I* -жцем, *G Pl* -жцев *m* Schlittschuhläufer

конькобе́жный, -ая, -ое Eislauf-; ~ спорт Eissport, Eislaufen

коньяк, -а́ (-у́) *m* Kognak

ко́нюх, -а *m* Pferdepfleger, -knecht

коню́шня, -и, *Pl G* -шен, *D* -шням *f* Pferdestall

кооперати́в, -а *m* **1.** Genossenschaft; потреби́тельский ~ Konsumgenossenschaft; сельскохозя́йственный произво́дственный ~ landwirtschaftliche Produktionsgenossenschaft; жили́щно-строи́тельный ~ Wohnungsbaugenossenschaft **2.** *umg* Konsumverkaufsstelle

кооперати́вный, -ая, -ое genossenschaftlich; ~ пай Genossenschaftsanteil

коопера́тор, -а *m* Genossenschaftler

коопера́ция, и *f* **1.** Kooperation **2.** Genossenschaft; потреби́тельская ~ Konsumgenossenschaft; промысло́вая ~ Produktionsgenossenschaft des Handwerks

кооперй́ровать, -рую, -руешь *v, uv* genossenschaftlich organisieren

коопта́ция, -и *f* Kooptation, Ergänzungswahl

координа́та, -ы *f math* Koordinate

координа́тный, -ая, -ое Koordinaten-

координа́ция, -и *f* Koordinierung

коп. (копе́йка) Kopeke

копа́ть, -а́ю, -а́ешь; ко́панный, -ан, -а *uv* **1.** (um)graben; ~ гря́дку ein Beet umgraben **2.** graben, ausheben; ~ я́му eine Grube ausheben; ~ карто́фель Kartoffeln roden ‖ *v mom* копну́ть, -ну́, -нёшь *zu* **1**

копа́ться, -а́юсь, -а́ешься *uv* **1.** herumkramen, wühlen (в *P* in); ~ в кни́гах in den Büchern stöbern **2.** herumtrödeln, nicht vom Fleck kommen (с *I* mit); ты так копа́ешься, что, коне́чно, сно́ва опозда́ешь bei deiner Trödelei kommst du sicher wieder zu spät ◇ ~ в гря́зном белье́ (vor anderen) schmutzige Wäsche waschen

копе́ечка, -и, *Pl G* -чек, *D* -чкам *f Dem zu* копе́йка Kopeke ◇ э́то мне в -у ста́ло [влете́ло, обошло́сь, вскочи́ло] das habe ich teuer bezahlt

копе́ечный, -ая, -ое **1.** Kopeken-, im Wert einer Kopeke **2.** *umg* gering, unbedeutend; -ые расхо́ды unbedeutende Ausgaben **3.** *umg* kleinlich, geizig; -ая душа́ Krämerseele

копе́йка, -и, *Pl G* копе́ек, *D* копе́йкам *f* Kopeke ◇ у него́ нет ни -и er hat keinen Pfennig [keinen roten Heller]; ~ в -у *umg* auf Heller und Pfennig; ~ рубль бережёт *Sprichw* wer den Pfennig nicht ehrt, ist den Taler nicht wert; три рубля́ с -ами etwas über drei Rubel; за -у отда́ть [уступи́ть] für einen Spottpreis weggeben; без -и оста́ться kein Geld mehr haben; дрожа́ть над ка́ждой -ой jeden Pfennig umdrehen

Копенга́ген, -а *m* Kopenhagen

копёр, -пра́ *m* **1.** Förderturm **2.** Pfahlramme

ко́пи *Pl* -ей, *Sg* копь, **-и** *f alt* Grube, Bergwerk
копи́лка, -и, *Pl G* -лок, *D* -лкам *f* Sparbüchse
копи́рка, -и, *Pl G* -рок, *D* -рка́м *f umg* Kohlepapier
копирова́льный, -ая, -ое Kopier-; -ая бума́га Kohlepapier
копиро́вка, -и *f umg* Kopieren, Abschreiben, Abmalen
копиро́вщик, -а *m* Kopist
копи́ть, коплю́, ко́пишь *uv* ansammeln, sparen; ~ на мотоци́кл für ein Motorrad sparen; ~ си́лы Kräfte sammeln
копи́ться, *1. u. 2. Pers ungebr*, ко́пится *uv* sich ansammeln, sich anhäufen
ко́пия, -и *f* **1.** Kopie, Abschrift; Durchschlag; с -ей mit Durchschlag **2.** *phot* Abzug
копна́, -ы́, *Pl* ко́пны, копён, копна́м *f* Heuhaufen; Hocke
копни́ть, -ню́, -ни́шь *uv* zusammenharken; in Hocken aufstellen
копну́ть *mom zu* копа́ть
копотли́вый, -ая, -ое; *Kzf* -и́в, -а *umg* **1.** langsam, saumselig **2.** mühsam, zeitraubend
копотня́, -и́ *f volksspr* Trödelei
ко́поть, -и *f* Ruß
копоши́ться, -шу́сь, -ши́шься *uv* **1.** (umher)wimmeln, kribbeln **2.** schwirren *Gedanken*
[1]**копте́ть,** *1. u. 2. Pers ungebr*, -ти́т *uv* rußen
[2]**копте́ть,** копчу́, копти́шь *uv*: ~ над рабо́той über einer Arbeit sitzen [schwitzen]
копти́лка, -и, *Pl G* -лок, *D* -лкам *f umg* Petroleumfunzel
копти́льный, -ая, -ое Räucher-; ~ заво́д Räucherei
копти́ть, копчу́, копти́шь; копчённый, -ён, -ена́ *uv* **1.** *A* räuchern *Lebensmittel* **2.** *1. u. 2. Pers ungebr* rußen; ла́мпа копти́т die Lampe rußt
копу́н, -а́ *m volksspr* Trödler, nachlässiger, langsamer Mensch
копчёности *Pl* -ей, *Sg* копчёность, -и *f* Räucherwaren
копчёный, -ая, -ое geräuchert; -ая ры́ба Räucherfisch; -ая селёдка Bückling
ко́пчик, -а *m anat* Steißbein
копы́тное, -ого *Subst n* Huftier
копы́то, -а *n* Huf
копьё, -я́, *Pl* ко́пья, ко́пий, ко́пьям *n* Speer, Lanze, Spieß; мета́ние -я́ Speerwerfen ◇ ко́пья лома́ть из-за чего́-н. für etw. eine Lanze brechen
кора́, -ы́ *f* Rinde, Kruste
корабе́льный, -ая, -ое Schiffs-; ~ лес Schiffbauholz; Hochwald
корабле|вожде́ние, -я *n* Nautik; **~круше́ние,** -я *n* Schiffbruch; **~строе́ние,** -я *n* Schiffbau; **~строи́тель,** -я *m* Schiffbauer; **~строи́тельный,** -ая, -ое Schiffbau-
кора́бль, -я́ *m* Schiff; вое́нный ~ Kriegsschiff; возду́шный ~ Luftschiff; сади́ться на ~ an Bord (des Schiffes) gehen; тра́нспортный ~ Transportschiff; сжечь свои́ -и́ alle Brücken hinter sich abbrechen
кора́лл, -а *m* Koralle
кора́лловый, -ая, -ое Korallen-; ~ риф Korallenriff
корве́т, -а *m naut* Korvette
Кордилье́ры, -лье́р *Pl* Kordillieren
кордо́н, -а *m* Kordon, Postenkette *zur Absperrung*
корево́й, -ая, -ое Masern-
коре́ец, -е́йца, *I* -е́йцем, *G Pl* -е́йцев *m* Koreaner
корёжить, -жу, -жишь *uv volksspr* **1.** *meist unpers* krümmen, verziehen; фане́ру корёжит от сы́рости das Furnier verzieht sich von der Feuchtigkeit; его́ корёжит от бо́ли er krümmt sich vor Schmerzen; его́ корёжит от отвраще́ния er schüttelt sich vor Abscheu **2.** *1. u. 2. Pers ungebr* empören, aufbringen ‖ *v* скорёжить
корёжиться, -жусь, -жишься *uv volksspr* **1.** sich verziehen; лес корёжится от сы́рости Holz verzieht sich von der Feuchtigkeit **2.** sich krümmen; ~ от бо́ли sich vor Schmerz krümmen ‖ *v* скорёжиться
коре́йка, -и *f* Kalbs- oder Schweinebrust
коре́йский, -ая, -ое koreanisch; Коре́йская Наро́дно-Демократи́ческая Респу́блика Koreanische Volksdemokratische Republik
корена́стый, -ая, -ое; *Kzf* -а́ст, -а **1.** stämmig, untersetzt; ~ челове́к ein untersetzter Mann **2.** mit starken Wurzeln
корени́ться, *1. u. 2. Pers ungebr*, -ни́тся *uv* **1.** wurzeln; суеве́рие корени́тся в неве́жестве der Aberglaube hat seine Ursache in Unwissenheit **2.** sich festgesetzt haben, fest verwurzelt sein
коренни́к, -а́ *m* Gabelpferd *in der Gabeldeichsel eingespannt*

коренной, -áя, -óе **1.** Grund-, grundlegend; ~ вопрóс grundlegende Frage; -óе слóво *ling* Wurzelwort **2.** gründlich, radikal; -óе преобразовáние radikale [durchgreifende] Umgestaltung; -ым óбразом gründlich, erschöpfend **3.** ursprünglich, alteingesessen; ~ жи́тель Ureinwohner ◇ ~ зуб Backenzahn; коренная лóшадь Gabelpferd *in der Gabeldeichsel eingespannt*

кóрень, -рня, *Pl* кóрни, -éй, -я́м *m* **1.** Wurzel; ~ зу́ба Zahnwurzel; ~ слóва Wortwurzel; пусти́ть кóрни Wurzeln schlagen *a. übtr*; вы́рвать с -рнем mit Stumpf und Stiel [mit der Wurzel] ausrotten **2.** *math* Wurzel; извлекáть ~ die Wurzel ziehen; знак -рня Wurzelzeichen **3.** Wurzel, Ursprung; ~ зла die Wurzel des Übels **4.** *Pl* корéнья, -ьев, -ьям Wurzelgemüse ◇ в -рне von Grund aus, völlig; в -рне невéрный grundfalsch; хлеб на -ню́ das Getreide auf dem Halm; смотрéть в ~ der Sache auf den Grund gehen; краснéть до корнéй волóс über und über rot werden

корешóк, -шкá *m* **1.** kleine Wurzel **2.** Buchrücken **3.** Kontroll-, Stammabschnitt

Корéя, -и *f* Korea

корея́нка, -и, *Pl G* -нок, *D* -нкам *f* Koreanerin

корж, -á, *I* -óм, *G Pl* -éй *m* süßes fladenartiges Gebäck

корзи́на, -ы *f* Korb

корзи́нка, -и, *Pl G* -нок, *D* -нкам *f* *Dem zu* корзи́на Korb, Körbchen

корзи́нщик, -а *m* Korbmacher

коридóр, -а *m* Korridor

коридóрный, -ая, -ое **1.** Korridor- **2.** -ого *Subst m* Zimmerkellner

кори́нка, -и *f* Korinthe

кори́нфский, -ая, -ое *arch* korinthisch

кори́ть, -рю́, -ри́шь *uv umg* **1.** tadeln, Vorwürfe machen **2.**: ~ когó-н. чéм-н. j-m etw. vorwerfen [vorrechnen]

корифéй, -я, *G Pl* -ев *m hoher Stil* Koryphäe

кори́ца, -ы, *I* -ей *f* Zimt

коричневáтый, -ая, -ое; *Kzf* -áт, -а bräunlich

кори́чневый [*a.* шн], -ая, -ое braun, zimtfarben

кори́чный, -ая, -ое Zimt-; -ое дéрево Zimtbaum

кóрка, -и, *Pl G* -рок, *D* -ркам *f* **1.** (Baum-) Rinde; хи́нная ~ Chinarinde **2.** dicke Schale; лимóнная ~ Zitronenschale **3.** Kruste, Rinde ◇ от кóрки до кóрки прочитáть von Anfang bis Ende lesen; на все кóрки ругáть *volksspr* mächtig schimpfen

корм, -а (-у), *P* о кóрме, на кóрме *oder* корму́, *Pl* кормá, -óв, -áм *m* **1.** Futter; поднóжный [зелёный] ~ Grünfutter; концентри́рованный ~ Kraftfutter; задавáть скоту́ ~ dem Vieh Futter schütten **2.** Füttern, Fütterung

кормá, -ы́ *f* Heck

кормёжка, -и, *Pl G* -жек, *D* -жкам *f* *umg* Fütterung

корми́лец, -льца, *I* -льцем, *G Pl* -льцев *m* Ernährer

корми́лица, -ы, *I* -ей *f* Amme

корми́ло, -а *n alt* Steuerruder *a. übtr*

корми́ть, кормлю́, кóрмишь; кóрмленный, -ен, -а *uv* **1.** füttern, zu essen geben; ~ скот das Vieh füttern; там кóрмят хорошó dort gibt es gutes Essen, dort ißt man gut **2.** stillen, säugen; ~ ребёнка гру́дью das Kind stillen **3.** ernähren, unterhalten; отéц кóрмит семью́ der Vater unterhält die Familie ◇ ~ обещáниями [зáвтраками] mit leeren Versprechungen abspeisen ‖ *v* накорми́ть *zu* **1**

корми́ться, кормлю́сь, кóрмишься *uv* **1.** sich nähren; fressen **2.** *I* sich ernähren (von), leben (von)

кормлéние, -я *n* Füttern, Fütterung; Stillen

[1]**кормовóй,** -áя, -óе Futter-; -áя бáза Futtergrundlage; -áя свёкла Futterrübe

[2]**кормовóй,** -áя, -óе Heck-; ~ вéтер Rückenwind; -áя часть Heck *Schiff*

кормозапáрник, -а *m* Futterdämpfer

корму́шка, -и, *Pl G* -шек, *D* -шкам *f* **1.** Krippe, Raufe **2.** *übtr volksspr* Futterkrippe

кóрмчий, -его *Subst m alt, gbt* Steuermann

корнáть, -áю, -áешь *uv volksspr* zu kurz [ungleich] abschneiden *Haare*

корневи́ще, -а, *I* -ем *n* Wurzelstock

корневóй, -áя, -óе Wurzel-

корнеплóд, -а *m* Hackfrucht

корнишóн, -а *m* kleine Essiggurke

кóроб, -а, *Pl* коробá, -óв, -áм *m* Spankorb ◇ наговори́ть [наврáть] кому́-н. с три -а *umg* j-m die Hucke voll lügen

коробéйник, -а *m alt* Hausierer

корóбить, -блю, -бишь *uv* **1.** *meist unpers* krümmen, verziehen; дóску корóбит от сы́рости das Brett verzieht sich vor Feuchtigkeit **2.** *übtr* *umg* abstoßen, unangenehm berühren ‖ *v* скоробить; скоробленный, -ен, -а *zu* 1

коробиться, *1. u. 2. Pers ungebr*, -ится *uv* sich verziehen, wellig werden ‖ *v* скоробиться

коробка, -и, *Pl G* -бок, *D* -бкам *f* **1.** Schachtel; ~ спичек Schachtel Streichhölzer **2.** *tech* Gehäuse, Kasten; ~ скоростей [передач] Wechselgetriebe; дверная ~ Türgewände, Türeinfassung **3.** *el* (Steck-) Dose ◇ черепная ~ *anat* Hirnschale, Schädeldecke; дом-~ Kastenhaus

коробок, -бка *m* kleine Schachtel

коробочка, -и, *Pl G* -чек, *D* -чкам *f Dem zu* коробка Schächtelchen

коробочный, -ая, -ое Schachtel-

корова, -ы *f* Kuh; Hirschkuh; Elchkuh; дойная ~ Milchkuh; *übtr* melkende Kuh, einträgliche Erwerbsquelle ◇ морская ~ Seekuh; идёт, как корове седло das paßt wie die Faust aufs Auge

коровий, -ья, -ье Kuh-; -ье молоко Kuhmilch

коровка, -и, *Pl G* -вок, *D* -вкам *f*: божья ~ Marienkäfer

коровник, -а *m* Kuhstall

коровница, -ы, *I* -ей *f alt* Kuhmagd

короед, -а *m* Borkenkäfer

королева, -ы *f* **1.** Königin **2.** Dame *Schach*

королевич, -а, *I* -ем, *G Pl* -ей *m alt, folkl* Königssohn

королевна, -ы, *Pl G* -вен, *D* -внам *f alt, folkl* Königstochter

королевский, -ая, -ое Königs-

королевство, -а *n* Königreich

королёк, -лька *m* **1.** Blutapfelsine **2.** Goldhähnchen **3.** Zwerghuhn **4.** Zaunkönig

король, -я *m* König *a. Spielkarte und Schachfigur*; нефтяной ~ Ölkönig

коромысло, -а, *Pl G* -сел, *D* -слам *n* **1.** Schulterjoch *zum Wassertragen* **2.** Waagebalken ◇ дым (стоит) коромыслом *umg* es herrscht ein Tohuwabohu [ein Höllenlärm]

корона, -ы *f* **1.** Krone **2.** *astr* Korona; солнечная ~ Sonnenkorona

коронация, -и *f* Krönung

коронка, -и, *Pl G* -нок, *D* -нкам *f* Zahnkrone *oberer Teil des Zahns oder aufgesetzte Krone*; золотая ~ Goldkrone

короновать, -ную, -нуешь; -нованный, -нован, -а *v, uv* krönen

короноваться, -нуюсь, -нуешься *v, uv* gekrönt werden

короста, -ы *f* Krätzegrind

коростель, -я *m zool* Wachtelkönig

коротать, -аю, -аешь *uv umg*: ~ время sich die Zeit vertreiben; ~ вечер в разговорах den Abend mit Gesprächen verbringen ‖ *v* скоротать

короткий, -ая, -ое; *Kzf* короток, коротка, коротко, коротки; *Komp* короче kurz; -ие волны *rad* Kurzwellen; на ~ срок auf kurze Zeit; -ое замыкание *el* Kurzschluß; -ая память kurzes [schlechtes] Gedächtnis; короче говоря kurz gesagt ◇ у меня с ним расправа -ая mit ihm mache ich kurzen Prozeß; -ое знакомство nahe Bekanntschaft; пальто коротко der Mantel ist zu kurz; брюки мне коротки die Hose ist mir zu kurz; у него руки коротки *umg* das steht nicht in seiner Macht; долго ли, коротко ли über kurz oder lang; волос долог, да ум короток lange Haare, kurzer Verstand

коротко *Adv* kurz; ~ говоря kurz gesagt; ~ и ясно kurz und bündig; я ~ знаком с ним ich bin mit ihm gut bekannt

коротковолновик, -а *m* Kurzwellenamateur

коротковолновый, -ая, -ое Kurzwellen-; ~ передатчик Kurzwellensender

короткометражный, -ая, -ое: ~ фильм Kurzfilm

коротконогий, -ая, -ое; *Kzf* -ног, -а kurzbeinig

коротыш, -а, *I* -ом, *G Pl* -ей *m volksspr* Knirps, kleiner Mensch

короче ↑ короткий

корпеть, -плю, -пишь *uv volksspr* angestrengt arbeiten (над *I* an); ~ над книгами über den Büchern hocken

корпия, -и *f* Scharpie

корпорация, -и *f* Korporation, Körperschaft; Korps

корпус, -а, *Pl* корпусы, -ов, -ам *u.* корпуса, -ов, -ам *m* **1.** (*Pl* корпусы) Körper, Rumpf; наклониться всем корпусом sich mit dem ganzen Körper vorbeugen **2.** (*Pl* корпуса) Gehäuse; ~ часов Uhrengehäuse; ~ судна Schiffsrumpf **3.** (*Pl* корпуса) Gebäude *eines Komplexes*; заводские -а Fabrikgebäude **4.** (*Pl* корпуса) Korps; армейский ~ Armeekorps; дипломатический ~ diplomatisches Korps **5.** *typ* Korpus

корректив, -а *m* Berichtigung, Korrektur; внести ~ во что-н. etw. berichtigen

корректи́ровать, -рую, -руешь; -рованный, -рован, -а *uv* korrigieren ‖ *v* скорректи́ровать
корре́ктность, -и *f* Korrektheit
корре́ктный, -ая, -ое; *Kzf* -тен, -тна korrekt
корре́ктор, -а, *Pl* корре́кторы, -ов, -ам *u. umg* корректора́, -о́в, -а́м *m* Korrektor
корректу́ра, -ы *f* **1.** Korrekturabzug **2.** *typ* Korrektur; держа́ть [пра́вить, чита́ть] -у Korrektur lesen
корректу́рный, -ая, -ое Korrektur-; ~ о́ттиск Korrekturabzug
коррелят́ивный, -ая, -ое *buchspr* korrelativ
корреля́ция, -и *f buchspr* Korrelation
корреспонде́нция, -и *f* **1.** Korrespondenz, Briefwechsel **2.** Zeitungsbericht
корреспонди́ровать, -рую, -руешь *uv buchspr D oder* с *I* entsprechen
корро́зия, -и *f* Korrosion
корру́пция, -и *f* Korruption
корса́ж, -а, *I* -ем, *G Pl* -ей *m* Korsage, Mieder
корса́р, -а *m* Seeräuber, Korsar
корсе́т, -а *m* Korsett
Ко́рсика, -и *f* Korsika
корсика́нец, -нца, *I* -нцем, *G Pl* -нцев *m* Korse
корсика́нский, -ая, -ое korsisch
корт, -а *m* Tennisplatz
ко́ртик, -а *m kurzer* Offiziersdolch
ко́рточки, -чек, -чкам *Pl*: сиде́ть на -чках kauern, hocken; присе́сть на ~ sich kauern, sich hinhocken
корча́га, -и *f* großer Tontopf
корчева́ть, -чу́ю, -чу́ешь; -чёванный, -чёван, -а *uv* roden
корчёвка, -и *f* Roden
ко́рчи *Pl* -ей, *Sg* ко́рча, -и *f umg* Krämpfe
ко́рчить, -чу, -чишь *uv* **1.** *meist unpers* zusammenkrampfen; его́ ко́рчит от бо́ли er krümmt sich vor Schmerzen **2.** *volksspr* spielen, markieren; ~ дурака́ sich dumm stellen; он ко́рчит из себя́ учёного er spielt sich als Gelehrter auf ◇ ~ ро́жи [грима́сы] Grimassen schneiden ‖ *v* ско́рчить; -ченный, -чен, -а *zu* 1
ко́рчиться, -чусь, -чишься *uv* sich in Schmerzen winden ‖ *v* ско́рчиться
корчма́, -ы́, *Pl G* -че́м, *D* -чма́м *f alt* Schenke *Ukraine u. Belorußland*
корчма́рь, -я́ *m alt* Schenkwirt
ко́ршун, -а *m* Milan; Weihe; Geier ◇ -ом налете́ть на кого́-н. wie ein Geier über j-n herfallen

коры́стный [сн], -ая, -ое; *Kzf* -тен, -тна eigennützig, gewinnsüchtig
корыстолюби́вый, -ая, -ое; *Kzf* -и́в, -а eigennützig, gewinnsüchtig
корыстолю́бие, -я *n* Eigennutz, Gewinnsucht, Geldgier
ко́рысть, -и *f* **1.** Vorteil, Gewinn **2.** Eigennutz, Gewinnsucht
коры́то, -а *n* Trog ◇ оста́ться у разби́того -а mit gescheiterten Hoffnungen dasitzen
корь, -и *f med* Masern
ко́рюшка, -и, *Pl G* -шек, *D* -шкам *f zool* Stint
коря́вый, -ая, -ое; *Kzf* -я́в, -а **1.** pockennarbig **2.** rauh, rissig **3.** verkrümmt, knorrig ◇ ~ по́черк ungefüge Handschrift; ~ стиль schwerfälliger Stil
[1]**коса́,** -ы́, *A* ко́су, *Pl* ко́сы, кос, ко́сам *f* Zopf
[2]**коса́,** -ы́, *A* ко́су́, *Pl* ко́сы, кос, ко́сам *f* Sense ◇ нашла́ ~ на ка́мень es geht hart auf hart, zwei harte Schädel sind aneinandergeraten
[3]**коса́,** -ы́, *A* ко́су́, *Pl* ко́сы, кос, ко́сам *f* Landzunge, Nehrung
коса́рь, -я́ *m* Schnitter
ко́свенный, -ая, -ое indirekt, mittelbar; -ое влия́ние indirekter Einfluß; ~ намёк Anspielung; -ая речь *gram* indirekte Rede; узна́ть -ым путём auf Umwegen [hintenherum] erfahren; ~ паде́ж obliquer Kasus
косе́ц, -сца́, *I* -сцо́м, *G Pl* -сцо́в *m* Schnitter
коси́лка, -и, *Pl G* -лок, *D* -лкам *f* Grasmähmaschine
ко́синус, -а *m math* Kosinus
[1]**коси́ть,** кошу́, коси́шь *uv* **1.** schielen; ~ на о́ба глаза́ auf beiden Augen schielen **2.** schief sein; пла́тье спе́реди коси́т das Kleid sitzt vorn schief
[2]**коси́ть,** кошу́, ко́сишь; ко́шенный, ко́шен, -а *uv* **1.** mähen **2.** *übtr* dahinraffen
коси́ться, кошу́сь, коси́шься *uv* **1.** *1. u. 2. Pers ungebr* schief werden **2.** на *A umg* schielen, von der Seite ansehen **3.** на *A umg* scheel ansehen, sich mißbilligend verhalten (на *A* zu); все на него́ крся́тся alle sehen ihn scheel an
коси́чка, -и, *Pl G* -чек, *D* -чкам *f Dem zu* [1]коса́ Zöpfchen
косма́тить, -а́чу, -а́тишь *uv umg* zerzausen
косма́тый, -ая, -ое; *Kzf* -а́т, -а zottig, zerzaust
косме́тика, -и *f* Kosmetik

косметический, -ая, -ое kosmetisch; ~ ремонт Renovierung *Wohnung*
косметичка, -и, *Pl G* -чек, *D* -чкам *f umg* Kosmetikerin
космический, -ая, -ое 1. kosmisch, Weltraum-; ~ полёт Weltraumflug; ~ корабль Weltraumschiff; первая -ая скорость erste kosmische Geschwindigkeit; -ая радиация kosmische Strahlung 2. ungeheuer (groß)
космо|дром, -а *m* Kosmodrom, Startplatz für Weltraumschiffe, Raketenstartplatz; **~навт,** -а *m* Kosmonaut, Weltraumfahrer; **~полит,** -а *m* Kosmopolit; **~политизм,** -а *m* Kosmopolitismus; **~политический,** -ая, -ое kosmopolitisch
космос, -а *m buchspr* Weltall, Kosmos; освоение -а Eroberung des Weltalls
космы, косм *Pl* Haarsträhnen
коснеть, -ею, -еешь *uv* 1. erstarren, steif werden; говорить коснеющим языком mit schwerer Zunge sprechen 2. *in einen Zustand* versinken, versumpfen; ~ в невежестве verdummen; ~ в пороках dem Laster verfallen sein
косность, -и *f* geistige Trägheit, Stagnation
косноязычный, -ая, -ое; *Kzf* -чен, -чна 1. an einem Sprachfehler leidend 2. stotternd, stammelnd
коснуться *v zu* касаться
косный, -ая, -ое; *Kzf* -сен, -сна geistig träge, konservativ
косовица, -ы, *I* -ей *f* Heuernte; Mähzeit; ~ хлебов Zeit der Getreideernte
косовище, -а, *I* -ем *n* Sensenstiel
косоворотка, -и, *Pl G* -ток, *D* -ткам *f* russisches Hemd mit Stehkragen und seitlichem Verschluß
косоглазие, -я *n* Schielen
косоглазый, -ая, -ое; *Kzf* -аз, -а schieläugig
косогор, -а *m* Abhang
косой, -ая, -ое; *Kzf* кос, -а! 1. schräg; ~ почерк schräge Handschrift; глаза с -ым разрезом Schlitzaugen 2. schief, krumm 3. schieläugig ◇ ~ взгляд schiefer Blick, Seitenblick; косо смотреть на кого-н. j-n scheel ansehen; ~ угол schiefer Winkel
косолапый, -ая, -ое; *Kzf* -ап, -а 1. klumpfüßig 2. mit nach innen gekehrten Füßen gehend *z. B. Bär* 3. *umg* tolpatschig, ungeschickt
косоугольный, -ая, -ое *math* schiefwinklig
Коста-Рика, -и *f* Costa Rica
костенеть, -ею, -еешь *uv* erstarren; ~ от ужаса [холода] vor Schreck [Kälte] erstarren
костёр, -тра *m* Lagerfeuer; Scheiterhaufen; разложить ~ ein Lagerfeuer anmachen
костистый, -ая, -ое; *Kzf* -ист, -а 1. knochig, mit hervorstehenden Knochen 2. mit vielen Gräten
костить, -щу, -стишь *uv volksspr* stark beschimpfen
костлявый, -ая, -ое; *Kzf* -яв, -а 1. knochig, dürr 2. mit vielen Gräten
костный [сн], -ая, -ое Knochen-; ~ мозг Knochenmark; ~ клей Knochenleim
костоеда, -ы *f med* Knochenfraß
косточка, -и, *Pl G* -чек, *D* -чкам *f* 1. Knöchelchen; Gräte 2. Stein, Kern *in Früchten*; ~ сливы Pflaumenkern 3. Holzkugel *am Rechenbrett* 4. Korsettstäbchen ◇ перемывать кому-н. косточки j-n durchhecheln, kein gutes Haar an j-m lassen
кострец, -а, *I* -ом, *G Pl* -ов *m* Keule, Schwanzstück *bei geschlachtetem Vieh*
костыль, -я *m* 1. Krücke, Krückstock 2. Haken, Mauerhaken
кость, -и, *P* о кости, в кости *f* 1. Knochen; Gräte; берцовая ~ Schienbein; локтевая ~ Elle; височная ~ Schläfenbein; слоновая ~ Elfenbein 2. *meist Pl* Spielwürfel; играть в -и würfeln ◇ белая ~ *iron* blaues Blut; промокнуть до -ей bis auf die Haut durchnäßt werden; пересчитать кому-н. -и *volksspr* j-n versohlen
костюм, -а *m* 1. Kostüm, Tracht; национальный ~ Volkstracht 2. Damenkostüm; платье-~ Jackenkleid 3. Anzug; ~ на заказ Maßanzug ◇ в -е Адама *scherz* im Adamskostüm
костюмер, -а *m theat* Gewandmeister
костюмированный, -ая, -ое kostümiert; ~ бал Maskenball
костюмироваться, -руюсь, -руешься *v, uv* sich kostümieren
костюмировка, -и *f* Kostümierung
Костя, -и *m Dem zu* Константин
костяк, -а *m* 1. Knochengerüst, Skelett 2. Grundstock, Stamm
костяной, -ая, -ое aus Knochen hergestellt, beinern; -ая мука Knochenmehl
костяшка, -и, *Pl G* -шек, *D* -шкам *f umg* 1. Knöchel 2. aus Knochen gefertigter Gegenstand *Knopf u. a.* 3. Kugel des Rechenbretts
косуля, -и *f* Reh

косы́нка, -и, *Pl G* -нок, *D* -нкам *f* (dreieckiges) Kopftuch, Halstuch
косьбá, -ы́ *f* Mähen, Mahd
[1]**кося́к,** -á *m* Pfosten; дверно́й ~ Türpfosten; око́нный ~ Fensterpfosten
[2]**кося́к,** -á *m* **1.** Schwarm *Vögel, Fische* **2.** Stutenherde mit einem Hengst
кот, -á *m* Kater ◇ ~ в сапогáх der gestiefelte Kater; де́нег у меня́ ~ наплáкал ich habe sehr wenig Geld; купи́ть -á в мешкé die Katze im Sack kaufen; без -á мышáм мáсленица *Sprichw* wenn die Katze nicht im Haus ist, tanzen die Mäuse
котáнгенс, -а *m math* Kotangens
котёл, -тлá *m* Kessel *a. mil*; паровóй ~ Dampfkessel ◇ óбщий ~ Gemeinschaftsverpflegung; *übtr* gemeinschaftliche Benutzung; кипéть как в котлé eine fieberhafte Tätigkeit entfalten
котелóк, -лкá *m* **1.** *Dem zu* котёл kleiner Essenträger; Kochgeschirr **2.** steifer runder Hut, Melone
котéльная, -ой *Subst f* Kesselhaus
котéльщик, -а *m* **1.** Kesselschmied **2.** Heizer im Kesselhaus
котёнок, -нка, *Pl* котя́та, -я́т, -я́там *m* junges Kätzchen
кóтик, -а *m* **1.** Kater **2.** Bärenrobbe **3.** Seal(skin)
кóтиковый, -ая, -ое Seal(skin)-
коти́ться, *1. u. 2. Pers ungebr,* -и́тся *uv* Junge werfen *Katzen u. a.*
котлéта, -ы *f* **1.**: отбивнáя ~ Kotelett **2.** Klops, Fleischklößchen; картóфельная ~ Kartoffelpuffer
котловáн, -а *m* Baugrube
котлови́на, -ы *f* Talkessel
котóмка, -и, *Pl G* -мок, *D* -мкам *f* Schultersack, Quersack
котóрый, -ая, -ое *Pron* **1.** *Interr Pron* welcher; der wievielte; ~ час? wie spät ist es?; ~ раз? das wievielte Mal?; ~ гáлстук вы вы́брали? welchen Schlips haben Sie gewählt?; в -ом часу́? um wieviel Uhr?; ~ тебé год? wie alt bist du? **2.** *Rel Pron* der, welcher; дом, в -ом я живу́ das Haus, in dem ich wohne; человéк, фами́лию -ого я забы́л der Mann, dessen Namen ich vergessen habe **3.** *Indef Pron* mancher *besonders mit den Substantiven*: раз, день, год; ~ день manchen Tag, seit Tagen; в ~ раз immer wieder **4.** *Indef Pron volksspr* ein bestimmter; *Pl* einige; -ые разговáривали, -ые игрáли в кáрты einige unterhielten sich, andere spielten Karten
котóрый-либо, -ая-либо, -ое-либо *unbest Pron alt umg* irgendeiner, irgendjemand
котóрый-нибудь, -ая-нибудь, -ое-нибудь *unbest Pron umg* irgendeiner, irgendjemand
коттéдж [катэ], -а *m* Einfamilienhaus
кóфе *m idkl* Kaffee; ~ в зёрнах Bohnenkaffee; ~ с молокóм Milchkaffee
кофéйник, -а *m* Kaffeekanne
кофéйница, -ы, *I* -ей *f* **1.** Kaffeebüchse **2.** Kaffeemühle *Handmühle*
кофéйный, -ая, -ое Kaffee-; -ая гу́ща Kaffeesatz; -ого цвéта kaffeebraun
кофéйня, -и, *Pl G* -éен, *D* -éйням *f alt* Kaffeehaus
кóфта, -ы *f* kurze Frauenjacke oder -bluse; вя́заная ~ Strickjacke
кóфточка, -и, *Pl G* -чек, *D* -чкам *f Dem zu* кóфта kurze Frauenjacke aus leichtem Stoff
кочáн, -á *u.* -чнá *m* Kohlkopf
кочевáть, -чу́ю, -чу́ешь *uv* nomadisieren
кочёвка, -и *f* **1.** Nomadisieren **2.** Nomadenlager
кочéвник, -а *m* Nomade
кочевóй, -áя, -óе nomadisierend; -óе плéмя Nomadenstamm
кочевря́житься, -жусь, -жишься *uv volksspr* **1.** sich verstellen, sich zieren **2.** sich bitten lassen
кочéвье, -ья, *Pl G* -вий, *D* -вьям *n* **1.** Nomadenlager **2.** Weidegebiet der Nomaden
кочегáр, -а *m* Heizer
кочегáрка, -и, *Pl G* -рок, *D* -ркам *f* Kesselhaus
коченéть, -éю, -éешь *uv* starr [steif] werden; ~ от хóлода vor Kälte erstarren
кочергá, -и́, *Pl G* -рёг, *D* -ргáм *f* Feuerhaken
кочеры́жка, -и, *Pl G* -жек, *D* -жкам *f* Kohlstrunk
кóчка, -и, *Pl G* -чек, *D* -чкам *f* kleiner Erdhügel *auf sumpfigem Boden*
кошáтник, -а *m umg* **1.** Katzenfänger **2.** Katzenliebhaber
кошáчий *u.* **кóшечий,** -ья, -ье **1.** Katzen-; -ья лóвкость katzenartige Gewandtheit **2.** aus Katzenfell gefertigt ◇ ~ концéрт Katzenmusik
кошелёк, -лькá *m* Portemonnaie
кошёлка, -и, *Pl G* -лок, *D* -лкам *f* geflochtene Tasche, kleiner Korb
кошéль, -я́ *m* **1.** Korb, geflochtene Tasche **2.** *alt* Geldbeutel

кошéние, -я *n* Mähen
кóшечий ↑ кошáчий
кóшка, -и, *Pl G* -шек, *D* -шкам *f* 1. Katze; ангóрская ~ Angorakatze 2. *umg* Katzenfell 3. Steigeisen 4. kleiner Anker *zum Heben versunkener Gegenstände* 5. Katze *Lederpeitsche* ◇ игрáть в кóшки-мы́шки Katze und Maus spielen; жить как ~ с собáкой wie Hund und Katze leben; -е игрýшки, а мы́шке слёзки *Sprichw* des einen Tod, des andern Brot; чёрная ~ междý ни́ми пробежáла sie haben sich verkracht; он бéгает как угорéлая ~ er rennt wie ein Wahnsinniger
кошмáр, -а *m* Alpdruck *a. übtr*; -ы войны́ die Schrecken des Krieges
кошмáрный, -ая, -ое; *Kzf* -рен, -рна grauenhaft, entsetzlich; ~ сон Alptraum
Кощéй, -я *m in der russ. Volkssage* hagerer, reicher alter Mann, der das Geheimnis der Langlebigkeit besitzt
кощýнство, -а *n* Lästerung, Schmähung
кощýнствовать, -твую, -твуешь *uv* над *I* lästern, schmähen
коэффициéнт [эн], -а *m* Koeffizient; ~ полéзного дéйствия *tech* Wirkungsgrad, Nutzeffekt
КПГ (Коммунисти́ческая пáртия Гермáнии) KPD (Kommunistische Partei Deutschlands)
кпд (коэффициéнт полéзного дéйствия) *tech* Wirkungsgrad, Nutzeffekt
КПК (Коми́ссия парти́йного контрóля) Parteikontrollkommission
КПСС (Коммунисти́ческая пáртия Совéтского Сою́за) KPdSU (Kommunistische Partei der Sowjetunion)
краб, -а *m* Krabbe
крáвчий, -его *Subst m* Mundschenk
крáги, краг *Pl* 1. Stiefelgamaschen, Ledergamaschen 2. Handschuhstulpen
крáденое, -ого *Subst n* Diebesgut
крáденый, -ая, -ое gestohlen
крадý ↑ красть
крáдучись *Adv*: идти́ ~ *umg* schleichen
краевéд, -а *m* Heimatkundler
краевéдение, -я *n* Heimatkunde
краевéдческий, -ая, -ое heimatkundlich; ~ музéй Heimatmuseum
краевóй, -áя, -óе Regions-, Gebiets-
краеугóльный, -ая, -ое: ~ кáмень *übtr* Grundstein
крáжа, -и, *I* -ей *f* Diebstahl; ~ со взлóмом Einbruchdiebstahl

край, крáя *u.* крáю, *P* о крáе, в [на] краю́, *Pl* края́, -ёв, -я́м *m* 1. Rand, Kante, Ende; на сáмом краю́ am äußersten Ende [Rand]; на краю́ свéта am Ende der Welt; перели́ться чéрез ~ überfließen; на краю́ ги́бели am Rande des Verderbens; перéдний ~ (оборóны) *mil* Hauptkampflinie 2. Land; роднóй ~ Heimatland 3. Region, Gebiet *große Verwaltungseinheit* ◇ слы́шать крáем ýха mit halbem Ohr hören; чéрéз ~ im Übermaß; хвати́ть чéрез ~ zu weit gehen, über die Schnur hauen; э́тому концá-крáю нет das nimmt kein Ende; моя́ хáта с крáю, я ничегó не знáю mein Name ist Hase, ich weiß von nichts
крайкóм, -а *m* (краевóй комитéт) Regionskomitee *der Partei*
крáйне *Adv* äußerst, sehr
крáйний, -яя, -ее äußerst; ~ срок letzter Termin; на Крáйнем Сéвере im Hohen Norden; в крáйнем слýчае im Notfall, notfalls; по крáйней мéре mindestens; лéвый ~ (нападáющий) Linksaußen *Fußball*
крáйность, -и *f* Extrem; впадáть в ~ ins Extrem verfallen; доводи́ть до -и bis zum Äußersten treiben
Крáков, -а *m* Kraków
краковя́к, -а *m* Krakowiak *polnischer Tanz*
¹кран, -а *m* Hahn; водопровóдный ~ Wasserhahn
²кран, -а *m* (Hebe-) Kran
крановщи́к, -á *m* Kranführer
крановщи́ца, -ы, *I* -ей *f* Kranführerin
крáновый, -ая, -ое Kran-
крáпать, *1. u. 2. Pers ungebr*, -пает *u.* -плет; крáпленный, -ен, -а *uv* tröpfeln *Regen*
крапи́ва, -ы *f* Brennessel; глухáя ~ Taubnessel
крапи́вница, -ы, *I* -ей *f* Nesselfieber
крапи́вный, -ая, -ое Nessel- ◇ -ое сéмя *alt, iron* Amtsschreiber, Beamter
крáпина, -ы *f* Tüpfel, Tupfen
крáпинка, -и, *Pl G* -нок, *D* -нкам *f* Tüpfel; с чёрными -ами schwarzgetüpfelt
краплёный, -ая, -ое gezinkt, gezeichnet *Spielkarten von Falschspielern*
красá, -ы́ *f* 1. *alt, poet* Schönheit; во всей красé in aller Pracht; показáть себя́ во всей красé *iron* sein wahres Gesicht zeigen 2. *übtr* Zierde, Schmuck

краса́вец, -вца, *I* -вцем, *G Pl* -вцев *m* schöner Mann

краса́вица, -ы, *I* -ей *f* Schönheit, schöne Frau

краси́вый, -ая, -ое; *Kzf* -и́в, -а; *Komp* краси́вее *u. poet* кра́ше schön, hübsch; -ые слова́ schöne Redensarten

краси́льный, -ая, -ое Färber-, Farb-; ~ цех Färberei; -ые вещества́ Farbstoffe

краси́льня, -и, *Pl G* -лен, *D* -льням *f* Färberei

краси́льщик, -а *m* Färber

краси́тель, -я *m* Farbstoff

кра́сить, кра́шу, кра́сишь; кра́шенный, -шен, -а *uv* 1. (chemisch) färben 2. (an)streichen; ~ сте́ны в жёлтый цвет die Wände gelb streichen 3. *1. u. 2. Pers ungebr* (ver)zieren, schmücken

кра́ситься, кра́шусь, кра́сишься *uv* 1. sich schminken; sich die Haare färben 2. abfärben 3. sich färben lassen; мате́рия хорошо́ кра́сится der Stoff läßt sich gut färben

кра́ска, -и, *Pl G* -сок, *D* -скам *f* 1. Farbe, Farbstoff; ма́сляная ~ Ölfarbe; светя́щиеся -и Leuchtfarben; писа́ть -ами malen 2. Färben, Anstreichen; отда́ть пла́тье в -у das Kleid zum Färben geben 3. gesunde Gesichtsfarbe; вогна́ть кого́-н. в -у j-n zum Erröten bringen ◇ сгуща́ть -и übertreiben

красне́ть, -е́ю, -е́ешь *uv* 1. *1. u. 2. Pers ungebr* sich röten *Früchte* 2. erröten, rot anlaufen 3. sich schämen; мне прихо́дится ~ за тебя́ ich muß mich deinetwegen schämen 4. *1. u. 2. Pers ungebr* rot leuchten, rot schimmern

красне́ться, *1. u. 2. Pers ungebr*, -еется *uv* rot leuchten [schimmern]

красноарме́ец, -е́йца, *I* -е́йцем, *G Pl* -е́йцев *m* Rotarmist

красноарме́йский, -ая, -ое Rotarmisten-

краснобა́й, -я, *G Pl* -ев *m* Schönredner, Phrasendrescher

краснова́тый, -ая, -ое; *Kzf* -а́т, -а rötlich

красногварде́ец, -е́йца, *I* -е́йцем, *G Pl* -е́йцев *m* Rotgardist

Краснода́р, -а *m* Krasnodar *Stadt*

краснодере́вец, -вца, *I* -вцем, *G Pl* -вцев *m* Kunsttischler

краснодере́вщик, -а *m* Kunsttischler

краснознамённый, -ая, -ое mit dem Rotbannerorden ausgezeichnet

красноко́жий, -его *Subst m* Rothaut, Indianer

красноле́сье, -ья *n* Nadelwald

красноречи́вый, -ая, -ое; *Kzf* -и́в, -а 1. redegewandt 2. ausdrucksvoll

красноре́чие, -я *n* 1. Beredsamkeit, Rednertalent 2. Redekunst

краснота́, -ы́ *f* 1. Röte 2. *med* Rötung

краснофло́тец, -тца, *I* -тцем, *G Pl* -тцев *m* Matrose der Roten Flotte

краснощёкий, -ая, -ое; *Kzf* -ёк, -а rotbäckig, rotwangig

красну́ха, -и *f med* Röteln

кра́сный, -ая, -ое 1. *Kzf* -сен, -сна́! rot *Farbe* 2. *pol* rot; ~ уголо́к Rote Ecke *Raum für kulturelle Arbeit*; -ая доска́ Ehrentafel 3. *Kzf* -сен, -сна́! *folkl* schön; -ая де́вица schönes Mädchen; -ое со́лнышко liebe Sonne ◇ -ое де́рево Mahagoni; -ая строка́ neue Zeile mit Absatz, Alinea; ра́ди -ого словца́ der schönen Worte wegen; проходи́ть -ой ни́тью sich wie ein roter Faden hindurchziehen; пусти́ть -ого петуха́ den roten Hahn aufs Dach setzen, in Brand stecken; Кра́сное мо́ре Rotes Meer

красова́ться, -су́юсь, -су́ешься *uv* 1. schön anzusehen sein 2. *mit oder ohne* собо́ю prunken, sich zur Schau stellen

красота́, -ы́, *Pl* красо́ты, -о́т, -о́там *f* Schönheit

красо́тка, -и, *Pl G* -ток, *D* -ткам *f umg* schönes Mädchen

кра́сочность, -и *f* Farbenreichtum, Farbenpracht

кра́сочный, -ая, -ое 1. Farben-; кра́сочная промы́шленность Farbenindustrie 2. *Kzf* -чен, -чна farbenprächtig ◇ ~ стиль bilderreicher Stil

красть* *uv* stehlen ‖ *v* у к р а́ с т ь

кра́сться* крадя́сь *u. umg* кра́дучись *uv* (sich an-, ein-) schleichen

кра́сящий, -ая, -ее färbend, Farb-

крат: во́ сто ~ бо́льше hundertmal so groß [so viel]

кра́тер, -а *m* Krater

кра́ткий, -ая, -ое; *Kzf* -ток, -тка́!; *Komp* кра́тче; *Sup* кратча́йший 1. kurz; knapp, gedrängt; ~ гла́сный kurzer Vokal; и кра́ткое Bezeichnung des Buchstabens й 2. -о *Adv*: говори́ -о! fasse dich kurz!

кратковре́менный, -ая, -ое; *Kzf* -менен, -менна kurz, von kurzer Dauer

краткосро́чный, -ая, -ое; *Kzf* -чен, -чна kurzfristig

кра́ткость, -и *f* Kürze, Knappheit

кра́тное, -ого *Subst n* das Vielfache; о́бщее наиме́ньшее ~ das kleinste gemeinsame Vielfache

-кра́тный *in Zuss* -malig

кра́тный, -ая, -ое; *Kzf* -тен, -тна teilbar *math*

кратча́йший ↑ кра́ткий

кра́тче ↑ кра́ткий

крах, -а *m* Bankrott, Zusammenbruch; ~ ба́нка Bankkrach; потерпе́ть ~ zusammenbrechen

крахма́л, -а *m* Stärke(mehl)

крахма́лить, -лю, -лишь; -ленный, -лен, -а *uv* stärken, steifen

крахма́льный, -ая, -ое 1. Stärke- 2. gestärkt

кра́ше ↑ краси́вый

кра́шение, -я *n tech* Färben

кра́шеный, -ая, -ое 1. gefärbt; angestrichen 2. geschminkt

краю́ха, -и *f volksspr* Brotkanten

краю́шка, -и, *Pl G* -шек, *D* -шкам *f Dem zu* краю́ха Brotkanten

кре́дит, -а *m finanz* Haben(seite)

креди́т, -а *m* 1. Kredit, Darlehen; откры́ть кому́-н. ~ j-m Kredit einräumen; купи́ть в ~ auf Abzahlung kaufen 2. Kredit, Vertrauen

креди́тный, -ая, -ое Kredit-; ~ биле́т *alt* Banknote

кредитова́ние, -я *n* Kreditierung, Gewährung eines Kredits

кредитова́ть, -ту́ю, -ту́ешь; -то́ванный, -то́ван, -а *v, uv A* kreditieren, Kredit gewähren; ~ строи́тельство einen Baukredit gewähren

кредитова́ться, -ту́юсь, -ту́ешься *v, uv* Kredit aufnehmen

кредито́р, -а *m* Gläubiger, Kreditgeber

кредитоспосо́бный, -ая, -ое; *Kzf* -бен, -бна kreditfähig

крез, -а *m* Krösus

кре́йсер, -а *m* Kreuzer; лине́йный ~ Schlachtkreuzer

кре́йсерский, -ая, -ое: -ая ско́рость *flugw, naut* Reisegeschwindigkeit

крейси́ровать, -рую, -руешь *uv* 1. verkehren *Schiffe* 2. kreuzen *Kriegsschiffe*

крем, -а *m* 1. Schlagkrem 2. Schuhkrem 3. Hautkrem

крematóрий, -я, *P* -и, *G Pl* -ев *m* Krematorium

кремацио́нный, -ая, -ое Verbrennungs-

крема́ция, -и *f* Einäscherung

креме́нь, -мня́ *m* 1. Kiesel, Feuerstein 2. *umg* starrköpfiger Mensch; Geizhals

кремлёвский, -ая, -ое Kreml-; -ие ба́шни Kremltürme

кремль, -я́ *m* Kreml *Stadtfestung in alten russischen Städten*; Моско́вский Кремль der Moskauer Kreml

кремнёвый, -ая, -ое Kiesel-; -ая кислота́ Kieselsäure; -ое ружьё Steinschloßflinte

кре́мний, -я, *P* -и *m* Silizium

кремни́стый, -ая, -ое Kiesel-

кре́мовый, -ая, -ое 1. cremefarben 2. Krem-; -ое пиро́жное Kremtörtchen

крен, -а *m* 1. *naut* Schlagseite; дать ~ Schlagseite haben 2. *übtr* Kurs

кре́ндель, -я, *Pl* -и *u.* -я́, -е́й, -я́м *m* Brezel

крени́ть, -ню́, -ни́шь *uv* auf die Seite legen *Schiff*

крени́ться, *1. u. 2. Pers ungebr*, -и́тся *uv naut* Schlagseite haben

креп, -а *m* 1. *text* Krepp 2. Flor, Trauerflor; Trauerband

крепдеши́н, -а *m text* Crêpe de Chine

крепёжный, -ая, -ое *berg* zur Sicherung der Abbaustellen bestimmt; ~ лес Grubenholz

крепи́тельный, -ая, -ое *med* stopfend

крепи́ть, -плю́, -пи́шь; -плённый, -плён, -плена́ *uv* 1. festigen, stärken 2. befestigen, festmachen 3. *berg* abstützen 4. *1. u. 2. Pers ungebr med* stopfen; его́ крепи́т er leidet an Verstopfung

крепи́ться, -плю́сь, -пи́шься *uv* sich zusammennehmen; крепи́сь! nur Mut!

кре́пки: игра́ть в ~ Dame spielen *nach den üblichen Regeln*

кре́пкий, -ая, -ое; *Kzf* -пок, -пка́!; *Komp* кре́пче; *Sup* крепча́йший 1. fest, hart 2. kräftig, stark; ~ челове́к ein starker Mensch 3. stark, heftig; ~ моро́з heftiger Frost 4. stark *Getränke*; -ие напи́тки stark alkoholhaltige Getränke ◇ ~ сон fester Schlaf; -ое словцо́ derber Ausdruck, Schimpfwort; ~ на́ ухо schwerhörig; он ещё кре́пок на нога́х er ist noch gut zu Fuß

кре́пко *Adv* 1. fest, stark 2. *volksspr* ordentlich, gehörig; ~-на́крепко sehr fest; sehr streng

крепколо́бый, -ая, -ое; *Kzf* -ло́б, -а *umg* dickköpfig; dumm, stupid

крепле́ние, -я *n* 1. Befestigen; *naut* Zurren 2. *berg* Zimmerung 3. Bindung; лы́жное ~ Schibindung

кре́пнуть, -ну, -нешь; креп *u.* крепнул *uv* erstarken, sich festigen

крепостни́чество [сн], -а *n* Leibeigenschaft

[1]**крепостно́й** [сн], -а́я, -о́е **1.** leibeigen; -о́е пра́во Leibeigenschaft **2.** -ого *Subst m* Leibeigener

[2]**крепостно́й** [сн], -а́я, -о́е Festungs-; -ы́е укрепле́ния Festungswerke

[1]**кре́пость,** -и *f* Festung

[2]**кре́пость,** -и *f* **1.** Festigkeit, Härte **2.** Stärke, Kraft **3.** Stärke *Getränke, Lösungen*

крепча́йший ↑ кре́пкий

крепча́ть, *1. u. 2. Pers ungebr*, -а́ет *uv* stärker [heftiger] werden

кре́пче ↑ кре́пкий

крепы́ш, -а́, *I* -о́м, *G Pl* -е́й *m umg* kräftiger, kerngesunder Mensch *meist von Kindern*

кре́сло, -а, *Pl G* -сел, *D* -слам *n* Sessel; ~ на колёсах Rollstuhl; ~-крова́ть ausziehbarer Sessel; катапульти́руемое ~ *flug* Schleudersitz

крест, -а́ *m* Kreuz; О́бщество Кра́сного креста́ Rotes Kreuz; ~-на́крест kreuzweise ◇ поста́вить ~ на чём-н. ein Kreuz über etw. machen, etw. aufgeben

кресте́ц, -тца́, *I* -тцо́м, *G Pl* -тцо́в *m anat* Kreuz(bein)

крести́льный, -ая, -ое Tauf-

крести́ны, -и́н *Pl* Taufe

крести́ть, крещу́, кре́стишь; крещённый, -ён, -ена́ *uv* **1.** *a. v* taufen **2.** bekreuzigen

крести́ться, крещу́сь, кре́стишься *uv* **1.** *a. v* sich taufen lassen, den christlichen Glauben annehmen **2.** sich bekreuzigen

кре́стник [сн], -а *m* Patenkind

кре́стница [сн], -ы, *I* -ей *f* (weibliches) Patenkind

кре́стный [сн], -ая, -ое Kreuz(es)-; ~ ход (Kirchen-) Prozession

крёстный [сн] **1.** -ая, -ое: ~ оте́ц Pate, Patenonkel; -ая мать Patin, Patentante; ~ сын, -ая дочь (männliches, weibliches) Patenkind **2.** -ого *Subst m* Pate, Patenonkel; -ая, -ой *Subst f* Patin, Patentante

крестови́дный, -ая, -ое; *Kzf* -ден, -дна kreuzförmig

крестови́к, -а́ *m* Kreuzspinne

крестови́на, -ы *f arch* Kreuzstück *a. Eisenbahn*

кресто́вый, -ая, -ое Kreuz-; ~ похо́д *hist* Kreuzzug

крестоно́сец, -сца, *I* -сцем, *G Pl* -сцев *m* Kreuzfahrer, Kreuzritter

крестообра́зный, -ая, -ое; *Kzf* -зен, -зна kreuzförmig

крестоцве́тные, -ых *Pl bot* Kreuzblütler

крестцо́вый [сц], -ая, -ое *anat* Kreuz-; -ая кость Kreuzbein

крестья́нин, -а, *Pl* -я́не, -я́н, -я́нам *m* Bauer; ~-бедня́к Kleinbauer

крестья́нка, -и, *Pl G* -нок, *D* -нкам *f* Bäuerin

крестья́нский, -ая, -ое Bauern-; -ая война́ Bauernkrieg

крестья́нство, -а *n* **1.** Bauern(schaft) **2.** *gbt* Landwirtschaft, Bauernarbeit

крети́н, -а *m* Kretin, Schwachsinniger

креще́ние, -я *n* **1.** Taufe **2.** Dreikönigsfest ◇ боево́е ~ Feuertaufe

креще́нский, -ая, -ое: -ие моро́зы strenges Frostwetter in der zweiten Januarhälfte

крещёный, -ая, -ое getauft

крива́я, -о́й *Subst f* Kurve ◇ его́ на -о́й не объе́дешь ihn kann man nicht hinters Licht führen

кри́вда, -ы *f folkl* Lüge

криве́ть, -е́ю, -е́ешь *uv volksspr* auf einem Auge erblinden

кривизна́, -ы́ *f* Krümmung, Biegung

криви́ть, -влю́, -ви́шь *uv* krümmen, schief machen; ~ рот den Mund verziehen; ~ душо́й heucheln ‖ *v* скриви́ть; скривлённый, -ён, -ена́

криви́ться, -влю́сь, -ви́шься *uv* **1.** sich biegen, krumm werden **2.** den Mund verziehen ‖ *v* скриви́ться

кривля́ка, -и *m, f umg* **1.** Grimassenschneider **2.** Zieraffe

кривля́нье, -ья *n* **1.** Grimassenschneiden **2.** Geziertheit

кривля́ться, -я́юсь, -я́ешься *uv* **1.** Grimassen schneiden; Faxen machen **2.** sich zieren

криво́й, -а́я, -о́е; *Kzf* крив, -а́! **1.** krumm, schief **2.** einäugig ◇ -о́е зе́ркало Vexierspiegel *ein verzerrtes Bild zeigend*; -о́е толкова́ние Mißdeutung

кривоно́гий, -ая, -ое; *Kzf* -но́г, -а krummbeinig

кривото́лки, -ов *Pl* übles Gerede, Geschwätz

кривоши́п, -а *m tech* Kurbel

кри́зис, -а *m* Krise, Krisis; мирово́й экономи́ческий ~ Weltwirtschaftskrise

крик, -а (-у) *m* Schrei, Ruf; ~ о по́мощи Hilferuf; после́дний ~ мо́ды der letzte Schrei, die neueste Mode

крикли́вый, -ая, -ое; *Kzf* -и́в, -а **1.** häufig schreiend **2.** gellend, durchdringend **3.**: ~ человéк vorlauter Mensch, Schreier **4.** *übtr* schreiend, auffällig

кри́кнуть *v mom zu* кричáть

крикýн, -á *m umg* **1.** Schreihals **2.** leerer Schwätzer

криминáльный, -ая, -ое kriminell, Kriminal-

кри́нка *u.* **кры́нка,** -и, *Pl G* -нок, *D* -нкам *f* enger Tontopf *für Milch*

кристáлл, -а *m* **1.** *min* Kristall; прозрáчный как ~ kristallklar **2.** *alt* Kristall *Geschirr*

кристаллизи́ровать, -рую, -руешь *v, uv* zur Kristallisation bringen

кристаллизи́роваться, *1. u. 2. Pers ungebr*, -руется *v, uv* kristallisieren

кристаллизовáть, -зýю, -зýешь; -зóванный, -зóван, -а *v, uv* zur Kristallisation bringen

кристаллизовáться, *1. u. 2. Pers ungebr*, -зýется *v, uv* kristallisieren

кристáльный, -ая, -ое **1.** *alt* Kristall- **2.** *Kzf* -лен, -льна kristallklar, rein **3.** *Kzf* -лен, -льна *übtr* makellos, rein

Крит, -а *m* Kreta

критéрий, -я, *P* -и, *G Pl* -ев *m* Kriterium

кри́тик, -а *m* Kritiker; ~-искусствовéд Kunstkritiker

кри́тика, -и *f* Kritik ◇ ни́же вся́кой -и unter aller Kritik; э́то не выдéрживает -и das spottet jeder Kritik

критикáн, -а *m* Kritikaster

критикáнствовать, -вую, -вуешь *uv* kritteln

критиковáть, -кýю, -кýешь *uv* kritisieren

критици́зм, -а *m buchspr* **1.** kritische Einstellung **2.** *phil* Kritizismus

[1]**крити́ческий,** -ая, -ое **1.** kritisch, Kritik enthaltend **2.** kritisch; ~ ум kritischer Verstand

[2]**крити́ческий,** -ая, -ое **1.** kritisch, in einer Krise befindlich **2.** kritisch, schwierig

крити́чный, -ая, -ое; *Kzf* -чен, -чна kritisch, Kritik enthaltend

кричáть, -чý, -чи́шь *uv* **1.** schreien, rufen **2.**: ~ на когó-н. j-n anschreien, j-n ausschimpfen ‖ *v mom* **кри́кнуть,** -ну, -нешь *zu* 1 aufschreien

кричáщий, -ая, -ее schreiend, auffällig

кров, -а *m buchspr alt* Obdach, Schutz; без -а obdachlos; под -ом unter Dach und Fach

кровáвый, -ая, -ое **1.** blutig; -ая бáня Blutbad **2.** blutüberströmt **3.** blutrot

кровáть, -и *f* Bett, Bettstelle; складнáя ~ Klappbett

крóвельный, -ая, -ое Dach-; ~ толь Dachpappe

крóвельщик, -а *m* Dachdecker

кровенóсный, -ая, -ое: -ые сосýды Blutgefäße

крови́нка, -и, *Pl G* -нок, *D* -нкам *f* Blutstropfen; у негó ни -и в лицé er ist leichenblaß

крóвля, -и, *Pl G* -вель, *D* -влям *f* Dach

крóвный, -ая, -ое **1.** blutsverwandt **2.** *übtr* eng, innig; -ая связь enge Verbindung **3.** reinrassig; -ая лóшадь Rassepferd, Vollblutpferd ◇ -ая месть Blutrache; -ая оби́да tödliche Beleidigung; крóвно заинтересóван в чём-н. sehr stark an etwas interessiert; -ые дéньги *umg* schwer verdientes Geld

крово|жáдный, -ая, -ое; *Kzf* -ден, -дна blutdürstig; **~излия́ние,** -я *n* Bluterguß; **~обращéние,** -я *n* Blutkreislauf; **~останáвливающий,** -ая, -ее blutstillend; **~пи́йца,** -ы, *I* -ей, *G Pl* -и́йц *m, f* Unterdrücker, Blutsauger; **~подтёк,** -а *m* blutunterlaufene Stelle; **~пролúтие,** -я *n* Blutvergießen; **~пролúтный,** -ая, -ое; *Kzf* -тен, -тна blutig *z. B. Kampf*; **~пускáние,** -я *n* Aderlaß; **~смеси́тельный,** -ая, -ое blutschänderisch; **~смешéние,** -я *n* Blutschande

кровотечéние, -я *n* Blutung; ~ из нóса Nasenbluten; ~ из лёгких Lungenblutung; остановúть ~ das Blut stillen

кровоточи́вый, -ая, -ое; *Kzf* -и́в, -а blutend

кровоточи́ть, *1. u. 2. Pers ungebr*, -и́т, -а *uv* bluten

кровохáрканье, -я *n* Blutspucken, Bluthusten

кровь, -и, *P* о крóви, в крови́, *Pl* крóви, кровéй, кровя́м *f* Blut; пускáть ~ zur Ader lassen; прили́в -и Blutandrang; глазá, нали́тые -ью blutunterlaufene Augen; он весь в -и́ er ist ganz voll Blut ◇ э́то у негó в -и́ das liegt ihm im Blut; -ью сéрдце обливáется das Herz blutet einem; войти́ в плоть и ~ in Fleisch und Blut übergehen; пóртить ~ комý-н. j-m arg zusetzen; мсти́ть -ью за ~ Blutrache nehmen; ~ сты́нет das Blut erstarrt einem in den Adern; до -и изби́ть blutig schlagen; ~ с молокóм *übtr* wie Milch und Blut

кровяно́й, -а́я, -о́е Blut-; -а́я колбаса́ Blutwurst; ~ ша́рик Blutkörperchen
кро́ить, крою́, крои́шь; кро́енный, кро́ен, -а *uv* zuschneiden ‖ *v* скрои́ть
кро́йка, -и *f* Zuschneiden; ку́рсы -и и шитья́ Schneiderkurse
кроки́ *n idkl* Skizze
крокоди́л, -а *m* Krokodil
крокоди́лов, -а, -о Krokodils- ◇ -ы слёзы Krokodilstränen
крокоди́ловый, -ая, -ое aus Krokodilleder gefertigt
кро́лик, -а *m* Kaninchen; Kaninchenfell ◇ подо́пытный ~ *umg übtr* Versuchskarnickel
кролиководство, -а *n* Kaninchenzucht
кро́ликовый, -ая, -ое aus Kaninchenfell gefertigt
кро́личий, -ья, -ье Kaninchen-
кроль, -я *m Sport* Kraul; плыть -ем kraulen
крольча́тник, -а *m* Kaninchenstall
кро́ме *Präpos mit G* außer; ~ того́ außerdem; ~ того́ что abgesehen davon, daß; ~ шу́ток im Ernst
кроме́шный, -ая, -ое: ~ ад eine wahre Hölle; -ая тьма totale Finsternis
кро́мка, -и, *Pl G* -мок, *D* -мкам *f* 1. Webekante 2. Rand, Kante
кромса́ть, -а́ю, -а́ешь *uv umg* zerstückeln, in grobe Stücke schneiden
[1]**кро́на,** -ы *f* Baumkrone
[2]**кро́на,** -ы *f* Krone *Münze*
Кроншта́дт, -а *m* Kronstadt
кронште́йн [тэ], -а *m* 1. Konsole 2. *tech* Träger
кропа́ть, -а́ю, -а́ешь *uv*: ~ стихи́ *umg iron* Reime schmieden ‖ *v* скропа́ть; скро́панный, -ан, -а
кропи́ть, -плю́, -пи́шь *uv* 1. besprengen, bespritzen 2. tröpfeln *Regen*
кропотли́вый, -ая, -ое; *Kzf* -и́в, -а 1. peinlich genau 2. mühselig, zeitraubend, Anstrengung und Geduld erfordernd
кро́сна *u.* **кро́сны,** -сен, -снам *Pl gbt* 1. Webstuhl 2. grobe Leinwand
кросс, -а *m* Geländelauf, Waldlauf; Geländefahrt
кроссво́рд, -а *m* Kreuzworträtsel
крот, -а́ *m* 1. Maulwurf 2. Maulwurfsfell
кро́ткий, -ая, -ое; *Kzf* -ток, -тка́!; *Komp* кро́тче sanft; demütig
кροτо́вина, -ы *f volksspr* Maulwurfshöhle
кροτо́вый, -ая, -ое Maulwurfs-; -ая но́рка Maulwurfshöhle; ~ воротни́к Kragen aus Maulwurfsfell
кро́тость, -и *f* Sanftmut, Milde; Demut
кро́тче ↑ кро́ткий
кро́ха, -и *m, f umg* kleines Kind
кроха́, -и́, *A* кро́ху, *Pl* кро́хи, крох, кроха́м *f* 1. Krümel, Krume: ~ хле́ба Brotkrume 2. *meist Pl* Brokken, Bruchstücke; -и зна́ний geringe Kenntnisse
крохобо́р, -а *m verächtl* Kleinigkeitskrämer
кро́хотный, -ая, -ое; *Kzf* -тен, -тна *umg* winzig
кро́шево, -а *n* Gericht aus verschiedenen zerbröckelten Produkten
кро́шечка, -и, *Pl G* -чек, *D* -чкам *f* Krümel, Krümchen
кро́шечку *Adv* ein bißchen
кро́шечный, -ая, -ое *umg* winzig
кроши́ть, крошу́, кро́шишь; кро́шенный, -ен, -а *uv* 1. zerbröckeln, zerkrümeln 2. *I* verkrümeln, Krümel verstreuen 3. in Stücke schlagen, kurz und klein schlagen
кроши́ться, *1. u. 2. Pers ungebr,* кро́шится *uv* zerbröckeln *itr*
кро́шка, -и, *Pl G* -шек, *D* -шкам *f* 1. Krümel, Krume 2. *m, f* Knirps ◇ ни -и kein bißchen, überhaupt nicht
кро́шку *Adv* ein bißchen
кро́ю ↑ крыть
круг, -а, *P* о кру́ге, в кру́ге *u.* в кругу́, *Pl* круги́, -о́в, -а́м *m* 1. (в, на кругу́) Kreis, Runde; по -у im Kreis 2. *math* (в, на кру́ге) Kreis; начерти́ть ~ einen Kreis ziehen 3. (в кру́ге) Ring, Gürtel; Scheibe; спаса́тельный ~ Rettungsring; рези́новый ~ Gummiring; поворо́тный ~ Drehscheibe *Eisenbahn*; ~ сы́ра ein Laib Käse 4. (в кру́ге *u.* в кругу́) *übtr* Kreis; ~ де́ятельности Wirkungskreis; пра́вящие -и́ die herrschenden Kreise; в те́сном -у́ im engen Kreise; в -у́ семьи́ im Familienkreise; в своём -у́ unter sich; поро́чный ~ Circulus vitiosus, Teufelskreis
кру́гленький, -ая, -ое rundlich
кругле́ть, -е́ю, -е́ешь *uv umg* rund werden, sich runden
круглосу́точный, -ая, -ое Tag und Nacht dauernd
кру́глый, -ая, -ое; *Kzf* кругл, -а́! 1. rund 2. völlig, ganz; ~ сирота́ Vollwaise; ~ год ein ganzes Jahr (hindurch); -ые су́тки Tag und Nacht; ~ дура́к ein ausgemachter

Dummkopf; -ым счётом rund gerechnet

круговóй, -áя, -óе Kreis-, Rund-; ~ полёт Rundflug; ~ билéт Rundreisekarte ◇ -áя порýка wechselseitige Bürgschaft

круговорóт, -а *m* Kreislauf, Wirbel

кругозóр, -а *m* Gesichtskreis, Horizont *a. übtr*; расши́рить свой (ýмственный) ~ seinen Gesichtskreis erweitern

крýгом *Adv*: у меня́ головá идёт ~ mir ist schwindlig; *übtr* ich weiß nicht, wo mir der Kopf steht

кругóм 1. *Adv* rings(her)um 2. *Adv umg* völlig; он ~ виновáт er trägt die volle Schuld 3. *Präpos mit G* um ... herum; ~ сáда um den Garten herum ◇ ~! *mil* kehrt!

кругооборóт, -а *m* Umlauf *z. B. des Kapitals*

кругообрáзный, -ая, -ое; *Kzf* -зен, -зна kreisförmig

кругосвéтный, -ая, -ое um die Welt herumführend; -ое путешéствие Weltreise

кружевни́ца, -ы, *I* -ей *f* Spitzenklöpplerin

кружевнóй, -áя, -óе Spitzen-; -óе бельё Spitzenwäsche

крýжево, -а, *Pl in derselben Bedeutung* кружевá, крýжев, кружевáм *n text* Spitze

кружи́ть, кружý, крýжишь *uv* 1. (im Kreise) drehen 2. Kreise ziehen, kreisen; орёл крýжит der Adler kreist 3. umherirren; ~ по гóроду durch die Stadt irren ◇ ~ гóлову комý-н. j-n schwindlig machen; *übtr* j-m den Kopf verdrehen

кружи́ться, кружýсь, крýжишься *uv* 1. sich (im Kreise) drehen; всё кружи́лось у негó в глазáх ihm drehte sich alles vor den Augen 2. *1. u. 2. Pers ungebr* aufgewirbelt werden 3. kreisen, Kreise ziehen ◇ у меня́ крýжится головá mir wird schwindlig

крýжка, -и, *Pl G* -жек, *D* -жкам *f* 1. Krug, Bierseidel 2. Sammelbüchse

кружковщи́на, -ы *f verächtl* Cliquenwirtschaft *innerhalb einer Gruppe*

крýжный, -ая, -ое: ~ путь Umweg

кружóк, -жкá *m* 1. Scheibe 2. Zirkel, Arbeitsgruppe; драмати́ческий ~ dramatischer Zirkel

[1]круп, -а *m med* Krupp

[2]круп, -а *m anat* Kruppe *beim Pferd*

крупá, -ы́ *f* Grütze, Graupen; мáнная ~ Grieß; перлóвая ~ Perlgraupen ◇ идёт ~ es graupelt

крупи́нка, -и, *Pl G* -нок, *D* -нкам *f* 1. Körnchen 2. bißchen; ни -и нет es ist kein bißchen (mehr) da

крупи́ца, -ы, *I* -ей *f* Kleinigkeit; ни -ы даровáния kein bißchen Begabung

крупнéть, -éю, -éешь *uv* groß [größer] werden

крупноблóчный, -ая, -ое: -ое строи́тельство Großblockbauweise

крупнозерни́стый, -ая, -ое; *Kzf* -и́ст, -а grobkörnig

крупноплóдный, -ая, -ое mit großen Früchten

крýпный, -ая, -ое; *Kzf* -пен, -пнá! 1. grob(körnig), groß; -ые дéньги großes Geld 2. Groß-; ~ рогáтый скот Großvieh; -ое предприя́тие Großbetrieb; -ая буржуази́я Großbourgeoisie; ~ план Großaufnahme *Film* 3. bedeutend, wichtig; ~ писáтель ein bedeutender Schriftsteller; -ая ошибка ein schwerer Fehler; -ые сдви́ги einschneidende Veränderungen ◇ -ая рысь scharfer Trab; ~ разговóр scharfe Auseinandersetzung

крупóзный, -ая, -ое *med* kruppös

крупчáтка, -и *f* feines Weizenmehl

крупчáтый, -ая, -ое (grob)körnig

крутизнá, -ы́ *f* 1. Steilheit 2. Steilhang

крути́ть, кручý, крýтишь; крýченный, -ен, -а *uv* 1. drehen; ~ рýчку den Griff drehen 2. drehen, durch Drehen herstellen, zusammenrollen, zwirnen; ~ папирóсу eine Zigarette drehen; ~ шёлк Seide zwirnen 3. fesseln, mit Stricken binden; ~ рýки комý-н. j-m die Hände fesseln 4. *1. u. 2. Pers ungebr* aufwirbeln *Staub, Schnee* 5.: ~ кéм-н. *umg* j-n um den kleinen Finger wickeln

крути́ться, кручýсь, крýтишься *uv* 1. sich drehen (lassen) 2. (auf)wirbeln 3. *umg* herumscharwenzeln

крутóй, -áя, -óе; *Kzf* крут, -á!; *Komp* крýче 1. steil, abschüssig 2. jäh, plötzlich; крýто повернýть дéло eine plötzliche [rasche] Wendung herbeiführen 3. schroff, streng; -ые мéры strenge Maßnahmen; ~ нрав schroffes Wesen ◇ -óе яйцó hartgekochtes Ei; -áя кáша dicker Brei; крýто посоли́ть stark salzen

крýтость, -и *f* 1. Steilheit, Abschüssigkeit 2. Plötzlichkeit 3. Strenge, Schroffheit

кру́ча, -и, *I* -ей *f* Steilhang
кру́че ↑ крутой
кручёный, -ая, -ое gedreht, gezwirnt
кручи́на, -ы *f* Leid *in der Volksdichtung*
кручи́ниться, -нюсь, -нишься *uv folkl* sich grämen, sich härmen
круше́ние, -я *n* **1.** Unfall, Unglück; ~ по́езда Zugunglück; потерпе́ть ~ einen Unfall erleiden **2.** Zusammenbruch, Scheitern; ~ всех наде́жд der Zusammenbruch aller Hoffnungen; э́та поли́тика потерпе́ла ~ diese Politik ist gescheitert
круши́на, -ы *f* Faulbaum
круши́ть, -шу́, -ши́шь *uv* zerstören; *übtr* vernichten
крыжо́венный, -ая, -ое Stachelbeer-
крыжо́вник, -а *m* **1.** Stachelbeerstrauch **2.** *Koll* Stachelbeeren
крыла́тка, -и, *Pl G* -ток, *D* -ткам *f alt* Havelock *Herrenmantel*
крыла́тый, -ая, -ое; *Kzf* -а́т, -а geflügelt; beflügelt ◇ -ые слова́ geflügelte Worte
крыло́, -а́, *Pl* кры́лья, -ьев, -ьям *n* **1.** Flügel *a. flug, arch, pol*; расправи́ть кры́лья die Flügel ausbreiten; *übtr* seine Kräfte entfalten; подре́зать кры́лья кому́-н. j-m die Flügel stutzen **2.** Kotflügel *Auto* **3.** (Windmühlen-) Flügel
кры́лышко, -а, *Pl* кры́лышки, -шек, -шкам *n* Flügel, Fittich
крыльцо́, -а́, *Pl* кры́льца, -ле́ц, -льца́м *n* Vorbau vorm Hauseingang
Крым, -а *m* Krim; в -у́ auf der Krim
кры́мский, -ая, -ое Krim-; Кры́мский полуо́стров Halbinsel Krim
крымча́к, -а́ *m* Bewohner der Krim
крымча́нка, -и, *Pl G* -нок, *D* -нкам *f* Bewohnerin der Krim
кры́нка ↑ кри́нка
кры́са, -ы *f* Ratte ◇ канцеля́рская ~ *volksspr* Schreiberseele
крыси́ный, -ая, -ое Ratten-; ~ яд Rattengift
крысоло́в, -а *m* Rattenfänger
крысоло́вка, -и, *Pl G* -вок, *D* -вкам *f* **1.** Rattenfalle **2.** Rattenfänger, Rattler *Hund*
кры́тый, -ая, -ое bedeckt, überdacht
крыть* *uv* **1.** decken; ~ кры́шу das Dach decken **2.** stechen *Kartenspiel* **3.** *volksspr* j-n ausschimpfen ◇ ему́ ~ не́чем *volksspr* er kann nichts mehr entgegnen
кры́ться* *uv* sich verbergen; здесь что́-то кро́ется da steckt etwas dahinter
кры́ша, -и, *I* -ей *f* Dach; черепи́чная ~ Ziegeldach; двуска́тная ~ Satteldach
кры́шка, -и, *Pl G* -шек, *D* -шкам *f* Deckel ◇ и ~! *volksspr* (und) Schluß!; тут ему́ и ~ *volksspr* nun ist es aus mit ihm
крюк, -а́, *Pl* крю́чья, -ьев, -ьям *u.* крюки́, -о́в, -а́м *m* **1.** Haken **2.** *umg* Umweg
крю́чить, *1. u. 2. Pers ungebr*, -ит *uv volksspr*: его́ крю́чит (от бо́ли) er krümmt sich (vor Schmerz)
крючкова́тый, -ая, -ое; *Kzf* -ва́т, -а gekrümmt, gebogen; ~ нос Hakennase
крючо́к, -чка́ *m* (kleiner) Haken; рыболо́вный ~ Angelhaken
крюшо́н, -а *m* Bowle *Getränk*
кря́ду *Adv umg* nacheinander
кряж, -а, *I* -ем *m* **1.** Gebirgskette **2.** Hackklotz
кря́жистый, -ая, -ое; *Kzf* -ист, -а dick, stämmig *Baum*; untersetzt *Mensch*
кря́кать, -аю, -аешь *uv* **1.** schnattern *Enten* **2.** *umg* grunzen *meist vor Zufriedenheit* ‖ *v mom* **кря́кнуть,** -ну, -нешь
кря́ква, -ы *f* Wildente
кря́кнуть *v mom zu* кря́кать
кряхте́ть, -хчу́, -хти́шь *uv umg* ächzen
Ксе́ния, -и *f weibl Vn*
Ксе́ня, -и *f Dem zu* Ксе́ния
ксилофо́н, -а *m* Xylophon
кста́ти *Adv* **1.** gerade recht, zur rechten Zeit; э́то для меня́ о́чень ~ das kommt mir sehr gelegen; де́ньги пришли́ ~ das Geld kam zur rechten Zeit **2.** bei dieser Gelegenheit; ~ зайди́ и за кни́гами bei dieser Gelegenheit kannst du gleich die Bücher mit holen **3.** *mod* nebenbei gesagt, apropos
Ксю́ша, -и, *I* -ей *f Dem zu* Ксе́ния
кто, кого́, кому́, кого́, кем, о ком *Pron* **1.** *Interr Pron u. Rel Pron* wer; ~ там? wer (ist) da?; ~ не рабо́тает, тот не ест wer nicht arbeitet, soll auch nicht essen; спаса́йся, ~ мо́жет rette sich, wer kann; ~ бы то ни́ было wer es auch sei; кем вы рабо́таете? als was arbeiten Sie? **2.**: кто . . . кто . . . der eine . . . der andere . . .; ~ в лес, ~ по дрова́ der eine sagt hü, der andere hott **3.** *umg* irgendjemand ◇ они́ разбежа́лись ~ куда́ sie rannten nach allen Seiten auseinander;

ма́ло ~ kaum jemand; кому́ как нра́вится jeder (soll tun), wie es ihm gefällt; ~ кого́? wer (besiegt) wen?

кто́-либо, кого́-л., кому́-л., ке́м-л., о ко́м-л. *Indef Pron* irgendjemand

кто́-нибудь, кого́-н., кому́-н., ке́м-н., о ко́м-н. *Indef Pron* irgendjemand (beliebiges); пусть ~ пойдёт es soll irgendjemand gehen

кто́-то, кого́-то, кому́-то, ке́м-то, о ко́м-то *Indef Pron* jemand (bestimmtes); ~ позвони́л (по телефо́ну) es hat jemand angerufen

[1]**куб,** -а, *Pl* кубы́, -о́в, -а́м *m* 1. Würfel 2. Kubikzahl; два в -е zwei hoch drei 3. *umg* Kubikmeter

[2]**куб,** -а, *Pl* кубы́, -о́в, -а́м *m* Destillierkolben

Ку́ба, -ы *f* Kuba

куба́нец, -нца, *I* -нцем, *G Pl* -нцев *m* Kubankosak; Bewohner des Kubangebietes

Куба́нь, -и *f* Kuban

ку́барем *Adv umg* Hals über Kopf; kopfüber

куба́рь, -я́ *m* Kreisel *Spielzeug*

кубату́ра, -ы *f* Rauminhalt

ку́бик, -а *m* 1. Kubikzentimeter 2. kleiner Würfel, Bauwürfel *für Kinder*

куби́нец, -нца, *I* -нцем, *G Pl* -нцев *m* Kubaner

куби́нка, -и, *Pl G* -нок, *D* -нкам Kubanerin

куби́нский, -ая, -ое kubanisch

куби́ческий, -ая, -ое Kubik-; ~ метр Kubikmeter

кубови́дный, -ая, -ое; *Kzf* -ден, -дна würfelförmig

ку́бовый, -ая, -ое Indigo-, indigoblau

ку́бок, -бка *m* Pokal; переходя́щий ~ Wanderpokal; игра́ на ~ Pokalspiel

кубоме́тр, -а *m* Kubikmeter

ку́брик, -а *m naut* 1. Wohnraum auf Schiffen für die Besatzung 2. Zwischendeck

кубы́шка, -и, *Pl G* -шек, *D* -шкам *f* 1. Tonkrug *mit schmalem Hals*; Holzkrug; Sparbüchse 2. *m, f* kleiner dicker Mensch, Dickchen *meist v. Frauen*

кува́лда, -ы *f* Vorschlaghammer

кувши́н, -а *m* Krug ◇ пова́дился ~ по́ воду ходи́ть, тут ему́ и го́лову сломи́ть *Sprichw* der Krug geht so lange zu Wasser, bis er bricht

кувши́нка, -и, *Pl G* -нок, *D* -нкам *f* Seerose

кувырка́ться, -а́юсь, -а́ешься *uv umg* Purzelbäume schlagen ‖ *v mom* **кувыркну́ться,** -ну́сь, -нёшься

кувырко́м *Adv* kopfüber ◇ всё пошло́ ~ alles ging schief

куда́ *Adv* 1. wohin; ~ идёшь? wohin gehst du?; го́род, ~ мы пришли́ die Stadt, in die wir kamen; ~ ни wohin auch; ~ ни посмо́тришь wohin man auch blickt 2. *umg* wozu?; ~ тебе́ сто́лько де́нег? wozu brauchst du das viele Geld? 3. *mit Komp umg* viel, bei weitem; ~ бо́льше viel mehr, viel größer 4. *mit D Ausdruck des Zweifels*; ~ тебе́! ach wo!, das kannst du ja gar nicht!; ~ тебе́ равня́ться с ним! du kannst dich doch nicht mit ihm vergleichen! ◇ ~ как *volksspr iron* sehr, und wie!; ~ ни шло meinetwegen; хоть ~! ausgezeichnet!; ~ там! ach wo!, das geht nicht!

куда́-либо *Adv* irgendwohin

куда́-нибудь *Adv* irgendwohin, ganz gleich wohin

куда́-то *Adv* irgendwohin, an einen bestimmten Ort

куда́хтать* *u. volksspr* -аю, -аешь *uv* gackern

куда́хчу ↑ куда́хтать

кудла́тый, -ая, -ое; *Kzf* -áт, -а *umg* zerzaust

кудрева́тый, -ая, -ое; *Kzf* -ат, -а *umg* 1. gelockt, gekräuselt 2. geschraubt *Stil*

ку́дри, -е́й *Pl* Locken

кудря́виться, *1. u. 2. Pers ungebr*, -ится *uv* sich locken

кудря́вый, -ая, -ое; *Kzf* -я́в, -а 1. lockig, kraus 2.: ~ слог geschraubter Stil

кудря́шки, -шек, -шкам *Pl* Löckchen

Кузба́сс, -а *m* (Кузне́цкий бассе́йн) Kohlenbecken von Kusnezk

кузне́ц, -а́, *I* -о́м, *G Pl* -о́в *m* Schmied

кузне́чик, -а *m* Heuschrecke, Grashupfer

кузне́чный, -ая, -ое Schmiede-; ~ цех Schmiede(abteilung)

ку́зница, -ы, *I* -ей *f* Schmiede

ку́зов, -а, *Pl* кузова́, -о́в, -а́м *u.* ку́зовы, -ов, -ам *m* 1. *gbt* Korb *aus Bast oder Birkenrinde* 2. Karosserie, Wagenkasten

Кузьма́, -ы́ *m männl Vn*

Ку́йбышев, -а *m* Kuibyschew

кукаре́кать, *1. u. 2. Pers ungebr*, -ает *uv umg* krähen ‖ *v mom* **кукаре́кнуть,** -нет

кукареку́ *Interj* kikeriki

ку́кла, -ы, *Pl G* ку́кол, *D* ку́клам *f*

Puppe; игра́ть в -ы mit Puppen spielen; ~-голы́ш Baby-Puppe
кукова́ть, *1. u. 2. Pers ungebr*, куку́ет *uv* kuckuck rufen *vom Kuckuck*
ку́колка, -и, *Pl G* -лок, *D* -лкам *f* **1.** *Dem zu* ку́кла Püppchen **2.** Puppe, Larve *zool*
ку́коль, -я *m bot* Kornrade
ку́кольный, -ая, -ое Puppen-; ~ теа́тр Puppentheater; -ый фильм Puppenfilm ◇ -ая коме́дия *verächtl* Affentheater
ку́кситься, ку́кшусь, ку́кишься *uv umg* mißgestimmt sein, schlechte Laune haben
кукуру́за, -ы *f* Mais
кукуру́зный, -ая, -ое Mais-
кукурузово́д, -а *m* Maiszüchter
куку́шечий, -ья, -ье Kuckucks-; -ье яйцо́ Kuckucksei
куку́шка, -и, *Pl G* -шек, *D* -шкам *f* Kuckuck
куку́шкин, -а, -о: -ы слёзки *bot* Knabenkraut; -ы сапо́жки *bot* Frauenschuh
кула́к, -а́ *m* **1.** Faust **2.** *mil* zur Entscheidungsschlacht formierte Truppen **3.** *tech* Nocken
[2]**кула́к,** -а́ *m* Kulak, Großbauer
кула́цкий, -ая, -ое Kulaken-
кула́чество, -а *n Koll* Großbauerntum, Kulakentum
кула́чки: би́ться на ~ boxen, sich in einen Faustkampf einlassen
кула́чный, -ая, -ое Faust-; -ое пра́во Faustrecht
кулачо́к, -чка́ *f* **1.** *Dem zu* [1]кула́к kleine Faust **2.** *tech* Nocken
кулебя́ка, -и *f* längliche Pastete mit einer Füllung von Fleisch, Fisch, Kraut u. ä.
кулёк, -лька́ *m* Tüte ◇ из -лька́ в рого́жку попа́сть *volksspr* vom Regen in die Traufe kommen
ку́ли *m idkl* Kuli
кули́к, -а́ *m zool* Schnepfe
кулина́рия, -и *f* Kochkunst
кулина́рный, -ая, -ое kulinarisch
кули́са, -ы *f* Kulisse
кули́чки, -чек, -чкам *Pl*: у чёрта на -чках *volksspr* wo sich die Füchse gute Nacht sagen
куло́н, -а *m phys* Coulomb
кулуа́ры, -ов *Pl* Wandelgang *im Parlament*
куль, -я́ *m* großer Sack
кульминацио́нный, -ая, -ое Kulminations-
кульмина́ция, -и *f astr* Kulmination *a. übtr*
культ, -а *m rel* Kult *a. übtr*; ~ ли́чности Personenkult
культ- *in Zuss Abk für* культу́рный Kultur-
культба́за, -ы *f* (культу́рно-просвети́тельная ба́за) Stützpunkt für kulturelle und für Aufklärungsarbeit
культива́тор, -а *m landw* Kultivator, Grubber
культиви́ровать, -рую, -руешь *uv* **1.** *Pflanzen* züchten, ziehen **2.** *übtr* entwickeln, pflegen
культ|ма́ссовый, -ая, -ое: ~ма́ссовая рабо́та kulturelle Massenarbeit; **~похо́д,** -а *m* Gemeinschaftsbesuch *von Theatern u. ä.*; **~рабо́та,** -ы *f* (культу́рная рабо́та) Kulturarbeit; **~това́ры,** -ов *Pl* Kulturwaren und Schreibwaren
культу́ра, -ы *f* Kultur *a. biol*; исто́рия -ы Kulturgeschichte; дворе́ц -ы Kulturpalast; ~ ре́чи Sprachpflege; техни́ческие -ы technische Kulturen [Nutzpflanzen]; ~ торго́вли Verkaufskultur; челове́к высо́кой -ы hochgebildeter Mensch
культу́рность, -и *f* kulturelles Niveau, Kultur, Bildung
культу́рный, -ая, -ое **1.** Kultur-, kulturell; ~ у́ровень Kulturniveau; ~ центр Kulturzentrum; -ые учрежде́ния Kulturstätten **2.** *Kzf* -рен, -рна kultiviert, kulturvoll; gebildet; ~ о́тдых kulturvolle Erholung; ~ челове́к gebildeter Mensch; культу́рно вести́ себя́ sich anständig benehmen **3.** kultiviert, gezüchtet; -ые расте́ния Kulturpflanzen
культфо́нд, -а *m* (культу́рный фонд) Kulturfonds
культше́фство, -а *n* kulturelle Patenschaft
культя́, -и *u.* **культя́пка,** -и, *Pl G* -пок, *D* -пкам *f* Stumpf, Stummel *eines Beins oder Arms*
кум, -а, *Pl* кумовья́, -ьёв, -ья́м *m* Gevatter
кума́, -ы́ *f* Gevatterin
кума́ч, -а́, *I* -о́м, *G Pl* -е́й *m* roter Fahnenstoff
куми́р, -а *m* **1.** Götzenbild **2.** *übtr* Abgott
кумовство́, -а́ *n* Vetternwirtschaft
ку́мушка, -и, *Pl G* -шек, *D* -шкам *f* **1.** Gevatterin **2.** *verächtl* Klatschbase
кумы́к, -а *m* Kumyk
кумы́с, -а *m* Kumys *Getränk aus gegorener Stutenmilch*
куни́ца, -ы, *I* -ей *f* Marder; Marderfell
купа́льник, -а *m umg* Badeanzug

купа́льный, -ая, -ое Bade-; ∼ костю́м Badeanzug; ∼ хала́т Bademantel; -ое полоте́нце Badetuch
купа́льня, -и, *Pl G* -лен, *D* -льням *f* Badeanstalt, Freibad
купа́льщик, -а *m* Badender
купа́ние, -я *n* Baden
купа́ть, -а́ю, -а́ешь *uv* baden *tr*
купа́ться, -а́юсь, -а́ешься *uv* baden, ein Bad nehmen ◇ ∼ в зо́лоте steinreich sein
купе́ [пэ] *n idkl* Abteil
купе́ль, -и *f* Taufbecken
купе́ц, -пца́, *I* -пцо́м, *G Pl* -пцо́в *m* Kaufmann
купе́ческий, -ая, -ое Kaufmanns-, kaufmännisch
купе́чество, -а *n Koll* Kaufleute, Kaufmannschaft
купи́ть, куплю́, ку́пишь; ку́пленный, ку́плен, -а *v* **1.** kaufen **2.** kaufen, bestechen **3.** kaufen *im Kartenspiel*
купле́т, -а *m* **1.** einzelne Gedicht- oder Liedstrophe **2.** *Pl mus* Couplet
ку́пля, -и *f* Kauf; ∼-прода́жа Ankauf und Verkauf
ку́пол, -а, *Pl* купола́, -о́в, -а́м *m* Kuppel
куполообра́зный, -ая, -ое kuppelförmig
ку́польный, -ая, -ое Kuppel-; ∼ свод Kuppelgewölbe
купо́н, -а *m* **1.** Kupon **2.** *alt* Theaterkarte für einen Logenplatz **3.** Stück Stoff *für Kleid, Bluse u. a.*
купоро́с, -а *m* Vitriol; ме́дный ∼ Kupfervitriol
купчи́ха, -и *f* Kaufmannsfrau
[1]**купю́ра,** -ы *f lit, mus* Kürzung, Auslassung
[2]**купю́ра,** -ы *f* einzelner Anteilschein *bei Anleihen u. a.*
Кура́, -ы́ *f* Kura *Fluß*
кура́житься, -жусь, -жишься *uv volkssрr* sich hochmütig benehmen
кура́нты, -ов *Pl* Turmuhr mit Glokkenspiel; Glockenspiel *an Turmuhr*
курга́н, -а *m* Hünengrab; Hügel
курд, -а *m* Kurde
курдя́нка, -и, *Pl G* -нок, *D* -нкам *f* Kurdin
ку́рдский, -ая, -ое kurdisch
ку́рево, -а *n volksspr* Rauchtabak
куре́ние, -я *n* Rauchen
курёнок, -нка, *Pl* куря́та, -я́т, -я́там *m gbt* Kücken
куре́нь, -я́ *m gbt* **1.** Strohhütte **2.** Kosakenhaus *an Don u. Kuban*
курза́л, -а *m* Kursaal
ку́рий, -ья, -ье Hühner-
кури́лка, -и, *Pl G* -лок, *D* -лкам **1.** *f volksspr* Rauchzimmer **2.** *m, f scherz* Raucher(in) ◇ жив ∼! er lebt noch!
кури́льский, -ая, -ое Kurilen-; Кури́льские острова́ Kurilen
кури́льщик, -а *m* Raucher
кури́ный, -ая, -ое Hühner-; ∼ бульо́н Hühnerbrühe ◇ -ая слепота́ a) Nachtblindheit; b) *bot* Hahnenfuß
кури́тельный, -ая, -ое Rauch-; ∼ таба́к Rauchtabak
кури́ть, курю́, ку́ришь *uv* **1.** rauchen; ∼ тру́бку Pfeife rauchen **2.** *A oder I* räuchern **3.** brennen, durch Destillation herstellen; ∼ спирт Schnaps brennen; ∼ смолу́ Teer destillieren
кури́ться, *1. u. 2. Pers ungebr,* ку́рится *uv* **1.** sich rauchen lassen; сыро́й таба́к не ку́рится feuchter Tabak läßt sich nicht rauchen **2.** rauchen, dampfen; вулка́н ку́рится der Vulkan raucht
ку́рица, -ы, *I* -ей, *Pl* ку́рицы *u.* ку́ры, кур, ку́рам *f* Huhn; несу́щаяся ∼ Legehenne ◇ как мо́края ∼ wie ein begossener Pudel; э́то ку́рам на́ смех da lachen ja die Hühner; у него́ де́нег ку́ры не клюю́т er hat Geld wie Heu
курно́й, -а́я, -о́е: -а́я изба́ Hütte ohne Rauchfang
курно́сый, -ая, -ое; *Kzf* -о́с, -а stupsnasig
курово́дство, -а *n* Hühnerzucht
куро́к, -рка́ *m* Hahn, Abzug *Gewehr*
куроле́сить, -е́шу, -е́сишь *uv volksspr* tolle Streiche machen
куропа́тка, -и, *Pl G* -ток, *D* -ткам *f* Rebhuhn
куро́рт, -а *m* Kurort, Bad; климати́ческий ∼ Luftkurort; морско́й ∼ Seebad
куро́ртник, -а *m* Kurgast
куро́ртный, -ая, -ое Kur-, Bade-; ∼ го́род Kurort
курослéп, -а *m bot* Hahnenfuß
курс, -а *m* **1.** Kurs *Richtung*; взять ∼ на что́-н. Kurs auf etw. nehmen *a. übtr* **2.** *finanz* Kurs; ∼ рубля́ der Rubelkurs; ∼ повыша́ется die Kurse steigen **3.** Studienjahr; на пе́рвом -е im ersten Studienjahr **4.** Vorlesungszyklus; ∼ ле́кций Vorlesungsreihe **5.**: ∼ лече́ния Kur; ∼ грязелече́ния Kur mit Moorbädern **6.** *Pl* Lehrgang, Kursus; шофёрские -ы Fahrschule
курса́нт, -а *m* **1.** Lehrgangsteilnehmer **2.** Offiziersschüler
курси́в, -а *m* Kursiv(schrift)

курсивный, -ая, -ое kursiv
курсивом *Adv* kursiv, in Kursivschrift
курсировать, -рую, -руешь *uv* verkehren
курсовка, -и, *Pl G* -вок, *D* -вкам *f* 1. Kurkarte 2. *umg* Jahresarbeit *von Studenten*
курсовой, -ая, -óе 1. *finanz* Kurs- 2. Lehrgangs-; ~ cтáроста Lehrgangsvertreter
кýртка, -и, *Pl G* -ток, *D* -ткам *f* Joppe
курчáвиться, *1. u. 2. Pers ungebr*, -ится *uv* sich kräuseln *Haare*
курчáвый, -ая, -ое; *Kzf* -áв, -а gekräuselt, lockig; kraushaarig
курчóнок, -нка, *Pl* курчáта, -áт, -áтам *m umg* Kücken
кýры: строить ~ комý-н. *alt, scherz* j-m den Hof machen
курьёз, -а *m* Kuriosum, seltsamer Vorfall; для -а spaßeshalber
курьёзный, -ая, -ое; *Kzf* -зен, -зна kurios, seltsam
курьéр, -а *m* 1. Bote 2. Kurier
курьéрский, -ая, -ое Kurier- ◇ ~ пóезд D-Zug
курятина, -ы *f umg* Hühnerfleisch *Speise*
курятник, -а *m* Hühnerstall
курящий, -его *Subst m* Raucher; купé для -их Raucherabteil
кус, -а *m volksspr* Bissen, Stück
кусáть, -áю, -áешь *uv* 1. beißen *Tiere* 2. stechen *Mücken u. ä.* 3. *umg* brennen *Nessel* ◇ ~ себé лóкти sich über einen Mißerfolg ärgern ‖ *v mom* куснýть, -нý, -нёшь *zu* 1, 2
кусáться, -áюсь, -áешься *uv* 1. beißen, bissig sein 2. einander beißen 3. *umg* viel zu teuer sein; цéны кусáются die Preise sind gepfeffert 4. *umg* kratzen *Wolle*
кусáчки, -чек, -чкам *Pl* Kneifzange
кусковóй, -áя, -óе Stück-, in Stücken
куснýть *v mom zu* кусáть
кусóк, -скá *m* Stück *Teil eines Ganzen*; два -скá тóрта zwei Stück Torte; разбить на -ски zerstückeln ◇ ~ в гóрло не идёт der Bissen bleibt einem im Halse stecken; не имéть -скá хлéба nichts zu brechen und zu beißen haben; имéть вéрный ~ хлéба sein sicheres Auskommen haben
кусóчек, -чка *m* Stückchen
куст, -á *m* 1. Strauch, Busch ◇ спрятаться в -ы́ *iron* sich drücken 2. *übtr* Vereinigung, Verband
кустáрник, -а *m* 1. Strauch, Busch 2. Gebüsch
кустáрничать, -аю, -аешь *uv* 1. Heimindustrie treiben 2. *übtr* planlos arbeiten, stümpern
кустáрничество, -а *n* Handwerkelei, primitive, unorganisierte Arbeit
кустáрный, -ая, -ое 1. Heimindustrie- 2. *übtr* primitiv, stümperhaft, unvollkommen
кустáрь, -я́ *m* Heimarbeiter; Handwerker; ~-одинóчка allein arbeitender selbständiger Handwerker
Кутаиси *m idkl* Kutaïssi *Stadt*
кýтать, -аю, -аешь *uv* 1. (warm) einwickeln, einhüllen (*I oder* в *A* in); ~ ребёнка в тёплое одеяло das Kind in eine warme Decke wickeln 2. zu warm anziehen
кýтаться, -аюсь, -аешься *uv* sich einwickeln, sich einmummen
кутёж, -ежá, *I* -ежóм, *G Pl* -ежéй *m* Gelage
кутерьмá, -ы́ *f umg* Durcheinander, Wirrwarr
кутила, -ы *m umg* Zecher, Saufkumpan
кутить, кучý, кýтишь *uv* zechen, Gelage feiern ‖ *v mom* **кутнýть,** -нý, -нёшь
кутья́, -ьи, *Pl G* -тéй, *D* -тьям *f* ein Gericht aus Reis oder Graupen mit Honig oder Rosinen, das bei Totenfeiern gegessen wird
кухáрка, -и, *Pl G* -рок, *D* -ркам *f* Köchin
кýхня, -и, *Pl G* кýхонь, *D* кýхням *f* Küche *a. übtr*; рýсская ~ die russische Küche
кýхонный, -ая, -ое Küchen-; -ая машина Küchenmaschine; -ое полотéнце Geschirrtuch, Wischtuch ◇ -ая латынь Küchenlatein
кýцый, -ая, -ое; *Kzf* куц, -а 1. mit gestutztem Schwanz 2. kurz, eng *Kleidung* 3. *übtr* unzulänglich
кýча, -и, *I* -ей *f* 1. Haufen 2. Menge, Haufen; ~ дéнег eine Menge [ein Haufen] Geld; ~ новостéй eine Menge Neuigkeiten ◇ валить всё в однý -у *umg* alles in einen Topf werfen
кýчами *Adv* haufenweise, zu Hauf
кучевóй, -áя, -óе: -ые облакá Haufenwolken
кýчер, -а, *Pl* кучерá, -óв, -áм *m* Kutscher
кучеря́вый, -ая, -ое; *Kzf* -я́в, -а *gbt* lockig
кýчка, -и, *Pl G* -чек, *D* -чкам *f Dem zu* кýча Häufchen, Häuflein
куш, -а, *I* -ем, *G Pl* -ей *m* große Summe Geld

кушáк, -á *m* breiter Gürtel *meist aus Stoff*
кýшанье, -ья, *Pl G* -ний, *D* -ньям *n* Essen, Speise
кýшать, -аю, -аешь *uv* essen
кушéтка, -и, *Pl G* -ток, *D* -ткам *f* Schlafcouch
кую ↑ ковáть
кювéт, -а *m* Seitengraben; Straßengraben

Л

л (литр) Liter
лабáз, -а *m* Mehlhandlung; Kornspeicher
лабиáльный, -ая, -ое *ling* labial, Labial-, Lippen-
лабиринт, -а *m* Labyrinth
лаборáнт, -а *m* Laborant; wissenschaftliche Hilfskraft *in technischen Kabinetten u. ähnl. Einrichtungen*
лаборатóрия, -и *f* Labor(atorium)
лабораторный, -ая, -ое Labor(atoriums)-
[1]**лáва,** -ы *f* Lava
[2]**лáва,** -ы *f berg* Kohleschicht vor Ort
лавáнда, -ы *f* Lavendel
лавина, -ы *f* Lawine; ~ кáтится с горы́ eine Lawine geht nieder
лавиной *Adv* lawinenartig
лавировать, -рую, -руешь *uv* lavieren **1.** *naut* gegen den Wind kreuzen **2.** *übtr* sich geschickt durchschlängeln (мéжду *I* zwischen), sich drehen und wenden
[1]**лáвка,** -и, *Pl G* -вок, *D* -вкам *f* Bank, Sitzbank
[2]**лáвка,** -и, *Pl G* -вок, *D* -вкам *f* kleiner Laden, Verkaufsstand
лáвой *Adv* in unaufhaltsamem Strom
[1]**лáвочка,** -и, *Pl G* -чек, *D* -чкам *f Dem zu* [1]лáвка kleine (Sitz-) Bank
[2]**лáвочка,** -и, *Pl G* -чек, *D* -чкам *f Dem zu* [2]лáвка kleiner Laden ◇ закры́ть -у *volksspr* dem Treiben ein Ende machen
лáвочник, -а *m alt* Krämer, Ladenbesitzer
лáвочный, -ая, -ое Laden-
лавр, -а *m* Lorbeer, Lorbeerbaum ◇ пожинáть -ы Lorbeeren ernten; почи́ть на -ах auf seinen Lorbeeren ausruhen
лáвра, -ы *f* Lawra *großes Kloster der Ostkirche*
лáвровый, -ая, -ое *bot* Lorbeer-
лаврóвый, -ая, -ое *übtr* Lorbeer-; ~ венóк Lorbeerkranz
лаг, -а *m naut* Log
лáгерный, -ая, -ое Lager-; -ая жизнь Lagerleben
лáгерь, -я, *Pl* лáгери, -ей, -ям *u.* лагеря́, -éй, -я́м *m* **1.** (*Pl* лагеря́) Lager, Zeltlager; пионéрский ~ Pionierlager; разби́ть ~ ein Lager aufschlagen; стоя́ть -ем kampieren, lagern **2.** (*Pl* лáгери) *pol* Lager; ~ ми́ра Friedenslager
лагýна, -ы *f* Lagune
[1]**лад,** -а (-у), о лáде, в ладý, *Pl* лады́, -óв, -áм *m* **1.** *umg* Eintracht; жить в -ý [в -áх] с кéм-н. in Eintracht leben mit j-m **2.** Art und Weise; на нóвый ~ auf neue Art; настрóиться на другóй ~ sich umstellen ◇ дéло идёт на ~ *umg* die Sache klappt
[2]**лад,** -а (-у), о лáде, в ладý, *Pl* лады́, -óв, -áм *m* **1.** *mus* Weise, Tonart **2.** *meist Pl* Bünde, Querleisten *am Griffbrett von Zupfinstrumenten* **3.** *meist Pl* Tasten *der Ziehharmonika*
лáдан, -а *m* Weihrauch ◇ дышáть на ~ im Sterben liegen
лáдить, лáжу, лáдишь *uv* sich (gut) vertragen (с *I* mit)
лáдиться, *1. u. 2. Pers ungebr*, -ится *uv* gut vonstatten gehen, gelingen; дéло не лáдится die Sache kommt nicht in Gang
лáдно **1.** *umg Part* gut!, einverstanden!, meinetwegen! **2.** *Adv volksspr* gut, passend; einträchtig
лáдный, -ая, -ое; *Kzf* -ден, -днá! *volksspr* tadellos, gut (in jeder Beziehung)
лáдожский, -ая, -ое: Лáдожское óзеро Ladogasee
ладóнь, -и *f* Handfläche, Hand ◇ я́сно [ви́дно] как на -и es liegt (klar) auf der Hand
ладóши, ладóш *Pl*: бить [хлóпать, ударя́ть] в ~ in die Hände klatschen, applaudieren
[1]**ладья́** -ьи́, *G Pl* -éй *f alt* großes Boot
[2]**ладья́,** -ьи́, *G Pl* -éй *f* Turm *Schachspiel*

лаз, -а *m* **1.** Schlupfloch **2.** Wildpfad
ла́занье, -ья *n* Klettern
лазаре́т, -а *m* kleines Lazarett
Ла́зарь, -я *m männl Vn*
ла́зать, -аю, -аешь *uv unbest zu* лезть
лазе́йка, -и, *Pl G* -зе́ек, *D* -зе́йкам *f* **1.** Schlupfloch **2.** *übtr* Hintertür(chen); оста́вить себе́ -у sich eine Hintertür offen lassen
ла́зер, -а *m tech* Laser
ла́зить, ла́жу, ла́зишь *uv unbest zu* лезть
лазо́ревка, -и, *Pl G* -вок, *D* -вкам *f* Blaumeise
лазо́ревый, -ая, -ое *folkl* lasurblau
лазу́рный, -ая, -ое; *Kzf* -рен, -рна lasurblau
лазу́рь, -и *f* Lasur(blau); берли́нская ∼ Berliner Blau
лазу́тчик, -а *m alt* Kundschafter, Spion
лай, ла́я *m* Gebell
[1]**ла́йка,** -и, *Pl G* ла́ек, *D* ла́йкам *f* Eskimohund
[2]**ла́йка,** -и *f* Glacéleder
ла́йковый, -ая, -ое Glacé-
ла́йнер, -а *m* Überseefahrgastschiff; Liniendampfer; возду́шный ∼ Verkehrsflugzeug
лак, -а *m* Lack, Firnis; покры́ть -ом lackieren
лака́ть, -а́ю, -а́ешь *uv* (auf)lecken *von Tieren*
лаке́й, -я, *G Pl* -ев *m* Lakai, Diener
лаке́йский, -ая, -ое Lakaien-, Diener-; lakaienhaft
лакиро́ванный, -ая, -ое lackiert, Lack-
лакирова́ть, -ру́ю, -ру́ешь; -ро́ванный, -ро́ван, -а *uv* **1.** lackieren **2.** *übtr* schönfärben
ла́кмус, -а *m chem* Lackmus
ла́кмусовый, -ая, -ое Lackmus-
ла́ковый, -ая, -ое Lack-, Firnis-
ла́комиться, -млюсь, -мишься; ла́комься *u.* ла́комись *uv I* naschen, sich gütlich tun (an)
ла́комка, -и, *Pl G* -мок, *D* -мкам *m, f* Leckermaul
ла́комство, -а *n* **1.** *meist Pl* Naschwerk **2.** Leckerbissen, schmackhaftes Gericht
ла́комый, -ая, -ое; *Kzf* -ом, -а **1.** *nur Langform* lecker, schmackhaft; ∼ кусо́к Leckerbissen **2.** на *A*, до *G meist Kzf* (be)gierig; -ом до де́нег geldgierig
лакони́ческий, -ая, -ое lakonisch
лакони́чный, -ая, -ое; *Kzf* -чен, -чна lakonisch
лакри́ца, -ы, *I* -ей *f* Lakritze *Pflanze*; Süß-, Lakritzenholz
лакри́чник, -а *m* Süß-, Lakritzenholz; Lakritzenpflanze
[1]**ла́ма,** -ы *f zool* Lama
[2]**ла́ма,** -ы *m* Lama *buddhist. Mönch*
Ла-Ма́нш, -а *m*: проли́в Ла-Ма́нш der Ärmelkanal
ла́мпа, -ы *f* Lampe; Röhre; насто́льная ∼ Tischlampe; пая́льная ∼ Lötlampe; усили́тельная ∼ Verstärkerröhre
лампа́да, -ы *f* Öllämpchen *vor einem Heiligenbild*
лампа́дка, -и, *Pl G* -док, *D* -дкам *f* Öllämpchen *vor einem Heiligenbild*
лампа́с, -а *m* Biese *an Uniformhosen*
лампио́н, -а *m* Lampion
ла́мповый, -ая, -ое Lampen-; Röhren-; ∼ приёмник Röhrenempfänger
ла́мпочка, -и, *Pl G* -чек, *D* -чкам *f* **1.** *Dem zu* ла́мпа kleine Lampe; ночна́я ∼ Nacht(tisch)lämpchen **2.**: (электри́ческая) Glühlampe, -birne
лангу́ст, -а *m u.* **лангу́ста,** -ы *f* Languste
ландша́фт [нш], -а *m* **1.** Landschaft **2.** Landschaft(sbild) *Malerei*
ла́ндыш, -а, *I* -ем, *G Pl* -ей *m* Maiglöckchen
лани́ты *Pl* -и́т, *Sg* лани́та, -ы *f alt poet* Wangen
ланце́т, -а *m* Lanzette
лань, -и *f* Damhirsch
Лао́с, -а *m* Laos
лао́сец, -сца, *I* -сцем, *G Pl* -сцев *m* Laote
лао́сский, -ая, -ое laotisch
лаотя́нин, -а, *Pl* -я́не, *G* -я́н, *D* -я́нам *m* Laote
ла́па, -ы *f* **1.** Pfote, Tatze **2.** Ast eines Nadelbaums **3.** *tech* Zapfen am Ende eines Balkens **4.** *tech* Arm, Zinken; ∼ я́коря Ankerarm; ∼ культива́тора Zinken eines Kultivators ◇ попа́сть кому́-н. в -ы in j-s Klauen geraten
Ла-Па́с, -а *m* La Paz
лапида́рный, -ая, -ое; *Kzf* -рен, -рна lapidar, knapp
ла́пка, -и, *Pl G* -пок, *D* -пкам *f Dem zu* ла́па 1 Pfötchen ◇ стоя́ть [ходи́ть] на за́дних -пках пе́ред ке́м-н. *übtr* vor j-m liebedienern
лапла́ндец, -дца [нц], *I* -дцем, *G Pl* -дцев *m alt* Lappländer
Лапла́ндия, -и *f* Lappland
лапла́ндка, -и, *Pl G* -док, *D* -дкам *f* Lappländerin
лапла́ндский, -ая, -ое lappländisch

ла́поть, -птя, *Pl* ла́пти, лапте́й, лаптя́м *m* Bastschuh

лапта́, -ы́ *f* 1. Ballspiel *ähnlich unserem Schlagball* 2. Schlagholz *in diesem Spiel*

Ла́птевых мо́ре die Laptewsee

лапча́тка, -и *f bot* Fingerkraut

ла́пчатый, -ая, -ое 1. pfotenartig, gezackt; ~ лист gefingertes Blatt 2. mit Schwimmhäuten an den Pfoten ◇ гусь ~ *volksspr* durchtriebener Mensch, Gauner

лапша́, -и́, *I* -о́й *f* 1. Nudeln; Nudelsuppe 2. *übtr volksspr* Waschlappen, Memme

лапшо́вый, -ая, -ое Nudel-

ларёк, -рька́ *m* Verkaufsstand, Kiosk

ларе́ц, -рца́, *I* -рцо́м, *G Pl* -рцо́в *m* kunstvoll gearbeitetes Kästchen, Schatulle

ларинги́т, -а *m med* Kehlkopfentzündung

ларингофо́н, -а *m* Kehlkopfmikrofon

ла́рчик, -а *m Dem zu* ларе́ц Kästchen ◇ а ~ про́сто открыва́лся dabei war die Sache [Lösung] ganz einfach

ларь, -я́ *m* 1. Truhe 2. Verkaufsstand

[1]ла́ска, -и, *G Pl* ласк *f* 1. Liebkosung 2. Freundlichkeit, Güte

[2]ла́ска, -и, *Pl G* -сок, *D* -скам *f* Wiesel

ласка́тельный, -ая, -ое 1. zärtlich; -ое и́мя Kosename 2. *alt* schmeichlerisch

ласка́ть, -а́ю, -а́ешь *uv* 1. liebkosen, zärtlich sein (zu) 2. *übtr* erquicken, erfreuen; кра́ски ласка́ют глаз die Farben erfreuen das Auge ◇ ~ наде́ждой *alt* in der Hoffnung wiegen

ласка́ться, -а́юсь, -а́ешься *uv* к *D* zärtlich sein (zu); *alt* umschmeicheln, sich einschmeicheln (bei)

ла́сковый, -ая, -ое; *Kzf* -ов, -а zärtlich, freundlich; *übtr* liebkosend; ~ ветеро́к sanfter Wind

лассо́ *n idkl* Lasso, Wurfschlinge

ласт, -а *m* 1. Flosse, Pfote *der Seehunde, Walrosse* 2. *Sport* Schwimmflosse

ла́стик, -а *m* 1. Baumwollatlas *gewöhnlich als Kleidungsfutter* 2. *umg* Radiergummi 3. *text* Gewebe mit Gummizug

ла́ститься, ла́щусь, ла́стишься *uv umg* к *D oder* о́коло *G* (unterwürfig) zärtlich sein (zu), sich zärtlich anschmiegen (an)

ла́стовица, -ы, *I* -ей *f* Zwickel

ластоно́гие, -их *Subst Pl zool* Flossenfüßler

ла́сточка, -и, *Pl G* -чек, *D* -чкам *f* Schwalbe ◇ пе́рвая ~ *übtr* Vorbote

ла́сточкин, -а, -о Schwalben-; -о гнездо́ Schwalbennest

лата́ть, -а́ю, -а́ешь; ла́танный, -ан, -а *uv volksspr* flicken, Flicken aufsetzen

латви́ец, -и́йца, *I* -и́йцем, *G Pl* -и́йцев *m* Lette

латви́йский, -ая, -ое lettisch; Латви́йская Сове́тская Социалисти́ческая Респу́блика Lettische Sozialistische Sowjetrepublik

латви́йка, -и, *Pl G* -и́ек, *D* -и́йкам *f* Lettin

Ла́твия, -и *f* Lettland

латини́ст, -а *m* Latinist

лати́но-америка́нский, -ая, -ое lateinamerikanisch

лати́нский, -ая, -ое 1. lateinisch; ~ язы́к die lateinische Sprache 2. die romanische Kultur, die romanischen Nationen betreffend; -ие стра́ны Евро́пы die romanischen Länder Europas; Лати́нская Аме́рика Lateinamerika

ла́тка, -и, *Pl G* -ток, *D* -ткам *f volksspr* der Flicken

лату́к, -а *m* Lattich

лату́нный, -ая, -ое Messing-

лату́нь, -и *f* Messing

ла́ты, лат *Pl hist* Harnisch

латы́нь, -и *f umg* Latein

латы́ш, -а́, *I* -о́м, *G Pl* -е́й *m* Lette

латы́шка, -и, *Pl G* -шек, *D* -шкам *f* Lettin

латы́шский, -ая, -ое lettisch

лауреа́т, -а *m* Laureat, Preisträger

лафа́ *prädikativ*: тебе́ ~! *volksspr* dir geht es gut!, du hast Glück!

лафе́т, -а *m mil* Lafette

лафе́тный, -ая, -ое *mil* Lafetten-

ла́цкан, -а *m* Aufschlag, Revers

лачу́га, -и *f* armselige Hütte

ла́ять, ла́ю, ла́ешь *uv* 1. bellen; ~ на кого́-н. j-n anbellen 2. *alt, volksspr* anschnauzen

лганьё, -ья́ *n* Lügen

лгать* *uv* 1. lügen 2. *alt* Lügen [Verleumdungen] verbreiten (на *A* über) ‖ *v* солга́ть *zu* 1

лгу ↑ лгать

лгун, -а́ *m* Lügner

лгу́нья, -ьи, *Pl G* -ний, *D* -ньям *f* Lügnerin

лебеда́, -ы́ *f bot* Melde

лебеди́ный, -ая, -ое Schwanen-; schwanenweiß ◇ -ая пе́сня [песнь] *übtr* Schwanengesang

[1]лебёдка, -и, *Pl G* -док, *D* -дкам *f* Schwanenweibchen

[2]**лебёдка,** -и, *Pl G* -док, *D* -дкам *f tech* Winde; я́корная ~ Ankerwinde

ле́бедь, -я *m u. poet* **ле́бедь,** -и *f*, *Pl* ле́беди, лебеде́й, лебедя́м Schwan

лебези́ть, -ежу́, -ези́шь *uv umg* (liebe)dienern, scharwenzeln (пе́ред *I* vor)

лебя́жий, -ья, -ье Schwanen-

[1]**лев,** льва *m* Löwe

[2]**лев,** -а, *G Pl* -ов *m* Lew *bulgarische Währungseinheit*

Лев, Льва *m* Leo

лева́к, -а́ *m umg pol* Linksradikaler

лева́цкий, -ая, -ое *pol umg* pseudoradikal

леве́ть, -е́ю, -е́ешь *uv pol* sich nach links orientieren

левиана́, -ы́ *f pol* linke oder angeblich linke Richtung; linke Abweichung

левко́й, -я, *G Pl* -ев *m bot* Levkoje

лево- *in Zuss* links-

лево|бере́жный, -ая, -ое am linken Ufer gelegen; **~сторо́нний,** -яя, -ее linksseitig

левре́тка, -и, *Pl G* -ток, *D* -ткам *f* Windhund, Windspiel

левша́, -и́, *I* -о́й, *G Pl* -е́й *m, f* Linkshänder

ле́вый, -ая, -ое **1.** linker; -ая рука́ linke Hand **2.** *pol* linksstehend, linker; -ые фра́кции парла́мента die linken Parlamentsfraktionen **3.** *pol verächtl* scheinbar linker **4.** -ые, -ых *Subst Pl pol* die Linke

лега́вый, -ая, -ое **1.** *meist nur*: -ая соба́ка Hühner-, Vorstehhund **2.** -ая, -ой *Subst f* Hühner-, Vorstehhund

легализи́роваться, -руюсь, -руешься *v, uv* legal werden

легализова́ться, -зу́юсь, -зу́ешься *v, uv* legal werden

лега́льность, -и *f* Legalität

лега́льный, -ая, -ое; *Kzf* -лен, -льна legal

[1]**леге́нда,** -ы *f* **1.** Legende **2.** Erfindung, Märchen

[2]**леге́нда,** -ы *f* erklärender Text *für Zeichnungen, Karten, Pläne u. ä.*

легенда́рный, -ая, -ое; *Kzf* -рен, -рна legendär, sagenhaft

легио́н, -а *m* **1.** *mil* Legion; иностра́нный ~ Fremdenlegion **2.** große Anzahl; це́лые -ы подража́телей ganze Legionen von Nachahmern

легионе́р, -а *m mil* Legionär

лёгкий [хк], -ая, -ое; *Kzf* лёгок, легка́ [хк], легко́ [хк], легки́ [хк] *u.* лёгки [хк]; *Komp* ле́гче [хч]; *Sup* легча́йший [хч] **1.** leicht; -ая но́ша leichte Last; ~ мета́лл Leichtmetall; ~ за́втрак leichtes Frühstück; -ая похо́дка leichter, schwebender Gang; ~ зада́ча leichte Aufgabe; ~ сон leiser Schlaf; ~ слог flüssiger Stil **2.** verträglich, umgänglich; ~ хара́ктер verträglicher Charakter **3.** leichtsinnig, leichtfertig, oberflächlich; -ое поведе́ние leichtfertiges Verhalten **4.** *ohne Kzf* beweglich, ohne schwere Waffen; -ая артилле́рия leichte Artillerie ◇ -ая рука́ eine glückliche Hand; он лёгок на поми́не *etwa* kaum hat man den Wolf genannt, da kommt er auch schon gerannt

легко́ [хк]; *Komp* ле́гче [хч] *Adv* leicht; мне э́то ~ mir fällt es leicht; мне э́то о́чень ~ сде́лать es ist mir ein leichtes, das zu tun; вам ~ говори́ть Sie haben gut reden; ~ сказа́ть das ist leicht gesagt

легко- *in Zuss* leicht-

легко|атле́т [хк], -а *m* Leichtathlet; **~атлети́ческий** [хк], -ая, -ое Leichtathletik-; **~атле́тка** [хк], -и, *Pl G* -ток, *D* -ткам *f* Leichtathletin; **~ве́рие** [хк], -я *n* Leichtgläubigkeit; **~ве́рный** [хк], -ая, -ое; *Kzf* -рен, -рна leichtgläubig; **~ве́с** [хк], -а *m Sport* Leichtgewicht

легкове́сный [хк], -ая, -ое; *Kzf* -сен, -сна **1.** leicht, zu leicht *von Gewicht*; -ая моне́та Münze mit Untergewicht **2.** leichtsinnig, oberflächlich; ~ челове́к leichtsinniger Mensch; ~ аргуме́нт nicht ernst zu nehmendes Argument

легково́й [хк], -а́я, -о́е: ~ автомоби́ль Personenkraftwagen; ~ изво́зчик Droschkenkutscher

легковоспламеня́ющийся, -аяся, -ееся leichtentflammbar

лёгкое [хк], -ого *Subst n* **1.** *meist Pl anat* Lunge; воспале́ние -их Lungenentzündung **2.** Lunge *Speise*

легкомы́сленный [хк], -ая, -ое; *Kzf* -ен, -енна leichtsinnig, leichtfertig, oberflächlich

легкомы́слие [хк], -я *n* Leichtsinn, Leichtfertigkeit, Oberflächlichkeit

легкопла́вкий [хк], -ая, -ое; *Kzf* -вок, -вка leichtschmelzend

лёгкость [хк], -и *f* Leichtheit, Leichtigkeit, Leichtsinnigkeit; ~ ре́чи Zungenfertigkeit

лего́нько *Adv umg* leicht, sacht(e), vorsichtig; ~ приподня́ть leicht anheben

лёгочный, -ая, -ое Lungen-; -ая ча-

хо́тка Lungenschwindsucht; ~ больно́й Lungenkranker
легча́йший ↑ лёгкий
легча́ть [хч], *1. u. 2. Pers ungebr*, -а́ет *uv volksspr* **1.** schwächer werden **2.** *unpers D* besser werden *Befinden, Stimmung u. a.*
ле́гче ↑ лёгкий *u.* легко́
лёд, льда (льду), о льде́, на льду́ *m* Eis; свобо́дный ото льда eisfrei; ве́чные льды ewiges Eis ◇ ~ разби́т [сло́ман] das Eis ist gebrochen, der Anfang ist gemacht
ледене́ть, -е́ю, -е́ешь *uv* **1.** *1. u. 2. Pers ungebr* zu Eis werden; vereisen; вода́ начина́ет ~ das Wasser beginnt sich in Eis zu verwandeln; ледене́ют борта́ судо́в die Schiffsborde vereisen **2.** (vor Kälte) steif werden; absterben, erstarren
ледене́ц, -нца́, *I* -нцо́м, *G Pl* -нцо́в *m* Fruchtbonbon
ледени́стый, -ая, -ое; *Kzf* -и́ст, -а Eis-
ледени́ть, *1. u. 2. Pers ungebr*, -и́т *uv* **1.** zum Gefrieren bringen, in Eis verwandeln **2.** kalt und starr machen; снег ледени́л па́льцы der Schnee machte die Finger erstarren; у́жас ледени́т се́рдце *übtr* Entsetzen läßt das Herz erstarren
леденя́щий, -ая, -ее eisig
ле́дник, -а *m* **1.** Eiskeller **2.** Eisschrank
ледни́к, -а́ *m* Gletscher
леднико́вый, -ая, -ое Gletscher-; ~ пери́од Eiszeit
ледови́тый, -ая, -ое: Ледови́тый океа́н Eismeer
ледо́вый, -ая, -ое Eis-
ледо|ко́л, -а *m* Eisbrecher *Schiff*; **~ре́з,** -а *m* **1.** Eisbrecher *Gerüst zum Schutz von Brücken gegen Eisgang* **2.** Eisbrecher *Schiff*; **~ру́б,** -а *m* Eishacke, Eispickel; **~ста́в,** -а *m* Zufrieren *von Flüssen*; ны́нче ра́нний ~ста́в die Flüsse sind in diesem Jahr zeitig zugefroren; **~хо́д,** -а *m* Eisgang
леды́шка, -и, *Pl G* -шек, *D* -шкам *f umg* Eisstückchen
ледяно́й, -а́я, -о́е **1.** Eis-; ~ покро́в Eisdecke **2.** eisbedeckt; -ы́е верши́ны eisbedeckte Gipfel **3.** eiskalt, eisig; ~ ве́тер eisiger Wind **4.** eiskalt, steif *vor Kälte*; -ы́е па́льцы steife Finger **5.** *übtr* eisig, kalt
лежа́к, -а́ *m* Liegestuhl
лежа́лый, -ая, -ое (zu) lange gelagert, alt *z. B. Ware*
лежа́нка, -и, *Pl G* -нок, *D* -нкам *f* **1.** Ofenbank *in Form eines Vorsprungs rings um den Ofen* **2.** Liegebank
лежа́ть, -жу́, -жи́шь; лёжа *uv* **1.** liegen; ~ лицо́м вверх auf dem Rükken liegen; ~ в посте́ли bettlägerig sein; ~ в лихора́дке im Fieber liegen; во́лосы лежа́т гла́дко die Haare liegen glatt; де́ньги лежа́т в сберка́ссе das Geld liegt auf der Sparkasse **2.** *1. u. 2. Pers ungebr* gelegen sein, liegen *von Örtlichkeiten u. ä.*; го́род лежи́т на берегу́ мо́ря die Stadt liegt am Meer **3.** *1. u. 2. Pers ungebr in eine bestimmte Richtung* führen; путь лежи́т на се́вер der Weg führt nach Norden **4.** *1. u. 2. Pers ungebr* liegen, lasten (на *P* auf); отве́тственность лежи́т на мне die Verantwortung liegt auf mir; э́то лежи́т на мое́й со́вести das lastet auf meinem Gewissen ◇ ~ в осно́ве zugrunde liegen; ~ на боку́ [на печи́] *volksspr* faulenzen; у меня́ душа́ [се́рдце] не лежи́т к э́тому daraus mache ich mir nichts, das liegt mir nicht
лежа́ться, -жи́тся *unpers uv umg* keine Lust haben zu liegen, nicht liegen können
лежа́чий, -ая, -ее liegend; он ~ больно́й er ist bettlägerig; в -ем положе́нии liegend ◇ под ~ ка́мень вода́ не течёт *etwa* rast' ich, so rost' ich; -его не бьют wer am Boden liegt [besiegt ist], den schlägt man nicht
лежебо́к, -а *m u.* **лежебо́ка,** -и *m, f umg* Faulpelz
ле́жень, -жня *m* Schwelle, Sohlbalken
лёжка, -и, *Pl G* -жек, *D* -жкам *f* **1.** (langes) Liegen; идти́ в -у gelagert werden *Obst* **2.** Tierlager ◇ лежа́ть в -у *volksspr* bettlägerig sein
лежмя́ *Adv umg*: ~ лежа́ть (hilflos) liegen, ohne sich zu rühren
ле́звие, -я *n* **1.** Klinge, Schneide **2.** *umg* Rasierklinge
лезги́н, -а, *G Pl* лезги́н *m* Lesginer *Angehöriger eines kaukasischen Volkes, das einen Teil der Bevölkerung der Dagestanischen ASSR bildet*
[1]**лезги́нка,** -и, *Pl G* -нок, *D* -нкам *f* Lesginerin
[2]**лезги́нка,** -и, *Pl G* -нок, *D* -нкам *f* Lesginka *schneller kaukasischer Tanz*
лезть* *uv* **1.** *best* на, в *A* klettern, steigen; ~ на́ гору einen Berg ersteigen; ~ в окно́ in ein Fenster klettern; ~ в во́ду ins Wasser steigen **2.** *best* под *A*, из-под

G kriechen; ~ из-под дива́на unter dem Sofa hervorkriechen **3.** *best* в *A* heimlich eindringen, sich einschleichen **4.** *best* в *A umg* greifen, langen *mit der Hand*; ~ в карма́н за папиро́сами nach Zigaretten in die Tasche greifen **5.** в *A umg verächtl* sich einmischen; ~ не в своё де́ло sich in fremde Angelegenheiten einmischen **6.** *umg* belästigen (к кому́-н. с че́м-н. j-n mit etw.) **7.** *1. u. 2. Pers ungebr* в *A* eindringen; пыль ле́зет в глаза́ Staub dringt in die Augen **8.** *1. u. 2. Pers ungebr* на *A umg* rutschen; капюшо́н ле́зет на глаза́ die Kapuze rutscht über die Augen **9.** на *A* passen; сапо́г не ле́зет на́ ногу der Stiefel paßt nicht **10.** *1. u. 2. Pers ungebr* ausfallen *von Haaren*; fadenscheinig werden *von Wolle* ◇ хоть в пе́тлю ~! man möchte sich aufhängen!; ~ из ко́жи вон sich die größte Mühe geben; не ~ за сло́вом в карма́н um eine Antwort nicht verlegen sein; ~ на́ стену rasend werden; ~ в дра́ку Händel suchen || *unbest* ла́зать *u.* ла́зить *zu* 1-4

ле́зу ↑ лезть

лей ↑ ле́я

лейбори́ст, -а *m* Mitglied der Labour Party

лейбори́стский [сск], -ая, -ое Labour-

[1]**ле́йка,** -и, *Pl G* ле́ек, *D* ле́йкам *f* **1.** Gießkanne **2.** *volksspr* Trichter

[2]**ле́йка,** -и, *Pl G* ле́ек, *D* ле́йкам *f* Photoapparat *der Marke „Leica" oder ähnlicher Konstruktion*

лейкеми́я, -и *f* Leukämie

Ле́йпциг, -а *m* Leipzig

лейтена́нт, -а *m* Leutnant; мла́дший ~ Unterleutnant; ста́рший ~ Oberleutnant

лейтмоти́в, -а *m* **1.** *mus* Leitmotiv **2.** *übtr* Grund-, Hauptgedanke

лек, -а *m* Lek *albanische Währungseinheit*

лека́ло, -а *n* **1.** Kurvenlineal **2.** *tech* Formlehre, Lehre, Schablone

лека́рственный, -ая, -ое Heil-, Arznei-

лека́рство, -а *n* Arznei, Medizin; приня́ть ~ Medizin einnehmen; прописа́ть ~ Medizin verschreiben; ~ от *oder* про́тив просту́ды Arznei gegen Erkältung

ле́карь, -я, *Pl* ле́кари, лекаре́й, лекаря́м *m alt u. volksspr* Arzt

ле́ксика, -и *f* Wortschatz, Lexik

лексико́граф, -а *m* Lexikograph

лексикогра́фия, -и *f* Lexikographie

лексико́лог, -а *m* Lexikologe

лексиколо́гия, -и *f* Lexikologie

лексико́н, -а *m* **1.** *alt* Wörterbuch **2.** Wortschatz *eines Menschen*; у него́ бе́дный ~ er verfügt über einen geringen Wortschatz

лекси́ческий, -ая, -ое lexikalisch

ле́ктор, -а *m* (Universitäts-) Lektor; Vortragender

лекто́рий, -я, *P* -и, *G Pl* -ев *m* **1.** Lektorium *Institution, die öffentliche Lektionen organisiert* **2.** Raum für öffentliche Lektionen, Vorlesungsraum

ле́кторская, -ой *Subst f* Lektorenzimmer

лекцио́нный, -ая, -ое Vorlesungs-; ~ пери́од Vorlesungsabschnitt

ле́кция, -и *f* Vorlesung, (öffentliche) Lektion; чита́ть -ю eine Vorlesung halten

леле́ять, -е́ю, -е́ешь; -е́янный, -е́ян, -а *uv* **1.** (ver)hätscheln; ~ ребенка ein Kind (ver)hätscheln **2.** *übtr* ergötzen, erfreuen; му́зыка леле́ет слух Musik erfreut das Ohr **3.** *übtr* sorgfältig hüten, hegen; ~ мечту́ einen Traum hegen

Лёля, -и *f Dem zu* Еле́на *u.* Ольга

ле́мех, -а *u.* **леме́х,** -а́, *Pl* лемеха́, -о́в, -а́м *m* Pflugschar

ле́мма, -ы *f math* Lemma, Hilfssatz

лен, -а *m hist* **1.** Lehen **2.** Lehensabgabe

лён, льна (льну), *P* о льне, в льне *u.* во льну, на льне *u.* на льну *m* **1.** Flachs, Lein **2.** *nur Pl* Flachsfeld ◇ го́рный ~ *min* Bergflachs

[1]**Ле́на,** -ы *f* Lena *Fluß*

[2]**Ле́на,** -ы *f Dem zu* Еле́на

лени́вец, -вца, *I* -вцем, *G Pl* -вцев *m* **1.** Faulpelz **2.** *zool* Faultier

лени́вица, -ы, *I* -ей *f* Faulenzerin

лени́вый, -ая, -ое; *Kzf* -и́в, -а **1.** arbeitsscheu, faul; ~ учени́к ein fauler Schüler **2.** *nur Kzf* zu faul (на *A oder* к *D* zu etw.) **3.** schlaff, träge, langsam; -ая похо́дка schlaffer Gang **4.** schnell zubereitet *Speise*; -ые щи Suppe aus frischem Weißkohl

Ленингра́д, -а *m* Leningrad

ленингра́дец, -дца, *I* -дцем, *G Pl* -дцев *m* Leningrader, Einwohner von Leningrad

ленингра́дка, -и, *Pl G* -док, *D* -дкам *f* Leningraderin

ленингра́дский, -ая, -ое Leningrader; Ленингра́дская о́бласть Gebiet Leningrad

ле́нинец, -нца, *I* -нцем, *G Pl* -нцев *m* Leninist

ленини́зм, -а *m* Leninismus

ле́нинский, -ая, -ое Lenin-; leninistisch; ~ стиль рабо́ты leninscher Arbeitsstil; ~ кооперати́вный план der Leninsche Genossenschaftsplan; -ая пре́мия Leninpreis; Ле́нинский комсомо́л der Leninsche Komsomol

лени́ться, леню́сь, ле́нишься *uv* faulenzen; *mit Inf* zu faul sein *etw. zu tun*; я леню́сь чита́ть ich bin zu faul zum Lesen

Ле́нка, -и *f Dem zu* Еле́на

ле́нник, -а *m hist* Lehnsmann

ле́нный, -ая, -ое *hist* Leh(e)ns-

ле́ность, -и *f* Faulheit; Neigung zur Faulheit

Ле́ночка, -и *f Dem zu* Еле́на

ле́нта, -ы *f* Band, Streifen; Ordensband; Farbband; шёлковая ~ Seidenband; изоляцио́нная ~ Isolierband ◇ пулемётная ~ Maschinengewehrgurt

ле́нточка, -и, *Pl G* -чек, *D* -чкам *f Dem zu* ле́нта Bändchen

ле́нточный, -ая, -ое Band-; -ая пила́ Bandsäge; ~ транспортёр Förderband, Bandförderer

лентя́й, -а, *G Pl* -ев *m umg* Faulpelz

лентя́йка, -и, *Pl G* -я́ек, *D* -я́йкам *f umg* Faulenzerin

лентя́йничать, -аю, -аешь *uv umg* faulenzen

ленца́, -ы́, *I* -о́й *f umg*: с -о́й mit gewisser Neigung zur Trägheit; он с -о́й er ist ziemlich faul; рабо́тать с -о́й sich (bei der Arbeit) nicht übermäßig anstrengen

лень, -и *f* **1.** Faulheit, Trägheit **2.** *prädikativ* кому́ *mit Inf umg* keine Lust haben; ему́ ~ бы́ло говори́ть er hatte keine Lust zu reden ◇ (все,) кому́ не ~ jeder, der Lust hat

Лёнька, -и *m Dem zu* Леони́д *u.* Лео́нтий

Лёня, -и *m Dem zu* Леони́д *u.* Лео́нтий

Леони́д, -а *m männl Vn*

Лео́нтий, -я, *P* -и *m männl Vn*

леопа́рд, -а *m* Leopard

лепесто́к, -тка́ *m* Blütenblatt

ле́пет, -а *m* **1.** Lallen, Stammeln, Plappern; де́тский ~ kindliches Lallen **2.** *übtr G poet* leichtes Geräusch, Rauschen; ~ ли́стьев Rauschen der Blätter

лепета́ть* *uv* lallen, stammeln, plappern

лепечу́ ↑ лепета́ть

лепёшка, -и, *Pl G* -шек, *D* -шкам *f* **1.** Fladen; медо́вые -и Honigfladen **2.** Plätzchen; Tablette; мя́тные -и Pfefferminzplätzchen ◇ разби́ться [расшиби́ться] в -у *volksspr* sich vor Eifer fast umbringen

лепи́ть, леплю́, ле́пишь *uv* **1.** formen, modellieren; *aus weichem, knetbarem Material* herstellen; ~ ста́тую из гли́ны ein Standbild aus Ton modellieren; ~ сне́жную ба́бу einen Schneemann bauen; ~ гнездо́ ein Vogelnest bauen **2.** *umg* an-, aufkleben

лепи́ться, *1. u. 2. Pers ungebr*, ле́пится *uv* **1.** sich anklammern, sich anschmiegen **2.** klebenbleiben, (fest)-kleben

ле́пка, -и *f* Formen, Modellieren

лепно́й, -а́я, -о́е Modellier-; Stuck-; ~ потоло́к Stuckdecke

ле́пта, -ы *f* Lepta *griechische Münze* ◇ *übtr* внести́ свою́ -у sein Scherflein beitragen, seinen bescheidenen Beitrag leisten

лес, -а (-у), *P* о ле́се, в лесу́, *Pl* леса́, -о́в, -а́м *m* **1.** Wald; дрему́чий ~ Urwald; хво́йный ~ Nadelwald; ли́ственный ~ Laubwald; е́хать -ом durch den Wald fahren **2.** *nur Sg*, в ле́се Holz, Baumstämme *als Material*; строево́й ~ Bauholz ◇ быть как в тёмном -у́ von etwas nichts verstehen, sich in einer Sache nicht zurechtfinden; кто в ~, кто по дрова́ der eine sagt hüh, der andere hott *von fehlender Übereinstimmung*

[1]**леса́,** -ы́ *u.* **ле́са,** -ы, *Pl* лёсы, лёс, лёсам *f* Angelschnur

[2]**леса́,** -о́в *Pl* Baugerüst; зда́ние в -а́х das Gebäude ist eingerüstet

ле́сенка, -и, *Pl G* -нок, *D* -нкам *f Dem zu* ле́стница kleine Leiter *oder* Treppe

леси́стый, -ая, -ое; *Kzf* -и́ст, -а waldig, waldreich; Wald-

ле́ска, -и, *Pl G* -сок, *D* -скам *f Dem zu* [1]леса́ Angelschnur

лесни́к, -а́ *m* Forstwart, -aufseher

лесни́чество, -а *n* Forstrevier; Försterei

лесни́чий, -его *Subst m* Förster

лесно́й, -а́я, -о́е **1.** Wald-, Forst-; -а́я ча́ща Walddickicht; защи́тные -ы́е полосы Schutzwaldstreifen; -о́е хозя́йство Forstwirtschaft; ~ царь *folkl* Erlkönig **2.** Holz-; -а́я промы́шленность Holzindustrie; ~ склад Holzlager

лесо- *in Zuss* **1.** Wald-, Forst- **2.** Holz-
лесо|вóд, -а *m* Forstwissenschaftler; Forstwirtschaftler; **~вóдство,** -а *n* Forstwissenschaft; Forstwirtschaft; **~завóд,** -а *m* (лесопи́льный завóд) Sägewerk; Holzverarbeitungswerk; **~заготови́тельный,** -ая, -ое Holzbeschaffungs-; **~заготóвки** *Pl* -вок, -вкам, *Sg* лесозаготóвка, -и *f* staatliche Holzbeschaffung *einschließlich des Holzfällens und der Aufbereitung im Walde*; **~защи́тный,** -ая, -ое Schutzwald

лесóк, -скá (-скý) *m Dem zu* лес Wäldchen

лесо|материáлы *Pl* -ов, *Sg* лесоматериáл, -а *m* Nutzholz; **~насаждéние,** -я *n* **1.** Anpflanzen von Wald, Aufforstung **2.** *meist Pl* Waldanpflanzungen; **~пи́лка,** -и, *Pl G* -лок, *D* -лкам *f* **1.** Maschinensäge *für Holz* **2.** *umg* Sägewerk, Sägemühle; **~пи́льный,** -ая, -ое Holzsäge-; ~пи́льный завóд Sägewerk, Sägemühle; **~пи́льня,** -и, *Pl G* -лен, *D* -льням *f umg* Sägewerk, Sägemühle; **~полосá,** -ы́, *Pl* лесопóлосы, лесополóс, лесополосáм *f* Waldstreifen; защи́тная ~полосá Waldschutzstreifen; **~посáдки,** -док, -дкам *Pl* Waldanpflanzungen; **~промы́шленность,** -и *f* Holzindustrie; **~промы́шленный,** -ая, -ое Holzindustrie-; **~разведéние,** -я *n* Aufforstung; **~разрабóтки** *Pl* -ток, -ткам, *Sg* лесоразрабóтка, -и *f* Holz(ein)schlag; **~рýб,** -а *m* Holzfäller; **~сéка,** -и *f* Holzschlag *für den Holzschlag bestimmtes Waldstück*; **~сплáв,** -а *m* Flößerei; **~стéпь,** -и *f* Waldsteppe; **~торгóвля,** -и *f* Holzhandel; **~тýндра,** -ы *f* Waldtundra

леспромхóз, -а *m* (лесопромы́шленное хозя́йство) Forstwirtschaftsbetrieb

лёсс, -а *m geol* Löß

лéстница [сн], -ы, *I* -ей *f* **1.** Treppe; винтовáя ~ Wendeltreppe **2.** Leiter; пожáрная ~ Feuerleiter **3.** *übtr* иерархи́ческая ~ hierarchische Stufenleiter

лéстничный [сн], -ая, -ое **1.** Treppen-; -ая клéтка Treppenhaus; -ая площáдка Treppenabsatz **2.** Leiter-

лéстный [сн], -ая, -ое; *Kzf* -тен, -тна schmeichelhaft; lobend; имéть сáмое -ое мнéние о кóм-н. die günstigste (schmeichelhafteste) Meinung von j-m haben

лесть, -и *f* Schmeichelei

лесхóз, -а *m* (леснóе хозя́йство) Forstwirtschaft; Betrieb der Holzindustrie

лёт, -а, *P* о лёте, на летý *m* Flug; шесть часóв -а sechs Flugstunden; на -ý im Fluge; mühelos ◇ лови́ть [хватáть] на -ý [*volksspr* с лёту] rasch begreifen; на -ý отдáть приказáние im Vorbeigehen einen Befehl erteilen

летá, лет *Pl* Alter, Jahre; человéк пожилы́х лет ein älterer Mann; скóлько вам лет? wie alt sind Sie? на склóне [на стáрости] лет auf die alten Tage; мы с ним одни́х лет wir sind gleichaltrig; по мóлодости лет aus jugendlicher Unerfahrenheit

Лéта, -ы *f myth* Lethefluß ◇ кáнуть в -у der Vergessenheit anheimfallen

летарги́я, -и *f* Lethargie

летáтельный, -ая, -ое Flug-; ~ аппарáт Flugapparat, Flugkörper

летáть, -áю, -áешь *uv unbest zu* летéть fliegen; пти́цы летáют Vögel (können) fliegen; ~ по определённому маршрýту eine bestimmte Linie befliegen; пáльцы егó летáли по клáвишам *übtr* seine Finger flogen über die Tasten

летéть, лечý, лети́шь *uv* **1.** *best* fliegen; перелётные пти́цы летя́т на юг die Zugvögel fliegen nach Süden; когдá мы лети́м? wann fliegen wir ab?; пýли летя́т die Kugeln fliegen **2.** *best* dahinjagen, eilen, fliegen; конь лети́т das Pferd jagt dahin **3.** *best umg* (herunter)fallen, (herunter-)fliegen; стакáны летéли нá пол die Gläser flogen auf den Boden **4.** *1. u. 2. Pers ungebr* schnell vergehen, dahineilen; недéли летя́т die Wochen eilen dahin **5.** *1. u. 2. Pers ungebr* schnell steigen *oder* fallen; áкции летя́т вверх die Aktien schnellen in die Höhe | *unbest* летáть *zu* 1-3

лéтний, -яя, -ее **1.** sommerlich; Sommer-; -ее плáтье Sommerkleid **2.** *Adv* по-лéтнему wie im Sommer, sommerlich

-лéтний, -яя, -ее *in Zuss* -jährig, -jahr-, *z. B.* пятилéтний план Fünfjahrplan

лётный, -ая, -ое Flug-; Flieger-; -ое отвéрстие Flugloch *eines Vogelnestes*; -ая погóда Flugwetter; -ая шкóла Fliegerschule; ~ состáв fliegendes Personal; -ое пóле Rollfeld

лéто, -а *n* Sommer

лéтом *Adv* im Sommer

летопи́сец, -сца, *I* -сцем, *G Pl* -сцев *m* Chronist, Annalenschreiber
летопи́сный, -ая, -ое Chronik-, Annalen-
ле́топись, -и *f* Chronik, Annalen
летосчисле́ние, -я *n* Zeitrechnung
лету́н, -а́ *m umg* **1.** flinker Läufer; guter Flieger **2.** jemand, der oft seinen Arbeitsplatz wechselt
лету́честь, -и *f chem* Flüchtigkeit
лету́чий, -ая, -ое; *Kzf* -у́ч, -а **1.** fliegend, Flug-; ~ песо́к Flugsand; -ая мышь Fledermaus **2.** fliegend, schnell verlegbar; -ая по́чта fliegendes Postamt; -ая ремо́нтная брига́да fliegende Reparaturabteilung **3.** *chem* flüchtig; -ие эфи́рные масла́ flüchtige ätherische Öle **4.** schnell vergehend *Zeit* **5.** kurz *Gespräch, Versammlung*
лету́чка, -и, *Pl G* -чек, *D* -чкам *f umg* **1.** Flugblatt **2.** Kurzversammlung *zur Entscheidung unaufschiebbarer Angelegenheiten* **3.** fliegendes Postamt **4.** fliegende Reparaturbrigade
лётчик, -а *m* Flieger, Pilot; ~-истреби́тель Jagdflieger; ~-испыта́тель Testpilot
лётчица, -ы, *I* -ей *f* Fliegerin, *weiblicher* Pilot
лече́бник, -а *m alt* volkstümliches Arzneibuch
лече́бница, -ы, *I* -ей *f* Klinik, Heilanstalt
лече́бный, -ая, -ое Heil-
лече́ние, -я *n* Kur, Behandlung; стациона́рное ~ stationäre Behandlung
лечи́ть, лечу́, ле́чишь; ле́ченный, -ен, -а *uv* **1.** (ärztlich) behandeln, kurieren; ~ больно́го einen Kranken behandeln; ~ плеври́т eine Rippenfellentzündung behandeln **2.** (ärztlich) behandeln lassen; ~ зу́бы die Zähne behandeln lassen
лечи́ться, лечу́сь, ле́чишься *uv* у *G* sich (ärztlich) behandeln lassen (von), in (ärztlicher) Behandlung sein (bei)
лечь* *v* **1.** sich (hin)legen; sich schlafen legen; ~ на дива́н sich auf das Sofa legen; вчера́ я лёг в де́сять gestern habe ich mich um zehn schlafen gelegt **2.** sich legen, sich ausbreiten, bedecken; на зе́млю лёг и́ней Rauhreif bedeckte die Erde; на его́ лицо́ легла́ тень ein Schatten legte sich auf sein Gesicht **3.** sich legen, fallen *von Kleidungsstücken u. ä.*; пла́тье легло́ ро́вными скла́дками das Kleid fiel in gleichmäßigen Falten **4.**: ~ на но́вый курс *flug, naut* einen neuen Kurs einschlagen **5.** на *A übtr* liegen, lasten (auf), sich schwer legen (auf); на меня́ ля́жет отве́тственность auf mir wird die Verantwortung lasten; э́то легло́ на мою́ со́весть das lastet auf meinem Gewissen ◇ ~ в осно́ву zugrunde liegen; ~ костьми́ *meist scherz* sich (vor Eifer) in Stücke reißen ‖ *uv* ложи́ться, ложу́сь, ложи́шься
Лёша, -и, *I* -ей *m Dem zu* Алексе́й
ле́ший, -его *Subst m folkl* Waldgeist
лещ, -а́, *I* -о́м, *G Pl* -е́й *m zool* Brasse, Blei
лещи́на, -ы *f* Haselstrauch
лещи́новый, -ая, -ое Haselnuß-
ле́я, -и *f u.* **лей,** ле́я *m* Lei *rumänische Währungseinheit*
лже- *in Zuss* falsch, Pseudo-
лже|нау́чный, -ая, -ое pseudowissenschaftlich; **~прися́га,** -и *f* Meineid; **~свиде́тель,** -я *m* falscher Zeuge; **~свиде́тельство,** -а *n* falsche Aussage; **~свиде́тельствовать,** -твую, -твуешь *uv* falsch aussagen; **~уче́ние,** -я *n* Irrlehre
лжец, -а́, *I* -о́м, *G Pl* -о́в *m* Lügner
лжи́вый, -ая, -ое; *Kzf* лжив, -а verlogen, lügenhaft; erlogen, lügnerisch, trügerisch; ~ челове́к ein verlogener [zum Lügen neigender] Mensch; -ые заявле́ния lügnerische Erklärungen; -ая улы́бка trügerisches Lächeln
ли *u.* **ль 1.** *Fragepartikel* ob *in indirekten Fragesätzen; in direkten Fragesätzen unübersetzt*; придёшь ли ты? не зна́ю, приду́ ли wirst du kommen? ich weiß nicht, ob ich kommen werde; не сты́дно ли тебе́ говори́ть так? schämst du dich nicht so etwas zu sagen? **2.** *disjunktive Konj* ли ... ли ... ob ... oder; зимо́й ли, ле́том ли ob (nun) im Winter oder im Sommer ◇ не уйти́ ли нам? sollen wir nicht lieber fortgehen?; шу́тка ли! das ist keine Kleinigkeit!
лиа́на, -ы *f bot* Liane
либера́л, -а *m* Liberaler
либера́льничать, -аю, -аешь *uv umg* allzu nachsichtig sein
либера́льность, -и *f* **1.** *pol* liberale Einstellung, Liberalismus **2.** allzu große Nachsicht
либера́льный, -ая, -ое; *Kzf* -лен -льна **1.** *pol* liberal **2.** allzu nachsichtig
Либе́рия, -и *f* Liberia

ли́бо *Konj* oder; ли́бо ... ли́бо ... entweder ... oder
-либо *Part, zweiter Bestandteil indefiniter Pronomen und Pronominaladverbien, z. B.* кто́-либо irgend jemand; где́-либо irgendwo
либре́тто *n idkl* **1.** Libretto **2.** kurze Inhaltsangabe *eines Bühnenstücks* **3.** Plan eines Szenariums *für Film oder Ballett*
Лива́н, -а *m* Libanon
лива́нский, -ая, -ое libanesisch
ли́вень, -вня *m* Regenguß, Platzregen; ~ пуль *übtr* Kugelregen
[1]**ли́вер,** -а (-у) *m eßbare* Innereien, Geschlinge *Leber, Herz u. a.*
[2]**ли́вер,** -а *m* Saugheber, Stechheber
ли́верный, -ая, -ое: -ая колбаса́ Leberwurst
ливи́йский, -ая, -ое libysch; Ливи́йская пусты́ня Libysche Wüste
Ли́вия, -и *f* Libyen
ливмя́ *Adv umg*: дождь льёт ~ es regnet in Strömen
ли́вневый, -ая, -ое: -ые во́ды Regenwasser
ливре́йный, -ая, -ое Livree-; ~ лаке́й Lakai in Livree
ливре́я, -и *f* Livree
[1]**ли́га,** -и *f* Liga, Bund, Vereinigung; Ли́га на́ций *hist* Völkerbund
[2]**ли́га,** -и *f mus* Bindebogen, Ligaturzeichen
лигату́ра, -ы *f* **1.** Beimischung *von Kupfer oder Zinn zu Edelmetallen*; Legierung **2.** *typ, med* Ligatur
Ли́да, -ы *f Dem zu* Ли́дия
ли́дер, -а *m* **1.** *pol* Führer; профсою́зные -ы Gewerkschaftsführer **2.** *Sport* Führender, Erster; Schrittmacher; Spitzenreiter; велого́нка за -ом Steherrennen
ли́дерство, -а *n pol u. Sport* Führung; захвати́ть ~ in Führung gehen, die Führung übernehmen
лиди́ровать, -рую, -руешь *v, uv Sport* führen, an der Spitze liegen
лижу́ ↑ лиза́ть
Ли́за, -ы *f Dem zu* Елизаве́та
лиза́ть* *uv* lecken, ab-, belecken; пла́мя ли́жет сте́ны die Flamme beleckt die Wände ◇ ~ ру́ки [но́ги, пя́тки] кому́-н. *volksspr* vor j-m kriechen ‖ *v mom* **лизну́ть,** -ну́, -нёшь
лизоблю́д, -а *m volksspr* Speichellecker
лизо́л, -а *m* Lysol
Ли́зонька, -и *f Dem zu* Елизаве́та
Ли́зочка, -и *f Dem zu* Елизаве́та

[1]**лик,** -а *m* **1.** *alt* Gesicht, Antlitz **2.** *übtr* Antlitz, Aussehen; Umrisse
[2]**лик,** -а *m alt rel* Schar
ликбе́з, -а *m* (ликвида́ция безгра́мотности) Beseitigung des Analphabetentums
ликвида́тор, -а *m pol hist* Liquidator
ликвидацио́нный, -ая, -ое *wirtsch* Liquidations-
ликвида́ция, -и *f* **1.** *wirtsch* Liquidation, Auflösung **2.** Beseitigung, Abschaffung, Vernichtung
ликвиди́ровать, -рую, -руешь; -рованный, -рован, -а *v, uv* **1.** *wirtsch* liquidieren, auflösen **2.** beseitigen, abschaffen, vernichten
ликви́дный, -ая, -ое *fin* flüssig; -ые сре́дства flüssige Mittel
ликёр, -а (-у) *m* Likör
ликёрный, -ая, -ое Likör-; -ая рю́мка Likörglas
ликова́ние, -я *n* Jubel, Frohlocken
ликова́ть, -ку́ю, -ку́ешь *uv* jubeln, frohlocken, triumphieren
лиле́йный, -ая, -ое **1.** *alt, poet* lilienweiß **2.** -ые, -ых *Subst Pl bot* Liliengewächse
лилипу́т, -а *m* Liliputaner
лилипу́тка, -и, *Pl G* -ток, *D* -ткам *f* Liliputanerin
ли́лия, -и *f* Lilie; водяна́я ~ Wasserrose, Wasserlilie
лилове́ть, -е́ю, -е́ешь *uv* **1.** lila werden **2.** lila schimmern
лило́вый, -ая, -ое lila, violett
Ли́ма, -ы *f* Lima
лима́н, -а *m geogr* Liman, (sumpfige) Bucht *mit Wasser angefüllte, golfartige Talerweiterung an Flußmündungen*
лими́т, -а *m* Limit, Höchstgrenze; превы́сить ~ das Limit überschreiten
лимити́ровать, -рую, -руешь; -рованный, -рован, -а *v, uv* limitieren, begrenzen; ~ ввоз и вы́воз това́ров den Warenimport und -export begrenzen
лимо́н, -а *m* Zitrone; Zitronenbaum
лимона́д, -а *m* Limonade; Zitronenwasser
лимо́нный, -ая, -ое **1.** Zitronen-; -ая кислота́ Zitronensäure **2.** zitronengelb
лимоновыжима́лка, -и, *Pl G* -лок, *D* -лкам *f* Zitronenpresse
лимузи́н, -а *m* Limousine
ли́мфа, -ы *f* Lymphe
лимфати́ческий, -ая, -ое **1.** lympha-

tisch, Lymph-; -ая железа́ Lymphdrüse 2. *alt* schlaff, leblos, träge

лингви́ст, -а *m* Linguist

лингви́стика, -и *f* Linguistik

¹лине́йка, -и, *Pl G* -е́ек, *D* -е́йкам *f* 1. Linie, Zeile *auf Schreibpapier* 2. Lineal; счётная ~ Rechenschieber 3. Linie, Reihe; Appell; пионе́рская ~ Pionierappell ◇ постро́иться в -у [по -е] sich in einer Linie aufstellen, in einer Linie antreten

²лине́йка, -и, *Pl G* -е́ек, *D* -е́йкам *f alt* Kremserwagen

лине́йный, -ая, -ое 1. linienförmig, linear; ~ орна́мент Bandornament; -ые ме́ры Längenmaße 2. *mil u. Verkehrswesen* Linien-, Strecken-; ~ кре́йсер Linienkreuzer; ~ свя́зи́ст Funker *der eine bestimmte Linie betreut*

¹линёк, -нька́ *m Dem zu* ¹линь kleiner Schlei

²линёк, -нька́ *m naut* Tauende

ли́нза, -ы *f phys* Linse

ли́ния, -и *f* 1. Linie; начерти́ть на доске́ -ю eine Linie an die Tafel zeichnen; ~ горизо́нта Horizontlinie; постро́ить дома́ в одну́ -ю Häuser in einer Linie [Reihe] anordnen; трамва́йная ~ Straßenbahnlinie; родство́ по отцо́вской -и Verwandtschaft der väterlichen Linie [väterlicherseits] 2. Linie *Richtung, Handlungsweise*; генера́льная ~ па́ртии Generallinie der Partei 3. *el* Leitung; высоково́льтная ~ Hochspannungsleitung ◇ рабо́тать по профсою́зной -и auf gewerkschaftlichem Gebiet arbeiten; вести́ [гнуть *volksspr*] свою́ -ю *etwa* seinen Standpunkt durchsetzen

линко́р, -а *m* (лине́йный кора́бль) Linienschiff, Schlachtschiff

лино́ваный, -ая, -ое: -ая бума́га liniertes Papier

линова́ть, -ну́ю, -ну́ешь; -но́ванный, -но́ван, -а *uv* linieren

линоти́п, -а *m typ* Linotype

Линч, -а *m*: суд Ли́нча Lynchjustiz

линчева́ть, -чу́ю, -чу́ешь; -чёванный, -чёван, -а *m v, uv* lynchen

¹линь, -я́ *m zool* Schlei

²линь, -я́ *m* Schiffsleine

ли́нька, -и *f zool* Haaren, Mausern, Häuten; весе́нняя ~ пушны́х звере́й Frühjahrsmauser der Pelztiere

линю́чий, -ая, -ее; *Kzf* -ю́ч, -а, -е *umg* 1. leicht die Farbe verlierend, ausbleichend, verschießend; nicht wasch- und lichtecht; -ая мате́рия leicht die Farbe verlierender Stoff 2. *zool* in der Mauser befindlich

линя́лый, -ая, -ое *umg* verblichen, verschossen

линя́ть, *1. u. 2. Pers ungebr,* -я́ет *uv* 1. die Farbe verlieren, ausbleichen, verschießen; си́тец линя́ет der Kattun verliert die Farbe 2. *zool* haaren, mausern, sich häuten

¹ли́па, -ы *f* Linde

²ли́па, -ы *f volksspr verächtl* Fälschung, Schwindel

ли́пка, -и, *Pl G* -пок, *D* -пкам *f Dem zu* ¹ли́па kleine Linde ◇ ободра́ть кого́-н. как -у *volksspr* j-n vollständig ausplündern

ли́пкий, -ая, -ое; *Kzf* -пок, -пка́! klebrig, zäh; *übtr umg* aufdringlich

ли́пнуть, -ну, -нешь; лип, -ла *uv* 1. haftenbleiben, klebenbleiben, kleben (к *D* an); бума́га ли́пнет к па́льцам das Papier bleibt an den Fingern kleben; руба́шка ли́пла к те́лу das Hemd klebte am Körper 2. *umg* klebrig sein; подоко́нники и две́ри ли́пли Fensterbretter und Türen klebten 3. *übtr umg* к *D* nicht von der Seite weichen; де́ти ли́пли к нему́ die Kinder wichen ihm nicht von der Seite 4. *umg* zusammenkleben; гу́бы ли́пнут die Lippen kleben zusammen; глаза́ ли́пнут die Augen fallen zu

липня́к, -а́ (-у́) *m* Lindenwald

¹ли́повый, -ая, -ое Linden-; ~ чай Lindenblütentee

²ли́повый, -ая, -ое *volksspr* 1. gefälscht; ~ па́спорт gefälschter Paß 2. *übtr* unecht; он ~ писа́тель er ist kein richtiger Schriftsteller

¹ли́ра, -ы *f* 1. Lyra, Leier 2. Art Kobsa *ukrainisches Saiteninstrument mit Tasten*

²ли́ра, -ы *f* Lire *Währungseinheit in Italien*

лири́зм, -а *m* 1. Lyrismus, lyrischer Charakter; ~ му́зыки Гли́нки der lyrische Charakter der Musik Glinkas 2. lyrische Stimmung

ли́рик, -а *m* Lyriker

ли́рика, -и *f* 1. Lyrik 2. *umg* Sentimentalität, sentimentale Stimmung, Gefühlsduselei; оста́вьте -у! laßt die Gefühlsduseleien!

лири́ческий, -ая, -ое 1. lyrisch; ~ поэ́т lyrischer Dichter; -ое настрое́ние lyrische [gefühlvolle] Stimmung 2. *mus* lyrisch; ~ те́нор lyrischer Tenor ◇ ~ беспоря́док *etwa* eine „idyllische" Unordnung; -ое отступление a) lyrischer Einschub *in eine erzählende Darstellung*; b) *übtr scherz* Abweichen vom Thema

лиричный, -ая, -ое; *Kzf* -чен, -чна lyrisch

лиса, -ы́, *Pl* ли́сы, лис, ли́сам *f* Fuchs; Fuchsfell; черно-бу́рая ~ Silberfuchs; ~ он *übtr* ein Fuchs ist er ◇ Лиса́ Патрике́евна *folkl etwa* Reinecke Fuchs

лисёнок, -нка, *Pl* лися́та, -я́т, -я́там *m* Fuchsjunges, junger Fuchs

ли́сий, -ья, -ье Fuchs-; ~ след Fuchsspur; -ья шу́ба Pelz aus Fuchsfell

лиси́ца, -ы, *I* -ей *f* Fuchs; Fuchsfell; красно-бу́рая *oder* сиби́рская ~ Rotfuchs; он ста́рая ~ *übtr* er ist ein alter Fuchs

лиси́чка, -и, *Pl G* -чек, *D* -чкам *f* 1. *Dem zu* лиси́ца junger Fuchs, Füchslein 2. *bot* Pfifferling *Pilz*

Лиссабо́н, -а *m* Lissabon

лист, -а, *Pl* ли́стья, -ьев, -ьям *u.* листы́, -о́в, -а́м *m* 1. (ли́стья *u.* листы́) *bot* Blatt; -ья дере́вьев Baumblätter 2. (листы́) Blatt, Bogen *Papier* 3. (листы́) dünne Platte; ~ желе́за dünne Eisenplatte 4. (листы́) *typ* Druckbogen *16 Druckseiten*; кни́га в 10 -о́в ein Buch von 10 Druckbogen 5. (листы́) Urkunde, Liste, Blatt; похва́льный ~ Belobigungsurkunde; подписно́й ~ Subskriptionsliste; исполни́тельный ~ Vollstreckungsbefehl ◇ игра́ть [петь] с -а́ vom Blatt spielen [singen]

листа́ж, -а́, *I* -о́м *m typ* Bogenzahl

листа́ть, -а́ю, -а́ешь *uv umg* durchblättern, umblättern; ~ кни́гу ein Buch durchblättern

листва́, -ы́ *f Koll* Laub, Laubwerk

ли́ственница, -ы, *I* -ей *f bot* Lärche

ли́ственный, -ая, -ое Laub-, Blatt-; ~ лес Laubwald

ли́стик, -а *m Dem zu* лист Blättchen, kleines Blatt *Pflanze, Papier*

листо́вка, -и, *Pl G* -вок, *D* -вкам *f* Flugblatt

листово́й, -а́я, -о́е 1. *bot* Blatt-, Blätter-; -а́я систе́ма Blattsystem; ~ таба́к Blättertabak 2. Blatt-, Bogen-; -blech; ~ разме́р Bogengröße; -о́е желе́зо Eisenblech

листо́к, -тка́ *m* 1. *Dem zu* лист 1 *u.* 2 kleines Blatt *Pflanze, Papier* 2. Vordruck, Eintragungsblatt, Formular; температу́рный ~ Fieberkurve; больни́чный ~ *oder* ~ нетрудоспосо́бности Krankenschein 3. Flugblatt

листопа́д, -а *m* Blätterfall, Laubfall

лит- *in Zuss Abk für* литерату́рный

лита́врщик, -а *m* Paukenschläger *Musiker*

лита́вры *Pl* лита́вр, *Sg* лита́вра, -ы *f* Pauke, Kesselpauke

Литва́, -ы́ *f* Litauen

лите́йная, -ой *Subst f* Gießerei *Fabrik*

лите́йный, -ая, -ое *tech* Guß-, Gieß-, Gießerei-; -ая фо́рма Gußform; ~ заво́д Gießerei; -ое де́ло Gießereiwesen

лите́йщик, -а *m* Gießer

ли́тер, -а *m umg durch einen bestimmten Buchstaben kenntlich gemachter* Fahrschein für ermäßigte [kostenlose] Fahrt

ли́тера, -ы *f* 1. *typ* Letter 2. *alt* Buchstabe

литера́тор, -а *m* 1. Literat, Schriftsteller, Publizist 2. *umg* Literaturwissenschaftler

литерату́ра, -ы *f* Literatur; худо́жественная ~ schöngeistige Literatur, Belletristik; указа́тель -ы Literaturnachweis

литерату́рный, -ая, -ое 1. literarisch, Literatur-; -ое насле́дство literarisches Erbe, literarischer Nachlaß; ~ кружо́к Literaturzirkel; ~ тала́нт literarische Begabung 2. *Kzf* -рен, -рна literatursprachlich, den Normen der Literatursprache entsprechend

литературове́д, -а *m* Literaturwissenschaftler

литературове́дение, -я *n* Literaturwissenschaft

литературове́дческий, -ая, -ое literaturwissenschaftlich

литкружо́к, -жка́ *m* (литерату́рный кружо́к) Literaturzirkel

лито́вец, -вца, *I* -вцем, *G Pl* -вцев *m* Litauer

лито́вка, -и, *Pl G* -вок, *D* -вкам *f* Litauerin

лито́вский, -ая, -ое litauisch; ~ язы́к litauische Sprache; Лито́вская Сове́тская Социалисти́ческая Респу́блика Litauische Sozialistische Sowjetrepublik

литогра́фия, -и *f* 1. Lithographie *Druckverfahren* 2. lithographische Werkstatt 3. Lithographie *Zeichnung*

литогра́фский, -ая, -ое lithographisch

лито́й, -а́я, -о́е *tech* gegossen; -а́я сталь Gußstahl, Flußstahl

литр, -а *m* Liter

литра́ж, -а́, *I* -о́м *m* 1. Fassungsvermögen *in Litern*; ~ ба́ка Fassungsvermögen des Kanisters 2. *tech* Hubraum

литрóвый, -ая, -ое Liter-; ~ бидóн Literkanne

литургúя, -и *f* Liturgie

лить* *uv* 1. gießen; ~ вóду в стакáн Wasser in ein Glas gießen 2. *tech* gießen 3. *übtr* gießen, ausstrahlen 4. *umg* stark *oder* ununterbrochen fließen, strömen; пот с негó лил грáдом der Schweiß floß in Strömen an ihm herab

литьё, -ья́ *n tech* 1. Gießen 2. Gußstücke, Guß; стальнóе ~ Stahlguß

лúться*, *1. u. 2. Pers ungebr*; лúлúсь *uv* stark [ununterbrochen] fließen, strömen; sich ergießen; слёзы льются Tränen fließen; речь егó лилáсь легкó seine Rede floß leicht dahin

лиф, -а *m* Mieder, Untertaille; ~ удлинённый verlängerte Taille

лифт, -а *m* Fahrstuhl, Aufzug

лифтёр, -а *m* Fahrstuhlführer

лифтёрша, -и, *I* -ей *f umg* Fahrstuhlführerin

лúфчик, -а *m* Leibchen, Mieder

лихáч, -á, *I* -óм, *G Pl* -éй *m* 1. kühner [tapferer] Mensch 2. Wagehals, Tollkopf; шофёр-~ tollkühner [waghalsiger] Chauffeur 3. *alt* Luxusdroschke, Luxusfiaker

лихáчество, -а *n* Tollkühnheit

лихвá, -ы́ *f alt*: с лихвóй mit Gewinn

[1]**лúхо,** -а *n alt, volksspr* Böses ◇ не поминáй меня́ -ом gedenke meiner nicht im bösen, behalte mich in gutem Angedenken

[2]**лúхо** *Adv* flott, keck

лихоúмец, -мца, *I* -мцем, *G Pl* -мцев *m alt* bestechlicher Mensch; Wucherer

[1]**лихóй,** -áя, -óе; *Kzf* лих, -á! *alt, volksspr* unheilvoll, böse, übel; ~ человéк böser Mensch; ~ час unheilvolle Stunde ◇ -á бедá началó *etwa* aller Anfang ist schwer

[2]**лихóй,** -áя, -óе; *Kzf* лих, -á! *umg* kühn, verwegen, waghalsig; keck, flott; -úе налёты партизáн kühne Überfälle der Partisanen; -áя ездá verwegene Fahrt, verwegenes Fahren; ~ танцóр flotter Tänzer

лихорáдить, -áжу, -áдишь *uv* 1. Fieber haben, fiebern; ребёнок лихорáдил das Kind hatte Fieber 2. *unpers* fiebern; меня́ лихорáдит mich fiebert, ich habe Schüttelfrost

лихорáдка, -и, *Pl G* -док, *D* -дкам *f* Fieber; перемежáющаяся ~ Wechselfieber

лихорáдочный, -ая, -ое 1. Fieber-; ~ жар Fieberhitze 2. *Kzf* -чен, -чна *übtr* fieberhaft

лúхость, -и *f* Kühnheit, Verwegenheit

лúхтер, -а *m naut* Leichter

лицевáть, лицу́ю, лицу́ешь; лицóванный, -ан, -а *uv* wenden; wenden lassen *Kleidungsstücke*

лицевóй, -áя, -óе 1. Gesichts-; -ы́е мы́шцы Gesichtsmuskeln 2. äußerer, oberer, vorderer; Außen-, Ober-, Vorder-; -áя сторонá дóма Vorderseite [Vorderfront] des Hauses; -áя сторонá матéрии rechte Seite des Stoffes ◇ ~ счёт *finanz* Konto

лицедéйство, -а *n alt* 1. Theatervorstellung 2. Verstellung, Heuchelei

лицезрéть, -рю́, -рúшь *uv buchspr alt, iron* anblicken, ansehen

лицеúст, -а *m* Lyzeumsschüler

лицéй, -я, *G Pl* -ев *m* 1. Lyzeum *privilegierte Ober- oder Hochschule im zaristischen Rußland* 2. Lyzeum *Oberschule in westeuropäischen Ländern*

лицéйский, -ая, -ое Lyzeums-

лицемéр, -а *m* Heuchler

лицемéрие, -я *n* Heuchelei

лицемéрить, -рю, -ришь *uv* heucheln

лицемéрность, -и *f* heuchlerisches Wesen

лицемéрный, -ая, -ое; *Kzf* -рен, -рна heuchlerisch

лицензиóнный, -ая, -ое Lizenz-

лицéнзия, -и *f* 1. Einfuhrgenehmigung; Ausfuhrgenehmigung 2. Lizenz

лицеприя́тие, -я *n alt* Voreingenommenheit, parteiische Haltung

лицó, -á, *Pl* лúца, лиц, лúцам *n* 1. Gesicht, Antlitz; черты́ -á Gesichtszüge 2. Charakter, Gesicht; показáть своё (настоя́щее) ~ sein wahres Gesicht zeigen 3. Person; Persönlichkeit; чáстное ~ Privatperson; историческое ~ historische Persönlichkeit; дéйствующее ~ *theat* (handelnde) Person 4. Vorderseite, Oberseite; глáдить матéрию с -á den Stoff auf der rechten Seite bügeln 5. *gram* Person ◇ говорúть прáвду в ~ die Wahrheit offen ins Gesicht sagen; говорúть от -á когó-нибудь in j-s Namen sprechen; пéред -óм фáктов angesichts der Tatsachen; на однó ~ zum Verwechseln ähnlich; на нём -á нет er sieht ganz verstört aus; он изменúлся в -é er verfärbte sich vor Erregung; показáть товáр

-óм etwas von der besten Seite [im günstigsten Lichte] zeigen; -óм в грязь не ударить ehrenvoll der Schwierigkeiten Herr werden, sich von der besten Seite zeigen, Ehre einlegen; знать в ~ vom Ansehen kennen; это вам не к -ý das steht Ihnen nicht; *übtr* das paßt nicht zu Ihnen, das schickt sich nicht für Sie; они стояли -óм к -ý sie standen sich von Angesicht zu Angesicht gegenüber

личико, -а, *Pl* личики, -ов, -ам *n zärtl zu* лицó Gesicht(chen)

личина, -ы *f* **1.** *alt* Maske **2.** *übtr* Maske, Deckmantel

личинка, -и, *Pl G* -нок, *D* -нкам *f zool* Larve

лично *Adv* persönlich, in (eigener) Person; я ~ прóтив ich für meine Person bin dagegen

личнóй, -áя, -óе Gesichts-

личность, -и *f* Persönlichkeit, Person; удостоверить свою ~ sich (über seine Person) ausweisen; прошý без -ей *alt* bitte nicht persönlich werden

личный, -ая, -ое persönlich, Personal-; Privat-; -ая сóбственность persönliches Eigentum; это егó -ое дéло das ist seine Privatangelegenheit; ~ секретáрь Privatsekretär ◇ -ое дéло Personalakte; ~ состáв a) Personalbestand; b) *mil* Besatzung

лишáй, -я́, *G Pl* -ёв *m* **1.** *bot* Flechte **2.** *med* Flechte, Grind; стригýщий ~ Glatzflechte

лишáйник, -а *m bot* Flechte

лишáть(ся) *uv zu* лишить(ся)

лишек, -шка (-шку) *m volksspr* Überschuß; два часá с -шком über zwei Stunden

лишéнец, -нца, *I* -нцем, *G Pl* -нцев *m* Person, der das Wahlrecht und andere bürgerliche Rechte wegen der Zugehörigkeit zur Ausbeuterklasse entzogen worden waren *in der UdSSR vor Annahme der Verfassung von 1936*

лишéние, -я *n* **1.** Entzug; Verlust; ~ граждáнских прав Verlust der bürgerlichen Ehrenrechte **2.** *meist Pl* Entbehrungen, Not

лишить, лишý, лишишь; лишённый, -ён, -енá *v* (weg)nehmen, entziehen, rauben (когó-н. чегó-н. j-m etw.); berauben; ~ когó-н. слóва j-m das Wort entziehen; ~ средств к жизни die Mittel zum Leben rauben; ~ свобóды der Freiheit berauben; ~ себя жизни sich das Leben nehmen; быть лишённым чегó-н. etw. entbehren, einer Sache beraubt sein: обвинéние лишенó всякого основáния die Anklage entbehrt jeder Grundlage ‖ *uv* лишáть, -áю, -áешь

лишиться, -шýсь, -шишься *v G* verlieren, einbüßen, verlustig gehen; ~ имýщества den Besitz verlieren; ~ чувств ohnmächtig werden ‖ *uv* лишáться, -áюсь, -áешься

лишний, -яя, -ее **1.** überschüssig, überzählig; ~ экземпляр überzähliges Exemplar; два с -им рубля reichlich zwei Rubel **2.** überflüssig, unnütz, nutzlos; -ие старáния nutzlose Bemühungen ◇ ~ раз (immer) noch einmal, einmal mehr; бýдет не -ее es wird nützlich sein

лишь 1. *Part* nur; erst; у меня ~ однá забóта ich habe nur eine Sorge; он вернýлся ~ в два часá er ist erst um zwei zurückgekommen **2.** *Konj meist in der Verbindung* лишь тóлько kaum, sobald; ~ (тóлько) он вошёл kaum war er eingetreten **3.** *Konj in Verbindung mit* бы wenn nur; ~ бы он пришёл! wenn er nur käme!; ~ бы не опоздáть! nur nicht zu spät kommen!

лоб, лба, о лбе, во [на] лбу *m* Stirn; встрéтить протИвника в ~ dem Gegner die Stirn bieten ◇ что в ~, что пó лбу *etwa* Jacke wie Hose

лобзáние, -я *n alt* Küssen, Kuß

лобзáть, -áю, -áешь *uv alt, poet* küssen

лóбзик, -а *m* Laubsäge

лобкóвый, -ая, -ое: -ая кость *anat* Schambein

лóбный, -ая, -ое *anat* Stirn-; -ая пáзуха Stirnhöhle ◇ -ое мéсто *hist* Richtplatz

лобовóй, -áя, -óе **1.** von vorn kommend, frontal; ~ вéтер Gegenwind; -áя атáка Frontalangriff **2.** vorderer; -áя часть тáнка Vorderteil des Tanks

лобогрéйка, -и, *Pl G* -éек, *D* -éйкам *f* Getreidemähmaschine *einfacher Konstruktion mit Abwerfen des geschnittenen Getreides von Hand*

лобóк, -бкá *m anat* Schamhügel, Venusberg

лобызáть, -áю, -áешь *uv alt, jetzt scherz, iron* küssen

лов, -а *m* Fangen, Fang

ловелáс, -а *m* Schürzenjäger, Verführer

ловéц, -вцá, *I* -вцóм, *G Pl* -вцóв *m* Fischer, Jäger, Tierfänger

ловить, ловлю, лóвишь; лóвленный, -ен, -а *uv* **1.** fangen, auffangen; ~

мяч Ball auffangen; ~ рыбу fischen; ~ взгляд *übtr* einen Blick erhaschen 2. (aus)nutzen; ~ слýчай eine (passende) Gelegenheit nutzen 3. ertappen; ~ на лжи bei einer Lüge ertappen ◇ ~ когó-н. на слóве j-n beim Wort nehmen; в мýтной водé рыбу ~ im Trüben fischen ‖ *v* поймáть, -áю, -áешь

ловкáч, -á, *I* -óм, *G Pl* -éй *m umg* gewandter [schlauer] Mensch, gerissener Kerl

лóвкий, -ая, -ое; *Kzf* -вок, -вкá! *Komp* лóвче *u. umg* ловчéе 1. gewandt, geschickt; ~ удáр ein geschickter Schlag 2. *umg* pfiffig, gerieben, raffiniert; ~ плут ein geriebener Kunde 3. *umg* bequem; -ое седлó bequemer Sattel

лóвкость, -и *f* 1. Gewandtheit, Geschick 2. Pfiffigkeit, Geriebenheit

лóвля, -и, *Pl G* -вель, *D* -влям *f* Fangen, Fang; рыбная ~ Fischfang 2. *alt* Fischfangplatz

ловýшка, -и, *Pl G* -шек, *D* -шкам *f* Falle *für Tiere*; ~ на куропáток Rebhuhnfalle; попáсть в -у *übtr* in eine Falle [ins Garn] gehen

лóвче ↑ лóвкий

ловчéе ↑ лóвкий

лóвчий, -его *Subst m alt* Jägermeister *in privatem Dienstverhältnis*

лог, -а, *P* в лóге *u.* в логý, *Pl* логá, -óв, -áм *m* breite Schlucht

логарúфм, -а *m* Logarithmus

логарифмúческий, -ая, -ое logarithmisch, Logarithmen-; -ая линéйка Rechenschieber

лóгика, -и *f* Logik

логúческий, -ая, -ое logisch, folgerichtig

логúчность, -и *f* Logik, Folgerichtigkeit

логúчный, -ая, -ое; *Kzf* -чен, -чна logisch, folgerichtig; konsequent

лóговище, -а, *I* -ем *n* Höhle, Bau, Lager *eines Tieres*

лóгово, -а *n* Höhle, Bau, Lager *eines Tieres*

Лодзь, -и *f* Łódź

лóдка, -и, *Pl G* -док, *D* -дкам *f* Boot; пáрусная ~ Segelboot; надувнáя ~ Schlauchboot; складнáя [разбóрная] ~ Faltboot; подвóдная ~ Unterseeboot

лóдочка, -и, *Pl G* -чек, *D* -чкам *f* 1. *Dem zu* лóдка kleines Boot 2. *nur Pl* Slipper *Damenschuhe*

лóдочник, -а *m* Bootsmann *eines Lastkahns*

лóдочный, -ая, -ое Boots-; -ая прúстань Bootsanlegestelle, Bootssteg; -ая стáнция Bootsausleihstelle

лодыжка, -и, *Pl G* -жек, *D* -жкам *f* Knöchel *am Fußgelenk*

лóдырничать, -аю, -аешь *uv umg* faulenzen, herumlungern

лóдырь, -я *m umg* Drückeberger, Faulenzer, Nichtstuer

[1]**лóжа,** -и, *I* -ей *f* 1. *theat* Loge 2. *alt* Freimaurerloge

[2]**лóжа,** -и, *I* -ей *f* Gewehrschaft

ложбúна, -ы *f* flacher Talkessel; Niederung

лóже, -а, *I* -ем *n* 1. *alt* Ruhelager, Bett 2. Flußbett

лóжечка, -и, *Pl G* -чек, *D* -чкам *f* *Dem zu* лóжка Löffel, Löffelchen ◇ под -ой in der Herzgrube

ложúться *uv zu* лечь

лóжка, -и, *Pl G* -жек, *D* -жкам *f* Löffel; чáйная ~ Teelöffel; столóвая ~ Eßlöffel; разливáтельная ~ Schöpflöffel ◇ чéрез час по (чáйной) -е sehr langsam und ungern

лóжность, -и *f* Falschheit, Unwahrheit

лóжный, -ая, -ое; *Kzf* -жен, -жна falsch, unwahr; vorgetäuscht, Schein-; ~ слух unwahres Gerücht; -ое показáние falsche Aussage; -ая скрóмность gespielte Bescheidenheit; -ая тревóга blinder Alarm ◇ -ое положéние zweideutige Situation

ложь, лжи, *I* лóжью *f* Lüge; уличúть во лжи der Lüge überführen

лозá, -ы, *Pl* лóзы, лоз, лóзам *f* 1. Rute, Reis; виногрáдная ~ Weinrebe, Rebstock 2. Weide, Weidenbaum 3. *alt* Rute *zur Prügelstrafe*

лозúна, -ы *f umg* Weidenrute

лозня́к, -á *m* Weidengebüsch

лóзунг, -а *m* 1. Losung, Losungswort; Aufruf; вы́двинуть ~ eine Losung aufstellen 2. Plakat mit einer Losung, Spruchband

лóзунгóвый, -ая, -ое Losungs-; -ое выражéние Losung, Losungswort

локализáция, -и *f* Lokalisierung

локáльный, -ая, -ое; *Kzf* -лен, -льна lokal, örtlich

локомобúль, -я *m* Lokomobile

локомотúв, -а *m* Lokomotive

лóкон, -а *m* Locke

локотнúк, -á *m* Armlehne

лóкоть, -ктя, *Pl* лóкти, -тéй, -тя́м *m* 1. Ell(en)bogen 2. *alt* Elle *Längenmaß, etwa 0,5 m* ◇ чýвство лóктя Tuchfühlung; *übtr* Zusammengehörigkeitsgefühl

локтево́й, -а́я, -о́е *anat* Ell(en)bogen-; -а́я кость Elle

лом, -а, *Pl* ло́мы, -о́в, -а́м *m* **1.** Brecheisen, Brechstange **2.** *Koll* Schrott, Bruch; желе́зный ~ Eisenschrott; пуска́ть в ~ verschrotten; шокола́д-~ Bruchschokolade

лома́ка, -и *m, f umg* Zieraffe, Zierpuppe

ло́маный, -ая, -ое **1.** zerbrochen, zerschlagen; -ые ве́щи zerbrochene Sachen **2.** gebrochen; -ая ли́ния *math* gebrochene Linie; говори́ть на -ом неме́цком языке́ gebrochen Deutsch sprechen

лома́нье, -ья *n* **1.** Brechen **2.** *umg* Ziererei, Getue

лома́ть, -а́ю, -а́ешь; ло́манный, -ан, -а *uv* **1.** brechen, abbrechen, zerbrechen; ~ сук Ast abbrechen; ~ игру́шки Spielsachen zerbrechen **2.** abreißen, niederreißen, abbrechen; ~ ста́рый дом ein altes Haus niederreißen **3.** *übtr* brechen, überwinden; grundlegend ändern; ~ свой хара́ктер seinen Charakter von Grund auf ändern **4.** ruinieren, zugrunde richten; ~ карье́ру die Karriere ruinieren **5.** *unpers* schmerzhaft reißen, ziehen; меня́ лома́ет ich habe Gliederreißen ◇ ~ го́лову над че́м-н. sich über etw. den Kopf zerbrechen; ~ ру́ки die Hände ringen; ~ ша́пку пе́ред ке́м-н. *volksspr* untertänig [kriecherisch] grüßen ‖ *v* слома́ть 1-4

лома́ться, -а́юсь, -а́ешься *uv* **1.** in Stücke gehen, (zer)brechen; zerbrechlich sein; льди́ны лома́ются die Eisschollen brechen; клино́к не лома́ется die Klinge ist unzerbrechlich; у него́ го́лос лома́ется er hat Stimmbruch **2.** *übtr* in die Brüche gehen, zerfallen; sich grundlegend ändern **3.** sich zieren **4.** aus Starrsinn nicht zustimmen ‖ *v* слома́ться *zu* 1

ломба́рд, -а *m* Pfandhaus, Leihhaus

ломба́рдный, -ая, -ое Pfandhaus-, Leihhaus-; -ая квита́нция Pfandschein

ло́мберный, -ая, -ое: ~ стол Tisch zum Kartenspielen

ломи́ть, ломлю́, ло́мишь *uv* **1.** *umg* (ab)brechen, biegen, knicken **2.** *umg* (sich) drängen, (sich) vorwärtsdrängen, sich durchdrängen **3.** *unpers* у меня́ ло́мит го́лову ich habe Kopfschmerzen

ломи́ться, ломлю́сь, ло́мишься *uv* **1.** brechend voll sein, brechen; су́чья ло́мятся под тя́жестью фру́ктов die Äste brechen fast unter der Last der Früchte; теа́тр ломи́лся от пу́блики das Theater war brechend voll **2.** mit Gewalt einzudringen suchen, sich gewaltsam Zutritt verschaffen wollen ◇ ~ в откры́тую дверь offene Türen einrennen

ло́мка, -и, *Pl G* -мок, *D* -мкам *f* **1.** Brechen, Abbrechen, Zerbrechen; Niederreißen, Abbruch **2.** Überwindung, Brechen; grundlegende Änderung, Umgestaltung; ~ ста́рого бы́та Überwindung der alten Lebensweise

ло́мкий, -ая, -ое; *Kzf* ло́мок, -мка́! brüchig, zerbrechlich, spröde; -ая посу́да zerbrechliches Geschirr

ломови́к, -а́ *m umg* Lastfuhrmann, Rollkutscher

ломово́й, -а́я, -о́е **1.** Last-; -а́я ло́шадь Lastpferd **2.** -ого *Subst m* Lastfuhrmann, Rollkutscher

ломо́та, -ы *f* Gliederreißen

ломо́ть, -мтя́ *m* Scheibe, Schnitte; ~ хле́ба Scheibe Brot ◇ отре́занный ~ auf eigenen Füßen stehender Mensch

ло́мтик, -а *m Dem zu* ломо́ть kleine Scheibe, Schnitte

Ло́ндон, -а *m* London

ло́ндонец, -нца, *I* -нцем, *G Pl* -нцев *m* Londoner

ло́но, -а *n*: на -е приро́ды im Schoße der Natur

лопа́рка, -и, *Pl G* -рок, *D* -ркам *f* Lappländerin, Lappin

лопа́рский, -ая, -ое lappländisch, lappisch

лопа́рь, -я́ *m* Lappländer, Lappe

ло́пасть, -и, *G Pl* -е́й *f* **1.** Schaufel **2.** *tech* Flügel, Blatt; ~ гребно́го винта́ Flügel der Schiffsschraube; ~ весла́ Riemenblatt, Ruderblatt

лопа́та, -ы *f* Schaufel, Spaten

лопа́тка, -и, *Pl G* -ток, *D* -ткам *f* **1.** *Dem zu* лопа́та Schaufel, Kelle; ~ для то́рта Tortenheber **2.** *anat* Schulterblatt; положи́ть на -и *Sport* auf die Schultern legen ◇ бежа́ть во все -и aus Leibeskräften laufen

лопа́точка, -и, *Pl G* -чек, *D* -чкам *f* **1.** *Dem zu* лопа́та *u.* лопа́тка kleiner Spaten, kleine Schaufel **2.** Spachtel

ло́пать, -аю, -аешь *uv volksspr* fressen, reinhauen

ло́паться, -аюсь, -аешься *uv* platzen, springen; bersten ◇ терпе́ние ло́пается die Geduld reißt

ло́пнуть, -ну, -нешь *v* **1.** bersten,

platzen, reißen, zerreißen; верёвка ло́пнула der Strick ist gerissen **2.** *übtr umg* bankrott machen, auffliegen, platzen; банк ло́пнул die Bank hat bankrott gemacht ◇ терпе́ние у него́ ло́пнуло seine Geduld ist zu Ende; ~ от сме́ха vor Lachen platzen

лопота́ть* *uv umg* schnell und undeutlich sprechen

лопоу́хий, -ая, -ое; *Kzf* -у́х, -а *umg* mit großen, abstehenden Ohren

лопочу́ ↑ лопота́ть

лопу́х, -а́ *m* Klette; Blatt der Klette

лорд, -а *m* Lord; Пала́та -ов Oberhaus *im englischen Parlament*

лорне́т, -а *m* Lorgnette

Лос-А́нжелос, -а *m* Los Angeles

лоси́на, -ы *f* **1.** Elchleder **2.** Elchfleisch

лоси́ный, -ая, -ое Elch-

лоск, -а (-у) *m* **1.** Glanz; навести́ ~ на что́-н. Glanz auftragen auf etw., etw. polieren; *übtr* den letzten Schliff geben **2.** tadelloses Aussehen, äußerer Schliff

лоску́т, -а, *Pl* лоскуты́, -о́в, -а́м *u.* лоску́тья, -ьев, -ьям *m* Flicken, Fetzen

лосни́ться, -ню́сь, -ни́шься *uv* glänzen

лососёвые, -ых *Pl zool* Lachsfische

лососи́на, -ы *f* Lachsfleisch

ло́со́сь, -я *m* Lachs

лось, -я, *Pl* ло́си, лосе́й, лося́м *m* Elch

[1]лот, -а *m naut* Lot, Senkblei; броса́ть ~ ausloten

[2]лот, -а *m* Lot *altes Gewicht, 12,8 g*

Лотари́нгия, -и *f* Lothringen

лотере́йный, -ая, -ое Lotterie-; ~ биле́т Lotterielos

лотере́я, -и *f* Lotterie; разы́грывать в -ю verlosen

лото́ *n idkl* Lotto *Kartenspiel*; игра́ть в ~ Lotto spielen

лото́к, -тка́ *m* **1.** offener Verkaufsstand *im Straßenhandel*; Bauchladen, Tragbrett *der Straßenhändler* **2.** *offene* Abflußrinne

ло́тос, -а *m* Lotos, Lotosblume

лото́чник [шн], -а *m* Straßenhändler, fliegender Händler

лото́чный [шн], -ая, -ое: -ая торго́вля Straßenhandel

loха́нка, -и, *Pl G* -нок, *D* -нкам *f* Kübel, Zuber; Waschbecken ◇ по́чечная ~ Nierenbecken

лоха́нь, -и *f* Kübel, Zuber; Waschbecken

лохма́тить, -а́чу, -а́тишь *uv umg* zausen, zerzausen

лохма́титься, -а́чусь, -а́тишься *uv umg* ein zerzaustes Aussehen bekommen, zottig [filzig] werden; sich sträuben *Haare, Borsten usw.*

лохма́тый, -ая, -ое; *Kzf* -а́т, -а **1.** zottig, mit dichter, langhaariger Wolle bedeckt; ~ пёс zottiger Hund **2.** ungekämmt, zerzaust

лохмо́тья, -ьев, -ьям *Pl* Lumpen, Fetzen

ло́хмы, лохм *Pl volksspr* (Haar-) Strähnen; Zotteln

ло́ция, -и *f* Seehandbuch

ло́цман, -а *m* **1.** *naut* Lotse **2.** *zool* Lotsenfisch, Pilot

ло́цманский, -ая, -ое Lotsen-; ~ бот Lotsenboot

лошадёнка, -и, *Pl G* -нок, *D* -нкам *f verächtl* Gaul, Mähre

лошади́ный, -ая, -ое Pferde-; ~ хвост Pferdeschwanz *a. übtr für Haartracht*; -ая си́ла, *Abk* л. с. *tech* Pferdestärke, *Abk* PS ◇ -ая до́за *scherz* sehr starke Dosis

лоша́дка, -и, *Pl G* -док, *D* -дкам *f Dem zu* ло́шадь kleines Pferd, Pferdchen ◇ игра́ть в -и Pferdchen spielen

ло́шадь, -и, *Pl* ло́шади, лошаде́й, лошадя́м, лошадьми́ *u.* лошадя́ми *f* Pferd; верхова́я ~ Reitpferd; бегова́я ~ Rennpferd

лоша́к, -а́ *m* Maulesel

лощёный, -ая, -ое **1.** glänzend, poliert, Glanz-; -ая бума́га satiniertes Papier **2.** *übtr* von äußerem Glanz, geschniegelt

лощи́льный, -ая, -ое Polier-, Glanz-; ~ вал *tech* Glättwalze

лощи́на, -ы *f* kleines Tal, Grund, Talsenke

лощи́ть, лощу́, лощи́шь; лощённый, -ён, -ена́ *uv* **1.** *alt* polieren, blank reiben; ~ парке́т во́ском das Parkett bohnern **2.** glätten, Glanz geben; ~ бума́гу Papier satinieren

лоя́льность, -и *f* Loyalität

лоя́льный, -ая, -ое; *Kzf* -лен, -льна loyal

л. с. (лошади́ная си́ла) PS (Pferdestärke)

Луа́ра, -ы *f* Loire *Fluß*

луб, -а, *Pl* лу́бья, -ьев, -ьям *m bot* faserige innere Rinde, Rindenstück; Baststück; Bast; ли́повый ~ Lindenbast

лубо́к, -бка́ *m* **1.** *bot* Innenrinde; Bastschicht **2.** *med* Schiene; наложить ~ schienen 3. (farbiger) Holzschnitt *auf einer Lindenholzplatte hergestellt, primitiv in Inhalt und Form*

лубо́чный, -ая, -ое 1. Bast- 2. Holzschnitt-; -ые карти́ны primitive (farbige) Holzschnitte 3.: -ая литерату́ра anspruchslose, primitive Literatur; ~ рома́н Hintertreppenroman

лубяно́й, -а́я, -о́е Bast-

луг, -а, *P* о лу́ге, на лугу́, *Pl* луга́, -о́в, -а́м *m* Wiese

лугово́й, -а́я, -о́е Wiesen-

луди́ть, лужу́, лу́дишь; лужённый, -жён, -жена́ *uv* verzinnen

лу́жа, -и, *I* -ей *f* Lache, Pfütze ◇ сесть в -у *umg* in der Tinte sitzen

лужа́йка, -и, *Pl G* -жа́ек, *D* -жа́йкам *f* kleine Waldwiese, Lichtung

лужёный, -ая, -ое verzinnt

лу́жица, -ы, *I* -ей *f Dem zu* лу́жа kleine Pfütze

Лу́жица, -ы, *I* -ей *f* Lausitz

лу́жицкий, -ая, -ое sorbisch; -ие се́рбы Sorben

лужича́нин, -а, *Pl* -а́не, -а́н, -а́нам *m* Sorbe

лужича́нка, -и, *Pl G* -нок, *D* -нкам *f* Sorbin

лужо́к, -жка́ *m Dem zu* луг kleine Wiese

лу́за, -ы *f* Billardbeutel, Billardloch

лузга́, -и́ *f Koll* Schalen, Hülsen

лу́згать, -аю, -аешь *uv volksspr* (auf)knacken

[1]лук, -а (-у) *m* Zwiebel; ~-поре́й Porree; зелёный ~ Lauch

[2]лук, -а *m* Bogen *Waffe*; стреля́ть из -а mit dem Bogen schießen

лука́, -и́, *Pl* лу́ки, лук, лу́кам *f* 1. Krümmung, Biegung; ~ реки́ Flußkrümmung 2. Sattelbogen

лука́вец, -вца, *I* -вцем, *G Pl* -вцев *m umg* verschmitzter Mensch, Schlauberger, Pfiffikus

лука́вить, -влю, -вишь *uv* sich verstellen; hinterlistig sein

лука́вство, -а *n* 1. Schlauheit; Hinterlist 2. Verschmitztheit

лука́вый, -ая, -ое; *Kzf* -а́в, -а 1. hinterlistig, verschlagen 2. schelmisch, verschmitzt, pfiffig; -ая улы́бка schelmisches Lächeln 3. -ого *Subst m volksspr* der Böse, der Teufel

лу́ковица, -ы, *I* -ей *f* 1. Zwiebel, Knolle; ~ тюльпа́на Tulpenzwiebel 2. Zwiebelturm

лу́ковичный, -ая, -ое Zwiebel-; -ые расте́ния Zwiebelgewächse; -ые купола́ zwiebelförmige Kuppeln

лу́ковый, -ая, -ое Zwiebel-

лукомо́рье, -ья *n alt poet* Meeresbucht

луко́шко, -а, *Pl* луко́шки, -шек, -шкам *n geflochtener* Handkorb

луна́, -ы́, *Pl* лу́ны, лу́н, лу́нам *f* Mond; по́лная ~ Vollmond

луна́тик, -а *m* Mondsüchtiger

лунати́ческий, -ая, -ое mondsüchtig

лу́нка, -и, *Pl G* -нок, *D* -нкам *f* kleine runde Aushöhlung, kleine Grube; Pflanzloch; *anat* Zahnhöhle, Alveole

лу́нник, -а *m* Lunik, Mondraumschiff

лу́нный, -ая, -ое Mond-; -ое затме́ние Mondfinsternis

лунь, -я́ *m zool* Weihe, Turmfalke ◇ седо́й как ~ schlohweiß

лу́па, -ы *f* Lupe; ~ вре́мени Zeitlupe

лупи́н, -а *m bot* Lupine

лупи́ть, луплю́, лу́пишь; лу́пленный, -ен, -а *uv umg* 1. (ab)schälen 2. Geld abnehmen, übervorteilen 3. prügeln, schlagen 4. schnell rennen [fahren] ◇ дождь лу́пит во всю мочь es gießt in Strömen; он лупи́л в двери́ er donnerte gegen die Tür

лупи́ться, *1. u. 2. Pers ungebr*, лу́пится *uv umg* 1. sich schälen; нос лу́пится die Nase schält sich 2. abbröckeln, abblättern; штукату́рка лу́пится der Putz bröckelt ab

лупогла́зый, -ая, -ое; *Kzf* -а́з, -а *volksspr* glotzäugig

луч, -а́, *I* -о́м, *G Pl* -е́й *m* Strahl; рентге́новы -и́ Röntgenstrahlen

лучево́й, -а́я, -о́е Strahlen-; strahlenförmig; -а́я боле́знь Strahlenkrankheit; -ы́е у́лицы strahlenförmige Straßen; -а́я кость *anat* Speiche

луче|за́рный, -ая, -ое; *Kzf* -рен, -рна strahlend, leuchtend; **~испуска́ние,** -я *n* Strahlung, Ausstrahlung, Radiation; **~преломле́ние,** -я *n* Strahlenbrechung, Refraktion

лучи́на, -ы *f* Span; щепа́ть -у Späne schneiden

лучи́стый, -ая, -ое; *Kzf* -и́ст, -а 1. strahlend; ~ свет strahlendes Licht; ~ взгляд *übtr* strahlender Blick 2. Strahlen-, Strahlungs-; -ая эне́ргия Strahlungsenergie

лучи́ться, *1. u. 2. Pers ungebr*, -и́тся *uv* strahlen

лучко́вый, -ая, -ое: -ая пила́ Bügelsäge

лу́чше 1. *Komp von* хоро́ший *u.* хорошо́ besser; тем ~ um so besser:

как мо́жно ~ möglichst gut 2. *Adv* lieber; ~ не спра́шивай frag lieber [besser] nicht

лу́чший, -ая, -ее *Komp u. Sup von* хоро́ший besser; bester; в -ем слу́чае bestenfalls; измени́ться к -ему sich zu seinem Vorteil verändern

Лу́ша, -и, *I* -ей *f Dem zu* Луке́рья

лущёный, -ая, -ое geschält, ausgehülst

лущи́льный, -ая, -ое *landw* Schäl-

лущи́ть, лущу́, лущи́шь; лущённый, -ён, -ена́ *uv* 1. Schale abmachen, aushülsen; knacken; ~ горо́х Erbsen aushülsen; ~ подсо́лнухи Sonnenblumenkerne knacken *mit den Zähnen* 2. schälen *Boden*

лы́жа, -и, *I* -ей *f* 1. Schi; ходи́ть на -ах Schi laufen 2. Kufe *Propellerschlitten* ◇ навостри́ть -и *umg* sich aus dem Staube machen

лы́жник, -а *m* Schiläufer

лы́жница, -ы, *I* -ей *f* Schiläuferin

лы́жный, -ая, -ое Schi-; -ые па́лки Schistöcke

лыжня́, -и, *G Pl* -е́й *f* Schispur

лы́ко, -а, *Pl* лы́ки, лык, лы́кам *n* Bast; Lindenbast ◇ не вся́кое ~ в стро́ку man darf nicht alles auf die Goldwaage legen; -а не вяза́ть *umg* ganz blau sein (und kaum noch reden können)

лы́ковый, -ая, -ое Bast-

лысе́ть, -е́ю, -е́ешь *uv* kahlköpfig werden

лы́сина, -ы *f* 1. Glatze 2. Blesse *bei Tieren*

лы́сый, -ая, -ое; *Kzf* лыс, -а́! 1. kahlköpfig, kahl; ~ челове́к Kahlkopf 2. unbewachsen, kahl

ль ↑ ли

львёнок, -нка, *Pl* львя́та, -я́т, -я́там *m* Löwenjunges

льви́ный, -ая, -ое Löwen- ◇ ~ зев *oder* -ая пасть *bot* Löwenmaul; -ая до́ля Löwenanteil

льви́ца, -ы, *I* -ей *f* Löwin

Львов, -а *m* Lwow *Stadt*

льго́та, -ы *f* Privileg, Vergünstigung, Sonderrecht; предоста́вить -ы Sonderrechte einräumen

льго́тный, -ая, -ое; *Kzf* -тен, -тна privilegiert, Vorzugs-, Sonder-; ~ прое́зд ermäßigte Fahrt

льди́на, -ы *f* Eisscholle

льди́нка, -и, *Pl G* -нок, *D* -нкам *f Dem zu* льди́на kleines Stück Eis

льно- *in Zuss* Flachs-, Lein-

льно|во́дство, -а *n* Flachsanbau; **~во́дческий,** -ая, -ое Flachsanbau-; ~во́дческий райо́н Flachsanbaugebiet; **~пряди́льный,** -ая, -ое Flachsspinn-; ~пряди́льная фа́брика Flachsspinnerei; **~тереби́лка,** -и, *Pl G* -лок, *D* -лкам *f* Flachsrupfmaschine; **~трепа́лка,** -и, *Pl G* -лок, *D* -лкам *f* Flachsschwinge

льнуть, льну, льнёшь; *Adv Ptz ungebr uv* 1. sich anschmiegen (к *D* an) 2. sich hingezogen fühlen (к *D* zu) 3. sich einschmeicheln (к *D* bei), sich *aus eigensüchtigen Gründen* heranmachen (к *D* an); ~ к нача́льству sich bei den Vorgesetzten einschmeicheln

льняно́й, -а́я, -о́е Flachs-, Lein-; -о́е волокно́ Flachsfaser; -о́е ма́сло Leinöl; -о́го цве́та flachsfarben, flachsblond

льстец, -а́, *I* -о́м, *G Pl* -о́в *m* Schmeichler

льсти́вость, -и *f* Schmeichelei, Liebedienerei

льсти́вый, -ая, -ое; *Kzf* -ив, -а schmeichlerisch, liebedienerisch

льстить, льщу, льстишь *uv D* schmeicheln, nach dem Munde reden ◇ ~ себя́ наде́ждой *alt* sich in der Hoffnung wiegen ‖ *v* польсти́ть

льсти́ться, льщусь, льсти́шься *uv alt* sehnlich trachten (на *A* nach), es abgesehen haben (на *A* auf), sich verleiten lassen (*I* von); ~ на де́ньги es auf Geld abgesehen haben ‖ *v* польсти́ться

лью ↑ лить

люб, -а́, -о *prädikativ, alt, poet* lieb, teuer; ты мне по-пре́жнему ~ du bist mir nach wie vor lieb

Лю́ба, -ы *f Dem zu* Любо́вь

любвеоби́льный, -ая, -ое; *Kzf* -лен, -льна liebevoll

любе́зничать, -аю, -аешь *uv umg* liebenswürdig sein [tun] (с *I* zu)

любе́зность, -и *f* Liebenswürdigkeit, Freundlichkeit; оказа́ть ~ Liebenswürdigkeit erweisen; говори́ть -и Liebenswürdigkeiten sagen, Komplimente machen

любе́зный, -ая, -ое; *Kzf* -зен, -зна 1. liebenswürdig, freundlich 2.: ~ друг *alt* lieber Freund *Anrede* ◇ бу́дьте -ы! seien Sie so freundlich!

Лю́бек, -а *m* Lübeck

люби́мец, -мца, *I* -мцем, *G Pl* -мцев *m* Liebling

люби́мица, -ы, *I* -ей *f* Liebling *Frau*

люби́мчик, -а *m umg verächtl* Günstling, Vorzugskind

люби́мый, -ая, -ое; *Kzf* -и́м, -а geliebt, beliebt, Lieblings-; ~ писа́тель Lieblingsschriftsteller

люби́тель, -я *m* **1.** Amateur; Laie; фото́граф-~ Amateurphotograph; арти́ст-~ Laienkünstler **2.** Liebhaber, Freund; ~ му́зыки Musikliebhaber; он ~ говори́ть er redet gern

люби́тельница, -ы, *I* -ей *f* Liebhaberin, Freundin *einer Sache*

люби́тельский, -ая, -ое Amateur-, Liebhaber-; ~ спекта́кль Liebhaberaufführung

люби́тельство, -а *n* Liebhaberei; Dilettantentum

люби́ть, люблю́, лю́бишь; лю́бящий; люби́мый *uv* **1.** lieben, liebhaben **2.** lieben, gern haben, mögen; он лю́бит кури́ть er raucht gern **3.** lieben, brauchen, verlangen nach; цветы́ лю́бят во́ду Blumen brauchen Wasser

лю́бо *prädikativ umg* es macht Freude, ist eine Freude; ~ посмотре́ть на него́ es ist eine Freude, ihn anzusehen

любова́ться, -бу́юсь, -бу́ешься *uv I oder* на *A umg* mit Vergnügen betrachten, sich am Anblick weiden

любо́вник, -а *m* **1.** Geliebter, Liebhaber **2.** *theat* Liebhaber; роль пе́рвого -а Rolle des ersten Liebhabers

любо́вница, -ы, *I* -ей *f* Geliebte; она́ его́ ~ sie ist seine Geliebte

любо́вный, -ая, -ое Liebes-, liebevoll; ~ взгляд liebevoller Blick; -ая ли́рика Liebeslyrik; у него́ -ое отноше́ние к де́лу er zeigt Liebe zur Sache, er arbeitet mit Liebe

любо́вь, любви́, *I* любо́вью *f* Liebe; ~ к ро́дине Vaterlandsliebe; моя́ пе́рвая ~ meine erste Liebe

Любо́вь, -и *f weibl Vn*

любозна́тельный, -ая, -ое; *Kzf* -лен, -льна wißbegierig, wissensdurstig

любо́й, -а́я, -о́е jeder, beliebig, der erste beste; в -о́е вре́мя zu jeder (beliebigen) Zeit; да́йте мне -у́ю кни́гу geben Sie mir das erste beste Buch; -о́й цено́й um jeden Preis

любопы́тный, -ая, -ое; *Kzf* -тен, -тна **1.** neugierig; wißbegierig **2.** interessant; ~ слу́чай ein interessanter Fall

любопы́тство, -а *n* **1.** Neugier; Wißbegier; из пусто́го -а aus purer Neugier; удовлетвори́ть ~ Wißbegier befriedigen **2.** Interesse; возбуди́ть ~ Interesse wecken

любопы́тствовать, -твую, -твуешь *uv* neugierig sein

лю́бящий, -ая, -ее liebend; liebevoll

люд, -а *u. volksspr* -у *m Koll umg* Menschen, Leute, Volk; рабо́чий ~ die arbeitenden Menschen

Лю́да, -ы *f Dem zu* Людми́ла

лю́ди, люде́й, лю́дям, люде́й, людьми́, о лю́дях *Pl* **1.** Menschen, Leute; молоды́е ~ junge Menschen [Leute]; ~ говоря́т die Leute sagen **2.** *alt* Gesinde, Dienerschaft ◇ вы́биться [вы́йти] в ~ es zu etwas bringen; на -ях vor aller Augen, öffentlich

Людми́ла, -ы *f* Ludmila

лю́дный, -ая, -ое; *Kzf* -ден, -дна dicht bevölkert; belebt; ~ го́род stark bevölkerte Stadt; -ая у́лица belebte Straße; -ое собра́ние stark besuchte Versammlung

людое́д, -а *m* Kannibale

людое́дство, -а *n* Kannibalismus

людска́я, -о́й *Subst f hist* Gesindestube

людско́й, -а́я, -о́е **1.** menschlich, Menschen-; ~ род Menschengeschlecht; -и́е резе́рвы Reserven an Menschen **2.** *Adv* по-людски́ wie alle Menschen

люк, -а *m* Luke, Falltür

[1]**люкс,** -а *m el* Lux

[2]**люкс, -а** *m*: каю́та-~ Luxuskabine

Люксембу́рг, -а *m* Luxemburg

[1]**лю́лька,** -и, *Pl G* -лек, *D* -лькам *f* **1.** Kinderwiege **2.** *arch* Hängesitz *für Außenarbeiten in großer Höhe*

[2]**лю́лька,** -и, *Pl G* -лек, *D* -лькам *f* Tabakspfeife

люмба́го *n idkl med* Hexenschuß

люминесце́нтный, -ая, -ое Lumineszenz-, Leuchtstoff-; -ая ла́мпа Leuchtstofflampe

люне́т, -а *m* **1.** *mil alt* Lünette **2.** *arch* Lünette

люпи́н, -а *m bot* Lupine

лю́стра, -ы *f* Kronleuchter

Лю́ся, -и *f Dem zu* Людми́ла

лютера́нин, -а, *Pl* -а́не, -а́н, -а́нам *m* Lutheraner

лютера́нский, -ая, -ое lutherisch

лю́тик, -а *m bot* Ranunkel, Hahnenfuß

лю́тня, -и, *Pl G* -тен, *D* -тням *f mus* Laute

лютова́ть, -ту́ю, -ту́ешь *uv volksspr* wüten, grimmig sein

лю́тый, -ая, -ое; *Kzf* лют, -а́! grausam, grimmig, schonungslos, wild; ~ враг grimmiger Feind; -ое го́ре *übtr* wilder Schmerz; ~ моро́з *übtr* grimmige Kälte

люфа́, -ы́ *f bot* Luffa, Luffaschwamm
люце́рна, -ы *f* Luzerne
ля *n idkl mus* A
лягáть, -áю, -áешь *uv* **1.** mit den Hinterhufen treten [schlagen] **2.** *übtr volksspr* kränken, mit Füßen treten || *v mom* лягну́ть, -ну́, -нёшь
лягáться, -áюсь, -áешься *uv* **1.** gewohnheitsmäßig ausschlagen *von Huftieren* **2.** mit den Hinterhufen treten [schlagen]
лягну́ть *v mom zu* лягáть
ля́гу ↑ лечь
лягушáчий *u.* **лягу́шечий,** -ья, -ье Frosch-; лягу́шечьи лапки Froschschenkel
лягу́шка, -и, *Pl G* -шек, *D* -шкам *f* Frosch; древе́сная [зелёная] ~ Laubfrosch
лягушóнок, -нка, *Pl* -шáта, -шáт, -шáтам *m* Froschjunges, junger Frosch
ля́жка, -и, *Pl G* -жек, *D* -жкам *f umg* Oberschenkel
лязг, -а *m* Klirren, Rasseln, Klappern; ~ цепе́й Kettenrasseln
ля́згать *uv zu* ля́згнуть
ля́згнуть, -ну, -нешь *v* klirren, rasseln, klappern; ~ зубáми mit den Zähnen klappern || *uv* ля́згать, -аю, -аешь
Ля́ля, -и *f Dem zu* Еле́на *u.* О́льга
ля́мка, -и, *Pl G* -мок, *D* -мкам *f* Tragriemen; Schleppseil ◇ тяну́ть -у unaufhörlich schwere [unangenehme] Arbeit leisten (müssen)
ля́пать, -аю, -аешь *uv volksspr* **1.** *uv zu* ля́пнуть **2.** Pfuscharbeit leisten, zusammenpfuschen
ля́пис, -а *m* Höllenstein, Silbernitrat
ля́пис-лазу́рь, -и *f* Lasurstein
ля́пнуть, -ну, -нешь *v volksspr A oder* о *P* unüberlegt herausplatzen; он ля́пнул глу́пость ihm ist eine dumme Bemerkung entschlüpft || *uv* ля́пать, -аю, -аешь
ля́псус, -а *m* Lapsus, Schnitzer
ля́сы: точи́ть ~ *volksspr* Unsinn reden, schwatzen

M

мавзоле́й, -я, *G Pl* -ев *m* Mausoleum
мавр, -а *m* Maure
Маври́кий, -я, *P* -и *m männl Vn*
Маврита́ния, -и *f* Mauretanien
маврита́нка, -и, *Pl G* -нок, *D* -нкам *f* Maurin
маврита́нский, -ая, -ое maurisch
маг, -а *m* Magier, Zauberer; ~ и волше́бник *scherz* Tausendkünstler
магази́н, -а *m* **1.** Geschäft, (Kauf-) Laden; универса́льный ~ Kaufhaus, Warenhaus; продукто́вый ~ Lebensmittelgeschäft; кни́жный ~ Buchhandlung; писчебума́жный ~ Schreibwarenhandlung; ~ гото́вого пла́тья Konfektionsgeschäft; овощно́й ~ Gemüsehandlung **2.** *alt* Lager, Speicher, Magazin; хле́бный ~ Kornspeicher; артиллери́йский ~ Artilleriedepot **3.** *tech, mil* (*Schußwaffe*) Magazin
магази́нный, -ая, -ое **1.** Laden-, Geschäfts-, Handlungs-; ~ счёт Geschäftsrechnung **2.** *mil* Magazin-; Mehrlade-; -ая винто́вка *oder* -ое ружьё Magazingewehr, Mehrlader
Ма́гдебург, -а *m* Magdeburg
магелла́нов, -а, -о: Магелла́нов проли́в *geogr* Magellanstraße
маги́стр, -а *m* Magister
магистра́ль, -и *f* **1.** Magistrale, Hauptverkehrslinie, Verkehrsader; Haupteisenbahnlinie **2.** *el, tech* Hauptleitung(srohr)
магистра́льный, -ая, -ое **1.** Hauptverkehrs- **2.** *el, tech* Hauptleitungs-
магистра́т, -а *m* Magistrat, Stadtverwaltung
маги́ческий, -ая, -ое magisch, zauberhaft
ма́гия, -и *f* Magie
ма́гма, -ы *f geol* Magma
магна́т, -а *m* Magnat, Großkapitalist
магне́зия, -и *f chem* Magnesia
магнети́ческий, -ая, -ое magnetisch
магне́то *n idkl tech* Magnetzünder
ма́гниевый, -ая, -ое **1.** Magnesium- **2.** magnesiumhaltig
ма́гний, -я, *P* -и *m chem* Magnesium
магни́т, -а *m* Magnet
магни́тить, -и́чу, -и́тишь; -и́ченный, -и́чен, -а *uv* magnetisieren
магни́тный, -ая, -ое Magnet-, ma-

gnetisch; -ое по́ле Magnetfeld; -ая стре́лка Magnetnadel
Магнитого́рск, -а *m* Magnitogorsk
магнито́ла, -ы *f* Rundfunkapparat [Musikschrank] mit eingebautem Tonbandgerät
магнитофо́н, -а *m* Tonbandgerät; ~ перено́сного ти́па Koffertonbandgerät
магно́лия, -и *f bot* Magnolie
магомета́нин, -а, *Pl* магомета́не, -а́н, -а́нам *m* Mohammedaner
магомета́нский, -ая, -ое mohammedanisch
магомета́нство, -а *n* mohammedanische Religion, Islam
Мадагаска́р, -а *m* Madagaskar
маде́ра, -ы *f* Madeirawein
Мадри́д, -а *m* Madrid
мадья́р, -а, *G Pl* мадья́р *m* Madjar, Ungar
мадья́рский, -ая, -ое madjarisch
маёвка, -и, *Pl G* -вок, *D* -вкам *f* 1. illegale Maifeier *im zaristischen Rußland* 2. (Frühlings-) Ausflug mit Essen im Freien
мáета́, -ы́ *f volksspr* ermüdende Arbeit, Qual
мажо́р, -а *m* 1. *mus* Dur; в -е in Dur 2. *übtr umg* fröhliche Stimmung, gute Laune; быть в -е fröhlich sein
мажорита́рный, -ая, -ое *pol* Mehrheits-
мажо́рный, -ая, -ое 1. *mus* Dur- 2. *Kzf* -рен, -рна *umg* heiter, lustig
ма́жу ↑ ма́зать
ма́занка, -и, *Pl G* -нок, *D* -нкам *f* Lehmhütte
ма́зать* *uv* 1. (be)schmieren, (be)-streichen; ~ хлеб ма́слом Butter aufs Brot streichen; (ein)pinseln; *umg* schminken 2. *umg* beschmutzen, beschmieren, schmutzig machen 3. *umg* schmieren, schlecht, unsauber zeichnen 4. *volksspr* danebenschießen *beim Schießen, Ballspiel*; Fehlgriffe tun; schlecht, unsauber spielen || *v mom* мазну́ть, -ну́, -нёшь *zu* 1, 2, 4
ма́заться* *uv* 1. sich einkremen, sich einreiben 2. *umg* sich schminken 3. *umg* sich beschmutzen, sich beschmieren 4. *1. u. 2. Pers ungebr* schmieren, abfärben
мази́ла, -ы *m, f volksspr* 1. Schmutzfink, unsauberer Mensch 2. wer schlecht zeichnet *oder* malt 3. wer oft Fehler macht *beim Spiel, Schießen usw.*
ма́зка, -и *f* Schmieren; Bestreichen
ма́зкий, -ая, -ое; *Kzf* ма́зок, мазка́! *volksspr* schmutzend; abfärbend
мазну́ть *v mom zu* ма́зать
мазня́, -и́ *f* 1. Geklecksе, stümperhafte Malerei; Geschmiere, schlechte Handschrift; Stümperei, stümperhafte Arbeit 2. stümperhaftes Spiel; schlechtes Schießen
мазо́к, -зка́ *m* 1. Pinselstrich 2. *med* Abstrich
мазу́рик, -а *m volksspr* Gauner, Dieb
мазу́рка, -и, *Pl G* -рок, *D* -ркам *f mus* Masurka
мазу́т, -а *m* Masut, Erdölrückstände
мазь, -и *f* 1. *med* Salbe 2. Schmiere; сапо́жная ~ Stiefelwichse; колёсная ~ Wagenschmiere ◇ де́ло на -й *volksspr* die Sache geht wie geschmiert
маи́с, -а *m* Mais
маи́совый, -ая, -ое Mais-
май, ма́я, *G Pl* ма́ев *m* Mai; Пе́рвое ма́я der Erste Mai; пра́здник Пе́рвого ма́я Maifeier
майда́н, -а *m gbt* Handelsmarkt *im Süden der RSFSR*
ма́йка, -и, *Pl G* ма́ек, *D* ма́йкам *f* Turnhemd; ärmelloses Trikothemd; жёлтая ~ Gelbes Trikot *bei der Friedensfahrt*
майоне́з, -а *m* Mayonnaise
майо́р, -а *m* Major
майора́н, -а *m bot* Majoran
майо́рский, -ая, -ое Majors-
ма́йский, -ая, -ое Mai-; ~ пара́д Maiparade; ~ жук Maikäfer; -ая гроза́ Frühlingsgewitter
мак, -а (-у) *m* Mohn *Pflanze u. Samen*; бу́лка с -ом Mohnbrötchen; ~-самосе́йка Feld-, Klatschmohn
Мака́рий, -я, *P* -и *m männl Vn*
макаро́нный, -ая, -ое Makkaroni-
макаро́ны, -ро́н *Pl* Makkaroni
мака́ть, -а́ю, -а́ешь *uv* eintauchen, -tunken || *v mom* макну́ть, -ну́, -нёшь
македо́нец, -нца, *I* -нцем, *G Pl* -нцев *m* Mazedonier
Македо́ния, -и *f* Mazedonien
маке́т, -а *m* Modell, Entwurf
макинто́ш, -а, *I* -ем, *G Pl* -ей *m* Regenmantel
макла́к, -а́ *m alt* Zwischenhändler; Trödler
ма́клер, -а *m* Makler, Geschäftsvermittler; биржево́й ~ Börsenmakler
макну́ть *v mom zu* мака́ть
ма́ков, -а, -о: как ~ цвет feuerrot, blutrot *gesunde Gesichtsfarbe*
ма́ковка, -и, *Pl G* -вок, *D* -вкам *f*

1. *bot* Mohnkopf 2. *volksspr* Wipfel, Gipfel 3. Kuppel *einer Kirche* 4. Wirbel, Scheitel

ма́ковый, -ая, -ое Mohn-

макре́ль, -и *f* Makrele

макро- *in Zuss* makro-, groß-

Макси́м, -а *m männl Vn*

ма́ксима, -ы *f* Maxime, Grundsatz

максима́льный, -ая, -ое; *Kzf* -лен, -льна 1. maximal, Höchst- 2. -о *Adv* höchstens

ма́ксимум, -а *m* Maximum, Höchstmaß

макулату́ра, -ы *f* 1. *typ* Makulatur, Ausschuß, Altpapier 2. *verächtl* Schundliteratur

маку́ха, -и *f gbt* Ölkuchen; Rückstände beim Ölpressen

маку́шка, -и, *Pl G* -шек, *D* -шкам *f* 1. Wipfel, Gipfel 2. Wirbel, Scheitel ◇ у него́ у́шки на -е er spitzt die Ohren

мала́га, -и *f* Malagawein

мала́ец, -ла́йца, *I* -ла́йцем, *G Pl* -ла́йцев *m* Malaie

мала́йский, -ая, -ое malaiisch; Мала́йский архипела́г der Malaiische Archipel

малахи́т, -а *m min* Malachit

малахи́товый, -ая, -ое 1. Malachit- 2. malachitgrün

малева́ть, -лю́ю, -лю́ешь *uv* 1. (be)-malen, ausmalen; anstreichen 2. *umg* pinseln, stümperhaft malen ◇ не так стра́шен чёрт, как его́ малю́ют es wird nichts so heiß gegessen, wie es gekocht wird

мале́йший, -ая, -ее ↑ [1]ма́лый: не име́ть ни -его поня́тия о чём-н. keine blasse Ahnung von etw. haben

малёк, -лька́ *m* kleiner, junger Fisch

ма́ленький, -ая, -ое; *Komp* ме́ньше, ме́ньший; *Sup* ме́ньший 1. klein, winzig 2. unbedeutend, geringfügig; моё де́ло -ое ich habe hier nicht viel zu sagen 3. klein, minderjährig; он ведёт себя́, как ~ er beträgt sich kindisch 4. -ого *Subst m umg* Kleiner, Kind ◇ игра́ть по -ой niedrig spielen *Karten*; вы́пить по -ой eine Kleinigkeit trinken

мале́нько *Adv volksspr* ein bißchen, ein wenig

ма́лец, -льца, *I* -льцем, *G Pl* -льцев *u.* **мале́ц,** -льца́, *I* -льцо́м, *G Pl* -льцо́в *m volksspr* Junge, Knabe

мали́ец, -и́йца, *I* -и́йцем, *G Pl* -и́йцев *m* Malinese

мали́на, -ы *f* 1. *Koll* Himbeeren 2. Himbeerstrauch ◇ не житьё, а ~ ein gutes Leben

мали́нник, -а *m* Himbeergesträuch

мали́нный, -ая, -ое *umg* Himbeer-

мали́новка, -и, *Pl G* -вок, *D* -вкам *f* 1. Rotkehlchen 2. Himbeergeist

мали́новый, -ая, -ое 1. Himbeer-; ~ сок Himbeersaft 2. himbeerfarben

ма́личный, -ая, -ое aus Renntierfell

ма́лка, -и, *Pl G* -лок, *D* -лкам *f* Winkelmaß, Schmiege

ма́ло *Adv*; *Komp* ме́ньше *u.* ме́нее wenig, nicht genug; сли́шком ~ viel zu wenig; ~ кто зна́ет э́то nur wenige wissen das; э́того ~ das ist zu wenig, das genügt nicht ◇ ~ того́, что ... nicht genug, daß ...; ~ того́ *mod* außerdem; ~ ли что мо́жет случи́ться wer weiß, was alles geschehen mag; ~ ли где [куда́] wer weiß wo [wohin]

мало- *in Zuss* klein-, wenig

мало|азиа́тский, -ая, -ое kleinasiatisch; **~ва́жный,** -ая, -ое; *Kzf* -жен, жна geringfügig, unbedeutend

мало́ват, -а, -о *prädikativ* (etwas) zu klein; ~ ро́стом zu klein von Wuchs

малова́то *Adv umg* etwas zu wenig, ein bißchen wenig

мало|ве́р, -а *m* Kleingläubiger; **~ве́рие,** -я *n* Kleingläubigkeit; **~ве́рный,** -ая, -ое; *Kzf* -рен, -рна kleingläubig; **~вероя́тный,** -ая, -ое; *Kzf* -тен, -тна kaum wahrscheinlich; **~ве́сный,** -ая, -ое; *Kzf* -сен, -сна von geringem Gewicht, leicht; **~во́дный,-** ая, -ое; *Kzf* -ден, -дна wasserarm; **~во́дье,** -ья *n* 1. Wasserarmut 2. niedriger Wasserstand; **~вразуми́тельный,** -ая, -ое; *Kzf* -лен, -льна 1. schwer verständlich 2. nicht überzeugend; **~габари́тный,** -ая, -ое Kleinformat-, von geringen Abmessungen; **~говоря́щий,** -ая, -ее nichtssagend, gehaltlos; **~гра́мотность,** -и *f* 1. Halbanalphabetentum 2. Unwissenheit, Unkenntnis; **~гра́мотный,** -ая, -ое; *Kzf* -тен, -тна 1. des Lesens und Schreibens ungenügend kundig; ungebildet 2. -ого *Subst m* Halbanalphabet 3. fehlerhaft, stümperhaft; **~де́ятельный,** -ая, -ое wenig aktiv, nicht tatkräftig, nicht energisch genug; **~достове́рный,** -ая, -ое; *Kzf* -рен, -рна wenig zuverlässig; **~ду́шествовать,** -твую, -твуешь *uv* kleinmütig sein; den Mut verlieren; **~ду́шие,** -я *n* Kleinmut; **~ду́шничать,** -аю, -аешь *uv umg* verzagen, kleinmütig sein; **~ду́шный,** -ая, -ое; *Kzf* -шен, -шна kleinmütig, mutlos; **~е́зжий,** -ая, -ее wenig befahren; **~заме́тный,** -ая, -ое; *Kzf* -тен, -тна 1. kaum sichtbar, kaum bemerkbar 2. nicht auffallend; **~земе́лье,** -ья *n* Landarmut; **~земе́льный,** -ая, -ое; *Kzf* -лен, -льна landarm; **~знако́мый,** -ая, -ое; *Kzf* -о́м, -а wenig [kaum] bekannt; **~зна́чащий,** -ая, -ее; *Kzf* -ащ, -а unwichtig, von geringer Bedeutung; **~значи́тельный,** -ая, -ое; *Kzf* -лен, -льна ohne große Bedeutung; ohne großen Einfluß; ohne wichtige Ergebnisse; **~изве́стный,** -ая, -ое; *Kzf* -тен, -тна wenig bekannt; **~иму́щий,** -ая, -ее; *Kzf* -у́щ, -а unvermögend, wenig bemittelt, arm; **~иссле́дованный,** -ая, -ое wenig erforscht; **~кали́берный,** -ая, -ое *mil* kleinkalibrig, Kleinkaliber-; **~кро́вие,** -я *n* Blutarmut, Anämie; **~кро́вный,** -ая, -ое; *Kzf* -вен, -вна blutarm

малоле́тка ↑ малоле́ток

малоле́тний, -яя, -ее 1. minderjährig, im Kindesalter 2. -его *Subst m* Minderjähriger

мало|ле́ток, -тка *m u.* **малоле́тка, -и,** *Pl G* -ток, *D* -ткам *m, f volksspr* Kind *Junge oder Mädchen*; **~ле́тство,** -а *n umg* Kindesalter; он рису́ет с ~ле́тства er zeichnet von Kindheit an; **~литра́жка,** -и, *Pl G* -жек, *D* -жкам *f umg* Kleinwagen; **~литра́жный,** -ая, -ое 1. von geringem Hubraum, mit geringem Fassungsvermögen 2. mit geringem Treibstoffverbrauch; ~литра́жный автомоби́ль Kleinwagen; **~лю́дный,** -ая, -ое; *Kzf* -ден, -дна 1. wenig bevölkert, dünn besiedelt 2. schwach besucht; wenig belebt, mit geringem Verkehr

мало-ма́льски *Adv umg* einigermaßen, leidlich

мало|ма́льский, -ая, -ое *volksspr* geringster, unbedeutendster; **~метра́жный,** -ая, -ое Klein-; ~метра́жная кварти́ра Kleinwohnung; **~мо́щный,** -ая, -ое; *Kzf* -щен, -щна 1. schwach, kraftlos 2. mittellos, arm 3. *tech* Kleinkraft-; **~надёжный,** -ая, -ое; *Kzf* -жен, -жна wenig verläßlich; unbeständig; **~населённый,** -ая, -ое wenig bevölkert, dünn besiedelt; **~о́блачный,** -ая, -ое schwach bewölkt; **~образо́ванный,** -ая, -ое; *Kzf* -ан, -анна wenig gebildet, mit geringen Kenntnissen; **~общи́тельный,** -ая, -ое; *Kzf* -лен, -льна ungesellig; verschlossen; **~о́пытный,** -ая, -ое; *Kzf* -тен, -тна mit geringer Erfahrung, unerfahren; **~пита́тельный,** -ая, -ое; *Kzf* -лен, -льна mit geringem Nährwert, wenig nahrhaft; **~подви́жный,** -ая, -ое; *Kzf* -жен, -жна schwer zu bewegen; schwerfällig

мало-пома́лу *Adv umg* allmählich, nach und nach

мало|поня́тливый, -ая, -ое; *Kzf* -ив, -а schwer von Begriff; **~поня́тный,** -ая, -ое; *Kzf* -тен, -тна schwer verständlich; **~производи́тельный,** -ая, -ое; *Kzf* -лен, -льна wenig produktiv, mit geringer Leistung; **~ра́звитый,** -ая, -ое; *Kzf* -ит, -а *u. umg* **~развито́й,** -а́я, -о́е; *Kzf* малора́звит, -а́, -о́ unentwickelt, zurückgeblieben; **~ро́слый,** -ая, -ое; *Kzf* -о́сл, -а klein (von Wuchs); niedrig; **~све́дущий,** -ая, -ее; *Kzf* -ущ, -а mit geringen Kenntnissen; unkundig, unwissend; **~семе́йный,** -ая, -ое mit kleiner Familie; он ~семе́йный er hat eine kleine Familie; **~си́льный,** -ая, -ое; *Kzf* -лен, -льна 1. schwach, kraftlos 2. *tech* Kleinkraft-; **~содержа́тельный,** -ая, -ое; *Kzf* -лен, -льна inhaltsarm, inhaltslos; **~со́льный,** -ая, -ое; *Kzf* -лен, -льна wenig gesalzen; **~состоя́тельный,** -ая, -ое 1. unvermögend 2. wenig überzeugend; **~спосо́бный,** -ая, -ое; *Kzf* -бен, -бна unbegabt, unfähig

ма́лость, -и *f* 1. *umg* Kleinigkeit, Geringfügigkeit, Lappalie; из-за вся́кой -и einer jeden Kleinigkeit wegen; са́мая ~ оста́лась es ist nur eine Kleinigkeit [fast nichts] übriggeblieben 2. *Adv volksspr* etwas, ein wenig, ein bißchen; мне ~ нездоро́вится ich fühle mich nicht ganz wohl

мало|тира́жный, -ая, -ое *typ* mit einer kleinen Auflage; **~тре́бовательный,** -ая, -ое anspruchslos; **~убеди́тельный,** -ая, -ое; *Kzf* -лен, -льна wenig überzeugend; **~употреби́тельный,** -ая, -ое; *Kzf* -лен, -льна wenig gebräuchlich; **~це́нный,** -ая, -ое; *Kzf* -це́нен, -це́нна minderwertig, von geringem Wert; **~чи́сленность, -и** *f* geringe Anzahl; **~чи́сленный,** -ая, -ое; *Kzf* -лен, -ленна klein *zahlenmäßig*, nicht zahlreich

[1]**ма́лый,** -ая, -ое; *Kzf* мал, мала́, мало́, малы́; *Komp* ме́ньше, ме́ньший; *Sup* ме́ньший, мале́йший 1. klein; gering; он мал ро́стом er ist klein von Wuchs; бесконе́чно ~ *math* unendlich klein 2. *nur Kzf* zu klein, zu eng, zu schmal; боти́нки

малы́ die Schuhe sind zu klein ◇ мал золотни́к, да до́рог klein, aber fein; от ма́ла до вели́ка alt und jung; са́мое ма́лое wenigstens, mindestens; без -ого fast, beinahe; мал мала́ ме́ньше der eine kleiner als der andere; wie die Orgelpfeifen *von Kindern*; с -ых лет von klein auf; ~ ход вперёд! *naut* halbe Kraft voraus!; Ма́лая А́зия Kleinasien

²ма́лый, -ого *Subst m volksspr* Bursche, Junge; он сла́вный ~ er ist ein Prachtkerl

малы́ш, -а́, *I* -о́м, *G Pl* -е́й *m umg* Kleiner, Knirps

малы́шка, -и, *Pl G* -шек, *D* -шкам *m, f umg* Knirps, kleines Kind

ма́льва, -ы *f bot* Malve

ма́львовый, -ая, -ое *bot* Malven-

мальга́ш, -а, *I* -ем, *G Pl* -ей *m* Madagasse

мальга́шский, -ая, -ое madagassisch

Ма́льта, -ы *f* Malta *Insel*

мальти́йский, -ая, -ое maltesisch, Malteser(-)

ма́льчик, -а *m* **1.** Knabe, Junge **2.** *alt* Lehrjunge, Lehrling; Laufbursche ◇ ~ с па́льчик Däumling *Märchen*

мальчи́шеский, -ая, -ое **1.** *umg* knabenhaft, jungenhaft **2.** lausbübisch, leichtsinnig

мальчи́шество, -а *n* Dummerjungenstreich, Lausbüberei, Bubenstreich

мальчи́шка, -и, *Pl G* -шек, *D* -шкам *m umg* **1.** Junge, Knabe; Bengel, Lausbube **2.** *alt* Lehrling; Laufbursche

мальчуга́н, -а *m umg* (kleiner) Junge

малю́сенький, -ая, -ое *umg* sehr klein

малю́тка, -и, *Pl G* -ток, *D* -ткам *m, f* Kleinkind, Kleines

маля́р, -а́ *m* (Zimmer-) Maler, Anstreicher

маляри́йный, -ая, -ое Malaria-

маляри́я, -и *f* Malaria

маля́рный, -ая, -ое (Zimmer-) Maler-

ма́ма, -ы *f* Mama, Mutti

амалы́га, -и *f gbt* Maisbrei

мама́ша, -и, *I* -ей *f umg* Mama, Mutter

ма́менька, -и, *Pl G* -нек, *D* -нькам *f alt* Mama, Mutti

ма́менькин, -а, -о *alt umg* der Mama, [Mutter] gehörig ◇ ~ сыно́к *iron* Muttersöhnchen

ма́мин, -а, -о der Mama gehörig; -о пла́тье Mamas Kleid

ма́мка, -и, *Pl G* -мок, *D* -мкам *alt* Amme

ма́монт, -а *m* Mammut

ма́монтовый, -ая, -ое Mammut-

ма́мочка, -и, *Pl G* -чек, *D* -чкам *f* Mutti

мана́тки, -ток, -ткам *Pl volksspr* Habseligkeiten, Siebensachen

¹мандари́н, -а *m* **1.** Mandarine *Frucht* **2.** Mandarinenbaum

²мандари́н, -а *m* Mandarin *Beamter*

мандари́нный, -ая, -ое Mandarinen-

мандари́новый, -ая, -ое Mandarinen-

манда́т, -а *m* **1.** Mandat, Vollmacht **2.**: страна́, име́ющая ~ Mandatarstaat

манда́тный, -ая, -ое Mandats-

мандоли́на, -ы *f* Mandoline

мандолини́ст, -а *m* Mandolinenspieler

манёвр, -а *m* **1.** militärische Operation; обхо́дный ~ Umgehungsmanöver; **2.** *übtr* gewandter Kunstgriff, Kniff **3.** *Pl* Manöver; морски́е -ы Seemanöver **4.** *Pl* Rangieren *Eisenbahn*

манёвренность, -и *f mil* Manövrierfähigkeit

манёвренный, -ая, -ое *mil* beweglich; Manöver-; ~ парово́з Rangierlok

маневри́ровать, -рую, -руешь *uv* **1.** *mil* manövrieren; eine militärische Operation ausführen **2.** *mil* Manöver abhalten **3.** rangieren *Eisenbahn* **4.** manövrieren, sich geschickt bewegen **5.** *übtr* lavieren **6.** *I* manövrieren (mit), geschickt einsetzen || *v* сманеври́ровать *zu* 1, 2, 6

маневро́вый, -ая, -ое Rangier-

мане́ж, -а, *I* -ем, *G Pl* -ей *m* **1.** Manege, Reitbahn **2.** Laufgitter

манеке́н, -а *m* **1.** Schneider-, Modellpuppe **2.** Marionette, Gliederpuppe

манеке́нщица, -ы, *I* -ей *f* **1.** Herstellerin von Modellpuppen **2.** Mannequin

мане́р, -а *m nur mit Attribut in obliquen Kasus* **1.** *alt u. umg*: на ~ чего́-н. nach der Art; на како́й-н. ~ in der Art und Weise von **2.** *umg*: таки́м -ом auf solch eine Art, so; живы́м -ом schnell

мане́ра, -ы *f* **1.** Manier, Art und Weise; ~ говори́ть Sprechweise **2.** *Pl* Manieren, Umgangsformen; дурны́е -ы schlechtes Benehmen

мане́рка, -и, *Pl G* -рок, *D* -ркам *f alt* Feldflasche; Trinkbecher *der Feldflasche*

мане́рничать, -аю, -аешь *uv umg* sich zieren, affektiert tun

мане́рный, -ая, -ое; *Kzf* -рен, -рна geziert, affektiert, gekünstelt

манже́та, -ы *f* Manschette

манже́тный, -ая, -ое Manschetten-

маникю́р, -а *m* Maniküre, Nagelpflege
маникю́рный, -ая, -ое Maniküre-, Nagel-
маникю́рша, -и, *I* -ей *f* Maniküre, Handpflegerin
Мани́ла, -ы *f* Manila
мани́ловщина, -ы *f* tatenloses, träumerisches Verhältnis zur Umwelt *nach Manilow, einem der Helden aus Gogols Roman „Die toten Seelen"*
мани́льский, -ая, -ое Manila-
манипули́ровать, -рую, -руешь *uv I* manipulieren; handhaben
манипуля́ция, -и *f* **1.** Manipulation, komplizierter Hand-, Kunstgriff **2.** *übtr* Machenschaft, Streich
мани́ть, маню́, ма́нишь *uv* **1.** (herbei-) winken **2.** *übtr* locken, bezaubern, anziehen ‖ *v* поманить *zu* 1
манифе́ст, -а *m* Manifest; Манифе́ст Коммунисти́ческой па́ртии Manifest der Kommunistischen Partei
манифеста́нт, -а *m* Teilnehmer an einer (Massen-) Kundgebung [Demonstration]
манифеста́ция, -и *f* (Massen-) Kundgebung, Demonstration
манифести́ровать, -рую, -руешь *uv* an einer (Massen-) Kundgebung teilnehmen, demonstrieren
мани́шка, -и, *Pl G* -шек, *D* -шкам *f* Chemisette, Vorhemd
ма́ния, -и *f* **1.** *med* Manie, Wahn; ~ вели́чия Größenwahn; ~ пресле́дования Verfolgungswahn **2.** *übtr* heftige Leidenschaft, Sucht
ма́нка, -и *f umg* Weizengrieß
манки́ровать, -рую, -руешь *v, uv* **1.** *I buchspr* vernachlässigen, versäumen; ~ свои́ми обя́занностями seine Pflichten vernachlässigen **2.** *alt* fehlen, bummeln
ма́нный, -ая, -ое **1.**: -ая ка́ша Grießbrei; -ая крупа́ Weizengrieß **2.** -ая, -ой *Subst f* Weizengrieß
манове́ние, -я *n buchspr, alt* Wink ◇ как по -ю im Handumdrehen; wie hergezaubert; -ем руки́ mit einer Handbewegung
мано́к, -нка́ *m Jagd* Pfeife zum Anlocken von Tieren, von Vögeln
манса́рда, -ы *f* Mansarde, Dachstube
манса́рдный, -ая, -ое Mansarden-
манти́лья, -и, *Pl G* -лий, *D* -льям *f* Mantille
манти́сса, -ы *f math* Mantisse
ма́нтия, -и *f* **1.** Mantel; breiter, langer Umhang **2.** Mantel *bei Mollusken*
манто́ *n idkl* weiter Damenmantel *gewöhnlich aus Pelz*
манускри́пт, -а *m buchspr meist* alte Handschrift; Schriftstück
мануфакту́ра, -ы *f* **1.** Manufaktur **2.** *nur Sg* Stoffe, Textilwaren **3.** *alt* Textilfabrik
мануфакту́рный, -ая, -ое Manufaktur-, Textil-; ~ това́р Textilwaren
Ма́нчестер, -а *m* Manchester *Stadt*
Ма́нька, -и *f Dem zu* Мари́я
маньчжу́р, -а *m* Mandschure
Маньчжу́рия, -и *f* Mandschurei
маньчжу́рский, -ая, -ое mandschurisch
маньяк, -а *m* Wahnsinniger, Geisteskranker
Ма́ня, -и *f Dem zu* Мари́я
марабу́ *m idkl zool* Marabu
мара́зм, -а *m* **1.** *med* Marasmus, Entkräftung; ста́рческий ~ Altersschwäche **2.** *übtr* Verfall, Niedergang
маракова́ть, -ку́ю, -ку́ешь *uv volksspr* в *P* sich auskennen (in), ein wenig verstehen (von)
мара́л, -а *m* Maral, großer sibirischer Hirsch
мара́нье, -ья *n umg* Schmiererei, Stümperei, Pfuscherei
мара́ть, -а́ю, -а́ешь; ма́ранный, -ан, -а *uv umg* **1.** beschmutzen, besudeln; ~ ру́ки о́бо что́-н. seine Hände an etwas schmutzig machen; ~ че́стное и́мя *übtr* einen ehrlichen Namen besudeln **2.** schmieren, liederlich schreiben, schlecht malen **3.** ausstreichen *Geschriebenes*
мара́ться, *1. u. 2. Pers ungebr,* -а́ется *uv* **1.** *umg* leicht schmutzig werden, schmutzen *z. B. von Wäsche* **2.** abfärben *von Frischgestrichenem* **3.** *umg* sich entleeren *von Säuglingen* ◇ не сто́ит ~ из-за э́того es lohnt die Mühe nicht
марафо́нский, -ая, -ое: ~ бег *Sport* Marathonlauf
ма́рганец, -нца, *I* -нцем *m chem* Mangan
ма́рганцевый, -ая, -ое *chem* Mangan-
маргари́н, -а *m* Margarine
маргари́новый, -ая, -ое Margarine-
маргари́тка, -и, *Pl G* -ток, *D* -ткам *f bot* Gänseblümchen
ма́рево, -а *n* **1.** Fata Morgana **2.** Dunst, Nebelschleier
маре́на, -ы *f bot* Färberröte, Krapp
мари́йский, -ая, -ое Mari-, marijisch; Мари́йская АССР ASSR der Mari
марина́д, -а *m* Marinade
марини́ст, -а *m* Marinemaler

маринóванный, -ая, -ое mariniert, eingemacht

мариновáть, -нýю, -нýешь; -нóванный, -нóван, -а *uv* **1.** (ein)marinieren; ~ грибы́ Pilze einmachen **2.** *übtr umg* aufschieben; auf die lange Bank schieben

марионéтка, -и, *Pl G* -ток, *D* -ткам *f* **1.** *theat* Marionette, Gliederpuppe **2.** *übtr* Marionette

марионéточный, -ая, -ое *theat u. übtr* Marionetten-

Мари́я, -и *f* Maria

[1]**мáрка,** -и, *Pl G* -рок, *D* -ркам *f* **1.** Marke, Wertmarke; почтóвая ~ Briefmarke **2.** Fabrikmarke, Warenzeichen **3.** Marke, Sorte, Qualität; винó лýчшей -и Wein bester Sorte [Qualität] **4.** Spielmarke *z. B. für Automaten* ◇ держáть -у auf seinen Ruf halten

[2]**мáрка,** -и, *Pl G* -рок, *D* -ркам *f* Mark *Währungseinheit*

[3]**мáрка,** -и, *Pl G* -рок, *D* -ркам *f* **1.** *hist* Mark *altgermanische Dorfgemeinschaft* **2.** Grenzmark, -land

марки́з, -а *m* Marquis

[1]**марки́за,** -ы *f* Marquise

[2]**марки́за,** -ы *f* Markise, Sonnenschutz

маркизéт, -а *m* Markisette *Stoff*

мáркий, -ая, -ое; *Kzf* -рок, -рка leicht schmutzend

маркировáть, -рýю, -рýешь; -рóванный, -рóван, -а *v, uv* markieren, kennzeichnen *Waren*

маркирóвка, -и *f* Markierung

маркирóвщик, -а *m* Markierer

маркитáнтка, -и, *Pl G* -ток, *D* -ткам *f hist* Marketenderin

маркси́зм, -а *m* Marxismus

маркси́зм-ленини́зм, маркси́зма-ленини́зма *m* Marxismus-Leninismus

маркси́ст, -а *m* Marxist

маркси́стский, -ая, -ое marxistisch

маркси́стско-лéнинский, -ая, -ое marxistisch-leninistisch

маркшéйдер [дэ], -а *m berg* Markscheider

мáрлевый, -ая, -ое Mull-, Gaze-

мáрля, -и *f* Mull, Gaze

мармелáд, -а (-у) *m* Geleefrüchte

мармори́ровать, -рую, -руешь; -рованный, -рован, -а *v, uv* marmorieren

мародёр, -а *m* Marodeur, Plünderer

мародёрство, -а *n* Marodieren, Plündern

мародёрствовать, -твую, -твуешь *uv* marodieren, plündern

марокка́нец, -нца, *I* -нцем, *G Pl* -нцев *m* Marokkaner

марокка́нский, -ая, -ое marokkanisch

Марóкко *n idkl* Marokko

мáрочный, -ая, -ое Marken-; Spielmarken-; -ая систéма оплáты Markenzahlsystem

марс, -а *m naut* Mars, Mastkorb

Марс, -а *m astr* Mars

Марсéль, -я *m* Marseille *Stadt*

марсельéза, -ы *f* die Marseillaise

март, -а *m* März

мартéн [тэ], -а *m tech* **1.** Siemens-Martin-Ofen **2.** Siemens-Martin-Stahl

мартéновский [тэ], -ая, -ое Siemens-Martin-; -ое произвóдство Siemens-Martin-Verfahren

мáртовский, -ая, -ое März-

марты́шка, -и, *Pl G* -шек, *D* -шкам *f zool* Meerkatze *Affe*

Марýся, -и *f Dem zu* Мари́я

Мáрфа, -ы *f* Martha

[1]**марш,** -а, *I* -ем, *G Pl* -ей *m* **1.** Marsch; торжéственный ~ Parademarsch; форси́рованный ~ Eilmarsch; построéние для -а Marschaufstellung **2.** *mus* Marsch **3.** Treppe

[2]**марш!** *Interj* marsch!; шáгом ~! im Gleichschritt marsch!; бегóм ~! im Laufschritt marsch!

мáршал, -а *m* Marschall

мáршальский, -ая, -ое Marschall(s)-

мáршевый, -ая, -ое Marsch-

маршировáть, -рýю, -рýешь *uv* marschieren

маршировка, -и *f* Marschieren

маршрýт, -а *m* **1.** Marsch-, Reiseroute; Linie, Strecke *Omnibus usw.*; ~ перелёта Flugstrecke; ~ трамвáя Straßenbahnlinie **2.** direkter Güterzug *ohne Umladung bis zum Zielort*

маршрýтный, -ая, -ое Marschrouten-; ~ пóезд direkter Güterzug *ohne Umladung bis zum Zielort*; -ая кáрта Streckenkarte

Мáрья, -ьи *f dasselbe wie* Мари́я

мáска, -и, *Pl G* мáсок, *D* мáскам *f* **1.** Maske; противогáзовая ~ Gasmaske; сбрóсить -у *übtr* die Maske fallen lassen; сорвáть -у с когó-н. j-m die Maske vom Gesicht reißen, j-n entlarven **2.** Totenmaske

маскарáд, -а *m* Maskenball, Kostümfest

маскарáдный, -ая, -ое Maskenball-

маскировáть, -рýю, -рýешь; -рóванный, -рóван, -а *uv* **1.** maskieren, verkleiden 2. *übtr* verbergen, tarnen 3. *mil* tarnen; ~ óкна Fenster verdunkeln

маскировáться, -рýюсь, -рýешься *uv* 1. sich maskieren 2. sich nicht bemerkbar machen, sich tarnen 3. *übtr* sich verstellen

маскирóвка, -и *f* 1. Maskierung 2. *übtr* Verstellung, Tarnung 3. *mil* Tarnung

маскирóвочный, -ая, -ое *mil* Tarn-, Tarnungs-

мáсленица, -ы, *I* -ей *f hist* Fastnachtswoche ◇ емý не житьё, а ~ *umg* er lebt wie die Made im Speck; не всё котý ~, придёт и велúкий пост *Sprichw* alle Tage ist kein Sonntag

маслёнка, -и, *Pl G* -нок, *D* -нкам *f* 1. Butterdose 2. *tech* Ölkännchen

маслёнок, -нка, *Pl* маслята, -ят, -ятам *m* Butterpilz

мáсленый, -ая, -ое 1. fett(ig), ölig; -ые вóлосы fettiges Haar 2. *übtr* ölig, schmeichlerisch 3. *übtr* sinnlich; ~ взгляд schmachtender Blick

маслúна, -ы *f* 1. Olive *Frucht* 2. Olivenbaum, Ölbaum

мáслить, -лю, -лишь *uv umg* mit Butter, Öl bestreichen; einfetten

мáслиться, *1. u. 2. Pers ungebr*, -ится *uv* 1. Fettflecke machen 2. glänzen

мáсличный, -ая, -ое Öl-, ölhaltig

маслúчный, -ая, -ое Oliven-

мáсло, -а, *Pl* (*zur Bezeichnung von Sorten*) маслá, мáсел, маслáм *n* 1. Butter; Öl; слúвочное ~ Tafelbutter; топлёное ~ zerlassene Butter; бить ~ buttern; провáнское ~ Olivenöl; подсóлнечное ~ Sonnenblumenöl; смáзочное ~ Schmieröl 2. Ölfarbe; *umg* Ölgemälde; писáть -ом mit Ölfarbe malen ◇ идёт как по -у es geht wie geschmiert; подлúть -а в огóнь Öl ins Feuer gießen; катáться как сыр в -е wie die Made im Speck sitzen

масло|бóйка, -и, *Pl G*- бóек, *D* -бóйкам *f* 1. Butterfaß 2. Butterkammer; **~бóйный,** -ая, -ое Butter-; Öl-; ~бóйный завóд Butterfabrik; Ölmühle; ~бóйный пресс Ölpresse; **~бóйня,** -и, *Pl G* -бóен, *D* -бóйням *f* Butterfabrik; Ölmühle; **~дéлие,** -я *n* Butterfabrikation; Ölfabrikation; **~заправщик,** -а *m* Öltankwagen

маслянúстый, -ая, -ое; *Kzf* -ист, -а fetthaltig, fett, ölig

мáсляный, -ая, -ое 1. Butter-, Öl-; -ое пятнó Fett-, Ölfleck 2. *tech*, *chem* Öl-; -ые крáски Ölfarben; ~ выключáтель Ölschalter; -ая кислотá Buttersäure

масóн, -а *m* Freimaurer

масóнский, -ая, -ое Freimaurer-

масóнство, -а *n* Freimaurerei

мáсса, -ы *f* 1. *phys* Masse 2. *tech* Masse, Brei; бумáжная ~ Papierbrei 3. *G umg* Masse, (große) Menge; у меня ~ рабóты ich habe viel zu tun 4. *Pl* (Volks-) Massen; ширóкие -ы трудящихся die werktätigen Massen, die breiten Massen der Werktätigen ◇ в -е größtenteils, vorwiegend

массáж, -а, *I* -ем, *G Pl* -ей *m* Massage

массажúст, -а *m* Masseur

мáссами *Adv* in Massen, massenhaft

массúв, -а *m* Massiv, Gebirgsstock; леснúе -ы (große) Waldflächen

массúвный, -ая, -ое; *Kzf* -вен, -вна massiv, schwer

[1]**массúровать,** -рую, -руешь; -рованный, -рован, -а *uv Prät a. v* massieren

[2]**массúровать,** -рую, -руешь; -рованный, -рован, -а *v, uv mil* massieren; konzentrieren

массирóвка, -и *f mil* Massierung, Konzentration

массовúк, -á *m umg* Leiter kultureller Massenveranstaltungen

массóвка, -и, *Pl G* -вок, *D* -вкам *f umg* 1. Meeting, Zusammenkunft 2. Massenausflug

мáссовый, -ая, -ое Massen-; -ая органúзáция Massenorganisation; -ое произвóдство Massenfabrikation; товáры -ого потреблéния Massenbedarfsartikel; ~ читáтель Durchschnittsleser

мастáк, -á *m volksspr* gewandter, geschickter Mensch

мáстер, -а, *Pl* мастерá, -рóв, -рáм *m* 1. Meister; Werkmeister; Handwerksmeister; оружéйный ~ Waffenschmied; золотых дел ~ *alt* Goldschmied 2. Meister, Kenner; ~ спóрта Meister des Sports; он ~ своегó дéла er ist ein Meister in seinem Fach; он ~ расскáзывать er ist ein Meister im Erzählen ◇ он ~ на все рýки er ist ein Tausendkünstler; дéло -а бойтся das Werk lobt den Meister

мастерúть, -рю, -рúшь *uv umg* selbst anfertigen, basteln ‖ *v* смастерúть

мастерúца, -ы, *I* -ей *f* Meisterin

мастерска́я, -о́й *Subst f* **1.** Werkstatt, Arbeitsraum **2.** Werkabteilung
мастерско́й, -а́я, -о́е **1.** meisterhaft, Meister- **2.** -й *Adv* meisterhaft
мастерство́, -а́ *n* **1.** Handwerk, Gewerbe **2.** Meisterschaft
масти́ка, -и *f* **1.** Mastixkitt **2.** Bohnerwachs **3.** *bot* Mastix
масти́тый, -ая, -ое; *Kzf* -и́т, -а ehrwürdig
масть, -и, *Pl* ма́сти, масте́й, мастя́м *f* **1.** Farbe *des Fells von Tieren*; ло́шадь гнедо́й -и Brauner **2.** Farbe *der Spielkarten*; черво́нная ~ Herz ◇ всех -е́й *übtr* aller Schattierungen
масшта́б [ашт], -а *m* Maßstab; в миро́вом -е im Weltmaßstab; учёный мирово́го -а ein Gelehrter von Weltruf
масшта́бный, -ая, -ое **1.** Maßstab- **2.** *Kzf* -бен, -бна umfangreich
[1]**мат,** -а *m* Matt *Schachspiel*; объяви́ть кому́-н. ~ j-n matt setzen
[2]**мат,** -а *m* Matte, Bodenbelag
[3]**мат,** -а *m* Glanzlosigkeit; Rauhheit; навести́ ~ на стекло́ die Scheibe mattieren
[4]**мат:** крича́ть благи́м -ом *volksspr* aus Leibeskräften schreien
Матве́й, -я *m* Matthias
матема́тик, -а *m* Mathematiker
матема́тика, -и *f* Mathematik
математи́ческий, -ая, -ое mathematisch
материа́л [рья], -а *m* **1.** Material, Stoff; строи́тельный ~ Baustoff; горю́чий ~ Brennstoff; перевя́зочный ~ Verbandzeug **2.** Material, Unterlage(n), Quelle(n) **3.** Stoff, Gewebe; шерстяно́й ~ Wollstoff
материали́зм, -а *m* Materialismus; диалекти́ческий ~ dialektischer Materialismus
материали́ст, -а *m* Materialist
материалисти́ческий, -ая, -ое materialistisch
материалисти́чный, -ая, -ое **1.** materialistisch **2.** *Kzf* -чен, -чна nur auf seine eigenen materiellen Interessen und Vorteile bedacht
материалове́дение [рья], -я *n* Werkstoffkunde
материа́льный [рья], -ая, -ое **1.** Material-, materiell; ~ склад Materiallager; -ое положе́ние materielle Lage **2.** *Kzf* -лен, -льна *phil* stofflich, materiell
матери́к, -а́ *m* Kontinent, Festland
материко́вый, -ая, -ое kontinental, Festlands-
ма́терин, -а, -о *umg* der Mutter gehörig
матери́нский, -ая, -ое Mutter-, mütterlich
матери́нство, -а *n* **1.** Mutterschaft; охра́на -а Mutterschutz **2.** Mutterliebe
мате́рия, -и *f* **1.** *phil* Materie **2.** *phys* Materie, Stoff **3.** *text* Gewebe, Stoff **4.** *übtr umg* Thema, Gegenstand
матеро́й ↑ матёрый
мате́рчатый, -ая, -ое Stoff-; ~ переплёт Leineneinband
матёрый, -ая, -ое *u.* **матеро́й,** -а́я, -о́е **1.** groß; stark, kräftig, ausgewachsen **2.** (матёрый) *umg* erfahren **3.** (матёрый) berüchtigt, unverbesserlich, eingefleischt; ~ враг Erzfeind
ма́тка, -и, *Pl G* -ток, *D* -ткам *f* **1.** *anat* Gebärmutter, Uterus **2.** Muttertier, Weibchen; оле́нья ~ Hirschkuh; пчели́ная ~ Bienenkönigin, Weisel **3.** *volksspr* Mutter **4.** Mutterschiff
матова́ть, мату́ю, мату́ешь *uv* matt setzen *Schach*
ма́товый, -ая, -ое **1.** matt, glanzlos **2.** mattiert; -ое стекло́ Milchglas
ма́точник, -а *m* **1.** Weiselzelle **2.** *bot* Fruchtknoten **3.** Gewindebohrer
матра́с, -а *u.* **матра́ц,** -а, *I* -ем, *G Pl* -ев *m* Matratze; волосяно́й ~ Roßhaarmatratze; пружи́нный ~ Sprungfedermatratze
матра́сный, -ая, -ое Matratzen-
матра́ц ↑ матра́с
матриарха́льный, -ая, -ое matriarchalisch
ма́трица, -ы, *I* -ей *f typ* **1.** Matrize **2.** Mater
матрици́ровать, -рую, -руешь; -рованный, -рован, -а *v, uv typ* **1.** Matrizen herstellen **2.** matern
матро́с, -а *m* Matrose
матро́ска, -и, *Pl G* -сок, *D* -скам *f* **1.** *umg alt* Matrosenfrau **2.** Matrosenbluse
матро́сский, -ая, -ое Matrosen-
ма́тушка, -и, *Pl G* -шек, *D* -шкам *f* **1.** *alt* Mutter, Mütterchen **2.** *umg alt* Mütterchen *als Anrede*
матч, -а, *I* -ем, *G Pl* -ей *m* Spiel; sportlicher Wettkampf; футбо́льный ~ Fußballspiel; ~ на пе́рвенство ми́ра по ша́хматам Spiel um die Schachweltmeisterschaft
мать, ма́тери, *I* ма́терью, *Pl* ма́тери, матере́й, матеря́м *f* **1.** Mutter **2.** Muttertier **3.** *volkssspr* Mutter *An-*

rede; крёстная ~ Taufpatin ◇ в чём ~ родила́ splitternackt
мать-и-ма́чеха *u.* **мать-ма́чеха, -и** *f bot* Huflattich
мах, -а (-у) *m* Schwung, Schlag; Umdrehung ◇ одни́м -ом mit einem Zug, mit einem Schlag; с -у unbedacht, Hals über Kopf; дать -у sich irren, einen Bock schießen
махао́н, -а *m* Schwalbenschwanz *Schmetterling*
маха́ть* *u. umg* -а́ю, -а́ешь; маха́я *u. selten* маша́ *uv I* schwenken, winken; schlagen *mit den Flügeln*; wedeln *mit dem Schwanz*; ~ руко́й mit der Hand winken ‖ *v mom* махну́ть, -ну́, -нёшь
махи́на, -ы *f umg* Koloß; großer schwerer Gegenstand
махина́ция, -и *f* Machenschaft, Intrige
махну́ть, -ну́, -нёшь *v* **1.** *mom zu* маха́ть **2.** *umg* sich stürzen, springen; ~ че́рез забо́р über den Zaun setzen **3.** *volksspr* (los)fahren, abreisen ◇ ~ руко́й на что́-н. etw. aufgeben
махови́к, -а́ *m tech* Schwungrad
махово́й, -а́я, -о́е Schwung-; -о́е колесо́ Schwungrad; -ы́е пе́рья *zool* Schwungfedern
махо́рка, -и *f* Machorka *Tabaksorte*
махро́вый, -ая, -ое 1. *bot* voller Blütenblätter, gefüllt **2.** *übtr* eingefleischt, Erz-; ~ реакционе́р Erzreaktionär **3.** Frottier-
махры́, -о́в *Pl volksspr* Fransen
ма́чеха, -и *f* Stiefmutter
ма́чта, -ы *f* Mast
ма́чтовый, -ая, -ое Mast-
маш- *in Zuss Abk für* маши́нный *u.* машинострои́тельный
Ма́ша, -и, *I* -ей *f Dem zu* Мари́я
Ма́шенька, -и *f Dem zu* Мари́я
маши́на, -ы *f* **1.** Maschine; парова́я ~ Dampfmaschine; шве́йная ~ Nähmaschine; а́дская ~ Höllenmaschine **2.** *übtr* Maschinerie; вое́нная ~ Kriegsmaschinerie **3.** Wagen, Auto; легкова́я ~ Personenkraftwagen; грузова́я ~ Lastkraftwagen
машина́льный, -ая, -ое; *Kzf* -лен, -льна mechanisch, unbewußt
машиниза́ция, -и *f* Mechanisierung; Ausstattung mit Maschinen
машинизи́ровать, -рую, -руешь; -рованный, -рован, -а *v, uv* mechanisieren; mit Maschinen ausstatten
машини́ст, -а *m* **1.** Maschinist **2.** (парово́зный) Lokomotivführer
машини́стка, -и, *Pl G* -ток, *D* -ткам *f* Maschinenschreiberin, Stenotypistin
маши́нка, -и, *Pl G* -нок, *D* -нкам *f* kleinere Maschine; пи́шущая ~ Schreibmaschine; писа́ть на -е maschineschreiben, tippen; ~ для стри́жки воло́с Haarschneidemaschine
маши́нно-тра́кторный, -ая, -ое: -ая ста́нция Maschinen-und-Traktoren-Station
маши́нный, -ая, -ое 1. mechanisch; -ая обрабо́тка mechanische Bearbeitung **2.** Maschinen-
машино|ве́дение, -я *n* Maschinenkunde; **~пи́сный, -ая, -ое** in Maschinenschrift, maschinegeschrieben
маши́нопись, -и *f* **1.** Maschine(n)-schreiben **2.** Manuskript in Maschinenschrift
машино|строе́ние, -я *n* Maschinenbau; **~строи́тельный, -ая, -ое** Maschinenbau-
машу́ ↑ маха́ть
мая́к, -а́ *m* Leuchtturm; плаву́чий ~ Leuchtschiff, Feuerschiff
ма́ятник, -а *m* **1.** Pendel, Perpendikel **2.** Unruhe *Teil der Uhr*
ма́яться, ма́юсь, ма́ешься *uv volksspr* sich quälen, sich abplagen
мая́чить, -чу, -чишь *uv* **1.** *umg 1. u. 2. Pers ungebr* schimmern; in der Ferne sich abzeichnen **2.** *volksspr* kümmerlich sein Leben fristen
мая́чный, -ая, -ое Leucht(turm)-
мгла, -ы *f* **1.** Nebel, Dunst **2.** Finsternis, Dunkel(heit)
мгли́стый, -ая, -ое; *Kzf* -и́ст, -а neblig, düster
мгнове́ние, -я *n* Augenblick, Moment ◇ в ~ о́ка im Handumdrehen, sofort, im Nu
мгнове́нный, -ая, -ое; *Kzf* -е́нен, -е́нна augenblicklich, rasch; plötzlich, jäh
МГУ (Моско́вский госуда́рственный университе́т и́мени Ломоно́сова) Moskauer Staatliche Lomonossow-Universität
МДФЖ (Междунаро́дная Демократи́ческая Федера́ция Же́нщин) IDFF (Internationale Demokratische Frauenföderation)
ме́бель, -и *f Koll* Möbel
ме́бельный, -ая, -ое Möbel-
ме́бельщик, -а *m* Möbeltischler
меблирова́ть, -ру́ю, -ру́ешь; -ро́ванный, -ро́ван, -а *v, uv* möblieren
меблиро́вка, -и *f* **1.** Möblieren, Möblierung **2.** Möbel, Mobiliar, Einrichtung

мегафо́н, -а *m* Megaphon, Schallverstärker
мёд, -а (-у), *P* о мёде, в меду́, *Pl* (*zur Bezeichnung von Sorten*) меды́, -о́в, -а́м *m* **1.** Honig; со́товый ~ Scheibenhonig; сла́дкий как ~ honigsüß **2.** Met, Honigwein
мед- *in Zuss Abk für* медици́нский Medizin-; medizinisch
медали́ст, -а *m* **1.** Absolvent einer Lehranstalt, der für hervorragende Leistungen mit einer Medaille ausgezeichnet worden ist **2.** preisgekröntes Tier
меда́ль, -и *f* Medaille ◇ оборо́тная сторона́ -и die Kehrseite der Medaille
медве́дица, -ы, *I* -ей *f* **1.** Bärin **2.**: Больша́я Медве́дица *astr* der Große Bär
медве́дка, -и, *Pl G* -док, *D* -дкам *f* Sackkarre
медве́дь, -я *m* Bär; бе́лый ~ Eisbär; бу́рый ~ Braunbär
медвежа́тина, -ы *f* Bärenfleisch
медвежа́тник, -а *m* **1.** Bärenjäger **2.** Führer [Begleiter] eines gezähmten, dressierten Bären **3.** Bärenzwinger
медве́жий, -ья, -ье Bären- *a. bot*; -ья берло́га Bärenhöhle; ~ у́гол *alt* Krähwinkel ◇ оказа́ть кому́-н. -ью услу́гу j-m einen schlechten Dienst erweisen
медвежо́нок, -нка, *Pl* -жа́та, -жа́т, -жа́там *m* **1.** Bärenjunges **2.** Teddybär
медвя́ный, -ая, -ое Honig- ◇ -ая роса́ *bot* Honigtau
медеплави́льный, -ая, -ое Kupferschmelz-
ме́дик, -а *m* **1.** Arzt **2.** Medizinstudent
медикаме́нты *Pl* -ов, *Sg* медикаме́нт, -а *m* Medikamente, Arzneien
ме́диум, -а *m* Medium
медици́на, -ы *f* Medizin, Heilkunde
медици́нский, -ая, -ое medizinisch, ärztlich; Sanitäts-; -ая по́мощь ärztliche Hilfe; -ая сестра́ Krankenschwester; -ое обслу́живание gesundheitliche Betreuung; -ое освиде́тельствование призывнико́в Musterung
меди́чка, -и, *Pl G* -чек, *D* -чкам *f* *umg* Medizinstudentin
ме́дленный, -ая, -ое; *Kzf* -лен *u.* -ленен, -ленна langsam
медли́тельный, -ая, -ое; *Kzf* -лен, -льна langsam, zögernd; schwerfällig
ме́длить, -лю, -лишь *uv* zögern (с *I* mit), hinausschieben; не ме́для ни мину́ты ohne einen Augenblick zu zögern
ме́дник, -а *m* Kupferschmied
ме́дницкий, -ая, -ое Kupferschmied(e)-
ме́дно-кра́сный, -ая, -ое kupferrot
меднолите́йный, -ая, -ое Kupfer(gieß)-; ~ заво́д Kupferhütte
меднопрока́тный, -ая, -ое Kupferwalz-
ме́дный, -ая, -ое kupfern, Kupfer-; -ые де́ньги Kupfergeld; ~ век Kupferzeit; -ая руда́ Kupfererz ◇ ~ лоб engstirniger Mensch; э́то -ого гроша́ не сто́ит das ist keinen (roten) Heller wert; -ые духовы́е инструме́нты Blechblasinstrumente
медоваре́ние, -я *n* Metbrauerei
медо́вый, -ая, -ое Honig-; ~ пря́ник Honigkuchen ◇ ~ ме́сяц Flitterwochen; -ые ре́чи honigsüße Reden
медо|но́сный, -ая, -ое; *Kzf* -сен, -сна honighaltig; honigtragend; **~точи́вый,** -ая, -ое; *Kzf* -и́в, -а *alt* honigsüß, schmeichlerisch
мед|персона́л, -а *m* (медици́нский персона́л) medizinisches Personal; **~по́мощь,** -и *f* (медици́нская по́мощь) medizinische Hilfe; **~пу́нкт,** -а *m* (медици́нский пункт) medizinische [ärztliche] Betreuungsstelle; Verbandplatz; **~сестра́,** -ы́, *Pl* -сёстры, -сестёр, -сёстрам *f* (медици́нская сестра́) Krankenschwester
меду́за, -ы *f zool* Meduse
медфа́к, -а *m* (медици́нский факульте́т) medizinische Fakultät
медь, -и *f* **1.** Kupfer; кра́сная ~ reines Kupfer; жёлтая ~ Messing; гравю́ра на -и Kupferstich **2.** *Koll umg* Kupfergeld, -münzen
медя́к, -а́ *m umg* Kupfermünze
медяни́ца, -ы, *I* -ей *f* Blindschleiche
медя́нка, -и, *Pl G* -нок, *D* -нкам *f* **1.** *zool* Schling-, Haselnatter **2.** *chem* Grünspan
меж *dasselbe wie* ме́жду
меж- *in Zuss* inter-; zwischen-
межа́, -и́, *Pl* ме́жи, меж, межа́м *f* Rain, (Acker-) Grenze
межгосуда́рственный, -ая, -ое zwischenstaatlich
междо|ме́тие, -я *n gram* Interjektion; **~усо́бие,** -я *n u.* **~усо́бица,** -ы, *I* -ей *f hist* innere Fehde
ме́жду *Präpos* **I.** *mit I* **1.** zwischen; дру́жба ~ наро́дами Freundschaft zwischen den Völkern, Völkerfreund-

schaft; ~ пятью́ и шестью́ часа́ми zwischen fünf und sechs Uhr **2.** unter; ~ на́ми (говоря́) unter uns (gesagt); ~ про́чим *Adv* unter anderem, beiläufig; übrigens; ~ тем unterdessen; ~ тем как *Konj* während **II.** *mit G in einigen phraseologischen Verbindungen*; ~ двух огне́й *übtr* zwischen zwei Feuern; сиде́ть ~ двух сту́льев *übtr* zwischen zwei Stühlen sitzen; чита́ть ~ строк zwischen den Zeilen lesen

между- *in Zuss* zwischen-; inter-

между|ве́домственный, -ая, -ое zwischenbehördlich; **~городный,** -ая, -ое interurban; Fern-; ~городная телефо́нная ста́нция Fernsprechzentrale; ~городный разгово́р Ferngespräch; **~наро́дный,** -ая, -ое international; Междунаро́дный союз студе́нтов der Internationale Studentenbund; Междунаро́дный же́нский день der Internationale Frauentag; ~наро́дное пра́во Völkerrecht; **~ца́рствие,** -я *n hist* Interregnum

межева́ние, -я *n* (Land-) Vermessung

межева́ть, -жу́ю, -жу́ешь; -жёванный, -жёван, -а *uv* ver-, ausmessen *Land*

межеви́к, -а́ *m* Geometer, Feldmesser

межево́й, -а́я, -о́е **1.** Rain-, Grenz-; ~ столб Grenzstein **2.** Meß-, Vermessungs-

ме́же́нь, -и *f* normaler Wasserstand

межзаво́дский, -ая, -ое *u.* **межзаводско́й,** -а́я, -о́е **1.** mehreren Werken gemeinsam gehörend **2.** zwischenbetrieblich, zwischen mehreren Werken vor sich gehend

меж|зона́льный, -ая, -ое Interzonen-; **~плане́тный,** -ая, -ое interplanetar; **~рёберный,** -ая, -ое *anat* interkostal

мезозо́й, -я *m geol* Mesozoikum

мезоли́т, -а *m geol* Mesolithikum

Ме́кленбург, -а *m* Mecklenburg

Ме́ксика, -и *f* Mexiko *Land*

мексика́нец, -нца, *I* -нцем, *G Pl* -нцев *m* Mexikaner

мексика́нский, -ая, -ое mexikanisch; Мексика́нский зали́в Golf von Mexiko

мел, -а (-у), *P* о ме́ле, в мелу́ *m* Kreide

меланхоли́ческий, -ая, -ое melancholisch, schwermütig

меланхоли́чный, -ая, -ое; *Kzf* -чен, -чна melancholisch

меланхо́лия, -и *f* Melancholie, Schwermut ◇ чёрная ~ trübe Stimmung

меле́ть, *1. u. 2. Pers ungebr*, -е́ет *uv* seicht werden *Gewässer*

мелиорати́вный, -ая, -ое Meliorations-

мелиорацио́нный, -ая, -ое Meliorations-

мели́ть, мелю́, мели́шь *uv* mit Kreide einreiben

ме́лкий, -ая, -ое; *Kzf* -лок, -лка́!; *Komp* ме́льче; *Sup* мельча́йший **1.** klein, Klein-; *übtr* unbedeutend; -ие де́ньги Kleingeld; ~ со́бственник Kleinbesitzer; -ая буржуази́я Kleinbürgertum; порва́ть на -ие куски́ in kleine Stücke reißen **2.** seicht flach; -ая река́ seichter Fluß; -ая таре́лка flacher Teller **3.** fein, feinkörnig; ~ дождь Sprühregen **4.** *übtr* kleinlich, engherzig; -ая душа́ Krämerseele ◇ -ая со́шка *volksspr* unbedeutender Mensch

мелко- *in Zuss* klein-, fein-, flach-

мелко|буржуа́зный, -ая, -ое; *Kzf* -зен, -зна kleinbürgerlich; **~во́дный,** -ая, -ое; *Kzf* -ден, -дна seicht; mit niedrigem Wasserstand; **~во́дье,** -ья *n* niedriger Wasserstand; **~зерни́стый,** -ая, -ое; *Kzf* -и́ст, -а feinkörnig; **~кали́берный,** -ая, -ое Kleinkaliber-; **~крестья́нский,** -ая, -ое kleinbäuerlich, Kleinbauern-; **~ле́сье,** -ья *n* (Klein-) Gehölz; **~поме́стный,** -ая, -ое *hist*: ~поме́стное дворя́нство Kleinadel; **~сидя́щий,** -ая, -ее mit geringem Tiefgang *bei Schiffen*; **~со́бственнический,** -ая, -ое Kleinbesitzer-

мелкота́, -ы́ *f umg* **1.** Kleinheit, Winzigkeit **2.** *Koll* die Kleinen *von Kindern*; kleines Zeug *von Gegenständen*

мелкотова́рный, -ая, -ое Kleinbetriebs-; -ое хозя́йство kleine Warenwirtschaft

мелово́й, -а́я, -о́е Kreide-, kreidehaltig ◇ ~ пери́од *geol* Kreidezeit

мелоди́ческий, -ая, -ое **1.** *mus* melodisch, Melodie- **2.** wohlklingend

мелоди́чный, -ая, -ое; *Kzf* -чен, -чна melodisch, wohlklingend

мело́дия, -и *f* Melodie

мелодрамати́чный, -ая, -ое; *Kzf* -чен, -чна melodramatisch, gefühlvoll, sentimental

мело́к, -лка́ *m* Kreidestift; ein Stück Kreide ◇ игра́ть на ~ auf Pump spielen

мелома́ния, -и *f* Leidenschaft für Musik

мелочно́й ↑ ме́лочный

ме́лочность, -и *f* Kleinlichkeit

мéлочный, -ая, -ое *u.* **мелочнóй,** -áя, -óе; *Kzf* мéлочен, -чна **1.** kleinlich *von Menschen* **2.** unbedeutend, nichtig **3.** (мелочнóй) *alt nur Langform* Klein-; ~ торгóвец Kleinhändler

мéлочь, -и, *Pl* мéлочи, мелочéй, мелочáм *f* **1.** *Koll* kleines Zeug, Kleinigkeiten **2.** *Koll* Kleingeld **3.** *übtr* Kleinigkeit, Nichtigkeit; житéйские -и die Kleinigkeiten des Alltags ◇ размéниваться на -и [по -áм] sich verzetteln

мель, -и, *P* о мéли, на мели́ *f* Sandbank; сесть на ~ a) stranden b) in eine schwierige Lage geraten; снять сýдно с -и ein Schiff flottmachen ◇ сидéть (как рак) на -и́ auf dem Trockenen sitzen

Мельбýрн, -а *m* Melbourne *Stadt*

мелькáние, -я *n* Schimmern, Flimmern

мелькáть, -кáю, -кáешь *uv* **1.** (auf)blitzen; aufleuchten; auftauchen; vorüberhuschen **2.** schimmern, flimmern || *v mom* **мелькнýть,** -нý, -нёшь *zu* 1; у меня́ мелькнýла мысль ein Gedanke schoß mir durch den Kopf

мéльком *Adv* flüchtig; nur kurz; слышать ~ mit halbem Ohr hören

мéльник, -а *m* Müller

мéльница, -ы, *I* -ей *f* Mühle; ветряна́я ~ Windmühle; водяна́я ~ Wassermühle; кофéйная ~ Kaffeemühle ◇ лить вóду на чью-н. -у Wasser auf j-s Mühle gießen

мéльничный, -ая, -ое Mühl(en)-

мельтеши́ть, -шý, -ши́шь *uv volksspr* flimmern, flackern *vor den Augen*

мельхиóр, -а *m* Neusilber

мельчáйший ↑ мéлкий

мельчáть, -áю, -áешь *uv* **1.** kleiner werden **2.** *übtr* verflachen

мéльче ↑ мéлкий

мельчи́ть, -чý, -чи́шь *uv* **1.** zerkleinern, -bröckeln **2.** verkleinern

мелю́ ↑ молóть

мелюзгá, -и́ *f Koll umg* **1.** kleines Zeug; kleines Getier **2.** kleine Kinder **3.** bedeutungslose Menschen

мембрáна, -ы *f* Membrane

мемориáльный, -ая, -ое Gedenk-; ~ музéй Gedenkstätte

мемуари́ст, -а *m* Memoirenschreiber

мемуáры, -ов *Pl* Memoiren, Erinnerungen

мéна, -ы *f* Tausch

мéнее *Adv, Komp zu* мáло weniger, minder; ~ чем за недéлю упрáвлюсь ich schaffe es in weniger als einer Woche; ~ чем когдá-н. weniger denn je; ~ всегó am (aller)wenigsten ◇ тем не ~ nichtsdestoweniger, trotzdem; бóлее и́ли ~ mehr oder weniger

мензýрка, -и, *Pl G* -рок, *D* -ркам *f* Mensur, Meßglas, Strichglas

менинги́т, -а *m med* Meningitis, Gehirnhautentzündung

меновóй, -áя, -óе Tausch-

менструáция, -и *f* Menstruation, Regel

ментóл, -а *m chem* Menthol

ментóловый, -ая, -ое *chem* Menthol-

мéнторский, -ая, -ое *alt, iron* Mentor-, Schulmeister-

мéньше ↑ [1]мáлый, мáленький, мáло

меньшеви́к, -á *m pol* Menschewik

меньшеви́стский, -ая, -ое *pol* menschewistisch

мéньший, -ая, -ее ↑ [1]мáлый *u.* мáленький ◇ по -ей мéре wenigstens, mindestens

меньшинствó, -á *n* Minderheit; ничтóжное ~ verschwindend kleine Minderheit ◇ национáльные меньши́нства nationale Minderheiten

меню́ *n idkl* Menü; Speisekarte

меня́ ↑ я

меня́ла, -ы *m* Geldwechsler

меня́ть, -я́ю, -я́ешь *uv* **1.** tauschen (на *A* gegen), um-, eintauschen; ~ кни́гу на другýю ein Buch gegen ein anderes tauschen **2.** wechseln *Geld; Wäsche* **3.** *übtr* (ver)ändern; ~ своё мнéние seine Meinung ändern; э́то обстоя́тельство меня́ет всё дéло dieser Umstand (ver)ändert die ganze Sache

меня́ться, -я́юсь, -я́ешься *uv* **1.** gegenseitig (aus)tauschen (**чéм-н.** с кéм-н. etw. mit j-m), wechseln; ~ кóмнатами die Zimmer tauschen **2.** *1. u. 2. Pers ungebr* sich (ver)ändern, wechseln; обстоя́тельства меня́ются die Umstände ändern sich; ~ в лицé die Farbe wechseln

мéра, -ы *f* **1.** Maß, Maßeinheit; ~ длины́ Längenmaß; ~ вéса Gewichtseinheit **2.** Maß, Ausmaß; знать -у maßhalten; в пóлной -е in vollem Maße, völlig; в значи́тельной -е in bedeutendem Maße; в -у angemessen; сверх -ы übermäßig; вы́сшая ~ наказáния höchstes Strafmaß; всемý есть ~ alles hat seine Grenzen **3.** Maßnahme, Vorkehrung; приня́ть -ы Maßnahmen ergreifen **4.** Maß, Meßgefäß; ~ овсá ein Maß Hafer ◇ по -е тогó, как . . . in dem Maße, wie . . ., je nach . . .; по -е возмóжности soweit möglich; ни в какóй -е in keiner Hinsicht, keineswegs; по крáйней -е wenigstens

мéргель, -я *m geol* Mergel

мерéжка, -и, *PlG* -жек *D* -жкам *f* Hohlsaum

мерéть, *1. u. 2. Pers ungebr*, мрёт; мёр, -ла *uv* 1. *umg* sterben, umkommen 2. *volksspr* stocken, ersterben

мерéщиться, -щусь, -щишься *uv umg* (er)scheinen, vorschweben; емý мерéщится ihn dünkt ‖ *v* померéщиться

мерзáвец, -вца, *I* -вцем, *GPl* -вцев *m umg* Schurke, Schuft

мéрзкий, -ая, -ое; *Kzf* -зок, -зкá! abscheulich, ekelhaft; *umg* schlecht

мерзлотá, -ы́ *f* Gefrorensein des Bodens; вéчная ~ ewiger Frostboden

мёрзлый, -ая, -ое gefroren; *alt* erfroren

мёрзнуть, -ну, -нешь; мёрз, -ла; мёрз(нув)ший *uv* 1. *1. u. 2. Pers ungebr* gefrieren; zu Eis werden 2. frieren; erfrieren

мéрзостный [сн], -ая, -ое; *Kzf* -тен, -тна abscheulich, ekelhaft

мéрзость, -и *f* Abscheulichkeit

меридиáнный, -ая, -ое Meridian-

меридионáльный, -ая, -ое Meridian-

мерúло, -а *n* Kriterium, Maßstab

мерúльный, -ая, -ое Meß-

мéрин, -а *m* Wallach

меринóс, -а *m* 1. Merinoschaf 2. Merinowolle

меринóсовый, -ая, -ое Merino-

мерúтельный, -ая, -ое Meß-

мéрить, -рю, -ришь; -ренный, -рен, -а *u. volksspr* **мéрять,** -яю, -яешь *uv* 1. (aus)messen; ~ на глаз nach dem Augenmaß bestimmen 2. anprobieren ◇ ~ на свой аршúн mit eigenem Maß messen

мéриться, -рюсь, -ришься *u. volkspr* **мéряться,** -аюсь, -аешься *uv* sich messen (чéм-н. с кéм-н. mit j-m in etw.); ~ сúлами с кéм-н. seine Kräfte mit j-m messen; человéк дéлом мéрится der Mensch wird nach seinen Taten gemessen ‖ *v* помéриться

мéрка, -и, *Pl G* -рок, *D* -ркам *f* Maß; снять -у Maß nehmen; по -е nach Maß ◇ подходúть ко всемý с однóй -ой alles über einen Kamm scheren

меркантилúзм, -а *m hist* Merkantilismus

меркантúльный, -ая, -ое 1. *hist* merkantilistisch 2. *buchspr Kzf* -лен, -льна kleinlich, berechnend, Kleinkrämer-

мéркнуть, *1. u. 2. Pers ungebr*, -нет; мéркнул, -а *u.* мерк, -ла *uv* verblassen, erlöschen; dunkel werden; сознáние мéркнет das Bewußtsein schwindet

Меркýрий, -я, *P* -и *m astr* Merkur

мерлýшка, -и, *Pl G* -шек, *D* -шкам *f* Lammfell

мéрный, -ая, -ое 1. *Kzf* -рен, -рна gemessen, rhythmisch, taktmäßig; -ым шáгом gemessenen Schrittes 2. Meß-; -ая лéнта Metermaß; -ая кóлба *chem* Meßkolben

мероприя́тие, -я *n* Maßnahme; Veranstaltung

мéртвенно-блéдный, -ая, -ое; *Kzf* -ден, -днá! leichenblaß

мéртвенный, -ая, -ое; *Kzf* -енен, -енна leblos, totenähnlich; -ая блéдность Totenblässe

мертвéть, -éю, -éешь *uv* 1. absterben, erstarren; лúстья мертвéют die Blätter verwelken 2. *übtr* erstarren, versteinern *vor Schreck, Entsetzen u. ä.* ‖ *v* помертвéть *zu* 2

мертвéц, -á, *I* -óм, *G Pl* -óв *m* Toter, Leiche

мертвéцкая, -ой *Subst f umg* Totenkammer

мертвéцки *Adv*: ~ пьян *umg* sehr betrunken, sternhagelvoll

мертвéцкий, -ая, -ое Toten-, Leichen-

мертвечúна, -ы *f* 1. *Koll* Aas 2. *umg* tödliche Langweile; Trägheit

мертвúть, -влю, -вúшь *uv* 1. töten 2. seelisch vernichten, der Energie berauben

мертворождённый, -ая, -ое totgeboren *a. übtr*

мёртвый, -ая, -ое; *Kzf* мёртв, мертвá, мёртво *u.* мертвó, мёртвы *u.* мертвы́ 1. tot; -ая тишинá Totenstille; ~ час Ruhestunde *nach dem Mittagessen*; -ая пéтля *flug* Looping; спать -ым сном wie ein Murmeltier schlafen; -ая прирóда a) leblose Natur; b) *Kunst* Stilleben; ~ штиль *naut* völlige Windstille; ~ язы́к tote Sprache; ~ сезóн Flaute, Geschäftsstillstand; ýлицы мертвы́ die Straßen sind wie ausgestorben; пить -ую unmäßig trinken; Мёртвое мóре Totes Meer 2. -ого *Subst m* Toter

мерцáние, -я *n* Blinken, Flimmern; ~ изображéния Bildflimmern

мерцáтельный, -ая, -ое Flimmer-

мерцáть, *1. u. 2. Pers ungebr*, -áет *uv* blinken, flimmern

мéрять(ся) ↑ мéрить(ся)

ме́сиво, -а *n umg* 1. *landw* Gemenge 2. *übtr* Durcheinander, Mischmasch
меси́льный, -ая, -ое Knet-
меси́ть, мешу́, ме́сишь; ме́шенный, -ен, -а *uv* kneten ◇ ~ грязь durch den Schlamm waten
ме́сса, -ы *f kirch, mus* Messe
мест- *in Zuss Abk für* ме́стный Orts-, örtlich
места́ми *Adv* stellenweise
[1]**место́чко,** -а, *Pl* -чки, -чек, -чкам *n Dem zu* ме́сто kleiner Ort, Plätzchen ◇ тёплое ~ gewinnbringender Posten
[2]**место́чко,** -а, *Pl* -чки, -чек, -чкам *n* Städtchen, Ort *in der Ukraine u. in Belorußland*
мести́* *uv* 1. kehren, fegen 2. *1. u. 2. Pers ungebr* stöbern *vom Schnee*; (auf)wirbeln; метёт es stöbert
местко́м, -а *m* (ме́стный комите́т) örtliche Gewerkschaftsleitung
ме́стничество, -а *n* 1. *hist* Amtsbesetzung nach Geburtsrecht 2. Lokalpatriotismus
ме́стность, -и *f* 1. Gegend, Gelände; да́чная ~ Sommerfrische; в на́шей -и bei uns zulande; уче́ние на -и *mil* Geländeübung 2. Kreis, Gebiet
ме́стный, -ая, -ое 1. lokal, örtlich, Orts-; ~ го́вор Mundart, Dialekt; ~ паде́ж *gram* Lokativ; ~ нарко́з örtliche Narkose 2. hiesig; ~ уроже́нец der Hiesige
ме́сто, -а, *Pl* места́, мест, места́м *n* 1. Platz, Stelle; Sitzplatz; заня́ть ~ Platz nehmen; уступи́ть [дать] ~ Platz machen; иди́ на ~! geh auf deinen Platz!; по -а́м! auf die Plätze!; ни с -а! nicht von der Stelle!; недоста́ток -а Platzmangel 2. Ort, Stelle; ~ пребыва́ния Aufenthaltsort; ~ назначе́ния Bestimmungsort; ~ происше́ствия Tatort; ~ рожде́ния Geburtsort; в э́том -е an diesem Ort; ~ заключе́ния Gefängnis; ~ встре́чи Treffpunkt; больно́е ~ kranke Stelle; *übtr* wunder Punkt; ~ свида́ния Stelldichein; не дви́гаться с -а sich nicht von der Stelle rühren, *übtr* nicht vom Fleck kommen; э́то не к -у das ist hier fehl am Platz; ста́вить кого́-н. на ~ *übtr* j-n zurechtweisen; знать своё ~ sich bescheiden betragen 3. Stelle, Anstellung, Posten; занима́ть ~ ein Amt bekleiden 4. Stelle, Abschnitt; прочти́те э́то ~ ещё раз! lesen Sie diese Stelle noch einmal! 5. Gepäckstück, Frachtstück ◇ о́бщее ~ allgemeine [platte] Redensart; у́зкое ~ schwache Stelle; у неё глаза́ на мо́кром -е sie weint leicht; у него́ се́рдце [душа́] не на -е er kann keine Ruhe finden; не находи́ть себе́ -а außer sich sein, sehr erregt sein; име́ть ~ stattfinden
местожи́тельство, -а *n* Aufenthaltsort, Wohnort
местоиме́ние, -я *n gram* Pronomen, Fürwort; ли́чное ~ Personalpronomen; возвра́тное ~ Reflexivpronomen; указа́тельное ~ Demonstrativpronomen
местоиме́нный, -ая, -ое *gram* pronominal; -ое наре́чие Pronominaladverb
место|нахожде́ние, -я *n* Aufenthaltsort; Lage; Fund-, Lagerstätte; **~положе́ние,** -я *n* (geographische) Lage; **~пребыва́ние,** -я *n* Aufenthaltsort, Aufenthalt; **~расположе́ние,** -я *n* (geographische) Lage, Stellung; **~рожде́ние,** -я *n geol* Lager, Fundstätte; ~рожде́ние не́фти Erdöllagerstätte
месть, -и *f* Rache; кро́вная ~ *hist* Blutrache
ме́сяц, -а, *I* -ем, *G Pl* -ев *m* 1. Monat; в теку́щем -е im laufenden Monat 2. Mond; по́лный ~ Vollmond; молодо́й ~ Neumond; ~ на уще́рбе abnehmender Mond ◇ медо́вый ~ Flitterwochen
ме́сяцами *Adv* monatelang
ме́сячник, -а *m*: ~ герма́но-сове́тской дру́жбы Monat der Deutsch-Sowjetischen Freundschaft
ме́сячный, -ая, -ое 1. Mond- 2. (all)monatlich; einen Monat dauernd; ~ журна́л Monatszeitschrift; ~ биле́т Monatskarte 3. -ые, -ых *Subst Pl volksspr* Menstruation
мета́лл, -а *m* Metall; благоро́дный ~ Edelmetall; цветно́й ~ Buntmetall; чёрные -ы Eisenmetalle
металли́ст, -а *m* Metallarbeiter
металли́ческий, -ая, -ое metallisch, metallen; Metall-; -ие де́ньги Metall-, Hartgeld; ~ го́лос *übtr* metallische Stimme
металло|гра́фия, -и *f* Metallographie; **~констру́ктор,** -а *m* Metallbaukasten; **~ло́м,** -а *m* Altmetall, Schrott; **~но́сный,** -ая, -ое; *Kzf* -сен, -сна metallhaltig; **~обраба́тывающий,** -ая, -ее metallverarbeitend; ~обраба́тывающая промы́шленность Metallindustrie; **~плави́льный,** -ая, -ое Metallschmelz-; **~прока́тный,** -ая,

-ое Walz-; ~прока́тный стан Walzstraße; **~промы́шленность,** -и *f* Metallindustrie; **~ре́жущий,** -ая, -ее Metallschneide-

металлу́рг, -а *m* Metallurg, Hüttenwerker; инжене́р-~ Hütteningenieur

металлурги́ческий, -ая, -ое metallurgisch; ~ заво́д Hüttenwerk, Hütte; -ое произво́дство Hüttenwesen; Verhüttung

металлу́ргия, -и *f* Metallurgie; чёрная ~ Eisenhüttenwesen

метаморфо́з, -а *m u.* **метаморфо́за,** -ы *f* **1.** *biol* Metamorphose **2.** (метаморфо́за) *übtr* Verwandlung

мета́н, -а *m chem* Methan

мета́ние, -я *n* **1.** *Sport* Werfen, Schleudern; ~ копья́ Speerwerfen; ~ ди́ска Diskuswerfen; ~ мо́лота Hammerwerfen **2.** Laichen

метате́за [тэ], -ы *f ling* Metathese

мета́тель, -я *m Sport* Werfer

мета́тельный, -ая, -ое Schleuder-, Wurf-

[1]**мета́ть*** *uv* **1.** werfen, schleudern; ~ копьё Speer werfen; ~ взо́ры *übtr* Blicke zuwerfen **2.** *1. u. 2. Pers ungebr* Junge werfen; ~ икру́ laichen ◇ ~ банк die Bank halten *beim Kartenspiel*; ~ жре́бий losen, das Los werfen; ~ гро́мы и мо́лнии Gift und Galle speien ‖ *v mom* метну́ть, -ну́, -нёшь *zu* 1

[2]**мета́ть,** -а́ю, -а́ешь *uv* heften, (durch)nähen *mit großen Stichen*; ~ пе́тли Knopflöcher ausnähen

мета́ться* *uv* **1.** sich hin und her werfen; sich wälzen **2.** hastig hin und her laufen

мета́фора, -ы *f lit* Metapher

метафори́ческий, -ая, -ое *lit* metaphorisch; ~ смысл übertragener Sinn

мете́листый, -ая, -ое; *Kzf* -ист, -а *umg* reich an Schneestürmen

мете́лица, -ы, *I* -ей *f* Schneesturm

метёлка, -и, *Pl G* -лок, *D* -лкам *f* **1.** kleiner Besen, Wedel **2.** *bot* Rispe

мете́ль, -и *f* Schneesturm

[1]**мете́льный,** -ая, -ое Besen-

[2]**мете́льный,** -ая, -ое Schneesturm-

мете́льчатый, -ая, -ое *bot* rispenförmig

мете́льщик, -а *m* Straßenkehrer

мете́ние, -я *n* Fegen, Kehren

метеообстано́вка, -и *f met* Wetterlage

метео́р, -а *m* Meteor, Sternschnuppe

метеори́т, -а *m* Meteorit

метеори́ческий, -ая, -ое Meteorit-

метео́рный, -ая, -ое Meteor-

метеоро́лог, -а *m* Meteorologe

метеорологи́ческий, -ая, -ое meteorologisch; -ая сво́дка Wetterbericht; -ая ста́нция Wetterwarte

метеороло́гия, -и *f* Meteorologie

метеоста́нция, -и *f* Wetterwarte

метиза́ция, -и *f biol* Kreuzung

мети́зы, -ов *Pl* (металли́ческие изде́лия) Metallerzeugnisse; Eisenwaren

мети́л, -а *m chem* Methyl

метиле́н, -а *m chem* Methylen

мети́ловый, -ая, -ое *chem* Methyl-

мети́с, -а *m* **1.** *biol* Mischling **2.** Mestize

[1]**ме́тить,** ме́чу, ме́тишь; ме́ченный, -ен, -а *uv* (kenn)zeichnen; ~ бельё Wäsche zeichnen

[2]**ме́тить,** ме́чу, ме́тишь *uv* **1.** zielen (в *A* nach, in); охо́тник ме́тит в пти́цу der Jäger zielt nach dem Vogel; я ме́тил пря́мо в центр ich zielte direkt in die Mitte **2.** *umg* в *A Pl* anstreben *Stelle, Amt*; ~ высо́ко hoch hinauswollen; куда́ он ме́тит? wo will er hinaus? **3.** *umg* anspielen (в *A oder* на *A* auf)

ме́титься, ме́чусь, ме́тишься *uv* zielen

ме́тка, -и, *Pl G* -ток, *D* -ткам *f* **1.** (Kenn-) Zeichnen **2.** Kenn-, Merkzeichen

ме́ткий, -ая, -ое; *Kzf* -ток, -тка́! **1.** treffsicher; ~ вы́стрел wohlgezielter Schuß; ~ глаз scharfes Auge; ~ стрело́к Scharfschütze **2.** *übtr* treffend, schlagend

ме́ткость, -и *f* **1.** Treffsicherheit **2.** *übtr* Schlagfertigkeit

метла́, -ы́, *Pl* мётлы, -тел, -тлам *f* Besen ◇ но́вая ~ чи́сто метёт *Sprichw* neue Besen kehren gut

метну́ть *v mom zu* [1]мета́ть

ме́тод, -а *m* Methode

мето́дика, -и *f* Methodik

методи́ст, -а *m* Methodiker

методи́ческий, -ая, -ое methodisch

методи́чный, -ая, -ое; *Kzf* -чен, -чна methodisch, planmäßig, systematisch

[1]**метр,** -а *m* **1.** Meter *Maßeinheit* **2.** Metermaß; складно́й ~ Zollstock

[2]**метр,** -а *m lit* Versmaß, Metrum

метра́ж, -а́, *I* -о́м *m* Meterzahl; фильм ма́лого -а́ Kurzfilm

метранпа́ж, -а, *I* -ем, *G Pl* -ей *m typ* Metteur

[1]**ме́трика,** -и *f lit* Metrik, Verslehre

[2]**ме́трика,** -и *f* Geburtsurkunde

[1]**метрический,** -ая, -ое metrisch
[2]**метрический,** -ая, -ое standesamtlich, Matrikel-; -ое свидетельство Geburtsurkunde
метро *n idkl* Untergrundbahn, Metro
метровый, -ая, -ое Meter-, in Metern
метрополитен [тэ], -а *m* Untergrundbahn
метрополия, -и *f pol* Metropole
мету ↑ мести
метчик, -а *m tech* Gewindebohrer
[1]**мех,** -а, *P* о мехе, на меху, *Pl* меха, -ов, -ам *m* **1.** Fell **2.** Pelz; Pelzwerk ◇ пальто на рыбьем -у *iron* ein sehr leichter Mantel **3.** *Pl* Pelzkleidung **4.** Schlauch *Tierbalg*
[2]**мех** ↑ мехи
механизация, -и *f* Mechanisierung
механизм, -а *m* **1.** Mechanismus, Triebwerk; передаточный ~ Getriebe; спусковой ~ *mil* Abzugsvorrichtung; подающий ~ *mil* Zubringer **2.** *übtr* Apparat, Einrichtung; государственный ~ Staatsapparat
механик, -а *m* Mechaniker
механика, -и *f* **1.** Mechanik; прикладная ~ angewandte Mechanik; точная ~ Feinmechanik **2.** *übtr* komplizierter [verwickelter] Aufbau **3.** *volksspr* Machwerk; verborgene Ursache
механический, -ая, -ое **1.** mechanisch, Maschinen- **2.** mechanisch, gewohnheitmäßig
механичный, -ая, -ое; *Kzf* -чен, -чна *übtr* mechanisch, automatisch
мехи *Pl* -ов, *Sg* мех, -а *m* Blasebalg
Мехико *n idkl* Mexiko *Stadt*
меховой, -ая, -ое Pelz-, Fell-
меховщик, -а *m* **1.** Pelzhändler **2.** Kürschner
меценат, -а *m buchspr* Mäzen
меццо-сопрано *idkl mus* **1.** *n* Mezzosopran **2.** *f* Mezzosopran, Sängerin
меч, -а, *I* -ом, *G Pl* -ей *m* Schwert; обнажить ~ das Schwert ziehen ◇ Дамоклов ~ *übtr* Damoklesschwert; предать огню и -у mit Feuer und Schwert ausrotten; точить ~ zum Kriege rüsten
меченосец, -сца, *I* -сцем, *G Pl* -сцев *m hist* **1.** Schwertbruder **2.** Knappe, Schildträger
меченый, -ая, -ое ge(kenn)zeichnet; ~ атом markiertes Atom
мечеть, -и *f* Moschee
меч-рыба, меч-рыбы *f* Schwertfisch
мечта, -ы, *G Pl ungebr, dafür wird verwendet* мечтаний *f* **1.** Traum; Träumerei **2.** Wunschtraum
мечтание, -я *n* **1.** Träumen, Träumerei **2.** Traum(bild), Phantasie
мечтатель, -я *m* Träumer, Phantast
мечтательный, -ая, -ое; *Kzf* -лен, -льна träumerisch, verträumt
мечтать, -аю, -аешь *uv* о *P oder mit Inf* träumen (von); schwärmen (für)
мечу ↑ [1]метать
мешалка, -и, *Pl G* -лок, *D* -лкам Rührkelle
мешанина, -ы *f umg* Mischmasch
[1]**мешать,** -аю, -аешь *uv D mit oder ohne Inf* stören, belästigen, hindern; он мне мешает er stört mich; что мешает вам ...? was hindert Sie ...? ◇ не мешало бы ему es wäre gut für ihn, es würde ihm nicht schaden ‖ *v* помешать
[2]**мешать,** -аю, -аешь *uv* **1.** (um)rühren **2.** vermischen, -mengen (с *I* mit) **3.** verwechseln (с *I* mit), durcheinanderbringen
[1]**мешаться,** -аюсь, -аешься *uv* **1.** hinderlich sein, stören; не мешайся под ногами! sei mir nicht im Wege! **2.** sich einmischen, sich einmengen; ~ в чужие дела sich in fremde Angelegenheiten mischen
[2]**мешаться,** *1. u. 2. Pers ungebr*, -ается *uv* **1.** sich vermischen; sich verwischen **2.** sich verwirren, durcheinanderkommen
мешкать, -аю, -аешь *uv umg* säumen, zögern, trödeln
мешковатый, -ая, -ое; *Kzf* -ат, -а **1.** plump, ungefüge *vom Menschen* **2.** sackartig, zu weit *von der Kleidung*
мешковина, -ы *f* Sackleinwand
мешкотный, -ая, -ое; *Kzf* -тен, -тна *umg* saumselig, träge
мешок, -шка *m* **1.** Sack; походный ~ Rucksack **2.** *übtr* Tölpel, Tolpatsch, plumper Mensch ◇ мешки под глазами Tränensäcke; Augenringe
мешочник, -а *m* Hamsterer
мещанин, -а, *Pl* мещане, -ан, -анам *m* **1.** *hist* Kleinbürger **2.** *übtr* Spießbürger, Spießer, Philister
мещанский, -ая, -ое **1.** *hist* kleinbürgerlich; -ое сословие Kleinbürgerstand **2.** *übtr* spießbürgerlich, spießerisch
мещанство, -а *n* **1.** *hist* Kleinbürgertum **2.** *übtr* Spießbürgertum, Spießertum, Philistertum
мзда, -ы *f* **1.** *alt* Lohn, Entlohnung **2.** Schmiergeld, Bestechung
миазмы, миазм *Pl buchspr* Miasmen, Giftdämpfe
миг, -а *m* Augenblick; в один ~ im

Augenblick, im Nu, im Handumdrehen
МИГ [миг] *oder* **миг,** -а *m* MIG *Flugzeugtyp, nach den Konstrukteuren* Микоя́н *u.* Гуре́вич
мига́ние, -я *n* **1.** Blinzeln, Zwinkern **2.** Flimmern, Flackern
мига́тельный, -ая, -ое: -ая перепо́нка *anat* Nickhaut, Blinzhaut
мига́ть, -а́ю, -а́ешь *uv* **1.** blinzeln, zwinkern; ~ глаза́ми mit den Augen blinzeln **2.** zublinzeln, zuzwinkern **3.** *1. u. 2. Pers ungebr* flimmern, flackern *vom Licht* ‖ *v mom* **мигну́ть,** -ну́, -нёшь
ми́гом *Adv umg* im Nu, blitzschnell, im Handumdrehen
миграцио́нный, -ая, -ое Migrations-; -ая тео́рия Migrationstheorie
мигра́ция, -и *f* Migration, Wanderung
мигре́нь, -и *f* Migräne
Ми́дия, -и *f hist* Medien
мизансце́на, -ы *f theat* Inszenierung
мизантро́п, -а *m buchspr* Misanthrop, Menschenfeind
мизантропи́ческий, -ая, -ое *buchspr* misanthropisch, menschenscheu, menschenfeindlich
мизантро́пия, -и *f buchspr* Misanthropie, Menschenfeindlichkeit, Menschenhaß
мизе́рный, -ая, -ое; *Kzf* -рен, -рна **1.** winzig, klein **2.** miserabel, armselig, erbärmlich; ~ за́работок armseliges Einkommen
мизи́нец, -нца, *I* -нцем, *G Pl* -нцев *m* kleiner Finger; kleine Zehe
микро- *in Zuss* Mikro-
микро́б, -а *m biol* Mikrobe
микро|биологи́ческий, -ая, -ое mikrobiologisch; **~биоло́гия,** -и *f* Mikrobiologie
микрогэ́с *f idkl* (микрогидроэлектроста́нция) Kleinstwasserkraftwerk
микро́метр, -а *m* Mikrometer
микро́н, -а *m phys* Mikrometer
микро|органи́зм, -а *m biol* Mikroorganismus; **~по́ристый,** -ая, -ое: ~по́ристая рези́на Porokrepp; **~ско́п,** -а *m* Mikroskop; **~скопи́ческий,** -ая, -ое **1.** mikroskopisch; ~скопи́ческий ана́лиз mikroskopische Analyse **2.** mikroskopisch, winzig klein *auch übtr*; ~скопи́ческая по́рция mikroskopisch kleine Portion; **~скопи́чный,** -ая, -ое; *Kzf* -чен, -чна mikroskopisch klein; winzig klein
микрофо́н, -а *m* Mikrophon
миксту́ра, -ы *f* Mixtur
Ми́ла, -ы *f Dem zu* Людми́ла
Мила́н, -а *m* Mailand
ми́ленький, -ая, -ое **1.** nett, niedlich **2.** geliebt, teuer **3.** -ого *Subst m* mein Herz; mein Liebling
милитариза́ция, -и *f* Militarisierung
милитари́зм, -а *m* Militarismus
милитари́стский, -ая, -ое militaristisch
милице́йский, -ая, -ое **1.** Miliz-, Milizionärs- **2.** -ого *Subst m volksspr* Milizionär *Polizist in der UdSSR*
милицион́ер, -а *m* Milizionär *Polizist in der UdSSR*
милиционе́рский, -ая, -ое Milizionärs-
мили́ция, -и *f* **1.** Miliz *Polizei in der UdSSR* **2.** *alt* Miliz, Landwehr
миллиа́рд [илья *oder* илиа], -а *m* Milliarde
миллиарде́р [илья *oder* илия; дэ], -а *m* Milliardär
миллиа́рдный [илья *oder* илиа], -ая, -ое Milliarden-
милли|гра́мм, -а *m* Milligramm; **~ме́тр,** -а *m* Millimeter; **~метро́вка,** -и, *Pl G* -вок, *D* -вкам *f umg* Millimeterpapier; **~метро́вый,** -ая, -ое: ~метро́вая бума́га Millimeterpapier
миллио́н [ильё *oder* илио], -а *m* Million
миллионе́р, -а *m* Millionär
миллио́нный [ильё *oder* илио], -ая, -ое **1.** Millionen- **2.** *Num* millionster; -ая до́ля der millionste Teil; Millionstel
ми́ловать, -лую, -луешь *uv alt* begnadigen; eine Strafe erlassen
милова́ть, -лу́ю, -лу́ешь *uv folkl* liebkosen
милова́ться, -лу́юсь, -лу́ешься *uv folkl* einander liebkosen
милови́дный, -ая, -ое; *Kzf* -ден, -дна lieblich, nett, anmutig
мило|се́рдие, -я *n* Barmherzigkeit; **~се́рдный,** -ая, -ое; *Kzf* -ден, -дна barmherzig, mildtätig
ми́лостивый, -ая, -ое; *Kzf* -ив, -а *alt* wohlwollend, gnädig, geneigt
ми́лостыня, -и *f* Almosen; проси́ть -ю betteln; um Almosen bitten
ми́лость, -и *f* **1.** Gunst, Gewogenheit, Wohlwollen; втере́ться в ~ к кому́-н. sich j-s Gunst erschleichen; быть в -и у кого́-н. in j-s Gunst stehen **2.** Gnade, Gnadenbezeugung **3.** Gnade, Barmherzigkeit; смени́ть гнев на ~ *umg* Gnade für Recht ergehen lassen; сда́ться на ~ победи́теля sich dem Sieger auf Gnade und Ungnade ergeben ◇ -и про́сим! (seien Sie) willkommen!; скажи́те на ~! da sieh mal einer an!; сде́лайте ~ Seien Sie so gut, haben Sie die Güte

ми́лочка, -и, *Pl G* -чек, *D* -чкам *f umg* Liebling

ми́лый, -ая, -ое; *Kzf* мил, -á! **1.** lieb; -ое дитя́ ein liebes Kind **2.** lieblich, nett; -ое лицо́ ein liebliches Gesicht **3.** lieb, teuer, wert *in der Anrede*; ~ друг lieber [teurer] Freund **4.** -ого *Subst m* Geliebter

ми́ля, -и *f* Meile; морска́я ~ Seemeile

ми́мика, -и *f* Mimik, Gebärdenspiel

мими́ческий, -ая, -ое mimisch

ми́мо 1. *Adv* vorbei; прое́хать ~ vorbeifahren **2.** *Präpos mit G* an . . . vorbei; пройти́ ~ по́чты an der Post vorbeigehen; бить ~ це́ли am Ziel vorbeischießen ◇ он пропусти́л замеча́ние ~ уше́й er überhörte die Bemerkung

мимое́здом *Adv* im Vorüberfahren, im Vorbeifahren

мимо́за, -ы *f bot* Mimose

мимо|лётность, -и *f* Flüchtigkeit, Vergänglichkeit; **~лётный,** -ая, -ое; *Kzf* -тен, -тна flüchtig, vergänglich; vorübergehend; ~лётный взгляд flüchtiger Blick; **~хо́дом** *Adv* **1.** im Vorübergehen, im Vorbeigehen **2.** *übtr* nebenbei, beiläufig

мин- *in Zuss Abk für* **1.** министе́рство Ministerium **2.** минера́льный Mineral- **3.** миномётный Granatwerfer- **4.** ми́нский Minsker

[1]**ми́на,** -ы *f mil* Mine; закла́дывать -у eine Mine legen; плаву́чая ~ Treibmine

[2]**ми́на,** -ы *f* Miene, Gesichtsausdruck; сде́лать ки́слую -у *umg* eine saure Miene machen, das Gesicht verziehen

минда́лина, -ы *f* **1.** *bot* Mandelkern **2.** *anat* (Rachen-) Mandel

минда́ль, -я́ *m* **1.** Mandelbaum **2.** *Koll* Mandeln *Früchte*; сла́дкий [го́рький] ~ süße [bittere] Mandeln

минда́льничанье, -ья *n umg* **1.** übertriebene Zärtlichkeit **2.** unbegründete Nachsicht

минда́льный, -ая, -ое Mandel-; -ое ма́сло Mandelöl; -ое пече́ние Mandelkuchen, Makrone

минёр, -а *m mil* Minenpionier, Minenfachmann

минера́л, -а *m* Mineral

минерало́г, -а *m* Mineraloge

минералоги́ческий, -ая, -ое mineralogisch

минерало́гия, -и *f* Mineralogie

минера́льный, -ая, -ое Mineral-, mineralisch; -ая вода́ Mineralwasser; -ые во́ды Mineralquellen

миниатю́ра, -ы *f* Miniatur(bild)

миниатюри́ст, -а *m* Miniaturmaler

миниатю́рность, -и *f* Zierlichkeit, Winzigkeit

миниатю́рный, -ая, -ое; *Kzf*-рен, -рна **1.** zierlich, winzig **2.** Miniatur-; -ая жи́вопись Miniaturmalerei

минима́льно *Adv* **1.** minimal **2.** wenigstens

минима́льный, -ая, -ое; *Kzf* -лен, -льна minimal, Minimal-, Mindest-; в ~ срок in allerkürzester Zeit

ми́нимум, -а *m* Minimum; прожи́точный ~ Existenzminimum

мини́ровать, -рую, -руешь; -рованный, -рован, -а *v, uv* verminen, Minen legen

министе́рский, -ая, -ое ministeriell, Minister-

министе́рство, -а *n* **1.** Ministerium; ~ иностра́нных дел Ministerium für Auswärtige Angelegenheiten, Außenministerium; ~ путе́й сообще́ния Ministerium für Verkehrswesen; ~ просвеще́ния Ministerium für Bildungswesen; ~ свя́зи Ministerium für Post- und Fernmeldewesen **2.** Kabinett; паде́ние -а Kabinettssturz

мини́стр, -а *m* Minister; сове́т -ов Ministerrat; премье́р-~ Premierminister, Ministerpräsident; ~ без портфе́ля Minister ohne Geschäftsbereich

миннеза́йнгер, -а *m hist* Minnesänger

ми́нный, -ая, -ое Minen-; -ое загражде́ние Minensperre

минова́ть, -у́ю, -у́ешь *v* **1.** *a uv A* vorübergehen, vorüberfahren (an) **2.** *G* vermeiden, entgehen, entrinnen **3.** *1. u. 2. Pers ungebr* vergehen, verstreichen, verfließen; опа́сность минова́ла die Gefahr ist vorüber **4.** *mit Negation im Inf*: не ~ nicht entgehen (können); не ~ ему́ опя́ть туда́ е́хать er kann nicht umhin, wieder dorthin zu reisen ◇ мину́я подро́бности ohne auf Einzelheiten einzugehen

мино́га, -и *f zool* Neunauge

мино|иска́тель, -я *m mil* Minensucher, Minensuchgerät; **~мёт,** -а *m* Granatwerfer, Nebelwerfer; **~мётный,** -ая, -ое Granatwerfer-; **~но́сец,** -сца, *I* -сцем, *G Pl* -сцев *m mil, naut* Torpedoboot; эска́дренный ~ Zerstörer

мино́р, -а *m* **1.** *mus* Moll; в -е in Moll **2.** *übtr* melancholische Stimmung; быть в -е *umg* traurig sein

мино́рный, -ая, -ое **1.** *mus* Moll- **2.** *übtr, umg* melancholisch, traurig

мину́вший, -ая, -ее vorig, vergangen,

verflossen; -ей зимо́й im vorigen Winter; давно́ -ие дни längst vergangene Tage

[1]ми́нус, -а *m* **1.** Minuszeichen **2.** *übtr* Mangel, Minus; Schattenseite

[2]ми́нус *Part math* minus; пять ~ три бу́дет два [равно́ двум] fünf minus [weniger] drei ist (gleich) zwei

мину́та, -ы *f* Minute; сию́ -у! sofort!, sogleich!; в одну́ -у in einer Minute, in einem Augenblick; одну́ -у! einen Moment!; в да́нную -у jetzt, augenblicklich; с -ы на -у jeden Augenblick; ~ в -у pünktlich; auf die Minute

мину́тка, -и, *Pl G* -ток, *D* -ткам *f Dem zu* мину́та Minute; -у! Moment!

мину́тный, -ая, -ое **1.** Minuten-; -ая стре́лка Minutenzeiger **2.** *übtr* flüchtig, kurz; -ая встре́ча flüchtige Begegnung; э́то -ое де́ло das ist gleich getan **3.** minutenlang; -ое молча́ние minutenlanges Schweigen

мину́точка, -и, *Pl G* -чек, *D* -чкам *f*: (одну́) -у! Moment mal!

мину́ть, *1. Pers ungebr*, ми́нешь; ми́нул, -а *v* **1.** vorübergehen, vorbeifahren (an) **2.** vergehen, verstreichen; мину́ло де́сять лет с тех пор, как . . . es sind zehn Jahre her, seitdem . . .; срок мину́л die Frist ist abgelaufen **3.** erreichen *ein bestimmtes Alter*; ей ми́нуло два́дцать лет sie ist zwanzig Jahre alt geworden

минча́нин, -а, *Pl* -а́не, -а́н, -а́нам *m* Einwohner von Minsk, Minsker

[1]**мир,** -а (-у), *Pl* миры́, -о́в, -а́м *m* **1.** (Welt-) All, Universum; происхожде́ние -а Entstehung der Welt **2.** Welt, Erde; во всём -е in der ganzen Welt; объе́хать весь ~ die ganze Welt bereisen **3.** Welt, Reich; живо́тный ~ Tierwelt, Fauna; расти́тельный ~ Pflanzenwelt, Flora **4.** Welt; (gesellschaftlicher) Bereich; Gruppe; ~ учёных Gelehrtenwelt, Gelehrtenkreise; артисти́ческий ~ Künstlerkreise **5.** *hist* Dorfgemeinschaft; всем -ом gemeinschaftlich; mit vereinten Kräften ◇ пусти́ть по́ -у *umg* an den Bettelstab bringen, ins Elend stürzen; пойти́ по́ -у *umg* zum Bettler werden; betteln gehen; не от -а сего́ *übtr* lebensfremd; переверну́ть весь ~ *übtr* die Welt aus den Angeln heben

[2]**мир,** -а *m* Frieden, Eintracht; заключи́ть ~ Frieden schließen; поли́тика -а Friedenspolitik; ~ во всём -е der Weltfrieden ◇ ~ пра́ху его́ *alt* Friede seiner Asche

мирабе́ль, -и *f* **1.** Mirabelle *Baum* **2.** *Koll* Mirabellen *Früchte*

мира́ж, -а, *I* -ем, *G Pl* -ей *m* **1.** Luftspiegelung, Fata Morgana **2.** *übtr* Trugbild

мириа́ды, -а́д *Pl buchspr* Myriaden; ~ звёзд Myriaden von Sternen

мири́ть, -рю́, -ри́шь *uv* versöhnen, aussöhnen; Frieden stiften

мири́ться, -рю́сь, -ри́шься *uv* **1.** sich versöhnen, sich aussöhnen; Frieden schließen **2.** *1. u. 2. Pers ungebr* sich zufrieden geben, sich abfinden

ми́рный, -ая, -ое; *Kzf* -рен, -рна **1.** Friedens-; ~ догово́р Friedensvertrag; -ые перегово́ры Friedensverhandlungen **2.** friedlich, ruhig; ~ труд friedliche Arbeit; ~ хара́ктер friedlicher Charakter; -ым путём auf friedlichem Wege

ми́ро, -а *n kirch* Salböl, Chrisam ◇ они́ все одни́м -ом ма́заны sie sind alle vom gleichen Schlag, sie haben alle die gleichen Fehler

мирова́я, -ой *Subst f umg* Vergleich, Ausgleich; пойти́ на -у́ю auf einen Vergleich eingehen

миро|воззре́ние, -я *n* Weltanschauung; **~воззре́нческий,** -ая, -ое Weltanschauungs-, weltanschaulich

[1]**мирово́й,** -а́я, -о́е Welt-; -а́я война́ Weltkrieg; в -о́м масшта́бе *übtr* im Weltmaßstab; -а́я скорбь *lit* Weltschmerz

[2]**мирово́й,** -а́я, -о́е **1.** Friedens-; -а́я сде́лка gütlicher Vergleich **2.** -ого *Subst m alt* Friedensrichter

[3]**мирово́й,** -а́я, -о́е *umg* großartig, fabelhaft, erstklassig

мирое́д, -а *m umg* Ausbeuter, Kulak

мироzда́ние, -я *n buchspr* Weltall, Universum

миро́к, -рка́ *m* **1.** Kreis, Zirkel *von Menschen mit gleichen Interessen* **2.** (kleine) Welt *durch Vorstellungen, Interessen, Gefühle begrenzter Bereich*

миро|люби́вый, -ая, -ое; *Kzf* -и́в, -а friedliebend, friedfertig, friedlich; **~лю́бие,** -я *n* Friedensliebe, Friedfertigkeit, Friedlichkeit; **~ощуще́ние,** -я *n* Gemütsverfassung, Gesinnung; **~пома́зание,** -я *n kirch* Ölung, Salbung, Weihe; **~понима́ние,** -я *n* Weltauffassung, Weltanschauung; **~созерца́ние,** -я *n* Weltanschauung; **~тво́рец,** -рца, *I* -рцем, *G Pl* -рцев *m* Friedensstifter

ми́рра, -ы *f* Myrrhe

мирско́й, -а́я, -о́е **1.** *kirch* weltlich

2. *alt* Gemeinde-; -а́я схо́дка Gemeindeversammlung
мирт, -а *m bot* Myrte
ми́ртовый, -ая, -ое *bot* Myrten-
миря́нин, -а, *Pl* -я́не, -я́н, -я́нам *m* Laie *im weltlichen Amt stehend*
ми́ска, -и, *Pl G* -сок, *D* -скам *f* Schüssel, Terrine *für Speisen*
миссионе́р, -а *m* Missionar
миссионе́рский, -ая, -ое Missionar-, Missions-
Миссиси́пи 1. *f idkl* Mississippi *Fluß* 2. *n idkl* Mississippi *Staat in den USA*
ми́ссия, -и *f* 1. Mission, Sendung; вы́полнить свою́ -ю seine Mission erfüllen 2. *pol* Gesandtschaft 3. Mission, Legation; торго́вая ~ Handelsmission
Миссу́ри 1. *f idkl* Missouri *Fluß* 2. *n idkl* Missouri *Staat in den USA*
мисте́рия, -и *f lit* Mysterium; Mysterienspiel
ми́стик, -а *m* Mystiker
мистифика́ция, -и *f buchspr* Mystifikation, Täuschung, Betrügerei
мистици́зм, -а *m* Mystizismus
мисти́ческий, -ая, -ое mystisch
Ми́тенька, -и *m Dem zu* Дми́трий
ми́тинг, -а *m* Meeting, Massenversammlung
митингова́ть, -гу́ю, -гу́ешь *uv umg* eine Versammlung abhalten; *übtr* große Reden führen
митка́ль, -я́ (-ю́) *m text* Mitkal, roher Druckkattun
митрополи́т, -а *m kirch* Metropolit
митропо́лия, -и *f kirch* Amtsbereich eines Metropoliten
Ми́тя, -и *m Dem zu* Дми́трий
миф, -а *m* 1. Mythos, Sage; ~ о Промете́е Prometheussage 2. *übtr* Erfindung, Hirngespinst
мифи́ческий, -ая, -ое 1. mythisch, sagenhaft 2. *übtr* legendär, erfunden, phantastisch; -ая ли́чность eine legendäre Persönlichkeit
мифоло́гия, -и *f* Mythologie
Михаи́л, -а *m* Michael
ми́чман, -а *m* 1. Fähnrich, Obermaat *in der Flotte der UdSSR* 2. *hist* Leutnant zur See
Ми́ша, -и, *I* -ей *m Dem zu* Михаи́л
мише́нь, -и *f* Zielscheibe; сде́лать кого́-н. -ю для насме́шек *übtr* j-n zur Zielscheibe des Spottes machen
ми́шка, -и, *Pl G* -шек, *D* -шкам *m umg* 1. Meister Petz 2. Teddybär
мишура́, -ы́ *f* 1. versilberter oder vergoldeter Kupferfaden in Geweben 2. Flitter, Flittergold; *übtr* Flitterkram
мишу́рный, -ая, -ое 1. Flitter-; -ое зо́лото Flittergold 2. *Kzf* -рен, -рна *übtr* unecht, trügerisch, Schein-; ~ блеск Scheinglanz
Мишу́тка, -и *m Dem zu* Михаи́л
младе́нец, -нца, *I* -нцем, *G Pl* -нцев *m* Kleinkind; грудно́й ~ Säugling
младе́нческий, -ая, -ое Kinder-, Kindes-; kindlich *q. übtr*; ~ ле́пет Kinderlallen
младе́нчество, -а *n* Säuglingsalter, Kindesalter
младо́й, -а́я, -о́е; *Kzf* млад, -а́! *alt, poet* jung; и стар и млад alt und jung
мла́дший, -ая, -ее 1. der jüngere; der jüngste; -ее поколе́ние die jüngere Generation 2. Unter- *im Rang*; ~ нау́чный сотру́дник jüngerer wissenschaftlicher Mitarbeiter; ~ лейтена́нт Unterleutnant
млекопита́ющее, -его *Subst n* Säugetier
млеть, мле́ю, мле́ешь *uv* 1. vergehen *vor Erregung, Angst, Wonne u. ä.* 2. *umg* absterben, einschlafen *Glieder*
мле́чный, -ая, -ое *alt, poet* Milch-; ~ сок *bot* Milchsaft ◇ Мле́чный путь *astr* Milchstraße
мне ↑ я
мне́ние, -я *n* Meinung, Ansicht; обме́н -ями Meinungsaustausch; обще́ственное ~ die öffentliche Meinung; быть высо́кого -я о ко́м-н. von j-m eine hohe Meinung haben, große Stücke auf j-n halten; по мо́ему -ю meiner Meinung nach, meines Erachtens; оста́ться при осо́бом -и bei seiner Meinung bleiben, auf seiner Meinung beharren; он сли́шком высо́кого -я о себе́ er bildet sich zu viel ein
мнимоуме́рший, -ая, -ее scheintot
мни́мый, -ая, -ое; *Kzf m ungebr*, мни́ма 1. eingebildet, scheinbar, Schein- 2. *math* imaginär; -ые чи́сла imaginäre Zahlen
мни́тельность, -и *f* Ängstlichkeit; Argwohn, Mißtrauen
мни́тельный, -ая, -ое; *Kzf* -лен, -льна ängstlich; argwöhnisch, mißtrauisch
мнить, мню, мнишь *uv alt* meinen, glauben; dünken; sich einbilden; он сли́шком мно́го мнит о себе́ er ist allzu eingebildet, er bildet sich zu viel ein
мни́ться, мни́тся *unpers, uv alt* dünken

мно́гие, -их 1. *Adj* viele, manche; во -их отноше́ниях in mancher Beziehung 2. *Subst Pl* viele, manche; ~ из нас viele von uns
мно́го 1. *Num* viel, viele; ~ лет viele Jahre; ~ шу́му из ничего́ viel Lärm um nichts 2. *Adv* viel, bei weitem; ~ разгова́ривать viel sprechen; ~ раз vielmals; ~ ста́рше viel älter ◇ мно́го-мно́го höchstens
мно́го- *in Zuss* viel-, mehr-
много|бо́жие, -я *n* Vielgötterei, Polytheismus; **~бо́рец,** -рца, *I* -рцем, *G Pl* -рцев *m Sport* Mehrkämpfer; **~бо́рье,** -ья *n Sport* Mehrkampf; **~бра́чие,** -я *n* Vielweiberei, Polygamie; **~бра́чный,** -ая, -ое polygam
многова́то *Adv umg* etwas [ein bißchen] viel
много|вeково́й, -а́я, -о́е jahrhundertealt; **~во́дный,** -ая, -ое; *Kzf* -ден, -дна wasserreich; **~во́дье,** -ья *n* 1. hoher Wasserstand 2. Wasserreichtum; **~гла́сный,** -ая, -ое *alt* mehrstimmig; **~говоря́щий,** -ая, -ее vielsagend, bedeutsam; **~голо́сый,** -ая, -ое vielstimmig, mehrstimmig; **~гра́нник,** -а *m math* Vielflach; Polyeder; **~гра́нный,** -ая, -ое 1. *math* vielkantig, vielflächig 2. *Kzf* -а́нен, -а́нна *übtr* vielseitig; ~гра́нный тала́нт vielseitiges Talent; **~де́тный,** -ая, -ое; *Kzf* -тен, -тна kinderreich
мно́гое, -ого *Subst n* Vieles; мне на́до ~ сде́лать ich habe viel zu tun; э́то говори́т о -ом das spricht Bände
много|же́нство, -а *n* Polygamie, Vielweiberei; **~заря́дный,** -ая, -ое *mil* Mehrlade-; ~заря́дная винто́вка Mehrlader; **~земе́льный,** -ая, -ое; *Kzf* -лен, -льна länderreich; **~значи́тельный,** -ая, -ое; *Kzf* -лен, -льна 1. vielsagend, bedeutsam 2. wichtig, bedeutend, bedeutungsvoll; **~зна́чный,** -ая, -ое; *Kzf* -чен, -чна 1. *math* mehrstellig, vielstellig 2. mehrdeutig, mit mehreren Bedeutungen; **~кварти́рный,** -ая, -ое: ~ дом Mehrfamilienhaus; **~коле́йный,** -ая, -ое mehrgleisig; **~кра́сочный,** -ая, -ое: ~кра́сочная печа́ть Mehrfarbendruck; **~кра́тный,** -ая, -ое; *Kzf* -тен, -тна vielfach, mehrfach, wiederholt; **~ла́мповый,** -ая, -ое *rad* mit mehreren Röhren bestückt; **~ле́тний,** -яя, -ее 1. vieljährig; ~ле́тний труд langjährige Arbeit 2. *bot* vieljährig, mehrjährig, perennierend; **~лю́дность,** -и *f* Belebtheit, große Besucherzahl, starker Zulauf; **~лю́дный,** -ая, -ое; *Kzf* -ден, -дна 1. volkreich, dichtbevölkert 2. belebt, verkehrsreich *Straßen u. ä.* 3. stark besucht *Versammlungen*; **~лю́дство,** -а *n* große Menschenansammlung, Menschenauflauf; **~ме́стный,** -ая, -ое vielsitzig, mit vielen Sitzplätzen; **~миллио́нный,** -ая, -ое Millionen-, millionenköpfig; **~национа́льный,** -ая, -ое; *Kzf* -лен, -льна Nationalitäten-; aus vielen Nationalitäten bestehend; ~национа́льное госуда́рство Nationalitätenstaat; **~но́жка,** -и, *Pl G* -жек, *D* -жкам *f zool* Vielfüßler, Tausendfüßler; **~обеща́ющий,** -ая, -ее vielversprechend; **~обра́зие,** -я *n* Mannigfaltigkeit, Vielfalt, Vielgestaltigkeit; **~обра́зный,** -ая, -ое; *Kzf* -зен, -зна mannigfaltig, vielfältig, vielgestaltig; **~по́лье,** -ья *n* Vielfelderwirtschaft; **~по́льный,** -ая, -ое Vielfelderwirtschafts-; ~по́льная систе́ма Vielfeldersystem; **~речи́вость,** -и *f* Redseligkeit; **~речи́вый,** -ая, -ое; *Kzf* -и́в, -а redselig; **~семе́йный,** -ая, -ое; *Kzf* -е́ен, -е́йна kinderreich; mit einer großen Familie; **~сло́вие,** -я *n* Wortschwall; Redseligkeit; **~сло́вный,** -ая, -ое; *Kzf* -вен, -вна wortreich, redselig; **~сло́жный,** -ая, -ое *gram* mehrsilbig; **~стано́чник,** -а *m* Arbeiter, der mehrere Maschinen zugleich bedient; **~стано́чный,** -ая, -ое: ~стано́чная рабо́та gleichzeitige Bedienung mehrerer Maschinen; **~ство́льный,** -ая, -ое mehrläufig; **~степе́нный,** -ая, -ое; *Kzf* -пе́нен, -пе́нна mehrstufig, mehrere Stufen durchlaufend; ~степе́нная систе́ма вы́боров indirektes Wahlsystem; **~сторо́нний,** -яя, -ее; *Kzf* -о́нен, -о́ння 1. vielflächig, vielkantig; mehrseitig 2. multilateral 3. *übtr* vielseitig; **~страда́льный,** -ая, -ое; *Kzf* -лен, -льна schmerzensreich, leidgeprüft; **~ступе́нчатый,** -ая, -ое *tech* mehrstufig; **~тира́жка,** -и, *Pl G* -жек, *D* -жкам *f* Werkzeitung mit hoher Auflage; **~тира́жный,** -ая, -ое mit hoher Auflage; **~то́мный,** -ая, -ое vielbändig; mehrbändig; **~то́чие,** -я *n gram* Gedankenpunkte, Auslassungspunkte; **~ты́сячный,** -ая, -ое (viel)tausendköpfig, viele Tausende zählend; **~уважа́емый,** -ая, -ое sehr geehrt *in der Anrede*; **~уго́льник,** -а *m math* Vieleck, Polygon; **~уго́льный,** -ая, -ое *math* vieleckig, polygon; **~цве́тный,** -ая, -ое 1. mehrfarbig, vielfarbig; Mehrfarben-, Vielfarben- 2. *bot* mit

vielen Blüten; **~целевой,** -áя, -óе *tech* Mehrzweck-; **~численность,** -и *f* große Anzahl, Menge; **~численный,** -ая, -ое; *Kzf* -ен, -енна zahlreich; **~член,** -а *m math* Polynom, vielgliedrige Größe; **~членный,** -ая, -ое *math* vielgliedrig; **~этажный,** -ая, -ое mehrstöckig; **~язычный,** -ая, -ое; *Kzf* -чен, -чна vielsprachig, polyglott

множественность, -и *f* Vielfalt

множественный, -ая, -ое; *Kzf* -вен, -венна sehr zahlreich; vielfältig; -ое числó *gram* Plural, Mehrzahl

множество, -а *n* Menge, große Anzahl; во -е in Menge, massenhaft; бесчи́сленное ~ Unmenge

множимое, -ого *Subst n math* Multiplikand

множитель, -я *m math* Multiplikator

множительный, -ая, -ое *tech* zur Vervielfältigung dienend; ~ аппарáт *typ* Vervielfältigungsapparat

множить, -жу, -жишь *uv* 1. multiplizieren, malnehmen (чтó-н. на чтó-н. etw. mit etw.) 2. (ver)mehren

множиться, *1. u. 2. Pers ungebr,* мнóжится *uv* sich (ver)mehren

мной *oder* **мнóю** ↑ я

мнý ↑ мять

мобилизациóнный, -ая, -ое *mil* Mobilmachungs-, Mobilisierungs-

мобилизáция, -и *f* 1. *mil* Mobilmachung, Mobilisierung; прикáз о -и Mobilmachungsbefehl; всеóбщая ~ allgemeine Mobilmachung 2. *übtr* Mobilisierung, Aufbietung

мобилизóванный, -ого *Subst m mil* Mobilisierter, Einberufener

мобилизовáть, -зýю, -зýешь; -зóванный, -зóван, -а *v, uv* mobil machen; mobilisieren, bereitstellen

мобильный, -ая, -ое; *Kzf* -лен, -льна beweglich, schnell zu verlegen *Truppen*

могикáнин, -а, *Pl* -áне, -áн, -áнам *m* Mohikaner

могила, -ы *f* Grab; Grabhügel; брáтская ~ Massengrab ◇ свести́ когó-н. в -у j-n ins Grab [unter die Erde] bringen; сойти́ в -у sterben, verscheiden

могильник, -а *m* alte Grabstätte

могильный, -ая, -ое Grab-; -ая плитá Grabstein

могильщик, -а *m* 1. Totengräber 2. Totengräber *Käfer*

могý ↑ [1]мочь

могучий, -ая, -ее; *Kzf* -ýч, -а kräftig, kraftvoll; mächtig

могýщественный, -ая, -ое; *Kzf* -вен, -венна mächtig, machtvoll

могýщество, -а *n* Macht, Stärke

мóда, -ы *f* Mode; по послéдней -е nach der neuesten Mode; быть в -е modern sein, Mode sein; вы́йти из -ы aus der Mode kommen

модáльный, -ая, -ое *ling* modal, Modal-

моделистка [дэ], -и, *Pl G* -ток, *D* -ткам *f* Modellschneiderin

модéль [дэ], -и *f* Modell

модéльный [дэ], -ая, -ое Modell-

модéльщик [дэ], -а *m* Modellmacher, Former

модерáтор [модэ], -а *m* 1. *mus* Tonstärkeregulator, Dämpfer *an Tasteninstrumenten* 2. *tech* Moderator *zur Regulierung der Geschwindigkeit*

модернизáция [дэ], -и *f* Modernisierung

Модéст, -а *m männl Vn*

моди́стка, -и, *Pl G* -ток, *D* -ткам *f alt* Modistin; Putzmacherin

модификáция, -и *f buchspr* Modifizierung, Abwandlung

мóдник, -а *m umg* Modenarr

мóдница, -ы, *I* -ей *f umg* Modedame, Modenärrin

мóдничать, -аю, -аешь *uv* sich nach der (neuesten) Mode kleiden, alle Moden mitmachen

мóдный, -ая, -ое 1. *Kzf* -ден, -днá! modern, Mode-; -ое плáтье modernes Kleid; ~ писáтель Modeschriftsteller 2.: ~ журнáл Modeheft, Mode(n)zeitung

модулятóрный, -ая, -ое *phys* Modulations-; -ая лáмпа Modulationsröhre

модуляциóнный, -ая, -ое *mus* Modulations-

моё ↑ мой

мóечный, -ая, -ое Wasch-

можжевéлина, -ы *f gbt* Wacholderbeere

можжевёловый, -ая, -ое *bot* Wacholder-; ~ куст Wacholder(beer)-strauch

можжевéльник, -а *m bot* Wacholder, Wacholder(beer)strauch

мóжно *prädikativ* 1. man kann, es ist möglich; éсли ~ wenn möglich, wenn es geht 2. es ist erlaubt, man kann, man darf; мóжно? darf ich?, ist es erlaubt? ◇ как ~ скорéе möglichst schnell, so schnell wie möglich; как ~! wie ist das möglich!, was denkst du dir!, was denken Sie sich!

мозáика, -и *f* Mosaik

мозáичный, -ая, -ое; *Kzf* -чен, -чна Mosaik-; -ая рабóта Mosaikarbeit
мозг, -а (-у), *P* о мóзге, в мозгý, *Pl* мозги́, -óв, -áм *m* **1.** Gehirn; головнóй ~ Großhirn **2.** Mark, Knochenmark; спиннóй ~ Rückenmark **3.** *übtr* Verstand; шевели́ть -áми *volksspr* seinen Verstand anstrengen **4.** *Pl* Hirn, Bregen *Speise* ◇ до -а костéй durch und durch, bis ins Mark
мóзглый, -ая, -ое *volksspr* feucht, durchdringend
мозгля́вый, -ая, -ое; *Kzf* -я́в, -а *volksspr* kraftlos, siech, gebrechlich
мозгови́тый, -ая, -ое; *Kzf* -и́т, -а *volksspr* gescheit, klug, verständig
мозговóй, -áя, -óе **1.** Hirn-, Gehirn-; -áя оболóчка *anat* Hirnhaut; -óе заболевáние Gehirnkrankheit **2.** *übtr* Verstandes-; -áя рабóта Kopfarbeit
мозжечóк, -чкá *m anat* Kleinhirn
мозóлистый, -ая, -ое; *Kzf* -ист, -а schwielig
мозóлить, -лю, -лишь *uv*: ~ глазá комý-н. *volksspr* j-n belästigen, j-m ein Dorn im Auge sein
мозóль, -и *f* Schwiele; Hühnerauge ◇ наступи́ть комý-н. на (люби́мую) ~ *übtr volksspr* j-m auf die Hühneraugen treten, j-s wunden Punkt berühren
мозóльный, -ая, -ое: ~ плáстырь Hühneraugenpflaster
мои́ ↑ мой
мой, -егó *m*; моя́, -éй *f*; моё, -егó *n*; *Pl* мои́, -и́х *Poss Pron* **1.** mein; э́то мои́ кни́ги das sind meine Bücher **2.** *Subst m* der Mein(ig)e, die Mein(ig)e, das Mein(ig)e; die Mein(ig)en **3.** моегó *nach Komparativen* . . . als ich; он знáет э́то лýчше моегó er weiß es besser als ich ◇ по-мóему a) meiner Ansicht [Meinung] nach; b) nach meinem Willen, wie ich will
мóйка, -и, *Pl G* мóек, *D* мóйкам *f tech, umg* **1.** Waschen **2.** Waschvorrichtung, Waschanlage
мóкко *n idkl* Mokka
мóкнуть, -ну, -нешь; мок, -ла *uv* **1.** naß werden, durchweichen **2.** *1. u. 2. Pers ungebr* eingeweicht werden *Wäsche*
мокри́ца, -ы *f zool* Assel
мóкро *unpers, prädikativ, umg* es ist naß [feucht]
мокровáтый, -ая, -ое; *Kzf* -ат, -а etwas feucht
мокрóта, -ы *f med* Auswurf, Schleim; сли́зистая ~ Schleimauswurf
мокротá, -ы́ *f umg* Nässe; Feuchtigkeit
мóкрый, -ая, -ое; *Kzf* мокр, -á! feucht; naß ◇ -ая кýрица *volksspr* ein begossener Pudel; Waschlappen
мóкрядь, -и *f volksspr* regnerisches Wetter, Regenwetter; Feuchtigkeit
[1]мол, -а, *P* о мóле, на молý *m* Mole
[2]мол *Modalwort volksspr* sagt er [sie], angeblich
молвá, -ы́ *f* Gerücht, Gerede, Ruf; о нём идёт дурнáя ~ er hat einen üblen [schlechten] Ruf ◇ людскáя ~ — что морскáя волнá die Meinung [das Urteil] der Welt ist veränderlich
мóлвить, -влю, -вишь *v, uv alt* sagen, (aus)sprechen
молдавáнин, -а, *Pl* -áне, -áн, -áнам *m* Moldauer
молдавáнский, -ая, -ое moldauisch
Молдáвия, -и *f* Moldau *Landschaft*
молдáвский, -ая, -ое moldauisch; ~ язы́к die moldauische Sprache; Молдáвская Совéтская Социалисти́ческая Респýблика Moldauische Sozialistische Sowjetrepublik
молéкула, -ы *f phys* Molekül
молекуля́рный, -ая, -ое molekular, Molekular-
молéние, -я *n buchspr* **1.** Beten **2.** Flehen, inständige Bitte
молетóчина, -ы *f* Mottenfraß
моли́тва, -ы *f* Gebet, Beten
моли́твенник, -а *m* Gebetbuch
моли́твенный, -ая, -ое Gebets-
моли́ть, молю́, мóлишь *uv* flehen (о *P* um *A*), flehentlich bitten; ~ о пощáде um Gnade flehen
моли́ться, молю́сь, мóлишься *uv* **1.** beten **2.** на *A übtr* anbeten, vergöttern ‖ *v* помоли́ться *zu* **1**
мóлкнуть, -ну, -нешь; молк, -ла *uv* verstummen, still werden
моллю́ск, -а *m zool* Molluske, Weichtier
молниенóсный, -ая, -ое; *Kzf* -сен, -сна blitzschnell, blitzartig, blitzähnlich; с -ой быстротóй schnell wie der Blitz; -ая войнá Blitzkrieg
молниеотвóд, -а *m* Blitzableiter
молни́ровать, -рую, -руешь; -рованный, -рован, -а *v, uv umg* durch ein Blitztelegramm mitteilen
[1]мóлния, -и *f* Blitz; ~ сверкáет es blitzt; удáрила ~ der Blitz hat eingeschlagen; шарови́дная ~ Kugelblitz
[2]мóлния, -и *f* Blitztelegramm
[3]мóлния, -и *f* Reißverschluß

молода́я, -о́й *Subst f* Jungverheiratete

молодёжный, -ая, -ое Jugend-, jugendlich

молодёжь, -и *f* Jugend, junge Leute

моло́денький, -ая, -ое *umg* ganz jung; -ая де́вушка blutjunges Mädchen

молоде́ть, -е́ю, -е́ешь *uv* jung [jünger] werden

мо́лодец, -дца, *I* -дцем, *G Pl* -дцев *m poet* junger Held

молоде́ц, -дца́, *I* -дцо́м, *G Pl* -дцо́в *m* **1.** Bursche, kräftiger junger Mann **2.** Prachtkerl; Prachtmädel; ~! bravo!, alle Achtung!; он ~ er ist ein ganzer Kerl

молоде́цкий, -ая, -ое kühn, verwegen, beherzt, keck; -ая у́даль kecke Verwegenheit

молоде́чество, -а *n* Kühnheit, Verwegenheit, Beherztheit

молоди́ть, -ожу́, -оди́шь *uv* verjüngen, jung machen *im Äußeren*

молоди́ться, -ожу́сь, -оди́шься *uv* sich jung machen, jünger scheinen wollen

молоди́ца, -ы, *I* -ей *f poet, gbt* junge verheiratete (Bauers-) Frau

моло́дка, -и, *Pl G* -док, *D* -дкам *f gbt* junge verheiratete (Bauers-) Frau

молодня́к, -а́ *m* **1.** Jungvieh **2.** junger Wald, Schonung **3.** *übtr* Jugend, Nachwuchs

молодожён, -а *m* **1.** jungverheirateter Mann **2.** *Pl* Jungverheiratete, Neuvermählte

молодо́й, -а́я, -о́е; *Kzf* мо́лод, -а́!; *Komp* моло́же **1.** jung; -о́е поколе́ние junge Generation; -о́е вино́ junger Wein; ~ ме́сяц Neumond; ~ карто́фель neue Kartoffeln **2.** -о́го *Subst m umg* Jungverheirateter

мо́лодость, -и *f* Jugend; ра́нняя ~ frühe Jugend ◇ быть не пе́рвой -и über die erste Jugend hinaus sein

молоду́ха, -и *f gbt* junge verheiratete (Bauers-) Frau

молодцева́тый, -ая, -ое; *Kzf* -а́т, -а flott, schneidig, forsch; -ая вы́правка schneidiges Auftreten

моло́дчик, -а *m verächtl* **1.** Bürschchen; Gauner; хоро́ш ~! (das ist) ein sauberes Früchtchen! **2.** Geck, Fant, Stutzer

молодчи́на, -ы *m, f umg* Mordskerl, Prachtkerl; Prachtmädel

моложа́вость, -и *f* Jugend(lichkeit), jugendliches Aussehen

моложа́вый, -ая, -ое; *Kzf* -а́в, -а jugendlich (aussehend)

моло́же ↑ молодо́й

моло́ки, -о́к *Pl* Milch *der Fische*

молоко́, -а́ *n* Milch; це́льное ~ Vollmilch; снято́е ~ Magermilch; ки́слое ~ saure [dicke] Milch; сгущённое ~ kondensierte Milch, Kondensmilch; парно́е ~ kuhwarme Milch ◇ впита́ть что́-н. с -о́м ма́тери etw. mit der Muttermilch einsaugen; у него́ ~ на губа́х не обсо́хло er ist noch nicht trocken hinter den Ohren, er ist ein Grünschnabel; он — кровь с -о́м er ist kerngesund

молоко|ва́р, -а *m* Milchkochtopf; **~со́с,** -а *m umg, iron* Milchbart, Grünschnabel

мо́лот, -а *m* **1.** (schwerer) Hammer **2.** *maschinell betriebener* Hammer **3.** *Sport* Hammer

молоти́лка, -и *Pl G* -лок, *D* -лкам *f* Dreschmaschine

молоти́ло, -а *n* Klöppel *des Dreschflegels*

молоти́льный, -ая, -ое Dresch-

молоти́льщик, -а *m* Drescher *Arbeiter*

молоти́ть, -очу́, -о́тишь; -о́ченный, -о́чен, -а *uv* dreschen *Getreide*

молотобо́ец, -бо́йца, *I* -бо́йцем, *G Pl* -бо́йцев *m* Hammerschmied; Zuschläger

молотови́ще, -а, *I* -ем *n* Hammerstiel

молото́к, -тка́ *m* (kleiner) Hammer ◇ продава́ться с -тка́ unter den Hammer kommen, versteigert werden

молото́чек, -чка *m* **1.** *Dem zu* молото́к kleiner Hammer, Hämmerchen **2.** *anat* Hammer

моло́ть* *uv* **1.** mahlen; ~ ко́фе Kaffee mahlen **2.** *übtr* Unsinn schwatzen; ~ вздор *umg* Blech reden, dummes Zeug reden

молотьба́, -ы́ *f* **1.** Dreschen, Drusch **2.** Dreschzeit

молоча́й, -я *m bot* Wolfsmilch

моло́чная, -ой *Subst f* Milchhandlung

моло́чник, -а *m* **1.** Milchkrug, Milchtopf **2.** Milchhändler

моло́чница, -ы, *I* -ей *f* **1.** Milchfrau, Milchhändlerin **2.** *med* Mundschwämmchen

молочноки́слый, -ая, -ое *chem* Milchsäure-; -ые бакте́рии Milchsäurebakterien

моло́чность, -и *f* Milchergiebigkeit *des Viehs*

моло́чный, -ая, -ое Milch-, milchig; -ое хозя́йство Molkerei, Milchwirtschaft; -ый са́хар *chem* Milchzucker, Laktose; -ая кислота́ *chem* Milchsäure; -ого цве́та milchfarben ◇ -ое

стекло́ Milchglas; -ые зу́бы Milchzähne
мо́лча *Adv* schweigend, wortlos
молчали́вый, -ая, -ое; *Kzf* -и́в, -а 1. schweigsam, wortkarg 2. stillschweigend; -ое согла́сие stillschweigendes Einverständnis
молча́линство, -а *n* Kriecherei, Katzbuckelei (so genannt nach Молча́лин aus A. S. Gribojedows Komödie "Го́ре от ума́")
молча́ние, -я *n* Schweigen, Stillschweigen; храни́ть ~ Stillschweigen wahren; нару́шить ~ das Schweigen brechen; обойти́ -ем mit Stillschweigen übergehen
молча́ть, -чу́, -чи́шь *uv* (still)schweigen; ~! still!, Mund halten!
молчко́м *Adv umg* schweigend; im stillen
моль, -и *f* Motte
мольба́, -ы́ *f* Flehen; inständige Bitte
мольбе́рт, -а *m* Staffelei
моме́нт, -а *m* 1. der Moment, Augenblick; в настоя́щий ~ gegenwärtig, momentan; в оди́н ~ im Nu, im Handumdrehen 2. das Moment, Umstand; положи́тельный ~ в рабо́те das Positive der Arbeit 3. *phys* Moment; ~ ине́рции Trägheitsmoment
моментáльно *Adv* augenblicklich, momentan
моментáльный, -ая, -ое augenblicklich, Moment-; ~ сни́мок Momentaufnahme
монархи́ческий, -ая, -ое monarchisch; monarchistisch
монáрхия, -и *f* Monarchie
монáрший, -ая, -ее *buchspr, alt* Monarchen-
монасты́рский, -ая, -ое Kloster-
монасты́рь, -я́ *m* Kloster
монáх, -а *m* Mönch; постри́чься в -и Mönch werden
монáхиня, -и *f* Nonne
монáшеский, -ая, -ое Mönchs-; Nonnen-; -ая ря́са Mönchskutte, Kutte
монáшество, -а *n* 1. Mönchtum, Mönchsleben 2. *Koll* Mönche
Монблáн, -а *m* Montblanc *Berg*
монго́л, -а *m* Mongole
Монго́лия, -и *f* Mongolei
монго́льский, -ая, -ое mongolisch; Монго́льская Наро́дная Респу́блика Mongolische Volksrepublik
моне́та, -ы *f* 1. Münze, Geldstück; ~ в де́сять копе́ек Zehnkopekenstück; ходя́чая ~ gangbare [im Umlauf befindliche] Münze 2. *Koll* Hartgeld ◇ приня́ть что́-н. за чи́стую -у *umg* etw. für bare Münze nehmen; плати́ть той же -ой *umg* mit gleicher Münze zahlen, Gleiches mit Gleichem vergelten
моне́тный, -ая, -ое Münz-
мони́сто, -а *n* Halskette *aus Glasperlen, Münzen oder bunten Steinen*
моно- *in Zuss* mono-
моно|гáмия, -и *f* Monogamie, Einehe; **~грáмма,** -ы *f* Monogramm; **~грáфия,** -и *f* Monographie, Einzeldarstellung
моно́кль, -я *m* Monokel
моно|ли́т, -а *m geol* Monolith; **~ли́тность,** -и *f* Einheitlichkeit, Geschlossenheit, Einigkeit; **~ли́тный,** -ая, -ое 1. *geol* Monolith- 2. *Kzf* -тен, -тна einheitlich, einig; ganz; aus einem Guß; **~ло́г,** -а *m* Monolog; **~плáн,** -а *m flug* Eindecker; ~плáн с ни́зко располо́женным крыло́м Tiefdecker; **~полизáция,** -и *f* Monopolisierung; **~полисти́ческий,** -ая, -ое monopolistisch, Monopol-; **~поли́стский,** -ая, -ое Monopolisten-; **~по́лия,** -и *f* Monopol; госудáрственная ~по́лия Staatsmonopol; ~по́лия вне́шней торго́вли Außenhandelsmonopol; **~по́льный,** -ая, -ое Monopol-; ~по́льный товáр Monopolware; **~ти́п,** -а *m typ* Monotype; **~ти́пный,** -ая, -ое *typ* Monotype-; ~ти́пный набо́р Monotypesatz; **~то́нный,** -ая, -ое; *Kzf* -то́нен, -то́нна monoton, eintönig
монпансье́ *n idkl* eine Art Fruchtbonbon
монтáж, -á, *I* -о́м *m* Montage, Zusammenbau, Aufstellung
монтáжный, -ая, -ое Montage-; -ая мастерскáя Montagewerkstatt
Монтевиде́о *m idkl* Montevideo
монтёр, -а *m* 1. Montagearbeiter, Montagefachmann 2. Elektromonteur, Elektriker
монти́ровать, -рую, -руешь; -рованный, -рован, -а *uv* montieren, zusammenbauen, aufstellen; ~ маши́ну eine Maschine aufstellen ‖ *v* смонти́ровать
монтиро́вка, -и *f* Montage; Zusammenstellung *eines Films*
монтиро́вщик, -а *m* Montagearbeiter Montagefachmann
монуме́нт, -а *m buchspr* Monument, Denkmal
монументáльный, -ая, -ое; *Kzf* -лен, -льна monumental, gewaltig, großartig

МОПР, -а *m* (Междунаро́дная организа́ция по́мощи борца́м революции) *hist* Internationale Rote Hilfe
мопс, -а *m* Mops *Hunderasse*
мор, -а *m alt, volksspr* Seuche, Massensterben
мор- *in Zuss Abk für* морско́й See-
Мора́вия, -и *f* Mähren
мора́вский, -ая, -ое mährisch
морали́ст, -а *m* Moralist, Moralprediger
мора́ль, -и *f* Moral, Sittlichkeit ◇ чита́ть кому́-н. ~ j-m eine Moralpredigt halten; прописна́я ~ Binsenweisheit
мора́льный, -ая, -ое **1.** Moral- **2.** *Kzf* -лен, -льна moralisch, sittlich
морато́рий, -я, *P* -и, *G Pl* -ев *m wirtsch* Moratorium, Stundung
морг, -а *m* Leichen(schau)haus, Leichenhalle
морга́лка, -и, *Pl G* -лок, *D* -лкам *f umg* Blinkleuchte
морга́ние, -я *n* Blinzeln, Zwinkern
морга́ть, -а́ю, -а́ешь *uv* **1.** blinzeln, zwinkern **2.** zublinzeln ‖ *v mom* **моргну́ть,** -ну́, -нёшь ◇ он да́же гла́зом не моргну́л *übtr* er hat mit keiner Wimper gezuckt
мо́рда, -ы *f* **1.** Schnauze, Maul **2.** *übtr, derb* Fresse, Fratze
морда́шка, -и, *Pl G* -шек, *D* -шкам *f umg* hübsches Gesichtchen
мордва́, -ы́ *f Koll* Mordwinen
мордви́н, -а *m* Mordwine
мордо́вский, -ая, -ое mordwinisch; Мордо́вская АССР Mordwinische ASSR
мо́ре, -я, *Pl* моря́, -е́й, -я́м *n* Meer, See; в откры́том ~ auf hoher [offener] See; вы́йти в ~ in See stechen; е́хать -ем zur See fahren; по направле́нию к -ю seewärts; за́ -ем jenseits des Meeres, drüben; за́ ~ *alt* in die Fremde; из-за -я aus fernen Ländern ◇ э́то ка́пля в ~ das ist ein Tropfen auf den heißen Stein; сиде́ть у́ -я и ждать пого́ды die Hände in den Schoß legen
море́на, -ы *f geol* Moräne
море́нный, -ая, -ое *geol* Moränen-
морёный, -ая, -ое gebeizt
море|пла́вание, -я *n* Seeschiffahrt, Seefahrt; **~пла́ватель,** -я *m* Seefahrer; **~пла́вательный,** -ая, -ое Schiffahrts-, Navigations-; **~хо́дность,** -и *f* Seetüchtigkeit; **~хо́дный,** -ая, -ое Seefahrts-; ~хо́дные ка́чества Seetüchtigkeit
морж, -а́, *I* -о́м, *G Pl* -е́й *m* Walroß
моржо́вый, -ая, -ое Walroß-
Мо́рзе: а́збука ~ Morsealphabet; аппара́т ~ Morseapparat
мори́лка, -и, *Pl G* -лок, *D* -лкам *f* Holzbeize
[1]**мори́ть,** морю́, мори́шь; морённый, -ён, -рена́ *uv* **1.** vertilgen; vergiften; ~ крыс Ratten vertilgen [vergiften] **2.** *umg* quälen, ausmergeln, verzehren; ~ го́лодом hungern lassen
[2]**мори́ть,** морю́, мори́шь; морённый, -рён, -рена́ *uv Holz* beizen; ~ под чёрное де́рево (wie Ebenholz) schwarz beizen
морко́вка, -и, *Pl G* -вок, *D* -вкам *f umg* einzelne Möhre
морко́вный, -ая, -ое Möhren-, Mohrrüben-; ~ сок Möhrensaft
морко́вь, -и *f* **1.** *nur Sg* Mohrrübe, Möhre **2.** *Koll* Möhren, Mohrrüben *Gemüse*
моровой, -а́я, -о́е: -а́я я́зва Pest, Seuche
моро́женица, -ы, *I* -ей *f* Speiseeismaschine
моро́женое, -ого *Subst n* Speiseeis
моро́женщица, -ы, *I* -ей *f* Speiseeisverkäuferin
моро́женый, -ая, -ое gefroren, Gefrier-; -ое мя́со Gefrierfleisch
моро́з, -а *m* **1.** Frost; два́дцать гра́дусов -а zwanzig Grad Frost; треску́чий ~ starker Frost, schneidende Kälte; стоя́т моро́зы es ist anhaltendes Frostwetter; меня́ ~ подира́ет [пробега́ет] по ко́же mich überläuft es kalt **2.** *Pl* Frostwetter
моро́зилка, -и *f* Tiefkühlfach
моро́зить, -о́жу, -о́зишь; -о́женный, -о́жен, -а *uv* **1.** gefrieren [erfrieren] lassen **2.** *unpers* frieren; моро́зит es friert
моро́зно *prädikativ* es friert, es herrscht Frost
моро́зный, -ая, -ое; *Kzf* -зен, -зна Frost-, frostig, eiskalt
морозо|сто́йкий, -ая, -ое; *Kzf* -сто́ек, -сто́йка frostbeständig, kältebeständig; **~усто́йчивый,** -ая, -ое; *Kzf* -ив, -а frostbeständig
моро́ка, -и *f*: с ним одна́ ~ *volksspr* mit ihm hat man nur Scherereien
мороси́ть, *1. u. 2. Pers ungebr*, -и́т *uv* sprühen, nieseln *vom Regen*; (дождь) -и́т es nieselt
моро́чить, -чу, -чишь *uv umg* täuschen, anführen, blauen Dunst vormachen; ~ го́лову кому́-н. j-n an der Nase herumführen

морóшка, -и *f bot* Multbeere, Sumpfbrombeere
морс, -а (-у) *m* Fruchtsaft
морскóй, -áя, -óе Meer(es)-, See-, Marine-; -áя болéзнь Seekrankheit; -óй залив Meerbusen; -ие купáнья Seebäder; -óе путешéствие Seefahrt, Seereise; ~ флот Flotte; Marine; -áя пехóта Marineinfanterie; -ие силы Seestreitkräfte, Marine; ~ конёк *zool* Seepferdchen; -áя капýста *bot* Strandkohl; -áя травá *bot* Seegras ◇ ~ волк *übtr* Seebär
мортира, -ы *f mil* Mörser
морфéма, -ы *f ling* Morphem
мóрфий, -я (-ю), *P* -и *m* Morphium
морфлóт, -а *m* (морскóй флот) Hochseeflotte, Handelsflotte
морфолóгия, -и *f* Morphologie
морщина, -ы *f* Runzel, Falte, Furche
морщинистый, -ая, -ое; *Kzf* -ист, -а runzlig, faltig, durchfurcht
морщинить, -ню, -нишь *uv umg* runzeln
морщинка, -и, *Pl G* -нок, *D* -нкам *f Dem zu* морщина kleine Runzel, Fältchen; -и у глаз Krähenfüße
мóрщить, -щу, -щишь *uv* **1.** runzeln; ~ лоб die Stirn runzeln **2.** verziehen; ~ лицó от бóли das Gesicht vor Schmerz verziehen; ~ гýбы die Lippen schürzen; ~ нос die Nase rümpfen
морщить, *1. u. 2. Pers ungebr*, -ит *uv umg* Falten schlagen, schlecht sitzen *Kleidung*
мóрщиться, -щусь, -щишься *uv* **1.** die Stirn runzeln [in Falten ziehen] **2.** das Gesicht verziehen **3.** *1. u. 2. Pers ungebr* Falten schlagen *Kleidung*
моряк, -á *m* Seemann, Matrose
морякций, -ая, -ое *umg* Seemanns-, Matrosen-
мос- *in Zuss Abk für* москóвский Moskauer
москатéль, -и *f Koll* Farben, Leim, Öl u. a. als Ware
москатéльный, -ая, -ое: ~ магазин Farbenhandlung
Москвá, -ы́ *f* Moskau; ~-рекá Moskwa *Fluß*
москвич, -á, *I* -óм, *G Pl* -éй *m* Moskauer
москвичка, -и, *Pl G* -чек, *D* -чкам *f* Moskauerin
москит, -а *m* Moskito
москитный, -ая, -ое Moskito-
москóвский, -ая, -ое Moskauer; Москóвская óбласть Moskauer Gebiet
Моссовéт, -а *m* (Москóвский совéт депутáтов трудящихся) Moskauer Sowjet der Deputierten der Werktätigen
мост, мóста *oder* мостá, *P* о мóсте, на мостý, *Pl* мосты́, -óв, -áм *m* Brücke; висячий ~ Hängebrücke; подъёмный ~ Zugbrücke; навести ~ eine Brücke schlagen ◇ сжечь за собóй -ы́ alle Brücken hinter sich abbrechen; перебрóсить ~ *übtr* eine Brücke schlagen
мóстик, -а *m* **1.** *Dem zu* мост kleine Brücke; Steg **2.** Brücke *auf Schiffen*; капитáнский ~ Kommandobrücke **3.** *Sport* Brücke
мостить, мощý, мостишь; мощённый, -ён, -енá *uv* **1.** pflastern; ~ ýлицу асфáльтом die Straße asphaltieren **2.** legen *Fußbodenbretter*
мостки, -óв *Pl* Steg, Bretterweg; погрýзочные ~ Laderampe
мостовáя, -óй *Subst f* **1.** Pflaster, Straßenpflaster **2.** Fahrdamm
мостовик, -á *m* Brückenbauer
мостовóй, -áя, -óе Brücken-; ~ бык Brückenpfeiler
мостовщик, -á *m* Pflasterer *Arbeiter*
мóська, -и, *Pl G* -сек, *D* -ськам *f umg* Mops *Hund*
мот, -а *m umg* Verschwender, Vergeuder, Prasser
мотáльный, -ая, -ое *tech* Haspel-
[1]**мотáть,** -áю, -áешь *uv* **1.** haspeln, (auf)wickeln aufspulen **2.**: ~ головóй *umg* den Kopf schütteln; ~ себé на ус *umg* sich etwas hinter die Ohren schreiben ‖ *v mom* мотнýть, -нý, -нёшь *zu* 2
[2]**мотáть,** -áю, -áешь *uv umg* verschwenden, vergeuden
[1]**мотáться,** -áюсь, -áешься *uv umg* **1.** umherlaufen, sich herumtreiben **2.** *volksspr* umherwandern, umherirren ‖ *v mom* мотнýться, -нýсь, -нёшься *zu* 1
[2]**мотáться,** *1. u. 2. Pers ungebr*, -áется baumeln, hin und her schaukeln
мотéль, -я *m* Motel
мотив, -а *m* **1.** *mus* Motiv, Weise **2.** Motiv, Beweggrund
мотивирóвка, -и, *Pl G* -вок, *D* -вкам *f* Motivierung, Begründung
мóтка, -и *f* Haspeln, Aufwickeln
мотнýть(ся) *v mom zu* [1]мотáть(ся)
мотовелоспóрт, -а *m* Rad- und Kraftradsport
мотовило, -а *n tech* Haspel, Garnwinde
мотóвка, -и, *Pl G* -вок, *D* -вкам *f umg* Verschwenderin, Vergeuderin

мотовóз, -а *m* (kleine) Lokomotive mit Verbrennungsmotor
мотовскóй, -áя, -óе *umg* verschwenderisch, prasserisch
мотовствó, -á *n umg* Verschwendung(ssucht), Vergeudung, Prasserei
мотогóнки, -нок, -нкам *Pl* Motorradrennen
мотóк, -ткá *m text* Docke, Wickel; ~ пря́жи Garndocke
мото|крóсс, -а *m Sport* Moto-Cross; **~лопáта,** -ы *f* Kraftschaufel; **~пехóта,** -ы *f* motorisierte Infanterie; **~планёр,** -а *m* Motorgleiter
мотóр, -а *m* Motor; подвеснóй ~ Außenbordmotor
моторизáция, -и *f* Motorisierung
моторизóванный, -ая, -ое motorisiert, Motor-; -ая артилле́рия motorisierte Artillerie
мотóрка, -и, *Pl G* -рок, *D* -ркам *f umg* Motorboot
мотóрный, -ая, -ое **1.** Motor-, Trieb-; ~ вагóн Triebwagen; -ая лóдка Motorboot **2.** *psych* motorisch; ~ рефле́кс motorischer Reflex
моторóллер, -а *m* Motorroller
моторостроéние, -я *n* Motorenbau
мото|спóрт, -а *m* Motorsport; **~ци́кл,** -а *m* Motorrad; **~цикле́т,** -а *m* Motorrad; **~цикле́тный,** -ая, -ое Motorrad-; ~цикле́тный кросс Moto-Cross; **~цикли́ст,** -а *m* Motorradfahrer
моты́га, -и *f* Hacke
моты́жить, -жу, -жишь *uv* hacken, mit der Hacke bearbeiten
мотылёк, -лькá *m* Falter, Schmetterling
мох, мха *oder* мóха, *P* о мхе *oder* о мóхе, во [на] мху, *Pl* мхи, мхов, мхам *m* Moos; порóсший мхом bemoost
мохнáтый, -ая, -ое; *Kzf* -áт, -а **1.** zottig *Tierfell* **2.** flauschig, wollig; -ое полоте́нце Frottierhandtuch
мохови́к, -á *m* Ziegenlippe *Röhrenpilz*
моциóн, -а *m* Spaziergang, Spazierengehen
мочá, -и́, *I* -óй *f* Urin, Harn
мочáлистый, -ая, -ое; *Kzf* -ист, -а faserig
мочáлить, -лю, -лишь *uv* zerfasern; ~ лы́ко Bast zerfasern
мочáлка, -и, *Pl G* -лок, *D* -лкам *f* Bastwisch; прóволочная ~ Topfreiniger *aus Draht*
мочáло, -а *n* Bast
мочáльный, -ая, -ое Bast-
мочеви́на, -ы *f chem* Harnstoff
мочевóй, -áя, -óе Harn-; ~ пузы́рь *anat* Harnblase
моче|гóнный, -ая, -ое harntreibend; **~испускáние,** -я *n* Harnen, Harnlassen; **~испускáтельный,** -ая, -ое: ~испускáтельный канáл *anat* Harnröhre
мочéние, -я *n* Einweichen, Einmachen
мочёный, -ая, -ое eingeweicht, eingemacht; -ые я́блоки eingemachte Äpfel
моче|отделéние, -я *n* Harnabsonderung, Harnabscheidung; **~половóй,** -áя, -óе *med* Urogenital-; **~тóчник,** -а *m anat* Harnleiter
мочи́ть, мочý, мóчишь; мóченный, -ен, -а *uv* **1.** benetzen, anfeuchten; naß machen **2.** einweichen *Wäsche*; rösten *Flachs* **3.** einmachen *Früchte*
мочи́ться, мочýсь, мóчишься *uv* Harn lassen, urinieren || *v* помочи́ться
[1]**мóчка,** -и, *Pl G* -чек, *D* -чкам *f* Ohrläppchen
[2]**мóчка,** -и *f* Einweichen; Rösten *Flachs*
[1]**мочь*** *uv* **1.** können, vermögen, imstande sein; кто бы э́то мог быть? wer mag das gewesen sein?; он не мóжет прийти́ er kann nicht kommen **2.** dürfen; могý (ли) я спроси́ть вас? darf ich Sie fragen? **3.**: ~ не *mit uv Inf* nicht brauchen; он мóжет не приходи́ть er braucht nicht zu kommen **4.**: ~ не *mit v Inf* es kann sein, daß . . . nicht; vielleicht nicht; он мóжет не прийти́ es kann sein, daß er nicht kommt; vielleicht kommt er nicht ◇ мóжет быть vielleicht; не мóжет быть! (das ist) unmöglich!
[2]**мочь,** -и *f volksspr* Kraft, Fähigkeit ◇ изо всей -и aus Leibeskräften; кричáть что есть -и aus vollem Halse schreien; бежáть во всю ~ laufen, was das Zeug hält
мошéнник, -а *m* Gauner, Spitzbube, Betrüger, Schurke
мошéнничать, -аю, -аешь *uv* betrügen, (be)schwindeln, mogeln
мошéннический, -ая, -ое spitzbübisch, gaunerhaft, betrügerisch
мошéнничество, -а *n* Betrügerei, Gaunerei, Schwindel
мóшка, -и, *Pl G* -шек, *D* -шкам *f* Kriebelmücke
мошкарá, -ы́ *f Koll* Schnaken
мошнá, -ы́, *Pl G* -шóн, *D* -шнáм *f alt* Geldbeutel, Geldsack

мошо́нка, -и, *Pl G* -нок, *D* -нкам *f anat* Hodensack
моще́ние, -я *n* Pflastern
мощёный, -ая, -ое gepflastert
мо́щи, -е́й *Pl kirch* Reliquien ◇ живы́е [ходя́чие] ~ *umg* ein wandelndes Skelett
мо́щность, -и *f* **1.** Macht, Gewaltigkeit **2.** *geol* Mächtigkeit, Stärke, Dicke **3.** *tech* Leistung, Kapazität; произво́дственная ~ Produktionskapazität, Leistungsfähigkeit **4.** *nur Pl* Produktionsobjekte
мо́щный, -ая, -ое; *Kzf* -щен, -щна́! **1.** mächtig, stark, gewaltig; -ое госуда́рство ein mächtiger Staat **2.** *tech* von großer Leistungsfähigkeit; ~ переда́тчик Großsender
мощь, -и *f* Macht, Stärke; вое́нная ~ Kriegsmacht
мо́ю ↑ мыть
мо́ющий, -ая, -ее Wasch-
мо́ющийся, -аяся, -ееся abwaschbar
моя́ ↑ мой
мразь, -и *f volksspr* Dreckskerl; Pack
мрак, -а *m* Finsternis, Dunkel, Dunkelheit ◇ э́то покры́то -ом неизве́стности das ist in Dunkel [Nebel] gehüllt
мракобе́с, -а *m* Obskurant, Dunkelmann, Reaktionär
мракобе́сие, -я *n* Obskurantismus, Dunkelmännertum
мра́мор, -а *m* Marmor
мра́морный, -ая, -ое **1.** marmorn, Marmor-; -ая ста́туя Marmorstandbild **2.** weiß wie Marmor, marmorglatt; -ое чело́ marmorglatte Stirn
мрачне́ть, -е́ю, -е́ешь *uv* sich verfinstern, sich verdunkeln
мра́чность, -и *f* **1.** Finsternis, Dunkel, Dunkelheit **2.** *übtr* Düsterkeit, Schwermut, Mißmut
мра́чный, -ая, -ое; *Kzf* -чен, -чна́! **1.** dunkel, finster, düster **2.** *übtr* düster, schwermütig, mißmutig; -ое настрое́ние düstere Stimmung; -ые мы́сли trübe Gedanken
МСС (Междунаро́дный Сою́з Студе́нтов) ISB (Internationaler Studentenbund)
мсти́тель, -я *m* Rächer
мсти́тельность, -и *f* Rachsucht, Rachgier
мсти́тельный, -ая, -ое; *Kzf* -лен, -льна rachsüchtig, rachgierig
мстить, мщу, мстишь *uv* sich rächen, Rache nehmen [üben] (кому́-н. **за** что́-н. an j-m für etw.)
МТС (маши́нно-тра́кторная ста́нция) MTS (Maschinen-und-Traktoren-Station)
муа́р, -а *m text* Moiré
мудрено́ **1.** *Adv* wunderlich, seltsam **2.** *unpers, prädikativ*: на него́ ~ угоди́ть ihm kann man nichts recht machen; не ~, что ... kein Wunder, daß ...
мудрёный, -ая, -ое; *Kzf* -ён, -ена́ **1.** wunderlich, seltsam, merkwürdig **2.** schwierig, kompliziert; -ое объясне́ние eine verwickelte Erklärung ◇ у́тро ве́чера мудрене́е *Sprichw* guter Rat kommt über Nacht
мудре́ц, -а́, *I* -о́м, *G Pl* -о́в *m* Weiser
мудри́ть, -рю́, -ри́шь *uv umg* **1.** klügeln **2.** zum Narren haben (над ке́м-н. j-n)
му́дрость, -и *f* Weisheit
му́дрствовать, -твую, -твуешь *uv umg* tüfteln, philosophieren ◇ не му́дрствуя лука́во einfach, ohne Umschweife
му́дрый, -ая, -ое; *Kzf* мудр, -а́! weise, klug
муж, -а *m* **1.** *Pl* мужья́, -же́й, -жья́м Ehemann, Gatte **2.** *alt Pl* мужи́, -же́й, -жа́м Mann; госуда́рственный ~ Staatsmann; учёный ~ Mann der Wissenschaft
мужа́ть, -а́ю, -а́ешь *uv* mannbar werden, erwachsen werden
мужа́ться, -а́юсь, -а́ешься *uv*: мужа́йся! sei mannhaft!, ermanne dich!
мужеподо́бный, -ая, -ое; *Kzf* -бен, -бна wie ein Mann; -ая же́нщина Mannweib
му́жественный, -ая, -ое; *Kzf* -вен, -венна mannhaft, mutig, tapfer; ~ посту́пок mutige Tat
му́жество, -а *n* Tapferkeit, Mut
мужи́к, -а́ *m* **1.** *alt* Bauer **2.** *umg* Mann, Kerl
мужи́цкий, -ая, -ое **1.** *alt* Bauern-, bäuerlich **2.** bäuerisch, grob
му́жний, -яя, -ее *volksspr* des Mannes
му́жнин, -а, -о *umg* dem Ehemann gehörend; ~ хала́т des Ehemanns Kittel
мужско́й, -а́я, -о́е Männer-, Herren-, männlich; ~ хор Männerchor; ~ портно́й Herrenschneider; ~ род *gram* Maskulinum
мужчи́на, -ы *m* Mann
муз. (музе́й) Museum
му́за, -ы *f* Muse
Музги́з (Госуда́рственное музыка́льное изда́тельство) Staatsverlag für Musik

музееве́дение, -я *n* Museumskunde
музе́й, -я, *G Pl* -ев *m* Museum
музе́йный, -ая, -ое Museums-
му́зыка, -и *f* Musik; занима́ться -ой musizieren, Musik treiben; положи́ть на -у in Musik setzen, vertonen ◇ ~ не та *oder* друга́я ~ das ist ganz etwas anderes, das ist eine ganz andere Sache
музыка́льность, -и *f* **1.** Wohllaut, Wohlklang, Harmonie **2.** Musikalität, musikalische Begabung; он отлича́ется большо́й -ью er ist außerordentlich musikalisch
музыка́льный, -ая, -ое **1.** Musik-; ~ инструме́нт Musikinstrument **2.** *Kzf* -лен, -льна musikalisch; ~ тала́нт musikalisches Talent **3.** *Kzf* -лен, -льна wohlklingend, melodisch ◇ -ая коме́дия Musical; Operette
музыка́нт, -а *m* Musiker, Musikant
музыкове́д, -а *m* Musikwissenschaftler
музыкове́дение, -я *n* Musikwissenschaft
музыкове́дческий, -ая, -ое musikwissenschaftlich
му́ка, -и *f* Qual, Plage, Pein; хожде́ние по -ам Leidensweg ◇ ~ мне с тобо́й ich habe meine liebe Not mit dir
мука́, -и́ *f* Mehl
муко|мо́л, -а *m* Müller; **~мо́льный,** -ая, -ое Mahl-, Mühl-
мул, -а *m* Maultier
мула́т, -а *m* Mulatte
мула́тка, -и, *Pl G* -ток, *D* -ткам *f* Mulattin
мулла́, -ы́ *m* Mulla
мультипликацио́нный, -ая, -ое Multiplikations-; ~ фильм (Zeichen-) Trickfilm
мультиплика́ция, -и *f* **1.** Herstellung von (Zeichen-) Trickfilmen **2.** (Zeichen-) Trickfilm
мультфи́льм, -а *m* (мультипликацио́нный фильм) (Zeichen-) Trickfilm
мумифика́ция, -и *f* Mumifizierung
мумифици́ровать, -рую, -руешь *v, uv* mumifizieren
[1]**му́мия,** -и *f* Mumie
[2]**му́мия,** -и *f* Rötelfarbe, Eisenmennige
мунди́р, -а *m* Uniform ◇ карто́фель [карто́шка] в -е Pellkartoffeln
мунди́рный, -ая, -ое Uniform-; -ые пу́говицы Uniformknöpfe
мундшту́к [нш], -а́ *m* **1.** Mundstück *an Zigaretten und Blasinstrumenten* **2.** Zigarettenspitze **3.** Kandare
муниципализа́ция, -и *f* Munizipalisierung, Überführung in Gemeindeeigentum
муниципализи́ровать, -рую, -руешь; -рованный, -рован, -а *v, uv* munizipalisieren, in Gemeindeeigentum überführen
муниципалите́т, -а *m* Munizipalität, Stadtverwaltung
муниципа́льный, -ая, -ое munizipal
[1]**мурава́,** -ы́ *f poet* junges Gras
[2]**мурава́,** -ы́ *f* Glasur, Schmelz
мураве́й, -вья́, *G Pl* -вьёв *m* Ameise
мураве́йник, -а *m* Ameisenhaufen
мура́вить, -влю, -вишь *uv, tech* glasieren
мура́вленый, -ая, -ое glasiert; ~ изразе́ц glasierte Kachel
муравье́д, -а *m zool* Ameisenbär
муравьи́ный, -ая, -ое Ameisen-; -ая ку́ча Ameisenhaufen; ~ лев Ameisenlöwe; -ая кислота́ *chem* Ameisensäure
мура́шка, -и, *Pl G* -шек, *D* -шкам *f* **1.** *umg* (Haus-) Ameise **2.** Käferchen *umgangssprachliche Bezeichnung für jedes kleine Insekt* ◇ у меня́ -и по спине́ бе́гают *übtr* mir läuft es kalt den Rücken hinunter
мурлы́канье, -ья *n* Schnurren, Spinnen
мурлы́кать, -лы́чу, -лы́чешь *u.* -аю, -аешь *uv* **1.** *1. u. 2. Pers ungebr* schnurren, spinnen *von Katzen* **2.** *übtr*: ~ что́-н. (себе́ под нос) etw. vor sich hinsummen, leise etw. singen
Му́рманск, -а *m* Murmansk
му́рманский, -ая, -ое Murmansker
мурова́ть, -ру́ю, -ру́ешь; -ро́ванный, -ро́ван, -а *uv* mauern
муру́гий, -ая, -ое rotbraun, schwarzbraun *Farbe des Fells*
[1]**муска́т,** -а *m* Muskatnuß
[2]**муска́т,** -а *m* Muskateller, Muskatwein
муска́тный, -ая, -ое Muskat-; -ое де́рево Muskatnußbaum; ~ цвет Mazis, Muskatblüte
му́скул, -а *m* Muskel
мускулату́ра, -ы *f* Muskulatur
му́скулистый, -ая, -ое; *Kzf* -ист, -а muskulös
му́скульный, -ая, -ое Muskel-
му́скус, -а *m* Moschus
му́скусный, -ая, -ое Moschus-
musли́н, -а *m text* Musselin
му́слить, -лю, -лишь *uv volksspr* mit Speichel benetzen
мусо́лить, -лю, -лишь *uv volksspr*

1. mit Speichel benetzen; mit klebrigen Händen beschmutzen 2. *übtr*: ~ како́й-н. вопро́с eine Frage wiederkäuen

му́сор, -а *m* Müll, Kehricht, Abfall, Schutt

му́сорить, -рю, -ришь *uv* Schmutz machen, beschmutzen

му́сорный, -ая, -ое Müll-, Schutt-, Kehricht-; ~ я́щик Müllkasten; -ая я́ма Müllgrube; -ая ку́ча Schutthaufen

мусоропрово́д, -а *m* Müllschlucker

му́сорщик, -а *m* Müllkutscher

мусс, -а *m* Schaumspeise

мусси́ровать, -рую, -руешь *uv* 1. zum Schäumen bringen 2. *1. u. 2. Pers ungebr* moussieren, perlen, schäumen 3. übertreiben; ~ слу́хи *übtr* Gerüchte verbreiten, etw. an die große Glocke hängen

муссо́н, -а *m* Monsun(wind)

му́ст, -а *m* Most

муста́нг, -а *m zool* Mustang

мусульма́нин, -а, *Pl* -а́не, -а́н, -а́нам *m* Mohammedaner, Moslem

мусульма́нский, -ая, -ое mohammedanisch, islamisch

мусульма́нство, -а *n* Islam

Му́ся, -и *f Dem zu* Мари́я

мута́ция, -и *f biol* Mutation

мути́ть, мучу́, му́тишь *uv* 1. trüben, trübe machen; ~ во́ду das Wasser trüben 2. *übtr* trüben, verwirren 3. hetzen, aufhetzen, aufwiegeln 4. *unpers*: меня́ мути́т mir ist übel

мути́ться, *1. u. 2. Pers ungebr*, му́тится *uv* 1. sich trüben, trüb werden 2. *übtr* sich trüben, sich verschleiern *Bewußtsein*

мутне́ть, *1. u. 2. Pers ungebr*, -е́ет trübe werden, sich trüben

му́тность, -и *f* 1. Trübheit 2. Mattheit, Glanzlosigkeit

му́тный, -ая, -ое; *Kzf* -тен, -тна́! 1. trübe *von Flüssigkeiten* 2. matt, glanzlos 3. *übtr* getrübt, unklar *Bewußtsein* ◇ лови́ть ры́бу в -ой воде́ im trüben fischen

муто́вка, -и, *Pl G* -вок, *D* -вкам *f* Quirl

му́торный, -ая, -ое; *Kzf* -рен, -рна *volksspr* unangenehm

муть, -и *f* Bodensatz, Satz

му́фель, -я *m tech* Muffel

[1]**му́фта,** -ы *f* Muff

[2]**му́фта,** -ы *f tech* Muffe

му́фтовый, -ая, -ое *tech* Muffen-; -ое соедине́ние Muffenverbindung

му́ха, -и *f* Fliege ◇ он и -и не оби́дит er tut keiner Fliege etwas zuleide; быть под -ой einen Schwips haben, angeheitert sein; де́лать из -и слона́ aus einer Mücke einen Elefanten machen

мухоло́вка, -и, *Pl G* -вок, *D* -вкам 1. Fliegenfänger 2. *bot* Fliegenklappe 3. *zool* Fliegenschnäpper

мухомо́р, -а *m* Fliegenpilz

мухо́ртый, -ая, -ое braun mit gelben Flecken *vom Fell der Pferde*

муче́ние, -я *n* Qual, Pein, Marter; одно́ ~ мне с ним ich habe meine liebe Not mit ihm

му́ченик, -а *m* Märtyrer

му́ченический, -ая, -ое Märtyrer-

му́ченичество, -а *n* Martyrium, Qual

мучи́тель, -я *m* Peiniger; Quälgeist

мучи́тельный, -ая, -ое; *Kzf* -лен, -льна quälend, qualvoll

му́чить, му́чу, му́чишь *uv* quälen, peinigen, martern

му́читься, му́чусь, му́чишься *uv* 1. sich quälen, Qualen leiden; ~ угрызе́ниями со́вести von Gewissensbissen gepeinigt werden 2. sich (ab)quälen, sich (ab)plagen (с *I* mit etw. *oder* над *I* über etw.); ~ над рабо́той sich mit der Arbeit abquälen

мучни́к, -а́ *m alt* Mehlhändler

мучни́стый, -ая, -ое; *Kzf* -и́ст, -а mehlhaltig, stärkehaltig, mehlig

мучно́е, -о́го *Subst n* Mehlspeise

мучно́й, -а́я, -о́е Mehl-; -ы́е изде́лия Mehlwaren

муши́ный, -ая, -ое Fliegen-

[1]**му́шка,** -и, *Pl G* -шек, *D* -шкам *f* 1. kleine Fliege 2. Schönheitspflästerchen 3. Tüpfel, Tupfen *Stoffmuster*

[2]**му́шка,** -и, *Pl G* -шек, *D* -шкам *f* Korn, Visierkorn ◇ взять на -у кого́-н. [что́-н.] j-n [etw.] aufs Korn nehmen

мушке́т, -а *m hist* Muskete

мушкетёр, -а *m hist* Musketier

мушмула́, -ы́ *f* Mispel

муштра́, -ы́ *f mil* Drill

муштрова́ть, -ру́ю, -ру́ешь; -ро́ванный, -ро́ван, -а *uv mil* drillen

муштро́вка, -и *f mil* Drillen, Drill

муэдзи́н, -а *m* Muezzin

МХАТ, -а *m* (Моско́вский Худо́жественный академи́ческий теа́тр им. Го́рького) Moskauer Künstlertheater

м-ц (ме́сяц) Monat

мчать, мчу, мчишь *uv* 1. schnell fahren *oder* tragen; mit sich reißen 2. dahinjagen

мча́ться, мчусь, мчи́шься *uv* dahineilen, dahinjagen

мши́стый, -ая, -ое; *Kzf* мшист, -а bemoost
мще́ние, -я *n* Rache
мы, нас, нам, нас, на́ми, о нас *Pers Pron* wir ◇ мы с тобо́й du und ich
мы́кать, -аю, -аешь *uv*: го́ре ~ *volksspr* Not leiden; ein kümmerliches Dasein fristen
мы́каться, -аюсь, -аешься *uv volksspr* sich kümmerlich durchschlagen
мы́лить, -лю, -лишь *uv* (ein)seifen
мы́литься, -люсь, -лишься *uv* **1.** sich einseifen **2.** *1. u. 2. Pers ungebr* schäumen, Schaum geben
мы́лкий, -ая, -ое; *Kzf* -лок, -лка́! gut schäumend, schaumbildend
мы́ло, -а, *Pl* мыла́, -о́в, -а́м *n* **1.** Seife; жи́дкое ~ Schmierseife **2.** Schaum *beim Pferd*; ло́шадь вся в -е das Pferd ist schaumbedeckt
мылова́р, -а *m* Seifensieder
мылова́ренный, -ая, -ое: ~ заво́д Seifensiederei
мы́льница, -ы, *I* -ей *f* Seifenschale, Seifendose
мы́льный, -ая, -ое Seifen-; ~ порошо́к Seifenpulver
мыс, -а *m* Kap, Vorgebirge; Мыс До́брой Наде́жды Kap der Guten Hoffnung
мы́сленный, -ая, -ое gedanklich, in Gedanken, innerlich
мы́слимый, -ая, -ое; *Kzf* -им, -а denkbar, möglich
мысли́тель, -я *m* Denker
мысли́тельный, -ая, -ое Denk-; -ая спосо́бность Denkvermögen, Denkfähigkeit
мы́слить, -лю, -лишь *uv* **1.** denken, überlegen **2.** sich vorstellen, sich denken ◇ мно́го ~ о себе́ eingebildet sein, von sich eingenommen sein
мысль, -и *f* **1.** Denken, Denkvermögen **2.** Gedanke, Idee; Einfall; у меня́ мелькну́ла ~ ein Gedanke schoß mir durch den Kopf; блестя́щая ~ glänzender Einfall; пода́ть кому́-н. ~ j-n auf einen Gedanken bringen; мне пришла́ в го́лову ~ ich kam auf den Gedanken; э́то навело́ меня́ на ~ das brachte mich auf den Gedanken; собира́ться с -ями seine Gedanken sammeln; за́дняя ~ Hintergedanke; предвзя́тая ~ Voreingenommenheit; быть одни́х -ей с ке́м-н. mit j-m einer Meinung sein
мыта́рить, -рю, -ришь *uv volksspr* plagen, strapazieren, ermüden
мыта́риться, -рюсь, -ришься *uv volksspr* sich abquälen, sich plagen, sich mühselig durchschlagen
мыта́рство, -а *n* Plage, Qual, Strapaze; пройти́ че́рез все -а viel durchmachen (müssen)
мыть* *uv* waschen ◇ рука́ ру́ку мо́ет eine Hand wäscht die andere
мытьё, -ья́ *n* Waschen
мы́ться* *uv* sich waschen
мыча́ние, -я *n* **1.** Gebrüll, Brüllen **2.** *umg übtr* unartikulierte Laute
мыча́ть, мычу́, мычи́шь *uv* **1.** muhen, brüllen *Rinder* **2.** *umg übtr* unartikulierte Laute ausstoßen
мыша́стый, -ая, -ое; *Kzf* -а́ст, -а mausgrau *Farbe des Tierfells*
мышело́вка, -и, *Pl G* -вок, *D* -вкам *f* Mausefalle
мы́шечный, -ая, -ое *anat* Muskel-
мыши́ный, -ая, -ое Maus-, Mause-; -ая но́рка Mauseloch
[1]**мы́шка,** -и, *Pl G* -шек, *D* -шкам *f Dem zu* мышь Mäuschen, kleine Maus
[2]**мы́шка,** -и, *Pl G* -шек, *D* -шкам *f*: нести́ под -ой [под -шками] unter dem Arm tragen; взять под -у [под -шки] unter den Arm nehmen
мышле́ние, -я *n* Denken, Denkweise
мышо́нок, -нка, *Pl* мыша́та -а́т, -а́там *m* Mausjunges
мы́шца, -ы, *I* -ей *f* Muskel
мышь, -и, *Pl* мы́ши, мыше́й, мыша́м *f* Maus; летУ́чая ~ Fledermaus
мышья́к, -а́ *m chem* Arsen; Arsenik
Мю́нхен, -а *m* München
мя́гкий [хк], -ая, -ое; *Kzf* -гок, -гка́ [хк]!; *Komp* мя́гче [хч]; *Sup* мягча́йший [хч] **1.** weich, zart; geschmeidig; mürbe; -ие во́лосы weiches Haar; -ое кре́сло Polstersessel; ~ ваго́н Eisenbahnwagen der ersten Klasse *gepolstert* **2.** *übtr* sanft, mild, weich; ~ кли́мат mildes Klima; ~ свет gedämpftes Licht; -ая по́ступь leiser [gedämpfter] Schritt; ~ хара́ктер sanfter Charakter; ~ пригово́р mildes Urteil ◇ мя́гко выража́ясь gelinde gesagt
мягко|серде́чие [хк], -я *n* Weichherzigkeit, Güte; **~серде́чный** [хк], -ая, -ое; *Kzf* -чен, -чна weichherzig, gütig
мя́гкость [хк], -и *f* **1.** Weichheit, Zartheit, Geschmeidigkeit **2.** *übtr* Weichheit, Milde, Sanftmut
мягко|те́лость [хк], -и *f* Schlappheit, Energielosigkeit, Charakterschwäche, Willensschwäche; **~те́лый** [хк], -ая, -ое; *Kzf* -е́л, -а schlapp, energielos, charakterlos, willensschwach

мягча́йший ↑ мя́гкий
мя́гче ↑ мя́гкий
мягчи́тельный [хч], -ая -ое *med* lindernd, Linderungs-
мягчи́ть [хч], *1. u. 2. Pers ungebr*, -и́т *uv* weich machen, zart machen
мяки́на, -ы *f* Spreu
мяки́нный, -ая, -ое Spreu- ◇ **-ая голова́** *volksspr, derb* Hohlkopf
мя́киш, -а, *I* -ем, *G Pl* -ей *m* Brotkrume
мя́кнуть, -ну, -нешь; мяк, -ла *uv* 1. *1. u. 2. Pers ungebr* weich werden, aufweichen 2. *übtr* sich erweichen lassen
мя́коть, -и *f* 1. Fleisch ohne Knochen 2. Fleisch *von Früchten*
мя́млить, -лю, -лишь *uv volksspr* langsam und undeutlich sprechen
мя́мля, -и, *G Pl* -ей *m, f volksspr* Waschlappen, Schlappschwanz
мяси́стый, -ая, -ое; *Kzf* -и́ст, -а fleischig
мясна́я, -о́й *Subst f* Fleischerladen, Fleischerei
мясни́к, -а́ *m* Fleischer
мясно́е, -о́го *Subst n* Fleischgericht, Fleischspeise
мясно́й, -а́я, -о́е Fleisch-; ~ нава́р Fleischbrühe; -ы́е консе́рвы Büchsenfleisch; ~ стол Fleischkost
мя́со, -а *n* Fleisch; ру́бленое ~ Hackfleisch; варёное ~ gekochtes Fleisch ◇ ди́кое ~ wildes Fleisch; пу́шечное ~ Kanonenfutter; ни ры́ба ни ~ weder Fisch noch Fleisch
мясо|заготóвки *Pl* -вок, -вкам, *Sg* мясозаготóвка, -и *f* planmäßige Fleischbeschaffung *durch den Staat*; **~поста́вки** *Pl* -вок, -вкам, *Sg* мясопоста́вка, -и *f* Fleischablieferung *auf Grund des Planes*; **~проду́кты**, -ов *Pl* Fleischwaren; **~пу́ст**, -а *m kirch* 1. Fasttag 2. Fastnachtswoche; **~ру́бка**, -и, *Pl G* -бок, *D* -бкам *f* Fleischwolf
мя́та, -ы *f bot* Minze
мяте́ж, -а́, *I* -о́м, *G Pl* -е́й *m* Aufruhr, Rebellion, Meuterei, Putsch
мяте́жник, -а *m* Aufrührer, Rebell, Meuterer, Putschist
мяте́жный, -ая, -ое 1. aufrührerisch, rebellisch 2. *übtr Kzf* -жен, -жна stürmisch, aufgewühlt, rastlos; ~ хара́ктер unruhiger [unsteter] Charakter
мя́тлик, -а *m bot* Rispengras
мя́тный, -ая, -ое Minz-, Pfefferminz-; -ие ка́пли Pfefferminztropfen
мя́тый, -ая, -ое zerdrückt; zerknittert, zerknüllt
мять* *uv* 1. kneten; ~ гли́ну kneten *Ton* 2. brechen *Flachs* 3. (zer)knittern, zerknüllen; ~ пла́тье das Kleid zerknüllen 4. *tech* walzen
[1]**мя́ться***, *1. u. 2. Pers ungebr, uv* knittern, Falten bekommen
[2]**мя́ться*** *uv* unschlüssig sein; nicht mit der Sprache heraus wollen
мяу́канье, -ья *n* Miauen
мяу́кать, -аю, -аешь *uv* miauen ‖ *v mom* **мяу́кнуть**, -ну, -нешь
мяч, -а́, *I* -о́м, *G Pl* -е́й *m* Ball; футбо́льный ~ Fußball; игра́ть в ~ Ball spielen
мя́чик, -а *m* kleiner Ball

Н

на *Präpos* I. *mit A* 1. auf; сесть на стул sich auf den Stuhl setzen; подня́ться на́ гору auf einen Berg steigen, einen Berg besteigen 2. an; пове́сить карти́ну на́ стену das Bild an die Wand hängen; пойти́ на па́лубу an Deck gehen; пое́хать на мо́ре [на Во́лгу] an die See [an die Wolga] fahren 3. in, zu; пое́хать на юг in den Süden fahren; на Ура́л in den Ural; идти́ на собра́ние in die Versammlung gehen 4. nach; доро́га [по́езд] на Москву́ die Straße [der Zug] nach Moskau; самолёт на Берли́н das Flugzeug nach Berlin 5. für, auf *Zeit*; биле́т на за́втра eine Karte für morgen; на коро́ткое вре́мя für kurze Zeit; уе́хать неде́ли на́ две [на́ три] für ungefähr vierzehn Tage [drei Wochen] verreisen; оста́ться на неде́лю eine Woche bleiben; запасти́сь на́ зиму sich für den Winter eindecken 6. an, in *zeitlich*; *mit Ordnungszahlen ab 2 u. gleichbedeutenden Adj*; на (сле́дующее) у́тро am nächsten Morgen; на шесто́й день am sechsten Tag; на сле́дующий год im nächsten Jahr; на пéрвое январѝ nach dem Stand vom ersten Januar **7.** zu *bei Feiertagen*; на Нóвый год zu Neujahr; на ёлку zu Weihnachten; на пáсху zu Ostern **8.** für *Zweck, nach bestimmten Verben und Subst*; рабóтать на экспорт für den Export arbeiten; хлéба хвáтит на всех das Brot reicht für alle; (трáтить) дéньги на кнѝги Geld für Bücher (ausgeben); учѝться на слéсаря Schlosser lernen; экзáмен на перевóдчика Dolmetscherprüfung; расхóды на вооружéние Rüstungsausgaben; матéрия на пальтó Mantelstoff **9.** zu *Zweck*; *bei Verbalsubstantiven*; сдать чемодáн на хранéние den Koffer zur Aufbewahrung geben; предложѝть на рассмотрéние zur Begutachtung vorlegen; испытáние на разры́в Zerreißprobe **10.** für *Fassungsvermögen*; зал на ты́сячу зрѝтелей ein Saal für tausend Zuschauer; на скóлько человéк? für wieviel Personen?; больнѝца на двéсти кóек ein Krankenhaus mit zweihundert Betten; пáчка на дéсять штук Zehnerpakkung **11.** für (insgesamt); купѝть продýктов на пять мáрок für fünf Mark Lebensmittel kaufen; в э́том предмéте материáла на копéйку, а рабóты на рубль in dieser Sache steckt für eine Kopeke Material, aber für einen Rubel Arbeit **12.** um *Differenz*; повы́сить [снѝзить] цéну на дéсять процéнтов den Preis um zehn Prozent erhöhen [senken]; продлѝть óтпуск на недéлю den Urlaub (um) eine Woche verlängern; он на пять лет молóже её er ist fünf Jahre jünger als sie; он нá голову вы́ше менѝ er ist einen Kopf größer als ich **13.** in *bei Verben des Teilens*; делѝть нá две чáсти in zwei Teile teilen ◇ на брáта *umg* pro Person; цéны на кнѝги die Preise für Bücher, die Bücherpreise; сдать экзáмен на „отлѝчно" die Prüfung mit Auszeichnung ablegen; э́то емý нá руку das ist Wasser auf seine Mühle, das kommt ihm gelegen **II.** *mit P* **1.** auf; сидéть на дивáне auf dem Sofa sitzen **2.** an; висéть на стенé an der Wand hängen; писáть на доскé an die Tafel schreiben; отдыхáть на мóре [на Вóлге] an der See [an der Wolga] ausspannen; Ростóв-на-Донý Rostow am Don; на медицѝнском факультéте an der medizinischen Fakultät **3.** in *Himmelsrichtung, Veranstaltung*; на ю́ге im Süden; на Кавкáзе im Kaukasus; на лéкции in der Vorlesung; на концéрте im Konzert **4.** in *zeitlich*; на э́той недéле diese Woche; на рассвéте in der Morgendämmerung; на пéрвом этáпе während der ersten Etappe **5.** mit *Fortbewegungsmittel*; летéть на самолёте mit dem Flugzeug fliegen; éхать на велосипéде radfahren; éхать на олéнях mit Rentierschlitten fahren **6.** mit *Ausstattung*; ю́бка на мóлнии [на резѝнке] Rock mit Reißverschluß [Gummizug]; тýфли на высóких каблукáх Schuhe mit hohen Absätzen; радиоприёмник на полупроводникáх Transistorradio; пальтó на мехý pelzgefütterter Mantel **7.** auf der Grundlage von *Rohstoff u. a.*; электростáнция рабóтает на бýром ýгле dieses Kraftwerk wird mit Braunkohle betrieben; мазь на вазелѝне Salbe auf Vaselinegrundlage **8.** *umg* an *reichliches Vorhandensein*; дырá на дырé Loch an Loch; ошѝбка на ошѝбке Fehler über Fehler **9.** *anhaben, aufhaben*; на нём был сѝний костю́м er hatte einen blauen Anzug an; на ней крáсная шлѝпка sie hat einen roten Hut auf **10.** *bei Musikinstrumenten*: игрáть на флéйте [скрѝпке] Flöte [Geige] spielen; игрá на фортепья́но Klavierspiel

²на! *Part umg* da nimm!, da hast du! ◇ вот тебé и на! da haben wir die Bescherung [den Salat]!

набáвить, -влю, -вишь; -вленный, -влен, -а *v* (auf den Preis) aufschlagen; (durch Aufschlag) erhöhen; ~ пять рублéй fünf Rubel aufschlagen; ~ плáту за помещéние die Miete erhöhen ‖ *uv* набавлѝть, -я́ю, -я́ешь

набáвка, -и *f* Zuschlag, Zulage

набавлѝть *uv zu* набáвить

набалдáшник, -а *m* Knauf *am Stock*

набаловáться, -лýюсь, -лýешься *v* sich austoben

набáлтывать *uv zu* ¹наболтáть

набальзамѝровать *v zu* бальзамѝровать

набáт, -а *m* Sturmläuten; бить в ~ Sturm läuten, Alarm schlagen *a. übtr*

набáтный, -ая, -ое Sturm-, Alarm-

набéг, -а *m* Überfall, Einfall; разбóйничий ~ Raubzug

набегáть, -áю, -áешь *uv* **1.** *uv zu* набежáть **2.** überfallen, angreifen **3.** *umg* Falten schlagen [werfen] *Kleider*

набе́гаться, -аюсь, -аешься *v umg* sich müde laufen

набедоку́рить, -рю, -ришь *v umg* Unheil stiften [anrichten]

на|бежа́ть* *v* **1.** на *A* (an)laufen, (an)rennen (gegen); волна́ набежа́ла на бе́рег die Welle schlug ans Ufer; набежа́ла ту́ча eine Wolke zog herauf **2.** *umg 1. u. 2. Pers Sg ungebr* zusammenströmen *Leute, Flüssigkeit* **3.** *1. u. 2. Pers ungebr* sich ansammeln *Geld u. a.* ‖ *uv* набега́ть, -а́ю, -а́ешь

набекре́нь *Adv umg* schief (aufgesetzt); наде́ть ша́пку ~ die Mütze schief aufsetzen

набели́ть, -елю́, -е́ли́шь; -елённый, -елён, -елена́ *v* **1.** weiß schminken **2.** weiß machen, bleichen

набели́ться, -елю́сь, -е́ли́шься *v* sich weiß schminken

на́бело *Adv* ins reine; переписа́ть ~ ins reine schreiben

на́бережная, -ой *Subst f* Kai, Uferstraße

набива́ть(ся) *uv zu* наби́ть(ся)

наби́вка, -и *f* **1.** Polstern, Ausstopfen **2.** Polsterung, Füllung **3.** (Textil-)Druck

набивно́й, -а́я, -о́е **1.** gestopft, gefüllt **2.** *text* Druck-, bedruckt

набира́ть(ся) *uv zu* набра́ть(ся)

наби́тый, -ая, -ое; *Kzf* -и́т, -а *umg* prall gefüllt, gepfropft voll; зал наби́т битко́м der Saal ist zum Brechen voll ◇ ~ дура́к *volksspr* ausgemachter Dummkopf

на|би́ть* *v* **1.** (aus)stopfen, füllen, (aus)polstern; ~ до отка́за vollstopfen, vollpfropfen; ~ табаку́ в тру́бку die Pfeife mit Tabak stopfen; ~ корзи́ну веща́ми den Korb mit Sachen vollstopfen **2.** на *A* aufschlagen; auftreiben *Reifen*; ~ о́бручи на бо́чку ein Faß binden **3.** *G Nägel* einschlagen *in bestimmter Menge* **4.** befestigen, festnageln **5.** *text* bedrucken *Stoff* **6.** *A oder G* schießen, erlegen *Wild* **7.** *umg Beule u. ä.* schlagen, *einen Körperteil* anschlagen; ~ ши́шку на лбу sich eine Beule an der Stirn schlagen **8.** *A oder G* viel zerschlagen ◇ ~ ру́ку на чём-н. in etw. Fertigkeit [Routine] bekommen, etw. im Griff haben; ~ це́ну на что́-н. den Preis einer Ware in die Höhe treiben; ~ (себе́) карма́н *übtr* sich die Taschen füllen ‖ *uv* набива́ть, -а́ю, -а́ешь

на|би́ться* *v* **1.** *1. u. 2. Pers ungebr* sich ansammeln; в ко́мнату [ко́мнате] наби́лось мно́го наро́ду das Zimmer ist [war] überfüllt von Menschen [voller Menschen] **2.** *umg* sich aufdrängen; ~ к кому́-н. в го́сти sich selbst bei j-m einladen ‖ *uv* набива́ться, -а́юсь, -а́ешься

наблюда́тель, -я *m* Beobachter

наблюда́тельность, -и *f* Beobachtungsgabe, Aufmerksamkeit

наблюда́тельный, -ая, -ое **1.** *Kzf* -лен, -льна aufmerksam, mit guter Beobachtungsgabe **2.** Beobachtungs-

наблюда́ть, -а́ю, -а́ешь *uv* **1.** *A oder* за *I* beobachten, betrachten, verfolgen; ~ за полётом пти́цы den Flug eines Vogels verfolgen [beobachten] **2.** за *I* beobachten, überwachen; beaufsichtigen; ~ за детьми́ auf die Kinder aufpassen; ~ за поря́дком auf Ordnung achten, für Ordnung sorgen **3.** beobachten, erforschen; ~ жизнь пчёл das Leben der Bienen erforschen **4.** *alt* einhalten, befolgen

наблюда́ться, *1. u. 2. Pers ungebr*, -а́ется *uv* sich beobachten lassen, zu beobachten sein, vorkommen

наблюде́ние, -я *n* **1.** Beobachtung **2.** Kontrolle, Aufsicht

на́божность, -и *f* Frömmigkeit

на́божный, -ая, -ое; *Kzf* -жен, -жна fromm

набо́йка, -и, *Pl G* -о́ек, *D* -о́йкам *f* **1.** Stopfen, Füllen **2.** *text* bedruckter Stoff; Druckmuster **3.** Schuhabsatz *unterste Schicht*

на́бок *Adv* auf die Seite, schief

наболе́вший, -ая, -ее **1.** empfindlich, wund; -ее ме́сто wunder Punkt **2.** dringend, aktuell; ~ вопро́с brennende Frage

наболе́ть, *1. u. 2. Pers ungebr*, -е́ет *v* durch dauernden Schmerz überempfindlich werden ◇ вы́сказать, что на душе́ наболе́ло offen sagen, was einen schon lange bedrückt

[1]**наболта́ть,** -а́ю, -а́ешь; набо́лтанный, -ан, -а *v A oder G umg* hineinrühren, -quirlen; ~ яиц в те́сто Eier in den Teig rühren ‖ *uv* наба́лтывать, -аю, -аешь

[2]**наболта́ть,** -а́ю, -а́ешь *v A oder G umg* (viel) zusammenschwatzen; ~ глу́постей Unsinn reden

набо́р, -а *m* **1.** Einstellung, Anwerbung *von Arbeitskräften* **2.** *mil* Anwerbung; Aushebung **3.** *typ* Satz; сдать в ~ in Satz geben **4.** Satz, Garnitur; чертёжный ~ Reißzeug;

шоколадный ~ Schachtel Pralinen ◇ ~ слов leere Worte

наборный, -ая, -ое **1.** *typ* Setz-; -ая касса Setzkasten **2.** -ая, -ой *Subst f typ* Setzerei

наборщик, -а *m typ* Setzer

[1]**набрасывать** *uv zu* набросать

[2]**набрасывать** *uv zu* набросить

набрасываться *uv zu* наброситься

на|брать*; набрана *v* **1.** *A oder G* (ein)-sammeln; aufnehmen; ~ воды в бутылку die Flasche mit Wasser füllen **2.** anwerben, einstellen, aufnehmen *Arbeitskräfte*; *mil* anwerben, ausheben; aufstellen **3.** *typ* setzen **4.** (zu einem Ganzen) zusammenstellen; ~ букет цветов einen Blumenstrauß zusammenstellen **5.**: ~ номер eine Telefonnummer wählen **6.** gewinnen, erreichen *Tempo, Höhe*; ~ скорость eine große Geschwindigkeit erreichen, auf Tempo kommen; ~ высоту *flug* (auf)steigen, Höhe gewinnen ◇ словно воды в рот ~ *umg* den Mund nicht auftun, keinen Ton sagen ‖ *uv* набирать, -аю, -аешь

на|браться*; -брались *v* **1.** *G 1. u. 2. Pers ungebr* sich ansammeln; набралось человек десять es hatten sich ungefähr zehn Mann eingefunden; у меня набралось десять рублей ich habe [hatte] zehn Rubel zusammen **2.**: ~ храбрости [смелости] Mut fassen; ~ сил Kräfte sammeln; ~ терпения Geduld fassen **3.** *G umg* sich aneignen, übernehmen; ~ предрассудков viele Vorurteile übernehmen; с кем поведёшься, от того и наберёшься *Sprichw* sage mir, mit wem du umgehst, und ich sage dir, wer du bist **4.**: на его расходы денег не наберёшься für seine Ausgaben kann man nicht genug Geld haben **5.** *volksspr* sich besaufen, sich vollaufen lassen ‖ *uv* набираться, -аюсь, -аешься

на|брести*; набредя *u. alt* набредши *v umg* **1.** zufällig stoßen (на *A* auf); ~ на чей-н. след auf j-s Spur geraten; ~ на интересную мысль auf einen interessanten Gedanken kommen **2.** *G meist unpers* sich ansammeln, sich einfinden

набронзировать, -рую, -руешь; -рованный, -рован, -а *v* bronzieren ‖ *uv* **набронзировывать,** -аю, -аешь

набросать, -аю, -аешь; набросанный, -ан, -а *v* **1.** *A oder G* vollwerfen; umherwerfen, werfen *in Mengen* **2.** skizzieren, entwerfen, umreißen *a. übtr* ‖ *uv* набрасывать, -аю, -аешь

набросить, -ошу, -осишь; -ошенный, -ошен, -а *v* umwerfen, überwerfen *Mantel, Tuch u. ä.*; ~ шаль на плечи die Stola um die Schultern legen ◇ ~ тень на кого-н. j-n kompromittieren ‖ *uv* набрасывать, -аю, -аешь

наброситься, -ошусь, -осишься *v* на *A* sich werfen, sich stürzen (auf), herfallen (über) *a. übtr* ‖ *uv* набрасываться, -аюсь, -аешься

набросок, -ска *m* Skizze, Entwurf

набрызгать, -аю, -аешь *v* bespritzen ‖ *uv* **набрызгивать,** -аю, -аешь

набрюшник, -а *m* Bauchbinde

набухать *uv zu* набухнуть

набухнуть, *1. u. 2. Pers ungebr*, -нет; набух, -ла *v* anschwellen, aufquellen ‖ *uv* набухать, -ает

навага, -и *f* Nawaga *Dorschart im Nördlichen Eismeer*

наваксить *v zu* ваксить

[1]**наваливать** *uv zu* навалить

[2]**наваливать** *uv zu* навалять

наваливаться *uv zu* навалиться

навалить, -алю, -алишь; -аленный, -ален, -а *v* **1.** на *A umg* daraufwälzen; aufladen **2.** *A oder G umg* hinschütten, aufhäufen; ~ дров в сарае Holz im Schuppen aufhäufen **3.**: ~ что-н. на кого-н. *umg* j-m etw. aufhängen, etw. auf j-n abwälzen **4.** *meist unpers volksspr G* herbeiströmen, zusammenkommen; народу много навалило es sind viele Menschen zusammengeströmt **5.** *A oder G*: много снега навалило *umg* es ist viel Schnee gefallen ‖ *uv* наваливать, -аю, -аешь

навалиться, -алюсь, -алишься *v* **1.** на *A* sich mit dem ganzen Körpergewicht legen (auf); ~ на вёсла sich in die Ruder legen **2.** на *A volksspr* herfallen (über), sich stürzen (auf); ~ на еду über das Essen herfallen **3.** *1. u. 2. Pers ungebr umg* in großer Menge fallen; навалилось много земли в ров es ist viel Erde in den Graben gerutscht ‖ *uv* наваливаться, -аюсь, -аешься

навалка, -и *f* Aufladen; в -у hingeschüttet, unverpackt

навалом *Adv* unverpackt; товар ~ lose Ware

навалять, -яю, -яешь; навалянный, -ян, -а *v* **1.** *A oder G in Menge* walken **2.** *A oder G in Menge* fällen *Holz* **3.** *volksspr* pfuschen, (hin)schludern ‖ *uv* наваливать, -аю, -аешь *zu* 1

навáр, -а *m* Fettaugen, -schicht; Brühe
навáривать *uv zu* навари́ть
навáристый, -ая, -ое; *Kzf* -ист, -а mit Fettaugen, kräftig
навари́ть, -арю́, -áришь; -áренный, -áрен, -а *v* **1.** на *A* anschweißen **2.** *A oder G* kochen *eine best. Menge*; ~ су́пу на нéсколько дней für einige Tage Suppe kochen ‖ *uv* навáривать, -аю, -аешь
навáрный, -ая, -ое; *Kzf* -рен, -рна *umg* fett, mit dicker Fettschicht
навевáть *uv zu* навéять
навéдаться, -аюсь, -аешься *v* к *D umg* kurz besuchen; vorsprechen (bei) ‖ *uv* навéдываться, -аюсь, -аешься
наведéние, -я *n* **1.** Induktion **2.** Richten *Geschütz*; *Fernrohr*; Lenkung *Raketenwaffen*; *flug* Leitung **3.**: ~ мóста Brückenschlag, -bau **4.** Auftragen *Farbe*; ~ лóска [гля́нца] Glasieren ◇ ~ спрáвок Einziehen von Erkundigungen
навéдываться *uv zu* навéдаться
на|везти́* *v* **1.** *A oder G* anfahren, heranschaffen **2.** на *A umg* fahren (gegen), anfahren (an) ‖ *uv* навози́ть, -ожу́, -óзишь
навéк(и) *Adv* für immer, auf ewig
навербовáть, -бу́ю, -бу́ешь; -бóванный, -бóван, -а *v* anwerben ‖ *uv* **навербóвывать,** -аю, -аешь
навéрно 1. *mod* wahrscheinlich, sicher **2.** *Adv* sicher, bestimmt; я знáю э́то ~ ich weiß das sicher
навéрное *mod* wahrscheinlich
наверну́ть, -ну́, -нёшь; навёрнутый, -ут, -а *v* на *A* **1.** an-, aufschrauben **2.** auf-, umwickeln ‖ *uv* навёртывать, -аю, -аешь
наверну́ться, *1. u. 2. Pers ungebr*, -нётся *v* **1.** sich aufwickeln **2.**: у неё на глазáх наверну́лись слёзы Tränen traten ihr in die Augen **3.** *volksspr* sich einfinden, auftauchen ‖ *uv* навёртываться, -ается
наверняка́ *Adv umg* sicher, bestimmt; дéйствовать ~ sichergehen
наверстáть, -áю, -áешь; навёрстанный, -ан, -а *v* aufholen, nachholen *das Versäumte* ‖ *uv* **навёрстывать,** -аю, -аешь
навертéть, -ерчу́, -éртишь; -éрченный, -éрчен, -а *v* **1.** aufwickeln, aufspulen **2.** *in best. Menge* bohren *Löcher*; durch Drehen herstellen ‖ *uv* навёртывать, -аю, -аешь *zu* 1 *u.* навéрчивать, -аю, -аешь *zu* 2
[1]**навёртывать** *uv zu* наверну́ть
[2]**навёртывать** *uv zu* навертéть
навёртываться *uv zu* наверну́ться
навéрх *Adv* nach oben, hinauf, herauf
наверху́ *Adv* oben
навéрчивать *uv zu* навертéть
навéс, -а *m* Schutzdach, Vordach; offener Schuppen; Überdachung; Vorsprung *Felsen*
навеселé *Adv umg* angeheitert, beschwipst
навéсить, -éшу, -éсишь; -éшенный, -éшен, -а *v* **1.** *A* an-, einhängen **2.** *A oder G in best. Menge* aufhängen ‖ *uv* навéшивать, -аю, -аешь
навéска, -и, *Pl G* -сок, *D* -скам *f* Aufhängen; Befestigen
навеснóй, -áя, -óе **1.** eingehängt, Einhänge- **2.** *landw* Anbau-; -óе ору́дие Anbaugerät
навéсный, -ая, -ое **1.** überhängend; -ая кры́ша Vordach, Schutzdach **2.** *mil* steil; ~ огóнь Steilfeuer
на|вести́* *v* **1.** на *A* hinführen **2.** *übtr* bringen, lenken (auf); ~ на мысль auf den Gedanken bringen; ~ на след auf die Spur bringen; ~ речь на чтó-н. die Rede auf etw. bringen **3.** *auf ein Ziel* richten; ~ ору́дие das Geschütz richten; ~ прожéктор на самолёт den Scheinwerfer auf das Flugzeug richten **4.** на *A* auftragen, überziehen; ~ гля́нец на чтó-н. etw. glasieren; polieren; ~ на себя́ красоту́ *umg* sich hübsch machen ◇ ~ ску́ку на когó-н. j-n langweilen; ~ страх на когó-н. j-m Furcht einjagen; ~ мост eine Brücke schlagen [bauen]; ~ поря́док Ordnung schaffen; ~ спрáвку о кóм-н. [о чём-н.] Erkundigungen einziehen über j-n [etw.]; ~ кри́тику на когó-н. j-n scharf kritisieren ‖ *uv* наводи́ть, -ожу́, -óдишь; э́то навóдит на размышлéния das läßt tief blicken, das gibt einem zu denken
навести́ть, -ещу́, -ести́шь; -ещённый, -ещён, -ещенá *v* besuchen, aufsuchen ‖ *uv* навещáть, -áю, -áешь
навéтренный, -ая, -ое: -ая сторонá Windseite, Luv
навéчно *Adv* auf ewig, für immer
[1]**навéшать,** -аю, -аешь; -анный, -ан, -а *v in best. Menge* aufhängen ‖ *uv* навéшивать, -аю, -аешь
[2]**навéшать,** -аю, -аешь; -анный, -ан, -а *v in best. Menge* abwiegen ‖ *uv* навéшивать, -аю, -аешь
[1]**навéшивать** *uv zu* навéсить *u.* [1]навéшать

[2]навéшивать *uv zu* [2]навéшать
навещáть *uv zu* навести́ть
навéять, -éю, -éешь *v* **1.** heranwehen; ~ прохлáду Kühle zuwehen **2.** hervor-, wachrufen; ~ тоску́ [грусть] на когó-н. j-n wehmütig stimmen ‖ *uv* навевáть, -áю, -áешь
нáвзничь *Adv* rücklings; auf den [dem] Rücken
навзры́д *Adv*: плáкать ~ laut schluchzen
навивáть *uv zu* нави́ть
навигациóнный, -ая, -ое Navigations-
навигáция, -и *f* **1.** Schiffahrt **2.** Navigation
навидáться, -áюсь, -áешься *v G umg* viel sehen, viel erleben
навинти́ть, -нчу́, -нти́шь; нави́нченный, -ен, -а *v* auf-, anschrauben ‖ *uv* **нави́нчивать,** -аю, -аешь
нависáть *uv zu* нави́снуть
нави́слый, -ая, -ое *umg* herabhängend; überhängend
нави́снуть, *1. u. 2. Pers ungebr*, -нет; нави́с, -ла *v* **1.** überhängen, vorspringen **2.** *übtr* над *I* drohend schweben, (be)drohen; нави́сла опáсность eine Gefahr droht ‖ *uv* нависáть, -áет
нави́сший, -ая, -ее überhängend, vorspringend; drohend; -ие брóви buschige Augenbrauen
на|ви́ть* *v* **1.** aufwickeln, aufspulen **2.** durch Winden *oder* Flechten herstellen **3.** *volksspr* anwehen **4.** *gbt* mit der Gabel aufladen ‖ *uv* навивáть, -áю, -áешь
навлекáть *uv zu* навлéчь
на|влéчь* *v* на *A übtr* ziehen, lenken (auf); ~ на себя́ чтó-н. sich etw. zuziehen; ~ подозрéние на когó-н. den Verdacht auf j-n lenken ‖ *uv* навлекáть, -áю, -áешь
наводи́ть *uv zu* навести́
навóдка, -и *f* **1.** *mil* Richten, Zielen; прямóй -ой in direktem Beschuß **2.** Einstellung; ~ на рéзкость *phot* Schärfeneinstellung **3.**: ~ мóста Brückenbau **4.** Auftragen *Farben*
наводнéние, -я *n* Überschwemmung, Hochwasser
наводни́ть, -ню́, -ни́шь; -нённый, -нён, -ненá *v I* überschwemmen ‖ *uv* наводня́ть, -я́ю, -я́ешь
наводнóй, -áя, -óе: ~ мост Pontonbrücke
наводня́ть *uv zu* наводни́ть
навóдчик, -а *m* **1.** Richtschütze, -kanonier **2.**: ~ лáка Lackierer
наводя́щий, -ая, -ее: ~ вопрóс andeutende Frage, Suggestivfrage
навóз, -а *m* Mist, Stalldünger
навóзить, -óжу, -óзишь; -óженный, -óжен, -а *uv* mit Stallmist düngen
навози́ть *uv zu* навезти́
навóзник, -а *m zool* Mistkäfer
навóзный, -ая, -ое Mist-; -ая ку́ча Misthaufen
навóй, -я, *G Pl* -ев *m* **1.** Aufwickeln **2.** *text* Weberbaum
нáволока, -и *f umg* Kissenbezug
нáволочка, -и, *Pl G* -чек, *D* -чкам *f* Kissenbezug
наворáживать *uv zu* наворожи́ть
наворáчивать, -аю, -аешь *uv* **1.** *uv zu* навороти́ть **2.** *volksspr* tüchtig zulangen *beim Essen*
наворожи́ть, -жу́, -жи́шь; -жённый, -жён, -женá *v volksspr* wahrsagen, zaubern ‖ *uv* наворáживать, -аю, -аешь
навороти́ть, -рочу́, -рóтишь; -рóченный, -рóчен, -а *v* unordentlich an-, aufhäufen ‖ *uv* наворáчивать, -аю, -аешь
наворсовáть *uv zu* ворсовáть
навостри́ть, -рю́, -ри́шь; -рённый, -рён, -ренá *v volksspr* scharf machen; ~ у́ши die Ohren spitzen, lauschen
навостри́ться, -рю́сь, -ри́шься *v volksspr* Geschicklichkeit [Fertigkeit] erlangen; Fähigkeiten erwerben
навощи́ть, -щу́, -щи́шь; -щённый, -щён, -щенá *v* wachsen; bohnern
на|врáть* *v umg A oder G* **1.** (vor)lügen **2.** *meist mit* на *A* verleumden **3.** *meist mit* в *P* Fehler machen (bei, in)
навреди́ть, -ежу́, -еди́шь *v D umg* viel Schaden zufügen
навря́д ли *u. alt* **навря́д** *Adv umg* kaum, schwerlich
навсегдá *Adv* für immer; раз ~ ein für allemal
навстрéчу *Adv, a. Präpos mit D* entgegen; идти́ ~ кому́-н. j-m entgegengehen; *übtr* j-m entgegenkommen
навы́ворот *Adv volksspr* **1.** umgekehrt, mit der Innenseite nach außen **2.** verkehrt, entgegengesetzt
нáвык, -а *m* Fertigkeit; *Pl* Routine, Übung; -и у́стной рéчи Sprechfertigkeit; у негó большóй ~ в перевóде er hat große Übung im Übersetzen
навы́кат(е): глазá ~ hervorquellende Augen, Glotzaugen
навы́лет *Adv*: он рáнен ~ er hat einen

Durchschuß; ране́ние ~ Durchschuß
навы́нос *Adv*: продава́ть (пи́во) ~ *umg* (Bier) über die Straße verkaufen
навы́пуск *Adv* nicht in die Stiefelschäfte gesteckt *Hose*; nicht in die Hose [den Rock] gesteckt *Hemd, Bluse*
навы́рез *Adv* (etw.) als Kostprobe abschneiden
навы́тяжку *Adv*: стоя́ть ~ strammstehen
навью́чивать(ся) *uv zu* навью́чить(ся)
навью́чить, -чу, -чишь; -ченный, -чен, -а *v* beladen, bepacken || *uv* навью́чивать, -аю, -аешь
навью́читься, -чусь, -чишься *v volksspr I* sich bepacken || *uv* навью́чиваться, -аюсь, -аешься
[1]**на|вяза́ть*** *v* 1. на *A* an-, umbinden 2. aufdrängen, aufzwingen; ~ реше́ние einen Beschluß durchdrücken 3. *A oder G* stricken; häkeln || *uv* навя́зывать, -аю, -аешь
[2]**навяза́ть** *uv zu* навя́знуть
на|вяза́ться* *v D umg* sich aufdrängen || *uv* навя́зываться, -аюсь, -аешься
навя́знуть, *1. u. 2. Pers ungebr*, -нет; навя́з, -ла *v* hängen-, klebenbleiben ◇ э́то навя́зло у меня́ в зуба́х *umg* das hängt mir zum Hals heraus || *uv* навяза́ть, -а́ет
навя́зчивый [ящи], -ая, -ое; *Kzf* -ив, -а aufdringlich; -ая иде́я Zwangsvorstellung, fixe Idee
навя́зывать *uv zu* [1]навяза́ть
навя́зываться *uv zu* навяза́ться
нага́дить *v zu* га́дить
нага́йка, -и, *Pl G* -га́ек, *D* -га́йкам *f* Nagaika, Riemenpeitsche
нага́н, -а *m* (Nagan-) Revolver
нага́р, -а *m* Lichtschnuppe, abgebrannter Docht; порохово́й ~ Pulverrückstand *im Gewehrlauf*
Нагаса́ки *m idkl* Nagasaki
нагиба́ть(ся) *v zu* нагну́ть(ся)
нагишо́м *Adv umg* splitternackt
нагла́зник, -а *m* 1. Augenbinde, Augenklappe 2. Scheuklappe *für Pferde*
нагле́ть, -е́ю, -е́ешь *uv* frech werden
нагле́ц, -а́, *I* -о́м, *G Pl* -о́в *m* Frechdachs
на́глость, -и *f* Frechheit, Unverschämtheit; э́то верх -и! das ist die Höhe!, das ist ein starkes Stück!
наглота́ться, -а́юсь, -а́ешься *v G* viel geschluckt haben
на́глухо *Adv* dicht, fest (zugemacht *oder* zugeknöpft)
на́глый, -ая, -ое; *Kzf* нагл, -а́! frech, unverschämt
нагляде́ться, -яжу́сь, -яди́шься *v* sich satt sehen (на *A* an)
нагля́дный, -ая, -ое 1. *Kzf* -ден, -дна anschaulich, überzeugend 2. Anschauungs-; -ые посо́бия Anschauungsmaterial
наглянцева́ть, -цу́ю, -цу́ешь; -цо́ванный, -цо́ван, -а *v* polieren
нагна́иваться *uv zu* нагнои́ться
на|гна́ть* *v* 1. einholen, erreichen *a. übtr* 2. auf-, nachholen *Versäumtes* 3. *umg* einflößen (что́-н. *oder* чего́-н. на кого́-н. j-m etw.); ~ стра́ху на дете́й den Kindern Angst einjagen; ~ тоску́ langweilen; ~ сон на кого́-н. j-n einschläfern 4. *A oder G umg* zusammentreiben 5. *A oder G* destillieren, brennen; ~ спи́рту Spiritus brennen ◇ ~ це́ну den Preis hochtreiben || *uv* нагоня́ть, -я́ю, -я́ешь
на|гнести́* *v* unter Druck komprimieren, zusammenpressen, -drücken; ~ давле́ние den Druck erhöhen || *uv* нагнета́ть, -а́ю, -а́ешь
нагнета́тельный, -ая, -ое *tech* Druck-; ~ насо́с Druckpumpe
нагнета́ть *uv zu* нагнести́
нагное́ние, -я *n* 1. (Ver-) Eiterung 2. vereiterte Stelle, Eiterbeule
нагнои́ться, *1. u. 2. Pers ungebr*, -и́тся *v* vereitern || *uv* нагна́иваться, -ается
нагну́ть, -ну́, -нёшь; на́гнутый, -ут, -а *v* beugen, biegen, neigen || *uv* нагиба́ть, -а́ю, -а́ешь
нагну́ться, -ну́сь, -нёшься *v* sich beugen, sich bücken, sich neigen || *uv* нагиба́ться, -а́юсь, -а́ешься
догова́ривать(ся) *uv zu* наговори́ть(ся)
наговóр, -а *m* 1. *umg* Verleumdung 2. Verhexung, Besprechung mit Zauberformeln
наговори́ть, -рю́, -ри́шь; -рённый, -рён, -рена́ *v* 1. *A oder G* zusammenschwatzen, viel reden; ~ ра́зной чепухи́ allen möglichen Unsinn zusammenschwatzen; ~ с три ко́роба j-m die Hucke voll reden, viel zusammenreden 2. на *A umg* verleumden; klatschen (über) 3. besprechen; ~ пласти́нку eine Platte besprechen; ~ текст на плёнку einen Text auf Band sprechen || *uv* growова́ривать, -аю, -аешь

наговори́ться, -рю́сь, -ри́шься *v umg* sich ausgiebig unterhalten ‖ *uv* нагова́риваться, -аюсь, -аешься

наго́й, -а́я, -о́е; *Kzf* наг, -а́! nackt; kahl, bloß

на́голо́ *Adv* 1. ganz kahl; остри́чь ~ kahl scheren 2. (наголо́) (blank)gezogen *Säbel*

на́голову *Adv*: разби́ть ~ völlig zerschlagen, aufs Haupt schlagen

наголода́ться, -а́юсь, -а́ешься *v umg* lange hungern, ausgehungert sein

нагоня́й, -я, *G Pl* -ев *m umg* Rüffel, Anschnauzer

нагоня́ть *uv zu* нагна́ть

на-гора́ *Adv berg*: вы́дать у́голь ~ Kohle fördern; подня́ться ~ ausfahren

нагора́живать *uv zu* нагороди́ть

нагора́ть *uv zu* нагоре́ть

нагоре́ть, -и́т *v* 1. *1. u. 2. Pers ungebr* Ruß ansetzen 2. *unpers G umg* verbraucht werden *Brennstoff, Strom* 3. *unpers volksspr*: нагори́т тебе́ за э́то dafür wirst du schon dein Fett bekommen; мне нагоре́ло ich habe einen Rüffel bekommen ‖ *uv* нагора́ть, -а́ет

Нагóрно-Карабáхская автонóмная óбласть Autonomes Gebiet Berg-Karabach

наго́рный, -ая, -ое Berg-, hochgelegen; -ая страна́ Gebirgsland; ~ бе́рег Bergufer

нагороди́ть, -ожу́, -о́ди́шь; -о́женный, -о́жен, -а *v A oder G umg* 1. *in best. Menge* bauen, errichten 2. *volksspr* aufhäufen, auftürmen 3.: ~ чепухи́ [вздо́ра] *volksspr* Unsinn zusammenreden [-schreiben] ‖ *uv* нагора́живать, -аю, -аешь

наго́рье, -ья *n* Hochland, -ebene

нагота́, -ы́ *f* Nacktheit, Blöße

нагота́вливать *uv zu* нагото́вить

наготове *Adv* bereit, in Bereitschaft

нагото́вить, -влю, -вишь; -вленный, -влен, -а *v A oder G in Menge* vorbereiten, zubereiten; auf Vorrat anschaffen ‖ *uv* нагота́вливать, -аю, -аешь

награ́бить, -блю, -бишь; -бленный, -блен, -а *v A oder G* zusammenrauben, -raffen

награвирова́ть, -ру́ю, -ру́ешь; -ро́ванный, -ро́ван, -а *v* gravieren

награ́да, -ы *f* Belohnung, Auszeichnung; в -у zur Belohnung

награди́ть, -ажу́, -ади́шь; -аждённый ,-аждён, -аждена́ *v* 1. belohnen, auszeichnen; ~ о́рденом mit einem Orden auszeichnen 2. *1. u. 2. Pers ungebr übtr* ausstatten, bedenken; приро́да награди́ла его́ отли́чными спосо́бностями die Natur hat ihn mit ausgezeichneten Gaben bedacht ‖ *uv* награжда́ть, -а́ю, -а́ешь

наградно́й, -а́я, -о́е 1. Prämien-; ~ спи́сок Verzeichnis der Prämienempfänger 2. -ы́е, -ы́х *Subst Pl* Geldprämie, Gratifikation

награжда́ть *uv zu* награди́ть

награжде́ние, -я *n* Belohnung; Auszeichnung

нагре́в, -а *m* 1. Erwärmung, Erhitzung 2. Heizung, Feuerung; Heizfläche

нагрева́ние, -я *n* Erwärmung, Erhitzung

нагрева́тель, -я *m tech* Heizkörper

нагрева́тельный, -ая, -ое Wärme-, Heiz-; ~ прибо́р Heizgerät

нагрева́ть(ся) *uv zu* нагре́ть(ся)

нагре́ть, -е́ю, -е́ешь; -е́тый, -е́т, -а *v* 1. erwärmen; erhitzen 2. *volksspr* betrügen, hintergehen ◇ ~ **ру́ки** sein Schäfchen ins Trockene bringen ‖ *uv* нагрева́ть, -а́ю, -а́ешь

нагре́ться, -е́юсь, -е́ешься *v* sich erwärmen, sich erhitzen; erwärmt [erhitzt] werden ‖ *uv* нагрева́ться, -а́юсь, -а́ешься

нагримирова́ться, -ру́юсь, -ру́ешься *v* sich schminken

нагроможда́ть *uv zu* нагромозди́ть

нагроможде́ние, -я *n* 1. Aufhäufen, -türmen 2. unordentliche Aufhäufung, Durcheinander, chaotischer Haufen

нагромозди́ть, -зжу́, -зди́шь; нагромождённый, -ён, -ена́ *v A oder G* aufhäufen, -türmen ‖ *uv* нагромажда́ть, -а́ю, -а́ешь

нагруби́ть, -блю́, -би́шь *v D* Grobheiten sagen

нагру́дник, -а *m* 1. Lätzchen *für Kinder* 2. Brustpanzer *Rüstung* 3. Brustpolster *Fechten*

нагру́дный, -ая, -ое Brust-

нагружа́ть *uv zu* нагрузи́ть

нагрузи́ть, -ужу́, -у́зи́шь; -у́женный, -у́жен, -а *u.* -ужённый, -ужён, -ужена́ *v* 1. *I* auf-, beladen; verladen 2.: ~ кого́-н. че́м-н. j-n mit etw. belasten, j-m etw. aufbürden ‖ *uv* нагружа́ть, -а́ю, -а́ешь

нагру́зка, -и, *Pl G* -зок, *D* -зкам *f* 1. Beladen; Verladen 2. Last, Fracht 3. Belastung *a. tech*; Auslastung; **рабо́тать с (не)по́лной -ой (nicht)**

voll ausgelastet sein; испытáние -ой Belastungsprobe 3. Stundensoll, -zahl; Arbeit, Verpflichtung; общéственная ~ *umg* gesellschaftliche Arbeit

нагрязни́ть, -ню́, -ни́шь; -нённый, -нён, -нена́ *v* Schmutz machen

нагря́нуть, -ну, -нешь *v* unverhofft kommen, überraschen

нагу́ливаться *uv zu* нагуля́ться

нагуля́ться, -я́юсь, -я́ешься *v* genügend lange spazieren gehen ‖ *uv* нагу́ливаться, -аюсь, -аешься

над *u. vor einigen Konsonantenverbindungen* **надо,** *Präpos mit I* über *örtlich*; карти́на виси́т ~ дива́ном das Bild hängt über dem Sofa; пове́сить карти́ну ~ дива́ном das Bild über das Sofa hängen; надо мной über mir ◇ рабо́тать ~ кни́гой an einem Buch arbeiten; скуча́ть ~ кни́гой sich beim Lesen des Buches langweilen

на|дава́ть* *v A oder G umg* reichlich geben; ~ кому́-н. поруче́ний j-m viele Aufträge erteilen

надави́ть, -авлю́, -а́вишь; -а́вленный, -а́влен, -а *v* 1. *A oder* на *A* drücken (auf) 2. *A oder G in best. Menge* herauspressen 3. *A oder G umg* zerdrücken, -quetschen, töten ‖ *uv* **нада́вливать,** -аю, -аешь

нада́ивать *uv zu* надои́ть

надба́вить, -влю, -вишь; -вленный, -влен, -а *v A oder G umg* erhöhen; aufschlagen; zulegen ‖ *uv* надбавля́ть, -я́ю, -я́ешь

надба́вка, -и, *Pl G* -вок, *D* -вкам *f* Aufschlag, Zuschlag

надбавля́ть *uv zu* надба́вить

надбива́ть *uv zu* надби́ть

над|би́ть*, надобью́ *v umg* leicht anschlagen ‖ *uv* надбива́ть, -а́ю, -а́ешь

надвига́ть(ся) *uv zu* надви́нуть(ся)

надви́нуть, -ну, -нешь; -нутый, -нут, -а *v* на *A* schieben, rücken; aufsetzen; ~ ша́пку на лоб die Mütze in die Stirn rücken ‖ *uv* надвига́ть, -а́ю, -а́ешь

надви́нуться, -нусь, -нешься *v* heraufziehen, heranrücken, sich nähern; надвига́ется гроза́ ein Gewitter ist im Anzug ‖ *uv* надвига́ться, -а́юсь, -а́ешься

надво́дный, -ая, -ое Überwasser-

на́двое *Adv* entzwei; разре́зать ~ in zwei Teile schneiden

надво́рный, -ая, -ое Hof-; ~ сове́тник *alt* Hofrat

над|вяза́ть* *v* 1. anstricken; anhäkeln 2. dazu-, anbinden ‖ *uv* **надвя́зывать,** -аю, -аешь

надгорта́нник, -а *m* Kehlkopfdeckel

надгро́бный, -ая, -ое Grab-; ~ ка́мень Grabstein

надгрыза́ть *uv zu* надгры́зть

над|гры́зть* *v* annagen, benagen ‖ *uv* надгрыза́ть, -а́ю, -а́ешь

наддава́ть *uv zu* надда́ть

над|да́ть* *v volksspr* 1. hinzufügen; ~ жа́ру Dampf dahintermachen 2. erhöhen *Geschwindigkeit* ‖ *uv* над|дава́ть*

надебоши́рить, -рю, -ришь *v umg* Radau machen, randalieren

надева́ть *uv zu* наде́ть

наде́жда, -ы *f* Hoffnung; пита́ть -у eine Hoffnung hegen; оста́вить -у die Hoffnung aufgeben; подава́ть больши́е наде́жды zu großen Hoffnungen berechtigen

Наде́жда, -ы *f weibl Vn*

надёжный, -ая, -ое; *Kzf* -жен, -жна zuverlässig, sicher

наде́л, -а *m* Landanteil *der im vorrevolutionären Rußland einer Bauernfamilie aus dem Gemeindeland zur Nutzung zugeteilt wurde*

наде́лать, -аю, -аешь; -анный, -ан, -а *v A oder G* 1. *in best. Menge* machen, anfertigen 2. machen, anrichten, verursachen; что ты наде́лал? was hast du angerichtet?; ~ шу́му viel Lärm machen, viel Staub aufwirbeln; ~ хлопо́т кому́-н. j-m viel zu schaffen machen; ~ глу́постей Dummheiten machen

надели́ть, -лю́, -ли́шь; -лённый, -лён, -лена́ *v I* zuteilen; versehen (mit), ausstatten (mit); ~ крестья́н землёй den Bauern Land zuteilen; ~ пода́рками Geschenke verteilen ‖ *uv* **наделя́ть,** -я́ю, -я́ешь

На́денька, -и *f Dem zu* Наде́жда

надёргать, -аю, -аешь; -анный, -ан, -а *v A oder G* 1. zupfen, ausreißen 2. *übtr umg* wahllos herausgreifen ‖ *uv* [1]**надёргивать,** -аю, -аешь

[2]**надёргивать** *uv zu* надёрнуть

надерзи́ть, *1. Pers ungebr*, -и́шь *v umg* Grobheiten sagen

надёрнуть, -ну, -нешь; -нутый, -нут, -а *v umg* schnell überwerfen, anziehen; ~ на себя́ одея́ло sich eine Decke überwerfen ‖ *uv* надёргивать, -аю, -аешь

на|де́ть* *v* anziehen, überziehen, aufsetzen; anlegen; anstecken; ~ ша́пку (на́ голову) eine Mütze aufsetzen; ~ кольцо́ (на па́лец) den Ring anstecken; ~ чехлы́ на ме́бель die Möbel mit Überzügen bedecken; ~ на кого́-н. кандалы́ j-m Fesseln anlegen; что бы́ло на ней наде́то? was hatte sie an? ‖ *uv* надева́ть, -а́ю, -а́ешь; надёванный, -ан, -а

наде́яться, -е́юсь, -е́ешься *uv* 1. на *A oder mit Inf oder mit Konj* что hoffen; ~ на по́мощь auf Hilfe hoffen 2. на *A* sich verlassen (auf), vertrauen (auf); я на тебя́ наде́юсь ich verlasse mich auf dich

надзе́мный, -ая, -ое über der Erde (befindlich); -ое сооруже́ние Hochbau; -ая желе́зная доро́га Hochbahn

надзира́тель, -я *m* Aufseher

надзира́ть, -а́ю, -а́ешь *uv* за *I* beaufsichtigen, überwachen

надзо́р, -а *m* Aufsicht (за *I* über); санита́рный ~ Sanitätsinspektion

надиви́ться, -влю́сь, -ви́шься *v D oder* на *A umg* genug bewundern, sich nicht genug wundern (über); не могу́ ~ его́ уму́ ich kann seinen Verstand nicht genug bewundern

надира́ть *uv zu* надра́ть

надка́лывать *uv zu* надколо́ть

надкла́ссовый, -ая, -ое über den Klassen stehend

надколе́нный, -ая, -ое: -ая ча́шка *anat* Kniescheibe

над|коло́ть* *v* 1. leicht aufspalten, anspalten 2. anstechen ‖ *uv* надка́лывать, -аю, -аешь

надко́стница [сн], -ы, *I* -ей *f anat* Knochenhaut

надкуси́ть, -ушу́, -у́сишь; -у́шенный, -у́шен, -а *v* anbeißen ‖ *uv* **надку́сывать,** -аю, -аешь

надла́мывать(ся) *uv zu* надломи́ть(ся)

надлежа́ть, -и́т; -а́ло *unpers D mit Inf buchspr* man muß, man soll; вам надлежи́т яви́ться Sie haben zu erscheinen

надлежа́щий, -ая, -ее *buchspr* gehörig, gebührend, entsprechend; -им о́бразом entsprechend; в ~ срок termingemäß

надло́м, -а *m* Bruch, angebrochene Stelle

надломи́ть, -омлю́, -о́мишь; -о́мленный, -о́млен, -а *v* 1. anbrechen, (an)knicken 2. *übtr* brechen, untergraben, erschüttern ‖ *uv* надла́мывать, -аю, -аешь

надломи́ться, -омлю́сь, -о́мишься *v* 1. *1. u. 2. Pers ungebr* angebrochen [angeknickt] werden 2. *übtr* einen Knacks abbekommen, geschwächt werden ‖ *uv* надла́мываться, -аюсь, -аешься

надме́нный, -ая, -ое; *Kzf* -е́нен, -е́нна hochmütig, anmaßend, arrogant

[1]**на́до** *prädikativ* 1. *D mit Inf* es ist notwendig, man muß; мне ~ идти́ на по́чту ich muß auf die Post gehen 2. *A oder G* brauchen, nötig haben; мне ~ воды́ ich brauche Wasser ◇ так тебе́ и ~! das geschieht dir ganz recht!; ~ быть *volksspr* anscheinend, wahrscheinlich; (ведь) ~ же! *umg* war das denn nötig!; ~ же ему́ сде́лать таку́ю глу́пость? mußte er denn so eine Dummheit machen?; что ~ *volksspr* sehr gut; мука́ – что ~ das Mehl ist sehr gut; о́чень-то мне ~! *umg iron* das habe ich wohl sehr nötig!

[2]**надо** ↑ над

на́добно *unpers prädikativ alt u. volksspr* 1. *D mit Inf* es ist notwendig, man muß 2. *A oder G* brauchen, nötig haben

на́добность, -и *f* Notwendigkeit, Bedürfnis; в слу́чае -и nötigenfalls; по ме́ре -и je nach Bedarf; име́ть ~ в чём-н. etw. nötig haben, etw. brauchen

надоеда́ть *uv zu* надое́сть

надое́дливый, -ая, -ое; *Kzf* -ив, -а lästig, aufdringlich; langweilig

надо|е́сть* *v D* langweilen, lästig [überdrüssig] werden; мне э́то надое́ло ich habe es satt; он мне надое́л свои́ми про́сьбами ich habe seine (dauernden) Bitten satt ‖ *uv* надоеда́ть, -а́ю, -а́ешь

надои́ть, -ою́, -о́ишь; -о́енный, -о́ен, -а *v A oder G* melken; ~ ведро́ молока́ einen Eimer Milch melken ‖ *uv* нада́ивать, -аю, -аешь

надо́й, -я, *G Pl* -ев *m* Milchertrag

надо́лго *Adv* auf lange Zeit

надо́мница, -ы, *I* -ей *f* Heimarbeiterin

надо́мный, -ая, -ое zu Hause gearbeitet; -ая рабо́та Heimarbeit

надо|рва́ть*; надо́рванный, -ан, -а *v* 1. anreißen, einreißen 2. *übtr* überanstrengen *Organe*; ~ живо́т sich verheben; ~ си́лы sich überanstrengen, sich durch Überanstrengung Schaden holen ◇ ~ живо́т(ики) со сме́ху *volksspr* sich krank [tot] lachen ‖ *uv* надрыва́ть, -а́ю, -а́ешь; надрыва́ть гло́тку [го́рло] *volksspr* laut schreien, sprechen, singen *u. ä.*

надо|рва́ться*; -рва́ли́сь *v* 1. (ein bißchen) einreißen 2. *umg* sich körperlich schaden, sich überanstrengen 3.: она́ вну́тренне надорвала́сь sie ist innerlich zerbrochen || *uv* надрыва́ться, -а́юсь, -а́ешься *zu* 1

надоу́мить, -млю, -мишь; -мленный, -млен, -а *v A umg* auf einen Gedanken bringen, raten (j-m) || *uv* **надоу́мливать,** -аю, -аешь

надпеча́тка ,-и *f* Überdruck *auf Briefmarken*

надпи́ливать *uv zu* надпили́ть

надпили́ть, -пилю́, -пили́шь *u. umg* -пи́лишь; -пи́ленный, -пи́лен, -а *v* ansägen; anfeilen || *uv* надпи́ливать, -аю, -аешь

над|писа́ть* *v* beschriften; daraufschreiben || *uv* **надпи́сывать,** -аю, -аешь

на́дпись, -и *f* Über-, Aufschrift; Inschrift

надпо́чечный, -ая, -ое Nebennieren-

на|дра́ть* *v* abreißen, abschälen; ~ себе́ ру́ки sich die Hände aufreißen; ~ у́ши кому́-н. *volksspr* j-n an den Ohren ziehen || *uv* надира́ть, -а́ю, -а́ешь

надре́з, -а *m* Einschnitt, Kerbe

над|ре́зать* *v* ein wenig an-, einschneiden || *uv* **надреза́ть,** -а́ю, -а́ешь *u.* **надре́зывать,** -аю, -аешь

надруга́тельство, -а *n* Beschimpfung

надруга́ться, -а́юсь, -а́ешься *v* над *I* beschimpfen, beleidigen

надры́в, -а *m* 1. leichter Riß 2. Überanstrengung ◇ с -ом krampfhaft

надрыва́ть *uv zu* надорва́ть

надрыва́ться, -а́юсь, -а́ешься *uv* 1. *uv zu* надорва́ться 2. sich anstrengen, alles daransetzen

надры́вистый, -ая, -ое; *Kzf* -ист, -а krampfhaft, heftig, überreizt

надры́вный, -ая, -ое; *Kzf* -вен, -вна überspannt; hysterisch

надсади́ться, -сажу́сь, -са́дишься *v volksspr* sich überanstrengen, sich überheben

надса́живаться, -аюсь, -аешься *uv volksspr* sich überanstrengen

надсма́тривать, -аю, -аешь *uv* над *I oder* за *I* beobachten, beaufsichtigen, aufpassen (auf)

надсмо́тр, -а *m* Aufsicht, Beaufsichtigung

надсмо́трщик, -а *m* Aufseher

надста́вить, -влю, -вишь; -вленный, -влен, -а *v* ansetzen, länger machen || *uv* надставля́ть, -я́ю, -я́ешь

надста́вка, -и, *Pl G* -вок, *D* -вкам *f* 1. Ansetzen, Anstücken 2. angesetztes Stück

надставля́ть *uv zu* надста́вить

надставно́й, -а́я, -о́е angesetzt; zum Ansetzen, Ansatz-

надстра́ивать *uv zu* надстро́ить

надстро́ить, -о́ю, -о́ишь; -о́енный, -о́ен, -а *v arch v* aufstocken || *uv* надстра́ивать, -аю, -аешь

надстро́йка, -и, *Pl G* -о́ек, *D* -о́йкам *f* 1. Aufstocken 2. Aufbau *auf etw.*, Aufstockung, Aufgestocktes 3. *phil* Überbau

надстро́чный, -ая, -ое über der Zeile (befindlich); ~ знак diakritisches Zeichen

надтре́снутый, -ая, -ое; *Kzf* -ут, -а angesprungen; ~ го́лос brüchige Stimme

надува́тельский, -ая, -ое *umg* betrügerisch

надува́тельство, -а *n umg* Betrug

надува́ть(ся) *uv zu* наду́ть(ся)

надувно́й, -а́я, -о́е Luft-, aufblasbar; -а́я поду́шка Luftkissen; -а́я ло́дка Schlauchboot

наду́льник, -а *m mil* 1. Mündungskappe, -schoner *bei Waffen* 2. Bezug für Rohrmündung

наду́манный, -ая, -ое; *Kzf* -ан, -анна ausgeklügelt, ausgedacht; unnatürlich, gekünstelt

наду́мать, -аю, -аешь; -анный, -ан, -а *v mit Inf umg* sich entschließen, zu dem Entschluß kommen; ausdenken

наду́тый, -ая, -ое; *Kzf* -у́т, -а *umg* 1. aufgeblasen, hochnäsig; ~ слог schwülstiger Stil 2. beleidigt, mürrisch

на|ду́ть* *v* 1. aufblasen, aufpumpen; ~ ка́меру einen Schlauch aufpumpen; ве́тер наду́л па́рус der Wind blähte das Segel auf 2. *unpers* во что́-н. kalt hereinziehen; у меня́ наду́ло в у́хо *umg* ich habe mir durch Zugluft Ohrenreißen geholt 3. *volksspr* anschwindeln, betrügen ◇ ~ гу́бы *volksspr* schmollen, beleidigt tun || *uv* надува́ть, -а́ю, -а́ешь

на|ду́ться* *v* 1. sich aufblähen, sich mit Luft füllen 2. *umg* sich aufblasen, eingebildet werden 3. *umg* schmollen, beleidigt tun 4. *volksspr G* zu viel trinken; ~ ча́ю zu viel Tee trinken || *uv* надува́ться, -а́юсь, -а́ешься

надуши́ть, -ушу́, -у́шишь; -у́шенный, -у́шен, -а *u.* -ушённый, -ушён, -ушена́ *v* parfümieren

надыми́ть, -млю́, -ми́шь *v* vollrauchen

надыша́ться, -ышу́сь, -ы́шишься *v I* sich sattatmen ◇ она́ не надышится на своего́ ребёнка vor lauter Liebe zu ihrem Kind bringt sie sich fast um

На́дька, -и *f Dem zu* Наде́жда

На́дя, -и *f Dem zu* Наде́жда

наеда́ться *uv zu* нае́сться

наедине́ *Adv* zu zweit; unter vier Augen

нае́зд, -а *m* **1.** (kurzer) Besuch; Ankunft **2.** *alt* (berittener) Überfall

нае́здить, -зжу, -здишь; -зженный, -зжен, -а *v* **1.** fahren, reisen *eine best. Zeit hindurch*; *umg* zurücklegen *eine best. Strecke* **2.** *volksspr* durch Fahren verdienen **3.** einfahren, glatt machen *Weg* **4.** einfahren, zureiten ‖ *uv* наезжа́ть, -а́ю, -а́ешь *zu* 1, 3, 4

нае́здник [зн], -а *m* **1.** *alt* Reiter **2.** Kunstreiter **3.** Zureiter

нае́здом *Adv umg* ab und zu zu Besuch, kurz zu Besuch; он быва́ет у нас ~ er besucht uns ab und zu

¹наезжа́ть *uv zu* нае́здить

²наезжа́ть, -а́ю, -а́ешь *uv* **1.** *uv zu* нае́хать **2.** *umg* ab und zu besuchen

нае́зженный, -ая, -ое befahren, eingefahren *Weg*

наём, на́йма *m* Mieten, Anwerbung; Heuern; рабо́та по на́йму Lohnarbeit; отда́ть в ~ vermieten; пла́та за ~ Miete

наёмник, -а *m hist* Söldner

наёмный, -ая, -ое **1.** Lohn-; ~ труд Lohnarbeit **2.** Söldner-; -ая а́рмия Söldnerheer **3.** gemietet, vermietet; Miets-; -ая да́ча gemietetes Landhaus **4.** gekauft, gedungen

на|е́сться* *v* sich satt essen; ~ до отва́ла *umg* sich vollessen ‖ *uv* наеда́ться, -а́юсь, -а́ешься

на|е́хать* *v* **1.** на *A* (an)fahren, fahren (gegen, an); ~ на де́рево gegen einen Baum fahren; (auf der Fahrt) stoßen (auf) **2.** *umg* zusammenkommen, angereist kommen ‖ *uv* наезжа́ть, -а́ю, -а́ешь

нажа́ловаться, -луюсь, -луешься *v umg* sich viel beklagen (на *A* über)

нажа́ривать *uv zu* нажа́рить

нажа́рить, -рю, -ришь; -ренный, -рен, -а *v* **1.** *A oder G in best. Menge* braten **2.** *A volksspr* tüchtig (ein)heizen ‖ *uv* нажа́ривать, -аю, -аешь

¹на|жа́ть*¹ *v* **1.** *A oder* на *A* drücken (auf) **2.** *übtr* на *A volksspr* einen Druck ausüben (auf), dringen (in) **3.** *übtr volksspr* Druck dahinter legen, sich energisch an etw. machen **4.** *A oder G* herauspressen, -quetschen; ~ со́ку из лимо́на Saft aus der Zitrone pressen ◇ ~ на все рычаги́ [кно́пки, педа́ли, пружи́ны] *volksspr* alle Hebel in Bewegung setzen ‖ *uv* нажима́ть, -а́ю, -а́ешь

²на|жа́ть*² *v A u. G in best. Menge* mähen ‖ *uv* нажина́ть, -а́ю, -а́ешь

нажда́к, -а́ *m* Schmirgel

нажда́чный, -ая, -ое Schmirgel-; -ая бума́га Schmirgelpapier, Sandpapier

нажи́ва, -ы *f umg* **1.** Gewinn, Profit **2.** leichter Erwerb

нажива́ть(ся) *uv zu* нажи́ть(ся)

нажи́вка, -и, *Pl G* -вок, *D* -вкам *f* Köder, Lockmittel

наживно́й, -а́я, -о́е: э́то – де́ло -о́е das läßt sich kaufen [erwerben], das läßt sich ersetzen

нажи́м, -а *m* **1.** Druck *a. übtr* **2.** *tech* Druckvorrichtung

нажима́ть *uv zu* ¹нажа́ть

нажина́ть *uv zu* ²нажа́ть

нажира́ться *uv zu* нажра́ться

на|жи́ть*; на́жил *v* **1.** erwerben, gewinnen; ~ состоя́ние ein Vermögen erwerben **2.** sich etw. zuziehen; ~ неприя́тности sich Unannehmlichkeiten zuziehen; ~ себе́ враго́в sich Feinde machen ‖ *uv* нажива́ть, -а́ю, -а́ешь

на|жи́ться*; -жился́, -жили́сь *v* **1.** на *P* sich bereichern (an, bei), reich werden (durch) **2.** *volksspr* lange genug [irgendwo] leben ‖ *uv* нажива́ться, -а́юсь, -а́ешься *zu* 1

на|жра́ться* *v umg* sich voll fressen ‖ *uv* нажира́ться, -а́юсь, -а́ешься

наза́втра *Adv umg* am nächsten Tag

наза́д *Adv* **1.** zurück, rückwärts; отда́ть ~ zurückgeben, wiedergeben **2.** vor; год (тому́) ~ vor einem Jahr

назади́ *Adv umg* hinten

назализа́ция, -и *f ling* Nasalierung

назва́ние, -я *n* **1.** Benennung, Bezeichnung, Name **2.** Titel *Buch, Zeitschrift*

¹на|зва́ть*; на́звана́! *v* **1.** *I* (be)nennen; bezeichnen: ~ сы́на Бори́с(ом) den Sohn Boris nennen; де́вочку нельзя́ ~ краси́вой das Mädchen kann man nicht hübsch nennen **2.** nennen, aufzählen; ~ себя́ sich vorstellen ‖ *uv* называ́ть, -а́ю, -а́ешь

²на|зва́ть*; на́звана́! *v* einladen, zusammenrufen || *uv* называ́ть, -а́ю, -а́ешь

[1]**на|зва́ться*;** -звали́сь *v I* sich nennen, heißen; sich ausgeben (für) ◇ назва́лся груздём — полеза́й в ку́зов *Sprichw* wennschon, dennschon

[2]**на|зва́ться*;** -звали́сь *v umg* sich aufdrängen; sich einladen || *uv* называ́ться, -а́юсь, -а́ешься

назём, назёма (-у) *u.* назьма́ (-у́) *m gbt* Stallmist

назе́мный, -ая, -ое über der Erde befindlich, Erd-, Land-; -ые войска́ Landtruppen

на́земь *Adv* auf die Erde, zu Boden

назида́ние, -я *n buchspr* Erbauung, Belehrung; в ~ zur Belehrung

назида́тельный, -ая, -ое; *Kzf* -лен, -льна belehrend; ~ тон schulmeisterlicher Ton

на́зло́ *Adv D* zum Trotz, zum Ärger

назнача́ть *uv zu* назна́чить

назначе́ние, -я *n* **1.** Ernennung, Nominierung, Einsetzung; ~ мини́стром Ernennung zum Minister **2.** Bestimmung, Festsetzung; Aufgabe, Zweck; переда́ть по -ю seiner Bestimmung übergeben; для осо́бого -я zur besonderen Verwendung; ме́сто -я Bestimmungsort

назна́чить, -чу, -чишь; -ченный, -чен, -а *v* **1.** bestimmen, festsetzen; ~ собра́ние на ве́чер die Versammlung auf den Abend legen; ~ заседа́ние eine Sitzung anberaumen **2.** *I* ernennen (zu), einsetzen (als); auftragen; ~ команди́ром ро́ты zum Kompaniechef ernennen; его́ назна́чили в штаб er wurde im Stab eingesetzt **3.** *umg* verschreiben, verordnen; ~ хво́йные ва́нны Fichtennadelbäder verordnen || *uv* назнача́ть, -а́ю, -а́ешь

назо́йливый, -ая, -ое; *Kzf* -ив, -а aufdringlich, zudringlich

назрева́ть *uv zu* назре́ть

назре́ть, *1. u. 2. Pers ungebr*, -е́ет *v* **1.** reifen, reif werden **2.** *übtr* heranreifen || *uv* назрева́ть, -а́ет

назубо́к *Adv umg* auswendig, aus dem Effeff; знать ~ auswendig kennen

[1,2]**называ́ть** *uv zu* [1,2]назва́ть

[1]**называ́ться,** -а́юсь, -а́ешься *uv I* genannt werden, heißen ◇ что называ́ется *mod* wie man so sagt

[2]**называ́ться** *uv zu* [2]назва́ться

наибо́лее *Adv* **1.** am meisten **2.** *dient zur Bildung des Superlativs*: ~ ва́жный der wichtigste; ~ опа́сный der allergefährlichste

наибо́льший, -ая, -ее (aller)größter

наи́вничать, -аю, -аешь *uv umg* naiv tun

наи́вность, -и *f* Naivität

наи́вный, -ая, -ое; *Kzf* -вен, -вна naiv

наивы́сший, -ая, -ее (aller)höchster

наи́гранный, -ая, -ое; *Kzf* -ан, -анна gespielt, vorgetäuscht

наигра́ть, -а́ю, -а́ешь; наи́гранный, -ан, -а *v* **1.** *A oder G* (vor)spielen **2.** *A oder G* gewinnen *beim Spielen* **3.** *umg mus* leise (vor sich hin) spielen **4.:** ~ пласти́нку eine Platte bespielen || *uv* наи́грывать, -аю, -аешь

наигра́ться, -а́юсь, -а́ешься *v* genug spielen

наи́грывать *uv zu* наигра́ть

наизна́нку *Adv* mit der Innenseite nach außen, links *von Stoffen*, verkehrt

наизу́сть *Adv* auswendig

наилу́чший, -ая, -ее (aller)bester ◇ всего́ -его alles, alles Gute

наиме́нее *Adv* am (aller)wenigsten

наименова́ние, -я *n buchspr* Benennung, Bezeichnung

наименова́ть, -ну́ю, -ну́ешь; -но́ванный, -но́ван, -а *v buchspr* benennen, einen Namen geben

наиме́ньший, -ая, -ее (aller)kleinster, geringster; mindester

наискосо́к *Adv umg* schräg (gegenüber)

на́искось *Adv* schräg (gegenüber)

наи́тие, -я *n* Eingebung; по -ю *buchspr* durch einen Gedankenblitz, instinktiv

наиху́дший, -ая, -ее (aller)schlechtester

найдёныш, -а, *I* -ем, *G Pl* -ей *m umg* Findling

наймит, -а *m verächtl* Söldling

найму́ ↑ наня́ть

[1]**на|йти́*** *v* **1.** finden, ausfindig machen **2.** vorfinden, antreffen; где мне ~ . . .? wo treffe ich . . .? **3.** finden, meinen; я нахожу́, что он прав ich finde, er hat recht **4.** *I* befinden, halten (für); врач нашёл его́ здоро́вым der Arzt befand ihn für gesund; ~ что́-н. возмо́жным etw. für möglich halten ◇ ~ вкус в чём-н. an etw. Gefallen finden; ~ себе́ утеше́ние в чём-н. in etw. Trost finden; ~ отображе́ние sich widerspiegeln; ~ воплоще́ние verkörpert werden || *uv* находи́ть, -ожу́, -о́дишь

[2]на|йти́* *v* **1.** на *A* im Gehen, Fahren stoßen (auf, gegen); ~ на мель auf eine Sandbank auflaufen **2.** *1. u. 2. Pers ungebr* на *A* verdecken, sich schieben (vor, über) **3.** *1. u. 2. Pers ungebr* на *A umg* überkommen, befallen *Gefühle usw.*; что э́то на него́ нашло́? was ist mit ihm los? **4.** *1. u. 2. Pers ungebr in Menge* zusammenkommen; *in Menge* eindringen || *uv* находи́ть, -ожу́, -о́дишь

на|йти́сь* *v* **1.** sich finden; не найдётся ли у тебя́ карандаша́? hast du nicht einen Bleistift? **2.** sich (schnell) zurechtfinden, nicht verlegen sein; он не нашёлся, что мне отве́тить er blieb mir die Antwort schuldig || *uv* находи́ться, -ожу́сь, -о́дишься *zu* 1

нака́верзить, -ржу, -рзишь *u.* **нака́верзничать,** -аю, -аешь *v volksspr* intrigieren, Ränke schmieden

нака́з, -а *m* **1.** (Wähler-) Auftrag **2.** *alt u. umg* Anweisung, Anordnung

наказа́ние, -я *n* Strafe; Bestrafung; Züchtigung; в ~ zur Strafe; запрети́ть что́-н. под стра́хом [угро́зой] наказа́ния etw. bei Strafe verbieten ◇ э́то су́щее ~ das ist eine wahre Strafe; ~ мне с тобо́й ich habe meine liebe Not mit dir

на|каза́ть* *v* bestrafen; ты сам себя́ наказа́л du hast dich ins eigene Fleisch geschnitten || *uv* нака́зывать, -аю, -аешь

наказу́емый, -ая, -ое; *Kzf* -ем, -а strafbar

нака́зывать *uv zu* наказа́ть

нака́л, -а *m* Glühen, Glut; бе́лый ~ Weißglut

накалённый, -ая, -ое; *Kzf* -ён, -ена́ **1.** glühend **2.** gespannt, geladen

нака́ливание, -я *n* Erhitzen; ла́мпочка -я Glühbirne

нака́ливать *uv zu* накали́ть

накали́ть, -лю́, -ли́шь; -лённый, -лён, -лена́ *v* erhitzen, glühend machen; ~ до́бела bis zur Weißglut erhitzen ◇ атмосфе́ра накалена́ die Lage ist äußerst gespannt || *uv* нака́ливать, -аю, -аешь *u.* накаля́ть, -я́ю, -я́ешь

[1,2]нака́лывать *uv zu* [1,2]наколо́ть

накаля́ть *uv zu* накали́ть

накану́не **1.** *Adv* tags zuvor, am Tag zuvor **2.** *Präpos mit G* am Vortag; *übtr* am Vorabend; ~ Но́вого го́да kurz vor Neujahr, am Silvesterabend

нака́пать, -аю, -аешь *u. alt* -плю, -плешь *v* **1.** einträufeln **2.** *G oder I* Tropfen daneben gießen || *uv* нака́пывать, -аю, -аешь

нака́пливать *uv zu* накопи́ть

нака́пчивать *uv zu* накопти́ть

[1]нака́пывать *uv zu* нака́пать

[2]нака́пывать *uv zu* накопа́ть

наката́ть, -а́ю, -а́ешь; нака́танный, -ан, -а *v* **1.** *A oder G* (heran)wälzen, rollen **2.** *A oder G* mangeln *Wäsche*; drehen *Kugeln* **3.** bahnen, glattfahren *Weg* **4.** auftragen *Farbe, Leim* **5.** *A oder G volksspr* zusammenschmieren, schnell hinschmieren, hinschreiben || *uv* нака́тывать, -аю, -аешь *zu* 1-4

наката́ться, -а́юсь, -а́ешься *v umg* zur Genüge spazierenfahren.

накати́ться, -ачу́сь, -а́тишься *v* на *A* **1.** im Rollen stoßen (auf, gegen) **2.** *volksspr* sich (heran)wälzen (auf) *Welle u. a.* || *uv* нака́тываться, -аюсь, -аешься

нака́тывать *uv zu* наката́ть

нака́тываться *uv zu* накати́ться

накача́ть, -а́ю, -а́ешь; нака́чанный, -ан, -а *v* **1.** *A oder G* (voll)pumpen; herauspumpen **2.** aufpumpen; ~ ши́ну einen Reifen aufpumpen || *uv* **нака́чивать,** -аю, -аешь

нака́чка, -и *f* Pumpen, Aufpumpen

накида́ть, -а́ю, -а́ешь; наки́данный, -ан, -а *v* **1.** vollwerfen **2.** *A oder G in best. Menge* werfen, umherwerfen || *uv* наки́дывать, -аю, -аешь

наки́дка, -и, *Pl G* -док, *D* -дкам *f* **1.** Umhang, Pelerine **2.** Zierdecke *für das Bettkissen* **3.** *umg* Aufschlag, Zuschlag

[1]наки́дывать *uv zu* накида́ть

[2]наки́дывать *uv zu* наки́нуть

наки́дываться *uv zu* наки́нуться

наки́нуть, -ну, -нешь; -нутый, -нут, -а *v* **1.** umlegen, über-, umwerfen *Kleidungsstück* **2.** *umg* den Preis erhöhen, draufschlagen; ~ рубль einen Rubel aufschlagen || *uv* наки́дывать, -аю, -аешь

наки́нуться, -нусь, -нешься *v* sich stürzen (на *A* auf) || *uv* наки́дываться, -аюсь, -аешься

накипа́ть *uv zu* накипе́ть

накипе́ть, *1. u. 2. Pers ungebr,* -пи́т *v* **1.** Schaum bilden *beim Kochen*; sich ansetzen *Kesselstein* **2.** *übtr unpers* sich ansammeln *Zorn* || *uv* накипа́ть, -а́ет

на́кипь, -и *f* Schaum; Kesselstein

накла́дка, -и, *Pl G* -док, *D* -дкам *f* **1.** Auflage, Aufsatz; künstlicher Haaraufsatz, kleine Perücke **2.** Besatz *am Kleid* **3.** Furnier(ung) **4.** *tech* Überleger, Lasche, Schließhaken

накла́дно *prädikativ volksspr* (es ist) unvorteilhaft, kostspielig; э́то ~ das reißt ins Geld

накладно́й, -а́я, -о́е **1.** aufgetragen, aufgelegt; -о́е серебро́ plattiertes Silber; -о́е де́рево Furnier; ~ карма́н aufgesetzte Tasche **2.** falsch, künstlich *Bart, Haar* **3.** -а́я, -о́й *Subst f* Frachtbrief ◇ -ы́е расхо́ды Spesen, Unkosten

накла́дывать *uv zu* наложи́ть

на|клевета́ть* *v* verleumden

накле́ивать *uv zu* накле́ить

накле́ить, -е́ю, -е́ишь; -е́енный, -е́ен, -а *v* aufkleben, anleimen ‖ *uv* накле́ивать, -аю, -аешь

накле́йка, -и, *Pl G* -е́ек, *D* -е́йкам *f* **1.** Aufkleben **2.** Aufkleber, Etikett

[1]**на|клепа́ть*** *u.* -а́ю, -а́ешь; наклёпанный, -ан, -а *v* aufnieten ‖ *uv* наклёпывать, -аю, -аешь

[2]**на|клепа́ть*** *v volksspr* verunglimpfen

наклёпывать *uv zu* [1]наклепа́ть

на|кли́кать*; накли́канный, -ан, -а *v* *Unheil* heraufbeschwören ‖ *uv* **наклика́ть,** -а́ю, -а́ешь

накло́н, -а *m* **1.** Neigung; Neigen **2.** Gefälle

наклоне́ние, -я *n* **1.** Neigen **2.** *gram* Modus, Aussageweise; изъяви́тельное ~ Indikativ; повели́тельное ~ Imperativ; сослага́тельное ~ Konjunktiv

наклони́ть, -оню́, -о́нишь; наклонённый, -ён, -ена́ *v* neigen, beugen ‖ *uv* наклоня́ть, -я́ю, -я́ешь

наклони́ться, -оню́сь, -о́нишься к *D oder* над *I v* **1.** sich neigen, sich beugen, sich herabbiegen **2.** sich bücken ‖ *uv* наклоня́ться, -я́юсь, -я́ешься

накло́нность, -и *f* **1.** Neigung, Hang; Veranlagung **2.** *Pl* Charakterzug, Gewohnheit

накло́нный, -ая, -ое **1.** geneigt; abschüssig, schräg; -ая пло́скость *phys* schiefe Ebene ◇ кати́ться по накло́нной пло́скости *übtr* auf die schiefe Bahn geraten **2.** *Kzf* -о́нен, -о́нна к *D alt* geneigt (zu), veranlagt

наклоня́ть(ся) *uv zu* наклони́ть(ся)

накля́узничать, -аю, -аешь *v volksspr* verleumden, anschwärzen

накова́льня, -и, *Pl G* -лен, *D* -льням *f* Amboß

нако́жный, -ая, -ое Haut-; -ая боле́знь Hautkrankheit

накола́чивать *uv zu* наколоти́ть

наколе́нник, -а *m* **1.** *Sport* Knieschutz **2.** Kniewärmer

нако́лка, -и, *Pl G* -лок, *D* -лкам *f* Häubchen, Kopfputz

наколоти́ть, -очу́, -о́тишь; -о́ченный, -о́чен, -а *v* **1.** на *A* auftreiben *Reifen u. ä.*, (auf)schlagen (auf); aufnageln **2.** *A oder G umg* einschlagen *Nägel* **3.** *A oder G umg in best. Menge* zerschlagen ‖ *uv* накола́чивать, -аю, -аешь

[1]**на|коло́ть*** *v* **1.** на *A* anstecken, befestigen *mit Nadeln u. ä.* **2.** на *A* aufspießen (auf) **3.** aufstechen *Muster u. ä.*; anstechen; durchlöchern **4.** *A oder G* abstechen, schlachten **5.** sich stechen; ~ ру́ку sich in die Hand stechen ‖ *uv* нака́лывать, -аю, -аешь

[2]**на|коло́ть*** *v A oder G in best. Menge* hacken, spalten ‖ *uv* нака́лывать, -аю, -аешь

наконе́ц **1.** *Adv* endlich, schließlich, zum Schluß **2.** *mod* schließlich ◇ наконе́ц-то! na endlich!

наконе́чник, -а *m* Spitze; Kappe; ~ для карандаша́ Bleistifthülse, -schoner; ~ тро́сти Stockzwinge

наконе́чный, -ая, -ое End-; -ое ударе́ние Endbetonung

накопа́ть, -а́ю, -а́ешь; нако́панный, -ан, -а *v A oder G* graben, ausgraben ‖ *uv* нака́пывать, -аю, -аешь

накопи́ть, -оплю́, -о́пишь; -о́пленный, -о́плен, -а *v A oder G* anhäufen, zusammensparen; (an)sammeln ‖ *uv* нака́пливать, -аю, -аешь *u.* накопля́ть, -я́ю, -я́ешь

накопле́ние, -я *n* **1.** Ansammeln, Anhäufen **2.** *wirtsch* Akkumulation

накопля́ть *uv zu* накопи́ть

накопти́ть, -пчу́, -пти́шь; -пчённый, -пчён, -пчена́ *v* **1.** *A oder G* mit Ruß schwärzen [bedecken] **2.** *A oder G in best. Menge* räuchern *Lebensmittel* **3.** rußen ‖ *uv* нака́пчивать, -аю, -аешь *zu* 1, 2

накорми́ть *v zu* корми́ть

накоротке́ *Adv volksspr* **1.** in [aus] geringer Entfernung **2.** für kurze Zeit ◇ быть ~ с ке́м-н. mit j-m in freundschaftlichem Verhältnis stehen

нако́стный, -ая, -ое auf dem Knochen (befindlich)

накра́дывать *uv zu* накра́сть

накра́пывать, *1. u. 2. Pers ungebr*, -ает *uv* tröpfeln *Regen*

накра́сить, -а́шу, -а́сишь; -а́шенный, -а́шен, -а *v* schminken, malen ‖ *uv* накра́шивать, -аю, -аешь

накра́ситься, -а́шусь, -а́сишься *v umg* sich schminken ‖ *uv* накра́шиваться, -аюсь, -аешься

на|кра́сть*; накрадя́ *u.* накра́в *v A oder G* (zusammen)stehlen ‖ *uv* накра́дывать, -аю, -аешь

накрахма́ленный, -ая, -ое gestärkt, gesteift *Wäsche*

накрахма́ливать *uv zu* накрахма́лить

накрахма́лить, -лю, -лишь; -ленный, -лен, -а *v A oder G* stärken *Wäsche* ‖ *uv* накрахма́ливать, -аю, -аешь

накра́шивать(ся) *uv zu* накра́сить(ся)

на́крепко *Adv* **1.** fest, dicht (zugemacht) **2.** *umg* strengstens, nachdrücklich ◇ кре́пко-~ sehr fest; strengstens

на́крест *Adv* über(s) Kreuz, kreuzweise ◇ крест-~ kreuzweise, über(s) Kreuz

накрича́ть, -чу́, -чи́шь *v* на *A* anschreien, anbrüllen

накрича́ться, -чу́сь, -чи́шься *v umg* sich müde schreien; ~ до хрипоты́ sich heiser schreien

накроши́ть, -ошу́, -о́шишь; -о́шенный, -о́шен, -а *v* **1.** zerkrümeln, -bröckeln **2.** Krümel verstreuen

накрути́ть, -учу́, -у́тишь; -у́ченный, -у́чен, -а *v* **1.** на *A* aufwickeln **2.** *A oder G volksspr* eine schwierige Sache drehen [schaffen] ‖ *uv* **накру́чивать,** -аю, -аешь

накрыва́ть(ся) *uv zu* накры́ть(ся)

на|кры́ть* *v* **1.** bedecken; zudecken; ~ стол [на стол] den Tisch decken **2.** *umg* erwischen, ertappen ‖ *uv* накрыва́ть, -а́ю, -а́ешь

на|кры́ться* *v* sich ganz zudecken ‖ *uv* накрыва́ться, -а́юсь, -а́ешься

накупа́ть *uv zu* накупи́ть

накупи́ть, -уплю́, -у́пишь; -у́пленный, -у́плен, -а *v A oder G* viel aufkaufen ‖ *uv* накупа́ть, -а́ю, -а́ешь

наку́ривать *uv zu* накури́ть

накури́ть, -урю́, -у́ришь; -у́ренный, -у́рен, -а *v* verqualmen, vollrauchen; в ко́мнате наку́рено das Zimmer ist voller Rauch [verqualmt] ‖ *uv* наку́ривать, -аю, -аешь

нала́вливать *uv zu* налови́ть

налага́ть *uv zu* наложи́ть

нала́дить, -а́жу, -а́дишь; -а́женный, -а́жен, -а *v* **1.** in Ordnung bringen, wieder in Gang setzen, herrichten **2.** einrichten, organisieren; regeln ‖ *uv* нала́живать, -аю, -аешь

нала́диться, -а́жусь, -а́дишься *v* **1.** in Gang [in Ordnung] kommen, anlaufen **2.** sich gut einrichten, sich regeln **3.** *volksspr* sich gewöhnen ‖ *uv* нала́живаться, -аюсь, -аешься

нала́дка, -и *f tech* Einrichten

нала́дчик, -а *m tech* Einrichter

нала́живать(ся) *uv zu* нала́дить(ся)

нала́мывать *uv zu* налома́ть

на|лга́ть* *v* **1.** vor-, zusammenlügen **2.** на *A* verleumden; grundlos beschuldigen

нале́во *Adv* **1.** (nach) links; ~ от две́ри links von der Tür **2.**: рабо́тать ~ *volksspr* schwarz arbeiten; прода́ть ~ *volksspr* hintenherum verkaufen

налега́ть *uv zu* нале́чь

налегке́ [хк] *Adv umg* **1.** ohne Gepäck, mit leichtem Gepäck **2.** leicht gekleidet

налеза́ть *uv zu* нале́зть

на|ле́зть*, *1. u. 2. Pers ungebr v umg* **1.** zusammenkriechen **2.** на *A* sich anziehen lassen; сапо́г не нале́з ich kam nicht in den Stiefel hinein ‖ *uv* налеза́ть, -ает

налепи́ть, -еплю́, -е́пишь; -е́пленный, -е́плен, -а *v* **1.** *umg* auf-, ankleben **2.** *A oder G in best. Menge* modellieren ‖ *uv* **налепля́ть,** -я́ю, -я́ешь *zu* 1

налёт, -а *m* **1.** Überfall, überraschender Angriff; возду́шный ~ Luftangriff; банди́тский ~ Raubüberfall **2.** Anflug, dünne Schicht; ~ пы́ли dünne Staubschicht **3.** *med* Belag **4.** *übtr* Anflug; с -ом сентимента́льности mit einem Anflug von Sentimentalität ◇ с -у [с -а] a) im Fluge; b) *übtr* frisch drauflos

[1]налета́ть *uv zu* налете́ть

[2]налета́ть, -а́ю, -а́ешь; налётанный, -ан, -а *v* im Flug zurücklegen; самолёт налета́л две́сти ты́сяч киломе́тров das Flugzeug ist zweihunderttausend Kilometer geflogen ‖ *uv* налётывать, -аю, -аешь

налете́ть, -ечу́, -ети́шь *v* **1.** на *A* aus der Luft angreifen; einen Luftangriff machen (auf) **2.** на *A* fliegen, rasen (gegen); маши́на налете́ла на де́рево das Auto raste gegen einen Baum **3.** на *A* sich stürzen (auf), herfallen (über); я́стреб налете́л на кур der Habicht stürzte sich auf die Hühner **4.** *übtr* на *A umg* herfallen, herziehen (über) *mit Schimpfen, Drohungen* **5.** sich ansetzen *Staub u. ä.* **6.** heranstürmen *Sturm* **7.** *in best. Menge* herbeifliegen ‖ *uv* налета́ть, -а́ю, -а́ешь

налётчик, -а *m* Räuber, Bandit
налётывать *uv zu* ²налетáть
на|лéчь* *v* на *A* **1.** sich legen (auf), sich stemmen (gegen); ~ на вёсла sich in die Ruder legen **2.** *übtr umg* sich energisch an etw. machen, sich (ver)legen (auf); ~ на учёбу sich aufs Lernen verlegen **3.** *volksspr* drängen, antreiben ‖ *uv* налегáть, -áю, -áешь
нали́в, -а *m* **1.** Eingießen **2.** Füllungsgrad **3.** Reife(zeit), Reifegrad *der Früchte* ◇ бéлый ~ weißer Klarapfel
наливáть(ся) *uv zu* нали́ть(ся)
нали́вка, -и, *Pl G* -вок, *D* -вкам *f* Fruchtlikör
наливнóй, -áя, -óе **1.** Tank-; -óе сýдно Tanker **2.** reif, saftig
на|лизáться* *v* **1.** *G umg* sich satt lecken (an) **2.** *derb volksspr* sich besaufen
нали́м, -а *m* Aalquappe *Fisch*
налиновáть, -нýю, -нýешь; -нóванный, -нóван, -а *v A oder G* linieren ‖ *uv* **налинóвывать,** -аю, -аешь
налипáть *uv zu* нали́пнуть
нали́пнуть, *1. u. 2. Pers ungebr*, -нет; нали́п, -ла *v* на *A* klebenbleiben ‖ *uv* налипáть, -áет
налитóй, -áя, -óе reif, saftig; voll, kräftig ◇ -ы́е крóвью глазá blutunterlaufene Augen
на|ли́ть*; нáли́л, налилá!; нáли́тый, нáли́т, налитá! *v* **1.** *G* eingießen; einschenken; вам ещё ~ чáю? soll ich Ihnen noch Tee eingießen? **2.** vollgießen, füllen; ~ бóчку водóй das Faß mit Wasser füllen; ~ стакáн молокá ein Glas Milch eingießen **3.** *G oder A* verschütten, -gießen *auf eine Fläche* ‖ *uv* наливáть, -áю, -áешь
на|ли́ться*, *1. u. 2. Pers ungebr*; -ли́лся́, -лилáсь, -ли́ли́сь *v* **1.** hineinfließen, eindringen **2.** reifen, saftig werden **3.** anschwellen *Adern, Muskeln* ◇ нали́вшиеся крóвью глазá blutunterlaufene Augen ‖ *uv* наливáться, -áется
налицó *Adv prädikativ* anwesend; vorhanden; быть ~ anwesend sein; vorliegen; доказáтельство ~ der Beweis liegt auf der Hand
нали́чие, -я *n* Vorhandensein; Anwesenheit ◇ быть [оказáться] в -и anwesend sein; vorliegen
нали́чник, -а *m* **1.** Fenster- oder Türverkleidung **2.** Verkleidung, Einfassung *von Türschloß u. ä.*
нали́чность, -и *f* **1.** Vorhandensein **2.** (Bar-) Bestand, Kassenbestand; Warenbestand
нали́чный, -ая, -ое **1.** vorhanden, verfügbar; bar; за ~ расчёт gegen Barzahlung; ~ состáв *mil* Istbestand **2.** -ые, -ых *Subst Pl* Bargeld; плати́ть -ыми (in) bar bezahlen
налóбный, -ая, -ое Stirn-
налови́ть, -овлю́, -óвишь; -óвленный, -óвлен, -а *v A oder G in best. Menge* fangen ‖ *uv* налáвливать, -аю, -аешь
наловчи́ться, -чýсь, -чи́шься *v umg* Fertigkeit [Gewandtheit] erreichen
налóг, -а *m* Steuer; прямóй ~ direkte Steuer; ~ с оборóта Umsatzsteuer; обложи́ть -ом besteuern; уклонéние от уплáты -а Steuerhinterziehung
налóговый, -ая, -ое *finanz* Steuer-; ~ пресс Steuerschraube
налого|обложéние, -я *n* Besteuerung; **~плательщик,** -а *m* Steuerzahler
наложéние, -я *n* **1.** Anlegen *Verband u. ä.* **2.** Auferlegung; ~ арéста на имýщество *jur* Beschlagnahme des Vermögens **3.**: ~ печáти Aufdrücken des Stempels, Stempeln; ~ ви́зы Sichtvermerk
налóженный, -ая, -ое: -ым платежóм per Nachnahme
наложи́ть, -ожý, -óжишь; -óженный, -óжен, -а *v* **1.** (auf)legen (auf); auftragen *Farbe, Schminke u. ä.* **2.** *med* anlegen; ~ повя́зку einen Verband anlegen **3.** aufdrücken; ~ печáть ein Siegel [einen Stempel] aufdrücken **4.** füllen, volladen; ~ пóлный воз солóмы eine Fuhre voll Stroh laden **5.** *A oder G* legen, packen, stopfen; ~ тетрáдей на стол Hefte auf den Tisch legen **6.** на *A* auferlegen; verhängen *Strafe, Verbot*; einlegen *Veto*; ~ налóг на чтó-н. etw. besteuern; ~ штраф eine Geldstrafe auferlegen; ~ арéст на имýщество das Vermögen mit Beschlag belegen [beschlagnahmen]; ~ ви́зу ein Visum erteilen ◇ ~ на себя́ рýки *volksspr* Hand an sich legen; ~ отпечáток [след] *übtr* seinen Stempel aufdrücken; ~ рýку на чтó-н. von etw. Besitz ergreifen ‖ *uv* наклáдывать, -аю, -аешь *zu* 1-5 *u.* налагáть, -áю, -áешь *zu* 6
налóжница, -ы, *I* -ей *f buchspr alt* Konkubine
наломáть, -áю, -áешь; налóманный, -ан, -а *v A oder G* (ab)brechen, zerbrechen ◇ ~ бокá комý-н. *volksspr* j-m das Fell gerben; ~ дров *volksspr*

scherz Dummheiten machen ‖ *uv* нала́мывать, -аю, -аешь

налощи́ть, -щу́, -щи́шь; -щённый, -щён, -щена́ *v* polieren, blankreiben, bohnern; Glanz auftragen; ~ бума́гу Papier satinieren

налюбова́ться, -бу́юсь, -бу́ешься *v* sich satt sehen (на *A* an); я не мог ~ на э́ту карти́ну ich konnte mich an diesem Bild nicht satt sehen

наля́пать, -аю, -аешь; -анный, -ан, -а *v* *volksspr* **1.** schmieren, klecksen **2.** hinschmieren, (zusammen)pfuschen

нам ↑ мы

намагни́тить, -и́чу, -и́тишь; -и́ченный, -и́чен, -а *v* magnetisieren ‖ *uv* **намагни́чивать,** -аю, -аешь

на|ма́зать* *v* **1.** bestreichen, einreiben **2.** *umg* schminken; ~ гу́бы die Lippen schminken ‖ *uv* **нама́зывать,** -аю, -аешь

на|ма́заться* *v* **1.** sich einkremen, sich einreiben **2.** *umg* sich schminken ‖ *uv* **нама́зываться,** -аюсь, -аешься

намалева́ть, -лю́ю, -лю́ешь; -лёванный, -лёван, -а *v* **1.** *umg* schlecht malen, schlecht zeichnen **2.** *volksspr* schlecht schminken ‖ *uv* **намалёвывать,** -аю, -аешь

нама́лывать *uv zu* намоло́ть

намара́ть, -а́ю, -а́ешь; нама́ранный, -ан, -а *v* **1.** *volksspr* beschmieren, dreckig machen **2.** *umg* (zusammen)-pfuschen, hinschmieren

нама́сливать *uv zu* нама́слить

нама́слить, -лю, -лишь; -ленный, -лен, -а *v umg* mit Öl [Butter] bestreichen ‖ *uv* нама́сливать, -аю, -аешь

наматра́цник, -а *m* Matratzenaufleger

нама́тывать *uv zu* намота́ть

нама́чивать *uv zu* намочи́ть

наме́дни *Adv alt u. volksspr* neulich, vor kurzem

намёк, -а *m* Andeutung, Anspielung, Wink; то́нкий ~ ein leiser Wink, eine feine Anspielung; говори́ть -ами in Andeutungen sprechen; сде́лать кому́-н. гру́бый ~ j-m einen Wink mit dem Zaun(s)pfahl geben

намека́ть, -а́ю, -а́ешь *uv* **1.** andeuten, zu verstehen geben **2.** anspielen (на *A* auf) ‖ *v mom* **намекну́ть,** -ну́, -нёшь

наме́ливать *uv zu* намели́ть

намели́ть, -лю́, -ли́шь; -лённый, -лён, -лена́ *v* mit Kreide einreiben ‖ *uv* наме́ливать, -аю, -аешь

намерева́ться, -а́юсь, -а́ешься *uv mit Inf* beabsichtigen, vorhaben

наме́рен, -а, -о *prädikativ mit Inf* die Absicht haben, vorhaben; im Begriff sein; что вы -ы де́лать? was gedenken Sie zu tun?; я соверше́нно не ~ э́того де́лать ich denke gar nicht daran, das zu tun

наме́рение, -я *n* Absicht, Vorhaben; с -ем absichtlich, vorsätzlich; э́то не входи́ло в мои́ -я das lag nicht in meiner Absicht

наме́ренный, -ая, -ое; *Kzf* -ен, -енна vorsätzlich, absichtlich

намерза́ть *uv zu* намёрзнуть

намёрзнуть, *1. u. 2. Pers ungebr*, -нет; намёрз, -ла; намёрз(нув)ший *v* **1.** sich ansetzen *Eis*; лёд намёрз на стёклах die Scheiben sind vereist **2.** *umg* vor Kälte erstarren; ру́ки намёрзли и в перча́тках selbst in den Handschuhen sind die Hände eiskalt ‖ *uv* намерза́ть, -а́ет

на́мертво *Adv umg* **1.** tödlich, zu Tode **2.** ganz fest, für ewig (zusammenfügen)

на|мести́* *v* **1.** zusammenkehren, -fegen **2.** zusammenwehen ‖ *uv* намета́ть, -а́ю, -а́ешь

наме́стник, -а *m hist* Statthalter

намётанный, -ая, -ое: ~ глаз geübtes Auge

[1]**намета́ть** *uv zu* намести́

[2]**на|мета́ть*** *v* **1.** *A oder G* zusammenwerfen **2.** *A oder G* Junge werfen *Tiere*; laichen **3.** eine Fertigkeit erlangen; ~ глаз das Auge schärfen ‖ *uv* намётывать, -аю, -аешь

[3]**намета́ть,** -а́ю, -а́ешь; намётанный, -ан, -а *v* (an)heften, *mit großen Stichen* nähen ‖ *uv* намётывать, -аю, -аешь

[1]**наме́тить,** -е́чу, -е́тишь; -е́ченный, -е́чен, -а *v* **1.** markieren, kennzeichnen **2.** zeichnen *Wäsche* **3.** entwerfen, skizzieren ‖ *uv* намеча́ть, -а́ю, -а́ешь *zu* **1**, 3

[2]**наме́тить,** -е́чу, -е́тишь; -е́ченный, -е́чен, -а *v* **1.** festsetzen *Termin* **2.** sich vornehmen, vorhaben, planen; vormerken **3.** zur Wahl vorschlagen; ~ кандида́тов Kandidaten aufstellen; его́ наме́тили председа́телем er wurde als Vorsitzender vorgeschlagen **4.** *umg* richten, zielen ‖ *uv* намеча́ть, -а́ю, -а́ешь *zu* **1**, 3

наме́титься, *1. u. 2. Pers ungebr*, -ится *v* sich abzeichnen *a. übtr* ‖ *uv* намеча́ться, -а́ется

[1]**намётка,** -и, *Pl G* -ток, *D* -ткам *f* **1.** Heften **2.** Heftfaden **3.** Heftnaht

[2]**намётка,** -и, *Pl G* -ток, *D* -ткам *f umg* Entwurf, Skizze

[1,2]намётывать *uv zu* [2,3]намета́ть
[1,2]намеча́ть *uv zu* [1,2]наме́тить
намеча́ться *uv zu* наме́титься
намеша́ть, -а́ю, -а́ешь; наме́шанный, -ан, -а *v A oder G umg* beimischen; ~ са́хару в те́сто Zucker in den Teig mischen || *uv* **наме́шивать,** -аю, -аешь
на́ми ↑ мы
намина́ть *uv zu* намя́ть
намно́го *Adv* um ein Vielfaches, bedeutend
намозо́лить, -лю, -лишь; -ленный, -лен, -а *v umg* schwielig machen ◇ ~ кому́-н. глаза́ j-m. ein Dorn im Auge sein
намока́ть *uv zu* намо́кнуть
намо́кнуть, -ну, -нешь; намо́к, -ла *v* naß werden, durchweichen || *uv* намока́ть, -а́ю, -а́ешь
намола́чивать *uv zu* намолоти́ть
намолоти́ть, -очу́, -о́тишь; -о́ченный, -о́чен, -а *v A oder G in best. Menge* (aus)dreschen || *uv* намола́чивать, -аю, -аешь
на|моло́ть* *v A oder G* mahlen; ~ мешо́к муки́ einen Sack Mehl mahlen ◇ ~ чепухи́ [вздо́ру] *volksspr* Unsinn zusammenschwatzen || *uv* нама́лывать, -аю, -аешь
намо́рдник, -а *m* Maulkorb; наде́ть ~ einen Maulkorb anlegen
намо́рщивать *uv zu* намо́рщить
намо́рщить, -щу, -щишь; -щенный, -щен, -а *v* runzeln, in Falten ziehen || *uv* намо́рщивать, -аю, -аешь
намо́рщиться, -щусь, -щишься *v* **1.** die Stirn runzeln **2.** verziehen *Gesicht*
намости́ть, -ощу́, -ости́шь; -ощённый, -ощён, -ощена́ *v* **1.** pflastern *Straße* **2.** *gbt* legen *Bretter, Balken*
намота́ть, -а́ю, -а́ешь; намо́танный, -ан, -а *v* aufwickeln, aufspulen ◇ намота́й э́то себе́ на ус schreib dir das hinter die Ohren || *uv* нама́тывать, -аю, -аешь
намо́тка, -и *f* Aufwickeln, Aufspulen
намочи́ть, -очу́, -о́чишь; -о́ченный, -о́чен, -а *v* naß machen; einweichen || *uv* нама́чивать, -аю, -аешь
намудри́ть, -рю́, -ри́шь *v umg* ausklügeln
намусо́ливать *uv zu* намусо́лить
намусо́лить, -лю, -лишь; -ленный, -лен, -а *v volksspr* mit Speichel beschmutzen; mit klebrigen Händen beschmutzen || *uv* намусо́ливать, -аю, -аешь
наму́сорить, -рю, -ришь *v umg* beschmutzen, Schmutz machen
намути́ть, -учу́, -у́ти́шь *v* **1.** trüben, trübe machen *Wasser* **2.** *übtr umg* (auf)hetzen, Unruhe stiften
наму́читься, -чусь, -чишься *v umg* sich abplagen, seine liebe Not haben (с *I* mit)
намыва́ть *uv zu* намы́ть
намы́ливать(ся) *uv zu* намы́лить(ся)
намы́лить, -лю, -лишь; -ленный, -лен, -а *v* einseifen ◇ ~ кому́-н. го́лову *übtr* j-m den Kopf waschen || *uv* намы́ливать, -аю, -аешь
намы́литься, -люсь, -лишься *v* sich einseifen || *uv* намы́ливаться, -аюсь, -аешься
на|мы́ть* *v* **1.** *A oder G umg* waschen, spülen; ~ посу́ды Geschirr abwaschen; ~ корзи́ну белья́ einen Korb Wäsche waschen **2.** *A oder G* durch Auswaschen gewinnen *z. B. Gold* **3.** *1. u. 2. Pers ungebr* anschwemmen || *uv* намыва́ть, -а́ю, -а́ешь
намяка́ть *uv zu* намя́кнуть
намя́кнуть, *1. u. 2. Pers ungebr*, -нет; намя́к, -ла *v* aufweichen || *uv* намяка́ть, -а́ет
на|мя́ть* *v* **1.** *A oder G* kneten **2.** *A oder G* zerquetschen; niedertreten **3.** sich etw. einquetschen [wundreiben] ◇ ~ кому́-н. бока́ *volksspr* j-n verprügeln, j-n durchbleuen || *uv* намина́ть, -а́ю, -а́ешь
нана́ец, -а́йца, *I* -а́йцем, *G Pl* -а́йцев *m* Nanaize
нанесе́ние, -я *n* **1.** Auftragen; ~ ла́ка на мета́лл das Auftragen des Lackes auf das Metall **2.** *übtr* Zufügen; ~ уда́ра das Zufügen eines Schlages **3.** Eintragung *auf einer Karte u. ä.*
на|нести́* *v* **1.** *A oder G in best. Menge* zusammentragen; heranschleppen **2.** auftragen; ~ лак Lack auftragen **3.** eintragen; ~ на ка́рту но́вую доро́гу die neue Straße einzeichnen **4.** *umg 1. u. 2. Pers ungebr* anschwemmen; treiben (gegen); ло́дку нанесло́ на мель das Boot wurde auf eine Sandbank getrieben **5.** *A oder G* an-, zusammenwehen **6.** zufügen; ~ вред Schaden zufügen; ~ уда́р einen Schlag versetzen; ~ кому́-н. оскорбле́ние j-n beleidigen ◇ ~ визи́т einen Besuch abstatten; ~ яи́ц *eine best. Menge* Eier legen || *uv* наноси́ть, -ошу́, -о́сишь
на|низа́ть* *v* aufreihen, auffädeln || *uv* **нани́зывать,** -аю, -аешь
нанима́тель, -я *m* **1.** Mieter **2.** Arbeitgeber
нанима́ть(ся) *uv zu* наня́ть(ся)

нáново *Adv umg* von neuem, neu
нанóс, -а *m* Anschwemmung, Schwemmland; ~ снéга Schneewehe
наносить *uv zu* нанести́
нанóсный, -ая, -ое 1. angeschwemmt, alluvial; ~ песóк Schwemmsand 2. *übtr* angenommen, entlehnt; fremd
наня́ть* *v* 1. mieten, pachten 2. einstellen, anstellen; ~ матрóса einen Matrosen anheuern ‖ *uv* нанимáть, -áю, -áешь
наня́ться*; -ня́лся, -няли́сь *v* sich verdingen ‖ *uv* нанимáться, -áюсь, -áешься
наобещáть, -áю, -áешь; наобéщанный, -ан, -а *v umg* viel versprechen
наоборóт *Adv* 1. verkehrt, umgekehrt; дéлать всё ~ alles verkehrt machen; как раз ~ gerade das Gegenteil 2. *mod* dagegen, vielmehr; im Gegenteil
наобу́м *Adv umg* auf gut Glück, aufs Geratewohl
на|орáть* *v volksspr* 1. на *A* anschreien, anbrüllen 2. *A oder G* viel schreien
наóтмашь *Adv*: удáрить ~ mit aller Wucht zuschlagen
наотрéз *Adv*: отказáться ~ glattweg [rundweg] ablehnen
напáдать, *1. u. 2. Pers ungebr*, -ает *v in best. Menge* fallen *Schnee, Obst*
нападáть *uv zu* ¹напáсть
нападáющий, -его *Subst m Sport* Stürmer
нападéние, -я *n* 1. Angriff, Überfall; внезáпное ~ Überraschungsangriff; огневóе ~ Feuerüberfall 2. *Sport* Sturm; центр -я Mittelstürmer
напáдки, -док, -дкам *Pl* Angriffe, Ausfälle; Beschuldigungen
¹напáивать *uv zu* напои́ть
²напáивать *uv zu* напая́ть
напáкостить, -ощу, -остишь *v volksspr* 1. beschmutzen, verunreinigen 2. Schaden zufügen, schädigen
напáлмовый, -ая, -ое Napalm-
напáрник, -а *m umg* Partner *in einer Zweimannbrigade*; шофёр-~ Beifahrer
напáрываться *uv zu* напорóться
напасáться *uv zu* напасти́сь
на|пасти́сь* *v umg G* sich eindecken (mit), auf Vorrat anschaffen; у́гля не напасёшься man kann sich nicht genug mit Kohle eindecken; на ребёнка не напасёшься боти́нок dauernd braucht das Kind neue Schuhe ‖ *uv* напасáться, -áюсь, -áешься

¹на|пáсть*; напáвший *v* на *A* 1. angreifen, überfallen, herfallen (über) 2. *umg* herziehen, -fallen (über) *mit Beschuldigungen u. ä.* 3. geraten, stoßen (auf), antreffen; ~ на хорóшую мысль auf einen guten Gedanken kommen; напáсть на чéй-н. след j-m auf die Spur kommen 4. *1. u. 2. Pers ungebr* ergreifen, befallen *Gefühle*; на меня́ напáл страх Angst befiel mich; на негó напáла тоскá er bekam Sehnsucht ◇ не на тогó напáл! da bist du [ist er] an die falsche Adresse gekommen ‖ *uv* нападáть, -áю, -áешь
²напáсть, -и *f umg* Plage, Unglück
напáчкать, -аю, -аешь; -анный, -ан, -а *v* beschmutzen, beschmieren
напая́ть, -я́ю, -я́ешь; напáянный, -ян, -а *v* auflöten, anlöten ‖ *uv* напáивать, -аю, -аешь
напéв, -а *m* Melodie, Weise; Motiv
напевáть, -áю, -áешь *uv* 1. *uv zu* напéть 2. leise vor sich hin singen
напекáть *uv zu* напéчь
наперебóй *Adv umg* durcheinander, um die Wette
наперевéс *Adv*: с ру́жьями [с ружьём] ~ mit gefälltem Bajonett
наперегóнки *Adv umg* um die Wette
напередё *Adv* 1. *volksspr* zuerst, zuvor 2. im voraus, von vornherein ◇ зáдом ~ verkehrt
наперекóр *Adv u. Präpos mit D* zuwider, zum Trotz, entgegen; дéйствовать ~ zuwiderhandeln
наперерéз *Adv*: бежáть комý-н. ~ j-m den Weg abschneiden
наперерыв *Adv umg* durcheinander, um die Wette
на|перéть*; наперéв *v* на *A volksspr* drücken, sich stemmen (auf, gegen) ‖ *uv* напирáть, -áю, -áешь
наперехвáт *Adv volksspr* 1.: идти́ ~ in die Quere kommen 2. um die Wette
наперечёт 1. *Adv* ganz und gar, ohne Ausnahme; знать всех ~ alle an den Fingern aufzählen, alle aufzählen können 2. *prädikativ* (es gibt) nur wenig
напёрсток, -тка *m* Fingerhut
наперстя́нка, -и, *Pl G* -нок, *D* -нкам *f bot* Fingerhut
напéрчивать *uv zu* напéрчить
напéрчить, -чу, -чишь; -ченный, -чен, -а *v* pfeffern, mit Pfeffer bestreuen ‖ *uv* напéрчивать, -аю, -аешь
на|пéть* *v* 1. *A oder G* viel singen *Lieder, Arien u. ä.* 2. besingen; ~

пласти́нку eine Platte besingen 3. *umg* anstimmen, singen || *uv* напева́ть, -а́ю, -а́ешь

напеча́тать *v zu* печа́тать

на|пе́чь* *v* 1. *A oder G in best. Menge* backen 2. *umg* verbrennen, zu stark der Sonne aussetzen || *uv* напека́ть, -а́ю, -а́ешь

напива́ться *uv zu* напи́ться

напи́лок, -лка *m umg* Feile

напи́льник, -а *m* Feile

напира́ть, -а́ю, -а́ешь *uv* 1. *uv zu* напере́ть 2. на *A umg* bedrängen, andrängen (gegen); проти́вник напира́л с фла́нга der Gegner griff von der Flanke an 3. на *A umg* bestehen (auf); besonderen Nachdruck legen (auf); betonen

написа́ние, -я *n* Schreibweise, Schreibung

написа́ть *v zu* писа́ть

напита́ть, -а́ю, -а́ешь; напи́танный, -ан, -а *v* 1. *umg* ernähren, verpflegen, zu essen geben 2. tränken, durchweichen; ~ гу́бку водо́й den Schwamm mit Wasser tränken || *uv* напи́тывать, -аю, -аешь *zu* 2

напита́ться, -а́юсь, -а́ешься *v* 1. *umg scherz* sich satt essen 2. *1. u. 2. Pers ungebr* sich vollsaugen, durchtränkt werden || *uv* напи́тываться, -ается *zu* 2

напи́ток, -тка *m* Getränk; спиртны́е -тки alkoholische Getränke

напи́тывать(ся) *uv zu* напита́ть(ся)

на|пи́ться*; -пили́сь *v* 1. *G* seinen Durst löschen (mit), sich satt trinken (an); где здесь мо́жно ~? wo kriegt man hier einen Schluck Wasser? 2. sich betrinken || *uv* напива́ться, -а́юсь, -а́ешься

напиха́ть, -а́ю, -а́ешь; напи́ханный, -ан, -а *v umg A oder G* viel hineinstopfen; vollstopfen (mit) || *uv* **напи́хивать,** -аю, -аешь

напи́чкать, -аю, -аешь; -анный, -ан, -а *v umg* 1. überfüttern 2. *übtr* eintrichtern

на|пла́каться* *v* 1. sich ausweinen 2.: она́ ещё напла́чется с ним *umg* sie wird ihre liebe Not mit ihm haben, sie wird viel Kummer mit ihm haben

наплева́тельский, -ая, -ое *umg* nachlässig, fahrlässig, geringschätzig

на|плева́ть* *v* 1. speien, spucken (на *A* auf) 2. на *A volksspr* verachten, spucken (auf) 3.: мне ~ на э́то *volksspr* ich pfeife darauf, das ist mir schnuppe

на|плести́* *v A oder G* 1. flechten, durch Flechten herstellen 2. *volksspr* Unsinn zusammenreden; ~ на кого́-н. j-n verleumden || *uv* **наплета́ть,** -а́ю, -а́ешь *zu* 1

напле́чный, -ая, -ое Schulter-, auf der Schulter getragen; ~ реме́нь Schulterriemen

наплы́в, -а *m* 1. Andrang, Auflauf, Zulauf 2. Überblendung *Kino* 3. Kesselstein

напова́л *Adv*: уби́ть ~ auf der Stelle töten, mit einem Hieb [Schlag, Schuß] töten; он был уби́т ~ er war auf der Stelle tot

наподо́бие *Präpos mit G* (ähnlich) wie, in der Art von

напои́ть, -ою́, -о́ишь *u. umg* -о́ишь; -ой; напо́енный, -о́ен, -а *u.* напоённый, -ён, -ена́ *v* 1. (напо́енный) zu trinken geben, tränken; betrunken machen 2. *übtr* (напоённый) sättigen, schwängern || *uv* напа́ивать, -аю, -аешь

напока́з *Adv* zur Schau; выставля́ть ~ zur Schau stellen [tragen]

наполза́ть *uv zu* наползти́

на|ползти́* *v umg* 1. beim Kriechen stoßen (на *A* auf, gegen) 2. *1. u. 2. Pers ungebr* zusammenkriechen, hereinkriechen || *uv* наполза́ть, -а́ю, -а́ешь

наполирова́ть, -ру́ю, -ру́ешь; -ро́ванный, -ро́ван, -а *v* polieren || *uv* **наполиро́вывать,** -аю, -аешь

наполне́ние, -я *n* (An-) Füllung

напо́лнить, -ню, -нишь; -ненный, -нен, -а *v* 1. (an)füllen; ~ бак водо́й den Kanister mit Wasser füllen 2. ganz erfüllen *mit einem Gefühl* || *uv* **наполня́ть,** -я́ю, -я́ешь

напо́лниться, *1. u. 2. Pers ungebr*, -ится *v I* sich füllen (mit) || *uv* **наполня́ться,** -я́ется

наполови́ну *Adv* zur Hälfte, halb; nur halb

напома́дить, -а́жу, -а́дишь; -а́женный, -а́жен, -а *v* mit Pomade einsalben, pomadisieren

напомина́ние, -я *n* Erinnerung, Mahnung

напомина́ть *uv zu* напо́мнить

напо́мнить, -ню, -нишь *v* 1. erinnern, mahnen (кому́-н. о чём-н. *oder* что́-н. j-n an etw.); он напо́мнил мне о моём обеща́нии (*oder* моё обеща́ние) er erinnerte mich an mein Versprechen 2. *durch Ähnlichkeit* erinnern (кому́-н. кого́-н. an j-n); он напо́мнил мне де́да er erinnerte mich an meinen Großvater ‖ *uv* напомина́ть, -а́ю, -а́ешь

напо́р, -а *m* 1. *phys* Druck; ~ воды́ Wasserdruck 2. Druck; Ansturm, Andrang; под -ом обще́ственности unter dem Druck der Öffentlichkeit 3. Elan, Ungestüm 4. *umg* Hartnäckigkeit, Zähigkeit

напо́ристый, -ая, -ое; *Kzf* -ист, -а *umg* energisch, zielstrebig

на|поро́ться* *v* на *A* 1. *umg* sich stechen, sich verletzen (an) 2. *volksspr* unerwartet stoßen (auf) ‖ *uv* напа́рываться, -аюсь, -аешься

напороши́ть, *1. u. 2. Pers ungebr*, -и́т; напорошённый, -ён, -ена́ *unpers v G* in feinen Flocken fallen; mit lockerem Schnee bedecken

напо́ртить, -рчу, -ртишь; -рченный, -рчен, -а *v umg* 1. *A oder G* viel verderben; beschädigen; unbrauchbar machen 2. *D* großen Schaden zufügen

напосле́док *Adv umg* zu guter Letzt, zum Schluß

напр. (наприме́р) zum Beispiel

напра́вить, -влю, -вишь; -вленный, -влен, -а *v* 1. richten, lenken; ~ все си́лы на борьбу́ с ... alle Kräfte in den Kampf gegen ... werfen 2. schicken, verweisen; меня́ напра́вили к друго́му врачу́ ich wurde an einen anderen Arzt verwiesen; его́ напра́вили рабо́тать на целину́ er wurde zur Arbeit ins Neulandgebiet geschickt 3. einrichten, regeln; ~ рабо́ту die Arbeit organisieren 4. *umg* abziehen, schärfen *Rasierklinge, Säge* ‖ *uv* направля́ть, -я́ю, -я́ешь

напра́виться, -влюсь, -вишься *v* 1. sich begeben, sich (hin)wenden 2. *umg* sich einspielen, in Fluß kommen; рабо́та напра́вилась die Arbeit kam in Gang ‖ *uv* направля́ться, -я́юсь, -я́ешься

направле́ние, -я *n* 1. Richten, Lenken 2. Schicken 3. Richtung *a. übtr*; ~ полёта Flugrichtung; ~ мы́слей Gesinnung; во всех -ях nach allen Richtungen; литерату́рные -я Literaturströmungen 4. Einweisung, Einweisungsschein; Dienstreiseschein, -ausweis 5. *mil* Frontabschnitt; на ю́жном -и an der Südfront

напра́вленность, -и *f* Tendenz

направля́ть(ся) *uv zu* напра́вить(ся)

напра́во *Adv* nach rechts; rechts, zur Rechten; ~! *mil* rechtsum!

напра́слина, -ы *f umg* falsche Beschuldigung, grundlose Verdächtigung, verleumderisches Gerede

напра́сно *Adv* vergeblich, umsonst

напра́сный, -ая, -ое; *Kzf* -сен, -сна 1. vergeblich; э́то ~ труд das ist verlorene Liebesmühe, da ist Hopfen und Malz verloren 2. unbegründet, unnötig 3. *alt* ungerecht, falsch

напра́шиваться, -аюсь, -аешься *uv* 1. *uv zu* напроси́ться 2. sich von selbst aufdrängen, kommen *von Gedanken*; напра́шивается мысль der Gedanke liegt nahe

наприме́р *mod* zum Beispiel

напрока́зить, -а́жу, -а́зишь *v volksspr* mutwillige Streiche verüben

напрока́зничать, -аю, -аешь *v umg* dumme Streiche verüben, Unfug treiben

напрока́т *Adv* leihweise; взять ~ ausleihen; mieten; отдава́ть ~ vermieten

напролёт *Adv umg* durchgehend; всю ночь ~ die ganze Nacht hindurch; весь день ~ den ganzen Tag über

напроло́м *Adv umg* direkt drauflos; идти́ ~ mit dem Kopf durch die Wand gehen, drauflosgehen

напропалу́ю *Adv umg* tollkühn; rücksichtslos

напроро́чить, -чу, -чишь; -ченный, -чен, -а *v umg* prophezeien

напроси́ться, -ошу́сь, -о́сишься *v umg* 1. sich aufdrängen, sich anbieten 2. herbeisehnen, -wünschen; ~ на комплиме́нт j-n zu einem Kompliment veranlassen ‖ *uv* напра́шиваться, -аюсь, -аешься

напро́тив 1. *Adv uv. Präpos mit G* gegenüber 2. *Adv* verkehrt; он всё де́лает ~ er macht alles gerade anders 3. *Part* im Gegenteil; dagegen

на́прочь *Adv umg* ganz und gar, völlig

напру́живать(ся) *uv zu* напру́жить(ся)

напру́жить, -жу, -жишь; -женный, -жен, -а *v* anspannen, straffen ‖ *uv* напру́живать, -аю, -аешь

напру́житься, -жусь, -жишься *v umg* sich anspannen, sich straffen ‖ *uv* напру́живаться, -аюсь, -аешься

напряга́ть(ся) *uv zu* напря́чь(ся)

напряже́ние, -я *n* 1. Anstrengung, Anspannung, Konzentration 2. *phys, el* Spannung *a. übtr*; высо́кое ~ Hochspannung

напряжённость, -и *f* 1. Gespanntheit, Spannung *a. pol*; разря́дка -и *pol* Entspannung 2. Intensität

напряжённый, -ая, -ое; *Kzf* -ён, -ённа 1. angespannt, konzentriert, angestrengt; -ое внима́ние gespannte Aufmerksamkeit 2. anstrengend, intensiv 3. gespannt *Lage, Stimmung* 4. gezwungen, gepreßt *Lächeln, Stimme*

напрями́к *Adv umg* 1. geradeaus 2. geradeheraus, offen heraus ◇ **идти́** ~ durch dick und dünn gehen

на|пря́чь* *v* anspannen *a. übtr*; anstrengen; ~ все си́лы alle Kräfte anspannen ‖ *uv* напряга́ть, -а́ю, -а́ешь

напря́чься* *v* 1. sich anspannen, sich straffen, anschwellen *von Muskeln* 2. sich anstrengen, sich bemühen ‖ *uv* напряга́ться, -а́юсь, -а́ешься

напуга́ть, -а́ю, -а́ешь; напу́ганный, -ан, -а *v* einschüchtern, erschrecken

напуга́ться, -а́юсь, -а́ешься *v* erschrecken, Angst bekommen

напу́дривать(ся) *uv zu* напу́дрить(ся)

напу́дрить, -рю, -ришь; -ренный, -рен, -а *v* (ein)pudern ‖ *uv* напу́дривать, -аю, -аешь

напу́дриться, -рюсь, -ришься *v* sich pudern ‖ *uv* напу́дриваться, -аюсь, -аешься

напу́льсник, -а *m* Pulswärmer

на́пуск, -а *m* Einschlag, Saum *in Kleidungsstücken*

напуска́ть(ся) *uv zu* напусти́ть(ся)

напускно́й, -а́я, -о́е gekünstelt, gemacht, vorgetäuscht

напусти́ть, -ущу́, -у́стишь; -у́щенный, -у́щен, -а *v* 1. *A oder G* (her-) einlassen; ~ воды́ в ва́нну Wasser in die Wanne einlassen 2. *umg* на *A* hetzen, loslassen (auf); angreifen lassen 3. *umg* sich stellen; ~ на себя́ стро́гость [учёный вид] streng [gelehrt] tun ‖ *uv* напуска́ть, -а́ю, -а́ешь

напусти́ться, -ущу́сь, -у́стишься *v umg* на *A* herfallen, herziehen (über) *mit Schimpfen u. ä.* ‖ *uv* напуска́ться, -а́юсь, -а́ешься

напу́тать, -аю, -аешь; -анный, -ан, -а *umg v* 1. *A oder G* verfitzen, durcheinanderbringen 2. Verwirrung anrichten 3. sich irren, Fehler machen; ~ в подсчётах sich verrechnen; ~ в расска́зе sich beim Erzählen verheddern ‖ *uv* напу́тывать, -аю, -аешь

напу́тственный, -ая, -ое *buchspr* Geleit-, Abschieds-; -ая речь Abschiedsworte

напу́тствие, -я *n buchspr* Geleitwort, Abschiedsworte

напу́тствовать, -твую, -твуешь *v, uv* verabschieden; ~ кого́-н. че́м-н. j-m etw. auf den Weg wünschen; нас напу́тствовали до́брыми пожела́ниями wir nahmen gute Wünsche auf den Weg mit

напу́тывать *uv zu* напу́тать

напуха́ть *uv zu* напу́хнуть

напу́хнуть, *1. u. 2. Pers ungebr,* -нет; напу́х, -ла *v umg* anschwellen ‖ *uv* напуха́ть, -а́ет

напы́живаться *uv zu* напы́житься

напы́житься, -жусь, -жишься *v umg* 1. sich sehr anstrengen 2. *übtr* sich aufblasen, wichtig tun ‖ *uv* напы́живаться, -аюсь, -аешься

напыли́ть, -лю́, -ли́шь *v umg* (voll)-stauben, Staub aufwirbeln

напы́щенный, -ая, -ое; *Kzf* -ен, -ена 1. *übtr* aufgeblasen 2. schwülstig *Stil, Rede*

напя́ливать *uv zu* напя́лить

напя́лить, -лю, -лишь; -ленный, -лен, -а *v* 1. (auf)spannen *auf den Stickrahmen* 2. *volksspr* mit Mühe anziehen [aufsetzen]; aufstülpen ‖ *uv* напя́ливать, -аю, -аешь

нар- *in Zuss Abk für* наро́дный Volks-

нараба́тывать(ся) *uv zu* нарабо́тать(ся)

нарабо́тать, -аю, -аешь; -анный, -ан, -а *v A oder G umg* 1. herstellen, anfertigen 2. erarbeiten, verdienen ‖ *uv* нараба́тывать, -аю, -аешь

нарабо́таться, -аюсь, -аешься *v umg* sich müde arbeiten; sich abrackern ‖ *uv* нараба́тываться, -аюсь, -аешься

наравне́ *Adv* с *I* 1. auf gleicher Höhe, auf gleicher Linie mit; самолёт лети́т ~ с облака́ми das Flugzeug fliegt in Höhe der Wolken 2. ebenso wie; gleichberechtigt neben

нара́доваться, -дуюсь, -дуешься *v*: не ~ на кого́-н. [на что́-н.] sich über j-n [etw.] nicht genug freuen können

нараспа́шку *Adv umg* aufgeknöpft, offen ◇ у него́ душа́ ~ er ist offenherzig

нараспе́в *Adv* langgezogen; in singendem Ton

нараста́ние, -я *n* Anwachsen, Zunehmen

нараста́ть *uv zu* нарасти́

на|расти́*, *1. u. 2. Pers ungebr, v* 1. wachsen *auf etw.*; на ка́мне наро́с мох auf dem Stein ist Moos gewachsen 2. *in best. Menge* wachsen; наросло́ мно́го дере́вьев es sind viele Bäume gewachsen 3. anwachsen, zunehmen || *uv* нараста́ть, -а́ет

нарасти́ть, -ащу́, -асти́шь; -ащённый, -ащён, -ащена́ *v* 1. wachsen lassen 2. verlängern, anstücken 3. *A oder G umg* anbauen, ziehen 4. *umg A oder G* vergrößern, vermehren || *uv* нара́щивать, -аю, -аешь

нарасхва́т *Adv* rasch; това́р продаётся ~ die Ware geht reißend [wie warme Semmeln] ab; раскупа́ть това́ры ~ sich um die Waren reißen

нара́щивать *uv zu* нарасти́ть

На́рва, -ы *f* Narwa *Stadt u. Fluß*

[1]**на|рва́ть*** *v G* 1. *in best. Menge* pflücken 2. *in best. Menge* zerreißen || *uv* нарыва́ть, -а́ю, -а́ешь

[2]**на|рва́ть*,** *1. u. 2. Pers ungebr v* eitern, anschwellen; нарва́ло па́лец *oder* па́лец нарва́л der Finger ist angeschwollen || *uv* нарыва́ть, -а́ет

на|рва́ться*; -рвали́сь *v umg* unversehens stoßen (на *A* auf); ~ на неприя́тность in eine peinliche Lage geraten || *uv* нарыва́ться, -а́юсь, -а́ешься

На́рев, -а *m* Narew *Fluß*

наре́з, -а *m* 1. Einschnitt 2. Gewinde; Zug *im Gewehr, Geschütz*

на|ре́зать* *v* 1. *A oder G* (ab)schneiden; zerschneiden *in Stücke* 2. einschneiden, einkerben; *Gewinde* schneiden 3. *A oder G* zuteilen, zuweisen; ~ кому́-н. зе́млю j-m Land zuteilen || *uv* **нареза́ть,** -а́ю, -а́ешь

наре́зка, -и *f* 1. Einschneiden; Gewindeschneiden 2. Gewinde, Gang; Züge *Gewehr, Geschütz*

нарека́ние, -я *n* Vorwurf, Tadel, Klage; вы́звать -я Anstoß erregen, Anlaß zu Klagen geben

[1]**наре́чие,** -я *n* Dialekt(gruppe), Mundart

[2]**наре́чие,** -я *n* Adverb, Umstandswort

наре́чный, -ая, -ое *gram* adverbial

нарза́н, -а (-у) *m* Narsan *Mineralwasser*

нарисова́ть, -су́ю, -су́ешь; -со́ванный, -со́ван, -а *v* 1. zeichnen 2. *übtr* beschreiben, darstellen, schildern

нарица́тельный, -ая, -ое 1.: и́мя -ое *gram* Gattungsname, Appellativum 2.: -ая сто́имость *wirtsch* Nominal-, Nennwert

нарко́з, -а *m* Narkose, Betäubung; ме́стный ~ örtliche Betäubung; о́бщий ~ Vollnarkose

нарко́м, -а *m* (наро́дный комисса́р) Volkskommissar *bis 1946*

наркома́н, -а *m* Rauschgiftsüchtiger

наркома́т, -а *m* (наро́дный комиссариа́т) Volkskommissariat *bis 1946*

нарко́тик, -а *m* Narkotikum, Betäubungsmittel; Rauschgift

наркоти́ческий, -ая, -ое narkotisch, betäubend

наро́д, -а *m* 1. Volk 2. *nur Sg, G* -а *u.* -у Menschen, Leute; мно́го -у viele Leute; так говори́тся в -е so heißt es im Volksmund

народи́ть, -ожу́, -оди́шь; -ождённый, -ождён, -ождена́ *v A oder G viele Kinder* gebären

народи́ться, *1. u. 2. Pers ungebr,* -и́тся *v* 1. geboren werden, heranwachsen 2. *volksspr* zur Welt kommen, geboren werden 3. *übtr* entstehen || *uv* нарожда́ться, -а́ется

наро́дник, -а *m hist* Volkstümler, Narodnik

наро́днический, -ая, -ое *hist* Volkstümler-

наро́дничество, -а *n hist* Bewegung der Volkstümler [der Narodniki]

наро́дно-демократи́ческий, -ая, -ое volksdemokratisch

наро́дность, -и *f* 1. Völkerschaft 2. Volkstümlichkeit, -verbundenheit, -nähe

народнохозя́йственный, -ая, -ое volkswirtschaftlich; ~ план Volkswirtschaftsplan

наро́дный, -ая, -ое 1. *Kzf* -ден, -дна volkstümlich, volksecht 2. Volks-; volkseigen; -ая демокра́тия Volksdemokratie; -ое хозя́йство Volkswirtschaft; -ое име́ние Volksgut; -ое достоя́ние Volkseigentum; -ое предприя́тие volkseigener Betrieb; -ое тво́рчество Volkskunst; -ая пе́репись Volkszählung; -ая пе́сня Volkslied; Наро́дная пала́та Volkskammer

народове́дение, -я *n* Völkerkunde

народове́дческий, -ая, -ое völkerkundlich

народово́лец, -льца, *I* -льцем, *G Pl* -льцев *m hist* Mitglied der Organisation der Narodniki „Narodnaja Wolja"

народонаселе́ние, -я *n* Bevölkerung

нарожда́ться *uv zu* народи́ться

наро́ст, -а *m* 1. Auswuchs 2. Kesselstein

нарочи́тый, -ая, -ое; *Kzf* -и́т, -а vorsätzlich, absichtlich

наро́чно [шн] *Adv* 1. absichtlich, vorsätzlich **2.** eigens, extra; я ~ для э́того пришёл ich bin extra deswegen gekommen **3.** *umg* zum Spaß ◇ как ~ wie zum Trotz, ausgerechnet

нарóчный, -ого *Subst m* Eilbote; с -ым durch Eilboten

нарсу́д, -á *m* (нарóдный суд) Volksgericht

нáрты, нарт *Pl u.* **нáрта,** -ы *f* Rentierschlitten; Hundeschlitten

[1]**нарубáть** *uv zu* нарубúть

[2]**нарубáть,** -áю, -áешь *v A oder G* abbauen, hauen *Kohle*

нарубúть, -ублю́, -у́бишь; -у́бленный, -у́блен, -а *v A oder G* **1.** hacken *Holz* **2.** fällen *Bäume* **3.** schneiden *Kraut* ‖ *uv* нарубáть, -áю, -áешь

нару́жность, -и *f* **1.** Äußeres; Aussehen; ~ обмáнчива der Schein trügt **2.** Außenseite, Außenansicht

нару́жный, -ая, -ое **1.** Außen-; -ая стенá Außenwand **2.** äußerlich; scheinbar; -ое für äußerlichen Gebrauch *Arznei*

нару́жу *Adv* **1.** nach außen **2.** zum Vorschein, ans Tageslicht; дéло вы́шло ~ die Sache kam heraus [ans Tageslicht]; вы́вести ~ an den Tag bringen

нарукáвники *Pl* -ов, *Sg* нарукáвник, -а *m* Schutzärmel

нарукáвный, -ая, -ое Ärmel-; -ая повя́зка Armbinde

нарумя́нить, -ню, -нишь; -ненный, -нен, -а *v* schminken

нару́чники *Pl* -ов, *Sg* нару́чник, -а *m* Handschellen, Handfesseln

нару́чный, -ая, -ое Hand-, an der Hand, am Arm; -ые часы́ Armbanduhr

нарушáть *zu v* нару́шить

нарушéние, -я *n* **1.** Übertretung, Verletzung, Verstoß (gegen); ~ закóна Verstoß gegen das Gesetz; ~ мúра Friedensbruch **2.** Störung; ~ спокóйствия Ruhestörung

нарушúтель, -я *m* Verletzer; ~ границы Grenzverletzer; ~ спокóйствия Störenfried, Unruhestifter; ~ прáвил у́личного движéния Verkehrssünder

нару́шить, -шу, -шишь; -шенный, -шен, -а *v* **1.** verletzen, brechen, übertreten; ~ закóн gegen das Gesetz verstoßen; ~ соглашéние das Abkommen verletzen [brechen]; ~ слóво sein Wort brechen **2.** stören, unterbrechen; ~ молчáние das Schweigen brechen; ~ покóй die Ruhe stören ‖ *uv* нарушáть, -áю, -áешь

нару́шиться, *1. u. 2. Pers ungebr*, -ится *v* unterbrochen [gestört] werden

нарцúсс, -а *m bot* Narzisse

нáры, нар *Pl* Pritsche, Schlafbank

нары́в, -а *m* Geschwür, Eiterbeule

[1,2]**нарывáть** *uv zu* [1,2]нарвáть

[3]**нарывáть** *uv zu* навры́ть

нарывáться *uv zu* нарвáться

нарывнóй, -áя, -óе *u.* **нары́вный,** -ая, -ое **1.** (нары́вный) Geschwür-, Abszeß- **2.** (нарывнóй) blasenziehend; ~ плáстырь Zugpflaster

на|ры́ть* *v A oder G* (aus)graben, ausheben ‖ *uv* нарывáть, -áю, -áешь

[1]**наря́д,** -а *m* Kleidung, Tracht; прáздничный ~ Festtracht

[2]**наря́д,** -а *m* **1.** Auftrag, Anweisung, Anordnung; ~ на вы́дачу Auslieferungsschein; ~-закáз Bestellschein **2.** *mil* Dienst(auftrag); Kommando, Streife; сторожевóй ~ Wachdienst; быть в -е Dienst haben; ~ милúции Milizstreife

[1]**нарядúть,** -яжу́, -ядúшь; -я́женный, -я́жен, -а *v* **1.** schmücken schön kleiden, herausputzen **2.** verkleiden, maskieren; ~ клóуном als Clown verkleiden ‖ *uv* наряжáть, -áю, -áешь

[2]**нарядúть,** -яжу́, -ядúшь; -яжённый, -яжён, -яженá *v* Auftrag geben, beordern, schicken; (ab)kommandieren; ~ подвóды за пескóм die Wagen nach Sand schicken ‖ *uv* наряжáть, -áю, -áешь

нарядúться, -яжу́сь, -ядúшься *v* **1.** sich schön kleiden, sich herausputzen **2.** sich verkleiden, sich maskieren; ~ медвéдем sich als Bär verkleiden ‖ *uv* наряжáться, -áюсь, -áешься

наря́дный, -ая, -ое; *Kzf* -ден, -дна **1.** schön gekleidet **2.** schön, schmuck, elegant

наряду́ *Adv* с *I* gemeinsam (mit), zugleich; neben, außer; ebenso wie; ~ с э́тим gleichzeitig

[1,2]**наряжáть** *uv zu* [1,2]нарядúть

наряжáться *uv zu* нарядúться

нас ↑ мы

насадúть, -ажу́, -áдишь; -áженный, -áжен, -а *v* **1.** *G* anpflanzen, setzen **2.** befestigen, aufstecken, aufsetzen, aufspießen; ~ шúну на колесó den Reifen (auf die Felge) aufziehen **3.** *volksspr* unterbringen, (hinein)setzen **4.** *v zu* насаждáть ‖ *uv* насáживать, -аю, -аешь

насáдка, -и, *Pl G* -док, *D* -дкам *f*

1. Aufsetzen, Ansetzen 2. *tech* Ansatzstück, Aufsatz 3. Köder

насажáть, -áю, -áешь *v* 1. *A oder G* anpflanzen, setzen 2. unterbringen, (hinein)setzen ‖ *uv* насáживать, -аю, -аешь

насаждáть, -áю, -áешь *uv buchspr* einführen, einbürgern, verbreiten; ~ наýки die Wissenschaften pflegen ‖ *v* насади́ть, -ажý, -áдишь; -аждённый, -аждён, -ажденá

насаждéние, -я *n* 1. *meist Pl* Anpflanzung; зелёные -я Grünanlagen; полезащи́тные -я Schutzwaldstreifen 2. Pflanzen, Anpflanzen 3. Einführung, Einbürgerung

[1]**насáживать** *uv zu* насади́ть

[2]**насáживать** *uv zu* насажáть

насáживаться *uv zu* насéсть

насáливать *uv zu* насоли́ть

насáсываться *uv zu* насосáться

насви́стывать, -аю, -аешь *uv* vor sich hin pfeifen

насевáть *uv zu* насéять

наседáть *uv zu* насéсть

насéдка, -и, *Pl G* -док, *D* -дкам *f* Bruthenne, Glucke

насéивать *uv zu* насéять

насекáть *uv zu* насéчь

насекомоя́дный, -ая, -ое insektenfressend

насекóмые *Pl* -ых, *Sg* насекóмое, -ого *n* Insekten

населéние, -я *n* 1. Besiedlung 2. Bevölkerung; пéрепись -я Volkszählung

населённость, -и *f* Bevölkerungsdichte

населённый, -ая, -ое 1. bewohnt 2. dicht bevölkert ◇ ~ пункт Ortschaft

насели́ть, -лю́, -ли́шь; -лённый, -лён, -ленá *v* 1. besiedeln, bevölkern 2. beziehen *Wohnung* ‖ *uv* **населя́ть,** -я́ю, -я́ешь

насéст, -а *m* Hühnerstange

на|сéсть* *v* 1. *1. u. 2. Pers ungebr* sich setzen (in), einsteigen 2. *1. u. 2. Pers ungebr* sich (an)setzen, sich ablagern 3. на *A umg* sich stürzen (auf), bedrängen, zusetzen ‖ *uv* насáживаться, -ается *umg zu* 1 *u.* наседáть, -áю, -áешь *zu* 2, 3

насéчка, -и, *Pl G* -чек, *D* -чкам *f* Einschnitt, Kerbe

на|сéчь*; -секлá *v* 1. einkerben, einschneiden 2. *umg* kleinschneiden, wiegen ‖ *uv* насекáть, -áю, -áешь

насéять, -éю, -éешь; -éянный, -éян, -а *v* 1. *in best. Menge* (aus)säen 2. *in best. Menge* (durch)sieben ‖ *uv* насевáть, -áю, -áешь *u.* насéивать, -аю, -аешь

насидéться, -сижýсь, -сиди́шься *v umg* lange genug sitzen

наси́женный, -ая, -ое: -ое мéсто Arbeitsplatz *oder* Wohnort, an den man sich gewöhnt hat; -ое яйцó angebrütetes Ei

наси́лие, -я *n* 1. Gewalt(anwendung), Zwang 2. Gewalttätigkeit, Unterdrückung 3. Vergewaltigung

наси́ловать, -лую, -луешь *uv* 1. vergewaltigen 2. Gewalt antun, zwingen

наси́лу *Adv umg* kaum; mit Mühe und Not

наси́льник, -а *m* Gewalttäter

наси́льно *Adv* gewaltsam, mit Gewalt ◇ ~ мил не бýдешь *Sprichw* Liebe läßt sich nicht erzwingen

наси́льственный, -ая, -ое gewaltsam

на|скакáть* *v* 1. на *A* anreiten, anrennen, stoßen (gegen) 2. *in best. Menge* heranreiten ‖ *uv* [1]**наскáкивать,** -аю, -аешь *zu* 1

[2]**наскáкивать** *uv zu* наскочи́ть

наскандáлить, -лю, -лишь *v umg* randalieren

насквóзь *Adv* durch und durch, völlig; промóкнуть ~ bis auf die Haut durchnäßt werden ◇ ви́деть [знать] когó-н. ~ j-n durchschauen

наскóк, -а *m umg* 1. *Sport* Aufsprung 2. plötzlicher Überfall *zu Pferde* 3. Ausfall *gegen j-n* ◇ с -а [с -у] kurzerhand, ohne lang zu überlegen

наскóлько *Adv* 1. um wieviel?, inwiefern? 2. soviel, soweit; ~ мне извéстно soweit mir bekannt ist, soviel ich weiß

нáскоро *Adv umg* 1. eilig, in aller Eile 2. flüchtig

наскочи́ть, -очý, -óчишь *v* на *A* 1. anspringen, anfallen 2. anrennen (gegen), fahren (gegen), auflaufen *auf eine Mine* 3. *umg* stoßen, treffen (auf) 4. *umg übtr* herfallen, herziehen (über) *mit Vorwürfen, Beschimpfung u. ä.* ‖ *uv* наскáкивать, -аю, -аешь

наскребáть *uv zu* наскрести́

на|скрести́* *v G* zusammenscharren, -kratzen ◇ ~ дéнег на поéздку *umg* Geld für eine Reise zusammenkratzen ‖ *uv* наскребáть, -áю, -áешь

наскýчить, -чу, -чишь *v* langweilen, lästig [überdrüssig] werden; э́то мне наскýчило das habe ich satt

наслади́ться, -ажýсь, -ади́шься *v I*

sich ergötzen (an), genießen; ~ сча́стьем das Glück genießen || *uv* **наслажда́ться,** -а́юсь, -а́ешься

наслажде́ние, -я *n* Genuß, Wonne

насла́ивать(ся) *uv zu* наслойть(ся)

на|сла́ть* *v A oder G umg* **1.** *in best. Menge* zuschicken **2.** *etw. über j-n* ergehen lassen || *uv* насыла́ть, -а́ю, -а́ешь

насле́дие, -я *n geistiges* Erbe, Vermächtnis

наследи́ть, -ежу́, -еди́шь; -е́женный, -е́жен, -а *v umg I* schmutzige Spuren hinterlassen

насле́дник, -а *m* Erbe; Nachfolger; Thronfolger

насле́дница, -ы, *I* -ей Erbin, Nachfolgerin

насле́дный, -ая, -ое: ~ принц Thronfolger

насле́дование, -я *n* Erbfolge; Nachfolge; пра́во -я Erbrecht

насле́довать, -дую, -дуешь; -дованный, -дован, -а *v, uv* **1.** erben; übernehmen **2.** *D* beerben

насле́дственность, -и *f* Erblichkeit; Vererbung

насле́дственный, -ая, -ое **1.** Erb- **2.** *biol* (ver)erblich, (v)ererbt

насле́дство, -а *n* Erbe, Erbschaft

наслое́ние, -я *n* **1.** *geol* Schichtung; Schicht **2.** *übtr* Überlagerung; später hinzugekommene Eigenschaft [Erscheinung]

наслои́ть, -ою́, -ои́шь; -оённый, -оён, -оена́ *v* (auf)schichten || *uv* насла́ивать, -аю, -аешь

наслои́ться, *1. u. 2. Pers ungebr,* -и́тся *v* sich ablagern, sich aufschichten, Schichten bilden || *uv* насла́иваться, -ается

наслу́шаться, -аюсь, -аешься *v G* **1.** viel hören **2.** lange genug anhören, sich satt hören (an)

наслы́шаться, -шусь, -шишься *v* о *P umg* viel erfahren, viel zu hören bekommen

насма́рку *Adv*: всё пошло́ ~ *umg* alles ist zum Teufel, alles ist im Eimer

на́смерть *Adv* zu Tode, tödlich; испуга́ться ~ *volksspr* zu Tode erschrecken

насмеха́ться, -а́юсь, -а́ешься *uv* над *I* spotten (über); verspotten, auslachen

насмеши́ть, -шу́, -ши́шь *v* zum Lachen bringen

насме́шка, -и, *Pl G* -шек, *D* -шкам *f* Spott, Hohn; подверга́ться -шкам als Zielscheibe des Spottes dienen; в -у zum Spott, zum Hohn

насме́шливый, -ая, -ое; *Kzf* -ив, -а spöttisch

насме́шник, -а *m umg* Spötter

насмея́ться, -ею́сь, -еёшься *v* **1.** *umg* sich totlachen, sich krank lachen **2.** над *I* sich lustig machen (über), verspotten

на́сморк, -а *m* Schnupfen; схвати́ть [получи́ть] ~ Schnupfen bekommen

насмотре́ться, -отрю́сь, -о́тришься *v* на *A* sich satt sehen (an)

насоли́ть, -олю́, -о́ли́шь; -о́ленный, -о́лен, -а *v* **1.** *A oder G in best. Menge* einsalzen, in Salzwasser einlegen **2.** *umg* stark salzen **3.**: ~ кому́-н. *umg* j-m die Suppe versalzen || *uv* наса́ливать, -аю, -аешь *zu* 1, 2

насори́ть, -рю́, -ри́шь; насо́ренный, -ен, -а *v* beschmutzen, verunreinigen

насо́с, -а *m* Pumpe; возду́шный ~ Luftpumpe; кача́ть -ом pumpen

на|соса́ться* *v G* sich satt saugen [trinken] (an); sich vollsaugen (mit) || *uv* наса́сываться, -аюсь, -аешься

насо́сный, -ая, -ое Pump(en)-; -ая ста́нция Pumpstation

на́спех *Adv* in aller Eile, hastig

наспле́тничать, -аю, -аешь *v* klatschen, Gerüchte verbreiten

наст, -а *m* Schneekruste, Harsch

настава́ть *uv zu* наста́ть

настави́тельный, -ая, -ое; *Kzf* -лен, -льна lehrhaft, schulmeisterlich

[1]**наста́вить,** -влю, -вишь; -вленный, -влен, -а *v* **1.** *A oder G in best. Menge* auf-, hinstellen **2.** ansetzen, durch Ansetzen verlängern **3.** (auf ein Ziel) richten, einstellen || *uv* наставля́ть, -я́ю, -я́ешь

[2]**наста́вить,** -влю, -вишь; -вленный, -влен, -а *v alt* belehren, beibringen ◇ ~ на ум zur Vernunft bringen; ~ кого́-н. на путь и́стинный j-n auf die rechte Bahn bringen || *uv* наставля́ть, -я́ю, -я́ешь

наста́вка, -и, *Pl G* -вок, *D* -вкам *f* Ansetzen, Anstücken, Ansatzstück

наставле́ние, -я *n* **1.** Belehrung; чита́ть кому́-н. ~ j-m die Leviten lesen, j-m eine Moralpredigt halten **2.** *mil* Instruktion, Dienstvorschrift

[1,2]**наставля́ть** *uv zu* [1,2]наста́вить

наста́вник, -а *m alt* Lehrer, Erzieher

наста́внический, -ая, -ое *alt* schulmeisterhaft

наставно́й, -а́я, -о́е Ansatz-, angesetzt; -а́я труба́ Ansatzrohr

[1, 2]наста́ивать *uv zu* [1, 2]настоя́ть
наста́иваться *uv zu* [1]настоя́ться
Наста́сья, -ьи *f dasselbe wie* Анаста́сия
на|ста́ть*, *1. u. 2. Pers ungebr v* anbrechen, eintreten, beginnen; наста́ла ночь die Nacht brach herein || *uv* на|става́ть*
на́стежь *Adv* (sperrangel)weit offen; о́кна откры́ты ~ die Fenster stehen weit auf
настели́ть, -елю́, -е́лешь; -е́ленный, -е́лен, -а *v A oder G volksspr* ausbreiten, legen *auf den Fußboden*
насте́нный, -ая, -ое Wand-
На́стенька, -и *f Dem zu* Анаста́сия
настига́ть *uv zu* насти́чь *u.* насти́гнуть
насти́гнуть ↑ насти́чь
насти́л, -а *m* **1.** Bretterbelag; Fußbodenbelag **2.** Belegen; Dielen; Pflastern
настила́ть *uv zu* настла́ть
насти́лка, -и, *Pl G* -лок, *D* -лкам *f* **1.** Bretterbelag; Fußbodenbelag **2.** Belegen; Dielen; Pflastern
насти́льный, -ая, -ое **1.**: -ая доро́га befestigter Weg **2.** *mil* Flach-; ~ ого́нь Flachfeuer **3.** *Sport* flach *vom Sprung*
на|сти́чь* *u.* **насти́гнуть,** -ну, -нешь; насти́г; насти́гнутый, -ут, -а *v* einholen; ereilen; бу́ря насти́гла рыбако́в der Sturm überraschte die Fischer || *uv* настига́ть, -а́ю, -а́ешь
на|стла́ть* [сл] *v A oder G* belegen, bedecken; ausbreiten; ~ пол (den Fußboden) dielen; ~ мостову́ю (die Straße) pflastern || *uv* настила́ть, -а́ю, -а́ешь
насто́й, -я, *G Pl* -ев *m* Aufguß; Tinktur
насто́йка, -и, *Pl G* -о́ек, *D* -о́йкам *f* **1.** Likör **2.** *umg* Tinktur; ~ йо́да Jodtinktur
насто́йчивость, -и *f* Beharrlichkeit, Ausdauer
насто́йчивый, -ая, -ое; *Kzf* -ив, -а **1.** beharrlich; eigensinnig **2.** nachdrücklich, dringend
насто́лько *Adv* derart, so (sehr); она́ была́ ~ серди́та, что ни с кем не разгова́ривала sie war so verärgert, daß sie mit niemandem sprach; ~-то я и сам понима́ю по-ру́сски soviel verstehe ich auch selbst russisch
насто́льный, -ая, -ое Tisch-; ~ те́ннис Tischtennis; -ая ла́мпа Tischlampe; -ая кни́га Handbuch
настора́живать(ся) *uv zu* насторожи́ть(ся)
насторожé *Adv* wachsam, auf der Hut
насторо́женный, -ая, -ое; *Kzf* -ен, -енна *u.* **насторожённый,** -ая, -ое; *Kzf* -ён, -ённа in gespannter Erwartung, aufmerksam
насторожи́ть, -жу́, -жи́шь; насторо́женный, -ен, -а *u.* насторожённый, -ён, -ена́ *v*: ~ у́ши [слух] die Ohren spitzen, gespannt lauschen || *uv* настора́живать, -аю, -аешь
насторожи́ться, -жу́сь, -жи́шься *v* die Ohren spitzen, gespannt lauschen || *uv* настора́живаться, -аюсь, -аешься
настоя́ние, -я *n* Drängen; по её -ю auf ihr Drängen [Bitten] hin
настоя́тельный, -ая, -ое; *Kzf* -лен, -льна inständig, beharrlich, dringend
[1]настоя́ть, -ою́, -ои́шь *v* на *P* erreichen, durchsetzen; ~ на своём seinen Willen durchsetzen || *uv* наста́ивать, -аю, -аешь bestehen (auf), beharren (auf); ~ на своём bei seiner Meinung bleiben; ~ на чём-н. etw. steif und fest behaupten
[2]настоя́ть, -ою́, -ои́шь; -о́й; -о́янный, -о́ян, -а *v* einen Aufguß machen, ansetzen; ~ во́дку на ви́шне Kirschen mit Alkohol ansetzen || *uv* наста́ивать, -аю, -аешь
[1]настоя́ться, *1. u. 2. Pers ungebr,* -ои́тся *v* ziehen *Tee*; на́до дать ча́ю ~ man muß den Tee ziehen lassen; ви́шня настоя́лась die Kirschen sind durchzogen *vom Alkohol* || *uv* наста́иваться, -ается
[2]настоя́ться, -ою́сь, -ои́шься *v umg* lange Zeit stehen
настоя́щий, -ая, -ее **1.** gegenwärtig, jetzig, heutig; в -ее вре́мя heutzutage, jetzt; -ее вре́мя *gram* Gegenwart, Präsens **2.** -ее, -его *Subst n* Gegenwart **3.** echt, wahr(haftig); ~ геро́й ein wahrer [echter] Held; ~ друг ein echter Freund; ~ шёлк echte [reine] Seide **4.** *buchspr* vorliegender, dieser ◇ он ~ дура́к er ist ein richtiger Dummkopf; -им о́бразом wie es sich gehört; по-настоя́щему richtig, wie es sich gehört
[1, 2]настра́ивать *uv zu* [1, 2]настро́ить
настра́иваться *uv zu* настро́иться
настре́ливать *uv zu* настреля́ть
настреля́ть, -я́ю, -я́ешь; настре́лянный, -ян, -а *v A oder G* schießen, erlegen || *uv* настре́ливать, -аю, -аешь

настригать *uv zu* настричь

на|стричь* *v* (ab)scheren, (ab)schneiden; ~ кило́ ше́рсти ein Kilo Wolle scheren || *uv* настрига́ть, -а́ю, -а́ешь

на́строго *Adv umg* strengstens; стро́го-~ aufs allerstrengste

настрое́ние, -я *n* **1.** Stimmung, Laune, Lust; быть в хоро́шем [плохо́м] -и guter [schlechter] Laune sein; у меня́ нет -я гуля́ть ich habe keine Lust zum Spazierengehen **2.** Tendenz *Handel, Börse*

[1]**настро́ить,** -о́ю, -о́ишь; -о́енный, -о́ен, -а *v A oder G in best. Menge* bauen || *uv* настра́ивать, -аю, -аешь

[2]**настро́ить,** -о́ю, -о́ишь; -о́енный, -о́ен, -а *v* **1.** *mus* stimmen **2.** *übtr* stimmen; beeinflussen, einnehmen; ~ кого́-н. про́тив [в по́льзу] чего́-н. j-n gegen [für] etw. einnehmen; ~ кого́-н. в свою́ по́льзу j-n für sich günstig stimmen; он ве́село настро́ен er ist heiter gestimmt **3.** *rad* einstellen; einrichten *Maschine, Gerät u. ä.*; ~ приёмник на дли́нную волну́ das Radio auf Langwelle einstellen || *uv* настра́ивать, -аю, -аешь

настро́иться, -о́юсь, -о́ишься *v* sich einstellen (auf), gestimmt sein; я настро́ился рабо́тать ich habe mich auf die Arbeit eingestellt || *uv* настра́иваться, -аюсь, -аешься

настро́йка, -и, *Pl G* -о́ек, *D* -о́йкам *f* **1.** *rad* Abstimmung; то́чная ~ Scharfeinstellung **2.** Stimmen *Musikinstrument*

настро́йщик, -а *m* **1.** Stimmer; Klavierstimmer **2.** Fachmann für das Einstellen von Geräten

настрочи́ть, -очу́, -о́чи́шь; -о́ченный, -о́чен, -а *v* **1.** (ab)steppen, abnähen **2.** *umg* schnell schreiben

наступа́тельный, -ая, -ое Angriffs-, offensiv; -ая война́ Angriffskrieg

[1]**наступа́ть,** -а́ю, -а́ешь *uv* **1.** *uv zu* [1]наступи́ть **2.** *mil* angreifen, vorrücken **3.** herantreten *mit einer Bitte, Forderung u. ä.*

[2]**наступа́ть** *uv zu* [2]наступи́ть

[1]**наступи́ть,** -уплю́, -у́пишь *v* treten (на *A* auf); ~ кому́-н. на́ ногу a) j-m auf den Fuß treten; b) *übtr alt* j-n beleidigen ◇ ~ кому́-н. на (люби́мую) мозо́ль *übtr* j-m auf die Hühneraugen treten || *uv* наступа́ть, -а́ю, -а́ешь

[2]**наступи́ть,** *1. u. 2. Pers ungebr*, -у́пит *v* beginnen, anbrechen, eintreten; наступи́ла ночь die Nacht brach ein || *uv* наступа́ть, -а́ет

[1]**наступле́ние,** -я *n* **1.** *mil* Angriff, Vormarsch, Offensive; перейти́ в ~ zum Angriff übergehen

[2]**наступле́ние,** -я *n* Anbruch, Eintritt, Beginn; с -ем но́чи bei Anbruch der Nacht; ~ дня Tagesanbruch

насту́рция, -и *f* Kapuzinerkresse

настыва́ть *uv zu* насты́ть *u.* насты́нуть

на|сты́ть* *u.* **насты́нуть,** -ну, -нешь *v* **1.** *umg* an-, festfrieren (an) **2.** *volksspr* auskühlen; kalt werden, vor Kälte erstarren || *uv* настыва́ть, -а́ю, -а́ешь

На́стька, -и *f Dem zu* Анаста́сия

На́стя, -и *f Dem zu* Анаста́сия

насу́пить, -плю, -пишь; -пленный, -плен, -а *v*: ~ бро́ви die Augenbrauen zusammenziehen || *uv* **насу́пливать,** -аю, -аешь

насу́питься, -плюсь, -пишься *v* die Augenbrauen zusammenziehen; finster blicken || *uv* **насу́пливаться,** -аюсь, -аешься

на́сухо *Adv* (ganz) trocken; вы́тереть ~ trockenreiben, abtrocknen

насу́шивать *uv zu* насуши́ть

насуши́ть, -ушу́, -у́шишь; -у́шенный, -у́шен, -а *v A oder G in best. Menge* trocknen || *uv* насу́шивать, -аю, -аешь

насу́щный, -ая, -ое; *Kzf* -щен, -щна dringend nötig, lebensnotwendig; ~ вопро́с brennende Frage; -ая потре́бность unerläßliche Forderung ◇ хлеб ~ das tägliche Brot

насчёт *Präpos mit G umg* hinsichtlich, betreffs; как ~ биле́тов? wie steht es mit den Karten?

насчита́ть, -а́ю, -а́ешь; насчи́танный, -ан, -а *v* (auf)zählen || *uv* насчи́тывать, -аю, -аешь

насчи́тывать, -аю, -аешь *uv* **1.** *uv zu* насчита́ть **2.** *1. u. 2. Pers ungebr* zählen; es gibt; го́род насчи́тывает сто ты́сяч жи́телей die Stadt hat hunderttausend Einwohner

насчи́тываться, *1. u. 2. Pers ungebr*, -ается *uv* vorhanden sein; в э́той шко́ле насчи́тывается бо́лее пятисо́т ученико́в die Schule hat über fünfhundert Schüler

насыла́ть *uv zu* насла́ть

на|сы́пать* *v* **1.** *A oder G* streuen, (ein)schütten **2.** hinein-, vollschütten, füllen; ~ в мешо́к муки́ den Sack mit Mehl füllen **3.** aufschütten || *uv* **насыпа́ть,** -а́ю, -а́ешь

на|сы́паться*, *1. u. 2. Pers ungebr v* fallen, herabfallen || *uv* **насыпа́ться,** -а́ется

насыпно́й, -а́я, -о́е aufgeschüttet

на́сыпь, -и *f* Damm; железнодоро́жная ~ Bahndamm

насы́тить, -ы́щу, -ы́тишь; -ы́щенный, -ы́щен, -а *v* **1.** satt machen, sättigen *a. chem* **2.** ausreichend versorgen; строи́тельство насы́щено нове́йшей те́хникой die Baustelle ist ausreichend mit der neuesten Technik versorgt || *uv* **насыща́ть,** -а́ю, -а́ешь

насы́титься, -ы́щусь, -ы́тишься *v* **1.** sich satt essen, satt werden **2.** *1. u. 2. Pers ungebr I* sich sättigen, sich anfüllen (mit) || *uv* **насыща́ться,** -а́юсь, -а́ешься

насыще́ние, -я *n* Sättigung; Saturierung

насы́щенность, -и *f chem* Sättigung

насы́щенный, -ая, -ое **1.** *chem* gesättigt **2.** *übtr Kzf* -щен, -щенна *buchspr* gehaltvoll, inhaltsvoll, reich (an)

Ната́лия, -и *f* Natalie

ната́лкивать(ся) *uv zu* натолкну́ть(ся)

[1,2]**ната́пливать** *uv zu* [1,2]натопи́ть

ната́птывать *uv zu* натопта́ть

[1]**натаска́ть,** -а́ю, -а́ешь; ната́сканный, -ан, -а *v* **1.** *A oder G in best Menge* zusammen-, herbei-, heranschleppen **2.** *A oder G umg* herausziehen; heranziehen *Beispiele u. ä.* **3.** *umg* an den Haaren herbeiziehen || *uv* ната́скивать, -аю, -аешь

[2]**натаска́ть,** -а́ю, -а́ешь; ната́сканный, -ан, -а *v* **1.** dressieren, abrichten **2.** *umg* (ein)pauken; vorbereiten *auf eine Prüfung*; ~ ученико́в к экза́мену mit den Schülern fürs Examen pauken || *uv* ната́скивать, -аю, -аешь

[1,2]**ната́скивать** *uv zu* [1,2]натаска́ть

[3]**ната́скивать** *uv zu* натащи́ть

ната́чивать *uv zu* наточи́ть

Ната́ша, -и, *I* -ей *f Dem zu* Ната́лия

Ната́шенька, -и *f Dem zu* Ната́лия

Ната́шка, -и *f Dem zu* Ната́лия

натащи́ть, -ащу́, -а́щишь; -а́щенный, -а́щен, -а *v* **1.** heranschleppen; zusammenschleppen **2.** *volksspr* überziehen; ~ на себя́ одея́ло sich eine Decke überziehen || *uv* ната́скивать, -аю, -аешь

натвори́ть, -рю́, -ри́шь *v umg* anstellen, anrichten; что ты натвори́л! da hast du ja was Schönes angerichtet!

на́те *umg Part* da nehmt!, nehmen Sie!

натёк, -а *m geol* Tropfstein

натека́ть *uv zu* натéчь

нате́льный, -ая, -ое Leib-; -ое бельё Leibwäsche

на|тере́ть*; натерёв *u.* натёрши *v* **1.** (ein)reiben **2.** bohnern; ~ пол den Fußboden bohnern **3.** *A oder G auf dem Reibeisen* reiben; ~ морко́ви Möhren reiben **4.** (sich) wund reiben, aufreiben *Haut*; ~ но́гу sich den Fuß wund reiben; ~ мозо́ли на нога́х Hühneraugen bekommen; ~ мозо́ли на рука́х Schwielen bekommen || *uv* натира́ть, -а́ю, -а́ешь

на|тере́ться* *v umg I* sich einreiben (mit) || *uv* натира́ться, -а́юсь, -а́ешься

натерпе́ться, -ерплю́сь, -е́рпишься *v G umg* viel erleiden [durchmachen]; ~ стра́ху große Angst ausstehen

на|те́чь* *v 1. u. 2. Pers ungebr* **1.** hineinfließen, eindringen; sich ansammeln **2.** vollaufen; ведро́ уже́ натекло́ der Eimer ist vollgelaufen || *uv* натека́ть, -а́ет

нате́шиться, -шусь, -шишься *I v umg* viel Vergnügen haben (an)

натира́ть(ся) *uv zu* натере́ть(ся)

нати́рка, -и *f umg* Bohnern, Blankreiben, Blankscheuern

на́тиск, -а *m* Andrang, Ansturm, Druck

на|тка́ть* *v A oder G in best. Menge* weben

наткну́ть, -ну́, -нёшь; на́ткнутый, -ут, -а *v* aufstecken, aufspießen || *uv* натыка́ть, -а́ю, -а́ешь

наткну́ться, -ну́сь, -нёшься *v* **1.** на *A* sich aufspießen **2.** на *A* stoßen (an, auf) *a. übtr*; ~ на ка́мень an einen Stein stoßen || *uv* натыка́ться, -а́юсь, -а́ешься

натолкну́ть, -ну́, -нёшь *v* **1.** *umg* stoßen (на *A* gegen, auf) **2.** veranlassen (на *A* zu), bringen (на *A* auf); он натолкну́л меня́ на мысль er brachte mich auf den Gedanken || *uv* ната́лкивать, -аю, -аешь

натолкну́ться, -ну́сь, -нёшься *v* **1.** stoßen (на *A* an, auf) **2.** plötzlich begegnen, stoßen (auf) || *uv* ната́лкиваться, -аюсь, -аешься

на|толо́чь* *v A oder G in best. Menge* zerstoßen, durch Stoßen zerkleinern

[1]**натопи́ть,** -оплю́, -о́пишь; -о́пленный, -о́плен, -а *v* tüchtig (ein)heizen || *uv* ната́пливать, -аю, -аешь

²натопи́ть, -оплю́, -о́пишь; -о́пленный, -о́плен, -а *v A oder G in best. Menge* schmelzen, zerlassen || *uv* ната́пливать, -аю, -аешь

на|топта́ть* *v umg* schmutzige Fußspuren hinterlassen || *uv* ната́птывать, -аю, -аешь

наторгова́ть, -гу́ю, -гу́ешь; -го́ванный, -го́ван, -а *v umg* **1.** *A oder G* durch Handel erwerben **2.** на *A* umsetzen, verkaufen *Ware* || *uv* **натарго́вывать,** -аю, -аешь

натор́елый, -ая, -ое *volksspr* gewandt, erfahren, geschickt

наточи́ть, -очу́, -о́чишь; -о́ченный, -о́чен, -а *v A oder G* schleifen, schärfen || *uv* ната́чивать, -аю, -аешь

натоща́к *Adv* auf nüchternen Magen

натр, -а *m* Natron

натрави́ть, -авлю́, -а́вишь; -а́вленный, -а́влен, -а *v* **1.** hetzen (на *A* auf) **2.** *übtr umg* aufhetzen, aufwiegeln (на *A* gegen) **3.** *A oder G in best. Menge* vergiften, ausrotten || *uv* **натра́вливать,** -аю, -аешь

натренирова́ть, -ру́ю, -ру́ешь; -ро́ванный, -ро́ван, -а *v* trainieren; üben *tr*

на́трий, -я, *P* -и *m* Natrium

на́трое *Adv* in drei Teile

натруди́ть, -ужу́, -уди́шь; -у́женный, -у́жен, -а *u.* -ужённый, -ужён, -ужена́ *v* ermüden, überanstrengen; натру́женные ру́ки abgearbeitete Hände || *uv* **натру́живать,** -аю, -аешь

натруси́ть, -ушу́, -уси́шь; -у́шенный, -у́шен, -а *v volksspr A oder G in best. Menge* herausschütten, hinschütten

нату́га, -и *f umg* Anstrengung; с -и vor Anstrengung

на́туго *Adv umg* sehr fest, straff

нату́живать(ся) *uv zu* нату́жить(ся)

нату́жить, -жу, -жишь; -женный, -жен, -а *v umg* anspannen, straffen || *uv* нату́живать, -аю, -аешь

нату́житься, -жусь, -жишься *v umg* sich (sehr) anstrengen || *uv* нату́живаться, -аюсь, -аешься

нату́ра, -ы *f* **1.** Natur *des Menschen*; он по -е не злой челове́к er ist von Natur nicht boshaft **2.** *Kunst* Modell; рисова́ть с -ы nach der Natur zeichnen; быть [стоя́ть] на -е Modell stehen **3.** Naturalien; плати́ть -ой in Naturalien bezahlen

натурализова́ться, -зу́юсь, -зу́ешься *v, uv* sich naturalisieren lassen, die Staatsbürgerschaft eines fremden Landes annehmen

натурали́ст, -а *m* **1.** Naturforscher **2.** *lit* Naturalist

натура́льный, -ая, -ое **1.** natürlich, der Wirklichkeit entsprechend; в -ую величину́ in Lebensgröße **2.** echt, naturrein; ~ шёлк Naturseide; ~ ко́фе Bohnenkaffee **3.** einfach, ohne besondere Zutaten *Speisen*; яи́чница -ая Spiegelei ohne Schinken **4.** *Kzf* -лен, -льна natürlich, naturgemäß, ungezwungen **5.** Natural-; -ое хозя́йство Naturalwirtschaft; -ая опла́та Bezahlung in Naturalien

нату́рный, -ая, -ое Natur-; -ые съёмки Außen-, Naturaufnahmen

натуропла́та, -ы *f* (натура́льная опла́та) Bezahlung [Entlohnung] in Naturalien

нату́рщик, -а *m* (lebendes) Modell

нату́рщица, -ы, *I* -ей *f* (lebendes) Modell

наты́кать, -аю, -аешь; -анный, -ан, -а *v A oder G umg* hineinstechen, -stekken *Nadeln, Zweige u. ä.* || *uv* **¹натыка́ть,** -а́ю, -а́ешь

²натыка́ть *uv zu* наткну́ть

натыка́ться *uv zu* наткну́ться

натюрмо́рт, -а *m* Stilleben *Kunst*

натя́гивать *uv zu* натяну́ть

натяже́ние, -я *n* **1.** *phys* Spannung; пове́рхностное ~ Oberflächenspannung **2.** *med* Verheilen

натя́жка, -и, *Pl G* -жек, *D* -жкам *f umg* **1.** Aufspannen, Aufziehen *Saite, Reifen* **2.** Gezwungenheit; э́то ~ das ist an den Haaren herbeigezogen; с -ой mit Mühe und Not, mit Ach und Krach; э́то мо́жно допусти́ть то́лько с большо́й -ой das kann man nur zulassen, wenn man beide Augen zudrückt

натя́нутый, -ая, -ое; *Kzf* -ут, -а **1.** gespannt; мы с ним в -ых отноше́ниях wir stehen auf gespanntem Fuß **2.** gezwungen, steif, unnatürlich; -ая улы́бка gezwungenes Lächeln

натяну́ть, -яну́, -я́нешь; -я́нутый, -я́нут, -а *v* **1.** aufspannen, aufziehen *Saite, Stickerei*; ~ одея́ло на го́лову die Decke über den Kopf ziehen **2.** (an)spannen, straffziehen; heranziehen; ~ пово́дья die Zügel anziehen *a. übtr* **3.** (mit Mühe) anziehen, überziehen *Kleidung, Schuhe* || *uv* натя́гивать, -аю, -аешь

науга́д *Adv* aufs Geratewohl, auf gut Glück

науго́льник, -а *m* **1.** rechtwinkliges Dreieck *Zeichengerät* **2.** Eckenbeschlag, Winkel, Stoßbeschlag *an Rahmen u. ä.*

наудалу́ю *Adv umg* unbesonnen, aufs Geratewohl

наудá‌чу *Adv* aufs Geratewohl, auf gut Glück

наýка, -и *f* 1. Wissenschaft; то́чная ~ exakte Wissenschaft; де́ятель [рабо́тник] -и Wissenschaftler 2. *übtr umg* Lehre; э́то тебе́ ~! laß dir das eine Lehre sein!, das soll dir eine Lehre sein!

наукообрáзный, -ая, -ое; *Kzf* -зен, -зна 1. pseudowissenschaftlich 2. *alt* wissenschaftlich

наýськать, -аю, -аешь; -анный, -ан, -а *v* на *A umg* 1. hetzen (auf) 2. aufhetzen, aufstacheln (gegen) ‖ *uv* **наýськивать**, -аю, -аешь

наутёк *Adv umg* auf und davon; пусти́ться ~ die Beine unter die Arme nehmen, ausreißen

наýтро *Adv* am nächsten Morgen

научáть(ся) *uv zu* научи́ть(ся)

научи́ть, -учу́, -у́чишь; -у́ченный, -у́чен, -а *v* 1. *D oder mit Inf* lehren, beibringen (etw.); ~ кого́-н. чему́-н. j-m etw. beibringen 2. *umg* (be)lehren, anleiten 3. lehren; zeigen, beweisen ‖ *uv alt u. volksspr* научáть, -áю, -áешь

научи́ться, -учу́сь, -у́чишься *v D oder mit Inf* (er)lernen ‖ *uv alt u. volksspr* научáться, -áюсь, -áешься

наýчно-иссле́довательский, -ая, -ое Forschungs-; ~ институ́т wissenschaftliches Forschungsinstitut; -ая рабо́та wissenschaftliche Forschungsarbeit

наýчность, -и *f* Wissenschaftlichkeit

наýчный, -ая, -ое; *Kzf* -чен, -чна wissenschaftlich; ~ рабо́тник Wissenschaftler

наýшник, -а *m umg* Verleumder

наýшники *Pl* -ов, *Sg* наýшник, -а *m* 1. Ohrenschützer; Ohrenklappen 2. Kopfhörer

наýшничать, -аю, -аешь *uv umg* verleumden (кому́-н. на кого́-н. j-n bei j-m)

наущéние, -я *n alt* Anstiftung, Aufhetzen; де́йствовать по чьему́-н. -ю von j-m aufgehetzt sein

нафтали́н, -а (-у) *m* Naphthalin

нахáл, -а *m* Frechdachs, Rüpel

нахáльничать, -аю, -аешь *uv umg* frech [unverschämt] sein, sich unverschämt benehmen

нахáльный, -ая, -ое; *Kzf* -лен, -льна frech, unverschämt

нахáльство, -а *n* Frechheit, Unverschämtheit

нахáркать, -аю, -аешь *v volksspr* (aus)spucken

нахвали́ться, -алю́сь, -áлишься *v umg* 1. prahlen 2. *I mit Negation* genug loben; он не мог ~ свои́м дру́гом er konnte seinen Freund nicht genug loben

нахватáть, -áю, -áешь; нахвáтанный, -ан, -а *v A oder G umg* zusammenraffen *a. übtr* ‖ *uv* **нахвáтывать**, -аю, -аешь

нахватáться, -áюсь, -áешься *v* sich oberflächlich aneignen, aufschnappen; *umg* zusammenraffen ‖ *uv* **нахвáтываться**, -аюсь, -аешься

нахи́мовец, -вца, *I* -вцем, *G Pl* -вцев *m* Schüler der Kriegsmarineschule „Nachimow"

нахичевáнский, -ая, -ое nachitschewanisch; Нахичевáнская АССР Nachitschewanische ASSR

Нахичевáнь, -и *f* Nachitschewan *Stadt*

нахлéбник, -а *m* 1. *alt* Kostgänger 2. *verächtl* Gnadenbrotempfänger

нахлобу́чивать *uv zu* нахлобу́чить

нахлобу́чить, -чу, -чишь; -ченный, -чен, -а *v* tief ins Gesicht ziehen *Hut, Mütze* ‖ *uv* нахлобу́чивать, -аю, -аешь

нахлобу́чка, -и, *Pl G* -чек, *D* -чкам *f umg* Rüffel, Anschnauzer

нахлы́нуть, *1. u. 2. Pers ungebr*, -нет *v in Menge* heran-, zusammenströmen *a. übtr*

нахму́ренный, -ая, -ое finster, mürrisch

нахму́ривать(ся) *uv zu* нахму́рить(ся)

нахму́рить, -рю, -ришь; -ренный, -рен, -а *v* runzeln, zusammenziehen *Gesicht, Stirn, Brauen* ‖ *uv* нахму́ривать, -аю, -аешь

нахму́риться, -рюсь, -ришься *v* 1. finster (drein)blicken 2. sich verfinstern, sich beziehen ‖ *uv* нахму́риваться, -аюсь, -аешься

[1,2]**находи́ть** *uv zu* [1,2]найти́

[3]**находи́ть**, -ожу́, -о́дишь *v volksspr* durch vieles Gehen sich etw. zuziehen; ~ себе́ мозо́ль ein Hühnerauge bekommen

[1]**находи́ться**, -ожу́сь, -о́дишься *uv* 1. *uv zu* найти́сь 2. sich befinden; sich aufhalten

[2]**находи́ться**, -ожу́сь, -о́дишься *v umg* sich müde laufen

нахо́дка, -и, *Pl G* -док, *D* -дкам *f* Fund(sache); бюро́ -док Fundbüro

◇ это для него настоящая ~ das ist für ihn ein gefundenes Fressen

нахóдчивость, -и *f* Findigkeit; Schlagfertigkeit

нахóдчивый, -ая, -ое; *Kzf* -ив, -а findig; schlagfertig

нахождéние, -я *n* **1.** *buchspr* (Auf-) Finden **2.** Aufenthalt

нахóхливаться *uv zu* нахóхлиться

нахóхлиться, -люсь, -лишься *v* **1.** sich aufplustern *von Vögeln* **2.** *übtr umg* finster dreinschauen || *uv* нахóхливаться, -аюсь, -аешься

на|хохотáться* *v umg* sich krank lachen

нахрáпом *Adv volksspr* dreist, rücksichtslos, mit grober Gewalt

нацарáпать, -аю, -аешь; -анный, -ан, -а *v* **1.** *umg* kritzeln **2.** zerkratzen || *uv* **нацарáпывать,** -аю, -аешь

нацедúть, -ежý, -éдишь; -éженный, -éжен, -а *v A oder G* durchseihen, filtern || *uv* **нацéживать,** -аю, -аешь

нацéливать(ся) *uv zu* нацéлить(ся)

нацéлить, -лю, -лишь; -ленный, -лен, -а *v* **1.** zielen **2.** *übtr* richten, dirigieren || *uv* нацéливать, -аю, -аешь *zu* 2

нацéлиться, -люсь, -лишься *v umg* **1.** zielen (в *A* nach) **2.** *übtr* на *A* beabsichtigen, vorhaben; steuern (auf) || *uv* нацéливаться, -аюсь, -аешься

нáцело *Adv umg* vollständig, restlos

нацéнка, -и, *Pl G* -нок, *D* -нкам *f* Aufschlag *auf Preise*, Zuschlag

нацепúть, -еплю́, -éпишь; -éпленный, -éплен, -а *v* anhängen; aufhängen; anhaken || *uv* **нацеплять,** -яю, -яешь

национализáция, -и *f* Nationalisierung

национализúровать, -рую, -руешь; -рованный, -рован, -а *v, uv* **1.** nationalisieren, verstaatlichen **2.** auf nationaler Grundlage aufbauen *Institution*

национализм, -а *m* Nationalismus

национализовáть, -зýю, -зýешь; -зóванный, -зóван, -а *v, uv* **1.** nationalisieren **2.** auf nationaler Grundlage aufbauen

националúст, -а *m* Nationalist

националистúческий, -ая, -ое nationalistisch

национáльно-освободúтельный, -ая, -ое nationale(r) Befreiungs-; -ое движéние nationale Befreiungsbewegung

национáльность, -и *f* **1.** Nationalität **2.** Nation(alität) **3.** nationaler Charakter

национáльный, -ая, -ое **1.** national; National-, Staats-; -ое меньшинствó nationale Minderheit; ~ вопрóс nationale Frage; Nationalitätenfrage **2.** *Kzf* -лен, -льна national, der nationalen Eigenart entsprechend

нацúст, -а *m* Nazi

нáция, -и *f* Nation; Организáция Объединённых Нáций, ООН Organisation der Vereinten Nationen, UNO; Лúга нáций *hist* Völkerbund

нач- *Abk für* начáльник *u.* начáльствующий

начадúть, -ажý, -адúшь *v* qualmen, räuchern

начáло, -а *n* **1.** Anfang, Beginn; в -е мáя Anfang Mai; с сáмого -а von Anfang an, von vornherein; с -а до концá von A bis Z; положúть ~ чемý-н. den Grundstein zu etw. legen, den Anstoß zu etw. geben **2.** *meist Pl* Grundlage, Grundsatz; на паритéтных -ах auf paritätischer Grundlage **3.** Ursache, Quelle **4.** в *P* Element, wichtiges Moment; лирúческое ~ в ромáне das lyrische Element im Roman ◇ брать ~ seinen Anfang nehmen; entspringen *Fluß*; вестú своё ~ от чегó-н. abstammen von; быть под начáлом у когó-н. j-m untergeordnet sein; лихá бедá ~ aller Anfang ist schwer; дóброе ~ — половúна дéла frisch gewagt ist halb gewonnen

начáльник, -а *m* Chef, Vorgesetzter, Leiter; ~ стáнции Bahnhofsvorsteher; ~ отдéла Abteilungsleiter; ~ штáба Stabschef

начáльный, -ая, -ое Anfangs-; Elementar-; -ые трýдности Anfangsschwierigkeiten; -ая шкóла Grundschule; -ое обучéние Elementarunterricht

начáльственный, -ая, -ое *iron* herrisch, gebieterisch

начáльство, -а *n* **1.** *Koll* die Vorgesetzten, Obrigkeit **2.** *umg* Vorgesetzte(r), Chef **3.** Leitung, Befehl, Führung ◇ быть под -ом когó-н. j-m unterstellt [untergeordnet] sein

начáльствовать, -твую, -твуешь *uv I oder* над *I* leiten, anführen, befehligen, kommandieren

начáльствующий, -ая, -ее leitend, befehligend; ~ состáв Kommandeure, Vorgesetzte; Leitung, Führung

начáтки, -ов *Pl* Anfangsgründe; elementare Kenntnisse

начáть* *v* beginnen, anfangen; нáчало накрáпывать es begann zu tröpfeln;

~ с чегó-н. mit etw. beginnen; ~ бóчку пи́ва ein Faß Bier anstecken; ~ процéсс прóтив когó-н. einen Prozeß gegen j-n eröffnen; ~ издалекá *übtr* weit ausholen ‖ *uv* начинáть, -áю, -áешь

начáться*, *1. u. 2. Pers ungebr*; начался́, -али́сь *v* beginnen, anfangen *itr*; seinen Ursprung nehmen; лéкция началáсь в семь часóв die Vorlesung begann um sieben Uhr; день начался́ der Tag brach an ‖ *uv* начинáться, -áется

начекáнивать *uv zu* начекáнить

начекáнить, -ню, -нишь *v A oder G* prägen *Münzen* ‖ *uv* начекáнивать, -аю, -аешь

начекý *Adv*: быть ~ auf der Hut sein

начерни́ть, -ню́, -ни́шь; -нённый, -нён, -ненá *v* schwarz färben

нáчерно *Adv* **1.** ins unreine, ins Konzept *schreiben* **2.** *übtr* in groben Umrissen, im rohen

начертáние, -я *n* graphische Gestalt, Schreibweise

начертáтельный, -ая, -ое: -ая геомéтрия darstellende Geometrie

начертáть, -áю, -áешь; начéртанный, -ан, -а *v buchspr alt* **1.** schreiben, zeichnen **2.** *übtr* vorzeichnen, zeigen, festlegen

начерти́ть, -ерчý, -éртишь; -éрченный, -éрчен, -а *v* **1.** zeichnen **2.** *A oder G in best. Menge* zeichnen, entwerfen ‖ *uv* **начéрчивать,** -аю, -аешь *zu* 2

начёс, -а *m* **1.** *text* Hecheln, Kämmen **2.** in die Stirn gekämmte Haare **3.**: с -ом angerauht **4.** aufgekratzte Stelle

начёсаный, -ая, -ое *text* angerauht

на|чéсть* *v finanz* anrechnen ‖ *uv* начи́тывать, -аю, -аешь

начёт, -а *m finanz* zu ersetzende Auslagen, Anrechnung

начётничество, -а *n* Buchstabengelehrsamkeit

начётчик, -а *m* Buchstabengelehrter

начинáние, -я *n* Unternehmen, Vorhaben

начинáть(ся) *uv zu* начáть(ся)

начинáющий, -ая, -ее **1.** angehend; ~ писáтель angehender Schriftsteller **2.** -его *Subst m* Anfänger

начинáя *Präpos*: ~ с *G* seit, von ... an; ~ с пéрвого мáя seit dem ersten Mai

начи́нивать *uv zu* [2]начини́ть

[1]**начини́ть,** -ню́, -ни́шь; -нённый, -нён, -ненá *v* füllen; ~ пирóг капýстой die Pastete mit Kraut füllen ‖ *uv* начиня́ть, -я́ю, -я́ешь

[2]**начини́ть,** -иню́, -и́нишь; -и́ненный, -и́нен, -а *v umg A oder G* **1.** ausbessern, reparieren **2.** anspitzen ‖ *uv* начи́нивать, -аю, -аешь *zu* 2

начи́нка, -и, *Pl G* -нок, *D* -нкам *f* **1.** Füllen *Tätigkeit* **2.** Füllung *in Speisen*; конфéты с -ой gefüllte Bonbons

начиня́ть *uv zu* [1]начини́ть

начислéние, -я *n finanz* Zuschlag *zu einer Summe*; ~ на зарплáту Zuschlag zum Lohn

начи́слить, -лю, -лишь; -ленный, -лен, -а *v finanz* zuschlagen, dazurechnen; ~ процéнты на капитáл die Zinsen zum Kapital schlagen ‖ *uv* **начисля́ть,** -я́ю, -я́ешь

начи́стить, -и́щу, -и́стишь; -и́щенный, -и́щен, -а *v* **1.** *A oder G in best. Menge* reinigen, putzen; ~ картóшки Kartoffeln schälen; ~ овощéй Gemüse (zu)putzen **2.** *A umg* gut putzen; ~ самовáр до блéску den Samowar blankputzen ‖ *uv* начищáть, -áю, -áешь

нáчисто *Adv* **1.** ganz sauber, ins reine; endgültig; переписáть ~ ins reine schreiben **2.** *umg* völlig, rundweg, gänzlich **3.** *volksspr* offen, aufrichtig

начистотý *Adv* aufrichtig, freimütig

начи́танность, -и *f* Belesenheit

начи́танный, -ая, -ое; *Kzf* -ан, -анна belesen

начитáть, -áю, -áешь; начи́танный *v* -ан, -а *v A oder G umg* viel lesen ‖ *u* начи́тывать, -аю, -аешь

начитáться, -áюсь, -áешься *v* **1.** *G* viel lesen **2.** lange genug lesen; не могý ~ э́той кни́гой ich kann dieses Buch nicht oft genug lesen

[1]**начи́тывать** *uv zu* начéсть

[2]**начи́тывать** *uv zu* начитáть

начищáть *uv zu* начи́стить

начнý ↑ начáть

начуди́ть, *1. Pers Sg ungebr*, -уди́шь *v umg* sich sonderbar benehmen, seltsame Dinge tun

наш, -его *m*; нáша, -ей *f*; нáше, -его *n*; *Pl* нáши, -их *Poss Pron* **1.** unser; э́то -е das ist unser, das gehört uns **2.** -е, -его *Subst n umg* das Unsrige; -его не отдади́м was uns gehört, lassen wir uns nicht nehmen **3.** -и, -их *Subst Pl umg* die Unsrigen; -и уéхали unsere Leute sind weggefahren **4.** -его *nach Komp* als wir; лýчше -его besser als wir ◇ по -ему unserer Meinung nach; с -ей стороны́ unsererseits; ~ брат *umg* unsereiner; -а взяла́! *umg* wir haben gesiegt!; и -им и ва́шим *umg* es mit beiden Seiten halten, auf beiden Schultern tragen; знай -их! *volksspr scherz* seht mal, was wir für tüchtige Kerle sind!; не -е де́ло das geht uns nichts an

нашаты́рный, -ая, -ое: ~ спирт Salmiakgeist, Ammoniak

нашаты́рь, -я́ *m* 1. Salmiak 2. *umg* Salmiakgeist, Ammoniak

на́шенский, -ая, -ое *volksspr* unser; unsrig

на|шепта́ть* *v* 1. *A oder G* heimlich zutragen, klatschen, zuflüstern; einreden, suggerieren, einflüstern 2. на *A* bezaubern, behexen || *uv* **нашёптывать,** -аю, -аешь

нашест, -а *m u.* **наше́сть,** -и *f gbt* Sitzstange für Hühner, Hühnerstange

наше́ствие, -я *n* Einfall, Invasion

нашива́ть *uv zu* наши́ть

наши́вка, -и, *Pl G* -вок, *D* -вкам *f* 1. Aufnähen 2. Litze, Tresse

нашивно́й, -а́я, -о́е aufgenäht

на|ши́ть* *v* 1. auf-, annähen 2. *A oder G in best. Menge* nähen || *uv* нашива́ть, -а́ю, -а́ешь

нашлёпать, -аю, -аешь; -анный, -ан, -а *v A umg* einen Klaps geben

нашпигова́ть, -гу́ю, -гу́ешь; -го́ванный, -го́ван, -а *v A oder G in best. Menge* spicken || *uv* **нашпиго́вывать,** -аю, -аешь

нашпи́ливать *uv zu* нашпи́лить

нашпи́лить, -лю, -лишь; -ленный, -лен, -а *v* 1. auf eine Stecknadel aufspießen 2. mit einer Stecknadel befestigen || *uv* нашпи́ливать, -аю, -аешь

нашуме́ть, -млю́, -ми́шь *v* 1. viel Lärm machen 2. großes Aufsehen erregen, viel Staub aufwirbeln

на|щипа́ть* *v* 1. *A oder G eine best. Menge* ausrupfen, herausziehen 2. *umg* kneifen, zwicken || *uv* **нащи́пывать,** -аю, -аешь

нащу́пать, -аю, -аешь; -анный, -ан, -а *v* 1. durch Betasten finden; ~ пульс den Puls fühlen 2. herausfinden, auf die Spur kommen ◇ ~ по́чву для перегово́ров den Boden für Verhandlungen sondieren || *uv* **нащу́пывать,** -аю, -аешь 1. betasten, abtasten 2. herauszufinden suchen

наэлектризова́ть, -зу́ю, -зу́ешь; -зо́ванный, -зо́ван, -а *v* elektrisieren

на́ябедничать, -аю, -аешь *v umg* на *A* verleumden, petzen

наяву́ *Adv* wach, im Wachen; in Wirklichkeit ◇ сон ~ eine märchenhafte Sache, etwas ganz Ungewöhnliches

[1]**не** *Part* 1. nicht *steht vor dem verneinten Satzteil*: я не иду́ в теа́тр ich gehe nicht ins Theater; я иду́ не в теа́тр, а в кино́ ich gehe nicht ins Theater, sondern ins Kino; он живёт не оди́н er wohnt nicht allein; э́то не газе́та, а журна́л das ist keine Zeitung, sondern eine Zeitschrift 2. *mit Adv Ptz* ohne zu; не говоря́ ни сло́ва ohne ein Wort [einen Ton] zu sagen; не говоря́ уже́ о *P* ganz zu schweigen von 3. *prädikativ, mit Inf u. D* не быть войне́ es darf keinen Krieg geben; мне бо́льше не увида́ть её ich werde sie nicht mehr wiedersehen (können); тебе́ не поня́ть э́того das kannst du nicht verstehen 4. *umg zwischen zwei wiederholten Verben* kaum, fast nicht; он слу́шал не слу́шал er hörte kaum zu 5. *umg zwischen zwei wiederholten Wörtern mit Konj* „а" ob ... oder nicht; хо́чешь не хо́чешь, а сде́лай ob du willst oder nicht, aber tun mußt du es; здоро́в не здоро́в, а встава́й ob du gesund bist oder nicht, aber aufstehen mußt du 6. *doppeltes* не *bezeichnet die Unumgänglichkeit*: не могу́ не сказа́ть ich kann nicht umhin zu sagen, ich muß sagen; нельзя́ бы́ло не согласи́ться man mußte (einfach) zustimmen ◇ мне [бы́ло] не до шу́ток mir ist [war] nicht nach Späßen zumute; нам бы́ло не до сме́ху wir hatten nichts zu lachen; не то *umg* sonst, andernfalls; наде́нь пальто́, не то просту́дишься zieh einen Mantel an, sonst erkältest du dich; не то ... не то ... *umg* soll man ... oder nicht; не то идти́, не то нет? soll man gehen oder nicht?; не без того́ höchstwahrscheinlich; не́ за что! keine Ursache!

неаккура́тность, -и *f* 1. Unpünktlichkeit 2. Nachlässigkeit; Schlampigkeit

неаккура́тный, -ая, -ое; *Kzf* -тен, -тна 1. unpünktlich 2. nachlässig; unordentlich

Неа́поль, -я *m* Neapel

неаппети́тный, -ая, -ое; *Kzf* -тен, -тна unappetitlich

небезопа́сный, -ая, -ое; *Kzf* -сен, -сна nicht ungefährlich

небезупре́чный, -ая, -ое; *Kzf* -чен, -чна nicht einwandfrei, nicht makellos
небезызве́стный [сн], -ая, -ое; *Kzf* -тен, -тна **1.** allgemeinbekannt; sattsam bekannt, berüchtigt **2.** -о *Adv*: -о, что es ist (gut) bekannt, daß
небезынтере́сный, -ая, -ое; *Kzf* -сен, -сна nicht uninteressant
небеса́ ↑ не́бо
небе́сный, -ая, -ое Himmels-, himmlisch; ~ свод Firmament; ца́рство -ое *rel* Himmelreich ◇ жить как пти́ца -ая sorglos in den Tag hineinleben
неблаго|ви́дный, -ая, -ое; *Kzf* -ден, -дна **1.** *alt* häßlich, unansehnlich **2.** verwerflich, anstößig; **~да́рность,** -и *f* Undank(barkeit); **~да́рный,** -ая, -ое; *Kzf* -рен, -рна **1.** undankbar **2.** undankbar, nicht lohnend **3.** *umg* unpassend, ungeeignet; **~жела́тельный,** -ая, -ое; *Kzf* -лен, -льна mißgünstig; **~зву́чный,** -ая, -ое; *Kzf* -чен, -чна mißtönend, übelklingend; **~надёжный,** -ая, -ое; *Kzf* -жен, -жна *alt* (politisch) unzuverlässig
неблагополу́чно *unpers. prädikativ* (es) ist nicht in Ordnung, es ist nicht gut [schön]; тут что́-то ~ hier ist etwas nicht in Ordnung
неблаго|полу́чный, -ая, -ое; *Kzf* -чен, -чна mißglückt, unglücklich; **~присто́йный,** -ая, -ое; *Kzf* -о́ен, -о́йна *alt* unanständig, ungehörig; **~прия́тный,** -ая, -ое; *Kzf* -тен, -тна ungünstig; **~разу́мие,** -я *n* Unvernunft; **~разу́мный,** -ая, -ое; *Kzf* -мен, -мна unvernünftig, unklug; **~ро́дный,** -ая, -ое; *Kzf* -ден, -дна **1.** unedel **2.** unfein, unfair, niederträchtig; **~скло́нный,** -ая, -ое; *Kzf* -о́нен, -о́нна übelwollend; **~устро́енный,** -ая, -ое; *Kzf* -о́ен, -о́ена schlecht eingerichtet, unkomfortabel
нёбный, -ая, -ое Gaumen-; ~ звук Gaumenlaut, Palatal(laut)
не́бо, -а, *Pl* небеса́, небе́с, небеса́м *n* Himmel ◇ э́то — ~ и земля́ *oder* как ~ от земли́ das ist ein himmelweiter Unterschied [ein Unterschied wie Tag und Nacht]; быть на седьмо́м -е *umg* im siebenten Himmel sein; превозноси́ть кого́-н. до небе́с j-n in den Himmel heben; под откры́тым -ом unter freiem Himmel; как с -а свали́лся [упа́л] wie vom Himmel gefallen; упа́сть с -а на зе́млю aus allen Wolken fallen, aus Träumen in die Wirklichkeit zurückkehren; ~ копти́ть die Zeit totschlagen; ему́ ~ с овчи́нку показа́лось es wurde ihm schwarz vor den Augen, er hörte die Engel singen; попа́сть па́льцем в ~ danebenhauen *übtr*, etwas Unpassendes tun [sagen]
нёбо, -а *n* Gaumen
небога́тый, -ая, -ое; *Kzf* -а́т, -а bescheiden, ärmlich, dürftig
небоеспосо́бный, -ая, -ое; *Kzf* -бен, -бна kampfunfähig
небольшо́й, -а́я, -о́е nicht groß, klein; gering ◇ килогра́мм с -и́м etwas über ein Kilo; за -и́м де́ло остано́вилось [ста́ло] wegen Kleinigkeiten stockte die Sache
небосво́д, -а *m* Firmament
небоскло́н, -а *m* Horizont
небоскрёб, -а *m* Wolkenkratzer
небо́сь *u.* **небо́йсь** *mod volksspr* **1.** wohl, sicher **2.** *fragend* nicht wahr?
небре́жничать, -аю, -аешь *uv umg* schludern
небре́жность, -и *f* **1.** Nachlässigkeit, Fahrlässigkeit; Schlamperei; по -и aus Nachlässigkeit, fahrlässig **2.** Geringschätzigkeit
небре́жный, -ая, -ое; *Kzf* -жен, -жна **1.** nachlässig; fahrlässig; schlampig **2.** geringschätzig
небри́тый, -ая, -ое; *Kzf* -и́т, -а unrasiert
небыва́лый, -ая, -ое (noch) nie dagewesen, unerhört
небыли́ца, -ы, *I* -ей *f* erfundene Geschichte, Märchen ◇ рассказа́ть кому́-н. -ы j-m einen Bären aufbinden; -ы в ли́цах *scherz* unglaubliche Geschichten
небью́щийся, -аяся, -ееся unzerbrechlich
Нева́, -ы́ *f* Newa
нева́жно 1. *Adv* nicht besonders gut, miserabel **2.** *prädikativ*: э́то ~ das hat keine Bedeutung, das spielt keine Rolle
нева́жный, -ая, -ое; *Kzf* -жен, -жна́! **1.** unwichtig, belanglos **2.** *umg* nicht besonders(gut), nicht gerade glänzend
невдалеке́ *Adv* in der Nähe (от von)
невдомёк *Adv*, *prädikativ D*: ему́ и ~ *umg* es kam ihm gar nicht in den Sinn, es fiel ihm gar nicht ein
неве́дение, -я *n* Unkenntnis, Unwissenheit; по -ю aus Unkenntnis; в по́лном -и ahnungslos ◇ в блаже́нном -и быть *iron* nicht die geringste Ahnung haben

неве́домо *Adv mit* кто, что, как, заче́м *u. a. umg* wer weiß, weiß der Teufel; ~ где man weiß nicht wo

неве́домый, -ая, -ое; *Kzf* -ом, -а 1. unbekannt 2. geheimnisvoll, unerklärlich

неве́жа, -и, *I* -ей *m, f* Flegel

неве́жда, -ы *m, f* Ungebildeter, Ignorant; я по́лный ~ в му́зыке ich verstehe überhaupt nichts von Musik

неве́жественный, -ая, -ое; *Kzf* -ен, -енна ungebildet, unwissend

неве́жество, -а *n* 1. Unwissenheit, Unkenntnis 2. *umg* Unhöflichkeit, Flegelhaftigkeit

неве́жливый, -ая, -ое; *Kzf* -ив, -а unhöflich

невезе́ние, -я *n umg* Mißgeschick, Pech

невезу́чий, -ая, -ее; *Kzf* -у́ч, -а *umg* vom Pech verfolgt; ~ челове́к Pechvogel

невели́чка, -и, *Pl G* -чек, *D* -чкам *m, f folkl* Mensch [Tier] von kleinem Wuchs

неве́рие, -я *n* Unglaube, mangelndes Vertrauen

неве́рность, -и *f* 1. Unrichtigkeit 2. Untreue 3. Unzuverlässigkeit

неве́рный, -ая, -ое; *Kzf* -рен, -рна́! 1. falsch, unwahr, unrichtig; э́то -о das stimmt nicht 2. unsicher, ungenau *von Sinnesorganen u. ä.*; -ая рука́ unsichere Hand; ~ глаз schlechtes Außenmaß; ~ слух kein gutes musikalisches Gehör 3. unzuverlässig 4. untreu, treulos 5. -ого *Subst m alt* Andersgläubiger, Ungläubiger, Heide; Фо́ма ~ *übtr* ungläubiger Thomas

невероя́тный, -ая, -ое; *Kzf* -тен, -тна unwahrscheinlich, unglaublich

неве́рующий, -ая, -ее 1. ungläubig 2. -его *Subst m* Ungläubiger, Atheist

невесёлый, -ая, -ое; *Kzf* -ве́сел, -весела́! traurig, unfroh, betrübt

невесо́мость, -и *f* 1. Unwägbarkeit *a. übtr* 2. *phys* Schwerelosigkeit; состоя́ние -и Zustand der Schwerelosigkeit 3. Bedeutungslosigkeit

невесо́мый, -ая, -ое; *Kzf* -о́м, -а 1. unwägbar, von sehr geringem Gewicht, imponderabel *a. übtr* 2. schwerelos 3. unbedeutend, nicht ins Gewicht fallend

неве́ста, -ы *f* 1. Braut 2. heiratsfähiges Mädchen

неве́стка [ск], -и, *Pl G* -ток, *D* -ткам *f* 1. Schwiegertochter *Frau des Sohns* 2. Schwägerin *Frau des Bruders*

неве́сть *Adv volksspr mit* кто, что, где, куда́ *u. ä.*; ~ что [где] wer weiß was [wo]

невзви́деть, -и́жу, -и́дишь *v*: он све́та невзви́дел ihm verging Hören und Sehen

невзго́ды *Pl* -о́д, *Sg* невзго́да, -ы *f* Mißgeschick, Unglück

невзира́я *Präpos* на *A* ungeachtet, ohne Rücksicht auf, trotz; ~ ни на что trotz alledem

невзнача́й *Adv* unerwartet, unvermutet

невзно́с, -а *m* Nichtbezahlung *fälliger Gelder*; ~ квартпла́ты Nichtbezahlung der Miete

невзра́чный, -ая, -ое; *Kzf* -чен, -чна unansehnlich, unschön

невзыска́тельный, -ая, -ое; *Kzf* -лен, -льна anspruchslos

не́видаль, -и *f umg* Wunder(ding), Seltenheit; что за ~!, э́ка(я) ~! was ist daran schon wunderbar!

неви́данный, -ая, -ое 1. noch nie dagewesen, unerhört, ohnegleichen; ~ в исто́рии in der Geschichte einzig dastehend [ohne Beispiel] 2. seltsam, wunderbar

невиди́мка, -и, *Pl G* -мок, *D* -мкам *m, f* 1. unsichtbares Wesen; ша́пка-~ Tarnkappe 2. feine Haarnadel

невиди́мкой *oder* **невиди́мкою** *Adv* unsichtbar, unbemerkt

неви́димый, -ая, -ое; *Kzf* -им, -а unsichtbar; unmerklich

неви́дящий, -ая, -ее: смотре́ть -им взгля́дом mit abwesendem Blick schauen, vor sich hin stieren

неви́нность, -и *f* 1. Unschuld; изобража́ть [разы́грывать] оскорблённую ~ die gekränkte Unschuld spielen 2. Harmlosigkeit, Naivität 3. Unschuld, Jungfräulichkeit

неви́нный, -ая, -ое; *Kzf* -и́нен, -и́нна 1. unschuldig, schuldlos 2. offenherzig, naiv; ~ как младе́нец naiv wie ein neugeborenes Kind 3. harmlos; -ая шу́тка harmloser Spaß 4. unschuldig, jungfräulich

невино́вный, -ая, -ое; *Kzf* -вен, -вна schuldlos, unschuldig

невку́сный, -ая, -ое; *Kzf* -сен, -сна́! schlecht schmeckend; э́то -о das schmeckt nicht [schlecht]

невменя́емый, -ая, -ое; *Kzf* -ем, -а unzurechnungsfähig

невмеша́тельство, -а *n* Nichteinmischung

невмоготу́ *u.* **невмо́чь** *Adv prädikativ umg D* unerträglich, es ist nicht zum

Aushalten; мне уже́ ~ ich kann es nicht mehr aushalten, es geht über meine Kraft; ~ ждать länger kann ich [können wir] nicht mehr warten

невнима́ние, -я *n* **1.** Unaufmerksamkeit, Zerstreutheit **2.** mangelnde Höflichkeit; ~ к ста́ршим mangelnde Höflichkeit gegenüber älteren Leuten **3.** Gleichgültigkeit (к *D* gegenüber)

невнима́тельность, **-и** *f* **1.** Unaufmerksamkeit, Nachlässigkeit; оши́бка по -и Fehler aus Unachtsamkeit **2.** Unhöflichkeit

невнима́тельный, -ая, -ое; *Kzf* -лен, -льна **1.** unaufmerksam, zerstreut **2.** unhöflich, gleichgültig

невня́тный, -ая, -ое; *Kzf* -тен, -тна undeutlich, unverständlich

не́вод, -а, *Pl* невода́, -о́в, -а́м *m* großes Fischnetz

невозврати́мый, -ая, -ое; *Kzf* -и́м, -а *u.* **невозвра́тный,** -ая, -ое; *Kzf* -тен, -тна unwiederbringlich, unersetzlich

невозде́ланный, -ая, -ое; *Kzf* -ан, -анна unbebaut, brachliegend *Feld*

невозде́ржанный, -ая, -ое; *Kzf* -ан, -анна *u.* **невозде́ржный,** -ая, -ое; *Kzf* -жен, -жна nicht zurückhaltend, unvorsichtig; unmäßig, haltlos; она́ -жна на язы́к sie hat eine lose Zunge

невозмо́жно *unpers, prädikativ* es ist unmöglich

невозмо́жность, -и *f* Unmöglichkeit; в слу́чае -и . . . falls unmöglich . . . ◇ до -и über alle Maßen

невозмо́жный, -ая, -ое; *Kzf* -жен, -жна **1.** unmöglich **2.** unerträglich

невозмути́мость, **-и** *f* Gelassenheit, unerschütterliche Ruhe

невозмути́мый, -ая, -ое; *Kzf* -и́м, -а **1.** völlig (still), ungestört; -ая тишина́ tiefe Stille **2.** gelassen, unerschütterlich; оста́ться -ым sich nicht aus der Ruhe bringen lassen

невознагради́мый, -ая, -ое; *Kzf* -и́м, -а *hoher Stil* unersetzbar; unwiederbringlich

нево́лить, -лю, -лишь *uv umg* zwingen, nötigen

нево́льник, -а *m* **1.** Sklave; торго́вля -ами Sklavenhandel **2.** *alt* Gefangener

нево́льница, -ы, *I* -ей *f* **1.** Sklavin **2.** Gefangene

нево́льный, -ая, -ое; *Kzf* -лен, -льна, -льно, нево́льны́ unwillkürlich, unfreiwillig

нево́ля, **-и** *f* **1.** Unfreiheit; Sklaverei **2.** Zwang ◇ охо́та пу́ще **-и** *Sprichw* des Menschen Wille ist sein Himmelreich

невообрази́мый, -ая, -ое; *Kzf* -и́м, -а unvorstellbar

невооружённый, -ая, -ое unbewaffnet ◇ -ым гла́зом mit bloßem Auge

невоспи́танный, -ая, -ое; *Kzf* -ан, -анна ungezogen

невосприи́мчивый, -ая, -ое; *Kzf* -ив, -а **1.** unempfänglich **2.** *med* immun

невостре́бованный, -ая, -ое nicht abgeholt *Brief, Fracht u. a.*

невпопа́д *Adv umg* unpassend, zur Unzeit

невразуми́тельный, -ая, -ое; *Kzf* -лен, -льна unverständlich, verworren

невралги́ческий, -ая, -ое neuralgisch

невралги́я, **-и** *f* Neuralgie, Nervenschmerzen

неврасте́ник, -а *m* Neurastheniker

неврастени́ческий, -ая, -ое neurasthenisch

неврастени́чка, **-и,** *Pl G* -чек, *D* -чкам *f* Neurasthenikerin

неврастени́чный, -ая, -ое; *Kzf* -чен, -чна neurasthenisch

неврастени́я, **-и** *f* Neurasthenie, Nervenschwäche

невреди́мость, **-и** *f* Unversehrtheit; в це́лости и -и heil und unversehrt

невреди́мый, -ая, -ое; *Kzf* -и́м, -а unversehrt; цел и -и́м heil und unversehrt

неври́т, -а *m* Neuritis, Nervenentzündung

невро́з, -а *m* Neurose

невропато́лог, -а *m* Neuropathologe, Nervenarzt

не́вский, -ая, -ое: Не́вский проспе́кт Newskiprospekt

невтерпёж *Adv, prädikativ, volksspr D* es ist unerträglich; ему́ ~ er kann es nicht aushalten

невы́года, -ы *f* Nachteil

невы́годный, -ая, -ое; *Kzf* -ден, -дна **1.** unvorteilhaft, nachteilig; ста́вить в -ое положе́ние in eine schlimme Lage versetzen **2.** ungünstig; показа́ть себя́ с -ой стороны́ sich von einer ungünstigen Seite zeigen

невы́деланный, -ая, -ое unbearbeitet, roh *Leder*

невы́держанный, -ая, -ое; *Kzf* -ан, -анна **1.** *nur Langform* uneben *Stil* **2.** undiszipliniert, unbeständig **3.** jung, frisch *Wein, Käse u. ä.*

невы́езд, -а *m*: подпи́ска о -е schriftliche Verpflichtung, den Wohnort

ohne amtliche Genehmigung nicht zu verlassen
невыла́зный, -ая, -ое; *Kzf* -зен, -зна *umg* 1.: -ая грязь unpassierbarer Schlamm [Dreck] 2.: -ые долги́ drückende Schulden
невыноси́мый, -ая, -ое; *Kzf* -и́м, -а unerträglich
невыполне́ние, -я *n* Nichterfüllung, Nichtbefolgung
невыполни́мый, -ая, -ое; *Kzf* -и́м, -а unerfüllbar, unlösbar
невырази́мый, -ая, -ое; *Kzf* -и́м, -а unsagbar, unbeschreiblich
невырази́тельный, -ая, -ое; *Kzf* -лень, -льна ausdruckslos
невы́сказанный, -ая, -ое unausgesprochen
невысо́кий, -ая, -ое; *Kzf* -о́к, -ока́, -о́ко́, -о́ки́ 1. nicht hoch 2. mittelgroß *Wuchs* 3.: -ая цена́ erträglicher Preis
невы́спавшийся, -аяся, -ееся verschlafen
невы́ход, -а *m* 1.: ~ на рабо́ту Fernbleiben von der Arbeit 2. Nichterscheinen *Zeitung u. ä.*
невы́ясненный, -ая, -ое ungeklärt
не́га, -и *f* 1. Wohlleben 2. Wonne, Seligkeit 3. Zärtlichkeit
нега́данный, -ая, -ое *umg* (*meist in Verbindung mit* неждáнный) unvermutet, völlig unerwartet
негати́в, -а *m phot* Negativ
[1]**негати́вный,** -ая, -ое *phot* Negativ-
[2]**негати́вный,** -ая, -ое; *Kzf* -вен, -вна *buchspr* negativ, verneinend
негашёный, -ая, -ое: -ая и́звесть ungelöschter Kalk
не́где *Adv mit Inf* (es ist) nirgendwo Platz [möglich]; ~ сесть es ist kein Platz zum Sitzen da; э́то ~ бы́ло доста́ть das war nirgends zu bekommen
негла́сный, -ая, -ое; *Kzf* -сен, -сна geheim
неглиже́ 1. *n idkl alt* Morgenrock, Negligé 2. *Adv* nachlässig oder halb bekleidet
неглубо́кий, -ая, -ое; *Kzf* -о́к, -ока́, -о́ко́, -о́ки́ nicht tief; oberflächlich
неглу́пый, -ая, -ое; *Kzf* -глу́п, -а́! nicht dumm, recht klug
него́ *nach Präpos statt* его́
него́дник, -а *m umg* Taugenichts
него́дность, -и *f* Unbrauchbarkeit, Untauglichkeit; привести́ [прийти́] в ~ unbrauchbar machen [werden]
него́дный, -ая, -ое; *Kzf* -ден, -дна́, -дно, -го́дны́ 1. untauglich, unbrauchbar; вода́, -ая для питья́ ungenießbares Wasser 2. nichtswürdig; ~ челове́к Taugenichts
негодова́ние, -я *n* Entrüstung, Unwille
негодова́ть, -ду́ю, -ду́ешь *uv* sich entrüsten, ungehalten sein (на *A oder* про́тив *G* über)
негоду́ющий, -ая, -ее empört, entrüstet
негодя́й, -я, *G Pl* -ев *m* Schuft, Lump
негодя́йский, -ая, -ое gemein, schuftig
негостеприи́мный, -ая, -ое; *Kzf* -мен, -мна ungastlich
негр, -а *m* Neger
негра́мотность, -и *f* 1. Analphabetentum 2. Unwissenheit, Ungebildetheit
негра́мотный, -ая, -ое; *Kzf* -тен, -тна 1. des Lesens und Schreibens unkundig 2. viele Fehler enthaltend [machend] 3. ungebildet, unwissend 4. mit ungenügender Fachkenntnis, stümperhaft 5. -ого *Subst m* Analphabet
негритя́нка, -и, *Pl G* -нок, *D* -нкам *f* Negerin
негритя́нский, -ая, -ое Neger-
негусто́й, -а́я, -о́е; *Kzf* -у́ст, -уста́! 1. spärlich, schütter *Haare* 2. dünnflüssig 3. dünn *Stimme*
неда́вний, -яя, -ее jüngst (geschehen); с -их пор seit kurzem
неда́вно *Adv* vor kurzem; seit kurzem, noch nicht lange
недалёкий, -ая, -ое; *Kzf* -ёк, -ека́, -еко́ *u.* -ёко, -еки́ *u.* -ёки 1. nicht weit, nahe; -ое путеше́ствие kleine Reise 2. nicht lange zurückliegend; в -ом про́шлом in jüngster Vergangenheit; в -ом бу́дущем in nächster Zeit 3. geistig beschränkt; он недалёк mit ihm ist nicht viel los
недалеко́ *u.* **недалёко** *prädikativ* 1. (es ist) nicht weit; ~ то вре́мя, когда́ . . . die Zeit ist nicht mehr fern, wo . . . 2. *übtr* es fehlt nicht viel (до *G oder* от *G* bis); ему́ недалеко́ от настоя́щего специали́ста ihm fehlt nur wenig zu einem richtigen Fachmann
недальнови́дность, -и *f* Kurzsichtigkeit *a. übtr*
недальнови́дный, -ая, -ое; *Kzf* -ден, -дна kurzsichtig
неда́ром *Adv* nicht ohne Grund, nicht umsonst
недви́жимость, -и *f* Immobilien
[1]**недви́жимый,** -ая, -ое immobil
[2]**недви́жимый,** -ая, -ое; *Kzf* -им, -а

oder **недвижи́мый,** -ая, -ое; *Kzf* -и́м, -а unbeweglich

недвусмы́сленный, -ая, -ое; *Kzf* -ен, -енна unzweideutig

недееспосо́бный, -ая, -ое; *Kzf* -бен, -бна **1.** *buchspr* untauglich; arbeitsunfähig **2.** *jur* handlungsunfähig

недействи́тельный, -ая, -ое; *Kzf* -лен, -льна **1.** *meist Kzf* ungültig **2.** *alt* unwirksam

неделика́тный, -ая, -ое; *Kzf* -тен, -тна taktlos; rücksichtslos

недели́мый, -ая, -ое; *Kzf* -и́м, -а unteilbar

неде́льный, -ая, -ое Wochen-; ~ за́работок Wochenlohn; ~ о́тпуск einwöchigerUrlaub; в ~ срок innerhalb einer Woche

неде́ля, -и *f* Woche; на э́той [про́шлой, сле́дующей] -е diese [vorige, nächste] Woche; че́рез -ю in acht Tagen; раз в -ю einmal wöchentlich; ка́ждую втору́ю -ю aller vierzehn Tage

недёшево *Adv* ziemlich teuer; э́то мне ~ доста́лось das hat mich viel Mühe gekostet

недисциплини́рованный, -ая, -ое; *Kzf* -ан, -анна undiszipliniert

недоброжела́тельный, -ая, -ое; *Kzf* -лен, -льна übel gesinnt, mißgünstig

недоброжела́тельство, -а *n* feindliche Einstellung, Mißgunst

недоброка́чественность, -и *f* schlechte Qualität

недоброка́чественный, -ая, -ое; *Kzf* -ен, -енна von schlechter Qualität, minderwertig

недобросо́вестный [сн], -ая, -ое; *Kzf* -тен, -тна **1.** pflichtvergessen, unzuverlässig **2.** gewissenlos, unehrlich **3.** nachlässig

недо́брый, -ая, -ое; *Kzf* -до́бр, -добра́, -до́бро, -до́бры **1.** böse, feindselig **2.** schlimm; unangenehm

недове́рие, -я *n* Mißtrauen; пита́ть ~ к кому́-н. gegen j-n Mißtrauen hegen

недове́рчивость, -и *f* Mißtrauen

недове́рчивый, -ая, -ое; *Kzf* -ив, -а mißtrauisch

недове́с, -а *m* Untergewicht

недове́сить, -е́шу, -е́сишь; -е́шенный, -е́шен, -а *v* **1.** *G* zu knapp wiegen **2.** *volksspr* zu wenig wiegen, Untergewicht haben ‖ *uv* недове́шивать, -аю, -аешь

недове́сок, -ска *m umg* Gegenstand mit Untergewicht

недове́шивать *uv zu* недове́сить

недово́льный, -ая, -ое; *Kzf* -лен, -льна unzufrieden (*I* mit); ~ сами́м собо́й mit sich selbst unzufrieden

недово́льство, -а *n* Unzufriedenheit

недовыполне́ние, -я *n* Nichterfüllung

недовы́полнить, -ню, -нишь *v* nicht erfüllen ‖ *uv* **недовыполня́ть,** -я́ю, -я́ешь

недовы́работка, -и, *Pl G* -ток, *D* -ткам *f* Produktionsausfall, ungenügende Arbeitsleistung

недога́дливый, -ая, -ое; *Kzf* -ив, -а begriffsstutzig; како́й он ~! hat der aber eine lange Leitung!

недогляде́ть, -яжу́, -яди́шь *v umg* **1.** nicht bemerken, übersehen **2.** nicht aufpassen (за *I* auf)

недоговорённость, -и *f* **1.** (absichtliches) Übergehen, Verschweigen **2.** Fehlen einer Vereinbarung

недогружа́ть *uv zu* недогрузи́ть

недогрузи́ть, -ужу́, -у́зи́шь; -у́женный, -у́жен, -а *u.* -ужённый, -ужён, -ужена́ *v* nicht auslasten ‖ *uv* недогружа́ть, -а́ю, -а́ешь

недогру́зка, -и *f* Unterbelastung

недоде́ланный, -ая, -ое unvollendet

недоде́лка, -и, *Pl G* -лок, *D* -лкам *f umg* **1.** unvollständige Bearbeitung **2.** noch nicht fertige Arbeit

недодержа́ть, -ержу́, -е́ржишь; -е́ржанный, -е́ржан, -а *v phot* **1.** unterbelichten **2.** unterentwickeln ‖ *uv* **недоде́рживать,** -аю, -аешь

недоде́ржка, -и *f phot* **1.** Unterbelichtung **2.** Unterentwicklung

недоеда́ние, -я *n* Unterernährung

недоеда́ть, -а́ю, -а́ешь *uv* Hunger leiden; sich schlecht ernähren

недозре́лый, -ая, -ое unreif, grün

недои́мка, -и, *Pl G* -мок, *D* -мкам *f* Rückstand *bei Zahlungen, Steuern*; есть на вас ~ за полго́да Sie sind mit ihren Zahlungen ein halbes Jahr im Rückstand; взы́скивать недои́мки Rückstände eintreiben

недои́мочный, -ая, -ое: -ые де́ньги ausstehende Gelder

недоказу́емый, -ая, -ое; *Kzf* -ем, -а unbeweisbar

недоко́нченный, -ая, -ое unvollendet

недолга́: (вот) и вся ~! *umg* das ist alles!

недо́лгий, -ая, -ое; *Kzf* -о́лог, -олга́! nicht lange, kurz

недо́лго *Adv* **1.** nicht lange **2.** *prädikativ, umg* es dauert nicht lange, bis; leicht; ~ и простуди́ться da kann man sich leicht erkälten

недолговéчный, -ая, -ое; *Kzf* -чен, -чна kurzlebig
недолёт, -а *m mil* Kurzschluß
недолю́бливать, -аю, -аешь *uv umg* nicht mögen, Abneigung haben (gegen)
недомогáние, -я *n* Unwohlsein, Unpäßlichkeit
недомогáть, -áю, -áешь *uv* sich nicht wohl fühlen
недомóлвка, -и, *Pl G* -вок, *D* -вкам *f* nicht ausgesprochener (nur angedeuteter) Gedanke
недомы́слие, -я *n* Unüberlegtheit
недонóсок, -ска *m* Frühgeburt *Kind*
недонóшенный, -ая, -ое; *Kzf* -ен, -а nicht ausgetragen, zu früh geboren
недооцéнивать *uv zu* недооцени́ть
недооцени́ть, -ню́, -éнишь; -енённый, -енён, -енена́ *v* unterschätzen || *uv* недооцéнивать, -аю, -аешь
недооцéнка, -и, *Pl G* -нок, *D* -нкам *f* Unterschätzung
недоплати́ть, -ачу́, -áтишь; -áченный, -áчен, -а *v Geld* schuldig bleiben, nicht voll auszahlen || *uv* **недоплáчивать,** -аю, -аешь
недополучáть *uv zu* недополучи́ть
недополучи́ть, -учу́, -у́чишь *v* nicht vollständig erhalten || *uv* недополучáть, -áю, -áешь
недопусти́мый, -ая, -ое; *Kzf* -и́м, -а unzulässig; -ая недооцéнка sträfliche Unterschätzung
недопущéние, -я *n* Nichtzulassung
недорáзвитый, -ая, -ое; *Kzf* -ит, -а unterentwickelt
недоразумéние, -я *n* 1. Mißverständnis; по -ю auf Grund eines Mißverständnisses; досáдное ~ bedauerliches Mißverständnis 2. Meinungsverschiedenheit
недóрого *Adv* 1. preiswert 2. mühelos; э́то мне недóрого достáлось das hat mich wenig Mühe gekostet
недорогóй, -áя, -óе; *Kzf* -дóрог, -дорогá! nicht teuer, preiswert
недорóд, -а *m* Mißernte
нéдоросль, -я *m* 1. *hist* minderjähriger Landjunker 2. geistig unterentwickelter junger Mann *nach Fonwisins Komödie* „Нéдоросль"
недослы́шать, -шу, -шишь *v* überhören; nur halb hören
недосмáтривать *uv zu* недосмотрéть
недосмóтр, -а *m* Versehen, Unachtsamkeit; по -у aus Versehen
недосмотрéть, -отрю́, -óтришь; -óтренный, -óтрен, -а *v* 1. übersehen, nicht bemerken 2. nicht aufpassen (за *I* auf) || *uv* недосмáтривать, -аю, -аешь
недо|спáть*; недóспанный, -ан, -а *v* nicht ausschlafen || *uv* недосыпáть, -áю, -áешь
недо|ставáть*; *unpers uv G* fehlen; недостаёт óпыта es fehlt an Erfahrung; недостаёт слов, чтóбы es fehlen einem die Worte, um; мне óчень тебя́ недоставáло du hast mir sehr gefehlt, ich habe dich sehr vermißt ◇ э́того ещё недоставáло das hat gerade noch gefehlt
недостáток, -тка *m* 1. Fehler, Mangel; находи́ть недостáтки в чём-н. etw. auszusetzen haben an 2. *G u.* в *P* Mangel, Knappheit (an); ~ материáла Materialmangel; ~ в учителя́х Lehrermangel; за недостáтком средств aus Geldmangel 3. *meist Pl umg* Not
недостáточно *Adv* 1. nicht genug, ungenügend; ~ большóй nicht groß genug 2. *prädikativ G* es reicht nicht; э́того ~ das genügt nicht
недостáточный, -ая, -ое; *Kzf* -чен, -чна 1. ungenügend, nicht ausreichend *a. übtr* 2. *alt* unbemittelt, arm
недо|стáть* *unpers v G* fehlen
недостáча, -и, *I* -ей *f umg* 1. Fehlbetrag, Manko 2. Mangel *an etw.*
недостающий, -ая, -ее fehlend, dringend gebraucht
недостижи́мость, -и *f* Unerreichbarkeit
недостижи́мый, -ая, -ое; *Kzf* -и́м, -а unerreichbar
недостовéрный, -ая, -ое; *Kzf* -рен, -рна unglaubwürdig, unzuverlässig
недостóйный, -ая, -ое; *Kzf* -óин, -óйна 1. *G* unwürdig, nicht wert 2. unwürdig, ehrlos
недосту́пный, -ая, -ое; *Kzf* -пен, -пна 1. unzugänglich *a. übtr* 2. unverständlich 3. unerschwinglich
недосу́г, -а *m umg* 1. Zeitmangel; за -ом *oder* из-за -а aus Zeitmangel 2. *prädikativ* мне ~ занимáться э́тим ich habe keine Zeit, mich damit zu befassen
недосчитáться, -áюсь, -áешься *v G* das Fehlen beim Nachzählen feststellen || *uv* **недосчи́тываться,** -аюсь, -аешься
недосыпáть *zu v* недоспáть
недосягáемый, -ая, -ое; *Kzf* -ем, -а unerreichbar
недотёпа, -ы *m, f volksspr* Tolpatsch
недотрóга, -и 1. *f bot* Springkraut 2. *m,*

f umg überempfindlicher [zimperlicher] Mensch
недоу́здок, -дка *m* Halfter
недоумева́ть, -а́ю, -а́ешь *uv* nicht fassen können, unschlüssig [im Zweifel] sein
недоуме́ние, -я *n* Befremden, Erstaunen; Verlegenheit; э́то вы́звало у меня́ ~ es hat mich befremdet
недоуме́нный, -ая, -ое befremdet, erstaunt; verlegen
недоу́чка, -и, *Pl G* -чек, *D* -чкам *m, f umg* Halbgebildeter, Ignorant
недохва́тка, -и, *Pl G* -ток, *D* -ткам *f volksspr* Fehlen, Mangel; Fehlbetrag
недочёт, -а *m* **1.** Fehlbetrag **2.** *meist Pl* Fehler, Mangel
не́дра, недр *Pl* **1.** Inneres [Schoß] der Erde; разрабо́тка недр Ausbeutung der Bodenschätze **2.** *übtr* Inneres, Tiefen; в не́драх души́ in den Tiefen der Seele
недре́млющий, -ая, -ее aufmerksam, wachsam
не́друг, -а *m* Widersacher, Feind
недружелю́бие, -я *n* Unfreundlichkeit; Feindseligkeit
недружелю́бный, -ая, -ое; *Kzf* -бен, -бна unfreundlich; feindselig
недру́жный, -ая, -ое; *Kzf* -жен, -жна uneinig
неду́г, -а *m* Krankheit, Leiden
неду́житься, -ится *uv unpers D volksspr*: мне неду́жится ich fühle mich nicht wohl, mir ist nicht gut
недурно́й, -а́я, -о́е; *Kzf* -урён *u.* -у́рен, -урна́, -у́рно nicht übel, ganz gut; она́ недурна́ (собо́й) sie ist ganz hübsch
недю́жинный, -ая, -ое nicht alltäglich; überdurchschnittlich
неё *nach Präpos statt* её
нестественный, -ая, -ое; *Kzf* -вен, -венна **1.** unnatürlich, gekünstelt **2.** unnatürlich, unnormal
нежда́нный, -ая, -ое unerwartet, unverhofft
нежела́ние, -я *n* Unlust, Widerwille
нежела́тельный, -ая, -ое; *Kzf* -лен, -льна unerwünscht, unliebsam; -ое лицо́ *pol* persona non grata
не́жели *Konj beim Komp, buchspr* als
нежена́тый, -ая, -ое unverheiratet *Mann*; -ая жизнь Junggesellenleben
не́женка, -и, *Pl G* -нок, *D* -нкам *m, f umg* verzärtelter [zimperlicher] Mensch
неживо́й, -а́я, -о́е **1.** leblos, tot **2.** unbelebt, anorganisch
нежи́зненный, -ая, -ое; *Kzf* -знен, -зненна unreal; lebensfremd
нежило́й, -а́я, -о́е **1.** unbewohnt **2.** unbewohnbar
не́жить, не́жу, не́жишь *uv* **1.** verzärteln, verhätscheln **2.** umschmeicheln, angenehm berühren
не́житься, не́жусь, не́жишься *uv* sich aalen, die Ruhe [das Nichtstun] genießen
не́жничать, -аю, -аешь *uv umg* **1.** zärtlich sein, Zärtlichkeiten sagen **2.** *übtr* с *I* mit Samthandschuhen anfassen
не́жность, -и *f* **1.** Zärtlichkeit **2.** Zartheit
не́жный, -ая, -ое; *Kzf* -жен, -жна́! **1.** zärtlich; innig **2.** zart, fein; rücksichtsvoll **3.** zart, schwach ◇ ~ во́зраст Kindesalter
незабве́нный, -ая, -ое; *Kzf* -ве́н *u.* -ве́нен, -ве́нна *hoher Stil* unvergeßlich
незабу́дка, -и, *Pl G* -док, *D* -дкам *f bot* Vergißmeinnicht
незабыва́емый, -ая, -ое; *Kzf* -ем, -а unvergeßlich
незави́дный, -ая, -ое; *Kzf* -ден, -дна nicht beneidenswert, nicht gerade glänzend, unerfreulich
незави́симость, -и *f* Unabhängigkeit; война́ за ~ Unabhängigkeitskrieg
незави́симый, -ая, -ое; *Kzf* -им, -а unabhängig, selbständig
незави́сящий, -ая, -ее: по -им обстоя́тельствам durch Umstände, die nicht in j-s Macht stehen
незада́ча, -и *f umg* Mißgeschick, Pech; вот ведь ~! so ein Pech!
незада́чливый, -ая, -ое; *Kzf* -ив, -а *umg* unglücklich, vom Mißgeschick verfolgt; ~ челове́к Pechvogel
незадо́лго *Adv*: ~ до [пе́ред] kurz vor
незако́нность, -и *f* Ungesetzlichkeit
незако́нный, -ая, -ое; *Kzf* -о́нен, -о́нна ungesetzlich, rechtswidrig
незако́нченный, -ая, -ое unvollendet
незамедли́тельный, -ая, -ое; *Kzf* -лен, -льна unverzüglich
незамени́мый, -ая, -ое; *Kzf* -и́м, -а unersetzlich
незамерза́ющий, -ая, -ее eisfrei, nicht zufrierend
незаме́тный, -ая, -ое; *Kzf* -тен, -тна **1.** unmerklich, unauffällig **2.** unbedeutend
незаме́ченный, -ая, -ое unauffällig, unbemerkt
незаму́жняя unverheiratet *Frau*
незамыслова́тый, -ая, -ое; *Kzf* -а́т, -а *umg* einfach, primitiv

неза́нятый, -ая, -ое unbesetzt, frei
незапа́мятный, -ая, -ое: с -ых времён seit Menschengedenken, seit jeher
незапя́тнанный, -ая, -ое makellos
незара́зный, -ая, -ое; *Kzf* -зен, -зна *med* nicht ansteckend
незаслу́женный, -ая, -ое unverdient
незате́йливый, -ая, -ое; *Kzf* -ив, -а *umg* **1.** einfach, unkompliziert **2.** primitiv
незауря́дный, -ая, -ое; *Kzf* -ден, -дна außergewöhnlich, ungewöhnlich
не́зачем *Adv prädikativ mit Inf uv umg* es ist nutzlos [unnötig]; ~ ходи́ть туда́ es hat keinen Zweck, dorthin zu gehen
незащищённый, -ая, -ое schutzlos; ~ от со́лнца der Sonne ausgesetzt
незва́ный, -ая, -ое ungeladen, ungerufen
незде́шний, -яя, -ее *umg* fremd *in einem Ort*
нездоро́виться, -ится *unpers, uv D*: мне нездоро́вится ich fühle mich nicht wohl
нездоро́вый, -ая, -ое; *Kzf* -о́в, -а **1.** *nur Langform* ungesund, krankhaft; ~ вид kränkliches Aussehen **2.** *nur Langform übtr* ungesund, schädlich **3.** (gesundheits)schädlich, ungesund **4.** *nur Kzf* krank, unpäßlich
нездоро́вье, -ья *n* Unpäßlichkeit, Unwohlsein
неземно́й, -а́я, -о́е **1.** außerhalb der Erde befindlich *Materie* **2.** *alt* überirdisch
незло́бивый, -ая, -ое; *Kzf* -о́бив, -а sanftmütig, gutherzig
незлопа́мятный, -ая, -ое; *Kzf* -тен, -тна nicht nachtragend
незнако́мец, -мца, *I* -мцем, *G Pl* -мцев *m* Unbekannter
незнако́мка, -и, *Pl G* -мок, *D* -мкам *f* Unbekannte
незнако́мство, -а *n* Unkenntnis
незнако́мый, -ая, -ое; *Kzf* -о́м, -а unbekannt
незна́ние, -я *n* Unkenntnis, Unwissenheit; по -ю aus Unkenntnis
незна́чащий, -ая, -ее unwichtig; leer *Worte*
незначи́тельный, -ая, -ое; *Kzf* -лен, -льна unbedeutend, gering
незре́лость, -и *f* Unreife *a. übtr*
незре́лый, -ая, -ое; *Kzf* -е́л, -а unreif *a. übtr*
незри́мый, -ая, -ое; *Kzf* -и́м, -а *buchspr* unsichtbar
незы́блемый, -ая, -ое; *Kzf* -ем, -а unerschütterlich, unwandelbar

неизбе́жный, -ая, -ое; *Kzf* -жен, -жна unvermeidlich
неизве́данный, -ая, -ое; *Kzf* -ан, -анна unbekannt, unerforscht
неизве́стно [сн], *unpers prädikativ* (es ist) unbekannt, man weiß nicht; никому́ ~ kein Mensch weiß; ~ где man weiß nicht wo
неизве́стный [сн], -ая, -ое; *Kzf* -тен, -тна **1.** unbekannt; fremd **2.** -ого *Subst m* Unbekannter **3.** -ое, -ого *Subst n math* Unbekannte
неизглади́мый, -ая, -ое; *Kzf* -и́м, -а *buchspr* unauslöschlich; unvergeßlich
неи́зданный, -ая, -ое unveröffentlicht
неизлечи́мый, -ая, -ое; *Kzf* -и́м, -а unheilbar
неизме́нность, -и *f* Unveränderlichkeit; Stabilität
неизме́нный, -ая, -ое; *Kzf* -е́нен, -е́нна **1.** unveränderlich, unwandelbar, beständig **2.** ständig (wiederkehrend) **3.** beständig, treu
неизменя́емый, -ая, -ое; *Kzf* -ем, -а unveränderlich
неизмери́мый, -ая, -ое; *Kzf* -и́м, -а **1.** unermeßlich **2.** -о *Adv beim Komp* ungleich, bei weitem
неизрасхо́дованный, -ая, -ое unverbraucht
неизу́ченный, -ая, -ое unerforscht
неизъясни́мый, -ая, -ое; *Kzf* -и́м, -а unsagbar, unsäglich
неиме́ние, -я *n* Mangel (*G* an); за -ем вре́мени aus Zeitmangel
неимове́рный, -ая, -ое; *Kzf* -рен, -рна unglaublich, ungeheuerlich
неиму́щий, -ая, -ее besitzlos, mittellos
неискорени́мый, -ая, -ое; *Kzf* -и́м, -а unausrottbar
неи́скренний, -яя, -ее; *Kzf* -енен, -енна unaufrichtig, heuchlerisch
неи́скренность, -и *f* Unaufrichtigkeit, Heuchelei
неиску́сный, -ая, -ое ungeschickt, primitiv
неискушённый, -ая, -ое unerfahren
неисполне́ние, -я *n buchspr* Nichterfüllung
неисполни́мый, -ая, -ое; *Kzf* -и́м, -а unerfüllbar, unausführbar
неисполни́тельный, -ая, -ое; *Kzf* -лен, -льна nachlässig
неиспо́рченный, -ая, -ое unverdorben *a. übtr*
неисправи́мый, -ая, -ое; *Kzf* -и́м, -а unverbesserlich
неиспра́вность, -и *f* **1.** Nachlässigkeit,

Unpünktlichkeit 2. schlechter Zustand, Defektheit 3. Fehler, Schaden, Defekt

неиспра́вный, -ая, -ое; *Kzf* -вен, -вна 1. nachlässig, unpünktlich 2. schadhaft, defekt

неиссле́дованный, -ая, -ое unerforscht

неиссяка́емый, -ая, -ое; *Kzf* -ем, -а unversiegbar, unerschöpflich

неистовство, -а *n* Raserei; прийти́ в ~ rasend werden

неистовствовать, -твую, -твуешь *uv* wüten, rasen

неистовый, -ая, -ое; *Kzf* -ов, -а rasend, wütend

неистощи́мый, -ая, -ое; *Kzf* -и́м, -а unerschöpflich

неистреби́мый, -ая, -ое; *Kzf* -и́м, -а unausrottbar

неисцели́мый, -ая, -ое; *Kzf* -и́м, -а *buchspr* unheilbar

неисчерпа́емый, -ая, -ое; *Kzf* -ем, -а unerschöpflich

неисчисли́мый, -ая, -ое; *Kzf* -и́м, -а unzählbar, unberechenbar

ней *nach Präpos statt* ей

нейло́н, -а *m* Nylon

нейло́новый, -ая, -ое Nylon-

неймёт *nur 3. Pers Sg Präs, uv alt*: хоть ви́дит о́ко, да зуб ~ etwas ist sehr nahe, aber nicht zu erreichen; man möchte gern, kann aber nicht

неймётся *nur 3. Pers Sg Präs, unpers uv D volksspr* unbändig verlangen, nicht zu halten sein

Не́йсе *idkl* Neiße *Fluß*

нейтрализа́ция, -и *f* Neutralisierung *a. chem*

нейтрализова́ть, -зу́ю, -зу́ешь; -зо́ванный, -зо́ван, -а *v, uv* neutralisieren

нейтрали́стский, -ая, -ое neutralistisch

нейтралите́т, -а *m* Neutralität

нейтра́льность, -и *f* Neutralität

нейтра́льный, -ая, -ое; *Kzf* -лен, -льна neutral

нейтро́н, -а *m* Neutron

неказистый, -ая, -ое; *Kzf* -и́ст, -а *umg* unansehnlich, unschön

неквалифици́рованный, -ая, -ое; *Kzf* -ан, -анна ungelernt

не́кий, -коего *m*; не́кая, -коей *oder* -кой *f*; не́кое, -коего *n*; *Pl* не́кие, -коих *oder* -ких *Indef Pron buchspr* ein gewisser

[1]**не́когда** *Adv prädikativ D*: мне ~ ich habe keine Zeit

[2]**не́когда** *Adv* einst, ehemals

не́кого [ово], не́кому, не́кем, не́ о ком *Pron mit Inf* es ist niemand da . . ., es gibt niemanden . . .; ~ посла́ть es gibt niemanden, den man schicken könnte; не́кому бы́ло позабо́титься о нём es gab niemanden, der sich hätte um ihn kümmern können; не́кому поручи́ть э́то es gibt niemanden, dem man das auftragen könnte; мне не́ с кем бы́ло говори́ть ich hatte niemanden, mit dem ich sprechen konnte

некомпете́нтный, -ая, -ое; *Kzf* -тен, -тна nicht zuständig

некорре́ктный, -ая, -ое; *Kzf* -тен, -тна 1. inkorrekt 2. anstößig

не́который, -ая, -ое *Pron* 1. ein gewisser 2. *Pl* einige, manche ◇ с -ых пор seit einiger Zeit

некраси́вый, -ая, -ое; *Kzf* -и́в, -а unschön, häßlich

некредитоспосо́бный, -ая, -ое; *Kzf* -бен, -бна kreditunfähig

некрити́ческий, -ая, -ое kritiklos, unkritisch

некроло́г, -а *m* Nekrolog, Nachruf

некста́ти *Adv* zur unpassenden Zeit, ungelegen; э́то замеча́ние соверше́нно ~ diese Bemerkung ist hier völlig fehl am Platz

не́кто *Pron, nur N gebräuchlich* 1. jemand; подошёл ~ в се́ром пальто́ es trat jemand in einem grauen Mantel hinzu 2. *mit Familiennamen* ein gewisser; ~ Ивано́в ein gewisser Iwanow

не́куда *Adv* 1. *mit Inf* man kann nirgendwohin . . .; мне ~ положи́ть ключи́ ich finde keinen Platz für die Schlüssel; ~ бы́ло сесть man konnte sich nirgends hinsetzen 2. *umg mit Komp*: сильне́е ~ stärker geht es nicht ◇ торопи́ться ~ es gibt keinen Grund zur Eile; да́льше (е́хать) ~ *übtr* weiter geht's nicht mehr

некульту́рность, -и *f* Unkultur, Mangel an Kultur

некульту́рный, -ая, -ое; *Kzf* -рен, -рна 1. unkultiviert; ungebildet; unordentlich 2. -о *Adv*: -о вести́ себя́ sich schlecht benehmen

некуря́щий, -его *Subst m* Nichtraucher

нела́дно *Adv prädikativ* schlecht, nicht in Ordnung; здесь что́-то ~ hier stimmt etwas nicht; у него́ ~ с лёгкими seine Lunge ist nicht in Ordnung

нела́дный, -ая, -ое; *Kzf* -ден, -дна *umg* 1. schlecht 2. ungefüge, ungestalt

◇ будь он нела́ден! daß ihn der Teufel hole!
нелады́, -о́в *Pl umg* Unstimmigkeiten, Reibereien
нелега́льность, -и *f* Illegalität
нелега́льный, -ая, -ое; *Kzf* -лен, -льна illegal
нелёгкий [хк], -ая, -ое; *Kzf* -лёгок, -легка́ 1. nicht leicht, schwierig; э́то де́ло -ое das ist keine leichte Sache 2. -ая, -ой *Subst f für* -ая си́ла das Böse, der Teufel; заче́м -ая тебя́ сюда́ принесла́? was zum Teufel treibt dich bloß hierher?
нeleпость, -и *f* 1. Unsinnigkeit 2. Unsinn, dummes Zeug; dummer Streich
неле́пый, -ая, -ое; *Kzf* -ле́п, -а unsinnig, ungereimt; absurd
неле́стный [сн], -ая, -ое; *Kzf* -тен, -тна mißbilligend; wenig schmeichelhaft
нели́шне *Adv, prädikativ, mit Inf* es ist angebracht [nützlich], es würde nicht schaden
нело́вкий, -ая, -ое; *Kzf* -вок, -вка́! 1. ungeschickt, linkisch 2. unangenehm, peinlich; попа́сть в -ое положе́ние in eine peinliche Lage geraten; мне -о es ist mir peinlich 3. unbequem 4. unpassend, ungehörig
нело́вкость, -и *f* 1. Ungeschicklichkeit 2. Peinlichkeit 3. Verlegenheit, Unbehagen 4. Unschicklichkeit
нелоги́чный, -ая, -ое; *Kzf* -чен, -чна unlogisch, inkonsequent
нельзя́ *Adv, prädikativ, meist mit Inf* 1. *mit uv Inf* man darf nicht, man soll nicht; ~ открыва́ть окно́ в тако́й хо́лод bei solcher Kälte darf man das Fenster nicht aufmachen 2. *oft mit v Inf* man kann nicht, es ist unmöglich; ~ откры́ть дверь, она́ заперта́ die Tür läßt sich nicht öffnen, sie ist verschlossen ◇ как ~ лу́чше aufs beste; как ~ ху́же schlechter geht es wirklich nicht; ~ не man muß; с э́тим ~ не согласи́ться dagegen läßt sich nichts einwenden; как ~ (бо́лее) кста́ти das kommt sehr gelegen; ~ ли закури́ть? darf man hier rauchen?
нелюбе́зный, -ая, -ое; *Kzf* -зен, -зна unfreundlich
нелюби́мый, -ая, -ое; *Kzf* -и́м, -а unbeliebt
нелюбо́вь, -бви́ *f* Abneigung, Widerwillen
не́люди, -ей *Pl, meist nur N Pl* schlechte Menschen, Unmenschen
нелюди́мый, -ая, -ое; *Kzf* -и́м, -а menschenscheu, ungesellig
нём ↑ он, оно́
нема́ло *Adv* 1. *mit Subst* nicht wenige, so manche 2. *mit Verb* viel, nicht wenig
немалова́жный, -ая, -ое; *Kzf* -жен, -жна wichtig, wesentlich
нема́лый, -ая, -ое; *Kzf* -а́л, -ала́! nicht gering, nicht unbedeutend, erheblich
Не́ман, -а *m* Neman *Fluß*
неме́дленный, -ая, -ое unverzüglich, sofortig
неме́для *Adv* ohne zu zögern, unverzüglich
неме́ркнущий, -ая, -ее *hoher Stil* unvergänglich
неме́ть, -е́ю, -е́ешь *uv* 1. die Sprache verlieren 2. verstummen, still werden 3. erstarren, absterben *Glieder*
не́мец, -мца, *I* -мцем, *G Pl* -мцев *m* Deutscher
неме́цкий, -ая, -ое deutsch; учи́ть ~ язы́к Deutsch lernen; учи́ть -ому языку́ Deutsch lehren; говори́ть по-неме́цки deutsch sprechen; в -ом языке́ im Deutschen; на -ом языке́ in deutsch(er Sprache); по -ому языку́ in Deutsch, im Deutschunterricht
немилосе́рдный, -ая, -ое; *Kzf* -ден, -дна 1. *alt* unbarmherzig 2. *übtr umg* schrecklich
неми́лость, -и *f alt* Ungnade; впасть в ~ in Ungnade fallen
неми́лый, -ая, -ое; *Kzf* -и́л, -ила́! *umg* ungeliebt, verhaßt
немину́емый, -ая, -ое; *Kzf* -ем, -а unvermeidlich
не́мка, -и, *Pl G* -мок, *D* -мкам *f* Deutsche
немно́гий, -ая, -ое 1. *nur Pl* einige; в -их слова́х mit wenigen Worten 2. -ие, -их *Subst Pl* (nur) wenige, einige 3. -ое, -ого *Subst n* wenig
немно́го *Adv* 1. ein bißchen, etwas 2. (nur) wenig, nicht viel; э́то совсе́м ~ das ist durchaus nicht viel
немноговóдный, -ая, -ое; *Kzf* -ден, -дна wasserarm
немногосло́вный, -ая, -ое; *Kzf* -вен, -вна wortkarg
немно́жко *Adv* ein kleines bißchen
немну́щийся, -аяся, -ееся knitterfrei
немо́жется *unpers uv D volksspr* sich krank [unwohl] fühlen
немо́й, -а́я, -о́е; *Kzf* нем, -а́! 1. stumm 2. stumm, verborgen, heimlich 3. -о́го *Subst m* Stummer ◇ ~ фильм Stummfilm; -а́я а́збука Taubstummenalphabet; нем как ры́ба

stumm wie ein Fisch; нем как моги́ла verschwiegen wie das Grab; -áя тишина́ Totenstille
немолодо́й, -áя, -óе; *Kzf* -мóлод, -á! bejahrt, betagt
немота́, -ы́ *f* Stummheit
не́мочь, -и *f volksspr* Krankheit
не́мощный, -ая, -ое; *Kzf* -щен, -щна 1. krank 2. schwach, kraftlos
не́мощь, -и *f umg* 1. Krankheit 2. Kraftlosigkeit, Schwäche
нему́ *nach Präpos statt* ему́
немудрено́ *Adv, unpers prädikativ* es ist leicht; es ist kein Wunder
немудрёный, -ая, -ое; *Kzf* -ён, -ена́ *umg* ganz einfach, unkompliziert
немудря́щий, -ая, -ее *volksspr* ganz einfach
немузыка́льный, -ая, -ое; *Kzf* -лен, -льна unmusikalisch
немы́слимый, -ая, -ое; *Kzf* -им, -а undenkbar
ненаблюда́тельный, -ая, -ое: ~ челове́к ein schlechter Beobachter
ненави́деть, -и́жу, -и́дишь *uv* hassen
ненави́стный [сн], -ая, -ое; *Kzf* -тен, -тна verhaßt
не́нависть, -и *f* Haß (к *D* gegen); с -ю voller Haß, haßerfüllt
ненагля́дный, -ая, -ое *Volksdichtung* herzallerliebst
ненадёжный, -ая, -ое; *Kzf* -жен, -жна 1. unzuverlässig 2. zerbrechlich; baufällig
ненадлежа́щий, -ая, -ее unpassend, ungehörig
нена́добность, -и *f* Unnötigkeit, Nutzlosigkeit; за -ью weil es nicht (mehr) gebraucht wird
ненадо́лго *Adv* nur auf kurze Zeit
ненаме́ренный, -ая, -ое unabsichtlich; unwillkürlich
ненападе́ние, -я *n*: пакт о -и Nichtangriffspakt
ненаро́ком *Adv volksspr* unabsichtlich
ненаруши́мый, -ая, -ое; *Kzf* -и́м, -а unverbrüchlich
нена́стный [сн], -ая, -ое; *Kzf* -тен, -тна regnerisch, trüb und kalt
нена́стье, -ья *n* trübes, regnerisches Wetter
ненасы́тный, -ая, -ое; *Kzf* -тен, -тна unersättlich *a. übtr*
ненау́чный, -ая, -ое; *Kzf* -чен, -чна unwissenschaftlich
не́нец, -нца, *I* -нцем, *G Pl* -нцев *m* Nenze *früher Samojede*
ненорма́льность, -и *f* Anomalie
ненорма́льный, -ая, -ое; *Kzf* -лен, -льна 1. unnormal, ungewöhnlich 2. geistig nicht normal, verrückt
нену́жный, -ая, -ое; *Kzf* -жен, -жна́! unnötig
необде́ланный, -ая, -ое unbearbeitet
необду́манный, -ая, -ое; *Kzf* -ан, -анна unüberlegt, unbedacht
необеспе́ченный, -ая, -ое 1. unbemittelt 2. ungesichert, nicht sichergestellt
необита́емый, -ая, -ое; *Kzf* -ем, -а unbewohnt
необлага́емый, -ая, -ое; *Kzf* -ем, -а steuerfrei; ~ по́шлиной zollfrei
необозри́мый, -ая, -ое; *Kzf* -и́м, -а unübersehbar, unermeßlich
необосно́ванный, -ая, -ое unbegründet, haltlos
необрабо́танный, -ая, -ое 1. unbebaut, brachliegend 2. roh, nicht bearbeitet 3. nicht ausgefeilt *Stil*
необразо́ванность, -и *f* Mangel an Bildung
необразо́ванный, -ая, -ое; *Kzf* -ан, -анна ungebildet
необу́зданный, -ая, -ое; *Kzf* -ан, -анна zügellos, unbändig
необходи́мо *prädikativ* es ist nötig; безусло́вно ~ es ist unerläßlich
необходи́мость, -и *f* Notwendigkeit; Unentbehrlichkeit; по -и notwendigerweise, notgedrungen; покори́ться неприя́тной необходи́мости in den sauren Apfel beißen; предме́ты пе́рвой -и Gebrauchsgegenstände
необходи́мый, -ая, -ое; *Kzf* -и́м, -а notwendig; ему́ -а по́мощь er braucht dringend Hilfe ◇ -ая оборо́на Notwehr
необще́ственный, -ая, -ое unsozial
необщи́тельный, -ая, -ое; *Kzf* -лен, -льна ungesellig
необъясни́мый, -ая, -ое; *Kzf* -и́м, -а unerklärlich
необъя́тный, -ая, -ое; *Kzf* -тен, -тна unermeßlich, riesig
необыкнове́нный, -ая, -ое; *Kzf* -е́нен, -е́нна 1. ungewöhnlich 2. außerordentlich, unglaublich
необыча́йный, -ая, -ое; *Kzf* -а́ен, -а́йна ungewöhnlich, erstaunlich
необы́чный, -ая, -ое; *Kzf* -чен, -чна ungewohnt, ungewöhnlich
необяза́тельный, -ая, -ое; *Kzf* -лен, -льна nicht obligatorisch; nicht unbedingt notwendig
неограни́ченный, -ая, -ое; *Kzf* -ен, -енна unbeschränkt, unbegrenzt; -ая мона́рхия absolute Monarchie

неодина́ковый, -ая, -ое; *Kzf* -ов, -а ungleich, verschieden

неоднокра́тный, -ая, -ое wiederholt, mehrfach

неодноро́дный, -ая, -ое; *Kzf* -ден, -дна ungleichartig

неодобре́ние, -я *n* Mißbilligung

неодобри́тельный, -ая, -ое; *Kzf* -лен, -льна mißbilligend

неодоли́мый, -ая, -ое; *Kzf* -и́м, -а unüberwindlich

неодушевлённый, -ая, -ое unbelebt

неожи́данность, -и *f* Überraschung; от него́ мо́жно ожида́ть вся́ких -ей er ist unberechenbar

неожи́данный, -ая, -ое; *Kzf* -ан, -анна unerwartet, unvermutet

неоколониали́стский, -ая, -ое neokolonialistisch

неоконча́тельный, -ая, -ое; *Kzf* -лен, -льна nicht endgültig

неоко́нченный, -ая, -ое unvollendet, nicht abgeschlossen

неологи́зм, -а *m* Neubildung, neues Wort

нео́н, -а *m* Neon

нео́новый, -ая, -ое Neon-; -ая тру́бка Neonröhre; -ые бу́квы Leuchtbuchstaben

неопа́сный, -ая, -ое; *Kzf* -сен, -сна ungefährlich

неопери́вшийся, -аяся, -ееся **1.** noch nicht flügge **2.** *übtr umg* ungeübt, unerfahren

неопису́емый, -ая, -ое; *Kzf* -ем, -а unbeschreiblich

неопла́тный, -ая, -ое **1.** nicht bezahlbar **2.** zahlungsunfähig

неопла́ченный, -ая, -ое unbezahlt, unbeglichen

неопоро́ченный, -ая, -ое unbescholten, unbestritten

неопра́вданный, -ая, -ое ungerechtfertigt, unbegründet

неопределённый, -ая, -ое; *Kzf* -ёнен, -ённа **1.** unbestimmt **2.** ungewiß; ~ отве́т ausweichende Antwort ◇ -ое наклоне́ние *oder* -ая фо́рма Infinitiv

неопредели́мый, -ая, -ое; *Kzf* -и́м, -а unbestimmbar, undefinierbar

неопровержи́мый, -ая, -ое; *Kzf* -и́м, -а unwiderlegbar, unumstößlich

неопря́тный, -ая, -ое; *Kzf* -тен, -тна unsauber; nachlässig

нео́пытный, -ая, -ое; *Kzf* -тен, -тна unerfahren

неорганизо́ванный, -ая, -ое unorganisiert

неоргани́ческий, -ая, -ое anorganisch

неосла́бный, -ая, -ое; *Kzf* -бен, -бна unablässig, unvermindert

неосмотри́тельный, -ая, -ое; *Kzf* -лен, -льна unvorsichtig, unbedacht

неоснова́тельный, -ая, -ое; *Kzf* -лен, -льна **1.** unbegründet, haltlos **2.** *umg* leichtfertig, oberflächlich

неоспори́мый, -ая, -ое; *Kzf* -и́м, -а unbestreitbar

неосторо́жный, -ая, -ое; *Kzf* -жен, -жна unvorsichtig

неосуществи́мый, -ая, -ое; *Kzf* -и́м, -а undurchführbar

неосяза́емый, -ая, -ое; *Kzf* -ем, -а kaum bemerkbar; unmerklich

неотврати́мый, -ая, -ое; *Kzf* -и́м, -а unabwendbar

неотвя́зный, -ая, -ое; *Kzf* -зен, -зна aufdringlich

неотвя́зчивый [щи], -ая, -ое; *Kzf* -ив, -а aufdringlich

неотдели́мый, -ая, -ое; *Kzf* -и́м, -а untrennbar

неотёсанный, -ая, -ое; *Kzf* -ан, -анна **1.** nicht behauen, unbearbeitet **2.** *übtr umg* ungeschliffen, grob

не́откуда *Adv mit Inf* man kann nirgendwoher ...; мне ~ взять де́ньги ich weiß nicht, woher ich das Geld nehmen soll

неотло́жный, -ая, -ое; *Kzf* -жен, -жна unaufschiebbar, dringend

неотлу́чный, -ая, -ое; *Kzf* -чен, -чна **1.** unzertrennlich **2.** ständig

неотрази́мый, -ая, -ое; *Kzf* -и́м, -а **1.** nicht abzuwehren **2.** unumstößlich, unwiderlegbar **3.** *übtr* unwiderstehlich

неотсту́пный, -ая, -ое; *Kzf* -пен, -пна **1.** unablässig **2.** zudringlich

неотчужда́емый, -ая, -ое; *Kzf* -ем, -а unveräußerlich

неотъе́млемый, -ая, -ое; *Kzf* -ем, -а nicht wegzudenken; unverrückbar; -ое пра́во verbrieftes Recht

неофаши́зм, -а *m* Neofaschismus

неофициа́льный, -ая, -ое; *Kzf* -лен, -льна inoffiziell

неохо́та, -ы *f* **1.** Unlust **2.** *prädikativ, D, mit Inf umg* keine Lust haben; мне ~ с ним говори́ть ich habe keine Lust, mit ihm zu sprechen

неохо́тно *Adv* ungern

неоцени́мый, -ая, -ое; *Kzf* -и́м, -а unschätzbar

неощути́мый, -ая, -ое; *Kzf* -и́м, -а unmerklich

Непа́л, -а *m* Nepal

непа́лец, -льца, *I* -льцем, *G Pl* -льцев *m* Nepalese

непа́рный, -ая, -ое unpaarig
непарти́йный, -ая, -ое 1. parteilos 2. parteiwidrig
непереводи́мый, -ая, -ое; *Kzf* -и́м, -а unübersetzbar
непередава́емый, -ая, -ое; *Kzf* -ем, -а nicht wiederzugebend, unaussprechlich
неперенoси́мый, -ая, -ое; *Kzf* -и́м, -а unerträglich
непереходный, -ая, -ое intransitiv
непи́саный, -ая, -ое ungeschrieben
неплатёж, -ежа́, *I* -ежо́м, *G Pl* -еже́й *m* Nicht(be)zahlung
неплатёжеспосо́бный, -ая, -ое; *Kzf* -бен, -бна zahlungsunfähig
неплате́льщик, -а *m* Nichtzahler, Schuldner
неплодоро́дный, -ая, -ое; *Kzf* -ден, -дна unfruchtbar
неплохо́й, -а́я, -о́е; *Kzf* -о́х, -оха́! nicht schlecht, ziemlich gut
непобеди́мый, -ая, -ое; *Kzf* -и́м, -а unbesiegbar; unüberwindlich
непова́дно *Adv, prädikativ*: что́бы ему́ ~ бы́ло damit ihm die Lust vergeht
непови́нный, -ая, -ое; *Kzf* -и́нен, -и́нна unschuldig (в *P* an)
неповинове́ние, -я *n* Ungehorsam
неповоро́тливый, -ая, -ое; *Kzf* -ив, -а schwerfällig, ungeschickt
неповтори́мый, -ая, -ое; *Kzf* -и́м, -а einmalig, einzigartig
непого́да, -ы *f* Unwetter
непогреши́мый, -ая, -ое; *Kzf* -и́м, -а unfehlbar
неподалёку *Adv* unweit, in der Nähe
неподáтливый, -ая, -ое; *Kzf* -ив, -а unnachgiebig
неподви́жность, -и *f* Unbeweglichkeit, Regungslosigkeit
неподви́жный, -ая, -ое; *Kzf* -жен, -жна 1. unbeweglich, starr 2. schwerfällig, wenig beweglich ◇ -ая звезда́ Fixstern
подде́льный, -ая, -ое; *Kzf* -лен, -льна 1. echt, unverfälscht 2. aufrichtig
неподку́пный, -ая, -ое; *Kzf* -пен, -пна unbestechlich
неподоба́ющий, -ая, -ее ungehörig
неподража́емый, -ая, -ое; *Kzf* -ем, -а unnachahmlich, unvergleichlich
неподсу́дный, -ая, -ое; *Kzf* -ден, -дна *jur* nicht zuständig
неподходя́щий, -ая, -ее unpassend; unangemessen
неподчине́ние, -я *n* Ungehorsam
непозволи́тельный, -ая, -ое; *Kzf* -лен, -льна unerlaubt, unzulässig
непоколеби́мый, -ая, -ое; *Kzf* -и́м, -а unerschütterlich, standhaft; unbeirrbar; он оста́лся -ым er blieb fest
непоко́рный, -ая, -ое; *Kzf* -рен, -рна ungehorsam, widerspenstig
непокры́тый, -ая, -ое; *Kzf* -ы́т, -а unbedeckt; с -ой голово́й barhäuptig, ohne Kopfbedeckung
непола́дки *Pl* -док, -дкам, *Sg* непола́дка, -и *f umg* 1. Störungen, Defekte 2. Unstimmigkeiten
неполнота́, -ы́ *f* Unvollständigkeit; Unvollkommenheit
неполноце́нный, -ая, -ое; *Kzf* -е́нен, -е́нна nicht vollwertig, minderwertig
непо́лный, -ая, -ое; *Kzf* -лон, -лна́! unvollständig, nicht vollzählig; -ая сре́дняя шко́ла siebenklassige Mittelschule; перейти́ на ~ рабо́чий день zur Kurzarbeit übergehen
непоме́рный, -ая, -ое; *Kzf* -рен, -рна unmäßig, maßlos
непонима́ние, -я *n* Unverständnis
непоня́тливый, -ая, -ое; *Kzf* -ив, -а verständnislos; schwer von Begriff, begriffsstutzig
непоня́тный, -ая, -ое; *Kzf* -тен, -тна unverständlich, unbegreiflich
непопада́ние, -я *n mil* Fehlschuß
непоправи́мый, -ая, -ое; *Kzf* -и́м, -а unverbesserlich, nicht wiedergutzumachend
непопуля́рный, -ая, -ое; *Kzf* -рен, -рна unpopulär, unbeliebt
непоро́чный, -ая, -ое; *Kzf* -чен, -чна sittlich rein; makellos
непоря́док, -дка *m* Unordnung, unordentlicher Zustand
непоря́дочный, -ая, -ое; *Kzf* -чен, -чна unehrenhaft, unanständig
непосвящённый, -ая, -ое uneingeweiht
непосе́да, -ы *m, f umg* unruhiger Mensch; он ~ er hat kein Sitzfleisch
непосе́дливый, -ая, -ое; *Kzf* -ив, -а unruhig, sehr lebhaft
непосеще́ние, -я *n*: ~ уро́ков Versäumnis, Schwänzen *des Unterrichts*
непоси́льный, -ая, -ое; *Kzf* -лен, -льна die Kräfte übersteigend; э́то для меня́ -ая рабо́та diese Arbeit geht über meine Kräfte
непосле́довательный, -ая, -ое; *Kzf* -лен, -льна inkonsequent
непослуша́ние, -я *n* Ungehorsam
непослу́шный, -ая, -ое; *Kzf* -шен, -шна ungehorsam
непосре́дственный, -ая, -ое; *Kzf* -ен,

-енна 1. unmittelbar; direkt 2. unbefangen
непостижи́мый, -ая, -ое; *Kzf* -и́м, -а unbegreiflich, unfaßbar; э́то уму́ -о das ist ganz unbegreiflich
непостоя́нный, -ая, -ое; *Kzf* -я́нен, -я́нна unbeständig, veränderlich
непостоя́нство, -а *n* Unbeständigkeit
непотре́бный, -ая, -ое; *Kzf* -бен, -бна *alt* gemein, unanständig, unzüchtig
непохо́жий, -ая, -ее; *Kzf* -о́ж, -а на *A* unähnlich
непоча́тый, -ая, -ое nicht angefangen; nicht angeschnitten *Brot*; nicht angebrochen *Flasche* ◇ ~ край eine Unmenge
непочти́тельный, -ая, -ое; *Kzf* -лен, -льна respektlos
непра́вда, -ы *f* Unwahrheit, Lüge; э́то ~ das stimmt nicht ◇ все́ми пра́вдами и -ами auf jede Art und Weise
неправдоподо́бие, -я *n* Unwahrscheinlichkeit
неправдоподо́бный, -ая, -ое; *Kzf* -бен, -бна unwahrscheinlich
непра́вильный, -ая, -ое; *Kzf* -лен, -льна 1. unrichtig, falsch 2. unregelmäßig; -ые черты́ лица́ ungleichmäßige Gesichtszüge; ~ глаго́л unregelmäßiges Verb ◇ -ая дробь *math* unechter Bruch
неправомо́чный, -ая, -ое; *Kzf* -чен, -чна unberechtigt, nicht bevollmächtigt
неправосу́дный, -ая, -ое; *Kzf* -ден, -дна gesetzwidrig
неправота́, -ы́ *f* Unrecht
непра́вый, -ая, -ое; *Kzf* -а́в, -ава́! unrecht, ungerecht; быть -ым im Unrecht sein, unrecht haben
непракти́чный, -ая, -ое; *Kzf* -чен, -чна unpraktisch
непревзойдённый, -ая, -ое; *Kzf* -ён, -ённа unübertroffen
непредви́денный, -ая, -ое unvorhergesehen
непреднаме́ренный, -ая, -ое; *Kzf* -рен, -ренна unabsichtlich
непредубеждённый, -ая, -ое unvoreingenommen
непредумы́шленный, -ая, -ое unvorsätzlich
непредусмо́тренный, -ая, -ое unvorhergesehen
непредусмотри́тельность, -и *f* Mangel an Voraussicht; Unbedachtheit
непредусмотри́тельный, -ая, -ое; *Kzf* -лен, -льна nicht vorsorglich, unbedacht
непрекло́нный, -ая, -ое; *Kzf* -о́нен, -о́нна unbeugsam, unerschütterlich
непрекраща́ющийся, -аяся, -ееся unaufhörlich
непрело́жный, -ая, -ое; *Kzf* -жен, -жна *buchspr* 1. unverbrüchlich 2. unbestreitbar
непреме́нный, -ая, -ое; *Kzf* -е́нен, -е́нна unbedingt, unerläßlich
непреодоли́мый, -ая, -ое; *Kzf* -и́м, -а unüberwindlich; -ая си́ла höhere Gewalt
неперека́емый, -ая, -ое; *Kzf* -ем, -а unbestreitbar
непреры́вный, -ая, -ое; *Kzf* -вен, -вна 1. ununterbrochen, ständig 2. zusammenhängend ◇ -ые дро́би Kettenbrüche
непреста́нный, -ая, -ое; *Kzf* -нен, -нна unaufhörlich, unablässig
неприве́тливый, -ая, -ое; *Kzf* -ив, -а unfreundlich, kühl
непривлека́тельный, -ая, -ое; *Kzf* -лен, -льна reizlos
неприв́ычка, -и *f umg* Mangel an Gewohnheit [Übung]
непривы́чный, -ая, -ое; *Kzf* -чен, -чна 1. ungewohnt, nicht gewohnt 2. ungewöhnlich
непригля́дный, -ая, -ое; *Kzf* -ден, -дна unansehnlich, unschön
неприго́дный, -ая, -ое; *Kzf* -ден, -дна untauglich, unbrauchbar
неприе́млемый, -ая, -ое; *Kzf* -ем, -а unannehmbar
неприёмный, -ая, -ое: ~ день Sperrtag *bei Behörden*
неприи́знанный, -ая, -ое verkannt
неприка́янный, -ая, -ое *umg*: ходи́ть как ~ ruhelos umhergehen
неприкоснове́нность, -и *f* Unverletzlichkeit, Unantastbarkeit; лиши́ть депута́та парла́ментской -и einem Abgeordneten die parlamentarische Immunität entziehen
неприкоснове́нный, -ая, -ое; *Kzf* -е́нен, -е́нна unverletzlich, unantastbar; ~ запа́с eiserne Ration
неприкра́шенный, -ая, -ое ungeschminkt, unverblümt
неприкры́тый, -ая, -ое unverhohlen, offenkundig
неприли́чие, -я *n* Unanständigkeit
неприли́чный, -ая, -ое; *Kzf* -чен, -чна unanständig, anstößig
неприменн́мый, -ая, -ое; *Kzf* -и́м, -а nicht anwendbar
неприме́тный, -ая, -ое; *Kzf* -тен, -тна 1. unmerklich 2. unbedeutend, unansehnlich

непримири́мый, -ая, -ое; *Kzf* -и́м, -а unversöhnlich
непринуждённый, -ая, -ое; *Kzf* -ён, -ённа ungezwungen, zwanglos
непринятие, -я *n* Ablehnung; ~ мер Nichteingreifen
неприсоедине́ние, -я *n*: поли́тика -я Politik der Blockfreiheit
неприсоедини́вшийся, -аяся, -ееся nicht paktgebunden, paktfrei; -иеся стра́ны bündnisfreie Länder
неприспосо́бленный, -ая, -ое; *Kzf* -лен, -ленна ungeeignet, unpraktisch, nicht geschaffen (к *D* für)
непристо́йный, -ая, -ое; *Kzf* -о́ен, -о́йна unanständig
непристу́пный, -ая, -ое; *Kzf* -пен, -пна 1. unzugänglich, uneinnehmbar; -ая кре́пость unbezwingbare Festung 2. unnahbar
неприво́рный, -ая, -ое; *Kzf* -рен, -рна ungeheuchelt, aufrichtig
непритяза́тельный, -ая, -ое; *Kzf* -лен, -льна anspruchslos
неприхотли́вый, -ая, -ое; *Kzf* -и́в, -а anspruchslos
непричáстность, -и *f* Nichtbeteiligung (к *D* an)
непричáстный, -ая, -ое; *Kzf* -тен, -тна unbeteiligt (к *D* an)
неприя́зненный, -ая, -ое; *Kzf* -ен, -енна feindselig
неприя́знь, -и *f* Feindseligkeit
неприя́тель, -я *m* Feind, Gegner
неприя́тельский, -ая, -ое feindlich
неприя́тность, -и *f* Unannehmlichkeit
неприя́тный, -ая, -ое; *Kzf* -тен, -тна unangenehm; peinlich
непробу́дный, -ая, -ое; *Kzf* -ден, -дна: ~ сон tiefer [fester] Schlaf; -ое пья́нство ununterbrochenes Trinken; ~ пья́ница notorischer Säufer
непроводни́к, -а́ *m phys* Nichtleiter
непрогля́дный, -ая, -ое; *Kzf* -ден, -дна stockfinster, undurchdringlich
непродолжи́тельный, -ая, -ое; *Kzf* -лен, -льна kurz, von kurzer Dauer; в -ом вре́мени in Kürze
непрое́зжий, -ая, -ее unbefahrbar, unwegsam
непрозра́чный, -ая, -ое; *Kzf* -чен, -чна undurchsichtig
непроизводи́тельность, -и *f* Unproduktivität
непроизводи́тельный, -ая, -ое; *Kzf* -лен, -льна 1. unproduktiv 2. unnütz; -ая тра́та сил Kraftvergeudung
непроизво́льный, -ая, -ое; *Kzf* -лен, -льна unwillkürlich, unbewußt
непрола́зный, -ая, -ое; *Kzf* -зен, -зна *umg* nicht zu durchwaten
непромока́емый, -ая, -ое; *Kzf* -ем, -а wasserdicht
непроница́емый, -ая, -ое; *Kzf* -ем, -а undurchdringlich *a. übtr*, dicht; ~ для воды́ wasserdicht; ~ для во́здуха luftdicht
непропорциона́льность, -и *f* Disproportionalität
непропорциона́льный, -ая, -ое; *Kzf* -лен, -льна unproportional, unverhältnismäßig
непрости́тельный, -ая, -ое; *Kzf* -лен, -льна unverzeihlich, nicht zu entschuldigen
непротивле́ние, -я *n*: ~ злу (наси́лием) Abkehr von der Gewalt *nach der Lehre L. Tolstois*
непроходи́мый, -ая, -ое; *Kzf* -и́м, -а unwegsam, unpassierbar; undurchdringlich ◇ ~ дура́к *umg übtr* Vollidiot
непро́чный, -ая, -ое; *Kzf* -чен, -чна́! 1. nicht haltbar; zerbrechlich 2. unsicher
непро́шеный, -ая, -ое *umg* ungebeten
Непту́н, -а *m* Neptun
непутёвый, -ая, -ое *volksspr* unsolide, nichtsnutzig
непьющий, -ая, -ее: он ~ er trinkt nicht
неработоспосо́бный, -ая, -ое; *Kzf* -бен, -бна arbeitsunfähig
нерабо́чий, -ая, -ее arbeitsfrei; -ее вре́мя arbeitsfreie Zeit; ~ челове́к nichtarbeitender Mensch
нера́венство, -а *n* Ungleichheit
неравно́ *Part volksspr zum Ausdruck einer Befürchtung* bewahre, daß; gar noch; es könnte plötzlich
неравноду́шный, -ая, -ое; *Kzf* -шен, -шна nicht gleichgültig; он к ней -шен sie ist ihm nicht gleichgültig
неравноме́рный, -ая, -ое; *Kzf* -рен, -рна ungleichmäßig
неравнопра́вие, -я *n* fehlende Gleichberechtigung
неравнопра́вный, -ая, -ое; *Kzf* -вен, -вна nicht gleichberechtigt, rechtsungleich
нера́вный, -ая, -ое; *Kzf* -вен, -вна́! ungleich
нераде́ние, -я *n alt* Nachlässigkeit
неради́вость, -и *f* Nachlässigkeit, Sorglosigkeit
неради́вый, -ая, -ое; *Kzf* -и́в, -а nachlässig, sorglos
неразбери́ха, -и *f umg* Durcheinander, Wirrwarr

неразбо́рчивый, -ая, -ое; *Kzf* -ив, -а 1. unleserlich 2. *meist Kzf* skrupellos 3. nicht wählerisch, anspruchslos

неразвито́й, -а́я, -о́е; *Kzf* -ра́звит, -развита́! unentwickelt

неразгово́рчивый, -ая, -ое; *Kzf* -ив, -а wortkarg, nicht gesprächig

неразделимый, -ая, -ое; *Kzf* -и́м, -а unteilbar

неразде́льный, -ая, -ое; *Kzf* -лен, -льна unteilbar, untrennbar

неразличи́мый, -ая, -ое; *Kzf* -и́м, -а nicht zu unterscheiden

неразлу́чный, -ая, -ое; *Kzf* -чен, -чна unzertrennlich

неразме́нный, -ая, -ое nicht wechselbar *Geld* ◇ ~ рубль Heckrubel *in Märchen*

неразрешённый, -ая, -ое 1. ungeklärt, unentschieden 2. verboten, untersagt

неразреши́мый, -ая, -ое; *Kzf* -и́м, -а unlösbar

неразруши́мый, -ая, -ое; *Kzf* -и́м, -а unzerstörbar

неразры́вный, -ая, -ое; *Kzf* -вен, -вна untrennbar, unzertrennlich; -ая связь unlösbarer Zusammenhang

неразу́мный, -ая, -ое; *Kzf* -мен, -мна unvernünftig

нерасположе́ние, -я *n* Abneigung (к *D* gegen)

нераспорядительность, -и *f* organisatorische Unfähigkeit

нераствори́мый, -ая, -ое; *Kzf* -и́м, -а unauflöslich

нерасторжи́мый, -ая, -ое; *Kzf* -и́м, -а unzerreißbar, unauflöslich

нерасторо́пный, -ая, -ое; *Kzf* -пен, -пна ungewandt

нерасчётливый, -ая, -ое; *Kzf* -ив, -а 1. unwirtschaftlich, unökonomisch 2. nicht vorsorgend

нерациона́льный, -ая, -ое; *Kzf* -лен, -льна unrationell

нерв, -а *m* Nerv; дви́гательные -ы motorische Nerven; зри́тельный ~ Sehnerv ◇ страда́ть -ами nervenkrank sein; э́то де́йствует мне на -ы das geht mir auf die Nerven; у него́ -ы сда́ли seine Nerven haben versagt, er hat die Nerven verloren; трепа́ть [мота́ть] кому́-н. не́рвы j-n aufbringen, j-n erregen

не́рвничать, -аю, -аешь *uv* nervös sein [werden]

нервнобольно́й, -ого *Subst m* Nervenkranker

не́рвность, -и *f* Nervosität

не́рвный, -ая, -ое 1. *Kzf* -вен, -вна́! nervös 2. Nerven-; -ая систе́ма Nervensystem

нерво́зный, -ая, -ое; *Kzf* -зен, -зна nervös

нереа́льный, -ая, -ое; *Kzf* -лен, -льна 1. irreal, unwirklich 2. unerfüllbar

нерегуля́рный, -ая, -ое; *Kzf* -рен, -рна unregelmäßig; regellos

нере́дкий, -ая, -ое; *Kzf* -док, -дка́! nicht selten, ziemlich häufig

нерента́бельный, -ая, -ое; *Kzf* -лен, -льна unrentabel

не́рест, -а *m* Laichen, Laichzeit *der Fische*

нереши́мость, -и *f* Unentschlossenheit; быть в -и unschlüssig sein

нереши́тельный, -ая, -ое; *Kzf* -лен, -льна unentschlossen, unschlüssig, zögernd

нержаве́ющий, -ая, -ее rostfrei; -ая сталь nichtrostender Stahl

неро́бкий, -ая, -ое; *Kzf* -бок, -бка́! nicht zaghaft, nicht furchtsam ◇ он -ого деся́тка er ist kein Hasenfuß

неро́вность, -и *f* Unebenheit

неро́вный, -ая, -ое; *Kzf* -вен, -вна́! uneben; nicht glatt ◇ ~ пульс unregelmäßiger Puls; неро́вен час *umg* es kann passieren

неро́вня, -и *u.* **неровня́,** -и́ *m, f umg gewöhnlich mit D*: он тебе́ ~ er paßt nicht zu dir, er ist dir nicht ebenbürtig

неруши́мый, -ая, -ое; *Kzf* -и́м, -а unverbrüchlich

неря́ха, -и *m, f umg* Schlampe; Schmutzfink

неря́шество, -а *n umg* Unsauberkeit; Liederlichkeit, Schlamperei

неря́шливый, -ая, -ое; *Kzf* -ив, -а unordentlich, liederlich, schlampig

несамостоя́тельный, -ая, -ое; *Kzf* -лен, -льна unselbständig

несбы́точный, -ая, -ое; *Kzf* -чен, -чна unerfüllbar

несваре́ние, -я *n*: ~ желу́дка Verdauungsstörung

несве́дущий, -ая, -ее; *Kzf* -ущ, -а unbewandert (в *P* in)

несве́жий, -ая, -ее; *Kzf* -е́ж, -ежа́ 1. nicht frisch; у него́ ~ вид er sieht abgespannt aus 2. verdorben *Lebensmittel*

несвоевре́менный, -ая, -ое; *Kzf* -менен, -менна 1. nicht rechtzeitig 2. unzeitgemäß

несво́йственный, -ая, -ое nicht eigen(tümlich), fremd

несвя́зный, -ая, -ое; *Kzf* -зен, -зна

unzusammenhängend, zusammenhanglos

несгиба́емый, -ая, -ое; *Kzf* -ем, -а nicht biegbar; *übtr* unbeugsam

несгово́рчивый, -ая, -ое; *Kzf* -ив, -а widerspenstig, halsstarrig

несгора́емый, -ая, -ое; *Kzf* -ем, -а feuerfest; ~ шкаф Panzerschrank; Safe

несде́ржанный, -ая, -ое; *Kzf* -ан, -анна unbeherrscht; heftig

несе́ние, -я *n* Ausübung, Erfüllung; ~ обя́занностей Pflichterfüllung

несерьёзный, -ая, -ое; *Kzf* -зен, -зна 1. leichtsinnig 2. unwichtig 3. -о *Adv*: относи́ться к чему́-н. -о etw. auf die leichte Schulter nehmen

несессе́р [нэсэсэр], -а *m* Necessaire; доро́жный ~ Reisenecessaire

несказа́нный, -ая, -ое; *m Kzf ungebr*, -а́нна unaussprechlich, unsagbar

нескла́дица, -ы, *I* -ей *f umg* ungereimtes Zeug, Unsinn

нескла́дный, -ая, -ое; *Kzf* -ден, -дна 1. unzusammenhängend; ungereimt 2. ungefüge, plump

несклоня́емый, -ая, -ое; *Kzf* -ем, -а undeklinierbar

[1]**не́сколько,** -их, -им, -ими, -их; по -у *Num* einige; ~ сот людé й ein paar hundert Menschen

[2]**не́сколько** *Adv* etwas; ~ бо́льше etwas mehr, ein bißchen mehr; он ~ успоко́ился er hat sich etwas beruhigt

нескончáемый, -ая, -ое; *Kzf* -ем, -а endlos

нескро́мный, -ая, -ое; *Kzf* -мен, -мна́! 1. unbescheiden 2. taktlos, indiskret 3. unanständig, schamlos

нескрыва́емый, -ая, -ое; *Kzf* -ем, -а unverhohlen

несло́жный, -ая, -ое; *Kzf* -жен, -жна́! unkompliziert, einfach

несл́ыханный, -ая, -ое; *Kzf* -ан, -анна unerhört

несл́ышный, -ая, -ое; *Kzf* -шен, -шна́! unhörbar, ganz leise

несменя́емый, -ая, -ое; *Kzf* -ем, -а 1. unabsetzbar, ständig 2. nicht austauschbar

несме́тный, -ая, -ое; *Kzf* -тен, -тна unzählig, riesig

несмина́емость, -и *f* Knitterfestigkeit

несмолка́емый, -ая, -ое; *Kzf* -ем, -а unaufhörlich, unablässig

несмотря́ *Präpos* на *A* trotz; ~ на то, что obwohl, ungeachtet dessen, daß; ~ ни на что trotz allem, unter allen Umständen

несмышлёныш, -а, *I* -ем, *G Pl* -ей *m volksspr* begriffsstutziger [bornierter] Mensch

несно́сный, -ая, -ое; *Kzf* -сен, -сна unerträglich

несоблюде́ние, -я *n* Nichtbefolgung, Nichteinhaltung

несовершенноле́тие, -я *n* Minderjährigkeit

несовершенноле́тний, -яя, -ее minderjährig

несоверше́нный, -ая, -ое; *Kzf* -нен, -нна unvollkommen ◇ ~ вид unvollendeter [imperfektiver] Aspekt

несоверше́нство, -а *n* Unvollkommenheit

несовмести́мый, -ая, -ое; *Kzf* -и́м, -а unvereinbar

несовпаде́ние, -я *n* Nichtübereinstimmung, Inkongruenz

несогла́сие, -я *n* 1. Uneinigkeit, Unstimmigkeit; ~ во мне́ниях Meinungsverschiedenheit 2. Zerwürfnis, Streitigkeit, Zwist 3. Ablehnung, Absage, Verweigerung

несогла́сный, -ая, -ое; *Kzf* -сен, -сна 1. uneinig 2. nicht einverstanden

несогласо́ванность, -и *f* mangelnde Koordinierung

несозна́тельность, -и *f* Mangel an Bewußtsein

несозна́тельный, -ая, -ое; *Kzf* -лен, -льна 1. nicht bewußt; nicht klassenbewußt 2. unbewußt

несоизмери́мый, -ая, -ое; *Kzf* -и́м, -а nicht vergleichbar

несокруши́мый, -ая, -ое; *Kzf* -и́м, -а unzerstörbar; unüberwindlich

несо́лоно: уйти́ ~ хлеба́вши *volksspr* leer ausgehen

несомне́нный, -ая, -ое; *Kzf* -е́нен, -е́нна 1. zweifellos, offensichtlich 2. -о *Adv* gewiß; zweifellos, ohne Zweifel

несообрази́тельность, -и *f* Mangel an Scharfsinn

несообрази́тельный, -ая, -ое; *Kzf* -лен, -льна begriffsstutzig

несообра́зность, -и *f* Widersinnigkeit, Absurdität

несообра́зный, -ая, -ое; *Kzf* -зен, -зна 1. ungereimt, unsinnig 2. unvereinbar

несоотве́тственный, -ая, -ое nicht entsprechend, nicht übereinstimmend

несоотве́тствие, -я *n* Mißverhältnis,

Nichtübereinstimmung, Unstimmigkeit

несоразме́рность, -и *f* Mißverhältnis, Disproportion

несоразме́рный, -ая, -ое; *Kzf* -рен, -рна unverhältnismäßig

несостоя́тельный, -ая, -ое; *Kzf* -лен, -льна 1. zahlungsunfähig 2. haltlos, nicht stichhaltig

неспе́лый, -ая, -ое unreif, grün

неспе́шный, -ая, -ое 1. langsam 2. -о *Adv*: э́то -о das hat Zeit

неспоко́йный, -ая, -ое; *Kzf* -о́ен, -о́йна unruhig, ruhelos

неспосо́бность, -и *f* Unfähigkeit

неспосо́бный, -ая, -ое; *Kzf* -бен, -бна unfähig; unbegabt; ма́льчик -бен к рисова́нию der Junge hat kein Talent zum Zeichnen

несправедли́вость, -и *f* Ungerechtigkeit

несправедли́вый, -ая, -ое; *Kzf* -и́в, -а ungerecht

неспроста́ *Adv umg* nicht ohne Grund, nicht umsonst

несрабо́танность, -и *f* mangelnde Organisation und Koordinierung in der Arbeit

несравне́нный, -ая, -ое; *Kzf* -е́нен, -е́нна 1. unvergleichlich; einzigartig; она́ -а *umg scherz* sie ist unbezahlbar 2. -о *Adv* ausgezeichnet, unvergleichlich gut; -о лу́чше ungleich [bei weitem] besser

несравни́мый, -ая, -ое; *Kzf* -и́м, -а unvergleichbar, nicht zu vergleichen

нестерпи́мый, -ая, -ое; *Kzf* -и́м, -а unerträglich

нести́* *uv* 1. *best* tragen, bringen; ~ ребёнка на рука́х das Kind auf dem Arm tragen 2. *1. u. 2. Pers ungebr arch* tragen, stützen 3. *best 1. u. 2. Pers ungebr* jagen, treiben, tragen; ве́тер несёт ту́чи der Wind treibt die Wolken; по реке́ несло́ лёд auf dem Fluß trieb Eis 4. mit sich bringen, verursachen; о́сень несёт непого́ду der Herbst bringt schlechtes Wetter 5. *übtr* tragen; ~ расхо́ды die Kosten tragen; ~ после́дствия die Folgen tragen 6. *unpers umg* ziehen; со всех сторо́н несёт es zieht von allen Seiten 7. *I unpers umg* riechen, stinken (nach); от него́ несёт лу́ком er riecht nach Zwiebel; здесь несёт ры́бой hier stinkt es nach Fisch 8. *unpers volksspr* Durchfall verursachen; его́ тре́тий день несёт er hat schon den dritten Tag Durchfall 9. *best* ~ яйца́ Eier legen ◇ ~ карау́л Wache haben; ~ наказа́ние die Strafe verbüßen; ~ поте́ри Verluste erleiden; ~ убы́ток Schaden erleiden; ~ вздор [чепуху́] *umg* Unsinn quatschen; отку́да тебя́ несёт? *volksspr* wo kommst du denn her?; куда́ вас нелёгкая несёт? *volksspr* wo zum Teufel gehen Sie denn hin? ‖ *v* снести́ *zu* 9 | *unbest* носи́ть *zu* 1, 3, 9

нести́сь* *uv* 1. *best* jagen, rennen, eilen 2. *best* (weithin) erschallen, ertönen; sich fortpflanzen, sich ausbreiten *Geräusche* 3. schnell vergehen *Zeit* 4. Eier legen ‖ *v* снести́сь *zu* 4 | *unbest* носи́ться *zu* 1, 2

несто́йкий, -ая, -ое; *Kzf* -о́ек, -о́йка *chem* unbeständig, flüchtig

Не́стор, -а *m männl Vn*

нестоя́щий, -ая, -ее *umg* nicht lohnend, von geringem Wert; ~ челове́к Taugenichts

нестро́йный, -ая, -ое; *Kzf* -о́ен, -ойна́! 1. ungeordnet 2. unharmonisch

несу́ ↑ нести́

несура́зность, -и *f umg* Unsinn, Blödsinn

несура́зный, -ая, -ое; *Kzf* -зен, -зна *umg* unsinnig

несусве́тный, -ая, -ое; *Kzf* -тен, -тна *umg* unglaublich, unerhört; -ая чепуха́ blühender Unsinn

несу́шка, -и, *Pl G* -шек, *D* -шкам *f* Legehenne

несуще́ственный, -ая, -ое; *Kzf* -вен, -венна unwesentlich

нехо́дный, -ая, -ое; *Kzf* -ден, -дна 1. unähnlich 2. *volksspr* unpassend; -ая цена́ unannehmbarer Preis

несхо́дство, -а *n* Unähnlichkeit

несчастли́вый, -ая, -ое; *Kzf* -и́в, -а unglücklich; Unglücks-; быть -ым kein Glück haben, ein Pechvogel sein

несча́стный, -ая, -ое; *Kzf* -тен, -тна unglücklich; unglückselig; ~ слу́чай Unglücksfall; с ним произошёл ~ слу́чай er ist verunglückt

несча́стье, -ья *n* Unglück, Pech; к -ью zum Unglück, unglücklicherweise; това́рищ по -ью Leidensgefährte ◇ вот ещё ~! *umg* das fehlte noch!; не́ было бы сча́стья, да ~ помогло́ ich habe [du hast usw.] Glück im Unglück gehabt

несчётный, -ая, -ое; *Kzf* -тен, -тна 1. unzählig 2. -о *Adv*: -о бога́тый unermeßlich reich

несъедо́бный, -ая, -ое; *Kzf* -бен, -бна ungenießbar, nicht eßbar

нет 1. *Part* nein; да ~ же! aber nein!, nicht doch! 2. *Part* nicht; сказа́л ему́ и́ли ~? hast du's ihm gesagt oder nicht?; ты счита́ешь его́ у́мным, а я ~ du hältst ihn für klug, aber ich nicht 3. *prädikativ mit G* (*Prät* не́ было, *Fut* не бу́дет); es gibt nicht, es ist nicht vorhanden; для вас ~ пи́сем es sind keine Briefe für Sie da; никого́ не́ было es war niemand da; де́нег не бу́дет es wird kein Geld geben; у меня́ ~ [не́ было] де́нег ich habe [hatte] kein Geld; бра́та ~ [не́ было] до́ма der Bruder ist [war] nicht zu Hause; ~ сомне́ний es besteht kein Zweifel 4. *Subst* das Nichts *in Redewendungen*; на ~ и суда́ ~ wo nichts ist, hat der Kaiser sein Recht verloren; свести́ на ~ что́-н. etw. zunichte machen ◇ так ~ *umg* aber, jedoch; пять рубле́й дал ему́, так ~, ему́ всё ма́ло fünf Rubel habe ich ihm gegeben, aber es ist ihm immer noch zuwenig; нет и нет, нет да нет, нет как нет *Verstärkung zu* нет 3; нет-нет да и *mit v Verb im Fut* dann und wann, ab und zu; нет-нет да и напи́шет письмо́ ab und zu schreibt er mal einen Brief; а ~? *volksspr* nicht wahr?; чего́ там то́лько ~! was es da nicht alles gibt!

нетакти́чность, -и *f* Taktlosigkeit

нетакти́чный, -ая, -ое; *Kzf* -чен, -чна taktlos

нетвёрдый, -ая, -ое; *Kzf* -твёрд, -тверда́! 1. nicht hart 2. nicht fest, schwankend *a. übtr*; -ая по́чва unsicherer Boden 3. unsicher, nicht sattelfest; он нетвёрд в матема́тике er ist in Mathematik unsicher [nicht sattelfest] 4. -о *Adv*: -о держа́ться на нога́х sich kaum auf den Beinen halten können; он -о в э́том уве́рен er ist nicht ganz davon überzeugt

нетерпёж, -ежа́, *I* -ежо́м *m volksspr* Ungeduld

нетерпели́вый, -ая, -ое; *Kzf* -и́в, -а ungeduldig

нетерпе́ние, -я *n* Ungeduld

нетерпи́мость, -и *f* Unduldsamkeit, Intoleranz

нетерпи́мый, -ая, -ое; *Kzf* -и́м, -а 1. unduldsam, intolerant 2. unzulässig

нетова́рищеский, -ая, -ое unkollegial, unkameradschaftlich

нетопы́рь, -я́ *m* Fledermaus

нетороплúвый, -ая, -ое; *Kzf* -и́в, -а nicht eilig, langsam

нето́чный, -ая, -ое; *Kzf* -чен, -чна́! ungenau

нетре́бовательный, -ая, -ое; *Kzf* -лен, -льна 1. bescheiden 2. nicht streng, geringe Anforderungen stellend

нетре́звый, -ая, -ое; *Kzf* -тре́зв, -трезва́! angeheitert, angetrunken

нетро́нутый, -ая, -ое; *Kzf* -ут, -а 1. ganz, heil 2. unberührt, unschuldig ◇ -ая о́бласть *übtr* Neuland

нетрудово́й, -а́я, -о́е 1. nicht werktätig 2. nicht erarbeitet; ~ дохо́д mühelos erworbenes Einkommen

нетрудоспосо́бный, -ая, -ое; *Kzf* -бен, -бна arbeitsunfähig

не́тто [нэ] *Adj u. Adv idkl* netto; вес ~ Nettogewicht

не́ту *unpers prädikativ G* (*umg für* нет) es gibt nicht, es ist nicht vorhanden

неубеди́тельный, -ая, -ое; *Kzf* -лен, -льна nicht überzeugend

неуваже́ние, -я *n* Geringschätzung, Respektlosigkeit

неуважи́тельный, -ая, -ое; *Kzf* -лен, -льна nicht triftig, nicht stichhaltig; отсу́тствовать по -ой причи́не unentschuldigt fehlen

неуве́ренность, -и *f* Unsicherheit; ~ в себе́ Mangel an Selbstbewußtsein

неуве́ренный, -ая, -ое; *Kzf* -ен, -енна unsicher

неувяда́емый, -ая, -ое; *Kzf* -ем, -а *buchspr* unvergänglich

неувяда́ющий, -ая, -ее unvergänglich; -ая сла́ва unsterblicher Ruhm

неувя́зка, -и, *Pl G* -зок, *D* -зкам *f umg* mangelhafte [fehlende] Koordinierung

неугаси́мый, -ая, -ое; *Kzf* -и́м, -а *hoher Stil* unauslöschlich; -ое жела́ние sehnlichster Wunsch

неуго́дный, -ая, -ое; *Kzf* -ден, -дна unerwünscht; unangenehm

неугомо́нный, -ая, -ое; *Kzf* -нен, -нна rastlos, unermüdlich; ausgelassen

не́уд, -а *m umg* ungenügende (Schul-) Zensur *in der UdSSR*

неуда́ча, -и *f* Mißerfolg, Rückschlag, Pech; его́ пресле́дует ~ er ist vom Pech verfolgt, er hat immer Pech; вот ~! so ein Pech!; ко́нчиться -ей mißlingen, in die Brüche gehen

неуда́чливый, -ая, -ое; *Kzf* -ив, -а vom Pech verfolgt; ~ челове́к Pechvogel, Unglücksrabe

неуда́чник, -а *m* Pechvogel
неуда́чный, -ая, -ое; *Kzf* -чен, -чна 1. mißlungen, mißglückt 2. ungeeignet
неудержи́мый, -ая, -ое; *Kzf* -и́м, -а unaufhaltsam, unwiderstehlich
неудо́бный, -ая, -ое; *Kzf* -бен, -бна 1. unbequem 2. peinlich, unangenehm 3. unangebracht, unpassend
неудобовари́мый, -ая, -ое; *Kzf* -и́м, -а 1. schwer verdaulich 2. *iron* schwer verständlich
неудобопроизноси́мый, -ая, -ое; *Kzf* -и́м, -а 1. schwer auszusprechen 2. unschicklich
неудо́бство, -а́ *n* 1. Unbequemlichkeit 2. Peinlichkeit
неудо́бь *Adv*: ~ сказу́емое *alt scherz* unschicklich, unangebracht
неудовлетворённость, -и *f* Unzufriedenheit, Mißvergnügen
неудовлетворённый, -ая, -ое; *Kzf* -ён, -ена́ unbefriedigt
неудовлетвори́тельный, -ая, -ое; *Kzf* -лен, -льна unbefriedigend, ungenügend
неудовлетвори́тельно *n idkl* ungenügende (Schul-) Zensur *in der UdSSR*
неудово́льствие, -я *n* Unzufriedenheit
неуже́ли? *Part* wirklich?, ist es möglich?; ~ э́то пра́вда? kann denn das stimmen?
неужи́вчивый, -ая, -ое; *Kzf* -ив, -а unverträglich, zänkisch
неу́жто? *Part, alt, volksspr* wirklich?, ist es möglich?
неузнава́емость, -и *f* Unkenntlichkeit; он измени́лся до -и er ist nicht wiederzuerkennen
неузнава́емый, -ая, -ое; *Kzf* -ем, -а nicht wiederzuerkennen, bis zur Unkenntlichkeit verändert
неукло́нный, -ая, -ое; *Kzf* -о́нен, -о́нна unerschütterlich, fest; unentwegt
неуклю́жий, -ая, -ее; *Kzf* -ю́ж, -а plump; ungeschickt, ungefüge; ungewandt
неукреплённый, -ая, -ое unbefestigt; ~ го́род offene Stadt
неукроти́мый, -ая, -ое; *Kzf* -и́м, -а unbändig, unbezähmbar
неулови́мый, -ая, -ое; *Kzf* -и́м, -а 1. nicht zu fassen, unerreichbar 2. unmerklich, kaum merklich; ~ для слу́ха unhörbar
неуме́лый, -ая, -ое; *Kzf* -е́л, -а ungeschickt
неуме́ние, -я *n* Unfähigkeit
неуме́ренность, -и *f* Unmäßigkeit
неуме́ренный, -ая, -ое; *Kzf* -рен, -ренна unmäßig, übermäßig
неуме́стный [сн], -ая, -ое; *Kzf* -тен, -тна unpassend, unangebracht
неу́мный, -ая, -ое; *Kzf* -мён, -мна́, неу́мно́, неу́мны́ unklug
неумоли́мый, -ая, -ое; *Kzf* -и́м, -а unerbittlich, unnachgiebig
неумолка́емый, -ая, -ое; *Kzf* -ем, -а unaufhörlich *von Geräuschen*; -ые аплодисме́нты nicht enden wollender Beifall
неумы́шленный, -ая, -ое; *Kzf* -ен, -енна unabsichtlich, nicht vorsätzlich
неупла́та, -ы *f* Nichtzahlung
неупотреби́тельный, -ая, -ое; *Kzf* -лен, -льна ungebräuchlich
неуравнове́шенный, -ая, -ое; *Kzf* -шен, -шенна unausgeglichen
неурожа́й, -я, *G Pl* -ев *m* Mißernte
неуро́чный, -ая, -ое 1. nicht festgesetzt, nicht vereinbart *Zeit* 2. unpassend, ungewöhnlich; в -ое вре́мя zur Unzeit
неуря́дица, -ы, *I* -ей *f umg* 1. Unordnung, Durcheinander 2. Streit
неуси́дчивый, -ая, -ое; *Kzf* -ив, -а ohne Ausdauer, ohne Sitzfleisch, unstet, unruhig
неуспева́емость, -и *f* mangelnde Leistung, Zurückbleiben *im Lernen*
неуспева́ющий, -ая, -ее schwach, zurückgeblieben *im Lernen*
неуспе́х, -а *m* Mißerfolg
неуспе́шный, -ая, -ое; *Kzf* -шен, -шна mißglückt, mißlungen
неуста́нный, -ая, -ое; *Kzf* -а́нен, -а́нна unermüdlich
неусто́йка, -и, *Pl G* -то́ек, *D* -то́йкам *f* 1. Vertragsstrafe, Konventionalstrafe 2. *umg* Mißerfolg
неусто́йчивый, -ая, -ое; *Kzf* -ив, -а labil, schwankend, unbeständig
неустрани́мый, -ая, -ое; *Kzf* -и́м, -а unüberwindlich
неустраши́мый, -ая, -ое; *Kzf* -и́м, -а unerschrocken
неустро́йство, -а *n* Unordnung, Wirrnis
неусту́пчивый, -ая, -ое; *Kzf* -ив, -а unnachgiebig; starrsinnig
неусы́пный, -ая, -ое; *Kzf* -пен, -пна unermüdlich, rastlos
неутеши́тельный, -ая, -ое; *Kzf* -лен, -льна unerfreulich
неуте́шный, -ая, -ое; *Kzf* -шен, -шна untröstlich

неутоли́мый, -ая, -ое; *Kzf* -и́м, -а unstillbar

неутоми́мый, -ая, -ое; *Kzf* -и́м, -а unermüdlich, rastlos

не́уч, -а, *I* -ем, *G Pl* -ей *m umg* Ungebildeter, Ignorant

неучти́вый, -ая, -ое; *Kzf* -и́в, -а unhöflich

неую́тный, -ая, -ое; *Kzf* -тен, -тна ungemütlich; unwohnlich

неуязви́мый, -ая, -ое; *Kzf* -и́м, -а unverwundbar, unverletzbar

неф, -а *m arch* Schiff

нефте|добы́ча, -и, *I* -ей *f* Erdölförderung, -gewinnung; **~наливно́й,** -а́я, -о́е: -о́е су́дно (Erdöl-) Tanker; **~но́сный,** -ая, -ое; *Kzf* -сен, -сна erdölhaltig; **~перего́нный,** -ая, -ое: ~перего́нный заво́д Erdölraffinerie; **~перераба́тывающий,** -ая, -ее erdölverarbeitend; **~прово́д,** -а *m* (Erd-) Ölleitung; магистра́льный ~прово́д Erdölfernleitung; **~промы́шленность,** -и *f* Erdölindustrie; **~хи́мия,** -и *f* Petrolchemie; **~храни́лище,** -а, *I* -ем *n* Öltank

нефть, -и *f* Erdöl; сыра́я ~ Rohöl

нефтя́ник, -а *m* Erdölarbeiter

нефтя́нка, -и, *Pl G* -нок, *D* -нкам *f umg* Ölmotor

нефтяно́й, -а́я, -о́е **1.** Erdöl-; -а́я промы́шленность Erdölindustrie **2.** Öl-; ~ дви́гатель Ölmotor

нехва́тка, -и, *Pl G* -ток, *D* -ткам *f umg* Mangel (в *P oder G* an), Fehlen

нехозя́йственный, -ая, -ое unwirtschaftlich

нехоро́ший, -ая, -ее; *Kzf* -о́ш, -оша́ **1.** nicht gut, schlecht **2.** -о́ *Adv*: чу́вствовать себя́ -о́ sich nicht ganz wohl fühlen ◇ она́ нехороша́ собо́й sie ist nicht hübsch

не́хотя *Adv* ungern, widerwillig, mit Unlust

нецелесообра́зный, -ая, -ое; *Kzf* -зен, -зна unzweckmäßig

нецензу́рный, -ая, -ое; *Kzf* -рен, -рна **1.** zensurwidrig **2.** *übtr* unanständig **3.** -о *Adv*: -о руга́ться fluchen wie ein Landsknecht

нечая́нный, -ая, -ое **1.** versehentlich, ungewollt **2.** unverhofft, zufällig **3.** -о *Adv*: aus Versehen, unabsichtlich; zufällig

[1]**не́чего** [во], *D* не́чему, *I* не́чем, *P* не́ о чем *Pron mit Inf* nichts, es gibt nichts, was (man); ~ де́лать da ist nichts zu machen; мне ~ тебе́ сказа́ть ich habe dir nichts zu sagen; не́чему удивля́ться das ist kein Wunder; не́ о чем бы́ло говори́ть с ним man konnte sich mit ihm über nichts unterhalten; мне не́чем писа́ть ich habe nichts zum Schreiben, ich habe nichts, womit ich schreiben könnte; тебе́ жа́ловаться не́ на что du hast keinen Grund, dich zu beschweren ◇ от ~ де́лать vor Langeweile; ~ сказа́ть! *umg iron* na, ich danke!; ~ греха́ таи́ть man [ich] muß offen gestehen

[2]**не́чего** [во] *prädikativ mit Inf umg* es hat keinen Zweck, es ist unnötig; тебе́ ~ боя́ться du brauchst dich nicht zu fürchten ◇ ~ и говори́ть, что es steht außer Frage, daß

нечелове́ческий, -ая, -ое nicht menschlich; übermenschlich

нечести́вый, -ая, -ое; *Kzf* -и́в, -а *alt* sündig, gottlos

нече́стный [сн], -ая, -ое; *Kzf* -тен, -тна́! unehrlich

не́чет, -а *m umg* ungerade Zahl

нечёткий, -ая, -ое; *Kzf* -ёток, -етка́! **1.** unleserlich **2.** undeutlich, unklar **3.** ungenau

нечётный, -ая, -ое ungerade *Zahl*

нечистопло́тный, -ая, -ое; *Kzf* -тен, -тна **1.** unsauber, unreinlich **2.** unehrlich, gewissenlos

нечистота́, -ы́ *f* **1.** Unsauberkeit **2.** *Pl* (нечисто́ты, -о́т, -о́там) Unrat, Müll

нечи́стый, -ая, -ое; *Kzf* -и́ст, -иста́! **1.** unsauber, schmutzig **2.** verfälscht, unrein **3.** unehrlich, unsauber **4.** nicht sorgfältig **5.** -ого *Subst m* Teufel ◇ он на́ руку нечи́ст *übtr* er hat lange Finger; -ая си́ла der Teufel

нечленоразде́льный, -ая, -ое; *Kzf* -лен, -льна unartikuliert

не́что *Pron, nur N u. A gebräuchlich*: ~ вро́де etwas wie, (so) eine Art

нечувстви́тельный, -ая, -ое; *Kzf* -лен, -льна **1.** unempfindlich, unempfänglich (к *D* für) **2.** gefühllos **3.** *alt* unmerklich

неща́дный, -ая, -ое; *Kzf* -ден, -дна unbarmherzig, schonungslos

неэконо́мный, -ая, -ое; *Kzf* -мен, -мна unwirtschaftlich

не́ю *nach Präpos statt* е́ю

нея́вка, -и *f* Nichterscheinen, Abwesenheit

нея́ркий, -ая, -ое; *Kzf* -я́рок, -ярка́! trübe, matt; glanzlos; blaß, bleich

нея́сность, -и *f* Unklarheit

нея́сный, -ая, -ое; *Kzf* -сен, -сна́! unklar, undeutlich

ни 1. *Part der Verneinung* kein; ни оди́н kein einziger; ни ша́гу да́льше

keinen Schritt weiter; ни души́ keine Menschenseele **2.** *Part nach Fragewörtern* . . . auch (immer); что бы он ни говори́л was er auch sagen mag; как я ни крича́л soviel ich auch schrie; где бы он ни́ был wo er auch immer sein mag; как бы то ни́ было wie dem auch sei; во что бы то ни ста́ло um jeden Preis; koste es, was es wolle **3.** *Konj* ни . . . ни weder . . . noch; ни так ни сяк weder so noch so; ни за что ни про что für nichts und wieder nichts; ни с того́ ни с сего́ mir nichts, dir nichts ◇ ни-ни́! auf keinen Fall!; ни гу-гу́! *umg* kein Sterbenswörtchen!
ни́ва, -ы *f* **1.** Feld, Flur **2.** Wirkungsfeld
нивели́ровать, -рую, -руешь; -рованный, -рован, -а *v, uv* nivellieren; ausgleichen
нивелиро́вка, -и *f* Nivellierung *a. übtr*
нигде́ *Adv* nirgends
Ни́гер, -а *m* Niger *Fluß, Staat*
нигери́ец, -и́йца, *I* -и́йцем, *G Pl* -и́йцев *m* Nigerianer
Ниге́рия, -и *f* Nigeria
нигили́ст, -а *m* Nihilist
нигилисти́ческий, -ая, -ое nihilistisch
нидерла́ндец, -дца, *I* -дцем, *G Pl*-дцев *m* Niederländer
нидерла́ндский, -ая, -ое niederländisch
Нидерла́нды, -ов *Pl* Niederlande
нижа́йший ↑ ни́зкий
ни́же **1.** *Komp zu* ни́зкий **2.** *Adv* niedriger; weiter unten; этажо́м ~ ein Stockwerk tiefer; смотри́ ~ siehe unten; ~ по тече́нию unterhalb *am Fluß* **3.** *Präpos G* unter; три гра́дуса ~ нуля́ drei Grad unter Null; ~ вся́кой кри́тики unter aller Kritik
нижеподписа́вшийся, -егося *Subst m buchspr* Unterzeichneter
нижесле́дующий, -ая, -ее (weiter) unten folgend
нижненеме́цкий, -ая, -ое niederdeutsch
ни́жний, -яя, -ее untere, Unter-, Nieder-; ~ эта́ж Erdgeschoß; -яя че́люсть Unterkiefer; -ее бельё Unterwäsche; Ни́жняя А́встрия Niederösterreich; ~ тон tiefer Ton; -яя пала́та *pol* Unterhaus
нижу́ ↑низа́ть
низ, -а (-у), *P* о ни́зе, на низу́, *Pl* низы́, -о́в, -а́м *m* **1.** unterer Teil **2.** Erdgeschoß **3.** *umg* Unterlauf *eines Flusses* **4.** *Pl alt* untere Volksschichten **5.** *Pl mus* tiefe [unterste] Töne
низа́ть* *uv* **1.** auffädeln **2.** aneinanderreihen
низверга́ть *uv zu* низве́ргнуть
низве́ргнуть, -ну, -нешь; низве́рг, -ла; низве́рженный, -ен, -а *u.* низве́ргнутый, -ут, -а *v buchspr übtr* **1.** hinabwerfen, -stürzen **2.** stürzen *Regierung* ‖ *uv* низверга́ть, -а́ю, -а́ешь
низверже́ние, -я *n buchspr* Sturz *einer Regierung*
низ|вести́* *v buchspr* herabwürdigen, herabsetzen ‖ *uv* **низводи́ть,** -ожу́, -о́дишь
низи́на, -ы *f* Niederung
ни́зкий, -ая, -ое; *Kzf* -зок, -зка́!; *Komp* ни́же; *Sup* ни́зший *u. alt* нижа́йший **1.** niedrig, Nieder-; -ая вода́ Niedrigwasser, niedriger Wasserstand; -ое давле́ние Unterdruck **2.** niedrig, ungenügend; -ое ка́чество schlechte Qualität **3.** klein *Wuchs* **4.** tief *Ton* **5.** niedrig, gemein ◇ ~ покло́н tiefe Verbeugung
низко|покло́нник, -а *m* Kriecher, Schmeichler; **~покло́нничать,** -аю, -аешь *uv* kriechen, liebedienern, katzbuckeln; **~покло́нство,** -а *n* Kriecherei, Speichelleckerei; **~про́бный,** -ая, -ое; *Kzf* -бен, -бна **1.** minderwertig **2.** gemein, schmutzig; **~ро́слый,** -ая, -ое; *Kzf* -ро́сл, -а klein von Wuchs; **~со́ртный,** -ая, -ое; *Kzf* -тен, -тна minderwertig, von schlechter Qualität
низлага́ть *uv zu* низложи́ть
низложе́ние, -я *n buchspr* Sturz, Entmachtung
низложи́ть, -ожу́, -о́жишь; -о́женный, -о́жен, -а *v buchspr* stürzen, entmachten ‖ *uv* низлага́ть, -а́ю, -а́ешь
ни́зменность, -и *f* **1.** Tiefebene **2.** Niederträchtigkeit, Gemeinheit
ни́зменный, -ая, -ое **1.** niedrig gelegen **2.** *Kzf* -ен, -енна niederträchtig, gemein
низово́й, -а́я, -о́е **1.** niedrig, direkt über dem Boden; -а́я трава́ niedriges Gras **2.** am Unterlauf eines Flusses gelegen **3.** unterer *Organisation, Behörde*; ~ рабо́тник unterer Funktionär
низо́вье, -ья, *G Pl* -ьев *n* Unterlauf, Mündungsgebiet
низо́к, -зка́ *m* Unterteil
ни́зом *Adv* unten (entlang)
ни́зость, -и *f* Niedertracht, Gemeinheit
ни́зший, -ая, -ее **1.** *Sup von* **ни́зкий**

2. niedrigst 3. unterst; -ие организмы niedere Organismen 4. elementar

никáк *Adv* auf keine Weise, überhaupt nicht; ~ не понимáю ich verstehe (es) überhaupt nicht; ~ нельзя́ [невозмóжно] es ist ganz [völlig] ausgeschlossen [unmöglich] ◇ ~ нет *alt* nein

никакóй, -áя, -óе *Pron*; *bei Präpos wird* ни *abgetrennt und tritt vor die Präpos* 1. kein; никаки́х дéнег не получи́л ich habe kein Geld bekommen; нет никакóго сомнéния es besteht kein Zweifel 2. *umg mit* не *beim Subst* überhaupt nicht, ganz und gar nicht; ~ он не учёный er ist überhaupt kein Wissenschaftler 3. *prädikativ umg verächtl*: спортсмéн он ~ er ist ein schlechter Sportler, er ist doch gar kein Sportler ◇ **и никаки́х (гвоздéй)!** *volksspr* genug (damit)!, keine Widerrede!

Никарáгуа *f idkl* Nikaragua

ни́келевый, -ая, -ое Nickel-

никелировáть, -рýю, -рýешь; -рóванный, -рóван, -а *v, uv* vernickeln

никелирóвка, -и *f* Vernickelung

ни́кель, -я *m* Nickel

Ники́та, -ы *m männl Vn*

Ники́фор, -а *m männl Vn*

ни́кнуть, -ну, -нешь; ник, -ла *uv* sich neigen, (nieder)sinken

никогдá *Adv* nie(mals); как ~ wie noch nie

Никоди́м, -а *m männl Vn*

Никози́я, -и *f* Nikosia *Stadt*

никóй: никóим óбразом *oder* ни в кóем слýчае auf keinen Fall, auf keine Weise

Николáй, -я *m* Nikolai, Nikolaus

никотóрый, -ая, -ое *Pron* niemand, kein einziger *einer best. Anzahl*

никтó, никогó, никомý, никéм, ни о кóм *Pron* niemand; я ни с кем не говори́л ich habe mit niemandem gesprochen; ~ другóй [инóй], крóме niemand anderes als

никудá *Adv* nirgendwohin; я ~ не пойдý ich gehe nirgendwohin ◇ э́то ~ не годи́тся das taugt zu nichts

никуды́шный, -ая, -ое; *Kzf* -шен, -шна *volksspr* nichtsnutzig, zu nichts zu gebrauchen

никчёмный, -ая, -ое *umg* nichtsnutzig, zu nichts tauglich

Нил, -а *m* Nil

ним *nach Präpos statt* им

нимáло *Adv* nicht im geringsten, gar nicht

ни́ми *nach Präpos statt* и́ми

ни́мфа, -ы *f* Nymphe

Ни́на, -ы *f weibl Vn*

ниоткýда *Adv* nirgendwoher

нипочём *Adv* 1. *prädikativ, D oder* для *G, umg* es fällt nicht schwer; емý ~ соврáть lügen fällt ihm nicht schwer 2. *umg* spottbillig 3. *prädikativ D, umg* es macht nichts aus; снег и хóлод емý ~ Schnee und Kälte machen ihm nichts aus 4. *volksspr* auf keinen Fall

ни́ппель, -я, *Pl a.* ниппеля́, -éй, -я́м *m tech* Nippel

нискóлько *Adv* nicht im geringsten, überhaupt nicht

ниспровергáть *uv zu* ниспровéргнуть

ниспровéргнуть, -ну, -нешь; ниспровéрг, -ла; ниспровéрженный, -ен, -а *u.* ниспровéргнутый, -ут, -а *v buchspr* stürzen, vernichten ‖ *uv* ниспровергáть, -áю, -áешь

ниспровержéние, -я *n buchspr* Sturz, Vernichtung

нисходя́щий, -ая, -ее absteigend, fallend

нитеви́дный, -ая, -ое; *Kzf* -ден, -дна fadenförmig; -ые чéрви Fadenwürmer

ни́тка, -и, *Pl G* -ток, *D* -ткам *f* 1. Faden; *Pl* Garn, Zwirn; вдеть ни́тку в игóлку den Faden einfädeln; катýшка ни́ток Garnrolle, Zwirnrolle 2. Kette *als Schmuck*; ~ жéмчуга Perlenkette ◇ вы́тянуть в -у *mil* schnurgerade ausrichten; промóкнуть до -и bis auf die Haut durchnäßt werden; как по -е schnurgerade; э́то ши́то бéлыми -ами *übtr* das fällt gleich auf, das ist zu durchsichtig

ни́точка, -и, *Pl G* -чек, *D* -чкам *f Dem zu* ни́тка *u.* нить Fädchen ◇ ходи́ть по ни́точке *umg* aufs Wort gehorchen; дéло виси́т на ни́точке die Sache hängt an einem Haar

нитчáтка, -и, *Pl G* -ток, *D* -ткам *f* Fadenwurm

нить, -и *f* 1. Faden; ~ накáла Glühfaden; нéрвные -и Nervenfasern 2. *übtr* verbindender Faden; потеря́ть ~ мы́слей [разговóра] den Faden verlieren

ни́тяный, -ая, -ое Zwirn-, Garn-

них *nach Präpos statt* их

ничегó [во] 1. *Adv, umg, meist mit* себé leidlich, einigermaßen; кóрмят там ~ dort bekommt man so einigermaßen gutes Essen 2. *prädikativ*: пи́ща там ~ das Essen ist dort ganz gut 3. *prädikativ* das macht nichts,

das schadet nichts; дéньги все вы́шли, а емý всё ~ das Geld ist alle, aber ihm macht das nichts aus
ничéй, ничья́, ничьё *Poss Pron* niemandem gehörig; ничья́ земля́ Niemandsland
ничéйный, -ая, -ое *umg* **1.** niemandem gehörig **2.** unentschieden *Spiel*
ничкóм *Adv* mit dem Gesicht nach unten
ничтó, ничегó [во], ничемý, ничéм, ни о чём **1.** *Pron* nichts; ~ егó не интересýет nichts interessiert ihn; он ничемý не рáдуется er freut sich über nichts; он ничéм не довóлен er ist mit nichts zufrieden **2.** *Subst m idkl* Nichts, Null ◇ ничегó подóбного *umg* keine Spur; ничегó не подéлаешь da ist nichts zu machen
ничтóжество, -а *n* Nichtigkeit; он совершéнное ~ er ist eine Null
ничтóжность, -и *f* **1.** Geringfügigkeit **2.** Nichtigkeit
ничтóжный, -ая, -ое; *Kzf* -жен, -жна **1.** sehr klein, unbedeutend **2.** geringfügig; armselig, nichtig
ничýть *Adv*: ~ не *umg* keineswegs, nicht im geringsten ◇ ~ не бывáло nicht im geringsten
ничья́, -ьéй *Subst f* Unentschieden *Sport, Spiel*
ни́ша, -и, *I* -ей *f* Nische
нищáть, -áю, -áешь *uv* verelenden, verarmen
ни́щенка, -и, *Pl G* -нок, *D* -нкам *f* Bettlerin
ни́щенский, -ая, -ое **1.** Bettler- **2.** armselig, elend
ни́щенство, -а *n* Betteln, Bettelei
ни́щенствовать, -твую, -твуешь *uv* **1.** betteln **2.** in großer Armut leben
нищетá, -ы́ *f* **1.** Elend, Armut **2.** *Koll* die Armen
ни́щий, -ая, -ее; *Kzf* нищ, -á! **1.** bettelarm **2.** -его *Subst m* Bettler
НКВД (Нарóдный комиссариáт внýтренних дел) Volkskommissariat für innere Angelegenheiten *bis 1946*
но 1. *Konj* aber; sondern; я соглáсен, но не пóлностью ich bin einverstanden, aber nicht völlig; не тóлько . . ., но и . . . nicht nur . . ., sondern auch . . . **2.** *Subst n idkl* Aber; éсли не бы да не но wenn nur das Wenn und das Aber nicht wär; тут есть мáленькое „но" da ist ein kleines Aber dabei
новáтор, -а *m* Neuerer
новáторство, -а *n* Neuerertum
Нóвгород, -а *m* Nowgorod
новéйший ↑ **нóвый**
новéлла, -ы *f* Novelle
нóвенький, -ая, -ое *umg* **1.** (funkelnagel)neu **2.** -ого *Subst m* Neuling; Schulanfänger
новизнá, -ы́ *f* **1.** Neuheit, das Neue **2.** Neuerung
новинá, -ы́ *f gbt* **1.** Neuland **2.** Getreide aus der neuen Ernte
нови́нка, -и, *Pl G* -нок, *D* -нкам *f* Neuheit, Neuerscheinung
новичóк, -чкá *m umg* Neuling, Neuer; Schulanfänger
новобрáнец, -нца, *I* -нцем, *G Pl* -нцев *m* Rekrut
новобрáчный, -ого *Subst m* Neuvermählter
нововведéние, -я *n* Neuerung
новогóдний, -яя, -ее Neujahrs-; ~ вéчер Silvester
новоиспечённый, -ая, -ое *umg scherz* frischgebacken *übtr*
новолýние, -я *n* Neumond
новомóдный, -ая, -ое; *Kzf* -ден, -дна neumodisch
новообразовáние, -я *n* Neubildung; Neologismus
новоприбы́вший, -ая, -ее **1.** neuangekommen **2.** -его *Subst m* Neuankömmling
новорождённый *u. volksspr* **новорóжденный,** -ая, -ое **1.** neugeboren **2.** -ого *Subst m* Geburtstagskind
Новороссийск, -а *m* Noworossisk
новосёл, -а *m* **1.** Neusiedler **2.** jemand, der in eine neue Wohnung einzieht
новосéлье, -ья *n* **1.** *alt* neue Wohnung **2.** Einzugsfeier
Новосиби́рск, -и *m* Nowosibirsk
новострóйка, -и, *Pl G* -óек, *D* -óйкам *f* Neubau
нóвость, -и, *Pl* нóвости, новостéй, новостя́м *f* **1.** Neuheit; Neuerscheinung **2.** Neuigkeit
Новочеркáсск, -а *m* Nowotscherkassk
нóвшество, -а *n* Neuerung; Neuheit
нóвый, -ая, -ое; *Kzf* нов, -á!; *Sup* новéйший **1.** neu; neuartig; modern; совершéнно ~ (funkel)nagelneu; Нóвый год Neujahr; -ая истóрия Geschichte der Neuzeit; Нóвый завéт *rel* Neues Testament; что -ого? was gibt es Neues?; по-нóвому auf neue Art; Нóвая Зелáндия Neuseeland; Нóвая Земля́ Nowaja Semlja
новь, -и *f* Neuland
ногá, -и́, *A* нóгу, *Pl* нóги, ног, ногáм *f* Fuß, Bein ◇ вверх ногáми kopfüber; давáй бог нóги *umg* die Beine un-

ter die Arme nehmen; éле нóги унести́ *umg* sich nur mit Mühe retten, mit knapper Not davonkommen; ноги́ моéй не бýдет здесь! *umg* hier sieht man mich nie wieder!; ног под собóй не слы́шать [чýять] от рáдости *umg* außer sich sein vor Freude; с той поры́ я к немý ни ногóй *umg* seitdem habe ich sein Haus nicht mehr betreten; *mit Präpos*: быть без (зáдних) ног *umg* todmüde sein, vor Müdigkeit fast umfallen; валя́ться в ногáх пéред кéм-н. *umg* j-m zu Füßen liegen; идти́ [шагáть] в нóгу с кéм-н. mit j-m Schritt halten, mit j-m im gleichen Schritt gehen; идти́ в нóгу со врéменем mit der Zeit Schritt halten; в ногáх постéли am Fußende des Bettes; идти́ ~ зá ногу Schritt für Schritt [mit schleppendem Schritt] gehen; положи́ть нóгу нá ногу die Beine übereinanderschlagen; сидéть ~ нá [зá] ногу mit übergeschlagenen Beinen (da)sitzen; жить на ширóкую [большýю, бáрскую] нóгу auf großem Fuß leben; он лёгок нá ногу er ist gut zu Fuß; быть на корóткой [дрýжеской] ногé с кéм-н. mit j-m auf freundschaftlichem Fuße stehen; стать на корóткую [дрýжескую] нóгу с кéм-н. sich mit j-m anfreunden; быть [стоя́ть] на рáвной ногé с кéм-н. mit j-m auf gleicher Stufe stehen; постáвить [подня́ть] нá ноги *umg* a) j-n wieder auf die Beine bringen, j-n heilen; b) j-m (materiell) auf die Beine helfen; j-n selbständig machen; подня́ть всех нá ноги *umg* alle auf die Beine bringen; стáть [подня́ться] нá ноги a) wieder auf die Beine kommen, wieder zu Kräften kommen; b) Fuß fassen; selbständig werden; быть на ногáх auf den Beinen sein, auf sein; перенести́ болéзнь на ногáх eine Krankheit überstehen, ohne sich ins Bett zu legen; на ногáх не стоя́ть sich kaum auf den Beinen halten können; стоя́ть на (свои́х) ногáх auf eigenen Füßen stehen; сбить [вали́ть] с ног umwerfen, über den Haufen rennen; сби́ться с ноги́ a) aus dem Schritt fallen *mil*; b) *übtr* aus dem Gleis geworfen werden; сби́ться с ног sich die Hacken ablaufen, vor Müdigkeit fast umfallen; встать с лéвой [не с той] ноги́ *umg übtr* mit dem linken Fuß aufstehen; бежáть со всех ног *umg* laufen, was die Beine hergeben

погáец, -áйца, *I* -áйцем, *G Pl* -áйцев *m* Nogaier

ногáйский, -ая, -ое nogaiisch

ноготки́, -óв *Pl* Ringelblume

ноготóк, -ткá *m umg Dem zu* нóготь Nägelchen ◇ с ~ winzig klein; мужичóк с ~ Däumling

нóготь, -гтя, *Pl* нóгти, ногтéй, ногтя́м *m* Fingernagel, Fußnagel; до концá [кóнчиков] ногтéй durch und durch, ganz und gar; с [от] молоды́х ногтéй von klein auf

ногтевóй, -áя, -óе (Finger-) Nagel-; -áя щётка Nagelbürste

ногтечи́стка, -и, *Pl G* -ток, *D* -ткам *f* Nagelreiniger

нож, -á, *I* -óм, *G Pl* -éй *m* Messer; перочи́нный ~ Taschenmesser ◇ ~ в сéрдце ein Stich ins Herz; э́то мне ~ óстрый das ist für mich ein schwerer Schlag [ein Stich ins Herz]; быть на -áх с кéм-н. mit j-m im Streit liegen [verfeindet sein]; пристáть к комý-н. с -óм к гóрлу j-n belästigen, j-n bedrängen

ножевóй, -áя, -óе *u.* **ножóвый,** -ая, -ое Messer-; -áя рáна Schnittwunde

ножетóчка, -и, *Pl G* -чек, *D* -чкам *f* Messerschärfer

нóжик, -а *m* Messer; перочи́нный ~ Taschenmesser

нóжка, -и, *Pl G* -жек, *D* -жкам *f* 1. kleiner Fuß, Füßchen 2. Bein *an Möbeln, Geräten* 3. Schenkel *des Zirkels* 4. Stiel *des Pilzes, der Pflanzen* ◇ подстáвить комý-н. нóжку j-m ein Bein stellen *a. übtr*

нóжницы, -иц *Pl* Schere

ножнóй, -áя, -óе Fuß-; -áя вáнна Fußbad

нóжны, -жен, -жнам *u.* **ножны́,** -жóн, -жнáм *Pl* Scheide *für Dolch u. a.*

ножóвка, -и, *Pl G* -вок, *D* -вкам *f* Fuchsschwanz *Säge*

ножóвый ↑ ножевóй

ноздревáтый, -ая, -ое; *Kzf* -áт, -а porig, mit kleinen Löchern

ноздреви́на, -ы *f* Pore, kleines Loch

ноздря́, -и́, *Pl* нóздри, ноздрéй, ноздря́м *f* Nasenloch; Nüster

нокáут, -а *m* Knockout, K.o.

нокаути́ровать, -рую, -руешь *v, uv* k.o. schlagen

ноктю́рн, -а *m mus* Notturno

нолевóй *u.* **нулевóй,** -áя, -óе Null-; -áя температýра Temperatur von Null Grad

ноль *u.* **нуль,** -я́ *m* Null; ~ грáдусов Null Grad; прибы́ть в три ноль-нóль punkt drei Uhr ankommen; результа́т ра́вен -ю́ das Ergebnis ist gleich Null; он (абсолю́тный) ~ er ist eine (absolute) Null; ~ внима́ния на кого́-н. *umg* j-n nicht beachten; свести́ к -ю́ zunichte machen; стричь под ~ den Kopf kahl scheren; два -я́ *umg scherz* Toilette, Klosett

номенклату́ра, -ы *f* Nomenklatur

но́мер, -а, *Pl* номера́, -о́в, -а́м *m* **1.** Nummer; ста́рый ~ »Пра́вды« eine alte Nummer der „Prawda"; я живу́ в тре́тьем -е ich wohne in der drei *Zimmer, Wohnung oder Haus* **2.** Nummer *eines Programms*; со́льный ~ Solonummer **3.** Hotelzimmer; гости́ница на 150 номеро́в ein Hotel mit 150 Zimmern ◇ э́тот ~ не пройдёт *umg* damit kommt man nicht durch; вы́кинуть ~ *umg* sich etwas Sonderbares leisten

номерно́й, -а́я, -о́е **1.** Nummern-; ~ знак Nummernschild **2.** -о́го *Subst m* Zimmerkellner

номеро́к, -рка́ *m* **1.** (Blech-) Marke; гардеро́бный ~ Garderobenmarke **2.** *Dem zu* но́мер Nummer **3.** *Dem zu* но́мер Hotelzimmer

номина́л, -а *m* Nominalwert, Nennwert

номина́льный, -ая, -ое; *Kzf* -лен, -льна nominell, Nominal-

нонпаре́ль, -и *f typ* Nonpareille

нора́, -ы́, *A* но́ру́, *Pl* но́ры, нор, но́рам *f* **1.** Höhle, Bau **2.** *umg* Loch *kleines Zimmer*

Норве́гия, -и *f* Norwegen

норве́жец, -жца, *I* -жцем, *G Pl* -жцев *m* Norweger

норве́жка, -и, *Pl G* -жек, *D* -жкам *f* Norwegerin

норве́жский, -ая, -ое norwegisch

норд, -а *m naut* **1.** Norden **2.** Nordwind

норд-ве́ст, -а *m naut* **1.** Nordwest **2.** Nordwestwind

норд-о́ст, -а *m naut* **1.** Nordost **2.** Nordostwind

[1]но́рка, -и, *Pl G* -рок, *D* -ркам *f Dem zu* нора́ (kleine) Höhle

[2]но́рка, -и, *Pl G* -рок, *D* -ркам *f zool* Nerz

но́рковый, -ая, -ое Nerz-; ~ воротни́к Nerzkragen

но́рма, -ы *f* Norm; ~ вы́работки Leistungs-, Arbeitsnorm; дневна́я ~ Tagesnorm; ~ при́были Profitrate; ~ пита́ния Verpflegungssatz; техни́чески обосно́ванные -ы вы́работки technisch begründete Arbeitsnormen ◇ войти́ в -у zur Regel werden

нормализа́ция, -и *f* Normalisierung

нормализи́ровать, -рую, -руешь; -рованный, -рован, -а *v, uv* normalisieren

нормализова́ть, -зу́ю, -зу́ешь; -зо́ванный, -зо́ван, -а *v, uv* normalisieren

норма́льный, -ая, -ое; *Kzf* -лен, -льна normal

Норма́ндия, -и *f* Normandie

нормати́вный, -ая, -ое; *Kzf* -вен, -вна normativ

нормирова́ние, -я *n* Normung; ~ труда́ Arbeitsnormung, Normung

нормиро́ванный, -ая, -ое genormt; rationiert, markenpflichtig *bei Lebensmitteln*

нормирова́ть, -ру́ю, -ру́ешь; -ро́ванный, -ро́ван, -а *v, uv* normen

нормиро́вка, -и, *Pl G* -вок, *D* -вкам *f* Normung

нормиро́вщик, -а *m* Normensachbearbeiter

но́ров, -а *m volksspr* Mucke, Laune

норови́стый, -ая, -ое; *Kzf* -и́ст, -а *volksspr* launisch, störrisch

норови́ть, -влю́, -ви́шь *uv umg mit Inf oder* в *A Pl* es absehen (auf); он в лётчики норови́т er möchte unbedingt Flieger werden

нос, -а, *P* о но́се, в [на] носу́, *Pl* носы́, -о́в, -а́м *m* **1.** Nase; ~ крючко́м Hakennase; вздёрнутый ~ Stupsnase; у него́ идёт кровь -ом er hat Nasenbluten **2.** Schnabel *bei Vögeln* **3.** Bug *Schiff, flug* **4.** Vorgebirge, Felsvorsprung, Kap ◇ **I.** *mit Präpos* говори́ть в ~ durch die Nase sprechen, näseln; води́ть за́ ~ *umg* an der Nase herumführen; из-под но́са [но́су] взять *umg* vor der Nase wegschnappen; зима́ уже́ на носу́ *umg* der Winter steht schon vor der Tür; заруби́ть себе́ на носу́ *umg* sich hinter die Ohren schreiben; э́то ему́ не по́ носу *volksspr* das ist nicht nach seinem Sinn, das paßt ihm nicht; трамва́й ушёл пе́ред но́сом [под са́мым но́сом] die Straßenbahn fuhr (mir) vor der Nase weg; по́д нос говори́ть [бормота́ть] in den Bart murmeln; оста́ться [уйти́] с но́сом *umg* das Nachsehen haben, leer ausgehen; оста́вить с но́сом *umg* zum Narren halten, prellen **II.** *ohne Präpos* не ви́деть да́льше своего́ но́са *umg* nicht über die eigene Nasenspitze hinaussehen; вороти́ть

~ от чего́-н. sich mit Verachtung von etw. abwenden; держа́ть ~ по ве́тру *umg* den Mantel nach dem Wind hängen; драть ~ *volksspr* die Nase hoch tragen, hochnäsig sein; но́су не каза́ть *umg* sich nicht sehen lassen; клева́ть но́сом *umg* einnicken, duseln; натяну́ть [наста́вить] кому́-н. ~ *volksspr* j-n zum Narren halten; пове́сить [опусти́ть] ~ *umg* den Kopf hängen lassen; пока́зывать ~ кому́-н. j-m eine lange Nase machen; сова́ть ~ во что́-н. *umg* seine Nase in etw. stecken, sich in etw. einmischen; ткнуть но́сом кого́-н. во что́-н. *volksspr* j-n mit der Nase auf etw. stoßen; уткну́ть ~ в кни́гу *umg* die Nase (tief) ins Buch stecken; утере́ть ~ кому́-н. *umg* j-n übertrumpfen, j-n ausstechen

носа́тый, -ая, -ое; *Kzf* -а́т, -а *umg* mit großer Nase

но́сик, -а *m* **1.** *Dem zu* нос Näschen **2.** Schnauze, Schnabel *an Gefäßen*

носи́лки, -лок, -лкам *Pl* Tragbahre

носи́льный, -ая, -ое: -ое бельё Leibwäsche

носи́льщик, -а *m* Gepäckträger

носи́тель, -я *m* **1.** *buchspr* Träger, Repräsentant **2.** Bazillenträger; ~ сыпняка́ Überträger des Flecktyphus

носи́ть, ношу́, но́сишь; но́шенный, но́шен, -а *uv* **1.** *unbest zu* нести́; он нам (всегда́) по́чту но́сит er bringt uns immer die Post **2.** tragen *Kleidung, Brille, Ring, Trauer, Bart*; она́ но́сит коро́ткие во́лосы sie trägt das Haar kurz; он но́сит очки́ er trägt eine Brille **3.** tragen *Namen*; она́ но́сит фами́лию му́жа sie trägt den Namen ihres Mannes **4.** (*meist mit* под се́рдцем) *umg* schwanger sein ◇ ~ кого́-н. на рука́х *übtr* j-n auf Händen tragen

носи́ться, ношу́сь, но́сишься *uv* **1.** *unbest zu* нести́сь; слу́хи но́сятся es gehen Gerüchte um; ~ в во́здухе *übtr* in der Luft liegen **2.** *umg* sich tragen, sich abgeben, sich ständig beschäftigen (с *I* mit); ~ с мы́слью sich mit dem Gedanken tragen; с ней сли́шком мно́го но́сятся man gibt sich zu viel mit ihr ab **3.** sich tragen *Kleidung*; ~ хорошо́ sich gut tragen, haltbar sein

но́ска, -и *f* **1.** Tragen **2.**: ~ яи́ц Eierlegen

носки́ *Pl* -о́в, *Sg* носо́к, -ска́ *m* Socken, Söckchen

но́ский, -ая, -ое; *Kzf* -сок, -ска **1.** haltbar, dauerhaft **2.**: -ая ку́рица gute Legehenne

носово́й, -а́я, -о́е **1.** Nasen-; ~ плато́к Taschentuch **2.** Nasal-; ~ звук Nasal(laut) **3.** *naut* Bug-; -а́я часть Bug

носогло́тка, -и, *Pl G* -ток, *D* -ткам *f anat* Nasenrachenraum

носогре́йка, -и, *Pl G* -е́ек, *D* -е́йкам *m umg* kurze Tabakspfeife

носо́к, -ска́ *m* **1.** Socke **2.** Spitze *an Strumpf, Schuh, Ski*

носоро́г, -а *m* Nashorn

но́счик, -а *m* (Lasten-) Träger

но́та, -ы *f* **1.** *mus* Note; игра́ть по но́там nach Noten spielen **2.** (diplomatische) Note; ~ проте́ста Protestnote **3.** *übtr* Unterton; ~ неудово́льствия в го́лосе ein Unterton von Unzufriedenheit in der Stimme ◇ всё пошло́ как по но́там alles klappte wie am Schnürchen; говори́ть, как по но́там wie ein Buch reden

нота́риус, -а *m* Notar

[1]**нота́ция,** -и *f* Strafpredigt

[2]**нота́ция,** -и *f* Notierung

но́тка, -и, *Pl G* -ток, *D* -ткам *f Dem zu* но́та *mus* Note

но́тный, -ая, -ое Noten-; -ая бума́га Notenpapier; ~ магази́н Musikalienhandlung

ночева́ть, -чу́ю, -чу́ешь *v*, *uv* übernachten

ночёвка, -и, *Pl G* -вок, *D* -вкам *f* Übernachtung

ночле́г, -а *m* **1.** Nachtlager **2.** Übernachtung

ночле́жка, -и, *Pl G* -жек, *D* -жкам *f umg* Nachtasyl

ночле́жный, -ая, -ое: ~ дом Nachtasyl

ночни́к, -а́ *m* **1.** Nachtlampe **2.** *flug* Nachtjäger *Pilot*

ночно́й, -а́я, -о́е Nacht-; nächtlich; -а́я ба́бочка Nachtfalter; -о́е дежу́рство Nachtdienst

ночь, -и; *P* о но́чи, в ночи́; *Pl* но́чи, ноче́й, ноча́м *f* Nacht; лу́нная ~ Mondnacht; бе́лые но́чи weiße Nächte; глуха́я ~ stockfinstere Nacht; по ноча́м nachts; за́ ~ nachts, in der Nacht; на́ ~ spät abends, vor dem Schlafengehen; всю ~ напролёт *umg* die ganze Nacht hindurch; споко́йной но́чи! gute Nacht!

но́чью *Adv* nachts

но́ша, -и, *I* -ей *f* Last ◇ своя́ ~ не тя́нет eigene Last ist nicht schwer

но́шеный, -ая, -ое getragen; -ое бельё getragene Wäsche

но́щно *Adv*: де́нно и ~ *meist scherz* Tag und Nacht

но́ю ↑ ныть
ноя́брь, -я́ *m* November
ноя́брьский, -ая, -ое November-
нрав, -а *m* **1.** Wesen, Gemüt, Charakter; весёлый ~ ein fröhliches Gemüt **2.** *meist Pl* Sitte ◇ э́то мне не по нра́ву das geht mir gegen den Strich
нра́виться, -влюсь, -вишься *uv* gefallen ‖ *v* понра́виться
нра́вный, -ая, -ое; *Kzf* -вен, -вна *volksspr* böse, eigenwillig
нравоуче́ние, -я *n* **1.** Moralpredigt; чита́ть кому́-н. -я j-m eine Moralpredigt halten **2.** Moral *in Fabeln*
нравоучи́тельный, -ая, -ое moralisch erbauend, belehrend
нра́вственность, -и *f* Sittlichkeit, Moral
нра́вственный, -ая, -ое; *Kzf* -ен, -енна sittlich, moralisch
ну 1. *Interj* los!, fix!; ну, пое́хали! nun, fahren wir los! **2.** *Interj drückt Verwunderung oder Ironie aus*: ну и молоде́ц! na, so ein Prachtkerl!; ну и пого́да! *iron* das ist mir ja ein schönes Wetter! **3.** *Part* nun; ~ хорошо́ na schön, nun gut; ну что? nun, was gibt's?; ~ коне́чно aber natürlich; ну что же! nun, was ist dabei!, nun, wenn es sein muß! **4.** *Part* nun ja, nun gut *Zusage* **5.** *Part mit A des Pers Pron der 2. u. 3. Pers* weg!, fort!; ~ тебя́! ach, geh doch! **6.** *Part mit uv Inf umg* und begann gleich; вошли́ к нему́ — и ну руга́ть sie gingen zu ihm hinein und fingen gleich an zu schimpfen ◇ ну и ну *umg* nanu; ну́-ка *umg* na los!; ну́-ка, иди́ сюда́! na komm mal her!
нуга́, -и́ *f* Nougat
ну́дный, -ая, -ое; *Kzf* -ден, -дна *umg* langweilig, geistlos
нужда́, -ы́, *Pl* ну́жды, нужд, ну́ждам *f* **1.** Not; терпе́ть -у́ Not leiden **2.** Bedürfnis ◇ отправля́ть [справля́ть] -у́ *volksspr* seine Notdurft verrichten; вы́йти по -е́ austreten gehen; в слу́чае -ы́ im Notfall; без -ы́ unnötigerweise; -ы́ нет *alt* das macht nichts; по -е́ notgedrungen
нужда́ться, -а́юсь, -а́ешься *uv* **1.** Not leiden **2.** в *P* brauchen, benötigen
нужда́ющийся, -егося *Subst m* Bedürftiger, Armer
ну́жный, -ая, -ое **1.** *Kzf* ну́жен, нужна́, ну́жно, ну́жны́ notwendig, nötig; нахожу́ [счита́ю] э́то -ым ich halte das für nötig; мне **ну́жен каранда́ш** ich brauche einen Bleistift; ей **ну́жны́** де́ньги sie braucht Geld **2.** *nur Langform umg* unentbehrlich, dringend erforderlich
ну́кать, -аю, -аешь *uv volksspr* antreiben, „ну" rufen
нулево́й ↑ нолево́й
нуль ↑ ноль
нумера́ция, -и *f* Numerierung
нумерова́ть, -ру́ю, -ру́ешь; **-ро́ванный,** -ро́ван, -а *uv* numerieren
нумизма́тика, -и *f* Numismatik, Münzkunde
ну́трия, -и *f* Nutria
нутро́, -а́ *n* **1.** *volksspr* innere Organe, Eingeweide **2.** *umg* Seele, Inneres; э́то мне по -у́ das ist nach meinem Sinn, das paßt mir; э́то мне не по -у́ das geht mir gegen den Strich; в са́мом -е́ души́ im tiefsten Winkel des Herzens; -о́м уга́дывать instinktiv erraten
ны́не *Adv* **1.** *alt buchspr* gegenwärtig, heutzutage **2.** *alt, volksspr* heute
ны́нешний, -яя, -ее *umg* jetzig, heutig
ны́нче *Adv* **1.** *umg* jetzt, heutzutage **2.** *alt, volksspr* heute; не ~ — за́втра sehr bald, in allernächster Zeit
нырну́ть *v mom zu* ныря́ть
ныря́ть, -я́ю, -я́ешь *uv* tauchen, untertauchen ‖ *v mom* нырну́ть, -ну́, -нёшь
ны́тик, -а *m umg* Nörgler
ныть* *uv* **1.** *1. u. 2. Pers ungebr* dumpf schmerzen; у меня́ се́рдце но́ет das Herz tut mir weh **2.** *umg* klagen, jammern
Нью-Йо́рк, -а *m* New York
Ньюфаундле́нд, -а *m* Neufundland
Нья́саленд, -а *m* Njassaland
н. э. (на́шей э́ры) unserer Zeitrechnung
нэп, -а *m* (но́вая экономи́ческая поли́тика) Neue Ökonomische Politik *1921—1936*
нюа́нс, -а *m buchspr* Nuance, Schattierung
ню́ни *Pl volksspr*: распусти́ть ~ *volksspr* jammern, klagen
ню́ня, -и *m, f umg* Heulmeier, Heulsuse
Ню́ра, -ы *f Dem zu* А́нна
Ню́рнберг, -а *m* Nürnberg
нюрнбе́ргский, -ая, -ое Nürnberger
нюх, -а *m umg* Spürsinn, Witterung; у него́ хоро́ший ~ *übtr* er hat eine gute Nase
ню́хательный, -ая, -ое: ~ таба́к Schnupftabak
ню́хать, -аю, -аешь *uv* riechen, ein-

atmen; ~ сирéнь den Flieder (an)riechen; ~ табáк Tabak schnupfen ◇ он пóроху не нюхал *umg* er hat noch kein Pulver gerochen; он матемáтики и не нюхал *umg* er hat keine Ahnung von Mathematik ‖ *v* понюхать

нянчить, -чу, -чишь *uv* pflegen, versorgen

нянчиться, -чусь, -чишься *uv* с *I* 1. pflegen, versorgen 2. *umg* sich zu viel abgeben, verhätscheln

нянька, -и, *Pl G* -нек, *D* -нькам *f umg* Kinderfrau ◇ у семи нянек дитя без глáзу *Sprichw* viele Köche verderben den Brei

няня, -и *f* 1. Kinderfrau 2. *umg* Krankenpflegerin

O

[1]о *u. vor Vokalen* **об,** *vor einigen Konsonantenverbindungen* **обо,** *Präpos* **I.** *mit P* 1. über, von, an; статья о Лéнине ein Artikel über Lenin; говорить о нём von ihm sprechen; дýмать о ней an sie denken 2. *alt* mit 3. *alt*: о прáзднике am Feiertag; о зарé beim Morgengrauen 4. um, für; забóта о человéке die Sorge um den Menschen ◇ пáлка о двух концáх *übtr* ein zweischneidiges Schwert **II.** *mit A* 1. gegen, an; разбиться о скалý an einem Felsen zerschellen; удáриться о кáмень an [gegen] einen Stein stoßen; вытереть рýки о фáртук die Hände an der Schürze abtrocknen 2. *alt* gegen, um *zeitlich*; о пóлдень zu Mittag ◇ бок ó бок Seite an Seite

[2]о *Interj* o, oh *bei Ausrufen*; о нет! o nein!; о мýза! o Muse!; о, я совершéнно спокóен oh, ich bin ganz ruhig

оáзис, -а *m* Oase

об *Präpos* 1. *statt* о *gebraucht vor Vokalen*; об искýсстве über die Kunst; об эту пóру um diese Zeit 2. *neben* о *gebraucht vor jotierten Vokalen u. in bestimmten Wendungen*; удáриться об ель sich an einer Fichte stoßen; рукá óб руку Hand in Hand 3. *umg neben* о *gebraucht vor Konsonanten*; удáриться об стол sich an einem Tisch stoßen

óба, обóих *m, n u.* óбе, обéих *f Num* beide, die zwei; óба сына beide Söhne; óбе дóчери beide Töchter; мы óба wir beide, wir zwei ◇ смотрéть в óба auf der Hut sein, die Augen aufmachen; обéими рукáми mit beiden Händen, bereitwilligst

обагрить, -рю, -рищь; -рённый, -рён, -ренá *v buchspr* röten, purpurrot färben; сóлнце обагрило вершины гор die Sonne rötete die Berggipfel ◇ ~ рýки крóвью [в крови] Blutschuld auf sich laden ‖ *uv* **обагрять,** -яю, -яешь

обагриться, -рюсь, -ришься *v buchspr* sich röten, sich purpurrot färben ‖ *uv* **обагряться,** -ряюсь, -ряешься

обалдевáть *uv zu* обалдéть

обалдéлый, -ая, -ое *volksspr* blöde, (wie) von Sinnen, verwirrt, (wie) bekloppt

обалдéть, -éю, -éешь *v volksspr* verwirrt [benommen] werden, verblöden, abstumpfen ‖ *uv* обалдевáть, -áю, -áешь

обанкрóтиться, -óчусь, -óтишься *v* bankrott machen, bankrott gehen

обаяние, -я *n* Reiz, Zauber, Liebreiz

обаятельность, -и *f* Reiz, Zauber, Liebreiz

обаятельный, -ая, -ое; *Kzf* -лен, -льна bezaubernd, reizend, scharmant

обвáл, -а *m* 1. Einsturz, Bergsturz, Erdrutsch, Lawine; стенá грозит -ом die Mauer droht einzustürzen 2. einstürzende [herabstürzende] Masse *Erde, Schnee, Steine*

[1]обвáливать(ся) *uv zu* обвалить(ся)

[2]обвáливать(ся) *uv zu* обвалять(ся)

обвалить, -алю, -áлишь; -áленный, -áлен, -а *v* 1. umwerfen, umstoßen 2. *volksspr* umgeben *mit einem Wall, Damm* ‖ *uv* обвáливать, -аю, -аешь

обвалиться, *1. u. 2. Pers ungebr*, -áлится *v* 1. einstürzen; потолóк обвалился die Decke fiel ein 2. abbröckeln, abfallen; штукатýрка обвали́лась der Putz fiel ab || *uv* **обва́ливаться**, -ается

обваля́ть, -я́ю, -я́ешь; обва́лянный, -ян, -а *v* panieren; ~ ры́бу в муке́ Fisch in Mehl panieren; ~ в сухаря́х mit geriebener Semmel panieren || *uv* **обва́ливать**, -аю, -аешь

обваля́ться, -я́юсь, -я́ешься *v* sich schmutzig machen, sich beschmutzen *durch das Herumwälzen* || *uv* **обва́ливаться**, -аюсь, -аешься

обва́ривать(ся) *uv zu* обвари́ть(ся)

обвари́ть, -арю́, -а́ришь; обва́ренный, -ен, -а *v* 1. brühen; ~ соси́ски Würstchen brühen 2. verbrühen; ~ ру́ку sich die Hand verbrühen || *uv* **обва́ривать**, -аю, -аешь

обвари́ться, -арю́сь, -а́ришься *v* sich verbrühen; ~ кипятко́м sich mit kochendem Wasser verbrühen || *uv* **обва́риваться**, -аюсь, -аешься

обвева́ть *uv zu* обве́ять

обвенча́ть, -а́ю, -а́ешь; обве́нчанный, -ан, -а *v* kirchlich trauen

обвенча́ться, -а́юсь, -а́ешься *v* sich kirchlich trauen lassen

оберну́ть, -ну́, -нёшь; обвёрнутый, -ут, -а *v umg* um-, einwickeln, einschlagen || *uv* **обвёртывать**, -аю, -аешь

обверте́ть, -ерчу́, -е́ртишь; -е́рченный, -е́рчен, -а *v umg* einwickeln, umwickeln; ~ (де́ло) вокру́г па́льца mühelos mit etw. fertig werden, etw. spielend erledigen

обвёртывать *uv zu* оберну́ть

[1]**обве́сить**, -е́шу, -е́сишь; -е́шенный, -е́шен, -а *v umg* falsch wiegen, zu wenig abwiegen *beim Verkauf* || *uv* **обве́шивать**, -аю, -аешь

[2]**обве́сить**, -е́шу, -е́сишь; -е́шенный, -е́шен, -а *v umg* behängen || *uv* **обве́шивать**, -аю, -аешь

об|вести́*; обве́дши *u.* обведя́ *v* 1. herumführen (вокру́г *G* um etw.) 2. umgeben, umringen; ~ забо́ром einzäunen 3. umranden, umziehen, umreißen; он обвёл незнако́мые слова́ кра́сным карандашо́м er umrandete die unbekannten Wörter mit Rotstift 4. umspielen *Fußball, Hokkey u. ä.*; ~ проти́вника den Gegner umspielen 5. *volksspr* betrügen; ~ ко́мнату глаза́ми seine Augen durch das Zimmer schweifen lassen ◇ ~ руко́й eine kreisende Armbewegung [Handbewegung] ausführen; ~ кого́-н. вокру́г па́льца j-n um den Finger wickeln, mit j-m leichtes Spiel haben || *uv* **обводи́ть**, -ожу́, -о́дишь

обве́тренный, -ая, -ое 1. verwittert; -ые ска́лы verwitterte Felsen 2. wetterhart, vom Wetter gezeichnet, rauh *Gesicht, Arme*

обве́тривать(ся) *uv zu* обве́трить(ся)

обве́трить, *1. u. 2. Pers ungebr*, -ит; обве́тренный, -рен, -а *v durch Windeinwirkung* rauh [rissig] machen || *uv* **обве́тривать**, -ает

обве́триться, *1. u. 2. Pers ungebr*, -ится *v durch Windeinwirkung* rauh und rissig werden || *uv* **обве́триваться**, -ается

обветша́лый, -ая, -ое baufällig, verfallen

обветша́ть, *1. u. 2. Pers ungebr*, -а́ет *v* baufällig werden, verfallen

обве́шать, -аю, -аешь; -анный, -ан, -а *v* behängen, vollhängen; ~ ёлку игру́шками den Weihnachtsbaum mit Spielzeug behängen || *uv* [1]**обве́шивать**, -аю, -аешь

[2]**обве́шивать** *uv zu* [1, 2]обве́сить

обве́ять, -е́ю, -е́ешь; -е́янный, -е́ян, -а *v* umwehen; тёплый ве́тер обве́ял его́ warmer Wind umwehte ihn || *uv* **обвева́ть**, -а́ю, -а́ешь

обвива́ть(ся) *uv zu* обви́ть(ся)

обвине́ние, -я *n* 1. Beschuldigung, Anklage 2. Schuldigsprechen, Schuldigsprechung 3. *jur* anklagende Seite, Ankläger

обвини́тель, -я *m* Ankläger; обще́ственный ~ öffentlicher Ankläger

обвини́тельный, -ая, -ое beschuldigend, anklagend, Anklage-; -ая речь Anklagerede

обвини́ть, -ню́, -ни́шь; -нённый, -нён, -нена́ *v* 1. *v zu* обвиня́ть 2. schuldig sprechen

обвиня́емый, -ого *Subst m* Angeklagter, Beschuldigter

обвиня́ть, -я́ю, -я́ешь *uv* 1. в *P* beschuldigen, für schuldig halten, bezichtigen; ~ во лжи der Lüge bezichtigen 2. в *P* anklagen (wegen) 3. *jur* als Ankläger, als Vertreter der Anklage fungieren || *v* **обвини́ть**, -ню́, -ни́шь; -нённый, -нён, -нена́ *zu* 1

обвиса́ть *uv zu* обви́снуть

обви́слый, -ая, -ое *umg* (schlaff) herabhängend

обви́снуть, *1. u. 2. Pers ungebr*, -нет; обви́с, -ла *v* (schlaff) herunterhängen || *uv* **обвиса́ть**, -а́ет

об|ви́ть*, обовью́ *v* 1. umwinden, umwickeln; umranken; о́кна обви́ты плющо́м die Fenster sind von Efeu umrankt **2.** (herum)winden, (herum)wickeln (вокру́г *G* um); она́ обвила́ косу́ вокру́г головы́ sie wand den Zopf um den Kopf ◇ ~ рука́ми umfangen, umarmen ‖ *uv* обвива́ть, -а́ю, -а́ешь

об|ви́ться*, обовью́сь; обвили́сь *v* sich schlingen, sich winden, sich ranken (вокру́г *G* um) ‖ *uv* обвива́ться, -а́юсь, -а́ешься

обводи́ть *uv zu* обвести́

обводне́ние, -я *n* Bewässerung

обводни́тельный, -ая, -ое Bewässerungs-

обводни́ть, -ню́, -ни́шь; -нённый, -нён, -нена́ *v* **1.** bewässern; ~ степь die Steppe bewässern **2.** mit Wasser auffüllen; ~ о́зеро See mit Wasser auffüllen ‖ *uv* обводня́ть, -я́ю, -я́ешь

обво́дный, -ая, -ое: ~ кана́л Umführungskanal

обводня́ть *uv zu* обводни́ть

обвола́кивать *uv zu* обволо́чь

об|воло́чь*, *1. u. 2. Pers ungebr v* verhüllen, bedecken, umziehen ‖ *uv* обвола́кивать, -ает

обвора́живать *uv zu* обворожи́ть

обворова́ть, -ру́ю, -ру́ешь; -ро́ванный, -ро́ван, -а *v umg* bestehlen ‖ *uv* **обворо́вывать,** -аю, -аешь

обворожи́тельный, -ая, -ое; *Kzf* -лен, -льна bezaubernd, berückend, entzückend

обворожи́ть, -жу́, -жи́шь; -жённый, -жён, -жена́ *v* bezaubern, berücken, entzücken ‖ *uv* обвора́живать, -аю, -аешь

об|вяза́ть* *v* **1.** umwickeln, umwinden; она́ обвяза́ла ему́ го́лову платко́м sie umwickelte ihm den Kopf mit einem Tuch **2.** umbinden, (herum)binden (вокру́г *G* um) **3.** umhäkeln, umstricken **4.** *volksspr*: я всех дете́й сама́ обши́ла и обвяза́ла ich habe für die Kinder alles selbst genäht und gestrickt ‖ *uv* **обвя́зывать,** -аю, -аешь

об|вяза́ться* *v I* sich etw. umbinden; он обвяза́лся верёвкой er band sich einen Strick um ‖ *uv* **обвя́зываться,** -аюсь, -аешься

обгла́дывать *uv zu* обглода́ть

об|глода́ть* *v* (ringsherum) abnagen, benagen ‖ *uv* обгла́дывать, -аю, -аешь

обго́н, -а *m* Überholen

обгоня́ть *uv zu* обогна́ть

обгора́ть *uv zu* обгоре́ть

обгоре́лый, -ая, -ое **1.** verkohlt, angekohlt, von Feuer beschädigt **2.** *umg* sonnenverbrannt, sonnengebräunt

обгоре́ть, -рю́, -ри́шь *v* **1.** angekohlt, feuergeschwärzt, vom Feuer beschädigt werden **2.** *umg* den Sonnenbrand bekommen ‖ *uv* обгора́ть, -а́ю, -а́ешь

обгрыза́ть *uv zu* обгры́зть

об|гры́зть* *v* benagen, abnagen ‖ *uv* обгрыза́ть, -а́ю, -а́ешь

обдава́ть *uv zu* обда́ть

об|да́ть*; о́бдал *v* **1.** überschütten, -gießen, begießen; ~ кипятко́м mit kochendem Wasser begießen **2.** umströmen, einhüllen, umgeben *mit Duft, Wärme, Atem*; си́льный за́пах о́бдал его́ starker Duft umgab ihn **3.** *unpers* befallen, ergreifen *von Gefühlen*; его́ вдруг о́бдало недо́брым предчу́вствием ihn befiel plötzlich eine schlimme Vorahnung; меня́ о́бдало хо́лодом es überlief mich kalt ◇ ~ кого́-н. презре́нием j-n seine Verachtung fühlen lassen; ~ кого́-н. хо́лодом j-m die kalte Schulter zeigen ‖ *uv* об|дава́ть*

обде́лать, -аю, -аешь; -анный, -ан, -а *v* **1.** bearbeiten, fertigen; ~ ко́жу Leder zubereiten **2.** *alt u. volksspr* (ein)fassen; ~ клу́мбу дёрном ein Beet mit Rasen einfassen; ~ драгоце́нный ка́мень в зо́лото einen Edelstein in Gold fassen **3.** *meist in Verbindung mit* де́ло, де́льце *volksspr* deichseln, zustande bringen **4.** *volksspr* prellen **5.** *volksspr* beschmutzen ‖ *uv* обде́лывать, -аю, -аешь

обдели́ть, -елю́, -е́лишь; -елённый, -елён, -елена́ *v* **1.** *beim Teilen* benachteiligen, übervorteilen **2.** *volksspr* beschenken, bedenken ‖ *uv* обделя́ть, -я́ю, -я́ешь

обде́лывать *uv zu* обде́лать

обделя́ть *uv zu* обдели́ть

обдёргать, -аю, -аешь; -анный, -ан, -а *v volksspr* **1.** abrupfen, abreißen **2.** zurechtzupfen ‖ *uv* **[1]обдёргивать,** -аю, -аешь

[2]обдёргивать *uv zu* обдёрнуть

обдёрнуть, -ну, -нешь; -нутый, -нут, -а *v umg Kleidung* zurechtziehen ‖ *uv* обдёргивать, -аю, -аешь

обдира́ла, -ы *m, f volksspr* Beutelschneider

обдира́ть(ся) *uv zu* ободра́ть(ся)

обдува́ть *uv zu* обду́ть

обду́манный, -ая, -ое; *Kzf* -ан, -анна (gut) überlegt, vorbedacht; с зара́нее -ым наме́рением mit Vorbedacht

обду́мать, -аю, -аешь; -анный, -ан, -а *v* (gut, gründlich) durchdenken, überlegen || *uv* **обду́мывать,** -аю, -аешь

об|ду́ть* *v* **1.** *durch Blasen* säubern, sauberblasen, abblasen **2.** fortblasen; ~ пыль с портре́та den Staub vom Bild blasen **3.** *unpers* umblasen, umwehen; его́ обду́ло тёплым во́здухом warme Luft umwehte ihn **4.** *volksspr* betrügen, übers Ohr hauen || *uv* обдува́ть, -а́ю, -а́ешь

о́бе ↑ о́ба

обе́гать, -аю, -аешь; -анный, -ан, -а *v* alles eilig ablaufen, durchlaufen; он обе́гал весь го́род er lief die ganze Stadt ab; он обе́гал всех знако́мых er ging bei allen Bekannten vorbei || *uv* **[1]обега́ть** -а́ю, -а́ешь

[2]обега́ть *uv zu* обежа́ть

обе́д, -а *m* **1.** Mittagessen; зва́ный ~ Festessen **2.** *umg* Mittagszeit; по́сле -а nachmittags; до -а vormittags

обе́дать, -аю, -аешь *uv* zu Mittag essen

обе́денный, -ая, -ое Mittags-; ~ переры́в Mittagspause

обедне́лый, -ая, -ое *umg* verarmt

обедне́ние, -я *n* Verarmung, Verelendung

обедне́ть, -е́ю, -е́ешь *v* verarmen, verelenden

обе́дня, -и, *Pl G* обе́ден, *D* обе́дням *f kirch* Messe

о|бежа́ть* *v* **1.** umlaufen, umrennen, ringsherum rennen; он обежа́л дом er umlief das Haus; он обежа́л вокру́г до́ма er rannte um das Haus herum **2.** einen Bogen schlagen (um), umlaufen **3.** *umg* überholen **4.** eilig ablaufen, durchlaufen; мы обежа́ли все у́лицы wir liefen alle Straßen ab ◇ ~ глаза́ми mit den Augen überfliegen || *uv* обега́ть, -а́ю, -а́ешь

обезбо́ливание, -я *n* Anästhesierung, Betäubung

обезбо́ливать *uv zu* обезбо́лить

обезбо́лить, -лю, -лишь; -ленный, -лен, -а *v* anästhesieren, betäuben; обезбо́ленные ро́ды schmerzarme Geburt || *uv* обезбо́ливать, -аю, -аешь

обезво́дить, -о́жу, -о́дишь; -о́женный, -о́жен, -а *v* entwässern; Wasser entziehen || *uv* **обезво́живать,** -аю, -аешь

обезвре́дить, -е́жу, -е́дишь; -е́женный, -е́жен, -а *v* unschädlich machen; обезвре́женная бо́мба entschärfte Bombe || *uv* **обезвре́живать,** -аю, -аешь

обезгла́вить, -а́влю, -а́вишь; -а́вленный, -а́влен, -а *v* **1.** enthaupten, köpfen **2.** führerlos machen, des Führers [der Führung] berauben || *uv* **обезгла́вливать,** -аю, -аешь

обездо́ленный, -ая, -ое elend, unglücklich, entrechtet

обездо́ливать *uv zu* обездо́лить

обездо́лить, -лю, -лишь; -ленный, -лен, -а *v* elend, unglücklich machen, entrechten || *uv* обездо́ливать, -аю, -аешь

обезжи́ривать *uv zu* обезжи́рить

обезжи́рить, -рю, -ришь; -ренный, -рен, -а *v* entfetten; обезжи́ренное молоко́ Magermilch; ~ шерсть Wolle entfetten || *uv* обезжи́ривать, -аю, -аешь

обеззара́живание, -я *n med* Desinfektion

обеззара́живать, -аю, -аешь *uv* desinfizieren, keimfrei machen || *v* **обеззара́зить,** -а́жу, -а́зишь; -а́женный, -а́жен, -а

обезземе́ливать *uv zu* обезземе́лить

обезземе́лить, -лю, -лишь; -ленный, -лен, -а *v Bauern* den Boden wegnehmen || *uv* обезземе́ливать, -аю, -аешь

обезле́сивать *uv zu* обезле́сить

обезле́сить, *1. Pers ungebr*, -сишь; -сенный, -сен, -а *v* abholzen, entwalden || *uv* обезле́сивать, -аешь

обезли́чение, -я *n* Entpersönlichung

обезли́ченный, -ая, -ое entpersönlicht

обезли́чивать(ся) *uv zu* обезли́чить(ся)

обезли́чить, -чу, -чишь; -ченный, -чен, -а *v* **1.** entpersönlichen, der Individualität [individuellen Eigenart] berauben **2.** der persönlichen Verantwortung berauben [entheben] || *uv* обезли́чивать, -аю, -аешь

обезли́читься, -чусь, -чишься *v* seine Individualität [individuelle Eigenart] einbüßen || *uv* обезли́чиваться, -аюсь, -аешься

обезли́чка, -и *f* Fehlen persönlicher Verantwortung *in der Arbeit*

обезлю́деть, *1. u. 2. Pers ungebr*, -еет *v* menschenleer werden

обезобра́живать(ся) *uv zu* обезобра́зить(ся)

обезобра́зить, -а́жу, -а́зишь; -а́женный, -а́жен, -а *v* verunstalten, entstellen, verstümmeln || *uv* обезобра́живать, -аю, -аешь

обезобра́зиться, -а́жусь, -а́зишься *v*

sich entstellen, häßlich werden ‖ *uv* обезобра́живаться, -аюсь, -аешься

обезопа́сить, -а́шу, -а́сишь *v* sichern *gegen Gefahren*; ~ грани́цы die Grenzen sichern

обезору́живать *uv zu* обезору́жить

обезору́жить, -жу, -жишь; -женный, -жен, -а *v* **1.** entwaffnen, die Waffe wegnehmen **2.** *übtr* entwaffnen; entmutigen; она́ обезору́жила его́ свое́й улы́бкой sie entwaffnete ihn durch ihr Lächeln ‖ *uv* обезору́живать, -аю, -аешь

обезу́меть, -ею, -еешь *v* (gleichsam) den Verstand verlieren, verrückt werden

обезья́на, -ы *f* **1.** Affe **2.** *umg* Nachäffer, Affe **3.** *umg* Affenfratze *von einem häßlichen Menschen*

обезья́ний, -ья, -ье äffisch, Affen-; -ьи пова́дки äffisches Wesen

обезья́нничать, -аю, -аешь *uv umg* nachäffen, blindlings nachmachen ‖ *v* собезья́нничать

обели́ть, -лю́, -ли́шь; -лённый, -лён, -лена́ *v umg* rechtfertigen, entschuldigen, weißwaschen ‖ *uv* **обеля́ть,** -я́ю, -я́ешь

оберега́ть, -а́ю, -а́ешь *uv* behüten, bewachen, beschützen ‖ *v* **о|бере́чь***

оберега́ться, -а́юсь, -а́ешься *uv* **1.** sich hüten, sich in acht nehmen (от *G* vor) **2.** behütet [beschützt] werden ‖ *v* **о|бере́чься*** *zu* **1**

оберну́ть, -ну́, -нёшь; обёрнутый, -ут, -а *v* **1.** (herum)winden, (herum)wickeln; ~ шарф вокру́г ше́и einen Schal um den Hals wickeln **2.** einwickeln, einschlagen; ~ кни́гу в газе́ту ein Buch in eine Zeitung einschlagen **3.** (hin)wenden, (zu)wenden **4.** eine bestimmte Wendung [Richtung] geben; они́ оберну́т э́то замеча́ние про́тив тебя́ sie werden diese Bemerkung gegen dich wenden **5.** *I oder* в *A* durch Zauber verwandeln **6.** *umg, alt*: ~ де́ньги Geld wieder einbringen ◇ ~ кого́-н. вокру́г па́льца j-n um den Finger wickeln, mit j-m machen können, was man will ‖ *uv* обёртывать, -аю, -аешь 1-4 *u.* обора́чивать, -аю, -аешь 3-6

оберну́ться, -ну́сь, -нёшься *v* **1.** sich umwenden, sich umdrehen, sich drehen; он бы́стро оберну́лся er drehte sich rasch um **2.** eine bestimmte Wendung nehmen; ~ катастро́фой eine katastrophale Wendung nehmen **3.** *umg* umdrehen, umkehren, zurückkehren **4.** *umg* sich herauswinden, einen Ausweg finden **5.** *I oder* в *A* sich durch Zauber verwandeln; он оберну́лся медве́дем er verwandelte sich in einen Bären **6.**: де́ньги оберну́тся das Geld wird wieder hereinkommen ‖ *uv* обёртываться, -аюсь, -аешься *zu* 1, 2 *u.* обора́чиваться, -аюсь, -аешься

обёртка, -и, *Pl G* -ток, *D* -ткам *f* **1.** Einwickeln, Einschlagen **2.** Hülle, Umschlag, Verpackung

оберто́н, -а *m mus* Oberton

обёрточный, -ая, -ое Einwickel-, Einschlag-, Pack-; -ая бума́га Einwickelpapier, Packpapier

обёртывать(ся) *uv zu* оберну́ть(ся)

обескро́вить, -о́влю, -о́вишь; -о́вленный, -о́влен, -а *v* **1.** blutleer machen, Blut entziehen; ~ ры́бу пе́ред посо́лом dem Fisch vor dem Einsalzen das Blut entziehen **2.** *übtr* entkräften, schwere Verluste beibringen; ~ врага́ dem Feind schwere Verluste beibringen ‖ *uv* **обескро́вливать,** -аю, -аешь

обескура́живать *uv zu* обескура́жить

обескура́жить, -жу, -жишь; -женный, -жен, -а *v* entmutigen, mutlos machen ‖ *uv* обескура́живать, -аю, -аешь

обеспа́мятеть, -ею, -еешь *v umg* **1.** gedächtnisschwach werden, das Erinnerungsvermögen verlieren, vergeßlich werden **2.** besinnungslos [ohnmächtig] werden

обеспе́чение, -я *n* **1.** Versorgen, Versorgung **2.** Gewährleistung, Sicherstellung, Garantie **3.** materielle Sicherstellung; социа́льное ~ Sozialfürsorge

обеспе́ченность, -и *f* **1.** hinreichende Ausstattung, Versorgung; ~ школ уче́бными посо́биями Ausstattung der Schulen mit Lehrmitteln **2.** Wohlstand, Wohlhabenheit

обеспе́ченный, -ая, -ое wohlhabend, bemittelt

обеспе́чивать(ся) *uv zu* обеспе́чить(ся)

обеспе́чить, -чу, -чишь; -ченный, -чен, -а *v* **1.** materiell sicherstellen, versorgen; ~ семью́ die Familie materiell sicherstellen **2.** *I* ausstatten, versorgen, versehen (mit) **3.** gewährleisten, garantieren, sichern; ~ выполне́ние пла́на die Planerfüllung sichern || *uv* обеспéчивать, -аю, -аешь

обеспéчиться, -чусь, -чишься *v* sich (ausreichend) versorgen [versehen] || *uv* обеспéчиваться, -аюсь, -аешься

обесплóдить, -óжу, -óдишь; -óженный, -óжен, -а *v* unfruchtbar machen || *uv* **обесплóживать,** -аю, -аешь

обеспокóить, -óю, -óишь; -óенный, -óен, -а *v* 1. belästigen, stören 2. beunruhigen, in Besorgnis versetzen; обеспокóенный извéстием beunruhigt durch die Nachricht

обеспокóиться, -óюсь, -óишься *v* sich beunruhigen, sich Sorgen machen

обессúлеть, -ею, -еешь *v* von Kräften kommen, kraftlos [schwach] werden

обессúливать *uv zu* обессúлить

обессúлить, -лю, -лишь; -ленный, -лен, -а *v* entkräften, schwächen || *uv* обессúливать, -аю, -аешь

обесслáвить, -áвлю, -áвишь; -áвленный, -áвлен, -а *v* entehren, in Verruf bringen, mit Schande bedecken || *uv* **обесслáвливать,** -аю, -аешь

обесслáвиться, -áвлюсь, -áвишься *v* sich mit Schande bedecken || *uv* **обесслáвливаться,** -аюсь, -аешься

обессмéртить, -рчу, -ртишь; -рченный, -рчен, -а *v* unsterblich machen

обесцвéтить, -éчу, -éтишь; -éченный, -éчен, -а *v* 1. entfärben, der Farbe berauben, bleichen 2. *übtr* farblos [blaß] machen, der Eigenart berauben || *uv* **обесцвéчивать,** -аю, -аешь

обесцéнивание, -я *n* Entwertung; ~ валюты Valutaentwertung

обесцéнивать *uv zu* обесцéнить

обесцéнить, -ню, -нишь; -ненный, -нен, -а *v* entwerten, wertlos machen || *uv* обесцéнивать, -аю, -аешь

обесчéстить, -éщу, -éстишь; -éщенный, -éщен, -а *v* entehren, mit Schande bedecken

обéт, -а *m* Gelübde, Gelöbnis

обетовáнный, -ая, -ое: ~ край *oder* -ая землá *buchspr* das gelobte Land

обещáние, -я *n* Versprechen, Zusicherung

обещáть, -áю, -áешь; обéщанный, -ан, -а *v*, *uv* versprechen, zusichern, verheißen

обещáться, -áюсь, -áешься *v*, *uv* 1. *umg* versprechen 2. *volksspr alt* einander die Ehe versprechen

обжáлование, -я *n* offizielle Beschwerde, Protest, Berufung *höherenorts*

обжáловать, -лую, -луешь; -лованный, -лован, -а *v* *höherenorts* Beschwerde [Protest, Berufung] einlegen; ~ приговóр Berufung gegen das Urteil einlegen

обжáривать *uv zu* обжáрить

обжáрить, -рю, -ришь; -ренный, -рен, -а *v* ringsherum anbraten || *uv* обжáривать, -аю, -аешь

об|жéчь*, обожгý; обожглá; обожжённый, -жён, -женá *v* 1. *allseitig* dem Feuer aussetzen, *an der Oberfläche* verkohlen lassen 2. mit Brennendem verletzen, verbrennen; он обжёг себé рýки er hat sich die Hände verbrannt 3. *tech* brennen; ~ кирпúч Ziegel brennen || *uv* обжигáть, -áю, -áешь

об|жéчься*, обожгýсь; обожглáсь *v* 1. sich verbrennen, sich verbrühen, sich Brandwunden zuziehen 2. *umg* Mißerfolg haben, sich die Finger verbrennen (на *P* bei) ◇ обжёгшись на молокé, бýдешь дуть и на вóду *etwa* gebranntes Kind scheut das Feuer || *uv* обжигáться, -áюсь, -áешься

обживáться *uv zu* обжúться

óбжиг, -а *m tech* Brennen, Rösten

обжигáние, -я *n tech* Brennen; ~ úзвести Brennen des Kalks

обжигáтельный, -ая, -ое *tech* Brenn-, Röst-; -ая печь Brennofen

обжигáть(ся) *uv zu* обжéчь(ся)

об|жúться*; обжúлся *u. umg* обжилсá, обжилúсь *v umg* sich einleben, warm werden || *uv* обживáться, -áюсь, -áешься

обжóра, -ы *m, f umg* Vielfraß, Freßsack

обжóрливый, -ая, -ое; *Kzf* -ив, -а gefräßig

обжóрство, -а *n umg* Gefräßigkeit

обзаведéние, -я *n* Einrichtung, Ausstattung

обза|вестúсь*; обзавéдшийся; обзаведáсь *v I umg* sich ausstatten (mit), sich (etw.) anschaffen; ~ плáтьем sich Kleidung anschaffen; ~ семéйством eine Familie gründen || *uv* **обзаводúться,** -ожýсь, -óдишься

обзóр, -а *m* 1. Besichtigung; ~ экспонáтов Besichtigung der Ausstellungsgegenstände 2. *mil* Blickfeld, Übersicht, Sicht 3. gedrängte Übersicht, zusammenfassender Bericht, Rundschau, Umschau; крáткий ~ печáти kurze Presseschau

обзóрность, -и *f* Sicht

обзывáть *uv zu* обозвáть

обивáть *uv zu* обúть

оби́вка, -и, *Pl G* -вок, *D* -вкам *f* 1. Tapezieren, Beziehen, Beschlagen; ~ ме́бели тка́нью Beziehen von Möbeln mit Stoff 2. Bezugsstoff, Bezugsmaterial, Bezug, Überzug; ко́жаная ~ Lederbezug

оби́вочный, -ая, -ое Bezugs-, Überzugs-; -ые тка́ни Bezugsstoffe

оби́да, -ы *f* Kränkung, Beleidigung ◇ не да́ться кому́-н. в -у sich nicht beleidigen lassen; быть в -е на кого́-н. böse sein auf j-n *wegen einer Kränkung*; не в -у будь ска́зано nichts für ungut, mit Verlaub zu sagen

оби́деть, оби́жу, оби́дишь; оби́женный, -ен, -а *v* 1. kränken, beleidigen 2. *umg* benachteiligen, übervorteilen || *uv* обижа́ть, -а́ю, -а́ешь

оби́деться, оби́жусь, оби́дишься *v* sich gekränkt [beleidigt] fühlen, gekränkt [beleidigt] sein (на *A* durch) || *uv* обижа́ться, -а́юсь, -а́ешься

оби́дно *prädikativ* 1. (es ist) schade, ärgerlich; ~, что мы опозда́ем schade, daß wir zu spät kommen; как ~! wie ärgerlich! 2. peinlich, unangenehm; kränkend; мне (э́то) ~ es ist mir peinlich; es ist für mich kränkend

оби́дный, -ая, -ое; *Kzf* -ден, -дна 1. beleidigend, kränkend 2. peinlich, unangenehm

оби́дчивый, -ая, -ое; *Kzf* -ив, -а leicht beleidigt, empfindlich, übelnehmerisch

оби́дчик, -а *m umg* Beleidiger

обижа́ть(ся) *uv zu* оби́деть(ся)

оби́женный, -ая, -ое; *Kzf* -ен, -а beleidigt, gekränkt

оби́лие, -я *n* 1. Fülle, Vielzahl 2. Überfluß, Reichtum

оби́льный, -ая, -ое; *Kzf* -лен, -льна 1. reichhaltig, ausgiebig, stark; -ые снегопа́ды starke Schneefälle; ~ обе́д reichliches Mittagessen 2. *I* reich an; река́ -а ры́бой der Fluß ist fischreich

обину́ясь: не ~ *alt* ohne zu zögern, unbedenklich

обиня́к, -а́ *m alt* Anspielung, Andeutung ◇ говори́ть без -о́в ohne Umschweife [frei von der Leber weg] sprechen

обира́ть *uv zu* обобра́ть

обита́емый, -ая, -ое bewohnt, besiedelt

обита́тель, -я *m buchspr* Einwohner, Bewohner

обита́ть, -а́ю, -а́ешь *uv buchspr* wohnen, hausen

оби́тель, -и *f buchspr* 1. Kloster; Kartause 2. *alt* Wohnsitz

о|би́ть*, обобью́ *v* 1. herunterschütteln, abschütteln, herunterschlagen; ~ снег с о́буви Schnee von den Schuhen abschütteln 2. *umg* abstoßen, abschlagen; ~ края́ брюк Hosenränder abstoßen 3. beschlagen, beziehen, überziehen, tapezieren; ~ сунду́к желе́зом die Truhe mit Eisen beschlagen; ~ сту́лья ко́жей Stühle mit Leder überziehen ◇ ~ (все) поро́ги mit Bitten [Anträgen] bestürmen, belästigen || *uv* обива́ть, -а́ю, -а́ешь

обихо́д, -а *m* 1. Alltag, gewohnte Lebensweise 2. Gebrauch, Alltagsgebrauch, Bedarf; вы́йти из -а außer Gebrauch kommen; дома́шний ~ Hausgebrauch

обихо́дный, -ая, -ое; *Kzf* -ден, -дна Alltags-, Gebrauchs-; -ые предме́ты Gebrauchsgegenstände; -ая речь Alltagssprache

обка́лывать *uv zu* обколо́ть

обка́рмливать *uv zu* обкорми́ть

обката́ть, -а́ю, -а́ешь; обка́танный, -ан, -а *v* 1. *umg* panieren *durch Hin- und Herrollen* 2. glattwalzen, glattfahren, glattwaschen; обка́танные мо́рем ка́мни vom Meer glattgewaschene Steine 3. *tech* durch Probelauf überprüfen, einem Probelauf unterziehen; *Auto* einfahren || *uv* обка́тывать, -аю, -аешь

обка́шивать *uv zu* обкоси́ть

обкла́дка, -и *f* 1. Einfassen, Besetzen 2. Einfassung, Verkleidung 3. *arch* Verkleidung, Futtermauer 4. *alt* Fassung *z. B. der Brille*

обкла́дывать *uv zu* обложи́ть

об|коло́ть* *v* 1. rundherum abhauen 2. *umg* sich zerstechen || *uv* обка́лывать, -аю, -аешь

обко́м, -а *m* (областно́й комите́т) Gebietskomitee

обкорми́ть, -ормлю́, -о́рмишь; -о́рмленный, -о́рмлен, -а *v* überfüttern || *uv* обка́рмливать, -аю, -аешь

обкорна́ть, -а́ю, -а́ешь *v volksspr* 1. verkürzen, beschneiden, stutzen 2. *übtr durch Kürzen, Weglassen von Wesentlichem* entstellen, seines Marks berauben

обкоси́ть, -ошу́, -о́сишь; -о́шенный, -о́шен, -а *v* 1. rundherum abmähen; ~ куст rings um den Strauch abmähen 2. *gbt* abmähen 3. *umg* beim

Mähen voraus sein ‖ *uv* о б к á ш и в а т ь, -аю, -аешь

обкрáдывать *uv zu* обокрáсть

обкýривать *uv zu* обкури́ть

обкури́ть, -урю́, -ýришь; -ýренный, -ýрен, -а *v umg* **1.** durch Rauch [Rauchen] gelb [braun] färben **2.** einrauchen *Pfeife* **3.** ausräuchern, der Rauchwirkung aussetzen ‖ *uv* о б к ý р и в а т ь, -аю, -аешь

обкусáть, -áю, -áешь; обкýсанный, -ан, -а *v* ringsherum benagen, abnagen ‖ *uv* **обкýсывать,** -аю, -аешь

обл. (óбласть) Gebiet

обл- *in Zuss Abk für* областнóй Gebiets-, z. B. облисполкóм = областнóй исполни́тельный комитéт Gebiets-Exekutivkomitee

облáва, -ы *f* **1.** Treibjagd, Hetzjagd **2.** Razzia

облагáть *uv zu* обложи́ть

облагодéтельствовать, -ствую, -ствуешь; -ствованный, -ствован, -а *v alt* Wohltaten erweisen, mit Wohltaten bedenken

облагорáживать *uv zu* облагорóдить

облагорóдить, -óжу, -óдишь; -óженный, -óжен, -а *v* **1.** edler machen, noch besser machen, veredeln **2.** *landw, tech* veredeln ‖ *uv* о б л а г о р á ж и в а т ь, -аю, -аешь

обладáние, -я *n* Besitz; Beherrschung; бой за ~ гóродом Kampf um den Besitz der Stadt

обладáтель, -я *m buchspr* Besitzer

обладáть, -áю, -áешь *uv I* besitzen, zu eigen haben, verfügen (über); ~ миллиóнами Millionen besitzen; ~ си́лой вóли Willenskraft besitzen; ~ жéнщиной eine Frau besitzen

облáивать *uv zu* облáять

óблако, -а, *Pl* облакá, -óв, -áм *n* Wolke; кучевы́е -á Haufenwolken; пéристые -á Federwolken; ~ пы́ли Staubwolke ◇ быть [витáть] в -áх in den Wolken schweben, die Wirklichkeit vergessen

[1]**облáмывать(ся)** *uv zu* обломáть(ся)

[2]**облáмывать(ся)** *uv zu* обломи́ть(ся)

облáпить, -áплю, -áпишь; -áпленный, -áплен, -а *v* **1.** *umg* mit den Vorderbeinen [Pfoten] umfassen **2.** *volksspr* umarmen ‖ *uv* **облáпливать,** -аю, -аешь

облапóшивать *uv zu* облапóшить

облапóшить, -шу, -шишь; -шенный, -шен, -а *v volksspr* betrügen, hinters Licht führen ‖ *uv* о б л а п ó ш и в а т ь, -аю, -аешь

обласкáть, -áю, -áешь; облáсканный, -ан, -а *v* gütig [freundlich, liebevoll] behandeln

областнóй, -áя, -óе **1.** Gebiets-; ~ суд Gebietsgericht **2.** landschaftlich begrenzt, lokal; mundartlich, dialektal; -óе выражéние mundartlicher [gebietsweise üblicher] Ausdruck

óбласть, -и, *Pl* óбласти, областéй, областя́м *f* **1.** Gebiet, Gegend, Territorium **2.** Gebiet *als Verwaltungseinheit der UdSSR*; москóвская ~ Gebiet Moskau **3.** Bereich, Gebiet, Gegend *von Körperteilen, Organen* **4.** Bereich, Gebiet, Sphäre; ~ знáний Wissensgebiet

облáтка, -и, *Pl G* -ток, *D* -ткам *f* **1.** *med* Kapsel *mit Pulver*; хини́н в -ах Chinin in Kapseln **2.** runde Klebeblättchen, Briefsiegel **3.** *kirch* Oblate

облачáть(ся) *uv zu* облачи́ть(ся)

облачи́ть, -чý, -чи́шь; -чённый, -чён, -ченá *v buchspr, alt u. scherz* hüllen, kleiden, bekleiden (в *A* mit) ‖ *uv* о б л а ч á т ь, -áю, -áешь

облачи́ться, -чýсь, -чи́шься *v buchspr, alt u. scherz* sich hüllen, sich (be)kleiden (в *A* mit) ‖ *uv* о б л а ч á т ь с я, -áюсь, -áешься

óблачность, -и *f* Bewölkung

óблачный, -ая, -ое **1.** Wolken- **2.** *Kzf* -чен, -чна bewölkt, wolkig

облáять, облáю, облáешь; облáянный, -ян, -а *v* **1.** anbellen **2.** *volksspr* ausschimpfen, anschnauzen ‖ *uv* о б л á и в а т ь, аю, -аешь

облегáть, *1. u. 2. Pers ungebr*, -áет *uv* anliegen, umschließen *Kleidung*; пальтó плóтно облегáет фигýру der Mantel liegt eng an

облегчáть(ся) *uv zu* облегчи́ть(ся)

облегчéние [хч], -я *n* Erleichterung

облегчённый [хч], -ая, -ое; *Kzf* -ён, -енá erleichtert, befreit

облегчи́ть [хч], -чý, -чи́шь; -чённый, -чён, -ченá *v* **1.** leichter machen, erleichtern, das Gewicht verringern **2.** vereinfachen, weniger kompliziert machen; ~ конструкцию die Konstruktion vereinfachen **3.** erleichtern, weniger beschwerlich machen; ~ услóвия трудá die Arbeitsbedingungen erleichtern **4.** Erleichterung [Linderung, Beruhigung] verschaffen ‖ *uv* о б л е г ч á т ь, -áю, -áешь

облегчи́ться [хч], -чýсь, -чи́шься *v* **1.** leichter werden **2.** sich beruhigen, Erleichterung [Linderung, Beruhigung] verspüren **3.** *volksspr* sich erleichtern *durch Entleerung des Ma-*

gens || *uv* облегчáться, -áюсь, -áешься

обледеневáть *uv zu* обледенéть

обледенéлый, -ая, -ое vereist, mit Eis bedeckt

обледенéние, -я *n* Vereisung

обледенéть, -éю, -éешь *v* sich mit Eis bedecken, vereisen || *uv* обледеневáть, -áю, -áешь

облезáть *uv zu* облéзть

облéзлый, -ая, -ое *umg* 1. spärlich behaart, mit spärlichem Haarwuchs [Fell] bedeckt 2. abgeschabt, abgenutzt; mit schadhaftem Putz [Anstrich]

об|лéзть* *v umg* 1. Haare [Federn] verlieren; sich mausern 2. abbröckeln; крáска облéзла со стены́ die Farbe war [ist] von der Wand abgebröckelt || *uv* облезáть, -áю, -áешь

облекáть(ся) *uv zu* облéчь(ся)

облекý ↑ облéчь

облéниваться *uv zu* облени́ться

облени́ться, -енюсь, -éнишься *v* faul [träge] werden || *uv* облéниваться, -аюсь, -аешься

облепи́ть, -еплю́, -éпишь; -éпленный, -éплен, -а *v* 1. an allen Seiten festhaften; колёса облепи́ла грязь an den Rädern haftete der Schmutz 2. ringsum bekleben 3. *übtr umg* dicht umdrängen || *uv* **облéпливать,** -аю, -аешь *u.* **облепля́ть,** -я́ю, -я́ешь

облесéние, -я *n* Bewaldung, Beforstung

облеси́ть, *1. Pers ungebr*, -си́шь; -сённый, -сён, -сенá *v* mit Wald bepflanzen

¹облетáть *uv zu* облетéть

²облетáть, -áю, -áешь; облётанный, -ан, -а *v* 1. herumfliegen 2. *flug* einfliegen, testen || *uv* облётывать, -аю, -аешь *zu* 2

облетéть, -ечý, -ети́шь *v* 1. (etw.) umfliegen, herumfliegen (вокрýг *G* um) 2. alles durchfliegen, abfliegen, einen Rundflug machen; самолёт облетéл всё побережье das Flugzeug flog die ganze Küste ab 3. vorbeifliegen, umfliegen 4. *umg* beim Fliegen überholen 5. sich rasch verbreiten, durcheilen, durchfliegen 6. abfallen, herunterfallen *von Blättern, Blüten u. dgl.* 7. *die Blätter, Blüten* verlieren || *uv* облетáть, -áю, -áешь

облётывать *uv zu* ²облетáть

облéчь* *v* 1. *buchspr, alt u. scherz* bekleiden, kleiden, hüllen (в *A* in) 2. *buchspr, alt* (ein)hüllen, verhüllen, bedecken; тумáн облёк óзеро Nebel verhüllte den See 3. *übtr* kleiden, hüllen 4. *übtr* ausstatten, bekleiden, versehen; ~ полномóчиями mit Vollmachten ausstatten ◇ ~ довéрием Vertrauen schenken, bevollmächtigen || *uv* облекáть, -áю, -áешь

облéчься* *v* 1. *buchspr, alt u. scherz* sich kleiden, hüllen (в *A* in) 2.: ~ в óбраз Gestalt annehmen *von Gedanken* || *uv* облекáться, -áюсь, -áешься

обливáние, -я *n* Begießen, Übergießen

обливáть *uv zu* обли́ть

обливáться, -áюсь, -áешься *uv* 1. *uv zu* обли́ться 2.: ~ слезáми in Tränen zerfließen; у меня́ сéрдце обливáется крóвью mir blutet das Herz

обли́вка, -и, *Pl G* -вок, *D* -вкам *f* 1.: ~ посýды глазýрью Glasieren von Geschirr 2. *tech* Glasur *keramischer Gegenstände*

обливнóй, -áя, -óе *tech* glasiert, Glasur-

облигáция, -и *f finanz* Obligation

об|лизáть* *v* ablecken, (be)lecken ◇ пáльчики обли́жешь du wirst dir die Finger danach lecken || *uv* обли́зывать, -аю, -аешь | *v mom* облизнýть, -нý, -нёшь

об|лизáться*, *1. u. 2. Pers ungebr v* sich ablecken *von Tieren* || *uv* обли́зываться, -ается

облизнýть(ся) *v mom zu* обли́зывать(ся)

обли́зывать *uv zu* облизáть

обли́зываться, -аюсь, -аешься *uv* 1. sich die Lippen [den Mund] lecken 2. *übtr* sich die Lippen lecken (на *A* nach) 3. *uv zu* облизáться || *v mom* облизнýться, -нýсь, -нёшься *zu* 1, 2

óблик, -а *m* 1. Äußeres, äußere Erscheinung, Aussehen 2. Charakter, Haltung, Mentalität, Geistesverfassung; морáльный ~ die moralische Haltung

об|ли́ть*, оболью́; óбли́л, облилá!; óбли́тый, óбли́т, облитá! *v* 1. übergießen; егó óбли́ли водóй man übergoß ihn mit Wasser 2. begießen, beschmutzen *mit Flüssigkeit*; ~ скáтерть черни́лами das Tischtuch mit Tinte beschmutzen 3. *tech*: ~ глазýрью glasieren 4. *meist Ptz Prät Pass* fest anliegen, umschließen *von Kleidungsstücken* ◇ ~ грязью [помо́ями] mit Schmutz überschütten; ~ презре́нием die kalte Schulter zeigen, äußerste Verachtung bezeigen || *uv* облива́ть, -а́ю, -а́ешь

об|ли́ться*, оболью́сь; обли́ли́сь *v* sich begießen, sich übergießen; ~ холо́дной водо́й sich mit kaltem Wasser übergießen || *uv* облива́ться, -а́юсь, -а́ешься; он весь облива́лся по́том er war wie in Schweiß gebadet

облицева́ть, -цу́ю, -цу́ешь; -цо́ванный, -цо́ван, -а *v* verkleiden, verputzen; ~ сте́ны мра́мором Wände mit Marmor verkleiden || *uv* облицо́вывать, -аю, -аешь

облицо́вка, -и, *Pl G* -вок, *D* -вкам *f* 1. Verkleiden, Verputzen 2. Verkleidung, Putz; мра́морная ~ Marmorverkleidung

облицо́вочный, -ая, -ое Verkleidungs-, Verputz-; -ые рабо́ты Verputzarbeiten; ~ материа́л Verkleidungsmaterial

облицо́вывать *uv zu* облицева́ть

облича́ть, -а́ю, -а́ешь *uv* 1. *uv zu* обличи́ть 2. aufdecken; ~ взя́точничество Bestechung aufdecken 3. erkennen lassen, verraten; его́ произноше́ние облича́ло англича́нина seine Aussprache verriet den Engländer

обличе́ние, -я *n* 1. Aufdecken, Aufdeckung; ~ злоупотребле́ний Aufdeckung von Veruntreuungen 2. Entlarven, Entlarvung

обличи́тель, -я *m* Entlarver

обличи́тельный, -ая, -ое *buchspr* entlarvend, Entlarvungs-

обличи́ть, -чу́, -чи́шь; -чённый, -чён, -чена́ *v alt* entlarven, überführen || *uv* облича́ть, -а́ю, -а́ешь

обли́чье, -ья *n* 1. *volksspr* Gesicht 2. *übtr* Antlitz, Aussehen, Charakter

обложе́ние, -я *n* 1. Besteuerung 2. *alt* Belagerung

обложи́ть, -ожу́, -о́жишь; -о́женный, -о́жен, -а *v* 1. ringsum bedecken, umlegen; ~ дива́н поду́шками das Sofa mit Kissen bedecken 2. verkleiden, bedecken; ~ сте́ны мра́мором Wände mit Marmor verkleiden 3. umzingeln, umlagern, belagern 4. belegen *mit Steuern u. ä.*; ~ нало́гом besteuern 5. *derb volksspr*: ~ отбо́рной бра́нью mit Kraftausdrücken bedenken, heftig beschimpfen || *uv* обкла́дывать, -аю, -аешь *u.* облага́ть, -а́ю, -а́ешь *zu* 4

обложи́ться, -ожу́сь, -о́жишься *v* 1. *I* um sich herumlegen, sich umgeben (mit); она́ обложи́лась поду́шками sie legte Kissen um sich herum 2. sich verhüllen, sich bedecken (mit); не́бо обложи́лось ту́чами der Himmel hat sich mit Wolken bedeckt 3. *volksspr* an die falsche Stelle legen; я обложи́лся, положи́л де́ньги в ле́вый карма́н ich hatte das Geld an die falsche Stelle, in die linke Tasche gesteckt

обло́жка, -и, *Pl G* -жек, *D* -жкам *f* Hülle, Umschlag; кни́га в пёстрой -е ein Buch in buntem Umschlag; ~ для па́спорта Ausweishülle

обложно́й, -а́я, -о́е: ~ дождь *umg* Landregen

облока́чиваться *uv zu* облокоти́ться

облокоти́ться, -очу́сь, -о́ти́шься *v* sich mit den Ellenbogen aufstützen || *uv* облока́чиваться, -аюсь, -аешься

облома́ть, -а́ю, -а́ешь; обло́манный, -ан, -а *v* 1. (ringsherum) abbrechen; ~ ве́тки Zweige abbrechen 2. *volksspr, übtr* brechen *Willen, Trotz*, zur Räson bringen ◇ ~ бока́ кому́-н. *volksspr* j-n verprügeln; ~ де́ло [дела́] *volksspr* eine Sache hinkriegen, erfolgreich erledigen; зу́бы ~ *volksspr* sich die Zähne ausbeißen (о *A* an) || *uv* обла́мывать, -аю, -аешь

облома́ться, *1. u. 2. Pers ungebr*, -а́ется *v* abbrechen, abfallen; но́гти облома́лись die Fingernägel brachen ab || *uv* обла́мываться, -ается

обломи́ть, -омлю́, -о́мишь; -о́мленный, -о́млен, -а *v* abbrechen; ~ ве́тку einen Zweig abbrechen || *uv* обла́мывать, -аю, -аешь

обломи́ться, *1. u. 2. Per ungebr*, -о́мится *v* abbrechen, abgehen; обломи́лся сухо́й сучо́к der trockene Zweig brach ab || *uv* обла́мываться, -ается

обло́мовщина, -ы *f* Trägheit, Willenlosigkeit, Apathie *nach Oblomow, dem Helden des gleichnamigen Romans von Gontscharow*

обло́мок, -мка *m* 1. Bruchstück, Trümmer; -мки кварца abgebrochene Quarzstücke 2. *übtr* Überreste, Überbleibsel; -мки про́шлых веко́в Überreste aus vergangenen Jahrhunderten

облоно́ *m idkl* (областно́й отде́л наро́дного образова́ния) Abteilung für Volksbildung eines Gebiets

облупи́ть, -уплю́, -у́пишь; -у́пленный, -у́плен, -а *v volksspr* 1. schälen, abpellen; ~ яйцо́ ein Ei schälen 2. *übtr* prellen, das Fell über die Ohren ziehen ◇ ~ как ли́пку ratzekahl ausplündern ‖ *uv* **облу́пливать,** -аю, -аешь

облупи́ться, *1. u. 2. Pers ungebr*, -у́пится *v* 1. *volksspr* abgehen *Schale* 2. abbröckeln, abblättern ‖ *uv* **облу́пливаться,** -ается

облуча́ть *uv zu* облучи́ть

облуче́ние, -я *n* Bestrahlen, Bestrahlung

облучи́ть, -чу́, -чи́шь; -чённый, -чён, -чена́ *v* bestrahlen; ~ ква́рцем mit der Quarzlampe bestrahlen ‖ *uv* облуча́ть, -а́ю, -а́ешь

облучо́к, -чка́ *m* Kutschersitz, Kutschbock

облу́щивать *uv zu* облущи́ть

облущи́ть, -щу́, -щи́шь; -щённый, -щён, -щена́ *v* enthülsen ‖ *uv* облу́щивать, -аю, -аешь

облысе́ть, -е́ю, -е́ешь *v* kahlköpfig werden

облюбова́ть, -бу́ю, -бу́ешь; -бо́ванный, -бо́ван, -а *v* nach seinem Geschmack finden, auswählen ‖ *uv* **облюбо́вывать,** -аю, -аешь

об|ма́зать* *v* 1. bestreichen, bedecken; tünchen; verschmieren; ~ сте́ны и́звестью Wände mit Kalk bestreichen [tünchen]; ~ печь гли́ной den Ofen mit Lehm verschmieren 2. *umg* beschmieren, beschmutzen; па́льцы обма́заны ма́слом die Finger sind mit Öl beschmiert ‖ *uv* обма́зывать, -аю, -аешь

об|маза́ться* *v umg* sich beschmieren, sich vollschmieren; ~ кра́ской sich mit Farbe vollschmieren ‖ *uv* обма́зываться, -аюсь, -аешься

обма́зка, -и, *Pl G* -зок, *D* -зкам *f* 1. Bestreichen, Tünchen; Verschmieren 2. Anstrich, Anstrichmasse, Tünche, Verstreichmasse

обма́зывать(ся) *uv zu* обмаза́ть(ся)

обма́кивать *uv zu* обмакну́ть

обмакну́ть, -ну́, нёшь; -ну́тый, -ну́т, -а *v* kurz eintauchen, eintunken ‖ *uv* обма́кивать, -аю, -аешь

обма́н, -а *m* 1. Betrug, absichtliche Täuschung; не да́ться в ~ sich nicht täuschen lassen 2. Täuschung, Irrtum; впасть в ~ in einen Irrtum verfallen 3.: ~ чувств Sinnestäuschung; ~ зре́ния optische Täuschung

обма́нка, -и, *Pl G* -нок, *D* -нкам *f min* Blende; ци́нковая ~ Zinkblende

обма́нный, -ая, -ое betrügerisch; -ым путём auf betrügerischem Wege

обману́ть, -ану́, -а́нешь; -а́нутый, -а́нут, -а *v* 1. betrügen, hintergehen 2. Versprechen nicht einhalten; он обеща́л прие́хать и обману́л er hat versprochen zu kommen und hat sein Versprechen nicht gehalten 3. enttäuschen, nicht rechtfertigen 4. verführen *ein Mädchen* ‖ *uv* обма́нывать, -аю, -аешь

обману́ться, -ану́сь, -а́нешься *v* 1. sich täuschen, sich irren 2. sich getäuscht [enttäuscht] sehen ‖ *uv* обма́нываться, -аюсь, -аешься

обма́нчивый, -ая, -ое; *Kzf* -ив, -а trügerisch, täuschend

обма́нщик, -а *m* Betrüger

обма́нывать(ся) *uv zu* обману́ть(ся)

обма́тывать(ся) *uv zu* обмота́ть(ся)

обма́хивать, -аю, -аешь *uv* fächeln, durch Fächeln kühlen; ~ лицо́ ве́ером dem Gesicht mit dem Fächer Kühlung zufächeln ‖ *v mom* обмахну́ть, -ну́, -нёшь

обма́хиваться, -аюсь, -аешься *uv* sich Luft zufächeln ‖ *v mom* обмахну́ться, -ну́сь, -нёшься

обмахну́ть, -ну́, -нёшь *v* 1. *v mom zu* обма́хивать 2. abwedeln, abwischen, abstauben; ~ сапоги́ тря́пкой die Stiefel mit einem Lappen abstauben 3. wegwischen, fortwedeln *durch rasches Darüberstreichen*: ~ пыль den Staub fortwedeln ‖ *uv* обма́хивать, -аю, -аешь

обмахну́ться *v mom zu* обма́хиваться

обма́чивать(ся) *uv zu* обмочи́ть(ся)

обмеле́ние, -я *n* Versanden, Seichtwerden

обмеле́ть, *1. u. 2. Pers ungebr*, -е́ет *v* 1. versanden, seicht werden 2. *naut* auf Sand laufen, auflaufen

обме́н, -а *m* 1. Umtausch, Tausch; ~ комсомо́льских биле́тов Umtausch der Mitgliedsbücher des Komsomol 2. Austausch; ~ това́рами Warenaustausch; ~ о́пытом Erfahrungsaustausch ◇ ~ веще́ств Stoffwechsel

[1]**обме́нивать(ся)** *uv zu* обменя́ть(ся)

[2]**обме́нивать(ся)** *uv zu* обмени́ть(ся)

обмени́ть, -еню́, -е́нишь; -енённый, -енён, -енена́ *v umg* 1. tauschen, umtauschen (на *A* gegen) 2. vertauschen ‖ *uv* обме́нивать, -аю, -аешь

обмени́ться, -еню́сь, -е́нишься *v volksspr I* 1. austauschen 2. *versehentlich* vertauschen 3. *übtr* austauschen, wechseln ‖ *uv* обме́ниваться, -аюсь, -аешься

обмéнный, -ая, -ое Tausch-, Umtausch-, Wechsel-; ~ пункт Tauschstelle

обменя́ть, -я́ю, -я́ешь; обмéнянный, -ян, -а *v* 1. tauschen, umtauschen, eintauschen (на *A* gegen, für) 2. vertauschen ‖ *uv* обмéнивать, -аю, -аешь

обменя́ться, -я́юсь, -я́ешься *v I* 1. austauschen; ~ плéнными Gefangene austauschen 2. *versehentlich* vertauschen, verwechseln 3. *übtr* austauschen, wechseln; ~ взгля́дами Blicke wechseln; ~ óпытом Erfahrungen austauschen ‖ *uv* обмéниваться, -аюсь, -аешься

обмéр, -а *m* 1. Messung, Vermessung 2. *umg* Übervorteilen, Betrügen *durch falsches Messen beim Verkauf*

об|мерéть*, обомру́; óбмер *v umg* erstarren; ~ от у́жаса vor Schreck erstarren ‖ *uv* обмирáть, -áю, -áешь

обмерзáть *uv zu* обмёрзнуть

обмёрзнуть, -ну, -нешь; обмёрз, -ла *v* 1. *umg* ringsherum gefrieren 2. *volksspr* vor Kälte erstarren ‖ *uv* обмерзáть, -áю, -áешь

обмéривать(ся) *uv zu* обмéрить(ся)

обмéрить, -рю, -ришь; -ренный, -рен, -а *v* 1. abmessen, ausmessen, vermessen; ~ кварти́ру Wohnung ausmessen 2. *umg* zu wenig abmessen *beim Verkauf,* übervorteilen *durch falsches Abmessen* ‖ *uv* обмéривать, -аю, -аешь *u.* **обмеря́ть,** -я́ю, -я́ешь

обмéриться, -рюсь, -ришься *v umg* sich vermessen, sich beim Messen versehen ‖ *uv* обмéриваться, -аюсь, -аешься *u.* **обмеря́ться,** -я́юсь, -я́ешься

об|мести́* *v* abfegen, abkehren ‖ *uv* [1]**обметáть,** -áю, -áешь

[2]**об|метáть*** *u.* -áю, -áешь; обмётанный, -ан, -а *v* umnähen; ~ пéтли Knopflöcher umnähen ‖ *uv* **обмётывать,** -аю, -аешь

обминáть *uv zu* обмя́ть

обмирáть *uv zu* обмерéть

обмозговáть, -гу́ю, -гу́ешь; -гóванный, -гóван, -а *v volksspr* gründlich überlegen, sich durch den Kopf gehen lassen ‖ *uv* **обмозгóвывать,** -аю, -аешь

обмолáчивать *uv zu* обмолоти́ть

обмóлвиться, -влюсь, -вишься *v* 1. sich versprechen 2. *umg* sich verplappern 3. nebenbei erwähnen, verraten ◇ не ~ (ни еди́ным) слóвом mit keinem Wort zu erkennen geben [erwähnen]

обмóлвка, -и, *Pl G* -вок, *D* -вкам *f* versehentlich entschlüpfte Äußerung, das Sichversprechen, lapsus linguae

обмолóт, -а *m landw* 1. Dreschen, Drusch 2. ausgedroschenes Getreide

обмолоти́ть, -лочу́, -лóтишь; -лóченный, -лóчен, -а *v landw* dreschen ‖ *uv* обмолáчивать, -аю, -аешь

обморáживать(ся) *uv zu* обморóзить(ся)

обморóзить, -рóжу, -рóзишь; -рóженный, -рóжен, -а *v* (sich) erfrieren; ~ (себé) у́ши sich die Ohren erfrieren ‖ *uv* обморáживать, -аю, -аешь

обморóзиться, -óжусь, -óзишься *v* sich Erfrierungen zuziehen ‖ *uv* обморáживаться, -аюсь, -аешься

óбморок, -а *m* Ohnmacht, Ohnmachtsanfall; упáсть в ~ in Ohnmacht fallen

обморóчить, -чу, -чишь; -ченный, -чен, -а *v volksspr* zum Narren machen, an der Nase herumführen, anführen

óбморочный, -ая, -ое Ohnmachts-; -ое состоя́ние Besinnungslosigkeit, Ohnmachtszustand

обмотáть, -áю, -áешь; обмóтанный, -ан, -а *v* 1. umwickeln, umwinden 2. (herum)wickeln, (herum)winden, (herum)schlingen (вокру́г *G* um); ~ платóк вокру́г шéи ein Tuch um den Hals wickeln ‖ *uv* обмáтывать, -аю, -аешь

обмотáться, -áюсь, -áешься *v umg* 1. sich umwickeln, sich umwinden; ~ полотéнцем sich ein Handtuch umwickeln 2. sich winden, sich schlingen (вокру́г *G* um) ‖ *uv* обмáтываться, -аюсь, -аешься

обмóтка, -и, *Pl G* -ток, *D* -ткам *f* 1. Herumwickeln, Umwickeln, Umwinden 2. *el* Wickelung; Wickeldraht 3. *meist Pl* Wickelgamaschen

обмóтчик, -а *m el* (Anker-) Wickler

обмочи́ть, -очу́, -óчишь; -óченный, -óчен, -а *v* naß machen ‖ *uv* обмáчивать, -аю, -аешь

обмочи́ться, -очу́сь, -óчишься *v volksspr* 1. sich naß machen 2. einnässen ‖ *uv* обмáчиваться, -аюсь, -аешься

обмундировáние, -я *n* 1. *mil* Einkleidung 2. Uniform

обмундировáть, -ру́ю, -ру́ешь; -рóванный, -рóван, -а *v mil* einkleiden

|| *uv* обмундиро́вывать, -аю, -аешь

обмундирова́ться, -ру́юсь, -ру́ешься *v* sich eine Uniform anschaffen || *uv* обмундиро́вываться, -аюсь, -аешься

обмундиро́вка, -и *f umg* **1.** Einkleidung **2.** Uniform

обмундиро́вывать(ся) *uv zu* обмундирова́ть(ся)

обмыва́ние, -я *n* Waschen, Abwaschen

обмыва́ть(ся) *uv zu* обмы́ть(ся)

об|мы́ть* *v* (ringsherum) abwaschen, waschen, säubern; ~ ра́ну eine Wunde waschen || *uv* обмыва́ть, -а́ю, -а́ешь

об|мы́ться* *v* sich waschen, sich reinigen || *uv* обмыва́ться, -а́юсь, -а́ешься

обмяка́ть *uv zu* обмя́кнуть

обмя́кнуть, -ну, -нешь; обмя́к, -ла *v umg* **1.** weich werden, durchweichen; крахма́ленный воротни́к обмя́к der gestärkte Kragen war [ist] durchweicht **2.** erschlaffen **3.** *übtr* weich [umgänglich] werden || *uv* обмяка́ть, -а́ю, -а́ешь

об|мя́ть*, обомну́ *v* zusammendrükken; festtreten || *uv* обмина́ть, -а́ю, -а́ешь

обнагле́ть, -е́ю, -е́ешь *v* frech [dreist] werden

обнадёживать *uv zu* обнадёжить

обнадёжить, -жу, -жишь; -женный, -жен, -а *v* mit Hoffnung erfüllen, Hoffnung machen; он обнадёжил меня́ er hat mir Hoffnung gemacht || *uv* обнадёживать, -аю, -аешь

обнажа́ть(ся) *uv zu* обнажи́ть(ся)

обнажённый, -ая, -ое **1.** nackt, entblößt **2.** entblättert, kahl **3.** unbedeckt, bloßliegend; -ые ко́рни blanke Wurzeln **4.** *übtr* unverhüllt

обнажи́ть, -жу́, -жи́шь; -жённый, -жён, -жена́ *v* **1.** entblößen **2.** entblättern, kahl machen **3.** aufdecken, bloßlegen; ~ ко́рни Wurzeln bloßlegen **4.** *übtr* aufdecken, enthüllen **5.** aus der Scheide ziehen, blank ziehen **6.** *mil* entblößen || *uv* обнажа́ть, -а́ю, -а́ешь

обнажи́ться, -жу́сь, -жи́шься *v* **1.** sich entblößen, sich entkleiden **2.** die Blätter verlieren, kahl werden **3.** unverhüllt zutage treten **4.** *mil* entblößt werden *von Schutz* || *uv* обнажа́ться, -а́юсь, -а́ешься

обнаро́дование, -я *n* Veröffentlichung, Bekanntmachung

обнаро́довать, -дую, -дуешь; -дованный, -дован, -а *v* veröffentlichen, bekanntmachen

обнару́же́ние, -я *n* Aufdeckung, Entdeckung; Enthüllung, Bloßlegung

обнару́живать(ся) *uv zu* обнару́жить(ся)

обнару́жить, -жу, -жишь; -женный, -жен, -а *v* **1.** zeigen, sehen lassen, erkennen lassen **2.** äußern, an den Tag legen, erkennen lassen; ~ жела́ние den Wunsch erkennen lassen **3.** entdecken, finden, ausmachen; ~ проти́вника den Gegner ausmachen **4.** aufdecken, enthüllen, feststellen || *uv* обнару́живать, -аю, -аешь

обнару́житься, *1. u. 2. Pers ungebr*, -ится *v* **1.** sich zeigen, zutage treten **2.** sich finden; поте́рянные пи́сьма обнару́жились die verlorenen Briefe haben sich gefunden || *uv* обнару́живаться, -ается

обна́шиваться *uv zu* обноси́ться

об|нести́* *v* **1.** вокру́г *G* herumtragen (um) **2.** *I* umgeben, einzäunen (mit) **3.** *I* reihum alle bewirten, beschenken (mit); ~ госте́й вино́м allen Gästen Wein anbieten **4.** umgehen *beim Bewirten, Anbieten* || *uv* обноси́ть, -ошу́, -о́сишь

обнима́ть *uv zu* обня́ть

обни́мка, -и *f*: в -у *umg* umschlungen, umarmt

обниму́ ↑ обня́ть

обнища́лый, -ая, -ое verarmt

обнища́ние, -я *n* Verarmung, Verelendung

обнища́ть, -а́ю, -а́ешь *v* verarmen, verelenden

обнови́ть, -влю́, -ви́шь; -влённый, -влён, -влена́ *v* **1.** erneuern **2.** *umg* einweihen, erstmalig tragen, benutzen || *uv* обновля́ть, -я́ю, -я́ешь

обнови́ться, -овлю́сь, -ови́шься *v* **1.** sich erneuern, wie neu werden **2.** sich ergänzen, ergänzt werden *durch Neues*; ~ но́выми чле́нами durch neue Mitglieder ergänzt werden || *uv* обновля́ться, -я́юсь, -я́ешься

обно́вка, -и, *Pl G* -вок, *D* -вкам *f umg* Neuanschaffung *meist von Kleidung, Schuhwerk*

обновле́ние, -я *n* Erneuerung

обновля́ть(ся) *uv zu* обнови́ть(ся)

обноси́ть *uv zu* обнести́

обноси́ться, -ошу́сь, -о́сишься *v umg* **1.** *hinsichtlich der Kleidung* herunterkommen, seine Kleidung stark abnutzen **2.** schäbig [abgetragen, fadenscheinig] werden, sich abnutzen *von*

Kleidung **3.** bequem werden, sich eintragen *von Kleidung* ‖ *uv* обна́шиваться, -аюсь, -аешься

обно́ски *Pl* -ов, *Sg* обно́сок, -ска *m umg* abgetragene Kleidungsstücke, abgetragene Kleidung

обню́хать, -аю, -аешь; -анный, -ан, -а *v* beriechen, beschnuppern ‖ *uv* **обню́хивать,** -аю, -аешь

обня́ть* *v* **1.** umarmen, umfangen, umfassen **2.** *übtr* erfassen, ergreifen, befallen **3.** *übtr, buchspr* umfassen, einbeziehen, erfassen **4.** *übtr* erfassen, begreifen ‖ *uv* обнима́ть, -а́ю, -а́ешь

обо *Präpos statt* о *u.* об *in den Verbindungen* обо мне, обо что, обо всё, *neben* о *in den Verbindungen* обо всём, обо всей, обо всех

обо|бра́ть*, оберу́; обо́бранный, -ан, -а *u.* -а́! *v* **1.** *volksspr* restlos alles abpflücken, auflesen **2.** *umg* ausplündern ‖ *uv* обира́ть, -а́ю, -а́ешь

обо|бра́ться*, оберу́сь; обобрали́сь *v G umg nur mit Negation* не nicht loswerden können, sich nicht retten können (vor), man kann nicht fertig werden (mit)

обобща́ть *uv zu* обобщи́ть

обобще́ние, -я *n* Verallgemeinerung

обобществи́ть, -твлю́, -тви́шь; -твлённый, -твлён, -твлена́ *v* vergesellschaften ‖ *uv* обобществля́ть, -я́ю, -я́ешь

обобществле́ние, -я *n* Vergesellschaftung

обобществля́ть *uv zu* обобществи́ть

обобщи́ть, -щу́, -щи́шь; -щённый, -щён, -щена́ *v* verallgemeinern; zusammenfassen ‖ *uv* обобща́ть, -а́ю, -а́ешь

обовши́веть, -ею, -еешь *v* Läuse bekommen, verlausen

обогати́тельный, -ая, -ое *berg* Aufbereitungs-

обогати́ть, -ащу́, -ати́шь; -ащённый, -ащён, -ащена́ *v* **1.** bereichern, reich(er) machen **2.** *übtr* bereichern; ~ свой зна́ния seine Kenntnisse bereichern **3.** *berg* aufbereiten **4.** *tech* anreichern ‖ *uv* **обогаща́ть,** -а́ю, -а́ешь

обогати́ться, -ащу́сь, -ати́шься *v* **1.** sich bereichern, reich(er) werden **2.** *übtr I* reicher werden (an); ~ о́пытом reich an Erfahrung werden ‖ *uv* **обогаща́ться,** -а́юсь, -а́ешься

обогаще́ние, -я *n* **1.** Bereicherung **2.** *berg* Aufbereitung **3.** *tech* Anreicherung

обо|гна́ть*, обгоню́; обо́гнанный, -ан, -а *v* **1.** überholen *beim Laufen, Fahren usw.* **2.** *übtr, umg* übertreffen ‖ *uv* обгоня́ть, -я́ю, -я́ешь

обогну́ть, -ну́, -нёшь; обо́гнутый, -ут, -а *v* **1.** herumlegen (вокру́г *G* um) *von biegbarem Material*; ~ о́бруч вокру́г бо́чки Reifen um ein Faß legen **2.** umgehen, umfahren, umschiffen; ~ о́стров eine Insel umfahren ‖ *uv* огиба́ть, -а́ю, -а́ешь

обоготворе́ние, -я *n* Vergöttlichung

обоготвори́ть, -рю́, -ри́шь; -рённый, -рён, -рена́ *v* vergöttlichen ‖ *uv* **обоготворя́ть,** -я́ю, -я́ешь

обогрева́ть(ся) *uv zu* обогре́ть(ся)

обогре́ть, -е́ю, -е́ешь; обогре́тый, -е́т, -а *v umg* erwärmen ‖ *uv* обогрева́ть, -а́ю, -а́ешь

обогре́ться, -е́юсь, -е́ешься *v* warm werden, sich erwärmen ‖ *uv* обогрева́ться, -а́юсь, -а́ешься

о́бод, -а, *Pl* обо́дья, -дьев, -дьям *m* **1.** Felge, Radkranz **2.** runder, ovaler Rand, Rahmen; Reif; ~ те́ннисной раке́тки Rand des Tennisschlägers

ободо́к, -дка́ *m* **1.** kleiner Reif **2.** Kante, Rand, Umrandung

ободра́нец, -нца, *I* -нцем, *G Pl* -нцев *m volksspr* zerlumpter Mensch, Vagabund

обо́дранный, -ая, -ое abgerissen, zerlumpt

обо|дра́ть*, обдеру́; обо́дранный, -ан, -а *v* **1.** abziehen; schälen; ~ кору́ die Rinde abziehen; ~ ло́шадь einem Pferd das Fell abziehen **2.** *umg* zerkratzen; ~ лицо́ das Gesicht zerkratzen **3.** *umg* abtragen, zerfetzen **4.** *übtr, volksspr* ausplündern ‖ *uv* обдира́ть, -а́ю, -а́ешь *zu* 1, 2, 4

обо|дра́ться*, обдеру́сь; ободрали́сь *v* **1.** *1. u. 2. Pers ungebr* sich ablösen, abbröckeln; кора́ ободрала́сь die Rinde hat sich gelöst **2.** *umg* zerreißen, in Fetzen gehen **3.** *volksspr* seine Kleidung herunterreißen, zerlumpen, herunterlumpen ‖ *uv* обдира́ться, -а́ется *zu* 1

ободре́ние, -я *n* Ermutigung

ободри́тельный, -ая, -ое; *Kzf* -лен, -льна ermutigend

ободри́ть, -рю́, -ри́шь; -рённый, -рён, -рена́ *u.* **обо́дрить,** -рю, -ришь; -ренный, -рен, -а *v* ermutigen, Mut machen ‖ *uv* **ободря́ть,** -я́ю, -я́ешь

ободри́ться, -рю́сь, -ри́шься *u.* **обо́дриться,** -рюсь, -ришься *v* Mut fassen, mutig werden || *uv* **ободря́ться,** -я́юсь, -я́ешься

обое- *in Zuss* beid(er)-, doppel-

обожа́ние, -я *n* Vergötterung, Anbetung

обожа́ть, -а́ю, -а́ешь *uv* vergöttern, anbeten, bis zur Vergötterung lieben, schwärmen (für)

обо|жда́ть* *v umg* etwas warten; обожди́те мину́тку warten Sie einen Augenblick

обожестви́ть, -твлю́, -тви́шь; -твлённый, -твлён, -твлена́ *v* vergöttlichen, als Gottheit anerkennen || *uv* обожествля́ть, -я́ю, -я́ешь

обожествле́ние, -я *n* Vergöttlichung

обожествля́ть *uv zu* обожестви́ть

обо́з, -а *m* **1.** Wagenzug **2.** *mil, alt* Train, Troß **3.**: пожа́рный ~ Löschzug ◇ тяну́ться [плести́сь, быть] в -е nachhängen, den Schwanz bilden

обо|зва́ть*, обзову́; обо́званный, -ан, -а *v* **1.** *alt* nennen, bezeichnen **2.** *I* beschimpfen; ~ кого́-н. дурако́м j-n einen Dummkopf nennen, schimpfen || *uv* обзыва́ть, -а́ю, -а́ешь

обозли́ть, -лю́, -ли́шь; -лённый, -лён, -лена́ *v* erbosen, erzürnen, in Wut versetzen

обозли́ться, -лю́сь, -ли́шься *v* in Wut geraten, sich erbosen, sich erzürnen

обознава́ться *uv zu* обозна́ться

обозна́ться, -а́юсь, -а́ешься *v umg* sich in der Person irren, j-n für einen anderen halten; прости́те, я обозна́лся entschuldigen Sie, ich habe Sie für einen anderen gehalten || *uv* обо|знава́ться*

обознача́ть, -а́ю, -а́ешь *uv* **1.** *uv zu* обозна́чить **2.** Bedeutung haben, Sinn haben, bezeichnen, bedeuten; что обознача́ет э́то сло́во? was bedeutet dieses Wort? **3.** besagen, bedeuten, heißen; но э́то не обознача́ет, что . . . das heißt aber nicht, daß . . .

обознача́ться *uv zu* обозна́читься

обозначе́ние, -я *n* **1.** Bezeichnen, Kennzeichnen **2.** Bezeichnung, Kennzeichen, Zeichen

обозна́чить, -чу, -чишь; -ченный, -чен, -а *v* **1.** bezeichnen, kennzeichnen, markieren **2.** kennzeichnen, angeben; charakterisieren || *uv* обознача́ть, -а́ю, -а́ешь

обозна́читься, *1. u. 2. Pers ungebr,* -ится *v* sichtbar werden, sich abzeichnen || *uv* обознача́ться, -а́ется

обозрева́тель, -я *m* Zeitungskorrespondent, Zeitschriftenmitarbeiter; Berichterstatter, Beobachter

обозрева́ть *uv zu* обозре́ть

обозре́ние, -я *n* **1.** Besichtigung, Betrachtung **2.** gedrängter Bericht, zusammenfassende Übersicht, Umschau **3.** *theat thematisch gebundene abendfüllende* Szenenfolge *meist zu aktuellen Themen*

обозре́ть, -рю́, -ри́шь *v buchspr* **1.** überschauen, überblicken **2.** *übtr* überschauen, überblicken *in Vortrag, Aufsatz* || *uv* обозрева́ть, -а́ю, -а́ешь

обозри́мый, -ая, -ое; *Kzf* -и́м, -а überschaubar

обо́и, -ев *Pl* Tapete(n)

обо́йма, -ы, *G Pl* обо́йм *f* **1.** Patronenrahmen, Patronenstreifen **2.** *tech* Zwinge

обойму́ ↑ обня́ть *u.* объя́ть

обо|йти́*; обоше́дши *u.* обойдя́; обойдённый, -ён, -ена́ *v* **1.** ringsherumgehen (вокру́г *G* um) **2.** umgehen, umkreisen **3.** *A* umgehen, herumgehen (um), vorbeigehen (an) **4.** *übtr* vorbeigehen, verschonen **5.** *übtr* übergehen, unerwähnt lassen **6.**: ~ чи́ном *alt* bei der Beförderung umgehen **7.** durchlaufen, durchstreifen, abgehen; ~ весь сад den ganzen Garten durchstreifen **8.** *A* an alle herantreten, sich an jeden einzelnen wenden; ~ всех госте́й, налива́я ка́ждому an jeden einzelnen herantreten und ihm einschenken **9.** *umg* überholen **10.** *umg* betrügen, hintergehen || *uv* обходи́ть, -ожу́, -о́дишь | *uv iterativ* обха́живать, -аю, -аешь

обо|йти́сь*; обойдя́сь *v* **1.** с *I* behandeln, umgehen (mit); с ним обошли́сь, как с мальчи́шкой man hat ihn wie einen (dummen) Jungen behandelt **2.** *umg* zu stehen kommen, kosten; ремо́нт обошёлся о́чень дёшево die Reparatur kostete sehr wenig [war sehr billig] **3.** *I umg* auskommen *mit dem Vorhandenen*; обойдёмся холо́дным ча́ем wir kommen mit kaltem Tee aus [sind mit kaltem Tee zufrieden] **4.** без *G* entbehren können, auskommen können (ohne); обойду́сь без него́ ich komme ohne ihn aus **5.** *meist unpers* ablaufen, abgehen (без *G* ohne); без неприя́тностей де́ло не обойдётся ohne Unannehmlichkeiten wird das nicht abgehen **6.** *umg* in Ordnung kommen, glatt gehen, (glatt) ablaufen, verlaufen; всё обошло́сь неожи́данно

про́сто alles lief ganz unerwartet einfach ab || *uv* обходи́ться, -ожу́сь, -о́дишься
обо́йщик, -а *m* Tapezierer
обо|кра́сть*, обкраду́; обкра́денный *u. umg* обокра́денный, -ен, -а *v* bestehlen || *uv* обкра́дывать, -аю, -аешь
обо|лга́ть*; обо́лганный, -ан, -а *v* verleumden
оболо́чка, -и, *Pl G* -чек, *D* -чкам *f* 1. Hülle, Umhüllung 2. *tech* Mantel 3. *anat* Haut; слизи́стая ~ Schleimhaut; се́тчатая ~ Netzhaut
обо́лтус, -а *m derb volksspr* Tranlampe, Blödian
обольсти́тель, -я *m alt* Verführer
обольсти́тельный, -ая, -ое; *Kzf* -лен, -льна verführerisch
обольсти́ть, -льщу́, -льсти́шь; -льщённый, -льщён, -льщена́ *v* verführen, verleiten || *uv* **обольща́ть,** -а́ю, -а́ешь
обольсти́ться, -льщу́сь, -льсти́шься *v* sich verführen [sich verleiten] lassen || *uv* **обольща́ться,** -а́юсь, -а́ешься
обольще́ние, -я *n* Verführung, Verlockung
обомлева́ть *uv* обомле́ть
обомле́ть, -е́ю, -е́ешь *v* 1. *umg* erstarren, der Ohnmacht nahe sein; ~ от стра́ха vor Furcht erstarren 2. *volksspr* einschlafen *von Gliedern* || *uv* обомлева́ть, -а́ю, -а́ешь
обомше́лый, -ая, -ое bemoost, mit Moos bewachsen
обоня́ние, -я *n* Geruchssinn
обоня́тельный, -ая, -ое Geruchs-
обоня́ть, -я́ю, -я́ешь *uv* Geruch wahrnehmen, riechen
обопру́ ↑ опере́ть
обора́чиваемость, -и *f* Umschlagsgeschwindigkeit, Umschlag; ускоо́рить ~ това́ров die Umlaufgeschwindigkeit der Waren erhöhen, den Umlauf der Waren beschleunigen
обора́чивать(ся) *uv zu* оберну́ть(ся)
оборва́нец, -нца, *I* -нцем, *G Pl* -нцев *m umg* zerlumpter Mensch, Vagabund, Landstreicher
обо́рванный, -ая, -ое 1. zerrissen, zerlumpt, durchlöchert 2. zerlumpt, in Lumpen gekleidet 3. abgerissen, nicht vollendet
обо|рва́ть*; обо́рванный, -ан, -а *v* 1. (ringsum) abpflücken, abreißen; ~ я́блоки Äpfel abpflücken 2. abreißen, zerreißen; ~ ни́тку einen Faden zerreißen 3. *übtr* (jäh) abbrechen; ~ разгово́р ein Gespräch jäh abbrechen 4. *übtr, umg A* das Wort abschneiden; ~ ора́тора den Redner unterbrechen ◇ у́ши ~ кому́-н. j-m die Ohren lang ziehen, j-n an den Ohren ziehen || *uv* обрыва́ть, -а́ю, -а́ешь
обо|рва́ться*; -рвали́сь *v* 1. abreißen, abgehen; оборвала́сь ве́шалка у пальто́ der Mantelanhänger ist abgegangen 2. herabstürzen, herunterfallen, abrutschen 3. *übtr* abbrechen, plötzlich aufhören 4. *umg* seine Kleidung stark abtragen, zerlumpen ◇ у меня́ оборва́ло́сь се́рдце das Herz stockte mir || *uv* обрыва́ться, -а́юсь, -а́ешься
обо́рка, -и, *Pl G* -рок, *D* -ркам *f* Rüsche, Volant
оборо́на, -ы *f* 1. Verteidigung, Abwehr 2. Verteidigungsstellung, Verteidigungsanlagen
оборони́тельный, -ая, -ое Verteidigungs-, Abwehr-; -ые бои́ Abwehrkämpfe; -ые сооруже́ния Verteidigungsanlagen
оборони́ть *v zu* обороня́ть
оборо́нный, -ая, -ое Verteidigungs-; -ая промы́шленность für Verteidigungszwecke arbeitende Industrie
обороноспосо́бность, -и *f* Verteidigungsfähigkeit, -bereitschaft
обороня́ть, -я́ю, -я́ешь *uv* verteidigen, abwehren || *v* оборони́ть, -ню́, -ни́шь; -нённый, -нён, -нена́
оборо́т, -а *m* 1. Umdrehung; три́ста -ов в мину́ту dreihundert Umdrehungen in der Minute 2. *wirtsch, finanz* Umlauf, Zirkulation 3. *meist Pl* Windung, Biegung; ~ реки́ Flußbiegung 4. neue Wendung, Verlauf *eines Geschehens* 5. Rückseite, Unterseite; смотри́ на -е siehe Rückseite 6. *ling* Wendung; фразеологи́ческий ~ phraseologische Wendung ◇ пусти́ть сло́во в ~ ein Wort in Gebrauch bringen [neu einführen]; брать [взять] в ~ ins Gebet nehmen, aus den Lumpen schütteln
о́боротень, -тня *m folkl* Werwolf *Mensch, der sich in ein Tier verwandeln kann*
оборо́тистый, -ая, -ое; *Kzf* -ист, -а *umg* wendig, findig
оборо́тливый, -ая, -ое; *Kzf* -ив, -а *umg* gewandt, geschäftstüchtig
оборо́тный, -ая, -ое 1. Umlauf-, zirkulierend; -ые сре́дства Umlaufmittel 2.: -ая сторона́ Rückseite ◇ -ая сторона́ die andere *negative*

Seite; -ая сторона́ меда́ли die Kehrseite der Medaille

обору́дование, -я *n* 1. Ausrüstung, Ausstattung, Einrichtung 2. Ausrüstungsgegenstände; Maschinen; компле́ктное ~ komplette Ausrüstung

обору́довать, -дую, -дуешь; -дованный, -дован, -а *v, uv* ausrüsten, ausstatten, einrichten

обоснова́ние, -я *n* 1. Begründung, Erhärtung 2. Beweis, Beweisgrund

обосно́ванность, -и *f* Stichhaltigkeit, Motiviertheit, zureichende Begründung

обосно́ванный, -ая, -ое begründet, stichhaltig, gerechtfertigt

обоснова́ть, -ную́, -нуёшь; обосно́ванный, -ан, -а *v* begründen, erhärten *durch Argumente* ‖ *uv* **обосно́вывать,** -аю, -аешь

обоснова́ться, -ную́сь, -нуёшься *v umg* sich einrichten, sich niederlassen ‖ *uv* **обосно́вываться,** -аюсь, -аешься

обосо́бить, -блю, -бишь; -бленный, -блен, -а *v* 1. absondern, abtrennen; isolieren 2. *gram* isolieren, in Appositionsstellung bringen ‖ *uv* обособля́ть, -я́ю, -я́ешь

обосо́биться, -блюсь, -бишься *v* 1. sich absondern; sich isolieren, sich abschließen, sich zurückziehen 2. *gram* in Appositionsstellung geraten ‖ *uv* обособля́ться, -я́юсь, -я́ешься

обособле́ние, -я *n* Absonderung, Isolierung

обосо́бленный, -ая, -ое 1. *Kzf* -лен, -ленна abgesondert, für sich (allein) stehend; isoliert 2. *gram* appositionell, isoliert; -ое определе́ние isoliertes Attribut

обособля́ть(ся) *uv zu* обосо́бить(ся)

обостре́ние, -я *n* Verschärfung, Zuspitzung

обострённость, -и *f* 1. Schärfe *des Wahrnehmungsvermögens*; ~ слу́ха Schärfe des Gehörs 2. Zugespitztheit; ~ отноше́ний Zugespitztheit der Beziehungen

обострённый, -ая, -ое 1. scharf (hervortretend) *von Gesichtszügen* 2. geschärft, scharf *Wahrnehmungen, Wahrnehmungsvermögen*; ~ слух scharfes Gehör 3. zugespitzt, verschärft; -ые отноше́ния zugespitzte Beziehungen

обостри́ть, -рю́, -ри́шь; -рённый, -рён, -рена́ *v* 1. schärfen; verstärken *Wahrnehmungsvermögen, Empfindungen*; ~ зре́ние Sehvermögen schärfen; э́то обостри́ло у него́ жела́ние das verstärkte seinen Wunsch 2. verschärfen, zuspitzen; ~ разногла́сия die Meinungsverschiedenheiten verschärfen ‖ *uv* **обостря́ть,** -я́ю, -я́ешь

обостри́ться, *1. u. 2. Pers ungebr*, -и́тся *v* 1. sich verschärfen, stärker hervortreten *von Gesichtszügen* 2. sich schärfen, sich verstärken *Wahrnehmungsvermögen, Empfindungen*; зре́ние обостри́лось das Sehvermögen hat sich geschärft; жела́ние обостри́лось der Wunsch hat sich verstärkt 3. sich zuspitzen, sich verschärfen; кри́зис обостри́лся die Krise hat sich verschärft ‖ *uv* **обостря́ться,** -я́ется

обо́чина, -ы *f* Weg-, Straßenrand; ~ шоссе́ Chausseerand

обою́дный, -ая, -ое; *Kzf* -ден, -дна beiderseitig, gegenseitig; по -ому соглаше́нию mit beiderseitigem Einverständnis

обоюдо- *in Zuss* von beiden Seiten, für beide Seiten

обоюдо|вы́годный, -ая, -ое für beide Seiten vorteilhaft; **~о́стрый,** -ая, -ое 1. zweischneidig, mit zwei Schneiden 2. *Kzf* -о́стр, -а *übtr* zweischneidig; **~сторо́нний,** -яя, -ее beiderseitig, zweiseitig

обраба́тывать *uv zu* обрабо́тать

обраба́тывающий, -ая, -ее: -ая промы́шленность verarbeitende Industrie

обрабо́тать, -аю, -аешь; -анный, -ан, -а *v* 1. bearbeiten; ~ дета́ль ein Werkstück bearbeiten 2. vervollkommnen, den letzten Schliff geben; ~ го́лос seine Stimme vervollkommnen 3. *übtr, volksspr* (j-n) bearbeiten, beeinflussen 4. *volksspr* (etw.) hinkriegen, erfolgreich erledigen 5. *übtr, volksspr* verprügeln ‖ *uv* обраба́тывать, -аю, -аешь

обрабо́тка, -и *f* 1. Bearbeitung; ~ дета́ли Bearbeitung eines Werkstücks 2. Vervollkommnung, Schulung; ~ го́лоса Vervollkommnung der Stimme 3. *volksspr* Beeinflussung, Bearbeitung ◇ брать [взять] в -у кого́-н. j-n bearbeiten, sich j-n vornehmen, sich j-n vorknöpfen

обра́довать, -дую, -дуешь; -дованный, -дован, -а *v* erfreuen, Freude bereiten

обра́доваться, -дуюсь, -дуешься *v D* sich freuen, Freude empfinden (über);

он обрáдовался сы́ну er freute sich über seinen Sohn

[1]**óбраз,** -а *m* 1. Bild, Gestalt; ~ её не выходи́л из моéй головы́ ihr Bild ging mir nicht aus dem Kopf; пéред егó воображéнием вставáли -ы прошéдшего vor seinem geistigen Auge standen die Gestalten der Vergangenheit auf 2. *lit, theat* Gestalt; актёр хорошó пéредал ~ Гáмлета der Schauspieler hat die Gestalt des Hamlet gut wiedergegeben 3. Abbild 4. *lit* sprachliches Bild, Metapher 5. Weise, Art und Weise; глáвным -ом hauptsächlich; никóим -ом auf keine (Art und) Weise

[2]**óбраз,** -а, *Pl* образá, -óв, -áм *m* Heiligenbild, Ikone

образéц, -зцá, *I* -зцóм, *G Pl* -зцóв *m* 1. Muster, Probe *von Waren* 2. Muster, typisches Beispiel, typischer Vertreter; Prototyp 3. Muster, Vorbild, nachahmenswertes Beispiel; постáвить в ~ als Beispiel hinstellen

óбразный, -ая, -ое; *Kzf* -зен, -зна bildlich, bildhaft

-обрáзный, -ая, -ое *zweiter Teil in Zuss* -förmig, -artig, *z. B.* вилообрáзный gabelförmig

[1]**образовáние,** -я *n* 1. Bildung, Schaffung, Entstehung, Herausbildung, Formierung 2. Gebilde, Formation; вулкани́ческие -я vulkanische Formationen

[2]**образовáние,** -я *n* Bildung, Ausbildung, Vorbildung; óбщее ~ Allgemeinbildung

образóванность, -и *f* Bildungsgrad, Bildung

образóванный, -ая, -ое; *Kzf* -ван, -ванна gebildet; ~ человéк gebildeter Mensch

образовáтельный, -ая, -ое Bildungs-

[1]**образовáть,** -зу́ю, -зу́ешь; -зóванный, -зóван, -а *v, uv* (*Prät nur v*) 1. schaffen, hervorbringen, bilden; дорóга образу́ет полукру́г die Straße bildet einen Halbkreis 2. gründen, schaffen, bilden; ~ коми́ссию eine Kommission bilden || *uv a.* **образóвывать,** -аю, -аешь

[2]**образовáть,** -зу́ю, -зу́ешь; -зóванный, -зóван, -а *v, uv* (*Prät nur v*) 1. *alt* Bildung vermitteln 2. vervollkommnen, bilden, entwickeln || *uv a.* **образóвывать,** -аю, -аешь

образовáться, *1. u. 2. Pers ungebr*, -зу́ется *v, uv* (*Prät nur v*) 1. entstehen, sich bilden, sich herausbilden 2. *umg* in Ordnung, ins rechte Geleise kommen || *uv a.* **образóвываться,** -ается

образу́мить, -у́млю, -у́мишь; -у́мленный, -у́млен, -а *v umg* zur Vernunft bringen || *uv* **образу́мливать,** -аю, -аешь

образу́миться, -у́млюсь, -у́мишься *v umg* zur Vernunft kommen, Vernunft annehmen || *uv* **образу́мливаться,** -аюсь, -аешься

образцóвый, -ая, -ое 1. als Muster [Vorlage, Beispiel] dienend 2. mustergültig, beispielhaft, Muster-

образчик [áщ], -а *m* 1. Muster, Probe *von Waren* 2. *übtr, umg* Beispiel

обрáмить, -áмлю, -áмишь; -áмленный, -áмлен, -а *v umg* in einen Rahmen stellen, setzen; einrahmen || *uv* обрамля́ть, -я́ю, -я́ешь

обрами́ть, -млю́, -ми́шь; -млённый, -млён, -мленá *v* einen Rahmen bilden, umschließen, umrahmen || *uv* обрамля́ть, -я́ю, -я́ешь; и́згородь обрамля́ла сад eine Hecke umschloß den Garten

обрамлéние, -я *n* Einrahmung, Einfassung, Umrahmung

обрамля́ть *uv zu* обрáмить *u.* обрами́ть

обрастáние, -я *n* 1. Bewachsung 2. *umg* Verspießerung

обрастáть *uv zu* обрасти́

об|расти́* *v* 1. sich bedecken *mit Pflanzenwuchs*, zuwachsen; обрóсшая мóхом моги́ла ein moosbewachsenes Grab 2. *I umg* sich bedecken (mit), ansetzen; ~ жи́ром Fett ansetzen 3. *I umg* sich umgeben (mit), sich ausstatten (mit), sich (etw.) schaffen; ~ хозя́йством sich eine Wirtschaft schaffen || *uv* обрастáть, -áю, -áешь

обрáт, -а *m* Magermilch

обрати́мый, -ая, -ое; *Kzf* -и́м, -а umkehrbar, reversibel; -ая плёнка *phot* Umkehrfilm

обрати́ть, -ащу́, -ати́шь; -ащённый, -ащён, -ащенá *v* 1. wenden, hinwenden, zuwenden; онá обрати́ла ко мне своё лицó sie wandte mir ihr Gesicht zu 2. *übtr* lenken, richten, (zu)wenden; ~ внимáние на чтó-н. seine Aufmerksamkeit auf etw. richten 3. verwandeln, umwandeln; ~ газ в жи́дкость Gas in Flüssigkeit umwandeln 4.: ~ в смех [в шу́тку] eine scherzhafte Wendung [Deutung] geben ◇ ~ в бéгство in die Flucht schlagen || *uv* обращáть, -áю, -áешь

обрати́ться, -ащу́сь, -ати́шься *v* **1.** sich (hin)wenden **2.** *übtr* sich richten; его́ гнев обрати́лся на меня́ sein Zorn richtete sich gegen mich **3.** sich zuwenden, sein Interesse zuwenden **4.** к *D*, в *A* sich wenden (an); ~ к юри́сту sich an einen Juristen wenden; ~ в министе́рство sich ans Ministerium wenden **5.** sich verwandeln; вода́ обрати́лась в лёд das Wasser hat sich in Eis verwandelt ◇ ~ в зре́ние ganz Auge sein; ~ в слух ganz Ohr sein; ~ в бе́гство die Flucht ergreifen ‖ *uv* обраща́ться, -а́юсь, -а́ешься

обра́тно *Adv* **1.** zurück, in entgegengesetzter Richtung; поверну́ть ~ umkehren, kehrt machen **2.** *umg* umgekehrt ◇ туда́ и ~ hin und zurück

обра́тный, -ая, -ое **1.** Rückwärts-, Rück-; ~ ход Rückwärtsgang; ~ путь Rückweg; ~ биле́т Rückfahrkarte **2.**: -ая сторона́ Rückseite **3.** entgegengesetzt, umgekehrt; в -ом поря́дке in umgekehrter Reihenfolge; ~ смысл entgegengesetzter Sinn ◇ име́ть -ую си́лу rückwirkend gelten, rückwirkende Kraft haben

обраща́ть *uv zu* обрати́ть

обраща́ться, -а́юсь, -а́ешься *uv* **1.** *uv zu* обрати́ться **2.** *buchspr* sich drehen, kreisen; Земля́ обраща́ется вокру́г Со́лнца die Erde dreht sich um die Sonne **3.** sich im Umlauf befinden, umlaufen *Geld, Waren* **4.** umgehen, Umgang haben (с *I* mit); с ним обраща́ются как с мальчи́шкой mit ihm geht man um wie mit einem dummen Jungen **5.** с *I* umgehen, benutzen; уме́ть ~ с инструме́нтом mit dem Werkzeug umzugehen verstehen

обраще́ние, -я *n* **1.** Hinwendung, Zuwendung, Wendung; ~ к нау́ке Hinwendung zur Wissenschaft **2.** Bekehrung; ~ в христиа́нство Bekehrung zum Christentum **3.** Umwandlung, Verwandlung **4.** Kreislauf; ~ кро́ви Blutkreislauf **5.** Verhalten (с *I* gegenüber); ~ с подчинёнными Verhalten den Unterstellten gegenüber **6.** Umgang (с *I* mit); ~ с инструме́нтом Umgang mit dem Werkzeug **7.** Appell, Aufruf **8.** *gram* Anrede(form) **9.** Gebrauch, Umlauf, Benutzung, Verkehr; изъя́ть из -я aus dem Verkehr [Umlauf] ziehen

обре́з, -а *m* **1.** Schnitt *bei Büchern*; кни́га с золоты́м -ом Buch mit Goldschnitt **2.** Stutzen *Gewehr* ◇ в ~ sehr knapp; вре́мени у меня́ в ~ ich habe sehr wenig Zeit

об|ре́зать* *v* **1.** abschneiden, beschneiden **2.** schneiden, eine Schnittwunde zufügen; она́ обре́зала себе́ па́лец sie hat sich in den Finger geschnitten **3.** *A übtr, umg* j-m das Wort abschneiden **4.** *rel* die Beschneidung vornehmen, beschneiden ◇ ~ кры́лья die Flügel beschneiden ‖ *uv* **обреза́ть,** -а́ю, -а́ешь *u.* обре́зывать, -аю, -аешь

об|ре́заться* *v umg* sich schneiden, sich eine Wunde zufügen ‖ *uv* **обреза́ться,** -а́юсь, -а́ешься *u.* обре́зываться, -аюсь, -аешься

обре́зок, -зка *m* Schnittrest, Abfallstück, Schnitzel; бума́жные -зки Papierschnitzel

обре́зывать(ся) *uv zu* обре́зать(ся)

обрека́ть *uv zu* обре́чь

обремени́тельный, -ая, -ое; *Kzf* -лен, -льна beschwerlich, lästig

обремени́ть, -ню́, -ни́шь; -нённый, -нён, -нена́ *v* **1.** *meist Ptz Prät Pass* beschweren; ве́тви, обременённые сне́гом von Schnee schwere Zweige **2.** *übtr* beschwerlich fallen, zur Last fallen, belästigen; aufbürden, belasten; ~ непоси́льным трудо́м eine über die Kräfte gehende Arbeit aufbürden; ~ про́сьбой mit einer Bitte belästigen ‖ *uv* **обременя́ть,** -я́ю, -я́ешь

обрести́* *v buchspr* finden, gewinnen, erhalten; ~ сча́стье sein Glück finden; ~ дру́га einen Freund finden ‖ *uv* **обрета́ть,** -а́ю, -а́ешь

обрету́ ↑ обрести́

обречённость, -и *f*: чу́вство -и Gefühl des sicheren Untergangs [der völligen Hoffnungslosigkeit]

обречённый, -ая, -ое vom Schicksal gezeichnet, vorbestimmt; ~ на ги́бель dem Untergang geweiht

об|ре́чь*; обрёкший; обрёкши *v buchspr* verurteilen, verdammen (на *A* zu); preisgeben ‖ *uv* обрека́ть, -а́ю, -а́ешь

обрива́ть *uv zu* обри́ть

обрисова́ть, -су́ю, -су́ешь; -со́ванный, -со́ван, -а *v* **1.** umreißen, die Konturen ziehen, umranden **2.** die Körperkonturen betonen *von Kleidung* **3.** *übtr* umreißen, beschreiben, skizzieren ‖ *uv* **обрисо́вывать,** -аю, -аешь

обрисова́ться, *1. u. 2. Pers ungebr,*

-сýется *v* **1.** sich (deutlich) abzeichnen, hervortreten; егó фигýра обрисовáлась в темнотé im Dunkeln zeichnete sich seine Gestalt ab **2.** *übtr* sich abzeichnen, klar werden; задáча я́сно обрисовáлась die Aufgabe wurde klar [zeichnete sich deutlich ab] || *uv* **обрисóвываться,** -ается

о|бри́ть* *v* abrasieren || *uv* обривáть, -áю, -áешь

обрóк, -а *m* Obrok *jährliche Natural- oder Geldabgabe der Leibeigenen an den Grundherrn*

оброни́ть, -оню́, -óнишь; -óненный, -óнен, -а *v* **1.** *umg* verlieren, fallen lassen **2.** verlieren, ablegen *Blätter, Nadeln* **3.** eine Bemerkung fallen lassen, nebenbei bemerken

обрубáть *uv zu* обруби́ть

обруби́ть, -ублю́, -ýбишь; -ýбленный, -ýблен, -а *v* **1.** ringsherum behauen, durch Abhauen kürzen *mit dem Beil u. ä.* **2.** einschlagen und umsäumen, einen Saum machen || *uv* обрубáть, -áю, -áешь

обрýбка, -и *f* **1.** Behauen **2.** Umsäumen

обрýбок, -бка *m* **1.** abgehackter Klotz **2.** Stumpf, Stummel *Gliedmaßen*

обругáть, -áю, -áешь; обрýганный, -ан, -а *v* **1.** beschimpfen, ausschimpfen **2.** *umg* abfällig beurteilen, heruntermachen

обрусéть, -éю, -éешь *v* zum Russen werden, die russische Sprache und russische Sitten annehmen

óбруч, -а, *Pl* óбручи, обручéй, обручáм *m* Faßreifen

обручáльный, -ая, -ое Verlobungs-; Trau-; -ое кольцó Verlobungsring, Trauring

обручáть(ся) *uv zu* обручи́ть(ся)

обручéние, -я *n* **1.** Ringewechsel *während der kirchlichen Verlobung* **2.** Verlobung

обручи́ть, -чý, -чи́шь; -чённый, -чён, -ченá *v* verloben || *uv* обручáть, -áю, -áешь

обручи́ться, -чýсь, -чи́шься *v* sich verloben || *uv* обручáться, -áюсь, -áешься

обрýшивать(ся) *uv zu* обрýшить(ся)

обрýшить, -шу, -шишь; -шенный, -шен, -а *v* **1.** zum Einsturz bringen, niederreißen **2.** schütten, gießen, häufen (на *A* über); внезáпный ураган обрýшил на негó ты́сячи камнéй ein plötzlicher Wirbelsturm überschüttete ihn mit Tausenden von Steinen **3.** *übtr* mit Heftigkeit richten, schleudern, werfen (на *A* gegen, auf); ~ огóнь на врагá heftiges Feuer gegen den Feind richten || *uv* обрýшивать, -аю, -аешь

обрýшиться, -шусь, -шишься *v* **1.** einstürzen, zusammenstürzen **2.** (schwer) fallen, stürzen **3.** *übtr* (schwer) treffen, fallen **4.** на *A* *übtr* herfallen (über), sich stürzen (auf); ~ на врагá sich auf den Feind stürzen || *uv* обрýшиваться, -аюсь, -аешься

обры́в, -а *m* Abhang, Steilwand

обрывáть(ся) *uv zu* оборвáть(ся)

обры́вистый, -ая, -ое; *Kzf* -ист, -а **1.** abschüssig, steil **2.** *übtr* abgerissen; -ые мы́сли abgerissene Gedanken

обры́вок, -вка *m* **1.** abgerissenes Stück, abgerissener Fetzen; -и бумáги Papierfetzen **2.** *übtr* Bruchstück, Fetzen; -и мы́слей Gedankenfetzen

обры́вочный, -ая, -ое; *Kzf* -чен, -чна fragmentarisch, bruchstückartig

обры́згать, -аю, -аешь; -анный, -ан, -а *v* bespritzen, besprengen || *uv* **обры́згивать,** -аю, -аешь

обры́згаться, -аюсь, -аешься *v* sich bespritzen, sich besprengen || *uv* **обры́згиваться,** -аюсь, -аешься

обрю́зглый, -ая, -ое krankhaft dick, aufgedunsen

обрю́згнуть, -ну, -нешь; обрю́зг, -ла *v* krankhaft dick werden, aufgedunsen werden

обрю́згший, -ая, -ее krankhaft dick, aufgedunsen

обря́д, -а *m* Zeremoniell, Ritus

обря́довый, -ая, -ое zeremoniell, rituell

обсади́ть, -ажý, -áдишь; -áженный, -áжен, -а *v* bepflanzen, umpflanzen || *uv* **обсáживать,** -аю, -аешь

обсáсывать *uv zu* обсосáть

обсáхаривать *uv zu* обсáхарить

обсáхарить, -рю, -ришь; -ренный, -рен, -а *v* überzuckern || *uv* обсáхаривать, -аю, -аешь

обсекáть *uv zu* обсéчь

обсеменéние, -я *n* Besäen

обсемени́ть, -ню́, -ни́шь; -нённый, -нён, -ненá *v* besäen || *uv* **обсеменя́ть,** -я́ю, -я́ешь

обсерватóрия, -и *f* Observatorium

об|сéчь*; обсеклá *v* **1.** ringsherum abhauen **2.** behauen || *uv* обсекáть, -áю, -áешь

об|скакáть*; обскáканный, -ан, -а *v*

1. umreiten, reiten (вокру́г *G* um herum); они́ обскака́ли ро́щу sie umritten das Wäldchen 2. *volksspr reitend* durchstreifen, abreiten 3. *reitend* überholen || *uv* **обска́кивать,** -аю, -аешь
обсле́дование, -я *n* Besichtigung *zur Überprüfung,* Überprüfung
обсле́дователь, -я *m* (Über-) Prüfer
обсле́довать, -дую, -дуешь; -дованный, -дован, -а *v* besichtigen, überprüfen, untersuchen
обслу́живание, -я *n* Betreuung; Bedienung; медици́нское ~ medizinische Betreuung; отли́чное ~ в рестора́не ausgezeichnete Bedienung im Restaurant; комбина́т бытово́го -я Dienstleistungskombinat
обслу́живать, -аю, -аешь *uv* 1. betreuen, bedienen; ~ покупа́теля einen Käufer bedienen 2. *tech* bedienen; ~ не́сколько станко́в mehrere Maschinen bedienen || *v* **обслужи́ть,** -ужу́, -у́жишь; -у́женный, -у́жен, -а *zu* 1
об|соса́ть* *v* 1. ringsherum absaugen, besaugen; ablutschen 2. *volksspr* durchstudieren, durchkauen || *uv* обса́сывать, -аю, -аешь
обсо́хнуть, -ну, -нешь; обсо́х, -ла *v* trocken werden, trocknen || *uv* обсыха́ть, -а́ю, -а́ешь
обста́вить, -а́влю, -а́вишь; -а́вленный, -а́влен, -а *v* 1. umstellen, umgeben 2. *übtr* umrahmen, umkleiden 3. einrichten, ausstatten, möblieren 4. *übtr* arrangieren, ausrichten, organisieren 5. *volksspr* übertreffen, ausstechen || *uv* **обставля́ть,** -я́ю, -я́ешь
обстано́вка, -и *f* 1. Einrichtung, Ausstattung; Möbeleinrichtung 2. Umgebung, Situation, Lage, Atmosphäre
обстано́вочный, -ая, -ое *theat* Ausstattungs-; -ая пье́са Ausstattungsstück
обстоя́тельность, -и *f* Ausführlichkeit, Gründlichkeit
обстоя́тельный, -ая, -ое; *Kzf* -лен, -льна 1. ausführlich, gründlich 2. *umg* gründlich, bedachtsam; umständlich
обстоя́тельственный, -ая, -ое *gram* adverbial, Umstands-
обстоя́тельство, -а *n* 1. Umstand, Begleitumstand; его́ спасло́ то ~, что ihn rettete der Umstand, daß 2. *Pl* die Umstände, Verhältnisse 3. *gram* adverbiale Bestimmung, Umstandsbestimmung; ~ о́браза де́йствия Modalbestimmung, Umstandsbestimmung der Art und Weise
обстоя́ть, *1. u. 2. Pers ungebr,* -ои́т *uv* sich verhalten; всё обстои́т благополу́чно es steht [geht] alles gut; де́ло обстоя́ло пло́хо die Sache stand schlecht
обстра́гивать *uv zu* обстрога́ть
обстра́ивать(ся) *uv zu* обстро́ить(ся)
обстре́л, -а *m* 1. Beschießung; Beschuß 2. Schußfeld ◇ брать [взять] под ~ scharf kritisieren
обстре́ливать *uv zu* обстреля́ть
обстре́лянный, -ая, -ое kampferprobt
обстреля́ть, -я́ю, -я́ешь; обстре́лянный, -ян, -а *v* 1. beschießen, unter Beschuß nehmen 2. einschießen *neue Waffen* 3. *volksspr* im Schießen übertreffen || *uv* обстре́ливать, -аю, -аешь
обстрига́ть *uv zu* обстри́чь
об|стри́чь* *v umg* schneiden, scheren || *uv* обстрига́ть, -а́ю, -а́ешь
обстрога́ть, -а́ю, -а́ешь; обстро́ганный, -ан, -а *v* hobeln, abhobeln || *uv* обстра́гивать, -аю, -аешь
обстро́ить, -о́ю, -о́ишь; -о́енный, -о́ен, -а *v umg* 1. ringsum bebauen, umbauen, umgeben; двор обстро́ен сара́ями der Hof ist von Schuppen umgeben 2. bebauen || *uv* обстра́ивать, -аю, -аешь
обстро́иться, -о́юсь, -о́ишься *v umg* 1. bauen *für sich;* переселе́нцы ещё не успе́ли ~ die Umsiedler waren noch nicht fertig mit dem Bauen 2. bebaut werden || *uv* обстра́иваться, -аюсь, -аешься
обступа́ть *uv zu* обступи́ть
обступи́ть, *1. u. 2. Pers ungebr,* -у́пит; -у́пленный, -у́плен, -а *v* 1. stehend umringen; рабо́чие обступи́ли его́ die Arbeiter umringten ihn 2. *übtr* befallen, bedrängen, ergreifen, ankommen; воспомина́ния обступи́ли его́ Erinnerungen kamen ihn an || *uv* обступа́ть, -а́ет
обсуди́ть, -ужу́, -у́дишь; -уждённый, -уждён, -ждена́ *v* erörtern, besprechen, erwägen || *uv* **обсужда́ть,** -а́ю, -а́ешь
обсужде́ние, -я *n* Erörterung, Besprechung, Überlegung, Erwägung
обсу́шивать(ся) *uv zu* обсуши́ть(ся)
обсуши́ть, -ушу́, -у́шишь; -у́шенный, -у́шен, -а *v* trocknen, trocken machen || *uv* обсу́шивать, -аю, -аешь
обсуши́ться, -ушу́сь, -у́шишься *v*

seine Kleider trocknen, sich trocknen || *uv* обсу́шиваться, -аюсь, -аешься
обсчёт, -а *m umg* Rechenfehler; Übervorteilung
обсчита́ть, -а́ю, -а́ешь; обсчи́танный, -ан, -а *v* übervorteilen, prellen *beim Berechnen* || *uv* **обсчи́тывать,** -аю, -аешь
обсчита́ться, -а́юсь, -а́ешься *v* sich verrechnen, falsch rechnen || *uv* **обсчи́тываться,** -аюсь, -аешься
об|сы́пать* *v* **1.** bestreuen, bestauben, bedecken **2.** *übtr* überschütten, übersäen; звезды обсы́пали не́бо der Himmel war von Sternen übersät || *uv* **обсыпа́ть,** -а́ю, -а́ешь
обсыха́ть *uv zu* обсо́хнуть
обта́ивать *uv zu* обта́ять
обта́чивать *uv zu* обточи́ть
обта́ять, *1. u. 2. Pers ungebr,* -а́ет *v* von außen abtauen, tauen || *uv* обта́ивать, -ает
обтека́емый, -ая, -ое stromlinienförmig, Stromlinien-
обтека́ть *uv zu* обте́чь
об|тере́ть*, оботру́; обтере́в *u.* обтёрши *v* **1.** trockenwischen, trockenreiben, abwischen **2.** trocknen, wegwischen; ~ слёзы Tränen wegwischen **3.** *I* abreiben, einreiben **4.** *umg* Kleidung abtragen **5.** glattreiben; ка́мень обтёрт волна́ми der Stein ist von den Wellen glattgewaschen worden || *uv* обтира́ть, -а́ю, -а́ешь
об|тере́ться*, оботру́сь; обтёршись *v* **1.** sich trockenreiben **2.** sich abreiben, sich einreiben *mit Flüssigkeit* **3.** *umg* sich abtragen, sich abnutzen **4.** *übtr, volksspr* sich eingewöhnen, sich anpassen || *uv* обтира́ться, -а́юсь, -а́ешься
об|теса́ть* *v* **1.** behauen; ~ брёвна Balken behauen **2.** *übtr, volksspr* Benehmen [Schliff] beibringen || *uv* **обтёсывать,** -аю, -аешь
об|теса́ться* *v volksspr* ordentliches Benehmen [Schliff] annehmen, Schliff bekommen || *uv* **обтёсываться,** -аюсь, -аешься
об|те́чь* *v* **1.** *1. u. 2. Pers ungebr* umfließen **2.** *übtr* umgéhen, umfáhren || *uv* обтека́ть, -а́ю, -а́ешь
обтира́ние, -я *n* Abreiben, Frottieren
обтира́ть(ся) *uv zu* обтере́ть(ся)
обточи́ть, -очу́, -о́чишь; -о́ченный, -о́чен, -а *v* **1.** (ab)drehen, (ab)schleifen, (ab)drechseln *auf Werkbank, Maschine* **2.** glattreiben, glattschleifen; во́лны обточи́ли ка́мень die Wellen haben den Stein glattgeschliffen || *uv* обта́чивать, -аю, -аешь
обтрёпанный, -ая, -ое stark abgetragen, zerlumpt
об|трепа́ть* *v* abtragen, abnutzen *vor allem an den Rändern*
об|трепа́ться*, *1. u. 2. Pers ungebr v* sich abnutzen, abgetragen werden *vor allem an den Rändern*
обтя́гивать *uv zu* обтяну́ть
обтя́жка, -и *f* **1.** Beziehen, Beschlagen **2.** Bezug; дива́н с ко́жаной -ой Ledersofa ◇ в -у eng anliegend
обтяну́ть, -яну́, -я́нешь; -я́нутый, -я́нут, -а *v* **1.** beziehen, beschlagen; überziehen **2.** straff umschließen, straff umspannen; фигу́ра её ту́го обтя́нута шёлком ihre Gestalt wurde von der Seide straff umspannt, die Seide lag straff an ihrem Körper an || *uv* обтя́гивать, -аю, -аешь
обува́ть(ся) *uv zu* обу́ть(ся)
обувно́й, -а́я, -о́е Schuh-; ~ магази́н Schuhgeschäft
о́бувь, -и *f* Schuhwerk
обу́гливание, -я *n chem* Verkohlung
обу́гливаться *uv zu* обу́глиться
обу́глиться, *1. u. 2. Pers ungebr,* -ится *v am Rande* verkohlen || *uv* обу́гливаться, -ается
обу́живать *uv zu* обу́зить
обу́за, -ы *f* Last, lästige [drückende] Verpflichtung
обузда́ть, -а́ю, -а́ешь; обу́зданный, -ан, -а *v* **1.** Zaumzeug [Zügel] anlegen, zäumen **2.** *übtr* Zügel anlegen, zügeln, bezähmen || *uv* **обу́здывать,** -аю, -аешь
обу́зить, обу́жу, обу́зишь; обу́женный, -ен, -а *v* zu eng machen || *uv* обу́живать, -аю, -аешь
обурева́ть, *1. u. 2. Pers ungebr,* -а́ет *uv übtr* mit Gewalt ergreifen, packen
обусло́вить, -о́влю, -о́вишь; -о́вленный, -о́влен, -а *v* **1.** *I* vertraglich binden (an), abhängig machen (von); догово́р обусло́влен определённым сро́ком der Vertrag ist an eine bestimmte Frist gebunden **2.** bedingen, verursachen, zur Folge haben || *uv* **обусло́вливать,** -аю, -аешь
обу́ть* *v* **1.** Schuhe anziehen; ~ ребёнка einem Kind die Schuhe anziehen **2.** *umg* mit Schuhwerk versehen || *uv* обува́ть, -а́ю, -а́ешь
обу́ться* *v* sich die Schuhe anziehen || *uv* обува́ться, -а́юсь, -а́ешься

óбух, -а *u.* **обýх,** -á *m* Beilrücken ◇ меня́ тóчно -ом по головé ich war wie vor den Kopf geschlagen
обуча́ть *uv zu* обучи́ть
обуча́ться, -а́юсь, -а́ешься *uv* **1.** *uv zu* обучи́ться **2.** einen Lehrgang [Schule] besuchen, eine Ausbildung durchlaufen; studieren
обучéние, -я *n* Lehren, Unterrichten; Unterricht, Ausbildung; ~ гра́моте Unterricht im Lesen und Schreiben
обучи́ть, обучу́, обу́чишь; обу́ченный, -ен, -а *v D oder mit Inf* lehren, unterrichten, ausbilden; ~ ремеслу́ ein Handwerk lehren; ~ когó-н. францу́зскому языку́ j-n im Französischen unterrichten ‖ *uv* обуча́ть, -а́ю, -а́ешь
обучи́ться, обучу́сь, обу́чишься *v D oder mit Inf* lernen; ~ чтéнию и письму́ lesen und schreiben lernen ‖ *uv* обуча́ться, -а́юсь, -а́ешься
обу́ю ↑ обу́ть
обуя́ть, *1. u. 2. Pers ungebr,* -я́ет *v* ergreifen, sich bemächtigen *von Gefühlen;* меня́ обуя́л страх Furcht bemächtigte sich meiner
обха́живать, -аю, -аешь *uv* **1.** *iterativ zu* [1]обходи́ть ringsherum gehen; umgehen, umkreisen **2.** *umg* schmeichlerisch umgarnen, sich einschmeicheln (bei)
обхва́т, -а *m* **1.** *umg* Umfassen **2.** Umfang *von einem Menschen mit ausgebreiteten Armen umfaßbar;* дуб в два -а Eiche, die zwei Menschen umfassen können **3.** Umfang; дерéвья от двух до трёх мéтров в ~ Bäume von zwei bis drei Meter Umfang
обхвати́ть, -ачу́, -а́тишь; -а́ченный, -а́чен, -а *v* umfassen, ergreifen ‖ *uv* **обхва́тывать,** -аю, -аешь
обхитри́ть, -рю́, -ри́шь *v volksspr* überlisten, betrügen
обхóд, -а *m* **1.** Rundgang **2.** Umgehung, Umgehungsmanöver **3.** Umgehungsmöglichkeit, Umgehungsweg
обходи́тельность, -и *f* Umgänglichkeit, Zuvorkommenheit
обходи́тельный, -ая, -ое; *Kzf* -лен, -льна umgänglich, zuvorkommend
[1]**обходи́ть** *uv zu* обойти́
[2]**обходи́ть,** -ожу́, -óдишь; -óженный, -óжен, -а *v umg* ganz durchwandern, durchstreifen; alles abgehen
обходи́ться *uv zu* обойти́сь
обхóдный, -ая, -ое *v. umg* **обходнóй,** -а́я, -óе **1.** *mil* Umgehungs-; -ое движéние Umgehungsmanöver **2.** Umweg-, Umgehungs-, Umführungs-; -ая дорóга Umgehungsstraße **3.** *übtr:* ~ путь Umweg; -ыми путя́ми auf Umwegen ◇ -óй лист Laufzettel
обхóдчик, -а *m*: путевóй ~ Streckenwärter
обхождéние, -я *n* Behandlung, Umgang; проявля́ть нéжность в -и с детьми́ Zärtlichkeit im Umgang mit Kindern zeigen
обчи́стить, -и́щу, -и́стишь; -и́щенный, -и́щен, -а *v* **1.** *umg* säubern, putzen, reinigen **2.** *umg* schälen, die Schale entfernen **3.** *übtr, volksspr* bestehlen, ausplündern *beim Glücksspiel* ‖ *uv* **обчища́ть,** -а́ю, -а́ешь
обша́ривать *uv zu* обша́рить
обша́рить, -рю, -ришь; -ренный, -рен, -а *v umg* durchsuchen, durchstöbern, durchwühlen ‖ *uv* обша́ривать, -аю, -аешь
обшива́ть *uv zu* обши́ть
обши́вка, -и, *Pl G* -вок, *D* -вкам *f* **1.** Benähen, Umnähen; Verschalen, Verkleiden **2.** Besatz *an Kleidungsstücken* **3.** Verschalung(smaterial), Verkleidung(smaterial); желéзная ~ Eisenverkleidung, Panzerung
обши́рность, -и *f* Weite, Umfang, Größe, Weitläufigkeit
обши́рный, -ая, -ое; *Kzf* -рен, -рна **1.** weit, weitläufig, groß **2.** *übtr* umfassend, umfangreich, ausgedehnt; -ая прогрáмма umfangreiches Programm
об|ши́ть*, обошью́ *v* **1.** umnähen **2.** verkleiden, verschalen; ~ тёсом mit Bohlen verkleiden **3.** *A umg* die gesamte Kleidung (für j-n) nähen; (j-n) mit selbstgenähter Kleidung versorgen ‖ *uv* обшива́ть, -а́ю, -а́ешь
обшла́г, -á *m* Ärmelaufschlag, Manschette
обща́ться, -а́юсь, -а́ешься *uv* Umgang haben, verkehren
обще- *in Zuss* **1.** Gesamt-, All- **2.** allgemein-
обще|войсковóй, -а́я, -óе Truppen-, Heeres-, Armee-; sämtliche Truppengattungen betreffend; **~досту́пный,** -ая, -ое; *Kzf* -пен, -пна **1.** für alle erschwinglich, für alle erreichbar **2.** allgemeinverständlich, für alle faßlich; **~житéйский,** -ая, -ое alltäglich, gewöhnlich
общежи́тие, -я *n* **1.** Wohnheim **2.** Zusammenleben, Gemeinschaftsleben **3.** Alltagsleben, Alltag

общеизвестный [сн], -ая, -ое; *Kzf* -тен, -тна allgemein bekannt, allbekannt

общенародный, -ая, -ое; *Kzf* -ден, -дна Volks-; -ая собственность Volkseigentum

общение, -я *n* Verkehr, Umgang, Verbindung; ~ с людьми Umgang, Verkehr mit Menschen; поддерживать ~ с кем-н. mit j-m verkehren, mit j-m in Verbindung stehen

обще|образовательный, -ая, -ое allgemeinbildend; **~полезный,** -ая, -ое; *Kzf* -зен, -зна gemeinnützig, von allgemeinem Nutzen, von Nutzen für die Allgemeinheit; **~понятный,** -ая, -ое; *Kzf*-тен, -тна allgemeinverständlich; **~признанный,** -ая, -ое; *Kzf* -ан, -а allgemein anerkannt

общепринятый, -ая, -ое; *Kzf* -ят, -а (allgemein) üblich, landläufig; -ое мнение landläufige Ansicht

общесоюзный, -ая, -ое die ganze Sowjetunion betreffend, Unions-; -ое министерство Unionsministerium

общественник, -а *m*: он (активный) ~ er nimmt regen Anteil am öffentlichen Leben, er leistet aktive gesellschaftliche Arbeit

общественность, -и *f* 1. Öffentlichkeit 2. gesellschaftliche Organisationen

общественный, -ая, -ое 1. gesellschaftlich, Gesellschafts-; ~ строй Gesellschaftsordnung 2. *umg* gesellig; ~ человек geselliger Mensch 3. gesellschaftlich, öffentlich; -ые организации gesellschaftliche Organisationen <> ~ обвинитель öffentlicher Ankläger; -ое порицание öffentlicher Tadel

общество, -а *n* 1. Gesellschaft; человеческое ~ menschliche Gesellschaft; дворянское ~ Adelsgesellschaft; в его -е мне было хорошо in seiner Gesellschaft fühlte ich mich wohl 2. Gesellschaft, Vereinigung, Verein; акционерное ~ Aktiengesellschaft; спортивное ~ Sportverein

обществоведение, -я *n alt* Gesellschaftswissenschaft

обще|употребительный, -ая, -ое; *Kzf* -лен, -льна allgemein gebräuchlich; **~установленный,** -ая, -ое allgemein festgelegt, allgemein üblich

общечеловеческий, -ая, -ое allgemein menschlich, allen Menschen eigentümlich

общий, -ая, -ее; *Kzf* общ, обща, обще 1. allgemein; -ее правило allgemeine Regel; -ее молчание allgemeines Schweigen; -ее образование Allgemeinbildung 2. gemeinsam; -ая работа gemeinsame Arbeit; -ее имущество gemeinsamer Besitz; -ие игры Gesellschaftsspiele 3. gesamt, Gesamt-; -ая стоимость Gesamtkosten <> -ее место Gemeinplatz; в -ем insgesamt (gesehen), im großen und ganzen; не иметь ничего -его с кем-н. nicht das geringste gemein haben mit j-m; в -ей сложности im großen und ganzen

община *u.* **община,** -ы *f* 1. *hist* Gemeinde, Gemeinschaft 2. *alt* Vereinigung, Verein <> палата общин Unterhaus *in England*

общинный, -ая, -ое *hist* Gemeinde-; -ая собственность Gemeindeeigentum, Eigentum der Dorfgemeinde

об|щипать* *v* 1. abrupfen, auszupfen 2. rupfen; ~ гуся eine Gans rupfen ‖ *uv* **общипывать,** -аю, -аешь

общительность, -и *f* Geselligkeit, Mitteilsamkeit

общительный, -ая, -ое; *Kzf* -лен, -льна gesellig, mitteilsam

общность, -и *f* Gemeinsamkeit; ~ задач Gemeinsamkeit der Aufgaben

общо *Adv umg* in großen Zügen, ohne Einzelheiten; изложить вопрос слишком ~ eine Frage zu allgemein darlegen

объегоривать *uv zu* объегорить

объегорить, -рю, -ришь; -ренный, -рен, -а *v volksspr* betrügen, übertölpeln ‖ *uv* объегоривать, -аю, -аешь

объедать(ся) *uv zu* объесть(ся)

объединение, -я *n* 1. Vereinigung, Zusammenschluß; ~ сил Vereinigung der Kräfte 2. Vereinigung, Verein; Verband

объединённый, -ая, -ое vereinigt, vereint, gemeinsam; -ое заседание gemeinsame Sitzung

объединительный, -ая, -ое Vereinigungs-

объединить, -ню, -нишь; -нённый, -нён, -нена *v* 1. vereinigen, vereinen, zusammenlegen 2. vereinen, zusammenschließen; ~ силы die Kräfte zusammenschließen ‖ *uv* **объединять,** -яю, -яешь

объединиться, -нюсь, -нишься *v* sich vereinigen, sich zusammenschließen ‖ *uv* **объединяться,** -яюсь, -яешься

объедки *Pl* -ов, *Sg* объедок, -дка *m umg* Essenreste

объéзд, -а *m* 1. Herumfahren; Umfahren 2. Bereisen, Durchstreifen *fahrend* 3. Umführungsweg, Umgehungsweg, Umleitung 4. *umg* Überholen 5. Zureiten, Einreiten

объéздить, -éзжу, -éздишь; объéзженный, -ен, -а *v* 1. bereisen; aufsuchen; *alle, alles* abfahren; ~ всех знакóмых alle Bekannten aufsuchen; ~ весь гóрод die ganze Stadt abfahren 2. zureiten, einfahren, an das Fahren und Reiten gewöhnen *Pferd* || *uv* [1]**объезжáть,** -áю, -áешь

[2]**объезжáть** *uv zu* объéхать

объéкт, -а *m* 1. Gegenstand, Objekt; Ziel; ~ наблюдéний Gegenstand der Beobachtungen 2. Vorhaben, Objekt; строи́тельные -ы Bauvorhaben 3. *gram* Objekt

объекти́в, -а *m phot* Objektiv

объективи́зм, -а *m* 1. Objektivität 2. Objektivismus

объекти́вность, -и *f* Objektivität

объекти́вный, -ая, -ое; *Kzf* -вен, -вна objektiv

объём, -а *m* 1. *math* Volumen, Rauminhalt 2. *übtr* Volumen, Umfang; ~ товарооборóта Volumen des Warenumsatzes; ~ знáний Kenntnisumfang

объёмистый, -ая, -ое; *Kzf* -ист, -а umfangreich, umfänglich

объёмный, -ая, -ое Raum-, Volumen-, Stereo-; -ое кинó Raumfilm, Stereofilm; -ое звучáние *rad* Raumklang; -ое строи́тельство *arch* Raumzellenbauweise

объ|éсть* *v* 1. ringsherum abnagen, abessen, abfressen 2. *volksspr* armessen 3. *umg* zerfressen *von Säure u. dgl.*; рýки щёлоком объéло die Hände sind von Lauge zerfressen || *uv* объедáть, -áю, -áешь

объ|éсться* *v I* sich (an etw.) überessen || *uv* объедáться, -áюсь, -áешься

объ|éхать* *v* 1. ringsherumfahren (вокрýг *G* um) 2. umfahren, vorbeifahren 3. *fahrend* alles durchstreifen, aufsuchen; alles abfahren 4. *umg* überholen 5. *volksspr* betrügen || *uv* объезжáть, -áю, -áешь

объяви́ть, -явлю́, -я́вишь; -я́вленный, -я́влен, -а *v* 1. *A oder* о *P* erklären, mitteilen, wissen lassen 2. verkünden, öffentlich bekanntgeben, aussprechen; ~ пригово́р das Urteil verkünden 3. offiziell erklären, verkünden, ausrufen; ~ войнý den Krieg erklären || *uv* объявля́ть, -я́ю, -я́ешь

объяви́ться, -явлю́сь, -я́вишься *v volksspr* sich einfinden, sich einstellen, zutage treten || *uv* объявля́ться, -я́юсь, -я́ешься

объявлéние, -я *n* 1. Erklärung, Bekanntgabe, Verkündung; ~ войны́ Kriegserklärung 2. Bekanntmachung, Anzeige, Anschlag; доскá -й Anschlagtafel, Schwarzes Brett

объявля́ть(ся) *uv zu* объяви́ть(ся)

объяснéние, -я *n* 1. Erläuterung, Erklärung 2. klärende Aussprache, Auseinandersetzung ◇ ~ в любви́ Liebeserklärung

объясни́мый, -ая, -ое; *Kzf* -и́м, -а erklärbar

объясни́тельный, -ая, -ое erklärend, Erläuterungs-; -ая запи́ска Erläuterungsschreiben

объясни́ть, -ню́, -ни́шь; -нённый, -нён, -ненá *v* erklären, erläutern || *uv* **объясня́ть,** -я́ю, -я́ешь

объясни́ться, -ню́сь, -ни́шься *v* 1. sich (gegenseitig) aussprechen 2. sich erklären lassen, seine Erklärung finden ◇ ~ в любви́ seine Liebe erklären || *uv* [1]**объясня́ться,** -я́юсь, -я́ешься

[2]**объясня́ться,** -я́юсь, -я́ешься *uv* sich unterhalten; sich verständigen; в э́том грóхоте лю́ди объясня́лись знáками in diesem Lärm verständigten sich die Menschen mit Zeichen

объя́тие, -я *n* Umarmung ◇ откры́ть -я die Arme ausbreiten *zur Umarmung*; приня́ть [встрéтить] с распростёртыми -ями mit offenen Armen empfangen

объя́ть, *umg* обоймý, обоймёшь *u.* (*alt u. volksspr*) обымý, обы́мешь *v* 1. umarmen, umfassen, umfangen 2. *übtr* erfassen, ergreifen 3. *übtr* einbeziehen, erfassen 4. *übtr* erfassen, begreifen || *uv alt u. volksspr* обымáть, -áю, -áешь *u. buchspr alt* объéмлю, объéмлешь

обывáтель, -я *m* 1. *alt* Einheimischer, Ansässiger 2. *verächtl* Spießbürger, Philister

обывáтельский, -ая, -ое 1. *alt* den Einheimischen [Ansässigen] gehörend, Privat- 2. spießig, spießbürgerlich, philisterhaft

обывáтельщина, -ы *f* Spießertum, Spießbürgertum, Philistertum

обыгрáть, -áю, -áешь; обы́гранный, -ан, -а *v* 1. besiegen, schlagen *im Spiel* 2. *theat* ausspielen, für die szenische Wirkung nutzen **3.** *umg*, *mus* ein neues Instrument einspielen || *uv* **обы́грывать,** -аю, -аешь

обы́денный *u. alt* **обыдённый,** -ая, -ое alltäglich, üblich, gewöhnlich

обыдёнщина, -ы *f verächtl* Alltäglichkeit, Durchschnittlichkeit

обыкнове́ние, -я *n* Gewohnheit; войти́ в ~ zur Gewohnheit werden

обыкнове́нно *Adv* gewöhnlich, üblicherweise, in der Regel, meist

обыкнове́нный, -ая, -ое; *Kzf* -е́нен, -е́нна **1.** allgemein verbreitet, üblich, gewohnt, gewöhnlich **2.** nicht außergewöhnlich, üblich, durchschnittlich, ständig **3.** *bot*, *zool* gemein

обыма́ть *uv zu* объя́ть

о́быск, -а *m* Durchsuchung, Haussuchung; ли́чный ~ Leibesvisitation

об|ыска́ть* *v* **1.** eine Haussuchung [Leibesvisitation] vornehmen; ~ кварти́ру eine Haussuchung vornehmen **2.** durchsuchen, absuchen || *uv* **обы́скивать,** -аю, -аешь

обы́чай, -я, *G Pl* -ев *m* Brauch, Sitte, Gewohnheit

обы́чно *Adv* gewöhnlich, üblicherweise, in der Regel, meist

обы́чный, -ая, -ое; *Kzf* -чен, -чна **1.** nicht außergewöhnlich, üblich, ständig **2.**: -ое пра́во *jur* Gewohnheitsrecht

обыщу́ ↑ обыска́ть

Обь, -и *f* Ob *Fluß*

обюрокра́титься, -а́чусь, -а́тишься *v* bürokratisch werden, verbürokratisieren || *uv* **обюрокра́чиваться,** -аюсь, -аешься

обяжу́ ↑ обяза́ть

обя́занность, -и *f* Verpflichtung, Pflicht; э́то лежи́т на мое́й -и das ist meine Pflicht (und Schuldigkeit)

обя́занный, -ая, -ое; *Kzf* -ан, -а **1.** verpflichtet; ты обя́зан помо́чь ему́ du bist verpflichtet, ihm zu helfen **2.**: э́тим успе́хом я обя́зан тебе́ diesen Erfolg verdanke ich dir

обяза́тельно *Adv* unbedingt, bestimmt, auf jeden Fall

обяза́тельный, -ая, -ое; *Kzf* -лен, -льна **1.** obligatorisch, verbindlich, Pflicht-; -ые предме́ты obligatorische Fächer **2.** hilfsbereit; pflichtbewußt

обяза́тельство, -а *n* **1.** abgegebene [eingegangene] Verpflichtung; произво́дственное ~ Produktionsverpflichtung; взять на себя́ ~ die Verpflichtung übernehmen **2.**: долгово́е ~ *finanz* Schuldverschreibung, Schuldschein

обяза́ть* *v* **1.** verpflichten, die Pflicht auferlegen **2.** zu Dank verpflichten || *uv* **обя́зывать,** -аю, -аешь

обяза́ться* *v* sich verpflichten, die Verpflichtung übernehmen || *uv* **обя́зываться,** -аюсь, -аешься

ОВ (отравля́ющее вещество́) (chemischer) Kampfstoff; слезоточи́вое ~ Tränengas

о-в (о́стров) Insel

ова́л, -а *m* Oval

ова́льный, -ая, -ое oval

ова́ция, -и *f* Ovation

овдове́ть, -е́ю, -е́ешь *v* verwitwen, Witwe [Witwer] werden

овева́ть *uv zu* ове́ять

Ове́н, -а *m astr* Widder

овёс, овса́ *m* Hafer

ове́чий, -ья, -ье Schafs-; -ья шерсть Schafwolle

овеществи́ть, -влю́, -ви́шь; -влённый, -влён, -влена́ *v buchspr* vergegenständlichen || *uv* **овеществля́ть,** -я́ю, -я́ешь

ове́ять, ове́ю, ове́ешь; ове́янный, -ян, -а *v* **1.** umwehen, umfächeln **2.**: ~ сла́вой *übtr* mit einer Aureole des Ruhms umgeben || *uv* **овева́ть,** -а́ю, -а́ешь

ови́н, -а *m* Korndarre, Stiege

овладева́ть *uv zu* овладе́ть

овладе́ние, -я *n I* **1.** Besitzergreifung, Inbesitznahme, Besetzung; ~ го́родом Besetzung der Stadt **2.** *übtr* Beherrschung, Aneignung; ~ те́хникой Beherrschung der Technik

овладе́ть, -е́ю, -е́ешь *v I* **1.** in Besitz nehmen, in seinen Besitz bringen; erobern **2.** *übtr* in seine Gewalt bringen; beherrschen; ~ собо́й sich in die Gewalt bekommen, sich beherrschen **3.** ergreifen, erfassen, befallen; им овладе́ло беспоко́йство Unruhe ergriff ihn **4.** sich fest aneignen, meistern, beherrschen; он овладе́л францу́зским языко́м er beherrscht das Französische || *uv* **овладева́ть,** -а́ю, -а́ешь

о-во (о́бщество) Gesellschaft

о́вод, -а, *Pl* о́воды, -ов, -ам *u.* овода́, -о́в, -а́м *m* Bremse, Pferdebremse *Insekt*

овощево́дство, -а *n* Gemüseanbau

о́вощи *Pl* овоще́й, овоща́м, *Sg* о́вощ, -а *m* Gemüse

овощно́й, -а́я, -о́е Gemüse-; ~ магази́н Gemüsegeschäft; ~ суп Gemüsesuppe

овра́г, -а *m* Schlucht
[1]**овся́нка,** -и *f umg* Hafergrütze; Brei aus Hafermehl
[2]**овся́нка,** -и, *Pl G* -нок, *D* -нкам *f zool* Ammer
овсяно́й, -а́я, -о́е *u.* **овся́ный,** -ая, -ое Hafer-; -о́е по́ле Haferfeld; -ая ка́ша Haferbrei
овца́, -ы́, *I* -о́й, *Pl* о́вцы, ове́ц, о́вцам *f* Schaf
овцево́д, -а *m* Schafzüchter
овцево́дство, -а *n* Schafzucht
овцево́дческий, -ая, -ое Schafzucht-
овча́р, -а *m* Schafhirt, Schäfer
овча́рка, -и, *Pl G* -рок, *D* -ркам *f* Schäferhund
овча́рня, -и, *Pl G* -рен, *D* -рням *f* Schafstall
овчи́на, -ы *f bearbeitetes* Schaffell
овчи́нка, -и, *Pl G* -нок, *D* -нкам *f bearbeitetes* Schaffell ◇ ~ вы́делки не сто́ит die Sache lohnt nicht der Mühe; мне не́бо с -у [в -у] показа́лось ich war nicht mehr ich selbst *vor Angst, Schmerz u. dgl.*; ich hörte die Engel singen
овчи́нный, -ая, -ое Schaffell-, Schafs-; ~ тулу́п Schafpelz
ога́рок, -рка *m* Kerzenstummel
огиба́ть *uv zu* обогну́ть
ОГИ́З, -а *m* (Объедине́ние госуда́рственных изда́тельств) Vereinigung der Staatsverlage *1930–1949*
оглавле́ние, -я *n* Inhaltsverzeichnis
огласи́ть, -ашу́, -аси́шь; -ашённый, -ашён, -ашена́ *v* **1.** verlesen, bekanntgeben, verkünden; ~ пригово́р das Urteil verlesen **2.** *alt* ausplaudern, verbreiten **3.** erfüllen *von Lauten*; кри́ки огласи́ли лес Schreie erfüllten den Wald ‖ *uv* оглаша́ть, -а́ю, -а́ешь
огласи́ться, *1. u. 2. Pers ungebr*, -и́тся *v* widerhallen, erschallen; лес огласи́лся пе́снями der Wald hallte von Liedern wider ‖ *uv* оглаша́ться, -а́ется
огла́ска, -и *f* **1.** *alt* Ausplaudern, Verbreiten **2.**: преда́ть -е der Öffentlichkeit preisgeben, allgemein bekanntmachen, an die große Glocke hängen; де́ло получи́ло -у die Sache wurde bekannt
оглаша́ть(ся) *uv zu* огласи́ть(ся)
оглаше́ние, -я *n* Veröffentlichung, Bekanntgabe, Verbreitung, Verkündung; не подлежи́т -ю! vertraulich!
оглаше́нный, -ая, -ое: как ~ *volksspr* wie verrückt, wie von Sinnen
огло́бли *Pl* -бель, -блям, *Sg* огло́бля, -и *f* Wagengabel, Deichselgabel ◇ поверну́ть ~ *volksspr* unverrichteterdinge, mit leeren Händen wieder abziehen
огло́хнуть, -ну, -нешь; огло́х, -ла; огло́х(нув)ший; огло́хнув *v* taub werden
оглупи́ть, -плю́, -пи́шь; -плённый, -плён, -плена́ *v* verdummen ‖ *uv* **оглупля́ть,** -я́ю, -я́ешь
оглуша́ть *uv zu* оглуши́ть
оглуши́тельный, -ая, -ое; *Kzf* -лен, -льна ohrenbetäubend, dröhnend
оглуши́ть, -шу́, -ши́шь; -шённый, -шён, -шена́ *v* **1.** *vorübergehend* taub machen *von starken Geräuschen*, betäuben; взрыв оглуши́л нас die Explosion hatte uns ganz taub gemacht **2.** durch einen Schlag auf den Kopf betäuben **3.** *umg* kopflos machen, durcheinanderbringen ‖ *uv* оглуша́ть, -а́ю, -а́ешь
огляде́ть, -яжу́, -яди́шь *v* betrachten, überblicken, mit den Augen überfliegen ‖ *uv* огля́дывать, -аю, -аешь | *v mom* огляну́ть, -яну́, -я́нешь
огляде́ться, -яжу́сь, -яди́шься *v* **1.** sich (nach allen Seiten) umsehen, Umschau halten **2.**: ~ в зе́ркало sich von allen Seiten im Spiegel betrachten **3.** *umg* seine Augen an die Dunkelheit gewöhnen **4.** *übtr* sich umsehen, heimisch werden ‖ *uv* огля́дываться, -аюсь -аешься *zu* 1
огля́дка, -и *f alt* verspätete Reue, zu späte Einsicht ◇ бежа́ть без -и laufen, ohne sich umzusehen; с -ой vorsichtig, mit Bedacht
огля́дывать *uv zu* огляде́ть
огля́дываться *uv zu* огляде́ться *u.* огляну́ться
огляну́ть *v mom zu* огля́дывать
огляну́ться, -яну́сь, -я́нешься *v* **1.** zurückblicken, sich (nach hinten) umsehen **2.** *umg* sich (nach allen Seiten) umblicken ◇ не успе́ли мы ~, как... unversehens, im Handumdrehen ‖ *uv* огля́дываться, -аюсь, -аешься
огне- *in Zuss* Feuer-
огнево́й, -а́я, -о́е **1.** Feuer-; -а́я су́шка Dörren über Feuer; -а́я подгото́вка *mil* Feuervorbereitung **2.** *poet* feurig; ~ взор feuriger Blick ◇ -а́я то́чка Maschinengewehrnest, Geschütz, Minenwerfer *in Feuerstellung*
огнедыша́щий, -ая, -ее feuerspeiend
огнемёт, -а *m mil* Flammenwerfer
о́гненный, -ая, -ое **1.** Feuer-; ~ сто́лб Feuersäule **2.** flammend rot **3.** feurig;

~ взор feuriger Blick ◇ О́гненная Земля́ Feuerland
огне|опа́сный, -ая, -ое; *Kzf* -сен, -сна feuergefährlich; **~припа́сы,** -ов *Pl* Munition; **~сто́йкий,** -ая, -ое feuerfest, feuerbeständig, brandsicher
огнестре́льный, -ая, -ое Feuer-, Schuß-; -ое ору́жие Feuerwaffe; -ая ра́на Schußwunde
огне|туши́тель, -я *m* Feuerlöscher; **~упо́рный,** -ая, -ое; *Kzf* -рен, -рна feuerfest, feuerbeständig, brandsicher; **~упо́ры,** -ов *m* feuerfeste Werkstoffe
огни́во, -а *n* Stein *oder* Stahl *zum Feuerschlagen*
ого́ [oho] *Interj* oho!, nanu!, sieh mal an! *drückt Verwunderung aus*
огова́ривать(ся) *uv zu* оговори́ть(ся)
огово́р, -а *m umg* Verleumdung, falsche Bezichtigung
оговори́ть, -рю́, -ри́шь; -рённый, -рён, -рена́ *v* 1. *umg* zu Unrecht bezichtigen; verleumden 2. ausbedingen, im voraus vereinbaren 3. eine ergänzende [erläuternde, einschränkende] Bemerkung machen 4. *volksspr* tadeln, rügen || *uv* огова́ривать, -аю, -аешь
оговори́ться, -рю́сь, -ри́шься *v* 1. Vorbehalte machen 2. sich versprechen || *uv* огова́риваться, -аюсь, -аешься
огово́рка, -и, *Pl G* -рок, *D* -ркам *f* 1. Vorbehalt, Klausel 2. das (Sich-) Versprechen
оголённый, -ая, -ое 1. nackt, unbekleidet, entblößt 2. kahl *Bäume, Landschaft*
оголи́ть, -лю́, -ли́шь; -лённый, -лен, -лена́ *v* 1. entblößen *von Kleidung* 2. entblättern, des Laubs [der Nadeln] berauben 3. bloßlegen, der Schutzschicht berauben; ~ про́вод eine Leitung bloßlegen 4. blankziehen, aus der Scheide ziehen 5. *übtr von Truppen* entblößen, schutzlos machen; ~ фланг die Flanke entblößen || *uv* оголя́ть, -я́ю, -я́ешь
оголи́ться, -лю́сь, -ли́шься *v* 1. sich entblößen *von Kleidung* 2. Laub [Nadeln] verlieren 3. sichtbar werden, hervortreten *durch Verlust der Deckschicht* 4. *übtr von Truppen* entblößt werden || *uv* оголя́ться, -я́юсь, -я́ешься
оголте́лый, -ая, -ое *umg* zügellos, maßlos, rasend
оголя́ть(ся) *uv zu* оголи́ть(ся)
огонёк, -нька́ *m* 1. kleines Feuer; Licht, Lichtschimmer 2. *übtr* Feuer, Schwung ◇ зайти́ на ~ к кому́-н. im Vorübergehen j-n aufsuchen *in dessen Fenster man Licht gesehen hat*
ого́нь, огня́ *m* 1. Feuer, Flamme 2. *übtr* Feuer; ~ любви́ Feuer der Liebe 3. Licht; заже́чь ~ Licht machen 4. *mil* Feuer, Schießen, Beschuß; прекрати́ть ~ das Feuer einstellen ◇ я гото́в в ~ и в во̀ду ich bin zu jedem Opfer [jeder Heldentat] bereit; из огня́ да в по́лымя *etwa* aus dem Regen in die Traufe
огора́живать(ся) *uv zu* огороди́ть(ся)
огора́шивать *uv zu* огоро́шить
огоро́д, -а *m* Gemüsegarten
огороди́ть, -ожу́, -о́ди́шь; -о́женный, -о́жен, -а *v* umzäunen, einzäunen || *uv* огора́живать, -аю, -аешь
огороди́ться, -ожу́сь, -о́ди́шься *v* einen Zaun um seinen Besitz machen, sich mit einem Zaun umgeben || *uv* огора́живаться, -аюсь, -аешься
огоро́дник, -а *m* Gemüsegärtner
огоро́дничество, -а *n* Gemüseanbau
огоро́дный, -ая, -ое Garten-; -ые расте́ния Gemüsepflanzen
огоро́шивать *uv zu* огоро́шить
огоро́шить, -шу, -шишь; -шенный, -шен, -а *v umg* verblüffen, überraschen || *uv* огора́шивать, -аю, -аешь *u.* огоро́шивать, -аю, -аешь
огорча́ть(ся) *uv zu* огорчи́ть(ся)
огорче́ние, -я *n* Verdruß, Ärgernis; Betrübnis
огорчи́ть, -чу́, -чи́шь; -чённый, -чён, -чена́ *v* betrüben, Kummer [Verdruß] bereiten || *uv* огорча́ть, -а́ю, -а́ешь
огорчи́ться, -чу́сь, -чи́шься *v* betrübt werden, Kummer [Verdruß] empfinden || *uv* огорча́ться, -а́юсь, -а́ешься
огра́бить, -блю, -бишь; -бленный, -блен, -а *v* berauben, (aus)plündern
ограбле́ние, -я *n* Beraubung, Ausplünderung, Plünderung
огра́да, -ы *f* 1. Umzäunung, Mauer, Zaun, Gitter 2. *buchspr, alt* Beschützer, Hort
огради́тельный, -ая, -ое Schutz-; -ые решётки Schutzgitter; -ые по́шлины Schutzzölle
огради́ть, -ажу́, -ади́шь; -аждённый, -аждён, -аждена́ *v* 1. *alt* umzäunen 2. umgeben, umziehen; abgrenzen 3. *übtr* schützen (от *G* gegen, vor) || *uv* **огражда́ть,** -а́ю, -а́ешь
огражде́ние, -я *n* 1. Umzäunung, Abgrenzung 2. Schutz

ограниче́ние, -я *n* 1. Begrenzung, Umgrenzung 2. Einschränkung, Beschränkung; без -я uneingeschränkt
ограни́ченность, -и *f* 1. Begrenztheit, Beschränktheit, Knappheit 2. *übtr* Borniertheit, Beschränktheit
ограни́ченный, -ая, -ое 1. begrenzt, beschränkt, knapp 2. *übtr* beschränkt, borniert
ограни́чивать(ся) *uv zu* ограни́чить(ся)
ограничи́тельный, -ая, -ое; *Kzf* -лен, -льна einschränkend, beschränkend, Beschränkungs-
ограни́чить, -чу, -чишь; -ченный, -чен, -а *v* beschränken, begrenzen, einschränken; ~ вре́мя ора́тора die Redezeit beschränken; ~ себя́ sich einschränken ‖ *uv* ограни́чивать, -аю, -аешь
ограни́читься, -чусь, -чишься *v* I sich beschränken (auf), sich begnügen (mit); ~ ро́лью свиде́теля sich mit der Rolle des Zuschauers begnügen ‖ *uv* ограни́чиваться, -аюсь, -аешься
огре́ть, -е́ю, -е́ешь; -е́тый, -е́т, -а *v* *volksspr* kräftig schlagen, einen ordentlichen Schlag versetzen
огро́мный, -ая, -ое riesig, gewaltig, ungeheuer; -ое зда́ние ein riesiges Gebäude; ~ успе́х ein Riesenerfolg
огрубева́ть *uv zu* огрубе́ть
огрубе́лый, -ая, -ое 1. hart, rauh (geworden); -ые ру́ки rauh gewordene Hände 2. *übtr* gröber geworden, verroht, verhärtet; -ое се́рдце verhärtetes Herz; -ые нра́вы verrohte Sitten
огрубе́ть, -е́ю, -е́ешь *v* 1. hart [rauh] werden; ко́жа огрубе́ла die Haut war rauh geworden 2. verrohen, verhärten ‖ *uv* огрубева́ть, -а́ю, -а́ешь
огрыза́ться *uv zu* огрызну́ться
огрызну́ться, -ну́сь, -нёшься *v* 1. drohend knurren *vom Hund* 2. *übtr*, *umg* grob [bissig] antworten ‖ *uv* огрыза́ться, -а́юсь, -а́ешься
огры́зок, -зка *m* 1. benagtes [angeknabbertes] Stück; ~ са́хара angeknabbertes Stück Zucker 2. *umg* kleiner Rest, Stummel; ~ карандаша́ Bleistiftstummel
огу́зок, -зка *m* Schwanzstück
огу́лом *Adv volksspr* alles ohne Unterschied, ohne Ausnahme, in Bausch und Bogen
огу́льный, -ая, -ое; *Kzf* -лен, -льна 1. *umg* unterschiedslos alle betreffend, nicht differenziert 2. unbegründet, nicht stichhaltig
огуре́ц, -рца́, *I* -рцо́м, *G Pl* -рцо́в *m* Gurke
огуре́чный, -ая, -ое Gurken-; -ые семена́ Gurkensamen
о́да, -ы *f* Ode
ода́лживать *uv zu* одолжи́ть
одарённость, -и *f* Begabung, Begabtheit
одарённый, -ая, -ое; *Kzf* -рён, -рённа begabt
ода́ривать *uv zu* одари́ть
одари́ть, -рю́, -ри́шь; -рённый, -рён, -рена́ *v* 1. beschenken 2. *übtr* ausstatten, begaben; приро́да одари́ла его́ прекра́сным го́лосом die Natur hat ihn mit einer herrlichen Stimme ausgestattet ‖ *uv* ода́ривать, -аю, -аешь *u.* **одаря́ть,** -я́ю, -я́ешь
одева́ние, -я *n* Anziehen, Ankleiden, Bekleiden
одева́ть, -а́ю, -а́ешь *uv* 1. *uv zu* оде́ть 2.: ~ со вку́сом geschmackvoll anziehen [kleiden]
одева́ться, -а́юсь, -а́ешься *uv* 1. *uv zu* оде́ться 2.: ~ со вку́сом sich geschmackvoll anziehen [kleiden]
оде́жда, -ы *f* Kleidung, Kleidungsstücke; ве́рхняя ~ Oberbekleidung; фо́рменная ~ Uniform
одеколо́н, -а *m* Kölnischwasser
одели́ть, -лю́, -ли́шь; -лённый, -лён, -лена́ *v* beschenken ‖ *uv* **оделя́ть,** -я́ю, -я́ешь
Одер [дэ], -а *m* Oder *Fluß*
одёргивать *uv zu* одёрнуть
одеревене́лый, -ая, -ое 1. zu Holz [holzig] geworden 2. *übtr* starr, steif, gefühllos, erstarrt; -ые па́льцы erstarrte Finger
одеревене́ть, -е́ю, -е́ешь *v* 1. holzig werden 2. starr [steif, unempfindlich] werden, erstarren 3. *übtr* unempfindlich [gleichgültig] werden
одержа́ть, одержу́, оде́ржишь; оде́ржанный, -ан, -а *v*: ~ побе́ду den Sieg erringen; ~ верх die Oberhand gewinnen ‖ *uv* **оде́рживать,** -аю, -аешь
одержи́мость, -и *f* Besessenheit
одержи́мый, -ая, -ое; *Kzf* -и́м, -а 1. besessen, unwiderstehlich ergriffen 2. -ого *Subst m* Besessener, Geistesgestörter
одёрнуть, -ну, -нешь; -нутый, -нут, -а *v* 1. zurechtziehen, zurechtzupfen; ~ гимнастёрку die Uniformbluse zurechtziehen 2. *übtr*, *umg* zur Ordnung rufen, zurechtweisen ‖ *uv* одёргивать, -аю, -аешь
Оде́сса, -ы *f* Odessa
одесси́т, -а *m* Einwohner von Odessa

оде́тый, -ая, -ое; *Kzf* оде́т, -а angezogen, gekleidet; ма́льчик оде́т в тёплое пальто́ der Junge hat einen warmen Mantel an

о|де́ть* *v* **1.** anziehen, ankleiden, (be)kleiden; ~ ма́льчика в пальто́ dem Jungen einen Mantel anziehen **2.** anziehen, kostümieren; ~ чёртом als Teufel anziehen [kostümieren] **3.** *übtr* bedecken, verhüllen; тума́ны оде́ли луга́ Nebel verhüllten die Wiesen **4.** *umg* zudecken; ~ одея́лом mit einer Decke zudecken || *uv* одева́ть, -а́ю, -а́ешь

о|де́ться* *v* **1.** sich anziehen, sich ankleiden, sich bekleiden; она́ оде́лась в своё но́вое пла́тье sie zog ihr neues Kleid an **2.** sich anziehen, sich kostümieren; она́ оде́лась ма́льчиком sie hat sich als Junge angezogen **3.** *übtr* sich bedecken *meist mit Pflanzen* **4.** *umg* sich zudecken || *uv* одева́ться, -а́юсь, -а́ешься

одея́ло, -а *n* Decke, Bettdecke; стёганое ~ Steppdecke

одея́ние, -я *n alt u. scherz* Kleidung, Gewandung

оди́н, одного́ *m*; одна́, одно́й *f*; одно́, одного́ *n*; *Pl* одни́, одни́х **1.** *Num* eins, ein; ~ да два — три eins und zwei ist drei; сочине́ние в одно́м то́ме Werk in einem Band **2.** *Adj* allein; оста́вьте меня́ одного́ [одну́] laßt mich allein **3.** *Adj* kein anderer, nichts weiter als, einzig, bloß, nur; вы́йти на у́лицу в одно́м пла́тье nur im Kleid auf die Straße gehen; э́то для неё одна́ заба́ва das ist für sie nur ein Spiel **4.** *Adj* der gleiche, derselbe; стоя́ть на одно́м ме́сте an der gleichen Stelle stehen; она́ одного́ мне́ния со мной sie ist der gleichen Meinung wie ich; э́то одно́ и то́ же das ist ein und dasselbe **5.** *Adj* einheitlich, einzig **6.** *Adj*: ~ ... друго́й der eine ... der andere; с одно́й стороны́ ... с друго́й стороны́ einerseits ... andererseits ◇ ~ к одному́ einer wie der andere *anerkennend*; ~ на ~ a) unter vier Augen; b) Mann gegen Mann; ста́вить на одну́ до́ску с ке́м-н. auf eine Stufe mit j-m stellen; ~-одинёхонек *u.* ~-одинёшенек mutterseelenallein

одина́ково *Adv* ebenso, in gleicher Weise

одина́ковый, -ая, -ое; *Kzf* -ов, -а (ganz) gleich, gleichaltrig; ~ по цве́ту gleichfarbig

одина́рный, -ая, -ое einfach *nicht doppelt*

одиннадцатиле́тний, -яя, -ее elfjährig

оди́ннадцатый, -ая, -ое *Num* elfter

оди́ннадцать, -и *Num* elf

одино́кий, -ая, -ое; *Kzf* -о́к, -а **1.** einzeln, vereinzelt; хло́пнул ~ вы́стрел es krachte ein einzelner Schuß **2.** alleinstehend, einsam, anhanglos

одино́чество, -а *n* Einsamkeit, Alleinsein

одино́чка, -и, *Pl G* -чек, *D* -чкам *f* **1.** *m, f* Alleinstehende(r), Einzelgänger(in) **2.** *umg* Einzelzelle **3.** Einspänner **4.** *Sport* Einer ◇ в -у a) einzeln; b) ohne fremde Hilfe; -ой *umg* allein, einsam; вызыва́ть по -е einzeln aufrufen

одино́чный, -ая, -ое **1.** einzeln, vereinzelt; -ые вы́стрелы vereinzelte Schüsse **2.** für eine Person bestimmt, Einzel-; -ая ка́мера Einzelzelle; -ое заключе́ние Einzelhaft

одио́зный, -ая, -ое; *Kzf* -зен, -зна *buchspr* odiös, anrüchig, verhaßt

одича́лый, -ая, -ое verwildert, verwahrlost

одича́ние, -я *n* Verwilderung, Verwahrlosung

одича́ть, -а́ю, -а́ешь *v* **1.** verwildern, verwahrlosen **2.** menschenscheu, ungesellig werden

одна́ ↑ оди́н

одна́жды *Adv* **1.** (nur) einmal **2.** einmal, einst

одна́ко *oft in Verbindung mit der Partikel* же *oder* ж **1.** *Konj* aber, indessen, jedoch **2.** *Interj drückt Verwunderung, Empörung aus* das ist ja!, na, da hört sich doch alles auf!

одни́, одно́ ↑ оди́н

одно- *in Zuss* **1.** ein- **2.** *bezeichnet Zugehörigkeit zu demselben, z. B.* однокла́ссник Klassenkamerad

одноа́ктный, -ая, -ое einaktig; -ая пье́са Einakter

однобо́кий, -ая, -ое; *Kzf* -бо́к, -а **1.** nur auf einer Seite entwickelt; ungleichmäßig, einseitig **2.** *übtr* einseitig

одно|бо́ртный, -ая, -ое einreihig; ~бо́ртный пиджа́к Einreiher; **~вале́нтный,** -ая, -ое *chem* einwertig; **~вре́ме́нный,** -ая, -ое gleichzeitig; **~гла́зый,** -ая, -ое einäugig; **~годи́чный,** -ая, -ое einjährig, Einjahres-; ~годи́чный курс Jahreskurs; **~голо́сый,** -ая, -ое *mus* einstimmig

одногóрбый, -ая, -ое einhöckerig; ~ верблю́д Dromedar
однодне́вка, -и, *Pl G* -вок, *D* -вкам *f* **1.** *zool* Eintagsfliege **2.** *umg* etw. Kurzlebiges
однодне́вный, -ая, -ое eintägig, Tages-; ~ зáработок Tagesverdienst
одно|звýчный, -ая, -ое; *Kzf* -чен, -чна eintönig; **~знáчащий,** -ая, -ее *buchspr* gleichbedeutend, identisch; **~знáчный,** -ая, -ое; *Kzf* -чен, -чна **1.** gleichbedeutend, identisch **2.** *math* einstellig; **~имённый,** -ая, -ое; *Kzf* -ёнен, -ённа gleichnamig; **~кáшник,** -а *m umg* Schulkamerad, Kamerad aus der Ausbildungszeit; **~клáссник,** -а *m* Klassenkamerad, Mitschüler; **~клéточный,** -ая, -ое *biol* einzellig; **~колéйка,** -и, *Pl G* -éек, *D* -éйкам *f umg* eingleisige Eisenbahn; **~колéйный,** -ая, -ое eingleisig *Eisenbahn*; **~кóлка,** -и, *Pl G* -лок, *D* -лкам *f* zweirädriger Karren
однокрáтный, -ая, -ое einmalig ◇ ~ глагóл Verb mit momentaner Aktionsart
однокýрсник, -а *m* Student aus demselben Studienjahr, Studienkamerad
однолáмповый, -ая, -ое: ~ радиоприёмник Einröhrenempfänger
однолéтний, -яя, -ее einjährig, Einjahres-; ~ сын einjähriger Sohn; -ие растéния einjährige Pflanzen
однолéток, -тка *m* Altersgenosse; мы с ним -тки wir beide sind gleichaltrig
одномáчтовый, -ая, -ое einmastig; ~ пáрусник Einmaster
одномéстный [сн], -ая, -ое Einmann-, einsitzig; -ая кая́та Einmannkajüte
одномотóрный, -ая, -ое einmotorig
одноно́гий, -ая, -ое einbeinig; ~ инвали́д einbeiniger Invalid
одно|обрáзие, -я *n* Einförmigkeit, Eintönigkeit; **~обрáзный,** -ая, -ое; *Kzf* -зен, -зна einförmig, eintönig; **~палáтный,** -ая, -ое: ~палáтная систéма *pol* Einkammersystem; **~полчáнин,** -а, *Pl* -áне, -áн, -áнам *m* Regimentskamerad; **~пóлюсный,** -ая, -ое *phys* einpolig; **~рóдность,** -и *f* Gleichartigkeit
однорóдный, -ая, -ое; *Kzf* -ден, -дна **1.** gleichartig; homogen; -ая жи́дкость homogene Flüssigkeit **2.** gleichartig, verwandt; -ые величи́ны *math* gleichartige Größen
одноpýкий, -ая, -ое einarmig, einhändig
однослóжный, -ая, -ое; *Kzf* -жен, -жна **1.** einsilbig, aus einer Silbe bestehend; -ые существи́тельные einsilbige Substantive **2.** *übtr* einsilbig, lakonisch; -ые отвéты einsilbige Antworten
односмéнный, -ая, -ое einschichtig, in einer Arbeitsschicht; -ая рабóта einschichtige Arbeit
одноствóльный, -ая, -ое: -ое орýжие einläufiges Gewehr
одностворчатый, -ая, -ое: -ая дверь einflüglige Tür
односторóнний, -яя, -ее **1.** *text* einseitig, nur einseitig verwendbar **2.** *med* einseitig; -ее воспалéние лёгких einseitige Lungenentzündung **3.** *Kzf* -рóнен, -рóнняя, -рóнне einseitig; -яя радиосвя́зь einseitige Funkverbindung
одно|тóмник, -а *m umg* einbändige Ausgabe; **~тóмный,** -ая, -ое einbändig; **~фами́лец,** -льца, *I* -льцем, *G Pl* -льцев *m* Namensvetter; **~цвéтный,** -ая, -ое **1.** einfarbig **2.** *übtr* eintönig, gleichförmig; **~члéн,** -а *m math* Monom; **~этáжный,** -ая, -ое eingeschossig *nur Erdgeschoß*, ebenerdig
одобрéние, -я *n* Billigung, Zustimmung
одобри́тельный, -ая, -ое beifällig, zustimmend; ~ óтзыв beifälliges Urteil, günstige Aufnahme
одóбрить, -рю, -ришь; -ренный, -рен, -а *v* billigen, gutheißen ‖ *uv* **одобря́ть,** -я́ю, -я́ешь
одолевáть *uv zu* одолéть
одолéть, -éю, -éешь *v* **1.** besiegen, überwältigen, überwinden **2.** *übtr, umg* bewältigen, überwinden **3.** *übtr* überwältigen, sich bemächtigen; сон одолéл егó Schlaf überwältigte ihn **4.** *übtr, umg* fertigmachen, piesacken, kleinkriegen ‖ *uv* одолевáть, -áю, -áешь
одолжáть *uv zu* одолжи́ть
одолжéние, -я *n* **1.** *alt* Borgen, Leihen **2.** Gefälligkeit, Hilfe; сдéлайте ~ *alt* tun Sie mir den Gefallen, wollen Sie die Güte haben
одолжи́ть, -жý, -жи́шь; одóлженный, -ен, -а *v* **1.** *A oder G* borgen, leihen **2.** *A alt* j-s Dankbarkeit gewinnen, j-n zu Dank verpflichten ‖ *uv* одолжáть, -áю, -áешь *u.* одáлживать, -аю, -аешь
одр, -á *m*: на смéртном -é *alt* auf dem Sterbelager
одряхлéть, -éю, -éешь *v* altersschwach werden
одувáнчик, -а *m bot* Löwenzahn

оду́маться, -аюсь, -аешься *v* **1.** sich (eines Besseren) besinnen **2.** *umg* zur Besinnung kommen ‖ *uv* **оду́мываться,** -аюсь, -аешься
одура́чивать *uv zu* одура́чить
одура́чить, -чу, -чишь; -ченный, -чен, -а *v umg* übertölpeln ‖ *uv* одура́чивать, -аю, -аешь
одуре́лый, -ая, -ое *umg* benommen; blödsinnig
одуре́ть, -е́ю, -е́ешь *v umg* überschnappen, verrückt werden
одурма́нивать *uv zu* одурма́нить
одурма́нить, -ню, -нишь; -ненный, -нен, -а *v* (den Sinn) umnebeln, betäuben, berauschen ‖ *uv* одурма́нивать, -аю, -аешь
одуря́ть, -я́ю, -я́ешь *uv umg* (den Sinn) umnebeln, betäuben, berauschen
одуря́ющий, -ая, -ее betäubend, berauschend
одутлова́тый, -ая, -ое; *Kzf* -а́т, -а aufgedunsen, geschwollen
одухотворённость, -и *f* Vergeistigtheit, Vergeistigung, Durchgeistigung
одухотворённый, -ая, -ое; *Kzf* -ён, -ённа **1.** von erhabenem Gefühl [von edler Begeisterung] durchdrungen **2.** vergeistigt, durchgeistigt
одухотвори́ть, -рю́, -ри́шь; -рённый, -рён, -рена́ *v* **1.** geistige Fähigkeiten zuschreiben *Tieren, Dingen* **2.** beseelen; begeistern, inspirieren **3.** vergeistigen ‖ *uv* **одухотворя́ть,** -я́ю, -я́ешь
одушеви́ть, -влю́, -ви́шь; -влённый, -влён, -влена́ *v* **1.** beseelen **2.** *alt* begeistern ‖ *uv* одушевля́ть, -я́ю, -я́ешь
одушевле́ние, -я *n alt* Begeisterung
одушевлённый, -ая, -ое **1.** beseelt, eine Seele habend **2.** *alt* begeistert **3.** *gram* belebt
одушевля́ть *uv zu* одушеви́ть
оды́шка, -и *f* Atemnot, Kurzatmigkeit
ожереби́ться, *1. u. 2. Pers ungebr*, -и́тся *v* fohlen, Füllen werfen
ожере́лье, -ья *n* Halskette *aus Edelsteinen, Perlen u. ä.*, Kollier
ожесточа́ть(ся) *uv zu* ожесточи́ть(ся)
ожесточе́ние, -я *n* Erbitterung, Härte
ожесточённый, -ая, -ое erbittert, hart; -ая борьба́ erbitterter Kampf
ожесточи́ть, -чу́, -чи́шь; -чённый, -чён, -чена́ *v* grausam [hart, erbittert] machen, erbittern ‖ *uv* ожесточа́ть, -а́ю, -а́ешь
ожесточи́ться, -чу́сь, -чи́шься *v* grausam [hart, erbittert] werden ‖ *uv* ожесточа́ться, -а́юсь, -а́ешься
ожива́ть *uv zu* ожи́ть
оживи́ть, -влю́, -ви́шь; -влённый, -влён, -влена́ *v* **1.** wiederbeleben, wieder zum Leben erwecken **2.** beleben, erfrischen **3.** *übtr* wieder zum Leben erwecken, auffrischen; ~ воспомина́ния Erinnerungen auffrischen **4.** beleben, aktivieren ‖ *uv* оживля́ть, -я́ю, -я́ешь
оживи́ться, -влю́сь, -ви́шься *v* **1.** aufleben, belebt werden **2.** sich mit Leben füllen; у́лица оживи́лась die Straße füllte sich mit Leben ‖ *uv* оживля́ться, -я́юсь, -я́ешься
оживле́ние, -я *n* **1.** Belebung **2.** Belebtheit, Lebhaftigkeit; на у́лице большо́е ~ auf der Straße ist viel Verkehr [herrscht Hochbetrieb]; внести́ ~ в о́бщество Leben in die Bude bringen
оживлённый, -ая, -ое; *Kzf* -ён, -ённа **1.** lebhaft **2.** belebt; -ая у́лица belebte Straße
оживля́ть(ся) *uv zu* оживи́ть(ся)
ожида́ние, -я *n* **1.** Warten, Erwartung **2.** Erwartung, Hoffnung
ожида́ть, -а́ю, -а́ешь; *alt* ожи́данный, -ан, -а *uv* **1.** *A oder G* warten (auf), erwarten **2.** *G oder mit Inf* erwarten, erhoffen
ожире́ние, -я *n* Verfettung
ожире́ть, -е́ю, -е́ешь *v* fett werden, verfetten
о|жи́ть*; о́жил *v* **1.** wieder lebendig werden, wieder zum Leben erwachen **2.** neuen Lebensmut bekommen, aufatmen **3.** sich beleben, lebhaft [lustig] werden **4.** *übtr* wieder aufleben, wiedererstehen; ~ в па́мяти in der Erinnerung wieder aufleben **5.** sich beleben, belebt werden, sich mit Leben füllen ‖ *uv* ожива́ть, -а́ю, -а́ешь
ожо́г, -а *m* Verbrennung, Brandwunde
оз. (о́зеро) See
озабо́тить, -о́чу, -о́тишь; -о́ченный, -о́чен, -а *v* besorgt machen, beunruhigen ‖ *uv* озабо́чивать, -аю, -аешь
озабо́титься, -о́чусь, -о́тишься *v* sich kümmern, sich bemühen (о *P* um) ‖ *uv* озабо́чиваться, -аюсь, -аешься
озабо́ченность, -и *f* Besorgnis, Besorgtheit
озабо́ченный, -ая, -ое; *Kzf* -ен, -енна besorgt
озабо́чивать(ся) *uv zu* озабо́тить(ся)
озагла́вить, -влю, -вишь; -вленный, -влен, -а *v* betiteln ‖ *uv* **озагла́вливать,** -аю, -аешь

озада́ченный, -ая, -ое bestürzt, betroffen, verblüfft

озада́чивать *uv zu* озада́чить

озада́чить, -чу, -чишь; -ченный, -чен, -а *v* in Verwirrung [Bestürzung, Verblüffung, Verlegenheit] versetzen, verwirren, verblüffen, betreten machen || *uv* озада́чивать, -аю, -аешь

озари́ть, -рю́, -ри́шь; -рённый, -рён, -рена́ *v* 1. erleuchten, erhellen 2. *übtr* erhellen, erstrahlen lassen, durchdringen; улы́бка озари́ла её лицо́ ein Lächeln erhellte ihr Gesicht 3. durchfahren *von Gedanken*; вдруг де́рзкая мысль озари́ла его́ plötzlich durchfuhr ihn ein kühner Gedanke || *uv* **озаря́ть,** -я́ю, -я́ешь

озари́ться, -рю́сь, -ри́шься *v I* 1. erleuchtet werden (von), erstrahlen (in); за́пад озари́лся зака́том der Westen erstrahlte im Abendrot 2. erstrahlen (vor, in), erhellt werden (von, durch); лицо́ его́ озари́лось наде́ждой sein Gesicht erstrahlte in Hoffnung || *uv* **озаря́ться,** -я́юсь, -я́ешься

озвере́лый, -ая, -ое vertiert, zum Tier geworden, bestialisch

озвере́ть, -е́ю, -е́ешь *v* zum Tier [zur Bestie] werden, rasend werden

озву́чение, -я *n Film* Vertonung; синхро́нное речево́е ~ lippensynchrone Vertonung

озву́чивать *uv zu* озву́чить

озву́чить, -чу, -чишь; -ченный, -чен, -а *v* vertonen *Film* || *uv* озву́чивать, -аю, -аешь

оздорови́тельный, -ая, -ое Gesundungs-, Sanierungs-

оздорови́ть, -влю, -ви́шь; -влённый, -влён, -влена́ *v* 1. gesund machen; zuträglicher für die Gesundheit machen, sanieren; ~ усло́вия труда́ Arbeitsbedingungen verbessern *im Hinblick auf die hygienischen Verhältnisse* 2. *übtr* sanieren, normalisieren; ~ обстано́вку в коллекти́ве im Kollektiv eine gesunde Atmosphäre schaffen; ~ фина́нсы die finanzielle Lage sanieren || *uv* оздоровля́ть, -я́ю, -я́ешь

оздоровле́ние, -я *n* 1. Verbesserung der hygienischen Verhältnisse 2. Sanierung, Normalisierung; ~ фина́нсов finanzielle Sanierung

оздоровля́ть *uv zu* оздорови́ть

озелене́ние, -я *n* Anpflanzung von Grünflächen, Begrünung

озелени́ть, -ню́, -ни́шь; -нённый, -нён, -нена́ *v* mit Grün bepflanzen, begrünen || *uv* **озеленя́ть,** -я́ю, -я́ешь

о́земь *Adv umg* zu Boden, auf die Erde

озёрный, -ая, -ое See-, Seen-, Binnensee-; ~ край Seengebiet

о́зеро, -а, *Pl* озёра, озёр, озёрам *n* Binnensee, der See

ози́мый, -ая, -ое *landw* 1. Winter-, Wintersaat-; -ая рожь Winterroggen 2. -ые, -ых *Subst Pl* Wintergetreide, Wintersaat

о́зимь, -и *f* Wintersaat

озира́ть, -а́ю, -а́ешь *uv buchspr* betrachten, mit den Augen überfliegen

озира́ться, -а́юсь, -а́ешься *uv* 1. sich umsehen, um sich blicken, umherblicken 2. *alt* nach rückwärts blicken

озли́ться, озлю́сь, озли́шься *v volksspr* in Wut geraten, sich erbosen, sich erzürnen

озло́бить, -блю, -бишь; -бленный, -блен, -а *v* erzürnen, erbosen, erbittern || *uv* озлобля́ть, -я́ю, -я́ешь

озло́биться, -блюсь, -бишься *v* in Zorn [in Erbitterung] geraten, sich erbosen, erbittert werden || *uv* озлобля́ться, -я́юсь, -я́ешься

озлобле́ние, -я *n* Erbostheit, Erbitterung, Grimm, wütende Verbissenheit

озло́бленный, -ая, -ое; *Kzf* -ен, -енна erbost, verbittert, grimmig

озлобля́ть(ся) *uv zu* озло́бить(ся)

ознако́мить, -млю, -мишь; -мленный, -млен, -а *v* с *I* vertraut machen (mit), einführen, einweihen (in); ~ с положе́нием дел in die Sachlage einführen || *uv* ознакомля́ть, -я́ю, -я́ешь

ознако́миться, -млюсь, -мишься *v* с *I* sich vertraut machen, sich bekannt machen (mit) || *uv* ознакомля́ться, -я́юсь, -я́ешься

ознакомле́ние, -я *n* Bekanntmachen (с *I* mit etw.)

ознакомля́ть(ся) *uv zu* ознако́мить(ся)

ознаменова́ние, -я *n*: в ~ zu Ehren, zum Gedächtnis

ознаменова́ть, -ну́ю, -ну́ешь; -но́ванный, -но́ван, -а *v* 1. kennzeichnen, darstellen, bedeuten 2. festlich begehen; denkwürdig machen || *uv* **ознамено́вывать,** -аю, -аешь

означа́ть, -а́ю, -а́ешь *uv* 1. *uv zu* озна́чить 2. bedeuten, Bedeutung haben,

bezeichnen; что означа́ет э́то сло́во? was bedeutet dieses Wort?
означить, -чу, -чишь; -ченный, -чен, -а *v* 1. *alt* bezeichnen, verzeichnen, angeben; ~ на ка́рте auf der Karte angeben 2. bestimmen, festlegen, angeben ‖ *uv* означа́ть, -а́ю, -а́ешь
озно́б, -а *m* Schüttelfrost
озолоти́ть, -очу́, -оти́шь; -очённый, -очён, -очена́ *v* 1. in einen Goldschimmer tauchen, goldfarben machen 2. *umg* mit Gold überschütten
озо́н, -а *m* Ozon
озорни́к, -а́ *m* 1. *umg* Wildfang, Frechdachs 2. *volkssprr* Rüpel, Randalist
озорнича́ть, -а́ю, -а́ешь *uv* 1. *umg* ausgelassen sein, *harmlosen* Unfug treiben, ungezogen sein 2. *volksspr* sich rüpelhaft aufführen, randalieren
озорно́й, -а́я, -о́е 1. *umg* ausgelassen, mutwillig 2. *volksspr* rüpelhaft, randalierend
озорство́, -а́ *n umg* 1. Mutwilligkeit, Ausgelassenheit, Ungezogenheit 2. Rüpelei, Randalieren, Bubenstreich
озя́бнуть, -ну, -нешь; озя́б, -ла *v umg* frieren, durchfrieren; у меня́ озя́бли ру́ки mir sind die Hände wie Eis
ой *Interj* au, hu, heu, ei *bei Schmerz, Mitgefühl, Furcht, Verwunderung, Freude*
Ока́, -и́ *f* Oka *Fluß*
оказа́ние, -я *n*: ~ по́мощи Hilfeleistung; ~ по́честей Ehrenbezeigung, -erweisung
о|каза́ть* *v* erweisen, bezeigen, leisten; ~ соде́йствие Unterstützung leisten; ~ сопротивле́ние Widerstand leisten; ~ по́мощь Hilfe erweisen; ~ услу́гу einen Dienst erweisen; ~ влия́ние Einfluß ausüben ‖ *uv* ока́зывать, -аю, -аешь
о|каза́ться* *v* 1. *alt* zutage treten, sich offenbaren 2. sich finden, vorhanden sein; в гости́нице не оказа́лось свобо́дных номеро́в im Hotel gab es keine freien Zimmer 3. sich unversehens, plötzlich befinden, plötzlich geraten 4. *I* sich erweisen (als), sich herausstellen (als), sein; ~ ста́рым знако́мым sich als alter Bekannter erweisen ‖ *uv* ока́зываться, -аюсь, -аешься
ока́зия, -и *f* 1. *alt* günstige Gelegenheit 2. *umg* seltene [ungewöhnliche] Begebenheit
ока́зывать *uv zu* оказа́ть
ока́зываться, -аюсь, -аешься *uv* 1. *uv zu* оказа́ться 2.: ока́зывается *mod* wie sich herausstellt, wie sich erweist; он, ока́зывается, уе́хал wie sich herausstellt, ist er fortgefahren
окайми́ть, -млю́, -ми́шь; -млённый, -млён, -млена́ *v* 1. umsäumen, umranden, einfassen 2. *übtr* einfassen, umgeben; глаза́, окаймлённые сине́во́й mit blauen Rändern umgebene Augen ‖ *uv* **окаймля́ть,** -я́ю, -я́ешь
окаменева́ть *uv zu* окамене́ть
окамене́лость, -и *f* 1. Versteinerung 2. *übtr* Erstarrung, Starrheit, Leblosigkeit 3. *meist Pl* Fossilien, Versteinerungen
окамене́лый, -ая, -ое 1. zu Stein geworden, versteinert 2. *übtr* erstarrt, leblos 3. gefühllos, erbarmungslos
окамене́ние, -я *n* 1. Versteinern, Versteinerung 2. Starre, Erstarrung
окамене́ть, -е́ю, -е́ешь *v* 1. versteinern, zu Stein werden 2. *übtr* erstarren, versteinern, unbeweglich werden 3. *übtr* verhärten, gefühllos werden ‖ *uv* окаменева́ть, -а́ю, -а́ешь *zu* 1
окантова́ть, -ту́ю, -ту́ешь; -то́ванный, -то́ван, -а *v* umranden, mit Kante [Borte] versehen ‖ *uv* оканто́вывать, -аю, -аешь
оканто́вка, -и, *Pl G* -вок, *D* -вкам *f* 1. Umranden, Umrandung 2. Umrandung, Kante, Borte
оканто́вывать *uv zu* окантова́ть
ока́нчивать(ся) *uv zu* око́нчить(ся)
ока́пывать(ся) *uv zu* окопа́ть(ся)
ока́рмливать *uv zu* окорми́ть
окати́ть, окачу́, ока́тишь; ока́ченный, -ен, -а *v* überschütten, übergießen ‖ *uv* **ока́тывать,** -аю, -аешь *umg u.* ока́чивать, -аю, -аешь
окати́ться, окачу́сь, ока́тишься *v* sich überschütten, sich übergießen; ~ холо́дной водо́й sich mit kaltem Wasser übergießen ‖ *uv* **ока́тываться,** -аюсь, -аешься *umg u.* ока́чиваться, -аюсь, -аешься
о́кать, о́каю, о́каешь *uv* unbetontes o wie „o" (nicht wie „a") aussprechen
ока́чивать(ся) *uv zu* окати́ть(ся)
окая́нный, -ая, -ое 1. *alt* mit dem kirchlichen Bannfluch beladen; sündig 2. -ого *Subst m umg, alt* der Böse, der Teufel 3. *derb volksspr* verflucht, verdammt, Teufels-
океа́н, -а *m* Ozean
Океа́ния, -и *f* Ozeanien
океа́нский, -ая, -ое ozeanisch, Ozean-, Übersee; ~парохо́д Überseedampfer

оки́дывать *uv zu* оки́нуть
оки́нуть, -ну, -нешь; оки́нутый, -ут, -а *v*: ~ взгля́дом [взо́ром] betrachten, mustern, mit den Augen umfassen ‖ *uv* оки́дывать, -аю, -аешь
о́кисел, -сла *m* Oxyd
окисле́ние, -я *n* Oxydation, Oxydierung
окисли́тель, -я *m* Oxydiermittel
окисли́тельный, -ая, -ое Oxydierungs-, Oxydations-
окисли́ть, -лю́, -ли́шь; -лённый, -лён, -лена́ *v* mit Sauerstoff verbinden, zum Oxydieren bringen ‖ *uv* **окисля́ть,** -я́ю, -я́ешь
окисли́ться, *1. u. 2. Pers ungebr*, -и́тся *v* oxydieren, Sauerstoff aufnehmen, sich mit Sauerstoff verbinden ‖ *uv* **окисля́ться,** -я́ется
о́кись, -и *f* Oxyd; ~ углеро́да Kohlenoxid
оккупа́нт, -а *m* Okkupant
оккупацио́нный, -ая, -ое Okkupations-, Besatzungs-; -ые войска́ Besatzungstruppen
оккупа́ция, -и *f* Okkupation, Besetzung
оккупи́ровать, -рую, -руешь; -рованный, -рован, -а *v* okkupieren, besetzen
окла́д, -а *m regelmäßiges* Gehalt; ме́сячный ~ Monatsgehalt
окла́дистый, -ая, -ое; *Kzf* -ист, -а *alt* voll, kräftig *vom Körperbau* ◇ -ая борода́ Vollbart
о|клевета́ть*; оклеве́танный, -ан, -а *v* verleumden
окле́ивать *uv zu* окле́ить
окле́ить, -е́ю, -е́ишь; -е́енный, -е́ен, -а *v* bekleben, tapezieren ‖ *uv* окле́ивать, -аю, -аешь
о́клик, -а *m* Anruf, Zuruf
оклика́ть *uv zu* окли́кнуть
окли́кнуть, -ну, -нешь; -нутый, -нут, -а *v* anrufen, beim Namen rufen *um die Aufmerksamkeit auf sich zu lenken* ‖ *uv* оклика́ть, -а́ю, -а́ешь
окно́, -а́, *Pl* о́кна, о́кон, о́кнам *n* **1.** Fenster; вы́бросить в [за] ~ zum Fenster hinauswerfen **2.** *umg* Fensterbrett **3.** Öffnung **4.** *umg* Zwischenstunde *im Stundenplan*
о́ко, -а, *Pl* о́чи, оче́й, оча́м *n alt, poet* Auge ◇ в мгнове́ние о́ка im Augenblick, sekundenschnell, im Handumdrehen
о|кова́ть* *v* **1.** beschlagen *mit Metall*; око́ванный желе́зом сунду́к eisenbeschlagene Truhe **2.**: ~ льдом mit Eis bedecken, vereisen ‖ *uv* око́вывать, -аю, -аешь
око́вы, око́в *Pl* **1.** *alt* Ketten *zum Fesseln* **2.** *übtr* Fesseln; мора́льные ~ moralische Fesseln
око́вывать *uv zu* окова́ть
окола́чиваться, -аюсь, -аешься *uv volksspr* sich herumtreiben; ~ без де́ла untätig herumlungern
околдова́ть, -ду́ю, -ду́ешь; -до́ванный, -до́ван, -а *v* **1.** behexen, verzaubern **2.** *übtr* bezaubern, berücken ‖ *uv* **околдо́вывать,** -аю, -аешь
околева́ть *uv zu* околе́ть
околёсица, -ы, *I* -ей *f umg* Unsinn; нести́ -у Unsinn reden
околе́ть, -е́ю, -е́ешь *v* krepieren, verenden ‖ *uv* околева́ть, -а́ю, -а́ешь
око́лица, -ы, *I* -ей *f* **1.** Zaun, Einfriedigung *um ein Dorf, am Dorfeingang*; Einfahrt *durch Dorfeinfriedigung* **2.** *volksspr* Ortsrand, Dorfende
околи́чность, -и *f*: без -ей ohne Umschweife
о́коло **1.** *Präpos mit G* neben, bei, an; он сиде́л ~ меня́ er saß neben mir; стоя́ть ~ воро́т am Tor stehen **2.** *Präpos mit G* ungefähr, gegen; ~ пяти́ рубле́й ungefähr fünf Rubel; ~ полу́дня gegen Mittag **3.** *Adv* daneben, in der Nähe; стоя́ть ~ da neben stehen ◇ ходи́ть вокру́г да ~ wie die Katze um den heißen Brei schleichen
около́ток, -тка *m* **1.** *hist* städtisches Polizeirevier **2.** *alt* Revier; *mil* Krankenstube **3.** Eisenbahnteilstrecke
околоцве́тник, -а *m* Blütenhülle
околпа́чивать *uv zu* околпа́чить
околпа́чить, -чу, -чишь; -ченный, -чен, -а *v volksspr* betrügen, übers Ohr hauen, für dumm verkaufen ‖ *uv* околпа́чивать, -аю, -аешь
око́лыш, -а, *I* -ем, *G Pl* -ей *m* Mützenrand
око́льный, -ая, -ое: ~ путь Umweg; -ыми путя́ми auf Umwegen
окольцева́ть, -цу́ю, -цу́ешь; -цо́ванный, -цо́ван, -а *v* beringen ‖ *uv* **окольцо́вывать,** -аю, -аешь
оконе́чность, -и *f* Ende, Ausläufer; се́верная ~ о́строва Nordende der Insel
око́нный, -ая, -ое Fenster-; -ое стекло́ Fensterglas, Fensterscheibe
оконопа́тить, -а́чу, -а́тишь; -а́ченный, -а́чен, -а *v naut* kalfatern, Fugen abdichten ‖ *uv* **оконопа́чивать,** -аю, -аешь
оконфу́зить, -у́жу, -у́зишь; -у́жен-

ный, -у́жен, -а *v volksspr* verwirren, konfus machen, in Verlegenheit bringen; lächerlich machen, blamieren

оконфу́зиться, -у́жусь, -у́зишься *v volksspr* sich blamieren, sich lächerlich machen

оконча́ние, -я *n* **1.** Beendigung, Ende, Schluß **2.** *gram* Endung

оконча́тельный, -ая, -ое; *Kzf* -лен, -льна endgültig, End-; ~ результа́т Endergebnis; -ое реше́ние endgültiger Entscheid

око́нчить, -чу, -чишь; -ченный, -чен, -а *v* **1.** zu Ende führen, beendigen, abschließen **2.** absolvieren, beenden; ~ институ́т die Hochschule absolvieren ‖ *uv* ока́нчивать, -аю, -аешь

око́нчиться, *1. u. 2. Pers ungebr,* -ится *v* enden, aufhören, ablaufen ‖ *uv* ока́нчиваться, -ается

око́п, -а *m* Schützengraben

окопа́ть, -а́ю, -а́ешь; око́панный, -ан, -а *v* **1.** ringsum etw. graben, die Erde aufwerfen; ~ кусты́ um die Büsche herum die Erde aufwerfen **2.** mit einem Graben [Erdaufwurf] umgeben ‖ *uv* ока́пывать, -аю, -аешь

окопа́ться, -а́юсь, -а́ешься *v* **1.** *mil* sich eingraben **2.** *übtr, umg* ein sicheres Plätzchen finden ‖ *uv* ока́пываться, -аюсь, -аешься

око́пный, -ая, -ое Graben-, Schützengraben-, Schanz-; -ая ли́ния Grabenlinie; -ая война́ Stellungskrieg

окора́чивать *uv zu* окороти́ть

окорми́ть, окормлю́, око́рмишь; око́рмленный, -ен, -а *v* **1.** *volksspr* überfüttern **2.** durch schlechtes Futter krank machen [töten] **3.** vergiften ‖ *uv* ока́рмливать, -аю, -аешь

о́корок, -а, *Pl* окорока́, -о́в, -а́м *m* Keule, Schinken

окороти́ть, -очу́, -оти́шь; -о́ченный, -о́чен, -а *v umg* zu kurz machen; ~ пла́тье ein Kleid zu sehr kürzen ‖ *uv* окора́чивать, -аю, -аешь

окостенева́ть *uv zu* окостене́ть

окостене́лый, -ая, -ое **1.** zu Knochen geworden, verknöchert **2.** steif [starr, unbeweglich, gefühllos] geworden **3.** *übtr* erstarrt, verknöchert, entwicklungsunfähig (geworden)

окостене́ть, -е́ю, -е́ешь *v* **1.** zu Knochen werden, verknöchern **2.** vor Kälte steif [starr, unbeweglich] werden **3.** *übtr* (in Unbeweglichkeit) erstarren **4.** *übtr* erstarren, verknöchern, entwicklungsunfähig werden ‖ *uv* окостенева́ть, -а́ю, -а́ешь

окоти́ться, *1. u. 2. Pers ungebr,* -ится *v* Junge werfen, jungen *von Katzen, Hasen, Ziegen u. a.,* lammen

окочене́лый, -ая, -ое steifgefroren, starr *vor Kälte*

окочене́ть, -е́ю, -е́ешь *v* **1.** steiffrieren, erstarren *vor Kälte* **2.** *übtr* in Unbeweglichkeit erstarren

око́шко, -а, *Pl G* -шек, *D* -шкам *n* **1.** *Dem zu* окно́ Fenster **2.** Schalterfenster, Schalter

окра́ина, -ы *f* **1.** Rand, Randstreifen; ~ ле́са Waldrand; ~ го́рода Stadtrand **2.** Randgebiet, Grenzgebiet

окра́инный, -ая, -ое **1.** Rand-, Randgebiets-; -ые райо́ны страны́ Randgebiete des Landes **2.** Vororts-; -ые у́лицы Vorortstraßen

окра́сить, -а́шу, -а́сишь; -а́шенный, -а́шен, -а *v* **1.** färben; ~ ткань Gewebe färben **2.** röten, rot färben *von Sonne, Feuer, Gesichtsfarbe* **3.** *übtr, meist Ptz Prät Pass* färben, kennzeichnen; э́той печа́лью была́ окра́шена вся жизнь её von dieser Trauer war ihr ganzes Leben überschattet ‖ *uv* окра́шивать, -аю, -аешь

окра́ситься, *1. u. 2. Pers ungebr,* -ится *v* sich färben ‖ *uv* окра́шиваться, -ается

окра́ска, -и *f* **1.** Anstreichen, Färben; ~ зда́ний Streichen von Häusern; ~ воло́с Haarfärben **2.** Farbe, Färbung, Anstrich **3.** *übtr* Färbung, Anstrich, Note, Charakter

окра́шивать(ся) *uv zu* окра́сить(ся)

окре́пнуть, -ну, -нешь; окре́п, -ла *v* **1.** fester werden; наст окре́п die Schneekruste war fester geworden **2.** erstarken, gesünder [kräftiger, widerstandsfähiger] werden, zu Kräften kommen **3.** heftiger [kräftiger] werden, zunehmen; ве́тер окре́п der Wind hat zugenommen

окре́ст *Adv buchspr* ringsum

окрести́ть, -ещу́, -е́стишь; -ещённый, -ещён, -ещена́ *v* **1.** *rel* taufen **2.** *I umg* nennen, taufen; ~ но́вым про́звищем einen neuen Spitznamen geben

окре́стность [сн], -и *f* Umgebung, Gegend

окре́стный [сн], -ая, -ое umliegend, benachbart, Nachbar-

окриве́ть, -е́ю, -е́ешь *v volksspr* auf einem Auge blind werden

óкрик, -а *m* (warnender, drohender) Anruf, Zuruf
окри́кивать *uv zu* окри́кнуть
окри́кнуть, -ну, -нешь; -нутый, -нут, -а *v* anrufen, beim Namen rufen *um Aufmerksamkeit zu erwecken* || *uv* окри́кивать, -аю, -аешь
окрова́вить, -влю, -вишь; -вленный, -влен, -а *v* mit Blut beschmieren, bespritzen || *uv* окрова́вливать, -аю, -аешь
окрова́вленный, -ая, -ое blutbedeckt, blutbespritzt
окрова́вливать *uv zu* окрова́вить
окропи́ть, -плю, -пи́шь; -плённый, -плён, -плена́ *v* bespritzen, besprengen, benetzen || *uv* **окропля́ть,** -я́ю, -я́ешь
окро́шка, -и *f* **1.** Okroschka *Kwaßsuppe mit kleingeschnittenem Gemüse und Fleisch* **2.** *umg* Mischmasch, Sammelsurium
óкруг, -а, *Pl* округа́, -óв, -а́м *u. alt* óкруги, -ов, -ам *m* Bezirk; Kreis *Verwaltungseinheit*
окру́га, -и *f umg* Umgebung
округле́ть, -е́ю, -е́ешь *v volksspr* **1.** rund werden **2.** dicker werden
округли́ть, -лю́, -ли́шь; -лённый, -лён, -лена́ *v* **1.** rund machen **2.** *übtr, umg* abrunden, endgültige Form geben; ~ фра́зу einem Satz den letzten Schliff geben **3.** *math* abrunden, aufrunden **4.** *übtr, umg* schön abrunden, ordentlich vergrößern; ~ капита́л sein Kapital vergrößern || *uv* округля́ть, -я́ю, -я́ешь
округли́ться, -лю́сь, -ли́шься *v* **1.** rund [runder] werden; пле́чи её округли́лись ihre Schultern haben sich gerundet **2.** *übtr, umg* die endgültige Form annehmen **3.** *umg* schön groß [rund] werden, sich ordentlich vergrößern; капита́л округли́лся das Kapital hat sich schön vergrößert || *uv* округля́ться, -я́юсь, -я́ешься
окру́глость, -и *f* **1.** Rundung, Abgerundetheit; Rundlichkeit **2.** Ausgeglichenheit, Abgerundetheit
окру́глый, -ая, -ое; *Kzf* -у́гл, -а **1.** gerundet, mit runden Linien, durch runde Linien gekennzeichnet; ~ по́черк runde Schriftzüge **2.** ausgeglichen, abgerundet; ~ жест abgerundete Geste **3.** *umg* geschlossen, (gut) abgerundet, schlüssig; -ая фра́за gut abgerundeter Satz
округля́ть(ся) *uv zu* округли́ть(ся)
окружа́ть, -а́ю, -а́ешь *uv* **1.** *uv zu* окружи́ть **2.** umgeben, umschließen
окружа́ющий, -ая, -ее **1.** umgebend, Um-; ~ мир Umwelt **2.** -ее, -его *Subst n* Umgebung, Umwelt, Milieu **3.** -ие, -их *Subst Pl* Umgebung, die umgebenden Menschen
окруже́ние, -я *n* **1.** Umkreisen, Umringen **2.** Umgebung, Umwelt **3.** *mil* Einkreisung, Umzingelung, Kessel; попа́сть в ~ in einen Kessel geraten ◇ в -и кого́-н. in Begleitung von j-m
окружи́ть, -жу́, -жи́шь; -жённый, -жён, -жена́ *v* **1.** umgeben, umringen, in die Mitte nehmen **2.** einkreisen, umzingeln **3.** *I übtr* mit bestimmten Menschen umgeben; он окружи́л себя́ надёжными людьми́ er umgab sich mit zuverlässigen Leuten **4.** umgeben, umhegen; ~ ро́скошью mit Luxus umgeben || *uv* окружа́ть, -а́ю, -а́ешь
окружно́й, -а́я, -о́е **1.** Bezirks-, Kreis-; ~ центр Bezirkshauptstadt **2.**: -а́я желе́зная доро́га Ringbahn
окру́жность, -и *f* **1.** *math* Kreislinie, Kreis, Kreisumfang **2.** *alt* Umkreis, Umgebung
окрути́ть, -учу́, -у́тишь; -у́ченный, -у́чен, -а *v* **1.** umwickeln, umwinden **2.** *volksspr* kirchlich trauen; verheiraten || *uv* **окру́чивать,** -аю, -аешь
окрыли́ть, -лю́, -ли́шь; -лённый, -лён, -лена́ *v* beflügeln, beschwingen, begeistern || *uv* **окрыля́ть,** -я́ю, -я́ешь
окрыли́ться, -лю́сь, -ли́шься *v* **1.** *zool* Flügel bekommen **2.** *übtr* begeistert sein [werden], sich begeistern || *uv* **окрыля́ться,** -я́юсь, -я́ешься
окры́ситься, *1. Pers ungebr*, -ишься *v* на *A volksspr* **1.** (j-m) die Zähne zeigen **2.** (j-n) wütend anfauchen
оксиди́ровать, -рую, -руешь; -рованный, -рован, -а *v, uv tech* brünieren
окта́ва, -ы *f* **1.** *mus, lit* Oktave **2.** sehr tiefe Baßstimme
октя́брь, -я́ *m* **1.** Oktober **2.** *mit großem Anfangsbuchstaben* der Oktober, die Oktoberrevolution von 1917
октя́брьский, -ая, -ое Oktober-
октября́та *Pl* -ря́т, *Sg* октябрёнок, -нка *m* Schüler der ersten drei Klassen, die von der Pionierorganisation betreut werden
оку́кливаться *uv zu* оку́клиться
оку́клиться, *1. u. 2. Pers ungebr*, -ится *v zool* sich verpuppen || *uv* оку́кливаться, -ается

окули́ст, -а *m* Augenarzt
окуна́ть(ся) *uv zu* окуну́ть(ся)
окуну́ть, -ну́, -нёшь; оку́нутый, -ут, -а *v* eintauchen, hineinstecken; ~ перо́ в черни́льницу die Feder ins Tintenfaß tauchen ‖ *uv* окуна́ть, -а́ю, -а́ешь
окуну́ться, -ну́сь, -нёшься *v* 1. eintauchen, untertauchen, hineingehen; он окуну́лся в во́ду до ше́и er tauchte bis zum Hals im Wasser unter 2. *übtr* völlig aufgehen (in), sich völlig hingeben (einer Sache); он окуну́лся в э́ту рабо́ту er ging völlig in dieser Arbeit auf ‖ *uv* окуна́ться, -а́юсь, -а́ешься
о́кунь, -я, *Pl* о́куни, окуне́й, окуня́м *m* Barsch
окупа́ть(ся) *uv zu* окупи́ть(ся)
окупи́ть, окуплю́, оку́пишь; оку́пленный, -ен, -а *v* ausgleichen, decken *Ausgaben* ‖ *uv* окупа́ть, -а́ю, -а́ешь
окупи́ться, *1. u. 2. Pers ungebr*, оку́пится *v* sich bezahlt machen, sich rentieren ‖ *uv* окупа́ться, -а́ется
оку́ривать *uv zu* окури́ть
окури́ть, окурю́, оку́ришь; оку́ренный, -ен, -а *v* der Raucheinwirkung aussetzen, ausräuchern ‖ *uv* оку́ривать, -аю, -аешь
оку́рок, -рка *m* Zigarettenstummel, Zigarrenstummel
оку́тать, -аю, -аешь; -анный, -ан, -а *v* 1. umwickeln, einhüllen; ~ пле́чи платко́м die Schultern in ein Tuch hüllen, ein Tuch um die Schultern legen 2. *übtr* einhüllen; чёрный дым оку́тал по́езд schwarzer Qualm hüllte den Zug ein ‖ *uv* **оку́тывать,** -аю, -аешь
оку́таться, -аюсь, -аешься *v* 1. sich einhüllen, umwickeln; ~ ша́лью sich in einen Schal hüllen 2. *übtr* sich einhüllen, sich allseitig bedecken ‖ *uv* **оку́тываться,** -аюсь, -аешься
оку́чивание, -я *n* Häufeln
оку́чивать *uv zu* оку́чить
оку́чить, -чу, -чишь; -ченный, -чен, -а *v* häufeln; ~ карто́фель Kartoffeln häufeln ‖ *uv* оку́чивать, -аю, -аешь
ола́дья, -ьи, *Pl G* -дий, *D* -дьям *f* dicker Fladen, Pfannkuchen
Оле́г, -а *m männl Vn*
оледенева́ть *uv zu* оледене́ть
оледене́лый, -ая, -ое 1. vereist, mit Eis bedeckt 2. erstarrt, steif (geworden)
оледене́ние, -я *n* 1. Vereisung 2. Erstarrung *infolge Kälteeinwirkung*
оледене́ть, -е́ю, -е́ешь *v* 1. vereisen, sich mit Eis bedecken 2. eiskalt werden, erstarren ‖ *uv* оледенева́ть, -а́ю, -а́ешь
оледени́ть, -ню́, -ни́шь; -нённый, -нён, -нена́ *v* 1. zum Gefrieren bringen, mit Eis bedecken 2. erstarren lassen
олене|во́д, -а *m* Rentierzüchter; **~во́дство,** -а *n* Rentierzucht; **~во́дческий,** -ая, -ое Rentierzucht-, Rentier-
оле́ний, -ья, -ье Hirsch-, Rentier-; -ьи рога́ Rentier-, Hirschgeweih
оле́нина, -ы *f* Hirschfleisch
оле́нь, -я *m* Hirsch; се́верный ~ Rentier
О́ленька, -и *f Dem zu* О́льга
олеогра́фия, -и *f* Öldruck
оли́ва, -ы *f* 1. Olivenbaum, Ölbaum 2. Olive
оли́вка, -и, *Pl G* -вок, *D* -вкам *f* 1. Olivenbaum, Ölbaum 2. Olive
оли́вковый, -ая, -ое 1. Oliven-; -ая ро́ща Olivenhain; -ая ко́сточка Olivenkern 2. olivfarben, olivgrün
олига́рхия, -и *f* Oligarchie
олимпиа́да, -ы *f* Olympiade
олимпи́ец, -и́йца, *I* -и́йцем, *G Pl* -и́йцев *m* Olympionike
олимпи́йский, -ая, -ое olympisch
оли́фа, -ы *f* Ölfirnis
олицетворе́ние, -я *n* 1. Personifizierung 2. Verkörperung; он для меня́ ~ споко́йствия er ist für mich die Verkörperung der Ruhe [die Ruhe in Person]
олицетворённый, -ая, -ое verkörpert; -ая кро́тость die verkörperte Schüchternheit, die Schüchternheit in Person
олицетвори́ть, -рю́, -ри́шь; -рённый, -рён, -рена́ *v* 1. personifizieren, als Person darstellen 2. verkörpern; ~ иде́ю eine Idee verkörpern ‖ *uv* **олицетворя́ть,** -я́ю, -я́ешь
о́лово, -а *n* Zinn
оловя́нный, -ая, -ое 1. zinnern, Zinn-; ~ сли́ток Zinnbarren; -ые рудники́ Zinnbergwerke; ~ солда́тик Zinnsoldat 2. zinnfarben 3. *übtr* trübe, ausdruckslos *Augen, Blick*
о́лух, -а *m volksspr* Dummkopf, Tölpel
О́льга, -и *f* Olga
ольха́, -и́, *Pl* о́льхи, о́льх, о́льхам *f* Erle
ольша́ник, -а *m* 1. Erlenwald, Erlen-

gehölz 2. *mit Erlen bewachsenes* Torfmoor

О́ля, -и *f Dem zu* О́льга

ом, -а *m el* Ohm

ома́р, -а *m* Hummer

оме́ла, -ы *f* Mistel

омерзе́ние, -я *n* Ekel, Abscheu; внуша́ть ~ Abscheu einflößen

омерзи́тельный, -ая, -ое; *Kzf* -лен, -льна ekelhaft, widerwärtig, abscheulich

омертве́лый, -ая, -ое 1. abgestorben *Zellen, Gewebe, Körperteile* 2. *übtr* erstarrt, leblos, regungslos

омертве́ть, -е́ю, -е́ешь *v* 1. absterben *von Zellen, Geweben, Körperteilen* 2. *übtr* erstarren, leblos [reglos] werden

омертви́ть, -влю́, -ви́шь; -влённый, -влён, -влена́ *v* 1. absterben lassen 2. *wirtsch* aus dem Umlauf nehmen || *uv* **омертвля́ть,** -я́ю, -я́ешь

оми́ч, -а́, *I* -о́м, *G Pl* -е́й *m* Einwohner von Omsk

омле́т, -а *m* Omelette, Eierkuchen

омола́живать *uv zu* омолоди́ть

омолоди́ть, -ожу́, -оди́шь; -ожённый, -ожён, -ожена́ *v* 1. verjüngen, jünger machen 2. *umg* verjüngen, das Durchschnittsalter senken; ~ футбо́льную кома́нду eine Fußballmannschaft verjüngen || *uv* омола́живать, -аю, -аешь

омоложе́ние, -я *n* Verjüngung

омо́ним, -а *m* Homonym

омрача́ть(ся) *uv zu* омрачи́ть(ся)

омрачи́ть, -чу́, -чи́шь; -чённый, -чён, -чена́ *v* 1. *alt* verdunkeln, düster machen 2. *übtr* verdunkeln, benebeln; ~ созна́ние Bewußtsein verdunkeln 3. betrüben, verdüstern, verfinstern; печа́ль омрачи́ла его́ лицо́ Trauer verdüsterte sein Gesicht || *uv* омрача́ть, -а́ю, -а́ешь

омрачи́ться, *1. u. 2. Pers ungebr*, -и́тся *v* 1. *alt* dunkel [düster] werden 2. *übtr* sich verdunkeln, sich umnebeln *vom Bewußtsein, Urteilsvermögen* 3. sich verdüstern, sich verfinstern || *uv* омрача́ться, -а́ется

Омск, -а *m* Omsk

о́мут, -а *m* 1. Untiefe, tiefes Loch *im Fluß, See* 2. Wasser, Strudel ◇ в ти́хом -е че́рти во́дятся *etwa* stille Wasser sind tief

омыва́ть, -а́ю, -а́ешь *uv* 1. *uv zu* омы́ть 2. umspülen *von Flüssen, Meeren*; во́лны омыва́ют полуо́стров с обе́их сторо́н die Wellen umspülen die Halbinsel von beiden Seiten

о|мы́ть* *v buchspr* 1. waschen, abspülen; ~ лицо́ das Gesicht waschen 2. *übtr, alt* rein waschen *Namen, Ehre* || *uv* омыва́ть, -а́ю, -а́ешь

он, его́, ему́, его́, им, о нём *Pers Pron m* er ◇ пусть [пуска́й] его́ mag er doch, soll er doch *zum Ausdruck der Gleichgültigkeit*

она́, её, ей, её, е́ю *u.* ей, о ней *Pers Pron f* sie

она́гр, -а *m* Onager *Wildesel in Südwestasien*

онда́тра, -ы *f* 1. Bisamratte 2. Bisamfell

Оне́га, -и *f* Onega *Stadt, Fluß*

оне́жский, -ая, -ое: Оне́жское о́зеро Onegasee

онеме́лый, -ая, -ое 1. *alt* stumm (geworden), der Sprache beraubt 2. *umg* abgestorben, gefühllos, taub (geworden) *von Gliedern*; -ая рука́ eingeschlafene Hand

онеме́ние, -я *n* 1. Verstummen, Verlust der Sprache [der Sprechfähigkeit] 2. *umg* Absterben, Taubwerden *von Gliedern*

онеме́ть, -е́ю, -е́ешь *v* 1. stumm werden, die Sprache einbüßen 2. verstummen, sprachlos werden *vor Staunen, unerwarteter Freude u. dgl.* 3. gefühllos [taub] werden, absterben *von Gliedern*

онеме́чивать(ся) *uv zu* онеме́чить(ся)

онеме́чить, -чу, -чишь; -ченный, -чен, -а *v* germanisieren, eindeutschen, zum Deutschen machen; deutsche Sprache und Sitte aufzwingen || *uv* онеме́чивать, -аю, -аешь

онеме́читься, -чусь, -чишься *v* deutsche Sprache und Sitte annehmen, zum Deutschen werden || *uv* онеме́чиваться, -аюсь, -аешься

они́, их, им, их, и́ми, о них *Pers Pron Pl* sie

о́никс, -а *m* Onyx

оно́, его́, ему́, его́, им, о нём *n* 1. *Pers Pron* es 2. *Dem Pron umg* das, das ist; не зна́ю, бу́дет ли ~ хорошо́ ich weiß nicht, ob das gut sein wird; ~ и ви́дно! das ist (ja) auch zu sehen!

ОНО [оно́] *idkl n* (отде́л наро́дного образова́ния) Amt für Volksbildung

онтогене́з [гeнэ], -а *m* Ontogenese

Ону́фрий, -я, *P* -и *m männl Vn*

ону́ча, -и, *I* -ей *f* Fußlappen

о́ный, -ая, -ое *Dem Pron buchspr,*

alt 1. derselbe, ebenderselbe; в ~ день, когда́ . . . an ebendem Tage, da . . . 2. obengenannt ◇ во вре́мя о́но; во времена́ о́ны; в о́ны дни [го́ды] einstmalst, einst, einmal
ООН [оо́н] *idkl f* (Организа́ция Объединённых На́ций) Organisation der Vereinten Nationen, UNO
опада́ть *uv zu* опа́сть
опаде́ние, -я *n* 1. Abfallen *des Laubes, der Blätter* 2. Zurückgehen *einer Geschwulst*
опа́здывание, -я *n* Verspätung
опа́здывать *uv zu* опозда́ть
опа́ивать *uv zu* опои́ть
опа́л, -а *m* Opal
опа́ла, -ы *f* 1. *hist* Ungnade *des Zaren* 2. *hist* Bestrafung *eines beim Zaren in Ungnade Gefallenen* 3. *übtr* Ungnade, Abneigung
опа́ливать *uv zu* опали́ть
опали́ть, -лю́, -ли́шь; -лённый, -лён, -лена́ *v* 1. versengen, ringsum absengen 2. absengen *Haare, Federn*; ~ ку́рицу ein Huhn absengen ‖ *uv* опаля́ть, -я́ю, -я́ешь *zu* 1 *u.* опа́ливать, -аю, -аешь *zu* 2
опали́ться, -лю́сь, -ли́шься *v* 1. *umg* sich versengen 2. *alt* zornig werden (на *A* auf)
опа́лый, -ая, -ое *volksspr* abgemagert, eingefallen; -ые щёки eingefallene [hohle] Wangen
опа́льный, -ая, -ое in Ungnade gefallen *beim Zaren*
опаля́ть *uv zu* опали́ть
опа́мятоваться, -тую́сь, -ту́ешься *v* 1. *alt* zu sich kommen, aus der Ohnmacht erwachen 2. *übtr, volksspr* zur Besinnung kommen, sich (anders, eines Besseren) besinnen
опа́ра, -ы *f* 1. Sauerteig 2. gegangener Teig
опарши́веть, -ею, -еешь *v umg* die Räude bekommen
опаса́ться, -а́юсь, -а́ешься *uv* 1. befürchten, die Befürchtung hegen 2. *G* sich vorsehen (vor), sich hüten (vor), sich fürchten (vor); ~ сквозняка́ sich vor Zugluft vorsehen; он опаса́ется мы́ться холо́дной водо́й er fürchtet sich, sich mit kaltem Wasser zu waschen
опасе́ние, -я *n* Befürchtung, Besorgnis, Angst
опа́ска, -и *f umg* Vorsicht; с -ой vorsichtig, behutsam, zaghaft
опа́сливый, -ая, -ое; *Kzf* -ив, -а *umg* zaghaft; furchtsam
опа́сность, -и *f* 1. Gefährlichkeit 2. Gefahr; с -ью для жи́зни mit Lebensgefahr
опа́сный, -ая, -ое; *Kzf* -сен, -сна gefährlich, gefahrvoll
о|па́сть*, *1. u. 2. Pers ungebr v* 1. abfallen *von Laub, Früchten* 2. zurückgehen *von Geschwulst* 3. *umg* abmagern, einfallen ‖ *uv* опада́ть, -а́ет
опаха́ло, -а *n großer* Fächer
о|паха́ть* *v A* die Erde um etw. herum umpflügen ‖ *uv* [1]**опа́хивать,** -аю, -аешь
[2]**опа́хивать** *uv zu* опахну́ть
опахну́ть, -ну́, -нёшь; опа́хнутый, -ут, -а *v* 1. umwehen 2. *volksspr* Luft zufächeln ‖ *uv* опа́хивать, -аю, -аешь
опе́ка, -и *f* 1. Vormundschaft 2. *übtr* Obhut, Bevormundung ◇ междунаро́дная ~ internationale Treuhänderschaft *im Rahmen der UNO*
опека́льный, -ого *Subst m* Mündel
опека́ть, -а́ю, -а́ешь *uv* 1. als Vormund [als Treuhänder] verwalten, betreuen 2. *übtr* behüten; bevormunden; sorgen (für)
опеку́н, -а́ *m* Vormund, Treuhänder
опеку́нский, -ая, -ое Vormunds-, Treuhand-
опеку́нство, -а *n* Vormundschaft, Treuhandverwaltung; Obhut, Fürsorge
опёнок, -нка, *Pl* опёнки, -ов, -ам *u. umg* опя́та, опя́т, опя́там *m* Hallimasch *Pilz*
о́пера, -ы *f* 1. Oper 2. Opernhaus, Operntheater ◇ э́то из друго́й -ы *scherz, iron* das gehört nicht hierher
операти́вность, -и *f* Wendigkeit, Umsicht *die beim Handeln die jeweilige Sachlage berücksichtigt*, operativer Charakter
операти́вный, -ая, -ое 1. chirurgisch operativ, Operations-; -ое вмеша́тельство operativer Eingriff 2. *mil* operativ, Operations- 3. operativ, Operativ-, Einsatz-; -ая гру́ппа Einsatzgruppe 4. *Kzf* -вен, -вна operativ, tätig und umsichtig, unbürokratisch
опера́тор, -а *m* 1. *alt* operierender Arzt 2. Kameramann
операцио́нный, -ая, -ое 1. operativ, Operations-; -ое вмеша́тельство operativer Eingriff; ~ план Operationsplan 2. -ая, -ой *Subst f* Operationssaal
опера́ция, -и *f* 1. Operation; деса́нт-

ная ~Landungsoperation; финáнсовая ~Finanzoperation 2. *umg* operative Entfernung, Operation; ~ аппéндикса Entfernung des Blinddarms, Blinddarmoperation 3. Arbeitsgang 4. *umg*, *scherz* Prozedur, Operation, Handlung

опередить, -ежý, -едишь; -ежённый, -ежён, -еженá *v* 1. überholen, zuvorkommen; он опередил меня́ er ist mir zuvorgekommen, er hat mich überholt 2. *übtr* übertreffen ‖ *uv* **опережáть,** -áю, -áешь

оперéние, -я *n* 1. Gefieder 2.: хвостовóе ~ самолёта Schwanzleitwerk des Flugzeugs; горизонтáльное ~ Höhenleitwerk

оперéтка, -и, *Pl G* -ток, *D* -ткам *f* *umg* Operette

оперéточный, -ая, -ое 1. Operetten-; -ая мýзыка Operettenmusik 2. *übtr*, *verächtl* operettenhaft, Operetten-

оперéтта, -ы *f* Operette

оперéть* *v* aufstützen, anlehnen ‖ *uv* опирáть, -áю, -áешь

оперéться*; опёрся *u.* оперся́, оперлáсь; опершись *v* sich stützen (на *A* auf) ‖ *uv* опирáться, -áюсь, -áешься

[1]**опери́ровать,** -рую, -руешь; -рованный, -рован, -а *v*, *uv* *med* operieren

[2]**опери́ровать,** -рую, -руешь *uv* 1. *mil* operieren 2. *I* operieren (mit), handhaben, gebrauchen

опери́ться, -рю́сь, -ри́шься *v* 1. Federn bekommen, sich befiedern 2. *übtr* selbständig [unabhängig] werden, auf die Beine kommen ‖ *uv* оперя́ться, -я́юсь, -я́ешься

óперный, -ая, -ое 1. Opern-; -ая партитýра Opernpartitur 2. *übtr* opernhaft, theatralisch

оперя́ться *uv zu* опери́ться

опечáливать(ся) *uv zu* опечáлить(ся)

опечáлить, -лю, -лишь; -ленный, -лен, -а *v* betrüben, traurig stimmen ‖ *uv* опечáливать, -аю, -аешь

опечáлиться, -люсь, -лишься *v* betrübt [traurig] werden, sich betrüben ‖ *uv* опечáливаться, -аюсь, -аешься

опечáтать, -аю, -аешь; -анный, -ан, -а *v* versiegeln ‖ *uv* опечáтывать, -аю, -аешь

опечáтка, -и, *Pl G* -ток, *D* -ткам *f* Druckfehler

опечáтывать *uv zu* опечáтать

опéшить, -шу, -шишь *v umg* in Verwirrung geraten, verblüfft [verdutzt] werden

опивáться *uv zu* опи́ться

óпий, -я, *P* -и *m* Opium

опи́лки, -лок, -лкам *Pl* (feinste) Späne, Hobelspäne; древéсные ~ Sägemehl; желéзные ~ feine Eisenspäne

опирáть *uv zu* оперéть

опирáться, -áюсь, -áешься *uv* 1. *uv zu* оперéться 2. ruhen (на *A* auf)

описáние, -я *n* Beschreibung

описáтельный, -ая, -ое beschreibend, deskriptiv

о|писáть* *v* 1. beschreiben, schildern 2. wissenschaftlich beschreiben 3. Bestand aufnehmen *a. zwecks Beschlagnahme*, *Konfiskation*; ~ инвентáрь das Inventar aufnehmen 4. *math* umschreiben; ~ треугóльник ein Dreieck umschreiben 5. *eine Kurve* beschreiben; ~ полукрýг einen Halbkreis beschreiben ‖ *uv* опи́сывать, -аю, -аешь

о|писáться* *v* sich verschreiben

опи́ска, -и, *Pl G* -сок, *D* -скам *f* Schreibfehler

опи́сывать *uv zu* описáть

óпись, -и *f* 1. Bestandsaufnahme 2. Beschlagnahme 3. Verzeichnis; инвентáрная ~ Inventarverzeichnis

о|пи́ться*; обопью́сь; опили́сь *v umg* sich betrinken ‖ *uv* опивáться, -áюсь, -áешься

óпиум, -а *m* Opium *a. übtr*

о|плáкать* *v* beweinen ‖ *uv* **оплáкивать,** -аю, -аешь

оплáта, -ы *f* Bezahlung, Lohn; повременная ~ Zeitlohn

оплати́ть, -ачý, -áтишь; -áченный, -áчен, -а *v* bezahlen; vergüten; ~ труд die Arbeitsleistung vergüten; ~ счёт die Rechnung bezahlen ‖ *uv* **оплáчивать,** -аю, -аешь

о|плевáть* *v umg* 1. bespucken, bespeien, vollspucken 2. *übtr* bespeien, in den Schmutz treten ‖ *uv* **оплёвывать,** -аю, -аешь

о|плести́*; оплётши *u.* оплетя́ *v* 1. umflechten, *mit Geflecht* umgeben, umziehen; ~ и́згородь колю́чей прóволокой eine Hecke mit Stacheldraht umziehen; кóрни оплели́ кáмень Wurzeln umflochten den Stein 2. *übtr*, *volksspr* umgarnen, betrügen ‖ *uv* **оплетáть,** -áю, -áешь

оплеýха, -и *f umg* Ohrfeige

оплодотворéние, -я *n biol* Befruchtung *a. übtr*

оплодотвори́ть, -рю́, -ри́шь; -рённый, -рён, -ренá *v* 1. *biol* befruchten 2. *übtr*, *buchspr* schöpferisch befruchten || *uv* **оплодотвори́ть,** -я́ю, -я́ешь

оплóт, -а *m* Hort, Bollwerk; ~ ми́ра Bollwerk des Friedens

оплоша́ть, -а́ю, -а́ешь *v umg* einen Fehler machen

оплóшность, -и *f* Fehler, Fehlgriff

1,2оплыва́ть *uv zu* 1,2оплы́ть

1о|плы́ть* *v mit einem Wasserfahrzeug* umfahren; ~ óстров eine Insel umfahren, um eine Insel herumfahren || *uv* оплыва́ть, -а́ю, -а́ешь

2о|плы́ть* *v* **1.** tropfen *Kerzen*; ога́рок оплы́л der Kerzenstummel war ganz zerschmolzen **2.** verfetten, aufgedunsen werden **3.** abrutschen, einstürzen *durch Unterspülung*; бéрег оплы́л das Ufer ist eingestürzt || *uv* оплыва́ть, -а́ю, -а́ешь

оповести́ть, -ещу́, -ести́шь; -ещённый, -ещён, -ещена́ *v* benachrichtigen, in Kenntnis setzen || *uv* **оповеща́ть,** -а́ю, -а́ешь

оповещéние, -я *n* Benachrichtigung

опога́нивать *uv zu* опога́нить

опога́нить, -ню, -нишь; -ненный, -нен, -а *v umg* beschmutzen, besudeln, verunreinigen || *uv* опога́нивать, -аю, -аешь

опóек, опóйка *m* Kalbsleder

опозда́вший, -ая, -ее verspätet

опозда́ние, -я *n* Verspätung

опозда́ть, -а́ю, -а́ешь *v* **1.** sich verspäten, zu spät kommen; ~ на цéлых семь часóв sich um ganze sieben Stunden verspäten **2.** с *I* sich verspäten (mit), zu spät kommen (mit); ~ с зая́вкой на материа́лы mit der Materialbestellung zu spät kommen || *uv* опа́здывать, -аю, -аешь

опознава́тельный, -ая, -ое Erkennungs-; ~ знак Erkennungszeichen

опознава́ть *uv zu* опозна́ть

опозна́ние, -я *n* Erkennen; Identifizierung

опозна́ть, -а́ю, -а́ешь; опóзнанный, -ан, -а *v* erkennen; identifizieren; на óчной ста́вке он нé был éю опóзнан bei der Konfrontierung wurde er von ihr nicht identifiziert || *uv* опо|знава́ть*

опозóрить, -рю, -ришь; -ренный, -рен, -а *v* mit Schmach bedecken, entehren, schänden

опозóриться, -рюсь, -ришься *v* sich mit Schande bedecken; sich blamieren

опои́ть, опою́, опои́шь *u. umg* опóишь; опоённый, -ён, -ена́ *u.* опóенный, -ен, -а *v* **1.** zuviel zu trinken geben, zu stark tränken **2.** betrunken machen **3.** *alt* vergiften || *uv* опа́ивать, -аю, -аешь

опола́скивать *uv zu* ополосну́ть

1,2оползa̓ть *uv zu* 1,2оползти́

óползень, -зня *m* Erdrutsch

1о|ползти́* *v* umkriechen, um etw. herumkriechen || *uv* оползa̓ть, -а́ю, -а́ешь

2о|ползти́*, *1. u. 2. Pers ungebr v* herunterrutschen, abrutschen, sich senken, einstürzen || *uv* оползa̓ть, -а́ет

ополосну́ть, -ну́, -нёшь; ополóснутый, -ут, -а *v* abspülen || *uv* опола́скивать, -аю, -аешь

ополча́ться *uv zu* ополчи́ться

ополчéнец, -нца, *I* -нцем, *G Pl* -нцев *m* Landwehrmann

ополчéние, -я *n* Landwehr

ополчи́ться, -чу́сь, -чи́шься *v* **1.** *alt* sich rüsten **2.** in den Krieg ziehen, zu Felde ziehen (на *A* gegen) **3.** на *A oder* прóтив *G übtr* zu Felde ziehen (gegen), angreifen, kritisieren || *uv* ополча́ться, -а́юсь, -а́ешься

опомина́ться *uv zu* опóмниться

опóмниться, -нюсь, -нишься *v* **1.** zu sich kommen, aus der Ohnmacht erwachen **2.** sich fassen, seiner Herr werden **3.** sich eines Besseren besinnen, zur Besinnung kommen || *uv alt* опомина́ться, -а́юсь, -а́ешься

опóр, -а *m*: во весь ~ in vollem Galopp; sehr schnell

опóра, -ы *f* **1.** Stütze, Halt; иска́ть -ы для ног einen Halt für die Füße suchen **2.** Strebe, Stütze; -ы мóста Streben der Brücke **3.** *übtr* Unterstützung, Hilfe, Halt

опора́жнивать(ся) *uv zu* опорóжнить(ся)

опóрки *Pl* -ов, *Sg* опóрок, -рка *m* zerfetztes Schuhwerk

опóрный, -ая, -ое Stütz-; ~ пункт Stützpunkt

опорóжнить, -ню, -нишь; -ненный, -нен, -а *v* leeren, entleeren, ausgießen || *uv* опора́жнивать, -аю, -аешь *u.* **опорожня́ть,** -я́ю, -я́ешь

опорóжниться, *1. u. 2. Pers ungebr,* -ится *v* leer werden, sich leeren; буты́лка опорóжнилась die Flasche hatte sich geleert || *uv* опора́жниваться, -ается *u.* **опорожня́ться,** -я́ется

опорóс, -а *m* Ferkeln, Werfen von Ferkeln

опороси́ться, *1. u. 2. Pers ungebr,* -и́тся *v* ferkeln, Ferkel werfen

опоро́чивать *uv zu* опоро́чить
опоро́чить, -чу, -чишь; -ченный, -чен, -а *v* 1. in Verruf bringen, verleumden 2. in Schande bringen, mit Schande bedecken || *uv* опоро́чивать, -аю, -аешь
опосля́ *Adv u. Präpos mit G gbt u. volksspr* später; nachher; nach
опосты́леть, -ею, -еешь *v umg* überdrüssig werden, zum Halse heraushängen
опохмели́ться, -лю́сь, -ли́шься *v umg* einen auf den Rausch trinken *um die Übelkeit zu vertreiben* || *uv* **опохмеля́ться,** -я́юсь, -я́ешься
опочива́льня, -и, *Pl G* -лен, *D* -льням *f alt* Schlafgemach
опошле́ние, -я *n* Verflachung, Banalisierung
опошле́ть, -е́ю, -е́ешь *v umg* verflachen, banal werden
опо́шлить, -лю, -лишь; -ленный, -лен, -а *v* verflachen, banalisieren; als platt [unbedeutend] hinstellen || *uv* **опошля́ть,** -я́ю, -я́ешь
опо́шлиться, -люсь, -лишься *v* 1. verflachen, banal werden; als platt [banal, vulgär] erscheinen 2. abgegriffen werden, verflachen, strapaziert werden *von Worten, Begriffen* || *uv* **опошля́ться,** -я́юсь, -я́ешься
опоя́сать* *v* 1. gürten, einen Gürtel umbinden 2. *alt* eine Waffe umbinden, umschnallen, Gürtel mit Waffe anlegen 3. *übtr* umringen, umsäumen; высота́ опоя́сана око́пами die Höhe ist von Schützengräben umgeben || *uv* **опоя́сывать,** -аю, -аешь
опоя́саться* *v* 1. sich gürten, (sich) einen Gürtel umbinden 2. *alt* (sich) eine Waffe umbinden, Gürtel mit Waffe anlegen 3. *I übtr* sich umgeben (mit) || *uv* **опоя́сываться,** -аюсь, -аешься
опоя́шу ↑ опоя́сать
оппозицио́нный, -ая, -ое 1. Oppositions-; -ые па́ртии Oppositionsparteien 2. *Kzf* -о́нен, -о́нна oppositionell
оппози́ция, -и *f* Opposition
оппоне́нт, -а *m* Opponent, Diskussionsgegner
оппони́ровать, -рую, -руешь *uv* opponieren, als Opponent auftreten
оппортунисти́ческий, -ая, -ое Opportunisten-, opportunistisch
оппортуни́стский [исск], -ая, -ое Opportunisten-; -ая гру́ппа Opportunistengruppe
опра́ва, -ы *f* Fassung, Rahmen; ~ для очко́в Brillengestell; зе́ркало в бро́нзовой -е Spiegel in Bronzerahmen
оправда́ние, -я *n* 1. Rechtfertigung, Entschuldigung 2. Freisprechung, Freispruch
оправда́тельный, -ая, -ое rechtfertigend, freisprechend, entlastend, Beleg-; ~ докуме́нт entlastendes Dokument, Beleg
оправда́ть, -а́ю, -а́ешь; опра́вданный, -ан, -а *v* 1. freisprechen, für unschuldig erklären 2. rechtfertigen, entschuldigen 3. rechtfertigen, erfüllen *Erwartungen, Vertrauen* 4. lohnen, rechtfertigen *Ausgaben* 5. *Buchhaltung* belegen, nachweisen || *uv* **опра́вдывать,** -аю, -аешь
оправда́ться, -а́юсь, -а́ешься *v* 1. sich rechtfertigen, seine Unschuld beweisen 2. sich bewahrheiten, sich bestätigen 3. sich lohnen, sich als gerechtfertigt erweisen *Ausgaben* || *uv* **опра́вдываться,** -аюсь, -аешься
[1]**опра́вить,** -влю, -вишь; -вленный, -влен, -а *v* in Ordnung bringen, richten, zurechtmachen; ~ посте́ль das Bett machen; ~ причёску die Frisur in Ordnung bringen || *uv* **оправля́ть,** -я́ю, -я́ешь
[2]**опра́вить,** -влю, -вишь; -вленный, -влен, -а *v* einfassen; ~ драгоце́нный ка́мень einen Edelstein einfassen || *uv* **оправля́ть,** -я́ю, -я́ешь
опра́виться, -а́влюсь, -а́вишься *v* 1. sein Kleid [seine Frisur] in Ordnung bringen 2. festen Fuß fassen, sicherere [bequemere] Stellung einnehmen 3. sich erholen, wieder gesund werden 4. *übtr* sich fassen, seiner Herr werden, seine Erregung [Verlegenheit] bezwingen 5. *umg* austreten gehen || *uv* **оправля́ться,** -я́юсь -я́ешься
опра́стывать *uv zu* опроста́ть
опра́шивать *uv zu* опроси́ть
определе́ние, -я *n* 1. Bestimmung, Festlegung 2. *alt u. volksspr* Unterbringung *beruflich* 3. Definition, logische Bestimmung 4. *alt u. jur* Entscheid 5. *gram* Attribut
определённость, -и *f* Bestimmtheit, Entschiedenheit, Klarheit
определённый, -ая, -ое; *Kzf* -ёнен, -ённа 1. festgelegt, festgesetzt, vereinbart; в ~ час zur festgesetzten Stunde 2. bestimmt, klar; не име́ю -ого представле́ния об э́том ich habe keine bestimmte Vorstellung davon 3. bestimmt, gewiß; при -ых усло́виях unter gewissen Bedingungen 4. *umg*

unbedingt, zweifellos; это -ая удача das ist ein unbedingter Erfolg
определимый, -ая, -ое; *Kzf* -им, -а bestimmbar
определитель, -я *m* **1.** Bestimmer, Bestimmungsbuch; ~ грибов Pilzbestimmungsbuch **2.** *math* Determinante
определить, -лю, -лишь; -лённый, -лён, -лена *v* **1.** bestimmen, ermitteln, feststellen; ~ чей-н. возраст j-s Alter bestimmen; ~ площадь круга die Kreisfläche bestimmen **2.** kennzeichnen, bestimmen, definieren **3.** kennzeichnen, markieren; ~ пунктиром durch eine punktierte Linie markieren **4.** festsetzen, bestimmen; ~ день отъезда den Abreisetag festsetzen **5.** *alt u. volksspr* unterbringen *beruflich*; ~ на военную службу im militärischen Dienst unterbringen **6.** bedingen, bestimmen; это определило всё его поведение das bestimmte sein ganzes Verhalten || *uv* **определять,** -яю, -яешь
определиться, -люсь, -лишься *v* **1.** klare [deutliche] Gestalt *oder* Form annehmen, deutlich zutage treten; способности мальчика определились рано die Fähigkeiten des Jungen traten früh zutage **2.** endgültige Gestalt annehmen; sich endgültig formen; его характер определился sein Charakter hat sich endgültig geformt **3.** *alt u. volksspr* unterkommen *beruflich*, eine Stelle finden **4.** *mil, Sport, naut* seinen Standort bestimmen || *uv* **определяться,** -яюсь, -яешься
опреснительный, -ая, -ое entsalzend, Entsalzungs-; ~ аппарат Apparat zur Gewinnung von Süßwasser
опреснить, -ню, -нишь; -нённый, -нён, -нена *v* entsalzen *von Wasser* || *uv* **опреснять,** -яю, -яешь
опричнина, -ы *f hist* Opritschnina **1.** *von Iwan IV. unmittelbar unter die Verwaltung des Zaren gestellte Landesteile* **2.** *Polizeitruppen zur Zeit Iwans IV.*
опровергать *uv zu* опровергнуть
опровергнуть, -ну, -нешь; опроверг, -ла; опровергнутый, -ут, -а *v* widerlegen, dementieren || *uv* опровергать, -аю, -аешь
опровержение, -я *n* **1.** Widerlegung, Dementierung **2.** Dementi, Widerlegung; напечатать [дать] официальное ~ ein offizielles Dementi abdrukken
опрокидной, -ая, -ое Kipp-
опрокидыватель, -я *m tech* Kipper, Kippwagen, Kippvorrichtung
опрокидывать(ся) *uv zu* опрокинуть(ся)
опрокинуть, -ну, -нешь; -нутый, -нут, -а *v* **1.** umkippen, umwerfen, umstoßen **2.** *umg* ausleeren, auskippen **3.** in die Flucht schlagen **4.** *übtr* umwerfen, umstoßen, hinfällig machen; ~ устаревшие нормы veraltete Normen umstoßen || *uv* опрокидывать, -аю, -аешь
опрокинуться, -нусь, -нешься *v* **1.** umstürzen, umfallen; kentern **2.** auf den Rücken fallen **3.** на *A* sich stürzen (auf), herfallen (über) || *uv* опрокидываться, -аюсь, -аешься
опрометчивость, -и *f* Unüberlegtheit, Übereilung
опрометчивый, -ая, -ое; *Kzf* -ив, -а unbedacht, unüberlegt, übereilt
опрометью *Adv* sehr schnell, Hals über Kopf
опрос, -а *m* **1.** Befragen, Umfrage **2.** Abfragen *von Schulaufgaben* **3.** Verhör, Vernehmung
опросить, -ошу, -осишь; -ошенный, -ошен, -а *v* **1.** eine Umfrage veranstalten, befragen; ~ население eine Umfrage unter der Bevölkerung veranstalten **2.** abfragen *Schulaufgaben* **3.** *alt* verhören || *uv* опрашивать, -аю, -аешь
опросный, -ая, -ое Frage-; ~ лист Fragebogen
опростать, -аю, -аешь; опростанный, -ан, -а *v volksspr* ausleeren, entleeren || *uv* опрастывать, -аю, -аешь
опроститься, опрощусь, опростишься *v* einfacher [anspruchsloser] werden || *uv* опрощаться, -аюсь, -аешься
опростоволоситься, -ошусь, -осишься *v umg* eine Dummheit, einen Fehler begehen
опротестование, -я *n* **1.** *wirtsch* Protest, Einspruch, Anfechtung; ~ векселя Wechselprotest **2.** *jur* Anfechtung, Einspruch, Appellation
опротестовать, -тую, -туешь; -тованный, -тован, -а *v* **1.** *jur* Einspruch erheben, Berufung einlegen **2.** *wirtsch*: ~ вексель einen Wechsel zu Protest gehen lassen || *uv* **опротестовывать,** -аю, -аешь
опротиветь, -ею, -еешь *v* zuwider werden
опрощаться *uv zu* опроститься
опрыскать, -аю, -аешь; -анный, -ан,

-а *v* bespritzen, besprengen || *uv* опры́скивать, -аю, -аешь | *v mom* опры́снуть, -ну, -нешь
опры́скаться, -аюсь, -аешься *v* sich besprengen; ~ духа́ми sich mit Parfüm besprengen || *uv* опры́скиваться, -аюсь, -аешься
опры́скиватель, -я *m* Zerstäuber; Spritzgerät; вентиля́торный ~ Sprühgerät
опры́скивать(ся) *uv zu* опры́скать(ся)
опры́снуть *v mom zu* опры́скивать
опря́тность, -и *f* Sauberkeit, Reinlichkeit
опря́тный, -ая, -ое; *Kzf* -тен, -тна sauber, reinlich, adrett
опта́ция, -и *f* Option
о́птик, -а *m* Optiker
о́птика, -и *f* Optik
оптима́льный, -ая, -ое *buchspr* optimal, günstigst, bestmöglich
оптимисти́ческий, -ая, -ое *u.* **оптимисти́чный,** -ая, -ое; *Kzf* -чен, -чна optimistisch
опти́ческий, -ая, -ое optisch; ~ обма́н optische Täuschung; ~ измери́тельный инструме́нт optisches Meßwerkzeug; ~ ориента́тор optisches Ortungsgerät
опто́вый, -ая, -ое Großhandels-
о́птом *Adv* en gros; торго́вля ~ Großhandel
опубликова́ние, -я *n* Veröffentlichung
опубликова́ть, -ку́ю, -ку́ешь; -ко́ванный, -ко́ван, -а *v* veröffentlichen, *durch Druck* bekanntmachen || *uv* **опублико́вывать,** -аю, -аешь
опуска́ние, -я *n* **1.** Senken, Herablassen; ~ рук Senken der Arme **2.** Sinken, Absinken, Senkung; ~ земно́й пове́рхности Absinken der Erdoberfläche **3.** Auslassung, Weglassung; ~ ли́шних подро́бностей Auslassen überflüssiger Einzelheiten
опуска́ть *uv zu* опусти́ть
опуска́ться, -а́юсь, -а́ешься *uv* **1.** *uv zu* опусти́ться **2.** sich allmählich senken, nach unten gehen
опускно́й, -а́я, -о́е Fall-, Schiebe-; -о́е окно́ Schiebefenster
опусте́лый, -ая, -ое leer, verödet, entvölkert
опусте́ть, *1. u. 2. Pers ungebr*, -е́ет *v* **1.** leer werden, sich leeren **2.** veröden, sich entvölkern
опусти́ть, опущу́, опу́стишь; опу́щенный, -ен, -а *v* **1.** senken, sinken lassen, herablassen; ~ за́навес den Vorhang herunterlassen **2.** neigen, senken; ~ го́лову den Kopf neigen; ~ глаза́ die Augen senken **3.** absetzen, auf den Boden stellen; ~ носи́лки eine Trage absetzen **4.** в *A* hineinstecken, einwerfen; ~ моне́ту в автома́т eine Münze in den Automaten einwerfen **5.** auslassen, weglassen; ~ изли́шние подро́бности überflüssige Einzelheiten weglassen ◇ ~ перпендикуля́р die Senkrechte errichten; ~ ру́ки den Mut verlieren || *uv* опуска́ть, -а́ю, -а́ешь
опусти́ться, опущу́сь, опу́стишься *v* **1.** sinken, herabsinken; herabhängen **2.** sich niederlegen, sich niederlassen; ~ на коле́ни sich auf die Knie sinken lassen **3.** hinabsteigen **4.** *übtr* sich senken, sich herabsenken (на *A* auf); тума́н опусти́лся на го́род Nebel senkte sich auf die Stadt herab **5.** *übtr* herunterkommen, schlampig [nachlässig] in seinem Äußeren werden ◇ ~ на дно völlig herunterkommen || *uv* опуска́ться, -а́юсь, -а́ешься
опустоша́ть *uv zu* опустоши́ть
опустоше́ние, -я *n* Verwüstung, Verheerung
опустоши́тельный, -ая, -ое; *Kzf* -лен, -льна verwüstend, verheerend
опустоши́ть, -шу́, -ши́шь; -шённый, -шён, -шена́ *v* **1.** verwüsten, verheeren **2.** *umg* ausleeren, umkippen, umkehren; ~ карма́н die Tasche umkehren **3.** *seelisch* zugrunde richten || *uv* опустоша́ть, -а́ю, -а́ешь
опу́тать, -аю, -аешь; -анный, -ан, -а *v* **1.** umwickeln, umwinden; ~ про́волокой mit Draht umwickeln **2.** *übtr* umgarnen, umgeben **3.** *übtr, umg* betrügen, irreleiten || *uv* **опу́тывать,** -аю, -аешь
опуха́ть *uv zu* опу́хнуть
опу́хлый, -ая, -ое *umg* geschwollen
опу́хнуть, -ну, -нешь; опу́х, -ла *v* schwellen, geschwollen werden; лицо́ опу́хло das Gesicht war geschwollen || *uv* опуха́ть, -а́ю, -а́ешь
о́пухоль, -и *f* Geschwulst; Tumor
опуша́ть *uv zu* опуши́ть
опуши́ть, -шу́, -ши́шь; -шённый, -шён, -шена́ *v* **1.** bedecken *mit Schnee, Reif u. ä.* **2.** mit Pelz verbrämen || *uv* опуша́ть, -а́ю, -а́ешь
¹опу́шка, -и *f* Pelzbesatz
²опу́шка, -и, *Pl G* -шек, *D* -шкам *f* Waldrand
опуще́ние, -я *n* **1.** Senken, Herablassen **2.** Sinken, Senkung **3.** Auslassung, Weglassung **4.** *med* Senkung; ~ желу́дка Magensenkung

опыле́ние, -я *n biol* Bestäubung
опы́ливание, -я *n landw* Bestäuben *von Pflanzen*
опы́ливатель, -я *m* Zerstäuber *für Pflanzenschutzmittel*
опы́ливать *uv zu* опыли́ть
опыли́тель, -я *m* **1.** *bot* Bestäuber **2.** Zerstäuber, Pulverisator *zum Bestäuben von Pflanzen mit Pflanzenschutzmitteln*
опыли́ть, -лю́, -ли́шь; -лённый, -лён, -лена́ *v bot, landw* bestäuben ‖ *uv* опы́ливать, -аю, -аешь *zu* 2 *u.* **опыля́ть,** -я́ю, -я́ешь *zu* 1
опыли́ться, *1. u. 2. Pers ungebr*, -ли́тся *v bot* bestäubt werden ‖ *uv* **опыля́ться,** -я́ется
о́пыт, -а *m* **1.** *nur Sg* Erfahrung(en); ли́чный ~ persönliche Erfahrung(en) **2.** *phil* Empirie, Erfahrung **3.** Experiment, Versuch; хими́ческие -ы chemische Versuche **4.** Versuch; пе́рвые -ы ребёнка в письме́ erste Schreibversuche des Kindes
о́пытность, -и *f* Erfahrenheit
о́пытный, -ая, -ое; *Kzf* -тен, -тна **1.** erfahren, erfahrungsreich **2.** Versuchs-; ~ уча́сток Versuchsfeld **3.** empirisch, experimentell; в -ом поря́дке versuchsweise
опьяне́ние, -я *n* **1.** Trunkenheit, Rausch *von Alkohol* **2.** *übtr* Rausch, Taumel
опьяне́ть, -е́ю, -е́ешь *v* **1.** betrunken, berauscht werden **2.** *übtr* in Ekstase, in Taumel geraten
опьяни́ть, -ню́, -ни́шь; -нённый, -нён, -нена́ *v* **1.** betrunken machen **2.** *übtr* trunken, berauscht machen, in Ekstase versetzen ‖ *uv* **опьяня́ть,** -я́ю, -я́ешь
опя́ть *Adv* **1.** wieder, wiederum, nochmals, erneut **2.** *volksspr* außerdem, noch dazu, andererseits; ~-таки (aber) nochmals, (aber) wiederum, (aber) andererseits; я вам ~-таки до́лжен повтори́ть ich muß Ihnen (aber) erneut wiederholen; ich muß Ihnen (aber) außerdem wiederholen
ора́ва, -ы *f volksspr* Haufen, Horde
ора́кул, -а *m* Orakel
орангута́нг, -а *m* Orang-Utan
ора́нжевый, -ая, -ое orange(farben)
оранжере́йный, -ая, -ое Treibhaus-; -ая температу́ра Treibhaustemperatur ◇ -ое расте́ние *iron* Treibhauspflänzchen *von einem schwächlichen, verzärtelten Menschen*
оранжере́я, -и *f* Treibhaus; Orangerie
ора́тор, -а *m* Redner
ора́торский, -ая, -ое Redner-, Rede-; ~ тала́нт Redegabe
ора́торствовать, -вую, -вуешь *uv umg, iron* große Reden halten, sich als Redner aufführen
ора́ть* *uv umg* **1.** brüllen, schreien **2.** на *A* anschreien
орби́та, -ы *f* **1.** *astr* Umlauf-, Kreisbahn; ~ Луны́ Mondbahn **2.** *übtr* Sphäre; ~ влия́ния Einflußsphäre **3.** Augenhöhle
орбита́льный, -ая, -ое Umlauf-; -ая ско́рость *astr* Umlaufgeschwindigkeit
орг- *in Zuss Abk für* организацио́нный
о́рган, -а *m* **1.** *biol* Organ; -ы обоня́ния Geruchsorgane **2.** *übtr* Mittel, Instrument, Werkzeug **3.** Institution, Organ; фина́нсовые -ы Finanzorgane **4.** Presseorgan
орга́н, -а *m* Orgel
организа́тор, -а *m* Organisator
организа́торский, -ая, -ое organisatorisch, Organisatoren-
организацио́нный, -ая, -ое organisatorisch, Organisations-; -ые мероприя́тия organisatorische Maßnahmen
организа́ция, -и *f* **1.** Organisieren, Organisierung **2.** Organisiertheit **3.** organisatorische Gliederung, organisatorischer Aufbau **4.** *biol* Organismus, Konstitution, Organisation **5.** gesellschaftliche Organisation; парти́йная ~ Parteiorganisation
органи́зм, -а *m* Organismus
организо́ванность, -и *f* **1.** Organisiertheit, Planmäßigkeit **2.** Organisiertheit, Geschlossenheit, Diszipliniertheit
организо́ванный, -ая, -ое; *Kzf* -ан, -анна **1.** organisiert, planmäßig, geordnet **2.** organisiert, vereint, diszipliniert
организова́ть, -зу́ю, -зу́ешь; -зо́ванный, -зо́ван, -а *v, uv* (*Prät nur v*) **1.** organisieren, schaffen, gründen; ~ спорти́вное о́бщество einen Sportverein gründen **2.** organisieren, vorbereiten; ~ соревнова́ние einen Wettbewerb organisieren **3.** organisieren, vereinen, zusammenschließen, in einer Organisation erfassen; ~ крестья́нство в колхо́зы die Bauernschaft in Kolchosen organisieren [vereinigen] **4.** planmäßig einteilen, organisieren; ~ своё вре́мя seine Zeit planmäßig einteilen ‖ *uv auch* **организо́вывать,** -аю, -аешь

организова́ться, -зу́юсь -зу́ешься *v*, *uv* (*Prät nur v*) 1. entstehen; anlaufen; организу́ются вече́рние шко́лы Abendschulen entstehen 2. sich organisieren, sich zusammenschließen || *uv a.* **организо́вываться,** -аюсь, -аешься

органи́ст, -а *m* Organist

органи́ческий, -ая, -ое 1. organisch; lebendig, belebt; ~ мир organische Welt; -ая хи́мия organische Chemie 2. organisch, Organ- 3. *übtr* organisch, von Natur aus bestehend; von der Natur gefordert, in der Sache [Natur der Sache] begründet

о́ргия, -и *f* Orgie

оргстекло́, -а́ *n* (органи́ческое стекло́) Kunststoffglas *z. B. Plexiglas*

орда́, -ы́, *Pl* о́рды, орд, о́рдам *f* 1.: Золота́я ~ Goldene Horde 2. *übtr* Horde, Haufen

[1]**о́рден,** -а, *Pl* ордена́, -о́в, -а́м *m* Orden *Auszeichnung*

[2]**о́рден,** -а, *Pl a.* ордена́, -о́в, -а́м *m* Orden, Ordensgemeinschaft; ~ иезуи́тов Jesuitenorden; ры́царский ~ Ritterorden

орденоно́сец, -сца, *I* -сцем, *G Pl* -сцев *m* Ordensträger

орденоно́сный, -ая, -ое mit einem Orden ausgezeichnet

о́рдер, -а, *Pl* ордера́, -о́в, -а́м *m* Order, schriftliche Anweisung, Auftrag; ~ на аре́ст Haftbefehl; ~ на кварти́ру Wohnungszuweisung

Орджоники́дзе *idkl* Ordshonikidse

ордина́рец, -рца, *I* -рцем, *G Pl* -рцев *m* Ordonnanz, Meldegänger

ордина́рный, -ая, -ое; *Kzf* -рен, -рна 1. *buchspr* (ganz) gewöhnlich, (gar) nicht außergewöhnlich 2.: ~ профе́ссор *alt* ordentlicher Professor

ордина́тор, -а *m med* Vollassistent; мла́дший ~ Assistenzarzt

ординату́ра, -ы *f* Vollassistenz

орёл, орла́ *m* Adler

Орёл, Орла́ *m* Orjol *Stadt*

орео́л, -а *m* 1. heller Schein *rings um eine Lichtquelle,* Hof 2. Heiligenschein 3. *übtr* Aureole, Nimbus

оре́х, -а *m* 1. Nuß; лесно́й ~ Haselnuß; гре́цкий ~ Walnuß 2. Nußbaum, Nußbaumholz ◇ земляно́й ~ Erdnuß; доста́нется ему́ на -и der wird was abkriegen; разде́лать [отде́лать] под ~ heftig ausschelten

оре́ховый, -ая, -ое Nuß-, Nußbaum-, aus Nußbaum; -ое ма́сло Nußöl; -ая ме́бель Nußbaummöbel

оре́шек, -шка *m Dem zu* оре́х kleine Nuß

оре́шник, -а *m* Nußstrauch, Nußsträucher

оригина́л, -а *m* 1. Original, Urfassung; э́то не ко́пия, а ~ das ist keine Kopie, sondern das Original 2. *typ* Manuskript 3. *umg* Sonderling, Original

оригина́льничать, -аю, -аешь *uv umg* den Originellen spielen, originell sein wollen

оригина́льность, -и *f* 1. Originalität, Echtheit, Ursprung 2. Absonderlichkeit, Eigenartigkeit

оригина́льный, -ая, -ое; *Kzf* -лен, -льна 1. Original-, echt 2. eigen, eigenständig, Original-; меня́ интересу́ет не перево́дная, а -ая литерату́ра э́того пери́ода mich interessiert nicht die Übersetzungsliteratur jener Zeit, sondern die Originalliteratur 3. selbständig, eigenständig, originell; ~ мысли́тель selbständiger [origineller] Denker

ориента́ция, -и *f* Orientierung

ориенти́р, -а *m* Orientierungspunkt

ориенти́ровать, -рую, -руешь; -рованный, -рован, -а *v*, *uv* 1. über den Standort orientieren, den Standort anzeigen; ко́мпас и ка́рта ориенти́ровали его́ Karte und Kompaß zeigten ihm seinen Standort an 2. *übtr* helfen, sich zurechtzufinden, orientieren 3. hinlenken, orientieren (на *A* auf)

ориенти́роваться, -руюсь, -руешься *v*, *uv* 1. sich orientieren, seinen Standort bestimmen, sich zurechtfinden 2. *übtr* sich zurechtfinden 3. *übtr* на *A* sich orientieren, sich zum Ziel nehmen; писа́тель ориенти́ровался на ма́ссового чита́теля der Schriftsteller hat sich auf einen breiten Leserkreis (hin) orientiert

ориентиро́вка, -и *f* 1. Orientieren, Orientierung 2. *übtr* Orientierungsvermögen

ориентиро́вочный, -ая, -ое 1. Orientierungs-; ~ пункт Orientierungspunkt 2. annähernd, vorläufig, ungefähr, Annäherungs-; -ые да́нные Annäherungswerte

орке́стр, -а *m* 1. Orchester 2. Orchesterraum

оркестра́нт, -а *m* Orchestermusiker, Orchesterspieler, Angehöriger eines Orchesters

оркестрова́ть, -ру́ю, -ру́ешь; -ро́-

ванный, -ро́ван, -а *v*, *uv* orchestrieren, für Orchester einrichten
оркестро́вка, -и *f* Orchestrierung, Instrumentation, orchestrale Einrichtung
оркестро́вый, -ая, -ое Orchester-
орлёнок, -нка, *Pl* орля́та, -я́т, -я́там *m* Adlerjunges, junger Adler
орли́ный, -ая, -ое Adler-; ~ клюв Adlerschnabel ◇ ~ нос Adlernase
орли́ца, -ы, *I* -цей *f* Adlerweibchen
орло́вец, -вца, *I* -вцем, *G Pl* -вцев *u.* **орловча́нин,** -а, *Pl* -а́не, -а́н, -а́нам *m* Einwohner von Orjol
орна́мент, -а *m* **1.** Ornament **2.** *mus* Verzierung
орнитоло́гия, -и *f* Ornithologie
оробе́лый, -ая, -ое verschüchtert
оробе́ть, -е́ю, -е́ешь *v* ängstlich werden, schüchtern werden, erschrecken
ороси́тельный, -ая, -ое Bewässerungs-; -ые сооруже́ния Bewässerungsanlagen
ороси́ть, орошу́, ороси́шь; орошённый, -ён, -ена́ *v* **1.** benetzen, befeuchten, feucht machen **2.** bewässern, berieseln ‖ *uv* **ороша́ть,** -а́ю, -а́ешь
ороше́ние, -я *n* **1.** Benetzung **2.** Bewässerung, Berieselung; ~ сте́пи Bewässerung der Steppe
ортодокса́льный, -ая, -ое orthodox
ортопе́д, -а *m* Orthopäde
ортопеди́ческий, -ая, -ое orthopädisch
ору́ ↑ ора́ть
ору́дие, -я *n* **1.** Werkzeug, Instrument, Gerät; -я произво́дства Produktionsinstrumente **2.** Geschütz **3.** *übtr* Werkzeug, Waffe, Mittel; слепо́е ~ blindes Werkzeug
ору́дийный, -ая, -ое Geschütz-
ору́довать, -дую, -дуешь *uv umg* **1.** *I* hantieren, handhaben, gebrauchen; ~ топоро́м mit der Axt hantieren **2.** *I* leiten, wirtschaften **3.** tätig sein, operieren *meist mißbilligend*
оруже́йник, -а *m* Waffenschmied
оруже́йный, -ая, -ое Waffen-; ~ заво́д Waffenfabrik
оружено́сец, -сца, *I* -сцем, *G Pl* -сцев *m hist* Waffenträger, Knappe
ору́жие, -я *n* **1.** Waffe **2.** *übtr* Mittel, Waffe
орфографи́ческий, -ая, -ое orthographisch
орфогра́фия, -и *f* Orthographie
орхиде́я, -и *f* Orchidee
О́рша, -и *f* Orscha *Stadt*
оса́, -ы́ *f* Wespe
оса́да, -ы *f* Belagerung
[1]**осади́ть,** осажу́, оса́ди́шь; осаждённый, -ён, -ена́ *v* **1.** belagern **2.** *I umg* überhäufen ‖ *uv* осажда́ть, -а́ю, -а́ешь
[2]**осади́ть,** осажу́, оса́ди́шь; оса́женный, -ен, -а *v* **1.** (plötzlich) zum Stehen bringen, anhalten *Pferde* **2.** (plötzlich) halt machen und zurückweichen *Pferd, wilde Tiere* **3.** zurückdrängen **4.** *übtr* zügeln, zurechtweisen ‖ *uv* оса́живать, -аю, -аешь
оса́дка, -и *f* **1.** Absinken, Senkung; ~ фунда́мента Senkung des Fundaments **2.** *naut* Tiefgang
оса́дный, -ая, -ое Belagerungs-; -ое положе́ние Belagerungszustand
оса́док, -дка *m* **1.** Bodensatz, Sediment **2.** *übtr* verbliebenes [haftengebliebenes] Gefühl; разгово́р оста́вил в моей душе́ неприя́тный ~ das Gespräch hinterließ in mir ein unangenehmes Gefühl **3.** *meist Pl geol* Ablagerung, Sedimente **4.** *Pl* Niederschläge
оса́дочный, -ая, -ое **1.** Sediments-, Ablagerungs- **2.** Niederschlags-
осажда́ть *uv zu* [1]осади́ть
осажда́ться, *1. u. 2. Pers ungebr*, -а́ется *uv* **1.** einen Bodensatz bilden, sich absetzen **2.** fallen *von Niederschlägen*
оса́живать *uv zu* [2]осади́ть
оса́нистый, -ая, -ое; *Kzf* **-ист, -а** stattlich, gewichtig
оса́нка, -и *f* Körperhaltung, Haltung
осва́ивать(ся) *uv zu* осво́ить(ся)
осведоми́тель, -я *m* Informator; Agent
осведоми́тельный, -ая, -ое informatorisch, Informations-
осве́домить, -млю, -мишь; осведомлённый, -ён, -ена́ *v* о *P* benachrichtigen, informieren, unterrichten (von) ‖ *uv* осведомля́ть, -я́ю, -я́ешь
осве́домиться, -омлюсь, -омишься *v* о *P* sich erkundigen (nach), sich informieren (über) ‖ *uv* осведомля́ться, -я́юсь -я́ешься
осведомле́ние, -я *n* Benachrichtigung, Information
осведомлённость, -и *f* Informiertheit, Kenntnis
осведомлённый, -ая, -ое informiert, unterrichtet, beschlagen, bewandert
осведомля́ть(ся) *uv zu* осве́домить(ся)
освежа́ть(ся) *uv zu* освежи́ть(ся)
освежева́ть, -жу́ю, -жу́ешь; -жёванный, -жёван, -а *uv* die Haut [das Fell] abziehen; ausweiden
освежи́тельный, -ая, -ое; *Kzf* **-лен,**

-льна erfrischend, Erfrischungs-; ~ напи́ток Erfrischungsgetränk
освежи́ть, -жу́, -жи́шь; -жённый, -жён, -жена́ *v* **1.** erfrischen, kühlen **2.** erleichtern, Erleichterung bringen **3.** auffrischen, erneuern; ~ кра́ски die Farbe erneuern **4.** *übtr* auffrischen *Erinnerungen* ‖ *uv* освежа́ть, -а́ю, -а́ешь
освежи́ться, -жу́сь, -жи́шься *v* **1.** frisch werden, erfrischt werden; во́здух освежи́лся die Luft ist frisch geworden **2.** sich erfrischen, sich Erfrischung verschaffen **3.** *übtr* sich erholen, sich ausruhen **4.** lebendig werden, wieder aufleben *in der Erinnerung*; воспомина́ния освежи́лись Erinnerungen wurden lebendig ‖ *uv* освежа́ться, -а́юсь, -а́ешься
освети́тельный, -ая, -ое Beleuchtungs-; -ая раке́та Leuchtrakete
освети́ть, -ещу́, -ети́шь; -ещённый, -ещён, -ещена́ *v* **1.** beleuchten, mit Beleuchtung versehen **2.** *übtr* beleben, erhellen, erstrahlen lassen; улы́бка освети́ла его́ лицо́ ein Lächeln erhellte sein Gesicht **3.** *übtr* näher betrachten, beleuchten, erläutern; ~ вопро́с eine Frage näher betrachten ‖ *uv* **освеща́ть,** -а́ю, -а́ешь
освети́ться, *1. u. 2. Pers ungebr*, -и́тся *v* **1.** hell werden; ко́мната освети́лась das Zimmer wurde hell **2.** *übtr* sich erhellen, erstrahlen; лицо́ её освети́лось улы́бкой ihr Gesicht erstrahlte in einem Lächeln ‖ *uv* **освеща́ться,** -а́ется
освеще́ние, -я *n* **1.** Beleuchten, Beleuchtung; ~ отражённым све́том indirekte Beleuchtung **2.** Beleuchtungsvorrichtung; электри́ческое ~ elektrische Beleuchtung **3.** *übtr* Erklärung, Beleuchtung; дать пра́вильное ~ фа́ктам eine richtige Erläuterung der Tatsachen geben
освиде́тельствование, -я *n* Untersuchung, Prüfung, Besichtigung, Begutachtung
освиде́тельствовать, -твую, -твуешь *v* untersuchen, besichtigen, prüfen, begutachten
о|свиста́ть*; осви́станный, -ан, -а *v* auspfeifen ‖ *uv* **осви́стывать,** -аю, -аешь
освободи́тель, -я *m* Befreier
освободи́тельный, -ая, -ое Befreiungs-; -ое движе́ние Befreiungsbewegung
освободи́ть, -ожу́, -оди́шь; -ождённый, -ождён, -ождена́ *v* **1.** befreien **2.** *übtr* frei machen, freie Entwicklungsmöglichkeit geben **3.** от *G* befreien, erlassen; ~ от упла́ты штра́фа eine Geldstrafe erlassen **4.** от *G* absetzen, entlassen; ~ от до́лжности дире́ктора als Direktor absetzen **5.** leeren, leer machen, frei machen, (aus)räumen; ~ кни́жный шкаф einen Bücherschrank ausräumen; ~ ко́мнату ein Zimmer räumen ◇ освобождённый секрета́рь парторганиза́ции hauptamtlicher Parteisekretär ‖ *uv* **освобожда́ть,** -а́ю, -а́ешь
освободи́ться, -ожу́сь, -оди́шься *v* **1.** frei werden, die Freiheit gewinnen, sich befreien **2.** *übtr* sich frei machen, lossagen; ~ от предрассу́дков sich von Vorurteilen frei machen **3.** leer werden, frei werden; кварти́ра освободи́лась die Wohnung ist frei geworden **4.** sich frei machen (können); я освободи́лся на часо́к ich habe mich für eine Stunde freimachen können ‖ *uv* **освобожда́ться,** -а́юсь,* -а́ешься
освобожде́ние, -я *n* **1.** Befreiung **2.** Absetzung, Enthebung **3.** Räumung, Leerung
освое́ние, -я *n* **1.** Aneignung, Meisterung; ~ но́вой те́хники Meisterung der neuen Technik **2.** Urbarmachung, Erschließung; ~ ко́смоса Eroberung des Weltalls; ~ цели́нных земе́ль Urbarmachung von Neuland **3.** Aufnahme der Produktion *von etw.*; ~ но́вой проду́кции Aufnahme neuer Produktion
осво́ить, -о́ю, -о́ишь; -о́енный, -о́ен, -а *v* **1.** sich aneignen, sich zu eigen machen, erlernen, meistern; ~ но́вую те́хнику die neue Technik meistern **2.** aufnehmen *Produktion*; ~ но́вый вид проду́кции eine neue Produktionsart aufnehmen **3.** urbar machen; ~ цели́нные зе́мли Neuland urbar machen, unter den Pflug nehmen **4.** erschließen ‖ *uv* осва́ивать, -аю, -аешь
осво́иться, -о́юсь, -о́ишься *v* sich eingewöhnen, heimisch werden, vertraut werden; ~ в но́вой среде́ in der neuen Umgebung heimisch werden ‖ *uv* осва́иваться, -аюсь, -аешься
освяти́ть, -ящу́, -яти́шь; -ящённый, -ящён, -ящена́ *v* **1.** *rel* weihen **2.** *übtr* heiligen, ehrwürdig machen ‖ *uv* **освяща́ть,** -а́ю, -а́ешь

осево́й, -а́я, -о́е Achs-; axial; -а́я ли́ния Trennlinie
оседа́ние, -я *n* 1. Senkung; Absinken 2. Ablagerung
оседа́ть *uv zu* осе́сть
оседла́ть, -а́ю, -а́ешь; осёдланный, -ан, -а *v* 1. satteln 2. *umg* sich rittlings setzen (auf); ~ бревно́ sich rittlings auf einen Balken setzen 3. *umg* bevormunden, gängeln 4. *mil* besetzen *und nach beiden Seiten sichern* ‖ *uv* осёдлывать, -аю, -аешь
осе́длость, -и *f* Seßhaftigkeit
осёдлывать *uv zu* оседла́ть
осе́длый, -ая, -ое seßhaft
осека́ться *uv zu* осе́чься
осёл, осла́ *m* Esel *a. als Schimpfwort*
осело́к, -лка́ *m* 1. Schleifstein 2. Prüfstein *für Edelmetalle* 3. *übtr* Prüfstein
осемене́ние, -я *n* 1. künstliche Besamung, Befruchtung 2. *biol* Befruchtung
осемени́ть, -ню́, -ни́шь; -нённый, -нён, -нена́ *v* künstlich besamen ‖ *uv* **осеменя́ть,** -я́ю, -я́ешь
осени́ть, -ню́, -ни́шь; -нённый, -нён, -нена́ *v* 1. mit Schatten bedecken, beschatten 2. *übtr, buchspr, alt* befallen, umfangen 3. (plötzlich) einfallen, kommen *Gedanke, Ahnung*; нас осени́ла блестя́щая мы́сль uns kam ein glänzender Gedanke ‖ *uv* осеня́ть, -я́ю, -я́ешь
осе́нний, -яя, -ее herbstlich, Herbst- ◇ по-осе́ннему herbstlich
о́сень, -и *f* Herbst ◇ цыпля́т по -и счита́ют *etwa* man soll den Tag nicht vor dem Abend loben
о́сенью *Adv* im Herbst
осеня́ть *uv zu* осени́ть
осерча́ть, -а́ю, -а́ешь *v volksspr* böse, wütend werden, sich ärgern
о|се́сть* *v* 1. sich senken; пол осе́л der Fußboden hat sich gesenkt 2. в *A* einsinken; ~ в снег in den Schnee einsinken 3. sich herabsenken, herabsinken (на *A* auf); клубы́ пы́ли осе́ли на доро́гу Staubwolken senkten sich auf den Weg herab 4. sich niederschlagen *als Bodensatz*; sich ablagern, sich absetzen 5. sich niederlassen, ansässig [seßhaft] werden ‖ *uv* оседа́ть, -а́ю, -а́ешь
осети́н, -а, *Pl* осети́ны, -и́н, -и́нам *m* Ossete
осети́нка, -и, *Pl G* -нок, *D* -нкам *f* Ossetin
осети́нский, -ая, -ое ossetisch
Осе́тия, -и *f* Ossetien
осётр, осетра́ *m* Stör
осетри́на, -ы *f* Störfleisch
осе́чка, -и, *Pl G* -чек, *D* -чкам *f* 1. Versager *beim Schießen*; дать -у *a. übtr* versagen 2. *übtr, umg* Versager, Mißerfolg, Fehlleistung
о|се́чься*; осекла́сь *v* 1. *alt* versagen *Gewehr* 2. *volksspr* einen Mißerfolg erleiden, einen Reinfall erleben 3. *übtr, umg* stocken, steckenbleiben *beim Sprechen* 4. *übtr, umg* versagen *Sprache, Stimme* ‖ *uv* осека́ться, -а́юсь, -а́ешься
оси́ливать *uv zu* оси́лить
оси́лить, -лю, -лишь; -ленный, -лен, -а *v umg* 1. überwältigen, überwinden, niederringen 2. *übtr* überwinden, bezwingen *Gefühl, Erregung* 3. bewältigen, schaffen ‖ *uv* оси́ливать, -аю, -аешь
оси́на, -ы *f* Espe
оси́новый, -ая, -ое Espen- ◇ дрожа́ть как ~ лист wie Espenlaub zittern
оси́ный, -ая, -ое Wespen-; ~ рой Wespenschwarm ◇ -ое гнездо́ Wespennest; -ая та́лия schmale Taille
О́сип, -а *m männl Vn*
оси́плый, -ая, -ое heiser
оси́пнуть, -ну, -нешь; оси́п, -ла *v* heiser werden
осироте́лый, -ая, -ое verwaist
осироте́ть, -е́ю, -е́ешь *v* verwaisen
оска́л, -а *m*: ~ зубо́в Zähnefletschen
оска́ливать(ся) *uv zu* оска́лить(ся)
оска́лить, -лю, -лишь; -ленный, -лен, -а *v*: ~ зу́бы a) die Zähne fletschen; b) ~ зу́бы *volksspr* grinsen, feixen ‖ *uv* оска́ливать, -аю, -аешь
оска́литься, -люсь, -лишься *v* 1. die Zähne fletschen 2. *volksspr* grinsen, feixen ‖ *uv* оска́ливаться, -аюсь, -аешься
оскandáлиться, -люсь, -лишься *v umg* sich blamieren
оскверне́ние, -я *n* 1. *rel* Entweihung, Profanierung 2. Entweihung, Entehrung
оскверни́тель, -я *m* Entweiher, Frevler, Besudler
оскверни́ть, -ню́, -ни́шь; -нённый, -нён, -нена́ *v* 1. *rel* entweihen 2. entehren, besudeln, entweihen ‖ *uv* **оскверня́ть,** -я́ю, -я́ешь
оскла́биться, -а́блюсь, -а́бишься *v umg* grinsen
оско́лок, -лка *m* 1. Splitter; ~ стекла́

Glasssplitter; ~ снаряда Granatsplitter 2. *übtr* Überrest
оско́мина, -ы *f* 1.: наби́ть -у ein stumpfes Gefühl im Munde bekommen 2.: надое́сть кому́-н. до -ы j-m bis zum Überdruß langweilig werden
оскопи́ть, -плю́, -пи́шь; -плённый, -плён, -плена́ *v* kastrieren ‖ *uv*
оскопля́ть, -я́ю, -я́ешь
оскорби́тель, -я *m* Beleidiger
оскорби́тельный, -ая, -ое; *Kzf* -лен, -льна beleidigend, kränkend
оскорби́ть, -блю́, -би́шь; -блённый, -блён, -блена́ *v* 1. beleidigen, kränken 2. entweihen ◇ ~ слух das Ohr beleidigen; ~ де́йствием *jur* tätlich beleidigen ‖ *uv* оскорбля́ть, -я́ю, -я́ешь
оскорби́ться, -блю́сь, -би́шься *v* sich beleidigt [gekränkt] fühlen, beleidigt [gekränkt] sein; sehr übel nehmen ‖ *uv* оскорбля́ться, -я́юсь, -я́ешься
оскорбле́ние, -я *n* Beleidigung, Kränkung; нанести́ ~ eine Beleidigung zufügen; ~ де́йствием *jur* tätliche Beleidigung
оскорбля́ть(ся) *uv zu* оскорби́ть(ся)
оскудева́ть *uv zu* оскуде́ть
оскуде́лый, -ая, -ое dürftig, ärmlich, kümmerlich, erschöpft
оскуде́ние, -я *n* Verarmung, Verkümmerung
оскуде́ть, -е́ю, -е́ешь *v* verarmen, verkümmern; in Verfall geraten ‖ *uv* оскудева́ть, -а́ю, -а́ешь
ослабева́ть *uv zu* ослабе́ть
ослабе́лый, -ая, -ое geschwächt, entkräftet
ослабе́ть, -е́ю, -е́ешь *v* 1. schwach werden, ermatten; но́ги ослабе́ли die Beine sind schwach geworden 2. nachlassen, an Kraft verlieren; зре́ние ослабе́ло das Sehvermögen hat nachgelassen 3. an Heftigkeit verlieren, nachlassen; ве́тер ослабе́л der Wind hat nachgelassen 4. milder werden, eine Lockerung erfahren; тюре́мный режи́м ослабе́л die Gefängnisordnung hat eine Lockerung erfahren 5. locker werden; пу́говица ослабе́ла der Knopf ist locker ‖ *uv* ослабева́ть, -а́ю, -а́ешь
осла́бить, -блю, -бишь; -бленный, -блен, -а *v* 1. schwächen; ~ проти́вника den Gegner schwächen 2. verringern, mindern; vernachlässigen; ~ давле́ние den Druck verringern; ~ внима́ние die Aufmerksamkeit vermindern; ~ воспита́тельную рабо́ту die Erziehungsarbeit vernachlässigen 3. lockern, mildern, eine Lockerung eintreten lassen; ~ стро́гий режи́м eine Lockerung eintreten lassen 4. nachlassen, lockern; ~ пово́дья *a. übtr* die Zügel locker lassen ‖ *uv* ослабля́ть, -я́ю, -я́ешь
ослабле́ние, -я *n* 1. Schwächung, Verringerung 2. Milderung, Lockerung
ослабля́ть *uv zu* осла́бить
осла́бнуть, -ну, -нешь; осла́б, -ла *v umg* 1. schwach werden, ermatten 2. nachlassen *Kraft*; *Aufmerksamkeit*
ославить, -влю, -вишь; -вленный, -влен, -а *v umg* 1. in schlechten Ruf bringen, verleumden 2. *I* in der Öffentlichkeit [im Bekanntenkreis] bezeichnen, erklären, hinstellen (als); ~ сумасше́дшим als verrückt hinstellen
ослёнок, -нка, *Pl* осля́та, -я́т, -я́там *m* Eselsjunges
ослепи́тельный, -ая, -ое; *Kzf* -лен, -льна 1. schmerzhaft grell, hell, blendend 2. *übtr* blendend
ослепи́ть, -плю́, -пи́шь; -плённый, -плён, -плена́ *v* 1. blenden, des Augenlichts berauben 2. *übtr* frappieren, in Erstaunen versetzen, stark beeindrucken 3. *übtr* verblenden; он ослеплён гне́вом er ist zornverblendet ‖ *uv* ослепля́ть, -я́ю, -я́ешь
ослепле́ние, -я *n* 1. Blenden, Blendung 2. Beeindruckung 3. Verblendung
ослепля́ть *uv zu* ослепи́ть
осле́пнуть, -ну, -нешь; осле́п, -ла *v* 1. erblinden, blind werden 2. *übtr* verblendet, blind werden
осли́злый, -ая, -ое mit Schleim bedeckt, schleimig; glitschig
осли́ный, -ая, -ое Esels-
осли́ца, -ы, *I* -ей *f* Eselin
О́сло *idkl m* Oslo
осложне́ние, -я *n* 1. Komplizieren, Komplizierung, Erschwerung; Komplikation
осложни́ть, -ню́, -ни́шь; -нённый, -нён, -нена́ *v* komplizieren, erschweren ‖ *uv* **осложня́ть,** -я́ю, -я́ешь
осложни́ться, *1. u. 2. Pers ungebr*, -ни́тся *v* 1. sich komplizieren, komplizierter werden 2. eine Komplikation erfahren ‖ *uv* **осложня́ться,** -я́ется
ослуша́ние, -я *n umg, alt* Ungehorsam
ослу́шаться, -аюсь, -аешься *v G* sich nicht unterordnen, sich nicht fügen,

ungehorsam sein; ~ мать ungehorsam gegenüber der Mutter sein
ослышаться, -шусь, -шишься *v* sich verhören
ослышка, -и *f umg* Verhören
осмáливать *uv zu* осмолúть
осмáтривать(ся) *uv zu* осмотрéть(ся)
осмéивать *uv zu* осмеять
осмелéть, -éю, -éешь *v* Mut bekommen, Mut fassen, mutiger [dreister] werden
осмéливаться *uv zu* осмéлиться
осмéлиться, -люсь, -лишься *v* (sich) wagen, sich erkühnen, sich erdreisten, sich die Freiheit nehmen; sich unterstehen || *uv* осмéливаться, -аюсь, -аешься
осмеять, -ею, -еёшь; -éянный, -éян, -а *v* auslachen, verspotten, verhöhnen || *uv* осмéивать, -аю, -аешь
осмолúть, -лю, -лúшь; -лённый, -лён, -ленá *v* teeren || *uv* осмáливать, -аю, -аешь
осмóтр, -а *m* 1. Besichtigung, Prüfung; тамóженный ~ Zollrevision; контрóльный технúческий ~ technische Überprüfung 2. *med* Untersuchung
осмотрéть, -отрю, -óтришь; -óтренный, -óтрен, -а *v* 1. besichtigen, genau betrachten, sich genau ansehen 2. *med* untersuchen || *uv* осмáтривать, -аю, -аешь
осмотрéться, -отрюсь, -óтришься *v* 1. sich umblicken 2. *übtr* sich umschauen, sich umsehen, Umschau halten || *uv* осмáтриваться, -аюсь, -аешься
осмотрúтельность, -и *f* Umsicht, Vorsicht, Behutsamkeit
осмотрúтельный, -ая, -ое; *Kzf* -лен, -льна umsichtig, vorsichtig, behutsam
осмыслéние, -я *n* Begreifen, Erfassen, Verständnis
осмы́сленный, -ая, -ое; *Kzf* -ен, -енна verständig, vernünftig
осмы́сливать *uv zu* осмы́слить
осмы́слить, -лю, -лишь; -ленный, -лен, -а *v* begreifen, erfassen, verstehen, durchdenken || *uv* осмы́сливать, -аю, -аешь *u.* **осмысля́ть,** -яю, -яешь
оснастúть, -ащу́, -астúшь; -ащённый, -ащён, -ащенá *v* 1. *naut* betakeln 2. *tech* ausrüsten || *uv* оснащáть, -áю, -áешь
оснáстка, -и *f* 1. *naut* Betakelung 2. *tech* Ausrüstung
оснащáть *uv zu* оснастúть
оснащéние, -я *n* Ausrüsten, Ausrüstung
оснащённость, -и *f* Ausrüstung, Ausrüstungsstand, Ausrüstungsgrad
оснóва, -ы *f* 1. Unterlage, Bodenteil, *tragendes* Unterteil 2. *übtr* Grundlage, Basis 3. *text* Kette 4. *gram* Stamm
основáние, -я *n* 1. Gründung, Stiftung 2. Fundament 3. Grundlage, Kern 4. Beweggrund, Anlaß, Ursache; на какóм -и? aus welchem Grunde? 5. *math* Grundlinie, Basis 6. *chem* Base
основáтель, -я *m* Gründer, Stifter, Begründer
основáтельность, -и *f* 1. Stichhaltigkeit, Gewichtigkeit 2. Solidheit, Solidität, Ernsthaftigkeit, Gründlichkeit 3. Dauerhaftigkeit
основáтельный, -ая, -ое 1. stichhaltig, gewichtig 2. solide, ernsthaft, nicht oberflächlich; -ая рабóта gründliche Arbeit 3. solide, dauerhaft 4. *umg* beträchtlich, ansehnlich
о|сновáть* *v* 1. gründen, begründen, stiften 2. на *P* begründen, fundieren || *uv* оснóвывать, -аю, -аешь
о|сновáться* *v* sich niederlassen, sich ansiedeln, Fuß fassen || *uv* оснóвываться, -аюсь, -аешься
основнóй, -áя, -óе 1. hauptsächlich, Haupt-, Grund-; grundlegend; ~ капитáл Grundkapital; ~ вопрóс Hauptfrage 2. -óе, -óго *Subst n* Hauptsache ◇ в -ом im wesentlichen
оснóвный, -ая, -ое *chem* basisch, alkalisch
основополагáющий, -ая, -ее grundlegend
основополóжник, -а *m* Begründer, Schöpfer, Gründer
оснóвывать *uv zu* основáть
оснóвываться, -аюсь, -аешься *uv* 1. *uv zu* основáться 2. sich stützen, beruhen, fußen (на *P* auf)
Осоавиахúм, -а *m Abk für* Óбщество содéйствия оборóне и авиациóнно-химúческому строúтельству Gesellschaft zur Förderung der Verteidigung, des Flugwesens und der Chemie *in der UdSSR von 1927–48*
осóба, -ы *f* 1. Person, Persönlichkeit; почтéнная ~ geachtete Persönlichkeit 2. *alt, iron* gewichtige Person, gewichtige Persönlichkeit 3. eine *weibliche* Person; вздóрная ~ zänkische Person
осóбенно *Adv* 1. besonders, ungewöhnlich 2. vor allem, besonders ◇ не ~

nicht besonders; не ~ прия́тно nicht besonders angenehm
осо́бенность, -и *f* Besonderheit, Eigenart, besonderes Merkmal ◇ в -и insbesondere, in erster Linie
осо́бенный, -ая, -ое **1.** besonders, eigentümlich, eigen **2.** ungewöhnlich, außergewöhnlich; не́что -ое etwas (ganz) Besonderes **3.** *alt* gesondert, speziell, Sonder-, Einzel-
особня́к, -а́ *m* Villa
особняко́м *Adv* abgesondert, abseits; держа́ться ~ sich absondern
осо́бый, -ая, -ое **1.** besonders, eigentümlich, eigen **2.** ungewöhnlich, außergewöhnlich **3.** gesondert, extra, speziell, Sonder-; -ое мне́ние besondere Meinung
о́собь, -и *f* Einzelwesen Individuum
осо́бь: ~ статья́ *umg* a) eine ganz besondere Situation, eine ganz besondere Lage; b) etwas ganz anderes, eine Sache für sich
осове́лый, -ая, -ое *umg* stier, stumpf, blöde, nichts begreifend; смотре́ть осове́лыми глаза́ми (stumpf) anstieren
осове́ть, -е́ю, -е́ешь *v umg* **1.** dösig werden, beginnen, vor sich hinzudösen **2.** stumpf, ausdruckslos werden *Augen*
осознава́ть *uv zu* осозна́ть
осозна́ть, -а́ю, -а́ешь; осо́знанный, -ан, -а *v* begreifen, klar erkennen, einsehen; ~ свою́ вину́ sich seiner Schuld bewußt werden ‖ *uv* осо|знава́ть*
осо́ка, -и *f* Riedgras
о́спа, -ы *f* **1.** Pockenkrankheit; ве́тряная ~ Windpocken **2.** *umg* Pockennarben; Impfnarben, Impfpocken
оспа́ривать, -аю, -аешь *uv* **1.** *uv zu* оспо́рить **2.** *A* ringen, wetteifern (um); ~ пе́рвенство по пла́ванию um den ersten Platz im Schwimmen kämpfen
оспенный, -ая, -ое Pocken-; -ая эпиде́мия Pockenepidemie
о́спина, -ы *f* Pockennarbe
оспоприви́ва́ние, -я *n* Pockenimpfung
оспо́рить, -рю, -ришь; -ренный, -рен, -а *v* bestreiten, anfechten ‖ *uv* оспа́ривать, -аю, -аешь
осрами́ть, -млю́, -ми́шь; -млённый, -млён, -млена́ *v* blamieren, bloßstellen
осрами́ться, -млю́сь, -ми́шься *v* sich blamieren, sich bloßstellen
ОСТ, -а *m Abk für* общесою́зный станда́рт Unionsstandard *Bezeichnung für die technischen Normen der Sowjetunion, seit 1940* ГОСТ
остава́ться *uv zu* оста́ться
оста́вить, -влю, -вишь; -вленный, -влен, -а *v* **1.** lassen, zurücklassen; liegen [stehen, hängen, stecken] lassen; hinterlassen; ~ де́ньги до́ма Geld zu Hause lassen; ~ запи́ску eine schriftliche Nachricht hinterlassen; ~ след eine Spur hinterlassen; ~ насле́дником als Erben hinterlassen; ~ ко́мнату неу́бранной das Zimmer unaufgeräumt lassen **2.** aufheben, zurücklassen, übriglassen; bestehenlassen; ~ на у́жин zum Abendbrot aufheben; ~ лазе́йку eine Hintertür offen lassen; ~ зако́н в си́ле ein Gesetz in Kraft lassen **3.** verlassen, im Stich lassen; ~ го́род die Stadt verlassen; ~ ребёнка ein Kind im Stich lassen **4.** zurückbehalten, dabehalten; учи́тель оста́вил меня́ на час der Lehrer hat mich für eine Stunde dabehalten **5.** без *G* ohne etw. lassen, nicht gewähren; ~ дете́й без сла́дкого den Kindern keine Süßspeise geben **6.** fahren lassen, sein lassen; aufhören, aufgeben; ~ разгово́р das Gespräch aufgeben; ~ чёрные мы́сли dunkle Gedanken fahren lassen; оста́вьте, э́то не ва́ше де́ло! lassen Sie das, das ist nicht ihre Angelegenheit! ◇ ~ в поко́е in Ruhe lassen; ~ за собо́й a) hinter sich lassen, überflügeln; b) sich vorbehalten; ~ за со́бой пра́во sich das Recht vorbehalten ‖ *uv* оставля́ть, -я́ю, -я́ешь
оставля́ть, -я́ю, -я́ешь *uv* **1.** *uv zu* оста́вить **2.**: -я́ет жела́ть лу́чшего das läßt zu wünschen übrig
остально́й, -а́я, -о́е **1.** übrig, restlich, verbleibend, verblieben **2.** -о́е, -о́го *Subst n* (alles) übrige, der Rest **3.** -ы́е, -ы́х *Subst Pl* (alle) übrigen, alle anderen
остана́вливать(ся) *uv zu* останови́ть(ся)
оста́нки, -ов *Pl* **1.** sterbliche Überreste, sterbliche Hülle **2.** *alt* Rest, Überreste
останови́ть, -овлю́, -о́вишь; -о́вленный, -о́влен, -а *v* **1.** anhalten, zum Stehen bringen, stoppen; ~ стано́к die Maschine zum Stehen bringen **2.** zurückhalten, unterbrechen, Einhalt gebieten **3.** на *P* konzentriert ruhen lassen *Blick, Aufmerksamkeit* ‖ *uv* остана́вливать, -аю, -аешь

остановúться, -овлю́сь, -óвишься *v* 1. haltmachen, stehenbleiben, stoppen 2. aufhören, innehalten 3. на *P* sich konzentrieren, eingehen (auf), stehenbleiben, verweilen (bei); ~ **на** подрóбностях auf Einzelheiten eingehen 4. на *P* (schließlich) bleiben (bei), kommen (zu) *einem Entscheid, einer Wahl*, die Wahl fallen lassen (auf); наконéц он остановúлся на том, что ... schließlich kam er zu dem Entschluß, daß ... 5. Quartier nehmen, absteigen || *uv* остана́вливаться, -аюсь, -аешься

останóвка, -и, *Pl G* -вок, *D* -вкам *f* 1. Anhalten, Stoppen, Stop, Halt; ~ пóезда тóрмозом Anhalten des Zuges durch die Bremse; ~ для óтдыха Ruhepause 2. Unterbrechung; говорúть без -и ununterbrochen reden 3. Haltestelle; ~ по трéбованию Bedarfshaltestelle ◇ ~ за *I* es fehlt (nur) an, liegt (nur) an; ~ тóлько за тобóй es liegt nur an dir

оста́ток, -тка *m* 1. Rest, Restbestand 2. *meist Pl* Überreste; -тки коллéкции die Überreste der Sammlung 3. *Pl* Abfälle *beim Produktionsprozeß* ◇ без -тка völlig, ganz und gar; -тки сла́дки *etwa* das Letzte ist das Beste

оста́точный, -ая, -ое restlich

о|ста́ться* *v* 1. bleiben; ~ здесь hier bleiben; ~ довóльным zufrieden sein 2. bestehen, erhalten bleiben, sich erhalten 3. zurückbleiben (als), (schließlich) dastehen (als), sich (schließlich) sehen (als); ~ вдовóй als Witwe zurückbleiben; ~ без дéнег ohne Geld dastehen 4. *umg*: ~ на вторóй год nicht versetzt werden, sitzenbleiben 5. за *I* zufallen, zuteil werden, gut haben; за ним оста́лось два́дцать рублéй er hat zwanzig Rubel gut ◇ ~ ни при чём leer ausgehen || *uv* о|ставáться*

остеклúть, -лю́, -лúшь; -лённый, -лён, -ленá *v* verglasen || *uv* **остекля́ть**, -я́ю, -я́ешь

остепенúть, -ню́, -нúшь; -нённый, -нён, -ненá *v* vernünftig [besonnener], gesetzter machen, zur Vernunft bringen || *uv* **остепеня́ть**, -я́ю, -я́ешь

остепенúться, -ню́сь, -нúшься *v* vernünftig [besonnener], gesetzter werden, zur Vernunft kommen || *uv* **остепеня́ться**, -я́юсь, -я́ешься

остервенéлый, -ая, -ое wütend, rasend

остервенéние, -я *n* Wut, Raserei ◇ с -ем mit äußerster, letzter Hingabe

остервенéть, -éю, -éешь *v* wütend, rasend werden, in Wut geraten

остерегáть, -áю, -áешь *uv* warnen || *v* **о|стерéчь***

остерегáться, -áюсь, -áешься *uv G* 1. sich hüten, sich vorsehen, auf der Hut sein (vor) 2. meiden, sich enthalten; ~ óстрой пúщи scharfe Speisen meiden || *v* **о|стерéчься***

Ост-Úндия, -и *f hist* Ostindien

óстов, -а *m* 1. Rumpf, Gerippe, Gerüst; ~ корабля́ Schiffsrumpf 2. Skelett 3. *übtr* Gerippe, Grundlage, Anlage; музыка́льный ~ musikalische Anlage

остóйчивость, -и *f naut* Stabilität

остолбенéлый, -ая, -ое *umg* starr, erstarrt *vor Erregung*

остолбенéть, -éю, -éешь *v* erstarren *vor Erregung*

остолóп, -а *m derb* Trottel

осторóжность, -и *f* Vorsicht, Behutsamkeit

осторóжный, -ая, -ое; *Kzf* -жен, -жна vorsichtig, behutsam

осточертéть, -éю, -éешь *v umg* zum Halse heraushängen, zuwider werden

острáстка, -и *f umg* Einschüchterung, Abschreckung; для -и als Abschreckungsmittel

остригáть(ся) *uv zu* острúчь(ся)

остриё, -я́, *P* -é, *G Pl* -ёв *n* 1. Spitze, spitzes Ende; ~ иглы́ Nadelspitze 2. Schneide 3. *übtr* Schärfe, Stoßrichtung

острúть, -рю́, -рúшь *v* witzeln, (geistreiche) Witze machen

о|стрúчь* *v* schneiden, scheren || *uv* остригáть, -áю, -áешь

о|стрúчься* *v* sich die Haare schneiden (lassen) || *uv* остригáться, -áюсь, -áешься

остро- *in Zuss* 1. spitz, *z. B.* остроклю́вый mit spitzem Schnabel, spitzschnäblig 2. sehr, außerordentlich, akut, *z. B.* остроинфекциóнный sehr ansteckend

óстров, -а, *Pl* островá, -óв, -áм *m* Insel

островитя́нин, -а, *Pl* -я́не, -я́н, -я́нам *m* Inselbewohner

островнóй, -áя, -óе Insel-

островóк, -вкá *m Dem zu* óстров (kleine) Insel; ~ безопáсности Verkehrsinsel

остро́г, -а *m* 1. *hist* befestigte Siedlung 2. *alt* Gefängnis
острога́, -и́ *f* Fischspeer
острогла́зый, -ая, -ое; *Kzf* -а́з, -а scharfsichtig, mit scharfen, flinken Augen
острогу́бцы, -ев *Pl* Kneifzange
остродефици́тный, -ая, ое; *Kzf* -тен, -тна äußerst knapp, Engpaß-; ~ това́р Engpaßware
остроконе́чный, -ая, -ое; *Kzf* -чен, -чна spitz, spitz auslaufend, spitz zulaufend
островно́сый, -ая, -ое; *Kzf* -о́с, -а 1. spitznasig, mit spitzer Nase 2. spitz auslaufend, mit langer, schmaler Spitze; -ые боти́нки spitz zulaufende Schuhe
остросло́вить, -о́влю, -о́вишь *uv* witzeln, (geistreiche) Witze machen
остро́та, -ы *f* geistreiche Äußerung, Witz
острота́, -ы́ *f* Schärfe
остроуго́льный, -ая, -ое spitzwinklig
остроу́мие, -я *n* Witz, Geist
остроу́мный, -ая, -ое; *Kzf* -мен, -мна geistreich, witzig; ~ челове́к geistreicher Mensch; -ое изобрете́ние geistreiche Erfindung
о́стрый, -ая, -ое; *Kzf* остр *u. umg* остёр, остра́, о́стро́, о́стры́ 1. scharf, spitz; ~ нож scharfes Messer 2. spitz zulaufend, spitz auslaufend; ~ подборо́док spitzes Kinn 3. *übtr* scharf, geschärft; -ые глаза́ scharfe Augen 4. scharfsinnig; ~ ум Scharfsinn 5. scharf, beißend, reizend; ~ за́пах beißender Geruch 6. heftig; -ое жела́ние heftiger Wunsch 7. akut, heftig; -ое воспале́ние akute Entzündung 8. zugespitzt, kritisch; -ое положе́ние zugespitzte Lage ◇ он ~ [остёр] на язы́к er hat eine spitze Zunge
остря́к, -а́ *m* Witzbold, witziger, geistreicher Mensch
остуди́ть, -ужу́, -у́дишь; -у́женный, -у́жен, -а *v* kalt werden lassen, abkühlen (lassen), kühlen ‖ *uv* **остужа́ть,** -а́ю, -а́ешь
оступа́ться *uv zu* оступи́ться
оступи́ться, -уплю́сь, -у́пишься *v* fehltreten, straucheln ‖ *uv* оступа́ться, -а́юсь, -а́ешься
остыва́ть *uv zu* осты́ть
о|сты́ть* *v* 1. kalt werden; чай осты́л der Tee ist kalt geworden 2. *übtr* Feuer [Schwung] einbüßen; gleichgültig werden; sich beruhigen ‖ *uv* остыва́ть, -а́ю, -а́ешь
ость, -и, *Pl* о́сти, осте́й, остя́м *f* Granne
осуди́ть, осужу́, осу́дишь; осуждённый, -ён, -ена́ *v* 1. *jur* verurteilen 2. verurteilen, mißbilligen, tadeln 3. на *A oder mit Inf buchspr* verurteilen, verdammen (zu); ~ на до́лгую разлу́ку zu langer Trennung verurteilen ‖ *uv* **осужда́ть,** -а́ю, -а́ешь
осужде́ние, -я *n* 1. *jur* Verurteilung 2. Mißbilligung, Tadel
осуждённый, -ого *Subst m* Verurteilter
осу́нуться, -нусь, -нешься *v* hohlwangig werden, abmagern
осуша́ть *uv zu* осуши́ть
осуше́ние, -я *n* Trockenlegung, Trocknen, Austrocknen, Entwässern
осуши́ть, осушу́, осу́шишь; осу́шенный, -ен, -а *v* 1. trocknen; trockenlegen, entwässern 2. leeren *Trinkgefäß* ◇ ~ глаза́ zu weinen aufhören ‖ *uv* осуша́ть, -а́ю, -а́ешь
осу́шка, -и *f* Trockenlegung, Entwässern
осуществи́мый, -ая, -ое; *Kzf* -и́м, -а ausführbar, durchführbar, realisierbar, zu verwirklichen
осуществи́ть, -влю́, -ви́шь; -влённый, -влён, -влена́ *v* ausführen, durchführen, realisieren, verwirklichen ‖ *uv* осуществля́ть, -я́ю, -я́ешь
осуществи́ться, *1. u. 2. Pers ungebr*, -и́тся *v* sich verwirklichen, zustande kommen, in Erfüllung gehen, Wirklichkeit werden ‖ *uv* осуществля́ться, -я́ется
осуществле́ние, -я *n* Verwirklichung, Ausführung, Durchführung, Erfüllung, Realisierung
осуществля́ть(ся) *uv zu* осуществи́ть(ся)
осчастли́вить, -влю, -вишь; -вленный, -влен, -а *v* glücklich machen, beglücken ‖ *uv* **осчастли́вливать,** -аю, -аешь
о|сы́пать* *v* 1. bestreuen 2. *meist Ptz Prät Pass* übersäen; пе́рстень, осы́панный брилья́нтами ein mit Brillanten übersäter Ring 3. *übtr* überhäufen; ~ пода́рками mit Geschenken überhäufen 4. umstoßen, zum Einsturz bringen *Aufgeschüttetes* 5. abwerfen *Blätter* ◇ ~ поцелу́ями mit Küssen bedecken ‖ *uv* **осыпа́ть,** -а́ю, -а́ешь

о|сыпаться* *1. u. 2. Pers ungebr v* 1. abbröckeln, abfallen; штукату́рка осы́палась der Putz bröckelte ab 2. abfallen *Blätter*, ausfallen *Körner* 3. sich entblättern, seine Blätter verlieren ‖ *uv* **осыпа́ться,** -а́ется

о́сыпь, -и *f geol* Geröll

ось, о́си, *Pl* о́си, осе́й, ося́м *f* Achse

осьмино́г, -а *m zool* Krake

осьму́шка, -и, *Pl G* -шек, *D* -шкам *f alt* 1. Achtel; ~ табаку́ ein Achtel Tabak 2. *typ* Achtelbogen

осяза́емый, -ая, -ое fühlbar, spürbar, greifbar

осяза́ние, -я *n* Tastsinn, Tastgefühl

осяза́тельный, -ая, -ое 1. Tast-; ~ о́рган Tastorgan 2. *Kzf* -лен, -льна wahrnehmbar, spürbar

осяза́ть, -а́ю, -а́ешь *uv* 1. betasten, befühlen, fühlen *durch Tasten* 2. *übtr* spüren, verspüren

от *u. vor einigen Konsonantenverbindungen* **ото** *Präpos mit G* 1. von; письмо́ от роди́телей ein Brief von den Eltern; от ста́нции до дере́вни три киломе́тра vom Bahnhof bis zum Dorf sind es drei Kilometer; де́ти от пе́рвого бра́ка Kinder aus der ersten Ehe; письмо́ от пе́рвого сентября́ der Brief vom ersten September 2. *Teil, Zubehör, im Deutschen meist zusammengesetztes Subst*: пу́говица от моего́ пальто́ ein Knopf von meinem Mantel; ключ от до́ма Hausschlüssel; скорлупа́ от оре́хов Nußschalen; футля́р от скри́пки Geigenfutteral 3. von, vor, an *Ursache*; уста́ть от рабо́ты von der Arbeit müde werden; мо́крый от дождя́ naß vom Regen; дрожа́ть от хо́лода vor Kälte zittern; умере́ть от ра́ка an Krebs sterben; страда́ть от хо́лода unter der Kälte leiden; пятно́ от ма́сла Fettfleck; волды́рь от ожо́га Brandblase; Го́ре от ума́ Verstand schafft Leiden *Komödie von A. S. Gribojedow* 4. vor, gegen; защища́ть от ве́тра vor dem Wind schützen; спасти́ от сме́рти vom Tode erretten; сре́дство от головно́й бо́ли Mittel gegen Kopfschmerzen; лече́ние от ожире́ния Entfettungskur; страхова́ние от огня́ Feuerversicherung ◇ вре́мя от вре́мени von Zeit zu Zeit, dann und wann; год о́т году von Jahr zu Jahr; час о́т часу von Stunde zu Stunde, mit jeder Stunde; вы́ступить от (и́мени) комсомо́ла im Namen des Komsomol sprechen; писа́ть от руки́ mit der Hand schreiben; от си́лы *volksspr* höchstens

ота́ва, -ы *f* Grum(me)t

ота́пливать *uv zu* отопи́ть

ота́ра, -ы *f* Schafherde

отба́вить, -влю, -вишь; -вленный, -влен, -а *v* verringern, wegnehmen, abnehmen, abgießen ‖ *uv* **отбавля́ть,** -я́ю, -я́ешь ◇ хоть отбавля́й mehr als genug

отбараба́нить, -ню, -нишь *v umg* 1. zu Ende trommeln, mit Trommeln aufhören 2. heruntertrommeln, herunterrasseln, herunterklimpern; ~ вальс einen Walzer herunterklimpern 3. *übtr* herunterschnurren, herunterleiern; ~ речь eine Rede herunterleiern, herunterrasseln

отбега́ть *uv zu* отбежа́ть

от|бежа́ть* *v* fortlaufen, weglaufen ‖ *uv* отбега́ть, -а́ю, -а́ешь

отбе́ливать *uv zu* отбели́ть

отбели́ть, -елю́, -е́ли́шь; -елённый, -елён, -елена́ *v* bleichen, weiß machen ‖ *uv* отбе́ливать, -аю, -аешь

отбива́ть(ся) *uv zu* отби́ть(ся)

отбивно́й, -а́я, -о́е: -а́я котле́та Kotelett

отбира́ть *uv zu* отобра́ть

от|би́ть*; отобью́ *v* 1. abschlagen, abbrechen 2. abwehren, abschlagen; ~ нападе́ние einen Angriff abschlagen 3. zurückholen *durch Kampf*, zurückerobern 4. *umg* abspenstig machen; ~ жениха́ den Bräutigam abspenstig machen 5. *umg* mildern, beseitigen, nehmen; ~ за́пах den Geruch beseitigen 6.: ~ такт den Takt schlagen 7. wund, matt schlagen, verletzen; angreifen 8.: ~ косу́ die Sense dengeln 9. zu schlagen aufhören; часы́ отби́ли die Uhr hat aufgehört zu schlagen ‖ *uv* отбива́ть, -а́ю, -а́ешь *zu* 1-8 ◇ отбива́ть шаг im Stechschritt gehen

отби́ться*; отобью́сь *v* 1. *1. u. 2. Pers ungebr* abbrechen, abgehen 2. sich erwehren können, *durch Kampf* davonkommen; мы отби́лись от врага́ wir konnten uns des Feindes erwehren 3. *volksspr* sich drücken 4. getrennt werden, die Verbindung verlieren; sich absondern 5. от *G umg* aufgeben, untreu werden; sich entwöhnen; ~ от рабо́ты der Arbeit untreu werden ◇ ~ от рук nicht mehr gehorchen ‖ *uv* отбива́ться, -а́юсь, -а́ешься

отблагодари́ть, -рю́, -ри́шь; -рённый, -рён, -рена́ *v A* 1. *buchspr* danken, Dank sagen 2. *materiellen* Dank abstatten, sich erkenntlich erweisen
о́тблеск, -а *m* Abglanz, Widerschein
отбо́й, -я, *G Pl* -ев *m* 1. Abwehr 2. Schlußsignal; бить ~ abblasen; ~ возду́шной трево́ги Entwarnung *nach Fliegeralarm* ◇ бить ~ sich von seiner früheren Meinung lossagen; отбо́ю [отбо́я] нет от übergenug, mehr als genug, zuviel; у неё не́ было отбо́я от женихо́в sie konnte sich der Freier nicht erwehren; дать ~ den Telefonhörer auflegen
отбо́йный, -ая, -ое *berg* Abbau-; ~ молото́к Abbauhammer
отбо́р, -а *m* Auswahl, Auslese; сде́лать ~ auswählen, auslesen; есте́ственный ~ natürliche Zuchtwahl
отбо́рный, -ая, -ое 1. auserlesen, erstklassig 2. *umg* (ausgesucht) unanständig, Schimpf-; -ые слова́ ausgesuchte Schimpfwörter 3.: -ая игра́ Auswahlspiel, Qualifikationsspiel
отбо́рочный, -ая, -ое Auslese-, Ausscheidungs-; -ые соревнова́ния Ausscheidungswettkämpfe
отбоя́риваться *uv zu* отбоя́риться
отбоя́риться, -рюсь, -ришься *v umg* от *G* loswerden, sich vom Halse schaffen; sich drücken; от него́ не отбоя́ришься ihn kann man nicht loswerden ‖ *uv* отбоя́риваться, -аюсь, -аешься
отбра́сывать *uv zu* отбро́сить
отбро́сить, -о́шу, -о́сишь; -о́шенный, -о́шен, -а *v* 1. wegwerfen, fortschleudern, beiseite werfen 2. fahren lassen, aufgeben, verwerfen; ~ сомне́ния Zweifel fahren lassen 3. *mil* zurückwerfen 4. *übtr* werfen, zurückwerfen *Strahlen, Schatten* ‖ *uv* отбра́сывать, -аю, -аешь
отбро́сы, -ов *Pl* Abfälle; ведро́ для -ов Abfalleimer ◇ ~ о́бщества Abschaum der Gesellschaft
отбыва́ть *uv zu* отбы́ть
отбы́тие, -я *n* 1. Abreise, Abfahrt 2. Abbüßen, Verbüßen, Verbüßung; Ableistung; по́сле -я наказа́ния nach Verbüßen der Strafe
от|бы́ть*; о́тбыл *v* 1. abreisen, abfahren 2. verbüßen, abbüßen; ableisten; ~ наказа́ние Strafe abbüßen ‖ *uv* отбыва́ть, -а́ю, -а́ешь
отва́га, -и *f* Kühnheit, Tapferkeit, Mut, Wagemut
отва́дить, -а́жу, -а́дишь; -а́женный, -а́жен, -а *v umg* 1. entwöhnen, abgewöhnen; ~ от куре́ния das Rauchen abgewöhnen 2. abschrecken, zurückhalten, fernhalten; ~ надое́дливого го́стя einen lästigen Gast für immer loswerden ‖ *uv* **отва́живать,** -аю, -аешь
отва́живаться *uv zu* отва́житься
отва́житься, -жусь, -жишься *v* sich erkühnen, (sich) wagen, sich trauen, Mut fassen (на *A* zu) ‖ *uv* отва́живаться, -аюсь, -аешься
отва́жный, -ая, -ое; *Kzf* -жен, -жна kühn, tapfer, mutig, wagemutig
отва́л, -а *m* 1. *naut* Ablegen, Abstoßen 2. Halde ◇ нае́сться до -а [-у] sich bis zum Umfallen vollessen
отва́ливать, -аю, -аешь *uv* 1. *uv zu* отвали́ть 2. *Imp* отва́ливай(те) *derb volkssрr* hau(t) ab!
отва́ливаться *uv zu* отвали́ться
отвали́ть, -алю́, -а́лишь; -а́ленный, -а́лен, -а *v* 1. beiseitewälzen, fortwälzen 2. *volkssрr* aufladen *auf den Teller* 3. *volkssрr* viel zukommen lassen, spendieren 4. *naut* ablegen, abfahren ‖ *uv* отва́ливать, -аю, -аешь
отвали́ться, -алю́сь, -а́лишься *v* 1. abbröckeln, abfallen 2. *volkssрr* sich forttrollen 3. *umg* sich zurücklehnen ‖ *uv* отва́ливаться, -аюсь, -аешься
отва́р, -а *m* Brühe; Absud
отва́ривать *uv zu* отвари́ть
отвари́ть, -арю́, -а́ришь; -а́ренный, -а́рен, -а *v* kochen; ~ карто́фель Kartoffeln kochen ‖ *uv* отва́ривать, -аю, -аешь
отварно́й, -а́я, -о́е 1. gekocht; -а́я ры́ба gekochter Fisch; в -о́м ви́де in gekochtem Zustand 2. *umg* abgekocht; -а́я вода́ abgekochtes Wasser
отве́дать, -аю, -аешь; -анный, -ан, -а *v umg* 1. kosten, probieren 2. *übtr* zu kosten bekommen, probieren, erleben, erleiden ‖ *uv* **отве́дывать,** -аю, -аешь
от|везти́* *v* abtransportieren, fortfahren, wegbringen ‖ *uv* отвози́ть, -ожу́, -о́зишь
отверга́ть *uv zu* отве́ргнуть
отве́ргнуть, -ну, -нешь; отве́рг, -ла; отве́ргнутый, -ут, -а *u. alt* отве́рженный, -ен, -а *v* 1. ablehnen, zurückweisen, verwehren; verschmähen 2. verbannen, verdammen, ausstoßen ‖ *uv* отверга́ть, -а́ю, -а́ешь
отвердева́ть *uv zu* отверде́ть

отверде́лый, -ая, -ое hart geworden, verhärtet

отверде́ть, *1. u. 2. Pers ungebr*, -е́ет *v* 1. hart [fest] werden; цеме́нтный раство́р отверде́л der Zement wurde hart 2. *übtr* hart [entschlossen] werden || *uv* отвердева́ть, -а́ет

отве́рженный, -ая, -ое verstoßen, ausgestoßen, verachtet

отверну́ть, -ну́, -нёшь; отвёрнутый, -ут, -а *v* 1. abschrauben, locker schrauben; aufdrehen, öffnen; ~ кран den Hahn öffnen 2. umschlagen, zurückschlagen *Kragen u. ä.* 3. wenden, abwenden, zur Seite drehen; ~ го́лову den Kopf abwenden 4. *umg* abbiegen || *uv* отвёртывать, -аю, -аешь

отверну́ться, -ну́сь, -нёшься *v* 1. sich lockern, aufgehen *von Schraubverschlüssen* 2. sich umschlagen, herunterklappen *Kragen u. ä.* 3. sich abwenden, sich abkehren || *uv* отвёртываться, -аюсь, -аешься

отве́рстие, -я *n* Öffnung, Loch

отверте́ть, -ерчу́, -е́ртишь; -е́рченный, -е́рчен, -а *v volksspr* 1. losschrauben, lockerschrauben 2. abdrehen, abreißen; ~ пу́говицу einen Knopf abdrehen

отверте́ться, -ерчу́сь, -е́ртишься *v* 1. *1. u. 2. Pers ungebr* sich lösen, sich losschrauben, abgehen *von Schraubverschlüssen* 2. sich drücken, ausweichen

отвёртка, -и, *Pl G* -ток, *D* -ткам *f* Schraubenzieher

отвёртывать(ся) *uv zu* отверну́ть(ся)

отве́с, -а *m* 1. Senkblei 2. senkrechter Abhang

отве́сить, -е́шу, -е́сишь; -е́шенный, -е́шен, -а *v* 1. abwiegen 2. *volksspr* zumessen *Schläge* ◇ ~ покло́н sich verneigen, einen Bückling machen || *uv* отве́шивать, -аю, -аешь

отве́сный, -ая, -ое; *Kzf* -сен, -сна sehr steil, senkrecht

от|вести́* *v* 1. bringen, hinbringen, wegbringen; ~ ребёнка в де́тский сад das Kind in den Kindergarten bringen 2. wegführen, wegbringen; ~ от окна́ vom Fenster wegführen 3. *übtr* ablenken 4. beiseite schieben, beiseite führen, entfernen; parieren *Schlag* 5. *übtr* ablehnen; ~ чью-н. кандидату́ру j-s Kandidatur ablehnen 6. zur Verfügung stellen, zuweisen ◇ ~ глаза́ ablenken *Aufmerksamkeit*, irreführen; ~ ду́шу seinem Herzen Luft machen || *uv* отводи́ть, -ожу́, -о́дишь

отве́т, -а *m* 1. Antwort, Beantwortung; сказа́ть в ~ zur Antwort geben 2. *übtr* Widerhall, Resonanz; Gegenliebe 3. Verantwortung ◇ быть в -е verantwortlich sein

ответви́ться, *1. u. 2. Pers ungebr*, -и́тся *v* eine Abzweigung bilden, sich abzweigen || *uv* ответвля́ться, -я́ется

ответвле́ние, -я *n* Abzweigung

ответвля́ться *uv zu* ответви́ться

отве́тить, -е́чу, -е́тишь; -е́ченный, -е́чен, -а *v* 1. antworten, entgegnen; ~ на вопро́с eine Frage beantworten 2.: ~ уро́к Schulaufgaben hersagen 3. reagieren, antworten, erwidern; ~ на покло́н eine Verbeugung erwidern 4. vergelten, büßen; ты мне отве́тишь за э́то dafür wirst du mir büßen || *uv* отвеча́ть, -а́ю, -а́ешь

отве́тный, -ая, -ое Antwort-, Gegen-; -ая телегра́мма Antworttelegramm; ~ вопро́с Gegenfrage

отве́тственность, -и *f* 1. Verantwortung, Verantwortlichkeit; нести́ ~ die Verantwortung tragen 2. entscheidende Wichtigkeit

отве́тственный, -ая, -ое; *Kzf* -ен, -енна 1. verantwortlich, die Verantwortung tragend, verantwortungsbewußt; -ое отноше́ние к рабо́те verantwortungsbewußte Einstellung zur Arbeit 2. verantwortungsvoll, wichtig; -ое поруче́ние verantwortungsvoller Auftrag

отве́тчик, -а *m* 1. *jur* Beklagter 2. *umg* Verantwortlicher; я за всех не ~ ich kann nicht für alle die Verantwortung tragen

отвеча́ть, -а́ю, -а́ешь *uv* 1. *uv zu* отве́тить 2. die Verantwortung übernehmen [tragen]; кто отвеча́ет за э́ту рабо́ту? wer ist für diese Arbeit verantwortlich? 3. entsprechen; ~ интере́сам наро́да den Interessen des Volkes entsprechen ◇ ~ голово́й за что mit seinem Kopf einstehen für etw.

отве́шивать *uv zu* отве́сить

отви́ливать *uv zu* отвильну́ть

отвильну́ть, -ну́, -нёшь *v umg* Ausflüchte suchen, sich drücken (от *G* von); ~ от отве́та sich um die Antwort drücken || *uv* отви́ливать, -аю, -аешь

отвинти́ть, -нчу́, -нти́шь; отви́нченный, -ен, -а *v* abschrauben || *uv* **отви́нчивать,** -аю, -аешь

отвисать *uv zu* отвиснуть
отви́слый, -ая, -ое *umg* (schlaff) herunterhängend; -ая губа́ herunterhängende Lippe
отви́снуть, *1. u. 2. Pers ungebr*, -нет; отви́с, -ла *v* herunterhängen, herabhängen; ни́жняя губа́ отви́сла die Unterlippe hing herab ‖ *uv* отвиса́ть, -а́ет
отвлека́ть(ся) *uv zu* отвле́чь(ся)
отвлече́ние, -я *n* 1. Ablenken, Ablenkung 2. Abstrahieren, Abstraktion 3. *alt* abstrakter Begriff, Abstraktion
отвлечённость, -и *f* 1. Abstraktheit 2. Abstraktion; abstrakte Überlegung
отвлечённый, -ая, -ое; *Kzf* -ён, -ённа abstrakt
от|вле́чь* *v* 1. ablenken; abziehen; ~ ого́нь на себя́ das Feuer auf sich lenken; ~ врага́ на себя́ den Feind auf sich ziehen 2. *übtr* ablenken; ~ от рабо́ты von der Arbeit ablenken 3. abstrahieren ‖ *uv* отвлека́ть, -а́ю, -а́ешь
от|вле́чься* *v* 1. sich ablenken lassen; ~ от рабо́ты sich von der Arbeit ablenken lassen 2. abstrahiert werden ‖ *uv* отвлека́ться, -а́юсь, -а́ешься
отво́д, -а *m* 1. Wegführung, Wegführen, Abziehen, Abzug 2. Ableitung 3. Zuweisung, Zurverfügungstellung 4. Ablehnung, Einspruch *gegen Kandidatur u. ä.* ◇ для -а глаз zwecks Täuschung, zum Schein, um die Aufmerksamkeit abzulenken
отводи́ть *uv zu* отвести́
отво́дный, -ая, -ое *u. umg* **отводно́й,** -а́я, -о́е Ableitungs-, Zweig-; ~ кана́л Ableitungskanal
отво́док, -дка *m bot* Ableger
отвоева́ть, отвою́ю, отвою́ешь; отвоёванный, -ан, -а *v* 1. zurückerobern 2. *übtr* abringen; ~ у тайги́ кусо́к земли́ der Taiga ein Stück Land abringen 3. *umg* den Krieg beenden, die Dienstzeit als Frontsoldat beenden 4. *umg* mit Kriegführen zubringen; мы три го́да отвоева́ли drei Jahre haben wir im Krieg zugebracht [sind wir im Krieg gewesen] ‖ *uv* **отвоёвывать,** -аю, -аешь *zu* 1, 2
отвози́ть *uv zu* отвезти́
отвора́чивать(ся) *uv zu* отвороти́ть(ся)
отвори́ть, -орю́, -о́ришь; -о́ренный, -о́рен, -а *v* öffnen *Tür, Fenster u. ä.* ◇ ~ кровь *alt* zur Ader lassen ‖ *uv* отворя́ть, -я́ю, -я́ешь
отвори́ться, *1. u. 2. Pers ungebr*, -о́рится *v* sich öffnen, aufgehen *Tür, Fenster u. ä.* ‖ *uv* отворя́ться, -я́ется
отворо́т, -а *m* Aufschlag, Manschette, Stulpe; Umschlag *Kleidung*
отвороти́ть, -очу́, -о́тишь; -о́ченный, -о́чен, -а *v umg* fortwälzen, beiseite räumen ‖ *uv* отвора́чивать, -аю, -аешь
отвороти́ться, -очу́сь, -о́тишься *v* 1. *alt, volksspr* sich abwenden 2. *volksspr* sich umschlagen *Ärmel* ‖ *uv* отвора́чиваться, -аюсь, -аешься
отворя́ть(ся) *uv zu* отвори́ть(ся)
отврати́тельный, -ая, -ое; *Kzf* -лен, -льна widerlich, abschreckend, ekelhaft, scheußlich
отврати́ть, -ащу́, -ати́шь; -ащённый, -ащён, -ащена́ *v* 1. *buchspr* abwenden, verhüten 2. *alt* zurückhalten, abbringen (от *G* von) ‖ *uv* отвраща́ть, -а́ю, -а́ешь
отвра́тный, -ая, -ое; *Kzf* -тен, -тна *umg* widerlich, ekelhaft, scheußlich
отвраща́ть *uv zu* отврати́ть
отвраще́ние, -я *n* 1. *alt* Abwendung, Verhütung 2. Abscheu, Widerwille, heftige Abneigung (к *D* gegen)
отвыка́ть *uv zu* отвы́кнуть
отвы́кнуть, -ну, -нешь; отвы́к, -ла *v* 1. sich abgewöhnen 2. sich entwöhnen, vergessen; ребёнок отвы́к от роди́телей das Kind hat sich seiner Eltern entwöhnt ‖ *uv* отвыка́ть, -а́ю, -а́ешь
от|вяза́ть* *v* abbinden, losbinden; ~ соба́ку den Hund losbinden ‖ *uv* **отвя́зывать,** -аю, -аешь
от|вяза́ться* *v* 1. *1. u. 2. Pers ungebr* sich lösen, abgehen; sich freimachen, sich losmachen; верёвка отвяза́лась der Strick hat sich gelöst; ло́шадь отвяза́лась das Pferd hat sich losgemacht 2. *übtr, umg* sich freimachen, sich losreißen; ~ от мы́сли sich von einem Gedanken freimachen 3. *umg* in Ruhe lassen; отвяжи́сь laß mich in Ruhe ‖ *uv* **отвя́зываться,** -аюсь, -аешься
отгада́ть, -а́ю, -а́ешь; отга́данный, -ан, -а *v* erraten, enträtseln, lösen; ~ зага́дку das Rätsel lösen ‖ *uv* отга́дывать, -аю, -аешь
отга́дка, -и, *Pl G* -док, *D* -дкам *f* 1. Raten, Erraten 2. Lösung *eines Rätsels*
отга́дчик, -а *m umg* Rater, Rätselrater; я не ~ снов ich kann keine Träume deuten

отга́дывать *uv zu* отгада́ть
отгиба́ть *uv zu* отогну́ть
отглаго́льный, -ая, -ое *gram* vom Verb abgeleitet, deverbativ, Verbal-
отгла́дить, -а́жу, -а́дишь; -а́женный, -а́жен, -а *v* 1. ausbügeln, bügeln, plätten; ~ костю́м den Anzug bügeln 2. aufhören zu bügeln ‖ *uv* **отгла́живать,** -аю, -аешь *zu* 1
отгова́ривать(ся) *uv zu* отговори́ть(ся)
отговори́ть, -рю́, -ри́шь; -рённый, -рён, -рена́ *v* 1. ausreden (кого́-н. от чего́-н. j-m etw.), abraten (j-m von etw.) 2. aufhören zu reden ‖ *uv* отгова́ривать, -аю, -аешь *zu* 1
отговори́ться, -рю́сь, -ри́шься *v I* sich entschuldigen, sich herausreden, vorschützen; ~ боле́знью Krankheit vorschützen ‖ *uv* отгова́риваться, -аюсь, -аешься
отгово́рка, -и, *Pl G* -рок, *D* -ркам *f* Ausflucht, Ausrede
отголо́сок, -ска *m* Nachhall, Echo, Widerhall
отгоня́ть *uv zu* отогна́ть
отгора́живать(ся) *uv zu* отгороди́ть(ся)
отгороди́ть, -ожу́, -о́ди́шь; -о́женный, -о́жен, -а *v* 1. abgrenzen, abtrennen, einzäunen 2. abgrenzen, fernhalten, isolieren ‖ *uv* отгора́живать, -аю, -аешь
отгороди́ться, -ожу́сь, -о́ди́шься *v* 1. sich abgrenzen, sich abtrennen 2. *übtr* sich absondern, sich isolieren ‖ *uv* отгора́живаться, -аюсь, -аешься
отграни́чивать, -аю, -аешь *uv* 1. *uv zu* отграни́чить 2. die Grenze bilden
отграни́чить, -чу, -чишь; -ченный, -чен, -а *v* abgrenzen, abtrennen ‖ *uv* отграни́чивать, -аю, -аешь
отгружа́ть *uv zu* отгрузи́ть
отгрузи́ть, -ужу́, -у́зи́шь; отгру́женный, -ен, -а *u.* отгружённый, -ён, -ена́ *v* 1. umladen 2. verladen ‖ *uv* отгружа́ть, -а́ю, -а́ешь
отгру́зка, -и, *Pl G* -зок, *D* -зкам *f* 1. Verladung, Verladen 2. Abtransport, Versand
отгрыза́ть *uv zu* отгры́зть
от|гры́зть* *v* abnagen ‖ *uv* отгрыза́ть, -а́ю, -а́ешь
отгу́л, -а *m volksspr* Abfeiern *von Überstunden*; взять ~ abfeiern
отгу́ливать *uv zu* отгуля́ть
отгуля́ть, -я́ю, -я́ешь; отгу́лянный, -ян, -а *v umg* 1. feiern, frei haben; ~ о́тпуск Urlaub haben 2. abfeiern *Überstunden* 3. feiern, begehen; ~ сва́дьбу die Hochzeit feierlich begehen 4. den Spaziergang beenden ‖ *uv* отгу́ливать, -аю, -аешь *zu* 1, 2
отд. (отде́л, отделе́ние) Abschnitt, Abteilung
от|дава́ть* *uv* 1. *uv zu* отда́ть 2. *I* schmecken, riechen (nach); ~ ры́бой nach Fisch riechen
отдава́ться *uv zu* отда́ться
отдави́ть, -авлю́, -а́вишь; -а́вленный, -а́влен, -а *v* quetschen, eine Quetschung zufügen ‖ *uv* **отда́вливать,** -аю, -аешь
отдале́ние, -я *n* 1. Entfernen, Entfernung; держа́ть в -и fernhalten 2. Aufschiebung 3. *alt* Ferne ◇ в [на] -и in einiger Entfernung, in der Ferne
отдалённость, -и *f* (große) Entfernung, Abgelegenheit
отдалённый, -ая, -ое; *Kzf* -ён, -ённа 1. (weit) entfernt, abgelegen, fern; ~ край weit entferntes Gebiet 2. weit zurückliegend, längst vergangen, fern; in ferner Zukunft liegend; -ые времена́ ferne Zukunft 3. (ziemlich) entfernt, nicht direkt, schwach; -ое родство́ entfernte Verwandtschaft; -ое схо́дство eine entfernte Ähnlichkeit; ~ намёк ein schwacher Wink
отдали́ть, -лю́, -ли́шь; -лённый, -лён, -лена́ *v* 1. entfernen 2. aufschieben; ~ срок den Termin aufschieben 3. *übtr* entfernen, entfremden ‖ *uv* **отдаля́ть,** -я́ю, -я́ешь
отдали́ться, -лю́сь, -ли́шься *v* 1. sich entfernen 2. sich entfremden, sich fernhalten ‖ *uv* **отдаля́ться,** -я́юсь, -я́ешься
отда́ривать *uv zu* отдари́ть
отдари́ть, -рю́, -ри́шь; -рённый, -рён, -рена́ *v umg*: ~ кого́-н. j-m ein Gegengeschenk machen ‖ *uv* отда́ривать, -аю, -аешь
от|да́ть*; о́тдал *v* 1. ab-, zurückgeben; ~ кни́ги в библиоте́ку Bücher in der Bibliothek zurückgeben 2. übergeben, anvertrauen; ~ ребёнка ба́бушке der Großmutter das Kind übergeben 3. hingeben, opfern; ~ свои́ си́лы seine Kraft hingeben 4. ausliefern, übergeben; ~ го́род die Stadt dem Feind ausliefern 5.: ~ в ремо́нт zur Reparatur geben; ~ на реце́нзию zur Rezension geben 6. за *A* zur Frau geben *j-m*, verheiraten 7. *umg* verkaufen, abgeben 8. *naut* loslassen, werfen; ~ я́корь Anker werfen 9. *volksspr* etwas zu-

rücktreten, zurückgehen, Platz machen ◇ ~ прика́з einen Befehl erteilen; ~ предпочте́ние den Vorzug geben; ружьё о́тдало в плечо́ das Gewehr schlug gegen die Schulter; ~ визи́т einen Gegenbesuch machen; ~ до́лжное [справедли́вость] Gerechtigkeit widerfahren lassen, nach Verdienst würdigen; ~ под суд dem Gericht übergeben || *uv* от|дава́ть*

от|да́ться*; отдали́сь *v* **1.** sich ausliefern, sich überlassen, sich anvertrauen **2.** sich hingeben, sich widmen; ~ нау́ке sich der Wissenschaft hingeben **3.** *D* sich *einem Manne* hingeben **4.** widerhallen, Resonanz finden || *uv* от|дава́ться*

отда́ча, -и, *I* -ей *f* **1.** Abgabe, Übergabe **2.** Erteilung; ~ прика́за Befehlserteilung **3.** Rückstoß *des Gewehrs* **4.** *naut* Loslassen, Lockern **5.** *tech*, *alt* Wirkungsgrad

отде́л, -а *m* **1.** Abteilung, Sektion **2.** Rubrik, Abschnitt

отде́лать, -аю, -аешь; отде́ланный, -ан, -а *v* **1.** letzte Hand anlegen, endgültig fertigstellen **2.** под *A* herrichten, zurichten (als), mit dem Aussehen (von); ~ сте́ны под дуб den Wänden das Aussehen von Eichentäfelung geben **3.** herrichten, wiederherrichten **4.** ausschmücken, ausstatten; ~ пла́тье кружева́ми ein Kleid mit Spitzen besetzen **5.** *volksspr* (schlimm) zurichten, herunterwirtschaften **6.** *volksspr* heruntерputzen, ausschimpfen; verprügeln || *uv* отде́лывать, -аю, -аешь

отде́латься, -аюсь, -аешься *v umg* **1.** fertig werden *mit Arbeit*; ~ пора́ньше möglichst zeitig fertig werden **2.** sich vom Halse schaffen, loswerden **3.** (gut, glimpflich) davonkommen; ~ цара́пиной mit einer Schramme davonkommen; дёшево ~ leichten Kaufs davonkommen || *uv* отде́лываться, -аюсь, -аешься

отделе́ние, -я *n* **1.** Trennung, Abtrennung; *med* Absonderung, Sekretion **2.** abgetrennter Raum, Box **3.** Fach *in Behältern* **4.** Abteilung; хирурги́ческое ~ chirurgische Abteilung **5.** Teil *einer Veranstaltung*; Abteilung; во второ́м -и мы пока́жем ... im zweiten Teil zeigen wir ... **6.** *mil* Gruppe, kleinste Einheit ◇ **почто́вое** ~ Postamt; ~ мили́ции Polizeirevier

отдели́ть, -елю́, -е́лишь; -елённый, -елён, -елена́ *v* **1.** abtrennen, trennen, scheiden **2.** unterscheiden, scheiden; ~ пра́вду от лжи Wahrheit und Lüge unterscheiden **3.** abtrennen, abtreten **4.** *alt* auszahlen, abfinden *mit Erbteil* || *uv* отделя́ть, -я́ю, -я́ешь

отдели́ться, -елю́сь, -е́лишься *v* **1.** sich trennen, sich lösen **2.** *alt* sich selbständig machen *nach Erhalt des Erbteils* || *uv* отделя́ться, -я́юсь, -я́ешься

отде́лка, -и, *Pl G* -лок, *D* -лкам *f* **1.** Endbearbeitung, Vollendung **2.** Ausschmückung, Ausstattung **3.** Schmuck, Besatz, Verzierung

отде́лочный, -ая, -ое **1.** der Endbearbeitung dienend; ~ цех Zurichterei; -ые рабо́ты Verputzarbeiten **2.** Verzierungs-, Besatz-, Schmuck-; ~ материа́л Besatzmaterial

отде́лывать(ся) *uv zu* отде́лать(ся)

отде́льно *Adv* einzeln, besonders, abgesondert, für sich

отде́льность, -и *f*: в -и einzeln, gesondert, für sich

отде́льный, -ая, -ое **1.** einzeln, für sich existierend, für sich wahrnehmbar; ка́ждое -ое де́рево jeder einzelne Baum; ~ слу́чай Einzelfall **2.** abgetrennt, besonderer; -ая по́лка для книг ein besonderes Regal für Bücher; -ая кварти́ра abgetrennte Wohnung **3.** *mil* selbständig; ~ та́нковый полк selbständiges Panzerregiment

отделя́ть(ся) *uv zu* отдели́ть(ся)

отдёргивать *uv zu* отдёрнуть

отдёрнуть, -ну, -нешь; -нутый, -нут, -а *v* beiseite ziehen, wegziehen, zurückziehen; ~ занаве́ску den Vorhang zurückziehen || *uv* отдёргивать, -аю, -аешь

отдира́ть(ся) *uv zu* отодра́ть(ся)

отдохну́ть, -ну́, -нёшь *v* **1.** sich erholen, sich ausruhen, rasten **2.** *umg* sich ein wenig hinlegen **3.** seinen Urlaub verbringen || *uv* отдыха́ть, -а́ю, -а́ешь

отдуба́сить, -а́шу, -а́сишь *v volksspr* verprügeln

отдува́ться, -а́юсь, -а́ешься *uv* **1.** schnaufen, keuchen, schnauben **2.** *volksspr* den Sündenbock machen, die Suppe auslöffeln müssen; ~ за всех für alle den Sündenbock machen

отду́шина, -ы *f* **1.** Luftloch, Abzugsöffnung **2.** *übtr* Ventil, entlastender Ausgleich

о́тдых, -а *m* Erholungspause, Erho-

lung ◇ без -а ohne Unterbrechung, ohne Erholungspause; ни -у, ни сpóку не давáть weder Rast noch Ruhe gönnen
отдыхáть *uv zu* отдохнýть
отдыхáющий, -его *Subst m* Urlauber
отдышáться, -ышýсь, -ы́шишься *v* 1. wieder zu Atem kommen, Atem holen 2. *übtr*, *volksspr* wieder auf die Beine kommen, sich wieder erholen
отёк, -а *m* Ödem, Wassergeschwulst
отекáть *uv zu* отéчь
отёл, -а *m* Kalben
отели́ться, *1. u. 2. Pers ungebr*, отéлится *v* kalben
отéль [тэ], -я *m* Hotel
отепли́ть, -лю́, -ли́шь; -лённый, -лён, -ленá *v gegen Kälteeinwirkung* isolieren, warm machen; ~ здáние ein Gebäude gegen Kälteeinwirkung schützen [winterfest machen] ‖ *uv* **отепля́ть,** -я́ю, -я́ешь
отéц, отцá, *I* отцóм, *G Pl* отцóв *V alt* óтче *m* Vater; роднóй ~ leiblicher Vater; крёстный ~ Taufpate; приёмный ~ Pflegevater ◇ он весь в отцá er ist der ganze Vater
отéческий, -ая, -ое väterlich
отéчественный, -ая, -ое 1. vaterländisch 2. einheimisch, inländisch; -ая промы́шленность einheimische Industrie
отéчество, -а *n* Vaterland
отёчный, -ая, -ое gedunsen, geschwollen; -ое лицó geschwollenes Gesicht
о|тéчь* *v* anschwellen; aufgedunsen werden ‖ *uv* отекáть, -áю, -áешь
от|жáть¹*; отожмý *v* 1. ausdrücken, auspressen; ~ сок Saft auspressen 2. auswringen 3. *umg* zurückdrängen, zum Rückzug zwingen ‖ *uv* отжимáть, -áю, -áешь
отживáть *uv zu* отжи́ть
отжи́вший, -ая, -ее 1. sein Leben hinter sich habend 2. *übtr* erkaltet, erstorben 3. überlebt, veraltet; -ие идéи überlebte Ideen
отжимáть *uv zu* отжáть
от|жи́ть* *v* 1. sein Leben hinter sich bringen, seine Zeit gelebt haben 2. *übtr* ersterben 3. veralten, überlebt werden 4. *umg* verbringen, hinter sich bringen *eine Zeit* ‖ *uv* отживáть, -áю, -áешь
óтзвук, -а *m* 1. Echo, Widerhall 2. *übtr* Echo, Widerhall, Resonanz, Nachhall
отзвучáть, *1. u. 2. Pers ungebr*, -чи́т *v* verklingen, verhallen
óтзыв, -а *m* 1. (отзы́в) Abberufung; ~ послá Abberufung des Botschafters 2. *buchspr*, *übtr* Widerhall, Echo, Reaktion, Resonanz 3. Gutachten
отзывáть(ся) *uv zu* отозвáть(ся)
отзы́вчивость, -и *f* Feinfühligkeit, Verständnisbereitschaft, Verständnis, Mitempfinden
отзы́вчивый, -ая, -ое; *Kzf* -ив, -а feinfühlig, verständnisbereit, verständnisvoll, mitempfindend
¹откáз, -а *m* 1. Absage, Ablehnung, Weigerung, Verweigerung 2. Verzicht 3. Versagen *eines Mechanismus* ◇ до -а bis zum äußersten; рабóтать без -а einwandfrei funktionieren
²откáз, -а *m mus* Auflösung(szeichen)
³откáз, -а *m alt* testamentarisches Vermächtnis
¹от|казáть* *v* 1. ablehnen, verweigern, versagen 2. в *P* versagen, aufkündigen, nicht gewähren, nicht zuteil werden lassen; ~ в дрýжбе die Freundschaft aufkündigen 3. в *P* absprechen; емý нельзя́ ~ в талáнте man kann ihm Talent nicht absprechen 4. от *G alt* entlassen, kündigen 5. *umg* versagen, aussetzen; механи́зм отказáл der Mechanismus versagte ‖ *uv* **откáзывать,** -аю, -аешь
²от|казáть* *v alt* testamentarisch vermachen, zusprechen ‖ *uv* **откáзывать,** -аю, -аешь
от|казáться* *v* 1. sich weigern, nicht wollen, nicht einverstanden sein, ablehnen; ~ вы́полнить рабóту sich weigern, die Arbeit auszuführen 2. verzichten (от *G* auf), ablehnen; ~ от пóмощи auf Hilfe verzichten 3. от *G* verleugnen, nicht anerkennen; ~ от свои́х слов seine eigenen Worte verleugnen 4. *in Verbindung mit* служи́ть, повиновáться, рабóтать versagen; гóлос отказáлся служи́ть мне die Stimme versagte mir den Dienst ◇ не откажýсь *oder* не отказáлся бы ich hätte nichts dagegen, ich wäre nicht abgeneigt ‖ *uv* **откáзываться,** -аюсь, -аешься
откáлывать *uv zu* отколóть
¹,²откáлываться *uv zu* **¹,²**отколóться
откáпывать *uv zu* откопáть
откáрмливать(ся) *uv zu* откорми́ть(ся)
откáт, -а *m* 1. Wegrollen, Fortrollen

2. Rückstoß, Rücklauf *von Geschützen*
откати́ть, -ачу́, -а́тишь; -а́ченный, -а́чен, -а *v* 1. (ein Stück) wegrollen, fortrollen; ~ бревно́ den Balken (ein Stück) beiseite rollen 2. *umg* rasch abfahren ‖ *uv* отка́тывать, -аю, -аешь *zu* 1
откати́ться, -ачу́сь, -а́тишься *v* 1. (ein Stück) wegrollen, fortrollen; бревно́ откати́лось der Balken rollte (ein Stück) beiseite 2. zurückfluten *Woge, a. übtr* ‖ *uv* отка́тываться, -аюсь, -аешься
отка́тка, -и *f* 1. *umg* Wegrollen, Fortrollen 2. *berg* Förderung, Fördern
отка́точный, -ая, -ое Förderungs-, Förder-; ~ штрек Förderstrecke
отка́тчик, -а *m berg* Förderarbeiter
отка́тывать(ся) *uv zu* откати́ть(ся)
откача́ть, -а́ю, -а́ешь; отка́чанный, -ан, -а *v* 1. herauspumpen, abpumpen 2. Wiederbelebungsversuche machen *an Ertrunkenen* ‖ *uv* **отка́чивать,** -аю, -аешь
отка́чка, -и *f* Auspumpen, Abpumpen
отка́шивать *uv zu* откоси́ть
отка́шливать(ся) *uv zu* отка́шлянуть(ся)
отка́шливаться *uv zu* отка́шляться *u.* отка́шлянуться
отка́шлянуть, -ну, -нешь *v* die Kehle frei husten, sich freihusten; heraushusten ‖ *uv* отка́шливать, -аю, -аешь
отка́шлянуться, -нусь, -нешься *v* die Kehle freihusten, sich freihusten ‖ *uv* отка́шливаться, -аюсь, -аешься
отка́шляться, -яюсь, -яешься *v* 1. Auswurf aushusten 2. sich räuspern ‖ *uv* отка́шливаться, -аюсь, -аешься
откидно́й, -а́я, -о́е aufklappbar, Klapp-; -о́е сиде́нье Klappsitz
отки́дывать(ся) *uv zu* отки́нуть(ся)
отки́нуть, -ну, -нешь; -нутый, -нут, -а *v* 1. beiseite werfen, zurückwerfen, zurückschleudern 2. *übtr* ablegen, fahren lassen; ~ стыд die Scham ablegen 3. *umg* unberücksichtigt lassen, vernachlässigen *beim Rechnen* 4. *umg* zurückwerfen, zum Rückzug zwingen 5. hochklappen, herunterklappen, aufklappen, öffnen 6. zurückwerfen, nach hinten, zur Seite werfen *Körperteile*; ~ го́лову den Kopf zurückwerfen ‖ *uv* отки́дывать, -аю, -аешь
отки́нуться, -нусь, -нешься *v* sich zurücklehnen ‖ *uv* отки́дываться, -аюсь, -аешься
откла́дывать(ся) *uv zu* отложи́ть(ся)
откла́ниваться, -аюсь, -аешься *uv* 1. *uv zu* откла́няться 2. wieder grüßen, einen Gruß beantworten
откла́няться, -яюсь, -яешься *v alt* sich verabschieden ‖ *uv* откла́ниваться, -аюсь, -аешься
откле́ивать(ся) *uv zu* откле́ить(ся)
откле́ить, -е́ю, -е́ишь; -е́еный; -е́ен, -а *v* ablösen *Aufgeklebtes* ‖ *uv* откле́ивать, -аю, -аешь
откле́иться, *1. u. 2. Pers ungebr*, -е́ится *v* sich ablösen, abgehen *von Aufgeklebtem* ‖ *uv* откле́иваться, -ается
о́тклик, -а *m* 1. Antwort *auf Ruf* 2. Echo 3. *übtr* Widerhall, Echo, Resonanz; пробуди́ть ~ ein Echo hervorrufen; -и в печа́ти Presseäußerungen
откликá́ться *uv zu* откли́кнуться
откли́кнуться, -нусь, -нешься *v* 1. antworten *auf Ruf*, reagieren 2. ein Lebenszeichen geben 3. на *A* reagieren, Resonanz zeigen, sich äußern ‖ *uv* откликá́ться, -а́юсь, -а́ешься
отклоне́ние, -я *n* 1. Abweichung; ~ магни́тной стре́лки Abweichung der Magnetnadel; ~ вле́во Linksabweichung 2. Ablehnung, Zurückweisung
отклони́ть, -оню́, -о́нишь; -онённый, -онён, -онена́ *v* 1. beiseite, in eine andere Richtung schieben [lenken, neigen]; ~ ве́тку einen Zweig beiseite schieben 2. *übtr* abbringen, in eine andere Richtung lenken, ablenken 3. ablehnen, zurückweisen ‖ *uv* **отклоня́ть,** -я́ю, -я́ешь
отклони́ться, -оню́сь, -о́нишься *v* 1. abweichen, eine andere Richtung nehmen, ausschlagen; магни́тная стре́лка отклони́лась die Magnetnadel schlug aus 2. ausweichen; ~ от уда́ра einem Schlag ausweichen 3. *übtr* abweichen; ~ от те́мы vom Thema abweichen ‖ *uv* **отклоня́ться,** -я́юсь, -я́ешься
отключа́ть *uv zu* отключи́ть
отключи́ть, -чу́, -чи́шь; -чённый, -чён, -чена́ *v* abschalten; ~ телефо́нный аппара́т den Telefonapparat abschalten ‖ *uv* отключа́ть, -а́ю, -а́ешь
откола́чивать *uv zu* отколоти́ть
отколоти́ть, -очу́, -о́тишь; -о́ченный, -о́чен, -а *v umg* 1. abschlagen, herunterschlagen; ~ ста́вень den Fensterladen abschlagen 2. verprügeln

|| *uv* откола́чивать, -аю, -аешь *zu* 1

от|коло́ть* *v* 1. abhacken, abschlagen, abtrennen 2. *übtr* abspalten, trennen 3. *volksspr* fertigbringen, produzieren, sagen *Unerwartetes, Unpassendes* || *uv* отка́лывать, -аю, -аешь

¹от|коло́ться* *v* 1. sich (ab)lösen, sich (ab)spalten 2. *übtr* sich trennen, sich abspalten, brechen; ~ от това́рищей sich von den Kameraden trennen || *uv* отка́лываться, -аюсь, -аешься

²от|коло́ться*, *1. u. 2. Pers ungebr*, *v* sich lösen, herunterfallen *von Angestecktem* || *uv* отка́лываться, -ается

откомандирова́ть, -ру́ю, -ру́ешь; -ро́ванный, -ро́ван, -а *v* abkommandieren || *uv* **откомандиро́вывать,** -аю, -аешь

откопа́ть, -а́ю, -а́ешь; отко́панный, -ан, -а *v* 1. ausgraben, herausgraben 2. *übtr, umg* wieder hervorholen, (wieder) ausgraben || *uv* отка́пывать, -аю, -аешь

отко́рм, -а *m* Mast, Mästen

откорми́ть, -ормлю́, -о́рмишь; -о́рмленный, -о́рмлен, -а *v* mästen || *uv* отка́рмливать, -аю, -аешь

откорми́ться, -ормлю́сь, -о́рмишься *v umg* sich mästen, dick und fett werden || *uv* отка́рмливаться, -аюсь, -аешься

отко́рмленный, -ая, -ое gemästet, wohlgenährt

отко́с, -а *m* Abhang, Böschung; упа́сть под ~ den Abhang hinunterfallen ◇ пусти́ть по́езд под ~ einen Zug zum Entgleisen bringen

откоси́ть, -ошу́, -о́сишь; -о́шенный, -о́шен, -а *v* 1. *umg* ein benachbartes *fremdes* Stück Feld abmähen 2. aufhören zu mähen || *uv* отка́шивать, -аю, -аешь *zu* 1

открепи́ть, -еплю́, -епи́шь; -еплённый, -еплён, -еплена́ *v* 1. losmachen, lösen; ~ ло́дку ein Boot losmachen 2. die Abmeldung registrieren; streichen || *uv* открепля́ть, -я́ю, -я́ешь

открепи́ться, -еплю́сь, -епи́шься *v* 1. *umg* sich losmachen, sich lösen 2. sich abmelden, sich streichen lassen || *uv* открепля́ться, -я́юсь, -я́ешься

открепле́ние, -я *n* 1. Losmachen, Lösen 2. Abmeldung, Streichung

открепля́ть(ся) *uv zu* открепи́ть(ся)

откре́щиваться, -аюсь, -аешься *uv umg* sich sträuben (от *G* gegen)

открове́ние, -я *n* 1. Offenbarung 2. Ahnungsvermögen, *ins Wesen eindringender* Blick

открове́нничать, -аю, -аешь *uv* c *I umg* sich (allzu) offen anvertrauen (j-m), sich aussprechen (mit)

открове́нность, -и *f* 1. Offenheit, Aufrichtigkeit, Freimut 2. *Pl* freimütige Geständnisse

открове́нный, -ая, -ое; *Kzf* -е́нен, -е́нна 1. offen, offenherzig, aufrichtig, freimütig 2. unverhüllt; -ое презре́ние unverhüllte Verachtung 3. *umg* zu weit ausgeschnitten; -ое пла́тье zu weit ausgeschnittenes Kleid

открути́ть, -учу́, -у́тишь; -у́ченный, -у́чен, -а *v umg* 1. abwickeln; ~ верёвку eine Leine abwickeln 2. abschrauben; ~ га́йку eine Mutter abschrauben 3. abdrehen, abreißen; ~ у ку́клы го́лову einer Puppe den Kopf abreißen || *uv* **откру́чивать,** -аю, -аешь

открути́ться, -учу́сь, -у́тишься *v* 1. *umg* sich loswickeln, sich abwikkeln; верёвка открути́лась die Leine hat sich losgewickelt 2. *umg* sich losschrauben; га́йка открути́лась die Mutter hat sich losgeschraubt 3. *übtr, volksspr* sich herauswinden, sich drücken || *uv* **откру́чиваться,** -аюсь, -аешься

открыва́ть(ся) *uv zu* откры́ть(ся)

откры́тие, -я *n* 1. Öffnung 2. Eröffnung, Beginn 3. Entdeckung; Aufdeckung

откры́тка, -и, *Pl G* -ток, *D* -ткам *f* Postkarte; видова́я ~ Ansichtskarte

откры́тый, -ая, -ое 1. offen; -ая ме́стность offene Gegend; -ые фла́нги offene Flanken; ~ во́рот offener Kragen 2. entblößt; -ая ше́я entblößter Hals 3. öffentlich, offen; -ое парти́йное собра́ние öffentliche Parteiversammlung 4. offenherzig, offen 5. unverhüllt, offen 6. *berg* Tagebau-; ~ спо́соб добы́чи Förderung im Tagebau ◇ де́йствовать в -ую offen vorgehen

от|кры́ть* *v* 1. öffnen, aufmachen; ~ сунду́к die Truhe öffnen; ~ глаза́ die Augen öffnen; ~ грани́цы die Grenzen öffnen 2. sehen lassen, erkennen lassen, entblößen 3. *umg* aufdrehen, anknipsen; ~ во́ду das Wasser aufdrehen 4. eröffnen, einweihen; ~ ого́нь das Feuer eröffnen 5. entdecken, aufdecken, mitteilen, verraten; ~ та́йну ein Geheimnis mitteilen **6.** entdecken, feststellen; ~ но́вую плане́ту einen neuen Planeten entdecken ◇ ~ Аме́рику *iron* längst Bekanntes sagen; ~ кому́-н. глаза́ j-m die Augen öffnen; ~ счёт a) ein Konto eröffnen; b) *Sport* den Torreigen eröffnen; den ersten Pluspunkt erzielen || *uv* открыва́ть, -а́ю, -а́ешь

от|кры́ться* *v* **1.** sich öffnen, aufgehen; ра́на откры́лась die Wunde öffnete sich **2.** sich eröffnen, sich auftun, sich zeigen; како́е по́прище откры́лось мне! was für eine Laufbahn eröffnete sich da vor mir! **3.** zutage treten, bekannt werden, offenbar werden; обма́н откры́лся der Betrug wurde offenbar **4.** beginnen, seine Pforten öffnen; теа́тр откры́лся das Theater hat seine Pforten geöffnet; навига́ция откры́лась die Schiffahrt hat begonnen **5.** sich anvertrauen, ein Geständnis machen; он не смел ~ ей er wagte nicht, sich ihr anzuvertrauen || *uv* открыва́ться, -а́юсь, -а́ешься

откуда *Adv fragend u. relativ* woher; ~ ты прие́хал? woher bist du gekommen?; возвраща́йся, ~ пришёл kehre zurück, woher du gekommen bist; ~ бы он ни пришёл woher er auch immer gekommen sein mag ◇ ~ ни возьми́сь unbekannt woher, wie aus dem Boden gewachsen

отку́да-нибудь, отку́да-то *Adv* irgendwoher

о́ткуп, -а, *Pl* откупа́, -о́в, -а́м *m* **1.** *hist* Steuerpacht **2.** Lösegeld ◇ брать [взять] на ~ pachten, gepachtet haben, alleiniges Verfügungsrecht beanspruchen

откупа́ть(ся) *uv zu* откупи́ть(ся)

откупи́ть, -уплю́, -у́пишь; -у́пленный, -у́плен, -а *v alt* **1.** aufkaufen **2.** in Pacht nehmen **3.** freikaufen, auslösen || *uv* откупа́ть, -а́ю, -а́ешь

откупи́ться, -уплю́сь, -у́пишься *v alt* sich freikaufen, sich loskaufen || *uv* откупа́ться, -а́юсь, -а́ешься

отку́поривать *uv zu* отку́порить

отку́порить, -рю, -ришь; -ри; -ренный, -рен, -а *v* **1.** entkorken **2.** öffnen *luftdicht Verschlossenes*; ~ ба́нку консе́рвов eine Konservenbüchse aufmachen || *uv* отку́поривать, -аю, -аешь

откуси́ть, -ушу́, -у́сишь; -у́шенный, -у́шен, -а *v* **1.** abbeißen **2.** abkneifen, abknipsen *mit der Zange*; ~ коне́ц про́волоки das Drahtende abknipsen || *uv* отку́сывать, -аю, -аешь

отлага́тельство, -а *n buchspr* Aufschub; де́ло не те́рпит -а die Sache duldet keinen Aufschub

отлага́ть(ся) *uv zu* отложи́ть(ся)

отлакирова́ть, -ру́ю, -ру́ешь; -ро́ванный, -ро́ван, -а *v* lackieren

[1]**отла́мывать(ся)** *uv zu* отлома́ть(ся)

[2]**отла́мывать(ся)** *uv zu* отломи́ть(ся)

отлежа́ть, -жу́, -жи́шь; отлёжанный, -ан, -а *v* **1.** taub [gefühllos] machen *durch unbequemes Liegen*; я отлежа́л себе́ ру́ку der Arm ist mir vom Liegen ganz steif **2.** *umg* liegen bleiben, im Bett zubringen *bei Krankheit* || *uv* **отлёживать,** -аю, -аешь

отлежа́ться, -жу́сь, -жи́шься *v umg* **1.** sich Bettruhe gönnen **2.** ablagern, lange Zeit liegen bleiben || *uv* **отлёживаться,** -аюсь, -аешься

отлепи́ть, -еплю́, -е́пишь; -е́пленный, -е́плен, -а *v umg* ablösen *Angeklebtes* || *uv* **отлепля́ть,** -я́ю, -я́ешь

отлепи́ться, *1. u. 2. Pers ungebr*, -е́пится *v umg* sich ablösen, abgehen *von Angeklebtem* || *uv* **отлепля́ться,** -я́ется

отлёт, -а *m* Abflug ◇ быть на -е sich zur Abreise fertig machen; на -е abgelegen, abseits; держа́ть на -е in der ausgestreckten Hand halten

отлета́ть *uv zu* отлете́ть

отлете́ть, -ечу́, -ети́шь *v* **1.** abfliegen, fortfliegen, wegfliegen **2.** *übtr* verfliegen; отлете́ла мо́лодость die Jugend war verflogen **3.** *umg* abfliegen, abfallen, abgehen, abspringen; пу́говица отлете́ла der Knopf sprang ab || *uv* отлета́ть, -а́ю, -а́ешь

от|ле́чь* *unpers v*: у меня́ отлегло́ от се́рдца mir ist ein Stein vom Herzen gefallen

отли́в, -а *m* **1.** Abgießen, Abguß **2.** Ebbe **3.** *übtr* Rückgang, Niedergang; ~ рабо́чей си́лы Abwanderung von Arbeitskräften **4.** Schillern; Farbton

отлива́ть, -а́ю, -а́ешь *uv* **1.** *uv zu* отли́ть **2.** *I* schillern, schimmern *in bestimmtem Farbton*; ~ серебро́м silbern schimmern

отли́вка, -и, *Pl G* -вок, *D* -вкам *f* **1.** Abgießen **2.** Gießen, Abguß; ~ чугу́нных труб Gießen von Eisenrohren **3.** Gußstück

отлипа́ть *uv zu* отли́пнуть

отли́пнуть, -ну, -нешь; отли́п, -ла *v* **1.** *umg* sich lösen, abgehen *von Angeklebtem* **2.** *volksspr* in Ruhe lassen, nicht mehr auf die Nerven fallen || *uv* отлипáть, -áю, -áешь

от|ли́ть*; отолью́ *v* **1.** abgießen *ein wenig;* ~ немно́го молокá etwas Milch abgießen **2.** zurückfluten, zurückfließen *Wasser, Blut* **3.** *tech* gießen || *uv* отливáть, -áю, -áешь

отличáть, -áю, -áешь *uv* **1.** *uv zu* отличи́ть **2.** den Unterschied bilden, unterscheiden; э́то отличáло их друг от дру́га das unterschied sie, das bildete den Unterschied zwischen ihnen **3.** *A* j-m den Vorzug geben *vor anderen,* j-n *vor anderen* auszeichnen

отличáться, -áюсь, -áешься *uv* **1.** *uv zu* отличи́ться **2.** от *G* sich unterscheiden (von) **3.** *I* sich auszeichnen *durch ein Merkmal;* он отличáлся свéтлым умо́м er zeichnete sich durch einen hellen Kopf aus

отли́чие, -я *n* **1.** Unterscheidungsmerkmal; внéшние -я äußere Unterscheidungsmerkmale **2.** vorbildlicher Einsatz, vorbildliches Verhalten; наградá за боево́е ~ Auszeichnung für vorbildlichen Kampfeinsatz **3.** Auszeichnung, Orden ◇ в ~ от im Gegensatz [Unterschied] zu

отличи́тельный, -ая, -ое **1.** unterscheidend, Unterscheidungs-, Erkennungs-; -ые огни́ Positionslaternen *an Schiffen* **2.** kennzeichnend, bezeichnend, auszeichnend; его́ -ая спосо́бность die ihn auszeichnende Fähigkeit

отличи́ть, -чу́, -чи́шь; -чённый, -чён, -ченá *v* **1.** einen Unterschied finden, unterscheiden **2.** auszeichnen *mit Orden,* eine Auszeichnung zuerkennen || *uv* отличáть, -áю, -áешь

отличи́ться, -чу́сь, -чи́шься *v* sich auszeichnen *durch Tapferkeit;* ~ в бою́ sich im Gefecht auszeichnen || *uv* отличáться, -áюсь, -áешься

отли́чник, -а *m* **1.** bester Schüler, Beststudent, der in allen wichtigen Fächern die Note „sehr gut" hat **2.** Bestarbeiter

отли́чно 1. *prädikatives Adv* ausgezeichnet, vortrefflich **2.** *Subst n idkl* „ausgezeichnet", „sehr gut" *beste Note;* он получи́л ~ er erhielt eine Eins

отли́чный, -ая, -ое; *Kzf* -чен, -чна ausgezeichnet, vorzüglich, vortrefflich

отло́гий, -ая, -ое; *Kzf* -о́г, -а sanft geneigt, leicht abfallend; ~ склон leicht abfallender Hang

отло́гость, -и *f* Neigung, leichtes Gefälle

отложéние, -я *n geol* Ablagerung

отложи́ть, -ожу́, -о́жишь; -о́женный, -о́жен, -а *v* **1.** beiseite legen, zurücklegen; ~ кни́гу ein Buch beiseite legen; ~ дéньги на поéздку Geld für die Reise zurücklegen **2.** aufschieben, verschieben *Frist* **3.** *alt* umschlagen, zurückschlagen *Kragen, Verdeck u. ä.* **4.** ausspannen *Pferd* **5.** *biol* legen, ablegen *Eier, Rogen* ◇ ~ в до́лгий я́щик auf die lange Bank schieben || *uv* откла́дывать, -аю, -аешь *u.* отлагáть, -áю, -áешь *zu* 2

отложи́ться, -ожу́сь, -о́жишься *v* sich ablagern, eine Ablagerung bilden || *uv* откла́дываться, -ается *u.* отлагáться, -áюсь, -áешься

отложно́й, -áя, -о́е: ~ воротни́к Umlegekragen

отломáть, -áю, -áешь; отло́манный, -ан, -а *v* abbrechen || *uv* отла́мывать, -аю, -аешь

отломáться, *1. u. 2. Pers ungebr,* -áется *v* abbrechen, abfallen || *uv* отла́мываться, -ается

отломи́ть, -омлю́, -о́мишь; -о́мленный, -о́млен, -а *v* abbrechen, abmachen; ~ вéтку einen Zweig abbrechen || *uv* отла́мывать, -аю, -аешь

отломи́ться, *1. u. 2. Pers ungebr,* -о́мится *v* abbrechen, abfallen; вéтка отломи́лась der Zweig ist abgebrochen || *uv* отла́мываться, -ается

отлупи́ть, -уплю́, -у́пишь; -у́пленный, -у́плен, -а *v volksspr* **1.** abschälen, abziehen *Rinde, Schale* **2.** durchprügeln || *uv* **отлупля́ть,** -я́ю, -я́ешь

отлупи́ться, *1. u. 2. Pers ungebr,* -у́пится *v volksspr* abgehen, abbröckeln || *uv* **отлупля́ться,** -я́ется

отлучáть(ся) *uv zu* отлучи́ть(ся)

отлучи́ть, -чу́, -чи́шь; -чённый, -чён, -ченá *v alt* ausschließen, ausstoßen; ~ от цéркви exkommunizieren || *uv* отлучáть, -áю, -áешь

отлучи́ться, -чу́сь, -чи́шься *v* sich entfernen, weggehen *für einige Zeit* || *uv* отлучáться, -áюсь, -áешься

отлу́чка, -и, *Pl G* -чек, *D* -чкам *f vorübergehende* Abwesenheit, Entfernung

отлы́нивать, -аю, -аешь *uv volksspr* sich drücken (от *G* von); ~ от рабо́ты sich von der Arbeit drücken

отмáлчиваться *uv zu* отмолчáться

отмáтывать *uv zu* отмотáть

отмахáть, -áю, -áешь *v volksspr*

1. *rasch* durchlaufen, durchfahren, zurücklegen, hinter sich bringen 2. *rasch* hinter sich bringen, erledigen; ~ сто страни́ц hundert Seiten hinter sich bringen ‖ *uv* **отма́хивать,** -аю, -аешь

отма́хиваться, -аюсь, -аешься *uv* 1. от *G* sich erwehren, abwehren; ~ от комаро́в Mücken abwehren 2. eine abweisende Handbewegung machen, abwinken 3. *übtr*, *volksspr* sich drücken (wollen), sich ablehnend verhalten ‖ *v mom* **отмахну́ться,** -ну́сь, -нёшься

отма́чивать *uv zu* отмочи́ть

отмежева́ть, -жу́ю, -жу́ешь; -жёванный, -жёван, -а *v* umgrenzen, abgrenzen; ~ земе́льный уча́сток Grundstück abgrenzen ‖ *uv* **отмежёвывать,** -аю, -аешь

отмежева́ться, -жу́юсь, -жу́ешься *v* sich abgrenzen, sich distanzieren ‖ *uv* **отмежёвываться,** -аюсь, -аешься

о́тмель, -и *f* seichte Uferstelle; песча́ная ~ Sandbank

отме́на, -ы *f* Aufhebung, Abschaffung

отмени́ть, -еню́, -е́нишь; -енённый, -енён, -енена́ *v* 1. aufheben, abschaffen; für ungültig erklären; ~ ка́рточную систе́му das Kartensystem abschaffen 2. absagen, absetzen; ~ спекта́кль eine Aufführung absetzen ‖ *uv* отменя́ть, -я́ю, -я́ешь

отме́нный, -ая, -ое; *Kzf* -е́нен, -е́нна 1. ausgezeichnet, unübertrefflich, außergewöhnlich 2. *alt* unterschiedlich

отменя́ть *uv zu* отмени́ть

от|мере́ть*, *1. u. 2. Pers ungebr*, отомрёт; отмере́в *u.* отме́рши *v* 1. absterben 2. *übtr* aussterben; ста́рые обы́чаи о́тмерли die alten Bräuche starben aus ‖ *uv* отмира́ть, -а́ет

отмерза́ть *uv zu* отмёрзнуть

отмёрзнуть, *1. u. 2. Pers ungebr*, -нет; отмёрз, -ла *v* 1. erfrieren *von Pflanzenteilen*; молоды́е побе́ги отмёрзли die jungen Triebe sind erfroren 2. *umg* erfrieren *von Körperteilen*; ру́ки отмёрзли die Hände sind erfroren ‖ *uv* отмерза́ть, -а́ет

отме́ривать *uv zu* отме́рить

отме́рить, -рю, -ришь; -ренный, -рен, -а *v* 1. abmessen; ~ пять ме́тров тка́ни fünf Meter Stoff abmessen 2. *umg* zurücklegen, durchmessen ‖ *uv* отме́ривать, -аю, -аешь *u.* **отмеря́ть,** -я́ю, -я́ешь

от|мести́*; отметя́ *v* 1. wegkehren, beiseite kehren, beiseite fegen 2. *übtr* verwerfen, beiseite fegen ‖ *uv* отмета́ть, -а́ю, -а́ешь

отме́стка, -и *f umg* Rache ◇ в -у aus Rache

отмета́ть *uv zu* отмести́

отме́тина, -ы *f* 1. Merkzeichen 2. Spur, Abdruck 3. Fleck, Mal *bei Tieren*

отме́тить, -е́чу, -е́тишь; -е́ченный, -е́чен, -а *v* 1. anmerken, anstreichen, kennzeichnen, bezeichnen; ~ ме́сто в кни́ге eine Buchstelle anmerken 2. eintragen, vermerken; ~ да́ту отъе́зда das Abreisedatum vermerken 3. bemerken, feststellen 4. hervorheben, unterstreichen, betonen 5. feiern, begehen; ~ юбиле́й Jubiläum feiern 6. *umg* streichen, austragen; ~ жильца́ einen Mieter aus dem Hausbuch austragen ‖ *uv* отмеча́ть, -а́ю, -а́ешь

отме́титься, -е́чусь, -е́тишься *v* 1. sich eintragen, sich registrieren lassen 2. *umg* sich aus dem Hausbuch austragen lassen ‖ *uv* отмеча́ться, -а́юсь, -а́ешься

отме́тка, -и, *Pl G* -ток, *D* -ткам *f* 1. Anmerken, Kennzeichnung, Kennzeichen, Merkzeichen 2. Eintragung, Vermerk 3. Zensur, Bewertungsnote; ста́вить -и Noten geben 4. *umg* Austragung aus dem Hausbuch

отмеча́ть(ся) *uv zu* отме́тить(ся)

отмира́ние, -я *n* 1. Absterben 2. *übtr* Aussterben; ~ ста́рых обы́чаев Aussterben der alten Bräuche

отмира́ть *uv zu* отмере́ть

отмока́ть *uv zu* отмо́кнуть

отмо́кнуть, *1. u. 2. Pers ungebr*, -нет; отмо́к, -ла *v* 1. feucht werden; по́рох отмо́к das Pulver ist feucht geworden 2. abweichen, feucht werden und abgehen; бинт отмо́к die Binde ist naß geworden und abgegangen ‖ *uv* отмока́ть, -а́ет

отмолча́ться, -чу́сь, -чи́шься *v umg* sich ausschweigen, sich in Schweigen hüllen ‖ *uv* отма́лчиваться, -аюсь, -аешься

отмора́живать *uv zu* отморо́зить

отморо́зить, -о́жу, -о́зишь; -о́женный, -о́жен, -а *v* erfrieren *Körperteile*; он отморо́зил (себе́) нос er hat sich die Nase erfroren ‖ *uv* отмора́живать, -аю, -аешь

отмота́ть, -а́ю, -а́ешь; отмо́танный, -ан, -а *v* abwickeln; ~ мото́к ше́рсти eine Docke Wolle abwickeln || *uv* отмáтывать, -аю, -аешь

отмочи́ть, -очý, -óчишь; -óченный, -óчен, -а *v* 1. abweichen, losweichen; ~ мáрку от конвéрта eine Marke vom Briefumschlag abweichen 2. wässern, waschen; ~ сельдь den Hering wässern 3. *übtr, volksspr* vom Stapel lassen, heraushauen; ~ глýпость eine Dummheit heraushauen || *uv* отмáчивать, -аю, -аешь

отмывáть(ся) *uv zu* отмы́ть(ся)

отмыкáть *uv zu* отомкнýть

от|мы́ть* *v* 1. (ab-, aus-) waschen, reinigen; ~ грязь den Schmutz abwaschen; ~ чáшку eine Tasse auswaschen 2. *geol* auswaschen || *uv* отмывáть, -áю, -áешь

от|мы́ться* *v* 1. sich herauswaschen lassen, herausgehen; пятнó отмы́лось der Fleck ging heraus 2. sauber werden || *uv* отмывáться, -áюсь, -áешься

отмы́чка, -и, *Pl G* -чек, *D* -чкам *f* Dietrich

отмякáть *uv zu* отмя́кнуть

отмя́кнуть, -ну, -нешь; отмя́к, -ла *v umg* 1. weich werden, aufweichen *durch Feuchtigkeit*; сухари́ отмя́кли die Zwiebäcke waren aufgeweicht 2. *übtr* weicher, freundlicher, entgegenkommender werden || *uv* отмякáть, -áю, -áешь

отнéкиваться, -аюсь, -аешься *uv umg* ablehnen, eine verneinende [ablehnende] Antwort geben

от|нести́* *v* 1. wegbringen, hinbringen; ~ письмó на пóчту einen Brief zur Post bringen 2. wegtragen, forttragen; ~ кáмень от дóроги einen Stein von der Straße forttragen 3. zurechnen, zuweisen; einordnen; ~ рýкопись к XV вéку die Handschrift ins 15. Jahrh. einordnen 4. verlegen, verschieben; ~ экзáмены на óсень die Prüfungen auf den Herbst verschieben 5. *volksspr* abschlagen, abhauen ◇ ~ за [на] счёт verbuchen [verrechnen] auf Kosten von || *uv* относи́ть, -ошý, -óсишь

от|нести́сь* *v* 1. к *D* sich verhalten, sein; ~ внимáтельно к гóстю dem Gast gegenüber aufmerksam sein 2. к *D alt* sich wenden, herantreten (an) 3. *alt* sich äußern *lobend, tadelnd* || *uv* относи́ться, -ошýсь, -óсишься

отникелировáть, -рýю, -рýешь; -рóванный, -рóван, -а *v* vernickeln

отнимáть(ся) *uv zu* отня́ть(ся)

отнимý ↑ отня́ть

относи́тельно 1. *Adv* verhältnismäßig, relativ, ziemlich; ~ спокóйно verhältnismäßig ruhig 2. *Präpos G* hinsichtlich, in bezug auf, betreffs; ~ скáзанного in bezug auf das Gesagte

относи́тельность, -и *f* Relativität; теóрия -и Relativitätstheorie

относи́тельный, -ая, -ое 1. *Kzf* -лен, -льна relativ; -ое поня́тие relativer Begriff 2. *Kzf* -лен, -льна verhältnismäßig, mäßig, relativ, angemessen; -ая чистотá relative Sauberkeit 3. *gram* Relativ-, bezüglich; -ое местоимéние Relativpronomen

относи́ть *uv zu* отнести́

относи́ться, -ошýсь, -óсишься *uv* 1. *uv zu* отнести́сь 2. к *D* gehören (zu), zählen (zu); ~ к клáссу млекопитáющих zur Klasse der Säugetiere gehören 3. к *D u. alt* до *G* sich beziehen (auf); э́то относится к вам das bezieht sich auf Sie

отношéние, -я *n* 1. Verhalten, Einstellung, *subjektives* Verhältnis; ~ к жи́зни Lebenseinstellung 2. *Pl* Verhältnisse, Beziehungen; произвóдственные -я Produktionsverhältnisse 3. Beziehung, *objektisev* Verhältnis; имéть ~ к строи́тельству mit dem Bauwesen zu tun haben 4. Wechselbeziehung, Verhältnis; ~ мышлéния к бытию́ Verhältnis von Denken und Sein 5. Schriftstück, offizielles Schreiben ◇ в -и *G*; по -ю к *D* in bezug auf, betreffs, hinsichtlich; в нéкотором -и in gewisser Beziehung; во всех -ях in jeder Beziehung

отны́не *Adv buchspr* von nun an

отню́дь *Adv*: ~ не durchaus nicht; ~ нет! keineswegs!

отня́ть* *u. alt, volksspr* отымý, оты́мешь *v* 1. wegnehmen, rauben, sich aneignen; ~ дéньги Geld wegnehmen 2. wegziehen, wegnehmen; ~ рýку die Hand wegziehen 3. *übtr* berauben, rauben; ~ надéжду die Hoffnung rauben 4. *umg* amputieren, abnehmen 5. in Anspruch nehmen, wegnehmen, kosten; рабóта отнялá мнóго врéмени die Arbeit nahm viel Zeit in Anspruch 6. *umg* abziehen, subtrahieren ◇ ~ от груди́ abstillen, entwöhnen; нельзя́ ~ чегó-н. у когó-н. j-m etw. nicht absprechen können || *uv* отнимáть,

-а́ю, -а́ешь *u. alt, volksspr* отыма́ть, -а́ю, -а́ешь

отня́ться*, *1. u. 2. Pers ungebr u. alt, volksspr* оты́мется; отня́лся, -ли́сь *v* 1. gelähmt werden; отняли́сь но́ги die Beine waren gelähmt 2. *umg* wie gelähmt werden, versagen ‖ *uv* отнима́ться, -а́ется *u. alt, volksspr* отыма́ться, -а́ется

ото ↑ от

отобе́дать, -аю, -аешь *v* das Mittagessen beenden

отобража́ть(ся) *uv zu* отобрази́ть(ся)

отображе́ние, -я *n* Darstellung, Abbildung, Widerspiegelung, Abbild

отобрази́ть, -ажу́, -ази́шь; -ажённый, -ажён, -ажена́ *v* darstellen, widerspiegeln ‖ *uv* отобража́ть, -а́ю, -а́ешь

отобрази́ться, *1. u. 2. Pers ungebr,* -и́тся *v* sich widerspiegeln, seine Darstellung erfahren ‖ *uv* отобража́ться, -а́ется

ото|бра́ть*; отберу́; ото́бранный, -ан, -а *v* 1. wegnehmen, abnehmen; sich aneignen 2. auswählen; ~ шесть челове́к sechs Mann auswählen 3. *alt* zusammentragen, sammeln *durch Umfrage* ‖ *uv* отбира́ть, -а́ю, -а́ешь

отовсю́ду *Adv* von überallher

ото|гна́ть; отгоню́; ото́гнанный, -ан, -а *v* 1. zurückscheuchen, verscheuchen, verjagen, vertreiben; ~ соба́ку einen Hund zurückscheuchen 2. destillieren ‖ *uv* отгоня́ть, -я́ю, -я́ешь

отогну́ть, -ну́, -нёшь; ото́гнутый, -ут, -а *v* 1. geradebiegen; ~ гво́зди Nägel geradebiegen 2. zurückschlagen, umschlagen; ~ рукава́ die Ärmel umschlagen ‖ *uv* отгиба́ть, -а́ю, -а́ешь

отогрева́ть(ся) *uv zu* отогре́ть(ся)

отогре́ть, -е́ю, -е́ешь; -е́тый, -е́т, -а *v* erwärmen, aufwärmen; ~ озя́бшие ру́ки die steifgefrorenen Hände erwärmen ‖ *uv* отогрева́ть, -а́ю, -а́ешь

отогре́ться, -е́юсь, -е́ешься *v* sich erwärmen, sich aufwärmen ‖ *uv* отогрева́ться, -а́юсь, -а́ешься

отодвига́ть(ся) *uv zu* отодви́нуть(ся)

отодви́нуть, -ну, -нешь; -нутый, -нут, -а *v* 1. wegschieben, beiseite schieben, beiseite rücken 2. *übtr, umg* verschieben, aufschieben ‖ *uv* отодвига́ть, -а́ю, -а́ешь

отодви́нуться, -нусь, -нешься *v* 1. sich (ein Stück) entfernen, wegrücken, abrücken 2. *übtr, umg* sich hinausschieben, sich verzögern, hinausrücken *Frist* ‖ *uv* отодвига́ться, -а́юсь, -а́ешься

ото|дра́ть*, отдеру́; ото́дранный, -ан, -а *v* 1. herunterreißen, abreißen 2. *umg* durchprügeln 3.: ~ за у́ши an den Ohren ziehen ‖ *uv* отдира́ть, -а́ю, -а́ешь

ото|дра́ться*, *1. u. 2. Pers ungebr,* отдерётся *v volksspr* abgehen, sich lösen; подмётки отодра́ли́сь die Sohlen hatten sich gelöst ‖ *uv* отдира́ться, -а́ется

отожестви́ть *u.* **отождестви́ть,** -влю́, -ви́шь; -влённый, -влён, -влена́ *v* für identisch erklären, identifizieren ‖ *uv* отожествля́ть *u.* отождествля́ть, -я́ю, -я́ешь

отожествле́ние *u.* **отождествле́ние,** -я *n* Identifizierung

отож(д)ествля́ть *uv zu* отож(д)естви́ть

отозва́ние, -я *n* Abberufung

ото|зва́ть*, отзову́; ото́званный, -ан, -а *v* 1. beiseite rufen, wegrufen; ~ в сто́рону beiseite nehmen 2. abberufen; ~ посла́ einen Botschafter abberufen ‖ *uv* отзыва́ть, -а́ю, -а́ешь

ото|зва́ться*, отзову́сь; -зва́ли́сь *v* 1. antworten *auf Ruf,* erwidern; ein Lebenszeichen geben 2. Widerhall finden, sich bemerkbar machen, entstehen, erzeugt werden 3. sich auswirken, Einfluß haben (на *P* auf); ~ на други́х sich auf andere auswirken 4. sich äußern, seine Meinung sagen (о *P* über) ‖ *uv* отзыва́ться, -а́юсь, -а́ешься

ото|йти́* *v* 1. ein Stück weggehen, sich entfernen; zurücklegen; ~ на три киломе́тра sich drei Kilometer entfernen 2. abfahren abgehen *laut Fahrplan* 3. *mil* sich zurückziehen 4. от *G* sich trennen, sich entfremden; aufgeben; ~ от пре́жних това́рищей sich von den früheren Kameraden trennen 5. sich lösen, abgehen, abfallen; штукату́рка отошла́ der Putz war abgegangen 6. unsichtbar werden, verschwinden, herausgehen; пятно́ отошло́ der Fleck ging heraus 7. sich wieder erwärmen, sich von neuem beleben; wieder zu sich kommen 8. übergehen, zufallen *als Besitz;* дом перешёл в чужи́е ру́ки das Haus ging in fremde Hände über 9. *alt* zu Ende gehen, vergehen, enden; зима́ отошла́ der Winter ist vorbei

10. *alt* verlassen, weggehen *aus dem Arbeitsverhältnis, Dienst* ◇ ~ в вéчность | a) sterben; b) endgültig zu Ende gehen, vergehen, vorbeigehen; сéрдце [от сéрдца] отошлó der Zorn legte sich || *uv* отходи́ть, -ожу́, -óдишь

отомкну́ть, -ну́, -нёшь; отóмкнутый, -ут, -а *v* 1. *alt, volksspr* aufschließen, öffnen, aufsperren 2.: ~ штык das Bajonett abnehmen || *uv* отмыкáть, -áю, -áешь

отомсти́ть, -мщу́, -мсти́шь; -мщённый, -мщён, -мщенá *v* 1. *D* sich rächen, Rache nehmen (an); ~ оби́дчику sich an seinem Beleidiger rächen 2. rächen; он отомсти́л за оби́ду er hat die Kränkung gerächt || *uv* **отомщáть,** -áю, -áешь

отопи́тельный, -ая, -ое Heiz-

отопи́ть, отоплю́, отóпишь; отóпленный, -ен, -а *v* beheizen || *uv* отáпливать, -аю, -аешь

отоплéние, -я *n* 1. Heizen, Heizung 2. Heizanlage, Heizung; печнóе ~ Ofenheizung

отопру́ ↑ отперéть

оторáчивать *uv zu* оторочи́ть

отóрванность, -и *f* Losgelöstheit, Einsamkeit, Trennung

ото|рвáть*; отóрванный, -ан, -а *v* 1. abreißen; ~ пу́говицу einen Knopf abreißen 2. *übtr* losreißen, abwenden; ~ глазá от карти́ны die Augen vom Bild abwenden; ~ от рабóты von der Arbeit losreißen 3. trennen; ~ детéй от мáтери die Kinder von der Mutter trennen ◇ ~ от себя́ sich selbst entziehen [versagen] || *uv* отрывáть, -áю, -áешь

ото|рвáться*; -рвали́сь *v* 1. sich losreißen, sich plötzlich lösen; пу́говица оторвалáсь der Knopf ging plötzlich ab 2. sich entfernen, weggehen, sich lösen; ~ от проти́вника sich vom Gegner lösen 3. *übtr* sich lösen, die Verbindung verlieren; ~ от масс die Verbindung zu den Massen verlieren 4. sich trennen, sich losreißen; ~ от кни́ги sich von einem Buch losreißen || *uv* отрывáться, -áюсь, -áешься; не отрывáясь ohne Unterbrechung

оторопéлый, -ая, -ое *umg* (ganz) fassungslos, (ganz) kopflos, verwirrt

оторопéть, -éю, -éешь *v umg* verwirrt, fassungslos werden, außer sich geraten

орочи́ть, -чу́, -чи́шь; отoрóченный, -ен, -а *v* besetzen, einfassen, mit Besatz versehen; ~ рукавá мéхом Ärmel mit Pelz besetzen || *uv* оторáчивать, -аю, -аешь

оторóчка, -и, *Pl G* -чек, *D* -чкам *f* Besatz, Einfassung; меховáя ~ Pelzbesatz

ото|слáть*; отóсланный, -ан, -а *v* 1. (ab)schicken, (ab)senden 2. wegschicken, fortgehen heißen 3. verweisen; ~ читáтеля к примечáниям den Leser auf die Anmerkungen verweisen || *uv* отсылáть, -áю, -áешь

ото|спáться* *v umg* sich ausschlafen || *uv* отсыпáться, -áюсь, -áешься

отощáлый, -ая, -ое abgemagert

отощáть, -áю, -áешь *v umg* abmagern

отпадáть *uv zu* отпáсть

[1]**отпáивать** *uv zu* отпая́ть

[2]**отпáивать** *uv zu* отпои́ть

отпáривать *uv zu* отпáрить

отпари́ровать, -рую, -руешь; -рованный, -рован, -а *v* parieren, abwehren

отпáрить, -рю, -ришь *v umg* 1. bügeln *durch ein feuchtes Tuch* 2. ablösen, abweichen *durch Dampf* || *uv* отпáривать, -аю, -аешь

отпáрывать(ся) *uv zu* отпорóть(ся)

от|пáсть*; отпáвший *u. alt* отпáдший *v* 1. sich (ab)lösen, abfallen; обóи отпáли die Tapeten haben sich gelöst 2. entfallen, hinfällig werden; вопрóс отпáл die Frage entfiel 3. schwinden, vergehen; у меня́ вся́кая охóта отпáла mir ist jede Lust vergangen || *uv* отпадáть, -áю, -áешь

от|пахáть* *v umg* 1. eine Zeitlang pflügen 2. das Pflügen beenden

отпая́ть, -я́ю, -я́ешь; отпáянный, -ян, -а *v* ablöten, abtrennen *Gelötetes* || *uv* отпáивать, -аю, -аешь

отперéть* *v* 1. aufschließen, aufriegeln, öffnen 2. *umg* aufsperren *um herauszulassen*, freilassen *aus verschlossenem Raum* || *uv* отпирáть, -áю, -áешь

отперéться*; отпёрся, -перлáсь *v* 1. sich öffnen, aufgehen 2. *umg* aufsperren *um hereinzulassen* 3. *umg* ableugnen, abstreiten || *uv* отпирáться, -áюсь, -áешься

отпéтый, -ая, -ое *umg* 1. verloren, nicht mehr zu retten 2. unverbesserlich, hoffnungslos; ~ лентя́й hoffnungsloser Faulpelz 3. durchtrieben

отпечáтать, -аю, -аешь; -анный, -ан,

-а *v* **1.** drucken **2.** abtippen, abschreiben *mit Schreibmaschine* **3.** *phot* einen Abzug machen **4.** *typ* ausdrucken **5.** entsiegeln **6.** eine Spur hinterlassen **7.** *übtr, volksspr* Wort für Wort betonend sagen || *uv* отпеча́тывать, -аю, -аешь *zu* 1–3, 5–7

отпеча́таться, *1. u. 2. Pers ungebr,* -ается *v* **1.** Spur hinterlassen **2.** *übtr* sich einprägen || *uv* отпеча́тываться, -ается

отпеча́ток, -тка *m* **1.** Abdruck, Spur; -тки ног за́йцев Hasenspuren **2.** *übtr* Stempel; наложи́ть свой ~ seinen Stempel aufdrücken

отпеча́тывать(ся) *uv zu* отпеча́тать(ся)

отпива́ть *uv zu* отпи́ть

отпи́ливать *uv zu* отпили́ть

отпили́ть, -илю́, -и́лишь; -и́ленный, -и́лен, -а *v* absägen || *uv* отпи́ливать, -аю, -аешь

отпира́тельство, -а *n* Leugnen, Ableugnen

отпира́ть(ся) *uv zu* отпере́ть(ся)

от|писа́ть* *v* **1.** *alt* konfiszieren **2.** *alt u. volksspr* vermachen, vererben **3.** *alt u. volksspr* beschreiben, schreiben (über) **4.** *umg* mit Schreiben aufhören **5.** *alt* aus der Liste streichen || *uv* отпи́сывать *zu* 1–3, 5

от|писа́ться* *v umg* einen nichtssagenden, formalen Antwortbrief schreiben [schicken] || *uv* отпи́сываться, -аюсь, -аешься

отпи́ска, -и, *Pl G* -сок, *D* -скам *f* **1.** *alt* schriftlicher Bescheid **2.** nichtssagendes, formales Antwortschreiben

отпи́сывать(ся) *uv zu* отписа́ть(ся)

от|пи́ть*; отопью́ *v* **1.** abtrinken, ein wenig trinken; ~ глото́к einen Schluck (ab)trinken **2.** *umg* zu trinken aufhören || *uv* отпива́ть, -а́ю, -а́ешь *zu* 1

отпи́хивать(ся) *uv zu* отпихну́ть(ся)

отпихну́ть, -ну́, -нёшь; отпи́хнутый, -ут, -а *v umg* wegschicken, wegstoßen; abstoßen; ~ ло́дку от бе́рега das Boot vom Ufer abstoßen || *uv* отпи́хивать, -аю, -аешь

отпихну́ться, -ну́сь, -нёшься *v umg* sich abstoßen; ~ от бе́рега sich vom Ufer abstoßen || *uv* отпи́хиваться, -аюсь, -аешься

отпла́та, -ы *f* **1.** Vergeltung, Rache **2.** Vergeltung, Dank

отплати́ть, -ачу́, -а́тишь; -а́ченный, -а́чен, -а *v* **1.** vergelten, erwidern, danken (за *A* für) **2.** vergelten, Rache nehmen (за *A* für) ◇ ~ той же моне́той mit gleicher Münze heimzahlen || *uv* **отпла́чивать,** -аю, -аешь

отплёвываться, -аюсь, -аешься *uv umg* **1.** *uv zu* отплю́нуться **2.** ausspeien *zum Zeichen des Abscheus*

отплыва́ть *uv zu* отплы́ть

отплы́тие, -я *n* Ausfahrt, Abfahrt *von Wasserfahrzeugen*

от|плы́ть* *v* **1.** *ein Stück* wegschwimmen **2.** in See stechen || *uv* отплыва́ть, -а́ю, -а́ешь

отплю́нуться, -нусь, -нешься *v umg* ausspeien || *uv* отплёвываться, -аюсь, -аешься

от|плясА́ть* *v umg* **1.** einen Tanz ausführen, tanzen; ~ ру́сскую einen russischen Tanz tanzen **2.** zu tanzen aufhören **3.** müde tanzen; ~ себе́ но́ги sich die Beine müde tanzen || *uv* отпля́сывать, -аю, -аешь *zu* 1, 3

отпля́сывать, -аю, -аешь *uv* **1.** *uv zu* отпляса́ть **2.** *umg* (mit Begeisterung) tanzen, tanzen was das Zeug hält

о́тповедь, -и *f* Abfuhr, strikte Absage, strenger Tadel

отпои́ть, отпою́, отпои́шь *u. umg* отпо́ишь; отпо́енный, -ен, -а *v* **1.** mit flüssiger Nahrung aufziehen *von Tieren* **2.** *umg durch Getränke, flüssige Arznei* wieder aufpäppeln, wieder auf die Beine bringen || *uv* отпа́ивать, -аю, -аешь

отполза́ть *uv zu* отползти́

от|ползти́* *v* beiseite kriechen, wegkriechen || *uv* отполза́ть, -а́ю, -а́ешь

отполирова́ть, -ру́ю, -ру́ешь; -ро́ванный, -ро́ван, -а *v* polieren, blank polieren || *uv* **отполиро́вывать,** -аю, -аешь

отпо́р, -а *m* Widerstand, Abwehr; Abfuhr; дать ~ eine Abfuhr erteilen

от|поро́ть* *v* ab-, heraustrennen; ~ воротни́к den Kragen abtrennen || *uv* отпа́рывать, -аю, -аешь

от|поро́ться*, *1. u. 2. Pers ungebr v* sich lostrennen, abgehen; карма́н отпоро́лся die Tasche hat sich losgetrennt || *uv* отпа́рываться, -ается

отпотева́ть *uv zu* отпоте́ть

отпоте́ть, *1. u. 2. Pers ungebr,* -е́ет *v umg* anlaufen, feucht werden; стёкла отпоте́ли die Fenster sind angelaufen || *uv* отпотева́ть, -а́ет

отправи́тель, -я *m* Absender

[1]**отпра́вить,** -а́влю, -а́вишь; -а́влен-

ный, -áвлен, -а *v* 1. abschicken, absenden; ~ письмó einen Brief abschicken 2. das Abfahrtssignal geben, abfertigen; ~ пóезд den Zug abfertigen ◇ ~ на тот свет ins Jenseits befördern ‖ *uv* отправлять, -яю, -яешь

²**отпрáвить,** -áвлю, -áвишь; -áвленный, -áвлен, -а *v buchspr, alt* vollziehen; ~ панихúду eine Seelenmesse abhalten ‖ *uv* отправлять, -яю, -яешь

отпрáвиться, -áвлюсь, -áвишься *v* 1. sich begeben, aufbrechen; ~ в путь sich auf den Weg machen 2. abgehen, abfahren; пóезд ужé отпрáвился der Zug war schon abgefahren ‖ *uv* отправляться, -яюсь, -яешься

отпрáвка, -и *f umg* 1. Absenden, Absendung, Abfertigung 2. Abfahrt

¹**отправлéние,** -я *n* 1. Absendung, Abfertigung; ~ грýзов Absendung von Frachtgut 2. Sendung, Postsendung; заказны́е -я Einschreibsendungen ◇ тóчка -я *buchspr* Ausgangspunkt

²**отправлéние,** -я *n* 1. *buchspr, alt* Vollzug, Vollziehung 2. *Pl biol* Funktionen, Tätigkeit

¹,²**отправля́ть** *uv zu* ¹,²отпрáвить

отправля́ться, -яюсь, -яешься *uv* 1. *uv zu* отпрáвиться 2. от *G* ausgehen (von), zum Ausgangspunkt nehmen; ~ от тóчки зрéния, что von dem Standpunkt ausgehen, daß

отправнóй, -áя, -óе 1. Absende-, Abfertigungs-; ~ пункт Absendeort, -bahnhof 2. Ausgangs-; -áя мысль Ausgangsgedanke

отпрáвочный, -ая, -ое Versand-, Expeditions-

отпрáздновать [зн], -ную, -нуешь; -нованный, -нован, -а *v* 1. feiern, festlich begehen 2. *umg* mit Feiern aufhören

отпрáшиваться *uv zu* отпроси́ться

отпрессовáть, -сýю, -сýешь; -сóванный, -сóван, -а *v tech* pressen

отпроси́ться, -ошýсь, -óсишься *v* um Urlaub bitten, um Erlaubnis bitten, sich zu entfernen ‖ *uv* отпрáшиваться, -аюсь, -аешься

отпры́гивать *uv zu* отпры́гнуть

отпры́гнуть, -ну, -нешь *v* 1. zurückspringen, beiseite springen 2. *umg* abprallen, abspringen; мяч отпры́гнул от стены́ der Ball sprang von der Wand ab ‖ *uv* отпры́гивать, -аю, -аешь

óтпрыск, -а *m* 1. *bot* junger Trieb 2. *übtr, alt, jetzt iron* Nachfahre, Sproß, Sprößling

отпрягáть *uv zu* отпря́чь

отпря́нуть, -ну, -нешь *v* zurückspringen, zurückfahren, zurückprallen

от|пря́чь* [pé] *v* ausspannen *Pferde* ‖ *uv* отпрягáть, -áю, -áешь

отпýгивать *uv zu* отпугнýть

отпугнýть, -нý, -нёшь; отпýгнутый, -ут, -а *v* 1. verscheuchen 2. abschrecken; ~ своéй стрóгостью durch seine Strenge abschrecken ‖ *uv* отпýгивать, -аю, -аешь

óтпуск, -а, *Pl* отпускá, -óв, -áм *m* 1. *umg* Beurlaubung 2. *umg* Lockern, Nachlassen 3. Verabfolgung, Auslieferung 4. Schleifen, Schärfen 5. Urlaub; в -е *u. umg* в -ý im Urlaub 6. *tech* Anlassen; ~ стáли Anlassen des Stahls

отпускáть *uv zu* отпусти́ть

отпускни́к, -á *m* Urlauber

отпускнóй, -áя, -óе 1. Urlaubs-; -óе врéмя Urlaubszeit 2. -ы́е, -ы́х *Subst Pl umg* Urlaubsgeld 3. *wirtsch* Verkaufs-, Abgabe-; -áя ценá Verkaufspreis, Abgabepreis

отпусти́ть, -ущý, -ýстишь; -ýщенный, -ýщен, -а *v* 1. gehen lassen, fortlassen, entlassen 2. loslassen, freigeben 3. lockern, nachlassen; ~ ремéнь den Riemen lockern 4. wachsen lassen, stehen lassen; ~ бóроду den Bart wachsen lassen 5. verabfolgen, ausliefern; zuteilen, zuweisen; ~ товáр Ware ausliefern; ~ срéдства Geldmittel zuteilen, bewilligen 6. *umg* aussprechen *Unpassendes, Unerwartetes,* zum besten geben; ~ острóту einen Witz zum besten geben 7. *alt* verzeihen 8. schleifen, schärfen; ~ косý die Sense schleifen 9. *tech* anlassen; ~ сталь Stahl anlassen ‖ *uv* отпускáть, -áю, -áешь

отпущéние, -я *n alt*: ~ грехóв Vergebung der Sünden ◇ козёл -я Sündenbock

отрабáтывать *uv zu* отрабóтать

отрабóтанный, -ая, -ое: ~ пар Abdampf; -ое мáсло Altöl

отрабóтать, -аю, -аешь; -анный, -ан, -а *v* 1. abarbeiten, *durch Arbeitsleistung entgelten*; ~ авáнс Vorschuß abarbeiten 2. *eine Zeitlang* arbeiten, abarbeiten, ableisten; ~ вóсемь часóв acht Stunden abarbeiten; отрабóтанные часы́ geleistete Arbeitsstunden 3. *umg* aufhören zu arbeiten 4. *umg* ausfeilen, die endgültige Fassung geben; ~ стихотворéние ein Ge-

dicht ausfeilen || *uv* отраба́тывать, -аю, -аешь *zu* 1, 4
отра́ва, -ы *f* Gift
отрави́тель, -я *m* Giftmörder
отрави́ть, -авлю́, -а́вишь; -а́вленный, -а́влен, -а *v* 1. vergiften, durch Gift töten, schädigen; ~ органи́зм алкого́лем den Organismus durch Alkohol vergiften 2. *übtr* vergiften, verderben 3. giftig machen, vergiften; ~ коло́дец den Brunnen vergiften 4. *übtr* vergällen, verderben || *uv* отравля́ть, -я́ю, -я́ешь
отрави́ться, -авлю́сь, -а́вишься *v* sich vergiften || *uv* отравля́ться, -я́юсь, -я́ешься
отравле́ние, -я *n* Vergiftung
отравля́ть(ся) *uv zu* отрави́ть(ся)
отравля́ющий, -ая, -ее giftig, Gift-; -ие вещества́ Giftstoffe
отра́да, -ы *f* Freude, Trost
отра́дный, -ая, -ое; *Kzf* -ден, -дна erfreulich, tröstlich
отража́ть(ся) *uv zu* отрази́ть(ся)
отраже́ние, -я *n* 1. Reflektierung, Widerspiegelung; Spiegelbild 2. Abwehr; ~ уда́ра Abwehr eines Schlags
отражённый, -ая, -ое indirekt; -ое освеще́ние indirekte Beleuchtung
отрази́ть, -ажу́, -ази́шь; -ажённый, -ажён, -ажена́ *v* 1. abwehren, parieren; ~ уда́р einen Schlag abwehren 2. zurückwerfen, reflektieren *Licht, Schall*; widerspiegeln, reflektieren 3. darstellen, widerspiegeln || *uv* отража́ть, -а́ю, -а́ешь
отрази́ться, -ажу́сь, -ази́шься *v* 1. sich reflektieren, sich widerspiegeln 2. sich ausprägen, sich widerspiegeln, erscheinen 3. sich auswirken (на *P* auf) || *uv* отража́ться, -а́юсь, -а́ешься
отрапортова́ть, -ту́ю, -ту́ешь; -то́ванный, -то́ван, -а *v* 1. Rapport, Meldung erstatten 2. *umg* (als Antwort) herunterschnurren || *uv* **отрапорто́вывать,** -аю, -аешь
отраслево́й, -а́я, -о́е Branchen-, Zweig-
о́трасль, -и *f* Zweig, Branche; ~ промы́шленности Industriezweig
отраста́ть *uv zu* отрасти́
от|расти́* *v* (nach)wachsen || *uv* отраста́ть, -а́ю, -а́ешь
отрасти́ть, -ащу́, -асти́шь; -ащённый, -ащён, -ащена́ *v* wachsen lassen; ~ себе́ бо́роду sich einen Bart wachsen lassen || *uv* **отра́щивать,** -аю, -аешь

отре́бье, -ья *n Koll* 1. *alt* Abfall 2. Auswurf [Abschaum] der Gesellschaft
отрегули́ровать, -рую, -руешь; -рованный, -рован, -а *v* regulieren, einstellen
отре́в, -а *m* 1. Abschneiden, Abtrennen; ли́ния -а „hier abtrennen" 2. Stück Stoff *für Kleid, Anzug bemessen*
от|ре́зать* *v* 1. abschneiden, abtrennen 2. abtrennen, wegnehmen *beim Vermessen* 3. *übtr* abschneiden, abtrennen 4. *umg* kurz (und unwillig) antworten || *uv* **отреза́ть,** а́ю, -а́ешь *u.* отре́зывать, -аю, -аешь
отрезве́ть, -е́ю, -е́ешь *v* nüchtern werden
отрезви́ть, -влю́, -ви́шь; -влённый, -влён, -влена́ *v* 1. nüchtern machen *Betrunkenen* 2. *übtr* ernüchtern, in die Wirklichkeit zurückversetzen, von Illusionen befreien || *uv* отрезвля́ть, -я́ю, -я́ешь
отрезви́ться, -звлю́сь, -зви́шься *v* nüchtern werden || *uv* отрезвля́ться, -я́юсь, -я́ешься
отрезвле́ние, -я *n* Ernüchterung
отрезвля́ть(ся) *uv zu* отрезви́ть(ся)
отре́зок, -зка *m* 1. abgeschnittenes Stück, Stückchen; -зки тка́ни Stoffreste 2. Abschnitt, Teil; ~ пути́ Wegabschnitt; ~ вре́мени Zeitspanne
отре́зывать *uv zu* отре́зать
отрека́ться *uv zu* отре́чься
отрекомендова́ть, -ду́ю, -ду́ешь; -до́ванный, -до́ван, -а *v* 1. *alt* vorstellen; ~ но́вого сотру́дника einen neuen Mitarbeiter vorstellen 2. empfehlen, Empfehlung [Beurteilung] abgeben 3. empfehlen, raten, einen Rat erteilen || *uv* **отрекомендо́вывать,** -аю, -аешь
отрекомендова́ться, -ду́юсь, -ду́ешься *v* sich vorstellen, seinen Namen nennen || *uv* **отрекомендо́вываться,** -аюсь, -аешься
отре́пье, -ья *n Koll u.* **отре́пья,** -ьев, -ьям *Pl umg* Lumpen
отрече́ние, -я *n* 1. Verleugnung, Lossagung 2. Verzicht 3. Abdankung, Abdankungsurkunde
от|ре́чься* *v* от *G* 1. verleugnen; sich lossagen 2. verzichten; ~ от ра́достей жи́зни auf die Freuden des Lebens verzichten; ~ от престо́ла auf den Thron verzichten || *uv* отрека́ться, -а́юсь, -а́ешься
отреша́ться *uv zu* отреши́ться

отрешение, -я *n alt* Enthebung, Suspension

отрешённость, -и *f buchspr* Abgeschiedenheit, Losgelöstheit *von der Umwelt*

отрешиться, -шусь, -шишься *v buchspr* sich lossagen, sich befreien, verzichten || *uv* отрешаться, -аюсь, -аешься

отрицание, -я *n* **1.** Leugnung, Abstreitung **2.** Ablehnung, Negierung **3.** *phil* Negation **4.** *gram* Negation, Verneinung, Verneinungswort

отрицательный, -ая, -ое; *Kzf* -лен, -льна **1.** verneinend, ablehnend, negativ **2.** abzulehnend, schlecht, negativ; -ое влияние negativer Einfluß **3.** *math, phys* negativ; -ые числа negative Zahlen; ~ заряд negative Ladung

отрицать, -аю, -аешь *uv* **1.** verneinen, (ab)leugnen; ~ свою вину seine Schuld leugnen **2.** ablehnen, negieren

отрог, -а *m* Ausläufer *eines Gebirgszuges*

отроду *Adv*: ~ не *umg* noch nie (im Leben); он ~ не обманывал er hat in seinem ganzen Leben noch nie j-n betrogen

отродье, -ья *n verächtl* **1.** Sprößling, Balg **2.** Brut, Gesindel

отродясь *Adv*: ~ не *gbt u. volksspr* nie im Leben

отрок, -а *m alt* Junge *im schulpflichtigen Alter*

отросток, -стка *m* **1.** *bot* Schößling, Sproß **2.** Ausläufer, Fortsatz, Auswuchs; червеобразный ~ Wurmfortsatz, Appendix

отроческий, -ая, -ое Knaben-, Jungen-; ~ голос Knabenstimme; -ие годы Knabenjahre, Jungenjahre; Backfischjahre *beim Mädchen*

отрочество, -а *n* Jungenalter, Mädchenalter; Backfischalter *beim Mädchen*

отрубать *uv zu* отрубить

отруби, отрубей, отрубям *Pl* Kleie

отрубить, -ублю, -убишь; -убленный, -ублен, -а *v* **1.** abhauen, abhacken, abschlagen; ~ кусок мяса ein Stück Fleisch abhacken **2.** *umg* kurz (und grob) antworten || *uv* отрубать, -аю, -аешь *zu* 1

отрыв, -а *m* **1.** Abreißen, Losreißen **2.** Trennung; Entfremdung ◇ учиться без -а от производства ohne Befreiung von der Arbeit studieren *im Fern- oder Abendstudium*; в -е от масс ohne Fühlung mit den Massen

[1]**отрывать** *uv zu* оторвать

[2]**отрывать** *uv zu* отрыть

отрываться *uv zu* оторваться

отрывистый, -ая, -ое; *Kzf* **-ист, -а** abgehackt, abgerissen

отрывной, -ая, -ое Abreiß-; ~ календарь Abreißkalender

отрывок, -вка *m* **1.** Bruchstück, Fragment **2.** Ausschnitt, Auszug *aus literarischem oder musikalischem Werk*

отрывочный, -ая, -ое; *Kzf* -чен, -чна **1.** bruchstückartig, lückenhaft, unzusammenhängend; -ые сведения lückenhafte Nachrichten **2.** abgerissen, abgehackt; -ые слова abgerissene Worte

отрыгивать *uv zu* отрыгнуть

отрыгнуть, -ну, -нёшь; отрыгнутый, -ут, -а *v* beim Aufstoßen ausspucken || *uv* отрыгивать, -аю, -аешь

отрыжка, -и, *Pl G* -жек, *D* -жкам *f* **1.** Aufstoßen *aus dem Magen* **2.** *verächtl* Überrest, Überbleibsel

от|рыть* *v* **1.** ausgraben, herausgraben **2.** *übtr, umg* ausgraben, aufstöbern, aufspüren || *uv* отрывать, -аю, -аешь

отряд, -а *m* **1.** *mil* Einheit, Truppe, Abteilung; десантный ~ Landungstruppe **2.** Gruppe, Abteilung; пионерский ~ Pioniergruppe **3.** *zool* Ordnung

отрядить, -яжу, -ядишь; -яжённый, -яжён, -яжена *v* abkommandieren, einsetzen, entsenden || *uv* **отряжать,** -аю, -аешь

отряхивать(ся) *uv zu* отряхнуть(ся)

отряхнуть, -ну, -нёшь; отряхнутый, -ут, -а *v* **1.** abschütteln, abstreifen; ~ пыль Staub abschütteln **2.** ausschütteln, ausklopfen; ~ шляпу den Hut ausklopfen || *uv* отряхивать, -аю, -аешь

отряхнуться, -нусь, -нёшься *v* sich schütteln; sein Fell in Ordnung bringen || *uv* отряхиваться, -аюсь, -аешься

отсадить, -ажу, -адишь; -аженный, -ажен, -а *v* **1.** wegsetzen, an anderen Platz setzen **2.** versetzen, umsetzen *Pflanzen* || *uv* **отсаживать,** -аю, -аешь

отсаживаться *uv zu* отсесть

отсасывать *uv zu* отсосать

отсвет *u.* **отсвет,** -а *m* Schimmer, Widerschein

отсвечивать, -аю, -аешь *uv* **1.** zurückstrahlen, zurückwerfen, reflektieren, schimmern; вода отсвечивала розова́тым бле́ском das Wasser schimmerte rosafarben **2.** sich widerspiegeln **3.** *volksspr* im Licht stehen *verdeckend*, das Licht nehmen

отсебя́тина, -ы *f umg* **1.** eigene Zutat *in fremdem Text* **2.** Eigenmächtigkeit, Eigenwilligkeit

отсе́в, -а *m* **1.** Aussieben; ~ зерна́ Aussieben des Korns **2.** *übtr* Aussieben, Ausscheiden

отсе́ивать(ся) *uv zu* отсе́ять(ся)

отсека́ть *uv zu* отсе́чь

от|се́сть* *v* sich wegsetzen; ~ от окна́ sich vom Fenster wegsetzen ‖ *uv* отса́живаться, -аюсь, -аешься

от|се́чь*; -секла́ *v* **1.** abhauen, abhacken, abschlagen; ~ топоро́м сук einen Ast mit dem Beil abschlagen **2.** *übtr* abschneiden, abriegeln, trennen ‖ *uv* отсека́ть, -а́ю, -а́ешь

от|се́ять* *v* **1.** aussieben, auslesen; ~ шелуху́ из муки́ Spelzen aus dem Mehl herauslesen **2.** *übtr* ausscheiden, aussieben ‖ *uv* отсе́ивать, -аю, -аешь

от|се́яться* *v übtr* sich absondern, ausscheiden ‖ *uv* отсе́иваться, -аюсь, -аешься

отсиде́ть, -ижу́, -иди́шь; отси́женный, -ен, -а *v* **1.**: ~ (себе́) но́гу sich das Bein steifsitzen **2.** *umg eine best. Zeit* sitzen, sitzen bleiben **3.** absitzen *im Gefängnis* ‖ *uv* **отси́живать,** -аю, -аешь

отсиде́ться, -ижу́сь, -иди́шься *v* **1.** *umg* in Sicherheit abwarten **2.** *volksspr* steif werden *vom langen Sitzen*; нога́ отсиде́лась das Bein ist (ganz) steif geworden ‖ *uv* **отси́живаться,** -аюсь, -аешься

отска́кивать *uv zu* отскочи́ть

отскочи́ть, -очу́, -о́чишь *v* **1.** zurückspringen, -fahren, -prallen; я отскочи́л в испу́ге ich fuhr vor Schreck zurück **2.** ab-, zurückprallen; мяч отскочи́л от стены́ der Ball prallte von der Wand ab **3.** abspringen, abgehen; пу́говица отскочи́ла der Knopf sprang ab ‖ *uv* отска́кивать, -аю, -аешь

отскреба́ть *uv zu* отскрести́

от|скрести́* *v umg* abkratzen, abschaben ‖ *uv* отскреба́ть, -а́ю, -а́ешь

отсла́иваться *uv zu* отслои́ться

отслои́ться, *1. u. 2. Pers ungebr*, -ои́тся *v* **1.** sich schichtweise ablagern **2.** sich (schichtweise) ablösen **3.** *übtr* sich formen, sich herauskristallisieren ‖ *uv* отсла́иваться, -ается

отслони́ть, -оню́, -о́нишь; -онённый, -онён, -онена́ *v umg alt* beiseite schieben ‖ *uv* **отслоня́ть,** -я́ю, -я́ешь

отслу́живать *uv zu* отслужи́ть

отслужи́ть, -ужу́, -у́жишь; -у́женный, -у́жен, -а *v* **1.** *eine Zeit im Dienst* hinter sich bringen, abdienen; ~ свой срок в пехо́те seine Zeit bei der Infanterie abdienen **2.** ausdienen, unbrauchbar werden **3.** *umg* abdienen, *durch Dienstleistung* entgelten **4.** Gottesdienst halten; ~ благода́рственный моле́бен Dankgottesdienst halten ‖ *uv* отслу́живать, -аю, -аешь *zu* 3, 4

отсове́товать, -тую, -туешь *v mit Inf* abraten

от|соса́ть* *v A oder G* (ab)saugen ‖ *uv* отса́сывать, -аю, -аешь

отсо́хнуть, *1. u. 2. Pers ungebr*, -нет; отсо́х, -ла *v* **1.** verdorren, vertrocknen *von Pflanzenteilen*; ве́тка отсо́хла der Zweig verdorrte **2.** *übtr, umg* absterben, verdorren *von Körperteilen* ‖ *uv* отсыха́ть, -а́ет

отсро́чивать *uv zu* отсро́чить

отсро́чить, -чу, -чишь; -ченный, -чен, -а *v* **1.** aufschieben, verschieben, stunden; ~ экза́мен die Prüfung verschieben; ~ платёж die Zahlung stunden **2.** *umg Gültigkeit* verlängern; ~ па́спорт den Paß verlängern ‖ *uv* отсро́чивать, -аю, -аешь

отсро́чка, -и, *Pl G* -чек, *D* -чкам *f* **1.** Aufschub, Verschiebung, Stundung **2.** *umg* Verlängerung

отстава́ние, -я *n* **1.** Zurückbleiben; ~ в рабо́те Zurückbleiben in der Arbeit **2.** Nachgehen **3.** Abgehen, Abfallen

отстава́ть *uv zu* отста́ть

отста́вить, -а́влю, -а́вишь; -а́вленный, -а́влен, -а *v* **1.** beiseite stellen, wegstellen ; ~ стул den Stuhl wegstellen; ~ но́гу в сто́рону den Fuß seitwärts stellen **2.** *alt* entlassen, den Abschied geben, absetzen **3.**: отста́вить! Kommando zurück! ‖ *uv* отставля́ть, -я́ю, -я́ешь *zu* 1, 2

отста́вка, -и *f* Ausscheiden, Abschied *aus dem Militärdienst oder — vor der Oktoberrevolution — Staatsdienst*; вы́йти в -у in den Ruhestand treten ◇ ~ прави́тельства Rücktritt der Regierung

отставля́ть *uv zu* отста́вить

отставно́й, -а́я, -о́е **1.** verabschiedet,

im Ruhestand, außer Dienst, a. D. 2.: -а́я ле́стница tragbare Leiter

[1]**отста́ивание,** -я *n* Abstehen, Setzen *von Flüssigkeiten*

[2]**отста́ивание,** -я *n* Verteidigung, Verfechtung; ~ прав Verteidigung der Rechte

[1,2]**отста́ивать** *uv zu* [1,2]отстоя́ть

отста́иваться *uv zu* отстоя́ться

отста́лость, -и *f* Rückständigkeit, Zurückgebliebenheit

отста́лый, -ая, -ое 1. *alt* zurückgeblieben 2. *übtr* zurückgeblieben, rückständig; -ая те́хника rückständige Technik

от|ста́ть* *v* 1. zurückbleiben, nicht nachkommen; ~ от бы́стро шага́ющих това́рищей hinter den schnell schreitenden Kameraden zurückbleiben 2. *übtr* zurückbleiben, Rückstand aufweisen; ~ в выполне́нии пла́на bei der Planerfüllung zurückbleiben; ~ в разви́тии in der Entwicklung zurückbleiben 3. nachgehen *Uhr* 4. sich ablösen, abgehen; штукату́рка отста́ла der Putz war abgegangen 5. от *G umg* sich trennen, untreu werden, die Verbindung abbrechen 6. ablassen, in Ruhe lassen; она́ не отста́нет, пока́ не испо́лнят её жела́ний sie wird keine Ruhe geben, bis ihre Wünsche erfüllt sind || *uv* от|с т а в а́ т ь*

отстега́ть, -а́ю, -а́ешь; отсте́ганный, -ан, -а *v* auspeitschen, prügeln

отстёгивать(ся) *uv zu* отстегну́ть(ся)

отстегну́ть, -ну́, -нёшь; отстёгнутый, -ут, -а *v* aufknöpfen, aufhaken; ~ воротни́к den Kragen aufknöpfen || *uv* о т с т ё г и в а т ь, -аю, -аешь

отстегну́ться, *1. u. 2. Pers ungebr*, -нётся *v* sich aufknöpfen, sich aufhaken, sich öffnen, aufgehen; воротни́к отстегну́лся der Kragen ist aufgegangen || *uv* о т с т ё г и в а т ь с я, -ается

отстира́ть, -а́ю, -а́ешь; отсти́ранный, -ан, -а *v* 1. ab-, herauswaschen; ~ пятно́ einen Fleck herauswaschen 2. (aus)waschen; ~ бельё Wäsche waschen 3. *umg* aufhören zu waschen || *uv* **отсти́рывать,** -аю, -аешь *zu* 1, 2

отстира́ться, *1. u. 2. Pers ungebr*, -а́ется *v* 1. sich herauswaschen lassen, herausgehen; пятно́ отстира́лось der Fleck ist herausgegangen 2. sauber werden *durch Waschen* 3. *volksspr* aufhören zu waschen || *uv* **отсти́рываться,** -ается *zu* 1, 2

отсто́й, -я *m* Bodensatz

отсто́йник, -а *m* Klärbecken, Kläranlage

[1]**отстоя́ть,** -ою́, -ои́шь *v* 1. verteidigen, behaupten; ~ го́род в боя́х die Stadt in Kämpfen behaupten; ~ свою́ то́чку зре́ния seinen Standpunkt behaupten 2. verteidigen, schützen || *uv* о т с т а́ и в а т ь, -аю, -аешь

[2]**отстоя́ть,** -ою́, -ои́шь *v* 1. *die ganze Zeit hindurch* stehen; ~ на нога́х весь конце́рт das ganze Konzert hindurch stehen 2. *umg* müde stehen; ~ но́ги sich die Beine müde stehen || *uv* о т с т а́ и в а т ь, -аю, -аешь

[3]**отстоя́ть,** -ою́, -ои́шь *uv* entfernt sein, abliegen; дере́вня отстои́т от ста́нции на киломе́тр das Dorf ist einen Kilometer vom Bahnhof entfernt

отстоя́ться, *1. u. 2. Pers ungebr*, -ои́тся *v* 1. sich setzen, Bodensatz bilden; ко́фе отстоя́лся der Kaffee hat sich gesetzt 2. *übtr* sich setzen, sich klären, sich läutern || *uv* о т с т а́ и в а т ь с я, -ается

отстра́ивать(ся) *uv zu* отстро́ить(ся)

отстране́ние, -я *n* 1. Entfernung, Beseitigung 2. Enthebung, Entlassung

отстрани́ть, -ню́, -ни́шь; -нённый, -нён, -нена́ *v* 1. entfernen, beiseite schieben, zurückschieben 2. entheben, absetzen; ~ от до́лжности eines Amtes [einer Funktion] entheben || *uv* **отстраня́ть,** -я́ю, -я́ешь

отстрани́ться, -ню́сь, -ни́шься *v* 1. sich entfernen, zurücktreten, beiseite treten 2. sich zurückziehen, sich fernhalten, nicht mehr teilnehmen; ~ от дел sich von den Geschäften zurückziehen || *uv* **отстраня́ться,** -я́юсь, -я́ешься

отстре́ливаться *uv zu* отстреля́ться

отстреля́ться, -я́юсь, -я́ешься *v* 1. durch Schüsse abwehren; ~ от волко́в Wölfe durch Schüsse abwehren 2. *umg* zu schießen aufhören || *uv* о т с т р е́ л и в а т ь с я, -аюсь, -аешься *zu* 1

отстрига́ть *uv zu* отстри́чь

от|стри́чь* *v* abschneiden *mit Schere*, abscheren, beschneiden, stutzen || *uv* о т с т р и г а́ т ь, -а́ю, -а́ешь

отстро́ить, -о́ю, -о́ишь; -о́енный, -о́ен, -а *v* 1. fertigbauen, vollenden, fertigstellen *Bau* 2. wiederaufbauen || *uv* о т с т р а́ и в а т ь, -аю, -аешь *zu* 1

отстро́иться, -о́юсь, -о́ишься *v* den Bau eines eigenen Hauses vollenden

|| *uv* отстра́иваться, -аюсь, -аешься

отступа́тельный, -ая, -ое Rückzugs-; ~ бой Rückzugsgefecht

отступа́ть(ся) *uv zu* отступи́ть(ся)

отступи́ть, -уплю́, -у́пишь; отступи́в *u.* отступя́ *v* 1. zurücktreten, nach hinten treten, zur Seite treten; ~ на два шага́ zwei Schritte zurücktreten 2. *übtr* zurücktreten, zurückgehen; мо́ре отступи́ло das Meer ist zurückgegangen 3. sich zurückziehen, zurückweichen, sich absetzen 4. от *G* aufgeben, untreu werden; ~ от свои́х взгля́дов seine Ansichten aufgeben || *uv* отступа́ть, -а́ю, -а́ешь

отступи́ться, -уплю́сь, -у́пишься *v* 1. abstehen, aufgeben, verzichten; ~ от тре́бований von den Forderungen Abstand nehmen 2. *sein Wort* brechen, nicht halten, zurücknehmen; ~ от обеща́ния Versprechen nicht einhalten 3. sich lossagen (von); роди́тели отступи́лись от сы́на die Eltern haben sich von ihrem Sohn losgesagt || *uv* отступа́ться, -а́юсь, -а́ешься

отступле́ние, -я *n* 1. *mil* Rückzug 2. Abweichen; Aufgabe, Verzicht; ~ от пра́вила Ausnahme von der Regel 3. Abweichung, Abschweifung; ~ от те́мы Abweichen vom Thema

отсту́пник, -а *m* Abtrünniger

отсту́пничество, -а *n* Abtrünnigkeit, Abfall

отступно́й, -а́я, -о́е 1. *alt* Abstands-, Abfindungs-; -ые де́ньги Abstandsgeld, Abfindung 2. -о́е, -о́го *Subst n* Abstandssumme, Abfindung

отступя́ *Adv* weiter, weiter unten; seitwärts, zurück; ~ три шага́ drei Schritt seitwärts [weiter hinten]

отсу́тствие, -я *n* 1. Abwesenheit 2. Fehlen, Mangel; ~ вку́са Mangel an Geschmack ◇ у него́ ~ вся́кого прису́тствия *scherz* er ist ganz und gar begriffsstutzig, er ist ja nicht bei Troste

отсу́тствовать, -твую, -твуешь *uv* 1. abwesend sein, fehlen 2. nicht vorhanden sein, mangeln, fehlen

отсу́тствующий, -ая, -ее 1. *Subst Pl* die Fehlenden, Abwesenden; спи́сок -их Liste der Fehlenden 2. (geistig) abwesend; ~ взгляд abwesender Blick

отсчита́ть [щи], -а́ю, -а́ешь; отсчи́танный, -ан, -а *v* abzählen, abmessen; ~ де́сять шаго́в zehn Schritte abmessen || *uv.* **отсчи́тывать** [щи́], -аю, -аешь

отсыла́ть *uv zu* отосла́ть

отсы́лка, -и, *Pl G* -лок, *D* -лкам *f* 1. Absendung, Versendung 2. Verweis *im Text*

от|сы́пать* *v* 1. abschütten; ~ муки́ Mehl abschütten 2. *volksspr* spendieren, reichlich zumessen || *uv* **отсыпа́ть,** -а́ю, -а́ешь

отсыпа́ться *uv zu* отоспа́ться

отсырева́ть *uv zu* отсыре́ть

отсыре́лый, -ая, -ое feucht geworden; ~ таба́к feucht gewordener Tabak

отсыре́ть, *1. u. 2. Pers ungebr*, -е́ет *v* feucht werden; таба́к отсыре́л der Tabak ist feucht geworden || *uv* отсырева́ть, -а́ет

отсыха́ть *uv zu* отсо́хнуть

отсю́да *Adv* 1. von hier (aus); ~ до го́рода von hier bis zur Stadt 2. infolgedessen, daher; hieraus (erklärt sich)

Отта́ва, -ы *f* Ottawa

отта́ивать *uv zu* оттая́ть

отта́лкивать(ся) *uv zu* оттолкну́ть(ся)

отта́лкивающий, -ая, -ее abstoßend, abscheulich, widerwärtig

отта́птывать *uv zu* оттопта́ть

оттаска́ть, -а́ю, -а́ешь; отта́сканный, -ан, -а *v* 1. *volksspr* wegschleppen, fortschleppen *unter mehrmaligem Absetzen* 2. *umg* aufhören zu schleppen 3. за *A umg* zerren, ziehen *an den Haaren, Ohren* || *uv* отта́скивать, -аю, -аешь *zu* 1

отта́скивать *uv zu* оттаска́ть *u.* оттащи́ть

отта́чивать *uv zu* отточи́ть

оттащи́ть, -ащу́, -а́щишь; -а́щенный, -а́щен, -а *v* 1. wegschleppen, fortschleppen 2. *umg* (j-n) fortzerren, wegziehen || *uv* отта́скивать, -аю, -аешь

отта́ять, -а́ю, -а́ешь *v* 1. auftauen; земля́ отта́яла die Erde taute auf 2. *übtr* umgänglich werden, auftauen 3. auftauen, zum Tauen bringen; ~ заморо́женное мя́со Gefrierfleisch auftauen 4. *übtr* milder stimmen || *uv* отта́ивать, -аю, -аешь

оттени́ть, -ню́, -ни́шь; -нённый, -нён, -нена́ *v* 1. (ab)schattieren, (ab)schatten; ~ ко́нтуры durch Schattieren die Umrisse hervorheben 2. *übtr* hervorheben, betonen, unterstreichen || *uv* оттеня́ть, -я́ю, -я́ешь

отте́нок, -нка *m* 1. Färbung, Schattierung, Nuance; жёлтый ~ gelbe Färbung 2. *G* Anflug, Andeutung; с -нком превосхо́дства mit einem Anflug von Überlegenheit

оттеня́ть *uv zu* оттени́ть
о́ттепель, -и *f* Tauwetter
от|тере́ть*, ототру́ *v* 1. abreiben, abwischen 2. warm reiben 3. *volksspr* wegdrängen, verdrängen || *uv* оттира́ть, -а́ю, -а́ешь
оттесни́ть, -ню́, -ни́шь; -нённый, -нён, -нена́ *v* zurück-, weg-, verdrängen || *uv* **оттесня́ть,** -я́ю, -я́ешь
оттира́ть *uv zu* оттере́ть
о́ттиск, -а *m* 1. Abdruck, Spur 2. *typ* Abzug, Abdruck; корректу́рный ~ Korrekturabzug, Fahne 3. *typ* Sonderdruck
отти́скивать *uv zu* отти́снуть
отти́снуть, -ну, -нешь; -нутый, -нут, -а *v* 1. *umg* zurückdrängen, verdrängen 2. eindrücken 3. einklemmen 4. *typ* abdrucken, abziehen; einen Abdruck [Abzug] herstellen || *uv* отти́скивать, -аю, -аешь
оттого́ [во́] *Adv* daher, deshalb, aus diesem Grunde; ~ что weil
оттолкну́ть, -ну́, -нёшь *v* 1. wegstoßen, fortstoßen; ~ ного́й einen Tritt versetzen 2. *übtr* zurückstoßen, zurückweisen 3. abstoßen, abstoßend wirken || *uv* отта́лкивать, -аю, -аешь
оттолкну́ться, -ну́сь, -нёшься *v* 1. sich abstoßen; ~ от бе́рега sich vom Ufer abstoßen 2. от *G übtr* als Ausgangspunkt nehmen, ausgehen (von) || *uv* отта́лкиваться, -аюсь, -аешься
от|топта́ть* *v* 1. *umg* kaputt treten, abtreten, darauftreten, zertreten 2. *volksspr* sich die Füße müde [wund] laufen || *uv* отта́птывать, -аю, -аешь
оттопы́ривать(ся) *uv zu* оттопы́рить(ся)
оттопы́рить, -рю, -ришь; -ренный, -рен, -а *v umg* spreizen, abspreizen; vorstülpen, vorstrecken; ~ пе́рья die Federn abspreizen; ~ гу́бы die Lippen vorstülpen || *uv* оттопы́ривать, -аю, -аешь
оттопы́риться, *1. u. 2. Pers ungebr*, -рится *v umg* sich spreizen, sich abspreizen, abstehen, sich vorstülpen; карма́ны оттопы́рились die Taschen standen ab || *uv* оттопы́риваться, -ается
отторга́ть *uv zu* отто́ргнуть
отто́ргнуть, -ну, -нешь; отто́рг, -ла; отто́ргнутый, -ут, -а *u.* отто́рженный, -ен, -а *v buchspr* gewaltsam abtrennen, losreißen, wegnehmen || *uv* отторга́ть, -а́ю, -а́ешь
отточи́ть, -очу́, -о́чишь; -о́ченный, -о́чен, -а *v* 1. schleifen, schärfen, spitzen; ~ са́блю den Säbel schärfen; ~ каранда́ш den Bleistift spitzen 2. *übtr* feilen, geschliffen machen *Ausdrucksweise* 3. aufhören zu schleifen, schärfen, spitzen || *uv* отта́чивать, -аю, -аешь *zu* 1, 2
от|трепа́ть* *v umg* ziehen, zerren; ~ за́ уши an den Ohren ziehen; ~ за во́лосы an den Haaren ziehen
отту́да *Adv* von dort
оттузи́ть, -ужу́, -узи́шь *v volksspr* verprügeln
оттушева́ть, -шу́ю, -шу́ешь; -шёванный, -шёван, -а *v* mit Tusche schattieren || *uv* **оттушёвывать,** -аю, -аешь
оття́гивать *uv zu* оттяну́ть
оття́жка, -и, *Pl G* -жек, *D* -жкам *f umg* absichtliche Verzögerung, Verschiebung, Aufschiebung
оттяну́ть, -яну́, -я́нешь; -я́нутый, -я́нут, -а *v* 1. zurückziehen, zur Seite ziehen; ~ ве́тку einen Zweig zur Seite ziehen 2. *umg* fortzerren, wegzerren 3. auf-, hinausschieben, verzögern; ~ вре́мя отъе́зда den Zeitpunkt der Abreise hinausschieben || *uv* оття́гивать, -аю, -аешь
отума́нивать(ся) *uv zu* отума́нить(ся)
отума́нить, -ню, -нишь; -ненный, -нен, -а *v* 1. mit Nebel [Rauch] überziehen, bedecken 2. *übtr* umnebeln, umschleiern, verdunkeln, trüben || *uv* отума́нивать, -аю, -аешь
отума́ниться, -нюсь, -нишься *v* 1. sich mit Nebel [Rauch] überziehen 2. sich verschleiern *Augen* 3. *übtr* umnebelt werden, das Urteilsvermögen einbüßen 4. *übtr* sich verdüstern, traurig werden || *uv* отума́ниваться, -аюсь, -аешься
отупе́лый, -ая, -ое *umg* stumpfsinnig
отупе́ние, -я *n* Stumpfsinn, Stumpfsinnigkeit, Abgestumpftheit
отупе́ть, -е́ю, -е́ешь *v* stumpfsinnig, abgestumpft werden
отутю́живать *uv zu* отутю́жить
отутю́жить, -жу, -жишь; -женный, -жен, -а *v* (sorgfältig) bügeln, plätten || *uv* отутю́живать, -аю, -аешь
отуча́ть(ся) *uv zu* отучи́ть(ся)
оту́чивать(ся) *uv zu* отучи́ть(ся)
отучи́ть, отучу́, оту́чишь; оту́ченный, -ен, -а *v* abgewöhnen (кого́-н. от чего́-н. j-m etw.); ~ от куре́ния das Rauchen abgewöhnen || *uv* отуча́ть, -а́ю, -а́ешь *u.* оту́чивать, -аю, -аешь

отучи́ться, отучу́сь, оту́чишься *v* 1. от *G* sich abgewöhnen, verlernen; ~ от вина́ sich den Wein abgewöhnen 2. *umg* aufhören mit Lernen ‖ *uv* отуча́ться, -а́юсь, -а́ешься *zu* 1 *u.* оту́чиваться, -аюсь, -аешься *zu* 1

отфрезерова́ть, -ру́ю, -ру́ешь; -ро́ванный, -ро́ван, -а *v tech* fräsen ‖ *uv* **отфрезеро́вывать,** -аю, -аешь

отха́живать *uv zu* ²отходи́ть

отха́ркать, -аю, -аешь; -анный, -ан, -а *v* heraushusten, ausspeien ‖ *uv* отха́ркивать, -аю, -аешь

отха́ркивание, -я *n* Heraushusten, Ausspeien

¹**отха́ркивать** *uv zu* отха́ркать

²**отха́ркивать** *uv zu* отха́ркнуть

отха́ркнуть, -ну, -нешь; -нутый, -нут, -а *v* aushusten ‖ *uv* отха́ркивать, -аю, -аешь

отхвати́ть, -ачу́, -а́тишь; -а́ченный, -а́чен, -а *v* 1. *umg* abhauen, abschneiden, abtrennen, absäbeln 2. *volksspr* an sich bringen, ergattern 3. *volksspr* flink, geschickt ausführen, hinlegen; ~ трепака́ den Trepak gewandt tanzen ‖ *uv* **отхва́тывать,** -аю, -аешь

отхлебну́ть, -ну́, -нёшь *uv umg* (schlürfend) abtrinken; ~ глото́к ча́ю einen Schluck Tee abtrinken ‖ *uv* **отхлёбывать,** -аю, -аешь

от|хлеста́ть* *v umg* 1. aus-, durchpeitschen 2. *übtr* geißeln, scharf kritisieren ‖ *uv* **отхлёстывать,** -аю, -аешь

отхлы́нуть, -ну, -нешь *v* 1. zurückfluten, zurückwogen; во́лны отхлы́нули die Wogen fluteten zurück 2. *übtr* zurückfluten, zurückweichen; толпа́ отхлы́нула die Menge wogte zurück

отхо́д, -а *m* 1. Weggang 2. Abgang *laut Fahrplan* 3. Zurückweichen, Rückzug, Abzug 4. Übergang *z. B. von Besitz* 5. Verzicht, Abkehr 6. *hist*: быть в -е zur Saisonarbeit auswärts sein *von Bauern*

¹**отходи́ть** *uv zu* отойти́

²**отходи́ть,** -ожу́, -о́дишь; -о́женный, -о́жен, -а *v umg* gesundpflegen ‖ *uv* отха́живать, -аю, -аешь

отхо́дчивый, -ая, -ое; *Kzf* -ив, -а nicht nachtragend, leicht versöhnlich; sich schnell beruhigend *nach Zornausbruch*

отхо́ды, -ов *Pl noch verwendbare* Produktionsabfälle, Abfallstoffe

отхо́жий, -ая, -ее: ~ про́мысел *hist* auswärtige Saisonarbeit *von Bauern*; -ее ме́сто *volksspr* Abtritt, Latrine

от|цвести́* *v* 1. verblühen; ро́зы отцвели́ die Rosen sind verblüht 2. *umg, alt* matt werden, die Farbe verlieren; отцве́тшая фотогра́фия verblichene Photographie ‖ *uv* **отцвета́ть,** -а́ю, -а́ешь

отцеди́ть, -ежу́, -е́дишь; -е́женный, -е́жен, -а *v* abzapfen, abziehen, abseihen; ~ из бо́чки буты́лку вина́ eine Flasche Wein abzapfen ‖ *uv* **отце́живать,** -аю, -аешь

отцепи́ть, -еплю, -е́пишь; -е́пленный, -е́плен, -а *v* 1. loshaken, losketten, abhängen 2. *umg* entfernen *was sich festgehakt hat*; ~ репе́йник eine Klette entfernen ‖ *uv* **отцепля́ть,** -я́ю, -я́ешь

отцепи́ться, -еплю́сь, -е́пишься *v* 1. sich loshaken, sich lösen; ваго́н отцепи́лся от парово́за der Waggon hat sich von der Lokomotive gelöst 2. *übtr, volksspr* in Ruhe lassen; отцепи́тесь от меня́! lassen Sie mich in Ruhe! ‖ *uv* **отцепля́ться,** -я́юсь, -я́ешься

отцеуби́йство, -а *n* Vatermord

отцеуби́йца, -ы, *I* -ей *m, f* Vatermörder(in)

отцо́в, -а, -о *umg alt* dem Vater gehörend

отцо́вский, -ая, -ое väterlich, Vater-; ~ дом Vaterhaus

отцо́вство, -а *n* Vaterschaft

отча́иваться *uv zu* отча́яться

отча́ливать *uv zu* отча́лить

отча́лить, -лю, -лишь; -ленный, -лен, -а *v* 1. *naut* losmachen, losbinden 2. vom Ufer abfahren, abstoßen, ablegen; ло́дка отча́лила das Boot stieß ab ‖ *uv* отча́ливать, -аю, -аешь

отча́сти *Adv* teilweise, zum Teil

отча́яние, -я *n* Verzweiflung

отча́янный, -ая, -ое 1. *alt* verzweifelt; -ая мать verzweifelte Mutter 2. *umg* ausweglos, verzweifelt; -ое положе́ние verzweifelte Lage 3. *umg* tollkühn, von verzweifelter Verwegenheit 4. *volksspr* unverbesserlich, hoffnungslos; ~ пья́ница hoffnungsloser Trunkenbold 5. *übtr* übermäßig, sehr heftig, fürchterlich; -ая боль fürchterlicher Schmerz

отча́яться, -а́юсь, -а́ешься *v* 1. verzweifeln, jede Hoffnung fahren lassen (в *P* auf) 2. *umg* die Tollkühnheit haben (на *A* zu) ‖ *uv* отча́иваться, -аюсь, -аешься

отчего́ [во́] *Adv, Konj* weswegen, weshalb, warum

отчего́-либо [во́], **отчего́-нибудь** [во́] *Adv* aus irgendeinem Grunde

отчего́-то [во́] *Adv* aus irgendeinem *nicht genau bekannten* Grunde

отчека́нивать *uv zu* отчека́нить

отчека́нить, -ню, -нишь; -ненный, -нен, -а *v* 1. prägen *Münzen u. ä.* 2. *übtr* deutlich, Silbe für Silbe betonend, sprechen || *uv* отчека́нивать, -аю, -аешь

отчеренкова́ть, -ку́ю, -ку́ешь; -ко́ванный, -ко́ван, -а *v* aufpfropfen

отчёркивать *uv zu* отчеркну́ть

отчеркну́ть, -ну́, -нёшь; отчёркнутый, -ут, -а *v* anstreichen, *mit Strich* anmerken || *uv* отчёркивать, -аю, -аешь

отчерпну́ть, -ну, -нёшь; отче́рпнутый, -ут, -а *v umg* abschöpfen || *uv* **отче́рпывать,** -аю, -аешь

о́тчество, -а *n* Vatersname

отчёт, -а *m* 1. Bericht, Rechenschaftsbericht 2. Rechenschaft; потре́бовать ~ Rechenschaft fordern ◇ дать [отда́ть] себе́ ~ в чём-н. sich im klaren sein über etw.; получи́ть под ~ einen Betrag zur Verrechnung erhalten

отчётливый, -ая, -ое; *Kzf* -ив, -а 1. deutlich, klar wahrnehmbar 2. deutlich, klar formuliert, klar ausgeprägt; -ое представле́ние klare Vorstellung

отчётно-вы́борный, -ая, -ое: -ое со́брание Wahlversammlung mit Rechenschaftslegung

отчётность, -и *f* 1. Rechenschaftslegung 2. Rechnungslegung; Berichtswesen

отчётный, -ая, -ое Berichts-, Rechenschafts-; ~ пери́од Berichtszeitraum; ~ докла́д Rechenschaftsbericht ◇ -ая калькуля́ция Nachkalkulation

отчи́зна, -ы *f alt u. buchspr* Vaterland, Heimat

о́тчий, -ая, -ее *alt u. buchspr* väterlich, Vater-, Heimat-; ~ дом Vaterhaus

о́тчим, -а *m* Stiefvater

отчисле́ние, -я *n* 1. Abzug; нало́говое ~ Steuerabzug 2. Entlassung, Streichung, Ausschluß 3. *meist Pl* abzuführende Beträge

отчи́слить, -лю, -лишь; -ленный, -лен, -а *v* 1. abziehen, einbehalten; abführen; ~ два рубля́ из за́работной пла́ты zwei Rubel vom Arbeitslohn einbehalten 2. streichen, ausschließen, entlassen || *uv* **отчисля́ть,** -я́ю, -я́ешь

отчи́слиться, -люсь, -лишься *v* ausscheiden, sich streichen lassen, abgehen || *uv* **отчисля́ться,** -я́юсь, -я́ешься

отчи́стить, -и́щу, -и́стишь; -и́щенный, -и́щен, -а *v* 1. den Schmutz entfernen; ~ пятно́ einen Fleck entfernen 2. säubern, reinigen; ~ сапоги́ Stiefel putzen || *uv* отчища́ть, -а́ю, -а́ешь

отчи́ститься, -и́щусь, -и́стишься *v umg* 1. sich entfernen lassen, abgehen, herausgehen *Schmutz*; пятно́ отчи́стилось der Fleck ist herausgegangen 2. sauber werden; кастрю́ля тепе́рь отчи́стилась der Topf ist jetzt sauber || *uv* отчища́ться, -а́юсь, -а́ешься

отчита́ть, -а́ю, -а́ешь; отчи́танный, -ан, -а *v umg* 1. eine Strafpredigt halten, abkanzeln 2. durchlesen || *uv* **отчи́тывать,** -аю, -аешь *zu* 1

отчита́ться, -а́юсь, -а́ешься *v* Rechenschaft ablegen || *uv* **отчи́тываться,** -аюсь, -аешься

отчища́ть(ся) *uv zu* отчи́стить(ся)

отчужда́ть, -а́ю, -а́ешь *uv innerlich* entfremden, entfernen, Kontakt lockern 2. *jur* enteignen 3. *theat* verfremden

отчужде́ние, -я *n* 1. innere Entfremdung, Entfernung, Isolierung, Zurückgezogenheit 2. *jur* Enteignung 3. *theat* Verfremdung

отчуждённость, -и *f* innere Entfremdung, Fremdsein, Kälte, Zurückgezogenheit

отчуждённый, -ая, -ое 1. entfremdet, fremd 2. enteignet 3. -о *Adv*: жить -о zurückgezogen leben

отшатну́ться, -ну́сь, -нёшься *v* 1. jäh zurückweichen, zurückfahren; она́ вскри́кнула и отшатну́лась sie schrie auf und fuhr zurück 2. *übtr, umg* den Verkehr [die Beziehungen] abbrechen, sich jäh abwenden

отшвы́ривать *uv zu* отшвырну́ть

отшвырну́ть, -ну́, -нёшь; отшвы́рнутый, -ут, -а *v umg* wegschleudern, wegwerfen || *uv* отшвы́ривать, -аю, -аешь

отше́льник, -а *m* 1. *alt* Eremit, frommer Einsiedler 2. Einsiedler

отше́льнический, -ая, -ое Einsiedler-, einsiedlerisch; -ая жизнь Einsiedlerleben

отши́б, -а *m*: жить на -е abseits wohnen

отшибáть *uv zu* отшибúть
от|шибúть* *v* 1. *volksspr* herunterschlagen, abhauen 2. *umg* kaputtschlagen 3. *meist unpers*, *umg* vertreiben, verschwinden machen *Neigung, Fähigkeit*; емý отшúбло аппетúт es verschlug ihm den Appetit || *uv* отшибáть, -áю, -áешь
отшивáть *uv zu* отшúть
от|шúть*; отошью́ *v* 1. *tech* ablösen, trennen *angenagelte Bretter* 2. *derb volksspr* abwimmeln, sich vom Halse schaffen || *uv* отшивáть, -áю, -áешь
отшлифовáть, -фýю, -фýешь; -фóванный, -фóван, -а *v* abschleifen *a. übtr* || *uv* **отшлифóвывать,** -аю, -аешь
отшпúливать(ся) *uv zu* отшпúлить(ся)
отшпúлить, -лю, -лишь; -ленный, -лен, -а *v umg* abnehmen, abstecken *Angestecktes* || *uv* отшпúливать, -аю, -аешь
отшпúлиться, *1. u. 2. Pers ungebr*, -лится *v umg* abgehen, sich lösen *von Angestecktem* || *uv* отшпúливаться, -ается
отштукатýривать *uv zu* отштукатýрить
отштукатýрить, -рю, -ришь; -ренный, -рен, -а *v umg arch* verputzen, abputzen || *uv* отштукатýривать, -аю, -аешь
отшутúться, -учýсь, -ýтишься *v umg* mit einem Scherz abtun || *uv* **отшýчиваться,** -аюсь, -аешься
отщепéнец, -нца, *I* -нцем, *G Pl* -нцев *m* 1. Abtrünniger 2. Verfemter
отщепúть, -плю́, -пúшь; -плённый, -плён, -пленá *v* abspalten, abtrennen; ~ лучúну einen Span abtrennen || *uv* **отщеплять,** -я́ю, -я́ешь
отщипнýть, -нý, -нёшь; отщúпнутый, -ут, -а *v* abrupfen, abbrechen, abbröckeln; ~ кусóчек хлéба ein Stück Brot abbrechen || *uv* **отщúпывать,** -аю, -аешь
отъедáть(ся) *uv zu* отъéсть(ся)
отъéзд, -а *m* Abfahrt, Abreise ◇ быть в -е verreist sein
отъезжáть *uv zu* отъéхать
отъезжáющий, -его *Subst m* Abreisender
отъёмный, -ая, -ое abnehmbar
отъ|éсть* *v* 1. abbeißen, abknabbern, abfressen 2. *umg* aufhören zu essen || *uv* отъедáть, -áю, -áешь
отъ|éсться* *v* sich herausfuttern || *uv* отъедáться, -áюсь, -áешься
отъ|éхать* *v* 1. wegfahren, fortfahren 2. *fahrend* zurücklegen, hinter sich bringen 3. *volksspr* Ruhe geben, es gut sein lassen, es (dabei) bewenden lassen || *uv* отъезжáть, -áю,-áешь
отъя́вленный, -ая, -ое ausgesprochen, Erz-, berüchtigt; ~ мошéнник Erzgauner
отыгрáть, -áю, -áешь; отыгранный, -ан, -а *v* 1. *Verspieltes* zurückgewinnen, wiedergewinnen; ~ весь прóигрыш den ganzen Spielverlust zurückgewinnen 2. у *G Sport* (wieder) abnehmen 3. *umg* aufhören zu spielen || *uv* **отыгрывать,** -аю, -аешь *zu* 1, 2
отыгрáться, -áюсь, -áешься *v* 1. *Verspieltes* zurückgewinnen, wiedergewinnen 2. *übtr*, *umg* sich geschickt herauswinden || *uv* **отыгрываться,** -аюсь, -аешься
отымáть(ся) *uv zu* отня́ть(ся)
от|ыскáть* *v* ausfindig machen || *uv* **отыскивать,** -аю, -аешь
от|ыскáться* *v* sich (wieder)finden || *uv* **отыскиваться,** -аюсь, -аешься
отыщý ↑ отыскáть
отэкзаменовáть, -нýю, -нýешь; -нóванный, -нóван, -а *v umg* die Prüfung beenden
отяготúть, -ощý, -отúшь; -ощённый, -ощён, -ощенá *v meist Ptz Prät Pass buchspr* 1. beschweren, belasten, beladen; отягощённые снéгом вéтви mit Schnee beladene Zweige 2. *übtr* bedrücken, beschweren || *uv* **отягощáть,** -áю, -áешь
отягчáть *uv zu* отягчúть
отягчúть, -чý, -чúшь; -чённый, -чён, -ченá *v meist Ptz Prät Pass buchspr* 1. belasten, beladen 2. *übtr* bedrücken 3. *übtr* erschweren, verschlimmern; ~ винý die Schuld erschweren || *uv* отягчáть, -áю, -áешь
отяжелéть, -éю, -éешь *v* 1. schwer(er) werden 2. schwerfällig werden *in seinen Bewegungen*
офéня, -и *m alt* Hausierer
офицéр, -а *m* Offizier
офицéрский, -ая, -ое Offiziers-; -ое звáние Offiziersrang
офицéрство, -а *n* 1. *Koll* Offiziere, Offizierskorps 2. Offiziersrang
официáльный, -ая, -ое 1. offiziell, amtlich, Amts-; -ое сообщéние offizielle Mitteilung; ~ язы́к Amtssprache 2. *Kzf* -лен, -льна offiziell, förmlich; ~ тон förmlicher Ton
официáнт, -а *m* Kellner, Ober
официóз, -а *m* offiziöses Presseorgan

официо́зный, -ая, -ое; *Kzf* -зен, -зна offiziös, halbamtlich

офо́рмить, -млю, -мишь; -мленный, -млен, -а *v* 1. ausstatten; худо́жественно ~ кни́гу ein Buch künstlerisch ausstatten 2. in rechtskräftige Form bringen, ausfertigen; ~ догово́р einen Vertrag ausfertigen 3.: ~ на рабо́ту die Einstellungsformalitäten vollziehen (für), einstellen || *uv* оформля́ть, -я́ю, -я́ешь

офо́рмиться, -млюсь, -мишься *v* 1. die endgültige Form annehmen; иде́я ещё не офо́рмилась der Gedanke hat noch nicht seine endgültige Form angenommen 2. die Formalitäten für seine Einstellung erledigen, eingestellt werden || *uv* оформля́ться, -я́юсь, -я́ешься

оформле́ние, -я *n* 1. Ausstattung; худо́жественное ~ кни́ги künstlerische Ausstattung eines Buches; вне́шнее ~ äußere Gestaltung, Aufmachung 2. rechtskräftige Ausfertigung; ~ докуме́нта Ausfertigung eines Dokuments 3. formelle Einstellung; ~ но́вого сотру́дника Einstellung eines neuen Mitarbeiters

оформля́ть(ся) *uv zu* офо́рмить(ся)

офо́рт, -а *m* Radierung

ох! *Interj* ach!

о́хабень, -бня *m alt* Kaftan mit Umlegekragen und langen Ärmeln

оха́ивать *uv zu* оха́ять

оха́льный, -ая, -ое *volksspr* unverschämt, frech, schamlos

о́ханье, -ья *n* Ächzen, Seufzen, Stöhnen

оха́пка, -и, *Pl G* -пок, *D* -пкам *f* Armvoll; ~ дров ein Armvoll Brennholz

охарактеризова́ть, -зу́ю, -зу́ешь *v* charakterisieren, kennzeichnen

о́хать *uv zu* о́хнуть

оха́ять, оха́ю, оха́ешь; оха́янный, -ян, -а *v volksspr* schmähen, heruntermachen || *uv* оха́ивать, -аю, -аешь

охва́т, -а *m* 1. *mil* Umgehung, Einkreisung, Einschließung; ~ проти́вника Einkreisung des Gegners 2. Erfassung, Einbeziehung; ~ рабо́чих соревнова́нием Erfassung der Arbeiter im Wettbewerb 3. Umfang, Stärke *wieviel ein Mann mit den Armen umfassen kann*; дуб в два -а eine Eiche, die zwei Mann umfassen können

охвати́ть, -ачу́, -а́тишь; -а́ченный, -а́чен, -а *v* 1. umfangen, umarmen 2. umgeben, umschließen, einschließen 3. erfassen, ergreifen, Besitz ergreifen, befallen; пожа́ром бы́ло охва́чено де́сять домо́в vom Feuer wurden zehn Häuser erfaßt; у́жас охвати́л его́ Entsetzen ergriff ihn || *uv* **охва́тывать,** -аю, -аешь

охладева́ть *uv zu* охладе́ть

охладе́ть, -е́ю, -е́ешь *v* к *D* gleichgültig werden (gegen), erkalten, Interesse verlieren (für) || *uv* охладева́ть, -а́ю, -а́ешь

охлади́ть, -ажу́, -ади́шь; -аждённый, -аждён, -аждена́ *v* 1. kühlen, kühl werden lassen; ве́тер охлади́л пыла́ющие ли́ца der Wind kühlte die erhitzten Gesichter 2. *übtr* abkühlen, dämpfen, mäßigen; ~ восто́рг die Begeisterung dämpfen || *uv* **охлажда́ть,** -а́ю, -а́ешь

охлади́ться, *1. u. 2. Pers ungebr*, -ди́тся *v* kalt [kälter] werden; печь охлади́лась der Ofen ist kalt geworden || *uv* **охлажда́ться,** -а́ется

охлажде́ние, -я *n* 1. Abkühlung; ~ дви́гателя die Abkühlung des Motors 2. *übtr* Entfremdung, Abkühlung, Erkalten; в их отноше́ниях наступи́ло ~ ihre Beziehungen erfuhren eine Abkühlung

охмеле́ть, -е́ю, -е́ешь *v umg* 1. betrunken werden, einen Rausch bekommen 2. *übtr* berauscht, begeistert werden

о́хнуть, -ну, -нешь *v mom umg* Ach! ausrufen || *uv* о́хать, -аю, -аешь

охора́шиваться, -аюсь, -аешься *uv umg* sich schön machen

[1]**охо́та,** -ы *f* 1. Jagd 2. zur Jagd abgerichtete Tiere *Hunde, Vögel*

[2]**охо́та,** -ы *f* Lust, Verlangen, Neigung; ~ к ремеслу́ Lust zum Handwerk; мне почита́ть ~ ich habe Lust zum Lesen ◇ ~ тебе́ *oder* что за ~ was hast du [hat man] davon

[1]**охо́титься,** охо́чусь, охо́тишься *uv* 1. jagen, auf Jagd gehen; ~ на медве́дя auf Bärenjagd gehen 2. за *I übtr, umg* hinterher sein, jagen; ~ за прида́ным hinter der Mitgift her sein

[2]**охо́титься,** охо́чусь, охо́тишься *uv meist mit Inf volksspr* wollen, trachten

охо́тка, -и *f*: в -у *volksspr* mit Vergnügen, sehr gern

[1]**охо́тник,** -а *m* Jäger ◇ ~ за подво́дными ло́дками U-Boot-Jäger

[2]**охо́тник,** -а *m* 1. Freiwilliger, Interes-

sent; -ов на э́ту до́лжность бы́ло ма́ло es gab wenig Interessenten für diesen Posten **2.** *alt*, *mil* Freiwilliger **3.** до *G* Liebhaber; ~ до лошаде́й Pferdeliebhaber; он ~ посмея́ться er lacht gern

охо́тничий, -ья, -ье Jagd-, Jäger-, Weidmanns-

охо́тно *Adv* (sehr) gern

охо́чий, -ая, -ее; *Kzf* охо́ч, -а, -е *volksspr* willig, gern

о́хра, -ы *f* Ocker

охра́на, -ы *f* **1.** Bewachen, Schützen, Schutz; ~ труда́ Arbeitsschutz **2.** Wache, Schutz; пограни́чная ~ Grenzschutz

охране́ние, -я *n* **1.** Bewachung, Wahrung, Schutz **2.** *mil* Sicherungsposten; сторожево́е ~ Vorposten

охрани́ть *v zu* охраня́ть

охра́нка, -и *f* zaristische Geheimpolizei

охра́нный, -ая, -ое Schutz-, Wach-; -ая ро́та Wachkompanie ◇ -ая гра́мота *oder* ~ лист Schutzbrief

охраня́ть, -я́ю, -я́ешь *uv* beschützen, bewachen, verteidigen; ~ зда́ние ein Gebäude bewachen ‖ *v* охрани́ть, -ню́, -ни́шь; -нённый, -нён, -нена́

охри́плый, -ая, -ое *umg* heiser

охри́пнуть, -ну, -нешь; охри́п, -ла *v* heiser werden

охроме́ть, -е́ю, -е́ешь *v umg* anfangen zu lahmen, lahm zu gehen

оху́лка, -и *f*: -и на́ руку не класть *volkssрr* seinen Vorteil nicht aus dem Auge lassen

оцара́пать, -аю, -аешь; -анный, -ан, -а *v* Schrammen [Kratzer] zufügen, die Haut abschürfen, zerkratzen; ~ себе́ ру́ки sich die Hände aufschürfen ‖ *uv* **оцара́пывать,** -аю, -аешь

оце́нивать *uv zu* оцени́ть

оцени́ть, оценю́, оце́нишь; оценённый, -ён, -ена́ *v* **1.** в, на *A* bewerten, veranschlagen, schätzen, taxieren **2.** *übtr* beurteilen, bewerten, einschätzen **3.** schätzen, würdigen, anerkennen ‖ *uv* оце́нивать, -аю, -аешь

оце́нка, -и, *Pl G* -нок, *D* -нкам *f* **1.** Bewertung, Veranschlagung, Taxierung; ~ това́ров Bewertung der Waren **2.** *übtr* Beurteilung, Bewertung, Einschätzung; дать положи́тельную -у eine positive Einschätzung geben **3.** Zensur, Bewertungsnote

оце́ночный, -ая, -ое Taxierungs-, Tax-; -ая сто́имость Taxwert

оце́нщик, -а *m* Taxator

оцепене́лый, -ая, -ое erstarrt, starr *vor Erregung*

оцепене́ние, -я *n* Erstarrung *infolge starker Erregung*

оцепене́ть, -е́ю, -е́ешь *v* starr werden, erstarren *vor Erregung*

оцепи́ть, оцеплю́, оце́пишь; оце́пленный, -ен, -а *v* umzingeln ‖ *uv* **оцепля́ть,** -я́ю, -я́ешь

оцинкова́ть, -ку́ю, -ку́ешь; -ко́ванный, -ко́ван, -а *v* verzinken ‖ *uv* **оцинко́вывать,** -аю, -аешь

оча́г, -а́ *m* **1.** Herd; в -е́ гори́т ого́нь im Herd brennt Feuer **2.** *übtr* Herd, Heimstätte; дома́шний ~ heimischer Herd **3.** *übtr* Herd, Pflanzstätte, Zentrum; ~ культу́ры Pflanzstätte der Kultur; ~ войны́ Kriegsherd

очарова́ние, -я *n* Zauber, Scharm

очарова́тельный, -ая, -ое; *Kzf* -лен, -льна reizend, bezaubernd

очарова́ть, -ру́ю, -ру́ешь; очаро́ванный, -ан, -а *v* **1.** *alt* verzaubern, behexen **2.** *übtr* bezaubern, fesseln ‖ *uv* **очаро́вывать,** -аю, -аешь

очеви́дец, -дца, *I* -дцем, *G Pl* -дцев *m* Augenzeuge

очеви́дный, -ая, -ое; *Kzf* -ден, -дна **1.** offensichtlich, auf der Hand liegend, augenfällig, unverkennbar **2.** unbestritten; ~ факт offensichtliche Tatsache; -ая и́стина unbestrittene Wahrheit

очелове́чение, -я *n buchspr* Menschwerdung

очелове́чивать *uv zu* очелове́чить

очелове́чить, -чу, -чишь; -ченный, -чен, -а *v buchspr* vermenschlichen ‖ *uv* **очелове́чивать,** -аю, -аешь

о́чень *Adv* sehr

очерви́веть, *1. u. 2. Pers ungebr*, -еет *v* wurmstichig werden

очередно́й, -а́я, -о́е **1.** folgend, nächstfolgend; aktuell, dringend **2.** ordentlich, turnusmäßig; ~ съезд па́ртии ordentlicher Parteitag; ~ о́тпуск Tarifurlaub, Jahresurlaub **3.** von Zeit zu Zeit vorkommend; ~ сканда́л einer der üblichen Skandale

очерёдность, -и *f* Reihenfolge, Aufeinanderfolge

о́чередь, -и *f* **1.** Reihenfolge, Reihe; вне -и außer der Reihe **2.** Reihe, Schlange wartender Menschen; стоя́ть в -и anstehen, Schlange stehen; быть на -и an der Reihe sein ◇

моя́ ~ ich bin an der Reihe; по -и a) nacheinander, der Reihe nach; b) abwechselnd; в пе́рвую ~ in erster Linie; я, в свою́ ~ ich meinerseits

о́черк, -а *m* 1. *alt* Umriß, Konturen 2. Grundriß, Abriß, Skizze, kurze Darstellung 3. Essay; *Pl* Studien; -и по исто́рии дре́внего ми́ра Studien zur Geschichte der alten Welt

очерки́ст, -а *m* Essayist

очерни́ть, -ню́, -ни́шь; -нённый, -нён, -нена́ *v* anschwärzen, verleumden ‖ *uv* **очерня́ть,** -я́ю, -я́ешь

очерстве́лый, -ая, -ое verhärtet [hart, unempfindlich] geworden

очерстве́ть, -е́ю, -е́ешь *v* hart [unempfindlich] werden, verhärten, herzlos werden

очерта́ние, -я *n* Umriß, Konturen

очерти́ть, очерчу́, оче́ртишь; оче́рченный, -ен, -а *v* 1. umreißen, mit einer Linie umziehen 2. *übtr* beschreiben, umreißen, schildern ◇ очертя́ го́лову Hals über Kopf, ohne Überlegung ‖ *uv* **оче́рчивать,** -аю, -аешь

оче́чник [шн], -а *m umg* Brillenfutteral

очини́ть, очиню́, очи́нишь; очи́ненный, -ен, -а *v* spitzen; ~ каранда́ш Bleistift spitzen ‖ *uv* **очиня́ть,** -я́ю, -я́ешь

очисти́тельный, -ая, -ое Reinigungs-

очи́стить, очи́щу, очи́стишь; очи́щенный, -ен, -а *v* 1. reinigen, säubern 2. von Beimischungen befreien, reinigen, raffinieren; ~ нефть Erdöl raffinieren 3. schälen, schuppen, Schale [Schuppen] entfernen; ~ карто́фель Kartoffeln schälen 4. freimachen, räumen; ausräumen; ~ кварти́ру die Wohnung räumen; ~ ко́мнату das Zimmer ausräumen 5. *volksspr* ausplündern, ausräumen; во́ры очи́стили по́греб Diebe haben den Keller ausgeräumt ‖ *uv* очища́ть, -а́ю, -а́ешь

очи́ститься, очи́щусь, очи́стишься *v* 1. sich reinigen, gereinigt [frei von Beimischungen] werden; нефть очи́стилась das Erdöl ist von Beimischungen gereinigt worden 2.: во́здух очи́стился die Luft hat sich gereinigt 3. sich befreien; река́ очи́стилась ото льда der Fluß ist vom Eis befreit ‖ *uv* очища́ться, -а́юсь, -а́ешься

очи́стка, -и *f* 1. Reinigung, Säuberung, Raffination 2. Schälen, Schuppen *von Fischen* 3. Räumung, Leerung ◇ для -и со́вести um sich später keine Vorwürfe machen zu müssen

очи́стки, -ов *Pl* Reinigungsabfälle, Schälabfälle

очища́ть(ся) *uv zu* очи́стить(ся)

очки́, -о́в *Pl* Brille

очко́, -а́, *G Pl* -о́в *n* 1. Auge, Punkt *bei Spielkarten, Würfeln* 2. *Sport* Punkt; коли́чество -о́в Punktzahl 3. Loch, kleine Öffnung; ~ у́лья Flugloch im Bienenstock

очковтира́тельство, -а *n umg* Schönfärberei

очко́вый, -ая, -ое 1. Punkt-; -ая систе́ма Punktsystem 2. Brillen-; -ая змея́ Brillenschlange

очну́ться, -ну́сь, -нёшься *v* 1. aufwachen, erwachen, munter werden 2. die Besinnung wieder erlangen, (wieder) zu sich kommen

о́чный, -ая, -ое: -ая ста́вка Konfrontierung, Gegenüberstellung; -ое обуче́ние Direktstudium

очуме́лый, -ая, -ое *volksspr* kopflos, von Sinnen, besessen

очуме́ть, -е́ю, -е́ешь *v volksspr* den Kopf [den Verstand] verlieren, von Sinnen sein

очути́ться, *1. Pers ungebr*, очу́тишься *v* (plötzlich) geraten, sich (plötzlich) befinden, sehen; ~ в тру́дном положе́нии sich plötzlich in einer schwierigen Lage sehen

очу́хаться, -аюсь, -аешься *v volksspr* wieder zur Besinnung kommen, Besinnung wiedererlangen, zu sich kommen

ошалева́ть *uv zu* ошале́ть

ошале́ть, -е́ю, -е́ешь *v volksspr* von Sinnen kommen, den Verstand verlieren, närrisch werden ‖ *uv* ошалева́ть, -а́ю, -а́ешь

ошара́шивать *uv zu* ошара́шить

ошара́шить, -шу, -шишь; -шенный, -шен, -а *v volksspr* 1. derb zuschlagen, einen heftigen Schlag versetzen 2. verblüffen, aus der Fassung bringen ‖ *uv* ошара́шивать, -аю, -аешь

ошеек, оше́йка *m* Kamm *Fleisch*

оше́йник, -а *m* Halsband; соба́чий ~ Hundehalsband

ошеломи́ть, -млю́, -ми́шь; -млённый, -млён, -млена́ *v* erschüttern, in äußerstes Erstaunen [in größte Verwirrung] versetzen, betäuben ‖ *uv* **ошеломля́ть,** -я́ю, -я́ешь

ошеломля́ющий, -ая, -ее erschütternd, niederschmetternd

опельмова́ть, -му́ю, -му́ешь; -мо́ванный, -мо́ван, -а *v umg* entehren, bloßstellen
ошиба́ться *uv zu* ошиби́ться
о|шиби́ться* *v* sich irren, sich täuschen ‖ *uv* ошиба́ться, -а́юсь, -а́ешься
оши́бка, -и, *Pl G* -бок, *D* -бкам *f* Fehler, Irrtum ◇ по -е aus Versehen
оши́бочный, -ая, -ое; *Kzf* -чен, -чна fehlerhaft, irrtümlich, irrig, falsch
оши́кать, -аю, -аешь; -анный, -ан, -а *v umg* auszischen
ошпа́ривать(ся) *uv zu* ошпа́рить(ся)
ошпа́рить, -рю, -ришь; -ренный, -рен, -а *v umg* brühen, mit kochendem Wasser überschütten; verbrühen ‖ *uv* ошпа́ривать, -аю, -аешь
ошпа́риться, -рюсь, -ришься *v umg* sich verbrühen ‖ *uv* ошпа́риваться, -аюсь, -аешься
оштрафова́ть, -фу́ю, -фу́ешь; -фо́ванный, -фо́ван, -а *v* mit Geldstrafe belegen; ~ на рубль mit einer Geldstrafe von einem Rubel belegen
оштукату́ривать *uv zu* оштукату́рить
оштукату́рить, -рю, -ришь; -ренный, -рен, -а *v* verputzen; ~ сте́ны die Wände verputzen ‖ *uv* оштукату́ривать, -аю, -аешь
ощени́ться, *1. u. 2. Pers ungebr*, -ни́тся *v* Junge werfen *von Hunden, Wölfen, Füchsen*
ощети́ниваться *uv zu* ощети́ниться
ощети́ниться, -нюсь, -нишься *v* 1. das Fell, die Haare sträuben 2. *übtr* sich sträuben 3.: ~ на кого́-н. *übtr, volksspr* auf j-n wütend sein ‖ *uv* ощети́ниваться, -аюсь, -аешься
о|щипа́ть* *v* 1. abrupfen, auszupfen 2. rupfen ‖ *uv* **ощи́пывать,** -аю, -аешь
ощу́пать, -аю, -аешь; -анный, -ан, -а *v* befühlen, betasten ‖ *uv* **ощу́пывать,** -аю, -аешь
о́щупь, -и *f*: на ~ durch Befühlen, beim Befühlen; мате́рия мягка́ на ~ der Stoff fühlt sich weich an
о́щупью *Adv* 1. tastend, durch Tasten; ~ найти́ доро́гу den Weg durch Tasten finden 2. *übtr* aufs Geratewohl, blindlings
ощути́мый, -ая, -ое; *Kzf* -и́м, -а 1. wahrnehmbar, spürbar; empfindlich 2. *übtr* spürbar, merklich
ощути́тельный, -ая, -ое; *Kzf* -лен, -льна 1. wahrnehmbar, spürbar, fühlbar; empfindlich; ~ хо́лод empfindliche Kälte 2. *übtr* spürbar, fühlbar, merklich; -ые результа́ты spürbare Ergebnisse
ощути́ть, ощущу́, ощути́шь; ощущённый, -ён, -ена́ *v* empfinden, wahrnehmen, fühlen ‖ *uv* **ощуща́ть,** -а́ю, -а́ешь
ощуща́ться, *1. u. 2. Pers ungebr*, -а́ется *uv* sich bemerkbar machen, zu fühlen sein; ощуща́лся недоста́ток ein Mangel machte sich bemerkbar
ощуще́ние, -я *n* Empfindung, Wahrnehmung
оягни́ться, *1. u. 2. Pers ungebr*, -ни́тся *v* lammen

П

па *n idkl* Pas, Tanzschritt
па́ва, -ы *f* Pfauhenne
Па́вел, -вла *m* Paul
павиа́н, -а *m* Pavian
павильо́н, -а *m* 1. Pavillon; вы́ставочный ~ Ausstellungshalle 2. Filmatelier
павильо́нный, -ая, -ое: -ые съёмки Atelier-, Innenaufnahmen
павли́н, -а *m* Pfau
павли́ний, -ья, -ье Pfauen-; ~ глаз Pfauenauge *Schmetterling* ◇ воро́на в -ьих пе́рьях jemand, der sich mit fremden Federn schmückt
Павлу́ша, -и, *I* -ей *m Dem zu* Па́вел
Павлу́шка, -и *m Dem zu* Па́вел
па́водковый, -ая, -ое: -ая вода́ Hochwasser, Flutwasser
па́водок, -дка *m* Hochwasser
па́вший, -его *Subst m hoher Stil* Gefallener, Toter
па́года, -ы *f* Pagode
па́голенки *Pl* -ов, *Sg* па́голенок, -нка *m gbt* 1. Strumpf ohne Fuß, Wadenstrumpf 2. Schaft ohne Fußteil *Stiefel*
па́губный, -ая, -ое; *Kzf* -бен, -бна unheilvoll, verderblich
па́даль, -и *f* Aas, Kadaver
па́дать, -аю, -аешь *uv* 1. (hin)fallen,

stürzen; ~ в о́бморок in Ohnmacht fallen 2. fallen *Licht, Schatten*; тень па́дает на доро́гу der Schatten fällt auf den Weg 3. fallen, sinken, sich verringern; баро́метр па́дает das Barometer fällt 4. *übtr* на *A* fallen, lasten (auf); подозре́ние па́дает на него́ der Verdacht fällt auf ihn 5. *übtr* verfallen, im Niedergang sein 6. verenden, krepieren *Tier* 7. fallen *Schnee, Regen* 8. *umg* ausfallen *Haare, Zähne* 9. *uv zu* пасть 3 ◇ ~ ду́хом den Mut sinken lassen; се́рдце па́дает у него́ ihn verläßt der Mut, er bekommt Angst; ~ от уста́лости vor Müdigkeit fast umfallen, sich kaum auf den Beinen halten können ‖ *v* у|па́сть* *zu* 1–5 *u.* ¹па́сть* *zu* 2, 3, 5, 6

па́дающий, -ая, -ее fallend; Fall-; -ая звезда́ *astr* Sternschnuppe

паде́ж, -а́, *I* -о́м, *G Pl* -е́й *m gram* Kasus, Fall

падёж, -ежа́, *I* -ежо́м, *G Pl* -еже́й *m* Viehseuche, Viehsterben

паде́ние, -я *n* 1. Fall, Sturz *a. übtr*; Sinken, Fallen; ско́рость -я *phys* Fallgeschwindigkeit; ~ кре́пости Fall der Festung; ~ самодержа́вия Sturz der Selbstherrschaft; ~ цен Preissturz 2. Verfall, Niedergang ◇ у́гол -я *phys* Einfallswinkel

па́дкий, -ая, -ое; *Kzf* -док, -дка versessen, erpicht (до *G oder* на *A* auf); ~ на развлече́ния vergnügungssüchtig

паду́ ↑ пасть

паду́чий, -ая, -ее 1.: -ая боле́знь Fallsucht, Epilepsie 2. -ая, -ей *Subst f umg* Fallsucht, Epilepsie

па́дчерица, -ы, *I* -ей *f* Stieftochter

паево́й, -а́я, -о́е Anteil-; ~ взнос anteilige Beitragszahlung, -leistung

паёк, пайка́ *m* (Verpflegungs-) Ration; похо́дный ~ Marschverpflegung

паж, -а́, *I* -о́м, *G Pl* -е́й *m hist* Page

паз, -а, *P* о па́зе, в пазу́, *Pl* пазы́, -о́в, -а́м *m* Nute, Fuge

па́зуха, -и *f* 1. Busen *Zwischenraum zwischen Brust und Kleidung*; за -ой an der Brust; in der Brusttasche 2. *anat* Höhle; ло́бная ~ Stirnhöhle

па́инька, -и, *Pl G* -нек, *D* -нькам *m, f umg* artiges Kind

пай, па́я, *Pl* пай, паёв, пая́м *m* Anteil, Beitrag; Aktie; кооперати́вный ~ Genossenschaftsanteil; устро́ить вечери́нку на пая́х einen geselligen Abend auf gemeinsame Kosten veranstalten

па́йка, -и *f* 1. Löten 2. Lötstelle

па́йщик, -а *m* Teilhaber, Aktionär; Genossenschaftler

пакга́уз, -а *m* Lager(haus), Speicher

паке́т, -а *m* 1. Paket; заверну́ть ве́щи в ~ die Sachen verpacken 2. Tüte 3. geschlossenes offizielles Schreiben ◇ индивидуа́льный перевя́зочный ~ *mil* Verbandspäckchen

паке́тик, -а *m Dem zu* паке́т 1. Päckchen 2. kleine Tüte

Пакиста́н, -а *m* Pakistan

пакиста́нский, -ая, -ое pakistanisch

па́кля, -и *f* Werg

паковать, -ку́ю, -ку́ешь; -ко́ванный, -ко́ван, -а *uv* (ein-, ver-) packen

пако́вка, -и, *Pl G* -вок, *D* -вкам *f* 1. Verpacken, Packen 2. *umg* Verpackung

па́костить, -ощу, -остишь *uv volksspr* 1. beschmutzen, verunreinigen 2. verpfuschen 3. *D* gemein handeln (an)

па́костный [сн], -ая, -ое; *Kzf* -тен, -тна *umg* 1. ekelerregend 2. gemein, unanständig, abstoßend

па́кость, -и *f umg* 1. Gemeinheit 2. unanständiger Ausdruck 3. ekelerregendes Zeug

пакт, -а *m* Pakt, Vertrag; ~ о ненападе́нии Nichtangriffspakt; ~ о взаимопо́мощи Beistandspakt

паланки́н, -а *m* Sänfte

паланти́н, -а *m* breiter Pelz- oder Samtschal; Stola

пала́та, -ы *f* 1. Krankensaal, -zimmer 2. *pol* Kammer; Наро́дная ~ Volkskammer; ~ ло́рдов Oberhaus *England*; ~ о́бщин Unterhaus *England* 3. *alt* Palast; Prunksaal; Оруже́йная ~ Rüstkammer *Kreml*; Грано́витая ~ Facettenpalast *Kreml* 4. Amt, Kammer; ~ мер и весо́в Eichamt, Amt für Maß und Gewicht ◇ у него́ ума́ ~ er ist ein heller Kopf

пала́тка, -и, *Pl G* -ток, *D* -ткам *f* 1. Zelt; ~ на де́сять челове́к Zehnerzelt; жила́я ~ Haus-, Wohnzelt; жить в -е zelten; разби́ть -у ein Zelt aufschlagen 2. Verkaufsstand, Kiosk

пала́точный, -ая, -ое Zelt-

пала́ч, -а́, *I* -о́м, *G Pl* -е́й *m* Henker *a. übtr*

па́левый, -ая, -ое strohgelb

палёный, -ая, -ое versengt, angebrannt; за́пах -ого Brandgeruch

палеозо́й, -я *m* Paläozoikum

палеоли́т, -а *m geol* Paläolithikum

палеонтóлог, -а *m* Paläontologe
Палести́на, -ы *f* Palästina
пáлец, -льца, *I* -льцем, *G Pl* -льцев *m* Finger; Zehe; большóй ~ Daumen; große Zehe; указáтельный ~ Zeigefinger; безымя́нный ~ Ringfinger; считáть по -льцам an den Fingern abzählen ◇ как свой пять -льцев знать wie seine Westentasche kennen; ~ о ~ не удáрить *oder* -льцем не шевельнýть [дви́нуть] keinen Finger rühren; вы́сосать чтó-н. из -льца sich etw. aus den Fingern saugen; емý -льца в рот не клади́ *umg* man darf ihm nicht über den Weg trauen, vor ihm muß man sich in acht nehmen; как по -льцам рассказáть ausführlich erzählen; обвести́ [обернýть] когó-н. вокрýг -льца *umg* j-n um den Finger wikkeln; попáл -льцем в нéбо *umg* da hast du stark danebengehauen; сквозь -льцы смотрéть [глядéть] на чтó-н. bei etw. ein Auge zudrükken; сквозь -льцы уплывáть unter den Händen zerrinnen *Geld*
палисáдник, -а *m eingezäunter* Vorgarten
пали́тра, -ы *f* Palette *a. übtr*
[1]**пали́ть,** -лю́, -ли́шь; -лённый, -лён, -ленá *uv* 1. absengen 2. *umg* versengen 3. *umg* verbrennen, -feuern 4. brennen, sengen; сóлнце пали́т die Sonne brennt
[2]**пали́ть,** -лю́, -ли́шь *uv umg* schießen, feuern || *v mom* пальнýть, -нý, -нёшь einen Schuß abgeben, einmal feuern
пáлица, -ы, *I* -ей *f hist* Keule *Waffe*
пáлка, -и, *Pl G* -лок, *D* -лкам *f* Stock, Stab, Stiel; ходи́ть с -ой am Stock gehen ◇ дéлать чтó-н. из-под -и etw. gezwungen tun; (в)стáвить [брóсить] -и в колёса Hindernisse in den Weg legen, Knüppel zwischen die Beine werfen; ~ о двух концáх *übtr* ein zweischneidiges Schwert; перегнýть -у *übtr* den Bogen überspannen; ~ плáчет по нём *umg* er hat eine Tracht Prügel verdient
палóмник, -а *m* Pilger, Wallfahrer
палóмничество, -а *n* Pilgerreise, Wallfahrt *a. übtr*
пáлочка, -и, *Pl G* -чек, *D* -чкам *f Dem zu* пáлка 1. kleiner Stock, Stäbchen; дирижёрская ~ Taktstock, Dirigentenstab; барабáнная ~ Trommelschlegel; волшéбная ~ Zauberstab; ~ мéла ein Stück Kreide 2. *umg* senkrechter Strich 3. Bazillus; ~ Кóха *med* Tuberkelbazillus
пáлочный, -ая, -ое Stock- ◇ -ая дисципли́на Kadavergehorsam
пáлуба, -ы *f* 1. Deck; вéрхняя ~ Oberdeck; прогýлочная ~ Promenadendeck; срéдняя ~ Zwischendeck 2. Dielung, Bohlung
пáлубный, -ая, -ое *naut* Deck-; ~ пассажи́р Zwischendeckpassagier
пальбá, -ы́ *f umg* Schießen, Feuer(n)
пáльма, -ы *f* Palme; фи́никовая ~ Dattelpalme ◇ получи́ть -у пéрвенства die (Sieges-) Lorbeeren ernten
пальнýть *v mom zu* [2]пали́ть
пальтó *n idkl* Mantel; ~ на мехý pelzgefütterter Mantel; свобóдное ~ Hänger, Mantel in Hängerform; демисезóнное ~ Übergangsmantel
пальтóвый, -ая, -ое Mantel-
пальцевóй, -áя, -óе Finger-; ~ сустáв Fingergelenk
пáльчатый, -ая, -ое fingerförmig, gefingert, gezackt
пáльчик, -а *m Dem zu* пáлец Fingerchen, kleiner Finger ◇ -и обли́жешь man möchte sich die Finger ablecken (weil es so gut schmeckt)
паля́щий, -ая, -ее glühend, sengend (heiß)
Пами́р, -а *m* Pamir
пами́рка, -и, *Pl G* -рок, *D* -ркам *f* Bergsteigerzelt
памфлéт, -а *m* Pamphlet, Schmähschrift
пáмятка, -и, *Pl G* -ток, *D* -ткам *f* Merkblatt, Merkbuch
пáмятливый, -ая, -ое; *Kzf* -ив, -а *umg* mit gutem Gedächtnis
пáмятник, -а *m* Denkmal; ~ Пýшкину Puschkindenkmal; ~ Би́твы нарóдов Völkerschlachtdenkmal; ~ архитектýры Baudenkmal; надгрóбный ~ Grabmal
пáмятный, -ая, -ое 1. *Kzf* -тен, -тна denkwürdig; всем ещё -о es ist allen noch erinnerlich 2. Gedenk-; -ая доскá Gedenktafel; -ая кни́жка Notizbuch
пáмять, -и *f* 1. Gedächtnis; ~ на ли́ца Personengedächtnis; кури́ная [дыря́вая] ~ *umg, scherz* ein schlechtes Gedächtnis; ~ мне изменя́ет mein Gedächtnis läßt mich im Stich, ich kann mich nicht erinnern; говори́ть чтó-н. на ~ [по -и] etw. auswendig [aus dem Gedächtnis] hersagen; воскреси́ть чтó-н. в -и sich etw. ins Gedächtnis

zurückrufen; мне пришло́ на ~ mir fiel ein; изгла́диться из -и in Vergessenheit geraten 2. Andenken, Erinnerung; в ~ чего́-н. zum Andenken an etw.; подари́ть что́-н. на ~ etw. zum Andenken schenken; он оста́вил по себе́ до́брую ~ wir haben ihn in guter Erinnerung; недо́брой [печа́льной] -и unseligen Angedenkens ◇ больно́й без -и der Kranke ist besinnungslos; быть без -и от кого́-н. *umg* ganz vernarrt sein in j-n; де́лать что́-н. по ста́рой -и etw. aus alter Freundschaft tun; на -и кого́-н. zu j-s Lebzeiten; заруби́ть в -и sich hinter die Ohren schreiben

пан, -а, *Pl* па́ны, па́нов, па́нам *u. gbt* паны́, -о́в, -а́м *m hist* Pan, polnischer Gutsbesitzer ◇ ли́бо ~, ли́бо пропа́л *umg* jetzt setze ich alles auf eine Karte

Пана́ма, -ы *f* Panama *Stadt u. Staat*

пана́ма, -ы *f* Panamahut

пана́мский, -ая, -ое *geogr* Panama-; Пана́мский кана́л Panamakanal; Пана́мский переше́ек Landenge von Panama

пане́ль, -и *f* 1. Bürgersteig 2. Wandtäfelung 3. *arch* Wandplatte, Großplatte 4. *rad* Chassis

панибра́тский, -ая, -ое *umg* ungeniert, familiär

панибра́тство, -а *n umg* ungenierter Umgang

па́ника, -и *f* Panik; навести́ -у eine Panik machen [stiften]

паникади́ло, -а *n kirch* Kronleuchter

паникёр, -а *m verächtl* Panikmacher

паникёрство, -а *n verächtl* Panikmacherei

паниро́вать, -ру́ю, -ру́ешь; -ро́ванный, -ро́ван, -а *v, uv* panieren

панихи́да, -ы *f·rel* Toten-, Seelenmesse; гражда́нская ~ Trauerfeier *vor der Beerdigung*

пани́ческий, -ая, -ое panisch

панора́ма, -ы *f* 1. Panorama 2. *mil* Rundblick(ziel)fernrohr

панора́мный, -ая, -ое Panorama-; ~ кинотеа́тр *oder* (кругово́е) -ое кино́ Panoramakino

пансио́н, -а *m* 1. Pension, Fremdenheim *mit voller Verpflegung* 2. (volle) Verpflegung und Bedienung 3. *alt* Pensionat, Internat

пансиона́т, -а *m* 1. Pension, Fremdenheim 2. volle Pension [Verpflegung]

пансионе́р, -а *m* 1. Gast einer Pension 2. *alt* Schüler eines Pensionats

пантало́ны, -о́н *Pl* 1. langer Damenschlüpfer 2. *alt* Hose(n)

пантaлы́к, -а (-у) *m*: сбить с -у *umg* aus dem Konzept bringen; сби́ться с -у *umg* aus dem Konzept kommen

панте́ра [тэ], -ы *f* Panther

панто́граф, -а *m* 1. *tech* Pantograph, Storchschnabel 2. *el* Bügel, Stromabnehmer

пантоми́ма, -ы *f* Pantomime

па́нцирь, -я *m* 1. *hist* Panzer, Harnisch 2. *zool* Panzer

Па́ня, -и *m Dem zu* Па́вел

[1]**па́па,** -ы *m umg* Papa, Vati

[2]**па́па,** -ы *m* Papst

папа́ха, -и *f* hohe Pelzmütze

папа́ша, -и, *I* -ей *m volksspr* Papa

па́перть, -и *f kirch* Freitreppe, Vorhalle

папильо́тка, -и, *Pl G* -ток, *D* -ткам *f* Lockenwickel

па́пин, -а, -о *umg* dem Papa [Vati] gehörig; ~ портфе́ль Vatis Aktentasche

папиро́са, -ы *f* Zigarette *mit hohlem Mundstück*

папиро́сница, -ы, *I* -ей *f* Zigarettenetui

папиро́сный, -ая, -ое Zigaretten-; -ая бума́га Zigaretten-, Seidenpapier

[1]**па́пка,** -и, *Pl G* -пок, *D* -пкам *m volksspr* Papa, Vati

[2]**па́пка,** -и, *Pl G* -пок, *D* -пкам *f* 1. Pappdeckel, Aktendeckel; Kollegmappe 2. *alt* Pappeinband; кни́га в -е ein kartoniertes Buch

па́поротник, -а *m* Farn

па́почный, -ая, -ое Papp-, kartoniert

па́пский, -ая, -ое päpstlich

папуа́с, -а *m* Papua

папье́-маше́ *n idkl* Papiermaché

[1]**пар,** -а (-у), *P* о па́ре, на [в] пару́, *Pl* пары́, -о́в, -а́м *m* (Wasser-) Dampf; от лошаде́й идёт ~ die Pferde dampfen ◇ стоя́ть под -а́ми unter Dampf stehen *Lok, Dampfer*; на всех -а́х mit Volldampf [Hochdruck]; зада́ть кому́-н. -у j-m ordentlich einheizen; подня́ть [развести́] -ы́ Dampf machen; он под -а́ми *volksspr* er hat einen in der Krone, er hat schwer geladen

[2]**пар,** -а, *P* о па́ре, на пару́, *Pl* пары́, -о́в, -а́м *m* Brache; земля́ под -ом brachliegendes Feld

па́ра, -ы *f* 1. Paar; ~ сапо́г ein Paar Stiefel; е́хать на -е mit zwei Pferden fahren, zweispännig fahren 2. *alt* Herrenanzug 3. *umg* ein paar, wenige; ~ слов einige Worte; на -у мину́т für ein paar Minuten ◇ она́ ему́ не ~ sie paßt nicht zu ihm; sie ist ihm nicht gewachsen; два сапога́ ~ *Sprichw* gleich und gleich gesellt sich gern; э́то ~ пустяко́в *volksspr* (das sind) kleine Fische, das ist eine Kleinigkeit

пара́бола, -ы *f math* Parabel

Парагва́й, -я *m* Paraguay *Land u. Fluß*

пара́граф, -а *m* Paragraph

пара́д, -а *m* Parade ◇ яви́ться в по́лном -е *umg* in Gala erscheinen

паради́гма, -ы *f gram* Paradigma

пара́дный, -ая, -ое **1.** Parade-; festlich, Fest-, Gala-; -ая фо́рма Paradeuniform **2.** *Kzf* -ден, -дна zur Schau gestellt **3.** vorderer, Haupt-; ~ подъе́зд Haupteingang **4.** -ое, -ого *n u. umg* -ая, -ой *f Subst* Haupteingang

парадо́кс, -а *m* Paradoxon

парадокса́льный, -ая, -ое; *Kzf* -лен, -льна paradox

парази́т, -а *m biol, übtr* Parasit, Schmarotzer *a. Schimpfwort*

паразити́ческий, -ая, -ое parasitär; schmarotzerhaft

парализова́ть, -зу́ю, -зу́ешь; -зо́ванный, -зо́ван, -а *v, uv* paralysieren, lähmen; lahmlegen

паралити́ческий, -ая, -ое gelähmt

парали́ч, -а́, *I* -о́м *m* Lähmung; его́ разби́л ~ *oder* он разби́т -о́м er ist gelähmt

парали́чный, -ая, -ое gelähmt

параллелогра́мм, -а *m math* Parallelogramm

паралле́ль, -и *f* **1.** *math* Parallele **2.** Parallele, ähnliche Erscheinung; провести́ ~ eine Parallele ziehen **3.** *geogr* Breitenkreis

паралле́льность, -и *f* Parallelität

паралле́льный, -ая, -ое; *Kzf* -лен, -льна parallel *a. übtr* ◇ -ые бру́сья *Sport* Barren

пара́метр, -а *m math, tech* Parameter

па́рами *Adv* paarweise

паранджа́, -и́, *I* -о́й *f* Parandshá *Frauenmantel mit Gesichtsschleier bei Mohammedanerinnen*

парапе́т, -а *m* Brüstung, Geländer

парати́ф, -а *m med* Paratyphus

парашю́т [шу], -а *m* Fallschirm

парашюти́зм [шу], -а *m* Fallschirmsport

парашюти́ст [шу], -а *m* Fallschirmspringer

парашюти́стка [шу], -и, *Pl G* -ток, *D* -ткам *f* Fallschirmspringerin

парашю́тный [шу], -ая, -ое Fallschirm-; -ая вы́шка Fallschirmsprungturm

паре́з [рэ], -а *m* Parese, teilweise Lähmung

паренёк, -нька́ *m umg Dem zu* па́рень Bürschchen, Kerlchen

па́рение, -я *n* Aus-, Abbrühen; Dämpfen, Schmoren

паре́ние, -я *n* Schweben, Segelflug

па́реный, -ая, -ое gedämpft *Speisen* ◇ деше́вле -ой ре́пы *volksspr scherz* spottbillig; про́ще -ой ре́пы *volksspr* kinderleicht

па́рень, -рня, *Pl* па́рни, парне́й, парня́м *m umg* junger Bursche [Mann]; Kerl

пари́ *n idkl* Wette; держа́ть ~ wetten; идти́ на ~ eine Wette eingehen

Пари́ж, -а, *I* -ем *m* Paris

парижа́нин, -а, *Pl* -а́не, -а́н, -а́нам *m* Pariser, Einwohner von Paris

парижа́нка, -и, *Pl G* -нок, *D* -нкам *f* Pariserin

пари́жский, -ая, -ое Pariser

пари́к, -а́ *m* Perücke

парикма́хер, -а *m* Friseur

парикма́херская, -ой *Subst f* Frisiersalon

парикма́херша, -и, *I* -ей *f umg* Friseuse

пари́льня, -и, *Pl G* -лен, *D* -льням *f* **1.** Dampfbadestube, Sauna **2.** *tech* Dampfkammer

пари́ровать, -рую, -руешь; -рованный, -рован, -а *v, uv* parieren, abwehren

парите́т, -а *m* Parität

парите́тный, -ая, -ое paritätisch; на -ых нача́лах auf paritätischer Grundlage

па́рить, -рю, -ришь *uv* **1.** dämpfen, dünsten, schmoren **2.** auskochen, -brühen **3.** *volksspr* mit Dampf [kochendem Wasser] vernichten *Ungeziefer* **4.** *unpers* drückend heiß sein; па́рит es ist schwül

пари́ть, -рю́, -ри́шь *uv* schweben, gleiten ◇ ~ в облака́х in höheren Regionen schweben

па́риться, -рюсь, -ришься *uv* **1.** ein Dampfbad nehmen **2.** *volksspr* sich totschwitzen **3.** *volksspr übtr* schwitzen (над *I* über)

парк, -а *m* **1.** Park, Anlage; городско́й ~ Stadtpark; ~ культу́ры (и о́тдыха) Kulturpark **2.** Depot *für Verkehrsmittel*; трамва́йный ~ Straßenbahnhof **3.** *mil* Materialpark,

Nachschub 4. *tech* Park, Bestand; стано́чный ~ (Werkzeug-) Maschinen; тра́кторный ~ Traktorenpark; автомоби́льный ~ Wagenpark

парке́т, -а *m* Parkett(fußboden)

парке́тчик, -а *m* Parkettleger

парла́мент, -а *m* Parlament

парламента́рий, -я, *P* -и, *G Pl* -ев *m* Parlamentarier, Parlamentsmitglied

парламента́рный, -ая, -ое parlamentarisch

парламентёр, -а *m* Parlamentär, Unterhändler

парла́ментский, -ая, -ое Parlaments-; -ое выступле́ние Rede im Parlament; -им путём auf parlamentarischem Wege

парни́к, -а́ *m* Frühbeet, Treibkasten

парнико́вый, -ая, -ое im Frühbeet gezogen; Treibhaus-; -ая ра́ма Frühbeetfenster

парни́шка, -и, *Pl G* -шек, *D* -шкам *m* *umg* junger Kerl, Bürschchen

парно́й, -а́я, -о́е: -о́е молоко́ kuhwarme Milch; -о́е мя́со Frischfleisch

парнокопы́тные, -ых *Subst Pl* Paarhufer

па́рный, -ая, -ое 1. paarig 2. zweispännig 3. *Sport* Paar-; -ое ката́ние Paarlauf *Eislauf*; -ая игра́ Doppelspiel *Tennis*

паро- *in Zuss* Dampf-

парова́рка, -и, *Pl G* -рок, *D* -ркам *f* Futterdämpfer

пареви́к, -а́ *m* 1. Dampfkessel, Dampfmaschine 2. *volksspr*, *alt* Lokomotive

парово́з, -а *m* (Dampf-) Lokomotive; това́рный ~ Güterzuglokomotive

парово́зный, -ая, -ое Lokomotiv-; -ое депо́ Lokomotivschuppen

паровозоремо́нтный, -ая, -ое Lokomotivausbesserungs-

паровозострои́тельный, -ая, -ое Lokomotivbau-; ~ заво́д Lokomotivfabrik

¹парово́й, -а́я, -о́е 1. Dampf-; ~ котёл Dampfkessel; -а́я маши́на Dampfmaschine; -о́е отопле́ние Dampfheizung 2. gedünstet, gedämpft *von Speisen*

²парово́й, -а́я, -о́е brachliegend, Brach-

пароди́йный, -ая, -ое parodistisch

пароди́ровать, -рую, -руешь; -рованный, -рован, -а *v*, *uv* parodieren

паро́дия, -и *f* Parodie

паро́ль, -я *m* Parole, Losung(swort); Kennwort

паро́м, -а *m* Fähre

паро́мщик, -а *m* Fährmann

паро|обра́зный, -ая, -ое; *Kzf* -зен, -зна dampfförmig; **~образова́ние,** -я *n phys* Dampfbildung

парохо́д, -а *m* Dampfer; пассажи́рский ~ Passagier-, Personendampfer; грузово́й ~ Frachtdampfer, Frachter; морско́й ~ Hochseedampfer; букси́рный ~ Schleppdampfer, Schlepper

парохо́дный, -ая, -ое Dampfer-

парохо́дство, -а *n* 1. Reederei, Schifffahrtsgesellschaft 2. *umg alt* Dampfschiffahrt

па́рочка, -и, *Pl G* -чек, *D* -чкам *f* Pärchen

парт- *in Zuss Abk für* парти́йный Partei-

па́рта, -ы *f* Schulbank; за -ой auf der Schulbank; сесть за -у sich auf die Schulbank setzen *a. übtr*

парт|биле́т, -а *m* (парти́йный чле́нский биле́т) Parteidokument; **~бюро́** *n idkl* (парти́йное бюро́) Parteibüro *Leitung der Grundorganisation*; **~взыска́ние,** -я *n* (парти́йное взыска́ние) Parteistrafe; **~групо́рг,** -а *m* (организа́тор парти́йной гру́ппы) Parteigruppenorganisator

парте́р [тэ], -а *m* Parkett *theat*, *Kino*

парти́ец, -и́йца, *I* -и́йцем, *G Pl* -и́йцев *m umg* Parteimitglied *der KPdSU*

партиза́н, -а, *G Pl* -а́н *m* Partisan

партиза́нить, -ню, -нишь *uv umg* Partisan sein, als Partisan kämpfen

партиза́нский, -ая, -ое Partisanen-

партиза́нство, -а *n* Partisanenbewegung, -krieg

партиза́нщина, -ы *f verächtl* Arbeit ohne Organisation und Plan

парти́йка, -и, *Pl G* -и́ек, *D* -и́йкам *f umg* (weibliches) Parteimitglied *der KPdSU*

парти́йность, -и *f* 1. Parteilichkeit 2. Parteizugehörigkeit

парти́йный, -ая, -ое 1. Partei-; -ое поруче́ние Parteiauftrag 2. *Kzf* -и́ен, -и́йна parteilich 3. -ого *Subst m* Parteimitglied *der KPdSU*

партиту́ра, -ы *f mus* Partitur

па́ртия, -и *f* 1. Partei; рабо́чая ~ Arbeiterpartei 2. Gruppe; ~ путеше́ственников Gruppe von (Forschungs-) Reisenden 3. Partie *Spiel* 4. Partie, Posten *Waren* 5. *mus* Partie, Solopartie

партко́м, -а *m* (парти́йный комите́т) Parteikomitee, Parteileitung
партнёр, -а *m* Partner
парт|о́рг, -а *m* (парти́йный организа́тор) Parteiorganisator; Leiter einer kleineren Parteigruppe; **~организа́ция,** -и *f* (парти́йная организа́ция) Parteiorganisation; **~рабо́тник,** -а *m* (парти́йный рабо́тник) Parteifunktionär; **~собра́ние,** -я *n* (парти́йное собра́ние) Parteiversammlung; **~съе́зд** *m* (парти́йный съезд) Parteitag; **~шко́ла,** -ы *f* (парти́йная шко́ла) Parteischule
па́рубок, -бка *m* junger Bursche *in der Ukraine*
па́рус, -а, *Pl* паруса́, -о́в, -а́м *m* Segel; плыть под -а́ми segeln; подня́ть -а́ die Segel setzen; идти́ на всех -а́х mit vollen Segeln fahren; *übtr* mit Volldampf fahren
паруси́на, -ы *f* Segeltuch
паруси́новый, -ая, -ое Segeltuch-; -ые ту́фли Leinenschuhe
па́русник, -а *m* **1.** Segelschiff **2.** Segler, Sportsegler *Sportler*
па́русный, -ая, -ое Segel-; -ая ло́дка Segelboot
парфюме́рия, -и *f* Parfümerie
парча́, -и́, *I* -о́й *f* Brokat
парчо́вый, -ая, -ое Brokat-, aus Brokat
парша́, -и́, *I* -о́й *f* **1.** *med* Räude, Krätze **2.** *umg* Grind, Schorf
парши́веть, -ею, -еешь *uv umg* räudig werden, den Grind bekommen
парши́вый, -ая, -ое; *Kzf* -и́в, -а **1.** räudig, an Krätze erkrankt **2.** *volksspr* miserabel, gemein
¹пас *prädikativ*: я пас! a) ich passe! *beim Kartenspiel*; b) *übtr*, *umg* ich muß aufgeben, ich bin machtlos
²пас, -а *m Sport* Paß, Zuspiel, Abgabe *des Balls*
па́сека, -и *f* Bienenstand, Imkerei
па́сечник, -а *m* Bienenzüchter, Imker
па́сквиль, -я *m* Spott-, Schmähschrift
паску́дный, -ая, -ое; *Kzf* -ден, -дна *derb volksspr* widerlich, abscheulich
паслён, -а *m bot* Nachtschatten
паслёновые, -ых *Subst Pl* Nachtschattengewächse
па́смурный, -ая, -ое; *Kzf* -рен, -рна **1.** trübe **2.** *übtr* finster, mürrisch
пасну́ть *v mom zu* ²пасова́ть
¹пасова́ть, -су́ю, -су́ешь *uv* **1.** passen *beim Kartenspiel* **2.** kapitulieren, aufgeben, resignieren ‖ *v* спасова́ть
²пасова́ть, -су́ю, -су́ешь *uv Sport* zuspielen, den Ball abgeben ‖ *v mom* пасну́ть, -ну́, -нёшь *umg*
па́спорт, -а, *Pl* паспорта́, -о́в, -а́м *m* **1.** Paß, Ausweis **2.** Registrierschein *einer Maschine u. a.*; ~ автомоби́ля Kraftfahrzeug-Zulassungsschein; **3.** Heft mit genauer Beschreibung eines Geräts u. a.
па́спортный, -ая, -ое Paß-; ~ отде́л Paßstelle
пасса́ж, -а, *I* -ем, *G Pl* -ей *m* **1.** Passage, gedeckter Durchgang *mit Läden* **2.** *mus* Tonfolge, Stelle
пассажи́р, -а *m* Passagier, Fahr-, Fluggast; безбиле́тный ~ Schwarzfahrer
пассажи́рский, -ая, -ое Fahrgast-, Passagier-, Personen-; ~ по́езд Personenzug; ~ самолёт Passagierflugzeug; ~ бага́ж Reisegepäck
пассати́жи, -е́й *Pl* Kombizange
пасси́в, -а *m* **1.** *finanz* Passiva **2.** *gram* Passiv
пасси́вный, -ая, -ое; *Kzf* -вен, -вна passiv, untätig ◇ ~ бала́нс вне́шней торго́вли passive Außenhandelsbilanz
па́ста, -ы *f* Paste; зубна́я ~ Zahnpasta
па́стбище, -а, *I* -ем *n* Weide(platz)
пасте́ль [тэ], -и *f* **1.** Pastellfarben, -stifte **2.** Pastellbild
пастеризова́ть [тэ], -зу́ю, -зу́ешь; -зо́ванный, -зо́ван, -а *v, uv* pasteurisieren, entkeimen
пастерна́к, -а *m bot* Pastinake
пасти́* *uv* weiden (lassen), hüten *Vieh*
пастила́, -ы́, *Pl* пасти́лы, -и́л, -и́лам *f* Konfekt aus Fruchtsaft, Zucker und Eiweiß
пасти́сь*, *1. u. 2. Pers ungebr uv* weiden *itr*
па́стор, -а *m* Pastor, Pfarrer
пастора́ль, -и *f lit, mus* Pastorale
пасту́х, -а́ *m* Hirt
пасту́шеский, -ая, -ое Hirten-
пасту́ший, -ья, -ье Hirten-; -ья су́мка *bot* Hirtentäschel
пасту́шка, -и, *Pl G* -шек, *D* -шкам *f* Hirtin
¹пасть* *v* **1.** *v zu* па́дать 2, 3, 5, 6 **2.** *hoher Stil* fallen *im Kampf*; ~ сме́ртью хра́брых den Heldentod sterben **3.** *hoher Stil* fallen, gestürzt werden; кре́пость па́ла die Festung ist gefallen; цари́зм пал der Zarismus wurde gestürzt **4.** *moralisch* sinken ◇ ~ ду́хом den Mut sinken

lassen; ~ же́ртвой чего́-н. einer Sache zum Opfer fallen

[2]пасть, -и f Rachen *eines wilden Tieres*

пастьба́ [зьб], -ы́ f Weiden, Hüten

пасу́ ↑ пасти́

па́сха, -и f **1.** Ostern **2.** Osterkuchen aus Quark

пасха́льный, -ая, -ое Oster-; -ое яйцо́ Osterei

па́сынок, -нка *m* **1.** Stiefsohn **2.** *bot* Seitentrieb

пасья́нс, -а *m* Patience *Kartenspiel*

пате́нт, -а *m* Patent

патентова́ть, -ту́ю, -ту́ешь; -то́ванный, -то́ван, -а *v, uv* patentieren

патети́ческий [тэ], -ая, -ое pathetisch

патети́чный [тэ], -ая, -ое; *Kzf* -чен, -чна pathetisch

патефо́н, -а *m* (Koffer-) Grammophon

патефо́нный, -ая, -ое Grammophon-; -ая пласти́нка Schallplatte

патова́ть, -ту́ю, -ту́ешь *uv* patt setzen *beim Schachspiel*

па́тока, -и f Melasse, Sirup

патологи́ческий, -ая, -ое **1.** pathologisch **2.** *buchspr* krankhaft

патриа́рх, -а *m* Patriarch

патриарха́льный, -ая, -ое; *Kzf* -лен, -льна patriarchalisch

патриа́ршество, -а *n kirch* Patriarchat

патрио́т, -а *m* Patriot

патриоти́зм, -а *m* Patriotismus ◇ кваснóй ~ Hurrapatriotismus

патри́ций, -я, *P* **-и,** *G Pl* -ев *m hist* Patrizier

[1]**патро́н,** -а *m* **1.** *mil* Patrone; боево́й ~ scharfe Patrone; холосто́й ~ Platzpatrone **2.** *tech* Patrone, Fassung, Einsatz; *el* Fassung; фильтру́ющий ~ противога́за Filtereinsatz der Gasmaske **3.** Schnittmuster

[2] **патро́н,** -а *m* **1.** Patron, Gönner **2.** Chef, Inhaber *eines kapitalist. Betriebes*

патро́нник, -а *m* Patronenlager *in Schußwaffen*

патро́нный, -ая, -ое Patronen-; -ая ле́нта Patronengurt

патронта́ш, -а, *I* -ем, *G Pl* -ей *m* Patronentasche

патрули́ровать, -рую, -руешь *uv A* abpatrouillieren

патру́ль, -я́ *m* Patrouille, Streife

патру́льный, -ая, -ое **1.** Patrouillen-; Streifen-; -ая слу́жба Streifendienst **2.** -ого *Subst m* Streifenposten, Angehöriger einer Streife

па́уза, -ы f Pause *a. mus*; Unterbrechung

пау́к, -а́ *m* Spinne

паути́на, -ы f Spinn(en)gewebe

паути́нка, -и, *Pl G* -нок, *D* -нкам f *umg* Spinn(en)gewebe ◇ чулки́-~ hauchdünne Strümpfe

пау́чий, -ья, -ье Spinnen-

па́фос, -а *m* Pathos

пах, -а, *P* о па́хе, в паху́ *m anat* Leiste(ngegend)

паха́ние, -я *n* Pflügen

па́харь, -я *m* Pflüger

паха́ть* *uv* pflügen

па́хнуть, -ну, -нешь; пах *u.* па́хнул, па́хла *uv* **1.** *I* duften, riechen (nach); па́хнет мы́лом es riecht nach Seife **2.** *übtr umg* ,,riechen nach", in der Luft liegen; па́хнет дождём es sieht nach Regen aus; де́ло па́хнет деньга́ми diese Sache wird wohl Geld einbringen; ты зна́ешь, чем э́то для тебя́ па́хнет? weißt du, was dir dafür blüht?; па́хнет бедо́й es droht ein Unglück

пахну́ть, *1. u. 2. Pers ungebr*, -нёт *uv umg I* wehen; пахну́ло хо́лодом *unpers* es wehte kühl

пахово́й, -а́я, -о́е *anat* Leisten-

па́хота, -ы f Pflügen, Ackern

па́хотный, -ая, -ое pflügbar; -ые зе́мли Ackerland; ~ слой Mutterboden

па́хта, -ы f Buttermilch

па́хтанье, -ья *n* **1.** Buttern **2.** *gbt* Buttermilch

па́хтать, -аю, -аешь; -анный, -ан, -а *uv* buttern

паху́чий, -ая, -ее; *Kzf* -у́ч, -а, -е stark duftend

паца́н, -а́ *m volksspr* Junge

пацие́нт, -а *m* Patient

пацифи́стский [сск], -ая, -ое pazifistisch

па́че *Adv, Komp alt* mehr; тем ~ um so mehr; ~ ча́яния wider Erwarten

па́чка, -и, *Pl G* -чек, *D* -чкам f **1.** Päckchen, kleine Packung; ~ була́вок Brief Stecknadeln **2.** Stoß, Stapel; ~ книг Bücherstoß **3.** Ballettröckchen

па́чкать, -аю, -аешь *uv* **1.** beschmieren, beschmutzen **2.** *umg* klecksen, schmieren *nachlässig, unsauber zeichnen oder malen* ◇ ~ чью-н. репута́цию j-m die Ehre abschneiden, j-n in Verruf bringen

па́чкаться, -аюсь, -аешься *uv* **1.** sich schmutzig machen; ~ о сте́ну sich an der Wand schmutzig machen

2. *1. u. 2. Person ungebr* schmutzig werden, schmutzen

пачкотня́, -и́ *f umg verächtl* Kleckserei, Schmiererei, stümperhafte Arbeit

пачку́н, -а́ *m umg verächtl* Schmierfink *a. übtr von Malern u. Schriftstellern*

паша́, -и́, *I* -о́й, *G Pl* -е́й *m* Pascha *Titel*

Па́ша, -и, *I* -ей **1.** *m Dem zu* Па́вел **2.** *f Dem zu* Праско́вья

па́шня, -и, *Pl G* -шен, *D* -шням *f* Acker(land)

паште́т, -а *m* Pastete

пашу́ ↑ **паха́ть**

па́юсный, -ая, -ое: -ая **икра́** gepreßter Kaviar

пая́льник, -а *m* Lötkolben

пая́льный, -ая, -ое Löt-; -ая ла́мпа Lötlampe

пая́льщик, -а *m* Löter

пая́ние, -я *n* Löten

пая́сничать, -аю, -аешь *uv umg* Grimassen schneiden, den Hanswurst spielen

пая́ть, -я́ю, -я́ешь; па́янный, па́ян, -а *uv* löten

пая́ц, -а, *I* -ем, *G Pl* -ев *m* **1.** *alt* Bajazzo, Clown **2.** *übtr* Hanswurst, Hampelmann

ПВО (противовозду́шная оборо́на) Luftschutz; Fliegerabwehr

п. г. (про́шлого го́да) vorigen Jahres

пева́ть *uv iterativ zu* петь

певе́ц, -вца́, *I* -вцо́м, *G Pl* -вцо́в *m* Sänger

певи́ца, -ы, *I* -ей *f* Sängerin

певу́н, -а́ *m umg* sangesfreudiger Mensch

певу́чий, -ая, -ее; *Kzf* -у́ч, -а, -е **1.** melodisch, wohlklingend **2.** *umg* sangesfreudig

пе́вчий, -ая, -ее **1.** Sing- *Vögel*; -ие пти́цы Singvögel **2.** -его *Subst m kirch* Chorsänger

пе́гий, -ая, -ое; *Kzf* пег, -а scheckig *Pferd*

пед- *in Zuss Abk für* педагоги́ческий pädagogisch

педаго́г, -а *m* Pädagoge, Pädagogin

педаго́гика, -и *f* Pädagogik

педагоги́ческий, -ая, -ое pädagogisch

педагоги́чный, -ая, -ое; *Kzf* -чен, -чна pädagogisch richtig [geschickt]

педа́ль, -и *f* Pedal, Fußhebel ◇ нажа́ть на все -и *übtr volksspr* alle Hebel in Bewegung setzen

педанти́зм, -а *m* Pedanterie

педанти́чность, -и *f* Pedanterie

педанти́чный, -ая, -ое; *Kzf* -чен, -чна pedantisch, kleinlich

педву́з, -а *m* (педагоги́ческое вы́сшее уче́бное заведе́ние) pädagogische Hochschule

педиатри́я, -и *f* Pädiatrie, Kinderheilkunde

педикю́р, -а *m* Pediküre, Fußpflege

педикю́рша, -и, *P* -ей *f* Pediküre, Fußpflegerin

пед|институ́т [дын], -а *m* (педагоги́ческий институ́т) pädagogisches Institut; **~сове́т,** -а *m* (педагоги́ческий сове́т) pädagogischer Rat; **~учи́лище,** -а, *I* -ем *n* (педагоги́ческое учи́лище) Institut für Lehrerbildung *zur Ausbildung von Unterstufenlehrern und Kindergärtnerinnen*

пейза́ж, -а, *I* -ем, *G Pl* -ей *m* **1.** Landschaft **2.** *Kunst* Landschaft(sbild)

пейзажи́ст, -а *m* Landschaftsmaler

пейза́жный, -ая, -ое Landschafts-

пека́рный, -ая, -ое Back-, Bäcker-

пека́рня, -и, *Pl G* -рен, *D* -рням *f* Bäckerei

пе́карь, -я, *Pl* пекаря́, -е́й, -я́м *u.* пе́кари, -ей, -ям *m* Bäcker

Пеки́н, -а *m* Peking

пеклева́нный, -ая, -ое gebeutelt

пеклева́ть, -лю́ю, -лю́ешь; -лёванный, -лёван, -а *uv Mehl* fein mahlen und sieben

пе́кло, -а *n umg* **1.** Glut, Hitze **2.** *übtr* Hölle, Wirrwarr

пеку́ ↑ [2]печь

Пелаге́я, -и *f weibl Vn*

пелена́, -ы́, *Pl* пелены́, -ён, -ена́м *f übtr* Decke, Schleier; сне́жная ~ Schneedecke; сплошна́я ~ облако́в dichter Wolkenschleier ◇ с пелён *alt* von Kindheit an; у меня́ сло́вно ~ с глаз упа́ла mir fiel es wie Schuppen von den Augen

пелена́ть, -а́ю, -а́ешь *uv* in Windeln wickeln ‖ *v* спелена́ть; спелёнатый, -ат, -а

пелена́шка, -и, *Pl G* -шек, *D* -шкам *m, f volksspr* Säugling, Wickelkind

пеленга́тор, -а *m* Peilgerät

пеленгова́ть, -гу́ю, -гу́ешь *uv* (an)peilen

пелёнка, -и, *Pl G* -нок, *D* -нкам *f* Windel ◇ с -нок von klein auf, von Kindheit an; вы́йти из -нок den Kinderschuhen entwachsen sein

пелери́на, -ы *f* Pelerine

пелика́н, -а *m* Pelikan

пельме́ни *Pl* -ей, *Sg* пельме́нь, -я *m* Pelmeni *mit Fleisch gefüllte gekochte Klößchen*

пе́мза, -ы *f* Bimsstein
пе́на, -ы *f* Schaum, Gischt; снять -у den Schaum abschöpfen ◇ с -ой у рта wutschäumend, voller Wut
пена́л, -а *m* Federkasten, -mappe
пе́ни *Pl* -ей, *Sg* пе́ня, -и *f alt* Vorwürfe, Klagen
пе́ние, -я *n* Singen, Gesang
пе́нистый, -ая, -ое; *Kzf* -ист, -а schäumend, schaumig ◇ -ая рези́на Schaumgummi
пе́ниться, *1. u. 2. Pers ungebr,* -ится *uv* schäumen
[1]**пе́нка,** -и, *Pl G* -нок, *D* -нкам *f* Haut *auf Milch u. a.*; Schaum ◇ снима́ть -и *übtr* die Sahne abschöpfen
[2]**пе́нка,** -и, *Pl G* -нок, *D* -нкам *f min* Meerschaum
пе́нковый, -ая, -ое *min* Meerschaum-
пено|бето́н, -а *m* Schaumbeton; **~пла́ст,** -а *m* Schaum(kunst)stoff; **~стекло́,** -а *n* Schaumglas
пе́ночка, -и, *Pl G* -чек, *D* -чкам *f zool* Laubsänger
пенс, -а *m* Penny *englische Münze*
пенсионе́р, -а *m* Rentner, Pensionär
пенсио́нный, -ая, -ое Renten-
пе́нсия, -и *f* Rente, Pension; ~ по ста́рости Altersrente; ~ по инвали́дности Invalidenrente; уйти́ на -ю Rentner werden, in den Ruhestand gehen
пенсне́ [нэ] *n idkl* Kneifer, Pincenez
пе́нтюх, -а *m volksspr, verächtl* Tölpel, schwerfälliger Mensch
пень, пня, *I* пнём, *Pl* пни, пней, пням *m* Baumstumpf 2. *übtr verächtl* Klotz ◇ стоя́ть как ~ *oder* стоя́ть пнём wie ein Klotz dastehen
пенька́, -и́ *f* Hanf
пенько́вый, -ая, -ое hanfen, Hanf-
пеньюа́р, -а *m* 1. Frisierumhang, Haarschneidemantel 2. *alt* Morgenrock
[1]**пе́ня,** -и, *G Pl* пе́ней *f* Verzugszinsen, Konventionalstrafe
[2]**пе́ня** ↑ пе́ни
пеня́ть, -я́ю, -я́ешь *uv* Vorwürfe machen, die Schuld geben (кому́-н. *oder* на кого́-н. за *A* j-m wegen); пеня́й на себя́! du bist selber schuld!, geschieht dir ganz recht! ‖ *v* попеня́ть
пе́пел, -пла *m* Asche ◇ обрати́ть в ~ in Schutt und Asche legen; подня́ть из -пла aus Schutt und Asche neu erstehen lassen
пепели́ще, -а, *I* -ем *n* Brandstätte ◇ родно́е [ста́рое] ~ *alt* eigener Herd, eigenes Haus
пе́пельница, -ы, *I* -ей *f* Aschenbecher
пе́пельный, -ая, -ое 1. Aschen- 2. aschgrau; aschblond
пер. (переу́лок) Gasse, Querstraße
перва́ч, -а́ (-у́), *I* -о́м *m volksspr* Ware der besten Sorte
перве́йший, -ая, -ее *umg* 1. vordringlichst 2. allerbester
пе́рвенец, -нца, *I* -нцем, *G Pl* -нцев *m* 1. Erstgeborener, ältestes [erstgeborenes] Kind 2. *übtr* Erstling(swerk); Ха́рьковский тра́кторный заво́д — ~ пе́рвой пятиле́тки das Charkower Traktorenwerk ist einer der ersten Bauten des ersten Fünfjahrplans
пе́рвенство, -а *n* 1. Vorrang(stellung); оспа́ривать ~ у кого́-н. j-m den Vorrang streitig machen 2. *Sport* Meisterschaft; разы́грывать ~ die Meisterschaft austragen; ~ ми́ра по футбо́лу Fußball-Weltmeisterschaft
пе́рвенствовать, -вую, -вуешь *u.* **первенствова́ть,** -ву́ю, -ву́ешь *uv* 1. an erster Stelle stehen, den Ton angeben 2. *Sport* die Meisterschaft innehaben
перви́нка, -и *f volksspr* etwas Neues ◇ в -у zum ersten Mal; мне не в -у коло́ть дрова́ ich hacke nicht zum ersten Mal Holz
перви́чный, -ая, -ое primär, Erst-; -ая парти́йная организа́ция Grundorganisation der Partei
перво- *in Zuss* Erst-, erst-
первобытнообщи́нный, -ая, -ое: ~ родово́й строй Gentilverfassung, Urgemeinschaft
первобы́тный, -ая, -ое 1. Ur-, der Urgesellschaft angehörend; ~ челове́к Urmensch; -ое о́бщество Urgesellschaft 2. *übtr* unkultiviert, primitiv 3. ursprünglich; unberührt
перво|исто́чник, -а *m* Original, Urquelle, erste Quelle; **~кла́ссник,** -а *m* Schüler der ersten Klasse; **~кла́ссный,** -ая, -ое erstklassig; **~ку́рсник,** -а *m* Student des ersten Studienjahres
Первома́й, -я *m* der Erste Mai *Feiertag*
первома́йский, -ая, -ое Mai-, am Ersten Mai stattfindend; -ая демонстра́ция Maidemonstration
первонача́льный, -ая, -ое ursprünglich, anfänglich; Anfangs-; -ые све́дения Grundkenntnisse; -ое накопле́ние ursprüngliche Akkumulation
перво|о́браз, -а *m buchspr* Urbild, Prototyp; **~очередно́й,** -а́я, -о́е *u.* **~очерёдный,** -ая, -ое vordringlichster, allerwichtigster; **~печа́тник,** -а

m Begründer des Buchdrucks, erster Buchdrucker; **~печа́тный,** -ая, -ое 1.: ~печа́тные кни́ги Früh-, Wiegendrucke, Inkunabeln 2. zum ersten Mal gedruckt; **~разря́дный,** -ая, -ое erstklassig; **~ро́дный,** -ая, -ое 1. *alt* erstgeboren 2. *buchspr* ursprünglich, unberührt ◇ ~ро́дный грех Grundfehler, Grundübel; **~родя́щая,** -ей *Subst f* Erstgebärende; **~со́ртный,** -ая, -ое erstklassig, von erster Qualität, erster Wahl; **~степе́нный,** -ая, -ое; *Kzf* -нен, -нна erstrangig, allerwichtigst; **~цве́т,** -а *m bot* Primel

пе́рвый, -ая, -ое 1. *Num* erster; ~ этáж Erdgeschoß; -ого числá am Ersten (des Monats); -ое ию́ня der erste Juni; ~ час es geht auf eins; в -ом часу́ in der ersten Stunde, zwischen zwölf und eins; в ~ раз zum erstenmal; он ~ рассказáл er hat es als erster erzählt; -ые два die beiden ersten; ~ учени́к bester Schüler 2. -ое, -ого *Subst n* erster Gang *beim Essen* ◇ ~ встре́чный der erste beste; в -ую го́лову in erster Linie; из -ых рук aus erster Hand; не -ой мо́лодости nicht mehr der [die] Jüngste

пергáмент, -а *m* Pergament; Pergamentpapier

пергáментный, -ая, -ое pergamenten

переадресовáть, -су́ю, -су́ешь; -со́ванный, -со́ван, -а *v* umadressieren ‖ *uv* **переадресо́вывать,** -аю, -аешь

перебази́ровать, -рую, -руешь; -рованный, -рован, -а *v* verlagern, verlegen

перебáрщивать *uv zu* переборщи́ть

перебегáть *uv zu* перебежáть

пере|бежáть* *v* 1. *A oder* чéрез *A* (hin)durchlaufen, überqueren, laufen (über) 2. überlaufen, desertieren ‖ *uv* перебегáть, -áю, -áешь

перебе́жка, -и, *Pl G* -жек, *D* -жкам *f* *mil* 1. sprungweises Vorgehen; geschlossener Sprung; дéлать -и sprungweise vorgehen, sich sprungweise vorarbeiten 2. Überlaufen *zum Feind* 3. *Sport* Wiederholung des Laufs

перебе́жчик, -а *m* Überläufer; Grenzverletzer; Verräter

перебе́ливать *uv zu* перебели́ть

перебели́ть, -елю́, -е́ли́шь; -елённый, -елён, -еленá *v* 1. neu weißen [tünchen] 2. *alles, vieles* weißen 3. ins reine schreiben ‖ *uv* перебе́ливать, -аю, -аешь

перебеси́ться, -ешу́сь, -е́сишься *v* 1. an Tollwut erkranken *viele Tiere* 2. *umg* in Wut geraten, aufgeregt werden *von vielen* 3. *volksspr* sich austoben, sich die Hörner ablaufen

перебивáть(ся) *uv zu* переби́ть(ся)

перебирáть(ся) *uv zu* перебрáть(ся)

пере|би́ть* *v* 1. unterbrechen, ins Wort fallen 2. *nacheinander* erschlagen, abschlachten, töten *viele, alle* 3. zerbrechen, entzwei-, zerschlagen 4. sich brechen *Glieder* 5. neu beziehen *mit Stoff* 6. *noch einmal* aufschütteln *Bett, Kissen* 7. *umg* (vor der Nase) wegschnappen (что́-н. у кого́-н. j-m etw.) ◇ ~ кому́-н. доро́гу j-n ausstechen ‖ *uv* перебивáть, -áю, -áешь

пере|би́ться* *v* 1. *umg* sich mit Mühe und Not durchschlagen, sich über Wasser halten 2. *1. u. 2. Pers ungebr* zerbrechen, zerschlagen werden *vieles* ‖ *uv* перебивáться, -áюсь, -áешься

перебо́й, -я *m* 1. Stockung, Unterbrechung, Unregelmäßigkeit; рабо́тать с -ями *tech* zeitweise aussetzen 2. *med* Aussetzen; пульс с -ями unregelmäßiger Puls

перебо́йный, -ая, -ое *umg* stockend, unregelmäßig

переболе́ть, -е́ю, -е́ешь *v I Krankheit* überstehen, durchmachen *a. übtr*; я сам э́тим переболе́л ich habe das selbst durchgemacht

перебо́р, -а *m umg* Mehreinnahme, Überschuß; Mehrverbrauch

перебо́рка, -и, *Pl G* -рок, *D* -ркам *f* 1. Sortieren, Auslesen 2. Scheidewand, Zwischenwand; *naut* Schott(e)

пере|боро́ть* *v* 1. *umg* besiegen 2. *übtr* überwinden, unterdrücken

переборщи́ть, -щу́, -щи́шь *v umg* (es) übertreiben ‖ *uv* перебáрщивать, -аю, -аешь

перебрáниваться, -аюсь, -аешься *uv umg* sich zanken, sich gegenseitig beschimpfen

перебрани́ться, -ню́сь, -ни́шься *v umg* sich verzanken

перебрáнка, -и *f umg* heftiger Wortwechsel, Gezänk, gegenseitiges Beschimpfen

перебрáсывать *uv zu* перебросáть *u.* перебро́сить

перебрáсываться *uv zu* перебро́ситься

пере|брáть*; перéбранный, -ан, -а *v* 1. sortieren, durchsehen, auslesen 2. *typ* neu setzen 3. nacheinander berühren, anschlagen; ~ клáвиши пáльцами mit den Fingern über die Tasten gleiten 4. *umg zur Reparatur* auseinandernehmen und wieder zusammensetzen **5.** *A oder G* nach und nach nehmen, borgen **6.** *A oder G* zuviel nehmen ◇ ~ когó-н. по кóсточкам j-n durchhecheln ‖ *uv* перебирáть, -áю, -áешь

пере|брáться*; -брáлись *v umg* **1.** überqueren, übersetzen; ~ чéрез рéкý über den Fluß setzen, den Fluß überqueren **2.** umziehen, übersiedeln; ~ в нóвую квартúру in eine neue Wohnung ziehen ‖ *uv* перебирáться, -áюсь, -áешься

перебросáть, -áю, -áешь; перебрóсанный, -ан, -а *v* ein Stück nach dem anderen hinwerfen, *viel, alles* hinüberwerfen ‖ *uv* перебрáсывать, -аю, -аешь

перебрóсить, -óшу, -óсишь; -óшенный, -óшен, -óшена *v* **1.** (hin)überwerfen; ~ мяч чéрез забóр den Ball über den Zaun werfen **2.** *Truppen* verschieben; versetzen; transportieren, befördern; егó перебрóсили в другóй райóн er wurde in einen anderen Kreis versetzt ◇ ~ мост чéрез рéкý eine Brücke über den Fluß bauen ‖ *uv* перебрáсывать, -аю, -аешь

перебрóситься, -óшусь, -óсишься *v* **1.** (hinüber)springen, sich schwingen (über) **2.** *übtr* überspringen, sich ausbreiten; огóнь перебрóсился на сосéдний дом das Feuer griff auf das Nachbarhaus über **3.** *I* sich zuwerfen; ~ нéсколькими словáми einige Worte wechseln ‖ *uv* перебрáсываться, -аюсь, -аешься

перебрóска, -и *f* Verschiebung, -legung

перебывáть, -áю, -áешь *v* verweilen, sich aufhalten *an vielen Orten*; где я тóлько не перебывáл! wo bin ich nicht überall gewesen!

перевáл, -а *m* **1.** Gebirgspaß **2.** Überqueren; ~ чéрез гóры das Überqueren des Gebirges

перевáлец, -льца, *I* -льцем *m*: ходúть с -льцем watscheln, einen wiegenden Gang haben

перевáливать *uv zu* перевалúть

перевáливаться, -аюсь, -аешься *uv* **1.** watscheln **2.** *uv zu* перевалúться

перевалúть, -алю, -áлишь; -áленный, -áлен, -а *v* **1.** (hinüber)wälzen, -schleppen; umladen **2.** *A oder* чéрез *A* überqueren *Gebirge u. ä.* **3.** за *A umg* überschreiten; сýмма перевалúла за ты́сячу рублéй die Summe überschritt tausend Rubel; перевалúло далекó за пóлночь Mitternacht ist [war] längst vorbei; ей перевалúло за сóрок sie ist über vierzig ‖ *uv* перевáливать, -аю, -аешь

перевалúться, -валюсь, -вáлишься *v* **1.** sich darüberwälzen **2.** *umg* sich hin und her wälzen **3.** *volksspr* überqueren ‖ *uv* перевáливаться, -аюсь, -аешься

перевáлка, -и *f* Umladen, Umschlag ◇ ходúть в -у einen watschelnden Gang haben

перевáлочный, -ая, -ое Umschlags-, Umlade-

перевáривать(ся) *uv zu* переварúть(ся)

переварúть, -арю, -áришь; -áренный, -áрен, -а *v* **1.** verdauen *a. übtr* **2.** noch einmal kochen **3.** umschmelzen **4.** zu lange kochen, zerkochen (lassen) **5.** *übtr umg* ertragen, ausstehen ‖ *uv* перевáривать, -аю, -аешь; онá егó не перевáривает sie kann ihn nicht ausstehen [nicht leiden]

переварúться, *1. u. 2. Pers ungebr,* -áрится *v* **1.** zerkochen *itr* **2.** verdaut werden ‖ *uv* перевáриваться, -ается

пере|везтú* *v* **1.** befördern, transportieren **2.** übersetzen *über ein Gewässer* ‖ *uv* перевозúть, -вожý, -вóзишь

перевернýть, -нý, -нёшь; перевёрнутый, -ут, -а *v* **1.** umwenden, umdrehen **2.** *umg* umkippen, umwerfen **3.** wenden *Kleidung* **4.** *umg* alles umwenden *auf der Suche nach etw.* **5.** *übtr* verkehren, wenden ◇ ~ всё вверх дном das Unterste zuoberst kehren, alles auf den Kopf stellen; ~ весь мир die Welt aus den Angeln heben ‖ *uv* перевёртывать, -аю, -аешь

перевернýться, -нýсь, -нёшься *v* sich umwenden, -drehen; umschlagen, umkippen ‖ *uv* перевёртываться, -аюсь, -аешься

перевертéть, -ерчý, -éртишь; -éрченный, -éрчен, -а *v* **1.** überdrehen *Schraube u. ä.* **2.** nochmals einschrauben, umschrauben ‖ *uv* перевéрчивать, -аю, -аешь

перевёртывать *uv zu* перевернýть

перевёртываться *uv zu* перевернýться

перевéрчивать *uv zu* перевертéть

перевéс, -а *m* **1.** Nachwiegen **2.** Übergewicht **3.** *übtr* Übergewicht, Übermacht; ~ голосóв Stimmenmehrheit

перевéсить, -éшу, -éсишь; -éшенный, -éшен, -а *v* 1. umhängen, anderswo aufhängen 2. nachwiegen, nochmals wiegen 3. schwerer sein, überwiegen 4. *übtr umg* überwiegen, das Übergewicht haben ‖ *uv* перевéшивать, -аю, -аешь

перевéситься, -éшусь, -éсишься *v* sich beugen (über) ‖ *uv* перевéшиваться, -аюсь, -аешься

пере|вести́*; переведши *u.* переведя́ *v* 1. (hinüber)führen, -bringen 2. überführen; verlegen; ~ больно́го в другу́ю пала́ту einen Kranken in ein anderes Zimmer legen; ~ по́езд на запасно́й путь den Zug aufs Abstellgleis fahren 3. umstellen; ~ все цеха́ на хозрасчёт alle (Werks-) Abteilungen auf wirtschaftliche Rechnungsführung umstellen; ~ на вое́нные ре́льсы auf den Krieg umstellen; ~ часову́ю стре́лку den Uhrzeiger umstellen, die Uhr stellen 4. übersetzen, übertragen *in eine andere Sprache*; ~ с неме́цкого на ру́сский vom Deutschen ins Russische übersetzen 5. *j-n* versetzen; его́ перевели́ в друго́й го́род er wurde in eine andere Stadt versetzt; ~ ученика́ в сле́дующий класс einen Schüler (in die nächste Klasse) versetzen 6. überweisen *Geld* 7. *jur* überschreiben (lassen); ~ сбереже́ния на и́мя жены́ die Ersparnisse auf den Namen der Frau überschreiben lassen 8. umrechnen (на *A* in); ~ ми́ли в киломе́тры Meilen in Kilometer umrechnen 9. durchpausen, durchzeichnen 10. *umg* vernichten, ausrotten; *Geld* (sinnlos) ausgeben ◇ ~ дух [дыха́ние] (tief) Luft holen ‖ *uv* переводи́ть, -ожу́, -о́дишь

пере|вести́сь*; переве́дшись *u.* переведя́сь *v* 1. überwechseln, sich versetzen lassen *auf eine andere Arbeitsstelle* 2. *umg 1. u. 2. Pers ungebr* aussterben, verschwinden; ausgehen; де́ньги у него́ не перево́дятся er ist immer bei Kasse ‖ *uv* переводи́ться, -вожу́сь, -во́дишься

перевéшать, -аю, -аешь; -анный, -ан, -а *v* 1. *umg alles, viel* nacheinander aufhängen 2. *viele* der Reihe nach erhängen 3. *nacheinander* (ab)wiegen 4. *umg* nochmals wiegen ‖ *uv*

[1]**перевéшивать,** -аю, -аешь *zu* 3

[2]**перевéшивать** *uv zu* перевéсить

перевéшиваться *uv zu* перевéситься

перевива́ть *uv zu* переви́ть

перевида́ть, -а́ю, -а́ешь; переви́данный, -ан, -а *v umg vieles* sehen, erleben

перевира́ть *uv zu* перевра́ть

пере|ви́ть*; переви́тый *u. umg* перевито́й, -и́т, -а́! *v* 1. umwinden; durch-, verflechten 2. nochmals, neu flechten, drehen ‖ *uv* перевива́ть, -а́ю, -а́ешь

перево́д, -а *m* 1. Übersetzung, Übertragung; ~ с ру́сского Übersetzung aus dem Russischen; досло́вный ~ wörtliche Übersetzung; у́стный ~ Dolmetschen; синхро́нный ~ Simultandolmetschen, Simultanübersetzung; после́довательный ~ Konsekutivdolmetschen 2. Überführung, Versetzung; ~ в ста́рший класс Versetzung in die nächste Klasse 3. Geld-, Postanweisung 4. Stellen *Uhr, Weiche* 5. Durchpausen 6. *typ* Umdruck 7. *umg* Vergeudung, Verschwendung ◇ нет -у [-а] *D* nicht alle werden, ist [sind] vorhanden, nicht erschöpft werden

переводи́ть(ся) *uv zu* перевести́(сь)

перево́дный, -ая, -ое *u. umg* **переводно́й,** -а́я, -о́е 1. übersetzt, Übersetzungs- 2. Überweisungs-; ~ бланк Überweisungsvordruck; ~ ве́ксель trassierter Wechsel 3. *tech* Überleitungs- 4. (переводно́й) zum Kopieren (dienend), Paus-; -а́я бума́га Kohlepapier; Durchschlagpapier; -а́я карти́нка Abziehbild

перево́дческий, -ая, -ое Übersetzer-, Dolmetscher-

перево́дчик, -а *m* Übersetzer; Dolmetscher

перево́дчица, -ы, *I* -ей *f* Übersetzerin; Dolmetscherin

перево́з, -а *m* 1. Transport, Beförderung; Hinüberfahren *tr* 2. Überfahrt(sstelle) 3. *umg* Fähre

перевози́ть *uv zu* перевезти́

перево́зка, -и, *Pl G* -зок, *D* -зкам *f* Transport, Beförderung; Hinüberfahren

перево́з(оч)ный, -ая, -ое Transport-, Beförderungs-; Überfahrts-

перево́зчик [ощ], -а *m* Fährmann

переволнова́ться, -ну́юсь, -ну́ешься *v umg* sich übermäßig aufregen

перевооружа́ть *uv zu* перевооружи́ть

перевооруже́ние, -я *n* Neuausrüstung; *mil* Umrüstung

перевооружи́ть, -жу́, -жи́шь; -жённый, -жён, -жена́ *v tech* neu ausrüsten; *mil* umrüsten ‖ *uv* перевооружа́ть, -а́ю, -а́ешь

перевоплоти́ть, -ощу́, -оти́шь; -ощённый, -ощён, -ощена́ *v* umgestalten, neu gestalten, verwandeln || *uv* **перевоплоща́ть,** -а́ю, -а́ешь

перевоплоти́ться, -ощу́сь, -оти́шься *v* sich verwandeln, sich umgestalten, eine neue Gestalt annehmen || *uv* **перевоплоща́ться,** -а́юсь, -а́ешься

перевоплоще́ние, -я *n* Neu-, Umgestaltung; Verwandlung

перевора́чивать(ся) *uv zu* переворoти́ть(ся)

переворо́т, -а *m* 1. Umwälzung, Umschwung; госуда́рственный ~ Staatsstreich 2. *Sport* Überschlag; ~ бо́ком Rad; ~ в упо́р Knieaufschwung

переворoти́ть, -очу́, -о́тишь; -о́ченный, -о́чен, -а *v volksspr* 1. umwenden, -drehen; umkippen, -werfen 2. alles umwenden, -kehren, durcheinander werfen || *uv* перевора́чивать, -аю, -аешь

переворoти́ться, -очу́сь, -о́тишься *v volksspr* sich umwenden, -drehen; umschlagen, umkippen || *uv* перевора́чиваться, -аюсь, -аешься

перевороши́ть, -шу́, -ши́шь; -шённый, -шён, -шена́ *v umg* alles durchwühlen, durchstöbern; *Heu* wenden

перевоспита́ние, -я *n* Umerziehung

перевоспита́ть, -а́ю, -а́ешь; перевоспи́танный, -ан, -а *v* umerziehen || *uv* **перевоспи́тывать,** -аю, -аешь

пере|вра́ть*, пере́вранный, -ан, -а *v* 1. *umg* verdrehen, entstellen, falsch wiedergeben 2. *volksspr* im Lügen übertreffen || *uv* перевира́ть, -а́ю, -а́ешь

перевыбира́ть *uv zu* перевы́брать

перевы́борный, -ая, -ое: -ая кампа́ния Neuwahlkampagne

перевы́боры, -ов *Pl* Neuwahlen

перевы́|брать* *v* neu wählen || *uv* перевыбира́ть, -а́ю, -а́ешь

перевыполне́ние, -я *n* Übererfüllung

перевы́полнить, -ню, -нишь; -ненный, -нен, -а *v* übererfüllen || *uv* **перевыполня́ть,** -я́ю, -я́ешь

пере|вяза́ть* *v* 1. *med* verbinden, einen Verband anlegen 2. zubinden, verschnüren 3. nochmals stricken [binden] || *uv* перевя́зывать, -аю, -аешь

перевя́зка, -и *f* 1. *med* Verbinden 2. *umg* Verband; Schlinge *für einen kranken Arm*

перевя́зочный, -ая, -ое 1. Verband(s)-; ~ пункт Verbandplatz; ~ материа́л Verbandzeug 2. -ая, -ой *Subst f* Verband(s)zimmer, -raum

перевя́зывать *uv zu* перевяза́ть

пе́ревязь, -и *f* 1. Schulterriemen, -band 2. Schlinge *für einen kranken Arm*

перега́р, -а (-у) *m umg* 1. Geruch von etwas Verbranntem 2. Schnapsgeruch; от него́ несёт -ом er hat eine Fahne, er riecht nach Schnaps

переги́б, -а *m* 1. Falten, Umbiegen 2. Faltstelle, Kniff 3. *übtr* Überspitzung, Übertreibung 4. *med* Knickung

перегиба́ть(ся) *uv zu* перегну́ть(ся)

перегла́дить, -а́жу, -а́дишь; -а́женный, -а́жен, -а *v* 1. nochmals bügeln 2. *alles nacheinander* bügeln || *uv* **перегла́живать,** -аю, -аешь

переглaсо́вка, -и, *Pl G* -вок, *D* -вкам *f ling* Umlaut

перегля́дываться *uv zu* переглянуться

перегляну́ться, -яну́сь, -я́нешься *v* einen Blick wechseln (с *I* mit) || *uv* перегля́дываться, -аюсь, -аешься Blicke wechseln

пере|гна́ть*; пе́регнанный, -ан, -а *v* 1. überholen *a. übtr* 2. (hinüber)-treiben, anderswohin treiben; *umg* (hinüber)fahren 3. *chem* destillieren || *uv* перегоня́ть, -я́ю, -я́ешь

перегнива́ть *uv zu* перегни́ть

пере|гни́ть*, *1. u. 2. Pers ungebr v* völlig vermodern, verfaulen || *uv* перегнива́ть, -а́ет

перегно́й, -я *m* Humus

перегну́ть, -ну́, -нёшь; пере́гну́тый, пере́гну́т, -а *v* 1. umbiegen, falten 2. *übtr umg* übertreiben, überspitzen ◇ ~ па́лку den Bogen überspannen || *uv* перегиба́ть, -а́ю, -а́ешь

перегну́ться, -ну́сь, -нёшься *v* sich (um)biegen; sich beugen, sich lehnen (че́рез *A* über) || *uv* перегиба́ться, -а́юсь, -а́ешься

перегова́ривать *uv zu* переговори́ть

перегова́риваться, -аюсь, -аешься *uv* 1. sich unterhalten, einige Worte wechseln 2. *umg* verhandeln

переговори́ть, -рю́, -ри́шь; -рённый, -рён, -рена́ *v* 1. sich besprechen, sich kurz unterhalten, sprechen (с *I* mit) 2. *A umg* überschreien, niederreden || *uv* перегова́ривать, -аю, -аешь *zu* 2

перегово́рный, -ая, -ое: ~ пункт Fernsprechstelle

перегово́ры, -ов *Pl* 1. Verhandlungen; вести́ ~ verhandeln; ~ о переми́рии Waffenstillstandsverhandlungen; путём -ов auf dem Verhandlungswege 2. Gespräch(e), Unterhaltung; ~ по телефо́ну Telefongespräche

перего́н, -а *m* 1. Strecke *zwischen zwei Stationen* 2. (Hinüber-) Treiben

перего́нка, -и, *Pl G* -нок, *D* -нкам *f* Destillation

перегоня́ть *uv zu* перегна́ть

перегора́живать *uv zu* перегороди́ть

перегора́ть *uv zu* перегоре́ть

перегоре́ть, *1. u. 2. Pers ungebr*, -ри́т *v* 1. durchbrennen; про́бки перегоре́ли die Sicherungen sind durchgebrannt 2. völlig verbrennen 3. erlöschen *Gefühl* 4. völlig durchfaulen *Dünger* ‖ *uv* перегора́ть, -а́ет

перегороди́ть, -ожу́, -о́ди́шь; -о́женный, -о́жен, -а *v* 1. (durch eine Scheidewand) trennen 2. *umg* versperren, absperren ‖ *uv* перегора́живать, -аю, -аешь

перегоро́дка, -и, *Pl G* -док, *D* -дкам *f* 1. Zwischenwand, Verschlag 2. *übtr* trennende Wand, Barriere; сосло́вные -и Standesschranken

перегре́в, -а *m tech* Überhitzung, Heißlaufen; Erhitzung

перегрева́ть *uv zu* перегре́ть

перегре́ть, -е́ю, -е́ешь; -е́тый, -е́т, -а *v* zu stark erhitzen, überhitzen ‖ *uv* перегрева́ть, -а́ю, -а́ешь

перегружа́тель, -я *m tech* mechanische Ladevorrichtung, Ladekran

перегружа́ть *uv zu* перегрузи́ть

перегрузи́ть, -ужу́, -у́зи́шь; -у́женный, -у́жен, -а *oder* -ужённый, -ужён, -ужена́ *v* 1. umladen 2. überladen, überlasten *a. übtr* ‖ *uv* перегружа́ть, -а́ю, -а́ешь

перегру́зка, -и *f* 1. Umladen 2. Überlastung *a. übtr*

перегру́зочный, -ая, -ое Umlade-, Verlade-; ~ кран Verladekran

перегруппирова́ть, -ру́ю, -ру́ешь; -ро́ванный, -ро́ван, -а *v* umgruppieren ‖ *uv* перегруппиро́вывать, -аю, -аешь

перегруппиро́вка, -и, *Pl G* -вок, *D* -вкам *f* Umgruppierung

перегруппиро́вывать *uv zu* перегруппирова́ть

перегрыза́ть *uv zu* перегры́зть

пере|гры́зть* *v* 1. durchnagen, -beißen 2. *viele* (tot)beißen ‖ *uv* перегрыза́ть, -а́ю, -а́ешь

пе́ред *u. vor einigen Konsonantenverbindungen* **пе́редо,** *Präpos mit I* 1. vor *örtlich*; стоя́ть ~ две́рью vor der Tür stehen; поста́вить ~ две́рью vor die Tür stellen; пе́редо мной vor mir 2. (unmittelbar) vor *zeitlich*; ~ едо́й vor dem Essen; ~ сном vor dem Schlafengehen; ~ тем как уйти́, он пе́редал мне ключ ehe er fortging, gab er mir den Schlüssel 3. *übtr* vor, gegenüber; отве́тственность ~ коллекти́вом die Verantwortung gegenüber dem Kollektiv; оправда́ться ~ судо́м sich vor Gericht rechtfertigen; извини́ться ~ ке́м-н. sich bei j-m entschuldigen; ~ ним все низкоро́слы im Vergleich zu ihm sind alle klein (von Wuchs)

перёд, пе́реда, *Pl* переда́, -о́в, -а́м *m* Vorderteil, -seite

передава́ть(ся) *uv zu* переда́ть(ся)

переда́точный, -ая, -ое Übertragungs-, Verbindungs-; Übergabe-; ~ реме́нь Transmissionsriemen; -ая ве́тка Verbindungsstrecke *Eisenbahn*; ~ акт Übergabeakt

переда́тчик, -а *m* 1. *rad* Sender; телевизио́нный ~ Fernsehsender 2. Überbringer

пере|да́ть*; пе́редал [*umg* переда́л], передала́!; пе́реданный, пе́редан, -а́! *v* 1. übergeben, überbringen; überreichen 2. ausrichten, mitteilen; ~ приве́т einen Gruß bestellen 3. wiedergeben, schildern; reproduzieren 4. *rad* senden, übertragen 5. *Sport* abgeben, zuspielen *Ball* 6. weitergeben, fortpflanzen, übertragen *Krankheit, Neigung*; ~ движе́ние die Bewegung übertragen; ~ по насле́дству vererben 7. *umg* zu viel geben ‖ *uv* пере|дава́ть*

пере|да́ться*, *1. u. 2. Pers ungebr*; -дали́сь *v D* 1. übertragen werden, übergehen; vererbt werden 2. *umg, alt* sich ergeben ‖ *uv* пере|дава́ться*

переда́ча, -и, *I* -ей *f* 1. Übergabe, Übermittlung; без пра́ва -и nicht übertragbar; ~ зна́ний (Weiter-) Vermittlung von Kenntnissen; насле́дственная ~ *biol* Vererbung 2. *rad* (Rundfunk-) Sendung; ~ для дете́й Kinderfunk; ~ для студе́нтов Hochschulfunk; програ́мма переда́ч Sendeplan, Programmvorschau; ~ непосре́дственно со стадио́на Direktübertragung aus dem Stadion; ~ изображе́ния Bildübertragung; внестуди́йная телевизио́нная ~ Fernsehaußenübertragung 3. *zu übergebendes* Paket 4. *tech* Transmission, Übertragung; Getriebe; зубча́тая ~ Zahnradgetriebe; ~ с переме́нными скоростя́ми *oder* коро́бка переда́ч Wechselgetriebe **5.** *Auto* Gang **6.** *Sport* Abgabe, Zuspiel; ~ эстафе́ты Stabwechsel

передвига́ть *uv zu* передви́нуть

передвига́ться, -а́юсь, -а́ешься *uv* **1.** *uv zu* передви́нуться **2.** sich bewegen, gehen, fahren

передвиже́ние, -я *n* Fortbewegung; Versetzung; Verschiebung; Transport; сре́дство -я Transportmittel; свобо́да -я Bewegungsfreiheit, Freizügigkeit; ~ войск Truppenverschiebung

передви́жка, -и, *Pl G* -жек, *D* -жкам *f* **1.** Verschiebung **2.** Wander-; библиоте́ка-~ Wanderbibliothek, fahrbare Bibliothek; вы́ставка-~ Wanderausstellung **3.** Filmvorführwagen

передви́жник, -а *m* Peredwishnik *Angehöriger einer Gruppe von russischen Malern, die in der 2. Hälfte des 19. Jahrh. Wanderausstellungen veranstaltete*

передвижно́й, -а́я, -о́е **1.** verschiebbar, verstellbar, beweglich, fahrbar **2.** Wander-; ~ цирк Wanderzirkus; -а́я вы́ставка Wanderausstellung

передви́нуть, -ну, -нешь; -нутый, -нут, -а *v* **1.** verschieben, verrücken, umstellen; transportieren; verlegen; ~ стре́лку (часо́в) вперёд [наза́д] den Uhrzeiger vorstellen [nachstellen] **2.** *umg* verschieben, verlegen *Urlaub, Termin* ‖ *uv* передвига́ть, -а́ю, -а́ешь

передви́нуться, -нусь, -нешься *v* sich verschieben; (vor)rücken ‖ *uv* передвига́ться, -а́юсь, -а́ешься

переде́л, -а *m* **1.** Neuaufteilung, Neuverteilung **2.** *hist* periodische Neuverteilung des Gemeindelandes nach der Kopfzahl

переде́лать, -аю, -аешь; -анный, -ан, -а *v* **1.** umändern, umarbeiten, umformen **2.** *umg viel* schaffen, fertigbringen, leisten ‖ *uv* переде́лывать, -аю, -аешь *zu* 1

передели́ть, -елю́, -е́лишь; -елённый, -елён, -елена́ *v* **1.** neu aufteilen, neu verteilen **2.** *umg* in zwei Teile teilen ‖ *uv* переделя́ть, -я́ю, -я́ешь

переде́лка, -и, *Pl G* -лок, *D* -лкам *f* **1.** Umarbeitung, Änderung, Umgestaltung; отда́ть пла́тье в -у ein Kleid ändern lassen; ~ пути́ Gleisumbau *Eisenbahn*; упражне́ние на -у Umformungsübung *im Sprachunterricht* **2.** *lit* umgearbeitete Fassung ◇ попа́сть в -у in eine heikle Lage geraten; побыва́ть в -е sich in einer heiklen Lage befinden

переде́лывать *uv zu* переде́лать

переделя́ть *uv zu* передели́ть

передёргивать *uv zu* передёрнуть

передержа́ть, -ержу́, -е́ржишь; -е́ржанный, -е́ржан, -а *v* **1.** zu lange halten, zu lange (stehen) lassen **2.** *phot* überbelichten; überentwickeln ◇ ~ экза́мен *alt* eine Prüfung nochmals ablegen ‖ *uv* **переде́рживать,** -аю, -аешь

[1]**переде́ржка,** -и *f* **1.** *phot* Überbelichtung; Überentwicklung **2.** *umg* Nachprüfung, nochmalige Prüfung

[2]**переде́ржка,** -и, *Pl G* -жек, *D* -жкам *f umg* (Ver-) Fälschung; Mogelei; betrügerischer Trick *Kartenspiel*

передёрнуть, -ну, -нешь; -нутый, -нут, -а *v* **1.** zurechtziehen, -rücken, -zupfen; herumreißen **2.** *I* zucken (mit), verziehen; ло́шадь передёрнула уша́ми das Pferd zuckte mit den Ohren **3.** *unpers A* schütteln; его́ передёрнуло от отвраще́ния ihn schüttelte es vor Ekel **4.** *umg* falschspielen, *Karte* unterschlagen **5.** *umg* verdrehen, entstellen ‖ *uv* передёргивать, -аю, -аешь

передне- *in Zuss* vorder-

передненёбный, -ая, -ое: ~ звук *ling* Vordergaumenlaut

переднеязы́чный, -ая, -ое: ~ звук *ling* Vorderzungenlaut

пере́дний, -яя, -ее vorderer, Vorder-; на́ -ем пла́не im Vordergrund; ~ ход *tech* Vorwärtsgang; ~ край *mil* vorderste Linie, Hauptkampflinie

пере́дник, -а *m* Schürze

пере́дняя, -ей *Subst f* Vorzimmer, Vorraum, Vorsaal, Diele

пе́редо ↑ пе́ред

передове́рить, -рю, -ришь; -ренный, -рен, -а *v etw. Anvertrautes einem anderen* übergeben, anvertrauen ‖ *uv* **передоверя́ть,** -я́ю, -я́ешь

передови́к, -а́ *m umg* Bestarbeiter; vorbildlicher Arbeiter; ~ се́льского хозя́йства Meisterbauer

передови́ца, -ы, *I* -ей *f umg* Leitartikel

передово́й, -а́я, -о́е **1.** Vorder-; vorderster; vorgeschoben; ~ пост Vorposten **2.** fortgeschritten, führend; -ое предприя́тие führender Betrieb, Spitzenbetrieb **3.** fortschrittlich **4.** -а́я, -о́й *Subst f* Leitartikel **5.** -ые,

-ы́х *Pl mil* vorderste Linie [Front] ◇ -а́я статья́ Leitartikel
передо́к, -дка́ *m* **1.** Vorderteil *Wagen, Schlitten* **2.** *meist Pl mil* Protze
передо́м *Adv gbt* vorn(weg)
передо́хнуть, *1. u. 2. Pers ungebr,* -нет; передо́х, -ла *v umg* nacheinander verenden, krepieren
передохну́ть, -ну́, -нёшь *v* **1.** Atem holen [schöpfen] **2.** *umg* haltmachen, eine kurze Rast einlegen ‖ *uv* передыха́ть, -а́ю, -а́ешь
передра́знивать *uv zu* передразни́ть
передразни́ть, -азню́, -а́знишь; -азнённый, -азнён, -азнена́ *v A* nachäffen, nachahmen ‖ *uv* передра́знивать, -аю, -аешь
пере|дра́ться*; -драли́сь *v umg* sich prügeln, sich schlagen *von vielen*
передружи́ться, -ужу́сь, -ужи́шься *v umg* sich befreunden *mit vielen, allen*
передря́га, -и *f umg* unangenehme Sache [Lage]; попа́сть в -у in die Klemme geraten
переду́мать, -аю, -аешь; -анный, -ан, -а *v* **1.** es sich anders überlegen, seine Meinung ändern **2.** *A oder* о *P umg* (viel) nachdenken (über) ‖ *uv* **переду́мывать,** -аю, -аешь
передыха́ть *uv zu* передохну́ть
переды́шка, -и, *Pl G* -шек, *D* -шкам *f* Atempause; Rast; Unterbrechung; без -и ununterbrochen; дать кому́-н. -у j-m eine Atempause gönnen
переезда́ть *uv zu* перее́сть
перее́зд, -а *m* **1.** Überfahrt **2.** Umzug, Übersiedlung **3.** Bahnübergang; Flußübergang; охраня́емый (железнодоро́жный) ~ beschrankter Bahnübergang
переезжа́ть *uv zu* перее́хать
пере|е́сть* *v* **1.** sich überessen **2.** zerfressen, korrodieren **3.** *umg alles* aufessen ‖ *uv* перееда́ть, -а́ю, -а́ешь *zu* 1, 2
пере|е́хать* *v* **1.** *A oder* че́рез *A* überqueren, hinüberfahren, fahren (über) **2.** umziehen, übersiedeln; ~ на но́вую кварти́ру in eine neue Wohnung ziehen, umziehen **3.** überfahren *tr* ‖ *uv* переезжа́ть, -а́ю, -а́ешь
пережа́ривать(ся) *uv zu* пережа́рить(ся)
пережа́рить, -рю, -ришь; -рь; -ренный, -рен, -а *v* **1.** zu lange [zu stark] braten (lassen), zu stark rösten **2.** *umg alles, vieles* braten ‖ *uv* пережа́ривать, -аю, -аешь *zu* 1
пережа́риться, -рюсь, -ришься; -рься *v* **1.** *1. u. 2. Pers ungebr von zu langem Braten* verbrennen **2.** *volksspr* sich zu lange sonnen ‖ *uv* пережа́риваться, -аюсь, -аешься
пере|жда́ть* *v* das Ende (von etw.) abwarten; ~ грозу́ das Gewitter vorübergehen lassen ‖ *uv* пережида́ть, -а́ю, -а́ешь
пере|жева́ть* *v* zerkauen ‖ *uv* пережёвывать, -аю, -аешь
пережёвывать, -аю, -аешь *uv* **1.** wiederkäuen, nochmals kauen **2.** *übtr* unaufhörlich wiederholen, wiederkäuen **3.** *uv zu* пережева́ть
пере|же́чь*; пережгла́ *v* **1.** zu stark brennen [rösten] *tr* **2.** durch-, zerfressen, durchbrennen *tr* **3.** *alles* verbrennen **4.** *umg* zu viel verbrennen, verbrauchen *Brennstoffe, Strom* ‖ *uv* пережига́ть, -а́ю, -а́ешь
пережива́ние, -я *n* Erlebnis
пережива́ть *uv zu* пережи́ть
пережига́ть *uv zu* пережéчь
пережида́ть *uv zu* пережда́ть
пережи́ток, -тка *m* Überrest, Überbleibsel *des Alten*
пере|жи́ть*, пе́режил, пережила́!; пе́режитый, пе́режит, пережита́! *v* **1.** erleben, durchleben, durchmachen; он тяжело́ пе́режил э́то er hat sich das schwer zu Herzen genommen **2.** *A* überleben, überdauern, länger leben (als) **3.** ertragen, aushalten ◇ ~ (самого́) себя́ a) *übtr* sich ein bleibendes Denkmal setzen, in der Erinnerung der Menschen weiterleben; b) schon zu Lebzeiten zur Bedeutungslosigkeit herabsinken ‖ *uv* пережива́ть, -а́ю, -а́ешь
пережо́г, -а *m umg* Mehrverbrauch, zu hoher Verbrauch *an Brennstoffen, Strom*
переза|бы́ть*; -бы́ла *v umg viel, alles* vergessen
перезаключа́ть *uv zu* перезаключи́ть
перезаключи́ть, -чу́, -чи́шь; -чённый, -чён, -чена́ *v:* ~ догово́р [соглаше́ние] einen Vertrag [ein Abkommen] erneuern ‖ *uv* перезаключа́ть, -а́ю, -а́ешь
перезаряди́ть, -яжу́, -я́ди́шь; -я́женный, -я́жен, -а *u.* -яжённый, -яжён, -яжена́ *v* neu laden *Gewehr u. a.*; ~ фотоаппара́т einen neuen Film einlegen ‖ *uv* **перезаряжа́ть,** -а́ю, -а́ешь
перезво́н, -а *m* Läuten mit allen Glocken, Glockengeläut

переэдоро́ваться, -аюсь, -аешься *v* с *I umg* alle begrüßen
перезимова́ть, -му́ю, -му́ешь *v* überwintern || *uv* **перезимо́вывать,** -аю, -аешь
перезнако́мить, -млю, -мишь; -мленный, -млен, -а *v umg viele* miteinander bekannt machen; ~ госте́й die Gäste miteinander bekannt machen
перезрева́ть *uv zu* перезре́ть
перезре́лый, -ая, -ое überreif ◇ -ая де́ва *umg iron* spätes Mädchen
перезре́ть, -е́ю, -е́ешь *v* 1. *1. u. 2. Pers ungebr* überreif werden 2. *umg, iron* zu alt werden, das heiratsfähige Alter überschreiten || *uv* перезрева́ть, -а́ет *zu* 1
переигра́ть, -а́ю, -а́ешь; перейгранный, -ан, -а *v* 1. *A* nochmals spielen, *ein Spiel* wiederholen 2. *A viel* nacheinander (durch)spielen 3. *umg* zuviel spielen, überspielen 4. *A umg* überspielen, übertreffen, besiegen, im Spiel besiegen 5. *theat umg* übertrieben [unnatürlich] spielen || *uv* **перейгрывать,** -аю, -аешь
переизбира́ть *uv zu* переизбра́ть
переизбра́ние, -я *n* Neuwahl, nochmalige Wahl
переиз|бра́ть*; перейзбранный, -ан, -а *v* neu [nochmals] wählen || *uv* переизбира́ть, -а́ю, -а́ешь
переиздава́ть *uv zu* переизда́ть
переизда́ние, -я *n* Neuauflage, -ausgabe
переиз|да́ть*; перейзданный, -йздан, -йздана́! *v* neu auflegen, neu herausgeben || *uv* переиз|дава́ть*
переименова́ние, -я *n* Umbenennung
переименова́ть, -ну́ю, -ну́ешь; -но́ванный, -но́ван, -а *v* umbenennen || *uv* **переимено́вывать,** -аю, -аешь
перéимчивый, -ая, -ое; *Kzf* -ив, -а *umg* gelehrig, von schneller Auffassungsgabe
переина́чивать *uv zu* переина́чить
переина́чить, -чу, -чишь; -ченный, -чен, -а *v umg* anders machen, umändern, ummodeln || *uv* переина́чивать, -аю, -аешь
перейму́ ↑ переня́ть
пере|йти́*; перейдённый, -ён, -ена́ *v* 1. *A oder* че́рез *A* gehen (über), überschreiten, überqueren; ~ у́лицу die Straße überqueren 2. hinübergehen; ~ в другу́ю ко́мнату in ein anderes Zimmer (hinüber)gehen 3. übergehen (in, zu); sich verwandeln; ~ в наступле́ние zum Angriff übergehen; ~ в католи́чество zum Katholizismus [zur katholischen Kirche] übertreten; ~ в сле́дующий класс (in die nächste Klasse) versetzt werden; ссо́ра перешла́ в дра́ку der Streit artete in Prügelei aus; ~ на дие́ту zur Diät übergehen 4. umziehen; seinen Standort wechseln 5. за *A umg* überschreiten; бой перешёл уже́ за четвёртые су́тки die Kämpfe dauerten schon über vier Tage; ~ все грани́цы *übtr* alle Grenzen überschreiten ◇ ~ по насле́дству vererbt werden || *uv* переходи́ть, -ожу́, -о́дишь
перека́ливать *uv zu* перекали́ть
перекали́ть, -лю́, -ли́шь; -лённый, -лён, -лена́ *v* 1. überhärten *Metall* 2. *umg* überhitzen; zu stark heizen || *uv* перека́ливать, -аю, -аешь
перека́лывать *uv zu* [1]переколо́ть
перека́пывать *uv zu* перекопа́ть
перека́рмливать *uv zu* перекорми́ть
перека́т, -а *m* 1. Sandbank *im Fluß* 2. Rollen, Wälzen *an eine andere Stelle* 3. *meist Pl* Rollen *des Donners*
перекати́-по́ле, -я *n bot* Männertreu
перекати́ть, -ачу́, -а́тишь; -а́ченный, -а́чен, -а *v* (hinüber)rollen, wälzen || *uv* перека́тывать, -аю, -аешь
перекати́ться, -ачу́сь, -а́тишься *v* 1. hinüberrollen *itr* 2. (hinaus)rollen (за *A* über) || *uv* перека́тываться, -аюсь, -аешься
перека́тный, -ая, -ое 1. sich ständig fortbewegend; -ые пески́ Flugsand; -ые каме́нья erratische Blöcke 2. dröhnend, rollend *Donner*
перека́тывать(ся) *uv zu* перекати́ть(ся)
перекача́ть, -а́ю, -а́ешь; перека́чанный, -ан, -а *v anderswohin* pumpen || *uv* **перека́чивать,** -аю, -аешь
[1,2]**перека́шивать** *uv zu* [1,2]перекоси́ть
перека́шиваться *uv zu* перекоси́ться
переквалифика́ция, -и *f* Umschulung
переквалифици́роваться, -руюсь, -руешься *v, uv* einen anderen Beruf erlernen
перекида́ть, -а́ю, -а́ешь; переки́данный, -ан, -а *v* hinüberwerfen, -schaffen *alles, vieles* || *uv* переки́дывать, -аю, -аешь
перекидно́й, -а́я, -о́е 1. Umhänge-; -а́я су́мка Umhängetasche 2. Kipp-; -а́я та́чка Kippkarren
переки́дывать *uv zu* перекида́ть *u.* переки́нуть
переки́дываться *uv zu* **переки́нуться**

перекинуть, -ну, -нешь; -нутый, -нут, -а *v* 1. (hin)überwerfen 2. schlagen, errichten *Brücke* 3. *umg* versetzen; transportieren, befördern; verschieben || *uv* перекидывать, -аю, -аешь

перекинуться, -нусь, -нешься *v* 1. (hinüber)springen, sich schwingen (über) 2. überspringen; sich ausbreiten *Feuer u. a.* 3. sich zuwerfen; wechseln *Worte* || *uv* перекидываться, -аюсь, -аешься

перекипать *uv zu* перекипеть

перекипеть, -плю, -пишь *v* 1. zu lange kochen 2. *umg* sich beruhigen *nach einer starken Erregung* || *uv* перекипать, -аю, -аешь

перекисать *uv zu* перекиснуть

перекиснуть, *1. u. 2. Pers ungebr,* -нет; перекис, -ла *v* (zu) sauer werden || *uv* перекисать, -ает

перекись, -и *f chem* Peroxyd

перекладина, -ы *f* 1. Querbalken 2. *Sport* Reck

перекладные, -ых *Subst Pl alt*: ехать на -ых mit Postpferden fahren (*die auf jeder Station ausgewechselt wurden*)

перекладывать *uv zu* переложить

переклеивать *uv zu* переклеить

переклеить, -ею, -еишь; -енный, -еен, -а *v* 1. *anderswohin* kleben 2. neu bekleben; ~ обои neu tapezieren || *uv* переклеивать, -аю, -аешь

перекликаться, -аюсь, -аешься *uv* с *I* 1. einander zurufen 2. *übtr, 1. u. 2. Pers ungebr* sich ähneln, anklingen (an), erinnern (an) || *v mom* **перекликнуться,** -нусь, -нешься *zu* 1

перекличка, -и *f* 1. namentlicher Aufruf, Appell 2. gegenseitiger Zuruf 3. Aufruf zu gegenseitigem Erfahrungsaustausch

переключатель, -я *m tech* Umschalter; ~ диапазона *rad* Wellenbereichumschalter; ~ освещения Abblendschalter *Auto*

переключать(ся) *uv zu* переключить(ся)

переключение, -я *n* 1. Umschaltung 2. *übtr* Umstellung

переключить, -чу, -чишь; -чённый, -чён, -чена *v* 1. umschalten; ~ телефон das Telefon umstellen 2. *übtr* umstellen; ~ промышленность на мирные рельсы die Industrie auf Friedensproduktion umstellen; ~ разговор на другую тему das Gespräch auf ein anderes Thema lenken || *uv* переключать, -аю, -аешь

переключиться, -чусь, -чишься *v* 1. sich umstellen (auf), übergehen; *übtr* sich richten, sich einstellen 2. *1. u. 2. Pers ungebr* umgeschaltet werden || *uv* переключаться, -аюсь, -аешься

пере|ковать* *v* 1. *Pferd* neu beschlagen 2. umschmieden; neu schmieden 3. umerziehen || *uv* **перековывать,** -аю, -аешь

перековка, -и *f* Umerziehung

переколачивать *uv zu* переколотить

переколотить, -очу, -отишь; -оченный, -чен, -а *v* 1. *umg alles* zerschlagen 2. *umg* anders annageln 3. *volksspr alle, viele* durchprügeln || *uv* переколачивать, -аю, -аешь *zu* 2

[1]**пере|колоть*** *v* 1. umstecken, anders anstecken 2. (sich) ganz zerstechen *Finger, Füße u. ä.* 3. abstechen, abschlachten || *uv* перекалывать, -аю, -аешь *zu* 1

[2]**пере|колоть*** *v viel, alles* spalten, zerhacken; *Nüsse* knacken

перекопать, -аю, -аешь; перекопанный, -ан, -а *v* 1. neu umgraben [aufgraben] 2. *A* einen Graben ziehen (durch) || *uv* перекапывать, -аю, -аешь

перекормить, -ормлю, -ормишь; -ормленный, -ормлен, -а *v* überfüttern || *uv* перекармливать, -аю, -аешь

перекоры, -ов *Pl umg* gegenseitige Vorwürfe, Wortwechsel

перекоряться, -яюсь, -яешься *uv umg* sich gegenseitig Vorwürfe machen

[1]**перекосить,** -ошу, -осишь; -ошенный, -ошен, -а *v viel, alles* nacheinander mähen || *uv* перекашивать, -аю, -аешь

[2]**перекосить,** -ошу, -осишь; -ошенный, -ошен, -а *v* 1. krummziehen, verziehen; от сырости перекосило оконную раму der Fensterrahmen hat sich vor Feuchtigkeit verzogen 2. *meist unpers* verziehen, -zerren; от боли его перекосило *oder* от боли у него перекосило лицо vor Schmerz verzog er [sich] sein Gesicht || *uv* перекашивать, -аю, -аешь

перекоситься, *1. u. 2. Pers ungebr,* -ится *v* 1. sich krümmen, sich werfen 2. sich verziehen, -zerren *Gesicht* || *uv* перекашиваться, -ается

перекочевать, -чую, -чуешь *v* 1. weiterziehen *Nomaden* 2. *übtr umg* umziehen, umsiedeln; die Arbeitsstelle wechseln || *uv* **перекочёвывать,** -аю, -аешь

перекóшенный, -ая, -ое 1. schief 2. krampfhaft verzerrt
перекрáивать *uv zu* перекроúть
перекрáсить, -áшу, -áсишь; -áшенный, -áшен, -а *v* neu anstreichen; umfärben ‖ *uv* **перекрáшивать,** -аю, -аешь
перекрáситься, -áшусь, -áсишься *v* 1. *1. u. 2. Pers ungebr* sich umfärben lassen 2. *übtr umg* die Farbe wechseln ‖ *uv* **перекрáшиваться,** -аюсь, -аешься
перекрестúть, -ещý, -éстишь; -ещённый, -ещён, -ещенá *v* 1. bekreuzigen 2. *umg* umtaufen 3. *umg* über Kreuz legen 4. *umg* durchkreuzen, -streichen ‖ *uv* перекрéщивать, -аю, -аешь
перекрестúться, -ещýсь, -éстишься *v* 1. sich bekreuzigen 2. *umg* sich kreuzen ‖ *uv* перекрéщиваться, -аюсь, -аешься
перекрёстный, -ая, -ое überkreuzt, Kreuz-; ~ допрóс Kreuzverhör
перекрёсток, -тка *m* Straßenkreuzung, Kreuzweg ◇ на всех -тках (рассказáть, кричáть о чём-н.) überall, an allen Ecken (von etw. erzählen, etw. ausschreien)
перекрéщивать(ся) *uv zu* перекрестúть(ся)
перекрúкивать *uv zu* перекричáть
перекричáть, -чý, -чúшь *v* überschreien ‖ *uv* перекрúкивать, -аю, -аешь
перекроúть, -ою́, -оúшь; -óй; -óенный, -óен, -а *v* 1. anders [neu] zuschneiden 2. *umg* völlig umgestalten, umarbeiten 3. *umg alles, viel* zuschneiden ‖ *uv* перекрáивать, -аю, -аешь *zu* 1, 2
перекрутúть, -учý, -ýтишь; -ýченный, -ýчен, -а *v* 1. *umg* überdrehen; ~ пружúну die Feder überdrehen 2. *volksspr* zusammendrehen, -schnüren 3. *volksspr* umdrehen *z. B. Schlüssel* ‖ *uv* **перекрýчивать,** -аю, -аешь
перекрывáть *uv zu* перекры́ть
перекры́тие, -я *n* 1. *arch* Überdeckung, Decke *zwischen Stockwerken* 2. Überbietung
пере|кры́ть* *v* 1. neu decken *Dach* 2. *umg* über-, ausstechen *beim Kartenspiel* 3. *umg* überbieten, übertreffen 4. *umg* wettmachen, aufholen; ~ недорабóтку den Rückstand (in der Arbeit) aufholen 5. *Wasser* abdämmen; *Weg* versperren ‖ *uv* перекрывáть, -áю, -áешь
перекувы́ркивать(ся) *uv zu* перекувырнýть(ся)
перекувырнýть, -нý, -нёшь; перекувы́рнутый, -ут, -а *v umg* umkippen, -werfen ‖ *uv* перекувы́ркивать, -аю, -аешь
перекувырнýться, -нýсь, -нёшься *v umg* 1. umkippen, -fallen 2. sich überschlagen, einen Purzelbaum [einen Salto] machen ‖ *uv* перекувы́ркиваться, -аюсь, -аешься
перекупáть *uv zu* перекупúть
перекупúть, -уплю́, -ýпишь; -ýпленный, -ýплен, -а *v* 1. *umg* vor der Nase wegschnappen [wegkaufen] (у когó-н. чтó-н. j-m etw.) 2. *umg* zum Weiterverkauf aufkaufen 3. *volksspr viel* (zusammen)kaufen ‖ *uv* перекупáть, -áю, -áешь
перекýпщик, -а *m* Aufkäufer, Zwischenhändler
перекýр, -а *m umg* Zigarettenpause
перекýривать *uv zu* перекурúть
перекурúть, -урю́, -ýришь; -ýренный, -ýрен, -а *v* 1. zu viel rauchen 2. *umg viel, alles* rauchen 3. *umg* eine Zigarettenpause einlegen; in der Pause ein paar Züge tun 4. *volksspr* im Rauchen übertreffen ‖ *uv* перекýривать, -аю, -аешь *zu* 1, 3, 4
перекусáть, -áю, -áешь; перекýсанный, -ан, -а *v alle, viele* beißen
перекусúть, -ушý, -ýсишь; -ýшенный, -ýшен, -а *v* 1. durch-, zerbeißen 2. *umg* etw. zu sich nehmen, einen kleinen Imbiß einnehmen ‖ *uv* **перекýсывать,** -аю, -аешь
перелáвливать *uv zu* переловúть
перелагáть *uv zu* переложúть
перелáмывать *uv zu* переломáть *u.* переломúть
перелáмываться *uv zu* переломáться *u.* переломúться
перележáть, -жý, -жúшь *v umg* 1. zu lange liegen 2. *1. u. 2. Pers ungebr* von (zu) langem Liegen verderben
перелезáть *uv zu* перелéзть
пере|лéзть* *v A oder* чéрез *A* klettern (über); hinüberklettern ‖ *uv* перелезáть, -áю, -áешь
перелéска, -и, *Pl G* -сок, *D* -скам *f* Leberblümchen
перелéсок, -ска *m* kleines Waldstück; lichtere Stelle im Wald
перелёт, -а *m* 1. Vogelzug 2. Flug, Überfliegen, Überflug; ~ чéрез Сéверный пóлюс die Überfliegung des Nordpols; беспосáдочный ~ Nonstopflug; дáльний ~ Fern-, Überlandflug 3. *mil* Weitschuß

перелета́ть *uv zu* перелете́ть

перелете́ть, -ечу́, -ети́шь *v* **1.** *A oder* че́рез *A* fliegen (über), überfliegen **2.** (hinüber)fliegen **3.** übers Ziel hinausfliegen *Geschoß* || *uv* перелета́ть, -а́ю, -а́ешь

перелетный, -ая, -ое: -**ая птица** Zugvogel

пере|ле́чь* *v* sich anderswohin legen, sich anders legen; ~ с одного́ бо́ка на другóй sich auf die andere Seite drehen

перелива́ние, -я *n* **1.** Umgießen **2.** *med* Transfusion; ~ кро́ви Blutübertragung, -transfusion

перелива́ть, -а́ю, -а́ешь *uv* **1.** *uv zu* перели́ть **2.** *1. u. 2. Pers ungebr I* schillern; ~ все́ми цвета́ми ра́дуги in allen Regenbogenfarben schillern ◇ ~ из пусто́го в поро́жнее leeres Stroh dreschen

перелива́ться, *1. u. 2. Pers ungebr*, -а́ется *uv* **1.** *uv zu* перели́ться **2.** schillern *Farben*; ~ все́ми цвета́ми ра́дуги in allen Regenbogenfarben schillern **3.** *mus* ineinander übergehen, verschmelzen

перели́вчатый, -ая, -ое; *Kzf* -ат, -а **1.** schillernd *Farben* **2.** modulierend *Töne*

перелиста́ть, -а́ю, -а́ешь; перели́станный, -ан, -а *v A* durchblättern, blättern (in) || *uv* **перели́стывать,** -аю, -аешь

пере|ли́ть* *v* **1.** umgießen; ~ молоко́ из кувши́на в кастрю́лю die Milch aus dem Krug in den Topf (um)gießen **2.** *Blut* übertragen **3.** zu voll gießen, zu viel eingießen **4.** umschmelzen, umgießen *in eine andere Form* **5.** *umg* überlaufen, -fließen || *uv* перелива́ть, -а́ю, -а́ешь

пере|ли́ться*, *1. u. 2. Pers ungebr*; -лили́сь *v* **1.** hinüberfließen **2.** überlaufen, -fließen || *uv* перелива́ться, -а́ется

перелицева́ть, -цу́ю, -цу́ешь; перелицо́ванный, -ан, -а *v* (um)wenden *Kleidungsstück* || *uv* перелицо́вывать, -аю, -аешь

перелицо́вка, -и *f* Wenden *eines Kleidungsstücks*

перелицо́вывать *uv zu* перелицева́ть

переловить, -овлю́, -о́вишь; -о́вленный, -о́влен, -а *v alle, viele* nacheinander fangen || *uv* перела́вливать, -аю, -аешь

перело́г, -а *m* Brachfeld, -land

переложе́ние, -я *n* **1.** *mus* Vertonung; Bearbeitung; фортепья́нное ~ Klavierbearbeitung **2.** Übertragung *Poesie in Prosa oder umgekehrt*

переложи́ть, -ожу́, -о́жишь; -о́женный, -о́жен, -а *v* **1.** anderswo hinlegen **2.** *volksspr* verlegen *Termin* **3.** abschieben, -wälzen (на *A* auf); ~ отве́тственность на друго́го die Verantwortung auf einen anderen abschieben **4.** *I* verpacken (mit), einpacken (in); ~ я́блоко стру́жкой Äpfel in Holzwolle verpacken **5.** umpacken, umstapeln **6.** umsetzen *Ofen*; neu bauen *Mauer* **7.** übertragen *Poesie in Prosa oder umgekehrt*; ~ на му́зыку vertonen **8.** *A oder G umg* zu viel hineintun; ~ са́хару в чай zu viel Zucker in den Tee tun **9.** *G oder ohne Objekt*, *volksspr* einen über den Durst trinken; zu viel trinken *von etw. Alkoholischem* || *uv* перекла́дывать, -аю, -аешь *u.* перелага́ть, -а́ю, -а́ешь *zu* 3, 7

перело́м, -а *m* **1.** *med* (Knochen-) Bruch **2.** Bruchstelle **3.** Umschwung, Umbruch, Wendung; Wende(punkt); на -е о́сени на́ зиму an der Wende zwischen Herbst und Winter

переломáть, -а́ю, -а́ешь; перело́манный, -ан, -а *v viel, alles* (zer)brechen; ~ себе́ рёбра sich die Rippen brechen || *uv* перела́мывать, -аю, -аешь

перелома́ться, *1. u. 2. Pers ungebr*, -а́ется *v umg* (in Stücke) zerbrechen *von vielem, allem* || *uv* перела́мываться, -ается

переломи́ть, -омлю́, -о́мишь; -о́мленный, -о́млен, -а *v* **1.** entzwei-, zerbrechen; sich ein Glied brechen **2.** bezwingen, überwinden; jäh ändern; ~ сон die Schläfrigkeit überwinden; ~ себя́ sich überwinden || *uv* перела́мывать, -аю, -аешь

переломи́ться, *1. u. 2. Pers ungebr*, -о́мится *v* entzwei-, zerbrechen; brechen *Knochen* || *uv* перела́мываться, -ается

пере|ма́зать* *v* **1.** neu (ver)schmieren, kitten; ~ лы́жи die Schier neu wachsen **2.** *viel, alles* schmieren, bestreichen **3.** *umg* beschmieren, beschmutzen *an vielen Stellen* || *uv* **перема́зывать,** -аю, -аешь

пере|ма́заться* *v umg* sich beschmieren *an vielen Stellen* || *uv* **перема́зываться,** -аюсь, -аешься

перема́лывать(ся) *uv zu* перемоло́ть(ся)

перема́нивать *uv zu* перемани́ть

перемани́ть, -аню́, -а́нишь; перемане̇нный, -е̇н, -ена́ *u.* перема́ненный, -ен, -ена *v* weg-, herüberlocken; abwerben ‖ *uv* перема́нивать, -аю, -аешь

перема́тывать *uv zu* перемота́ть

перема́хивать *uv zu* перемахну́ть

перемахну́ть, -ну́, -нёшь *v volksspr* **1.** *A oder* че́рез *A* hinüberspringen **2.** anderswohin gehen [fahren]; umsiedeln **3.** sich auf die andere Seite schlagen ‖ *uv* перема́хивать, -аю, -аешь

перемежа́ться, *1. u. 2. Pers ungebr*, -а́ется *uv* abwechseln (*I oder* с *I* mit) ◇ перемежа́ющаяся лихора́дка *med* Wechselfieber

переме́на, -ы *f* **1.** (Ver-) Änderung, Wechsel; ему́ нужна́ ~ кли́мата er braucht Luftwechsel; ~ к лу́чшему Wendung zum Besseren **2.** Pause *zwischen Unterrichtsstunden* **3.** *umg* Garnitur Wäsche [Kleidung] zum Wechseln

перемени́ть, -еню́, -е́нишь; -ене̇нный -ене̇н, -енена́ *v* (aus)wechseln, verändern ‖ *uv umg* переменя́ть, -я́ю, -я́ешь

перемени́ться, -еню́сь, -е́нишься *v* **1.** sich verändern **2.** *I umg* tauschen; ~ места́ми [ро́лями] die Plätze [Rollen] tauschen ‖ *uv* переменя́ться, -я́юсь, -я́ешься *umg*

переме́нный, -ая, -ое Wechsel-; veränderlich; -ая о́блачность wechselnde Bewölkung; ~ ток *el* Wechselstrom ◇ ~ капита́л variables Kapital

переме́нчивый, -ая, -ое; *Kzf* -ив, -а *umg* unbeständig, (leicht) veränderlich; ~ челове́к ein wetterwendischer Mensch

переменя́ть(ся) *uv zu* перемени́ть(ся)

перемерза́ть *uv zu* перемёрзнуть

перемёрзнуть, -ну, -нешь; перемёрз, -ла *v* **1.** *1. u. 2. Pers ungebr alle, viele* erfrieren *Pflanzen* **2.** *umg* durchfrieren, sehr frieren ‖ *uv* перемерза́ть, -а́ю, -а́ешь

переме́ривать *uv zu* переме́рить

переме́рить, -рю, -ришь; -рь; -ренный, -рен, -а *v* **1.** neu (ver)messen, nachmessen **2.** *viel, alles* messen [anprobieren] **3.** nochmals anprobieren ‖ *uv* переме́ривать, -аю, -аешь

перемести́ть, -ещу́, -ести́шь [*umg* -е́стишь]; -ещённый, -ещён, -ещена́ *v* **1.** umstellen, anderswo hinstellen **2.** (j-n) versetzen; ~ на другу́ю рабо́ту an eine andere Arbeitsstelle versetzen **3.** verlagern ‖ *uv* перемеща́ть, -а́ю, -а́ешь

перемести́ться, -ещу́сь, -ести́шься [*umg* -е́стишься] *v* den Platz wechseln; umziehen; sich verlagern ‖ *uv* перемеща́ться, -а́юсь, -а́ешься

переметну́ться, -ну́сь, -нёшься *v umg* **1.** sich hinüberschwingen, hinüberspringen **2.** *zum Feind* überlaufen

перемеша́ть, -а́ю, -а́ешь; переме́шанный, -ан, -а *v* **1.** vermischen, vermengen **2.** umrühren **3.** durcheinanderbringen, in Unordnung bringen **4.** *umg* verwechseln ‖ *uv* **переме́шивать,** -аю, -аешь

перемеша́ться, *1. u. 2. Pers ungebr*, -а́ется *v* **1.** sich (ver)mischen **2.** durcheinandergeraten, in Unordnung geraten; его́ мы́сли перемеша́лись seine Gedanken verwirrten sich ‖ *uv* **переме́шиваться,** -ается

перемеща́ть(ся) *uv zu* перемести́ть(ся)

перемеще́ние, -я *n* **1.** Umstellung **2.** Verlagerung **3.** Versetzung; ~ по слу́жбе dienstliche Versetzung **4.** *geol* Verschiebung

переми́гиваться *uv zu* перемигну́ться

перемигну́ться, -ну́сь, -нёшься *v* с *I* einander zublinzeln ‖ *uv* переми́гиваться, -аюсь, -аешься

перемина́ться, -а́юсь, -а́ешься *uv umg*: ~ (с ноги́ на́ ногу) von einem Bein aufs andere treten

переми́рие, -я *n* Waffenstillstand

перемножа́ть *uv zu* перемно́жить

перемно́жить, -жу, -жишь; -женный, -жен, -а *v einige Zahlen* multiplizieren ‖ *uv* перемножа́ть, -а́ю, -а́ешь

перемога́ть, -а́ю, -а́ешь *uv umg* überwinden, bezwingen, unterdrücken ‖ *v volksspr* пере|мо́чь*

перемо́лвить, -влю, -вишь *v volksspr*: ~ сло́во с ке́м-н. mit j-m ein paar Worte wechseln; не́ с кем сло́ва ~ es ist niemand da, mit dem man ein paar Worte wechseln könnte

перемо́лвиться, -влюсь, -вишься *v* с *I umg* (mit j-m) ein paar Worte wechseln

пере|моло́ть* *v viel, alles* mahlen ‖ *uv* перема́лывать, -аю, -аешь

пере|моло́ться*, *1. u. 2. Pers ungebr v* gemahlen werden *Korn* ◇ переме́лется — мука́ бу́дет mit der Zeit renkt sich alles wieder ein ‖ *uv* перема́лываться, -ается

перемота́ть, -а́ю, -а́ешь; перемо́танный, -ан, -а *v* úmwickeln neu (auf)-

wickeln, umspulen || *uv* перема́тывать, -аю, -аешь

перемо́чь *v zu* перемога́ть

перемудри́ть, -рю́, -ри́шь *v* 1. *umg* zu sehr komplizieren, es sich (mit etw.) zu schwer machen 2. *volksspr* durch Klugheit übertrumpfen

перемыва́ть *uv zu* перемы́ть

пере|мы́ть* *v* 1. nochmals (ab)waschen [scheuern] 2. *viel(e), alle(s)* waschen || *uv* перемыва́ть, -а́ю, -а́ешь ◇ перемыва́ть кому́-н. ко́сточки j-n durchhecheln

перенапряга́ться *uv zu* перенапря́чься

перенапряже́ние, -я *n* 1. Überanstrengung 2. *el* Überspannung, zu hohe Spannung

перена|пря́чься* *v* sich überanstrengen || *uv* перенапряга́ться, -а́юсь, -а́ешься

перенаселе́ние, -я *n* Übervölkerung

перенаселённость, -и *f* Übervölkerung; Überbelegung *Wohnung*

перенаселённый, -ая, -ое; *Kzf* -ён, -ена́ übervölkert, zu dicht bevölkert; überbelegt *Wohnung*

перена́шивать *uv zu* ²переноси́ть

пере|нести́* *v* 1. hinübertragen, -bringen; anderswo hinbringen 2. *übtr* versetzen; му́зыка перенесла́ его́ в его́ мо́лодость die Musik versetzte ihn in seine Jugend, die Musik rief ihm seine Jugend ins Gedächtnis zurück 3. verlegen; ~ столи́цу в друго́й го́род die Hauptstadt in eine andere Stadt verlegen 4. übertragen; weiterleiten; übergeben; ~ передовы́е ме́тоды труда́ на все предприя́тия fortschrittliche Arbeitsmethoden auf alle Betriebe übertragen; ~ де́ло в суд eine Sache dem Gericht übergeben 5. *Silben* trennen, *Wort* abteilen 6. *an anderer Stelle* veröffentlichen *in der Presse*; *Termin* verschieben, verlegen, vertagen 7. ertragen, erdulden, durchmachen 8. vertragen; ~ хо́лод Kälte vertragen || *uv* переноси́ть, -ошу́, -о́сишь ◇ не переноси́ть кого́-н. Abscheu vor j-m [gegen j-n] haben, j-n nicht leiden mögen

пере|нести́сь* *v* 1. *umg* anderswohin eilen, schnell fahren [fliegen] 2. *übtr* sich (in Gedanken) versetzen (in) || *uv* переноси́ться, -ошу́сь, -о́сишься

перенима́ть *uv zu* переня́ть

перено́с, -а *m* 1. Hinüberschaffen; Übertragung 2. Versetzung; Verlegung 3. *umg* Silbentrennungs-, Abteilungszeichen; ~ сло́ва Silbentrennung 4. *finanz* Übertrag

¹**переноси́ть** *uv zu* перенести́

²**переноси́ть,** -ошу́, -о́сишь; -о́шенный, -о́шен, -а *v* 1. *viel(e), alle(s)* (hinüber)tragen 2. *umg viel, alles* abtragen, abnutzen || *uv* перена́шивать, -аю, -аешь

переноси́ться *uv zu* перенести́сь

перено́сица, -ы, *I* -ей *f anat* Nasenwurzel

перено́ска, -и, *Pl G* -сок, *D* -скам *f* 1. Hinübertragen, -schaffen 2. *volksspr* Handlampe *z. B. im Auto*

перено́сный, -ая, -ое 1. tragbar, transportabel; ~ радиоприёмник Kofferradio 2. übertragen *Bedeutung*

перено́счик [ощ], -а *m* 1. (Last-)Träger 2. *med* Überträger

переночева́ть, -чу́ю, -чу́ешь *v* übernachten

перенумерова́ть, -ру́ю, -ру́ешь; -ро́ванный, -ро́ван, -а *v* 1. umnumerieren 2. durchnumerieren || *uv* **перенумеро́вывать,** -аю, -аешь

переня́ть* *v* 1. *umg* übernehmen, sich aneignen 2. *volksspr* wegnehmen 3. *volksspr* abfangen, aufhalten || *uv* перенима́ть, -а́ю, -а́ешь

переобору́довать, -дую, -дуешь; -дованный, -дован, -а *v, uv* neu ausrüsten [ausstatten]

переобремени́ть, -ню́, -ни́шь; -нённый, -нён, -нена́ *v* überlasten, -bürden (*I* mit) || *uv* **переобременя́ть,** -я́ю, -я́ешь

переобува́ться *uv zu* переобу́ться

пере|обу́ться* *v* andere Schuhe anziehen || *uv* переобува́ться, -а́юсь, -а́ешься

переодева́ть(ся) *uv zu* переоде́ть(ся)

перео|де́ть* *v* 1. (j-n) umziehen, umkleiden; (j-m) andere Sachen anziehen; ~ больно́го в чи́стое бельё einem Kranken frische Wäsche anziehen 2. *A umg* etw. anderes anziehen; ~ костю́м einen anderen Anzug anziehen 3. verkleiden (*I oder* в *A* als) || *uv* переодева́ть, -а́ю, -а́ешь

перео|де́ться* *v* 1. sich umziehen, sich umkleiden 2. sich verkleiden (*I oder* в *A* als) || *uv* переодева́ться, -а́юсь, -а́ешься

переосвиде́тельствование, -я *n mil* nochmalige Musterung; *med* Nachuntersuchung

переосвиде́тельствовать, -твую, -твуешь; -твованный, -твован, -а *v, uv* *mil* nochmals mustern; *med* nachuntersuchen

переосмы́сливать *uv zu* переосмы́слить

переосмы́слить, -лю, -лишь; -ленный, -ен, -а *v A einer Sache* einen neuen Sinn geben, anders verstehen ‖ *uv* переосмы́сливать, -аю, -аешь

переохлади́ть, -ажу́, -ади́шь; -аждённый, -аждён, -аждена́ *v* unterkühlen ‖ *uv* **переохлажда́ть,** -а́ю, -а́ешь

переоце́нивать *uv zu* переоцени́ть

переоцени́ть, -еню́, -е́нишь; -енённый, -енён, -енена́ *v* **1.** umwerten, mit neuen Preisen versehen **2.** überschätzen, überbewerten; нельзя́ ~ значе́ние э́того догово́ра man kann die Bedeutung dieses Vertrags nicht hoch genug einschätzen ‖ *uv* переоце́нивать, -аю, -аешь; не сле́дует переоце́нивать значе́ние э́того догово́ра man darf die Bedeutung dieses Vertrags nicht überschätzen

переоце́нка, -и *f* **1.** Überschätzung, Überbewertung **2.** Umwertung, Neu(be)wertung; ~ це́нностей Umwertung aller Werte **3.** Änderung der Preise

перепада́ть *uv zu* перепа́сть

перепа́лка, -и, *Pl G* -лок, *D* -лкам *f* **1.** *volksspr* Feuergefecht **2.** *umg* Zank, Streit, Geplänkel

пере|па́сть*, *1. u. 2. Pers ungebr v* **1.** von Zeit zu Zeit fallen *Niederschläge* **2.** *umg D* entfallen (auf) **3.** *gbt* vergehen **4.** *gbt* abmagern ‖ *uv* перепада́ть, -а́ет

пере|паха́ть* *v* **1.** neu pflügen **2.** *viel, alles* pflügen **3.** *A* quer durchpflügen ‖ *uv* **перепа́хивать,** -аю, -аешь

перепа́чкать, -аю, -аешь; -анный, -ан, -а *v* an vielen Stellen beschmutzen

перепе́в, -а *m* Wiederholung *von etw. Gesagtem*; э́то всё -ы ста́рого das ist immer das alte Lied

перепека́ть(ся) *uv zu* перепе́чь(ся)

пе́репел, -а, *Pl* перепела́, -о́в, -а́м *m* Wachtel

перепелена́ть, -а́ю, -а́ешь; перепелёнатый, -ат, -а *v A* neue Windeln geben, trockenlegen ‖ *uv* **перепелёвывать,** -аю, -аешь

перепёлка, -и, *Pl G* -лок, *D* -лкам *f* Wachtelweibchen

перепеча́тать, -аю, -аешь; -анный, -ан, -а *v* **1.** ab-, nachdrucken; neu drucken **2.** auf der Schreibmaschine abschreiben, abtippen ‖ *uv* перепеча́тывать, -аю, -аешь

перепеча́тка, -и *f* **1.** Nachdruck, Neudruck **2.** Abschreiben, Abtippen auf der Schreibmaschine

перепеча́тывать *uv zu* перепеча́тать

пере|пе́чь* *v* **1.** zu lange backen (lassen) **2.** *viel, alles* backen ‖ *uv* перепека́ть, -а́ю, -а́ешь *zu* 1

пере|пе́чься*, *1. u. 2. Pers ungebr v* zu lange backen *itr* ‖ *uv* перепека́ться, -а́ется

перепива́ть *uv zu* перепи́ть

перепи́ливать *uv zu* перепили́ть

перепили́ть, -илю́, -и́лишь; -и́ленный, -и́лен, -а *v* **1.** durchsägen **2.** *viel, alles* zersägen ‖ *uv* перепи́ливать, -аю, -аешь

пере|писа́ть* *v* **1.** um-, abschreiben, nochmals schreiben; umarbeiten; ~ сочине́ние на́бело den Aufsatz ins reine schreiben **2.** *alles* aufschreiben, eintragen, registrieren ‖ *uv* перепи́сывать, -аю, -аешь

перепи́ска, -и *f* **1.** Briefwechsel, Korrespondenz; быть в -е с ке́м-н. mit j-m im Briefwechsel stehen, mit j-m korrespondieren **2.** Um-, Abschreiben, Abtippen

перепи́счик [ищ], -а *m* (Ab-) Schreiber, Kopist

перепи́сывать *uv zu* переписа́ть

перепи́сываться, -аюсь, -аешься *uv* korrespondieren, im Briefwechsel stehen (с *I* mit)

пе́репись, -и *f* Zählung, statistische Erhebung; ~ населе́ния Volkszählung

пере|пи́ть* *v umg* **1.** *G oder ohne Objekt* einen über den Durst trinken, zu tief ins Glas gucken **2.** *A* mehr trinken (als jemand) ‖ *uv* перепива́ть, -а́ю, -а́ешь

[1]**перепла́вить,** -влю, -вишь; -вленный, -влен, -а *v* umschmelzen ‖ *uv* [1]**переплавля́ть,** -я́ю, -я́ешь

[2]**перепла́вить,** -влю, -вишь; -вленный, -влен, -а *v* flößen ‖ *uv* [2]**переплавля́ть,** -я́ю, -я́ешь

перепланирова́ть, -рую, -руешь; -рованный, -рован, -а *u.* **перепланирова́ть,** -ру́ю, -ру́ешь; -ро́ванный, -ро́ван, -а *v* umplanen, neu planen ‖ *uv* **перепланиро́вывать,** -аю, -аешь

переплати́ть, -ачу́, -а́тишь; -а́ченный, -а́чен, -а *v* überzahlen, zu viel bezahlen ‖ *uv* **перепла́чивать,** -аю, -аешь

пере|плести́* *v* **1.** einbinden *Buch* **2.** miteinander verflechten **3.** umflechten, umwinden **4.** neu flechten || *uv* переплета́ть, -а́ю, -а́ешь

пере|плести́сь*, *1. u. 2. Pers ungebr v* sich verflechten *a. übtr* || *uv* переплета́ться, -а́ется

переплёт, -а *m* **1.** Einbinden **2.** Einband; в -е gebunden; без -а ungebunden **3.**: (око́нный) ~ Fensterkreuz ◇ попа́сть в ~ *umg* in eine Klemme geraten; взять кого́-н. в ~ *umg* sich j-n tüchtig vornehmen, j-n ins Gebet nehmen

переплета́ть(ся) *uv zu* переплести́(сь)

переплётный, -ая, -ое **1.** Buchbinder-; Einband-; -ая мастерска́я Buchbinderei **2.** -ая, -ой *Subst f* Buchbinderei

переплётчик, -а *m* Buchbinder

переплыва́ть *uv zu* переплы́ть

пере|плы́ть* *v* **1.** hinüberschwimmen, schwimmen (*A oder* че́рез *A* über) **2.** hinüberfahren, überqueren, über einen Fluß setzen *mit Boot, Schiff* || *uv* переплыва́ть, -а́ю, -а́ешь

переподгото́вка, -и *f* Weiter-, Fortbildung

перепо́й, -я *m*: с перепо́я *oder* с перепо́ю *volksspr* vom übermäßigen Trinken

переполза́ть *uv zu* переползти́

пере|ползти́* *v* (hinüber)kriechen (*A oder* че́рез *A* über) || *uv* переполза́ть, -а́ю, -а́ешь

перепо́лненный, -ая, -ое; *Kzf* -ен, -енна überfüllt, überladen; übervoll

перепо́лнить, -ню, -нишь; -ненный, -нен, -а *v* überfüllen, überladen, zu voll machen [gießen]; трамва́й перепо́лнен die Straßenbahn ist überfüllt || *uv* **переполня́ть,** -я́ю, -я́ешь ◇ э́то перепо́лнило ча́шу [ме́ру] терпе́ния das schlägt dem Faß den Boden aus

перепо́лниться, *1. u. 2. Pers ungebr*, -ится *v* übervoll werden; sich überfüllen; се́рдце перепо́лнилось ра́достью das Herz strömte über vor Freude || *uv* **переполня́ться,** -я́ется

переполо́х, -а *m* Tumult, Unruhe

переполоши́ть, -шу́, -ши́шь; -шённый, -шён, -шена́ *v umg* in große Aufregung [Verwirrung] versetzen, aufschrecken

перепо́нка, -и, *Pl G* -нок, *D* -нкам *f* Häutchen; бараба́нная ~ *anat* Trommelfell; пла́вательная ~ Schwimmhaut

перепо́ртить, -о́рчу, -о́ртишь; -о́рченный, -о́рчен, -а *v umg viel, alles* verderben

перепоруча́ть *uv zu* перепоручи́ть

перепоручи́ть, -учу́, -у́чишь; -у́ченный, -у́чен, -а *v einem anderen* anvertrauen, übergeben || *uv* перепоруча́ть, -а́ю, -а́ешь

перепра́ва, -ы *f* **1.** Überfahrt, Übersetzen **2.** Überfahrtsstelle; Flußübergang

перепра́вить, -влю, -вишь; -вленный, -влен, -а *v* **1.** *A* hinüberfahren, -schaffen, übersetzen; hinüberschaffen, -bringen; wegschicken **2.** *umg* aus-, verbessern; nochmals korrigieren; umändern || *uv* **переправля́ть,** -я́ю, -я́ешь

перепра́виться, -влюсь, -вишься *v itr* übersetzen, (hin)überfahren, überqueren; ~ че́рез грани́цу die Grenze überqueren || *uv* **переправля́ться,** -я́юсь, -я́ешься

перепрева́ть *uv zu* перепре́ть

перепре́ть, *1. u. 2. Pers ungebr*, -е́ет *v* **1.** vermodern, verfaulen **2.** von zu langem Kochen verderben || *uv* перепрева́ть, -а́ет

перепро́бовать, -бую, -буешь; -бованный, -бован, -а *v viel, alles* durchprobieren, kosten

перепродава́ть *uv zu* перепрода́ть

перепрода́жа, -и, *I* -ей *f* Wieder-, Weiterverkauf

перепро|да́ть*; перепро́дал, перепродала́!; перепро́данный, -ан, -а *v* wieder-, weiterverkaufen || *uv* перепро|дава́ть*

перепроизво́дство, -а *n* Überproduktion

перепры́гивать *uv zu* перепры́гнуть

перепры́гнуть, -ну, -нешь *v A oder* че́рез *A* (hin)überspringen || *uv* перепры́гивать, -аю, -аешь

перепря́жка, -и *f* Pferdewechsel, Umspannen

перепу́г, -а (-у) *m umg* Schreck; с [от] -у vor Schreck

перепуга́ть, -а́ю, -а́ешь; перепу́ганный, -ан, -а *v* erschrecken *tr*

перепуга́ться, -а́юсь, -а́ешься *v* sehr erschrecken

перепу́тать, -аю, -аешь; -анный, -ан, -а *v* **1.** durcheinanderbringen, verwirren *a. übtr*, in Unordnung bringen **2.** verwechseln || *uv* **перепу́тывать,** -аю, -аешь

перепу́таться, *1. u. 2. Pers ungebr*, -ается *v* in Unordnung geraten, durcheinandergeraten; sich verwir-

ren, in Verwirrung geraten || *uv* **перепу́тываться,** -ается
перепу́тье, -ья *n* Kreuzweg <> быть на ~ am Scheideweg stehen, vor der Entscheidung stehen
перераба́тывать *uv zu* перерабо́тать
перерабо́тать, -аю, -аешь; -анный, -ан, -а *v* 1. verarbeiten 2. verdauen 3. über-, umarbeiten 4. Überstunden machen || *uv* перераба́тывать, -аю, -аешь
перерабо́тка, -и, *Pl G* -ток, *D* -ткам *f* 1. Verarbeitung 2. Umarbeitung 3. *umg* Überstunden, Mehrarbeit
перераспределе́ние, -я *n* Neuverteilung, Umverteilung
перераспредели́ть, -лю́, -ли́шь; -лённый, -лён, -лена́ *v* neu verteilen || *uv* **перераспределя́ть,** -я́ю, -я́ешь
перераста́ние, -я *n* Hinüberwachsen
перераста́ть *uv zu* перерасти́
пере|расти́* *v* 1. *A* größer werden (als); сын перерóс отцá der Sohn ist seinem Vater über den Kopf gewachsen [ist größer geworden als der Vater] 2. *übtr A* hinauswachsen (über), überflügeln 3. *1. u. 2. Pers ungebr* hinüberwachsen, übergehen (в *A* in) || *uv* перераста́ть, -а́ю, -а́ешь
перерасхо́д, -а *m* Mehrverbrauch; Mehrausgabe
перерасхо́довать, -дую, -дуешь; -дованный, -дован, -а *v, uv A* zu viel verbrauchen [ausgeben]; ~ креди́т den Kredit überschreiten
перерасчёт, -а *m* Neuberechnung
пере|рва́ть*; перéрванный, -ан, -а *v* zer-, durchreißen || *uv* перерыва́ть, -а́ю, -а́ешь
перерегистра́ция, -и *f* Neuregistrierung
перерегистри́ровать, -рую, -руешь; -рованный, -рован, -а *v, uv* 1. neu registrieren 2. *alle(s)* registrieren
пере|ре́зать* *v* 1. zer-, durchschneiden 2. abschneiden *Weg* 3. *umg alle, viele* abschlachten || *uv* **перереза́ть,** -а́ю, -а́ешь *zu* 1-2 *u.* **перере́зывать,** -аю, -аешь *zu* 1-2
перереша́ть *uv zu* перереши́ть
перереши́ть, -шу́, -ши́шь; -шённый, -шён, -шена́ *v umg* 1. einen anderen Beschluß fassen 2. *A* eine andere Lösung finden (für) || *uv* перереша́ть, -а́ю, -а́ешь
перержа́веть, *1. u. 2. Pers ungebr*, -еет *v umg* durchrosten
перерисова́ть, -су́ю, -су́ешь; -со́ванный, -со́ван, -а *v* 1. neu [anders] zeichnen 2. abzeichnen || *uv* **перерисо́вывать,** -аю, -аешь
перероди́ть, -ожу́, -оди́шь; -ождённый, -ождён, -ождена́ *v* 1. völlig verändern, neu gestalten 2. neu beleben || *uv* **перерожда́ть,** -а́ю, -а́ешь
перероди́ться, -ожу́сь, -оди́шься *v* 1. sich völlig verändern, ein neuer Mensch werden 2. entarten, degenerieren; die früheren Eigenschaften einbüßen || *uv* **перерожда́ться,** -а́юсь, -а́ешься
перерожде́ние, -я *n* 1. Wiedergeburt 2. völlige Umwandlung 3. (Ver-) Wandlung 4. Entartung, Degeneration; *pol* Lossagen von der bisherigen Weltanschauung
перерóсток, -тка *m*: учени́к-~ Schüler, der für seine Klasse zu alt ist
переруба́ть *uv zu* перерубить
переруби́ть, -ублю́, -у́бишь; -у́бленный, -у́блен, -а *v* 1. durchhauen, -hacken 2. *umg viele, alle* niedersäbeln || *uv* переруба́ть, -а́ю, -а́ешь *zu* 1
переруга́ться, -а́юсь, -а́ешься *v umg* sich verzanken
переры́в, -а *m* Pause, Unterbrechung; обéденный ~ Mittagspause
[1]**перерыва́ть** *uv zu* перерва́ть
[2]**перерыва́ть** *uv zu* переры́ть
пере|ры́ть* *v* 1. *alles* umgraben 2. quer durchgraben; ~ дорóгу канáвой einen Graben quer durch den Weg graben 3. *übtr, umg alles* durchwühlen || *uv* перерыва́ть, -а́ю, -а́ешь
переряди́ться, -яжу́сь, -я́ди́шься *v umg* sich umziehen; sich verkleiden || *uv* **переряжа́ться,** -а́юсь, -а́ешься
пересади́ть, -ажу́, -а́дишь; -а́женный, -а́жен, -а *v* 1. auf einen anderen Platz setzen, umsetzen 2. um-, verpflanzen 3. *med* verpflanzen, transplantieren 4. *umg* versetzen, anderswo annähen || *uv* переса́живать, -аю, -аешь
переса́дка, -и, *Pl G* -док, *D* -дкам *f* 1. Umsteigen; дéлать -у umsteigen; без -док ohne umzusteigen 2. *med* Verpflanzung, Transplantation
переса́дочный, -ая, -ое Umsteige-
переса́живать *uv zu* пересади́ть
переса́живаться *uv zu* пересéсть
переса́ливать *uv zu* пересоли́ть
переса́харивать *uv zu* переса́харить
переса́харить, -рю, -ришь; -ренный, -рен, -а *v* zu sehr zuckern || *uv* переса́харивать, -аю, -аешь

передава́ть *uv zu* передáть
перес|да́ть*; пересдáнный, -áн, -анá *v* **1.** weitervermieten **2.** neu verteilen *Karten* **3.** *umg* nochmals ablegen *Prüfung* || *uv* перес|давáть*
пересека́ть *uv zu* [1]пересéчь
переселе́нец, -нца, *I* -нцем, *G Pl* -нцев *m* Umsiedler, Auswanderer
переселе́ние, -я *n* **1.** Übersiedlung, Umzug **2.** Umsiedlung, Auswanderung; ~ нарóдов *hist* Völkerwanderung
пересели́ть, -лю́, -ли́шь; -лённый, -лён, -ленá *v* **1.** umsiedeln, anderswo ansiedeln **2.**: ~ когó-н. на другýю [нóвую] квартúру j-m eine andere [neue] Wohnung zuweisen, j-n in einer anderen [neuen] Wohnung unterbringen || *uv* **переселя́ть,** -я́ю, -я́ешь
пересели́ться, -лю́сь, -ли́шься *v* **1.** umziehen, übersiedeln **2.** umsiedeln, auswandern || *uv* **переселя́ться,** -я́юсь, -я́ешься
пере|се́сть* *v* **1.** umsteigen; ~ на троллéйбус in den Obus umsteigen **2.** den Platz wechseln, sich *anderswo* hinsetzen, sich umsetzen || *uv* пересáживаться, -аюсь, -аешься
пересече́ние, -я *n* **1.** Überquerung **2.** Kreuzung, Überschneidung; тóчка -я Schnittpunkt; ~ дорóг Wegkreuzung
пересечённый, -ая, -ое durchschnitten, uneben *Gelände*; бег по -ой мéстности Geländelauf
[1]пере|се́чь*; -секлá; пересечённый, -ён, -енá *v* **1.** *umg* durchhauen, -schneiden **2.** überqueren, kreuzen; ~ путь [дорóгу] комý-н. j-m den Weg abschneiden [verlegen] || *uv* пересекáть, -áю, -áешь
[2]пере|се́чь*; -сéкла; пересéченный, -ен, -а *v viele* durchprügeln
пересиде́ть, -ижý, -иди́шь; -и́женный, -и́жен, -а *v umg* **1.** zu lange sitzen bleiben **2.** *A* länger sitzen bleiben (als) || *uv* **переси́живать,** -аю, -аешь
переси́ливать *uv zu* переси́лить
переси́лить, -лю, -лишь; -ленный, -лен, -а *v* **1.** bezwingen, niederringen, überwältigen **2.** *übtr* überwinden, bezwingen, unterdrücken || *uv* переси́ливать, -аю, -аешь
переска́з, -а *m* Nacherzählung
перес|каза́ть* *v* **1.** nacherzählen **2.** *viel, alles* erzählen || *uv* **переска́зывать,** -аю, -аешь
переска́кивать *uv zu* перескочи́ть
перескочи́ть, -очý, -óчишь *v* **1.** *A oder* чéрез *A* springen (über) **2.** *übtr* überspringen, überschlagen *Seiten* **3.** *übtr umg* plötzlich übergehen (auf) || *uv* перескáкивать, -аю, -аешь
пере|сла́ть*; перéсланный, -ан, -а *v* übersenden, -weisen, schicken || *uv* пересылáть, -áю, -áешь
пересма́тривать *uv zu* пересмотрéть
пересме́иваться, -аюсь, -аешься *uv umg* einander zulächeln
пересмо́тр, -а *m* Überprüfung, Revision
пересмотре́ть, -отрю́, -óтришь; -óтренный, -óтрен, -а *v* **1.** überprüfen, revidieren, neu durchsehen **2.** *alles* ansehen, besichtigen || *uv* пересмáтривать, -аю, -аешь
пересннма́ть *uv zu* переснять
пере|сня́ть* *v* **1.** nochmals aufnehmen, photographieren **2.** neu aufnehmen *für eine Karte* || *uv* переснимáть, -áю, -áешь
пересоздава́ть *uv zu* пересоздáть
пере|созда́ть*; -создáл, -создалá! *v* von neuem schaffen, umgestalten, neu gestalten || *uv* пересоз|давáть*
пересо́л, -а *m* Übersalzen
пересоли́ть, -олю́, -óли́шь; -óленный, -óлен, -а *v* **1.** versalzen **2.** *übtr umg* (es) übertreiben **3.** *alles, viel* einsalzen || *uv* пересáливать, -аю, -аешь
пересо́хнуть, *1. u. 2. Pers ungebr*, -нет; пересóх, -ла *v* aus-, vertrocknen; zu trocken werden; колóдец пересóх der Brunnen ist versiegt; у меня́ в гóрле пересóхло mir ist die Kehle ganz ausgetrocknet || *uv* пересыхáть, -áет
пере|спа́ть* *v umg* **1.** zu lange [zu viel] schlafen; *die Zeit* verschlafen **2.**: ~ (ночь) *volksspr* übernachten || *uv* пересыпáть, -áю, -áешь
переспева́ть *uv zu* переспéть
переспе́лый, -ая, -ое überreif
переспе́ть, *1. u. 2. Pers ungebr*, -éет *v* überreif werden || *uv* переспевáть, -áет
переспо́ривать *uv zu* переспóрить
переспо́рить, -рю, -ришь; -ренный, -рен, -а *v* **1.** beim Streit die Oberhand behalten **2.** (j-n) beim Streit überzeugen; егó не переспóришь er läßt sich nicht überzeugen || *uv* переспóривать, -аю, -аешь
переспра́шивать *uv zu* переспроси́ть
переспроси́ть, -ошý, -óсишь; -óшен-

ный, -о́шен, -а *v* nochmals fragen || *uv* переспра́шивать, -аю, -аешь
пересо́риться, -рюсь, -ришься *v* sich verzanken, sich entzweien
перестава́ть *uv zu* переста́ть
переста́вить, -влю, -вишь; -вь; -вленный, -влен, -а *v* umstellen, an einen anderen Platz stellen; ~ часы́ die Uhr stellen || *uv* **переставля́ть,** -я́ю, -я́ешь
переста́ивать *uv zu* перестоя́ть
перестано́вка, -и, *Pl G* -вок, *D* -вкам *f* Umstellung; Umgruppierung
перестара́ться, -а́юсь, -а́ешься *v umg* übereifrig sein, des Guten zu viel tun
пере|ста́ть* *v mit oder ohne Inf* aufhören; дождь переста́л es hat aufgehört zu regnen || *uv* пере|става́ть*; не перестава́я unaufhörlich
перестели́ть, -елю́, -е́лешь; -е́ленный, -е́лен, -а *v volksspr* 1. nochmals [anders] ausbreiten *Decke u. a.* 2. neu dielen [legen] || *uv* перестила́ть, -а́ю, -а́ешь
перестила́ть *uv zu* перестла́ть *u.* перестели́ть
перестира́ть, -а́ю, -а́ешь; перести́ранный, -ан, -а *v* 1. nochmal waschen *Wäsche* 2. *viel, alles* waschen || *uv* **перести́рывать,** -аю, -аешь *zu* 1
пере|стла́ть*; пере́стланный, -ан, -а *v* 1. nochmals [anders] ausbreiten *Decke u. a.*; ~ посте́ль das Bett neu machen 2. neu dielen [legen]; ~ мостову́ю die Straße neu pflastern || *uv* перестила́ть, -а́ю, -а́ешь
перестоя́ть, -ою́, -ои́шь *v umg* 1. zu lange stehen 2. durch zu langes Stehen verderben || *uv* переста́ивать, -аю, -аешь
перестрада́ть, -а́ю, -а́ешь *v viel* erdulden, durchmachen
перестра́ивать(ся) *uv zu* перестро́ить(ся)
перестрахова́ться, -раху́юсь, -раху́ешься *v* 1. sich neu versichern 2. *umg* sich rückversichern || *uv* перестрахо́вываться, -аюсь, -аешься
перестрахо́вка, -и, *Pl G* -вок, *D* -вкам *f* Rückversicherung *a. übtr*
перестрахо́вщик, -а *m umg* Rückversicherer
перестрахо́вываться *uv zu* перестрахова́ться
перестре́ливать *uv zu* перестреля́ть
перестре́ливаться, -аюсь, -аешься *uv* sich beschießen, Schüsse wechseln
перестре́лка, -и, *Pl G* -лок, *D* -лкам *f* Feuergefecht
перестреля́ть, -я́ю, -я́ешь; перестре́лянный, -ян, -а *v* 1. *viele, alle* (er)schießen 2. *umg viel, alle Munition* verschießen || *uv* перестре́ливать, -аю, -аешь
перестро́ить, -о́ю, -о́ишь; -о́енный, -о́ен, -а *v* 1. umbauen 2. umgestalten, umstellen; reorganisieren; abändern; ~ предложе́ние einen Satz anders formulieren 3. umstimmen, anders stimmen *Musikinstrument* 4. *rad* (auf eine andere Welle) umschalten 5. *mil* umgruppieren, anders formieren || *uv* перестра́ивать, -аю, -аешь
перестро́иться, -о́юсь, -о́ишься *v* 1. *mil* sich umgruppieren, sich anders aufstellen 2. *übtr* sich umstellen, seine Arbeitsweise [Anschauungen] ändern || *uv* перестра́иваться, -аюсь, -аешься
перестро́йка, -и *f* 1. Umbau 2. Umgestaltung, Umstellung; Reorganisierung 3. *rad* Umschaltung
ersту́киваться -аюсь, -аешься *uv* sich durch Klopfzeichen verständigen
переступа́ть, -а́ю, -а́ешь *uv* 1. *uv zu* переступи́ть 2. schreiten, gehen; ~ с ноги́ на́ ногу von einem Bein auf das andere treten
переступи́ть, -уплю́, -у́пишь *v* 1. *A oder* че́рез *A* übertreten, -schreiten, treten (über) 2. *übtr A* übertreten, verletzen || *uv* переступа́ть, -а́ю, -а́ешь
пересу́ды, -ов *Pl umg verächtl* Gerede, Klatscherei
пересу́шивать *uv zu* пересуши́ть
пересуши́ть, -ушу́, -у́шишь; -у́шенный, -у́шен, -а *v* 1. zu lange [zu sehr] trocknen lassen 2. *viel, alles* trocknen (lassen) || *uv* пересу́шивать, -аю, -аешь
пересчита́ть [щи], -а́ю, -а́ешь; пересчи́танный, -ан, -а *v* 1. nochmals (nach)zählen 2. durchzählen 3. umrechnen; ~ рубли́ на ма́рки Rubel in Mark umrechnen ◇ ~ кому́-н. ко́сти [рёбра] *volksspr* j-n verdreschen || *uv* **пересчи́тывать,** -аю, -аешь
пересыла́ть *uv zu* пересла́ть
пересы́лка, -и, *Pl G* -лок, *D* -лкам *f* 1. Übersendung, -weisung, Versand; Transport; сто́имость -и Versandkosten 2. *volksspr alt* Etappengefängnis

пере|сы́пать* *v* **1.** umschütten **2.** *A oder G umg* zu viel hineinschütten [hineintun] **3.** einstreuen zwischen; ~ ве́щи нафтали́ном die Sachen einmotten; ~ речь цита́тами Zitate in die Rede einstreuen || *uv* **[1]пересыпа́ть,** -а́ю, -а́ешь ◇ пересыпа́ть из пусто́го в поро́жнее sich mit etwas Nutzlosem befassen; leeres Stroh dreschen

[2]пересыпа́ть *uv zu* переспа́ть

пересыха́ть *uv zu* пересо́хнуть

[1,2]перета́пливать *uv zu* [1,2]перетопи́ть

перетаска́ть, -а́ю, -а́ешь; перета́сканный, -ан, -а *v* **1.** *umg* anderswohin schleppen **2.** *volksspr* (eine Sache nach der anderen) stehlen, klauen || *uv* **[1]перета́скивать,** -аю, -аешь

[2]перета́скивать *uv zu* перетащи́ть

перетасова́ть, -су́ю, -су́ешь; -со́ванный, -со́ван, -а *v* **1.** neu mischen *Karten* **2.** *umg* durcheinanderbringen, -werfen || *uv* **перетасо́вывать,** -аю, -аешь

перетащи́ть, -ащу́, -а́щишь; -а́щенный, -а́щен, -а *v* hinüberschleppen, anderswohin schleppen, tragen || *uv* перета́скивать, -аю, -аешь

пере|тере́ть*; перетёрши *u.* перетере́в *v* **1.** durchreiben, durchscheuern **2.** zerreiben, klein reiben **3.** *viel, alles* abwischen, abtrocknen || *uv* перетира́ть, -а́ю, -а́ешь

пере|тере́ться*, *1. u. 2. Pers ungebr*; перетёршись *v* sich durchreiben, sich durchscheuern || *uv* перетира́ться, -а́ется

перетерпе́ть, -ерплю́, -е́рпишь *v umg viel* erleiden, durchmachen

перетира́ть(ся) *uv zu* перетере́ть(ся)

перето́лки, -ов *Pl umg* Gerüchte; то́лки и ~ einander widersprechende Gerüchte

перетолкова́ть, -ку́ю, -ку́ешь; -ко́ванный, -ко́ван, -а *v* **1.** falsch auslegen, verdrehen **2.** о *P umg* sprechen (über), besprechen (etw.) || *uv* **перетолко́вывать,** -аю, -аешь

[1]перетопи́ть, -оплю́, -о́пишь; -о́пленный, -о́плен, -а *v* **1.:** ~ все пе́чи alle Öfen heizen **2.** *volksspr viel, alles* verheizen || *uv* перета́пливать, -аю, -аешь

перетопи́ть, -оплю́, -о́пишь; -о́пленный, -о́плен, -а *v* (um)schmelzen; aus-, zerlassen || *uv* перета́пливать, -аю, -аешь

перетрево́жить, -жу, -жишь; -женный, -жен, -а *v umg alle, viele* in große Aufregung versetzen

перетру́сить, -у́шу, -у́сишь *v umg* große Angst bekommen

пере|трясти́* *v* auf-, durchschütteln, ausklopfen

перетря́хивать *uv zu* перетряхну́ть

перетряхну́ть, -ну́, -нёшь; перетря́хнутый, -ут, -а *v* auf-, durchschütteln, ausklopfen || *uv* перетря́хивать, -аю, -аешь

пере́ть* *uv volksspr* **1.** *weite Strecken* gehen **2.** rücksichtslos [drauflos] gehen **3.** sich durchdrängen **4.** schleppen **5.** stehlen **6.** *1. u. 2. Pers ungebr* herauskommen, sich hervordrängen

перетя́гивать *uv zu* перетяну́ть

перетяну́ть, -яну́, -я́нешь; -я́нутый, -я́нут, -а *v* **1.** herüber-, hinüberziehen **2.** *übtr umg* zu sich herüberziehen, für sich gewinnen **3.** *umg* mit Mühe hinübergehen [-fahren, -fliegen] **4.** *I* eng zusammenschnüren (mit) **5.** neu aufspannen, aufziehen **6.** *1. u. 2. Pers ungebr* überwiegen, mehr wiegen || *uv* перетя́гивать, -аю, -аешь

переубеди́ть, *1. Pers Sg ungebr*, -еди́шь; -еждённый, -еждён, -еждена́ *v* umstimmen, überreden || *uv* **переубежда́ть,** -а́ю, -а́ешь zu überreden versuchen

переубеди́ться, *1. Pers Sg ungebr*, -ди́шься *v* seine Meinung ändern || *uv* **переубежда́ться,** -а́юсь, -а́ешься

переу́лок, -лка *m* Querstraße, Gasse

переусе́рдствовать, -вую, -вуешь *v umg* übertreiben, übereifrig sein

переустра́ивать *uv zu* переустро́ить

переустро́ить, -о́ю, -о́ишь; -о́енный, -о́ен, -а *v* umgestalten; reorganisieren || *uv* переустра́ивать, -аю, -аешь

переустро́йство, -а *n* Umgestaltung; Reorganisierung

переутоми́ть, -млю́, -ми́шь; -млённый, -млён, -млена́ *v* überanstrengen || *uv* переутомля́ть, -я́ю, -я́ешь

переутоми́ться, -млю́сь, -ми́шься *v* sich überanstrengen || *uv* переутомля́ться, -я́юсь, -я́ешься

переутомле́ние, -я *n* Übermüdung; Überanstrengung

переутомля́ть(ся) *uv zu* переутоми́ть(ся)

переу|че́сть* *v neu* überprüfen, Inventur machen; neu registrieren || *uv* переучи́тывать, -аю, -аешь

переучёт, -а *m* Inventur; Neuregistrierung

переу́чивать(ся) *uv zu* переучи́ть(ся)
переучи́тывать *uv zu* переуче́сть
переучи́ть, -учу́, -у́чишь; -у́ченный, -у́чен, -а *v* 1. umschulen 2. nochmals lernen ‖ *uv* переу́чивать, -аю, -аешь
переучи́ться, -учу́сь, -у́чишься *v* 1. anders lernen, umlernen; тракторист переучи́лся на комба́йнера der Traktorist hat sich als Mähdrescherführer qualifiziert 2. *umg* durch zu vieles Lernen Schaden leiden; он переучи́лся er ist überstudiert ‖ *uv* переу́чиваться, -аюсь, -аешься
перефрази́ровать, -рую, -руешь; -рованный, -рован, -а *v, uv* mit anderen Worten wiedergeben, umschreiben
перехва́ливать *uv zu* перехвали́ть
перехвали́ть, -алю́, -а́лишь; -а́ленный, -а́лен, -а *v* übermäßig loben ‖ *uv* перехва́ливать, -аю, -аешь
перехвати́ть, -ачу́, -а́тишь; -а́ченный, -а́чен, -а *v* 1. abfangen, erwischen 2. an einer anderen Stelle anfassen 3. umgürten, umschlingen 4. *übtr* zuschnüren; ersticken; слёзы перехвати́ли ему́ го́рло Tränen schnürten ihm die Kehle zu 5. *umg* schnell hinunterschlingen *Essen* 6. *umg* für kurze Zeit borgen, pumpen 7.: ~ (че́рез край) *umg* (es) übertreiben, zu weit gehen ‖ *uv* перехва́тывать, -аю, -аешь
перехва́тчик, -а *m*: (истреби́тель-) ~ *mil* Abfangjäger
перехва́тывать *uv zu* перехвати́ть
перехитри́ть, -рю́, -ри́шь; -рённый, -рён, -рена́ *v* überlisten
перехо́д, -а *m* 1. Übergang *a. übtr* 2. Übertritt 3. Übergangsstelle; Furt 4. Durchgang, Korridor 5. Tagesmarsch; в двух -ах от го́рода zwei Tagesmärsche von der Stadt entfernt; ночно́й ~ Nachtmarsch 6. *phil* Übergang, Umschlagen
переходи́ть *uv zu* перейти́
перехо́дный, -ая, -ое *u. umg* **переходно́й,** -а́я, -о́е 1. Übergangs-; -ые экза́мены Zwischenprüfung 2. *gram* transitiv
переходя́щий, -ая, -ее Wander-; -ее зна́мя Wanderfahne; ~ приз Wanderpreis
пе́рец, -рца, *I* -рцем *m* Pfeffer; кра́сный ~ Paprika ◇ зада́ть пе́рцу кому́-н. *umg* j-m einheizen
пе́речень, -чня *m* Verzeichnis, Register
перечёркивать *uv zu* перечеркну́ть
перечеркну́ть, -ну́, -нёшь; перечёркнутый, -ут, -а *v* durch-, ausstreichen ‖ *uv* перечёркивать, -аю, -аешь
перечерти́ть, -ерчу́, -е́ртишь; -е́рченный, -е́рчен, -е́рчена *v* 1. neu zeichnen; umzeichnen, umarbeiten 2. *Zeichnung, Plan* übertragen, durchpausen ‖ *uv* **перече́рчивать,** -аю, -аешь
[1]**пере|че́сть*** *v* aufzählen, nachzählen; всех не перечтёшь man kann nicht alle aufzählen
[2]**пере|че́сть*** *v* nochmals lesen ‖ *uv* перечи́тывать, -аю, -аешь
перечисле́ние, -я *n* 1. Aufzählung; поимённое ~ namentliche Aufstellung 2. überwiesene Summe, Transfer
перечи́слить, -лю, -лишь; -ленный, -лен, -лена *v* 1. aufzählen 2. (j-n) versetzen; ~ в другу́ю ро́ту in eine andere Kompanie versetzen 3. *Geld* transferieren, übertragen ‖ *uv* **перечисля́ть,** -я́ю, -я́ешь
перечита́ть, -а́ю, -а́ешь; перечи́танный, -ан, -а *v* 1. nochmals lesen 2. *viel* durchlesen ‖ *uv* [1]**перечи́тывать,** -аю, -аешь *zu* 1
[2]**перечи́тывать** *uv zu* [2]пере́честь
пере́чить, -чу, -чишь *uv umg* widersprechen
пе́речница, -ы, *I* -ей *f* Pfefferbüchse ◇ чёртова ~ *volksspr* Hausdrachen
пе́речный, -ая, -ое Pfeffer-
перечу́вствовать, -твую, -твуешь; -твованный, -твован, -а *v* durchmachen, erleben
переша́гивать *uv zu* перешагну́ть
перешагну́ть, -ну́, -нёшь *v* überschreiten, übertreten (*A oder* че́рез *A*) *a. übtr*; ~ че́рез препя́тствие ein Hindernis überwinden ‖ *uv* переша́гивать, -аю, -аешь
перешéек, -е́йка *m* Landenge
перешёптываться, -аюсь, -аешься *uv* miteinander flüstern, tuscheln
перешиба́ть *uv zu* перешиби́ть
пере|шиби́ть* *v* 1. *umg* durchschlagen, zerbrechen 2. *volksspr* überholen, übertreffen ‖ *uv* перешиба́ть, -а́ю, -а́ешь
перешива́ть *uv zu* переши́ть
пере|ши́ть* *v* umarbeiten *Kleidungsstück* ‖ *uv* перешива́ть, -а́ю, -а́ешь
перещеголя́ть, -я́ю, -я́ешь *v umg* übertrumpfen, überbieten
переэкзаменова́ть, -ну́ю, -ну́ешь; -но́ванный, -но́ван, -а *v umg* nochmals prüfen ‖ *uv* переэкзамено́вывать, -аю, -аешь
переэкзамено́вка, -и, *Pl G* -вок, *D*

-вкам *f* Nachprüfung, Wiederholungsprüfung
переэкзаменóвывать *uv zu* переэкзаменовáть
перигéй, -я *m astr* Erdnähe, Perigäum
пери́ла, пери́л *Pl* Geländer
пери́льный, -ая, -ое Geländer-
пери́метр, -а *m math* Perimeter
пери́на, -ы *f* Federbett
пери́нка, -и, *Pl G* -нок, *D* -нкам *f* kleines Unterbett [Federbett]
пери́од, -а *m* Periode *a. math, gram*; отчётный ∼ Berichtsperiode
периодизáция, -и *f* Periodisierung
периоди́ческий, -ая, -ое periodisch *a. math*
периоди́чный, -ая, -ое; *Kzf* -чен, -чна periodisch (wiederkehrend)
перискóп, -а *m* Periskop, Sehrohr
пéристый, -ая, -ое 1. gefiedert 2. federförmig; -ые облакá Federwolken
перифери́я, -и *f* Peripherie, Randgebiet
перифрáз ↑ перифрáза
перифрáза, -ы *f u.* **перифрáз,** -а *m* Periphrase, Umschreibung
перламу́тр, -а *m* Perlmutter
перлóвка, -и *f umg* Perlgraupen
перлóвый, -ая, -ое: -ая крупá Perlgraupen
перлóн, -а *m* Perlon
перманéнт, -а *m umg* Dauerwelle(n)
перманéнтный, -ая, -ое; *Kzf* -тен, -тна permanent, ununterbrochen
Пермь, -и́ *f* Perm *Stadt*
пермя́к, -á *m* 1. Einwohner von Perm 2. *alter Name der* Komi
пернáтый, -ая, -ое; *Kzf* -áт, -а 1. gefiedert 2. -ые, -ых *Subst Pl* Vögel
перó, -á, *Pl* пéрья, -ьев, -ьям *n* Feder; страу́совые пéрья Straußenfedern; вéчное ∼ Füllfederhalter ◇ взя́ться за ∼ zur Feder greifen; бóйкое ∼ gewandter Stil; обладáть óстрым -óм eine scharfe Feder führen; владéть -óм eine gewandte Feder führen; одни́м рóсчерком -á mit einem Federstrich; разбóйник -á prinzipienloser Journalist
перочи́нный, -ая, -ое: ∼ нож Taschenmesser
перочи́стка, -и, *Pl G* -ток, *D* -ткам *f* Tintenwischer
перпендикуля́р, -а *m* Senkrechte; опусти́ть ∼ das Lot fällen
перпендикуля́рный, -ая, -ое; *Kzf* -рен, -рна senkrecht
перрóн, -а *m* Bahnsteig
перрóнный, -ая, -ое Bahnsteig-; ∼ билéт Bahnsteigkarte
перс, -а *m* Perser
персидский, -ая, -ое persisch; ∼ ковёр Perserteppich
пéрсик, -а *m* Pfirsich
персия́нка, -и, *Pl G* -нок, *D* -нкам *f* Perserin
персóна, -ы *f buchspr* Person; яви́ться сóбственной -ой *iron* höchstpersönlich erscheinen
персонáж, -а, *I* -ем, *G Pl* -ей *m lit* (handelnde) Person
персонáл, -а *m* Personal; обслу́живающий ∼ (аэродрóма) Bodenpersonal
перспекти́ва, -ы *f* Perspektive, Aussicht ◇ быть в -е bevorstehen; имéть в -е vorhaben
перспекти́вный, -ая, -ое 1. perspektivisch; Perspektiv-; ∼ план Perspektivplan 2. *Kzf* -вен, -вна aussichtsreich
перст, -á *m buchspr, alt* Finger ◇ оди́н как ∼ mutterseelenallein
пéрстень, -тня *m* Fingerring *mit Edelstein*
Пéру *n idkl* Peru
перуáнец, -нца, *I* -нцем, *G Pl* -нцев *m* Peruaner
перуáнка, -и, *Pl G* -нок, *D* -нкам *f* Peruanerin
перуáнский, -ая, -ое peruanisch
перфéкт, -а *m gram* Perfekt
перфокáрта, -ы *f* Lochkarte
перфолéнта, -ы *f* Lochstreifen
перхáть, -áю, -áешь *uv volksspr* räuspern, hüsteln
перхóта, -ы *f volksspr* Kratzen im Hals
пéрхоть, -и *f* Kopfschuppen
перцóвка, -и *f* Pfefferschnaps
перчáтка, -и, *Pl G* -ток, *D* -ткам *f* Handschuh; лáйковая ∼ Glacéhandschuh ◇ брóсить -у кому́-н. j-m den Fehdehandschuh hinwerfen, j-n herausfordern
перчáточник, -а *m* Handschuhmacher
перчи́нка, -и, *Pl G* -нок, *D* -нкам *f umg* Pfefferkorn
пéрчить, -чу, -чишь *uv* pfeffern
перши́ть, -и́т *unpers uv umg* kitzeln, kratzen *im Hals*
пёрышко, -а, *Pl* пёрышки, -шек, -шкам *n Dem zu* перó Federchen ◇ лёгкий как ∼ federleicht
перьевóй, -áя, -óе (Stahl-) Feder-; -áя ру́чка Füllfederhalter *im Unterschied zum Kugelschreiber*
пёс, пса *m* 1. Hund; цепнóй ∼ Kettenhund 2. Hund *Schimpfwort*
пéсенка, -и, *Pl G* -нок, *D* -нкам *f* Lied-

chen; мо́дная ~ Schlager ◇ его́ ~ спе́та *umg* es ist aus mit ihm
пе́сенник, -а *m* 1. Liederbuch 2. Liedersänger 3. Verfasser von Liedern
пе́сенный, -ая, -ое Lieder-
песе́ц, -сца́, *I* -сцо́м, *G Pl* -сцо́в *m* Polarfuchs
песка́рь, -я́ *m zool* Gründling
пескостру́йный, -ая, -ое: ~ аппара́т Sandstrahlgebläse
пе́сня, -и, *Pl G* -сен, *D* -сням *f* Lied ◇ ста́рая ~ immer das alte Lied; э́то до́лгая ~ das ist eine langwierige Sache; его́ ~ спе́та *umg* er hat ausgespielt, mit ihm ist es aus; тяну́ть [петь] одну́ и ту же -ю immer wieder dasselbe sagen
песо́к, -ска́ (-ску́) *m* Sand; сыпу́чий ~ Flugsand; золотоно́сный ~ Goldsand ◇ са́харный ~ klarer Zucker; стро́ить на -ске́ *übtr* auf Sand bauen; как ~ морско́й *oder* как -ску́ морско́го wie Sand am Meer
песо́чник, -а *m* Sandform
песо́чница, -ы, *I* -ей *f* 1. *umg* Sandkasten 2. Sandstreuer *Straßenbahn, Lokomotive* 3. Sandbüchse *früher zum Trocknen der Tinte verwendet*
песо́чный, -ая, -ое 1. Sand-; -ые часы́ Sanduhr; -ое пиро́жное Sandkuchen 2. *umg* sandfarben
пессими́ст, -а *m* Pessimist
пест, -а́ *m* Mörserkeule, Stößel
пе́стик, -а *m* 1. *bot* Stempel 2. *Dem zu* пест Mörserkeule
пестре́ть, *1. u. 2. Pers ungebr*, -е́ет *uv* 1. bunt werden 2. bunt leuchten [schimmern]
пестри́ть, -рю́, -ри́шь *uv* 1. bunt machen, bunt färben 2. *in der Rede*, oft wiederholen; речь пестри́т иностра́нными слова́ми die Rede ist mit Fremdwörtern gespickt 3. *unpers*: у меня́ пестри́т в глаза́х mir flimmert es vor den Augen
пестрота́, -ы́ *f* Buntheit
пестру́шка, -и, *Pl G* -шек, *D* -шкам *f zool* 1. Lemming 2. *gbt* Forelle
пёстрый, -ая, -ое; *Kzf* пёстр, пестра́, пёстро *u.* пестро́, пёстры *u.* пестры́ 1. bunt 2. *übtr* bunt zusammengewürfelt ◇ ~ слог gekünstelter Stil
песцо́вый, -ая, -ое Polarfuchs-
песча́ник [ща], -а *m* Sandstein
песча́ный [ща], -ая, -ое sandig, Sand-; -ая по́чва Sandboden
песчи́нка [щи], -и, *Pl G* -нок, *D* -нкам *f* Sandkorn
Петербу́рг, -а *m* Petersburg *bis 1914 Name von Leningrad*
Петерго́ф, -а *m* Peterhof, *jetzt* Петродворе́ц
пети́т, -а *m typ* Petit
пети́ция, -и *f* Petition, Bittschrift
петли́ца, -ы, *I* -ей *f* 1. Knopfloch 2. Kragenspiegel
пе́тля, -и, *Pl G* -тель, *D* -тлям *f* 1. Schlinge, Schlaufe; завяза́ть -ю die Schlinge zuziehen 2. Masche; спу́щенная ~ Laufmasche; чулки́ с неспуска́ющейся пе́тлей maschenfeste Strümpfe 3. Knopfloch 4. Schleife *a. flug*; мёртвая ~ Looping 5. Öse 6. Türangel ◇ лезть [попа́сть] в -ю den Hals in die Schlinge stecken, sich in eine gefährliche Lage begeben; хоть в -ю лезь! man könnte sich aufhängen!; вы́нуть кого́-н. из -и j-n aus der Schlinge ziehen, j-n retten
петля́ть, -я́ю, -я́ешь *uv umg* 1. Kurven beschreiben *beim Laufen, Fahren* 2. sich winden *Weg* 3. langatmig von diesem und jenem reden
Пётр, Петра́ *m* Peter
Петрогра́д, -а *m* Petrograd *1914–24 Name von Leningrad*
Петродворе́ц, -рца́, *I* -рцо́м *m* Petrodworez
Петру́ша, -и, *I* -ей *m Dem zu* Пётр
петру́шка, -и *f bot* Petersilie
Петру́шка, -и, *Pl G* -шек, *D* -шкам *m* Kasperle, Hanswurst
пету́ния, -и *u.* **пету́нья,** -и, *Pl G* -ний, *D* -ньям *f bot* Petunie
пету́х, -а́ *m* 1. Hahn; бойцо́вый ~ Kampfhahn 2. *umg* Kampfhahn, Raufbold ◇ (про)сиде́ть до -о́в bis zum Morgengrauen sitzen; встать с -а́ми [до -о́в] mit [noch vor] dem ersten Hahnenschrei aufstehen; пусти́ть -а́ sich mit der Stimme überschlagen *beim Singen*; пусти́ть (кра́сного) -а́ den roten Hahn aufs Dach setzen
пету́ший, -ья, -ье Hahnen-; ~ гребешо́к Hahnenkamm
петуши́ный, -ая, -ое Hahnen-; ~ бой Hahnenkampf; ~ го́лос krähende Stimme
петуши́ться, -шу́сь, -ши́шься *uv umg* hitzig werden; он петуши́тся ihm schwillt der Kamm
петушко́м *Adv umg* scharwenzelnd
петь* *uv* singen; ~ те́нором [ба́сом] Tenor [Baß] singen; пету́х поёт der Hahn kräht ◇ ~ Ла́заря *umg verächtl* sein Schicksal beklagen, jammern ‖ *v* спеть | *uv iterativ* пева́ть *Präs ungebr alt*

Пе́тька, -и *m Dem zu* Пётр
Пе́тя, -и *m Dem zu* Пётр
пехо́та, -ы *f* Infanterie; морска́я ~ Marineinfanterie
пехоти́нец, -нца, *I* -нцем, *G Pl* -нцев *m* Infanterist
пехо́тный, -ая, -ое Infanterie-
печа́лить, -лю, -лишь *uv* betrüben, traurig machen
печа́литься, -люсь, -лишься *uv* betrübt sein
печа́ль, -и *f* 1. Trauer, Traurigkeit, Kummer 2. *umg* Sorge; не моя́ ~ das ist nicht meine Sache; мне что за ~? was geht mich das an?; (вот) не́ было печа́ли (, — че́рти нака-ча́ли)! *volkssspr* das hat ja gerade noch gefehlt!
печа́льный, -ая, -ое; *Kzf* -лен, -льна 1. traurig, betrübt 2. bedauerlich; ~ слу́чай bedauerlicher Vorfall 3. traurig, unrühmlich; ~ коне́ц unrühmliches Ende
печа́тать, -аю, -аешь *uv* drucken; ~ на маши́нке (mit der) Schreibmaschine schreiben, tippen ◇ ~ шаг fest auftreten ‖ н а п е ч а́ т а т ь; напеча́танный, -ан, -а
печа́таться, -аюсь, -аешься *uv* 1. gedruckt werden, im Druck sein 2. seine Werke drucken lassen; он печа́тается в ра́зных журна́лах seine Werke erscheinen in verschiedenen Zeitschriften
печа́тка, -и, *Pl G* -ток, *D* -ткам *f* kleiner Stempel, kleines Siegel
печа́тник, -а *m* (Buch-) Drucker
печа́тный, -ая, -ое Druck-, gedruckt; ~ цех Druckerei; ~ лист Druckbogen; ~ стано́к Druckerpresse
печа́ть, -и *f* 1. Druck, Buchdruck; глубо́кая ~ Tiefdruck; гото́вый к -и druckreif; вы́йти из -и erscheinen 2. Presse; по сообще́ниям -и nach Pressemeldungen 3. Siegel, Stempel; служе́бная ~ Dienstsiegel; поста́вить ~ abstempeln, das Siegel aufdrücken; наложи́ть -и *jur* versiegeln 4. *buchspr* Gepräge, Stempel; положи́ть свою́ ~ на чём-н. einer Sache seinen Stempel aufdrücken, einer Sache das Gepräge geben ◇ кни́га за семью́ -ями ein Buch mit sieben Siegeln; ~ молча́ния Siegel der Verschwiegenheit
печёнка, -и, *Pl G* -нок, *D* -нкам *f* 1. Leber *Speise* 2. *umg anat* Leber ◇ всéми -нками ненави́деть *volkssspr* aus tiefster Seele hassen; сиде́ть в -нках у кого́-н. *volkssspr* j-m im Magen liegen
печёный, -ая, -ое gebacken; -ое я́блоко Bratapfel
пе́чень, -и *f anat* Leber
пече́нье, -ья *n* 1. Gebäck 2. Backen
пе́чка, -и, *Pl G* -чек, *D* -чкам *f* (Zimmer-) Ofen ◇ танцева́ть от пе́чки *umg* etw. routinemäßig tun; чу́до-~ Backwunder, Gasbackform, Elektrobackform
печни́к, -á *m* Ofensetzer
печно́й, -а́я, -о́е Ofen-; -а́я труба́ Ofenrohr
Печо́ра, -ы *f* Petschora *Fluß*
печу́рка, -и, *Pl G* -рок, *D* -ркам *f* kleiner (*meist provisorischer*) Ofen
[1]**печь,** -и, *P* о пе́чи, в [на] печи́, *Pl* пе́чи, пече́й, печа́м *f* Ofen; до́менная ~ Hochofen; марте́новская ~ Siemens-Martin-Ofen ◇ лежа́ть на -и́ (faul) hinterm Ofen sitzen
[2]**печь*** *uv* 1. backen 2. brennen, sengen *Sonne* ◇ как блины́ печёт (das geht ja) wie das Brezelbacken
[1]**пе́чься*** *uv* 1. backen *itr*, gebacken werden 2. *umg* in der Sonne braten
[2]**пе́чься*** *uv* sich kümmern (о *P* um), sorgen (für)
пешехо́д, -а *m* Fußgänger
пешехо́дный, -ая, -ое Fußgänger-; -ая тропа́ Fußsteig; ~ спорт *Sport* Gehen
пе́ший, -ая, -ее 1. Fuß-, zu Fuß gehend; -ие путеше́ственники Fußwanderer 2. -его *Subst m* Fußgänger; Fußsoldat
пе́шка, -и, *Pl G* -шек, *D* -шкам *f* 1. Bauer *Schachfigur* 2. *übtr, umg* Marionette
пешко́м *Adv* zu Fuß
пеще́ра, -ы *f* Höhle; сталакти́товая ~ Tropfsteinhöhle
пеще́рный, -ая, -ое Höhlen-; ~ челове́к Höhlenmensch
пиани́но *n idkl* Klavier
пиани́ст, -а *m* Pianist, Klavierspieler
пивна́я, -о́й *Subst f umg* Bierstube
пивно́й, -а́я, -о́е Bier-; -а́я кру́жка Bierglas, Bierkrug; ~ заво́д Brauerei
пивну́шка, -и, *Pl G* -шек, *D* -шкам *f volkssspr, verächtl* Kneipe
пи́во, -а *n* Bier; ~ в буты́лках Flaschenbier ◇ с ним -а не сва́ришь *volkssspr* mit ihm kann man sich schwer einigen
пивова́р, -а *m* Bierbrauer
пивова́ренный, -ая, -ое Bier herstellend; ~ заво́д Brauerei; -ая промы́шленность Brauerei-Industrie

пи́галица, -ы, *I* -ей *f* **1.** *zool* Kiebitz **2.** *umg* unansehnlicher, kleiner Mensch
пиджа́к, -а́ *m* (Herren-) Jackett
пижа́ма, -ы *f* Schlafanzug
пи́жма, -ы *f bot* Rainfarn
пижо́н, -а *m umg* geschniegelter Laffe
пии́т, -а *u.* **пии́та,** -ы *m buchspr, alt* Poet
пик, -а *m* **1.** Pik, Bergspitze **2.** Zeit der höchsten Belastung [des höchsten Standes]; часы́ ~ Hauptverkehrszeit; ~ в рабо́те электроста́нции Spitzen(belastungs)zeit; ~ весе́ннего па́водка Höchststand des Frühlingshochwassers
пи́ка, -и *f* Lanze ◇ сде́лать что́-н. в -у кому́-н. etw. j-m zum Schur tun
пика́нтный, -ая, -ое; *Kzf* -тен, -тна pikant *a. übtr*
пика́п, -а *m* kleines Lastauto *zur Last- und Personenbeförderung*
[1]**пике́** *n idkl text* Pikee
[2]**пике́** *n idkl flug* Sturzflug
пике́т, -а *m* **1.** Streikposten *aus mehreren Arbeitern* **2.** *mil alt* Posten **3.** Pikett *altes Kartenspiel*
пикети́ровать, -рую, -руешь *uv* auf Streikposten stehen
пике́тчик, -а *m* Streikposten
пи́ки *Pl* пик, *Sg volksspr* пи́ка, -и *f* Pik *beim Kartenspiel*
пики́рование, -я *n* Sturzflug
пики́ровать, -рую, -руешь *v, uv* im Sturzflug niedergehen; ~ на цель das Ziel im Sturzflug angreifen
пикирова́ть, -ру́ю, -ру́ешь; -ро́ванный, -ро́ван, -а *v, uv landw* pikieren, auspflanzen
пики́роваться, -руюсь, -руешься *uv* sich sticheln, spitze Reden wechseln
[1]**пикиро́вка,** -и, *Pl G* -вок, *D* -вкам *f landw* Pikieren, Auspflanzen
[2]**пикиро́вка,** -и, *Pl G* -вок, *D* -вкам *f* Stichelei, boshafte Anspielung
пикиро́вщик, -а *m umg* Sturzkampfbomber
пики́рующий, -ая, -ее *flug* Sturz-; ~ полёт Sturzflug; ~ бомбардиро́вщик Sturzkampfbomber
пикни́к, -а́ *m* Ausflug *mit Picknick*
пи́кнуть, -ну, -нешь *v umg* **1.** piepsen **2.** *übtr* mucksen; он ~ не сме́ет er wagt nicht zu mucksen; он не пи́кнул er blieb mucksmäuschenstill
пи́ковый, -ая, -ое Pik- *beim Kartenspiel*; -ая да́ма Pikdame ◇ -ое положе́ние *umg* peinliche Situation; оста́ться при -ом интере́се leer ausgehen, das Nachsehen haben
пи́кули, -ей *Pl* Mixed Pickles, mariniertes Gemüse
пи́кша, -и, *I* -ей *f* Schellfisch
пила́, -ы́, *Pl* пи́лы, пил, пи́лам *f* **1.** Säge; ди́сковая ~ Kreissäge **2.** *übtr volksspr* Nervensäge *Mensch*
пила́в, -а *m* Pilaw *orientalisches Gericht aus gekochtem Reis mit Fleisch und Gewürzen*
пила́-ры́ба, пилы́-ры́бы, *Pl* пи́лы-ры́бы, пил-ры́б, пи́лам-ры́бам *f* Sägefisch
пилёный, -ая, -ое gesägt ◇ -ый са́хар Würfelzucker
пили́кать, -аю, -аешь *uv umg* fiedeln, schlecht spielen *auf der Geige* ‖ *v mom* **пили́кнуть,** -ну, -нешь
пили́ть, пилю́, пи́лишь; пи́ленный, -ен, -а *uv* **1.** sägen **2.** *umg* feilen **3.** *umg* durch Nörgeleien quälen **4.** *umg* fiedeln, schlecht spielen
[1]**пи́лка,** -и *f* Sägen
[2]**пи́лка,** -и, *Pl G* -лок, *D* -лкам *f* **1.** kleine Säge **2.** Nagelfeile
пиломатериа́лы *Pl* -ов, *Sg* пиломатериа́л, -а *m* Sägeholz, Schnittholz
пилора́ма, -ы *f* Sägewerk
пило́т, -а *m* Pilot; второ́й ~ Kopilot, zweiter Flugzeugführer
пилота́ж, -а, *I* -ем *m* Flugzeugführung; вы́сший ~ Kunstflug
пилоти́ровать, -рую, -руешь *uv flug* steuern, fliegen
пило́тка, -и, *Pl G* -ток, *D* -ткам *f* Fliegermütze, *schirmlose* Feldmütze
пи́льщик, -а *m* Holzsäger, Sägearbeiter
пилю́ля, -и *f* Pille ◇ проглоти́ть -ю *übtr* eine bittere Pille schlucken; позолоти́ть -ю кому́-н. j-m eine bittere Pille versüßen
пиля́стр ↑ пиля́стра
пиля́стра, -ы *f u.* **пиля́стр,** -а *m arch* Pilaster
пимы́ *Pl* -о́в, *Sg* пим, -а́ *m* **1.** Rentierfellstiefel **2.** Filzstiefel *Sibirien, Ural*
пина́ть, -а́ю, -а́ешь *uv volksspr* mit dem Fuß stoßen, einen Fußtritt geben ‖ *v mom* пнуть, пну, пнёшь
пингви́н, -а *m* Pinguin
пине́тки *Pl* -ток, -ткам, *Sg* пине́тка, -и *f* Babyschuhe
пи́ния, -и *f bot* Pinie
пино́к, -нка́ *m umg* Fußtritt
пинце́т, -а *m* Pinzette
пио́н, -а *m* Päonie, Pfingstrose
пионе́р, -а *m* **1.** Pionier, Bahnbrecher **2.** (junger) Pionier

пионер- *in Zuss* Pionier-
пионервожа́тая, -ой *Subst f* Pionierleiterin
пионервожа́тый, -ого *Subst m* Pionierleiter
пионе́рка, -и, *Pl G* -рок, *D* -ркам *f* *weiblicher* Pionier
пионерла́герь, -я, *Pl* пионерлагеря́, -е́й, -я́м *m* Pionierlager
пионеротря́д, -а *m* Pioniergruppe
пионе́рский, -ая, -ое Pionier-; -ая дружи́на Pionierfreundschaft
пипе́тка, -и, *Pl G* -ток, *D* -ткам *f* Pipette
пир, -а, *P* о пи́ре, на пиру́, *Pl* пиры́, -о́в, -а́м *m* Gelage, Gastmahl ◇ у него́ ~ горо́й bei ihm geht es hoch her; ~ на весь мир fürstliche Bewirtung
пирами́да, -ы *f* Pyramide
пирамида́льный, -ая, -ое pyramidenförmig; ~ то́поль Pyramidenpappel
пира́т, -а *m* Pirat, Seeräuber
Пирене́и, -ев *Pl* Pyrenäen
пирене́йский, -ая, -ое pyrenäisch; Пирене́йский полуо́стров Pyrenäenhalbinsel
пирова́ть, -ру́ю, -ру́ешь *uv* zechen, schmausen
пиро́г, -а́ *m* Pastete; Kuchen; мясно́й ~ Fleischpastete
пиро́жное, -ого *Subst n* **1.** Kuchen, Gebäck; Törtchen **2.** *alt* süße Nachspeise
пирожо́к, -жка́ *m* kleine Pastete
пироксили́н, -а *m* Schießbaumwolle
пироте́хник, -а *m* Feuerwerker
пиру́шка, -и, *Pl G* -шек, *D* -шкам *f* *umg* kleiner Schmaus
пи́ршество, -а *n alt* Festmahl, Gelage
писа́ка, -и *m, f umg, verächtl* Schreiberling, Schmierfink
писа́ние, -я *n* **1.** Schreiben **2.** *umg iron* Geschreibsel **3.** (свяще́нное) ~ Heilige Schrift, Bibel
писани́на, -ы *f volksspr, verächtl* Geschreibsel
пи́саный ,-ая, -ое *alt* handgeschrieben; bemalt ◇ -ая краса́вица bildschönes Mädchen, bildschöne Frau; говори́ть как по-пи́саному reden wie gedruckt
пи́сарь, -я, *Pl* писаря́, -е́й, -я́м *m alt* Schreiber
писа́тель, -я *m* Schriftsteller; де́тский ~ Jugendschriftsteller
писа́тельница, -ы, *I* -ей *f* Schriftstellerin
писа́тельский, -ая, -ое schriftstellerisch
писа́ть* *uv* **1.** schreiben **2.** malen; ~ акваре́лью mit Wasserfarben malen ◇ пиши́ пропа́ло das ist hin; не про меня́ пи́сано *volksspr* das ist nicht für mich bestimmt, das ist mir zu hoch; дурака́м зако́н не пи́сан *Sprichw* für Dumme gibt es kein Gesetz; пошла́ ~ губе́рния alles geriet in Aufregung ‖ *v* написа́ть | *uv iterativ* пи́сывать, *Präs ungebr, umg*; у него́ э́то на лбу́ не напи́сано das sieht man ihm nicht an; у него́ э́то на лице́ напи́сано das steht ihm im Gesicht geschrieben
писа́ться* *uv* **1.** geschrieben werden **2.** *umg*: мне не пи́шется ich habe keine Lust zum Schreiben
писк, -а *m* Piepsen, Quieken
пискли́вый, -ая, -ое; *Kzf* -и́в, -а *u. umg* **пискля́вый,** -ая, -ое; *Kzf*-я́в, -а **1.** piepsend, quäkend; schrill; ~ го́лос Fistelstimme **2.** mit einer Fistelstimme
пи́скнуть *v mom zu* пища́ть
пискотня́, -и́, *I* -ёй *f umg* vielstimmiges Gequäke, Gepiepse
писку́н, -а́ *m umg* Schreihals *mit schriller Stimme*
писку́нья, -ьи, *Pl G* -ний, *D* -ньям *umg f* Schreihals *mit schriller Stimme*
пистоле́т, -а *m* Pistole; автомати́ческий ~ Selbstladepistole
писто́н, -а *m* **1.** *mil* Zündhütchen **2.** *mus* Ventilklappe
пису́лька, -и, *Pl G* -лек, *D* -лькам *f* *umg* Briefchen, Zettel
писчебума́жный, -ая, -ое Schreibwaren-
пи́счий, -ая, -ее zum Schreiben geeignet; -ая бума́га Schreibpapier
пи́сывать *uv iterativ zu* писа́ть
пи́сьменность, -и *f* **1.** Schrift; до револю́ции хака́сы не име́ли -и vor der Revolution hatten die Chakassen keine Schrift **2.** Literatur, Schrifttum *eines Volkes oder einer Epoche*
пи́сьменный, -ая, -ое **1.** schriftlich; ~ знак Schriftzeichen **2.** Schreib-; ~ стол Schreibtisch
письмо́, -а́, *Pl* пи́сьма, пи́сем, пи́сьмам *n* **1.** Brief; заказно́е ~ Einschreibebrief; гаранти́йное ~ Garantieschein; рекоменда́тельное ~ Empfehlungsschreiben; сопроводи́тельное ~ Begleitschreiben; отде́л пи́сем Leserbriefredaktion; *rad* Hörerbriefredaktion **2.** *nur Sg* Schreiben; иску́сство -а́ die Kunst des Schreibens **3.** Schrift; кита́йское ~ die chinesische Schrift; кру́пное ~ große Schrift

письмоно́сец, -сца, *I* -сцем, *G Pl* -сцев *m* Briefträger
пита́ние, -я *n* 1. Ernährung, Verpflegung, Kost; иску́сственное ~ künstliche Ernährung; уси́ленное ~ kräftige Kost; обще́ственное ~ *umfaßt* Gaststättenbetriebe, Imbißhallen usw.; ~ дете́й в шко́ле Schulspeisung 2. *tech, el* Speisung; ~ электроэне́ргией Stromversorgung
пита́тельность, -и *f* Nährwert
пита́тельный, -ая, -ое 1. *Kzf* -лен, -льна nahrhaft 2. Nähr-; Verpflegungs-; -ое веществó Nährstoff; ~ пункт Verpflegungsstelle 3. *tech* Speise-; ~ насо́с Speisepumpe ◇ -ая среда́ Nährboden *biol u. übtr*
пита́ть, -а́ю, -а́ешь *uv* 1. ernähren; verpflegen 2. *übtr* hegen, nähren; ~ дру́жбу к кому́-н. für j-n Freundschaft hegen; ~ дове́рие к кому́-н. j-m Vertrauen schenken, zu j-m Vertrauen haben 3. *tech* speisen, versorgen
пита́ться, -а́юсь, -а́ешься *uv* 1. sich ernähren 2. *regelmäßig* essen; ~ до́ма [в столо́вой] zu Hause [in der Speisegaststätte] essen 3. *tech* gespeist werden
пито́мец, -мца, *I* -мцем, *G Pl* -мцев *m* *buchspr* Zögling; ~ Моско́вского университе́та Student [Absolvent] der Moskauer Universität
пито́мник, -а *m* 1. Baumschule; Pflanzgarten 2. Tierzuchtfarm
пить*; не́ пил, не пила́! *uv* trinken; ~ за здоро́вье друзе́й auf die Gesundheit der Freunde trinken; мне хо́чется ~ ich habe Durst ◇ дать ~ *volksspr* a) eine Lehre erteilen, einen Denkzettel geben; b) Scherereien machen; как ~ дать [даду́т] todsicher, unbedingt
питьё, -ья́ *n* 1. Trinken; вода́ для -ья́ Trinkwasser 2. *im Pl nur G gebräuchlich* -е́й Getränk; прохлади́тельное ~ Erfrischungsgetränk
питьево́й, -а́я, -о́е trinkbar
пифаго́ров, -а, -о: -а теоре́ма *u. umg scherz* -ы штаны́ pythagoreischer Lehrsatz
пиха́ть, -а́ю, -а́ешь *uv umg* 1. stoßen 2. hineinstoßen ‖ *v mom* **пихну́ть,** -ну́, -нёшь
пи́хта, -ы *f* (Edel-) Tanne
пихта́рник, -а *m umg* Tannenwald
пи́хтовый, -ая, -ое Tannen-
пи́чкать, -аю, -аешь *uv umg* überfüttern, vollstopfen *a. übtr*
пичу́га, -и *f umg* Vögelchen
пишу́ ↑ писа́ть
пи́шущий, -ая, -ее: -ая маши́нка Schreibmaschine
пи́ща, -и, *I* -ей *f* 1. Nahrung, Kost; сыра́я ~ Rohkost; горя́чая ~ warmes Essen 2. *buchspr übtr* Nahrung; дава́ть -у чему́-н. einer Sache neue Nahrung geben
пища́ть, -щу́, -щи́шь *uv* piepsen, quieken; mit hoher, dünner Stimme sprechen ‖ *v mom* **пи́скнуть, -ну,** -нешь
пищеваре́ние, -я *n* Verdauung
пищеви́к, -а́ *m* Arbeiter in der Lebensmittelindustrie
пищево́д, -а *m anat* Speiseröhre
пищево́й, -а́я, -о́е Nahrungsmittel-; -а́я промы́шленность Nahrungsmittelindustrie
пи́щик, -а *m* 1. Lock-, Vogelpfeife 2. *mus* Zunge *in Instrumenten*
пия́вка, -и, *Pl G* -вок, *D* -вкам *f* Blutegel; ста́вить -и Blutegel ansetzen
пл. (пло́щадь; платфо́рма) Platz; Bahnsteig
пла́вание, -я *n* 1. Schwimmen; ~ на боку́ Seitenschwimmen; ~ на спине́ Rückenschwimmen; ~ с утопа́ющим Rettungsschwimmen; доро́жка для -я (Schwimm-) Bahn 2. Seereise, Schiffsreise; отпра́виться в ~ in See stechen; экспедицио́нное ~ Expeditions-, Forschungsreise; кругосве́тное ~ Weltumsegelung, Schiffsreise um die Welt; ~ под паруса́ми Segeln
пла́вательный, -ая, -ое Schwimm-; -ая перепо́нка *zool* Schwimmhaut; ~ жиле́т Schwimmweste
пла́вать, -аю, -аешь *uv* 1. *unbest zu* плыть 2. schwimmen (können); он не уме́ет ~ er kann nicht schwimmen; она́ пло́хо пла́вает sie schwimmt schlecht; де́рево пла́вает Holz schwimmt 3. *übtr* schwimmen (in); ~ в крови́ im Blut schwimmen 4. *übtr umg* schwimmen, unsichere Kenntnisse haben; ~ на экза́мене in der Prüfung schwimmen 5. *umg* fahren *zu Schiff* ◇ ~ в блаже́нстве in (einem Meer von) Seligkeit schwimmen; ме́лко пла́ваешь du hast keinen rechten Mumm
плави́льный, -ая, -ое *tech* Schmelz-; -ая печь Schmelzofen
плави́льня, -и, *Pl G* -лен, *D* -льням *f* Schmelzhütte
плави́льщик, -а *m* Schmelzer

[1]**плáвить,** -влю, -вишь; -вленный, -влен, -влена *uv* schmelzen *tr*

[2]**плáвить,** -влю, -вишь; -вленный, -влен, -влена *uv* flößen *Holz*

плáвиться, *1. u. 2. Pers ungebr*, -ится *uv* schmelzen *itr*, flüssig werden

плáвка, -и, *Pl G* -вок, *D* -вкам *f* **1.** Schmelzen **2.** Abstich *Hochofen*

плáвки, -вок, -вкам *Pl* Badehose

плáвкий, -ая, -ое; *Kzf* -вок, -вка (leicht) schmelzbar

плавлéние, -я *n* Schmelzen; тóчка -я Schmelzpunkt

плáвленый, -ая, -ое: ~ сыр Schmelzkäse

плáвни, -ей *Pl mit Schilf bewachsene, bei Hochwasser überschwemmte* Flußniederung

плавни́к, -á *m* Flosse

плáвный, -ая, -ое; *Kzf* -вен, -вна **1.** fließend, gleichmäßig; -ая похóдка leichter [schwebender] Gang **2.** *tech* stufenlos ◇ ~ (соглáсный) *ling* Liquida, Fließlaut

плавýчий, -ая, -ее **1.** Schwimm-; ~ док Schwimmdock; ~ мост Pontonbrücke; ~ маяк Feuerschiff; -ая ми́на Treibmine; ~ лёд Treibeis; ~ гóспиталь Lazarettschiff **2.** schwimmfähig

плагиáт, -а *m* Plagiat, geistiger Diebstahl

плакáт, -а *m* Plakat

плакати́ст, -а *m* Plakatmaler

плáкать* *uv* weinen; ~ навзры́д schluchzen; ~ об ýмершем einen Toten beweinen ◇ тюрьмá плáчет по нём das Gefängnis wartet auf ihn; плáкали мои́ дéнежки *volksspr* mein Geld ist flöten; хоть плачь! man könnte weinen!, es ist zum Heulen!

плáкаться* *uv umg* **1.** sich beklagen, jammern **2.** *unpers* мне плáчется ich könnte weinen, mir ist wie Heulen zumute ◇ ~ в жилéтку *iron* barmen (damit man Mitleid erregt)

плáкса, -ы *m, f umg* weinerliches Kind, Heulsuse

плакси́вый, -ая, -ое; *Kzf* -и́в, -а *umg* weinerlich

плакýчий, -ая, -ее: -ая и́ва Trauerweide; -ая берёза Trauerbirke

пламенéть, -éю, -éешь *uv* **1.** *1. u. 2. Pers ungebr* flammen, glühen **2.** *I übtr alt poet* brennen, glühen (vor); ~ любóвью in Liebe erglühen

плáменный, -ая, -ое; *Kzf* -енен, -енна **1.** flammend, glühend **2.** glutrot **3.** *übtr* heiß, leidenschaftlich; ~ патриóт glühender Patriot ◇ -ая печь *tech* Flammofen

плáмя, *G D P* -мени, *I* -менем, *Pl* пламенá, -ён, -енáм *n* Flamme; вспы́хнуть -менем in Flammen aufgehen ◇ ~ войны́ Kriegsfackel; ~ стрáсти Glut [Feuer] der Leidenschaft

план, -а *m* **1.** Plan; календáрный ~ Terminplan; ~ по распределéнию рабóчей си́лы *oder* ~ по трудý Arbeitskräfteplan; стрóить -ы Pläne schmieden; сверх -а überplanmäßig; отставáние от -а Planschulden **2.** Disposition *Aufsatz, Rede* **3.** Plan, Grundriß **4.** Betrachtungsweise, Gesichtspunkt; в теорети́ческом -е auf theoretischer Ebene; дéйствие в комéдии развивáется в двух -ах die Handlung in dem Lustspiel entwickelt sich in zwei Linien ◇ на перéднем -е im Vordergrund; вы́двинуть чтó-н. на пéрвый ~ etw. in den Vordergrund rücken, etw. an die erste Stelle setzen; крýпным -ом *Film* in Großaufnahme

планёр, -а *m* Segelflugzeug; грузовóй ~ Lastensegler

планери́зм, -а *m* Segelflugsport

планери́ст, -а *m* Segelflieger

планёрный, -ая, -ое Segelflug-

планеродрóм, -а *m* Segelflugplatz

планéта, -ы *f* Planet

планетáрий, -я, *P* -и, *G Pl* -ев *m* Planetarium

планéтный, -ая, -ое Planeten-, planetarisch

[1]**плани́рование,** -я *n* Gleitflug

[2]**плани́рование,** -я *n* Planung

[1]**плани́ровать,** -рую, -руешь *uv* gleiten, im Gleitflug fliegen

[2]**плани́ровать,** -рую, -руешь; -рованный, -рован, -а *uv* **1.** planen **2.** projektieren, entwerfen ‖ *v* спланировать

планировáть, -рýю, -рýешь; -рóванный, -рóван, -а *uv arch* anlegen, projektieren

планирóвка, -и *f arch* Planung, Projektierung, Anlage; ~ гóрода Stadtplanung

плáнка, -и, *Pl G* -нок, *D* -нкам *f* **1.** Leiste, Latte **2.** *Pl* Blenden *Mode*

планови́к, -á *m* (Wirtschafts-) Planer

плáновость, -и *f* Planmäßigkeit

плáновый, -ая, -ое Plan-; planmäßig, geplant; -ое хозя́йство Planwirtschaft; -ое задáние Planauflage, Plansoll

планоме́рный, -ая, -ое; *Kzf* -рен, -рна planmäßig

планта́тор, -а *m* Plantagenbesitzer, Pflanzer

планта́ция, -и *f* Plantage

планше́т, -а *m* 1. Kartentasche 2. Meßtisch; Meßtischblatt 3. Korsettstange

пласт, -а́ *m* 1. Schicht; Lage 2. *berg* Flöz ◇ лежа́ть -о́м [как ~] kraftlos darniederliegen

пласта́ть, -а́ю, -а́ешь; пла́станный, -ан, -а *uv umg* in Schichten [Scheiben] schneiden

пла́стик, -а *m* Plast

пла́стика, -и *f* Plastik, Bildhauerkunst

пласти́на, -ы *f* Platte, Lamelle; Lasche

пласти́нка, -и, *Pl G* -нок, *D* -нкам *f* 1. Platte, Scheibe 2. Schallplatte; долгоигра́ющая ~ Langspielplatte 3. *phot* Platte 4. Lamelle *des Pilzes*

пласти́нчатый, -ая, -ое Lamellen-, Scheiben-; ~ гриб Lamellenpilz

пласти́ческий, -ая, -ое plastisch; knetbar, formbar ◇ -ая ма́сса *oder* ~ материа́л Kunststoff

пласти́чный, -ая, -ое; *Kzf* -чен, -чна 1. harmonisch, ausdrucksvoll 2. knetbar

пластма́сса, -ы *f* Kunststoff, Plast

пласту́нский: по́лзать по-пласту́нски *mil* robben

пла́стырь, -я *m med* Pflaster; ли́пкий ~ Heftpflaster; вытяжно́й ~ Zugpflaster

пла́та, -ы *f* Bezahlung; Lohn; за́работная ~ Arbeitslohn; Gehalt; кварти́рная ~ (Wohnungs-) Miete; аре́ндная ~ Pacht; сде́льная ~ Akkordlohn; Leistungslohn; пошту́чная ~ Stücklohn; ~ за обуче́ние Schulgeld; Studiengebühren; ~ за прое́зд Fahrgeld; ~ за прово́з Fracht(gebühr); ~ за хране́ние Lagergeld

плата́н, -а *m* Platane

плата́ть, -а́ю, -а́ешь *uv volksspr* flicken

платёж, -ежа́, *I* -ежо́м, *G Pl* -еже́й *m* Zahlung; ~ в рассро́чку Ratenzahlung, Teilzahlung; производи́ть -ежи́ Zahlungen leisten; нало́женным -о́м mit Nachnahme ◇ долг -ежо́м кра́сен *Sprichw* eine Liebe ist die andere wert

платёжеспосо́бный, -ая, -ое; *Kzf* -бен, -бна zahlungsfähig

платёжный, -ая, -ое Zahl-; ~ бала́нс Zahlungsbilanz; -ая ве́домость Lohn-, Gehaltsliste

плате́льщик, -а *m buchspr* Zahler; ~ нало́гов Steuerzahler

пла́тина, -ы *f* Platin

плати́ть, плачу́, пла́тишь; пла́ченный, -ен, -а *uv* (be)zahlen; ~ нали́чными (in) bar zahlen; ~ в рассро́чку in Raten zahlen ◇ ~ добро́м за добро́ Gutes mit Gutem vergelten; ~ той же моне́той mit gleicher Münze heimzahlen, Gleiches mit Gleichem vergelten; ~ чёрной неблагода́рностью mit schnödem Undank lohnen

плати́ться, плачу́сь, пла́тишься *uv übtr* bezahlen; büßen (че́м-н. за что́-н. etw. mit etw.)

пла́тный, -ая, -ое gegen Bezahlung

плато́ *n idkl* Plateau

плато́к, -тка́ *m* Tuch; (носово́й) ~ Taschentuch; большо́й ~ Umschlagtuch; головно́й ~ Kopftuch

Плато́н, -а *m* 1. *männl Vn* 2. Plato *griech. Philosoph*

платони́ческий, -ая, -ое platonisch

платфо́рма, -ы *f* 1. Bahnsteig; погру́зочная ~ Laderampe; скла́дочная ~ Güterboden 2. Haltepunkt *Eisenbahn* 3. offener Güterwagen, Flachwagen; ~ со сто́йками Rungenwagen 4. Plattform *a. pol*

пла́тье, -ья, *G Pl* -ьев *n* 1. Kleid; ~-костю́м Jackenkleid 2. *ohne Pl* Kleidung; Oberbekleidung; гото́вое ~ Konfektion

пла́тьице, -а, *I* -ем *n* Kleidchen

платяно́й, -а́я, -о́е Kleider-; -а́я щётка Kleiderbürste

плафо́н, -а *m* 1. bemalte oder mit Stuck verzierte Decke 2. Deckenleuchte

плафо́нный, -ая, -ое Plafond-, Decken-

пла́ха, -и *f* 1. Holzblock, Holzklotz 2. *hist* Richtblock, Schafott

пла́хта, -ы *f* 1. dicker gestreifter oder karierter hausgewebter Stoff *in der Ukraine* 2. viereckiges Stück dieses Stoffes, das als Rock getragen wird

плац, -а, *I* -ем, *P* о пла́це, на плацу́, *G Pl* пла́цев *m* Exerzierplatz

плацда́рм, -а *m mil* Aufmarschraum; Brückenkopf

плацка́рта, -ы *f* Platzkarte

плач, -а, *I* -ем *m* Weinen

плаче́вный, -ая, -ое; *Kzf* -вен, -вна kläglich, jämmerlich, erbärmlich

пла́чу ↑ пла́кать

пла́шка, -и, *Pl G* -шек, *D* -шкам *f*

1. kleine Holzplatte 2. Falle *für kleine Tiere*

плашмя́ *Adv*: упа́сть ~ der Länge nach hinschlagen; уда́рить са́блей ~ mit der flachen Seite des Säbels zuschlagen

плащ, -а́, *I* -о́м, *G Pl* -е́й *m* 1. Regenmantel; ~ с водоотта́лкивающей пропи́ткой imprägnierter Wettermantel 2. Regenumhang

плащ-пала́тка, -и, *Pl G* -ток, *D* -ткам *f* Regenumhang, der auch als Zeltbahn dient

плебисци́т, -а *m* Volksbefragung

плева́, -ы́ *f* Membrane, feine Haut; лёгочная ~ Brustfell; де́вственная ~ Jungfernhäutchen

плева́тельница, -ы, *I* -ей *f* Spucknapf

плева́ть* *uv* 1. spucken 2. *volksspr* pfeifen (на *A* auf); он плюёт на всё *oder* ему́ ~ на всё er pfeift auf alles 3. *prädikativ* (das ist) ganz egal ◇ ~ в потоло́к *umg scherz* faulenzen ‖ *v mom* плю́нуть, -ну, -нешь; раз плю́нуть ему́ *volksspr* das macht er im Handumdrehen

пле́вел, -а *m* Lolch *Unkraut im Getreide* ◇ отдели́ть пшени́цу от пле́вел *übtr* die Spreu vom Weizen scheiden

плево́к, -вка́ *m* (ausgespiene) Spucke

пле́вра, -ы *f* Rippenfell

плеври́т, -а *m* Pleuritis, Rippenfellentzündung

плёвый, -ая, -ое: э́то -ое де́ло *volksspr* das ist nicht der Rede wert, das ist eine Kleinigkeit

плед, -а *m* Plaid, dicke Wolldecke

плексигла́с, -а *m* Plexiglas

племенно́й, -а́я, -о́е 1. Stammes-; -а́я вражда́ Stammesfehde 2. Zucht-, Rasse-; ~ скот Zuchtvieh; ~ производи́тель Rassezuchttier; -а́я кни́га Stammbaum *bei Zuchttieren*, Herdbuch

племхо́з, -а *m* (племенно́е хозя́йство) Tierzuchtbetrieb

пле́мя, *G D P* -ени, *I* -енем, *Pl* племена́, -ён, -ена́м *n* 1. (Volks-)Stamm; вождь пле́мени Stammesfürst, Häuptling 2. *hoher Stil* Generation ◇ на племя́ *landw* zur Zucht

племя́нник, -а *m* Neffe

племя́нница, -ы, *I* -ей *f* Nichte

плен, -а, *P* о пле́не, в плену́ *m* 1. Gefangenschaft; сда́ться в ~ sich gefangen geben; попа́сть в ~ in Gefangenschaft geraten, gefangengenommen werden 2. *übtr* Bann, Fesseln; в -у́ предрассу́дков im Bann von Vorurteilen

плена́рный, -ая, -ое Plenar-, Voll-; -ое заседа́ние Plenarsitzung

пленери́зм, -а *m* Freilichtmalerei

плени́тельность, -и *f* Reiz, Charme

плени́тельный, -ая, -ое; *Krf* -лен, -льна reizend, bezaubernd, berückend

плени́ть, -ню́, -ни́шь; -нённый, -нён, -нена́ *v* 1. *übtr* fesseln, bestricken, bezaubern 2. *alt, buchspr* gefangennehmen ‖ *uv* пленя́ть, -я́ю, -я́ешь

плени́ться, -ню́сь, -ни́шься *v I* sich bezaubern lassen (von), hingerissen sein (von) ‖ *uv* пленя́ться, -я́юсь, -я́ешься

плёнка, -и, *G Pl* -нок, *D* -нкам *f* 1. Häutchen; dünne Schicht 2. Film(streifen); чёрно-бе́лая ~ Schwarzweißfilm; прояви́ть -у einen Film entwickeln 3. Tonband

пле́нник, -а *m* Gefangener

пле́нный, -ого *Subst m mil* Gefangener

пле́нум, -а *m* Plenum; заседа́ние -а Plenarsitzung

пленя́ть(ся) *uv zu* плени́ть(ся)

плёс, -а *m* 1. Flußabschnitt von einer Krümmung zur anderen 2. Fahrrinne *in Flüssen zwischen Inseln und Sandbänken*

пле́сенный, -ая, -ое Schimmel-

пле́сень, -и *f* Schimmel(pilz)

плеск, -а *m* Plätschern

плеска́ть* *u.* -а́ю, -а́ешь *uv* 1. plätschern 2. bespritzen (на кого́-н. че́м-н. j-n mit etw.); ~ друг на дру́га водо́й sich gegenseitig mit Wasser bespritzen 3. verspritzen ‖ *v mom* плесну́ть, -ну́, -нёшь

плеска́ться* *u.* -а́юсь, -а́ешься *uv* 1. plätschern *Wellen* 2. planschen

пле́сневеть, *1. u. 2. Pers ungebr*, -еет *uv* (ver)schimmeln

плесну́ть *v mom zu* плеска́ть

плести́* *uv* 1. flechten; ~ кру́жево Spitzen klöppeln 2. *umg verächtl* faseln, schwatzen; ~ вздор Unsinn schwatzen ◇ ~ интри́ги [ко́зни] Ränke [Intrigen] spinnen

плести́сь* *uv umg* sich dahinschleppen ◇ ~ в хвосте́ [в обо́зе] hinterherzotteln, zurückbleiben

плете́ние, -я *n* 1. Flechten 2. Flechtarbeit, geflochtener Gegenstand

плетёнка, -и, *Pl G* -нок, *D* -нкам *f* 1. Flechtkorb; су́мка-~ geflochtene Tasche 2. Zopf *Gebäck*

плетёный, -ая, -ое geflochten; ~ стул Korbstuhl, Rohrstuhl

плете́нь, -тня́, *I* -тнём *m* Flechtzaun

плётка, -и, *Pl G* -ток, *D* -ткам *f* kurze Reitpeitsche

плету́ ↑ плести́

плеть, -и, *Pl* пле́ти, плете́й, плетя́м, *I* плетя́ми *oder* плетьми́ *f* **1.** Peitsche **2.** *Pl* Auspeitschen *Strafe* **3.** Ranke *von Schlingpflanzen*

плечево́й, -а́я, -о́е Schulter-; ~ суста́в Schultergelenk

пле́чики, -ов *Pl* **1.** Kleiderbügel **2.** Schulterpolster *in Kleidungsstücken*

пле́чико, -а, *Pl* -и, -ов, -ам *n* **1.** *Dem zu* плечо́ Schulter **2.** Träger *am Rock*

плечи́стый, -ая, -ое; *Kzf* -и́ст, -а breitschultrig

плечо́, -а́, *Pl* пле́чи, плеч, плеча́м *u. alt* плеча́, -е́й, -а́м *n* **1.** Schulter, Achsel **2.** *anat* Oberarm **3.** *tech* (Hebel-) Arm ◇ пожа́ть -а́ми mit den Schultern zucken, die Achseln zucken; име́ть за -а́ми мно́го лет рабо́ты ein arbeitsreiches Leben hinter sich haben, auf ein arbeitsreiches Leben zurückblicken können; плечо́(м) к -у́ Schulter an Schulter, Seite an Seite; вы́нести [вы́везти] что́-н. на свои́х -а́х mit etw. allein [ohne fremde Hilfe] fertigwerden; он име́ет го́лову на -а́х er ist ein heller Kopf; на -а́х проти́вника dem Feind auf den Fersen; все забо́ты о семье́ (лежа́т) на его́ -а́х alle Sorgen um die Familie liegen auf ihm; э́то ему́ не по -у́ das geht über seine Kräfte, dieser Sache ist er nicht gewachsen; с чужо́го -а́ getragen *Kleidung*; с плеч доло́й diese Sache ist abgetan, diese Sorge bin ich [sind wir] los; у меня́ сло́вно [как] гора́ с плеч свали́лась [упа́ла] mir ist ein Stein vom Herzen gefallen; руби́ть с -а́ *umg* kein Blatt vor den Mund nehmen; э́тот вопро́с нельзя́ реша́ть с -а́ diese Frage kann man nicht so ohne weiteres lösen

плеши́веть, -ею, -еешь *uv* eine Glatze bekommen

плеши́вый, -ая, -ое; *Kzf* -и́в, -а kahlköpfig, glatzköpfig

плешь, -и *f* **1.** Glatze **2.** *volksspr* kahle, unbewachsene Stelle *im Wald usw.*

плещу́ ↑ плеска́ть

пли! (*aus* пали́!) *Interj alt mil* Feuer!

плинт, -а *m*: (гимнасти́ческий) ~ Kasten *Turngerät*

пли́нтус, -а *m* **1.** Scheuerleiste **2.** Plinthe, Fußplatte einer Statue oder Säule

плиссе́ [сэ] *n idkl* **1.** *Subst n* Plissee **2.** *Adj nachgestellt* Plissee-; ю́бка ~ Plisseerock

плиссирова́ть, -ру́ю, -ру́ешь; -ро́ванный, -ро́ван, -а *uv* plissieren

плита́, -ы́, *Pl* пли́ты, плит, пли́там *f* **1.** Platte, Kachel, Fliese; прессо́ванная ~ Preßplatte; вы́ложить -ами mit Fliesen auslegen, auskacheln **2.** (Küchen-) Herd; га́зовая ~ Gasherd

пли́тка, -и, *Pl G* -ток, *D* -ткам *f* **1.** Täfelchen; ~ шокола́да Tafel Schokolade **2.** kleine Fliese, Kachel **3.** *umg* elektrischer Kocher; га́зовая ~ Gaskocher

пли́точный, -ая, -ое Platten-; ~ заво́д Plattenwerk; ~ шокола́д Schokolade in Tafeln

плов, -а *m* Plow *orientalisches Gericht aus gekochtem Reis mit Fleisch und Gewürzen*

плове́ц, -вца́, *I* -вцо́м, *G Pl* -вцо́в *m* Schwimmer

плод, -а́ *m* **1.** Frucht *a. übtr*; ко́сточковые -ы́ Steinobst; -ы́ многоле́тней рабо́ты Früchte einer langjährigen Arbeit **2.** Leibesfrucht; изгна́ние -а́ Abtreibung ◇ запре́тный ~ verbotene Frucht

плоди́ть, -ожу́, -оди́шь *uv* **1.** züchten, ziehen **2.** *umg* in die Welt setzen *viele Kinder* **3.** *übtr* erzeugen, hervorbringen

плоди́ться, *1. u. 2. Pers ungebr*, -и́тся *uv* sich vermehren, sich fortpflanzen

плодови́тый, -ая, -ое; *Kzf* -и́т, -а **1.** fruchtbar, sich schnell vermehrend **2.** *übtr* fruchtbar, produktiv, viele Werke schaffend

плодово́дство, -а *n* Obstbau

плодо́вый, -ая, -ое Frucht-, Obst-; ~ са́хар Fruchtzucker; -ое де́рево Obstbaum

плодо|но́жка, -и, *Pl G* -жек, *D* -жкам *f* Stiel *an Früchten*; **~но́сный,** -ая, -ое; *Kzf* -сен, -сна fruchttragend, ertragreich *Bäume*; **~овощно́й,** -а́я, -о́е Obst- und Gemüse-; **~ро́дие,** -я *n* Fruchtbarkeit; **~ро́дный,** -ая, -ое; *Kzf* -ден, -дна fruchtbar *Boden, Land, Klima*; **~сме́н,** -а *m landw* Fruchtwechsel; **~снима́тель,** -я *m* Obstpflücker *Gerät*; **~тво́рный,** -ая,

-ое; *Kzf* -рен, -рна fruchtbringend, nutzbringend, ersprießlich

пло́мба, -ы *f* 1. (Blei-) Plombe 2. Plombe, Zahnfüllung; поста́вить [положи́ть] -у plombieren

пломби́р, -а *m* Sahneeis mit Früchten, Halbgefrorenes

пломбирова́ть, -ру́ю, -ру́ешь; -ро́ванный, -ро́ван, -а *uv* plombieren

пло́ский, -ая, -ое; *Kzf* -сок, -ска́!; *Komp* пло́ще flach, platt, eben; -ая стопа́ Plattfuß 2. *übtr* platt, fade

плоского́рье, -ья, *Pl G* -рий, *D* -рьям *n* Hochland, Hochebene, Gebirgsplateau

плоскогу́бцы, -ев *Pl* Flachzange

плоскосто́пие, -я *n med* Plattfuß

пло́скость, -и, *Pl* пло́скости, плоскосте́й, плоскостя́м *f* 1. *math, phys* Fläche, Ebene; накло́нная ~ schiefe Ebene 2. *flug* Tragfläche 3. Flachheit, flache Form 4. *übtr* Ebene, Gesichtspunkt; в ра́зных -я́х auf verschiedenen Ebenen [Gebieten] 5. *alt* (*G Pl* пло́скостей) fader Witz, triviale Bemerkung ◇ идти́ [кати́ться] по накло́нной -и auf die schiefe Bahn geraten

плот, -а́, *P* о пло́те́, на плоту́ *m* Floß

плотва́, -ы́ *ohne Pl f* Plötze

плоти́на, -ы *f* Damm, Deich; Wehr; Sperrmauer, Staudamm

плоти́нный, -ая, -ое Damm-, Deich-, Talsperren-

плотне́ть, -е́ю, -е́ешь *uv* 1. dichter werden 2. zunehmen, dicker werden

пло́тник, -а *m* Zimmermann

пло́тничать, -аю, -аешь *uv* als Zimmermann arbeiten

пло́тничий, -ья, -ье Zimmer(manns)-; -ья брига́да Zimmerbrigade

пло́тничный, -ая, -ое Zimmermanns-

пло́тность, -и *f* 1. Dichte; Kompaktheit; ~ населе́ния Bevölkerungsdichte 2. Festigkeit, Stärke

пло́тный, -ая, -ое; *Kzf* -тен, -тна́! 1. dicht, kompakt 2. fest, dauerhaft 3. dick, prall gefüllt 4. gutgenährt, stämmig 5. *umg* sättigend, kräftig *Essen* 6. -о *Adv* fest; eng; -о облега́ть eng anliegen *Kleidung*; -о прижа́ться sich eng anschmiegen

плотово́д, -а *m* Flößer

плотовщи́к, -а́ *m* Flößer

плотого́н, -а *m* Flößer

плотоя́дный, -ая, -ое; *Kzf* -ден, -дна 1. fleischfressend 2. lüstern, wollüstig

пло́тский, -ая, -ое *buchspr, alt* sinnlich, fleischlich

плоть, -и *f alt* Körper, Leib; кра́йняя ~ *anat* Vorhaut ◇ э́то вошло́ мне в ~ и кровь das ist mir in Fleisch und Blut übergegangen; обле́чься в ~ и кровь Gestalt annehmen; ~ от мое́й -и *buchspr* mein eigen Fleisch und Blut

пло́хо 1. *Adv* schlecht; де́ло ~ ко́нчится die Sache wird schlimm enden 2. *unpers prädikativ D* es geht (j-m) schlecht; мне о́чень ~ ich fühle mich sehr schlecht ◇ ~ лежи́т es verleitet zum Diebstahl; ~ не клади́, в грех не вводи́ *Sprichw* Gelegenheit macht Diebe; пло́хо-пло́хо *volksspr* mindestens

плохо́й, -а́я, -о́е; *Kzf* плох, -а́!; *Komp* ху́же (*selten* пло́ше) 1. schlecht; на него́ наде́жда -а́я auf ihn ist kein Verlaß 2. *nur Kzf umg* schwach *Gesundheit*; стару́ха -а́ der alten Frau geht es schlecht ◇ с ним шу́тки -и mit ihm ist schlecht Kirschen essen

плоша́ть, -а́ю, -а́ешь *uv* 1. *umg* Fehler [Dummheiten] machen 2. *volksspr* schlechter werden

пло́ше ↑ плохо́й

пло́шка, -и, *Pl G* -шек, *D* -шкам *f volksspr* 1. flache Schale, Napf 2. Illuminationskerze, Talglicht *in einer Schale*

площа́дка, -и, *Pl G* -док, *D* -дкам *f* 1. Platz *für einen bestimmten Zweck*; де́тская ~ Kinderspielplatz; танцева́льная ~ Tanzfläche; поса́дочная ~ *flug* Rollfeld; Landeplatz; оруди́йная ~ Geschützstand; ~ для за́пуска раке́т Raketenstartplatz 2. Treppenabsatz 3. Plattform *z. B. Straßenbahn*

площадно́й, -а́я, -о́е unanständig, unflätig, grob

пло́щадь, -и, *Pl* пло́щади, площаде́й, площадя́м *f* 1. Platz; Кра́сная ~ Roter Platz; привокза́льная ~ Bahnhofsvorplatz 2. Fläche; посевна́я ~ Anbaufläche; жила́я ~ Wohnraum 3. *math* Flächeninhalt

пло́ще ↑ пло́ский

плуг, -а, *Pl* плуги́, -о́в, -а́м *m* Pflug; снегово́й ~ Schneepflug; прицепно́й ~ Anhängepflug

плу́нжер, -а *m tech* Tauchkolben

плут, -а́ *m* 1. Gauner, Betrüger 2. Schelm, geriebener Kerl

плута́ть, -а́ю, -а́ешь *uv umg* umherirren

плу́тни, -ей *Pl umg* Gaunereien, Betrügereien
плутова́тый, -ая, -ое, *Kzf* -а́т, -а 1. durchtrieben, schlau im Betrügen 2. listig, schelmisch
плутова́ть, -ту́ю, -ту́ешь *uv itr, umg* betrügen, mogeln
плуто́вка, -и, *Pl G* -вок, *D* -вкам *f* Schelmin
плутовско́й, -а́я, -о́е 1. betrügerisch 2. schelmisch, listig, verschmitzt; -а́я улы́бка spitzbübisches Lächeln
плутовство́, -а *n* Gaunerei, Betrügerei
плыву́ ↑ плыть
плыть* *uv* 1. *best* schwimmen; ~ кро́лем kraulen; ~ про́тив тече́ния *a. übtr* gegen den Strom schwimmen 2. *best* segeln, fahren *von oder mit Wasserfahrzeugen*; ~ под паруса́ми segeln 3. *in der Luft* dahinziehen, leicht dahinschweben; облака́ плыву́т die Wolken ziehen 4. *umg* überlaufen, breitlaufen ◇ всё плы́ло у меня́ пе́ред глаза́ми mir schwamm alles vor den Augen; ~ в ру́ки mühelos zufallen; ~ сквозь па́льцы *übtr* unter den Fingern zerrinnen | *unbest* пла́вать *zu* 1, 2
плюга́вый, -ая, -ое; *Kzf* -а́в, -а *umg* unansehnlich, mager, schwächlich
плю́нуть *v mom zu* плева́ть
плюс, -а *m* 1. Pluszeichen 2. Plus *bei Zensuren*; тро́йка с -ом Drei plus 3. *umg* Plus, Vorteil; -ы и ми́нусы Vor- und Nachteile 4. *Part idkl math* plus; четы́ре ~ два бу́дет шесть vier plus zwei ist sechs
плю́хать(ся) *uv zu* плю́хнуть(ся)
плю́хнуть, -ну, -нешь *v volksspr* 1. hinplumpsen, schwer hinschlagen 2. hinknallen *tr* ‖ *uv* плю́хать, -аю, -аешь
плю́хнуться, -нусь, -нешься *v umg* hinplumpsen, schwer hinschlagen; sich schwer hinsetzen ‖ *uv* плю́хаться, -аюсь, -аешься
плюш, -а, *I* -ем *m* Plüsch
плю́шевый, -ая, -ое Plüsch-
плю́шка, -и, *Pl G* -шек, *D* -шкам *f* Milchbrötchen
плющ, -а́, *I* -о́м *m* Efeu
плю́щить, -щу, -щишь *uv tech* walzen
плюю́ ↑ плева́ть
пляж, -а, *I* -ем, *G Pl* -ей *m* (Bade-) Strand; Strandbad
пля́жный, -ая, -ое Strand-; ~ костю́м Strandanzug
пляс, -а *m umg* Tanzen
пляса́ть* *uv umg* tanzen *gewöhnlich Volkstänze* ◇ ~ под чью-н. ду́дку nach j-s Pfeife tanzen ‖ *v* спляса́ть
пля́ска, -и, *Pl G* -сок, *D* -скам *f* 1. Volkstanz 2. Tanzen ◇ Ви́ттова ~ *med* Veitstanz
плясово́й, -а́я, -о́е 1. Tanz-, Volkstanz- 2. -а́я, -о́й *Subst f* Tanzlied
плясу́н, -а́ *m umg* Tänzer *von Volkstänzen*
пляшу́ ↑ плясать
пневма́тика, -и *f* 1. *phys* Pneumatik 2. Luftreifen
пневмати́ческий, -ая, -ое pneumatisch, Luftdruck-; -ое ружьё Luftgewehr; ~ то́рмоз Luftdruckbremse; -ая по́чта Rohrpost; ~ мо́лот Preßlufthammer
пневмони́я, -и *f* Pneumonie, Lungenentzündung
пнуть *v mom zu* пина́ть
по *Präpos* I. *mit D* 1. über (. . . hin), auf; е́хать по́ полю [по́ морю] übers Feld [übers Meer] fahren; по́ полу über den Fußboden; распространи́ться по всей стране́ sich übers ganze Land verbreiten; погла́дить по голове́ über den Kopf streichen, den Kopf streicheln 2. durch; идти́ по́ лесу [по ле́су] durch den Wald gehen; ходи́ть по ко́мнате im Zimmer auf und ab gehen; путеше́ствие по А́фрике Afrikareise 3. entlang, längs; е́хать по автостра́де auf der Autobahn fahren; плыть на парохо́де вверх по реке́ mit dem Dampfer stromauf fahren 4. in, an, von . . . zu *an mehreren Orten*; иска́ть по всей ко́мнате im ganzen Zimmer suchen; разлива́ть вино́ по бока́лам den Wein in die Gläser gießen; по стена́м кабине́та вися́т карти́ны an den Wänden des Arbeitszimmers hängen Bilder; по места́м! auf die Plätze!; ходи́ть по врача́м von einem Arzt zum anderen gehen; распредели́ть план по брига́дам den Plan auf die Brigaden aufschlüsseln 5. an *zeitlich, mit D Pl*; по пра́здникам an Feiertagen; по вечера́м an den Abenden, abends; по четверга́м donnerstags; по це́лым дням tagelang 6. in, für, auf *Fach, Gebiet, Aufgabenbereich*; экза́мен по фи́зике Prüfung in Physik, Physikprüfung; слова́рь по я́дерной те́хнике Wörterbuch für Kerntechnik; практи́ческие заня́тия по ру́сскому языку́ russische Sprachübungen; чемпио́н ми́ра по прыжка́м с шесто́м Welt-

meister im Stabhochsprung; инстру́ктор по пла́ванию Schwimmlehrer; заво́д по произво́дству се́рной кислоты́ Schwefelsäurewerk; по э́тому вопро́су in dieser Frage **7.** zu, für *Ziel*; кампа́ния по ликвида́ции негра́мотности Kampagne zur Beseitigung des Analphabetentums; рабо́ты по дальне́йшему освое́нию ко́смоса Arbeiten zur weiteren Erforschung des Kosmos **8.** an, in *Merkmal*; узна́ть по го́лосу an der Stimme erkennen; карти́на проста́ по компози́ции das Bild ist einfach in seiner Komposition; он по профе́ссии сле́сарь er ist von Beruf Schlosser; ро́дственник по ма́тери ein Verwandter mütterlicherseits; това́рищ по кла́ссу Klassenkamerad; пе́нсия по ста́рости Altersrente; второ́й по величине́ го́род die zweitgrößte Stadt; по нату́ре von Natur (aus) **9.** nach, gemäß, laut; прибы́ть по расписа́нию fahrplanmäßig ankommen; по о́череди der Reihe nach; по его́ инициати́ве auf seine Initiative; по смы́слу sinngemäß; по обыкнове́нию wie gewöhnlich; жить не по сре́дствам über seine Mittel [Verhältnisse] leben; знать по и́мени dem Namen nach kennen; конце́рт по зая́вкам Wunschkonzert **10.** aus, wegen; по оши́бке aus Versehen; знать по со́бственному о́пыту aus eigener Erfahrung wissen [kennen]; по нео́пытности aus mangelnder Erfahrung; оши́бка по рассе́янности Faselfehler, Flüchtigkeitsfehler; по боле́зни krankheitshalber; по её вине́ durch ihre Schuld; отсу́тствовать по неуважи́тельной причи́не unentschuldigt fehlen **11.** mit, in, per *Nachrichtenmittel*; по по́чте mit der Post; сообщи́ть о прие́зде по телефо́ну [по телегра́фу] seine Ankunft telefonisch [telegrafisch] mitteilen; по ра́дио im Rundfunk; смотре́ть фильм по телеви́дению einen Film im Fernsehen sehen **12.** *verteilend* je ein, *meist unübersetzt*; два биле́та по рублю́ zwei Karten zu (je) einem Rubel; мать дала́ де́тям по я́блоку die Mutter gab jedem Kind einen Apfel; три ра́за в день по ча́йной ло́жке dreimal täglich einen Teelöffel ◇ ро́спись по фарфо́ру Porzellanmalerei; уда́рить по столу́ auf den Tisch schlagen; уда́рить по рука́м (etw.) durch Handschlag bekräftigen; по тече́нию mit dem Strom *a. übtr*; подня́ться по ле́стнице die Treppe hinaufsteigen; по пути́ unterwegs; нам по пути́ wir haben den gleichen Weg; по мне, как хо́чешь meinetwegen mach, was du willst; ему́ не по себе́ ihm ist nicht recht wohl in seiner Haut **II.** *mit A* **1.** bis zu, bis an *meist bei Körperteilen*; по коле́но [по по́яс, по грудь] стоя́ть в воде́ bis zum Knie [bis zum Gürtel, bis zur Brust] im Wasser stehen; он мне по плечо́ er reicht mir bis zur Schulter; у меня́ рабо́ты по го́рло ich habe alle Hände voll zu tun; он влюблён по́ уши *umg* er ist bis über die Ohren verliebt **2.** bis *zeitlich*; по май bis Mai; по двадца́тое ию́ня bis zum zwanzigsten Juni; по сей день bis zum heutigen Tage **3.** *verteilend*, *bei Zahlen ab 2* je, pro, *meist unübersetzt*; лимо́ны по де́сять копе́ек шту́ка Zitronen zu zehn Kopeken das Stück; в ка́ждой гру́ппе по пять — семь челове́к in jeder Gruppe sind fünf bis sieben Personen; ка́ждый получи́л по́ два рубля́ jeder erhielt zwei Rubel **4.** *gbt u. volksspr* nach *bei Bewegungsverben*; идти́ по грибы́ Pilze sammeln gehen; идти́ по́ воду Wasser holen (gehen) ◇ по ту сто́рону реки́ auf dem anderen Flußufer, jenseits des Flusses; по о́бе стороны́ auf beiden Seiten; по ле́вую ру́ку zur linken Hand, links **III.** *mit P* nach *zeitlich*, *bei Verbalsubstantiven*; по истече́нии сро́ка nach Ablauf der Frist; по оконча́нии институ́та nach Beendigung der Hochschule, nach dem Staatsexamen; по сме́рти nach dem Tode

По *f idkl* Po *Fluß*

побагрове́ть, -е́ю, -е́ешь *v* purpurrot [flammendrot] werden

поба́иваться, -аюсь, -аешься *uv G* sich ein bißchen fürchten (vor)

поба́ливать, *1. u. 2. Pers ungebr*, -ает *uv umg* ab und zu ein bißchen weh tun

побасёнка, -и, *Pl G* -нок, *D* -нкам *f umg* Anekdote, Histörchen

[1]**побе́г,** -а *m* Flucht

[2]**побе́г,** -а *m* Trieb, Schößling

побе́гать, -аю, -аешь *v* eine Zeitlang herumlaufen

побегу́шки: быть у кого́-н. на -ах *umg* bei j-m Laufbursche sein *a. übtr*

побе́да, -ы *f* Sieg; одержа́ть -у den Sieg erringen; уве́ренный в -е sieges-

sicher; производственные -ы Produktionserfolge
победи́тель, -я *m* Sieger; вы́йти -ем als Sieger hervorgehen; ~ по очкáм Punktsieger
победи́ть, *1. Pers Sg ungebr*, -еди́шь; -еждённый, -еждён, -ежденá *v* 1. (be)siegen 2. *übtr* überwinden, bezwingen *Gefühl* ‖ *uv* побеждáть, -áю, -áешь
побéдный, -ая, -ое Sieges-, siegreich
победонóсный, -ая, -ое; *Kzf* -сен, -сна 1. siegreich 2. *übtr* siegesbewußt, selbstsicher
по|бежáть* *v* 1. loslaufen, losrennen 2. die Flucht ergreifen
побеждáть *uv zu* победи́ть
побéжка, -и *f* Gangart *eines Pferdes*
побелéть, -éю, -éешь *v* weiß werden
побели́ть, -елю́, -éли́шь; -елённый, -елён, -еленá *v* weißen
побéлка, -и *f* Weißen
побережье, -ья, *Pl G* -ий, *D* -ьям *n* Küste
по|берéчь* *v* 1. aufbewahren, gut aufheben 2. schonen, sorgsam behandeln
побесéдовать, -дую, -дуешь *v* sich eine Weile unterhalten
побеспокóиться, -óюсь, -óишься *v* 1. sich kümmern (о *P* um) 2. sich eine Weile aufregen
побирáться, -áюсь, -áешься *uv umg* betteln, sich durchbetteln
по|би́ть* *v* 1. schlagen 2. schlagen, besiegen 3. *viele, alle* erschlagen 4. *umg viel, alles* zerschlagen, zerbrechen; грáдом поби́ло хлеб das Getreide wurde durch Hagelschlag vernichtet; ~ кáрту eine Karte stechen; ~ рекóрд einen Rekord brechen
по|би́ться*, *1. u. 2. Pers ungebr*, *v* angeschlagen [gedrückt] werden ◇ ~ об заклáд eine Wette eingehen [abschließen]
поблагодари́ть, -рю́, -ри́шь *v A* danken
поблáжка, -и, *Pl G* -жек, *D* -жкам *f umg* (zu große) Nachsicht; давáть комý-н. -у nachsichtig sein gegen j-n; не давáть -и unnachsichtig sein
побледнéть, -éю, -éешь *v* blaß werden, erbleichen
поблёклый, -ая, -ое 1. verwelkt 2. blaß
поблёкнуть, -ну, -нешь; поблёк, -ла *v* 1. verwelken 2. blaß [matt] werden
побли́зости *Adv* in der Nähe
побожи́ться *v zu* божи́ться
побóи, -ев *Pl* Schläge, Prügel
побóище, -а, *I* -ем *n* 1. *hist* (blutige) Schlacht; Ледóвое ~ Schlacht auf dem Eis des Peipussees; Мамáево ~ Schlacht auf dem Kulikowo Pole (*in der der Tatarenchan Mamai besiegt wurde*) 2. *umg* blutige Rauferei
побóльше 1. *Adv* (etwas) mehr 2. *Adj* (etwas) größer; дáйте мне кóмнату ~ geben Sie mir ein größeres Zimmer
побóрник, -а *m buchspr* Verfechter, Verteidiger
по|борóть* *v* 1. besiegen 2. *übtr* überwinden, bezwingen; ~ тоскý die Sehnsucht bezwingen
побóры *Pl* -ов, *Sg* побóр, -а *m* übermäßige Steuern [Abgaben]
побóчный, -ая, -ое Neben-, nebensächlich; -ые дохóды Nebenverdienst
побоя́ться, -ою́сь, -ои́шься *v G* Angst haben, sich scheuen (vor)
побрани́ть, -ню́, -ни́шь *v* leicht tadeln [auszanken]
побрани́ться, -ню́сь, -ни́шься *v* sich verzanken
побратáться *v zu* братáться
побрати́м, -а *m* 1. *hist* Freund, der als Bruder betrachtet wird 2. *volksspr* Busenfreund; мы с ним -ы wir sind dicke Freunde
по|брáть* *v volksspr alle(s), viel(e)* nehmen ◇ чёрт побери́! der Teufel soll's holen!
побрéзгать *v zu* брéзгать
по|брести́* *v* sich fortschleppen
по|бри́ть* *v* rasieren
по|бри́ться* *v* sich rasieren
побродить, -ожý, -óдишь *v umg* eine Zeitlang herumschlendern
побросáть, -áю, -áешь *v* 1. herumwerfen, durcheinanderwerfen 2. verlassen
побрякýшка, -и, *Pl G* -шек, *D* -шкам *f umg* 1. Kinderklapper 2. Anhängsel 3. *übtr, meist Pl* Kleinigkeit, Nichtigkeit
побуди́тельный, -ая, -ое anregend, bewegend; -ая причи́на Beweggrund
[1]**побуди́ть,** -ужý, -уди́шь *u. volksspr* -ýдишь; -уждённый, -уждён, -ужденá *v* veranlassen, bewegen (zu) ‖ *uv* побуждáть, -áю, -áешь
[2]**побуди́ть,** -ужý, -ýдишь; -ýженный, -ýжен, -а *v* 1. eine Weile zu wecken versuchen 2. *umg* wecken
побýдка, -и, *Pl G* -док, *D* -дкам *f mil* Weckruf, Wecksignal
побуждáть *uv zu* [1]побуди́ть

побуждéние, -я *n* Antrieb, Veranlassung, Impuls; по сóбственному -ю aus eigenem Antrieb
побурéть, *1. u. 2. Pers ungebr*, -éет *v* (grau)braun werden
побывáть, -áю, -áешь *uv* **1.** *an mehreren Orten* (gewesen) sein **2.** sich einige Zeit aufhalten **3.** teilnehmen; ~ на войнé am Krieg teilnehmen **4.** *umg wohin* gehen; нáдо ~ в бюрó ich muß mal ins Büro gehen
побы́вка, -и, *Pl G* -вок, *D* -вкам *f umg* kurzer Heimaturlaub *von Soldaten*
по|бы́ть*; пóбыл *v* sich einige Zeit aufhalten, bleiben
повáдиться, -áжусь, -áдишься *v umg* **1.** sich *etw. Schlechtes* angewöhnen **2.** ständig kommen
повáдка, -и, *Pl G* -док, *D* -дкам *f umg schlechte* Angewohnheit
повáдно *Adv volksspr* angenehm, schön ◇ чтóб(ы) емý нé было ~ damit ihm die Lust (dazu) vergeht
повали́ть, *1. u. 2. Pers ungebr*, -áлит *v umg* (anfangen zu) strömen, sich heranwälzen ◇ повали́л снег es begann in dichten Flocken zu schneien
повали́ться, -алю́сь, -áлишься *v* umfallen, hinfallen
повáльный, -ая, -ое allgemein, Massen-; -ая болéзнь epidemische Krankheit
поваля́ть, -я́ю, -я́ешь *v* eine Weile wälzen
пóвар, -а, *Pl* поварá, -óв, -áм *m* Koch
повáренный, -ая, -ое Koch-; -ая соль Kochsalz
поварёнок, -нка, *Pl* -ря́та, -ря́т, -ря́там *m* Küchenjunge
поварёшка, -и, *Pl G* -шек, *D* -шкам *f umg* Schöpfkelle, Suppenkelle
повари́ха, -и *f* Köchin
поварскóй, -áя, -óе Koch-, Küchen-; -áя шáпка Kochmütze; ~ нож Küchenmesser
по-вáшему *Adv* eurer [Ihrer] Meinung nach
повéдать, -аю, -аешь *v buchspr* erzählen, mitteilen
поведéние, -я *n* Betragen, Benehmen, Auftreten
по|вести́* *v* **1.** *A wohin* fahren, schaffen **2.** *v zu* вести́ *umg*: мне повезлó ich hatte Glück; емý не повезлó er hatte Pech
повелéние, -я *n buchspr* Befehl
повели́тель, -я *m hoher Stil* Gebieter, Herrscher
повели́тельный, -ая, -ое; *Kzf* -лен, -льна gebieterisch, befehlend ◇ -ое наклонéние Imperativ
повенчáть, -áю, -áешь; повéнчанный, -ан, -а *v* kirchlich trauen
повенчáться, -áюсь, -áешься *v* sich kirchlich trauen lassen
повергáть *uv zu* повéргнуть
повéргнуть, -ну, -нешь; повéрг, -ла *u. alt* повéргнул, -а; повéрг(нув)ший; повéргнутый, -ут, -а *u.* повéрженный, -ен, -а *v* **1.** *alt* umstürzen, umwerfen **2.** *alt übtr* besiegen, vernichten **3.** в *A in einen Zustand* versetzen, bringen; ~ в отчáяние zur Verzweiflung bringen ‖ *uv* повергáть, -áю, -áешь
повéренный, -ого *Subst m* **1.** Bevollmächtigter **2.** Vertrauter ◇ прися́жный ~ *alt* Rechtsanwalt; ~ в делáх Geschäftsträger *Diplomat*; чáстный ~ Rechtsbeistand
повéрить, -рю, -ришь; -ренный, -рен, -а *v* **1.** *v zu* вéрить **2.** anvertrauen **3.** *alt* überprüfen
повéрка, -и *f* **1.** Überprüfung, Kontrolle; сигнáл -и врéмени *rad* Zeitzeichen **2.** Appell mit namentlichem Aufruf ◇ на -у wirklich, tatsächlich
повернýть, -нý, -нёшь; повёрнутый, -ут, -а *v* **1.** umdrehen, wenden **2.** sich wenden, abbiegen; ~ налéво (nach) links einbiegen; ~ назáд umkehren ◇ ~ разговóр dem Gespräch eine andere Richtung geben; истóрию нельзя́ ~ вспять das Rad der Geschichte läßt sich nicht zurückdrehen; ~ оглóбли *umg* kehrtmachen, den Rückzug antreten ‖ *uv* повёртывать, -аю, -аешь *u.* поворáчивать, -аю, -аешь
повернýться, -нýсь, -нёшься *v* **1.** sich (um)drehen, sich (um)wenden; ~ кругóм kehrtmachen, sich herumdrehen; ~ спинóй к комý-н. j-m den Rücken zudrehen **2.** *1. u. 2. Pers ungebr* eine andere Entwicklung nehmen, sich wenden; дéло повернýлось к лýчшему die Sache hat sich zum Besseren gewendet ‖ *uv* повёртываться, -аюсь, -аешься *u.* поворáчиваться, -аюсь, -аешься
повёрстный, -ая, -ое nach Werst gemessen (Werst = 1,067 km)
повертéть, -ерчý, -éртишь; -éрченный, -éрчен, -а *v* eine Zeitlang drehen
повёртывать(ся) *uv zu* повернýть(ся)
повéрх **1.** *Präpos mit G* über, auf **2.** *Adv* darüber *örtlich*
повéрхностный, -ая, -ое **1.** Oberflächen-; -ое натяжéние *phys* Ober-

flächenspannung; -ые рабóты Übertagearbeiten *Bergbau* **2.** *Kzf* -тен, -тна oberflächlich, flüchtig
повéрхность, -и *f* **1.** Oberfläche; ~ воды́ Wasserspiegel **2.** *geom* Fläche ◇ держáться на -и sich über Wasser halten *a. übtr*; скользи́ть по -и an der Oberfläche bleiben, nicht tiefer eindringen; несýщие -и Tragwerk, Tragflächen
пóверху *Adv umg* oben
повéрье, -ья, *Pl G* -ий, *D* -ьям *n* Aberglaube, Volksglaube
повéса, -ы *m alt* Taugenichts
повеселéть, -éю, -éешь *v* lustig werden
повесели́ться, -лю́сь, -ли́шься *v* sich ein bißchen amüsieren
повéсить, -éшу, -éсишь; -éшенный, -éшен, -а *v* **1.** aufhängen **2.** erhängen
повéситься, -éшусь, -éсишься *v* sich erhängen
повествовáние, -я *n lit* Bericht
повествовáтельный, -ая, -ое *lit* erzählend ◇ -ое предложéние *gram* Aussagesatz
повествовáть, -твýю, -твýешь *uv buchspr* о *P* erzählen, berichten
по|вести́* *v* **1.** führen, anfangen zu führen; ~ ребёнка к врачý das Kind zum Arzt führen [bringen] **2.** fahren, streichen (по *D* über); ~ смычкóм по стрýнам mit dem Bogen über die Saiten streichen **3.** *I* eine rasche Bewegung machen (mit); ~ плечáми [бровя́ми] mit den Achseln [Augenbrauen] zucken **4.** *v zu* вести́ ‖ *uv* поводи́ть, -ожý, -óдишь *zu* 3
по|вести́сь* *v* **1.** *v zu* вести́сь; так уж повелóсь es ist schon ein Brauch geworden **2.** *umg* sich anfreunden
повéстка, -и, *Pl G* -ток, *D* -ткам *f* **1.** Benachrichtigung, Vorladung; Gestellungsbefehl **2.** *umg* Tagesordnung ◇ ~ дня Tagesordnung
пóвесть, -и, *Pl* пóвести, -éй, -я́м *f* Novelle, Roman *meist mit wenigen handelnden Personen*
повéтрие, -я *n umg* Mode, die alle mitmachen
повечерéть *v zu* вечерéть
повéшение, -я *n* (Er-) Hängen; приговори́ть к смéртной кáзни чéрез ~ zum Tode durch den Strang verurteilen
повéять, *1. u. 2. Pers ungebr*, -éет *v* zu wehen beginnen
повздóрить *v zu* вздóрить
повзрослéть, -éю, -éешь *v* erwachsen werden
повидáть, -áю, -áешь *v umg* **1.** sehen, zu sehen bekommen; erleben **2.** besuchen
повидáться, -áюсь, -áешься *v* с *I umg* sich sehen, sich wiedersehen, besuchen (j-n)
по-ви́димому *mod* anscheinend, wahrscheinlich
пови́дло, -а *n* Marmelade, Mus
повини́ться *v zu* вини́ться
пови́нная, -ой *Subst f* Schuldgeständnis; принести́ -ую *oder* яви́ться с -ой ein Schuldgeständnis ablegen
пови́нность, -и *f* Pflicht; вóинская ~ Wehrpflicht; привлéчь к трудовóй -и dienstverpflichten
пови́нный, -ая, -ое; *Kzf* -и́нен, -и́нна schuld(ig) (в *P* an)
повиновáться, -нýюсь, -нýешься *uv*, *Prät a. v* aufs Wort gehorchen, sich unterwerfen
повиновéние, -я *n* Gehorsam; вы́йти из чьегó-н. -я j-m den Gehorsam verweigern
повисáть *uv zu* пови́снуть
пови́снуть, -ну, -нешь; пови́с, -ла *u.* пови́снул, -а *v* **1.** hängenbleiben **2.** herunterhängen ◇ дéло пови́сло в вóздухе die Sache hängt in der Luft ‖ *uv* повисáть, -áю, -áешь
повлажнéть, *1. u. 2. Pers ungebr*, -éет *v* feucht werden
по|влéчь* *v*: ~ за собóй nach sich ziehen, zur Folge haben
повлия́ть *v zu* влия́ть
[1]**пóвод,** -а *m* Anlaß, Veranlassung; по -у anläßlich, aus Anlaß; по э́тому -у in dieser Sache [Angelegenheit]
[2]**пóвод,** -а, *P* о пóводе, в поводý, *Pl* повóдья, -ьев, -ьям *m* Zügel ◇ быть на -ý у когó-н. sich von j-m gängeln lassen; держáть когó-н. на -ý j-n am Gängelband führen
[1]**води́ть,** -ожý, -óдишь *v* eine Zeitlang auf und ab [hin und her] führen [fahren]; ~ пáльцем по доскé mit dem Finger auf der Tafel hin und her fahren ◇ ~ ушáми die Ohren spitzen *Tiere*
[2]**поводи́ть** *uv zu* повести́
поводы́рь, -я́, *I* -ём *m* Führer; ~ медвéдя Bärenführer; собáка-~ Blindenhund
повози́ть, -ожý, -óзишь *v* eine Zeitlang herumfahren *tr*
повóзка, -и, *Pl G* -зок, *D* -зкам *f* Wagen, Fuhrwerk; пáрная ~ Zweispänner

пово́йник, -а *m alt* um den Kopf geschlungenes Tuch *bei verheirateten russischen Bäuerinnen*
Пово́лжье, -ья *n* Wolgagebiet
поволо́ка, -и *f* (Dunst-) Schleier ◇ глаза́ с -ой verträumte Augen
по|воло́чь* *v umg* **1.** zu schleppen beginnen **2.** hinschleppen
повора́чивать(ся) *uv zu* поверну́ть(ся) *u.* поворoти́ть(ся)
поворо́т, -а *m* **1.** Drehung, Wendung **2.** Biegung, Kurve **3.** *übtr* Wendung, Umschwung; ~ к лу́чшему eine Wendung zum Besseren; ~ вле́во *pol* Linksruck
поворoти́ть, -очу́, -о́тишь; -о́ченный, -о́чен, -а *v alt, volksspr* umdrehen, wenden ‖ *uv* повора́чивать, -аю, -аешь
поворoти́ться, -очу́сь, -о́тишься *v alt, volksspr* sich umdrehen, sich wenden ‖ *uv* повора́чиваться, -аюсь, -аешься
поворо́тливый, -ая, -ое; *Kzf* -ив, -а flink, behende; wendig
поворо́тный, -ая, -ое drehbar, Dreh-; ~ круг Drehscheibe *Eisenbahn* ◇ ~ пункт *übtr* Wendepunkt
повреди́ть, -ежу́, -еди́шь; -еждённый, -еждён, -еждена́ *v* **1.** *A* beschädigen; verletzen **2.** *D* schaden, Schaden zufügen ‖ *uv* повреждáть, -а́ю, -а́ешь *zu* **1**
поврежда́емость, -и *f tech* Störanfälligkeit
поврежда́ть *uv zu* повреди́ть
поврежде́ние, -я *n* Beschädigung; Verletzung
повремени́ть, -ню́, -ни́шь *v I umg* ein bißchen warten (mit)
повреме́нный, -ая, -ое **1.** periodisch (erscheinend) **2.**: -ая опла́та Zeitlohn; -ая рабо́та Arbeit im Zeitlohn
повседне́вный, -ая, -ое; *Kzf* -вен, -вна alltäglich
повсеме́стный, -ая, -ое; *Kzf* -тен, -тна allgemein, überall vorkommend
повста́нец, -нца, *I* -нцем, *G Pl* -нцев *m* Aufständischer
повста́нческий, -ая, -ое aufständisch, Aufstands-
повстреча́ться, -а́юсь, -а́ешься *v umg* sich treffen
повсю́ду *Adv* überall
повторе́ние, -я *n* Wiederholung ◇ ~ мать уче́ния Übung macht den Meister
повтори́ть, -рю́, -ри́шь; -рённый, -рён, -рена́ *u.* повто́ренный, -ен, -а *v* wiederholen; ~ за ке́м-н. j-m nachsprechen ‖ *uv* повторя́ть, -я́ю, -я́ешь
повтори́ться, *1. u. 2. Pers ungebr*, -и́тся *v* sich wiederholen, wiederkehren ‖ *uv* повторя́ться, -я́ется
повто́рный, -ая, -ое wiederholt, nochmalig
повторя́ть(ся) *uv zu* повтори́ть(ся)
повы́сить, -ы́шу -ы́сишь; -ы́шенный, -ы́шен, -а *v* **1.** erhöhen, steigern **2.** verbessern, vervollkommnen; ~ зна́ния die Kenntnisse verbessern; ~ квалифика́цию sich qualifizieren **3.** im Ansehen heben; ~ кого́-н. в обще́ственном мне́нии j-s Ansehen heben **4.**: ~ по слу́жбе [до́лжности] befördern ◇ ~ го́лос die Stimme erheben, lauter sprechen ‖ *uv* **повыша́ть,** -а́ю, -а́ешь
повы́ситься, -ы́шусь, -ы́сишься *v* **1.** *1. u. 2. Pers ungebr* sich erhöhen, steigen **2.** im Ansehen steigen **3.**: ~ по слу́жбе [до́лжности] befördert werden, avancieren ‖ *uv* **повыша́ться,** -а́юсь, -а́ешься
повыше́ние, -я *n* **1.** Erhöhung, Steigerung; ~ цен Preissteigerung; ~ производи́тельности труда́ Steigerung der Arbeitsproduktivität **2.**: ~ (по слу́жбе) Beförderung; он получи́л ~ er ist befördert worden
повы́шенный, -ая, -ое gesteigert, erhöht; -ое настрое́ние gehobene Stimmung
по|вяза́ть* *v* **1.** umwickeln, umbinden; ~ го́лову платко́м ein Tuch um den Kopf binden **2.** umbinden; ~ га́лстук einen Schlips umbinden ‖ *uv* повя́зывать, -аю, -аешь
повя́зка, -и, *Pl G* -зок, *D* -зкам *f* Binde; Verband; нарука́вная ~ Armbinde; вре́менная ~ Notverband; наложи́ть -у на ра́ну die Wunde verbinden; ~ че́рез плечо́ Unterarmverband
повя́зывать *uv zu* повяза́ть
погада́ть *v zu* гада́ть
пога́нить, -ню, -нишь *uv volksspr* beschmutzen, besudeln *a. übtr*
пога́нка, -и, *Pl G* -нок, *D* -нкам *f* Giftpilz
пога́ный, -ая, -ое; *Kzf* -а́н, -а **1.** ungenießbar **2.** *umg* widerlich, ekelhaft, schlecht **3.** *alt* heidnisch ◇ -ое ведро́ *umg* Mülleimer
по́гань, -и *f Koll volksspr* Unrat; Gesindel
погаса́ть *uv zu* пога́снуть
погаси́ть, -ашу́, -а́сишь; -а́шенный, -а́шен, -а *v* **1.** *v zu* гаси́ть **2.** tilgen,

begleichen; ~ ссу́ду ein Darlehen tilgen; ~ ма́рки Marken stempeln || *uv* погаша́ть, -а́ю, -а́ешь
пога́снуть, -ну, -нешь; пога́с, -ла *v* 1. erlöschen, ausgehen 2. erlöschen, erkalten *Gefühl* || *uv* погаса́ть, -а́ю, -а́ешь
погаша́ть *uv zu* погаси́ть
погиба́ть *uv zu* поги́бнуть
поги́бель, -и *f*: в три -и гнуть sehr stark biegen; *übtr* j-n knechten, unterdrücken; согну́ться в три -и sich zusammenducken
поги́бнуть, -ну, -нешь; поги́б, -ла *v* umkommen, zugrunde gehen; он поги́б на войне́ er ist im Krieg gefallen; де́рево поги́бло der Baum ist eingegangen || *uv* погиба́ть, -а́ю, -а́ешь
погла́дить, -а́жу, -а́дишь; -а́женный, -а́жен, -а *v* 1. plätten, bügeln 2. streiche(l)n
поглоти́ть, -ощу́, -о́тишь; -ощённый, -ощён, -ощена́ *v* 1. aufsaugen, absorbieren 2. verschlingen, gierig aufessen; ~ мно́го книг viele Bücher verschlingen 3. in Anspruch nehmen, verschlingen; erfüllen; он весь поглощён рабо́той er ist mit Leib und Seele bei der Arbeit; поглощённый чте́нием ins Lesen vertieft || *uv* **поглоща́ть,** -а́ю, -а́ешь
поглоще́ние, -я *n* 1. *phys* Absorption 2. Verschlingen
поглуми́ться, -млю́сь, -ми́шься *v* eine Weile spotten (над *I* über)
поглупе́ть, -е́ю, -е́ешь *v* dumm [dümmer] werden
погляде́ть, -яжу́, -яди́шь *v* blicken; sehen; погляди́м *umg* wir werden (schon) sehen
погляде́ться, -яжу́сь, -яди́шься *v* sich ansehen, sich betrachten
погля́дывать, -аю, -аешь *uv* 1. von Zeit zu Zeit ansehen [hinsehen] 2. за *I umg* beaufsichtigen
по|гна́ть* *v* jagen, treiben; antreiben
по|гна́ться*; -гнали́сь *v* за *I* nachjagen, -rennen ◇ за двумя́ за́йцами пого́нишься, ни одного́ не пойма́ешь wer zwei Hasen jagt, fängt keinen
по|гни́ть* *v umg* verfaulen
погну́ть, -гну́, -гнёшь; по́гнутый, -ут, -а *v* (ver)biegen
погну́ться, *1. u. 2. Pers ungebr*, -нётся *v* sich (ver)biegen
погнуша́ться *v zu* гнуша́ться
погова́ривать, -аю, -аешь *uv umg* immer wieder sprechen (о *P* von); погова́ривают, что . . . es geht das Gerücht um, daß . . .
поговори́ть, -рю́, -ри́шь *v* eine Zeitlang sprechen; он лю́бит ~ er unterhält sich gern
погово́рка, -и, *Pl G* -рок, *D* -ркам *f* Redensart; войти́ в -у sprichwörtlich werden
пого́да, -ы *f* 1. Wetter, Witterung; сво́дка -ы Wetterbericht; в любу́ю -у bei jedem Wetter; полоса́ плохо́й -ы Schlechtwetterperiode 2. *umg* schönes Wetter ◇ ждать у мо́ря -ы sich vagen Hoffnungen hingeben; э́то не де́лает -ы das ist nicht so entscheidend
погоди́ть, -ожу́, -оди́шь *v umg* warten ◇ погоди́! warte nur! *Drohung*; немно́го погодя́ ein bißchen später
пого́дный, -ая, -ое Wetter-, Witterungs-
пого́док, -дка *m* um ein Jahr ältere(r) [jüngere(r)] Bruder oder Schwester; И́ра мне ~ meine Schwester Ira ist ein Jahr älter [jünger] als ich; мы с сестро́й -дки meine Schwester und ich sind ein Jahr auseinander
пого́жий, -ая, -ее schön *Wetter*; -ие дни Tage mit schönem Wetter
поголо́вный, -ая, -ое 1. allgemein, alle betreffend; -ая пе́репись Volkszählung 2. -о *Adv*: все -о alle ohne Ausnahme
поголо́вье, -ья *n* Viehbestand, Stückzahl; ~ кру́пного рога́того скота́ Rinderbestand
поголубе́ть, *1. u. 2. Pers ungebr*, -е́ет *v* blau werden
пого́нный, -ая, -ое: ~ метр laufender Meter
пого́нщик, -а *m* Treiber
пого́ны *Pl* -ов, *Sg* пого́н, -а *m mi* Schulterstück
пого́ня, -и *f* 1. Verfolgung, Jagd; ~ за до́лларом Jagd nach dem Dollar 2. die Verfolger
погоня́ть, -я́ю, -я́ешь *uv* zur Eile antreiben
погоре́лец, -льца, *I* -льцем, *G Pl* -льцев *m* Brandgeschädigter *durch Verlust von Eigentum*
погоре́ть, -рю́, -ри́шь *v itr* 1. *1. u. 2. Pers ungebr* eine Zeitlang brennen; niederbrennen 2. abbrennen, sein Eigentum durch Brand verlieren 3. verbrennen *Getreide*, *Gras* ◇ я погоре́л *volksspr* ich bin aufgeschmissen
погорячи́ться, -чу́сь, -чи́шься *v* sich ereifern, sich erhitzen
пого́ст, -а *m* Dorffriedhof

погости́ть, -ощу́, -ости́шь *v* eine Zeitlang zu Gast sein
погранзаста́ва, -ы *f* (пограни́чная заста́ва) Grenz(schutz)posten
пограни́чник, -а *m* Grenzsoldat, Grenzpolizist
пограни́чный, -ая, -ое **1.** Grenz-; ~ инциде́нт Grenzzwischenfall; ~ знак Grenzstein **2.** Grenzschutz-; -ые войска́ Grenzschutztruppen
погранохра́на, -ы *f* (пограни́чная охра́на) Grenzschutz
по́греб, -а, *Pl* погреба́, -о́в, -а́м *m* **1.** (Vorrats-) Keller *in der Erde* **2.** Weinkeller **3.** *alt* Weinstube
погреба́льный, -ая, -ое Beerdigungs-; -ое ше́ствие *oder* -ая проце́ссия Leichenzug
погреба́ть *uv zu* погрести́
погребе́ние, -я *n* Begräbnis
погрему́шка, -и, *Pl G* -шек, *D* -шкам *f* Klapper *Spielzeug*
[1]**по|грести́*** *v* begraben; verschütten ‖ *uv* погреба́ть, -а́ю, -а́ешь
[2]**по|грести́*** *v* eine Weile rudern
погре́ть, -е́ю, -е́ешь *v* ein bißchen wärmen
погре́шность, -и *f* **1.** Fehler, Verstoß **2.** Fehler, Defekt
погрози́ть, -ожу́, -ози́шь *v* drohen; ~ па́льцем mit dem Finger drohen
погро́мщик, -а *m* Teilnehmer an einem Pogrom, Pogromheld
погружа́ть(ся) *uv zu* погрузи́ть(ся)
погрузи́ть, -ужу́, -у́зишь; -у́женный, -у́жен, -а *u.* -ужённый, -ужён, -ужена́ *v* **1.** ver-, einladen **2.** beladen **3.** eintauchen; versenken ‖ *uv* погружа́ть, -а́ю, -а́ешь *zu* 3
погрузи́ться, -ужу́сь, -у́зишься *v* **1.** versinken; eintauchen **2.** einsteigen, verladen werden; sich einschiffen **3.** *I* laden, Ladung aufnehmen (etw.) **4.** *übtr* versinken, sich versenken (в *A* in) ‖ *uv* погружа́ться, -а́юсь, -а́ешься *zu* 1
погру́зка, -и *f* Verladung, Beladung; Einschiffung; ваго́н стои́т под -ой der Waggon wird beladen
погру́зочный, -ая, -ое Verlade-; Belade-
погру́зчик [щи], -а *tech* Lader; ви́лочный ~ Gabelstapler
погрязáть *uv zu* погря́знуть
погря́знуть, -ну, -нешь; погря́з, -ла *v* **1.** versinken, steckenbleiben **2.** *übtr* versinken, versumpfen; ~ в долга́х in Schulden stecken ‖ *uv* погряза́ть, -а́ю, -а́ешь *zu* 2
погуби́ть *v zu* губи́ть
погуля́ть, -я́ю, -я́ешь *v* eine Weile spazierengehen
погусте́ть, *1. u. 2. Pers ungebr*, -е́ет *v* dicht(er) werden
под *u. vor einigen Konsonantenverbindungen* **подо** *Präpos* **I.** *mit A* **1.** unter (*wohin?*); встать ~ де́рево sich unter einen Baum stellen **2.** in die Nähe von; уе́хать ~ Москву́ in die Nähe von Moskau fahren **3.** gegen *zeitlich*; ~ ве́чер gegen Abend; ~ ста́рость im beginnenden Alter; ~ Но́вый год am Silvesterabend; ~ Пе́рвое ма́я am Vorabend des ersten Mai; ему́ ~ со́рок (лет) er ist gegen vierzig (Jahre alt) **4.** für *Bestimmung von Gefäßen, Gebäuden, Grundstücken*; ба́нка ~ варе́нье ein Glas für Konfitüre; дом отведён под де́тский сад das Haus ist für einen Kindergarten bestimmt; отда́ть зе́млю ~ карто́шку auf einem Stück Land Kartoffeln anbauen **5.** nach der Art von; вы́красить столб ~ мра́мор eine Säule marmorartig anmalen; отде́лать ~ дуб Eichenholz imitieren; петь ~ Шаля́пина wie Schaljapin singen **6.** zu den Klängen von; петь ~ гита́ру zur Gitarre singen; петь ~ аккомпанеме́нт роя́ля mit Klavierbegleitung singen; шага́ть ~ му́зыку mit Musik marschieren; усну́ть ~ шум дождя́ beim Rauschen des Regens einschlafen ◇ писа́ть ~ дикто́вку nach Diktat schreiben; писа́ть ~ копи́рку mit Durchschlag schreiben; отда́ть ~ суд vor Gericht stellen; дать де́ньги ~ проце́нты Geld gegen Zinsen verleihen; вы́пустить ~ зало́г gegen Kaution freilassen; э́то ему́ не ~ си́лу das geht über seine Kräfte; по́д гору bergab; взять по́д руку unter den Arm greifen **II.** *mit I* **1.** unter (*wo?*); сиде́ть ~ де́ревом unter dem Baum sitzen; ~ горо́й am Fuß des Berges; подо мно́й unter mir **2.** in der Nähe von, vor, bei; жить ~ Москво́й in der Nähe [Umgebung] von Moskau wohnen **3.** *den Verwendungszweck bezeichnend, meist unübersetzt*: по́ле ~ ро́жью Roggenfeld; э́тот сара́й ~ се́ном die Scheune ist mit Heu gefüllt; склад ~ карто́фелем Kartoffellager ◇ ~ аре́стом in Haft; ~ дождём im Regen; ~ те́нью im Schatten; ~ замко́м hinter Schloß und Riegel; ~ руко́й bei der Hand; ~ но́сом *umg* vor der Nase; быть ~ вопро́сом in Frage stehen; ры́ба ~ со́усом Fisch

mit Soße; жить по́д боком nebenan wohnen

подава́льщик, -а *m* 1. Handlanger 2. Servierkellner

подава́льщица, -ы, *I* -ей *f* Serviererin

по|дава́ть* *uv* 1. *uv zu* пода́ть 2. *theat* soufflieren ◇ ~ наде́жды zu Hoffnungen berechtigen, viel versprechen

подава́ться *uv zu* пода́ться

подави́ть, -авлю́, -а́вишь; -а́вленный, -а́влен, -а *v* 1. zerdrücken 2. unterdrücken, niederschlagen 3. *übtr* niederdrücken, bedrücken 4. *mil*: ~ огнём durch Beschuß niederhalten ‖ *uv* подавля́ть, -я́ю, -я́ешь

подави́ться, -авлю́сь, -а́вишься *v I* ersticken; würgen (an)

подавле́ние, -я *n* 1. Unterdrückung, Niederwerfung 2. *mil* Niederhalten

пода́вленный, -ая, -ое 1. unterdrückt; ~ стон unterdrücktes Stöhnen 2. gedrückt, niedergeschlagen

подавля́ть *uv zu* подави́ть

подавля́ющий, -ая, -ее 1. erdrükkend, überwältigend; -ее большинство́ überwältigende Mehrheit 2. niederdrückend

пода́вно *Adv umg* um so mehr, erst recht

пода́гра, -ы *f* Gicht

пода́льше *Adv umg* noch weiter, ein bißchen weiter

подари́ть *v zu* дари́ть

пода́рок, -рка *m* Geschenk

пода́тель, -я *m* Überbringer

пода́тливый, -ая, -ое; *Kzf* -ив, -а 1. leicht zu bearbeiten, geschmeidig 2. willfährig, leicht zu beeinflussen

податно́й, -а́я, -о́е *hist* Steuer-; steuerpflichtig 2. -о́го *Subst m alt* Steuerinspektor

по́дать, -и, *Pl G* -е́й, *D* -я́м *f hist* Steuer, Abgabe

по|да́ть*; по́дал; по́дана́ *v* 1. reichen, geben 2. servieren, auftragen; обе́д по́дан das Mittagessen ist aufgetragen 3. zuführen, heranschaffen; ~ лес на стро́йку Holz zur Baustelle schaffen 4. einreichen; ~ жа́лобу eine Klage einreichen; ~ заявле́ние einen Antrag einreichen; прави́тельство по́дало в отста́вку die Regierung ist zurückgetreten; ~ в суд на кого́-н. j-n gerichtlich verklagen 5. vorfahren (lassen); маши́на по́дана́ das Auto ist vorgefahren 6. schieben, rücken; ~ вперёд nach vorn schieben [drücken] 7. *Sport* angeben, anstoßen; zugeben, zuspielen ◇ ~ весть кому́-н. j-n benachrichtigen; не ~ ви́да [ви́ду] sich nichts anmerken lassen; ~ го́лос a) einen Laut von sich geben; b) seine Stimme abgeben *bei der Wahl*; ~ мысль einen Gedanken eingeben; ~ наде́жду Hoffnung erwecken; туда́ руко́й ~ es ist ein Katzensprung bis dorthin ‖ *uv* по|дава́ть*

по|да́ться*; -дали́сь *v* 1. weichen, rücken; ~ наза́д zurückweichen; ~ вперёд vorrücken 2. *1. u. 2. Pers ungebr* (dem Druck) nachgeben; дверь подала́сь die Tür gab nach 3. *umg* nachgeben, schließlich einwilligen 4. *umg* sich begeben, gehen, fahren *irgendwohin* ‖ *uv* по|дава́ться*

пода́ча, -и, *I* -ей *f* 1. Servieren, Auftragen 2. Zuführung; ~ бензи́на Benzinzuführung 3. Einreichung *von Schriftstücken* 4. *Sport* Angabe, Anstoß; Zuspiel 5. Bereitstellung; ~ ваго́нов Wagenbereitstellung

пода́чка, -и, *Pl G* -чек, *D* -чкам *f umg* 1. einem Tier hingeworfener Bissen 2. Almosen

подая́ние, -я *n* Almosen

подба́вить, -влю, -вишь; -вленный, -влен, -а *v A oder G* ein bißchen hinzufügen ‖ *uv* **подбавля́ть,** -я́ю, -я́ешь

подба́дривать *uv zu* подбодри́ть

подба́лтывать *uv zu* подболта́ть

подбега́ть *uv zu* подбежа́ть

под|бежа́ть* *v* heran-, herbeilaufen ‖ *uv* подбега́ть, -а́ю, -а́ешь

подберёзовик, -а *m* Birkenpilz

подбива́ть(ся) *uv zu* подби́ть(ся)

подбира́ть(ся) *uv zu* подобра́ть(ся)

под|би́ть*, -обью́ *v* 1. darunternageln; ~ подо́шву einen Schuh besohlen 2. *umg* füttern; ~ ме́хом mit Pelz füttern; ~ ва́той wattieren 3. *umg* anstiften, verleiten (на *A* zu) 4. *umg* anschießen; treffen *Flugzeug u. ä.* 5. *umg* schlagen, verletzen; wundreiben; подби́тый глаз blaues Auge ‖ *uv* подбива́ть, -а́ю, -а́ешь

под|би́ться*, -обью́сь *v volksspr* sich einkratzen (к *D* bei), sich das Vertrauen erschleichen ‖ *uv* подбива́ться, -а́юсь, -а́ешься

подбодри́ть, -рю́, -ри́шь; -рённый, -рён, -рена́ *v* aufmuntern, ermutigen ‖ *uv* **подбодря́ть,** -я́ю, -я́ешь *u.* подба́дривать, -аю, -аешь

подбо́й, -я *m* 1. Unternageln 2. Futter(stoff) 3. Gummi *für Sohlen, Absätze*

подболта́ть, -а́ю, -а́ешь; подбо́лтан-

ный, -ан, -а *v umg* dazurühren, hineinquirlen || *uv* подба́лтывать, -аю, -аешь
подбо́р, -а *m* Auslese, Auswahl; Zusammenstellung ◇ как на ~ wie ausgesucht
подборо́док, -дка *m* Kinn
подбоче́ниваться *uv zu* подбоче́ниться
подбоче́ниться, -нюсь, -нишься *v umg* die Arme in die Hüften stemmen || *uv* подбоче́ниваться, -аюсь, -аешься
подбра́сывать *uv zu* подбро́сить
подбрива́ть *uv zu* подбри́ть
под|бри́ть* *v* an den Seiten abrasieren || *uv* подбрива́ть, -а́ю, -а́ешь
подбро́сить, -о́шу, -о́сишь; -о́шенный, -о́шен, -а *v* 1. in die Höhe werfen 2. *Brennstoff* nachlegen 3. heimlich unterschieben [zustecken] 4. *umg* geben, schicken 5. *volksspr* (hin-) schaffen || *uv* подбра́сывать, -аю, -аешь
подва́л, -а *m* 1. Keller 2. Teil der Zeitung unter dem Strich
подва́ливать *uv zu* подвали́ть
подвали́ть, -алю́, -а́лишь; -а́ленный, -а́лен, -а *v* 1. hinschütten; heranrollen 2. rollen [wälzen] unter 3. *volksspr* hinzuschütten; nachlegen *Holz, Kohle* 4. anlegen *Schiff* 5. *unpers volksspr* heranströmen, hinzukommen; наро́ду подвали́ло es strömten viele Menschen herbei || *uv* подва́ливать, -аю, -аешь
подва́льный, -ая, -ое Keller- ◇ подва́льная статья́ Artikel unterm Strich *in der Zeitung*
подва́ривать *uv zu* подвари́ть
подвари́ть, -варю́, -ва́ришь; -ва́ренный, -ва́рен, -а *v umg* 1. *G oder A* dazukochen 2. *A* noch einmal kochen, aufkochen || *uv* подва́ривать, -аю, -аешь
подведе́ние, -я *n* 1. Heranführen 2.: ~ фунда́мента das Legen des Fundaments; ~ ито́гов Auswertung
подве́домственный, -ая, -ое; *Kzf* -ен, -енна *einer Behörde* unterstellt
под|везти́* *v* 1. heranfahren, -schaffen 2. unterwegs mitnehmen *mit einem Fahrzeug* ◇ тебе́ подвезло́ *volksspr* du hast Glück (gehabt) || *uv* подвози́ть, -ожу́, -о́зишь
подвене́чный, -ая, -ое *alt* Trau-, Hochzeits-
подверга́ть(ся) *uv zu* подве́ргнуть(ся)
подве́ргнуть, -ну, -нешь; подве́рг, -ла; подве́ргнутый, -ут, -а *v* unterziehen; aussetzen; ~ экза́мену einer Prüfung unterziehen; ~ сомне́нию bezweifeln; ~ блока́де blockieren, eine Blockade verhängen; ~ опа́сности einer Gefahr aussetzen; ~ прое́кт обсужде́нию ein Projekt diskutieren; ~ обстре́лу beschießen; ~ опустоше́нию verwüsten || *uv* подверга́ть, -а́ю, -а́ешь
подве́ргнуться, -нусь, -нешься; подве́ргся, -ве́рглась *v* 1. sich unterziehen; sich aussetzen; ~ экза́мену sich einer Prüfung unterziehen; ~ опа́сности Gefahr laufen; ~ ри́ску ein Risiko eingehen 2. *entspricht oft einem Passiv*: ~ преобразова́нию umgestaltet werden; ~ наказа́нию bestraft werden; ~ подозре́нию verdächtigt werden || *uv* подверга́ться, -а́юсь, -а́ешься
подве́рженный, -ая, -ое; *Kzf* -жен, -а *D* anfällig (für), neigend (zu)
подверну́ть, -ну́, -нёшь; подвёрнутый, -ут, -а *v* 1. aufkrempeln, umschlagen 2. anziehen *Schraube*; ~ ла́мпу die (Petroleum-) Lampe klein drehen 3. *volksspr* einbiegen, hinfahren zu ◇ ~ (себе́) но́гу sich den Fuß verstauchen; ~ под себя́ но́гу das Bein unterschlagen || *uv* подвёртывать, -аю, -аешь
подверну́ться, -ну́сь, -нёшься *v* 1. umschlagen, sich umstülpen 2. sich verrenken *Fuß* 3. *umg* unerwartet auftauchen, sich zufällig finden 4. *umg* geraten (под *A* unter); ~ под ого́нь unter Beschuß geraten || *uv* подвёртываться, -аюсь, -аешься
подвёртка, -и, *Pl G* -ток, *D* -ткам *f umg* Fußlappen
подвёртывать(ся) *uv zu* подверну́ть(ся)
подве́сить, -е́шу, -е́сишь; -е́шенный, -е́шен, -а *v* aufhängen (unter); ~ ла́мпу к потолку́ die Lampe an die Decke hängen; ~ дверь die Tür einhängen ◇ у неё язы́к хорошо́ подве́шен sie ist nie um eine Antwort verlegen || *uv* подве́шивать, -аю, -аешь
подве́ска, -и, *Pl G* -сок, *D* -скам *f* 1. Aufhängen 2. Anhänger, Anhängsel *Schmuck* 3. *gbt* Ohrring
подвесно́й, -а́я, -о́е Hänge-; -а́я доро́га Hängebahn, Drahtseilbahn; ~ двигатель Außenbordmotor
под|вести́* *v* 1. heranführen, -bringen; legen (bis); ~ узкоколе́йку к строи́тельству eine Schmalspurbahn bis zur Baustelle legen [bauen]

2. darunterschieben, -bauen; ~ фунда́мент подо что́-н. das Fundament legen zu etw.; ~ теорети́ческую ба́зу под свой рассужде́ния seine Überlegungen theoretisch untermauern 3. *umg* hereinlegen, anführen; im Stich lassen 4. Unangenehmes verursachen; он подвёл меня́ под суд er hat mich vors Gericht gebracht ◇ ~ ито́ги auswerten, Bilanz ziehen; ~ бро́ви die Augenbrauen nachziehen; у меня́ живо́т [желу́док] (от го́лода) подвело́ mein Magen knurrt vor Hunger; ~ часы́ die Uhr stellen; ~ ми́ну unterminieren *a. übtr* ‖ *uv* подводи́ть, -ожу́, -о́дишь

подве́тренный, -ая, -ое dem Wind abgewandt; -ая сторона́ *naut* Lee

подве́шивать *uv zu* подве́сить

подвива́ть *uv zu* подви́ть

по́двиг, -а *m* Heldentat, große Tat

подвига́ть(ся) *uv zu* подви́нуть(ся)

подви́д, -а *m* 1. *biol* Unterart 2. *gram* Aktionsart

подви́жник, -а *m* 1. *buchspr* selbstloser Kämpfer 2. *rel* Asket

подвижно́й, -а́я, -о́е 1. beweglich, verstellbar, fahrbar; ~ соста́в rollendes Material *Eisenbahn*; -ы́е и́гры Bewegungsspiele 2. rege, aufgeweckt, lebhaft

подви́жный, -ая, -ое; *Kzf* -жен, -жна beweglich; rege, aufgeweckt

подвиза́ться, -а́юсь, -а́ешься *uv buchspr* sich betätigen

подвинти́ть, -нчу́, -нти́шь; подви́нченный, -ен, -а *v* 1. anziehen *Schraube* 2. darunterschrauben; ~ коньки́ die Schlittschuhe anschnallen 3. *umg übtr* aufpulvern ‖ *uv* подви́нчивать, -аю, -аешь

подви́нуть, -ну, -нешь; -нутый, -нут, -а *v* 1. rücken, schieben; ~ в сто́рону zur Seite rücken 2. *übtr umg* vorantreiben; ~ рабо́ту die Arbeit vorantreiben ‖ *uv* подвига́ть, -а́ю, -а́ешь

подви́нуться, -нусь, -нешься *v* 1. rücken, sich bewegen; подви́нься немно́го! rück ein bißchen nach! 2. *übtr* vorwärtskommen, Fortschritte machen, vorankommen 3. befördert werden, Karriere machen ‖ *uv* подвига́ться, -а́юсь, -а́ешься

подви́нчивать *uv zu* подвинти́ть

под|ви́ть*, подовью́ *v* ein bißchen wellen *Haar* ‖ *uv* подвива́ть, -а́ю, -а́ешь

подвла́стный, -ая, -ое; *Kzf* -тен, -тна untertan, abhängig

подво́д, -а *m tech* Zufuhr, Zuführung

подво́да, -ы *f* Fuhrwerk

подводи́ть *uv zu* подвести́

подво́дник, -а *m* 1. U-Boot-Matrose 2. Taucher für Unterwasserarbeiten

подводно́й, -а́я, -о́е *tech* Verbindungs-, Zuleitungs-

подво́дный, -ая, -ое Unterwasser-; ~ ка́мень Klippe *a. übtr*; -ая ло́дка Unterseeboot

подво́з, -а *m* Zufuhr; *mil* Nachschub

подвози́ть *uv zu* подвезти́

подворотни́к, -а́ *m* Kragenbinde

подворо́тня, -и, *Pl G* -тен, *D* -тням *f umg* Torweg

подво́рье, -ья, *Pl G* -ий, *D* -ьям *n* 1. *alt* Herberge für Fuhrleute 2. *alt* Klosterkirche *in einer Stadt* 3. *gbt* (Bauern-) Hof

подво́х, -а *m umg* (böser) Streich; Falle

подвы́|пить*, -пьешь; подвы́питый, -ит, -а *v umg* sich einen leichten Rausch antrinken

под|вяза́ть* *v* 1. anbinden; ~ чулки́ die Strümpfe festmachen 2. umwickeln; ~ щёку платко́м sich die Backe mit einem Tuch zubinden 3. umbinden *Schal, Schlips* 4. anstricken, länger stricken ‖ *uv* подвя́зывать, -аю, -аешь

подвя́зка, -и, *Pl G* -зок, *D* -зкам *f* Strumpfhalter

подвя́зывать *uv zu* подвяза́ть

подгиба́ть(ся) *uv zu* подогну́ть(ся)

подгляде́ть, -яжу́, -яди́шь *v* heimlich beobachten ‖ *uv* **подгля́дывать,** -аю, -аешь

подгнива́ть *uv zu* подгни́ть

под|гни́ть* *1. u. 2. Pers ungebr v* leicht anfaulen; von unten faulen ‖ *uv* подгнива́ть, -а́ет

подгова́ривать *uv zu* подговори́ть

подговори́ть, -рю́, -ри́шь; -рённый, -рён, -рена́ *v* verleiten, anstiften ‖ *uv* подгова́ривать, -аю, -аешь

подголо́вник, -а *m* 1. Kopfpolster *an Sesseln* 2. verstellbares Kopfende *an Krankenbetten*

подголо́сок, -ска *m* 1. *mus* zweite Stimme 2. *übtr verächtl* Nachbeter

подгоня́ть *uv zu* подогна́ть

подгора́ть *uv zu* подгоре́ть

подгоре́лый, -ая, -ое angebrannt *Essen*

подгоре́ть, *1. u. 2. Pers ungebr*, -ри́т *v* anbrennen *Essen* ‖ *uv* подгора́ть, -а́ет

подгоро́дный, -ая, -ое in der Nähe der Stadt gelegen
подгота́вливать *uv zu* подгото́вить
подготови́тельный, -ая, -ое Vorbereitungs-
подгото́вить, -влю, -вишь; -вленный, -влен, -а *v* 1. vorbereiten (к *D* auf); herrichten; bereitstellen 2. ausbilden ‖ *uv* подготовля́ть, -я́ю, -я́ешь *u.* подгота́вливать, -аю, -аешь
подгото́вка, -и *f* 1. Vorbereitung 2. Ausbildung; Vorbildung; строева́я ~ *mil* Exerzieren; допризы́вная ~ vormilitärische Ausbildung
подготовля́ть *uv zu* подгото́вить
подгреба́ть *uv zu* подгрести́
под|грести́* *v* 1. zusammenrechen, -harken 2. heranrudern ‖ *uv* подгреба́ть, -а́ю, -а́ешь
подгру́ппа, -ы *f* Untergruppe
подгу́зник, -а *m* kleine Windel
подгуля́ть, -я́ю, -я́ешь *v* 1. *umg* sich einen leichten Rausch antrinken 2. *volkssрr* mißraten, mißglücken
поддава́ть(ся) *uv zu* подда́ть(ся)
поддавки́, -о́в *Pl umg* Schlagdame *Spiel*
подда́кивать *uv zu* подда́кнуть
подда́кнуть, -ну, -нешь *v* ja sagen, zustimmen ‖ *uv* подда́кивать, -аю, -аешь
по́дданный, -ого *Subst m* Staatsangehöriger
по́дданство, -а *n* Staatsangehörigkeit
под|да́ть*; по́ддал *v* 1. hochwerfen, -schleudern 2. *volksspr D* von unten schlagen 3. *umg G* verstärken; ~ хо́ду einen Schritt zulegen; ~ жа́ру [па́ру] *volksspr* anfeuern ‖ *uv* под|дава́ть*
под|да́ться*; -дали́сь *v* 1. nachgeben, sich beeinflussen lassen; ~ на угово́ры sich überreden lassen; ~ чьему́-н. влия́нию sich von j-m beeinflussen lassen 2. sich ergeben; sich ohne Widerstand ergreifen lassen 3. *1. u. 2. Pers ungebr* sich . . . lassen; ~ приуче́нию sich zähmen lassen; ~ обрабо́тке sich verarbeiten lassen ‖ *uv* под|дава́ться*
поддева́ть *uv zu* подде́ть
поддёвка, -и, *Pl G* -вок, *D* -вкам *f* leichter Herrenmantel *auf Taille*
подде́лать, -аю, -аешь; -анный, -ан, -а *v* fälschen, nachmachen ‖ *uv* подде́лывать, -аю, -аешь
подде́латься, -аюсь, -аешься *v* 1. под *A* nachahmen 2. *umg* liebedienern, sich einkratzen (к *D* bei) ‖ *uv* подде́лываться, -аюсь, -аешься
подде́лка, -и, *Pl G* -лок, *D* -лкам *f* 1. Fälschung, Fälschen 2. Fälschung, gefälschter Gegenstand; ~ под Ру́бенса ein gefälschter Rubens
подде́лывать(ся) *uv zu* подде́лать(ся)
подде́льный, -ая, -ое gefälscht; ~ ка́мень unechter Edelstein
поддёргивать *uv zu* поддёрнуть
поддержа́ние, -я *n* Aufrechterhaltung
поддержа́ть, -ержу́, -е́ржишь; -е́ржанный, -е́ржан, -а *v* 1. stützen 2. *übtr* unterstützen 3. unterhalten, aufrechterhalten ‖ *uv* **подде́рживать,** -аю, -аешь; ~ отноше́ния Beziehungen unterhalten; ~ ого́нь das Feuer unterhalten [nicht ausgehen lassen]; ~ поря́док Ordnung halten
подде́ржка, -и, *Pl G* -жек, *D* -жкам *f* 1. Unterstützung, Rückhalt; оказа́ть -у Hilfe leisten, unterstützen 2. *mil* Verstärkung 3. *umg übtr* Stütze
поддёрнуть, -ну, -нешь; -нутый, -нут, -а *v umg* hochziehen ‖ *uv* поддёргивать, -аю, -аешь
под|де́ть* *v* 1. *umg* unterziehen *Kleidung* 2. aufgabeln, hochheben 3. *umg* aufziehen, hänseln 4. *umg* betrügen, anführen 5. *volksspr übtr* aufgabeln ‖ *uv* поддева́ть, -а́ю, -а́ешь
поддо́н, -а *m umg* 1. Untersetzer *z. B. von Blumentöpfen* 2. Doppelboden
поддо́нник, -а *m* Untersatz *z. B. von Blumentöpfen*
поддра́знивать, -аю, -аешь *uv* ein bißchen hänseln [necken] ‖ *v* **поддразни́ть,** -азню́, -а́знишь
поддува́ло, -а *n* Aschenloch, Zugloch
поддува́ть *uv zu* поддýть
под|ду́ть* *v von unten* das Feuer anfachen ‖ *uv* поддува́ть, -а́ю, -а́ешь
поде́йствовать *v zu* де́йствовать
поде́лать, -аю, -аешь *v umg* tun, anfangen; ничего́ не поде́лаешь da ist nichts zu machen; с ним ничего́ не поде́лаешь mit ihm ist nichts anzufangen
подели́ть, -елю́, -е́лишь; поделённый, -ён, -ена́ *v* teilen
подели́ться, -елю́сь, -е́лишься *v* 1. teilen (че́м-н. с ке́м-н. etw. mit j-m) 2. mitteilen, anvertrauen (че́м-н. с ке́м-н. etw. j-m)
поде́лка, -и, *Pl G* -лок, *D* -лкам *f* 1. *umg* Reparatur; kleine Arbeit 2. kleine Arbeit, Kleinigkeit *Erzeugnis*

поделóм *Adv umg* es geschieht ganz recht; ~ тебé es geschieht dir ganz recht

подéлывать, -аю, -аешь *meist in Fragen uv umg*: что подéлываешь? was machst du?, wie geht es dir?

подёнка, -и, *Pl G* -нок, *D* -нкам *f* **1.** Eintagsfliege **2.** *volksspr* Tagelöhnerarbeit

подённый, -ая, -ое tageweise (bezahlt)

подёнщик, -а *m* Tagelöhner

подёнщина, -ы *f* Tagelöhnerarbeit

подёргиваться, -аюсь, -аешься *uv* **1.** *uv zu* подёрнуться **2.** nervös zucken

подержáние, -я *n*: на ~ zur (zeitweisen) Benutzung; взять на ~ sich ausleihen; дать на ~ verleihen, verborgen

подéржанный, -ая, -ое gebraucht

подёрнуть, -ну, -нешь *v* **1.** *volksspr* zurechtziehen, -zupfen **2.** *1. u. 2. Pers ungebr* mit einer dünnen Schicht überziehen; рекá подёрнута льдом *oder* рéку подёрнуло льдом der Fluß ist mit einer dünnen Eisschicht bedeckt

подёрнуться, *1. u. 2. Pers ungebr*, -ется *v* sich mit einer dünnen Schicht überziehen; лýжи подёрнулись тóнкой ледянóй корóй die Pfützen waren mit einer dünnen Eiskruste überzogen ‖ *uv* подёргиваться, -ается

подешевéть, *1. u. 2. Pers ungebr*, -éет *v* billiger werden

поджáривать *uv zu* поджáрить

поджáристый, -ая, -ое; *Kzf* -ист, -а braungebraten, knusprig, gut geröstet

поджáрить, -рю, -ришь; -ренный, -рен, -а *v* knusprig braten, braun backen, rösten ‖ *uv* поджáривать, -аю, -аешь

поджáрый, -ая, -ое; *Kzf* -áр, -а hager, mager

под|жáть[1]***,** подожмý *v*: ~ хвост den Schwanz einziehen *a. übtr*; ~ под себя нóги die Beine unterschlagen; ~ гýбы die Lippen fest aufeinanderpressen ‖ *uv* поджимáть, -áю, -áешь

поджелýдочный, -ая, -ое: -ая железá Bauchspeicheldrüse

под|жéчь*, подожгý; подожглá; подожжённый, -ён, -енá *v* **1.** in Brand stecken **2.** *umg* anbrennen lassen *Essen* ‖ *uv* поджигáть, -áю, -áешь

поджигáтель, -я *m* **1.** Brandstifter **2.** Anstifter; ~ войны́ Kriegsbrandstifter, Kriegshetzer

поджигáтельский, -ая, -ое (kriegs)hetzerisch

поджигáть *uv zu* поджéчь

поджидáть, -áю, -áешь *uv G* erwarten

поджи́лки, -лок, -лкам *Pl umg* Sehnen des Kniegelenks ◇ у негó ~ трясýтся ihm schlottern die Knie, er zittert am ganzen Leib *vor Angst*

поджимáть *uv zu* поджáть

поджóг, -а *m* Brandstiftung

подзабывáть *uv zu* подзабы́ть

подза|бы́ть*; -бы́ла *v volksspr* zum Teil vergessen ‖ *uv* подзабывáть, -áю, -áешь

подзаголóвок, -вка *m* Untertitel

подзадóривать *uv zu* подзадóрить

подзадóрить, -рю, -ришь; -ренный, -рен, -а *v umg* anstacheln; erregen ‖ *uv* подзадóривать, -аю, -аешь

подзарабóтать, -аю, -аешь *v volkssprA oder G* hinzuverdienen

подзаты́льник, -а *m umg* leichter Schlag ins Genick

подзащи́тный, -ого *Subst m jur* Klient, Mandant

подземéлье, -ья, *Pl G* -ий, *D* -ьям *n* unterirdisches Gewölbe, Verließ

подзéмный, -ая, -ое unterirdisch; -ые рабóты Untertagearbeiten

подзеркáльник, -а *m* Spiegeltischchen

подзóл, -а *m landw* Podsolboden, Bleicherde

подзóлистый, -ая, -ое; *Kzf* -ист, -а Podsol-

подзóрный, -ая, -ое: -ая трубá Fernrohr

подзуди́ть, -ужý, -ýдишь; -ýженный, -ýжен, -а *v volkssp*r aufhetzen, aufstacheln ‖ *uv* **подзýживать,** **-аю,** -аешь

подзывáть *uv zu* подозвáть

поди́ *volksspr* **1.** geh!, geht!; versuche!, versucht!; ~ уговори́ егó versuche ihn zu überreden **2.** wohl, sicherlich **3.** *Part* man muß staunen; was du nicht sagst

подиви́ться, -влю́сь, -ви́шься *v D umg* staunen, sich wundern (über)

подирáть, *1. u. 2. Pers ungebr*, -áет *uv*: у меня́ морóз по кóже подирáет es läuft mir kalt über den Rücken

подкáлывать *uv zu* подколóть

подкáпывать(ся) *uv zu* подкопáть(ся)

подкараýливать *uv zu* подкараýлить

подкараýлить, -лю, -лишь; -ленный,

-лен, -а *v umg* (j-m) auflauern; (j-n) abpassen ‖ *uv* подкарау́ливать, -аю, -аешь

подка́рмливать *uv zu* подкорми́ть

подкати́ть, -ачу́, -а́тишь; -а́ченный, -а́чен, -а *v* 1. rollen, hinrollen, heranrollen; wälzen 2. *umg* heranrollen, schnell heranfahren [angefahren kommen] 3. *umg* aufkommen, hochsteigen *von Schmerzen, Übelkeit* ‖ *uv* **подка́тывать,** -аю, -аешь

подкати́ться, -ачу́сь, -а́тишься *v* 1. darunterrollen; (heran)rollen 2. *volksspr* schnell angelaufen kommen; *übtr* sich heranmachen (an) 3. aufkommen, hochsteigen *Schmerzen, Übelkeit* ‖ *uv* **подка́тываться,** -аюсь, -аешься

подкача́ть, -а́ю, -а́ешь; подка́чанный, -ан, -а *v* 1. hinzupumpen, ein wenig aufpumpen 2. *volksspr* versagen, enttäuschen ‖ *uv* **подка́чивать,** -аю, -аешь *zu* 1

подка́шивать(ся) *uv zu* подкоси́ть(ся)

подкидно́й, -а́я, -о́е untergeschoben; -а́я доска́ Federbrett

подки́дывать *uv zu* подки́нуть

подки́дыш, -а, *I* -ем, *G Pl* -ей *m* Findelkind, ausgesetztes [untergeschobenes] Kind

подки́нуть, -ну, -нешь; -нутый, -нут, -а *v* 1. hochwerfen, in die Höhe werfen 2. nachlegen, hinzuwerfen 3. unterschieben, heimlich hinlegen; ~ ребёнка ein Kind aussetzen ‖ *uv* подки́дывать, -аю, -аешь

подкла́дка, -и, *Pl G* -док, *D* -дкам *f* 1. *text* Futter(stoff) 2. *umg* Rückseite, Kehrseite 3. *übtr* Grundlage, Fundament

подкладно́й, -а́я, -о́е Unterlege-; -о́е су́дно *med* Schieber

подкла́дочный, -ая, -ое *text* Futter-

подкла́дывать *uv zu* подложи́ть

подкле́ивать *uv zu* подкле́ить

подкле́ить, -е́ю, -е́ишь; -е́енный, -е́ен, -а *v* 1. (unten) ankleben, darunterkleben 2. aneinanderkleben, zusammenkleben 3. dazukleben ‖ *uv* подкле́ивать, -аю, -аешь

подкле́йка, -и, *Pl G* -е́ек, *D* -е́йкам *f* 1. Unterkleben 2. *umg* untergeklebtes Stück

подключа́ть *uv zu* подключи́ть

подключи́ть, -чу́, -чи́шь; -чённый, -чён, -чена́ *v tech* anschließen ‖ *uv* подключа́ть, -а́ю, -а́ешь

подко́ва, -ы *f* 1. Hufeisen 2. Eisen *unter dem Absatz oder der Schuhspitze*

под|кова́ть* *v* 1. (ein Pferd) beschlagen; подко́ванные поло́зья mit Eisen beschlagene (Schlitten-) Kufen 2. быть подко́ванным в чём-н. in etw. beschlagen sein, gründliche Kenntnisse in etw. besitzen ‖ *uv* подко́вывать, -аю, -аешь

подко́вка, -и, *Pl G* -вок, *D* -вкам *f* 1. *Dem zu* подко́ва Hufeisen 2. Hörnchen

подко́вывать *uv zu* подкова́ть

подко́жный, -ая, -ое Unterhaut-; subkutan

подколе́нный, -ая, -ое: -ая впа́дина *anat* Kniekehle

подколо́дный, -ая, -ое: змея́ -ая *folkl, Schimpfwort* heimtückischer Mensch, falsche Schlange

под|коло́ть* *v* 1. aufstecken, umstecken 2. anstecken, anheften 3. *übtr umg* aufziehen, an der empfindlichen Stelle treffen ‖ *uv* подка́лывать, -аю, -аешь

подкоми́ссия, -и *f* Unterkommission, Unterausschuß

подконтро́льный, -ая, -ое unter Kontrolle stehend, kontrolliert

подко́п, -а *m* 1. Untergrabung, Unterminierung 2. unterirdischer Gang, Mine 3. *meist Pl übtr umg* Intrige(n); Schleichweg

подкопа́ть, -а́ю, -а́ешь; подко́панный, -ан, -а *v* 1. untergraben, unterminieren 2. aufwühlen, umgraben ‖ *uv* подка́пывать, -аю, -аешь

подкопа́ться, -а́юсь, -а́ешься *v* 1. einen Gang graben (под *A* bis unter) 2. под *A übtr umg* (j-m) eine Grube graben; (j-s) Stellung untergraben; под него́ не подкопа́ешься dem kann man nichts anhaben ‖ *uv* подка́пываться, -аюсь, -аешься

подко́рм, -а *m landw* 1. Beifüttern 2. Beifutter, Zusatz zum Futter 3. Nachdüngen

подкорми́ть, -ормлю́, -о́рмишь; -о́рмленный, -о́рмлен, -а *v landw* 1. zusätzlich füttern, Beifutter verabreichen; *umg* auffüttern, besser ernähren 2. nachdüngen ‖ *uv* подка́рмливать, -аю, -аешь

подко́рмка, -и, *Pl G* -мок, *D* -мкам *f landw* 1. Beifütterung 2. Nachdüngen; пове́рхностная ~ Kopfdüngung

подко́с, -а *m tech* Strebe(balken)

подкоси́ть, -ошу́, -о́сишь; -о́шенный, -о́шен, -а *v* 1. abmähen 2. niederschlagen, zu Boden strecken; *übtr* umwerfen, darniederwerfen ‖ *uv* подка́шивать, -аю, -аешь

подкоси́ться, *nur 3. Pers Pl,* -о́сятся

v: у меня́ но́ги подкоси́лись die Beine versagten mir den Dienst ‖ *uv* подка́шиваться, -аются

подкра́дываться *uv zu* подкра́сться

подкра́сить, -а́шу, -а́сишь; -а́шенный, -а́шен, -а *v* 1. ein wenig anstreichen; leicht färben; schminken 2. überstreichen, die Farbe auffrischen ‖ *uv* подкра́шивать, -аю, -аешь

под|кра́сться* *v* sich heranschleichen; *übtr* unbemerkt herankommen ‖ *uv* подкра́дываться, -аюсь, -аешься

подкра́шивать *uv zu* подкра́сить

подкрепи́ть, -плю́, -пи́шь; -плённый, -плён, -плена́ *v* 1. befestigen, verstärken 2. bekräftigen, erhärten 3. stärken, erfrischen ‖ *uv* подкрепля́ть, -я́ю, -я́ешь

подкрепи́ться, -плю́сь, -пи́шься *v* sich stärken, sich laben *mit Speise oder Trank* ‖ *uv* подкрепля́ться, -я́юсь, -я́ешься

подкрепле́ние, -я *n* 1. Befestigung 2. Bekräftigung 3. Stärkung, Erfrischung 4. *mil* Verstärkung, Verstärkungstruppen

подкрепля́ть(ся) *uv zu* подкрепи́ть(ся)

подкузьми́ть, -млю́, -ми́шь *v volksspr* einen Streich spielen, ein Schnippchen schlagen

по́дкуп, -а *m* Bestechung

подкупа́ть *uv zu* подкупи́ть

подкупи́ть, -уплю́, -у́пишь; -у́пленный, -у́плен, -а *v* 1. bestechen, Bestechungsgelder zahlen 2. bestechen, bezaubern 3. *umg* dazukaufen ‖ *uv* подкупа́ть, -а́ю, -а́ешь

подку́пный, -ая, -ое *u.* **подкупно́й,** -а́я, -о́е *alt* bestechlich, käuflich

подла́дить, -а́жу, -а́дишь; -а́женный, -а́жен, -а *umg* 1. *mus* stimmen; ~ под роя́ль nach dem Flügel stimmen 2. anpassen ‖ *uv* **подла́живать,** -аю, -аешь

подла́диться, -а́жусь, -а́дишься *v umg* к *D* 1. sich anpassen 2. nach dem Mund reden, sich einkratzen (bei) ‖ *uv* **подла́живаться,** -аюсь, -аешься

подла́мываться *uv zu* подломи́ться

по́дле 1. *Präpos mit G* neben, bei 2. *Adv* daneben, in der Nähe

подлежа́ть, -жу́, -жи́шь *uv* unterliegen, unterworfen sein; э́то подлежи́т наказа́нию das ist strafbar; э́то не подлежи́т оглаше́нию das muß geheimgehalten werden

подлежа́щее, -его *Subst n gram* Subjekt

подлеза́ть *uv zu* подле́зть

под|ле́зть* *v* darunterkriechen ‖ *uv* подлеза́ть, -а́ю, -а́ешь

подле́сок, -ска *m* Unterholz

подлета́ть *uv zu* подлете́ть

подлете́ть, -ечу́, -ети́шь *v* 1. heranfliegen, (her)angeflogen kommen 2. *umg* (herbei)stürzen, (herbei)eilen 3. hochfliegen, emporfliegen ‖ *uv* подлета́ть, -а́ю, -а́ешь

подле́ц, -а́, *I* -о́м, *G Pl* -о́в *m* Schuft, Schurke

подле́чивать(ся) *uv zu* подлечи́ть(ся)

подлечи́ть, -ечу́, -е́чишь; -е́ченный, -е́чен, -а *v umg* (ein bißchen) kurieren, behandeln ‖ *uv* подле́чивать, -аю, -аешь

подлечи́ться, -ечу́сь, -е́чишься *v umg* sich ein bißchen kurieren ‖ *uv* подле́чиваться, -аюсь, -аешься

подлива́ть *uv zu* подли́ть

подли́вка, -и, *Pl G* -вок, *D* -вкам *f* 1. Tunke, Soße 2. *tech* Mörtel

подли́за, -ы *m*, *f umg* Schmeichler, Speichellecker

под|лиза́ть* *v* auflecken ‖ *uv* **подли́зывать,** -аю, -аешь

подлиза́ться* *v umg* sich einschmeicheln (к *D* bei) ‖ *uv* **подли́зываться,** -аюсь, -аешься

по́длинник, -а *m* Original, Urtext

по́длинный, -ая, -ое; *Kzf* -инен, -инна echt; authentisch; Original- ◇ с -ым ве́рно (Abschrift) beglaubigt

под|ли́ть*, подолью́ *v* zugießen, nachgießen ◇ ~ ма́сла в ого́нь Öl ins Feuer gießen ‖ *uv* подлива́ть, -а́ю, -а́ешь

по́дличать, -аю, -аешь *uv* gemein handeln, niederträchtig sein

подло́г, -а *m* Fälschung

подло́дка, -и, *Pl G* -док, *D* -дкам *f* (подво́дная ло́дка) *umg* U-Boot, Unterseeboot

подложи́ть, -ожу́, -о́жишь; -о́женный, -о́жен, -а *v* 1. (dar)unterlegen 2. *umg* (ab)füttern; ~ шёлк под пальто́ den Mantel mit Seide abfüttern; ~ ва́ту wattieren 3. (da)zulegen, hinzufügen 4. heimlich hinlegen ◇ ~ кому́-н. свинью́ j-m einen Knüppel zwischen die Beine werfen, j-n hereinlegen ‖ *uv* подкла́дывать, -аю, -аешь

подло́жный, -ая, -ое; *Kzf* -жен, -жна gefälscht, falsch

подлоко́тник, -а *m* Sessellehne, Armlehne

подломи́ться, *1. u. 2. Pers ungebr*, -ло́мится *v* 1. zusammenbrechen *unter einer Last*; лёд подломи́лся под ни́ми das Eis krachte [brach] unter ihnen 2.: у меня́ но́ги подломи́лись die Beine versagten mir den Dienst || *uv* подла́мываться, -ается

по́длость, -и *f* Gemeinheit, Niedertracht

подлу́нный, -ая, -ое *alt*, *poet* irdisch; ~ мир die Erde

по́длый, -ая, -ое; *Kzf* подл, -á! gemein, niederträchtig, schurkisch

под|ма́зать* *v* **1.** (noch) ein wenig einschmieren [einfetten]; *umg* ein wenig schminken **2.** *übtr volksspr* bestechen, schmieren || *uv* **подма́зывать,** -аю, -аешь

под|ма́заться* *v umg* **1.** sich ein wenig schminken **2.** к *D übtr* sich heranmachen (an), sich lieb Kind machen (bei) || *uv* **подма́зываться,** -аюсь, -аешься

подманда́тный, -ая, -ое unter Mandat stehend; -ая террито́рия Mandatsgebiet

подма́нивать *uv zu* подмани́ть

подмани́ть, -аню́, -а́нишь; -а́ненный, -а́нен, -а *u.* -анённый, -анён, -анена́ *v* heranrufen, heranlocken || *uv* подма́нивать, -аю, -аешь

подмасте́рье, -ья, *G Pl* -ьев *m* Handwerksbursche, Geselle

подма́хивать *uv zu* подмахну́ть

подмахну́ть, -ну́, -нёшь *v* **1.** *umg* in aller Eile unterschreiben; ungelesen unterschreiben **2.** *volksspr* flüchtig ausfegen || *uv* подма́хивать, -аю, -аешь

подма́чивать *uv zu* подмочи́ть

подме́н, -а *m u.* **подме́на,** -ы *f* **1.** Vertauschung, Unterschiebung **2.** Austausch, befristeter Ersatz

подме́нивать *uv zu* подмени́ть

подмени́ть, -еню́, -е́нишь; -енённый, -енён, -енена́ *v* **1.** heimlich vertauschen **2.** austauschen, *befristet* ersetzen; *für gewisse, kurze Zeit* vertreten **3.** *umg* (eine höhere Funktion) an sich reißen || *uv* подме́нивать, -аю, -аешь *u.* **подменя́ть,** -я́ю, -я́ешь

подмерза́ть *uv zu* подмёрзнуть

подмёрзнуть, *1. u. 2. Pers ungebr*, -нет; подмёрз, -ла *v* leicht gefrieren || *uv* подмерза́ть, -а́ет

под|мести́* *v* (aus)fegen; wegfegen || *uv* [1]**подмета́ть,** -а́ю, -а́ешь

[2]**подмета́ть,** -а́ю, -а́ешь; подмётанный, -ан, -а *v* (von links, von der Innenseite) anheften || *uv* подмётывать, -аю, -аешь

подме́тить, -е́чу, -е́тишь; -е́ченный, -е́чен, -а *v* bemerken, feststellen || *uv* подмеча́ть, -а́ю, -а́ешь

подмётка, -и, *Pl G* -ток, *D* -ткам *f* **1.** Anheften **2.** Schuhsohle ◇ он ему́ в -и не годи́тся er kann ihm nicht das Wasser reichen, er steht weit unter ihm

подмётный, -ая, -ое *alt* heimlich zugesteckt; -ое письмо́ untergeschobener Brief

подмётывать *uv zu* [2]подмета́ть

подмеча́ть *uv zu* подме́тить

подмеша́ть, -а́ю, -а́ешь; подме́шанный, -ан, -а *v* beimischen, beimengen || *uv* **подме́шивать,** -аю, -аешь

подми́гивать *uv zu* подмигну́ть

подмигну́ть, -ну́, -нёшь *v mom D* zuzwinkern (j-m) || *uv* подми́гивать, -аю, -аешь

подмина́ть *uv zu* подмя́ть

подмо́га, -и *f volksspr* Hilfe; прийти́ кому́-н. на -у j-m zu Hilfe kommen

подмока́ть *uv zu* подмо́кнуть

подмо́кнуть, *1. u. 2. Pers ungebr*, -нет; подмо́к, -ла *v* feucht werden || *uv* подмока́ть, -а́ет

подмора́живать *uv zu* подморо́зить

подморо́зить, -о́жу, -о́зишь; -о́женный, -о́жен, -а *v* **1.** (leicht) gefrieren lassen **2.** *unpers* gefrieren; но́чью си́льно подморо́зило nachts trat strenger Frost ein || *uv* подмора́живать, -аю, -аешь

подмоско́вный, -ая, -ое in der Umgebung von Moskau gelegen

подмо́стки, -ов *Pl* **1.** Gerüst, Podium **2.** *theat* Bühne, ,,Bretter''

подмочи́ть, -очу́, -о́чишь; -о́ченный, -о́чен, -а *v* anfeuchten; feucht werden lassen ◇ подмо́ченная репута́ция *umg* zweifelhafter Ruf; подмо́ченное и́мя *umg* verrufener Name || *uv* подма́чивать, -аю, -аешь

подмыва́ть, -а́ю, -а́ешь *uv* **1.** *uv zu* подмы́ть **2.** *unpers*: меня́ подмыва́ет возрази́ть *umg* es treibt mich zu widersprechen, ich habe große Lust zu widersprechen

под|мы́ть* *v* **1.** (an bestimmten Körperstellen) waschen **2.** *umg* flüchtig auswaschen **3.** unterspülen, unterhöhlen || *uv* подмыва́ть, -а́ю, -а́ешь

подмы́шка, -и, *Pl G* -шек, *D* -шкам *f* (*in obliquen Kasus getrennt geschrieben*) Achselhöhle; нести́ под мы́шкой unter dem Arm tragen

подмы́шник, -а *m* Schweißblatt

под|мя́ть[1]*, подомну́ *v* niederdrücken,

-treten || *uv* подминáть, -áю, -áешь

поднадзóрный, -ая, -ое; *Kzf* -рен, -рна unter Aufsicht stehend

подна|жáть¹* *v volksspr* **1.** ein wenig stärker drücken **2.** *übtr* unter Druck setzen, drängen || *uv* **поднажимáть,** -áю, -áешь

поднебéсье, -ья *u. poet* **поднéбесье,** -ья *n* Firmament, Lüfte

подневóльный, -ая, -ое; *Kzf* -лен, -льна **1.** abhängig **2.** unfreiwillig, erzwungen

под|нестú* *v* **1.** (heran)führen, (heran)bringen **2.** anbieten, reichen, bewirten (*A* mit); überreichen, schenken || *uv* подносúть, -ошý, -óсишь

поднимáть *uv zu* поднять

поднимáться, -áюсь, -áешься *uv* **1.** *uv zu* подняться **2.** steigen, in die Höhe gehen **3.** sich erheben, emporragen ◇ у меня́ рукá не поднимáется сдéлать э́то ich bringe es nicht über mich [ich kann mich nicht entschließen], das zu tun

подниму́ ↑ поднять

подновúть, -влю́, -вúшь; -влённый, -влён, -вленá *v* erneuern, ausbessern, renovieren, auffrischen || *uv* **подновля́ть,** -я́ю, -я́ешь

подногóтная, -ой *Subst f umg* Wahrheit; выпы́тывать у когó-н. всю -ую j-m die Daumenschrauben ansetzen; вы́болтать всю -ую etw. haargenau ausplaudern

поднóжие, -я *n* **1.** Fuß *eines Berges, einer Säule*; у -я горы́ am Fuße des Berges **2.** Piedestal, Sockel

поднóжка, -и, *Pl G* -жек, *D* -жкам *f* **1.** Trittbrett; éздить на -е Trittbrett fahren **2.**: подстáвить [дать] комý-н. -у j-m ein Bein stellen

поднóжный, -ая, -ое: ~ корм **1.** *landw* Weide(futter); пустúть скот на ~ корм das Vieh weiden [grasen] lassen **2.** *übtr, scherz* kostenloses Essen *bei Verwandten, Bekannten*

поднóс, -а *m* Tablett

подносúть *uv zu* поднестú

поднóсчик, -а *m* Träger, Zubringer

подношéние, -я *n* **1.** Bewirtung, Überreichung **2.** Geschenk, Präsent

поднятие, -я *n* **1.** Hebung; Emporheben, Aufheben; голосовáть -ем рук durch Handzeichen abstimmen **2.** Erhöhung; Steigerung; Verbesserung

подня́ть* *v* **1.** (empor)heben, hochnehmen; aufheben; ~ парусá die Segel setzen; ~ флаг die Fahne hissen; ~ я́корь den Anker lichten **2.** in Bewegung setzen; *übtr* anspornen; aufwiegeln **3.** wecken; *übtr* erwecken, erregen; ~ когó-н. с постéли j-n aus dem Bett holen **4.** höher machen; steigern; verbessern **5.** auf-, umpflügen ◇ ~ вопрóс eine Frage aufwerfen [anschneiden]; ~ восстáние einen Aufstand machen, sich erheben; ~ гóлос die Stimme erheben; ~ дичь das Wild aufscheuchen; ~ нос die Nase hochtragen, hochmütig sein; ~ орýжие zu den Waffen greifen; ~ пыль Staub aufwirbeln; ~ тревóгу Alarm schlagen; ~ хóхот ein Gelächter anstimmen; ~ чтó-н. на вóздух etw. sprengen, etw. in die Luft fliegen lassen; ~ когó-н. нá ноги j-n auf die Beine bringen; ~ когó-н. нá смех j-n zum Gespött [lächerlich] machen; ~ дéло прóтив когó-н. *jur* einen Prozeß gegen j-n anstrengen || *uv* поднимáть, -áю, -áешь; поднимáть пéтли Maschen aufnehmen

подня́ться*; поднялсй, -ли́сь *v* **1.** aufstehen, sich erheben **2.** hinaufgehen, heraufkommen; ~ нá гору einen Berg besteigen; ~ на лúфте mit dem Fahrstuhl nach oben fahren; зáнавес поднялсй der Vorhang hob sich **3.** steigen, sich erhöhen **4.** sich heben, sich verbessern **5.** sich in Bewegung setzen; ~ с постéли aufstehen **6.** sich zum Kampf erheben **7.** entstehen; beginnen; sich erheben **8.** (auf)steigen, aufgehen ◇ ~ нá ноги auf die Beine kommen || *uv* поднимáться, -áюсь, -áешься

подо ↑ под

подобáть, -áет *unpers uv D* sich gebühren, sich gehören (für); как (емý) подобáет wie es sich (für ihn) gehört; нам не подобáет осуждáть егó es gebührt uns nicht [kommt uns nicht zu], ihn zu verurteilen; с подобáющим вниманием mit gebührender Aufmerksamkeit

подóбие, -я *n* **1.** Ebenbild, Abbild **2.** *math* Ähnlichkeit

подóблачный, -ая, -ое sehr hoch; unter den Wolken (befindlich)

подóбный, -ая, -ое; *Kzf* -бен, -бна **1.** ähnlich, gleichartig **2.** solcher; в -ом слýчае in solch einem Fall; ничегó -ого nichts dergleichen; и тóму -ое [*Abk* и т. п.] u. dergleichen mehr, u. ä.

подобострáстие, -я *n* Kriecherei, Liebedienerei
подобострáстный, -ая, -ое; *Kzf* -тен, -тна kriecherisch, liebedienerisch
подо|брáть*, подберý; подóбранный, -ан, -а *v* 1. aufheben, aufsammeln, auflesen 2. einziehen, verstecken 3. aufschürzen, hochnehmen, aufstecken 4. aussuchen, auswählen; ~ ключ den passenden Schlüssel finden ‖ *uv* подбирáть, -áю, -áешь
подо|брáться*, подберýсь; подобралúсь *v* 1. zusammenkommen, sich zusammenfinden 2. *umg* sich heranschleichen 3. *umg* sich straffen; sein Äußeres in Ordnung bringen ‖ *uv* подбирáться, -áюсь, -áешься
подобрéть, -éю, -éешь *v* gutmütiger werden
подобрý *Adv volksspr* im Guten; уходú ~-поздорóву geh freiwillig [im Guten]
подо|гнáть*, подгоню; подóгнанный, -ан, -а *v* 1. herantreiben; daruntertreiben 2. antreiben 3. anpassen, (aufeinander) abstimmen ‖ *uv* подгонять, -яю, -яешь
подогнýть, -нý, -нёшь; подóгнутый, -ут, -а *v* umbiegen, nach unten biegen; ~ нóги под себя́ die Beine unterschlagen ‖ *uv* подгибáть, -áю, -áешь
подогнýться, *1. u. 2. Pers ungebr*, -нётся *v* sich umbiegen, sich einbiegen; нóги у негó подогнýлись от слáбости die Beine knickten ihm vor Schwäche ein ‖ *uv* подгибáться, -áется
подогревáтель, -я *m* Vorwärmer; Heizapparat
подогревáть *uv zu* подогрéть
подогрéть, -éю, -éешь *v* 1. anwärmen, aufwärmen 2. *übtr umg* anregen ‖ *uv* подогревáть, -áю, -áешь
пододвигáть(ся) *uv zu* пододвúнуть(ся)
пододвúнуть, -ну, -нешь; пододвúнутый, -ут, -а *v* heranrücken, heranschieben ‖ *uv* пододвигáть, -áю, -áешь
пододвúнуться, -нусь, -нешься *v* heranrücken, näherrücken ‖ *uv* пододвигáться, -áюсь, -áешься
пододея́льник, -а *m* Überschlaglaken; Bettbezug
подо|ждáть* *v* 1. *G oder A* eine Zeitlang warten (auf) 2. abwarten, sich gedulden
подо|звáть*, подзовý; подóзванный, -ан, -а *v* heranrufen, herbeirufen ‖ *uv* подзывáть, -áю, -áешь
подозревáть, -áю, -áешь *uv* 1. verdächtigen; ~ когó-н. в убúйстве j-n des Mordes verdächtigen 2. vermuten, eine Ahnung haben
подозрéние, -я *n* Verdacht; быть под -ем unter Verdacht stehen
подозрúтельный, -ая, -ое; *Kzf* -лен, -льна 1. verdächtig 2. mißtrauisch, argwöhnisch
подоúть, -ою́, -óишь; -óй; -óенный, -óен, -а *v* melken
подóйник, -а *m* Melkeimer
подо|йтú*; подойдя́ *v* 1. herantreten (к *D* an, zu); herankommen, sich nähern 2. (heran)reichen (к *D* bis an) 3. к *D* herangehen (an), behandeln 4. passen; емý подошёл э́тот костю́м der Anzug paßte ihm 5. geeignet sein (на *A* für); он не подошёл на э́ту дóлжность er war für diese Stellung nicht geeignet ‖ *uv* подходúть, -ожý, -óдишь
подокóнник, -а *m* Fensterbrett
подóл, -а *m* Saum, (unterer) Rand *von Kleidungsstücken*; ~ ю́бки Rockzipfel
подóлгу *Adv* lange, längere Zeit
подольстúться, -льщýсь, -льстúшься *v umg* sich einschmeicheln (к *D* bei) ‖ *uv* **подольщáться,** -áюсь, -áешься
подóнки, -ов *Pl* 1. Bodensatz 2. *übtr* ~ óбщества Hefe [Abschaum] der Gesellschaft
подопéчный, -ая, -ое unter Vormundschaft stehend; -ая террúтория Treuhandgebiet
подоплёка, -и *f* Hintergrund, (geheimgehaltener) Beweggrund
подопрý ↑ подперéть
подóпытный, -ая, -ое Versuchs-
подо|рвáть*; подóрванный, -ан, -а *v* 1. sprengen 2. *übtr* untergraben, erschüttern ‖ *uv* подрывáть, -áю, -áешь
подорожáть, *1. u. 2. Pers ungebr*, -áет *v* teuer(er) werden, (im Preis) steigen
подорóжная, -ой *Subst f hist* Anweisung auf Postpferde
подорóжник, -а *m bot* Wegerich
подосúновик, -а *m bot* Rothäuptchen
подо|слáть*; подóсланный, -ан, -а *v* heimlich (zu)schicken; aussenden ‖ *uv* подсылáть, -áю, -áешь
подоспевáть *uv zu* подоспéть
подоспéть, -éю, -éешь *v umg* 1. heran-

rücken 2. zur rechten Zeit kommen || *uv* подоспева́ть, -а́ю, -а́ешь
подо|стла́ть*, подстелю́; подо́стланный, -ан, -а *v* (dar)unterlegen; unterstreuen || *uv* подстила́ть, -а́ю, -а́ешь
подотде́л, -а *m* Unterabteilung
подоткну́ть, -ну́, -нёшь; подо́ткнутый, -ут, -а *v* (darunter)stecken, stopfen; ~ юбку den Rock aufschürzen || *uv* подтыка́ть, -а́ю, -а́ешь
подотчётный, -ая, -ое 1. *finanz* abrechnungspflichtig 2. rechenschaftspflichtig
подо́хнуть, -ну, -нешь; подо́х, -ла *v* verenden, krepieren || *uv* подыха́ть, -а́ю, -а́ешь
подохо́дный, -ая, -ое: ~ нало́г Einkommensteuer
подо́шва, -ы *f* 1. Schuhsohle; *umg* Fußsohle 2. Fuß, Sohle *von Bergen*
подпада́ть *uv zu* подпа́сть
подпа́ивать *uv zu* подпо́ить
подпа́ливать *uv zu* подпали́ть
подпа́лина, -ы *f* 1. *umg* leicht versengte Stelle, Fleck 2.: ло́шадь с -ами scheckiges Pferd
подпали́ть, -лю́, -ли́шь; -лённый, -лён, -лена́ *v umg* 1. anzünden; in Brand stecken 2. leicht versengen, ansengen || *uv* подпа́ливать, -аю, -аешь
подпа́рывать *uv zu* подпоро́ть
подпа́сок, -ска *m* Hirtenjunge
под|па́сть* *v* geraten (под *A* unter) || *uv* подпада́ть, -а́ю, -а́ешь
подпева́ла, -ы *m, f umg* Helfershelfer, Handlanger
подпева́ть, -а́ю, -а́ешь *uv* 1. *D* (leise) mitsingen (mit) 2. *übtr umg* einstimmen, nachbeten || *v* под|пе́ть* *zu* 1
подпере́ть* *v* stützen, abstützen; ~ го́лову den Kopf aufstützen || *uv* подпира́ть, -а́ю, -а́ешь
подпере́ться* *v* sich aufstützen || *uv* подпира́ться, -а́юсь, -а́ешься
подпе́ть *v zu* подпева́ть
подпи́ливать *uv zu* подпили́ть
подпили́ть, -илю́, -и́лишь; -и́ленный, -и́лен, -а *v* 1. ansägen, anfeilen 2. absägen, abfeilen; ~ но́гти sich die Fingernägel feilen || *uv* подпи́ливать, -аю, -аешь
подпи́лок, -лка *m umg* Feile
подпира́ть(ся) *uv zu* подпере́ть(ся)
подписа́ние, -я *n* Unterzeichnung
под|писа́ть* *v* 1. unterschreiben, unterzeichnen 2. darunterschreiben, dazuschreiben, hinzufügen || *uv* подпи́сывать, -аю, -аешь
под|писа́ться* *v* 1. unterschreiben, unterzeichnen 2. abonnieren; subskribieren; ~ на заём eine Anleihe zeichnen ◇ обе́ими рука́ми ~ под чём-н. mit Freuden einer Sache zustimmen [etw. unterschreiben] || *uv* подпи́сываться, -аюсь, -аешься
подпи́ска, -и *f* 1. Unterschreiben 2. Subskription; Abonnement 3. schriftliche Verpflichtung, Revers
подписно́й, -а́я, -о́е Abonnements-, Subskriptions-; ~ лист Sammelliste, Unterschriftenliste
подпи́счик, -а *m* Abonnent
подпи́сывать(ся) *uv zu* подписа́ть(ся)
по́дпись, -и *f* Unterschrift, Aufschrift; за -ью дире́ктора vom Direktor unterzeichnet, mit der Unterschrift des Direktors
подпи́хивать *uv zu* подпихну́ть
подпихну́ть, -ну́, -нёшь; подпи́хнутый, -ут, -а *v umg* (darunter)schieben; hineinbugsieren; heimlich hineinstecken || *uv* подпи́хивать, -аю, -аешь
подплыва́ть *uv zu* подплы́ть
под|плы́ть* *v* 1. heranschwimmen, heransegeln, heranfahren 2. beim Schwimmen [Segeln; Fahren] daruntergeraten || *uv* подплыва́ть, -а́ю, -а́ешь
подпля́сывать, -аю, -аешь *uv umg* tänzeln
подпои́ть, -ою́, -о́ишь; -о́енный, -о́ен, -а *v umg* betrunken machen || *uv* подпа́ивать, -аю, -аешь
подполза́ть *uv zu* подползти́
под|ползти́* *v* 1. herankriechen 2. kriechen (под *A* unter) || *uv* подполза́ть, -а́ю, -а́ешь
подполко́вник, -а *m* Oberstleutnant
подпо́лье, -ья, *G Pl* -ьев *n* 1. Keller 2. Illegalität; Untergrundbewegung; *Koll* Illegale
подпо́льный, -ая, -ое illegal, Untergrund-
подпо́льщик, -а *m* Illegaler, Angehöriger einer Untergrundbewegung
подпо́рка, -и, *Pl G* -рок, *D* -ркам *f* Stütze, Strebe, Pfeiler
подпо́рный, -ая, -ое Stütz-
под|поро́ть* *v* (von innen) auftrennen, lostrennen || *uv* подпа́рывать, -аю, -аешь
подпору́чик, -а *m hist* Leutnant
подпо́чва, -ы *f geol* (Unter-) Grund
подпо́чвенный, -ая, -ое Grund-; -ые во́ды Grundwasser

подпоя́сать* *v* (um)gürten, einen Gürtel umbinden ‖ *uv* **подпоя́сывать,** -аю, -аешь

под|поя́саться* *v* sich umgürten ‖ *uv* **подпоя́сываться,** -аюсь, -аешься

подпоя́шу ↑ подпоя́сать

подпра́вить, -влю, -вишь; -вленный, -влен, -а *v* 1. ein wenig ausbessern; in Ordnung bringen 2. *umg* halbwegs auskurieren, auf die Beine bringen ‖ *uv* **подправля́ть,** -я́ю, -я́ешь

подпру́га, -и *f* Sattelgurt, Bauchriemen

подпры́гивать *uv zu* подпры́гнуть

подпры́гнуть, -ну, -нешь *v* hüpfen, einen kleinen Sprung machen; ~ от ра́дости einen Freudensprung machen ‖ *uv* подпры́гивать, -аю, -аешь

подпуска́ть *uv zu* подпусти́ть

подпусти́ть, -ущу́, -у́стишь; -у́щенный, -у́щен, -а *v* 1. heran(kommen) lassen 2. *umg* (hin)zugießen, beigeben 3. *umg* einflechten; ~ иро́нию ironisch werden ‖ *uv* подпуска́ть, -а́ю, -а́ешь

подраба́тывать *uv zu* подрабо́тать

подрабо́тать, -аю, -аешь; -анный, -ан, -а *v* 1. *umg* vorbereiten, ausarbeiten 2. *volksspr* dazuverdienen, einen Nebenverdienst haben ‖ *uv* подраба́тывать, -аю, -аешь

подрабо́тка, -и, *Pl G* -ток, *D* -ткам *f umg* 1. Ausarbeitung 2. Nebenverdienst

подра́внивать *uv zu* подровня́ть

подра́гивать, -аю, -аешь *uv umg* zucken; (ab und zu) zittern; ein wenig zittern

подража́ние, -я *n* Nachahmung; ~ взро́слым Nachahmung der Erwachsenen

подража́тель, -я *m* Nachahmer, Imitator

подража́тельство, -а *n* Epigonentum

подража́ть, -а́ю, -а́ешь *uv* nachahmen, imitieren (*D* j-n)

подразделе́ние, -я *n* 1. (Unter-) Gliederung 2. Unterabteilung 3. *mil* Abteilung, Einheit

подраздели́ть, -лю́, -ли́шь; -лённый, -лён, -лена́ *v* einteilen, gliedern ‖ *uv* **подразделя́ть,** -я́ю, -я́ешь

подразумева́ть, -а́ю, -а́ешь *uv* (darunter) verstehen, meinen

подразумева́ться, *1. u. 2. Pers ungebr*, -а́ется *uv* gemeint sein, sich verstehen; что под э́тим подразумева́ется? was ist darunter zu verstehen?

подраста́ть *uv zu* подрасти́

под|расти́* *v* heranwachsen ‖ *uv* подраста́ть, -а́ю, -а́ешь; подраста́ющее поколе́ние Nachwuchs

подрасти́ть, -ащу́, -асти́шь; -ащённый, -ащён, -ащена́ *v* heranziehen, aufziehen ‖ *uv* подра́щивать, -аю, -аешь

по|дра́ться*; -дра́ли́сь *v* sich prügeln, in ein Handgemenge geraten

подра́щивать *uv zu* подрасти́ть

подрёберный, -ая, -ое *anat* unter den Rippen liegend

под|ре́зать* *v* 1. (ein wenig) abschneiden, verschneiden, stutzen 2. (von unten) abschneiden, (ab)lösen 3. *umg* die Kräfte rauben, zermürben 4. noch mehr abschneiden ‖ *uv* **подреза́ть,** -а́ю, -а́ешь *u.* **подре́зывать,** -аю, -аешь

по|дрема́ть* *v* ein bißchen schlummern, ein Schläfchen machen

подрисова́ть, -су́ю, -су́ешь; -со́ванный, -со́ван, -а *v* 1. hinzuzeichnen, weiterzeichnen, (eine Zeichnung) verbessern 2. *umg* nachziehen *Augenbrauen, Lippen* ‖ *uv* **подрисо́вывать,** -аю, -аешь

подро́бность, -и *f* 1. Einzelheit, Detail 2. Ausführlichkeit; не вдава́ться в -и nicht auf Einzelheiten eingehen

подро́бный, -ая, -ое; *Kzf* -бен, -бна ausführlich, detailliert; бо́лее -бно рассма́тривать что́-н. etw. näher [bei Lichte] betrachten

подровня́ть, -я́ю, -я́ешь; подро́вненный, -ро́внен, -а *v* ebnen, gerade machen, geradeschneiden; *mil* ausrichten ‖ *uv* подра́внивать, -аю, -аешь

подро́стковый, -ая, -ое: -ая оде́жда Burschenkleidung

подро́сток, -тка *m* Halbwüchsiger; де́вочка-~ Backfisch

[1,2]подруба́ть *uv zu* [1,2]подруби́ть

[1]подруби́ть, -ублю́, -у́бишь; -у́бленный, -у́блен, -а *v* 1. (von unten) abhauen, abschlagen 2. *berg* schrämen ‖ *uv* подруба́ть, -а́ю, -а́ешь

[2]подруби́ть, -ублю́, -у́бишь; -у́бленный, -у́блен, -а *v* (ein)säumen ‖ *uv* подруба́ть, -а́ю, -а́ешь

подру́га, -и *f* Freundin; ~ жи́зни *meist scherz* Lebensgefährtin, Gattin

подружи́ть, -жу́, -жи́шь *v* 1. einander näher bringen, zu Freunden machen 2. *umg* sich befreunden

подружи́ться, -жу́сь, -жи́шься *v* sich befreunden, Freundschaft schließen

подрумя́нивать *uv zu* подрумя́нить

подрумя́нить, -ню, -нишь; -ненный,

-нен, -а *v* 1. röten, (ein wenig) rot färben 2. (rot) schminken 3. knusprig [braun] backen || *uv* подрумя́нивать, -аю, -аешь
подру́чный, -ого *Subst m* Handlanger, Hilfsarbeiter
подры́в, -а *m* 1. Sprengung 2. *übtr* Untergrabung, Schädigung
[1]**подрыва́ть** *uv zu* подорва́ть
[2]**подрыва́ть** *uv zu* подры́ть
подрывни́к, -а́ *m* Spezialist für Sprengungen, Sprengmeister
подрывно́й, -а́я, -о́е 1. Spreng-; ~ материа́л Sprengstoff; -а́я ша́шка Sprengkörper 2. *übtr* zersetzend, schädlich, subversiv; -а́я де́ятельность Wühltätigkeit
под|ры́ть* *v* untergraben; tiefer [breiter] graben || *uv* подрыва́ть, -а́ю, -а́ешь
[1]**подря́д,** -а *m* Kontrakt, Vertrag
[2]**подря́д** *Adv* nacheinander; der Reihe nach; все [всё] ~ alle [alles] ohne Ausnahme
подряди́ть, -яжу́, -яди́шь; -яжённый, -яжён, -яжена́ *v* mieten, dingen, anstellen || *uv* подряжа́ть, -а́ю, -а́ешь
подря́дный, -ая, -ое Kontrakt-, Vertrags-, vertraglich festgelegt
подря́дчик, -а *m* Lieferant, Vertragsfirma; Unternehmer
подряжа́ть *uv zu* подряди́ть
подсади́ть, -ажу́, -а́дишь; -а́женный, -а́жен, -а *v* 1. hinaufhelfen, beim Einsteigen [Aufsteigen] helfen 2. к *D* neben j-n setzen, zu j-m setzen 3. nachpflanzen; dazupflanzen || *uv* **подса́живать,** -аю, -аешь
подса́живаться *uv zu* подсе́сть
подса́ливать *uv zu* подсоли́ть
подсве́чник, -а *m* Leuchter, Kerzenhalter
подсви́нок, -нка *m landw* Läufer
подсви́стывать, -аю, -аешь *uv* nachpfeifen, (ein Lied) mitpfeifen
подсе́в, -а *m landw* Untersaat
подсева́ть *uv zu* подсе́ять
подседе́льник, -а *m* Sattelgurt, Bauchriemen
подсе́ка, -и *f* Rodung, Rodeland
подсека́ть *uv zu* подсе́чь
под|се́сть* *v* sich setzen (neben), sich setzen (zu); sich (von j-m) mitnehmen lassen *auf einem Fuhrwerk* || *uv* подса́живаться, -аюсь, -аешься
под|се́чь* *v* 1. (von unten) abhauen, abschneiden 2. roden 3. die Angelschnur anziehen, anrucken || *uv* подсека́ть, -а́ю, -а́ешь
подсе́ять, -е́ю, -е́ешь; -е́янный, -е́ян, -а *v landw* 1. nachsäen 2. eine Untersaat machen || *uv* подсева́ть, -а́ю, -а́ешь
подсиде́ть, -ижу́, -иди́шь; -и́женный, -и́жен, -а *v* 1. auflauern, (auf Wild) anstehen 2. *A übtr volksspr* eine Falle stellen, intrigieren (gegen); reinlegen || *uv* **подси́живать,** -аю, -аешь
подси́нивать *uv zu* подсини́ть
подсини́ть, -ню́, -ни́шь; -нённый, -нён, -нена́ *v* 1. blau färben 2. bläuen, in Wasser mit Waschblauzusatz spülen || *uv* подси́нивать, -аю, -аешь
подска́бливать *uv zu* подскобли́ть
под|сказа́ть* *v* 1. vorsagen; *theat* soufflieren 2. *übtr* eingeben, auf einen Gedanken bringen || *uv* подска́зывать, -аю, -аешь
подска́зка, -и, *Pl G* -зок, *D* -зкам *f* 1. Vorsagen 2. Eingebung
подска́зывать *uv zu* подсказа́ть
под|скака́ть* *v* heransprengen || *uv* [1]**подска́кивать,** -аю, -аешь
[2]**подска́кивать** *uv zu* подскочи́ть
подскобли́ть, -облю́, -о́бли́шь; -о́бленный, -о́блен, -а *v ein wenig* abschaben; *umg* (aus)radieren || *uv* подска́бливать, -аю, -аешь
подскочи́ть, -очу́, -о́чишь *v* 1. hochspringen, hüpfen; *übtr umg* plötzlich ansteigen *von der Temperatur, vom Preis* 2. (hin)zuspringen, heranspringen || *uv* подска́кивать, -аю, -аешь
подскреба́ть *uv zu* подскрести́
под|скрести́* *v umg* auskratzen; zusammenkratzen || *uv* подскреба́ть, -а́ю, -а́ешь
подсласти́ть, -ащу́, -асти́шь; -ащённый, -ащён, -ащена́ *v* süßen, nachsüßen || *uv* **подсла́щивать,** -аю, -аешь
подсле́дственный, -ая, -ое 1. Untersuchungs-; ~ заключённый Untersuchungsgefangener 2. -ого *Subst m* Untersuchungsgefangener
подслеповáтый, -ая, -ое; *Kzf* -а́т, -а halb blind, stark kurzsichtig
подслу́живаться *uv zu* подслужи́ться
подслужи́ться, -ужу́сь, -у́жишься *v umg* sich einschmeicheln, den Lakaien spielen || *uv* подслу́живаться, -аюсь, -аешься
подслу́шать, -аю, -аешь; -анный, -ан, -а *v* belauschen, abhorchen || *uv* **подслу́шивать,** -аю, -аешь
подсма́тривать, -аю, -аешь *uv* heimlich beobachten, bespitzeln || *v* под-

смотре́ть, -отрю́, -о́тришь; -о́тренный, -о́трен, -а

подсме́иваться, -аюсь, -аешься *uv* sich lustig machen (над *I* über) ‖ *v* **подсмея́ться,** -ею́сь, -еёшься

подсмотре́ть, -отрю́, -о́тришь; -о́тренный, -о́трен, -а *v* **1.** *v zu* подсма́тривать **2.** zufällig sehen

подсне́жник, -а *m* Schneeglöckchen

подсо́бник, -а *m umg* Hilfsarbeiter

подсо́бный, -ая, -ое Hilfs-, Neben-

подсо́вывать *uv zu* подсу́нуть

подсозна́ние, -я *n* Unterbewußtsein

подсозна́тельный, -ая, -ое; *Kzf* -лен, -льна unterbewußt, instinktiv

подсоли́ть, -олю́, -о́ли́шь; -о́ленный, -о́лен, -а *v* (ein wenig) salzen; nachsalzen ‖ *uv* подса́ливать, -аю, -аешь

подсо́лнечник, -а *m* Sonnenblume

подсо́лнечный, -ая, -ое **1.** Sonnenblumen- **2.** *alt, poet* unter der Sonne befindlich; irdisch; der Sonne zugewandt

подсо́лнух, -а *m umg* **1.** Sonnenblume **2.** *meist Pl* Sonnenblumenkerne

подсо́хнуть, -ну, -нешь; подсо́х, -ла *v* (allmählich) trocknen, trocken werden ‖ *uv* подсыха́ть, -а́ю, -а́ешь

подспо́рье, -ья *n umg* Hilfe, Unterstützung

подста́ва, -ы *f alt* **1.** Ersatzgespann **2.** Ausspann; Ausspannung

подста́вить, -влю, -вишь; -вленный, -влен, -а *v* **1.** darunterstellen, stellen (под *A* unter) **2.** hinhalten, hinstellen, stellen (к *D* an); ~ стул посети́телю dem Besucher einen Stuhl anbieten [heranrücken] **3.** *math* einsetzen; substituieren ◇ ~ но́гу [но́жку] кому́-н. j-m ein Bein stellen ‖ *uv* подставля́ть, -я́ю, -я́ешь

подста́вка, -и, *Pl G* -вок, *D* -вкам *f* Stütze; (Unter-) Gestell, Ständer; Untersetzer

подставля́ть *uv zu* подста́вить

подставно́й, -а́я, -о́е **1.** Unterstell-, zum Darunterstellen **2.** untergeschoben; -о́е лицо́ Strohmann; ~ свиде́тель falscher Zeuge

подстака́нник, -а *m* (Teeglas-) Untersatz

подстано́вка, -и *f math* Einsetzung; Substitution

подста́нция, -и *f* **1.**: трансформа́торная ~ *el* Umspannwerk **2.**: телефо́нная ~ Fernsprechnebenstelle

подстёгивать *uv zu* подстегну́ть

подстегну́ть, -ну́, -нёшь; подстёгнутый, -ут, -а *v* **1.** mit der Peitsche antreiben **2.** *übtr umg* antreiben, hetzen ‖ *uv* подстёгивать, -аю, -аешь

подстели́ть, -елю́, -е́лешь; -е́ленный, -е́лен, -а *v volksspr* unterstreuen; unterlegen ‖ *uv* подстила́ть, -а́ю, -а́ешь

подстерега́ть *uv zu* подстере́чь

под|стере́чь* *v* auflauern; abpassen ‖ *uv* подстерега́ть, -а́ю, -а́ешь

подстила́ть *uv zu* подостла́ть *u.* подстели́ть

подсти́лка, -и, *Pl G* -лок, *D* -лкам *f* Unterlage; Streu

подстора́живать *uv zu* подсторожи́ть

подсторожи́ть, -жу́, -жи́шь; -жённый, -жён, -жена́ *v volksspr A* auflauern ‖ *uv* подстора́живать, -аю, -аешь

подстра́ивать *uv zu* подстро́ить

подстрека́тель, -я *m* Aufwiegler, Anstifter

подстрека́тельство, -а *n* Aufwiegelung, Aufhetzung

подстрека́ть *uv zu* подстрекну́ть

подстрекну́ть, -ну́, -нёшь *v* **1.** aufwiegeln, anstiften **2.** anregen, schüren ‖ *uv* подстрека́ть, -а́ю, -а́ешь

подстре́ливать *uv zu* подстрели́ть

подстрели́ть, -елю́, -е́лишь; -е́ленный, -е́лен, -а *v* anschießen, verwunden ‖ *uv* подстре́ливать, -аю, -аешь

подстрига́ть(ся) *uv zu* подстри́чь(ся)

под|стри́чь* *v* verschneiden, stutzen ‖ *uv* подстрига́ть, -а́ю, -а́ешь

под|стри́чься* *v* sich die Haare (ver)schneiden lassen ‖ *uv* подстрига́ться, -а́юсь, -а́ешься

подстро́ить, -о́ю, -о́ишь; -о́енный, -о́ен, -а *v* **1.** anbauen **2.** *mus* stimmen (под *A* nach) **3.** *übtr* aushecken, anstiften ‖ *uv* подстра́ивать, -аю, -аешь

подстро́чник, -а *m* Interlinearübersetzung

подстро́чный, -ая, -ое **1.**: -ое примеча́ние Anmerkung; Fußnote **2.**: ~ перево́д Interlinearübersetzung

подступа́ть(ся) *uv zu* подступи́ть(ся)

подступи́ть, -уплю́, -у́пишь *v* **1.** herantreten; heranrücken **2.** (heran)reichen (к *D* bis an) **3.** aufsteigen, dringen (к *D* bis zu) *von Tränen, Schmerzen*; ~ к го́рлу die Kehle zuschnüren ‖ *uv* подступа́ть, -а́ю, -а́ешь

подступи́ться, -уплю́сь, -у́пишься *v* herantreten; sich nähern ◇ к нему́ не ~ an ihn ist nicht heranzukom-

men ‖ *uv* **подступáться, -áюсь,** -áешься
пóдступы *Pl* -ов, *Sg* пóдступ, -а *m* **1.** Zugang, Zugangsweg, Vorgelände **2.** *flug* Einflugschneise ◇ к немý -а нет an ihn ist nicht heranzukommen
подсудúмый, -ого *Subst m jur* Angeklagter; скамья́ -ых *jur* Anklagebank
подсýдный, -ая, -ое; *Kzf* -ден, -дна *D jur* einem Gericht unterliegend
подсýмок, -мка *m mil* Patronentasche
подсýнуть, -ну, -нешь; -нутый, -нут, -а *v* **1.** darunterschieben, darunterstopfen **2.** *umg* (unbemerkt) zustecken, zuschieben ‖ *uv* подсóвывать, -аю, -аешь
подсýшивать *uv zu* подсушúть
подсушúть, -ушý, -ýшишь; -ýшенный, -ýшен, -а *v* (ein wenig) trocknen; abtrocknen lassen ‖ *uv* подсýшивать, -аю, -аешь
подсчёт, -а *m* **1.** Zählung, Berechnung **2.** *meist Pl* Ergebnis (der Berechnungen)
подсчитáть, -áю, -áешь; подсчúтанный, -ан, -а *v* zusammenzählen, berechnen ‖ *uv* **подсчúтывать,** -аю, -аешь
подсылáть *uv zu* подослáть
под|сы́пать* *v* **1.** hinzuschütten, hinzustreuen; heimlich hineinschütten **2.** aufschütten, erhöhen ‖ *uv* **подсыпáть,** -áю, -áешь
подсыхáть *uv zu* подсóхнуть
подтáивать *uv zu* подтáять
подтáлкивать *uv zu* подтолкнýть
подтáпливать *uv zu* подтопúть
подтáскивать *uv zu* подтащúть
подтасовáть, -сýю, -сýешь; -сóванный, -сóван, -а *v* (die Karten) falsch mischen; *übtr* entstellen, einseitig darstellen ‖ *uv* подтасóвывать, -аю, -аешь
подтасóвка, -и *f*: ~ фáктов falsche [einseitige] Darstellung der Tatsachen
подтасóвывать *uv zu* подтасовáть
подтáчивать *uv zu* подточúть
подтащúть, -ащý, -áщишь; -áщенный, -áщен, -а *v* heranschleppen ‖ *uv* подтáскивать, -аю, -аешь
подтáять, *1. u. 2. Pers ungebr*, -áет *v* ein wenig tauen, ein wenig schmelzen; von unten tauen ‖ *uv* подтáивать, -ает
подтвердúть, -ржý, -рдúшь; -рждённый, -рждён, -рждена́ *v* bestätigen, bekräftigen ‖ *uv* **подтверждáть,** -áю, -áешь
подтвердúться, *1. u. 2. Pers ungebr*, úтся *v* sich bestätigen, sich bewahrheiten ‖ *uv* **подтверждáться,** -áется
подтверждéние, -я *n* Bestätigung; Bekräftigung
подтёк, -а *m* **1.** *med* blutunterlaufene Stelle, Suffusion **2.** Fleck, Farbklecks
подтекáть, *1. u. 2. Pers ungebr*, -áет *uv* **1.** *uv zu* подтéчь 1 **2.** *volksspr* lecken, Flüssigkeit durchlassen
подтекстóвка, -и, *Pl G* -вок, *D* -вкам *f* Liedertext, Abfassen des Liedertextes
под|терéть*, подотрý; подтерёв *u.* подтёрши *v* aufwischen ‖ *uv* подтирáть, -áю, -áешь
под|тéчь*, *1. u. 2. Pers ungebr v* **1.** darunterlaufen [darunterfließen] **2.** *umg* anschwellen, anlaufen **3.** *v zu* подтекáть 2 ‖ *uv* подтекáть, -áет *zu* 1
подтирáть *uv zu* подтерéть
подтолкнýть, -нý, -нёшь; подтóлкнутый, -ут, -а *v* **1.** anstoßen; schieben **2.** *übtr umg* anspornen, treiben ‖ *uv* подтáлкивать, -аю, -аешь
подтопúть, -оплю́, -óпишь; -óпленный, -óплен, -а *v umg* ein wenig (ein)heizen; nachheizen ‖ *uv* подтáпливать, -аю, -аешь
подточúть, -очý, -óчишь; -óченный, -óчен, -а *v* **1.** (nach)schleifen; anspitzen **2.** benagen; aushöhlen; unterspülen **3.** *übtr* untergraben, schwächen ◇ комáр нóсу [нóса] не подтóчит *Sprichw* daran ist schwer etwas auszusetzen, die Sache ist einwandfrei ‖ *uv* подтáчивать, -аю, -аешь
подтрýнивать *uv zu* подтрунúть
подтрунúть, -ню́, -нúшь *v* sich lustig machen, spötteln (над *I* über) ‖ *uv* подтрýнивать, -аю, -аешь
подтыкáть *uv zu* подоткнýть
подтя́гивание, -я *n* **1.** Aufschließen, Aufrücken *Kolonne* **2.** *Sport* Klimmzug
подтя́гивать(ся) *uv zu* подтянýть(ся)
подтя́жки, -жек, -жкам *Pl* Hosenträger
подтя́нутый, -ая, -ое; *Kzf* -ут, -а **1.** eingefallen *vom Bauch, von den Flanken des Hundes, Pferdes* **2.** *übtr* akkurat, diszipliniert, korrekt, ordentlich
подтянýть, -янý, -я́нешь; -я́нутый, -я́нут, -а *v* **1.** straff-, festziehen, hochziehen *Gürtel, Hosen, Stiefel* **2.** heranschleppen, -ziehen (zu, an) **3.** ziehen (unter) **4.** *mil* heran-

ziehen, konzentrieren *von Truppenverbänden* 5. *übtr umg* zur Erfüllung der Pflichten, zur Disziplin anhalten, erziehen; ~ отстающих die Zurückgebliebenen zum Aufholen veranlassen 6. mitsingen, einen Begleitgesang anstimmen 7. *unpers umg* abmagern *vom Menschen*; тебя́ подтяну́ло du bist abgemagert ‖ *uv* подтя́гивать, -аю, -аешь

подтяну́ться, -яну́сь, -я́нешься *v* 1. sich fester schnüren, gürten 2. sich emporziehen 3. *mil* sich konzentrieren 4. *übtr umg* seiner Arbeit [seinen Pflichten] akkurat und diszipliniert nachkommen, sich mehr zusammennehmen 5. *Sport* einen Klimmzug machen ‖ *uv* подтя́гиваться, -аюсь, -аешься

поду́мать, -аю, -аешь *v* 1. *v zu* ду́мать 2. einige Zeit nachdenken 3. *nur 2. Pers Sg mod als ironischer, verächtlicher Ausruf*: поду́маешь како́й ге́ний! na und was für ein Held! 4. *Imp* поду́май(те) *u. Inf* поду́мать *gewöhnlich mit* то́лько *verwendet man, um den Zuhörer auf die Seltsamkeit und Verwunderlichkeit der Mitteilung aufmerksam zu machen*; поду́мать то́лько! man stelle sich vor! ◇ и не ~ (сде́лать что) es nicht für nötig halten, nicht beabsichtigen (etw. zu tun); он и не поду́мал испо́лнить, о чём его проси́ли er dachte gar nicht daran das zu tun, worum er gebeten wurde

поду́маться, *1. u. 2. Pers ungebr*, -ается *unpers v D umg* in den Sinn kommen, einfallen, durch den Kopf schießen *Gedanken*

поду́мывать, -аю, -аешь *uv A oder P umg* öfter denken (an), nachdenken, nachsinnen; *mit Inf* gedenken, vorhaben, beabsichtigen; он поду́мывал отпра́вить его́ на при́иски er gedachte ihn in die Gruben zu schicken

подура́чить, -чу, -чишь *v umg* ein bißchen foppen, narren; auslachen

подура́читься, -чусь, -чишься *v umg* eine Zeitlang Possen reißen, Witze machen, sich närrisch gebärden

подури́ть, -рю́, -ри́шь *v umg* eine Zeitlang Dummheiten machen, dumme Streiche spielen

подурне́ть, -е́ю, -е́ешь *v* häßlich werden, ein schlechtes Aussehen bekommen

подуса́дебный, -ая, -ое: ~ уча́сток Landstück [Territorium], auf dem sich die zum Hof gehörigen Gebäude und Anlagen befinden

поду́сники *Pl* -ов, *Sg* поду́сник, -а *m* Haare an den Mundwinkeln

по|ду́ть* *v* 1. anfangen zu wehen (zu blasen) 2. eine Zeitlang wehen [blasen]

по|ду́ться* *v* на *A umg* eine Zeitlang schmollen (mit)

поду́чивать *uv zu* подучи́ть

подучи́ть, -учу́, -у́чишь; -у́ченный, -у́чен, -а *v umg* 1. ein wenig (an)lernen, ein wenig beibringen (von) 2. *A* hinzulernen, etwas schlecht Gelerntes besser begreifen; ~арифме́тику Arithmetik besser lernen 3. *häufig mit Inf* anhalten, überreden *zu etw. Schlechtem* ‖ *uv* поду́чивать, -аю, -аешь

подучи́ться, -учу́сь, -у́чишься *v umg* ein bißchen (er)lernen, hinzulernen

[1]**подуши́ть,** -ушу́, -у́шишь; -у́шенный, -у́шен, -а *v* mit Parfüm besprengen, ein wenig parfümieren

[2]**подуши́ть,** -ушу́, -у́шишь; -у́шенный, -у́шен, -а *v umg viele, alle* erwürgen; волк задуши́л мно́го ове́ц der Wolf hat viele Schafe gerissen

подуши́ться, -ушу́сь, -у́шишься *v* sich leicht mit Parfüm besprengen, sich ein wenig parfümieren

поду́шка, -и, *Pl G* -шек, *D* -шкам *f* 1. Kissen, Polster 2. *tech* Unterlage, Polster

поду́шный, -ая, -ое *hist* pro Kopf; -ые де́ньги Kopfsteuer

подфа́рник, -а *m* Standlicht, Parkleuchte

подхали́м, -а *m* Schmeichler, Kriecher, Speichellecker

подхали́мистый, -ая, -ое; *Kzf* -ист, -а *umg* zur Speichelleckerei neigend, kriecherisch

подхали́мничать, -аю, -аешь *uv umg* sich kriecherisch und schmeichlerisch benehmen, liebedienern

подхали́мство, -а *n* Speichelleckerei, Liebedienerei

подхвати́ть, -ачу́, -а́тишь; -а́ченный, -а́чен, -а *v* 1. (an)fassen *von unten her*, auf-, hochheben; aufraffen, anheben 2. auffangen, im Flug fassen; vor dem Fall bewahren 3. erfassen, -greifen; *umg* mitnehmen, erwischen; mitreißen *Strömung*; mit sich führen; бы́строе тече́ние подхвати́ло ло́дку die schnelle Strömung erfaßte den Kahn 4. *übtr umg* sich holen, erwischen; ~ просту́ду sich eine Erkältung holen 5. zufällig bekommen;

~ интере́сную кни́гу zufällig ein interessantes Buch bekommen **6.** heftig vorwärtsstürmen, sich in Galopp setzen *von Pferden usw.*; оле́ни подхвати́ли и понесли́сь die Renntiere setzten sich in Galopp und jagten dahin **7.** aufgreifen, ergreifen und weiterführen; ~ шу́тку einen Scherz aufgreifen *und mitmachen*; *volksspr* übernehmen, sich zunutze machen; ~ чужу́ю мысль eine fremde Idee übernehmen, sich zu eigen machen **8.** anfangen mitzusingen, einstimmen, einfallen in den Gesang || *uv* **подхва́тывать,** -аю, -аешь

подхлестну́ть [сн], -ну́, -нёшь; подхлёстнутый, -ут, -а *v* mit der Peitsche leicht antreiben; *übtr umg* antreiben; ~ отстаю́щих die Zurückgebliebenen zu größerer Eile anhalten || *uv* **подхлёстывать,** -аю, -аешь

подхо́д, -а *m* **1.** Sichnähern, Heranrücken; *flug* Anflug; *naut* Anlaufen **2.** Zugang **3.** к *D* Einstellung, Herangehen; Art des Herangehens

подхо́дец, -дца, *I* -дцем, *G Pl* -дцев *m umg* Winkelzug, getarnte Handlungsweise; с -дцем auf Umwegen, hinterlistig

подходи́ть *uv zu* подойти́

подходя́щий, -ая, -ее passend, geeignet, entsprechend

подцвети́ть, -ечу́, -ети́шь; -е́ченный, -е́чен, -е́чена *v* **1.** leicht färben, auffärben, die Farbe auffrischen **2.** *umg* bunt (aus)schmücken *Saal* || *uv* **подцве́чивать,** -аю, -аешь

подцензу́рный, -ая, -ое; *Kzf* -рен, -рна unter Zensur stehend

подцепи́ть, -еплю́, -е́пишь; -е́пленный, -е́плен, -а *v* **1.** *umg* auf-, anhängen, anhaken **2.** von unten ergreifen, erfassen; *umg* mit einer heftigen Bewegung ergreifen **3.** *übtr umg* erbeuten, sich anschaffen, aufgabeln; ~ боле́знь eine Krankheit erwischen; ~ краса́вицу ein hübsches Weib aufgabeln **4.** *volksspr* stehlen || *uv* **подцепля́ть,** -я́ю, -я́ешь

подча́ливать *uv zu* подча́лить

подча́лить, -лю, -лишь *v* **1.** anlegen; ~ к при́стани am Landeplatz festmachen **2.** beim Anlegen heranziehen, vertäuen || *uv* подча́ливать, -аю, -аешь

подча́с *Adv* mitunter, gelegentlich, manchmal

подчёркивать *uv zu* подчеркну́ть

подчеркну́ть, -ну́, -нёшь; подчёркнутый, -ут, -а *v* **1.** unterstreichen **2.** *übtr* unterstreichen, besonders hervorheben, betonen || *uv* подчёркивать, -аю, -аешь

подчерни́ть, -ню́, -ни́шь; -нённый, -нён, -нена́ *v* schwarz auffärben; mit schwarzer Farbe erneut bestreichen *Augenbrauen*

подчине́ние, -я *n* **1.** *D* Unterwerfung, Unterordnung, Nachgeben **2.** *gram* Unterordnung, Hypotaxe

подчинённый, -ая, -ое **1.** untergeordnet, unterstellt, abhängig **2.** -ого *Subst m* Untergebener **3.** *gram* abhängig

подчини́тельный, -ая, -ое *gram* unterordnend, subordinierend

подчини́ть, -ню́, -ни́шь; -нённый, -нён, -нена́ *v* **1.** unterwerfen, erobern **2.** abhängig machen (von), unterwerfen; ~ влия́нию dem Einfluß aussetzen **3.** *D* unterstellen, unterordnen **4.** *D gram* unterordnen *Sätze* || *uv* **подчиня́ть,** -я́ю, -я́ешь

подчини́ться, -ню́сь, -ни́шься *v* **1.** sich unterwerfen **2.** *D* abhängig sein, gehorchen, nachkommen *einem Befehle, Wunsche, Gefühl* || *uv* **подчиня́ться,** -я́юсь, -я́ешься

подчи́стить, -и́щу, -и́стишь; -и́щенный, -и́щен, -а *v* **1.** zusätzlich reinigen; leicht säubern, ein bißchen putzen **2.** ausradieren, auskratzen, verbessern *Geschriebenes* **3.** *umg* restlos aufessen, wegräumen **4.**: ~ сад Bäume im Garten beschneiden, ausästen || *uv* подчища́ть, -а́ю, -а́ешь

подчи́стка, -и *f* **1.** Reinigung, Säuberung **2.** *umg* Radieren, Verbessern *Geschriebenes* **3.** Ausschneiden *Bäume*

подчисту́ю *Adv volksspr* gänzlich, restlos, vollständig, ratzekahl

подчища́ть *uv zu* подчи́стить

подше́фный, -ая, -ое **1.** unter Patenschaft stehend; ~ заво́д Patenbetrieb **2.** -ого *Subst m* Pate; своего́ -ого прове́дать зашёл ich bin vorbeigekommen, meinen Paten aufzusuchen

подшиба́ть *uv zu* подшиби́ть

под|шиби́ть* *v volksspr* **1.** durch einen Schlag verletzen, blauschlagen **2.** umwerfen, umstoßen **3.** anschießen || *uv* подшиба́ть, -а́ю, -а́ешь

подшива́ть *uv zu* подши́ть

подши́вка, -и, *Pl G* -вок, *D* -вкам *f* **1.** Annähen *von außen, unten* **2.** *umg* Bündel zusammengehefteter Zeitungen, Dokumente 3. *umg* aufgenähter Flicken

подши́пник, -а *m tech* Lager; шарико́вый ~ Kugellager; ро́ликовый ~ Roll(enl)ager

под|ши́ть*, подошью́ *v* 1. annähen, aufnähen; unternähen, Futter anbringen; ~ шу́бу ме́хом den (Winter-) Mantel mit Pelzfutter versehen 2. besohlen; ~ ва́ленки die Filzstiefel besohlen 3. einsäumen, besäumen, einschlagen 4. zusammenheften, -nähen *Zeitungen*; dazuheften, ablegen *Akten* 5. anbringen, anschlagen *Brett u. ä.*; ~ кры́шу die Unterseite des Daches mit Brettern verkleiden, verschalen || *uv* подшива́ть, -а́ю, -а́ешь

подшле́мник, -а *m mil* Kopfschützer

подшпи́ливать *uv zu* подшпи́лить

подшпи́лить, -лю, -лишь; -ленный, -лен, -а *v umg* von unten mit einer Nadel [Klammer] befestigen; ~ во́лосы das Haar aufstecken || *uv* подшпи́ливать, -аю, -аешь

подшта́нники, -ов *Pl volksspr* Unterhose

подшто́пать, -аю, -аешь; -анный, -ан, -а *v* ein wenig ausbessern, stopfen *Wäsche, Kleidungsstücke* || *uv* **подшто́пывать,** -аю, -аешь

подштукату́ривать *uv zu* подштукату́рить

подштукату́рить, -рю, -ришь; -ренный, -рен, -а *v* einzelne Stellen mit Stuck bewerfen; Verputztes ausbessern || *uv* подштукату́ривать, -аю, -аешь

подшути́ть, -учу́, -у́тишь *v* sich lustig machen (над *I* über), einen Streich spielen, auslachen || *uv* **подшу́чивать,** -аю, -аешь

под|щепа́ть* *u.* -а́ю, -а́ешь *v A oder G umg* zusätzlich spalten, spleißen; ~ лучи́нок noch mehr Spänchen hinzuspleißen

подъеда́ть *uv zu* подъе́сть

подъе́зд, -а *m* 1. Anfahrt, Auffahrt 2. Eingang, Aufgang, Freitreppe, überdachter Eingang eines Gebäudes

подъе́здить, -е́зжу, -е́здишь *v mil Sport ein Pferd* an den Wagen gewöhnen; für das Reiten abrichten, zureiten

подъездно́й, -а́я, -о́е 1. Anfahrts-, Auffahrts- 2.: ~ путь Nebenlinie, Anschlußlinie *Eisenbahn*

подъезжа́ть *uv zu* подъе́хать

подъём, -а *m* 1. Aufstieg, Besteigung; Hebung, Hinaufziehen; ~ фла́га Hissen der Flagge 2. Ansteigen, Anschwellen *Wasser* 3. *landw* Aufpflügen für die Saat, Aufbereitung des Bodens; ~ цели́ны Vorbereitung des Neulands für die Aussaat 4. starkes Wachstum, Aufstieg; Aufschwung; революцио́нный ~ revolutionärer Aufschwung 5. Schwung, Begeisterung; трудово́й ~ Arbeitsenthusiasmus; он вы́ступил с больши́м -ом er trat mit großem Schwung auf 6. aufwärtsführendes Wegstück, Steigung 7. Spann *Fuß* 8. *mil* Aufstehen *frühmorgens*; Weckruf 9.: гла́сный ве́рхнего -а *ling* Vokal hoher Zungenlage 10. *tech* Auftrieb; Hub; ~ корабля́ Bergung eines Schiffes ◇ лёгок [лёгкий] на ~ flink, leicht beweglich; тяжёл [тяжёлый] на ~ schwerfällig; unentschlossen

подъёмник, -а *m tech* Kran, Hebekran, Aufzug, Lift

подъёмный, -ая, -ое 1. Hebe-; Förder-; ~ кран Hebekran; -ая клеть Förderkorb; -ая си́ла *phys* Auftrieb 2. hochziehbar, aufklappbar; ~ мост Zugbrücke 3.: -ые де́ньги Geldmittel für den Umzug *an eine neue Arbeitsstelle*, Reisegelder, -spesen 4. -ые, -ых *Subst Pl* Umzugs-, Reisegelder, Reisespesen

подъ|е́сть* *v* 1. *umg* anfressen, -knabbern 2. *volksspr* alles aufessen, wegputzen 3. *volksspr* sich zusätzlich ernähren || *uv* подъеда́ть, -а́ю, -а́ешь

подъ|е́хать* *v D* 1. heran-, vorfahren; heranreiten; sich nähern 2. *volksspr* ankommen, einkehren 3. *übtr volksspr* sich heranmachen, einschmeicheln ◇ на козе́ к нему́ не подъе́дешь an ihn ist nicht so leicht ranzukommen || *uv* подъезжа́ть, -а́ю, -а́ешь

подъязы́чный, -ая, -ое *anat* unterhalb der Zunge befindlich

подъя́ть* *Inf, Prät u. Ptz buchspr alt*; *Fut umg v* (auf)heben, emporheben || *uv* подыма́ть, -а́ю, -а́ешь *u. buchspr alt* подъе́млю, -лешь

подыгра́ть, -а́ю, -а́ешь; поды́гранный, -ан, -а *v D umg* durch eigenes Spiel den anderen unterstützen *beim Spiel, Gesang, Musik, Kartenspiel*; zuspielen || *uv* поды́грывать, -аю, -аешь

подыгра́ться *v zu* поды́грываться

поды́грывать *uv zu* подыгра́ть

поды́грываться, -аюсь, -аешься *uv*

к *D u.* под *A umg* sich anpassen, einschmeicheln ‖ *v* подыгрáться, -áюсь, -áешься

подымáть *uv zu* подъя́ть

подымúть, -млю́, -мúшь *v* eine Zeitlang rauchen, qualmen

подыму́ ↑ подъя́ть

под|ыскáть* *v* finden, ausfindig machen; не ~ слов keine Worte finden ‖ *uv* **поды́скивать,** -аю, -аешь

подытóживать *uv zu* подытóжить

подытóжить, -жу, -жишь; -женный, -жен, -а *v* summieren; Bilanz ziehen; schlußfolgern ‖ *uv* подытóживать, -аю, -аешь

подыхáть *uv zu* подóхнуть

подышáть, -ышу́, -ы́шишь *v* **1.** *gewöhnlich mit I* eine Zeitlang (ein)atmen, ein wenig Luft holen; ~ свéжим вóздухом frische Luft schöpfen **2.** на *A* behauchen *einige Male*

подыщу́ ↑ подыскáть

подья́чий, -его *Subst m* **1.** *hist* Amtsschreiber **2.** *alt* kleiner Beamter

поедáние, -я *n* das (Auf-) Essen, das Zusichnehmen, der Genuß

поедáть, -áю, -áешь *uv* **1.** *uv zu* поéсть **2.** essen; fressen *Tiere*

поединок, -нка *m* Zweikampf; Duell; вы́звать на ~ zum Zweikampf auffordern

поедóм *Adv*: ~ есть когó-н. *volksspr* a) j-n unaufhörlich stechen *Insekten*; b) *übtr* j-n unaufhörlich quälen *mit Vorwürfen, Beschuldigungen*

пóезд, -а, *Pl* поездá, -óв, -áм *m* **1.** Zug, Eisenbahnzug; скóрый ~ Schnellzug; D-Zug; ~ дáльнего слéдования Fernzug; товáрный ~ Güterzug; пассажúрский ~ Personenzug; прúгородный ~ Vorortzug; маршру́тный ~ Fern(güter)zug **2.** Wagenzug, Schlittenzug, Zug von mehreren Fahrzeugen ◇ свáдебный ~ *alt gbt* Hochzeitszug

поéздить, -éзжу, -éздишь *v umg* (viel) umherfahren

поéздка, -и, *Pl G* -док, *D* -дкам *f* Fahrt; (kurze) Reise; ~ зá город Fahrt ins Grüne

поезднóй [зн] ,-áя, -óе Zug-; -áя бригáда Zugpersonal; ~ радиоу́зел Zugfunk

поезжáй(те) *als Imp gebraucht zu* поéхать *u.* éхать

поёмный, -ая, -ое in der Flußniederung gelegen, während des Frühlingshochwassers überschwemmt

поерóшить, -шу, -шишь *v umg* eine Zeitlang (zer)zausen, eine Weile kraulen *Haar*

по|éсть* *v* **1.** *A oder G* ein wenig essen; essen *itr*, (etwas) zu sich nehmen; я ужé поéл ich habe schon gegessen **2.** *volksspr* restlos aufessen **3.** zerfressen, durch Nagen, Befressen beschädigen; моль поéла мех die Motten haben den Pelz zerfressen ‖ *uv* поедáть, -áю, -áешь *zu* 2, 3

по|éхать*; поезжáй(те) *v* **1.** los-, (hin)fahren **2.** *umg* abgleiten, -rutschen **3.** *übtr volksspr* losbrausen, schimpfen; loslegen **4.** поéхали! *umg als Imp* fahren wir los!

поехúдничать, -аю, -аешь *v umg* eine Zeitlang böse Reden führen, eine Weile bzw. ein bißchen lästern

пожáдничать, -аю, -аешь *v* geizen, geizig sein

пожалéть *v zu* жалéть

пожáловать, -лую, -луешь *v* **1.** *v zu* жáловать **2.** *alt nur Imp* пожáлуй(те)! gib!, geben Sie! **3.** *alt, iron* erscheinen, kommen, besuchen **4.** *Imp* пожáлуйте *alt in der höflichen Einladung* kommen Sie bitte herein!, bemühen Sie sich bitte weiter!, treten Sie näher! ◇ добрó ~! willkommen!

пожáловаться *v zu* жáловаться

пожáлуй **1.** *mod* womöglich, möglicherweise, vielleicht, wohl **2.** *Part zur Wiedergabe der unentschlossenen, unbestimmten Zustimmung* meinetwegen

пожáлуйста [лус] *Part* bitte, bitte schön, bitte sehr ◇ скажú(те) ~! *mod* na, sag(en Sie) mal!

пожáр, -а *m* Brand, Feuer(sbrunst); леснóй ~ Waldbrand; ~ войны́ *übtr* Kriegsbrand ◇ как на ~ (бежáть) sehr schnell (laufen); не на ~ *volksspr* unnötig, sich zu beeilen, „es brennt ja nicht"

пожáрить, -рю, -ришь *v* **1.** ein Weilchen braten **2.** *umg* braten

[1]**пожáрище,** -а, *I* -ем *m* große Feuersbrunst

[2]**пожáрище,** -а, *I* -ем *n* Brandstätte, -stelle

пожáрник, -а *m umg* Feuerwehrmann

пожáрный, -ая, -ое **1.** Brand-, Feuer- **2.** Feuerwehr-; -ая комáнда Feuerwehrtrupp **3.** -ого *Subst m* Feuerwehrmann ◇ на вся́кий ~ слу́чай *scherz* für alle Fälle, notfalls

пожа́тие, -я *n* Drücken, Zusammenpressen; ~ руки́ Händedruck
[1]**по|жа́ть**[1]* *v* **1.** drücken, zusammenpressen; ~ ру́ку die Hand drücken, mit Händedruck begrüßen **2.** eine Zeitlang drücken ◇ ~ плеча́ми die Achseln zucken ‖ *uv* пожима́ть, -а́ю, -а́ешь *zu* 1
[2]**по|жа́ть**[2]* *v* **1.** *alt* (ab)ernten, die Ernte beenden **2.** *übtr* ernten, erwerben, verdienen; ~ плоды́ свои́х трудо́в die Früchte seiner Arbeit ernten; что посе́ешь, то и пожнёшь *Sprichw* was du säest, wirst du auch ernten ‖ *uv* пожина́ть, -а́ю, -а́ешь *zu* 2
по|жа́ться[1]* *v* sich krümmen *vor Kälte*
по|жева́ть* *v* **1.** eine Zeitlang kauen **2.** *A oder G volksspr* ein wenig essen
пожёвывать, -аю, -аешь *uv umg* von Zeit zu Zeit kauen, ein wenig kauen
пожела́ние, -я *n* **1.** Wunsch, Verlangen **2.** *Pl* Glück-, Segenswünsche; прими́те мой серде́чные -я nehmen Sie meine herzlichsten Glückwünsche entgegen; до́брые -я beste Glückwünsche
пожела́ть *v zu* жела́ть
пожелте́лый, -ая, -ое gelb geworden, vergilbt; -ая бума́га vergilbtes Papier; -ое лицо́ gelbes Gesicht
пожелте́ть, -е́ю, -е́ешь *v* gelb werden, vergilben
пожени́ть, -женю́, -же́нишь; -же́ненный, -же́нен, -а *v umg* verheiraten
пожени́ться, *Sg ungebr*, -же́нимся, -же́нитесь *v umg* (sich ver)heiraten
поже́ртвование, -я *n* **1.** Opfern, Aufopferung **2.** Spende, Gabe *für wohltätige Zwecke*; сбор -й Spendensammlung **3.** *alt* Opfer
поже́ртвовать *v zu* же́ртвовать
по|же́чь*; пожгла́ *v* **1.** verbrennen, durch Feuer [Hitze] vernichten; *umg viel* Heizmaterial verbrauchen **2.** eine Zeitlang verbrennen
пожи́ва, -ы *f umg* Vorteil; (leichter) Gewinn, Beute
пожива́ть, -а́ю, -а́ешь *uv* das Leben verbringen; leben; как пожива́ешь? wie geht es dir? ◇ жить-~ *folkl* leben, seine Tage verbringen
поживи́ться, -влю́сь, -ви́шься *v umg I u.* на *P* sich auf Kosten andrer bereichern, Vorteil ziehen; erbeuten; ~ чужи́м добро́м sich fremdes Gut aneignen; ~ на э́том де́ле sich durch diese Sache Vermögen auf unredliche Art verschaffen
пожи́зненный, -ая, -ое **1.** auf Lebenszeit, lebenslänglich; -ое заключе́ние lebenslängliches Zuchthaus **2.** -о *Adv* zeitlebens
пожило́й, -а́я, -о́е bejahrt; -ая да́ма eine ältere Dame; ~ во́зраст vorgeschrittenes Alter
пожима́ть *uv zu* [1]пожа́ть
пожима́ться, -а́юсь, -а́ешься *uv* sich krümmen *vor Kälte*
пожина́ть *uv zu* [2]пожа́ть
пожира́ть, -а́ю, -а́ешь *uv* **1.** verschlingen, hinunterwürgen **2.** *übtr* verzehren, vernichten *Feuer, Flammen*; aufzehren, ganz erfassen *Gefühle*; его́ пожира́ла страсть ihn verzehrte die Leidenschaft; ~ кни́ги Bücher verschlingen; ~ глаза́ми [взгля́дом] mit den Augen verschlingen, gierig blicken ‖ *v* по|жра́ть*
пожи́тки, -ов *Pl umg* Habseligkeiten, Siebensachen ◇ со все́ми -ами mit Sack und Pack
по|жи́ть*; по́жил *v* **1.** leben, eine Zeitlang existieren; einige Zeit verleben [zubringen] **2.** *umg* ein angenehmes Leben führen, sich den Genüssen des Lebens hingeben
по|жра́ть* *v* **1.** *v zu* пожира́ть **2.** *A oder G derb volksspr* ein wenig essen; essen *itr*, (etw.) zu sich nehmen
пожури́ть, -рю́, -ри́шь *v* rügen
пожу́хлый, -ая, -ое matt, blaß, glanzlos; vertrocknet, welk
по́за, -ы *f* **1.** Pose; Körperhaltung **2.** *übtr* Vorstellung, leere Geste, Täuschung ◇ встать [стать] в -у *oder* приня́ть -у sich in die Brust werfen
позаба́вить, -влю, -вишь; -вленный, -влен, -а *v* belustigen, amüsieren
позабира́ть, -а́ю, -а́ешь *v umg alles, viel* allmählich (weg)nehmen
позабо́титься *v zu* забо́титься
позабыва́ть *uv zu* позабы́ть
поза|бы́ть*; -бы́ла *v A oder* о *P oder mit Inf* (ganz) vergessen ‖ *uv* позабыва́ть, -а́ю, -а́ешь
позави́довать, -дую, -дуешь *v D* beneiden, Neid haben
поза́втракать, -аю, -аешь *v* frühstücken
позавчера́ *Adv umg* vorgestern
позавчера́шний, -яя, -ее *umg* vorgestrig
позади́ 1. *Adv* hinten **2.** *Adv* vorbei; hinter; оста́вить ~ hinter sich

bringen 3. *Präpos mit G* hinter; ~ стола́ hinter dem Tisch
позаи́мствовать, -твую, -твуешь *v* 1. übernehmen, sich (von anderen) aneignen 2. *umg* ausleihen, borgen
позама́слить, -лю, -лишь *v umg* allmählich fettig machen, mit der Zeit beschmutzen *Kleider durch Fett*
позапро́шлый, -ая, -ое *umg* vorvorig, vorletzt; -ая ночь die vorletzte Nacht
позаре́з *Adv volksspr* außerordentlich, sehr dringend
поза́риться, -рюсь, -ришься *v volksspr* erpicht sein, scharf sein (на *A* auf)
по|зва́ть* *v* rufen, herbeirufen, -winken; einladen, bitten; ~ в го́сти zu Gast laden
позволе́ние, -я *n* Erlaubnis, Genehmigung; с ва́шего -я wenn Sie gestatten [erlauben] ◇ с -я сказа́ть mit Verlaub zu sagen
позволи́тельный, -ая, -ое; *Kzf* -лен, -льна 1. erlaubt, bewilligt, gestattet; möglich 2. -о *Adv*: -о спроси́ть es sei gestattet zu fragen
позво́лить, -лю, -лишь; -ленный, -лен, -а *v* 1. gestatten, bewilligen, erlauben 2. *1. u. 2. Pers ungebr mit Inf* ermöglichen, zulassen, gestatten 3. *Imp* позво́ль(те) *als Entgegnung oder beim Nachdenken über etw.* aber erlaube(n Sie) mal!, warte(n Sie) mal! ◇ ~ себе́ sich herausnehmen; sich leisten können ‖ *uv* **позволя́ть,** -я́ю, -я́ешь
позвони́ть(ся) *v zu* звони́ть(ся)
[1]**позвоно́к,** -нка́ *m anat* Wirbel
[2]**позвоно́к,** -нка́ *m gbt* Schellen; Tamburin
позвоно́чник, -а *m* Wirbelsäule, Rückgrat
позвоно́чный, -ая, -ое 1. *anat* Wirbel-; ~ столб Wirbelsäule 2. -ые, -ых *Subst Pl zool* Wirbeltiere
позднée ↑ по́здний *u.* по́здно
по́здний, -яя, -ее; *Komp* позднée 1. spät; в ~ час zu vorgerückter Stunde; -яя го́тика Spätgotik 2. spät, verspätet; ~ гость ein verspäteter Gast 3. spät reifend; -яя сли́ва Spätpflaume
по́здно 1. *Adv, Komp* по́зже *u.* позднée spät 2. *prädikativ* es ist spät ◇ лу́чше ~ чем никогда́ lieber spät als gar nicht; ра́но и́ли ~ früher oder später
поздоро́ваться *v zu* здоро́ваться
поздорове́ть, -е́ю, -е́ешь *v* gesund werden, gesunden; он бы́стро поздорове́л er ist schnell zu Kräften gekommen
поздоро́виться, -ится *v unpers*: ему́ не поздоро́вится *umg* es wird ihm schlecht ergehen, er wird dran glauben müssen
поздрави́тель, -я *m* Gratulant
поздрави́тельный, -ая, -ое Gratulations-, Glückwunsch-; -ая телегра́мма Glückwunschtelegramm
поздра́вить, -влю, -вишь; -вленный, -влен, -а *v* с *I* gratulieren, beglückwünschen (zu); ~ с днём рожде́ния zum Geburtstag beglückwünschen; ~ с Но́вым го́дом ein glückliches Neues Jahr wünschen ‖ *uv* поздравля́ть, -я́ю, -я́ешь; поздравля́ю вас! meinen Glückwunsch! ◇ с чем вас и поздравля́ю! da haben wirs!, da haben wir die Bescherung!
поздравле́ние, -я *n* Glückwunsch, Gratulation
поздравля́ть *uv zu* поздра́вить
позева́ть, -а́ю, -а́ешь *v* 1. mehrere Male gähnen 2. на *A umg* begaffen
позёвывать, -аю, -аешь *uv umg* von Zeit zu Zeit gähnen
позелене́лый, -ая, -ое mit grünen Pflanzen bedeckt; mit Grünspan überzogen
позелене́ть, -е́ю, -е́ешь *v* 1. grünen; sich mit Gras [Laub] bedecken 2. grün werden, grüne Farbe bekommen; stark erbleichen, grün werden *vor Wut, Ärger* 3. patinieren, sich mit Edelrost überziehen
позём, -а *m gbt* Stalldung, Mist
поземе́льный, -ая, -ое Boden-; zum Bodenbesitz und zur Bodennutzung gehörig; -ая ре́нта Bodenrente; ~ нало́г Grundsteuer
позёмка, -и, *Pl G* -мок, *D* -мкам *f u. gbt* **позёмок,** -мка *m* über den Boden streichender Winterwind; Schnee, den dieser Wind mit sich führt
позёр, -а *m* Poseur; Wichtigtuer
по́зже ↑ по́здно
пози́ровать, -рую, -руешь *uv* 1. Modell stehen [sitzen] 2. eine gesuchte, gekünstelte Stellung einnehmen; posieren, schauspielern
пози́тив, -а *m phot* Positiv(bild)
[1]**позити́вный,** -ая, -ое *phot* Positiv-; ~ отпеча́ток Abzug vom Positiv
[2]**позити́вный,** -ая, -ое; *Kzf* -вен, -вна 1. auf Tatsachen [Realitäten] begründet; -ые нау́ки Naturwissenschaften 2. *buchspr* positiv, bejahend; -ое сужде́ние *phil* positives Urteil
позицио́нный, -ая, -ое 1. *mil* Stel-

lungs-; -ая войнá Stellungskrieg 2. *ling* stellungsbedingt
позúция, -и *f* 1. Position, Stellung 2. *mus* Lage 3. *mil* Stellung, Front; передовы́е -и vorderste Front; занять -ю eine Stellung beziehen [einnehmen] 4. *übtr* Standpunkt, Einstellung; занять выжидáтельную -ю eine abwartende Haltung einnehmen; полúтика с -и сúлы Politik der Stärke
позлúть, -лю́, -лúшь *v umg* eine gewisse Zeit ärgern
познáбливать, -ает *unpers uv umg* von Zeit zu Zeit [ein wenig] frösteln, frieren
познавáемый, -ая, -ое; *Kzf* -áем, -а 1. *buchspr* erkennbar 2. -ое, -ого *Subst n* das Erkennbare
познавáтельный, -ая, -ое Erkenntbarkeits-, Erkenntnis-; ~ процéсс Erkenntnisprozeß; кни́га имéет -ое значéние das Buch vermittelt viele Kenntnisse
познавáть *uv zu* познáть
по|знавáться*, *1. u. 2. Pers ungebr uv* sich erkennen lassen ◇ друзья́ познаю́тся в бедé Freunde erkennt man in der Not
познакóмить(ся) *v zu* знакóмить(ся)
познáние, -я *n* 1. das Erkennen; Erkenntnis 2. *phil* Erkenntnis; теóрия -я Erkenntnistheorie 3. *Pl* Kenntnisse, Wissen; её -я истóрии ihre Geschichtskenntnisse
Пóзнань, -и *f* Poznań *Stadt*
познáть, -áю, -áешь; пóзнанный, -ан, -а *v* 1. erkennen, verstehen lernen, Kenntnisse erwerben 2. kennenlernen, gut erkennen 3. erfahren, erleben ‖ *uv* по|знавáть*
позолóта, -ы *f* Vergoldung
позолотúть, -очу́, -отúшь; -óченный, -óчен, -а *v* 1. vergolden 2. Goldglanz, -farbe verleihen ◇ ~ пилю́лю eine bittere Pille (ein wenig) versüßen, Kummer lindern
позолóченный, -ая, -ое vergoldet
позондúровать *v zu* зондúровать
позóр, -а *m* 1. Schande, Schmach; с -ом schmählich, mit Schimpf und Schande; покры́ть себя́ -ом sich mit Schande bedecken; вы́ставить на ~ in eine schmähliche Lage bringen 2. *alt* Anblick
позóрить, -рю, -ришь *uv* entehren, schänden, Schande machen, verrufen; ~ своё дóброе úмя seinen guten Namen in Verruf bringen
позóрище, -а, *I* -ем *n* 1. *umg* große Schande; вы́ставить на ~ *alt* in eine schmähliche [schändliche] Lage bringen 2. *alt* Anblick
позóрный, -ая, -ое; *Kzf* -рен, -рна schändlich, schmachvoll, entehrend; ~ столб Pranger, Schandpfahl ◇ пригвоздúть к -ому столбу́ anprangern; an den Schandpfahl stellen
позумéнт, -а *m* Posament; mit Gold oder Silber bestickte, reichverzierte Borte
позы́в, -а *m* 1. на *A oder* к *D* Verlangen, Drang; ~ на рвóту Brechreiz; ~ ко сну́ Schlafverlangen 2. *alt* Ruf
позывáть, -áет *unpers uv* на *A umg* drängen (zu), Drang verspüren, verlangen (nach), reizen (zu); позывáет на рвóту es reizt zum Brechen
позывнóй, -áя, -óе 1. Ruf-; ~ сигнáл Rufsignal 2. -ы́е, -ы́х *Subst Pl* Sendesignale, Pausenzeichen; Rufzeichen *Funk*
поигрáть, -áю, -áешь *v* eine Weile spielen
поиздевáться, -áюсь, -áешься *v* над *I* eine Zeitlang verhöhnen, sich eine Weile in boshafter Weise lustig machen (über)
поиздержáть, -держу́, -дéржишь; -дéржанный, -дéржан, -а *v umg* einen bestimmten oder bedeutenden Teil verausgaben, verbrauchen *Geld*
поизмывáться, -áюсь, -áешься *v* над *I umg* eine Zeitlang verhöhnen, verspotten, sich eine Weile in boshafter Art lustig machen (über)
поизносúться, *1. u. 2. Pers ungebr*, -óсится *v umg* allmählich abtragen *Kleider, Schuhe*
пóилец, -льца, *I* -льцем, *G Pl* -льцев *m umg alt u. folkl*: ~ и кормúлец Ernährer und Erhalter
пóилка, -и, *Pl G* -лок, *D* -лкам *f* Tränkgefäß, -trog; автоматúческая ~ *landw* Selbsttränke
поимённо *Adv* namentlich, mit Namen
поимённый, -ая, -ое namentlich, Namen(s)-; ~ спúсок Namenliste, -verzeichnis
поименовáть, -ну́ю, -ну́ешь; -нóванный, -нóван, -а *v* mit Namen nennen; aufzählen
пóимка, -и *f* das Aufgreifen, Ertappen, Festnehmen; ~ соболéй Zobelfang
поиму́щественный, -ая, -ое Vermögens-; ~ налóг Vermögenssteuer
поинтересовáться, -су́юсь, -су́ешься

v Interesse zeigen, sich interessieren; ein wenig neugierig sein

по́иск, -а *m* **1.** *Pl* Suche; **-и** но́вых форм рабо́ты die Suche neuer Arbeitsformen; в -ах кварти́ры auf Wohnungssuche **2.** Erforschung(en) von Vorkommen *Bodenschätze, Fische usw.* **3.** *mil* Spähtruppunternehmen **4.** das Aufspüren des Wildes *Jagd*

по|иска́ть* *v* die Suche aufnehmen, Sucharbeiten durchführen; eine Weile suchen

по́иско́вый, -ая, -ое Such-

поиспо́ртить, -рчу, -ртишь; -рченный, -рчен, -а *v umg* ein wenig beschädigen

поиспо́ртиться, *1. u. 2. Pers ungebr*, -ится *v umg* ein wenig schlecht werden *Speisen*; ein bißchen verkommen *Menschen*

пои́стине *Adv buchspr* wahrlich, tatsächlich, wahrhaftig

поистра́тить, -а́чу, -а́тишь; -а́ченный, -а́чен, -а *v umg* einen bestimmten oder bedeutenden Teil von etwas verbrauchen, aufbrauchen

пои́ть, пою́, по́ишь *uv* tränken; zu trinken geben; *umg* alkoholhaltige Getränke geben; *übtr* tränken, mit Feuchtigkeit benetzen, naß machen; mit Milch aufziehen *Haustiere*; ~ телёнка ein Kalb mit Milch aufziehen ◇ ~ и корми́ть *oder* ~-корми́ть Essen und Trinken geben, unterhalten

по́йло, -а *n* **1.** Tränke für das Vieh **2.** *volksspr* Gesöff

по́йма, -ы *f* Flußniederung, die während des Hochwassers unter Wasser steht

пойма́ть *v zu* лови́ть

пойму́ ↑ поня́ть

по́йнтер [понь], -а *m* Pointer *Hunderasse*

по|йти́*; пойди́ *u. umg* поди́; пойдя́ *u. volksspr* поше́дши *v* **1.** *v zu* идти́ **2.** anfangen zu gehen, losgehen; losfahren; lossegeln; losschicken *Brief*; beginnen sich auszudehnen *Wälder, Wiesen*; laufen *Unterricht* **3.** *nur Sg Prät* пошёл!, пошла́! *mit befehlender Intonation umg* geh weg!, geh fort!, *mit der Part* вон scher dich weg!, *alt* fahr los! **4.** пошли́! *umg als Imp* gehen wir! **5.** *mit Inf des uv Verbs umg* anfangen, sich mit etwas befassen; *unpers* es beginnt, es setzt ein ◇ **е́сли уж на то́ пошло́** wenn es an dem ist, wenn es sein muß, wenn es darauf ankommt

пока́ **1.** *Adv* vorläufig, einstweilen, jetzt (noch), bis jetzt **2.** *Konj* während, solange, bis **3.** *Konj zur Bezeichnung der Begrenztheit der Handlung gewöhnlich mit verneintem Prädikat* bis, solange; ~ (не) bis, solange bis; ~ не убеди́лся, не ве́рил solange er sich nicht überzeugt hatte, glaubte er nicht; до тех пор, ~ *oder* до той поры́, ~ bis zu dem Zeitpunkt, an dem; solange, bis ◇ (ну) ~! *volksspr* Auf Wiedersehn!, Tschüß!; ~ что unterdessen, mittlerweile, vorläufig, vorderhand

пока́з, -а *m* **1.** Zeigen, Aufzeigen, Hinweisen, Unterweisen, Ausdrükken, Bezeichnen **2.** Schau, Vorführung; ~ кинофи́льма die Filmvorstellung

показа́ние, -я *n* **1.** Angabe, Zeugnis **2.** *jur* Aussage; дава́ть -я vor Gericht aussagen **3.** Angaben, Stand eines Meßinstruments; -я баро́метра Barometerstand

показа́тель, -я *m* **1.** Merkmal, Kennzeichen; *häufig Pl* Kennziffer; Gradmesser; Ergebnis, Leistung; произво́дственные -и Produktionsziffern **2.** *math* Index, Exponent

показа́тельный, -ая, -ое **1.** *Kzf* -лен, -льна charakteristisch, bezeichnend, typisch **2.** öffentlich, Demonstrations-; ~ суд Schauprozeß **3.** ausgezeichnet, musterhaft; Muster-; ~ магази́н Musterverkaufsstelle

по|каза́ть* *v* **1.** zeigen, sehen lassen, vorführen **2.** на *A* (hin)weisen, hinzeigen (auf) **3.** unter Beweis stellen; feststellen; zu verstehen geben **4.** zeigen, bezeichnen, angeben **5.** *mit Konj* что aussagen *vor Gericht*; ~ на кого́-н. beschuldigende Aussagen gegen j-n machen **6.** *D umg* Mores lehren; вот погоди́, придёт оте́ц, он тебе́ пока́жет! na warte, wenn Vater kommt, wird er dir's geben! ◇ ~ вид sich den Anschein geben; ~ пя́тки Fersengeld geben, sich aus dem Staube machen; ~ себя́ sich bewähren, sein wahres Gesicht enthüllen ‖ *uv* пока́зывать, -аю, -аешь; глаз [но́су] не пока́зывать sich nicht sehen lassen

по|каза́ться* *v* **1.** *v zu* каза́ться **2.** sich zeigen; auftauchen; hervorbrechen *Tränen*; hervorströmen *Blut* **3.** erscheinen (куда́-н. к кому́-н. irgendwo vor irgend jemandem) 4. sich ansehen lassen, sich untersuchen lassen 5. *umg* gefallen 6. мне показа́лось es schien mir, es kam mir vor ◇ на глаза́ ~ unter die Augen treten, sich vor aller Welt zeigen ‖ *uv* пока́зываться, -аюсь, -аешься

показно́й, -а́я, -о́е 1. als Muster [Vorbild] dienend 2. Schein-, nur den äußeren Schein wahrend, vorgetäuscht; ~ энтузиа́зм zur Schau getragener Enthusiasmus, Scheinenthusiasmus

пока́зывать(ся) *uv zu* показа́ть(ся)

по-како́вски *Adv volksspr* in welcher Sprache

покале́чить, -чу, -чишь *v umg* zum Krüppel machen, verstümmeln

покале́читься, -чусь, -чишься *v umg* zum Krüppel werden, verstümmelt werden; sich eine schwere, verstümmelnde Verwundung zuziehen

пока́лывание, -я *n* stechender Schmerz, der von Zeit zu Zeit auftritt

покаля́кать, -аю, -аешь *v volksspr* ein wenig plaudern, ein bißchen schwatzen

пока́мест *alt u. volksspr* 1. *Adv* vorläufig, einstweilen 2. *Konj* während, solange bis

пока́пывать, -аю, -аешь *uv umg* von Zeit zu Zeit tropfen, etwas tröpfeln, leicht sprühen *Regen*

покара́ть *v zu* кара́ть

поката́ть, -а́ю, -а́ешь *v* eine Zeitlang umherfahren, eine Weile spazierenfahren; eine Zeitlang hin- und herdrehen, eine Weile hin- und herrollen

поката́ться, -а́юсь, -а́ешься *v* eine Weile spazierenfahren

покати́ть, -ачу́, -а́тишь; -а́ченный, -а́чен, -а *v* 1. rollen 2. *umg* schnell fahren; rollen ◇ хоть шаро́м покати́ ganz leer, wie ausgefegt

покати́ться, -ачу́сь, -а́тишься *v* 1. rollen, ins Rollen kommen; schnell (los)fahren; herunterrutschen; *übtr* erschallen *Echo* 2. rinnen *Tränen, Schweiß* ◇ ~ со́ смеху sich kugeln vor Lachen

пока́тость, -и *f* 1. Abschüssigkeit 2. Abhang; Schräge

пока́тый, -ая, -ое; *Kzf* -а́т, -а leicht abfallend, schräg; abschüssig; ~ лоб fliehende Stirn

покача́ть, -а́ю, -а́ешь; пока́чанный, -ан, -а *v* 1. *A oder I* eine Zeitlang (mit etw.) schaukeln, in Schaukelbewegung versetzen, wiegen 2. eine Weile pumpen ◇ ~ голово́й den Kopf wiegen, schütteln

покача́ться, -а́юсь, -а́ешься *v* eine Zeitlang schaukeln [sich wiegen]

пока́чивать, -аю, -аешь *uv A oder I* von Zeit zu Zeit, ein bißchen (mit etw.) schaukeln, zum Schaukeln bringen; *unpers* schlingern *auf See*; меня́ пока́чивает ich taumle

пока́чиваться, -аюсь, -аешься *uv* zeitweilig leicht hin und her schaukeln; leicht wanken, taumeln

покачну́ть, -ну́, -нёшь *v* leicht zum Schaukeln bringen; neigen *durch Schaukelbewegung*

покачну́ться, -ну́сь, -нёшься *v* ein wenig ins Schaukeln kommen, ins Wanken geraten; sich neigen; *übtr umg* sich verschlechtern *Gesundheit*

пока́шливать, -аю, -аешь *uv* leicht bzw. mehrere Male husten; hüsteln

пока́шлять, -яю, -яешь *v* von Zeit zu Zeit bzw. mehrere Male husten, hüsteln

пока́яние, -я *n* 1. *kirch* Beichte; Buße 2. Reue, reuevolles Geständnis ◇ отпусти́ть ду́шу на ~ j-n in Ruhe lassen, j-n nicht weiter behelligen

пока́янный, -ая, -ое reuevoll, bußfertig, Buß-; -ые ре́чи Worte der Reue

пока́яться *v zu* ка́яться

поквита́ться, -а́юсь, -а́ешься *v umg* с *I* abrechnen (mit), alles zurückzahlen; *übtr* heimzahlen, sich (für etw.) rächen; мы поквита́лись wir sind quitt

покива́ть, -а́ю, -а́ешь *v* einige Male nicken

[1]**покида́ть,** -а́ю, -а́ешь *v umg A oder I umg* weg-, bewerfen

[2]**покида́ть** *uv zu* поки́нуть

поки́нуть, -ну, -нешь; -нутый, -нут, -а *v A* 1. weggehen (von), verlassen, im Stich lassen *Frau, Familie, Mann* 2. verlassen *Ort* 3. (ver)schwinden; сме́лость поки́нула меня́ mich verließ der Mut ◇ ~ на произво́л судьбы́ dem Schicksal überlassen ‖ *uv* покида́ть, -а́ю, -а́ешь

поклада́я: не ~ рук unermüdlich, fleißig; рабо́тать [труди́ться] не ~ рук emsig [fleißig, pausenlos] arbeiten

покла́дистый, -ая, -ое; *Kzf* -ист, -а nachgiebig, fügsam; ~ хара́ктер verträglicher Charakter

покла́жа, -и, *I* -ей *f* Fracht, Ladung; Gepäck

по|клевáть* *v* 1. alles aufpicken 2. *A oder G* ein wenig picken 3. eine Zeitlang picken

поклёп, -а *m umg* Verleumdung, lügenhafte Beschuldigung; возвести́ ~ на когó-н. j-n schlecht machen, j-n verleumden

по|клепáть* *v A oder* на *A volksspr, alt* verleumden, anschwärzen

поклóн, -а *m* 1. Verbeugung 2. Gruß; передáть ~ комý-н. j-m einen Gruß bestellen, j-n grüßen lassen; передáть от когó-н. ~ von j-m einen Gruß überbringen, ausrichten ◇ земнóй ~ tiefe Verbeugung bis zur Erde; поясной ~ tiefe Verbeugung, Bückling; бить *oder* класть (земны́е) -ы sich oft (tief) verneigen *beim Gebet*; отвéшивать [отдавáть, дéлать] -ы комý-н. sich verneigen [verbeugen] vor j-m; идти́ [éхать] на ~ [с -ом] a) *alt* durch seine Gegenwart seine Unterwürfigkeit und Hochachtung bekunden; b) untertänigst bitten

поклонéние, -я *n* 1. *rel* Anbetung, Verehrung 2. *übtr* Verehrung, Vergötterung, Kult

поклони́ться *v zu* клáняться

поклóнник, -а *m* 1. *rel* Glaubensanhänger, Anbeter 2. begeisterter Anhänger, Bewunderer; ~ искýсства Kunstfreund, -liebhaber 3. Liebhaber, Verehrer, Freier

поклоня́ться, -я́юсь, -я́ешься *uv D* 1. *rel* anbeten *Gottheit*; ~ язы́ческим богáм heidnische Götter verehren 2. begeistert verehren, anbeten

покля́сться *v zu* кля́сться

поковéркать, -аю, -аешь *v umg* etwas entstellen, ein wenig verzerren, verstümmeln

поковыля́ть, -я́ю, -я́ешь *v umg* humpelnd losgehen, hinkend aufbrechen

покóиться, -óюсь, -óишься *uv* 1. *alt* (aus)ruhen; unbeweglich (auf etw.) liegen, ruhen; aufbewahren; begraben liegen 2. на *P* sich fest stützen (auf); *übtr* fußen (auf)

покóй, -я *m* 1. Ruhe(zustand), Stille, Unbeweglichkeit 2. Ruhe, Erholung, Ungestörtheit 3. *alt* bewohnter Raum, Zimmer ◇ приёмный ~ Aufnahmeraum (im Krankenhaus); вéчный ~ ewige Ruhe *Tod*; не давáть -я комý-н. j-m keine Ruhe lassen; не знать -я keine Ruhe haben, unruhig sein; остáвить в -е in Ruhe lassen; удали́ться [уйти́] на ~ sich zur Ruhe setzen

покóйник, -а *m* Verstorbener, Toter

покóйница, -ы, *I* -ей *f* Verstorbene, Tote

покóйно 1. *Adv* ruhig, still 2. *prädikativ unpers* beruhigt sein

покóйный, -ая, -ое; *Kzf* -óен, -óйна 1. im Zustand der Ruhe befindlich, ruhig, still 2. ungestört, friedvoll 3. ruhig, gefaßt, still; ~ нрав stiller, sanfter Charakter 4. *alt* bequem *Kleidung, Möbel* 5. *übtr* beruhigend, ruhig; -ые тонá ruhige (Farb-) Töne 6. *nur Langform* verstorben, tot; мой ~ отéц mein seliger Vater 7. -ого *Subst m* Verstorbener, Toter ◇ -ой нóчи! Gute Nacht!; бýдьте покóйны seien Sie überzeugt!, seien Sie beruhigt!

по|колебáть* *v* 1. erschüttern, ins Wanken versetzen, schwanken machen 2. *übtr* ins Schwanken bringen, erschüttern; в *P* an der Richtigkeit seiner Handlungen und Entschlüsse zweifeln

по|колебáться* *v* 1. eine Zeitlang schwanken 2. *übtr* ins Schwanken geraten, erschüttern 3. *übtr* zweifeln, zaudern, schwanken

поколéние, -я *n* 1. Geschlecht, Generation 2. Generation *von Altersgenossen* ◇ из -я в ~ von Generation zu Generation, vom Vater auf den Sohn

поколоти́ть, -очý, -óтишь; -óченный, -óчен, -а *v* 1. по *D oder* во *A umg* eine Zeitlang schlagen, klopfen, hämmern 2. *umg* verprügeln, schlagen 3. *volksspr* erlegen, töten; ~ фазáнов, куропáток Fasane, Rebhühner schießen 4. *volksspr viel, alles* zerschlagen *Glas*

поколоти́ться, -очýсь, -óтишься *v volksspr* 1. schlagen, klopfen 2. sich durchschlagen, in Not leben 3. *vieles, alles* zerbrechen *itr*

по|колóть* *v* 1. sich stechen *an mehreren Stellen, mehrere Male* 2. *unpers* в *P* es sticht, einen stechenden Schmerz empfinden 3. *viele, alle* töten, erstechen

покóмкать, -аю, -аешь *v umg* 1. eine Zeitlang knittern, knüllen, zusammenballen 2. *alles, viel* zusammenknüllen, -knittern

покóнчить, -чу, -чишь *v* 1. *A alt u. volksspr oder* с *I* beenden, zu Ende führen, abschließen 2. с *I* Schluß machen 3. *A volksspr oder* с *I* töten, umbringen ◇ ~ с собóй [с жи́знью] sich das Leben nehmen; ~ жизнь самоубийством Selbstmord begehen, freiwillig aus dem Leben scheiden

покорёжить, -жу, -жишь; -женный, -жен, -а *v volksspr* krümmen, verziehen; verunstalten

покорёжиться, *1. u. 2. Pers ungebr*, -ится *v volksspr* sich verziehen

покоре́ние, -я *n* Unterwerfung, Eroberung

покори́тель, -я *m* Eroberer; Bezwinger ◇ ~ серде́ц Herzensbrecher

покори́тельница, -ы, *I* -ей *f* Bezwingerin ◇ ~ серде́ц Frau, die viel Erfolg bei Männern hat

покори́ть, -рю́, -ри́шь; -рённый, -рён, -рена́ *v* **1.** mit Gewalt seiner Macht unterwerfen, bezwingen, erobern **2.** *übtr* bezwingen, fesseln ◇ ~ чьё-н. се́рдце Liebe, Sympathie von j-m erringen ‖ *uv* покоря́ть, -я́ю, -я́ешь

покори́ться, -рю́сь, -ри́шься *v* **1.** sich unterwerfen **2.** sich versöhnen, sich schicken; ~ судьбе́ sich dem Schicksal fügen ‖ *uv* покоря́ться, -я́юсь, -я́ешься

покорми́ть, -ормлю́, -о́рмишь; -о́рмленный, -о́рмлен, -а *v* zu essen geben *Menschen*; füttern, zu fressen geben *Tiere*

поко́рнейше *Adv alt*: ~ благодарю́ ich danke untertänigst [ergebenst]; ~ прошу́ ich bitte ergebenst

поко́рно *Adv* **1.** gehorsam **2.** *alt* ergebenst; ~ благодарю́ danke ergebenst!; ~ прошу́ ich bitte ergebenst! ◇ благодарю́ ~ *alt iron zur Entgegnung, Absage* dafür danke ich bestens!; прошу́ ~ *zur Verwunderung, Entgegnung iron* ich bitte (Sie)!; wo gibt's denn so was!

поко́рность, -и *f* Unterwürfigkeit, Gehorsamkeit, Untertänigkeit, Demut

поко́рный, -ая, -ое; *Kzf* -рен, -рна gehorsam, unterwürfig, gefügig; untertänig; *D* untertan, unterwürfig ◇ ваш ~ слуга́ *alt* Ihr ergebenster; слуга́ ~ *iron bei der Absage* dafür danke ich bestens!

покоро́бить, -блю, -бишь; -бленный, -блен, -а *v* **1.** *gewöhnlich unpers oder nur Ptz Prät Pass* krümmen, biegen *durch Feuchtigkeit, Hitze*; парке́тный пол во мно́гих места́х покоро́било от сы́рости der Parkettfußboden hat sich an vielen Stellen durch die Feuchtigkeit verzogen **2.** *übtr umg* unangenehm berühren

покоро́биться, *1. u. 2. Pers ungebr*, -ится *v* sich krümmen, sich werfen *Bretter*

покоря́ть(ся) *uv zu* покори́ть(ся)

поко́с, -а *m* **1.** (Heu-) Mahd, Mähen; Zeit der Heuernte **2.** die zu mähende Wiese

покоси́ть, -ошу́, -о́сишь; -о́шенный, -о́шен, -а *v* **1.** *umg* mähen, abmähen **2.** eine Zeitlang mähen

покоси́ться, -ошу́сь, -оси́шься *v* **1.** krumm, schief werden, sich neigen **2.** von der Seite ansehen, schief ansehen

покра́жа, -и, *I* -ей *f* **1.** *umg* Diebstahl; Entwenden, Stehlen **2.** *alt* Gestohlenes

покра́пывать, *1. u. 2. Pers ungebr*, -ает *uv* ab und zu tröpfeln *Regen*

покра́сить, -а́шу, -а́сишь-; -а́шенный, -а́шен, -а *v* **1.** anstreichen **2.** eine Weile mit Farbe streichen

покрасне́ть, -е́ю, -е́ешь *v* **1.** rot werden **2.** erröten, rote Gesichtsfarbe bekommen

покрести́ть, -ещу́, -е́стишь *v* **1.** einige Male bekreuzigen, segnen **2.** *umg* taufen

покрести́ться, -ещу́сь, -е́стишься *v* **1.** sich einige Male bekreuzigen **2.** *umg* sich taufen lassen

покриви́ть, -влю́, -ви́шь; -влённый, -влён, -влена́ *v* **1.** krumm machen, schief machen **2.** verziehen *Gesicht, Mund* **3.**: ~ душо́й heucheln, sich verstellen

покриви́ться, -влю́сь, -ви́шься *v* **1.** schief, krumm werden **2.** verziehen *Gesicht, Mund*; *umg* Gesichter schneiden *aus Unzufriedenheit, vor Ekel*

покри́кивать, -аю, -аешь *uv umg* von Zeit zu Zeit schreien; schelten, laut kommandieren

покритикова́ть, -ку́ю, -ку́ешь; -ко́ванный, -ко́ван, -а *v umg* **1.** kritisieren, der Kritik unterziehen **2.** eine Zeitlang kritisieren

покрича́ть, -чу́, -чи́шь *v* **1.** eine Zeitlang schreien **2.** *umg* Schreie ausstoßen, durch Schreie herbeirufen

покро́в, -а *m* **1.** Decke; oberste Schicht; Hülle; сне́жный ~ Schneedecke **2.** *alt* Decke; Schleier; Tuch (das die Braut auf dem Kranze trägt); Leichentuch; *Pl* leichte Frauengewänder **3.** *alt* Obhut, Schutz; взять под свой ~ unter seine Obhut nehmen ◇ под -ом чего́-н. unter dem Schutz von etw.; под -ом но́чи unter dem Schleier der

Nacht; набрóсить ~ на чтó-н. etw. vertuschen; снять [сорвáть] ~ с чегó-н. aufdecken, entlarven
покровитель, -я *m* Gönner; Mäzen
покровительственный, -ая, -ое 1. gönnerhaft 2. *wirtsch* Schutz-; ~ тариф Schutztarif; -ая систéма Protektionismus; -ая окрáска *biol* Schutzfarbe *der Tiere*
покровительство, -а *n* Schutz, Förderung, Protektion; Obhut
покровительствовать, -твую, -твуешь *uv D* beschützen; fördern, begünstigen, protegieren
покрóй, -я *m* Schnitt *der Kleidung* ◇ какóго-н. -я von irgendeiner Art; помéщик старинного -я ein Gutsbesitzer alten Schlages; на один ~ *oder* одногó -я gleichen Schlages, der gleichen Art
покрошить, -ошý, -óшишь; -óшенный, -óшен, -а *v A oder G* ein wenig (zer)krümeln, einbrocken *Brot*
покрупнéть, -éю, -éешь *v umg* größer werden
покрутить, -учý, -ýтишь; -ýченный, -ýчен, -а *v A oder I* eine Zeitlang drehen, wirbeln
покрывáло, -а *n* Decke; Tuch, mit dem etw. zugedeckt wird; Bettdecke; Schleier
покрывáть *uv zu* покрыть
покрывáться, -áюсь, -áешься *uv* 1. *uv zu* покрыться 2. entsprechen, identisch sein
покрытие, -я *n* 1. Bedecken, Zudecken; Deckung; Tilgung; Decken *Haustiere* 2. Belag, Decke, Überzug; дорóжное ~ Straßendecke
по|крыть* *v* 1. (zu)decken, bedecken; ~ гóлову платкóм den Kopf in ein Tuch hüllen 2. anstreichen *Farbe*; bedecken (mit), auftragen; ~ кувшин глазýрью den Krug mit Glasur überziehen 3. die Oberfläche (von etw.) bedecken, erfüllen; лес, покрытый мглóю der Wald, über dem Dunkelheit lagert 4. an Lautstärke übertreffen, übertönen 5. decken, begleichen; ~ расхóды die Ausgaben decken 6. verdecken, verheimlichen; ~ преступлéние ein Verbrechen verbergen 7. *eine Entfernung* zurücklegen 8. stechen *Kartenspiel* 9. *umg* ausschimpfen, fertigmachen, heruntermachen 10. *landw* decken *Haustiere* ◇ ~ аплодисмéнтами begeistert zustimmen; ~ позóром когó-н. *buchspr* j-n mit Schande bedecken, bloßstellen; покрыто тáйной *buchspr* in ein Geheimnis gehüllt ‖ *uv* покрывáть, -áю, -áешь
по|крыться* *v I* 1. sich zudecken; sich (mit etw.) bedecken *von oben* 2. sich bedecken; verdecken; ~ румянцем erröten 3. übertönt werden 4. sich decken *Ausgaben*, *Schulden*; zurückerstatten *Geld* ‖ *uv* покрывáться, -áюсь, -áешься
покрышка, -и, *Pl G* -шек, *D* -шкам *f* 1. *volkssprr* Zudecken 2. *umg* Deckel; Bezug(sstoff) *Möbel* 3. (Gummi-) Reifen, Mantel *Auto*, *Fahrrad*; (Ball-) Hülle ◇ ни дна ни -и! hol's der Teufel!
покýда *umg* 1. *Adv* einstweilen 2. *Konj* solange, bis
покупáтель, -я *m* Käufer
покупáтельница, -ы, *I* -ей *f* Käuferin
покупáтельный, -ая, -ое Kauf-; -ая спосóбность [сила] Kaufkraft
покупáтельский, -ая, -ое Käufer-
[1]**покупáть,** -áю, -áешь *uv* 1. (ein)kaufen 2. bestechen, (er)kaufen
[2]**покупáть,** -áю, -áешь *v* 1. *umg* baden 2. eine Zeitlang baden
покупáться, -áюсь, -áешься *v* 1. eine Zeitlang baden 2. *umg* baden
покýпка, -и, *Pl G* -пок, *D* -пкам *f* 1. (Ein-) Kauf, Kaufen 2. Gekauftes, gekaufte Sachen, Einkauf; идти за -пками Einkäufe machen, einkaufen gehen
покупнóй, -áя, -óе 1. Kauf-; -áя ценá Kaufpreis; -áя стóимость Kaufwert 2. gekauft; -ые вéщи gekaufte Sachen 3. Kauf-; -áя спосóбность Kaufkraft
покупщик, -á *m alt* Käufer
покýривать, -аю, -аешь *uv umg* ab und zu ein bißchen rauchen, ab und zu ein paar Züge tun
покурить, -курю, -кýришь *v* 1. eine gewisse Zeit mit Rauchen verbringen 2. *I* eine Zeitlang rauchen
покусáть, -áю, -áешь; покýсанный, -ан, -а *v* 1. an mehreren Stellen beißen, stechen *Mücken*, *Bienen* 2. mehrere Male zusammenbeißen, die Lippen zusammenpressen
покуситься, -ушýсь, -усишься *v* 1. на *A oder mit Inf* ausprobieren, versuchen *etw. Ungewöhnliches*, *Unerlaubtes* zu tun, wagen 2. на *A* sich vergreifen (an) 3. на *A* einen Anschlag machen (auf), nach dem Leben trachten ‖ *uv* покушáться, -áюсь, -áешься
покýшать, -аю, -аешь *v A oder G* *1. Pers in der Literatursprache un-*

gebr, *höfliche Einladung* speisen, zu sich nehmen

покуша́ться *uv zu* покуси́ться

покуше́ние, -я *n* **1.** Versuch, Anschlag **2.** Attentat

[1]пол, -а (-у), *P* о по́ле, на полу́, в полу́, *Pl* полы́, -о́в, -а́м *m* Fußboden

[2]пол, -а, *Pl* по́лы, поло́в, пола́м *m* Geschlecht *a. biol*; обо́его -а beiderlei Geschlechts; прекра́сный [сла́бый, не́жный] ~ *scherz* das schwache Geschlecht, die Frauen; die holde Weiblichkeit; си́льный ~ *scherz* das starke Geschlecht, die Männer

[1]пол- *in Zuss* **1.** halb-, Halb- *mit Subst im G* **2.** *umg mit Ordnungszahlwort im G zur Bezeichnung der Uhrzeit, z. B.* полвторо́го halb zwei

[2]пол- *in Zuss Abk für* полномо́чный bevollmächtigt

пола́, -ы́, *Pl* по́лы, пол, по́лам *f* (Rock-) Schoß ◇ из-под -ы́ heimlich, unter der Hand; торго́вля из-под -ы́ Schwarzhandel

полага́ть, -а́ю, -а́ешь *uv mit Konj* что, *mit Adj im I u. mit Inf* meinen, glauben, dafürhalten, annehmen ◇ на́до ~ es ist anzunehmen, es ist wahrscheinlich

[1]полага́ться, *1. u. 2. Pers ungebr*, -а́ется *uv* **1.** sich gehören, sich geziemen; как полага́ется wie es sich gehört; э́то не полага́ется das ziemt sich nicht **2.** zustehen, -kommen, gebühren; ско́лько де́нег вам полага́ется? wieviel Geld gebührt Ihnen?

[2]полага́ться *uv zu* положи́ться

пола́дить, -ла́жу, -ла́дишь *v umg* с *I* sich verständigen (mit); gut auskommen, sich vertragen (mit)

пола́ивать, -аю, -аешь *uv umg* von Zeit zu Zeit bellen, leise bellen

полака́ть, -а́ю, -а́ешь *v A oder G* leckend saufen

пола́комиться, -млюсь, -мишься; пола́комься *u.* пола́комись *v* ein Weilchen naschen, sich gütlich tun (an etw. Süßem)

по́лба, -ы *f bot* Dinkel, Spelt

пол|беды́ *prädikativ umg* nicht so schlimm; э́то ещё ~беды́ das ist halb so schlimm; **~ве́ка** *m* ein halbes Jahrhundert; **~го́да** *m* Halbjahr, ein halbes Jahr; **~го́ря** *prädikativ umg*: э́то ещё ~го́ря das ist nicht [halb] so schlimm

по́лдень, полу́дня *u.* по́лдня, *Pl* по́лдни, полдён *u.* полдне́й, полдня́м *m* **1.** Mittag; Mittagszeit; Tageszeit; в ~ mittags; до полу́дня vormittags; по́сле полу́дня *oder* за ~ nachmittags **2.** *alt poet u. gbt* Süden

полдне́вный, -ая, -ое **1.** Mittags- **2.** *alt poet u. gbt* südlich

по́лдник, -а *m* Vesper, kleine Mahlzeit nachmittags

пол|доро́ги *f* Hälfte des Weges ◇ останови́ться на ~доро́ге auf halbem Wege stehenbleiben, eine angefangene Sache nicht beenden; **~дю́жины** *f* ein halbes Dutzend

по́ле, -я, *Pl* поля́, поле́й, поля́м *n* **1.** Feld; weite, waldlose Fläche; bestelltes Feld, Acker(land); идти́ -ем querfeldein gehen; ~ зре́ния Blickfeld; сне́жное ~ Schneefeld; вспа́ханное ~ Ackerfeld; лётное ~ Roll-, Flugfeld; футбо́льное ~ Fußballfeld; ~ обстре́ла Abschnitt, der unter Beschuß liegt; ~ боя́ [би́твы, сраже́ния] *buchspr* Kampf-, Schlachtfeld; ~ бра́ни *alt* Schlachtfeld **2.** *phys* Feld; магни́тное ~ Magnetfeld; семанти́ческое ~ *ling* Bedeutungsfeld **3.** *übtr* Gebiet, Bereich; ~ де́ятельности Wirkungskreis **4.** (Unter-) Grund, Unterlage *auf die Verzierungen, Malereien usw. aufgetragen sind*; в гербе́ на золото́м ~ была́ видна́ кра́сная ба́шня auf dem Wappen war ein roter Turm auf goldenem Grund zu sehen **5.** *Pl* Rand *Buch, Heft*; заме́тки на -я́х Randbemerkungen **6.** *Pl* Hutrand, Krempe; шля́па с широ́кими -я́ми breitkrempiger Hut ◇ на́шего -я я́года eine(r) von unsrem Schlage

полеве́ть, -е́ю, -е́ешь *v pol* sich stärker nach links orientieren

полёвка, -и, *Pl G* -вок, *D* -вкам *f* Wühlmaus

полево́д, -а *m* Feldbauspezialist

полево́дство, -а *n* **1.** Ackerbau, Feldwirtschaft **2.** Wissenschaft vom Ackerbau [von der Feldwirtschaft]

полево́й, -а́я, -о́е **1.** Feld- *a. mil*; -ы́е тра́вы Feldgräser; -а́я доро́га Feldweg; -ы́е рабо́ты Feldarbeiten; -а́я брига́да Feldbaubrigade; ~ го́спиталь Feldlazarett; -а́я ку́хня Feldküche; -а́я по́чта Feldpost **2.** Natur-, Gelände-, im Freien, unter natürlichen Bedingungen stattfindend; -ы́е о́пыты Experimente im Freien [in freier Natur] **3.** *zool bot*: -а́я мышь Feldmaus; -а́я земляни́ка Felderdbeere

полега́ть *uv zu* поле́чь

полего́ньку *Adv umg* **1.** allmählich,

nach und nach **2.** langsam, sachte; behutsam

полежа́ть, -жу́, -жи́шь *v* eine Weile liegen, etwas ausruhen

полёживать, -аю, -аешь *uv umg* ab und zu [ein bißchen] liegen

полеза́й(те)! *volksspr* klettere hinauf [hinein]!, steig ein!

полезащи́тный, -ая, -ое Feldschutz-; -ые лесны́е по́лосы *oder* -ые лесонасажде́ния Schutzwaldstreifen

поле́зный, -ая, -ое; *Kzf* -зен, -зна **1.** nützlich, brauchbar; э́то тебе́ -зно das ist für dich nützlich, das gereicht dir zum Nutzen; чем могу́ быть поле́зен? womit kann ich dienen?, was kann ich für Sie tun? **2.** *nur Langform* Nutz-, nutzbar; -ая нагру́зка Nutzlast; -ая пло́щадь Nutzfläche; коэффицие́нт -ого де́йствия Wirkungsgrad, Nutzeffekt

по|ле́зть* *v* **1.** anfangen zu klettern, zu steigen **2.** greifen, langen; он поле́з в карма́н er fuhr in d i e Tasche

полемизи́ровать, -рую, -руешь *uv* с *I* polemisieren

поле́мика, -и *f* Polemik

полеми́ческий, -ая, -ое polemisch; -ая статья́ ein polemischer Artikel; ~ тон ein polemischer Ton

полени́ться, -еню́сь, -е́нишься *v* **1.** eine Weile faul sein, etwas faulenzen **2.** *mit Inf* zu faul sein; он полени́лся пойти́ в го́род er war zu faul in die Stadt zu gehen

поле́нница, -ы, *I* -ей *f* Holzstoß

поле́но, -а, *Pl* поле́нья, -ьев, -ьям *n* Holzscheit

поле́нце, -а, *I* -нцем, *Pl G* -нец, *D* -нцам *n Dem zu* поле́но kleines Holzscheit

поле́сье, -ья *n* mit niedrigen Bäumen bestandene, waldige, meist sumpfige Gegend

полёт, -а *m* **1.** Flug; ~ снаря́да der Flug des Geschosses; косми́ческий ~ Weltraumflug **2.** Sprung in großer Höhe, auf eine weite Entfernung *Akrobaten, Sportler* **3.** *meist Pl* Flugeinsätze; ночны́е -ы Nachtflüge; ~ на да́льность Langstreckenflug **4.** Flug(weise) *der Vögel*; ~ орла́ Adlerflug **5.** *übtr*: ~ мы́слей Gedankenflug ◇ пти́ца высо́кого [вы́сшего] -а *iron* ein hoher Herr; с пти́чьего -а aus der Vogelperspektive

полета́ть, -а́ю, -а́ешь *v* eine Weile fliegen [mit Fliegen zubringen]

полете́ть, -лечу́, -лети́шь *v* **1.** wohin fliegen, anfangen zu fliegen; zum Flug starten *Flugzeug* **2.** *umg* fallen, „herunterfliegen"; *übtr volksspr* von der Arbeitsstelle entlassen werden, „fliegen" **3.** *übtr* rennen, losstürmen, vorwärtsstürzen, dahineilen **4.** *übtr* schnell ankommen *Briefe, Telegramme*; sich im Flug verbreiten *Nachrichten, Gerüchte* **5.** beginnen schnell zu vergehen [verfliegen]; полете́ли дни за дня́ми die Tage begannen im Fluge zu vergehen

полётный, -ая, -ое Flug-

полечи́ть, -лечу́, -ле́чишь; поле́ченный, -чен, -а *v* eine Zeitlang heilen, kurieren

по|ле́чь*, *1. u. 2. Pers ungebr, v* **1.** *umg* sich hinlegen *von vielen* **2.** fallen, dahingemäht werden *auf dem Schlachtfeld* **3.** sich legen, lagern *vom Getreide* ‖ *uv* п о л е г а́ т ь, -а́ет *zu* 3

по́лзать, -аю, -аешь *uv* **1.** *unbest zu* ползти́ **2.** *übtr umg* sich erniedrigen, sich kriecherisch benehmen ◇ ~ в нога́х у кого́ *oder* ~ на брю́хе пе́ред ке́м-н. vor j-m auf den Knien herumrutschen, kriechen und buckeln

ползко́м *Adv* kriechend, auf allen vieren

ползти́* *uv* **1.** *best* kriechen *Kriechtiere, Insekten*; sich kriechend fortbewegen, auf allen vieren kriechen **2.** *übtr umg* sich langsam vorwärtsbewegen; sich langsam verbreiten *Laute, Gerüchte* **3.** langsam rutschend sich bewegen, dahingleiten; langsam fließen *von Dickflüssigem*; verrutschen *Kleidungsstücke oder Teile davon* **4.** sich rankend verbreiten, klettern *von Pflanzen* **5.** in Schlangenlinien verlaufen *Pfad, Straße, Riß* **6.** langsam verrinnen, vergehen *Zeit* **7.** sich schälen, abgehen *Haut*; ко́жа ползёт die Haut löst sich ab **8.** sich nach unten verlagern, verrutschen *Ufer, Untergrund* **9.** zerfallen *Gewebe* **10.** *volksspr* überquellen *Teig* | *unbest* по́лзать *zu* 1

ползу́ ↑ ползти́

ползу́н, -а́ *m* **1.** *umg* Krabbelkind; Kind, das noch nicht laufen kann **2.** *techn* Gleitstück, -kopf

ползуно́к, -нка́ *m* **1.** *umg* Krabbelkind; Kind, das noch nicht laufen kann **2.** *Pl umg* Strampelanzug **3.** *tech Dem zu* ползу́н Gleiter

ползу́чий, -ая, -ее **1.** kriechend, Kriech- **2.** rankend, kletternd; -ие расте́ния Ranken, rankende Pflan-

zen 3. tief herabhängend, sich dicht über dem Erdboden verbreitend *Rauch, Nebel*
поли- *in Zuss* Poly-, poly-, viel-
поли́в, -а *m* Begießen, Berieselung *landwirtschaftlicher Kulturen*
полива́ть *uv zu* поли́ть
поли́вка, -и, *Pl G* -вок, *D* -вкам *f* Begießen, Berieseln; ~ у́лиц Besprengen der Straßen
поливно́й, -а́я, -о́е künstlich bewässert, berieselt; -ы́е поля́ Rieselfelder; -о́е хлопково́дство Baumwollanbau mit künstlicher Bewässerung
полиго́н, -а *m mil* Schießplatz, Artillerieschießplatz; Truppenübungsplatz; раке́тный ~ Raketenversuchsgelände
полиграфи́ческий, -ая, -ое polygraphisch; -ая промы́шленность graphisches Gewerbe
полигра́фия, -и *f* Polygraphie, Druckereiwesen
по|лиза́ть* *v* eine Weile belecken
поликли́ника, -и *f* Poliklinik
Поли́на, -ы *f weibl Vn*
полинези́ец, -и́йца, *I* -и́йцем, *G Pl* -и́йцев *m* Polynesier
полинези́йский, -ая, -ое polynesisch
Полине́зия, -и *f* Polynesien
полиня́лый, -ая, -ое verschossen *von farbigen Stoffen, Geweben*
полиня́ть, *1. u. 2. Pers ungebr*, -я́ет *v* den ursprünglichen Farbglanz verlieren, verschießen *Gewebe*
полиомиели́т, -а *m med* spinale Kinderlähmung
поли́п, -а *m* 1. *zool* Hohltier, Polyp, Krake 2. *med* Polyp, Wucherung der Schleimhäute; ~ в носу́ Nasenwucherung
полирова́ть, -ру́ю, -ру́ешь; -ро́ванный, -ро́ван, -а *uv* polieren
полиро́вка, -и, *Pl G* -вок, *D* -вкам *f* 1. Polieren 2. Politur, polierte Oberfläche eines Gegenstandes
полиро́вщик, -а *m* Polierer
по́лис, -а *m* Police, Versicherungsschein
полиспа́ст, -а *m tech* Flaschenzug
полит- *in Zuss Abk für* полити́ческий politisch, Polit-
политбюро́ *n idkl* (полити́ческое бюро́) Politbüro
политгра́мота, -ы *f* politischer Elementarunterricht
политехниза́ция, -и *f* Polytechnisierung
политехни́ческий, -ая, -ое polytechnisch; -ое образова́ние polytechnische Bildung
политзаключённый, -ого *m Subst ausländ* politischer Häftling
поли́тик, -а *m* 1. Politiker; *iron umg* einer, der gern politisiert 2. *umg* einer, der klug und politisch mit anderen umzugehen versteht
поли́тика, -и *f* 1. Politik; ~ ми́рного сосуществова́ния Politik der friedlichen Koexistenz; ми́рная ~ Friedenspolitik; теку́щая ~ das gegenwärtige politische Geschehen 2. *umg* das Verhalten eines Menschen gegenüber anderen zur Erreichung bestimmter Ziele; великоду́шная ~ weitherzige Politik
политика́н, -а *m verächtl* 1. intriganter, prinzipienloser Politiker; Politikaster 2. intriganter, prinzipienloser Mensch
политика́нствовать, -твую, -твуешь *uv verächtl* 1. politisieren 2. intrigieren
полити́ческий, -ая, -ое 1. politisch; ~ де́ятель Politiker; -ая эконо́мия Politökonomie 2. politisch *im staatsrechtlichen Sinne*; ~ режи́м das politische Regime, der führende politische Machtapparat 3. -ого *Subst m umg alt* politischer Gefangener, wegen revolutionärer Tätigkeit Verbannte(r)
полити́чный, -ая, -ое; *Kzf* -чен, -чна *alt, umg* taktvoll berechnend, „diplomatisch"; ~ челове́к ein umsichtiger, klug seine Ziele verfolgender Mensch
полит|кружо́к, -жка́ *m* (полити́ческий кружо́к) Zirkel für Politik; **~отде́л,** -а *m* (полити́ческий отде́л) politische Abteilung; **~рабо́та,** -ы *f* (полити́ческая рабо́та) politische Arbeit; politische Propaganda- und Erziehungsarbeit; **~рабо́тник,** -а *m* (полити́ческий рабо́тник) einer, der politische (Propaganda-) Arbeit leistet; Genosse, der politisch-erzieherische Arbeit in der Armee leistet; **~ру́к,** -а *m* (полити́ческий руководи́тель) *mil hist* politischer Leiter; militärischer Führungskader, der sich mit der politisch-erzieherischen Arbeit befaßt; **~управле́ние,** -я *n* (полити́ческое управле́ние) politische Verwaltung *Organ zur Leitung der Parteiarbeit in der Armee*
политу́ра, -ы *f* Politur(lack)
политучёба, -ы *f* (полити́ческая

учёба) politische Schulung; politischer Unterricht

по|ли́ть*; по́ли́л, полила́, по́ли́ли; по́ли́тый, по́ли́т, полита́, по́ли́ты *v* **1.** begießen, besprengen; ~ цветы́ Blumen gießen **2.** beginnen zu gießen; вдруг поли́л дождь plötzlich begann es zu regnen **3.** ein wenig, eine Zeitlang gießen [besprengen]; дождь поли́л и переста́л es regnete eine Zeitlang und hörte auf ‖ *uv* полива́ть, -аю, -аешь *zu* 1

по|ли́ться*; поли́лся́, полила́сь, поли́ли́сь *v* **1.** sich begießen **2.** (*1. u. 2. Pers ungebr*; полился́) beginnen zu fließen [strömen], sich ergießen; уже́ в нача́ле ма́рта полили́сь с гор ручьи́ schon Anfang März begannen von den Bergen Bäche zu fließen

полит|эконо́мия, -и *f* (полити́ческая эконо́мия) Politökonomie; **~эмигра́нт,** -а *m* (полити́ческий эмигра́нт) politischer Emigrant

полице́йский, -ая, -ое *ausländ* **1.** Polizei-, polizeilich **2.** auf der Gewalt und Willkür der Polizei(schergen) beruhend; ~терро́р Polizeiterror **3.** -ого *Subst m* Polizist; отря́д -их Polizeitrupp

поли́ция, -и *f* **1.** Polizei; та́йная ~ Geheimpolizei **2.** *umg* bewaffneter Polizeitrupp

поли́чное, -ого *Subst n* ◇ пойма́ть [захвати́ть] с -ым auf frischer Tat ertappen, am Ort des Verbrechens festnehmen

полиэфи́р, -а *m* Polyester

полк, -а́, *P* о полке́, в полку́ *m* **1.** *mil* Regiment; пехо́тный ~ Infanterieregiment; *Pl hoher Stil* Armee, Heer **2.** *G übtr umg* großer Menschenhaufen, Schar; це́лый ~ рабо́чих ein ganzer Schwarm von Arbeitern ◇ на́шего -у́ при́было *oder* в на́шем -у́ при́было wir sind mehr geworden, unsere Reihen haben sich vermehrt

[1]**по́лка,** -и, *Pl G* -лок, *D* -лкам *f* **1.** Fach *im Schrank, Regal*; Regal, Gestell; кни́жная ~ Bücherbrett, -regal **2.** Platz im Schlafwagen *Eisenbahn*; Fach für Reisegepäck; ни́жняя ~ der untere Schlafwagenplatz; ве́рхняя ~ der obere Schlafwagenplatz ◇ класть зу́бы на -у am Hungertuche nagen, nichts zu beißen (essen) haben

[2]**полка,** -и *f* Jäten; ~ сорняко́в das Unkrautausziehen

полко́вник, -а *mil* Oberst

полково́дец, -дца, *I* -дцем, *G Pl* -дцев *m* Heerführer, Feldherr

полково́дческий, -ая, -ое Feldherrn-

полково́й, -а́я, -о́е Regiments-

полне́ть, -е́ю, -е́ешь *uv* dicker [voller] werden, zunehmen

полни́ть, *1. u. 2. Pers ungebr*, -и́т *uv umg* ein volleres [dickeres] Aussehen verleihen, als man tatsächlich besitzt; приче́ска её полни́т die Frisur macht sie voller als sie ist

по́лно *prädikativ mit Inf umg* **1.** es reicht, genug; ~ сиде́ть, на́до де́йствовать! genug (herum)gesessen, man muß handeln! **2.** *Part*: ~ тебе́ [вам]! laß [lassen Sie] doch! ◇ да и ~ mit einem Wort

полно́ *Adv umg* sehr viel; в заку́сочной бы́ло ~ наро́да in der Imbißhalle waren viele Leute

полно- *in Zuss* voll-

полнове́сный, -ая, -ое; *Kzf* -сен, -сна **1.** mit vollem Gewicht, das volle Gewicht aufweisend; schwer; -ые зёрна Getreidekörner, die volles Gewicht haben; -ые брёвна schwere, massive Balken **2.** *übtr* mit voller Stärke, wuchtig; -ые уда́ры schwere, wuchtige Schläge **3.** *übtr* gewichtig; -ое сло́во ein gewichtiges Wort; ~ до́вод ein vollgültiger Beweis

полно|вла́стный, -ая, -ое; *Kzf* -тен, -тна volle Macht besitzend, uneingeschränkt herrschend; **~во́дный,** -ая, -ое; *Kzf* -ден, -дна wasserreich; ~во́дная река́ Fluß mit viel Wasser; **~во́дье,** -ья *n* hoher Wasserstand; **~гла́сие,** -я *n ling* Vollaut *im Ostslawischen*; **~гру́дый,** -ая, -ое; *Kzf* -у́д, -а mit hoher Brust; mit vollem Busen; **~зву́чный,** -ая, -ое; *Kzf* -чен, -чна klangvoll, volltönend

полнокро́вие, -я *n med* Hyperämie

полнокро́вный, -ая, -ое; *Kzf* -вен, -вна **1.** *med* hyperämisch **2.** vollblütig, strotzend vor Gesundheit, blühend; *übtr* lebensvoll, blutvoll, echt; -ая жизнь pulsierendes Leben

полнолу́ние, -я *n* Vollmond(zeit)

полнометра́жный, -ая, -ое von normaler Dauer [Länge]; ~ фильм Normalfilm; normaler Spielfilm, abendfüllender Film

полномо́чие, -я *n* Vollmacht; дава́ть кому́-н. -я j-n bevollmächtigen, mit Vollmachten ausstatten; сложи́ть с себя́ -я sein Mandat niederlegen; переда́ть -я die Vollmachten übertragen

полномо́чный, -ая, -ое **1.** *Kzf* -чен,

-чна bevollmächtigt; чрезвыча́йный и ~ посо́л Außerordentlicher und Bevollmächtigter Botschafter 2. -о *Adv*: собра́ние не -о die Versammlung ist nicht befugt, Entscheidungen zu treffen

полно|пра́вие, -я *n* Gleichberechtigung; **~пра́вный,** -ая, -ое; *Kzf* -вен, -вна gleichberechtigt; mit voller Gleichberechtigung; ~пра́вный граждани́н gleichberechtigter Bürger

по́лностью *Adv* gänzlich, vollständig; здоро́вье ~ восстано́влено die Gesundheit ist völlig wiederhergestellt; целико́м и ~ ganz und gar

полнота́, -ы́ *f* 1. Vollständigkeit, Ganzheit, Fülle, ausreichendes Vorhandensein 2. Überfluß, höchstes Maß (an); ~ ощуще́ний eine Fülle von Empfindungen; в -е́ чувств im Überschwang der Gefühle; от -ы́ души́ [се́рдца] aus übervollem Herzen; со всей -о́й *oder* во всей -е́ vollständig, erschöpfend 3. Beleibtheit, Dicke, Körperfülle

полноте́лый, -ая, -ое korpulent

полноце́нный, -ая, -ое; *Kzf* -е́нен, -е́нна 1. vollwertig; -ая валю́та vollwertige Valuta 2. *übtr* vollwertig, hochwertig, hohen Anforderungen entsprechend

полно́чи *f* die halbe Nacht; прошло́ ~ die halbe Nacht ist vergangen

полно́чный, полу́но́чный, -ая, -ое 1. mitternächtlich 2. *alt* Nord-, nördlich

по́лночь, по́лночи *u.* полу́ночи *u. alt* **полу́ночь, -и** *f* 1. Mitternacht ◇ за́ полночь nach Mitternacht 2. *alt* Norden

по́лный, -ая, -ое; *Kzf* по́лон *u. buchspr alt* полн, полна́, по́лно́, по́лны́ 1. voll, (an)gefüllt; -ые вёдра volle Eimer; ~ до краёв bis zum Rand voll, gestrichen voll 2. *G u. I* voll, vollbesetzt; авто́бус по́лон der Autobus ist vollbesetzt; письмо́, по́лное сове́тов ein Brief voll von Ratschlägen 3. *übtr G u. I* ganz durchdrungen [erfüllt] (von); ganz begeistert von; жизнь — -ая борьбы́ ein Leben voller Kampf; он весь по́лон Пу́шкиным er ist ganz erfüllt [begeistert] von Puschkin 4. völlig, absolut; -ое разоруже́ние vollständige Abrüstung; -ая власть die volle [absolute] Macht; -ое разоре́ние vollkommener Ruin; в -ом поря́дке in bester Ordnung; в -ом соста́ве vollzählig 5. das richtige Ausmaß besitzend, ganz, vollständig, erschöpfend; ~ метр ein voller [ganzer] Meter; -ое собра́ние сочине́ний eine Gesamtausgabe *von Büchern, Werken*; ~ отчёт ein erschöpfender Bericht; ~ курс обуче́ния ein abgeschlossener Ausbildungskurs; -ая сре́дняя шко́ла volle (zehn- oder zwölfklassige) Mittelschule 6. voll, höchst, maximal; дере́вья в -ом цвету́ die Bäume sind in voller Blüte; по́езд шёл -ым хо́дом der Zug hatte volle Fahrt 7. beleibt, dick, voll; ~ мужчи́на ein korpulenter Herr ◇ -ая фо́рма прилага́тельного Langform des Adjektivs; -ая луна́ Vollmond; э́тот дом — -ая ча́ша in diesem Hause herrscht Überfluß; сказа́ть [заяви́ть] -ым го́лосом offen, vor allen Leuten sagen [erklären]; полны́м-полно́ übervoll, gerammelt voll; пока́ она́ придёт, я ей полны́м-полно́ воды́ натаска́ю bis sie wiederkommt, werde ich ihr mehr als genug Wasser herbeischleppen

по́ло *n idkl Sport* Polo; во́дное ~ Wasserballspiel

полови́к, -а́ *m* Läufer, Vorleger

полови́на, -ы *f* 1. Hälfte; на -у zur Hälfte; моя́ (дража́йшая) ~ *scherz* meine bessere Hälfte *von der Ehefrau oder vom Ehemann* 2. Mitte; halb; до -ы горы́ bis zur Mitte des Berges; в -е пя́того um halb fünf; в -е ию́ля Mitte Juli 3. Teil eines Gegenstandes, der aus zwei Hälften besteht; ~ воро́т Torflügel; ~ две́ри Türflügel 4. *alt* bewohnter Teil des Hauses; хозя́йская ~ Teil des Hauses, den der Besitzer bewohnt

полови́нка, -и, *Pl G* -нок, *D* -нкам *f umg* 1. *Dem zu* полови́на Hälfte 2. Türflügel; Fensterflügel

полови́нный, -ая, -ое halb

полови́нчатый, -ая, -ое 1. aus Hälften bestehend; ~ кирпи́ч halber Ziegel 2. *Kzf* -ат, -а *übtr* schwankend, auf halbem Wege stehenbleibend; -ые рефо́рмы halbe [nicht zu Ende geführte] Reformen

полови́ца, -ы, *I* -ей *f* Dielenbrett

поло́вник, -а *m umg* Schöpflöffel, -kelle

полово́дье, -ья *n* hoher Wasserstand; весе́нее ~ Frühlingshochwasser

[1]**полово́й,** -а́я, -о́е Fußboden-, Dielen-; zum Säubern des Fußbodens bestimmt; -а́я доска́ Dielenbrett; -а́я тря́пка Lappen zum Wischen

des Fußbodens; -а́я щётка Scheuerbürste

²полово́й, -а́я, -о́е Geschlechts-, sexuell; -ы́е при́знаки Geschlechtsmerkmale; -о́е влече́ние [чу́вство] Geschlechtstrieb; -а́я зре́лость Geschlechtsreife

по́ловцы *Pl* -ев, *Sg* по́ловец, -вца, *I* -вцем, *G Pl* -вцев *m hist* Polowzer *ein Turkvolk*

по́лог, -а *m* Bettvorhang; Vorhang; Decke

поло́гий, -ая, -ое; *Komp* поло́же leicht abfallend; ~ бе́рег sanft abfallendes Ufer

поло́же ↑ поло́гий

положе́ние, -я *n* **1.** Lage, Standort; *tech* Stellung; географи́ческое ~ geographische Lage **2.** Haltung, Stellung des Körpers; в сидя́чем -и in Sitzstellung **3.** Stellung *in der Gesellschaft*; занима́ть руководя́щее ~ eine führende Stellung innehaben; семе́йное ~ Familienstand **4.** *übtr* (Sach-) Lage, Situation, Verhältnisse; Stand; быть [оказа́ться] на высоте́ -я auf der Höhe sein; войти́ в ~ sich in die Lage versetzen; вы́йти из -я aus einer schwierigen Lage herausfinden; einen Ausweg finden; ~ дел Stand [Lage] der Dinge; хозя́ин -я Herr der Lage; ~ ху́же губерна́торского eine ausweglose, „miese" Lage **5.** gesellschaftliche [politische] Lage, Situation; междунаро́дное ~ internationale Lage **6.** Verordnung, Bestimmung, von den Machtorganen angeordneter Zustand; вое́нное ~ Kriegszustand, Belagerungszustand; оса́дное ~ Belagerungszustand **7.** Verordnung, Erlaß, Bestimmungen; ~ о вы́борах Wahlordnung **8.** These, Leit-, Grundsatz; Hauptgedanken; wissenschaftliche Behauptung; основны́е -я докла́да die wichtigsten Thesen [Gedanken, Leitsätze] des Vortrages ◇ быть в (счастли́вом *oder* интере́сном) -и schwanger [in anderen Umständen] sein; напи́ться до -я besoffen sein

поло́женный, -ая, -ое *Adj* festgesetzt, vorher bestimmt; в ~ срок zur festgesetzten Frist

положи́тельный, -ая, -ое; *Kzf* -лен, -льна **1.** bejahend, zustimmend; ~ отве́т bejahende Antwort **2.** positiv; mit guten Charaktereigenschaften ausgestattet, tüchtig; ~ геро́й positiver Held; ~ челове́к ein guter, tüchtiger Mensch **3.** praktisch, sachlich; наш ~ век unser praktisches, nüchternes Zeitalter **4.** bestimmt, endgültig; ~ отка́з endgültige Absage; он -о ничего́ не зна́ет er weiß gar nichts **5.** *math* höher als Null; -ая величина́ eine positive Größe **6.** *phys* positiv; ~ заря́д eine positive Ladung ◇ -ая сте́пень *ling* der Positiv, die Ausgangsform bei der Komparation; -ая филосо́фия Positivismus

положи́ть, -ожу́, -о́жишь; -о́женный, -о́жен, -а *v* **1.** *v zu* класть **2.** *mit Inf alt* beschließen **3.** *Kzf n Ptz Prät Pass* поло́жено *unpers, mit Inf volksspr* man muß; так поло́жено so ist es gang und gäbe **4.** *mod* поло́жим (,что) gesetzt den Fall, zugegeben, angenommen; поло́жим и она́ тебя́ лю́бит . . . angenommen, sie liebt dich auch . . . **5.** поло́жим *mod bei Gegenüberstellung mit folgendem* но wenn auch, obgleich ◇ ~ себе́ за пра́вило [пра́вилом] *alt* zur Norm für sich erheben, sich zur Richtschnur machen; положа́ ру́ку на́ сердце ehrlich, mit offenem Herzen; ~ под сукно́ auf die lange Bank schieben

положи́ться, -ожу́сь, -о́жишься *v* sich verlassen (на *A* auf); на него́ мо́жно ~ auf ihn kann man sich verlassen; на тебя́ нельзя́ ~ auf dich ist kein Verlaß ‖ *uv* полага́ться, -а́юсь, -а́ешься

по́лоз, -а, *Pl* поло́зья, -ьев, -ьям *m* Kufe; са́нный ~ Schlittenkufe

поло́к, -лка *m* **1.** Schwitzbank *im russischen Badehaus* **2.** flacher Wagen, Plattenwagen

полома́ть, -а́ю, -а́ешь; поло́манный, -ан, -а *v* **1.** zer-, ab-, entzweibrechen; *übtr* verderben, verunstalten, zerbrechen; война́ полома́ла все пла́ны der Krieg hat alle Pläne zunichte gemacht **2.** einige Zeit brechen [knicken] ◇ ~ зу́бы обо что́-н. sich die Zähne an etw. ausbeißen; ~ го́лову sich eine Zeitlang den Kopf zerbrechen

полома́ться, -а́юсь, -а́ешься *v* **1.** zerbrechen, entzweigehen **2.** *umg* nicht gleich einwilligen, sich zieren

поло́мка, -и, *Pl G* -мок, *D* -мкам *f* **1.** (Zer-) Brechen, Bruch; ~ руля́ Steuerbruch **2.** Bruchstelle

полоне́з, -а *m mus* Polonäse

поло́пать, -аю, -аешь *v A oder G volksspr* (auf)essen, wegputzen

поло́паться, *1. u. 2. Pers ungebr*,

-ается *v umg* (zer)platzen, zerspringen *vieles*

полоса́, -ы́, *A* по́лосу́, *Pl* по́лосы, поло́с, полоса́м *f* 1. Streifen, Strich, Linie; schmales Stück; ~ бума́ги Papierstreifen; ~ све́та Lichtstreifen; ~ часто́т *rad* Frequenzband, -breite 2. Zone, Landstrich, Gürtel; пограни́чная ~ Grenzstreifen; оборони́тельная ~ Verteidigungszone; взлётно-поса́дочная ~ Start- und Landebahn 3. Ackerstreifen 4. Zeitspanne, Periode 5. *typ* Kolumne

полоса́тый, -ая, -ое; *Kzf* -а́т, -а gestreift; ~ пере́дник gestreifte Schürze

поло́ска, -и, *Pl G* -сок, *D* -скам *f Dem zu* полоса́ kleiner Streifen, Streifchen ◇ в -у *text* gestreift; пла́тье в голубу́ю -у himmelblau gestreiftes Kleid

полоска́ние, -я *n* 1. Spülen; ~ рта Mundausspülen, Gurgeln 2. Mundspülmittel

полоска́тельный, -ая, -ое Spül-

полоска́ть* *uv* 1. (ab)spülen; ~ бельё Wäsche spülen 2. ausspülen zur Desinfektion; ~ го́рло gurgeln 3. *übtr* in flatternde Bewegung versetzen *Fahne*

полоска́ться* *uv* 1. plätschern, planschen; мальчи́шки полоска́лись в воде́ die Jungen planschten im Wasser 2. *übtr* klatschen, flattern *im Winde*

полосово́й, -а́я, -о́е *techn* Streifenform habend; -о́е желе́зо Bandeisen

по́лость, -и, *Pl* по́лости, полосте́й, полостя́м *f anat* Höhle; ~ рта Mundhöhle; брюшна́я ~ Bauchhöhle

полоте́нце, -а, *I* -нцем, *Pl G* -нец, *D* -нцам *n* Handtuch; мохна́тое ~ Frottierhandtuch; посу́дное [ку́хонное] ~ Geschirrtuch; купа́льное ~ Badetuch

полотёр, -а *m* Arbeiter, der Fußböden bohnert

поло́тнище, -а, *I* -ем *n* 1. Stoffstück, -breite; ~ зна́мени Fahnentuch; ~ пала́тки Zeltbahn 2. Flügel *Tür, Tor* 3. Blatt; ~ пилы́ Sägeblatt

полотно́, -а́, *Pl* поло́тна, поло́тен, поло́тнам *n* 1. Leinwand, Leinen; Baumwoll- oder Seidengewebe, das wie Leinwand verarbeitet ist 2. Gemälde 3. Band, Streifen *eines Mechanismus, einer Apparatur*; ~ конве́йера Fließband 4. Bahnkörper; ~ желе́зной доро́ги Eisenbahndamm 5. Flügel *Tür, Tor* 6. Blatt; ~ пилы́ Sägeblatt

полотня́ный, -ая, -ое 1. aus Leinen, leinen; -ая простыня́ Leintuch, leinenes Bettuch 2. Leinwand-, Lein-; -ая фа́брика Leinwandweberei

поло́ть* *uv* jäten; ~ огоро́д den Garten vom Unkraut säubern

полоу́мный, -ая, -ое; *Kzf* -мен, -мна *umg* schwachsinnig; geistig umnachtet, verrückt

полохну́ть, -ну́, -нёшь *v volksspr* kräftig (zu)schlagen

полоши́ться, -шу́сь, -ши́шься *uv volksspr* erschrecken, sich beunruhigen

полощу́ ↑ полоска́ть

пол|пре́д, -а *m* (полномо́чный представи́тель) bevollmächtigter Vertreter; **~пре́дство,** -а *n* (полномо́чное представи́тельство) Bezeichnung der sowjetischen diplomatischen Vertretungen in anderen Ländern *bis 1941*

полпути́ *m ikdl* der halbe Weg; на ~ бро́сить [останови́ть(ся), верну́ться] auf halbem Wege aufgeben [stehenbleiben, zurückkehren]

полсло́ва, с пол(у)сло́ва, на пол(у)сло́ве *Subst n* ein halbes Wort; на ~ auf ein paar Worte, auf ein kurzes Gespräch; оборва́ть на пол(у)сло́ве mitten im Satz abbrechen; ни ~ keine Silbe; с пол(у)сло́ва bei der ersten (geringsten) Andeutung, gleich

полсто́лька *Adv umg* halbsoviel *vor allem in Sprichwörtern u. Rätseln*

Полта́ва, -ы *f* Poltawa *Stadt*

полти́нник, -а *m umg* Geldstück im Werte von fünfzig Kopeken, ein halber Rubel

полтора́, *G D I P* полу́тора, *A* полтора́ *m, n u.* **полторы́,** *G D I P* полу́тора, *A* полторы́ *f Num* anderthalb, eineinhalb; полтора́ ведра́ anderthalb Eimer; полторы́ страни́цы anderthalb Seiten

полтора́ста, *G D I P* полу́тораста, *A* полтора́ста *Num* anderthalbhundert, hundertfünfzig

полу- *in Zuss* 1. die Hälfte von etw., Halb- 2. halb- 3. nicht ganz, fast, halb-

полу|автомати́ческий, -ая, -ое halbautomatisch; **~бо́г** [бох], -а, *Pl* полубо́ги, -бого́в, -бога́м *m myth* Halbgott; **~больно́й,** -а́я, -о́е; *Kzf* -бо́лен, -больна́ halbkrank, nicht ganz gesund; **~боти́нки** *Pl* -нок,

-нкам, *Sg* полуботи́нок, -нка *m* Halbschuhe; **~веково́й,** -áя, -óе ein halbes Jahrhundert während [alt]; **~го́дие,** -я *n* halbes Jahr, Halbjahr; **~годи́чный,** -ая, -ое ein halbes Jahr dauernd; ~годи́чные ку́рсы Halbjahreskurse; **~годова́лый,** -ая, -ое halbjährig; **~годово́й,** -áя, -óе halbjährlich; ~годово́й план Halbjahresplan; **~голо́дный,** -ая, -ое; *Kzf* полуго́лоден, -днá! halbhungrig; ~голо́дные лю́ди hungernde [halbhungrige] Menschen; **~го́лый,** -ая, -ое; *Kzf* -го́л, -голá! halbnackt; **~гра́мотный,** -ая, -ое; *Kzf* -тен, -тна kaum des Schreibens und Lesens kundig; ungebildet

полу́да, -ы *f* **1.** Verzinnen **2.** Verzinnung, dünne Zinnschicht

полу́|денный, -ая, -ое **1.** Mittags-; ~денный привáл Mittagsrast **2.** *alt poet* südlich; **~ди́кий,** -ая, -ое; *Kzf* -и́к, -икá! halbwild

полуди́ть, -ужу́, -у́дишь; -у́женный, -у́жен, -а *v* verzinnen

полу|живо́й, -áя, -óе; *Kzf* -жи́в, -живá! mehr tot als lebendig; ~живо́й от стрáха halbtot vor Angst; **~жи́рный,** -ая, -ое *typ* halbfett *Schrift*; **~забы́тый,** -ая, -ое; *Kzf* -ы́т, -а halb vergessen, fast vergessen; **~закры́тый,** -ая, -ое; *Kzf* -ы́т, -а halb verschlossen, nicht ganz zugeschlossen; undicht; **~защи́та,** -ы *f* Läufer(reihe) *Fußball*; **~защи́тник,** -а *m* Läufer *Fußball*; **~зна́йка,** -и, *Pl G* -знáек, *D* -знáйкам *m, f umg* Mensch mit oberflächlichem Wissen

полуи́мя, -и́мени, *Pl* -именá, -имён, -именáм *n umg alt* Kosename, Rufname; Kurzform des Vornamens wie z. B. Нáдя für Надéжда

полу|колониа́льный, -ая, -ое halbkolonial; **~консе́рвы,** -ов *Pl* Präserven; **~кро́вка,** -и, *Pl G* -вок, *D* -вкам *f* Halbblüter *Pferderasse*; **~кру́г,** -а *m* Halbkreis; **~кру́глый,** -ая, -ое; *Kzf* -кру́гл, -круглá! halbrund, die Form eines Halbkreises aufweisend; **~лежа́ть,** -жу́, -жи́шь; полулёжа *uv* halb sitzen halb liegen; **~литро́вый,** -ая, -ое einen halben Liter fassend; ~литро́вая буты́лка Halbliterflasche; **~манже́та,** -ы *f* Aufschlag *am Ärmel*; **~ме́ра,** -ы *f* halbe Maßnahme; Halbheit; **~мёртвый,** -ая, -ое; *Kzf* -мёртв, -мертвá halbtot, dem Tode nahe; **~ме́сяц,** -а, *I* -ем, *G Pl* -ев *m* **1.** Halbmond **2.** der Halbmond als Symbol der Mohammedaner ◇ О́бщество Кра́сного Крестá и Крáсного Полумéсяца die Gesellschaft des Roten Kreuzes und des Roten Halbmonds

полу|ме́сячный, -ая, -ое **1.** halbmonatig *Dauer oder Alter* **2.** halbmonatlich, vierzehntäglich; ~мéсячный оклáд halbmonatliches Gehalt; **~мра́к,** -а *m* Halbdunkel; **~мя́гкий,** -ая, -ое mit weicher, gepolsterter Sitzfläche und harter, ungepolsterter Lehne *Möbel*; **~но́чник,** -а *m umg* Nachtschwärmer; einer, der bis tief in die Nacht hinein arbeitet [feiert, aufbleibt]

полу́но́чный ↑ полно́чный

полу́ночь ↑ по́лночь

полу|обезья́ны *Pl* -я́н, *Sg* полуобезья́на, -ы *f* Halbaffen, Lemuren; **~обнажённый,** -ая, -ое; *Kzf* -ён, -енá halbbedeckt, -verhüllt *durch Kleider*; halbnackt; **~оборо́т,** -а *m* halbe Umdrehung; **~о́стров,** -а, *Pl* полуостровá, -óв, -áм *m* Halbinsel; **~отво́ренный,** -ая, -ое; *Kzf* -ен, -а halbgeöffnet; halb offenstehend; halb verschlossen; **~откры́тый,** -ая, -ое; *Kzf* -ы́т, -а etwas geöffnet, halboffen; **~официа́льный,** -ая, -ое halboffiziell; **~пальто́** *n idkl* kurzer Mantel, dreiviertellanger Mantel; **~подва́л,** -а *m* Kellergeschoß, Souterrain; **~подва́льный,** -ая, -ое Souterrain-; **~прице́п,** -а *m* Sattelanhänger *Auto*; **~проводни́к,** -á *m phys* Halbleiter; **~проводнико́вый,** -ая, -ое *phys* Halbleiter-; ~проводнико́вый прибо́р Halbleitergerät; **~прозра́чный,** -ая, -ое; *Kzf* -чен, -чна halbdurchsichtig; **~пролета́рий,** -я *m* Halbproletarier; **~пусты́ня,** -и, *G Pl* -ты́нь *f* Halbwüste; **~разде́тый,** -ая, -ое; *Kzf* -éт, -а fast unbekleidet, halbbekleidet, halb angezogen; **~разру́шенный,** -ая, -ое; *Kzf* -шен, -а halbzerstört, halbverfallen

[1]**полусве́т,** -а *m* Halbdunkel, Dämmerlicht; schwache Beleuchtung

[2]**полусве́т,** -а *m* Halbwelt

полусло́во, -а *n* **1.** halbes Wort **2.** (*Pl* полусловá, -óв, -áм) unklare Andeutungen ◇ с -а поня́ть sofort verstehen

полусме́рть, -и *f*: до -и sehr stark; halbtot; испугáть до -и sehr heftig erschrecken; изби́ть до -и fast tot schlagen [prügeln]; halbtot prügeln

полу|сознá́тельный, -ая, -ое; *Kzf*

-лен, -льна halbbewußt; **~со́н,** -сна́ *m* Halbschlaf, Schlummer; **~со́нный,** -ая, -ое schlaftrunken, schläfrig; **~сре́дний,** -его *Subst m* Innenstürmer; ле́вый ~сре́дний der linke Innenstürmer, der Halblinke; **~ста́нок,** -нка *m* kleine Eisenbahnstation; **~сти́шие,** -я *n lit* Halbvers; **~тёмный,** -ая, -ое; *Kzf* -тёмен, -темна́ halbdunkel, schlecht beleuchtet

полуте́нь, -и, *P* о полуте́ни, в полутени́ *f* Halbschatten; schwacher Schatten, schwach beleuchtete Gegend

полуто́н, -а, *Pl* полуто́ны, -ов, -ам *u.* полутона́, -о́в, -а́м *m* **1.** *mus* Halbton **2.** Übergangstöne bei Farben

полу́торка, -и, *Pl G* -рок, *D*-ркам *f umg* Anderthalbtonner *Lkw*

полу|тьма́, -ы́ *f* Halbdunkel, Dämmerung; **~фабрика́т,** -а *m* **1.** Halbfabrikat **2.** *gewöhnlich Pl* Lebensmittel, die bereits weitgehend tischfertig verarbeitet sind und nur noch geringen Arbeitsaufwand für den Genuß erfordern; мясны́е ~фабрика́ты brat- oder kochfertige Fleischwaren; **~фина́л,** -а *m Sport* Halbfinale; **~часово́й,** -а́я, -о́е halbstündig

получа́тель, -я *m* Empfänger, Adressat

получа́ть(ся) *uv zu* получи́ть(ся)

получе́ние, -я *n* Erhalten, Bekommen; Empfang, Erhalt; распи́ска в -и Empfangsbestätigung, -bescheinigung; ~ прика́за Befehlsempfang

получи́ть, -учу́, -у́чишь; -у́ченный, -у́чен, -а *v* **1.** bekommen, erhalten, in Empfang nehmen; beziehen; zugesprochen bekommen *Titel*; ~ пе́нсию eine Rente beziehen; ~ пода́рок ein Geschenk bekommen; ~ учёную сте́пень einen wissenschaftlichen Grad verliehen bekommen **2.** entgegennehmen, erhalten; ~ прика́з den Befehl bekommen **3.** gewinnen, erhalten, herstellen; ~ бензи́н из угля́ Benzin aus Kohle herstellen **4.** *umg* sich holen, zuziehen *Krankheiten*; ~ анги́ну Angina bekommen **5.** finden, erhalten, abbekommen; ~ призна́ние Anerkennung finden; ~ изве́стность Berühmtheit erlangen; ~ огла́ску ruchbar werden, verlauten; ~ вы́говор eine Rüge erteilt bekommen; ~ замеча́ние einen Verweis bekommen; ~ пощёчину eine Ohrfeige (ab)bekommen; ~ примене́ние angewandt werden, Anwendung finden ‖ *uv* получа́ть, -а́ю, -а́ешь

получи́ться, *1. u. 2. Pers ungebr,* -у́чится *v* **1.** herausbekommen; im Ergebnis bekommen, werden, entstehen; сни́мок получи́лся хоро́ший das Bild ist schön geworden; ничего́ не получи́лось es ist nichts (daraus) geworden; es ist nicht gelungen; из меня́ кри́тика не полу́чится aus mir wird kein Kritiker **2.** geschehen, sich ereignen, sich ergeben; . . . что́бы не получи́лись непри́ятности . . . . . . damit sich keine Unannehmlichkeiten ergeben . . . **3.** *alt* eintreffen, ankommen ‖ *uv* получа́ться, -а́ется

полу́чка, -и, *Pl G* -чек, *D* -чкам *f umg* **1.** Bekommen, Empfang **2.** (Arbeits-) Lohn, Gehalt; в день -и am Gehaltstag, am Lohntag

полуша́рие, -я *n* **1.** Halbkugel; -я головно́го мо́зга *anat* Großhirnhemisphären **2.** *geogr, geol* Erdhalbkugel, Hemisphäre; се́верное ~ nördliche Erdhalbkugel

полу|шёлковый, -ая, -ое halbseiden; **~ше́рсть,** -и *f* Mischwolle; **~шерстяно́й,** -а́я, -о́е halbwollen, aus Mischwolle

полу́шка, -и, *Pl G* -шек, *D* -шкам *f* alte Kupfermünze vom Wert einer Viertelkopeke ◇ ни -и keinen roten Heller; kein Geld

полушу́бок, -бка *m* kurze Pelzjacke *gewöhnlich* kurzer Schafpelz

полушутя́ *Adv* halb im Scherz

полцены́ *f gewöhnlich mit* за: за ~ zum halben Preis

полчаса́, получа́са *m* eine halbe Stunde; в получа́се ходьбы́ eine halbe Stunde zu gehen; получа́сом ра́ньше eine halbe Stunde früher

по́лчище, -а, *I* -ем *n* **1.** große Heerschar, Kriegshorde **2.** *meist Pl übtr* Schar, Menge; ~ мух großer Fliegenschwarm; -а ни́щих Scharen von Bettlern

полшага́, полуша́га *m* ein halber Schritt

по́лый, -ая, -ое **1.** hohl, leer; ~ сте́бель hohler Stengel **2.** offen, eisfrei; -ое ме́сто на реке́ Wasserloch, eisfreie Stelle **3.:** -ая вода́ Hochwasser ◇ -ая ве́на *med* Hohlvene

по́лымя *N u. A, I* по́лымем *andere Kasus ungebr n alt u. gbt* Flamme ◇ из огня́ да в ~ vom Regen in die Traufe

полы́нный, -ая, -ое **1.** Wermuts-; -ые

за́пахи Wermutsdüfte 2. aus Wermut hergestellt, mit Wermut
полы́нь, -и *f* Wermut
полынья́, -ьи́, *Pl G* -не́й, *D* -нья́м *f* offene Stelle auf dem vereisten Fluß [See], Loch im Eis
полысе́ть, -е́ю, -е́ешь *v* eine Glatze bekommen, die Haare verlieren
полыха́ть, *1. u. 2. Pers ungebr*, -а́ет *uv umg* lodern, lichterloh brennen
по́льза, -ы *f* **1.** Nutzen, Vorteil; для твое́й -ы zu deinem Besten; в -у (*G*) zugunsten (von); не в -у *oder* не на -у zu Ungunsten; принести́ -у кому́-н. j-m Nutzen bringen; извле́чь из чего́-н. -у aus etw. Nutzen ziehen; идти́ кому́-н. на -у j-m zum Vorteil gereichen, j-m von Nutzen sein; в на́шу -у zu unseren Gunsten **2.** *alt* Gewinn, Profit
по́льзование, -я *n* Verwendung, (Be-) Nutzung, Gebrauch; инстру́кция о -и Gebrauchsanweisung; места́ о́бщего -я Toiletten, Aborte
по́льзоваться, -зуюсь, -зуешься *uv I* **1.** verwenden, gebrauchen, benutzen; nutzen; ~ свои́ми права́ми von seinen Rechten Gebrauch machen; ~ а́томной эне́ргией в ми́рных це́лях die Atomenergie zu friedlichen Zwecken nutzen **2.** (aus)nutzen; ~ удо́бным слу́чаем einen passenden Moment nutzen **3.** *mit abstraktem Subst* besitzen, haben; он по́льзуется больши́м авторите́том er erfreut sich großer Autorität
[1]**по́лька,** -и, *Pl G* -лек, *D* -лькам *f* Polin
[2]**по́лька,** -и, *Pl G* -лек, *D* -лькам *f* Polka *Tanz*
по́льский, -ая,-ое polnisch; По́льская Наро́дная Респу́блика Volksrepublik Polen
польсти́ть(ся) *v zu* льсти́ть(ся)
По́льша, -и, *I* -ей *f* Polen
полю ↑ поло́ть
полюби́ть, -люблю́, -лю́бишь *v* liebgewinnen, lieben
полюби́ться, -люблю́сь, -лю́бишься *v D umg* Liebe erwecken, gefallen, zu gefallen anfangen
полюбова́ться, -бу́юсь, -бу́ешься *v* **1.** на *A u. I* sich eine Zeitlang ergötzen **2.** *Imp* полюбу́йся, полюбу́йтесь *umg iron* sieh dir das mal an!, sehen Sie sich das mal an!
полюбо́вный, -ая, -ое **1.** gütlich, mit gegenseitigem guten Einvernehmen **2.** -о *Adv*: ко́нчить де́ло -о eine Sache im Guten beilegen
полюбопы́тствовать, -ствую, -ствуешь *v* Neugierde zeigen, neugierig sein
по́люс, -а *m* **1.** *geogr* Pol; Се́верный ~ Nordpol; Ю́жный ~ Südpol **2.** *phys* Pol *des Magneten, Elektromagneten* **3.** *übtr* polarer Gegensatz
По́ля, -и *f Dem zu* Поли́на
поля́к, -а *m* Pole
поля́на, -ы *f* Lichtung, Waldwiese
поляриза́ция, -и *f phys* Polarisation
поля́рник, -а *m* Polarforscher, Teilnehmer einer Expedition in die Polargebiete
поля́рный, -ая, -ое; *Kzf* -рен, -рна **1.** *nur Langform* Polar-, polar; -ые острова́ Inseln im Polargebiet; -ая экспеди́ция Polarexpedition; ~ день Polarsommer; -ая ночь Polarnacht; ~ круг Polarkreis **2.** *phys* polar, negative und positive Ladungen betreffend; -ые соедине́ния polare Verbindungen **3.** *übtr buchspr* polar, vollkommen gegensätzlich; -ые мне́ния in krassem Gegensatz zueinander stehende Meinungen
пом- *in Zuss Abk für* помо́щник Helfer *z. B.* помре́ж Regieassistent
пома́да, -ы *f* Pomade; ~ для воло́с Haarpomade; губна́я ~ Lippenstift
пома́дить, -а́жу, -а́дишь *uv* mit Pomade einreiben
пома́дка, -и, *Pl G* -док, *D* -дкам *f* weiches, flaumiges Konfekt; сли́вочная ~ Sahnenkonfekt, eine besondere Konfektsorte, die weich und flaumig ist und süße Sahne enthält
пома́зание, -я *n kirch* Salbungszeremonie *bei der Taufe, der letzten Ölung, der Krönung*
пома́занник, -а *m kirch* der Gesalbte
по|ма́зать* *v* **1.** einfetten, mit Fett [Tran, Öl] einschmieren; он пома́зал сапоги́ дёгтем er fettete die Stiefel mit Wagenschmiere ein **2.** *kirch* salben *einen Herrscher, hohen kirchlichen Würdenträger* ‖ *uv* пома́зывать, -аю, -аешь *zu* 2
по|ма́заться* *v* **1.** sich einschmieren, sich einfetten **2.** *kirch* sich salben lassen ‖ *uv* пома́зываться, -аюсь, -аешься *zu* 2
помазо́к, -зка́ *m* (kleiner) Pinsel, Quast
пома́зывать(ся) *uv zu* пома́зать(ся)
помака́ть, -а́ю, -а́ешь *v* einige Male eintauchen

помалéньку *Adv umg* langsam, gemach; bescheiden; жить ~ leidlich [recht und schlecht] leben

помáлкивать, -аю, -аешь *uv umg* schweigen, sich vom Gespräch zurückziehen, sich am Gespräch nicht beteiligen; sich ausschweigen

помáлу *Adv alt, umg* ein wenig, ein bißchen; allmählich

поманúть *v zu* манúть

помáргивать, -аю, -аешь *uv umg* von Zeit zu Zeit (zu)blinzeln

помáрка, -и, *Pl G* -рок, *D* -ркам *f* Verbesserung bzw. Streichung im Text

помáслить, -лю, -лишь; -ленный, -лен, -а *v umg* leicht einfetten, *mit Fett, Öl usw.* einreiben

по|махáть* *v I* mehrere Male, eine Zeitlang, ein wenig winken [schwenken]; ~ крыльями mit den Flügeln schlagen; ~ хвостóм mit dem Schwanze wedeln; ~ вéером fächeln

помáхивать, -аю, аешь *uv I* von Zeit zu Zeit leicht winken [schwenken]; wedeln; fächeln

помéдлить, -лю, -лишь *v* ein wenig abwarten, zaudern, einhalten, zögern; ~ с ответóм nicht gleich antworten, mit der Antwort eine Zeitlang zurückhalten

помелéть, *1. u. 2. Pers ungebr*, -éет *v umg* seicht werden, versanden

помелó, -á, *Pl selten* помéлья, -ьев, -ьям *n* Besen(wisch) *a. zum Schornstein- und Ofenreinigen*

помéньше *Adv* etwas kleiner, niedriger; etwas weniger

поменя́ть, -я́ю, -я́ешь; помéнянный, -ян, -а *v umg* **1.** (ein-, um)tauschen (на *A* gegen) **2.** wechseln

поменя́ться, -я́юсь, -я́ешься *v* с *I* (um-, aus-, ver)tauschen, wechseln; он поменя́лся взгля́дом с ним er tauschte mit ihm einen Blick aus

померáнец, -нца, *I* -нцем, *G Pl* -нцев *m* **1.** Pomeranze *Frucht* **2.** Pomeranzenbaum

по|мерéть*; пóмер, -лá! *v umg* sterben ‖ *uv* помирáть, -áю, -áешь; помирáть сó смеху [со смéха] vor Lachen umkommen, sterben

померéщиться *v zu* мерéщиться

помёрзлый, -ая, -ое *umg* erfroren, vom Frost zerstört; -ые óвощи erfrorenes Gemüse

помёрзнуть, -ну, -нешь; помёрз, -ла *v umg* **1.** erfrieren *von vielen oder vielem* **2.** eine Zeitlang frieren, unter Frost leiden

помéрить, -рю, -ришь *v* **1.** anprobieren *Kleidung* **2.** eine Zeitlang messen

помéриться *v zu* мéриться

помéркнуть, -нет; помéрк, -ла *u. alt* помéркнул, -а; помéрк(нув)ший *v* **1.** verblassen, matt werden; свет помéрк das Licht verlosch **2.** *übtr* die Bedeutung [Kraft] verlieren

помертвéлый, -ая, -ое leichenblaß, leblos, wie tot; erstarrt, ersterbend *Lippen, Gesicht, Hände*

помертвéть *v zu* мертвéть

пóмесный, -ая, -ое *landw* durch Kreuzung verschiedener Arten bzw. Rassen erzielt; -ые мáтки durch Kreuzung gewonnene Muttertiere

поместúтельный, -ая, -ое; *Kzf* -лен, -льна geräumig

поместúть, -ещý, -естúшь; -ещённый, -ещён, -ещенá *v* **1.** unterbringen, hinstellen **2.** einen Raum zur Verfügung stellen **3.** unterbringen *an einer Schule, einer Institution* **4.** anlegen *Geld. Kapital* **5.** veröffentlichen, publizieren *Artikel, Aufsatz* ‖ *uv* помещáть, -áю, -áешь

поместúться, -ещýсь, -естúшься *v* **1.** Platz haben, hineingehen **2.** sich einquartieren, Wohnung finden; Platz nehmen; wohnen; sich niederlassen ‖ *uv* помещáться, -áюсь, -áешься

помéстный, -ая, -ое *hist* Feudal-, Gutsbesitzer-; -ое дворя́нство Landadel; -ые войскá vom Lehnsadel gestellte Truppen

помéстье, -ья, *Pl G* -тий, *D* -тьям *n* Gutshof, (Land-) Gut

помéстьице, -а, *I* -ем *n Dem zu* помéстье kleines (Land-) Gut

пóмесь, -и *f* **1.** Mischrasse, Kreuzungsprodukt *von Tieren, Pflanzen*; Mischling, Hybride, Bastard **2.** *übtr umg* Mischung, Gemisch

помéсячный, -ая, -ое monatlich

помёт, -а *m* **1.** Mist, Tierkot; курúный ~ Hühnermist **2.** *landw, Jagd* Wurf *junger Hunde, Hasen, Kaninchen, Füchse usw.*

помéта, -ы *f* **1.** An-, Bemerkung, Vermerk, Notiz; ~ на поля́х Randbemerkung **2.** *in Wörterbüchern* Sachgebietsangabe; Bewertung *Stil*; грамматúческая ~ spezielle grammatikalische Anmerkung in Wörterbüchern

помéтить, -éчу, -éтишь; -éченный, -éчен, -а *v* (be)zeichnen, vermerken, notieren; ~ числóм datieren ‖ *uv* помечáть, -áю, -áешь

поме́тка, -и, *Pl G* -ток, *D* -ткам *f* An-, Bemerkung, Vermerk, Notiz
помеха, -и *f* 1. Störung, Hindernis 2. *Pl rad* Störungen; звукова́я ~ Tonstörung
помеча́ть *uv zu* поме́тить
помечта́ть, -а́ю, -а́ешь *v* ein wenig träumen, sich in der Phantasie ausmalen
поме́шанный, -ая, -ое; *Kzf* -ан, -а 1. verrückt, geistesgestört, wahnsinnig 2. -ого *Subst m* Verrückter 3. *übtr umg* на *P* versessen (auf), verrückt (auf), vernarrt (in)
помеша́тельство, -а *n* Geistesgestörtheit, Wahnsinn, Irrsinn
[1]**помеша́ть** *v zu* [1]меша́ть
[2]**помеша́ть,** -а́ю, -а́ешь; поме́шанный, -ан, -а *v* eine Zeitlang (um)-rühren; leicht (um)rühren
помеша́ться, -а́юсь, -а́ешься *v* 1. verrückt [geisteskrank] werden 2. *übtr umg* на *P* vernarrt sein (in), versessen sein (auf), verrückt sein (auf)
помеща́ть *uv zu* помести́ть
помеща́ться, -а́юсь, -а́ешься *uv* 1. *uv zu* помести́ться 2. sich befinden, untergebracht sein
помеще́ние, -я *n* 1. Unterbringung; Anlage von Geld; Anlegen, Investieren; Unterbringung zur Veröffentlichung *Artikel*; ~ капита́ла Kapitalinvestition 2. Raum, Räumlichkeit, Lokal, Gebäude; жило́е ~ Wohnraum
поме́щик, -а *m* Gutsbesitzer, -herr
поме́щица, -ы, *I* -ей *f* 1. Gutsbesitzerin 2. *umg* Frau des Gutsbesitzers
поме́щичий, -ья, -ье Gutsbesitzer-
помидо́р, -а *m* Tomate *Pflanze u. Frucht*
поми́лование, -я *n alt* 1. Vergebung 2. Begnadigung, Amnestie
поми́ловать, -лую, -луешь; -лованный, -лован, -а *v* 1. vergeben, verzeihen; го́споди, поми́луй! Herr, erbarme Dich unser! 2. begnadigen, amnestieren 3. *Imp* поми́луй(те) *umg in der Entgegnung*: aber ich bitte dich (Sie)!, erlaube(n Sie) mal!
помилосе́рдствовать, -твую, -твуешь *v alt* 1. Erbarmen haben 2. *Imp* помилосе́рдствуй(те)! aber ich bitte dich (Sie)!
поми́мо *Präpos mit G* außer; abgesehen von, ungeachtet; ~ меня́ ohne mein Wissen; ~ того́, что ... (ganz) abgesehen davon, daß ...; ~ всего́ про́чего außerdem, abgesehen von allem anderen
поми́н, -а *m alt, volksspr* Gedenken ◇ и -а [-у] нет о чём-н. keiner redet mehr davon, kein Hahn kräht mehr danach; и в -е нет es existiert nicht mehr, es ist keine Rede davon; лёгок на -е er kommt wie gerufen
помина́ть, -а́ю, -а́ешь *uv* 1. *A oder* о *P* gedenken, sich erinnern; erwähnen; ~ добро́м [до́брым сло́вом] ein gutes Andenken bewahren 2. *kirch* für einen Kranken oder einen Toten beten, im Gottesdienst gedenken 3. am Leichenschmaus teilnehmen ◇ понима́й как зва́ли längst über alle Berge; spurlos verschwunden; не помина́йте ли́хом behalte(n Sie) mich in gutem Andenken; ~ ста́рое alte Geschichten erzählen, alten Kohl aufwärmen ‖ *v* помяну́ть, -яну́, -я́нешь; -я́нутый, -я́нут, -а; помяни́(те) моё сло́во denke(n Sie) daran, was ich dir (Ihnen) gesagt habe; не тем будь помя́нут das soll kein Vorwurf sein
поми́нки, -нок, -нкам *Pl* Leichenschmaus
помину́тный, -ая, -ое 1. nach Minuten berechnet 2. jeden Augenblick, ständig, alle Minuten 3. -о *Adv* jede Minute, jeden Augenblick
помира́ть *uv zu* помере́ть
помири́ть, -рю́, -ри́шь; -рённый, -рён, -рена́ *v* versöhnen
помири́ться, -рю́сь, -ри́шься *v* 1. с *I* sich ver-, aussöhnen 2. с *I* sich abfinden (mit), sich gewöhnen (an) 3. на *P* sich begnügen (mit)
по́мнить, -ню, -нишь *uv A oder* о *P oder* про *A* sich erinnern, denken (an) ◇ не ~ себя́ sich nicht fassen können, außer sich sein (vor); не по́мнит себя́ от гне́ва er ist vor Wut aus der Fassung geraten
по́мниться, *1. u. 2. Pers ungebr*, -ится *uv* 1. sich erinnern [entsinnen], in Erinnerung bewahren; мне по́мнится э́тот день ich erinnere mich an diesen Tag 2. (*nur 3. Pers Präs* по́мнится) *mod* soviel ich mich entsinne
помно́гу *Adv umg* viel, in großer Menge
помножа́ть *uv zu* помно́жить
помно́жить, -жу, -жишь; -женный, -жен, -а *v* multiplizieren; ~ два на три zwei mit drei multiplizieren; *übtr* vermehren, vergrößern ‖ *uv* помножа́ть, -а́ю, -а́ешь
помога́ть *uv zu* помо́чь

помóи, -ев *Pl* Spülwasser, Spülicht
помóйка, -и, *Pl G* -мóек, *D* -мóйкам *f umg* Müllkasten, Abfallgrube
помóйный, -ая, -ое Spülicht-, Abfall-; -ая я́ма Abfallgrube
помóл, -а *m* **1.** Mahlen; мукá крýпного -а grobgemahlenes Mehl, Schrot; мукá тóнкого [мéлкого] -а feingemahlenes Mehl **2.** bis zu einer bestimmten Frist, in einer bestimmten Menge gemahlenes Getreide
помóлвить, -влю, -вишь; -вленный, -влен, -а *v* с *I u.* за *A alt* verloben, für verlobt erklären
помóлвка, -и *f alt* Verlobung
помоли́ться, -олю́сь, -óлишься *v* **1.** *v zu* моли́ться **2.** eine Zeitlang beten
помолодéть, -éю, -éешь *v* jünger werden, sich jünger fühlen, ein jugendliches Aussehen erhalten
по|молóть* *v* **1.** eine Zeitlang mahlen **2.** *volksspr* zu Ende mahlen, alles aufmahlen
помолчáть, -чý, -чи́шь *v* eine Zeitlang schweigen
помóр, -а *m* Küstenbewohner russischer Abstammung am Weißen Meer und am Nördlichen Eismeer
помори́ть, -рю́, -ри́шь; -рённый, -рён, -ренá *v* **1.** eine Zeitlang quälen **2.** *umg* vergiften, *alle, viele* umbringen, vertilgen, totmachen
помóрщиться, -щусь, -щишься *v* **1.** das Gesicht verziehen, die Stirn runzeln **2.** eine Weile das Gesicht verziehen
помóрье, -ья *n* Küstenstrich, -land
помóст, -а *m* **1.** Podium, Brettergerüst **2.** *alt* Schafott **3.** Fahrbahn *der Brücke*
пóмочи, -éй *Pl* **1.** Riemen, Tragband, Haltegurt **2.** Hosenträger ◇ быть [ходи́ть] на -áх у когó-н. sich von j-m gängeln lassen; води́ть на -áх когó-н. j-n am Gängelband führen; j-n an der Strippe haben
помочи́ться *v zu* мочи́ться
по|мóчь* *v* **1.** helfen, Hilfe leisten; zu Hilfe kommen; materielle Unterstützung geben; помоги́те! Hilfe!; ~ комý-н. слóвом и дéлом j-m mit Rat und Tat zur Seite stehen; ~ комý-н. в трýдном положéнии j-m aus der Verlegenheit helfen; ~ гóрю [бедé] j-m aus der Not helfen **2.** helfen, fruchten, Heilung bringen *von Arzneien* ‖ *uv* помогáть, -áю, -áешь
помóщник [шн], -а *m* **1.** Helfer; Hilfskraft **2.** Stellvertreter; Hilfe
пóмощь, -и *f* Hilfe, Beistand, Unterstützung; на ~! Hilfe!; пéрвая ~ Erste Hilfe; оказáть ~ Hilfe leisten; подáть рýку -и hilfreich sein, unter die Arme greifen; прийти́ на ~ zu Hilfe kommen; при -и *oder* с -ью mit Hilfe von, durch, mittels
[1]**пóмпа,** -ы *f* Pomp, Prunk
[2]**пóмпа,** -ы *f tech* Pumpe
помпéзный, -ая, -ое; *Kzf* -зен, -зна pompös, prunkhaft
помпóн, -а *m* Bommel, Bummel *an Mützen usw.*
помрачáть(ся) *uv zu* помрачи́ть(ся)
помрачéние, -я *n* Verfinsterung; ~ зрéния Trübung der Sehkraft; ~ сознáния kurzanhaltender Verlust des Bewußtseins ◇ умá [умý] ~ etwas Berückendes
помрачи́ть, *1. u. 2. Pers ungebr*, -чи́т; -чённый, -чён, -ченá *v* **1.** verdüstern, beschatten; *poet übtr* verdüstern *Augen, Blick* **2.** *alt* übertreffen; ~ свои́м блéском in den Schatten stellen ‖ *uv* помрачáть, -áет
помрачи́ться, *1. u. 2. Pers ungebr*, -и́тся *v alt* sich verfinstern, sich trüben ‖ *uv* помрачáться, -áется
помрачнéть, -éю, -éешь *v* finster werden, düster werden, sich verdunkeln
помýс(ó)лить, -лю, -лишь *v volksspr* leicht mit Speichel benetzen
помути́ть, -учý, -ýти́шь *v* **1.** leicht trüben **2.** *übtr* (помутнённый, -ён, -енá) benebeln, verwirren *Bewußtsein*
помути́ться, *1. u. 2. Pers ungebr*, -ýти́тся *v* **1.** sich trüben **2.** *übtr* sich trüben, verwirren *Verstand, Bewußtsein*; в глазáх [в головé] у негó помути́лось die Sinne schwanden ihm; er sank halb in Ohnmacht
помутнéть, *1. u. 2. Pers ungebr*, -éет *v* trüb werden *Wasser; Augen*
помýчить, -чу, -чишь; -ченный, -чен, -а *v* eine Zeitlang quälen
помчáть, -чý, -чи́шь *v* **1.** anfangen etwas schnell davonzutragen, mit etw. schnell loszufahren **2.** *umg* losstürmen, -eilen
помчáться, -чýсь, -чи́шься *v* losstürmen, schnell dahinfahren, rennen
помыкáть, -áю, -áешь *uv I* schlecht behandeln, despotisch umgehen
пóмысел *u. alt* **пóмысл,** -сла *m buchspr* Gedanke, Absicht, Vorhaben
помы́слить *v zu* помышля́ть
по|мы́ть* *v* (ab-, aus)waschen
по|мы́ться* *v* sich (ab)waschen

помышля́ть, -я́ю, -я́ешь *uv* о *P* (ge)denken, sinnen, im Sinne haben, vorhaben; träumen ‖ *v* помы́слить, -лю, -лишь

помяну́ть *v zu* помина́ть

помя́тый, -ая, -ое **1.** zerdrückt, zerknittert **2.** müde, nicht frisch

по|мя́ть* *v* **1.** zerdrücken, -knittern, zerknüllen, verbeulen; niedertreten, -fahren *Gras* **2.** durch Drücken verletzen, beschädigen ◇ ∼бока́ кому́-н. *volksspr* j-n verprügeln

по|мя́ться* *v* **1.** *1. u. 2. Pers ungebr* zerknittern, sich knüllen; *übtr* müde [abgespannt] sein *Gesicht* **2.** *umg* von einem Bein aufs andere treten **3.** unschlüssig sein, sich genieren, schwanken

понаве́даться, -аюсь, -аешься *v* **1.** *umg* besuchen, aufsuchen, einkehren (bei) **2.** *volksspr* in Erfahrung bringen, erfahren (über)

понаде́яться, -е́юсь, -е́ешься *v* на *A*, *mit Inf oder mit Konj* что hoffen (auf) *meist von unerfüllten Hoffnungen*; на *A* sich verlassen (auf), bauen (auf) *meist wenn das Vertrauen enttäuscht wurde*

пона́добиться, -блюсь, -бишься *v* gebraucht [benötigt] werden ◇ е́сли пона́добится wenn nötig; мне э́то пона́добится ich werde es brauchen

понапра́сну *Adv umg* **1.** umsonst, unnütz **2.** ohne triftigen Grund

понаслы́шке *Adv volksspr* vom Hörensagen; aus Erzählungen, durch Gerüchte

понату́житься, -жусь, -жишься *v umg* die Kräfte anspannen; sich noch etwas anstrengen

понача́лу *Adv umg* anfangs; zu Beginn

понево́ле *Adv umg* notgedrungen, gezwungenermaßen

понеде́льник, -а *m* Montag

понеде́льный, -ая, -ое wöchentlich, für je eine Woche

поне́житься, -жусь, -жишься *v* sich eine Zeitlang dem behaglichen Gefühl des Nichtstuns, der Ruhe hingeben; sich ein wenig aalen

понемно́гу *u. umg* **понемно́жку** *Adv* **1.** ein wenig, ein bißchen **2.** allmählich, nach und nach **3.** *umg* leidlich, so einigermaßen *als Antwort auf die Frage* как пожива́ешь? wie geht es?

поне́рвничать, -аю, -аешь *v* eine Zeitlang nervös sein, ein bißchen nervös werden

по|нести́* *v* **1.** tragen **2.** durchgehen *Pferde*; ло́шадь понесла́ экипа́ж das Pferd ging durch und raste mit dem Wagen davon **3.** mitnehmen *vom Wind, Wasser*; mit forttreiben, -reißen **4.** *unpers I* wehen; riechen (nach), sich verbreiten *Geruch* **5.** *mit abstraktem Subst* erleiden; ∼ поте́ри Verlust erleiden; ∼ пораже́ние eine Niederlage erleiden; ∼ наказа́ние bestraft werden **6.** (∼ чепуху́ *oder* ерунду́) beginnen dummes Zeug zu reden **7.** *alt u. gbt* schwanger werden

по|нести́сь* *v* **1.** losjagen, losrennen **2.** weithin erschallen; sich verbreiten *Geruch*

по́ни *m idkl* Pony

понижа́ть(ся) *uv zu* пони́зить(ся)

пониже́ние, -я *n* **1.** Senken, Sinken; Degradierung *Dienststellung*; Ermäßigung *Preise*; Fallen *Temperatur* **2.** niedrige Stelle im Gelände

пони́женный, -ая, -ое **1.** gesenkt, herabgesetzt **2.** niedriger als normal [gewöhnlich]; -ая температу́ра zu niedrige Temperatur, Untertemperatur

пони́зить, -и́жу, -и́зишь; -и́женный, -и́жен, -а *v* **1.** niedriger machen, senken **2.** das Niveau [den Grad] senken, abmindern, herabsetzen; verschlechtern; ка́чество проду́кции ∼ es zu einer Qualitätsminderung kommen lassen **3.** *umg* degradieren, in eine niedrigere Dienststellung versetzen **4.** *mus* niedriger stimmen ◇ ∼ го́лос [тон] leiser als gewöhnlich [als vorher] sprechen ‖ *uv* понижа́ть, -а́ю, -а́ешь

пони́зиться, *1. u. 2. Pers ungebr*, -ни́зится *v* **1.** sich senken **2.** niedriger werden, sich verringern; sinken **3.** sich verschlechtern; слы́шимость пони́зилось die Hörbarkeit verschlechterte sich **4.** niedriger [leiser] zu tönen beginnen ‖ *uv* понижа́ться, -а́ется

по́низу *Adv* ganz unten, dicht über dem Erdboden

поника́ть *uv zu* пони́кнуть

пони́клый, -ая, -ое *umg* herabhängend, gesenkt

пони́кнуть, -ну, -нешь; пони́к, -ла; пони́к(нув)ший *v* **1.** sich neigen, sich beugen **2.** *I* herabhängen lassen, sich krümmen, neigen *Kopf, Blätter*; ∼ голово́й den Kopf hängen lassen; sich in niedergedrückter Stimmung befinden ‖ *uv* поника́ть, -а́ю, -а́ешь

понима́ние, -я *n* **1.** Verstehen, Begreifen, Verständnis; Einsicht; э́то вы́ше моего́ -я das geht über meinen

Verstand 2. Konzeption, Auffassung, Auslegung
понимáть, -áю, -áешь *uv* 1. *uv zu* понять 2. *A oder* в *P* Verständnis haben (für), ein Kenner sein, sich auskennen (in); он ничегó в э́том не понимáет er hat keine Ahnung davon 3. der Auffassung sein, verstehen ◇ э́то я понимáю! so ist es richtig!; das ist das Richtige!
поножóвщина, -ы *f umg* Messerstecherei
пономáрь, -я́ *m* Küster, Kirchendiener
понóс, -а *m med* Durchfall
[1]**поносúть,** -ошу́, -óсишь; -óшенный, -óшен, -а *v* eine Zeitlang tragen
[2]**поносúть,** -ошу́, -óсишь *uv* beschimpfen, durch üble Schmähungen beleidigen
понóска, -и *f* 1. das vom Hund Apportierte 2. Apportieren
поношéние, -я *n alt* Beschimpfung, Schmähung; Schimpfwort
понóшенный, -ая, -ое; *Kzf* -ен, -а abgetragen, abgenutzt
понрáвиться *v zu* нрáвиться
понтóн, -а *m* Ponton
понтóнный, -ая, -ое Ponton-; ~ мост Pontonbrücke, Schiffbrücke
понýдить, -у́жу, -у́дишь; -уждённый, -уждён, -уждена́ *v* zwingen, nötigen (zu) ‖ *uv* **понуждáть,** -áю, -áешь
понуждéние, -я *n* Zwang, Nötigung
понукáть, -áю, -áешь *uv* antreiben, zur Eile anhalten
понýривать *uv zu* понýрить
понýрить, -рю, -ришь; -ренный, -рен, -а *v* hängen lassen, neigen; ~ гóлову den Kopf hängen lassen, traurig sein ‖ *uv* понýривать, -аю, -аешь
понýрый, -ая, -ое; *Kzf* -у́р, -а niedergeschlagen; с -ой головóй mit hängendem Kopf
пóнчик, -а *m* Pfannkuchen
поны́не *Adv alt* bis jetzt, bis auf den heutigen Tag
понюхать *v zu* ню́хать
поня́тие, -я *n* 1. *phil* Begriff 2. Begriff, Vorstellung 3. *gewöhnlich Pl* Gesamtheit der Ansichten; Verständnis; *umg* Meinung; не имéть ни малéйшего -я о чём-н. nicht die geringste Ahnung von etw. haben, keinen blassen Schimmer von etw. haben; состáвить себé ~ о чём-н. sich von etw. ein Bild machen; дать ~ о кóм-н. *oder* о чём-н. einige Angaben über j-n *oder* über etw. machen
поня́тливость, -и *f* Verständigkeit, Auffassungskraft, Aufgewecktheit
поня́тливый, -ая, -ое; *Kzf* -ив, -а verständig, von leichter Auffassung; ~ ребёнок ein aufgewecktes Kind
поня́тно 1. *Adv* verständlich, klar 2. *mod umg* natürlich, es versteht sich
поня́тный, -ая, -ое; *Kzf* -тен, -тна 1. verständlich, klar, begreiflich 2. begründet, erklärlich 3. *volksspr alt* verständig, schnell von Begriff
понятóй, -óго *Subst m jur alt* Beistand, Zeuge
поня́ть* *v* 1. verstehen, begreifen; ~ значéние die Bedeutung (einer Sache) erkennen; дать ~ zu verstehen geben 2. anerkennen, verstehen und schätzen ‖ *uv* понимáть, -áю, -áешь
пообéдать, -аю, -аешь *v* zu Mittag essen; das Mittagessen beenden
пообещáть, -áю, -áешь; пообéщанный, -ан, -а *v umg* versprechen, ein Versprechen geben
пóодаль *Adv* in geringer Entfernung, etwas entfernt
поодинóчке *Adv* einzeln
поострúть, -рю́, -ри́шь *v umg* eine Zeitlang witzeln, Witze reißen
поохóтиться, -óчусь, -óтишься *v* eine Zeitlang jagen, eine gewisse Zeit auf der Jagd zubringen
поочерёдно *Adv* der Reihe nach, abwechselnd
поощрéние, -я *n* 1. Ansporn, Aufmunterung, Ermutigung, Förderung 2. anspornende Belohnung
поощри́тельный, -ая, -ое; *Kzf* -лен, -льна anspornend, fördernd, ermunternd; -ая прéмия Trostpreis
поощрúть *v zu* поощря́ть
поощря́ть, -я́ю, -я́ешь *uv* anspornen, auf-, ermuntern, fördern ‖ *v* поощри́ть, -рю́, -ри́шь; -рённый, -рён, -рена́
поп, -á *m umg* Pfaffe, Pope, orthodoxer Geistlicher ◇ какóв ~, такóв и прихóд wie der Herr, so das Gescherr; на -á (по)стáвить *volksspr* aufrecht [senkrecht] stellen
попадáние, -я *n* Treffen *des Zieles*; Treffer; прямóе ~ Volltreffer; вероя́тность -я Treffwahrscheinlichkeit
попáдать, -ает, -аем, -аете *v* nacheinander hin-, herunter-, umfallen *alles, viel*
попадáть(ся) *uv zu* попáсть(ся)
попáриться, -рюсь, -ришься *v* sich

eine Zeitlang im Dampfbad mit dem Birkenbesen schlagen

попа́рно *Adv* paarweise

по|па́сть*; попа́вший *v* **1.** в *A* treffen *Ziel*; пу́ля попа́ла ему́ в плечо́ die Kugel traf ihn in die Schulter **2.** в *A* hineinstecken; ~ ключо́м в замо́чную ды́рку den Schlüssel ins Schlüsselloch stecken **3.** *wohin* gelangen, ungewollt geraten, hineinkommen; einen Ort erreichen; как мне ~ туда́? wie kann ich dahin kommen?; ~ в ру́ки врага́ in die Hand des Feindes fallen; in eine bestimmte Lage kommen; ~ впроса́к hereinfallen, durch eigene Schuld in eine nicht beneidenswerte Lage geraten; ~ в беду́ ins Unglück geraten **4.** *I* versehentlich irgendwohin treten **5.** kommen, gelangen; ~ во флот zur Flotte kommen **6.** zufällig treffen, begegnen **7.** *unpers umg D* einiges abkriegen; Schläge [Schelte] abbekommen; тебе́ от неё попадёт du wirst es noch kriegen von ihr **8.** *nur Prät Sg n* попа́ло *mit vorausgehendem Pron oder Adv* ganz gleich, egal; где попа́ло gleich wo; как попа́ло ganz gleich wie, wie es sich gerade traf; како́й попа́ло ganz egal welcher; кто [что] попа́ло ganz gleich wer [was]; кому́ попа́ло dem ersten besten; ganz gleich wem ◇ ~ на глаза́ zufällig unter die Augen kommen; чем попа́ло *oder volksspr* чем (ни) по́падя *umg* ganz gleich womit; mit dem, was gerade unter die Hände kommt; ~ па́льцем в не́бо ins Blaue treffen ‖ *uv* попада́ть, -а́ю, -а́ешь

по|па́сться*; попа́вшийся *v* **1.** gegen seinen eigenen Willen in eine bestimmte Lage geraten; ~ в лову́шку in die Falle gehen; ~ в плен in Gefangenschaft geraten **2.** в *P* ertappt werden (bei) **3.** *umg* sich treffen, begegnen; zufällig sich finden; in die Hände fallen; че́рез неде́лю он мне опя́ть попа́лся на ле́стнице in einer Woche traf ich ihn wieder auf der Treppe; ~ на глаза́ unter die Augen kommen, sich zufällig blicken lassen; пе́рвый попа́вшийся der erste beste ‖ *uv* попада́ться, -а́юсь, -а́ешься

попа́хивать, -ает *gewöhnlich unpers uv I umg* ein wenig riechen (nach), einen Geruch von sich geben; einen unangenehmen Geruch von sich geben *von Lebensmitteln, die verderben*

попеня́ть *v zu* пеня́ть

попервоnача́лу *Adv volksspr* ganz am Anfang, anfangs

попере́к **1.** *Adv* quer, querdurch; *übtr* entgegen **2.** *Präpos mit G* querdurch, querüber; ~ доро́ги in die Quere kommen; in den Weg stellen; вдоль и ~ kreuz und quer; *übtr* durch und durch; знать что́-н. вдоль и ~ etw. in- und auswendig kennen

попереме́нно *Adv* abwechselnd, der Reihe nach

попере́чина, -ы *f* Holm, Querholz, Querbalken

попере́чник, -а *m* Durchmesser

попере́чный, -ая, -ое Quer-, quer verlaufend; ка́ждый встре́чный и ~ der erste beste

поперхну́ться, -ну́сь, -нёшься *v I* sich verschlucken (an)

попе́рчить, -чу, -чишь; -ченный, -чен, -а *v* leicht pfeffern, mit etwas Pfeffer bestreuen

попече́ние, -я *n* Fürsorge, Obhut, Pflege; быть на -и in Pflege sein, unter Obhut stehen

попечи́тельство, -а *n* **1.** Vormundschaft, Kuratel **2.** *hist* Fürsorgeamt

попива́ть, -а́ю, -а́ешь *uv umg* **1.** ein bißchen trinken **2.** sich ab und zu betrinken

по|пи́ть*; по́пил, -ла́! *u.* попи́л, -ла́! *v umg* **1.** eine Zeitlang trinken, eine Zeitlang ein bestimmtes Getränk zu sich nehmen **2.** trinken, sich satttrinken

popла́вать, -аю, -аешь *v* eine Zeitlang schwimmen

поплаво́к, -вка́ *m* **1.** Schwimmer *an der Angel, am Netz*; Boje **2.** *umg* schwimmendes Restaurant; auf einem Schiff oder auf einem Pfahlbau über dem Wasser eingerichtetes Restaurant **3.** Schlauchboot, Ponton **4.** Schwimmer *eines Wasserflugzeuges*

по|пла́кать* *v* eine Zeitlang weinen

поплати́ться, -ачу́сь, -а́тишься *v I umg* bezahlen, büßen; ~ жи́знью mit dem Leben bezahlen ◇ ~ за други́х die Zeche bezahlen müssen

попли́н, -а *m* Popeline; пла́тье из -а Popelinekleid

попли́новый, -ая, -ое aus Popeline, Popeline-; -ая ю́бка Popelinerock

поплотне́ть, -е́ю, -е́ешь *v* **1.** dichter werden, kompakter werden **2.** voller [dicker] werden

по|плы́ть* *v* beginnen zu schwimmen; всё поплы́ло пе́ред глаза́ми alles verschwamm vor den Augen

попо́вич, -а, *I* -ем, *G Pl* -ей *m umg* Sohn des Popen; Mann aus dem geistlichen Stande

попо́вна, -ы, *Pl G* -вен, *D* -внам *f umg* Tochter des Popen

попо́вщина, -ы *f verächtl* religiöser Obskurantismus

попо́зже *Adv* ein bißchen später

попо́йка, -и, *Pl G* -о́ек, *D* -о́йкам *f umg* Saufgelage; Zecherei

попола́м *Adv* 1. in zwei Hälften, in zwei gleiche Teile; mittendurch 2. с *I* halbpart; zu zwei gleichen Teilen (mit j-m) 3. с *I* zur Hälfte, halb (mit etw.); ме́лкий до́ждик ~ с сне́гом halb Sprühregen, halb Schnee

поползнове́ние, -я *n* Versuch; Anspruch, Anwandlung, Absicht, Wunsch

по|ползти́* *v* beginnen zu kriechen

пополне́ние, -я *n* 1. Auffüllung, Ergänzung, Erweiterung 2. *mil* neue Truppen zur Auffüllung, Reserven

пополне́ть, -е́ю, -е́ешь *v* dicker, voller werden

попо́лнить, -ню, -нишь; -ненный, -нен, -а *v* ergänzen, auffüllen || *uv* **пополня́ть,** -я́ю, -я́ешь

попо́лниться, *1. u. 2. Pers ungebr*, -ится *v* sich ergänzen, sich vervollständigen || *uv* **пополня́ться,** -я́ется

пополу́дни *Adv* nachmittags; бы́ло о́коло четырёх часо́в ~ es war so um vier Uhr nachmittags

пополу́ночи *Adv* nach Mitternacht

попо́льзоваться, -зуюсь, -зуешься *v umg I* 1. etw. ausnutzen, für sich Vorteil aus einer Sache ziehen 2. eine Zeitlang benutzen

попо́мнить, -ню, -нишь *v D umg* im Gedächtnis behalten um zu vergelten, heimzahlen; попо́мни(те) моё сло́во [меня́] denk(en Sie) an meine Worte [an mich]

попо́на, -ы *f* Pferdedecke

попо́ртиться, *1. u. 2. Pers ungebr*, -ится *v umg* leicht verderben

поправе́ть, -е́ю, -е́ешь *v* eine mehr rechtsgerichtete Stellung in der Politik einnehmen, konservativer werden

поправи́мый, -ая, -ое; *Kzf* -и́м, -а *mit Subst* де́ло, беда́, го́ре verbesserungsfähig; э́то -о das kann wieder gutgemacht werden, das kann wieder eingerenkt werden

попра́вить, -влю, -вишь; -вленный, -влен, -а *v* 1. ausbessern, reparieren 2. in Ordnung bringen, ordnen, zurechtrücken, -setzen *Frisur, Anzug* 3. wiederherstellen *Gesundheit* 4. verbessern, korrigieren *Fehler* || *uv* поправля́ть, -я́ю, -я́ешь

попра́виться, -влюсь, -вишься *v* 1. sich verbessern, korrigieren *Gesagtes* 2. *umg* sich zurechtsetzen, zurechtrücken; ~ пе́ред зе́ркалом sich vor dem Spiegel in Ordnung bringen 3. sich (ver)bessern, besser werden 4. gesunden, gesund werden; seine Gesundheit wiederherstellen und dabei voller, dicker werden; zunehmen || *uv* поправля́ться, -я́юсь, -я́ешься

попра́вка, -и, *Pl G* -вок, *D* -вкам *f* 1. Reparatur, Ausbesserung 2. Wiederherstellung der Gesundheit, Erholung, Genesung; у него́ де́ло идёт на -у es geht ihm besser 3. Korrektur, Verbesserung(santrag), Ergänzung; вноси́ть -у einen Abänderungsvorschlag einbringen

поправля́ть(ся) *uv zu* попра́вить(ся)

по-пре́жнему *Adv* nach wie vor, wie früher, wie ehedem

попрёк, -а *m* Vorwurf

попрека́ть *uv zu* попрекну́ть

попрекну́ть, -ну́, -нёшь *v* vorwerfen, Vorwürfe machen, vorhalten || *uv* попрека́ть, -а́ю, -а́ешь; попрека́ть кого́-н. че́м-н. j-m etw. vorwerfen

по́прище, -а, *I* -ем *n* 1. *alt* Wettkampfplatz 2. *buchspr* Tätigkeitsbereich, Wirkungskreis, Gebiet 3. *buchspr* Laufbahn

попро́бовать, -бую, -буешь; -бованный, -бован, -а *v* 1. *v zu* про́бовать 2. попро́буй(те) *umg als Drohung, Warnung* versuch's nur! (versuchen Sie's nur!)

попроси́ть(ся) *v zu* проси́ть(ся)

попросте́ть, -е́ю, -е́ешь *v umg* einfach werden

по́просту *Adv* 1. schlicht, einfach; ohne Umstände; ~ говоря́ schlechtweg, kurzerhand 2. *als verstärkende Part* tatsächlich

попрочне́ть, *1. u. 2. Pers ungebr*, -е́ет *v umg* fester werden, haltbarer werden

попроша́йка, -и, *Pl G* -ша́ек, *D* -ша́йкам *m, f alt* Bettler

попроша́йничать, -аю, -аешь *uv* 1. *alt* betteln, Almosen erbetteln 2. *umg* aufdringlich immer wieder um dasselbe bitten; betteln

попроща́ться, -а́юсь, -а́ешься *v* sich verabschieden (с *I* von)

попры́гать, -аю, -аешь *v* 1. eine Zeitlang springen **2.** der Reihe nach springen, einer nach dem anderen springen

попрыгу́н *nur N Sg gebräuchlich m umg* einer, der nicht still sitzen kann; über die Maßen beweglicher, geschäftiger Mann; Springinsfeld

попрыгу́нья, -ьи, *Pl G* -ний, *D* -ньям *f umg* eine, die nicht still sitzen kann; über die Maßen bewegliche und leichtfertige Frau

попры́скать, -аю, -аешь *v umg* **1.** leicht, eine Zeitlang besprengen **2.** rieseln *Regen*

попры́скаться, -аюсь, -аешься *v umg* sich ein wenig bespritzen

по|пря́тать* *v* verbergen, verstecken *viel(e), alle(s)*

по|пря́таться*, *1. u. 2. Pers ungebr v umg* sich verbergen, sich verstecken *viele, alle*

попуга́й, -я, *G Pl* -ев *m* **1.** Papagei **2.** einer, der alles nachplappert

попуга́ть, -а́ю, -а́ешь *v* leicht erschrecken

попу́дрить, -рю, -ришь; -ренный, -рен, -а *v* ein wenig pudern

попу́дриться, -рюсь, -ришься *v* sich ein wenig pudern

популяриза́ция, -и *f* **1.** gemeinverständliche Darlegung **2.** Popularisierung, Verbreitung neuer Erkenntnisse, Ideen

популяризи́ровать, -рую, -руешь; -рованный, -рован, -а *v, uv* **1.** gemeinverständlich darlegen **2.** popularisieren, weit verbreiten

популя́рность, -и *f* **1.** Gemeinverständlichkeit **2.** Popularität, Beliebtheit; сниска́ть себе́ ~ Popularität erwerben

популя́рный, -ая, -ое; *Kzf* -рен, -рна **1.** gemeinverständlich, einfach, populär **2.** weit bekannt, sehr beliebt, populär

попурри́ *n idkl mus* Potpourri

попусти́тельство, -а *n buchspr* Fahrlässigkeit; Nichtverhinderung *von etw. Unzulässigem, Gefährlichem*

попусти́тельствовать, -ствую, -ствуешь *uv buchspr* zulassen; in verräterischer Weise Nachsicht üben; durch die Finger sehen

по-пусто́му *Adv umg* vergeblich, umsonst

по́пусту *Adv umg* umsonst, vergebens, unnütz

попу́тать, -аю, -аешь *v umg* **1.** verführen, betören; чёрт [бес] тебя́ попу́тал der Teufel hat dich geritten **2.** verwickeln, verwirren

попу́тно *Adv* gleichzeitig, nebenher; gelegentlich

попу́тный, -ая, -ое **1.** in derselben Richtung verlaufend; ~ ве́тер günstiger Wind, Fahrtwind **2.** -ого *Subst m alt* Weggenosse **3.** auf der Wegstrecke befindlich; ~ городо́к Städtchen, durch das die Reiseroute verläuft **4.** gleichzeitig, beiläufig; -ое произво́дство Nebenerzeugung

попу́тчик, -а *m* **1.** Weggenosse, Reisegefährte **2.** *pol* Mitläufer

попыта́ть, -а́ю, -а́ешь *v* **1.** *volksspr* sich erkundigen, in Erfahrung bringen **2.** erproben; ~ сча́стья [сча́стье] das Glück versuchen **3.** eine Zeitlang foltern

попыта́ться *v zu* пыта́ться

попы́тка, -и, *Pl G* -ток, *D* -ткам *f* Versuch ◇ ~ не пы́тка Probieren geht über Studieren

попя́тить(ся) *v zu* пя́тить(ся)

попя́тный, -ая, -ое *alt* rückläufig; Rückwärts-; -ое движе́ние Rückwärtsbewegung ◇ идти́ на ~ [на-ую, на ~ двор] *volksspr* sein Wort, seinen Entschluß rückgängig machen; sich eines anderen besinnen

по́ра ↑ по́ры

пора́, -ы́, *A* по́ру, *Pl* по́ры, пор, пора́м *f* **1.** Zeit, Zeitpunkt, Periode; Tageszeit, Jahreszeit; весе́нняя ~ Frühlingszeit; в зи́мнюю -у im Winter; вече́рней -о́й zur Abendzeit; abends; в са́мую -у a) zur rechten Zeit; b) *umg* ganz passend, genau nach Maß; в ту -у *u. gbt* в те по́ры damals; в э́ту -у jetzt, zu dieser Zeit; в (само́й) -е́ in der Blütezeit; до -ы́ до вре́мени bis zu einer bestimmten Zeit; zeitweilig; до каки́х [кото́рых] пор? bis wann?; до сих пор *u.* до́ сих пор bis jetzt; bis hierher; до тех по́р bis zu der Zeit, bis dahin; на пе́рвых пора́х in der ersten Zeit, anfangs; с каки́х [кото́рых] пор? seit wann?, seit welcher Zeit?; с э́тих пор seit der Zeit, seit dem Augenblick; с да́вних пор seit langer Zeit, von früher her; с не́которых пор seit einiger Zeit; с той -ы́ *u.* с те́х пор von dieser Zeit an, von diesem Augenblick an; с тех пор, как seitdem . . .; до тех пор, пока́ . . . solange, bis . . . **2.** *prädikativ* es ist Zeit; ~ домо́й

es ist Zeit nach Hause zu gehen; давно́ ~ es ist höchste Zeit
порабо́тать, -аю, -аешь *v* eine Zeitlang arbeiten
поработи́тель, -я *m* Unterdrücker, Versklaver
поработи́ть, -ощу́, -оти́шь; -ощённый, -ощён, -ощена́ *v buchspr* unterdrücken, -jochen, knechten ‖ *uv* **порабоща́ть,** -а́ю, -а́ешь
порабоще́ние, -я *n* Unterdrückung, Unterjochung, Versklavung, Knechtung
поравня́ться, -я́юсь, -я́ешься *v* с *I* auf gleiche Höhe kommen; einholen
пора́довать, -дую, -дуешь *v A* Freude machen, erfreuen
пора́доваться, -дуюсь, -дуешься *v D* sich freuen (über)
поража́ть(ся) *uv zu* порази́ть(ся)
пораже́нец, -нца, *I* -нцем, *Pl G* -нцев *m* Defätist; Kapitulant
пораже́ние, -я *n* **1.** Zerschlagung, Beschädigung **2.** Niederlage, Schlappe; потерпе́ть ~ eine Niederlage erleiden; нанести́ ~ eine Niederlage beibringen **3.** Verletzung durch eine Waffe **4.** *med* Verletzung, Befall; Schädigung ◇ ~ прав [в права́х] *jur* Aberkennung der bürgerlichen Rechte
поразду́мать, -аю, -аешь *v* о *P umg* gründlich nachdenken (über), sich gut überlegen
порази́тельный, -ая, -ое; *Kzf* -лен, -льна erstaunlich, frappierend, überraschend; ungewöhnlich, auffallend
порази́ть, -ажу́, -ази́шь; -ажённый, -ажён, -ажена́ *v* **1.** mit einer Waffe einen Schlag [Stoß] versetzen; treffen und beschädigen **2.** *buchspr* besiegen, vernichten **3.** verletzen, befallen *von Erkrankungen, Krankheiten* **4.** verblüffen, in Erstaunen versetzen, frappieren, überraschen ‖ *uv* поража́ть, -а́ю, -а́ешь
порази́ться, -ажу́сь, -ази́шься *v* sehr erstaunt [überrascht] sein, sich sehr wundern ‖ *uv* поража́ться, -а́юсь, -а́ешься
поразмы́слить, -лю, -лишь *v umg* о *P* gründlich nachdenken, überlegen
поразузна́ть, -а́ю, -а́ешь *v umg* allmählich etw. erfahren an verschiedenen Orten und von verschiedenen Personen, mit der Zeit etw. in Erfahrung bringen
пора́нить, -ню, -нишь; -ненный, -нен, -а *v* verwunden, verletzen
пора́ниться, -нюсь, -нишься *v umg* sich verwunden, sich verletzen
пораски́нуть, -ну, -нешь *v*: ~ умо́м *umg* überlegen, im Kopf überschlagen, sich durch den Kopf gehen lassen
порассуди́ть, -ужу́, -у́дишь *v umg* nachdenken, überlegen
пораста́ть *uv zu* порасти́
по|расти́* *v* **1.** eine Zeitlang wachsen **2.** *I* bewachsen (mit); весь двор поро́с крапи́вой der ganze Hof war mit Brennesseln bedeckt ‖ *uv* пораста́ть, -а́ет *zu* 2
по|рва́ть* *v* **1.** zerreißen **2.** zerstören *Verbindung(swege)* **3.** *übtr* lösen, abbrechen *Verbindungen, Beziehungen*; ~ с ке́м-н. mit j-m brechen **4.** *umg viel, alles* pflücken, eine bestimmte Menge abreißend sammeln *Blätter* ‖ *uv* порыва́ть, -а́ю, -а́ешь *zu* 3
по|рва́ться*, *1. u. 2. Pers ungebr*; -рвали́сь *v* **1.** zerreißen **2.** jäh abbrechen *Stimme, Rede* **3.** *übtr umg* abbrechen, lösen *Verbindungen, Beziehungen* ‖ *uv* порыва́ться, -а́ется *zu* 3
поре́дение, -я *n* das Sichlichten; ~ воло́с Haarausfall
пореде́ть, *1. u. 2. Pers ungebr*, -е́ет *v* dünner, spärlicher werden; sich lichten
поре́з, -а *m* **1.** Schnitt **2.** Schnittwunde
по|ре́зать* *v* **1.** schneiden, aufritzen, verletzen *durch Schnitt* **2.** *umg* abstechen, umbringen *alle, viele*; *volksspr u. gbt* abwürgen, töten *von Raubtieren* **3.** *A oder G* aufschneiden, in viele Stücke zerschneiden *Wurst, Fleisch* **4.** eine Zeitlang schneiden
по|ре́заться* *v* sich schneiden
поре́й, -я *m* Porree
порекомендова́ть *v zu* рекомендова́ть
пореши́ть, -шу́, -ши́шь; -шённый, -шён, -шена́ *v* **1.** *A oder* на *P oder mit Inf* einen Beschluß fassen, beschließen **2.** *volkssprr* töten, umbringen **3.** *volksspr alt* liquidieren ◇ ~ де́ло *alt* eine Sache zu Ende bringen
порисова́ть, -су́ю, -су́ешь *v* eine Zeitlang, ein wenig zeichnen
по́ристый, -ая, -ое; *Kzf* -ист, -а porös, mit Poren
порица́ние, -я *n* Rüge, Tadel; вы́нести кому́-н. обще́ственное ~ j-m einen öffentlichen Tadel erteilen

порицáть, -áю, -áешь *uv* tadeln, rügen

[1]пóрка, -и *f* Auftrennen, Auseinandertrennen *Gewebe, Genähtes*

[2]пóрка, -и *f umg* Prügel; Auspeitschung

пóровну *Adv* in gleiche Teile; zu gleichen Teilen

порóг, -а *m* **1.** Türschwelle **2.** Stromschnelle **3.** *übtr* Schwelle, Grenze, Rand; ~ слы́шимости die Grenze der Hörbarkeit, geringste Hörbarkeit ◇ за ~ aus dem Haus; за -ом außerhalb des Hauses; не пускáть на ~ когó-н. niemanden ins Haus lassen [einlassen]; на -е *zeitlich* nahe; веснá на -е der Frühling steht vor der Tür; на -е смéрти an der Schwelle des Todes; оби́ть все -и mit Bitten belästigen; von Pontius zu Pilatus laufen

порóда, -ы *f* **1.** Rasse, Art *von Tieren* **2.** (Pflanzen-) Art **3.** Menschenschlag; он из той же -ы er ist vom selben Schlage; er ist aus demselben Holz geschnitzt **4.** *alt* Geschlecht, Familie, Herkunft; он кня́жеской -ы er entstammt einem Fürstengeschlecht **5.** *min geol* Gesteinsschicht, -art

порóдистый, -ая, -ое; *Kzf* -ист, -а (rein)rassig; Rasse-

породи́ть, -ожу́, -оди́шь; -ождённый, -ождён, -ожденá *v* **1.** *alt poet* gebären, zur Welt bringen; (er)zeugen *Nachkommen* **2.** erzeugen, hervorrufen, entstehen lassen ‖ *uv* порождáть, -áю, -áешь

породни́ть(ся) *v zu* родни́ть(ся)

порождáть *uv zu* породи́ть

порождéние, -я *n buchspr* Erzeugnis, Frucht; ~ áда Ausgeburt der Hölle

порóжистый, -ая, -ое; *Kzf* -ист, -а reich an Stromschnellen

порóжний, -яя, -ее **1.** *umg* leer **2.** *volksspr* unbesetzt, frei *Tisch, Stuhl* ◇ переливáть [пересыпáть] из пустóго в -ее leeres Stroh dreschen

порожнякóм *Adv umg* leer, unbeladen, ohne Ladung

пóрознь *Adv* jeder für sich; einzeln, gesondert, getrennt

порозовéть, -éю, -éешь *v* sich rosa färben

порóй *oder* **порóю** *Adv* zuweilen, manchmal, hin und wieder, bisweilen, mitunter

порóк, -а *m* **1.** Laster, Untugend, Mangel; предáться -у sich dem Laster ergeben **2.** körperlicher Schaden, Gebrechen; ~ сéрдца Herzfehler

поросёнок, -нка, *Pl* порося́та, -я́т, -я́там *m* Ferkel

пороси́ться, *1. u. 2. Pers ungebr*, -и́тся *uv* Ferkel werfen, ferkeln

пóросль, -и *f* **1.** Triebe von Pflanzen [Baumstümpfen]; Schößlinge; *übtr* Nachkommenschaft, junge Generation **2.** junger Wald; Unterholz, Gestrüpp, Gehölz **3.** *umg* Haarwuchs; Bartwuchs

порося́тина, -ы *f* Ferkelfleisch

порося́тник, -а *m* Ferkelstall, Ferkelboxe

[1]порóть* *uv* **1.** (auf)trennen *Naht* **2.** *volksspr* aufschlitzen, zertrennen *Wanst, Bauch* ◇ ~ горя́чку hasten; überstürzt tun; ~ чепуху́ [чушь, дичь, вздор] Unsinn reden, dummes Zeug quatschen

[2]порóть* *uv umg* hauen, schlagen, prügeln

порóться*, *1. u. 2. Pers ungebr uv umg* an der Naht aufplatzen, sich auftrennen

пóрох, -а (-у) *m* **1.** (*Pl zur Bezeichnung von Sorten* порохá, -óв, -áм) (Schieß-) Pulver **2.** *umg* Hitzkopf ◇ держáть ~ сухи́м das Pulver trocken halten; трáтить [теря́ть, изводи́ть] ~ дáром [напрáсно, попустóму] ergebnislos reden, ohne Ergebnis, umsonst tun; etw. für die Katz tun; он не вы́думал -а [-у] er hat das Pulver nicht erfunden; не понюхал -у er war nicht im Kriege, er hat noch kein Pulver gerochen; не хватáет -у da reicht die Puste nicht

пороховóй, -áя, -óе Pulver-; ~ завóд Pulvermühle; Schießpulverfabrik

порóчить, -чу, -чишь *uv* in Verruf bringen, verleumden, in Mißkredit bringen; herabsetzen, schmälern; ~ чьё-н. и́мя den Namen von irgendjemandem beschmutzen

порóчный, -ая, -ое; *Kzf* -чен, -чна **1.** lasterhaft, sittlich verderbt **2.** falsch, mangelhaft, unzulänglich; ~ круг a) *phil* circulus vitiosus, Trugschluß; b) *übtr* ausweglose Situation

порóша, -и, *I* -ей *f* Neuschnee; Pulverschnee

пороши́ть, *1. u. 2. Pers ungebr*, -и́т *uv* **1.** in feinen Flocken schneien **2.** mit lockerem Schnee bedecken

порошóк, -шкá *m* **1.** Pulver; стирáльный ~ Waschpulver **2.** Arznei in

Pulverform ◇ стере́ть [растере́ть, истере́ть] в ~ кого́-н. mit j-m in scharfer Weise abrechnen

поро́ю ↑ поро́й

порт, -а, *P* о по́рте, в порту́, *Pl* по́рты, -о́в, -а́м *m* Hafen; Hafenstadt; вое́нный ~ Kriegshafen; речно́й ~ Flußhafen, Binnenhafen; морско́й ~ Seehafen; возду́шный ~ Flughafen ◇ войти́ в ~ in den Hafen einlaufen

портати́вный, -ая, -ое; *Kzf* -вен, -вна leicht zu befördern, handlich, tragbar; -ая пи́шущая маши́нка Reise-, Kofferschreibmaschine

портве́йн, -а *m* Portwein

по́ртик, -а *m* Portikus, Säulenhalle

по́ртить, по́рчу, по́ртишь; по́рченный, -ен, -а *uv* 1. beschädigen, ruinieren, verderben; ~ зре́ние sich die Augen verderben 2. verderben, verschlechtern; ~ настрое́ние die Stimmung verschlechtern; э́то пла́тье тебя́ по́ртит dieses Kleid steht dir nicht 3. moralisch verderben ◇ ~ себе́ кро́вь sich sehr stark ärgern

по́ртиться, по́рчусь, по́ртишься *uv* 1. verderben, entzweigehen, beschädigt [ruiniert] werden; schlecht werden, verderben *Nahrungsmittel*; sich verschlechtern *Gesundheit* 2. schlecht werden, sich verschlechtern *Beziehungen* 3. einem schlechten Einfluß erliegen, moralisch verkommen

портки́, -о́в *u.* -то́к, -тка́м *Pl volksspr* Hose(n)

портни́ха, -и *f* Schneiderin

портно́вский, -ая, -ое 1. Schneider-, für den Schneider bestimmt; ~ инструме́нт Schneiderwerkzeug 2. Schneider-; -ая мастерска́я Schneiderwerkstatt

портно́й, -о́го *Subst m* Schneider; мужско́й ~ Herrenschneider; да́мский ~ Damenschneider

портня́жить, -жу, -жишь *uv volksspr* schneidern

портня́жничать, -аю, -аешь *uv umg* schneidern

портови́к, -а́ *m* Hafenarbeiter

порто́вый, -ая, -ое Hafen-; ~ рабо́чий Hafenarbeiter

портре́т, -а *m* 1. Porträt, Bild(nis), Photographie; группово́й ~ Gruppenbild; поясно́й ~ Brustbild 2. Beschreibung des Äußeren einer literarischen Gestalt

портрети́ст, -а *m* Porträtmaler

портре́тный, -ая, -ое Porträt-; -ая жи́вопись Porträtmalerei

Порт-Саи́д, -а *m* Port Said

портсига́р, -а *m* Zigarren-, Zigarettenetui

португа́лец, -льца, *I* -льцем, *G Pl* -льцев *m* Portugiese

Португа́лия, -и *f* Portugal

португа́лка, -и, *Pl G* -лок, *D* -лкам *f* Portugiesin

португа́льский, -ая, -ое portugiesisch

портупе́я, -и *f* Schulterriemen, Degengehänge, Portepee

портфе́ль, -я *m* 1. Aktentasche, Mappe 2. Portefeuille, Amt, Ministerposten ◇ министе́рский ~ *oder* ~ мини́стра Ministeramt; редакцио́нный ~ *oder* ~ реда́кции zum Druck von der Redaktion angenommene Manuskripte

портфе́льный, -ая, -ое Aktentaschen-; ~ замо́к Schloß der Aktentasche

порты́, -о́в, -а́м *Pl volksspr* Hose(n)

портье́ра, -ы *f* schwerer Tür- oder Fenstervorhang, Portiere

портя́нка, -и, *Pl G* -нок, *D* -нкам *f* Fußlappen

поруби́ть, -ублю́, -у́бишь; -у́бленный, -у́блен, -а *v* 1. *viel, ganz* abhauen, -hacken, fällen *Bäume* 2. *A oder G* zerhacken, -schneiden *Fleisch, Brennholz*; niedermetzeln mit blanker Waffe 3. *volksspr* einen Körperteil verletzen *mit dem Beil, Säbel* 4. eine Zeitlang fällen

пору́бка, -и, *Pl G* -бок, *D* -бкам *f* 1. Fällen, Abhauen *der Bäume* 2. Waldfrevel 3. Holzschlag

пору́бщик, -а *m* 1. Holzfäller 2. Waldfrevler

поруга́ние, -я *n buchspr* Schmähung, Beschimpfung, Schändung; отда́ть на ~ dem Schimpf preisgeben

поруга́ть, -а́ю, -а́ешь; пору́ганный, -ан, -а *v* 1. eine Zeitlang schimpfen; ein wenig schimpfen, schelten 2. *alt, buchspr* mit Schimpf und Schande bedecken, beschimpfen

поруга́ться, -а́юсь, -а́ешься *v* 1. sich zanken (mit) 2. eine Zeitlang schimpfen

пору́ка, -и *f* Bürgschaft, Haftung; отпусти́ть на -и gegen Bürgschaft freigeben

поруча́ть *uv zu* поручи́ть

поруче́ние, -я *n* Auftrag, Beauftragung; по -ю кого́-н. im Auftrag von j-m; дать кому́-н. ~ j-m einen Auftrag erteilen; вы́полнить ~ einen Auftrag erfüllen [ausführen]

пору́чик, -а *m* Oberleutnant *in der zaristischen Armee*
поручи́тель, -я *m* Bürge
поручи́тельство, -а *n* Bürgschaft, Kaution
поручи́ть, -учу́, -у́чишь; -у́ченный, -у́чен, -а *v D* **1.** (be)auftragen **2.** zur Betreuung anvertrauen ‖ *uv* поруча́ть, -а́ю, -а́ешь
поручи́ться *v zu* руча́ться
по́ручни *Pl* -ей, *Sg* по́ручень, -чня *m* Geländer(stange), Riemen zum Anhalten
порфи́р, -а *m min* Porphyr
порха́ть, -а́ю, -а́ешь *uv* (umher)flattern, von einem Ort zum andern fliegen *Vögel, Falter*; *übtr* sich schnell von einem Orte zum anderen begeben; *übtr iron* ein leichtes, flatterhaftes Leben führen ‖ *v* **порхну́ть,** -ну́, -нёшь
порцио́нный, -ая, -ое **1.** Portions- **2.** auf besondere Bestellung hergestellt *in Speisegaststätten*; -ое блю́до auf besondere Bestellung zubereitetes Gericht
по́рция, -и *f* **1.** Ration, Quantum, bestimmte Menge **2.** Portion *Essen*
по́рча, -ы *f* **1.** Beschädigung, Verderben, Zerstörung; ~ зре́ния Verschlechterung der Sehkraft; ~ нра́вов Sittenverderbtheit **2.** *gbt folkl* Behexung
по́рченый, -ая, -ое **1.** *umg* verdorben; -ое мя́со verdorbenes Fleisch **2.** *gbt folkl* behext, durch Behexung krank
по́ршень, -шня *m tech* Kolben
поршнево́й, -а́я, -о́е Kolben-; -ы́е ко́льца Kolbenringe
по́ры *Pl* пор, *Sg* по́ра, -ы *f* Poren
поры́в, -а *m* **1.** Stoß, Windstoß **2.** Aufschwung, Drang, Aufwallung der Gefühle, Ausbruch; ~ ра́дости Freudenausbruch; ~ гне́ва Wutanfall, -ausbruch
порыва́ть *uv zu* порва́ть
[1]**порыва́ться** *uv zu* порва́ться
[2]**порыва́ться,** -а́юсь, -а́ешься *uv* **1.** *umg* aufspringen, auffahren **2.** *mit Inf* sich krampfhaft bemühen, stürmisch versuchen
поры́вистый, -ая, -ое; *Kzf* -ист, -а **1.** mit heftigen Stößen, stoßartig, -weise; ~ ве́тер böiger Wind **2.** ruckartig, ungestüm, heftig, plötzlich; -ое движе́ние stoßartige, stürmische Bewegung **3.** stürmisch, heftig, sich leicht hinreißen lassend; ~ хара́ктер ein stürmischer, leicht zu Aufwallungen geneigter Charakter
порыже́лый, -ая, -ое verschossen, durch Verschießen rötlich-braun geworden
порыже́ть, -е́ю, -е́ешь *v* rötlich werden, rötliche Farbe bekommen; verblassen, verschießen
по|ры́скать* *u.* -аю, -аешь *v umg* eine Zeitlang suchend umherlaufen
по|ры́ться* *v umg* eine Zeitlang herumwühlen ◇ ~ в па́мяти im Gedächtnis kramen; versuchen sich zu erinnern
порю́ ↑ поро́ть
поряди́ть(ся) *v zu* [2]ряди́ть(ся)
поря́дковый, -ая, -ое laufend; ~ но́мер laufende Nummer ◇ -ое числи́тельное *gram* Ordnungszahl(wort)
поря́дком *Adv umg* **1.** in bedeutendem Maße, viel, ordentlich **2.** wie es sich gehört
поря́док, -дка *m* **1.** Ordnung; быть в -дке in Ordnung sein; einen guten Zustand aufweisen; в по́лном -дке in bester Ordnung; привести́ в ~ in Ordnung bringen; ordnen **2.** (Gesellschafts-) Ordnung, Regime; крепостны́е -дки das Regime der Leibeigenschaft **3.** bestimmte Reihenfolge, geordneter Ablauf; по -дку der Reihe nach, reihum, einer nach dem anderen **4.** Art und Weise, Methode, Weg und Regeln, nach denen etw. durchgeführt wird; ~ голосова́ния Wahlordnung; ~ начисле́ния пре́мий Prämienordnung; в спе́шном -дке eilig, in beschleunigter Weise; зако́нным -дком auf gesetzlichem Wege; в дискуссио́нном -дке auf dem Diskussionswege; в -дке контро́ля zur Kontrolle **5.** *gewöhnlich im G mit Attribut* Eigenschaft, Charakter, Art, Sphäre; явле́ния одного́ -дка Erscheinungen der gleichen Art **6.** *mil* Formation; боево́й ~ Gefechtsordnung **7.** *gbt* Häuserzeile, -reihe **8.** *bot* Ordnung ◇ в -дке веще́й normal, natürlich; ~ дня Tagesordnung; свои́м -дком so wie es sich gehört
поря́дочно *Adv* **1.** anständig, ehrenhaft **2.** *umg alt* nicht schlecht, zufriedenstellend; он ~ игра́л на фортепья́но er spielte leidlich Klavier **3.** *umg* viel; bedeutend; sehr stark
поря́дочный, -ая, -ое; *Kzf* -чен, -чна **1.** anständig, ehrenhaft **2.** ganz gut, ordentlich, durchaus befriedigend **3.** gehörig, recht groß; *nur Langform als Verstärkung bei Subst, die Eigen-*

schaften des Menschen bezeichnen außerordentlich, groß; он ~ трус er ist ein großer Feigling

поса́д, -а *m hist* Vorort; Marktflecken

посади́ть, -ажу́, -а́дишь; -а́женный, -а́жен, -а *v* **1.** pflanzen **2.** hinsetzen, einen Platz anweisen; bei der Beschaffung eines Platzes behilflich sein **3.** за *A oder mit Inf zu einer best. Tätigkeit* zwingen; *an eine (schriftliche) Arbeit* setzen; ~ ребёнка за уро́ки das Kind an die Hausaufgaben setzen; ~ на дие́ту auf Diätkost setzen; ~ на обро́к *hist* mit Naturalien- oder Geldzins belegen **4.** einstecken, einsperren; ~ соба́ку на цепь den Hund an die Kette legen **5.** aufsetzen, landen *Flugzeug*; auflaufen lassen *Schiff* **6.** *volksspr* in eine schwierige Lage bringen; festnageln *im Streitgespräch*; ~ на экза́мене im Examen durchrauschen lassen **7.** daraufsetzen (auf) **8.** in den Ofen zum Backen schieben **9.** aufsetzen, -nähen *Flicken* **10.** (*nur Ptz Prät Pass*) sitzen *Kopf, Augen*; небольша́я голова́ была́ кре́пко поса́жена на коро́ткой ше́е der kleine Kopf saß fest auf dem kurzen Hals ◇ ~ кого́ на зе́млю j-n zu seßhafter Lebensweise zwingen

поса́дка, -и, *Pl G* -док, *D* -дкам *f* **1.** das Pflanzen **2.** *meist Pl* Stecklinge **3.** Einsteigen; Einschiffung **4.** Landung *Flugzeug*; вы́нужденная ~ Notlandung; неуда́чная [авари́йная] ~ Bruchlandung; ~ на фюзеля́ж Bauchlandung; плани́рующая ~ Gleitfluglandung; ~ корабля́ Landung des Raumschiffes; идти́ на -у zur Landung ansetzen **5.** Sitz, Haltung *beim Reiten* **6.** Haltung des Kopfes, Pose

поса́дочный, -ая, -ое **1.** Pflanz-; -ые рабо́ты Pflanzarbeiten **2.** zum Einsteigen bestimmt **3.** Lande-; -ая площа́дка Landeplatz; -ая ско́рость Landegeschwindigkeit

поса́пывать, -аю, -аешь *uv* von Zeit zu Zeit schnarchen; leicht schnarchen

поса́сывать, -аю, -аешь *uv umg* ein wenig saugen [lutschen]

посва́тать(ся) *v zu* сва́тать(ся)

посвеже́ть, -е́ю, -е́ешь *v* **1.** kühler werden **2.** frischer, saftiger in der Farbe werden; ein frischeres, gesünderes Aussehen bekommen

посвети́ть, -ечу́, -е́тишь *v* **1.** eine Zeitlang leuchten, scheinen **2.** eine Zeitlang (be)leuchten

посветле́ть, -е́ю, -е́ешь *v* hell(er) werden, sich aufklären

по́свист, -а *m* Pfeifen, Pfiff; charakteristische Art zu pfeifen; соловьи́ный ~ Nachtigallenschlag

посви́стывать, -аю, -аешь *uv* von Zeit zu Zeit leise pfeifen

по-сво́йски *Adv* **1.** *umg alt* nach eigenem Ermessen **2.** *umg* wie es unter Verwandten und Freunden üblich ist

посвяти́ть, -ящу́, -яти́шь; -ящённый, -ящён, -ящена́ *v* **1.** einweihen (in в *A*) **2.** weihen, widmen; ~ жизнь освободи́тельной борьбе́ das Leben dem Befreiungskampf widmen ◇ ~ в ры́цари zum Ritter schlagen ‖ *uv* **посвяща́ть,** -а́ю, -а́ешь

посвяще́ние, -я *n* **1.** Einweihen, Anvertrauen **2.** Widmung **3.** Weihe ◇ ~ в ры́цари Ritterschlag

посе́в, -а *m* **1.** Säen, Aussaat **2.** Saat; яровы́е -ы Sommersaaten

посевно́й, -а́я, -о́е **1.** Saat-; ~ материа́л Saatgut; -а́я кампа́ния Aussaatkampagne **2.** -а́я, -о́й *Subst f umg* Aussaatkampagne, Zeit der Aussaat

поседе́лый, -ая, -ое ergraut *Haare*

поседе́ть, -е́ю, -е́ешь *v* grau werden, ergrauen

посейча́с *Adv umg* bis jetzt, bis zum heutigen Tage

посекре́тничать, -аю, -аешь *v umg* geheimtuerisch reden, tuscheln

поселе́нец, -нца, *I* -нцем, *G Pl* -нцев *m* **1.** (An-) Siedler **2.** (im zaristischen Rußland) in eine Strafansiedlung Verbannter

поселе́ние, -я *n* **1.** Ansiedlung, Siedlung **2.** bewohnter Ort, Ortschaft **3.** Strafansiedlung (im zaristischen Rußland)

посели́ть, -лю́, -ли́шь; -лённый, -лён, -лена́ *v* **1.** ansiedeln, einweisen **2.** *übtr* erregen, einflößen ‖ *uv* поселя́ть, -я́ю, -я́ешь

посели́ться, -лю́сь, -ли́шься *v* **1.** sich ansiedeln, sich niederlassen **2.** *übtr* sich einnisten, sich einstellen ‖ *uv* поселя́ться, -я́юсь, -я́ешься

поселко́вый, -ая, -ое Siedlungs-

посёлок, -лка *m* Vorortsiedlung; Neubausiedlung; да́чный ~ Villenkolonie, Siedlung von Wochenendhäusern; рабо́чий ~ Arbeitersiedlung

поселя́ть(ся) *uv zu* посели́ть(ся)

посеребри́ть, -рю́, -ри́шь; -рённый, -рён, -рена́ *v* 1. versilbern, mit einer dünnen Silberschicht bedecken 2. Silberglanz verleihen

посереди́ *volksspr* 1. *Adv* in der Mitte 2. *Präpos* inmitten

посереди́не 1. *Adv* in der Mitte 2. *Präpos mit G* inmitten; ~ ко́мнаты in der Mitte des Zimmers

посерёдке *Adv umg* in der Mitte

посере́ть, -е́ю, -е́ешь *v* grau [grauer] werden

посети́тель, -я *m* Besucher

посети́ть, -ещу́, -ети́шь; -ещённый, -ещён, -ещена́ *v* 1. besuchen, aufsuchen 2. *übtr* überkommen, erscheinen ‖ *uv* посеща́ть, -а́ю, -а́ешь

посе́товать *v zu* се́товать

посе́чься *v zu* се́чься

посеща́емость, -и *f* Besucherzahl; Zulauf; ~ в шко́ле Schulbesuch; ~ и успева́емость Anwesenheit und Leistungen *Zensuren*

посеща́ть *uv zu* посети́ть

посеще́ние, -я *n* Besuch; коллекти́вное ~ теа́тра gemeinsamer Theaterbesuch

посе́ять *v zu* се́ять

посиде́ть, -ижу́, -иди́шь *v* 1. eine Zeitlang sitzen, im Sitzen verbringen 2. auf eine bestimmte Kost gesetzt sein; пришло́сь ~ на консе́рвах wir hatten uns eine Zeitlang von Konserven ernähren müssen

поси́живать, -аю, -аешь *uv umg* sitzend die Zeit verbringen

поси́льный, -ая, -ое; *Kzf* -лен, -льна den Kräften oder Möglichkeiten entsprechend, angemessen, möglich

посине́ть, -е́ю, -е́ешь *v* blau(er) werden

по|скака́ть* *v* 1. anfangen zu springen, losrennen 2. galoppieren *Pferde* 3. eine Zeitlang springen, hüpfen, umhertollen

посканда́лить, -лю, -лишь *v umg* einen Skandal veranstalten

поскида́ть, -а́ю, -а́ешь; поски́данный, -ан, -а *v umg* Stück für Stück abwerfen, ablegen *Kleider*

поскользну́ться, -ну́сь, -нёшься *v* ausgleiten, -rutschen

поско́льку *Konj* da; da ... ja; insofern

поскоре́е *Adv* schnell(er)

поскрёбки *Pl* -ов, *Sg* поскрёбок, -бка *m umg* zusammengekratzte Reste

по|скрести́* *v* eine Zeitlang kratzen, schaben

поскрипе́ть, -плю́, -пи́шь *v* eine Zeitlang knarren, knistern

поскри́пывать, -аю, -аешь *uv* von Zeit zu Zeit *bzw.* leicht knarren, quietschen

поскупи́ться, -плю́сь, -пи́шься *v* geizen; не поскупи́ться sich nicht lumpen lassen

послабле́ние, -я *n* Nachsicht, Unterforderung; сде́лать кому́-н. ~ bei j-m ein Auge zudrücken, j-m gegenüber Nachsicht üben

посла́нец, -нца, *I* -нцем, *G Pl* -нцев *m* Bote, Abgesandter; Vertreter

посла́ние, -я *n* 1. Botschaft, Sendschreiben, Brief 2. Epistel; Brief

посла́нник, -а *m* 1. Gesandter 2. *buchspr, alt* Abgesandter, Sendbote

посласти́ть, -ащу́, -асти́шь; -ащённый, -ащён, -ащена́ *v* süßen

по|сла́ть* *v* 1. beordern, schicken *mit einem bestimmten Auftrag*; ~ за ке́м j-n holen lassen 2. schicken, absenden, zukommen lassen *Brief*; ~ приве́т grüßen lassen, Grüße senden 3. irgendwohin befördern *z. B. Ball ins Tor*; losschicken *Gewehrsalve* 4. schicken, übermitteln *Blick, Kuß* ◇ угости́ть [покорми́ть] чем бог посла́л bewirten [beköstigen] mit dem, was man gerade hat; ~ ко всем чертя́м zum Teufel jagen ‖ *uv* посыла́ть, -а́ю, -а́ешь

по́сле 1. *Präpos mit G* nach *zeitlich*; ~ уро́ков nach dem Unterricht; ~ обе́да nachmittags, nach dem Mittagessen 2. *Adv* später; nachher; об э́том поговори́м ~ darüber sprechen wir nachher [später] ◇ ~ того́ как *Konj* nachdem

по́сле- *in Zuss* nach-, Nach-; nach

послевое́нный, -ая, -ое Nachkriegs-

после́д, -а *m med* Mutterkuchen, Plazenta

последи́ть, -ежу́, -еди́шь *v* eine Zeitlang aufpassen, nachspüren

после́дки, -ов *Pl volksspr* Rest(e)

после́дний, -яя, -ее 1. letzter; Schluß-; -яя глава́ Schlußkapitel; ~ раз zum letzten Male; в -ее вре́мя in der letzten Zeit 2. der zuletzt übriggebliebene; из -ей муки́ aus dem letzten bißchen Mehl 3. vorig, vorherig; на -ей ле́кции in der vorigen Vorlesung 4. allerneuester, modernster; по -ему сло́ву те́хники nach dem modernsten Stand der Technik; ~ крик der letzte Schrei *Mode* 5. letzterer, letztgenannter, eben erwähnter 6. endgültig; -ее реше́ние letzte, unumstößliche Entscheidung 7. höchster, äußerster; реши́ться на -юю ме́ру das Äußerste unternehmen; до -ей кра́йности bis aufs äußerste 8. unbedeutendster; schlechtester; обруга́ть -ими слова́ми mit gemeinsten Ausdrükken beschimpfen ◇ в -ем счёте zu guter Letzt; отда́ть -ее sein Letztes hingeben; до -его unter Aufbietung aller Kräfte; -яя во́ля der letzte Wille, Testament; боро́ться до -ей ка́пли кро́ви bis zum letzten Blutstropfen kämpfen

после́дователь, -я *m* Anhänger, Schüler

после́довательность, -и *f* 1. Aufeinanderfolge, Reihenfolge 2. Folgerichtigkeit, Konsequenz

после́довательный, -ая, -ое 1. aufeinanderfolgend; ~ перево́д Konsekutivdolmetschen 2. *Kzf* -лен, -льна folgerichtig; konsequent

после́довать, -дую, -дуешь *v* 1. за *I* (nach)folgen, hinterhergehen 2. unmittelbar vorsichgehen, (er)folgen (за *I* nach) 3. *D* (be)folgen, sich richten (nach); после́довать сове́ту den Rat befolgen

после́дствие, -я *n* Resultat, Folge, Ergebnis; чрева́тый -ями folgenschwer; оста́вить без -й nicht erörtern; zurückweisen; оста́ться без -й keine Ergebnisse erbringen

после́дующий, -ая, -ее nachfolgend

после́дыш, -а, *I* -ем, *G Pl* -ей *m* 1. *volksspr* jüngstes Kind in der Familie; Nesthäkchen 2. *übtr umg verächtl* übriggebliebener Anhänger einer veralteten, reaktionären Sache, Epigone

послеза́втра *Adv* übermorgen

послеобе́денный, -ая, -ое Nachmittags-; -ая прогу́лка Nachmittagsspaziergang

послеоктя́брьский, -ая, -ое nach der Oktoberrevolution; ~ пери́од die Zeit nach der Oktoberrevolution

послереволюцио́нный, -ая, -ое nach der Revolution, nachrevolutionär

послеродово́й, -а́я, -о́е nach der Niederkunft, Geburt; ~ пери́од Wochenbett

послесло́вие, -я *n* Nachwort

посло́вица, -ы, *I* -ей *f* Sprichwort; войти́ в -у sprichwörtlich werden

посло́вичный, -ая, -ое sprichwörtlich

послужи́ть, -ужу́, -у́жишь *v* 1. *I* geeignet sein, dienen (für, als) 2. *D* benutzt werden (für) 3. eine Zeitlang dienen

послужно́й, -а́я, -о́е: ~ спи́сок Dokument mit den Personalien

послуша́ние, -я *n* 1. Gehorsam, Folgsamkeit 2. *kirch* Verpflichtung [Buße], die einem Mönch auferlegt wird

послу́шать, -аю, -аешь *v* 1. hören (auf), folgen 2. hören, sich anhören 3. eine Zeitlang horchen, lauschen; abhorchen *vom Arzt* ◇ послу́шай(те)! hör(t) mal!

послу́шаться, -аюсь, -аешься *v G* hören (auf), gehorchen; ~ со́вести dem Gewissen gehorchen

по́слушник, -а *m* Novize, angehender Mönch

послу́шный, -ая, -ое; *Kzf* -шен, -шна gehorsam; leicht beeinflußbar

послы́шаться *v zu* слы́шаться

послюни́ть, -ню́, -ни́шь; -нённый, -нён, -нена́ *v* mit Speichel anfeuchten; begeifern

посма́тривать, -аю, -аешь *uv* von Zeit zu Zeit schauen, ansehen

посме́иваться, -аюсь, -аешься *uv* 1. von Zeit zu Zeit lachen; ein wenig lachen 2. sich ein wenig lustig machen (над *I* über)

посме́нный, -ая, -ое Schicht-, in Schichten, schichtweise; -ая рабо́та Schichtarbeit

посме́ртный, -ая, -ое postum, nach dem Tode des Autors erschienen

посме́ть *v zu* сметь

посме́шище, -а, *I* -ем *n* 1. Gegenstand des Gelächters [Spottes] 2. Gelächter, Spott, Hohn

посмея́ться, -ею́сь, -еёшься *v* 1. eine Zeitlang lachen 2. над *I* sich lustig machen (über), verspotten, spötteln (über)

посмотре́ть, -отрю́, -о́тришь *v* 1. *v zu* смотре́ть 2. *nur mit Verneinung* nicht beachten; не посмотрю́ на проте́кцию ich rechne nicht mit Protektion 3. *gewöhnlich nur 1. Pers Pl* wollen mal sehen 4. eine Zeitlang sehen

посмотре́ться *v zu* смотре́ться

посмугле́ть, -е́ю, -е́ешь *v* sich bräunen *Haut*

посо́бие, -я *n* 1. *alt* Unterstützung, Hilfe 2. geldliche Unterstützung, finanzielle Hilfe; получа́ть ~ по безрабо́тице Arbeitslosenunterstützung bekommen; единовре́менное ~ einmalige Unterstützung; ~

по ста́рости Altersunterstützung 3. Lehrbuch, Handbuch; нагля́дные -я anschauliche Lehrmittel

посо́бник, -а *m* Handlanger, Helfershelfer, Komplice

посо́веститься, -ещусь, -естишься *v* Gewissensbisse bekommen; sich schämen

посове́товать *v zu* сове́товать

посове́товаться, -тую сь, -туешься *v* sich beraten

посоде́йствовать, -твую, -твуешь *v* eine gewisse Unterstützung gewähren

[1]**посо́л,** -сла́ *m* 1. *pol* Botschafter; ~ по специа́льному поруче́нию Sonderbotschafter 2. Bote

[2]**посо́л,** -а *m* Einsalzen; Pökel

посоли́ть, -олю́, -о́лишь; -о́ленный, -о́лен, -а *v* 1. salzen 2. in Salzlauge einlegen

посолове́ть, -е́ю, -е́ешь *v umg* schlapp werden *durch Müdigkeit, Trunkenheit;* glanzlos [benebelt] werden *Augen, Blick*

посо́льство, -а *n* 1. Botschaft, diplomatische Vertretung 2. *umg* Abordnung; Auftrag

по́сох, -а *m* Stab, Stecken, Stock; Spazierstock

посо́хнуть, -ну, -нешь; посо́х, -ла *v* 1. *alles, viel* vertrocknen; verdorren 2. *umg* eine Zeitlang trocknen

посочу́вствовать, -твую, -твуешь *v D* Mitleid haben, Mitgefühl empfinden

по|спа́ть* *v* eine Zeitlang schlafen

[1,2]**поспева́ть** *uv zu* [1,2]поспе́ть

[1]**поспе́ть,** *1. u. 2. Pers ungebr*, -е́ет *v* 1. reif werden, reifen 2. *umg* gar werden, fertig werden *zum Essen* 3. *volksspr* fertig werden || *uv* поспева́ть, -а́ет

[2]**поспе́ть,** -е́ю, -е́ешь *v umg* zurechtkommen || *uv* поспева́ть, -а́ю, -а́ешь

поспеши́ть *v zu* спеши́ть

поспе́шность, -и *f* Hast, Übereiltheit, Überstürztheit

поспе́шный, -ая, -ое; *Kzf* -шен, -шна eilig, überstürzt, hastig

поспо́рить, -рю, -ришь *v* 1. eine Zeitlang mit Streiten zubringen 2. ein Streitgespräch führen, widersprechen 3. *übtr* in Wettstreit treten, sich messen

поспосо́бствовать *v zu* спосо́бствовать

посрами́ть, -млю́, -ми́шь; -млённый, -млён, -млена́ *v* 1. Schande machen, blamieren , entehren 2. entlarven, bloßstellen 3. *umg* beschämen || *uv* **посрамля́ть,** -я́ю, -я́ешь

посреди́ 1. *Adv* in der Mitte 2. *Präpos mit G* inmitten; *alt umg* während; ~ разгово́ров inmitten der Gespräche

посреди́не *Adv* in der Mitte

посре́дник, -а *m* 1. Vermittler, Mittelsmann 2. Schiedsrichter *bei Manövern*

посре́дничать, -аю, -аешь *uv umg* vermitteln, (Ver-)Mittler sein

посре́дничество, -а *n* Vermittlung; при -е кого́-н. durch Vermittlung von j-m

посре́дственно *Subst n idkl* Note an Hochschulen: genügend, ausreichend

посре́дственность, -и *f* 1. Mittelmäßigkeit 2. *umg* mittelmäßiger Mensch, Dutzendmensch

посре́дственный, -ая, -ое; *Kzf* -вен, -венна 1. mittelmäßig 2. *buchspr alt* mittelbar

посре́дство, -а *n*: при -е *und* че́рез ~ mit Hilfe von, vermittels

посре́дством *Präpos mit G* durch, mittels, mit Hilfe von

поссове́т, -а *m* (поселко́вый сове́т) Ortssowjet *in einer Arbeitersiedlung*

поссо́рить(ся) *v zu* ссо́рить(ся)

[1]**пост,** -а́, *P* о посте́, на посту́ *m* 1. (Beobachtungs-) Posten; Signal- und Stellwerkshäuschen *Eisenbahn* 2. (Wacht-) Posten 3. verantwortungsvolle Dienststellung; занима́ть высо́кий ~ einen hohen Posten innehaben, ein hohes Amt bekleiden; стоя́ть [быть] на (своём) -у́ seine Pflichten erfüllen

[2]**пост,** -а́, *P* о посте́, в посту́ *m* Fasten(zeit)

[1]**поста́вить,** -влю, -вишь; поста́вленный, -ен, -а *v* 1. *v zu* ста́вить 2. *nur Ptz Prät Pass* liegend *von der Lage der Augen, des Kopfes*; глубо́ко поста́вленные глаза́ tiefliegende Augen

[2]**поста́вить,** -влю, -вишь; поста́вленный, -ен, -а *v* liefern *Waren* || *uv* поставля́ть, -я́ю, -я́ешь

поста́вка, -и, *Pl G* -вок, *D* -вкам *f* Lieferung

поставля́ть *uv zu* [2]поста́вить

поставщи́к, -а́ *m* Lieferant

постаме́нт, -а *m* Postament; Sockel

постана́вливать *uv zu* постанови́ть

постанови́ть, -овлю́, -о́вишь; -о́вленный, -о́влен, -а *v* beschließen, einen Beschluß fassen || *uv* постана́вливать, -аю, -аешь *u.* постановля́ть, -я́ю, -я́ешь

постано́вка, -и, *Pl G* -вок, *D* -вкам *f* 1. Setzen *Segel*; Auslegen *Netze*;

Aufstellen *Ziel*; die Errichtung, der Bau *Gebäude*; ~ вопро́са Fragestellung **2.** Stellung *eines Körperteils*, Haltung **3.** Organisation, Durchführungsart; ~ пропага́нды Stand und Organisation der Propaganda **4.** *theat* Aufführung, Inszenierung; но́вая ~ Neuinszenierung

постановле́ние, -я *n* **1.** kollektiv gefaßter Beschluß **2.** Verordnung, Anordnung

постановля́ть *uv zu* постанови́ть

постано́вочный, -ая, -ое **1.** Aufführungs-, Inszenierungs- **2.** *umg* zur Inszenierung geeignet, effektvoll

постано́вщик, -а *m theat* Regisseur

постара́ться *v zu* стара́ться

постаре́ть, -е́ю, -е́ешь *v* alt [älter] werden

постате́йный, -ая, -ое nach einzelnen Artikeln; ~ слова́рь Wörterverzeichnis nach Lektionen

постега́ть, -а́ю, -а́ешь; постёганный, -ан, -а *v umg* Schläge versetzen, mit der Peitsche antreiben

постели́ть, -елю́, -е́лешь; -е́ленный, -е́лен, -а *v umg* **1.** legen, ausbreiten *Tischtuch, Stroh zum Schlafen* **2.** herrichten *Bett* ‖ *uv* постила́ть, -а́ю, -а́ешь

посте́ль, -и *f* **1.** Bett, Schlafstelle **2.** *tech* Unterlage, Futter

посте́льный, -ая, -ое Bett-; ~ режи́м Bettruhe

постепе́нный, -ая, -ое; *Kzf* -пе́нен, -пе́нна allmählich, stufenweise

постесня́ться, -я́юсь, -я́ешься *v meist mit Inf* schüchtern sein, zögern, sich genieren

постига́ть *uv zu* пости́гнуть *u.* пости́чь

пости́гнуть, -ну, -нешь; пости́г, -ла; пости́г(нув)ший; пости́гнутый, -ут, -а *u.* **по|сти́чь*** *v* **1.** begreifen, verstehen, erfassen **2.** treffen, heimsuchen; меня́ пости́гло несча́стье mich ereilte ein Unglück ‖ *uv* постига́ть, -а́ю, -а́ешь

постиже́ние, -я *n* Verstehen, tiefes Erfassen

постижи́мый, -ая, -ое; *Kzf* -и́м, -а verständlich, erfaßbar

постила́ть *uv zu* постла́ть *u.* постели́ть

пости́лка, -и, *Pl G* -лок, *D* -лкам *f* Unterlage, Streu

постира́ть, -а́ю, -а́ешь; пости́ранный, -ан, -а *v* **1.** waschen *Wäsche* **2.** eine Zeitlang waschen

пости́ться, пощу́сь, пости́шься *uv* fasten; *übtr umg* sich Enthaltsamkeit auferlegen

пости́чь ↑ пости́гнуть

по|стла́ть* *v* **1.** hinlegen, ausbreiten, bedecken; постла́ть ска́терть на сто́л ein Tischtuch auf den Tisch decken **2.** betten, das Bett herrichten ‖ *uv* постила́ть, -а́ю, -а́ешь

по|стла́ться* *v umg* sich das Bett machen

по́стничать, -аю, -аешь *uv rel* fasten

по́стный [сн], -ая, -ое; *Kzf* -тен, -тна́! **1.** *nur Langform* Fasten-, weder Fleisch noch Milch enthaltend; -ое ма́сло Pflanzenöl, *vor allem* Sonnenblumenöl **2.** *umg* nicht fett, mager *Fleisch* **3.** *übtr* unfreundlich, langweilig **4.** *übtr* scheinheilig heuchlerisch

постово́й, -а́я, -о́е **1.** Posten-; -а́я бу́дка Postenhäuschen, Schildwache **2.** auf Wache [Posten] befindlich **3.** -о́го *Subst m* Wachposten

посто́й, -я *m* **1.** Übernachtung, Quartier **2.** Einquartierung *von Soldaten in Privatquartiere*; быть на -е einquartiert sein

посто́льку *Konj im Hauptsatz gebraucht, wenn im Nebensatz* поско́льку *auftritt* in dem Maße, in dem Grade; insofern als; sofern; э́то реше́ние ва́жно для нас ~, поско́льку от него́ зави́сит ... dieser Beschluß ist für uns insofern wichtig, als von ihm ... abhängt

посторони́ться, -роню́сь, -ро́нишься *v* zur Seite treten, ausweichen

посторо́нний, -яя, -ее **1.** fremd, außenstehend **2.** -его *Subst m* Außenstehender, Fremder, Unbefugter **3.** fremd, nicht eigen; обойти́сь без -ей по́мощи ohne fremde Hilfe auskommen **4.** Neben-, nebensächlich; -ий вопро́с Nebenfrage

постоя́лец, -льца, *I* -льцем, *G Pl* -льцев *m umg alt* Mieter

постоя́лый, -ая, -ое: ~ двор *alt* Herberge, Ausspann

постоя́нный, -ая, -ое **1.** stetig, ständig; dauernd **2.** auf lange Zeit berechnet, dauernd, ständig; -ая вы́ставка ständige Ausstellung **3.** *Kzf* -я́нен, -я́нна unveränderlich in seinen Neigungen, beständig, treu ◇ -ая а́рмия stehendes Heer; -ая величина́ Konstante, Unveränderliche; -ый ток *phys* Gleichstrom

постоя́нство, -а *n* Beständigkeit, Unveränderlichkeit, Treue

постоя́ть, -ою́, -ои́шь *v* **1.** eine Zeitlang stehen; eine Zeitlang sich befinden; полк постоя́л здесь не́которое вре́мя das Regiment hielt sich hier einige Zeit auf 2. *Imp* посто́й(те) *umg* warte(n Sie) mal!, eile(n Sie) nicht!, halt!, *als Modalwort zum Ausdruck der Verwunderung, des Widersetzens, sowie des Sicherinnerns* warte(n Sie) mal! 3. за *A* verteidigen, sich einsetzen (für j-n); ~ за себя́ für sich einstehen, seinen Mann stehen ◇ за э́тим де́ло не постои́т darauf kommt es nicht an

пострада́вший, -его *Subst m* Opfer, Geschädigter; Verunglückter

пострада́ть, -а́ю -а́ешь *v* 1. *v zu* страда́ть 2. eine Zeitlang leiden

пострaща́ть, -а́ю, -а́ешь *v volksspr* erschrecken *tr*

постре́л, -а *m umg* Wildfang, Schlingel; наш ~ везде́ поспе́л *Sprichw* Hansdampf in allen Gassen

постреля́ть, -я́ю, -я́ешь *v* 1. eine Zeitlang schießen 2. *umg* erlegen, schießen; erschießen

пострига́ть(ся) *uv zu* постри́чь(ся)

по|стри́чь* *v* 1. Haare (ab)schneiden, scheren 2. *kirch* zum Mönch weihen || *uv* пострига́ть, -а́ю, -а́ешь

по|стри́чься* *v* 1. sich die Haare schneiden lassen 2. *kirch* sich zum Mönch weihen lassen, die Mönchsweihe empfangen || *uv* пострига́ться, -а́юсь, -а́ешься

построе́ние, -я *n* 1. Bau, Aufbau, Errichtung, Schaffung; Struktur 2. *buchspr* Theorie, Lehrgebäude 3. *mil* Aufstellung, Gliederung

постро́ить(ся) *v zu* стро́ить(ся)

постро́йка, -и, *Pl G* -о́ек, *D* -о́йкам *f* 1. Bau, Errichten 2. Baustelle, -platz 3. Gebäude

постро́мки *Pl* -мок, -мкам, *Sg* постро́мка, -и *f* 1. Strang(riemen), Zugstrang 2. *gbt* Rucksackriemen

постро́чный, -ая, -ое Zeilen-; -ая опла́та Bezahlung pro Zeile

постскри́птум, -а *m buchspr* Postskriptum

посту́кивать, -аю, -аешь *uv* von Zeit zu Zeit leicht klopfen

поступа́тельный, -ая, -ое fortschreitend, vorwärts gerichtet; -ое движе́ние Vorwärtsbewegung

поступа́ть(ся) *uv zu* поступи́ть(ся)

поступи́ть, -уплю́, -у́пишь *v* 1. handeln, vorgehen; verfahren 2. eintreten, die Arbeit aufnehmen; ~ в шко́лу in die Schule kommen 3. eintreffen, -gehen; поступи́ли но́вые това́ры neue Waren sind eingetroffen; ~ в прода́жу zum Verkauf gelangen 4. eintreten, gelangen; ток поступи́л в провода́ der Strom floß in die Leitungen || *uv* поступа́ть, -а́ю, -а́ешь

поступи́ться, -уплю́сь, -у́пишься *v* verzichten, aufgeben, preisgeben, entsagen; ~ ли́чными удо́бствами die persönlichen Bequemlichkeiten opfern || *uv* поступа́ться, -а́юсь, -а́ешься

поступле́ние, -я *n* 1. Eintritt; Eintreffen, Eingang; ~ това́ров Wareneingang 2. (Geld-) Eingang, eingegangene Geldsumme

посту́пок, -пка *m* Handlung, Tat; Verhalten

по́ступь, -и *f* Gang, Schritt; пла́вная ~ leichter, wiegender Gang

постуча́ть, -чу́, -чи́шь *v* 1. eine Zeitlang klopfen; mehrere Male klopfen 2. anklopfen, um Einlaß bitten; ~ в дверь an die Tür klopfen

постуча́ться, -чу́сь, -чи́шься *v umg* anklopfen, Einlaß begehren

постыди́ть, -ыжу́, -ыди́шь *v* 1. *umg* eine Zeitlang beschämen; leicht beschämen 2. *gewöhnlich mit Verneinung alt* Schande machen

постыди́ться, -ыжу́сь, -ыди́шься *v* *G u. mit Inf* sich schämen (vor), aus Scham nicht wagen

посты́дный, -ая, -ое; *Kzf* -ден, -дна schändlich, verächtlich, schmachvoll, beschämend

посты́лый, -ая, -ое; *Kzf* -ты́л, -а *volksspr* 1. widerlich, verhaßt 2. -ого *Subst m* Verhaßter

посу́да, -ы *f* 1. Geschirr; гли́няная ~ irdenes Geschirr; эмалиро́ванная ~ Emailgeschirr 2. Gefäß; Behälter; вино́ продаётся с -ой der Wein wird in Flaschen verkauft 3. *gbt* kleines, hölzernes Schiff, *gewöhnlich* Segelschiff

посу́дина, -ы *f* 1. *umg* Gefäß 2. *volksspr, verächtl* Kahn

посуди́ть, -сужу́, -су́дишь *v* 1. *alt* sich ein Urteil bilden 2. *auch* о *P* eine Zeitlang erörtern, erwägen, diskutieren ◇ посуди́те са́ми! stellen Sie sich vor!

посу́дный, -ая, -ое Geschirr-; -ое полоте́нце Geschirrtuch

посудомо́йка, -и, *Pl G* -о́ек, *D* -о́йкам *f* Geschirrspülmaschine

посу́л, -а *m* 1. *umg* Versprechen 2. *alt* Bestechung, Schmiergeld

посули́ть, -лю́, -ли́шь; -лённый, -лён, -лена́ *v volksspr* versprechen

посу́точный, -ая, -ое pro Tag (und Nacht); einmal innerhalb von vierundzwanzig Stunden; -ая сме́на карау́льных Wachablösung alle vierundzwanzig Stunden; -ая опла́та Tagelohn

по́суху *Adv umg* zu Lande, auf dem Landwege

посуши́ть, -ушу́, -у́шишь; -у́шенный, -у́шен, -а *v* 1. *A oder G* eine ganze Menge trocknen [backen] *Zwieback* 2. eine Zeitlang trocknen 3. *umg* alles, viel trocknen

посчастли́виться, -вится *v unpers auch mit D* gelingen, glücken, das Glück haben; ему́ посчастли́вилось er hatte Glück, das Glück war ihm hold

посчита́ть, -а́ю, -а́ешь; посчи́танный, -ан, -а *v* 1. zählen 2. *I oder* каки́м *mit Inf* halten (für); meinen, denken 3. каки́м *oder* за *A* halten (für); не посчита́й меня́ дурако́м sieh mich nicht als einen Dummkopf an 4. eine Zeitlang zählen

посчита́ться, -а́юсь, -а́ешься *v* с *I* 1. *umg* abrechnen 2. *übtr* abrechnen, heimzahlen, zurückgeben 3. *gewöhnlich mit Verneinung* berücksichtigen

посыла́ть *uv zu* посла́ть

посы́лка, -и, *Pl G* -лок, *D* -лкам *f* 1. Schicken, Absendung, Befördern 2. Paket; Sendung; ~ с объя́вленной це́нностью *oder* це́нная ~ Wertpaket; ~ нало́женным платежо́м Postpaket mit Nachnahme 3. *phil* Prämisse, Voraussetzung ◇ быть на посы́лках den Laufburschen spielen

посы́лочный, -ая, -ое 1. zur Beförderung bestimmt 2. Paket-

Посылто́рг, -а *m* (Конто́ра посы́лочной торго́вли) Versandhandel

посы́льный, -ая, -ое 1. zur Beförderung, Absendung, Nachrichtenübermittlung bestimmt; -ое су́дно Meldeschiff 2. -ого *Subst m* Bote; *mil* Melder

по|сы́пать* *v* 1. *A u. G* ein wenig (aus)streuen 2. *übtr* bestreuen, bedecken 3. *umg* zu fallen beginnen *feiner Schnee, Regen* 4. *I umg* mit Worten [mit einem Wortschwall] überschütten 5. *volksspr* in Massen losstürmen ‖ **посыпа́ть,** -а́ю, -а́ешь *uv zu* 1

по|сы́паться*, *1. u. 2. Pers ungebr v* zu fallen [rieseln] beginnen; *übtr* hageln, regnen, herabprasseln ◇ и́скры из глаз посы́пались es wurde schwarz vor den Augen, es verging Hören und Sehen

посяга́тельство, -а *n* Anschlag, Eingriff

посяга́ть *uv zu* посягну́ть

посягну́ть, -ну́, -нёшь *v* на *A buchspr* einen Anschlag machen (auf), sich einen Übergriff erlauben (gegen); ~ на чью-н. жизнь j-m nach dem Leben trachten ‖ *uv* посяга́ть, -а́ю, -а́ешь

пот, -а, *P* о по́те, в поту́, *Pl* поты́, -о́в, -а́м *m* 1. Schweiß; в -е лица́ im Schweiße des Angesichts 2. Beschlag von Wasserdunst an Gegenständen ◇ рабо́тать [труди́ться] до четвёртого [седьмо́го, деся́того] -а [-у] bis zum Umfallen arbeiten; -ом и кро́вью добыва́ть mit größter Mühe [durch schwerste Anstrengungen] erwerben; согна́ть семь -о́в с кого́-н. j-n durch schwere Arbeit auspumpen; вогна́ть в ~ кого́-н. j-n schwitzen machen

потака́ть, -а́ю, -а́ешь *uv D umg* zuviel -аена́ *v volksspr* verstecken, verheimlichen

потайно́й, -а́я, -о́е geheim angelegt, Geheim-; ~ ход Geheimgang; ~ фона́рь Blendlaterne

потака́ть, -а́ю, -а́ешь *uv D umg* zuviel Nachsicht üben, durchgehen lassen

потанцева́ть, -цу́ю, -цу́ешь *v* eine Zeitlang tanzen; ein bißchen tanzen

пота́сканный, -ая, -ое *umg* 1. abgetragen, abgenutzt, schäbig 2. müde, verbraucht *Gesicht*

потаску́ха, -и *f volksspr, verächtl* Straßendirne

потасо́вка, -и, *Pl G* -вок, *D* -вкам *f umg* Balgerei, Keilerei, Prügel

пота́чка, -и, *Pl G* -чек, *D* -чкам *f umg* Nachsicht

пота́ш, -а́, *I* -о́м *m chem* Pottasche

потащи́ть, -ащу́, -а́щишь; -а́щенный, -а́щен, -а *v* anfangen zu ziehen [schleppen]

потащи́ться, -ащу́сь, -а́щишься *v umg* sich schleppen, sich mühsam vorwärtsbewegen

по-тво́ему *Adv* 1. deiner Ansicht nach 2. nach deinem Willen, wie du willst

потво́рство, -а *n* Nachsicht, Verwöhnung

потво́рствовать, -твую, -твуешь *uv D* zu nachsichtig sein, durchgehen lassen

потёмки, -мок, -мкам *Pl* Dunkelheit, Finsternis ◇ броди́ть в -мках im Finstern tappen; быть [находи́ться] в -мках im Ungewissen sein, keine klare Vorstellung haben

потемнéть, -éю, -éешь *v* 1. dunkel werden, sich verfinstern; у негó потемнéло в глазáх ihm wurde schwarz vor den Augen 2. *unpers* sich verdunkeln

потенциáл [тэ], -а *m* 1. *phys* Potential 2. *übtr buchspr* Potential, Leistungsfähigkeit; воéнный ~ Kriegspotential

потенциáльный [тэ], -ая, -ое; *Kzf* -лен, -льна potentiell; möglich; ~ враг ein möglicher Feind

потéнция [тэ], -и *f buchspr* Potenz, (verborgene) Kraft

потеплéние, -я *n* Temperaturanstieg; наступи́ло ~ es ist wärmer geworden

потеплéть, *1. u. 2. Pers ungebr*, -éет *v* 1. warm [wärmer] werden 2. *unpers* wärmer werden *Wetter*

по|терéть*; потерéв *u.* потёрши *v* 1. eine Zeitlang reiben 2. *volksspr* einreiben

по|терéться* *v* 1. sich eine Zeitlang reiben 2. ein wenig abgenutzt [verschlissen] sein

потерпéвший, -ая, -ее 1. *jur* geschädigt; -ая сторонá die leidtragende Seite, die geschädigte Partei 2. -его *Subst m* Geschädigter; ~ от пожáра Brandgeschädigter; ~ кораблекрушéние Schiffbrüchiger

потерпéть, -ерплю́, -éрпишь *v* 1. eine Zeitlang geduldig ertragen, eine Weile aushalten 2. (er)leiden; ~ неудáчу eine Schlappe erleiden; ~ убы́тки Verluste davontragen; ~ поражéние eine Niederlage erleiden; ~ кораблекрушéние Schiffbruch erleiden 3. *alt, umg* Verfolgungen ausgesetzt sein, leiden 4. *gewöhnlich mit Verneinung* (nicht) zulassen, (nicht) dulden, sich (nicht) bieten lassen

потёртый, -ая, -ое 1. abgetragen, abgenutzt, schäbig 2. *übtr, umg* müde, abgespannt

потéря, -и *f* 1. Verlust; ~ врéмени Zeitverlust; ~ крóви Blutverlust 2. Verlust, Schaden

потéрянный, -ая, -ое 1. niedergeschlagen, verwirrt, fassungslos 2. verlegen, verwirrt 3. *umg* verloren, hoffnungslos

потеря́ть(ся) *v zu* теря́ть(ся)

потесни́ть *v zu* тесни́ть

потесни́ться, -ню́сь, -ни́шься *v* 1. zusammenrücken, Platz machen 2. in engen Verhältnissen leben

потéть, -éю, -éешь *uv* 1. schwitzen, in Schweiß ausbrechen 2. *übtr volksspr* sich abplagen (над *I* mit) 3. *1. u. 2. Pers ungebr umg* anlaufen *Fenster*

потéха, -и *f* 1. Spaß, Belustigung, Gaudium; lustiger, spaßiger Vorfall 2. *prädikativ* вот потéха! das ist ein Spaß! ◇ пошлá [пойдёт] потéха da begann [beginnt] der Trubel

потешáть, -áю, -áешь *uv* vergnügen, erheitern

потешáться, -áюсь, -áешься *uv* 1. *alt* sich vergnügen, sich ergötzen 2. над *I* auslachen, sich lustig machen (über)

потéшить, -шу, -шишь *v* 1. *umg* belustigen, ergötzen, vergnügen 2. Genugtuung bereiten, ein bißchen Freude machen

потéшиться, -шусь, -шишься *v* 1. *alt* sich vergnügen, sich ergötzen 2. *umg* над *I* auslachen, sich lustig machen (über)

потéшный, -ая, -ое; *Kzf* -шен, -шна 1. *umg* belustigend, spaßig, vergnügt, drollig 2. *alt* zur Belustigung bestimmt

потирáть, -áю, -áешь *uv* leicht (ein)reiben

потихóньку *Adv umg* 1. leise, geräuschlos 2. heimlich, verstohlen, unbemerkbar 3. langsam, allmählich, nach und nach

потли́вый, -ая, -ое; *Kzf* -ив, -а leicht schwitzend

пóтный, -ая, -ое; *Kzf* -тен, -тнá! 1. schweißbedeckt, schweißig 2. angelaufen *Fenster*; naß *Wände*

потовóй, -áя, -óе Schweiß-, schweißabsondernd

потогóнный, -ая, -ое 1. schweißtreibend 2. -ое, -ого *Subst n* schweißtreibendes Mittel 3. *übtr* kräfteverschlingend, Ausbeutungs-

потóк, -а *m* 1. Strom, reißender Fluß; ~ лáвы Lavastrom; ~ свéта Lichtstrom; ~ слов Wortschwall 2. Masse, die sich in einer Richtung bewegt; людскóй ~ Menschenstrom; ~ телегрáмм Strom von Telegrammen 3. *tech* Fließfertigung, Fließbandverfahren 4. Gruppe von Studierenden, die im Wechsel mit anderen unterrichtet, geprüft usw. wird ◇ отдáть чтó-н. на ~ и разграблéние der Plünderung und Brandschatzung preisgeben

потолковáть, -кýю, -кýешь *v umg*

sich eine Zeitlang unterhalten, eine Weile reden (mit)

потоло́к, -лка́ *m* 1. Decke eines Raumes; сво́дчатый ~ gewölbte Decke 2. maximal erreichbare Höhe *Flugzeug, Geschoß* 3. *übtr, umg* Höchstmaß, -grenze ◇ с -лка́ (взять, сказа́ть) aus der Luft greifen; плева́ть в ~ faulenzen

потолсте́ть, -е́ю, -е́ешь *v* dick [dicker] werden

пото́м *Adv* 1. dann, nachher, danach 2. außerdem, zudem

пото́мок, -мка *m* 1. Nachfahre, Nachkomme 2. *Pl* die kommende Generation

пото́мственный, -ая, -ое 1. *alt* erblich, Erb-; -ое име́ние Erbgut 2. angestammt, echt

пото́мство, -а *n* 1. Nachkommenschaft 2. Nachkommen, kommende Generation

потому́ 1. *Adv* deshalb, darum 2. *als Komponente der kausalen Konj* потому́ что, *umg* потому́ как weil, da

потону́ть, -ону́, -о́нешь *v* ertrinken, untergehen; sinken

пото́п, -а *m* 1. Sintflut 2. Überschwemmung, großes Hochwasser

потопи́ть, -оплю́, -о́пишь; -о́пленный, -о́плен, -а *v* 1. versenken; ertränken, ersäufen; *übtr, umg* ins Verderben stürzen 2. überschwemmen || *uv* **потопля́ть,** -я́ю, -я́ешь

по|топта́ть* *v* 1. *alles, viel* zertreten, niedertreten, zerstampfen 2. *I umg* eine Zeitlang treten, stampfen *mit den Füßen*

потора́пливать, -аю, -аешь *uv umg* von Zeit zu Zeit zur Eile anhalten, drängen

потора́пливаться, -аюсь, -аешься *uv umg* sich beeilen, sputen; потора́пливайтесь! macht schnell!

поторгова́ться, -гу́юсь, -гу́ешься *v* eine Zeitlang feilschen

поторопи́ть, -роплю́, -ро́пишь; -ро́пленный, -ро́плен, -а *v* zur Eile anhalten, drängen

поторопи́ться, -роплю́сь, -ро́пишься *v* 1. sich beeilen, sich sputen 2. voreilig tun, unüberlegt tun

пото́чный, -ая, -ое *tech* mittels Fließband; -ая ли́ния Taktstraße; ~ ме́тод произво́дства Fließbandmethode, Taktstraßenverfahren

потра́ва, -ы *f* Flurschaden, Abweiden, Vernichtung *von Saaten u. a.*

потрави́ть, -авлю́, -а́вишь; -а́вленный, -а́влен, -а *v* 1. *umg* vergiften, durch Gift ausrotten 2. Flurschaden anrichten; *Wiese* abweiden 3. eine Zeitlang hetzen, jagen

потра́тить, -а́чу, -а́тишь; -а́ченный, -а́чен, -а *v* ausgeben, verbrauchen

потра́титься, -а́чусь, -а́тишься *v* sich verausgaben, sich in Unkosten stürzen

потра́фить, -флю, -фишь *v* 1. *volksspr* recht machen (*D oder* на *A* j-m) 2. geschickt machen, so machen wie es sich gehört || *uv* **потрафля́ть,** -я́ю, -я́ешь

потреби́тель, -я *m* 1. Verbraucher, Konsument 2. *hdl* Abnehmer; основно́й ~ Hauptabnehmer

потреби́тельный, -ая, -ое Gebrauchs-, Verbrauchs- ◇ -ая сто́имость това́ра Gebrauchswert der Ware

потреби́тельский, -ая, -ое 1. für den Verbrauch bestimmt 2. der Befriedigung durch Gebrauchsgüter dienend; -ая коопера́ция Konsumgenossenschaft 3. *übtr, mißb* rein utilitaristisch

потреби́ть *v zu* потребля́ть

потребле́ние, -я *n* Gebrauch; Verbrauch, Konsum; спо́соб -я Gebrauchsanweisung; това́ры широ́кого -я Massenbedarfsartikel, Gebrauchsgegenstände; ~ на ду́шу населе́ния Pro-Kopf-Verbrauch

потребля́ть, -я́ю, -я́ешь *uv* 1. verbrauchen, konsumieren 2. zu sich nehmen *Essen* || *v* потреби́ть, -блю́, -би́шь; -блённый, -блён, -блена́

потре́бность, -и *f* Bedarf; Bedürfnis; Wunsch, Streben; расту́щие -и die steigenden Bedürfnisse

потре́бный, -ая, -ое; *Kzf* -бен, -бна erforderlich, notwendig, nötig

потре́бовать(ся) *v zu* тре́бовать(ся)

потребсою́з (сою́з потреби́тельских о́бществ) Konsumgenossenschaftsverband

потрево́жить, -жу, -жишь; -женный, -жен, -а *v* beunruhigen, Unruhe hervorrufen; (die Ruhe) stören

потрево́житься, -жусь, -жишься *v* sich aufregen, sich Sorgen machen

потрёпанный, -ая, -ое *umg* 1. abgetragen, schäbig, zerschlissen, zerfetzt *Bücher, Kleidungsstücke* 2. schwer angeschlagen, mitgenommen *von Heeresteilen* 3. *übtr* müde und elend, mitgenommen *Aussehen*

по|трепа́ть* *v* 1. ein wenig abnützen 2. eine Zeitlang rütteln, schütteln;

жизнь потрепа́ла его́ das Leben hat ihn arg mitgenommen; ~ кого́-н. по плечу́ j-m auf die Schulter klopfen; ~ кого́-н. по щеке́ j-m die Wange tätscheln

по|трепа́ться* *v* 1. sich ein wenig abnutzen 2. *volksspr* eine Zeitlang quatschen, quasseln

потре́скаться, *1. u. 2. Pers ungebr*, -ается *v* platzen, reißen, bersten

потре́скивать, -аю, -аешь *uv von Zeit zu Zeit bzw. leicht* knistern *Holz im Ofen, Eis*

потро́гать, -аю, -аешь *v* leicht anfassen, einige Male berühren

потроха́ *Pl* -о́в, *Sg selten* по́трох, -а *m* Eingeweide, Innereien, Gekröse; гуси́ные ~ Gänseklein ◇ *volksspr* вы́пустить ~ кому́ j-m den Bauch aufschlitzen, j-n töten; со все́ми -а́ми *volksspr* ganz und gar, mit allem was man hat

потроши́ть, -шу́, -ши́шь; -шённый, -шён, -шена́ *uv* 1. (Eingeweide) ausnehmen, ausweiden 2. *übtr umg* ausnehmen, entleeren

потруди́ться, -ужу́сь, -у́дишься *v* 1. eine Zeitlang sich abmühen, arbeiten 2. *mit Inf* sich bemühen etw. zu tun, sich bequemen etw. zu machen

потрясá́ть(ся) *uv zu* потрясти́(сь)

потряса́ющий, -ая, -ее erschütternd, äußerst stark; -ее собы́тие ein erschütterndes Ereignis

потрясе́ние, -я *n* 1. Erschütterung, tiefe Gemütserregung; не́рвное ~ Nervenzusammenbruch 2. soziale Erschütterung, Umbruch, Zerrüttung

потрясённый, -ая, -ое äußerst tief erregt

по|трясти́* *v* 1. *A oder I* eine Zeitlang schütteln, rütteln 2. erschüttern, zum Schwanken bringen *a. Ansichten* 3. *übtr* sehr erregen, tief beeindrucken || *uv* потряса́ть, -а́ю, -а́ешь

по|трясти́сь* *v* 1. *umg* eine Zeitlang geschüttelt werden *auf dem Wagen usw.* 2. *übtr alt* in starke Erregung geraten || *uv* потряса́ться, -а́юсь, -а́ешься

потря́хивать, -аю, -аешь *uv A oder I umg* von Zeit zu Zeit bzw. ein wenig schütteln

Потсда́м, -а *m* Potsdam

поту́ги *Pl* -у́г, *Sg* поту́га, -и *f* 1. Anspannung der Muskeln, Anstrengung; родовы́е ~ Geburtswehen 2. *übtr* Bemühungen, schwere Anstrengungen

потужи́ть, -ужу́, -у́жишь *v umg, alt, poet* eine Zeitlang betrübt sein, sich grämen

поту́пить, -плю, -пишь; -пленный, -плен, -а *v* hängen lassen, senken *Kopf*; niederschlagen *Augen* || *uv* **потупля́ть,** -я́ю, -я́ешь

поту́питься, -плюсь, -пишься *v* den Kopf senken, die Augen niederschlagen || *uv* **потупля́ться,** -я́юсь, -я́ешься

потускне́лый, -ая, -ое glanzlos, matt, trüb *Augen, Blick*

потускне́ть, *1. u. 2. Pers ungebr*, -е́ет *v* glanzlos [matt, trüb] werden

потусторо́нний, -яя, -ее jenseits, überirdisch; ~ мир das Jenseits

потуха́ние, -я *n* das Erlöschen

потуха́ть *uv zu* поту́хнуть

поту́хнуть, -ну, -нешь; поту́х, -ла *v* 1. erlöschen, ausgehen; *übtr* zu glänzen aufhören, matt werden *Augen* 2. *übtr* zu Ende gehen, aufhören zu existieren || *uv* потуха́ть, -а́ю, -а́ешь

потучне́ть, -е́ю, -е́ешь *v* dick(er) werden, Fett ansetzen

¹потуши́ть, -ушу́, -у́шишь; -у́шенный, -у́шен, -а *v* (aus)löschen

²потуши́ть, -ушу́, -у́шишь *v* ein wenig dünsten

по́тчевать, -чую, -чуешь *uv volksspr* bewirten

потяга́ться, -а́юсь, -а́ешься *v umg* sich messen

потя́гивать, -аю, -аешь *uv* 1. *A oder* за *A* von Zeit zu Zeit ziehen, leicht (ein)ziehen; einsaugen *Getränk* 2. *unpers* es zieht; потя́гивает сы́ростью es riecht nach Nässe, es ist naß

потя́гиваться *uv zu* потяну́ться

потяжеле́ть, -е́ю, -е́ешь *v* 1. schwer(er) werden 2. schwerfällig werden

потяну́ть, -яну́, -я́нешь; -я́нутый, -я́нут, -а *v A oder* за *A* ziehen, beginnen zu ziehen; herbeizerren; его́ потяну́ло к отцу́ es zog ihn zum Vater; из ро́щи потяну́ло ла́ндышами aus dem Wäldchen roch es nach Maiglöckchen

потяну́ться, -яну́сь, -я́нешься *v* 1. sich dehnen, sich strecken, sich recken 2. beginnen sich auszustrekken (к *D* nach); beginnen die Hand auszustrecken (за *I* nach); sich hinziehen, sich hinstrecken; beginnen sich hinzuziehen; vergehen || *uv* потя́гиваться, -аюсь, -аешься

поугомони́ться, -ню́сь, -ни́шься *v umg* 1. sich etwas beruhigen 2. sich allmählich beruhigen *von vielen, allen*

поу́жинать, -аю, -аешь *v* zu Abend essen, Abendbrot essen

поумне́ть, -е́ю, -е́ешь *v* klug [klüger] werden, verständiger werden

поупражня́ться, -я́юсь, -я́ешься *v umg* eine Zeitlang üben

поупря́миться, -млюсь, -мишься *v umg* sich eine Zeitlang widersetzen

поуро́чный, -ая, -ое pro Unterrichtsstunde

поутру́ *u. alt* **поу́тру** *Adv umg* (früh)-morgens, am Morgen

поуха́живать, -аю, -аешь *v umg* за *I* eine Zeitlang den Hof machen, ein wenig flirten (mit); ein wenig pflegen, etwas sorgen (für)

поуча́ть, -а́ю, -а́ешь *uv* belehren, unterweisen

поуче́ние, -я *n* 1. Belehrung, Unterweisung 2. *lit, kirch* didaktische Schrift, Predigt

поучи́тельный, -ая, -ое; *Kzf* -лен, -льна 1. belehrend, lehrreich 2. erbaulich, lehrhaft; schulmeisterhaft

поучи́ть, -учу́, -у́чишь *v* eine Zeitlang unterrichten

поучи́ться, -учу́сь, -у́чишься *v* eine Zeitlang lernen

поха́бник, -а *m volkssрr* unflätiger [schamloser] Mensch

поха́бный, -ая, -ое; *Kzf* -бен, -бна *volkssрr* unanständig, zotig, schamlos

поха́живать, -аю, -аешь *uv umg* 1. gemächlich hin und her gehen, auf und ab spazieren 2. von Zeit zu Zeit wohin gehen

похвала́, -ы́ *f* Lob; отзыва́ться с -о́й о ко́м-н. sich über j-n lobend aussprechen; рассыпа́ться в -а́х sich in Lobpreisungen ergehen; расточа́ть -ы́ кому́-н. j-n mit Lob überschütten

похва́ливать, -аю, -аешь *uv* von Zeit zu Zeit loben

похвали́ть(ся) *v zu* хвали́ть(ся)

похвальба́, -ы́ *f* 1. *umg* Eigenlob, Prahlerei 2. *volkssрr* Lob

похва́льный, -ая, -ое; *Kzf* -лен, -льна 1. Lob enthaltend; -ая гра́мота Belobigungsurkunde; -ое сло́во Lobrede 2. lobenswert, Lob verdienend; -ое заня́тие lobenswerte Beschäftigung

похваля́ться, -я́юсь, -я́ешься *uv I u. mit Inf volkssрr* prahlen, sich brüsten

похва́рывать, -аю, -аешь *uv umg* von Zeit zu Zeit kränkeln

похва́стать(ся) *v zu* хва́стать(ся)

похвора́ть, -а́ю, -а́ешь *v umg* eine Zeitlang kränkeln

похити́тель, -я *m* Räuber, Dieb, Entführer

похи́тить, -и́щу, -и́тишь; -и́щенный, -и́щен, -а *v* entwenden, heimlich mitnehmen; entführen || *uv* **похища́ть,** -а́ю, -а́ешь

похище́ние, -я *n* Entwendung, Diebstahl, Raub; Entführung

похлеба́ть, -а́ю, -а́ешь *v volkssрr* 1. *A oder G* ein wenig essen [löffeln] 2. eine Zeitlang [mehrere Male] löffeln 3. alles aufessen, alles auslöffeln

похлёбка, -и, *Pl G* -бок, *D* -бкам *f* gewöhnliche Suppe, Brühe

похло́пать, -аю, -аешь *v A oder I* eine Zeitlang klatschen [applaudieren]; leicht klatschen; ~ кры́льями mit den Flügeln schlagen

по|хлопота́ть*, *v* 1. *v zu* хлопота́ть 2. eine Zeitlang geschäftig sein

похло́пывать, -аю, -аешь *uv A oder I umg* von Zeit zu Zeit bzw. leicht klatschen; ~ кры́льями zeitweilig oder leicht mit den Flügeln schlagen

похмели́ться, -лю́сь, -ли́шься *v volkssрr* den Katzenjammer durch kleinere Portionen berauschender Getränke verjagen || *uv* похмеля́ться, -я́юсь, -я́ешься

похме́лье, -ья *n* Katzenjammer (nach dem Rausch) ◇ в чужо́м пиру́ ~ für fremde Fehler büßen müssen

похмеля́ться *uv zu* похмели́ться

[1]**похо́д,** -а *m* 1. Marsch, Bewegung *einer organisierten Gruppe* von Menschen; *umg* lange Reise, Fahrt, Exkursion; тури́стский ~ Ausflug, Fahrt über Land; коллекти́вный ~ в кино́ gemeinsamer Kinobesuch 2. Feldzug, militärische Kampagne; кресто́вый ~ Kreuzzug 3. *übtr* organisierter Kampf, Kampagne; ~ на за́суху (organisierter) Kampf gegen die Dürre

[2]**похо́д,** -а *m umg* Übergewicht; Zugabe *beim Wiegen oder Rechnen*; ве́шать с -ом ein gutes Gewicht geben *beim Wiegen*

похода́тайствовать *v zu* хода́тайствовать

[1]**походи́ть,** -ожу́, -о́дишь *v* eine Zeitlang umhergehen, auf und ab gehen

[1]походи́ть, -ожу́, -о́дишь *uv* на *A* gleichen, ähneln

похо́дка, -и, *Pl G* -док, *D* -дкам *f* Gang, Schritt, Gangart

похо́дный, -ая, -ое **1.** Marsch-, Fahrt-; -ая жизнь das Leben unterwegs [auf Fahrten]; -ая пала́тка Fahrtenzelt **2.** Feld-; ~ лазаре́т Feldlazarett; -ая ку́хня Feldküche; -ая фля́га Feldflasche

по́ходя *Adv umg* **1.** im Gehen, im Vorbeigehen **2.** nebenbei, unter anderem

похожде́ние, -я *n* **1.** *alt* Reise, weite Fahrt **2.** Abenteuer; любо́вное ~ Liebesabenteuer

похо́жий, -ая, -ее; *Kzf* похо́ж, -а, -е **1.** ähnlich; быть -им ähnlich sein, ähneln **2.** *nur Kzf n* похо́же *als Schaltwort umg* anscheinend, wie es scheint; похо́же на то, что ... *als Schaltwort* es scheint, als ob ...; на что э́то похо́же? ist das denn möglich?, wozu das?; ни на что не похо́же! das ist unerhört!, da hört doch alles auf!; на кого́ ты (стал) похо́ж! wie siehst du bloß aus! *erstaunend über schlechtes Aussehen*

похозя́йничать, -аю, -аешь *v* eine Zeitlang wirtschaften

похолода́ние, -я *n* Temperaturrückgang, Abkühlung

похолода́ть, -а́ет *unpers v* kühler [kälter] werden *Wetter*

похолоде́ть, -е́ю, -е́ешь *v* kalt werden *Wetter*; erstarren *vor Schreck*

похорони́ть *v zu* [1]хорони́ть

похоро́нный, -ая, -ое **1.** Beerdigungs-, Trauer-; ~ обря́д Bestattungsbrauch; -ая проце́ссия Trauerprozession; -ая му́зыка Trauermusik **2.** *übtr umg* traurig, wie bei einem Begräbnis *Miene* **3.** -ая, -ой *Subst f* Todesanzeige, Nachricht über den Tod des Soldaten

по́хороны, -ро́н, -рона́м *Pl* **1.** Begräbnis, Beerdigung **2.** *umg* Leichenzug

похороше́ть, -е́ю, -е́ешь *v* schöner [hübscher] werden

похотли́вый, -ая, -ое; *Kzf* -ив, -а sinnlich, lüstern, wollüstig

по́хоть, -и *f* Lüsternheit, sinnliche Gier

по|хохота́ть* *v* eine Zeitlang lachen [kichern]

похрабре́ть, -е́ю, -е́ешь *v* mutiger [kühner] werden

похра́пывать, -аю, -аешь *v* hin und wieder schnarchen; leicht [leise] schnarchen

похуде́ть, -е́ю -е́ешь *v* mager werden, abmagern

поцара́пать, -аю, -аешь *v* **1.** kratzen, leicht aufkratzen **2.** *unpers* einen Kratzer abbekommen **3.** *umg* leicht verwundet werden **4.** eine Zeitlang kratzen; mehrere Male kratzen

поцара́паться, -аюсь, -аешься *v* **1.** sich leicht aufkratzen **2.** *umg* mit Kratzern bedecken *glatte Fläche* **3.** einander kratzen **4.** *umg* sich zanken **5.** *umg* eine Zeitlang kratzen

поцелова́ть(ся) *v zu* целова́ть(ся)

поцелу́й, -я, *I* -ем, *Pl G* -ев, *D* -ям *m* Kuß; возду́шный ~ Kußhand

поцеремо́ниться *v zu* церемо́ниться

почаёвничать, -аю, -аешь *v umg* eine Zeitlang (zusammen) sitzen und Tee trinken

почасово́й, -а́я, -о́е nach Stunden berechnet, Stunden-; -а́я опла́та Stundenlohn

поча́ток, -тка *m* **1.** (Frucht-) Kolben; ~ кукуру́зы Maiskolben **2.** (Woll-) Strähne, Garnsträhne; ~ ше́рсти Wollsträhne

по́чва, -ы *f* **1.** Boden; чернозёмная ~ Schwarzerdeboden; сугли́нистая ~ Lehmboden; боло́тистая ~ Sumpfboden; повыше́ние плодоро́дия -ы Erhöhung der Bodenfruchtbarkeit **2.** *berg* Gesteinsart, auf der Bodenschätze lagern **3.** *übtr* Grund, Grundlage **4.** *übtr buchspr* Gebiet, Sphäre; Position, Gesichtspunkt ◇ прощу́пать [нащу́пать] -у для чего́ auf den Busch klopfen; теря́ть -у под нога́ми *übtr* den Boden unter den Füßen verlieren; стоя́ть на -е чего́-н., станови́ться на -у чего́-н. von einer bestimmten Position ausgehen; на -е чего́-н. auf Grund von, infolge von

по́чвенный, -ая, -ое Boden-, Grund-; -ые зо́ны Bodenzonen; -ые во́ды Grundwasser

почвове́д, -а *m* Bodenkundler

почвове́дение, -я *n* Bodenkunde

почвообраба́тывающий, -ая, -ее *landw* bodenbearbeitend

почём *Adv umg* zu welchem Preis?; почём огурцы́? was kosten die Gurken?, wie teuer sind die Gurken? ◇ почём знать wer weiß; почём я зна́ю? woher soll ich das wissen?

почему́ *Adv* warum, weshalb, weswegen, aus welchem Grunde

почему́-либо *Adv* aus irgendeinem Grunde

почему́-нибудь *Adv* aus irgendeinem Grunde

почему́-то *Adv* aus irgendeinem Grunde, aus einem bestimmten Grunde.

по́черк, -а *m* Handschrift, Schrift(züge); чёткий ~ klare Handschrift

почерне́лый, -ая, -ое geschwärzt, schwarz geworden

почерне́ть, -е́ю, -е́ешь *v* schwarz werden

почерни́ть, -ню́, -ни́шь; -нённый, -нён, -нена́ *v* schwärzen, schwarz färben

почерпа́ть *uv zu* почерпну́ть

почерпну́ть, -ну́, -нёшь; поче́рпнутый, -ут, -а *v* 1. *A oder G umg* schöpfen 2. *übtr* irgendwoher nehmen, entnehmen, schöpfen ‖ *uv* почерпа́ть, -а́ю, -а́ешь

почерстве́ть, -е́ю, -е́ешь *v* 1. trocken werden, vertrocknen *Brot* 2. *übtr* hart werden

по|чеса́ть* *v* 1. *v zu* чеса́ть 2. eine Zeitlang kratzen

по|чеса́ться* *v* 1. *v zu* чеса́ться 2. eine Zeitlang jucken

по́чести *Pl* -ей, *Sg* по́честь, -и *f* 1. Ehrenerweisung, -bezeigung 2. *alt* Ehre, Ehrung

по|че́сть* *v I u.* за *A alt* erachten (als), halten (für); почту́ за честь es wird mir eine Ehre sein; ~ свои́м до́лгом es als seine Pflicht betrachten ‖ *uv* почита́ть, -а́ю, -а́ешь

почёсывать, -аю, -аешь *uv umg* von Zeit zu Zeit bzw. leicht kratzen

почёсываться, -аюсь, -аешься *uv* sich von Zeit zu Zeit bzw. leicht kratzen

почёт, -а *m* Ehre, Hochachtung; Ehrung, Ehrenerweisung; оказывать кому́-н. ~ j-m Ehre erweisen; по́льзоваться -ом hohes Ansehen genießen ◇ быть в -е Popularität besitzen, angesehen sein; доска́ -а Ehrentafel; ~ и уваже́ние! *Grußformel*: habe die Ehre!

почётный, -ая, -ое 1. Ehren-, angesehen, Achtung genießend 2. zur Ehrung überreicht, Ehren-; -ая гра́мота Ehrenurkunde; -ое зва́ние Ehrentitel; ~ президиум Ehrenpräsidium; ~ член Ehrenmitglied 3. zur Ehrung geschaffen; ~ карау́л Ehrenwache; ~ приём Ehrenempfang, feierlicher Empfang 4. *Kzf* -тен, -тна ehrenvoll, ehrend; -ая зада́ча ehrenvolle Aufgabe; ~ мир ehrenvoller Frieden

[1]**по́чечный,** -ая, -ое *bot* Knospen-; -ая чешуя́ Knospenhülle

[2]**по́чечный,** -ая, -ое Nieren-; -ая боле́знь Nierenkrankheit

почи́н, -а *m* 1. Initiative, tatkräftige Anregung; по со́бственному -у aus eigener Initiative, aus eigenem Antrieb; взять на себя́ ~ die Initiative ergreifen 2. *volksspr* Anfang einer Sache, die bereits erste Resultate erbracht hat; ~ сде́лан der Anfang ist gemacht

почини́ть, -иню́, -и́нишь; -и́ненный, -и́нен, -а *v* 1. ausbessern, reparieren; ~ чулки́ Strümpfe stopfen 2. *übtr*, *volksspr*, *scherz* beschädigen, zerschlagen ‖ *uv* починя́ть, -я́ю, -я́ешь

почи́нка, -и, *Pl G* -нок, *D* -нкам *f* Reparatur, Ausbesserung; ~ чуло́к das Stopfen der Strümpfe; отда́ть в -у ausbessern lassen, in Reparatur geben; тре́бующий -и reparaturbedürftig

почи́ночный, -ая, -ое Reparatur-; -ая мастерска́я Reparaturwerkstatt

починя́ть *uv zu* почини́ть

почи́стить, -и́щу, -и́стишь; почи́сти *u. umg* почи́сть; почи́щенный, -ен, -а *v* 1. sauber machen, putzen, ausbürsten 2. *umg* eine Zeitlang putzen [reinigen]

почи́ститься, -и́щусь, -и́стишься *v* sich seine Sachen säubern *Kleidung*, sich in Ordnung bringen

почита́ние, -я *n* 1. Achtung, Ehrerbietung 2. Anbetung, Verehrung

почита́тель, -я *m* Verehrer, Bewunderer

[1]**почита́ть,** -а́ю, -а́ешь *v* 1. eine Zeitlang lesen 2. *umg* sich durch Lesen bekanntmachen (mit), durchlesen

[2]**почита́ть,** -а́ю, -а́ешь *uv* Achtung haben, (ver)ehren; anbeten

[3]**почита́ть** *uv zu* поче́сть

почи́тывать, -аю, -аешь *uv umg* ab und zu ein bißchen lesen

почи́ть, -чи́ю, -чи́ешь *v alt* 1. einschlafen 2. sterben, entschlafen ◇ ~ на ла́врах auf seinen Lorbeeren ausruhen

почиха́ть, -а́ю, -а́ешь *v* eine Zeitlang niesen, mehrere Male niesen

[1]**по́чка,** -и, *Pl G* -чек, *D* -чкам *f* Knospe; листова́я ~ Blattknospe; плодо́вая ~ Fruchtknospe

[2]**по́чка,** -и, *Pl G* -чек, *D* -чкам *f* 1. Niere: воспале́ние -чек Nieren-

entzündung 2. *Pl* Nieren *Speise*; теля́чьи -и Kalbsnieren

почкова́ние, -я *n biol* (Vermehrung durch) Knospung

почкови́дный, -ая, -ое; *Kzf* -ден, -дна knospenförmig, -artig

по́чта, -ы *f* 1. Post, Postamt, Postgebäude; *hist* Post als Einrichtung zur Beförderung von Personen; идти́ на -у aufs Postamt gehen 2. Zustellung, Beförderung durch die Post; по́чтой *oder* по -е per Post; спе́шная ~ Eilpost; полева́я ~ Feldpost 3. Postsendungen, Korrespondenz; разноси́ть -у die Post austragen; доставля́ть -у Post zustellen

почтальо́н, -а *m* Briefträger

почта́мт, -а *m* Hauptpostamt

почте́ние, -я *n* Ehrerbietung, Hochachtung, Ehrfurcht; относи́ться к кому́-н. с -ем vor j-m Achtung haben; моё ~! meine Hochachtung!, alle Achtung!; с соверше́нным [глубо́ким] -ем *alt Höflichkeitsformel am Schluß des Briefes*: mit vorzüglicher Hochachtung!, hochachtungsvoll!

почте́нный, -ая, -ое; *Kzf* -е́нен, -е́нна 1. ehrbar, ehrwürdig, verdienstvoll; Ehrfurcht einflößend; ~ во́зраст ehrwürdiges Alter 2. *alt* -ого *Subst m* Verehrtester 3. *übtr umg* von bedeutendem Ausmaß, beträchtlich; -ое расстоя́ние beträchtliche Entfernung

почти́ *Adv* fast, beinahe, nahezu; ~ что so gut wie, fast, beinahe

почти́тельность, -и *f* Ehrerbietung, Ehrerbietigkeit

почти́тельный, -ая, -ое; *Kzf* -лен, -льна 1. ehrfurchtsvoll, ehrerbietig 2. *übtr umg* beträchtlich, bedeutend ◇ держа́ть на -ом расстоя́нии in respektvollem Abstand halten

по|чти́ть* *v* 1. Ehre erweisen, Ehre zollen; ~ па́мять встава́нием j-s Gedenken durch Erheben von den Plätzen ehren 2. beehren

почтови́к, -а́ *m volksspr* Postangestellter

почто́вый, -ая, -ое 1. Post-; -ая откры́тка Postkarte; -ое отделе́ние Zustellpostamt; -ые ма́рки Briefmarken; ~ я́щик Briefkasten; -ая каре́та *alt* Postkutsche; -ые ло́шади Postpferde 2. почто́вые, -ых *u.* почтовы́е, -ы́х *Subst Pl alt* Postpferde; е́хать на -ых mit der Post reisen; как на -ых *alt* mit Windeseile

почу́вствовать(ся) *v zu* чу́вствовать(ся)

почуди́ть, *1. Pers ungebr*, -ди́шь *v umg* sich eine Zeitlang wunderlich benehmen

почу́диться *v zu* чу́диться

почу́five(ся) *v zu* чу́ять(ся)

поша́ливать, -аю, -аешь *uv* von Zeit zu Zeit bzw. ein wenig ausgelassen sein; von Zeit zu Zeit bzw. ein wenig zu schaffen machen *Herz*; ab und zu rauben und stehlen [sein Unwesen treiben]

пошали́ть, -лю́, -ли́шь *v* eine Zeitlang ausgelassen sein

поша́рить, -рю, -ришь *v umg* eine Zeitlang (mit den Händen) herumsuchen, -tasten, -stöbern

пошатну́ть, -ну́, -нёшь *v* 1. leicht ins Wanken bringen; durch Rütteln und Schütteln neigen, schief werden lassen *Hütte* 2. *übtr* erschüttern, ins Schwanken bringen 3. untergraben *Gesundheit*; zerstören

пошатну́ться, -ну́сь, -нёшься *v* 1. schwanken, das Gleichgewicht verlieren, wanken; sich zur Seite neigen 2. *übtr* ins Schwanken geraten; erschüttert werden 3. zerrüttet werden; untergraben werden *Gesundheit*

поша́тывать, -аю, -аешь *uv* von Zeit zu Zeit bzw. leicht schütteln, rütteln

поша́тываться, -аюсь, -аешься *uv* von Zeit zu Zeit bzw. leicht hin und her schwanken, torkeln

пошеве́ливать, -аю, -аешь *uv* 1. *A oder I* von Zeit zu Zeit bzw. leicht bewegen, rühren 2. *Imp* пошеве́ливай! *volksspr* nun mal fix!, dalli!

пошеве́ливаться, -аюсь, -аешься *uv* 1. sich von Zeit zu Zeit bewegen, sich leicht bewegen; *umg* beginnen sich langsam zu rühren 2. *Imp* пошеве́ливайся! *volksspr* mach zu!, beeil dich!, dalli!

пошевели́ть, -велю́, -вели́шь *u.* -ве́лишь; -велённый, -велён, -велена́ *v* 1. in Bewegung versetzen 2. *mit I* leicht bewegen 3. *übtr* leicht erregen, etwas kränken, in Erregung versetzen ‖ *v mom* **пошевельну́ть,** -ну́, -нёшь

пошевели́ться, -велю́сь, -ели́шься *u.* -ве́лишься *v* sich leicht bewegen ‖ *v mom* **пошевельну́ться,** -ну́сь, -нёшься

по|шепта́ть* *v* flüstern, eine Zeitlang im Flüsterton sprechen

по|шепта́ться* *v* sich eine Weile im Flüsterton unterhalten, untereinander tuscheln

пошио́, -а *m mit Attribut* 1. *umg gewöhnlich mißb* Manier, Art, Schlag; дешёвого -а vulgär, geschmacklos, ordinär 2. *alt* Stil ◇ лю́ди одного́ -а Menschen des gleichen Schlages

поши́в, -а *m volksspr* das Nähen; мастерска́я индивидуа́льного -а Maßschneiderei

поши́вка, -и *f* das Nähen; Anfertigung durch Nähen; ~ о́буви das Nähen der Schuhe

поши́вочный, -ая, -ое *volksspr* Näh-, Schneider-; -ая мастерска́я Schneiderwerkstatt

пошире́ть, -е́ю, -е́ешь *v volksspr* breiter werden, in die Breite gehen

по|ши́ть* *v* 1. eine Zeitlang nähen 2. *volksspr* nähen, durch Nähen anfertigen

пошле́ть, -е́ю, -е́ешь *uv umg* gemein [unanständig] werden

по́шлина, -ы *f* 1. Zoll; обложи́ть -ой mit Zoll belegen; покрови́тельственная ~ Schutzzoll; вво́зная ~ Einfuhrzoll; вывозна́я ~ Ausfuhrzoll 2. Gebühren; ~ за пропи́ску па́спорта Gebühren für die Registrierung des Passes; ~ за регистра́цию бра́ка Gebühren für die standesamtliche Eheschließung

по́шлинный, -ая, -ое Zoll-

по́шлость, -и *f* 1. Gemeinheit, Niederträchtigkeit, Plattheit 2. gemeiner Ausdruck, niederträchtige Handlung

по́шлый, -ая, -ое; *Kzf* пошл, -а́! 1. flach, platt, abgeschmackt 2. banal, vulgär, gemein, zuchtlos

пошля́к, -а́ *m umg* gemeiner [fader] Kerl; einer, der zotige Reden führt oder sich unanständig benimmt

пошля́тина, -ы *f volksspr* etwas Gemeines, Niedriges, Unanständiges, Verwerfliches

пошту́чный, -ая, -ое pro Stück; stückweise; -ая опла́та Stücklohn, Akkordlohn; -ая прода́жа Verkauf nach Stücken

пошуме́ть, -млю́, -ми́шь *v* eine Zeitlang lärmen; eine Weile rauschen

пошути́ть, -учу́, -у́тишь *v* 1. scherzen, einen Spaß machen; ~ над ке́м-н. sich lustig machen über j-n, einen Spaß mit j-m machen 2. eine Zeitlang scherzen [spotten]

поща́да, -ы *f* Gnade, Schonung; без -ы ohne Gnade, schonungslos; не дава́ть никому́ -ы ohne Schonung [erbarmungslos] vorgehen (gegen); проси́ть -ы у кого́-н. um Gnade bei j-m bitten

пощади́ть, -ажу́, -ади́шь; -ажённый, -ажён, -ажена́ *v* 1. Erbarmen haben, Schonung üben 2. schonen, vor dem Zerstören [Altern] bewahren 3. mit Schonung behandeln, (ver)schonen

по|щекота́ть* *v* eine Zeitlang kitzeln, leicht kitzeln

пощёчина, -ы *f* 1. Ohrfeige, Maulschelle; дать -у ohrfeigen, einen Backenstreich versetzen 2. *übtr* Schlag ins Gesicht

по|щипа́ть* *v* 1. eine Zeitlang rupfen *Gras*, eine Weile zupfen *Bart*; zwikken 2. *übtr volksspr* schröpfen, ausplündern 3. *übtr volksspr* ein bißchen ausschimpfen [kritisieren]

пощи́пывать, -аю, -аешь *uv* von Zeit zu Zeit zupfen [rupfen]; ein wenig rupfen [zupfen]

пощу́пать *v zu* щу́пать

поэ́зия, -и *f* 1. Poesie, Dichtkunst; Lyrik 2. dichterisches Schaffen; анти́чная ~ antike Poesie 3. *übtr G* Zauber, Schönheit, Erhabenheit

поэкзаменова́ть, -ну́ю, -ну́ешь *v umg* eine Zeitlang prüfen [examinieren]

поэ́ма, -ы *f* 1. Poem, Gedicht 2. *übtr* etwas sehr Schönes, etwas Fabelhaftes

поэ́т, -а *m* Dichter, Poet; Lyriker

поэте́сса [тэ], -ы *f* Dichterin; Lyrikerin

поэти́ческий, -ая, -ое 1. poetisch, dichterisch; lyrisch 2. erhaben, bezaubernd 3. sehr empfindsam, gefühlvoll ◇ ~ беспоря́док *scherz* herrliches Durcheinander

поэти́чный, -ая, -ое; *Kzf* -чен, -чна 1. poetisch; bezaubernd 2. sehr empfindsam, gefühlvoll

поэ́тому *Adv* aus diesem Grunde, darum, deswegen

пою́ ↑ петь

появи́ться, -явлю́сь, -я́вишься *v* 1. erscheinen, sich zeigen, zum Vorschein kommen; auftauchen; veröffentlicht werden *Artikel* 2. entstehen, auftreten, aufkommen ◇ ~ на свет geboren werden, das Licht der Welt erblicken ‖ *uv* появля́ться, -я́юсь, -я́ешься

появле́ние, -я *n* Erscheinen, Auftauchen; Aufkommen, Entstehen

появля́ться *uv zu* появи́ться

поя́рок, -рка *m* Lammwolle

по́яс, -а, *Pl* пояса́, -о́в, -а́м *m* 1. Gürtel, Gurt, Leibriemen; спаса́тельный ~ Rettungsgurt 2. Taille, Gürtellinie; по ~ в воде́ bis zum Gürtel im Wasser; по ~ го́лый mit nacktem Oberkörper ◇ в ~ кла́няться [раскла́ниваться] sich tief verbeugen 3. Streifen, Gürtel, Zone 4. *geogr* Erdgürtel, Klimazone; уме́ренный ~ gemäßigte Zone 5. *wirtsch* Zone; тари́фный ~ Tarifzone ◇ заткну́ть за ~ weit überlegen sein, übertreffen

поясне́ние, -я *n* 1. Erklärung, Erläuterung, Verdeutlichung 2. erklärende Bemerkung

поясни́тельный, -ая, -ое erklärend, erläuternd, kommentierend; ~ текст erklärender Text, Kommentar

поясни́ть, -ню́, -ни́шь; -нённый, -нён, -нена́ *v* erklären, verdeutlichen, klarer machen, erläutern ‖ *uv* поясня́ть, -я́ю, -я́ешь

поясни́ца, -ы, *I* -ей *f anat* Kreuz; боль в -е Kreuzschmerzen

поясно́й, -а́я, -о́е 1. Gürtel-; -ы́е застёжки Gürtelschnalle 2. am Gürtel befestigt 3. bis zum Gürtel; ~ портре́т Brustbild ◇ ~ покло́н tiefe Verbeugung, Bückling

поясня́ть *uv zu* поясни́ть

поясо́к, -ска́ *m Dem zu* по́яс kleiner Gürtel

пр. (прое́зд; проспе́кт) Durchfahrt *Straße*; breite Straße; Allee

пра- *Präfix von Subst u. Adj* Ur-, ur-; праро́дина Urheimat

праба́бка, -и, *Pl G* -бок, *D* -бкам *f* Urgroßmutter

праба́бушка, -и, *Pl G* -шек, *D* -шкам *f* Urgroßmutter

пра́вда, -ы *f* 1. Wahrheit; сказа́ть всю -у die reine Wahrheit sagen; узна́ть -у hinter die Wahrheit kommen; сказа́ть -у в глаза́ unverblümt die Wahrheit sagen 2. Wahrhaftigkeit, Richtigkeit; твоя́ ~ du hast recht; на чьей стороне́ ~? wer hat recht? 3. Gerechtigkeit, gerechte Ordnung 4. *mit großem Anfangsbuchstaben* Recht(ssammlung), Kodex; Са́лическая Пра́вда das Salische Recht 5. *Adv* wirklich, tatsächlich, wahrhaftig 6. *prädikativ* es ist wahr, es entspricht der Wahrheit; не ~ ли? nicht wahr? 7. *Konj* obzwar, obwohl ◇ все́ми -ами и непра́вдами mit allen Mitteln; по -е говоря́ um die Wahrheit zu sagen; пра́вда-ма́тка die reine (nackte) Wahrheit; пра́вду-ма́тку ре́зать [говори́ть] die Wahrheit frei heraussagen; что ~, то ~ was wahr ist, ist wahr, tatsächlich

правди́вость, -и *f* Wahrhaftigkeit, Wahrheitsliebe

правди́вый, -ая, -ое; *Kzf* -и́в, -а 1. wahrheitsliebend, wahrhaftig, aufrecht 2. wahr, wahrheitsgetreu

правдоподо́бие, -я *n* Glaubwürdigkeit, Wahrscheinlichkeit

правдоподо́бный, -ая, -ое; *Kzf* -бен, -бна wahrscheinlich, glaubwürdig

пра́ведный, -ая, -ое; *Kzf* -ден, -дна 1. *rel* gerecht, nach der religiösen Moral, fromm 2. *buchspr* gerecht; ~ судья́ ein gerechter Richter

праве́ть, -е́ю, -е́ешь *uv pol* nach rechts abschwenken, sich nach rechts orientieren

пра́вило, -а *n* 1. Regel, Gesetzmäßigkeit; граммати́ческое ~ grammatikalische Regel; как о́бщее ~ in der Regel 2. *meist Pl* Vorschrift, Regel, Prinzip; нра́вственные -а Moralgrundsätze; -а хоро́шего то́на Regeln des guten Tons, Anstandsregeln; -а вну́треннего распоря́дка Arbeits-, Dienst-, Hausordnung; -а у́личного движе́ния Verkehrsregeln 3. Maxime, Verhaltensnorm, Sitte; челове́к стро́гих пра́вил Mensch mit strengen Verhaltensregeln ◇ поста́вить за ~ sich zur Regel machen; как ~ in der Regel, gewöhnlich; по всем -ам wie es sich gehört; по всем -ам иску́сства *häufig iron* nach allen Regeln der Kunst, gründlich

пра́вильность, -и *f* Richtigkeit, Rechtsmäßigkeit

пра́вильный, -ая, -ое; *Kzf* -лен, -льна 1. richtig, den Regeln entsprechend, korrekt; -ое произноше́ние korrekte Aussprache 2. regelmäßig, ohne Ausnahmen; ~ глаго́л regelmäßiges Verb 3. gesetzmäßig, regulär; -ая сме́на времён го́да regulärer Wechsel der Jahreszeiten 4. richtig, den Verordnungen entsprechend; -ое по́льзование прибо́рами richtige Nutzung der Geräte 5. richtig, wahr; genau, fehlerlos; ~ отве́т richtige Antwort 6. richtig, echt; -ое поведе́ние korrektes Benehmen 7. *volksspr* gut, rechtschaffen *Mensch* 8. gleichmäßig, rhythmisch; бие́ние се́рдца -ое der Herzschlag ist normal 9. regelmäßig, symmetrisch, wohlproportioniert; -ые черты́ лица́ ebenmäßige Gesichtszüge

10. *math* mit gleichen Seiten und Winkeln; ~ многоуго́льник regelmäßiges Vieleck; -ая дробь echter Bruch

прави́тель, -я *m* 1. Herrscher, Gebieter 2. *alt* Leiter, Vorsteher

прави́тельственный, -ая, -ое Regierungs-; -ая делега́ция Regierungsdelegation

прави́тельство, -а *n* Regierung

[1]**пра́вить,** -влю, -вишь *uv* 1. *I*, *alt a. A* herrschen (über), regieren; leiten, führen 2. *A oder I* lenken, steuern; ~ маши́ной ein Auto steuern [fahren]; ~ ло́шадью kutschieren; ~ вожжа́ми die Zügel führen 3. *alt*, *volksspr* abhalten, veranstalten

[2]**пра́вить,** -влю, -вишь *uv* 1. verbessern, ausbessern, korrigieren; ~ гра́нки *typ* Fahnen korrigieren; ~ корректу́ру Korrektur lesen 2. ausrichten, gerade machen; schärfen, abziehen; ~ бри́тву die Rasierklinge abziehen; ~ ко́су́ die Sense wetzen

пра́вка, -и, *Pl G* -вок, *D* -вкам *f* 1. Korrektur, Ausbessern 2. Schärfen, Abziehen, Wetzen

правле́ние, -я *n* 1. Herrschen, Regieren; фо́рма -я Regierungsform 2. leitendes Organ einer Institution, Verwaltung, Vorstand; ~ желе́зной доро́ги Eisenbahnverwaltung 3. *umg* Sitzung eines leitenden Organs; ~ ко́нчилось die Leitungssitzung ist zu Ende 4. Verwaltungsgebäude; ~ колхо́за die Kolchosverwaltung; волостно́е ~ *hist* Bezirkshauptmannschaft, Polizeiverwaltung des Landbezirks

правле́нческий, -ая, -ое Verwaltungs-

пра́внук, -а *m* 1. Urenkel 2. *meist Pl* Nachkommen, Nachfahren

пра́внучка, -и, *Pl G* -чек, *D* -чкам *f* Urenkelin

[1]**пра́во,** -а, *Pl* права́, прав, права́м *n* 1. *nur Sg* Recht, Rechtsnormen; избира́тельное ~ Wahlrecht; крепостно́е ~ Leibeigenschaft 2. Gesamtheit der Gesetze und Rechtserlasse; гражда́нское ~ Zivilrecht; трудово́е ~ Arbeitsrecht 3. Rechtswissenschaft; уголо́вное ~ Strafrecht; междунаро́дное ~ Völkerrecht; ~ гражда́нства Bürgerrecht; ~ убе́жища Asylrecht 4. gesetzlich verbrieftes Recht; ~ на социа́льное обеспе́чение Recht auf soziale Fürsorge; ~ на труд Recht auf Arbeit; ~ на образова́ние Recht auf Bildung 5. offizielle Erlaubnis, Befugnis 6. *Pl umg* Fahrerlaubnis 7. Begründung, Grund ◇ в -е сде́лать что́-н. berechtigt etw. zu tun; по -у von Rechts wegen, zu Recht; дать -а́ гражда́нства die Staatsbürgerschaft verleihen; получи́ть [приобрести́] -а́ гражда́нства die Staatsbürgerschaft erwerben; с по́лным -ом mit Fug und Recht; на пти́чьих -а́х ohne solide rechtliche und finanzielle Grundlage

[2]**пра́во** *mod* tatsächlich, wahrhaftig, wirklich ◇ пра́во сло́во! *volksspr* Ehrenwort! *wenn man etwas glaubwürdig versichert*

право- *in Zuss* Rechts-, rechts-

правобере́жный, -ая, -ое am rechten Ufer befindlich, auf dem rechten Ufer gelegen

правове́рный, -ая, -ое; *Kzf* -рен, -рна 1. strenggläubig, orthodox, rechtgläubig; ~ като́лик strenggläubiger Katholik 2. islamisch; mohammedanisch 3. -ого *Subst m* Anhänger des Islams, Moslem

правово́й, -а́я, -о́е Rechts-; -ы́е но́рмы Rechtsnormen; -о́е образова́ние juristische Bildung

право|ме́рность, -и *f* Rechtmäßigkeit, Gesetzmäßigkeit; **~ме́рный,** -ая, -ое; *Kzf* -рен, -рна rechtmäßig, gesetzmäßig, berechtigt; **~мо́чие,** -я *n jur* Bevollmächtigung, Machtbefugnis, Kompetenz; **~мо́чный,** -ая, -ое; *Kzf* -чен, -чна *jur* befugt, bevollmächtigt, kompetent; **~наруше́ние,** -я *n jur* Rechtsbruch, Rechtsverletzung; **~наруши́тель,** -я *m jur* Rechtsverletzer; **~писа́ние,** -я *n* Rechtschreibung, Orthographie; **~сла́вие,** -я *n* Konfession der griechisch-orthodoxen Kirche

правосла́вный, -ая, -ое 1. griechisch-orthodox; -ая це́рковь die griechisch-orthodoxe Kirche, Ostkirche 2. griechisch-orthodox, rechtgläubig 3. -ого *Subst m* Anhänger des griechisch-orthodoxen Glaubens [der Ostkirche]

правосу́дие, -я *n* 1. Rechtswesen, -pflege; Gericht, Justiz; кла́ссовое ~ Klassenjustiz 2. gerechtes Urteil

правота́, -ы́ *f* Rechtlichkeit, Schuldlosigkeit

правофлангóвый, -ая, -ое 1. zum rechten Flügel gehörig, auf dem rechten Flügel befindlich 2. -ого *Subst m* rechter Flügelmann

[1]**пра́вый,** -ая, -ое 1. rechter; -ая нога́ das rechte Bein; ~ бе́рег Невы́ das

rechte Newaufer; -ая рука́ rechte Hand *a. übtr*; -ая сторона́ rechte Seite, Oberseite **2.** rechtsgerichtet, reaktionär, konservativ; -ые па́ртии rechtsgerichtete Parteien; ~ укло́н rechte Abweichung; -ые социали́сты Rechtssozialisten **3.** -ого *Subst m pol* Rechter

[2]**пра́вый,** -ая, -ое; *Kzf* прав, -а́! **1.** schuldlos, frei von Schuld **2.** *meist Kzf, prädikativ* recht haben, im Recht sein; вы -ы Sie haben recht **3.** gerecht, wahr

пра́вящий, -ая, -ее sich an der Macht befindend, herrschend; -ие круги́ die herrschenden Kreise; -ая па́ртия die Partei, die sich an der Macht befindet

Пра́га, -и *f* Prag

пра́дед, -а *m* **1.** Urgroßvater **2.** *Pl* Vorfahren, Vorväter

пра́жец, -жца, *I* -жцем, *G Pl* -жцев *m* Prager

пра́зднество [зьн], -а *n* Feierlichkeit, Feier, Fest; Первома́йские -а Maifeierlichkeiten

пра́здник [зьн], -а *m* **1.** Feiertag; ~ Октября́ Jahrestag der Großen Sozialistischen Oktoberrevolution **2.** Fest; семе́йный ~ Familienfest; ~ по слу́чаю дня рожде́ния Geburtstagsfeier **3.** *übtr* Freude; на всех ли́цах ви́ден был ~ auf allen Gesichtern stand helle Freude ◇ бу́дет и на на́шей у́лице ~ auch wir werden es einmal besser haben

пра́здничный [зьн], -ая, -ое; *Kzf* -чен, -чна Fest-, festlich; Feiertags-; ~ конце́рт Festkonzert; ~ день Festtag; -ое пла́тье festliches Kleid; -ое настрое́ние Feiertagsstimmung

пра́зднование [зн], -я *n* Feiern, festliches Begehen

пра́здновать [зн], -ную, -нуешь *uv* feiern, festlich begehen; ~ побе́ду triumphieren

празднонсло́вие [зн], -я *n buchspr* leeres Gerede, Quasselei

пра́здность [зн], -и *f* **1.** Untätigkeit, Müßigkeit; Nutzlosigkeit **2.** Müßiggang, Nichtstun

праздношата́ющийся [зн], -аяся, -ееся *umg* müßig(gehend)

пра́здный [зн], -ая, -ое; *Kzf* -ден, -дна **1.** *alt* leer; unbesetzt *Platz*; unbebaut *Landstück* **2.** ohne Arbeit, untätig, faul **3.** müßig; -ая жизнь Faulenzerleben **4.** *übtr* leer, unnütz

пра́ктик, -а *m* **1.** Praktiker **2.** praktisch veranlagter Mensch

пра́ктика, -и *f* **1.** *phil* Praxis; сочета́ть тео́рию с -ой die Theorie mit der Praxis verbinden **2.** das Leben, die Wirklichkeit; реализова́ть предложе́ние на -е einen Vorschlag in die Praxis umsetzen, verwirklichen; ввести́ в -у in die Praxis einführen **3.** Praxis, Anwendung von Kenntnissen und Fertigkeiten im praktischen Leben, Praktikum; произво́дственная ~ Produktionspraktikum; уро́к у́стной -и Konversationsstunde **4.** praktische Erfahrung; ~ сове́тских шахтёров die praktischen Produktionserfahrungen der sowjetischen Bergarbeiter **5.** *alt* Praxis *von Ärzten, Juristen*

практикова́ть, -ку́ю, -ку́ешь; -ко́ванный, -ко́ван, -а *uv* **1.** *buchspr* in der Praxis anwenden **2.** *alt* praktizieren *Arzt*

практикова́ться, -ку́юсь, -ку́ешься *uv* **1.** angewandt werden, üblich sein **2.** sich üben, üben

пра́ктикум, -а *m* (Übungs-) Seminar, Praktikum

практици́зм, -а *m buchspr* **1.** Praktizismus **2.** nüchternes und sachliches Herangehen und Handeln; eigensüchtiges Handeln

практи́ческий, -ая, -ое **1.** praktisch **2.** die Anwendung von Kenntnissen in der Praxis betreffend, Übungs-; -ие заня́тия Übungen *als Form der Hochschulausbildung* **3.** praktisch, angewandt; -ая астроно́мия angewandte Astronomie **4.** praktisch veranlagt *Mensch*

практи́чность, -и *f* **1.** Zweckdienlichkeit, Zweckmäßigkeit **2.** praktische Veranlagung

практи́чный, -ая, -ое; *Kzf* -чен, -чна **1.** praktisch veranlagt **2.** praktisch, vorteilhaft, nützlich, wirtschaftlich

пра́отец, -тца, *I* -тцем, *G Pl* -тцев *m alt* Ahnherr, Urvater ◇ отпра́вить [отосла́ть] к -тцам *scherz* ins Jenseits befördern; отпра́виться к -тцам *scherz* das Zeitliche segnen, sterben

пра́порщик, -а *m* Fähnrich *im zaristischen Heer*

прапра́дед, -а *m* Ururgroßvater

прароди́тель, -я *m* **1.** Stammvater, Ahnherr **2.** *Pl* Vorfahren, Vorväter

прах, -а *m* **1.** *alt, poet u. buchspr* Staub **2.** Vergängliches, Wertloses **3.** sterbliche Hülle, Asche der Verstorbenen, Leichnam ◇ мир -у твоему́! Friede deiner Asche!; на кой ~? *volkssspr* wozu nur?; ~ с тобой [с ней, с ним]! *volksspr* meinetwegen!; nun ganz gleich!; отряхну́ть ~ с ног den Staub von den Füßen schütteln; пове́ргнуть [разби́ть] в ~ vollkommen zerstören; в пух и ~ kurz und klein, völlig; разоде́ться в пух и ~ sich luxuriös [prachtvoll] kleiden

пра́чечная [шн], -ой *Subst f* Wäscherei, Waschanstalt; Waschküche

пра́чка, -и, *Pl G* -чек, *D* -чкам *f* Waschfrau, Wäscherin

пращ ↑ праща́

праща́, -и́, *I* -о́й, *GPl* -е́й *f u.* **пращ,** -а́, *I* -о́м, *GPl* -е́й *m hist* (Stein-) Schleuder

пра́щур, -а *m* Urahn, Stammvater, entfernter Vorfahre

праязы́к, -а́ *m ling* Ursprache

преа́мбула, -ы́ *f buchspr* Präambel

пребыва́ние, -я *n* **1.** Aufenthalt, Verbleib **2.** *alt* Aufenthaltsort

пребыва́ть, -а́ю, -а́ешь *uv* **1.** *uv zu* пребы́ть **2.** *alt* existieren, unverändert sein **3.** *buchspr* sein, sich aufhalten; in einem Zustand verweilen, sich befinden; ~ у вла́сти an der Macht sein; ~ в неве́дении im Ungewissen sein

пре|бы́ть* *v alt* unverändert bleiben ‖ *uv* пребыва́ть, -а́ю, -а́ешь

превали́ровать, -рую, -руешь *uv* над *I buchspr* überwiegen, das Übergewicht haben (über), vorherrschen

превенти́вный, -ая, -ое *buchspr* vorbeugend, Präventiv-; -ая приви́вка Schutzimpfung; -ая война́ Präventivkrieg

превзо|йти́* *v* **1.** übertreffen, überlegen sein **2.** übersteigen, übertreffen **3.** *volksspr* studieren, verstehen; ~ [самого́] себя́ *buchspr* alles in den Schatten stellen, sich selbst übertreffen ‖ *uv* превосходи́ть, -ожу́, -о́дишь

превозмога́ть *uv zu* превозмо́чь

превоз|мо́чь* *v* überwinden, bezwingen; ~ боль den Schmerz verbeißen [bezwingen]; ~ смех das Lachen unterdrücken; уста́лость превозмогла́ die Müdigkeit war stärker; превозмо́чь себя́ sich bezwingen ‖ *uv* превозмога́ть, -а́ю, -а́ешь

превоз|нести́* *v* sehr (zu) hoch einschätzen, lobpreisen, loben ◇ ~ до небе́с in den Himmel heben ‖ *uv* **превозноси́ть,** -ношу́, -но́сишь

превосходи́тельство, -а *n* (*meist in Verbindung mit* его́, её, ва́ше, их) Exzellenz

превосходи́ть *uv zu* превзойти́

превосхо́дный, -ая, -ое; *Kzf* -ден, -дна **1.** *alt, mil* überlegen; -ые си́лы проти́вника die Truppenübermacht des Gegners **2.** vortrefflich, hervorragend, ausgezeichnet ◇ -ая сте́пень *gram* Superlativ

превосхо́дство, -а *n* Überlegenheit, Vorrang; Übergewicht; ~ в во́здухе Luftüberlegenheit; чи́сленное ~ zahlenmäßige Überlegenheit; ~ проти́вника в та́нках die Überlegenheit des Gegners an Panzern

преврати́ть, -ащу́, -ати́шь; -ащённый, -ащён, -ащена́ *v* verwandeln, umgestalten; ~ в шу́тку ins Lächerliche ziehen ‖ *uv* превраща́ть, -а́ю, -а́ешь

преврати́ться, -ащу́сь, -ати́шься *v* **1.** sich verwandeln, übergehen **2.** (*mit den Subst* зре́ние, слух, внима́тельность) gespannt sehen, gespannt zuhören, ganz aufmerksam sein; ganz Ohr sein; я весь преврати́лся в слух ich bin ganz Ohr ‖ *uv* превраща́ться, -а́юсь, -а́ешься

превра́тность, -и *f* **1.** Irrigkeit, Verkehrtheit; ~ мне́ния Irrigkeit der Meinung **2.** Veränderlichkeit, Wandelbarkeit, Unbeständigkeit **3.** *Pl alt* unvorhergesehene ungünstige Veränderungen im Leben

превра́тный, -ая, -ое; *Kzf* -тен, -тна **1.** irrig, falsch, verkehrt, verzerrt **2.** *alt* veränderlich, wandelbar, unbeständig, wechselhaft

превраща́ть(ся) *uv zu* преврати́ть(ся)

превраще́ние, -я *n* **1.** Verwandlung, Umwandlung, Metamorphose **2.** Umgestaltung, plötzliche Veränderung

превы́сить, -ы́шу, -ы́сишь; -ы́шенный, -ы́шен, -а *v* **1.** übertreffen, übersteigen; ~ но́рму die Norm überbieten **2.** überschreiten, mißbrauchen *Macht, Befugnisse* ‖ *uv* **превыша́ть,** -а́ю, -а́ешь

превы́ше *Adv hoher Stil* viel höher ◇ ~ всего́ am höchsten, am wichtigsten

превыше́ние, -я *n* **1.** Überschreiten, Übersteigen; ~ креди́та das Überschreiten des Kredits; план вы́полнен с -ем на де́сять проце́нтов der Plan wurde mit zehn Prozent übererfüllt **2.** Überschreitung, Mißbrauch *Macht*

прегра́да, -ы *f* Hindernis, Schranke *a. übtr* ◇ грудобрю́шная ~ Zwerchfell

прегради́ть, -ажу́, -ади́шь; -аждённый, -аждён, -аждена́ *v* ver-, absperren; ~ кому́-н. путь j-m den Weg versperren || *uv* **преграждáть,** -áю, -áешь

[1]**пред** *u. vor einigen Konsonantenverbindungen* **предо,** *Präpos mit I buchspr* ↑ пéред

[2]**пред,** -а *m volksspr Abk für* председáтель Vorsitzender

пред- *in Zuss Abk für* председáтель Vorsitzender, *z. B.* предколхóза Kolchosvorsitzender

-пред, -а *in Zuss Abk für* представи́тель Vertreter, *z. B.* полпрéд mit allen Vollmachten ausgestatteter, diplomatischer Vertreter der UdSSR im Ausland *bis 1941*

предавáть(ся) *uv zu* предáть(ся)

[1]**предáние,** -я *n* Übergabe, Überantwortung, Auslieferung; ~ судý Übergabe an das Gericht; ~ землé Beerdigung, Bestattung

[2]**предáние,** -я *n* mündliche Überlieferung, Sage, Legende, Mär

прéданность, -и *f* Ergebenheit, Treue, Anhänglichkeit

прéданный, -ая, -ое; *Kzf* -ан, -анна ergeben, treu; hingebungsvoll; и́скренне ~ вам Ihr ergebener *im Brief*

предáтель, -я *m* Verräter

предáтельский, -ая, -ое **1.** verräterisch; -ое убийство Meuchelmord **2.** *übtr* trügerisch, tückisch; -ое здорóвье tückischer Gesundheitszustand

предáтельство, -а *n* Verrat, Treulosigkeit

пре|дáть*; прéдал, -á!; прéданный, -ан, -á! *v* **1.** verraten, durch Verrat ausliefern **2.** übergeben, überantworten, ausliefern; ~ кáзни hinrichten lassen; ~ осмея́нию dem Gelächter preisgeben; ~ смéрти töten; ~ судý dem Gericht übergeben ◇ ~ анáфеме den Bannfluch verhängen; ~ глáсности der Öffentlichkeit bekanntgeben; ~ землé когó-н. j-n beerdigen || *uv* пре|дава́ть*

пре|дáться*; -дали́сь *v* **1.** *alt* sich ergeben, überlaufen; sich ganz anvertrauen **2.** sich ganz hingeben, ganz versenken (in); ~ порóку dem Laster frönen; ~ пья́нству sich dem Trunk ergeben; ~ искýсству sich der Kunst widmen; ~ гнéву sich vom Zorn hinreißen lassen; ~ размышлéнию den Gedanken nachhängen || *uv* пре|даваться*

предбáнник, -а *m* Aus- und Ankleideraum vor dem Baderaum

предбоевóй, -áя, -óе vor dem Kampfe; -óе настроéние die Stimmung vor dem Kampf [Gefecht]

предвари́тельный, -ая, -ое **1.** vorhergehend, Vor-, vorausgehend; vorläufig; -ые замечáния Vorbemerkungen; по -ым дáнным nach vorläufigen Angaben **2.** Vor-, rechtzeitig; -ая продáжа билéтов Kartenvorverkauf; -ые переговóры Vorverhandlungen ◇ *jur* -ое слéдствие Voruntersuchung; -ое заключéние Untersuchungshaft

предвари́ть, -рю́, -ри́шь; -рённый, -рён, -ренá *v* **1.** *buchspr* zuvorkommen, vorgreifen, vorwegnehmen; *alt* vorausschicken **2.** *buchspr alt* vorher benachrichtigen || *uv* **предваря́ть,** -я́ю, -я́ешь

предвесéнний, -яя, -ее dem Frühling vorausgehend, Vorfrühlings-; -яя óттепель Tauwetter vor Anbruch des Frühlings

предвéстие, -я *n* Vorzeichen, Vorbote, erstes Anzeichen

предвéстник, -а *m* Vorbote, Künder

предвечéрний, -яя, -ее dem Abend vorausgehend, Spätnachmittags-; в -ие часы́ am späten Nachmittag

предвещáние, -я *n* **1.** *buchspr alt* Voraussagung, Vorhersage **2.** Vorzeichen, Vorbote

предвещáть, -áю, -áешь *uv* **1.** *buchspr alt* voraussagen, vorhersagen, prophezeien **2.** ankündigen

предвзя́тый, -ая, -ое; *Kzf* -я́т, -а voreingenommen, vorgefaßt, befangen; -ое мнéние vorgefaßte Meinung

предви́дение, -я *n* Voraussicht; дар -я Sehergabe

предви́деть, -и́жу, -и́дишь; -и́денный, -и́ден, -а *uv* voraussehen, vorhersehen, vorherberechnen

предви́деться, *1. u. 2. Pers ungebr*, -дится *uv* bevorstehen, sich voraussehen lassen, zu erwarten sein; изменéний не предви́дится es sind keine Veränderungen abzusehen

предвкуси́ть, -ушý, -ýсишь *v* im voraus genießen || *uv* **предвкушáть,** -áю, -áешь

предвкушéние, -я *n* Vorgeschmack, Vorfreude

предводи́тель, -я *m* Anführer; ~ вóйска Heerführer ◇ ~ дворя́нства *alt* Adelsmarschall

предводи́тельство, -а *n* Leitung, Führung ◇ под -ом когó-н. unter dem Befehl von j-m

предводи́тельствовать, -твую, -твуешь *uv* anführen, befehligen, den Oberbefehl haben

предвоéнный, -ая, -ое **Vorkriegs-**

предвосхи́тить, -хи́щу́, -хи́тишь; -хи́щенный, -хи́щен, -а *v buchspr* vorwegnehmen, zuvorkommen, erraten || *uv* **предвосхища́ть,** -а́ю, -а́ешь

предвы́борный, -ая, -ое Wahl-, den Wahlen vorausgehend; -ая кампа́ния Wahlkampagne

предго́рье, -ья, *Pl G* -рий, *D* -рьям *n* Gebirgsvorland

предгрозово́й, -а́я, -о́е dem Gewitter vorausgehend; ~ ве́тер Wind vor dem Gewitter

преддве́рье, -ья *n* 1. *buchspr* Vorhalle, Vestibül 2. *anat* Vorhof 3. *übtr* Schwelle

преде́л, -а *m* 1. Grenze; в -ах го́рода im Weichbild der Stadt; в -ах СССР innerhalb der Grenzen der UdSSR 2. *poet alt* Land 3. *übtr* Grenze, Schranke; всему́ есть ~ alles hat seine Grenzen; вы́йти из -ов die Grenzen überschreiten, über das Erlaubte hinausgehen 4. Höchstgrenze, höchster Grad; лю́ди изнемогли́ до -а die Kräfte der Menschen haben die Grenze der Erschöpfung erreicht; это ~ мои́х жела́ний mehr kann ich mir nicht wünschen 5. *math* Grenzwert

преде́льный, -ая, -ое 1. Grenz-; -ая ли́ния Grenzlinie 2. äußerst, Höchst-; -ая ско́рость Höchstgeschwindigkeit; ~ во́зраст Altersgrenze; ~ срок äußerste Frist

предзи́мний, -яя, -ее unmittelbar dem Winter vorausgehend, vorwinterlich

предзнаменова́ние, -я *n* Vorzeichen, Omen; счастли́вое ~ glückliches Vorzeichen

предзнаменова́ть, -ну́ю, -ну́ешь *uv buchspr alt* durch Vorzeichen ankünden

предисло́вие, -я *n* Vorwort, Vorrede ◇ без [вся́ких] -й ohne lange Vorrede, ohne viel Gerede

предлага́ть *uv zu* предложи́ть

[1]**предло́г,** -а *m* Vorwand, Ausflucht, Ausrede; под -ом unter dem Vorwand

[1]**предло́г,** -а *m gram* Verhältniswort, Präposition

[1]**предложе́ние,** -я *n* 1. Anerbieten, Angebot; ~ по́мощи Hilfsangebot 2. Vorschlag; рационализа́торское ~ Verbesserungsvorschlag 3. (Heirats-) Antrag; де́лать ~ einen Heiratsantrag machen 4. *wirtsch* (Waren-) Angebot

[2]**предложе́ние,** -я *n* 1. *gram* Satz; просто́е ~ einfacher Satz; сло́жное ~ zusammengesetzter Satz, Satzgefüge; вопроси́тельное ~ Fragesatz; прида́точное ~ Nebensatz 2. *Logik* Urteil

предложи́ть, -ожу́, -о́жишь; -о́женный, -о́жен, -а *v* 1. anbieten 2. vorschlagen, beantragen; die Kandidatur empfehlen; einladen (zu); ~ но́вый план einen neuen Plan vorschlagen 3. vorlegen *Aufgabe*; aufwerfen, stellen *Fragen* 4. verlangen, ersuchen, fordern, verordnen ◇ ~ ру́ку [и се́рдце] кому́-н. *alt* um j-s Hand bitten; ~ тост einen Toast ausbringen || *uv* предлага́ть, -а́ю, -а́ешь

предло́жный, -ая, -ое präpositional; ~ паде́ж Präpositiv

предма́йский, -ая, -ое dem 1. Mai vorausgehend; -ое социалисти́ческое соревнова́ние der sozialistische Wettbewerb zu Ehren des 1. Mai

предме́стье, -ья, *Pl G* -тий, *D* -тьям *n* Vorort, Vorstadt

предме́т, -а *m* 1. Gegenstand; Sache, Ding; -ы ро́скоши Luxusgegenstände; -ы дома́шнего обихо́да Haushaltsartikel; -ы потребле́ния Bedarfsgüter; -ы вне́шнего ми́ра die Dinge, die uns umgeben 2. Thema, Sujet; ~ разгово́ра Gesprächsgegenstand; ~ спо́ра Streitobjekt 3. *G* Objekt, Gegenstand; ~ насме́шек Gegenstand des Spottes 4. Fach, Lehrfach, Disziplin ◇ на э́тот ~ zu dieser Sache; dazu; на како́й ~? wozu?, weswegen?; на ~ чего́-н. zwecks *G*

предме́тность, -и *f* Gegenständlichkeit; Gegenstandsbezogenheit

предме́тный, -ая, -ое 1. gegenständlich, Sach-; ~ указа́тель Sachregister 2. materiell, dinglich; anschaulich; -ая агита́ция anschauliche Agitation ◇ -ая систе́ма обуче́ния Schulausbildung *mit Fachlehrern*; ~ уро́к Unterrichtsstunde mit anschaulichen Lehrmitteln

предмо́стный, -ая, -ое: -ое укрепле́ние Brückenkopf

предмо́стье, -ья, *Pl G* -тий, *D* -тьям *n* Brückenauffahrt, Brückenkopf

предназнача́ть *uv zu* предназна́чить

предназначе́ние, -я *n* 1. Vorherbestimmung 2. *hoher Stil* Bestimmung, Prädestination 3. *alt* Schicksal

предназна́чить, -чу, -чишь; -ченный, чен, -а *v* vorherbestimmen, im vor-

aus festsetzen, prädestinieren || *uv* предназнача́ть, -а́ю, -а́ешь
преднаме́ренный, -ая, -ое; *Kzf* -рен, -ренна vorsätzlich, absichtlich, beabsichtigt
предначерта́ние, -я *n hoher Stil* Vorbestimmung, Prädestination; Plan
предначерта́ть, -а́ю, -а́ешь; предначе́ртанный, -ан, -а *v hoher Stil* vorherbestimmen, entwerfen
предночно́й, -а́я, -о́е vor Anbruch der Nacht
предо ↑ [1]пред
предобе́денный, -ая, -ое Vormittags-; ~ час die Zeit kurz vor Mittag
пре́док, -дка *m* Ahnherr, Vorfahr
предоктя́брьский, -ая, -ое vor der Großen Sozialistischen Oktoberrevolution; vor dem Jahrestag [zu Ehren] der Großen Sozialistischen Oktoberrevolution; -ое социалисти́ческое соревнова́ние der sozialistische Wettbewerb zu Ehren des Jahrestages der Oktoberrevolution
предопределе́ние, -я *n* **1.** Vorherbestimmung **2.** *alt* Schicksal
предопредели́ть, -лю́, -ли́шь; -лённый, -лён, -лена́ *v* vorherbestimmen, prädestinieren, bedingen || *uv* **предопределя́ть,** -я́ю, -я́ешь
предосе́нний, -яя, -ее unmittelbar dem Herbst vorausgehend
предоста́вить, -влю, -вишь; -вленный, -влен, -а *v* **1.** zur Verfügung stellen, überlassen, verschaffen **2.** *mit Inf* ermöglichen, freistellen, gewähren ◇ ~ самому́ [сами́м] себе́ a) die Möglichkeit geben, selbständig zu handeln; b) sich selbst überlassen, ohne Beaufsichtigung lassen; ~ сло́во кому́-н. j-m das Wort erteilen || *uv* предоставля́ть, -я́ю, -я́ешь
предоставле́ние, -я *n* Gewährung, Bewilligung
предоставля́ть *uv zu* предоста́вить
предостерега́ть *uv zu* предостере́чь
предостереже́ние, -я *n* **1.** Warnen **2.** Warnung
предо|стере́чь *v* (ver)warnen, zur Vorsicht mahnen || *uv* предостерега́ть, -а́ю, -а́ешь
предосторо́жность, -и *f* **1.** äußerst vorsichtiges [vorbeugendes] Verhalten, Vorsicht; ме́ра -и Vorsichtsmaßregel **2.** Vorsichtsmaßregel
предосуди́тельный, -ая, -ое; *Kzf* -лен, -льна anstößig, verurteilungswürdig, verabscheuungswürdig; что же тут -ого? was ist denn da Schlimmes daran?
предотврати́ть, -ащу́, -ати́шь; -ащённый, -ащён, -ащена́ *v* verhüten, rechtzeitig abwenden, vorbeugen; ~ несча́стье einem Unglück zuvorkommen; ~ опа́сность eine Gefahr abwenden || *uv* **предотвраща́ть,** -а́ю, -а́ешь
предотвраще́ние, -я *n* Verhütung, Verhinderung, Abwendung
предохране́ние, -я *n* Schutz, Verhütung
предохрани́тель, -я *m* Schutzvorrichtung; электри́ческие -и elektrische Sicherungen
предохрани́тельный, -ая, -ое Schutz-, Sicherheits-, Vorbeugungs-; -ая приви́вка Schutzimpfung; ~ кла́пан *tech* Sicherheitsventil
предохрани́ть, -ню́, -ни́шь; -нённый, -нён, -нена́ *v* от *G* (be)schützen (vor), vorbeugen, sichern (gegen) || *uv* **предохраня́ть,** -я́ю, -я́ешь
предписа́ние, -я *n* **1.** Anordnung **2.** *alt* schriftliche Verordnung, Befehl **3.** Verordnung; ~ врача́ Verordnung des Arztes
пред|писа́ть* *v* **1.** anordnen, einen Befehl erteilen, vorschreiben **2.** verordnen, verschreiben *vom Arzt* || *uv* **предпи́сывать,** -аю, -аешь
предпле́чье, -ья, *Pl G* -чий, *D* -чьям *n anat* Unterarm
предполага́емый, -ая, -ое voraussichtlich, mutmaßlich
предполага́ть, -а́ю, -а́ешь *uv* **1.** *uv zu* предположи́ть **2.** *mit Inf* beabsichtigen, vorhaben **3.** voraussetzen, annehmen; мо́жно ~ die Annahme liegt nahe
предполага́ться, *1. u. 2. Pers ungebr*, -а́ется *uv unpers* es ist anzunehmen; man beabsichtigt, man hat vor
предположе́ние, -я *n* **1.** Vermutung, Annahme, Mutmaßung; стро́ить -я Vermutungen hegen **2.** Plan, Projekt, Absicht
предположи́тельный, -ая, -ое; *Kzf* -лен, -льна voraussichtlich, mutmaßlich, wahrscheinlich
предположи́ть, -ожу́, -о́жишь; -о́женный, -о́жен, -а *v* annehmen, vermuten; предполо́жим gesetzt den Fall || *uv* предполага́ть, -а́ю, -а́ешь
предпо|сла́ть*; предпо́сланный, -ан, -а *v mit D buchspr* vorausschicken, anfangs anführen, einleitend darlegen || *uv* предпосыла́ть, -а́ю, -а́ешь
предпосле́дний, -яя, -ее vorletzter

предпосылáть *uv zu* предпослáть

предпосы́лка, -и, *Pl G* -лок, *D* -лкам *f* **1.** Voraussetzung, Vorbedingung **2.** Ausgangspunkt, Annahme

предпо|чéсть* *v* **1.** für besser halten; für das beste halten **2.** *mit D* bevorzugen, vorziehen, den Vorzug geben ‖ *uv* **предпочитáть,** -áю, -áешь

предпочтéние, -я *n* Vorzug, Bevorzugung; besondere Aufmerksamkeit; отдáть [оказáть] ~ den Vorzug geben

предпочти́тельный, -ая, -ое; *Kzf* -лен, -льна Vorzug verdienend, geeignetster, bester; ~ срок die geeignetste Frist

предпрáздничный. [зьн], -ая, -ое dem Feiertag vorausgehend; -ое соревновáние Wettbewerb zu Ehren des Feiertages

предприи́мчивость, -и *f* Unternehmungslust, -geist

предприи́мчивый, -ая, -ое; *Kzf* -ив, -а unternehmungslustig, unternehmend, findig

предпринимáтель, -я *m* **1.** Kapitalist, Unternehmer **2.** Geschäftemacher

предпринимáтельский, -ая, -ое Unternehmer-; -ая при́быль Unternehmerprofit

предпринимáть *uv zu* предпринять

пред|приня́ть* *v* unternehmen, sich vornehmen, durchführen; ~ шаги́ Schritte unternehmen; ~ мéры Maßnahmen ergreifen ‖ *uv* предпринимáть, -áю, -áешь

предприя́тие, -я *n* **1.** Unternehmen, Vorhaben **2.** Betrieb, Unternehmen; чáстное ~ Privatbetrieb; госудáрственное ~ staatlicher Betrieb; нарóдное ~ volkseigener Betrieb

предрасполагáть, -áю, -áешь *uv* **1.** *uv zu* предрасположи́ть **2.** von vornherein darauf einstellen, begünstigen

предрасположéние, -я *n* Anlage, Veranlagung, Neigung; Empfänglichkeit *z. B. für Krankheiten*

предрасполóженный, -ая, -ое; *Kzf* -ен, -а veranlagt, neigend (к *D* zu)

предрасположи́ть, -ожу́, -óжишь; -óженный, -óжен, -а *v* geneigt machen, günstig stimmen ‖ *uv* предрасполагáть, -áю, -áешь

предрассвéтный, -ая, -ое vor dem Morgengrauen; ~ сон der Schlaf vor Sonnenaufgang

предрассу́док, -дка *m* Vorurteil

предреволюциóнный, -ая, -ое der Revolution vorausgehend, vor der Revolution

предрекáть *uv zu* предрéчь

пред|рéчь* *v buchspr* voraussagen, prophezeien ‖ *uv* предрекáть, -áю, -áешь

предрешáть *uv zu* предреши́ть

предреши́ть, -шу, -ши́шь; -шённый, -шён, -шенá *v* **1.** im voraus entscheiden, vorher beschließen **2.** vorausbestimmen; ~ исхóд борьбы́ den Ausgang des Kampfes von vornherein bestimmen ‖ *uv* предрешáть, -áю, -áешь

предродовóй, -áя, -óе vor dem Gebären, vor der Geburt; -ы́е схвáтки Geburtswehen

председáтель, -я *m* Vorsitzender; Präsident; ~ совéта мини́стров der Vorsitzende des Ministerrats

председáтельский, -ая, -ое des Vorsitzenden, des Präsidenten, Präsidenten-; -ое мéсто der Platz des Vorsitzenden

председáтельство, -а *n* Vorsitz; Amt des Vorsitzenden; под -ом когó-н. unter dem Vorsitz von j-m, unter Leitung von j-m

председáтельствовать, -твую, -твуешь *uv* den Vorsitz führen

председáтельствующий, -его *Subst m* Vorsitzender

предсéрдие, -я *n anat* Vorhof *des Herzens*

предсказáние, -я *n* **1.** Voraussage, Vorhersage; ~ погóды Wettervorhersage **2.** Weissagung, Wahrsagung, Prophezeiung

предсказáтель, -я *m* Wahrsager, Prophet

предс|казáть* *v* voraussagen, vorhersagen, prophezeien ‖ *uv* **предскáзывать,** -аю, -аешь

предсмéртный, -ая, -ое kurz vor dem Tode, Todes-; ~ час Todesstunde; -ая вóля der letzte Wille; -ое завещáние Testament

представáть *uv zu* предстáть

представи́тель, -я *m* **1.** Vertreter, Beauftragter; ~ от министéрства Vertreter des Ministeriums; торгóвый ~ Handelsvertreter **2.** Repräsentant; ~ социалисти́ческого реали́зма Vertreter des sozialistischen Realismus; ~ тропи́ческой расти́тельности ein Vertreter der tropischen Pflanzenwelt

представи́тельность, -и *f* Stattlichkeit, stattliches, solides Äußeres

представи́тельный, -ая, -ое **1.** gewählt, aus Vertretern bestehend **2.** *Kzf* -лен, -льна repräsentativ, stattlich, ansehnlich; -ая вне́шность stattliches Äußeres

представи́тельство, -а *n* Vertretung; *alt* Repräsentation; торго́вое ~ Handelsvertretung

предста́вить, -влю, -вишь; -вленный, -влен, -а *v* **1.** vorlegen, vorweisen; ~ на по́дпись zur Unterschrift vorlegen **2.** vorzeigen; ~ удостовере́ние ли́чности sich ausweisen **3.** *D* vorstellen, bekanntmachen **4.** к *D* vorschlagen (zu) **5.** darstellen, hinstellen (als); нагля́дно ~ veranschaulichen; ~ в смешно́м ви́де ins Lächerliche ziehen **6.** auf der Bühne darstellen; aufführen *Theaterstück*; (j-n) nachmachen, kopieren **7.** *gewöhnlich mit* себе́ sich vorstellen, sich (in Gedanken) ausmalen **8.** machen, bereiten, verursachen; ~ больши́е затрудне́ния große Mühe bereiten ◇ предста́вь(те) (себе́)! Stell dir vor!, Stellen Sie sich vor! ‖ *uv* представля́ть, -я́ю, -я́ешь

предста́виться, -влюсь, -вишься *v* **1.** sich vorstellen, sich bekannt machen (mit) **2.** *D* sich zeigen, erscheinen, auftauchen; как то́лько предста́вится возмо́жность sobald sich die Möglichkeit bietet **3.** *D* im Geiste vorschweben, sich in Gedanken ausmalen, sich vorstellen; мне предста́вились карти́ны де́тства Bilder aus der Kindheit tauchten vor mir auf **4.** *I* sich verstellen, sich stellen; ~ больны́м sich krank stellen, simulieren ‖ *uv* представля́ться, -я́юсь, -я́ешься

представле́ние, -я *n* **1.** Vorzeigen, Vorweisen, Vorlage **2.** Eingabe; ~ к награ́де Vorschlag zur Auszeichnung **3.** Aufführung, Vorstellung; театра́льное ~ Theateraufführung **4.** *phil*, *psych* Vorstellung, Auffassung; Begriff **5.** Kenntnis; име́ть о́бщее ~ о чём-н. eine allgemeine Vorstellung von etw. besitzen ◇ не име́ть -я о чём-н. keinen blassen Dunst von etw. haben; дать ~ о чём-н. eine Vorstellung von etw. vermitteln; в моём -и meiner Auffassung nach

представля́ть, -я́ю, -я́ешь *uv* **1.** *uv zu* предста́вить **2.** *gewöhnlich mit* собо́й *oder* из себя́ sein, vorstellen, darstellen **3.** vertreten, im Auftrag handeln **4.** vertreten *j-s Interessen*; ~ интере́сы тру́дящихся die Interessen der Werktätigen vertreten

представля́ться *uv zu* предста́виться

пред|ста́ть* *v* пе́ред *I und alt D* erscheinen, auftauchen, hintreten (vor) ‖ *uv* пред|става́ть*

предстоя́ть, -стою́, -стои́шь *uv D* bevorstehen

предстоя́щий, -ая, -ее **1.** bevorstehender, künftiger, nächster **2.** -ее, -его *Subst n* das Bevorstehende

предте́ча, -и *m u. f buchspr*, *alt*, *hoher Stil* Vorläufer, Vorgänger

предубежде́ние, -я *n* Vorurteil, vorgefaßte negative Meinung; Voreingenommenheit

предубеждённый, -ая, -ое; *Kzf* -дён, -дена́ (про́тив) *G* voreingenommen (gegen)

предугада́ть, -а́ю, -а́ешь; предуга́данный, -ан, -а *v* **1.** im voraus erraten, erahnen **2.** voraussehen, im voraus erkennen ‖ *uv* **предуга́дывать,** -аю, -аешь

предуда́рный, -ая, -ое *ling* vor der Betonung liegend, vortonig; ~ слог vortonige Silbe

предузнава́ть *uv zu* предузна́ть

предузна́ть, -а́ю, -а́ешь; предузнанный, -ан, -а *v buchspr*, *alt* im voraus wissen, erraten ‖ *uv* преду|знава́ть*

предумы́шленный, -ая, -ое *alt* vorbedacht, vorsätzlich, absichtlich; ~ посту́пок vorsätzlich begangene Handlung

предупреди́тельность, -и *f* Zuvorkommenheit, Dienstbeflissenheit, Liebenswürdigkeit

предупреди́тельный, -ая, -ое **1.** vorbeugend, Sicherheits-; *med* prophylaktisch; warnend, Warn-; -ые ме́ры Vorbeugungsmaßnahmen; ~ вы́стрел Warnschuß **2.** *Kzf* -лен, -льна zuvorkommend, liebenswürdig, dienstbeflissen

предупреди́ть, -ежу́, -еди́шь; -еждённый, -еждён, -еждена́ *v A* **1.** rechtzeitig mitteilen, im voraus aufmerksam machen, warnen **2.** verhüten, vorbeugen; ~ боле́знь eine Krankheit verhüten **3.** zuvorkommen; erraten, dienstbeflissen handeln ‖ *uv* **предупрежда́ть,** -а́ю, -а́ешь

предупрежде́ние, -я *n* **1.** rechtzeitige Mitteilung, Information **2.** Verhütung, Vorbeugung; ~ бере́менности Schwangerschaftsverhütung **3.** (Ver-) Warnung, Verweis; вы́говор с -ем Rüge mit Verwarnung

предусма́тривать *uv zu* предусмотре́ть

предусмотре́ть, -отрю́, -о́тришь; -о́тренный, -о́трен, -а *v* vor(her)sehen, in Betracht ziehen, vorsorgen, voraussehen || *uv* предусма́тривать, -аю, -аешь

предусмотри́тельность, -и *f* Umsicht, Vorsorge, Vorsorglichkeit

предусмотри́тельный, -ая, -ое; *Kzf* -лен, -льна umsichtig, vorsorglich, bedachtsam

предустано́вленный, -ая, -ое; *Kzf* -лен, -а im voraus festgelegt, vorherbestimmt, festliegend

преду́тренний, -яя, -ее vor Tagesanbruch; -яя тишина́ die Stille vor Anbruch des Morgens

предчу́вствие [уст], -я *n* Vorgefühl, Vorahnung

предчу́вствовать [уст], -твую, -твуешь *uv* (vor)ahnen, ein Vorgefühl haben

предше́ственник, -а *m* Vorgänger, Vorläufer, Wegbereiter

предше́ствовать, -твую, -твуешь *uv D* vorausgehen, vorher geschehen

предше́ствующий, -ая, -ее vorangehend, vorhergehend, davor liegend

предъяви́тель, -я *m* Überbringer, Inhaber

предъяви́ть, -явлю́, -я́вишь; -я́вленный, -я́влен, -а *v* 1. vorzeigen, vorweisen *Ausweis u. ä.*; ~ докуме́нт [удостовере́ние] sich ausweisen 2. erklären, erheben, vorbringen, stellen *Forderungen u. ä.*; ~ иск кому́-н. j-n gerichtlich belangen, j-n verklagen; ~ прете́нзии Ansprüche geltend machen, Ansprüche stellen; Beschwerden vorbringen || *uv* предъявля́ть, -я́ю, -я́ешь

предъявле́ние, -я *n* Vorzeigung, Vorweisen; ~ тре́бований Erhebung von Forderungen

предъявля́ть *uv zu* предъяви́ть

предыду́щий, -ая, -ее vorher-, vorangehend, vorig, vorausgehend

предысто́рия, -и *f* Vorgeschichte

прее́мник, -а *m* Nachfolger

прее́мственность, -и *f* 1. Aufeinanderfolge, Kontinuität 2. Erblichkeit

прее́мственный, -ая, -ое; *Kzf* -ен, -енна 1. aufeinanderfolgend, kontinuierlich 2. erblich, Erb-, von Generation zu Generation; ~ поря́док насле́дования Erbfolge

прее́мство, -а *n* 1. Kontinuität 2. *jur* Übergang *von Rechten*

пре́жде *Adv u. Präpos* 1. *Adv* früher, ehemals, ehedem; ~ и тепе́рь einst und jetzt 2. *Adv* vorher, zuerst, vorerst; ~ пойду́ туда́ zuerst gehe ich dorthin 3. *Präpos mit G* früher als, vor; ~ сро́ка vor der Frist; прийти́ ~ всех früher als alle anderen kommen ◇ ~ всего́ a) vor allen Dingen, am wichtigsten; b) in erster Linie; ~ чем *temporale Konj* bevor, ehe

преждевре́менный, -ая, -ое; *Kzf* -енен, -енна zu früh, vorzeitig, verfrüht; -ые ро́ды Frühgeburt; -ое разви́тие frühzeitige Entwicklung, Frühreife

пре́жний, -яя, -ее 1. früher, ehemalig; vorig; в -ее вре́мя früher, in vergangenen Zeiten; -яя улы́бка ein Lächeln wie vormals 2. -ее, -его *Subst n* Vergangenes, Gewesenes

презе́нт, -а *m umg, alt* Geschenk

презентова́ть, -ту́ю, -ту́ешь; -то́ванный, -то́ван, -а *v, uv umg, alt* schenken, verehren

президе́нт, -а *m* Präsident, Staatsoberhaupt; почётный ~ Ehrenpräsident

президе́нтский, -ая, -ое Präsidenten-; -ие вы́боры Präsidentenwahl

президе́нтство, -а *n* 1. Präsidentschaft, Amt des Präsidenten 2. Amtszeit des Präsidenten

прези́диум, -а *m* Präsidium; почётный ~ Ehrenpräsidium; Прези́диум Верхо́вного Сове́та Präsidium des Obersten Sowjets

презира́ть, -а́ю, -а́ешь *uv* 1. verachten 2. geringschätzen, mißachten, unbeachtet lassen

презре́ние, -я *n* 1. Verachtung 2. Mißachtung, Geringschätzung, völlige Gleichgültigkeit; ~ к сме́рти Todesverachtung

презре́нный, -ая, -ое; *Kzf* -е́н, -е́нна verachtungswürdig, verächtlich ◇ ~ мета́лл schnödes Geld

презре́ть, -зрю́, -зри́шь; презре́нный, -е́н, -ена́ *u.* пре́зренный, -ен, -а *v buchspr* verachten, verschmähen, geringschätzen; ~ опа́сность die Gefahr verachten

презри́тельный, -ая, -ое; *Kzf* -лен, -льна Verachtung ausdrückend, verächtlich, verachtungsvoll

преиму́щественно *Adv* vor allem, besonders; größtenteils, hauptsächlich

преиму́щественный, -ая, -ое überwiegend, vorherrschend, hauptsächlich; -ое пра́во Vorrecht

преиму́щество, -а *n* 1. Vorzug; Vorteil, Vorrang, Überlegenheit 2. Vorrecht, Sonderrecht, Privileg ◇ по -у hauptsächlich, überwiegend

преиспо́дний, -яя, -ее *buchspr, alt* 1. Höllen-, Unterwelts- 2. -яя, -ей *Subst f* Hölle, Unterwelt

преиспо́лненный, -ая, -ое; *Kzf* -ен, -енна *buchspr mit G* ganz erfüllt von, durchdrungen, voller; ~ опа́сности voller Gefahren

преиспо́лнить, -ню, -нишь; -ненный, -нен, -а *v mit I buchspr* ganz erfüllen, durchdringen *Gefühl* || *uv* **преисполня́ть,** -я́ю, -я́ешь

преиспо́лниться, -нюсь, -нишься *v mit I oder G buchspr* ergriffen werden, tief erfüllt sein *durch ein Gefühl*; ~ реши́мостью [реши́мости] ganz entschlossen sein || *uv* **преисполня́ться,** -я́юсь, -я́ешься

прейскура́нт, -а *m* Preisliste, Preisverzeichnis

преклоне́ние, -я *n* tiefe Verehrung, Ehrfurcht, Vergötterung

преклони́ть, -ню́, -ни́шь; -нённый, -нён, -нена́ *v hoher Stil* neigen *Haupt*; *buchspr, alt* herabsenken, legen ◇ ~ коле́на [коле́ни] *hoher Stil* die Knie beugen, niederknien || *uv* преклоня́ть, -я́ю, -я́ешь

преклони́ться, -ню́сь, -ни́шься *v* 1. *buchspr, alt* sich neigen, sich beugen; ehrfürchtig zu Füßen fallen 2. *übtr* verehren, huldigen || *uv* преклоня́ться, -я́юсь, -я́ешься

прекло́нный, -ая, -ое vorgerückt *Alter*; hochbetagt; ~ во́зраст vorgerücktes Alter

преклоня́ть(ся) *uv zu* преклони́ть(ся)

прекосло́вие, -я *n buchspr, alt* Widerspruch, Entgegnung ◇ без [вся́кого] -я ohne jede Widerrede, ohne den geringsten Widerspruch

прекосло́вить, -влю, -вишь *uv alt* widersprechen, Einspruch erheben

прекра́сно 1. *prädikativ* schön, herrlich, vortrefflich 2. *als bejahende Part* ausgezeichnet!, schön!

прекра́сный, -ая, -ое; *Kzf* -сен, -сна 1. von großer Schönheit, sehr schön, herrlich 2. ausgezeichnet, sehr gut, fein; -ое образова́ние vortreffliche Bildung 3. -ое, -ого *Subst n* das Schöne ◇ в оди́н ~ ве́чер eines schönen Abends; в оди́н ~ день *oder* в одно́ -ое вре́мя eines Tages; ра́ди -ых глаз *oder* за -ые глаза́ um der schönen Augen willen, umsonst

прекрати́ть, -ащу́, -ати́шь; -ащённый, -ащён, -ащена́ *v* aufhören, abbrechen, einstellen, beenden; ~ спор einen Streit beilegen; прекрати́те разгово́ры! hört mit der Rederei auf! || *uv* **прекраща́ть,** -а́ю, -а́ешь

прекрати́ться, *1. u. 2. Pers ungebr,* -ти́тся *v* aufhören, abbrechen || *uv* **прекраща́ться,** -а́ется

прекраще́ние, -я *n* Aufhören, Einstellen, Abbruch, Beendigung; ~ стрельбы́ Feuereinstellung

преле́стный, -ая, -ое; *Kzf* -тен, -тна reizend, anmutig, bezaubernd schön, entzückend

пре́лесть, -и *f* 1. Anmut, Liebreiz 2. Reiz, Anziehungskraft 3. *Pl alt, jetzt iron* (weibliche) Reize, schöner Frauenkörper 4. *gewöhnlich mit* моя́ *umg kosende Anrede* (meine) Holde! 5. *prädikativ*: кака́я ~ wie reizend!, einfach reizend!

преломи́ть, -омлю́, -о́мишь; преломлённый, -ён, -ена́ *v* 1. *phys* brechen *Licht-, Schallwellen* 2. *übtr, buchspr* anders erklären, den Sinn ändern; auffassen || *uv* преломля́ть, -я́ю, -я́ешь

преломи́ться, *1. u. 2. Pers ungebr,* -о́мится *v* 1. *phys* sich brechen 2. *übtr* sich (wider)spiegeln, sich wandeln || *uv* преломля́ться, -я́ется

преломле́ние, -я *n* 1. *phys* Brechung *Licht* 2. *übtr* subjektive Auffassung, Sinngebung

преломля́ть(ся) *uv zu* преломи́ть(ся)

пре́лый, -ая, -ое verfault, faulig, faul; -ая листва́ verfaultes Laub; -ая ко́жа wunde Haut, durch Nässe wund gewordene Haut

прель, -и *f* 1. Fäule, Fäulnis; о́вощи, тро́нутые -ью angefaultes Gemüse 2. angefaulte Stelle 3. *Koll* Fauliges, angefaultes Gemüse, faule Früchte

прельсти́ть, -льщу́, -льсти́шь; -льщённый, -льщён, -льщена́ *v* 1. reizen, (ver)locken, bezaubern, fesseln 2. verführen, verleiten || *uv* **прельща́ть,** -а́ю, -а́ешь

прельсти́ться, -льщу́сь, -льсти́шься *v* sich verlocken, verleiten lassen || *uv* **прельща́ться,** -а́юсь, -а́ешься

прелюбоде́й, -я *m alt* Ehebrecher

прелюбоде́йка, -и, *Pl G* -де́ек, *D* -де́йкам *f alt* Ehebrecherin

прелюбодея́ние, -я *n alt* Ehebruch

прелю́д, -а *m mus* Prélude

прелю́дия, -и *f* 1. *mus* Präludium, Vorspiel 2. *übtr* Auftakt, Vorspiel, Anfang (von etw.) 3. *mus* Prélude

премиáльный, -ая, -ое 1. Prämien-; ~ фонд Prämienfond 2. -ые, -ых *Subst Pl* Prämie, Prämiengelder

преми́лый, -ая, -ое; *Kzf* -и́л, -илá! *umg* allerliebster, sehr schöner

преми́нуть, -ну, -нешь *v mit Inf nur mit Verneinungspartikel* не *buchspr* unterlassen, versäumen; я не преми́нул воспóльзоваться егó совéтом ich unterließ es nicht, seinen Rat zu befolgen

премировáние, -я *n* Prämierung

премировáть, -рýю, -рýешь; -рóванный, -рóван, -а *v, uv* prämiieren, mit einer Prämie belohnen

премирóвочный, -ая, -ое Prämien-, Prämierungs-

прéмия, -и *f* 1. Preis; Лéнинская ~ Leninpreis; Нóбелевская ~ Nobelpreis; Междунарóдная ~ ми́ра Internationaler Friedenspreis; пéрвая ~ erster Preis 2. Prämie; ~ за перевыполнéние плáна Prämie für die Übererfüllung des Plans 3. *finanz* Prämie, Versicherungsgebühr 4. Gratisbeilage *in Zeitschriften*; Gratisbeigabe *beim Einkauf*

премнóго *Adv* sehr, äußerst, zutiefst; я вам ~ благодáрен ich bin Ihnen sehr dankbar, ich bin Ihnen zutiefst zu Dank verpflichtet

премýдрость, -и *f alt* größte Weisheit; он клáдезь -и *scherz* er hat die Weisheit mit Löffeln gefressen

премýдрый, -ая, -ое; *Kzf* -ýдр, -а 1. *alt* weise, sehr klug 2. schwerverständlich, geschraubt

премьéр, -а *m* 1. Premier, Premierminister 2. *theat* Schauspieler, der in Hauptrollen auftritt, Spitzenschauspieler

премьéра, -ы *f* Premiere

премьéрша, -и, *I* -ей *f umg* Schauspielerin, die in Hauptrollen auftritt, Spitzenschauspielerin

пренебрегáть *uv zu* пренебрéчь

пренебрегý ↑ пренебрéчь

пренебрежéние, -я *n* 1. Verachtung, Mißachtung 2. *I oder* к *D* Geringschätzung, Vernachlässigung, Nichtbeachtung; ~ внéшностью Vernachlässigung des Äußeren

пренебрежи́тельность, -и *f* Geringschätzigkeit, Verächtlichkeit, Nichtbeachtung

пренебрежи́тельный, -ая, -ое; *Kzf* -лен, -льна geringschätzig, verächtlich, wegwerfend, nachlässig

пренебрéчь* *v* 1. *I* verachten, mißachten, sich hochmütig verhalten 2. *I u. alt A* nicht beachten, sich darüber hinwegsetzen, nicht beherzigen, geringschätzen ‖ *uv* **пренебрегáть,** -áю, -áешь

[1]**прéние,** -я *n* Faulen, Fäulnis

[2]**прéние** ↑ прéния

прéния *Pl* -й, *Sg alt* прéние, -я *n* Diskussion, Debatte, Meinungsaustausch; Streit; откры́ть ~ по доклáду die Diskussion über den Vortrag eröffnen; без ли́шних -й ohne unnötige Streiterei

преобладáние, -я *n* überwiegender Anteil, Übergewicht, Vorherrschaft; ~ óблачности vorherrschende Bewölkung

преобладáть, *1. u. 2. Pers ungebr*, -áет *uv* vorherrschen, überwiegen, dominieren (над *I u.* среди́ *G* über)

преоблaдáющий, -ая, -ее vorherrschend, am weitesten verbreitet, dominierend

преображáть(ся) *uv zu* преобрази́ть(ся)

преображéние, -я *n* Verwandlung, Umgestaltung

преобрази́ть, -ажý, -ази́шь; -ажённый, -ажён, -аженá *v* verwandeln, umwandeln, umbilden, verändern ‖ *uv* **преображáть,** -áю, -áешь

преобрази́ться, -ажýсь, -ази́шься *v* sich verwandeln, sich verändern ‖ *uv* **преображáться,** -áюсь, -áешься

преобразовáние, -я *n* 1. Umgestaltung, Veränderung; ~ постоя́нного тóка в перемéнный Umformung von Gleich- in Wechselstrom 2. grundlegende Veränderung, Reform

преобразовáтель, -я *m* 1. Umgestalter, Reformator 2. *el* Transformator; Umformer

преобразовáтельный, -ая, -ое Umgestaltungs-, Umformungs-; -ые плáны Pläne zur Umgestaltung

преобразовáть, -зýю, -зýешь; -зóванный, -зóван, -а *v* 1. umgestalten, umbilden, grundlegend verändern 2. umformen *Strom*; verwandeln *eine Energieform in eine andere* ‖ *uv* **преобразóвывать,** -аю, -аешь

преобразовáться, *1. u. 2. Pers ungebr*, -ýется *v* 1. grundlegende Veränderungen durchmachen, sich wesentlich verändern, sich vollkommen wandeln 2. sich verwandeln, sich umformen ‖ *uv* **преобразóвываться,** -ается

преодолевáть *uv zu* преодолéть

преодолéние, -я *n* Überwindung, Überwältigung, Bewältigung

преодолéть, -éю, -éешь; преодолённый, -ён, -енá *v* **1.** *alt* überwinden, besiegen *Feinde* **2.** überwinden, bezwingen, bewältigen; ~ препятствия Hindernisse bezwingen; ~ трýдности Schwierigkeiten überwinden; ~ звуковóй барьéр die Schallmauer durchbrechen **3.** bezwingen *Gefühl, Wunsch* ‖ *uv* преодолевáть, -áю, -áешь

преодоли́мый, -ая, -ое; *Kzf* -и́м, -а überwindbar, bezwingbar; легкó -ое препя́тствие ein leicht zu nehmendes Hindernis

препарáт, -а *m* Präparat

препарáтор, -а *m* Präparator, Laborant

препари́ровать, -рую, -руешь; -рованный, -рован, -а *v, uv* **1.** präparieren, ein Präparat herstellen **2.** *übtr* bearbeiten, vorbereiten *Zitat, Text zur Herausgabe*

препинáние, -я *n*: знáки -я Satzzeichen, Interpunktionszeichen

препирáтельство, -а *n* nichtiger Streit, Wortwechsel, Gezänk

препирáться, -áюсь, -áешься *uv* с *I* sich zanken, sich *um Nichtigkeiten* streiten, herumstreiten (mit)

преподавáние, -я *n* Lehren, Unterrichten, Unterricht

преподавáтель, -я *m* Lehrer an Hoch- und Oberschulen; Lektor; ~ вы́сшей шкóлы Hochschullehrer

преподавáтельница, -ы, *I* -ей *f* Lehrerin an Hoch- u. Oberschulen; Lektorin

преподавáтельский, -ая, -ое Lehrer-; Lektoren-; ~ состáв Lehrkörper

препо|давáть* *uv* unterrichten (комý-н. j-n); ~ рýсский язы́к Russischunterricht geben

препод|нести́* *v* überreichen; ~ сюрпри́з eine Überraschung bereiten ‖ *uv* **преподноси́ть,** -ношý, -нóсишь

препóна, -ы *f hoher Stil* Hindernis, Hemmnis; чини́ть -ы комý-н. j-m Schwierigkeiten bereiten

препроводи́тельный, -ая, -ое beiliegend; -ое письмó Begleitschreiben

препроводи́ть, -ожý, -óди́шь; -ождённый, -ождён, -ожденá *v* absenden, übersenden ‖ *uv* **препровождáть,** -áю, -áешь

препровождéние, -я *n* Zusendung, Übersendung ◇ ~ врéмени Zeitvertreib

препя́тствие, -я *n* Hindernis, Hemmnis; скáчки с -ями *a. übtr scherz* Hindernisrennen; не стáвить никаки́х -й nichts [keine Hindernisse] in den Weg legen

препя́тствовать, -вую, -вуешь *uv D* (ver)hindern, im Weg stehen

пре|рвáть* *v* unterbrechen, abbrechen; ~ когó-н. j-m ins Wort fallen ‖ *uv* прерывáть, -áю, -áешь

пре|рвáться* *1. u. 2. Pers ungebr*; -рвали́сь *v* (jäh) abbrechen, aufhören ‖ *uv* прерывáться, -áется

пререкáния *Pl* -й, *Sg* пререкáние, -я *n* Zank, Streit

пререкáться, -áюсь, -áешься *uv* sich streiten, sich zanken

прéрия, -и *f* Prärie

прерывáтель, -я *m el* Unterbrecher

прерывáть(ся) *uv zu* прервáть(ся)

преры́вистый, -ая, -ое; *Kzf* -ист, -а abgerissen, stockend, stoßweise

пресекáть *uv zu* пресéчь

пре|сéчь*; -секлá, -сéкли́ *v buchspr* abstellen, unterbinden, beseitigen; ~ зло в кóрне das Übel mit der Wurzel ausrotten ‖ *uv* пресекáть, -áю, -áешь

преслéдование, -я *n* Verfolgung; мáния -я Verfolgungswahn; судéбное ~ gerichtliches Vorgehen

преслéдователь, -я *m* Verfolger

преслéдовать, -дую, -дуешь *uv* verfolgen *a. übtr*, nachstellen; unterdrücken; ~ когó-н. по судý gegen j-n gerichtlich vorgehen; ~ цель ein Ziel verfolgen

пресловýтый, -ая, -ое berüchtigt

пресмыкáтельство, -а *n* Kriecherei, Liebedienerei

пресмыкáться, -áюсь, -áешься *uv* kriechen, liebedienern (пéред *I* vor)

пресмыкáющееся, -егося *Subst n* Reptil, Kriechtier

пресновóдный, -ая, -ое Süßwasser-; -ая ры́ба Süßwasserfisch

прéсный, -ая, -ое; *Kzf* -сен, -снá! **1.** salzlos; -ая водá Süßwasser **2.** *übtr* fade, abgeschmackt

преспокóйный, -ая, -ое; *Kzf* -óен, -óйна *umg* seelenruhig

пресс, -а *m tech* Presse; гидравли́ческий ~ hydraulische Presse; винодéльный ~ Kelter ◇ налóговый ~ *übtr* Steuerschraube

прéсса, -ы *f* Presse

пресс-бюрó *n idkl* Pressebüro

пресс-конферéнция, -и *f* Pressekonferenz

прессова́ть, -су́ю, -су́ешь; -со́ванный, -со́ван, -а *uv tech* pressen
прессо́вка, -и *f tech* Pressen
пресс-папье́ *n idkl* 1. Briefbeschwerer 2. Löscher
престаре́лый, -ая, -ое sehr alt, hochbetagt; дом для -ых Altersheim, Feierabendheim
прести́ж, -а, *I* -ем *m* Prestige, Ansehen
престо́л, -а *m* Thron; вступи́ть на ~ den Thron besteigen
престолонасле́дник, -а *m* Thronfolger
преступа́ть *uv zu* преступи́ть
преступи́ть, -уплю́, -у́пишь *v* (eigenwillig) übertreten, verletzen ‖ *uv* преступа́ть, -а́ю, -а́ешь
преступле́ние, -я *n* Verbrechen; вое́нное ~ Kriegsverbrechen; ~ по до́лжности Amtsvergehen; пойма́ть на ме́сте -я auf frischer Tat ertappen; соверши́ть ~ ein Verbrechen begehen
престу́пник, -а *m* Verbrecher; вое́нный ~ Kriegsverbrecher
престу́пница, -ы, *I* -ей *f* Verbrecherin
престу́пность, -и *f* Kriminalität
престу́пный, -ая, -ое; *Kzf* -пен, -пна verbrecherisch
пресы́титься, -ы́щусь, -ы́тишься *v* sich übersättigen; übersättigt sein ‖ *uv* **пресыща́ться,** -а́юсь, -а́ешься
пресыще́ние, -я *n* Übersättigung
пресы́щенный, -ая, -ое; *Kzf* -ен, -ена übersättigt
претвори́ть, -рю́, -ри́шь; -рённый, -рён, -рена́ *v buchspr*: ~ в жизнь [действи́тельность] in die Tat umsetzen, verwirklichen ‖ *uv* **претворя́ть,** -я́ю, -я́ешь
претенде́нт, -а *m* Anwärter
претенде́нтка, -и, *Pl G* -ток, *D* -ткам *f* Anwärterin
претендова́ть, -ду́ю, -ду́ешь *uv* Anspruch erheben (на *A* auf), beanspruchen
прете́нзия, -и *f* 1. Anspruch, Forderung; Reklamation; юриди́ческая ~ Rechtsanspruch; заявля́ть -и Ansprüche erheben; без -й anspruchslos, bescheiden 2. Anmaßung, ungerechtfertigter Anspruch ◇ быть в -и на кого́-н. за что́-н. j-m etw. übelnehmen
претенцио́зный, -ая, -ое; *Kzf* -зен, -зна *buchspr* anmaßend, überheblich
претерпева́ть *uv zu* претерпе́ть
претерпе́ть, -ерплю́, -е́рпишь; *buchspr alt* -ерпе́нный, -ерпе́н, -ерпена́ *u.* -е́рпенный, -е́рпен, -а *v* erdulden, erleiden; ~ измене́ния Veränderungen durchmachen ‖ *uv* претерпева́ть, -а́ю, -а́ешь
прети́ть, *1. u. 2. Pers ungebr, meist unpers uv D* zuwider sein, anekeln
преткнове́ние, -я *n*: ка́мень -я *buchspr* Stein des Anstoßes
преть, пре́ю, пре́ешь *uv* 1. faulen, modern 2. schwitzen, anlaufen *Fenster* 3. dampfen *Boden* 4. *umg* gedämpft [geschmort] werden 5. *volksspr* schwitzen
преувеличе́ние, -я *n* Übertreibung
преувели́чивать *uv zu* преувели́чить
преувели́чить, -чу, -чишь; -ченный, -чен, -а *v* übertreiben ‖ *uv* преувели́чивать, -аю, -аешь
преуменьша́ть *uv zu* преуме́ньши́ть
преуменьше́ние, -я *n* Verkleinerung, Verringerung; Unterschätzung
преуме́ньшить, -шу, -шишь; -шенный, -шен, -а *u.* **преуменьши́ть,** -шу́, -ши́шь; -шённый, -шён, -шена́ *v* verkleinern, verniedlichen; zu niedrig angeben ‖ *uv* преуменьша́ть, -а́ю, -а́ешь
преуспева́ть *uv zu* преуспе́ть
преуспе́ть, -е́ю, -е́ешь *v* vorankommen, Fortschritte machen ‖ *uv* преуспева́ть, -а́ю, -а́ешь
префера́нс, -а *m* Préférence *Spiel*
пре́фикс, -а *m* Präfix, Vorsilbe
префикса́льный, -ая, -ое *gram* präfigiert; durch Präfigierung
префикса́ция, -и *f* Präfigierung
преходя́щий, -ая, -ее; *Kzf* -я́щ, -а *buchspr* vorübergehend, zeitweilig
прецеде́нт, -а *m buchspr* Präzedenzfall
при *Präpos mit P* 1. an, bei *örtlich*; дом ~ доро́ге das Haus am Weg; би́тва ~ Бородине́ die Schlacht bei Borodino 2. *bezeichnet Zugehörigkeit*: ~ клу́бе есть киноза́л der Klub hat einen Filmsaal; ~ заво́де откры́лся де́тский сад das Werk hat einen Kindergarten eröffnet; служи́ть ~ тамо́жне *alt* beim Zoll [im Zollamt] arbeiten; состоя́ть ~ шта́бе dem Stab angehören 3. bei *Begleitumstand*; ~ перехо́де у́лицы beim Überschreiten der Straße; ~ дневно́м све́те bei Tageslicht; ~ ла́мпе bei Lampenlicht; ~ по́лном молча́нии unter tiefem Schweigen 4. *Bedingung*: ~ усло́вии unter der Bedingung; ~ тако́м здоро́вье нельзя́ кури́ть bei so einem Gesundheitszustand darf man nicht rau-

chen; ~ желании wenn man will **5.** bei *Vorhandensein*; я теперь не ~ деньгах ich bin jetzt nicht bei Kasse; быть ~ оружии bewaffnet sein; деньги были ~ мне ich hatte das Geld mit [bei mir] **6.** in Anwesenheit von, im Beisein von; ~ нём in seiner Anwesenheit; ~ свидетелях vor Zeugen; совещание было ~ директоре die Beratung fand im Beisein des Direktors statt **7.** unter, zu Lebzeiten von, zur Zeit von; ~ советской власти unter der Sowjetmacht; ~ Екатерине Второй unter Katharina der Zweiten; ~ капитализме im Kapitalismus; ~ бабушке *oder* ~ жизни бабушки zu Lebzeiten der Großmutter; ~ мне там был другой начальник zu meiner Zeit war dort ein anderer Chef **8.** bei, trotz, ungeachtet *meist in Verbindung mit* весь; ~ всём желании beim besten Willen; ~ всех недостатках его дипломная работа заслуживает внимания trotz aller ihrer Mängel verdient seine Diplomarbeit Aufmerksamkeit; ~ всём этом dessenungeachtet ◇ ~ сём (прилагаю) beiliegend, anbei

Приамурье, -ья *n* Amurgebiet

прибавить, -влю, -вишь; -вленный, -влен, -а *v* **1.** *G oder A* hinzufügen, hinzutun; ~ сахару Zucker zugeben; ~ чаю Tee zugießen; ~ шагу einen Schritt zulegen, schneller gehen; ~ ходу schneller laufen [fahren]; ~ зарплату Lohn erhöhen **2.** в *P* länger machen, weiten *Kleidung*; ~ в плечах in den Schultern weiten **3.** *umg* ~ (в весе) zunehmen; ~ три кило drei Kilo zunehmen **4.** *übtr umg* übertreiben, hinzudichten || *uv* прибавлять, -яю, -яешь

прибавиться, -влюсь, -вишься *v* **1.** *meist unpers* sich vermehren, sich vergrößern; дни прибавились die Tage sind länger geworden; народу прибавилось es kamen mehr Leute hinzu **2.** *umg* zunehmen *im Gewicht* || *uv* прибавляться, -яюсь, -яешься

прибавка, -и, *Pl G* -вок, *D* -вкам *f umg* Zulage; Gehaltserhöhung, Lohnzulage; ~ в весе Gewichtszunahme

прибавление, -я *n* **1.** Zulage **2.** Zunahme, Zuwachs; ~ семейства Familienzuwachs **3.** Ergänzung, Zusatz

прибавлять(ся) *uv zu* прибавить(ся)

прибавочный, -ая, -ое Mehr-; zusätzlich; -ая стоимость Mehrwert

Прибайкалье, -ья *n* Baikalgebiet

прибалтийский, -ая, -ое baltisch

прибаутка, -и, *Pl G* -ток, *D* -ткам *f* scherzhafte Redensart

[1]**прибегать** *uv zu* прибежать

[2]**прибегать** *uv zu* прибегнуть

прибегнуть, -ну, -нешь; -бегнул, -а *u.* прибег, -ла; прибегнувший *u.* прибегший *v* к *D* seine Zuflucht nehmen (zu), greifen (zu); ~ к силе Gewalt anwenden; ~ к чьему-н. содействию j-s Hilfe in Anspruch nehmen || *uv* прибегать, -аю, -аешь

прибедниваться *uv zu* прибедниться

прибедниться, -нюсь, -нишься *v umg verächtl* sich arm [unglücklich] stellen || *uv* **прибедняться,** -яюсь, -яешься *u.* прибедниваться, -аюсь, -аешься

при|бежать* *v* herbeilaufen, angelaufen kommen || *uv* прибегать, -аю, -аешь

прибежище, -а, *I* -ем *n buchspr* Zufluchtsort

приберегать *uv zu* приберечь

при|беречь* *v* beiseite legen, sparen || *uv* приберегать, -аю, -аешь

прибивать *uv zu* прибить

прибирать *uv zu* прибрать

при|бить* *v* **1.** anschlagen, annageln **2.** niederdrücken, niederschlagen; пыль прибило дождём der Regen hat den Staub niedergeschlagen **3.** *meist unpers* treiben, anspülen **4.** *volksspr* verprügeln || *uv* прибивать, -аю, -аешь *zu* 1-3

приближать(ся) *uv zu* приблизить(ся)

приближение, -я *n* Annäherung *a. math,* Heranrücken

приближённый, -ая, -ое **1.** *math* angenähert **2.** -ого *Subst m alt* Vertrauter *einer hochgestellten Persönlichkeit*

приблизительный, -ая, -ое; *Kzf* -лен, -льна annähernd, ungefähr

приблизить, -ижу, -изишь; -иженный, -ижен, -а *v* **1.** näher rücken, näher bringen **2.** beschleunigen **3.** heranziehen, für sich gewinnen; ~ поэта ко двору den Dichter an den Hof ziehen || *uv* приближать, -аю, -аешь

приблизиться, -ижусь, -изишься *v* sich nähern; heranrücken || *uv* приближаться, -аюсь, -аешься

приблудный, -ая, -ое *volksspr* zugelaufen, verirrt *von Tieren*

прибой, -я *m* Brandung

прибо́р, -а *m* 1. Gerät, Apparat; измери́тельный ~ Meßgerät; электронагрева́тельный ~ elektrisches Heizgerät 2. Garnitur, Satz; Besteck; столо́вый ~ Besteck; Gedeck; ча́йный ~ Teeservice, Teegeschirr; пи́сьменный ~ Schreibzeug; чертёжный ~ Reißzeug; око́нный ~ Fensterbeschläge

прибо́рка, -и *f umg* Aufräumen, Reinemachen

приборострое́ние, -я *n* Gerätebau, Apparatebau

приборострои́тельный, -ая, -ое Gerätebau-

при|бра́ть*; при́брана́ *v* 1. aufräumen 2. *umg* wegräumen ◇ ~ к рука́м что́-н. *umg* sich etw. aneignen; ~ к рука́м кого́-н. *umg* j-n an die Kandare nehmen ‖ *uv* прибира́ть, -а́ю, -а́ешь

прибре́жный, -ая, -ое am Ufer gelegen, Ufer-, Küsten-

при|брести́* *v* langsam (heran)kommen, sich langsam hinschleppen

прибыва́ть *uv zu* прибы́ть

при́быль, -и *f* 1. Gewinn; чи́стая ~ Reingewinn; приноси́ть ~ Gewinn bringen [abwerfen] 2. Profit; максима́льная ~ Maximalprofit; но́рма -и Profitrate 3. *umg* Vorteil, Nutzen; кака́я мне от э́того ~? was (für einen Vorteil) habe ich davon? 4. Zunahme, Zuwachs; вода́ идёт на ~ das Wasser steigt

при́быльность, -и *f* Rentabilität; Einträglichkeit

при́быльный, -ая, -ое; *Kzf* -лен, -льна profitabel, gewinnbringend; vorteilhaft

прибы́тие, -я *n* Ankunft, Eintreffen

при|бы́ть*; при́был *v* 1. *buchspr* ankommen, eintreffen 2. *1. u. 2. Pers ungebr* anwachsen, steigen; ~ в ве́се zunehmen ‖ *uv* прибыва́ть, -а́ю, -а́ешь

прива́да, -ы *f* Köder, Lockspeise

прива́л, -а *m* 1. Rast, Halt 2. Rastplatz

прива́ливать *uv zu* привали́ть

привали́ть -алю́, -а́лишь; -а́ленный, -а́лен, -а *v* 1. heranwälzen, heranrollen 2. (ans Ufer) anlegen 3. *volksspr* herbeiströmen; мно́го наро́ду привали́ло es strömten viele Menschen herbei ◇ сча́стье ему́ привали́ло *umg* er hat großes Glück gehabt ‖ *uv* прива́ливать, -аю, -аешь

прива́ривать *uv zu* привари́ть

привари́ть, -арю́, -а́ришь; -а́ренный, -а́рен, -а *v* anschweißen (к *D* an) ‖ *uv* прива́ривать, -аю, -аешь

прива́рка, -и *f tech* Anschweißen

прива́рок, -рка *m* warme Verpflegung

приведе́ние, -я *n* 1. Anführung, Zitierung; ~ доказа́тельств Beweisführung 2.: ~ в поря́док Ordnen; Instandsetzung; ~ в де́йствие Inbetriebsetzung ◇ ~ к прися́ге Vereidigung

при|везти́* *v* anfahren, liefern, bringen ‖ *uv* привози́ть, -ожу́, -о́зишь

приверéда, -ы *m, f umg* Nörgler, Mäkler, Meckerer

приверéдливость, -и *f umg* Nörgelsucht, Launenhaftigkeit, Mäkligkeit

приверéдливый, -ая, -ое; *Kzf* -ив, -а *umg* nörglerisch, wählerisch

приверéдник, -а *m umg* Nörgler, Mäkler, Meckerer

приверéдничать, -аю, -аешь *uv umg* nörgeln, mäkeln

приве́рженец, -нца, *I* -нцем, *G Pl* -нцев *m* Anhänger *einer Lehre*

приве́рженность, -и *f* Ergebenheit, Treue

приве́рженный, -ая, -ое; *Kzf* -ен, -а ergeben, treu

приверну́ть, -ну́, -нёшь; привёрнутый, -ут, -а *v umg* 1. festschrauben; ~ га́йку eine Mutter anziehen 2. herunterdrehen, zurückdrehen *z. B. Docht* ‖ *uv* привёртывать, -аю, -аешь

приверте́ть, -ерчу́, -е́ртишь; -е́рченный, -е́рчен, -а *v volksspr* 1. festschrauben 2. fest-, zusammenbinden

привёртывать *uv zu* приверну́ть

приве́с, -а *m* Gewichtszunahme *landw*

приве́сить, -е́шу, -е́сишь; -е́шенный, -е́шен, -а *v* aufhängen, anhängen ‖ *uv* приве́шивать, -аю, -аешь

приве́сок, -ска *m* 1. *volksspr* Gewichtszugabe 2. *umg* Anhängsel, Ergänzung

при|вести́* *v* 1. bringen, herführen; ~ ребёнка домо́й das Kind nach Hause bringen 2. *übtr* führen (к *D* zu); э́то к добру́ не приведёт das führt zu nichts Gutem 3. *in einen Zustand* versetzen, bringen; ~ в поря́док in Ordnung bringen; ~ в отча́яние zur Verzweiflung bringen; ~ в де́йствие in Gang bringen; ~ в него́дность unbrauchbar [kaputt] machen; ~ в замеша́тельство in Verlegenheit bringen 4. anführen, zitieren; ~ в приме́р als Beispiel an-

führen || *uv* приводи́ть, -ожу́, -óдишь
при|вести́сь* *unpers v umg* sich ergeben; мне привелóсь э́то уви́деть ich hatte Gelegenheit, das zu sehen; что емý тóлько ни привелóсь испытáть! was hat er (alles) durchmachen müssen!
привéт, -а *m* Gruß; передáть ~ комý-н. j-n grüßen lassen
привéтливость, -и *f* Freundlichkeit, Entgegenkommen
привéтливый, -ая, -ое; *Kzf* -ив, -а freundlich, entgegenkommend
привéтный, -ая, -ое; *Kzf* -тен, -тна *alt* freundlich, entgegenkommend
привéтственный, -ая, -ое Begrüßungs-
привéтствие, -я *n* Begrüßung(srede)
привéтствовать, -вую, -вуешь *uv* begrüßen *a. üblr*; *mil* grüßen
привéшивать *uv zu* привéсить
прививáть(ся) *uv zu* приви́ть(ся)
приви́вка, -и, *Pl G* -вок, *D* -вкам *f* 1. Pfropfen, Okulieren 2. Impfung; сдéлать -у прóтив бéшенства gegen Tollwut impfen 3. Impfstoff
привидéние, -я *n* Gespenst, Geist(erscheinung)
приви́деться, -и́жусь, -и́дишься *v umg* träumen; тебé приви́делось чтó-нибудь? hast du etwas geträumt?
привилегирóванный, -ая, -ое privilegiert
привилéгия, -и *f* Privileg
привинти́ть, -инчý, -инти́шь; -и́нченный, -и́нчен, -а *v* anschrauben, festschrauben || *uv* **приви́нчивать,** -аю, -аешь
привирáть *uv zu* приврáть
при|ви́ть* *v* 1. pfropfen, okulieren, veredeln 2. *D* impfen; ~ комý-н. óспу j-n gegen Pocken impfen 3. *D* einimpfen, anerziehen, beibringen; ~ комý-н. нóвую идéю j-n für eine neue Idee gewinnen || *uv* прививáть, -áю, -áешь
при|ви́ться*, *1. u. 2. Pers ungebr*; -вили́сь *v* 1. anwachsen *Pfropfreis* 2. wirken *Impfstoff* 3. sich einbürgern, Fuß fassen || *uv* прививáться, -áется
при́вкус, -а *m* Beigeschmack
привлекáтельность, -и *f* Anziehungskraft, Charme
привлекáтельный, -ая, -ое; *Kzf* -лен, -льна anziehend
привлекáть *uv zu* привлéчь
привлечéние, -я *n* Heranziehung, Einbeziehung
при|влéчь* *v* 1. heranziehen, hinzuziehen; ~ к рабóте в коми́ссии zur Arbeit in der Kommission heranziehen 2. anlocken, (an)ziehen; реклáма привлеклá мнóго покупáтелей die Reklame hat viele Käufer angelockt; ~ к себé внимáние die Aufmerksamkeit auf sich ziehen; ~ когó-н. на свою стóрону j-n auf seine Seite ziehen 3.: ~ к отвéту [к отвéтственности] zur Verantwortung ziehen; ~ когó-н. к судý j-n gerichtlich belangen, gegen j-n gerichtlich vorgehen || *uv* привлекáть, -áю, -áешь
прив|нести́* *v* (ergänzend) hineinbringen, einflechten || *uv* **привноси́ть,** -ошý, -óсишь
[1]**привóд,** -а *m* 1. Herbeiführen 2. *jur* Vorführung; ~ обвиня́емого Vorführung des Angeklagten; у негó три -а er ist dreimal verhaftet worden
[2]**привóд** *u.* **при́вод,** -а *m tech* Antrieb
приводи́ть *uv zu* привести́
приводнóй, -áя, -óе Antriebs-; ~ ремéнь Treibriemen
привóз, -а *m* Zufuhr, Anfuhr; Einfuhr
привози́ть *uv zu* привезти́
привознóй, -áя, -óе *u.* **привóзный,** -ая, -ое angeliefert; eingeführt, Import-
привóй, -я, *G Pl* -ев *m* Pfropfreis
приволáкивать *uv zu* приволóчь
Привóлжье, -ья *n* Wolgagebiet
при|волóчь* *v umg* heranschleppen || *uv* приволáкивать, -аю, -аешь
привóлье, -ья *n* 1. weiter Raum 2. freies, ungebundenes Leben; здесь дéтям ~ hier können sich die Kinder richtig austoben
привóльный, -ая, -ое; *Kzf* -лен, -льна frei, ungebunden
приворáживать *uv zu* приворожи́ть
приворожи́ть, -жý, -жи́шь; -жённый, -жён, -женá *v* 1. *alt* behexen 2. *übtr umg* bestricken, betören || *uv* приворáживать, -аю, -аешь
приворóтный, -ая, -ое *alt* Zauber-, zauberkräftig; -ое зéлье Zaubertrank
привráтник, -а *m* Pförtner *a. anat*
при|врáть*; при́врана́ *v umg* 1. hinzudichten, -lügen 2. *übtr* aufschneiden || *uv* привирáть, -áю, -áешь
привскáкивать *uv zu* привскочи́ть
привскочи́ть, -очý, -óчишь *v* aufspringen, in die Höhe fahren || *uv* привскáкивать, -аю, -аешь
привставáть *uv zu* привстáть
прив|стáть* *v* sich ein bißchen erheben || *uv* прив|ставáть*

привходя́щий, -ая, -ее Neben-, nebensächlich

привыка́ть *uv zu* привы́кнуть

привы́кнуть, -ну, -нешь; привы́к, -ла *v* 1. sich angewöhnen; я привы́к ра́но встава́ть ich bin gewöhnt, zeitig aufzustehen 2. sich gewöhnen (к *D* an) ‖ *uv* привыка́ть, -а́ю, -а́ешь

привы́чка, -и, *Pl G* -чек, *D* -чкам *f* Gewohnheit; по -е gewohnheitsmäßig; войти́ в -у zur Gewohnheit werden; си́ла -и Macht der Gewohnheit

привы́чный, -ая, -ое; *Kzf* -чен, -чна 1. gewohnt; в ~ час zur gewohnten Stunde 2. *umg* gewöhnt (к *D* an); он челове́к ко всему́ ~ er ist an alles gewöhnt

привя́занность, -и *f* Anhänglichkeit, Liebe; она́ его́ ста́рая ~ sie ist seine alte Liebe

привя́занный, -ая, -ое; *Kzf* -ан, -а к *D* 1. angebunden 2. anhänglich, zugetan, ergeben; он привя́зан к ней er hängt an ihr

при|вяза́ть* *v* 1. anbinden; ~ ло́шадь к де́реву das Pferd an einen Baum binden 2.: ~ кого́-н. к себе́ j-n für sich einnehmen ‖ *uv* привя́зывать, -аю, -аешь

при|вяза́ться* *v* к *D* 1. sich anbinden 2. liebgewinnen, Zuneigung fassen (zu) 3. nachlaufen, sich aufdrängen 4. *umg mißb* auszusetzen haben, bemäkeln; он ко всему́ привя́зывается er hat an allem etwas auszusetzen ‖ *uv* привя́зываться, -аюсь, -аешься

привязно́й, -а́я, -о́е zum Anbinden; ~ аэроста́т Fesselballon; -а́я борода́ Bart zum Umbinden

привя́зчивый [ящ], -ая, -ое; *Kzf* -ив, -а *umg* 1. anhänglich 2. aufdringlich 3. mäkelig, nörgelig

привя́зывать(ся) *uv zu* привяза́ть(ся)

при́вязь, -и *f* Leine; держа́ть соба́ку на -и den Hund an der Leine führen; посади́ть на ~ an die Leine legen

прига́р, -а *m umg* angebrannte Stelle *am Essen*

при́гарь, -и *f volksspr* Beigeschmack von Angebranntem; молоко́ с -ью angebrannt schmeckende Milch

пригвожда́ть *uv zu* пригвозди́ть

пригвозди́ть, -ожу́, -озди́шь; -ождённый, -ождён, -ождена́ *v* 1. *alt* annageln 2. *übtr* (fest)bannen; как пригвождённый wie angewurzelt ◇ ~ кого́-н. к позо́рному столбу́ j-n anprangern, j-n brandmarken ‖ *uv* пригвожда́ть, -а́ю, -а́ешь

пригиба́ть(ся) *uv zu* пригну́ть(ся)

пригла́дить, -а́жу, -а́дишь; -а́женный, -а́жен, -а *v* 1. glätten, glattstreichen 2. *übtr Stil* glätten ‖ *uv* **пригла́живать,** -аю, -аешь

пригласи́тельный, -ая, -ое Einladungs-; ~ биле́т Einladungskarte

пригласи́ть, -ашу́, -аси́шь; -ашённый, -ашён, -ашена́ *v* einladen; ~ врача́ к больно́му den Arzt zu einem Kranken kommen lassen; ~ кого́-н. сесть j-m einen Stuhl anbieten ‖ *uv* **приглаша́ть,** -а́ю, -а́ешь

приглаше́ние, -я *n* Einladung, Aufforderung; ~ на рабо́ту Einstellungsangebot

приглашённый, -ого *Subst m* Eingeladener, Gast

приглуша́ть *uv zu* приглуши́ть

приглуши́ть, -шу́, -ши́шь; -шённый, -шён, -шена́ *v* 1. ein bißchen dämpfen *Ton* 2. *volksspr* betäuben ‖ *uv* приглуша́ть, -а́ю, -а́ешь

пригляде́ть, -яжу́, -яди́шь *v umg* 1. aufpassen (за *I* auf) 2. aussuchen, ausfindig machen ‖ *uv* **пригля́дывать,** -аю, -аешь

пригляде́ться, -яжу́сь, -яди́шься *v umg* 1. sich an einen Anblick gewöhnen; ~ к темноте́ sich an die Dunkelheit gewöhnen 2. eines Anblicks überdrüssig werden ‖ *uv* **пригля́дываться,** -аюсь, -аешься

пригляну́ться, -яну́сь, -я́нешься *v umg* (auf den ersten Blick) gefallen

при|гна́ть* *v* 1. herantreiben; ~ скот домо́й das Vieh heimtreiben 2. einpassen; ~ око́нную ра́му einen Fensterrahmen einpassen ‖ *uv* пригоня́ть, -я́ю, -я́ешь

пригну́ть, -ну́, -нёшь; при́гнутый, -ут, -а *u.* пригну́тый, -у́т, -а *v* herunterbiegen, niederbeugen ‖ *uv* пригиба́ть, -а́ю, -а́ешь

пригну́ться, -ну́сь, -нёшься *v* sich ein bißchen beugen ‖ *uv* пригиба́ться, -а́юсь, -а́ешься

пригова́ривать, -аю, -аешь *uv* 1. *uv zu* приговори́ть 2. dazu reden, vor sich hinsprechen

пригово́р *u. umg* **при́говор,** -а *m jur* Urteil; сме́ртный ~ Todesurteil; оправда́тельный ~ Freispruch; вы́нести ~ ein Urteil fällen; привести́ ~ в исполне́ние das Urteil vollstrecken

приговори́ть, -рю́, -ри́шь; -рённый, -рён, -рена́ *v* verurteilen; ~ к тюре́мному заключе́нию zu einer Frei-

heitsstrafe verurteilen || *uv* пригова́ривать, -аю, -аешь
пригоди́ться, -гожу́сь, -годи́шься *v* taugen, brauchbar sein; э́то тебе́ ещё мо́жет ~ das wird dir noch einmal zustatten kommen; гра́моте учи́ться всегда́ пригоди́тся *Sprichw* lesen und schreiben lernen ist nie umsonst
приго́дность, -и *f* Tauglichkeit, Brauchbarkeit
приго́дный, -ая, -ое; *Kzf* -ден, -дна brauchbar, tauglich, geeignet; он ни к чему́ не приго́ден er taugt zu nichts
приго́жий, -ая, -ее; *Kzf* -о́ж, -а schön, hübsch *in der Volksdichtung*
приголу́бить, -блю, -бишь; -бленный, -блен, -а *v umg, poet A* mit Liebe [Zärtlichkeit] behandeln, zärtlich sein (zu j-m)
приго́нка, -и *f* Einpassen, Anpassen
пригоня́ть *uv zu* пригна́ть
пригора́ть *uv zu* пригоре́ть
пригоре́лый, -ая, -ое angebrannt; ~ хлеб zu scharf gebackenes Brot
пригоре́ть, *1. u. 2. Pers ungebr*, -ри́т *v* anbrennen *von Speisen* || *uv* пригора́ть, -а́ет
при́город, -а *m* Vorstadt, Vorort
при́городный, -ая, -ое Vorort-; ~ по́езд Vorortzug
приго́рок, -рка *m* Anhöhe, Hügel
при́горшня *u.* **приго́ршня,** -и, *G Pl* -шней *u.* -шен *f* Handvoll; по́лными -ями mit vollen Händen
пригорю́ниваться *uv zu* пригорю́ниться
пригорю́ниться, -нюсь, -нишься *v poet, umg* Trübsal blasen, den Kopf hängen lassen || *uv* пригорю́ниваться, -аюсь, -аешься
пригота́вливать(ся) *uv zu* пригото́вить(ся)
приготови́тельный, -ая, -ое Vorbereitungs-
пригото́вить, -влю, -вишь; -вленный, -влен, -а *v* **1.** vorbereiten, fertigmachen; ~ ученика́ к экза́мену einen Schüler auf die Prüfung vorbereiten; ~ уро́ки sich auf den Unterricht vorbereiten; ~ роль eine Rolle einstudieren **2.** zubereiten, kochen ◇ ~ сюрпри́з кому́-н. j-m eine Überraschung bereiten || *uv* пригота́вливать, -аю, -аешь *u.* приготовля́ть, -я́ю, -я́ешь
пригото́виться, -влюсь, -вишься *v* sich vorbereiten (к *D* auf) || *uv* пригота́вливаться, -аюсь, -аешься *u.* приготовля́ться, -я́юсь, -я́ешься
приготовле́ние, -я *n* **1.** Vorbereitung; без -й unvorbereitet, aus dem Stegreif **2.** Zubereitung, Kochen
приготовля́ть(ся) *uv zu* пригото́вить(ся)
пригрева́ть *uv zu* пригре́ть
пригре́зиться, -е́жусь, -е́зишься *v* träumen; мне пригре́зились да́льние стра́ны ich habe von fernen Ländern geträumt
пригре́ть, -е́ю, -е́ешь *v* **1.** ein bißchen wärmen **2.** *umg* beschützen ◇ ~ змею́ на свое́й груди́ eine Schlange am Busen nähren || *uv* пригрева́ть, -а́ю, -а́ешь
пригрози́ть, -ожу́, -ози́шь *v* drohen
пригу́бить, -блю, -бишь; -бленный, -блен, -а *v A* nippen (an) || *uv* **пригу́бливать,** -аю, -аешь
придава́ть *uv zu* прида́ть
придави́ть, -авлю́, -а́вишь; -а́вленный, -а́влен, -а *v* **1.** niederdrücken; ~ к земле́ zu Boden drücken **2.** quetschen; ~ па́лец den Finger einklemmen || *uv* **прида́вливать,** -аю, -аешь
прида́ное, -ого *Subst n* **1.** Mitgift **2.** Babyausstattung
прида́ток, -тка *m* Anhängsel *a. übtr*
прида́точный, -ая, -ое: -ое предложе́ние Nebensatz
при|да́ть*; при́дал *u. umg* прида́л *v* **1.** dazugeben, hinzufügen; anschließen; *mil* unterstellen **2.** verleihen, geben; ~ си́лу Kraft verleihen; ~ друго́й смысл einen anderen Sinn verleihen; ~ ду́ху Mut einflößen; не ~ значе́ния keine Bedeutung beimessen || *uv* при|дава́ть*
прида́ча, -и, *I* -ей *f* Zugabe, Zulage; дать в -у zugeben; в -у a) als Zugabe; b) obendrein, dazu
придвига́ть(ся) *uv zu* придви́нуть(ся)
придви́нуть, -ну, -нешь; -нутый, -нут, -а *v* heranrücken; ~ стул к столу́ den Stuhl an den Tisch rücken || *uv* придвига́ть, -а́ю, -а́ешь
придви́нуться, -нусь, -нешься *v* к *D* heranrücken || *uv* придвига́ться, -а́юсь, -а́ешься
придво́рный, -ая, -ое **1.** Hof-; ~ шут Hofnarr **2.** -ого *Subst m* Höfling; -ая, -ой *f* Hofdame
приде́лать, -аю, -аешь *v* к *D* anmachen, anbringen; anbauen; ~ фли́гель к до́му einen Seitenflügel anbauen || *uv* **приде́лывать,** -аю, -аешь
придержа́ть, -ержу́, -е́ржишь; -е́ржанный, -е́ржан, -а *v* zurückhalten *a.*

übtr; festhalten; ~ товáр Ware horten || *uv* **придéрживать,** -аю, -аешь

придéрживаться, -аюсь, -аешься *uv* 1. sich festhalten (за *I* an) 2. *G übtr* sich halten (an), bleiben (bei); ~ инстрýкций sich an die Vorschriften halten; ~ мнéния der Meinung sein, die Meinung vertreten ◇ ~ прáвой стороны́ sich rechts halten

приди́ра, -ы *m, f umg* Nörgler(in)

придирáться *uv zu* придрáться

приди́рка, -и, *Pl G* -рок, *D* -ркам *f* Schikane; Nörgelei, Mäkelei

приди́рчивый, -ая, -ое; *Kzf* -ив, -а nörglerisch, mäklig

придорóжный, -ая, -ое am Weg gelegen

при|дрáться*; -дралíсь *v* к *D* 1. auszusetzen haben, Vorwürfe machen; schikanieren 2.: ~ к слýчаю *volksspr* die Gelegenheit ergreifen [wahrnehmen] || *uv* придирáться, -áюсь, -áешься; придирáться к кáждому слóву an jedem Wort herumklauben

придýмать, -аю, -аешь; придýманный, -ан, -а *v* ausdenken, erfinden, ersinnen; я бóльше ничегó не могý ~ ich bin mit meiner Weisheit [meinem Latein] am Ende || *uv* **придýмывать,** -аю, -аешь

придурковáтый, -ая, -ое; *Kzf* -áт, -а *umg* einfältig, beschränkt

при́дурь, -и *f umg*: с -ью *verächtl* mit Mucken; лóшадь с -ью ein bockiges Pferd, ein Pferd, das seine Mucken hat

придуши́ть, -ушý, -ýшишь; -ýшенный, -ýшен, -а *v umg* erwürgen, ersticken

придыхáние, -я *n ling* Behauchung, Aspiration

придыхáтельный, -ая, -ое *ling* behaucht, aspiriert

приедáться *uv zu* приéсться

приéзд, -а *m* Ankunft

приезжáть *uv zu* приéхать

приезжáющий, -его *Subst m* Ankommender, Reisender

приéзжий, -ая, -ее 1. zugereist 2. -его *Subst m* Zugereister, Fremder

приём, -а *m* 1. Annahme 2. Aufnahme; ~ на рабóту Einstellung; заявлéние о -е (на рабóту) Bewerbungsschreiben 3. Empfang; Sprechstunde; проводи́ть ~ Sprechstunden abhalten 4. Einnehmen, Dosis *Arznei*; лекáрства остáлось на два -а die Arznei reicht noch für zweimal 5. Handgriff; Methode, Verfahren; литератýрные -ы literarische Methoden ◇ в оди́н ~ mit einem Zug [Schluck]; mit einem Griff

приёмка, -и *f* Abnahme, Übernahme; ~ нóвого дóма die Abnahme des Neubaus

приéмлемый, -ая, -ое; *Kzf* -ем, -а *buchspr* annehmbar

приёмная, -ой *Subst f* Empfangs-, Sprechzimmer; Wartezimmer

приёмник, -а *m* 1. *rad* Empfänger; одноконтурный ~ Einkreiser 2. Sammelstelle *für Evakuierte u. ä.*

приёмный, -ая, -ое 1. Empfangs-; -ые часы́ Sprechzeit, Sprechstunde; ~ пункт Annahmestelle 2. Aufnahme-; ~ экзáмен Aufnahmeprüfung 3. Adoptiv-, Pflege-; ~ отéц Pflegevater; ~ сын Adoptivsohn

приёмочный, -ая, -ое Abnahme-; -ая коми́ссия Abnahmekommission

приёмщик, -а *m* Abnahmebeamter, Abnehmer

приёмыш, -а, *I* -ем, *G Pl* -ей *m umg* angenommenes Kind

при|éсться*, *1. u. 2. Pers ungebr*, *v umg* langweilig werden; мне приéлось игрáть ich hatte das Spielen satt || *uv* приедáться, -áется

при|éхать* *v* (an)kommen; ~ в Москвý in Moskau ankommen || *uv* приезжáть, -áю, -áешь

при|жáть[1]* *v* 1. (an)drücken; niederdrücken; ~ к груди́ an die Brust [ans Herz] drücken 2. *übtr* abdrängen 3. *übtr* bedrücken, bedrängen ◇ ~ к стенé in die Enge treiben; an die Wand drücken || *uv* прижимáть, -áю, -áешь

при|жáться[1]* *v* к *D* sich anschmiegen, sich drücken || *uv* прижимáться, -áюсь, -áешься

при|жéчь*; -жглá *v* 1. ausbrennen, ätzen 2. *volksspr* anbrennen lassen *Speisen* || *uv* прижигáть, -áю, -áешь

приживáльщик, -а *m* einer, der das Gnadenbrot bekommt

приживáться *uv zu* прижи́ться

прижигáние, -я *n med* Ausbrennen, Ätzen

прижигáть *uv zu* прижéчь

прижи́зненный, -ая, -ое zu Lebzeiten (erfolgt)

прижимáть(ся) *uv zu* прижáть(ся)

прижи́мистый, -ая, -ое; *Kzf* -ист, -а *umg* geizig, knauserig

при|жи́ть*; при́жил, -á!; при́житый *u.* прижитóй, при́жит, -á! *v umg* zeugen; ~ детéй Kinderzeugen, zur Welt bringen *meist außerehelich*

при|жи́ться*; -жили́сь *v* sich einleben;

sich akklimatisieren || *uv* прижива́ться, -а́юсь, -а́ешься

приз, -а, *Pl* призы́, -о́в, -а́м *m* Preis *Sport*; взять ~ einen Preis bekommen; присуди́ть ~ einen Preis zusprechen; переходя́щий ~ Wanderpreis

призаду́маться, -аюсь, -аешься *v* nachdenklich werden || *uv* **призаду́мываться,** -аюсь, -аешься

призва́ние, -я *n* **1.** Hang, Neigung **2.** Berufung, Mission; чу́вствовать ~ sich berufen fühlen

при|зва́ть*; призвана́ *u. umg* при́звана *v* **1.** herbeirufen; auffordern; ~ на по́мощь zu Hilfe rufen **2.** *mil* einberufen; ~ запа́с Reservisten einziehen **3.** к *D* rufen (zu), auffordern (zu); ~ к поря́дку zur Ordnung rufen **4.** *nur Part Prät Pass, meist Inf oder* к *D* berufen [bestimmt] sein || *uv* призыва́ть, -а́ю, -а́ешь

призе́мистый, -ая, -ое; *Kzf* -ист, -а **1.** untersetzt **2.** niedrig *Gebäude*

приземле́ние, -я *n* Landung *flug*

приземли́ться, -лю́сь, -ли́шься *v flug* landen || *uv* **приземля́ться,** -я́юсь, -я́ешься

призёр, -а *m* Preisträger *Sport*

при́зма, -ы *f* Prisma ◇ смотре́ть сквозь -у чего́-н. unter einem bestimmten Gesichtswinkel betrachten

признава́ть(ся) *uv zu* призна́ть(ся)

при́знак, -а *m* Merkmal, Kennzeichen; Symptom; отличи́тельный ~ Unterscheidungsmerkmal; не подава́ть при́знаков жи́зни kein Lebenszeichen von sich geben; э́то ~ хоро́шей пого́ды das ist ein Zeichen für schönes Wetter

призна́ние, -я *n* **1.** Anerkennung; получи́ть [заслужи́ть] всео́бщее ~ allgemeine Anerkennung finden **2.** Geständnis, Bekenntnis; ~ вины́ Schuldbekenntnis; ~ в любви́ Liebeserklärung

при́знанный, -ая, -ое anerkannt

призна́тельность, -и *f* Erkenntlichkeit, Dankbarkeit

призна́тельный, -ая, -ое; *Kzf* -лен, -льна erkenntlich, dankbar

призна́ть, -а́ю, -а́ешь; при́знанный, -ан, -а *v* **1.** anerkennen; как при́знано anerkanntermaßen **2.** zugeben, eingestehen, zugestehen; ~ свои́ оши́бки seine Fehler zugeben; ~ себя́ вино́вным sich schuldig bekennen **3.** *A oder I* halten (für), ansehen (als); ~ ну́жным es für nötig halten **4.** *umg* (wieder)erkennen || *uv* при|знава́ть*

призна́ться, -а́юсь, -а́ешься *v* **1.** в *P* eingestehen, bekennen; ~ в свои́х оши́бках seine Fehler eingestehen **2.** *mod*: ~ *oder* призна́юсь offen gestanden || *uv* при|знава́ться*

призово́й, -ая, -ое Preis-

призо́р, -а (-у) *m alt, umg*: без -а ohne Aufsicht

при́зрак, -а *m* Gespenst; Trugbild, Hirngespinst

при́зрачный, -ая, -ое; *Kzf* -чен, -чна **1.** geisterhaft, gespenstisch **2.** trügerisch, illusorisch

призре́ние, -я *n buchspr* Pflege, Fürsorge

призы́в, -а *m* **1.** Aufruf, Appell; ~ на по́мощь Hilferuf; откли́кнуться на ~ einem Ruf folgen **2.** Losung, Aufruf **3.** Bitte, Flehen **4.** *mil* Einberufung; Jahrgang ◇ Ле́нинский ~ Leninaufgebot *Masseneintritt in die KPdSU nach dem Tode Lenins*

призыва́ть *uv zu* призва́ть

призыва́ться, -а́юсь, -а́ешься *uv umg* zum Militärdienst einrücken

призывни́к, -а́ *m* Militärdienstpflichtiger

призывно́й, -а́я, -о́е **1.** Einberufungs-; ~ во́зраст dienstpflichtiges Alter **2.** -о́го *Subst m alt* Einberufener, Militärdienstpflichtiger

при́иск, -а *m meist Pl* Grube, Mine; золоты́е -и Goldgrube

приска́тель, -я *m* Goldsucher, Diamantensucher

при|иска́ть* *v umg* aussuchen, ausfindig machen || *uv* **при́искивать,** -аю, -аешь

при|йти́*; приди́ *v* **1.** (an)kommen, eintreffen; по́езд пришёл der Zug ist angekommen; пришла́ весна́ der Frühling ist gekommen; мне пришла́ охо́та ich bekam Lust; мысль пришла́ емý в го́лову [на ум] ein Gedanke kam ihm in den Sinn **2.** *in einen Zustand* kommen, geraten; ~ в ве́тхость baufällig werden; ~ в восто́рг in Begeisterung geraten; ~ в забве́ние in Vergessenheit geraten; ~ в отча́яние verzweifeln; ~ в у́жас in Entsetzen geraten, sich entsetzen; ~ в я́рость wütend werden; ~ в лета́ älter werden ◇ ~ в себя́ [в чу́вство] wieder zu sich kommen; ~ к заключе́нию zu dem Schluß kommen, den Schluß ziehen; ~ к мы́сли auf den Gedanken kommen || *uv* приходи́ть, -хожу́, -хо́дишь

при|йти́сь* *v* **1.** passen, entsprechen;

zusagen, gefallen; ~ кому́-н. по вку́су nach j-s Geschmack sein **2.** *1. u. 2. Pers ungebr* fallen, treffen (auf); пя́тое число́ пришло́сь на сре́ду der fünfte fiel auf einen Mittwoch; уда́р пришёлся ему́ по ноге́ der Schlag traf sein Bein **3.** *unpers mit Inf* müssen; нам пришло́сь до́лго ждать wir mußten lange warten **4.** *1. u. 2. Pers ungebr* на *A* entfallen, kommen (auf); на ка́ждого придётся по пять копе́ек auf jeden entfallen fünf Kopeken **5.** *unpers D* ergehen; ему́ пришло́сь о́чень пло́хо es ging ihm sehr schlecht ◇ как придётся *umg* wie es gerade kommt, irgendwie ‖ *uv* приходи́ться, -хожу́сь, -хо́дишься

прика́з, -а *m* **1.** Befehl; ~ об аре́сте Haftbefehl; отда́ть ~ einen Befehl geben [erteilen] **2.** Kanzlei, Amt

приказа́ние, -я *n* Befehl, Anordnung

при|каза́ть* *v* befehlen, anordnen; он приказа́л меня́ позва́ть er ließ mich rufen ◇ что прика́жете? *alt* was wünschen Sie?; как прика́жете *alt* wie Sie wünschen; ~ до́лго жить *alt* sterben, das Zeitliche segnen ‖ *uv* прика́зывать, -аю, -аешь

прика́зный, -ая, -ое **1.** Befehls-; *alt* Kanzlei- **2.** -ого *Subst m* kleiner Beamter, Kanzlist

прика́зчик [ащ], -а *m alt* **1.** Gutsverwalter **2.** Verkäufer

прика́зывать *uv zu* приказа́ть

прика́лывать *uv zu* приколо́ть

прика́нчивать *uv zu* прико́нчить

прикарма́нивать *uv zu* прикарма́нить

прикарма́нить, -ню, -нишь *v volksspr* klauen, mitgehen lassen ‖ *uv* прикарма́нивать, -аю, -аешь

прика́рмливать, -аю, -аешь *uv* **1.** *uv zu* прикорми́ть **2.** Zusatzkost geben *Säuglingen*

прикаса́ться *uv zu* прикосну́ться

прикати́ть, -ачу́, -а́тишь; -а́ченный, -а́чен, -а *v* **1.** heranrollen *tr* **2.** *volksspr* hinfahren; angesaust kommen ‖ *uv* **прика́тывать,** -аю, -аешь

прики́дывать(ся) *uv zu* прики́нуть(ся)

прики́нуть, -ну, -нешь; -нутый, -нут, -а *v umg* **1.** dazuwerfen, hinzutun **2.** messen, schätzen; ~ на глаз(о́к) nach dem Augenmaß bestimmen; ~ на веса́х (nicht ganz genau) abwiegen; ~ на руке́ auf der Hand wägen **3.** nachrechnen, überschlagen; ~ в уме́ im Kopf nachrechnen ‖ *uv* прики́дывать, -аю, -аешь

прики́нуться, -нусь, -нешься *v I umg* sich (ver)stellen; ~ дурако́м sich dumm stellen ‖ *uv* прики́дываться, -аюсь, -аешься

прикипа́ть *uv zu* прикипе́ть

прикипе́ть, *1. u. 2. Pers ungebr*, -пит *v umg* anbrennen *beim Kochen* ‖ *uv* прикипа́ть, -а́ет

прикла́д, -а *m* **1.** Gewehrkolben **2.** Zutaten *Schneiderei*

прикла́дка, -и *f mil* Anschlag *beim Schießen*

прикладно́й, -а́я, -о́е angewandt; -о́е иску́сство angewandte Kunst

прикла́дывать(ся) *uv zu* приложи́ть(ся)

прикле́ивать(ся) *uv zu* прикле́ить(ся)

прикле́ить, -е́ю, -е́ишь; -е́енный, -е́ен, -а *v* ankleben, anleimen ‖ *uv* прикле́ивать, -аю, -аешь

прикле́иться, -е́юсь, -е́ишься *v* klebenbleiben ‖ *uv* прикле́иваться, -аюсь, -аешься

прикле́йка, -и, *Pl G* -е́ек, *D* -е́йкам *f* **1.** Ankleben **2.** *umg* Klebezettel, Angeklebtes

приклепа́ть, -а́ю, -а́ешь; приклёпанный, -ан, -а *v* annieten ‖ *uv* **приклёпывать,** -аю, -аешь

приклони́ть, -оню́, -о́нишь; -онённый, -онён, -онена́ *v* niederbeugen ◇ ему́ не́где го́лову ~ er ist obdachlos, er weiß nicht wo er bleiben soll ‖ *uv* **приклоня́ть,** -я́ю, -я́ешь

приключа́ть(ся) *uv zu* приключи́ть(ся)

приключе́ние, -я *n* Abenteuer; иска́тель -й Abenteurer

приключе́нческий, -ая, -ое Abenteuer-; ~ рома́н Abenteuerroman

приключи́ть, -чу́, -чи́шь; -чённый, -чён, -чена́ *v el* anschließen ‖ *uv* приключа́ть, -а́ю, -а́ешь

приключи́ться, *1. u. 2. Pers ungebr*, -и́тся *v* geschehen ‖ *uv* приключа́ться, -а́ется

при|кова́ть* *v* fesseln (к *D* an) *a. übtr*; боле́знь прикова́ла его́ к посте́ли die Krankheit fesselte ihn an das Bett ‖ *uv* **прико́вывать,** -аю, -аешь

прико́л, -а *m* Pflock *zum Festmachen von Wasserfahrzeugen oder Tieren* ◇ стоя́ть на -е vertäut sein *Schiff*

прикола́чивать *uv zu* приколоти́ть

приколоти́ть, -очу́, -о́тишь; -о́ченный, -о́чен, -а *v umg* annageln ‖ *uv* прикола́чивать, -аю, -аешь

при|коло́ть* *v* 1. anstecken 2. *umg* erstechen || *uv* прика́лывать, -аю, -аешь

прикомандирова́ть, -ру́ю, -ру́ешь; -ро́ванный, -ро́ван, -а *v* к *D* abkommandieren, zuteilen || *uv* **прикомандиро́вывать,** -аю, -аешь

прико́нчить, -чу, -чишь; -ченный, -чен, -а *v umg* 1. ein Ende machen; aufzehren, aufessen 2. den Todesstoß geben, den Rest geben || *uv* прика́нчивать, -аю, -аешь

прико́рм, -а *m* 1. Zusatznahrung *für Kleinkinder* 2. Lockspeise

прикорми́ть, -ормлю́, -о́рмишь; -о́рмленный, -о́рмлен, -а *v* durch Futter anlocken; *übtr* ködern || *uv* прика́рмливать, -аю, -аешь

прикорну́ть, -ну́, -нёшь *v umg* sich hinlegen und sich anschmiegen (an); ein Nickerchen machen

прикоснове́ние, -я *n* Berührung *a. übtr*

прикоснове́нный, -ая, -ое; *Kzf* -е́н *u.* -е́нен, -е́нна *buchspr* beteiligt (к *D* an), verwickelt (in)

прикосну́ться, -ну́сь, -нёшься *v* к *D* leicht berühren, streifen || *uv* прикаса́ться, -а́юсь, -а́ешься

прикра́сить, -а́шу, -а́сишь; -а́шенный, -а́шен, -а *v beim Erzählen* ausschmücken, übertreiben; beschönigen || *uv* прикра́шивать, -аю, -аешь

прикра́сы *Pl* -а́с, *Sg* прикра́са, -ы *f umg* Übertreibungen, Ausschmükkungen *beim Erzählen*; пра́вда без прикра́с die ungeschminkte Wahrheit

прикра́шивание, -я *n*: ~ действи́тельности Schönfärberei

прикра́шивать *uv zu* прикра́сить

прикрепи́тельный, -ая, -ое: ~ тало́н *med* Überweisungsschein

прикрепи́ть, -плю́, -пи́шь; -плённый, -плён, -плена́ *v* к *D* 1. befestigen, festmachen; ~ зе́ркало к стене́ den Spiegel an der Wand befestigen; ~ крестья́н к (поме́щичьей) земле́ *hist* die Bauern an die Scholle binden 2. zuteilen, übergeben; angliedern; *bei einer Organisation u. ä.* anmelden; ~ пацие́нта к поликли́нике einen Patienten in eine Poliklinik einweisen || *uv* прикрепля́ть, -я́ю, -я́ешь

прикрепи́ться, -плю́сь, -пи́шься *v* beitreten, sich anmelden (к *D* bei) || *uv* прикрепля́ться, -я́юсь, -я́ешься

прикрепле́ние, -я *n* Anmeldung (к *D* bei)

прикрепля́ть(ся) *uv zu* прикрепи́ть(ся)

прикри́кивать *uv zu* прикри́кнуть

прикри́кнуть, -ну, -нешь *v* на *A* anschreien, anschnauzen || *uv* прикри́кивать, -аю, -аешь

прикрути́ть, -учу́, -у́тишь; -у́ченный, -у́чен, -а *v umg* 1. к *D* anbinden; fesseln (an) 2. *umg* herunterdrehen *Docht* || *uv* **прикру́чивать,** -аю, -аешь

прикрыва́ть(ся) *uv zu* прикры́ть(ся)

прикры́тие, -я *n* Schutz, Deckung *mil u. übtr*; под -ем чего́-н. unter dem Schutz von etw.; *übtr* unter dem Deckmantel [unter der Maske] von etw.; ~ ты́ла *mil* Rückendeckung; ~ грани́цы Grenzsicherung

при|кры́ть* *v* 1. (leicht) bedecken, zudecken; ~ от дождя́ vor dem Regen schützen 2. *Tür, Fenster* nicht ganz schließen, anlehnen 3. *mil* decken, schützen; ~ фланг die Flanke decken 4. bemänteln, vertuschen, verheimlichen 5. *umg* schließen, liquidieren; ~ магази́н ein Geschäft zumachen || *uv* прикрыва́ть, -а́ю, -а́ешь

при|кры́ться* *v* 1. *umg* sich leicht zudecken 2. от *G* sich schützen, Deckung suchen (vor) 3. *übtr I umg* sich verstecken (hinter), sich herausreden (mit) 4. *umg* zumachen, schließen *itr*, liquidiert werden || *uv* прикрыва́ться, -а́юсь, -а́ешься

прикупа́ть *uv zu* прикупи́ть

прикупи́ть, -куплю́, -ку́пишь; -ку́пленный, -ку́плен, -а *v A oder G* dazukaufen || *uv* прикупа́ть, -а́ю, -а́ешь

прику́ривать *uv zu* прикури́ть

прикури́ть, -урю́, -у́ришь; -у́ренный, -у́рен, -а *v Zigarette* anrauchen (*meist an einer schon brennenden*) || *uv* прику́ривать, -аю, -аешь

прикуси́ть, -ушу́, -у́сишь; -у́шенный, -у́шен, -а *v* 1.: ~ губу́ [язы́к] sich auf die Lippe [Zunge] beißen 2. sich zwicken || *uv* **прику́сывать,** -аю, -аешь

прила́вок, -вка *m* Ladentisch

прилага́тельный, -ая, -ое 1.: и́мя -ое Adjektiv 2. -ое, -ого *Subst n* Adjektiv

прилага́ть *uv zu* приложи́ть

прила́дить, -а́жу, -а́дишь; -а́женный, -а́жен, -а *v* anmachen, befestigen ‖ *uv* **прилáживать,** -аю, -аешь

приласкáть, -áю, -áешь; прилáсканный, -ан, -а *v* liebkosen, zärtlich behandeln

прилгнýть, -нý, -нёшь *v umg* dazulügen; aufschneiden

прилегáть, *1. u. 2. Pers ungebr*, -áет *uv* к *D* **1.** eng anliegen *Kleidung* **2.** angrenzen, anstoßen **3.** *uv zu* прилéчь

прилегáющий, -ая, -ее **1.** (eng) anliegend *Kleidung* **2.** angrenzend, Nachbar-

прилежáние, -я *n* Fleiß

прилéжный, -ая, -ое; *Kzf* -жен, -жна fleißig

прилепи́ть, -еплю́, -éпишь; -éпленный, -éплен, -а *v* к *D* ankleben, festkleben ‖ *uv* **прилепля́ть,** -я́ю, -я́ешь

прилепи́ться, -еплю́сь, -éпишься *v* к *D umg* klebenbleiben, festkleben ‖ *uv* **прилепля́ться,** -я́юсь, -я́ешься

прилёт, -а *m* Ankunft *Flugzeug, Zugvögel*

прилетáть *uv zu* прилетéть

прилетéть, -ечý, -ети́шь *v* **1.** herbeifliegen, ankommen **2.** *umg* hereinstürzen, angerannt kommen ‖ *uv* прилетáть, -áю, -áешь

прилётный, -ая, -ое zugeflogen; -ая пти́ца Zugvogel

при|лéчь* *v* sich ein bißchen hinlegen ‖ *uv* прилегáть, -áю, -áешь

прили́в, -а *m* **1.** Flut **2.** Zustrom, Andrang; ~ крóви к головé Blutandrang nach dem Kopf

приливáть *uv zu* прили́ть

при|лизáть* *v* **1.** glattlecken **2.** glatt kämmen [bürsten] ‖ *uv* **прили́зывать,** -аю, -аешь

прилипáть *uv zu* прили́пнуть

прили́пнуть, *1. u. 2. Pers ungebr*, -нет; прили́п, -ла *v* к *D* **1.** klebenbleiben, festkleben **2.** *umg* sich aufdrängen, nicht von der Seite weichen ‖ *uv* прилипáть, -áет

прили́пчивый, -ая, -ое; *Kzf* -ив, -а **1.** leicht festklebend **2.** *umg* aufdringlich, lästig **3.** *umg med* ansteckend *a. übtr*

при|ли́ть* *v* **1.** *G oder A* (hin)zugießen **2.** heranströmen ◇ кровь прилилá к головé das Blut stieg zu Kopf ‖ *uv* приливáть, -áю, -áешь

прили́чествовать, *1. u. 2. Pers ungebr*, -твует *uv buchspr* sich schicken, sich gehören

прили́чие, -я *n* Anstand; *Pl* Regeln des guten Tons; из [и́з-за] -я anstandshalber; соблюдáть -я die äußeren Formen wahren

прили́чный, -ая, -ое; *Kzf* -чен, -чна **1.** anständig **2.** *umg* ziemlich gut, anständig

приложéние, -я *n* **1.** Beilage **2.** *gram* Apposition **3.** Anwendung; сфéра -я сил Kraftfeld

приложи́ть, -ожý, -óжишь; -óженный, -óжен, -а *v* **1.** (auf)legen; ~ рýку к сéрдцу die Hand aufs Herz legen **2.** beilegen; ~ к заявлéнию спрáвку dem Gesuch eine Bescheinigung beilegen **3.** anwenden; ~ теóрию на прáктике die Theorie in der Praxis anwenden **4.** auf-, zuwenden; ~ все си́лы sich alle Mühe geben, alle Kräfte aufbieten ◇ ~ рýку к чемý-н. etw. anpacken; ~ печáть einen Stempel [ein Siegel] aufdrücken; умá не приложý ich stehe vor einem Rätsel ‖ *uv* прикла́дывать, -аю, -аешь *zu* 1 *u.* прилагáть, -áю, -áешь *zu* 2–4

приложи́ться, -ожýсь, -óжишься *v* **1.** sich drücken (an) **2.** ehrerbietig küssen **3.** das Gewehr anlegen, zielen **4.** *volksspr* ein bißchen trinken ◇ остальнóе [прóчее] прилóжится das andere ergibt sich von selbst ‖ *uv* прикла́дываться, -аюсь, -аешься

прилуни́ться, -ню́сь, -ни́шься *v* auf dem Mond landen

прильнýть, -нý, -нёшь *v* sich (an)schmiegen (к *D* an)

при́ма, -ы *f mus* Prime

при́ма-балери́на, при́мы-балери́ны *f* Primaballerina

при|мáзаться* *v umg verächtl* sich einschleichen, sich anbiedern ‖ *uv* **примáзываться,** -аюсь, -аешься

примáнивать *uv zu* примани́ть

примани́ть, -аню́, -áнишь; -áненный, -áнен, -а *u.* -анённый, -анён, -аненá *v umg* **1.** (an)locken **2.** für sich einnehmen ‖ *uv* примáнивать, -аю, -аешь

примáнка, -и, *Pl G* -нок, *D* -нкам *f* Köder; Lockmittel

примелькáться, -áюсь, -áешься *v vom häufigen Sehen* bekannt [vertraut] werden

применéние, -я *n* **1.** Anwendung, Verwendung; Einsatz; найти́ ~ своим си́лам ein geeignetes Betätigungsfeld finden; в -и к *D* in bezug auf, was . . . betrifft **2.** Anpassung

примени́мый, -ая, -ое; *Kzf* -и́м, -а anwendbar

примени́тельно *Adv*: ~ к *D* in bezug auf, was ... betrifft; entsprechend

примени́ть, -еню́, -е́нишь; применённый, -ён, -ена́ *v* 1. anwenden, verwenden 2. anpassen ‖ *uv* **применя́ть,** -я́ю, -я́ешь

примени́ться, -еню́сь, -е́нишься *v* к *D* sich anpassen, sich richten (nach) ‖ *uv* **применя́ться,** -я́юсь, -я́ешься

приме́р, -а *m* 1. Beispiel, Vorbild, Muster; привести́ ~ ein Beispiel anführen; привести́ в ~ als Beispiel hinstellen; показа́ть ~ mit gutem Beispiel vorangehen; брать ~ с кого́-н. sich j-n zum Vorbild nehmen; э́тот ~ зарази́телен das Beispiel steckt an; в ка́честве -а als Beispiel; к -у *umg* zum Beispiel 2. *math* Übungsaufgabe ◇ для -а a) als Beispiel; b) zur Belehrung; не в ~ лу́чше ungleich besser; не в ~ други́м [про́чим] nicht so wie die anderen

примерза́ть *uv zu* примёрзнуть

примёрзнуть, -ну, -нешь; примёрз, -ла *v* anfrieren ‖ *uv* примерза́ть, -а́ю, -а́ешь

приме́рить, -рю, -ришь; -ренный, -рен, -а *v* anprobieren; anpassen ‖ *uv* примеря́ть, -я́ю, -я́ешь

приме́рка, -и, *Pl G* -рок, *D* -ркам *f* Anprobe

приме́рный, -ая, -ое; *Kzf* -рен, -рна 1. beispielhaft, vorbildlich, Muster- 2. ungefähr, annähernd

приме́рочная, -ой *Subst f* Kabine *zum Anprobieren*

примеря́ть *uv zu* приме́рить

при́месь, -и *f* Beimischung

приме́та, -ы *f* 1. Kennzeichen, Merkmal; описа́ние приме́т Personalbeschreibung 2. Vorzeichen; дурна́я ~ schlimmes Vorzeichen ◇ име́ть на -е что́-н. etw. im Auge behalten

примета́ть, -а́ю, -а́ешь; примётанный, -ан, -а *v mit großen Stichen* annähen ‖ *uv* примётывать, -аю, -аешь

приме́тить, -е́чу, -е́тишь; -е́ченный, -е́чен, -а *v umg* bemerken, beachten ‖ *uv* примеча́ть, -а́ю, -а́ешь

приме́тливый, -ая, -ое; *Kzf* -ив, -а *volksspr* aufmerksam, gut beobachtend

приме́тный, -ая, -ое; *Kzf* -тен, -тна merklich, spürbar, sichtlich

примётывать *uv zu* примета́ть

примеча́ние, -я *n* Bemerkung; Anmerkung, Fußnote; ~ на поля́х Randbemerkung

примеча́тельный, -ая, -ое; *Kzf* -лен, -льна bemerkenswert, beachtlich

примеча́ть, -а́ю, -а́ешь *uv* 1. *uv zu* приме́тить 2. за *I volksspr* aufpassen, achtgeben (auf)

примеша́ть, -а́ю, -а́ешь; приме́шанный, -ан, -а *v A oder G* beimengen, beimischen ‖ *uv* **приме́шивать,** -аю, -аешь

примина́ть *uv zu* примя́ть

примире́нец, -нца, *I* -нцем, *G Pl* -нцев *m pol* Versöhnler, Opportunist

примире́ние, -я *n* Versöhnung; Ausgleich, Vergleich

примире́нческий, -ая, -ое *pol* versöhnlerisch, opportunistisch

примире́нчество, -а *n* Versöhnlertum, Opportunismus

примири́тельный, -ая, -ое; *Kzf* -лен, -льна versöhnlich

примири́ть, -рю́, -ри́шь; -рённый, -рён, -рена́ *v* versöhnen, aussöhnen ‖ *uv* **примиря́ть,** -я́ю, -я́ешь

примири́ться, -рю́сь, -ри́шься *v* с *I* 1. sich aussöhnen (mit) 2. sich abfinden (mit) ‖ *uv* **примиря́ться,** -я́юсь, -я́ешься

примити́вность, -и *f* Primitivität

примити́вный, -ая, -ое; *Kzf* -вен, -вна primitiv

примкну́ть, -ну́, -нёшь; при́мкнутый, -ут, -а *v* к *D* sich anschließen; ~ к большинству́ sich der Mehrheit anschließen ◇ ~ штык *mil* das Seitengewehr aufpflanzen ‖ *uv* примыка́ть, -а́ю, -а́ешь

примо́лкнуть, -ну, -нешь; примо́лк, -ла; примо́лкший *u.* примо́лкнувший *v umg* verstummen

примо́рский, -ая, -ое See-, Küsten-; ~ куро́рт Seebad

примо́рье, -ья *n* Küstengebiet

примости́ться, -ощу́сь, -ости́шься *v umg* sich schlecht und recht hinsetzen, sich hinhocken

примочи́ть, -очу́, -о́чишь; -о́ченный, -о́чен, -а *v umg* anfeuchten, benetzen

примо́чка, -и, *Pl G* -чек, *D* -чкам *f* feuchter Kühlverband; ~ для глаз Augenwasser

приму́ ↑ приня́ть

при́мула, -ы *f* Primel

при́мус, -а *m* Petroleumkocher

примча́ться, -мчу́сь, -мчи́шься *v* angerannt [angesaust] kommen, heranrasen, heransprengen

примыка́ть, -а́ю, -а́ешь *uv* 1. *uv zu* примкну́ть 2. к *D* angrenzen, sich anschließen (an)

при|мя́ть* *v* ein bißchen niederdrükken; zerknüllen; гра́дом примя́ло рожь der Roggen ist verhagelt || *uv* примина́ть, -а́ю, -а́ешь

принадлежа́ть, -жу́, -жи́шь *uv* 1. *D* gehören 2. zufallen, gebühren; спо́рту принадлежи́т большо́е бу́дущее der Sport hat eine große Zukunft; ему́ принадлежи́т честь [заслу́га] ihm kommt die Ehre [das Verdienst] zu; э́та иде́я принадлежи́т ему́ diese Idee stammt von ihm 3. к *D* angehören; ~ к профсою́зу металли́стов der Metallarbeitergewerkschaft angehören

принадле́жность, -и *f* 1. Zugehörigkeit 2. *meist Pl* Zubehörteil, Gegenstand; *Pl* Zubehör, Ausrüstung; пи́сьменные -и Schreibzeug; рыболо́вные -и Angelgeräte, Angelausrüstung; посте́льные -и Bettzeug; доро́жные -и Reiseartikel

принаряди́ть, -яжу́, -я́ди́шь; -я́женный, -я́жен, -а *v* herausputzen, fein kleiden || *uv* **принаряжа́ть,** -а́ю, -а́ешь

принево́ливать *uv zu* принево́лить

принево́лить, -лю, -лишь; -ленный, -лен, -а *v umg* zwingen, nötigen || *uv* принево́ливать, -аю, -аешь

при|нести́* *v* 1. bringen, hinbringen *tragend*; ~ с собо́й mitbringen 2. herantreiben, -wehen; anschwemmen *Wind, Wasser*; ло́дку принесло́ к бе́регу das Boot wurde an das Ufer getrieben 3. *1. u. 2. Pers ungebr Junge* werfen; *Früchte* tragen; я́блоня принесла́ мно́го я́блок der Apfelbaum hat viele Äpfel getragen 4. *übtr* bringen, einbringen, verursachen; ~ по́льзу Nutzen bringen; ~ неприя́тности Unannehmlichkeiten einbringen ◇ ~ благода́рность danken, Dank aussprechen; ~ кля́тву [прися́гу] einen Eid leisten; ~ проте́ст Protest erheben; ~ жа́лобу на кого́-н. gegen j-n Klage erheben; ~ в же́ртву zum Opfer bringen, opfern; заче́м тебя́ сюда́ принесло́? *derb volksspr* was hat dich bloß hierhergeführt? || *uv* приноси́ть, -ошу́, -о́сишь

при|нести́сь* *v* heransausen, angejagt kommen || *uv* приноси́ться, -ошу́сь, -о́сишься

принижа́ть *uv zu* прини́зить

прини́женный, -ая, -ое erniedrigend, unterwürfig

прини́зить, -и́жу, -и́зишь; -и́женный, -и́жен, -а *v* 1. erniedrigen, demütigen 2. herabsetzen, schmälern || *uv* принижа́ть, -а́ю, -а́ешь

принижа́ть *uv zu* прини́кнуть

прини́кнуть, -ну, -нешь; прини́к, -ла; прини́кший *u.* прини́кнувший *v* к *D* 1. sich ducken 2. sich anschmiegen || *uv* приника́ть, -а́ю, -а́ешь

принима́ть(ся) *uv zu* приня́ть(ся)

принора́вливать(ся) *uv zu* приноро́ви́ть(ся)

приноро́ви́ть, -влю́, -ви́шь; приноро́вленный, -ен, -а *v umg* к *D* anpassen (an), richten (nach) || *uv* принора́вливать, -аю, -аешь

приноро́ви́ться, -влю́сь, -ви́шься *v* к *D* sich anpassen (an), sich richten (nach) || *uv* принора́вливаться, -аюсь, -аешься

приноси́ть(ся) *uv zu* принести́(сь)

приноше́ние, -я *n iron* Geschenk

принуди́тельный, -ая, -ое; *Kzf* -лен, -льна Zwangs-; в -ом поря́дке zwangsweise

прину́дить, -у́жу, -у́дишь; -уждённый, -уждён, -ждена́ *v* zwingen, nötigen || *uv* **принужда́ть,** -а́ю, -а́ешь

принужде́ние, -я *n* Zwang, Druck; ме́ры -я Zwangsmaßnahmen; сде́лать что́-н. без -я etw. aus freien Stücken tun; по -ю unter Zwang, gezwungen

принуждённый, -ая, -ое gezwungen, unnatürlich, steif

принц, -а *m* Prinz

принце́сса, -ы *f* Prinzessin

при́нцип, -а *m* Prinzip, Grundsatz; ~ рабо́ты Arbeitsweise; в -е im Prinzip, grundsätzlich

принципиа́льность, -и *f* Prinzipienfestigkeit

принципиа́льный, -ая, -ое; *Kzf* -лен, -льна 1. grundsätzlich, prinzipiell 2. prinzipienfest

принюхаться, -аюсь, -аешься *v umg* sich an den Geruch gewöhnen (к *D* von) || *uv* **принюхиваться,** -аюсь, -аешься

приня́тие, -я *n* Annahme ◇ ~ прися́ги die Ablegung eines Eides

при́нятый, -ая, -ое 1. üblich, gebräuchlich 2. -о *Adv*: э́то -о das ist so üblich, das ist Sitte

приня́ть* *v* 1. annehmen, entgegennehmen; ~ радиогра́мму einen Funkspruch entgegennehmen; ~

сове́т einen Rat annehmen [befolgen]; ~ на себя́ (обяза́тельство) (eine Verpflichtung) übernehmen **2.** empfangen, aufnehmen; меня́ серде́чно при́няли ich wurde herzlich aufgenommen; ~ пацие́нтов Patienten annehmen **3.** annehmen, zulassen, einstellen; ~ в па́ртию in die Partei aufnehmen; ~ в университе́т zum Studium an der Universität zulassen; ~ на рабо́ту einstellen *Arbeiter*; ~ в игру́ mitspielen lassen **4.** annehmen, billigen; ~ резолю́цию eine Resolution annehmen; ~ реше́ние einen Beschluß fassen **5.** ein bißchen rücken; прими́ вле́во rücke ein bißchen nach links **6.** *übtr* annehmen, bekommen; ~ друго́й оборо́т eine andere Wendung nehmen; ~ затяжно́й хара́ктер sich in die Länge ziehen; ~ по́зу sich in Pose werfen **7.** einnehmen *Arznei* **8.** за *A* halten (für), ansehen (als); я вас при́нял за знако́мого ich habe Sie für einen Bekannten gehalten; ~ за шу́тку als Spaß auffassen; ~ за чи́стую моне́ту für bare Münze nehmen ◇ ~ ва́нну ein Bad nehmen; ~ всерьёз ernst nehmen; ~ душ duschen; ~ ме́ры Maßnahmen ergreifen; ~ за пра́вило sich zur Regel machen; ~ прися́гу einen Eid ablegen, schwören; ~ в расчёт что́-н. mit etw. rechnen; ~ к све́дению zur Kenntnis nehmen; ~ на свой счёт etw. auf sich beziehen, sich getroffen fühlen; ~ к се́рдцу zu Herzen nehmen; ~ чью-н. сто́рону j-s Partei ergreifen; ~ уча́стие в чём-н. teilnehmen an etw. ‖ *uv* принима́ть, -а́ю, -а́ешь; когда́ принима́ет врач? wann hat der Arzt Sprechstunde?

приня́ться*; -ялся́, -яли́сь *v* **1.** за *A* anfangen, sich vornehmen **2.**: ~ за кого́-н. *umg* sich j-n vornehmen [vorknöpfen] **3.** Wurzel schlagen **4.** aufgehen, eine positive Reaktion zeigen *Impfung* ‖ *uv* принима́ться, -а́юсь, -а́ешься

приободри́ть, -рю́, -ри́шь *v* aufmuntern, Mut machen ‖ *uv* **приободря́ть,** -я́ю, -я́ешь

приободри́ться, -рю́сь, -ри́шься *v* etwas Mut fassen ‖ *uv* **приободря́ться,** -я́юсь, -я́ешься

при|обрести́* *v* **1.** erwerben; kaufen **2.**: ~ значе́ние Bedeutung gewinnen; ~ о́пыт Erfahrungen sammeln; ~ друзе́й Freunde gewinnen ‖ *uv* **приобрета́ть,** -а́ю, -а́ешь

приобрете́ние, -я *n* **1.** Erwerbung, Anschaffung **2.** Errungenschaft

приобща́ть(ся) *uv zu* приобщи́ть(ся)

приобщи́ть, -щу́, -щи́шь; -щённый, -щён, -щена́ *v* к *D* **1.** teilnehmen lassen, heranführen (an) **2.** beilegen, beifügen ‖ *uv* приобща́ть, -а́ю, -а́ешь

приобщи́ться, -щу́сь, -щи́шься *v* к *D* sich anschließen, teilnehmen ‖ *uv* приобща́ться, -а́юсь, -а́ешься

прио|де́ться* *v umg* sich gut kleiden

приорите́т, -а *m* Priorität

приоса́ниваться *uv zu* приоса́ниться

приоса́ниться, -нюсь, -нишься *v umg* eine wichtige Miene machen, eine würdevolle Haltung annehmen ‖ *uv* приоса́ниваться

приостана́вливать(ся) *uv zu* приостанови́ть(ся)

приостанови́ть, -овлю́, -о́вишь; -о́вленный, -о́влен, -а *v* auf kurze Zeit unterbrechen, einstellen, aussetzen; ~ реше́ние суда́ das Urteil aussetzen ‖ *uv* приостана́вливать, -аю, -аешь

приостанови́ться, -овлю́сь, -о́вишься *v* kurze Zeit stehenbleiben; stocken ‖ *uv* приостана́вливаться, -аюсь, -аешься

приоткрыва́ть(ся) *uv zu* приоткры́ть(ся)

приот|кры́ть* *v* ein bißchen [nicht ganz] öffnen ‖ *uv* приоткрыва́ть, -а́ю, -а́ешь

приот|кры́ться* *v* sich ein bißchen öffnen ‖ *uv* приоткрыва́ться, -а́ется

прихо́тить, -о́чу, -о́тишь; -о́ченный, -о́чен, -а *v*: ~ кого́-н. к чему́-н. *umg* j-m Lust machen zu etw., j-m Appetit machen auf etw. ‖ *uv* **приохо́чивать,** -аю, -аешь

приохо́титься, -о́чусь, -о́тишься *v* к *D umg* Lust bekommen (zu), Gefallen finden (an) ‖ *uv* **приохо́чиваться,** -аюсь, -аешься

припада́ть, -а́ю, -а́ешь *uv* **1.** *uv zu* припа́сть **2.** *umg* leicht hinken

припа́док, -дка *m* Anfall; серде́чный ~ Herzanfall; ~ великоду́шия Anwandlung von Großmut

припа́дочный, -ого *Subst m* Kranker, der oft Anfälle hat; Epileptiker

припа́ивать *uv zu* припая́ть

припа́йка, -и, *Pl G* -па́ек, *D* -па́йкам *f* Anlöten

припа́рка, -и, *Pl G* -рок, *D* -ркам *f*

heißer Umschlag; ста́вить [де́лать, класть] кому́-н. -и j-m heiße Umschläge machen

припаса́ть *uv zu* припасти́

при|пасти́* *v A oder G umg* sparen, zurücklegen ‖ *uv* припаса́ть, -а́ю, -а́ешь

при|па́сть* *v* к *D umg* sich hinwerfen; sich anschmiegen; ~ к чьим-н. нога́м j-m zu Füßen fallen ‖ *uv* припада́ть, -а́ю, -а́ешь

припа́сы *Pl* -ов, *Sg volksspr* припа́с, -а *m* Vorräte; съестны́е ~ Lebensmittelvorräte

припа́хивать, *1. u. 2. Pers ungebr*, -ает *uv umg* 1. *I* leicht riechen (nach) 2. faulig riechen

припая́ть, -я́ю, -я́ешь; припа́янный, -ян, -а *v* anlöten ‖ *uv* припа́ивать, -аю, -аешь

припе́в, -а *m* Refrain, Kehrreim

припева́ть, -а́ю, -а́ешь *uv umg* zu einer Tätigkeit singen

припева́ючи: жить ~ *umg* sorglos leben

припёк, -а *m* sonnige Stelle; сиде́ть на -е in der prallen Sonne sitzen

припёка, -и *f*: сбо́ку ~ jemand Überflüssiges, das fünfte Rad am Wagen

припека́ть, -а́ю, -а́ешь *uv umg* brennen, stechen *Sonne*

при|пере́ть*; -пере́в *u.* -пёрши *v volksspr* 1. drücken, drängen 2. verrammeln, versperren 3. nicht ganz zumachen ◇ ~ к сте́нке кого́-н. j-n in die Enge treiben ‖ *uv* **припира́ть,** -а́ю, -а́ешь

при|писа́ть* *v* 1. hinzuschreiben 2. zuschreiben; ~ вину́ кому́-н. j-m die Schuld geben ‖ *uv* припи́сывать, -аю, -аешь

припи́ска, -и, *Pl G* -сок, *D* -скам *f* Nachschrift, Postskriptum; Zusatz

припи́сывать *uv zu* приписа́ть

припланети́ться, -ечу́сь, -ети́шься *v* auf einem Planeten landen

припла́та, -ы *f* 1. Zuzahlen 2. Zuzahlung, Zulage

приплати́ть, -ачу́, -а́тишь; -а́ченный, -а́чен, -а *v* zuzahlen ‖ *uv* **припла́чивать,** -аю, -аешь

при|плести́*; -плетя́ *v* 1. hineinflechten 2. *volksspr* etw. hinzufügen [einflechten], was nicht zur Sache gehört ‖ *uv* приплета́ть, -а́ю, -а́ешь

при|плести́сь*; -плетя́сь *v volksspr* sich hinschleppen

приплета́ть *uv zu* приплести́

припло́д, -а *m* Nachkommenschaft, Zuwachs *bei Tieren*

приплыва́ть *uv zu* приплы́ть

при|плы́ть* *v* heranschwimmen, hinschwimmen; hinfahren *mit dem Schiff* ‖ *uv* приплыва́ть, -а́ю, -а́ешь

приплю́снутый, -ая, -ое platt, flach *Nase*

приплю́снуть, -ну, -нешь *v* plattdrücken, plattschlagen ‖ *uv* приплю́щивать, -аю, -аешь

приплюсова́ть, -су́ю, -су́ешь; -со́ванный, -со́ван, -а *v umg* dazuzählen ‖ *uv* **приплюсо́вывать,** -аю, -аешь

приплю́щивать *uv zu* приплю́снуть

припля́сывать, -аю, -аешь *uv* tänzeln

приподнима́ть(ся) *uv zu* приподня́ть(ся)

приподня́тый, -ая, -ое gehoben, festlich

при|подня́ть* *v* ein bißchen hochheben ‖ *uv* приподнима́ть, -а́ю, -а́ешь *u. umg* приподыма́ть, -а́ю, -а́ешь

при|подня́ться*; приподня́лся́, -ла́сь, -ли́сь *v* sich etwas erheben; ~ на цы́почках sich auf die Zehenspitzen stellen ‖ *uv* приподнима́ться, -а́юсь, -а́ешься *u. umg* приподыма́ться, -а́юсь, -а́ешься

приподыма́ть(ся) *uv zu* приподня́ть(ся)

приполза́ть *uv zu* приползти́

при|ползти́* *v* herankriechen ‖ *uv* приполза́ть, -а́ю, -а́ешь

приполя́рный, -ая, -ое (nah) am Polarkreis gelegen

припомина́ть(ся) *uv zu* припо́мнить(ся)

припо́мнить, -ню, -нишь *v* 1. *A* sich erinnern, sich besinnen (auf); не припо́мню его́ и́мени ich komme nicht auf seinen Namen; припо́мнил! es ist mir eingefallen! 2. *umg* nicht vergessen, nachtragen; э́то я тебе́ припо́мню! das werde ich dir nicht vergessen!, das sollst du mir büßen!; ему́ э́то припо́мнили das wurde ihm übel vermerkt ‖ *uv* припомина́ть, -а́ю, -а́ешь

припо́мниться, -нюсь, -нишься *v* einfallen, wieder ins Gedächtnis kommen ‖ *uv* припомина́ться, -а́юсь, -а́ешься

припра́ва, -ы *f* Würze, Zutat

припра́вить, -влю, -вишь; -вленный, -влен, -а *v umg* anrichten, würzen *a. übtr* || *uv* **приправля́ть,** -я́ю, -я́ешь

при|пря́тать* *v umg* heimlich wegstecken; zurücklegen || *uv* **припря́тывать,** -аю, -аешь

припу́гивать *uv zu* припугну́ть

припугну́ть, -ну́, -нёшь; припу́гнутый, -ут, -а *v umg* erschrecken, einschüchtern || *uv* припу́гивать, -аю, -аешь

припу́дриваться *uv zu* припу́дриться

припу́дриться, -рюсь, -ришься *v* sich leicht pudern || *uv* припу́дриваться, -аюсь, -аешься

припуска́ть *uv zu* припусти́ть

припусти́ть, -ущу́, -у́стишь; -у́щенный, -у́щен, -а *v* **1.** *landw* zulassen *zum Decken*; saugen lassen **2.** länger machen, auslassen; weiter machen; ~ подо́л den Saum (her)auslassen **3.** *umg* losjagen, losstürzen ◇ дождь припусти́л der Regen ist stärker geworden || *uv* припуска́ть, -а́ю, -а́ешь

припуха́ть *uv zu* припу́хнуть

припу́хлость, -и *f* kleine Geschwulst

припу́хлый, -ая, -ое *umg* leicht geschwollen

припу́хнуть, *1. u. 2. Pers ungebr*, -нет; припу́х, -ла *v* leicht anschwellen || *uv* припуха́ть, -а́ет

прирабатывать *uv zu* прирабо́тать

прирабо́тать, -аю, -аешь *v* (hin)zuverdienen || *uv* прираба́тывать, -аю, -аешь

при́работок, -тка *m* Nebenverdienst

прира́внивать *uv zu* приравня́ть

приравня́ть, -я́ю, -я́ешь; прира́вненный, -нен, -а *v* к *D* **1.** gleichstellen, auf die gleiche Stufe stellen (mit) **2.** *math* gleichsetzen || *uv* прира́внивать, -аю, -аешь

прираста́ть *uv zu* прирасти́

при|расти́*, *1. u. 2. Pers ungebr*, *v* **1.** anwachsen (к *D* an) **2.** anwachsen, sich vermehren ◇ он то́чно к земле́ прирос er stand wie versteinert da || *uv* прираста́ть, -а́ет

приращéние, -я *n* Zuwachs, Vermehrung

приревнова́ть, -ну́ю, -ну́ешь *v* eifersüchtig werden (к *D* auf)

при|ре́зать* *v* **1.** erstechen, die Kehle durchschneiden **2.** *umg Vieh* (ab)schlachten **3.** *A oder G zusätzlich* zuteilen || *uv* **прирезáть,** -а́ю, -а́ешь *u.* **прире́зывать,** -аю, -аешь

приро́да, -ы *f* **1.** Natur; зако́н -ы Naturgesetz; явле́ние -ы Naturerscheinung; на ло́не -ы in der Natur, im Grünen **2.** Natur, Charakter, Wesen; он от -ы лени́в er ist von Natur aus faul; по -е dem Wesen [Charakter] nach; э́то у меня́ от -ы das liegt mir (so) im Blut; э́то в -е веще́й das liegt in der Natur der Dinge

приро́дный, -ая, -ое Natur-, natürlich; -ые бога́тства Naturschätze

природове́дение, -я *n alt* Naturkunde

прирождённый, -ая, -ое **1.** *Kzf* -дён, -дена́ angeboren, urwüchsig **2.:** ~ худо́жник geborener Künstler

приро́ст, -а *m* Zuwachs; ~ населе́ния Bevölkerungszuwachs

прируча́ть(ся) *uv zu* приручи́ть(ся)

прируче́ние, -я *n* Zähmung

приручённый, -ая, -ое zahm, zutraulich

приручи́ть, -чу́, -чи́шь; -чённый, -чён, -чена́ *v* **1.** zähmen **2.** willfährig machen || *uv* прируча́ть, -а́ю, -а́ешь

приручи́ться, -чу́сь, -чи́шься *v* **1.** zahm werden *Tier* **2.** anhänglich [zútraulich] werden || *uv* прируча́ться, -а́юсь, -а́ешься

приса́живаться *uv zu* присе́сть

приса́сываться *uv zu* присоса́ться

присва́ивать *uv zu* присво́ить

присва́таться, -аюсь, -аешься *v umg, alt* к *D* um j-s Hand anhalten || *uv* **присва́тываться,** -аюсь, -аешься

присви́стывать, -аю, -аешь *uv* leicht (vor sich hin) pfeifen; mit Pfeifen begleiten *eine Tätigkeit*

присвое́ние, -я *n* **1.** Aneignung **2.** Verleihung

присво́ить, -о́ю, -о́ишь; -о́енный, -о́ен, -а *v* **1.** sich aneignen, an sich bringen; ~ (себе́) пра́во sich ein Recht nehmen [anmaßen] **2.** verleihen, zuerkennen; ~ шко́ле и́мя Макси́ма Го́рького der Schule den Namen „Maxim-Gorki-Schule" verleihen || *uv* присва́ивать, -аю, -аешь

приседа́ние, -я *n* **1.** Kniebeuge **2.** *alt* Knicks

приседа́ть *uv zu* присе́сть

присе́ст, -а *m*: в [за] оди́н ~ *umg* in einem Zug, auf einmal

при|се́сть* *v* **1.** sich für kurze Zeit hinsetzen **2.:** ~ (на ко́рточки) sich hinhocken ◇ prися́дьте, пожа́луйста! setzen Sie sich bitte! || *uv* приса́живаться, -аюсь, -аешься *zu* 1 *u.* приседа́ть, -а́ю, -а́ешь *zu* 2

при́сказка, -и, *Pl G* -зок, *D* -зкам *f lit* humoristische Einleitung bzw. Schluß *eines Märchens*

при|скака́ть* *v* heranspringen; heransprengen, herangaloppieren

приско́рбие, -я *n*: к моему́ -ю *buchspr* zu meinem Bedauern

приско́рбный, -ая, -ое; *Kzf* -бен, -бна betrüblich, traurig

прику́чивать *uv zu* прику́чить

прискýчить, -чу, -чишь *v D umg* langweilig werden, anöden ‖ *uv* прискýчивать, -аю, -аешь

при|сла́ть* *v* (her)schicken; за мной присла́ли маши́ну ich wurde mit einem Auto abgeholt ‖ *uv* присыла́ть, -а́ю, -а́ешь

присло́вье, -ья, *Pl G* -вий, *D* -вьям *n umg* in die Rede eingestreutes Witzwort

прислони́ть, -слоню́, -сло́ни́шь; прислонённый, -ён, -ена́ *v* anlehnen (к *D* an) ‖ *uv* **прислоня́ть,** -я́ю, -я́ешь

прислони́ться, -слоню́сь, -сло́ни́шься *v* sich anlehnen (к *D* an) ‖ *uv* **прислоня́ться,** -я́юсь, -я́ешься

прислу́га, -и *f* **1.** *alt* Hausangestellte **2.** *alt Koll* Dienerschaft **3.** *mil Koll* Bedienungsmannschaft

прислу́живать, -аю, -аешь *uv* **1.** *alt D* bedienen **2.** *umg* einen Gefallen tun ‖ *v* **прислужи́ть,** -ужу́, -у́жишь *alt*

прислу́живаться, -аюсь, -аешься *uv D* liebedienern ‖ *v* **прислужи́ться,** -ужу́сь, -у́жишься *alt*

прислу́жник, -а *m* **1.** *alt* Hausdiener **2.** *umg* Kriecher, Liebediener

прислу́жничество, -а *n verächtl* Kriecherei, Liebedienerei

прислу́шаться, -аюсь, -аешься *v* к *D* **1.** horchen, lauschen (auf) **2.** *übtr* Gehör schenken, befolgen **3.** *umg* sich gewöhnen *an ein Geräusch* ‖ *uv* **прислу́шиваться,** -аюсь, -аешься

присма́тривать(ся) *uv zu* присмотре́ть(ся)

присмире́ть, -е́ю, -е́ешь *v* ruhig werden, sich beruhigen; kuschen *Hund*

присмо́тр, -а *m* Aufsicht

присмотре́ть, -отрю́, -о́тришь; -о́тренный, -о́трен, -а *v* **1.** за *I* aufpassen, beaufsichtigen **2.** *umg* ausfindig machen, auftreiben, sich aussuchen ‖ *uv* присма́тривать, -аю, -аешь

присмотре́ться, -отрю́сь, -о́тришься *v* к *D* **1.** genau betrachten; fixieren **2.** sich orientieren (über) **3.** das Auge gewöhnen (an) ‖ *uv* присма́триваться, -аюсь, -аешься

присни́ться, -ню́сь, -ни́шься *v* träumen; мне присни́лось, что . . . mir [ich] träumte, daß . . .

при́сные, -ых *Subst Pl verächtl* Gesinnungsgenossen, Anhänger

присовокупи́ть, -плю́, -пи́шь; -плённый, -плён, -плена́ *v buchspr* **1.** beifügen, beilegen **2.** hinzufügen, ergänzen ‖ *uv* **присовокупля́ть,** -я́ю, -я́ешь

присоедине́ние, -я *n* Anschluß, Angliederung; Beitritt

присоедини́тельный, -ая, -ое *gram* beiordnend, koordinierend

присоедини́ть, -ню́, -ни́шь; -нённый, -нён, -нена́ *v* к *D* anschließen (an); eingliedern (in) ‖ *uv* **присоединя́ть,** -я́ю, -я́ешь

присоедини́ться, -ню́сь, -ни́шься *v* к *D* sich anschließen ‖ *uv* **присоединя́ться,** -я́юсь, -я́ешься

при|соса́ться* *v* sich festsaugen ‖ *uv* приса́сываться, -аюсь, -аешься

присосе́диться, -се́жусь, -се́дишься *v umg* sich setzen, sich niederlassen (к *D* neben)

присо́хнуть, *1. u. 2. Pers ungebr*, -нет; присо́х, -ла *v* antrocknen, beim Trocknen hängenbleiben ‖ *uv* присыха́ть, -а́ет

приспева́ть *uv zu* приспе́ть

приспе́ть, -е́ю, -е́ешь *v umg* anbrechen, kommen *Zeit* ‖ *uv* приспева́ть, -а́ю, -а́ешь

приспе́шник, -а *m buchspr* Helfershelfer, Spießgeselle; Steigbügelhalter

приспи́чить, -чит *v unpers D volksspr* große Lust bekommen, versessen sein (auf); приспи́чило же ему́ игра́ть er war darauf versessen zu spielen, er mußte unbedingt spielen

приспоса́бливать(ся) *uv zu* приспосо́бить(ся)

приспосо́бить, -блю, -бишь; -бленный, -блен, -а *v* einrichten; verwenden; ~ зда́ние под де́тский сад das Gebäude als Kindergarten einrichten ‖ *uv* приспоса́бливать, -аю, -аешь *u.* приспособля́ть, -я́ю, -я́ешь

приспосо́биться, -блюсь, -бишься *v* **1.** sich anpassen (к *D* an) **2.** *verächtl* den Mantel nach dem Wind hängen ‖ *uv* приспоса́бливаться, -аюсь, -аешься *u.* приспособля́ться, -я́юсь, -я́ешься

приспособле́нец, -нца, *I* -нцем, *G Pl* -нцев *m verächtl* Opportunist, Konjunkturritter

приспособле́ние, -я *n* **1.** Anpassung **2.** Vorrichtung, Mechanismus; сто́порное ~ Feststelleinrichtung

приспосо́бленность, -и *f* Tauglichkeit; ~ к жи́зни Lebensfähigkeit
приспособле́нческий, -ая, -ое *verächtl* prinzipienlos, opportunistisch; -ая поли́тика Konjunkturpolitik
приспособле́нчество, -а *n verächtl* Opportunismus, Konjunkturpolitik
приспособля́емость, -и *f* Anpassungsfähigkeit
приспособля́ть(ся) *uv zu* приспосо́бить(ся)
приспуска́ть *uv zu* приспусти́ть
приспусти́ть, -ущу́, -у́стишь; -у́щенный, -у́щен, -а *v* (ein wenig) herablassen; ~ флаг die Fahne auf halbmast setzen, halbmast flaggen ‖ *uv* приспуска́ть, -а́ю, -а́ешь
при́став, -а, *Pl* пристава́, -о́в, -а́м *m* Polizeioffizier *im zaristischen Rußland*; суде́бный ~ *alt* Gerichtsvollzieher
пристава́ть *uv zu* приста́ть
приста́вить, -влю, -вишь; -вленный, -влен, -а *v* anlehnen; andrücken; ~ ле́стницу к стене́ die Leiter an die Wand lehnen ‖ *uv* приставля́ть, -я́ю, -я́ешь
приста́вка, -и, *Pl G* -вок, *D* -вкам *f* Vorsilbe, Präfix
приставля́ть *uv zu* приста́вить
приставно́й, -а́я, -о́е Anstell-, Anlege-; -а́я ле́стница Anlegeleiter
приста́вочный, -ая, -ое *gram* präfigiert
при́стальный, -ая, -ое; *Kzf* -лен, -льна aufmerksam, unverwandt; durchdringend *Blick*
приста́нище, -а, *I* -ем *n* Zuflucht, Obdach, Unterkunft
при́стань, -и, *Pl* при́стани, пристане́й, пристаня́м *f* Anlegestelle
при|ста́ть* *v* к *D* **1**. *1. u. 2. Pers ungebr* anlegen, landen; ло́дка приста́ла к бе́регу das Boot legte am Ufer an **2**. *1. u. 2. Pers ungebr* klebenbleiben, haftenbleiben (an) **3**. sich anschließen; zulaufen *Tiere* **4**. *umg* sich aufdrängen, belästigen; ~ к кому́-н. с про́сьбами j-n mit Bitten bestürmen **5**. *umg 1. u. 2. Pers ungebr* befallen *von ansteckenden Krankheiten* ◇ тебе́ не приста́ло так говори́ть es gehört sich nicht für dich, so zu sprechen; ~ как ба́нный лист sich wie eine Klette an j-n hängen ‖ *uv* при|ства́ть*
пристега́ть, -а́ю, -а́ешь; пристёганный, -ан, -а *v* mit groben Stichen annähen ‖ *uv* **[1]пристёгивать,** -аю, -аешь
[2]пристёгивать *uv zu* пристегну́ть
пристегну́ть, -ну́, -нёшь; пристёгнутый, -ут, -а *v* anknöpfen ‖ *uv* пристёгивать, -аю, -аешь
присто́йный, -ая, -ое; *Kzf* -о́ен, -о́йна anständig
пристра́ивать(ся) *uv zu* пристро́ить(ся)
пристра́стие, -я *n* **1**. Vorliebe, Hang **2**. Voreingenommenheit, Parteilichkeit
пристрасти́ться, -ащу́сь, -асти́шься *v umg* к *D* eine Vorliebe fassen (für); Feuer und Flamme sein (für)
пристра́стность [сн], -и *f* Voreingenommenheit, parteiische Haltung
пристра́стный [сн], -ая, -ое; *Kzf* -тен, -тна parteiisch, voreingenommen; быть -ым к кому́-н. a) für j-n eingenommen sein b) gegen j-n voreingenommen sein
пристра́чивать *uv zu* пристрочи́ть
пристре́ливать *uv zu* пристрели́ть
пристре́ливаться *uv zu* пристреля́ться
пристрели́ть, -елю́, -е́лишь; -е́ленный, -е́лен, -а *v* niederschießen; abknallen ‖ *uv* пристре́ливать, -аю, -аешь
пристре́лка, -и, *Pl G* -лок, *D* -лкам *f mil* Einschießen; вести́ -у sich einschießen
пристреля́ться, -я́юсь, -я́ешься *v mil* sich einschießen ‖ *uv* пристре́ливаться, -аюсь, -аешься
пристро́ить, -о́ю, -о́ишь; -о́енный, -о́ен, -а *v* **1**. anbauen; ~ фли́гель к до́му einen Seitenflügel an das Haus anbauen **2**. *umg* unterbringen; eine Stellung verschaffen; ~ статью́ в газе́ту einen Artikel in der Zeitung unterbringen; его́ пристро́или набо́рщиком в но́вую типогра́фию er wurde als Setzer in der neuen Druckerei untergebracht **3**. *mil* neben j-m antreten lassen ‖ *uv* пристра́ивать, -аю, -аешь
пристро́иться, -о́юсь, -о́ишься *v* **1**. unterkommen, sich einrichten **2**. Arbeit [eine Stellung] finden ‖ *uv* пристра́иваться, -аюсь, -аешься
пристро́йка, -и, *Pl G* -оек, *D* -о́йкам *f* **1**. Anbauen **2**. Anbau, Nebengebäude
пристрочи́ть, -очу́, -о́чишь; -о́ченный, -о́чен, -а *v* ansteppen ‖ *uv* пристра́чивать, -аю, -аешь
пристру́нивать *uv zu* пристру́нить
пристру́нить, -ню, -нишь; -ненный, -нен, -а *v umg* streng rügen, zurecht-

weisen ‖ *uv* приструнивать, -аю, -аешь
присту́кнуть, -ну, -нешь; -нутый, -нут, -а *v* **1.** klopfen, stampfen, schlagen **2.** *volksspr* erschlagen
при́ступ, -а *m* **1.** Anfall, Ausbruch; ~ ка́шля Hustenanfall; ~ бо́лей Schmerzanfall; ~ я́рости Wutanfall **2.** *mil* Sturm, Angriff; взять го́род -ом die Stadt im Sturm nehmen ◇ -у нет к э́тому *umg* das ist unerschwinglich; -у нет к нему́ *umg* an ihn kommt man nicht heran, er ist unzugänglich
приступа́ть(ся) *uv zu* приступи́ть(ся)
приступи́ть, -уплю́, -у́пишь *v* к *D* **1.** herantreten (an); ~ к кому́-н. с про́сьбой sich an j-n mit einer Bitte wenden **2.** beginnen, in Angriff nehmen; ~ к де́лу [к рабо́те] sich an die Arbeit machen; ~ к голосова́нию zur Abstimmung schreiten ‖ *uv* приступа́ть, -а́ю, -а́ешь
приступи́ться, -уплю́сь, -у́пишься *v umg* sich nähern, herantreten ◇ к э́тому не присту́пишься das kann man sich nicht leisten, das ist unerschwinglich; к нему́ не присту́пишься an ihn ist nicht heranzukommen ‖ *uv* приступа́ться, -а́юсь, -а́ешься
присту́пок, -пка *m umg* Trittbrett, Tritt
пристыди́ть, -ыжу́, -ыди́шь; -ыжённый, -ыжён, -ыжена́ *v* beschämen; in Verlegenheit bringen ‖ *uv* **пристыжа́ть,** -а́ю, -а́ешь
пристя́жка, -и, *Pl G* -жек, *D* -жкам *f* **1.** Beispannen *eines Pferdes* **2.** Beipferd
пристяжна́я, -о́й *Subst f* Seitenpferd, Beipferd
присуди́ть, -ужу́, -у́дишь; -ужде́нный, -ужде́н, -уждена́ *v* **1.** *jur* verurteilen; ~ кого́-н. к штра́фу *oder* ~ штраф кому́-н. j-n zu einer Geldstrafe verurteilen **2.** verleihen *Auszeichnung u. a.* ‖ *uv* **присужда́ть,** -а́ю, -а́ешь
присужде́ние, -я *n* Verleihung; Zuerkennung
прису́тственный, -ая, -ое *alt*: ~ день Tag, an dem Behörden geöffnet haben; -ое ме́сто *alt* Behörde, Amt
прису́тствие, -я *n* **1.** Anwesenheit, Gegenwart **2.** *alt* Amtsstunden **3.** *alt* Behörde, Amt ◇ ~ ду́ха Geistesgegenwart
прису́тствовать, -ствую, -ствуешь *uv* anwesend sein
прису́тствующий, -его *Subst m* Anwesender; спи́сок -их Anwesenheitsliste
прису́щий, -ая, -ее; *Kzf* -у́щ, -а eigen, charakteristisch
присчёт [щё], -а *m volksspr* Dazuzählen
присчита́ть [щи], -а́ю, -а́ешь; присчи́танный, -ан, -а *v* (da)zuzählen, (da)zurechnen ‖ *uv* **присчи́тывать,** -аю, -аешь
присыла́ть *uv zu* присла́ть
присы́лка, -и, *Pl G* -лок, *D* -лкам *f* Zusendung
при|сы́пать* *v* **1.** *G oder A* hinzuschütten; ~ муки́ в те́сто noch Mehl zum Teig dazugeben **2.** *I* dünn bestreuen, pudern (mit) ‖ *uv* **присыпа́ть,** -а́ю, -а́ешь
присы́пка, -и, *Pl G* -пок, *D* -пкам *f* Puder, Streupulver
присыха́ть *uv zu* присо́хнуть
прися́га, -и *f* Eid, Schwur; ~ на ве́рность Treueid; привести́ к -е vereidigen; взаме́н -и an Eides Statt; дать ло́жную -у einen Meineid leisten
присяга́ть, -а́ю, -а́ешь *uv* einen Eid ablegen, schwören; ~ на ве́рность Treue schwören ‖ *v* **присягну́ть,** -ну́, -нёшь
прися́жный, -ая, -ое **1.** *alt* vereidigt; ~ пове́ренный Rechtsanwalt **2.** *umg scherz* allbekannt; ständig **3.** -ого *Subst m* Geschworener; суд -ых Schwurgericht
притаи́ться, -таю́сь, -таи́шься *v* sich verstecken, sich verkriechen
прита́птывать *uv zu* притопта́ть
прита́скивать(ся) *uv zu* притащи́ть(ся)
притача́ть, -а́ю, -а́ешь; прита́чанный, -ан, -а *v* ansteppen, mit großen Stichen annähen ‖ *uv* **прита́чивать,** -аю, -аешь
притащи́ть, -ащу́, -а́щишь; -а́щенный, -а́щен, -а *v* heranschleppen, heranschleifen ‖ *uv* прита́скивать, -аю, -аешь
притащи́ться, -ащу́сь, -а́щишься *v umg* sich mühsam heranschleppen ‖ *uv* прита́скиваться, -аюсь, -аешься
притвори́ть, -орю́, -о́ришь; -о́ренный, -о́рен, -а *v* nicht fest schließen ‖ *uv* притворя́ть, -я́ю, -я́ешь
[1]**притвори́ться,** *1. u. 2. Pers ungebr*, -о́рится *v* nicht fest zugehen, sich nicht ganz schließen ‖ *uv* притворя́ться, -я́ется
[2]**притвори́ться,** -рю́сь, -ри́шься *v* sich

(ver)stellen; ~ больны́м sich krank stellen; он притвори́лся, бу́дто спит er tat, als ob er schliefe || *uv* притворя́ться, -я́юсь, -я́ешься

притво́рный, -ая, -ое; *Kzf* -рен, -рна **1.** geheuchelt, vorgetäuscht **2.** -о *Adv*: -о согласи́ться zum Schein zustimmen, Zustimmung heucheln

притво́рство, -а *n* Heuchelei, Verstellung

притво́рщик, -а *m* Heuchler, Simulant

притво́рщица, -ы, *I* -ей *f* Heuchlerin, Simulantin

притворя́ть *uv zu* притвори́ть

[1,2]**притворя́ться** *uv zu* [1,2]притвори́ться

притека́ть *uv zu* прите́чь

притерпе́ться, -ерплю́сь, -е́рпишься *v* к чему́-н. *umg* sich abfinden (mit), sich gewöhnen (an) *etw. Unangenehmes*

притесне́ние, -я *n* Unterdrückung

притесни́тель, -я *m* Unterdrücker

притесни́ть, -ню́, -ни́шь; -нённый, -нён, -нена́ *v* unterdrücken, verfolgen || *uv* **притесня́ть,** -я́ю, -я́ешь

при|те́чь*; -тёкший *u.* -те́кший *v* **1.** zufließen, zuströmen **2.** *übtr* kommen, eintreffen || *uv* притека́ть, -а́ю, -а́ешь

притира́ние, -я *n* **1.** Einreiben **2.** Einreibung *Mittel*

притира́ть, -а́ю, -а́ешь *uv* einreiben, einschmieren

прити́скивать *uv zu* прити́снуть

прити́снуть, -ну, -нешь; прити́снутый, -ут, -а *v* **1.** к *D umg* drücken, pressen (gegen) **2.** quetschen, einklemmen || *uv* прити́скивать, -аю, -аешь

притиха́ть *uv zu* прити́хнуть

прити́хнуть, -ну, -нешь; прити́х, -ла *v* verstummen; ве́тер прити́х der Wind hat sich gelegt || *uv* притиха́ть, -а́ю, -а́ешь

приткну́ть, -ну́, -нёшь; при́ткнутый, -ут, -а *v umg* **1.** mit einer Nadel anstecken **2.** schnell unterbringen, verstauen || *uv* притыка́ть, -а́ю, -а́ешь

прито́к, -а *m* **1.** Zufluß, Zustrom *a. übtr* **2.** Nebenfluß

при́толока, -и *f* Sturz, oberer Querbalken des Türrahmens; Türpfosten

прито́м *Konj* dabei, außerdem, überdies

притоми́ть, -млю́, -ми́шь; -млённый, -млён, -млена́ *v volksspr* müde machen || *uv* **притомля́ть,** -я́ю, -я́ешь

прито́н, -а *m* Spelunke, Räuberhöhle; воровско́й ~ Diebesnest; иго́рный ~ Spielhölle

прито́пнуть, -ну, -нешь *v mom* mit dem Fuß aufstampfen || *uv* прито́пывать, -аю, -аешь

при|топта́ть* *v* zertreten, zerstampfen || *uv* прита́птывать, -аю, -аешь

прито́пывать, -аю, -аешь *uv* **1.** *uv zu* прито́пнуть **2.** mit den Füßen den Takt stampfen

приторгова́ть, -гу́ю, -гу́ешь; -го́ванный, -го́ван, -а *v umg A* erhandeln, feilschen (um) || *uv* **приторго́вывать,** -аю, -аешь

при́торный, -ая, -ое; *Kzf* -рен, -рна **1.** widerlich süß **2.** *übtr* süßlich, allzu liebenswürdig

притра́гиваться *uv zu* притро́нуться

притро́нуться, -нусь, -нешься *v* к *D* anrühren, streifen || *uv* притра́гиваться, -аюсь, -аешься

притули́ться, -лю́сь, -ли́шься *v volksspr* **1.** sich anschmiegen **2.** unterkommen, Unterkunft finden

притупи́ть, -уплю́, -у́пишь; -у́пленный, -у́плен, -а *u.* -уплённый, -уплён, -уплена́ *v* **1.** (приту́пленный) ein bißchen stumpf machen **2.** *übtr* abstumpfen || *uv* притупля́ть, -я́ю, -я́ешь

притупи́ться, *1. u. 2. Pers ungebr*, -у́пится *v* **1.** ein bißchen stumpf werden **2.** nachlassen, schwächer werden || *uv* притупля́ться, -я́ется

притупле́ние, -я *n* Abstumpfung, Nachlassen

притупля́ть(ся) *uv zu* притупи́ть(ся)

притуши́ть, -ушу́, -у́шишь; -у́шенный, -у́шен, -а *v volksspr* **1.** löschen **2.** abblenden

при́тча, -и *f* Gleichnis, Parabel ◇ что за ~? was soll das heißen?; э́то ~ во язы́цех die Spatzen pfeifen es von allen Dächern

притыка́ть *uv zu* приткну́ть

притяга́тельный, -ая, -ое; *Kzf* -лен, -льна anziehend, einnehmend; -ая си́ла *übtr* Anziehungskraft

притя́гивать *uv zu* притяну́ть

притяжа́тельный, -ая, -ое *gram* possessiv, besitzanzeigend; -ое местоиме́ние Possessivpronomen

притяже́ние, -я *n phys* Anziehungskraft; по́ле -я Gravitationsfeld, Schwerefeld

притяза́ние, -я *n* Anspruch

притяза́тельный, -ая, -ое; *Kzf buchspr* -лен, -льна anspruchsvoll; arrogant

притяза́ть, -а́ю, -а́ешь *uv buchspr, alt* Anspruch erheben

притяну́ть, -яну́, -я́нешь; -я́нутый, -я́нут, -а *v* heranziehen, herbeiziehen; ~ к отве́тственности [отве́ту] zur Verantwortung ziehen; ~ за́ волосы *übtr* an den Haaren herbeiziehen ‖ *uv* притя́гивать, -аю, -аешь

приукра́сить, -а́шу, -а́сишь; -а́шенный, -а́шен, -а *v umg* **1.** ein bißchen schmücken **2.** *umg* ausschmücken, übertrieben darstellen ‖ *uv* **приукра́шивать,** -аю, -аешь

приуменьша́ть *uv zu* приуме́ньшить

приуме́ньшить, -шу, -шишь; -шенный, -шен, -а *u.* **приуменьши́ть,** -шу́, -ши́шь; -шённый, -шён, -шена́ *v* **1.** verkleinern, verringern **2.** bagatellisieren ‖ *uv* приуменьша́ть, -а́ю, -а́ешь

приумножа́ть *uv zu* приумно́жить

приумно́жить, -жу, -жишь; -женный, -жен, -а *v* vergrößern, vermehren ‖ *uv* приумножа́ть, -а́ю, -а́ешь

приу|ны́ть* (*Fut alt*) *v umg* traurig werden, den Kopf hängen lassen

приуро́чивать *uv zu* приуро́чить

приуро́чить, -чу, -чишь; -ченный, -чен, -а *v* к *D* **1.** zeitlich abstimmen (mit) **2.** festlegen (auf) ‖ *uv* приуро́чивать, -аю, -аешь

приуса́дебный, -ая, -ое beim Hof gelegen; ~ уча́сток persönliches Grundstück *eines Bauern*; ~ парк Gutspark

приу|ста́ть* *v umg* ein bißchen müde werden

приуча́ть(ся) *uv zu* приучи́ть(ся)

приучи́ть, -учу́, -у́чишь; -у́ченный, -у́чен, -а *v* к *D* (j-n) gewöhnen (an), (j-m) anerziehen ‖ *uv* приуча́ть, -а́ю, -а́ешь

приучи́ться, -учу́сь, -у́чишься *v* sich (an)gewöhnen ‖ *uv* приуча́ться, -а́юсь, -а́ешься

прифронтово́й, -а́я, -о́е in Frontnähe gelegen

прихва́рывать, -аю, -аешь *umg* öfter kränkeln

прихвастну́ть [сн], -ну́, -нёшь *v umg* ein bißchen prahlen

прихвати́ть, -ачу́, -а́тишь; -а́ченный, -а́чен, -а *v umg* **1.** mitnehmen **2.** *scherz* sich verschaffen; ~ де́нег в долг sich Geld borgen **3.** lose zusammenbinden, leicht annähen, feststecken *u. ä.*; ~ во́лосы гре́бнем die Haare mit einem Kamm aufstecken ◇ цветы́ прихвати́ло моро́зом die Blumen haben Frost abbekommen ‖ *uv* **прихва́тывать,** -аю, -аешь

прихворну́ть, -ну́, -нёшь *v umg* sich nicht wohl fühlen

при́хвостень, -тня *m umg verächtl* Schleppenträger *übtr*, Speichellecker

прихлеба́тель, -я *m umg verächtl* Schmarotzer, Parasit

прихлебну́ть *v mom zu* прихлёбывать

прихлёбывать, -аю, -аешь *uv* schluckweise trinken, hin und wieder einen kleinen Schluck nehmen ‖ *v mom* прихлебну́ть, -ну́, -нёшь

прихло́пнуть, -ну, -нешь; -нутый, -нут, -а *v umg* **1.** zuschlagen, zuwerfen *Tür* **2.** einklemmen ‖ *uv* **прихло́пывать,** -аю, -аешь

прихлы́нуть, *1. u. 2. Pers ungebr*, -нет *v* sich heranwälzen, herbeiströmen

прихо́д, -а *m* **1.** Ankunft, Eintreffen; ~ к вла́сти Machtübernahme, Machtantritt **2.** Einnahme; ~ и расхо́д Soll und Haben; записа́ть на ~ als Einnahme buchen **3.** Kirchgemeinde, Kirchspiel

приходи́ть *uv zu* прийти́

приходи́ться, -хожу́сь, -хо́дишься *uv* **1.** *uv zu* прийти́сь **2.** in einem Verwandtschaftsverhältnis stehen; он мне прихо́дится племя́нником er ist mein Neffe

прихо́дный, -ая, -ое Einnahme-, Eingangs-

прихо́довать, -дую, -дуешь *uv* als Einnahme buchen

прихо́дский, -ая, -ое Kirchgemeinde-

приходя́щий, -ая, -ее nur für eine bestimmte Zeit kommend; ~ больно́й ambulanter Patient; -ая домрабо́тница Aufwartung, Aushilfe *im Haushalt*

прихо́жая, -ей *Subst f* Vorzimmer, Vorraum

прихора́шивать, -аю, -аешь *uv umg* schön machen, zurechtmachen

прихора́шиваться, -аюсь, -аешься *uv umg* sich hübsch machen, sich zurechtmachen

прихотли́вый, -ая, -ое; *Kzf* -и́в, -а **1.** launisch, wählerisch **2.** seltsam, bizarr

при́хоть, -и *f* Laune, Grille

прихра́мывать, -аю, -аешь *uv* leicht hinken

прицве́тник, -а *m bot* Deckblatt

прице́л, -а *m* **1.** Visier(einrichtung); опти́ческий ~ Zielfernrohr **2.** Zielen, Anvisieren; взять на ~ aufs Korn nehmen *a. übtr*

прицéливание, -я *n* Zielen, Visieren; тóчка -я Haltepunkt, Zielpunkt
прицéливаться *uv zu* прицéлиться
прицéлиться, -люсь, -лишься *v* в *A* zielen, anlegen (auf) ‖ *uv* прицéливаться, -аюсь, -аешься
прицéльный, -ая, -ое Ziel-, Visier-
прицéниваться *uv zu* прицени́ться
прицени́ться, -ценю́сь, -цéнишься *v* к *D umg* nach dem Preis (von etw.) fragen ‖ *uv* прицéниваться, -аюсь, -аешься
прицéп, -а *m* Anhänger *Fahrzeug*
прицепи́ть, -еплю́, -éпишь; -éпленный, -éплен, -а *v* **1.** anhängen, ankuppeln **2.** *umg* anstecken; ~ брóшку к блу́зке eine Brosche an die Bluse stecken ‖ *uv* прицепля́ть, -я́ю, -я́ешь
прицепи́ться, -еплю́сь, -éпишься *v* к *D* **1.** hängenbleiben (an), sich anhaken (an) **2.** *volksspr* nörgeln; ~ к пустяку́ an einer Kleinigkeit Anstoß nehmen ‖ *uv* прицепля́ться, -я́юсь, -я́ешься
прицéпка, -и, *Pl G* -пок, *D* -пкам *f* **1.** Anhängen, Ankuppeln **2.** *volksspr* Anhänger **3.** *umg* Nörgelei; Anlaß zur Nörgelei
прицепля́ть(ся) *uv zu* прицепи́ть(ся)
прицепнóй, -а́я, -óе Anhänge-; ~ вагóн Anhänger
прича́л, -а *m* **1.** Vertäuen; Anlegen, Landung **2.** Sorrtau **3.** Anlegestelle, Landestelle
прича́ливать *uv zu* прича́лить
прича́лить, -лю, -лишь; -ленный, -лен, -а *v* к *D* **1.** vertäuen, am Ufer festmachen **2.** anlegen, landen ‖ *uv* прича́ливать, -аю, -аешь
прича́льный, -ая, -ое Anlege-; ~ кана́т Sorrtau
[1]**прича́стие,** -я *n* Partizip
[2]**прича́стие,** -я *n rel* Abendmahl
причасти́ться, -ащу́сь, -асти́шься *v rel* das Abendmahl empfangen ‖ *uv* причаща́ться, -а́юсь, -а́ешься
прича́стность [сн], -и *f* к *D* Teilnahme; ~ к преступлéнию Mittäterschaft
[1]**прича́стный** [сн], -ая, -ое; *Kzf* -тен, -тна к *D* beteiligt; быть -ым к процéссу in den Prozeß verwickelt sein
[2]**прича́стный** [сн], -ая, -ое Partizipial-; ~ оборóт *ling* Partizipialkonstruktion
причаща́ться *uv zu* причасти́ться
причём *Konj* wobei ◇ ~ я здесь? was habe ich damit zu tun?

Причерномóрье, -ья *n* Schwarzmeergebiet
при|чеса́ть* *v* kämmen, frisieren ‖ *uv* причёсывать, -аю, -аешь
при|чеса́ться* *v* sich kämmen, sich frisieren ‖ *uv* причёсываться, -аюсь, -аешься
причёска, -и, *Pl G* -сок, *D* -скам *f* Frisur
при|чéсть* *v volksspr* hinzuzählen, hinzurechnen ‖ *uv* причи́тывать, -аю, -аешь
причёсывать(ся) *uv zu* причеса́ть(ся)
причéтник, -а *m kirch* Kirchendiener
причи́на, -ы *f* Ursache; Grund, Anlaß; уважи́тельная ~ ein triftiger [stichhaltiger] Grund; отсу́тствовать по (не)уважи́тельной -е (un)entschuldigt fehlen; по какóй -е? weshalb?, aus welchem Grunde?; по непоня́тной -е aus einem unerfindlichen Grund; по той простóй -е aus dem einfachen Grund, einfach deshalb; без вся́кой -ы ohne jeden Grund; э́тому нема́ло причи́н das hat seine guten Gründe; нет -ы жа́ловаться es liegt kein Grund für eine Klage vor; в чём ~? woran liegt es? ◇ по -е болéзни krankheitshalber
причини́ть, -ню́, -ни́шь; -нённый, -нён, -нена́ *v* verursachen ‖ *uv* причиня́ть, -я́ю, -я́ешь
причи́нный, -ая, -ое *buchspr* ursächlich, Kausal-
причиня́ть *uv zu* причини́ть
причислéние, -я *n* **1.** Hinzuzählen, Hinzufügen **2.** Abkommandierung (к *D* zu) **3.** Einreihung (к *D* unter)
причи́слить, -лю, -лишь; -ленный, -лен, -а *v* к *D* **1.** hinzuzählen, hinzurechnen **2.** abkommandieren, zuteilen **3.** zählen (zu), einreihen (unter) ‖ *uv* **причисля́ть,** -я́ю, -я́ешь
причита́ние, -я *n* **1.** Wehklagen **2.** Klagelied; похорóнные -я Totenklage
причита́ться, *1. u. 2. Pers ungebr*, -а́ется *v* **1.** zustehen; за рабóту емý причита́ется два́дцать рублéй für die Arbeit stehen ihm zwanzig Rubel zu **2.** *umg* zu zahlen haben; с вас причита́ется пять рублéй Sie haben fünf Rubel zu zahlen
причи́тывать *uv zu* причéсть
причмóкивать *uv zu* причмóкнуть
причмóкнуть, -ну, -нешь *v* schmatzen; schnalzen ‖ *uv* причмóкивать, -аю, -аешь

причу́да, -ы *f* Laune, Grille
причу́диться, *1. u. 2. Pers ungebr,* -дится *v umg* dünken, vorkommen; мне причу́дилось, что ... mich dünkte, (daß) ...
причу́дливый, -ая, -ое; *Kzf* -ив, -а *umg* **1.** wunderlich, merkwürdig **2.** launenhaft
причу́дник, -а *m umg* Sonderling
причу́дница, -ы, *I* -ей *f umg* Sonderling
пришвартова́ть, -ту́ю, -ту́ешь; -то́ванный, -то́ван, -а *v* festmachen, vertäuen ‖ *uv* **пришварто́вывать,** -аю, -аешь
прише́лец, -льца, *I* -льцем, *G Pl* -льцев *m* Zugewanderter, Fremder
при|шиби́ть* *v volksspr* **1.** totschlagen **2.** durch einen Schlag verletzen **3.** niederdrücken, deprimieren
пришибленный, -ая, -ое *umg* deprimiert, (nieder)gedrückt
пришива́ть *uv zu* приши́ть
при|ши́ть* *v* **1.** к *D* annähen **2.** annageln **3.** *D übtr derb* fälschlich zuschreiben **4.** *A volksspr derb* umbringen, umlegen ‖ *uv* пришива́ть, -а́ю, -а́ешь
при́шлый, -ая, -ое zugewandert, zugereist
пришпи́ливать *uv zu* пришпи́лить
пришпи́лить, -лю, -лишь; -ленный, -лен, а *v* mit einer Nadel [Spange] anstecken ‖ *uv* пришпи́ливать, -аю, -аешь
пришпо́ривать *uv zu* пришпо́рить
пришпо́рить, -рю, -ришь; -ренный, -рен, -а *v A* die Sporen geben, antreiben ‖ *uv* пришпо́ривать, -аю, -аешь
прищёлкивать *uv zu* прищёлкнуть
прищёлкнуть, -ну, -нешь; -нутый, -нут, -а *v* **1.** *I umg* schnalzen; ~ кнуто́м mit der Peitsche knallen **2.** *umg* einklemmen ‖ *uv* прищёлкивать, -аю, -аешь
прищеми́ть, -млю, -ми́шь; -млённый, -млён, -млена́ *v* einklemmen, einquetschen ‖ *uv* **прищемля́ть,** -я́ю, -я́ешь
прищепи́ть, -плю, -пи́шь; -плённый, -плён, -плена́ *v* pfropfen ‖ *uv* прищепля́ть, -я́ю, -я́ешь
прище́пка, -и, *Pl G* -пок, *D* -пкам *f* Wäscheklammer
прищепля́ть *uv zu* прищепи́ть
приче́пок, -пка *m* **1.** Pfropfreis **2.** Wäscheklammer
прищу́ривать(ся) *uv zu* **прищу́рить(ся)**
прищу́рить, -рю, -ришь; -ренный, -рен, -а *v*: ~ глаза́ die Augen zusammenkneifen ‖ *uv* прищу́ривать, -аю, -аешь
прищу́риться, -рюсь, -ришься *v* die Augen zusammenkneifen ‖ *uv* прищу́риваться, -аюсь, -аешься
прию́т, -а *m* **1.** Obdach, Unterkunft **2.** *alt* Waisenhaus
приюти́ть, -ючу́, -юти́шь *v* beherbergen, Unterkunft gewähren
приюти́ться, -ючу́сь, -юти́шься *v* unterkommen, Unterkunft suchen
приязнь, -и *f buchspr* Wohlwollen, Zuneigung, Freundschaft
прия́тель, -я *m* Freund
прия́тельница, -ы, *I* -ей *f* Freundin
прия́тельский, -ая, -ое freundschaftlich
прия́тность, -и *f* Annehmlichkeit
прия́тный, -ая, -ое; *Kzf* -тен, -тна **1.** angenehm **2.** anziehend, sympathisch
про *Präpos mit A umg* **1.** von, über; я слы́шал ~ э́то ich habe davon gehört; забы́ть ~ что́-н. etw. vergessen **2.** für, wegen; ~ запа́с auf Vorrat ◇ э́то не ~ вас (пи́сано) das ist nicht für euch (bestimmt), das ist nichts für euch; чита́ть ~ себя́ still (für sich) lesen; ду́мать ~ себя́ bei sich denken; ни за что, ни ~ что für nichts und wieder nichts
проанализи́ровать, -рую, -руешь; -рованный, -рован, -а *v* analysieren
про́ба, -ы *f* **1.** Probe, Versuch; взять на -у probeweise nehmen **2.** Probe, Muster; взять -у eine Probe entnehmen **3.** Feingehalt *von Edelmetallen*; зо́лото 585-ой про́бы 585-er Gold
пробавля́ться, -я́юсь, -я́ешься *uv umg* sich begnügen, auskommen (*I* mit)
проба́лтываться *uv zu* ¹проболта́ться
пробе́г, -а *m* **1.** Wettlauf, Rennen; ко́нный ~ Pferderennen; лы́жный ~ Schilanglauf **2.** durchlaufene Strecke *eines Fahrzeugs*; ~ парово́за Laufstrecke der Lokomotive
пробе́гать, -аю, -аешь *v* **1.** eine Zeitlang herumlaufen, auf den Beinen sein **2.** *umg* wegen vieler Laufereien um etw. kommen
пробега́ть *uv zu* пробежа́ть
про|бежа́ть* *v* **1.** laufen (durch, über); ~ по коридо́ру durch den Korridor laufen **2.** durchláufen; теплово́з пробежа́л в час 80 киломе́тров die Diesellokomotive legte in einer Stunde

80 Kilometer zurück 3. vorbeilaufen; schnell vorüberziehen *Wolken*; ~ ми́мо до́ма am Haus vorbeilaufen 4. flüchtig durchsehen, überfliegen ◇ дрожь пробежа́ла у него́ по те́лу ein Schauer überlief ihn; по за́лу пробежа́л шёпот ein Flüstern ging durch den Saal ‖ *uv* пробега́ть, -а́ю, -а́ешь

про|бежа́ться* *v* ein bißchen herumlaufen

пробе́л, -а *m* 1. freie Stelle, Zwischenraum; *typ* Durchschuß 2. Lücke *im Wissen*, Mangel *in der Erziehung*

пробива́ть(ся) *uv zu* проби́ть(ся)

пробивно́й, -а́я, -о́е Durchschlags-; -а́я си́ла Durchschlagskraft

пробира́ть(ся) *uv zu* пробра́ть(ся)

проби́рка, -и, *Pl G* -рок, *D* -ркам *f* Reagenzglas

проби́рный, -ая, -ое Probier-; Prüf-; -ая пала́та Eichamt

про|би́ть*; про́бил *v* 1. durchschlagen, durchbrechen; ~ биле́т eine Fahrkarte lochen; ~ брешь eine Bresche schlagen 2. bahnen *Weg*; ~ доро́гу сквозь ча́щу einen Weg durchs Dickicht bahnen 3. schlagen; ~ в ко́локол die Glocke läuten; часы́ про́били шесть раз die Uhr hat sechs(mal) geschlagen ◇ ~ (себе́) доро́гу *übtr* sich Bahn brechen, sich durchsetzen ‖ *uv* пробива́ть, -а́ю, -а́ешь

про|би́ться* *v* 1. sich durchschlagen, sich einen Weg bahnen 2. sich durchsetzen, sich Geltung verschaffen 3. *umg* sich abplagen, sich abrackern 4. sich durchschlagen, sich über Wasser halten 5. hervorsprießen, durchbrechen *Keime*; durchschimmern ◇ ~ в лю́ди sich durchsetzen, Erfolg haben ‖ *uv* пробива́ться, -а́юсь, -а́ешься

про́бка, -и, *Pl G* -бок, *D* -бкам *f* 1. Kork *Rinde* 2. Kork(en) *Stöpsel* 3. Stauung, Stockung *Verkehr* 4. *el* Sicherung ◇ глуп, как ~ *umg* dumm wie Bohnenstroh

про́бковый, -ая, -ое Kork-; ~ дуб Korkeiche; ~ по́яс Korkgürtel, Schwimmgürtel

пробле́ма, -ы *f* Problem

проблемати́ческий, -ая, -ое problematisch

проблемати́чный, -ая, -ое; *Kzf* -чен, -чна problematisch

пробле́мный, -ая, -ое ein Problem aufwerfend

про́блеск, -а *m* 1. Aufblitzen; Lichtschimmer 2. *übtr* Schimmer; ~ наде́жды Hoffnungsstrahl

пробле́скивать *uv zu* проблесну́ть

проблесну́ть, *1. u. 2. Pers ungebr*, -нёт *v* aufblitzen, aufleuchten *durch etw.* ‖ *uv* пробле́скивать, -ает

про́бный, -ая, -ое 1. Probe-; ~ уро́к Probelektion 2. gestempelt *Edelmetalle*; -ое зо́лото gestempeltes Gold ◇ ~ ка́мень Prüfstein

про́бовать, -бую, -буешь *uv* 1. versuchen, probieren 2. kosten ‖ *v* попро́бовать; -бованный, -бован, -а

прободáть, -а́ю, -а́ешь *uv med* durchbohren, perforieren

пробо́ина, -ы *f* *durchgeschlagenes oder durchgestoßenes* Loch; Leck

пробо́й, -я *m* 1. *tech* Krampe 2. *el* Durchschlag

[1]**проболе́ть,** -е́ю, -е́ешь *v* eine Zeitlang krank sein

[2]**проболе́ть,** *1. u. 2. Pers ungebr*, -ли́т *v* eine Zeitlang schmerzen

[1]**проболта́ться,** -а́юсь, -а́ешься *v umg* sich verplappern, ein Geheimnis ausplaudern ‖ *uv* проба́лтываться, -аюсь, -аешься

[2]**проболта́ться,** -а́юсь, -а́ешься *v volksspr* eine Zeitlang herumschlendern [sich umhertreiben]

пробо́р, -а *m* Scheitel; прямо́й ~ Mittelscheitel

про|бормота́ть* *v* vor sich hin murmeln, in den Bart brummen

про́бочник, -а *m umg* Korkenzieher

пробра́сывать *uv zu* пробро́сить

про|бра́ть*; про́брана́ *v* 1. *1. u. 2. Pers ungebr* durchdringen; хо́лод меня́ пробра́л ich bin ganz durchfroren, die Kälte geht mir durch Mark und Bein; дрожь пробрала́ его́ ein Zittern überlief ihn 2. ausjäten; ~ свёклу Rüben verziehen 3. *umg* den Kopf waschen, ausschimpfen ◇ его́ не проберёшь er hat ein dickes Fell ‖ *uv* пробира́ть, -а́ю, -а́ешь

про|бра́ться*; -брали́сь *v* 1. sich hindurcharbeiten, sich den Weg bahnen 2. sich einschleichen ‖ *uv* пробира́ться, -а́юсь, -а́ешься

пробро́сить, -о́шу, -о́сишь; -о́шенный, -о́шен, -а *v umg* 1. (hin)durchwerfen 2. auf dem Rechenbrett zusammenzählen 3. *A* auf dem Rechenbrett zuviel errechnen, sich verrechnen (um) 4. danebenwerfen ‖ *uv* пробра́сывать, -аю, -аешь

пробуди́ть, -ужу́, -у́дишь; -уждённый, -уждён, -ужденá *v* wecken, wachrufen *a. übtr* || *uv* **пробужда́ть,** -а́ю, -а́ешь

пробуди́ться, -ужу́сь, -у́дишься *v* **1.** erwachen *a. übtr* **2.** sich regen; auftauchen || *uv* **пробужда́ться,** -а́юсь, -а́ешься

пробужде́ние, -я *n* Erwachen *a. übtr*

пробура́вить, -влю, -вишь; -вленный, -влен, -а *v* durchbohren || *uv* **пробура́вливать,** -аю, -аешь

пробу́ривать *uv zu* пробури́ть

пробури́ть, -рю́, -ри́шь; -рённый, -рён, -рена́ *v* durchbohren || *uv* пробу́ривать, -аю, -аешь

про|бы́ть*; про́был *v* sich aufhalten, verweilen; ~ всё ле́то в дере́вне den ganzen Sommer auf dem Land verbringen

прова́л, -а *m* **1.** Einsturz, Einbruch **2.** Einsturzstelle, Einbruchstelle; Senkung, Graben **3.** Mißerfolg, Fiasko; Durchfall **4.** Versagen, Verlust, Schwinden *des Gedächtnisses u. a.*

прова́ливать, -аю, -аешь *uv* **1.** *uv zu* провали́ть **2.** *Imp* прова́ливай! *volksspr* hau ab!

прова́ливаться *uv zu* провали́ться

провали́ть, -алю́, -а́лишь; -а́ленный, -а́лен, -а *v* **1.** durchbrechen, zum Einsturz bringen **2.** *umg* verderben, scheitern lassen, zunichte machen **3.** *umg* durchfallen lassen *beim Examen*; ablehnen *Kandidaten* || *uv* прова́ливать, -аю, -аешь

провали́ться, -алю́сь, -а́лишься *v* **1.** einbrechen, hineinstürzen **2.** *1. u. 2. Pers ungebr* zusammenbrechen, einstürzen **3.** *umg* mißlingen, scheitern; durchfallen *beim Examen* ◇ куда́ (э́то) ты провали́лся? *umg* wo hast du gesteckt?; он как сквозь зе́млю провали́лся er ist [war] spurlos verschwunden; я гото́в был сквозь зе́млю ~ ich wäre vor Scham am liebsten in die Erde versunken || *uv* прова́ливаться, -аюсь, -аешься

прованса́ль, -я *m* Mayonnaise auf provenzalische Art

прова́нский, -ая, -ое: -ое ма́сло Olivenöl, Provenceröl

прова́ривать *uv zu* провари́ть

провари́ть, -арю́, -а́ришь; -а́ренный, -а́рен, -а *v A* durchkochen, garkochen || *uv* прова́ривать, -аю, -аешь

прове́дать, -аю, -аешь *v umg* **1.** besuchen **2.** erfahren || *uv* прове́дывать, -аю, -аешь *zu* 1

проведе́ние, -я *n* **1.** Bau, Anlage; ~ ка́беля das Verlegen eines Kabels; ~ железнодоро́жной ли́нии Bau einer Bahnlinie; ~ электри́чества Anlage einer elektrischen Leitung **2.** Durchführung, Verwirklichung

прове́дывать *uv zu* прове́дать

про|везти́* *v* **1.** hinfahren, hinschaffen; ~ кратча́йшим путём auf dem kürzesten Weg hinfahren; ~ ми́мо *G* vorbeifahren an **2.** mit sich führen || *uv* провози́ть, -вожу́, -во́зишь

прове́ивать *uv zu* прове́ять

провентили́ровать, -рую, -руешь; -рованный, -рован, -а *v* lüften

прове́ренный, -ая, -ое bewährt

прове́рить, -рю, -ришь; -ренный, -рен, -а *v* **1.** überprüfen, kontrollieren **2.** *Arbeiten* korrigieren; durchsehen; ausprobieren || *uv* проверя́ть, -я́ю, -я́ешь

прове́рка, -и, *Pl G* -рок, *D* -ркам *f* **1.** (Nach-) Prüfung, Überprüfung, Kontrolle; вы́борочная ~ Stichprobe; ~ успева́емости Leistungskontrolle **2.** Durchsicht; Revision; ~ часо́в Stellen der Uhr

проверну́ть, -ну́, -нёшь; проверну́тый, -ут, -а *v* **1.** *umg* (durch)bohren *Loch* **2.** durchdrehen; ~ че́рез мясору́бку durch den Wolf drehen; ~ де́ло *volksspr* die Sache deichseln || *uv* провёртывать, -аю, -аешь

прове́рочный, -ая, -ое Kontroll-; -ая рабо́та Kontrollarbeit

провёртывать *uv zu* проверну́ть

прове́рщик, -а *m* Kontrolleur, (Qualitäts-) Prüfer

проверя́ть *uv zu* прове́рить

[1]**прове́с,** -а *m wirtsch* Gewichtsmanko

[2]**прове́с,** -а *m tech* Durchhang

про|вести́* *v* **1.** (hindurch)führen, geleiten, begleiten; ~ че́рез лес durch den Wald führen; ~ ми́мо vorbeiführen **2.** ziehen; ~ черту́ einen Strich ziehen **3.** bauen, anlegen; ~ водопрово́д eine Wasserleitung legen; ~ электри́чество eine elektrische Leitung legen **4.** durchführen, ausführen, verwirklichen, leisten; ~ собра́ние eine Versammlung abhalten **5.** streichen, fahren, gleiten; ~ руко́й по волоса́м mit der Hand über die Haare fahren [streichen] **6.** verbringen, zubringen **7.** durchsetzen, erreichen **8.** *umg* anführen, betrügen; меня́ не проведёшь ich lasse mich nicht hinters Licht führen ◇ ~ по кни́гам buchen; ~ в жизнь in die Tat umsetzen, verwirklichen || *uv* проводи́ть, -вожу́, -во́дишь

прове́тривание, -я *n* Lüften; *berg* Bewetterung
прове́тривать(ся) *uv zu* прове́трить(ся)
прове́трить, -рю, -ришь; -ренный, -рен, -а *v* (durch)lüften, ventilieren ‖ *uv* прове́тривать, -аю, -аешь
прове́триться, -рюсь, -ришься *v* 1. gelüftet werden; ко́мната хорошо́ прове́трилась das Zimmer ist gut gelüftet 2. *umg* frische Luft schöpfen 3. *übtr, umg* sich zerstreuen; neue Eindrücke sammeln ‖ *uv* прове́триваться, -аюсь, -аешься
прове́ять, -е́ю, -е́ешь; -е́янный, -е́ян, -а *v landw* worfeln, schwingen ‖ *uv* прове́ивать, -аю, -аешь
провиде́ние, -я *n rel* Vorsehung
прови́зия, -и *f* Verpflegung, Vorräte
провизо́рный, -ая;, -ое *Kzf* -рен, -рна *buchspr* provisorisch
провини́ться, -ню́сь, -ни́шься *v* sich vergehen; ~ пе́ред ке́м-н. schuldig werden vor j-m; ~ в чём-н. sich etw. zuschulden kommen lassen; в чём он провини́лся? was hat er angestellt? ‖ *uv* провиня́ться, -я́юсь, -я́ешься
прови́нность, -и *f umg* Vergehen, Verschulden
провинциа́л, -а *m alt verächtl* Hinterwäldler
провинциа́льный, -ая, -ое 1. Provinz- 2. *Kzf* -лен, -льна *alt verächtl* rückständig, hinterwäldlerisch
прови́нция, -и *f* Provinz
провиня́ться *uv zu* провини́ться
провира́ться *uv zu* проврáться
провиса́ть *uv zu* прови́снуть
прови́снуть, *1. u. 2. Pers ungebr*, -нет; прови́с, -ла *v* in der Mitte durchhängen ‖ *uv* провиса́ть, -а́ет
про́вод, -а, *Pl* провода́, -о́в, -а́м *m* Leitung, Draht
проводи́мость, -и *f el* Leitfähigkeit
[1]**проводи́ть,** -ожу́, -о́дишь *uv* 1. *uv zu* провести́ 2. *1. u. 2. Pers ungebr phys, el* leiten
[2]**проводи́ть,** -ожу́, -о́дишь *v* begleiten; ~ кого́-н. на вокза́л j-n zum Bahnhof [zur Bahn] bringen; ~ глаза́ми кого́-н. j-m nachsehen; ~ бе́лые но́чи Abschied von den hellen Nächten feiern ‖ *uv* провожа́ть, -а́ю, -а́ешь
прово́дка, -и, *Pl G* -док, *D* -дкам *f* 1. *el* Leitung 2. Anlegung, Legen
[1]**проводни́к,** -а́ *m* 1. *el* Leiter; ~ тепла́ Wärmeleiter 2. *übtr* Übermittler, Verbreiter
[2]**проводни́к,** -а́ *m* Zugschaffner
проводни́ца, -ы, *I* -ей *f* Zugschaffnerin
проводно́й, -а́я, -о́е *rad* durch Draht; -а́я связь Drahtverbindung
про́воды, -ов *Pl* 1. Begleitung, Geleit 2. Abschied
провожа́тый, -ого *Subst m* Begleiter
провожа́ть *uv zu* [2]проводи́ть
прово́з, -а *m* Transport, Beförderung; пла́та за ~ Fuhrlohn, Frachtkosten
провозвести́ть, -ещу́, -ести́шь; -ещённый, -ещён, -ещена́ *v hoher Stil* 1. prophezeien 2. verkünden ‖ *uv* **провозвеща́ть,** -а́ю, -а́ешь
провозгласи́ть, -ашу́, -аси́шь; -ашённый, -ашён, -ашена́ *v* ausrufen, proklamieren, verkünden; ~ респу́блику die Republik ausrufen; ~ тост einen Trinkspruch ausbringen ‖ *uv* **провозглаша́ть,** -а́ю, -а́ешь
провозглаше́ние, -я *n* Ausrufung, Proklamation, Verkündung
провози́ть *uv zu* провезти́
провози́ться, -вожу́сь, -во́зишься *v umg* sich abplagen, sich abmühen (с *I* mit)
провозно́й, -а́я, -о́е Transport-
провока́тор, -а *m* Provokateur
провокацио́нный, -ая, -ое provokatorisch
провока́ция, -и *f* Provokation
провола́кивать *uv zu* проволо́чь
про́волока, -и *f* Draht; колю́чая ~ Stacheldraht
проволо́чка, -и, *Pl G* -чек, *D* -чкам *umg* Verzögerung, Verschleppung
про́волочный, -ая, -ое Draht-; -ые загражде́ния *mil* Drahtverhau
про|воло́чь*; проволо́ченный, -ен, -а *u.* проволочённый, -ён, -ена́ *v umg* schleppen ‖ *uv* провола́кивать, -аю, -аешь
прово́рный, -ая, -ое; *Kzf* -рен, -рна flink, gewandt
проворова́ться, -ру́юсь, -ру́ешься *v umg* unterschlagen, stehlen, zum Dieb werden ‖ *uv* **проворо́вываться,** -аюсь, -аешься
проворо́нить, -ню, -нишь; -ненный, -нен, -а *v volksspr* verpassen
прово́рство, -а *n* Flinkheit, Gewandtheit
провоци́ровать, -рую, -руешь *v, uv* provozieren
про|вра́ться*; -вра́ли́сь *v volksspr* sich (beim Lügen) verplappern ‖ *uv* провира́ться, -а́юсь, -а́ешься
прогада́ть, -а́ю, -а́ешь *v umg* sich

verrechnen, hereinfallen ‖ *uv* **прога́дывать,** -аю, -аешь

прога́лина, -ы *f umg* Waldlichtung

прогиба́ть(ся) *uv zu* прогну́ть(ся)

прогла́тывать *uv zu* проглоти́ть

проглоти́ть, -очу́, -о́тишь; -о́ченный, -о́чен, -а *v* **1.** verschlucken **2.** *übtr* hinunterschlucken, ohne Widerspruch über sich ergehen lassen **3.** *umg* schnell durchlesen, verschlingen ◇ язы́к прогло́тишь *umg* da leckt man sich alle Finger ab ‖ *uv* проглатывать, -аю, -аешь

прогляде́ть, -яжу́, -яди́шь *v* **1.** *umg* durchsehen, durchblättern; überfliegen **2.** *umg* übersehen, außer acht lassen; я э́то прогляде́л das habe ich übersehen, das ist mir entgangen **3.** eine Zeitlang betrachten, ansehen ◇ все глаза́ ~ sich die Augen aussehen (nach) ‖ *uv* [1]**прогля́дывать,** -аю, -аешь *zu* 1

[2]**прогля́дывать** *uv zu* прогляну́ть

прогляну́ть, *1. u. 2. Pers ungebr*, -я́нет *v* erscheinen, hervorkommen; со́лнце прогляну́ла из-за туч die Sonne blickte zwischen den Wolken hervor ‖ *uv* прогля́дывать, -ает

про|гна́ть* *v* verjagen, fortjagen, vertreiben; ~ ску́ку die Langeweile vertreiben ◇ ~ сквозь строй Spießruten laufen lassen ‖ *uv* прогоня́ть, -я́ю, -я́ешь

прогнива́ть *uv zu* прогни́ть

про|гни́ть*, *1. u. 2. Pers ungebr v* verfaulen, durchfaulen ‖ *uv* прогнива́ть, -а́ет

прогно́з, -а *m* Prognose; ~ пого́ды Wettervorhersage

прогну́ть, -ну́, -нёшь; про́гнутый, -ут, -а *v* durchbiegen ‖ *uv* прогиба́ть, -а́ю, -а́ешь

прогну́ться, *1. u. 2. Pers ungebr*, -гнётся *v* sich durchbiegen, sich durchdrücken ‖ *uv* прогиба́ться, -а́ется

прогова́ривать(ся) *uv zu* проговори́ть(ся)

проговори́ть, -рю́, -ри́шь; -рённый, -рён, -рена́ *v* **1.** sagen, aussprechen **2.** *A* sich eine Zeitlang unterhalten; ~ весь ве́чер sich den ganzen Abend (hindurch) unterhalten ‖ *uv* прогова́ривать, -аю, -аешь *zu* 1

проговори́ться, -рю́сь, -ри́шься *v* ausplaudern, sich verplappern; не проговори́(те)сь! kein Wort darüber! ‖ *uv* прогова́риваться, -аюсь, -аешься

проголода́ться, -а́юсь, -а́ешься *v* hungrig werden

проголосова́ть, -су́ю, -су́ешь; -со́ванный, -со́ван, -а *v* abstimmen (über)

[1]**прого́н,** -а *m* **1.** *tech* Balken, Träger **2.** *Eisenbahn* freie Strecke

[2]**прого́н** ↑ прого́ны

прого́ны *Pl* -ов, *Sg umg* **прого́н, -а** *m hist* Fahrgeld *für Fahrten mit Postpferden*

прогоня́ть *uv zu* прогна́ть

прогора́ть *uv zu* прогоре́ть

прогоре́ть, -рю́, -ри́шь *v* **1.** verbrennen *itr* **2.** durchbrennen **3.** *umg* Bankrott machen, pleite gehen **4.** *umg* fehlschlagen, scheitern **5.** eine Zeitlang brennen ‖ *uv* прогора́ть, -а́ю, -а́ешь *zu* 1-4

прого́рклый, -ая, -ое ranzig

прого́ркнуть, *1. u. 2. Pers ungebr*, -нет; прого́рк, -ла *v* ranzig werden

програ́мма, -ы *f* Programm; театра́льная ~ Spielplan; уче́бная ~ Lehrplan; ~-ми́нимум Minimalprogramm

программи́ровать, -рую, -руешь; -рованный, -рован, -а *uv* programmieren

программи́ст, -а *m* Programmierer

програ́ммный, -ая, -ое Programm-

прогреба́ть *uv zu* прогрести́

прогрева́ть *uv zu* прогре́ть

прогре́сс, -а *m* Fortschritt

прогресси́вный, -ая, -ое; *Kzf* -вен, -вна **1.** progressiv, fortschreitend; ~ нало́г progressive Steuer; ~ парали́ч progressive Paralyse **2.** fortschrittlich

прогресси́ровать, -рую, -руешь *uv* fortschreiten, Fortschritte machen, sich entwickeln

прогре́ссия, -и *f math* Progression

про|грести́* *v* **1.** durchgraben **2.** freischaufeln, wegschaufeln **3.** eine Zeitlang schaufeln **4.** eine Zeitlang rudern ‖ *uv* прогреба́ть, -а́ю, -а́ешь *zu* 1 *u.* 2

прогре́ть, -е́ю, -е́ешь; -е́тый, -е́т, -а *v* durchwärmen, durchheizen ‖ *uv* прогрева́ть, -а́ю, -а́ешь

прогрыза́ть *uv zu* прогры́зть

про|гры́зть* *v* durchnagen; durchbeißen ‖ *uv* прогрыза́ть, -а́ю, -а́ешь

прогу́л, -а *m* Schwänzen, Arbeitsbummelei

прогу́ливать(ся) *uv zu* прогуля́ть(ся)

прогу́лка, -и, *Pl G* -лок, *D* -лкам *f* Spaziergang, Spazierfahrt

прогу́лочный, -ая, -ое zum Spazierengehen, zum Spazierenfahren; Spazier-

прогу́льщик, -а *m* Bummelant

прогуля́ть, -я́ю, -я́ешь; прогу́лянный, -ян, -а *v* **1.** eine Zeitlang spazierengehen **2.** *umg* verbummeln, schwänzen; ~ заня́тия в шко́ле die Schule schwänzen **3.**: ~ де́ньги *volksspr* sein Geld durchbringen || *uv* прогу́ливать, -аю, -аешь

прогуля́ться, -я́юсь, -я́ешься *v* spazierengehen || *uv* прогу́ливаться, -аюсь, -аешься

прод- *in Zuss Abk für* продово́льственный Lebensmittel-

продава́ть(ся) *uv zu* прода́ть(ся)

продаве́ц, -вца́, *I* -вцо́м, *G Pl* -вцо́в *m* Verkäufer

продавщи́ца, -ы, *I* -ей *f* Verkäuferin

прода́жа, -и, *I* -ей *f* Verkauf; име́ться в -е zu haben sein; предвари́тельная ~ Vorverkauf

прода́жный, -ая, -ое **1.** Verkaufs-; -ая цена́ Verkaufspreis **2.** verkäuflich **3.** *Kzf* -жен, -жна *verächtl* käuflich, bestechlich

прода́лбливать *uv zu* продолби́ть

про|да́ть*; про́дал *u. umg* прода́л, продала́! *v* **1.** verkaufen **2.** verraten || *uv* про|дава́ть*

про|да́ться*; -дали́сь *v D übtr* sich verkaufen (an), auf j-s Seite übergehen || *uv* про|дава́ться*

продвига́ть(ся) *uv zu* продви́нуть(ся)

продвиже́ние, -я *n* Vorrücken, Vordringen, Vormarsch

продви́нуть, -ну, -нешь; -нутый, -нут, -а *v* **1.** (vor)rücken, (vor)schieben; *mil* vorrücken lassen **2.** *übtr* näherbringen, heranbringen **3.** befördern, aufrücken lassen **4.** *umg übtr* beschleunigen, voranbringen || *uv* продвига́ть, -а́ю, -а́ешь

продви́нуться, -нусь, -нешься *v* **1.** vorrücken, vormarschieren **2.** *im Dienst* aufrücken, avancieren **3.** *1. u. 2. Pers ungebr übtr umg* vorankommen, Fortschritte machen || *uv* продвига́ться, -а́юсь, -а́ешься

продева́ть *uv zu* проде́ть

продеклами́ровать, -рую, -руешь; -рованный, -рован, -а *v* deklamieren

проде́лать, -аю, -аешь; -анный, -ан, -а *v* **1.** *Öffnung* durchbrechen, durchstoßen **2.** leisten, machen; ~ большу́ю рабо́ту eine große Arbeit leisten ◇ ~ шу́тку с ке́м-н. j-m einen Streich spielen || *uv* проде́лывать, -аю, -аешь

проде́лка, -и, *Pl G* -лок, *D* -лкам *f* Streich

проде́лывать *uv zu* проде́лать

продемонстри́ровать, -рую, -руешь; -рованный, -рован, -а *v* zeigen, vorführen, vor Augen führen

продёргивать *uv zu* продёрнуть

продержа́ть, -ержу́, -е́ржишь; -е́ржанный, -е́ржан, -а *v* eine Zeitlang halten, behalten

продержа́ться, -ержу́сь, -е́ржишься *v* sich eine Zeitlang halten, aus-, durchhalten

продёрнуть, -ну, -нешь; -нутый, -нут, -а *v* **1.** *umg* durchziehen, einfädeln **2.** *volksspr verächtl* heruntermachen, kritisieren || *uv* продёргивать, -аю, -аешь

про|де́ть* *v* durchziehen, -stecken; einfädeln; ~ ни́тку в иго́лку eine Nadel einfädeln || *uv* продева́ть, -а́ю, -а́ешь

продешеви́ть, -влю́, -ви́шь; -влённый, -влён, -влена́ *v* zu billig verkaufen || *uv* **продешевля́ть,** -я́ю, -я́ешь

продиктова́ть, -ту́ю, -ту́ешь; -то́ванный, -то́ван, -а *v* **1.** diktieren *Text* **2.** auferlegen, aufzwingen **3.** *1. u. 2. Pers ungebr* einflößen, eingeben

продира́ть(ся) *uv zu* продра́ть(ся)

продлева́ть *uv zu* продли́ть

продле́ние, -я *n* Verlängerung *eines Termins*

продли́ть, -лю́, -ли́шь; -лённый, -лён, -лена́ *v* verlängern *Frist*; ~ срок einen Termin hinausschieben || *uv* продлева́ть, -а́ю, -а́ешь

продли́ться, *1. u. 2. Pers ungebr*, -и́тся *v* dauern, sich hinziehen

продма́г, -а *m* (продово́льственный магази́н) Lebensmittelgeschäft

проднало́г, -а *m* (продово́льственный нало́г) Naturalsteuer *während der NÖP*

продово́льственный, -ая, -ое Lebensmittel-; ~ вопро́с Ernährungsproblem

продово́льствие, -я *n* **1.** Lebensmittel, Proviant **2.** *alt* Verpflegung, Versorgung

продово́льствовать, -твую, -твуешь *uv alt* verpflegen

продолби́ть, -блю́, -би́шь; -блённый, -блён, -блена́ *u.* продо́лбленный, -ен, -а durchmeißeln, -stemmen; aushöhlen || *uv* прода́лбливать, -аю, -аешь

продолгова́тый, -ая, -ое; *Kzf* -а́т, -а länglich

продолжа́тель, -я *m* Fortsetzer

продолжа́ть *uv zu* продо́лжить

продолжа́ться, *1. u. 2. Pers ungebr*, -а́ется *uv* dauern; andauern, weitergehen || *v* продо́лжиться, -ится

продолже́ние, -я *n* Fortsetzung; в ~ дня im Laufe des Tages; в ~ всего́ го́да das ganze Jahr hindurch; ~ сле́дует Fortsetzung folgt

продолжи́тельность, -и *f* Dauer

продолжи́тельный, -ая, -ое; *Kzf* -лен, -льна lang andauernd, anhaltend; langwierig

продо́лжить, -жу, -жишь; -женный, -жен, -а *v* 1. verlängern *Straße; Frist u. ä.* 2. fortsetzen, fortfahren || *uv* продолжа́ть, -а́ю, -а́ешь *A oder mit Inf zu* 2; продолжа́ть чита́ть weiterlesen

продо́лжиться *v zu* продолжа́ться

продо́льный, -ая, -ое Längs-; ~ разре́з Längsschnitt

продохну́ть, -ну́, -нёшь *v umg* frei [tief] atmen

продразвёрстка, -и *f* (продовольственная развёрстка) Getreideablieferungspflicht *von 1918-21*

про|дра́ть* *v umg* zerreißen, durchreißen; ~ ло́кти die Ellenbogen durchscheuern ◇ ~ глаза́ *volksspr scherz* aufwachen || *uv* продира́ть, -а́ю, -а́ешь

про|дра́ться*; -драли́сь *v umg* 1. zer-, durchreißen *itr*; sich durchscheuern 2. sich durchdrängen, sich einen Weg bahnen || *uv* продира́ться, -а́юсь, -а́ешься

продро́гнуть, -ну, -нешь; продро́г, -ла *v* ganz durchfroren sein, vor Kälte zittern

продува́ть *uv zu* проду́ть

[1]**продувно́й,** -а́я, -о́е *umg* durchtrieben, gerissen

[2]**продувно́й,** -а́я, -о́е *tech* Durchblas-; Ausström-; -а́я труба́ Ausströmrohr

проду́кт, -а *m* 1. Produkt, Erzeugnis; ~ сгора́ния Verbrennungsrückstand 2. *buchspr* Produkt, Ergebnis, Frucht 3. *nur Pl* Lebensmittel; моло́чные -ы Molkereiprodukte; -ы пита́ния Lebensmittel

продукти́вность, -и *f* Produktivität

продукти́вный, -ая, -ое; *Kzf* -вен, -вна produktiv, nutzbringend; fruchtbar

продукто́вый, -ая, -ое Lebensmittel-; ~ магази́н Lebensmittelgeschäft

проду́кция, -и *f* Produktion; Erzeugung; Erzeugnisse

проду́мать, -аю, -аешь; -анный, -ан, -а *v A* durchdenken, gründlich nachdenken (über); (sich) überlegen || *uv* **проду́мывать,** -аю, -аешь

про|ду́ть* *v* 1. ausblasen, durchblasen, reinigen *durch Blasen* 2. *unpers*; меня́ проду́ло ich habe mich durch Zugluft erkältet 3. *volksspr* verspielen, durchbringen *beim (Karten-) Spiel* || *uv* продува́ть, -а́ю, -а́ешь

проду́шина, -ы *f* 1. Luftloch 2. Loch im Eis

продуши́ться, -ушу́сь, -у́шишься *v umg I* Geruch von etw. anziehen

продыря́вить, -влю, -вишь; -вленный, -влен, -а *v umg* durchlöchern || *uv* **продыря́вливать,** -аю, -аешь

продыша́ться, -ышу́сь, -ы́шишься *v umg* 1. einige Male tief Luft holen 2. an der frischen Luft spazierengehen

проеда́ть *uv zu* прое́сть

прое́зд, -а *m* 1. Durchfahrt, Durchreise; Fahrt; пла́та за ~ Fahrgeld; -а нет! Durchfahrt verboten! 2. Nebenstraße, -gasse *die parallele Straßen verbindet*

прое́здить, -зжу, -здишь; -зженный, -зжен, -а *v* 1. *umg Geld* verfahren 2. *eine Zeit hindurch* fahren, reisen || *uv* проезжа́ть, -а́ю, -а́ешь *zu* 1

проездно́й [зн], -а́я, -о́е Reise-, Fahr-; ~ биле́т Fahrkarte, -schein; -ы́е де́ньги Fahrgeld

прое́здом *Adv umg* auf der Durchreise [Durchfahrt], im Vorbeifahren

[1]**проезжа́ть** *uv zu* прое́хать

[2]**проезжа́ть** *uv zu* прое́здить

проезжа́ться *uv zu* прое́хаться

прое́зжий, -ая, -ее 1. Fahr-; -ая доро́га Fahrstraße, Fahrweg 2. -его *Subst m* Durchreisender

прое́кт [эк], -а *m* 1. Projekt, Entwurf; ~ програ́ммы Programmentwurf 2. Plan, Vorhaben

[1]**проекти́рование,** -я *n* Projektierung, Entwurf

[2]**проекти́рование,** -я *n math, phys* Projektion *a. Film*

[1]**проекти́ровать,** -рую, -руешь; -рованный, -рован, -а *uv* 1. projektieren, entwerfen 2. planen || *v* спроекти́ровать *zu* 1

[2]**проекти́ровать,** -рую, -руешь *uv math, phys* projizieren *a. Film* || *v* спроекти́ровать

проектиро́вка, -и *f* Projektierung

проéктный [эк], -ая, -ое Projekt-, Projektierungs-; -ое бюрó Entwurfsbüro
проéктор [эк], -а *m* Projektor, Projektionsapparat
проекциóнный, -ая, -ое **1.** Projektions-; ~ аппарáт Projektionsapparat **2.** -ая, -ой *Subst f* Vorführraum
проéкция [эк], -и *f math, Film* Projektion
про|éсть* *v* **1.** durch-, zerfressen, zernagen **2.** zerfressen, ätzen **3.**: ~ все дéньги *umg* das ganze Geld fürs Essen ausgeben ‖ *uv* проедáть, -áю, -áешь
про|éхать* *v* **1.** (durch)fahren, (durch)-reiten (durch, über) **2.** vorbeifahren; durchfahren *ohne zu halten, eine Haltestelle, Station* verpassen **3.** zurücklegen, durchfahren *eine best. Strecke* **4.** fahren, reiten *eine best. Zeit* ‖ *uv* проезжáть, -áю, -áешь *zu* 1 - 3
про|éхаться* *v umg* spazierenfahren ◇ ~ на чéй-н. счёт *oder* по чьемý-н. áдресу *scherz* gegen j-n sticheln, über j-n Witze machen ‖ *uv* проезжáться, -áюсь, -áешься
прожáривать *uv zu* прожáрить
прожáрить, -рю, -ришь; -ренный, -рен, -а *v* durchbraten (lassen) ‖ *uv* прожáривать, -аю, -аешь
про|жевáть* *v* zerkauen, gut kauen ‖ *uv* **прожёвывать,** -аю, -аешь
прожектёр, -а *m iron* Plänemacher, Phantast
прожéктор, -а, *Pl* прожéкторы, -ов, -ам *u.* прожекторá, -óв, -áм *m* Scheinwerfer
про|жéчь*; прожглá *v* **1.** durchbrennen *tr*; versengen; ~ дырý ein Loch einbrennen **2.** *umg* verschwenden *Geld, Gut* ‖ *uv* прожигáть, -áю, -áешь; прожигáть жизнь *umg* ein verschwenderisches Leben führen, in Saus und Braus leben
прожжённый, -ая, -ое *umg* hartgesotten, durchtrieben
проживáть, -áю, -áешь *uv* **1.** *uv zu* прожи́ть **2.** leben, wohnen, sich aufhalten
проживáться *uv zu* прожи́ться
прожигáтель, -я *m*: ~ жи́зни Prasser, Lebemann
прожигáть *uv zu* прожéчь
прожи́лка, -и, *Pl G* -лок, *D* -лкам *f* **1.** Ader *im Holz, in Mineralien* **2.** Äderchen; нос в си́них -лках blaugeäderte Nase
прожи́тие, -я *n*: на ~ zum Leben(sunterhalt)
прожи́точный, -ая, -ое Existenz-; ~ ми́нимум Existenzminimum
про|жи́ть*; прóжил *u. umg* прожи́л; прóжи́тый, прóжи́т, прожитá! *v* **1.** *eine best. Zeit* leben; *ein best. Alter* erreichen; емý не ~ и нóчи er wird die Nacht nicht überleben **2.** *eine best. Zeit* leben, sich aufhalten; wohnen, seinen Wohnsitz haben; ~ год на ю́ге ein Jahr im Süden leben [verbringen] **3.** verleben, ausgeben *Geld, Mittel* ‖ *uv* проживáть, -áю, -áешь *zu* 3
про|жи́ться*; -жили́сь *v umg* sein Geld verprassen ‖ *uv* проживáться, -áюсь, -áешься
прожóрливый, -ая, -ое; *Kzf* -ив, -а gefräßig
прóза, -ы *f* Prosa
прозáик, -а *m* Prosaiker, Schriftsteller
прозаи́ческий, -ая, -ое **1.** Prosa-, in Prosa **2.** *übtr* prosaisch, nüchtern
прозаи́чный, -ая, -ое; *Kzf* -чен, -чна prosaisch, nüchtern
прозаклáдывать, -аю, -аешь *v, uv*: гóлову ~ *umg* mit seinem Kopf dafür bürgen
про|звáть*; прозванá! *v*: ~ когó-н. j-m einen Spitznamen geben ‖ *uv* прозывáть, -áю, -áешь
прóзвище, -а, *I* -ем *n* Spitzname
прозвучáть, *1. u. 2. Pers ungebr*, -чи́т *v* erklingen, ertönen
прозевáть, -áю, -áешь *v umg* **1.** versäumen, verpassen **2.** eine Zeitlang gähnen ‖ *uv* **прозёвывать,** -аю, -аешь
прозимовáть, -мýю, -мýешь *v* überwintern
прозодéжда, -ы *f* (произвóдственная одéжда) Arbeitskleidung; Berufskleidung
прозорли́вость, -и *f buchspr* Scharfsichtigkeit; Scharfsinn
прозорли́вый, -ая, -ое; *Kzf* -и́в, -а *buchspr* scharfsichtig; scharfsinnig
прозрáчный, -ая, -ое; *Kzf* -чен, -чна **1.** durchsichtig **2.** *übtr* durchsichtig, offensichtlich
прозревáть *uv zu* прозрéть
прозрéть, -зрю́, -зри́шь *u. umg* -зрéю, -зрéешь *v* **1.** das Augenlicht wiedererlangen, wieder sehend werden **2.** *übtr* anfangen zu begreifen; я прозрéл mir ging ein Licht auf, mir fiel es wie Schuppen von den Augen ‖ *uv* прозревáть, -áю, -áешь
прозывáть *uv zu* прозвáть
прозябáние, -я *n* Dahinvegetieren
прозябáть, -áю, -áешь *uv* dahinvegetieren

прозя́бнуть, -ну, -нешь; прозя́б, -ла *v umg* durchfrieren, stark frieren

проигра́ть, -а́ю, -а́ешь; прои́гранный, -ран, -а *v* **1.** verspielen, verlieren *Spiel, Kampf u. a.*; ~ пари́ eine Wette verlieren; ~ проце́сс einen Prozeß verlieren; пье́са мно́го проигра́ла от плохо́й постано́вки das Stück hat durch die schlechte Inszenierung viel verloren **2.** *umg mus* (vor)spielen; *Platte* abspielen **3.** überm Spielen verpassen, sich entgehen lassen **4.** eine Zeitlang spielen ◇ ~ в чьём-н. мне́нии in j-s Meinung sinken ‖ *uv* прои́грывать, -аю, -аешь *zu* 1-3

проигра́ться, -а́юсь, -а́ешься *v umg* alles Geld verspielen ‖ *uv* прои́грываться, -аюсь, -аешься

прои́грыватель, -я *m* (elektrischer) Plattenspieler

прои́грывать(ся) *uv zu* проигра́ть(ся)

про́игрыш, -а, *I* -ем, *GPl* -ей *m* Verlieren, Verlust *beim Spiel*; оста́ться в -е verlieren

произведе́ние, -я *n* **1.** *lit, Kunst* Werk; Erzeugnis; ~ иску́сства Kunstwerk; -я Пу́шкина Puschkins Werke **2.** *math* Produkt, Ergebnis

произ|вести́* *v* **1.** aus-, durchführen; vornehmen; leisten; ~ платежи́ Zahlungen leisten; ~ расчёт abrechnen; ~ съёмку einen Film drehen; ~ наблюде́ния Beobachtungen anstellen; ~ поса́дку *flug* landen; ~ вы́стрел einen Schuß abgeben; ~ зараже́ние verseuchen; (radio)aktivieren; ~ ремо́нт reparieren **2.** erzeugen, produzieren **3.** verursachen, erzeugen; ~ впечатле́ние Eindruck machen; ~ замеша́тельство Verwirrung hervorrufen **4.** befördern, ernennen (в *A* zu); ~ в офице́ры zum Offizier befördern ◇ ~ (на свет) ребёнка ein Kind zur Welt bringen ‖ *uv* производи́ть, -вожу́, -во́дишь

производи́тель, -я *m* **1.** Erzeuger, Produzent; заво́д-~ Herstellerwerk **2.** *landw* männliches Zuchttier; жеребе́ц-~ Zuchthengst ◇ ~ рабо́т Bauleiter

производи́тельность, -и *f* Produktivität; Leistungsfähigkeit; ~ труда́ Arbeitsproduktivität

производи́тельный, -ая, -ое; *Kzf* -лен, -льна produktiv; -ые си́лы Produktivkräfte

производи́ть, -вожу́, -во́дишь *uv* **1.** *uv zu* произвести́ **2.** *ling* ab-, herleiten

произво́дный, -ая, -ое **1.** *ling, math* abgeleitet **2.** -ая, -ой *Subst f math* Ableitung **3.** -ое, -ого *Subst n chem* Derivat

произво́дственник, -а *m* Produktionsarbeiter

произво́дственница, -ы, *I* -ей *f* Produktionsarbeiterin

произво́дственный, -ая, -ое Produktions-; Betriebs-; -ое совеща́ние Produktionsberatung; -ые отноше́ния Produktionsverhältnisse; ~ стаж Dienstalter

произво́дство, -а *n* **1.** Produktion, Herstellung; спо́соб -а Produktionsweise; сре́дства -а Produktionsmittel; ору́дия -а Produktionsinstrumente **2.** Produktionszweig **3.** Durch-, Ausführung *einer Arbeit* **4.** Beförderung; ~ в офице́ры Beförderung zum Offizier ◇ без отры́ва от -а ohne Unterbrechung der Arbeit, ohne Freistellung von der Arbeit

производя́щий, -ая, -ее einen Überschuß an Lebensmitteln produzierend

произво́л, -а *m* Willkür, Eigenmächtigkeit ◇ оста́вить [поки́нуть] на ~ судьбы́ seinem Schicksal überlassen, im Stich lassen

произво́льный, -ая, -ое; *Kzf* -лен, -льна **1.** willkürlich; eigenmächtig **2.** absichtlich, bewußt ◇ -ые упражне́ния *Sport* Kür(übungen)

произнесе́ние, -я *n* **1.** *ling* Aussprechen **2.** Ausspruch *Urteil*; Halten *Rede*

произ|нести́* *v* **1.** aussprechen, artikulieren **2.** sagen, sprechen; она́ не произнесла́ ни сло́ва sie ließ kein (einziges) Wort fallen; ~ речь eine Rede halten ‖ *uv* произноси́ть, -ношу́, -но́сишь

произноси́тельный, -ая, -ое Aussprache-, Sprech-

произноси́ть *uv zu* произнести́

произноше́ние, -я *n ling* Aussprache

произо|йти́*, *1. u. 2. Pers ungebr*; происше́дший; происше́дши *u.* произойдя́ *v* **1.** geschehen, vorgehen, vorfallen; что произошло́? was ist geschehen?, was ist los? **2.** от *G* stammen, abstammen (von), entstammen **3.** herrühren, entstehen; всё произошло́ из-за того́, что alles kam daher, daß ‖ *uv* происходи́ть, -хо́дит *zu* 1 *u.* 3

произраста́ть, *1. u. 2. Pers ungebr*, -а́ет *uv* wachsen, vorkommen *Pflanzen*

проиллюстри́ровать, -рую, -руешь *v* **1.** illustrieren, mit Bildern versehen **2.** *durch Beispiele* veranschaulichen

проинструкти́ровать, -рую, -руешь *v* instruieren

проинформи́ровать, -рую, -руешь; -рованный, -рован, -а *v* informieren

про́иски, -ов *Pl verächtl* Intrigen, Ränke

проистека́ть *uv zu* **происте́чь**

проис|те́чь*, *1. u. 2. Pers ungebr v buchspr* от *G oder* из *G* entstehen, folgen (aus), herrühren (von) ‖ *uv* проистека́ть, -а́ет; отсю́да проистека́ет, что daraus folgt, daß

происходи́ть, -ожу́, -о́дишь *uv* **1.** *uv zu* произойти́ **2.** от *G oder* из *G* (ab)stammen (von)

происхожде́ние, -я *n* **1.** Abstammung, Herkunft; по -ю der Herkunft nach; von Geburt; социа́льное ~ soziale Herkunft **2.** Entstehung, Ursprung; ~ ви́дов *biol* Entstehung der Arten

происше́ствие, -я *n* Ereignis, Zwischenfall

пройдо́ха, -и *m, f umg* geriebener Kerl

про́йма, -ы *f* Ärmelloch *in Kleidungsstücken*

пройму́ ↑ проня́ть

про|йти́*; про́йденный, -ен, -а *u.* пройдённый, -ён, -ена́ *v* **1.** (durch)gehen, passieren; тут не пройдёшь hier kommt man nicht durch; как ~ на вокза́л? wie kommt man zum Bahnhof? **2.** vorbeigehen; durchfahren; по́езд прошёл ста́нцию, не остана́вливаясь der Zug fuhr auf der Station durch; ~ ми́мо vorbeigehen **3.** zurücklegen *Strecke*; durcheilen **4.** vergehen, verfließen; ablaufen; не прошло́ и ме́сяца es war kaum ein Monat vergangen; дождь прошёл der Regen hat aufgehört; у меня́ прошла́ охо́та mir ist die Lust vergangen **5.** *übtr* sich aus-, verbreiten **6.** durchgehen, sich durchschieben lassen **7.** durchfließen, durchgehen, -dringen; вода́ прошла́ че́рез потоло́к das Wasser ist durch die Decke gelaufen **8.** durchgehen, -kommen, angenommen werden; кандида́т прошёл der Kandidat ist gewählt worden **9.** verlaufen, ausfallen; ~ с успе́хом erfolgreich verlaufen **10.** durchnehmen, behandeln *Stoff* **11.** durchlaufen, absolvieren; ~ вое́нную слу́жбу den Militärdienst ableisten; ~ кандида́тский стаж die Kandidatenzeit durchlaufen **12.** verlaufen, führen *Weg, Tunnel u. ä.* ◇ ~ в жизнь Wirklichkeit werden; ~ что́-н. молча́нием etw. mit Schweigen übergehen; э́то не пройдёт *umg* das geht nicht; э́то тебе́ не пройдёт да́ром dafür wirst du noch büßen müssen, das wird für dich noch schlimme Folgen haben ‖ *uv* проходи́ть, -хожу́, -хо́дишь; доро́га прохо́дит по бе́регу der Weg geht am Ufer entlang; что́-н. прохо́дит кра́сной ни́тью че́рез что́-н. etwas geht [zieht sich] wie ein roter Faden durch etw.

про|йти́сь* *v* ein bißchen spazierengehen, ein bißchen auf und ab gehen; ~ на че́й-н. счёт *oder* ~ по а́дресу кого́-н. *umg* gegen j-n sticheln, über j-n Witze machen ‖ *uv* проха́живаться, -аюсь, -аешься

прок, -а (-у) *m umg* Nutzen, Vorteil; из э́того не бу́дет -у daraus wird nichts Gescheites

прокажённый, -ого *Subst m* Aussätziger, Leprakranker

[1]**прока́за,** -ы *f med* Aussatz, Lepra

[2]**прока́за,** -ы *f* (mutwilliger) Streich

прока́зить, -а́жу, -а́зишь *uv umg* Unfug [Schabernack] treiben, mutwillige Streiche verüben

прока́зливый, -ая, -ое; *Kzf* -ив, -а *umg* zu Streichen aufgelegt

прока́зник, -а *m* Schelm, Schalk

прока́зничать, -аю, -аешь *uv umg* Unfug [Schabernack] treiben

прока́ливать *uv zu* прокали́ть

прокали́ть, -лю́, -ли́шь; -лённый, -лён, -лена́ *v* erhitzen, durchglühen ‖ *uv* прока́ливать, -аю, -аешь

прока́лывать *uv zu* проколо́ть

прока́пчивать *uv zu* прокопти́ть

прока́пывать(ся) *uv zu* прокопа́ть(ся)

прока́рмливать(ся) *uv zu* прокорми́ть(ся)

[1]**прока́т,** -а *m* **1.** *tech* Walzen **2.** Walzwerkserzeugnisse; стально́й ~ Walzstahl; тонколистово́й ~ Feinwalzblech

[2]**прока́т,** -а *m* Vermieten, Ausleihe; Mieten; взять пала́тку на ~ ein Zelt (aus)leihen; (от)да́ть на ~ verleihen, vermieten; ~ фи́льмов Filmverleih

проката́ть, -а́ю, -а́ешь; прока́танный, -ан, -а *v* **1.** walzen *Metall* **2.** rollen, mangeln **3.** *eine best. Zeit* umherfahren, ausfahren *tr* ‖ *uv* прока́тывать, -аю, -аешь *zu* 1 *u.* 2

прокататься, -а́юсь, -а́ешься *v* **1.** gerollt [gemangelt] werden **2.** *umg* spazierenfahren *eine best. Zeit* || *uv* прока́тываться, -аюсь, -аешься *zu* 1

прокати́ть, -ачу́, -а́тишь; -а́ченный, -а́чен, -а *v* **1.** spazierenfahren *tr*; ~ кого́-н. на маши́не j-n mit dem Auto spazierenfahren **2.** rollen *tr* **3.** *umg* schnell vorbeifahren [durchfahren] **4.** *umg* heruntermachen, scharf kritisieren **5.** *umg* bei der Wahl durchfallen lassen || *uv* прока́тывать, -аю, -аешь *zu* 1 *u.* 3

прокати́ться, -ачу́сь, -а́тишься *v* **1.** *1. u. 2. Pers ungebr* rollen *itr* **2.** *1. u. 2. Pers ungebr* rollen, dröhnen, krachen *Donner, Schuß u. ä.* **3.** spazierenfahren || *uv* прока́тываться, -ается *zu* 1

[1]**прока́тный,** -ая, -ое Walz-; gewalzt; ~ стан Walzstraße; -ые изде́лия Walzwerkserzeugnisse

[2]**прока́тный,** -ая, -ое Miets-; Ausleih-, Leih-; -ая конто́ра Ausleihstation

прока́тчик, -а *m* Walzwerker

[1]**прока́тывать(ся)** *uv zu* проката́ть(ся)

[2]**прока́тывать(ся)** *uv zu* прокати́ть(ся)

прока́шливаться *uv zu* прока́шляться

прока́шляться, -яюсь, -яешься *v* sich räuspern || *uv* прока́шливаться, -аюсь, -аешься

прокви́ситься, *1. u. 2. Pers ungebr*, -а́сится *v* durchsäuern || *uv* **проква́шиваться,** -ается

прокипе́ть, *1. u. 2. Pers ungebr*, -пи́т *v itr* **1.** aufkochen, durchkochen **2.** eine Zeitlang kochen, sieden

прокипяти́ть, -ячу́, -яти́шь; -ячённый, -ячён, -ячена́ *v* kochen, aufkochen lassen

прокиса́ть *uv zu* проки́снуть

проки́снуть, *1. u. 2. Pers ungebr*, -нет; проки́с, -ла *v* sauer werden || *uv* прокиса́ть, -а́ет

прокла́дка, -и, *Pl G* -док, *D* -дкам *f* **1.** Verlegung; Bau, Anlage; ~ ка́беля Verlegung eines Kabels **2.** Zwischenlage, Zwischenlegscheibe, Dichtung; рези́новая ~ Gummidichtung

прокла́дывать *uv zu* проложи́ть

прокламáция, -и *f* **1.** Proklamation **2.** Flugblatt

проклами́ровать, -рую, -руешь; -рованный, -рован, -а *v* , *uv buchspr* proklamieren

проклина́ть *uv zu* прокля́сть

про|кля́сть*; про́клял; про́клятый, -ят, -ята́! *v hoher Stil* verfluchen, verwünschen || *uv* проклина́ть, -а́ю, -а́ешь

прокля́тие, -я *n* **1.** Fluch, Verwünschung **2.** Fluch-, Schimpfwort **3.** *Interj* ~! verflucht!, verdammt!

прокля́тый, -ая, -ое verflucht, verdammt

проковы́ривать *uv zu* проковыря́ть

проковыря́ть, -я́ю, -я́ешь; проковы́рянный, -ян, -а *v* durchbohren || *uv* проковы́ривать, -аю, -аешь

проко́л, -а *m* **1.** Durchstechen, Durchstich **2.** Loch, Durchstich; Stichwunde

прокола́чивать *uv zu* проколоти́ть

проколоти́ть, -очу́, -о́тишь; -о́ченный, -о́чен, -а *v* **1.** *umg* durchschlagen, durchstoßen **2.** ausklopfen *Polstermöbel u. a.* || *uv* прокола́чивать, -аю, -аешь

про|коло́ть* *v* durchstechen, durchbohren || *uv* прока́лывать, -аю, -аешь

прокомменти́ровать, -рую, -руешь; -рованный, -рован, -а *v* kommentieren

проконспекти́ровать, -рую, -руешь; -рованный, -рован, -а *v* kurz zusammenfassen

проконсульти́ровать, -рую, -руешь *v* einen Rat, eine Konsultation geben

проконсульти́роваться, -руюсь, -руешься *v* с *I* konsultieren (j-n); einen Rat bekommen (von)

проконтроли́ровать, -рую, -руешь; -рованный, -рован, -а *v* kontrollieren, überwachen, überprüfen

прокопа́ть, -а́ю, -а́ешь; проко́панный, -о́пан, -а *v* **1.** graben, ausheben *Graben*; durchgraben **2.** eine Zeitlang graben || *uv* прока́пывать, -аю, -аешь *zu* 1

прокопа́ться, -а́юсь, -а́ешься *v* **1.** *umg* sich durchgraben **2.** *volksspr* (ver)trödeln || *uv* прока́пываться, -аюсь, -аешься *zu* 1

Проко́пий, -я, *P* -и *m männl Vn*

прокопте́лый, -ая, -ое *umg* verräuchert, verrußt

прокопти́ть, -пчу́, -пти́шь; -пчённый, -пчён, -пчена́ *v* **1.** (durch)räuchern **2.** verräuchern, verqualmen || *uv* прока́пчивать, -аю, -аешь

прокорми́ть, -ормлю́, -о́рмишь; -о́рмленный, -о́рмлен, -а *v* ernähren, unterhalten || *uv* прока́рмливать, -аю, -аешь

прокорми́ться, -ормлю́сь, -о́рмишься *v umg* sich ernähren, seinen Lebensunterhalt verdienen; existieren || *uv* прока́рмливаться, -аюсь, -аешься

прокорректи́ровать, -рую, -руешь; -рованный, -рован, -а *v* berichtigen, verbessern, korrigieren

Проко́фий, -я, *P* -и *m männl Vn*

прокра́дываться *uv zu* прокра́сться

про|кра́сться* *v* sich einschleichen, heimlich eindringen ‖ *uv* прокра́дываться, -аюсь, -аешься

прокрича́ть, -чу́, -чи́шь *v* **1.** einen Schrei ausstoßen **2.** ausrufen ◇ ~ кому́-н. у́ши о чём-н. j-m mit etw. in den Ohren liegen

прокурату́ра, -ы *f* Staatsanwaltschaft

проку́ривать *uv zu* прокури́ть

прокури́ть, -урю́, -у́ришь; -у́ренный, -у́рен, -а *v* **1.** *umg* verräuchern, vollqualmen **2.** *umg* für Tabakwaren ausgeben, verrauchen **3.** eine Zeitlang rauchen ‖ *uv* проку́ривать, -аю, -аешь *zu* 1 *u.* 2

прокуро́р, -а *m* Staatsanwalt

прокуси́ть, -ушу́, -у́сишь; -у́шенный, -у́шен, -а *v* durchbeißen ‖ *uv* **проку́сывать,** -аю, -аешь

прокути́ть, -учу́, -у́тишь; -у́ченный, -у́чен, -а *v* **1.** (eine Zeit hindurch) zechen **2.** verprassen, verjubeln *durch Zechen* ‖ *uv* **проку́чивать,** -аю, -аешь

пролага́ть *uv zu* проложи́ть

прола́за, -ы *m, f umg* durchtriebener Mensch, geriebener Kunde

[1]**прола́мывать(ся)** *uv zu* пролома́ть(ся)

[2]**прола́мывать(ся)** *uv zu* проломи́ть(ся)

пролега́ть, *1. u. 2. Pers ungebr*, -а́ет *uv* sich hinziehen, führen *durch etw. oder an etw. vorbei*; доро́га пролега́ла че́рез лес der Weg führte durch den Wald

пролежа́ть, -жу́, -жи́шь *v* **1.** (eine Zeit hindurch) liegen; он полме́сяца пролежа́л в больни́це er hat einen halben Monat im Krankenhaus gelegen **2.** *1. u. 2. Pers ungebr* liegenbleiben **3.** (пролёжанный, -ан, -а) *umg A* sich etw. wundliegen [durchliegen]; ~ себе́ спи́ну sich den Rücken wund liegen ‖ *uv* пролёживать, -аю, -аешь

про́лежень, -жня *m* wundgelegene [durchgelegene] Stelle

пролёживать *uv zu* пролежа́ть

пролеза́ть *uv zu* проле́зть

про|ле́зть* *v* **1.** durchkriechen, durchschlüpfen; hineinschlüpfen **2.** *übtr umg verächtl* sich einschleichen (в *A* in) ‖ *uv* пролеза́ть, -а́ю, -а́ешь

проле́сок, -ска *m* kleines Waldstück; lichtere Stelle im Wald

[1]**пролёт,** -а *m* **1.** Flug **2.** Zug *der Vögel*

[2]**пролёт,** -а *m* **1.** Spannweite; Brückenbogen **2.** freier Zwischenraum; *umg* freie Strecke *Eisenbahn*

пролетариа́т, -а *m* Proletariat

пролетаризи́ровать, -рую, -руешь; -рованный, -рован, -а *v*, *uv* proletarisieren

пролета́рий, -я, *P* -и, *GPl* -ев *m* Proletarier

пролета́рка, -и, *Pl G* -рок, *D* -ркам *f* Proletarierin

пролета́рский, -ая, -ое proletarisch

пролета́ть *uv zu* пролете́ть

пролете́ть, -лечу́, -лети́шь *v* **1.** fliegen, durchfliegen; vorüber-, vorbeifliegen; überfliegen **2.** fliegen, fliegend zurücklegen; ~ сто киломе́тров hundert Kilometer fliegen **3.** *umg* vorbeijagen, -fahren, -sausen; durcheilen **4.** verfliegen *Zeit*, wie im Fluge vergehen ◇ у меня́ пролете́ла мысль в голове́ ein Gedanke schoß mir durch den Kopf ‖ *uv* пролета́ть, -а́ю, -а́ешь

пролётка, -и, *Pl G* -ток, *D* -ткам *f* offene Droschke mit zwei Sitzen

про|ле́чь* *v* sich erstrecken; sich legen

проли́в, -а *m* Meerenge, Straße; Бе́рингов ~ Beringstraße

пролива́ть(ся) *uv zu* проли́ть(ся)

проливно́й, -а́я, -о́е: ~ дождь Platzregen; Wolkenbruch; идёт ~ дождь es regnet in Strömen

проли́тие, -я *n*: ~ кро́ви Blutvergießen

про|ли́ть*; про́лил, пролила́!; про́литый, про́лит, пролита́! *v* danebengießen, verschütten, -gießen ◇ ~ кровь Blut vergießen; ~ свет на что́-н. Licht in etw. bringen, etw. aufklären ‖ *uv* пролива́ть, -а́ю, -а́ешь

про|ли́ться*, *1. u. 2. Pers ungebr*; -лили́сь *v* **1.** überlaufen, überfließen **2.** *umg* gießen *Regen* ‖ *uv* пролива́ться, -а́ется

проло́г, -а *m lit* Prolog

проложи́ть, -ложу́, -ло́жишь; -ло́женный, -ло́жен, -а *v* **1.** (an)legen, bauen *Weg*; ~ железнодоро́жные пути́ Gleise legen **2.** (dazwischen)legen **3.**: ~ себе́ доро́гу sich einen Weg bahnen, sich Bahn brechen; ~ курс самолёта [корабля́] den Kurs des Flugzeugs [des Schiffes] festlegen ‖ *uv* прокла́дывать, -аю, -аешь *u.* пролага́ть, -а́ю, -а́ешь *zu* 1 *u.* 3

проло́м, -а *m* 1. Bruch, Durchbruch; ~ че́репа Schädelbruch 2. Loch, Bresche

пролома́ть, -а́ю, -а́ешь; проло́манный, -ан, -а *v* durchbrechen, -stoßen, -schlagen ‖ *uv* прола́мывать, -аю, -аешь

пролома́ться, *1. u. 2. Pers ungebr*, -а́ется *v* durch-, zer-, einbrechen *itr* ‖ *uv* прола́мываться, -ается

проломи́ть, -омлю́, -о́мишь; -о́мленный, -о́млен, -а *v* durchbrechen, -stoßen; -löchern; ~ лёд das Eis durchstoßen; ~ отве́рстие eine Öffnung durchstoßen; ~ го́лову den Schädel einschlagen ‖ *uv* прола́мывать, -аю, -аешь

проломи́ться, *1. u. 2. Pers ungebr*, -о́мится *v* zer-, durch-, einbrechen ‖ *uv* прола́мываться, -ается

пром- *in Zuss Abk für* 1. промы́шленный Industrie- 2. промысло́вый Gewerbe-

про|ма́зать* *v* 1. schmieren, ölen; ~ окно́ зама́зкой ein Fenster verkitten 2. *volksspr* danebenschießen; schlecht spielen ‖ *uv* **прома́зывать,** -аю, -аешь

промарте́ль, -и *f* (промысло́вая арте́ль) Gewerbegenossenschaft; Produktionsgenossenschaft

прома́сливать *uv zu* прома́слить

прома́слить, -лю, -лишь; -ленный, -лен, -а *v* (ein)ölen, mit Öl durchtränken ‖ *uv* прома́сливать, -аю, -аешь

прома́тывать(ся) *uv zu* промота́ть(ся)

про́мах, -а *m* 1. Fehlschuß; дать ~ danebenschießen, nicht treffen 2. Fehlgriff, Fehler; Fehlschlag; дать [сде́лать] ~ einen Fehlschlag erleiden; einen Bock schießen ◇ он ма́лый [па́рень] не ~ *volksspr* er ist ein Schlaukopf

прома́хиваться *uv zu* промахну́ться

промахну́ться, -ну́сь, -нёшься *v* 1. danebenschießen, das Ziel verfehlen 2. *umg* einen Fehlgriff tun, einen Fehler machen, einen Bock schießen ‖ *uv* прома́хиваться, -аюсь, -аешься

прома́чивать *uv zu* промочи́ть

промедле́ние, -я *n* Verzögerung, Aufschub; без -я unverzüglich

промежу́ток, -тка *m* 1. Zwischenzeit, Zeitraum, -spanne 2. Zwischenraum, Abstand

промежу́точный, -ая, -ое Zwischen-; -ая ста́дия Zwischenstadium; -ая культу́ра *landw* Zwischenfrucht; -ое звено́ Mittelglied

промелькну́ть, -ну́, -нёшь *v* 1. vorbeifliegen, -huschen 2. *übtr 1. u. 2. Pers ungebr* auftauchen; у меня́ промелькну́ла мысль ein Gedanke schoß mir durch den Kopf 3. dahinfliegen, schnell vergehen *Zeit*

проме́нивать *uv zu* променя́ть

променя́ть, -я́ю, -я́ешь; проме́нянный, -ян, -а *v* 1. tauschen, um-, eintauschen (на *A* gegen) 2.: ~ кого́-н. на кого́-н. j-m den Vorzug vor j-m geben ◇ ~ куку́шку на я́streба bei einem Tausch schlecht wegkommen, schlechten Tausch machen ‖ *uv* проме́нивать, -аю, -аешь

проме́р, -а *m* 1. (Ver-) Messung 2. Meßfehler

промерза́ть *uv zu* промёрзнуть

промёрзнуть, -ну, -нешь; промёрз, -ла *v* 1. durch und durch gefrieren [einfrieren] 2. *umg* (durch)frieren, durchfroren sein; он промёрз er ist durchfroren ‖ *uv* промерза́ть, -а́ю, -а́ешь

про|мести́*; промётя́ *v* 1. ausfegen, sauberfegen 2. eine Zeitlang fegen ‖ *uv* промета́ть, -а́ю, -а́ешь *zu* 1

¹промета́ть, -а́ю, -а́ешь; промётанный, -ан, -а *v* heften, (durch)nähen *mit großen Stichen*

²промета́ть *uv zu* промести́

промечта́ть, -а́ю, -а́ешь *v eine best. Zeit* träumen, verträumen

промо́зглый, -ая, -ое 1. muffig, dumpf *Luft* 2. feucht, naß *Wetter*

промо́ина, -ы *f* 1. vom Wasser ausgehöhltes Loch [Rinne] 2. Eisloch

промока́тельный, -ая, -ое: -ая бума́га Löschpapier, Löschblatt

¹промока́ть, -а́ю, -а́ешь *uv* 1. *uv zu* промо́кнуть 2. *1. u. 2. Pers ungebr* wasserdurchlässig sein

²промока́ть *uv zu* промокну́ть

промока́шка, -и, *Pl G* -шек, *D* -шкам *f umg* Löschblatt

промо́кнуть, -ну, -нешь; промо́к, -ла *v* durchnäßt werden; ~ до косте́й *oder* ~ до ни́тки bis auf die Haut naß werden ‖ *uv* промока́ть, -а́ю, -а́ешь

промокну́ть, -ну́, -нёшь *v mit Löschpapier* löschen ‖ *uv* промока́ть, -а́ю, -а́ешь

промо́лвить, -влю, -вишь; -вленный, -влен, -а *v alt* (aus)sprechen; он ни сло́ва не промо́лвил er sagte keinen Ton

промолча́ть, -чу́, -чи́шь *v* sich in Schweigen hüllen, keine Antwort geben; он промолчáл весь вéчер er schwieg den ganzen Abend hindurch

проморгáть, -áю, -áешь *v volksspr* verpassen, übersehen

промотáть, -áю, -áешь; промóтанный, -ан, -а *v umg* verschwenden, vergeuden *Gut, Geld* || *uv* промáтывать, -аю, -аешь

промотáться, -áюсь, -áешься *v umg* sein Geld durchbringen, sein Vermögen verschwenden || *uv* промáтываться, -аюсь, -аешься

промочúть, -очý, -óчишь; -óченный, -óчен, -а *v* naß [feucht] werden lassen; naß machen, durchnässen; ~ нóги nasse Füße bekommen ◇ ~ гóрло *umg* die Kehle anfeuchten, sich einen genehmigen || *uv* промáчивать, -аю, -аешь

промтовáрный, -ая, -ое Industriewaren-; ~ магазúн Industriewarengeschäft

пром|товáры, -ов *Pl* (промы́шленные товáры) Industriewaren, Konsumgüter; **-финплáн,** -а *m* (промы́шленно-финáнсовый план) Produktions- und Finanzplan

промчáться, -чýсь, -чúшься *v* **1.** vorbeirennen; vorbeisausen **2.** *umg* schnell verfliegen, im Fluge vergehen

промывáние, -я *n* **1.** *tech* (Aus-) Waschen **2.** *med* Spülung

промывáтельное, -ого *Subst n med* Klistier

промывáть *uv zu* промы́ть

промы́вка, -и *f* **1.** Auswaschen, Ausspülen **2.** *tech* Wäsche; ~ рудь́ Erzwäsche

прóмысел, -сла *m* **1.** Fang, Jagd; ры́бный ~ Fischfang; охóтничий ~ Jagd; пушнóй ~ Pelztierjagd **2.** Gewerbe; кустáрный ~ Hausindustrie **3.** *Pl* Werke zur Gewinnung von Bodenschätzen; нефтяны́е -слы (Erd-) Ölfelder; золоты́е -слы Goldbergwerke; соляны́е -слы Salzbergwerke

промыслóвый, -ая, -ое Gewerbe-, gewerblich; ~ налóг Gewerbesteuer; -ая кооперáция Gewerbegenossenschaft

про|мы́ть* *v tech* (aus)waschen; *med* (durch)spülen; ~ зóлото Gold waschen || *uv* промывáть, -áю, -áешь

промы́шленник, -а *m* Industrieller

промы́шленность, -и *f* Industrie; тяжёлая ~ Schwerindustrie; леснáя ~ Holzindustrie

промы́шленный, -ая, -ое Industrie-, industriell; ~ гóрод Industriestadt

промышля́ть, -я́ю, -я́ешь *uv* **1.** betreiben *Jagd, Fang* **2.** gewerbsmäßig jagen, fangen

пропáшивать(ся) *uv zu* [2]проносúть(ся)

про|нестú* *v* **1.** tragen *eine best. Strecke oder Zeit*; vorbeitragen, hin(durch)tragen **2.** *1. u. 2. Pers ungebr* verjagen, -treiben; vorüberjagen *Wind, Strömung* **3.** *übtr unpers* vorübergehen *Gefahr u. a.*; бедý пронеслó das Unglück ist vorübergezogen **4.** *unpers volksspr* Durchfall bekommen; от слив егó пронеслó er hat von den Pflaumen Durchfall bekommen || *uv* проносúть, -ношý, -нóсишь

про|нестúсь* *v* **1.** schnell laufen [fahren, fliegen]; vorbeifahren, -jagen, fliegen; по лúстьям пронёсся шóрох durch die Blätter ging ein Rascheln **2.** im Fluge vergehen, verfliegen **3.** weithin erschallen; sich schnell verbreiten, sich wie ein Lauffeuer verbreiten || *uv* проносúться, -ношýсь, -нóсишься

пронзáть *uv zu* пронзúть

пронзúтельный, -ая, -ое; *Kzf* -лен, -льна durchdringend, schrill, gellend

пронзúть, -нжý, -нзúшь; -нзённый, -нзён, -нзенá *v* durchbohren, -stechen; ~ взгля́дом durchdringend anblicken, mit dem Blick durchbohren || *uv* пронзáть, -áю, -áешь

про|низáть* *v* **1.** auffädeln, aufreihen *Perlen* **2.** *1. u. 2. Pers ungebr* durchdringen, durch und durch gehen; хóлод пронизáл меня́ die Kälte ging mir durch Mark und Bein || *uv* **пронúзывать,** -аю, -аешь

пронúзывающий, -ая, -ее durchdringend *Blick u. ä.*; ~ вéтер durchdringender [scharfer] Wind

проникáть *uv zu* пронúкнуть

проникновéние, -я *n* **1.** Eindringen, Vordringen; Überfremdung **2.** Eindringlichkeit, Gefühlswärme

проникновéнность, -и *f* Eindringlichkeit, Gefühlswärme

проникновéнный, -ая, -ое; *Kzf* -éнен, -éнна *buchspr* eindringlich, zu Herzen gehend; durchdrungen (von)

пронúкнутый, -ая, -ое; *Kzf* -ут, -а *I* erfüllt, durchdrungen (von)

пронúкнуть, -ну, -нешь; пронúк, -ла; пронúк(нув)ший *v* **1.** ein-, durch-, vordringen **2.** sich verbreiten, durchsickern **3.** *übtr* в *A* ergründen; sich vertiefen; durchschauen || *uv* проника́ть, -а́ю, -а́ешь

пронима́ть *uv zu* проня́ть

проница́емый, -ая, -ое; *Kzf* -ем, -а *buchspr* durchlässig; ~ для све́та lichtdurchlässig

проница́тельность, -и *f* Scharfsinn, Scharfblick

проница́тельный, -ая, -ое; *Kzf* -лен, -льна scharfsinnig; ~ взгляд durchdringender Blick

[1]**проноси́ть** *uv zu* пронести́

[2]**проноси́ть,** -ошу́, -о́сишь; -о́шенный, -о́шен, -а *v* **1.** *eine best. Zeit* tragen; ~ костю́м три го́да den Anzug drei Jahre hindurch tragen **2.** *umg* abtragen, durchwetzen; ~ подмётки die Sohlen durchlaufen || *uv* прона́шивать, -аю, -аешь

[1]**проноси́ться** *uv zu* пронести́сь

[2]**проноси́ться,** *1. u. 2. Pers ungebr*, -о́сится *v* **1.** *eine best. Zeit* getragen werden *Kleidung* **2.** abgetragen werden, sich durchwetzen || *uv* прона́шиваться, -ается

пронумерова́ть, -ру́ю, -ру́ешь; -ро́ванный, -ро́ван, -а *v* numerieren, mit Nummern versehen || *uv* **пронумеро́вывать,** -аю, -аешь

проны́ра, -ы *m, f umg* gewitzter [gerissener] Mensch

проны́рливый, -ая, -ое; *Kzf* -ив, -а durchtrieben, schlau

проню́хать, -аю, -аешь; -анный, -ан, -а *v A oder* о *P volksspr* ausschnüffeln, Wind bekommen (von) || *uv* **проню́хивать,** -аю, -аешь

проня́ть* *v umg* **1.** durchdringen; хо́лод про́нял его́ до косте́й er war ganz durchfroren **2.** *übtr* packen, rühren, erfassen; его́ ниче́м не проймёшь er läßt sich durch nichts erschüttern [beeindrucken], er hat ein dickes Fell || *uv* пронима́ть, -а́ю, -а́ешь

прообраз, -а *m buchspr* Prototyp; Vorbild

пропага́нда, -ы *f* Propaganda

пропаганди́ровать, -рую, -руешь *uv* propagieren

пропаганди́ст, -а *m* Propagandist

пропаганди́стка, -и, *Pl G* -ток, *D* -ткам *f* Propagandistin

пропаганди́стский, -ая, -ое propagandistisch

пропада́ть *uv zu* пропа́сть

про́падом: пропади́ ~! *volksspr* scher dich zum Teufel!

пропа́жа, -и, *I* -ей *f* **1.** Verlust, Verschwinden, Verlorengehen **2.** *umg* verlorener Gegenstand

пропа́лывать *uv zu* прополо́ть

пропа́риваться *uv zu* пропа́риться

пропа́риться, -рюсь, -ришься *v* ein Dampfbad nehmen || *uv* пропа́риваться, -аюсь, -аешься

про́пасть, -и *f* **1.** Abgrund, Schlucht **2.** *übtr* Kluft, abgrundtiefer Unterschied **3.** *umg* Unmenge, Masse; у него́ ~ де́нег er hat Geld wie Heu; у меня́ ~ дел ich habe alle Hände voll zu tun ◇ на краю́ -и *übtr* am Rande des Verderbens; тьфу, ~! *umg* zum Teufel!, wie ärgerlich!

про|па́сть* *v* **1.** *1. u. 2. Pers ungebr* verlorengehen, verschwinden; кни́га пропа́ла das Buch ist weg **2.** fort sein, verschwinden; куда́ ты пропа́[да́]л? wo hast du gesteckt?; ~ без вести verschollen [vermißt] sein; ~ из виду außer Sicht kommen, verschwinden **3.** vergehen, verschwinden; у меня́ пропа́ла охо́та mir ist die Lust vergangen; у него́ смех [аппети́т] пропа́л ihm ist das Lachen [der Appetit] vergangen **4.** zugrunde gehen, umkommen, hin sein; всё пропа́ло alles ist hin [verloren]; все на́ши уси́лия пропа́ли да́ром alle unsere Bemühungen waren vergeblich; я пропа́л! ich bin verloren [erledigt]!; весь эффе́кт пропа́л der ganze Effekt ist zum Teufel; день пропа́л der Tag ist verpfuscht ◇ пиши́ пропа́ло das kann man abschreiben [in den Schornstein schreiben]; пропади́ ты про́падом! *volksspr* hol dich der Kuckuck!; mach, daß du wegkommst || *uv* пропада́ть, -а́ю, -а́ешь

про|паха́ть* *v* (durch)pflügen; ~ борозду́ eine Furche ziehen || *uv* **пропа́хивать,** -аю, -аешь

пропа́хнуть, -ну, -нешь; пропа́х, -ла; пропа́х(нув)ший *v I* scharf riechen (nach); ру́ки пропа́хли лу́ком die Hände rochen nach Zwiebel

пропа́шка, -и *f* Durchpflügen

пропашно́й, -а́я, -о́е **1.**: -о́е ору́дие Furchenegge **2.**: -ы́е культу́ры Hackfrüchte

пропа́щий, -ая, -ее *umg* verloren, hoffnungslos; он ~ челове́к er ist ein verkommener [unverbesserlicher] Mensch; э́то -ее де́ло das ist eine hoffnungslose Sache

пропеде́втика [дэ], -и *f buchspr* Propädeutik

пропека́ть(ся) *uv zu* пропе́чь(ся)
про|пе́ть* *v* 1. singen 2. *umg* die Stimme verlieren *durch Singen* 3. eine Zeitlang singen
пропеча́тать, -аю, -аешь; -анный, -ан, -а *v* 1. *A volksspr* in der Presse ungünstig berichten, herziehen (über) 2. *volksspr* (ab)drucken 3. eine Zeitlang drucken; eine Zeitlang Schreibmaschine schreiben || *uv* **пропеча́тывать,** -аю, -аешь *zu* 1, 2
про|пе́чь* *v* durchbacken (lassen) || *uv* пропека́ть, -а́ю, -а́ешь
про|пе́чься*, *1. u. 2. Pers ungebr, v* durchgebacken werden, durchbacken || *uv* пропека́ться, -а́ется
пропива́ть *uv zu* пропи́ть
пропи́ливать *uv zu* пропили́ть
пропили́ть, -илю́, -и́лишь; -и́ленный, -и́лен, -а *v* durchsägen; (aus)-sägen; ~ отве́рстие в двери́ ein Loch in die Tür sägen || *uv* пропи́ливать, -аю, -аешь
про|писа́ть* *v* 1. *med* verschreiben, verordnen 2. (polizeilich) anmelden, registrieren 3. eine Zeitlang schreiben ◇ пропишу́ тебе́ и́жицу! *volksspr* dir werde ich es schon geben! || *uv* пропи́сывать, -аю, -аешь *zu* 1, 2
про|писа́ться* *v* sich behördlich [polizeilich] anmelden || *uv* пропи́сываться, -аюсь, -аешься
пропи́ска, -и, *Pl G* -сок, *D* -скам *f* Registrierung, (polizeiliche) Anmeldung; Paßeintragung; листо́к для -и Anmeldeformular; жить без -и unangemeldet wohnen
прописно́й, -а́я, -о́е 1. Anmelde- 2.: -а́я бу́ква großer Buchstabe 3. *übtr* abgedroschen, altbekannt; -а́я и́стина Binsenwahrheit; -а́я мора́ль verlogene Moral
пропи́сывать(ся) *uv zu* прописа́ть(ся)
про́пись, -и *f meist Pl* Schreibvorlage
про́писью *Adv* in Worten, ausgeschrieben *Zahlen*; писа́ть число́ ~ eine Zahl in Worten schreiben
пропита́ние, -я *n umg* Lebensunterhalt; зарабо́тать (себе́) на ~ sein tägliches Brot verdienen
[1]**пропита́ть,** -а́ю, -а́ешь *v umg* ernähren, unterhalten
[2]**пропита́ть,** -а́ю, -а́ешь; пропи́танный, -ан, -а *v* 1. durchtränken, imprägnieren; durchdringen, sättigen 2. *übtr* durchdringen, erfüllen || *uv* пропи́тывать, -аю, -аешь
[1]**пропита́ться,** -а́юсь, -а́ешься *v umg* sich ernähren, seinen Lebensunterhalt verdienen
[2]**пропита́ться,** -а́юсь, -а́ешься *v* 1. feucht [naß] werden; durchtränkt werden 2. *übtr umg* durchdrungen [erfüllt] werden || *uv* пропи́тываться, -аюсь, -аешься
пропи́тывать(ся) *uv zu* [2]пропита́ть(ся)
про|пи́ть*; про́пил, пропила́!; про́питый, про́пит, пропита́! *v* 1. vertrinken, versaufen 2. *umg* durch Trunksucht ruinieren || *uv* пропива́ть, -а́ю, -а́ешь
пропи́хивать *uv zu* пропихну́ть
пропихну́ть, -ну́, -нёшь; пропи́хнутый, -ут, -а *v umg* durchzwängen, hindurchschieben, -stoßen || *uv* пропи́хивать, -аю, -аешь
пропла́вать, -аю, -аешь *v eine best. Zeit hindurch* schwimmen; zur See fahren
заплы́в, -а *m* Wettschwimmen; ~ на три киломе́тра Dreikilometerschwimmen
проплыва́ть *uv zu* проплы́ть
про|плы́ть* *v* 1. *eine best. Zeit, best. Strecke* (durch)schwimmen; *auf einem Schiff, Kahn usw.* fahren; ~ пять мину́т fünf Minuten schwimmen; ~ киломе́тр einen Kilometer schwimmen; ~ под мо́стом unter der Brücke durchschwimmen 2. vorüber-, vorbeischwimmen, vorbeifahren (ми́мо *G* an) *auf einem Schiff usw.* || *uv* проплыва́ть, -а́ю, -а́ешь
пропове́дник, -а *m* 1. Prediger 2. Verkünder, Verbreiter *einer Theorie u. ä.*
пропове́довать, -дую, -дуешь *u. alt*
пропове́дывать, -аю, -аешь *uv* 1. predigen 2. verkünden, verbreiten *Theorien u. ä.*, verfechten *einen Standpunkt*
про́поведь, -и *f* 1. Predigt 2. Verbreitung, Propagierung *von Theorien u. ä.*, Belehrung
пропо́йный, -ая, -ое *volksspr* Trinker-, Säufer-
пропо́йца, -ы, *I* -ей *m volksspr* Säufer
пропolза́ть *uv zu* проползти́
про|ползти́* *v* 1. durchkriechen; hineinkriechen; vorbeikriechen 2. *eine Strecke* kriechen || *uv* проползáть, -а́ю, -а́ешь
пропо́лка, -и *f* (Aus-) Jäten
про|полоска́ть* *v* 1. (aus)spülen *Wäsche u. ä.* 2. gurgeln; (aus)spülen *Mund* 3. eine Zeitlang spülen

про|поло́ть* *v* 1. (aus)jäten 2. eine Zeitlang jäten ‖ *uv* пропа́лывать, -аю, -аешь *zu* 1

пропорциона́льный, -ая, -ое; *Kzf* -лен, -льна 1. proportional; verhältnismäßig; обра́тно ~ umgekehrt proportional 2. proportioniert, ebenmäßig

пропо́рция, -и *f* Proportion, Verhältnis

пропоте́лый, -ая, -ое *umg* durchgeschwitzt, schweißgetränkt

пропоте́ть, -е́ю, -е́ешь *v* 1. stark schwitzen, durchschwitzen 2. *umg* *1. u. 2. Pers ungebr* verschwitzt sein, schweißdurchnäßt sein 3. *übtr volksspr* над *l eine best. Zeit* schwitzen (über), sich abmühen (mit)

про́пуск, -а *m* 1. (*Pl* пропуска́, -о́в, -а́м) Passierschein, Einlaßschein; *ohne Pl* Einlaß 2. Versäumnis, Fernbleiben 3. *meist Pl* Lücke, ausgelassene Stelle *im Text* 4. Auslassung, Weglassen 5. *mil* (*Pl* пропуска́, -о́в, -а́м) Losung, Parole

пропуска́ть, -а́ю, -а́ешь *uv* 1. *uv zu* пропусти́ть 2. durchlässig [undicht] sein

пропускно́й, -а́я, -о́е Durchlaß-, Einlaß-; ~ пункт Passierstelle; -а́я спосо́бность a) Durchlaßfähigkeit *einer Bahnstrecke, Straße*; b) Kapazität *z. B. einer Kantine, eines Ferienlagers* ◇ -а́я бума́га Löschpapier

пропусти́ть, -ущу́, -у́стишь; -у́щенный, -у́щен, -а *v* 1. durchlassen, vorbeilassen; ~ вперёд vorlassen; ~ кни́гу в печа́ть ein Buch zum Druck zulassen 2. *durch eine Maschine u. a.* durchlaufen lassen; ~ мя́со че́рез мясору́бку Fleisch durch den Wolf drehen; ~ ток че́рез те́ло Strom durch den Körper schicken 3. weglassen, auslassen 4. versäumen, verpassen, sich entgehen lassen 5. abfertigen; aufnehmen; verarbeiten ◇ ~ ры́мочку *volksspr* einen hinter die Binde gießen, sich ein Gläschen genehmigen; ~ что́-н. ми́мо уше́й etw. überhören ‖ *uv* пропуска́ть, -а́ю, -а́ешь; бума́га пропуска́ет черни́ла das Papier ist nicht tintenfest

проpа́б, -а *m* (производи́тель рабо́т) Bauleiter

праба́тывать *uv zu* прорабо́тать

прорабо́тать, -аю, -аешь; -анный, -ан, -а *v* 1. *umg* durcharbeiten, durchnehmen, genau studieren 2. *umg* scharf kritisieren, heruntermachen 3. eine Zeit hindurch arbeiten; ~ всю ночь die ganze Nacht durcharbeiten ‖ *uv* праба́тывать, -аю, -аешь *zu* 1, 2

прорабо́тка, -и, *Pl G* -ток, *D* -ткам *f* 1. Durcharbeitung 2. *umg* scharfe Kritik (an)

прораста́ть *uv zu* прорасти́

про|расти́*, *1. u. 2. Pers ungebr, v* 1. keimen, sprossen 2. hindurchwachsen, -sprießen ‖ *uv* прораста́ть, -а́ет

про́рва, -ы *f* 1. *volksspr* Unmenge 2. *volksspr* Nimmersatt, Vielfraß 3. *umg übtr* Faß ohne Boden; etwas Unersättliches 4. *gbt* Stelle, wo man einsinkt, tiefes Loch *im Sumpf*

про|рва́ть* *v* durchreißen, zerreißen; ~ фронт die Front durchbrechen ◇ его́ прорва́ло *umg* er fuhr aus der Haut, er ging hoch ‖ *uv* прорыва́ть, -а́ю, -а́ешь

про|рва́ться*, -рвали́сь *v* 1. durch-, zerreißen *itr* 2. (auf)platzen, aufbrechen, aufgehen *Blasen u. ä.* 3. brechen *Damm* 4. aus-, durchbrechen; zum Ausbruch kommen ‖ *uv* прорыва́ться, -а́юсь, -а́ешься

прореди́ть, -ежу́, -еди́шь; -ежённый, -ежён, -ежена́ *v landw* ausdünnen, verziehen ‖ *uv* **проре́живать,** -аю, -аешь

проре́з, -а *m* 1. Ausschnitt; Schlitz 2. *durchgestoßene, durchgesägte* Stelle, Öffnung

про|ре́зать* *v* durchschneiden; einschneiden; *Öffnung* aussägen, durchschlagen ‖ *uv* **прореза́ть,** -а́ю, -а́ешь *u.* проре́зывать, -аю, -аешь

про|ре́заться*, *1. u. 2. Pers ungebr, v* durchbrechen, -kommen *Zähne* ‖ *uv* **прореза́ться,** -а́ется *u.* проре́зываться, -ается

прорези́нивать *uv zu* прорези́нить

прорези́нить, -ню, -нишь; -ненный, -нен, -а *v text* gummieren, imprägnieren ‖ *uv* прорези́нивать, -аю, -аешь

проре́зывать(ся) *uv zu* проре́зать(ся)

про́резь, -и *f* 1. Schlitz, Rille 2.: ~ прице́ла (Visier-) Kimme

проре́ха, -и *f umg* 1. Riß, Loch 2. Schlitz; Hosenschlitz 3. *übtr* Lücke, Mangel

прорецензи́ровать, -рую, -руешь; -рованный, -рован, -а *v* rezensieren, beurteilen

проржа́веть, *1. u. 2. Pers ungebr,* -еет *v* durchrosten

прорисова́ть, -су́ю, -су́ешь; -со́ванный, -сóван, -а *v* **1.** nachziehen, durchziehen *Linien, Konturen* **2.** eine Zeitlang zeichnen || *uv* **прорисóвывать,** -аю, -аешь *zu* 1

прорицáть, -áю, -áешь *uv buchspr* prophezeien

прорóк, -а *m* Prophet

проронúть, -оню́, -óнишь; -óненный, -óнен, -а *u.* -онённый, -онён, -онена́ *v*: не ~ ни слóва [звýка] den Mund nicht auftun, keinen Ton von sich geben

прорóческий, -ая, -ое prophetisch

прорóчество, -а *n* Prophezeiung; Weissagung

прорóчить, -чу, -чишь *uv* prophezeien

прорубáть *uv zu* прорубúть

прорубúть, -ублю́, -ýбишь; -ýбленный, -ýблен, -а *v* durchhauen, -schlagen, -brechen || *uv* прорубáть, -áю, -áешь

прорýбка, -и *f* Durchhauen, Durchbrechen

прóрубь, -и *f* (gehacktes) Eisloch

прорýха, -и *f umg* Fehler, Mißgriff ◇ и на старýху бывáет ~ *Sprichw* Alter schützt vor Torheit nicht

проры́в, -а *m* **1.** Durchbruch, Einbruch; Durchbruchsstelle; ~ плотúны Dammbruch **2.** Rückstand *in der Arbeit, Planerfüllung*

[1]**прорывáть(ся)** *uv zu* прорвáть(ся)

[2]**прорывáть(ся)** *uv zu* проры́ть(ся)

про|ры́ть* *v* (durch)graben; ~ канáл einen Kanal anlegen [bauen] || *uv* прорывáть, -áю, -áешь

про|ры́ться* *v* sich durchgraben; sich grabend einen Weg bahnen || *uv* прорывáться, -áюсь, -áешься

просадúть, -ажý, -áдишь; -áженный, -áжен, -áжена *v volksspr* **1.** durchbrechen, durchstoßen **2.** *Geld* verschwenden, verplempern; verspielen || *uv* **просáживать,** -аю, -аешь

[1]**просáливать** *uv zu* просáлить

[2]**просáливать** *uv zu* просолúть

просáлить, -лю, -лишь; -ленный, -лен, -а *v* mit Fett durchtränken || *uv* просáливать, -аю, -аешь

просáсываться *uv zu* прососáться

просáчиваться *uv zu* просочúться

просвéрливать *uv zu* просверлúть

просверлúть, -лю́, -лúшь; -лённый, -лён, -лена́ *v* (durch)bohren || *uv* просвéрливать, -аю, -аешь

просвéт, -а *m* **1.** Lichtstreifen, -schimmer **2.** Fensteröffnung; Türöffnung **3.** *Sport* (Zeit-) Abstand **4.** *übtr* Lichtblick, Hoffnungsstrahl

просветúтель, -я *m buchspr* Aufklärer

просветúтельный, -ая, -ое Aufklärungs-; -ая рабóта Aufklärungsarbeit; -ая филосóфия *hist* Philosophie der Aufklärung

[1]**просветúть,** -ечý, -éтишь; -éченный, -éчен, -а *v* **1.** durchleuchten, röntgen *tr* **2.** durchschimmern || *uv* просвéчивать, -аю, -аешь

[2]**просветúть,** -ещý, -етúшь; -ещённый, -ещён, -ещена́ *v* aufklären, bilden || *uv* просвещáть, -áю, -áешь

просветлéние, -я *n* Hellwerden; Klärung, Erleuchtung

просветлённый, -ая, -ое *übtr* klar, heiter

просветлéть, -éю, -éешь *v* **1.** hell werden; sich aufklären *Wetter* **2.** *übtr* freundlicher [ausgeglichener] werden; sich klären, klarer werden *Gedanken u. ä.*

просвéчивание, -я *n med* Durchleuchtung

просвéчивать, -аю, -аешь *uv* **1.** *uv zu* [1]просветúть **2.** hindurchschimmern, -leuchten

просвещáть *uv zu* [2]просветúть

просвещéние, -я *n* Aufklärung, Bildung; министéрство -я Ministerium für Volksbildung

просвещённый, -ая, -ое gebildet

прóседь, -и *f*: с -ью graumeliert *Haar*

просéивать *uv zu* просéять

прóсека, -и *f* Schneise, Waldweg

просекáть *uv zu* просéчь

просёлок, -лка *m* Feldweg

просёлочный, -ая, -ое: -ая дорóга Feldweg

про|сéчь*; -секла́; просечённый, -ён, -ена́ *v* **1.** durchhauen, -schlagen *durch Gestrüpp u. ä.*; ~ прóсеку eine Schneise schlagen **2.** durchpeitschen || *uv* просекáть, -áю, -áешь

просéять, -сéю, -сéешь; -сéянный, -сéян, -а *v* durchsieben || *uv* просéивать, -аю, -аешь

просидéть, -ижý, -идúшь; -úженный, -úжен, -а *v* **1.** (eine Zeit hindurch) sitzen (bleiben) **2.** *umg* durchsitzen, -scheuern || *uv* **просúживать,** -аю, -аешь

просúтель, -я *m alt* Bittsteller

просúтельный, -ая, -ое; *Kzf* -лен, -льна bittend, flehend

просúть, -ошý, -óсишь; -óшенный, -óшен, -а *uv* **1.** *A oder G oder* о *P oder mit Inf* bitten, ersuchen (um); auffordern; ~ разрешéния [извинéния] um Erlaubnis [Entschuldigung] bitten; ~ сло́ва ums Wort bitten; ~ у това́рища кни́гу den Freund um ein Buch bitten; ~ руки́ *alt* um j-s Hand anhalten **2.**: ~ кого́-н. за кого́-н. bei j-m für j-n ein gutes Wort einlegen, sich bei j-m für j-n verwenden **3.** einladen; ~ госте́й к столу́ die Gäste zu Tisch bitten ◇ про́сят не кури́ть bitte nicht rauchen; ми́лости про́сим bitte treten Sie ein [näher] ‖ *v* попроси́ть

проси́ться, -ошу́сь, -о́сишься *uv umg* **1.** um die Erlaubnis bitten; ~ в ко́мнату um Erlaubnis bitten, ins Zimmer gehen zu dürfen; ~ в о́тпуск um Urlaub bitten; ~ в а́рмию um Aufnahme in die Armee ersuchen **2.** bitten austreten zu dürfen *von Kindern* **3.** *übtr*, *1. u. 2. Pers ungebr* sehr geeignet sein, geradezu darauf warten; сло́во так и про́сится с языка́ das Wort liegt mir förmlich auf der Zunge; э́то про́сится на карти́ну das ist zum Malen schön, das ist bildschön ‖ *v* попроси́ться *zu* 1 *u.* 2

просия́ть, -я́ю, -я́ешь *v* **1.** erglänzen, erstrahlen **2.** *übtr* aufleuchten, sich aufhellen *vor Freude*

про|скака́ть* *v* **1.** vorbeisprengen (ми́мо *G* an) **2.** *A* im Galopp durchreiten **3.** *A* (eine Zeit hindurch) galoppieren [springen, hüpfen]

проска́кивать *uv zu* проскочи́ть

проска́льзывать *uv zu* проскользну́ть

просквози́ть, *1. u. 2. Pers ungebr*, -и́т, *meist unpers v*: меня́ просквози́ло *umg* ich habe mich in der Zugluft erkältet

просклоня́ть, -я́ю, -я́ешь *v gram* deklinieren

проскользну́ть, -ну́, -нёшь *v* **1.** hinein-, durchschlüpfen **2.** *übtr* leise anklingen; в его́ слова́х проскользну́л намёк man konnte aus seinen Worten eine Anspielung heraushören ‖ *uv* проска́льзывать, -аю, -аешь

проскочи́ть, -очу́, -о́чишь *v* **1.** vorbeispringen **2.** *umg* hindurchschlüpfen **3.** *umg 1. u. 2. Pers ungebr* (hindurch)fallen *durch eine Öffnung* **4.** *umg 1. u. 2. Pers ungebr* durchschlüpfen *Fehler* ‖ *uv* проска́кивать, -аю, -аешь

просла́вить, -влю, -вишь; -вленный, -влен, -а *v* **1.** berühmt machen **2.** verherrlichen, preisen ‖ *uv* **прославля́ть,** -я́ю, -я́ешь

просла́виться, -влюсь, -вишься *v* berühmt [bekannt] werden ‖ *uv* **прославля́ться,** -я́юсь, -я́ешься

просла́вленный, -ая, -ое berühmt, gefeiert

проследи́ть, -ежу́, -еди́шь; -е́женный, -е́жен, -а *v A* **1.** aufspüren, nachspüren **2.** verfolgen, studieren, achten (auf) ‖ *uv* просле́живать, -аю, -аешь

просле́довать, -дую, -дуешь *v buchspr* sich begeben

просле́живать *uv zu* проследи́ть

прослези́ться, -ежу́сь, -ези́шься *v* in Tränen ausbrechen

просло́йка, -и, *Pl G* -о́ек, *D* -о́йкам *f* **1.** (Zwischen-) Schicht **2.** *übtr* soziale Schicht

прослужи́ть, -ужу́, -у́жишь *v* **1.** eine Zeitlang dienen, arbeiten **2.** eine Zeitlang dienen, in Gebrauch sein

прослу́шать, -аю, -аешь; -анный, -ан, -а *v* **1.** vollständig anhören; hören; ~ курс ле́кций einen Vorlesungszyklus hören [besuchen] **2.** *umg* überhören **3.** *med* abhorchen ‖ *uv* **прослу́шивать,** -аю, -аешь *zu* 2 *u.* 3

про|слы́ть* *v I* gelten (als), bekannt sein (als)

прослы́шать, -шу, -шишь *v umg* durch Gerüchte erfahren, vom Hörensagen wissen

просма́тривать *uv zu* просмотре́ть

просма́триваться, *1. u. 2. Pers ungebr*, -ается *uv* einzusehen sein *Gelände*

просмо́тр, -а *m* **1.** Durchsicht **2.** Versehen, Fehler **3.** Vorführung; закры́тый ~ кинофи́льма geschlossene Filmvorführung

просмотре́ть, -отрю́, -о́тришь; -о́тренный, -о́трен, -а *v* **1.** durchsehen, sich ansehen **2.** übersehen, durchlassen, nicht bemerken *Fehler* **3.** eine Zeitlang (an)schauen ◇ все глаза́ ~ sich die Augen aussehen *nach j-m* ‖ *uv* просма́тривать, -аю, -аешь

просмо́тровый, -ая, -ое: ~ зал Vorführraum *für Filme*; ~ диаско́п Diabetrachter

просну́ться, -ну́сь, -нёшься *v* **1.** aufwachen **2.** *übtr* erwachen ‖ *uv* просыпа́ться, -а́юсь, -а́ешься

про́со, -а *n* Hirse *Pflanze*

просо́вывать *uv zu* просу́нуть

просоли́ть, -солю́, -со́ли́шь; -со́ленный, -со́лен, -а *u.* -солённый, -солён, -солена́ *v* einsalzen ‖ *uv* проса́ливать, -аю, -аешь

про|соса́ться*, *1. u. 2. Pers ungebr*, *v* durchsickern ‖ *uv* проса́сываться, -ается

просóхнуть, -ну, -нешь; просóх, -ла *v* austrocknen *itr* || *uv* просыхáть, -áю, -áешь

просочи́ться, *1. u. 2. Pers ungebr,* -и́тся *v* **1.** durchsickern **2.** *übtr umg* durchsickern, bekannt werden || *uv* просáчиваться, -ается

про|спáть* *v* **1.** eine Zeitlang schlafen **2.** verschlafen **3.** *umg* verschlafen, versäumen, verpassen || *uv* просыпáть, -áю, -áешь *zu* 2 *u.* 3

про|спáться* *v umg* den Rausch ausschlafen

[1]**проспéкт,** -а *m* **1.** Prospekt *breite, gerade Straße*

[2]**проспéкт,** -а *m* Prospe t, Plan, Programm; Ankündigung, Anzeige

проспóривать *uv zu* проспóрить

проспóрить, -рю, -ришь; -ренный, -рен, -а *v* **1.** verwetten, beim Wetten verlieren **2.** eine Zeitlang streiten || *uv* проспóривать, -аю, -аешь *zu* 1

проспрягáть, -áю, -áешь *v gram* konjugieren

просрóчивать *uv zu* просрóчить

просрóчить, -чу, -чишь; -ченный, -чен, -а *v* überschreiten, versäumen *Termin, Frist*; verfallen lassen; ~ óтпуск den Urlaub überschreiten; ~ билéты в теáтр die Theaterkarten verfallen lassen || *uv* просрóчивать, -аю, -аешь

просрóчка, -и, *Pl G* -чек, *D* -чкам *f* Versäumnis; Überziehen, Überschreiten *eines Termins, einer Frist*; Verfall *z. B. eines Schecks*

простáвить, -влю, -вишь; -вленный, -влен, -а *v* einsetzen, eintragen; ~ дáту на письмé einen Brief datieren || *uv* **проставля́ть,** -я́ю, -я́ешь

простáивать *uv zu* простоя́ть

простáк, -á *m* **1.** *umg* Einfaltspinsel **2.** *theat* dummer August

простéйший, -ая, -ее **1.** *Sup von* простóй **2.** -ие, -их *Subst Pl* Urtierchen, Protozoen

простéнок, -нка *m* **1.** Teil der Wand, Mauer zwischen Fenstern oder Türen **2.** *gbt* Zwischenwand

прóстенький, -ая, -ое einfach

прос|терéть*; простерéв *u.* простёрши *v buchspr* **1.** ausstrecken *Hände* **2.** *übtr* ausdehnen, stekken; далекó ~ свои́ трéбования seine Forderungen weit stecken || *uv* простирáть, -áю, -áешь

прос|терéться*, *1. u. 2. Pers ungebr, v buchspr* **1.** sich ausdehnen, sich erstrecken; reichen **2.** sich entgegenstrecken || *uv* простирáться, -áется

простéть, -éю, -éешь *uv umg* einfach(er) werden

[1]**простирáть** *uv zu* простерéть

[2]**простирáть,** -áю, -áешь; прости́ранный, -ран, -а *v umg* **1.** gut durchwaschen *Wäsche* **2.** eine Zeitlang waschen || *uv* прости́рывать, -аю, -аешь *zu* 1

[1]**простирáться** *uv zu* простерéться

[2]**простирáться,** *1. u. 2. Pers ungebr,* -áется *v umg durch Waschen* sauber werden, sich auswaschen lassen || *uv* прости́рываться, -ается

прости́рывать(ся) *uv zu* [2]простирáть(ся)

прости́тельный, -ая, -ое; *Kzf* -лен, -льна verzeihlich, entschuldbar

проститýтка, -и, *Pl G* -ток, *D* -ткам *f* Prostituierte

прости́ть, -щý, -сти́шь; -щённый, -щён, -щенá *v* **1.** verzeihen, vergeben (когó-н. j-m *oder* комý-н. чтó-н. j-m etw.); прости́(те)! Verzeihung!, entschuldige(n Sie)!, *alt a.* leb(en Sie) wohl! **2.** streichen, erlassen; ~ долг комý-н. j-m eine Schuld erlassen || *uv* прощáть, -áю, -áешь

прости́ться, -щýсь, -сти́шься; прости́вшись *u.* простя́сь *v* с *I* **1.** Abschied nehmen, sich verabschieden **2.** *übtr* sich trennen, sich lossagen (von) || *uv* прощáться, -áюсь, -áешься

прóсто **1.** *Part umg* einfach, geradezu, direkt; э́то ~ невероя́тно das ist einfach nicht zu glauben; э́то ~ ерундá das ist einfach Unsinn **2.** *Adv* einfach; eben; тебé ~ рассуждáть du hast gut reden; э́то ~ не удалóсь es ist eben nicht gelungen ◇ ~ так nur so, ohne Absicht; ~-нáпросто (ganz) einfach

простовáтый, -ая, -ое; *Kzf* **-áт, -а** *umg* einfältig

просто|волóсый, -ая, -ое; *Kzf* -óс, -а ohne Kopfbedeckung, barhäuptig; **~дýшный,** -ая, -ое; *Kzf* -шен, -шна aufrichtig, treuherzig

[1]**простóй,** -áя, -óе; *Kzf* прост, -á!; *Komp* прóще; *Sup* простéйший **1.** einfach, leicht verständlich **2.** einfach, schlicht **3.** *nur Langform* gewöhnlich; ~ смéртный ein gewöhnlicher Sterblicher **4.** schlicht, einfältig; gutmütig **5.** natürlich, ungekünstelt ◇ -óе сравнéние покáзывает der bloße Vergleich zeigt; -ы́м

глáзом mit bloßem Auge; -óe числó *math* Primzahl

²простóй, -я *m* Stillstand(szeit), Wartezeit, Arbeitsausfall

простоквáша, -и, *I* -ей *f* Sauermilch

про|стонáть* *v* (auf)stöhnen

простóр, -а *m* **1.** Raum, Weite, weite Fläche **2.** Ungebundenheit, Freiheit; дать ~ чемý-н. etw. freien Lauf lassen

просторéчие, -я *n* volkstümliche Umgangssprache

просторéчный, -ая, -ое; *Kzf* -чен, -чна volkssprachlich, der volkstümlichen Umgangssprache angehörend

простóрный, -ая, -ое; *Kzf* -рен, -рна **1.** geräumig; frei **2.** weit *Kleidung*

простосердéчный, -ая, -ое; *Kzf* -чен, -чна aufrichtig, offenherzig

простотá, -ы́ *f* **1.** Einfachheit, Schlichtheit **2.** Offenherzigkeit; Treuherzigkeit **3.** Natürlichkeit

простофи́ля, -и *m, f umg* Einfaltspinsel, Dummkopf

простоя́ть, -стою́, -стои́шь *v* **1.** eine Zeitlang stehen, stehenbleiben **2.** eine Zeitlang liegen *Truppen* **3.** stillstehen, nicht arbeiten **4.** eine best. Lebensdauer haben, überdauern || *uv* простáивать, -аю, -аешь

простра́нный, -ая, -ое; *Kzf* -а́нен, -а́нна **1.** umfangreich **2.** ausführlich; weitschweifig

простра́нственный, -ая, -ое räumlich

простра́нство, -а *n* **1.** Raum; Zwischenraum; воздýшное ~ Luftraum; безвоздýшное ~ luftleerer Raum, Vakuum; косми́ческое ~ Weltraum **2.** Fläche, weites Land ◇ боя́знь -а Platzangst; мёртвое ~ *mil* toter Raum [Winkel]

прострéл, -а *m med* Hexenschuß

прострéливать *uv zu* прострели́ть

прострели́ть, -елю́, -éлишь; -éленный, -éлен, -а *v* durchschießen, -löchern; beschießen, bestreichen || *uv* прострéливать, -аю, -аешь

простýда, -ы *f* Erkältung

простуди́ться, -ужýсь, -ýдишься *v* sich erkälten || *uv* простужáться, -áюсь, -áешься

простýдный, -ая, -ое Erkältungs-; -ое заболевáние Erkältungskrankheit

простужáться *uv zu* простуди́ться

проступáть *uv zu* проступи́ть

проступи́ть, *1. u. 2. Pers ungebr*, -ýпит *v* hervor-, auftreten, zum Vorschein kommen; пот проступи́л на лбу Schweißperlen standen auf der Stirn || *uv* проступáть, -áет

простýпок, -пка *m* Vergehen, Fehltritt

простýшка, -и, *Pl G* -шек, *D* -шкам *f umg* einfältige Frau

простывáть *uv zu* просты́ть *u.* просты́нуть

просты́нуть ↑ просты́ть

простыня́, -и́, *Pl* прóстыни, просты́нь, простыня́м *f* Laken, Bettuch; купáльная ~ Badetuch

про|сты́ть* *u. volksspr* **просты́нуть,** -ну, -нешь; просты́л *v* **1.** *umg* kalt werden **2.** *volksspr* sich erkälten ◇ егó (и) след просты́л er ist über alle Berge || *uv* простывáть, -áю, -áешь

просýнуть, -ну, -нешь; -нутый, -нут, -а *v* durchschieben, durchstecken; durchzwängen || *uv* просóвывать, -аю, -аешь

просýшивать *uv zu* просуши́ть

просуши́ть, -ушý, -ýшишь; -ýшенный, -ýшен, -а *v* (aus)trocknen (lassen) || *uv* просýшивать, -аю, -аешь

просýшка, -и *f umg* Trocknen

просуществовáть, -твýю, -твýешь *v* eine Zeitlang leben, existieren, bestehen

просфорá, -ы́, *Pl* прóсфоры, просфóр, просфорáм *u.* **просвирá,** -ы́, *Pl* прóсвиры, прóсви́р, прóсвирáм *f kirch* Hostie

просчёт [щё], -а *m* **1.** Sichverrechnen **2.** Rechenfehler **3.** Fehlschlag; Fehler

просчитáть [щи], -áю, -áешь; просчи́танный, -ан, -а *v A* **1.** nachzählen, -rechnen **2.** sich verzählen (um) **3.** eine Zeitlang zählen, rechnen || *uv* **просчи́тывать,** -аю, -аешь *zu* 1 *u.* 2

просчитáться [щи], -áюсь, -áешься *v* **1.** sich verrechnen, sich verzählen (на *A* um) **2.** *übtr* sich verrechnen, sich irren || *uv* **просчи́тываться,** -аюсь, -аешься

прóсып *u.* **просы́п,** -а (-у) *m umg* **1.**: спать без -у [-а] ganz fest schlafen; schlafen, ohne aufzuwachen **2.**: пить без -у [-а] ständig betrunken sein

про|сыпать* *v* verschütten, verstreuen || *uv* **¹просыпáть,** -áю, -áешь

²просыпáть *uv zu* проспáть

про|сыпаться*, *1. u. 2. Pers ungebr*, *v* heraus-, durchfallen, verschüttet [verstreut] werden || *uv* **¹просыпáться,** -áется

²просыпа́ться *uv zu* просну́ться
просыха́ть *uv zu* просо́хнуть
про́сьба, -ы *f* 1. Bitte, Anliegen; удовлетвори́ть -у eine Bitte erfüllen; ~ не кури́ть es wird gebeten, nicht zu rauchen 2. *alt* Gesuch, Eingabe; ~ о поми́ловании Begnadigungsgesuch
просяно́й, -а́я, -о́е Hirse-
прота́лина, -ы *f* aufgetaute Stelle *im Schnee*
¹прота́лкивать(ся) *uv zu* протолка́ть(ся)
²прота́лкивать(ся) *uv zu* протолкну́ть(ся)
протанцева́ть, -цу́ю, -цу́ешь; -цо́ванный, -цо́ван, -а *v* (durch)tanzen
прота́пливать, -аю, -аешь *uv* ein wenig heizen
прота́птывать *uv zu* протопта́ть
протара́нивать *uv zu* протара́нить
протара́нить, -ню, -нишь; -ненный, -нен, -а *v* rammen || *uv* протара́нивать, -аю, -аешь
прота́скивать *uv zu* протащи́ть
протащи́ть, -ащу́, -а́щишь; -а́щенный, -а́щен, -а *v* 1. schleppen, schleifen, ziehen *durch oder vorbei an* 2. *übtr umg* durch-, einschmuggeln, durchbringen 3. *volksspr* heruntermachen, kritisieren || *uv* прота́скивать, -аю, -аешь
протеже́ [тэ] *m, f, n idkl buchspr* Günstling, Schützling
протежи́ровать [тэ], -рую, -руешь *uv D buchspr* protegieren, begünstigen
проте́з [тэ], -а *m* Prothese
протека́ть *uv zu* проте́чь
протектора́т, -а *m* Protektorat
протекциони́зм, -а *m* 1. Schutzzollsystem 2. *umg verächtl* Günstlingswirtschaft
проте́кция, -и *f* Protektion; ока́зывать -ю кому́-н. j-n begünstigen, protegieren
про|тере́ть*; протере́в *u.* протёрши *v* 1. abreiben, durchreiben, -schaben; abwischen, blankreiben, sauberwischen 2. auswischen; ~ глаза́ sich die Augen reiben; aufwachen 3. *durch ein Sieb* durchschlagen || *uv* протира́ть, -а́ю, -а́ешь
про|тере́ться*, *1. u. 2. Pers ungebr, v* sich durchreiben, -schaben, -wetzen || *uv* протира́ться, -а́ется
проте́ст, -а *m* Protest; Einspruch; заяви́ть ~ Protest erheben [einlegen], Einspruch erheben
протеста́нт, -а *m* 1. *kirch* Protestant 2. *buchspr* Protestierender
протеста́нтский, -ая, -ое protestantisch
протеста́нтство, -а *n* Protestantismus
протестова́ть, -ту́ю, -ту́ешь; -то́ванный, -то́ван, -а 1. *nur uv* protestieren, Einspruch erheben (про́тив чего́-н. gegen etw.) 2. *v, uv finanz* protestieren
про|те́чь*, *1. u. 2. Pers ungebr, v* 1. (durch)fließen 2. vorbeifließen 3. undicht [leck] werden 4. vergehen *Zeit* 5. verlaufen || *uv* протека́ть, -а́ет
про́тив *Präpos mit G* 1. gegen, entgegen, wider; плыть ~ тече́ния gegen den Strom schwimmen *a. übtr*; сре́дство ~ гри́ппа ein Mittel gegen Grippe; ~ ожида́ний wider Erwarten 2. gegenüber; жить ~ по́чты gegenüber der Post wohnen 3. im Vergleich zu, gegen(über); ~ про́шлого го́да gegenüber dem Vorjahr, im Vergleich zum Vorjahr 4. *prädikativ* dagegen (sein); я ничего́ не име́ю ~ ich habe nichts dagegen; за и ~ das Für und Wider
про́тивень, -вня *m* Kuchenblech
противи́тельный, -ая, -ое: ~ сою́з *gram* adversative Konjunktion
проти́виться, -влюсь, -вишься *uv D* sich widersetzen, Widerstand leisten
проти́вник, -а *m* Gegner, Feind; Widersacher
проти́вница, -ы, *I* -ей *f* Gegnerin, Feindin
проти́вно 1. *Präpos mit D* (ent)gegen; э́то ~ мои́м убежде́ниям das geht gegen meine Überzeugung 2. *prädikativ* es ist ekelhaft; мне ~ ви́деть э́то es ekelt mich, das zu sehen
¹проти́вный, -ая, -ое *buchspr* 1. Gegen-; entgegengesetzt; ~ ве́тер Gegenwind; ~ бе́рег gegenüberliegendes Ufer; -ая сторона́ *jur* Gegenpartei 2. -ое, -ого *Subst n* Gegenteil, Gegensatz ◇ в -ом слу́чае im entgegengesetzten Fall; andernfalls
²проти́вный, -ая, -ое; *Kzf* -вен, -вна ekelhaft, widerlich; он мне проти́вен er ist mir zuwider
противо- *in Zuss* gegen (etw.), anti-
противо|ве́с, -а *m* Gegengewicht *a. übtr*; в ~ве́с э́тому demgegenüber; **~возду́шный,** -ая, -ое Luftabwehr-; ~возду́шная оборо́на Luftschutz, Luftabwehr; **~га́з,** -а *m* Gasmaske; **~га́зовый,** -ая, -ое Gas-

schutz-, Gasabwehr-; **~действие,** -я *n* Gegenwirkung, Widerstand; **~действовать,** -твую, -твуешь *uv D* entgegenwirken, Widerstand leisten; **~естественный,** -ая, -ое; *Kzf* -вен, -венна widernatürlich; **~законный,** -ая, -ое; *Kzf* -óнен, -óнна gesetzwidrig, ungesetzlich; **~лежащий,** -ая, -ее gegenüberliegend; **~пожарный,** -ая, -ое Brandschutz-; ~пожарная охрана Brandschutz; **~показание,** -я *n* 1. *jur* Gegenaussage 2. *med* Kontraindikation

противополагать *uv zu* противоположить

противо|положить, -ожу, -óжишь; -óженный, -óжен, -а *v* gegenüberstellen, entgegensetzen || *uv* противополагать, -áю, -áешь

противо|положность, -и *f* 1. Gegensätzlichkeit 2. Gegensatz; в ~положность чему-н. im Gegensatz zu etw.; **~положный,** -ая, -ое; *Kzf* -жен, -жна 1. gegenüberliegend 2. *übtr* entgegengesetzt

противо|поставить, -влю, -вишь; -вленный, -влен, -а *v* gegenüberstellen, entgegenstellen, -setzen; vergleichen || *uv* противопоставлять, -яю, -яешь

противопоставление, -я *n* Gegenüberstellung, Vergleich

противопоставлять *uv zu* противопоставить

противо|правительственный, -ая, -ое regierungsfeindlich; **~речивость,** -и *f* Widersprüchlichkeit; **~речивый,** -ая, -ое; *Kzf* -ив, -а widersprechend, widersprüchlich, widerspruchsvoll

противоречие, -я *n* Widerspruch; Widerrede, Einwand; Gegensatz; дух -я Widerspruchsgeist; непримиримое ~ unversöhnlicher Widerspruch; клáссовые -я Klassenwidersprüche

противо|речить, -чу, -чишь *uv D* widersprechen, im Widerspruch stehen (zu); nicht übereinstimmen (mit); **~скольжение,** -я *n*: цепь ~скольжения Schneekette, Gleitschutzkette; **~стояние,** -я *n astr* Opposition *der Planeten zur Sonne*; **~стоять,** -ою, -оишь *uv D* 1. widerstehen, sich behaupten (gegen) 2. *1. u. 2. Pers ungebr* (einander) gegenüberstehen, widersprechen; **~танковый,** -ая, -ое Panzerabwehr-; ~тáнковое орудие Panzerabwehrgeschütz; **~ударный,** -ая, -ое stoßgesichert *Uhr*; **~химический,** -ая, -ое Gasabwehr-, zur Abwehr chemischer Kampfstoffe dienend; ~химическая оборóна Gasschutz; **~яд|ие,** -я *n* Gegengift *a. übtr*

протирать(ся) *uv zu* протереть(ся)

протирка, -и, *Pl G* -рок, *D* -ркам *f* 1. Reinigen; ~ стёкол Fensterputzen 2. *mil* Rohrreiniger

протискаться, -аюсь, -аешься *v umg* sich durchdrängen, sich einen Weg bahnen || *uv* протискиваться, -аюсь, -аешься

[1]**протискиваться** *uv zu* протиснуться

[2]**протискиваться** *uv zu* протискаться

протиснуться, -нусь, -нешься *v* sich durchzwängen, -drängen, sich einen Weg bahnen || *uv* протискиваться, -аюсь, -аешься

проткнуть, -нý, -нёшь; прóткнутый, -ут, -а *v* durchstoßen, -stechen, -brechen, -bohren || *uv* протыкать, -áю, -áешь

прото- *in Zuss* 1. Proto-, Ur- 2. Ober-, Erz-

протоиерей, -я, *G Pl* -ев *m* Oberpriester

проток, -а *m* 1. Durchfluß, Verbindungskanal 2. Nebenarm *eines Flusses* 3. *anat* Kanal, Gang

протокол, -а *m* Protokoll; состáвить ~ ein Protokoll aufnehmen; занести в ~ zu Protokoll geben

протолкать, -áю, -áешь; протóлканный, -ан, -а *v umg* hindurch-, hineinstoßen *mit mehreren Stößen* || *uv* протáлкивать, -аю, -аешь

протолкаться, -áюсь, -áешься *v umg* sich durchdrängen || *uv* протáлкиваться, -аюсь, -аешься

протолкнуть, -нý, -нёшь; протóлкнутый, -ут, -а *v* 1. durchstoßen; hineinstoßen, hineindrücken 2. *übtr umg* in Gang [Schwung] bringen, beschleunigen || *uv* протáлкивать, -аю, -аешь

протолкнуться, -нýсь, -нёшься *v umg* sich mühsam durchdrängen || *uv* протáлкиваться, -аюсь, -аешься

протон, -а *m* Proton

протопить, -топлю, -тóпишь; -тóпленный, -тóплен, -а *v* durchheizen, tüchtig heizen

про|топтать* *v* 1. (aus)treten; ~ тропинку einen Pfad treten 2. *umg* durchlaufen, abtreten; ~ подóшвы die Sohlen durchlaufen || *uv* протáптывать, -аю, -аешь

проторговаться, -гýюсь, -гýешься *v* 1. *umg* beim Handel Verluste erleiden, Pleite machen 2. eine Zeitlang handeln, feilschen || *uv* **проторго́вываться,** -аюсь, -аешься *zu* 1

проторённый, -ая, -ое eingefahren, ausgetreten *Weg*; *übtr* gewohnt

протори́ть, -рю́, -ри́шь; -рённый, -рён, -рена́ *v* ausfahren, austreten, bahnen *Weg* || *uv* проторя́ть, -я́ю, -я́ешь

проторча́ть, -чу́, -чи́шь *v volksspr* eine Zeitlang sich aufhalten, herumstehen

проторя́ть *uv zu* протори́ть

прототи́п, -а *m buchspr* Prototyp, Ur-, Vorbild

прото́чный, -ая, -ое: -ая вода́ fließendes Wasser; ~ пруд Teich mit Abfluß

протра́ва, -ы *f* Beize

протрави́ть, -авлю́, -а́вишь; -а́вленный, -а́влен, -а *v* **1.** (ein)ätzen **2.** beizen **3.**: ~ за́йца einen Hasen bei der Hetzjagd entkommen lassen || *uv* **протра́вливать,** -аю, -аешь *u.* **протравля́ть,** -я́ю, -я́ешь *zu* 1 *u.* 2

протра́ливать *uv zu* протра́лить

протра́лить, -лю, -лишь; -ленный, -лен, -а *v* Minen suchen, von Minen säubern || *uv* протра́ливать, -аю, -аешь

протрезви́ться, -влю́сь, -ви́шься *v* (wieder) nüchtern werden *nach einem Rausch* || *uv* протрезвля́ться, -я́юсь, -я́ешься

протрезвле́ние, -я *n* Ernüchterung; Nüchternwerden *nach einem Rausch*

протрезвля́ться *uv zu* протрезви́ться

протруби́ть, -блю́, -би́шь *v* **1.** Trompete blasen, trompeten **2.** *umg* ausposaunen

протубера́нец, -нца, *I* -нцем, *G Pl* -нцев *m astr* Protuberanz

протуха́ть *uv zu* проту́хнуть

проту́хнуть, *1. u. 2. Pers ungebr*, -нет; проту́х, -ла *v* verfaulen, verderben *Lebensmittel* || *uv* протуха́ть, -а́ет

проту́хший, -ая, -ее faulig; angegangen

протыка́ть *uv zu* проткну́ть

протя́гивать(ся) *uv zu* протяну́ть(ся)

протяже́ние, -я *n* **1.** Ausdehnung; Strecke; на -и пяти́ киломе́тров auf einer Strecke von fünf Kilometern **2.** Zeitspanne, -raum; на -и пяти́ дней im Laufe von fünf Tagen; на -и (це́лой) неде́ли eine (ganze) Woche lang

протяжённость, -и *f* Ausdehnung, Dimension

протя́жный, -ая, -ое; *Kzf* -жен, -жна **1.** gedehnt, langgezogen *Laut* **2.** -о *Adv*: говори́ть -о die Worte dehnen

протяну́ть, -яну́, -я́нешь; -я́нутый, -я́нут, -а *v* **1.** ziehen, spannen; ~ телефо́н Telefon legen; ~ верёвку eine Leine ziehen **2.** ausstrecken, entgegenstrecken, reichen; ~ ру́ку по́мощи die helfende Hand bieten **3.** gedehnt sprechen, dehnen *Ton* **4.** *umg* hinziehen, in die Länge ziehen ◇ больно́й недо́лго протя́нет *umg* der Kranke wird nicht mehr lange leben; но́ги ~ *volksspr* abkratzen, sterben || *uv* протя́гивать, -аю, -аешь

протяну́ться, -яну́сь, -я́нешься *v* **1.** sich (aus)strecken, sich ausgestreckt hinlegen **2.** *1. u. 2. Pers ungebr umg* sich hinziehen, sich in die Länge ziehen **3.** *1. u. 2. Pers ungebr umg* sich erstrecken, sich ausdehnen || *uv* протя́гиваться, -аюсь, -аешься

проу́лок, -лка *m volksspr* Gasse

проу́чивать *uv zu* проучи́ть

проучи́ть, -учу́, -у́чишь; -у́ченный, -у́чен, -а *v* **1.** *umg* (j-n) zurechtweisen, (j-m) einen Denkzettel geben **2.** eine Zeitlang lernen, (ein)studieren || *uv* проу́чивать, -аю, -аешь *zu* 1

проучи́ться, -учу́сь, -у́чишься *v* eine Zeitlang lernen [studieren]

проф. (профе́ссор) Professor

проф- *in Zuss Abk für* **1.** профессиона́льный Berufs- **2.** профсою́зный Gewerkschafts-, gewerkschaftlich

профа́н, -а *m* Laie; я ~ в матема́тике ich verstehe nichts von Mathematik

профана́ция, -и *f buchspr* Entweihung, Mißbrauch

профани́ровать, -рую, -руешь; -рованный, -рован, -а *v*, *uv buchspr* entweihen, mißbrauchen

проф|биле́т, -а *m* (профсою́зный биле́т) Gewerkschaftsbuch, Gewerkschaftsausweis; **~движе́ние,** -я *n* (профессиона́льное движе́ние) Gewerkschaftsbewegung

профессиона́л, -а *m*: фото́граф-~ Berufsphotograph; спортсме́н-~ Berufssportler

профессиона́льный, -ая, -ое **1.** Berufs-; -ая шко́ла Berufsschule; ~ сою́з Gewerkschaft **2.** berufsmäßig, von Beruf

профе́ссия, -и *f* Beruf; по -и von Beruf

профе́ссор, -а, *Pl* профессора́, -о́в, -а́м *m* Professor

профе́ссорский, -ая, -ое Professoren-
профессу́ра, -ы *f* 1. Professur 2. *Koll* Professorenschaft, die Professoren
профила́ктика, -и *f* Prophylaxe, Vorbeugung
профилакти́ческий, -ая, -ое prophylaktisch, vorbeugend
профилакто́рий, -я, *P* -и, *G Pl* -ев *m* prophylaktisches (Betriebs-) Sanatorium; ночно́й ~ Nachtsanatorium
про́филь, -я *m* 1. Profil, Seitenansicht 2. *tech* Profil, Querschnitt 3. *übtr* Fach; Fachkenntnisse *für einen bestimmten Beruf*; Spezialisierung
про́фильный, -ая, -ое Profil-, Querschnitt-
профильтрова́ть, -ру́ю, -ру́ешь; -ро́ванный, -ро́ван, -а *v* filtern, filtrieren || *uv* **профильтро́вывать,** -аю, -аешь
Профинте́рн, -а *m* (Кра́сный Интернациона́л профсою́зов) Rote Gewerkschaftsinternationale *bis 1937*
проф|ко́м, -а *m* (профсою́зный комите́т) (Betriebs-) Gewerkschaftsleitung, BGL; **~о́рг,** -а *m* (профсою́зный организа́тор) Gewerkschaftsorganisator; **~организа́ция,** -и *f* (профсою́зная организа́ция) Gewerkschaftsorganisation
профо́рма, -ы *f umg* äußere Form; э́то проста́я ~ das ist eine reine Formsache; для [ра́ди] -ы pro forma, zum Schein; соблюда́ть -у den Schein wahren
проф|рабо́тник, -а *m* (профсою́зный рабо́тник) Gewerkschaftsfunktionär; **~сою́з,** -а *m* (профессиона́льный сою́з) Gewerkschaft; **~сою́зный,** -ая, -ое Gewerkschafts-, gewerkschaftlich; **~шко́ла,** -ы *f* (профсою́зная шко́ла) Gewerkschaftsschule
проха́живать *uv zu* ²проходи́ть
проха́живаться *uv zu* пройти́сь
прохарчи́ться, -чу́сь, -чи́шься *v volkssрr* 1. alles Geld verfressen 2. sich durchschlagen, sich über Wasser halten
прохвати́ть, -ачу́, -а́тишь; -а́ченный, -а́чен, -а *v* 1. *umg 1. u. 2. Pers ungebr* durch und durch gehen, durch Mark und Bein dringen 2. *volkssрr* durchhecheln, heruntermachen, herunterreißen || *uv* **прохва́тывать,** -аю, -аешь
прохво́ст, -а *m umg derb* Schurke, Halunke
прохла́да, -ы *f* Kühle, Frische
прохла́дец, -дца *m u.* **прохла́дца,** -ы *f*: с -дцем [-дцей] *volkssрr* gleichgültig, lässig, ohne Eifer
прохлади́тельный, -ая, -ое; *Kzf* -лен, -льна 1. erfrischend, kühlend; ~ напи́ток Erfrischungsgetränk 2. -ое, -ого *Subst n* Erfrischungsgetränk
прохлади́ться, -ажу́сь, -ади́шься *v umg* sich (im Freien) abkühlen, erfrischen || *uv* прохлажда́ться, -а́юсь, -а́ешься
прохла́дный, -ая, -ое; *Kzf* -ден, -дна 1. kühl, frisch 2. *übtr* kühl, abweisend
прохла́дца ↑ прохла́дец
прохлажда́ться, -а́юсь, -а́ешься *uv umg* 1. *uv zu* прохлади́ться 2. sich Zeit lassen, sich nicht beeilen 3. seine Zeit in Muße verbringen, müßig sitzen
прохо́д, -а *m* Durchgang; го́рный ~ Gebirgspaß; -а нет! kein Durchgang!, Durchgang verboten! ◇ за́дний ~ *anat* After; он мне не даёт -у *oder* прохо́ду [-а] нет от него́ er läßt mir keine Ruhe, er stellt mir überall nach
проходи́мец, -мца, *I* -мцем, *G Pl* -мцев *m umg* Gauner
проходи́мость, -и *f* Geländegängigkeit
проходи́мый, -ая, -ое; *Kzf* -и́м, -а durchquerbar, passierbar
[1]**проходи́ть** *uv zu* пройти́
[2]**проходи́ть,** -хожу́, -хо́дишь *v* 1. eine Zeitlang hin und her gehen, herumgehen; ~ весь день по го́роду den ganzen Tag in der Stadt herumlaufen 2. gehen, laufen, in Betrieb sein *von Mechanismen, Maschinen* || *uv iterativ* проха́живать, -аю, -аешь *zu* 1
прохо́дка, -и *f berg* Streckenvortrieb
проходно́й, -а́я, -о́е 1. Durchgangs-; ~ двор Durchgangshof, Passage; -а́я конто́ра Pförtnerloge 2. -а́я, -о́й *Subst f* Pförtnerloge ◇ э́то не дом, а ~ двор *umg* hier geht es zu wie in einem Taubenschlag
прохо́жий, -ая, -ее 1. umherziehend, fahrend 2. -его *Subst m* Passant
Про́хор, -а *m männl Vn*
про|цвести́* *v* 1. *übtr* blühen, gedeihen, aufblühen, sich erfolgreich entwickeln 2. eine Zeitlang blühen
процвета́ние, -я *n übtr* Gedeihen, Blühen, Blüte
процвета́ть, -а́ю, -а́ешь *uv übtr* blühen, gedeihen, aufblühen, sich erfolgreich entwickeln
процеди́ть, -ежу́, -е́дишь; -е́женный, -е́жен, -а *v* durchseihen, filtrieren ◇

~ сквозь зу́бы zwischen den Zähnen murmeln ‖ *uv* процéживать, -аю, -аешь

процеду́ра, -ы *f* **1.** Prozedur, Verfahren; вопрóсы -ы Geschäftsordnung; судéбная ~ Gerichtsverfahren **2.** *med* Heilverfahren *Bäder, Massage usw.*

процеду́рная, -ой *Subst f med* Behandlungszimmer

процéживать *uv zu* процеди́ть

процéнт, -а *m* **1.** Prozent, Prozentsatz; в -ах prozentual; на сто -ов zu hundert Prozent **2.** *meist Pl* Gewinn, Zinsen; слóжные -ы Zinseszinsen; исчислéние -ов Prozentrechnung, Zinsrechnung; размéр -а Zinsfuß ◇ на все сто (процéнтов) *umg* hundertprozentig, völlig

процéнтный, -ая, -ое **1.** prozentual **2.** Zinsen tragend; ~ заём verzinsliche Anleihe; -ые бумáги Wertpapiere

процéсс, -а *m* Prozeß *a. jur*; Verlauf; произвóдственный ~ Produktionsprozeß; в -е игры́ im Verlauf des Spiels; вести́ ~ einen Prozeß führen; ~ рóста Wachstumsprozeß

процéссия, -и *f* Prozession, Zug; трáурная ~ Trauerzug

процити́ровать, -рую, -руешь; -рованный, -рован, -а *v* zitieren

прочёркивать *uv zu* прочеркну́ть

прочеркну́ть, -ну́, -нёшь; прочёркнутый, -ут, -а *v* durchstreichen *Spalte im Fragebogen* ‖ *uv* прочёркивать, -аю, -аешь

про|чесáть* *v* **1.** durchkämmen; durchhecheln *Flachs*; *übtr umg mil* durchkämmen, -suchen **2.** *volksspr* aufkratzen, wundkratzen ‖ *uv* прочёсывать, -аю, -аешь

про|чéсть* *v umg* **1.** (durch)lesen **2.** vorlesen, rezitieren **3.** halten *Vortrag*

прочёсывать *uv zu* прочесáть

прочёт, -а *m volksspr* Rechenfehler

прóчий, -ая, -ее **1.** übriger, anderer **2.** -ие, -их *Subst Pl* die anderen, die übrigen *Personen* ◇ и -ее und anderes mehr; мéжду -им unter anderem; übrigens

прочи́стить, -и́щу, -и́стишь; -и́щенный, -и́щен, -а *v* reinigen, (aus)putzen ‖ *uv* прочищáть, -áю, -áешь

прочитáть, -áю, -áешь; прочи́танный, -ан, -а *v* **1.** (durch)lesen **2.** vorlesen, rezitieren **3.** halten *Vortrag* ‖ *uv* **прочи́тывать,** -аю, -аешь *zu* **1**

прóчить, -чу, -чишь *uv* ausersehen (als), vorsehen (für, zu); э́ту пшени́цу прóчили на семенá dieser Weizen ist als Saatgut vorgesehen

прочищáть *uv zu* прочи́стить

прóчность, -и *f* Haltbarkeit, Festigkeit, Dauerhaftigkeit; Beständigkeit; ~ на пробóй *el* Durchschlagsfestigkeit; ~ на разры́в Reiß-, Bruchfestigkeit

прóчный, -ая, -ое; *Kzf* -чен, -чнá! haltbar, fest, dauerhaft *a. übtr*; ~ мир dauerhafter Frieden

прочтéние, -я *n* Durchlesen; по -ю nach dem (Durch-) Lesen

прочу́вствованный, -ая, -ое tief empfunden, vom Gefühl durchdrungen, gefühlvoll

прочу́вствовать, -твую, -твуешь; -твованный, -твован, -а *v A* **1.** sich einfühlen (in) **2.** tief empfinden

прочь **1.** *Adv* fort, weg **2.** *prädikativ* fort!, weg!; ~ с дорóги! aus dem Wege!, Platz da!, Platz gemacht!; ~ с глаз мои́х! geh mir aus den Augen!; ру́ки ~ от ...*G*! Hände weg von ...! ◇ я не ~ *umg* ich habe nichts dagegen, ich bin nicht abgeneigt; я не ~ погуля́ть ich habe nichts gegen einen Spaziergang

прошéдший, -ая, -ее **1.** vergangen, verflossen, vorig; -ее врéмя *gram* Vergangenheit, Präteritum **2.** -ее, -его *Subst n* Vergangenheit, das Vergangene

прошéние, -я *n alt* Gesuch, Bittschrift

про|шептáть* *v* (zu)flüstern

прошéствие, -я *n*: по -и (срóка) *buchspr* nach Ablauf (der Frist); по -и двух лет nach [in] zwei Jahren

прошибáть *uv zu* прошиби́ть

про|шиби́ть* *v* **1.** *umg* durchschlagen, einschlagen **2.** *volksspr* durchdringen; пот егó прошиб der Schweiß brach ihm aus allen Poren; озноб егó прошиб ein Fieberschauer durchschüttelte ihn ‖ *uv* прошибáть, -áю, -áешь

прошивáть *uv zu* проши́ть

проши́вка, -и, *Pl G* -вок, *D* -вкам *f* **1.** Annähen **2.** *text* Spitzeneinsatz

прошивнóй, -áя, -óе durchgenäht, durchgesteppt

про|ши́ть* *v* durchnähen, durchsteppen ‖ *uv* прошивáть, -áю, -áешь

прошлогóдний, -яя, -ее vorjährig

прóшлый, -ая, -ое **1.** vergangen, vorig; на -ой недéле vorige Woche; ~

раз das letzte Mal 2. -ое, -ого *Subst n* Vergangenheit ◇ отойти́ в -ое in Vergessenheit geraten; э́то де́ло -ое das gehört der Vergangenheit an
прошля́пить, -плю, -пишь *v volksspr* verpassen, verdösen
прошмы́гивать *uv zu* прошмыгну́ть
прошмыгну́ть, -ну́, -нёшь *v umg* (durch)schlüpfen, (durch)huschen ‖ *uv* прошмы́гивать, -аю, -аешь
прошнурова́ть, -ру́ю, -ру́ешь; -ро́ванный, -ро́ван, -а *v* mit einer Schnur durchnähen, auf eine Schnur aufreihen ‖ *uv* **прошнуро́вывать,** -аю, -аешь
проштра́фиться, -флюсь, -фишься *v umg* sich etw. zuschulden kommen lassen, sich strafbar machen
проштуди́ровать, -рую, -руешь; -рованный, -рован, -а *v* studieren, gründlich lernen
проща́льный, -ая, -ое Abschieds-
проща́ние, -я *n* Abschied; на ~ zum Abschied
проща́ть, -а́ю, -а́ешь *uv* 1. *uv zu* прости́ть 2. *Imp* проща́й(те)! lebe(n Sie) wohl!
проща́ться *uv zu* прости́ться
про́ще ↑ ¹просто́й
процелы́га, -и *m, f volksspr* Gauner, Schurke
проще́ние, -я *n* Verzeihung, Vergebung; проси́ть -я um Verzeihung bitten
прощу́пать, -аю, -аешь; -анный, -ан, -а *v* 1. abtasten 2. *übtr* prüfen, auf den Zahn fühlen; sondieren ‖ *uv* **прощу́пывать,** -аю, -аешь
проэкзаменова́ть, -ну́ю, -ну́ешь; -но́ванный, -но́ван, -а *v* examinieren, prüfen
прояви́тель, -я *m phot* Entwickler
прояви́ть, -явлю́, -я́вишь; -я́вленный, -я́влен, -а *v* 1. *phot* entwickeln 2. zeigen, bekunden, an den Tag legen; ~ себя́ с хоро́шей стороны́ sich von der besten Seite zeigen; ~ интере́с к чему́-н. Interesse für etw. zeigen; ~ нетерпе́ние Ungeduld zeigen ‖ *uv* проявля́ть, -я́ю, -я́ешь
прояви́ться, *1. u. 2. Pers ungebr*, -я́вится *v* sich zeigen, hervortreten, zutage treten ‖ *uv* проявля́ться, -я́ется
проя́вка, -и *f phot* Entwickeln
проявле́ние, -я *n* 1. *phot* Entwickeln 2. Äußerung, Bekundung; Erscheinung(sform)
проявля́ть(ся) *uv zu* прояви́ть(ся)
проя́снеть, *1. u. 2. Pers ungebr*, -еет *v umg* sich aufheitern, sich aufklären *Wetter* ‖ *uv* **проясни́вать,** -ает
проясни́ться, *1. u. 2. Pers ungebr*, -и́тся *v umg* 1. sich aufklären, sich aufheitern *Wetter* 2. *übtr* sich aufklären 3. deutlich hervortreten ‖ *uv* **проясня́ться,** -я́ется
пру ↑ пере́ть
пруд, -а́, *P* о пруде́, в [на] пруду́ *m* Teich
пруди́ть, пружу́, пру́ди́шь *uv* abdämmen, eindämmen ◇ хоть пруд пруди́ *umg* im Überfluß, wie Sand am Meer
прудово́й, -а́я, -о́е Teich-
пружи́на, -ы *f* 1. Feder, Sprungfeder 2. Triebfeder, treibende Kraft ◇ нажа́ть все -ы *umg* alle Hebel in Bewegung setzen
пружи́нистый, -ая, -ое; *Kzf* -ист, -а federnd, elastisch
пружи́нить, -ню, -нишь *uv* 1. *1. u. 2. Pers ungebr* federn, elastisch sein 2. federn lassen
пружи́ниться, *1. u. 2. Pers ungebr*, -нится *uv umg* federn, elastisch sein
пружи́нный, -ая, -ое Feder-, Sprungfeder-
руса́к, -а́ *m* rötliche Schabe
прусса́к, -а́ *m* Preuße
Пру́ссия, -и *f hist* Preußen
пру́сский, -ая, -ое preußisch
прут, -а *u.* -а́ *Pl* пру́тья, -ьев, -ьям *m* 1. Gerte, Rute 2. (Metall-) Stab, Stange
Прут, -а *m* Prut *Fluß*
прутяно́й, -а́я, -о́е aus Ruten geflochten
прыг *prädikativ umg* sprang; mit einem Sprung [Satz]
пры́галка, -и *f* (*Pl in derselben Bedeutung wie Sg* пры́галки, -лок, -лкам) *umg* Sprungseil
пры́гать, -аю, -аешь *uv* springen, hüpfen ‖ *v mom* **пры́гнуть,** -ну, -нешь
прыгу́н, -а́ *m Sport* Springer
прыгу́нья, -ьи, *Pl G* -ний, *D* -ньям *f* Springerin
прыжо́к, -жка́ *m* Sprung, Satz; ~ в длину́ Weitsprung; ~ в высоту́ Hochsprung; ~ с шесто́м Stabhochsprung; -жки́ в во́ду Kunstspringen; -жки́ с вы́шки Turmspringen; тройно́й ~ Dreisprung; -жки́ на лы́жах Schispringen; ~ с ме́ста [с разбе́га] Sprung aus dem Stand [Anlauf]; ~ с парашю́том Fallschirmabsprung

прыскать *uv zu* прыснуть

прыскаться, -аюсь, -аешься *uv umg* sich bespritzen

прыснуть, -ну, -нешь *v umg* **1.** (be)-spritzen, besprengen **2.** *1. u. 2. Pers ungebr* (hervor)spritzen, -sprudeln **3.**: ~(со́ смеху) herausplatzen, in ein Gelächter ausbrechen ‖ *uv* пры́скать, -аю, -аешь

пры́ткий, -ая, -ое; *Kzf* -ток, -тка́!; *Komp* пры́тче *umg* flink, hurtig; wendig

пры́ткость, -и *f umg* Flinkheit, Wendigkeit

пры́тче ↑ пры́ткий

прыть, -и *f umg* Flinkheit, Behendigkeit ◇ во всю ~ in vollem Galopp; so schnell man kann

прыщ, -а́, *I* -о́м, *G Pl* -е́й *m* Pickel; в -а́х voller Pickel, picklig

прыща́вый, -ая, -ое; *Kzf* -а́в, -а *umg* voller Pickel, picklig

прыщева́тый, -ая, -ое; *Kzf* -а́т, -а *umg* voller Pickel, picklig

пряде́ние, -я *n* Spinnen

пря́деный, -ая, -ое gesponnen

пряди́льный, -ая, -ое Spinn-; ~ цех *oder* -ая фа́брика Spinnerei

пряди́льня, -и, *Pl G* -лен, *D* -льням *f alt* Spinnerei

пряди́льщик, -а *m* Spinner

пряди́льщица, -ы, *I* -ей *f* Spinnerin

пряду́ ↑ прясть

прядь, -и *f* **1.** (Haar-) Strähne, Locke **2.** Strang

пря́жа, -и, *I* -ей *f* Garn

пря́жка, -и, *Pl G* -жек, *D* -жкам *f* Schnalle

пря́лка, -и, *Pl G* -лок, *D* -лкам *f* Spinnrad

прямизна́, -ы́ *f* Geradheit

прямико́м *Adv umg* geradewegs, schnurstracks

пря́мо *Adv* **1.** gerade; держа́ться ~ sich geradehalten **2.** geradeaus; иди́те ~ gehen Sie geradeaus **3.** direkt, unmittelbar; ~ к де́лу unmittelbar zur Sache; ~ к це́ли direkt zum Ziel; спать ~ на земле́ auf der bloßen Erde schlafen **4.** offen, geradeheraus; ohne Umschweife **5.** *umg* wirklich, direkt, geradezu; э́то — ~ наказа́ние das ist direkt [geradezu] eine Strafe ◇ ~-таки tatsächlich, wirklich, direkt

прямо- *in Zuss* gerad-

прямо|ду́шие, -я *n* Offenherzigkeit, Geradheit; **~ду́шный,** -ая, -ое; *Kzf* -шен, -шна, offenherzig, aufrichtig

прямо́й, -а́я -ое; *Kzf* прям, -а́! **1.** gerade; glatt; идти́ -о́й доро́гой den geraden Weg gehen *a übtr* **2.** direkt, durchgehend, Durchgangs-; -о́е сообще́ние direkte (Eisenbahn-) Verbindung **3.** direkt *a. gram*, unmittelbar; -ы́е вы́боры direkte Wahlen; -а́я отве́тственность die unmittelbare Verantwortung; -а́я речь direkte Rede; -о́е дополне́ние *gram* direktes Objekt **4.** aufrichtig, offen **5.** *umg* wirklich, unbedingt; -а́я потре́бность ein wirkliches Bedürfnis; тебе́ ~ расчёт е́хать на тролле́йбусе es lohnt sich für dich wirklich mit dem Obus zu fahren **6.** -а́я, -о́й *Subst f math* Gerade ◇ ~ смысл der eigentliche [wahre] Sinn; ~ у́гол rechter Winkel; -а́я ли́ния *math* Gerade; -а́я кишка́ Mastdarm

прямолине́йный, -ая, -ое; *Kzf* -е́ен, -е́йна **1.** geradlinig **2.** *übtr* geradlinig, aufrichtig, offen

прямота́, -ы́ *f* Aufrichtigkeit, Offenheit

прямо|уго́льник, -а *m* Rechteck; **~уго́льный,** -ая, -ое rechtwinklig

пря́ник, -а *m* Pfefferkuchen

пря́ность, -и *f* **1.** Gewürz **2.** Würzigkeit, Würze

пря́ный, -ая, -ое; *Kzf* прян, -а **1.** würzig, gewürzt, scharf **2.** *übtr* gewürzt; -ые расте́ния Gewürzpflanzen

¹прясть* *uv* spinnen

²прясть*, *1. u. 2. Pers ungebr, uv*: ~ уша́ми die Ohren spitzen, mit den Ohren spielen *Pferd, Hund u. a.*

пря́тать* *uv* **1.** verstecken, verbergen **2.** einstecken ‖ *v* спря́тать

пря́таться* *uv* sich verstecken, sich verbergen; ~ от дождя́ sich vor dem Regen unterstellen ‖ *v* спря́таться

пря́тки, -ток, -ткам *Pl* Versteckspiel; игра́ть в ~ Versteck spielen

пря́ха, -и *f* (Hand-) Spinnerin

пря́чу ↑ пря́тать

псало́м, -лма́ *m* Psalm

псало́мщик, -а *m* Kirchendiener

псалты́рь, -и *f u. umg* **псалты́рь, -я́** *m rel* Psalter

пса́рный, -ая, -ое Hunde-; ~ двор Hundezwinger

пса́рня, -и, *Pl G* -рен, *D* -рням *f* Hundezwinger, Hundehaus *für Jagdhunde*

псевдонау́чный, -ая, -ое; *Kzf* -чен, -чна pseudowissenschaftlich

псевдони́м, -а *m* Pseudonym

пси́ный, -ая, -ое *umg* Hunde-

псих, -а *m* seelisch unausgeglichener

Mensch; он ~ *volksspr derb* er spinnt, er hat einen Vogel

психастéник [тэ], -а *m umg* Psychastheniker, nervenschwacher Mensch

психиатри́ческий, -ая, -ое psychiatrisch; -ая кли́ника Nervenklinik

психиатри́я, -и *f* Psychiatrie

пси́хика, -и *f* Psyche, seelische Verfassung

психи́ческий, -ая, -ое psychisch, seelisch; -ие болéзни Geistes- und Gemütskrankheiten; -и больнóй Geisteskranker; Nervenkranker

психовáть, психу́ю, психу́ешь *uv volkssp*r sich unnütz aufregen, nervös werden, die Nerven verlieren

психóз, -а *m* Psychose

психóлог, -а *m* Psychologe

психологи́ческий, -ая, -ое psychologisch

психолóгия, -и *f* Psychologie

психотерапи́я, -и *f* Psychotherapie

псковитя́нин, -а, *Pl* -я́не, -я́н, -я́нам *m* Einwohner von Pskow

псóвый, -ая, -ое Hunde-; -ая охóта Hetzjagd

птáшка, -и, *Pl G* -шек, *D* -шкам *f umg* Vögelchen; рáнняя ~ Frühaufsteher(in)

птенéц, -нцá, *I* -нцóм, *G Pl* -нцóв *m* Vogeljunges; желторóтый [мокрорóтый] ~ Grünschnabel

пти́ца, -ы, *I* -ей *f* **1.** Vogel; пéвчая ~ Singvogel; перелётная ~ Zugvogel; хи́щная ~ Raubvogel **2.** *Koll* Geflügel ◇ вáжная ~ *oder* ~ высóкого полёта *übtr umg* großes Tier; не великá ~ *umg* ein unbedeutender Mensch; обстрéлянная [стрéляная] ~ *umg* Schlaukopf, gewitzter Kerl; жить как ~ небéсная sorglos in den Tag hineinleben

птице|вóд, -а *m* Geflügelzüchter(in); **~вóдство,** -а *n* Geflügelzucht; **~лóв,** -а *m* Vogelfänger; **~фéрма,** -ы *f* Geflügelfarm

пти́чий, -ья, -ье Vogel-; ~ двор Geflügelhof ◇ с -ьего полёта aus der Vogelschau; тóлько -ьего молокá нет [недостаёт, не хватáет] *umg scherz* dort gibt es einfach alles, alles ist im Überfluß vorhanden; ~ базáр *zool* Vogelkolonie

пти́чка, -и, *Pl G* -чек, *D* -чкам *f* **1.** *Dem zu* пти́ца kleiner Vogel, Vögelchen **2.** *umg* Häkchen *als Anmerkungszeichen*; постáвить -у ein Häkchen machen

пти́чник, -а *m* **1.** Geflügelhof **2.** Geflügelwärter

пти́чница, -ы, *I* -ей *f* Geflügelwärterin

ПТО (противотáнковая оборóна) Panzerabwehr

пуáнты, -ов *Pl*: на -ах auf den Zehenspitzen *beim Ballett*

пу́блика, -и *f* Publikum, Gesellschaft

публикáция, -и *f* Publikation, Veröffentlichung

публиковáть, -ку́ю, -ку́ешь; -кóванный, -кóван, -а *uv* veröffentlichen, publizieren

публици́стика, -и *f* Publizistik

публицисти́ческий, -ая, -ое publizistisch

публи́чный, -ая, -ое öffentlich; ~ дом Bordell; -ая жéнщина *alt* Prostituierte

пу́гало, -а *n* Vogelscheuche; Schreckgespenst

пу́ганый, -ая, -ое erschreckt ◇ -ая ворóна кустá бои́тся gebranntes Kind scheut das Feuer

пугáть, -áю, -áешь *uv* (er)schrecken, einschüchtern ‖ *v mom* пугну́ть, -ну́, -нёшь

пугáться, -áюсь, -áешься *uv* erschrecken, Angst bekommen; лóшадь пугáется das Pferd scheut

[1]**пугáч,** -á, *I* -óм, *G Pl* -éй *m* Spielzeug-, Kinderpistole

[2]**пугáч,** -á, *I* -óм, *G Pl* -éй *m gbt* Uhu

пугли́вый, -ая, -ое; *Kzf* -и́в, -а furchtsam, scheu

пугну́ть *v mom zu* пугáть

пу́говица, -ы, *I* -ей *f* Knopf

пу́говка, -и, *Pl G* -вок, *D* -вкам *f Dem zu* пу́говица kleiner Knopf ◇ нос -ой *scherz* Stumpfnäschen

пуд, -а, *Pl* пуды́, -óв, -áм *m* Pud *16,38 kg*

пу́дель, -я, *Pl* пу́дели, -ей, -ям *u.* пуделя́, -éй, -я́м *m* Pudel

пу́динг, -а *m* Pudding

пудовóй, -áя, -óе *u* **пудóвый,** -ая, -ое ein Pud schwer; sehr schwer

пу́дра, -ы *f* Puder; сáхарная ~ Staubzucker

пу́дреница, -ы, *I* -ей *f* Puderdose

пу́дреный, -ая, -ое gepudert

пу́дрить, -рю, -ришь *uv* pudern

пузáтый, -ая, -ое; *Kzf* -áт, -а **1.** *volksspr* dickbäuchig **2.** *umg* bauchig *Gefäß*

пу́зо, -а *n volksspr* Bauch, Wanst

пузырёк, -рькá *m* **1.** *Dem zu* пузы́рь Bläschen **2.** Fläschchen

пузы́рчатый, -ая, -ое; *Kzf* -ат, -а mit Blasen bedeckt, voller Blasen

пузы́рь, -я́ *m* **1.** (Luft-) Blase; пускáть

мы́льные -и́ Seifenblasen machen 2. *umg* (Haut-) Blase; ~ от ожо́га Brandblase 3. *anat* Blase; мочево́й ~ Harnblase; жёлчный ~ Gallenblase 4. *Pl* Schwimmkissen; ~ со льдом Eisbeutel 5. *umg scherz* Knirps

пук, -а, *Pl* пуки́, -о́в, -а́м *m* Bündel; Büschel

пулево́й, -а́я, -о́е (Gewehr-) Kugel-; -а́я ра́на Schußwunde

пулемёт, -а *m* Maschinengewehr; станко́вый ~ schweres Maschinengewehr; ручно́й ~ leichtes Maschinengewehr; пистоле́т-~ Maschinenpistole

пулемётный, -ая, -ое Maschinengewehr-; -ая ле́нта Maschinengewehrgurt; -ая то́чка Maschinengewehrnest

пулемётчик, -а *m* Maschinengewehrschütze

пуло́вер, -а *m* Pullover

пульвериза́тор, -а *m* Zerstäuber

пульну́ть *v mom zu* пуля́ть

пульс, -а *m* Puls, Pulsschlag *a. übtr*

пульси́ровать, *1. u. 2. Pers ungebr*, -рует *uv* pulsieren *a. übtr*

пульт, -а *m* 1. Notenpult, Notenständer 2. *tech* Schaltpult, Steuerpult

пу́ля, -и *f* Kugel, Geschoß ◇ лить [отлива́ть] -и *volkssprr* lügen, Sand in die Augen streuen

пуля́рка, -и, *Pl G* -рок, *D* -ркам *f* gemästete Henne

пуля́ть, -я́ю, -я́ешь *uv volksspr* werfen, feuern, schießen ‖ *v mom* пульну́ть, -ну́, -нёшь

пу́ма, -ы *f* Puma, Silberlöwe

пункт, -а *m* 1. Punkt, Stelle; исхо́дный ~ Ausgangspunkt; сбо́рный ~ Sammelpunkt; перевя́зочный ~ *mil* Verbandsplatz; призывно́й ~ *mil* Einberufungsort; медици́нский ~ Sanitätsstelle; населённый ~ Ort(schaft); са́мый высо́кий ~ ме́стности der höchste Punkt im Gelände 2. Punkt, Abschnitt, Paragraph; пове́стка дня состои́т из трёх -ов die Tagesordnung besteht aus drei Punkten; -ы догово́ра die Bestimmungen des Vertrags ◇ расска́зывать по -ам Punkt für Punkt erzählen, alles schön nacheinander erzählen; по всем -ам in jeder Hinsicht

пу́нктик, -а *m* 1. *Dem zu* пункт Pünktchen 2. *umg scherz* Spleen, Marotte, Vogel

пункти́р, -а *m* punktierte Linie

пункти́рный, -ая, -ое punktiert

пунктуа́льный, -ая, -ое; *Kzf* -лен, -льна pünktlich, genau

пунктуа́ция, -и *f gram* Interpunktion

пунцо́вый, -ая, -ое hochrot

пунш, -а, *I* -ем, *G Pl* -ей *m* Punsch

пу́ншевый, -ая, -ое Punsch-

пуп, -а́ *m umg* Nabel

пупови́на, -ы *f* Nabelschnur

пупо́к, -пка́ *m* Nabel

пупо́чный, -ая, -ое Nabel-; -ая гры́жа Nabelbruch

пурга́, -и́ *f* Schneesturm

пу́рпур, -а *m* Purpur

пурпу́рный, -ая, -ое *u.* **пурпу́ровый,** -ая, -ое purpurn, purpurrot

пуск, -а *m* Inbetriebnahme, Ingangsetzung

пуска́й ↑ пусть

пуска́ть(ся) *uv zu* пусти́ть(ся)

пустельга́, -и́ *f* 1. Turmfalke 2. *m, f volksspr* Windbeutel, leichtsinniger Mensch

пусте́ть, *1. u. 2. Pers ungebr*, -е́ет *uv* leer werden, veröden

пусти́ть, пущу́, пу́стишь; пу́щенный, -ен, -а *v* 1. fortlassen, freilassen, loslassen; ~ кого́-н. в о́тпуск j-m Urlaub geben 2. (gehen) lassen, erlauben; ~ дете́й в кино́ die Kinder ins Kino gehen lassen 3. durchlassen, (her)einlassen; ~ жильцо́в Untermieter in die Wohnung nehmen 4. auf die Weide treiben 5. in Gang [Bewegung] setzen; anlassen *Motor*; abfahren lassen *Zug*; ~ змея́ einen Drachen steigen lassen; ~ раке́ту eine Rakete abschießen [steigen lassen]; ~ фонта́н den Springbrunnen spielen lassen; ~ фейерве́рк ein Feuerwerk abbrennen; ~ газ Gas ausströmen lassen; ~ ло́шадь ша́гом das Pferd im Schritt gehen lassen 6. werfen, schießen; ~ ка́мень einen Stein werfen; ~ себе́ пу́лю в лоб sich eine Kugel durch den Kopf jagen 7. *landw* bestimmen (под *A* für); ~ по́ле под рожь ein Feld für Roggenanbau bestimmen 8. sprießen lassen, treiben; ~ ростки́ Schößlinge treiben; ~ по́чки ausschlagen, Knospen treiben; ~ ко́рни Wurzel fassen *a. übtr* ◇ ~ кому́-н. кровь j-n zur Ader lassen; ~ по́ миру *alt* an den Bettelstab bringen; ~ в обраще́ние in Umlauf setzen; ~ по́езд под отко́с einen Zug zum Entgleisen bringen; ~ в прода́жу zum Verkauf bringen;

~ слух ein Gerücht in Umlauf setzen; ~ су́дно ко дну ein Schiff versenken; ~ в ход все сре́дства alle Hebel in Bewegung setzen; kein Mittel unversucht lassen ‖ *uv* пуска́ть, -а́ю, -а́ешь

пусти́ться, пущу́сь, пу́стишься *v umg* **1.** losgehen, sich aufmachen; ~ бежа́ть davonlaufen, losrennen, losstürzen; ~ в путь [в доро́гу] sich auf den Weg machen; ~ в мо́ре in See gehen **2.** в *A oder mit Inf* beginnen; sich (an etw.) machen; sich (auf etw.) einlassen; ~ в риско́ванное предприя́тие sich auf ein riskantes Unternehmen einlassen; ~ на хи́трость *umg* zu einer List greifen **3.** на *A* wagen, riskieren *uv* пуска́ться, -а́юсь, -а́ешься

пу́сто *unpers prädikativ* es ist leer; в ко́мнате бы́ло ~ das Zimmer war leer ◇ чтоб тебе́ [ему́] ~ бы́ло! *volksspr* daß dich [ihn] der Kuckuck hole!

пустова́ть, *1. u. 2. Pers ungebr,* -ту́ет *uv* leer stehen, unbewohnt sein; *landw* brachliegen

пустозво́н, -а *m umg* Schwätzer

пусто́й, -а́я, -о́е; *Kzf* пуст, -а́! **1.** leer; öde; ~ ко́лос [opе́х] taube Ähre [Nuß]; на ~ желу́док auf nüchternen Magen; мой карма́н пуст in meiner Kasse ist Ebbe **2.** hohl **3.** nichtssagend, wertlos; nutzlos, nichtig; -ы́е слова́ leere Worte; ~ биле́т Niete (*Lotterie-*) *Los* **4.** -о́е, -о́го *Subst n* dummes Zeug, Unsinn ◇ -а́я поро́да taubes Gestein; перелива́ть из -о́го в поро́жнее *umg* leeres Stroh dreschen

пустоме́ля, -и, *G Pl* -ей *m, f umg verächtl* Schwätzer(in)

пустосло́в, -а *m umg* Schwätzer

пустосло́вие, -я *n* leeres Gerede, Geschwätz

пустосло́вить, -влю, -вишь *uv umg* Unsinn schwatzen, leeres Stroh dreschen

пустота́, -ы́, *Pl* пусто́ты, -о́т, -о́там *f* **1.** Leere **2.** Nichtigkeit **3.** Hohlraum; Vakuum

пустоте́лый, -ая, -ое hohl, Hohl-; ~ кирпи́ч Hohlziegel

пустоцве́т, -а *m* **1.** taube Blüte **2.** nutzloser Mensch

пу́стошь, -и *f* Ödland; Лю́небургская ~ Lüneburger Heide

пусты́нник, -а *m buchspr* Einsiedler

пусты́нный, -ая, -ое; *Kzf* -нен, -нна **1.** unbewohnt, öde **2.** still, leer

пусты́ня, -и *f* Wüste; Einöde

пусты́рь, -я́ *m* unbebauter Platz *zwischen Häusern*

пусты́шка, -и, *Pl G* -шек, *D* -шкам *f umg* **1.** hohler Gegenstand *z. B. taube Nuß* **2.** Niete *Los* **3.** Lutscher, Schnuller, Nuckel **4.** *übtr* eine Niete, eine Null, nichtiger Mensch

пусть *u. umg* **пуска́й** **1.** *Part mit Verb in der 3. Pers Fut oder Präs* soll, möge; ~ подождёт! soll er warten!; ~ иду́т! sollen [mögen] sie gehen!; ~ бу́дет так! mag es so sein!; ~ бу́дет что бу́дет mag kommen, was wolle **2.** *Konj* mag auch, wenn auch; ~ он оши́бся, но оши́бку мо́жно испра́вить mag er sich auch geirrt haben, so kann man den Fehler doch korrigieren; ~ дождь, я всё равно́ пойду́ домо́й und wenn es auch regnet, ich gehe (trotzdem) nach Hause **3.** *Part* nun gut, mir recht; ну ~, я согла́сен nun gut, ich bin einverstanden; ~ так na schön ◇ ~ его́ [их] soll er doch [sollen sie doch]

пустя́к, -а́ *m umg meist Pl* Bagatelle, Kleinigkeit, Lappalie; мно́го шу́му из-за -о́в viel Lärm um nichts ◇ (э́то) -и́ *umg* das macht nichts; das hat nichts zu bedeuten

пустяко́вый, -ая, -ое *umg* unbedeutend, nichtig

пустя́чный, -ая, -ое *umg* unbedeutend, nichtig

пу́таник, -а *m umg* Wirrkopf

пу́таница, -ы, *I* -ей *f* Wirrwarr, Durcheinander; внести́ -у Verwirrung stiften; невероя́тная ~ heillose Verwirrung

пу́таный, -ая, -ое verwirrt, unklar, verworren

пу́тать, -аю, -аешь *uv* **1.** durcheinanderbringen, in Unordnung bringen; verfitzen **2.** verwirren, aus dem Konzept bringen **3.** *umg* faseln, verworren reden, sich in Widersprüche verwickeln **4.** verwechseln **5.** *umg* в *A in etw. Unangenehmes* verwikkeln, hineinziehen; не пу́тай меня́ в э́то де́ло laß mich aus dem Spiel **6.** fesseln *Pferd*

пу́таться, -аюсь, -аешься *uv* **1.** in Verwirrung geraten, durcheinandergeraten *a. übtr* **2.** *umg* aus dem Konzept kommen; sich in Widersprüche verwickeln; sich verheddern **3.** *umg mißb* sich einmischen, seinen Senf dazugeben **4.** *volksspr* herumschlendern, sich herumtreiben **5.** *volksspr* sich einlassen (с *I* mit)

путёвка, -и, *Pl G* -вок, *D* -вкам *f* **1.** Reisescheck, Einweisungsschein *in ein Sanatorium; zu einem Lehrgang;* ~ в дом о́тдыха Ferien-, Urlaubsscheck **2.** Fahrbefehl ◇ ~ **в жизнь** Rüstzeug für das Leben *Wissen, Fertigkeiten*

путеводи́тель, -я *m* (Reise-) Führer *Buch;* Reisehandbuch; ~ по Москве́ Führer durch Moskau; железнодоро́жный ~ Kursbuch

путево́дный, -ая, -ое: -ая звезда́ Leitstern

путево́й, -а́я, -о́е Weg-, Reise-; ~ знак Wegweiser; -ы́е издéржки Reisespesen, Reisekosten; ~ **сто́рож** Bahnwärter

путе́ец, -е́йца, *I* -е́йцем, *G Pl* -е́йцев *m umg* Eisenbahningenieur; Streckenarbeiter

[1]**путём** *Präpos mit G* durch, mit Hilfe (von)

[2]**путём** *Adv umg* richtig, ordentlich, wie es sich gehört

путепрово́д, -а *m* Überführung; Unterführung *Eisenbahn*

путеукла́дчик, -а *m* Schienenleger *Maschine*

путеше́ственник, -а *m* Reisender; Forschungsreisender

путеше́ствие, -я *n weite* Reise, Forschungsreise; кругосве́тное ~ Weltreise

путеше́ствовать, -ствую, -ствуешь *uv* weit reisen, eine weite Reise unternehmen; отпра́виться ~ auf Reisen gehen

пути́на ,-ы *f* Fischfangsaison

пу́тник, -а *m alt* Wanderer

пу́тный, -ая, -ое *umg* tüchtig, ordentlich, vernünftig; ничего́ -ого не вы́йдет dabei kommt nichts Vernünftiges heraus

путово́й, -а́я, -о́е *anat* Fessel- *bei Pferden*

путч, -а, *I* -ем, *G Pl* -ей *m* Putsch

путчи́ст, -а *m* Putschist

пу́ты *Pl* пут, *Sg gbt* пу́то, -а *n* Fesseln *a. übtr*

путь *G, D, P* -и́, *I* путём *m* (*Deklination wie Feminina auf* -ь) **1.** Weg, Verkehrsweg; са́нный ~ Schlittenbahn; пути́ сообще́ния Verkehrswege; министе́рство путе́й сообще́ния Verkehrsministerium; во́дным путём auf dem Wasserweg; zur See; сухи́м путём auf dem Landweg **2.** Gleis; Strecke; Linie; запа́сный ~ Abstellgleis; подъездно́й ~ Anschlußgleis; слу́жба пути́ Streckendienst *Bahn* **3.** Fahrt, Reise; обра́тный ~ Rückfahrt; Rückweg; счастли́вого пути́! glückliche Reise!; в трёх днях пути́ drei Tagereisen entfernt **4.** (Reise-) Weg, Reiseroute; око́льными путя́ми auf Umwegen; сби́ться с пути́ vom Weg abkommen **5.** Weg, Art und Weise; жи́зненный ~ Lebensweg; лега́льным путём auf legalem Weg; ми́рным путём auf friedliche Weise, auf gütlichem Wege; таки́м путём auf diese Weise ◇ по пути́ unterwegs; нам [мне] с ва́ми по пути́ ich habe den gleichen Weg wie Sie, ich gehe in dieselbe Richtung; нам не по пути́ unsere Wege trennen sich *a. übtr;* сби́ться с ве́рного пути́ auf Abwege geraten; стоя́ть на чьём-н. пути́ j-m im Wege sein; проводи́ть кого́-н. в после́дний ~ j-m die letzte Ehre erweisen

пуф, -а *m* niedriger, gepolsterter Hocker

пух, -а, *P* о пу́хе, в [на] пуху́ *m* Daunen, Flaumfedern; Flaumhaare ◇ разби́ть в ~ и прах *umg* kurz und klein schlagen, völlig zerschlagen; ни -а ни пера́! *umg* Hals- und Beinbruch!

пу́хлый, -ая, -ое; *Kzf* пухл, пухла́! rundlich und weich; aufgedunsen; mollig, dick

пу́хнуть, -ну, -нешь; пу́хнул, -а *u.* пух, -ла; пу́х(нув)ший *uv* anschwellen

пухови́к, -а́ *m* Daunenbett

пухо́вка, -и, *Pl G* -вок, *D* -вкам *f* Puderquaste

пухо́вый, -ая, -ое Daunen-

пучегла́зый, -ая, -ое; *Kzf* -а́з, -а *umg* glotzäugig

пучи́на, -ы *f* **1.** Wasserwirbel, -strudel **2.** (Meeres-) Abgrund, Untiefe **3.** *übtr buchspr* Abgrund

пу́чить, -чу, -чишь *uv* **1.** *unpers umg* (auf)blähen; heben; его́ пу́чит *oder* у него́ живо́т пу́чит er hat Blähungen **2.** *volksspr* anglotzen, aufreißen *Augen;* ~ глаза́ на кого́-н. j-n anstarren

пучо́к, -чка́ *m* **1.** *Dem zu* пук Büschel **2.** (Strahlen-) Bündel **3.** Knoten *Haar*

пу́шечный, -ая, -ое Kanonen- ◇ -ое мя́со Kanonenfutter

пуши́нка, -и, *Pl G* -нок, *D* -нкам *f* Flaumfeder, Flaumhaar, Flöckchen

пуши́стый, -ая, -ое; *Kzf* -и́ст, -а flaumig; wollig; weich

пуши́ть, -шу́, -ши́шь *uv* 1. aufschütteln *Federn* 2. *umg* ausschimpfen, schelten
пу́шка, -и, *Pl G* -шек, *D* -шкам *f* Kanone *Geschütz*; ко́бальтовая ~ *med* Kobaltkanone ◇ взять кого́-н. на -у *volksspr* j-n hinters Licht führen
Пу́шкин, -а *m* Puschkin *Stadt, früher* Ца́рское Село́
пушни́на, -ы *f Koll* Pelzwerk, Rauchwaren
пушно́й, -а́я, -о́е Peltz(tier)-; ~ зверь Pelztier; ~ про́мысел Pelztierjagd
пушо́к, -шка́ *m Dem zu* пух Flaum
пу́ща, -и, *I* -ей *f* dichter Wald
пу́ще *Adv volksspr* mehr, stärker; ~ всего́ am meisten, über alles
пу́щий, -ая, -ее *umg alt* größter ◇ для -ей ва́жности der großen Wichtigkeit halber
Пхенья́н, -а *m* Pjöngjang
ПХЗ (противохими́ческая защи́та) Gasschutz
пчела́, -ы́, *Pl* пчёлы, пчёл, пчёлам *f* Biene
пчели́ный, -ая, -ое Bienen-; ~ у́лей Bienenstock
пчелово́д, -а *m* Bienenzüchter, Imker
пчелово́дство, -а *n* Bienenzucht, Imkerei
пче́льник, -а *m* Bienenstand, Bienengarten
пшени́ца, -ы, *I* -ей *f* Weizen; ярова́я ~ Sommerweizen
пшени́чный, -ая, -ое Weizen-; ~ хлеб Weißbrot
пшённый, -ая, -ое Hirse-; -ая ка́ша Hirsebrei
пшено́, -а́ *n* Hirse(graupen)
пшик, -а *m umg* Nichts, Leere
пыж, -а́, *I* -о́м, *G Pl* -е́й *m* 1. Ladestock 2. *gbt* Bug
пы́жик, -а *m* 1. junges Ren 2. *umg scherz* untersetzter [dicker] Mensch, Dickerchen
пы́житься, -жусь, -жишься *uv umg* 1. sich anstrengen 2. sich aufblasen, wichtig tun
пыл, -а (-у), *P* о пыле, в пылу́ Feuereifer, Leidenschaft; в -у́ сраже́ния [спо́ра] im Eifer des Gefechts
пыла́ть, -а́ю, -а́ешь *uv* flammen, lodern, glühen *a. übtr*; ~ любо́вью vor Liebe brennen
пыленепроница́емый, -ая, -ое staubdicht
пылесо́с, -а *m* Staubsauger
пыли́нка, -и, *Pl G* -нок, *D* -нкам *f* Staubkörnchen
пыли́ть, -лю́, -ли́шь *uv* 1. Staub aufwirbeln 2. staubig machen
пыли́ться, -лю́сь, -ли́шься *uv* staubig werden
пы́лкий, -ая, -ое; *Kzf* -лок, -лка́! hitzig, heftig, aufbrausend; -ая голова́ Hitzkopf
пы́лкость, -и *f* Feurigkeit, Heftigkeit, aufbrausendes Wesen
пыль, -и, *P* о пы́ли, в пыли́ *f* Staub; у́гольная ~ Kohlenstaub ◇ пуска́ть кому́-н. ~ в глаза́ *umg* j-m Sand in die Augen streuen, j-m blauen Dunst vormachen
[1]**пы́льник,** -а *m bot* Staubbeutel, -kolben
[2]**пы́льник,** -а *m umg* Staubmantel
пы́льный, -ая, -ое; *Kzf* -лен, -льна́! staubig, verstaubt; -ая тря́пка Staublappen
пыльца́, -ы́, *I* -о́й *f bot* Blütenstaub
пыре́й, -я, *G Pl* -ев *m bot* Quecke
пырну́ть, -ну́, -нёшь *v I volkssprr* stechen, stoßen
пыта́ть, -а́ю, -а́ешь; пы́танный, -ан, -а *uv* 1. foltern, martern *a. übtr* 2. *gbt* (genau) ausfragen ◇ ~ сча́стья *umg* sein Glück versuchen
пыта́ться, -а́юсь, -а́ешься *uv mit Inf* versuchen ‖ *v* попыта́ться
пы́тка, -и, *Pl G* -ток, *D* -ткам *f* 1. Folter 2. *übtr* Folter, Qual
пытли́вый, -ая, -ое; *Kzf* -ив, -а wißbegierig; forschend; ~ ум Forschergeist
пыхать* *u.* -аю, -аешь *uv umg* 1. *1. u. 2. Pers ungebr* vor Hitze glühen 2. *I* strotzen, strahlen, glühen; он пы́шет здоро́вьем er strotzt vor Gesundheit
пыхте́ть, -хчу́, -хти́шь *uv umg* 1. keuchen, schnaufen 2.: ~ над че́м-н. *umg* schwitzen über etw., schwer fertig werden mit etw.
пы́шка, -и, *Pl G* -шек, *D* -шкам *f* 1. kleiner runder Hefekuchen 2. *umg* Dicke *dicke Frau*; Dickerchen *Kind*
пы́шный, -ая, -ое; *Kzf* -шен, -шна́! 1. leicht und locker 2. üppig, prächtig, prunkvoll
пы́шет ↑ пы́хать
пы́шущий, -ая, -ее: ~ здоро́вьем von Gesundheit strotzend, kraftstrotzend; ~ гне́вом wutschnaubend
пьедеста́л, -а *m* Sockel, Postament
пье́ксы, пьекс *Pl* Finnenstiefel, Schistiefel
пье́са, -ы *f* Theaterstück; Musikstück

пью ↑ пить

пьющий, -его *Subst m* Trinker, Säufer

пьянеть, -ею, -еешь *uv* 1. betrunken werden 2. *übtr* berauscht werden

пьянить, -ню, -нишь *uv* 1. betrunken machen 2. *1. u. 2. Pers ungebr übtr* berauschen; его пьянят успехи die Erfolge sind ihm in den Kopf gestiegen

пьяница, -ы, *I* -ей *m, f* Trinker(in), Trunkenbold

пьянка, -и, *Pl G* -нок, *D* -нкам *f volksspr* Saufgelage

пьянство, -а *n* Trunksucht

пьянствовать, -твую, -твуешь *uv maßlos* trinken, saufen

пьянчуга, -и *m, f volksspr* Säufer

пьяный, -ая, -ое; *Kzf* пьян, пьяна, пьяно, пьяны 1. betrunken 2. berauschend, schnell betrunken machend 3. -ого *Subst m* Betrunkener

пюпитр, -а *m* Notenpult, Büchergestell

пюре [рэ] *n idkl* Püree; картофельное ~ Kartoffelmus

пяденица, -ы, *I* -ей *f zool* Spanner

пядь, -и, *Pl* пяди, пядей, пядям *f* Spanne, Fußbreit *altes Längenmaß* ◇ ни -и земли не отдать [не уступить] keinen Fußbreit [kein Stückchen] Land weggeben; он семи пядей во лбу er ist sehr klug

пялить, -лю, -лишь *uv* 1. (aus)spannen; ~ глаза на кого-н. *volksspr* j-n anstarren 2. *Kleidung* mit Mühe anziehen

пяльцы, -лец, -льцам *Pl* Stickrahmen

пясть, -и *f anat* Mittelhand

пята, -ы, *Pl* пяты, пят, пятам *f* 1. *buchspr alt* Ferse 2. *tech* Zapfen; Kämpfer ◇ с головы до пят von Kopf bis Fuß; по -ам ходить за кем-н. j-m auf dem Fuß [auf Schritt und Tritt] folgen; под -ой unter der Herrschaft, unter dem Joch

пятак, -а *m volksspr* Fünfkopekenstück

пятачок, -чка *m umg* 1. Fünfkopekenstück 2. Schweinerüssel 3. enger Raum; kleiner Platz

пятёрка, -и, *Pl G* -рок, *D* -ркам *f* 1. Fünf *Ziffer*; *umg Straßenbahn, Omnibus der Linie 5*; Gruppe von fünf Personen oder Gegenständen 2. Fünf *Schulzensur „sehr gut", „ausgezeichnet" in der UdSSR* 3. Fünf *Spielkarte* 4. *umg* Fünfrubelschein

пятерня, -и, *G Pl* -ей *f volksspr* flache Hand

пятеро, -ых *kollektives Num* 1. fünf *bei männlichen Subst, die Personen bezeichnen u. bei Pluraliatantum*; нас было ~ wir waren (unser) fünf 2. fünf Paar

пятёрочник, -а *m umg* Schüler, der ständig die Fünf (beste Zensur) bekommt, Musterschüler

пяти- *in Zuss* fünf-

пяти|борье, -ья *n Sport* Fünfkampf; современное ~борье moderner Fünfkampf; **~годичный,** -ая, -ое fünfjährig

пяти|гранник, -а *m math* Fünfflach; **~гранный,** -ая, -ое fünfflächig; **~десятилетие,** -я *n* 1. fünfzig Jahre *Zeitraum* 2. fünfzigster Jahrestag, Fünfzigjahrfeier; fünfzigjähriges Jubiläum; **~десятилетний,** -яя, -ее fünfzigjährig; ~десятилетняя годовщина fünfzigster Jahrestag; **~десятый,** -ая, -ое *Num* fünfzigster; **~дневный,** -ая, -ое fünftägig; **~значный,** -ая, -ое *math* fünfstellig; **~классник,** -а *m* Schüler der fünften Klasse; **~классница,** -ы, *I* -ей *f* Schülerin der fünften Klasse; **~конечный,** -ая, -ое fünfzackig; **~кратный,** -ая, -ое fünfmalig; fünffach; **~курсник,** -а *m* Student des fünften Studienjahres

пятилетие, -я *n* 1. Jahrfünft 2. fünfter Jahrestag, Fünfjahrfeier; fünfjähriges Jubiläum

пяти|летка, -и, *Pl G* -ток, *D* -ткам *f* Fünfjahrplan; **~летний,** -яя, -ее fünfjährig; ~летний план Fünfjahrplan; **~месячный,** -ая, -ое 1. fünfmonatig *Dauer oder Alter* 2. fünfmonatlich; **~минутка,** -и, *Pl G* -ток, *D* -ткам *f umg* Kurzversammlung; **~недельный,** -ая, -ое 1. fünfwöchig *Dauer oder Alter* 2. fünfwöchentlich; **~рублёвка,** -и, *Pl G* -вок, *D* -вкам *f umg* Fünfrubelschein; **~сотлетие,** -я *n* 1. fünfhundert Jahre *Zeitraum* 2. fünfhundertster Jahrestag, Fünfhundertjahrfeier; **~сотлетний,** -яя, -ее fünfhundertjährig; **~сотый,** -ая, -ое *Num* fünfhundertster; **~тонка,** -и, *Pl G* -нок, *D* -нкам *f umg* Fünftonner *LKW*; **~тысячный,** -ая, -ое 1. *Num* fünftausendster 2. aus fünftausend bestehend 3. *umg* im Wert von fünftausend Rubeln

пятить, пячу, пятишь *uv* zurückdrängen, zurückschieben ‖ *v* попятить

пя́титься, пя́чусь, пя́тишься *uv* zurückweichen, rückwärts gehen || *v* попя́титься

пяти|уго́льник, -а *m* Fünfeck; **~уго́льный,** -ая, -ое fünfeckig; **~эта́жный,** -ая, -ое vierstöckig, fünfgeschossig

пя́тка, -и, *Pl G* -ток, *D* -ткам *f* Ferse, Hacken; чуло́к с двойно́й -ой Strumpf mit verstärkter Ferse ◇ показа́ть -и Fersengeld geben; душа́ у него́ в -и ушла́ *umg das* Herz rutschte ihm in die Hosen; то́лько -и сверка́ют (rennen,) so schnell man kann

пятнадцати|ле́тие, -я *n* 1. fünfzehn Jahre *Zeitraum* 2. fünfzehnter Jahrestag, Fünfzehnjahrfeier; fünfzehnjähriges Jubiläum; **~ле́тний,** -яя, -ее fünfzehnjährig

пятна́дцатый, -ая, -ое *Num* fünfzehnter

пятна́дцать, -и *Num* fünfzehn

пятна́ть, -а́ю, -а́ешь *uv* 1. beflecken, besudeln *a. übtr* 2. *umg* abschlagen *beim Fangspiel*; mit dem Ball abschießen

пятна́шки, -шек, -шкам *Pl* Abschlagen *Spiel*

пятни́стый, -ая, -ое; *Kzf* -и́ст, -а fleckig, gefleckt, gesprenkelt

пя́тница, -ы, *I* -ей *f* Freitag

пятно́, -а́, *Pl* пя́тна, -тен, -тнам *n* 1. (Schmutz-) Fleck; в -тнах voller Flecken 2. *übtr* Schandfleck, Makel ◇ со́лнечные пя́тна Sonnenflecken; роди́мое ~ Muttermal

пято́к, -тка́ *m umg* fünf Stück

пя́тый, -ая, -ое 1. *Num* fünfter; -ого числа́ am Fünften (des Monats); -ого ию́ня am fünften Juni; ~ час es geht auf fünf; в -ом часу́ kurz nach vier; -ая часть Fünftel 2. -ая -ой, *Subst f* Fünftel ◇ с -ого на деся́тое *oder* из -ого в деся́тое *übtr* vom Hundertsten ins Tausendste

пять, -и́, *I* -ью *Num* fünf

пятьдеся́т *G, D, P* пяти́десяти, *I* пятью́десятью *Num* fünfzig

пятьсо́т, пятисо́т, пятиста́м, пятьюста́ми, о пятиста́х *Num* fünfhundert

пя́тью *Adv* fünf mal, mit fünf malgenommen; ~ пять fünf mal fünf

Р

раб, -а́ *m* Sklave, Knecht

раб- *in Zuss* рабо́чий Arbeiter-

раба́, -ы́ *nur Sg f* Sklavin

рабко́р, -а *m* (рабо́чий корреспонде́нт) Arbeiterkorrespondent

рабовладе́лец, -льца, *I* -льцем, *G Pl* -льцев *m* Sklavenhalter

рабовладе́льческий, -ая, -ое Sklavenhalter-; ~ строй Sklaverei, Sklavenhalterordnung

рабовладе́ние, -я *n* Sklavenwirtschaft

раболе́пие, -я *n* Kriecherei; Unterwürfigkeit; Liebedienerei

раболе́пный, -ая, -ое; *Kzf* -пен, -пна kriecherisch; sklavisch; servil

раболе́пство, -а *n* Kriecherei; Unterwürfigkeit; Liebedienerei

раболе́пствовать, -твую, -твуешь *uv* kriechen; katzbuckeln (пе́ред *I* vor)

рабо́та, -ы *f* 1. Arbeit; Werk; обще́ственная ~ gesellschaftliche Arbeit; чёрная ~ schwere [grobe] Arbeit; сде́льная ~ Akkordarbeit, Arbeit im Leistungslohn; по́исковая ~ Grundlagenforschung; приня́ться за -у sich an die Arbeit machen; поступи́ть на -у einen Dienst [Posten] antreten 2. Betrieb, Lauf *bei Maschinen* ◇ брать [взять] в -у кого́-н. j-n bearbeiten, j-m die Leviten lesen

рабо́тать, -аю, -аешь *uv* 1. arbeiten; ~ в две сме́ны in zwei Schichten arbeiten; ~ сверхуро́чно Überstunden machen; ~ над кни́гой an einem Buch arbeiten; ~ инжене́ром als Ingenieur arbeiten; ~ спустя́ рукава́ nachlässig arbeiten 2. geöffnet sein *von Institutionen* 3. gehen, laufen, funktionieren; in Betrieb sein *von Maschinen* 4. на *A* arbeiten (für), unterhalten

рабо́таться, -ается *uv unpers*: сего́дня мне хорошо́ рабо́тается heute geht mir die Arbeit leicht von der Hand

рабо́тник, -а *m* 1. Arbeiter 2.: нау́чный ~ Wissenschaftler; парти́йный ~ Parteifunktionär 3. *alt* Landarbeiter, Knecht

рабо́тница, -ы, *I* -ей *f* Arbeiterin; дома́шняя ~ Hausgehilfin

работода́тель, -я *m* Arbeitgeber

рабо|торго́вец, -вца, *I* -вцем, *G Pl* -вцев *m* Sklavenhändler; **~торго́вля,** -и *f* Sklavenhandel

работо|спосо́бность, -и *f* 1. Arbeitsfähigkeit 2. Leistungsfähigkeit; **~спосо́бный,** -ая, -ое; *Kzf* -бен, -бна 1. arbeitsfähig 2. leistungsfähig

работя́га, -и *m*, *f umg* arbeitsamer Mensch

работя́щий, -ая, -ее; *Kzf* -я́щ, -а *umg* arbeitsam, fleißig

рабо́че-крестья́нский, -ая, -ое Arbeiter-und-Bauern-

[1]**рабо́чий,** -его *Subst m* Arbeiter; передово́й ~ Bestarbeiter; подённый ~ Tagelöhner; подсо́бный ~ Hilfsarbeiter; наёмный ~ Lohnarbeiter; высокооплачиваемый ~ hoch bezahlter Arbeiter

[2]**рабо́чий,** -ая, -ее 1. Arbeiter-; ~ класс Arbeiterklasse; -ее движе́ние Arbeiterbewegung 2. Arbeits-; ~ день Arbeitstag; ~ костю́м Arbeitsanzug 3. werktätig 4.: ~ скот Last-, Zugvieh ◇ -ая си́ла a) Arbeitskraft; b) Arbeitskräfte, die Arbeiter; -ие ру́ки Arbeitskräfte; -ее колесо́ Triebrad

рабселько́ры, -ов *Pl* (рабо́чие и се́льские корреспонде́нты) Arbeiter- und Bauernkorrespondenten

ра́бский, -ая, -ое 1. Sklaven- 2. sklavisch

ра́бство, -а *n* Sklaverei, Knechtschaft; быть в -е у кого́-н. *übtr* j-s Sklave sein

рабфа́к, -а *m* (рабо́чий факульте́т) Arbeiter-und-Bauern-Fakultät

рабфа́ковец, -вца, *I* -вцем, *G Pl* -вцев *m* Student der Arbeiter-und-Bauern-Fakultät

рабы́ня, -и *f* Sklavin

равви́н, -а *m* Rabbiner

ра́венство, -а *n* 1. Gleichheit; ~ голосо́в Stimmengleichheit 2. Gleichberechtigung 3.: знак -а *math* Gleichheitszeichen

равне́ние, -я *n mil* (Aus-) Richten; ~ напра́во! Augen rechts!

равни́на, -ы *f* Ebene, Flachland

равно́ 1. *D prädikativ math* (ist) gleich; три плюс два ~ пяти́ drei plus zwei ist (gleich) fünf 2. *Konj buchspr* ebenso wie, auch; ~ как gleichwie, ebenso wie; всё ~, что gleichviel wie, so gut wie 3. *Adv buchspr* in gleicher Weise, gleich ◇ всё ~ a) ganz egal; b) sowieso, trotzdem

равно|бе́дренный, -ая, -ое *math* gleichschenklig; **~ве́сие,** -я *n* Gleichgewicht *a. übtr*; вы́вести из ~ве́сия aus dem Gleichgewicht bringen

равноде́йствующий, -ая, -ее 1. gleichwirkend; -ая си́ла *phys* Resultante 2. -ая, -ей *Subst f phys* Resultante

равно|де́нствие, -я *n* Tagundnachtgleiche; **~ду́шие,** -я *n* Gleichgültigkeit, Teilnahmslosigkeit; **~ду́шный,** -ая, -ое; *Kzf* -шен, -шна gleichgültig, teilnahmslos; **~зна́чный,** -ая, -ое; *Kzf* -чен, -чна gleichbedeutend, identisch; **~ме́рный,** -ая, -ое; *Kzf* -рен, -рна gleichmäßig, gleichförmig; **~пра́вие,** -я *n* Gleichberechtigung; **~пра́вный,** -ая, -ое; *Kzf* -вен, -вна gleichberechtigt; **~си́льный,** -ая, -ое; *Kzf* -лен, -льна 1. gleich stark 2. gleichbedeutend; **~сторо́нний,** -яя, -ее *math* gleichseitig; **~уго́льный,** -ая, -ое *math* gleichwinklig; **~це́нный,** -ая, -ое; *Kzf* -е́нен, -е́нна 1. gleichwertig 2. *übtr* ebenbürtig

ра́вный, -ая, -ое; *Kzf* ра́вен, равна́ gleich; быть -ым кому́-н. в чём-н. j-m gleich sein in etw.; -ым о́бразом gleichfalls, ebenso wie

равня́ть, -я́ю, -я́ешь *uv* 1. gleichmachen 2. vergleichen, gleichstellen (с *I* mit)

равня́ться, -я́юсь, -я́ешься *uv* 1. с *I umg* sich messen, sich gleichstellen; ты не мо́жешь ~ с ним du kannst es nicht mit ihm aufnehmen 2. по *D mil* sich (aus)richten (nach); равня́йсь! richtet euch! 3. sich richten (по *D*, на *A* nach); sich bemühen, es j-m gleichzutun 4. *1. u. 2. Pers ungebr D math* gleich sein, betragen

рагу́ *n idkl* Ragout

рад, -а, -о *prädikativ* 1. *D* froh, erfreut (über); я был о́чень ~ э́тому ich habe mich darüber sehr gefreut 2. *mit Inf*: ~ вас ви́деть ich freue mich, Sie zu sehen ◇ ~-радёшенек heilfroh; ~ не ~ wider Willen, wohl oder übel

рада́р, -а *m* Radar; Radargerät

раде́ть, -е́ю, -е́ешь *uv alt u. volksspr* sich eifrig bemühen (о *P* um)

ра́ди *Präpos mit G* für; wegen; um ... willen; *umg* zum Zweck; ~ меня́ meinetwegen; ~ э́того deswegen; ~ чего́ weswegen, aus welchem Grund; шу́тки ~ spaßeshalber

радиа́тор, -а *m* 1. Kühler *des Motors* 2. Heizkörper *Zentralheizung*
радиа́ция, -и *f phys* Radiation; со́лнечная ~ Sonnenstrahlung
ра́дий, -я, *P* -и *m* Radium
[1]**радика́л,** -а *m pol* Radikaler
[2]**радика́л,** -а *m* 1. *math* Wurzel(zeichen), Radikal 2. *chem* Radikal
радика́льный, -ая, -ое; *Kzf* -лен, -льна radikal; gründlich, entschieden
ра́дио *n idkl* 1. Radio; Funk, Rundfunk; передава́ть по ~ im Rundfunk senden; телегра́мма по ~ Funktelegramm 2. *umg* Radio(gerät), Lautsprecher 3. *umg* (Rund-) Funksendung
радио- *in Zuss* Radio-
радио|акти́вный, -ая, -ое; *Kzf* -вен, -вна radioaktiv; **~веща́ние,** -я *n* Rundfunkübertragung, -sendung
радиовеща́тельный, -ая, -ое: -ая устано́вка Funkanlage; -ая ста́нция Rundfunksendestation
радио|гра́мма, -ы *f* Funkspruch; **~комба́йн,** -а *m* Musiktruhe, -schrank
радио́ла, -ы *f* Rundfunkgerät mit eingebautem Plattenspieler
радио|лока́тор, -а *m* Radargerät, Funkmeßgerät; **~лока́ция,** -и *f* Funkpeilung; **~люби́тель,** -я *m* Radiobastler, Funkamateur; **~мая́к,** -а́ *m* Funkleitsender; **~навига́ция,** -и *f* Funkortung; **~обозрева́тель,** -я *m* Rundfunkkommentator; **~пеленга́тор,** -а *m* Funkpeilanlage; **~переда́тчик,** -а *m* Radiosender, Funksender; **~переда́ча,** -и *f* Rundfunksendung, -übertragung; **~передви́жка,** -и, *Pl G* -жек, *D* -жкам *f rad* Übertragungswagen; **~постано́вка,** -и, *Pl G* -вок, *D* -вкам *f* Hörspiel; **~приём,** -а *m* Rundfunkempfang
радиоприёмник, -а *m* Rundfunkempfänger; карма́нный ~ на полупроводника́х Transistortaschenempfänger
радио|пье́са, -ы *f* Hörspiel; **~свя́зь,** -и *f* Funkverbindung, -verkehr; **~се́ть,** -и, *Pl* -се́ти, -сете́й, -сетя́м *f* Funknetz; **~слу́шатель,** -я *m* Rundfunkhörer; **~ста́нция,** -и *f* Funk-, Rundfunkstation, Sender; **~телекомба́йн,** -а *m* Fernsehtruhe; **~телефони́я,** -и *f* Sprechfunk; **~трансля́ция,** -и *f* Rundfunkdirektübertragung; **~у́зел,** -узла́ *m* Radiozentrale; **~устано́вка,** -и, *Pl G* -вок, *D* -вкам *f* Radio-, Funkanlage; **~фика́ция,** -и *f* Radiofizierung; **~фици́ровать,** -рую, -руешь; -рованный, -рован, -а *v, uv* radiofizieren; **~фототелеграфи́я,** -и *f* Bildfunk, Bildübertragung
ради́ровать, -рую, -руешь *v, uv* funken
ради́ст, -а *m* Funker
ра́диус, -а *m* 1. *math* Radius 2.: ~ де́йствия Aktionsradius, Wirkungsbereich
ра́довать, -дую, -дуешь *uv* erfreuen
ра́доваться, -дуюсь, -дуешься *uv* 1. froh sein 2. *D* sich freuen (über); ~ про себя́ sich im stillen freuen; душа́ ра́дуется es ist eine wahre Freude
ра́достный [сн], -ая, -ое; *Kzf* -тен, -тна froh, freudig
ра́дость, -и *f* Freude; с -ью mit Freuden ◇ на -ях aus lauter Freude
ра́дуга, -и *f* Regenbogen; отлива́ть всеми́ цвета́ми -и in allen Farben des Regenbogens schillern
ра́дужный, -ая, -ое 1. Regenbogen-; regenbogenfarbig 2. *übtr* rosig; -ые перспекти́вы rosige Aussichten ◇ -ая оболо́чка *anat* Regenbogenhaut, Iris
раду́шие, -я *n* herzliches Entgegenkommen, Gastfreundschaft
раду́шный, -ая, -ое; *Kzf* -шен, -шна gastfreundlich, entgegenkommend; ~ приём herzlicher Empfang
раёк, райка́ *m alt* 1. Guckkasten mit auswechselbaren Bildern 2. *theat* Galerie
раж, -а, *I* -ем *m umg* Wut
[1]**раз,** -а, *Pl* разы́, раз, раза́м *m* 1. Mal; два -а zweimal; ещё ~ noch einmal; не́сколько ~ mehrmals; в друго́й ~ ein andermal; в пе́рвый ~ zum erstenmal; ино́й ~ manchmal; за ~ auf einmal; не ~ mehrmals; ~ навсегда́ ein für allemal; вся́кий ~ jedesmal; на э́тот ~ diesmal; ни -у kein einziges Mal 2. *idkl beim Zählen* eins ◇ как ~ gerade; eben; с пе́рвого -а von Anfang an; вот тебе́ ~! *umg* da haben wir's!; в са́мый ~ zur rechten Zeit; ~ за -ом ununterbrochen; ~ от -у von Fall zu Fall
[2]**раз** *Adv* einmal, einst
[3]**раз** *Konj umg* wenn, da . . . schon; ~ так . . . wenn das so ist . . .
разбави́тель, -я *m chem* Verdünnungsmittel
разба́вить, -влю, -вишь; -вленный, -влен, -а *v* verdünnen ‖ *uv* **разбавля́ть,** -я́ю, -я́ешь
разбаза́ривать *uv zu* разбаза́рить
разбаза́рить, -рю, -ришь; -ренный,

-рен, -а *v umg* verschleudern; verschwenden || *uv* разбаза́ривать, -аю, -аешь

[1,2]разба́ливаться *uv zu* [1,2]разболе́ться

разбалова́ться, -лу́юсь, -лу́ешься *v umg* allzu übermütig [ausgelassen] werden, sich gehen lassen

[1,2]разба́лтывать(ся) *uv zu* [1,2]разболта́ть(ся)

разбе́г, -а *m* **1.** Anlauf; с -у [-а] mit Anlauf; со всего́ -а in vollem Lauf **2.** *Sport, flug* Startweg

разбе́гаться, -аюсь, -аешься *v umg* anfangen hin und her zu laufen

разбега́ться *uv zu* разбежа́ться

раз|бежа́ться* *v* **1.** Anlauf nehmen, anlaufen **2.** *1. u. 2. Pers ungebr* auseinanderlaufen ◇ глаза́ у него́ разбежа́лись er wußte nicht, wo er hinsehen sollte; у него́ мы́сли разбежа́лись er war nicht imstande, seine Gedanken zusammenzuhalten || *uv* разбега́ться, -а́юсь, -а́ешься

разбереди́ть, -режу́, -реди́шь; -режённый, -режён, -режена́ *v umg* reizen, aufreiben; aufreißen; ~ ста́рые ра́ны *übtr* alte Wunden aufreißen

разбива́ть(ся) *uv zu* разби́ть(ся)

разби́вка, -и *f* **1.** Anlegen, Errichten; Abstecken; Aufteilung **2.** *typ* Sperrung

разбинтова́ть, -ту́ю, -ту́ешь; -то́ванный, -то́ван, -а *v* den Verband abnehmen (von) || *uv* **разбинто́вывать,** -аю, -аешь

разбинтова́ться, -ту́юсь; -ту́ешься *v umg* **1.** sich den Verband abnehmen **2.** *1. u. 2. Pers ungebr* sich lösen *vom Verband* || *uv* **разбинто́вываться,** -аюсь, -аешься

разбира́тельство, -а *n jur* Untersuchung; Gerichtsverhandlung

разбира́ть, -а́ю, -а́ешь *uv* **1.** *uv zu* разобра́ть **2.** *umg* genau besehen; брать, не разбира́я unbesehen hinnehmen

разбира́ться *uv zu* разобра́ться

разбитно́й, -а́я, -о́е *umg* forsch; gewandt

разби́тый, -ая, -ое zerschlagen, zerbrochen; *übtr* zerschlagen, müde ◇ ~ параличо́м gelähmt

раз|би́ть*, разобью́ *v* **1.** zerschlagen, -brechen; verletzen; beschädigen; ~ нос в кровь die Nase blutig schlagen **2.** *übtr* zerstören, vernichten; zugrunde richten; ~ чьи-н. пла́ны j-s Pläne vereiteln **3.** schlagen, besiegen; ~ в пух и прах kurz und klein schlagen; ~ на́голову aufs Haupt schlagen **4.** (ver)teilen, aufteilen; ~ на гру́ппы in Gruppen einteilen; ~ ла́герь ein Lager aufschlagen **5.** anlegen; ~ сад einen Garten anlegen ◇ ~ до́воды Argumente widerlegen; разби́тый роя́ль verstimmter Flügel || *uv* разбива́ть, -а́ю, -а́ешь

раз|би́ться*, разобью́сь *v* **1.** zerbrechen; zerschellen (обо *A* an) **2.** sich verletzen; ~ на́смерть tödlich stürzen **3.** sich zersplittern; sich (auf)teilen || *uv* разбива́ться, -а́юсь, -а́ешься

разбогате́ть, -е́ю, -е́ешь *v* reich werden

разбо́й, -я, *G Pl* -ев *m* Raub(überfall); морско́й ~ Seeräuberei

разбо́йник, -а *m* Räuber; морско́й ~ Seeräuber; ~ с большо́й доро́ги Straßenräuber

разбо́йничать, -аю, -аешь *uv* räubern

разбо́йнический, -ая, -ое räuberisch, Raub-, Räuber-

разбо́йничий, -ья, -ье Räuber-; ~ прито́н Räuberhöhle; -ья ша́йка Räuberbande

[1]разболе́ться, -е́юсь, -е́ешься *v umg* ernstlich erkranken || *uv* разба́ливаться, -аюсь, -аешься

[2]разболе́ться, *1. u. 2. Pers ungebr*, -ли́тся *v umg* anfangen zu schmerzen || *uv* разба́ливаться, -ается

разбо́лтанный, -ая, -ое; *Kzf* -ан, -анна *umg* undiszipliniert

[1]разболта́ть, -а́ю, -а́ешь; разбо́лтанный, -ан, -а *v umg* **1.** verrühren, verquirlen **2.** lockern *Schraube* || *uv* разба́лтывать, -аю, -аешь

[2]разболта́ть, -а́ю, -а́ешь; разбо́лтанный, -ан, -а *v umg* ausplaudern ◇ ~ секре́т aus der Schule plaudern || *uv* разба́лтывать, -аю, -аешь

[1]разболта́ться, -а́юсь, -а́ешься *v umg* **1.** *1. u. 2. Pers ungebr* sich lockern, wackelig werden **2.** undiszipliniert werden, sich gehen lassen || *uv* разба́лтываться, -аюсь, -аешься

[2]разболта́ться, -а́юсь, -а́ешься *v umg* ins Schwatzen kommen || *uv* разба́лтываться, -аюсь, -аешься

разбомби́ть, -блю́, -би́шь; -блённый, -блён, -блена́ *v* zer-, ausbomben

разбо́р, -а *m* **1.** Untersuchung; ~ де́ла *jur* Verhandlung **2.** *gram* Analyse **3.** Auseinandernehmen, Zerlegen **4.** *alt* Besprechung, Rezension, Kritik **5.** *umg* Auswahl **6.** Ordnen, Sortieren **7.** Sorte ◇ с -ом an-

spruchsvoll, wählerisch; без -а wahllos, ohne Unterschied; лу́чшего -а bester Qualität; прийти́ к ша́почному -у kurz vor Torschluß kommen
разбо́рка, -и *f* 1. (Aus-) Sortieren 2. Auseinandernehmen, Zerlegen; Demontage
разбо́рный, -ая, -ое zerlegbar
разбо́рчивый, -ая, -ое; *Kzf* -ив, -а 1. leserlich; deutlich 2. wählerisch, anspruchsvoll
разбрани́ть, -ню́, -ни́шь; -нённый, -нён, -нена́ *v umg* heftig ausschimpfen
[1]**разбра́сывать** *uv zu* разброса́ть
[2]**разбра́сывать** *uv zu* разбро́сить
разбра́сываться *uv zu* разброса́ться
разбреда́ться *uv zu* разбрести́сь
раз|брести́сь*, *1. u. 2. Pers ungebr, v* auseinanderlaufen, sich zerstreuen ‖ *uv* разбреда́ться, -а́ется
разбро́д, -а *m* Unstimmigkeit
разбро́санный, -ая, -ое zerstreut; auseinandergeworfen
разброса́ть, -а́ю, -а́ешь; разбро́санный, -ан, -а *v* 1. gleichmäßig auseinanderwerfen 2. *umg* umher-, durcheinanderwerfen, zerstreuen 3. *umg* verschwenden *Geld* ‖ *uv* разбра́сывать, -аю, -аешь
разброса́ться, -а́юсь, -а́ешься *v umg* 1. seine Sachen umherwerfen 2. sich ausstrecken, sich rekeln 3. vieles gleichzeitig beginnen; seine Kräfte zersplittern 4. sich auseinanderfalten; sich auflösen *Haar* ‖ *uv* разбра́сываться, -аюсь, -аешься
разбро́сить, -о́шу, -о́сишь; -о́шенный, -о́шен, -а *v umg* auseinanderwerfen; umherwerfen ‖ *uv* разбра́сывать, -аю, -аешь
раз|бры́згать* *v* zerstäuben; verspritzen ‖ *uv* разбры́згивать, -аю, -аешь
разбры́згиватель, -я *m* 1. Zerstäuber; Spritzpistole 2. Brause, Sprenger
разбры́згивать *uv zu* разбры́згать
разбуди́ть, -ужу́, -у́дишь; -у́женный, -у́жен, -а *v* 1. (auf)wecken; разбуди́те меня́ в во́семь часо́в wecken Sie mich um acht Uhr 2. *übtr* (er)wecken
разбуха́ть *uv zu* разбу́хнуть
разбу́хнуть, *1. u. 2. Pers ungebr,* -нет; разбу́х, -ла *v* 1. (auf)quellen; *volksspr* (an)schwellen 2. *übtr* sich aufblähen, anwachsen, anschwellen ‖ *uv* разбуха́ть, -а́ет
разбушева́ться, -шу́юсь, -шу́ешься *v* 1. *1. u. 2. Pers ungebr* zu rasen [zu toben] beginnen 2. *umg* aufbrausen, in Wut geraten
разва́жничаться, -аюсь, -аешься *v umg* wichtig tun
разва́л, -а *m* Zerfall, Verfall
разва́лец, -льца, -льцем *m u.* **разва́льца,** -ы, *I* -ей *f*: с -льцем [-льцей] mit schaukelndem Gang; идти́ с -льцем [-льцей] watscheln
разва́ливать(ся) *uv zu* развали́ть(ся)
разва́лина, -ы *f* 1. *meist Pl* Ruinen, Trümmer 2. *umg* Ruine, Wrack *vom Menschen*
развали́ть, -алю́, -а́лишь; -а́ленный, -а́лен, -а *v* 1. abreißen, abbrechen; umwerfen, -reißen; zerstören; ~ сте́ну *umg* eine Mauer abreißen 2. *übtr* zerrütten; desorganisieren; ~ хозя́йство die Wirtschaft zerrütten ‖ *uv* разва́ливать, -аю, -аешь
развали́ться, -алю́сь, -а́лишься *v* 1. *1. u. 2. Pers ungebr* zusammen-, zerbrechen, einstürzen, auseinander-, zerfallen 2. *1. u. 2. Pers ungebr* sich auflösen, verfallen 3. *umg* sich rekeln, hinflegeln ‖ *uv* разва́ливаться, -аюсь, -аешься
разва́льца ↑ разва́лец
разва́ривать(ся) *uv zu* развари́ть(ся)
развари́ть, -арю́, -а́ришь; -а́ренный, -а́рен, -а *v* zerkochen; weich kochen ‖ *uv* разва́ривать, -аю, -аешь
развари́ться, *1. u. 2. Pers ungebr,* -а́рится *v* beim Kochen weich werden; zerkochen ‖ *uv* разва́риваться, -ается
разварно́й, -а́я, -о́е *alt* weichgekocht, gar; zerkocht
ра́зве 1. *Part* denn, etwa; ~ он бо́лен? ist er denn krank?; ~? wirklich? 2. *Part* vielleicht; wie (wäre es) wenn; пойти́ ~ туда́? sollte ich nicht hingehen? 3. *Konj* es sei denn; я обяза́тельно приду́, ~ то́лько заболе́ю ich komme bestimmt, es sei denn, daß ich krank werde
развева́ть, *1. u. 2. Pers ungebr,* -а́ет *uv* auseinander-, zer-, verwehen; schwellen, ausdehnen *Segel*; ве́тер развева́ет флаг der Wind läßt die Fahne flattern
развева́ться, *1. u. 2. Pers ungebr,* -а́ется *uv* wehen, flattern
разве́дать, -аю, -аешь; разве́данный, -ан, -а *v* 1. erkunden, auskundschaften, ermitteln 2. untersuchen; *geol* schürfen ‖ *uv* разве́дывать, -аю, -аешь

разведе́ние, -я *n* 1. Auseinanderführen; Auseinandernehmen; Trennen; Öffnen *Brücke* 2. Zergehenlassen, Auflösen 3. Zucht; Anbau 4. Entzünden, Entfachen
разведённый, -ая, -ое geschieden *Ehe*
разве́дка, -и *f* 1. *mil* Aufklärung, Erkundung 2. Untersuchung; *geol* Schürfung 3. Spionage; Spionagedienst
разве́дочный, -ая, -ое *geol* Schürf-
разве́дчик, -а *m* 1. *mil* Kundschafter; *pol* Spion 2. Aufklärungsflugzeug; бли́жний ~ Nahaufklärer 3. *geol* Schürfer
разве́дывание, -я *n* Erkundung, Aufklärung
разве́дывательный, -ая, -ое 1. Aufklärungs-, Erkundungs- 2. *geol* Schürf-
разве́дывать *uv zu* разве́дать
раз|везти́* *v* 1. zustellen; hin-, ausfahren 2. *unpers umg* schwer passierbar machen; доро́гу развезло́ der Weg ist schlammig 3. *unpers volksspr* erschöpfen; его́ развезло́ от жары́ er zerfloß vor Hitze ‖ *uv* развози́ть, -ожу́, -о́зишь
разве́ивать(ся) *uv zu* разве́ять(ся)
развенча́ть, -а́ю, -а́ешь; разве́нчанный, -ан, -а *v* 1. den Nimbus [Ruhm] nehmen 2. *umg, alt* scheiden *Ehe* ‖ *uv* **разве́нчивать,** -аю, -аешь
разверза́ть *uv zu* разве́рзнуть
разве́рзнуть, -ну, -нешь; разве́рз, -ла *u.* разве́рзнул, -а; разве́рз(нув)ший; разве́рстый, -ёрст, -а *v buchspr* aufsperren, weit öffnen ‖ *uv* разверза́ть, -а́ю, -а́ешь
развёрнутый, -ая, -ое 1. entrollt, entfaltet 2. ausführlich, detailliert; allumfassend 3.: ~ строй *mil* Linie
разверну́ть, -ну́, -нёшь; развёрнутый, -ут, -а *v* 1. entfalten; aufwickeln; aufrollen; öffnen, aufschlagen 2. *übtr* entwickeln, entfalten; in Gang bringen 3. *mil* umformieren 4. wenden *Fahrzeug* ‖ *uv* развёртывать, -аю, -аешь
разверну́ться, -ну́сь, -нёшься *v* 1. *1. u. 2. Pers ungebr* aufgehen; sich entfalten; sich aufrollen 2. *übtr* sich entwickeln, sich entfalten 3. *1. u. 2. Pers ungebr mil* sich umformieren 4. wenden *Fahrzeug* ‖ *uv* развёртываться, -аюсь, -аешься
разверста́ть, -а́ю, -а́ешь; развёрстанный, -ан, -а *v* verteilen, aufteilen ‖ *uv* развёрстывать, -аю, -аешь
развёрстка, -и, *Pl G* -ток, *D* -ткам *f* Verteilung, Aufteilung
развёрстывать *uv zu* разверста́ть
разверте́ть, -ерчу́, -е́ртишь; -е́рченный, -е́рчен, -а *v* 1. losdrehen, abschrauben 2. ausbohren ‖ *uv* разве́рчивать, -аю, -аешь
разверте́ться, *1. u. 2. Pers ungebr,* -е́ртится *v* 1. sich losschrauben 2. sich ausweiten 3. sich immer schneller drehen ‖ *uv* разве́рчиваться, -ается
[1]**развёртка,** -и *f math* Mantelfläche
[2]**развёртка,** -и, *Pl G* -ток, *D* -ткам *f* Reibahle
развёртывание, -я *n* 1. Losdrehen; Loswickeln 2. *übtr* Entfaltung, Entwicklung 3. *mil* Entfaltung, Entwicklung, Aufmarsch
развёртывать(ся) *uv zu* разверну́ть(ся)
разве́рчивать(ся) *uv zu* разверте́ть(ся)
развесели́ть, -лю́, -ли́шь; -лённый, -лён, -лена́ *v* erheitern, aufheitern ‖ *uv* развеселя́ть, -я́ю, -я́ешь
развесели́ться, -лю́сь, -ли́шься *v* sich erheitern; in Stimmung kommen
развесёлый, -ая, -ое *umg* sehr lustig, kreuzfidel
развеселя́ть *uv zu* развесели́ть
разве́систый, -ая, -ое; *Kzf* -ист, -а weitverzweigt; breitästig
[1]**разве́сить,** -е́шу, -е́сишь; -е́шенный, -е́шен, -а *v* auseinander-, abwiegen ‖ *uv* разве́шивать, -аю, -аешь
[2]**разве́сить,** -е́шу, -е́сишь; -е́шенный, -е́шен, -а *v* 1. ausbreiten *Zweige* 2. aufhängen *an verschiedenen Stellen* ◇ ~ у́ши die Ohren spitzen, ganz Ohr sein ‖ *uv* разве́шивать, -аю, -аешь
разве́ска, -и *f* Abwiegen
развесно́й, -а́я, -о́е nach Gewicht verkäuflich
раз|вести́* *v* 1. zu verschiedenen Stellen bringen, fortbringen, hinführen; ~ часовы́х Wachen aufführen 2. trennen; auseinanderbringen 3. scheiden *Ehe* 4. auseinanderführen, -ziehen; öffnen, aufziehen *Brücke*; ~ пилу́ die Säge schränken 5. züchten; anbauen; ~ сад einen Garten anlegen 6. auflösen, zergehen lassen 7. anmachen, entfachen *Feuer*; ~ пары́ Dampf anlassen ◇ ~ рука́ми die Hände vor Verwunderung (über dem Kopf) zusammenschlagen ‖ *uv*

разводи́ть, -ожу́, -о́дишь; разводи́ть цветы́ Blumen züchten
раз|вестúсь* *v* 1. sich scheiden lassen (с *I* von) 2. *1. u. 2. Pers ungebr* sich vermehren || *uv* разводи́ться, -ожу́сь, -о́дишься
разветви́ться, *1. u. 2. Pers ungebr*, -и́тся *v* sich verzweigen, sich gabeln || *uv* разветвля́ться, -я́ется
разветвле́ние, -я *n* Abzweigung, Gabelung
разветвлённый, -ая, -ое; *Kzf* -ён, -ена́ weitverzweigt
разветвля́ться *uv zu* разветви́ться
разве́шать, -аю, -аешь; -анный, -ан, -а *v* aufhängen *an verschiedenen Stellen* || *uv* [1]**разве́шивать,** -аю, -аешь
[2]**разве́шивать** *uv zu* [1,2]разве́сить
разве́ять, -е́ю, -е́ешь *v* 1. auseinander-, verwehen 2. *übtr* vertreiben, zerstreuen || *uv* разве́ивать, -аю, -аешь
разве́яться, *1. u. 2. Pers ungebr*, -е́ется *v* 1. sich verziehen, verweht werden 2. *übtr* vergehen, verschwinden || *uv* разве́иваться, -ается
развива́ть(ся) *uv zu* разви́ть(ся)
разви́лина, -ы *f* 1. Astgabel, Zwiesel 2. *übtr* Gabelung
разви́листый, -ая, -ое; *Kzf* -ист, -а gabelförmig
разви́лка, -и, *Pl G* -лок, *D* -лкам *f* Gabelung, Abzweigung; ~ доро́г Wegegabelung
развинти́ть, -нчу́, -нти́шь; разви́нченный, -ен, -а *v* losschrauben, lokkern || *uv* разви́нчивать, -аю, -аешь
развинти́ться, -нчу́сь, -нти́шься *v* 1. *1. u. 2. Pers ungebr* sich losschrauben, lockern 2. *übtr, umg* sich gehen lassen, abgespannt sein; не́рвы развинти́лись die Nerven versagten || *uv* разви́нчиваться, -аюсь, -аешься
разви́нченный, -ая, -ое; *Kzf* -ен, -енна *umg* 1. zerfahren; undiszipliniert 2. wankend *vom Gang*
разви́нчивать(ся) *uv zu* развинти́ть(ся)
разви́тие, -я *n* Entwicklung; зако́н -я Entwicklungsgesetz; постоя́нное ~ вперёд ständige Aufwärtsentwicklung; ~ пого́ды Witterungsverlauf
развито́й, -а́я, -о́е; *Kzf* ра́звит, развита́! 1. voll entwickelt *physisch* 2. hoch entwickelt 3. gebildet, kultiviert
раз|ви́ть*, разовью́; разви́тый, ра́звит, развита́! *v* 1. abwickeln; wieder aufmachen, auseinanderflechten *Bindfaden, Kranz* 2. entwickeln, entfalten; verstärken; trainieren; ausbilden; ~ промы́шленность die Industrie ausbauen; ~ наступле́ние *mil* den Angriff vortragen || *uv* развива́ть, -а́ю, -а́ешь
раз|ви́ться*, разовью́сь; развили́сь *v* 1. *1. u. 2. Pers ungebr* sich abwickeln; aufgehen, sich lösen *Haare u. a.* 2. *1. u. 2. Pers ungebr* sich entwickeln, sich entfalten 3. sich geistig entwickeln || *uv* развива́ться, -а́юсь, -а́ешься
развлека́тельный, -ая, -ое; *Kzf* -лен, -льна unterhaltsam, amüsant
развлека́ть(ся) *uv zu* развле́чь(ся)
развлече́ние, -я *n* 1. Zerstreuung, Unterhaltung 2. Ablenkung
раз|вле́чь* *v* 1. zerstreuen, unterhalten 2. ablenken 3. amüsieren, belustigen || *uv* развлека́ть, -а́ю, -а́ешь
раз|вле́чься* *v* 1. sich zerstreuen, sich unterhalten 2. sich amüsieren || *uv* развлека́ться, -а́юсь, -а́ешься
разво́д, -а *m* 1. Wachablösung; Aufziehen; ~ мо́ста Öffnen der Brücke 2. Aufzucht; на ~ zur Zucht 3. (Ehe-) Scheidung
разводи́ть(ся) *uv zu* развести́(сь)
разво́дка, -и, *Pl G* -док, *D* -дкам *f* 1. *umg* Öffnen, Aufklappen *einer Brücke* 2. Werkzeug zum Schränken *der Säge*
разводно́й, -а́я, -о́е: ~ мост Dreh-, Zugbrücke
разво́ды, -ов *Pl* Muster; с -ами gemustert
разво́дье, -ья, *G Pl* -ьев *n* 1. Wasserfläche zwischen den Eisschollen 2. *gbt* Frühjahrshochwasser
развоева́ться, -вою́юсь, -вою́ешься *v umg* Krach machen, krakeelen
разво́з, -а *m* Transport, Versand
развози́ть *uv zu* развезти́
разволнова́ть, -ну́ю, -ну́ешь; -но́ванный, -но́ван, -а *v umg* erregen, in Aufregung versetzen
разволнова́ться, -ну́юсь, -ну́ешься *v umg* in heftige Erregung geraten
развора́чивать *uv zu* развороти́ть
развора́чиваться, *1. u. 2. Pers ungebr*, -ается *uv* sich aufrollen, sich entfalten; aufgehen
развора́шивать *uv zu* разворoши́ть
разворова́ть, -ру́ю, -ру́ешь; -ро́ванный, -ро́ван, -а *v umg* (alles) stehlen,

ausplündern || *uv* **разворóвывать,** -аю, -аешь

разворóт, -а *m* Wendung, Kurve

разворотúть, -очý, -óтишь; -óченный, -óчен, -а *v umg* durcheinanderwerfen; aufreißen; umwühlen; ~ дорóгу den Weg unbefahrbar machen || *uv* разворáчивать, -аю, -аешь

разворошúть, -шý, -шúшь; -шённый, -шён, -шенá *v umg* durchwühlen, durchstöbern; auseinanderwerfen || *uv* разворáшивать, -аю, -аешь

разврáт, -а *m* **1.** Unzucht, Ausschweifung **2.** Laster

развратúтель, -я *m buchspr* Verführer

развратúть, -ащý, -атúшь, -ащённый, -ащён, -ащенá *v* verführen, sittlich verderben; demoralisieren || *uv* развращáть, -áю, -áешь

развратúться, -ащýсь, -атúшься *v* (sittlich) verderben, sich dem Laster ergeben; demoralisieren || *uv* развращáться, -áюсь, -áешься

разврáтник, -а *m* Wüstling

разврáтничать, -аю, -аешь *uv umg* ein ausschweifendes Leben führen

разврáтный, -ая, -ое; *Kzf* -тен, -тна lasterhaft, ausschweifend

развращáть(ся) *uv zu* развратúть(ся)

развращéние, -я *n* Verführung; Demoralisierung; moralischer Verfall

развращённый, -ая, -ое; *Kzf* -ён, -енá sittlich verdorben; demoralisiert

развьючивать *uv zu* развьючить

развьючить, -чу, -чишь; -ченный, -чен, -а *v* von Traglasten befreien, abladen *Lasttiere* || *uv* развьючивать, -аю, -аешь

раз|вязáть* *v* **1.** aufbinden; lösen, losbinden **2.** *übtr umg* entfesseln, auslösen ◇ ~ язы́к комý-н. j-m die Zunge lösen; ~ рýки комý-н. j-m freie Hand geben || *uv* развя́зывать, -аю, -аешь

раз|вязáться* *v* **1.** *1. u. 2. Pers ungebr* aufgehen, sich lösen **2.** *übtr* с *I umg* loswerden, sich vom Halse schaffen ◇ языкú развязáлись die Zungen lösten sich || *uv* развя́зываться, -аюсь, -аешься

развя́зка, -и, *Pl G* -зок, *D* -зкам *f* **1.** Aufbinden, Lösen **2.** Lösung, Ausgang; дéло идёт к -е die Sache geht der Lösung entgegen

развя́зный, -ая, -ое; *Kzf* -зен, -зна ungezwungen; dreist, ungezügelt

развя́зывать(ся) *uv zu* развязáть(ся)

разгадáть, -áю, -áешь; разгáданный, -ан, -а *v* **1.** enträtseln, erraten, (auf)lösen *Rätsel* **2.** herausbekommen, begreifen || *uv* разгáдывать, -аю, -аешь

разгáдка, -и, *Pl G* -док, *D* -дкам *f* Auflösung, Lösung, Enträtselung

разгáдывать *uv zu* разгадáть

разгáр, -а *m* Höhepunkt; в пóлном -е in vollem Gange; рабóта в пóлном -е es wird mit Hochdruck gearbeitet; в -е лéта im Hochsommer

разгибáть(ся) *uv zu* разогнýть(ся)

разгильдя́й, -я, *G Pl* -ев *m umg* Liederjan

разгильдя́йство, -а *n umg* Liederlichkeit

разглагóльствовать, -твую, -твуешь *uv umg* schwätzen, große Töne schwingen

разглáдить, -áжу, -áдишь; -áженный, -áжен, -а *v* ausplätten, ausbügeln; glätten || *uv* **разглáживать,** -аю, -аешь

разглáдиться, *1. u. 2. Pers ungebr*, -ится *v* sich glätten; glatt werden; морщúны у негó на лбу разглáдились seine Stirn glättete sich || *uv* **разглáживаться,** -ается

разгласúть, -ашý, -асúшь; -ашённый, -ашён, -ашенá *v* **1.** ausplaudern; ~ тáйну ein Geheimnis verraten **2.** ein Gerücht verbreiten || *uv* **разглашáть,** -áю, -áешь

разглашéние, -я *n* **1.** Verbreitung *eines Gerüchts* **2.** Ausplaudern; Preisgeben *Geheimnis*

разглядéть, -яжý, -ядúшь *v* bemerken, erkennen, genau betrachten || *uv* **разгля́дывать,** -аю, -аешь

разгнéвать, -аю, -аешь; -анный, -ан, -а *v* erzürnen, in Wut versetzen

разгнéваться, -аюсь, -аешься *v* sich erzürnen, in Zorn geraten

[1]**разговáривать,** -аю, -аешь *uv* **1.** reden, sprechen, sich unterhalten; не стóит об э́том и ~ es lohnt sich nicht, darüber zu sprechen **2.** *umg* die Zeit mit Gesprächen verbringen

[2]**разговáривать** *uv zu* разговорúть

разговóр, -а (-у) *m* Gespräch, Unterhaltung; ~ по телефóну Ferngespräch; завязáть ~ ein Gespräch anknüpfen; безо вся́ких -ов ohne viel zu reden; об э́том и -а нé было davon war gar keine Rede; тóлько и -у, что об э́том das ist das Tagesgespräch; довóльно -ов! genug der Worte!; никаки́х **-ов**! ohne Widerrede!

разговори́ть, -рю́, -ри́шь *v volksspr A* 1. zum Sprechen bringen 2. durch ein Gespräch ablenken 3. abraten, ausreden ‖ *uv* разгова́ривать, -аю, -аешь

разговори́ться, -рю́сь, -ри́шься *v umg* 1. gesprächig werden 2. ins Gespräch kommen (с *I* mit)

разгово́рник, -а *m* Gesprächsbuch, Konversationslehrbuch

разгово́рный, -ая, -ое 1. Konversations-, Gesprächs- 2. umgangssprachlich; ~ язы́к Umgangssprache

разгово́рчивый, -ая, -ое; *Kzf* -ив, -а gesprächig, redselig

разго́н, -а *m* 1. Vertreibung, Auseinanderjagen; Auflösung, Sprengung 2. Anlauf 3. Abstand, Zwischenraum ◇ в -е unterwegs

разгоня́ть(ся) *uv zu* разогна́ть(ся)

разгора́живать(ся) *uv zu* разгороди́ть(ся)

разгора́ться *uv zu* разгоре́ться

разгоре́ться, *1. u. 2. Pers ungebr*, -и́тся *v* 1. auflodern, zu brennen beginnen 2. *übtr* erglühen, rot werden, aufleuchten; у него́ разгоре́лись глаза́ seine Augen funkelten 3. entflammen *von einer Leidenschaft* 4. entbrennen *Kampf* ◇ у него́ глаза́ (и зу́бы) разгоре́лись er ist erpicht auf etw. ‖ *uv* разгора́ться, -а́ется

разгороди́ть, -ожу́, -о́ди́шь; -о́женный, -о́жен, -а *v* abzäunen, abteilen, abtrennen ‖ *uv* разгора́живать, -аю, -аешь

разгороди́ться, -ожу́сь, -о́ди́шься *v* sich abgrenzen, sich voneinander isolieren ‖ *uv* разгора́живаться, -аюсь, -аешься

разгорячи́ть, -чу́, -чи́шь; -чённый, -чён, -чена́ *v* erhitzen; anstacheln, anfeuern; erregen

разгорячи́ться, -чу́сь, -чи́шься *v* sich erhitzen; sich ereifern

разгра́бить, -блю, -бишь; -бленный, -блен, -а *v* (aus)rauben, (aus)plündern

разграбле́ние, -я *n* (Aus-) Plünderung

разграниче́ние, -я *n* Abgrenzung

разграни́чивать *uv zu* разграни́чить

разграни́чить, -чу, -чишь; -ченный, -чен, -а *v* ab-, umgrenzen ‖ *uv* разграни́чивать, -аю, -аешь

разграфи́ть, -флю́, -фи́шь; -флённый, -флён, -флена́ *v* liniieren ‖ *uv* **разграфля́ть,** -я́ю, -я́ешь

разгреба́ть *uv zu* разгрести́

раз|грести́* *v* auseinanderharken; aufgraben; wegschaufeln ‖ *uv* разгреба́ть, -а́ю, -а́ешь

разгро́м, -а *m* 1. Zerstörung; Vernichtung 2. Verwüstung, Unordnung

разгроми́ть, -омлю́, -оми́шь; -о́мленный, -о́млен, -а *u.* -омлённый, -омлён, -омлена́ *v* zerschlagen, zerschmettern, vernichten

разгружа́ть(ся) *uv zu* разгрузи́ть(ся)

разгрузи́ть, -ужу́, -у́зи́шь; -у́женный, -у́жен, -а *u.* -ужённый, -ужён, -ужена́ *v* 1. ent-, aus-, abladen; löschen 2. *übtr umg* entlasten; befreien (от *G* von) ‖ *uv* разгружа́ть, -а́ю, -а́ешь

разгрузи́ться, -ужу́сь, -у́зи́шься *v* 1. ent-, ausgeladen werden 2. *übtr* sich entledigen, sich freimachen (von) ‖ *uv* разгружа́ться, -а́юсь, -а́ешься

разгру́зка, -и, *Pl G* -зок, *D* -зкам *f* 1. Entladen; Löschen 2. Entlastung

разгру́зочный, -ая, -ое Entlade-; Lösch-

разгру́зчик [щи], -а *m* 1. Entladearbeiter 2. Entladevorrichtung

разгрыза́ть *uv zu* разгры́зть

раз|гры́зть* *v* zerbeißen; ~ оре́х eine Nuß aufknacken ‖ *uv* разгрыза́ть, -а́ю, -а́ешь

разгу́л, -а *m* 1. Schwelgerei; Ausschweifung; Zecherei 2. Entfesselung, Zügellosigkeit

[1]**разгу́ливать,** -аю, -аешь *uv umg* (umher)spazieren, (herum)bummeln

[2]**разгу́ливать** *uv zu* разгуля́ть

разгу́ливаться *uv zu* разгуля́ться

разгу́льный, -ая, -ое *umg* wüst, zügellos, ausschweifend

разгуля́ть, -я́ю, -я́ешь *v umg* 1. *Gedanken, unangenehmes Gefühl* verjagen 2. munter machen ‖ *uv* разгу́ливать, -аю, -аешь

разгуля́ться, -я́юсь, -я́ешься *v umg* 1. bummeln; sich gehen lassen 2. sich den Schlaf verscheuchen 3. *1. u. 2. Pers ungebr* sich aufklären, sich aufheitern ‖ *uv* разгу́ливаться, -аюсь, -аешься

раздава́ть *uv zu* [1]разда́ть

[1,2]**раздава́ться** *uv zu* [1,2]разда́ться

раздави́ть, -авлю́, -а́вишь; -а́вленный, -а́влен, -а *v* 1. zerdrücken, zerquetschen; überfahren; ~ ного́й zertreten 2. vernichten, zerschmettern 3. niederdrücken, bedrücken ‖ *uv* **разда́вливать,** -аю, -аешь

разда́ривать *uv zu* раздари́ть

раздари́ть, -арю́, -а́ришь; -а́ренный, -а́рен, -а *v alles, viel* verschenken || *uv* разда́ривать, -аю, -аешь
разда́точный, -ая, -ое Verteilungs-, Ausgabe-
разда́тчик, -а *m* Verteiler
[1]**раз|да́ть*;** ро́здал *u.* разда́л, раздала́, ро́здали *u.* разда́ли; ро́зданный, ро́здан, раздана́, ро́здано *v* aus-, verteilen || *uv* раз|дава́ть*
[2]**раз|да́ть*;** ро́здал *u.* разда́л, раздала́, ро́здали *u.* разда́ли; ро́зданный, ро́здан, раздана́, ро́здано *v volksspr* (aus)weiten *Schuhe*
[1]**раз|да́ться*,** *1. u. 2. Pers ungebr;* разда́ли́сь *v* ertönen, erschallen; dröhnen || *uv* раз|дава́ться*
[2]**раз|да́ться*,** *1. u. 2. Pers ungebr;* разда́ли́сь *v* **1.** zurücktreten, auseinandertreten; Platz machen **2.** *umg* sich ausweiten, sich dehnen **3.** *umg* in die Breite gehen || *uv* раз|дава́ться*
разда́ча, -и, *I* -ей *f* Verteilen, Ausgeben
раздва́ивать(ся) *uv zu* раздвои́ть(ся)
раздвига́ть(ся) *uv zu* раздви́нуть(ся)
раздвижно́й, -а́я, -о́е ausziehbar, Auszieh-; -ы́е две́ри Schiebetür
раздви́нуть, -ну, -нешь; -утый, -ут, -а *v* auseinanderschieben, -rücken; ausziehen ◇ ~ но́ги grätschen, die Beine spreizen || *uv* раздвига́ть, -а́ю, -а́ешь
раздви́нуться, *1. u. 2. Pers ungebr,* -нется *v* sich öffnen, auseinander-, aufgehen; zurücktreten || *uv* раздвига́ться, -а́ется
раздвое́ние, -я *n* Spaltung, Zweiteilung
раздвои́ть, -ою́, -ои́шь; -о́енный, -о́ен, -а *u.* -оённый, -оён, -оена́ *v* spalten, teilen, halbieren || *uv* раздва́ивать, -аю, -аешь
раздвои́ться, *1. u. 2. Pers ungebr,* -и́тся *v* sich spalten, sich teilen || *uv* раздва́иваться, -ается
раздева́лка, -и, *Pl G* -лок, *D* -лкам *f umg* Garderobe, Kleiderablage
раздева́льня, -и, *Pl G* -лен, *D* -льням *f* Garderobe, Kleiderablage
раздева́ть(ся) *uv zu* разде́ть(ся)
разде́л, -а *m* **1.** Teilung, Aufteilung **2.** Abschnitt, Teil *in einem Buch*
разде́лать, -аю, -аешь; -анный, -ан, -а *v* **1.** herrichten, bearbeiten **2.** *übtr* ausschimpfen ◇ ~ кого́-н. под оре́х *umg* j-m gehörig den Kopf waschen || *uv* разде́лывать, -аю, -аешь
разде́латься, -аюсь, -аешься *v* с *I umg* **1.** abrechnen, heimzahlen; ~ с долга́ми seine Schulden bezahlen **2.** Schluß machen, erledigen; loswerden || *uv* разде́лываться, -аюсь, -аешься
разделе́ние, -я *n* Einteilung, Verteilung; ~ труда́ Arbeitsteilung
раздели́тельный, -ая, -ое **1.** Teilungs-, Trennungs- **2.** *gram* disjunktiv
раздели́ть, -елю́, -е́лишь; -елённый, -елён, -елена́ *v* **1.** teilen, einteilen; auf-, verteilen **2.** trennen **3.** teilen *Meinung;* übereinstimmen **4.** dividieren || *uv* разделя́ть, -я́ю, -я́ешь
раздели́ться, -елю́сь, -е́лишься *v* **1.** sich teilen, sich trennen; zerfallen **2.** auseinandergehen, sich teilen *Meinungen u. ä.* **3.** teilen *Vermögen* **4.** *math* teilbar sein; aufgehen *ohne Rest* || *uv* разделя́ться, -я́юсь, -я́ешься
разде́лывать(ся) *uv zu* разде́лать(ся)
разде́льный, -ая, -ое **1.** geteilt, getrennt **2.** deutlich, klar
разделя́ть(ся) *uv zu* раздели́ть(ся)
раздёргать, -аю, -аешь; -анный, -ан, -а *v umg* zerrupfen || *uv* [1]**раздёргивать,** -аю, -аешь
[2]**раздёргивать** *uv zu* раздёрнуть
раздёрнуть, -ну, -нешь; -нутый, -нут, -а *v umg* auseinanderziehen || *uv* раздёргивать, -аю, -аешь
раз|де́ть* *v* ausziehen, entkleiden || *uv* раздева́ть, -а́ю, -а́ешь
раз|де́ться* *v* sich ausziehen, sich entkleiden; *volksspr* den Mantel ablegen || *uv* раздева́ться, -а́юсь, -а́ешься
раздира́ть, -а́ю, -а́ешь *uv* **1.** *uv zu* разодра́ть **2.** *übtr* zerreißen, quälen **3.** *übtr* spalten, zerrütten
раздира́ться *uv zu* разодра́ться
раздира́ющий, -ая, -ее: ду́шу **-ие** кри́ки herzzerreißendes Geschrei
раздобре́ть, -е́ю, -е́ешь *v umg* dicker werden, zunehmen
раздо́бриться, -рюсь, -ришься *v umg* freigebig werden; sich gütig zeigen
раздобыва́ть *uv zu* раздобы́ть
раздо|бы́ть*; -была *v umg* beschaffen, (mit Mühe) auftreiben || *uv* раздобыва́ть, -а́ю, -а́ешь
раздо́лье, -ья *n* **1.** Weite **2.** *umg* Freiheit, freie Hand
раздо́льный, -ая, -ое; *Kzf* -лен, -льна frei, ungebunden, sorglos
раздо́р, -а *m* Zwietracht, Zwist ◇ я́блоко -а Zankapfel

раздражáть(ся) *uv zu* раздражи́ть(ся)

раздражéние, -я *n* **1.** Reiz; Reizung **2.** Gereiztheit, Erregung; с -ем gereizt

раздражи́тель, -я *m* Reizerreger, -ursache

раздражи́тельный, -ая, -ое; *Kzf* -лен, -льна reizbar, gereizt

раздражи́ть, -жу́, -жи́шь; -жённый, -жён, -женá *v* **1.** reizen, erregen **2.** reizen, Schmerzen hervorrufen || *uv* раздражáть, -áю, -áешь

раздражи́ться, -жу́сь, -жи́шься *v* **1.** sich ärgern, sich aufregen **2.** *1. u. 2. Pers ungebr* sich entzünden || *uv* раздражáться, -áюсь, -áешься

раздразни́ть, -азню́, -áзнишь; -азнённый, -азнён, -азненá *v* **1.** necken, (auf)reizen **2.** erregen, anregen; ~ аппети́т den Appetit anregen

раздроби́ть, -облю́, -оби́шь; -óбленный, -óблен, -а *u.* -облённый, -облён, -обленá *v* **1.** zerstückeln, -kleinern, -schlagen, -splittern **2.** zerteilen, aufteilen **3.** *math* resolvieren || *uv* раздробля́ть, -я́ю, -я́ешь

раздроби́ться, *1. u. 2. Pers ungebr*, -и́тся *v* **1.** zersplittern, zerfallen **2.** sich teilen || *uv* раздробля́ться, -я́ется

раздроблéние, -я *n* **1.** Zerstückelung, Zerkleinerung; Zersplitterung **2.** *math* Resolvierung

раздрóбленный, -ая, -ое *u.* **раздроблённый,** -ая, -ое **1.** mit zersplittertem Knochen **2.** *übtr* klein, zersplittert

раздробля́ть(ся) *uv zu* раздроби́ть(ся)

раздружи́ться, -ужу́сь, -у́жишься *v* с *I umg* die Freundschaft kündigen

раздувáние, -я *n* **1.** Anblasen, Anfachen **2.** Aufblasen **3.** Übertreiben, Aufbauschen

раздувáть(ся) *uv zu* разду́ть(ся)

разду́мать, -аю, -аешь *v* seine Absicht ändern, es sich anders überlegen

разду́маться, -аюсь, -аешься *v umg* in Gedanken versinken (о *P* über)

разду́мывать, -аю, -аешь *uv* nachdenken, grübeln; lange zögern, unschlüssig sein; не разду́мывая ohne viel nachzudenken

разду́мье, -ья, *Pl G* -мий, *D* -мьям *n* Nachdenken; в глубóком -е tief in Gedanken versunken

раз|ду́ть* *v* **1.** anfachen **2.** aufblasen; *übtr* anschwellen; у него́ разду́ло щёку *umg* er hat eine geschwollene Wange **3.** *übtr* aufblähen, vergrößern; *umg* übertreiben, aufbauschen **4.** *1. u. 2. Pers ungebr* auseinanderwehen || *uv* раздувáть, -áю, -áешь

раз|ду́ться* *v* (an)schwellen; sich blähen || *uv* раздувáться, -áюсь, -áешься

разевáть *uv zu* рази́нуть

разжáлобить, -блю, -бишь; -бленный, -блен, -а *v* Mitleid erwecken, rühren

разжáлобиться, -блюсь, -бишься *v umg* Mitleid empfinden

разжáловать, -лую, -луешь; -лованный, -лован, -а *v alt* degradieren

раз|жáть[1]*, разожму́ *v* öffnen; entspannen, loslassen || *uv* разжимáть, -áю, -áешь

раз|жáться[1]*, *1. u. 2. Pers ungebr*, разожмётся *v* sich öffnen; aufspringen, sich entspannen || *uv* разжимáться, -áется

раз|жевáть* *v* **1.** zerkauen **2.** *übtr, volksspr* ausführlich erklären || *uv* **разжёвывать,** -аю, -аешь

раз|жéчь*, разожгу́; разожглá; разожжённый, -жжён, -жженá *v* **1.** anzünden, anfachen, schüren **2.** *übtr* entfachen, verstärken || *uv* разжигáть, -áю, -áешь

раз|жéчься*, *1. u. 2. Pers ungebr*, разожжётся; разжёгся, разожглáсь *v* **1.** anfangen zu brennen, Feuer fangen, auflodern **2.** *übtr* sich entzünden, entbrennen, ausbrechen || *uv* разжигáться, -áется

разжи́ва, -ы *f volksspr* Gewinn

разживáться *uv zu* разжи́ться

разжигáть(ся) *uv zu* разжéчь(ся)

разжиди́ть, -ижу́, -иди́шь; -ижённый, -ижён, -иженá *v umg* verdünnen || *uv* **разжижáть,** -áю, -áешь

разжижéние, -я *n* Verdünnen

разжимáть(ся) *uv zu* разжáть(ся)

разжирéть, -éю, -éешь *v* fett, dick werden

раз|жи́ться*; -жили́сь *v* **1.** *umg* sich bereichern; zu Geld kommen **2.** *meist mit I volksspr* auftreiben, sich beschaffen || *uv* разживáться, -áюсь, -áешься

раззадóривать(ся) *uv zu* раззадóрить(ся)

раззадóрить, -рю, -ришь; -ренный, -рен, -а *v umg* aufstacheln, anfeuern,

anspornen || *uv* раззадо́ривать, -аю, -аешь
раззадо́риться, -рюсь, -ришься *v* *umg* sich ereifern, in Hitze geraten || *uv* раззадо́риваться, -аюсь, -аешься
раззвони́ть, -ню́, -ни́шь *v* о *P volksspr* ausposaunen, alles erzählen
раззнако́миться, -млюсь, -мишься *v* с *I umg* die Bekanntschaft aufgeben
рази́нуть, -ну, -нешь; -нутый, -нут, -а *v umg* aufreißen, aufsperren; ~ рот *volksspr* a) den Mund auftun; b) gaffen || *uv* разева́ть, -а́ю, -а́ешь
рази́ня, -и *m, f umg* Schlafmütze
рази́тельный, -ая, -ое; *Kzf* -лен, -льна auffallend, frappierend
[1]**рази́ть,** ражу́, рази́шь *uv buchspr* schlagen, treffen, niederhauen; zur Strecke bringen
[2]**рази́ть,** -и́т *unpers uv I volksspr* einen üblen Geruch verbreiten; stark riechen
разлага́ть(ся) *uv zu* разложи́ть(ся)
разла́д, -а *m* **1.** Unstimmigkeit, Disharmonie **2.** Uneinigkeit, Zwist
разла́дить, -а́жу, -а́дишь; -а́женный, -а́жен, -а *v umg* **1.** unbrauchbar [kaputt] machen **2.** stören; verderben, zunichte machen, hintertreiben || *uv* **разла́живать,** -аю, -аешь
разла́диться, *1. u. 2. Pers ungebr*, -ится *v* **1.** unbrauchbar werden **2.** nicht zustande kommen; sich zerschlagen || *uv* **разла́живаться,** -ается
разла́комиться, -млюсь, -мишься *v* *umg* Appetit nach mehr bekommen
[1]**разла́мывать(ся)** *uv zu* разлома́ть(ся)
[2]**разла́мывать(ся)** *uv zu* разломи́ть(ся)
разлежа́ться, -жу́сь, -жи́шься *v umg* keine Lust zum Aufstehen haben || *uv* **разлёживаться,** -аюсь, -аешься
разлеза́ться *uv zu* разле́зться
раз|ле́зться*, *1. u. 2. Pers ungebr*, *v* *volksspr* zerreißen, zerschleißen; aus dem Leim gehen || *uv* разлеза́ться, -а́ется
разле́ниваться *uv zu* разлени́ться
разлени́ться, -енюсь, -е́нишься *v umg* faul werden, sich auf die faule Haut legen || *uv* разле́ниваться, -аюсь, -аешься
разлепи́ть, -еплю́, -е́пишь; -е́пленный, -е́плен, -а *v umg Zusammengeklebtes* auseinanderlösen || *uv* **разлепля́ть,** -я́ю, -я́ешь
разлета́ться *uv zu* разлете́ться
разлете́ться, -лечу́сь, -лети́шься *v* **1.** auseinanderfliegen; sich zerstreuen **2.** *1. u. 2. Pers ungebr umg* zersplittern, in Scherben gehen **3.** *1. u. 2. Pers ungebr*, *übtr* in die Brüche gehen, scheitern **4.** *volksspr* stürzen, eilen || *uv* разлета́ться, -а́юсь, -а́ешься
раз|ле́чься* *v umg* sich ausstrecken, sich ausgestreckt hinlegen
разли́в, -а *m* **1.** Eingießen, Abfüllen **2.** Überschwemmung, Hochwasser
разлива́ние, -я *n* **1.** Eingießen, Abfüllen **2.** Verschütten
разлива́нный, -ая, -ое: -ое мо́ре *umg scherz* der Alkohol fließt in Strömen
разлива́тельный, -ая, -ое: -ая ло́жка Kelle, Schöpflöffel
разлива́ть(ся) *uv zu* разли́ть(ся)
разливно́й, -а́я, -о́е Ausschank-
разли́вочный, -ая, -ое **1.** Abfüll- **2.** *tech* Gieß-
разлинова́ть, -ну́ю, -ну́ешь; -но́ванный, -но́ван, -а *v* linieren || *uv* **разлино́вывать,** -аю, -аешь
разли́тие, -я *n* **1.** Eingießen, Abfüllen **2.** Verschütten **3.** Überschwemmung ◇ ~ жёлчи *med* Gallenerguß
раз|ли́ть*, разолью́ *v* **1.** eingießen, -schenken; abfüllen **2.** vergießen, verschütten **3.** ergießen, ausbreiten ◇ их водо́й не разольёшь sie halten zusammen wie Pech und Schwefel || *uv* разлива́ть, -а́ю, -а́ешь
раз|ли́ться*, *1. u. 2. Pers ungebr*, разольётся; разли́лся́, разлила́сь, разли́ли́сь *v* **1.** überlaufen, -fließen, sich ergießen **2.** über die Ufer treten **3.** sich ausbreiten || *uv* разлива́ться, -а́ется
различа́ть *uv zu* различи́ть
различа́ться, -а́юсь, -а́ешься *uv* sich unterscheiden
разли́чие, -я *n* Unterschied ◇ **знак** -я Dienstgradabzeichen
различи́тельный, -ая, -ое unterscheidend; Unterscheidungs-
различи́ть, -чу́, -чи́шь; -чённый, -чён, -чена́ *v* **1.** erkennen **2.** unterscheiden || *uv* различа́ть, -а́ю, -а́ешь
разли́чный, -ая, -ое; *Kzf* -чен, -чна **1.** verschieden, unterschiedlich **2.** verschiedenartig
разложе́ние, -я *n* **1.** Zerlegung, Zerfall **2.** *math* Auflösung, Zerlegung **3.** Verwesung **4.** *übtr* Zersetzung, Verfall
разложи́ть, -ожу́, -о́жишь; -о́женный, -о́жен, -а *v* **1.** legen *an ver-*

schiedene Stellen 2. auslegen; ausbreiten; ~ похо́дную крова́ть ein Feldbett aufstellen 3. aufteilen, verteilen; umlegen 4. anzünden; ~ костёр ein Lagerfeuer machen 5. zerlegen *in seine Bestandteile*; zersetzen, zergliedern 6. *math* zerlegen, auflösen 7. *übtr* (moralisch) zersetzen, demoralisieren, desorganisieren || *uv* разлага́ть, -а́ю, -а́ешь *zu* 5-7 *u.* раскла́дывать, -аю, -аешь *zu* 1-4

разложи́ться, -ожу́сь, -о́жишься *v* 1. *umg* seine Sachen zurechtlegen, aufräumen; Platz finden 2. *1. u. 2. Pers ungebr* zerfallen *in seine Bestandteile* 3. *1. u. 2. Pers ungebr* verwesen, verfaulen 4. sich (moralisch) zersetzen; demoralisiert werden || *uv* разлага́ться, -а́юсь, -а́ешься *zu* 2, 3, 4 *u.* раскла́дываться, -аюсь, -аешься *zu* 1

разло́м, -а *m* 1. Zerbrechen, Brechen 2. Bruch(stelle)

разлома́ть, -а́ю, -а́ешь; разло́манный, -ан, -а *v* 1. zerbrechen 2. abreißen, niederreißen || *uv* разла́мывать, -аю, -аешь

разлома́ться, *1. u. 2. Pers ungebr*, -а́ется *v* zerbrechen, einstürzen || *uv* разла́мываться, -ается

разломи́ть, -омлю́, -о́мишь; -о́мленный, -о́млен, -а *v* 1. (zer)brechen, in Stücke brechen; ~ карто́фелину eine Kartoffel teilen 2. *unpers umg*: меня́ всего́ [всю] разломи́ло ich bin wie zerschlagen, mir tun alle Glieder weh || *uv* разла́мывать, -аю, -аешь

разломи́ться, *1. u. 2. Pers ungebr*, -о́мится *v* in Stücke brechen, sich zerbrechen lassen || *uv* разла́мываться, -ается

разлу́ка, -и *f* Trennung; Abschied; жить в -е с ке́м-н. von j-m getrennt leben

разлуча́ть(ся) *uv zu* разлучи́ть(ся)

разлуче́ние, -я *n* Trennen, Scheiden

разлучи́ть, -чу́, -чи́шь; -чённый, -чён, -чена́ *v* trennen, scheiden (с *I* von) || *uv* разлуча́ть, -а́ю, -а́ешь

разлучи́ться, -чу́сь, -чи́шься *v* sich trennen, voneinander scheiden || *uv* разлуча́ться, -а́юсь, -а́ешься

разлюби́ть, -юблю́, -ю́бишь; -ю́бленный, -ю́блен, -а *v* nicht mehr lieben [mögen]

размагни́титься, -и́чусь, -и́тишься *v* 1. *1. u. 2. Pers ungebr* sich entmagnetisieren 2. *übtr, umg* undiszipliniert [nachlässig] werden || *uv* **размагни́чиваться,** -аюсь, -аешься

раз|ма́зать* *v* 1. verschmieren 2. *übtr umg* weitschweifig erzählen, beschreiben || *uv* разма́зывать, -аю, -аешь

размазня́, -и́, *G Pl* -е́й 1. *f umg* dünner Brei 2. *m, f übtr* Waschlappen

разма́зывать *uv zu* разма́зать

размалева́ть, -лю́ю, -лю́ешь; -лёванный, -лёван, -а *v umg* anmalen, grob anstreichen || *uv* **размалёвывать,** -аю, -аешь

разма́лывать *uv zu* размоло́ть

разма́ривать(ся) *uv zu* размори́ть(ся)

разма́тывать(ся) *uv zu* размота́ть(ся)

разма́х, -а (-у) *m* 1. Schwung, Wucht; уда́рить с -у mit voller Wucht zuschlagen 2. Spannweite 3. Schwingungsweite, Amplitude 4. Schwung, Elan; Ausmaß *einer Tätigkeit*

разма́хивать, -аю, -аешь *uv I* hin und her schwingen, schwenken; ~ рука́ми gestikulieren

разма́хиваться *uv zu* размахну́ться

размахну́ться, -ну́сь, -нёшься *v* 1. ausholen *zum Schlag, Wurf* 2. *umg* zu breit anlegen *eine Sache* || *uv* разма́хиваться, -аюсь, -аешься

разма́чивать *uv zu* размочи́ть

разма́шистый, -ая, -ое; *Kzf* -ист, -а schwungvoll; weit ausholend; allzu großzügig

размежева́ть, -жу́ю, -жу́ешь; -жёванный, -жёван, -а *v* 1. abgrenzen, aufteilen 2. *übtr* die Grenzen festlegen || *uv* **размежёвывать,** -аю, -аешь

размежева́ться, -жу́юсь, -жу́ешься *v* 1. sich abgrenzen, die Grenzen festsetzen 2. *übtr* sich gegeneinander abgrenzen; sich trennen || *uv* **размежёвываться,** -аюсь, -аешься

размельча́ть *uv zu* размельчи́ть

размельчи́ть, -чу́, -чи́шь; -чённый, -чён, -чена́ *v* zerkleinern, zerstükkeln || *uv* размельча́ть, -а́ю, -а́ешь

разме́н, -а *m* 1. Wechseln *Geld* 2. Abtausch *von Figuren im Schachspiel*

разме́нивать(ся) *uv zu* разменя́ть(ся)

разме́нный, -ая, -ое Wechsel-; -ая моне́та Kleingeld

разменя́ть, -я́ю, -я́ешь; разме́нянный, -ян, -а *v* wechseln *Geld* || *uv* разме́нивать, -аю, -аешь

разменя́ться, -я́юсь, -я́ешься *v umg*

aus-, abtauschen *im Spiel* || *uv* разме́ниваться, -аюсь, -аешься; разме́ниваться на ме́лочи seine Kräfte verzetteln

разме́р, -а *m* **1.** Ausmaß; Größe; Höhe; ~ ка́дра Bildgröße **2.** Grad, Umfang, Maßstab **3.** Größe, Nummer *Kleidung* **4.** *mus* Takt; ~ **стиха́** Versmaß

разме́ренный, -ая, -ое; *Kzf* -ен, -енна gemessen; gleichmäßig

разме́рить, -рю, -ришь; -ренный, -рен, -а *v* **1.** ausmessen, vermessen **2.** berechnen; ~ си́лу уда́ра die Wucht des Schlages berechnen || *uv* **размеря́ть,** -я́ю, -я́ешь

размеси́ть, -ешу́, -е́сишь; -е́шенный, -е́шен, -а *v* durchkneten || *uv* разме́шивать, -аю, -аешь

раз|мести́* *v* sauberfegen; wegfegen || *uv* размета́ть, -а́ю, -а́ешь

размести́ть, -ещу́, -ести́шь; -ещённый, -ещён, -ещена́ *v* **1.** unterbringen, aufstellen, (hin)legen **2.** unterbringen; ~ по кварти́рам einquartieren **3.** auf-, verteilen *unter viele*; anordnen; ausschreiben *Anleihe* || *uv* размеща́ть, -а́ю, -а́ешь

размести́ться, -ещу́сь, -ести́шься *v* unterkommen, Platz finden; die Plätze einnehmen, sich einrichten || *uv* размеща́ться, -а́юсь, -а́ешься

[1]**размета́ть** *uv zu* размести́

[2]**раз|мета́ть*** *v* auseinanderwerfen || *uv* размётывать, -аю, -аешь

разме́тить, -е́чу, -е́тишь; -е́ченный, -е́чен, -а *v* markieren, mit Zeichen versehen || *uv* размеча́ть, -а́ю, -а́ешь

разме́тка, -и *f* Markierung

разме́тчик, -а *m* Anreißer, Vorzeichner

размётывать *uv zu* [2]размета́ть

размеча́ть *uv zu* разме́тить

размеша́ть, -а́ю, -а́ешь; разме́шанный, -ан, -а *v* **1.** um-, durchrühren **2.** (ver)mischen || *uv* [1]**разме́шивать,** -аю, -аешь

[2]**разме́шивать** *uv zu* размеси́ть

размеща́ть(ся) *uv zu* размести́ть(ся)

размеще́ние, -я *n* **1.** Unterbringung; Aufstellen; ~ по кварти́рам Einquartierung **2.** Unterkommen; Einnehmen *der Plätze* **3.** Anordnung; Verteilung

размина́ть(ся) *uv zu* размя́ть(ся)

размину́ться, -ну́сь, -нёшься *v umg* **1.** einander verfehlen **2.** aneinander vorbeikommen; sich kreuzen

размножа́ть(ся) *uv zu* размно́жить(ся)

размноже́ние, -я *n* **1.** Vermehrung, Anwachsen; Vervielfältigung **2.** *biol* Fortpflanzung; Züchten

размно́жить, -жу, -жишь; -женный, -жен, -а *v* **1.** vervielfältigen, vermehren **2.** *biol* anbauen; züchten || *uv* размножа́ть, -а́ю, -а́ешь

размно́житься, *1. u. 2. Pers ungebr*, -ится *v* **1.** sich vermehren, zahlenmäßig anwachsen **2.** sich fortpflanzen || *uv* размножа́ться, -а́ется

размозжи́ть, -жу́, -жи́шь; -жённый, -жён, -жена́ *v* zerschmettern

размока́ть *uv zu* размо́кнуть

размо́кнуть, *1. u. 2. Pers ungebr*, -нет; размо́к, -ла *v* aufweichen, aufquellen || *uv* размока́ть, -а́ет

размо́л, -а *m* (Zer-) Mahlen; Ausmahlung; мука́ кру́пного -а Schrotmehl; мука́ ме́лкого -а feines Mehl

размо́лвка, -и, *Pl G* -вок, *D* -вкам *f* Verstimmung; у них ~ sie haben sich verzankt

раз|моло́ть* *v* zermahlen; zerreiben || *uv* разма́лывать, -аю, -аешь

размори́ть, *1. u. 2. Pers ungebr*, -ри́т; -рённый, -рён, -рена́ *v umg*: жара́ меня́ разморила *oder* меня́ разморило от жары́ die Hitze hat mich ganz schlapp gemacht || *uv* разма́ривать, -ает

размори́ться, -рю́сь, -ри́шься *v* erschöpft sein, schlapp sein || *uv* разма́риваться, -аюсь, -аешься

размота́ть, -а́ю, -а́ешь; размо́танный, -ан, -а *v* abwickeln, loswickeln; abspulen, abhaspeln || *uv* разма́тывать, -аю, -аешь

размота́ться, *1. u. 2. Pers ungebr*, -а́ется *v* sich abwickeln; sich abspulen; sich entwirren || *uv* разма́тываться, -ается

размо́тка, -и *f* Abwickeln; Abspulen; Abhaspeln; Entwirren

размоча́литься, *1. u. 2. Pers ungebr*, -ится *v* sich auflösen *in einzelne Fasern*

размочи́ть, -очу́, -о́чишь; -о́ченный, -о́чен, -а *v* aufweichen, aufquellen lassen || *uv* разма́чивать, -аю, -аешь

размы́в, -а *m* Unterspülung; ~ плоти́ны Dammbruch

размыва́ть(ся) *uv zu* размы́ть(ся)

размыка́ть *uv zu* разомкну́ть

размы́слить, -лю, -лишь *v* nachdenken, überlegen; erwägen || *uv* размышля́ть, -я́ю, -я́ешь

раз|мы́ть* *v* unterspülen, wegschwemmen ‖ *uv* размыва́ть, -а́ю, -а́ешь

раз|мы́ться*, *1. u. 2. Pers ungebr*, *v* unterspült werden, weggeschwemmt werden ‖ *uv* размыва́ться, -а́ется

размышле́ние, -я *n* **1.** Nachdenken **2.** Überlegung, Betrachtung ◇ э́то наво́дит на -я das gibt zu denken; по зре́лом -и nach reiflicher Überlegung

размышля́ть, -я́ю, -я́ешь *uv* **1.** *uv zu* размы́слить **2.** nachdenken, nachsinnen; sich überlegen

размягча́ть(ся) *uv zu* размягчи́ть(ся)

размягче́ние, -я *n* **1.** Erweichen, Aufweichen **2.** Erweichung; ~ косте́й *med* Knochenerweichung

размягчи́ть, -чу́, -чи́шь; -чённый, -чён, -чена́ *v* **1.** weich machen **2.** *übtr* erweichen, zu Mitleid bewegen ‖ *uv* размягча́ть, -а́ю, -а́ешь

размягчи́ться, -чу́сь, -чи́шься *v* **1.** *1. u. 2. Pers ungebr* weich werden **2.** *übtr* sich erweichen lassen, weich werden ‖ *uv* размягча́ться, -а́юсь, -а́ешься

размяка́ть *uv zu* размя́кнуть

размя́кнуть, -ну, -нешь; размя́к, -ла *v* weich werden *auch übtr*; mürbe werden *Obst* ‖ *uv* размяка́ть, -а́ю, -а́ешь

раз|мя́ть*, разомну́ *v* **1.** weich kneten, weich machen; zerdrücken, zerquetschen **2.** *übtr*: ~ но́ги sich die Beine vertreten, sich Bewegung verschaffen ‖ *uv* размина́ть, -а́ю, -а́ешь

раз|мя́ться*, разомну́сь *v* **1.** *1. u. 2. Pers ungebr* weich werden; geschmeidig werden **2.** sich Bewegung verschaffen ‖ *uv* размина́ться, -а́юсь, -а́ешься

разнаря́дка, -и, *Pl G* -док, *D* -дкам *f* Kontingentplan

разна́шивать(ся) *uv zu* [1]разноси́ть(ся)

разне́живать(ся) *uv zu* разне́жить(ся)

разне́жить, -жу, -жишь; -женный, -жен, -а *v umg* **1.** zärtliche Gefühle erwecken, zärtlich stimmen **2.** verzärteln ‖ *uv* разне́живать, -аю, -аешь

разне́житься, -жусь, -жишься *v umg* **1.** (allzu) gerührt sein **2.** sich verzärteln ‖ *uv* разне́живаться, -аюсь, -аешься

раз|нести́* *v* **1.** austragen, zustellen **2.** *umg* auseinandertreiben; zerstreuen, verwehen **3.** *umg* verbreiten, in Umlauf setzen; bekanntmachen **4.** eintragen, einschreiben **5.** zerreißen; zerschmettern, zerschlagen **6.** *umg* ausschelten, den Kopf waschen **7.** *unpers, umg*: его́ разнесло́ er ist dick geworden ‖ *uv* разноси́ть, -ошу́, -о́сишь

раз|нести́сь*, *1. u. 2. Pers ungebr*, *v* sich verbreiten ‖ *uv* разноси́ться, -о́сится

разнима́ть *uv zu* разня́ть

разниму́ ↑ разня́ть

ра́зниться, -нюсь, -нишься *uv* sich unterscheiden; verschieden sein

ра́зница, -ы, *I* -ей *f* **1.** Differenz **2.** Unterschied; ~ в том, что der Unterschied besteht darin, daß . . . ◇ кака́я ~ ? *umg* ist das nicht egal?

ра́зно *Adv umg* verschieden, verschiedenartig

разно|бо́й, -я *m umg* Mißklang; Unstimmigkeit, Uneinigkeit; **~ве́с,** -а *m Koll* kleine Gewichte, Gewichtssatz; **~ви́дность,** -и *f* Abart; Spielart; **~вре́ме́нный,** -ая, -ое zu verschiedenen Zeiten vor sich gegangen; **~гла́сие,** -я *n* **1.** Meinungsverschiedenheit, Uneinigkeit **2.** Widerspruch, Diskrepanz; **~голо́сица,** -ы, *I* -ей *f umg* **1.** Mißklang, disharmonischer Gesang **2.** Meinungsverschiedenheit, Uneinigkeit; **~голо́сый,** -ая, -ое; *Kzf* -о́с, -а **1.** disharmonisch *von Tönen* **2.** verschiedenstimmig; **~кали́берный,** -ая, -ое **1.** von verschiedenem Kaliber **2.** *übtr* verschieden, verschiedenartig; bunt; **~ма́стный,** -ая, -ое; *Kzf* -тен, -тна **1.** von verschiedener Farbe; scheckig *Pferde* **2.** *übtr* bunt; **~обра́зие,** -я *n* **1.** Vielfalt, Mannigfaltigkeit; Verschiedenartigkeit **2.** Abwechslung; для ~обра́зия zur Abwechslung; **~обра́зить,** -а́жу, -а́зишь *uv* verschiedenartig gestalten, Abwechslung hineinbringen; **~обра́зный,** -ая, -ое; *Kzf* -зен, -зна verschieden, verschiedenartig, mannigfaltig; **~племённый,** -ая, -ое *buchspr* zu verschiedenen Volksstämmen gehörig; **~рабо́чий,** -его *Subst m* Hilfsarbeiter; **~речи́вый,** -ая, -ое; *Kzf* -и́в, -а widerspruchsvoll, widersprechend; **~ро́дный,** -ая, -ое; *Kzf* -ден, -дна verschiedenartig, ungleichartig; heterogen

разно́с, -а *m* **1.** Austragen, Zustellen; торго́вля в ~ Hausierhandel **2.** Zerstreuen, Verwehen **3.** *umg* Zurechtweisung, Verweis, Rüge; ему́ устро́-

или тако́й ~! er hat eine dicke Zigarre bekommen!

[1]разноси́ть, -ошу́, -о́сишь; -о́шенный, -о́шен, -а *v* eintragen, austreten *Schuhe* || *uv* разна́шивать, -аю, -аешь

[2]разноси́ть *uv zu* разнести́

[1]разноси́ться, *1. u. 2. Pers ungebr*, -о́сится *v* bequem werden, sich austreten *Schuhe* || *uv* разна́шиваться, -ается

[2]разноси́ться *uv zu* разнести́сь

разно́ска, -и *f umg* Austragen, Zustellen

разносклоня́емый, -ая, -ое *gram* mit abweichender Deklination, gemischtdekliniert

разноспряга́емый, -ая, -ое *gram* mit abweichender Konjugation, gemischtkonjugiert

[1]разносторо́нний, -яя, -ее *math* ungleichseitig

[2]разносторо́нний, -яя, -ее; *Kzf* -о́нен, -о́ння vielseitig

ра́зность, -и *f* **1.** Unterschied, Verschiedenartigkeit **2.** *math* Differenz

разно́счик [щи], -а *m* Zusteller, Bote

разно́счица [щи], -ы, *I* -ей *f* Zustellerin, Botin

разноцве́тный, -ая, -ое verschiedenfarbig; vielfarbig; bunt

разночи́нец, -нца, *I* -нцем, *G Pl* -нцев *m* Rasnotschinez *nicht zum Adel gehörender Intellektueller im Rußland des 19. Jh.*

разношёрстный, -ая, -ое **1.** scheckig, gescheckt *Pferde* **2.** *Kzf* -тен, -тна *übtr* verschiedenartig; bunt, gemischt

разноязы́чный, -ая, -ое verschiedensprachig; vielsprachig, mehrsprachig

разну́зданный, -ая, -ое; *Kzf* -ан, -анна zügellos, schrankenlos

разнузда́ть, -а́ю, -а́ешь; разну́зданный, -ан, -а *v* abzäumen *Pferde* || *uv* **разну́здывать,** -аю, -аешь

разнузда́ться, *1. u. 2. Pers ungebr*, -а́ется *v* **1.** den Zaum abwerfen **2.** *übtr* sich gehen lassen, außer Rand und Band geraten || *uv* **разну́здываться,** -ается

ра́зный, -ая, -ое verschieden(artig); в -ое вре́мя zu unterschiedlichen Zeiten; -ого ро́да allerlei

разню́хать, -аю, -аешь; -анный, -ан, -а *v* **1.** *umg* wittern, aufspüren **2.** *übtr, volksspr* herauskriegen, auskundschaften || *uv* **разню́хивать,** -аю, -аешь

разня́ть* *v* **1.** auseinandernehmen **2.** *umg* auseinanderbringen, trennen || *uv* разнима́ть, -а́ю, -а́ешь

разоби́деть, -и́жу, -и́дишь; -и́женный, -и́жен, -а *v umg* empfindlich beleidigen, verletzen, kränken

разоби́деться, -и́жусь, -и́дишься *v* beleidigt [verletzt] sein

разоблача́ть(ся) *uv zu* разоблачи́ть(ся)

разоблаче́ние, -я *n* Entlarvung, Enthüllung

разоблачи́тельный, -ая, -ое *buchspr* enthüllend, entlarvend

разоблачи́ть, -чу́, -чи́шь; -чённый, -чён, -чена́ *v* **1.** *scherz* entkleiden **2.** *übtr* entlarven, enthüllen, aufdecken || *uv* разоблача́ть, -а́ю, -а́ешь

разоблачи́ться, -чу́сь, -чи́шься *v* **1.** *scherz* sich entkleiden **2.** sich herausstellen, sich enthüllen; sich offenbaren || *uv* разоблача́ться, -а́юсь, -а́ешься

разо|бра́ть*, разберу́; разо́бранный, -ан, -а *v* **1.** auseinandernehmen, zerlegen; ~ дом ein Haus abtragen **2.** aufkaufen; все това́ры разо́браны alle Waren sind ausverkauft **3.** in Ordnung bringen, ordnen **4.** untersuchen, klären; ergründen **5.** *gram* analysieren, zergliedern **6.** verstehen, feststellen; entziffern *Handschrift* **7.** *umg* ergreifen, erfassen; packen; его́ разобра́л гнев er geriet in Wut || *uv* разбира́ть, -а́ю, -а́ешь

разо|бра́ться*; -ала́сь, -а́ли́сь *v* **1.** auspacken, sich einrichten; seine Sachen in Ordnung bringen **2.** sich zurechtfinden, sich auskennen; klug werden (aus) || *uv* разбира́ться, -а́юсь, -а́ешься

разобща́ть *uv zu* разобщи́ть

разобще́ние, -я *n* Trennung, Absonderung; Isolierung

разобщённость, -и *f* Getrenntheit, Isoliertheit

разобщённый, -ая, -ое; *Kzf* -ён, -ённа abgesondert, getrennt; isoliert

разобщи́ть, -щу́, -щи́шь; -щённый, -щён, -щена́ *v* **1.** trennen, absondern; isolieren **2.** *übtr* entfremden **3.** *tech* loskuppeln || *uv* разобща́ть, -а́ю, -а́ешь

ра́зовый, -ая, -ое einmalig

разо|гна́ть*, разгоню́; разо́гнанный, -ан, -а *v* **1.** auseinanderjagen, vertreiben **2.** zerstreuen; verscheuchen **3.** beschleunigen; Vollgas geben || *uv* разгоня́ть, -я́ю, -я́ешь

разо|гна́ться*, -ала́сь, -а́ли́сь *v* seine

Geschwindigkeit erhöhen || *uv* разгоня́ться, -я́юсь, -я́ешься

разогну́ть, -ну́, -нёшь; разо́гнутый, -ут, -а *v* auseinanderbiegen; geradebiegen; ~ спи́ну sich aufrichten || *uv* разгиба́ть, -а́ю, -а́ешь; рабо́тать не разгиба́я спины́ rastlos arbeiten

разогну́ться, -ну́сь, -нёшься *v* sich aufrichten || *uv* разгиба́ться, -а́юсь, -а́ешься

разогрева́ние, -я *n* Aufwärmen, Heißmachen

разогрева́ть(ся) *uv zu* разогре́ть(ся)

разогре́ть, -е́ю, -е́ешь; разогре́тый, -е́т, -а *v* an-, aufwärmen; heiß machen || *uv* разогрева́ть, -а́ю, -а́ешь

разогре́ться, -е́юсь, -е́ешься *v* warm werden, sich erwärmen; heiß werden || *uv* разогрева́ться, -а́юсь, -а́ешься

разоде́тый, -ая, -ое; *Kzf* -де́т, -а *umg* herausgeputzt

разо|де́ть* *v umg* herausputzen

разо|де́ться* *v umg* sich herausputzen

разо|дра́ть*, раздеру́; разо́дранный, -ан, -а *v umg* in Stücke reißen, zerreißen || *uv* раздира́ть, -а́ю, -а́ешь

разо|дра́ться*, *1. u. 2. Pers ungebr*, раздерётся; -ала́сь, -а́ло́сь, -а́ли́сь *v* 1. reißen, zerreißen, in Fetzen gehen 2. sich raufen, sich prügeln || *uv* раздира́ться, -а́ется

разозли́ть, -лю́, -ли́шь; -лённый, -лён, -лена́ *v* in Wut bringen; ärgern, erzürnen

разозли́ться, -лю́сь, -ли́шься *v* wütend werden; sich ärgern

разо|йти́сь* *v* 1. *1. u. 2. Pers ungebr* auseinandergehen; sich zerstreuen 2. *1. u. 2. Pers ungebr* ausgehen, zerrinnen *Geld, Vorräte*; ausverkauft sein; кни́ги разошли́сь die Bücher sind vergriffen 3. *1. u. 2. Pers ungebr* sich auflösen, schmelzen 4. aneinander vorübergehen, sich verfehlen; я разошёлся с ним ich habe ihn verfehlt 5. sich trennen; sich scheiden 6.: ~ во мне́ниях verschiedener Meinung sein 7. *umg* in Fahrt kommen, eine bestimmte Geschwindigkeit erreichen 8. *übtr, umg* an Stärke [Heftigkeit] zunehmen; außer Rand und Band geraten ◇ разойди́сь! *mil* weggetreten! || *uv* расходи́ться, -ожу́сь, -о́дишься

разо́к, -зка́ *m umg* ein einziges Mal, einmal

ра́зом *Adv umg* 1. mit einem Male, auf einmal; все ~ alle zugleich 2. sofort, augenblicklich

разомкну́ть, -ну́, -нёшь; разо́мкнутый, -ут, -а *v* 1. lösen; öffnen 2. *el* ausschalten || *uv* размыка́ть, -а́ю, -а́ешь

разомле́ть, -е́ю, -е́ешь *v umg* ermatten, schlapp werden, ermüden

разонра́виться, -влюсь, -вишься *v umg* nicht mehr gefallen

разопре́ть, -е́ю, -е́ешь *v* (auf)quellen, weich werden

разора́ться, -ру́сь, -рёшься *v volksspr* aus vollem Halse schreien, losbrüllen

разо|рва́ть*; разо́рванный, -ан, -а *v* 1. in Stücke reißen; zerreißen 2. *unpers* auseinanderreißen; котёл разорва́ло der Kessel ist explodiert; снаря́д разорва́ло das Geschoß ist krepiert 3. *übtr* abbrechen; ~ с про́шлым mit der Vergangenheit brechen || *uv* разрыва́ть, -а́ю, -а́ешь

разо|рва́ться*, *1. u. 2. Pers ungebr*, *v* 1. zerreißen, in Fetzen gehen 2. explodieren; zerplatzen ◇ ему́ не ~ *umg* er kann sich doch nicht zerreißen; хоть разорви́сь! man möchte sich zerreißen! || *uv* разрыва́ться, -а́ется *zu* 2

разоре́ние, -я *n* 1. Zerstörung; Verwüstung 2. Verarmung, Ruin

разори́тельный, -ая, -ое; *Kzf* -лен, -льна 1. verheerend 2. ruinierend

разори́ть, -рю́, -ри́шь; -рённый, -рён, -рена́ *v* 1. zerstören; verwüsten 2. ruinieren, zugrunde richten || *uv* разоря́ть, -я́ю, -я́ешь

разори́ться, -рю́сь, -ри́шься *v* ruiniert sein, verarmen || *uv* разоря́ться, -я́юсь, -я́ешься

разоружа́ть(ся) *uv zu* разоружи́ть(ся)

разоруже́ние, -я *n* Abrüstung; Entwaffnung

разоружи́ть, -жу́, -жи́шь; -жённый, -жён, -жена́ *v* 1. entwaffnen; abrüsten 2. abtakeln *Schiff* || *uv* разоружа́ть, -а́ю, -а́ешь

разоружи́ться, -жу́сь, -жи́шься *v* abrüsten || *uv* разоружа́ться, -а́юсь, -а́ешься

разоря́ть(ся) *uv zu* разори́ть(ся)

разо|сла́ть*; разо́сланный, -ан, -а *v* verschicken; aussenden || *uv* рассыла́ть, -а́ю, -а́ешь

разо|спа́ться* *v umg* in einen festen und langen Schlaf sinken

разо|стла́ть* [сл], расстелю́; разо́стланный, -ан, -а *v* ausbreiten || *uv* расстила́ть, -а́ю, -а́ешь

разо|стлáться* [сл], *1. u. 2. Pers ungebr*, расстéлется *v* sich ausbreiten, sich erstrecken ‖ *uv* расстилáться, -áется
разохóтиться, -óчусь, -óтишься *v umg* Lust bekommen (zu)
разочаровáние, -я *n* Enttäuschung
разочарóванный, -ая, -ое; *Kzf* -ан, -анна enttäuscht
разочаровáть, -рýю, -рýешь; -рóванный, -рóван, -а *v* enttäuschen ‖ *uv* **разочарóвывать,** -аю, -аешь
разочаровáться, -рýюсь, -рýешься *v* enttäuscht werden [sein]; я в нём разочаровáлся ich bin von ihm enttäuscht ‖ *uv* **разочарóвываться,** -аюсь, -аешься
разочтý ↑ расчéсть
разрабáтывать *uv zu* разрабóтать
разрабóтать, -аю, -аешь; разрабóтанный, -ан, -а *v* 1. bearbeiten *Boden* 2. ausarbeiten *Plan* 3. *berg* ausbeuten ‖ *uv* разрабáтывать, -аю, -аешь
разрабóтка, -и, *Pl G* -ток, *D* -ткам *f* 1. Bearbeitung 2. Ausarbeitung 3. *berg* Ausbeute; Abbau; откры́тая ~ Tagebau; подзéмная ~ Untertagebau; ~ руды́ Erzbergbau; хи́щническая ~ Raubbau
разрáвнивать *uv zu* разровня́ть
разражáться *uv zu* разрази́ться
разрази́ться, -ажýсь, -ази́шься *v* sich entladen, ausbrechen; ~ слезáми in Tränen ausbrechen ‖ *uv* разражáться, -áюсь, -áешься
разрастáние, -я *n* Wachsen; Wuchern
разрастáться *uv zu* разрасти́сь
раз|расти́сь*, *1. u. 2. Pers ungebr*, *v* 1. wuchern; dichter [größer] werden; schnell wachsen *Pflanzen* 2. *übtr* anwachsen; sich ausbreiten ‖ *uv* разрастáться, -áется
разревéться, -вýсь, -вёшься *v umg* 1. laut zu brüllen anfangen 2. in Tränen ausbrechen
разреди́ть, -ежý, -еди́шь; -ежённый, -ежён, -ежена́ *v* 1. lichten *Wald* 2. verdünnen *Luft* ‖ *uv* **разрежáть,** -áю, -áешь
разреди́ться, *1. u. 2. Pers ungebr*, -и́тся *v* 1. lichter, spärlicher werden 2. dünner werden *Luft* ‖ *uv* **разрежáться,** -áется
разрежённый, -ая, -ое; *Kzf* -ён, -ена́ 1. licht, gelichtet 2. *phys* verdünnt
разрéз, -а *m* 1. Schnitt, Einschnitt 2. Ausschnitt *Kleid* 3. Schnitt, Durchschnitt; продóльный ~ Längsschnitt; поперéчный ~ Querschnitt 4. (Kohlen-) Tagebau ◇ в э́том -е unter diesem Gesichtspunkt, von diesem Standpunkt aus; идти́ в ~ с чéм-н. etw. zuwiderlaufen; э́то идёт в ~ с мои́м мнéнием das steht in scharfem Gegensatz zu meiner Meinung
раз|рéзать* *v* zerschneiden; aufschneiden ‖ *uv* **разрезáть,** -áю, -áешь
разрезнóй, -áя, -óе 1. Schneide-; ~ нож Papiermesser; Brieföffner 2. mit Schlitz, mit Ausschnitt
разрешáть *uv zu* разреши́ть
разрешáться, -áюсь, -áешься *uv* 1. *uv zu* разреши́ться 2. *unpers* gestattet sein
разрешéние, -я *n* 1. Erlaubnis, Bewilligung, Genehmigung; Erlaubnisschein; с вáшего -я wenn Sie gestatten 2. Lösung
разреши́мый, -ая, -ое; *Kzf* -и́м, -а lösbar
разреши́ть, -шý, -ши́шь; -шённый, -шён, -шена́ *v* 1. erlauben, gestatten; bewilligen; genehmigen; zulassen 2. lösen; entscheiden 3. beseitigen, beheben; schlichten *Streit* ‖ *uv* разрешáть, -áю, -áешь
разреши́ться, -шýсь, -ши́шься *v* 1. *1. u. 2. Pers ungebr* sich lösen; sich regeln 2.: ~ от брéмени *alt* gebären, niederkommen ‖ *uv* разрешáться, -áюсь, -áешься
разрисовáть, -сýю, -сýешь; -сóванный, -сóван, -а *v* 1. mit Zeichnungen schmücken, ausmalen 2. *übtr umg* ausmalen, schildern ‖ *uv* разрисóвывать, -аю, -аешь
разрисóвка, -и *f* Ausmalen, Bemalen
разрисóвывать *uv zu* разрисовáть
разровня́ть, -я́ю, -я́ешь; разрóвненный, -ен, -а *v* ebnen; glattwalzen ‖ *uv* разрáвнивать, -аю, -аешь
разрóзненный, -ая, -ое 1. vereinzelt; abgesondert, einzeln 2. unvollständig
разрóзнивать *uv zu* разрóзнить
разрóзнить, -ню, -нишь; -ненный, -нен, -а *v* auseinanderreißen, trennen; unvollständig machen ‖ *uv* разрóзнивать, -аю, -аешь
разрубáть *uv zu* разруби́ть
разруби́ть, -ублю́, -ýбишь; -ýбленный, -ýблен, -а *v* zerhauen, (zer)spalten; in Stücke hauen ‖ *uv* разрубáть, -áю, -áешь
разругáть, -áю, -áешь; разрýганный, -ан, -а *v umg* ausschimpfen, ausschelten

разругáться, -áюсь, -áешься *v umg* sich verzanken
разрумя́нивать(ся) *uv zu* разрумя́нить(ся)
разрумя́нить, -ню, -нишь; -ненный, -нен, -а *v* röten *Gesicht* ‖ *uv* разрумя́нивать, -аю, -аешь
разрумя́ниться, *1. u. 2. Pers ungebr*, -ится *v* erröten; sich röten *Gesicht* ‖ *uv* разрумя́ниваться, -ается
разрýха, -и *f* Zerrüttung; Verfall
разрушáть(ся) *uv zu* разрýшить(ся)
разрушéние, -я *n* Zerstörung, Vernichtung
разруши́тельный, -ая, -ое; *Kzf* -лен, -льна zerstörend, verheerend; verderblich
разрýшить, -шу, -шишь; -шенный, -шен, -а *v* **1.** zerstören **2.** *übtr* zerstören, zunichte machen; vernichten; vereiteln; ~ эконóмику die Wirtschaft zerrütten; ~ здорóвье seine Gesundheit ruinieren ‖ *uv* разрушáть, -áю, -áешь
разрýшиться, *1. u. 2. Pers ungebr*, -ится *v* **1.** einstürzen; verfallen **2.** *übtr* zusammenbrechen, scheitern ‖ *uv* разрушáться, -áется
разры́в, -а *m* **1.** Riß **2.** Explosion, Explodieren **3.** *übtr* Bruch, Abbruch *der Beziehungen* **4.** Diskrepanz, Mißverhältnis ◇ ~ сéрдца Herzschlag *als Todesursache*
[1]**разрывáть** *uv zu* разорвáть
[2]**разрывáть** *uv zu* разры́ть
разрывáться *uv zu* разорвáться
разрывнóй, -áя, -óе Spreng-; ~ **снаря́д** Sprenggeschoß
разрыдáться, -áюсь, -áешься *v* laut zu schluchzen beginnen
раз|ры́ть* *v* **1.** aufgraben, aufwühlen **2.** *umg* durcheinanderbringen ‖ *uv* разрывáть, -áю, -áешь
разрыхлéние, -я *n* Auflockerung
разрыхли́ть, -лю́, -ли́шь; -лённый, -лён, -ленá *v* auflockern *Boden* ‖ *uv* **разрыхля́ть,** -я́ю, -я́ешь
[1]**разря́д,** -а *m* Kategorie, Klasse; Ordnung; Lohnstufe, -gruppe
[2]**разря́д,** -а *m el* Entladung
[1]**разряди́ть,** -яжý, -я́дишь; -я́женный, -я́жен, -а *v umg* herausputzen, festlich kleiden ‖ *uv* разряжáть, -áю, -áешь
[2]**разряди́ть,** -яжý, -я́дишь; -яжённый, -яжён, -яженá *u.* -я́женный, -я́жен, -а *v* **1.** *el* entladen *a. Schußwaffen* **2.** *übtr* entspannen; ~ атмосфéру die Atmosphäre entspannen ‖ *uv* разряжáть, -áю, -áешь
[1]**разряди́ться,** -яжýсь, -я́дишься *v umg* sich herausputzen, sich festlich kleiden ‖ *uv* разряжáться, -áюсь, -áешься
[2]**разряди́ться,** *1. u. 2. Pers ungebr*, -я́дится *v* **1.** sich entladen **2.** *übtr* sich entspannen ‖ *uv* разряжáться, -áется
разря́дка, -и *f* **1.** *typ* Sperrung, Sperrdruck; в -у gesperrt **2.** *mil* Entladen; *el* Entladung **3.** *übtr* Entspannung; ~ напряжённости *pol* Entspannung (der Lage)
[1]**разря́дник,** -а *m umg el* Entlader
[2]**разря́дник,** -а *m* Spitzensportler, Leistungssportler
[1,2]**разряжáть(ся)** *uv zu* [1,2]разряди́ть(ся)
разубеди́ть, -ежý, -еди́шь; -еждённый, -еждён, -ежденá *v* ausreden, abbringen (в *P* von); ~ когó-н. в чём-н. j-m etw. ausreden ‖ *uv* **разубеждáть,** -áю, -áешь
разубеди́ться, -ежýсь, -еди́шься *v* seine Meinung ändern, sich eines anderen besinnen ‖ *uv* **разубеждáться,** -áюсь, -áешься
разувáть(ся) *uv zu* разýть(ся)
разувéрить, -рю, -ришь; -ренный, -рен, -а *v* (j-n) von seinem Glauben [seiner Überzeugung] abbringen ‖ *uv* **разуверя́ть,** -я́ю, -я́ешь
разувéриться, -рюсь, -ришься *v* seinen Glauben verlieren (в *P* an), sich eines anderen besinnen ‖ *uv* **разуверя́ться,** -я́юсь, -я́ешься
разузнавáть *uv zu* разузнáть
разузнáть, -áю, -áешь; разýзнанный, -ан, -а *v* nachforschen (*A oder* о *P* über); sich erkundigen; in Erfahrung bringen ‖ *uv* разу|знавáть*
разукрáсить, -áшу, -áсишь; -áшенный, -áшен, -а *v* (aus)schmücken, verzieren ‖ *uv* **разукрáшивать,** -аю, -аешь
разукрáситься, -áшусь, -áсишься *v* sich (aus)schmücken ‖ *uv* **разукрáшиваться,** -аюсь, -аешься
разукрупнéние, -я *n* Aufteilung *in kleinere Einheiten*; Dezentralisierung
разукрупни́ть, -ню́, -ни́шь; -нённый, -нён, -ненá *v* aufteilen *in kleinere Einheiten*; dezentralisieren ‖ *uv* **разукрупня́ть,** -я́ю, -я́ешь
рáзум, -а *m* Verstand, Vernunft ◇ у меня́ ум за ~ захóдит ich weiß weder aus noch ein
разумéться, *1. u. 2. Pers ungebr*, -éется *uv* **1.**: под э́тим разумéется... darunter ist gemeint ... **2.** *mod*, *3. Pers*

Sg meist mit само́ собо́й: само́ собо́й разуме́ется das versteht sich von selbst, selbstverständlich

разу́мник, -а *m umg* Schlaukopf; Pfiffikus

разу́мный, -ая, -ое; *Kzf* -мен, -мна vernünftig; gescheit

разу́тый, -ая, -ое; *Kzf* -ут, -а barfuß

разу́ть* *v* die Schuhe ausziehen || *uv* разува́ть, -а́ю, -а́ешь

разу́ться* *v* sich die Schuhe ausziehen || *uv* разува́ться, -а́юсь, -а́ешься

разуха́бистый, -ая, -ое; *Kzf* -ист, -а übermütig; allzu ungezwungen

разу́чивание, -я *n* Einüben, Einstudieren

разу́чивать(ся) *uv zu* разучи́ть(ся)

разучи́ть, -учу́, -у́чишь; -у́ченный, -у́чен, -а *v* einüben, einstudieren; ~ пе́сню ein Lied einstudieren || *uv* разу́чивать, -аю, -аешь

разучи́ться, -учу́сь, -у́чишься *v* verlernen, aus der Übung kommen || *uv* разу́чиваться, -аюсь, -аешься

разу́ю ↑ разу́ть

разъеда́ть *uv zu* разъе́сть

разъедине́ние, -я *n* 1. Trennung 2. Unterbrechung *der Verbindung*

разъедини́тель, -я *m* 1. *el* Trennschalter 2. *tech* Ausrücker, Ausschalter

разъедини́ть, -ню́, -ни́шь; -нённый, -нён, -нена́ *v* 1. trennen 2. unterbrechen *Verbindung* || *uv* **разъединя́ть,** -я́ю, -я́ешь

разъедини́ться, -ню́сь, -ни́шься *v* 1. sich trennen 2. unterbrochen werden || *uv* **разъединя́ться,** -я́юсь, -я́ешься

разъе́зд, -а *m* 1. Abreise, Aufbruch 2. *Pl* Reisen; в -ах verreist, auf Reisen 3. Ausweichen *von Fahrzeugen* 4. Ausweichschienen, Ausweichstelle *Eisenbahn* 5. *mil* Streife; berittener Erkundungstrupp

разъе́здить, -е́зжу, -е́здишь; -е́зженный, -е́зжен, -а *v umg* ausfahren *Weg* || *uv* разъе́зживать, -аю, -аешь

разъездно́й, -а́я, -о́е Reise-; -ы́е де́ньги Reisegeld

разъезжа́ть, -а́ю, -а́ешь *uv* umherreisen

разъезжа́ться *uv zu* разъе́хаться

разъе́зживать *uv zu* разъе́здить

разъ|е́сть*, *1. u. 2. Pers ungebr, v* zerfressen; ätzen || *uv* разъеда́ть, -а́ет

разъ|е́сться* *v umg* dick werden durch reichliches Essen

разъ|е́хаться* *v* 1. *1. u. 2. Pers ungebr* wegfahren; aufbrechen 2. einander ausweichen 3. aneinander vorbeifahren, sich verpassen 4. auseinandergehen 5. *1. u. 2. Pers ungebr* wegrutschen 6. *1. u. 2. Pers ungebr volksspr* zerfallen, auseinandergehen || *uv* разъезжа́ться, -а́юсь, -а́ешься

разъярённый, -ая, -ое wütend, aufgebracht; rasend

разъяри́ть, -рю́, -ри́шь; -рённый, -рён, -рена́ *v* in Wut bringen || *uv* **разъяря́ть,** -я́ю, -я́ешь

разъяри́ться, -рю́сь, -ри́шься *v* in Wut geraten, wütend [rasend] werden || *uv* **разъяря́ться,** -я́юсь, -я́ешься

разъясне́ние, -я *n* Erklärung, Erläuterung, Klärung; дать -я по како́му-н. вопро́су Auskunft geben über etw.

разъясни́тельный, -ая, -ое erklärend

разъя́снить, -нит *v unpers volksspr* sich aufklären *Wetter*

разъясни́ть, -ню́, -ни́шь; -нённый, -нён, -нена́ *v* erklären, erläutern || *uv* разъясня́ть, -я́ю, -я́ешь

разъя́сниться, *1. u. 2. Pers ungebr*, -ится *v* sich aufklären *Wetter*

разъясни́ться, *1. u. 2. Pers ungebr*, -и́тся *v* sich aufklären, klar werden || *uv* разъясня́ться, -я́ется

разъясня́ть(ся) *uv zu* разъясни́ть(ся)

разыгра́ть, -а́ю, -а́ешь; разы́гранный, -ан, -а *v* 1. spielen, aufführen, vortragen 2. sich aufführen; ~ дурака́ sich dumm stellen 3. *umg* foppen, zum Narren halten 4. verlosen, auslosen || *uv* **разы́грывать,** -аю, -аешь

разыгра́ться, -а́юсь, -а́ешься *v* 1. sich am Spiel begeistern 2. *umg* sich einspielen *Schauspieler* 3. *1. u. 2. Pers ungebr* ausbrechen, losbrechen; разыгра́лась бу́ря ein Sturm brach los || *uv* **разы́грываться,** -аюсь, -аешься

раз|ыска́ть* *v* (auf)finden, ausfindig machen || *uv* **разы́скивать,** -аю, -аешь

раз|ыска́ться* *v* gefunden werden || *uv* **разы́скиваться,** -аюсь, -аешься

разыщу́ ↑ разыска́ть

рай, -я, *P* о ра́е, в раю́ *m* Paradies

рай- *in Zuss Abk für* райо́нный Rayon-, Kreis-

райисполко́м, -а *m* (райо́нный исполнительный комитет) Kreis-Exekutivkomitee

райком, -а *m* (районный комитет) Kreiskomitee; Stadtbezirksleitung; Kreisleitung

район, -а *m* **1.** Gebiet; *mil* Abschnitt, Raum **2.** (Stadt-) Bezirk; (Verwaltungs-) Kreis; экономический ~ Wirtschaftsbezirk

районирование, -а *n* Einteilung in Stadtbezirke u. Verwaltungskreise

районный, -ая, -ое Rayon-

райский, -ая, -ое paradiesisch, Paradies-

райсовет, -а *m* (районный совет) Kreisrat

райцентр, -а *m* (районный центр) Kreisstadt

[1]**рак,** -а *m* Krebs; красный как ~ krebsrot ◇ я покажу тебе, где -и зимуют ich werde dir zeigen, wo der Pfeffer wächst

[2]**рак,** -а *m med* Krebs

Рак, -а *m astr* Krebs

ракета, -ы *f* Rakete; сигнальная ~ Leuchtkugel; ~-носитель Trägerrakete; ~ класса „земля — воздух" Boden-Luft-Rakete; многоступенчатая ~ Mehrstufenrakete

ракетка, -и, *Pl G* -ток, *D* -ткам *f* Tennisschläger

ракетница, -ы, *I* -ей *f* Leuchtpistole

ракетный, -ая, -ое Raketen-; ~ снаряд Raketengeschoß

ракето|дром, -а *m* Raketenstartgelände; **~носец,** -сца, *I* -сцем, *G Pl* -сцев *m* Raketenträger

ракетчик, -а *m* Angehöriger der Raketentruppen

ракита, -ы *f* Bruchweide, Knackweide

раковина, -ы *f* **1.** Muschel; Muschelschale; ушная ~ Ohrmuschel **2.** *tech* Blase **3.** Ausguß, Spülstein

[1]**раковый,** -ая, -ое *zool* Krebs-

[2]**раковый,** -ая, -ое *med* Krebs-; -ая опухоль Krebsgeschwulst

ракообразные, -ых *Subst Pl* Krebstiere

ракушечник, -а *m* Muschelkalkstein

ракушка, -и, *Pl G* -шек, *D* -шкам *f* kleine Muschel

рама, -ы *f* **1.** Rahmen *a. tech*; оконная ~ Fensterrahmen; двойные -ы Doppelfenster; вставить в -у einrahmen **2.** Sägegatter

рамка, -и, *Pl G* -мок, *D* -мкам *f* **1.** kleiner Rahmen **2.** Umrandung *eines Textes* **3.** *Pl* Grenzen, Rahmen

рамочный, -ая, -ое Rahmen-; -ая антенна Rahmenantenne

рампа, -ы *f theat* Rampe; при свете -ы im Rampenlicht

рана, -ы *f* Wunde; ~ в голову Kopfwunde; огнестрельная ~ Schußwunde ◇ бередить старую -у eine alte Wunde aufreißen

ранг, -а *m* Rang; капитан первого -а *naut* Kapitän ersten Ranges; табель о -ах Rangliste

рангоут, -а *m naut* Mastwerk

Рангун, -а *m* Rangun

ранее *Adv* **1.** *Komp zu* рано **2.** früher, (be)vor

ранение, -я *n* **1.** Verwundung, Verletzung **2.** Wunde

раненый, -ая, -ое **1.** verwundet, verletzt **2.** -ого *Subst m* Verwundeter, Verletzter

ранец, -нца, *I* -нцем, *G Pl* -нцев *m* Ranzen, Schulranzen; *mil* Tornister

ранжир, -а *m alt* **1.** Aufstellung von Personen in einer Reihe der Größe nach **2.** *übtr* bestimmte Reihenfolge ◇ по -у a) der Größe nach; b) *übtr* nach der Bedeutung; подвести под один ~ über einen Kamm scheren

ранить, раню, ранишь; раненный, ранен, -а *v, uv* verwunden, verletzen

ранний, -яя, -ее **1.** früh(zeitig); -им утром frühmorgens **2.** jung, Früh-; -ие овощи Frühgemüse; -яя весна Vorfrühling **3.** vorzeitig eintretend; -яя зима zeitiger Winter ◇ -яя птичка *umg* Frühaufsteher

рано *Adv*, *Komp* раньше *u.* ранее **1.** früh **2.** *unpers, prädikativ*: ещё ~ es ist noch (zu) früh; ~ утром früh am Morgen ◇ ~ или поздно über kurz oder lang

рант, -а, *P* о ранте, на ранту *m* Rand, Kante; ботинки на -у randgenähte Schuhe

рантовой, -ая, -ое *u.* **рантовый,** -ая, -ое rahmengenäht *Schuhe*; -ая подошва Randsohle

рантье *m idkl* Rentier

рань, -и *f umg* Frühe; в такую ~ so früh(zeitig)

раньше *Adv* **1.** *Komp von* рано **2.** vor, vorher; ~ шести часов vor sechs (Uhr); ~ нас vor uns; не ~ месяца nicht vor einem Monat; неделей ~ eine Woche früher [vorher] **3.** zuerst; ~ подумай, потом сделай zuerst überlegen, dann handeln **4.** einst, früher, ehemals

рапира, -ы *f* Rapier *Fechtwaffe*

рапорт, -а *m* Rapport, Meldung; Bericht; отдать ~ Bericht erstatten

рапортова́ть, -ту́ю, -ту́ешь *v, uv* melden, berichten
рапс, -а *m bot* Raps
ра́псовый, -ая, -ое Raps-
ра́са, -ы *f* Rasse
раси́зм, -а *m* Rassismus, Rassentheorie
раси́стский [исск], -ая, -ое rassistisch
раска́иваться *uv zu* раска́яться
раскалённый, -ая, -ое glühend
раскали́ть, -лю́, -ли́шь; -лённый, -лён, -лена́ *v* glühend machen; ~ до́красна bis zur Rotglut erhitzen || *uv* раскаля́ть, -я́ю, -я́ешь
раскали́ться, *1. u. 2. Pers ungebr,* -и́тся *v* glühend werden, sich erhitzen || *uv* раскаля́ться, -я́ется
раска́лывать(ся) *uv zu* расколо́ть(ся)
раскаля́ть(ся) *uv zu* раскали́ть(ся)
раска́пывать *uv zu* раскопа́ть
раска́рмливать *uv zu* раскорми́ть
раскасси́ровать, -рую, -руешь; -рованный, -рован, -а *v* auflösen; liquidieren
раска́т, -а *m* Donnern, dumpfes Rollen ◇ -ы сме́ха Lachsalve
раската́ть, -а́ю, -а́ешь; раска́танный, -ан, -а *v* **1.** entrollen **2.** ausrollen *Teig;* mangeln *Wäsche;* eben walzen *Weg* **3.** ins Rollen bringen || *uv* раска́тывать, -аю, -аешь
раска́тистый, -ая, -ое; *Kzf* -ист, -а schallend; dröhnend
раскати́ть, -ачу́, -а́тишь; -а́ченный, -а́чен, -а *v* **1.** durch Rollen Geschwindigkeit verleihen **2.** auseinanderrollen
раска́тывать, -аю, -аешь *uv* **1.** *uv zu* раската́ть **2.** *umg* herumfahren, umherfahren
раскача́ть, -а́ю, -а́ешь; раска́чанный, -ан, -а *v* **1.** stark schaukeln, in Schwung bringen **2.** rütteln; lockern **3.** *übtr, umg* aufrütteln; aufmuntern || *uv* **раска́чивать,** -аю, -аешь
раскача́ться, -а́юсь, -а́ешься *v* **1.** in Schwung kommen, schaukeln **2.** *volksspr 1. u. 2. Pers ungebr* wackelig werden, sich lockern **3.** *übtr, umg* sich aufraffen, in Schwung kommen || *uv* **раска́чиваться,** -аюсь, -аешься
[1,2]**раска́шивать** *uv zu* [1,2]раскоси́ть
раска́шляться, -яюсь, -яешься *v* einen Hustenanfall bekommen
раска́яние, -я *n* Reue; по́лный -я reuevoll, reumütig
раска́яться, -а́юсь, -а́ешься *v* в *P* bereuen || *uv* раска́иваться, -аюсь, -аешься

расквартирова́ние, -я *n* Einquartierung
расквартирова́ть, -ру́ю, -ру́ешь; -ро́ванный, -ро́ван, -а *v* einquartieren || *uv* **расквартиро́вывать,** -аю, -аешь
расквартирова́ться, -ру́юсь, -ру́ешься *v* einquartiert werden || *uv* **расквартиро́вываться,** -аюсь, -аешься
расква́сить, -а́шу, -а́сишь; -а́шенный, -а́шен, -а *v volksspr* blutig schlagen || *uv* **раскваши́вать,** -аю, -аешь
расквита́ться, -а́юсь, -а́ешься *v umg* abrechnen, quitt sein (с *I* mit)
раскида́ть, -а́ю, -а́ешь; раски́данный, -ан, -а *v* auseinanderwerfen, herumwerfen ||*uv* раски́дывать, -аю, -аешь
раски́дистый, -ая, -ое; *Kzf* -ист, -а weitverzweigt, weit ausladend
раски́дывать *uv zu* раскида́ть *u.* раски́нуть
раски́дываться *uv zu* раски́нуться
раски́нуть, -ну, -нешь; раски́нутый, -ут, -а *v* **1.** ausbreiten *Arme* **2.** auseinanderrollen **3.** aufschlagen, aufstellen *Zelt* ◇ ~ умо́м gut überlegen || *uv* раски́дывать, -аю, -аешь
раски́нуться, -нусь, -нешься *v* **1.** sich ausstrecken, sich der Länge nach hinlegen **2.** *1. u. 2. Pers ungebr* sich erstrecken, sich ausdehnen || *uv* раски́дываться, -аюсь, -аешься
раскиса́ть *uv zu* раски́снуть
раски́снуть, -ну, -нешь; раски́с, -ла *v* **1.** *1. u. 2. Pers ungebr* stark säuern, gären **2.** *übtr, umg* schlapp werden, ermatten || *uv* раскиса́ть, -а́ю, -а́ешь
раскла́дка, -и *f* Verteilung; де́лать -у verteilen, einteilen
раскладно́й, -а́я, -о́е Klapp-, zusammenlegbar
раскладу́шка, -и, *Pl G* -шек, *D* -шкам *f umg* Klappbett
раскла́дывать(ся) *uv zu* разложи́ть(ся)
раскла́ниваться *uv zu* раскла́няться
раскла́няться, -яюсь, -яешься *v* sich verbeugen, eine Verbeugung [Verbeugungen] machen || *uv* раскла́ниваться, -аюсь, -аешься
раскле́ивать(ся) *uv zu* раскле́ить(ся)
раскле́ить, -е́ю, -е́ишь; -е́енный, -е́ен, -а *v* ankleben, aufkleben || *uv* раскле́ивать, -аю, -аешь
раскле́иться, -е́юсь, -е́ишься *v* **1.** *1. u. 2. Pers ungebr* sich lösen, abgehen, aus dem Leim gehen **2.** *1. u. 2. Pers ungebr übtr* sich zerschlagen,

nicht zustande kommen 3. *übtr*, *umg* krank werden; kränkeln, nicht (ganz) auf dem Posten sein || *uv* расклéиваться, -аюсь. -аешься

расклéйка, -и *f* Ankleben

расклепáть, -áю, -áешь; расклёпанный, -ан, -а *v* 1. *tech* entnieten 2. plattdrücken, plattschlagen

расклíнивать *uv zu* расклинúть

расклинúть, -ню́, -нúшь; -нённый, -нён, -нена́ *u.* **расклúнить,** -ню, -нишь; -ненный, -нен, -а *v* 1. einen eingetriebenen Keil herausschlagen 2. durch einen Keil spalten || *uv* расклúнивать, -аю, -аешь

рас|ковáть* *v* 1. die Hufeisen abschlagen 2. von Ketten [Fesseln] befreien || *uv* **раскóвывать,** -аю, -аешь

рас|ковáться* *v* ein Hufeisen verlieren *Pferd* || *uv* **раскóвываться,** -аюсь, -аешься

расковы́ривать *uv zu* расковыря́ть

расковыря́ть, -я́ю, -я́ешь; расковы́рянный, -ян, -а *v umg* 1. zerstochern, durch Stochern vergrößern 2. zerkratzen, aufkratzen || *uv* расковы́ривать, -аю, -аешь

раскóл, -а *m* 1. Spaltung 2. *alt*, *rel* Schisma, Kirchenspaltung, Glaubenstrennung

раскалáчивать *uv zu* расколотúть

расколотúть, -лочу́, -лóтишь; -лóченный, -лóчен, -а *v umg* zerschlagen, zerbrechen || *uv* расколáчивать, -аю, -аешь

рас|колóть* *v* 1. zerspalten; ~ opéx eine Nuß knacken 2. *übtr* spalten, entzweien || *uv* раскáлывать, -аю, -аешь

рас|колóться*, *1. u. 2. Pers ungebr*, *v* 1. sich spalten; bersten 2. *übtr* sich spalten, sich entzweien || *uv* раскáлываться, -ается

раскóльник, -а *m* 1. *alt*, *rel* Raskolnik, Kirchenspalter, Sektierer 2. *pol* Spalter

раскóльнический, -ая, -ое spalterisch

раскопáть, -áю, -áешь; раскóпанный, -ан, -а *v* 1. aufgraben; ausgraben 2. *übtr*, *umg* ans Licht bringen || *uv* раскáпывать, -аю, -аешь

раскóпки, -пок, -пкам *Pl* Ausgrabungen

раскормúть, -ормлю́, -óрмишь; -óрмленный, -óрмлен, -а *v* mästen || *uv* раскáрмливать, -аю, -аешь

раскорчевáть, -чу́ю, -чу́ешь; -чёванный, -чёван, -а *v* (aus)roden || *uv* **раскорчёвывать,** -аю, -аешь

раскоря́ка, -и *m*, *f volksspr*: ходúть -ой breitbeinig gehen

[1]**раскосúть,** -ошу́, -осúшь; -óшенный, -óшен, -а *v* durch schräggestellte Pfeiler abstützen || *uv* раскáшивать, -аю, -аешь

[2]**раскосúть,** -ошу́, -осúшь; -óшенный, -óшен, -а *v umg*: ~ глаза́ schielen || *uv* раскáшивать, -аю, -аешь

раскóсый, -ая, -ое schielend

раскошéливаться *uv zu* раскошéлиться

раскошéлиться, -люсь, -лишься *v umg* freigebig sein; ausgeben, spendieren || *uv* раскошéливаться, -аюсь, -аешься

раскрáдывать *uv zu* раскрáсть

раскрáивать *uv zu* раскроúть

раскрáсить, -áшу, -áсишь; -áшенный, -áшен, -а *v* bunt bemalen, ausmalen; anstreichen || *uv* раскрáшивать, -аю, -аешь

раскрáска, -и *f* 1. Anmalen, Anstreichen 2. Färbung, bunte Musterung

раскраснéться, -éюсь, -éешься *v* erröten, rot werden, rote Backen bekommen

рас|крáсть* *v* (alles) stehlen, ausplündern || *uv* раскрáдывать, -аю, -аешь

раскрáшивать *uv zu* раскрáсить *u.* раскрошúть

раскрепостúть, -ощу́, -остúшь; -ощённый, -ощён, -ощена́ *v* 1. *hist* von der Leibeigenschaft befreien 2. *übtr* (vom Joch) befreien; emanzipieren || *uv* **раскрепощáть,** -áю, -áешь

раскрепощéние, -я *n* 1. *hist* Aufhebung der Leibeigenschaft 2. *übtr* Befreiung; Emanzipation

раскритиковáть, -ку́ю, -ку́ешь; -кóванный, -кóван, -а *v* scharf kritisieren

раскричáться, -чу́сь, -чúшься *v* laut zu schreien beginnen, ein starkes Geschrei erheben; ~ на когó-н. j-n anschreien

раскроúть, -ою́, -оúшь; -óенный, -óен, -а *v* 1. zuschneiden 2. *umg* schwer verwunden; spalten *Schädel* || *uv* раскрáивать, -аю, -аешь

раскрóйка, -и *f* Zuschneiden; Schnitt

раскрошúть, -ошу́, -óшишь; -óшенный, -óшен, -а *v* zerkrümeln, zerbröckeln || *uv* раскрáшивать, -аю, -аешь

раскроши́ться, -ошу́сь, -о́шишься *v* zerbröckeln; abbröckeln

раскрути́ть, -учу́, -у́тишь; -у́ченный, -у́чен, -а *v* 1. abwickeln; aufdrehen, aufschrauben 2. *umg* in drehende Bewegung bringen ‖ *uv* **раскру́чивать,** -аю, -аешь

раскрути́ться, *1. u. 2. Pers ungebr*, -у́тится *v* 1. sich abwickeln, sich losdrehen, aufgehen 2. *umg* sich allmählich immer schneller drehen ‖ *uv* **раскру́чиваться,** -ается

раскрыва́ть(ся) *uv zu* раскры́ть(ся)

раскры́тие, -я *n* 1. Öffnen, Aufmachen 2. Aufdeckung

рас|кры́ть* *v* 1. aufmachen, öffnen; ~ кни́гу ein Buch aufschlagen; ~ ско́бки *math* die Klammern auflösen 2. entblößen 3. *übtr* aufdecken, enthüllen; ~ чьй-л. за́мыслы hinter j-s Schliche kommen ‖ *uv* раскрыва́ть, -а́ю, -а́ешь

рас|кры́ться* *v* 1. sich öffnen, aufgehen 2. *übtr* aufgedeckt werden; an den Tag kommen, sich herausstellen ‖ *uv* раскрыва́ться, -а́юсь, -а́ешься

раскула́чивание, -я *n* (ökonomische) Liquidierung der Großbauernschaft

раскула́чивать *uv zu* раскула́чить

раскула́чить, -чу, -чишь; -ченный, -чен, -а *v* das Großbauerntum liquidieren; einen Kulaken enteignen ‖ *uv* раскула́чивать, -аю, -аешь

раскупа́ть *uv zu* раскупи́ть

раскупа́ться, *1. u. 2. Pers ungebr*, -а́ется *uv* abgehen, verkauft werden; хорошо́ ~ reißenden Absatz finden

раскупи́ть, *1. u. 2. Pers Sg ungebr*, -у́пит; -у́пленный, -у́плен, -а *v* aufkaufen; кни́гу бы́стро раскупи́ли das Buch war schnell vergriffen ‖ *uv* раскупа́ть, -а́ет

раску́поривать *uv zu* раску́порить

раску́порить, -рю, -ришь; -ренный, -рен, -а *v* entkorken; öffnen, aufmachen ‖ *uv* раску́поривать, -аю, -аешь

раску́ривать *uv zu* раскури́ть

раскури́ть, -урю́, -у́ришь; -у́ренный, -у́рен, -а *v* anrauchen, anstecken *Zigarette* ‖ *uv* раску́ривать, -аю, -аешь

раскуси́ть, -ушу́, -у́сишь; -у́шенный, -у́шен, -а *v* 1. zerbeißen, aufbeißen; ~ оре́х eine Nuß knacken 2. *umg* verstehen, durchschauen; наконе́ц я раскуси́л, в чём де́ло endlich ist mir ein Licht aufgegangen; наконе́ц я его́ раскуси́л nun konnte ich ihn endlich durchschauen ‖ *uv* **раску́сывать,** -аю, -аешь

раску́тать, -аю, -аешь; -анный, -ан, -а *v* auswickeln, loswickeln ‖ *uv* **раску́тывать,** -аю, -аешь

ра́совый, -ая, -ое Rassen-; -ая **дискримина́ция** Rassendiskriminierung

распа́д, -а *m* Zerfall; *übtr* Verfall

распада́ться *uv zu* распа́сться

распаде́ние, -я *n* Zerfall

распа́ивать(ся) *uv zu* распая́ть(ся)

распакова́ть, -ку́ю, -ку́ешь; -ко́ванный, -ко́ван, -а *v* auspacken ‖ *uv* **распако́вывать,** -аю, -аешь

распали́ть, -лю́, -ли́шь; -лённый, -лён, -лена́ *v umg* 1. auf sehr hohe Temperaturen erhitzen 2. *übtr* stark erregen, erzürnen ‖ *uv* **распаля́ть,** -я́ю, -я́ешь

распа́ривать(ся) *uv zu* распа́рить(ся)

распа́рить, -рю, -ришь; -ренный, -рен, -а *v* 1. (mit Dampf oder heißem Wasser) aufweichen 2. *umg* zum Schwitzen bringen ‖ *uv* распа́ривать, -аю, -аешь

распа́риться, -рюсь, -ришься *v* 1. *1. u. 2. Pers ungebr* (durch Dampf oder heißes Wasser) weich werden 2. *umg* zum Schwitzen kommen ‖ *uv* распа́риваться, -аюсь, -аешься

распа́рывать(ся) *uv zu* распоро́ть(ся)

рас|па́сться*, *1. u. 2. Pers ungebr*, *v* 1. zerfallen 2. *übtr* zerfallen, auseinandergehen ‖ *uv* распада́ться, -а́ется

рас|паха́ть* *v* aufpflügen, umbrechen ‖ *uv* [1]**распа́хивать,** -аю, -аешь

[2]**распа́хивать** *uv zu* распахну́ть

разпа́хиваться *uv zu* распахну́ться

распахну́ть, -ну́, -нёшь; распа́хнутый, -ут, -а *v* weit öffnen, aufmachen ‖ *uv* распа́хивать, -аю, -аешь

распахну́ться, -ну́сь, -нёшься *v* 1. *1. u. 2. Pers ungebr* sich (weit) öffnen, aufgehen 2. die Rockschöße zurückschlagen ‖ *uv* распа́хиваться, -аюсь, -аешься

распашо́нка, -и, *Pl G* -нок, *D* -нкам *f umg* Säuglingshemdchen

распая́ть, -я́ю, -я́ешь; распа́янный, -ян, -а *v* loslöten, ablöten ‖ *uv* распа́ивать, -аю, -аешь

распая́ться, *1. u. 2. Pers ungebr*, -я́ется *v* an der Lötstelle aufplatzen ‖ *uv* распа́иваться, -ается

распева́ть, -а́ю, -а́ешь *uv* 1. *uv zu* распе́ть 2. *umg* singen, vor sich hin singen

распекáть *uv zu* распéчь
распеленáть, -áю, -áешь; распелёнатый, -ат, -а *v* auswindeln, aus den Windeln wickeln ‖ *uv* **распелёнывать,** -аю, -аешь
распеленáться, -áюсь, -áешься *v* sich ausstrampeln *aus den Windeln* ‖ *uv* **распелёнываться,** -аюсь, -аешься
рас|перéть*, разопрý *v umg* auseinanderdrücken, -treiben ‖ *uv* распирáть, -áю, -áешь
рас|пéть* *v* **1.** einüben, einstudieren *Gesangsstück* **2.** einsingen *Stimme* ‖ *uv* распевáть, -áю, -áешь
рас|пéться* *v* **1.** ohne Unterlaß singen **2.** sich einsingen
распечáтать, -аю, -аешь; -анный, -ан, -а *v* entsiegeln; aufmachen, aufbrechen ‖ *uv* **распечáтывать,** -аю, -аешь
распечáтаться, *1. u. 2. Pers ungebr*, -ается *v* aufgehen, sich lösen *Versiegelung* ‖ *uv* **распечáтываться,** -ается
рас|пéчь* *v umg* den Kopf waschen, eine strenge Rüge erteilen ‖ *uv* распекáть, -áю, -áешь
распивáть *uv zu* распи́ть
распи́ливать *uv zu* распили́ть
распили́ть, -илю́, -и́лишь; -и́ленный, -и́лен, -а *v* zersägen, durchsägen ‖ *uv* распи́ливать, -аю, -аешь
распинáть *uv zu* распя́ть
распинáться, -áюсь, -áешься *uv umg* за *A* sich sehr bemühen (um); sich sehr einsetzen, sich die Beine ausreißen (für)
распирáть *uv zu* распертéть
расписáние, -я *n* Liste, Plan, Verzeichnis; ~ поездóв Fahrplan; ~ урóков Stundenplan; по -ию fahrplanmäßig, plangemäß
рас|писáть* *v* **1.** herausschreiben, abschreiben **2.** ausmalen, bemalen **3.** *umg, übtr* beschreiben, schildern, ausmalen ‖ *uv* распи́сывать, -аю, -аешь
рас|писáться* *v* **1.** unterschreiben, unterzeichnen; ~ в получéнии den Empfang bestätigen **2.** viel (zusammen)schreiben; ins Schreiben hineinkommen **3.** *umg* sich standesamtlich trauen lassen ‖ *uv* распи́сываться, -аюсь, -аешься *zu* 1, 3
распи́ска, -и, *Pl G* -сок, *D* -скам *f* Bescheinigung, Quittung; ~ в получéнии Empfangsbestätigung; под -у gegen Quittung; взять -у sich eine Quittung geben lassen

расписнóй, -áя, -óе bemalt, gemalt
распи́сывать(ся) *uv zu* расписáть(ся)
рас|пи́ть*, разопью́; распи́л *u.* рóспил; распи́тый, распи́т *u.* рóспит, распитá! *v umg* gemeinsam trinken *alkoholische Getränke* ‖ *uv* распивáть, -áю, -áешь
распихáть, -áю, -áешь; распи́ханный, -ан, -а *v volksspr* **1.** auseinanderstoßen **2.** hineinstecken, hineinstopfen *an verschiedenen Stellen* ‖ *uv* **распи́хивать,** -аю, -аешь
расплáвить, -влю, -вишь; -вленный, -влен, -а *v* schmelzen ‖ *uv* **расплавля́ть,** -я́ю, -я́ешь
расплáвиться, *1. u. 2. Pers ungebr*, -ится *v* schmelzen ‖ *uv* **расплавля́ться,** -я́ется
рас|плáкаться* *v* in Tränen ausbrechen
распланировáть, -рýю, -рýешь *u.* **расплани́ровать,** -рую, -руешь; распланирóванный *u.* распланиро́ванный, -ан, -а *v* nach genauem Plan einteilen ‖ *uv* **распланирóвывать,** -аю, -аешь
распластáть, -áю, -áешь; распла́станный, -ан, -а *v* **1.** zerlegen *nach Schichten* **2.** ausbreiten, ausstrecken ‖ *uv* **распла́стывать,** -аю, -аешь
распластáться, -áюсь, -áешься *v* sich ausstrecken, sich (ausgestreckt) hinlegen ‖ *uv* **распла́стываться,** -аюсь, -аешься
расплáта, -ы *f* **1.** Auszahlung, Bezahlung **2.** *übtr* Abrechnung, Vergeltung, Sühne
расплати́ться, -ачýсь, -áтишься *v* **1.** bezahlen, voll auszahlen; ~ с долгáми die Schulden begleichen; ~ по счёту eine Rechnung begleichen **2.** *übtr* abrechnen, Rache üben **3.** *übtr* sühnen, büßen (за *A* für) ‖ *uv* **расплáчиваться,** -аюсь, -аешься
рас|плескáть* *v* verschütten, vergießen; verspritzen ‖ *uv* **расплёскивать,** -аю, -аешь | *v mom* расплеснýть, -нý, -нёшь; расплёснутый, -ут, -а
рас|плескáться*, *1. u. 2. Pers ungebr*, *v* verschwappen ‖ *uv* **расплёскиваться,** -ается
расплеснýть *v mom zu* расплёскивать
рас|плести́* *v* aufflechten, losflechten ‖ *uv* **расплетáть,** -áю, -áешь
рас|плести́сь*, *1. u. 2. Pers ungebr*, *v* aufgehen *von Geflochtenem* ‖ *uv* **расплетáться,** -áется
расплоди́ть, -ожý, -оди́шь; -ожён-

ный, -ожён, -ожена́ *v* züchten, ziehen; vermehren, fortpflanzen

расплоди́ться, *1. u. 2. Pers ungebr*, -и́тся *v* sich vermehren, sich fortpflanzen

расплыва́ться *uv zu* расплы́ться

расплы́вчатость, -и *f* Verschwommenheit, Unklarheit

расплы́вчатый, -ая, -ое; *Kzf* -ат, -а verschwommen, unklar

рас|плы́ться*, *1. u. 2. Pers ungebr*; -плыли́сь *v* **1.** zerfließen, auseinanderlaufen *Flüssigkeiten* **2.** anschwellen, sich ausdehnen **3.** *umg* zunehmen, dick werden **4.** wegschwimmen *in verschiedene Richtungen* ◇ его́ лицо́ расплыло́сь в улы́бку es ging ein Lächeln über sein Gesicht ‖ *uv* расплыва́ться, -а́ется

расплю́щивать(ся) *uv zu* расплю́щить(ся)

расплю́щить, -щу, -щишь; -щенный, -щен, -а *v* plattschlagen, plattdrücken ‖ *uv* расплю́щивать, -аю, -аешь

расплю́щиться, *1. u. 2. Pers ungebr*, -ится *v* sich abflachen, platt werden ‖ *uv* расплю́щиваться, -ается

распну́ ↑ распя́ть

распознава́ть *uv zu* распозна́ть

распозна́ть, -а́ю, -а́ешь; распо́знанный, -ан, -а *v* erkennen; unterscheiden, bestimmen ‖ *uv* распо|знава́ть*

располага́ть, -а́ю, -а́ешь *uv* **1.** *uv zu* расположи́ть **2.** *I* verfügen, disponieren (über); ~ вре́менем Zeit haben; располага́йте мно́ю ich stehe zu Ihrer Verfügung

располага́ться *uv zu* расположи́ться

располага́ющий, -ая, -ее sympathisch, angenehm; einnehmend

расползáться *uv zu* расползти́сь

рас|полати́сь*, *1. u. 2. Pers ungebr*, *v* **1.** auseinanderkriechen **2.** auseinandergehen; (zer)reißen, in Fetzen gehen **3.** zerfallen ‖ *uv* располза́ться, -а́ется

расположе́ние, -я *n* **1.** Anordnung, Verteilung, Aufstellung; *mil* Stellung, Aufstellung **2.** Lage **3.** Zuneigung, Wohlwollen, Sympathie; лиша́ть кого́-н. -я j-m die Gunst entziehen **4.** *meist* к *D* Neigung, Empfänglichkeit *für Krankheiten* **5.** *umg* Stimmung, Laune; быть в хоро́шем -и ду́ха guter Laune sein

располо́женный, -ая, -ое; *Kzf* -жен, -жена **1.** gewogen, zugeneigt; wohlwollend **2.** geneigt; он не располо́жен е́хать er ist nicht geneigt zu fahren **3.** gelegen; ~ к восто́ку от . . . östlich von . . . gelegen

расположи́ть, -ожу́, -о́жишь; -о́женный, -о́жен, -а *v* **1.** anordnen, verteilen; aufstellen; ~ по поря́дку der Reihe nach aufstellen; го́род хорошо́ располо́жен die Stadt ist schön gelegen **2.** günstig stimmen; Sympathie erwecken; ~ кого́-н. в свою́ по́льзу j-n für sich gewinnen ‖ *uv* располага́ть, -а́ю, -а́ешь

расположи́ться, -ожу́сь, -о́жишься *v* **1.** sich niederlassen, sich einrichten; gelegen sein; ~ ла́герем sein Lager aufschlagen **2.** *mit Inf, umg, al* vorhaben, sich vornehmen ‖ *uv* располага́ться, -а́юсь, -а́ешься *zu* 1

располосова́ть, -су́ю, -су́ешь; -со́ванный, -со́ван, -а *v umg* in Streifen schneiden [reißen]

распо́р, -а *m* Schub *Bauhandwerk*

распо́рка, -и, *Pl G* -рок, *D* -ркам *f tech* Spreize, Strebe

рас|поро́ть* *v* (auf)trennen, zertrennen ‖ *uv* распа́рывать, -аю, -аешь

рас|поро́ться*, *1. u. 2. Pers ungebr*, *v* sich (auf)trennen, aufgehen ‖ *uv* распа́рываться, -ается

распоряди́тель, -я *m* Organisator; Ordner; дире́ктор-~ leitender Direktor

распоряди́тельность, -и *f* Umsicht, Organisationstalent

распоряди́тельный, -ая, -ое; *Kzf* -лен, -льна umsichtig, gewandt; он оказа́лся о́чень -ым er erwies sich als guter Organisator

распоряди́ться, -яжу́сь, -яди́шься *v* anordnen, verfügen; disponieren; как ~ э́тими деньга́ми? wie soll dieses Geld verwendet werden? ‖ *uv* распоряжа́ться, -а́юсь, -а́ешься

распоря́док, -дка *m* Ordnung; пра́вила вну́треннего -дка Hausordnung; Arbeitsordnung

распоряжа́ться, -а́юсь, -а́ешься *uv* **1.** *uv zu* распоряди́ться **2.** schalten und walten; leiten; nach eigenem Ermessen verfügen

распоряже́ние, -я *n* **1.** Anordnung, Verfügung; Disposition; отда́ть ~ eine Anordnung treffen; -ем нача́льника auf Befehl des Vorgesetzten **2.**: быть в -и кого́-н. j-m zur Verfügung stehen; предоставля́ть в ~ zur Verfügung stellen

распоя́сать* *v* den Gürtel abnehmen || *uv* **распоя́сывать,** -аю, -аешь

распоя́саться* *v* 1. aufgürten, den Gürtel abnehmen 2. *umg, mißb* übermütig sein; über die Stränge schlagen || *uv* **распоя́сываться,** -аюсь, -аешься

распоя́шу ↑ распоя́сать

распра́ва, -ы *f* 1. Abrechnung; Strafe; Gewaltanwendung; крова́вая ~ Blutbad, Gemetzel 2. *alt* Urteilsvollstreckung ◇ у меня́ с ним коро́ткая ~ ich mache mit ihm kurzen Prozeß [nicht viel Federlesens]

распра́вить, -влю, -вишь; -вленный, -влен, -а *v* 1. geradebiegen *Draht* 2. glätten *Falten* 3. (aus)strecken, recken *Glieder*; ~ кры́лья die Flügel ausbreiten || *uv* **расправля́ть,** -я́ю, -я́ешь

[1]**распра́виться,** *1. u. 2. Pers ungebr*, -ится *v* geradewerden, sich glätten || *uv* **расправля́ться,** -я́ется

распра́виться, -влюсь, -вишься *v* abrechnen (с *I* mit) || *uv* **расправля́ться,** -я́юсь, -я́ешься

распределе́ние, -я *n* 1. Verteilung, Einteilung 2. *wirtsch* Distribution

распредели́тель, -я *m* 1. Verteiler; ~ удобре́ний Düngerstreuer 2. *alt* Verteilungsstelle, Verkaufsstelle *für rationierte Waren* 3. *tech* Steuerung

распредели́тельный, -ая, -ое Verteilungs-; ~ пункт Verteilungsstelle; ~ щит *el* Schaltbrett

распредели́ть, -лю́, -ли́шь; -лённый, -лён, -лена́ *v* verteilen, einteilen; aufteilen || *uv* **распределя́ть,** -я́ю, р-я́ешь

аспредели́ться, *1. u. 2. Pers ungebr*, -ли́тся *v* sich einteilen, sich aufteilen; экскурса́нты распредели́лись по гру́ппам die Exkursionsteilnehmer wurden in Gruppen aufgeteilt || *uv* **распределя́ться,** -я́ется

распродава́ть *uv zu* распрода́ть

распрода́жа, -ы, *I* -ей *f* Ausverkauf

распро|да́ть*; распро́дал; распро́данный, -ан, -а *v* vollständig verkaufen; кни́га распро́дана das Buch ist vergriffen || *uv* распро|дава́ть*

распрос|тере́ть*, *Fut ungebr*, распростере́в *u.* распростёрши *v* 1. (weit) ausstrecken, ausbreiten 2. *übtr* ausdehnen, ausbreiten, erstrecken *Einfluß* || *uv* распростира́ть, -а́ю, -а́ешь

распрос|тере́ться*, *Fut ungebr*, распростёршись *v* 1. sich ausstrekken, sich ausdehnen 2. *übtr*, *1. u. 2. Pers ungebr* sich erstrecken *Einfluß* || *uv* распростира́ться, -а́юсь, -а́ешься

распростёртый, -ая, -ое ausgestreckt, ausgebreitet ◇ с -ыми объя́тиями mit offenen Armen

распростира́ть(ся) *uv zu* распростере́ть(ся)

распрости́ться, -ощу́сь, -ости́шься *v* sich verabschieden, sich trennen (с *I* von); *übtr* etw. aufgeben

распростране́ние, -я *n* 1. Verbreitung; Ausdehnung; име́ть ~ verbreitet sein 2. *phys* Fortpflanzung *Wellen, Schall*

распространённый, -ая, -ое (weit)-verbreitet; -ое предложе́ние *gram* erweiterter Satz

распространи́ть, -ню́, -ни́шь; -нённый, -нён, -нена́ *v* 1. verbreiten 2. ausdehnen, erweitern 3. bekannt machen || *uv* **распространя́ть,** -я́ю, -я́ешь

распространи́ться, -ню́сь, -ни́шься *v* 1. *1. u. 2. Pers ungebr* sich ausdehnen, sich erstrecken *von Flächen*; *phys* sich fortpflanzen *Wellen, Schall* 2. *1. u. 2. Pers ungebr* sich erstrecken, sich ausbreiten *Einfluß* 3. *1. u. 2. Pers ungebr* um sich greifen *Feuer, Krankheit* 4. *1. u. 2. Pers ungebr* sich verbreiten *von Gerüchen u. ä.* 5. *umg, verächtl* weitschweifig erzählen, sich verbreiten || *uv* **распространя́ться,** -я́юсь, -я́ешься

распроща́ться, -а́юсь, -а́ешься *v umg* sich verabschieden, sich trennen (с *I* von); *übtr* (etw.) aufgeben

распры́скать, -аю, -аешь; -анный, -ан, -а *v* zerstäuben, verspritzen || *uv* **распры́скивать,** -аю, -аешь

ра́спря, -и, *G Pl* -ей *f alt* Zwist, Streit, Streitigkeiten

распряга́ть *uv zu* распря́чь

распрями́ть, -млю́, -ми́шь; -млённый, -млён, -млена́ *v* (aus)strecken; geradebiegen || *uv* **распрямля́ть,** -я́ю, -я́ешь

распрями́ться, -млю́сь, -ми́шься *v* sich aufrichten; sich strecken, sich geradebiegen; sich glätten || *uv* **распрямля́ться,** -я́юсь, -я́ешься

рас|пря́чь* [пре] *v* ausspannen, abspannen || *uv* распряга́ть, -а́ю, -а́ешь

распуска́ть(ся) *uv zu* распусти́ть(ся)

распусти́ть, -ущу́, -у́стишь; -у́щенный, -у́щен, -а *v* 1. entlassen 2. auflösen *Versammlung* 3. lösen, lockern; aufschnüren; entrollen; ~ паруса́ die Segel setzen; ~ знамёна die Fahnen flattern lassen; ~ хвост Rad schlagen *vom Pfau* **4.** auflösen, auslassen, zerlassen **5.** verwöhnen, verziehen **6.** *umg* verbreiten, in Umlauf bringen; ~ дурные слу́хи о ко́м-н. j-n ins Gerede bringen || *uv* распуска́ть, -а́ю, -а́ешь

распусти́ться, -ущу́сь, -у́стишься *v* **1.** *1. u. 2. Pers ungebr* aufgehen; sich entfalten; Knospen treiben **2.** *1. u. 2. Pers ungebr* sich lösen, sich lockern, aufgehen **3.** *übtr* sich gehen lassen, außer Rand und Band geraten || *uv* распуска́ться, -а́юсь, -а́ешься

распу́тать, -аю, -аешь; -анный, -ан, -а *v* **1.** aufknüpfen; entwirren, lösen **2.** *übtr* klären, ins reine bringen, klarstellen || *uv* распу́тывать, -аю, -аешь

распу́таться, -аюсь, -аешься *v* **1.** *1. u. 2. Pers ungebr* sich entwirren, aufgehen **2.** *übtr umg* sich klären **3.** *1. u. 2. Pers ungebr* sich von Fesseln befreien *Pferd* **4.:** ~ с долга́ми aus den Schulden herauskommen, die Schulden loswerden || *uv* распу́тываться, -аюсь, -аешься

распу́тица, -ы, *I* -ей *f* Schlammzeit, Schlammwetter *Zeit, in der die Wege unbefahrbar sind*

распу́тник, -а *m* Wüstling

распу́тница, -ы, *I* -ей *f* liederliches Frauenzimmer

распу́тничать, -аю, -аешь *uv* ein lasterhaftes [ausschweifendes] Leben führen

распу́тный, -ая, -ое; *Kzf* -тен, -тна ausschweifend, unzüchtig, lasterhaft

распу́тство, -а *n* Ausschweifung, Unzucht

распу́тывать(ся) *uv zu* распу́тать(ся)

распу́тье, -ья, *Pl G* -тий, *D* -тьям *n* (Weg-) Kreuzung, Scheideweg; на ~ am Scheidewege

распуха́ние, -я *n* Anschwellung, Aufquellen

распуха́ть *uv zu* распу́хнуть

распу́хнуть, -ну, -нешь; распу́х, -ла; распу́х(нув)ший *v* anschwellen; aufquellen, aufblähen || *uv* распуха́ть, -а́ю, -а́ешь

распу́хший, -ая, -ее geschwollen, gequollen; (auf)gedunsen

распуши́ть, -шу́, -ши́шь; -шённый, -шён, -шена́ *v* **1.** aufschütteln, auflockern; aufplustern **2.** *umg* ausschimpfen, heruntermachen

распу́щенный, -ая, -ое; *Kzf* -ен, -енна **1.** undiszipliniert, ungehorsam **2.** unmoralisch; locker

распыле́ние, -я *n* **1.** Zerstäuben **2.** Zersplitterung *der Kräfte*

распыли́тель, -я *m* Zerstäuber, Verstäuber

распыли́ть, -лю́, -ли́шь; -лённый, -лён, -лена́ *v* **1.** zerstäuben **2.** zersplittern *Kräfte* || *uv* **распыля́ть,** -я́ю, -я́ешь

распыли́ться, *1. u. 2. Pers ungebr*, -и́тся *v* sich zersplittern, sich verzetteln *Kräfte* || *uv* **распыля́ться,** -я́ется

распя́ливать *uv zu* распя́лить

распя́лить, -лю, -лишь; -ленный, -лен, -а *v* **1.** *umg* ausweiten, dehnen, spannen **2.** *volksspr* weit öffnen [aufmachen] || *uv* распя́ливать, -аю, -аешь

распя́тие, -я *n* **1.** Kreuzigung **2.** Kruzifix

распя́ть* *v* kreuzigen || *uv* распина́ть, -а́ю, -а́ешь

расса́да, -ы *f* Setzpflanzen, Setzlinge

рассади́ть, -ажу́, -а́дишь; -а́женный, -а́жен, -а *v* **1.** die Plätze anweisen **2.** auseinander setzen, voneinander wegsetzen **3.** (ver)pflanzen, umpflanzen; umsetzen || *uv* расса́живать, -аю, -аешь

расса́дник, -а *m* **1.** Baumschule **2.** *übtr* Brutstätte, Herd; Quelle

расса́живать *uv zu* рассади́ть

расса́живаться *uv zu* рассе́сться

расса́сываться *uv zu* рассоса́ться

рассвести́* *v unpers* dämmern, tagen || *uv* рассвета́ть, -а́ет

рассве́т, -а *m* Morgengrauen, Morgendämmerung; на -е bei Tagesanbruch, in aller Frühe

рассвета́ть *uv zu* рассвести́

рассветёт ↑ рассвести́

рассвирепе́ть, -е́ю, -е́ешь *v* in Wut geraten, wütend werden

расседа́ться *uv zu* рассе́сться

рассёдла́ть, -а́ю, -а́ешь; рассёдланный, -ан, -а *v* absatteln || *uv* **рассёдлывать,** -аю, -аешь

рассе́ивать(ся) *uv zu* рассе́ять(ся)

рассека́ть *uv zu* рассе́чь

рассекре́тить, -е́чу, -е́тишь; -е́ченный, -е́чен, -а *v* **1.** die Geheimhaltung aufheben **2.** *umg* von der Geheimarbeit ausschließen || *uv* **рассекре́чивать,** -аю, -аешь

расселе́ние, -я *n* Ansiedeln

рассе́лина, -ы *f* Riß; Spalt, Kluft

рассели́ть, -лю́, -ли́шь; -лённый, -лён, -лена́ *v* **1.** ansiedeln **2.** auseinandersiedeln, voneinander trennen || *uv* **расселя́ть,** -я́ю, -я́ешь

расели́ться, *1. u. 2. Pers ungebr,* -и́тся *v* 1. sich (an verschiedenen Orten) ansiedeln 2. voneinander wegziehen || *uv* **расселя́ться,** -я́ется

рассерди́ть, -ержу́, -е́рдишь; -е́рженный, -е́ржен, -а *v* erzürnen, ärgern

рассерди́ться, -ержу́сь, -е́рдишься *v* sich ärgern, böse werden

рассерча́ть, -а́ю, -а́ешь *v volksspr* erzürnen (на *A* über)

рас|се́сться* *v* 1. *1. u. 2. Pers ungebr* sich setzen, die Plätze einnehmen 2. *volksspr* sich breitmachen, es sich bequem machen || *uv* расса́живаться, -ается *zu* 1

рас|се́чь*; -секла́, -секли́ *v* 1. zerhauen, zerhacken; spalten 2. stark verletzen 3. *übtr* durchschneiden || *uv* рассека́ть, -а́ю, -а́ешь

рассе́янность, -и *f* 1. Verstreutheit 2. Zerstreutheit

рассе́янный, -ая, -ое 1. verstreut 2. *Kzf* -ян, -янна zerstreut, unaufmerksam 3.: -ые элеме́нты *chem* Spurenelemente

рассе́ять, -е́ю, -е́ешь; -е́янный, -е́ян, -а *v* 1. aussäen 2. zerstreuen, auseinanderjagen 3. zerstreuen *Verdacht, Zweifel* 4. vertreiben *Kummer* 5. zerstreuen, ablenken || *uv* рассева́ть, -а́ю, -а́ешь *zu* 1 *u.* рассе́ивать, -аю, -аешь *zu* 2-5

рассе́яться, -е́юсь, -е́ешься *v* 1. *1. u. 2. Pers ungebr* sich zerstreuen, verstreut liegen 2. *1. u. 2. Pers ungebr* sich lichten; тума́н рассе́ялся der Nebel verzog sich 3. *übtr* sich zerstreuen, sich amüsieren || *uv* рассе́иваться, -аюсь, -аешься

рассиде́ться, -ижу́сь, -иди́шься *v volksspr* zu lange sitzen bleiben || *uv* **расси́живаться,** -аюсь, -аешься

расска́з, -а *m* Erzählung, Geschichte

расс|каза́ть* *v* erzählen, berichten || *uv* расска́зывать, -аю, -аешь

расска́зчик, -а *m* Erzähler

расска́зывать *uv zu* рассказа́ть

рассла́бить, -блю, -бишь; -бленный, -блен, -а *v* schwächen, entkräften || *uv* расслабля́ть, -я́ю, -я́ешь

рассла́бленный, -ая, -ое schwach, kraftlos; entkräftet, erschöpft

расслабля́ть *uv zu* рассла́бить

рассла́ивать(ся) *uv zu* расслои́ть(ся)

рассле́дование, -я *n* Untersuchung, Nachforschung

рассле́довать, -дую, -дуешь; -дованный, -дован, -а *v, uv* (eingehend) untersuchen, nachforschen

расслое́ние, -я *n* 1. *geol* (Ab-) Schichtung 2. *übtr* Schichtung; Differenzierung; Spaltung

расслои́ть, -ою́, -ои́шь; -оённый; -оён, оена́ *v* 1. in Schichten zerlegen 2. *übtr* (in soziale Schichten) spalten; differenzieren || *uv* рассла́ивать, -аю, -аешь

расслои́ться, *1. u. 2. Pers ungebr,* -и́тся *v* 1. sich in Schichten zerlegen [spalten] 2. *übtr* in soziale Schichten zerfallen; sich differenzieren || *uv* рассла́иваться, -ается

расслы́шать, -шу, -шишь; -шанный, -шан, -а *v* deutlich hören, vernehmen

рассма́тривать, -аю, -аешь *uv* 1. *uv zu* рассмотре́ть 2. *mit nachfolgendem* как werten, einschätzen

рассмеши́ть, -шу́, -ши́шь; -шённый, -шён, -шена́ *v* zum Lachen bringen

рассмея́ться, -ею́сь, -еёшься *v* in Lachen ausbrechen, laut auflachen

рассмотре́ние, -я *n* Betrachtung, Prüfung, Durchsicht; Untersuchung; Begutachtung

рассмотре́ть, -отрю́, -о́тришь; -о́тренный, -о́трен, -а *v* 1. unterscheiden, erkennen 2. (genau) betrachten, durchsehen 3. untersuchen, prüfen, begutachten; erwägen; erörtern *eine Angelegenheit* || *uv* рассма́тривать, -аю, -аешь

рас|сова́ть* *v umg an verschiedenen Stellen* hineinstecken, -stopfen || *uv* **рассо́вывать,** -аю, -аешь

рассо́л, -а *m* 1. Salzlake, Salzlauge 2. Sole, Salzwasser

рассо́льник, -а *m* Fleisch- oder Fischsuppe mit Salzgurken

рассо́рить, -рю, -ришь; -ренный, -рен, -а *v umg* verfeinden; auseinanderbringen

рассори́ть, -рю́, -ри́шь; -рённый, -рён, -рена́ *v umg* umherstreuen, -werfen

рассо́риться, -рюсь, -ришься *v umg* sich verzanken; sich verfeinden

рассортирова́ть, -ру́ю, -ру́ешь; -ро́ванный, -ро́ван, -а *v* (aus)sortieren || *uv* **рассортиро́вывать,** -аю, -аешь

рас|соса́ться*, *1. u. 2. Pers ungebr, v* zurückgehen *von einer Geschwulst* || *uv* расса́сываться, -ается

рассо́хнуться, *1. u. 2. Pers ungebr,* -нется; рассо́хся, -лась *v* (vor Trockenheit) Risse bekommen, bersten || *uv* рассыха́ться, -а́ется

расспра́шивать *uv zu* расспроси́ть

расспроси́ть, -ошу́, -о́сишь; -о́шенный, -óшен, -а *v* ausfragen; ausforschen; sich erkundigen (о *P* über, nach) ‖ *uv* расспрáшивать, -аю, -аешь

расспрóсы, -ов *Pl* Erkundigungen, Fragen

рассредотóчивать *uv zu* рассредотóчить

рассредотóчить, -чу, -чишь; -ченный, -чен, -а *v* dezentralisieren; auseinanderziehen *Truppen* ‖ *uv* рассредотóчивать, -аю, -аешь

рассрóчивать *uv zu* рассрóчить

рассрóчить, -чу, -чишь; -ченный, -чен, -а *v* auf mehrere Termine verteilen; stunden ‖ *uv* рассрóчивать, -аю, -аешь

рассрóчка, -и, *Pl G* -чек, *D* -чкам *f*: в -у in Raten, auf Raten-, Teilzahlung

расставáние, -я *n* Scheiden, Trennung

расставáться *uv zu* расстáться

расстáвить, -влю, -вишь; -вленный, -влен, -а *v* 1. aufstellen; anordnen; verteilen 2. spreizen 3. *umg* durch Einsetzen breiter machen ‖ *uv* **расставлять,** -яю, -яешь

расстанóвка, -и, *Pl G* -вок, *D* -вкам *f* 1. Aufstellung; Anordnung; Verteilung 2. Pause; говорить с -ой beim Sprechen Pausen machen

рас|стáться* *v* sich trennen (с *I* von); auseinander gehen; Abschied nehmen ‖ *uv* рас|ставáться*

расстегáй, -я, *G Pl* -ев *m* offene Pastete mit Füllung

расстёгивать(ся) *uv zu* расстегнýть(ся)

расстегнýть, -нý, -нёшь; расстёгнутый, -ут, -а *v* aufknöpfen, -schnallen, -haken ‖ *uv* расстёгивать, -аю, -аешь

расстегнýться, -нýсь, -нёшься *v* 1. *1. u. 2. Pers ungebr* aufgehen 2. sich ein Kleidungsstück aufknöpfen ‖ *uv* расстёгиваться, -аюсь, -аешься

расстелить, -елю, -éлешь; -éленный, -éлен, -а *v volksspr* ausbreiten ‖ *uv* расстилáть, -áю, -áешь

расстелиться, *1. u. 2. Pers ungebr*, -éлется *v volksspr* sich ausbreiten, sich erstrecken ‖ *uv* расстилáться, -áется

расстилáть *uv zu* разостлáть *u.* расстелить

расстилáться, *1. u. 2. Pers ungebr*, -áется *uv* 1. *uv zu* разостлáться *u.* расстелиться 2. sich ausbreiten, sich erstrecken

расстояние, -я *n* Entfernung, Abstand; на -и трёх километров drei Kilometer entfernt; ~ выстрела Schußweite; ~ в светý lichte Weite ◇ держáть когó-н. на -и sich j-n vom Leibe halten

расстрáивать(ся) *uv zu* расстрóить(ся)

расстрéл, -а *m* Erschießen; Erschießung; приговорить к -у zum Tode durch Erschießen verurteilen

расстрéливать *uv zu* расстрелять

расстрелять, -яю, -яешь; расстрéлянный, -ян, -а *v* 1. erschießen 2. (heftig) beschießen 3. verschießen *Munition* ‖ *uv* расстрéливать, -аю, -аешь

расстрóенный, -ая, -ое; *Kzf* -óен, -óена 1. zerrüttet; verdorben *Magen* 2. verstimmt *Musikinstrument* 3. mißgestimmt, verstimmt, mißmutig

расстрóить, -óю, -óишь; -óенный, -óен, -а *v* 1. verwirren, desorganisieren 2. zerrütten *Wirtschaft, Gesundheit* 3. vereiteln, zunichte machen *Pläne* 4. *mus* verstimmen 5. verstimmen, die Laune verderben ‖ *uv* расстрáивать, -аю, -аешь

расстрóиться, -óюсь, -óишься *v* 1. in Verwirrung [Unordnung] geraten 2. *1. u. 2. Pers ungebr* zerrüttet werden, verfallen 3. *1. u. 2. Pers ungebr* nicht zustande kommen, sich zerschlagen 4. verstimmt sein, mißmutig sein 5. *1. u. 2. Pers ungebr umg* sich verstimmen ‖ *uv* расстрáиваться, -аюсь, -аешься

расстрóйство, -а *n* 1. Verwirrung, Unordnung, Desorganisation 2. Zerrüttung (des Gesundheitszustandes); ~ желýдка Magenverstimmung 3. Vereitelung 4. *umg* schlechte Laune, Mißstimmung

расступáться *uv zu* расступиться

расступиться, *1. u. 2. Pers ungebr*, -ýпится *v* Platz machen, zur Seite treten ‖ *uv* расступáться, -áется

рассудительность, -и *f* Besonnenheit, Vernunft

рассудительный, -ая, -ое; *Kzf* -лен, -льна vernünftig; verständig; besonnen

рассудить, -ужý, -ýдишь; -ýженный, -ýжен, -а *v* 1. entscheiden, urteilen; beschließen 2. überlegen, bedenken

рассýдок, -дка *m* Vernunft, Verstand

рассýдочный, -ая, -ое 1. Vernunft-, Verstandes- 2. *Kzf* -чен, -чна verstandesmäßig

рассуждáть, -áю, -áешь *uv* überlegen, Überlegungen anstellen, erwägen;

argumentieren; ~ о чём-н. sprechen über etw.
рассуждение, -я *n* 1. Überlegung, Erwägung; Schlußfolgerung, Urteil 2. *meist Pl umg* Erörterungen, Gespräche; без -й ohne Einwände ◇ в -и чего-н. *alt* hinsichtlich
рассучивать *uv zu* рассучить
рассучить, -учу́, -у́чишь; -у́ченный, -у́чен, -а *v* 1. aufflechten 2. *umg aufgekrempelte Ärmel* herunterlassen ‖ *uv* рассу́чивать, -аю, -аешь
рассчитать, -а́ю, -а́ешь; рассчи́танный, -ан, -а *v* 1. berechnen, ausrechnen; berücksichtigen; он не рассчита́л свои́х сил er hat seine Kräfte überschätzt 2. entlassen, entlohnen, Lohn auszahlen ‖ *uv* рассчи́тывать, -аю, -аешь
рассчитаться, -а́юсь, -а́ешься *v* 1. abrechnen (с *I* mit) *a. übtr* 2. *umg* die Arbeit aufgeben, den Dienst quittieren 3. *mil, Sport* abzählen ‖ *uv* рассчи́тываться, -аюсь, -аешься
рассчитывать, -аю, -аешь *uv* 1. *uv zu* рассчита́ть *u.* расче́сть 2. rechnen, hoffen (на *A oder mit Inf* auf); рассчи́тывайте на меня Sie können sich auf mich verlassen
рассчитываться *uv zu* рассчита́ться *u.* расче́сться
рассылать *uv zu* разосла́ть
рассылка, -и *f* Versand
рассылочный, -ая, -ое Versand-
рассыльный, -ого *Subst m* Paketausträger, Bote
рас|сыпать* *v* 1. aus-, verstreuen; verschütten 2. (hinein)schütten *in verschiedene Gefäße* 3. *mil* ausschwärmen lassen ‖ *uv* **рассыпа́ть,** -а́ю, -а́ешь
рас|сыпаться* *v* 1. *1. u. 2. Pers ungebr* sich verstreuen 2. *1. u. 2. Pers ungebr mil* ausschwärmen; sich zerstreuen 3. *1. u. 2. Pers ungebr* zerfallen, -bröckeln, auseinanderfallen 4. *1. u. 2. Pers ungebr übtr* zerfallen; sich auflösen 5. в *P umg* sich ergehen (in), überfließen (vor) ‖ *uv* **рассыпа́ться,** -а́юсь, -а́ешься
рассыпной, -а́я, -о́е lose; stückweise ◇ ~ строй *mil* Schützenkette
рассыпчатый, -ая, -ое; *Kzf* -ат, -а krümelig; bröckelig; mürbe
рассыхаться *uv zu* рассо́хнуться
растаивать *uv zu* раста́ять
расталкивать *uv zu* растолка́ть
[1,2]**растапливать(ся)** *uv zu* [1,2]растопи́ть(ся)
растаптывать *uv zu* растопта́ть
растаскать, -а́ю, -а́ешь; раста́сканный, -ан, -а *v umg* 1. (nach und nach) fortschleppen; auseinandertragen 2. stehlen; plündern ‖ *uv* [1]**раста́скивать,** -аю, -аешь
[2]**растаскивать** *uv zu* растащи́ть
растачивать *uv zu* [1]расточи́ть
растащить, -ащу́, -а́щишь; -а́щенный, -а́щен, -а *v* 1. (nach und nach) fortschleppen, auseinandertragen 2. *umg* auseinanderbringen, trennen ‖ *uv* раста́скивать, -аю, -аешь
растаять, *1. u. 2. Pers ungebr,* -а́ет *v* 1. auftauen; schmelzen 2. *übtr* dahinschwinden; verklingen, schwächer werden ‖ *uv* раста́ивать, -ает
[1]**раствор,** -а *m* (Fenster-, Tür-) Öffnung; ~ ци́ркуля Zirkelöffnung
[2]**раствор,** -а *m* 1. *chem* Lösung 2. Mörtel; Putz 3. *tech* Öffnung, Weite
растворимый, -ая, -ое; *Kzf* -и́м, -а löslich
растворитель, -я *m chem* Lösungsmittel
[1]**растворить,** -орю́, -о́ришь; -о́ренный, -о́рен, -а *v* öffnen, aufmachen ‖ *uv* **растворя́ть,** -я́ю, -я́ешь
[2]**растворить,** -рю́, -ри́шь; -рённый, -рён, -рена́ *v* 1. auflösen *in Flüssigkeit* 2. *umg* anrühren *Teig* ‖ *uv* **растворя́ть,** -я́ю, -я́ешь
[1]**раствориться,** *1. u. 2. Pers ungebr,* -о́рится *v* sich öffnen, aufgehen ‖ *uv* **растворя́ться,** -я́ется
[2]**раствориться,** *1. u. 2. Pers ungebr,* -и́тся *v* sich auflösen *in Flüssigkeit* ‖ *uv* **растворя́ться,** -я́ется
растекаться *uv zu* расте́чься
растение, -я *n* Pflanze
растениеводство, -а *n* 1. Pflanzenzucht 2. Pflanzenbau
растеребить, -блю́, -би́шь; -блённый, -блён, -блена́ *v umg* zerzausen
рас|тереть*, разотру́; растере́в *u.* растёрши *v* 1. zerreiben *zu Pulver* 2. verreiben; verschmieren; einreiben 3. abreiben, massieren ‖ *uv* растира́ть, -а́ю, -а́ешь
рас|тереться*, разотру́сь; растёршись *v* 1. *1. u. 2. Pers ungebr* sich zerreiben *zu Pulver* 2. sich einreiben 3. sich abreiben, massieren ‖ *uv* растира́ться, -а́юсь, -а́ешься
растерзать, -а́ю, -а́ешь; расте́рзанный, -ан, -а *v* 1. zerfleischen, in Stücke zerreißen 2. *übtr* zerreißen ‖ *uv* **расте́рзывать,** -аю, -аешь
растеривать(ся) *uv zu* растеря́ть(ся)
растерянный, -ая, -ое; *Kzf* -ян,

-янна verwirrt; fassungslos, bestürzt

растеря́ть, -я́ю, -я́ешь; растéрянный, -ян, -а *v* (nach und nach) verlieren || *uv* растéривать, -аю, -аешь

растеря́ться, *1. u. 2. Pers ungebr*, -я́ется *v* **1.** nach und nach verlorengehen; abhanden kommen **2.** in Verwirrung geraten, den Kopf verlieren || *uv* растéриваться, -ается

рас|тéчься*, *1. u. 2. Pers ungebr*, *v* auseinanderfließen; zerfließen || *uv* растекáться, -áется

расти́* *uv* **1.** wachsen, heranwachsen *von Organismen* **2.** aufwachsen, seine Kindheit verbringen **3.** *übtr 1. u. 2. Pers ungebr* (an)wachsen; zunehmen; stärker werden, erstarken **4.** *übtr* sich entwickeln *Talent*

растирáть(ся) *uv zu* растерéть(ся)

расти́тельность, -и *f* **1.** Pflanzenwelt; Vegetation, Flora **2.** Behaarung; Bartwuchs

расти́тельный, -ая, -ое Pflanzen-; vegetativ; ~ процéсс Wachstumsprozeß; вести́ -ую жизнь dahinvegetieren

расти́ть, ращу́, расти́шь; ращённый, -ён, -енá *uv* **1.** aufziehen, züchten *Blumen* **2.** erziehen, heranbilden

растлевáть *uv zu* растли́ть

растлéние, -я *n* **1.** *alt* Schändung, gewaltsame Defloration **2.** sittliche Verderbtheit, moralischer Verfall

растли́ть, -лю́, -ли́шь; -лённый, -лён, -ленá *v* **1.** *alt* schänden, gewaltsam deflorieren **2.** moralisch verderben || *uv* растлевáть, -áю, -áешь

растолкáть, -áю, -áешь; растóлканный, -ан, -а *v umg* **1.** auseinanderstoßen, -drängen **2.** (wach)rütteln || *uv* растáлкивать, -аю, -аешь

растолковáть, -ку́ю, -ку́ешь; -кóванный, -кóван, -а *v* erklären, klarmachen || *uv* **растолкóвывать,** -аю, -аешь

рас|толóчь* *v* zerstoßen, zerkleinern

растолстéть, -éю, -éешь *v* dick werden

[1]**растопи́ть,** -оплю́, -óпишь; -óпленный, -óплен, -а *v* anheizen || *uv* растáпливать, -аю, -аешь

[2]**растопи́ть,** -оплю́, -óпишь; -óпленный, -óплен, -а *v* schmelzen, auslassen || *uv* растáпливать, -аю, -аешь

[1]**растопи́ться,** *1. u. 2. Pers ungebr*, -óпится *v* zu wärmen [zu brennen] anfangen || *uv* растáпливаться, -ается

[2]**растопи́ться,** *1. u. 2. Pers ungebr*, -óпится *v* schmelzen, zergehen, flüssig werden || *uv* растáпливаться, -ается

растóпка, -и *f* **1.** Anheizen **2.** *Koll umg* Späne, Kleinholz

рас|топтáть* *v* zertreten, zerstampfen || *uv* растáптывать, -аю, -аешь

растопы́ривать *uv zu* растопы́рить

растопы́рить, -рю, -ришь; -ренный, -рен, -а *v umg* spreizen || *uv* растопы́ривать, -аю, -аешь

растоpгáть *uv zu* растóргнуть

растóргнуть, -ну, -нешь; растóрг, -ла *u.* растóргнул, -а; растóрг(нув)ший; растóргнутый, -ут, -а *u.* растóрженный, -ен, -а *v* aufheben, annullieren || *uv* расторгáть, -áю, -áешь

расторжéние, -я *n* Aufheben, Annullieren; ~ брáка Ehescheidung

растормоши́ть, -шу́, -ши́шь; -шённый, -шён, -шенá *v umg* **1.** wachrütteln **2.** *übtr* aufrütteln, anspornen

растoрóпный, -ая, -ое; *Kzf* -пен, -пна behend, flink; gewandt, anstellig

расточáть, -áю, -áешь *uv* **1.** *uv zu* [2]расточи́ть **2.** überreichlich spenden; ~ лáски mit Zärtlichkeiten überhäufen

расточéние, -я *n* Vergeudung, Verschwendung

расточи́тель, -я *m* Verschwender

расточи́тельный, -ая, -ое; *Kzf* -лен, -льна verschwenderisch

расточи́тельство, -а *n* Verschwendung

[1]**расточи́ть,** -очу́, -óчишь; -óченный, -óчен, -а *v tech* ausbohren, -drehen || *uv* растáчивать, -аю, -аешь

[2]**расточи́ть,** -очу́, -очи́шь; -очённый, -очён, -оченá *v buchspr* vergeuden, verschwenden || *uv* расточáть, -áю, -áешь

растрави́ть, -авлю́, -áвишь; -áвленный, -áвлен, -а *v* **1.** reizen; eine Entzündung hervorrufen, zum Eitern bringen **2.** *übtr umg* wieder wachrufen, aufwühlen **3.** *volksspr* aufreizen **4.** *typ* ätzen || *uv* **растрáвливать,** -аю, -аешь *u.* **растравля́ть,** -я́ю, -я́ешь *zu* 1

растранжи́ривать *uv zu* растранжи́рить

растранжи́рить, -рю, -ришь; -ренный, -рен, -а *v umg* verschwenden, verprassen || *uv* растранжи́ривать, -аю, -аешь

растрáта, -ы *f* Veruntreuung, Unterschlagung

растрáтить, -áчу, -áтишь; -áченный, -áчен, -а *v* 1. vergeuden, verausgaben *a. übtr* 2. veruntreuen, unterschlagen || *uv* растрáчивать, -аю, -аешь

растрáтчик, -а *m* Veruntreuer, Defraudant

растрáчивать *uv zu* растрáтить

растревóживать(ся) *uv zu* растревóжить(ся)

растревóжить, -жу, -жишь; -женный, -жен, -а *v* aufregen, beunruhigen || *uv* растревóживать, -аю, -аешь

растревóжиться, -жусь, -жишься *v* sich aufregen, sich beunruhigen || *uv* растревóживаться, -аюсь, -аешься

растрёпа, -ы *m, f volkssprr* Schlampe

растрёпанный, -ая, -ое zerzaust, wirr *vom Haar*; zerknittert; zerfetzt *vom Buch*

рас|трепáть* *v* zerzausen *Haare*; zerknittern; zerfetzen; verderben, unbrauchbar machen || *uv* **растрёпывать,** -аю, -аешь

рас|трепáться*, *1. u. 2. Pers ungebr*, *v* zerzaust sein *vom Haar*; in Fetzen gehen; in Unordnung kommen; kaputtgehen || *uv* **растрёпываться,** -ается

растрéскаться, *1. u. 2. Pers ungebr*, -ается *v* rissig werden; platzen, bersten, springen || *uv* **растрéскиваться,** -ается

растрóганный, -ая, -ое mitfühlend, gerührt

растрóгать, -аю, -аешь; -анный, -ан, -а *v* rühren, Mitgefühl erregen

растрóгаться, -аюсь, -аешься *v* gerührt sein

раструбить, -блю, -бишь *v A oder* о *P volkssprr* ausposaunen

раструсить, -ушу, -усишь; -ушенный, -ушен, -а *v* verstreuen; breit hinstreuen || *uv* **растрýшивать,** -аю, -аешь

рас|трясти́* *v* 1. gleichmäßig ausbreiten *z. B. Heu* 2. *unpers* durchrütteln, -schütteln *beim Fahren* || *uv* **растря́сывать,** -аю, -аешь

растý ↑ расти́

растя́гивать(ся) *uv zu* растянýть(ся)

растяжéние, -я *n* Dehnen; Ausdehnung; ~ свя́зок *med* Sehnenzerrung

растяжи́мый, -ая, -ое; *Kzf* -и́м, -а dehnbar

растянýть, -янý, -я́нешь; -я́нутый, -я́нут, -а *v* 1. ausdehnen, ausstrecken; ausbreiten 2. ausweiten *Hosenträger u. a.* 3. verstauchen; zerren 4. *übtr* ausdehnen, hinziehen, in die Länge ziehen, hinziehen || *uv* растя́гивать, -аю, -аешь; растя́гивать слова́ gedehnt sprechen

растянýться, -янýсь, -я́нешься *v* 1. sich ausstrecken 2.: ~ во весь рост *umg* der Länge nach hinfallen 3. *1. u. 2. Pers ungebr* sich ausweiten *Gummi* 4. *1. u. 2. Pers ungebr übtr* sich allzusehr ausdehnen, sich hinziehen || *uv* растя́гиваться, -аюсь, -аешься

растя́па, -ы *m, f umg* Schlafmütze; Tolpatsch

расфасовáть, -сýю, -сýешь; -сóванный, -сóван, -а *v* nach bestimmtem Gewicht verpacken || *uv* **расфасóвывать,** -аю, -аешь

расформировáние, -я *n* Auflösung

расформировáть, -рýю, -рýешь; -рóванный, -рóван, -а *v* auflösen *Truppeneinheit*; ~ пóезд die Eisenbahnwagen abhängen || *uv* **расформирóвывать,** -аю, -аешь

расфранти́ться, -нчýсь, -нти́шься *v umg* sich herausputzen

расфранчённый, -ая, -ое; *Kzf* -чён, -ченá *umg* herausgeputzt

расфуфы́риться, -рюсь, -ришься *v volkssprr iron* sich auftakeln

расхáживать, -аю, -аешь *uv* umhergehen, hin und her gehen

расхвáливать *uv zu* расхвали́ть

расхвали́ть, -алю́, -áлишь; -áленный, -áлен, -а *v* sehr loben || *uv* расхвáливать, -аю, -аешь

расхвáрываться *uv zu* расхворáться

расхватáть, -áю, -áешь; расхвáтанный, -ан, -а *v umg* alles aufgreifen, wegraffen; vollständig auf-, wegkaufen || *uv* **расхвáтывать,** -аю, -аешь

расхворáться, -áюсь, -áешься *v umg* (ernsthaft) erkranken || *uv* расхвáрываться, -аюсь, -аешься

расхити́тель, -я *m buchspr* Räuber, Dieb

расхи́тить, -и́щу, -и́тишь; -и́щенный, -и́щен, -а *v* ausrauben, stehlen; ausplündern || *uv* **расхищáть,** -áю, -áешь

расхищéние, -я *n* Diebstahl; Plünderung

расхлебáть, -áю, -áешь; расхлёбанный, -ан, -а *v volkssprr* 1. auslöffeln 2. *umg* entwirren, aufklären || *uv* **расхлёбывать,** -аю, -аешь; завари́л кáшу, тепéрь и расхлёбывай *umg* was man sich eingebrockt hat, muß man auch auslöffeln; мне придётся э́то расхлёбывать ich muß es ausbaden

расхля́банный, -ая, -ое; *Kzf* -ан, -анна *umg* **1.** labil, schwankend **2.** undiszipliniert, nachlässig, schlampig

расхо́д, -а *m* **1.** Ausgabe, Aufwand; Kosten; ввести́ кого́-н. в ~ j-n in Unkosten stürzen; -ы на ремо́нт Reparaturkosten; -ы на за́работную пла́ту Lohnkosten; на покры́тие -ов zur Unkostendeckung **2.** Verbrauch; ~ то́плива Brennstoffverbrauch **3.** *finanz* Soll, Debet; прихо́д и ~ Soll und Haben; записа́ть в ~ zu den Ausgaben buchen ◇ вы́вести в ~ *volksspr* erschießen

[1]**расходи́ться,** -ожу́сь, -о́дишься *uv* **1.** anfangen hin und her zu gehen **2.** sich ans Gehen gewöhnen

[2]**расходи́ться** *uv zu* разойти́сь

расхо́дование, -я *n* Ausgaben, Verbrauch

расхо́довать, -дую, -дуешь *uv* **1.** ausgeben, verausgaben **2.** *umg 1. u. 2. Pers ungebr* verbrauchen

расхожде́ние, -я *n* **1.** Divergenz, Auseinanderlaufen *von Strahlen* **2.** Divergenz, Auseinandergehen, Widerspruch; ~ во взгля́дах Meinungsverschiedenheit

расхо́жий, -ая, -ее *umg* **1.** gängig *Ware* **2.** zum ständigen Gebrauch, Alltags- ◇ -ие де́ньги Geld für laufende Ausgaben

расхола́живать *uv zu* расхолоди́ть

расхолоди́ть, -ожу́, -оди́шь; -ожённый, -ожён, -ожена́ *v* abkühlen, ernüchtern, enttäuschen || *uv* расхола́живать, -аю, -аешь

рас|хоте́ть* *v umg* die Lust verlieren; nicht mehr wollen

рас|хоте́ться* *v unpers umg* keine Lust mehr haben; nicht mehr mögen; мне расхоте́лось спать der Schlaf ist mir vergangen

рас|хохота́ться* *v* loslachen; in Gelächter ausbrechen

расхрабри́ться, -рю́сь, -ри́шься *v umg* Mut fassen, wagen

расцара́пать, -аю, -аешь; -анный, -ан, -а *v* zerkratzen || *uv* **расцара́пывать,** -аю, -аешь

рас|цвести́* *v* **1.** *1. u. 2. Pers ungebr* (auf)blühen, erblühen **2.** *übtr* aufblühen; einen Aufschwung erleben || *uv* расцвета́ть, -а́ю, -а́ешь

расцве́т, -а *m* **1.** Blüte **2.** *übtr* Blüte(zeit) ◇ в -е сил in den besten Jahren

расцвета́ть *uv zu* расцвести́

расцвети́ть, -ечу́, -ети́шь; -е́ченный, -е́чен, -а *v umg* schmücken; bunt bemalen || *uv* расцве́чивать, -аю, -аешь

расцве́тка, -и, *Pl G* -ток, *D* -ткам *f* Farbenzusammenstellung, Farbe

расцве́чивать *uv zu* расцвети́ть

расцелова́ть, -лу́ю, -лу́ешь; -ло́ванный, -ло́ван, -а *v* abküssen

расцелова́ться, -лу́юсь, -лу́ешься *v* sich abküssen

расце́нивать *uv zu* расцени́ть

расцени́ть, -еню́, -е́нишь; -енённый, -енён, -енена́ *v* **1.** abschätzen, taxieren *den Wert einer Ware* **2.** *übtr* einschätzen, beurteilen || *uv* расце́нивать, -аю, -аешь

расце́нка, -и, *Pl G* -нок, *D* -нкам *f* **1.** (Ab-) Schätzung, Taxierung **2.** Preis, Tarif

расце́нщик, -а *m* Normensachbearbeiter *für Leistungslohn*

расцепи́ть, -еплю́, -е́пишь; -е́пленный, -е́плен, -а *v* auseinanderhaken, loskuppeln; auskuppeln || *uv* **расцепля́ть,** -я́ю, -я́ешь

расчека́нивать *uv zu* расчека́нить

расчека́нить, -ню, -нишь; -ненный, -нен, -а *v* ziselieren || *uv* расчека́нивать, -аю, -аешь

рас|чеса́ть* *v* **1.** (durch)kämmen **2.** aufkratzen || *uv* расчёсывать, -аю, -аешь

расчёска, -и, *Pl G* -сок, *D* -скам *f* **1.** *umg* Kämmen **2.** (Haar-) Kamm

расче́сть* *v umg* **1.** berechnen, ausrechnen, berücksichtigen **2.** entlassen *unter Auszahlung des Lohnes* || *uv* рассчи́тывать, -аю, -аешь

расче́сться* *v umg* **1.** abrechnen (с *I* mit) *a. übtr* **2.** abzählen || *uv* рассчи́тываться, -аюсь, -аешься

расчёсывать *uv zu* расчеса́ть

расчёт, -а *m* **1.** Berechnung; предвари́тельный ~ Voranschlag **2.** Abrechnung; за нали́чный ~ gegen Barzahlung **3.** Entlassung, Entlohnung; получи́ть ~ entlassen werden, die Papiere bekommen **4.** Pläne; Absicht; э́то не вхо́дит в мои́ -ы das ist nicht meine Absicht; он сде́лал э́то без вся́кого -а er tat es ohne Absicht **5.** *umg* Vorteil, Nutzen; нет -а де́лать э́то es lohnt sich nicht, das zu tun **6.** *mil* Bedienung(smannschaft), Besatzung; пулемётный ~ Maschinengewehrbedienung ◇ в -е на что́-н. im Hinblick auf etw.; приня́ть в ~ что́-н. etw. in Betracht ziehen; мы в -е wir sind quitt

расчётливый, -ая, -ое; *Kzf* -ив, -а sparsam, wirtschaftlich; umsichtig
расчётный, -ая, -ое Rechen-; -ая ве́домость Lohnliste; ~ бала́нс Zahlungsbilanz
расчи́стить, -и́щу, -и́стишь; -и́щенный, -и́щен, -а *v* säubern; lichten ‖ *uv* расчища́ть, -а́ю, -а́ешь
расчи́ститься, *1. u. 2. Pers ungebr*, -и́стится *v* sich aufhellen *Himmel*; frei werden *Straße* ‖ *uv* расчища́ться, -а́ется
расчи́стка, -и *f* Säuberung; Lichten; рабо́ты по -е от разва́лин Enttrümmerungsarbeiten
расчища́ть(ся) *uv zu* расчи́стить(ся)
расчлене́ние, -я *n* (Zer-) Gliederung; Aufteilung
расчлени́ть, -ню́, -ни́шь; -нённый, -нён, -нена́ *v* (zer)gliedern; aufteilen ‖ *uv* **расчленя́ть,** -я́ю, -я́ешь
расчу́вствоваться, -твуюсь, -твуешься *v umg* in Rührung geraten, gerührt sein
расшали́ться, -лю́сь, -ли́шься *v* allzu ausgelassen sein
расша́ркаться, -аюсь, -аешься *v* 1. einen Kratzfuß machen 2. *übtr, umg* katzbuckeln ‖ *uv* **расша́ркиваться,** -аюсь, -аешься
расша́танный, -ая, -ое 1. locker, wackelig 2. *übtr* zerrüttet
расшата́ть, -а́ю, -а́ешь; расша́танный, -ан, -а *v* 1. locker rütteln, lockern 2. *übtr* untergraben; zerrütten ‖ *uv* **расша́тывать,** -аю, -аешь
расшата́ться, *1. u. 2. Pers ungebr*, -а́ется *v* 1. wackelig werden, sich lockern 2. *übtr* zerrüttet werden; sich lockern *Disziplin* ‖ *uv* **расша́тываться,** -ается
расшвы́ривать *uv zu* расшвыря́ть
расшвыря́ть, -я́ю, -я́ешь; расшвы́рянный, -ян, -а *v umg* durcheinanderwerfen, umherwerfen ‖ *uv* расшвы́ривать, -аю, -аешь
расшеве́ливать *uv zu* расшевели́ть
расшевели́ть, -елю́, -е́ли́шь; -елённый, -елён, -елена́ *v umg* 1. aufstören 2. *übtr* aufrütteln, anregen; beleben ‖ *uv* расшеве́ливать, -аю, -аешь
расшиба́ть(ся) *uv zu* расшиби́ть(ся)
рас|шиби́ть* *v* 1. *umg* (an)stoßen, verletzen 2. *volksspr* zerschlagen, zerspalten ‖ *uv* расшиба́ть, -а́ю, -а́ешь
рас|шиби́ться* *v umg* sich verletzen ‖ *uv* расшиба́ться, -а́юсь, -а́ешься
расшива́ть *uv zu* расши́ть
расшире́ние, -я *n* Ausdehnung; Verbreiterung, Erweiterung; ~ се́рдца Herzerweiterung
расши́рить, -рю, -ришь; -ренный, -рен, -а *v* 1. breiter machen *Weg* 2. erweitern, verbreitern, ausdehnen *Handel u. ä.* 3. *übtr* erweitern, vertiefen; ~ о́пыт die Erfahrung bereichern ‖ *uv* **расширя́ть,** -я́ю, -я́ешь
расши́риться, *1. u. 2. Pers ungebr*, -ится *v* 1. breiter werden 2. zunehmen, anwachsen 3. *übtr* sich erweitern, sich vertiefen ‖ *uv* **расширя́ться,** -я́ется
рас|ши́ть*, разошью́ *v* 1. *umg* auftrennen, zertrennen 2. besticken ‖ *uv* расшива́ть, -а́ю, -а́ешь
расшифрова́ть, -ру́ю, -ру́ешь; -ро́ванный, -ро́ван, -а *v* dechiffrieren, entziffern; *umg* enträtseln ‖ *uv* **расшифро́вывать,** -аю, -аешь
расшнурова́ть, -ру́ю, -ру́ешь; -ро́ванный, -ро́ван, -а *v* aufschnüren ‖ *uv* **расшнуро́вывать,** -аю, -аешь
расшуме́ться, -млю́сь, -ми́шься *v umg* stark zu lärmen beginnen
расще́дриваться *uv zu* расще́дриться
расще́дриться, -рюсь, -ришься *v umg, iron* freigebig werden ‖ *uv* расще́дриваться, -аюсь, -аешься
расще́лина, -ы *f* Kluft; Spalte, Riß
расщёлкивать *uv zu* расщёлкнуть
расщёлкнуть, -ну, -нешь; -нутый, -нут, -а *v umg* aufknacken ‖ *uv* расщёлкивать, -аю, -аешь
расщепи́ть, -плю́, -пи́шь; -плённый, -плён, -плена́ *v* 1. (zer)spalten; zersplittern 2. *chem, phys* zersetzen, spalten ‖ *uv* расщепля́ть, -я́ю, -я́ешь
расщепле́ние, -я *n* 1. Zerspalten, Zersplittern 2. *chem, phys* Zersetzung, Spaltung; ~ а́томного ядра́ Atomzertrümmerung
расщепля́ть *uv zu* расщепи́ть
рас|щипа́ть* *v* zerzupfen, zerfasern ‖ *uv* **расщи́пывать,** -аю, -аешь
ратини́рованный, -ая, -ое gekräuselt; ~ креп *text* Kräuselkrepp
ра́тник, -а *m* 1. *alt, hoher Stil* Krieger, Streiter 2. *hist* Landwehrmann
ра́тный, -ая, -ое *alt, hoher Stil* kämpferisch; Kriegs-, Kampf-, Schlacht-
ра́товать, -тую, -туешь *uv* 1. *alt* kämpfen 2. *buchspr* eintreten (за *A* für), auftreten (про́тив *G* gegen)
ра́туша, -и, *I* -ей *f* Rathaus
рать, -и *f alt* 1. Heer 2. Schlacht
ра́унд, -а *m* Runde *Boxsport*
рафина́д, -а *m* Stück-, Würfelzucker

рафина́дный, -ая, -ое: ~ заво́д Raffinerie
рафини́рованный, -ая, -ое 1. *tech* gereinigt 2. erlesen, verfeinert *Geschmack*
рафини́ровать, -рую, -руешь; -рованный, -рован, -а *v, uv* 1. *tech* reinigen 2. zu Würfelzucker verarbeiten
рахи́т, -а *m* Rachitis
рахити́чный, -ая, -ое; *Kzf* -чен, -чна rachitisch
рацио́н, -а *m* Ration
рационализа́торский, -ая, -ое Rationalisierungs-; -ое предложе́ние Verbesserungsvorschlag
рационализа́ция, -и *f* Rationalisierung
рационалисти́ческий, -ая, -ое rationalistisch; verstandesmäßig
рациона́льный, -ая, -ое 1. *Kzf* -лен, -льна rationell, zweckmäßig 2. *math* rational
ра́ция, -и *f* (радиоста́нция) Funkstation; *tragbares* Funkgerät
ра́чий, -ья, -ье Krebs- ◇ ра́чьи глаза́ Glotzaugen
рачи́тельный, -ая, -ое; *Kzf* -лен, -льна *buchspr, alt* fürsorglich; sorgsam; eifrig
ра́шпиль, -я *m* Raspel
рвану́ть, -ну́, -нёшь *v* 1. (heftig) ziehen, reißen 2. *1. u. 2. Pers ungebr umg* scharf anziehen; losstürzen; вдруг си́льно рвану́л ве́тер plötzlich kam ein heftiger Wind auf; ло́шади рвану́ли die Pferde stürmten los
рвану́ться, -ну́сь, -нёшься *v umg* losstürmen, -stürzen
рва́ный, -ая, -ое zerrissen; zerfetzt; durchlöchert; *med* Riß-
рвань, -и *f* 1. Lumpen, zerlumpte Kleidung 2. *text* Garnreste 3. *volksspr* arme Leute; Lump
[1]**рвать*** *uv* 1. herausreißen; ziehen *Zähne*; herunterreißen 2. abreißen, abpflücken 3. zerreißen, zerteilen 4. *umg* (in die Luft) sprengen 5. abbrechen *Beziehungen* ◇ ра́ну рвёт die Wunde schmerzt heftig; он рвёт и ме́чет er speit Gift und Galle
[2]**рвать*** *unpers uv umg* sich übergeben, erbrechen; его́ рвёт er erbricht (sich)
рва́ться*, *1. u. 2. Pers ungebr*; рвали́сь *uv* 1. (zer)reißen, unbrauchbar werden 2. explodieren 3. abbrechen *Beziehungen* 4. streben, brennen (auf), versessen sein (auf)
рвач, -а́, *I* -о́м, *G Pl* -е́й *m umg* raffgieriger, habsüchtiger Mensch
рва́чество, -а *n umg* Raffgier
рве́ние, -я *n* Eifer, Feuereifer
рво́та, -ы *f* Erbrechen; *umg* Erbrochenes
рво́тное, -ого *Subst n med* Brechmittel
рву ↑ [1]рвать
рдеть, *1. u. 2. Pers ungebr*, рде́ет *uv* rot werden; rot schimmern [leuchten]
рдя́ный, -ая, -ое; *Kzf* рдян, -а *poet* purpurrot
реабилити́ровать, -рую, -руешь; -рованный, -рован, -а *v, uv* rehabilitieren
реаги́ровать, -рую, -руешь *uv* reagieren
реакти́в, -а *m chem* Reagens
реакти́вный, -ая, -ое 1. *chem* Reagenz- 2. reaktiv, Düsen-, Raketen-; ~ самолёт Düsenflugzeug; ~ снаря́д Raketengeschoß
реа́ктор, -а *m* Reaktor; а́томный ~ Atomreaktor
реакцио́нный, -ая, -ое; *Kzf* -нен, -нна *pol* reaktionär
[1]**реа́кция,** -и *f* 1. Reagieren, Reaktion 2. Gegenwirkung, Rückschlag 3. *chem, phys* Reaktion; цепна́я ~ Kettenreaktion
[2]**реа́кция,** -и *f pol* Reaktion
реализа́ция, -и *f* 1. Realisierung, Verwirklichung 2. *wirtsch* Verkauf *gegen Bargeld*
реали́зм, -а *m* Realismus
реализова́ть, -зу́ю, -зу́ешь; -зо́ванный, -зо́ван, -а *v, uv* 1. realisieren, verwirklichen 2. *wirtsch* realisieren, zu Geld machen, gegen bar verkaufen
реали́ст, -а *m* 1. Realist *a. lit, Kunst* 2. *alt* Realschüler
реалисти́ческий, -ая, -ое realistisch
реалисти́чный, -ая, -ое; *Kzf* -чен, -чна realistisch
реа́льный, -ая, -ое; *Kzf* -лен, -льна real 1. wirklich, tatsächlich 2. durchführbar *Plan* 3. praktisch ◇ -ая за́работная пла́та Reallohn; -ое учи́лище *hist* Realschule
ребёнок, -нка, *Pl* ребя́та, -я́т, -я́там *m u.* ↑ де́ти Kind; грудно́й ~ Säugling
ребри́стый, -ая, -ое; *Kzf* -и́ст, -а 1. mit hervorstehenden Rippen 2. gerippt
ребро́, -а́, *Pl* рёбра, рёбер, рёбрам *n* 1. *anat* Rippe 2. Rand, Kante; поло-

жить доску -ом das Brett hochkant stellen ◇ поставить вопрос -ом die Frage scharf stellen
ребус, -а *m* Rebus, Bilderrätsel
ребята, -бят, -бятам *Pl* 1. *Pl zu* ребёнок Kinder 2. *umg* junge Leute; Jungen, Burschen *a. als Anrede*
ребятишки, -шек, -шкам *Pl umg Dem zu* ребята (kleine) Kinder
ребяческий, -ая, -ое kindlich, Kinder-; kindisch
ребячество, -а *n* 1. *alt* Kindheit 2. Kinderei, kindisches Benehmen
ребячиться, -чусь, -чишься *uv umg* sich kindisch betragen, Kindereien treiben
ребячливый, -ая, -ое; *Kzf* -ив, -а *umg* kindisch
рёв, -а *m* 1. Gebrüll; Geheul, Tosen 2. *umg* lautes Weinen
реванш, -а, *I* -ем *m* Revanche, Vergeltung
реверанс, -а *m* Knicks
ревень, -я *m* Rhabarber
реветь* *uv* 1. brüllen; heulen, tosen 2. *umg* laut weinen, heulen
ревизионизм, -а *m* Revisionismus
ревизионный, -ая, -ое Revisions-
ревизия, -и *f* Revision; Überprüfung
ревизовать, -зую, -зуешь; -зованный, -зован, -а *v, uv* revidieren; überprüfen
ревизор, -а *m* 1. Revisor 2. Kontrolleur *bei der Eisenbahn*
ревком, -а *m* (революционный комитет) *hist* Revolutionskomitee
ревматизм, -а *m* Rheumatismus
ревматический, -ая, -ое rheumatisch
ревмя *Adv volksspr*: ~ реветь laut heulen
ревнивец, -вца, *I* -вцем, *G Pl* -вцев *m* Eifersüchtiger
ревнивый, -ая, -ое; *Kzf* -ив, -а eifersüchtig
ревновать, -ную, -нуешь *uv* eifersüchtig sein (к *D* auf, wegen)
ревностный, -ая, -ое; *Kzf* -тен, -тна *buchspr* eifrig; sehr fleißig
ревность, -и *f* Eifersucht
револьвер, -а *m* Revolver
револьверный, -ая, -ое Revolver-
революционер, -а *m* Revolutionär
революционизировать, -рую, -руешь; -рованный, -рован, -а *v, uv* 1. revolutionäre Ideen verbreiten 2. revolutionieren, entscheidend verändern
революционность, -и *f* revolutionärer Geist [Schwung]
революционный, -ая, -ое; *Kzf* -нен, -нна revolutionär
революция, -и *f* Revolution; Umwälzung; Великая Октябрьская социалистическая ~ die Große Sozialistische Oktoberrevolution
ревтрибунал, -а *m* (революционный трибунал) *hist* Revolutionstribunal
реву ↑ реветь
ревун, -а *m* 1. *umg* Heulsuse 2. Sirene; Signalhorn 3. *zool* Brüllaffe
ревю [рэ] *n idkl* Theaterrevue
регалия, -и *f* 1. *Pl* Insignien; Krone und Zepter 2. *meist Pl scherz* Orden; явиться во всех -ях mit allen Orden und Ehrenzeichen erscheinen 3. *hist* Regal, feudales Monopolrecht
регби [рэ] *n idkl* Rugby
регенерация, -и *f* Regeneration
регент, -а *m* 1. Regent 2. Chordirigent; Kantor
регентство, -а *n* Regentschaft
регистр, -а *m* 1. Register, Verzeichnis 2. *mus* Register; Stimmlage 3. Tastenreihe *auf Schreibmaschinen*
регистратор, -а *m* 1. Registrator 2. Angestellter in der Aufnahme *Poliklinik oder Krankenhaus* 3. Ordner *für Akten*
регистратура, -ы *f* Registratur(abteilung)
регистрационный, -ая, -ое Registrier(ungs)-
регистрация, -и *f* Eintragung, Registrierung
регистрировать, -рую, -руешь; -рованный, -рован, -а *uv* eintragen, registrieren
регистрироваться, -руюсь, -руешься *uv* 1. sich registrieren lassen 2. sich (standesamtlich) trauen lassen
регламент, -а *m* Reglement; Dienstordnung, -vorschrift; по -у laut Geschäftsordnung
регламентировать, -рую, -руешь; -рованный, -рован, -а *v, uv* reglementieren, regeln; anordnen
реглан, -а *m text* Raglan
регресс, -а *m* 1. Rückschritt 2. *jur* Regreß
регрессивный, -ая, -ое; *Kzf* -вен, -вна rückschrittlich
регрессировать, -рую, -руешь *uv* sich zurückentwickeln, in Verfall geraten
регулирование, -я *n* Regulieren, Regeln
регулировать, -рую, -руешь; -рованный, -рован, -а *uv* regulieren; regeln

регулиро́вка, -и *f* Regulieren, Regeln
регулиро́вщик, -а *m* Regulierer; ~ у́личного движе́ния Verkehrspolizist
ре́гулы, -ул *Pl med* Regel, Menstruation
регуля́рный, -ая, -ое; *Kzf* -рен, -рна regelmäßig; regulär
регуля́тор, -а *m* Regulator, Regler; ~ гро́мкости *rad* Lautstärkeregler; ~ те́мбра *rad* Tonblende
редакти́рование, -я *n* Redigierung, Redaktion
редакти́ровать, -рую, -руешь; -рованный, -рован, -а *v, uv* **1.** redigieren **2.** *nur uv* redaktionell leiten **3.** formulieren
реда́ктор, -а *m* Redakteur
реда́кторство, -а *n* redaktionelle Tätigkeit
реда́кторствовать, -твую, -твуешь *uv umg* als Redakteur tätig sein
редакцио́нный, -ая, -ое Redaktions-
реда́кция, -и *f* Redaktion **1.** Redigierung **2.** redigierter Text; Formulierung, Fassung **3.** Redaktionskollegium
реде́ть, *1. u. 2. Pers ungebr*, реде́ет *uv* sich lichten; spärlicher werden
реди́с, -а *m* Radieschen
реди́ска, -и, *Pl G* -сок, *D* -скам *f* Radieschen
ре́дкий, -ая, -ое; *Kzf* -док, -дка́!; *Komp* ре́же; *Sup* редча́йший **1.** licht, spärlich **2.** selten
редколле́гия, -и *f* (редакцио́нная колле́гия) Redaktionskollegium
ре́дкостный, -ая, -ое; *Kzf* -тен, -тна selten
ре́дкость, -и *f* **1.** Seltenheit, Spärlichkeit **2.** Seltenheit, Rarität ◇ на ~ selten, außergewöhnlich
реду́кция, -и *f* Reduktion
реду́т, -а *m hist* Redoute
редуци́ровать, -рую, -руешь; -рованный, -рован, -а *v, uv* reduzieren
редча́йший ↑ ре́дкий
ре́дька, -и, *Pl G* ре́дек, *D* ре́денькам *f* Rettich ◇ надое́сть ху́же го́рькой -и j-m zum Halse heraushängen
рее́стр, -а *m* Register, Verzeichnis
ре́же ↑ ре́дкий
режи́м, -а *m* **1.** *pol* Regime, Regierungsform **2.** Ordnung, Lebensweise; ~ дня Tagesplan; пра́вильный ~ пита́ния richtige Ernährungsweise **3.** Arbeitsbedingungen; Arbeitsweise, Betrieb(sart); дли́тельный ~ Dauerbetrieb; оптима́льный ~ günstigste Bedingungen; ~ (радио)ла́мпы Betriebszustand der Röhre; пограни́чный ~ Grenzordnung; посте́льный ~ *med* Bettruhe; ветрово́й ~ Windverhältnisse ◇ ~ эконо́мии Sparsamkeitsregime
режиссёр, -а *m* Regisseur
режиссёрствовать, -твую, -твуешь *uv umg* als Regisseur tätig sein
режисси́ровать, -рую, -руешь; -рованный, -рован, -а *uv* Regie führen
режиссу́ра, -ы *f* **1.** Regie, Inszenierung **2.** *Koll* Regisseure, Regie
ре́жу ↑ ре́зать
реза́к, -а́ *m* **1.** großes Messer; Schneidemesser *Pflug* **2.** Schlächter **3.** *tech* Schneidbrenner **4.** *hist* Steinaxt
ре́зание, -я *n* **1.** Zerschneiden, Abschneiden **2.** Schlachten
ре́заный, -ая, -ое geschnitten, Schnitt-; -ая ра́на Schnittwunde
ре́зательный, -ая, -ое zum Schneiden dienend
ре́зать* *uv* **1.** schneiden; zer-, abschneiden **2.** *umg* operieren; (auf)schneiden **3.** schlachten **4.** *1. u. 2. Pers ungebr* heftig schmerzen **5.** *1. u. 2. Pers ungebr* unangenehm berühren *das Auge, das Ohr* **6.** (ein)schnitzen; eingravieren **7.** *Sport* schneiden ◇ ~ пра́вду в глаза́ unverblümt die Wahrheit sagen, freiheraus sagen ‖ *v mom* резну́ть, -ну́, -нёшь *umg zu* 1, 2, 4, 7
ре́заться* *uv* **1.** *umg* durchkommen *Zähne*; у ребёнка ре́жутся зу́бы das Kind zahnt [bekommt Zähne] **2.** *umg* mit der blanken Waffe miteinander kämpfen **3.** *umg* leidenschaftlich spielen (в *A* etw.)
резви́ться, -влю́сь, -ви́шься *uv* sich tummeln, tollen, ausgelassen sein
резву́нья, -ьи, *Pl G* -ний, *D* -ньям *f umg* lebhaftes Mädchen, Wildfang
ре́звый, -ая, -ое; *Kzf* резв, -а́! **1.** lebhaft, ausgelassen **2.** flink, schnell
резеда́, -ы́ *f bot* Reseda
резе́кция, -и *f med* Resektion
резе́рв, -а *m* **1.** *meist Pl* Reserve, Vorrat **2.** *mil* Reserve
резерви́ровать, -рую, -руешь; -рованный, -рован, -а *v, uv* zurückhalten, reservieren
резе́рвный, -ая, -ое **1.** Vorrats-, Reserve- **2.** *mil* Reserve-
резервуа́р, -а *m* Reservoir, Behälter
резе́ц, -зца́, *I* -зцо́м, *G Pl* -зцо́в *m* **1.** Meißel, Stichel; Schneidestahl, Drehstahl **2.** Schneidezahn

резиде́нция, -и *f* Residenz
рези́на, -ы *f* Gummi; гу́бчатая ~ Schaumgummi
рези́нка, -и, *Pl G* -нок, *D* -нкам *f* 1. Radiergummi 2. Gummiband; на -е [-ах] mit Gummizug *Kleidung*
рези́новый, -ая, -ое Gummi-
ре́зка, -и *f* 1. Schneiden 2. Häcksel
ре́зкий, -ая, -ое; *Kzf* -зок, -зка́!; *Komp* ре́зче 1. heftig, stark, scharf *Wind* 2. jäh, plötzlich; -ая переме́на пого́ды Wetterumschlag 3. schrill, gellend *Stimme*; grell *Farbe*; scharf *Geruch* 4. markant, scharfgeschnitten *Gesichtszüge* 5. barsch, schroff *Antwort*
ре́зкость, -и *f* 1. Hast, Heftigkeit; Schärfe; Schroffheit 2. Grobheit
резно́й, -а́я, -о́е geschnitzt; eingeritzt; graviert
резну́ть *v mom zu* ре́зать
резня́, -и́ *f* Gemetzel
резолю́ция, -и *f* 1. Resolution, Entschließung 2. Entscheid, Anordnung
резо́н, -а *m umg* Sinn; *meist Pl alt* vernünftige Begründung, Beweis
резона́нс, -а *m* 1. Resonanz, Widerhall 2. Raumakustik 3. *übtr* Resonanz, Anklang
резонёр, -а *m* Moralprediger
резонёрствовать, -твую, -твуешь *uv* herumkritisieren, Moralpredigten halten, räsonieren
резони́ровать, *1. u. 2. Pers ungebr*, -рует *uv* mittönen, widerhallen
резо́нный, -ая, -ое; *Kzf* -нен, -нна *umg* vernünftig, sinnvoll
результа́т, -а *m* Resultat, Ergebnis
ре́зче ↑ ре́зкий
ре́зчик [ещ], -а *m* Schnitzer, Graveur, Radierer; ~ по де́реву Holzschnitzer; ~ по ме́ди Kupferstecher
резь, -и *f* schneidender Schmerz
резьба́, -ы́ *f* 1. Schnitzen, Gravieren 2. Schnitzwerk 3. Gewinde
резюме́ *n idkl* Resümee
[1]**рейд,** -а *m naut* Reede
[2]**рейд,** -а *m* 1. *mil* Streifzug; Überfall 2. Kontrollaktion, (plötzliche) Überprüfung, Kontrolle *im gesellschaftlichen Auftrag*
ре́йка, -и, *Pl G* ре́ек, *D* ре́йкам *f* 1. Leiste, Latte 2. Nivellierlatte, Meßlatte *Geodäsie*
Рейкья́вик, -а *m* Reykjavik
Рейн, -а *m* Rhein
ре́йнский, -ая, -ое rhein(länd)isch
рейс, -а *m* Fahrt, Route, Tour
рейсфе́дер [рэ, дэ], -а *m* Reißfeder
рейту́зы, -у́з *Pl* 1. Reithose, Breeches 2. Strumpfhose
рейхста́г, -а *m* Reichstag
река́, -и́, *A* ре́ку, *Pl* ре́ки, ре́к, ре́ка́м, ре́ка́ми, в ре́ка́х *f* Fluß, Strom; слёзы льются -о́й *übtr* die Tränen fließen in Strömen
реквизи́ровать, -рую, -руешь; -рованный, -рован, -а *v, uv* requirieren
реквизи́т, -а *m theat* Requisiten
реквизи́ция, -и *f* Requirierung, Beitreibung
рекла́ма, -ы *f* Reklame; отде́л -ы Anzeigenteil
реклама́ция, -и *f* Reklamation
[1]**реклами́ровать,** -рую, -руешь; -рованный, -рован, -а *v, uv* anpreisen; Reklame machen
[2]**реклами́ровать,** -рую, -руешь; -рованный, -рован, -а *v, uv* reklamieren
реклами́ст, -а *m* 1. Werbefachmann 2. *umg* jemand, der sich selbst lobt
рекла́мный, -ая, -ое Reklame-, reklamehaft
рекогносци́ровать, -рую, -руешь; -рованный, -рован, -а *v, uv* rekognoszieren, erkunden
рекогносциро́вка, -и *f* Rekognoszierung, Erkundung
рекоменда́тельный, -ая, -ое Empfehlungs-
рекоменда́ция, -и *f* Empfehlung
рекомендова́ть, -ду́ю, -ду́ешь; -до́ванный, -до́ван, -а *v, uv* 1. empfehlen, ein gutes Zeugnis ausstellen 2. empfehlen, (an)raten 3. *alt* vorstellen ‖ *v a.* порекомендова́ть
реконструи́ровать, -рую, -руешь; -рованный, -рован, -а *v, uv* rekonstruieren; umgestalten
реконстру́кция, -и *f* Rekonstruktion; Umgestaltung
реко́рд, -а *m* Rekord; Höchst-, Spitzenleistung; установи́ть ~ einen Rekord aufstellen; держа́ть ~ einen Rekord halten
реко́рдный, -ая, -ое Rekord-
рекордсме́н, -а *m* Spitzensportler, Rekordhalter
рекреа́ция, -и *f alt* Schulpause
ре́крут, -а *m hist* Rekrut
рекрути́ровать, -рую, -руешь; -рованный, -рован, -а *v, uv buchspr* den Bestand auffüllen
ректифика́т, -а *m* gereinigter Alkohol
ректифици́ровать, -рую, -руешь; -рованный, -рован, -а *v, uv chem* rektifizieren, reinigen
ре́ктор, -а *m* Rektor

ре́кторство, -а *n* Rektorat, Amt des Rektors
реле́ [рэ] *n idkl el* Relais
религио́зный, -ая, -ое; *Kzf* -зен, -зна religiös
рели́гия, -и *f* Religion
рели́квия, -и *f* Reliquie; *wertvolles* Andenken
релье́ф, -а *m* Relief
релье́фный, -ая, -ое; *Kzf* -фен, -фна 1. Relief-, halbplastisch 2. *übtr* plastisch; klar hervortretend
рельс, -а *m* (Eisenbahn-) Schiene; сходи́ть с -ов entgleisen; поста́вить на -ы *übtr* in Ordnung [in Gang] bringen
ре́льсовый, -ая, -ое Schienen-
рельсопрока́тный, -ая, -ое: ~ заво́д Schienenwalzwerk
рельсоукла́дчик, -а *m* Schienenleger *Maschine*
реляти́вный, -ая, -ое; *Kzf* -вен, -вна relativ
реля́ция, -и *f alt, mil* Bericht, Meldung
рема́рка, -и, *Pl G* -рок, *D* -ркам *f* 1. *alt* Anmerkung 2. Bühnenanweisung
ремённый, -ая, -ое Riemen-
реме́нь, -мня́ *m* 1. Riemen, Gürtel; *mil* Koppel 2. *Pl* Gepäckriemen
реме́сленник, -а *m* 1. Handwerker 2. *übtr* Stümper 3. *umg* Gewerbeschüler
реме́сленничать, -аю, -аешь *uv* 1. Handwerker sein, als Handwerker arbeiten 2. *übtr* handwerkeln, nach Schablone arbeiten
реме́сленничество, -а *n* 1. handwerkliches Arbeiten 2. Arbeiten nach Schablone
реме́сленный, -ая, -ое Handwerks-, handwerklich
ремесло́, -а́, *Pl* ремёсла, ремёсел, ремёслам *n* Handwerk; Gewerbe
ремешо́к, -шка́ *m Dem zu* реме́нь Riemen
ремзаво́д, -а *m* (ремо́нтный заво́д) Reparaturwerk
ремилитариза́ция, -и *f* Remilitarisierung
реминисце́нция, -и *f buchspr* 1. Reminiszenz, unklare Erinnerung 2. *literarischer* Einfluß
[1]**ремо́нт,** -а *m* Reparatur; Ausbesserung; Renovierung
[2]**ремо́нт,** -а *m* 1. *mil* Remontierung 2. Jungviehaufzucht (zur Auffüllung des Bestandes)
ремонти́ровать, -рую, -руешь; -рованный, -рован, -а *v, uv* reparieren; ausbessern
ремо́нтник, -а *m* Reparaturarbeiter
ремо́нтный, -ая, -ое Reparatur-
ренега́т, -а *m* Renegat
реноме́ *n idkl* Renommee, Ruf
ре́нта, -ы *f wirtsch* Rente; земе́льная ~ Grundrente
рента́бельный, -ая, -ое; *Kzf* -лен, -льна rentabel, wirtschaftlich
рентге́н, -а *m umg* 1. Röntgenstrahlen; Röntgendurchleuchtung 2. Röntgenapparat
рентге́нов, -а, -о: -ы лучи́ Röntgenstrahlen
рентге́новский, -ая, -ое Röntgen-
рентгеногра́мма, -ы *f* Röntgenbild
реорганиза́ция, -и *f* Reorganisation, Umgestaltung
реорганизова́ть, -зу́ю, -зу́ешь; -зо́ванный, -зо́ван, -а *v, uv* reorganisieren, umgestalten
ре́па, -ы *f* Rübe ◇ деше́вле па́реной -ы *volksspr* spottbillig
репара́ции *Pl* -ий, *Sg* репара́ция, -и *f* Reparation, Kriegsentschädigung
репарацио́нный, -ая, -ое Reparations-
репатрии́ровать, -рую, -руешь; -рованный, -рован, -а *v, uv* repatriieren
репе́й, -пья́, *Pl* репьи́, -ьёв, -ья́м *m umg* Klette
репе́йник, -а *m* Klette
репе́йный, -ая, -ое Kletten-
репертуа́р, -а *m* Repertoire; Spielplan
репети́р, -а *m* Schlagwerk *in Uhren*
репети́ровать, -рую, -руешь *uv* 1. proben, einstudieren 2. Nachhilfeunterricht erteilen
репети́тор, -а *m* Nachhilfelehrer
репетицио́нный, -ая, -ое Probe-
репети́ция, -и *f* 1. *theat* Probe; генера́льная ~ Generalprobe 2. Schlagwerk; Schlag *bei Taschenuhren*; часы́ с -ей Repetieruhr
ре́плика, -и *f* 1. Erwiderung 2. Zwischenruf 3. *theat* Stichwort
ре́пный, -ая, -ое Rüben-
реполо́в, -а *m zool* Hänfling
репорта́ж, -а, *I* -ем, *G Pl* -ей *m* 1. Reportage 2. Berichterstattung
репортёр, -а *m* Reporter
репортёрствовать, -твую, -твуешь *uv* Reporter sein
репресса́лии *Pl* -ий, *Sg* репресса́лия, -и *f* Repressalien
репресси́вный, -ая, -ое; *Kzf* -вен, -вна repressiv, Straf-
репресси́ровать, -рую, -руешь; -ро-

ванный, -рован, -а *v*, *uv A* Repressalien anwenden gegen
репрессия, -и *f* Repressivmaßnahme, Strafmaßnahme
реприз ↑ реприза
реприза, -ы *f u.* **реприз**, -а *m mus*, *theat* Reprise, Wiederholung
репродуктор, -а *m* Lautsprecher
репс, -а *m text* Rips
репсовый, -ая, -ое Rips-
рептилия, -и *f* 1. *zool* Reptil 2. käuflicher Journalist
рептильный, -ая, -ое; *Kzf* -лен, -льна kriecherisch; käuflich, bestechlich
репутация, -и *f* Reputation, Ruf
репчатый, -ая, -ое rübenförmig; ~ лук Knollenzwiebel
ресницы *Pl* -ниц, *Sg* ресница, -ы, *I* -ей *f* Augenwimpern
реснички *Pl* -чек, -чкам, *Sg* ресничка, -и *f zool* Flimmerhaar
респектабельный, -ая, -ое; *Kzf* -лен, -льна respektabel, achtbar, würdig
республика, -и *f* Republik; Советская социалистическая ~ Sozialistische Sowjetrepublik; народная ~ Volksrepublik
республиканец, -нца, *I* -нцем, *G Pl* -нцев *m* Republikaner
республиканский, -ая, -ое republikanisch
рессора, -ы *f* Feder *zur Stoßdämpfung*
рессорный, -ая, -ое Feder-, gefedert
реставрация, -и *f* Restauration, Restaurierung
реставрировать, -ирую, -ируешь; -ированный, -ирован, -а *v*, *uv* restaurieren, wiederherstellen
ресторан, -а *m* Restaurant, Gaststätte; вагон-~ Speisewagen
ресурс, -а *m* 1. äußerstes Mittel, letzte Möglichkeit 2. *Pl* Vorräte, Quellen; природные -ы Naturschätze
ретивое, -ого *u.* **ретивое**, -ого *Subst n folkl* Herz
ретивый, -ая, -ое; *Kzf* -ив, -а eifrig, fleißig; lebhaft
ретина, -ы *f anat* Retina, Netzhaut
ретироваться, -руюсь, -руешься *v*, *uv* sich zurückziehen; abtreten
реторта, -ы *f* Retorte
ретроград, -а *m buchspr* Reaktionär
ретроградный, -ая, -ое; *Kzf* -ден, -дна *buchspr* reaktionär, rückschrittlich
ретроспективный, -ая, -ое; *Kzf* -вен, -вна *buchspr* rückblickend, rückschauend
ретушёвка, -и *f* Retuschieren
ретушёр, -а *m* Retuscheur
ретушь, -и *f* Retusche
реферат, -а *m* Referat, Vortrag
референдум, -а *m* Referendum, Volksbefragung
рефери *m idkl Sport* Schiedsrichter
реферировать, -ирую, -ируешь; -ированный, -ирован, -а *v*, *uv* 1. *A* referieren (über) 2. Schiedsrichter sein
рефлекс, -а *m* Reflex; условный ~ bedingter Reflex
рефлексия, -и *f buchspr* Reflexion
рефлективный, -ая, -ое; *Kzf* -вен, -вна unwillkürlich, Reflex-
рефлектор, -а *m* 1. Reflektor, Hohlspiegel 2. Spiegelteleskop
рефлекторный, -ая, -ое reflektorisch, Reflex-
реформа, -ы *f* Reform
реформаторский, -ая, -ое reformatorisch, Reform-
реформация, -и *f kirch* Reformation
реформировать, -рую, -руешь; -рованный, -рован, -а *v*, *uv* reformieren, umgestalten
рефрактор, -а *m astr* Refraktor, Linsenfernrohr
рефракция, -и *f* Refraktion, Lichtstrahlenbrechung
рефрен, -а *m mus*, *lit* Refrain
рефрижератор, -а *m* 1. Verdampfer *in Kühlanlagen* 2. Kühlwagen; Kühlschiff
рефрижераторный, -ая, -ое Kühl-
рехнуться, -нусь, -нёшься *v volksspr* überschnappen, verrückt werden
рецензировать, -рую, -руешь; -рованный, -рован, -а *uv* rezensieren
рецензия, -и *f* Rezension
рецидив, -а *m* Rückfall, Rückschlag
рецидивист, -а *m jur* Rückfälliger
речевой, -ая, -ое Sprech-
речение, -я *n* stehende Redewendung
речистый, -ая, -ое; *Kzf* -ист, -а *umg* redegewandt; redselig, gesprächig
речитатив, -а *m mus* Rezitativ
речка, -и, *Pl G* -чек, *D* -чкам *f* Flüßchen
речной, -ая, -ое Fluß-, Binnen(wasser)-
речь, -и, *Pl* речи, речей, речам *f* 1. Sprechfähigkeit, Reden; органы -и Sprechorgane; навыки устной -и Sprechfertigkeit 2. Sprachstil, Redeweise, Sprache; стихотворная ~ gebundene Rede 3. Gespräch, Rede; ~ идёт о том . . . es handelt sich darum . . .; об этом не может быть и -и davon kann gar keine Rede sein 4. Rede, Ansprache; выступить с -ью eine Rede halten; застольная

~ Tischrede ◇ ча́сти -и Wortarten, Redeteile
реша́ть(ся) *uv zu* реши́ть(ся)
реша́ющий, -ая, -ее entscheidend
реше́ние, -я *n* **1.** Entscheidung, Beschluß, Urteil; выноси́ть ~ einen Beschluß fassen **2.** Lösung; найти́ ~ eine Lösung finden **3.** Schluß, Entschluß
решённый, -ая, -ое beschlossen
решётка, -и, *Pl G* -ток, *D* -ткам *f* Gitter ◇ посади́ть кого́-н. за -у j-n hinter Schloß und Riegel setzen
решето́, -а́, *Pl* решёта, решёт, решётам *n* Sieb ◇ голова́ как ~ ein Gedächtnis wie ein Sieb; -о́м во́ду носи́ть Wasser ins Meer tragen
решётчатый *u.* **реше́тчатый,** -ая, -ое **1.** gitterförmig **2.** vergittert
реши́мость, -и *f* Entschlußkraft, Entschlossenheit
реши́тельно 1. *Adv* entschlossen, entschieden **2.** *mod zur Verstärkung* ausnahmslos; einfach, überhaupt **3.** *Adv* ganz und gar, absolut
реши́тельность, -и *f* Entschlossenheit, Entschiedenheit
реши́тельный, -ая, -ое; *Kzf* -лен, -льна **1.** fest entschlossen, resolut **2.** entscheidend
реши́ть, -шу́, -ши́шь; -шённый, -шён, -шена́ *v* **1.** lösen *Aufgaben* **2.** einen Beschluß fassen, entscheiden ◇ ~ чью-н. судьбу́ j-s Schicksal besiegeln ‖ *uv* реша́ть, -а́ю, -а́ешь
реши́ться, -шу́сь, -ши́шься *v* **1.** sich entschließen, sich entscheiden **2.** *1. u. 2. Pers ungebr* entschieden werden ‖ *uv* реша́ться, -а́юсь, -а́ешься
ре́шка, -и, *Pl G* -шек, *D* -шкам *f* *volksspr* Vorderseite der Münze, Avers
ре́я, -и *f naut* Rahe
ре́ять, *1. u. 2. Pers ungebr,* ре́ет *uv* **1.** schweben **2.** wehen, flattern
ржа, -и *f alt, gbt* Rost
ржа́веть, *1. u. 2. Pers ungebr,* -еет *uv* (ver)rosten
ржа́вчина, -ы *f* Rost
ржа́вый, -ая, -ое rostig; rostfarben
ржа́ние, -я *n* Wiehern
ржа́нка, -и, *Pl G* -нок, *D* -нкам *f zool* Regenpfeifer
ржано́й, -а́я, -о́е Roggen-
ржать* *uv* wiehern
ржи́ще, -а, *I* -ем *n* Roggenstoppelfeld
ржу ↑ ржать
ри́га, -и *f* Getreidedarre
Ри́га, -и *f* Riga
рижа́нин, -а, *Pl* -а́не, -а́н, -а́нам *m* Rigaer, Einwohner von Riga
рижа́нка, -и, *Pl G* -нок, *D* -нкам *f* Rigaerin
ри́жский, -ая, -ое: Ри́жский Зали́в Rigaer Meerbusen
ри́за, -ы *f* **1.** Meßgewand **2.** metallene Ikonenverkleidung, nur Gesicht und Hände freilassend
ри́зница, -ы, *I* -ей *f kirch* Sakristei
рикоше́т, -а *m* Querschläger, Abpraller
рикоше́тный, -ая, -ое Abprall-
ри́кша, -и, *I* -ей *m* Rikscha
Рим, -а *m* Rom
ри́млянин, -а, *Pl* -яне, -ян, -янам *m* Römer
ри́млянка, -и, *Pl G* -нок, *D* -нкам *f* Römerin
ри́мский, -ая, -ое römisch
ринг, -а *m* Ring *Boxsport*
ри́нуться, -нусь, -нешься *v* sich stürzen
Ри́о-де-Жане́йро *m idkl* Rio de Janeiro
рис, -а (-у) *m* Reis
риск, -а *m* Gefahr, Risiko ◇ на свой (страх и) ~ auf eigene Gefahr
рискну́ть, -ну́, -нёшь *v* riskieren, wagen
риско́ванный, -ая, -ое; *Kzf* -ан, -анна riskant, gewagt, gefährlich
рискова́ть, -ку́ю, -ку́ешь *uv* riskieren, wagen; Gefahr laufen
рисова́льный, -ая, -ое Zeichen-
рисова́льщик, -а *m* Zeichner
рисова́льщица, -ы, *I* -ей *f* Zeichnerin
рисова́ние, -я *n* Zeichnen, Malen
рисова́ть, -су́ю, -су́ешь; -со́ванный, -со́ван, -а *uv* **1.** zeichnen, malen **2.** *übtr* beschreiben, schildern
рисова́ться, -су́юсь, -су́ешься *uv* **1.** *1. u. 2. Pers ungebr* sich abheben, sich abzeichnen **2.** sich einbilden, sich erträumen **3.** *verächtl* sich zieren; angeben
рисо́вка, -и *f* Geziertheit, Affektiertheit
рисово́дство, -а *n* Reisanbau
ри́совый, -ая, -ое Reis-
риста́лище, -а, *I* -ем *n alt* Turnierplatz, Wettkampfplatz; Wettkampf
рису́нок, -нка *m* Zeichnung; Muster
рису́нчатый, -ая, -ое gemustert
ритм, -а *m* Rhythmus
ри́тмика, -и *f* **1.** Rhythmik **2.** rhythmische Gymnastik
ритми́ческий, -ая, -ое rhythmisch, gleichmäßig
ритми́чность, -и *f* Rhythmik; ~ в рабо́те gleichmäßiger Ablauf der Arbeit

ритми́чный, -ая, -ое; *Kzf* -чен, -чна rhythmisch, gleichmäßig
рито́рика, -и *f* 1. Rhetorik 2. *übtr* Schwülstigkeit
ритори́ческий, -ая, -ое 1. rhetorisch 2. *übtr* schwülstig
ритори́чный, -ая, -ое; *Kzf* -чен, -чна *buchspr* rhetorisch, schwülstig
ритуа́л, -а *m buchspr* 1. Ritual 2. Zeremoniell
ритуа́льный, -ая, -ое *buchspr* rituell, Ritual-
[1]**риф,** -а *m* Riff, Klippe
[2]**риф,** -а *m naut* Reff
рифлёный, -ая, -ое gerieft, gerillt
ри́фма, -ы *f* Reim
рифмова́ть, -му́ю, -му́ешь; -мо́ванный, -мо́ван, -а *uv* 1. *alt 1. u. 2. Pers ungebr* sich reimen 2. reimen
рифмова́ться, *1. u. 2. Pers ungebr,* -му́ется *uv* sich reimen
рифмоплёт, -а *m verächtl* Reimschmied
рици́н, -а *m* Rizinusstaude
РККА (Рабо́че-Крестья́нская Кра́сная А́рмия) *hist* Rote Arbeiter- und Bauernarmee *1918—1946*
робе́ть, -е́ю, -е́ешь *uv* zaghaft [schüchtern] sein, Angst haben
ро́бкий, -ая, -ое; *Kzf* -бок, -бка́!; *Komp* ро́бче zaghaft, schüchtern, ängstlich
ро́бость, -и *f* Zaghaftigkeit, Schüchternheit, Furchtsamkeit
ро́бот, -а *m* Roboter, Maschinenmensch
ро́бче ↑ ро́бкий
ров, рва, *P* о рве, во рву *m* Graben
рове́сник, -а *m* Altersgenosse
рове́сница, -ы, *I* -ей *f* Altersgenossin
ро́вно *Adv* 1. genau, gerade; ~ в три часа́ genau um drei (Uhr) 2. absolut, ganz und gar 3. scheinbar, wohl 4. ebenso wie
ро́вность, -и *f* Gleichmäßigkeit, Ausgeglichenheit
ро́вный, -ая, -ое; *Kzf* -вен, -вна́! 1. eben, gerade; glatt *Gelände* 2. gleichmäßig; gleichförmig *Schritt* 3. ruhig, gelassen; ausgeglichen ◇ ~ счёт glatte Rechnung; -ым счётом ничего́ absolut nichts
ро́вня, -и *u.* **ровня́,** -й *m, f umg* Gleichgestellter
ровня́ть, -я́ю, -я́ешь *uv* ebnen, glätten, planieren
рог, -а, *Pl* рога́, -о́в, -а́м *m* 1. Horn, Geweih 2. *mus* Horn 3. scharfkantiges gebogenes Ende ◇ ~ изоби́лия Füllhorn; брать быка́ за -а́ den Stier bei den Hörnern packen
рога́стый, -ая, -ое; *Kzf* -а́ст, -а *umg* mit großen Hörnern
рога́тина, -ы *f* Jagdspieß
рога́тка, -и, *Pl G* -ток, *D* -ткам *f* 1. Sperre, spanischer Reiter 2. *meist Pl, übtr* Hindernis 3. Katapult, Schleuder
рога́тый, -ая, - ое; *Kzf* -а́т, -а 1. gehörnt, Horn- 2. (wie ein Horn) gebogen
рога́ч, -а́, *I* -о́м, *G Pl* -е́й *m* Hirschkäfer
рогови́дный, -ая, -ое; *Kzf* -ден, -дна hornartig, -förmig
рогови́ца, -ы, *I* -ей *f* Hornhaut *Auge*
рогово́й, -а́я, -о́е aus Horn, Horn-
рого́жа, -ы, *I* -ей *f* Bastgewebe *als Verpackungsmaterial*
рого́жка, -и, *Pl G* -жек, *D* -жкам *f* 1. *Dem zu* рого́жа Bastgewebe *als Verpackungsmaterial* 2. Panamastoff
рого́жный, -ая, -ое Bast-
рогоно́сец, -сца, *I* -сцем, *G Pl* -сцев *m umg, scherz* Hahnrei
род, -а (-у), *P* о ро́де, в ро́де, в [на] роду́, *Pl* роды́, -о́в, -а́м *m* 1. Sippe, Gens 2. Geschlecht, Generation; из -а в ~ von Generation zu Generation 3. *zool, bot* Gattung 4. *gram* Geschlecht, Genus; мужско́й ~ Maskulinum 5. Art, Gattung; ~ войск Waffengattung 6. Art und Weise; ~ заня́тий Beschäftigungsart ◇ ему́ два́дцать лет о́т -у er ist zwanzig Jahre alt; ни -у ни пле́мени ohne Verwandte, allein; э́то у нас в -у́ das liegt in unserer Familie; в не́котором -е gewissermaßen; еди́нственный в своём -е einzig in seiner Art; де́ло тако́го -а die Sache ist die
роддо́м, -а, *Pl* -а́, -о́в, -а́м *m* (роди́льный дом) Entbindungsheim
ро́дий, -я, *P* -и *m chem* Rhodium
роди́льница, -ы, *I* -ей *f* Wöchnerin
роди́льный, -ая, -ое Entbindungs-; -ая горя́чка Kindbettfieber
роди́мый, -ая, -ое 1. heimatlich 2. -ого *Subst m* mein Lieber *Anrede* ◇ -ое пятно́ Muttermal
ро́дина, -ы *f* Heimat(land); на -е in der Heimat
ро́динка, -и, *Pl G* -нок, *D* -нкам *f* Muttermal
Родио́н, -а *m männl Vn*
роди́тели, -ей, -ям *Pl* Eltern
роди́тель, -я *m alt, gbt* Vater
роди́тельница, -ы, *I* -ей *f alt, gbt* Mutter

роди́тельный, -ая, -ое: ~ паде́ж Genitiv

роди́тельский, -ая, -ое Eltern-, elterlich

роди́ть, рожу́, роди́шь; роди́л, -ила́ (*uv* -и́ла), -и́ло; рождённый, -ён, -ена́ *v, uv* **1.** gebären, zur Welt bringen; она́ родила́ sie ist niedergekommen **2.** *übtr* erzeugen, hervorbringen **3.** *1. u. 2. Pers ungebr* Früchte tragen, hervorbringen ◇ в чём мать родила́ splitternackt ‖ *uv a.* рожа́ть, -а́ю, -а́ешь *zu* 1, 3 *u.* рожда́ть, -а́ю, -а́ешь *zu* 1, 2

роди́ться, рожу́сь, роди́шься *v, uv*; *v* -и́лся, -ила́сь, -и́лись; *uv* -и́лся, -и́лась, -и́лись **1.** geboren werden **2.** *1. u. 2. Pers ungebr* entstehen, aufkommen **3.** *1. u. 2. Pers ungebr* wachsen, gedeihen ‖ *uv a.* рожда́ться, -а́юсь, -а́ешься *zu* 1, 2

ро́дич, -а, *I* -ем, *G Pl* -ей *m volksspr* Verwandter

родни́к, -а́ *m* Quelle *a. übtr*

роднико́вый, -ая, -ое Quell-

родни́ть, *1. u. 2. Pers ungebr,* -и́т *uv* (an)nähern, verbinden ‖ *v* породни́ть

родни́ться, -ню́сь, -ни́шься *uv* verwandt werden ‖ *v* породни́ться

роднички́ *Pl* -о́в, *Sg* родничо́к, -чка́ *m anat* Fontanellen

родно́й, -а́я -о́е **1.** blutsverwandt, leiblich, eigen **2.** -ы́е, -ы́х *Subst Pl* Verwandte **3.** heimatlich, Heimat-, Geburts-, Vater-, Mutter- **4.** mein Lieber *Anrede*

родня́, -и́ *f* **1.** *Koll* Verwandtschaft, Verwandte **2.** Verwandter; Verwandte

родови́тый, -ая, -ое; *Kzf* -и́т, -а zum alten Adelsgeschlecht gehörend

[1]**родово́й,** -а́я, -о́е **1.** Gentil-, Sippen-; ~ строй Gentilordnung **2.** *alt* Stamm-, Erb-; -о́е име́ние Erbgut **3.** Gattungs-

[2]**родово́й,** -а́я, -о́е **1.** *gram* Geschlechts-, Genus- **2.** Geburts-; -ы́е му́ки Geburtswehen

родовспомога́тельный, -ая, -ое Entbindungs-, Geburtshilfe-

рододе́ндрон [дэ], -а *m bot* Rhododendron

ро́дом *Adv*: он ~ из Москвы́ er stammt aus Moskau; ~ францу́з ein gebürtiger Franzose

родонача́льник, -а *m* **1.** Stammvater **2.** Begründer

родосло́вие, -я *n* Stammbaum, Ahnentafel

родосло́вная, -ой *Subst f* Stammbaum, Ahnentafel

родосло́вный, -ая, -ое genealogisch; -ое де́рево Stammbaum

ро́дственник, -а *m* Verwandter

ро́дственница, -ы, *I* -ей *f* Verwandte

ро́дственный, -ая, -ое **1.** verwandtschaftlich **2.** *Kzf* -вен, -венна verwandt **3.** innig, herzlich

родство́, -а́ *n* **1.** Verwandtschaft **2.** *Koll* die Verwandten **3.** *übtr* Verwandtschaft, Ähnlichkeit

ро́ды, -ов *Pl* Geburt, Entbindung; преждевре́менные ~ Frühgeburt

рое́ние, -я *n* Schwärmen *Bienen*

[1]**ро́жа,** -и, *I* -ей *f med* Rose; Rotlauf

[2]**ро́жа,** -и, *I* -ей *f volksspr* Fratze, Fresse, Visage

рожа́ть *uv zu* роди́ть

рожда́емость, -и *f* Geburtenzahl

рожда́ть(ся) *uv zu* роди́ть(ся)

рожде́ние, -я *n* **1.** Geburt **2.** Geburtstag

рожде́ственский, -ая, -ое Weihnachts-

рождество́, -а́ *n* Weihnachten

роже́ница, -ы, *I* -ей *f* Kreißende

ро́жистый, -ая, -ое *med* Rose-; Rotlauf-

рожо́к, -жка́, *Pl* ро́жки, -жек, -жкам *u.* рожки́, -о́в, -а́м *m* **1.** *Dem zu* рог (ро́жки, *bei Teigwaren* рожки́) Hörnchen **2.** (*Pl* рожки́) *mus* Horn **3.** (*Pl* рожки́) Hörrohr **4.** (*Pl* рожки́) Saugflasche **5.** (*Pl* рожки́) Schuhanzieher ◇ га́зовый ~ Gasbrenner

рожо́н, -жна́ *m alt*: лезть на ~ *übtr* mit dem Kopf durch die Wand rennen; како́го рожна́ на́до? *volksspr* was willst du noch?, was fehlt denn noch?

рожь, ржи, *I* ро́жью *f* **1.** Roggen **2.** (*Pl* ржи, ржей, ржам) *gbt* Roggenfeld

ро́за, -ы *f* Rose

Ро́за, -ы *f weibl Vn*

ро́зан, -а *m umg* Rosenblüte

роза́рий, -я, *P* -и, *G Pl* -ев *u.* **роза́риум,** -а *m* Rosengarten, Rosarium

ро́звальни, -ей *Pl* breiter sitzloser Schlitten mit ausgebogenen Seiten

ро́зга, -и, *Pl G* -зог, *D* -згам *f* **1.** Rute, Gerte **2.** *Pl alt* Rutenhiebe

ро́здых, -а (-у) *m volksspr* kurze Rast, Verschnaufpause

розе́тка, -и, *Pl G* -ток, *D* -ткам *f* **1.** Rosette **2.** Schälchen *für Honig, Konfitüre* **3.** Tropfenfänger für Kerzen **4.** (trichterförmiger) Lampenschirm **5.** *el* Steckdose

розмари́н, -а *m bot* Rosmarin

ро́знить, -ню, -нишь; розны *u.* ро́зни *uv alt, volksspr* trennen, auseinanderreißen
ро́зница, -ы, *I* -ей *f* Einzelhandels-, Kleinhandelsware ◇ в -у stückweise, einzeln
ро́зничный, -ая, -ое Einzelhandels-
ро́зно *Adv alt* getrennt
рознь, -и *f* 1. Streit, Zwist 2. *prädikativ* einander nicht gleich; глина́ глине́ ~ zwischen Ton und Ton ist ein Unterschied
розова́тый, -ая, -ое; *Kzf* -а́т, -а zart rosa
розове́ть, -е́ю, -е́ешь *uv* sich rosarot färben
ро́зовый, -ая, -ое 1. Rosen- 2. *Kzf* -ов, -а rosa 3. *Kzf* -ов, -а *übtr, iron* rosig; смотре́ть сквозь -ые очки́ durch eine rosarote Brille sehen
ро́зыгрыш, -а, *I* -ем, *G Pl* -ей *m* 1. Ziehung, Verlosung 2. *Sport* Austragen *eines Spieles* 3. *Sport* unentschiedenes Spiel
ро́зыск, -а *m* 1. Suche, Suchen 2. *jur* Ermittlung, Voruntersuchung ◇ уголо́вный ~ Kriminalabteilung
ройться, *1. u. 2. Pers ungebr*, -йтся *uv* 1. (aus)schwärmen, einen Schwarm bilden *Bienen* 2. schwirren *a. übtr*
рой, -я, *Pl* рои́, роёв, роя́м *m* Schwarm
рок, -а *m hoher Stil* Schicksal
рокирова́ться, -ру́юсь, -ру́ешься *v, uv* rochieren *Schach*
рокиро́вка, -и, *Pl G* -вок, *D* -вкам *f* Rochade *Schach*
рокови́й, -а́я, -о́е 1. *alt* verhängnisvoll 2. *alt* entscheidend 3. folgenschwer
рококо́ *n idkl* Rokoko
ро́кот, -а *m* Getöse, Brausen, Rollen; Surren
рокота́ть, -очу́, -о́чешь *uv* tosen, rollen; surren
рол, -а *m* 1. Zylinder, Walze 2. Rolle *Papier*
ро́лик, -а *m* 1. *Dem zu* рол (Lauf-) Rolle, Rädchen 2. *el* Porzellanisolator *zur Leitungsbefestigung* 3. *Pl* Rollschuhe
ро́ликовый, -ая, -ое: ~ подши́пник *tech* Rollenlager; -ые коньки́ Rollschuhe
роль, -и, *Pl* ро́ли, роле́й, роля́м *f* 1. *theat* Rolle; испо́лнить ~ eine Rolle spielen 2. *übtr* Rolle; э́то не игра́ет никако́й -и das spielt keine Rolle; вы́ступить в -и обвини́теля als Ankläger auftreten; ему́ принадлежи́т больша́я ~ в э́том де́ле ihm gebührt großes Verdienst in dieser Angelegenheit
ром, -а(-у) *m* Rum
[1]**рома́н,** -а *m lit* Roman
[2]**рома́н,** -а *m* Liebesverhältnis
Рома́н, -а *m männl Vn*
[1]**романи́ст,** -а *m* Romanschriftsteller
[2]**романи́ст,** -а *m* Romanist
[1]**романи́стка,** -и, *Pl G* -ток, *D* -ткам *f* Romanschriftstellerin
[2]**романи́стка,** -и, *Pl G* -ток, *D* -ткам *f* Romanistin
романи́ческий, -ая, -ое *alt* Liebes-, romanhaft
рома́нс, -а *m mus* Romanze
рома́нский, -ая, -ое romanisch
романти́зм, -а *m* 1. *lit* Romantik 2. Romantik, idealisierende Betrachtungsweise
рома́нтик, -а *m* 1. Romantiker *Kunst* 2. *übtr* Romantiker, Träumer
рома́нтика, -и *f* Romantik
романти́ческий, -ая, -ое 1. *lit* romantisch 2. romantisch, schwärmerisch
романти́чный, -ая, -ое; *Kzf* -чен, -чна romantisch, schwärmerisch
рома́шка, -и, *Pl G* -шек, *D* -шкам *f bot* Kamille
ромб, -а *m* Raute, Rhombus
ромби́ческий, -ая, -ое rhombisch
ро́мовый, -ая, -ое Rum-
Ро́на, -ы *f* Rhone *Fluß*
рондо́ *n idkl* 1. *lit* Rondeau 2. Rundschrift 3. Rundschriftfeder
роня́ть, -я́ю, -я́ешь *uv* 1. fallen lassen; verlieren; ~ слёзы Tränen vergießen 2. sinken lassen *Kopf* 3. *übtr* erniedrigen, herabwürdigen; ~ своё досто́инство sich etw. vergeben ‖ *v* урони́ть, -оню́, -о́нишь; -о́ненный, -о́нен, -а *zu* 1, 2
ро́пот, -а *m* Murren, Gemurre
ропта́ть* *uv* murren, ungehalten sein
ропщу́ ↑ ропта́ть
роса́, -ы́, *Pl* ро́сы, рос, ро́сам *f* Tau
роси́нка, -и, *Pl G* -нок, *D* -нкам *f* Tautropfen ◇ ма́ковой -и во рту не́ было noch nichts gegessen und getrunken
роси́стый, -ая, -ое; *Kzf* -и́ст, -а voller Tau, mit Tau bedeckt
роско́шествовать, -твую, -твуешь *uv* ein luxuriöses Leben führen, großen Aufwand treiben
роско́шничать, -аю, -аешь *uv umg* ein luxuriöses Leben führen, großen Aufwand treiben
роско́шный, -ая, -ое; *Kzf* -шен, -шна 1. luxuriös, prunkvoll 2. prächtig, prachtvoll; üppig

рóскошь, -и *f* 1. Prunk, Luxus 2. Pracht; Üppigkeit
рóслый, -ая, -ое groß, von hohem Wuchs
росомáха, -и *f zool* Vielfraß
рóспись, -и *f* 1. Verzeichnis, Liste, Register 2. Bemalen, Anstreichen 3. Wandmalerei, Fresken
рóспуск, -а *m* Entlassung; Auflösung
росси́йский, -ая, -ое russisch; Росси́йская Совéтская Федерати́вная Социалисти́ческая Респýблика Russische Sozialistische Föderative Sowjetrepublik
Росси́я, -и *f* Rußland
россия́нин, -а, *Pl* -я́не, -я́н, -я́нам *m hoher Stil, alt* Russe
россия́нка, -и, *Pl G* -нок, *D* -нкам *f hoher Stil, alt* Russin
рóссказни, -ей *Pl umg* Geschwätz, Faseleien
рóссыпь, -и *f* 1. Aufgeschüttetes 2. *meist Pl geol* Vorkommen, Feld, Lager
рост, -а (-у) *m* 1. Wachsen, Wachstum 2. *übtr* Anwachsen, Zunahme; Vervollkommnung 3. Wuchs, Größe; высóкого -а von großem Wuchs, groß; он -ом с меня́ er ist etwa so groß wie ich; во весь ~ in voller Größe 4. *alt* Zinsen; дать дéньги в ~ Geld auf Zinsen verleihen
рóстбиф, -а *m* Roastbeef
рóстепель *u.* **рóстопель,** -и *f gbt* Tauwetter
Ростóв, -а *m*: Ростóв на Донý Rostow am Don
ростóвец, -вца, *I* -вцем, *G Pl* -вцев *m* Bewohner von Rostow
ростовóй, -áя, -óе 1. Wachstums- 2. das Wachstum der Pflanzen fördernd
ростовчáнин, -а, *Pl* -áне, -áн, -áнам *m* Einwohner von Rostow
ростовчáнка, -и, *Pl G* -нок, *D* -нкам *f* Bewohnerin von Rostow
ростовщи́к, -á *m* Wucherer
ростовщи́ца, -ы, *I* -ей *f* Wucherin
ростовщи́ческий, -ая, -ое Wucher-
ростовщи́чество, -а *n* Wucher
ростóк, -ткá *m* 1. Keim, Sproß 2. Reis, Pfropfreis 3. *übtr* Keim
рóстопель ↑ рóстепель
рóсчерк, -а *m* Schnörkel, Strich ◇ (одни́м) -ом перá mit einem Federstrich
рося́нка, -и, *Pl G* -нок, *D* -нкам *f bot* Sonnentau
рот, рта, изо ртá *und* и́зо рту, *P* о рте, во рту *m* 1. Mund, Mundhöhle; во рту im Mund 2. *übtr, volksspr* Mund, Esser; семь ртов прокорми́ть sieben Mäuler ernähren ◇ рази́нуть ~ den Mund (vor Erstaunen) aufsperren; не сметь рта раскры́ть nicht wagen den Mund aufzumachen; зажáть комý-н. ~ *volksspr* j-m den Mund stopfen; хлопóт пóлон ~ sehr viele Sorgen, alle Hände voll zu tun haben; разжевáть и в ~ положи́ть *iron* vorkauen, plausibel machen; во весь ~ aus vollem Halse; ми́мо рта прошлó er hatte das Nachsehen
рóта, -ы *f* Kompanie
ротáтор, -а *m* Wachsmatrizenvervielfältiger
ротациóнный, -ая, -ое: -ая маши́на Rotationsmaschine
рóтмистр, -а *m hist* Rittmeister
рóтный, -ая, -ое Kompanie-
ротовóй, -áя, -óе Mund-; -áя пóлость Mundhöhle
ротозéй, -я, *G Pl* -ев *m umg* Gaffer; Hans Guckindieluft
ротозéйничать, -аю, -аешь *uv umg* gaffen, Maulaffen feilhalten
ротóк, -ткá *m umg, Dem zu* рот Mündchen
ротóнда, -ы *f* 1. Rotunde, Rundbau *mit Kuppel* 2. warmer Umhang *für Frauen*
рóтор, -а *m* Rotor, Maschinenwelle
Роттердáм, -а *m* Rotterdam
рóхля, -и, *G Pl* -лей *m, f volksspr* Schlafmütze, Tölpel
рóща, -и, *I* -ей *f* Wäldchen, Hain
РОЭ [рóэ] *n idkl* (реáкция оседáния эритроци́тов) Blutsenkung
рóю ↑ рыть
рояли́ст, -а *m buchspr* Royalist
рояли́стский [исск], -ая, -ое *buchspr* royalistisch
роя́ль, -я *m* Flügel *Klavier*
РСФСР (Росси́йская Совéтская Федерати́вная Социалисти́ческая Респýблика) RSFSR
ртýтный, -ая, -ое Quecksilber-
ртуть, -и *f* Quecksilber
руб. (рубль) Rubel
рубáка, -и *m umg* Haudegen, glänzender Fechter
рубáнок, -нка *m* Hobel
рубáха, -и *f* Hemd ◇ ~-пáрень *volksspr* offenherziger Bursche
рубáшка, -и, *Pl G* -шек, *D* -шкам *f* 1. Hemd; нателная ~ Unterhemd; шёлковая ~ Seidenhemd 2. Rückseite *der Spielkarten* 3. Fellfarbe ◇ в однóй -е bettelarm; своя́ ~ бли́же

к те́лу jeder ist sich selbst der Nächste; роди́ться в -е ein Sonntagskind sein

рубашо́нка, -и, *Pl G* -нок, *D* -нкам *f umg, Dem zu* руба́шка Hemdchen, Kinderhemdchen

рубе́ж, -а́, *I* -о́м, *G Pl* -е́й *m* **1.** Grenze, Staatsgrenze; за -о́м im Ausland **2.** *mil* Abschnitt, Linie; оборони́тельный ∼ Verteidigungslinie

рубе́ц, -бца́, *I* -бцо́м, *G Pl* -бцо́в *m* **1.** Narbe; Schmiß **2.** Naht; Saum **3.** Kratzer **4.** *vet* Pansen

руби́льник, -а *m* Hebelschalter

руби́н, -а *m* Rubin

руби́новый, -ая, -ое Rubin-, rubinrot

руби́ть, рублю́, ру́бишь; ру́бленный, ру́блен, -а *uv* **1.** fällen; abhauen, abschlagen, kleinhauen **2.** bauen *aus Holzbalken* ◇ лес ру́бят, ще́пки летя́т wo gehobelt wird, fallen Späne

руби́ться, рублю́сь, ру́бишься *uv* sich herumschlagen, kämpfen *mit blanker Waffe*

ру́бище, -а, *I* -ем *n* abgerissene Kleidung

[1]**ру́бка,** -и *f* Abhauen, Fällen

[2]**ру́бка,** -и, *Pl G* -бок, *D* -бкам *f naut* Kabine *an Deck*; боева́я ∼ Kommandoturm *U-Boot*

рублёвка, -и, *Pl G* -вок, *D* -вкам *f umg* Rubel, Rubelschein

рублёвый, -ая, -ое Rubel-

ру́бленый, -ая, -ое gehackt, Hack-; -ая котле́та Boulette

рубль, -я́ *m* Rubel

ру́брика, -и *f* Rubrik, Spalte

рубцева́ние, -я *n* Vernarbung

рубцева́ться, *1. u. 2. Pers ungebr*, -цу́ется *uv* vernarben *Wunde*

ру́бчатый, -ая, -ое gerippt

ру́бчик, -а *m* **1.** *Dem zu* рубе́ц 1 Narbe **2.** Naht, Saum **3.** *text* Rippe

ру́гань, -и *f* Geschimpfe, Schimpfworte

руга́тельный, -ая, -ое Schimpf-, Schmäh-

руга́тельски: ∼ руга́ть heftig schimpfen

руга́тельство, -а *n* Schimpfwort

руга́ть, -а́ю, -а́ешь; ру́ганный, -ру́ган, -а *uv* **1.** (be)schimpfen **2.** schmähen; scharf kritisieren ‖ *v mom* **ругну́ть,** -ну́, -нёшь

руга́ться, -а́юсь, -а́ешься *uv* **1.** schimpfen **2.** einander beschimpfen, sich zanken ‖ *v mom* **ругну́ться,** -ну́сь, -нёшься *zu* 1

руда́, -ы́, *Pl* ру́ды, руд, ру́дам *f* Erz; ме́дная ∼ Kupfererz

рудиме́нт, -а *m* Rudiment

рудимента́рный, -ая, -ое *buchspr* rudimentär

рудни́к, -а́ *m* Bergwerk, Grube

руднико́вый, -ая, -ое Bergwerks-, Gruben-

рудни́чный, -ая, -ое Bergwerks-, Gruben-; ∼ газ schlagende Wetter

ру́дный, -ая, -ое Erz-; Ру́дные го́ры Erzgebirge

рудоко́п, -а *m alt* Bergarbeiter

рудоно́сный, -ая, -ое; *Kzf* -сен, -сна erzhaltig

рудоплави́льня, -и *f* Erzgießerei

руже́йник, -а *m* Büchsenmacher, Arbeiter einer Gewehrfabrik

руже́йный, -ая, -ое Gewehr-

ружьё, -ья́, *Pl* ру́жья, ру́жей, ру́жьям *n* Gewehr, Flinte; двуxство́льное ∼ Doppelflinte; заряжа́ть ∼ das Gewehr laden; соста́вить -ья в ко́злы die Gewehre zusammenstellen; с -ья́ми наперевéс mit gefälltem Bajonett; взять ∼ на изгото́вку das Gewehr anlegen ◇ в ∼! an die Gewehre!

руи́на, -ы *f* Ruine

рука́, -и́, *A* ру́ку, *Pl* ру́ки, рук, рука́м *f* **1.** Hand, Arm; пожа́ть -у die Hand drücken; вести́ кого́-н. за́ -у j-n an der Hand führen; взять кого́-н. по́д -у sich bei j-m einhaken; игра́ть в четы́ре -и́ vierhändig spielen; золоты́е -и geschickte Hände; перча́тки не по -е́ die Handschuhe passen nicht; -и прочь! Hände weg!; -и вверх! Hände hoch! **2.** Handschrift; неразбо́рчивая ∼ unleserliche Handschrift **3.** Seite; по пра́вую -у rechter Hand, rechts; на ле́вой -е́ linker Hand, links **4.** *übtr, alt* Hand; проси́ть чье́й-н. -и́ um j-s Hand bitten [anhalten] ◇ быть в чьи́х-н. -а́х in j-s Gewalt sein; быть в хоро́ших -а́х in guten Händen sein; прибра́ть что́-н. к -а́м sich etw. aneignen, etw. an sich raffen; взять себя́ в -и sich zusammennehmen; ∼ -у мо́ет eine Hand wäscht die andre; всё ва́лится из рук nichts geht von der Hand; из пе́рвых рук aus erster Hand; ∼ о́б -у Hand in Hand, gemeinsam; сиде́ть сложа́ -и die Hände in den Schoß legen; на ско́рую -у flüchtig; -о́й пода́ть das ist nur ein Katzensprung; из рук в ру́ки von Hand zu Hand; наложи́ть на себя́ -и Selbstmord begehen; нагре́ть себе́ -и на чём-н. sein Schäfchen ins trockne bringen; на все -и ма́стер ein Tausendkünstler; из рук вон пло́хо unter aller Kritik [Kanone]; э́то мне на́ -у das kommt mir sehr gelegen; переписывать от -и́ mit der Hand abschreiben; опусти́ть -и den Mut sinken lassen; у него́ -и ко́ротки das liegt nicht in seiner Macht; подня́ть -у tätlich werden wollen; -а́м во́ли не дава́й! werde nicht handgreiflich!; приложи́ть -у a) seine Hand im Spiel haben; b) unterschreiben; свобо́да рук Handlungsfreiheit; сон в -у der Traum ist in Erfüllung gegangen; с рук сойти́ straflos ausgehen; с рук сбыть sich vom Halse schaffen, loswerden; как -о́й сня́ло wie weggeblasen; как без рук vollkommen hilflos

рука́в, -а́, *Pl* рукава́, -о́в, -а́м *m* 1. Ärmel; вставны́е рукава́ eingesetzte Ärmel; рукава́-фона́рики Puffärmel 2. Flußarm 3. *tech* Rohr, Schlauch

рукави́цы *Pl* -и́ц, *Sg* рукави́ца, -ы, *I* -ей *f* Fausthandschuh ◇ держа́ть в ежёвых -ах streng [kurz] halten

рука́вный, -ая, -ое Ärmel-

рука́вчик, -а *m* 1. *Dem zu* рука́в kleiner, kurzer Ärmel 2. Manschette

руководи́тель, -я *m* Leiter, Führer

руководи́тельница, -ы, *I* -ей *f* Leiterin

руководи́ть, -ожу́, -оди́шь *uv I* leiten, führen

руководи́ться, -ожу́сь, -оди́шься *uv I* sich richten (nach), sich leiten lassen (von)

руково́дство, -а *n* 1. *I* Leitung, Führung 2. Leitfaden, Anleitung 3. Lehrbuch 4. *Koll* Leitung, Führung; Verwaltung

руково́дствоваться, -твуюсь, -твуешься *uv I* sich richten (nach), sich leiten lassen (von)

руководя́щий, -ая, -ее führend, leitend, Leit-

рукоде́лие, -я *n* Handarbeit

рукоде́льница, -ы, *I* -ей *f* Handarbeiterin

рукоде́льничать, -аю, -аешь *uv umg* Handarbeiten machen

рукокры́лые, -ых *Subst Pl* Flattertiere, Handflügler

рукомо́йник, -а *m* (kleines) Waschbecken

рукопа́шная, -ой *Subst f* Handgemenge; Nahkampf

рукопа́шный, -ая, -ое: ~ бой Faustkampf; *mil* Nahkampf

рукопи́сный, -ая, -ое handschriftlich; Manuskript-, Handschriften-

ру́копись, -и *f* 1. Manuskript, Originaltext 2. Handschrift *Schriftdenkmal*

рукоплеска́ние, -я *n* Beifall, Applaus

руко|плеска́ть* *uv* Beifall klatschen, applaudieren

рукопожа́тие, -я *n* Händedruck

рукосуши́тель, -я *m* elektrischer Händetrockner

руко́ятка, -и, *Pl G* -ток, *D* -ткам *f* 1. Griff 2. *tech* Hebel, Kurbel

рукоя́ть, -и *f* Griff, Stiel

рула́да, -ы *f mus* Lauf

рулево́й, -а́я, -о́е 1. Steuer-, Lenk-; -о́е управле́ние Steuerung 2. -о́го *Subst m naut* Steuermann

руле́т, -а *m* 1. Fleisch-, Kartoffelröllchen 2. gefülltes Röllchen aus Blätterteig 3. Schinken

руле́тка , -и, *Pl G* -ток, *D* -ткам *f* 1. Bandmaß 2. Roulette *Glücksspiel*

рули́ть, -лю́, -ли́шь *uv flug* rollen *auf dem Erdboden*

руло́н, -а *m* Rolle *Papier u. ä.*

руль, -я́ *m* Steuer, Steuerrad, -knüppel; Lenkstange; *naut* (Steuer-) Ruder; ~ направле́ния *flug* Seitenruder; ~ высоты́ Höhenruder ◇ без -я́ и без ветри́л steuerlos, ohne Ziel

румб, -а *m naut* Kompaßstrich

румы́н, -а, *G Pl* румы́н *m* Rumäne

Румы́ния, -и *f* Rumänien; Социалисти́ческая Респу́блика ~ Sozialistische Republik Rumänien

румы́нка, -и, *Pl G* -нок, *D* -нкам *f* Rumänin

румы́нский, -ая, -ое rumänisch

румя́на, -я́н *Pl* Schminke, Rouge

румя́нец, -нца, *I* -нцем, *G Pl* -нцев *m* Röte

румя́нить, -ню, -нишь *uv* 1. *1. u. 2. Pers ungebr* röten 2. rot schminken

румя́ниться, -нюсь, -нишься *uv* 1. erröten 2. sich rot schminken 3. rot werden, sich röten

румя́ный, -ая, -ое; *Kzf* -я́н, -а gerötet; purpurrot

рунду́к, -а́ *m* große Truhe

руни́ческий, -ая, -ое Runen-

руно́, -а́, *Pl* ру́на, рун, ру́нам *n* Schaffell ◇ золото́е ~ *myth* Goldenes Vlies

ру́ны *Pl* рун, ру́нам, *Sg* ру́на, -ы *f* Runen

ру́пия, -и *f* Rupie *Währungseinheit, z. B. in Indien, Pakistan*

ру́пор, -а *m* Sprachrohr, Schalltrichter

Рур, -а *m* Ruhr *Fluß*

ру́рский, -ая, -ое Ruhr-; Ру́рская о́бласть Ruhrgebiet
руса́к, -а́ *m* Feldhase
руса́лка, -и, *Pl G* -лок, *D* -лкам *f* Nixe, Wassernymphe
руса́лочий, -ья, -ье Nixen-, nixenhaft
руси́зм, -а *m ling* Russizismus
руси́ст, -а *m ling* Russist
Русла́н, -а *m männl Vn*
ру́сло, -а, *Pl* ру́сла, русл, ру́слам *n* **1.** Flußbett **2.** *übtr* Weg, Richtung *einer Entwicklung*
русоволо́сый, -ая, -ое; *Kzf* -о́с, -а aschblond
русофи́л, -а *m* Russophile, Russenfreund
русофо́б, -а *m* Russophob, Russengegner
ру́сская, -ой *Subst f* **1.** Russin **2.** russischer Tanz
ру́сский, -ая, -ое **1.** russisch **2.** -ого *Subst m* Russe **3.** *Adv*: по-ру́сски russisch
ру́сый, -ая, -ое; *Kzf* рус, -а blond, hellbraun
Русь, **-и,** *P* на **-и́** *f alt, poet* Rus, Rußland
руте́ний [тэ], -я, *P* **-и** *m chem* Ruthenium
рути́на, -ы *f* Schematismus, Routine
рутинёр, -а *m* Bürokrat
рутинёрство, -а *n* Schablonenarbeit, Bürokratismus
рути́нный, -ая, -ое schematisch, bürokratisch
ру́хлядь, -и *f Koll, umg* Gerümpel, Plunder
ру́хнуть, -ну, -нешь *v* **1.** einstürzen, einfallen **2.** *übtr* zusammenstürzen
руча́тельство, -а *n* Bürgschaft, Garantie
руча́ться, -а́юсь, -а́ешься *uv* bürgen, garantieren, haften ‖ *v* поручи́ться, -учу́сь, -у́чишься
руче́й, -чья́, *G Pl* -чьёв *m* Bach
ручи́ща, -и, *I* -ей *f* große Hand, Pranke
ру́чка, **-и,** *Pl G* -чек, *D* -чкам *f* **1.** *Dem zu* рука́ Händchen **2.** Klinke **3.** Griff, Stiel, Henkel **4.** Armlehne **5.** Federhalter
ручно́й, -а́я, -о́е **1.** Hand-; -ы́е часы́ Armbanduhr **2.** zahm, gezähmt ◇ **-а́я прода́жа** a) Arzneiverkauf ohne Rezept; b) Hausierhandel
ру́шить, -шу, -шишь *uv* niederreißen, umstürzen
ру́шиться, *1. u. 2. Pers ungebr*, -ится *v, uv* **1.** einstürzen, einfallen **2.** *übtr* zusammenbrechen

ры́ба, -ы *f* Fisch ◇ **ни ~** ни мя́со weder Fisch noch Fleisch; лови́ть -у в му́тной воде́ im trüben fischen; как ~ об лёд би́ться sich vergeblich abmühen, in einer verzweifelten Lage sein
рыба́к, -а́ *m* Fischer
рыба́лка, -и, *Pl G* -лок, *D* -лкам *f* **1.** *umg* Fischfang, Angeln **2.** *gbt* Möwe
рыба́цкий, -ая, -ое Fischer-, Fischerei-
рыба́чий, -ья, -ье Fischer-
рыба́чить, -чу, -чишь *uv* Fischfang treiben
рыба́чка, -и, *Pl G* -чек, *D* -чкам *f* Fischerin
рыбе́ц, -бца́, *I* -бцо́м, *G Pl* -бцо́в *m zool* Zärte, Rußnase
ры́бий, -ья, -ье Fisch-; ~ жир Lebertran
рыби́на, -ы *f* (einzelner) großer Fisch
ры́бник, -а *m* **1.** Fischereifachmann; Arbeiter im Fischereigewerbe **2.** Fischverkäufer
ры́бный, -ая, -ое **1.** Fisch- **2.** fischreich
рыбо- *in Zuss* Fisch-
рыбо|во́д, -а *m* Fischzüchter; **~во́дство,** -а *n* Fischzucht; **~во́дческий,** -ая, -ое Fischzucht-; **~комбина́т,** -а *m* Fischkombinat; **~ло́в,** -а *m* Fischer, Angler; **~ло́вный,** -ая, -ое Fisch-, Fischfang-, Angel-; ~ло́вный бот Fischkutter; **~ло́вство,** -а *n* Fischerei, Fischfang; **~питóмник,** -а *m* Fischzuchtteich; **~проду́кты,** -ов *Pl* Fischwaren
рыбхо́з, -а *m* (рыбово́дное хозя́йство) Fischereiwirtschaftsbetrieb
Ры́бы, Рыб *Pl astr* die Fische
рыво́к, -вка́ *m* Ruck; -вка́ми ruckweise
рыга́ть, -а́ю, -а́ешь *uv* rülpsen, aufstoßen ‖ *v mom* **рыгну́ть,** -ну́, -нёшь
рыда́ние, -я *n* Schluchzen
рыда́ть, -а́ю, -а́ешь *uv* schluchzen
рыдва́н, -а *m alt* großer Reisewagen, Kutsche
рыже́ть, -е́ю, -е́ешь *uv* rotblond werden, einen rötlichen Schimmer bekommen
рыжешёрстый, -ая, -ое; *Kzf* -шёрст, -а mit rötlichem Fell
ры́жий, -ая, -ее; *Kzf* рыж, -а́, -е **1.** rothaarig, fuchsrot; -ая ло́шадь Fuchs *Pferd* **2.** rötlichbraun
ры́жик, -а *m bot* echter Reizker
рык, -а *m* Brüllen, Gebrüll
рыка́ние, -я *n* Brüllen, Gebrüll

рыка́ть, *1. u. 2. Pers ungebr*, -а́ет *uv* brüllen

ры́ло, -а *n* 1. Schnauze, Rüssel 2. *volksspr, derb* Schnauze

[1]**ры́льце,** -а, *I* -ем, *Pl G* -лец, *D* -льцам *n bot* Narbe

[2]**ры́льце,** -а, *I* -ем, *Pl G* -лец, *D* -льцам *n* 1. *Dem zu* ры́ло Schnäuzchen 2. *gbt* Ausguß, Schnauze *an Gefäßen*

ры́нок, -нка *m* 1. Markt, Markthalle 2. Markt, Absatzgebiet; -нки сбы́та Absatzmärkte

ры́ночный, -ая, -ое Markt-

рыса́к, -а́ *m* Traber(pferd)

ры́сий, -ья, -ье Luchs-

рыси́стый, -ая, -ое; *Kzf* -и́ст, -а schnell trabend; -ая ло́шадь Traber; -ые бега́ Trabrennen

рыси́ть, *1. Pers ungebr*, -си́шь *uv* traben

ры́скать* *u. umg* -аю, -аешь *uv* suchend umherlaufen, -streifen

рыскли́вый, -ая, -ое; *Kzf* -и́в, -а flink, schnellfüßig

рысца́, -ы́, *I* -о́й *f umg* leichter Trab

[1]**рысь,** -и, *P* о ры́си, на рыси́ *f* Trab; е́хать на -я́х im Trab fahren

[2]**рысь,** -и, *G Pl* -ей *f zool* Luchs

ры́сью *Adv* im Trab; пусти́ться ~ sich in Trab setzen

ры́твина, -ы *f* Radspur, ausgefahrene Stelle

рыть* *uv* graben; aufwühlen; (her)-ausgraben, ausheben

рытьё, -ья́ *n* Graben; Ausheben; Durchwühlen

ры́ться* *uv* graben, scharren; wühlen

рыхле́ние, -я *n* Auflockerung

рыхле́ть, -е́ю, -е́ешь *uv* sich (auf)-lockern, locker werden

рыхли́тель, -я *m landw* Grubber, Kultivator, Bodenlockerer

рыхли́ть, -лю́, -ли́шь *uv* (auf)lockern *Boden*

ры́хлый, -ая, -ое; *Kzf* рыхл, -а́! 1. locker, porös; bröckelig; mürbe 2. *übtr, umg* schlaff, schwammig

ры́царский, -ая, -ое 1. *hist* Ritter- 2. ritterlich

ры́царство, -а *n* 1. *hist* Ritterstand; Ritterschaft 2. *übtr* Ritterlichkeit

ры́царь, -я *m* 1. *hist* Ritter 2. edelmütiger Mensch ◇ -и большо́й доро́ги *iron* Straßenräuber

рыча́г, -а́ *m tech* Hebel *a. übtr*

рыча́ние, -я *n* Brüllen; Knurren

рыча́ть, -чу́, -чи́шь *uv* 1. *1. Pers ungebr* brüllen; knurren 2. *volksspr* brummen

ры́щу ↑ ры́скать

рья́ность, -и *f* Eifer, Feuereifer

рья́ный, -ая, -ое; *Kzf* рьян, -а sehr eifrig

Рю́ген, -а *m* Rügen

рюкза́к, -а́ *m* Rucksack

рю́мка, -и, *Pl G* -мок, *D* -мкам *f* Schnapsglas, kleines Weinglas

рю́мочка, -и, *Pl G* -чек, *D* -чкам *f Dem zu* рю́мка Schnapsgläschen; kleines Weinglas ◇ люби́ть -у gerne Alkohol trinken; та́лия -ой [*oder* в -у] sehr enge Taille, Wespentaille

рюш, -а, *I* -ем, *G Pl* -ей *m* Rüsche

рябе́ть, -е́ю, -е́ешь *uv* kräuseln

[1]**ряби́на,** -ы *f* 1. Ebereschenbeeren 2. Eberesche, Vogelbeerbaum

[2]**ряби́на,** -ы *f* 1. Narbe, Pockennarbe 2. kleiner Fleck

ряби́нник, -а *m* Ebereschengehölz

ряби́новка, -и *f* Ebereschenschnaps

ряби́новый, -ая, -ое Ebereschen-, Vogelbeer-

ряби́ть, *1. u. 2. Pers ungebr*, -и́т *uv* 1. mit Narben bedecken *Gesicht*; kräuseln *Wasseroberfläche* 2. *unpers* flimmern *vor den Augen*

рябо́й, -а́я, -о́е; *Kzf* ряб, -а́! 1. mit Narben, pockennarbig 2. scheckig

ря́бчик, -а *m* Haselhuhn

рябь, -и *f* 1. Kräuseln *der Wasseroberfläche* 2. Flimmern *vor den Augen*

ря́вкать, -аю, -аешь *uv volksspr* anbrüllen, anschreien ‖ *v mom* **ря́вкнуть,** -ну, -нешь

ряд, -а (-у), *mit den Grundzahlen* 2, 3, 4 *G* ряда́, *P* в ря́де *u.* в ряду́, *Pl* ряды́, -о́в, -а́м *m* 1. (в ряду́) Linie, Reihe; постро́иться в -ы́ *mil* antreten 2. (в ряду́) Aufeinanderfolge, Reihenfolge 3. (в ря́де) Reihe, Serie, gewisse Zahl; в -е слу́чаев in einer Reihe von [in einigen] Fällen 4. *Pl*: в -а́х а́рмии beim Militär 5. (в ряду́) Ladenreihe, Reihe von Verkaufsstellen ◇ в пе́рвых -а́х in vorderster Reihe; из -а вон выходя́щий hervorragend, außergewöhnlich

ряда́ми *Adv* reihenweise

[1]**ряди́ть,** ряжу́, ря́дишь *u. alt* ряди́шь; ря́женный, ря́жен, -а *uv volksspr* maskieren, verkleiden

[2]**ряди́ть,** ряжу́, ряди́шь; ря́женный, ря́жен, -а *uv alt* 1. Ordnung einführen 2. einstellen, dingen ‖ *v* поряди́ть

[1]**ряди́ться,** ряжу́сь, ря́дишься *u. alt* ряди́шься *uv volksspr* 1. sich (heraus)putzen 2. sich verkleiden, sich maskieren

²ряди́ться, ряжу́сь, ряди́шься *uv alt* 1. verhandeln, sich einigen 2. sich verdingen ‖ *v* порядиться *u.* срядиться

рядко́м *Adv umg* nebeneinander, in einer Reihe

рядово́й, -а́я, -о́е 1. gewöhnlich, Durchschnitts- 2. Mannschafts- 3. -о́го *Subst m* Soldat *unterster Dienstgrad* 4.: -а́я се́ялка *landw* Drillmaschine

ря́дом *Adv* 1. in einer Reihe, nebeneinander 2. nebenan, neben

ря́женый, -ая, -ое *alt* maskiert, verkleidet

Ряза́нь, -и *f* Rjasan *Stadt*

ря́са, -ы *f* Priesterrock, Kutte

ря́ска, -и *f* Wasserlinse, Entengrütze

С

с *u. vor einigen Konsonantenverbindungen* **со** *Präpos* **I.** *mit G* 1. von, von ... herunter; с не́ба vom Himmel; упа́сть со стола́ vom Tisch fallen 2. von ... her, aus *Herkunft, Abstammung; Richtung u. a.*; с ю́га на се́вер von Süden nach Norden; с восто́ка aus dem Osten; с Во́лги von der Wolga; верну́ться с мо́ря von der See zurückkehren; чай с Цейло́на Tee aus Ceylon; прийти́ с конце́рта [с футбо́ла] aus dem Konzert [vom Fußball] kommen; письмо́ с ро́дины ein Brief aus der Heimat 3. von ... an, seit *örtlicher u. zeitlicher Beginn*; с головы́ до ног von Kopf bis Fuß, vom Scheitel bis zur Sohle; писа́ть с большо́й бу́квы groß [mit großem Anfangsbuchstaben] schreiben; начина́ть день с заря́дки den Tag mit Frühsport beginnen; с де́тства von Kindheit an, von klein auf; с утра́ до ве́чера von früh bis spät; с про́шлого го́да seit vorigem Jahr 4. vor, aus *Ursache*; с испу́гу vor Schreck; с отча́яния aus [vor] Verzweiflung ◇ писа́ть с нату́ры nach der Natur malen; урожа́й с гекта́ра Hektarertrag; с меня́ хва́тит *umg* mir reicht's; дово́льно с тебя́ genug für dich; с разреше́ния роди́телей mit Erlaubnis der Eltern; с ва́шего согла́сия mit Ihrem Einverständnis; взять с бо́ю im Kampf nehmen; с разбе́га aus dem Anlauf; с него́ всё как с гу́ся вода́ an ihm läuft alles ab; ihm ist alles egal; ско́лько с меня́? wieviel muß ich zahlen?, wieviel bin ich schuldig?; со сна noch halb im Schlaf **II.** *mit A* ungefähr, etwa, gegen; с неде́лю наза́д ungefähr vor einer Woche; ро́стом с меня́ (ungefähr) so groß wie ich; высото́й с дом haushoch; величино́й с ви́шню etwa von der Größe einer Kirsche, kirschgroß; ма́льчик с па́льчик Däumling **III.** *mit I* 1. (zusammen) mit; с по́мощью това́рищей mit Hilfe der Kollegen; чай с лимо́ном Tee mit Zitrone 2. und; дед с ба́бушкой Großvater und Großmutter, die Großeltern; мы с тобо́й du und ich, wir beide; мы бы́ли с ним в кино́ ich war mit ihm im Kino; нам с сестро́й meiner Schwester und mir 3. *im Deutschen Adverb*; со внима́нием слу́шать aufmerksam zuhören; одева́ться со вку́сом sich geschmackvoll [mit Geschmack] kleiden; со стра́хом angstvoll, voller Angst; с шу́мом geräuschvoll; с уваже́нием ehrerbietig 4. *im Deutschen zusammengesetztes Subst*; хлеб с ма́слом Butterbrot; прыжки́ с шесто́м Stabhochsprung; телегра́мма с опла́ченным отве́том Rückantworttelegramm 5. (gleichzeitig) mit; bei Beginn von; просну́ться с заре́й beim Morgengrauen aufwachen; встать с петуха́ми beim ersten Hahnenschrei aufstehen; с ка́ждым днём mit jedem Tag ◇ взять с собо́й mitnehmen; что с ва́ми? was haben Sie?, was fehlt Ihnen?

-с *Part, kann in der wörtlichen Rede allen Wörtern angefügt werden zum Ausdruck der Höflichkeit, Unterwürfigkeit, mitunter auch der Ironie oder des Scherzes, alt*

саа́м, -а *m* Lappländer

саа́мка, -и, *Pl G* -мок, *D* -мкам *f* Lappländerin

саа́рский, -ая, -ое: Саа́рская о́бласть Saarland

са́бельный, -ая, -ое Säbel-

са́бля, -и, *Pl G* -бель, *D* -блям *f* 1. Sä-

bel 2. *nur Pl* Kavalleristen; отря́д в пятьсóт сáбель eine Abteilung von fünfhundert Kavalleristen
саботáж, -а, *I* -ем *m* Sabotage
саботáжник, -а *m* Saboteur
саботáжница, -ы, *I* -ей *f* Saboteur *Frau*
саботáжничать, -аю, -аешь *uv umg* Sabotage treiben
саботáжнический, -ая, -ое Sabotage-
саботи́ровать, -рую, -руешь; -рованный, -рован, -а *v alt, uv* 1. sabotieren 2. *nur uv* Sabotage treiben
сáван, -а *m* Leichengewand, Leichentuch
Сáвва, -ы *m männl Vn*
саврáсый, -ая, -ое hellbraun mit schwarzer Mähne u. schwarzem Schweif *bei Pferden*
сáга, -и *f* Sage, *besonders* Saga
сáго *n idkl* Sago
сáговый, -ая, -ое Sago-
сад, -а, *P* о сáде, в садý, *Pl* сады́, -óв, -áм *m* Garten; фруктóвый ~ Obstgarten; зоологи́ческий ~ Tiergarten, Zoo; дéтский ~ Kindergarten
сáдик, -а *m Dem zu* сад (kleiner) Garten
сади́ть, сажý, сáдишь; сáженный, -ен, -а *uv* 1. *volksspr dasselbe wie* сажáть 1-4, 6 2. *umg* setzen, pflanzen, säen 3. *volksspr* schlagen; schießen, feuern 4. *volksspr* schnell energisch etw. tun; schnell laufen, rasen; ~ по ýлице die Straße entlang rasen
сади́ться *uv zu* сесть
сáднить, *1. u. 2. Pers ungebr*, -ит *uv* 1. schrammen, kratzen, reizen 2. *meist unpers* brennen, jucken; в гóрле сáднит es brennt in der Kehle
садóвник, -а *m* Gärtner
садóвница, -ы, *I* -ей *f* Gärtnerin
садо|вóд, -а *m* Gärtner, Fachmann für Gartenbau; **~вóдство,** -а *n* Gartenbau, Gartenbaubetrieb; **~вóдческий,** -ая, -ое Gartenbau-
садóвый, -ая, -ое Garten-
садóк, -дкá *m* 1. Behälter, Käfig, kleiner Stall *zur Aufzucht oder Aufbewahrung von lebenden Fischen, Vögeln, Kaninchen u. a.* 2. Tierfalle
сáжа, -и, *I* -ей *f* Ruß ◇ делá — как ~ белá *scherz* es steht schlecht
сажáлка, -и, *Pl G* -лок, *D* -лкам *f* Pflanzmaschine, (Kartoffel-) Setzmaschine
сажáть, -áю, -áешь *uv* 1. (hin)setzen, einen Platz zuweisen; bei der Beschaffung eines Platzes behilflich sein; setzen (auf); ~ гостéй за стол die Gäste zu Tisch bitten 2. *flug* aufsetzen, landen 3. за *A*, на *A*, *mit Inf* einsetzen, an eine Arbeit setzen; *I oder* на *A umg* bestimmen, ernennen 4. setzen, stecken; festsetzen, einsperren; ~ в тюрьмý ins Gefängnis werfen; ~ собáку нá цепь einen Hund an die Kette legen 5. setzen, stecken, pflanzen; ~ картóфель Kartoffeln legen 6. in den Ofen zum Backen schieben ◇ ~ кýрицу на я́йца einem Huhn Eier (zum Brüten) unterlegen
сáженец, -нца, *I* -нцем, *G Pl* -нцев *m bot* Setzling, Steckling
сáженка *u.* **сажёнка,** -и, *Pl G* -нок, *D* -нкам *f Dem zu* сáжéнь Sashen *russisches Längenmaß* ◇ плыть сажёнками *Sport* kraulen
сажéнный *u.* **сажённый,** -ая, -ое *umg* sehr groß [breit, tief]
сажéнь, -и, *G Pl* -ей *u.* **сáжень,** -и, *G Pl* саженéй *u.* сáжен *f alt* Sashen *russisches Längenmaß, 2,134 m* ◇ косáя ~ в плечáх groß und breitschultrig
сазáн, -а *m* Karpfen
сáйка, -и, *Pl G* сáек, *D* сáйкам *f* kleines Brötchen *aus Weizenmehl*
саквоя́ж, -а, *I* -ем, *G Pl* -ей *m* Reisetasche
сáкля, -и, *G Pl* -ей *f* (Berg-) Hütte *der kaukasischen Bauern*
саксóнец, -нца, *I* -нцем, *G Pl* -нцев *m* Sachse
Саксóния, -и *f* Sachsen
саксóнка, -и, *Pl G* -нок, *D* -нкам *f* Sächsin
саксóнский, -ая, -ое sächsisch; ~ фáрфор Meißner Porzellan; -ая Швейцáрия Sächsische Schweiz
саксофóн, -а *m* Saxophon
салáзки, -зок, -зкам *Pl* 1. *umg* (Rodel-) Schlitten; катáться на -зках rodeln 2. *tech* Schlitten; Gleitschienen
салáка, -и *f zool* Strömling
саламáндра, -ы *f* Salamander
салáт, -а *m* Salat
салáтник, -а *m* Salatschüssel
салáтница, -ы, *I* -ей *f* Salatschüssel
салици́ловый, -ая, -ое Salizyl-
сáлки, -лок, -лкам *Pl* Fangspiel durch Abschlagen; Völkerball
сáло, -а *n* Speck, Talg, Fett; топлёное свинóе ~ Schweineschmalz
салóн, -а *m* 1. *alt* Salon, Gesellschaftszimmer 2. Ausstellungsraum, Vorführungsraum 3. Fahrgastraum *im Autobus* 4. *hist* ausgewählter Kreis

der höheren Gesellschaft; литерату́рный ~ literarischer Salon
Сало́ники *m idkl* Saloniki
Сало́п, -а *m alt* weiter Frauenmantel
салфе́тка, -и, *Pl G* -ток, *D* -ткам *f* **1.** Serviette **2.** *med* (Mull-) Tupfer
Сальвадо́р, -а *m* Salvador
са́льдо *n idkl* Saldo
[1]**са́льник,** -а *m anat* Omentum, Teil des Bauchfells
[2]**са́льник,** -а *m tech* Stopfbuchse
[1]**са́льность,** -и *f* Fettgehalt
[2]**са́льность,** -и *f* unanständiger Ausdruck, Zote
[1]**са́льный,** -ая, -ое; *Kzf* -лен, -льна Speck-, Talg-, Fett-
[2]**са́льный,** -ая, -ое; *Kzf* -лен, -льна unanständig, schlüpfrig, zotig
са́льто-морта́ле *n idkl* Salto mortale
салю́т, -а *m* Salut
салютова́ть, -ту́ю, -ту́ешь *v, uv* den Salut erweisen *durch Ehrensalve, Hissen der Flagge u. ä.*
сам, самого́ *m*; сама́, само́й, *A* самоё *u.* саму́ *f*; само́, самого́ *n*; *Pl* са́ми, сами́х, сами́м *Pron* **1.** selbst, selber, *in eigener Person*; ~ дире́ктор говори́л со мной der Direktor selbst hat mit mir gesprochen; он дово́лен ~ собо́й er ist mit sich selbst zufrieden; он — сама́ доброта́ er ist die Güte selbst **2.** selbst, allein, *ohne fremde Hilfe*; он сде́лал э́то ~ er hat das selbst [selbständig, allein] getan; она́ сама́ вернётся sie wird von selbst zurückkehren; ~ собо́й (ganz) von selbst ◇ он ~ не свой er ist ganz außer sich [ganz durcheinander]; ~ по себе́ он не плохо́й челове́к an und für sich ist er kein schlechter Mensch; э́то само́ собо́й разуме́ется das versteht sich von selbst
сам- *alt, volksspr in Zuss mit den veralteten unveränderlichen Ordnungszahlen* друг, трете́й, четвёрт, пят, шёст, сём, осьмо́й, девя́т, деся́т *oder mit Grundzahlen* **1.** -mal soviel, -mal so groß: сам-дру́г doppelt soviel; пшени́ца уроди́лась сам-со́рок es wurde vierzigmal soviel Weizen geerntet (‚als gesät worden war) **2.** zu: сам-дру́г zu zweit; за стол он сади́лся сам-два́дцать es waren (ihn eingerechnet) zwanzig, die sich zu Tisch setzten
сама́ ↑ сам
сама́н, -а *m* ungebrannter Lehmziegel *mit Stroh- oder anderer faseriger Beimischung*
Самарка́нд, -а *m* Samarkand
са́мбо *n idkl* (самозащи́та без ору́жия) *Sport* Sambo, Judo
самбу́к, -а *m* mit Zucker und Eiweiß geschlagenes Obstmus
саме́ц, -мца́, *I* -мцо́м, *G Pl* -мцо́в *m biol* Männchen; ~-оле́нь Hirsch
са́ми ↑ сам
са́мка, -и, *Pl G* -мок, *D* -мкам *f biol* Weibchen; оле́нья ~ Hirschkuh
само́ ↑ сам
само- *in Zuss* selbst- **1.** auf sich selbst bezogen; selbständig **2.** selbsttätig, automatisch
Самоа́ *idkl* Samoa(inseln)
само|бы́тность, -и *f* Eigenart, Originalität; **~бы́тный,** -ая, -ое; *Kzf* -тен, -тна eigenartig, eigenständig, urwüchsig, originell
самова́р, -а *m* Samowar *Teemaschine*
само|вла́стие, -я *n* Selbstherrschaft, Autokratie; **~вла́стный,** -ая, -ое; *Kzf* -тен, -тна unumschränkt herrschend, autokratisch, eigenmächtig; **~внуше́ние,** -я *n* Autosuggestion; **~возгора́ние,** -я *n* Selbstentzündung; **~во́льничать,** -аю, -аешь *uv umg* eigenmächtig handeln; eigenwillig handeln; **~во́льный,** -ая, -ое; *Kzf* -лен, -льна eigenmächtig; eigenwillig; **~восхвале́ние,** -я *n* Eigenlob, Selbstverherrlichung; **~выгружа́тель,** -я *m tech* Selbstentlader; **~вя́з,** -а *m* Selbstbinder, Krawatte; **~го́н,** -а *m* selbstgebrannter Branntwein, Hausbranntwein; **~го́нщик,** -а *m umg* Hersteller von Hausbranntwein, Schwarzbrenner; Händler mit Hausbranntwein
самодви́жущийся, -аяся, -ееся automatisch, von eigenem Motor angetrieben; motorisiert
само|де́йствующий, -ая, -ее selbsttätig, automatisch; **~де́лка,** -и, *Pl G* -лок, *D* -лкам *f* selbsthergestellter Gegenstand, Bastelarbeit; **~де́льный,** -ая, -ое selbstgemacht, gebastelt; **~держа́вие,** -я *n* Selbstherrschaft, Absolutismus; **~держа́вный,** -ая, -ое; *Kzf* -вен, -вна unumschränkt herrschend, absolutistisch; **~де́ржец,** -жца, *I* -жцем, *G Pl* -жцев *m* Selbstherrscher, absoluter Herrscher
самоде́ятельный, -ая, -ое **1.** mit eigener Initiative **2.** Laienkunst-; ~ спекта́кль Aufführung der Laienspielgruppe
самоде́ятельность, -и *f* **1.** Selbstbetätigung, Eigeninitiative **2.** Laienkunst; коллекти́в худо́жественной **-и** Laienkunstgruppe, Kulturgruppe

само|дисципли́на, -ы *f* Selbstzucht; **~довле́ющий,** -ая, -ее **1.** *buchspr* sich selbst genügend **2.** *umg* gewichtig; **~дово́льный,** -ая, -ое; *Kzf* -лен, -льна selbstzufrieden, selbstgefällig; **~ду́р,** -а *m* rücksichtsloser [eigensinniger] Mensch, Starrkopf, Despot; **~ду́рство,** -а *n* Eigensinn, Starrsinn, Despotismus; **~забве́ние,** -я *n buchspr* Selbstvergessenheit; Selbstlosigkeit

самозаготовка, -и, *Pl G* -вок, *D* -вкам *f* das Aufbringen [die Anschaffung] *von Rohstoffen, Brennstoffen u. ä.* aus eigenen Mitteln

само|зажига́ние, -я *n* Selbst(ent)zündung; **~зарожде́ние,** -я *n biol* Urzeugung; **~заря́дный,** -ая, -ое Selbstlade-, mit automatischer Ladevorrichtung

самозащи́та, -ы *f* Selbstverteidigung, Notwehr; в положе́нии -ы *jur* aus Notwehr ◇ гру́ппа -ы Luftschutz(haus)gemeinschaft

самозва́нец, -нца, *I* -нцем, *G Pl* -нцев *m* Usurpator; Дми́трий ~ *hist* der Falsche Demetrius

само|зва́нный, -ая, -ое Pseudo-, mit falschem Namen [Titel]; **~ка́т,** -а *m* **1.** *mil* Fahrrad, Motorrad *im 1. Weltkrieg u. im Bürgerkrieg* **2.** Roller *für Kinder*; **~ка́тчик,** -а *m mil* Soldat einer Radfahr- oder Motorradeinheit; **~кри́тика,** -и *f* Selbstkritik; **~крити́ческий,** -ая, -ое selbstkrítisch; **~кру́тка,** -и, *Pl G* -ток, *D* -ткам *f umg* selbstgedrehte Zigarette

самолёт, -а *m* Flugzeug; ~-истреби́тель Jagdflugzeug; ~-разве́дчик Aufklärungsflugzeug; ~-штурмови́к Kampfflugzeug; ~-снаря́д ferngesteuertes Geschoß, unbemanntes Flugzeug; ~ да́льнего де́йствия Langstreckenflugzeug; нере́йсовый ~ Sondermaschine

самолёто|вожде́ние, -я *n* das Steuern eines Flugzeugs; Flugzeugführung, Flugnavigation; **~строе́ние,** -я *n* Flugzeugbau

само|ли́чный, -ая, -ое *volksspr* **1.** persönlich, in eigener Person **2.** -о *Adv* in höchsteigener Person; **~люби́вый,** -ая, -ое; *Kzf* -и́в, -а ehrgeizig; mit empfindlichem Ehrgefühl; **~любие,**-я *n* Eigenliebe, Ehrgeiz, empfindliches Ehrgefühl; **~мне́ние,** -я *n* Eigendünkel, Einbildung; **~наведе́ние,** -я *n mil* Zielsuchlenkung *Raketenwaffen*; **~наде́янность,** -и *f* Anmaßung, Selbstgefälligkeit, Überheblichkeit; **~наде́янный,** -ая, -ое; *Kzf* -ян, -янна zu sehr von sich selbst eingenommen, überheblich; **~облада́ние,** -я *n* Selbstbeherrschung; **~обложе́ние,** -я *n* freiwillige Aufbringung von (Geld-) Mitteln; **~обма́н,** -а *m* Selbstbetrug, Selbsttäuschung; **~обольще́ние,** -я *n* Selbstbetrug, Selbsttäuschung, Verblendung; **~оборо́на,** -ы *f* Selbstverteidigung; Verteidigung des Heimatgebietes durch die Zivilbevölkerung; **~образова́ние,** -я *n* Selbstunterricht

самообслу́живание, -я *n* Selbstbedienung; магази́н -я Selbstbedienungsladen

самоокупа́емость, -и *f wirtsch* Selbstfinanzierung, Eigenfinanzierung, Finanzierung aus eigenem Aufkommen

самоопределе́ние, -я *n* Selbstbestimmung; пра́во (на́ций) на ~ Selbstbestimmungsrecht (der Nationen)

самоопредели́ться, -лю́сь, -ли́шься *v* **1.** das Selbstbestimmungsrecht erhalten, vom Selbstbestimmungsrecht Gebrauch machen **2.** seinen Platz im Leben [in der Gesellschaft] finden; *pol* sich seiner gesellschaftlichen Interessen bewußt sein || *uv* **самоопределя́ться,** -я́юсь, -я́ешься

само|отверже́ние, -я *n* Selbstaufopferung; **~отве́рженный,** -ая, -ое; *Kzf* -жен, -женна selbstlos, aufopfernd, aufopferungsvoll; **~отво́д,** -а *m* Nichtannahme einer Kandidatur; **~отрече́ние,** -я *n* Selbstverleugnung; **~охра́на,** -ы *f* Selbstschutz; **~пи́ска,** -и, *Pl G* -сок, *D* -скам *f umg* Füller

самопи́шущий, -ая, -ее selbstschreibend, selbstregistrierend

самопоже́ртвование, -я *n* Selbstaufopferung, Entsagung

самопроизво́льный, -ая, -ое; *Kzf* -лен, -льна spontan, aus eigenem Antrieb; -ое зарожде́ние *biol* Urzeugung

само|пря́лка, -и, *Pl G* -лок, *D* -лкам *f* Spinnrad *mit Fußantrieb*; **~рекла́ма,** -ы *f* Eigenlob; **~ро́дный,** -ая, -ое; *Kzf* -ден, -дна **1.** gediegen *von Metallen* **2.** urwüchsig, angeboren, Natur-; ~ро́дный тала́нт Naturtalent; **~ро́док,** -дка *m* **1.** Stück gediegenen Metalls **2.** Mensch mit angeborenem Talent; **~са́д,** -а *m* selbstangebauter Tabak

самосва́л, -а *m* Selbstentlader, Kipper; ваго́н-~ Kipplore, Selbstentladewaggon

самосе́й, -я *m u.* **самосе́йка, -и,** *Pl G* -се́ек, *D* -се́йкам *f* wildwachsende Kulturpflanze

само|созна́ние, -я *n* Selbstbewußtsein; **~стоя́тельный,** -ая, -ое; *Kzf* -лен, -льна selbständig, unabhängig

[1]**самостре́л,** -а *m alt* Armbrust

[2]**самостре́л,** -а *m* 1. Selbstverstümmlung 2. *umg* Soldat, der sich absichtlich verwundet

самосу́д, -а *m* eigenmächtiges Gericht (über j-n); Lynchjustiz

самотёк, -а *m* 1. Fortbewegung durch Eigengewicht 2. *übtr* Selbstlauf, Planlosigkeit; он пусти́л э́то на ~ er hat es dem Selbstlauf überlassen

самотёком *Adv* 1. von selbst (fließend) 2. planlos, spontan, im Selbstlauf, unorganisiert

самоуби́йство, -а *n* Selbstmord, Freitod; поко́нчить жизнь -ом Selbstmord begehen

самоуби́йца, -ы, *I* -ей *m, f* Selbstmörder, Selbstmörderin

само|уве́ренный, -ая, -ое; *Kzf* -рен, -ренна selbstsicher, selbstbewußt; anmaßend; **~уплотне́ние,** -я *n* Einschränkung *hinsichtlich des Wohnraums,* freiwillige Abgabe *von Wohnraum*; **~управле́ние,** -я *n* Selbstverwaltung; **~упра́вный,** -ая, -ое; *Kzf* -вен, -вна eigenmächtig, willkürlich; **~упра́вство,** -а *n* Eigenmächtigkeit, Willkür; **~успоко́енность,** -и *f* Selbstzufriedenheit; **~учи́тель,** -я *m* Lehrbuch für den Selbstunterricht; **~у́чка,** -и, *Pl G* -чек, *D* -чкам *m, f umg* Autodidakt; **~хва́льство,** -а *n umg* Eigenlob, Prahlsucht; **~хо́д,** -а *m* 1. Selbststeuerung *bei Maschinen* 2. Selbstfahrer, Maschine [Transportmittel] mit eigener Zugkraft 3. *mil* selbstfahrendes Artilleriegeschütz; **~хо́дный,** -ая, -ое selbstfahrend, (voll)-mechanisiert; **~цве́т,** -а *m* Edelstein; **~це́ль,** -и *f* Selbstzweck

самочу́вствие, -я *n* Befinden ◇ как ва́ше ~? wie geht es Ihnen?

самши́т, -а *m* Buchsbaum

са́мый, -ая, -ое *Pron* 1. *in Verbindung mit* тот (же), э́тот (же): derselbe, eben dieser, der gleiche; э́тот (же) ~ план eben dieser Plan; та (же) -ая ле́кция dieselbe Vorlesung; то (же) -ое dasselbe 2. *bei Orts- u. Zeitangaben*: unmittelbar, ganz, gerade; на -ом верху́ ganz oben; у -ой реки́ unmittelbar [direkt] am Fluß; с -ого нача́ла (gleich) von Anfang an 3. *bei unbelebten Subst*: selbst, allein; доста́точен ~ факт согла́сия die Tatsache der Zustimmung selbst [allein die Tatsache der Zustimmung] genügt 4. *bei Adj zur Bildung des Sup oder Elativs*: -ая интере́сная кни́га das interessanteste Buch; ein hochinteressantes Buch ◇ -ое гла́вное die Hauptsache; в [на] -ом де́ле in Wirklichkeit, tatsächlich; в ~ раз *umg* a) gerade zur rechten Zeit; b) gerade passend; костю́м ему́ в ~ раз der Anzug paßt ihm wie angegossen

сан, -а *m* Rang; Würde

сан- *in Zuss Abk für* санита́рный Sanitäts-

санато́рий, -я, *P* -и, *G Pl* -ев *m* Sanatorium, Heilanstalt

сана́ция, -и *f med, wirtsch* Sanierung

сангви́ник, -а *m* Sanguiniker

санда́л, -а *m* Sandelholz(baum); Sandelfarbstoff

санда́лии *Pl* -й, *Sg* санда́лия, -и *f* Sandalen

санда́ловый, -ая, -ое Sandelholz-

са́ни, сане́й, саня́м *Pl* (Pferde-) Schlitten ◇ не в свои́ ~ сесть eine (gesellschaftliche) Stellung einnehmen, die einem nicht zukommt; гото́вь ~ ле́том, а теле́гу зимо́й *Sprichw etwa* ein kluger Mann baut vor

санита́р, -а *m* Sanitäter, Krankenpfleger

санитари́я, -и *f* Sanitätswesen, Gesundheitswesen

санита́рка, -и, *Pl G* -рок, *D* -ркам *f* Sanitäterin, Krankenpflegerin

санита́рный, -ая, -ое Sanitäts-, sanitär; ~ надзо́р Sanitätswache

са́нки, -нок, -нкам *Pl* 1. *umg* (leichter) Pferdeschlitten 2. Rodelschlitten; ката́ться на -нках rodeln

са́нкция, -и *f jur* 1. Sanktion, Bestätigung 2. *Pl* Sanktionen, Zwangsmaßnahmen

санкюло́т, -а *m hist* Angehöriger der Sansculotten, Revolutionär, Rebell

са́нный, -ая, -ое Schlitten-

сано́вник, -а *m* Würdenträger, hoher Beamter

са́ночный, -ая, -ое (Rodel-) Schlitten-

санскри́т, -а *m* Sanskrit

сантех- *in Zuss Abk für* санита́рно--техни́ческий sanitär-technisch

санте́хник, -а *m* (санита́рный те́хник) Installateur *für Wasser und Gas*

сантигра́мм, -а, *G Pl* -ов *m* Zentigramm

санти́м, -а *m* Centime *kleine Münze*

сантимéнты *u.* **сентимéнты, -ов** *Pl umg* Gefühlsduselei; разводи́ть -ы allzu sentimental [allzu zärtlich] sein
сантимéтр, -а *m* 1. Zentimeter 2. Zentimetermaß
Сант-Яго *idkl* Santiago *Stadt*
санýзел, -злá *m* (санитáрный ýзел) sanitäre Anlagen *in der Wohnung*
Сан-Франци́ско *m idkl* San Francisco
Сан-Хосé *idkl* San-José *Stadt*
санчáсть, -и, *Pl G* санчáсти, санчастéй, *D* санчастя́м *f* (санитáрная часть) Sanitätsabteilung
сап, -а *m vet* Rotz(krankheit)
сáпа, -ы *f mil* Sappe ◇ дéйствовать ти́хой -ой heimlich [unbemerkt, vorsichtig] vorgehen
сапёр, -а *m mil* Pionier
сапоги́ *Pl* сапóг, сапогáм, *Sg* сапóг, -á *m* (Schaft-) Stiefel ◇ ~-скорохóды *folkl* Siebenmeilenstiefel; ~ всмя́тку *umg scherz* Unsinn; ~ кáши прóсят *umg scherz* die Stiefel sind zerrissen [sperren das Maul auf]; два -á пáра *Sprichw* gleich und gleich gesellt sich gern
сапóжник, -а *m* Schuhmacher, Schuster
сапóжничать, -аю, -аешь *uv umg* schustern, das Schusterhandwerk betreiben
сапóжный, -ая, -ое Stiefel-
сапфи́р, -а *m* Saphir
сарáй, -я, *G Pl* -ев *m* Schuppen, Scheune
саранчá, -и́, *I* -óй *f* Heuschrecke; *Koll* Heuschrecken
Сарáтов, -а *m* Saratow
сарафáн, -а *m* 1. Sarafan *vorn zuzuknöpfender Rock der russ. Bäuerinnen* 2. (sommerlicher) Kleiderrock
[1]**сардéлька,** -и, *Pl G* -лек, *D* -лькам *f* Sardelle
[2]**сардéлька,** -и, *Pl G* -лек, *D* -лькам *f* kurzes dickes Würstchen; (горя́чая) ~ Bockwurst
сарди́на, -ы *f* Sardine
Сарди́ния, -и *f* Sardinien
сарди́нка, -и, *Pl G* -нок, *D* -нкам *f* Sardine
сáржа, -и, *I* -ей *f text* Serge *Futterstoff*
сарказм, -а *m* Sarkasmus; *Pl* sarkastische Bemerkungen
саркóма, -ы *f med* Sarkom, bösartige Geschwulst
сарпи́нка, -и *f text* feines Baumwollgewebe
сары́ч, -á, *I* -óм, *G Pl* -éй *m* Bussard
сатанá, -ы́ *m* Satan, Teufel
сатанéть, -éю, -éешь *uv umg* sehr böse [wütend, rasend] werden
сатани́нский, -ая, -ое Teufels-; teuflisch
сателли́т, -а *m* Satellit; государства-сателли́ты Satellitenstaaten
сати́н, -а *m text* Satin
сати́р, -а *m myth* Satyr
сати́ра, -ы *f* Satire
сати́рик, -а *m* Satiriker
сатири́ческий, -ая, -ое satirisch
Сатýрн, -а *m astr* Saturn
Саýдовский, -ая, -ое: Саýдовская Арáвия Saudi-Arabien
сафья́н, -а *m* Saffian(leder)
Сахали́н, -а *m* Sachalin
сáхар, -а (-у), *Pl chem* сахарá, -óв, -áм *m* Zucker; кóлотый ~ Stückzukker; Hutzucker; ~-песóк klarer Zukker; пилёный ~ Würfelzucker ◇ ~-медóвич Schmeichler, Süßholzraspler
Сахáра, -ы *f* Sahara
сахари́н, -а *m* Sa(c)charin
сáхаристый, -ая, -ое; *Kzf* -ист, -а zuckerähnlich, süß; zuckerhaltig
сáхарить, -рю, -ришь *uv umg* mit Zucker bestreuen; Zucker beimengen
сáхарница, -ы, *I* -ей *f* Zuckerdose
сáхарный, -ая, -ое 1. Zucker-; -ая головá Zuckerhut; ~ песóк Streuzucker; -ая пýдра Puderzucker 2. *übtr* süß wie Zucker; weiß wie Zucker 3. *übtr* süßlich, schmeichlerisch
сахароварéние, -я *n* Zuckersiederei, industrielle Gewinnung von Zucker *aus Zuckerrüben oder Zuckerrohr*
сачóк, -чкá *m* Fangnetz *für kleine Fische oder Schmetterlinge,* Ke(t)scher
Сáша, -и, *I* -ей *m, f u.* **Сáш(ень)ка,** -и *m, f Dem zu* Алексáндр *u.* Алексáндра
сбáвить, -влю, -вишь; -вленный, -влен, -а *v* abziehen, wegnehmen; ververmindern; herabsetzen, ermäßigen ◇ ~ в вéсе (an Körpergewicht) abnehmen ‖ *uv* сбавля́ть, -я́ю, -я́ешь
сбáвка, -и, *Pl G* -вок, *D* -вкам *f umg* Verminderung, Herabsetzung; (Preis-) Ermäßigung
сбавля́ть *uv zu* сбáвить
сбáгрить, -рю, -ришь; -ренный, -рен, -а *v volksspr* loswerden *etw. Unnötiges*
сбалансировать *v zu* баланси́ровать
сбáлтывать *uv zu* сболтáть
сбéгать, -аю, -аешь *v umg* schnell (hin- u. zurück)laufen; ~ за дóкто-

ром nach dem Arzt laufen, den Arzt holen

сбегáть(ся) *uv zu* сбежáть(ся)

с|бежáть* *v* 1. hinablaufen; ~ вниз по лéстнице die Treppe hinunterlaufen 2. weglaufen; fliehen; entlaufen; verschwinden; крáска сбежáла с егó лицá die Farbe wich aus seinem Gesicht || *uv* сбегáть, -áю, -áешь

с|бежáться*, *1. u. 2. Pers ungebr*, *v* herbeilaufen, zusammenlaufen || *uv* сбегáться, -áется

сберегáтельный, -ая, -ое Spar-

сберегáть *uv zu* сберéчь

сбережéние, -я *n* 1. Aufbewahrung; Schonung; Sparen, Einsparung 2. *Pl* Ersparnisse

с|берéчь* *v* aufbewahren; schonen, schützen; sparen, einsparen || *uv* сберегáть, -áю, -áешь

сберкáсса, -ы *f* (сберегáтельная кáсса) Sparkasse

сберкни́жка, -и, *Pl G* -жек, *D* -жкам *f* (сберегáтельная кни́жка) Sparbuch

сбивáлка, -и, *Pl G* -лок, *D* -лкам *f* Schneeschläger, Sahneschläger

сбивáть(ся) *uv zu* сбить(ся)

сби́вчивый, -ая, -ое; *Kzf* -ив, -а 1. verworren, unklar 2. unregelmäßig

сби́тень, -тня *m alt* heißes Getränk aus Wasser, Honig u. Gewürzen

с|бить*, собью́ *v* 1. abschlagen, herunterschlagen, abreißen; umwerfen; ~ с ног zu Fall bringen; ~ самолёт ein Flugzeug abschießen 2. *umg* Schuhe [Absätze] schieftreten 3. *vom Weg, vom Plan* abbringen, ablenken 4. verwirren, irremachen; ~ когó-н. с тóлку j-n aus der Fassung [aus dem Konzept] bringen 5. zusammennageln, zusammenschlagen 6. schlagen, rühren; ~ мáсло buttern 7. herausschlagen, -hauen, vertreiben 8. zusammendrängen, -treiben ◇ ~ спесь с когó-н. j-m den Hochmut austreiben; ~ цéну den Preis herabsetzen [drücken] || *uv* сбивáть, -áю, -áешь

с|би́ться*, собью́сь *v* 1. herunterrutschen, sich verschieben 2. *umg* schief werden *von Schuhen, Absätzen* 3. *vom Weg, vom Plan* abkommen, abweichen; ~ с ноги́ nicht im Schritt gehen; ~ с тáкта aus dem Takt kommen; ~ с пути́ *übtr* vom rechten Wege abkommen, auf die schiefe Bahn geraten 4. sich verwirren, irre werden; ~ с тóлку aus der Fassung [aus dem Konzept] geraten 5. sich zusammenballen, sich zusammendrängen ◇ ~ с ног vor Erschöpfung fast umfallen, vom Laufen sehr ermüden || *uv* сбивáться, -áюсь, -áешься

сближáть(ся) *uv zu* сбли́зить(ся)

сближéние, -я *n* Annäherung

сбли́зить, сбли́жу, сбли́зишь; сбли́женный, -ен, -а *v* 1. nähern, näher (aneinander) bringen; ~ теóрию с прáктикой eine engere Verbindung zwischen Theorie und Praxis herstellen 2. einander näherbringen, miteinander verbinden 3. с *I* angleichen || *uv* сближáть, -áю, -áешь

сбли́зиться, сбли́жусь, сбли́зишься *v* 1. sich nähern, näher kommen 2. einander näherkommen, vertraut werden, sich anfreunden 3. с *I* sich angleichen || *uv* сближáться, -áюсь, -áешься

сблоки́роваться *v zu* блоки́роваться

сбóку *Adv* von der Seite, an der Seite, seitlich, daneben; вид ~ Seitenansicht ◇ ~ припёка unpassend, überflüssig

сболтáть, -áю, -áешь; сбóлтанный, -ан, -а *v volksspr* (durch)schütteln, (durch)rühren || *uv* сбáлтывать, -аю, -аешь

сболтнýть, -нý, -нёшь; сбóлтнутый, -ут, -а *v umg* ausplaudern, schwatzen

сбор, -а (-у) *m* 1. (Ein-) Sammeln, Sammlung, (Ein-) Kassierung; Ernte; ~ пóдписей Unterschriftensammlung; ~ пожéртвований *kirch* Kollekte; ~ винограда Weinlese 2. Gebühr, Steuer; Einnahme, Ertrag 3. Versammlung, Zusammenkunft; быть в -е versammelt sein, vollzählig anwesend sein; мéсто -а Stellplatz; трубить ~ *mil* zum Appell blasen, zum Sammeln blasen 4. (kurzfristiger) Ausbildungskursus; Trainingslager 5. *Pl* Vorbereitungen; -ы в дорóгу Reisevorbereitungen

сбóрище, -а, *I* -ем *n umg* Menschenauflauf, Gewühl; Zusammenkunft

[1]сбóрка, -и *f* Zusammensetzen, Montage, Zusammenbau

[2]сбóрка, -и, *Pl G* -рок, *D* -ркам *f* kleine Falte, Reihfalte *in Kleidungsstücken*

сбóрник, -а *m* Sammlung, Sammelband

сбóрный, -ая, -ое 1. Sammel-, Versammlungs- 2. (aus verschiedenen Teilen) zusammengesetzt, gemischt; -ая комáнда *Sport* Auswahlmannschaft; -ая прогрáмма buntes [gemischtes] Programm 3. -ая, -ой

Subst f Sport Auswahlmannschaft **4.** (aus Einzelteilen) zusammengefügt, montiert; ~ дом Haus aus Fertigteilen; ~ гара́ж transportable Garage

сбо́рочный, -ая, -ое Montage-, Zusammenbau-; ~ цех Montagehalle

сбо́рчатый, -ая, -ое; *Kzf* -ат, -а Falten-, faltig *von Kleidungsstücken*

сбо́рщик, -а *m* **1.** Einsammler; Kassierer; ~ нало́гов Steuereinnehmer; ~ по́дписей Unterschriftensammler; ~ хло́пка Baumwollpflücker **2.** Montagearbeiter, Monteur

сбра́сывать(ся) *uv zu* сбро́сить(ся)

сбреда́ться *uv zu* сбрести́сь

с|брести́сь*, *1. u. 2. Pers ungebr, v umg* langsam (von allen Seiten) zusammenkommen, sich einfinden || *uv* сбреда́ться, -а́ется

сбрехну́ть, -ну́, -нёшь; сбрёхнутый, -ут, -а *v volksspr* lügen, Unsinn reden

сбрива́ть *uv zu* сбрить

с|брить* *v* abrasieren || *uv* сбрива́ть, -а́ю, -а́ешь

сброд, -а (-у) *m Koll umg* Gesindel, Pack

сброс, -а *m* **1.** Herabwerfen **2.** Verringerung **3.** *geol* Verschiebung

сбро́сить, сбро́шу, сбро́сишь; сбро́шенный, -ен, -а *v* **1.** hinunterwerfen, herunterwerfen, abwerfen **2.** *übtr* abschütteln, abwerfen, stürzen; ~ с плеч sich befreien (von) **3.** *umg* abwerfen, ausziehen *von Kleidungsstücken, Schuhen* **4.** verringern **5.** abwerfen, zugeben *Spielkarte* ◇ ~ со счето́в [со счёта] nicht mehr in Betracht ziehen, nicht mehr berücksichtigen || *uv* сбра́сывать, -аю, -аешь

сбро́ситься, сбро́шусь, сбро́сишься *v* sich hinabstürzen, hinabspringen || *uv* сбра́сываться, -аюсь, -аешься

сброшюрова́ть *v zu* брошюрова́ть

сбру́я, -и *f* Pferdegeschirr, Sattelzeug

сбры́згивать *uv zu* сбры́знуть

сбры́знуть, -ну, -нешь; -нутый, -нут, -а *v* bespritzen, besprengen || *uv* сбры́згивать, -аю, -аешь

сбыва́ть(ся) *uv zu* сбыть(ся)

сбыт, -а *m* Absatz, Verkauf

сбытово́й, -а́я, -о́е Absatz-, Verkaufs-

с|быть* *v* **1.** verkaufen, absetzen **2.** *umg* loswerden, sich befreien (von); ~ с рук loswerden, sich vom Halse schaffen **3.** *1. u. 2. Pers ungebr* abnehmen, fallen *vom Wasserspiegel* || *uv* сбыва́ть, -а́ю, -а́ешь

с|бы́ться*, *1. u. 2. Pers ungebr;* сбыли́сь sich erfüllen, sich verwirklichen, eintreffen || *uv* сбыва́ться, -а́ется

сва́дебный, -ая, -ое Hochzeits-

сва́дьба, -ы, *Pl G* -деб, *D* -дьбам *f* Hochzeit; спра́вить -у Hochzeit feiern ◇ как на Мала́ньину -у *volksspr scherz* so viel, daß man es gar nicht aufessen kann; до -ы заживёт *scherz* bis zur Hochzeit ist alles wieder gut

сва́йка, -и, *Pl G* сва́ек, *D* сва́йкам *f* **1.** russisches volkstümliches Spiel, bei dem mit einem dicken großen Nagel in einen auf der Erde liegenden Ring geworfen wird **2.** der Nagel für dieses Spiel

сва́йный, -ая, -ое Pfahl-; -ые постро́йки Pfahlbauten

[1,2]сва́ливать *uv zu* [1,2]свали́ть

сва́ливаться *uv zu* свали́ться

[1]свали́ть, свалю́, сва́лишь; сва́ленный, -ен, -а *v* **1.** umwerfen; ~ с ног zu Boden werfen, zu Fall bringen **2.** (hin)abwerfen, abladen; *umg* abwälzen; ~ с плеч sich befreien (von); ~ вину́ на кого́-н. j-m die Schuld in die Schuhe schieben **3.** zusammenwerfen, aufhäufen || *uv* сва́ливать, -аю, -аешь

[2]свали́ть, *1. u. 2. Pers ungebr,* сва́лит *v umg* nachlassen, schwächer werden; zurückfluten, sich verlaufen || *uv* сва́ливать, -ает

свали́ться, свалю́сь, сва́лишься *v* **1.** (um)fallen, (hinab)stürzen; ~ с ног zu Boden fallen, zusammenbrechen **2.** *umg* (ernstlich) krank werden; krepieren *beim Vieh* ◇ ~ с плеч zerlumpt [völlig abgetragen] sein *von Kleidungsstücken*; у меня́ гора́ с плеч свали́лась mir fiel ein Stein vom Herzen; как с не́ба ~ *volksspr* unerwartet, urplötzlich erscheinen [geschehen]; aus allen Wolken fallen, ahnungslos sein || *uv* сва́ливаться, -аюсь, -аешься

сва́лка, -и, *Pl G* -лок, *D* -лкам *f* **1.** (Schutt-) Abladeplatz; Müllhaufen, Gerümpelhaufen **2.** *umg* Schlägerei, Rauferei

сваля́ть, -я́ю, -я́ешь; сва́лянный, -ян, -а *v* walken *von Tuch, Filz, Leder* ◇ ~ дурака́ *volksspr* eine Dummheit machen

сваля́ться, *1. u. 2. Pers ungebr,* -я́ется *v* sich verfilzen, sich verwirren *von Haaren, vom Fell*

сван, -а *m* Svane *Angehöriger einer*

Völkerschaft im westlichen Teil der Grusinischen SSR

сва́нка, -и, *Pl G* -нок, *D* -нкам *f* Svanin *Angehörige einer Völkerschaft im westlichen Teil der Grusinischen SSR*

сва́ра, -ы *f umg* Streit, Gezänk

сва́ривать(ся) *uv zu* свари́ть(ся)

свари́ть, сварю́, сва́ришь; сва́ренный, -ен, -а *v* **1.** kochen, gar kochen ◇ с ним ка́ши не сва́ришь mit ihm wird man nicht einig, mit ihm ist nicht auszukommen **2.** (zusammen)-schweißen ‖ *uv* сва́ривать, -аю, -аешь *zu* 2

свари́ться, *1. u. 2. Pers ungebr*, сва́рится *v* **1.** gekocht werden **2.** geschweißt werden ‖ *uv* сва́риваться, -ается *zu* 2

сва́рка, -и *f* Schweißen, Schweißung

сварли́вый, -ая, -ое; *Kzf* -ив, -а streitsüchtig, zänkisch

сварно́й, -а́я, -о́е (zusammen)geschweißt

сва́рочный, -ая, -ое Schweiß-; geschweißt

сва́рщик, -а *m* Schweißer

сва́рщица, -ы, *I* -ей *f* Schweißerin

сва́стика, -и *f* Hakenkreuz

сват, -а *m* **1.** Brautwerber, Heiratsvermittler **2.** Vater des Schwiegersohnes oder der Schwiegertochter

сва́тать, -аю, -аешь *uv A* **1.** (j-n) als Ehemann [Ehefrau] vorschlagen **2.** (j-n) freien, (um j-s) Hand anhalten ‖ *v* посва́тать *u.* сосва́тать *zu* 1

сва́таться, -аюсь, -аешься *uv* freien, anhalten (к *D oder* за *A* um) ‖ *v* посва́таться

сватовство́, -а́ *n* Freien, Brautwerbung

сва́тья, -ьи, *Pl G* -тий, *D* -тьям *f* Mutter des Schwiegersohnes oder der Schwiegertochter

сва́ха, -и *f* Brautwerberin, Heiratsvermittlerin

сва́я, -и *f* Pfahl

све́дение, -я *n* **1.** *meist Pl* Nachricht, Auskunft, Mitteilung; *Pl* Angaben, Daten **2.** *Pl* Kenntnisse, Wissen **3.** Kenntnis(nahme); довести́ до всео́бщего -я zur allgemeinen Kenntnis bringen, öffentlich bekanntmachen; к ва́шему -ю! Ihnen zur Kenntnis!, damit Sie es nur wissen!

сведе́ние, -я *n* **1.** Hinabführung, Herabführung **2.** Entfernung *z. B. von Flecken* **3.** Zusammenführung, Vereinigung **4.** Zusammenfassung; ~ счето́в Rechnungsabschluß **5.** (krampfartige) Zusammenziehung, Krampf **6.** Reduzierung, Zurückführung, Beschränkung, Herabwürdigung

све́дущий, -ая, -ее; *Kzf* -ущ, -а bewandert, erfahren, beschlagen (в *P* in); sachkundig; ~ в иску́сстве Kunstkenner

свежева́ть, -жу́ю, -жу́ешь; свежёванный, -ан, -а *uv* die Haut [das Fell] abziehen; ausweiden

свежеиспечённый, -ая, -ое frischgebacken, frisch; *übtr umg scherz* frischgebacken, neu; ~ инжене́р frischgebackener Ingenieur

све́жесть, -и *f* **1.** Frische **2.** Kühle

свеже́ть, -е́ю, -е́ешь *uv* **1.** frisch werden, kühl werden **2.** auffrischen, zunehmen *vom Wind* **3.** gesünder werden; aufleben

све́жий, -ая, -ее; *Kzf* свеж, свежа́, свежо́, све́жи́ **1.** frisch **2.** kühl, rein, erfrischend; на -ем во́здухе an der frischen Luft **3.** neu(est), aktuell

с|везти́* *v* **1.** *umg* transportieren, schaffen, bringen *mit Fahrzeug* **2.** hinunterfahren, herunterfahren, hinuntertransportieren; wegschaffen *mit Fahrzeug* **3.** zusammenbringen, an eine Stelle schaffen *mit Fahrzeug* ‖ *uv* свози́ть, свожу́, сво́зишь

свёкла, -ы *f* Rübe(n); кормова́я ~ Futterrübe, Runkelrübe; са́харная ~ Zuckerrübe; столо́вая ~ rote Rübe(n), Bete

свекло- *in Zuss* Rüben-

свеклови́ца, -ы, *I* -ей *f* Zuckerrübe(n)

свеклови́чный, -ая, -ое Zuckerrüben-

свекло|во́дство, -а *n* (Zucker-) Rübenanbau; **~во́дческий,** -ая, -ое (Zucker-) Rübenanbau-; **~комба́йн,** -а *m* Rübenkombine, Rübenvollerntemaschine; **~ре́зка,** -и, *Pl G* -зок, *D* -зкам *f* Rübenschneider

свеклоубо́рочный, -ая, -ое: -ая маши́на Rüben(voll)erntemaschine, Rübenkombine

свеко́льник, -а *m* **1.** Rübensuppe, Betensuppe **2.** Rübenkraut

свеко́льный, -ая, -ое Rüben-

свёкор, -кра *m* Schwiegervater *Vater des Ehemannes*

свекро́вь, -и *f* Schwiegermutter *Mutter des Ehemannes*

сверга́ть *uv zu* све́ргнуть

све́ргнуть, -ну, -нешь; сверг, -ла; све́ргнутый, -ут, -а *u. buchspr* све́рженный, -ен, -а *v* **1.** *alt* hinabwerfen **2.** stürzen, beseitigen; ~ и́го das Joch abschütteln; ~ с престо́ла

entthronen || *uv* свергать, -áю, -áешь
Свердло́вск, -а *m* Swerdlowsk
сверже́ние, -я *n* Sturz, Beseitigung; ~ с престо́ла Entthronung
све́рить, -рю, -ришь; -ренный, -рен, -а *v* vergleichen (с *I* mit), überprüfen || *uv* сверя́ть, -я́ю, -я́ешь
све́риться, -рюсь, -ришься *v umg* sich vergewissern || *uv* сверя́ться, -я́юсь, -я́ешься
све́рка, -и *f* Vergleich, Überprüfung
сверка́ние, -я *n* Funkeln, Blitzen, Glitzern
сверка́ть, -а́ю, -а́ешь *uv* funkeln, blitzen, glitzern; мо́лния сверка́ет es blitzt; зарни́ца сверка́ет es wetterleuchtet || *v mom* сверкну́ть, -ну́, -нёшь
сверкну́ть, -ну́, -нёшь *v* 1. *mom zu* сверка́ть 2. *übtr* aufblitzen, auftauchen *Gedanken u. ä.* ◇ ~ глаза́ми (j-n) zornig ansehen
сверле́ние, -я *n* Bohren; глубина́ -я Bohrtiefe
сверли́льный, -ая, -ое Bohr-
сверли́льщик, -а *m* Bohrer *Arbeiter*
сверли́ть, -лю́, -ли́шь *uv* 1. (durch)-bohren 2. *übtr meist unpers* bohren, schmerzen
сверло́, -а́, *Pl* свёрла, свёрл, свёрлам *n* Bohrer
сверло́вщик, -а *m* Bohrer *Arbeiter*
сверну́ть, -ну́, -нёшь; свёрнутый, -ут, -а *v* 1. zusammenwickeln, zusammenrollen, zusammenlegen; ~ цига́рку *umg* eine Zigarette drehen 2. *übtr* einschränken, verringern, abbauen; ~ ла́герь das Lager abbrechen 3. einbiegen, abbiegen; ~ в переу́лок in eine Gasse einbiegen [abbiegen] 4. *umg* ~ abdrehen; überdrehen 5.: ~ разгово́р на другу́ю те́му das Gespräch auf ein anderes Thema bringen ◇ ~ ше́ю [го́лову] кому́-н. j-m das Genick brechen, j-m den Hals umdrehen, j-n umbringen; ~ себе́ ше́ю [го́лову] sich den Hals [das Genick] brechen, umkommen || *uv* свёртывать, -аю, -аешь
сверну́ться, -ну́сь, -нёшься *v* 1. sich zusammendrehen, sich zusammenrollen; sich zusammenringeln 2. *1. u. 2. Pers ungebr* gerinnen, zusammenlaufen 3. *1. u. 2. Pers ungebr* eingeschränkt werden, verringert werden 4. *1. u. 2. Pers ungebr* abgedreht werden; überdreht werden || *uv* свёртываться, -аюсь, -аешься
сверста́ть, -а́ю, -а́ешь; свёрстанный, -ан, -а *v typ* umbrechen || *uv* свёрстывать, -аю, -аешь
све́рстник, -а *m* Altersgenosse
све́рстница, -ы, *I* -ей *f* Altersgenossin
свёрстывать *uv zu* сверста́ть
свёрток, -тка *m* Rolle, Bündel, Paket
свёртывание, -я *n* 1. Zusammenrollen 2. Gerinnen, Gerinnung 3. Einschränkung, Verringerung, Abbau 4. Abdrehen; Überdrehen
свёртывать(ся) *uv zu* сверну́ть(ся)
сверх *Präpos mit G* 1. über; ~ ва́тника наде́ть тулу́п über die Wattejacke noch einen Pelzmantel ziehen 2. *übtr* über ... hinaus; ~ пла́на über den Plan hinaus, überplanmäßig; ~ де́йствующего соглаше́ния zusätzlich zum geltenden Abkommen; ~ того́ obendrein, außerdem ◇ ~ (вся́кого) ожида́ния wider Erwarten
сверх- *in Zuss* über-, super-, extra-
сверхдальнобо́йный, -ая, -ое: -ое ору́дие Ferngeschütz
сверхзвуково́й, -ая, -ое Überschall-; ~ истреби́тель Überschalljagdflugzeug
сверх|мо́щный, -ая, -ое *tech* Höchstleistungs-; **~пла́новый,** -ая, -ое außerplanmäßig; **~при́быль,** -и *f* Mehrprofit, Extraprofit, Surplusprofit; **~сме́тный,** -ая, -ое den Kostenanschlag übersteigend
сверхсро́чный, -ая, -ое 1. die Frist überschreitend; -ая слу́жба *mil* verlängerte Dienstzeit 2. kurzfristig; von äußerster Dringlichkeit; ~ вы́зов Blitzgespräch
све́рху *Adv* 1. von oben (herab); ~ до́низу von oben bis unten, vollständig; смотре́ть ~ вниз на кого́-н. j-n von oben herab ansehen [behandeln], sich j-m gegenüber herablassend verhalten 2. oben, zuoberst, an der Oberfläche
сверхуро́чный, -ая, -ое 1. Überstunden-; -ые часы́ Überstunden 2. -ые, -ых *Subst Pl* Überstundengelder
сверх|шта́тный, -ая, -ое außerplanmäßig *ohne Planstelle*; **~ъесте́ственный,** -ая, -ое; *Kzf* -вен, -венна 1. übernatürlich 2. außerordentlich, ungewöhnlich
сверчо́к, -чка́ *m* Grille, Heimchen
сверша́ться *uv zu* сверши́ться
сверши́ться, *1. u. 2. Pers ungebr*, -и́тся *v buchspr* sich ereignen, sich vollziehen, sich erfüllen || *uv* сверша́ться -а́ется

сверя́ть(ся) *uv zu* све́рить(ся)

свес, -а *m* Überlänge *bei LKW*

[1]**све́сить,** све́шу, све́сишь; све́шенный, -ен, -а *v* herabhängen lassen, baumeln lassen ‖ *uv* све́шивать, -аю, -аешь

[2]**све́сить,** све́шу, све́сишь; све́шенный, -ен, -а *v umg* (ab)wiegen

све́ситься, -шусь, -сишься *v* **1.** sich weit hinauslehnen, sich weit hinabbeugen **2.** *1. u. 2. Pers ungebr* herabhängen, sich herabbiegen ‖ *uv* све́шиваться, -аюсь, -аешься

с|вести́*; сведя́ *v* **1.** hinabführen, herabführen; abführen, wegführen **2.** entfernen **3.** zusammenführen, vereinigen; ~ свод *arch* ein Gewölbe schließen **4.** zusammenfassen, sammeln **5.** zurückführen (к *D oder* на *A* auf), reduzieren, beschränken; herabwürdigen; ~ всё к пустяка́м alles bagatellisieren; ~ на нет zunichte machen **6.** *meist unpers* krampfartig zusammenziehen, unbeweglich machen; от моро́за свело́ па́льцы die Finger wurden steif vor Kälte ◇ ~ знако́мство eine Bekanntschaft anknüpfen; ~ концы́ с конца́ми knapp mit dem Geld auskommen; ~ с престо́ла entthronen; ~ с ума́ um den Verstand bringen, verrückt machen; ~ счёты с ке́м-н. mit j-m abrechnen ‖ *uv* своди́ть, свожу́, сво́дишь

с|вести́сь*, *1. u. 2. Pers ungebr;* сведя́сь *v* sich zurückführen lassen (к *D oder* на *A* auf), hinauslaufen (auf) ‖ *uv* своди́ться, сво́дится

[1]**свет,** -а (-у), *P* в све́те, на свету́ *m* **1.** Licht; Schein; Helligkeit; бли́жний ~ Abblendlicht *Auto;* да́льний ~ Fernlicht *Auto;* смотре́ть что́-н. на ~ etw. gegen das Licht betrachten; в -е чего́-н. im Licht von, vom Standpunkt ... aus; бро́сить [проли́ть] ~ на что́-н. Klarheit in eine Sache bringen; предста́вить в ло́жном -е in ein falsches Licht rücken; предста́ть в друго́м -е in einem anderen Licht erscheinen, sich anders ausnehmen; ширина́ в -у́ lichte Weite **2.** Tagesanbruch, Morgengrauen; до -а vor Sonnenaufgang; ни ~ ни заря́ sehr früh, beim ersten Morgengrauen; чуть ~ *oder* чем ~ sehr früh, in aller Frühe ◇ зал в два -а *alt* ein Saal mit zwei übereinanderliegenden Fensterreihen; не ви́деть -а во́льного a) überlastet sein; b) sehr leidend sein; он -а не взви́дел es verging ihm Hören und Sehen; мой ~ *poet, folkl* mein Licht, mein Herz, mein Schatz; она́ мне то́лько и -у в окне́ sie ist meine einzige Freude [mein einziger Trost]; ба́тюшки [ма́тушки] -ы! *volksspr Ausruf des Erstaunens oder Schreckens*

[2]**свет,** -а *m* **1.** Welt, Erde; часть -а Erdteil; страна́ -а Himmelsrichtung; появи́ться на ~ *oder* уви́деть ~ zur Welt kommen, das Licht der Welt erblicken, geboren werden; его́ уже́ нет на -е er lebt nicht mehr; вы́пустить в ~ veröffentlichen, herausgeben; вы́йти в ~ veröffentlicht werden, erscheinen; э́тот ~ *rel* Diesseits; тот ~ *rel* Jenseits; отпра́вить на тот ~ ins Jenseits befördern, töten; на бе́лом -е in der weiten Welt; ~ не кли́ном сошёлся die Welt ist nicht mit Brettern vernagelt **2.** (Um-)Welt, Menschheit, Menschen; *alt* große Welt, höhere Gesellschaft; всему́ -у э́то изве́стно alle Welt weiß das, alle wissen das; быва́ть в -е *alt* in der vornehmen Welt [Gesellschaft] verkehren

света́ть, *1. u. 2. Pers ungebr, meist unpers* -а́ет *uv* tagen; hell werden, dämmern

светёлка, -и, *Pl G* -лок, *D* -лкам *f alt, volksspr* helles (kleines) Zimmer *meist im oberen Teil des Hauses;* gute Stube

свети́ло, -а *n* **1.** Himmelskörper; ~ дня *oder* дневно́е ~ *buchspr* Sonne; ~ но́чи *oder* ночно́е ~ *buchspr* Mond; -а но́чи *oder* ночны́е -а *buchspr* Sterne **2.** *übtr* Licht, Leuchte, Kapazität

свети́льник, -а *m* **1.** große (Steh-) Lampe, Beleuchtungskörper **2.** *alt* Öllämpchen; Leuchter

свети́льный, -ая, -ое: ~ газ Leuchtgas

свети́ть, свечу́, све́тишь *uv* **1.** leuchten, scheinen **2.** (j-m) leuchten, (j-m) das Licht halten

свети́ться, свечу́сь, све́тишься *uv* schimmern, scheinen, leuchten; strahlen; его́ лицо́ свети́лось сча́стьем sein Gesicht strahlte vor Glück, das Glück lachte ihm aus den Augen

Светла́на, -ы *f weibl Vn*

светле́йший, -его *Subst m alt* durchlauchtigster Fürst

светле́ть, -е́ю, -е́ешь *uv* **1.** *meist unpers* hell(er) werden, sich aufhellen; *übtr* klar(er) werden **2.** schimmern, leuchten

светли́ца, -ы, *I* -ей *f alt* helles (klei-

nes) Zimmer *meist im oberen Teil des Hauses*; gute Stube
светло́ *unpers prädikativ* 1. es ist hell [klar] 2. *D* j-m ist es froh ums Herz
светло- *in Zuss* hell-
све́тлость, -и *f* 1. Helligkeit, Klarheit 2. *alt* Durchlaucht *Anrede*
све́тлый, -ая, -ое; *Kzf* -тел, -тла́! 1. hell, klar, licht 2. froh, heiter ◇ -ая ли́чность Prachtmensch; Mensch von bestem Ruf
светля́к, -а́ *m* Leuchtkäfer, Johanniskäfer, Glühwürmchen
светлячо́к, -чка́ *m* Leuchtkäfer, Glühwürmchen
свето- *in Zuss* Licht-
светобоя́знь, -и *f med* Lichtscheu, Photophobie
светово́й, -а́я, -о́е Licht-, Leucht-
свето|ко́пия, -и *f* Lichtpause; **~лече́ние,** -я *n* Lichttherapie; **~маскиро́вка,** -и *f* Verdunklung; **~ма́як,** -а́ *m* Leuchtfeuer; **~преставле́ние,** -я *n* 1. *rel* Weltuntergang, der Jüngste Tag 2. *umg* Durcheinander, Wirrwarr; **~сигнализа́ция,** -и *f* Blinken, Blinkverbindung; **~си́ла,** -ы *f phys* Lichtstärke, Leuchtkraft; **~те́нь,** -и *f Kunst* Helldunkel, Clair-obscur; **~фи́льтр,** -а *m phot* Lichtfilter, Farbfilter
светофо́р, -а *m* Verkehrsampel
све́точ, -а, *I* -ем, *G Pl* -ей *m* 1. *alt* Fackel, Leuchte 2. *übtr buchspr* Leuchte, Licht
светочувстви́тельный, -ая, -ое; *Kzf* -лен, -льна *phys* lichtempfindlich
све́тский, -ая, -ое 1. *alt* der höheren Gesellschaft angehörend; gut erzogen *im Sinne der höheren Gesellschaft*; -ая же́нщина eine Dame von Welt 2. weltlich *als Gegensatz zu kirchlich, geistlich*
светя́щийся, -аяся, -ееся Leucht-; -аяся кра́ска Leuchtfarbe
свеча́, -и́, *I* -о́й, *Pl* све́чи, свеч *u.* свече́й, свеча́м *f* 1. Kerze, Licht 2. *tech* Kerze; запа́льная ~ Zündkerze; электри́ческая ла́мпочка в 40 -е́й Glühbirne von 40 Kerzen 3. *med* Zäpfchen ◇ игра́ не сто́ит свеч es lohnt sich nicht, es ist nicht der Mühe wert
све́чка, -и, *Pl G* -чек, *D* -чкам *f* 1. Kerze, Licht 2. *med* Zäpfchen
свечно́й, -а́я, -о́е Kerzen-, Licht-
све́шать, -аю, -аешь; -анный, -ан, -а *v umg* (ab)wiegen
све́шивать *uv zu* [1]све́сить
све́шиваться *uv zu* све́ситься
свива́льник, -а *m* Wickelband für Säuglinge
свива́ть, -а́ю, -а́ешь *uv* 1. *uv zu* свить 2. wickeln *einen Säugling*
свива́ться *uv zu* сви́ться
свида́ние, -я *n* Wiedersehen; Zusammenkunft; Stelldichein, Verabredung, Rendezvous; Besuch *z. B. im Krankenhaus*; до -я! auf Wiedersehen!; до ско́рого -я! auf baldiges Wiedersehen!
свиде́тель, -я *m* Augenzeuge, Zeuge; ~ защи́ты *jur* Entlastungszeuge; ~ обвине́ния *jur* Belastungszeuge; призва́ть [взять] кого́-н. в -и j-n zum [als] Zeugen anrufen
свиде́тельница, -ы, *I* -ей *f* Augenzeugin, Zeugin
свиде́тельский, -ая, -ое Zeugen-
свиде́тельство, -а *n* 1. Zeugnis, Aussage 2. Zeugnis, Bescheinigung; медици́нское ~ ärztliches Attest
свиде́тельствовать, -ствую, -ствуешь *uv* 1. Zeugnis ablegen (*A oder P* von), zeugen (von), (etw.) bezeugen 2. bescheinigen, beglaubigen
свиде́тельствоваться, -ствуюсь, -ствуешься *uv* 1. bescheinigt [beglaubigt] werden 2. *I oder D alt* sich auf j-n (als Zeugen) berufen, j-n als Zeugen anrufen
сви́деться, сви́жусь, сви́дишься *v umg* einander wiedersehen, zusammentreffen
свилева́тый, -ая, -ое; *Kzf* -а́т, -а knorrig, mit verschränkter Lage *von Holz*
свина́рка, -и, *Pl G* -рок, *D* -ркам *f* Schweinewärterin
свина́рник, -а *m* Schweinestall
свина́рня, -и, *Pl G* -рен, *D* -рням *f* Schweinestall
свина́рь, -я́ *m* Schweinewärter
свине́ц, -нца́, *I* -нцо́м *m* 1. Blei 2. Kugel(n), Gewehrfeuer ◇ лечь -нцо́м на ду́шу [се́рдце] sich schwer auf die Seele legen, wie ein Stein auf dem Herzen liegen; голова́ как -нцо́м налита́ der Kopf ist schwer wie Blei
свини́на, -ы *f* Schweinefleisch
[1]**сви́нка,** -и, *Pl G* -нок, *D* -нкам *f* Schweinchen; морска́я ~ Meerschweinchen
[2]**сви́нка,** -и *f med* Ziegenpeter
свино|во́д, -а *m* Schweinezüchter, Schweinemeister; **~во́дство,** -а *n* Schweinezucht; **~во́дческий,** -ая, -ое Schweinezucht-
свино́й, -а́я, -о́е Schweine-, Schweins-

свино|мáтка, -и, *Pl G* -ток, *D* -ткам *f* Muttersau, Zuchtsau; **~пáс,** -а *m alt* Schweinehirt; **~фéрма,** -ы *f* Schweinefarm, Schweinezuchtbetrieb
свúнский, -ая, -ое *umg* **1.** schweinisch, gemein **2.** schmutzig, unkultiviert
свúнство, -а *n umg* Schweinerei, Gemeinheit, Schurkerei
свинтúть, -нчý, -нтúшь; свúнченный, -ен, -а *v* **1.** zusammenschrauben, verschrauben **2.** *umg* abschrauben || *uv* свúнчивать, -аю, -аешь
свинцóвый, -ая, -ое; *Kzf* -óв, -а **1.** *nur Langform* Blei-, aus Blei; **2.** (blei)grau, bleiern, bleifarben **3.** (blei)schwer, bleiern
свúнчивать *uv zu* свинтúть
свиньá, -ьú, *Pl* свúньи, свинéй, свúньям *f* **1.** Schwein **2.** *umg übtr* Schwein; Schmutzfink; Lump, Schurke ◇ подложúть комý-н. -ью j-m einen Knüppel zwischen die Beine werfen, j-n hereinlegen
свирéль, -и *f* Schalmei, Hirtenflöte
свирепéть, -éю, -éешь *uv* wütend [grimmig] werden, in Wut geraten
свирéпствовать, -ствую, -ствуешь *uv* wüten, toben, rasen; Grausamkeiten verüben
свирéпый, -ая, -ое; *Kzf* -рéп, -а wütend; grimmig, grausam
свиристéль, -я *m* Seidenschwanz *Vogel*
свисáть, *1. u. 2. Pers ungebr,* -áет *uv* herunterhängen, herabhängen || *v* **свúснуть,** -нет; свис, -ла
свист, -а *m* Pfiff; Pfeifen
свистáть* *uv* pfeifen, einen Pfiff ausstoßen ◇ ищú свищú *volkssprr* es ist futsch, es ist (etwas) flöten gegangen *wenn man etwas vergeblich sucht;* ~ в кулáк pleite sein || *v mom* свúстнуть, -ну, -нешь
свистéть, свищý, свистúшь *uv* pfeifen; einen Pfiff ausstoßen ◇ ~ в кулáк *volksspr* pleite sein, sein Geld verpulvert haben; вéтер свистúт в кармáнах *volksspr* es ist kein Geld (mehr) da || *v mom* свúстнуть, -ну, -нешь
свúстнуть [сн], -ну, -нешь *v* **1.** *mom zu* свистáть *u.* свистéть **2.** *volksspr* heftig schlagen, einen Hieb versetzen **3.** *volksspr* stehlen
свистóк, -ткá *m* **1.** Pfeife **2.** Pfiff
свистоплЯска, -и *f umg* Hexentanz; Durcheinander; Pfeifkonzert
свистýлька, -и, *Pl G* -лек, *D* -лькам *f umg* kleine Pfeife *Spielzeug*
свистýн, -á *m umg* Pfeifer; Schwätzer
свистЯщий, -ая, -ее pfeifend, zischend; -ие соглáсные *ling* Zischlaute
[1]свúта, -ы *f* Suite, Gefolge ◇ электрóнная ~ Elektronenhülle; Elektronenwolke
[2]свúта, -ы *f alt* langer Bauernkittel (der Ukrainer)
свúтер [тэ], -а *m* Sweater, Pullover
свитóк, -ткá *m* (Papier-) Rolle
с|вить*, совьíю *v* **1.** winden; drehen; zusammenrollen, -wickeln **2.** abwickeln, abspulen ◇ ~ гнездó ein Nest bauen || *uv* свивáть, -áю, -áешь
с|вúться*, совьíюсь; свилúсь *v* sich zusammenringeln, sich zusammenrollen || *uv* свивáться, -áюсь, -áешься
свихнýть, -нý, -нёшь; свúхнутый, -ут, -а *v umg* verrenken, verstauchen ◇ ~ себé шéю a) sich den Hals brechen; b) einen großen Mißerfolg haben; ~ с умá *alt volksspr* überschnappen, den Verstand verlieren
свихнýться, -нýсь, -нёшься *v umg* **1.** den Verstand verlieren, überschnappen **2.**: ~ (с путú) *alt* (vom rechten Wege) abkommen, auf Abwege geraten
свищ, -á, *I* -óм, *G Pl* -éй *m* **1.** Astloch; Galle *im Metall;* Riß *oder andere Fehlerstelle im Leder* **2.** *med* Fistel
свищý ↑ свистáть
свобóда, -ы *f* Freiheit; Ungebundenheit; ~ слóва Redefreiheit; ~ печáти Pressefreiheit; вьíпустить на -у auf freien Fuß setzen, aus der Haft entlassen; предостáвить комý-н. пóлную -у вьíбора j-m völlig freie Wahl lassen; на -е a) auf freiem Fuße; b) in der Freizeit; дать -у a) комý-н. j-m die Freiheit lassen; b) чемý-н. einer Sache freien Lauf lassen
свобóдно *Adv* **1.** frei, ungezwungen **2.** fließend, geläufig; ~ говорúть по-рýсски fließend russisch sprechen
свобóдный, -ая, -ое; *Kzf* -ден, -дна **1.** frei, unabhängig; -ая странá ein freies [unabhängiges] Land **2.** frei, überschüssig, verfügbar; -ые дéньги flüssiges Geld; -ое врéмя Freizeit; по вечерáм он свобóден abends hat er Zeit **3.** frei, leicht, ungezwungen, fließend; ~ разговóр ein ungezwungenes Gespräch **4.** weit, lose *von der Kleidung;* -ое пальтó ein weiter Mantel
свободо|любúвый, -ая, -ое; *Kzf* -úв, -а freiheitsliebend; **~любúе,** -я *n*

Freiheitsliebe; **~мыслие,** -я *n* 1. Freisinn 2. Freidenkertum; **~мыслящий,** -ая, -ее; *Kzf* -ящ, -а 1. freidenkend, freisinnig 2. freidenkerisch 3. -его *Subst m* Freigeist, Freidenker

свод, -а *m* 1. Wegführen; Zusammenführung 2. Sammlung, Sammelband; ~ зако́нов Gesetzbuch 3. Gewölbe, Bogen; стре́льчатый ~ Spitzbogen; небе́сный ~ *übtr* Himmelsgewölbe, Firmament

[1]**своди́ть** *uv zu* свести́

[2]**своди́ть,** свожу́, сво́дишь *v* hin- und wieder zurückbringen [zurückführen]

своди́ться *uv zu* свести́сь

сво́дка, -и, *Pl G* -док, *D* -дкам *f* 1. Zusammenstellung, (zusammenfassender) Bericht; ~ пого́ды Wetterbericht; вое́нная ~ Heeresbericht 2. *typ* Revisionsbogen 3. Zusammenführung, Vereinigung

сво́дник, -а *m* Kuppler

сво́дница, -ы, *I* -ей *f* Kupplerin

сво́дничать, -аю, -аешь *uv* Kuppelei betreiben

сво́дничество, -а *n* Kuppelei

сво́дный, -ая, -ое 1. zusammengestellt, zusammengefaßt, Sammel- 2. Stief-, Halb-; ~ брат Stiefbruder, Halbbruder; -ые де́ти Stiefkinder

сво́дня, -и, *G Pl* -ей *f* Kupplerin

сво́дчатый, -ая, -ое; *Kzf* -ат, -а gewölbt

своё ↑ свой

свое|вла́стный, -ая, -ое; *Kzf* -тен, -тна selbstherrlich, despotisch; **~во́лие,** -я *n* Eigenmächtigkeit, Willkür; Eigenwilligkeit; **~во́льничать,** -аю, -аешь *uv umg* eigenmächtig verfahren; eigenwillig sein [handeln]; **~во́льный,** -ая, -ое; *Kzf* -лен, -льна eigenmächtig; eigenwillig; **~вре́менный,** -ая, -ое; *Kzf* -менен, -менна rechtzeitig; termingemäß; **~коры́стие,** -я *n buchspr* Eigennützigkeit, Gewinnsucht; **~коры́стный,** -ая, -ое; *Kzf* -тен, -тна *buchspr* eigennützig, auf den eigenen Vorteil bedacht; **~нра́вие,** -я *n* Launenhaftigkeit, Unberechenbarkeit; **~нра́вный,** -ая, -ое; *Kzf* -вен, -вна launenhaft, unberechenbar; **~обра́зие,** -я *n* Eigenart, Eigentümlichkeit, Originalität

своеобра́зный, -ая, -ое; *Kzf* -зен, -зна 1. eigenartig, eigentümlich, originell 2. (an etw.) erinnernd; его́ кварти́ра ско́ро ста́ла -ым клу́бом sein Zimmer wurde bald eine Art Klub

[1]**свози́ть** *uv zu* свезти́

[2]**свози́ть,** свожу́, сво́зишь; сво́женный, -жен, -а *v umg* hin- und wieder zurückfahren, *mit einem Fahrzeug* hin- und wieder zurückbringen

свой ↑ свой

свой, -его́ *m*, своя́, -е́й *f*, своё, -его́ *n*; *Pl* свои́, -и́х, -и́м 1. *refl Poss Pron bei Zugehörigkeit eines Gegenstandes zum Subjekt des Satzes, bei allen Pers anwendbar*: mein; dein; sein; ihr; unser; (Ihr); ihr; мы свои́ кни́ги принесли́, принеси́ и ты свою́ wir haben unsere Bücher gebracht, bring auch du deins 2. своё, своего́ *Subst n* das Meinige; das Deinige; das Seinige; das Ihrige; das Unsrige; das Eurige; das Ihrige; ка́ждому своё jedem das Seine; стоя́ть на своём auf seiner Meinung bestehen; доби́ться своего́ *oder* поста́вить на своём etw. durchsetzen 3. eigen; eigentümlich, besonders; у них свой дом sie haben ein eigenes Haus; в э́той му́зыке есть своя́ пре́лесть in dieser Musik liegt ein eigener [eigentümlicher, besonderer] Zauber 4. passend, entsprechend; продава́ть това́р по свое́й цене́ die Ware zum angemessenen Preis verkaufen; упомяну́ть о чём-н. в своём ме́сте etw. am rechten Platz erwähnen; всё в своё вре́мя alles zu seiner Zeit 5. *Subst*, *meist Pl* Verwandte(r), Nahestehende(r); я был у свои́х ich war bei den Meinen [bei meinen Verwandten]; я рад побе́де свои́х ich bin froh über den Sieg der Unseren; здесь все свои́ hier gibt es keine Fremden ◇ свои́х не узна́ешь es wird dir Hören und Sehen vergehen *als Drohung*; по-сво́ему auf meine (deine usw.) (besondere) Weise, nach meinem (deinem usw.) Gutdünken; в своё вре́мя a) seinerzeit; b) zu gegebener Zeit; крича́ть не свои́м го́лосом mit unnatürlicher [sich überschlagender] Stimme schreien; на свои́х (на) двои́х *scherz* zu Fuß, auf Schusters Rappen; умере́ть свое́й сме́ртью eines natürlichen Todes sterben; он там свой челове́к er geht dort ein und aus, er ist dort wie zu Hause

сво́йственник, -а *m* Verwandter *durch Heirat*

сво́йственница, -ы, *I* -ей *f* Verwandte *durch Heirat*

сво́йственный, -ая, -ое; *Kzf* -вен, -венна *D* eigen, charakteristisch (für)

свóйство, -а *n* Eigenschaft, Beschaffenheit, (Charakter-) Zug
свойствó, -á *n* Verwandtschaft *durch Heirat*; онá состоя́ла с ним в -é sie war mit ihm verschwägert
сволáкивать *uv zu* сволóчь
свóлочь, -и, *Pl* свóлочи, сволочéй, сволочáм *f* 1. *Koll volksspr derb* Gesindel, Pack 2. *volksspr derb* gemeiner Kerl, Lump
с|волóчь*; сволочённый, -чён, -ченá *v* 1. *umg* schleppen, wegschleppen, herunterziehen 2. *umg* an eine Stelle schleppen, zusammentragen 3. *volksspr* stehlen || *uv* сволáкивать, -аю, -аешь
свóра, -ы *f* 1. Koppelriemen *für Jagdhunde*; Koppel *Jagdhunde* 2. *Koll* Meute (*Jagd-*) *Hunde, Wölfe u. ä.* 3. *übtr* Bande, Rotte
сворáчивать *uv zu* своротúть
своровáть, -рýю, -рýешь; -рóванный, -рóван, -а *v umg* stehlen
своротúть, -рочý, -рóтишь; -рóченный, -рóчен, -а *v* 1. *umg* wegwälzen; herunterwälzen, -werfen 2. *umg* durch Stoß beschädigen; verrenken; verzerren 3. *volksspr* (vom Weg) abbiegen, einbiegen || *uv* сворáчивать, -аю, -аешь
своя́ ↑ свой
своя́к, -á *m* 1. Schwager *der Bruder der Ehefrau oder der Mann ihrer Schwester* 2. *umg* nahestehender Mensch, Gleichgesinnter ◇ своя́к свояка́ вúдит издалекá *Sprichw* gleich sucht sich, gleich findet sich
своя́ченица, -ы, *I* -ей *f* Schwägerin *Schwester der Ehefrau*
свыкáться *uv zu* свы́кнуться
свы́кнуться, -нусь, -нешься; свы́кся, свы́клась *v* с *I* sich gewöhnen (an) || *uv* свыкáться, -áюсь, -áешься
свысокá *Adv* von oben herab, herablassend, hochmütig, geringschätzig
свы́ше 1. *Präpos mit G* mehr als, über ... (hinaus); ~ тридцатú человéк über dreißig Mann; э́то ~ моúх сил das geht über meine Kräfte 2. *Adv buchspr u. iron* von oben, von übergeordneter Instanz; *rel* vom Himmel, von Gott; по предписáнию ~ auf Anordnung von oben
свя́занный, -ая, -ое 1. befangen, gehemmt 2. *chem, phys* gebunden
с|вязáть* *v* 1. binden; zusammenbinden, -schnüren 2. *übtr* verbinden, in Verbindung setzen, verknüpfen 3. *übtr* binden, Zwang auferlegen, verpflichten 4. zusammenfügen, befestigen ◇ он двух слов ~ не мóжет er kann nicht bis drei zählen || *uv* свя́зывать, -аю, -аешь *u. alt* -зýю, -зýешь
с|вязáться* *v* 1. sich zusammenbinden 2. sich in Verbindung setzen; с ним мóжно ~ по телефóну man kann ihn telefonisch erreichen 3. *umg* sich einlassen, sich abgeben (mit) 4. *umg* sich aufhalsen || *uv* свя́зываться, -аюсь, -аешься
связúст, -а *m* 1. Angestellter im Post-, Nachrichten- u. Fernmeldewesen 2. *mil* Nachrichtensoldat
связúстка, -и, *Pl G* -ток, *D* -ткам *f* Angestellte im Post-, Nachrichten- u. Fernmeldewesen
свя́зка, -и, *Pl G* -зок, *D* -зкам *f* 1. Bündel, Bund 2. *anat* Band; голосовы́е -и Stimmbänder 3. *ling* Kopula
связнóй, -áя, -óе 1. Verbindungs- 2. -óго *Subst m mil* Melder
свя́зный, -ая, -ое; *Kzf* -зен, -зна zusammenhängend, klar, konsequent
свя́зочный, -ая, -ое *anat* Band-, Bänder-
связýющий, -ая, -ее verbindend; Verbindungs-, Binde-
свя́зывать(ся) *uv zu* связáть(ся)
связь, -и, *P* о свя́зи, в свя́зи *u.* в связú *f* 1. Verbindung, Zusammenhang, Folgerichtigkeit; причúнная ~ Kausalität 2. Verbindung, Verhältnis, Beziehung; ~ с мáссами Kontakt mit den Massen; (любóвная) ~ Liebesbeziehung, Liebesverhältnis 3. *Pl* Beziehungen, gute Verbindungen *zu einflußreichen Personen* 4. Post- u. Fernmeldewesen, Nachrichtenwesen 5. (Nachrichten-) Verbindung, Nachrichtenübermittlung; Verkehrsverbindung; войскá -и *mil* Nachrichtentruppen 6. *tech* Verbindung, Verband
святéйший, -ая, -ее *kirch* hochheilig
святúлище, -а, *I* -ем *n* 1. *alt* Tempel 2. *übtr* Tempel, Heiligtum
святúть, -чý, -тúшь *uv* weihen
свя́тки, -ток, -ткам *Pl alt rel* Weihnachtszeit, Feiertage zwischen Weihnachten und dem Dreikönigsfest
святóй, -áя, -óе; *Kzf* свят, -á! 1. *rel* heilig, geweiht; -áя водá Weihwasser 2. -óго *Subst m* Heiliger 3. *übtr* heilig, hoch, erhaben, unverbrüchlich ◇ -áя недéля *rel* Osterwoche; -áя святы́х *idhl* das Allerheiligste

свя́тость, -и *f* Heiligkeit
святота́тство, -а *n* 1. *rel* Gotteslästerung 2. *übtr* Verletzung, Frevel
святота́тствовать, -ствую, -ствуешь *uv* 1. *rel* Gott lästern, Gotteslästerung begehen 2. *übtr* freveln, sich vergehen *an etw. Teurem*
свя́точный, -ая, -ое während der Zwölf Nächte, Weihnachts-
свято́ша, -и, *I*-ей *m, f* Scheinheilige(r), Frömmler(in), Heuchler(in)
свя́тцы, -ев *Pl* Kirchenkalender
святы́ня, -и *f rel u. übtr* Heiligtum
свяще́нник, -а *m* Priester, Geistlicher
священноде́йствие, -я *n* 1. *rel* Ritus; Zelebrieren des Gottesdienstes 2. *übtr meist iron* Ritus, feierliche Handlung
священноде́йствовать, -ствую, -ствуешь *uv* 1. *rel* Gottesdienst abhalten, eine kirchliche Handlung zelebrieren 2. *übtr meist iron* zelebrieren, mit großem Zeremoniell vollziehen
свяще́нный, -ая, -ое; *Kzf* -щéн, -щéнна 1. *rel* heilig, geheiligt; -ое писа́ние die Heilige Schrift, Bibel 2. *übtr* heilig, hoch, erhaben, unverbrüchlich ◇ Свяще́нный Сою́з *hist* die Heilige Allianz
свяще́нство, -а *n* 1. Priesterwürde, Amt des Priesters 2. *Koll* Priesterschaft, Geistlichkeit
с. г. (сего́ го́да) dieses Jahres
сгиб, -а *m* 1. Knick, Biegung, Krümmung 2. *anat* Gelenk, Beuge
сгиба́тель, -я *m anat* Beugemuskel, Beuger
сгиба́ть(ся) *uv zu* согну́ть(ся)
сги́нуть, -ну, -нешь *v umg* verschwinden; *volksspr* umkommen
сгла́дить, -а́жу, -а́дишь; -а́женный, -а́жен, -а *v* 1. glätten, ebnen 2. *übtr* ausgleichen, abschwächen, verwischen; ~ неро́вности j-m den Weg ebnen, Hindernisse aus dem Weg schaffen || *uv* **сгла́живать,** -аю, -аешь
сгла́диться, *1. u. 2. Pers ungebr*, -ится *v* 1. sich glätten 2. *übtr* sich verwischen, verschwinden || *uv* **сгла́живаться,** -ается
сгла́зить, -жу, -зишь *v umg* durch den bösen Blick behexen
сглупи́ть, -плю́, -пи́шь *v umg* eine Dummheit machen
сгна́ивать *uv zu* сгнои́ть
сгнива́ть *uv zu* сгнить
с|гнить* *v* verfaulen, verwesen || *uv* сгнива́ть, -а́ю, -а́ешь
сгнои́ть, -ою́, -ои́шь; -оённый, -оён, -оена́ *v umg* verfaulen lassen, umkommen lassen || *uv* сгна́ивать, -аю, -аешь
сгова́ривать(ся) *uv zu* сговори́ть(ся)
сго́вор, -а *m* 1. Absprache, Verabredung, Vereinbarung; Komplott 2. *alt* Verlobung, Abmachung der Eltern über die Heirat der Kinder
сговори́ть, -рю́, -ри́шь; -рённый, -рён, -рена́ *v* 1. *volksspr* sich verabreden, ausmachen 2. *alt* verloben (кого́-н. за кого́-н. j-n mit j-m), die Heirat ausmachen || *uv* сгова́ривать, -аю, -аешь
сговори́ться, -рю́сь, -ри́шься *v* eine Abmachung treffen, sich verabreden; zu einem Einverständnis kommen ◇ с ним мо́жно ~ er läßt mit sich reden, mit ihm ist gut auszukommen || *uv* сгова́риваться, -аюсь, -аешься
сгово́рчивый, -ая, -ое; *Kzf* -ив, -а nachgiebig, verträglich; он челове́к ~ er läßt mit sich reden
сгоня́ть *uv zu* согна́ть
сгора́ние, -я *n* Verbrennen, Verbrennung; дви́гатель вну́треннего -я Verbrennungsmotor
сгора́ть *uv zu* сгоре́ть
сго́рбить *v zu* го́рбить
сго́рбиться, -блюсь, -бишься *v* 1. *v zu* го́рбиться 2. krumm werden *Rücken*
сго́рбленный, -ая, -ое gekrümmt, bucklig
сгоре́ть, -рю́, -ри́шь *v* 1. verbrennen, in Flammen aufgehen 2. ausbrennen, seine Kräfte verausgaben 3. brennen, glühen (от *G* vor); он сгоре́л со стыда́ er glühte [verging] vor Scham || *uv* сгора́ть, -а́ю, -а́ешь
сгоряча́ *Adv* im Eifer, unbedacht, in der ersten Aufwallung
сгото́вить, -влю, -вишь; -вленный, -влен, -а *v* 1. *umg* kochen, zubereiten 2. *volksspr* fertig kriegen, schaffen, machen
сгреба́ть *uv zu* сгрести́
с|грести́* *v* 1. zusammenraffen, -schaufeln, -harken 2. *umg* hinunterwerfen, herunterwerfen, hinunterfegen 3. *volksspr* packen, erfassen, umfassen || *uv* сгреба́ть, -а́ю, -а́ешь
сгруди́ться, *1. u. 2. Pers ungebr*, -ди́тся *v umg* sich (zu einer dichten Menge) zusammenscharen, sich aneinanderdrängen, sich zusammenballen
сгружа́ть *uv zu* сгрузи́ть
сгрузи́ть, сгружу́, сгру́зишь; сгру́женный, -жен, -а *u.* сгружённый,

-жён, -жена́ *v* ausladen, abladen ‖ *uv* сгружа́ть, -а́ю, -а́ешь
сгруппирова́ть, -ру́ю, -ру́ешь; -ро́ванный, -ро́ван, -а *v* gruppieren; vereinen ‖ *uv* **сгруппиро́вывать,** -аю, -аешь
сгруппирова́ться, *1. u. 2. Pers ungebr*, -ру́ется *v* sich gruppieren ‖ *uv* **сгруппиро́вываться,** -ается
сгрыза́ть *uv zu* сгрызть
с|грызть* *v* 1. abnagen, zernagen; annagen 2. *übtr* nagen, quälen ‖ *uv* сгрыза́ть, -а́ю, -а́ешь
сгуби́ть, сгублю́, сгу́бишь; сгу́бленный, -блен, -а *v umg* verderben, zugrunde richten, ins Verderben stürzen
сгусти́ть, сгущу́, сгусти́шь; сгущённый, сгущён, -щена́ *v* verdichten; eindicken, kondensieren; konzentrieren ◇ ~ кра́ски dick auftragen, übertreiben ‖ *uv* сгуща́ть, -а́ю, -а́ешь
сгусти́ться, *1. u. 2. Pers ungebr*, -ти́тся *v* dick(flüssig) werden; sich verdichten, sich zusammenziehen; sich (in großer Zahl) ansammeln ◇ атмосфе́ра сгусти́лась es ist dicke Luft ‖ *uv* сгуща́ться, -а́ется
сгу́сток, -тка *m* Gerinnsel, Klumpen
сгуща́емость, -и *f* Kondensierbarkeit
сгуща́ть(ся) *uv zu* сгусти́ть(ся)
сгуще́ние, -я *n* Verdichtung, Kondensierung; Gerinnung *Blut*
сгущённый, -ая, -ое verdichtet, kondensiert; -ое молоко́ Kondensmilch, Büchsenmilch
сда́бривать *uv zu* сдо́брить
сдава́ть *uv zu* сдать
[1]**сдава́ться** *uv zu* сда́ться
[2]**сдава́ться,** сдаётся *unpers uv D umg* den Eindruck erwecken, scheinen; мне сдаётся mir scheint
сдави́ть, сдавлю́, сда́вишь; сда́вленный, -влен, -а *v* zusammendrücken, -pressen, quetschen ◇ страх сдави́л ему́ го́рло die Angst schnürte ihm die Kehle zu ‖ *uv* сда́вливать, -аю, -аешь
сда́вленный, -ая, -ое 1. zusammengedrückt 2. *übtr* unterdrückt, gedämpft, verhalten *Stimme*
сда́вливать *uv zu* сдави́ть
сда́точный, -ая, -ое Abgabe-, Übergabe-, Auslieferungs-
с|дать* *v* 1. abgeben, übergeben; ~ в эксплуата́цию dem Verkehr übergeben, zur Inbetriebnahme ausliefern 2. vermieten; ~ в аре́нду verpachten 3. übergeben, aufgeben, räumen *Gelände* 4. ausgeben, verteilen *Karten beim Spiel* 5. Wechselgeld herausgeben; ~ сда́чу с рубля́ auf einen Rubel herausgeben 6. ablegen; ~ экза́мен eine Prüfung bestehen 7. nachgeben, nachlassen, vermindern; моро́зы сда́ли die Fröste haben nachgelassen 8. *umg* alt werden, in der Leistung nachlassen; мото́р сдал der Motor hörte auf zu laufen ‖ *uv* с|дава́ть*; не сдава́ть те́мпа das Tempo darf nicht vermindert werden
с|да́ться*; сдали́сь *v* 1. sich ergeben, den Kampf aufgeben, die Waffen strecken; ~ на ми́лость победи́теля sich auf Gnade oder Ungnade ergeben; ~ в плен sich gefangengeben 2. nachgeben ‖ *uv* с|дава́ться*
сда́ча, -и, *I* -ей *f* 1. Übergabe, Ablieferung 2. Vermietung; ~ в аре́нду Verpachtung 3. Übergabe, Räumung *von Gelände* 4. Ausgeben, Verteilen *der Karten beim Spiel* 5. Herausgeben von Wechselgeld; Wechselgeld; получи́ть -у с пяти́ рубле́й auf fünf Rubel herausbekommen 6. Ablegung [Bestehen] von Prüfungen ◇ дать -и *umg* einen Hieb parieren, zurückschlagen; получи́ть -и *umg* einen (Revanche-) Hieb einstecken
сдва́ивать *uv zu* сдвои́ть
сдвиг, -а *m* 1. Ruck; Verrücken 2. *geol* Verschiebung, Dislokation 3. *übtr* Umschwung, Wandlung, Verlagerung
сдвига́ть(ся) *uv zu* сдви́нуть(ся)
сдвижно́й, -а́я, -о́е Schiebe-; ~ стол Ausziehtisch
сдви́нуть, -ну, -нешь; -нутый, -нут, -а *v* 1. rücken, schieben, ab-, wegrücken; ~ с ме́ста von einer Stelle wegrücken; *übtr* etw. in Gang bringen 2. zusammenrücken, -schieben; ~ бро́ви die Augenbrauen zusammenziehen ‖ *uv* сдвига́ть, -а́ю, -а́ешь
сдви́нуться, -нусь, -нешься *v* 1. sich verschieben; sich in Bewegung setzen; фотосни́мок сдви́нулся die Aufnahme ist verwackelt 2. zusammenrücken, sich zusammenziehen ‖ *uv* сдвига́ться, -а́юсь, -а́ешься
сдвои́ть, -ою́, -ои́шь; -о́енный, -о́ен, -а *v* verdoppeln, doppelt nehmen ‖ *uv* сдва́ивать, -аю, -аешь
сде́лать(ся) *v zu* де́лать(ся)
сде́лка, -и, *Pl G* -лок, *D* -лкам *f* Vertrag, Geschäft, Vergleich; пойти́ на -у с со́вестью gegen sein Gewissen handeln

сде́льно *Adv* stückweise, pro Stück; рабо́тать ~ im Akkord [im Stücklohn] arbeiten, im Leistungslohn stehen

сде́льный, -ая, -ое Stück-, Akkord-; -ая опла́та труда́ Leistungslohn

сде́льщик, -а *m umg* Akkordarbeiter, Arbeiter im Leistungslohn

сде́льщина, -ы *f* Akkordarbeit, Arbeit im Leistungslohn

сде́льщица, -ы, *I* -ей *f umg* Akkordarbeiterin, Arbeiterin im Leistungslohn

сдёргивать *uv zu* сдёрнуть

сде́ржанность, -и *f* Zurückhaltung, Beherrschtheit

сде́ржанный, -ая, -ое; *Kzf* -жан, -жанна beherrscht; zurückhaltend, reserviert; unterdrückt

сдержа́ть, сдержу́, сде́ржишь; сде́ржанный, -жан, -а *v* **1.** festhalten, zum Stehen bringen, zügeln **2.** *übtr* zurückhalten, beherrschen, unterdrücken ◇ ~ сло́во sein Wort halten; не ~ сло́ва sein Wort brechen ‖ *uv* **сде́рживать,** -аю, -аешь

сдержа́ться, сдержу́сь, сде́ржишься *v* sich beherrschen, sich zurückhalten ‖ *uv* **сде́рживаться,** -аюсь, -аешься

сдёрнуть, -ну, -нешь; -нутый, -нут, -а *v* herunterziehen, wegziehen, wegreißen ‖ *uv* сдёргивать, -аю, -аешь

сдира́ть *uv zu* содра́ть

сдо́ба, -ы *f* **1.** Zutaten zur Verfeinerung von Teig (Milch, Butter, Eier u. ä.) **2.** *Koll* Brötchen *aus verfeinertem Teig,* Milchbrötchen, Butterwecken, Kuchenbrötchen

сдо́бный, -ая, -ое; *Kzf* сдо́бен, -бна́! **1.** mit Milch, Butter, Eiern usw. zubereitet; -ая бу́лка Milchbrötchen, Butterwecken, Kuchenbrötchen **2.** *übtr scherz umg* rundlich, üppig

сдо́брить, -рю, -ришь; -ренный, -рен, -а *v umg* (im Geschmack) verfeinern, schmackhaft machen ‖ *uv* сдабривать, -аю, -аешь

сдоброва́ть: тебе́ не ~ *umg* mit dir wird es kein gutes Ende nehmen

сдо́хнуть, -ну, -нешь; сдох, -ла *v* krepieren, umkommen

сдружа́ть(ся) *uv zu* сдружи́ть(ся)

сдружи́ть, -жу́, -жи́шь *u.* сдру́жишь; сдружённый, -жён, -жена́ *v* verbinden, zu Freunden machen ‖ *uv* сдружа́ть, -а́ю, -а́ешь

сдружи́ться, -жу́сь, -жи́шься *u.* сдру́жишься *v* sich befreunden, sich anschließen (с *I* j-m) ‖ *uv* сдружа́ться, -а́юсь, -а́ешься

сдува́ть *uv zu* сдуть *u.* сду́нуть

сду́ру *Adv umg* vor (lauter) Dummheit, törichterweise

с|дуть* *v* **1.** wegblasen, fortpusten; wegwehen **2.** zusammenblasen; zusammenwehen **3.** *von j-m* abschreiben ‖ *uv* сдува́ть, -а́ю, -а́ешь | сду́нуть, -ну, -нешь; -нутый, -нут, -а *v mom umg zu* 1

сё, сего́ *Dem Pron in den Wendungen:* то и сё *oder* то да сё dieses und jenes; ни то, ни сё weder Fisch noch Fleisch; ни с того́, ни с сего́ aus unbekanntem Grunde, unverständlicherweise

сеа́нс, -а *m* **1.** Vorstellung, Vorführung *im Kino;* Schauturnier *beim Schachspiel* **2.** Sitzung *beim Kunstmaler,* Behandlung *beim Masseur u. ä.*

[1]себе́ ↑ себя́

[2]себе (ohne Betonung) *verstärkende Part; bleibt oft unübersetzt oder:* für sich hin, ungezwungen; идёт ~, ничего́ не замеча́я er geht so für sich hin, ohne etwas zu bemerken; ся́ду ~ в уголо́чке ich setze mich ganz behaglich im Eckchen nieder; так ~ nicht besonders, mäßig; Как вы живёте? Ничего́ (~). Wie geht es Ihnen? Es geht! [Ganz gut!]; ничего́ ~ друг! *umg* das ist mir aber ein feiner Freund!

себесто́имость, -и *f* Selbstkosten(preis)

себя́ *G; D* себе́, *A* себя́, *I* собо́й *u.* собо́ю, *P* о себе́ *refl Pers Pron, bei allen Personen anzuwenden:* mir, mich; dir, dich; sich; uns; euch; sich; он ду́мает то́лько о себе́ er denkt nur an sich; вы ду́маете то́лько о себе́ ihr denkt nur an euch; над собо́й я уви́дел самолёт über mir sah ich ein Flugzeug; э́ти ча́сти свя́заны ме́жду собо́й diese Teile sind miteinander verbunden ◇ она́ была́ о́чень хороша́ собо́й sie war sehr hübsch; я говорю́ от себя́ ich spreche im eigenen Namen; он нашёл рабо́ту по себе́ er fand eine ihm angemessene Arbeit; он оста́вил по себе́ до́брую па́мять er hinterließ ein gutes Andenken; чте́ние про себя́ stilles Lesen; у себя́ bei sich zu Hause; сам по себе́ an sich, als solcher, für sich genommen; вы́йти из себя́ außer sich geraten; быть не в себе́ außer sich sein; прийти́ в себя́ zu sich kommen; ему́ бы́ло не по себе́ a) er fühlte sich (gesundheitlich) nicht wohl; b) es war ihm unbehaglich zumute, er war peinlich berührt; он — себé на умé er ist verschlossen [hinterlistig]

себя|любец, -бца, *I* -бцем, *G Pl* -бцев *m* Egoist, selbstsüchtiger Mensch; **~люби́вый,** -ая, -ое; *Kzf* -и́в, -а selbstsüchtig, egoistisch; **~лю́бие,** -я *n* Selbstsucht, Egoismus

сев, -а *m* Aussaat; Saatzeit; весéнний ~ Frühjahrsbestellung

Севасто́поль, -я *m* Sewastopol

сéвер, -а *m* Norden; к -у [на ~, на -е] от *G* nördlich von; на -е im Norden

сéвернее nördlich (*G* von)

сéверный, -ая, -ое Nord-, nördlich; -ое сия́ние Nordlicht, Polarlicht; ~ олéнь Renntier, Ren; -ее Москвы́ nördlich von Moskau ◇ Сéверная Пальми́ра *poet* Bezeichnung für Petersburg in der russischen klassischen Literatur; Сéверная Амéрика Nordamerika; Сéверное мóре Nordsee; Сéверный Ледови́тый океáн Nördliches Eismeer

сéверо-востóк, -а *m* Nordost(en)

сéверо-востóчный, -ая, -ое Nordost-, nordöstlich

сéверо-зáпад, -а *m* Nordwest(en)

сéверо-зáпадный, -ая, -ое Nordwest-, nordwestlich

североморéц, -рца, *I* -рцем, *G Pl* -рцев *m* Matrose der Nordmeerflotte

сéверо-осети́нский, -ая, -ое nordossetisch; Сéверо-Осети́нская АССР Nordossetische ASSR

северя́нин, -а, *Pl* северя́не, -я́н, -я́нам *m* Nordländer

северя́нка, -и, *Pl G* -нок, *D* -нкам *f* Nordländerin

севооборóт, -а *m landw* Fruchtfolge, Fruchtwechsel

сéврский, -ая, -ое: ~ фарфóр Sèvresporzellan, Porzellan aus Sèvres *bei Paris*

севрю́га, -и *f* Sewruga, Sternhausen *Fisch*

сегмéнт, -а *m* 1. Segment, Kreisabschnitt, Kugelabschnitt 2. *anat* Teil, Abschnitt *eines Körpers, Körperteils oder Organs*

сегóдня [во] 1. *Adv* heute 2. *Subst n idkl* das Heute, die Gegenwart; не ~-зáвтра in den nächsten Tagen, in allernächster Zeit

сегóдняшний [во], -яя, -ее heutig

седáлище, -а, *I* -ем *n alt jetzt scherz* 1. Gesäß 2. Sitz(platz), Thron

седáлищный, -ая, -ое *anat* Gesäß-; ~ нерв Ischiasnerv

седёлка, -и, *Pl G* -лок, *D* -лкам *f* Kammdeckel *Teil des Pferdegeschirrs*

седéльник, -а *m* Sattler

седéльный, -ая, -ое Sattel-

седéть, -éю, -éешь *uv* 1. grau [weiß] werden, graue [weiße] Haare bekommen 2. grau [silbern] schimmern

сединá, -ы́, *Pl* седи́ны, -и́н, -и́нам *f* graues [weißes] Haar, Ergrauen des Haares, graue [weiße] Farbe des Haares ◇ дожи́ть до седи́н ein hohes Alter erreichen

седлáть, -áю, -áешь *uv* satteln

седлó, -á, *Pl* сёдла, сёдел, сёдлам *n* Sattel

седлови́дный, -ая, -ое; *Kzf* -ден, -дна sattelförmig, Sattel-

седлови́на, -ы *f* 1. Einsenkung des Rückens *bei Tieren, bes. beim Pferd* 2. Gebirgssattel

седлóвка, -и, *Pl G* -вок, *D* -вкам *f* Sattelung, Satteln

седоборóдый, -ая, -ое; *Kzf* -óд, -а graubärtig, weißbärtig

седоволóсый, -ая, -ое; *Kzf* -óс, -а grauhaarig, weißhaarig

седóй, -áя, -óе; *Kzf* сед, -á! grau, ergraut, weiß geworden; grauhaarig, weißhaarig

седóк, -á *m* 1. Reiter 2. Fahrgast *in Autos, Equipagen*

седьмóй, -áя, -óе 1. *Num* siebenter; -óго числá am Siebenten (des Monats); -óго ию́ня am siebenten Juni; ~ час es geht auf sieben; в -óм часу́ kurz nach sechs; -áя часть Siebentel; ему́ ~ деся́ток (пошёл) er ist in den Sechzigern 2. -áя, -óй *Subst f* Siebentel

сезáм, -а *m bot* Sesam

сезáмовый, -ая, -ое *bot* Sesam-; -ое мáсло Sesamöl

сезóн, -а *m* 1. Jahreszeit 2. Saison, Zeit; театрáльный ~ (Theater-) Spielzeit; виногрáдный ~ Zeit der Weinlese; ~ роз (Blüte-) Zeit der Rosen

сезóнник, -а *m* Saisonarbeiter

сезóнный, -ая, -ое 1. von der Jahreszeit abhängig 2. Saison-, saisonbedingt, für die Saison gültig

сей, сегó [во], *I* сим, *P* о сём *m*; сия́, сей *f*; сиé, сегó [во], *I* сим, *P* о сём *n*; *Pl* сии́, сих, сим 1. *Dem Pron alt, buchspr, jetzt iron* dieser 2. *Dem Pron* dieser *in den Wendungen*: сегó гóда [*Abk* с. г.] dieses Jahres *bei der Angabe des Datums*; сию́ мину́ту [секу́нду] sofort; до сегó врéмени *oder* до сей поры́ bis zu dieser Zeit;

до сих пор bis jetzt; bis hierher; на сей раз (für) diesmal; по сей день bis auf den heutigen Tag; по сю сторону diesseits; при сём (препровождáется) anbei (senden wir); с получéнием сегó bei Erhalt desselben
сейм, -а *m* 1. Sejm, Parlament *in Polen u. Finnland* 2. *hist* Ständevertretung
сéйнер, -а *m naut* Seiner *kleines Fischereifahrzeug mit Zugnetzen*
сейсми́ческий, -ая, -ое seismisch, Erdbeben-; -ая стáнция Erdbebenwarte
сейсмóграф, -а *m* Seismograph, Erdbebenmesser
сейсмогрáфия, -и *f* 1. Seismogramm, Registrierung des Seismographen 2. Seismik, Erdbebenkunde
сейсмолóгия, -и *f* Seismologie, Seismik, Erdbebenkunde
сейсмóметр, -а *m* Seismometer, Erdbebenmesser
сейф, -а *m* Safe, Stahlfach, Stahlschrank, Stahlkammer
сейчáс *Adv* 1. jetzt, in diesem Augenblick 2. soeben, eben erst 3. sofort, unverzüglich, gleich; ~ (же) за ворóтами gleich [direkt] hinter dem Tor
сéканс [сэ], -а *m math* Sekans, Sekante
секвéстр, -а *m* 1. *jur* Sequestration, behördliche einstweilige Beschlagnahme; наложи́ть ~ sequestrieren, beschlagnahmen 2. *med* Sequester, abgestorbenes (Knochen-) Gewebe
секвестровáть, -рýю, -рýешь; -рóванный, -рóван, -а *v, uv jur* sequestrieren, beschlagnahmen
секи́ра, -ы *f hist* Streitaxt
[1]**секрéт,** -а *m* 1. Geheimnis; по -у im geheimen, im Vertrauen; держáть в -е geheimhalten; под больши́м -ом unter dem Siegel der Verschwiegenheit; замóк с -ом Geheimschloß; ~ полишинéля offenes Geheimnis 2. *mil* Horchposten, vorgeschobener Posten
[2]**секрéт,** -а *m med* Sekret, Drüsenabsonderung
секретариáт, -а *m* Sekretariat
секретáрский, -ая, -ое 1. Sekretärs- 2. Schriftführer-
секретáрствовать, -ствую, -ствуешь *uv* 1. Sekretär sein 2. Schriftführer sein, das Protokoll führen
секретáрша, -и, *I* -ей *f umg* Sekretärin
секретáрь, -я́ *m* 1. Sekretär 2. Schriftführer, Protokollant ◇ госудáрственный ~ Staatssekretär *Außenminister in den USA*
секретéр [тэ], -а *m* Sekretär, Schreibschrank
секрéтничать, -аю, -аешь *uv umg* geheimhalten; geheimtun, tuscheln
секрéтный, -ая, -ое; *Kzf* -тен, -тна geheim, verborgen, vertraulich; Geheim-
секретóрный, -ая, -ое sekretorisch, Sekretions-
секрéция, -и *f* Sekretion, Drüsenabsonderung
сéкста [сэ], -ы *f mus* Sexte
секстáнт, -а *u.* **секстáн,** -а *m astr, naut, flug* Sextant, Winkelmeßinstrument
секстéт [сэ, тэ], -а *m mus* Sextett
сексуáльный, -ая, -ое; *Kzf* -лен, -льна sexuell
сéкта, -ы *f* (religiöse) Sekte
сектáнт, -а *m* Sektierer, Angehöriger einer Sekte; *übtr* Eigenbrötler
сектáнтский, -ая, -ое sektiererisch
сектáнтство, -а *n* Sektierertum
сéктор, -а, *Pl* сéкторы, -ов, -ам *u.* секторá, -óв, -áм *m* 1. *math* Sektor 2. Sektor, Abteilung; Zweig 3. *mil* Abschnitt; ~ обстрéла *mil* Schußfeld
секý ↑ сечь
секуляризáция, -и *f* Säkularisation, Überführung kirchlichen Besitzes in staatlichen [weltlichen]; Verweltlichung
секуляризи́ровать, -рую, -руешь *u.* **секуляризовáть,** -зýю, -зýешь; -зóванный, -зóван, -а *v, uv* säkularisieren, in staatlichen [weltlichen] Besitz überführen
секýнда, -ы *f* Sekunde ◇ ~ в -у *umg* a) genau zur festgesetzten Zeit; (b gleichzeitig
секундáнт, -а *m Sport* Sekundant; *alt* Sekundant *beim Duell*
секýндный, -ая, -ое Sekunden-; sekundenlang; pro Sekunde
секундомéр, -а *m* Stoppuhr
секундометри́ст, -а *m Sport* Zeitnehmer
секýщая, -ей *Subst f math* Sekante, Sekans
[1]**секциóнный,** -ая, -ое *med* 1. Sektions- 2. -ая, -ой *Subst f* Sektionssaal
[2]**секциóнный,** -ая, -ое 1. Sektions-, (Unter-) Abteilungs- 2. Sektions-, aus Teilen (bestehendes); ~ мéтод сбóр-

ки Sektionsbauweise; -ая мéбель Anbaumöbel

[1]**сéкция,** -и *f med* Sektion, Sezieren

[2]**сéкция,** -и *f* 1. Sektion, (Unter-) Abteilung 2. (Bestand-) Teil, Bauteil, Fertigteil

селёдка, -и, *Pl G* -док, *D* -дкам *f* Hering

селёдочница, -ы, *I* -ей *f* länglicher Teller für Heringe

селёдочный, -ая, -ое Herings-

селезёнка, -и, *Pl G* -нок, *D* -нкам *f anat* Milz

селезёночный, -ая, -ое *anat* Milz-

сéлезень, -зня *m* Enterich

селекти́вный, -ая, -ое selektiv; auswählend; trennscharf

селекционéр, -а *m* Fachmann für Selektion; Pflanzenzüchter; Tierzüchter

селекциóнный, -ая, -ое Selektions-

селéкция, -и *f* Selektion, Auslese, Zuchtwahl

селéн, -а *m chem* Selen

селéние, -я *n* Dorf, Siedlung, Ortschaft

селéнистый, -ая, -ое *chem* selenhaltig

селéновый, -ая, -ое *chem* Selen-

сели́тра, -ы *f* Salpeter

сели́тровый, -ая, -ое *u.* **сели́тряный,** -ая, -ое Salpeter-

сели́ть, -лю́, -ли́шь *uv* ansiedeln

сели́ться, -лю́сь, -ли́шься *uv* sich ansiedeln, sich niederlassen

сели́ще, -а, *I* -ем *n arch* frühere Siedlungsstätte

селó, -á, *Pl* сёла, сёл, сёлам *n* (großes) Dorf; на -é auf dem Lande ◇ ни к -ý, ни к гóроду unpassend, fehl am Platze

сéль- *in Zuss Abk für* сéльский Dorf-, Land-

сельдерéй, -я *m* Sellerie

сельдь, -и, *Pl* сéльди, сельдéй, сельдя́м *f* Hering

сельдянóй, -áя, -óе Herings-

селькóр, -а *m* (сéльский корреспондéнт) Dorfkorrespondent

сельмáг, -а *m* (сéльский магази́н) Dorfladen

сéльский, -ая, -ое Dorf-, Land-, ländlich; -ое хозя́йство Landwirtschaft

сельскохозя́йственный, -ая, -ое landwirtschaftlich, Landwirtschafts-; ~ рабóчий Landarbeiter; -ая маши́на Landmaschine

сельсовéт, -а *m* (сéльский совéт) Dorfsowjet

сéльтерская, -ой *Subst f* Selterswasser

сéльтерский, -ая, -ое: -ая водá Selterswasser

сельхоз- *in Zuss Abk für* сельскохозя́йственный landwirtschaftlich, Landwirtschafts-

селяни́н, -а, *Pl* селя́не, -я́н, -я́нам *m alt, gbt* Bauer, Landmann

селя́нка, -и, *Pl G* -нок, *D* -нкам *f alt gbt* Bäuerin

сем- *in Zuss Abk für* семеннóй Samen-, Saat(zucht)-

семáнтика, -и *f* 1. *ling* Bedeutung *eines Wortes oder einer grammatischen Form* 2. *ling* Semantik

семанти́ческий, -ая, -ое *ling* semantisch

семасиологи́ческий, -ая, -ое *ling* semasiologisch

семасиолóгия, -и *f ling* Semasiologie, Bedeutungslehre

семафóр, -а *m* Semaphor, Eisenbahnsignal; *naut* Signalmast

сёмга, -и *f* gemeiner Lachs, Salm

семéйка, -и, *Pl G* семéек, *D* семéйкам *f Dem zu* семья́ Familie

семéйный, -ая, -ое Familien-; -ое положéние Familienstand; ~ человéк Familienvater; он ~ человéк er hat (eine) Familie; -ые делá Familienangelegenheiten; *übtr* innere [private] Angelegenheiten

семéйственность, -и *f* 1. Familiensinn, Liebe zur Familie 2. Vetternwirtschaft, ungerechte Bevorzugung der Verwandten

семéйство, -а *n* Familie; прибавлéние -а Familienzuwachs

Семён, -а *m* Simon

семени́ть, -ню́, -ни́шь *uv umg* trippeln

семени́ться, *1. u. 2. Pers ungebr,* -и́тся *uv bot* Samen tragen

семенни́к, -á *m* 1. *meist Pl bot, landw* Saatfrucht, Saatkörner, Samenpflanze(n); огурéц-~ Saatgurke 2. *landw* Bodenfläche, auf der die Saatfrucht gezogen wird 3. *bot* Fruchthülle 4. *anat* Hoden

семеннóй, -áя, -óе Samen-; Saat-

семеновóд, -а *m* Samenzüchter

семеновóдство, -а *n* Samenzucht; Saatgutzüchterei

семеновóдческий, -ая, -ое Samenzucht-; Saatzucht-

семёрка, -и, *Pl G* -рок, *D* -ркам *f* 1. Sieben *Ziffer; umg Straßenbahn, Omnibus der Linie 7;* Gruppe von sieben Personen oder Gegenständen 2. Sieben *Spielkarte*

сéмеро, -ы́х *kollektives Num* 1. sieben *bei männlichen Subst, die Personen* *bezeichnen, u. bei Pluraliatantum*; их было ~ es waren ihrer sieben, sie waren sieben; ~ ребя́т sieben Kinder 2. sieben Paar; ~ глаз sieben Augenpaare

семéстр, -а *m* Semester

семестрóвый, -ая, -ое Semester-

сéмечко, -а, *Pl* сéмечки, -чек, -чкам *n* 1. Kern; Samenkorn 2. *Pl* Sonnenblumenkerne *zum Essen*

семи- *in Zuss* sieben-

семидесятилéтие, -я *n* 1. siebzig Jahre *Zeitraum* 2. siebzigster Jahrestag, Siebzigjahrfeier; siebzigjähriges Jubiläum; ~ со дня рождéния siebzigster Geburtstag

семи|десятилéтний, -яя, -ее siebzigjährig; **~деся́тый,** -ая, -ое *Num* siebzigster; **~днéвный,** -ая, -ое siebentägig; **~крáтный,** -ая, -ое siebenfach, siebenmalig; **~лéтие,** -я *n* 1. sieben Jahre *Zeitraum* 2. siebenter Jahrestag; siebenjähriges Jubiläum; **~лéтка,** -и, *Pl G* -ток, *D* -ткам *f* 1. Siebenklassenschule 2. Siebenjahrplan; **~лéтний,** -яя, -ее siebenjährig; **~мéсячный,** -ая, -ое 1. siebenmonatig *Dauer oder Alter* 2. siebenmonatlich; **~ми́льный,** -ая, -ое Siebenmeilen- ◇ ~ми́льными шагáми идти́ [двигáться] mit Siebenmeilenschritten vorangehen

семинáр, -а *m* Seminar, Zirkel

семинари́ст, -а *m alt* Seminarist

семинáрия, -и *f alt* 1. Seminar, Lehranstalt 2. geistliches Seminar

семинáрский, -ая, -ое Seminar-, Zirkel-, seminaristisch

семисотлéтие, -я *n* 1. siebenhundert Jahre *Zeitraum* 2. siebenhundertster Jahrestag, Siebenhundertjahrfeier

семи|сотлéтний, -яя, -ее siebenhundertjährig; **~сóтый,** -ая, -ое *Num* siebenhundertster

семи́т, -а *m* Semit

семиты́сячный, -ая, -ое 1. *Num* siebentausendster 2. aus siebentausend bestehend; -ое вóйско ein Heer von siebentausend Mann 3. *umg* im Wert von siebentausend Rubeln

семиугóльник, -а *m* Siebeneck

семиугóльный, -ая, -ое siebeneckig

семичасовóй, -áя, -óе siebenstündig; ~ рабóчий день Siebenstundentag; ~ пóезд Siebenuhrzug

семиэтáжный, -ая, -ое sechsstöckig, siebengeschossig

семнадцатилéтний, -яя, -ее siebzehnjährig

семнáдцатый, -ая, -ое *Num* siebzehnter

семнáдцать, -и *Num* siebzehn

семь, -й, *I* -ью *Num* sieben ◇ кни́га за -ью печáтями ein Buch mit sieben Siegeln; у негó ~ пя́тниц на недéле er ist wetterwendisch, er ändert alle Augenblicke seine Entschlüsse; ~ раз отмéрь — оди́н раз отрéжь *Sprichw* erst besinn's, dann beginn's

сéмьдесят, семи́десяти, *I* семью́десятью *Num* siebzig

семьсóт, семисóт, семистáм, *I* семьюстáми, *P* о семистáх *Num* siebenhundert

сéмью *Adv* sieben mal, mit sieben malgenommen; ~ семь sieben mal sieben

семья́, -й, *Pl* сéмьи, семéй, сéмьям *f* Familie; член -й Familienangehöriger; ~ в шесть человéк eine sechsköpfige Familie

семьяни́н, -а *m* (guter) Hausvater, Familienvater

сéмя, -мени, *Pl* семенá, семя́н, семенáм *n* 1. *bot* Samen; мáсличное ~ Ölsaat 2. *Pl* Saatkorn, Saatgut; Sämereien 3. *biol* Samen, Sperma 4. *übtr* Samen, Quelle, Keim

семядóля, -и *f bot* Samenlappen

семянóжка, -и, *Pl G* -жек, *D* -жкам *f bot* Samenträger

Сéна, -ы *f* Seine *Fluß*

сенбернáр [сэ], -а *m* Bernhardiner *Hunderasse*

сéни, сенéй, -я́м *Pl* Flur, Diele

сенни́к, -á *m* Strohsack, Heusack

сеннóй, -áя, -óе Heu-

сéно, -а *n* Heu

сеновáл, -а *m* Heuboden

сеновороши́лка, -и, *Pl G* -лок, *D* -лкам *f landw* Heuwender

сенозаготóвка, -и, *Pl G* -вок, *D* -вкам *f* Heubeschaffung

сенокóс, -а *m* 1. Heumahd 2. Heuschlag, für die Mahd vorgesehene Wiese

сенокоси́лка, -и, *Pl G* -лок, *D* -лкам *f* Grasmäher, (Gras-) Mähmaschine

сенокóсный, -ая, -ое Heuernte-

сенокошéние, -я *n* Heumahd, Heuernte

сенсациóнный, -ая, -ое; *Kzf* -циóнен, -циóнна sensationell, aufsehenerregend

сенсáция, -и *f* 1. Sensation, Aufsehen; производи́ть -ю Aufsehen erregen 2. Sensation, aufsehenerregendes Ereignis

сенсуали́зм [сэ], -а *m phil* Sensualismus
сенсуа́льный [сэ], -ая, -ое *buchspr* sensuell, sinnlich (wahrnehmbar)
сентенцио́зный [сэ, тэ], -ая, -ое; *Kzf* -зен, -зна *buchspr* sentenziös; moralisierend
сенте́нция [сэ, тэ], -и *f buchspr* Sentenz, Sinnspruch
сентиментали́зм [сэ], -а *m* **1.** *lit* Sentimentalismus **2.** *alt* Sentimentalität, Rührseligkeit, Empfindsamkeit
сентимента́льничать [сэ], -аю, -аешь *uv* sentimental [empfindsam] sein; sentimental [empfindsam] umgehen
сентимента́льный [сэ], -ая, -ое; *Kzf* -лен, -льна **1.** sentimental, empfindsam, rührselig **2.** *lit* den Prinzipien des Sentimentalismus folgend; -ое направле́ние в литерату́ре die Strömung des Sentimentalismus in der Literatur
сентиме́нты ↑ сантиме́нты
сентя́брь, -я́ *m* September ◇ смотре́ть -ём *scherz* düster dreinschauen
сентя́брьский, -ая, -ое September-
сень, -и, *P* о се́ни, в сени́ *f buchspr alt* (schützendes) Dach; Zufluchtsstätte, Heimstätte; под -ью *G* im Schutze von
Се́нька, -и *m Dem zu* Семён *u.* Симео́н
сеньо́р, -а *m* **1.** *hist* Seigneur, Grundherr **2.** Señor, Herr *in Spanien*
Се́ня, -и *m Dem zu* Семён *u.* Симео́н
сепарати́вный, -ая, -ое; *Kzf* -вен, -вна separatistisch
сепарати́стский [исск], -ая, -ое separatistisch, Separatisten-
сепара́тный, -ая, -ое separat, (ab)gesondert; ~ мир Sonderfrieden
сепара́тор, -а *m* Separator; моло́чный ~ Milchentrahmer; магни́тный ~ Erzscheider
сепари́ровать, -рую, -руешь *v, uv* absondern
се́пия [сэ], -и *f* **1.** Sepia, gemeine Tintenschnecke **2.** Sepia, bräunlicher Farbstoff **3.** Sepiazeichnung
се́псис [сэ], -а *f med* Sepsis
септе́т [сэ], -а *m mus* Septett
се́птима [сэ], -ы *f mus* Septime, Septe
септи́ческий [сэ], -ая, -ое *med* septisch
се́ра, -ы *f* **1.** Schwefel **2.** Ohrenschmalz
сера́ль, -я *m* Serail, Palast eines Sultans; Harem im Serail
серафи́м, -а *m* Seraph, Engel
Серафи́м, -а *m männl Vn*
серб, -а *m* Serbe
Се́рбия, -и *f* Serbien
се́рбка, -и, *Pl G* -бок, *D* -бкам *f* Serbin
сербохорва́тский, -ая, -ое serbokroatisch
се́рбский, -ая, -ое serbisch
серви́з, -а *m* Service, Tafelgeschirr
сервирова́ть, -ру́ю, -ру́ешь; -ро́ванный, -ро́ван, -а *v, uv* den Tisch decken; servieren
сервиро́вка, -и *f* **1.** Decken des Tisches; Servieren **2.** Tafelgeschirr; Aufmachung der Tafel
се́рвис, -а *m buchspr* Service, Kundendienst
Серге́й, -я *m männl Vn*
серде́чко, -а, *Pl* серде́чки, -чек, -чкам *n Dem zu* се́рдце ◇ гу́бы -чком herzförmige Lippen; kokett geschürzte Lippen
[1]**серде́чник,** -а *m tech* Kern
[2]**серде́чник,** -а *m* **1.** *umg* Herzkranker **2.** *umg* Arzt für Herzkrankheiten
серде́чный, -ая, -ое; *Kzf* -чен, -чна **1.** Herz- **2.** herzlich, warm, innig; zu Herzen gehend **3.** Herzens-, Liebes- **4.** -ого *Subst m volksspr* der Ärmste ◇ друг ~ *als Anrede* (mein) lieber Freund
серди́тый, -ая, -ое; *Kzf* -и́т, -а **1.** zornig, böse; быть -ым на кого́-н. aufgebracht [böse] gegen j-n sein **2.** reizbar, leicht in Zorn geratend **3.** *umg* heftig, beißend; ~ моро́з beißender [heftiger] Frost ◇ дёшево и -о leicht erhältlich u. dabei zweckentsprechend, preiswert; сде́лать что́-н. под -ую ру́ку etw. im Zorn tun
серди́ть, сержу́, се́рдишь *uv* erzürnen, reizen, ärgern
серди́ться, сержу́сь, се́рдишься *uv* zornig sein, aufgebracht sein, sich ärgern (на *A* über)
сердобо́льный, -ая, -ое; *Kzf* -лен, -льна *umg* mitleidig, mitfühlend
сердоли́к, -а *m min* Karneol
се́рдце [рц], -а, *I* -ем, *Pl* сердца́, -де́ц, -дца́м *n* **1.** Herz **2.** *umg* Zorn, Erregung **3.** Zentrum, Mittelpunkt ◇ ~ па́дает der Mut sinkt (vor Schreck); ~ не лежи́т к кому́-н. [чему́-н.] keinen Sinn für j-n [etw.] haben, keinen Gefallen an j-m [etw.] finden; скрепя́ ~ mit schwerem Herzen, ungern, widerstrebend; от всего́ [чи́стого] -а von ganzem Herzen, aufrichtig; э́то мне по -у das ist nach meinem Geschmack, das gefällt mir; принима́ть что́-н.

близко к -у sich etw. zu Herzen nehmen; у меня́ ~ не на ме́сте ich bin aufgeregt, ich habe keine Ruhe; у меня́ тяжело́ на ~ mir ist es schwer [beklommen] ums Herz; у меня́ отлегло́ от -а mir ist ein Stein vom Herzen gefallen; с глаз доло́й, из -а вон *Sprichw* aus den Augen, aus dem Sinn; в -а́х im Zorn, zornerfüllt; име́ть ~ на кого́-н. zornig [böse] auf j-n sein; сорва́ть ~ на ко́м-н. seinen Zorn an j-m auslassen

сердцебие́ние [рц], -я *n* Herzklopfen

сердцеве́д [рц], -а *m* Menschenkenner

сердциви́дный [рц], -ая, -ое; *Kzf* -ден, -дна herzförmig

сердцеви́на [рц], -ы *f* **1.** *bot* Mark **2.** *bot* (Kern-) Gehäuse **3.** *übtr* Herz, Herzstück, Zentrum

сердцее́д [рц], -а *m umg scherz* Herzensbrecher

сере́бреник, -а *m alt* kleine Silbermünze

серебрёный, -ая, -ое *umg* versilbert

серебри́стый, -ая, -ое; *Kzf* -и́ст, -а **1.** silbrig, silberschimmernd; -ая лиса́ Silberfuchs **2.** silberhell *vom Klang*

серебри́ть, -рю́, -ри́шь; -рённый, -рён, -рена́ *uv* versilbern

серебри́ться, *1. u. 2. Pers ungebr*, -ри́тся *uv* silbern schimmern, silbern glänzen

серебро́, -а́ *n* **1.** Silber **2.** *Koll* Silberwaren, Silberzeug, Tafelsilber **3.** *Koll* kleine Silbermünzen; рубль -о́м ein Rubel in Silber

сере́бряный, -ая, -ое **1.** Silber-, silbern; ~ блеск *min* Silberglanz **2.** silberhell *Klang*

середи́на, -ы *f* **1.** Mitte; в са́мой -е genau in der Mitte **2.** Mittelweg; держа́ться -ы den Mittelweg einschlagen, das Mittelmaß halten; золота́я ~ die goldene Mitte

середи́нный, -ая, -ое Mittel-, in der Mitte gelegener, mittlerer

середня́к, -а́ *m* Mittelbauer

Серёжа, -и, *I* -ей *u.* **Серёж(ень)ка,** -и *m Dem zu* Серге́й

серёжка, -и, *Pl G* -жек, *D* -жкам *f* **1.** Ohrring **2.** *bot* Kätzchen

серена́да, -ы *f mus* Serenade

сере́ть, *1. u. 2. Pers ungebr*, -е́ет *uv* **1.** grau werden **2.** grau schimmern, sich grau abheben

сержа́нт, -а *m mil* Sergeant

сери́йный, -ая, -ое Serien-, Reihen-; -ое произво́дство Serienfertigung; -ое бомбомета́ние *mil* Reihenabwurf von Bomben

се́рия, -и *f* Serie; кинофи́льм в трёх -ях Film in drei Teilen, dreiteiliges Filmwerk

сермя́га, -и *f alt* grobes Tuch; Bauernrock aus grobem Tuch

се́рна, -ы *f* Gemse

сернистоки́слый, -ая, -ое *chem* schwefligsauer; ~ на́трий Natriumsulfit

се́рни́стый, -ая, -ое **1.** schwefelhaltig **2.** *chem* schweflig; -ая кислота́ schweflige Säure

серноватистоки́слый, -ая, -ое *chem* unterschwefligsauer

сернова́тистый, -ая, -ое *chem* unterschwefelig

серноки́слый, -ая, -ое *chem* schwefelsauer; ~ на́трий Natriumsulfat

се́рный, -ая, -ое *chem* Schwefel-; -ая кислота́ Schwefelsäure

серова́тый, -ая, -ое gräulich, ins Graue spielend

сероводоро́д, -а *m chem* Schwefelwasserstoff

серогла́зый, -ая, -ое; *Kzf* -а́з, -а grauäugig

серо́зный, -ая, -ое *med* serös; -ая оболо́чка Serosa

сероуглеро́д, -а *m chem* Schwefelkohlenstoff

серп, -а́ *m* Sichel

серпанти́н, -а *m* Papierschlange

серпя́нка, -и *f text* Marly, gazeartiges Baumwollgewebe

серсо́ *n idkl* Reifenspiel; игра́ть в ~ das Reifenspiel spielen, mit Reifen spielen

серча́ть, -а́ю, -а́ешь *uv volksspr* sich ärgern, böse sein

се́рый, -ая, -ое; *Kzf* сер, -а́! **1.** grau **2.** trübe **3.** *übtr* farblos, fade, unbedeutend

серьга́, -и́, *Pl* се́рьги, серёг, серьга́м *f* **1.** Ohrring **2.** *tech* Lasche

серьёзничать, -аю, -аешь *uv umg* übertrieben ernst tun

серьёзно *Adv* **1.** ernst **2.** allen Ernstes, in der Tat, wirklich

серьёзный, -ая, -ое; *Kzf* -зен, -зна **1.** ernst, ernsthaft **2.** wichtig, gewichtig; -ая кни́га ein ernst zu nehmendes Buch; -ое реше́ние a) ein wichtiger Beschluß; b) ein folgenschwerer Entschluß

се́ссия, -и *f* Tagung, Sitzungsperiode; выездна́я ~ *jur* Lokaltermin; (экзаменацио́нная) ~ Prüfungsperiode

сестра́, -ы́, *Pl* сёстры, сестёр, сёст-

рам *f* 1. Schwester; двою́родная ~ Kusine, Base 2. (медици́нская) ~ Krankenschwester; ~ милосе́рдия *alt* Krankenschwester 3. Nonne ◇ на́ша ~ meinesgleichen, unseresgleichen *von weibl Personen*
се́стрин, -а, -о *umg* der Schwester gehörig, der Schwester
се́стринский, -ая, -ое 1. Krankenschwestern- 2. *umg* Schwestern-, schwesterlich
сестри́ца, -ы, *I* -ей *f Dem zu* сестра́ Schwesterchen
сестри́чка, -и, *Pl G* -чек, *D* -чкам *f Dem zu* сестра́ Schwesterchen
сесть* *v* 1. sich setzen; ~ за стол sich an den Tisch setzen, sich zu Tisch setzen 2. в *A* einsteigen; an Bord gehen 3. за *A* sich etw. vornehmen, sich an etw. setzen; ~ за рабо́ту an die Arbeit gehen 4. на *A* sich niederlassen, landen 5. untergehen *von Gestirnen* 6. *1. u. 2. Pers ungebr* einlaufen, eingehen *von Stoffen* ◇ ~ на мель a) auf Grund laufen; b) in finanzielle Schwierigkeiten geraten, auf dem Trockenen sitzen ‖ *uv* сади́ться, -жу́сь, -ди́шься
се́тка, -и, *Pl G* -ток, *D* -ткам *f* 1. kleines Netz; кали́льная ~ *tech* Glühstrumpf 2. *Sport* Netz 3. Kartennetz, Gradnetz 4. Tabelle; тари́фная ~ Tarifnetz, Tarifstaffelung 5. *umg* Netzhemd 6. *vet* Netzmagen
се́товать, -ую, -уешь *uv* на *A* klagen, jammern; beklagen, bejammern ‖ *v* посе́товать
се́ттер [сэтэр], -а *m* Setter *Hunderasse*
сетча́тка, -и *f anat* Netzhaut
сетчатокры́лые *Pl* -ых, *Sg* сетчатокры́лое, -ого *Subst n zool* Netzflügler
се́тчатый, -ая, -ое; *Kzf* -ат, -а Netz-, netzartig
сеть, -и, *P* о се́ти, в сети́, *Pl* се́ти, сете́й, сетя́м *f* Netz; рыболо́вная ~ Fischernetz; электри́ческая ~ Stromnetz; пойма́ть кого́-н. в свои́ -и j-n in seine Netze [in die Falle] locken; попа́сть в -и a) ins Garn geraten, in die Falle gehen; b) sich verlieben; расставля́ть -и a) Netze spannen [stellen]; b) *übtr* Fallstricke legen
Сеу́л, -а *m* Söul
се́ча, -и, *I* -ей *f alt, hoher Stil* Schlacht
сече́ние, -а *n* 1. Schneiden 2. Schnitt, Einschnitt; ке́сарево ~ *med* Kaiserschnitt
се́чка, -и, *Pl G* -чек, *D* -чкам *f* 1. Hackmesser, Wiegemesser 2. *landw* Häcksel
Сечь, -и *f* Setsch *Selbstverwaltungsorganisation der ukrainischen Kosaken im 16.–18. Jahrh.*
сечь* *uv* 1. peitschen, prügeln 2. zerhacken, zerhauen 3. *1. u. 2. Pers ungebr* peitschen, schlagen; дождь так и сёк в окно́ der Regen trommelte gegen das Fenster
се́чься*; секла́сь *uv* brechen, fasern, sich spalten; во́лосы секу́тся das Haar wird brüchig ‖ *v* по|се́чься*
се́ялка, -и, *Pl G* -лок, *D* -лкам *f* Sämaschine; рядова́я ~ Drillmaschine
се́янец, -нца, *I* -нцем, *G Pl* -нцев *m landw* Sämling
се́ятель, -я *m alt, hoher Stil* Sämann, Säer
се́ять, се́ю, се́ешь *uv* 1. säen 2. *übtr* verbreiten 3. sieben ‖ *v* посе́ять; посе́янный, -ян, -а *zu* 1 *u.* 2; что посе́ешь, то и пожнёшь *Sprichw* was du säst, wirst du auch ernten
сжа́литься, -люсь, -лишься *v* над *I* sich erbarmen, Mitleid haben (mit)
сжа́тие, -я *n* 1. Zusammenpressen, -ballen 2. *tech* Verdichtung, Kompression
сжа́тый, -ая, -ое 1. zusammengepreßt, geballt 2. *tech* komprimiert; ~ во́здух Druckluft, Preßluft 3. *übtr* kurz, knapp, gedrängt
[1]**с|жать**[1]*, сожму́ *v* 1. (zusammen)pressen, (zusammen)drücken; ~ ру́ку в кула́к die Hand zur Faust ballen; ~ в объя́тиях fest in die Arme schließen, herzhaft umarmen 2. *tech* komprimieren 3. (ab)kürzen ‖ *uv* сжима́ть, -а́ю, -а́ешь
[2]**с|жать**[2]*, сожну́ *v* (ab)schneiden, (ab)mähen, ernten *von Getreide* ‖ *uv* сжина́ть, -а́ю, -а́ешь
с|жа́ться[1]*, сожму́сь *v* 1. sich zusammenpressen, sich zusammenziehen, sich krümmen, sich verkrampfen; (zusammen)schrumpfen 2. *tech* sich komprimieren ‖ *uv* сжима́ться, -а́юсь, -а́ешься
сжечь* *v* verbrennen, verbrennen lassen ‖ *uv* сжига́ть, -а́ю, -а́ешь
сжива́ть(ся) *uv zu* сжи́ть(ся)
сжига́ть, -а́ю, -а́ешь *uv* 1. *uv zu* сжечь 2. *übtr* verzehren ◇ ~ свои корабли́ alle Brücken hinter sich abbrechen
сжиди́ть, сжижу́, сжиди́шь; сжи́-

женный, -ен, -а *v tech* flüssig machen, verflüssigen ‖ *uv* **сжижа́ть,** -а́ю, -а́ешь
сжима́емость, -и *f tech* Kompressionsfähigkeit, Kompressibilität
сжима́ть *uv zu* [1]сжать
сжима́ться *uv zu* сжа́ться
сжина́ть *uv zu* [2]сжать
с|жить* *v*: ~ кого́-н. с кварти́ры j-n aus der Wohnung vertreiben; ~ кого́-н. со́ света *oder* со све́та [со́ свету *oder* со свету́] j-n unter die Erde bringen ‖ *uv* сжива́ть, -а́ю, -а́ешь
с|жи́ться*; сжили́сь *v* с *I* **1.** *umg* sich gewöhnen (an), sich einleben, sich allmählich anfreunden (mit) **2.** vertraut werden (mit), verwachsen (mit); sich abfinden (mit) ‖ *uv* сжива́ться, -а́юсь, -а́ешься
сжу́льничать, -аю, -аешь *v umg* betrügen, mogeln
сза́ди 1. *Adv* hinten; von hinten; напада́ть ~ von hinten [hinterrücks] angreifen **2.** *Präpos mit G* hinter; ~ до́ма hinter dem Haus
сзыва́ть *uv zu* созва́ть
сибари́т, -а *m* Sybarit, Schwelger, Weichling
сибари́тствовать, -твую, -твуешь *uv* ein schwelgerisches, nichtstuerisches Leben führen
сиби́рский, -ая, -ое sibirisch; ~ кедр *bot* Zirbelkiefer; -ая я́зва *vet* Milzbrand
Сиби́рь, -и *f* Sibirien
сибиря́к, -а́ *m* Sibirier
сибиря́чка, -и, *Pl G* -чек, *D* -чкам *f* Sibirierin
сиве́ть, -е́ю, -е́ешь *uv umg* grau werden *Haare*
си́вка, -и, *Pl G* -вок, *D* -вкам *f umg* Grauschimmel
сиву́ха, -и *f* Fusel
сиву́шный, -ая, -ое Fusel-; -ое ма́сло Fuselöl
си́вый, -ая, -ое; *Kzf* сив, -а́! aschgrau, blaugrau, grauschwarz *Farbe von Pferden*
сиг, -а́ *m zool* Renke *Fisch*
сига́ра, -ы *f* Zigarre
сигаре́та, -ы *f* **1.** Zigarillo **2.** Zigarette ohne Mundstück
сигаре́тка, -и, *Pl G* -ток, *D* -ткам *f Dem zu* сигаре́та **1.** Zigarillo **2.** Zigarette ohne Mundstück
сигна́л, -а *m* Signal, Zeichen; ~ бе́дствия Notsignal, SOS-Ruf; пода́ть ~ signalisieren
сигнализа́тор, -а *m tech* Signalgeber, Zeichengeber
сигнализа́ция, -и *f* Signalisierung, Zeichengebung; ручна́я ~ Signaldienst; светова́я ~ Blinken, Blinkverbindung; пожа́рная ~ Feuermelder
сигнализи́ровать, -рую, -руешь *v*, *uv* signalisieren, Signale [Zeichen] geben; warnen (о *P* vor)
сигна́льный, -ая, -ое Signal-; ~ звоно́к Alarmglocke
сигна́льщик, -а *m* Signalgeber; *naut* Signalgast
сигнату́ра, -ы *f* **1.** Signatur **2.** *pharm* Dosierungsvorschrift
сиде́лка, -и, *Pl G* -лок, *D* -лкам *f* Krankenwärterin
сиде́ние, -я *n* **1.** Sitzen **2.** Sitz
сиде́нье, -я *n* Sitz; откидно́е ~ Klappsitz
сиде́ть, сижу́, сиди́шь; си́дя *uv* **1.** sitzen; мне неудо́бно ~ ich sitze unbequem; ~ на ко́рточках kauern, hocken; ~ без де́ла untätig dasitzen, keine Beschäftigung haben **2.** *1. u. 2. Pers ungebr* sitzen, passen ◇ кора́бль сиди́т неглубоко́ das Schiff hat geringen Tiefgang; ~ на мели́ a) gestrandet sein; b) *übtr* auf dem Trockenen sitzen; си́днем ~ zu Hause hocken, ein Stubenhocker sein; (э́то у меня́) вот где сиди́т! das geht mir an die Nieren, ich habe es satt; ~ у мо́ря и ждать пого́ды sich unbestimmten Hoffnungen hingeben, vergeblich auf etw. warten ‖ *uv iterativ* си́живать, *Präs ungebr umg*
сиде́ться, сиди́тся *unpers uv*: ему́ не сиди́тся на ме́сте er kann nicht still sitzen, er hat kein Sitzfleisch; ему́ не сиди́тся до́ма er hat keine Ruhe [keine Lust], zu Hause zu sitzen, es treibt ihn aus dem Hause
сидмя́ *Adv*: ~ сиде́ть *volksspr* lange sitzen; ein Stubenhocker sein
Си́дней, -я *m* Sydney *Stadt*
сидр, -а *m* Zider, Apfelwein
сидя́чий, -ая, -ее sitzend; Sitz-; в -ем положе́нии sitzend; -ее ме́сто Sitzplatz
сие́ ↑ сей
сиени́т, -а *m geol* Syenit
си́живать *uv iterativ zu* сиде́ть
сизи́фов, -а, -о: ~ труд Sisyphusarbeit, vergebliche Arbeit, Arbeit ohne Ende
си́зый, -ая, -ое; *Kzf* сиз, -а́! graublau, taubenblau

сий ↑ сей

си́ла, -ы *f* 1. Kraft; Stärke; Gewalt; рабо́чая ~ Arbeitskräfte; производи́тельные -ы Produktivkräfte; лошади́ная ~ Pferdestärke, PS; подъёмная ~ Tragfähigkeit; покупа́тельная ~ Kaufkraft; потеря́ть -у *jur* außer Kraft gesetzt werden, erlöschen; примене́ние -ы Gewaltanwendung; -ою до ро́ты *mil* etwa in Kompaniestärke; быть в -ах imstande sein; э́то ему́ не под -у [не по -ам] das geht über seine Kräfte; не жале́ть сил keine Mühe scheuen; собра́ться с -ами neue Kräfte sammeln; он че́рез -у хо́дит er kann kaum gehen; он че́рез -у ест er kann kaum essen, er ißt mit Widerwillen [Überwindung] 2. *Pl mil* (Streit-) Kräfte; морски́е -ы Seestreitkräfte, Flotte ◇ в -у kraft, infolge; сил нет, как надое́л *volksspr* es ist nicht zu sagen, wie er mich langweilt

сила́ч, -а́, *I* -о́м, *G Pl* -е́й *m* Kraftmensch, Athlet

силика́т, -а *m* 1. *chem* Silikat 2. *Pl* Silikaterzeugnisse

си́литься, -люсь, -лишься *uv mit Inf umg* sich anstrengen, sich bemühen

сили́ций, -я, *P* -и *m chem* Silizium

силко́м *Adv volksspr* mit Gewalt

силлаби́ческий, -ая, -ое *lit* syllabisch

силово́й, -а́я, -о́е Kraft-; -а́я ста́нция Kraftwerk, Elektrizitätswerk; -ы́е упражне́ния *Sport* Kraftübungen

си́лой *Adv* mit Gewalt, gewaltsam

сило́к, -лка́ *m* Fangschlinge

силоме́р, -а *m* Kraftmesser

[1]**си́лос,** -а *m landw* Silage, Silofutter, Gärfutter

[2]**си́лос,** -а *m* Silo, Speicher

силосова́ть, -су́ю, -су́ешь; -со́ванный, -со́ван, -а *v, uv* silieren, zu Gärfutter verarbeiten

силосоубо́рочный, -ая, -ое: ~ комба́йн Mähhäcksler

силуэ́т, -а *m* Silhouette; Schattenbild

сильноде́йствующий, -ая, -ее starkwirkend

си́льный, -ая, -ое 1. *Kzf* си́лен *u.* силён, сильна́, си́льно, си́льны́ stark; kräftig; heftig; -ое госуда́рство mächtiger Staat; -ая маши́на leistungsfähige Maschine; -ое доказа́тельство überzeugender Beweis 2. -о *Adv*: -о жела́ть sehnlich wünschen

симбио́з, -а *m biol* Symbiose

си́мвол, -а *m* Symbol, Sinnbild ◇ ~ ве́ры *rel* Bekenntnisschrift, Kredo

символизи́ровать, -рую, -руешь *v, uv* symbolisieren, sinnbildlich darstellen

символи́зм, -а *m* 1. Symbolik; symbolische Bedeutung 2. *lit, Kunst* Symbolismus

симво́лика, -и *f* Symbolik; symbolische Bedeutung

символи́ческий, -ая, -ое *u.* **символи́чный,** -ая, -ое; *Kzf* -чен, -чна 1. symbolisch 2. *lit, Kunst* den Prinzipien des Symbolismus folgend

Симео́н, -а *m* Simon

симметри́ческий, -ая, -ое *u.* **симметри́чный,** -ая, -ое; *Kzf* -чен, -чна symmetrisch

симметри́я, -и *f* Symmetrie

симпатизи́ровать, -рую, -руешь *uv D* sympathisieren (mit)

симпати́ческий, -ая, -ое 1. *alt* sympathisch 2.: ~ нерв *med* Sympathikus; -ая не́рвная систе́ма *med* sympathisches Nervensystem 3. sympathetisch; -ие сре́дства sympathetische [suggestive] Mittel; -ие черни́ла sympathetische Tinte, Geheimtinte

симпати́чный, -ая, -ое; *Kzf* -чен, -чна sympathisch

симпа́тия, -и *f* Sympathie

симптомати́ческий, -ая, -ое *buchspr* symptomatisch, bezeichnend; -ое лече́ние *med* symptomatische Behandlung, Behandlung einer Krankheit nach ihren Anzeichen

симули́ровать, -рую, -руешь; -рованный, -рован, -а *v, uv* simulieren, heucheln, vortäuschen

симуля́ция, -и *f* Simulation, Vortäuschung

Симферо́поль, -я *m* Simferopol

симфони́ческий, -ая, -ое symphonisch, sinfonisch, Symphonie-, Sinfonie-

симфо́ния, -и *f* Symphonie, Sinfonie

синаго́га, -и *f* Synagoge

синдика́т, -а *m* 1. Syndikat, Verkaufsorganisation im Monopolkapitalismus 2. Syndikat, Gewerkschaft *in einigen kapitalistischen Ländern*

синева́, -ы́ *f* Blau, Bläue; ~ под глаза́ми (dunkle) Augenringe, Schatten unter den Augen

синева́тый, -ая, -ое; *Kzf* -а́т, -а bläulich

сине́ль, -и *f text* Chenille

синера́ма, -ы *f* Cinerama *Breitwandsystem im Kino*
синеро́д, -а *m chem* Zyan
сине́ть, -е́ю, -е́ешь *uv* **1.** blau [blauer] werden, sich blau färben **2.** blau schimmern
си́ний, -яя, -ее; *Kzf* синь, синя́, си́не *u. alt, volksspr* синё (dunkel)blau
сини́льный, -ая, -ое: -ая кислота́ Blausäure
сини́ть, синю́, сини́шь; синённый, -ён, -ена́ *uv* **1.** (dunkel)blau färben **2.** bläuen, in Wasser mit Waschblauzusatz spülen
сини́ца, -ы, *I* -ей *f* Meise
синко́па, -ы *f mus, ling* Synkope
сино́д, -а *m rel* Synode
сино́ним, -а *m ling* Synonym, sinnverwandtes Wort
синони́мика, -и *f* **1.** *ling* Synonymik, Lehre von der Sinnverwandtschaft der Wörter **2.** *ling* Bestand der Synonyme einer Sprache
синоними́ческий, -ая, -ое *u.* **синоними́чный,** -ая, -ое; *Kzf* -чен, -чна *ling* synonym, sinnverwandt
синони́мия, -и *f ling* Sinnverwandtschaft, Bedeutungsverwandtschaft
сино́птик, -а *m* Meteorologe für großräumige Wetteranalysen
синопти́ческий, -ая, -ое **1.** *buchspr* synoptisch; zusammenstellend; zusammengestellt **2.**: -ая метеороло́гия *met* Synoptik
си́нтаксис, -а *m ling* Syntax
синтакси́ческий, -ая, -ое *ling* syntaktisch
си́нтез [тэ], -а *m* Synthese; ~ я́дер Kernverschmelzung
синтези́ровать [тэ], -рую, -руешь; -рованный, -рован, -а *v, uv* **1.** vereinigen; verallgemeinern **2.** *chem* synthetisieren
синтети́ческий [тэ], -ая, -ое synthetisch
си́нус, -а *m anat, math* Sinus
синхронизи́ровать, -рую, -руешь; -рованный, -рован, -а *v, uv tech* synchronisieren
синхрон(ист)и́ческий, -ая, -ое *buchspr* synchron(isch), gleichlaufend; synchronistisch, Gleichzeitiges zusammenstellend
синхрони́чный, -ая, -ое; *Kzf* -чен, -чна *buchspr* synchron(isch), gleichlaufend
синь, -и *f* **1.** Blau **2.** *alt* blaue Farbe
си́нька, -и, *Pl G* -нек, *D* -ням *f* **1.** Waschblau **2.** Blaupapier
синю́ха, -и *f u.* **синю́шность,** -и *f med* Blausucht, Zyanose
синя́к, -а́ *m* blauer Fleck, blutunterlaufene Stelle; -и́ под глаза́ми (dunkle) Augenringe
сипе́ть, сиплю́, сипи́шь *uv* heiser sprechen, krächzen
си́плый, -ая, -ое; *Kzf* сипл, -ла́! heiser, krächzend
си́пнуть, -ну, -нешь; сип *u.* си́пнул, си́пла *uv* heiser werden
сипота́, -ы́ *f umg* (krankhafte) Heiserkeit
сире́на, -ы *f* **1.** Sirene, Nebelhorn, Hupe **2.** *myth* Sirene, Meerjungfrau; *übtr* Verführerin
сире́невый, -ая, -ое **1.** Flieder- **2.** fliederfarben, lila
сире́нь, -и *f* Flieder
сири́ец, -и́йца, *I* -и́йцем, *G Pl* -и́йцев *m* Syrier
сири́йка, -и, *Pl G* -ри́ек, *D* -ри́йкам *f* Syrierin
сири́йский, -ая, -ое syrisch
Си́рия, -и *f* Syrien
сиро́п, -а *m* Sirup
сирота́, -ы́, *Pl* сиро́ты, -о́т, -о́там *m, f* Waisenkind, Waise; кру́глый ~ *bzw.* кру́глая ~ Vollwaise
сироте́ть, -е́ю, -е́ешь *uv* **1.** verwaisen, die Eltern verlieren **2.** *übtr* verwaisen, veröden
сиротли́вый, -ая, -ое; *Kzf* -и́в, -а verwaist, verlassen, vereinsamt
сиро́тский, -ая, -ое Waisen-
сиро́тство, -а *n* **1.** Verwaistheit, Waisenstand **2.** *übtr* Verwaistheit, Verlassenheit, Einsamkeit
систе́ма, -ы *f* System; мы́шечная ~ *anat* Muskulatur; капиталисти́ческая ~ *pol* kapitalistische Gesellschaftsordnung; ~ произво́дства Produktionssystem; рабо́тать в -е Акаде́мии нау́к innerhalb [im Rahmen] der Akademie der Wissenschaften arbeiten
систематиза́ция, -и *f* Systematisierung
систематизи́ровать, -рую, -руешь; -рованный, -рован, -а *v, uv* systematisieren, in ein System bringen
системати́ческий, -ая, -ое *u.* **системати́чный,** -ая, -ое; *Kzf* -чен, -чна systematisch; ständig, regelmäßig
си́тец, -тца, *I* -тцем *m text* Kattun
си́течко, -а, *Pl G* -чек, *D* -чкам *n Dem zu* си́то kleines Sieb; (ча́йное) ~ Teesieb
[1]**си́тник,** -а *m umg* Weißbrot, Brot aus gesiebtem Weizenmehl

[2]**ситник,** -а *m bot* Binse
ситный, -ая, -ое 1. gesiebt 2. aus gesiebtem Weizenmehl gebacken 3. -ого *Subst m* Weißbrot, Brot aus gesiebtem Weizenmehl
сито, -а *n* Sieb
ситови́дный, -ая, -ое; *Kzf* -ден, -дна siebartig, siebförmig
ситуа́ция, -и *f* Situation
си́тцевый, -ая, -ое *text* Kattun-
ситценабивно́й, -а́я, -о́е *text* Kattundruck-; -а́я фа́брика Kattundruckerei
си́филис, -а *m med* Syphilis
сифилити́ческий, -ая, -ое *med* syphilitisch
сифо́н, -а *m* Siphon
сицили́ец, -и́йца, *I* -и́йцем, *G Pl* -и́йцев *m* Sizilianer
сицили́йка, -и, *Pl G* -и́ек, *D* -и́йкам *f* Sizilianerin
сицили́йский, -ая, -ое sizilianisch
Сици́лия, -и *f* Sizilien
сия́ние, -а *n* Schein, Glanz, Leuchten; се́верное ~ Nordlicht
сия́тельство, -а *n in Verbindung mit den Pron* ва́ше, его́, их *hist* Durchlaucht *Titel für Fürsten u. Grafen*
сия́ть, -я́ю, -я́ешь *uv* leuchten, glänzen, strahlen; ~ от ра́дости [ра́достью] vor Freude strahlen
скабрёзный, -ая, -ое; *Kzf* -зен, -зна schlüpfrig, anstößig, skabrös
скагерра́к, -а *m* Skagerrak
сказ, -а *m* 1. *lit* folkloristische Erzählung 2. *lit* Erzählung in der Ichform 3. *volksspr* Gespräch, Rede ◇ вот (тебе́) и весь ~ das ist alles, weiter gibt es nichts zu sagen
сказа́ние, -я *n lit* Sage, Legende
с|каза́ть* *v* 1. sagen, mitteilen 2. befehlen ◇ ска́жем sagen wir, zum Beispiel; скажи́(те)! was du nicht sagst (was Sie nicht sagen)!, ich bitte dich (Sie)!; легко́ ~ leicht gesagt; лу́чше [верне́е, про́ще, точне́е] ~ besser [richtiger, einfacher, genauer] gesagt; не́чего ~! wirklich, da gibt es nichts zu sagen!; так ~ sozusagen; по пра́вде [пра́вду] ~ ehrlich gesagt; с позволе́ния ~ mit Verlaub zu sagen
с|каза́ться* *v* 1. на *P* sich zeigen, zum Ausdruck kommen; sich auswirken 2. *I umg* sich melden, sich ausgeben (als); ~ больны́м sich krank melden 3. *volksspr* Bescheid sagen ‖ *uv* ска́зываться, -аюсь, -аешься
скази́тель, -я *m* Erzähler, Sänger *von Bylinen, Märchen u. a.*
ска́зка, -и, *Pl G* -зок, *D* -зкам *f* 1. Märchen; волше́бная ~ Zaubermärchen 2. *umg* Erfindung, Lüge ◇ ~ про бе́лого бычка́ endlose Wiederholung; ни в -е сказа́ть, ни перо́м описа́ть *folkl* außerordentlich, ungewöhnlich
ска́зочник, -а *m* Märchenerzähler
ска́зочница, -ы, *I* -ей *f* Märchenerzählerin
ска́зочный, -ая, -ое 1. Märchen- 2. *Kzf* -чен, -чна *übtr* märchenhaft, ungewöhnlich, unglaublich
сказу́емое, -ого *Subst n gram* Prädikat
ска́зываться *uv zu* сказа́ться
скака́лка, -и, *Pl G* -лок, *D* -лкам *f* Springseil
скака́ть* *uv* 1. springen, hüpfen 2. schnell reiten, galoppieren; ~ во весь дух mit verhängten Zügeln galoppieren ‖ *v mom* **скакну́ть,** -ну́, -нёшь zu 1
скаково́й, -а́я, -о́е Renn-; -а́я ло́шадь Rennpferd, Renner
скаку́: на ~ im Galopp; на всём [по́лном] ~ in vollem Galopp
скаку́н, -а́ *m* Rennpferd
скала́, -ы́, *Pl* ска́лы, скал, ска́лам *f* Fels, Felsen
скали́стый, -ая, -ое; *Kzf* -и́ст, -а felsig
ска́лить, -лю, -лишь *uv* 1.: ~ зу́бы die Zähne fletschen 2. *volksspr* lachen, grinsen
ска́лка, -и, *Pl G* -лок, *D* -лкам *f* 1. Nudelholz 2. Docke *bei der Wäscherolle*
ска́лывать *uv zu* сколо́ть
скальд, -а *m hist* Skalde, altnordischer Dichter und Sänger
скальки́ровать, -рую, -руешь; -рованный, -рован, -а *v* 1. durchpausen 2. *ling* durch eine Lehnübersetzung wiedergeben
скалькули́ровать *v zu* калькули́ровать
ска́льный, -ая, -ое steinig, felsig; -ые рабо́ты Arbeiten auf steinigem Grund
ска́льпель, -я *m* Skalpell, chirurgisches Messer
скальпи́ровать, -рую, -руешь; -рованный, -рован, -а *v, uv* skalpieren
скаме́ечка, -и, *Pl G* -чек, *D* -чкам *f Dem zu* скаме́йка Bänkchen, Schemel
скаме́йка, -и, *Pl G* -ме́ек, *D* -ме́йкам *f* Bank
скамья́, -и́, *Pl* ска́мьи́, скаме́й, ска-

мья́м *f* Bank; ~ подсуди́мых *jur* Anklagebank

сканда́л, -а *m* Skandal; Krawall, Radau; устро́ить кому́-н. ~ j-m einen Skandal machen

скандализи́ровать, -рую, -руешь; -рованный, -рован, -а *v*, *uv A buchspr* skandalisieren, Ärgernis verursachen; (j-n) in eine peinliche Lage bringen

скандали́ст, -а *m* Radaumacher

сканда́лить, -лю, -лишь *uv* 1. lärmen, randalieren 2. *A umg, alt* (j-n) in eine peinliche Lage bringen, (j-n) bloßstellen

сканда́льничать, -аю, -аешь *uv umg* lärmen, randalieren

сканда́льный, -ая, -ое; *Kzf* -лен, -льна 1. skandalös, Skandal- 2. *umg* händelsüchtig

скандина́в, -а *m* Skandinavier

Скандина́вия, -и *f* Skandinavien

скандина́вский, -ая, -ое skandinavisch; Скандина́вский полуо́стров Skandinavische Halbinsel

сканди́ровать, -рую, -руешь; -рованный, -рован, -а *uv lit* skandieren

ска́пливать *uv zu* [1]скопи́ть

ска́пливаться *uv zu* скопи́ться

скапу́ститься, -у́щусь, -у́стишься *v volksspr* abkratzen, sterben

скапу́титься, -у́чусь, -у́тишься *v volksspr* abkratzen, sterben

ска́пывать *uv zu* скопа́ть

скарб, -а *m Koll umg* Habseligkeiten; со всем -ом mit Sack und Pack

ска́ред, -а *m u.* **ска́реда,** -ы *m, f umg* Geizkragen

ска́редничать, -аю, -аешь *uv umg* geizen, knausern

ска́редный, -ая, -ое; *Kzf* -ден, -дна *umg* geizig, knauserig

скарлати́на, -ы *f med* Scharlach

скарлатино́зный, -ая, -ое *med* Scharlach-, an Scharlach erkrankt

ска́рмливать *uv zu* скорми́ть

[1]**скат,** -а *m* Abhang, abschüssige Fläche

[2]**скат,** -а *m* 1. Rad; Bereifung *beim Auto* 2.: колёсный ~ Achse mit Rädern *bei der Eisenbahn*

[3]**скат,** -а *m zool* Rochen

ската́ть, -а́ю, -а́ешь; ска́танный, -ан, -а *v* zusammenrollen; zu einer Kugel rollen || *uv* ска́тывать, -аю, -аешь

ска́терть, -и, *Pl* ска́терти, скатерте́й *u.* ска́тертей, скатертя́м *u.* ска́тертям *f* Tischtuch ◇ ~-самобра́нка *folkl* Tischleindeckdich; -ью доро́га! geh deiner Wege!

скати́ть, скачу́, ска́тишь; ска́ченный, -ен, -а *v* hinunter-, herunterrollen (lassen) || *uv* ска́тывать, -аю, -аешь

скати́ться, скачу́сь, ска́тишься *v* hinunter-, herunterrollen; *übtr* abgleiten; ~ ку́барем hinunter-, herunterpurzeln || *uv* ска́тываться, -аюсь, -аешься

ска́тка, -и, *Pl G* -ток, *D* -ткам *f* Rolle; *mil* zusammengerollter Mantel, Mantelrolle

[1]**ска́тывать** *uv zu* ската́ть

[2]**ска́тывать** *uv zu* скати́ть

ска́тываться *uv zu* скати́ться

скафа́ндр, -а *m* Taucheranzug; Kosmonautenanzug, Raumanzug

ска́чка, -и, *Pl G* -чек, *D* -чкам *f* 1. Galoppieren 2. *meist Pl* Pferderennen; ~ с препя́тствиями Hindernisrennen

скачкообра́зный, -ая, -ое; *Kzf* -зен, -зна sprunghaft; ~ пульс aussetzender Puls

скачо́к, -чка́ *m* Sprung

скачу́ ↑ скака́ть

[1,2]**ска́шивать** *uv zu* [1,2]скоси́ть

сква́жина, -ы *f* Spalte, schmale Öffnung; замо́чная ~ Schlüsselloch; бурова́я ~ Bohrloch

сква́жистый, -ая, -ое; *Kzf* -ист, -а 1. *umg* mit Spalten [Ritzen] (versehen) 2. *geol, phys* porös

сква́жный, -ая, -ое *geol, phys* porös

скволы́га, -и *m, f volksspr* Geizhals

сквер, -а *m* Grünanlage

сквернosло́вие, -я *n* unflätige Redensart

сквернослóвить, -влю, -вишь *uv* obszöne Reden führen, Zoten reißen

скве́рный, -ая, -ое; *Kzf* -рен, -рна́! 1. abstoßend, abscheulich, widerlich; unanständig 2. *umg* schlecht, häßlich 3. -о *Adv*: чу́вствовать себя́ -о sich elend fühlen; пальто́ сиди́т -о der Mantel paßt nicht [sitzt schlecht]

сквита́ть, -а́ю, -а́ешь; скви́танный, -ан, -а *v umg* vergelten, heimzahlen ◇ ~ мяч [гол] *Sport* den Ausgleich schießen; ~ счёт *Sport* den Ausgleich erzielen

сквита́ться, -а́юсь, -а́ешься *v umg* abrechnen (с *I* mit) *a. übtr*

сквози́ть, *1. u. 2. Pers ungebr*, -и́т *uv* 1. blasen, ziehen *vom Wind* 2. durchscheinen, durchschimmern; *übtr* anklingen, erkennbar sein

3. (licht)durchlässig sein, durchsichtig sein
сквозно́й, -а́я, -о́е 1. durchgehend; ~ ве́тер Durchzug, Zugluft; -а́я брига́да Komplexbrigade 2. durchsichtig, (licht)durchlässig
сквозня́к, -а́ *m* Durchzug, Zugluft
сквозь 1. *Präpos mit A* durch, hindurch 2. *Adv volksspr* durch und durch, ganz, völlig
скворе́ц, -рца́, *I* -рцо́м, *G Pl* -рцо́в *m* Star
скворе́чник [шн], -а *m* Starkasten
скворе́чня [шн], -и, *Pl G* -чен [шен], *D* -чням *f* Starkasten
скеле́т, -а *m* Skelett, Gerippe; *übtr* Gerüst
ске́псис, -а *m* Skepsis
ске́птик, -а *m* 1. Skeptiker *a. phil*
скептици́зм, -а *m* 1. *phil* Skeptizismus 2. Skepsis
скепти́ческий, -ая, -ое 1. skeptisch 2. *phil* zum Skeptizismus gehörig; -ая шко́ла Schule des Skeptizismus
скепти́чный, -ая, -ое; *Kzf* -чен, -чна skeptisch
ске́рцо *n idkl mus* Scherzo
ске́тинг-ри́нг [кэ], -а *m* Rollschuhbahn
скетч, -а, *I* -ем, *G Pl* -ей *m* Sketch, kurzes Bühnenstück
скида́ть, -а́ю, -а́ешь; ски́данный, -ан, -а *v umg* 1. *mehrmals oder auf mehrere Male* hinunter-, herunterwerfen 2. zusammenwerfen || *uv* ски́дывать, -аю, -аешь
ски́дка, -и, *Pl G* -док, *D* -дкам *f* 1. Preisermäßigung, Rabatt, Abzug 2. *übtr* Zugeständnis (на *A* wegen)
ски́дывать *uv zu* ски́нуть *u.* скида́ть
ски́нуть, -ну, -нешь; -нутый, -нут, -а *v* 1. hinunter-, herunterwerfen, abwerfen 2. *übtr, umg* abschütteln, stürzen 3. *umg* abwerfen, ausziehen *von Kleidungsstücken* 4. *A oder* в *P umg* herabsetzen, ermäßigen || *uv* ски́дывать, -аю, -аешь; ски́дывать со счёта [со счето́в] nicht mehr in Betracht ziehen, nicht mehr berücksichtigen
скипа́ться *uv zu* скипе́ться
ски́петр, -а *m* Szepter
скипе́ться, *1. u. 2. Pers ungebr,* -пи́тся *v* sich in eine feste Masse verwandeln, festwerden *beim Sieden* || *uv* скипа́ться, -а́ется
скипида́р, -а *m* Terpentin
скипида́рный, -ая, -ое Terpentin-; -ое ма́сло Terpentinöl
скирд, -а́, *Pl* скирды́, -о́в, -а́м *m u.* **скирда́,** -ы́, *Pl* ски́рды, скирд, ски́рдам *f landw* Schober
скирдова́ть, -ду́ю, -ду́ешь; -до́ванный, -до́ван, -а *uv landw* in Schober setzen
скиса́ть *uv zu* ски́снуть
ски́снуть, -ну, -нешь; ски́с, -ла *v* 1. sauer werden 2. *übtr, umg* den Mut [die Energie] verlieren, matt [niedergeschlagen] werden || *uv* скиса́ть, -а́ю, -а́ешь
скит, -а́, *P* о ските́, в скиту́ *m rel* Klause, Einsiedelei
скита́лец, -льца, *I* -льцем, *G Pl* -льцев *m* (ruheloser) Wanderer
скита́льчество, -а *n* (ruheloses) Wanderleben
скита́ться, -а́юсь, -а́ешься *uv* 1. umherwandern, umherreisen, umherirren 2. *umg* sich herumtreiben
[1]**скиф,** -а *m hist* Skythe
[2]**скиф,** -а *m Sport* Rennboot; одино́чка-~ Renneiner
[1]**склад,** -а *m* 1. Lager, Speicher 2. Vorrat
[2]**склад,** -а (-у) *m* 1. Körperbau, Statur 2. Veranlagung, Charakter, Beschaffenheit; лю́ди осо́бого -а Menschen von einem besonderen Schlage 3. Ordnung, (Art und) Weise 4. *umg* Harmonie; Sinn; ни -у ни ла́ду ohne Sinn und Verstand
склади́ровать, -рую, -руешь; -рованный, -рован, -а *v, uv* einlagern
скла́дка, -и, *Pl G* -док, *D* -дкам *f* Falte; ю́бка в -у Faltenrock; в ме́лкую -у gefältelt; ~ на брю́ках Bügelfalte; встре́чная ~ Quetschfalte
складно́й, -а́я, -о́е Klapp-, zusammenlegbar; ~ стул Klappstuhl; -а́я ло́дка Faltboot; ~ зо́нтик Taschenschirm, Knirps
скла́дный, -ая, -ое; *Kzf* -ден, -дна́! 1. zusammenhängend, flüssig, gewandt *von der Redeweise*; *umg* rhythmisch 2. *umg* stattlich, gut [ebenmäßig] gewachsen 3. *umg* gut, gelungen; *volksspr* bequem
скла́дочный, -ая, -ое Lager-, Lagerungs-
складско́й, -а́я, -о́е Lager-; ~ рабо́чий Lagerarbeiter
скла́дчатый, -ая, -ое; *Kzf* -ат, -а Falten-, gefaltet, gefächert; -ые го́ры Faltengebirge
скла́дчина, -ы *f* Sammlung; в -у auf gemeinsame Kosten
склады́, -о́в *Pl alt* Silben; чита́ть по -а́м silbenweise [stockend] lesen
скла́дывать(ся) *uv zu* сложи́ть(ся)

с|клева́ть* *v* aufpicken; schnappen und verschlingen *bei Fischen* || *uv* **склёвывать,** -аю, -аешь

скле́ивать(ся) *uv zu* скле́ить(ся)

скле́ить, -е́ю, -е́ишь; -е́енный, -е́ен, -а *v* zusammenkleben, aneinanderkleben; *chem* agglutinieren; (zusammen)leimen || *uv* скле́ивать, -аю, -аешь

скле́иться, *1. u. 2. Pers. ungebr*, -ится *v* zusammenkleben, aneinanderhaften; *chem* agglutinieren; sich zusammenkleben [zusammenleimen] lassen || *uv* скле́иваться, -ается

склеп, -а *m* Grabgewölbe, Gruft

с|клепа́ть* *u.* -а́ю, -а́ешь *v* vernieten || *uv* склёпывать, -аю, -аешь

склёпка, -и *f* 1. Vernieten 2. (*Pl G* -пок, *D* -пкам) Nietstelle

склёпывать *uv zu* сплепа́ть

склеро́з, -а *m med* Sklerose

с|кли́кать* *v umg* zusammenrufen || *uv* **склика́ть,** -а́ю, -а́ешь

скло́ка, -и *f* Zänkerei, Feindseligkeit; Intrigen

склон, -а *m* Abhang ◇ на -е лет [дней, жи́зни] am Lebensabend, im Alter

склоне́ние, -я *n* 1. Neigen 2. *gram* Deklination, Deklinationsklasse 3. *astr*, *phys* Deklination

склони́ть, -оню́, -о́нишь; склонённый, -ён, -ена́ *v* 1. neigen, beugen, senken 2. *übtr* geneigt machen, (für sich) gewinnen, überreden ◇ ~ го́лову sich unterwerfen || *uv* склоня́ть, -я́ю, -я́ешь

склони́ться, -оню́сь, -о́нишься *v* 1. sich beugen, sich neigen 2. neigen, geneigt sein 3. *umg* sich überreden lassen, einwilligen || *uv* склоня́ться, -я́юсь, -я́ешься

скло́нность, -и *f* Neigung, Hang, Zuneigung

скло́нный, -ая, -ое; *Kzf* скло́нен, склонна́! geneigt, bereit; veranlagt

склоня́емый, -ая, -ое *gram* deklinierbar

склоня́ть, -я́ю, -я́ешь *uv* 1. *uv zu* склони́ть 2. *gram* deklinieren

склоня́ться, -я́юсь, -я́ешься *uv* 1. *uv zu* склони́ться 2. *gram* dekliniert werden

скло́чник, -а *m umg* Intrigant, zänkischer Mensch

скло́чница, -ы, *I* -ей *f umg* Intrigantin, zänkisches Weib

¹скля́нка, -и, *Pl G* -нок, *D* -нкам *f* Glasfläschchen

²скля́нка, -и, *Pl G* -нок, *D* -нкам *f* 1. *naut* Glas, halbe Stunde; бить -и glasen; про́би́ло три -и es hat drei Glock [Glas] geschlagen [geglast] 2. *Pl naut* Sanduhr, (Sand-) Glas

скоба́, -ы́, *Pl* ско́бы, скоб, скоба́м *f* *tech* Metallklammer, Metallbügel; ~ для рук Haltegriff *am Soziussitz*

ско́бель, -я *m tech* Schabeisen

ско́бка, -и, *Pl G* -бок, *D* -бкам *f* 1. *tech* (kleine) Metallklammer 2. *math*, *typ* Klammer; квадра́тные -и eckige Klammern; фигу́рные -и geschweifte Klammern; ста́вить [заключи́ть] в -и in Klammern setzen; раскры́ть -и Klammern auflösen ◇ стри́чься в -у *alt* sich die Haare über Stirn und Schläfen und im Nacken in gleicher Höhe schneiden lassen

скобли́ть, скоблю́, ско́бли́шь; ско́бленный, -ен, -а *uv* schaben; *umg* rasieren

ско́бочный, -ая, -ое Klammer-

скобяно́й, -а́я, -о́е: ~ това́р Eisenwaren

ско́ванный, -ая, -ое 1. geschmiedet 2. gefesselt 3. *übtr* gehemmt, befangen

с|кова́ть* *v* 1. schmieden, zusammenschmieden 2. fesseln, aneinanderfesseln, zusammen an eine Kette schließen 3. *übtr* hemmen, binden 4. *übtr* mit einer Eisschicht bedecken || *uv* ско́вывать, -аю, -аешь

сковорода́, -ы́, *Pl* ско́вороды, сковоро́д, сковорода́м *f* Bratpfanne

сковоро́дка, -и, *Pl G* -док, *D* -дкам *f* *umg* Bratpfanne

ско́вывать *uv zu* скова́ть

сковы́ривать *uv zu* сковырну́ть

сковырну́ть, -ну́, -нёшь; сковы́рнутый, -ут, -а *v* 1. *umg* mit den Nägeln abkratzen 2. *volksspr* umwerfen, zu Fall bringen || *uv* сковы́ривать, -аю, -аешь

скок, -а *m* Sprung, Satz ◇ во весь ~ in gestrecktem Galopp

ско́ком *Adv umg* im Galopp

скола́чивать *uv zu* сколоти́ть

ско́лок, -лка *m* 1. Splitter, abgesplittertes Stück 2. (von einer Vorlage) abgestochenes Muster 3. *übtr* Kopie, Abklatsch

сколоти́ть, -очу́, -о́тишь; -о́ченный, -о́чен, -а *v* 1. zusammenfügen, zusammenschlagen, zusammennageln 2. *übtr*, *umg* sammeln, organisieren;

volksspr sammeln, zusammensparen 3. *umg* abschlagen, entfernen || *uv* сколáчивать, -аю, -аешь

с|коло́ть* *v* 1. abschlagen, abhacken 2. zusammenheften, zusammenstecken || *uv* скáлывать, -аю, -аешь

сколь *Adv buchspr* wie (sehr)

скольже́ние, -я *n* Gleiten, Rutschen

скользи́ть, -льжу́, -льзи́шь *uv* 1. gleiten; ausgleiten, ausrutschen; entgleiten 2. *übtr* huschen, schweben ◇ ~по пове́рхности an der Oberfläche bleiben, etw. oberflächlich behandeln || *v mom* скользну́ть, -ну́, -нёшь

ско́льзкий, -ая, -ое; *Kzf* -зок, -зкá! 1. glatt, glitschig 2. *übtr* unzuverlässig, gefährlich; вступи́ть на ~ путь auf die schiefe Bahn geraten 3. *übtr* heikel, schlüpfrig

скользну́ть *v mom zu* скользи́ть

скользя́щий, -ая, -ее 1. gleitend, Gleit- 2. schwebend 3. schwankend, unbeständig; beweglich

ско́лько 1. *Adv u. Interr Pron* wieviel; ~ раз wie oft 2. *Adv* soviel; ~ я живу́ mein (ganzes) Leben lang; ~ бы он ни рабо́тал soviel er auch arbeiten mag [mochte] 3. *G* до скольки́ *umg*, *D* по ско́льку, *Pl G* ско́льких, *D* -им *Interr Pron* wieviel; в ско́льких томáх вы́шел э́тот труд? in wieviel Bänden erschien dieses Werk?; ~ тебе́ лет? wie alt bist du?; ~ вре́мени wie lange ◇ не сто́лько . . . ско́лько nicht so sehr . . . als (vielmehr); ~-нибу́дь ein wenig; ~ (душе́) уго́дно unbegrenzt

ско́лько-нибудь *Adv* ein bißchen, etwas; in irgend einer Weise

скомáндовать, -дую, -дуешь; -дованный, -дован, -а *v* einen Befehl erteilen; kommandieren, befehlen

скомбини́ровать *v zu* комбини́ровать

ско́мкать, -аю, -аешь; -анный, -ан, -а *v* 1. zerknittern, zerknüllen 2. *umg* in aller Eile [übereilt] beenden || *uv* **ско́мкивать,** -аю, -аешь

скоморо́х, -а *m* 1. *hist* wandernder Komödiant, Spielmann, Hanswurst 2. *umg* Spaßmacher, Possenreißer

скоморо́шество, -а *n* 1. *hist* Komödiantentum 2. *umg* Possenreißerei, Spaßmacherei

скомпенси́ровать, -рую, -руешь; -рованный, -рован, -а *v* kompensieren, ausgleichen

скомпили́ровать, -рую, -руешь; -рованный, -ровáн, -а *v* kompilieren, zusammentragen

скомплектовáть *v zu* комплектовáть

скомпоновáть *v zu* компоновáть

скомпромети́ровать, -рую, -руешь; -рованный, -рован, -а *v* kompromittieren; in Mißkredit bringen; verdächtigen

сконструи́ровать *v zu* конструи́ровать

сконфу́женный, -ая, -ое verwirrt, verlegen, betreten

сконфу́зить(ся) *v zu* конфу́зить(ся)

сконцентри́ровать(ся) *v zu* концентри́ровать(ся)

скончáться, -áюсь, -áешься *v* sterben, verscheiden

скопáть, -áю, -áешь; ско́панный, -ан, -а *v* abgraben, abtragen || *uv* скáпывать, -аю, -аешь

скопе́ц, -пцá, *I* -пцо́м, *G Pl* -пцо́в *m* Kastrat

скопидо́м, -а *m umg* knausriger Mensch, Pfennigfuchser

скопидо́мничать, -аю, -аешь *uv umg* knausern

скопи́ровать *v zu* копи́ровать

[1]**скопи́ть,** скоплю́, ско́пишь; ско́пленный, -ен, -а *v* zusammensparen, sammeln, zusammentragen; anhäufen || *uv* скáпливать, -аю, -аешь *u. umg* скопля́ть, -я́ю, -я́ешь

[2]**скопи́ть,** -плю́, -пи́шь *uv* kastrieren

скопи́ться, *1. u. 2. Pers ungebr*, ско́пится *v* 1. sich ansammeln 2. sich versammeln || *uv* скáпливаться, -аюсь, -аешься

ско́пище, -а, *I* -ем *n* Ansammlung; Schar, Bande, Rotte

скопле́ние, -я *n* Ansammlung, Anhäufung; Andrang

скопля́ть *umg uv zu* [1]скопи́ть

скопни́ть, -ню́, -ни́шь; -нённый, -нён, -ненá *v Getreide* in Puppen aufstellen; *Heu* in Hocken setzen

ско́пом *Adv umg* gemeinsam, alle zusammen

скорбе́ть, -блю́, -би́шь *uv buchspr* sich grämen, trauern

ско́рбный, -ая, -ое; *Kzf* -бен, -бна traurig, leidvoll, schmerzerfüllt

скорбь, -и, *Pl* ско́рби, скорбе́й скорбя́м *f* Kummer, Trauer, Gram, Leid; мировáя ~ Weltschmerz

скоре́е 1. *Komp von* ско́рый 2. *Adv* eher, besser (gesagt) 3. *Adv* mehr, lieber; он ~ похо́ж на мать, чем на отцá er ähnelt mehr [eher] der Mutter als dem Vater; он ~ умрёт, чем сдáстся lieber [eher] wird er sterben, als daß er sich ergibt ◇ ~ всегó aller Wahrscheinlichkeit nach, höchstwahrscheinlich; как мóжно ~ so bald [schnell] wie möglich

скорёжить(ся) *v zu* корёжить(ся)

скорлупá, -ы́, *Pl* скорлу́пы, -у́п, -у́пам *f* Schale; снимáть -у́ с яйцá ein Ei schälen ◇ замыкáться [пря́таться, уходи́ть] в свою́ -у́ sich abkapseln, ein zurückgezogenes Leben führen

скорми́ть, скормлю́, скóрмишь; скóрмленный, -ен, -а *v* verfüttern ‖ *uv* скáрмливать, -аю, -аешь

скорня́жный, -ая, -ое Kürschner-; ~ прóмысел *oder* -ое дéло Kürschnerhandwerk

скорня́к, -á *m* Kürschner

скóро *Adv* **1.** schnell, rasch, fix **2.** bald, in Kürze

скоро- *in Züss* Schnell-; Früh-

скорóбить(ся) *v zu* корóбить(ся)

скоровáрка, -и, *Pl G* -рок, *D* -ркам *f* Schnellkochtopf

скороговóрка, -и, *Pl G* -рок, *D* -ркам *f* **1.** *umg* schnelles [überstürztes] Redetempo; говори́ть -ой schnell [überstürzt] sprechen, die Worte heraussprudeln **2.** Zungenbrecher

скорóмный, -ая, -ое; *Kzf* -мен, -мна **1.** *rel* während der Fastenzeit verboten *von Speisen*; ~ день Fleischtag **2.** -ое, -ого *Subst n rel* während der Fastenzeit verbotene Speise

скоро|пали́тельный, -ая, -ое; *Kzf* -лен, -льна *umg* übereilt; unbedacht; **~печáтный,** -ая, -ое: -ая маши́на Schnellpresse

скóропись, -и *f* **1.** *alt* Schnellschrift, Kurzschrift **2.** *hist* kursive Schrift *in alten Handschriften*

скоро|пóртящийся, -аяся, -ееся leicht verderblich; **~пости́жный,** -ая, -ое; *Kzf* -жен, -жна plötzlich, jäh *vom Tod*; **~преходя́щий,** -ая, -ее *buchspr* vergänglich; vorübergehend

скороспéлка, -и, *Pl G* -лок, *D* -лкам *f* **1.** *umg* frühreifende Frucht; картофель-~ Frühkartoffel **2.** *umg* frühreifer Mensch; ungenügend ausgebildeter Mensch

скороспéлый, -ая, -ое; *Kzf* -éл, -а **1.** *landw* schnell reifend, frühreif, Früh- **2.** *umg* schnell entwickelt, ungenügend ausgebildet **3.** *umg* übereilt, unüberlegt

скоростни́к, -á *m* **1.** *umg Sport* (Schnell-) Läufer **2.** Arbeiter, der nach einer Schnellbearbeitungsmethode arbeitet; тóкарь-~ Schnelldreher

скоростнóй, -áя, -óе **1.** Geschwindigkeits- **2.** schnell, Schnell-; ~ мéтод строи́тельства Schnellbauweise; -áя вспáшка Schnellpflügen; ~ бег на конькáх Eisschnellauf

скорострéльный, -ая, -ое *mil* Schnellfeuer-

скóрость, -и, *Pl* скóрости, скоростéй, скоростя́м *f* Schnelligkeit, Geschwindigkeit; ~ оборóта дéнег Umlaufgeschwindigkeit des Geldes ◇ груз мáлой -и Frachtgut; груз большóй -и Eilgut *im Eisenbahnverkehr*

скорошивáтель, -я *m* Schnellhefter

скоротáть *v zu* коротáть

скоротéчный, -ая, -ое; *Kzf* -чен, -чна **1.** *buchspr* vergänglich, flüchtig **2.** *med* akut, heftig verlaufend; -ая чахóтка galoppierende Schwindsucht

скорохóд, -а *m umg Sport* Läufer; конькобéжец-~ Eisschnelläufer ◇ сапоги́-скорохóды *folkl* Siebenmeilenstiefel

скорректи́ровать *v zu* корректи́ровать

скóрчить(ся) *v zu* кóрчить(ся)

скóрый, -ая, -ое; *Kzf* скор, -á!; *Komp* скорéе **1.** schnell, rasch; ~ пóезд Schnellzug; -ая пóмощь Erste Hilfe **2.** baldig; в -ом врéмени bald, demnächst **3.** eilig, ungeduldig; на -ую ру́ку *umg* flüchtig, nachlässig

[1]**скоси́ть,** скошу́, скóсишь; скóшенный, -ен -а *v* **1.** abmähen **2.** *übtr* dahinraffen, töten ‖ *uv* скáшивать, -аю, -аешь

[2]**скоси́ть,** скошу́, скоси́шь; скошённый, -ён, -енá *u.* скóшенный, -ен, -а *v* **1.** abschrägen **2.** zur Seite drehen [wenden]; ~ глазá schielen ‖ *uv* скáшивать, -аю, -аешь

скот, -á *m Koll* Vieh; кру́пный рогáтый ~ Rindvieh, Rinder

скоти́на, -ы *f Koll umg* Vieh, *volksspr a. Schimpfwort*

скóтник, -а *m* **1.** Viehwärter **2.** *umg* Viehstall, Viehhof

скóтница, -ы, *I* -ей *f* **1.** Viehwärterin **2.** *umg* Viehstall, Viehhof

скóтный, -ая, -ое Vieh-

ското- *in Zuss* Vieh-

ското|бóйня, -и, *Pl G* -óен, *D* -óйням *f* Schlachthof; **~вóд,** -а *m* Viehzüchter; **~вóдство,** -а *n* Viehzucht; **~вóдческий,** -ая, -ое Viehzucht-; **~прогóн,** -а *m* Trasse für Viehherden

скóтский, -ая, -ое 1. Vieh- 2. *übtr* viehisch, grob, gemein

скрáдывать, *1. u. 2. Pers ungebr,* -ает *uv* verhüllen, verbergen; dämpfen

скрáдываться, *1. u. 2. Pers ungebr,* -ается *uv* nicht in die Augen fallen, nicht sichtbar sein

скрáсить *v zu* скрáшивать

скрáшивать, -аю, -аешь *uv* verschönern; erleichtern, erträglicher machen || *v* скрáсить, -áшу, -áсишь; -áшенный, -áшен, -а

скребни́ца, -ы, *I* -ей *f* Striegel

скребóк, -бкá *m* Schabeisen, Kratzeisen

скребý ↑ скрести́

скрéжет, -а *m* Knirschen

скрежетáть* *uv* knirschen; скрежещá зубáми zähneknirschend

скрежещý ↑ скрежетáть

скрéпа, -ы *f* 1. Fuge 2. Klammer, Klemme; *übtr* Bindung 3. *alt* Gegenzeichnung, Kontrasignatur

скрепи́ть, -плю́, -пи́шь; -плённый, -плён, -пленá *v* 1. aneinander befestigen, verbinden; ~ болтáми verbolzen 2. *übtr* festigen, bekräftigen, besiegeln 3. gegenzeichnen 4.: ~ себя́ *alt, umg* sich zusammennehmen, sich beherrschen ◇ скрепя́ сéрдце ungern, widerstrebend, schweren Herzens || *uv* скрепля́ть, -я́ю, -я́ешь

скрéпка, -и, *Pl G* -пок, *D* -пкам *f* 1. Heftklammer, Büroklammer 2. Klammer, Klemme

скреплéние, -я *n* 1. Befestigung; ~ бáлок болтáми Befestigung der Träger mit Bolzen 2. *tech* Klammer; Bindung

скрепля́ть *uv zu* скрепи́ть

скрести́* *uv* 1. kratzen, schaben; abkratzen, säubern 2. *1. u. 2. Pers ungebr übtr* beunruhigen, quälen; у негó скребёт на душé [на сéрдце] er ist unruhig; на душé [на сéрдце] кóшки скребýт aufgeregt [beunruhigt] sein, es ist mir [ihm usw.] schwer ums Herz

скрести́сь* *uv* scharren, knabbern, nagen

скрести́ть, -ещý, -ести́шь; -ещённый, -ещён, -ещенá *v* 1. kreuzen, verschränken 2. с *I biol* kreuzen (mit) || *uv* скрéщивать, -аю, -аешь

скрещéние, -я *n* 1. Kreuzen 2. Kreuzung

скрéщивание, -я *n biol, ling* Kreuzung

скрéщивать *uv zu* скрести́ть

скриви́ть(ся) *v zu* криви́ть(ся)

скрип, -а *m* Knirschen, Quietschen, Knarren; со -ом widerwillig; mühsam, langsam

скрипáч, -á, *I* -óм, *G Pl* -éй *m* Geigenspieler, Geiger

скрипáчка, -и, *Pl G* -чек, *D* -чкам *f* Geigenspielerin, Geigerin

скрипéть, -плю́, -пи́шь *uv* 1. knirschen, knarren, quietschen 2. *übtr umg scherz* sein Leben fristen, dahinvegetieren || *v mom* скри́пнуть, -ну, -нешь *zu* 1

скрипи́чный, -ая, -ое Geigen-, Violin-; ~ ключ *mus* Violinschlüssel

скри́пка, -и, *Pl G* -пок, *D* -пкам *f* Geige, Violine; игрáть на -е Geige spielen

скри́пнуть *v mom zu* скрипéть

скрипýчий, -ая, -ее; *Kzf* -ýч, -а *umg* knirschend, quietschend, knarrend

скрои́ть, скрою́, скрои́шь; скрóенный, -ен, -а *v* 1. *v zu* крои́ть 2. *übtr umg* machen, schaffen, hervorbringen 3. *übtr umg* eine Miene machen, schneiden *Gesichter* ◇ нелáдно скрóен, да крéпко сшит plump, aber stark

скрóмник, -а *m u.* **скрóмница,** -ы, *I* -ей *m, f* bescheidener Mensch, die Bescheidenheit selbst

скрóмничать, -аю, -аешь *uv* bescheiden tun, sich zieren

скрóмный, -ая, -ое; *Kzf* -мен, -мнá! bescheiden, zurückhaltend; einfach, dürftig

скропáть *v zu* кропáть

скрупулёзный, -ая, -ое; *Kzf* -зен, -зна skrupulös, peinlich genau

скрути́ть, -учý, -ýтишь; -ýченный, -ýчен, -а *v* 1. zusammendrehen 2. zusammenbinden, fesseln ◇ болéзнь егó скрути́ла *umg* a) die Krankheit hat ihn arg mitgenommen; b) die Krankheit hat ihn dahingerafft || *uv* **скрýчивать,** -аю, -аешь

скрывáть *uv zu* скрыть

скрывáться, -áюсь, -áешься *uv* 1. *uv zu* скры́ться 2. enthalten sein, wurzeln

скры́тничать, -аю, -аешь *uv umg* geheim(nisvoll) tun, allzu zurückhaltend sein

скры́тный, -ая, -ое; *Kzf* -тен, -тна verschlossen, zurückhaltend

скры́тый, -ая, -ое verborgen, geheim, latent

с|кры́ть* *v* 1. verbergen, verstecken 2. verheimlichen, verbergen || *uv* скрывáть, -áю, -áешь

с|кры́ться* *v* 1. sich verbergen, sich

verstecken; fliehen **2.** *umg* unbemerkt weggehen, sich davonschleichen **3.** verschwinden ‖ *uv* скрывáться, -áюсь, -áешься

скрю́чивать(ся) *uv zu* скрю́чить(ся)

скрю́чить, -чу, -чишь; -ченный, -чен, -а *v umg* krümmen, zusammenbiegen ‖ *uv* скрю́чивать, -аю, -аешь

скрю́читься, -чусь, -чишься *v umg* sich krümmen, krumm werden ‖ *uv* скрю́чиваться, -аюсь, -аешься

скря́га, -и *m, f* Geizhals, Geizkragen

скря́жничать, -аю, -аешь *uv umg* geizig sein, knausern

скря́жничество, -а *n umg* Geiz, Knauserei

ску́дный, -ая, -ое; *Kzf* -ден, -днá! **1.** dürftig, kärglich, spärlich **2.** *I* arm (an)

скудоу́мный, -ая, -ое; *Kzf* -мен, -мна *alt* schwachsinnig, beschränkt

ску́ка, -и *f* Langeweile, Trübsinn; нагоня́ть -у на когó-н. j-n langweilen, j-n anöden

скулá, -ы́, *Pl* ску́лы, скул, ску́лам *f anat* Jochbein, Backenknochen

скулáстый, -ая, -ое; *Kzf* -áст, -а mit hervorstehenden Backenknochen

скули́ть, -лю́, -ли́шь *uv* **1.** winseln *vom Hund* **2.** *übtr, umg* flennen, jammern

ску́льптор, -а *m* Bildhauer

скульпту́ра, -ы *f* **1.** Skulptur, Bildhauerkunst **2.** Skulptur, Werk der Bildhauerkunst

скульпту́рный, -ая, -ое **1.** Skulptur-, Bildhauer- **2.** *Kzf* -рен, -рна *übtr* plastisch, mit klar hervortretenden Konturen [Formen]

ску́мбрия, -и *f zool* Makrele

скунс, -а *m zool* Skunk; Pelz des Skunks, Skunks

ску́нсовый, -ая, -ое Skunk-; Skunks-

скупáть *uv zu* скупи́ть

скупердя́й, -я, *G Pl* -ев *m volksspr* Geizhals

скупéц, -пцá, *I* -пцóм, *G Pl* -пцóв *m* Geizhals, Geizkragen

скупи́ть, скуплю́, ску́пишь; ску́пленный, -ен, -а *v* aufkaufen ‖ *uv* скупáть, -áю, -áешь

скупи́ться, -плю́сь, -пи́шься *uv* на *A* geizen (mit), geizig sein

ску́пка, -и *f* Aufkauf

скупнóй, -áя, -óе *umg* Aufkauf-

скупóй, -áя, -óе; *Kzf* скуп, -á! **1.** geizig, knauserig **2.** -óй, -óго *Subst m* Geizhals **3.** karg, arm, spärlich; zurückhaltend, sparsam; скуп на словá wortkarg

ску́почный, -ая, -ое Aufkaufs-

ску́пщик, -а *m* Aufkäufer

скучáть, -áю, -áешь *uv* **1.** sich langweilen **2.** по *D oder* по *P oder* о *P* sich sehnen (nach)

ску́ченность, -и *f* **1.** (Zusammen-) Gedrängtheit, Platzmangel **2.** Zusammenballung

ску́ченный, -ая, -ое eng beieinander, zusammengedrängt, zusammengepfercht

ску́чивать *uv zu* ску́чить

ску́чить, -чу, -чишь; -ченный, -чен, -а *v* **1.** aufhäufen, anhäufen **2.** *umg* auf engem Raum unterbringen, zusammenpferchen ‖ *uv* ску́чивать, -аю, -аешь

ску́чно *unpers prädikativ*: мне ~ ich langweile mich

ску́чный [шн], -ая, -ое; *Kzf* -чен, -чнá [шн]! **1.** langweilig, gelangweilt, mißgestimmt **2.** langweilig, fade

ску́шать, -аю, -аешь; -анный, -ан, -а *v* **1.** verspeisen, aufessen **2.** *umg* einstecken, geduldig hinnehmen, sich ruhig gefallen lassen, schweigend hinunterschlucken

слабéть, -éю, -éешь *uv* schwach [schwächer] werden

слаби́тельный, -ая, -ое **1.** *med* abführend, Abführ- **2.** -ое, -ого *Subst n med* Abführmittel

слáбить, *1. u. 2. Pers ungebr*, слáбит *uv* **1.** *med* abführen, abführend wirken **2.** *unpers*: больнóго слáбит der Kranke hat Durchfall

слáбнуть, -ну, -нешь; слаб, -ла *uv volksspr* **1.** schwach [schwächer] werden **2.** schlaff werden

слабо- *in Zuss* schwach-, -schwach

слабо|вóльный, -ая, -ое; *Kzf* -лен, -льна willensschwach; **~нéрвный,** -ая, -ое; *Kzf* -вен, -вна *med* neurasthenisch, nervenschwach; **~рáзвитый,** -ая, -ое; *Kzf* -рáзвит, -а wenig entwickelt; **~си́льный,** -ая, -ое; *Kzf* -лен, -льна kraftlos, schwach

слáбость, -и *f* **1.** Schwäche, Mattigkeit **2.** Schwäche, Gebrechlichkeit **3.** Schwäche, Mangel **4.** *übtr* Schwäche, Vorliebe

слабо|тóчный, -ая, -ое *el* Schwachstrom-; **~у́мный,** -ая, -ое; *Kzf* -мен, -мна geistesschwach, schwachsinnig; **~характерность,** -и *f* Charakterschwäche

слáбый, -ая, -ое; *Kzf* слаб, -á!

1. schwach, matt; gering 2. schwach, schwächlich, kränklich, gebrechlich 3. schwach, schlecht, ungenügend; он слаб по грамма́тике Grammatik ist seine schwache Seite 4. locker, nicht fest ◇ сла́бая стру́на [стру́нка] (j-s) schwache Seite, (j-s) Schwäche

сла́ва, -ы *f* 1. Ruhm, Ehre, Hoch *Hochruf* 2. *umg* Ruf; по́льзоваться до́брой -ой in gutem Ruf stehen 3. *umg* Gerücht; хо́дит ~ es geht das Gerücht um ◇ на -у ausgezeichnet, prächtig; ~ бо́гу! Gott sei Dank!

слави́ст, -а *m* Slawist

слави́стика, -и *f* Slawistik; **институ́т -и** Slawisches Institut

слави́стский [исск], -ая, -ое Slawisten-; Slawistik-

сла́вить, -влю, -вишь *uv* 1. rühmen, preisen, ehren 2. *volkesspr* (j-n) verleumden, (j-n) verklatschen

сла́виться, -влюсь, -вишься *uv* berühmt sein

сла́вка, -и, *Pl G* -вок, *D* -вкам *f zool* Grasmücke

сла́вный, -ая, -ое; *Kzf* -вен, -вна́! 1. ruhmreich, berühmt 2. *umg* gut, fein, prächtig; ~ ма́лый ein feiner [prächtiger] Kerl

славосло́вие, -я *n buchspr* Lobeshymne, Lobhudelei

славяни́зм, -а *m ling* Slawismus

славяни́н, -а, *Pl* славя́не, -я́н, -я́нам *m* Slawe

славя́нка, -и, *Pl G* -нок, *D* -нкам *f* Slawin

славянове́д, -а *m* Slawist

славянове́дение, -я *n* Slawistik

славя́нский, -ая, -ое slawisch

слага́емое, -ого *Subst n* 1. *math* Summand 2. Bestandteil, Komponente

слага́ть(ся) *uv zu* сложи́ть(ся)

слад, -а (-у) *m*: с ним -у нет *umg* mit ihm ist nicht auszukommen

сла́дить, сла́жу, сла́дишь; сла́женный, -ен, -а *v* 1. *umg* in Ordnung bringen, gut einrichten, arrangieren 2. с *I umg* fertig werden (mit), zurechtkommen (mit) ‖ *uv* сла́живать, -аю, -аешь

сла́дкий, -ая, -ое; *Kzf* -док, -дка́!; *Komp* сла́ще; *Sup* сладча́йший 1. süß; ~ как са́хар zuckersüß 2. *übtr* lieblich, angenehm 3. *übtr* heuchlerisch, schmeichlerisch

сладкова́тый, -ая, -ое; *Kzf* -а́т, -а süßlich

сла́дкое, -ого *Subst n* 1. Zuckerwerk, Süßigkeiten 2. Nachtisch, Dessert

сладкое́жка, -и, *Pl G* -жек, *D* -жкам *m, f umg* Leckermaul

сла́достный [сн], -ая, -ое; *Kzf* -тен, -тна 1. süß, angenehm, wonnig 2. süßlich

сладостра́стный [сн], -ая, -ое; *Kzf* -тен, -тна wollüstig, sinnlich

сла́дость, -и *f* 1. süßer Geschmack, Süße 2. *umg* Wonne, Vergnügen 3. *Pl* Zuckerwerk, Süßigkeiten

сладча́йший ↑ сла́дкий

сла́женный, -ая, -ое geordnet, gut organisiert, aufeinander abgestimmt

сла́живать *uv zu* сла́дить

сла́зить, сла́жу, сла́зишь *v* 1. hinaufsteigen, hinaufklettern (und wieder zurückkommen); hinabsteigen (und wieder zurückkommen) 2. *umg* hineingreifen

сла́лом, -а *m Sport* Slalom; ~-гига́нт Riesenslalom

слаломи́ст, -а *m Sport* Slalomläufer

сла́мывать(ся) *uv zu* сломи́ть(ся)

сла́нец, -нца, *I* -нцем, *G Pl* -нцев *m* Schiefer

сланцева́тость, -и *f geol* Schieferung

сла́нцевый, -ая, -ое Schiefer-

сластёна, -ы *m, f umg* Leckermaul

сласти́ть, слащу́, сласти́шь; слащённый, -ён, -ена́ *uv* 1. *umg* süßen 2. süßlich schmecken

сластолю́бец, -бца, *I* -бцем, *G Pl* -бцев *m buchspr* Lüstling

сластолюби́вый, -ая, -ое; *Kzf* -и́в, -а *buchspr* wollüstig, sinnlich

сласть, -и, *Pl* сла́сти, сласте́й, сластя́м *f* 1. *Pl* Süßigkeiten, Süßwaren, Zuckerwerk 2. *volksspr* Vergnügen, Wonne

слать* *uv* schicken, senden

слаща́вый, -ая, -ое; *Kzf* -а́в, -а süßlich, übertrieben freundlich; übertrieben empfindsam

сла́ще ↑ сла́дкий

сле́ва *Adv* von links; links

слегка́ *Adv* ein wenig, etwas, leicht

[1]**след,** следа́ *u.* сле́да (-у), *D* сле́ду, *P* о сле́де, на следу́, *Pl* следы́, -о́в, -а́м *m* 1. Spur; Fußtapfe, Fährte 2. *übtr* Spur, Anzeichen; без -а́ spurlos, völlig; идти́ по чьим -а́м a) j-m auf dem Fuße folgen; b) *übtr* j-s Lehre [Beispiel] folgen ◇ его́ и ~ простыл er ist über alle Berge

[2]**след:** не ~ *volksspr* es gehört sich nicht, man soll nicht

след. (сле́дующий) folgend

[1]**следи́ть,** слежу́, следи́шь *uv* за *I*

1. beobachten, verfolgen 2. achten (auf), sorgen (für) 3. belauern, bespitzeln; зо́рко ~ за ке́м-н. ein wachsames Auge auf j-n haben, j-m auf die Finger sehen 4. *A* aufspüren *ein Tier bei der Jagd*

²следи́ть, слежу́, следи́шь *uv umg* schmutzige Spuren hinterlassen, Tapsen machen

сле́дователь, -я *m jur* Untersuchungsführer

сле́довательно *Konj* folglich, also, infolgedessen

сле́довать, -дую, -дуешь *uv* 1. за *I* folgen, verfolgen 2. *D* folgen, befolgen, sich leiten lassen (von) 3. fahren, reisen, sich begeben; по́езд сле́дует до Москвы́ der Zug geht [fährt] bis Moskau 4. *1. u. 2. Pers ungebr* из *G* folgen, folgern, sich ergeben (aus) 5. *D* gebühren, zukommen; ско́лько вам с нас сле́дует? wieviel (Geld) haben Sie von uns zu bekommen?, was sind wir Ihnen schuldig? 6. *unpers*: сле́дует es ist nötig, es gehört sich; сле́дует сказа́ть, что man muß sagen, daß; тебе́ не сле́дует э́того говори́ть du darfst so etwas nicht sagen; э́то(го) сле́довало ожида́ть das war zu erwarten; как сле́дует wie es sich gehört, ordentlich, vollständig

сле́дом *Adv* hinterher; идти́ ~ за ке́м-н. j-m auf dem Fuße folgen

следопы́т, -а *m* Fährtensucher

сле́дственный, -ая, -ое *jur* Untersuchungs-

¹сле́дствие, -я *n* Folge; Folgerung

²сле́дствие, -я *n jur* (gerichtliche) Untersuchung, Untersuchungsverfahren

сле́дуемый, -ая, -ое zustehend, zukommend

сле́дующий, -ая, -ее folgend, nächst; кто ~? wer ist der nächste?; -им о́бразом folgendermaßen

слежа́ться, *1. u. 2. Pers ungebr*, -жи́тся *v* sich zusammenballen, sich zusammenpressen, zerknittern *vom langen Liegen* || *uv* **слёживаться,** -ается

сле́жка, -и *f* Bespitzelung, Beobachtung

слеза́, -ы́, *Pl* слёзы, слёз, слеза́м *f* 1. Träne; облива́ться -а́ми *oder* пла́кать го́рькими -а́ми bitterlich weinen; сме́яться до слёз Tränen lachen; проли́ть [пусти́ть] -у́ *umg, scherz* eine Träne zerdrücken, ein bißchen weinen 2. *Pl* Weinen; в -а́х weinend, tränenüberströmt; сквозь слёзы weinend, unter Tränen; довести́ до слёз zum Weinen bringen 3. *übtr* Tropfen

слеза́ть *uv zu* слезть

слези́ться, *1. u. 2. Pers ungebr*, -и́тся *uv* 1. sich mit Tränen füllen, tränen 2. *übtr* tropfen; mit Tropfen bedeckt sein

слезли́вый, -ая, -ое; *Kzf* и́в, -а weinerlich, rührselig

слёзный, -ая, -ое; *Kzf* -зен, -зна 1. Tränen- 2. *folkl* weinend, mit Tränen gefüllt 3. *umg* kläglich, flehentlich

слезотече́ние, -я *n med* Tränenfluß

слезоточи́вый, а-я, -ое; *Kzf* -и́в, -а 1. *med* tränend, an Tränenfluß leidend 2.: ~ газ Tränengas

с|лезть* *v* 1. hinunterklettern, herunterklettern 2. *umg* aussteigen 3. *umg* abfallen, sich lösen, abgehen *Farbe, Haut u. ä.* || *uv* слеза́ть, -а́ю, -а́ешь

слепе́нь, -пня́ *m zool* Bremse

слепе́ц, -пца́, *I* -пцо́м, *G Pl* -пцо́в *m* Blinder

¹слепи́ть, слеплю́, слепи́шь *uv* 1. *alt* blenden, das Augenlicht nehmen 2. blenden, am Sehen hindern

²слепи́ть, слеплю́, сле́пишь; сле́пленный, -ен, -а *v* 1. formen, modellieren 2. *umg* (zusammen)kleben; *übtr* zusammenschustern || *uv* **сле́пливать,** -аю, -аешь *u.* **слепля́ть,** -я́ю, -я́ешь

сле́пнуть, -ну, -нешь; слеп *u.* сле́пнул, сле́пла; сле́п(нув)ший *uv* blind werden, erblinden

слепо́й, -а́я, -о́е; *Kzf* слеп, -а́! 1. blind; *umg* kurzsichtig 2. -о́го *Subst m* Blinder 3. *übtr* blind; unvernünftig; willkürlich 4. undeutlich, schlecht leserlich ◇ ~ дождь *gbt* Sonnenregen; -а́я кишка́ *anat* Blinddarm

сле́пок, -пка *m* Abdruck, Abzug

слепота́, -ы́ *f* Blindheit; кури́ная ~ Nachtblindheit

слеса́рничать, -аю, -аешь *uv umg* schlossern, das Schlosserhandwerk betreiben

слеса́рный, -ая, -ое 1. Schlosserei- 2. -ая, -ой *Subst f* Schlosserwerkstatt

сле́сарский, -ая, -ое Schlosser-

сле́сарь, -я, *Pl* слесаря́, -е́й, -я́м *u.* сле́сари, -ей, -ям *m* Schlosser

слёт, -а *m* 1. Zusammenfliegen 2. Zusammenkunft, Treffen, Kongreß

¹слета́ть, -а́ю, -а́ешь *v* 1. (hin)fliegen (und wieder zurückkehren) 2. *umg* sehr schnell hinfahren [hinlaufen] (und wieder zurückkehren); она́ слета́ла в апте́ку за лека́рством sie eilte in die Apotheke und holte das Medikament

²слета́ть *uv zu* слете́ть

¹слета́ться, -а́юсь, -а́ешься *v flug* sich an das gemeinsame Fliegen gewöhnen

²слета́ться *uv zu* слете́ться

слете́ть, слечу́, слети́шь *v* 1. hinabfliegen, herabfliegen; *übtr* hereinbrechen 2. wegfliegen; *übtr* abfallen, verschwinden 3. hinunterfallen, herunterfallen || *uv* слета́ть, -а́ю, -а́ешь

слете́ться, *1. u. 2. Pers ungebr,* -ти́тся *v* von verschiedenen Seiten herbeifliegen, sich (ver)sammeln; *übtr umg* von allen Seiten herbeikommen, sich versammeln || *uv* слета́ться, -а́ется

с|лечь* *v* 1. sich krank zu Bett legen (müssen) 2. *umg* sich legen *von Getreide u. ä.*

слив, -а *m* Abfluß

сли́ва, -ы *f* Pflaume; Pflaumenbaum

слива́ть(ся) *uv zu* сли́ть(ся)

сли́вки, -вок, -вкам *Pl* 1. Sahne, Rahm; сби́тые [взби́тые] -и Schlagsahne 2. *übtr, buchspr* bester Teil (von etw.); ~ о́бщества die Creme der Gesellschaft; снима́ть ~ den Rahm abschöpfen, sich den besten Teil nehmen

сливно́й, -а́я, -о́е 1. zusammengegossen; ~ моло́чный пункт Milchsammelstelle 2. zusammenfließend 3. Abguß-

сли́вовый, -ая, -ое Pflaumen-

сли́вочник, -а *m* Sahnekännchen

сли́вочный, -ая, -ое Sahne-, Rahm-; -ое ма́сло Tafelbutter

сливя́нка, -и *f* Pflaumenlikör

с|лиза́ть* *v* ablecken || *uv* слизывать, -аю, -аешь | *v mom* слизну́ть, -ну́, -нёшь; сли́знутый, -ут, -а

сли́зистый, -ая, -ое Schleim-, schleimig; -ая оболо́чка *anat* Schleimhaut

слизну́ть *v mom zu* сли́зывать

слизня́к, -а́ *m* 1. *zool* Weichtier, Molluske 2. *umg* charakterloser [willensschwacher] Mensch

сли́зывать *uv zu* слиза́ть

слизь, -и *f* Schleim

слиня́ть, *1. u. 2. Pers ungebr,* -я́ет *v* 1. *umg* verblassen, verschießen, die Farbe verlieren 2. ausgehen *vom Fell*; abgeworfen werden, abfallen *von der Haut bei Tieren*

слипа́ться, *1. u. 2. Pers ungebr,* -а́ется *uv* 1. zusammenkleben 2. zufallen; у него́ глаза́ слипа́ются die Augen fallen ihm zu *vor Müdigkeit* || *v* **сли́пнуться,** -нется; сли́пся, -лась *zu* 1

сли́тный, -ая, -ое; *Kzf* -тен, -тна (in eins) verschmolzen, verbunden; -ое написа́ние Zusammenschreibung; -ое предложе́ние *gram* zusammengezogener Satz

сли́ток, -тка *m* Barren, Stange *von Metall*

с|лить*, солью *v* 1. abgießen, ausgießen 2. zusammengießen; gießen; ~ ко́локол eine Glocke gießen 3. *übtr* vereinigen, zusammenziehen, verschmelzen || *uv* слива́ть, -а́ю, -а́ешь

с|ли́ться*, солью́сь; сли́лся́, слила́сь, сли́ли́сь *v* 1. zusammenfließen 2. *umg* abfließen 3. *übtr* sich vereinigen, verschmelzen || *uv* слива́ться, -а́юсь, -а́ешься

слича́ть *uv zu* сличи́ть

сличе́ние, -я *n* (Text-) Vergleich, Kollation

сличи́ть, -чу́, -чи́шь; -чённый, -чён, -чена́ *v* vergleichen, kollationieren || *uv* слича́ть, -а́ю, -а́ешь

сли́шком *Adv* (all)zu, übermäßig ◇ э́то уж ~! das geht zu weit!, das ist zu viel!

слия́ние, -я *n* 1. Zusammenfluß 2. Vereinigung, Verschmelzung

слобода́, -ы́, *Pl* сло́боды, слобо́д, слобода́м *f* 1. *hist* Dorf oder Teil einer Stadt, dessen Bewohner Privilegien besitzen *im feudalistischen Rußland* 2. großes Dorf, Teil eines großen Dorfes 3. *alt* Vorstadt

слова́к, -а *m* Slowake

Слова́кия, -и *f* Slowakei

слова́рный, -ая, -ое 1. Wörterbuch-, Lexikon- 2. Wort-; ~ соста́в Wortschatz

слова́рь, -я́ *m* 1. Wörterbuch, Lexikon 2. Wortschatz, Lexik

слова́цкий, -ая, -ое slowakisch

слова́чка, -и, *Pl G* -чек, *D* -чкам *f* Slowakin

слове́нец, -нца, *I* -нцем, *G Pl* -нцев *m* Slowene

Слове́ния, -и *f* Slowenien

слове́нка, -и, *Pl G* -нок, *D* -нкам *f* Slowenin

слове́нский, -ая, -ое slowenisch

слове́сность, -и *f* 1. *alt* Literatur; наро́дная ~ Folklore 2. *alt* Philologie
слове́сный, -ая, -ое 1. Wort- 2. mündlich 3. *alt* Philologie- 4. *alt* Literatur-
слове́чко, -а, *Pl* слове́чки, -чек, -чкам *n Dem zu* сло́во Wörtchen ◇ заки́нуть [замо́лвить] ~ за кого́-н. ein gutes Wort für j-n einlegen
слови́ть, словлю́, сло́вишь; сло́вленный, -ен, -а *v umg* fangen, ergreifen
сло́вно 1. *Konj* wie; als ob 2. *Part* gleichsam, sozusagen
сло́во, -а, *Pl* слова́, слов, слова́м *u. alt* словеса́, слове́с, словеса́м *n* 1. Wort 2. Rede; Sprechen, Sprache; облада́ть да́ром сло́ва redegewandt sein 3. Rede, Ansprache; вступи́тельное ~ Eröffnungsansprache 4. Wort, Versprechen; че́стное ~ Ehrenwort 5. Wort, Redeerlaubnis 6. Mär, Erzählung, Lied, Predigt *in literarischen Titeln*; ,,Сло́во о Полку́ И́гореве“ ,,Das Lied von der Heerfahrt Igors“ ◇ ~ в ~ Wort für Wort; ~ за́ ~ allmählich, nach und nach; на -а́х a) mündlich; b) in Worten, mit dem Munde; от -а до -а von Anfang bis Ende, alles ganz genau; с чужи́х слов vom Hörensagen; слов нет zweifellos, in der Tat; слов нет, как es ist unmöglich zu sagen, wie; броса́ть -а́ на ве́тер in den Wind reden; признава́ть на -а́х ein Lippenbekenntnis abgeben; он за -ом в карма́н не поле́зет er ist nicht auf den Mund gefallen; к -у пришло́сь übrigens, da fiel mir noch ein; гро́мкие -а́ große Worte, Phrasen; по после́днему -у те́хники nach dem neuesten Stand der Technik; у него́ ~ не расхо́дится с де́лом er steht zu seinen Worten
слово|изверже́ние, -я *n buchspr, iron* Wortschwall; **~измене́ние,** -я *n ling* Flexion
слови́тец, -тца, *I* -тцем, *G Pl* -тцев *m* Schriftgießer
словоли́тня, -и, *Pl G* -тен, *D* -тням *f* Schriftgießerei
сло́вом *Adv* mit einem Wort, kurzum
слово|образова́ние, -я *n ling* Wortbildung; **~охо́тливый,** -ая, -ое; *Kzf* -ив, -а redselig, gesprächig; **~пре́ние,** -я *n buchspr* Wortgefecht; **~произво́дный,** -ая, -ое *ling* Ableitungs-, abgeleitete Wörter bildend; ~произво́дный слова́рь nach dem Prinzip der Wortfamilien aufgebautes Wörterbuch; **~произво́дство,** -а *n ling* Wortableitung; **~сочета́ние,** -я *n ling* Wortverbindung, -gefüge; **~тво́рчество,** -а *n* Wortschöpfung, Prägung neuer Wörter; **~употребле́ние,** -я *n* Wortgebrauch
словцо́, -а́, *I* -о́м, *Pl G* -ве́ц, *D* -вца́м *n umg* Wort; treffender Ausdruck, Bonmot ◇ для кра́сного -а́ *umg* um der schönen Worte willen
[1]слог, -а, *Pl* слоги́, -о́в, -а́м *m* Silbe
[2]слог, -а *m alt* Stil
слогово́й, -а́я, -о́е 1. *ling* Silben-; 2. silbisch ◇ -о́е письмо́ Silbenschrift
слогообразу́ющий, -ая, -ее *ling* silbisch, eine Silbe bildend
слоёный, -ая, -ое schichtig; aus Blätterteig bereitet
сложе́ние, -я *n* 1. *math* Addition 2. Verfassen, Komponieren 3. Niederlegung *eines Amtes* 4. Körperbau, Gestalt, Konstitution
сложённый, -ая, -ое; *Kzf* -жён, -жена́ gebaut; атлети́чески ~ ю́ноша ein junger Mann von athletischer Gestalt
сложи́ть, сложу́, сло́жишь; сло́женный, -ен, -а *v* 1. (geordnet) zusammenlegen, aufschichten; ~ чемода́н den Koffer packen 2. *math* addieren; ~ два и пять zwei und fünf addieren 3. verfassen, dichten, komponieren 4. zusammenfalten, -klappen; ~ ру́ки на́крест die Arme kreuzen 5. *umg* abladen, ablegen 6. *übtr* niederlegen, abgeben; ~ с себя́ отве́тственность die Verantwortung ablehnen ◇ сиде́ть сложа́ ру́ки die Hände in den Schoß legen, untätig sein; ~ го́лову umkommen, sein Leben lassen; ~ ору́жие die Waffen strecken ‖ *uv zu* 1-5 скла́дывать, -аю, -аешь; *uv zu* 6 *u. buchspr zu* 2, 3, 5 слага́ть, -а́ю, -а́ешь
сложи́ться, сложу́сь, сло́жишься *v* 1. sich zusammensetzen, sich bilden 2. sich herausbilden, sich gestalten; reifen 3. *umg* (Geld) zusammenlegen, eine Sammlung durchführen ‖ *uv* скла́дываться, -аюсь, -аешься *u. buchspr zu* 1, 2 слага́ться, -а́юсь, -а́ешься
сложноподчинённый, -ая, -ое: -ое предложе́ние *gram* Satzgefüge
сложносочинённый, -ая, -ое: -ое предложе́ние *gram* Satzverbindung
сло́жность, -и *f* 1. Kompliziertheit

2. *Pl* Schwierigkeiten ◇ в о́бщей -и alles in allem, insgesamt
сло́жный, -ая, -ое; *Kzf* -жен, -жна́! 1. zusammengesetzt; -ое сло́во *gram* Kompositum, zusammengesetztes Wort; -ые проце́нты Zinseszinsen 2. kompliziert; schwierig; verwickelt
слои́стый, -ая, -ое; *Kzf* -и́ст, -а Schicht-, schichtig, aus Schichten bestehend
слои́ться, *1. u. 2. Pers ungebr,* -и́тся *uv* Schichten bilden
слой, -я, *P* в сло́е *u. umg* в слою́, *Pl* слои́, слоёв, слоя́м *m* Schicht
сло́йка, -и, *Pl G* сло́ек, *D* сло́йкам *f* 1. *umg* Schichten 2. Blätterteigbrötchen
слом, -а *m* 1. Brechen, Zerbrechen, Abbrechen, Abbruch; предназна́ченный на ~ zum Abtragen [Abbruch] bestimmt 2. Bruchstelle
слома́ть, -а́ю, -а́ешь; сло́манный, -ан, -а *v* 1. *v zu* лома́ть 2. *umg* überwinden, besiegen; unterdrücken; ~ зу́бы на чём-н. sich die Zähne an etw. ausbeißen; ~ (себе́) ше́ю [го́лову] sich das Genick brechen, umkommen
слома́ться, -а́юсь, -а́ешься *v* 1. *v zu* лома́ться 2. *umg* zerbrechen, gebrochen sein
сломи́ть, сломлю́, сло́мишь; сло́мленный, -ен, -а *v* 1. *umg* brechen, zerbrechen, abbrechen 2. *übtr* brechen, überwinden, bezwingen ◇ сломя́ го́лову Hals über Kopf; ~ (себе́) ше́ю [го́лову] sich das Genick brechen, umkommen ‖ *uv* сла́мывать, -аю, -аешь
сломи́ться, сломлю́сь, сло́мишься *v* 1. *umg* auseinanderfallen, zerbrechen 2. *übtr* sich unterwerfen; zerbrechen; gebrochen sein ‖ *uv* сла́мываться, -аюсь, -аешься
слон, -а́ *m* 1. Elefant 2. Läufer *beim Schachspiel* ◇ -а́ не приме́тить *iron* die Hauptsache unbeachtet lassen
слонёнок, -нка, *Pl* слоня́та, -я́т, -я́там *m* Elefantenjunges
слони́ха, -и *f* Elefantenkuh
слоно́вый, -ая, -ое Elefanten-; -ая кость Elfenbein; Бе́рег Слоно́вой Ко́сти Elfenbeinküste
слоня́ться, -я́юсь, -я́ешься *uv umg* umherschlendern, sich herumtreiben
слуга́, -и́, *Pl* слу́ги, слуг, слу́гам *m* Diener; *f alt* Dienerin; *Pl Koll* Dienerschaft, Gesinde
служа́нка, -и, *Pl G* -нок, *D* -кам *f alt* Dienerin; Dienstmädchen
слу́жащий, -его *Subst m* Angestellter
слу́жба, -ы *f* 1. Dienst; Amt, Arbeitsstelle *eines Angestellten*; госуда́рственная ~ Staatsdienst; ~ свя́зи Post- u. Fernmeldedienst; приня́ть на -у einstellen 2. Militärdienst; го́дный к -е dienstfähig, diensttauglich 3. *rel* Gottesdienst, Messe 4. *Pl alt* Wirtschaftsgebäude, Nebengebäude ◇ сослужи́ть кому́-н. -у j-m einen Dienst erweisen; прошу́ тебя́ не в -у а в дру́жбу ich bitte dich um einen Freundschaftsdienst
служе́бный, -ая, -ое 1. Dienst-, dienstlich; Amts-; -ое купе́ Dienstabteil 2. Hilfs-, untergeordnet, zweitrangig; -ые слова́ *gram* Hilfswörter
служе́ние, -я *n* Dienen, Dienst
служи́лый, -ая, -ое 1. *hist* dienstpflichtig 2.: -ая аристокра́тия *hist* Personaladel, Verdienstadel
служи́тель, -я *m* 1. *alt* Diener 2. *alt* (niederer) Angestellter; больни́чный ~ Krankenwärter 3. *übtr* Diener
служи́ть, служу́, слу́жишь *uv* 1. dienen; im Dienst stehen; э́то слу́жит доказа́тельством das ist ein Beweis 2. *rel* den Gottesdienst zelebrieren, die Messe lesen 3. Männchen machen *Hunde*
слука́вить, -влю, -вишь *v umg* sich verstellen; hinterlistig sein, sich hinterlistig verhalten
слупи́ть, слуплю́, слу́пишь; слу́пленный, -ен, -а *v volksspr* 1. (ab)schälen 2. Geld abnehmen, übervorteilen ‖ *uv* **слу́пливать,** -аю, -аешь
слупи́ться, *1. u. 2. Pers ungebr,* слу́пится *v volksspr* sich schälen; abbröckeln, abblättern ‖ *uv* **слу́пливаться,** -ается
слух, -а *m* 1. Gehör; игра́ть по -у nach dem Gehör spielen 2. Gerücht; по -ам vom Hörensagen; он весь обрати́лся в ~ er war ganz Ohr, er hörte aufmerksam zu ◇ о нём ни -у, ни ду́ху er ist spurlos verschwunden
слухово́й, -а́я, -о́е 1. Gehör-, Ohr- 2. Hör-, auditiv; ~ рожо́к Hörrohr ◇ -о́е окно́ Dachfenster
слу́чаем *Adv volksspr* zufällig
слу́чай, -я *m* 1. Fall, Vorfall, Begebenheit; во вся́ком -е jedenfalls; в кра́йнем -е notfalls, im Notfall; в проти́вном -е anderenfalls; в тако́м -е wenn es so steht; ни в ко́ем -е keinesfalls, niemals; в -е на́добности nötigenfalls, wenn nötig 2. Gelegen-

heit; при -е gelegentlich 3. Zufall ◇ в -е чего́ wenn etwas Unvorhergesehenes eintreten sollte; в да́нном -е a) in diesem (speziellen) Fall; b) gegebenenfalls; на ~ a) für den Fall: на ~ сме́рти *jur* im Falle des Ablebens; b) für eine (passende) Gelegenheit: стихи́ на ~ Gelegenheitsgedicht; c) zufällig: кни́га на ~ сохрани́лась *alt* das Buch blieb zufällig erhalten; по -ю a) infolge: по -ю плохо́й пого́ды infolge des schlechten Wetters; b) bei Gelegenheit von; anläßlich: поку́пка по -ю Gelegenheitskauf

случа́йно 1. *Adv* zufällig(erweise) ◇ не ~ nicht ohne Grund, nicht von ungefähr 2. *mod* übrigens, zufällig

случа́йный, -ая, -ое; *Kzf* -а́ен, -а́йна 1. zufällig, unvorhergesehen 2. Gelegenheits-, gelegentlich 3. unbegründet, unberechtigt

случа́ть *uv zu* случи́ть

[1]случа́ться, *1. u. 2. Pers ungebr,* -а́ется *uv* 1. *uv zu* [1]случи́ться 2. *umg* von Zeit zu Zeit kommen

[2]случа́ться *uv zu* [2]случи́ться

случи́ть, -чу́, -чи́шь; -чённый, -чён, -чена́ *v landw* paaren, decken ‖ *uv* случа́ть, -а́ю, -а́ешь

[1]случи́ться, *1. u. 2. Pers ungebr,* -и́тся *v* 1. sich ereignen, geschehen, passieren 2. *unpers* es ergibt sich, daß; мне случи́лось прожи́ть там две неде́ли es ergab sich, daß ich zwei Wochen dort bleiben mußte; ich mußte zwei Wochen dort bleiben 3. *umg* zufällig anwesend sein, auftauchen ‖ *uv* случа́ться, -а́ется; ему́ не случа́лось смотре́ть э́ту вы́ставку es ergab sich nicht, daß er die Ausstellung ansehen konnte; er konnte die Ausstellung nicht ansehen

[2]случи́ться, *1. u. 2. Pers ungebr,* -и́тся *v* sich paaren *von Tieren* ‖ *uv* случа́ться, -а́ется

слу́чка, -и *f landw* Deckung, Beschälung

случно́й, -а́я, -о́е *landw* Beschäl-; ~ жеребе́ц Zuchthengst, Beschäler; ~ пункт Beschälstation

слу́шание, -я *n* 1. Hören, Zuhören 2. *jur* (gerichtliche) Verhandlung; де́ло назна́чено к -ю die Verhandlung ist anberaumt

слу́шатель, -я *m* 1. Hörer, Zuhörer 2. Hörer, Student

слу́шательница, -ы, *I* -ей *f* 1. Hörerin, Zuhörerin 2. Hörerin, Studentin

слу́шать, -аю, -аешь; -анный, -ан, -а *uv* 1. (zu)hören, (an)hören, horchen 2. *jur* eine Verhandlung durchführen 3. hören, besuchen; ~ курс вы́сшей матема́тики die Vorlesung über höhere Mathematik besuchen 4. *umg* gehorchen; слу́шаю! *mil* zu Befehl!

слу́шаться, -аюсь, -аешься *uv G* 1. gehorchen; befolgen; ~ роди́телей den Eltern gehorchen; ~ сове́та дру́га den Rat des Freundes befolgen; слу́шаюсь! *mil* zu Befehl! 2. *jur* zur Verhandlung stehen

слу́щивание, -я *n med* Abschuppung

слыву́ ↑ слыть

слыть* *uv I u.* за *A* bekannt sein (als), in dem Ruf stehen

слыха́ть, *Präs ungebr,* слыха́л, -а; слы́ханный, -ан, -а *uv umg* hören, erfahren ◇ ничего́ не ~ *volksspr* es ist nichts zu hören; где э́то слы́хано wo gibt es denn so etwas

слы́хом *Adv:* ~ не слыха́ть *volksspr* nichts wissen, keine Ahnung haben

слы́шать, -шу, -шишь *uv* 1. hören, vernehmen; он одни́м у́хом не слы́шит er ist auf einem Ohr taub 2. hören, erfahren 3. merken, spüren

слы́шаться, *1. u. 2. Pers ungebr,* -ится *uv* 1. zu hören sein, ertönen; слы́шится му́зыка es erklingt [man hört] Musik 2. zu spüren sein, sich äußern ‖ *v* послы́шаться

слы́шимость, -и *f* 1. Hörbarkeit; в преде́ле -и in Hörweite 2. Lautstärke, Deutlichkeit; плоха́я ~ a) schlechte Verständigung *am Telefon*; b) *rad* Undeutlichkeit

слы́шно *unpers prädikativ* man kann hören, es ist zu hören; мне ничего́ не ~ ich kann nichts hören [verstehen]; пло́хо ~ es ist schlecht zu hören [verstehen] ◇ что ~? was gibt es Neues?; как ~ soviel man hört

слы́шный, -ая, -ое 1. hörbar; spürbar 2. *Kzf* -шен, -шна́, -шно, слы́шны́ zu hören sein, erklingen

слышь *mod volksspr* 1. hörst du, siehst du 2. anscheinend

слюда́, -ы́, *Pl* слю́ды, слюд, слю́дам *f min* Glimmer

слюна́, -ы́ *f* Speichel; Geifer

слю́ни, слюне́й, слюня́м *Pl umg* Speichel ◇распусти́ть ~ *volksspr* a) losheulen; b) unentschlossen [schlapp]

werden; c) in Rührung geraten, gerührt sein
слюни́ть, -ню́, -ни́шь; -нённый, -нён, -нена́ *uv* mit Speichel anfeuchten
слю́нки, -нок, -нкам *Pl*: у него́ ~ теку́т *oder* он ~ глота́ет das Wasser läuft ihm im Munde zusammen
слю́нный, -ая, -ое Speichel-
слюнотече́ние, -я *n med* Speichelfluß, verstärkte Speichelabsonderung
слюнтя́й, -я, *G Pl* -ев *m umg* Schlafmütze, Nichtsnutz
слюня́вый, -ая, -ое; *Kzf* -я́в, -а geifernd, sabbernd
сля́коть, -и *f* 1. Matsch, Schlamm; Matschwetter 2. *volksspr Koll* verachtungswürdige Menschen
см (сантиме́тр) Zentimeter
см. (смотри́) siehe
с. м. (сего́ ме́сяца) dieses Monats
с|ма́зать* *v* 1. einschmieren; ~ жи́ром einfetten; ~ ма́слом einölen; ~ го́рло den Hals (ein)pinseln 2. verwischen, verschmieren; verwakkeln *beim Photographieren* 3. *übtr umg* schmieren, bestechen ‖ *uv* сма́зывать, -аю, -аешь
сма́зка, -и, *Pl G* -зок, *D* -зкам *f* 1. Einschmieren, Einfetten, Einölen, Einpinseln 2. Schmiere, Schmiermittel
смазли́вый, -ая, -ое; *Kzf* -и́в, -а *umg* niedlich, hübsch
сма́зочный, -ая, -ое 1. Schmier- 2. -ое, -ого *Subst n* Schmiermittel
сма́зчик, -а *m tech* Schmierer
сма́зывать *uv zu* смаза́ть
смак, -а (-у) *m umg* Geschmack; Genuß
смакова́ть, -ку́ю, -ку́ешь; -ко́ванный, -ко́ван, -а *uv* 1. *umg* genießen, mit Genuß essen [trinken] 2. *übtr umg* genießen, auskosten
сма́лец, -льца, *I* -льцем *m* Schmalz, Schweinefett
сма́лывать *uv zu* смоло́ть
сманеври́ровать *v zu* маневри́ровать
сма́нивать *uv zu* смани́ть
смани́ть, сманю́, сма́нишь *u. alt* смани́шь; сма́ненный, -нен, -а *u.* сманённый, -нён, -нена́ *v umg* (herbei)locken, verlocken, weglocken, abwerben; ~ у кого́-н. клие́нтов j-m die Kunden abspenstig machen ‖ *uv* сма́нивать, -аю, -аешь
смастери́ть *v zu* мастери́ть
сма́тывать *uv zu* смота́ть
[1]**сма́хивать** *uv zu* смахну́ть
[2]**сма́хивать,** -аю, -аешь *uv* на *A umg* erinnern (an), ähneln
смахну́ть, -ну́, -нёшь; сма́хнутый, -ут, -а *v* abschütteln, abschlagen, herunterwerfen ‖ *uv* сма́хивать, -аю, -аешь
сма́чивать *uv zu* смочи́ть
сма́чный, -ая, -ое; *Kzf* -чен, -чна́! *umg* schmackhaft; *übtr* genießerisch; saftig
смежа́ть *uv zu* смежи́ть
смежи́ть, -жу́, -жи́шь; -жённый, -жён, -жена́ *v*: ~ глаза́ die Augen schließen ‖ *uv* смежа́ть, -а́ю, -а́ешь
сме́жный, -ая, -ое; *Kzf* -жен, -жна angrenzend, benachbart; ~ у́гол *math* Nebenwinkel
смека́лка, -и *f umg* gute Auffassungsgabe, Scharfsinn; на́до име́ть -у Köpfchen muß man haben
смека́ть, -а́ю, -а́ешь *uv* 1. *volksspr* begreifen, kapieren; sich auskennen 2. *volksspr* überlegen, überschlagen ‖ *v* **смекну́ть,** -ну́, -нёшь
смеле́ть, -е́ю, -е́ешь *uv* kühn [kühner] werden
сме́ло *Adv* 1. kühn, mutig; смеле́й! nur Mut!, vorwärts!, schneller! 2. *umg* ohne weiteres, leicht; мо́жно ~ сказа́ть man kann ruhig [ohne weiteres] sagen
сме́лость, -и *f* 1. Mut, Kühnheit, Tapferkeit 2. Gewagtheit, Dreistigkeit ◇ я беру́ на себя́ ~ ich nehme mir die Freiheit; ich bin so frei; ~ города́ берёт *Sprichw* frisch gewagt ist halb gewonnen
сме́лый, -ая, -ое; *Kzf* смел, -а́! 1. mutig, kühn, tapfer 2. gewagt; -ая шу́тка gewagter Scherz
смельча́к, -а́ *m* Wagehals, mutiger Kerl
сме́на, -ы *f* 1. Wechsel; Ablösung 2. Schicht; рабо́та идёт в три -ы es wird in drei Schichten gearbeitet 3. Nachwuchs, junge Generation 4. (Wäsche-) Garnitur zum Wechseln ◇ прийти́ на -у кому́-н. j-n ablösen, an j-s Stelle treten
смени́ть, сменю́, сме́нишь; сменённый, -ён, -ена́ *v* 1. wechseln, umtauschen 2. ablösen ◇ ~ гнев на ми́лость Gnade vor Recht ergehen lassen ‖ *uv* сменя́ть, -я́ю, -я́ешь
смени́ться, сменю́сь, сме́нишься *v* 1. sich ablösen, wechseln 2. wechseln, sich verwandeln ‖ *uv* сменя́ться, -я́юсь, -я́ешься
сме́нный, -ая, -ое 1. Schicht- 2. *tech* auswechselbar
сме́нщик, -а *m* Schichtarbeiter

сме́нщица, -ы, *I* -ей *f* Schichtarbeiterin

[1]**смени́ть,** -я́ю, -я́ешь; сме́нянный, -ян, -а *v umg* (ein)tauschen (на *A* gegen)

[2]**сменя́ть** *uv zu* смени́ть

сменя́ться *uv zu* смени́ться

смерде́ть, -ржу́, -рди́шь *uv I* stinken (nach)

сме́рить, -рю, -ришь; -ренный, -рен, -а *u. volksspr* **сме́рять,** -яю, -яешь *v umg* messen, ausmessen, abmessen; ~ кого́-н. взгля́дом j-n prüfend betrachten, j-n mustern

смерка́ться *uv zu* сме́ркнуться

сме́ркнуться, *1. u. 2. Pers/ ungebr,* -нется; сме́рк(ну)лось *v umg* 1. *unpers* dämmrig werden, dunkel werden 2. *umg* sich verdunkeln ‖ *uv* смерка́ться, -а́ется

смерте́льный, -ая, -ое; *Kzf* -лен, -льна 1. tödlich, Todes-, Tod- 2. *übtr* äußerst; -ая ску́ка entsetzliche (tödliche) Langeweile 3. -о *Adv*: он -о уста́л er ist sterbensmüde [todmüde]; он -о пьян er ist sternhagelvoll; -о ненави́деть кого́-н. j-n bis auf den Tod hassen

сме́ртник, -а *m* zum Tode Verurteilter

сме́ртность, -и *f* Sterblichkeit, Mortalität

сме́ртный, -ая, -ое; *Kzf* -тен, -тна 1. Todes-, Sterbe-; tödlich, Tod- 2. sterblich 3. -ого *Subst m buchspr, meist iron* Sterblicher, Mensch 4. *übtr* äußerst; -ая сту́жа furchtbare [tödliche] Kälte

смертоно́сный, -ая, -ое; *Kzf* -сен, -сна tödlich, todbringend

смерть, -и, *Pl* сме́рти, смерте́й, смертя́м *f* 1. Tod; быть при -и im Sterben liegen; бле́дный как ~ leichenblaß; борьба́ не на жизнь, а на ~ ein Kampf auf Leben und Tod; умере́ть свое́й -ью eines natürlichen Todes sterben; мне э́то до -и надое́ло ich bin dessen äußerst [zum Sterben] überdrüssig, das hängt mir zum Halse heraus 2. *Adv umg* furchtbar, schrecklich; зуб ~ боли́т der Zahn tut schrecklich weh; мне ~ как хо́чется ich möchte für mein Leben gern

смерч, -а, *I* -ем, *G Pl* -ей *m* Wirbelsturm, Windhose; водяно́й ~ Wasserhose; песча́ный ~ Sandhose

смеря́ть ↑ сме́рить

смеси́тель, -я *m* 1. Mixer *Gerät* 2. Mischkanne *an Tankstellen* 3. Mischbatterie *Wasserhahn*

с|мести́* *v* 1. wegfegen 2. *übtr* hinwegfegen, vernichten 3. zusammenfegen ‖ *uv* смета́ть, -а́ю, -а́ешь

смести́ть, смещу́, смести́шь; смещённый, -ён, -ена́ *v* 1. verschieben 2. absetzen, entlassen ‖ *uv* смеща́ть, -а́ю, -а́ешь

смесь, -и *f* 1. Mischung, Gemisch, Gemenge 2. *alt* Verschiedenes *als Zeitungsrubrik*

сме́та, -ы *f* Kostenanschlag; Budget; соста́вить -у veranschlagen

смета́на, -ы *f* saure Sahne

[1]**смета́ть** *uv zu* смести́

[2]**смета́ть,** -а́ю, -а́ешь; смётанный, -ан, -а *v* heften ‖ *uv* смётывать, -аю, -аешь

сме́тливый, -ая, -ое; *Kzf* -ив, -а scharfsinnig, mit guter Auffassungsgabe

сме́тный, -ая, -ое Kostenanschlags-, Budget-

смётывать *uv zu* [2]смета́ть

сме́ть, сме́ю, сме́ешь *uv* 1. wagen, den Mut haben 2. das Recht haben, dürfen ‖ *v* посме́ть

смех, -а (-у) *m* 1. Lachen, Gelächter; мне не до -у mir ist nicht zum Lachen zumute; разрази́ться -ом in Gelächter ausbrechen 2. Spaß, Spott; на́ ~ zum Spaß; ра́ди -а spaßeshalber; подня́ть кого́-н. на́ ~ j-n auslachen, j-n zum besten haben ◇ и ~ и грех spaßig und traurig zugleich; э́то ку́рам на́ ~! da lachen ja die Hühner!

смехотво́рный, -ая, -ое; *Kzf* -рен, -рна 1. lächerlich 2. *alt* spaßig

сме́шанный, -ая, -ое gemischt, Misch-; -ое число́ *math* gemischte Zahl

смеша́ть, -а́ю, -а́ешь; сме́шанный, -ан, -а *v* 1. (ver)mischen 2. durcheinanderbringen, verwirren 3. verwechseln ‖ *uv* сме́шивать, -аю, -аешь

смеша́ться, -а́юсь, -а́ешься *v* 1. sich vermischen, sich verbinden; verschmelzen 2. in Unordnung geraten, durcheinander kommen 3. verwechselt werden 4. *umg* verlegen werden, in Verwirrung geraten ‖ *uv* сме́шиваться, -аюсь, -аешься *zu* 1, 2, 3

смеше́ние, -я *n* 1. (Ver-) Mischung, (Ver-) Mischen 2. Verwirrung 3. Verwechseln, Verwechslung 4. Gemisch

сме́шивать(ся) *uv zu* смеша́ть(ся)

смеши́ть, -шу́, -ши́шь *uv* zum Lachen bringen

смешли́вый, -ая, -ое; *Kzf* -и́в, -а lachlustig

смешно́ *unpers prädikativ* (es ist) lächerlich, lachhaft; мне ~ ich muß lachen

смешно́й, -а́я, -о́е; *Kzf* -шо́н, -шна́ 1. spaßig, komisch 2. lächerlich ◇ до -о́го in höchstem Grade, übertrieben, ans Komische grenzend

смеща́ть *uv zu* смести́ть

смея́ться, смею́сь, смеёшься *uv* 1. lachen 2. над *I u. alt D* lachen (über), auslachen, sich lustig machen (über) 3. *umg* scherzen, es nicht im Ernst meinen

сми́ловаться, -лую́сь, -лу́ешься *v* sich erbarmen, Mitleid haben

смина́ть(ся) *uv zu* смя́ть(ся)

смире́ние, -я *n* 1. Bezwingung 2. *alt, buchspr* Demut

смире́нничать, -аю, -аешь *uv umg, oft iron* demütig sein, demütig tun

смире́нный, -ая, -ое; *Kzf* -е́н, -е́нна *alt, buchspr* demütig; bescheiden

смири́тельный, -ая, -ое: -ая руба́шка Zwangsjacke

смири́ть, -рю́, -ри́шь; -рённый, -рён, -рена́ *v* 1. *alt, volksspr* unterwerfen, zähmen, sich schicken (in) 2. bezwingen, unterdrücken *Gefühle* ‖ *uv* смиря́ть, -я́ю, -я́ешь

смири́ться, -рю́сь, -ри́шься *v* 1. *alt, volksspr* sich unterwerfen, demütig werden 2. sich beruhigen 3. sich unterordnen, nachgeben 4. sich gewöhnen (с *I* an) ‖ *uv* смиря́ться, -я́юсь, -я́ешься

сми́рно *Adv* 1. still, ruhig 2.: ~! Ruhe!; *mil* Achtung!, stillgestanden!

сми́рный, -ая, -ое; *Kzf* -рен *u. umg* -рён, -рна́! still, ruhig, friedlich

смиря́ть(ся) *uv zu* смири́ть(ся)

смо́ква, -ы *f bot* Feige; Feigenbaum

смоко́вница, -ы, *I* -ей *f bot* Feigenbaum

смола́, -ы́, *Pl* смо́лы, смол, смо́лам *f* Harz; Teer; Pech; иску́сственная ~ Kunstharz

смола́чивать *uv zu* смолоти́ть

Смоле́нск, -а *m* Smolensk

смолёный, -ая, -ое geteert, verpicht

смоли́стый, -ая, -ое; *Kzf* -и́ст, -а 1. harzig 2. nach Harz riechend 3. glänzend schwarz *Haare*

смоли́ть, -лю́, -ли́шь; -лённый, -лён, -лена́ *v* teeren, pichen

смолка́ть *uv zu* смо́лкнуть

смо́лкнуть, -ну, -нешь; смолк *u. alt* смо́лкнул, смо́лкла; смо́лк(нув)ший *v* verstummen ‖ *uv* смолка́ть, -а́ю, -а́ешь

смо́лоду *Adv* 1. *umg* von Jugend auf 2. in jungen Jahren

смолоку́р, -а *m* Teerbrenner

смолоку́рня, -и, *Pl G* -рен, *D* -рням *f* Teerbrennerei, Pechsiederei

смолоти́ть, -очу́, -о́тишь; -о́ченный, -о́чен, -а *v umg* ausdreschen ‖ *uv* смола́чивать, -аю, -аешь

с|моло́ть* *v* (fertig)mahlen; durch den Fleischwolf drehen ‖ *uv* сма́лывать, -аю, -аешь

смолча́ть, -чу́, -чи́шь *v umg* schweigen; не ~ die Antwort nicht schuldig bleiben

смоль, -и *f*: чёрный как ~ pechschwarz

смоля́нин, -а, *Pl* -я́не, -я́н, -я́нам *m u.* **смоля́к,** -а́ *m umg* Einwohner von Smolensk

смоляно́й, -а́я, -о́е 1. Harz-; Teer-; Pech-; harzig 2. geteert 3. glänzend schwarz *Haare*

смонти́ровать *v zu* монти́ровать

сморгну́ть, -ну́, -нёшь *v mom* (heraus)zwinkern; не сморгну́в гла́зом ohne mit der Wimper zu zucken

смо́рка́ть, -а́ю, -а́ешь *uv*: ~ нос sich die Nase putzen, schnauben

смо́рка́ться, -а́юсь, -а́ешься *uv* sich schneuzen, sich die Nase putzen ‖ *v mom* **сморкну́ться,** -ну́сь, -нёшься

сморо́дина, -ы *f* 1. Johannisbeere 2. *Koll* Johannisbeeren; Johannisbeerstrauch

сморо́динный, -ая, -ое Johannisbeer-

сморчо́к, -чка́ *m bot* Morchel

смо́рщенный, -ая, -ое 1. gerunzelt, faltig 2. runzlig, zusammengeschrumpft, verschrumpelt

смо́рщивать(ся) *uv zu* смо́рщить(ся)

смо́рщить, -щу, -щишь; -щенный, -щен, -а *v* 1. runzeln, in Falten legen 2. Falten machen *von Kleidungsstücken* ‖ *uv umg* смо́рщивать, -аю, -аешь

смо́рщиться, -щусь, -щишься *v* 1. sich runzeln, sich in Falten legen 2. das Gesicht verziehen ‖ *uv umg* смо́рщиваться, -аюсь, -аешься

смота́ть, -а́ю, -а́ешь; смо́танный, -ан, -а *v* 1. aufwickeln, zusammenwickeln 2. abwickeln ◇ ~ у́дочки *volksspr* sich aus dem Staube machen, schnell verschwinden ‖ *uv* сма́тывать, -аю, -аешь

смотр, -а *m* 1. (*P* на смотру́, *Pl* смотры́, -о́в, -а́м) *mil* Besichtigung, Inspektion, Abnehmen der Parade; производи́ть ~ войска́м die Truppen inspizieren **2.** (*P* на смо́тре, *Pl* смо́тры, -ов, -ам) Leistungsschau; Ausscheid; ~ самоде́ятельности Ausscheid der Kulturgruppen

смотре́ть, смотрю́, смо́тришь; смо́тренный, -ен, -а *uv* **1.** (an)sehen, (an)schauen, betrachten; ~ в окно́ zum Fenster hinaussehen; о́кна смо́трят во двор die Fenster gehen auf den Hof hinaus; как вы на э́то смо́трите? was halten Sie davon?; смотри́ пе́рвую главу́ siehe erstes Kapitel; смотри́ на оборо́те bitte wenden **2.** aufpassen, achtgeben (за *I* auf); ~ за больны́м einen Kranken pflegen **3.** *I alt, volksspr* aussehen wie, das Aussehen haben ◇ смотря́ по обстоя́тельствам je nach den Umständen, es hängt von den Umständen ab; смотря́ кто идёт je nachdem, wer geht; es kommt darauf an, wer geht; смотря́ куда́ идти́ je nachdem, wohin man geht; es kommt darauf an, wohin man geht; ~ в лицо́ опа́сности der Gefahr ins Auge sehen; ~ сквозь па́льцы ein Auge zudrücken; ~ в о́ба auf der Hut sein ‖ *v* посмотре́ть

смотре́ться, смотрю́сь, смо́тришься *uv* **1.**: ~ (в зе́ркало) sich (im Spiegel) betrachten **2.** *unpers*: пье́са хорошо́ смо́трится das Stück läßt sich ansehen [kann man sich ansehen] ‖ *v* посмотре́ться

смотри́тель, -я *m* Aufseher, Wärter

смотрово́й, -а́я, -о́е *u.* **смотро́вый,** -ая, -ое **1.** Seh- **2.** Besichtigungs-, Inspektions-

смочи́ть, смочу́, смо́чишь; смо́ченный, -ен, -а *v* anfeuchten ‖ *uv* сма́чивать, -аю, -аешь

с|мочь* *v* können, imstande sein, die Möglichkeit haben

смоше́нничать, -аю, -аешь *v* betrügen, Gaunereien verüben

смрад, -а *m* übler Geruch, Gestank

смра́дный, -ая, -ое; *Kzf* -ден, -дна übelriechend, stinkend

смугле́ть, -е́ю, -е́ешь *uv* braun(er) werden, sich (von der Sonne) bräunen

сму́глый, -ая, -ое; *Kzf* смугл, -а́! braun, sonnenverbrannt; dunkelhäutig

смугля́к, -а́ *m umg* braungebrannter [dunkelhäutiger] (junger) Mann

смугля́нка, -и, *Pl G* -нок, *D* -нкам *f umg* braungebrannte [dunkelhäutige] Frau

смудри́ть, -рю́, -ри́шь *v umg* ausklügeln

сму́та, -ы *f* **1.** *alt* Aufstand, Unruhe(n); *umg* Zwistigkeiten **2.** Aufregung, Unruhe

смути́ть, смущу́, смути́шь *u. alt* смучу́, сму́тишь; смущённый, -ён, -ена́ *v* **1.** beunruhigen; verwirren, in Verlegenheit bringen **2.** *alt* aufwiegeln, Unruhe stiften ‖ *uv* смуща́ть, -а́ю, -а́ешь

смути́ться, смущу́сь, смути́шься *u. alt* сму́тишься *v* **1.** verlegen werden; verwirrt [bestürzt] sein **2.** *alt* sich erheben, einen Aufstand beginnen ‖ *uv* смуща́ться, -а́юсь, -а́ешься

сму́тный, -ая, -ое; *Kzf* -тен, -тна́! **1.** unruhig; wirr; aufrührerisch **2.** unklar, undeutlich, vage (*a. Adv*) я -о припомина́ю ich erinnere mich dunkel

смутья́нить, -ню, -нишь *uv volksspr* Unfrieden stiften; aufwiegeln

сму́шка, -и, *Pl G* -шек, *D* -шкам *f u.* **сму́шек,** -шка *m* Persianer(fell)

сму́шковый, -ая, -ое Lammfell-, Persianer-

смуща́ть(ся) *uv zu* смути́ть(ся)

смуще́ние, -я *n* **1.** Verlegenheit, Bestürzung **2.** *alt* Aufwiegelung; Aufruhr

смыва́ть(ся) *uv zu* смы́ть(ся)

смыка́ть(ся) *uv zu* сомкну́ть(ся)

смысл, -а (-у) *m* **1.** Sinn; в перено́сном -е in übertragener Bedeutung, bildlich, figürlich; в по́лном -е сло́ва im wahrsten Sinne des Wortes, wahrhaftig; в широ́ком -е im weiteren Sinne **2.** *alt* Verstand ◇ здра́вый ~ gesunder Menschenverstand

смы́слить, -лю, -лишь *uv umg* в *P* verstehen, sich auskennen (in etw.); он ничего́ не смы́слит в матема́тике er versteht nichts [hat keine Ahnung] von Mathematik

смыслово́й, -а́я, -о́е Sinn-, Bedeutungs-

с|мыть* *v* **1.** abwaschen **2.** *1. u. 2. Pers ungebr* wegspülen, wegschwemmen ◇ как (водо́й) смы́ло verschwunden, wie weggeblasen ‖ *uv* смыва́ть, -а́ю, -а́ешь

с|мыться* *v* **1.** sich abwaschen lassen, abgehen **2.** *volksspr* sich davonmachen, verduften ‖ *uv* смыва́ться, -а́юсь, -а́ешься

смы́чка, -и, *Pl G* -чек, *D* -чкам *f* **1.** Zusammenschließen **2.** Verbindungsstelle, Verschluß 3. Bündnis, Zusammenschluß

смычко́вый, -ая, -ое *mus* 1. Streich- 2. -ые, -ых *Subst Pl* Streichinstrumente

смы́чный, -ая, -ое 1. *ling* Verschluß- 2. -ого *Subst m ling* Verschlußlaut

смычо́к, -чка́ *m mus* Bogen *für Streichinstrumente*

смышлёный, -ая, -ое; *Kzf* -лён, -а *umg* aufgeweckt, gescheit

смягча́ть *uv zu* смягчи́ть

смягче́ние, -я *n* 1. Milderung 2. Besänftigung 3. *ling* Erweichung, Palatalisation

смягчи́ть, -чу́, -чи́шь; -чённый, -чён, -чена́ *v* 1. weich machen, enthärten 2. mildern, dämpfen, lindern 3. milde stimmen, besänftigen 4. *ling* palatalisieren ‖ *uv* смягча́ть, -а́ю, -а́ешь

смяка́ть *uv zu* смя́кнуть

смя́кнуть, -ну, -нешь; смяк, -ла *v volksspr* 1. weich werden; durchweichen, zerweichen 2. *übtr* weich werden, nachgeben ‖ *uv* смяка́ть, -а́ю, -а́ешь

смяте́ние, -я *n* Verwirrung, Bestürzung

с|мять*, сомну́ *v* 1. zerknittern, zerknüllen 2. niedertreten; umlegen 3. überrennen, überwältigen ‖ *uv* смина́ть, -а́ю, -а́ешь

с|мя́ться*, *1. u. 2. Pers ungebr*, сомнётся *v* zerknittert [zerknüllt] werden ‖ *uv* смина́ться, -а́ется

снабди́ть, -бжу́, -бди́шь; -бжённый, -бжён, -бжена́ *v I* versorgen (mit), beliefern; ausrüsten ‖ *uv* **снабжа́ть,** -а́ю, -а́ешь

снабже́ние, -я *n* Versorgung, Belieferung; Ausrüstung

снабже́нческий, -ая, -ое Versorgungs-

сна́добье, -ья, *Pl G* -бий, *D* -бьям *n umg* selbstbereitete Mixtur, Kräutertrank; Würze

сна́йпер, -а *m* Scharfschütze

снару́жи *Adv* außen; von außen

снаря́д, -а *m* 1. Geschoß, Projektil; самолёт-~ ferngesteuertes Geschoß, unbemanntes Flugzeug 2. *Sport* Gerät 3. Maschine, technische Vorrichtung; бурово́й ~ Bohranlage

снаряди́ть, -яжу́, -яди́шь; -яжённый, -яжён, -яжена́ *v* 1. ausrüsten; *umg* bewaffnen 2. *umg* (fort)schicken ‖ *uv* снаряжа́ть, -а́ю, -а́ешь

снаряди́ться, -яжу́сь, -яди́шься *v umg* sich ausrüsten; sich rüsten; sich aufmachen [auf den Weg machen] ‖ *uv* снаряжа́ться, -а́юсь, -а́ешься

снаря́дный, -ая, -ое 1. Geschoß-, Munitions- 2. *Sport* Geräte-; -ая гимна́стика Geräteturnen

снаряжа́ть(ся) *uv zu* снаряди́ть(ся)

снаряже́ние, -я *n* Ausrüstung; похо́дное ~ *mil* Marschausrüstung

снасть, -и, *Pl* сна́сти, снасте́й, снастя́м *f* 1. Tau 2. *Pl* Takelwerk 3. Handwerkszeug, Gerät

снача́ла *Adv* 1. anfangs, zuerst 2. von vorn, von neuem, noch einmal

сна́шивать *uv zu* [1]сноси́ть

снег, -а (-у), *P* о сне́ге, в снегу́, *Pl* снега́, -о́в, -а́м *m* Schnee; ~ идёт es schneit ◇ как ~ на́ голову völlig unerwartet, wie ein Blitz aus heiterem Himmel; как прошлого́дний ~ ну́жен völlig unnötig

снеги́рь, -я́ *m zool* Gimpel

снего- *in Zuss* Schnee-

снегово́й, -а́я, -о́е Schnee-, mit (ewigem) Schnee bedeckt

снего|очисти́тель, -я *m* Schneepflug, Schneeräumer; **~па́д,** -а *m* Schneefall; **~та́яние,** -я *n* Schneeschmelze

снегу́рочка, -и *f folkl* Mädchen aus Schnee; Schneewittchen

снеда́ть, -а́ю, -а́ешь *uv* 1. *buchspr* verzehren, quälen 2. *alt, gbt* verzehren, essen

снедь, -и *f* Essen, Kost

снежи́нка, -и, *Pl G* -нок, *D* -нкам *f* Schneeflocke

сне́жный, -ая, -ое Schnee-, schneeig, verschneit, von (ewigem) Schnee bedeckt; -ая зима́ schneereicher Winter; -ая ба́ба Schneemann

снежо́к, -жка́ *m* 1. leichter Schnee 2. Schneeball; игра́ть в -жки́ eine Schneeballschlacht machen

с|нести́* *v* 1. wegtragen, fortbringen, fortschaffen; hinuntertragen, heruntertragen 2. wegreißen; fortschwemmen; плато́к снесло́ с неё ветро́м der Wind hatte ihr das Tuch weggeweht 3. abbrechen, niederreißen *Gebäude* 4. abwerfen *Karten beim Spiel* 5. zusammentragen 6. *übtr* ertragen, erdulden 7. *v zu* нести́ ‖ *uv* сноси́ть, сношу́, сно́сишь *zu* 2, 3, 4, 6; тебе́ не сноси́ть головы́ es wird dich den Kopf kosten

[1]**с|нести́сь*** *v* с *I* sich in Verbindung setzen, in Verbindung treten ‖ *uv* сноси́ться, сношу́сь, сно́сишься

[2]**снести́сь** *v zu* нести́сь

снето́к, -тка́ *m zool* Stint

снижа́ть(ся) *uv zu* сни́зить(ся)

сниже́ние, -я *n* 1. Senkung, Verringerung; Zurückgehen 2. *flug* Ansetzen zur Landung
сни́зить, сни́жу, сни́зишь; сни́женный, -ен, -а *v* 1. senken, verringern, vermindern 2. *flug* auf geringere Höhe bringen; zum Landen zwingen ◇ ~ тон die Stimme senken, ruhiger sprechen ‖ *uv* снижа́ть, -а́ю, -а́ешь
сни́зиться, сни́жусь, сни́зишься *v* 1. sich senken; zurückgehen; fallen *von Preisen* 2. *flug* auf geringere Höhe gehen, zur Landung ansetzen ‖ *uv* снижа́ться, -а́юсь, -а́ешься
снизо|йти́*; снизошёл *u. alt* снисшёл, снизошла́; снизоше́дший *u. alt* снисше́дший *v* 1. sich herablassen 2. nachsichtig sein ‖ *uv* снисходи́ть, -ожу́, -о́дишь
сни́зу *Adv* von unten; unten; ~ вверх von unten nach oben; смотре́ть ~ вверх на кого́-н. zu j-m aufschauen, Ehrfurcht vor j-m empfinden
снима́ть(ся) *uv zu* сня́ть(ся)
сни́мок, -мка *m* Aufnahme, Photographie
сниму́ ↑ сня́ть
сниска́ть* *v alt, buchspr* erwerben, finden, gewinnen ‖ *uv* **сни́скивать,** -аю, -аешь
снисходи́тельный, -ая, -ое; *Kzf* -лен, -льна 1. herablassend, hochmütig 2. nachsichtig, wohlwollend
снисходи́ть *uv zu* снизойти́
снисхожде́ние, -я *n* 1. Nachsicht, Milde; *umg* Wohlwollen 2. Herablassung
сни́ться, снюсь, сни́шься *uv D* im Traum erscheinen (j-m); мне сни́лось [мне сни́лся сон] ich träumte, ich hatte einen Traum ◇ э́то ему́ и (во сне́) не сни́лось das hätte er sich nicht träumen lassen
снищу́ ↑ сниска́ть
СНК (Сове́т Наро́дных Комисса́ров) *hist* Rat der Volkskommissare *bis 1946*
сно́ва *Adv* von neuem, wieder; **~ и ~** immer wieder
снова́льный, -ая, -ое *text* Schär-
снова́ть* *uv* 1. *text* schären 2. *übtr* hin und her eilen
сновиде́ние, -я *n* Traum
сногсшиба́тельный, -ая, -ое; *Kzf* -лен, -льна *umg* wuchtig; verblüffend, unerhört
сноп, -а́ *m* Garbe; ~ луче́й Strahlenbündel
сноповяза́лка, -и, *Pl G* -лок, *D* -лкам *f landw* Selbstbinder, Garbenbindemaschine
сноро́вка, -и *f* Gewandtheit, Erfahrenheit, Routine
[1]**снос,** -а (-у) *m*: -у (-а) нет чему́-н. *od.* -у (-а) не знать äußerst haltbar sein, unverwüstlich sein *von Kleidungsstücken*; э́тим сапога́м -у [-а] нет diese Stiefel sind unverwüstlich [kann man gar nicht ablaufen]
[2]**снос,** -а *m* 1. Fortreißen, Wegschwemmen 2. Abbruch, Niederreißen; дом предназна́чен на ~ das Haus ist zum Abreißen bestimmt 3. Abwerfen *Karten beim Spiel*
[1]**сноси́ть,** сношу́, сно́сишь; сно́шенный, -ен, -а *v umg* abtragen, abnutzen ‖ *uv* сна́шивать, -аю, -аешь
[2]**сноси́ть** *uv zu* снести́
[1]**сноси́ться,** *1. u. 2. Pers ungebr,* сно́сится *v umg* sich abnutzen, verschleißen
[2]**сноси́ться** *uv zu* [1]снести́сь
сно́ска, -и, *Pl G* -сок, *D* -скам *f* Fußnote
сно́сный, -ая, -ое; *Kzf* -сен, -сна erträglich; *umg* einigermaßen gut
снотво́рный, -ая, -ое; *Kzf* -рен, -рна 1. Schlaf-, einschläfernd 2. -ое, -ого *Subst n* Schlafmittel
сноха́, -и́, *Pl* сно́хи, снох, сно́хам *f* Schwiegertochter *in Beziehung zum Vater des Ehemannes*
сноше́ние, -я *n* Verbindung; Beziehung; Verkehr
сную ↑ снова́ть
сня́тие, -я *n* 1. Abnehmen, Herunternehmen 2. Aufhebung; ~ взыска́ния *jur* Straferlaß 3.: ~ с рабо́ты Entlassung 4.: ~ урожа́я Einbringung der Ernte
снято́й, -а́я, -о́е: -о́е молоко́ entrahmte Milch, Magermilch
снять* *v* с *G* 1. abnehmen (von), herunternehmen; ~ кора́бль с ме́ли *naut* ein Schiff wieder flottmachen 2. aufheben; ~ взыска́ние *jur* die Strafe aufheben [erlassen]; ~ с кого́-н. отве́тственность j-n der Verantwortung entheben; ~ с себя́ отве́тственность sich der Verantwortung entledigen 3. ausziehen, ablegen 4. zurückziehen; absetzen 5. entlassen, abberufen 6. ernten; ~ урожа́й die Ernte einbringen 7. photographieren, aufnehmen 8. mieten; ~ в аре́нду pachten 9. abheben *Karten beim Spiel* ◇ ~ ко́пию eine Kopie anferti-

gen; ~ ме́рку с кого́-н. j-m Maß nehmen; ~ с учёта von der Liste streichen; ~ с кого́-н. показа́ние *jur* j-n verhören; как руко́й сня́ло wie weggewischt || *uv* снима́ть, -а́ю, -а́ешь

сня́ться*; сняли́сь *v* **1.** abgehen, sich lösen; перча́тка легко́ сняла́сь der Handschuh ließ sich leicht abstreifen [ausziehen] **2.** aufbrechen; ~ с я́коря *naut* den Anker lichten; ~ с ме́ли *naut* flott werden **3.** sich photographieren [aufnehmen] lassen ◇ ~ с учёта sich abmelden, ausscheiden || *uv* снима́ться, -а́юсь, -а́ешься

со ↑ с

со- *in Zuss* Mit-, mit-

соа́втор, -а *m* Mitautor

соба́ка, -и *f* Hund; ~-ище́йка Spürhund, Polizeihund; ~ свя́зи *mil* Meldehund ◇ уста́ть как ~ hundemüde sein; как соба́к (нере́заных) *volksspr* eine Unmenge; ве́шать соба́к на кого́-н. j-n beschuldigen, j-n verleumden; его́ с -ами не сы́щешь den findest du nie; на э́том он -у съел darauf versteht er sich, da weiß er Bescheid; вот где ~ зары́та! *Sprichw* da liegt der Hase im Pfeffer!, da liegt der Hund begraben!

собаково́д, -а *m* Hundezüchter

собаково́дство, -а *n* Hundezucht

соба́чий, -ья, -ье Hunde-; ~ нюх *volksspr* Spürnase

соба́чка, -и, *Pl G* -чек, *D* -чкам *f* **1.** *Dem zu* соба́ка Hündchen **2.** Abzug *beim Gewehr* **3.** *tech* Klinke

соба́чник, -а *m umg* **1.** Hundeliebhaber **2.** Hundefänger

собезья́нничать *v zu* обезья́нничать

собе́с, -а *m* (социа́льное обеспе́чение) Sozialfürsorge; Sozialwesen

собесе́дник, -а *m* Gesprächspartner, Gesellschafter

собесе́дница, -ы, *I* -ей *f* Gesprächspartnerin, Gesellschafterin

собесе́дование, -я *n* Gespräch, Besprechung, Kolloquium

собира́ние, -я *n* Sammeln, Sammlung

собира́тель, -я *m* Sammler

собира́тельный, -ая, -ое; *Kzf* -лен, -льна **1.** Sammel-; -ые числи́тельные *gram* Sammelzahlwörter; -ое и́мя существи́тельное Sammelname, Kollektivum **2.** verallgemeinert

собира́ть(ся) *uv zu* собра́ть(ся)

соблаговоли́ть, -лю́, -ли́шь *v alt*, *jetzt iron* geruhen, belieben || *uv* **соблаговоля́ть,** -я́ю, -я́ешь

собла́зн, -а *m* Verlockung; Versuchung

соблазни́тель, -я *m* Versucher, Verführer

соблазни́тельный, -ая, -ое; *Kzf* -лен, -льна verlockend, verführerisch

соблазни́ть, -ню́, -ни́шь; -нённый, -нён, -нена́ *v* **1.** verlocken; verleiten, in Versuchung bringen **2.** *alt* verführen || *uv* **соблазня́ть,** -я́ю, -я́ешь

соблазни́ться, -ню́сь, -ни́шься *v* sich verlocken lassen, sich verleiten lassen, in Versuchung geraten || *uv* **соблазня́ться,** -я́юсь, -я́ешься

соблюда́ть, -а́ю, -а́ешь *uv* beachten, befolgen, einhalten; bewahren; ~ поря́док die Ordnung aufrechterhalten || *uv* соблюсти́*; соблюдя́

соблюде́ние, -я *n* Einhaltung, Befolgung

соблюду́ ↑ соблюсти́

соблюсти́ *v zu* соблюда́ть

собо́й ↑ себя́

соболе́знование, -я *n* Beileid, Mitgefühl

соболе́зновать, -ную, -нуешь *uv D* Mitgefühl empfinden (mit), Beileid aussprechen, kondolieren

собо́лий, -ья, -ье Zobel-

со́боль, -я, *Pl* со́боли *u.* соболя́, со́болей, со́болям *m* **1.** Zobel **2.** (*Pl* соболя́) Zobelfell; ходи́ть в -я́х einen Zobelpelz tragen

собо́р, -а *m* **1.** Dom, Kathedrale, Münster **2.** Konzil **3.**: зе́мский ~ *hist* Ständeversammlung

собо́рование, -я *n rel* Letzte Ölung

собо́ю ↑ себя́

собра́ние, -я *n* **1.** Sammlung, Kollektion, Sammelband; ~ зако́нов *jur* Gesetzbuch; по́лное ~ сочине́ний Gesammelte Werke, Gesamtausgabe **2.** Versammlung

собра́т, -а, *Pl* собра́тья, -тий *u.* -тьев, -тьям *m* Mitmensch; ~ по ору́жию Waffenbruder

со|бра́ть*; со́брана́! *v* **1.** versammeln, einberufen **2.** sammeln; eine Sammlung zusammenstellen **3.** ernten, pflücken, (auf)lesen; ~ виногра́д Weinlese halten **4.** *umg* fertigmachen, rüsten; ~ кого́-н. в доро́гу j-n für die Reise ausstatten **5.** *tech* montieren **6.** in Falten legen, fälteln, raffen || *uv* собира́ть, -а́ю, -а́ешь

со|бра́ться*; собрали́сь *v* **1.** sich versammeln, zusammentreten **2.** sich ansammeln **3.** sich fertigmachen;

sich anschicken, beabsichtigen; ~ в доро́гу reisefertig sein **4.** sich zusammenziehen; sich bilden *von Falten*; ~ в комо́к sich zusammenkauern **5.** zusammennehmen; ~ с мы́слями die Gedanken sammeln; ~ с ду́хом Mut fassen ‖ *uv* собира́ться, -а́юсь, -а́ешься

со́бственник, -а *m* Besitzer, Eigentümer

со́бственнический, -ая, -ое **1.** Besitzer-, Eigentümer- **2.** nach Besitz trachtend

со́бственно *Adv* eigentlich, im eigentlichen Sinne; ~ говоря́ im Grunde genommen, eigentlich

собственнору́чный, -ая, -ое eigenhändig

со́бственность, -и *f* Eigentum, Besitz; недви́жимая ~ Immobilien; ~ на что́-н. Eigentum an; переда́ть в ~ übereignen

со́бственный, -ая, -ое **1.** eigen-; Eigen-; чу́вство -ого досто́инства Selbstgefühl; ~ вес Eigengewicht; и́мя -ое *gram* Eigenname **2.** eigentlich, wirklich ◇ называ́ть ве́щи -ыми имена́ми die Dinge beim Namen nennen

собуты́льник, -а *m umg* Zechkumpan

собы́тие, -я *n* Ereignis

сов- *in Zuss Abk für* сове́тский Sowjet(-), Rat

сова́, -ы́, *Pl* со́вы, сов, со́вам *f* Eule

сова́ть* *uv* **1.** *umg* (hinein)stecken, (hinein)stopfen **2.** zustecken, heimlich in die Hand drücken ◇ ~ свой нос повсю́ду seine Nase in alles stecken ‖ *v mom* су́нуть, су́ну, су́нешь

сова́ться* *uv umg* **1.** sich stürzen **2.** sich einmischen, sich aufdrängen ‖ *v* су́нуться, су́нусь, су́нешься

соверша́ть(ся) *uv zu* соверши́ть(ся)

соверше́ние, -я *n* **1.** Vollziehung, Ausführung; *jur* Verübung **2.** (rechtsgültige) Abfassung

совершенноле́тие, -я *n* Volljährigkeit, Mündigkeit

совершеннолéтний, -яя, -ее volljährig, mündig

[1]**соверше́нный,** -ая, -ое; *Kzf* -ше́нен, -ше́нна **1.** vollkommen, untadelig **2.** völlig; absolut; wahr ◇ с -ым почте́нием hochachtungsvoll

[2]**соверше́нный,** -ая, -ое: ~ вид *gram* vollendeter [perfektiver] Aspekt

соверше́нство, -а *n* **1.** Vollendung, Vollkommenheit; в -е vollkommen, vollendet **2.** *Pl* Vorzüge, Qualitäten

соверше́нствование, -я *n* Vervollkommnung; Weiter-, Fortbildung

соверше́нствовать, -твую, -твуешь *uv* vervollkommnen ‖ *v* усоверше́нствовать

соверши́ть, -шу́, -ши́шь; -шённый, -шён, -шена́ *v* **1.** machen, vollbringen, begehen; *jur* verüben **2.** (rechtsgültig) abfassen; ~ сде́лку einen Vertrag abschließen ‖ *uv* соверша́ть, -а́ю, -а́ешь

соверши́ться, *1. u. 2. Pers ungebr*, -ши́тся *v* sich vollziehen, geschehen, erfolgen ‖ *uv* соверша́ться, -а́ется

со́веститься, -ещусь, -естишься *uv umg* Gewissensbisse haben; sich schämen

со́вестливый, -ая, -ое; *Kzf* -ив, -а gewissenhaft, lauter

со́вестно [сн], *unpers, prädikativ* (es ist) peinlich; мне ~ es ist mir peinlich, ich schäme mich; как тебе́ не ~ du solltest dich schämen; (неуже́ли не) ~! es ist eine Schande!

со́весть, -и *f* Gewissen; угрызе́ния -и Gewissensbisse; без зазре́ния -и gewissenlos, skrupellos; для очи́стки -и zur Beruhigung des Gewissens; по -и! Hand aufs Herz!; по -и говоря́ um die Wahrheit zu sagen; рабо́тать на ~ *oder* рабо́тать не за страх, а за ~ gewissenhaft [tadellos] arbeiten

сове́т, -а *m* **1.** Sowjet *Organ der Staatsmacht in der UdSSR*; Верхо́вный Сове́т СССР Oberster Sowjet der UdSSR **2.** Rat *einer politischen oder gesellschaftlichen Institution*; Всеми́рный Сове́т Ми́ра Weltfriedensrat **3.** Ratschlag, Rat **4.** Beratung; семе́йный ~ Familienrat; держа́ть ~ eine Beratung abhalten, Rat halten ◇ сове́т да любо́вь! Liebe und Eintracht! *Glückwunsch, häufig für Neuvermählte*

сове́тник, -а *m* **1.** Ratgeber, Berater **2.** Rat *Titel*; ~ посо́льства Botschafts-, Gesandtschaftsrat; титуля́рный ~ *hist* Titularrat

сове́товать, -тую, -туешь *uv* raten, empfehlen ‖ *v* посове́товать; -тованный, -тован, -а

сове́товаться, -туюсь, -туешься *uv* sich beraten; ~ с ке́м-н. j-n um Rat fragen, j-n zu Rate ziehen

сове́тский, -ая, -ое **1.** Sowjet-, Räte-; Сове́тский Сою́з Sowjetunion **2.** sowjetisch

сове́тчик, -а Ratgeber, Berater

совеща́ние, -я *n* Beratung, Konferenz; Sitzung, Besprechung
совеща́тельный, -ая, -ое 1. Beratungs-, Konferenz- 2. beratend
совеща́ться, -а́юсь, -а́ешься *uv* sich beraten, beratschlagen
сови́ный, -ая, -ое Eulen-, eulenhaft
со́вка, -и, *Pl G* -вок, *D* -вкам *f* 1. *zool* Eule *Nachtfalter*; капу́стная ~ Kohleule 2. *zool* Zwergohreule
совлада́ть, -а́ю, -а́ешь *v* с *I umg* fertigwerden (mit), Herr werden (über); ~ с собо́й sich beherrschen; не ~ с собо́й sich nicht beherrschen können, die Beherrschung verlieren
совладе́лец, -льца, *I* -льцем, *G Pl* -льцев *m* Mitinhaber, Kompagnon
совлека́ть *uv zu* совле́чь
со|вле́чь* *v* 1. *buchspr* abbringen; ~ с пути́ vom rechten Wege abbringen 2. *buchspr* ablegen, abnehmen *von Kleidungsstücken* ‖ *uv* совлека́ть, -а́ю, -а́ешь
совмести́мый, -ая, -ое; *Kzf* -и́м, -а miteinander vereinbar
совмести́тельство, -а *n*: рабо́тать по -у zwei Tätigkeiten nebeneinander ausüben, eine Tätigkeit nebenamtlich ausüben
совмести́ть(ся) *v zu* совмеща́ть(ся)
совме́стный [сн], -ая, -ое; *Kzf* -тен, -тна gemeinsam, gemeinschaftlich, zusammen-; -ое обуче́ние Koedukation
совмеща́ть, -а́ю, -а́ешь *uv* 1. vereinbaren 2.: ~ в себе́ in sich vereinigen 3. *math* übereinanderlegen ‖ *v* совмести́ть, -ещу́, -ести́шь; -ещённый, -ещён, -ещена́; совмещённый сану́зел Bad und WC in einem Raum
совмеща́ться, *1. u. 2. Pers ungebr*, -а́ется *uv* 1. sich vereinigen; sich vereinigen lassen 2. zusammenfallen, verschmelzen 3. *math* kongruieren, sich decken ‖ *v* совмести́ться, -ести́тся
совмеще́ние, -я *n* 1. Vereinigung 2. *math* Kongruenz
совнарко́м, -а *m* (Сове́т Наро́дных Комисса́ров) Rat der Volkskommissare *Organ der Staatsmacht in der UdSSR bis 1946*
совнархо́з, -а *m* (Сове́т наро́дного хозя́йства) Volkswirtschaftsrat
сово́к, -вка́ *m* Handschaufel
совокупле́ние, -я *n* 1. *alt, buchspr* Vereinigung 2. *buchspr* Beischlaf, Koitus
совоку́пность, -и *f* Gesamtheit; в -и insgesamt
совпада́ть *uv zu* совпа́сть
совпаде́ние, -я *n* 1. Zusammenfallen, Zusammentreffen 2. Übereinstimmung 3. *math* Kongruenz
сов|па́сть*, *1. u. 2. Pers ungebr*, -падёт *v* 1. zusammenfallen 2. übereinstimmen 3. *math* kongruieren ‖ *uv* совпада́ть, -а́ет
соврати́ть, -ащу́, -ати́шь; -ащённый, -ащён, -ащена́ *v* verleiten, vom rechten Weg abbringen; verführen ‖ *uv* совраща́ть, -а́ю, -а́ешь
соврати́ться, -ащу́сь, -ати́шься *v* sich verleiten lassen, vom rechten Wege abkommen; verführt werden ‖ *uv* совраща́ться, -а́юсь, -а́ешься
совра́ть *v zu* врать
совраща́ть(ся) *uv zu* соврати́ть(ся)
совреме́нник, -а *m* Zeitgenosse
совреме́нность, -и *f* 1. Gegenwart 2. Aktualität, Modernität
совреме́нный, -ая, -ое; *Kzf* -ме́нен, -ме́нна 1. zeitgenössisch; einer Epoche angehörend; -ая поэ́ту Ита́лия Italien, wie es zur Zeit des Dichters war 2. gegenwärtig, heutig; -ая литерату́ра die Literatur der Gegenwart 3. zeitgemäß, aktuell, modern
совсе́м *Adv* völlig, ganz; не ~ nicht ganz; ~ не durchaus nicht, gar nicht; ~ непра́вильно völlig falsch
совхо́з, -а *m* (сове́тское хозя́йство) Sowchos(e), staatlicher landwirtschaftlicher Großbetrieb *in der UdSSR*
совхо́зный, -ая, -ое zur Sowchose gehörend; -ые поля́ die Felder der Sowchose(n)
согла́сие, -я *n* 1. Zustimmung, Einverständnis с его́ -я mit seinem Einverständnis 2. Übereinstimmung; в -и с че́м-н. *buchspr* in Übereinstimmung mit etw. 3. Einstimmigkeit, Eintracht; Harmonie
согласи́тельный, -ая, -ое *jur* Schlichtungs-
согласи́ть, -ашу́, -аси́шь; -ашённый, -ашён, -шена́ *v* 1. *alt, buchspr* in Übereinstimmung bringen, versöhnen 2. *alt, volksspr* überreden ‖ *uv* соглаша́ть, -а́ю, -а́ешь
согласи́ться, -ашу́сь, -аси́шься *v* 1. на *A* einverstanden sein (mit), seine Zustimmung geben, einwilligen (in) 2. с *I* (j-m) beistimmen, beipflichten; (etw.) zugeben 3. *umg* sich einigen, übereinkommen ‖ *uv* соглаша́ться, -а́юсь, -а́ешься
согла́сно *Präpos D u.* с *I* entsprechend, gemäß, laut

[1]**соглáсный,** -ая, -ое; *Kzf* -сен, -сна 1. einverstanden, bereit 2.: быть -ым с кéм-н. mit j-m einer Meinung sein, mit j-m übereinstimmen 3. einmütig, einträchtig; harmonisch

[2]**соглáсный,** -ая, -ое 1. *ling* konsonantisch 2. -ого *Subst m ling* Konsonant

согласовáние, -я *n* 1. Koordinierung 2. Vereinbarung 3. *gram* Übereinstimmung, Kongruenz

соглacóванность, -и *f* Übereinstimmung, Koordination, harmonisches Zusammenwirken

согласóванный, -ая, -ое aufeinander abgestimmt, koordiniert

согласовáть, -сýю, -сýешь; -сóванный, -сóван, -а *v* 1. in Einklang bringen, aufeinander abstimmen 2. vereinbaren, absprechen 3. *gram* in Übereinstimmung [Kongruenz] bringen ‖ *uv* согласóвывать, -аю, -аешь

согласовáться, *1. u. 2. Pers ungebr*, -сýется *v*, *uv* 1. übereinstimmen, in Einklang stehen 2. *v umg* sich einigen 3. *uv gram* übereinstimmen, kongruieren

согласóвывать *uv zu* согласовáть

соглашáтель, -я *m* Versöhnler, Kompromißler

соглашáтельский, -ая, -ое versöhnlerisch

соглашáтельство, -а *n* Versöhnlertum, Kompromißlertum

соглашáть(ся) *uv zu* согласи́ть(ся)

соглашéние, -я *n* 1. Übereinkommen; Einverständnis 2. Abkommen

соглядáтай, -я, *G Pl* -ев *m alt, buchspr* Spitzel, Spion

со|гнáть*, сгоню́ *v* 1. verjagen, vertreiben 2. beseitigen 3. zusammentreiben ◇ ~ вес (an Gewicht) abnehmen ‖ *uv* сгоня́ть, -я́ю, -я́ешь

согнýть, -нý, -нёшь; сóгнутый, -ут, -а *v* 1. (um)biegen, falten; verbiegen 2. beugen, krümmen ◇ ~ когó-н. в барáний рог j-n kleinkriegen, j-n gefügig machen ‖ *uv* сгибáть, -áю, -áешь

согнýться, -нýсь, -нёшься *v* 1. sich (um)biegen, sich verbiegen 2. sich beugen, sich krümmen; krumm werden; sich ducken ◇ ~ в три погибели a) sich stark krümmen, einen krummen Rücken [Buckel] haben; b) gefügig werden ‖ *uv* сгибáться, -áюсь, -áешься

сограждане, -ждан, -жданам *Pl alt, buchspr* Mitbürger

согревáть(ся) *uv zu* согрéть(ся)

согрéть, -éю, -éешь *v* 1. (er)wärmen, aufwärmen 2. *übtr* trösten, aufheitern ‖ *uv* согревáть, -áю, -áешь

согрéться, -éюсь, -éешься *v* sich erwärmen ‖ *uv* согревáться, -áюсь, -áешься

согрешúть *v zu* грешúть

сóда, -ы *f* Soda; питьевáя ~ doppeltkohlensaures Natrium; каустúческая ~ Ätznatron

содéйствие, -я *n* Unterstützung, Beistand, Hilfe

содéйствовать, -твую, -твуешь *v*, *uv* *D* beitragen (zu), unterstützen, fördern

содержáние, -я *n* 1. Inhalt 2. Inhaltsverzeichnis 3. Gehalt 4. Unterstützung; *jur* (Lebens-) Unterhalt 5. Lohn, Gehalt 6. Erhaltung; ~ в поря́дке Instandhaltung 7. Haltung *von Tieren*; стóйловое ~ Stallhaltung 8.: ~ под арéстом Haft

содержáтель, -я *m alt* Inhaber, Wirt

содержáтельность, -и *f* Inhaltsreichtum

содержáтельный, -ая, -ое; *Kzf* -лен, -льна inhaltsreich, gehaltvoll

содержáть, -держý, -дéржишь *uv* 1. *1. u. 2. Pers ungebr* enthalten, beinhalten 2. unterhalten, für den Lebensunterhalt sorgen 3. erhalten; ~ в поря́дке instandhalten; ~ в тáйне geheimhalten 4. halten *Tiere* 5.: ~ под арéстом in Haft halten 6. *alt* unterhalten [führen] *ein Unternehmen*

содержáться, -держýсь, -дéржишься *uv* 1. *1. u. 2. Pers ungebr* enthalten sein 2. unterhalten [versorgt] werden

содержúмое, -ого *Subst n* Inhalt

сóдовый, -ая, -ое 1. Soda- 2. -ая, -ой *Subst f* Sodawasser

содоклáд, -а *m* Korreferat

содоклáдчик, -а *m* Korreferent

со|дрáть*, сдерý *v* 1. abziehen, lösen; ~ корý с дéрева einen Baum abrinden 2. *umg* herunterreißen ◇ ~ крýпную сýмму с когó-н. [шкýру с когó-н.] j-n schröpfen [bluten lassen] ‖ *uv* сдирáть, -áю, -áешь

содрогáние, -я *n* Erbeben, Schauder

содрогáться, -áюсь, -áешься *uv* erzittern, erbeben; schaudern ‖ *v mom*

содрогнýться, -нýсь, -нёшься

содрýжество, -а *n* 1. freundschaftliches Zusammenwirken 2. (Freundschafts-) Bund, Gemeinschaft

сóевый, -ая, -ое Soja-

соединéние, -я *n* 1. Vereinigen, Zusammenfügen 2. Vereinigung, Verbindung; *tech* Kupplung **3.** Verbindungsstelle **4.** *math* Kombination; *chem* Verbindung **5.** *mil* (Heeres-) Verband

соединённый, -ая, -ое vereinigt; Соединённые Шта́ты Аме́рики Vereinigte Staaten von Amerika

соедини́тельный, -ая, -ое Verbindungs-, Binde-; *gram* kopulativ

соедини́ть, -ню́, -ни́шь; -нённый, -нён, -нена́ *v* vereinigen, vereinen, verbinden; меня́ не соедини́ли ich habe keinen Anschluß bekommen *beim Telefonieren* ‖ *uv* **соединя́ть,** -я́ю, -я́ешь

соедини́ться, -ню́сь, -ни́шься *v* sich vereinigen, sich vereinen, sich verbinden; *chem* eine Verbindung eingehen; ~ по телефо́ну sich telefonisch in Verbindung setzen ‖ *uv* **соединя́ться,** -я́юсь, -я́ешься

сожале́ние, -я *n* **1.** Bedauern; к -ю leider **2.** *D* Mitleid (mit); без -я unbarmherzig, erbarmungslos

сожале́ть, -е́ю, -е́ешь *uv* bedauern (о *P* etw.)

сожгу́ ↑ сжечь

сожже́ние, -я *n* Verbrennen, Verbrennung; Einäscherung

сожи́тель, -я *m* Mitbewohner; ~ по ко́мнате Zimmergenosse

сожи́тельство, -а *n* Zusammenleben

сожи́тельствовать, -твую, -твуешь *uv* zusammenleben

со|жра́ть* *v volksspr* auffressen

созва́ниваться *uv zu* созвони́ться

со|зва́ть* *v* zusammenrufen; einladen; ~ конфере́нцию eine Konferenz einberufen ‖ *uv* созыва́ть, -а́ю, -а́ешь

созве́здие, -я *n* Sternbild, Gestirn

созвони́ться, -ню́сь, -ни́шься *v umg* sich telefonisch in Verbindung setzen [verabreden] ‖ *uv* созва́ниваться, -аюсь, -аешься

созву́чие, -я *n* **1.** *mus* Akkord **2.** *buchspr* Harmonie, Wohlklang **3.** *lit* Reim **4.** *buchspr* Ähnlichkeit, Anklang

созву́чный, -ая, -ое; *Kzf* -чен, -чна **1.** gleichklingend **2.** entsprechend; (gut) harmonierend; быть -ым эпо́хе im Einklang mit der Epoche stehen

создава́ть(ся) *uv zu* созда́ть(ся)

создам ↑ созда́ть

созда́ние, -я *n* **1.** Schaffen, (Er-) Schaffung **2.** Werk, Schöpfung **3.** Geschöpf

созда́тель, -я *m* **1.** Schöpfer, Begründer **2.** *rel* Schöpfer, (Herr-) Gott

созда́ть* *v* schaffen; gründen; verursachen ‖ *uv* соз|дава́ть*

созда́ться*, *1. u. 2. Pers ungebr*, созда́лся, создали́сь *v* entstehen; у меня́ создало́сь впечатле́ние, что ich gewann den Eindruck, daß ‖ *uv* соз|дава́ться*

созерца́ние, -я *n buchspr* Betrachtung

созерца́тельность, -и *f buchspr* Beschaulichkeit; Kontemplation

созерца́тельный, -ая, -ое; *Kzf* -лен, -льна *buchspr* beschaulich; kontemplativ

созерца́ть, -а́ю, -а́ешь *uv buchspr* betrachten

созида́ние, -я *n buchspr* (Er-) Schaffung, Errichtung

созида́тельный, -ая, -ое; *Kzf* -лен, льна *buchspr* schöpferisch-, Schaffens-

созида́ть, -а́ю, -а́ешь *uv buchspr* schaffen, errichten

со|знава́ть* *uv* sich einer Sache bewußt sein; erkennen; ~ себя́ че́стным sich für ehrlich halten; ~ себя́ челове́ком sich als Mensch fühlen ‖ *v* созна́ть, -а́ю, -а́ешь; со́знанный, -ан, -а

со|знава́ться* *uv* в *P* bekennen, zugeben ‖ *v* созна́ться, -а́юсь, -а́ешься

созна́ние, -я *n* **1.** Bewußtsein, Erkenntnis **2.** Bewußtsein, Besinnung; потеря́ть ~ das Bewußtsein verlieren, bewußtlos [ohnmächtig] werden; до поте́ри -я bis zur völligen Erschöpfung **3.** *alt* Bekenntnis *der Schuld*

созна́тельность, -и *f* Bewußtheit; (gesellschaftliches) Bewußtsein; разви́тие -и Bewußtseinsbildung

созна́тельный, -ая, -ое; *Kzf* -лен, -льна **1.** bewußt **2.** absichtlich **3.** *pol* (klassen)bewußt

созна́ть(ся) *v zu* сознава́ть(ся)

созрева́ние, -я *n* Reifen; Heranreifen; полово́е ~ Pubertät

созрева́ть *uv zu* созре́ть

созре́ть, -е́ю, -е́ешь *v* **1.** reif werden, reifen **2.** *übtr* heranreifen, feste Formen annehmen ‖ *uv* созрева́ть, -а́ю, -а́ешь

созы́в, -а *m* Einberufung

созыва́ть *uv zu* созва́ть

соизво́лить, -лю, -лишь *v buchspr, alt, jetzt iron* geruhen ‖ *uv* **соизволя́ть,** -я́ю, -я́ешь

соизмери́мый, -ая, -ое; *Kzf* -и́м, -а

math kommensurabel; *übtr* vergleichbar

соиска́ние, -я *n* Bewerbung; диссерта́ция на ~ учёной сте́пени кандида́та нау́к Dissertation zur Erlangung der Doktorwürde

соиска́тель, -я *m* (Mit-) Bewerber

со́йка, -и, *Pl G* со́ек, *D* со́йкам *f zool* Eichelhäher

со|йти́*; соше́дший *u. alt* сше́дший *v* 1. hinuntergehen, heruntergehen; ~ с ло́шади absitzen, vom Pferd steigen; ~ с корабля́ an Land gehen; ~ в моги́лу sterben 2. fortgehen, (ab)weichen; verlassen; ~ с ме́ли *naut* flott werden; ~ с ре́льсов entgleisen; ~ со сце́ны *übtr* von der Bildfläche verschwinden 3. sich ablösen, abblättern, abbröckeln 4. за *A* gelten (als), angesehen werden (für) 5. *umg* (gut) verlaufen; сойдёт! es wird schon gehen! ◇ э́то сошло́ ему́ с рук er ist glücklich davongekommen; э́то не сойдёт ему́ с рук das wird ihm teuer zu stehen kommen; ~ на нет zunichte werden; ~ с ума́ den Verstand verlieren || *uv* ¹сходи́ть, -ожу́, -о́дишь

сойти́сь*; соше́дшийся *u. alt* сше́дшийся *v* 1. sich versammeln, zusammenkommen 2. sich begegnen; aufeinandertreffen; по́яс не сошёлся der Gürtel ging nicht zu [ließ sich nicht zumachen] 3. sich befreunden, sich finden; ein Verhältnis eingehen, miteinander leben 4. übereinstimmen, sich decken 5. *umg* sich einigen (в *P u.* на *P* über) ◇ свет не кли́ном сошёлся *Sprichw* a) es ist genug Platz auf der Welt; b) es gibt noch mehr Möglichkeiten || *uv* сходи́ться, -ожу́сь, -о́дишься

сок, -а (-у), *P* о со́ке, в соку́ *m* Saft ◇ в по́лном -у́ in der Blüte der Jahre, in den besten Jahren; вари́ться в со́бственном -у́ im eigenen Saft schmoren

СОКК и КП СССР (Сою́з О́бществ Кра́сного Креста́ и Кра́сного Полуме́сяца СССР) Verband des Roten Kreuzes und des Roten Halbmonds in der UdSSR

соковыжима́лка, -и, *Pl* -лок, *D* -лкам *f* Saftpresse, Fruchtpresse

со́кол, -а *m* 1. Falke 2. *meist Pl, hoher Stil* Flieger 3. Prachtkerl, kühner [schöner] Bursche ◇ гол как соко́л *Sprichw* arm wie eine Kirchenmaus

соко́льник, -а *m* Falkner

сократи́мый, -ая, -ое; *Kzf* -и́м, -а 1. *math* kürzbar 2. *phys* kontraktil

сократи́ть, -ащу́, -ати́шь; -ащённый, -ащён, -ащена́ *v* 1. kürzen, ver-, abkürzen 2. verringern, herabsetzen 3. *umg* entlassen, kündigen 4. *math* kürzen 5. *phys* kontrahieren, zusammenziehen || *uv* сокраща́ть, -а́ю, -а́ешь

сократи́ться, *1. u. 2. Pers ungebr,* -и́тся *v* 1. sich verkürzen, kürzer werden 2. sich verringern 3. *math* gekürzt werden 4. *phys* sich zusammenziehen, zusammenschrumpfen || *uv* сокраща́ться, -а́ется

сокраща́ть *uv zu* сократи́ть

сокраща́ться, *1. u. 2. Pers ungebr,* -а́ется *uv* 1. *uv zu* сократи́ться 2. *math* sich kürzen lassen 3. *phys* kontraktil sein

сокраще́ние, -я *n* 1. Kürzung, Verkürzung, Abkürzung 2. Verringerung, Herabsetzung 3. *umg* Entlassung, Kündigung 4. *math* Kürzung 5. *phys* Kontraktion

сокращённый, -ая, -ое 1. verkürzt 2. abgekürzt

сокрове́нный, -ая, -ое; *Kzf*- е́н, -е́нна *buchspr* geheim, verborgen

сокро́вище, -а, *I* -ем *n* Schatz, Kostbarkeit

сокро́вищница, -ы, *I* -ей *f* Schatzkammer; *übtr* Hort

сокруша́ть, -а́ю, -а́ешь *uv* 1. zerschlagen, zertrümmern, zerstören; *übtr* vernichten 2. tief betrüben, zur Verzweiflung bringen || *v* сокруши́ть, -шу́, -ши́шь; -шённый, -шён, -шена́

сокруша́ться, -а́юсь, -а́ешься *uv* 1. zerstört werden 2. tief betrübt [traurig] sein, sich grämen

сокруше́ние, -я *n* 1. Zerstörung, Zertrümmerung; *übtr* Vernichtung 2. Kummer, Trauer

сокрушённый, -ая, -ое betrübt, bekümmert

сокруши́тельный, -ая, -ое; *Kzf* -лен, -льна 1. niederschmetternd, vernichtend 2. erschütternd

сокруши́ть *v zu* сокруша́ть

солга́ть *v zu* лгать

солда́т, -а, *G Pl* солда́т *m* Soldat

солда́тик, -а *m* Spielzeugsoldat

солда́тка, -и, *Pl G* -ток, *D* -ткам *f* (Ehe-) Frau eines Soldaten, Soldatenfrau

солдатня́, -и́ *f Koll volksspr, verächtl* Soldateska

солда́тский, -ая, -ое Soldaten-, soldatisch

соле- *in Zuss* Salz-
солева́ренный, -ая, -ое: ~ заво́д Salzsiederei
солева́рня, -и, *Pl G* -рен, *D* -рням *f* Salzsiederei; Saline
соле́ние, -я *n* **1.** Salzen, Einsalzen **2.** (*auch* соле́нье) *umg* Eingesalzenes
солёный, -ая, -ое; *Kzf* со́лон, солона́! **1.** salzig, salzhaltig; со́лон ли суп? a) ist die Suppe genug gesalzen? b) ist die Suppe versalzen? **2.** (ein)-gesalzen, Salz-; ~ огуре́ц saure Gurke; -ое мя́со Pökelfleisch **3.** *übtr umg* gesalzen, anstößig ◇ ему́ со́лоно пришло́сь er hat es sauer gehabt, er hat viel ausstehen müssen
солеро́д, -а *m chem* Halogen
солидаризи́роваться, -руюсь, -руешься *v, uv buchspr* sich solidarisch erklären
солида́рность, -и *f* Solidarität
солида́рный, -ая, -ое; *Kzf* -рен, -рна solidarisch; -ое обяза́тельство *jur* Solidarhaftung
соли́дный, -ая, -ое; *Kzf* -ден, -дна **1.** solid(e), haltbar, gründlich; bedeutend **2.** rechtschaffen, gesetzt; gediegen; stattlich; челове́к -ых лет Mann im fortgeschrittenen Alter **3.** *umg* groß, beträchtlich
соли́ст, -а *m mus* Solist
соли́стка, -и, *Pl G* -ток, *D* -ткам *f mus* Solistin
солите́р [тэ], -а *m* Solitär, einzeln gefaßter Diamant
солитёр, -а *m zool* Bandwurm
соли́ть, солю́, со́лишь; со́ленный, -ен, -а *uv* **1.** salzen **2.** einsalzen **3.** *D übtr umg* Unannehmlichkeiten bereiten, Schaden zufügen
со́лка, -и *f* Einsalzen
со́лнечный, -ая, -ое **1.** Sonnen-; ~ уда́р *med* Sonnenstich **2.** *Kzf* -чен, -чна sonnig
со́лнце [он], -а, *I* -ем *n* Sonne; го́рное ~ Höhensonne; до -а vor Sonnenaufgang; лежа́ть на ~ sich sonnen, in der Sonne liegen
солнце|воро́т [он], -а *m umg* Sonnenwende; **~пёк** [он], -а *m* Sonnenglut; **~стоя́ние** [он], -я *n astr* Sonnenwende
со́лнышко, -а *n Dem zu* со́лнце die liebe Sonne ◇ моё ~ *umg* mein Liebster, meine Liebste *zärtliche Anrede*
со́ло *idkl n* **1.** *mus* Solo **2.** *Adv* solo, allein
солове́й, -вья́, *G Pl* -вьёв *m* Nachtigall
солове́ть, -е́ю, -е́ешь *uv volksspr* schläfrig werden
соловьи́ный, -ая, -ое Nachtigallen-
со́лод, -а (-у) *m* Malz
солоди́ть, -ожу́, -оди́шь; -ожённый, -ожён, -ожена́ *uv* malzen, Malz bereiten
солодко́вый, -ая, -ое: ~ ко́рень *pharm* Süßholz, Lakritze(nholz)
солодо́вый, -ая, -ое Malz-
соло́ма, -ы *f* Stroh
соло́менный, -ая, -ое **1.** Stroh- **2.** strohblond
соло́мина, -ы *f* Strohhalm
соло́минка, -и, *Pl G* -нок, *D* -нкам *f Dem zu* соло́мина Strohhalm
соло́мка, -и *f* **1.** *Dem zu* соло́ма Stroh **2.** Flachsstengel **3.** stangenförmiges Gebäck
соломоре́зка, -и, *Pl G* -зок, *D* -зкам *f landw* Strohschneidemaschine, Häckselmaschine
со́лон ↑ солёный
солони́на, -ы *f* eingesalzenes Fleisch, Pökelfleisch
соло́нка, -и, *Pl G* -нок, *D* -нкам *f* Salzstreuer, Salzgefäß
со́лоно *Adv* gesalzen ◇ ему́ ~ пришло́сь er hat viel durchgemacht, es war bitter für ihn; уйти́ не ~ хлеба́вши leer ausgehen, mit langer Nase abziehen
солонова́тый, -ая, -ое; *Kzf* -а́т, -а (ein wenig zu) salzig
солонча́к, -а́ *m* Salzboden
солончако́вый, -ая, -ое Salzboden-; -ые расте́ния *bot* Halophyten
[1]**соль,** -и, *Pl* со́ли, соле́й, соля́м *f* **1.** Salz; пова́ренная ~ Kochsalz **2.** *übtr* Würze, Pointe
[2]**соль** *n idkl mus* Sol, G; ~ дие́з Gis
со́льный, -ая, -ое *mus* Solo-
соля́нка, -и *f* **1.** Soljanka *Suppe* **2.** gedünstetes Kraut mit Fleisch, Fisch oder Pilzen
соляно́й, -а́я, -о́е Salz-
соля́ный, -ая, -ое: -ая кислота́ Salzsäure
соляриза́ция, -и *f* **1.** Sonnenbestrahlung; *med* Heliotherapie **2.** *phot* Solarisation
соля́ровый, -ая, -ое: -ое ма́сло *tech* Solaröl
сом, -а́ *m zool* Wels
Сомали́ *n idkl* Somalihalbinsel; Somali *Staat*
сомали́ец, -и́йца, *I* -и́йцем, *G Pl* -и́йцев *m* Somalese
сомати́ческий, -ая, -ое *med* somatisch, Körper-

сомкну́ть, -ну́, -нёшь; со́мкнутый, -ут, -а *v* schließen; *übtr* verbinden, eine Verbindung herstellen; ~ ряды́ *Sport, mil* aufschließen, aufrücken ◇ не ~ глаз kein Auge zutun, nicht einschlafen (können) ‖ *uv* смыка́ть, -а́ю, -а́ешь

сомкну́ться, *1. u. 2. Pers ungebr,* -нётся *v* 1. zusammenrücken; сомкни́сь! *mil* aufschließen! 2. sich vereinigen 3. zufallen *Augen* ‖ *uv* смыка́ться, -а́ется

сомнева́ться, -а́юсь, -а́ешься *uv* в *P* zweifeln (an), bezweifeln

сомне́ние, -я *n* Zweifel; Bedenken; подве́ргнуть -ю bezweifeln; ста́вить под ~ in Zweifel ziehen, in Frage stellen

сомни́тельный, -ая, -ое; *Kzf* -лен, -льна 1. zweifelhaft, fragwürdig 2. verdächtig

сомно́житель, -я *m math* Multiplikator *einer von mehreren*

сон, сна *m* 1. Schlaf; сквозь ~ im Schlaf; со сна gerade erst aufgewacht, schlaftrunken; на ~ гряду́щий vor dem Schlafengehen; спать кре́пким [мёртвым] сном fest schlafen; засну́ть ве́чным сном entschlafen; меня́ кло́нит ко сну ich bin schläfrig; сна ни в одно́м глазу́ нет *umg* ich bin kein bißchen müde, ich finde keinen Schlaf; не знать ни сна ни поко́я keine Ruhe finden 2. Traum; ви́деть ~ [во сне] träumen ◇ ни сном ни ду́хом не винова́т absolut unschuldig; ни сном ни ду́хом не знать absolut nicht wissen [kennen]; ~ в ру́ку *scherz* der Traum ist in Erfüllung gegangen

сона́та, -ы *f mus* Sonate

соне́т, -а *m lit* Sonett

сонли́вый, -ая, -ое; *Kzf* -ив, -а schläfrig; verschlafen

сонм, -а *m buchspr, meist iron* Versammlung; Menge

со́нник, -а *m* Traumbuch

со́нный, -ая, -ое 1. Schlaf- 2. schlafend; *übtr* träge, untätig 3. verschlafen 4. einschläfernd: -ые порошки́ Schlafmittel ◇ -ая арте́рия *anat* Kopfschlagader

Со́нька, -и *Dem zu* Со́фья

Сонюшка, -и *f u.* **Со́ня,** -и *f Dem zu* Со́фья

со́ня, -и *m, f* 1. *umg* Schlafmütze 2. *zool* Siebenschläfer

соображ́ать, -а́ю, -а́ешь *uv* 1. begreifen, verstehen; он хорошо́ сообража́ет *umg* er hat eine gute Auffassungsgabe; он пло́хо сообража́ет *umg* er hat eine lange Leitung, er kapiert nichts; он ко́е-что сообража́ет в матема́тике *umg* er versteht etwas von Mathematik, in Mathematik ist er beschlagen 2. *alt* erwägen 3. *alt* in Zusammenhang bringen, vergleichen ‖ *v* сообрази́ть, -ажу́, -ази́шь; -ажённый, -ажён, -ажена́ *zu* 3

соображе́ние, -я *n* 1. Verstand, Auffassungsvermögen 2. Erwägung, Überlegung; приня́ть в ~ in Erwägung ziehen, berücksichtigen 3. *alt* Vergleich

сообрази́тельный, -ая, -ое; *Kzf* -лен, -льна rasch auffassend, geweckt, intelligent

сообрази́ть, -ажу́, -ази́шь; -ажённый, -ажён, -ажена́ *v* 1. erfassen, begreifen 2. überlegen, entscheiden 3. *v zu* сообража́ть 3

сообра́зно *Präpos mit D oder* с *I* gemäß, in Übereinstimmung (mit)

сообра́зный, -ая, -ое; *Kzf* -зен, -зна angemessen, in Einklang [Übereinstimmung] stehend (с *I* mit) ◇ ни с чем не ~ unsinnig, unverständlich

сообразова́ть, -зу́ю, -зу́ешь; -зо́ванный, -зо́ван, -а *v, uv* с *I buchspr* in Übereinstimmung [Einklang] bringen (mit), richten (nach)

сообразова́ться, -зу́юсь, -зу́ешься *v, uv* с *I* 1. *buchspr* Rechnung tragen, sich richten (nach) 2. *buchspr* in Einklang stehen, übereinstimmen

сообща́ *Adv* gemeinsam, gemeinschaftlich

сообща́ть *uv zu* сообщи́ть

сообща́ться, -а́юсь, -а́ешься *uv* 1. *uv zu* сообщи́ться 2. с *I* in Verbindung stehen (mit); verbunden sein (mit) ◇ сообща́ющиеся сосу́ды *phys* kommunizierende Gefäße

сообще́ние, -я *n* 1. Mitteilung, Benachrichtigung 2. Mitteilung, Nachricht, Meldung 3. Verkehr, Verbindung

соо́бщество, -а *n* Gemeinschaft; в -е с ке́м-н. gemeinsam mit j-m

сообщи́тельный, -ая, -ое; *Kzf* -лен, -льна *alt* mitteilsam

сообщи́ть, -щу́, -щи́шь; -щённый, -щён, -щена́ *v* 1. mitteilen, bekanntgeben; он сообщи́л ему́ о результа́тах er teilte ihm die Ergebnisse mit 2. *buchspr* übertragen, vermitteln ‖ *uv* сообща́ть, -а́ю, -а́ешь

сообщи́ться, *1. u. 2. Pers ungebr,*

-йтся *v D* sich mitteilen, übergehen (auf) ‖ *uv* сообща́ться, -а́ется
сoо́бщник, -а *m* Mittäter, Komplice, Helfershelfer
сoо́бщничество, -а *n* Mittäterschaft
соорудить, -ужу́, -уди́шь; -ужённый, -ужён, -ужена́ *v* errichten, erbauen; *umg, meist scherz* einrichten, organisieren ‖ *uv* **сооружа́ть,** -а́ю, -а́ешь
сооруже́ние, -я *n* 1. Errichtung, Erbauung 2. Gebäude, Bau; Anlage
соотве́тственно 1. *Adv* entsprechend 2. *Präpos mit D oder* с *I* gemäß, in Übereinstimmung mit
соотве́тственный, -ая, -ое; *Kzf* -вен, -венна 1. *buchspr* entsprechend, angemessen 2. passend, geeignet
соотве́тствие, -я *n* Übereinstimmung
соотве́тствовать, -вую, -вуешь *uv D* entsprechen
соотве́тствующий, -ая, -ее 1. entsprechend 2. passend, geeignet
соотéчественник, -а *m* Landsmann
соотéчественница, -ы, *I* -ей *f* Landsmännin
соот|нести́* *v* in Wechselbeziehung bringen, in ein Verhältnis zueinander bringen ‖ *uv* соотноси́ть, -ношу́, -но́сишь
соотноси́тельный, -ая, -ое; *Kzf* -лен, -льна korrelativ
соотноси́ть *uv zu* соотнести́
соотноше́ние, -я *n* Wechselbeziehung, Korrelation
сопе́рник, -а *m* Rivale, Konkurrent; Nebenbuhler
сопе́рница, -ы, *I* -ей *f* Rivalin, Konkurrentin; Nebenbuhlerin
сопе́рничать, -аю, -аешь *uv* 1. wetteifern, rivalisieren 2. *übtr* sich messen (können), es aufnehmen (können)
сопе́рничество, -а *n* Wettbewerb, Konkurrenz, Rivalität
сопе́ть, -плю, -пи́шь *uv* schnaufen, pfeifend atmen
со́пка, -и, *Pl G* -пок, *D* -пкам *f* (Berg-) Kuppe; грязева́я ~ Schlammvulkan
соплеме́нный, -ая, -ое stammesverwandt
со́пли, сопле́й, сопля́м *Pl volksspr* Rotz, Nasenschleim
сопли́вый, -ая, -ое; *Kzf* -и́в, -а 1. *umg* Rotz-, rotznasig 2. *übtr, volksspr* unerfahren, grün
сопло́, -а́ *u.* **со́пло,** -а, *Pl* со́пла, со́пел *u.* сопл, со́плам *n* Düse
соплóдие, -я *n bot* Fruchtstand
сопля́к, -а́ *m volksspr* Rotznase *Kind*; unerfahrener Mensch
соподчинённый, -ая, -ое: -ые предложе́ния *gram* beigeordnete Nebensätze
соподчини́ть, -ню́, -ни́шь; -нённый, -нён, -нена́ *v* beiordnen, koordinieren ‖ *uv* **соподчиня́ть,** -я́ю, -я́ешь
сопоста́вить, -влю, -вишь; -вленный, -влен, -а *v* vergleichen, gegenüberstellen ‖ *uv* сопоставля́ть, -я́ю, -я́ешь
сопоставле́ние, -я *n* Vergleich, Gegenüberstellung
сопоставля́ть *uv zu* сопоста́вить
сопра́но *n idkl mus* Sopran
сопрева́ть *uv zu* сопре́ть
сопреде́льный, -ая, -ое; *Kzf* -лен, -льна *buchspr* angrenzend, benachbart
сопре́ть, *1. u. 2. Pers ungebr,* -е́ет *v umg* verfaulen, verderben ‖ *uv* сопрева́ть, -а́ет
соприкаса́ться, -а́юсь, -а́ешься *uv* 1. sich berühren, aneinandergrenzen 2. *übtr* in Berührung kommen, in Verbindung stehen ‖ *v mom* соприкосну́ться, -ну́сь, -нёшься
соприкоснове́ние, -я *n* Berührung, Fühlung, Kontakt
соприкосну́ться *v mom zu* соприкаса́ться
сопроводи́тель, -я *m* Begleiter
сопроводи́тельный, -ая, -ое Begleit-
сопроводи́ть *v zu* сопровожда́ть
сопровожда́ть, -а́ю, -а́ешь *uv* 1. begleiten, geleiten 2. *I* versehen (mit); ~ текст поясне́ниями einen Text kommentieren [mit einem Kommentar versehen] ‖ *v* сопроводи́ть, -ожу́, -оди́шь; -ождённый, -ождён, -ждена́
сопровожда́ться, *1. u. 2. Pers ungebr,* -а́ется *uv I* 1. begleitet werden 2. nach sich ziehen, zur Folge haben 3. *I* ausgestattet sein (mit)
сопровожда́ющий, -его *Subst m* Begleiter
сопровожде́ние, -я *n* Begleitung; Geleit; хор в -и орке́стра *mus* Chor mit Orchesterbegleitung
сопротивле́ние, -я *n* 1. Widerstand; движе́ние -я Widerstandsbewegung; пойти́ по ли́нии наиме́ньшего -я den Weg des geringsten Widerstandes gehen 2. *tech, phys* Festigkeit; тео́рия -я материа́лов Festigkeitslehre
сопротивля́емость, -и *f* Widerstandsfähigkeit; ~ органи́зма болéзням *med* Resistenz des Organismus gegen Krankheiten

сопротивля́ться, -я́юсь, -я́ешься *uv* Widerstand leisten; sich widersetzen
сопряже́ние, -я *n tech* Kopplung
сопряжённый, -ая, -ое **1.** *tech* gekoppelt **2.** *buchspr* verbunden, verknüpft
сопу́тствовать, -вую, -вуешь *uv D* begleiten
сор, -а (-у) *m* Kehricht ◇ вы́нести ~ из избы́ seine schmutzige Wäsche vor anderen Leuten waschen; aus der Schule plaudern
соразме́рить, -рю, -ришь; -ренный, -рен, -а *v* anpassen, in Übereinstimmung bringen (с *I* mit) ‖ *uv* соразмеря́ть, -я́ю, -я́ешь
соразме́рно *Präp mit D* entsprechend; angemessen
соразме́рный, -ая, -ое; *Kzf* -рен, -рна entsprechend, angemessen; proportional; proportioniert
соразмеря́ть *uv zu* соразме́рить
сора́тник, -а *m hoher Stil* Mitkämpfer, Kampfgefährte
сорване́ц, -нца́, *I* -нцо́м, *G Pl* -нцо́в *m umg* Wildfang, Schlingel
со|рва́ть* *v* **1.** abreißen, herunterreißen; ~ ма́ску с кого́-н. j-n entlarven **2.** pflücken **3.** *übtr* zum Scheitern bringen, vereiteln **4.** *übtr umg* ablocken, abnötigen, erzwingen ◇ ~ банк die Bank sprengen *beim Kartenspiel;* ~ гнев [го́ре] на ко́м-н. seinen Zorn [Kummer] an j-m auslassen ‖ *uv* срыва́ть, -а́ю, -а́ешь
со|рва́ться*; -рвали́сь *v* **1.** sich losreißen, (hin)abstürzen; ~ с ме́ста aufspringen, losstürmen, losstürzen; у меня́ сорва́лось с языка́ необду́манное сло́во mir entschlüpfte ein unbedachtes Wort **2.** *übtr umg* mißlingen ◇ го́лос сорва́лся die Stimme versagte; ~ на экза́мене beim Examen versagen, durchs Examen fallen; как с це́пи сорва́лся er verlor die Beherrschung, er war wie losgelassen ‖ *uv* срыва́ться, -а́юсь, -а́ешься
сорвиголова́, -ы́, *A* -го́лову́; *Pl* -го́ловы, -голо́в, -голова́м *m, f umg* Wagehals, Draufgänger, Tollkühner
сорганизова́ть, -зу́ю, -зу́ешь; -зо́ванный, -зо́ван, -а *v umg* organisieren; zustande bringen; zusammenschließen, vereinigen ‖ *uv* **сорганизо́вывать,** -аю, -аешь
сорганизова́ться, *1. u. 2. Pers ungebr,* -зу́ется *v umg* sich bilden; sich zusammenschließen ‖ *uv* **сорганизо́вываться,** -ается
соревнова́ние, -я *n* **1.** Wettbewerb **2.** *Pl Sport* Wettkämpfe; -я по пла́ванию Wettschwimmen, Schwimmwettkämpfe
соревнова́ться, -ну́юсь, -ну́ешься *uv* **1.** im (sozialistischen) Wettbewerb stehen **2.** wetteifern, sich messen
сори́нка, -и, *Pl G* -нок, *D* -нкам *f* Staubkörnchen; *übtr umg* Körnchen; Krümelchen
сори́ть, -рю́, -ри́шь *uv* beschmutzen; Schmutz [Unordnung] machen ◇ ~ деньга́ми *übtr umg* Geld vergeuden, mit Geld um sich werfen
со́рный, -ая, -ое **1.** *umg* Kehricht-, Müll- **2.**: -ая трава́ Unkraut
сорня́к, -а́ *m* Unkraut
соро́дич, -а, *I* -ем, *G Pl* -ей *m* Verwandter; Artgenosse
со́рок, *G, D, I, P,* -а́, *A* со́рок *Num* vierzig; ~ сороко́в *alt* sehr viel
соро́ка, -и *f* Elster ◇ ~-воро́вка *folkl* diebische Elster
сорока- *in Zuss* vierzig-, vierzig enthaltend
сорока|ле́тие, -я *n* **1.** vierzig Jahre *Zeitraum* **2.** vierzigster Jahrestag, Vierzigjahrfeier; vierzigjähriges Jubiläum; ~ со дня сме́рти vierzigster Todestag; **~ле́тний,** -яя, -ее vierzigjährig
сороково́й, -а́я, -о́е *Num* vierzigster; ~ но́мер Nummer vierzig
сороконо́жка, -и, *Pl G* -жек, *D* -жкам *f umg* Tausendfüßler
сорокопу́т, -а *m zool* Neuntöter, Würger
соро́чка, -и, *Pl G* -чек, *D* -чкам *f* **1.** Hemd **2.** *med* Haut, Hülle; серде́чная ~ Herzbeutel **3.** Rückseite der Spielkarte ◇ он роди́лся в -е er ist ein Glückskind
сорт, -а, *Pl* сорта́, -о́в, -а́м *m* Sorte; Qualität; Art, (Menschen-) Schlag; таба́к вы́сшего -а erstklassiger Tabak
сортирова́ть, -ру́ю, -ру́ешь; -ро́ванный, -ро́ван, -а *uv* **1.** sortieren; verlesen **2.** verschieben, rangieren *Eisenbahn*
сортиро́вка, -и, *Pl G* -вок, *D* -вкам *f* **1.** Sortierung, Sortieren **2.** *landw* Sortiermaschine **3.** Verschieben, Rangieren *Eisenbahn*
сортиро́вочная, -ой *Subst f* Verschiebebahnhof, Rangierbahnhof
сортиро́вочный, -ая, -ое **1.** Sortier- **2.**: -ая ста́нция Verschiebebahnhof, Rangierbahnhof

сортиро́вщик, -а *m* Sortierer
сортиро́вщица, -ы, *I* -ей *f* Sortiererin
со́ртность, -и *f* Qualität
со́ртный, -ая, -ое Qualitäts-
сортово́й, -а́я, -о́е Sorten-, Qualitäts-; -а́я сталь Stabstahl
соса́ть* *uv* **1.** saugen **2.** lutschen **3.** *übtr* nagen, quälen
сосва́тать *v zu* сва́тать
сосе́д, -а, *Pl* сосе́ди, -ей, -ям *m* Nachbar
сосе́дка, -и, *Pl G* -док, *D* -дкам *f* Nachbarin
сосе́дний, -яя, -ее benachbart, Nachbar-; angrenzend
сосе́дский, -яя, -ее Nachbars-, nachbarlich
сосе́дство, -а *n* Nachbarschaft
сосе́ц, -сца́, *I* -сцо́м, *G Pl* -сцо́в *m* Zitze, Brustwarze
соси́ска, -и, *Pl G* -сок, *D* -скам *f* (Wiener) Würstchen
соси́сочная, -ой *Subst f* Verkaufsstelle für Würstchen
со́ска, -и, *Pl G* -сок, *D* -скам *f* Schnuller, Sauger
соска́бливать *uv zu* соскобли́ть
соска́кивать *uv zu* соскочи́ть
соска́льзывать *uv zu* соскользну́ть
соскобли́ть, -скоблю́, -ско́бли́шь; -ско́бленный, -ско́блен, -а *v* abschaben, abkratzen ‖ *uv* соска́бливать, -аю, -аешь
соскользну́ть, -ну́, -нёшь *v* **1.** hinabgleiten, herabgleiten; abrutschen; *umg* vorübergleiten, vergehen **2.** geraten, verfallen (на *A oder* в *A* in) ‖ *uv* соска́льзывать, -аю, -аешь
соскочи́ть, -очу́, -о́чишь *v* **1.** hinunterspringen, herunterspringen; ~ с трамва́я von der Straßenbahn abspringen **2.** abspringen, zu Boden fallen; *übtr umg* (ab)fallen, plötzlich verschwinden ‖ *uv* соска́кивать, -аю, -аешь
соскреба́ть *uv zu* соскрести́
со|скрести́* *v umg* abschaben, abkratzen ‖ *uv* соскреба́ть, -а́ю, -а́ешь
соску́читься, -чусь, -чишься *v* **1.** sich langweilen; он соску́чился ждать er hat das Warten satt bekommen **2.** о *P oder* по *D* sich sehnen (nach)
сослага́тельный, -ая, -ое: -ое наклоне́ние *gram* Konjunktiv
со|сла́ть* *v* verbannen, deportieren ‖ *uv* ссыла́ть, -а́ю, -а́ешь
со|сла́ться* *v* на *A* sich berufen (auf), verweisen (auf) ‖ *uv* ссыла́ться, -а́юсь, -а́ешься
со́слепа *u. umg* **со́слепу** *Adv* in seiner [ihrer] Blindheit; aus Kurzsichtigkeit
сосло́вие, -я *n* Stand; же́нское [да́мское] ~ *scherz* die Frauen [Damen]
сосло́вный, -ая, -ое Standes-, ständisch, Stände-
сослужи́вец, -вца, *I* -вцем, *G Pl* -вцев *m* (Arbeits-) Kollege
сослужи́ть, -служу́, -слу́жишь *v*: ~ слу́жбу *D* a) j-m einen Dienst erweisen; b) j-m Nutzen bringen
сосна́, -ы́, *Pl* со́сны, со́сен, со́снам *f bot* Kiefer ◇ заблуди́ться в трёх -ах *Sprichw* aus einer unkomplizierten Lage keinen Ausweg finden
сосно́вый, -ая, -ое Kiefern-, Kien-; ~ стол Tisch aus Kiefernholz
сосну́ть, -ну́, -нёшь *v umg* ein wenig schlafen
сосня́к, -а́ *m* **1.** Kiefernwald **2.** *Koll* Kiefernholz
сосо́к, -ска́ *m anat* Brustwarze, Papille; *vet* Zitze
сосредото́чение, -я *n* Konzentration; Ansammlung, Zusammenziehung
сосредото́ченность, -и *f* **1.** Konzentration **2.** Konzentriertheit, gespannte Aufmerksamkeit, Sammlung **3.** Versunkenheit; ~ в само́м себе́ Selbstversunkenheit
сосредото́ченный, -ая, -ое; *Kzf* -чен, -ченна **1.** konzentriert **2.** aufmerksam, gesammelt **3.** in Gedanken vertieft
сосредото́чивать *uv zu* сосредото́чить
сосредото́чить, -чу, -чишь; -ченный, -чен, -а *v* konzentrieren (на *P* auf) ‖ *uv* сосредото́чивать, -аю, -аешь
соста́в, -а *m* **1.** Zusammensetzung, Bestandteile; Gemisch; зажига́тельный ~ *mil* Brandsatz **2.** Bestand *an Menschen*; ли́чный ~ Personal-, Mannschaftsbestand; второ́й ~ *theat* zweite Besetzung; ~ кома́нды *Sport* Mannschaftsaufstellung; боево́й ~ *mil* Gefechtsstärke; преподава́тельский ~ Lehrkörper; в по́лном -е vollzählig; делега́ция в -е пяти́ челове́к eine aus fünf Personen bestehende Delegation; входи́ть в ~ angehören, gehören (zu) **3.** (Eisenbahn-) Zug; подвижно́й ~ rollendes Material *bei der Eisenbahn* ◇ ~ преступле́ния *jur* Tatbestand
составитель, -я *m* **1.** Herausgeber, Verfasser **2.**: ~ поездо́в Rangiermeister *bei der Eisenbahn*
соста́вить, -влю, -вишь; -вленный, -влен, -а *v* **1.** zusammenstellen, zu-

sammensetzen; bilden; mischen **2.** verfassen, entwerfen; ~ протоко́л ein Protokoll aufnehmen **3.** bilden, ausmachen **4.** *übtr* erwerben; ~ себе́ и́мя sich einen Namen machen ◇ ~ кому́-н. компа́нию j-m Gesellschaft leisten || *uv* составля́ть, -я́ю, -я́ешь

соста́виться, *1. u. 2. Pers ungebr*, -вится *v* **1.** sich zusammensetzen, bestehen (aus) **2.** sich ansammeln **3.** entstehen, sich herausbilden || *uv* составля́ться, -я́ется

составле́ние, -я *n* **1.** Zusammenstellung, Bildung **2.** Abfassung, Ausarbeitung

составля́ть(ся) *uv zu* соста́вить(ся)

составно́й, -а́я, -о́е **1.** zusammengesetzt **2.**: -а́я часть Bestandteil

состáрить, -рю, -ришь *v* alt [älter] machen

состáриться, -рюсь, -ришься *v* alt [älter] werden, altern

состоя́ние, -я *n* **1.** Zustand, Lage; ~ здоро́вья Gesundheitszustand, Befinden; семе́йное ~ *buchspr* Familienstand; быть в -и imstande sein **2.** Vermögen

состоя́тельный, -ая, -ое **1.** wohlhabend, vermögend **2.** *Kzf* -лен, -льна stichhaltig, begründet

состоя́ть, -ою́, -ои́шь *uv* **1.** bestehen (из *G* aus) **2.** bestehen (в *P* in) **3.** в *P* Mitglied sein, angehören *einer Organisation*; ~ на слу́жбе im Dienst stehen, angestellt sein **4.** sein, sich befinden

состоя́ться, *1. u. 2. Pers ungebr*, -ои́тся *v* stattfinden

сострада́ние, -я *n* Mitleid, Mitgefühl

сострада́тельный, -ая, -ое; *Kzf* -лен, -льна mitleidig, mitfühlend

сострига́ть *uv zu* остри́чь

состри́ть, -рю́, -ри́шь *v* witzeln, einen Witz machen

со|стри́чь* *v* abschneiden, (ab)scheren || *uv* сострига́ть, -а́ю, -а́ешь

со́строга́ть, -а́ю, -а́ешь; остро́ганный, -ан, -а *v* abhobeln

состро́ить, -о́ю, -о́ишь; -о́енный, -о́ен, -а *v*: ~ лицо́ *umg* ein Gesicht ziehen

состря́пать *v zu* стря́пать

состяза́ние, -я *n* **1.** Wettstreit **2.** *Sport* Wettkampf; ~ в пла́вании Wettschwimmen

состяза́ться, -а́юсь, -а́ешься *uv* wetteifern, sich messen; ~ в пла́вании um die Wette schwimmen; ~ в остроу́мии sich an Scharfsinn [Geist] zu überbieten (ver)suchen

сосу́ ↑ соса́ть

сосу́д, -а *m* Gefäß; кровено́сные -ы *anat* Blutgefäße

сосу́лька, -и, *Pl G* -лек, *D* -лькам *f* Eiszapfen

сосу́н, -а́ *m* Säugling

сосуществова́ние, -я *n* Koexistenz; ми́рное ~ friedliche Koexistenz

сосуществова́ть, -ву́ю, -ву́ешь *uv* nebeneinander bestehen, koexistieren

сосчита́ть(ся) *v zu* счита́ть(ся)

со́тая, -ой *Subst f math* Hundertstel

сотворе́ние, -я *n* Schöpfung

сотвори́ть *v zu* [1]твори́ть

сотвори́ться *v zu* твори́ться

со́тенный, -ая, -ое **1.** *umg* Hundertrubel-; -ая (бума́жка) Hundertrubelschein **2.** Hundertschafts-

-со́тенный, -ая, -ое *in Zuss* **1.** -hundert enthaltend **2.** -hundert Rubel wert

со́тка, -и, *Pl G* -ток, *D* -ткам *f umg* Hundertstel *Prozent, Hektar, Arbeitseinheit*

со|тка́ть*; соткала́ *v* **1.** weben **2.** *übtr* zusammensetzen

со́тник, -а *m* **1.** *hist* Hundertschaftführer *im alten Rußland* **2.** *hist* Offiziersrang bei den Kosaken *entspricht dem Rang eines Oberleutnants*

со́тня, -и, *Pl G* -тен, *D* -тням *f* **1.** Hundert, Hunderter; *umg* hundert Rubel; -тнями zu Hunderten **2.** *hist* Kosakenabteilung *entspricht einer Eskadron*

сотова́рищ, -а, *I* -ем, *G Pl* -ей *m* Kollege

со́то́вый, -ая, -ое Waben-; -ая яче́йка Honigzelle

сотру́дник, -а *m* Mitarbeiter

сотру́дничать, -аю, -аешь *uv* **1.** zusammenarbeiten (с *I* mit) **2.** mitarbeiten (в *P* an)

сотру́дничество, -а *n* Mitarbeit, Zusammenarbeit

сотряса́ть, -а́ю, -а́ешь *uv* erzittern [erbeben] lassen; *übtr alt* erschüttern || *v* со|трясти́*

сотряса́ться, -а́юсь, -а́ешься *uv* (er)zittern, (er)beben; *übtr alt* erschüttert sein || *v* со|трясти́сь*

сотрясе́ние, -я *n* Zittern, Beben; Erschütterung, Stoß; *med* Trauma

сотрясти́(сь) *v zu* сотряса́ть(ся)

со́ты *Pl* -ов, *Sg* сот, -а *m* (Honig-) Waben; мёд в -ах Wabenhonig, Scheibenhonig

со́тый, -ая, -ое *Num* hundertster; ~

номер Nummer hundert; -ая доля *math* hundertster Teil, Hundertstel
соумышленник, -а *m* Mitschuldiger
соус, -а *m* Soße, Tunke, Sauce
соусник, -а *m* Sauciere, Soßenschüssel
соучаствовать, -вую, -вуешь *uv* в *P buchspr* sich beteiligen (an), teilnehmen (an)
соучастие, -я *n* 1. Beteiligung, Teilnahme 2. *jur* Mittäterschaft
соучастник, -а *m* 1. Beteiligter, Teilnehmer 2. *jur* Mittäter
соученик, -á *m* Mitschüler
соученица, -ы, *I* -ей *f* Mitschülerin
софа, -ы́, *Pl* софы, соф, софам *f* Sofa
софизм, -а *m buchspr* Sophismus
софист, -а *m buchspr* Sophist
София, -и *f* Sofia *Stadt*
Софьюшка, -и *f Dem zu* Софья
Софья, -и *f* Sophie
соха, -и́, *Pl* сохи, сох, сохам *f* Hakenpflug
[1]**сохатый,** -ая, -ое 1. mit verzweigtem Geweih 2. *gbt* mit vielen Zweigen
[2]**сохатый,** -ого *Subst m* Elch
сохнуть, -ну, -нешь; сох(нул), сохла; сох(нув)ший *uv* 1. trocknen, trocken werden; (aus)dörren, vertrocknen; у меня сохнет во рту die Zunge klebt mir am Gaumen 2. *übtr umg* abmagern
сохранение, -я *n* 1. Erhaltung, Aufrechterhaltung, Wahrung 2. Verwahrung, Aufbewahrung
сохранить, -ню, -нишь; -нённый, -нён, -нена *v* 1. erhalten, (be)wahren, aufrechterhalten; ~ силу *jur* in Kraft bleiben, Gültigkeit behalten; ~ в памяти im Gedächtnis behalten; ~ в тайне geheimhalten; ~ за собой право sich das Recht vorbehalten 2. aufbewahren, verwahren ‖ *uv* сохранять, -яю, -яешь
сохраниться, -нюсь, -нишься *v* 1. erhalten bleiben, sich halten 2. *umg* sich gut halten, bei Kräften bleiben ‖ *uv* сохраняться, -яюсь, -яешься
сохранность, -и *f* Unversehrtheit; Sicherheit; быть в -и gut aufgehoben [wohl verwahrt] sein; в целости и -и unversehrt, heil und ganz
сохранный, -ая, -ое; *Kzf* -анен, -анна unversehrt, sicher; в -ом месте an einem sicheren Ort
сохранять(ся) *uv zu* сохранить(ся)
соц- *in Zuss Abk für* 1. социалистический sozialistisch 2. социальный sozial
соцветие, -я *n bot* Blütenstand
соцдоговор, -а *m* (договор о социалистическом соревновании) Vertrag über einen sozialistischen Wettbewerb
социал-демократ, -а *m* Sozialdemokrat
социал-демократический, -ая, -ое sozialdemokratisch
социал-демократия, -и *f* Sozialdemokratie
социализм, -а *m* Sozialismus; при -е im Sozialismus
социалист, -а *m* Sozialist
социалистический, -ая, -ое sozialistisch; Советская -ая республика Sozialistische Sowjetrepublik
социальный, -ая, -ое sozial, Sozial-
соцобязательство, -а *n* (обязательство по социалистическому соревнованию) Verpflichtung im sozialistischen Wettbewerb
соцсоревнование, -я *n* (социалистическое соревнование) sozialistischer Wettbewerb
соцстрах, -а *m* (социальное страхование) Sozialversicherung
сочельник, -а *m rel* Heiliger Abend
сочетание, -я *n* 1. Verbindung 2. *Pl math* Kombinationen
сочетать, -аю, -аешь *v, uv* verbinden, vereinigen
сочетаться, -аюсь, -аешься *v, uv* sich vereinigen, sich verbinden; harmonieren; ~ браком *alt, jetzt iron* heiraten
Сочи *m idkl* Sotschi
сочинение, -я *n* 1. Dichten, Verfassen 2. Werk; Aufsatz 3. *gram* Beiordnung
сочинительный, -ая, -ое *gram* beiordnend
сочинить, -ню, -нишь; -нённый, -нён, -нена *v* 1. dichten; komponieren; *umg, meist scherz* verfassen, abfassen 2. *umg* erfinden, erdichten; schwindeln ‖ *uv* **сочинять,** -яю, -яешь
сочиться, *1. u. 2. Pers ungebr*, -ится *uv* tröpfeln, sickern; рана сочится кровью die Wunde blutet
сочленение, -я *n* 1. *tech* Gelenk 2. *anat* Gelenkverbindung, Artikulation
сочный, -ая, -ое; *Kzf* -чен, -чна! 1. saftig 2. *übtr* ausdrucksvoll; -ые краски satte [kräftige] Farben; ~ голос klangvolle Stimme
сочту ↑ счесть
сочувственный, -ая, -ое 1. *Kzf* -ен, -енна mitfühlend, teilnahmsvoll; wohlwollend 2. -о *Adv*: -о отно-

си́ться к кому́-н. mit j-m sympathisieren
сочу́вствие, -я *n* Mitgefühl, Anteilnahme; Wohlwollen, Sympathie
сочу́вствовать, -твую, -твуешь *uv D* mitfühlen (mit), Anteil nehmen (an); sympathisieren (mit)
сочу́вствующий, -его *Subst m pol* Sympathisierender
со́шка, -и, *Pl G* -шек, *D* -шкам *f* 1. *Dem zu* соха́ Hakenpflug 2. Auflage, Gabelstütze *für Gewehr u. MG* 3. Gewehrständer *im Wachlokal* ◇ ме́лкая ~ *umg* kleines Licht, kleiner Mann
сошни́к, -а́ *m* 1. Pflugschar 2. *mil* Lafettensporn
сою́з, -а *m* 1. Bund, Verband; Bündnis; Свяще́нный ~ *hist* Heilige Allianz 2. Union, (Staaten-) Bund, Bundesstaat; Сою́з Сове́тских Социалисти́ческих Респу́блик Union der Sozialistischen Sowjetrepubliken 3. *gram* Konjunktion, Bindewort
сою́зник, -а *m* Verbündeter, Bundesgenosse, Alliierter
сою́знический, -ая, -ое alliiert, Verbündeten-
сою́зный, -ая, -ое 1. Unions-, Bundes-; -ые респу́блики die Unionsrepubliken 2. verbündet, alliiert 3.: -ое прида́точное предложе́ние *gram* Konjunktionalsatz
со́я, -и *f bot* Soja(bohne)
спад, -а *m* Fallen, Nachlassen, Rückgang
спада́ть *uv zu* спасть
спазм, -а *m u.* **спа́зма,** -ы *f med* Spasmus, Krampf
спазмати́ческий, -ая, -ое *med* spasmatisch, krampfartig
[1]**спа́ивать** *uv zu* споить
[2]**спа́ивать** *uv zu* спая́ть
спа́йка, -и, *Pl G* спа́ек, *D* спа́йкам *f* 1. Löten, (Ver-) Lötung 2. Lötstelle, Lötnaht 3. *übtr* Verbundenheit, enger Zusammenschluß 4. *med* Kommissur, Verhärtung, Verwachsung
спали́ть, -лю́, -ли́шь; -лённый, -лён, -лена́ *v umg* versengen, verbrennen; niederbrennen
спа́льная, -ой *Subst f umg* Schlafzimmer
спа́льный, -ая, -ое Schlaf-
спа́льня, -и, *Pl G* -лен, *D* -льням *f* Schlafzimmer
спаньё, -ья́ *n umg* Schlaf(en)
спа́ренный, -ая, -ое gepaart, aus zwei Teilen bestehend
спа́ржа, -и, *I* -ей *f* Spargel
спа́ривать *uv zu* спа́рить
спа́рить, -рю, -ришь; -ренный, -ен, -а *v* 1. (zwei) zusammenspannen 2. *landw* paaren ‖ *uv* спа́ривать, -аю, -аешь
спартакиа́да, -ы *f Sport* Spartakiade
спарта́нец, -нца, *I* -нцем, *G Pl* -нцев *m* Spartaner
спа́рхивать *uv zu* спорхну́ть
спа́рывать *uv zu* споро́ть
спаса́ние, -я *n* Retten, Rettung
спаса́тельный, -ая, -ое Rettungs-, rettend; -ое су́дно Rettungsschiff
спаса́ть(ся) *uv zu* спасти́(сь)
спасе́ние, -я *n* Rettung
спаси́бо 1. *Part* danke; большо́е ~ besten Dank, danke vielmals 2. *Subst n idkl umg* Dank; большо́е вам ~ vielen Dank, ich danke Ihnen vielmals
спаси́тель, -я *m* 1. Retter 2. *rel* Erlöser, Heiland
спаси́тельный, -ая, -ое; *Kzf* -лен, -льна rettend
спасова́ть *v zu* [1]пасова́ть
с|пасти́* *v* retten, bergen ‖ *uv* спаса́ть, -а́ю, -а́ешь
с|пасти́сь* *v* sich retten ‖ *uv* спаса́ться, -а́юсь, -а́ешься
с|пасть*, *1. u. 2. Pers ungebr, v* 1. fallen, herunter-, abfallen 2. fallen, nachlassen, zurückgehen; ~ с го́лоса *alt, volksspr* die Stimme verlieren; ~ с те́ла *volksspr* abmagern; ~ с лица́ ein schmales Gesicht bekommen ‖ *uv* спада́ть, -а́ет
с|пать* *uv* schlafen; ~ глубо́ким сном fest [tief] schlafen; мне ~ хо́чется ich bin müde [schläfrig]; ~ и (во сне) ви́деть sich etw. sehnlichst wünschen
с|па́ться*; спало́сь *unpers, uv D umg* schlafen können; мне не спи́тся ich kann nicht (ein)schlafen
спа́янный, -ая, -ое 1. zusammengelötet, verlötet 2. *übtr* fest verbunden, einträchtig 3. *med* verwachsen, adhäsiv
спая́ть, -я́ю, -я́ешь; спа́янный, -ян, -а *v* 1. (zusammen)löten, verlöten 2. *übtr* fest miteinander verbinden, einigen ‖ *uv* спа́ивать, -аю, -аешь
спева́ться *uv zu* спе́ться
спе́вка, -и, *Pl G* -вок, *D* -вкам *f* Chorprobe
спека́ться *uv zu* спе́чься
спекта́кль, -я *m* Vorstellung, Theateraufführung; *übtr umg* Schauspiel
спектр, -а *m phys* Spektrum

спектра́льный, -ая, -ое *phys* spektral, Spektral-
спекули́ровать, -рую, -руешь *uv I oder* на *P* **1.** Schiebergeschäfte machen (mit), schieben (mit) **2.** *übtr* spekulieren (auf), rechnen (auf)
спекуля́нт, -а *m* Spekulant, Schieber
[1]**спекуля́ция,** -и *f* **1.** Spekulation, Schiebergeschäft **2.** *übtr* Spekulieren, Berechnung
[2]**спекуля́ция,** -и *f phil* Spekulation
спелена́ть *v zu* пелена́ть
спе́лость, -и *f* Reife
спе́лый, -ая, -ое; *Kzf* спел, -á! reif
сперва́ *Adv umg* zuerst, anfangs
спервонача́ла *u.* **спервонача́лу** *Adv volkssspr* zu(aller)erst
спе́реди 1. *Adv umg* vorn; von vorn **2.** *Präpos mit G umg* vor
[1]**с|пере́ть*,** сопру́ *v* **1.** *volkssspr* fortschaffen, wegschleppen **2.** *volkssspr* klauen, stehlen
[2]**с|пере́ть*,** *1. u. 2. Pers ungebr*, сопрёт *v alt u. volkssspr* (zusammen)drücken; verschlagen *Atem*; у меня́ дыха́ние спёрло es verschlug mir den Atem, mir stockte der Atem || *uv* спира́ть, -áет
спе́рма, -ы *f biol* Sperma
сперматозо́ид, -а *m biol* Spermatozoon
спёртый, -ая, -ое *umg* stickig, dumpf
спеси́вый, -ая, -ое; *Kzf* -и́в, -а hochmütig, hochnäsig
спесь, -и *f* Hochmut
[1]**спеть** *v zu* петь
[2]**спеть,** *1. u. 2. Pers ungebr*, спе́ет *uv* reif werden, reifen
с|пе́ться* *v* **1.** sich im Chorgesang üben, sich einsingen **2.** *übtr umg* sich verständigen, zur Übereinstimmung gelangen; они́ спе́лись ме́жду собо́й sie stecken unter einer Decke, sie blasen in dasselbe Horn || *uv* спева́ться, -áюсь, -áешься
спех, -а (-у) *m volkssspr* Eile; э́то не к -у das hat keine Eile
спец- *in Zuss Abk für* специа́льный Spezial-, speziell, Sonder-
специализа́ция, -и *f* Spezialisierung
специализи́роваться, -руюсь, -руешься *v*, *uv* **1.** Spezialkenntnisse erwerben (по *D* in) **2.** sich spezialisieren (на *P oder* в *P* auf)
специали́ст, -а *m* Spezialist; Facharbeiter; Fachmann; врач-~ Facharzt
специа́льность, -и *f* **1.** Fach(richtung), Fachgebiet **2.** Beruf
специа́льный, -ая, -ое **1.** speziell, besonders, Spezial-, Sonder- **2.** *Kzf* -лен, -льна Fach-, fachgebunden; fachmännisch
специ́фика, -и *f* Eigenart, Besonderheit(en)
специфика́ция, -и *f* **1.** Spezifikation, Klassifizierung **2.** Spezifikation, Stückliste
специфи́ческий, -ая, -ое spezifisch
специфи́чный, -ая, -ое; *Kzf* -чен, -чна spezifisch
спе́ция, -и *f* **1.** Gewürz **2.** *alt* Arznei
спецко́р, -а *m* (специа́льный корреспонде́нт) Sonderkorrespondent
спецмаши́на, -ы *f* (специа́льная маши́на) Sonderfahrzeug
специо́вка, -и, *Pl G* -вок, *D* -вкам *f umg* Berufsbekleidung, Arbeitsjacke
спецоде́жда, -ы *f* (специа́льная оде́жда) Berufskleidung
с|пе́чься*, *1. u. 2. Pers ungebr*, *v* **1.** *umg* gerinnen **2.** zusammenbacken, verhärten || *uv* спека́ться, -áется
спе́шиваться *uv zu* спе́шиться
спеши́ть, -шу́, -ши́шь *uv* **1.** sich beeilen, eilen; я о́чень спешу́ ich habe es sehr eilig; де́лать что́-н. не спеша́ etw. langsam tun, sich Zeit lassen mit etw. **2.** vorgehen; часы́ спеша́т на пять мину́т die Uhr geht fünf Minuten vor || *v* поспеши́ть
спе́шиться, -шусь, -шишься *v* absitzen *vom Pferd* || *uv* спе́шиваться, -аюсь, -аешься
спе́шка, -и *f umg* Eile
спе́шный, -ая, -ое; *Kzf* -шен, -шна **1.** eilig, dringend, Eil- **2.** eilig, hastig
спива́ться *uv zu* спи́ться
спидо́метр, -а *m* Tachometer
спи́ливать *uv zu* спили́ть
спили́ть, спилю́, спи́лишь; спи́ленный, -ен, -а *v* absägen; abfeilen || *uv* спи́ливать, -аю, -аешь
спина́, -ы́, *A* спи́ну, *Pl* спи́ны, спин, спи́нам *f* Rücken; испы́тывать на со́бственной -е́ am eigenen Leibe erfahren; нанести́ уда́р в -у in den Rücken fallen; поверну́ться -о́й к кому́-н. j-m den Rücken (zu)kehren ◇ стоя́ть за чье́й-н. -о́й j-m das Rückgrat stärken; гнуть -у *übtr* katzbuckeln, kriechen; выезжа́ть на чье́й-н. -е́ j-n für seine Zwecke ausnützen
спи́нка, -и, *Pl G* -нок, *D* -нкам *f* **1.** *Dem zu* спина́ (kleiner) Rücken; ~ но́са *anat* Nasenrücken **2.** Rückenlehne **3.** Rücken(teil) *von Kleidungsstücken*

спинно́й, -а́я, -о́е Rücken-; ~ хребе́т *anat* Rückgrat, Wirbelsäule
спира́ль, -и *f* 1. Spirale 2. Spiralfeder
спира́лька, -и, *Pl G* -лек, *D* -лькам *f umg* Spiraldraht
спира́льный, -ая, -ое spiralförmig, Spiral-
спира́ть *uv zu* ²спере́ть
спири́т, -а *m* Spiritist
спирт, -а (-у), *P* в спи́рте *u.* в спирту́; *Pl* спирты́, спирто́в, спирта́м *m* Spiritus; Alkohol; ви́нный ~ Weingeist
спиртно́й, -а́я, -о́е 1. alkoholisch; -ны́е напи́тки Spirituosen 2. -о́е, -о́го *Subst n umg* alkoholisches [geistiges] Getränk
спирто́вка, -и, *Pl G* -вок, *D* -вкам *f* 1. Spirituslampe 2. Spirituskocher
спиртово́й, -а́я, -о́е Spiritus-
с|писа́ть* *v* 1. abschreiben; kopieren 2. künstlerisch gestalten (с *G* nach), nachbilden 3. abschreiben, abbuchen; ~ в расхо́д liquidieren || *uv* спи́сывать, -аю, -аешь
с|писа́ться* *v* sich brieflich in Verbindung setzen (с *I* mit) || *uv* спи́сываться, -аюсь, -аешься
спи́сок, -ска *m* 1. Liste, Verzeichnis 2. Abschrift, handschriftliche Kopie
спи́сывать(ся) *uv zu* списа́ть(ся)
спито́й, -а́я, -о́е *umg* dünn, schal, abgestanden *von Getränken*
с|пи́ться*, сопью́сь, сопьёшься; спи́лся́, спила́сь, спили́сь *v* zum Trinker werden, sich dem Trunk ergeben || *uv* спива́ться, -а́юсь, -а́ешься
спи́хивать *uv zu* спихну́ть
спихну́ть, -ну́, -нёшь; спи́хнутый, -ут, -а *v umg* hinunterstoßen, herunterstoßen, (her)abstoßen || *uv* спи́хивать, -аю, -аешь
спи́ца, -ы, *I* -ей *f* 1. Speiche 2. Stricknadel ◇ пя́тая [после́дняя] ~ в колесни́це das fünfte Rad am Wagen
спич, -а, *I* -ем, *G Pl* -ей *m* (Tisch-) Rede
спи́чечный, -ая, -ое Streichholz-, Zündholz-
спи́чка, -и, *Pl G* -чек, *D* -чкам *f* Streichholz, Zündholz
¹сплав, -а *m tech* Legierung
²сплав, -а *m* Flößen, Flößerei
¹спла́вить, -влю, -вишь; -вленный, -влен, -а *v tech* legieren, zusammenschmelzen; *übtr* vereinigen, verschmelzen || *uv* сплавля́ть, -я́ю, -я́ешь
²спла́вить, -влю, -вишь; -вленный, -влен, -а *v* 1. flößen 2. *übtr volksspr* abschieben, loswerden || *uv* сплавля́ть, -я́ю, -я́ешь
¹,²сплавля́ть *uv zu* ¹,²спла́вить
сплавно́й, -а́я, -о́е Flöß-, flößbar
спла́вщик, -а *m* Flößer
сплани́ровать *v zu* ²плани́ровать
спла́чивать(ся) *uv zu* сплоти́ть(ся)
сплёвывать *uv zu* сплю́нуть
с|плести́* *v* (zusammen)flechten; klöppeln || *uv* сплета́ть, -а́ю, -а́ешь
с|плести́сь* *v* sich verflechten; *übtr* sich verbinden, sich zusammenfügen || *uv* сплета́ться, -а́юсь, -а́ешься
сплете́ние, -я *n* Geflecht; Verflechtung; *übtr* Zusammenfügung
спле́тник, -а *m* Klatschmaul
спле́тница, -ы, *I* -ей *f* Klatschmaul, Klatschbase
спле́тничать, -аю, -аешь *uv* klatschen, Gerüchte verbreiten
спле́тня, -и, *Pl G* -тен, *D* -тням *f* Klatsch, Geschwätz
сплеча́ *Adv* 1. heftig, mit (kräftigem) Schwung 2. *übtr* unbedacht, unbesonnen
сплоти́ть, -очу́, -оти́шь; -очённый, -очён, -очена́ *v* 1. zusammenfügen 2. *übtr* einigen, fest zusammenschließen || *uv* спла́чивать, -аю, -аешь
сплоти́ться, *1. u. 2. Pers ungebr,* -ти́тся *v* sich zusammenschließen, sich scharen (вокру́г *G* um) || *uv* спла́чиваться, -ается
сплохова́ть, сплоху́ю, сплоху́ешь *v umg* einen Fehler machen, falsch handeln
сплоче́ние, -я *n* Zusammenschluß, Zusammenschweißen
сплочённость, -и *f* Geschlossenheit, Einigkeit
сплочённый, -ая, -ое 1. geschlossen, eng aneinandergefügt 2. *übtr* geschlossen, einig, einmütig
сплошно́й, -а́я, -о́е 1. kompakt, dicht; ununterbrochen 2. durchgängig; völlig; *umg* absolut
сплошь *Adv* 1. ununterbrochen, durchweg; ~ цветы́ nichts als Blumen 2. ausnahmslos ◇ ~ и [да] ря́дом fast immer, gang und gäbe
сплутова́ть, -ту́ю, -ту́ешь *v umg* mogeln, betrügen, Spitzbübereien verüben
сплыва́ть(ся) *uv zu* сплы́ть(ся)
с|плыть* *v* 1. *umg* stromabwärts schwimmen 2. *umg* überlaufen ◇ бы́ло да сплы́ло es ist (für immer) dahin || *uv* сплыва́ть, -а́ю, -а́ешь
с|плы́ться*, *1. u. 2. Pers ungebr;*

сплылись *v umg* zusammenlaufen, verschwimmen ‖ *uv* сплываться, -ается

сплю ↑ спать

сплюнуть, -ну, -нешь *v* (aus)spucken, (aus)speien ‖ *uv* сплёвывать, -аю, -аешь

сплюснуть, -ну, -нешь; -нутый, -нут, -а *v umg* breit-, plattdrücken, abplatten

сплющенный, -ая, -ое abgeplattet; flachgequetscht

сплющивать *uv zu* сплющить

сплющить, -щу, -щишь; -щенный, -щен, -а *v* platt-, breitdrücken; abplatten ‖ *uv* сплющивать, -аю, -аешь

сплясать *v zu* плясать

сподвижник, -а *m buchspr* Mitstreiter, Mitkämpfer

сподобиться, -блюсь, -бишься *v alt, jetzt iron* für würdig befunden werden, die Ehre haben ‖ *uv* **сподобляться,** -яюсь, -яешься

[1]**сподручный,** -ая, -ое; *Kzf* -чен, -чна bequem, leicht zu tun

[2]**сподручный,** -ого *Subst m* Helfer, Hilfskraft

спозаранку *Adv* **1.** *umg* vom frühen Morgen an **2.** frühzeitig, vor Tau und Tag

споить, спою, споишь; споенный, -ен, -а *v* betrunken machen; zum Trinker [Säufer] machen ‖ *uv* спаивать, -аю, -аешь

спокойный, -ая, -ое; *Kzf* -бен, -ойна **1.** ruhig, still; gelassen; friedlich; будьте -ы seien Sie unbesorgt; -ой ночи! gute Nacht! **2.** bequem

спокойствие, -я *n* Ruhe, Stille; Frieden; сохранить ~ духа sich nicht aus der Ruhe bringen lassen

спокон: ~ веку [веков] *volksspr* seit alters her

споласкивать *uv zu* сполоснуть

сползать *uv zu* сползти

с|ползти* *v* **1.** hinunterkriechen, herunterkriechen **2.** herunterrutschen; *übtr umg* allmählich verschwinden **3.** *übtr* abgleiten (к *D* in) ‖ *uv* сползать, -аю, -аешь

сполна *Adv* vollständig, vollzählig

сполоснуть, -ну, -нёшь; сполоснутый, -ут, -а *v umg* abspülen, ein wenig spülen ‖ *uv* споласкивать, -аю, -аешь; споласкивать посуду Geschirr abwaschen

спондей [дэ], -я *m lit* Spondeus

спонтанный, -ая, -ое *buchspr* spontan

спор, -а (-у) *m* **1.** Streit, Wortwechsel; **2.** *übtr buchspr* Kampf ◇ -у нет zweifellos, unbestritten

спорить, -рю, -ришь *uv* **1.** streiten **2.** wetten; на что спорим? um was wollen wir wetten?, was gilt die Wette? **3.** kämpfen; wetteifern

спориться, *1. u. 2. Pers ungebr*, -ится *uv umg* gelingen, gut vorangehen

спорный, -ая, -ое; *Kzf* -рен, -рна Streit-, strittig, umstritten

споровый, -ая, -ое *bot* Sporen-

с|пороть* *v* abtrennen ‖ *uv* спарывать, -аю, -аешь

спорт, -а *m* Sport; заниматься -ом Sport treiben

спорт- *in Zuss Abk für* спортивный Sport-

спортзал, -а *m* (спортивный зал) Turnhalle

спортивный, -ая, -ое Sport-

спортинвентарь [ын], -я *m* (спортивный инвентарь) *Koll* Sportgeräte

спортсмен [рцм], -а *m* Sportler

спортсменка [рцм], -и, *Pl G* -нок, *D* -нкам *f* Sportlerin

спортсменский [рцм], -ая, -ое Sportler-

спорхнуть, -ну, -нёшь *v* herunterfliegen, herunterflattern ‖ *uv* спархивать, -аю, -аешь

спорщик, -а *m umg* Streitsüchtiger, Streithammel

споры, *Pl* спор, *Sg* спора, -ы *f bot, zool* Sporen

спорый, -ая, -ое; *Kzf* спор, -а! *umg* schnell, erfolgreich; *volksspr* vorteilhaft

спорынья, -ьи *f bot* Mutterkorn

способ, -а *m* Art [und Weise], Verfahren, Methode; ~ производства Produktionsweise; ~ употребления Gebrauchsanweisung

способность, -и *f* **1.** Fähigkeit; покупательная ~ Kaufkraft; пропускная ~ *Eisenbahn* Kapazität, Leistungsfähigkeit **2.** Begabung, Talent

способный, -ая, -ое; *Kzf* -бен, -бна **1.** fähig; ~ к труду arbeitsfähig; он на всё способен er ist zu allem fähig **2.** begabt, talentiert

способствовать, -вую, -вуешь *uv D* beitragen (zu), begünstigen, fördern ‖ *v* поспособствовать

споткнуться, -нусь, -нёшься *v* **1.** stolpern, straucheln; ~ о камень über einen Stein stolpern **2.** *übtr umg* stocken, stehenbleiben ‖ *uv* **спотыкаться,** -аюсь, -аешься

спохватиться, -ачусь, -атишься *v*

umg sich (plötzlich) besinnen, (plötzlich) bemerken ‖ *uv* **спохва́тываться,** -аюсь, -аешься

спра́ва *Adv* von rechts; rechts

справедли́во *Adv* 1. gerecht 2. mit [zu] Recht, recht und billig

справедли́вость, -и *f* 1. Gerechtigkeit 2. Wahrheit, Richtigkeit; по -и говоря́ offen gesagt; ну́жно отда́ть ему́ ~ man muß ihm Gerechtigkeit widerfahren lassen; das muß man ihm lassen; отдава́я ~ um gerecht zu sein

справедли́вый, -ая, -ое; *Kzf* -и́в, -а 1. gerecht 2. wahr, richtig

спра́вить, -влю, -вишь; -вленный, -влен, -а *v* 1. *umg* feiern, festlich begehen; ~ новосе́лье Einzug feiern 2. *volksspr* erwerben, kaufen ‖ *uv* справля́ть, -я́ю, -я́ешь

спра́виться, -влюсь, -вишься *v* 1. с *I* fertig werden (mit), bewältigen; bezwingen 2. о *P* sich erkundigen (nach), sich informieren (über); ~ в словаре́ im Wörterbuch nachschlagen ‖ *uv* справля́ться, -я́юсь, -я́ешься

спра́вка, -и, *Pl G* -вок, *D* -вкам *f* 1. Auskunft, Erkundigung; навести́ -и о ко́м-н. Ermittlungen anstellen über j-n, Auskünfte einholen über j-n; обрати́ться к кому́-н. за -ой j-n um Auskunft bitten 2. Bescheinigung, Ausweis

справля́ть(ся) *uv zu* спра́вить(ся)

спра́вочник, -а *m* Nachschlagewerk, Handbuch; железнодоро́жный ~ Kursbuch

спра́вочный, -ая, -ое Auskunfts-, Nachschlage-; -ая литерату́ра Nachschlagewerke

спра́шивать(ся) *uv zu* спроси́ть(ся)

спрессова́ть, -су́ю, -су́ешь; -со́ванный, -со́ван, -а *v* pressen; zusammenpressen ‖ *uv* **спрессо́вывать,** -аю, -аешь

спринцева́ть, -цу́ю, -цу́ешь; -цо́ванный, -цо́ван, -а *uv med* spülen, eine Spülung machen

спринцо́вка, -и, *Pl G* -вок, *D* -вкам *f* *med* Spülung

спрова́дить, -а́жу, -а́дишь; -а́женный, -а́жен, -а *v umg* hinauskomplimentieren, abschieben, loswerden ‖ *uv* **спрова́живать,** -аю, -аешь

спровоци́ровать, -рую, -руешь; -рованный, -рован, -а *v* provozieren, herausfordern; *med, landw* künstlich hervorrufen

[1,2]**спроекти́ровать** *v zu* [1,2]проекти́ровать

спрос, -а (-у) *m* 1. Nachfrage; на э́тот това́р есть ~ diese Ware ist (sehr) gefragt, nach dieser Ware besteht (große) Nachfrage 2. *umg* (An-) Forderung, Verantwortung ◇ без -а [-у] ohne Erlaubnis

спроси́ть, -ошу́, -о́сишь; -о́шенный, -о́шен, -а *v* 1. fragen; ~ о здоро́вье sich nach dem Befinden erkundigen; ~ уро́к die Hausaufgabe abfragen 2. *A oder G* bitten (um) 3. *A* (j-n) zu sprechen wünschen, (nach j-m) verlangen 4. с *G* fordern (von); Rechenschaft fordern (von), (j-n) zur Verantwortung ziehen ‖ *uv* спра́шивать, -аю, -аешь

спроси́ться, -ошу́сь, -о́сишься *v* 1. *umg* um Erlaubnis bitten 2. *unpers umg* за э́то с тебя́ спро́сится dafür wirst du Rechenschaft ablegen müssen ‖ *uv* спра́шиваться, -аюсь, -аешься

спросо́нок *Adv umg* schlaftrunken, verschlafen

спросо́нья *Adv volksspr* schlaftrunken, verschlafen

спроста́ *Adv* 1. *umg* ohne Absicht [Hintergedanken], zufällig 2. *umg* vertrauensselig

спрут, -а *m zool* Krake

спры́гивать *uv zu* спры́гнуть

спры́гнуть, -ну, -нешь *v* hinunterspringen, herunterspringen, (her)abspringen ‖ *uv* спры́гивать, -аю, -аешь

спры́скивать *uv zu* спры́снуть

спры́снуть, -ну, -нешь; -нутый, -нут, -а *v* 1. bespritzen, (ein)sprengen 2. *übtr volksspr, scherz* begießen, feiern ‖ *uv* спры́скивать, -аю, -аешь

спряга́ть, -а́ю, -а́ешь *uv gram* konjugieren, beugen

спряга́ться, *1. u. 2. Pers ungebr,* -а́ется *uv gram* konjugiert werden, sich konjugieren lassen

спряже́ние, -я *n gram* Konjugation, Beugung

с|прясть*; спряла́; спряде́нный, -ён, -ена́ *v* spinnen

спря́тать(ся) *v zu* пря́тать(ся)

спу́гивать *uv zu* спугну́ть

спугну́ть, -ну́, -нёшь; спу́гнутый, -ут, -а *v umg* verscheuchen, aufscheuchen ‖ *uv* спу́гивать, -аю, -аешь

спуд, -а *m umg*: держа́ть что́-н. под -ом etw. verborgen halten; держа́ть свои́ спосо́бности под -ом sein Licht unter den Scheffel stellen; вы́тащить из-под -а ausgraben, der Vergessenheit entreißen; положи́ть под ~ ungenutzt lassen, der Vergessenheit preisgeben

спуск, -а (-у) *m* **1.** Herablassen; Herabsteigen; ~ с горы́ Abstieg vom Berg; ~ (корабля́) на́ воду Stapellauf (eines Schiffes); ~ парусо́в Einholen der Segel; ~ самолёта *flug* Landen; ~ фла́га Einziehen der Fahne **2.** Abhang, Böschung **3.** Abzug *beim Gewehr*; Auslöser *beim Photoapparat* ◇ не дава́ть -а [-у] кому́-н. nichts durchgehen lassen, keinen Pardon kennen

спуска́ть(ся) *uv zu* спусти́ть(ся)

спускно́й, -а́я, -о́е Abfluß-

спусти́ть, спущу́, спу́стишь; спу́щенный, -ен, -а *v* **1.** hinunterlassen, herunterlassen; ~ директи́ву eine Direktive erteilen [an untergeordnete Stellen gehen lassen]; ~ (кора́бль) на́ воду (ein Schiff) vom Stapel laufen lassen; ~ паруса́ die Segel einholen; ~ флаг die Fahne einziehen; ~ кого́-н. с ле́стницы *umg* j-n die Treppe hinunterwerfen, j-n hinauswerfen **2.** loslassen; ~ куро́к abdrücken *Gewehr*; ~ пе́тлю eine Masche fallen lassen; ~ соба́к на кого́-н. die Hunde auf j-n hetzen **3.** ablassen *Flüssigkeiten oder Gas* **4.** senken, verringern; *umg* an Gewicht verlieren **5.** *umg* durchgehen lassen, verzeihen **6.** *umg* absetzen, verkaufen; durchbringen, vergeuden ◇ рабо́тать спустя́ рукава́ nachlässig [liederlich] arbeiten || *uv* спуска́ть, -а́ю, -а́ешь ◇ не спуска́ть глаз с кого́-н. a) j-n unverwandt ansehen, kein Auge abwenden von j-m; b) j-n nicht aus den Augen lassen, wachsam auf j-n achten

спусти́ться, спущу́сь, спу́стишься *v* **1.** hinuntersteigen, heruntersteigen; ~ по реке́ flußabwärts fahren [schwimmen] **2.** *übtr* sinken; до чего́ ты спусти́лся wie tief bist du gesunken **3.** niedergehen; *flug* landen; ~ на́ воду *flug* wassern; *übtr* sich herabsenken **4.** herabfallen, herunterrutschen **5.** sich senken, sich verringern || *uv* спуска́ться, -а́юсь, -а́ешься

спустя́ *Präpos mit A* nach (Verlauf von); ~ три го́да nach drei Jahren, drei Jahre später

спу́танный, -ая, -ое **1.** wirr **2.** *übtr* verworren, unklar

спу́тать, -аю, -аешь; -анный, -ан, -а *v* **1.** verwirren, durcheinanderbringen **2.** *umg* irre machen, aus dem Konzept bringen **3.** verwechseln **4.** fesseln, binden ◇ ~ чьи́-н. расчёты j-m einen Strich durch die Rechnung machen || *uv* спу́тывать, -аю, -аешь

спу́таться, -аюсь, -аешься *v* **1.** sich verwirren, sich verflechten **2.** *umg* irre werden, aus dem Konzept kommen, den Faden verlieren **3.** *umg* verwechseln **4.** *volksspr* sich einlassen (с *I* mit) || *uv* спу́тываться, -аюсь, -аешься

спу́тник, -а *m* **1.** Weggenosse, Reisegefährte **2.** Begleiterscheinung **3.** *astr* Satellit, Trabant; Sputnik; связно́й ~ Nachrichtensatellit

спу́тывать(ся) *uv zu* спу́тать(ся)

спья́на *u.* **спья́ну** *Adv umg* betrunken, in der Trunkenheit

спя́тить, спя́чу, спя́тишь *v*: ~ с ума́ *umg* einen Vogel [einen Stich] haben, überschnappen

спя́чка, -и *f* **1.** Schlafsucht, Lethargie **2.** Winterschlaf

ср. (сравни́) vergleiche

сраба́тывать *uv zu* срабо́тать

[1,2]сраба́тываться *uv zu* [1,2]срабо́таться

срабо́тать, -аю, -аешь; -анный, ан, -а *v* **1.** *umg* herstellen, ausführen **2.** funktionieren, gehen *Mechanismus*; ansprechen *Relais* || *uv* сраба́тывать, -аю, -аешь

[1]срабо́таться, *1. u. 2. Pers ungebr*, -ается *v* sich (durch ständige Arbeit) abnutzen, verschleißen || *uv* сраба́тываться, -ается

[2]срабо́таться, -аюсь, -аешься *v* gut zusammenarbeiten, sich (bei der Arbeit) aufeinander einstellen || *uv* сраба́тываться, -аюсь, -аешься

сравне́ние, -я *n* Vergleichen, Vergleich; сте́пени -я *gram* Komparation; в -и [по -ю] с *I* im Vergleich zu, verglichen mit; не идти́ в ~ с ке́м-н. sich nicht vergleichen [messen] können mit (-m

[1]сра́внивать *uv zu* сравни́ть

[2]сра́внивать *uv zu* сравня́ть

[3]сра́внивать *uv zu* сровня́ть

сра́вниваться *uv zu* сровня́ться

сравни́мый, -ая, -ое vergleichbar

сравни́тельно *Adv* **1.** с *I* im Vergleich (zu), verglichen (mit) **2.** relativ, verhältnismäßig

сравни́тельный, -ая, -ое **1.** vergleichend; -ая сте́пень *gram* Komparativ **2.** relativ, verhältnismäßig

сравнить,- ню, -нишь; -нённый, -нён, -нена *v* vergleichen || *uv* сравнивать, -аю, -аешь
сравниться, -нюсь, -нишься *v* с *I* sich messen (mit), sich vergleichen (mit)
сравнять, -яю, -яешь; сравненный, -ен, -а *v* gleichstellen, gleichsetzen, ausgleichen || *uv* сравнивать, -аю, -аешь
сражать(ся) *uv zu* сразить(ся)
сражение, -я *n* Schlacht, Kampf; *umg* Streit
сразить, сражу, сразишь; сражённый, -ён, -ена *v* 1. (tödlich) treffen, niederstrecken, erschlagen; *übtr* bezwingen, besiegen 2. erschüttern, niederschmettern || *uv* сражать, -аю, -аешь
сразиться, сражусь, сразишься *v* 1. den *bewaffneten* Kampf beginnen; *mit der Waffe* kämpfen 2. *umg scherz* spielen, ein Spiel machen; хочешь ~ со мной в шахматы? willst du mit mir eine Partie Schach spielen? || *uv* сражаться, -аюсь, -аешься
сразу *Adv* 1. sofort, gleich, unverzüglich 2. gleichzeitig 3. mit einem Schlag, auf einmal
срам, -а (-у) *m umg* Schande, Schmach
срамить, -млю, -мишь *uv umg* entehren; schmähen; schimpfen
срамиться, -млюсь, -мишься *uv umg* sich blamieren, sich lächerlich machen
срамной, -ая, -ое *volksspr* schamlos
срастаться *uv zu* срастись
с|растись* *v* 1. zusammenwachsen; verwachsen, vernarben 2. с *I übtr* verwachsen (mit), sich gewöhnen (an) || *uv* срастаться, -аюсь, -аешься
срастить, сращу, срастишь; сращённый, -ён, -ена *v* 1. zusammenwachsen lassen 2. fest zusammenfügen 3. eng [untrennbar] verbinden (с *I* mit) || *uv* сращивать, -аю, -аешь
сращение, -я *n* Zusammenwachsen
сращивать *uv zu* срастить
сребреник, -а *m* Silberling *alte Münze*
сребро- *alt in Zuss* Silber-, silbrig-
сребронoсный, -ая, -ое; *Kzf* -сен, -сна silberhaltig
среда, -ы, *A* среду, *Pl* среды, сред, средам *f* 1. Milieu; Umwelt, Umgebung 2. Medium
среда, -ы, *A* среду, *Pl* среды, сред, средам *f* Mittwoch
среди *u.* **средь** *Präpos mit G* 1. inmitten, mitten auf, mitten in 2. unter, zwischen ◇ ~ [средь] бела дня am hellichten Tage
средиземный, -ая, -ое: Средиземное море Mittelmeer, Mittelländisches Meer
средина, -ы *f alt* Mitte
средне *Adv umg* mittelmäßig
средне- *in Zuss* mittel-, zentral-; durchschnittlich
средне|вековый, -ая, -ое mittelalterlich; **~вековье,** -ья *n* Mittelalter; **~годовой,** -ая, -ое Jahresmittel-, Jahresdurchschnitts-
средний, -яя, -ее 1. Mittel-, mittlerer; -ие века Mittelalter; человек -их лет ein Mann mittleren Alters [in mittleren Jahren]; -яя школа Oberschule, Mittelschule (Schule zwischen der Elementarschule und der Hochschule) 2. Mittel-, Durchschnitts- 3. -ее, -его *Subst n* Durchschnitt, Mittel; -ее арифметическое *math* arithmetisches Mittel; в -ем durchschnittlich, im Durchschnitt; выше -его überdurchschnittlich, über dem Durchschnitt; ниже -его unterdurchschnittlich, unter dem Durchschnitt 4. *umg* mittelmäßig, mäßig 5.: ~ род *gram* Neutrum
средостение, -я *n anat* Mittelfell
средоточие, -я *n* Mittelpunkt, Zentrum
средство, -а *n* 1. Mittel; -а производства Produktionsmittel; -а связи Kommunikationsmittel; укрепляющее ~ *med* Kräftigungsmittel, Tonikum 2. *Pl* Geldmittel, Kapital; жить не по -ам *oder* жить выше своих средств über seine Verhältnisse leben
средь ↑ среди
срез, -а *m* 1. Schneiden, Schnitt 2. Schnittstelle 3. *med* Schnittpräparat
с|резать* *v* 1. abschneiden; *übtr umg* kürzen 2. *übtr* tödlich treffen, niederstrecken 3. *volksspr* durchfallen lassen *beim Examen* ◇ ~ мяч *Sport* den Ball schneiden || *uv* **срезать,** -аю, -аешь *u.* **срезывать,** -аю, -аешь
с|резаться* *v* 1. *volksspr* durchfallen *beim Examen* 2. *volksspr* kämpfen, sich schlagen; *scherz* spielen || *uv* **срезаться,** -аюсь, -аешься *u.* **срезываться,** -аюсь, -аешься
срисовать, -сую, -суешь; -сованный,

-сóван, -а *v* abzeichnen, nachzeichnen || *uv* **срисóвывать,** -аю, -аешь
сровня́ть, -я́ю, -я́ешь; срóвненный, -ен, -а *v* ebnen, planieren, gerade machen ◇ ~ с землёй dem Erdboden gleichmachen || *uv* сра́внивать, -аю, -аешь
сровня́ться, -я́юсь, -я́ешься *v* с *I* neben j-n treten, auf gleiche Höhe kommen (mit) || *uv* сра́вниваться, -аюсь, -аешься
сродни́ *Adv D* verwandt; он мне прихóдится ~ er ist mit mir verwandt
сродни́ть, -ню́, -ни́шь; -нённый, -нён, -нена́ *v* verbinden, miteinander vertraut machen
сродни́ться, -ню́сь, -ни́шься *v* 1. miteinander vertraut werden, sich befreunden 2. sich gewöhnen (с *I* an)
срóдный, -ая, -ое; *Kzf* -ден, -дна 1. verwandt, ähnlich 2. *D* (zu) eigen
сродствó, -а *n* 1. *buchspr* Ähnlichkeit, Verwandtschaft 2. *chem* Affinität
срóду *Adv volksspr*: ~ не nie
срок, -а (-у) *m* 1. Frist, Zeitspanne; *umg* Zeit; ~ дéйствия Gültigkeitsdauer; ~ гара́нтии Garantiefrist; -ом на три́дцать дней für dreißig Tage 2. Termin, Zeitpunkt; без -а unbefristet; в ~ rechtzeitig; до -а vorfristig, vorzeitig; к -у rechtzeitig, termingemäß; на ~ befristet, auf bestimmte Zeit ◇ ни óтдыху, ни -у не дава́ть drängen, keine Ruhe lassen
срóчный, -ая, -ое; *Kzf* -чен, -чна́! 1. eilig, dringend; -ые мéры Sofortmaßnahmen 2. Termin-; befristet
сруб, -а *m* 1. Abholzen 2. Holzgerüst, Zimmerwerk; Gebäude aus Balken
сруба́ть *uv zu* сруби́ть
сруби́ть, срублю́, сру́бишь; сру́бленный, -ен, -а *v* 1. abschlagen; fällen, abholzen 2. aus Balken [Holz] bauen || *uv* сруба́ть, -а́ю, -а́ешь *zu* 1
срыв, -а *m* Vereitelung, Hintertreibung; Sprengung *Versammlung*; уда́чи и -ы Erfolge und Mißerfolge
[1]**срыва́ть** *uv zu* сорва́ть
[2]**срыва́ть** *uv zu* срыть
срыва́ться *uv zu* сорва́ться
с|рыть* *v* abtragen, schleifen *eine Festung* || *uv* срыва́ть, -а́ю, -а́ешь
сряди́ться *v zu* [2]ряди́ться
сря́ду *Adv umg* nacheinander
сса́дина, -ы *f* (Haut-) Abschürfung, Schramme
[1]**ссади́ть,** ссажу́, сса́дишь; сса́женный, -ен, -а *v* herunternehmen, beim Heruntersteigen [Aussteigen] behilflich sein; absetzen, zum Aussteigen veranlassen || *uv* сса́живать, -аю, -аешь
[2]**ссади́ть,** ссажу́, сса́дишь; сса́женный, -ен, -а *v* abschürfen, (zer)schrammen || *uv* сса́живать, -аю, -аешь
[1,2]**сса́живать** *uv zu* [1,2]ссади́ть
сседа́ться *uv zu* ссéсться
ссека́ть *uv zu* ссечь
с|сéсться*, *1. u. 2. Pers ungebr, v umg* eingehen, einlaufen *von Stoffen* || *uv* сседа́ться, -а́ется
с|сечь*; ссекла́ *v* abschlagen, abhauen, absäbeln || *uv* ссека́ть, -а́ю, -а́ешь
ссóра, -ы *f* Feindschaft; Streit, Zank; быть в -е с кéм-н. mit j-m verfeindet sein
ссóрить, -рю, -ришь *uv* aufhetzen, entzweien || *v* поссóрить; -ренный, -рен, -а
ссóриться, -рюсь, -ришься *uv* sich verfeinden, sich entzweien; sich zanken || *v* поссóриться
ссóхнуться, -нусь, -нешься; ссóхся, -лась *v* austrocknen; sich verziehen; zusammenschrumpfen || *uv* ссыха́ться, -а́юсь, -а́ешься
СССР (Сою́з Совéтских Социалисти́ческих Респу́блик) UdSSR
ссу́да, -ы *f* Darlehen, Anleihe; брать -у у когó-н. bei j-m eine Anleihe machen
ссуди́ть, ссужу́, ссу́дишь; ссу́женный, -ен, -а *v D oder I* leihen, aushelfen (mit) || *uv* ссужа́ть, -а́ю, -а́ешь
ссу́дный, -ая, -ое Darlehens-, Kredit-
ссужа́ть *uv zu* ссуди́ть
ссуту́литься *v zu* суту́литься
ссу́чивать *uv zu* ссучи́ть
ссучи́ть, ссучу́, ссу́чишь; ссу́ченный, -ен, -а *v* zwirnen || *uv* ссу́чивать, -аю, -аешь
ссыла́ть(ся) *uv zu* сосла́ть(ся)
[1]**ссы́лка,** -и, *Pl G* -лок, *D* -лкам *f* 1. Verbannung, Ausweisung, Deportierung 2. Verbannung, Exil
[2]**ссы́лка,** -и, *Pl G* -лок, *D* -лкам *f* 1. Hinweis, Bezugnahme 2. Anmerkung, Verweis; ~ внизу́ тéкста Fußnote
ссы́льный, -ая, -ое 1. verbannt, ausgewiesen 2. -ого *Subst m* Verbannter, Ausgewiesener
с|сы́пать* *v* 1. (zusammen)schütten, aufschütten 2. speichern *Getreide* || *uv* **ссыпа́ть,** -а́ю, -а́ешь
ссы́пка, -и *f* 1. (Zusammen-) Schüt-

ten; Speichern 2. *volksspr* Speicher *für Getreide*
ссыпно́й, -а́я, -о́е (Getreide-) Speicher-; ~ пункт (Getreide-) Ablieferungsstelle
ссыха́ться *uv zu* ссо́хнуться
стабилиза́тор, -а *m flug* Höhenflosse
стаби́льный, -ая, -ое; *Kzf* -лен, -льна stabil, Stabil-
ста́вень ↑ ста́вни
ста́вить, -влю, -вишь; -вленный, -влен, -а *uv* 1. (hin)stellen, (hin)setzen; ~ отме́тку eine Note [Zensur] geben; ~ пробле́му ein Problem aufwerfen; ~ реко́рд einen Rekord aufstellen; ~ на голосова́ние abstimmen lassen; ~ себе́ це́лью sich zum Ziel setzen, bezwecken 2. *umg* einsetzen, einstellen, ernennen 3. aufführen *im Theater*; veranstalten 4. setzen *beim Spiel*; ~ всё на ка́рту alles auf eine Karte setzen ◇ ~ в вину́ кому́-н. j-n beschuldigen; ~ в изве́стность кого́-н. j-n benachrichtigen, j-n in Kenntnis setzen; ~ в тупи́к кого́-н. j-n in die Enge treiben; ~ в упрёк кому́-н. j-m zum Vorwurf machen [vorwerfen]; ~ на вид кому́-н. j-m einen Tadel aussprechen; высоко́ ~ кого́-н. j-n hochschätzen, j-n verehren; ни в грош [ни во что] не ~ кого́-н. j-n geringschätzen, sich nichts aus j-m machen ‖ *v*[1] поста́вить; поста́вить (маши́ну) на учёт (ein Auto) anmelden, registrieren
[1]**ста́вка,** -и, *Pl G* -вок, *D* -вкам *f* 1. Einsatz *beim Spiel* 2. на *A übtr* Einstellung (auf), Orientierung (auf); сде́лать -у на что́-н. seine Hoffnung auf etw. setzen 3. Satz, Tarif; Gehalt, Lohn; тари́фная ~ Tarifsatz ◇ о́чная ~ *jur* Konfrontation, Gegenüberstellung
[2]**ста́вка,** -и, *Pl G* -вок, *D* -вкам *f mil* Hauptquartier
ста́вленник, -а *m* Protegé, Schützling
ста́вни *Pl* ста́вней *u.* ста́вен, ста́вням, *Sg* ста́вень, -вня *m u.* ста́вня, -и *f* Fensterladen
ста́вня ↑ ста́вни
Ста́врополь, -я *m* Stawropol *Stadt*
стадиа́льный, -ая, -ое *buchspr* stadial, in Stadien verlaufend
стадио́н, -а *m Sport* Stadion; на -е im Stadion
ста́дия, -и *f* Stadium; ~ разви́тия Entwicklungsstufe
ста́дность, -и *f* Herdentrieb, Herdeninstinkt; *übtr* Herdengeist
ста́дный, -ая, -ое Herden-
ста́до, -а, *Pl* стада́, стад, стада́м *n* Herde
стаж, -а, *I* -ем, *G Pl* -ей *m* 1. Dienstalter, Arbeitspraxis; трудово́й ~ Dauer der Berufstätigkeit; парти́йный ~ Dauer der Parteizugehörigkeit 2. Probezeit, Bewährungsfrist
стажёр, -а *m* Praktikant
стажи́ровать, -рую, -руешь *uv* die Probezeit durchmachen, das Praktikum absolvieren [machen]
стажиро́вка, -и *f* 1. Probezeit 2. Praktikum *in der Produktion*
ста́ивать *uv zu* стая́ть
ста́йер, -а *m Sport* Langstreckenläufer
стака́н, -а *m* 1. Glas, Trinkglas 2. *mil* Geschoßkörper
стале- *in Zuss* Stahl-
сталева́р, -а *m* Stahlgießer, Stahlwerker
сталелите́йный, -ая, -ое Stahlguß-; ~ заво́д Stahlgießerei, Stahlwerk
сталелите́йщик, -а *m* Stahlgießer, Stahlwerker
сталепрока́тный, -ая, -ое Stahlwalz-
ста́лкивать(ся) *uv zu* столкну́ть(ся)
сталь, -и *f* Stahl; листова́я ~ Stahlblech
стально́й, -а́я, -о́е 1. Stahl-, aus Stahl 2. *übtr* stählern, ehern 3. stahlblau, stahlgrau
Стамбу́л, -а *m* Istanbul
стаме́ска, -и, *Pl G* -сок, *D* -скам *f* Stemmeisen
[1]**стан,** -а *m* Statur, Gestalt
[2]**стан,** -а *m* Lager
[3]**стан,** -а *m* Maschine, Maschinenanlage; прока́тный ~ Walzstraße, Walzwerk; листопрока́тный ~ Blechwalzwerk
станда́рт, -а *m* 1. Standard, Norm, Maßstab 2. *übtr* Schablone
стандартиза́ция, -и *f* Standardisierung, Normung
стандартизи́ровать, -рую, -руешь; -рованный, -рован, -а *v, uv* standardisieren, normen
стандартизова́ть, -зу́ю, -зу́ешь; -зо́ванный, -зо́ван, -а *v, uv* standardisieren, normen
станда́ртный, -ая, -ое; *Kzf* -тен, -тна 1. Standard-, standardisiert, genormt 2. *übtr* schablonenhaft, schematisch
стани́на, -ы *f* Rahmen [Ständer] von Werkbänken [Maschinen]
станио́ль, -я *m* Stanniol
Станисла́в, -а *m* Stanislaus

стани́ца, -ы, *I* -ей *f* Staniza, Kosakensiedlung
станко- *in Zuss* Werkzeugmaschinen-, Werkbank-
станко́вый, -ая, -ое **1.** Werkzeugmaschinen- **2.**: ~ пулемёт *mil* schweres Maschinengewehr
станкостроительный, -ая, -ое: ~ заво́д Werkzeugmaschinenfabrik
[1,2]**станови́ться** *uv zu* [1,2]стать
становле́ние, -я *n buchspr* Werden, (Heraus-) Bildung, Entstehung
[1]**стано́к,** -нка́ *m* **1.** Werkzeugmaschine, Werkbank; печа́тный ~ Druckpresse; тка́цкий ~ Webstuhl; фре́зерный ~ Fräsmaschine **2.** Gestell, Gerüst; Lafette **3.** *landw* Box, Stand
[2]**стано́к,** -нка́ *m* **1.** *alt* Poststation **2.** kleine Ansiedlung *in Sibirien*
ста́ну ↑ стать
станцева́ть *v zu* танцева́ть
станцио́нный, -ая, -ое Stations-; Bahnhofs-; ~ зал Wartesaal; ~ смотри́тель *alt* Bahnhofsvorsteher; Postmeister
ста́нция, -и *f* **1.** Station, Bahnhof **2.** Station, Amt; метеорологи́ческая ~ Wetterwarte; телефо́нная ~ (Telefon-) Zentrale; электри́ческая ~ Elektrizitätswerk, Kraftwerk; передвижна́я телевизио́нная ~ Fernsehübertragungswagen; косми́ческая ~ Weltraumstation; водопрово́дная ~ Wasserwerk; гидроаккумули́рующая ~ *el* Pumpspeicherwerk; междугоро́дная ~ Fernamt *Telefon*; радиолокацио́нная ~ Radarstation
ста́пель, -я, *Pl* ста́пели, -ей, -ям *u.* стапеля́, -е́й, -я́м *m naut* Stapel; спуск со -я Stapellauf
ста́пливать *uv zu* [2]стопи́ть
ста́птывать(ся) *uv zu* стопта́ть(ся)
стара́ние, -я *n* **1.** Eifer, Bemühung, Anstrengung; приложи́ть все -я sich nach Kräften bemühen **2.** Goldsuche
стара́тель, -я *m* Goldsucher
стара́тельный, -ая, -ое eifrig, fleißig, sorgfältig
стара́ться, -а́юсь, -а́ешься *uv* sich bemühen, bestrebt sein; ~ изо всех сил alle Kraft daransetzen, sein Bestes tun ‖ *v* постара́ться
старе́йший ↑ ста́рый
старе́йшина, -ы *m hist* Ältester, Senior
старе́ть, -е́ю, -е́ешь *uv* **1.** alt [älter] werden, altern **2.** veralten
ста́рец, -рца, *I* -рцем, *G Pl* -рцев *m* **1.** *buchspr* Greis **2.** *rel* alter Mönch; Einsiedler
стари́к, -а́ *m* Alter, alter Mann, Greis; *Pl* alte Leute
старина́, -ы́ **1.** *f* alte Zeit(en) **2.** *f* Antiquität **3.** *m umg* Alter, Alterchen *meist als Anrede* ◇ тряхну́ть -о́й *umg* wieder jung werden, es wie früher machen
стари́нка, -и *f umg* alte Zeit ◇ по -е nach alter Weise
стари́нный, -ая, -ое alt; altertümlich
ста́рить, -рю, -ришь *uv* alt [älter] machen
ста́риться, -рюсь, -ришься *uv* alt [älter] werden, altern
старо- *in Zuss* alt-
старо|ве́р, -а *m hist* Altgläubiger; *übtr* altmodischer Mensch; **~да́вний,** -яя, -ее **1.** längst vergangen **2.** uralt; **~жи́л,** -а *m* Alteingesessener; **~заве́тный,** -ая, -ое; *Kzf* -тен, -тна altmodisch, rückständig; **~мо́дный,** -ая, -ое; *Kzf* -ден, -дна altmodisch; veraltet, rückständig; **~обра́зный,** -ая, -ое; *Kzf* -зен, -зна alt aussehend; **~обря́дец,** -дца, *I* -дцем, *G Pl* -дцев *m hist* Altgläubiger; **~ре́чье,** -ья, *Pl G* -чий, *D* -чьям *n* altes Flußbett; Altwasser; **~све́тский,** -ая, -ое *alt, buchspr* altmodisch, altväterisch; **~славя́нский,** -ая, -ое *ling* altslawisch
ста́роста, -ы *m* Ältester; се́льский ~ *hist* Dorfältester, Gemeindevorsteher; ~ кла́сса Klassenältester, Vertrauensmann
ста́рость, -и *f* (hohes) Alter; в глубо́кой -и hochbetagt; на -и лет auf die alten Tage
старт, -а *m Sport* Start; Startplatz; дать ~ das Startzeichen geben; на ~! auf die Plätze!
ста́ртер *u. umg* **стартёр,** -а *m* **1.** *Sport* Starter **2.** *tech* Starter, Anlasser
стартова́ть, -ту́ю, -ту́ешь *v, uv* starten
ста́ртовый, -ая, -ое Start-; -ая ту́мбочка *Sport* Startblock
стару́ха, -и *f* alte Frau, Greisin
стару́шка, -и, *Pl G* -шек, *D* -шкам *f* altes Mütterchen; alte Frau
ста́рческий, -ая, -ое Alters-, altersschwach
ста́рше ↑ ста́рый
старшекла́ссник, -а *m* Schüler einer der oberen Klassen
ста́рший, -ая, -ее **1.** *Komp u. Sup von* ста́рый **2.** Ober-; ~ врач Oberarzt; -ие кла́ссы obere Klassen, Oberstufe; ~ рабо́чий Vorarbeiter **3.** **-ий,**

-его *Subst m* Vorgesetzter **4. -ие, -их** *Subst Pl* Erwachsene

старшинá, -ы́, *Pl* старши́ны, -и́н, -и́нам *m* **1.** Hauptfeldwebel **2.** *hist* Obmann, Vorsteher ◇ войсковóй ~ *hist* Offiziersrang bei den Kosaken *entspricht dem Oberstleutnant*

старшинствó, -á *n* Alter; Rangordnung; Dienstalter

стáрый, -ая, -ое; *Kzf* стар, -á, стáрó, стáры́; *Komp* стáрший, стáрше; *Sup* стáрший, старéйший alt; langjährig; veraltet ◇ по-стáрому wie früher, wie eh und je

старьё, -ья́ *n Koll umg* alte Sachen, Plunder

старьёвщик, -а *m* Altwarenhändler

стáскивать *uv zu* стащи́ть

стасовáть, -сýю, -сýешь; -сóванный, -сóван, -а *v* mischen *Spielkarten*

стáтика, -и *f phys* Statik; *übtr* Unbeweglichkeit, Ruhe

стати́ст, -а *m theat* Statist

стати́стик, -а *m* Statistiker, Bearbeiter von Statistiken

стати́стика, -и *f* Statistik

статисти́ческий, -ая, -ое statistisch; -ие дáнные statistische Angaben, statistisches Material

стати́стка, -и, *Pl G* -ток, *D* -ткам *f theat* Statistin

стати́ческий, -ая, -ое statisch

стáтный, -ая, -ое; *Kzf* -тен, -тнá! stattlich, wohlproportioniert

стáтский, -ая, -ое *alt* zivil, Zivil-; ~ совéтник *hist* Staatsrat *Rang im zaristischen Rußland*

статс-секретáрь, -я́ *m* Staatssekretär

статýт, -а *m* Statut

статуэ́тка, -и, *Pl G* -ток, *D* -ткам *f* Statuette

стáтуя, -и *f* Statue, Standbild

[1]**стать*** *v* **1.** sich stellen, treten; ~ в пóзу sich in Positur werfen; ~ за прáвду *übtr* für die Wahrheit eintreten; ~ на чью-н. стóрону j-s Partei ergreifen; ~ на учёт sich anmelden; ~ на я́корь *naut* vor Anker gehen; ~ у влáсти an die Macht gelangen **2.** stehenbleiben, (an)halten; рекá стáла der Fluß ist zugefroren **3.** *volksspr* kosten, zu stehen kommen ◇ во что бы то ни стáло um jeden Preis, koste es, was es wolle; за мной дéло не стáнет an mir soll es nicht liegen; за чем дéло стáло? woran fehlt es? ‖ *uv* станови́ться, -овлю́сь, -óвишься *zu* 1

[2]**стать*** *v* **1.** werden; он стал учи́телем er wurde Lehrer; стáло теплó es wurde warm; не стáну есть ich werde nicht essen **2.** anfangen, beginnen; он не стал дéлать э́то er unterließ es, dies zu tun; он не стал игрáть в кáрты er ließ das Kartenspiel sein **3.**: егó не стáло er ist gestorben [verschieden] ◇ стáло быть also, folglich; с негó стáнет *volksspr* von ihm ist alles zu erwarten, bei ihm muß man mit allem rechnen ‖ *uv* станови́ться, -овлю́сь, -óвишься *zu* 1

[3]**стать,** -и, *Pl* стáти, статéй, стати́м *f* Körperbau, Gestalt; Haltung *des Körpers* ◇ под ~ ähnlich; entsprechend; с какóй -и? weshalb?

стáться*, *meist unpers, v umg* geschehen; мóжет ~ es kann sein, es ist möglich; с негó стáнется von ihm ist alles zu erwarten, bei ihm muß man mit allem rechnen

статья́, -ьи́, *Pl G* статéй, *D* статья́м *f* **1.** Artikel, Aufsatz **2.** *jur* Paragraph **3.** *wirtsch* Posten ◇ э́то осóбь ~ das ist ein Kapitel für sich

стахáновец, -вца, *I* -вцем, *G Pl* -вцев *m* Stachanowarbeiter *in den 30er und 40er Jahren Bezeichnung für einen Aktivisten in der UdSSR*

стационáр, -а *m* stationäre [ortsfeste] Einrichtung; (больни́ца-)~ Krankenhaus; библиотéка-~ ständige Bibliothek

стационáрный, -ая, -ое **1.** stationär, ortsfest; beständig, unveränderlich **2.** Krankenhaus-

стачáть, -áю, -áешь; стáчанный, -ан, -а *v* zusammensteppen; *umg* zusammennähen ‖ *uv* стáчивать, -аю, -аешь

стáчечник, -а *m* Streikender

стáчечный, -ая, -ое Streik-

[1]**стáчивать** *uv zu* стачáть

[2]**стáчивать** *uv zu* сточи́ть

стáчка, -и, *Pl G* -чек, *D* -чкам *f* **1.** Streik, Ausstand; всеóбщая ~ Generalstreik **2.** *volksspr* Abmachung, Komplott; быть в -е с кéм-н. mit j-m unter einer Decke stecken

стащи́ть, стащý, стáщишь; стáщенный, -ен, -а *v* **1.** herunterziehen; abziehen; wegziehen **2.** zusammenschleppen **3.** *umg* klauen, stibitzen ‖ *uv* стáскивать, -аю, -аешь

стáя, -и *f* Schwarm *Vögel, Fische*; ~ волкóв ein Rudel Wölfe; ~ собáк eine Meute Hunde

стáять, *1. u. 2. Pers ungebr*, стáет *v* abtauen, wegtauen ‖ *uv* стáивать, -ает

ствол, -а *m* 1. Stamm, Baumstamm 2. *mil* Lauf, Rohr *eines Gewehrs oder Geschützes* 3. *arch* Rumpf, Schaft *einer Säule* 4. *anat* Strang, Ast, Stamm 5. *berg* senkrechter Teil eines Schachtes; подъёмный [выдачной] ~ Förderschacht, вентиляционный ~ Wetterschacht
створа́живаться *uv zu* створо́житься
ство́рка, -и, *Pl G* -рок, *D* -ркам *f* Türflügel, Fensterflügel; Klappe
створо́житься, *1. u. 2. Pers ungebr*, -ится *v* verkäsen; gerinnen ‖ *uv* створа́живаться, -ается
ство́рчатый, -ая, -ое; *Kzf* -ат, -а Flügel-; aufklappbar
стеари́н, -а *m* Stearin
стеари́новый, -ая, -ое Stearin-
сте́бель, -бля, *Pl* сте́бли, стебле́й, стебля́м *m* Stengel, Halm, Stiel
стебе́льчатый, -ая, -ое; *Kzf* -ат, -а: ~ шов Stielstich
стёганка, -и, *Pl G* -нок, *D* -нкам *f umg* Wattejacke
стёганый, -ая, -ое gesteppt, Stepp-
[1]**стега́ть,** -а́ю, -а́ешь; стёганный, -ан, -а *uv* steppen *wattierte Stoffe*
[2]**стега́ть,** -а́ю, -а́ешь; стёганный, -ан, -а *uv* peitschen ‖ *v mom* **стегну́ть,** -ну́, -нёшь; стёгнутый, -ут, -а
стёжка, -и *f* 1. Steppen 2. Steppnaht
стежо́к, -жка́ *m* Steppstich
стезя́, -и́ *f buchspr, hoher Stil* Weg, Pfad
стека́ть(ся) *uv zu* сте́чь(ся)
стекло́, -а́, *Pl* стёкла, стёкол, стёклам *n* 1. Glas; безопа́сное ~ Sicherheitsglas; арми́рованное ~ Drahtglas; свинцо́вое ~ Bleiglas; листово́е ~ Flachglas 2. Glasscheibe; око́нное ~ Fensterscheibe; ветрово́е ~ Windschutzscheibe; зажига́тельное ~ Brennglas; увеличи́тельное ~ Vergrößerungsglas, Lupe 3. *Koll* Glaswaren, Glaserzeugnisse
стекло- *in Zuss* Glas-
стекло|бло́к, -а *m* (стекля́нный блок) Glasbaustein, Glasziegel; **~ви́дный,** -ая, -ое glasartig, gläsern; glasig; **~волокно́,** -а *n* (стекля́нное волокно́) Glasfaser, Glasfaden
стекло́граф, -а *m* Glasplattenvervielfältigungsapparat
стекло|ду́в, -а *m* Glasbläser; **~ду́вный,** -ая, -ое Glasbläser-; ~ду́вный заво́д Glasbläserei; **~очисти́тель,** -я *m* Scheibenwischer *Auto*; **~пла́стик,** -а *m* glasfaserverstärkter Plast; **~ре́з,** -а *m* Glasschneider
стекля́нный, -ая, -ое 1. Glas-, gläsern 2. (glas)klar; glänzend 3. *übtr* glasig, starr
стекля́рус, -а *m Koll* Glasperlen
стекля́шка, -и, *Pl G* -шек, *D* -шкам *f umg* Glasstück, Glasverzierung
стеко́льный, -ая, -ое Glas-; ~ заво́д Glashütte
стеко́льщик, -а *m* Glaser; *umg* Arbeiter in der Glasindustrie
стели́ть, стелю́, сте́лешь *uv volksspr* ausbreiten; legen, decken; ~ посте́ль das Bett herrichten [machen]
стелла́ж, -а́, *I* -о́м, *G Pl* -е́й *m* Gestell, Regal
сте́лька, -и, *Pl G* -лек, *D* -лькам *f* Einlegesohle; Brandsohle ◇ как ~ [в -у] пьян *volksspr* sinnlos besoffen
сте́льная; *Kzf* сте́льна: ~ коро́ва trächtige Kuh
стелю́ ↑ стлать
стемне́ть, -е́ет *unpers v* dunkel werden; уже́ стемне́ло es ist schon dunkel [Nacht] geworden
стена́, -ы́, *A* сте́ну, *Pl* сте́ны, стен, стена́м *f* Wand, Mauer ◇ ~ в -у *oder* ~ об -у Wand an Wand; встать -о́й sich wie ein Mann erheben; как за ка́менной -о́й unter zuverlässigem Schutz; как на ка́менную -у положи́ться sich felsenfest verlassen auf etw.
стена́ть, -а́ю, -а́ешь; стеня́щий *u.* стена́ющий; стена́я *u.* стеня́ *uv buchspr* stöhnen
стенгазе́та, -ы *f* (стенна́я газе́та) Wandzeitung
стенд [тэ], -а *m* 1. (Ausstellungs-, Messe-) Stand 2. *tech* Prüfstand; Versuchsraum
сте́нка, -и, *Pl G* -нок, *D* -нкам *f Dem zu* стена́ kleine [niedrige] Wand; Seitenwand; Wand(ung)
стенно́й, -а́я, -о́е Wand-
стено|гра́мма, -ы *f* Stenogramm; **~графи́ровать,** -рую, -руешь; -рованный, -рован, -а *uv u. alt v* stenographieren; **~графи́ст,** -а *m* Stenograph; **~графи́стка,** -и, *Pl G* -ток, *D* -ткам *f* Stenographin; **~графи́ческий,** -ая, -ое stenographisch, Stenographie-, Kurzschrift-; **~гра́фия,** -и *f* Stenographie, Kurzschrift
сте́нопись, -и *f* Wandmalerei
Сте́пька, -и *m Dem zu* Степа́н
Степа́н, -а *m* Stephan
степе́нный, -ая, -ое; *Kzf* -пе́нен, -пе́нна würdevoll, gravitätisch; besonnen
сте́пень, -и, *Pl* сте́пени, степене́й, степеня́м *f* 1. Stufe, Grad, Maß; до

после́дней -и in höchstem Grade, aufs äußerste, äußerst 2. *math* Potenz; ко́рень четвёртой -и vierte Wurzel; возвы́сить в ~ potenzieren 3. (akademischer) Grad, Titel, Rang 4.: -и сравне́ния *gram* Komparation; положи́тельная ~ Positiv; сравни́тельная ~ Komparativ; превосхо́дная ~ Superlativ

Стёпа, -ы *u.* **Стёпка,** -и *m Dem zu* Степа́н

степно́й, -а́я, -о́е Steppen-

степь, -и, *P* о сте́пи, в степи́, *Pl* сте́пи, степе́й, степя́м *f* Steppe

стервене́ть, -е́ю, -е́ешь *uv umg* toben, in Wut geraten

стервя́тник, -а *m zool* Aasgeier

стерегу́ ↑ стере́чь

стерео|зву́к, -а *m* Raumton; **~кино́** *idkl n* Raumbildkino; **~ме́трия,** -и *f* Stereometrie; **~ско́п,** -а *m* Stereoskop; **~скопи́ческий,** -ая, -ое stereoskopisch, Raumbild-; **~сни́мок,** -мка *m phot* Raumbildphoto; **~ти́пия,** -и *f typ, med* Stereotypie; **~труба́,** -ы́, стереотру́бы, -у́б, -у́бам *f* Scherenfernrohr

с|тере́ть*, сотру́; стере́в *u.* стёрши *v* 1. abwischen, abreiben, wegwischen; *übtr* verwischen, auslöschen; ~ с доски́ die Tafel abwischen; ~ за́пись *rad* eine Aufnahme löschen; ~ рези́н(к)ой ausradieren 2. zerreiben; ~ в порошо́к pulverisieren 3. wundreiben, aufreiben ◇ ~ с лица́ земли́ vernichten, ausrotten ‖ *uv* стира́ть, -а́ю, -а́ешь

с|тере́ться*, *1. u. 2. Pers ungebr,* сотрётся *v* 1. sich verwischen, unscharf werden; ~ в па́мяти aus dem Gedächtnis schwinden 2. abgegriffen werden ‖ *uv* стира́ться, -а́ется

стере́чь* *uv* 1. bewachen, behüten, aufpassen 2. belauern, auflauern

стере́чься*, *Adv Ptz ungebr, uv G volksspr* sich hüten (vor)

стерженщи́к, -а́ *m tech* Kernmacher

сте́ржень, -жня *m* 1. Stange, Stab, Schaft, Stiel 2. Kern; *übtr* Kernstück 3. *med* Eiterstock

стержнево́й, -а́я, -о́е 1. Stangen-, mit Stangen (versehen) 2. Kern-, Mittel-; *übtr* Haupt-

стерилиза́ция, -и *f* Sterilisierung

стерилизова́ть, -зу́ю, -зу́ешь; -зо́ванный, -зо́ван, -а *v, uv* sterilisieren

стери́льный, -ая, -ое; *Kzf* -лен, -льна 1. steril, keimfrei 2. steril, unfruchtbar

сте́рлинг, -а *m*: фунт -ов Pfund Sterling

сте́рлядь, -и, *Pl* сте́рляди, стерляде́й, стерлядя́м *f zool* Sterlet

стернь, -и *u.* **стерня́,** -и́ *f* Stoppelfeld; *Koll* Stoppeln

стерпе́ть, стерплю́, сте́рпишь *v* 1. ertragen, erdulden 2. sich beherrschen, an sich halten

стерпе́ться, *1. u. 2. Pers ungebr,* сте́рпится *v* с *I* sich abfinden (mit), sich gewöhnen (an); сте́рпится — слю́бится *etwa* man gewöhnt sich an alles

стёртый, -ая, -ое verwischt, verschwommen; abgenützt

с|теса́ть* *v* abschlagen, abhauen ‖ *uv* стёсывать, -аю, -аешь

стесне́ние, -я *n* 1. Beengung, Beschränkung; Bedrückung, Beklemmung 2. Befangenheit, Schüchternheit; без -я ungezwungen, ungeniert

стеснённый, -ая, -ое beengt, eingeschränkt; erschwert

стесни́тельный, -ая, -ое; *Kzf* -лен, -льна 1. beengend, unbequem 2. verlegen, schüchtern

стесни́ть, -ню́, -ни́шь; -нённый, -нён, -нена́ *v* 1. einengen, beengen, beschränken; *übtr* bedrängen 2. lästig werden, zur Last fallen 3. verwirren, in Verlegenheit bringen ‖ *uv* стесня́ть, -я́ю, -я́ешь

стесни́ться, -ню́сь, -ни́шься *v* 1. sich drängen 2. *umg* sich einschränken 3. schwer werden; у меня́ стесни́лось дыха́ние der Atem wurde mir schwer ‖ *uv* стесня́ться, -я́юсь, -я́ешься

стесня́ть *uv zu* стесни́ть

стесня́ться, -я́юсь, -я́ешься *uv* 1. *uv zu* стесни́ться 2. verlegen sein, schüchtern sein, sich genieren; не ~ sich keinen Zwang antun

стёсывать *uv zu* стеса́ть

стетоско́п, -а *m med* Stethoskop, Hörrohr

стече́ние, -я *n* 1. Zusammenfluß 2. Stauung, Ansammlung; ~ наро́да Menschenandrang 3. Zusammenfall, Zusammentreffen

с|течь*, *1. u. 2. Pers ungebr, v* abfließen, ausfließen, aussickern ‖ *uv* стека́ть, -а́ет

с|те́чься*, *1. u. 2. Pers ungebr, v* 1. zusammenfließen 2. *übtr* zusammenkommen, zusammenströmen ‖ *uv* стека́ться, -а́ется

стилиза́ция, -и *f* Stilisierung

стилизова́ть, -зу́ю, -зу́ешь; -зо́ванный, -зо́ван, -а *v*, *uv* stilisieren; ~ себя́ под кого́-н. j-n nachahmen

стили́стика, -и *f* Stilistik

[1]стиль, -я *m* Stil, Manier

[2]стиль, -я *m* Stil, Zeitrechnung; по ста́рому -ю nach dem alten Stil, nach dem Julianischen Kalender; по но́вому -ю nach dem neuen Stil, nach dem Gregorianischen Kalender

сти́льный, -ая, -ое; *Kzf* -лен, -льна 1. Stil-, stilvoll 2. übertrieben modern

стиля́га, -и *m u. f umg* Halbstarker; Geck

сти́мул, -а *m* Stimulus, Anreiz, Ansporn

стимули́рование, -я *n* Anreiz, Ansporn; материа́льное ~ materieller Anreiz

стимули́ровать, -рую, -руешь; -рованный, -рован, -а *v*, *uv* stimulieren, anspornen, einen Anreiz geben; fördern

стипендиа́т, -а *m* Stipendiat, Stipendienempfänger

стипе́ндия, -и *f* Stipendium

стипль-чёз, -а *m Sport* Hindernisrennen

стира́льный, -ая, -ое Wasch-; -ая маши́на Waschmaschine

сти́раный, -ая, -ое *umg* 1. gewaschen *Wäsche* 2. nicht mehr neu *Wäsche*

[1]стира́ть *uv zu* стере́ть

[2]стира́ть, -а́ю, -а́ешь; сти́ранный, -ан, -а *uv* waschen

[1]стира́ться *uv zu* стере́ться

[2]стира́ться, *1. u. 2. Pers ungebr*, -а́ется *uv* 1. gewaschen werden 2. *umg* sich herauswaschen lassen

сти́рка, -и *f* Wäsche, Waschen

сти́скивать *uv zu* сти́снуть

сти́снуть, -ну, -нешь; -нутый, -нут, -а *v* zusammendrücken; pressen; einzwängen; ~ в объя́тиях stürmisch umarmen, an sich pressen; ~ зу́бы die Zähne zusammenbeißen || *uv* сти́скивать, -аю, -аешь

стих, -а́ *m* 1. Vers; бе́лый ~ *metr* Blankvers 2. *Pl* Gedicht

стиха́ть *uv zu* сти́хнуть

стихи́йность, -и *f* Spontaneität

стихи́йный, -ая, -ое; *Kzf* -хи́ен, -хи́йна 1. elementar; -ое бе́дствие Naturkatastrophe 2. spontan

стихи́я, -и *f* Element, Naturkraft

сти́хнуть, -ну, -нешь; стих, -ла; сти́х(нув)ший *v* 1. still werden, verstummen 2. schwächer werden, aufhören *von Naturerscheinungen, Schmerzen*; ве́тер стих der Wind legte sich; дождь стих der Regen ließ nach || *uv* стиха́ть, -а́ю, -а́ешь

стихоплёт, -а *m umg* Reimschmied

стихосложе́ние, -я *n* 1. Dichten 2. *lit* Versbau

стихотворе́ние, -я *n* Gedicht

стихотво́рный, -ая, -ое Vers-, Gedicht-, in Versen geschrieben; -ая речь gebundene Rede

стлать* *uv* ausbreiten; legen, decken; ~ посте́ль das Bett herrichten (machen)

стла́ться* *uv* 1. sich ausbreiten, sich ausdehnen; дым сте́лется der Rauch geht nieder 2.: ~ на ночь *volksspr* sich das Bett herrichten

сто, *G, D, I, P* ста, *A* сто *Num* hundert ◇ на (все) ~ проце́нтов hundertprozentig; на все ~ *volksspr* ausgezeichnet

СТО (Сове́т труда́ и оборо́ны) *hist* Rat für Arbeit und Landesverteidigung *1920–1937*

сто- *in Zuss* hundert-

стог, -а, *P* о сто́ге, в стогу́, *Pl* стога́, стого́в, стога́м *m* Schober

сто́ик, -а *m phil* Stoiker

сто́имость, -и *f* Wert; Kosten; приба́вочная ~ Mehrwert; зако́н -и Wertgesetz; ~ жи́зни Lebensunterhaltskosten; ~ постро́йки Baukosten

сто́ить, сто́ю, сто́ишь *uv* 1. kosten; э́то сто́ило мне большо́го труда́ das hat mich viel Mühe gekostet 2. *unpers* wert sein, sich lohnen; он сто́ит семеры́х *umg* er ist sieben Mann wert; э́то не сто́ит труда́ das ist nicht der Mühe wert; не сто́ит (благода́рности)! keine Ursache (zu danken)! 3. *unpers mit Inf, meist mit* то́лько, лишь sowie, kaum (daß); сто́ит то́лько сказа́ть одно́ сло́во, (как) он уже́ противоре́чит man braucht nur ein Wort zu sagen, so widerspricht er schon ◇ игра́ не сто́ит свеч *oder* де́ло вы́еденного яйца́ не сто́ит das ist keinen roten Heller [Pfifferling] wert

стои́ческий, -ая, -ое *phil, übtr* stoisch

[1]сто́йка, -и, *Pl G* сто́ек, *D* сто́йкам *f Sport* Handstand; Kopfstand

[2]сто́йка, -и, *Pl G* сто́ек, *D* сто́йкам *f* 1. Ständer; Stütze 2. Schanktisch; (буфе́тная) ~ Theke 3. Stehbündchen *an Kleidungsstücken*; воротни́к-~ Stehkragen

сто́йкий, -ая, -ое; *Kzf* сто́ек, стойка́!; *Komp umg* сто́йче 1. *phys, chem* stabil, beständig 2. *übtr* standhaft, fest; widerstandsfähig

стóйло, -а *n landw* Stand, Box, Verschlag *im Stall*; Stall

стóйловый, -ая, -ое: -ое содержáние *landw* Stallhaltung

стоймя́ *Adv* aufrecht, stehend

стóйче ↑ стóйкий

сток, -а *m* 1. Abfließen 2. Abfluß, Ablauf

Стокгóльм, -а *m* Stockholm

стокрáтный, -ая, -ое *buchspr* hundertfach, hundertfältig

[1]**стол,** -á *m* 1. Tisch; пи́сьменный ~ Schreibtisch; за -óм am Tisch; bei Tisch [beim Essen]; накры́ть (на) ~ den Tisch decken; подáть на ~ (Essen) auftragen, auftischen; убрáть со -á den Tisch abräumen 2. Kost, Küche; кóмната со -óм ein Zimmer mit Verpflegung; Kost und Logis; молóчный ~ Milchdiät 3. Abteilung, Büro; ли́чный ~ Personalabteilung

[2]**стол,** -á *m hist* Thron

столб, -á *m* Säule, Pfosten, Pfahl; километрóвый ~ Kilometerstein; телегрáфный ~ Telegrafenstange; позвонóчный ~ *anat* Wirbelsäule, Rückgrat; позóрный ~ *hist* Schandpfahl, Pranger; пыль -óм Staubwolke

столбенéть, -éю, -éешь *uv umg* erstarren

столбéц, -бцá, *I* -бцóм, *G Pl* -бцóв *m typ* Spalte, Kolonne

столбня́к, -á *m* 1. *med* Starrkrampf, Tetanus 2. *umg* Erstarrung

столбовóй, -áя, -óе Säulen-, Pfosten-; -áя дорóга a) *alt* Poststraße, Hauptstraße; b) *übtr* Hauptrichtung, Generallinie ◇ ~ дворяни́н Adliger aus altem Geschlecht

столéтие, -я *n* 1. Jahrhundert 2. hundertster Jahrestag, Hundertjahrfeier; ~ со дня смéрти hundertster Todestag

столéтний, -яя, -ее hundertjährig

стóлик, -а *m* 1. *Dem zu* стол kleiner Tisch 2. *umg* Tisch *im Restaurant*

столи́ца, -ы, *I* -ей *f* Hauptstadt

столи́чный, -ая, -ое Hauptstadt-; großstädtisch

столкновéние, -я *n* 1. Zusammenstoß, Aufeinanderprallen 2. *übtr* Konflikt; Streit; Kampf

столкнýть, -нý, -нёшь; стóлкнутый, -ут, -а *v* 1. hinunterstoßen, abstoßen, wegstoßen 2. zusammenstoßen (lassen) 3. с *I übtr* zusammenführen (mit), in Berührung bringen (mit) || *uv* стáлкивать, -аю, -аешь

столкнýться, -нýсь, -нёшься *v* 1. zusammenstoßen, aufeinanderprallen; *übtr* in Konflikt geraten 2. с *I* (unerwartet) treffen; *übtr* in Berührung kommen (mit), stoßen (auf) || *uv* стáлкиваться, -аюсь, -аешься

столковáться, -кýюсь, -кýешься *v umg* sich verständigen, zu einem Einverständnis kommen || *uv* **столкóвываться,** -аюсь, -аешься

столовáться, -лýюсь, -лýешься *uv* in Verpflegung [Kost] sein

столóвая, -ой *Subst f* 1. Eßzimmer, Speisezimmer; ~-гости́ная Wohnzimmer 2. Speisesaal, Kantine; Speisegaststätte; студéнческая ~ Mensa

столóвка, -и, *Pl G* -вок, *D* -вкам *f volksspr abschätzig* Speisegaststätte, Speisesaal, Kantine

столóвый, -ая, -ое Tisch-, Tafel-, Eß-; -ые гóры *geol* Tafelberge

столоначáльник, -а *m alt* Bürovorsteher

с|толóчь* *v umg* zerstoßen, zerkleinern

столп, -á *m alt* Säule, Pfosten ◇ -ы óбщества [наýки] *alt, jetzt meist iron* Stützen der Gesellschaft [Wissenschaft]

столпи́ться, *1. u. 2. Pers ungebr,* -и́тся *v* sich ansammeln, sich zusammendrängen

столпотворéние, -я *n umg* Durcheinander, Wirrwarr

столь *Adv buchspr* so (sehr)

стóлько 1. *Adv* so viel; ebensoviel; ~ дéнег! so viel Geld!; ещё ~ же noch einmal soviel; я знáю ~, скóлько и ты ich weiß ebensoviel wie du; он изнурён не ~ рабóтой, скóлько болéзнями er ist nicht so sehr von der Arbeit als durch Krankheit erschöpft 2. *G Pl* стóльких *Pron* so viele; среди́ стóльких знакóмых unter so vielen Bekannten

стóльный, -ая, -ое: ~ гóрод [град] *alt* Hauptstadt

столя́р, -á *m* Tischler

столя́рничать, -аю, -аешь *uv* tischlern, das Tischlerhandwerk betreiben

столя́рный, -ая, -ое 1. Tischler-, Tischlerei- 2. -ая, -ой *Subst f* Tischlerei

стон, -а *m* Stöhnen, Gestöhn, Ächzen

стонáть* *uv* stöhnen, ächzen

стонý ↑ стонáть

стоп! stopp!, halt!

[1]**стопá,** -ы́ *f* Fuß, Fußsohle; косолáпая ~ Klumpfuß ◇ идти́ по чьим-н. -áм in j-s Fußtapfen treten, j-s Bei-

spiel folgen; напра́вить -ы́ *hoher Stil, scherz* die Schritte lenken

²стопа́, -ы́, *Pl* сто́пы, стоп, сто́пам *f lit* Versfuß

³стопа́, -ы́, *Pl* сто́пы, стоп, сто́пам *f* **1.** Stapel, Stoß **2.** Ries *Papiermaß*

¹стопи́ть, стоплю́, сто́пишь; сто́пленный, -ен, -а *v volksspr* heizen

²стопи́ть, стоплю́, сто́пишь; сто́пленный, -ен, -а *v* **1.** zusammenschmelzen **2.** *volksspr* auslassen, zerlassen || *uv* ста́пливать, -аю, -аешь

сто́пка, -и, *Pl G* -пок, *D* -пкам *f* **1.** *Dem zu* ³стопа́ (kleiner) Stoß **2.** kleines Weinglas

стоп-кра́н, -а *m* Notbremse

сто́порить, -рю, -ришь *uv* stoppen, bremsen; *übtr umg* verzögern, hemmen

сто́пориться, *1. u. 2. Pers ungebr,* -ится *uv* stoppen, stehenbleiben; *übtr umg* ins Stocken geraten

стопроце́нтный, -ая, -ое hundertprozentig

стоп-сигна́л, -а *m* Brems-, Stopplicht

с|топта́ть* *v* **1.** schieftreten, abtragen *von Schuhen* **2.** *umg* zertreten, niedertreten || *uv* ста́птывать, -аю, -аешь

с|топта́ться*, *1. u. 2. Pers ungebr, v* schiefgetreten werden *Schuhe* || *uv* ста́птываться, -ается

сторгова́ться, -гу́юсь, -гу́ешься *v* handelseinig werden, sich einigen; *umg* sich (etw.) ausmachen, aushandeln, vereinbaren

сторицею *Adv*: дать [возда́ть] ~ *alt u. buchspr* hundertfältig vergelten

сто́рож, -а, *I* -ем, *Pl* сторожа́, стороже́й, сторожа́м *m* Wächter, Wärter

сторожево́й, -а́я, -о́е Wächter-, Wärter-, Wacht-; -о́е охране́ние *mil* Vorposten

сторожи́ть, -жу́, -жи́шь *uv* **1.** bewachen **2.** auflauern, beobachten

сторо́жка, -и, *Pl G* -жек, *D* -жкам *f* Wärterhäuschen, Bahnwärterhäuschen

сторона́, -ы́, *A* сто́рону, *Pl* сто́роны, сторо́н, сторона́м *f* **1.** Seite; по э́ту -у diesseits; по ту -у jenseits; с мое́й -ы́ meinerseits; с одно́й -ы́ einerseits; с друго́й -ы́ andererseits; с обе́их сторо́н beiderseits; пройти́ -о́й (seitlich) vorbeiziehen *von Wolken u. ä.*; отвести́ кого́-н. в -у j-n beiseite nehmen; отложи́ть что́-н. в -у etw. beiseite legen; уклони́ться в -у vom Thema abkommen; сверну́ть в -у abbiegen, ausweichen; сказа́ть что́-н. в -у etw. leise [zur Seite, beiseite] sagen; держа́ться в -е́ sich abseits halten; отда́ть на́ -у außer Hause geben; рабо́тать на -е́ außer Hause arbeiten; смотре́ть по -а́м sich umschauen, die Umgebung beobachten; узна́ть -о́й unter der Hand erfahren; наблюда́ть со -ы́ objektiv beobachten; получи́ть со -ы́ von außerhalb bekommen **2.** Seite, Partei, Partner; брать чью́-н. -у *oder* стать на чью́-н. -у für j-n Partei ergreifen **3.** Land, Gegend; чужа́я ~ Fremde ◇ шу́тки в -у Spaß beiseite; на все четы́ре -ы in alle vier Winde; моё де́ло ~ das betrifft mich nicht, das ist nicht meine Sache, mein Name ist Hase (ich weiß von nichts)

сторони́ться, -роню́сь, -ро́нишься *uv* **1.** zur Seite treten [gehen]; сторони́сь! Bahn frei! **2.** *G übtr* meiden, aus dem Wege gehen (j-m, einer Sache)

сторо́нник, -а *m* Anhänger, Vertreter

сторублёвка, -и, *Pl G* -вок, *D* -вкам *f umg* Hundertrubelschein

стоскова́ться, -ку́юсь, -ку́ешься *v umg* sich langweilen; schwermütig sein; sich sehnen (по *D* nach)

сточи́ть, сточу́, сто́чишь; сто́ченный, -ен, -а *v* abschleifen || *uv* ста́чивать, -аю, -аешь

сто́чный, -ая, -ое Abfluß-; -ые во́ды Abwässer

стошни́ть, -и́т *unpers, v* erbrechen, sich übergeben; меня́ стошни́ло ich mußte mich übergeben

сто́я *Adv* stehend, im Stehen

стоя́лый, -ая, -ое **1.** abgestanden, fade **2.**: -ая ло́шадь Pferd, das lange gestanden hat

стоя́нка, -и, *Pl G* -нок, *D* -нкам *f* **1.** Aufenthalt; Aufenthaltsort **2.** Haltestelle, Anlegestelle; *mil* Standort; ~ автомаши́н Parkplatz; я́корная ~ *naut* Ankergrund, Ankerplatz **3.** Parken *Auto*

стоя́ть, стою́, стои́шь *uv* **1.** stehen; ~ в о́череди Schlange stehen; ~ на коле́нях knien; ~ на часа́х Wache stehen; ~ на я́коре *naut* vor Anker liegen, ankern **2.** (an)halten, stehenbleiben; рабо́та стои́т die Arbeit geht nicht voran **3.** andauern, herrschen, sein; пого́да стоя́ла прекра́сная es war [herrschte] herrliches Wetter **4.** *mil* liegen, sich aufhalten **5.** за *A* eintreten (für), sich einsetzen (für) **6.** *Imp* сто́й(те)! halt! ◇ ~ на чём-н. auf etw. beharren [bestehen], an etw. festhalten; ~ над чьéй-н. душóй j-m keine Ruhe lassen, j-n quälen, j-m nicht vom Leibe gehen

стоя́чий, -ая, -ее stehend, aufrecht; Steh-; -ие часы́ Standuhr

стóящий, -ая, -ее *umg* wertvoll; lohnend

стр. (страни́ца) Seite

[1]**страви́ть,** стравлю́, стрáвишь; стрáвленный, -ен, -а *v* aufeinanderhetzen, aufeinander loslassen ‖ *uv* стрáвливать, -аю, -аешь *u.* стравля́ть, -я́ю, -я́ешь

[2]**страви́ть,** стравлю́, стрáвишь; стрáвленный, -ен, -а *v landw* abweiden lassen; verfüttern ‖ *uv* стрáвливать, -аю, -аешь *u.* стравля́ть, -я́ю, -я́ешь

[1,2]**стрáвливать** *uv zu* [1,2]страви́ть

[1,2]**стравля́ть** *uv zu* [1,2]страви́ть

стрáгивать *uv zu* стрóнуть

страдá, -ы́, *Pl* стрáды, страд, стрáдам *f* Erntearbeit; Erntezeit; *übtr* schwere [angestrengte] Arbeit, Zeit schwerer [angestrengter] Arbeit

страдáлец, -льца, *I* -лцем, *G Pl* -льцев *m* Dulder, Leidender

страдáльческий, -ая, -ое Dulder-, leidend; leidvoll

страдáние, -я *n* Leiden, Qual

страдáтельный, -ая, -ое: ~ **залóг** *gram* Passiv(um)

страдáть, -áю, -áешь *uv* **1.** leiden; ~ чахóткой die Schwindsucht haben, an Schwindsucht leiden; ~ от головны́х бóлей unter Kopfschmerzen leiden; ~ за свои́ убеждéния für seine Überzeugung leiden (müssen) **2.** *umg* fehlen, nachlassen; у негó страдáет орфográфия bei ihm ist es mit der Orthographie schlecht bestellt ‖ *v* пострадáть

стрáдный, -ая, -ое *u.* **страднóй,** -áя, -óе: -ая порá Erntezeit; *übtr* Zeit schwerer [angestrengter] Arbeit

стрáжа, -и, *I* -ей *f alt* Wache ◇ быть [стоя́ть] на -е чегó-н. *oder* встать на -у чегó-н. *hoher Stil* etw. bewachen, über etw. wachen; стоя́ть на -е ми́ра *hoher Stil* auf Friedenswacht stehen; быть [содержáться] под -ей unter Arrest stehen, verhaftet sein; заключи́ть под -у verhaften, arretieren

стрáивать *uv zu* строи́ть

странá, -ы́, *Pl* стрáны, стран, стрáнам *f* Land; Staat; развивáющиеся стрáны Entwicklungsländer ◇ ~ свéта Himmelsrichtung

страни́ца, -ы, *I* -ей *f* Seite, Blatt; *übtr* Etappe

стрáнник, -а *m* Wanderer; *alt* Pilger

стрáнничать, -аю, -аешь *uv umg* umherwandern, ein Wanderleben führen

стрáннический, -ая, -ое Wander-

стрáнность, -и *f* **1.** Seltsamkeit, Ungewöhnlichkeit **2.** *meist Pl* ungewöhnliche [eigentümliche] Ansichten *oder* Gewohnheiten, Schrullen

стрáнный, -ая, -ое; *Kzf* стрáнен, страннá! seltsam, ungewöhnlich, sonderbar

страновéдение, -я *n* Landeskunde

стрáнствие, -я *n* (weite) Reise, (weite) Wanderung; *umg* lange Fahrt, langer Weg

стрáнствовать, -вую, -вуешь *uv* **1.** (umher)reisen; auf Wanderschaft sein; ein Wanderleben führen; *umg* lange fahren [laufen] **2.** *alt* pilgern, wallfahren ◇ стрáнствующий ры́царь fahrender Ritter

стрáстный [сн], -ая, -ое; *Kzf* -тен, -тнá! leidenschaftlich

[1]**страсть,** -и, *Pl* стрáсти, страстéй, страстя́м *f* Leidenschaft

[2]**страсть,** -и, *Pl* стрáсти, страстéй, страстя́м *f volksspr* Schrecken, Schreckliches

[3]**страсть 1.** *Adv volksspr* sehr, äußerst; мне ~ как хóчется ich möchte schrecklich gern **2.** *prädikativ* sehr viel, stark

стратéг, -а *m* Heerführer; *übtr, hoher Stil* Stratege

страто|плáн, -а *m* Stratosphärenflugzeug; **~стáт,** -а *m* Stratosphärenballon; **~сфéра,** -ы *f* Stratosphäre

стрáус, -а *m zool* Strauß

стрáусовый, -ая, -ое *zool* Straußen-

[1]**страх,** -а (-у) *m* **1.** Angst, Furcht, Entsetzen; *meist Pl umg* etw. Schreckliches **2.** Risiko; под -ом смéрти bei Todesstrafe ◇ со -ом и трéпетом mit Zittern und Zagen; рабóтать не за ~, а за сóвесть gewissenhaft arbeiten; на свой ~ и риск auf eigene Faust

[2]**страх** *Adv volksspr* sehr, äußerst; онá ~ как любопы́тна sie ist schrecklich neugierig

страх- *in Zuss Abk für* страховóй Versicherungs-

страхкáсса, -ы *f* (кáсса социáльного страховáния) Sozialversicherungskasse

страховáние, -я *n* Versicherung

страховáтель, -я *m* Versicherter, Versicherungsnehmer

страховáть, страхýю, страхýешь; страхóванный, -ан, -а *uv* **1.** versichern, eine Versicherung eingehen; ~ от пожáра gegen Brand versichern, eine Brandschutzversicherung eingehen **2.** *übtr* sichern, Hilfestellung leisten, schützen

страховáться, страхýюсь, страхýешься *uv* **1.** sich versichern; ~ от пожáра sich gegen Feuer versichern (lassen) **2.** *übtr* sich sichern

страхóвка, -и, *Pl G* -вок, *D* -вкам *f* **1.** Versichern, Versicherung; Sichern, Sicherung **2.** Versicherungsprämie **3.** *umg* Versicherungsbeitrag

страховóй, -áя, -óе Versicherungs-, Sozialversicherungs-

страхóвщик, -а *m* Versicherungsanstalt

страши́лище, -а, *I* -ем *n umg* Schreckgespenst, Ungetüm

страши́ть, -шý, -ши́шь *uv* erschrekken, Angst einjagen

страши́ться, -шýсь, -ши́шься *uv G* sich fürchten, Angst haben (vor)

стрáшно *Adv* **1.** schrecklich, fürchterlich **2.** *prädikativ D*: мне ~ ich habe Angst; емý стáло ~ ihm wurde angst und bange

стрáшный, -ая, -ое; *Kzf* -шен, -шнá! schrecklich, furchtbar ◇ ~ суд *rel* das Jüngste Gericht

стращáть, -áю, -áешь *uv alt, volksspr* erschrecken, in Schrecken versetzen

стрекáч, -á, *I* -óм *m*: дать [задáть] -á *volksspr* schnell ausreißen

стрекозá, -ы́, *Pl* стрекóзы, стрекóз, стрекóзам *f* **1.** *zool* Libelle **2.** *umg* Wildfang, Quecksilber *Mädchen*

стрекотáть* *uv* zirpen; tuckern; *übtr umg* schwatzen

стрекочý ↑ стрекотáть

стрелá, -ы́, *Pl* стрéлы, стрел, стрéлам *f* **1.** Pfeil **2.** Ausleger *am Kran oder Bagger*

стрелéц, -льцá, *I* -льцóм, *G Pl* -льцóв *m hist* Strelitze, Angehöriger der zaristischen Leibwache (16.-17. Jh.)

Стрелéц, -льцá, *I* -льцóм *m astr* Schütze

стрéлка, -и, *Pl G* -лок, *D* -лкам *f* **1.** *Dem zu* стрелá kleiner Pfeil **2.** Zeiger; ~кóмпаса Kompaßnadel; по часовóй -е im Uhrzeigersinn **3.** Weiche

стрелкóвый, -ая, -ое Schieß-; Schützen-

стрелóй *Adv* pfeilschnell; schnurgerade

стрелóк, -лкá *m* Schütze

стрéлочник, -а *m* Weichensteller

стрéлочный, -ая, -ое **1.** Zeiger- **2.** Weichen-

стрельбá, -ы́ *f* **1.** Schießen, Beschießung, Feuer; ~ холосты́ми патрóнами Blindfeuer **2.** *Pl* стрéльбы, стрельб, стрéльбам *mil* Übungsschießen

стрéльбище, -а, *I* -ем *n* Schießplatz

стрельнýть, -нý, -нёшь *v* **1.** *v mom zu* стреля́ть **2.** *umg* davonstürzen, ausreißen

стрéльчатый, -ая, -ое **1.** *arch* Spitzbogen- **2.** pfeilartig

стрéляный, -ая, -ое *umg* **1.** geschossen *Wild* **2.** *übtr* kampferprobt; erfahren ◇ ~ воробéй *oder* -ая пти́ца Routinier; alter Praktikus

стреля́ть, -я́ю, -я́ешь *uv* **1.** schießen, feuern (в *A* auf) **2.** erschießen, erlegen **3.** *unpers umg* stechen; у меня́ стреля́ет в гóлову ich habe (stechende) Kopfschmerzen ◇ ~ глазáми a) spähen; b) (mit Blicken) kokettieren ‖ *v mom* стрельнýть, -нý, -нёшь *zu* 1 *u.* 3

стреля́ться, -я́юсь, -я́ешься *uv* **1.** sich erschießen **2.** *alt* sich duellieren

стремглáв *Adv* Hals über Kopf, jählings

стреми́тельный, -ая, -ое; *Kzf* -лен, -льна sehr schnell, ungestüm, stürmisch

стреми́ться, -млю́сь, -ми́шься *uv* **1.** к *D* anstreben, streben (nach), trachten (nach) **2.** eilen, zustreben

стремлéние, -я *n* Streben, Trachten; *Pl* Bestrebungen, Absichten

стремни́на, -ы *f* **1.** Stelle mit starker Strömung **2.** *alt, buchspr* Steilhang, steiler Abgrund

стрéмя, -мени, *Pl* стременá, стремя́н, стременáм *n* Steigbügel ◇ éхать ~ в ~ nebeneinander [Seite an Seite] reiten

стремя́нка, -и, *Pl G* -нок, *D* -нкам *f* Stehleiter, kleine Leiter

стренóживать *uv zu* стренóжить

стренóжить, -жу, -жишь; -женный, -жен, -а *v* fesseln, koppeln *Pferde* ‖ *uv* стренóживать, -аю, -аешь

стречóк, -чкá *m*: дать [задáть] -чкá *volksspr* schnell ausreißen

стригý ↑ стричь

стриж, -á, *I* -óм, *G Pl* -éй *m zool* Uferschwalbe

стри́женый, -ая, -ое mit kurz geschnittenem Haar; geschoren; beschnitten *von Bäumen u. ä.*

стри́жка, -и, *Pl G* -жек, *D* -жкам *f* **1.** Schneiden; Scheren, Schur; Ver-

schneiden *von Bäumen u. ä.* 2. Haarschnitt
стричь* *uv* schneiden; scheren; verschneiden, beschneiden *von Bäumen* ◇ ~ всех под одну́ гребёнку alle über einen Kamm scheren
стри́чься* *uv* 1. sich die Haare schneiden lassen 2. eine Frisur tragen; eine kurzgeschnittene Frisur tragen
строга́льный, -ая, -ое Hobel-
строга́ть, -а́ю, -а́ешь; стро́ганный, -ан, -а *uv* (ab)hobeln
стро́гий -ая, -ое; *Kzf* строг, -а́!; *Komp* стро́же; *Sup* строжа́йший 1. streng, rigoros; стро́го-на́строго strengstens 2. strikt, genau
стро́гость, -и *f* 1. Strenge 2. *Pl* strenge [scharfe] Maßnahmen
[1]**строево́й,** -а́я, -о́е Front-, Kampf-
[2]**строево́й,** -а́я, -о́е: ~ лес Bauholz
строе́ние, -я *n* 1. Bau, Gebäude 2. Bau, Struktur
строжа́йший ↑ стро́гий
стро́же ↑ стро́гий
строи́тель, -я *m* 1. Baumeister; Bauarbeiter; инжене́р-~ Bauingenieur 2. *übtr, hoher Stil* Erbauer, Schöpfer
строи́тельный, -ая, -ое Bau-
строи́тельство, -а *n* 1. Bauen, Errichtung; скоростно́е ~ Schnellbauweise; капита́льное ~ Investbauten; подзе́мное ~ Tiefbau; сбо́рное ~ Montagebau 2. Bau, Bauplatz 3. *übtr* Aufbau, Organisation
стро́ить, -о́ю, -о́ишь; -о́енный, -о́ен, -а *uv* 1. bauen, errichten 2. *übtr* aufbauen, schaffen 3. zusammenstellen; einrichten, organisieren 4. *mil* formieren ◇ ~ гла́зки кому́-н. j-m schöne Augen machen, mit j-m kokettieren; ~ ко́зни Ränke schmieden, intrigieren; ~ пла́ны Pläne schmieden; ~ шу́тки scherzen; ~ из себя́ дурака́ sich dumm stellen; ~ из себя́ либера́ла den Liberalen markieren ‖ *v* постро́ить
строи́ть, -ою́, -ои́шь; -оённый, -оён, -оена́ *v* verdreifachen ‖ *uv* страи́вать, -аю, -аешь
стро́иться, -о́юсь, -о́ишься *uv* 1. sich ein Haus bauen 2. sich formieren, antreten; стро́йся! antreten!, angetreten! ‖ *v* постро́иться
строй, -я, *P* о стро́е, в строю́, *Pl* стро́и́, стро́ев *u.* строёв, стро́я́м *m* 1. Gesellschaftsordnung, Staatsform; первобытнообщи́нный ~ Urgemeinschaft 2. *mil* Formation; Front; развёрнутым -ем in Linie; го́дный в ~ frontdiensttauglich 3. Bau, Struktur, Anlage ◇ ввести́ в ~ in Betrieb nehmen; вы́вести из -я unbrauchbar machen; *mil* außer Gefecht setzen; вы́йти из -я unbrauchbar werden; *mil* kampfunfähig werden; вы́ход из -я Ausfall
строй- *in Zuss Abk für* строи́тельный Bau-
стройдета́ли, -ей *Pl* (строи́тельные дета́ли) Bauteile
стро́йка, -и, *Pl G* стро́ек, *D* стро́йкам *f* 1. Bauen, Errichten 2. Bau, Bauplatz
стройматериа́лы, -ов *Pl* (строи́тельные материа́лы) Baumaterialien
стро́йность, -и *f* 1. Schlankheit 2. Harmonie, harmonische Gliederung, Einklang
стро́йный, -ая, -ое; *Kzf* стро́ен, стройна́! 1. schlank, ebenmäßig, gut gebaut 2. gleichmäßig [harmonisch] angeordnet; -ыми ряда́ми in Reih und Glied 3. logisch aufgebaut, folgerichtig 4. harmonisch
стройплоща́дка, -и, *Pl G* -док, *D* -дкам (строи́тельная площа́дка) Baustelle, -platz
строка́, -и́, *A* стро́ку́, *Pl* стро́ки, строк, строка́м *f* Zeile, Reihe; кра́сная ~ *typ* Alinea, Absatz ◇ не вся́кое лы́ко в -у *Sprichw* man soll nicht jedes Wort auf die Goldwaage legen [jeden Fehler anrechnen]
стро́нуть, -ну, -нешь; -нутый, -нут, -а *v umg* 1. wegrücken 2. aufschrecken *Tiere* ‖ *uv* стра́гивать, -аю, -аешь
стро́нций, -я, *P* -и *m chem* Strontium
стропи́ло, -а *n* Dachsparren; *Pl* Dachstuhl
стропти́вый, -ая, -ое; *Kzf* -и́в, -а widerspenstig, störrisch
строфа́, -ы́, *Pl* стро́фы, строф, строфа́м *f lit* Strophe
строчёный, -ая, -ое gesteppt; abgenäht
строчи́ть, -очу́, -о́чи́шь; -очённый, -очён, -ена́ *uv* 1. steppen; *umg* (auf der Nähmaschine) nähen 2. *umg* hastig schreiben; hastig sprechen 3. *umg* knattern *Maschinengewehr*
[1]**стро́чка,** -и *f* 1. Steppen 2. Steppnaht; ажу́рная ~ Ajournaht
[2]**стро́чка,** -и, *Pl G* -чек, *D* -чкам *f* Zeile; Reihe
строчно́й, -а́я, -о́е: -а́я бу́ква kleingeschriebener [kleiner] Buchstabe
струг, -а *m* Hobel
струга́ть, -а́ю, -а́ешь; стру́ганный, -ан, -а *uv umg* (ab)hobeln
стру́жка, -и, *Pl G* -жек, *D* -жкам *f*

1. Hobelspan, Metallspan 2. *Koll* Holzwolle

струи́ться, *1. u. 2. Pers ungebr*, -и́тся *uv* rinnen, rieseln; *übtr* sich ausbreiten

структу́ра, -ы *f* Struktur

струна́, -ы́, *Pl* стру́ны, струн, стру́нам *f* Saite; перебира́ть -ы (mit den Fingern) über die Saiten gleiten ◇ вы́тянуться -о́й *oder* в -у́ kerzengerade stehen; держа́ть кого́-н. в -е́ *volksspr* j-n streng halten, j-n am Gängelband haben

стру́нка, -и, *Pl G* -нок, *D* -нкам *f Dem zu* струна́ Saite ◇ вы́тянуться [стать] в -у strammstehen; по -е ходи́ть у кого́-н. [пе́ред ке́м-н.] j-m auf jeden Wink gehorchen

стру́нный, -ая, -ое: ~ инструме́нт *mus* Streichinstrument; ~ кварте́т *mus* Streichquartett

струп, -а, *Pl* стру́пья, -ьев, -ьям *m* Schorf, Grind

стру́сить, -у́шу, -у́сишь *v* Angst bekommen, es mit der Angst kriegen

струхну́ть, -ну́, -нёшь *v umg* es mit der Angst zu tun bekommen

стручко́вый, -ая, -ое Hülsen-; -ые расте́ния Hülsenfrüchte

стручо́к, -чка́, *Pl* стручки́, -о́в, -а́м *u.* стру́чья, -ьев, -ьям *m* Hülse, Schote

струя́, -и́, *Pl* стру́и, струй, стру́ям *f* 1. Strahl; ~ во́здуха *übtr* Luftzug 2. *übtr* Strömung, Richtung

стря́пать, -аю, -аешь; -анный, -ан, -а *uv umg* 1. kochen, (eine Mahlzeit) zubereiten 2. *übtr*, *meist iron* verfassen; (zusammen)zimmern ‖ *v* состря́пать, -аю, -аешь

стряпня́, -и́ *f umg* 1. Kochen 2. Essen, Speise 3. Schund, Schmarren

стряса́ть(ся) *uv zu* стрясти́(сь)

с|трясти́* *v* herunterschütteln, abschütteln ‖ *uv* стряса́ть, -а́ю, -а́ешь

с|трясти́сь*, *1. u. 2. Pers ungebr*, *v umg* geschehen, passieren, zustoßen ‖ *uv* стряса́ться, -а́ется

стря́хивать *uv zu* стряхну́ть

стряхну́ть, -ну́, -нёшь; стря́хнутый, -ут, -а *v* abschütteln, abwerfen ‖ *uv* стря́хивать, -аю, -аешь

ст. ст. (ста́рый стиль) alte Zeitrechnung *nach dem Julianischen Kalender*

студене́ть, *1. u. 2. Pers ungebr*, -е́ет *uv umg* gelieren

студени́стый, -ая, -ое; *Kzf* -и́ст, -а gallertartig

студе́нт, -а *m* Student

студе́нтка, -и, *Pl G* -ток, *D* -ткам *f* Studentin

студе́нческий, -ая, -ое Studenten-

студе́нчество, -а *n* 1. Studenten, Studentenschaft 2. Studentenzeit, Studienzeit

студёный, -ая, -ое *umg* eiskalt, eisig

сту́день, -дня *m* Sülze

студи́ец, -и́йца, *I* -и́йцем, *G Pl* -и́йцев *m* Schüler einer Kunst- oder Musikschule

студи́ть, стужу́, сту́дишь; сту́женный, -ен, -а *uv umg* kalt werden lassen

сту́дия, -и *f* 1. Studio, Atelier; телевизио́нная ~ Fernsehstudio 2. Kunstschule; Künstlerschule

сту́жа, -и, *I* -ей *f umg* Kälte, Frost

стук, -а *m* Klopfen, Pochen, Klappern; разда́лся ~ в дверь es hat (an die Tür) geklopft

сту́кать(ся) *uv zu* сту́кнуть(ся)

сту́кнуть, -ну, -нешь; -нутый, -нут, -а *v* 1. pochen, klopfen, klappern 2. schlagen, stoßen 3. *umg* (heran)kommen *bei Zeitangaben*; ему́ сту́кнуло се́мьдесят лет er ist siebzig Jahre alt, er hat das siebzigste Lebensjahr erreicht ‖ *uv* сту́кать, -аю, -аешь

сту́кнуться, -нусь, -нешься *v* sich stoßen (о *A* an) ‖ *uv* сту́каться, -аюсь, -аешься

[1]**стул,** -а, *Pl* сту́лья, -ьев, -ьям *m* Stuhl; мя́гкий ~ Polsterstuhl

[2]**стул,** -а *m med* Stuhl(gang)

сту́па, -ы *f* Mörser

ступа́ть, -а́ю, -а́ешь *uv* 1. *uv zu* ступи́ть 1 2. gehen; тяжело́ ~ stampfen 3.: ступа́й! geh!

ступе́нчатый, -ая, -ое; *Kzf* -ат, -а stufenförmig, in Stufen

ступе́нь, -и *f* 1. Stufe 2. (*Pl* ступе́ни, ступене́й, ступеня́м) Etappe, Entwicklungsstufe

ступе́нька, -и, *Pl G* -нек, *D* -нькам *f Dem zu* ступе́нь 1. kleine Stufe; Stufe; Sprosse 2. Tritt(brett)

ступи́ть, ступлю́, сту́пишь *v* 1. schreiten, treten 2. geraten ‖ *uv* ступа́ть, -а́ю, -а́ешь *zu* 1

ступи́ца, -ы, *I* -ей *f* (Rad-) Nabe

сту́пка, -и, *Pl G* -пок, *D* -пкам *f Dem zu* сту́па (kleiner) Mörser

ступня́, -и́, *G Pl* -е́й *f* Fuß; Fußsohle

стуча́ть, -чу́, -чи́шь *uv* pochen, klopfen; ~ в дверь anklopfen, an die Tür klopfen; ~ зуба́ми mit den Zähnen klappern; у меня́ в виска́х стучи́т es hämmert mir in den Schläfen

стуча́ться, -чу́сь, -чи́шься *uv* 1. *umg* sich stoßen (о *A* an) 2. anklopfen [an die Tür klopfen] ◇ ~ в откры́тую дверь offene Türen einrennen

стушева́ться, -шу́юсь, -шу́ешься *v* 1. sich verwischen; in den Hintergrund [Schatten] treten 2. *übtr umg* schüchtern werden, verlegen werden || *uv* **стушёвываться,** -аюсь, -аешься

стуши́ть *v zu* ²туши́ть

стыд, -а́ *m* 1. Scham 2. Schande; ~ и срам Schmach und Schande

стыди́ть, стыжу́, стыди́шь *uv* 1. ins Gewissen reden, Vorwürfe machen 2. *umg* schänden, schmähen

стыди́ться, стыжу́сь, стыди́шься *uv* sich schämen, sich genieren

стыдли́вость, -и *f* Schamhaftigkeit, Verschämtheit

стыдли́вый, -ая, -ое; *Kzf* -и́в, -а schüchtern, verschämt ◇ ~ кусо́к Anstandshappen

сты́дно *Adv* es ist eine Schande, es ist peinlich; мне ~ ich schäme mich; как вам не ~! schämen Sie sich!; ~ други́х es ist peinlich vor den anderen; ~ смея́ться над ним es ist eine Schande, sich über ihn lustig zu machen

сты́дный, -ая, -ое; *Kzf* -ден, -дна́! *umg* peinlich; schändlich

стык, -а *m* 1. *tech* Fuge, Verbindungsstelle, (Schienen-)Stoß 2. Berührungspunkt; Grenze

сты́ну ↑ стыть

сты́нуть* *u.* **стыть*** *uv* kalt werden; *übtr* erkalten ◇ кровь сты́нет в жи́лах das Blut stockt in den Adern

сты́чка, -и, *Pl G* -чек, *D* -чкам *f* 1. *mil* Scharmützel, Geplänkel 2. *übtr* Zusammenstoß, Wortwechsel

стюарде́сса [дэ], -ы *f* Stewardeß

стяг, -а *m hoher Stil* Banner ◇ подня́ть ~ на кого́-н. das Banner des Kampfes hochhalten

стя́гивать(ся) *uv zu* стяну́ть(ся)

стяжа́тель, -я *m* habgieriger [gewinnsüchtiger] Mensch

стяжа́ть, -а́ю, -а́ешь; -а́нный, -а́н, -а *v, uv buchspr* erwerben

стяну́ть, стяну́, стя́нешь; стя́нутый, -ут, -а *v* 1. zusammenziehen, zuschnüren 2. zusammenziehen, sammeln, vereinigen 3. herunterziehen 4. *umg* klauen, stehlen || *uv* стя́гивать, -аю, -аешь *zu* 1-3

стяну́ться, стяну́сь, стя́нешься *v* 1. sich zusammenziehen 2. *umg* sich eng schnüren [gürten] 3. sich sammeln, sich konzentrieren || *uv* стя́гиваться, -аюсь, -аешься

суб- *in Zuss* sub-, Sub-, unter-, Unter-

суббо́та, -ы *f* Sonnabend, Samstag

суббо́тник, -а *m hist* Aufbaustunden

субпроду́кты, -ов *Pl* Innereien

субре́тка, -и, *Pl G* -ток, *D* -ткам *f theat* Soubrette

субсиди́ровать, -рую, -руешь; -рованный, -рован, -а *v, uv* subventionieren, finanziell unterstützen

субси́дия, -и *f* Subvention, finanzielle Unterstützung

субстанци(он)а́льный, -ая, -ое; *Kzf* -лен, -льна substanziell

субста́нция, -и *f* Substanz

субстра́т, -а *m* Substrat, Nährboden

субти́льный, -ая, -ое; *Kzf* -лен, -льна 1. *umg* zart, schwach; gebrechlich 2. *alt* feinfühlig, subtil

субти́тр, -а *m* Untertitel *Film*

субтро́пики, -ов *Pl* subtropisches Gebiet

субъе́кт, -а *m* 1. *phil, gram* Subjekt 2. *umg, oft scherz* Mensch; *umg verächtl* Kreatur

субъективи́зм, -а *m* 1. *phil* Subjektivismus 2. *buchspr* Subjektivität

субъекти́вный, -ая, -ое; *Kzf* -вен, -вна subjektiv, persönlich

сувени́р, -а *m* Souvenir, Andenken

суверените́т, -а *m* Souveränität

сувере́нный, -ая, -ое *pol* souverän; -ая террито́рия Hoheitsgebiet

сугли́нистый, -ая, -ое; *Kzf* -ист, -а lehmig

сугли́нок, -нка *m geol* Lehmboden

сугро́б, -а *m* Schneewehe

сугу́бый, -ая, -ое; *Kzf* -у́б, -а 1. außergewöhnlich; ausgesprochen 2. -о *Adv* äußerst, höchst; -о опа́сный höchst gefährlich; -о осторо́жно besonders vorsichtig

суд, -а́ *m* 1. Gericht; верхо́вный ~ Oberster Gerichtshof; вое́нно-полево́й ~ Standgericht; трете́йский ~ Schiedsgericht; ~ прися́жных Schwurgericht; подава́ть на кого́-н. в ~ j-n verklagen; возбужда́ть де́ло в -е einen Prozeß anstrengen 2. Urteil, Richterspruch 3. Gerichtsverfahren, Verhandlung ◇ иска́ть -а́ sein Recht suchen; ~ Ли́нча Lynchjustiz; на нет и -а́ нет *Sprichw* wo nichts ist, hat (selbst) der Kaiser sein Recht verloren

суда́к, -а́ *m zool* Zander

Суда́н, -а *m* Sudan

суда́рыня, -и *f alt* gnädige Frau

су́дарь, -я *m alt* gnädiger Herr
суда́чить, -чу, -чишь *uv umg* klatschen, tratschen
суде́бный, -ая, -ое gerichtlich, Gerichts-, Justiz-; -ые изде́ржки Prozeßkosten; -ым поря́дком auf dem Gerichtswege
суде́йский, -ая, -ое Richter-, Schiedsrichter-
суде́йство, -а *n* Schiedsrichteramt
суди́мость, -и *f jur* Vorstrafe; он име́ет две -и er ist zweimal vorbestraft
суди́ть, сужу́, су́дишь; судя́ *uv* **1.** richten, verurteilen **2.** о *P* beurteilen, urteilen (über) **3.** *Sport* Schiedsrichter sein, ein Spiel pfeifen [leiten] **4.** (суждённый, -ён, -ена́): ему́ (не) бы́ло суждено́ es war ihm (nicht) beschieden ◇ су́дя по чему́-н. nach etw. urteilen [schließen]; ~ и ряди́ть *volksspr* rechten und richten
суди́ться, сужу́сь, су́дишься *uv* prozessieren, einen Prozeß führen
[1]**су́дно,** -а, *Pl* суда́, судо́в, суда́м *n* Schiff; ~-рефрижера́тор Kühlschiff
[2]**су́дно,** -а, *Pl G* су́ден, *D* су́дням *n* Schieber, Nachtgeschirr
судо- *in Zuss* Schiffs-
судо|ве́рфь, -и *f* Schiffswerft; **~владе́лец,** -льца, *I* -льцем, *G Pl* -льцев *m* Reeder, Schiffsbesitzer; **~води́тель,** -я *m naut* Steuermann; Lotse; **~вожде́ние,** -я *n naut* Navigation, Schiffsführung
судово́й, -а́я, -о́е Schiffs-; ~ журна́л Schiffstagebuch; -а́я кома́нда Schiffsbesatzung
судоговоре́ние, -я *n jur* Rechtsprechung
судо́к, -дка́ *m* **1.** Gewürzständer, Menage **2.** Essenträger, Menage
судомодели́зм, -а *m* Schiffsmodellbau
судомо́йка, -и, *Pl G* -мо́ек, *D* -мо́йкам *f* Geschirrwäscherin
судопроизво́дство, -а *n jur* Gerichtsverfahren
судоремо́нт, -а *m* Schiffsreparatur
су́дорога, -и *f med* Krampf, Spasmus
су́дорожный, -ая, -ое; *Kzf* -жен, -жна **1.** *med* Krampf-, krampfartig, spasmatisch **2.** *übtr* verkrampft, krampfhaft
судо|строе́ние, -я *n* Schiffsbau; **~строи́тельный,** -ая, -ое: -ая верфь (Schiffs-) Werft; **~хо́дный,** -ая, -ое; *Kzf* -ден, -дна schiffbar; ~хо́дная тра́сса Schiffahrtsweg; **~хо́дство,** -а *n* Schiffahrt
судьба́, -ы́, *Pl* су́дьбы, су́деб *u. alt* судёб, су́дьбам *u. alt* судьба́м *f* Schicksal ◇ каки́ми-а́ми? wo kommst du [kommt ihr, kommen Sie] denn her?; не ~ ему́ es ist ihm nicht beschieden
судья́, -и́, *Pl* су́дьи, суде́й, су́дьям *m* **1.** Richter **2.** *Sport* Schiedsrichter, Kampfrichter; боково́й ~ *oder* ~ на ли́нии Linienrichter
суеве́рие, -я *n* Aberglaube
суеве́рный, -ая, -ое; *Kzf* -рен, -рна abergläubisch
суета́, -ы́ *f* **1.** Eile, Geschäftigkeit, Hast **2.** *alt, buchspr* Nichtigkeit
суети́ться, суечу́сь, суети́шься *uv* hasten, geschäftig hin und her eilen
суетли́вый, -ая, -ое; *Kfz* -и́в, -а hastig, geschäftig, unruhig
су́етный, -ая, -ое; *Kzf* -тен, -тна *buchspr* **1.** geschäftig, unruhig **2.** eitel, nichtig
сужа́ть(ся) *uv zu* су́зить(ся)
сужде́ние, -я *n* Urteil, Meinung, Ansicht
суже́ние, -я *n* Verengung, Verjüngung
су́женый, -ого *Subst m alt, folkl* Bräutigam
су́живать(ся) *uv zu* су́зить(ся)
су́зить, су́жу, су́зишь; су́женный, -ен, -а *v* **1.** verengen; *tech* verjüngen **2.** *übtr* verringern, einschränken || *uv* сужа́ть, -а́ю, -а́ешь *u.* су́живать, -аю, -аешь
су́зиться, *1. u. 2. Pers ungebr*, -ится *v* eng [enger] werden, zusammenschrumpfen || *uv* сужа́ться, -а́ется *u.* су́живаться, -ается
сук, -а́, *P* о суке́, на суку́, *Pl* су́чья, су́чьев, су́чьям *u.* суки́, суко́в, сука́м *m* Ast
су́ка, -и *f* Hündin
сукно́, -а́, *Pl* су́кна, су́кон, су́кнам *n* Tuch ◇ класть под ~ auf die lange Bank schieben; unbeachtet lassen
сукова́льня, -и, *Pl G* -лен, *D* -льням *f* Walkmühle
сукова́тый, -ая, -ое; *Kzf* -а́т, -а knorrig, astig
суко́нка, -и, *Pl G* -нок, *D* -нкам *f* Putzlappen
суко́нный, -ая, -ое Tuch- ◇ ~ язы́к hölzerne Sprache
сулема́, -ы́ *f chem* Sublimat
сули́ть, сулю́, сули́шь; сулённый, -ён, -ена́ *uv* **1.** voraussagen, verheißen **2.** *alt, volksspr* versprechen
[1]**султа́н,** -а *m* Sultan

'султа́н, -а *m* Federbusch, Roßhaarbusch *als Kopfschmuck*
сума́, -ы́ *f* **1.** *alt* Tasche **2.** Bettelsack
сумасбро́д, -а *m* Tollkopf
сумасбро́дный, -ая, -ое; *Kzf* -ден, -дна unbesonnen; närrisch; toll
сумасбро́дство, -а *n* Tollheit, Narrheit
сумасше́дший, -ая, -ее **1.** wahnsinnig, geisteskrank, verrückt; ~ дом Irrenanstalt **2.** -его *Subst m* Wahnsinniger, Geisteskranker, Verrückter **3.** *übtr* unbesonnen, toll
сумасше́ствие, -я *n* Wahnsinn, Verrücktheit, Unzurechnungsfähigkeit
сумато́ха, -и *f* Durcheinander, Panik; hastiges Hin- und Herlaufen
сумбу́р, -а *m* Unklarheit; Unordnung; Durcheinander
сумбу́рный, -ая, -ое; *Kzf* -рен, -рна unklar; unordentlich; verworren
су́меречный, -ая, -ое; *Kzf* -чен, -чна dämmerig, Dämmer-; *übtr* grau, freudlos
су́мерки, -рек, -ркам *Pl* Dämmerung
суме́ть, -е́ю, -е́ешь *v* können, vermögen
су́мка, -и, *Pl G* -мок, *D* -мкам *f* **1.** Tasche, Handtasche; шко́льная ~ Schulranzen **2.**: серде́чная ~ *anat* Herzbeutel; суста́вная ~ *anat* Gelenkkapsel
су́мма, -ы *f* Summe; Gesamtheit; Betrag
сумма́рный, -ая, -ое; *Kzf* -рен, -рна *buchspr* **1.** Gesamt- **2.** summarisch, zusammengefaßt
сумми́ровать, -рую, -руешь; -рованный, -рован, -а *v*, *uv* **1.** addieren, zusammenzählen **2.** zusammenfassen, verallgemeinern
су́мничать, -аю, -аешь *v umg*, *iron* kluge Reden führen
су́мочка, -и, *Pl G* -чек, *D* -чкам *f Dem zu* су́мка kleine Tasche; Handtasche
су́мрак, -а *m* Dunkelheit; Halbdunkel
су́мрачный, -ая, -ое; *Kzf* -чен, -чна **1.** dunkel, trübe **2.** *übtr* finster, düster; trostlos
су́мчатые, -ых *Subst Pl zool* Beuteltiere
сунду́к, -а́ *m* Truhe; Koffer
су́нуть *v zu* сова́ть
су́нуться, -нусь, -нешься *v* **1.** *v zu* сова́ться **2.** *umg* hineinstecken; ~ лицо́м в поду́шку das Gesicht im Kissen vergraben
суп, -а (-у), *Pl* супы́, супо́в, супа́м *m* (klare) Suppe
супероблo̍жка, -и, *Pl G* -жек, *D* -жкам *f typ* Schutzumschlag
су́песок, -ска *m u.* **су́песь,** -и *f* sandiger Lehmboden
супесча́ный, -ая, -ое: -ая по́чва sandiger Lehmboden
су́песь ↑ су́песок
супина́тор, -а *m* orthopädische Einlage
су́пить, су́плю, су́пишь *uv umg die Augenbrauen* zusammenziehen
су́пник, -а *m u.* **су́пница,** -ы *f* Suppenschüssel
супово́й, -а́я, -о́е Suppen-
супоро́с(н)ая; *Kzf* супоро́с(н)а: ~ свинья́ *landw* trächtige Sau
супру́г, -а *m* Gatte, Ehemann; *Pl* Ehepaar, Eheleute
супру́га, -и *f* Gattin, Ehefrau
супру́жеский, -ая, -ое Ehe-, Gatten-
супру́жество, -а *n* Ehe, Ehestand
сургу́ч, -а́, *I* -о́м *m* Siegellack
сурди́на, -ы *f mus* Dämpfer
сурди́нка, -и, *Pl G* -нок, *D* -нкам *f mus* Dämpfer ◇ под -у *oder* под -ой a) gedämpft, leise; b) heimlich
суре́пица, -ы, *I* -ей *f* **1.** *landw* Rübsamen, Rübsen **2.** *bot* Barbenkraut *Feldunkraut*
суре́пный, -ая, -ое: -ое ма́сло Rüböl
су́рик, -а *m chem* Mennige
суро́вость, -и *f* Strenge; Rauheit
суро́вый, -ая, -ое; *Kzf* -о́в, -а **1.** streng, hart, rauh **2.** Roh-, ungebleicht
суро́к, -рка́ *m zool* Murmeltier
суррога́т, -а *m* Ersatz, Surrogat
сурьма́, -ы́ *f chem* Antimon(ium)
суса́льный, -ая, -ое **1.** Blatt-, Flitter-; -ое зо́лото Blattgold, Flittergold **2.** vergoldet, versilbert **3.** *Kzf* -лен, -льна *übtr* süßlich, sentimental
су́слик, -а *m zool* Zieselmaus, Zieselratte
су́сло, -а *n* Süßmost; Traubensaft
суслить, -лю, -лишь *uv volksspr* **1.** schlürfen, langsam essen [trinken] **2.** mit Speichel oder Fett beschmutzen **3.** große Umstände machen (с *I* mit)
суста́в, -а *m anat* Gelenk
суставно́й, -а́я, -о́е *anat* Gelenk-
сутенёр, -а *m* Zuhälter
су́тки, -ток, -ткам *Pl* Tag und Nacht, vierundzwanzig Stunden
су́толока, -и *f* Gedränge, Gewimmel, Durcheinander
су́точный, -ая, -ое **1.** vierundzwanzig-

stündig, Tages-; -ая добы́ча *berg* Tagesförderleistung 2. -ые, -ых *Subst Pl* Tagegelder

сутýлиться, -люсь, -лишься *uv* krumm gehen [sitzen], sich krümmen ‖ *v* ссутýлиться

сутýлый, -ая, -ое; *Kzf* -ýл, -а krumm, gebeugt

[1]**суть,** -и *f* Wesen, Hauptsache ◇ по -и дéла im Grunde genommen; в э́том ~ darauf kommt es an

[2]**суть** *3. Pers Pl Präs zu* быть *alt* (sie) sind

сутя́жный, -ая, -ое prozeßsüchtig

суфлёр, -а *m theat* Souffleur

суфли́ровать, -рую, -руешь *uv theat* soufflieren

сýффикс, -а *m gram* Suffix

суха́рница, -ы, *I* -ей *f* Gebäckdose, Gebäckkörbchen

суха́рь, -я́ *m* 1. Zwieback; Stück trockenes Brot; толчёные -и́ Semmelbrösel, geriebene Semmel 2. *umg* trockener [herzloser] Mensch

сухмéнь, -и *f* 1. trockener [ausgetrockneter] Boden 2. *gbt* Dürre, Trockenheit

суховéй, -я, *G Pl* -ев *m* trockener Steppenwind

сухожи́лие, -я *n anat* Sehne

сухóй, -áя, -óе; *Kzf* сух, -á!; *Komp* сýше 1. trocken, ausgetrocknet, dürr; Trocken- 2. hager, mager 3. *übtr* trocken, unfreundlich, herzlos 4. -áя, -óй *Subst f Sport umg* totale Niederlage ◇ -и́м путём auf dem Landwege, zu Lande; ~ закóн Antialkoholgesetz, Prohibition; вы́йти -и́м из воды́ mit heiler Haut davonkommen

сухомя́тка, -и *f umg* trockenes, kaltes Essen

сухопа́рый, -ая, -ое; *Kzf* -áр, -а *umg* hager, sehnig

сухопýтный, -ая, -ое Land-; -ые вооружённые си́лы *mil* Landstreitkräfte

сухостóй, -я *m* 1. *landw, vet* Trockenstand 2. Dürrholz

сýхость, -и *f* 1. Trockenheit, Dürre 2. *übtr* Unfreundlichkeit, Herzlosigkeit

сухотá, -ы́ *f* 1. *umg* Trockenheit 2. *gbt* Auszehrung *Krankheit* 3. *volksspr* Gram, Sorge

сухóтка, -и *f med* Schwindsucht; спиннáя ~ Rückenmarkschwindsucht

сухофрýкты, -ов *Pl* Trockenobst, getrocknete Früchte

сухоща́вый, -ая, -ое; *Kzf* -áв, -а mager, hager

Сухýми *m idkl* Suchumi *Stadt*

сучи́ть, сучý, сýчишь; сýченный, -ен, -а *uv* 1. zwirnen 2.: ~ рукáми *umg* mit den Armen rudern, zappeln; ~ ногáми mit den Beinen zappeln [strampeln]

сучкова́тый, -ая, -ое; *Kzf* -áт, -а knorrig, ästig

сучóк, -чкá *m Dem zu* сук kleiner Ast ◇ без -чкá, без задóринки *oder* ни -чкá, ни задóринки reibungslos, einwandfrei, tadellos, glatt

сýша, -и, *I* -ей *f* (Fest-) Land

сýше ↑ сухóй

сушёный, -ая, -ое getrocknet, Trocken-, Dörr-

суши́лка, -и, *Pl G* -лок, *D* -лкам *f* Trocknungsanlage, Darre; Trockenraum

суши́льня, -и, *Pl G* -лен, *D* -льням *f* Trockenkammer

суши́ть, сушý, сýшишь; сýшенный, -ен, -а *uv* 1. trocknen, austrocknen 2. *übtr* entkräften, auszehren 3. *übtr* gefühllos machen, hart(herzig) machen

суши́ться, сушýсь, сýшишься *uv* 1. trocknen, dörren 2. sich trocknen lassen

сýшка, -и, *Pl G* -шек, *D* -шкам *f* 1. Trocknen, Dörren 2. (Dörr-) Kringel

сушь, -и *f umg* Dürre, Trockenheit

сущéственный, -ая, -ое; *Kzf* -вен, -венна wesentlich, wichtig

существи́тельный, -ая, -ое 1.: и́мя -ое *gram* Substantiv 2. -ое, -ого *Subst n gram* Substantiv

[1]**существó,** -á *n* Wesen, Geschöpf

[2]**существó,** -á *n* Wesen, Hauptsache; по -ý (говоря́) im Grunde genommen

существовáние, -я *n* Existenz, Dasein

существовáть, -твýю, -твýешь *uv* 1. existieren, vorhanden sein; таки́х болéзней не существýет solche Krankheiten gibt es nicht 2. existieren, leben (*I u.* на *P* von)

сýщий, -ая, -ее *umg* wahr, echt; э́то -ая прáвда das ist die reine Wahrheit

сýщность, -и *f* Wesen, Kern; в -и (говоря́) im Grunde genommen

суэ́цкий, -ая, -ое: Суэ́цкий канáл Suezkanal

сую́ ↑ совáть

суя́гная, ой; *Kzf* -на ~ овцá *vol* trächtiges Schaf
сфабриковáть *v zu* фабриковáть
сфальцевáть *v zu* фальцевáть
сфальши́вить *v zu* фальши́вить
сфантази́ровать *v zu* фантази́ровать
сфéра, -ы *f* Sphäre; Bereich; Milieu; быть в своéй -е in seinem Element sein
сфери́ческий, -ая, -ое sphärisch
сфинкс, -а *m* Sphinx
сфискáлить *v zu* фискáлить
сфóкусничать *v zu* фóкусничать
сформировáть, -рýю, -рýешь; -рó-ванный, -рóван, -а *v* 1. formen, (aus)bilden, prägen 2. organisieren, formieren, zusammenstellen ‖ *uv* **сформирóвывать,** -аю, -аешь
сформировáться, -рýюсь, -рýешься *v* sich formieren, sich entwickeln ‖ *uv* **сформирóвываться,** -аюсь, -аешься
сформовáть, -мýю, -мýешь; -мóванный, -мóван, -а *v* 1. *v zu* формовáть 2. formen, modellieren
сформули́ровать, -рую, -руешь; -рованный, -рован, -а *v* formulieren, präzise ausdrücken
сфотографи́ровать(ся) *v zu* фотографи́ровать(ся)
с. х. (сéльское хозя́йство) Landwirtschaft
с.-х. (сельскохозя́йственный) landwirtschaftlich
схвати́ть, -ачý, -áтишь; -áченный, -áчен, -а *v* 1. (er)greifen, fassen, packen 2. *umg* sich eine Krankheit holen [zuziehen] 3. *übtr umg* erfassen, begreifen 4. zusammenhalten, befestigen ‖ *uv* схвáтывать, -аю, -аешь
схвати́ться, -ачýсь, -áтишься *v* за *A* 1. greifen (nach); *übtr* sich klammern (an) 2. aneinandergeraten; handgemein werden 3. *umg* sich plötzlich erinnern 4. fest werden *von Bindemitteln* ◇ ~ зá голову sich die Haare raufen ‖ *uv* схвáтываться, -аюсь, -аешься
схвáтка, -и, *Pl G* -ток, *D* -ткам *f* 1. Handgemenge; Gefecht; Streit; *Sport* (Wett-) Kampf 2. *Pl med* Krämpfe; родовы́е -и Wehen
схвáтывать(ся) *uv zu* схвати́ть(ся)
схéма, -ы *f* 1. Schema; Skizze; Übersicht; Plan 2. Schablone, Simplifizierung 3. *el* Schaltbild, Schaltung; печáтная ~ *rad* gedruckte Schaltung
схематизи́ровать, -рую, -руешь; -рованный, -рован, -а *v, uv* schematisieren, schematisch darstellen
схемати́ческий, -ая, -ое 1. schematisch, skizziert 2. (übersichtlich) zusammengefaßt 3. schematisch, simplifiziert
схемати́чный, -ая, -ое; *Kzf* -чен, -чна 1. (übersichtlich) zusammengefaßt 2. schematisch, schablonenhaft
схи́зма, -ы *f rel, hist* Schisma, Kirchenspaltung
схи́ма, -ы *f rel* Askese
схитри́ть, -рю́, -ри́шь *v* zu einer List greifen
схлы́нуть, *1. u. 2. Pers ungebr*, -нет *v* 1. zurückfluten; *übtr* zurückströmen 2. *übtr* nachlassen, verschwinden *von Schmerzen*
сход, -а *m* 1. Abstieg 2. *alt* Bauernversammlung
[1]**сходи́ть,** -ожý, -óдишь *uv* 1. *uv zu* сойти́ 2.: не ~ nicht aufstehen; nicht verschwinden
[2]**сходи́ть,** -ожý, -óдишь *v* 1. (hin)gehen (und wieder zurückkehren) 2. *umg* austreten, seine Notdurft verrichten
сходи́ться *uv zu* сойти́сь
схóдка, -и, *Pl G* -док, *D* -дкам *f alt* Zusammenkunft, Versammlung
схóдни *Pl* -ей, *Sg* схóдня, -и *f* (Lauf-) Steg
схóдный, -ая, -ое; *Kzf* -ден, -днá! 1. ähnlich; übereinstimmend 2. *umg* annehmbar, günstig
схóдство, -а *n* Ähnlichkeit; Übereinstimmung
схóжий, -ая, -ее; *Kzf* схож, -а, -е *umg* ähnlich
схолáстика, -и *f* 1. *phil* Scholastik 2. *übtr* Wortklauberei, Spitzfindigkeit
схоласти́ческий, -ая, -ое 1. *phil* scholastisch 2. *übtr* spitzfindig, formal
схоласти́чный, -ая, -ое; *Kzf* -чен, -чна *übtr* spitzfindig, formal
[1]**схорони́ть,** -оню́, -óнишь; -óненный, -óнен, -а *v umg* beerdigen, begraben
[2]**схорони́ть** *v zu* [2]хорони́ть
схорони́ться *v zu* хорони́ться
сцáпать, -аю, -аешь; -анный, -ан, -а *v volksspr* 1. (er)greifen, packen 2. fassen, erwischen
сцарáпать, -аю, -аешь; -анный, -ан, -а *v* abkratzen ‖ *uv* **сцарáпывать,** -аю, -аешь
сцеди́ть, сцежý, сцéдишь; сцéженный, -ен, -а *v* abgießen ‖ *uv* **сцéживать,** -аю, -аешь

сце́на, -ы *f* 1. *theat* Bühne 2. *lit* Szene, Auftritt 3. *lit* Episode 4. *umg* Szene, Auseinandersetzung, Streit; устро́ить кому́-н. -у j-m eine Szene machen

сцена́рий, -я, *P* -и, *G Pl* -ев *m* Drehbuch

сценари́ст, -а *m* Drehbuchautor

сцени́ческий, -ая, -ое Bühnen-

сцени́чный, -ая, -ое; *Kzf* -чен, -чна Bühnen-, für die Bühne geeignet; bühnenwirksam

сцеп, -а *m* 1. Einkuppeln 2. Kupplung 3. Wagenzug; *landw* mehrere aneinandergekoppelte Maschinen

сцепи́ть, сцеплю́, сце́пишь; сце́пленный, -ен, -а *v* aneinanderhaken, kuppeln || *uv* сцепля́ть, -я́ю, -я́ешь

сцепи́ться, сцеплю́сь, сце́пишься *v* 1. sich einkuppeln, sich festhaken 2. *umg* aneinandergeraten, sich in die Haare kriegen || *uv* сцепля́ться, -я́юсь, -я́ешься

сце́пка, -и, *Pl G* -пок, *D* -пкам *f* 1. Einkuppeln 2. (Anhänge-) Kupplung; ги́бкая ~ Abschleppseil; жёсткая ~ Abschleppstange 3. Wagenzug; *landw* mehrere aneinandergekoppelte Maschinen

сцепле́ние, -я *n* 1. Einkuppeln 2. Kupplung 3. *phys* Kohäsion 4. *übtr* Verkettung

сцепля́ть(ся) *uv zu* сцепи́ть(ся)

с. ч. (сего́ числа́) heutigen Datums

счастли́вец, -вца, *I* -вцем, *G Pl* -вцев *m* Glückspilz, glücklicher Mensch

счастли́вый, -ая, -ое; *Kzf* -и́в, -а glücklich; vom Glück begünstigt ◇ -ого пути́! glückliche Reise!

сча́стье, -ья *n* Glück; к -ью *oder* на ~ *oder* по -ью zum Glück, glücklicherweise

счёрпать, -аю, -аешь; -анный, -ан, -а *v A oder G umg* abschöpfen || *uv* **счёрпывать,** -аю, -аешь

счерти́ть, счерчу́, счё́ртишь; счё́рченный, -ен, -а *v umg tech* abzeichnen, kopieren || *uv* **счё́рчивать,** -аю, -аешь

с|чеса́ть* *v* 1. *umg* zur Seite kämmen [frisieren], zusammenkämmen 2. auskämmen 3. *landw* hecheln || *uv* счё́сывать, -аю, -аешь

счесть* *v* 1. *v zu* [1]счита́ть 2. *übtr*, *hoher Stil* ermessen

счё́сться *v zu* счита́ться

счё́сывать *uv zu* счеса́ть

счёт, -а (-у), *P* о счёте, на счету́, *Pl* счета́, счето́в, счета́м *m* 1. Zählen, Rechnen; у́стный ~ Kopfrechnen 2. Rechnung 3. Konto; теку́щий ~ Kontokorrent 4. *Sport* Ergebnis; ра́вный [ро́вный] ~ Punktgleichheit ◇ без -у *oder* -у нет zahllos; в два -а im Nu, im Handumdrehen; в коне́чном -е letzten Endes; за ~ auf Kosten; durch; на э́тот ~ diesbezüglich, in dieser Hinsicht; быть на хоро́шем -у́ у кого́-н. bei j-m gut angeschrieben sein; поко́нчить счёты с ке́м-н. mit j-m Schluß machen, sich von j-m trennen; сбро́сить кого́-н. со -а [счето́в] j-n nicht mehr berücksichtigen, j-n streichen; свести́ счёты с ке́м-н. mit j-m abrechnen; я до́лжен свести́ с ним счёты ich habe noch ein Hühnchen mit ihm zu rupfen; э́то ска́зано на мой ~ das ist auf mich gemünzt

счё́тный, -ая, -ое 1. Rechen-; -ая лине́йка Rechenschieber 2. Buchführungs-; -ое де́ло [-ая часть] Buchführung

счето|во́д, -а *m* Rechnungsführer; **~во́дство,** -а *n* Rechnungsführung, Buchführung; Rechnungswesen

счё́тчик, -а *m* 1. Zähler; электри́ческий ~ Stromzähler; га́зовый ~ Gasuhr 2. Zähler *bei Volkszählungen u. a.*; ~ Ге́йгера-Мю́ллера Geigerzähler

счёты, -ов *Pl* Rechenbrett

счисле́ние, -я *n math* Rechnen, Zählen

счи́стить, счи́щу, счи́стишь; счи́щенный, -ен, -а *v* abputzen, reinigen; schälen || *uv* счища́ть, -а́ю, -а́ешь

счи́ститься, *1. u. 2. Pers ungebr*, -ится *v* abgehen, sich abputzen [abkratzen] lassen || *uv* счища́ться, -а́ется

счита́лка, -и, *Pl G* -лок, *D* -лкам *f* Abzählreim

[1]**счита́ть,** -а́ю, -а́ешь; счи́танный, -ан, -а *uv* 1. (zusammen)zählen, (zusammen)rechnen; не счита́я но́вых студе́нтов die neuen Studenten ausgenommen [nicht eingerechnet] 2. *I oder* за *A* halten (für), betrachten (als); ~ что der Ansicht sein, daß; мы счита́ем его́ вели́ким учёным wir halten ihn für einen großen Gelehrten; мы счита́ем, что он успе́шно зако́нчил рабо́ту wir sind der Ansicht, daß er die Arbeit erfolgreich beendet hat || *v* сосчита́ть *zu* 1 *u.* счесть* *zu* 2

[2]**счита́ть,** -а́ю, -а́ешь; счи́танный, -ан, -а *v* vergleichen, kollationieren || *uv* счи́тывать, -аю, -аешь

считáться, -áюсь, -áешься *uv* 1. *umg* abrechnen, Geldangelegenheiten erledigen 2. с *I* berücksichtigen, Rücksicht nehmen (auf); achten; rechnen (mit) 3. *I* gelten (als), gehalten werden (für); он считáется вели́ким учёным er gilt als großer Gelehrter; считáется, что es wird angenommen, daß ◇ э́то не считáется das zählt nicht mit, das gilt nicht ‖ *v* сосчитáться *zu* 1 *u.* счéсться* *zu* 1
счи́тка, -и, *Pl G* -ток, *D* -ткам *f* 1. (Text-) Vergleich 2. *theat* Leseprobe
счи́тывать *uv zu* ²считáть
счищáть(ся) *uv zu* счи́стить(ся)
США (Соединённые Штáты Амéрики) USA
сшибáть(ся) *uv zu* сшиби́ть(ся)
с|шиби́ть* *v umg* 1. umstoßen, umwerfen, herunterstoßen; ~ когó-н. с ног j-n über den Haufen rennen 2. zusammenstoßen ‖ *uv* сшибáть, -áю, -áешь
с|шиби́ться* *v umg* 1. zusammenstoßen 2. Kampf [Streit] beginnen ‖ *uv* сшибáться, -áюсь, -áешься
сшивáть *uv zu* сшить
сши́вка, -и, *Pl G* -вок, *D* -вкам *f* 1. Zusammennähen 2. Verbindungsstelle, Naht
с|шить*, сошью́ *v* 1. zusammennähen, nähen 2. verbinden, zusammenfügen ‖ *uv* сшивáть, -áю, -áешь
съедáть *uv zu* съесть
съедéние, -я *n*: отдáть на ~ a) zum Fraße vorwerfen; b) (auf Gnade oder Ungnade) ausliefern
съедóбный, -ая, -ое; *Kzf* -бен, -бна eßbar
съёживаться *uv zu* съёжиться
съёжиться, -жусь, -жишься *v* sich zusammenziehen, zusammenschrumpfen; sich zusammenrollen ‖ *uv* съёживаться, -аюсь, -аешься
съезд, -а *m* 1. Kongreß; ~ пáртии Parteitag 2. Eintreffen, Zusammenkommen 3. Abfahrt
съéздить, съéзжу, съéздишь *v* (hin)-fahren (und wieder zurückkehren)
съезжáть(ся) *uv zu* съéхать(ся)
съéзжая, -ей *Subst f hist* Arrestraum
съёмка, -и, *Pl G* -мок, *D* -мкам *f* 1. Abnehmen, Entfernen 2. Ernten 3. Mieten 4. Aufnahme, Photo; -и фи́льма Dreharbeiten, Filmaufnahmen; ускóренная ~ Zeitlupenaufnahme; замéдленная ~ Zeitrafferaufnahme; детáльная ~ Nah-, Großaufnahme; натýрная ~ Außenaufnahme 5. Aufnahme, Vermessung
съёмный, -ая, -ое 1. abnehmbar, entfernbar 2. *landw* reif *Obst*
съёмочный, -ая, -ое 1. (Film-) Aufnahme-, Dreh-; ~ коллекти́в Aufnahmestab 2. Vermessungs-
съёмщик, -а *m* Mieter; отвéтственный ~ (Haupt-)Mieter, Wohnungsinhaber
съёмщица, -ы, *I* -ей *f* Mieterin
съестнóй [сн], -áя, -óе 1. Lebensmittel-, Eß- 2. -óе, -óго *Subst n* Lebensmittel, Essen, etwas Eßbares
съ|есть* *v* essen, verzehren; *übtr* verschlingen ◇ ~ пилю́лю die Pille schlucken, die Beleidigung hinnehmen; на э́том он собáку съел darauf versteht er sich ‖ *uv* съедáть, -áю, -áешь
съ|éхать* *v* 1. hinunterfahren, herunterfahren 2. einbiegen 3. *umg* ausziehen, übersiedeln; ~ с кварти́ры aus der Wohnung ausziehen 4. *umg* herunterrutschen, herabgleiten ◇ ~ на бéрег *naut* an Land gehen ‖ *uv* съезжáть, -áю, -áешь
съ|éхаться* *v* von allen Seiten angereist [angefahren] kommen; zusammenkommen (с *I* mit) ‖ *uv* съезжáться, -áюсь, -áешься
съехи́дничать, -аю, -аешь *v umg* boshafte Reden führen
съязви́ть, -влю́, -ви́шь *v umg* höhnische [gehässige] Reden führen
сы́воротка, -и, *Pl G* -ток, *D* -ткам *f* 1. Molke 2. *biol, med* Serum
сы́гранность, -и *f* Zusammenspiel
сы́гранный, -ая, -ое (gut aufeinander) eingespielt
сыгрáть, -áю, -áешь; сы́гранный, -ан, -а *v* 1. spielen; ~ в волейбóл Volleyball spielen; ~ на скри́пке Geige spielen; ~ пéшкой einen Zug mit einem Bauern machen *beim Schachspiel* 2. *theat* aufführen ◇ ~ шýтку einen (bösen) Streich spielen
сыгрáться, -áюсь, -áешься *v* sich (aufeinander) einspielen ‖ *uv* сы́грываться, -аюсь, -аешься
сы́гровка, -и, *Pl G* -вок, *D* -вкам *f mus* Orchesterprobe
сы́грываться *uv zu* сыгрáться
сызмала *Adv volksspr* von klein auf, von Kindesbeinen an
сызнова *Adv umg* von neuem, wieder
сымпровизи́ровать *v zu* импровизи́ровать

сын, -а, *Pl* сыновья́, сынове́й, сыновья́м *m* 1. Sohn 2. *Pl meist* сыны́, сыно́в, сына́м *übtr, buchspr* Sohn, Mensch; ~ револю́ции ein Sohn der Revolution; ~ своего́ вре́мени ein Kind seiner Zeit
сыни́шка, -и, *Pl G* -шек, *D* -шкам *m Dem zärtl zu* сын (kleiner) Sohn
сыно́вний, -яя, -ее Sohnes-
сыно́к, -нка́ *m umg Dem zärtl zu* сын (kleiner) Sohn; mein Sohn *Anrede an einen jungen Mann*; ма́менькин ~ Muttersöhnchen
сы́пать* *uv* 1. schütten, streuen; verschütten 2. *übtr* überschütten; um sich werfen (*I* mit) 3. *umg* schnell [pausenlos] sprechen; ~ вопро́сами Fragen hervorsprudeln
сы́паться*, *1. u. 2. Pers ungebr, uv* 1. herabrieseln, herunterrieseln, -fallen; herunterrollen; штукату́рка сы́плется der Putz bröckelt ab 2. stieben 3. *übtr* niederprasseln, hageln, regnen; упрёки сы́пались гра́дом es hagelte Vorwürfe 4. *umg* ausfransen; verschleißen
сы́плю ↑ сы́пать
сыпно́й, -а́я, -о́е: ~ **тиф** *med* Flecktyphus
сыпу́чий, -ая, -ее; *Kzf* -у́ч, -а 1. Streu-, Flug- 2.: ме́ры -их тел Hohlmaße; ~ груз Schüttgut
сыпь, -и *f med* Ausschlag
сыр, -а (-у), *Pl* сыры́, сыро́в, сыра́м *m* Käse ◇ как ~ в ма́сле ката́ться wie die Made im Speck leben
сыр-бо́р: из-за э́того ~ загоре́лся das war die Ursache von allem, da kam es her
Сыр-Дарья́, -ьи́ *f* Syr-Darja *Fluß*
сыре́ть, -е́ю, -е́ешь *uv* feucht werden; сте́ны сыре́ют die Wände schwitzen
сыре́ц, -рца́, *I* -рцо́м, *G Pl* -рцо́в *m* Halbfabrikat; кирпи́ч-~ ungebrannter Ziegelstein; шёлк-~ Rohseide
сы́рник, -а *m* (kleiner) Quarkpfannkuchen
сы́рный, -ая, -ое Käse-
сыроваре́ние, -я *n* Käsezubereitung
сырова́рня, -и, *Pl G* -рен, *D* -рням *f* Käserei
сырое́жка, -и, *Pl G* -жек, *D* -жкам *f bot* Täubling
сыро́й, -а́я, -о́е; *Kzf* сыр, -а́! 1. feucht 2. roh, ungekocht; nicht gar gekocht, nicht ausgebacken 3. roh, unbearbeitet, unfertig 4. *umg* korpulent, feist
сы́рость, -и *f* Feuchtigkeit
сырьё, -ья́ *n* Rohstoff, Rohmaterial
сырьево́й, -а́я, -о́е Rohstoff-
сыск, -а *m alt* Fahndung; Spitzeldienst
с|ыска́ть* *v* 1. *umg* finden 2. *alt* ausfindig machen; j-m auf die Spur kommen ‖ *uv* **сы́скивать,** -аю, -аешь
сыскно́й, -а́я, -о́е Fahndungs-; -а́я поли́ция *hist* Kriminalpolizei
сы́тный, -ая, -ое; *Kzf* -тен, -тна́! sättigend, nahrhaft; reichlich
сы́тый, -ая, -ое; *Kzf* сыт, -а́! satt; *umg* wohlgenährt
сыч, -а́, *I* -о́м, *G Pl* -е́й *m zool* Kauz, Käuzchen
сычу́г, -а́ *m vet* Labmagen
сы́щик, -а *m* Detektiv, Geheimpolizist
сыщу́ ↑ сыска́ть
СЭВ [сеф] (Сове́т экономи́ческой взаимопо́мощи) Rat für gegenseitige Wirtschaftshilfe, RGW
сэконо́мить *v zu* эконо́мить
сюда́ *Adv* hierher; туда́ и ~ hin und her
сюже́т, -а *m lit* Sujet, Stoff, Fabel
сюже́тный, -ая, -ое 1. Sujet-, Stoff- 2. *Kzf* -тен, -тна: ~ фильм Film mit einer interessanten Handlung [Fabel]
сюи́та, -ы *f mus* Suite
сюрпри́з, -а *m* Überraschung
сюрпри́зный, -ая, -ое: -ая коро́бка Geschenkpackung
сюрту́к, -а́ *m* Gehrock
сюсю́кать, -аю, -аешь *uv umg* lispeln
ся́ду ↑ сесть
сяк *Adv*: и так и ~ *umg* a) so oder so, wie Sie wollen; b) erträglich, leidlich
сям *Adv*: там и ~ *oder* там-~ hier und dort; ни там, ни ~ nirgends; то там, то ~ bald hier, bald dort

Т

т (то́нна) t (Tonne)
т. (това́рищ; том) Genosse, Genossin, Kollege, Kollegin; Band *Buch*
та ↑ тот
таба́к, -а́ (-у́), *Pl* (*zur Bezeichnung von Sorten*) табаки́, -о́в, -а́м *m* Tabak;

кури́тельный ~ Rauchtabak; жева́тельный ~ Kautabak; ню́хательный ~ Schnupftabak; ню́хать ~ Tabak schnupfen
табаке́рка, -и, *Pl G* -рок, *D* -ркам *f* Tabak(s)dose
табаково́дство *n* Tabakbau
таба́нить, -ню, -нишь *uv naut* streichen, rückwärts rudern
таба́чник, -а *m* **1.** Arbeiter in einer Tabakfabrik **2.** *volksspr* Tabakraucher, Tabakschnupfer
таба́чный, -ая, -ое Tabak-; -ая фа́брика Tabakfabrik; -ого цве́та tabakfarben
та́бель, -я *m* **1.** Verzeichnis, Liste; ~ о ра́нгах *hist* Rangliste, Rangtafel **2.** Kontrolltafel *für das Kommen und Gehen der einzelnen Arbeiter und Angestellten* **3.** Kontrollmarke **4.** Schulzeugnis; Zeugnisheft
та́бельный, -ая, -ое planmäßig; та́бельная доска́ Kontrolltafel
та́бельщик, -а *m* Kontrolleur, der eine Kontrolltafel überwacht
табле́тка, -и, *Pl G* -ток, *D* -ткам *f* Tablette
табли́ца, -ы, *I* -ей *f* Tafel, Tabelle; ~ умноже́ния Einmaleins(tafel); ~ логари́фмов Logarithmentafel; ~ вы́игрышей Gewinnliste
табли́чный, -ая, -ое tabellarisch
та́бор, -а *m* **1.** Lager; Zigeunerlager; Nomadenlager; расположи́ться -ом ein Lager aufschlagen **2.** *hist* Feldlager
табу́ *n idkl* Tabu; подверга́ть [накла́дывать] ~ mit Tabu belegen
табу́н, -а́ *m* Herde *von Pferden, Renen u. ä.*
табу́нщик, -а *m* Hirt, Pferdehirt
табуре́т, -а *m* Hocker, Schemel
табуре́тка, -и, *Pl G* -ток, *D* -ткам *f* Hocker, Schemel
таве́рна, -ы, *G Pl* -ве́рн *f* Taverne, Schenke
та́волга, -и *f bot* Spier(strauch)
таврёный, -ая, -ое mit einem Brandmal versehen; gezeichnet
таври́ть, -рю́, -ри́шь; -рённый, -рён, -рена́ *uv A einem Tier* ein Erkennungszeichen einbrennen
тавро́, -а́, *Pl* та́вра, тавр, тавра́м *n* Brandmal, Stempel *bei Tieren*
тавро́вый, -ая, -ое: ~ знак eingebranntes Zeichen *bei Tieren*; -ое желе́зо T-Eisen
тавтоло́гия, -и *f* Tautologie
тага́н, -а́ *m* Feuerbock, Dreifuß
Таганро́г, -а *m* Taganrog *Stadt*
таджи́к, -а *m* Tadshike
Таджикиста́н, -а *m* Tadshikistan
таджи́кский, -ая, -ое tadshikisch; Таджи́кская Сове́тская Социалисти́ческая Респу́блика Tadshikische Sozialistische Sowjetrepublik
таджи́чка, -и, *Pl G* -чек, *D* -чкам *f* Tadshikin
таёжник, -а *m* Taigabewohner
таёжный, -ая, -ое Taiga-
[1]**таз,** -а, *P* о та́зе, в тазу́, *Pl* тазы́, -о́в, -а́м *m* Becken, Schüssel, Waschbecken
[2]**таз,** -а, *P* в та́зе *u.* в тазу́, *Pl* тазы́, -о́в, -а́м *m anat* Becken
тазобе́дренный, -ая, -ое *anat* Hüft(bein)-; ~ суста́в Hüftgelenk
та́зовый, -ая, -ое *anat* Becken-; -ая по́лость Beckenhöhle
Таила́нд, -а *m* Thailand
таила́ндец, -дца, *I* -дцем, *G Pl* -дцев *m* Thailänder
таила́ндка, -и, *Pl G* -док, *D* -дкам *f* Thailänderin
таи́нственный, -ая, -ое; *Kzf* -ен, -енна **1.** geheimnisvoll, rätselhaft **2.** geheim
та́инство, -а *n rel* Sakrament
Таити *m idkl* Tahiti
таи́ть, таю́, таи́шь *uv* verheimlichen, geheimhalten, verbergen, verhehlen; ~ зло́бу про́тив кого́-н. Haß gegen j-n hegen; ~ в себе́ опа́сность eine Gefahr in sich bergen ◇ не́чего греха́ ~ *umg* offen gestanden
таи́ться, таю́сь, таи́шься *uv* sich verbergen, sich verstecken; (vor j-m etw.) verheimlichen ◇ в нём таи́тся зло́ба er ist wütend (ohne es zu zeigen)
Тайва́нь, -я *m* Taiwan
тайга́, -и́ *f* Taiga, sibirischer Urwald
тайко́м *Adv* heimlich, im geheimen; im stillen, in aller Stille; он сде́лал э́то ~ от меня́ er tat es hinter meinem Rücken
тайм, -а *m Sport* Halbzeit
та́ймер, -а *m* Zeitrelais
Таймы́р, -а *m* Taimyrhalbinsel
та́йна, -ы *f* Geheimnis; сохраня́ть -у ein Geheimnis wahren; держа́ть в -е geheimhalten; посвяща́ть кого́-н. в -у j-n in ein Geheimnis einweihen; вы́дать -у ein Geheimnis verraten
тайни́к, -а́ *m* Versteck, Schlupfwinkel, Geheimgang; Geheimfach ◇ в -а́х души́ [се́рдца] im Innersten [verborgensten Winkel] des Herzens

та́йнопись, -и *f* Geheimschrift, Kryptographie

та́йный, -ая, -ое geheim; heimlich; Geheim-; ~ сове́тник Geheimrat; -ая наде́жда verborgene Hoffnung; -ым голосова́нием in geheimer Abstimmung

тайфу́н, -а *m* Taifun

так 1. *Adv* so, auf diese Weise; де́ло обстои́т так so steht die Sache; так ему́ и на́до das geschieht ihm recht **2.** *Adv* so, dermaßen; он так измени́лся, что . . . er hat sich dermaßen verändert, daß . . .; бу́дьте так добры́ seien Sie so gut, wollen Sie bitte so gut sein **3.** *Konj* so, also, dann; ты не пойдёшь, так я пойду́ gehst du nicht, so gehe ich; не тут, так там wenn nicht hier, dann dort **4.** *Part* ja, freilich; и́менно так freilich, ganz so; не так ли? nicht wahr?; так то́чно! *mil* jawohl, zu Befehl! ◇ так сказа́ть sozusagen; так и́ли ина́че sowieso, so oder so; так называ́емый sogenannt; здесь что́-то не так hier stimmt etwas nicht; как так? wieso?, wie ist es möglich?; так наприме́р so, zum Beispiel; и так и сяк auf jede mögliche Weise; он э́то (про́сто) так сказа́л er hat es nur so [ohne Hintergedanken] gesagt; что с тобо́й? — так, ничего́ was ist mit dir? — nichts Besonderes; и так да́лее und so weiter; та́к-таки *oder* так и doch, wirklich, trotz alle(de)m; так и быть gut, meinetwegen; он и так уже́ бо́лен er ist ohnehin schon krank; так себе́ *umg* einigermaßen, mäßig, (so) ziemlich, soso lala; как бы не так! warum nicht gar!, das fehlte nur noch!; так-то так, но . . . das stimmt ja, aber . . .; так как da, weil

¹та́кать, -аю, -аешь *uv volksspr* als Antwort ,,так" sagen

²та́кать, *1. u. 2. Pers ungebr*, -ает *uv umg* tacken, knattern

такела́ж, -а, *I* -ем, *G Pl* -ей *m* Takelwerk, Takelage, Takelung

такела́жный, -ая, -ое Takel-

та́кже *Adv u. Konj* auch, gleichfalls, ebenfalls

-таки́ *Part* doch, dennoch; schon; он-~ пришёл er ist doch gekommen; опя́ть-~ wiederum

тако́в, -а́, -о́ *Pron in prädikativer Funktion* so; so einer, solch einer; -о́ на́ше мне́ние das ist unsere Meinung; все они́ -ы́ so sind sie alle ◇ и был ~ *umg* und weg war er; er war auf und davon

такова́й, -а́я, -о́е *Pron alt* ein solcher, dieser; как ~ als solcher

тако́вский, -ая, -ое *Pron volksspr* solch einer, so einer ◇ не ~ он челове́к er hat nicht das Zeug dazu; dessen ist er nicht fähig

тако́й, -а́я, -о́е **1.** *Dem Pron* solcher, solch ein, so ein; ~ рабо́тник solch ein Arbeiter; в тако́м слу́чае in diesem Falle; ~ же са́мый *oder* то́чно ~ же genau derselbe **2.** *Deter Pron* so, so sehr; он ~ у́мный er ist so klug [gescheit]; ~ же большо́й, как . . . ebenso groß, wie . . . **3.** *Indef Pron* ein gewisser, bestimmter; ~-то това́рищ ein gewisser Genosse; в ~-то час zu der und der Stunde ◇ кто ~? wer ist das?; что тако́е? was gibt's?, was ist los?, was ist geschehen?; таки́м о́бразом auf diese Weise; до ~ сте́пени dermaßen; что же тут тако́го? was ist denn hier schon dabei?

тако́й-сяко́й, така́я-сяка́я, тако́е-сяко́е *Deter Pron umg* so einer *im negativen Sinne*; ах, ~! ach, das ist einer!

тако́й-то *Indef Pron* der und der, ein bestimmter, ein gewisser

¹та́кса, -ы *f* Taxe, Gebühr

²та́кса, -ы *f* Dackel, Dachshund

такса́тор, -а *m* Taxator, Abschätzer

такса́ция, -и *f* **1.** Taxierung **2.** Waldabschätzung; Ernteabschätzung

такси́ *n idkl* Taxi, Autodroschke

такси́ровать, -рую, -руешь; -рованный, -рован, -а *v, uv* taxieren, abschätzen

такси́ст, -а *m umg* Taxifahrer

таксомото́р, -а *m* Taxi

таксофо́н, -а *m* Münzfernsprecher

так-ся́к *prädikativ* leidlich, erträglich

¹такт, -а *m mus* Takt; держа́ть ~ den Takt halten, im Takt bleiben; отбива́ть ~ den Takt schlagen; сби́ться с -а aus dem Takt kommen

²такт, -а *m* Takt, Feingefühl

та́к-таки *Part umg* dennoch, doch; trotz alledem

та́ктик, -а *m* Taktiker

та́ктика, -и *f* Taktik, Kampfweise

такти́ческий, -ая, -ое taktisch

такти́чность, -и *f* Taktgefühl, Feingefühl, Feinfühligkeit

такти́чный, -ая, -ое; *Kzf* -чен, -чна taktvoll, feinfühlig

тала́нт, -а *m* Talent, Begabung

талáнтливый, -ая, -ое; *Kzf* -ив, -а talentiert, begabt
тáлер, -а *m* Taler *Münze*
тáли, -ей *Pl naut* Flaschenzug, Talje
тáлия, -и *f* Taille; обня́ть за -ю um die Taille fassen; в -ю auf Taille
Тáллин, -а *m* Tallinn
талму́д, -а *m* Talmud
талóн, -а *m* Kontrollabschnitt, Talon, Kupon; Bezugschein
тáлый, -ая, -ое aufgetaut, geschmolzen; ~ снег Schneewasser
тальк, -а *m min* Talk, Talkum
тáльковый, -ая, -ое Talk-; ~ слáнец *min* Talkstein, Talkschiefer
тáльма, -ы *f alt* Überwurf, langer Umhang
тальни́к, -á *m bot* Purpurweide
там 1. *Adv* dort, da; там и сям überall; там же ebenda **2.** *Adv* dann; там ви́дно бу́дет, что дéлать dann werden wir (schon) sehen, was zu tun ist **3.** *Part umg*: бери́, чегó там! nimm, genier dich nicht!
Тамáра, -ы *f weibl Vn*
¹тáмбур, -а *m* **1.** Windfang, Unterbau *einer Kuppel* **2.** Windfang, geschlossene Plattform *bei Eisenbahnwagen*
²тáмбур, -а *m Stickart* Tamburierstickerei, Stickerei im Kettenstich
тамбу́р, -а *m alt* Trommel
тамбури́н, -а *m* Tamburin, Schellentrommel
¹тáмбурный, -ая, -ое Windfang-; -ые двéри Windfangtür
²тáмбурный, -ая, -ое *text* Tamburier-
тамóженник, -а *m* Zollbeamter
тамóженный, -ая, -ое Zoll-; ~ осмóтр Zollrevision; -ая пóшлина Zoll
тамóжня, -и, *Pl G* -жен, *D* -жням *f* Zollamt
тáмошний, -яя, -ее *umg* dortig
тампóн, -а *m med* Tampon, Wattebausch
тампонáция, -и *f med* Tamponade
тампони́ровать, -рую, -руешь; -рованный, -рован, -а *v, uv* tamponieren
Танганьи́ка, -и *f* Tanganjika
тáнгенс, -а *m math* Tangens
тáнго *n idkl* Tango
тáндем, -а *m* Tandem
тáнец, -нца, *I* -нцем, *G Pl* -нцев *m* Tanz; урóки тáнцев Tanzstunden, Tanzunterricht; бéлый ~ Damenwahl
Танжéр, -а *m* Tanger
Танзáния, -и *f* Tansania
танк, -а *m* Panzer, Panzerkampfwagen
тáнкер, -а *m* Tanker, Tankschiff
танкéтка, -и, *Pl G* -ток, *D* -ткам *f* Kleinkampfwagen
танкéтки *Pl* -ток, -ткам, *Sg* танкéтка, -и *f* Pumps mit Keilabsatz
танки́ст, -а *m* Panzersoldat
тáнковый, -ая, -ое Panzer-, Kampfwagen-; -ая часть Panzereinheit
танкостроéние, -я *n* Panzerbau
тантьéма, -ы *f* Tantieme, Gewinnanteil
танцевáльный, -ая, -ое **1.** Tanz-; ~ вéчер Tanzabend **2.** *Kzf* -лен, -льна zum Tanzen geeignet
танцевáть, -цу́ю, -цу́ешь *uv* **1.** tanzen **2.** tanzen können ‖ *v* станцевáть; станцóванный, -ан, -а
танцмéйстер, -а *m* Tanzlehrer, Ballettmeister
танцóвщик, -а *m* Balletttänzer
танцóвщица, -ы, *I* -ей *f* Balletttänzerin
танцóр, -а *m* Tänzer
танцóрка, -и, *Pl G* -рок, *D* -ркам *f* Tänzerin
танцу́лька, -и, *Pl G* -лек, *D* -лькам *f volksspr* Tanzabend
Тáня, -и *f Dem zu* Татья́на
тапёр, -а *m* Klavierspieler, Klavierbegleiter *bei Tanzabenden*
тапи́р, -а *m zool* Tapir
тáпки *Pl* -пок, -пкам, *Sg* тáпка, -и *f umg* Sportschuhe, leichte Schuhe ohne Absatz
тáпочки *Pl* -чек, -чкам, *Sg* тáпочка, -и *f umg* Sportschuhe, leichte Schuhe ohne Absatz
тáра, -ы *f hdl* **1.** Tara, Taragewicht **2.** Tara, Verpackung
тарабáрщина, -ы *f umg* Kauderwelsch; unverständliches [ungereimtes] Zeug
таракáн, -а *m* Schabe, Küchenschabe
тарáн, -а *m* **1.** *hist* Mauerbrecher, Sturmbock **2.** Ramme **3.** *naut* Ramm, Rammsporn **4.** *mil* das Rammen *von Panzern und Flugzeugen* **5.** *übtr mil* Durchbruch
тарáнить, -ню, -нишь *uv* **1.** rammen, durchbrechen **2.** attackieren
тарантáс, -а *m* Tarantas, Reisewagen
тарантéлла [тэ], -ы *f* Tarantella *italienischer Volkstanz*
таранти́ть, -нчу́, -нти́шь *uv volksspr* dauernd schwatzen, plappern
тарáнтул, -а *m zool* Tarantel
тарáнь, -и *f zool* Zärte
Тарáс, -а *m männl Vn*
таратáйка, -и, *Pl G* -áек, *D* -áйкам *f*

umg Kabriolett, zweirädriger Wagen

тарато́ра, -ы *m, f volksspr* Plappermaul, Schwatzmaul

тарато́рить, -рю, -ришь *uv umg* plappern, schnattern

тарато́рка, -и, *Pl G* -рок, *D* -ркам *m, f umg* Plappermaul, Schwatzmaul

тарахте́ть, -хчу́, -хти́шь *uv umg* poltern, knarren, Lärm machen

тара́щить, -щу, -щишь *uv umg* weit öffnen, aufreißen; ~ глаза́ die Augen aufreißen, glotzen

таре́лка, -и, *Pl G* -лок, *D* -лкам *f* 1. Teller; глубо́кая ~ tiefer Teller, Suppenteller; ме́лкая ~ flacher Teller 2. *Pl mus* Schallbecken, Bekken ◇ быть не в свое́й таре́лке mißmutig [mißgestimmt] sein

тари́ровать, -рую, -руешь; -рованный, -рован, -а *v, uv* eichen

тари́ф, -а *m* Tarif; по -у tarifmäßig

тари́фный, -ая, -ое Tarif-, tarifmäßig; ~ по́яс Tarifzone

та́ртар, -а *m myth* Tartarus, Unterwelt

тартарары́ *Pl idkl umg, scherz*: провали́ться в ~ in die Hölle fahren, zum Teufel gehen

тарти́нка, -и, *Pl G* -нок, *D* -нкам *f alt* kleine Scheibe Brot mit Butter, belegtes Brot

та́ры-ба́ры *Pl idkl volksspr* leeres Geschwätz

таска́ть, -а́ю, -а́ешь; та́сканный, -ан, -а *uv* 1. *unbest zu* тащи́ть; ~ всю́ду с собо́й überall mit sich schleppen 2. *umg* zerren, reißen, ziehen (за *A* an); ~ за́ волосы an den Haaren ziehen 3. *umg* tragen, anhaben *Kleidung, Schuhe* 4. *umg* stehlen, entwenden ◇ е́ле [едва́] но́ги ~ mühsam dahinschleichen

таска́ться, -а́юсь, -а́ешься *uv umg* sich herumtreiben, herumlungern

Тасма́ния, -и *f* Tasmanien

тасова́ть, -су́ю, -су́ешь; тасо́ванный, -ан, -а *uv* mischen; ~ ка́рты Karten mischen

ТАСС [тас], -а *m* (Телегра́фное Аге́нтство Сове́тского Сою́за) TASS, Telegrafenagentur der Sowjetunion

тата́рин, -а, *Pl* тата́ры, -а́р, -а́рам *m* Tatar

тата́рка, -и, *Pl G* -рок, *D* -ркам *f* Tatarin

тата́рский, -ая, -ое tatarisch; Тата́рская АССР Tatarische ASSR

татуи́ровать, -рую, -руешь; -рованный, -рован, -а *v, uv* tätowieren

татуиро́вка, -и, *Pl G* -вок, *D* -вкам *f* Tätowierung

Татья́на, -ы *f weibl Vn*

тафта́, -ы́ *f text* Taft

тахо́метр, -а *m* Tachometer

тахта́, -ы́ *f* Liege, Ottomane; breiter, niedriger Diwan

тача́нка, -и, *Pl G* -нок, *D* -нкам *f* leichter Wagen; пулемётная ~ Maschinengewehrwagen

тача́ть, -а́ю, -а́ешь; та́чанный, -ан, -а *uv* steppen, zusammennähen

та́чка, -и, *Pl G* -чек, *D* -чкам *f* Schubkarren

Ташке́нт, -а *m* Taschkent

тащи́ть, тащу́, та́щишь; та́щенный, -ен, -а *uv best* 1. schleppen, ziehen, schleifen; ~ мешо́к einen Sack schleppen 2. (heraus)ziehen, -holen; ~ гвоздь из стены́ einen Nagel aus der Wand ziehen 3. *umg* stehlen, entwenden | *unbest* таска́ть *zu* 1

тащи́ться, тащу́сь, та́щишься *uv* 1. *umg* sich schleppen, sich langsam [mühsam] fortbewegen 2. *1. u. 2. Pers ungebr* am Boden schleifen

та́яние, -я *n* das Schmelzen, Tauen

та́ять, та́ю, та́ешь *uv* 1. *1. u. 2. Pers ungebr* tauen, schmelzen, zergehen; снег та́ет der Schnee taut; конфе́та та́ет во рту das Konfekt zergeht im Munde 2. *1. u. 2. Pers ungebr übtr* verschwinden, verklingen, schwächer werden; си́лы та́ют die Kräfte schwinden [lassen nach] 3. *übtr* schmachten, vergehen; та́ять с го́ря sich vor Gram verzehren 4. *übtr* abmagern, dahinsiechen; он та́ет на глаза́х er magert zusehends ab

тбили́сец, -сца, *I* -сцем, *G Pl* -сцев *m* Einwohner von Tbilissi

Тбили́си *m idkl* Tbilissi

тварь, -и *f* 1. Geschöpf, Kreatur *a. Koll* 2. *volksspr, verächtl* Kreatur, verachtenswerter Mensch

тверде́ть, *1. u. 2. Pers ungebr,* -е́ет *uv* sich verhärten, hart werden

тверди́ть, -ржу́, -рди́шь; -ржённый, -ржён, -ржена́ *uv* 1. *A oder* о *P* etwas wiederholt sagen, behaupten; ~ всё одно́ и то же etwas hartnäckig behaupten 2. *A* etwas wiederholen, um es sich einzuprägen; ~ наизу́сть auswendig lernen [hersagen]

твердока́менный, -ая, -ое steinhart, unbeugsam

твердоло́бый, -ая, -ое; *Kzf* -ло́б, -а engstirnig, eigensinnig

твердоспла́вный, -ая, -ое hartlegiert
твёрдость, -и *f* Festigkeit, Härte, Standhaftigkeit
твёрдый, -ая, -ое; *Kzf* твёрд, тверда́, твёрдо; *Komp* твёрже **1.** fest, hart, starr, steif; -ое те́ло fester Körper **2.** *übtr* fest, unerschütterlich, standhaft; -ое наме́рение feste Absicht; -ые це́ны feste Preise; ~ ду́хом челове́к standhafter Mensch ◇ в здра́вом уме́ и -ой па́мяти bei vollem Verstand und ungetrübtem Gedächtnis; стать где́-н. -ой ного́й irgendwo festen Fuß fassen **3.** *ling* hart, nicht palatalisiert; ~ согла́сный harter Konsonant; ~ знак hartes Zeichen, Name des russ. Buchstabens „ъ"
тверды́ня, -и *f* **1.** *alt u. hoher Stil* Festung, Feste **2.** *G übtr* Bollwerk, Garant
твёрже ↑ твёрдый
твоё, твои́ ↑ твой
твой, -его́ [во] *m*; твоя́, -е́й *f*; твоё, -его́ [во] *n*; *Pl* твои́, -и́х **1.** *Poss Pron* dein; твоя́ кварти́ра deine Wohnung **2.** твои́, -и́х *Subst Pl umg* die Deinen, deine Angehörigen; как твои́ пожива́ют? wie geht es den Deinigen? **3.** твоё, твоего́ *Subst n umg* das Dein(ig)e; dein Eigentum; мне твоего́ не ну́жно ich brauche nichts, was dir gehört **4.** твоего́ *nach Komp* . . . als du; я пережи́л бо́льше твоего́ ich habe mehr als du durchgemacht; ◇ по-тво́ему a) deiner Ansicht [Meinung] nach; b) nach deinem Wunsch
творе́ние, -я *n* **1.** Schaffen *Handlung* **2.** *alt* Geschöpf **3.** *hoher Stil* Werk, Schöpfung
творе́ц, -рца́, *I* -рцо́м, *G Pl* -рцо́в *m* Schöpfer
твори́ло, -а *n* Kalkgrube, Kalktrog
твори́тельный, -ая, -ое: ~ паде́ж Instrumental(is)
[1]**твори́ть,** -рю́, -ри́шь *uv* **1.** schaffen, erzeugen **2.** machen, tun, verrichten, vollbringen; ~ чудеса́ Wunder vollbringen; ~ суд Gericht halten, richten ‖ *v* сотвори́ть; -рённый, -рён, -рена́
[2]**твори́ть,** -рю́, -ри́шь; -рённый, -рён, -рена́ *uv* anmachen, einrühren *Kalk, Teig*
твори́ться, *1. u. 2. Pers ungebr*, -и́тся *uv umg* geschehen, vor sich gehen; что здесь твори́тся? was geht hier vor sich? ‖ *v* сотвори́ться
творо́г, -а́ (-у́) *u. umg* **тво́рог,** -а (-у) *m* Quark
творо́жник, -а *m* Quarkpfannkuchen; Quarkplätzchen
творо́жный, -ая, -ое aus Quark, Quark-
тво́рческий, -ая, -ое schöpferisch; Schaffens-
тво́рчество, -а *n* Schaffen, Werk; наро́дное ~ Volkskunst
твоя́ ↑ твой
т. г. (теку́щего го́да) des laufenden Jahres
те ↑ тот
-те *Pluralendung des Imp*: пойдёмте! laßt uns gehen!
т. е. (то́ есть) d. h. (das heißt)
теа́тр, -а *m* **1.** Schauspielkunst **2.** Theater; о́перный ~ Opernhaus; драмати́ческий ~ Schauspielhaus ◇ ~ вое́нных де́йствий *übtr* Kriegsschauplatz; анатоми́ческий ~ *alt* Anatomiesaal
театра́л, -а *m* Theaterfreund, Theaterliebhaber
театрализа́ция, -и *f* Bearbeitung fürs Theater
театрализова́ть, -зу́ю, -зу́ешь; -зо́ванный, -зо́ван, -а *uv, v* für die Bühne bearbeiten
театра́льность, -и *f* Geziertheit, Schwülstigkeit
театра́льный, -ая, -ое **1.** Theater-; -ое представле́ние Theatervorstellung **2.** *Kzf* -лен, -льна *übtr* theatralisch, unnatürlich
театрове́дение, -я *n* Theaterwissenschaft
тебе́ ↑ ты
тебя́ ↑ ты
тевто́нский, -ая, -ое teutonisch ◇ Тевто́нский о́рден *hist* Deutschritterorden
Тегера́н, -а *m* Teheran
те́зис [тэ], -а *m* These, Thesis, Leitsatz
тёзка, -и, *Pl G* -зок, *D* -зкам *m, f umg* Namensvetter *mit gleichem Vornamen*
теи́зм [тэ], -а *m* Theismus
теки́нец, -нца, *I* -нцем, *G Pl* -нцев *m* Tekinze *turkmenischer Volksstamm*
теки́нский, -ая, -ое tekinzisch
текст, -а *m* Text, Wortlaut
тексти́ль, -я *m Koll* Textilwaren, Textilien
тексти́льный, -ая, -ое textil, Textil-
тексти́льщик, -а *m* Textilarbeiter
текстови́к, -а́ *m* Textdichter
тексто́вка, -и, *Pl G* -вок, *D* -вкам *f* Bildunterschrift, kurzer Text zu einem Bild

текстово́й, -а́я, -о́е Text-
текстуа́льный, -ая, -ое; *Kzf* -лен, -льна textgemäß, textgetreu, wörtlich
теку́ ↑ [1]течь
теку́честь, -и *f* 1. Fluidität, flüssiger Zustand 2. Fluktuation; ~ рабо́чей си́лы Fluktuation der Arbeitskräfte
теку́чий, -ая, -ее; *Kzf* -у́ч, -а 1. flüssig 2. *übtr* fluktuierend, veränderlich, unbeständig
теку́щий, -ая, -ее 1. gegenwärtig, laufend; dieser *Monat, Jahr usw.* 2. laufend, regelmäßig; ~ счёт Kontokorrent
тел. (телефо́н) Telefon
теле|веща́ние, -я *n* Fernsehübertragung; **~ви́дение,** -я *n* Fernsehen; цветно́е ~ви́дение Farbfernsehen; **~визио́нный,** -ая, -ое Fernseh-; ~визио́нная устано́вка Fernsehanlage
телеви́зор, -а *m* Fernsehempfänger; насто́льный ~ Fernsehtischgerät
телеви́зорный, -ая, -ое Fernseh-; ~ сто́лик Fernsehtisch
теле́га, -и *f* Leiter-, Kastenwagen
теле|гра́мма, -ы *f* Telegramm; Fernschreiben; ~гра́мма-мо́лния Blitztelegramm; **~гра́ф,** -а *m* 1. Telegraf, Fernschreiber 2. Telegrafenamt; **~графи́ровать,** -рую, -руешь; -рованный, -рован, -а *v, uv A oder* о *P* telegrafieren, drahten, kabeln; **~графи́ст,** -а *m* Telegrafist; **~графи́стка,** -и, *Pl G* -ток, *D* -ткам *f* Telegrafistin; **~графи́я,** -и *f* Telegrafie, Fernschreibwesen
телегра́фный, -ая, -ое telegrafisch, Telegrafen-, Draht-; -ое сообще́ние telegrafische Nachricht; ~ а́дрес Telegrammadresse
теле́жка, -и, *Pl G* -жек, *D* -жкам *f* 1. *Dem zu* теле́га kleiner Wagen, Handwagen, Karren; грузова́я ~ Laufkatze 2. *tech* Untergestell, Gestell
теле|зри́тель, -я *m* Fernsehteilnehmer, -zuschauer; **~ка́мера,** -ы *f* Fernsehkamera; **~меха́ника,** -и *f* Fernschaltung
телёнок, -нка, *Pl* теля́та, -я́т, -я́там *m* Kalb ◇ загна́ть [посла́ть] куда́ Мака́р теля́т не гоня́л hinschicken, wo der Pfeffer wächst
телеобъекти́в, -а *m* Teleobjektiv
теле|переда́ча, -и *f* Fernsehübertragung; **~ско́п,** -а *m* Teleskop, Fernrohr; **~скопи́ческий,** -ая, -ое teleskopisch; **~ско́пный,** -ая, -ое Teleskop-
теле́сный, -ая, -ое 1. körperlich, Körper-; -ые поврежде́ния Körperverletzungen; -ое наказа́ние Prügelstrafe; -ого цве́та fleischfarben 2. *übtr alt* irdisch, materiell; ~ мир irdische Welt 3. *Kzf* -сен, -сна *math, phys* Körper-
теле|сту́дия, -и *f* (телевизио́нная сту́дия) Fernsehstudio; **~та́йп,** -а *m* Fernschreiber *Gerät*; **~управле́ние,** -я *n* Fernsteuerung; Fernlenkung
телефо́н, -а *m* Telefon, Fernsprecher; ~-автома́т Fernsprechautomat; говори́ть по -у telefonieren; позвони́ть по -у кому́-н. j-n anrufen; вы́звать к -у ans Telefon rufen; ~ за́нят die Nummer ist besetzt; междугоро́дный ~ Fernamt
теле|фони́ровать, -рую, -руешь *v, uv A oder* о *P* telefonieren, anrufen; **~фони́стка,** -и, *Pl G* -ток, *D* -ткам *f* Telefonistin; **~фони́я,** -и *f* Telefonwesen
телефо́нный, -ая, -ое telefonisch, Telefon-, Fernsprech-; автомати́ческая -ая ста́нция Selbstanschlußfernsprechamt; -ая бу́дка Telefonzelle; ~ коммута́тор Sammelnummer *Telefon*
телефоногра́мма, -ы *f* Telefonat, Fernspruch
теле́ц, тельца́, *I* тельцо́м, *G Pl* тельцо́в *m buchspr alt* Kalb ◇ золото́й ~ *buchspr* das goldene Kalb, der Götze Mammon
Теле́ц, Тельца́, *I* Тельцо́м *m astr* Stier
телеце́нтр, -а *m* (телевизио́нный центр) Fernsehzentrum
тели́ться, *1. u. 2. Pers ungebr,* те́лится *uv* kalben, ein Kalb werfen
тёлка, -и, *Pl G* -лок, *D* -лкам *f* Kalbe, Färse, junge Kuh
те́ло, -а, *Pl* тела́, тел, тела́м *n* 1. *phys* Körper; газообра́зное ~ gasförmiger Körper; небе́сное ~ Himmelskörper; жи́дкое ~ flüssiger Körper 2. Körper, Leib; ча́сти -а Körperteile; дрожа́ть всем -ом am ganzen Körper zittern 3. *mil* Lauf, Kanonenrohr ◇ быть в -е wohlbeleibt sein; спасть с -а abmagern *Vieh*; *scherz von Menschen*; нагуля́ть ~ sich herausfressen *Vieh*; держа́ть в чёрном -е stiefmütterlich behandeln, streng [kurz] halten
телогре́йка, -и, *Pl G* -е́ек, *D* -е́йкам *f*

umg 1. Weste, Wams 2. Wattejacke, gesteppte, wattierte Jacke
телодвиже́ние, -я *n* Körperbewegung, Gebärde
телок, -лка *m umg* Kalb
телосложе́ние, -я *n* Körperbau, Gestalt
телохрани́тель, -я *m alt* Leibwächter
Тел-Ави́в [тэ], -а *m* Tel Aviv
те́льный, -ая, -ое, *umg* 1. auf dem Körper zu tragen, Leib- 2.: ~ цвет Fleischfarbe
те́льце, -а, *Pl* тѐльца, -лец, -льцам *u.* тельца́, -ле́ц, -льца́м *n* 1. (*Pl* те́льца) *Dem zu* те́ло kleiner Körper 2. (*Pl* тельца́) *biol* Körperchen, Zelle; кровяны́е тельца́ Blutkörperchen
теля́тина, -ы *f* Kalbfleisch; жарко́е из -ы Kalbsbraten
теля́тник, -а *m* Kälberstall
теля́чий, -ья, ье, Kalbs-; -ья груди́нка Kalbsbrust ◇ ~ восто́рг *mißb* kindische Freude; -ьи не́жности übertrieben Zärtlichkeiten
тем *Konj mit dem Komp* um so; *mit* чем je ... um so [desto]; чем быстре́е, ~ лу́чше je schneller, um so [desto] besser; ~ не ме́нее nichtsdestoweniger
те́ма, -ы *f* 1. Thema, Gegenstand; отклоня́ться от -ы vom Thema abkommen 2. *mus* Thema, Leitgedanke, Hauptmotiv
тема́тика, -и *f* Thematik
темати́ческий, -ая, -ое thematisch, Themen-; Thema-; ~ план Themenplan
тембр [тэ], -а *m* Timbre, Klangfarbe
теменно́й, -а́я, -о́е Scheitel-; -а́я кость Scheitelbein
те́мень, -и *f umg* Dunkelheit, Finsternis
Те́мза, -ы *f* Themse
темля́к, -а́ *m* Degenband, Troddel, Portepee
темне́ть, *1. u. 2. Pers ungebr,* -е́ет *uv* 1. dunkel werden, dunkeln, sich verfinstern; у меня́ темне́ет в глаза́х es wird mir schwarz vor den Augen 2. *unpers* dämmern; темне́ет es dämmert, es dunkelt 3. sich dunkel abheben
темне́ться, *1. u. 2. Pers ungebr,* -е́ется *uv umg* 1. dämmern, dunkeln 2. sich dunkel abheben
темни́ть, -ню́, -ни́шь *uv* dunkel *bzw.* dunkler machen; verfinstern
темни́ца, -ы, *I* -ей *f alt u. buchspr* Kerker, Gefängnis
темно́ *unpers, prädikativ* es ist dunkel; ~ хоть глаза́ вы́коли es ist so finster, daß man die Hand nicht vor den Augen sieht
темно- *in Zuss* dunkel-
тёмно- *in Zuss* (*in Verbindung mit Farben*) dunkel-
темно|воло́сый, -ая, -ое; *Kzf* -о́с, -а dunkelhaarig, brünett; **~гла́зый,** -ая, -ое; *Kzf* -а́з, -а dunkeläugig; **~ко́жий,** -ая, -ее dunkelhäutig; **~ру́сый,** -ая, -ое; *Kzf* -у́с, -а dunkelblond
тёмно-си́ний, -яя, -ее dunkelblau, tiefblau
темнота́, -ы́ *f* 1. Dunkel, Dunkelheit, Finsternis 2. *übtr umg* Unwissenheit; kulturelle Rückständigkeit 3. *übtr alt* Unklarheit
тёмный, -ая, -ое; *Kzf* тёмен, темна́, темно́ *u. volksspr* тёмно, темны́ *u. volksspr* тёмны dunkel 1. dunkel, finster; тёмная ко́мната dunkles Zimmer 2. *übtr* unklar, unverständlich, zweideutig, dunkel; ~ смысл unverständlicher Sinn 3. *übtr* düster, traurig 4. *übtr* dunkel, verdächtig, zweifelhaft; -ая ли́чность dunkle Existenz, verdächtige Person; -ое де́ло schmutzige Geschichte, dunkle Angelegenheit 5. *übtr* ungebildet, unwissend, rückständig; -ые лю́ди ungebildete Leute ◇ темна́ вода́ во о́блацех dunkel ist der Rede Sinn; -ая вода́ *med* schwarzer Star; темны́м-темно́ sehr dunkel
темп [тэ], -а *m* Tempo
те́мпера [тэ], -ы *f* Tempera, Temperafarbe; Temperamalerei
темпера́мент, -а *m* Temperament
темпера́ментный, -ая, -ое; *Kzf* -тен, -тна temperamentvoll
температу́ра, -ы *f* 1. Temperatur, Wärmegrad; ~ кипе́ния Siedepunkt; ~ замерза́ния Gefrierpunkt; ко́мнатная ~ Zimmertemperatur 2. Fieber, erhöhte Temperatur; у меня́ -ы нет ich habe kein Fieber; ме́рить -у Fieber messen
температу́рить, -рю, -ришь *uv umg* fiebern, Fieber haben
температу́рный, -ая, -ое Temperatur-; -ая крива́я Fieberkurve
темь, -и *f umg* Dunkel, Dunkelheit, Finsternis
те́мя, *G, D, P* те́мени, *I* те́менем, *Pl ungebr n* Scheitel, oberster Teil des Schädels
тенденцио́зный [тэндэ], -ая, -ое; *Kzf* -зен, -зна tendenziös
тенде́нция [тэндэ], -и *f* Tendenz, Neigung, Hang

те́ндер [тэндэ], -а *m* Tender
тенево́й, -а́я, -о́е schattig, Schatten-; -а́я сторона́ *a. übtr* Schattenseite
тенелюби́вый, -ая, -ое; *Kzf* -и́в, -а schattenbedürftig, -liebend
тенёта, -ёт *Pl* Tierfangnetz
тени́стый, -ая, -ое; *Kzf* -и́ст, -а schattig
те́ннис [тэ], -а *m* Tennis
теннеи́ст [тэ], -а *m* Tennisspieler
теннеи́стка [тэ], -и, *Pl G* -ток, *D* -ткам *f* Tennisspielerin
те́нниска [тэ], -и, *Pl G* -сок, *D* -скам *f* Polohemd
те́ннисный [тэ], -ая, -ое Tennis-; -ая раке́тка Tennisschläger; ~ корт Tennisplatz
те́нор, -а, *Pl* тенора́, -о́в, -а́м *m* Tenor
тент [тэ], -а *m* Schutzdach gegen Sonne und Regen, Überzelt
тень, -и, *P* о те́ни, в тени́, *Pl* те́ни, тене́й, теня́м *f* 1. Schatten; дава́ть ~ Schatten geben [spenden]; кита́йские те́ни *theat* Schattenspiel 2. *übtr* Schatten, Geist; ца́рство тене́й Schattenreich, Reich der Schatten ◇ от неё оста́лась одна́ ~ sie ist nur noch ein Schatten; ни те́ни keine Spur, kein Schimmer; здесь нет ни те́ни сомне́ния das unterliegt keinem Zweifel; быть в тени́ im Hintergrund bleiben; бро́сить ~ на кого́-н. einen Schatten auf j-n werfen
теологи́ческий [тэ], -ая, -ое theologisch, Theologie-
теоло́гия [тэ], -и *f* Theologie
теоре́ма, -ы *f math* Theorem, Lehrsatz
теоре́тик, -а *m* Theoretiker
теорети́ческий, -ая, -ое theoretisch
теорети́чный, -ая, -ое; *Kzf* -чен, -чна rein theoretisch; zu abstrakt
тео́рия, -и *f* Theorie, Lehre; ~ позна́ния *phil* Erkenntnistheorie; ~ относи́тельности Relativitätstheorie; ~ вероя́тности *math* Wahrscheinlichkeitsrechnung
тепе́решний, -яя, -ее *umg.* jetzig, gegenwärtig; в -ее вре́мя jetzt, heutzutage
тепе́рь *Adv* jetzt, gegenwärtig, nun
тёпленький, -ая, -ое lau, lauwarm
тепле́ть, *1. u. 2. Pers ungebr*, -е́ет *uv* warm, wärmer werden
те́плиться, *1. u. 2. Pers ungebr*, -ится *uv* schwach brennen, glimmen, schwach leuchten; во мне ещё те́плится наде́жда, что . . . ich hege noch die schwache Hoffnung, daß ...
тепли́ца, -ы, *I* -ей *f* Treibhaus, Gewächshaus
тепли́чный, -ая, -ое Treibhaus-, Gewächshaus-; -ое расте́ние Treibhauspflanze; *übtr* verhätscheltes Wesen
[1]**тепло́,** -а́ *n* Wärme; едини́ца -а́ *phys* Wärmeeinheit; два́дцать гра́дусов -а́ zwanzig Grad Wärme
[2]**тепло́** 1. *Adv* warm; одева́ться ~ sich warm kleiden 2. *Adv übtr* warm, herzlich; его́ ~ встре́тили er wurde herzlich empfangen 3. *unpers prädikativ* es ist warm; сего́дня ~ heute herrscht warmes Wetter; мне ~ mir ist warm
теплова́тый, -ая, -ое; *Kzf* -а́т, -а lauwarm, lau
тепловентиля́тор, -а *m*: (ручно́й) ~ Fön, Heißluftdusche
теплово́з, -а *m* Diesellokomotive
теплово́й, -а́я, -о́е Wärme-; ~ дви́гатель Wärmekraftmaschine; ~ эффе́кт *phys* Wärmeleistung; -а́я электроста́нция Wärmekraftwerk; ~ уда́р *med* Hitzschlag
тепло|ёмкость, -и *f phys* Wärmekapazität; **~кро́вные** *Pl* -ых, *Sg* теплокро́вное, -ого *Subst n zool* Warmblütler; **~непроница́емый,** -ая, -ое *phys* wärmedicht; **~прово́д,** -а *m* Wärmeleitung; **~прово́дность,** -и *f phys* Wärmeleitfähigkeit; **~прово́дный,** -ая, -ое; *Kzf* -ден, -дна *phys* wärmeleitend, wärmeleitfähig
теплота́, -ы́ *f* 1. *phys* Wärme; едини́ца -ы́ Wärmeeinheit; уде́льная ~ spezifische Wärme 2. Wärme, warmer Zustand; ~ те́ла Körperwärme 3. *übtr* Wärme, Herzlichkeit
теплотво́рный, -ая, -ое *buchspr* wärmeerzeugend; -ая спосо́бность Heizkraft, Brennwert
теплоте́хника, -и *f* Wärmetechnik
теплофика́ция, -и *f tech* Fernheizung
теплофици́ровать, -рую, -руешь; -рованный, -рован, -а *v, uv* mit Fernheizung versehen
тепло|хо́д, -а *m* Motorschiff; **~электрово́з,** -а *m* Dieselelektrolokomotive; **~электроста́нция,** -и *f* Wärmekraftwerk; **~электроцентра́ль,** -и *f* Kraft- und Fernheizwerk
теплу́шка, -и, *Pl G* -шек, *D* -шкам *f umg* heizbarer Güterwagen
тёплый, -ая, -ое; *Kzf* тёпел, тепла́, тепло́, тёплы *u.* теплы́ 1. warm, mild; -ая ко́мната warmes Zimmer; -ая пого́да warmes Wetter 2. *übtr* herzlich, freundlich; ~ приём herzlicher

Empfang **3.** *übtr* angenehm, weich *Farbton, Klangfarbe* ◇ -ое месте́чко sehr einträgliche Stellung

теплы́нь, -и *f umg* milde Witterung, warmes Wetter

терапе́вт, -а *m* Therapeut; Internist

терапевти́ческий, -ая, -ое therapeutisch

терапи́я, -и *f* Therapie, Heilbehandlung

тереби́ть, -блю́, -би́шь; -блённый, -блён, -блена́ *uv* **1.** raufen, ernten *Flachs* **2.** zupfen, reißen, ziehen, zerren **3.** *übtr* keine Ruhe lassen, quälen, plagen

теребле́ние, -я *n* das Raufen *von Flachs*

Те́рек, -а *m* Terek *Fluß*

те́рем, -а, *P* в те́реме *u.* в терему́, *Pl* терема́, -о́в, -а́м *m hist* Bojarenhaus; Wohnraum im oberen Teil des Hauses; Haus in Form eines Turmes; же́нский ~ Kemenate

тере́ть* *uv* **1.** reiben, einreiben; ~ глаза́ die Augen reiben; ~ пол во́ском bohnern **2.** zerreiben; ~ таба́к Tabak zerreiben **3.** *1. u. 2. Pers ungebr* scheuern, reiben; сапоги́ трут die Stiefel reiben die Füße wund

тере́ться* *uv* **1.** *umg* sich (ab)reiben; ~ обо что́-н. sich an etw. (ab)reiben **2.** *1. u. 2. Pers ungebr* sich aneinanderreiben **3.** *umg* sich herumtreiben; sich heranmachen (an); он трётся о́коло нас er drückt sich um uns herum **4.** *umg* verkehren, umgehen; мно́го лет он тёрся среди́ актёров *mißb* viele Jahre verkehrte er mit Schauspielern

терза́ние, -я *n* Qual, Pein

терза́ть, -а́ю, -а́ешь *uv* **1.** *alt* zerreißen, zerfleischen **2.** *übtr* quälen, peinigen

терза́ться, -а́юсь, -а́ешься *uv* sich quälen, sich grämen; ~ угрызе́ниями со́вести von Gewissensbissen gequält sein

тёрка, -и, *Pl G* -рок, *D* -ркам *f* Reibeisen

те́рмин, -а *m* Terminus, Fachausdruck

терминологи́ческий, -ая, -ое terminologisch

[1]**терми́т,** -а *m zool* Termite

[2]**терми́т,** -а *m chem* Thermit

терми́тный, -ая, -ое Thermit-

терми́ческий, -ая, -ое *phys, tech* thermisch-, Wärme-; -ая обрабо́тка Wärmebehandlung

термовентиля́тор, -а *m*: (ручно́й) ~ Fön, Heißluftdusche

термо́метр, -а *m* Thermometer

те́рмос [тэ], -а *m* **1.** Thermosflasche **2.** Essenkübel

термоста́т [тэ], -а *m phys, tech* Thermostat, Wärmeregler

термоя́дерный, -ая, -ое thermonuklear

тёрн *u.* **терн,** -а *m* **1.** Schlehdorn, Schlehe **2.** Schlehdornfrucht

терни́стый, -ая, -ое; *Kzf* -и́ст, -а **1.** *alt* dornig, Dorn- **2.** *übtr buchspr* dornenvoll; ~ путь mühsamer Weg, Leidensweg

терно́вник, -а *m bot* Schlehe, Schlehdorn

терно́вый, -ая, -ое dornig, Dornen-

терпели́вость, -и *f* Geduld, Langmut

терпели́вый, -ая, -ое; *Kzf* -и́в, -а geduldig, langmütig

терпе́ние, -я *n* Geduld; вы́вести кого́-н. из -я j-n aus der Fassung bringen; вы́йти из -я die Geduld verlieren; aus der Haut fahren; запасти́сь -ем sich mit Geduld wappnen ◇ ~ и труд всё перетру́т mit Geduld und Zeit kommt man (mählich) weit

терпе́ть, терплю́, те́рпишь *uv* **1.** leiden, ertragen, aushalten; ~ боль Schmerzen ertragen; ~ му́ку Qualen ausstehen **2.** sich gedulden, in Geduld fassen; ~ ме́сяц sich einen Monat gedulden **3.** dulden; де́ло не те́рпит промедле́ния [отлага́тельства] die Sache duldet keinen Aufschub **4.** erleiden; ~ пораже́ние eine Niederlage erleiden; ~ неуда́чу einen Mißerfolg haben ◇ ~ не могу́ кого́-н. ich kann j-n nicht leiden [ausstehen]; вре́мя те́рпит das hat Zeit; вре́мя не те́рпит die Zeit drängt

терпе́ться, те́рпится *unpers; meist mit Negation uv D*: мне не те́рпится ich brenne darauf, ich kann es nicht erwarten; ich bin neugierig

терпи́мость, -и *f* Duldsamkeit, Toleranz

терпи́мый, -ая, -ое; *Kzf* -и́м, -а **1.** tolerant, duldsam **2.** erträglich, zu ertragen **3.** -о *Adv*: э́то ещё -о das läßt sich noch ertragen, das kann man noch aushalten

те́рпкий, -ая, -ое; *Kzf* те́рпок, терпка́!; *Komp* те́рпче herb

те́рпкость, -и *f* Herbe, Herbheit

те́рпнуть, *1. u. 2. Pers ungebr*, -нет; те́рпнул, те́рпла *uv umg* erstarren, einschlafen *Glieder*

терпу́г, -а́ *m* Raspel, Kratzfeile

те́рпче ↑ те́рпкий

терра́рий [тэ], -я, *P* -и, *G Pl* -ев *u.*

терра́риум [тэ], -а *m* Terrarium

терра́са, -ы *f* **1.** Terrasse *am Haus* **2.** *geol* Terrasse, Absatz

территориа́льный, -ая, -ое territorial, Territorial-, -ые во́ды Hoheitsgewässer

террито́рия, -и *f* Territorium, Gebiet

терро́р [тэ], -а *m* Terror

тёртый, -ая, -ое **1.** gerieben; -ая морко́вь geriebene Möhren **2.** *umg* gerieben, raffiniert; ~ кала́ч geriebener Kunde

терце́т [тэ], -а *m* **1.** *mus* Terzett **2.** *lit* Terzine

те́рция [тэ], -и *f* **1.** *mus* Terz **2.** *typ* Tertia

терье́р [тэ], -а *m* Terrier *Hunderasse*

теря́ть, теря́ю, теря́ешь *uv* **1.** verlieren *durch Nachlässigkeit*; ~ де́ньги Geld verlieren **2.** *übtr* verlieren, einbüßen; ~ авторите́т die Autorität einbüßen; ~ терпе́ние die Geduld verlieren; ~ го́лову den Kopf verlieren; ~ и́з виду кого́-н. j-n aus den Augen verlieren; ~ наде́жду die Hoffnung aufgeben; ~ в ве́се an Gewicht verlieren ◇ теря́ть си́лу *jur* verjähren ‖ *v* потеря́ть; поте́рянный, -ян, -а

теря́ться, теря́юсь, теря́ешься *uv* **1.** verlorengehen, abhanden kommen, verschwinden *von Sachen* **2.** *1. u. 2. Pers ungebr* schwinden, schwächer werden, nachlassen; к ста́рости теря́ется па́мять mit zunehmendem Alter läßt das Gedächtnis nach **3.** *übtr* die Fassung [den Kopf] verlieren, in Verwirrung geraten ◇ ~ в дога́дках sich in Mutmaßungen verlieren **4.** *1. u. 2. Pers ungebr* sich aufheben, nicht auffallen; отде́льные недоста́тки рома́на теря́ются ря́дом с его́ больши́ми досто́инствами einzelne Mängel des Romans werden durch seine großen Vorzüge aufgewogen ‖ *v* потеря́ться *zu* 1, 2, 3

тёс, -а (-у) *m Koll* dünne Bretter

теса́к, -а́ *m* **1.** Stutzsäbel **2.** Zimmermannsaxt

теса́ть* *uv* behauen, zuhauen; ~ бревно́ einen Balken zuhauen

тесёмка, -и, *Pl G* -мок, *D* -мкам *f* Litze, (schmales) Band, Schnur

теси́на, -ы *f* dünnes Brett

тесло́, -а́, *Pl* тёсла, -сел, -слам *n* Dechsel, Texel, Hohlbeil, Handbeil

тесни́на, -ы *f* Engpaß, Enge

тесни́ть, -ню́, -ни́шь *uv* **1.** drängen, bedrängen, drücken, pressen; тесни́т в груди́ es drückt auf der Brust **2.** zurückdrängen, zurückwerfen; ~ проти́вника den Feind zurückdrängen ‖ *v* потесни́ть; -нённый, -нён, -нена́ *zu* 2

тесни́ться, -ню́сь, -ни́шься *uv* **1.** sich drängen, sich zusammendrängen **2.** sich einengen; eng [gedrängt] sitzen; eng [zusammengepfercht] leben; in engen Wohnverhältnissen leben **3.** *1. u. 2. Pers ungebr*, *übtr* sich aufdrängen *von Gedanken, Gefühlen*

теснота́, -ы́ *f* Enge, Raummangel; жить в -е́ zusammengedrängt leben ◇ в -е́, да не в оби́де klein [eng], aber gemütlich

те́сный, -ая, -ое; *Kzf* те́сен, тесна́! **1.** eng, schmal; ~ прохо́д schmaler Gang **2.** eng, zu klein *von Kleidung, Schuhwerk*; пла́тье -о в плеча́х das Kleid spannt in den Schultern; ~ боти́нок enger Schuh **3.** eng, fest, geschlossen, dicht; -ые ряды́ демонстра́нтов die dichten Reihen der Demonstranten **4.** *übtr* eng, innig, intim; -ая дру́жба enge Freundschaft; в -ом кругу́ im engen [kleinen] Kreise ◇ в -ом смы́сле сло́ва im engeren [eigentlichen] Sinn des Wortes

тесо́вый, -ая, -ое Bretter-

те́сто, -а *n* Teig; сдо́бное ~ Butterteig; слоёное ~ Blätterteig

тестомеси́лка, -и, *Pl G* -лок, *D* -лкам *f* Teigknetmaschine

тесть, -я *m* Schwiegervater des Mannes, Vater der Ehefrau

тесьма́, -ы́ *f text* Band, Borte; обши́то -о́й abgepaspelt

тётенька, -и, *PlG* -нек, *D* -нькам *f umg zärtl* Tantchen

те́терев, -а, *Pl* тетерева́, -о́в, -а́м *m* Birkhahn

тетёрка, -и, *Pl G* -рок, *D* -ркам *f* Birkhenne

тетива́, -ы́ *f* **1.** Schlepptau **2.** Bogensehne **3.** Schnur an der Tischlersäge

тётка, -и, *Pl G* -ток, *D* -ткам *f* Tante

тетра́дка, -и, *Pl G* -док, *D* -дкам *f* Heft

тетра́дь, -и *f* Heft; чернова́я ~ Kladde, Schmierheft; ~ для рисова́ния Zeichenheft

тётушка, -и, *Pl G* -шек, *D* -шкам *f* Tante, Tantchen

тётя, -и, *G Pl* тётей *f* Tante

те́фтели, -ей *Pl* Fleischklößchen

тех- *in Zuss Abk für* техни́ческий technisch

техми́нимум, -а *m* (техни́ческий ми́нимум) Mindestmaß an technischen Kenntnissen für bestimmte Berufe

те́хник, -а *m* Techniker; зубно́й ~ Zahntechniker

те́хника, -и *f* Technik; овладе́ть -ой die Technik meistern; боева́я ~ technische Kampfmittel, Waffen und Gerät

те́хникум, -а *m* Technikum, Ingenieurschule; Fachschule; сельскохозя́йственный ~ Fachschule für Landwirtschaft; го́рный ~ Bergingenieurschule

техни́ческий, -ая, -ое technisch; вы́сшее -ое уче́бное заведе́ние technische Hochschule

техно́лог, -а *m* Technologe

технологи́ческий, -ая, -ое technologisch

техноло́гия, -и *f* Technologie

технору́к, -а *m* (техни́ческий руководи́тель) technischer Leiter; technischer Instrukteur

тех|осмо́тр, -а *m* (техни́ческий осмо́тр) technische Durchsicht [Besichtigung]; **~пропага́нда,** -ы *f* (техни́ческая пропага́нда) Propaganda der Technik und ihrer Errungenschaften

техре́д, -а *m* (техни́ческий реда́ктор) technischer Redakteur

тече́ние, -я *n* **1.** das Fließen, Strömen **2.** Strömung, Strom; морско́е ~ Meeresströmung; возду́шное ~ Luftstrom; вверх по -ю stromaufwärts; вниз по -ю stromabwärts; про́тив -я gegen den Strom; плыть по -ю *a. übtr* mit dem Strom schwimmen **3.** *übtr* Strömung, Richtung, Tendenz **4.** *übtr* Lauf, Verlauf; в ~ всего́ дня im Laufe [während] des ganzen Tages; с -ем вре́мени mit der Zeit, im Laufe der Zeit; ~ де́ла Gang [Verlauf] einer Angelegenheit; предоста́вить де́ло со́бственному -ю den Dingen freien Lauf lassen; пла́вное ~ ре́чи Fluß der Rede

те́чка, -и *f* Brunst

[1]**течь*,** *1. u. 2. Pers ungebr, uv* **1.** fließen, strömen; у него́ кровь течёт из но́са er hat Nasenbluten **2.** leck sein, auslaufen; бо́чка течёт das Faß ist leck **3.** *übtr* verfließen, vergehen, verrinnen; теку́т го́ды die Jahre vergehen; дела́ теку́т свои́м поря́дком alles geht seinen Gang [verläuft normal] ◇ у меня́ слю́нки теку́т das Wasser läuft mir im Munde zusammen

[2]**течь,** -и *f* Leck; дать ~ leck werden

те́шить, те́шу, те́шишь *uv* **1.** ergötzen, belustigen, unterhalten **2.** befriedigen, Genugtuung verschaffen; ~ себя́ наде́ждой sich in der Hoffnung wiegen

те́шиться, те́шусь, те́шишься *uv umg* **1.** *I* sich ergötzen, sich vergnügen, sich unterhalten **2.** sich lustig machen (над *P* über), j-n zum besten haben ◇ ми́лые браня́тся — то́лько те́шатся was sich liebt, das neckt sich; чем бы дитя́ ни те́шилось, лишь бы не пла́кало laßt ihm doch das kindliche Vergnügen

тёшка, -и, *Pl G* -шек, *D* -шкам *f* Bauchstück *eines Fisches*

тешу́ ↑ теса́ть

тёща, -и, *I* -ей *f* Schwiegermutter des Mannes, Mutter der Ehefrau

Тибе́т, -а *m* Tibet

тибе́тец, -тца, *I* -тцем, *G Pl* -тцев *m* Tibeter

тибе́тка, -и, *Pl G* -ток, *D* -ткам *f* Tibeterin

тибе́тский, -ая, -ое tibetisch

Тибр, -а *m* Tiber *Fluß*

ти́гель, -гля *m* Tiegel

Тигр, -а *m* Tigris *Fluß*

тигр, -а *m* Tiger

тигрёнок, -нка, *Pl* тигря́та, -я́т, -я́там *m* Tigerjunges, junger Tiger

тигри́ца, -ы, *I* -ей *f* Tigerin

тигро́вый, -ая, -ое Tiger-, getigert; -ая шку́ра Tigerfell

[1]**тик,** -а *m med* Tick, nervöses Zucken

[2]**тик,** -а (-у) *m text* Zwillich, Drillich, Drell

ти́канье, -ья *n* das Ticken, Ticktack

ти́кать, *1. u. 2. Pers ungebr,* -ает *uv* ticken *Uhrwerk*

ти́ковый, -ая, -ое *text* Drell-, Drillich-

ти́льда, -ы *f* Tilde

тимиа́н ↑ тимья́н

тимофе́евка, -и *f bot* Timotheusgras

Тимофе́й, -а *m männl Vn*

Тимо́ш(к)а, -и *m Dem zu* Тимофе́й

тимья́н *u.* **тимиа́н,** -а *bot* Thymian

ти́на, -ы *f* Algenschlamm, Tang

ти́нистый, -ая, -ое schlammig, verschlammt

тинкту́ра, -ы *f* Tinktur

тип, -а *m* **1.** Typ, Typus, Urbild **2.** Typ, Art, Form, Muster, Modell, Klasse; ~ корабля́ Schiffsklasse; ~ самолёта Flugzeugtyp

типиза́ция, -и *f* Typisierung

типизи́ровать, -рую, -руешь; -рованный, -рован, -а *v, uv* typisieren
типи́ческий, -ая, -ое typisch, charakteristisch, kennzeichnend
типи́чность, -и *f* das Typische, Kennzeichnende
типи́чный, -ая, -ое; *Kzf* -чен, -чна typisch, charakteristisch, kennzeichnend
типово́й, -а́я, -о́е typisiert, Muster-; ~ догово́р Mustervertrag
типогра́фия, -и *f* Druckerei
типогра́фский, -ая, -ое Drucker-; Buchdrucker-, typographisch
типолитогра́фия, -и *f* Buch- und Steindruckerei
типу́н, -а́ *m* Pips *Vogelkrankheit*; ~ тебе́ на язы́к! hüte deine lose [böse] Zunge!
тир, -а *m* Schießstand
тира́да, -ы *f* Tirade, Wortschwall
[1]**тира́ж,** -а́, *I* -о́м, *G Pl* -е́й *m* Ziehung, Auslosung *in der Lotterie*; вы́йти в ~ gezogen werden; *übtr* ausgedient haben, veralten; zum alten Eisen geworfen werden; э́та облига́ция вы́шла в ~ diese Nummer ist herausgekommen
[2]**тира́ж,** -а́, *I* -о́м, *G Pl* -е́й *m typ* Auflage(nhöhe)
тира́н, -а *m* Tyrann, Gewaltherrscher
Тира́на, -ы *f* Tirana
тира́нить, -ню, -нишь *uv umg* tyrannisieren, quälen
тирани́ческий, -ая, -ое tyrannisch, grausam
тирани́я, -и *f* Tyrannei, Gewaltherrschaft
тира́нство, -а *n* Tyrannei, Quälerei
тира́нствовать, -вую, -вуешь *uv umg* над *I* tyrannisieren
тире́ [рэ] *n idkl* Gedankenstrich; Bindestrich
тиро́лец, -льца, *I* -льцем, *G Pl* -льцев *m* Tiroler
Тиро́ль, -я *m* Tirol
тиро́лька, -и, *Pl G* -лек, *D* -лькам *f* **1.** Tirolerin **2.** Tiroler Hut **3.** *Pl* Seppelhose
тиро́льский, -ая, -ое Tiroler-, tirolerisch; ~ та́нец Tiroler Tanz
тис, -а *m bot* Taxus, Eibe
ти́скать, -аю, -аешь *uv* **1.** *umg* pressen, drücken **2.** *typ* (ab)drucken; ~ корректу́рные о́ттиски Korrekturbogen abziehen ‖ *v* ти́снуть, -ну, -нешь *zu* 2 *u. als mom zu* 1
ти́скаться, -аюсь, -аешься *uv volksspr* dränge(l)n, sich durchdrängen; sich (zusammen)drängen
тиски́, -о́в *Pl* Schraubstock; зажа́ть в ~ in einen Schraubstock einspannen; *übtr* unter Druck setzen, in die Zange nehmen ◇ быть в -а́х in eiserner Umklammerung sein, in schwerer Bedrängnis sein
тисне́ние, -я *n* Druck, Prägung
тиснёный, -ая, -ое gepreßt, geprägt, bedruckt
ти́снуть *v u. mom zu* ти́скать
тита́н, -а *m* **1.** Titan, Riese **2.** *chem* Titan **3.** elektrischer Wasserboiler
титани́ческий, -ая, -ое titanisch, titanenhaft, riesig, riesenhaft
тита́новый, -ая, -ое *chem* Titan-
ти́тло, -а, *G Pl* титл *n ling* Abkürzungszeichen *in der kirchenslawischen Schrift*
титр, -а *m* **1.** *Film* Titel; Untertitel; Vorspann **2.** *chem* Titer
ти́тул, -а *m* **1.** *typ* Titel **2.** Titel, Ehrentitel
титулова́ть, -лу́ю, -лу́ешь; -ло́ванный, -ло́ван, -а *v, uv* **1.** einen Titel verleihen **2.** titulieren, benennen
ти́тульный, -ая, -ое Titel-; ~ лист Titelblatt
тиф, -а, *P* в ти́фе *u. umg* в тифу́ *m* Typhus; сыпно́й ~ Flecktyphus; брюшно́й ~ Bauchtyphus
тифо́зный, -ая, -ое Typhus-; ~ больно́й Typhuskranker
ти́хий, -ая, -ое; *Kzf* тих, тиха́!; *Komp* ти́ше; *Sup* тиша́йший **1.** leise, still, gedämpft; говори́ть -им го́лосом mit leiser Stimme sprechen; ~ ветеро́к leichter Wind **2.** langsam; ~ ход langsame Fahrt; -им ша́гом mit langsamen Schritten **3.** still, ruhig, sanft, friedlich; -ая грусть stille Trauer; ~ ребёнок ruhiges Kind; ~ нрав sanfter Charakter, Sanftmut ◇ в -ом о́муте че́рти во́дятся stille Wasser sind tief; Ти́хий океа́н Stiller Ozean, Pazifik
тихомо́лком *Adv umg* stillschweigend, heimlich
Ти́хон, -а *m männl Vn*
тихо́нько *Adv umg* **1.** leise **2.** langsam, bedächtig
тихо́ня, -и, *G Pl* -ей *m, f umg* Duckmäuser, Leisetreter
тихоокеа́нский, -ая, -ое Pazifik-
тихохо́д, -а *m zool* Faultier
тихохо́дный, -ая, -ое; *Kzf* -ден, -дна mit geringer Fahrgeschwindigkeit, mit langsamem Gang
тихо́хонько *Adv umg* ganz leise
тиша́йший ↑ ти́хий
ти́ше ↑ ти́хий

тишина́, -ы́ *f* Stille, Geräuschlosigkeit, Ruhe; соблюда́ть -у́ still sein [bleiben]; нару́шить -у́ die Ruhe stören; водвори́ть -у́ Ruhe stiften; в -е́ in der Stille
тишко́м *Adv volksspr* **1.** leise **2.** heimlich, unbemerkt
тишь, -и, *P* о ти́ши, в тиши́ *f* Stille, Lautlosigkeit; Windstille; Ruhe ◇ ∼ да гладь Ruhe und Eintracht
т. к. (та́к как) da, weil
тка́ный, -ая, -ое gewebt, Web-
ткань, -и *f* **1.** *text* Stoff, Gewebe **2.** *biol* (Zell-) Gewebe **3.** *übtr buchspr* Inhalt, Stoff
тканьё, -ья́ *n* **1.** Weben **2.** Gewebe, Webwaren
ткать* *uv* **1.** *text* weben, wirken **2.** weben, flechten, spinnen
тка́цкий, -ая, -ое Web-, Weber-; ∼ стано́к Webstuhl
ткач, -а́, *I* -о́м, *G Pl* -е́й *m* Weber
тка́чество, -а *n* Weberhandwerk, Weberei
ткачи́ха, -и *f* Weberin
ткнуть *v mom zu* [1]ты́кать
ткну́ться *v mom zu* ты́каться
тку ↑ ткать
тле́ние, -я *n* **1.** Fäulnis, Verwesung **2.** Schwelen **3.** Glimmen
тле́нность, -и *f buchspr* Verweslichkeit, Vergänglichkeit
тле́нный, -ая, -ое; *Kzf* тле́нен, тле́нна *buchspr* verweslich, vergänglich
тлетво́рный, -ая, -ое; *Kzf* -рен, -рна **1.** *buchspr* verderbenbringend; verwest **2.** *übtr* unheilbringend, unheilvoll, schädlich
тлеть, тле́ю, тле́ешь *uv* **1.** faulen, verwesen **2.** schwelen **3.** glimmen, glühen; *übtr* glimmen, sich schwach regen
тле́ться, *1. u. 2. Pers ungebr,* тле́ется *uv umg* **1.** schwelen **2.** glimmen, glühen; *übtr* glimmen
тля, -и, *G Pl* тлей *f* Blattlaus
т. м. (теку́щего ме́сяца) des laufenden Monats, dieses Monats
тмин, -а (-у) *m bot* Kümmel
тми́нный, -ая, -ое Kümmel-
т. н. (так называ́емый) sogenannt
[1]то *Konj* **1.** so, dann; е́сли ты не придёшь, то я всё сде́лаю сам kommst du nicht, (so) mache ich alles selbst **2.** то . . . то bald . . ., bald; она́ то пла́чет, то смеётся bald weint sie, bald lacht sie; то тут, то там bald hier, bald dort; а то *oder* а не то sonst, andernfalls; не то . . ., не то . . . halb . . ., halb . . .; entweder . . ., oder . . .; не то по тру́сости, не то по глу́пости halb [entweder] aus Feigheit, halb [oder] aus Dummheit; а то sonst; спеши́, а то опозда́ешь! beeile dich, sonst kommst du zu spät!; не то, что́бы мне хоте́лось nicht, daß ich gerade Lust hätte; то и де́ло beständig, in einem fort, jeden Augenblick
[2]то ↑ тот
-то *Verstärkungspartikel in der Umgangssprache* gerade, eben; в то́м-то и де́ло! das ist es ja eben!; э́то-то я и хоте́л сказа́ть gerade das wollte ich auch sagen
тобо́й *oder* **тобо́ю** ↑ ты
тов. (това́рищ) Genosse, Genossin, Kollege, Kollegin
това́р, -а *m* Ware; Artikel; -ы широ́кого потребле́ния Massenbedarfsartikel; хо́дкий ∼ gangbarer Artikel; лежа́лый ∼ Ladenhüter; сбыт -ов Warenabsatz ◇ показа́ть ∼ лицо́м etw. von der besten Seite [im günstigsten Lichte] zeigen
това́рищ, -а, *I* -ем, *G Pl* -ей *m* **1.** Genosse, Genossin; парти́йные и беспарти́йные -и Genossen und Parteilose **2.** Kamerad, Gefährte; ∼ по университе́ту Studienkollege; ∼ по ору́жию Waffenbruder; ∼ по рабо́те Arbeitskollege; ∼ де́тства Jugendfreund, Spielgefährte **3.** Genosse, Genossin; Kollege, Kollegin *als Anrede* **4.** *alt* Stellvertreter
това́рищеский, -ая, -ое kameradschaftlich, freundschaftlich, kollegial; -ая встре́ча *Sport* Freundschaftstreffen
това́рищество, -а *n* **1.** Kameradschaft(lichkeit), Kollegialität **2.** Genossenschaft, Gesellschaft, Handelsgesellschaft
това́рка, -и, *Pl G* -рок, *D* -ркам *f volksspr* Gefährtin
това́рность, -и *f* Warenfähigkeit, Warencharakter, Warenform der Produktion
това́рный, -ая, -ое **1.** Waren-; ∼ знак Warenzeichen, Schutzmarke; ∼ склад Warenlager; -ое хозя́йство Warenwirtschaft **2.** Güter-; ∼ по́езд Güterzug; -ая ста́нция Güterbahnhof
товаро|ве́дение, -я *n* Warenkunde; **-обме́н,** -а *m* Warenaustausch; **-оборо́т,** -а *m* Warenumsatz
това́ро-пассажи́рский, -ая, -ое: ∼ по́езд gemischter Zug *zur Beförderung von Gütern und Personen*

товаропроизводи́тель, -я *m* Warenproduzent

тово́ ↑ того́

тогда́ **1.** *Adv* damals; ~ я жил в Москве́ damals lebte ich in Moskau **2.** *Adv* dann, danach, darauf; он отказа́лся, ~ я оказа́л ему́ . . . er lehnte es ab, daraufhin [da] sagte ich ihm . . . **3.** *Adv* so, dann, in dem Falle; уста́л, ~ отдохни́! bist du müde? dann [so] ruhe dich aus! **4.** *Konj, in Verbindung mit* когда́, е́сли so, dann; е́сли э́то пра́вда, ~ я рад wenn das wahr ist, so bin ich froh ◇ ~ как *Konj* a) während, wohingegen; b) obgleich

тогда́шний, -яя, -ее damalig

того́ [во] *u.* **тово́** *volksspr* **1.** *Füllwort* doch; он, брат, того́, не по́нял тебя́ er hatte dich, mein Lieber, na, nicht verstanden **2.** *prädikativ* mittelmäßig, ziemlich schlecht; вещи́ца-то — того́ das Ding ist nicht besonders

то́ есть (*Abk* т. е.) *Konj* das heißt, nämlich, und zwar

тожде́ственный *u.* **тоже́ственный,** -ая, -ое; *Kzf* -вен, -венна identisch, gleich(bedeutend)

то́ждество *u.* **то́жество,** -а *n* Identität, Gleichheit

то́же *Adv* auch, ebenfalls; я ~ уезжа́ю ich fahre auch fort

тоже́ственный ↑ тожде́ственный

то́жество ↑ то́ждество

[1]ток, -а *m* **1.** *buchspr* Strömung, Zug; ~ во́здуха Luftzug **2.** *el* Strom; ~ высо́кого напряже́ния Hochspannungsstrom; постоя́нный ~ Gleichstrom; переме́нный ~ Wechselstrom; трёхфа́зный ~ Drehstrom

[2]ток, -а, *P* о то́ке, на току́, *Pl* тока́ *u.* то́ки, токо́в, тока́м *m* Tenne, Dreschboden

[3]ток, -а, *P* о то́ке, на току́, *Pl* тока́, -о́в, -а́м *m* Balzplatz

тока́рный, -ая, -ое Dreh-, Drechsel-; ~ стано́к a) Drehmaschine; b) Drechslerbank; -ая мастерска́я Dreherei

то́карь, -я, *Pl* токаря́, -е́й, -я́м *u.* то́кари, -ей, -ям *m* Dreher, Drechsler

То́кио *m idkl* Tokio

токова́ние, -я *n* das Balzen, die Balz

токова́ть, *1. u. 2. Pers ungebr,* току́ет *uv* balzen

токоприёмник, -а *m el* Stromabnehmer

токси́н, -а *m* Toxin, Bakteriengiftstoff

токси́ческий, -ая, -ое toxisch, giftig

тол, -а *m* Trinitrotoluol

то́левый, -ая, -ое aus Dachpappe

толи́ка, -и *f alt umg* eine gewisse Menge ◇ ма́лую [небольшу́ю] -у ein wenig

толк, -а (-у) *m* **1.** *umg* Sinn; без -у unvernünftig, ohne Sinn und Verstand; с -ом vernünftig, mit Sinn und Verstand; он челове́к с -ом er ist ein gescheiter Mensch; знать ~ в чём-н. sich auf etw. verstehen, sich auskennen in etw., ein Kenner sein; сбить с -у verwirren, aus dem Konzept bringen; не доби́ться -у (aus j-m) nicht klug werden; *das Gewünschte* nicht erreichen **2.** *umg* Sinn, Nutzen, Vorteil, Zweck; что -у? *oder* како́й ~ в э́том? was hat es für einen Sinn?; без -у unnütz, vergeblich; из него́ -у не вы́йдет aus ihm wird nichts Gescheites; с -ом erfolgreich, mit Nutzen **3.** *meist Pl* Gerücht, Gerede; хо́дят -и, что . . . man sagt, daß . . .; es gehen Gerüchte, daß . . .; вы́звать мно́го -ов viel Staub aufwirbeln; де́лать предме́том -ов ins Gerede bringen ◇ взять в ~ einsehen, begreifen

толка́ние, -я *n Sport* das Stoßen; ~ ядра́ Kugelstoßen

толка́ть, -а́ю, -а́ешь *uv* **1.** stoßen, drängen; schieben, schubsen; ~ ядро́ *Sport* die Kugel stoßen **2.** на *A*, к *D u. mit Inf übtr* vorantreiben, anspornen; aufstacheln, (zu etw.) bewegen ‖ *v* толкну́ть, -ну́, -нёшь

толка́ться, -а́юсь, -а́ешься *uv* **1.** sich drängen, (einander) stoßen **2.** в *A umg* klopfen, pochen (an); ~ в две́рь an die Tür klopfen **3.** *umg* sich herumtreiben, umherschlendern ‖ *v* толкну́ться, -ну́сь, -нёшься *zu* 2

[1]толка́ч, -а́, *I* -о́м, *G Pl* -е́й *m* **1.** Stoßlokomotive **2.** *übtr umg* Förderer

[2]толка́ч, -а́, *I* -о́м, *G Pl* -е́й *m tech* Stampfer; Stößel

толкну́ть(ся) *v zu* толка́ть(ся)

толкова́ние, -я *n* **1.** Erklärung, Auslegung, Deutung **2.** Erläuterung, Kommentar

толкова́тель, -я *m* Kommentator

толкова́ть, -ку́ю, -ку́ешь; -ко́ванный, -ко́ван, -а *uv* **1.** erklären, erläutern, deuten, auslegen, kommentieren; ~ зако́н ein Gesetz auslegen; ~ всё в дурну́ю сто́рону alles in schlechtem Sinne deuten **2.** *umg* (j-m etw.) auseinandersetzen, klarmachen **3.** *umg* sich unterhalten, reden, sprechen, (etw.) besprechen; ~ о чём-н. über etw. sprechen, etw. besprechen; он всё своё толку́ет er versteift sich immer nur auf das Seine

толко́вый, -ая, -ое; *Kzf* -о́в, -а **1.** gescheit, vernünftig, verständig, einsichtsvoll; он ~ челове́к er ist ein gescheiter Kopf; э́то -ое предложе́ние dieser Vorschlag hat Hand und Fuß; ~ отве́т eine klare Antwort **2.** klar, verständlich **3.** *nur Langform* erklärend, mit Erklärungen versehen; ~ слова́рь ру́сского языка́ erklärendes Wörterbuch der russischen Sprache

то́лком *Adv umg* vernünftig, verständlich, sachlich, zusammenhängend

толкотня́, -и́ *f umg* Gedränge

толку́ ↑ толо́чь

толку́чий, -ая, -ее: ~ ры́нок *alt* Trödelmarkt

толку́чка, -и, *Pl G* -чек, *D* -чкам *f volksspr* **1.** Gedränge **2.** Trödelmarkt

толма́ч, -а́, *I* -о́м, *G Pl* -е́й *m hist* Dolmetscher

толокно́, -а́ *n* gestoßenes Hafermehl

толокня́нка, -и, *PlG* -нок, *D* -нкам *f bot* Bärentraube

толо́чь* *uv* zerstoßen, zerkleinern

толо́чься* *uv umg* **1.** sich (zusammen)drängen **2.** herumstehen; sich herumtreiben ◇ он толчётся на одно́м ме́сте *übtr* er kommt nicht vom Fleck

толпа́, -ы́, *Pl* то́лпы, толп, то́лпам *f* Menschenmenge, Auflauf von Menschen

толпи́ться, *1. u. 2. Pers ungebr*, -пи́тся *uv* sich (zusammen)drängen, sich häufen

толпо́й *Adv* in Scharen, scharenweise

толсте́нный, -ая, -ое *volksspr* sehr dick

то́лстенький, -ая, ое; *Kzf* -е́нек, -е́нька *umg* klein und dick, rundlich

толсте́ть, -е́ю, -е́ешь *uv* dick(er) werden, zunehmen

толсти́ть, *1. u. 2. Pers ungebr*, -и́т *uv umg* dick machen, ein dickes Aussehen verleihen; пла́тье её толсти́т das Kleid macht sie dick

толстова́тый, -ая, -ое; *Kzf* -а́т, -а *umg* ziemlich dick

толсто́вка, -и, *Pl G* -вок, *D* -вкам *f* Hemdbluse

толсто|ко́жие *Pl* -их, *Sg* толстоко́жее, -его *Subst n zool* Dickhäuter; **~ко́жий,** -ая, -ее; *Kzf* -о́ж, -а **1.** dickhäutig, mit dicker Schale; -ие живо́тные Dickhäuter **2.** *übtr* dickfellig, unempfindlich; **~но́гий,** -ая, -ое; *Kzf* -о́г, -а dickbeinig; **~пу́зый,** -ая, -ое; *Kzf* -у́з, -а *volksspr* **1.** dickbäuchig, dickwanstig **2.** -ого *Subst m* Dickwanst; **~су́м,** -а *m volksspr* Geldsack, Protz, schwerreicher Mann

толсту́ха, -и *f umg* Dicke, dicke Frau

то́лстый, -ая, -ое; *Kzf* толст, толста́!; *Komp* то́лще **1.** dick, beleibt; ~ челове́к dicker Mensch; -ая кишка́ *anat* Dickdarm **2.** stark, von großem Durchmesser, grob; ~ слой dicke Schicht; ~ холст grobe Leinwand

толстя́к, -а́ *m umg* der Dicke, dicker Mann

толче́ние, -я *n* Zerstoßen, Zerkleinern

толчёный, -ая, -ое gestoßen, zerkleinert

толчея́, -и́ *f* **1.** *umg* Gedränge, Gestoße, Getümmel; das Kommen und Gehen **2.** Brandung **3.** Stampfmühle

толчка́ми *Adv* stoßweise, ruckweise

толчо́к, -чка́ *m* **1.** Stoß, Schubs, Ruck; Erdstoß, Erschütterung; одни́м -чко́м mit einem Ruck **2.** *übtr* Anstoß, Anregung, Antrieb, Impuls; дава́ть ~ чему́-н. Anregung geben zu etw.

то́лща, -и, *I* -ей *f* **1.** Dicke, massive Schicht **2.** *übtr* breite Masse *der Bevölkerung*

то́лще ↑ то́лстый

толщина́, -ы́ *f* Dicke, Stärke; Umfang; ~ льда Eisstärke; -о́ю в де́сять сантиме́тров zehn Zentimeter dick [stark]

толь, -я *m* Dachpappe

то́лько **1.** *Adv* nur, allein, bloß; erst; э́то ~ нача́ло das ist nur [erst] der Anfang; ~ тогда́ dann erst, erst dann; как ~ *oder* лишь ~ sobald, kaum; и ~? ist das alles?, weiter nichts?; ~ что eben erst, soeben; он ~ что пришёл er ist eben erst [gerade] gekommen; то́лько-то́лько a) soeben, gerade; b) kaum, mit Mühe und Not, gerade; ему́ де́нег то́лько-то́лько хвати́ло на доро́гу sein Geld reichte gerade [kaum] für die Fahrt **2.** *Konj* kaum; ~ я вошёл kaum war ich eingetreten; лишь [как] ~ sobald, sowie, kaum **3.** *Konj* nur, aber, jedoch; смотри́, ~ не забыва́й! sieh zu, daß du es nicht vergißt! **4.** *Part mit* бы *zum Ausdruck eines Wunsches*: ~ бы! wenn nur! **5.** *Verstärkungspartikel* bloß, denn;

зачём ~ я сказа́л! warum habe ich es bloß gesagt!

том, -а, *Pl* тома́, -о́в, -а́м *m* Band *einer Buchausgabe*

тома́т, -а *m* Tomate; Tomatenmark

тома́тный, -ая, -ое Tomaten-; -ая па́ста Tomatenmark

то́мик, -а *m Dem zu* том Bändchen, kleiner Band

томи́тельность, -и *f* Plage, quälendes Gefühl

томи́тельный, -ая, -ое; *Kzf* -лен, -льна quälend, drückend, ermüdend; -ая ску́ка tödliche Langweile

томи́ть, томлю́, томи́шь; томлённый, -ён, -ена́ *uv* 1. schmachten lassen, quälen, peinigen 2. *tech* tempern, schmiedbar machen 3. schmoren, dämpfen *Gemüse* 4. beizen *Holz*

томи́ться, томлю́сь, томи́шься *uv* 1. schmachten, leiden, sich quälen; ~ от чего́-н. vor etw. vergehen; ~ по чему́-н. sich nach etw. sehnen; ~ жа́ждой dürsten, nach Wasser lechzen 2. *1. u. 2. Pers ungebr* schmoren, dämpfen *vom Gemüse*

томи́ч, -а́, *I* -о́м, *G Pl* -е́й *m* Einwohner von Tomsk

томле́ние, -я *n* 1. Sehnsucht, Schmachten 2. *tech* Tempern 3. Schmoren, Dämpfen 4. Beizen

то́мность, -и *f* Schmachten, Träumerei, Mattigkeit

то́мный, -ая, -ое; *Kzf* то́мен, томна́! schmachtend, träumerisch; matt

томпа́к, -а́ *m* Tombak, Legierung aus Kupfer und Zink

тон, -а, *Pl* тона́, тоно́в, тона́м *u.* то́ны, то́нов, то́нам *m* 1. Ton, Laut, Klang; суро́вым -ом in barschem Ton; перемени́ть ~ einen anderen Ton anschlagen; сба́вить ~ seinen Ton mäßigen; взять -ом вы́ше einen Ton höher singen [spielen] 2. Farbton; в све́тлых тона́х in hellen Tönen 3. Umgangston, Manieren, Benehmen; дурно́й ~ schlechter Ton, schlechte Manieren ◇ задава́ть тон *a. übtr* den Ton angeben

тона́льность, -и *f mus* Tonart

то́ненький, -ая, -ое dünn

[1]**тони́ческий,** -ая, -ое *lit* tonisch, akzentuierend

[2]**тони́ческий,** -ая, -ое *med* tonisch; -ие сре́дства tonische Mittel, Stärkungsmittel

то́нкий, -ая, -ое; *Kzf* -нок, -нка́!; *Komp* то́ньше; *Sup* тонча́йший 1. dünn, fein, zart, schlank; ~ шёлк dünne Seide; -ая пыль feiner Staub; -ие па́льцы schlanke Finger; -ие кишки́ *anat* Dünndarm; -ие черты́ лица́ feine Gesichtszüge; -ая та́лия schlanke Taille 2. *übtr* fein, verfeinert, zart; ~ вкус feiner Geschmack; -ое чутьё a) scharfer Geruchssinn; eine gute Nase; b) Fingerspitzengefühl; ~ ум durchdringender Verstand; ~ намёк eine leise Anspielung; ~ сон leichter Schlaf; ~ кри́тик scharfsinniger Kritiker 3. *umg* fein, schlau, spitzfindig; э́то сли́шком то́нко das ist zu spitzfindig ◇ где -о, там и рвётся *Sprichw* allzu straff gespannt, zerspringt der Bogen

тонко|зерни́стый, -ая, -ое *geol* kleinkörnig; **~ко́жий,** -ая, -ее; *Kzf* -о́ж, -а dünnhäutig, mit dünner Schale; **~но́гий,** -ая, -ое; *Kzf* -о́г, -а dünnbeinig; **~ру́нный,** -ая, -ое feinwollig

то́нкость, -и *f* 1. Dünne, Feinheit, Schlankheit, Verfeinerung 2. Feinheit, Subtilität, Detail ◇ вдава́ться в -и auf Einzelheiten eingehen; *iron* Haare spalten

тонкошёрстный [сн], -ая, -ое *oder* **тонкошёрстый,** -ая, -ое feinwollig

тонме́йстер, -а *m* Tonmeister

то́нна, -ы *f* Tonne *Gewicht*

тонна́ж, -а, *I* -ем Tonnage, Tonnengehalt, Schiffsraum

тонне́ль ↑ тунне́ль

то́нный, -ая, -ое; *Kzf m ungebr,* то́нна *umg, iron* aufgeblasen

тонреги́стр, -а *m rad* Klangregister

то́нус, -а *m med* Tonus

тону́ть, тону́, то́нешь *uv* 1. ertrinken, (ver)sinken, untergehen; де́рево не то́нет в воде́ Holz geht im Wasser nicht unter 2. ein-, versinken, versacken; ~ в снегу́ im Schnee einsinken ◇ ~ в дела́х vor Arbeit nicht wissen, wo einem der Kopf steht

тонфи́льм, -а *m* Tonfilm

тонча́йший ↑ то́нкий

тонча́ть, *1. u. 2. Pers ungebr,* -а́ет *uv umg* dünn(er) werden

то́ньше ↑ то́нкий

То́ня, -и *f Dem zu* Антони́на

то́ня, -и, *G Pl* -ей *f* 1. Fischzug, Netzzug 2. Fischfangplatz

топа́з, -а *m min* Topas

то́пать, -аю, -аешь *uv* stampfen, trampeln ‖, *v mom* то́пнуть, -ну, -нешь

[1]**топи́ть,** топлю́, то́пишь; то́пленный, -ен, -а *uv* heizen, feuern

[2]**топи́ть,** топлю́, то́пишь; то́пленный, -ен, -а *uv* 1. auslassen, schmel-

zen *Fett* **2.** *Milch* dämpfen, lange Zeit leicht kochen lassen

[3]топи́ть, топлю́, тóпишь *uv* **1.** versenken, zum Untergehen bringen; ertränken, ersäufen; ~ корáбль ein Schiff versenken **2.** *übtr umg* zugrunde richten, ruinieren, ins Verderben stürzen

[1]топи́ться, *1. u. 2. Pers ungebr,* тóпится *uv* brennen, geheizt werden

[2]топи́ться, *1. u. 2. Pers ungebr,* тóпится *uv* **1.** schmelzen, auslassen, geschmolzen werden **2.** dämpfen, lange Zeit leicht kochen

[3]топи́ться, топлю́сь, тóпишься *uv umg* sich ertränken, ins Wasser gehen

тóпка, -и, *Pl G* -пок, *D* -пкам *f* **1.** Heizen, Feuerung, Heizung **2.** Feuerraum *Teil des Ofens* **3.** Schmelzen, Auslassen

тóпкий, -ая, -ое; *Kzf* тóпок, топкá!; *Komp* тóпче sumpfig, morastig

тóпкость, -и *f* Sumpfigkeit, Morastigkeit

топлёный, -ая, -ое geschmolzen, zerlassen, ausgelassen; -ое молокó (im Ofen) gedämpfte Milch

тóпливо, -а *n* Brennstoff, Brennmaterial, Heizmaterial, Feuerung; жи́дкое ~ flüssiger Brennstoff

тóпнуть *v mom zu* тóпать

топóграф, -а *m* Topograph

топографи́ческий, -ая, -ое topographisch, Vermessungs-; -ая съёмка Landesaufnahme, topographische Aufnahme; ~ знак Kartenzeichen

топогрáфия, -и *f* **1.** Topographie, Geländekunde, Geländelehre **2.** Oberflächengestalt *einer Landschaft*

тóполь, -я, *Pl* тополя́, -éй, -я́м *u.* тóполи, -ей, -ям *m* Pappel; серебри́стый ~ Silberpappel

топóр, -á *m* Beil, Axt

топори́ще, -а, *I* -ем *n* Beilstiel, Axtstiel

топóрный, -ая, -ое; *Kzf* -рен, -рна grob, ungeschlacht

топóрщить, -щу, -щишь *uv* sträuben

топóрщиться, -щусь, -щишься *uv* sich sträuben, abstehen; sein Fell sträuben

тóпот, -а *m* Getrampel, Stampfen

топотáть* *uv umg* stampfen, trampeln

топочу́ ↑ топотáть

топтáть* *uv* **1.** zertreten, zerdrücken; ~ травý das Gras zertreten **2.** beschmutzen, mit den Füßen schmutzig machen; ~ пол den Fußboden schmutzig machen **3.** stampfen, festtreten; ~ гли́ну Lehm stampfen

◇ ~ когó-н. в грязь j-n in den Schmutz ziehen

топтáться* *uv* auf der Stelle treten; ~ на мéсте von einem Fuß auf den anderen treten; *übtr* nicht vom Fleck kommen

топчáн, -а *m* hölzernes Liegebett

тóпче ↑ тóпкий

топчу́ ↑ топтáть

топы́рить, -рю, -ришь *uv volksspr* spreizen

топь, -и *f* Sumpf, sumpfiger Boden

тóрба, -ы *f* Futtersack, Tasche ◇ носи́ться с кéм-н. как с пи́саной тóрбой ein großes Getue mit j-m machen

[1]торг, -а, *P* о тóрге, на торгý, *Pl* торги́, -óв, -áм *m* **1.** Handel **2.** *alt gbt* Markt **3.** *meist Pl* Versteigerung, Auktion; продáжа с -óв Versteigerung

[2]торг, -а *m* Handelsorganisation

торгáш, -á, *I* -óм, *G Pl* -éй *m umg verächtl* Krämer, Krämerseele

торгáшеский, -ая, -ое Krämer-; ~ дух Krämergeist

торгáшество, -а *n umg* Schacher, Schacherei

торговáть, -гýю, -гýешь *uv* **1.** handeln; ~ óптом en gros handeln, Großhandel treiben **2.** kaufen, erhandeln **3.** geöffnet sein *Geschäft*

торговáться, -гýюсь, -гýешься *uv* handeln, feilschen (с *I* um)

торгóвец, -вца, *I* -вцем, *G Pl* -вцев *m* Händler, Kaufmann

торгóвка, -и, *Pl G* -вок, *D* -вкам *f* Händlerin, Marktfrau

торгóвля, -и *f* Handel; внýтренняя ~ Binnenhandel; внéшняя ~ Außenhandel; меновáя ~ Tauschhandel; оптóвая ~ Engroshandel; рóзничная ~ Einzelhandel; чáстная ~ Privathandel

торгóво-промы́шленный, -ая, -ое Industrie- und Handels-

торгóвый, -ая, -ое Handels-; ~ представи́тель Handelsvertreter; ~ флот Handelsflotte

торг|прéд, -а *m* (торгóвый представи́тель) Handelsvertreter; **~прéдство,** -а *n* (торгóвое представи́тельство) Handelsvertretung

тореадóр, -а *m* Torero, Stierkämpfer

торéц, -рцá, *I* -рцóм, *G Pl* -рцóв *m* **1.** *tech* Stirnseite, Kopfende **2.** Holzpflaster

торжéственность, -и *f* Feierlichkeit, Festlichkeit

торжéственный, -ая, -ое; *Kzf* -ен, -енна feierlich, festlich

торжество́, -а́ *n* 1. Feier, Fest 2. Triumph, Sieg 3. Triumphgefühl, Jubel; с -о́м jubelnd, triumphierend
торжествова́ть, -ву́ю, -ву́ешь *uv* 1. feiern, feierlich begehen; ~ побе́ду den Sieg feiern 2. triumphieren, siegen; ~ над враго́м über den Feind triumphieren
то́рий, -я, *P* -и *m chem* Thorium
торма́шки: лете́ть вверх -ами kopfüber fallen
торможе́ние, -я *n* 1. *tech* Bremsen; кран э́кстренного -я Notbremse 2. *psych* Hemmung
то́рмоз, -а, *Pl* тормоза́, -о́в, -а́м *u.* то́рмозы, -ов, -ам *m* 1. (тормоза́) Bremse; запа́сный ~ Notbremse 2. (то́рмозы) *übtr* Hemmschuh, Hindernis
тормози́ть, -ожу́, -ози́шь; -ожённый, -ожён, -ожена́ *uv* 1. bremsen 2. *übtr* bremsen, hindern, hemmen
тормози́ться, *1. u. 2. Pers ungebr*, -и́тся *uv* gebremst, gehemmt werden
тормозно́й, -а́я, -о́е Brems-; -а́я коло́дка Bremsklotz
тормоши́ть, -шу́, -ши́шь *uv umg* 1. zupfen, zausen 2. *übtr* belästigen, nicht in Ruhe lassen
то́рный, -ая, -ое; *Kzf* -рен, -рна gebahnt, geebnet; ausgetreten *Weg*; пойти́ по -ой доро́ге *übtr* den üblichen Weg gehen
торова́тость, -и *f alt, volksspr* Freigebigkeit
торопи́ть, -оплю́, -о́пишь *uv* 1. zur Eile antreiben, drängen 2. beschleunigen
торопи́ться, -оплю́сь, -о́пишься *uv* eilen, sich beeilen, hasten; не ~ sich Zeit lassen; не торопя́сь gemächlich, in Ruhe
торопли́вость, -и *f* Eilfertigkeit, Hast, Überstürztheit
торопли́вый, -ая, -ое; *Kzf* -и́в, -а eilig, hastig, überstürzt
торо́с *u.* **то́рос,** -а, *Pl* торо́сы, -ов, -ам *u.* тороса́, -о́в, -а́м *u. volksspr* торо́сья, -ьев, -ьям Packeis, Eisblock
торпе́да, -ы *f* Torpedo
торпеди́ровать, -рую, -руешь *v, uv* torpedieren
торпе́дный, -ая, -ое Torpedo-; ~ аппара́т Torpedorohr; ~ ка́тер Torpedoboot
торпедоно́сец, -сца, *I* -сцем, *G Pl* -сцев *m* Torpedoflugzeug
торс, -а *m* Torso, Rumpf
торт, -а *m* Torte
торф, -а *m* Torf
торфоразрабо́тка, -и, *Pl G* -ток, *D* -ткам *f* 1. Torfgewinnung 2. *Pl* Torfbruch, Torflager
[1]**торфяни́к,** -а́ *m* Torfmoor
[2]**торфяни́к,** -а́ *m* Torfarbeiter
торфяни́стый, -ая, -ое; *Kzf* -и́ст, -а torfhaltig, Torf-
торфяно́й, -а́я, -о́е Torf-; ~ мох *bot* Torfmoos; -о́е боло́то Torfmoor
торцево́й ↑ торцо́вый
торцо́вый, -ая, -ое *u.* **торцево́й,** -а́я, -о́е 1. *tech* Stirn-; -ая фре́за Stirnfräse 2.: -ая мостова́я Holzpflaster
торча́ть, -чу́, -чи́шь *uv* 1. hervorstehen, hervorragen, abstehen; у него́ у́ши торча́т er hat abstehende Ohren 2. *umg* sich aufhalten, stecken; я весь день торчу́ в ку́хне den ganzen Tag stecke ich in der Küche
торчко́м, торчмя́ *Adv* aufrecht, abstehend
тоска́, -и́ *f* 1. Trauer, Gram, Schwermut 2. Langeweile; наводи́ть -у́ на кого́-н. j-n langweilen 3. Sehnsucht; ~ по ро́дине Heimweh
тоскли́вый, -ая, -ое; *Kzf* -и́в, -а 1. traurig, schwermütig, melancholisch 2. langweilig
тосков́ать, -ку́ю, -ку́ешь *uv* 1. traurig sein, schwermütig sein, Trübsal blasen 2. sich langweilen 3. sich sehnen; ~ по ро́дине Heimweh haben
тост, -а *m* Toast, Trinkspruch; провозглаша́ть ~ einen Toast ausbringen
тот, того́ *m*; та, той *f*; то, того́ *n*; *Pl* те, тех *Dem Pron* 1. jener; ~ дом jenes Haus; те ребя́та jene Kinder 2. derjenige; ~, кто э́того не зна́ет . . . derjenige, der das nicht weiß . . . 3. eben derselbe; он сел не в ~ по́езд er ist in den falschen Zug gestiegen; э́то не совсе́м то das ist nicht ganz das Richtige 4. *mit der Partikel* же (*mit oder ohne* са́мый) derselbe; одно́ и то же ein und dasselbe; э́то тот же (са́мый) челове́к das ist derselbe Mann 5.: в ~ раз damals, das vorige Mal; с того́ вре́мени *oder* с тех пор seitdem, seit jener Zeit; не ~, так друго́й wenn nicht der eine, so der andere; и́менно тот gerade [eben] jener; до того́, что . . . so sehr [dermaßen], daß . . .; мне не до того́ ich bin dazu nicht aufgelegt; тем са́мым dadurch; тем бо́лее, что um so mehr, als; тем лу́чше [ху́же] um so besser [schlimmer], desto bes-

ser [schlimmer]; ме́жду тем *oder* тем вре́менем inzwischen, währenddessen; ме́жду тем как während; тем не ме́нее nichtsdestoweniger; к тому́ же überdies, außerdem; и без того́ ohnehin, sowieso; с тем, что́бы um... zu; при всём том bei alledem; де́ло в том, что . . . es handelt sich darum, daß . . .; по́сле того́, как nachdem ◇ и то сказа́ть und tatsächlich; то да сё so und so; того́ и гляди́ *oder* того́ и жди ehe man sich's versieht; ме́сяц тому́ наза́д vor einem Monat; ни с того́, ни с сего́ mir nichts, dir nichts; ohne jeden Grund; ни то ни сё weder Fisch noch Fleisch

тоталита́рный, -ая, -ое *buchspr* totalitär

тота́льный, -ая, -ое; *Kzf* -лен, -льна *buchspr* total

тоте́м [тэ], -а *m* Totem

то́-то *Part umg* 1. aha, eben deshalb; то́-то a) da erst, da mal; то́-то он рассе́рдится da wird er erst böse sein; b) darum, also; то́-то он был зол deshalb also war er böse 2. *Ausdruck eines starken Gefühls* ach, ist das aber; то́-то бы́ло краси́во! ach, war das herrlich! 3. *als Warnung* ну, то́-то же! paß nur auf! ◇ то́-то и оно́ *oder* то́-то и есть das ist es ja eben

то́тчас *u. umg* **тотча́с** *Adv* sogleich, sofort

точёный, -ая, -ое 1. geschliffen; gedreht, gedrechselt 2. *übtr* wie aus Stein [Marmor] gemeißelt *Gesicht, Figur*

то́чечный, -ая, -ое 1. punktiert 2. punktförmig

точи́лка, -и, *Pl G* -лок, *D* -лкам *f* 1. Schleifstein 2. Bleistiftspitzmaschine

точи́ло, -а *n* 1. Schleifstein; Werkbank 2. Weinpresse, Kelter

точи́льный, -ая, -ое Schleif-, Wetz-; ~ брусо́к Schleifstein; ~ реме́нь Streichriemen

точи́льщик, -а *m* Schleifer

[1]**точи́ть,** точу́, то́чишь; то́ченный, -чен, -а *uv* 1. schärfen, wetzen, schleifen; ~ каранда́ш einen Bleistift spitzen 2. *tech* drechseln, drehen ◇ ~ зу́бы на кого́-н. Groll gegen j-n hegen

[2]**точи́ть,** *1. u. 2. Pers ungebr*, то́чит *uv* 1. nagen, (zer)fressen; ржа́вчина то́чит желе́зо Rost frißt Eisen 2. *übtr* verzehren, quälen; тоска́ его́ то́чит der Gram verzehrt ihn ◇ вода́ ка́мень то́чит steter Tropfen höhlt den Stein

точи́ться, *1. u. 2. Pers ungebr*, то́чится *uv buchspr, alt* langsam heraussickern

то́чка, -и, *Pl G* -чек, *D* -чкам *f* 1. Punkt; исхо́дная ~ Ausgangspunkt; ~ опо́ры Stützpunkt; ~ пересече́ния Schnittpunkt; ~ кипе́ния Siedepunkt; ~ замерза́ния Gefrierpunkt; ~ соприкоснове́ния Berührungspunkt; ~ приложе́ния си́лы Angriffspunkt einer Kraft; ~ наво́дки *mil* Richtpunkt; огнева́я ~ *mil* Feuernest, Kampfstand; мёртвая ~ toter Punkt; вы́сшая ~ Höhepunkt; ~ зре́ния Gesichtspunkt, Standpunkt 2. Punkt *Satzzeichen*; ~ с запято́й Semikolon ◇ попа́сть в -у den Nagel auf den Kopf treffen, ins Schwarze treffen; дойти́ до -и am Ende seiner Kraft sein; ~ в-у genau, aufs Haar; ста́вить -у над „и" das Tüpfelchen aufs „i" setzen

[1]**то́чно** 1. *Adv* genau, präzise, pünktlich; ~ в пять часо́в Punkt fünf (Uhr); ~ так ebenso, genauso; ~ так же, как ebenso wie; ~ тако́й der gleiche, genau derselbe 2. *Part* wirklich, in der Tat; так ~! *mil* jawohl!, zu Befehl!

[2]**то́чно** *Konj* als ob, wie; ~ он не мо́жет als ob er nicht könnte; он ~ поме́шанный er ist wie verrückt

точномехани́ческий, -ая, -ое feinmechanisch

то́чность, -и *f* Genauigkeit, Pünktlichkeit, Präzision ◇ в -и genau (so), aufs Haar

то́чный, -ая, -ое; *Kzf* -чен, -чна́! genau, exakt, präzise; pünktlich; ~ перево́д genaue Übersetzung; ~ челове́к pünktlicher Mensch; -ые нау́ки exakte Wissenschaften; -ые прибо́ры Präzisionsinstrumente

то́чь-в-то́чь *Adv* ganz genau, aufs Haar

тошни́ть, -и́т *unpers, uv* Übelkeit empfinden; меня́ тошни́т mir ist übel [schlecht]

то́шно *unpers, prädikativ*: мне ~ mir ist übel [schlecht]; ~ смотре́ть ich kann es nicht mit ansehen

тошнота́, -ы́ *f* Übelkeit, Brechreiz; вызыва́ть -у́ Übelkeit erregen

тошнотво́рный, -ая, -ое; *Kzf* -рен, -рна 1. Übelkeit erregend 2. *übtr* widerlich, widerwärtig

то́шный, -ая, -ое; *Kzf* -шен, -шна́! Übelkeit erregend, widerlich

тощáть, -áю, -áешь *uv umg* abmagern
тóщий, -ая, -ее; *Kzf* тощ, тощá, тóще 1. mager, dürr, abgemagert 2. *übtr* leer; dürftig, karg; на ~ желýдок auf nüchternen Magen
тпру *u.* **тпрр** *Interj* brr!, halt! ◇ ни ~, ни ну weder hü noch hott
травá, -ы́, *Pl* трáвы, трав, трáвам *f* Gras, Kraut; сóрная ~ Unkraut; лекáрственные -ы Heilkräuter ◇ э́то -óй поросло́ darüber ist längst Gras gewachsen
трáверс *u.* **трáверз,** -а *m* 1. *mil* Traverse, Schulterwehr, Querwand; ты́льный ~ Rückenwehr 2. *arch* Querbalken, Querträger
трави́нка, -и, *Pl G* -нок, *D* -нкам *f* Grashalm
[1]**трави́ть,** травлю́, трáвишь; трáвленный, -ен, -а *uv* 1. vergiften, ausrotten; ~ крыс Ratten vertilgen 2. *tech* ätzen 3. abgrasen, abweiden 4. hetzen (mit Hunden) 5. *übtr* hetzen (gegen), verfolgen
[2]**трави́ть,** травлю́, трáвишь; трáвленный, -ен, -а *uv naut* nachgeben, locker lassen *Tau*
трави́ться, травлю́сь, трáвишься *uv* sich vergiften
травлéние, -я *n* 1. Vergiften 2. *tech* Ätzen, Beizen
трáвленый, -ая, -ое gebeizt, geätzt ◇ ~ зверь *alt, volksspr* einer, der mit allen Hunden gehetzt ist
трáвля, -и *f* 1. Hetzjagd 2. *übtr* Verfolgung
трáвма, -ы *f* 1. Trauma, seelische Erschütterung 2. Wunde, Verletzung
травмати́ческий, -ая, -ое traumatisch
трáвник, -а *u.* **травни́к,** -á *m* 1. *umg* Kräuterlikör 2. altrussisches Kräuterbuch
траво|пóлье, -ья *n* Feldgraswirtschaft; **~сéяние,** -я *n* Futtergrasanbau; **~я́дный,** -ая, -ое *zool* grasfressend
травяни́стый, -ая, -ое; *Kzf* -и́ст, -а 1. *nur Langform* grasartig, Gras- 2. dicht mit Gras bewachsen 3. *umg* fade, geschmacklos
травянóй, -áя, -óе Gras-; -áя вошь *zool* Blattlaus
трагéдия, -и *f* 1. Tragödie, Trauerspiel 2. *übtr* Tragödie
трагúзм, -а *m* Tragik
трáгик, -а *m* Tragöde *Schauspieler*
траги́ческий, -ая, -ое tragisch; -ая актри́са Tragödin
траги́чность, -и *f* Tragik
траги́чный, -ая, -ое; *Kzf* -чен, -чна tragisch, ergreifend, erschütternd
традициóнный, -ая, -ое; *Kzf* -óнен, -óнна traditionell, überliefert, herkömmlich
тради́ция, -и *f* Tradition, Überlieferung
траектóрия, -и *f* Flugbahn *eines Geschosses*
тракт, -а *m* (Land-) Straße ◇ желу́дочно-кишéчный ~ *anat* Verdauungssystem
трактáт, -а *m* 1. Traktat, (wissenschaftliche) Abhandlung 2. Staatsvertrag
трakти́р, -а *m alt* Schenke, Gasthaus
тракти́рщик, -а *m alt* Schenkwirt, Gastwirt
трактовáть, -тýю, -тýешь; -тóванный, -тóван, -а *uv* 1. behandeln, handeln (von); э́та статья́ трактýет о ... dieser Artikel handelt von ... 2. betrachten, ansehen; auffassen 3. (aus)deuten; по-нóвому ~ роль der Rolle eine neuartige Deutung geben
трактóвка, -и, *Pl G* -вок, *D* -вкам *f* Behandlung; Auffassung; Deutung
трáктор, -а, *Pl* трáкторы, -ов, -ам *u.* трактора́, -óв, -áм *m* Traktor; гýсеничный ~ Raupenschlepper
трактори́ст, -а *m* Traktorist
трáкторный, -ая, -ое Traktoren-; ~ завóд Traktorenwerk
тракторо|строéние, -я *n* Traktorenbau; **~строи́тельный,** -ая, -ое: ~строи́тельный завóд Traktorenwerk
трал, -а *m* 1. Trawl, Schleppnetz 2. Bagger *für Bodenproben* 3. *naut* Such- und Räumgerät *für Seeminen*; ~-искáтель Minensuchgerät
трáление, -я *n naut* Minenräumung
трáлер, -а *m naut* Trawler
трáлить, -лю, -лишь *uv* 1. mit dem Schleppnetz fischen 2. *naut* Minen suchen [räumen]
трáльщик, -а *m* 1. Trawler 2. Minensuchboot
трамбовáть, -бýю, -бýешь; -бóванный, -бóван, -а *uv* feststampfen
трамбóвка, -и, *Pl G* -вок, *D* -вкам *f* 1. Feststampfen 2. Ramme, Stampfe
трамвáй, -я, *G Pl* -ев *m* Straßenbahn; éхать на -е mit der Straßenbahn fahren; сесть на ~ in die Straßenbahn einsteigen ◇ речнóй ~ kleines Passagierschiff *für Stadt- u. Nahverkehr*
трамвáйный, -ая, -ое Straßenbahn-
трамвáйщик, -а *m* Straßenbahner

трампли́н, -а *m* Trampolin, Sprungbrett
транжи́р, -а *m u.* **транжи́ра,** -ы *m, f umg* Verschwender
транжи́рить, -рю, -ришь *uv umg* vergeuden, verschwenden
транзи́т, -а *m* Transit, Durchgang, Durchfuhr
транзи́тный, -ая, -ое Transit-, Durchgangs-; -ое движе́ние Transitverkehr
транс, -а *m med* Trance, Traumzustand
[1]**транс-** *in Zuss Abk für* тра́нспортный Transport-
[2]**транс-** *in Zuss* Trans-, trans-
транс|альпи́йский, -ая, -ое transalpin; **~атланти́ческий,** -ая, -ое transatlantisch
Трансильва́ния, -и *f* Transsilvanien, Siebenbürgen
транскриби́ровать, -рую, -руешь *v, uv* transkribieren, umschreiben
транскри́пция, -и *f* Transkription
трансли́ровать, -рую, -руешь *v, uv rad* übertragen, senden
трансляцио́нный, -ая, -ое *rad* Übertragungs-; ~ у́зел Zwischensender
трансля́ция, -и *f rad* Übertragung, Sendung
трансма́ш, -а, *I* -ем *m* (тра́нспортное машинострое́ние) Transportmaschinenbau
трансмиссио́нный, -ая, -ое Transmissions-
трансми́ссия, -и *f tech* Transmission, Übertragung
транспара́нт, -а *m* **1.** Transparent **2.** Linienblatt
транспира́ция, -и *f bot, med* Transpiration
трансплantáция, -и *f* Transplantation, Gewebeverpflanzung
транспози́ция, -и *f* **1.** Transposition, Umstellung **2.** *mus* Transponierung
транспони́ровать, -рую, -руешь *v, uv mus* transponieren
тра́нспорт, -а *m* **1.** Verkehrswesen **2.** Transport, Beförderung; гужево́й ~ Wagentransport **3.** Lieferung, Sendung **4.** *naut, mil* Transportschiff, Transporter
транспо́рт, -а *m finanz* Transport *Übertragung einer Summe auf die nächste Seite*
транспорта́бельный, -ая, -ое transportabel
транспортёр, -а *m* Förderband, Beförderungsanlage; ле́нточный ~ Förderband
транспорти́р, -а *m* Transporteur, Winkelmesser
транспорти́ровать, -рую, -руешь *v, uv* transportieren, befördern
транспортиро́вка, -и *f* Beförderung, Transport
тра́нспортник, -а *m* Transportarbeiter
тра́нспортный, -ая, -ое Transport-, Förder-; -ое су́дно Transportschiff
трансформа́тор, -а *m* Transformator, Stromwandler
трансформа́торный, -ая, -ое Transformatoren-
трансформа́ция, -и *f* **1.** *buchspr* Transformation, Verwandlung **2.** *el* Umformung
трансформи́ровать, -рую, -руешь; -рованный, -рован, -а *v, uv* transformieren, umformen, umwandeln
трансфу́зия, -и *f med* Transfusion
транше́йный, -ая, -ое *mil* (Schützen-) Graben-
транше́я, -и *f mil* Laufgraben, Schützengraben
трап, -а *m naut* Fallreep; передвижно́й ~ Gangway
трапе́ция, -и *f math, Sport* Trapez
тра́сса, -ы *f* Trasse
трасси́ровать, -рую, -руешь; -рованный, -рован, -а *v, uv* trassieren, abstecken
трасси́рующий, -ая, -ее Leucht-; -ая пу́ля Leuchtkugel; ~ снаря́д Leuchtspurgeschoß
тра́та, -ы *f* Ausgabe, Vergeudung
тра́тить, тра́чу, тра́тишь; тра́ченный, -ен, -а *uv* ausgeben, vergeuden; ~ вре́мя по́пусту die Zeit vergeuden; не ~ мно́го слов nicht viel Worte machen
тра́титься, тра́чусь, тра́тишься *uv* (Geld) ausgeben, verschwenden, Ausgaben machen
тра́улер, -а *m naut* Trawler
тра́ур, -а *m* **1.** Trauer, Leid **2.** Trauerkleidung; носи́ть ~ по ко́м-н. um j-n Trauer tragen
тра́урный, -ая, -ое Trauer-; -ая повя́зка (Trauer-) Flor
трафаре́т, -а *m* **1.** Schablone **2.** *übtr* Schablone, Schema
трафаре́тный, -ая, -ое; *Kzf* -тен, -тна **1.** Schablonen- **2.** *übtr* schablonenhaft, schematisch
трах! *Interj* krach!
тра́хать(ся) *uv zu* тра́хнуть(ся)
трахе́я, -и *f anat* Luftröhre
тра́хнуть, -ну, -нешь *v mom umg* **1.** knallen *Schlag, Schuß* **2.** einen

Hieb versetzen || *uv* тра́хать, тра́хаю, тра́хаешь

тра́хнуться, -нусь, -нешься *v umg* krachend herunterfallen, herunterstürzen || *uv* тра́хаться, -аюсь, -аешься

трахо́ма, -ы *f med* Trachom

тре- *in Zuss* drei-

тре́бование, -я *n* **1.** Forderung, Verlangen, Ersuchen **2.** Befehl, Ansuchen, Begehr; настоя́тельное ~ dringendes Ansuchen **3.** *meist Pl* Forderung, Anspruch; отказа́ться от свои́х -й von seinen Ansprüchen abgehen; предъявля́ть высо́кие -я hohe Anforderungen stellen; отвеча́ть -ям den Anforderungen entsprechen **4.** Bestellzettel, Bestellung

тре́бовательный, -ая, -ое; *Kzf* -лен, -льна **1.** anspruchsvoll, streng **2.** Bestell-; -ая ве́домость Bestelliste

тре́бовать, -бую, -буешь *uv* **1.** *G* fordern, verlangen; erwarten; ~ объясне́ний у кого́-н. von j-m eine Erklärung verlangen **2.** *G 1. u. 2. Pers ungebr* bedürfen, erfordern; э́тот вопро́с тре́бует внима́ния diese Frage erfordert Aufmerksamkeit **3.** *A* bestellen, auffordern; ~ в суд vor Gericht laden || *v* потре́бовать

тре́боваться, *1. u. 2. Pers ungebr,* тре́буется *uv* nötig, erforderlich sein || *v* потре́боваться

требуха́, -и́ *f* Eingeweide

трево́га, -и *f* **1.** Unruhe, Besorgnis, Aufregung; быть в -е in Unruhe sein, sich Sorgen machen **2.** Alarm; возду́шная ~ Fliegeralarm; подня́ть -у alarmieren; бить -у Alarm schlagen

трево́жить, -жу, -жишь *uv* **1.** beunruhigen, in Unruhe versetzen **2.** stören, beunruhigen

трево́житься, -жусь, -жишься *uv* **1.** sich beunruhigen, sich Sorgen machen **2.** sich bemühen

трево́жный, -ая, -ое; *Kzf* -жен, -жна **1.** aufgeregt, beunruhigt **2.** beunruhigend, alarmierend **3.** Alarm-; ~ сигна́л Alarmsignal

тре́звенник, -а *m umg* Antialkoholiker, Abstinenzler

трезве́ть, -е́ю, -е́ешь *uv* nüchtern werden; *übtr* ernüchtert werden

трезво́н, -а *m* **1.** Geläut, Glockengeläut **2.** *übtr umg* Geschwätz; Tumult

трезво́нить, -ню, -нишь *uv* **1.** läuten **2.** *übtr umg* ausposaunen, an die große Glocke hängen

тре́звость, -и *f* **1.** Mäßigkeit, Nüchternheit; Enthaltsamkeit *von alkoholischen Getränken* **2.** Vernünftigkeit

трезву́чие, -я *n mus* Dreiklang

тре́звый, -ая, -ое; *Kzf* трезв, -а́! **1.** abstinent, enthaltsam **2.** nüchtern, nicht betrunken **3.** *übtr* vernünftig, nüchtern, gesund, besonnen; име́ть ~ взгляд на ве́щи gesunde Ansichten haben; -ая голова́ ein klarer [nüchterner] Kopf

трезу́бец, -бца, *I* -бцем, *G Pl* -бцев *m* Dreizack

трек, -а *m* Rennbahn

трель, -и *f mus* Triller; -и соловья́ Nachtigallenschlag

трелья́ж, -а, *I* -ем, *G Pl* -ей *m* **1.** Gitterspalier *für Kletterpflanzen* **2.** dreiteiliger Spiegel

трен [эн], -а *m alt* Schleppe *am Kleid*

тре́нер, -а *m Sport* Trainer

тре́нзель, -я *m* Trense

тре́ние, -я *n* **1.** Reibung **2.** *meist Pl übtr* Reibereien, Meinungsverschiedenheiten

тренирова́ть, -ру́ю, -ру́ешь; -ро́ванный, -ро́ван, -а *uv* trainieren, durchbilden

тренирова́ться, -ру́юсь, -ру́ешься *uv* trainieren, sich üben (в *P* in)

трениро́вка, -и, *Pl G* -вок, *D* -вкам *f* Training, Übung

трениро́вочный, -ая, -ое Trainings-, Übungs-

трено́га, -и *f* Dreifuß, Dreibein; ~ фотоаппара́та Stativ

трено́жить, -жу, -жишь *uv* die Vorderbeine und ein Hinterbein fesseln *von Pferden*

трено́жник, -а *m* Dreifuß, Dreibein; Stativ

тре́нькать, -аю, -аешь *uv umg* klimpern *auf einem Zupfinstrument*

трепа́к, -а́ *m* Trepak *russischer Volkstanz*

трепа́ло, -а *n* Flachsschwinge, Hanfschwinge

трепана́ция, -и *f med* Trepanation, Schädelbohrung

трепа́нг, -а *m zool* Trepang, Seewalze, Seegurke

трепа́ние, -я *n* Brechen, Schwingen *Hanf, Flachs*

трёпаный, -ая, -ое **1.** gerauft *Flachs* **2.** *umg* zerrissen, zerfetzt **3.** *umg* zerzaust, ungekämmt

трепа́ть* *uv* **1.** zausen, ziehen; ~ за́ волосы an den Haaren ziehen **2.** *umg* schütteln *vom Fieber* **3.** *umg* (zärtlich) tätscheln; ~ по плечу́ auf die Schulter klopfen **4.** brechen, schwingen *Hanf, Flachs* **5.** *umg* abtragen, abnutzen *Kleidung* ◇ ~ нéрвы *umg* die Nerven zerrütten; ~ языкóм *umg* drauflos reden, seiner Zunge freien Lauf lassen

трепáться* *uv* **1.** *1. u. 2. Pers ungebr* (umher)flattern **2.** *umg 1. u. 2. Pers ungebr* sich abnutzen **3.** *volksspr* (ohne Ziel und Zweck) umhergehen **4.** *derb, volksspr* schwatzen, quasseln

трепáч, -á, *I* -óм, *G Pl* -éй *m umg* Schwätzer, Quatschkopf

трéпет, -a *m* Zittern, Beben

трепетáть* *uv* **1.** zittern, beben **2.** zittern, zucken **3.** flackern *der Flamme*

трéпетный, -ая, -ое; *Kzf* -тен, -тна **1.** scheu, angstvoll, angsterfüllt **2.** zitternd **3.** bebend, zitternd

трепещý ↑ трепетáть

трёпка, -и, *Pl G* -пок, *D* -пкам *f* **1.** Prügel, Schläge; задáть комý-н. -у j-n tüchtig verhauen **2.** *umg* Aufwand, Verbrauch; ~ нéрвов Nervenaufwand

треплю ↑ трепáть

трепыхáться, -áюсь, -áешься *uv umg* zappeln, wackeln; schwanken; zukken *Licht, Feuer*

треск, -a *m* **1.** Krachen, Prasseln, Knistern **2.** Knattern *Maschinengewehr* **3.** *übtr* großspurige Reden ◇ с -ом провалиться mit Pauken und Trompeten durchfallen

трескá, -ú *f* Dorsch, Kabeljau; сушёная ~ Klippfisch

[1]**трéскаться,** *1. u. 2. Pers ungebr*, -ается *uv* Sprünge [Risse] bekommen, springen, bersten

[2]**трéскаться** *uv zu* трéснуться

трескóвый, -ая, -ое Dorsch-, Kabeljau-; ~ жир Dorschlebertran

трескотня́, -ú *f* **1.** Knattern, Geknatter **2.** Gezirpe *Heuschrecke* **3.** *übtr* Geschwätz, Geplapper

трескýчий, -ая, -ее; *Kzf* -ýч, -a *umg* **1.**: ~ морóз knackender Frost, grimmige Kälte **2.** hochtrabend; -ие фрáзы schwülstige Phrasen

трéснуть, -ну, -нешь *v* **1.** *mom zu* трещáть **2.** (zer)platzen, bersten, zerspringen; у негó кóжа на рукáх трéснула er hat aufgesprungene [rissige] Hände **3.** *volksspr* schlagen, verhauen ◇ дéло трéснуло *umg* die Sache ist schiefgegangen

трéснуться, -нусь, -нешься *v volksspr* sich stoßen (o *A* gegen) ‖ *uv* трéскаться, -аюсь, -аешься

трест, -a *m* Trust

трестá, -ы́ *f landw* Hanfstroh, Flachsstroh

трестúровать, -рую, -руешь *v, uv* zu einem Trust [zu Trusts] vereinigen

третéйский, -ая, -ое schiedsrichterlich; ~ суд Schiedsgericht; -ое решéние Schiedsspruch

трéтий, -ья, -ье **1.** *Num* dritter; -ьего числá am Dritten (des Monats); -ьего ию́ня der dritte Juni, am dritten Juni; ~ час es geht auf drei; в -ьем часý nach zwei, zwischen zwei und drei; -ьего дня vorgestern; -ье сослóвие *hist* dritter Stand; -ья часть Drittel **2.** -ье, -ьего *Subst n* Nachtisch, dritter Gang **3.** -ья, -ьей *Subst f* Drittel ◇ из -ьих рук aus dritter Hand

третúровать, -рую, -руешь *uv* geringschätzig behandeln

третúчный, -ая, -ое **1.** drittes Stadium **2.** *geol* Tertiär-; ~ перúод Tertiärzeit

треть, -и, *Pl* трéти, -éй, -я́м *f* Drittel

третье- *in Zuss* dritt-

третье|клáссник, -a *m* Schüler der dritten Klasse; **~очереднóй,** -áя, -óе drittfolgend; **~разря́дный,** -ая, -ое dritter Ordnung, dritten Ranges; **~сóртный,** -ая, -ое von der dritten Sorte; **~степéнный,** -ая, -ое drittrangig

треугóлка, -и, *Pl G* -лок, *D* -лкам *f hist* Dreispitz *Hut*

треугóльник, -a *m* **1.** Dreieck; прямоугóльный ~ rechtwinkliges Dreieck **2.** *mus* Triangel

треугóльный, -ая, -ое dreieckig

трéфовый, -ая, -ое Treff-, Kreuz-; ~ валéт Kreuz-Bube

трéфы, треф, трéфам *Pl* Treff, Kreuz; ходúть с треф Treff [Kreuz] ausspielen

трёх- *in Zuss* drei-

трёх|áктный, -ая, -ое dreiaktig; **~валéнтный,** -ая, -ое dreiwertig; **~годúчный,** -ая, -ое dreijährig, drei Jahre dauernd; **~годовáлый,** -ая, -ое dreijährig; ~годовáлый ребёнок dreijähriges Kind; **~голóсный,** -ая, -ое dreistimmig; **~грáнник,** -a *m* Dreiflach; Dreikant; **~грáнный,** -ая, -ое dreikantig; dreiflächig; **~днéвный,** -ая, -ое dreitägig; **~знáчный,** -ая, -ое dreistellig; **~колёсный,** -ая, -ое dreirädrig; **~крáтный,** -ая, -ое dreifach, dreimalig; **~лéтие,** -я *n* **1.** drei Jahre *Zeitraum* **2.** dritter Jahrestag; dreijähriges Jubiläum; **~лéтний,** -яя, -ее dreijährig, drei Jahre dauernd [alt]; **~ли́стный,** -ая, -ое dreiblättrig

трёхма́чтовый, -ая, -ое dreimastig; -ое су́дно Dreimaster

трёх|ме́рный, -ая, -ое dreidimensional; **~ме́стный,** -ая, -ое dreisitzig; **~ме́сячный,** -ая, -ое 1. dreimonatig *Dauer oder Alter* 2. dreimonatlich; **~неде́льный,** -ая, -ое 1. dreiwöchig *Dauer oder Alter* 2. dreiwöchentlich; **~о́сный,** -ая, -ое dreiachsig; **~по́лье,** -ья *n alt* Dreifelderwirtschaft; **~по́льный,** -ая, -ое Dreifelder-; **~пудо́вый,** -ая, -ое drei Pud schwer; **~рублёвка,** -и, *Pl G* -вок, *D* -вкам *f umg* Dreirubelschein; **~скоростно́й,** -а́я, -о́е dreitourig *Plattenspieler*; **~сло́жный,** -ая, -ое dreisilbig

трёхсот|ле́тие, -я *n* 1. dreihundert Jahre *Zeitraum* 2. dreihundertster Jahrestag, Dreihundertjahrfeier; **~ле́тний,** -яя, -ее dreihundertjährig

трёх|со́тый, -ая, -ое *Num* dreihundertster; **~ство́льный,** -ая, -ое 1. dreiläufig *beim Gewehr* 2. *bot* dreistämmig; **~сторо́нний,** -яя, -ее dreiseitig; **~ты́сячный,** -ая, -ое 1. *Num* dreitausendster 2. aus dreitausend bestehend 3. *umg* im Wert von dreitausend Rubeln; **~фа́зный,** -ая, -ое dreiphasig, Dreiphasen-; ~фа́зный ток Drehstrom; **~цве́тный,** -ая, -ое dreifarbig, Dreifarben-; ~цве́тная печа́ть Dreifarbendruck; **~часово́й,** -а́я, -о́е 1. dreistündig 2. Dreiuhr-; ~часово́й по́езд Dreiuhrzug, 3-Uhr-Zug; **~чле́н,** -а *m math* Trinom; **~чле́нный,** -ая, -ое trinomisch, dreigliedrig; **~эта́жный,** -ая, -ое zweistöckig, dreigeschossig

треща́ть, -щу́, -щи́шь *uv* 1. *1. u. 2. Pers ungebr* krachen, knacken; лёд трещи́т das Eis knackt; у меня́ голова́ трещи́т mir brummt der Kopf 2. *1. u. 2. Pers ungebr* zirpen *Insekten* 3. *umg* schwatzen, plappern 4. *umg* bankrott machen, bankrott gehen; де́ло трещи́т die Sache klappt nicht || *v mom* тре́снуть, -ну, -нешь *zu* 1

тре́щина, -ы *f* Riß, Sprung *a. übtr*

трещо́тка, -и, *Pl G* -ток, *D* -ткам *f* 1. Ratsche, Schnarre 2. *m, f umg* Plappermaul, Plappertasche

три, трёх, трём, тремя́, о трёх *Num* drei

триа́с, -а *m geol* Trias

трибу́н, -а *m* Tribun; наро́дный ~ Volkstribun

трибу́на, -ы *f* Tribüne

трибуна́л, -а *m* Tribunal, höchster Gerichtshof; вое́нный ~ Kriegsgericht

тривиа́льность, -и *f* Trivialität, Plattheit

тривиа́льный, -ая, -ое; *Kzf* -лен, -льна trivial, platt

тригонометри́ческий, -ая, -ое trigonometrisch

тригономе́трия, -и *f* Trigonometrie

три́девять *Num*: за ~ земе́ль *folkl, umg* sehr weit, am Ende der Welt

тридцатиле́тие, -я *n* 1. dreißig Jahre *Zeitraum* 2. dreißigster Jahrestag, Dreißigjahrfeier; dreißigjähriges Jubiläum

тридцатиле́тний, -яя, -ее dreißigjährig

тридца́тый, -ая, -ое *Num* dreißigster

три́дцать, тридцати́, *I* -ью́ *Num* dreißig

три́дцатью *Adv* dreißigmal

три́ер, -а *m* Trieur, Sortiermaschine für Getreide

Трие́ст, -а *m* Triest

три́жды *Adv* dreimal

три́зна, -ы *f hist* Totenfeier, Leichenschmaus

трико́ *n idkl* 1. Trikot 2. (gewirkter) Damenschlüpfer

трикота́ж, -а, *I* -ем, *G Pl* -ей *m* 1. Trikot, Strickstoff 2. *Koll* Trikotagen, Wirk- und Strickwaren

трикота́жный, -ая, -ое Trikotagen-; -ые изде́лия Trikotagen, Strickwaren, Wirkwaren

трили́стник, -а *m* Dreiblatt, Klee

триллио́н, -а *m Num* Trillion

трило́гия, -и *f lit* Trilogie

трина́дцатый, -ая, -ое *Num* dreizehnter

трина́дцать, -и *Num* dreizehn

три́о *n idkl mus* Trio, Terzett

трипла́н, -а *m* Dreidecker

Три́поли *m idkl* Tripolis

три́ппер, -а *m med* Tripper, Gonorrhöe

три́ста, трёхсо́т, трёмста́м, тремяста́ми, о трёхста́х *Num* dreihundert

трито́н, -а *m zool* Wassermolch

триу́мф, -а *m* Triumph

триумфа́льный, -ая, -ое Triumph-, triumphal, Sieges-; -ая а́рка Triumphbogen

Три́фон, -а *m männl Vn*

трихи́на, -ы *f biol* Trichine

тро́гательный, -ая, -ое; *Kzf* -лен, -льна rührend, ergreifend

тро́гать, -аю, -аешь *uv* 1. berühren, anfassen 2. stören, beunruhigen; не тро́гай его́ laß ihn in Ruhe 3. rühren, bewegen, ergreifen; меня́ тро́гает судьба́ э́того челове́ка das Schicksal dieses Menschen rührt mich 4. anziehen, zufahren *von Zugpferden* || *v* **тро́нуть**, тро́ну, тро́нешь

тро́гаться, -аюсь, -аешься *uv* 1. gerührt sein; ~ до слёз zu Tränen gerührt sein 2. sich in Bewegung setzen, abfahren || *v* **тро́нуться**, тро́нусь, тро́нешься

тро́е, трои́х *kollektives Num* 1. drei *bei männlichen Subst, die Personen bezeichnen u. bei Pluraliatantum*; нас бы́ло ~ wir waren (unser) drei; ~ бра́тьев drei Brüder; ~ су́ток drei Tage 2. drei *Paar*; ~ чуло́к drei Paar Strümpfe

троебо́рье, -ья *n* Dreikampf *Sport*

троекра́тный, -ая, -ое dreimalig, dreifach

тро́ечник, -а *m umg* Schüler, der ständig die Zensur 3 erhält

трои́ться, трою́сь, трои́шься *uv* dreifach erscheinen [sichtbar sein]

тро́ица, -ы *f* 1. Pfingsten 2. *rel* Dreieinigkeit ◇ бог -у лю́бит *Sprichw* aller guten Dinge sind drei

тро́ицын, -а, -о: ~ день Pfingstsonntag

тро́йка, -и, *Pl G* тро́ек, *D* тро́йкам *f* 1. Drei, Dreier *Ziffer*; Drei *umg Straßenbahn, Omnibus der Linie 3*; *umg* Gruppe von drei Personen oder Gegenständen 2. Drei *Schulzensur „befriedigend" in der UdSSR* 3. Drei *Spielkarte* 4. Troika, Dreigespann 5. dreiteiliger Anzug

тройни́чный, -ая, -ое: ~ не́рв *anat* Trigeminus, dreiästiger Hirnnerv

тройно́й, -а́я, -о́е dreifach; -о́е пра́вило *math* Dreisatzrechnung, Regeldetri

тро́йня, -и, *Pl G* тро́ен, *D* тро́йням *m* Drillinge

тро́йственный, -ая, -ое dreifältig, Drei-, Tripel-; Тро́йственный сою́з *hist* Dreibund

тролле́йбус, -а *m* Trolleybus

тромб, -а *m med* Thrombus, Blutpfropfen

тромбо́н, -а *m mus* Posaune

тромбони́ст, -а *m* Posaunenbläser

трон, -а *m* Thron

тро́нный, -ая, -ое Thron-; ~ зал Thronsaal

тро́нуть, -ну, -нешь *v* 1. *v zu* тро́гать 2. *übtr 1. u. 2. Pers ungebr* leichten Schaden zufügen *durch Frost, Fäulnis u. ä.*; я́годы, тро́нутые моро́зом leicht angefrorene Beeren

тро́нуться, -нусь, -нешься *v* 1. *v zu* тро́гаться 2. *umg* überschnappen, nicht ganz normal sein 3. *volksspr 1. u. 2. Pers ungebr* einen Stich bekommen, anfangen zu faulen

тропа́, -ы́, *Pl* тро́пы, троп, тропа́м *f* Pfad, schmaler Fußweg

тро́пик, -а *m* 1. Wendekreis; ~ Ра́ка Wendekreis des Krebses; ~ Козеро́га Wendekreis des Steinbocks 2. *Pl* Tropen, tropische Länder

тропи́нка, -и, *Pl G* -нок, *D* -нкам *f* Pfad, schmaler Fußweg

[1]**тропи́ческий**, -ая, -ое bildlich, figürlich

[2]**тропи́ческий**, -ая, -ое tropisch; ~ по́яс die tropische Zone

трос, -а *m* Tau, Seil, Trosse

трости́нка, -и, *Pl G* -нок, *D* -нкам *f* Schilfrohr, dünnes Rohr

тростни́к, -а́ *m* Schilf, Rohr; са́харный ~ Zuckerrohr

тростнико́вый, -ая, -ое Schilf-, Rohr-; ~ са́хар Rohrzucker

тро́сточка, -и, *Pl G* -чек, *D* -чкам *f* Spazierstöckchen, Rohrstöckchen

трость, -и, *Pl* тро́сти, -е́й, -я́м *f* Spazierstock; Rohrstock

тротуа́р, -а *m* Trottoir, Bürgersteig

трофе́й, -я, *G Pl* -ев *m* Trophäe, Beutestück; *Pl* Beute

трофе́йный, -ая, -ое Beute-, erbeutet

Трофи́м, -а *m männl Vn*

трохе́й, -я, *G Pl* -ев *m lit* Trochäus

троюродный, -ая, -ое: ~ брат Vetter [Cousin] zweiten Grades; -ая сестра́ Base [Cousine] zweiten Grades

троя́кий, -ая, -ое 1. dreierlei 2. -о *Adv* auf dreierlei Art [Weise]

тру ↑ тере́ть

труба́, -ы́, *Pl* тру́бы, труб, тру́бам *f* 1. Rohr, Röhre; Schornstein; водопрово́дная ~ Wasserrohr; водосто́чная ~ Abflußrohr; дымова́я ~ Schornstein 2. *anat* Röhre; евста́хиева ~ Eustachische Röhre 3. *mus* Trompete; ~ орга́на Orgelpfeife; игра́ть на -е́ die Trompete blasen 4. (аэродинами́ческая) Windkanal ◇ вы́лететь в -у́ *umg* ruiniert sein, unter die Räder geraten; пройти́ ого́нь и во́ду и ме́дные тру́бы *scherz* mit allen Wassern gewaschen sein

трубаду́р, -а *m* Troubadour

труба́ч, -а́, *I* -о́м, *G Pl* -е́й *m* Trompeter, Hornist

труби́ть, -блю́, -би́шь *uv* 1. posaunen, trompeten, blasen; ~ в трубу́ trompeten, posaunen; ~ сбор zum Sammeln blasen 2. *übtr umg* о *P* ausposaunen, an die große Glocke hängen

трубка, -и, *Pl G* -бок, *D* -бкам *f* 1. Rohr, Röhrchen; сифонная ~ Saugröhre 2. *mil* Zünder 3. Telefonhörer 4. Tabakspfeife 5. Rolle *Papier*; Ballen *Stoff*

трубо|клад, -а *m* Rohrleger; **~провод,** -а *m* Rohrleitung; **~прокатный,** -ая, -ое: ~прокатный завод Rohrwalzwerk; **~чист,** -а *m* Schornsteinfeger

трубочный, -ая, -ое 1. Rohr-, Röhren- 2. Pfeifen-; ~ табак Pfeifentabak

трубчатый, -ая, -ое Rohr-, Röhren-, röhrenförmig; -ая кость *anat* Röhrenknochen

труд, -á *m* 1. Arbeit; жить своим трудом von seiner [Hände] Arbeit leben; умственный ~ geistige Arbeit; физический ~ körperliche Arbeit; наёмный ~ Lohnarbeit; производительность -á Arbeitsproduktivität; охрана -á Arbeitsschutz 2. Mühe, Anstrengung; взять на себя ~ sich die Mühe machen; положить на что-н. много -á auf etwas viel Mühe verwenden; не жалеть -á keine Mühe scheuen; не стоит -á es ist nicht der Mühe wert 3. Werk, Abhandlung; научные -ы́ wissenschaftliche Werke

трудиться, тружусь, трудишься; трудящийся *uv* 1. arbeiten, sich mühen 2. (над *I*) arbeiten (an), sich beschäftigen (mit) ◇ не трудитесь! bemühen Sie sich nicht!

трудноватый, -ая, -ое ziemlich schwierig

трудно|воспитуемый, -ая, -ое; *Kzf* -ем, -а schwer erziehbar, schwierig; **~проходимый,** -ая, -ое; *Kzf* -им, -а schwer zugänglich

трудность, -и *f* 1. Schwierigkeit 2. *meist Pl* Erschwernisse

трудный, -ая, -ое 1. *Kzf* труден, трудна! schwer, schwierig; mühsam, mühselig; ~ вопрос eine schwierige Frage; ~ ребёнок ein schwieriges [schwer erziehbares] Kind 2. -о *Adv* schwer, schwierig; *unpers* es ist schwer, es fällt schwer; мне -о поверить этому ich kann es kaum glauben

трудовой, -ая, -ое 1. Arbeits-; ~ кодекс *umg* Arbeitsgesetzbuch; ~договор Arbeitsvertrag; ~стаж Dienstalter, Dienstzeit; -ая жизнь arbeitsreiches Leben 2. erwerbstätig, werktätig; -ое население werktätige Bevölkerung 3. verdient, erarbeitet; -ые деньги erarbeitetes Geld; ~ доход Arbeitseinkommen

трудо|день, -дня *m* Arbeitseinheit *der Kolchosbauern*; **~ёмкий,** -ая, -ое; *Kzf* -ёмок, -ёмка mühevoll; *wirtsch* arbeitsaufwendig; **~любивый,** -ая, -ое; *Kzf* -ив, -а arbeitsam, fleißig, emsig; **~любие,** -я *n* Fleiß, Arbeitsamkeit; **~способность,** -и *f* Arbeitsfähigkeit; **~способный,** -ая, -ое; *Kzf* -бен, -бна arbeitsfähig, leistungsfähig

трудящийся, -аяся, -ееся 1. werktätig; -иеся массы die werktätigen Massen 2. -егося *Subst m* Werktätiger

труженик, -а *m* 1. rastlos Arbeitender 2. Arbeiter, Werktätige

трунить, -ню, -нишь *uv umg* sich lustig machen (над *I* über), aufziehen, auslachen, foppen

труп, -а *m* Leiche, Leichnam

трупный, -ая, -ое Leichen-; ~ яд Leichengift

труппа, -ы *f* Theatertruppe

трус, -а *m* Feigling, Hasenfuß, Memme ◇ труса праздновать *umg* sich feige benehmen

трусики, -ов *Pl* Turnhose; Badehose

трусить, трушу, трусишь *uv G* Angst haben (vor); sich fürchten, feige sein; ~ перед опасностью der Gefahr entfliehen

[1]**трусить,** трушу, трусишь *uv volksspr* schütten

[2]**трусить,** трушу, трусишь *uv umg* traben

трусиха, -и *f umg* Feigling, Angsthase

трусливый, -ая, -ое; *Kzf* -ив, -а feige, ängstlich, furchtsam, memmenhaft; он не -ого десятка *umg* er ist kein Feigling, er kann seinen Mann stehen

трусость, -и *f* Furchtsamkeit, Kleinmut

трусца, -ы́, *I* -ой *f umg* langsamer Trab *des Pferdes*

трусы, -ов *Pl* Turnhose; Badehose

трут, -а *m* Zunder

трутень, -тня *m* 1. *zool* Drohne 2. *übtr umg* Schmarotzer

трутник, -а *m bot* Feuerschwamm

трутовик, -á *m bot* Baumschwamm

труха, -й *f* Mulm

трухляветь, *1. u. 2. Pers ungebr*, -еет *uv* faulig [morsch] werden

трухлявый, -ая, -ое; *Kzf* -яв, -а verfault, morsch, wurmstichig

трущоба, -ы *f* 1. Dickicht 2. Krähwinkel, Nest 3. Elendsviertel

трын-трава: ему всё трын-трава *volksspr* ihm ist alles gleichgültig

трюк, -а *m* 1. Trick, Kunstgriff 2. *übtr* Streich, Kunststück; моше́ннический ~ Schelmenstück
трюм, -а *m naut* Schiffsraum, Laderaum
трюмо́ *n idkl* Trumeau, Pfeilerspiegel
трю́фель, -я, *Pl* трю́фели, трюфеле́й, трюфеля́м *m* 1. Trüffel *Pilz* 2. (Schokoladen-) Trüffel
тряпи́чник, -а *m* Lumpensammler, -händler
тряпи́чный, -ая, -ое Lumpen-; aus Lumpen hergestellt
тря́пка, -и, *Pl G* -пок, *D* -пкам *f* 1. Lappen, Lumpen, Fetzen; пы́льная ~ Staublappen 2. *Pl verächtl, von Frauenkleidung* Fahne 3. *übtr* Waschlappen
тря́почка, -и, *Pl G* -чек, *D* -чкам *f Dem zu* тря́пка Lumpen ◇ молча́ть в -у *umg* mit seiner Meinung hinter dem Berg halten
тряпьё, -ья́ *n Koll* Lumpen, Lappen
тряси́на, -ы *f* Sumpf, Moor
тря́ска, -и *f* Schütteln, Rütteln
тря́ский, -ая, -ое; *Kzf* -сок, -ска; *Komp* -сче 1. klapperig, rüttelnd 2. holprig
трясогу́зка, -и, *Pl G* -зок, *D* -зкам *f zool* Bachstelze
трясти́* *uv* 1. schütteln, rütteln; меня́ трясёт лихора́дка ich habe Schüttelfrost, das Fieber schüttelt mich 2. ausschütteln; ~ муку́ из мешка́ Mehl ausschütteln 3. *I* hin- und herschaukeln, pendeln ‖ *v mom* тряхну́ть, -ну́, -нёшь
трясти́сь* *uv* 1. sich schütteln, zittern; ~ от сме́ха sich ausschütten vor Lachen; ~ от хо́лода vor Kälte zittern 2. gerüttelt [geschüttelt] werden 3. *übtr* zittern, beben (над *I* um) ◇ ~ над деньга́ми jeden Pfennig umdrehen ‖ *v mom* тряхну́ться, -ну́сь, -нёшься *zu* 1
трясу́ ↑ трясти́
трясу́нка, -и, *Pl G* -нок, *D* -нкам *f bot* Zittergras
тря́сче ↑ тря́ский
тряхну́ть, -ну́, -нёшь *v* 1. *v mom zu* трясти́ 2.: ~ старино́й die Jugend aufleben lassen
тряхну́ться *v mom zu* трясти́сь
тс! *Interj* pst!, still!
тт. (тома́) Bände
ТУ *oder* **Ту** [ту] *m* Tu *Flugzeugtyp nach dem Konstrukteur Ту́полев*
туале́т, -а *m* 1. Toilette, Kleidung 2. Ankleiden; занима́ться -ом Toilette machen 3. Frisiertoilette, Toilettentisch 4. Abort
туале́тный, -ая, -ое Toiletten-; -ое мы́ло Toilettenseife
[1]**ту́ба,** -ы *f* Tube
[2]**ту́ба,** -ы *f mus* Tuba
тубдиспансе́р [сэ], -а *m* (туберкулёзный диспансе́р) Lungenheilstätte; Fürsorgestelle für Lungenkranke
тубе́ркула, -ы *f* Tuberkel
туберкулёз, -а *m* Tuberkulose
туберкулёзный, -ая, -ое 1. *Adj* tuberkulös, schwindsüchtig 2. -ого *Subst m* Tuberkulosekranker
туви́нец, -нца, *I* -нцем, *G Pl* -нцев *m* Tuwiner
туви́нский, -ая, -ое tuwinisch; Туви́нская Автоно́мная о́бласть Tuwinisches Autonomes Gebiet
ту́го *prädikativ umg* schwierig, schwer; с деньга́ми у него́ ~ er ist knapp bei Kasse
туго́й, -а́я, -о́е; *Kzf* туг, туга́!; *Komp* ту́же 1. straff, fest, gespannt; ~ у́зел (fest) zugezogener Knoten; -а́я пружи́на straffe Feder 2. prall gefüllt, vollgestopft 3. *übtr* schwer, mühsam ◇ ~ на́ ухо schwerhörig
тугопла́вкий, -ая, -ое; *Kzf* -вок, -вка schwerschmelzend
ту́грик, -а *m* Tugrik *Währungseinheit der Mongolischen Volksrepublik*
туда́ *Adv* dahin, dorthin; ~ и обра́тно hin und zurück; биле́т ~ и обра́тно Fahrkarte für Hin- und Rückfahrt ◇ ~ и сюда́ hin und her, auf und ab; ни ~, ни сюда́ nicht hierher, nicht dorthin; ~ ему́ и доро́га das geschieht ihm ganz recht
туда́-сюда́ *Adv umg* einigermaßen, leidlich
ту́же ↑ туго́й
тужи́ть, тужу́, ту́жишь *uv poet, umg* betrübt sein, trauern (по *P oder* о *P* um)
ту́житься, ту́жусь, ту́жишься *uv umg* sich anstrengen
тужу́рка, -и, *Pl G* -рок, *D* -ркам *f* (meist zweireihige) Hausjacke, Uniformjacke
туз, -а́, *A* туза́ *m* 1. As *Kartenspiel* 2. *übtr alt* wichtige Person, großes Tier
тузе́мец, -мца, *I* -мцем, *G Pl* -мцев *m* Einheimischer; Eingeborener
тузе́мный, -ая, -ое einheimisch, eingesessen; eingeboren
тузи́ть, тужу́, тузи́шь *uv volksspr* hauen, prügeln; ~ кулака́ми mit den Fäusten bearbeiten

тук, -а *m* 1. *buchspr*, *alt*, *gbt* Fett, Talg 2. Mineraldünger
ту́кать, -аю, -аешь *uv umg* klopfen, schlagen || *v mom* **ту́кнуть,** -ну, -нешь
ту́каться, -аюсь, -аешься *uv umg* sich stoßen (an) || *v mom* **ту́кнуться,** -нусь, -нешься
Ту́ла, -ы *f* Tula *Stadt*
ту́ловище, -а, *I* -ем *n* Rumpf
тулу́п, -а *m* Bauernpelz, langer Pelzmantel; овчи́нный ~ Schafspelz(mantel)
тулья́, -ьи́, *I* -ьёй, *Pl G* **-ле́й, -лья́м** *f* Hutboden
тума́к, -а́, *A* тума́к *u.* тумака́ *m volksspr* Faustschlag
тума́н, -а (-у) *m* Nebel; ~ сел der Nebel fiel; *übtr* быть как в -е wie umnebelt sein; напусти́ть -у blauen Dunst vormachen
тума́нить, *1. u. 2. Pers ungebr*, -ит *uv* 1. verhüllen 2. *übtr* trüben
тума́ниться, *1. u. 2. Pers ungebr*, -ится *uv* 1. sich umnebeln, sich mit Dunst überziehen 2. *übtr* sich verfinstern; смысл тума́нится der Sinn wird getrübt
тума́нность, -и *f* 1. *astr* Nebelfleck 2. *übtr* Nebelhaftigkeit, Unklarheit
тума́нный, -ая, -ое; *Kzf* -а́нен, -а́нна 1. neblig, nebelhaft, Nebel-; *naut* diesig 2. *übtr* nebelhaft, unklar, verschwommen; -ые объясне́ния unklare Erklärungen
ту́мба, -ы *f* 1. Prellstein 2. Sockel 3. *umg* Tolpatsch
ту́мбочка, -и, *Pl G* -чек, *D* -чкам *f* Nachttischchen
тунгу́с, -а *m* Tunguse
тунгу́ска, -и, *Pl G* -сек, *D* -скам *f* Tungusin
тунгу́сский, -ая, -ое tungusisch
ту́ндра, -ы *f* Tundra
туне́ц, -нца́, *I* -нцо́м, *G Pl* -нцо́в *m* Thunfisch
тунеядец, -дца, *I* -дцем, *G Pl* -дцев *m verächtl* Nichtstuer, Tagedieb, Schmarotzer
тунеядство, -а *n verächtl* Müßiggang, Schmarotzerei
тунеядствовать, -вую, -вуешь *uv verächtl* schmarotzen
Туни́с, -а *m* 1. Tunesien 2. Tunis *Stadt*
тунне́ль *u.* **тонне́ль** [нэ], -я *m* Tunnel
тунне́льщик, -а *m* Tunnelbauer
тупе́ть, -е́ю, -е́ешь *uv* 1. stumpf werden 2. abstumpfen
тупи́к, -а́ *m* 1. Sackgasse 2. Auslaufgleis *Eisenbahn* 3. *übtr* Sackgasse, ausweglose Lage; быть в -е́ in einer Sackgasse sein, weder aus noch ein wissen; стать в ~ in eine Sackgasse geraten; (по)ста́вить кого́-н. в ~ j-n in Verlegenheit bringen
тупи́ть, туплю́, ту́пишь *uv* stumpf machen
тупи́ться, *1. u. 2. Pers ungebr*, ту́пится stumpf werden
тупи́ца, -ы, *I* -ей *m*, *f umg* stumpfsinniger Mensch, Schwachkopf
тупоголо́вый, -ая, -ое; *Kzf* -о́в, -а *umg* stumpfsinnig, borniert
тупо́й, -а́я, -о́е; *Kzf* туп, -а́! 1. stumpf; ~ у́гол *math* stumpfer Winkel 2. *übtr* dumpf, unbestimmt; -а́я боль dumpfer Schmerz 3. *übtr* stumpfsinnig; borniert; ~ взгляд stumpfsinniger Blick; -о́е повинове́ние blinder Gehorsam, Kadavergehorsam
тупоно́сый, -ая, -ое mit breiter oder dicker Nase
ту́пость, -и *f* 1. Stumpfsinn, Stumpfsinnigkeit 2. Dumpfheit, Unbestimmtheit *eines Tones*
тупоуго́льный, -ая, -ое *math* stumpfwinklig
тупоу́мие, -я *n* Stumpfsinn, Borniertheit, Stupidität
тупоу́мный, -ая, -ое; *Kzf* -мен, -мна stumpfsinnig, stupid, borniert
[1]**тур,** -а *m* 1. Tour *beim Tanz*; ~ ва́льса Walzertour 2. *Sport* Tour, Turnus, Runde; (Rund-) Fahrt 3. Etappe, Phase, Abschnitt; ~ вы́боров Wahlgang
[2]**тур,** -а *m mil alt* Schanzkorb
[3]**тур,** -а *m zool* Auerochs
тура́, -ы́ *f* Turm *beim Schachspiel*
турба́за, -ы *f* (тури́стская ба́за) Touristenstation
турби́на, -ы *f* Turbine
турби́нный, -ая, -ое Turbinen-
турбо|вентиля́тор, -а *m* Turbolüfter; **~генера́тор,** -а *m* Turbogenerator; **~дви́гатель,** -я *m* Turbinentriebwerk; **~насо́с,** -а *m* Kreiselpumpe
туре́цкий, -ая, -ое türkisch
тури́зм, -а *m* Touristik
ту́рий, -ья, -ье Auerochsen-
тури́ст, -а *m* Tourist
тури́стка, -и, *Pl G* -ток, *D* -ткам *f* Touristin
тури́стский, -ая, -ое Touristen-; -ая ба́за Touristenheim, Herberge
тури́ть, -рю́, -ри́шь *uv volksspr* verscheuchen, hinausjagen
туркме́н, -а *m* Turkmene
Туркменоста́н, -а *m* Turkmenien
Туркме́ния, -и *f* Turkmenien

туркме́нка, -и, *Pl G* -нок, *D* -нкам *f* Turkmenin

туркме́нский, -ая, -ое turkmenisch; Туркме́нская Сове́тская Социалисти́ческая Респу́блика Turkmenische Sozialistische Sowjetrepublik

Турксиб, -а *m* (Туркеста́но-Сиби́рская желе́зная доро́га) Turksib, Turkestan-Sibirische Eisenbahn

ту́рман, -а *m zool* Tümmler *Taube*

турне́ [нэ] *n idkl* Tournee

турне́пс, -а *m* Runkelrübe, Futterrübe

турни́к, -а́ *m* Reck *Sport*

турнике́т, -а *m* Drehkreuz *an Durchgängen*; *med* Aderpresse

турни́р, -а *m* Turnier, Kampfspiel

турну́ть, -ну́, -нёшь *v volksspr* hinausjagen, vertreiben

ту́рок, -рка, *Pl* ту́рки, -рок, -ркам *m* Türke

турпохо́д, -а *m* (тури́стский похо́д) Wanderung; Wanderfahrt

туру́сы, -ов *Pl umg*: разводи́ть ~ на колёсах *umg* a) unnützes Zeug zusammenreden [schwatzen], Romane erzählen; b) etw. sehr umständlich tun

турухта́н, -а *m zool* Kampfhahn

Ту́рция, -и *f* Türkei

турча́нка, -и, *Pl G* -нок, *D* -нкам *f* Türkin

ту́склый, -ая, -ое; *Kzf* тускл, -а́! 1. trübe, matt 2. glanzlos, ausdruckslos *Augen* 3. *übtr* inhaltslos, langweilig

тускне́ть, *1. u. 2. Pers ungebr*, -не́ет trübe [matt] werden, verblassen *auch übtr*: сла́ва его́ тускне́ет sein Ruhm verblaßt

тут *Adv* 1. *lokal* hier 2. *temporal* da, alsdann; тут же sofort, sogleich ◇ не тут-то бы́ло da hast du dich aber verrechnet

ту́товник, -а *m* Maulbeerbaum

ту́товый, -ая, -ое Maulbeer-; -ое де́рево Maulbeerbaum; ~ шелкопря́д *zool* Seidenspinner

туф, -а *m geol* Tüff, Tuffstein

ту́фельки *Pl* -лек, -лькам, *Sg* ту́фелька, -и *f* 1. Pantöffelchen; kleine Pumps 2. *biol* Pantoffeltierchen

ту́фля, -и, *Pl* ту́фли, ту́фель, ту́флям *f* Schuh; да́мская ~ Damenschuh; дома́шние -и Hausschuhe, Pantoffeln

ту́хлый, -ая, -ое; *Kzf* тухл, -а́! verfault, faul; *umg* stinkig

тухля́тина, -ы *f umg* verfaultes [stinkiges] Zeug

[1]**ту́хнуть,** *1. u. 2. Pers ungebr*, ту́хнет; тух *u.* ту́хнул, ту́хла *uv* erlöschen, ausgehen

[2]**ту́хнуть,** *1. u. 2. Pers ungebr*, ту́хнет; тух, -ла *uv* verfaulen, verderben

ту́ча, -и, *I* -ей *f* 1. Wolke; Regenwolke; грозова́я ~ Gewitterwolke; дождева́я ~ Regenwolke; -и Wolken, Gewölk; покрыва́ться -ами sich bewölken, sich mit Wolken beziehen 2. *übtr, umg* Unmenge ◇ ~ ту́чей sehr finsterer [mürrischer] Mensch

тучне́ть, -не́ю, -не́ешь *uv* 1. fett werden, zunehmen 2. fruchtbar werden *Boden*

ту́чность, -и *f* 1. Wohlbeleibtheit 2. Fruchtbarkeit *des Bodens*

ту́чный, -ая, -ое; *Kzf* -чен, -чна́! 1. wohlbeleibt, fett 2. fruchtbar *Boden* 3. saftig *Gras*

туш, -а, *I* -ем, *G Pl* -ей *m mus* Tusch

ту́ша, -и, *I* -ей *f* 1. ausgeweidetes Tier 2. *übtr* Dickwanst, Fettwanst

туше́ *n, idkl mus* Anschlag

тушева́ть, тушу́ю, тушу́ешь; тушёванный, -ван, -а *uv* tuschen, schattieren *Zeichnung*

[1]**туше́ние,** -я *n* (Aus-) Löschen

[2]**туше́ние,** -я *n* Dämpfen, Schmoren

тушёнка, -и, *Pl G* -нок, *D* -нкам *f* eingewecktes geschmortes Fleisch

тушёный, -ая, -ое gedämpft, geschmort

[1]**туши́ть,** тушу́, ту́шишь; ту́шенный, -ен, -а *uv* (aus)löschen

[2]**туши́ть,** тушу́, ту́шишь; тушённый, -ён, -ена́ *uv* dämpfen, schmoren ‖ *v* стуши́ть

тушка́нчик, -а *m zool* Springmaus

тушь, -и *f* Tusche

ту́я, ту́и *f bot* Lebensbaum

тща́тельный, -ая, -ое; *Kzf* -лен, -льна sorgfältig, genau

тщеду́шие, -я *n* Schwäche, Kränklichkeit

тщеду́шный, -ая, -ое; *Kzf* -шен, -шна schwächlich, kränklich

тщесла́вие, -я *n* Eitelkeit, Ruhmsucht

тщесла́вный, -ая, -ое; *Kzf* -вен, -вна eitel, ruhmsüchtig

тщета́, -ы́ *f buchspr, alt* Eitelkeit

тще́тный, -ая, -ое; *Kzf* -тен, -тна vergeblich, nutzlos

ты, тебя́, тебе́, тобо́й, о тебе́ *Pers Pron* du ◇ быть на ты с ке́м-н. mit j-m auf du und du sein

[1]**ты́кать*** *u.* -аю, -аешь *uv umg* 1. (hinein)stecken, stoßen; ~ иго́лку в иго́льник die Nadel ins Nadel-

kissen stecken **2.** weisen, zeigen; ~ пальцем в кого́-н. mit dem Finger auf j-n weisen ◇ ~ в нос кому́-н. чем-н. j-m etw. unter die Nase reiben ‖ *v mom* ткнуть, ткну, ткнёшь *u. volksspr* ты́кнуть, -ну, -нешь

[2]**тыкать,** -аю, -аешь *u.* ты́чу, ты́чешь *uv volksspr* duzen

тыкаться* *u.* -аюсь, -аешься *uv umg* sich stoßen, anstoßen ‖ *v mom* ткну́ться, ткнусь, ткнёшься

ты́ква, -ы *f* Kürbis

ты́квенный, -ая, -ое **1.** Kürbis- **2.** -ые, -ых *Subst Pl* Kürbisgewächse

ты́кнуть *v mom zu* [1]ты́кать

тыл, -а (-у), *P* о ты́ле, в тылу́, *Pl* тылы́, -о́в, -а́м *m* **1.** Rücken, Rückseite **2.** *mil* rückwärtiges Gebiet, Hinterland; напа́сть с -а in den Rücken fallen; заходи́ть в ~ umgehen

тылово́й, -а́я, -о́е Rück(en)-, rückwärtig; -ы́е ча́сти *mil* rückwärtige Verbände

ты́льный, -ая, -ое hinten; Rück-; -ая сторона́ Rückseite; -ая пове́рхность руки́ Handrücken; ~ дозо́р *mil* Nachtrupp

тын, -а, *Pl* тыны́, -о́в, -а́м *m* Pfahlzaun, Staketenzaun

ты́сяча, -и, *I* -чей *u.* -чью *f Num* tausend; в -у раз бо́льший tausendmal größer ◇ -у извине́ний ich bitte tausendmal [vielmals] um Entschuldigung

тысячекра́тный, -ая, -ое tausendfach, tausendfältig

тысячеле́тие, -я *n* **1.** Jahrtausend, Millenium **2.** Tausendjahrfeier

тысячеле́тний, -яя, -ее tausendjährig

тысячели́стник, -а *m bot* Schafgarbe

тысячено́жка, -и, *Pl G* -жек, *D* -жкам *f zool* Tausendfüßler

ты́сячная, -ой *Subst f* Tausendstel

ты́сячник, -а *m umg*: движе́ние -ов Tausenderbewegung

ты́сячный, -ая, -ое **1.** *Num* tausendster **2.** tausendfach; -ая толпа́ tausendköpfige Menge

тычи́нка, -и, *Pl G* -нок, *D* -нкам *f bot* Staubfaden

ты́чу ↑ ты́кать

[1]**тьма,** -ы *f* **1.** Finsternis, Dunkel; кроме́шная ~ undurchdringliche Finsternis **2.** *übtr* Unwissenheit, kulturelle Rückständigkeit; сквозь тьму веко́в aus grauer Vorzeit

[2]**тьма,** -ы, *G Pl* тем *f* **1.** *alt* zehntausend **2.** *umg* Unmenge ◇ тьма-тьму́щая *volksspr* ungeheure Menge, wie Sand am Meer; ~ тем *buchspr* eine große Anzahl

тьфу! *Interj* pfui!

тюбете́йка, -и, *Pl G* -те́ек, *D* -те́йкам *f* rundes buntes Käppchen

тю́бик, -а *m* Tube

тюк, -а́ *m* Packen, Ballen

тю́кать, -аю, -аешь *uv umg* klopfen, schlagen

тю́левый, -ая, -ое Tüll-; -ое пла́тье Tüllkleid

тюле́невый, -ая, -ое Seehund-, Robben-; -ые сапоги́ Stiefel aus Seehundfell

тюле́ний, -ья, -ье Seehund-, Robben-; ~ жир Robbentran

тюле́нь, -я *m* **1.** Seehund, Robbe **2.** *übtr*, *umg* Tolpatsch

тюль, -я *m* Tüll

тюльпа́н, -а *m* Tulpe

Тюме́нь, -и *f* Tjumen *Stadt*

тюрба́н, -а *m* Turban

тюре́мный, -ая, -ое Gefängnis-, Kerker-; -ое заключе́ние Gefängnishaft

тюре́мщик, -а *m alt* Gefängniswärter, Kerkermeister

тюринге́нский, -ая, -ое: Тюринге́нский Лес Thüringer Wald

Тюри́нгия, -и *f* Thüringen

тю́рки *Pl* -ов *u.* -рок, -ркам, *Sg* тюрк, -а *m* Turkvölker

тю́ркский, -ая, -ое Turk-; ~ язы́к Turksprache

тюрьма́, -ы́, *Pl* тю́рьмы, тю́рем, тю́рьмам *f* Gefängnis, Kerker; заключи́ть в -у́ einkerkern, einsperren; вы́пустить из -ы́ auf freien Fuß setzen

тю́ря, -и *f* Suppe aus Brot und Zwiebeln in Kwaß oder Wasser

тюфя́к, -а́ *m* **1.** Matratze, Strohsack; волосяно́й ~ Roßhaarmatratze **2.** *übtr*, *verächtl* Schlappschwanz

тюфя́чный, -ая, -ое Matratzen-

тя́вканье, -ья *n* Kläffen, Gekläff

тя́вкать, -каю, -каешь *uv* kläffen ‖ *v mom* **тя́вкнуть,** -кну, -кнешь

тя́га, -и *f* **1.** Zug, Luftzug **2.** *tech* Zug(kraft); электри́ческая ~ elektrische Zugkraft; ко́нная ~ Pferdezug **3.** *übtr* Zug, Hang, Drang; ~ к зна́ниям Wissensdurst; ~ к учёбе Lust zum Lernen ◇ дать -у *umg* sich aus dem Staube machen, ausreißen

тяга́ть, -а́ю, -а́ешь *uv* **1.** *tech u. gbt* ziehen **2.** *volksspr* schleppen

тяга́ться, тяга́юсь, тяга́ешься; тя́-

жущийся *uv* **1.** sich messen, wetteifern (с *I* mit) **2.** *alt* einen Prozeß führen (с *I* gegen)

тяга́ч, -а́, *I* -о́м, *G Pl* -е́й *m* Zugmaschine, Trecker; ~ для полуприце́па *oder* седе́льный ~ Sattelschlepper

тя́гло, -а *u.* **тягло́,** -а́, *Pl G* -гол, *D* -глам *n* **1.** *hist* Abgabe, Steuer **2.** *Koll* Arbeitsvieh, Zugvieh

тя́гловый, -ого *Subst m hist* Fronbauer

тя́говый, -ая, -ое Zug-; ~ автомоби́ль Zugmaschine

тя́гостный [сн], -ая, -ое; *Kzf* -тен, -тна lästig, unangenehm; peinlich

тя́гость, -и *f* Last, Bürde; быть кому́-н. в ~ j-m zur Last fallen

тягота́, -ы́, *Pl* тя́готы, тя́гот, тя́готам *f* Schwere, Last, Druck

тяготе́ние, -я *n* **1.** Gravitation, Schwerkraft; зако́н -я Gravitationsgesetz **2.** *übtr* Neigung, Hang (к *D* zu)

тяготе́ть, -е́ю, -е́ешь *uv* **1.** gravitieren (к *D* nach) **2.** *übtr* sich hingezogen fühlen, eine Neigung haben (к *D* zu) **3.** lasten (над *I* auf)

тяготи́ть, -ощу́, -оти́шь *uv* zur Last fallen, bedrücken

тяготи́ться, -ощу́сь, -оти́шься *uv* sich bedrückt fühlen

тягу́честь, -и *f* Dickflüssigkeit, Zähigkeit, Viskosität

тягу́чий, -ая, -ее; *Kzf* -у́ч, -а **1.** dickflüssig, zähe **2.** *übtr* gedehnt, langgezogen, getragen

тягча́йший ↑ тя́жкий

тяж, -а́, *I* -о́м, *G Pl* -е́й *m* **1.** Zugriemen **2.** Treibriemen **3.** *tech* Klammer, Bindung

тя́жба, -ы *f alt* Zivilprozeß; Rechtsstreit

тя́жебный, -ая, -ое *alt* Gerichts-, Prozeß-

тяжеле́ть, -е́ю, -е́ешь *uv* schwer [dick] werden; *übtr* schwerfällig werden

тяжело|атле́т, -а *m* Schwerathlet; **~атлети́ческий,** -ая, -ое schwerathletisch; **~ве́с,** -а *m* Schwergewichtler; **~ве́сный,** -ая, -ое; *Kzf* -сен, -сна **1.** schwerfällig **2.** *übtr* schwerwiegend; **~во́з,** -а *m* Lastpferd; **~ду́м,** -а *m umg* schwerfälliger Mensch; он ~ду́м er hat eine lange Leitung

тяжёлый, -ая, -ое; *Kzf* тяжёл, тяжела́ **1.** schwer **2.** streng, hart; -ое го́ре großer Kummer; ~ уда́р ein harter Schicksalsschlag **3.** schwer, schwierig, mühevoll; -ая зада́ча eine schwere Aufgabe **4.** schwerfällig; ~ стиль schwerfälliger Stil **5.** ernst, schwierig; -ое ране́ние eine ernste Verwundung; ~ вопро́с eine schwierige Frage **6.** *übtr* quälend, traurig; -ые мы́сли quälende Gedanken **7.** *übtr* unverträglich; у него́ ~ хара́ктер mit ihm ist schwer auszukommen ◇ -ая промы́шленность Schwerindustrie; ~ во́здух dumpfe [stickige] Luft; он тяжёл на́ руку *umg* a) er hat eine kräftige Faust; b) er hat keine glückliche Hand; быть -ым на подъём *umg* schwerfällig sein; ~ ум *umg* nicht gescheit, auf den Kopf gefallen

тя́жесть, -и *f* **1.** Schwere, Gewicht; центр -и Schwerpunkt **2.** Last, Bürde *a. übtr*; ~ забо́т Sorgenlast

тя́жкий, -ая, -ое; *Kzf* тя́жек, тяжка́!; *Sup* тягча́йший schwer, mühsam, ernst; -ая вина́ schwere Schuld ◇ пусти́ться во все тя́жкие *umg* ein lockeres Leben führen

тя́жущийся, -аяся, -ееся *alt* prozessierend, einen Prozeß führend

тяну́ть, тяну́, тя́нешь; тя́нутый, -ут, -а *uv* **1.** ziehen (за *A* an), schleppen, schleifen; ~ за́ волосы an den Haaren ziehen; ~ жре́бий ein Los ziehen **2.** *tech* ziehen, dehnen; ~ про́волоку Draht ziehen **3.** ziehen, spannen *Leine* **4.** *1. u. 2. Pers ungebr* ziehen, Zug haben *Ofen*; в печи́ хорошо́ тя́нет der Ofen zieht gut **5.** langsam, gedehnt sprechen [singen]; ~ всё ту же пе́сню *übtr* immer die alte Leier anstimmen **6.** verzögern, in die Länge ziehen; ~ де́ло etwas auf die lange Bank schieben **7.** *1. u. 2. Pers ungebr* wiegen; я́щик тя́нет пять кило́ die Kiste wiegt fünf Kilo **8.** *übtr* erpressen, ausbeuten **9.** *unpers*: его́ тя́нет к чему́-н. er fühlt sich zu etw. hingezogen, er hat zu etw. große Lust; меня́ тя́нет ко сну mich schläfert

тяну́ться, тяну́сь, тя́нешься *uv* **1.** sich ausbreiten, sich ausdehnen; рези́на тя́нется Gummi dehnt sich **2.** sich recken und strecken, sich rekeln; он тя́нется в посте́ли er rekelt sich im Bett **3.** *1. u. 2. Pers ungebr* sich hinziehen, sich erstrecken; за дере́вней тя́нутся поля́ hinter dem Dorf erstrecken sich Felder **4.** *1. u. 2. Pers ungebr* sich hinziehen, sich in die Länge ziehen, dauern **5.** за *I* langen, die Hand ausstrecken (nach) **6.** dahinziehen, sich bewegen **7.** за *I übtr* nacheifern, nachstreben

тяну́чка, -и, *Pl G* -чек, *D* -чкам *f* Sahnebonbon

тя́нущий, -ая, -ее **1.** ziehend *Schmerz* **2.** *tech* Zieh-

Тянь-Ша́нь, -я *m* Tienschan *Gebirge*

тяп: тяп-ля́п *oder* тя́п да ля́п *volksspr* nachlässig, irgendwie

тя́пать, -аю, -аешь *uv umg* **1.** hacken, schlagen **2.** fassen, packen ‖ *v mom* тя́пнуть, -ну, -нешь; -нутый, -нут, -а

тя́пка, -и, *Pl G* -пок, *D* -пкам *f* Hackmesser

тя́пнуть, -ну, -нешь; -нутый, -нут, -а *v* **1.** *mom zu* тя́пать **2.** *A oder G volksspr* (aus)trinken *Schnaps* **3.** *volksspr* stehlen

тя́тя, -и *m, volksspr u. gbt* Papa

У

у *Präpos mit G* **1.** bei, an, neben; у окна́ am Fenster; у врача́ beim Arzt **2.** *zur Bezeichnung des Besitzverhältnisses, auszudrücken mit* haben; у меня́ есть брат ich habe einen Bruder; у него́ нет де́нег er hat kein Geld **3.** *zur Bezeichnung der Zugehörigkeit, im Deutschen oft D*; у меня́ пропада́ют два биле́та в теа́тр mir verfallen zwei Theaterkarten; у неё боля́т зу́бы ihr tun die Zähne weh; взять у ребёнка но́жницы dem Kind die Schere wegnehmen **4.** *zur Bezeichnung des engen Besitzverhältnisses, im Deutschen auszudrücken mit Poss Pron oder G*; муж у неё поги́б на войне́ ihr Mann ist im Krieg gefallen; часы́ у меня́ останови́лись meine Uhr ist stehengeblieben; крыло́ у пти́цы бы́ло сло́мано der Flügel des Vogels war gebrochen, der Vogel hatte den Flügel gebrochen

уба́вить, -влю, -вишь; -вленный, -влен, -а *v* **1.** *A oder G* vermindern, verringern; kürzer machen, enger machen; ~ ход die Fahrt vermindern, die Geschwindigkeit herabsetzen; ~ шаг *oder* ша́гу langsamer gehen **2.**: ~ в ве́се *umg* (an Gewicht) abnehmen ‖ *uv* **убавля́ть,** -я́ю, -я́ешь

уба́виться, *1. u. 2. Pers ungebr, meist unpers* -ится *v* abnehmen, kürzer (kleiner) werden; воды́ уба́вилось das Wasser ist gefallen ‖ *uv* **убавля́ться,** -я́ется

убаю́кать, -аю, -аешь; -анный, -ан, -а *v* in den Schlaf singen [wiegen]; *übtr* einschläfern ‖ *uv* **убаю́кивать,** -аю, -аешь

убега́ть, -а́ю, -а́ешь *uv* **1.** *uv zu* убежа́ть **2.** *1. u. 2. Pers ungebr* sich entfernen, verschwinden **3.** *1. u. 2. Pers ungebr* sich erstrecken, sich ziehen

убеди́тельность, -и *f* Überzeugungskraft, Schlagkraft

убеди́тельный, -ая, -ое; *Kzf* -лен, -льна **1.** überzeugend, einleuchtend, triftig **2.** eindringlich; inständig

убеди́ть, *1. Pers ungebr,* -и́шь; убеждённый, -ён, -ена́ *v* **1.** überzeugen (в *P* von) **2.** überreden, (dazu) bewegen; он дал себя́ ~ er ließ sich überreden ‖ *uv* убежда́ть, -а́ю, -а́ешь

убеди́ться, *1. Pers ungebr,* -и́шься *v* sich überzeugen, sich vergewissern (в *P* von) ‖ *uv* убежда́ться, -а́юсь, -а́ешься

у|бежа́ть* *v* **1.** davonlaufen, weglaufen **2.** flüchten, fliehen, entkommen **3.** *1. u. 2. Pers ungebr* überlaufen, überkochen ‖ *uv* **убега́ть,** -а́ю, -а́ешь

убежда́ть(ся) *uv zu* убеди́ть(ся)

убежде́ние, -я *n* **1.** Überzeugung; Überredung **2.** *Pl* Gesinnung, Weltanschauung

убеждённость, -и *f* Überzeugtheit; fester Glaube; Vertrauen

убеждённый, -ая, -ое überzeugt; unerschütterlich, standhaft

убе́жище, -а, *I* -ем *n* **1.** Zufluchtstätte, Asyl **2.** Luftschutzkeller, Bunker; *mil* Unterstand

убелённый, -ая, -ое: ~ седи́нами weißhaarig, mit (schloh)weißem Haar; ergraut

убели́ть, -лю́, -ли́шь; -лённый, -лён, -лена́ *v* weiß machen ◇ во́лосы, убелённые седи́ной [седи́нами] silberweiße Haare ‖ *uv* **убеля́ть,** -я́ю, -я́ешь

уберега́ть(ся) *uv zu* убере́чь(ся)
у|бере́чь* *v* behüten, bewahren, schützen (от *G* vor) || *uv* уберега́ть, -а́ю, -а́ешь
у|бере́чься* *v* от *G* sich schützen (gegen, vor), sich in acht nehmen (vor), vermeiden || *uv* уберега́ться, -а́юсь, -а́ешься
убива́ть *uv zu* уби́ть
убива́ться, -а́юсь, -а́ешься *uv* **1.** *uv zu* уби́ться **2.** *umg* sich abrackern, sich totmachen **3.** *umg* sich grämen, vor Kummer vergehen (о *P oder* из-за *G* um, wegen)
уби́йственный, -ая, -ое; *Kzf* -ен *u.* -енен, -енна **1.** verderblich, vernichtend, tödlich **2.** *übtr* unerträglich; *umg* miserabel **3.** *übtr umg* außerordentlich, mörderisch
уби́йство, -а *n* Mord, Ermordung; ~ из-за угла́ Meuchelmord; ~ с це́лью грабежа́ Raubmord
уби́йца, -ы, *I* -ей *m* (*f*) Mörder(in)
убира́ть(ся) *uv zu* убра́ть(ся)
уби́тый, -ая, -ое **1.** getötet, erschlagen, ermordet **2.** niedergeschlagen, verzweifelt **3.** -ого *Subst m* Toter, Ermordeter, Gefallener ◇ молча́ть как ~ schweigen wie ein Grab; спать как ~ schlafen wie ein Murmeltier; бо́гом ~ mit Dummheit geschlagen
у|би́ть* *v* **1.** töten, umbringen, ermorden **2.** *übtr* zunichte machen, zerstören **3.** *übtr* niederschmettern, zur Verzweiflung bringen **4.** stechen *beim Kartenspiel* ◇ ~ вре́мя die Zeit totschlagen; хоть убе́й, не зна́ю ich weiß es wirklich und wahrhaftig nicht, und wenn du mich totschlägst, ich weiß es nicht; ~ двух за́йцев zwei Fliegen mit einer Klappe schlagen || *uv* убива́ть, -а́ю, -а́ешь
у|би́ться* *v* **1.** (tödlich) verunglücken, ums Leben kommen **2.** *volksspr* sich stoßen, sich verletzen || *uv* убива́ться, -а́юсь, -а́ешься
ублаготвори́ть, -рю́, -ри́шь; -рённый, -рён, -рена́ *v alt, jetzt iron* zufriedenstellen || *uv* **ублаготворя́ть,** -я́ю, -я́ешь
ублажа́ть *uv zu* ублажи́ть
ублажи́ть, -жу́, -жи́шь; -жённый, -жён, -жена́ *v umg* (j-m) jeden Wunsch von den Augen ablesen, (j-n) verwöhnen || *uv* ублажа́ть, -а́ю, -а́ешь
убо́гий, -ая, -ое; *Kzf* убо́г, -а **1.** arm(selig), dürftig, kümmerlich **2.** -ого *Subst m* armer Teufel [Schlucker] **3.** verkrüppelt **4.** -ого *Subst m* Krüppel
убо́жество, -а *n* **1.** Armut; Armseligkeit, Dürftigkeit **2.** Körperfehler, Verkrüppelung
убо́й, -я *m* (Ab-) Schlachten, Schlachtung ◇ корми́ть на ~ mästen
убо́йный, -ая, -ое **1.** Schlacht-, zum Schlachten bestimmt **2.** *mil* Vernichtungs-, vernichtend
убо́р, -а *m* **1.** *alt* (festliches) Gewand, Putz, (Kopf-) Schmuck **2.**: головно́й ~ Kopfbedeckung
убо́ристый, -ая, -ое; *Kzf* -ист, -а eng (gedruckt); eng geschrieben
убо́рка, -и *f* **1.** Aufräumen, Wegräumen; генера́льная ~ Großreinemachen **2.** Ernte
убо́рная, -ой *Subst f* **1.** Toilette, Abort **2.** *alt* Ankleidezimmer; *theat* (Künstler-) Garderobe
убо́рочный, -ая, -ое *landw* **1.** Ernte- **2.** -ая, -ой *Subst f umg* Ernte, Erntezeit
убо́рщица, -ы, *I* -ей *f* Reinemachefrau, Aufwartung
убра́нство, -а *n* Ausschmückung, Ausstattung; ~ ко́мнаты Zimmereinrichtung; бутафо́рское ~ glänzende Fassade
у|бра́ть*; у́брана́ *v* **1.** wegnehmen, wegräumen, beseitigen; verwahren, unterbringen; ~ паруса́ die Segel einziehen; ~ со стола́ (den Tisch) abdecken **2.** ernten **3.** aufräumen, in Ordnung bringen; ~ посте́ль das Bett machen **4.** *I* ausschmücken, putzen (mit) || *uv* убира́ть, -а́ю, -а́ешь
у|бра́ться*; убра́ли́сь *v* **1.** *umg* sich davonmachen, sich aus dem Staube machen **2.** *umg* aufräumen, in Ordnung bringen, reinemachen **3.** sich schmücken; sich festlich kleiden || *uv* убира́ться, -а́юсь, -а́ешься
убыва́ть *uv zu* убы́ть
у́быль, -и *f* **1.** Abnahme, Verringerung; вода́ идёт на ~ das Wasser fällt [sinkt] **2.** Verlust
убыстри́ть, -рю́, -ри́шь; -рённый, -рён, -рена́ *v umg* beschleunigen || *uv* **убыстря́ть,** -я́ю, -я́ешь
убы́ток, -тка (-тку) *m* Verlust, Schaden; э́то мне в ~ das ist ein Nachteil [Verlust] für mich; быть в -тке den Schaden haben, den kürzeren ziehen
убы́точный, -ая, -ое; *Kzf* -чен, -чна nachteilig, verlustbringend
у|бы́ть*; у́был, -а́! *v* **1.** abnehmen,

sich verringern; fallen 2. ausscheiden; ausfallen; ~ в о́тпуск in Urlaub gehen ◇ тебя́ не убу́дет от э́того das wird dir nicht schaden [keinen Abbruch tun] ‖ *uv* убыва́ть, -а́ю, -а́ешь

уважа́емый, -ая, -ое sehr geehrt, verehrt *in der Anrede*

уважа́ть, -а́ю, -а́ешь *uv* (ver)ehren, achten, respektieren, schätzen

уваже́ние, -я *n* Achtung, Ehrerbietung, Respekt(ierung)

уважи́тельный, -ая, -ое; *Kzf* -лен, -льна 1. triftig, stichhaltig; отсу́тствовать по -ой причи́не entschuldigt fehlen 2. ehrerbietig

ува́жить, -жу, -жишь; -женный, -жен, -а *v umg* 1. berücksichtigen, Rechnung tragen 2. Achtung bezeugen 3. *volksspr* entgegenkommen, einen Gefallen tun

у́валень, -льня *m umg* schwerfälliger [ungelenker] Mensch, Tolpatsch

ува́ривать *uv zu* savари́ть

увари́ть, уварю́, ува́ришь; ува́ренный, -ен, -а *v* 1. *umg* gar kochen 2. einkochen lassen ‖ *uv* ува́ривать, -аю, -аешь

уве́домить, -млю, -мишь; -мленный, -млен, -а *v* in Kenntnis setzen, benachrichtigen ‖ *uv* уведомля́ть, -я́ю, -я́ешь

уведомле́ние, -я *n* Benachrichtigung; (schriftliche) Mitteilung

уведомля́ть *uv zu* уве́домить

у|везти́* *v* 1. wegschaffen, abtransportieren; mit (auf die Reise) nehmen 2. entführen ‖ *uv* увози́ть, увожу́, уво́зишь

увекове́чивать *uv zu* увекове́чить

увекове́чить, -чу, -чишь; -ченный, -чен, -а *v* verewigen; unsterblich machen ‖ *uv* увекове́чивать, -аю, -аешь

увеличе́ние, -я *n* Vergrößerung

увели́чивать(ся) *uv zu* увели́чить(ся)

увеличи́тель, -я *m phot* Vergrößerungsgerät

увеличи́тельный, -ая, -ое Vergrößerungs-

увели́чить, -чу, -чишь; -ченный, -чен, -а *v* vergrößern; verstärken; steigern ‖ *uv* увели́чивать, -аю, -аешь

увели́читься, *1. u. 2. Pers ungebr*, -ится *v* sich vergrößern; steigen ‖ *uv* увели́чиваться, -ается

увенча́ть, -а́ю, -а́ешь; уве́нчанный, -ан, -а *v I* krönen (mit) ‖ *uv* **уве́нчивать,** -аю, -аешь

увенча́ться, *1. u. 2. Pers ungebr*, -а́ется *v übtr* gekrönt werden; де́ло увенча́лось успе́хом die Sache war von Erfolg gekrönt ‖ *uv* **уве́нчиваться,** -ается

увере́ние, -я *n* Zusicherung, Beteuerung

уве́ренность, -и *f* 1. Sicherheit, Gewißheit 2. Zuversicht, Vertrauen

уве́ренный, -ая, -ое; *Kzf* -рен, -а 1. sicher, fest 2. überzeugt; быть -ым в чём-н. einer Sache sicher sein, sich auf etw. verlassen; бу́дь(те) уве́рен(ы) sei (seien Sie) unbesorgt

уве́рить, -рю, -ришь; -ренный, -рен, -а *v* в *P* überzeugen (von), versichern (*G*), beteuern ‖ *uv* уверя́ть, -я́ю, -я́ешь

уверну́ться, -ну́сь, -нёшься *v* ausweichen, aus dem Wege gehen; *übtr umg* sich ausreden, Ausflüchte machen ‖ *uv* увёртываться, -аюсь, -аешься

уве́ровать, -рую, -руешь *v buchspr* fest glauben (в *P* an)

увёртка, -и, *Pl G* -ток, *D* -ткам *f* Ausflucht, Schlich, Finte

увёртливый, -ая, -ое; *Kzf* -ив, -а 1. gewandt, behend 2. *übtr* schlau, findig

увёртываться *uv zu* увернуться

увертю́ра, -ы *f mus* Ouvertüre

уверя́ть *uv zu* уве́рить

увеселе́ние, -я *n* 1. Belustigung, Erheiterung 2. *meist Pl* Belustigung, Vergnügung, Amusement

увесели́тельный, -ая, -ое erheiternd; Vergnügungs-

увесели́ть *v zu* увеселя́ть

увеселя́ть, -я́ю, -я́ешь *uv* erheitern, belustigen ‖ *v* увесели́ть, -лю́, -ли́шь

уве́систый, -ая, -ое; *Kzf* -ист, -а 1. sehr schwer 2. heftig, wuchtig

у|вести́* *v* 1. wegführen, fortbringen; *übtr* ablenken 2. mitgehen lassen, stehlen; *umg* abspenstig machen ‖ *uv* уводи́ть, увожу́, уво́дишь

уве́чить, -чу, -чишь *uv* verstümmeln, zum Krüppel machen; *übtr* verderben

уве́чье, -ья, *Pl G* -чий, *D* -чьям *n* Verstümmelung, Körperverletzung

уве́шать, -аю, -аешь; -анный, -ан, -а *v* behängen, vollhängen ‖ *uv* **уве́шивать,** -аю, -аешь

увеща́ть, -а́ю, -а́ешь *uv* ermahnen

увива́ть *uv zu* уви́ть

увива́ться, -а́юсь, -а́ешься *uv* 1. *uv*

zu увиться 2. *umg* den Hof machen; herumscharwenzeln

увида́ть, *Fut ungebr v umg* sehen, erblicken

увида́ться, *Fut ungebr v umg* с *I* sich treffen (mit), (einander) wiedersehen

уви́деть, увижу, уви́дишь; уви́женный, уви́жен, -а *v* sehen, erblicken ◇ ~ свет das Licht der Welt erblicken, geboren werden

уви́деться, уви́жусь, уви́дишься *v* с *I* sich treffen (mit), (einander) wiedersehen

уви́ливать *uv zu* увильну́ть

увильну́ть, -ну́, -нёшь *v umg* 1. ausweichen 2. от *G übtr* ausweichen, sich entziehen ‖ *uv* уви́ливать, -аю, -аешь

у|ви́ть* *v* 1. *umg* umwickeln 2. *umg* aufwickeln (auf) 3. umranken, umwinden ‖ *uv* увива́ть, -а́ю, -а́ешь

у|ви́ться*; увили́сь *v umg* sich winden, sich schlingen, sich ranken ‖ *uv* увива́ться, -а́юсь, -а́ешься

увлажни́ть, -ню́, -ни́шь; -нённый, -нён, -нена́ *v* feucht(er) machen, befeuchten, benetzen ‖ *uv* **увлажня́ть,** -я́ю, -я́ешь

увлека́тельный, -ая, -ое; *Kzf* -лен, -льна interessant; spannend; hinreißend

увлека́ть(ся) *uv zu* увле́чь(ся)

увлече́ние, -я *n* 1. Begeisterung, Leidenschaft 2. *I* Passion, starkes Interesse (für) 3. Zuneigung, Verliebtheit

у|вле́чь* *v* 1. fortschleppen, fortziehen 2. *übtr* mitreißen, packen; bezaubern ‖ *uv* увлека́ть, -а́ю, -а́ешь

у|вле́чься* *v* 1. *I* sich begeistern (für), sich mitreißen lassen (von) 2. *I* sich verlieben (in) ‖ *uv* увлека́ться, -а́юсь, -а́ешься

уво́д, -а *m* 1. Wegführung, Abzug 2. Entführung *einer Braut*

уводи́ть *uv zu* увести́

уво́з, -а *m* Abtransport ◇ сва́дьба с -ом *alt* Trauung mit der entführten Braut

увози́ть *uv zu* увезти́

увола́кивать *uv zu* уволо́чь

уво́лить, -лю, -лишь; -ленный, -лен, -а *v* 1. entlassen, kündigen; ~ в о́тпуск *mil* beurlauben; ~ в отста́вку in den Ruhestand versetzen; ~ на пе́нсию pensionieren 2. *meist Imp* verschonen, erlösen ‖ *uv* увольня́ть, -я́ю, -я́ешь

уво́литься, -люсь, -лишься *v* (die Arbeitsstelle) aufgeben, den Dienst quittieren; ~ в о́тпуск *mil* sich beurlauben lassen; ~ на пе́нсию sich pensionieren lassen ‖ *uv* увольня́ться, -я́юсь, -я́ешься

у|воло́чь*; уволочённый, -ён, -ена́ *u.* уволо́ченный, -ен, -а *v umg* wegschleppen, wegschleifen ‖ *uv* увола́кивать, -аю, -аешь

увольне́ние, -я *n* Entlassung, Kündigung; ~ в о́тпуск *mil* Beurlaubung; ~ в отста́вку Versetzung in den Ruhestand; ~ со слу́жбы Entlassung aus dem (aktiven) Dienst

увольни́тельный, -ая, -ое 1. Entlassungs-; ~ биле́т *mil* Urlaubsschein 2. -ая, -ой *Subst f mil* Urlaubsschein

увольня́ть(ся) *uv zu* уво́лить(ся)

уврачева́ть, -чу́ю, -чу́ешь *v alt* heilen

увы́ *Interj* o weh!

увяда́ние, -я *n* Verwelken, Verblühen *a. übtr*

увяда́ть *uv zu* увя́нуть

[1]**у|вяза́ть*** *v* 1. *umg* einpacken, zusammenschnüren 2. *übtr* aufeinander abstimmen, in Einklang bringen ‖ *uv* увя́зывать, -аю, -аешь

[2]**увяза́ть** *uv zu* увя́знуть

у|вяза́ться* *v* за *I oder* с *I umg* nicht weichen (von); sich an j-s Fersen heften ‖ *uv* увя́зываться, -аюсь, -аешься

увя́зка, -и, *Pl G* -зок, *D* -зкам *f* 1. *umg* Einpacken, Verpackung 2. *übtr* Koordinierung, Abstimmung

увя́знуть, -ну, -нешь; увя́з, -ла; увя́з(нув)ший *v* steckenbleiben, einsinken; *übtr* hängenbleiben, sich verstricken ‖ *uv* увяза́ть, -а́ю, -а́ешь

увя́зывать *uv zu* [1]увяза́ть

увя́зываться *uv zu* увяза́ться

у|вя́нуть* *v* (ver)welken, verblühen; *übtr* den (Lebens-) Mut verlieren ‖ *uv* увяда́ть, -а́ю, -а́ешь

угада́ть, -а́ю, -а́ешь; уга́данный, -ан, -а *v* erraten ‖ *uv* **уга́дывать,** -аю, -аешь

[1]**уга́р,** -а *m* 1. Kohlenoxyd, Kohlengas 2. Kohlengasvergiftung 3. *übtr* Taumel, Rausch

[2]**уга́р,** -а *m* 1. *tech* Abbrand 2. *text* Abfall

уга́рный, -ая, -ое 1. Kohlenoxyd enthaltend [ausströmend]; ~ газ Kohlenoxyd, Kohlengas 2. *Kzf* -рен, -рна *übtr* maßlos, hemmungslos

угаса́ть *uv zu* уга́снуть

уга́снуть, -ну, -нешь; уга́с, -ла; уга́с(нув)ший *v* 1. verlöschen, erlöschen, ausgehen 2. *übtr* dahinsiechen, erlöschen; verstummen; sterben || *uv* угаса́ть, -а́ю, -а́ешь

угле- *in Zuss* Kohle-

угле|водоро́д, -а *m chem* Kohlenwasserstoff; **~во́ды** *Pl* -ов, *Sg* углево́д, -а *m biol, chem* Kohlehydrate; **~жже́ние,** -я *n* Holzverkohlung; **~жо́г,** -а *m* Köhler; **~кислота́,** -ы́ *f chem* Kohlensäure

углеки́слый, -ая, -ое *chem* Kohlensäure-, kohlensauer; ~ (минера́льный) исто́чник Sauerbrunnen; -ые со́ли Karbonate

угле|ко́п, -а *m alt* Bergmann *im Kohlenbergbau*; **~ро́д,** -а *m chem* Kohlenstoff; **~ро́дистый,** -ая, -ое *chem* kohlenstoffhaltig

углова́тый, -ая, -ое; *Kzf* -а́т, -а 1. eckig 2. *übtr* ungeschickt, linkisch, plump

углово́й, -а́я, -о́е 1. Eck-; -о́й уда́р *Sport* Ecke, Eckball 2. *math, phys* Winkel-

угломе́р, -а *m tech* Winkelmesser

углуби́ть, -блю́, -би́шь; -блённый, -блён, -блена́ *v* vertiefen, tiefer machen || *uv* углубля́ть, -я́ю, -я́ешь

углуби́ться, -блю́сь, -би́шься *v* 1. *1. u. 2. Pers ungebr* sich vertiefen; tiefer werden 2. (tiefer) eindringen (в *A* in) || *uv* углубля́ться, -я́юсь, -я́ешься

углубле́ние, -я *n* 1. Vertiefung; Höhlung, Grube; ~ по́чвы Bodensenke 2. *naut* Tiefgang

углублённый, -ая, -ое; *Kzf* -ён, -ена́ 1. vertieft; tiefliegend 2. *übtr* gründlich, ernsthaft, tiefschürfend

углубля́ть(ся) *uv zu* углуби́ть(ся)

у|гна́ть* *v* 1. wegtreiben, fortjagen 2. *umg* entführen, stehlen 3. *volksspr* (gegen den Willen) weit fortschicken, jagen || *uv* угоня́ть, -я́ю, -я́ешь

у|гна́ться*; угна́ли́сь *v* за *I* 1. einholen, erreichen 2. *übtr, umg* Schritt halten (mit), gleichkommen, es aufnehmen (mit)

угнезди́ться, *1. Pers ungebr*, -и́шься *v umg* sich einnisten, sich einrichten; sich niederlassen

угнета́тель, -я *m* Unterdrücker

угнета́тельский, -ая, -ое Unterdrückungs-, ausbeuterisch

угнета́ть, -а́ю, -а́ешь *uv* 1. unterdrücken, unterjochen, ausbeuten 2. *übtr* bedrücken, deprimieren, quälen

угнете́ние, -я *n* 1. Unterdrückung, Unterjochung, Ausbeutung 2. Depression, Niedergeschlagenheit

угнетённый, -ая, -ое; *Kzf* -тён, -тена́ 1. unterdrückt, unterjocht, ausgebeutet 2. bedrückt, niedergeschlagen, deprimiert

угова́ривать(ся) *uv zu* уговори́ть(ся)

угово́р, -а *m* 1. Überredung, Zureden 2. *umg* Abmachung, Vereinbarung

уговори́ть, -рю́, -ри́шь; -рённый, -рён, -рена́ *v* 1. überreden, dazu bewegen [bringen] 2. *umg* beruhigen, trösten || *uv* угова́ривать, -аю, -аешь

уговори́ться, -рю́сь, -ри́шься *v umg* übereinkommen, sich verabreden || *uv* угова́риваться, -аюсь, -аешься

уго́да, -ы *f*: в -у кому́-н. j-m zuliebe, j-m zu Gefallen

угоди́ть, угожу́, угоди́шь *v* 1. *D oder* на *A* (j-n) zufriedenstellen, (j-m) etw. zuliebe tun, (j-m) gefällig sein; ему́ никогда́ не угоди́шь man kann es ihm nie recht machen, er ist nie zufrieden 2. *umg* geraten (в *A* an) 3. *umg* treffen || *uv* угожда́ть, -а́ю, -а́ешь *zu* 1

уго́дливый, -ая, -ое; *Kzf* -ив, -а diensteifrig, dienstfertig, liebedienerisch

уго́дничать, -аю, -аешь *uv umg* katzbuckeln, sich einschmeicheln

уго́дно 1. gefällig, erwünscht; как вам ~ wie Sie wünschen, wie es Ihnen paßt; е́сли (вам) ~ wenn es (Ihnen) recht ist; vielleicht; не ~ ли вам möchten Sie vielleicht, wäre es Ihnen recht; что вам ~? was wünschen Sie? 2. *Part nach Interr Pron u. Adv* beliebig; где ~ ganz gleich wo, überall; как ~ ganz gleich wie, beliebig; како́й ~ jeder (beliebige); когда́ ~ ganz gleich wann, zu jeder (beliebigen) Zeit, immer; кто ~ jeder (beliebige); куда́ ~ ganz gleich wohin, überallhin; ско́лько ~ so viel man will, in jeder Menge; что ~ ganz gleich was, was Sie wollen; ско́лько душе́ ~ nach Herzenslust

уго́дный, -ая, -ое; *Kzf* -ден, -дна 1. angenehm, gefällig 2. *alt* passend, geeignet

уго́дье, -ья, *Pl G* -дий, *D* -дьям *n* 1. nutzbares Stück Land; сеноко́сное ~ Heuschlag; охо́тничье ~

Jagdgrund 2. *alt* gute Eigenschaft, Vorteil

угожда́ть *uv zu* угоди́ть

у́гол, угла́, *P* об угле́, в углу́ *u. math* в угле́ *m* 1. Ecke; заверну́ть за́ ~ um die Ecke biegen 2. *math, phys* Winkel; прямо́й ~ rechter Winkel; сме́жные углы́ Nebenwinkel; ~ паде́ния Einfallswinkel; под угло́м зре́ния *übtr* unter dem Gesichtswinkel, vom Standpunkt 3. Winkel *eines Zimmers,* Schlafstelle; Bleibe, Heim ◇ из-за угла́ heimlich, heimtückisch, verräterisch; под угло́м winkelförmig; im Winkel (von); загна́ть кого́-н. в ~ j-n in die Enge treiben; медве́жий ~ *alt* abgelegene [öde] Gegend, Krähwinkel

уголо́вник, -а *m* 1. Krimineller, Verbrecher 2. *umg* Fachmann für Strafrecht

уголо́вный, -ая, -ое 1. kriminell, Kriminal-; strafrechtlich, Straf-; ~ ко́декс *jur* Strafgesetzbuch; ~ ро́зыск Kriminalamt, Kriminalabteilung 2. -ого *Subst m* Krimineller, Kriminalverbrecher

уголо́к, -лка́, *P* об уголке́, в уголке́ *u.* в уголку́ 1. *Dem zu* у́гол kleine Ecke, Winkel(chen) 2. Raum in einer Schule, einem Betrieb für gesellschaftliche oder fachliche Arbeit

у́голь, у́гля *u.* угля́ *m* 1. Kohle; бе́лый ~ Wasserkraft; голубо́й ~ Treibkraft des Windes 2. (*Pl* у́гли, угле́й, угля́м *u. volksspr* у́голья, -ьев, -ьям) Stück Holzkohle

уго́льник, -а *m* 1. Winkelmaß 2. Winkeleisen

у́гольный, -ая, -ое Kohlen-

у́гольщик, -а *m* 1. Bergmann *im Kohlenbergbau* 2. Köhler

угомо́н, -а (-у) *m volksspr*: нет -у на него́ man kann ihn nicht zur Ruhe bringen; -у не знать sich keine Ruhe gönnen; ~ тебя́ возьми́ sei ruhig, beruhige dich

угомони́ть, -ню́, -ни́шь; -нённый, -нён, -нена́ *v umg* beruhigen, besänftigen ‖ *uv* **угомоня́ть,** -я́ю, -я́ешь

угомони́ться, -ню́сь, -ни́шься *v umg* sich beruhigen, zur Ruhe kommen, still werden ‖ *uv* **угомоня́ться,** -я́юсь, -я́ешься

уго́н, -а *m* 1. Wegtreiben 2. (Vieh-)Diebstahl

угоня́ть *uv zu* угна́ть

угора́здить, -ит *unpers v umg* anraten, auf die (unglückliche) Idee bringen ◇ чёрт угора́здил его́ *oder* нелёгкая угора́здила его́ der Teufel hat ihn geritten

угора́ть *uv zu* угоре́ть

угоре́лый, -ая, -ое: как ~ *umg* wie besessen, wie ein Wahnsinniger

угоре́ть, -рю́, -ри́шь *v* 1. sich eine Kohlenoxydvergiftung zuziehen, von Kohlengas benommen sein [Kopfschmerzen bekommen] 2. *übtr volksspr* verrückt werden, nicht bei Troste sein; ты что, угоре́л? bist du von Sinnen? ‖ *uv* угора́ть, -а́ю, -а́ешь *zu* 1

[1]**у́горь,** угря́ *m* Aal

[2]**у́горь,** угря́ *m* Pickel, Mitesser

угости́ть, угощу́, угости́шь; угощённый, -ён, -ена́ *v I* bewirten (mit); anbieten; *übtr umg* verabreichen ‖ *uv* угоща́ть, -а́ю, -а́ешь

угости́ться, угощу́сь, угости́шься *v I umg* schmausen, sich's schmecken lassen ‖ *uv* угоща́ться, -а́юсь, -а́ешься

угото́вить, -влю, -вишь; -вленный, -влен, -а *v buchspr* (vor)bereiten, (voraus)bestimmen ‖ *uv* **уготовля́ть,** -я́ю, -я́ешь

угоща́ть(ся) *uv zu* угости́ть(ся)

угоще́ние, -я *n* 1. Bewirtung 2. Essen, Speise und Trank, Bewirtung

угрева́тый, -ая, -ое; *Kzf* -а́т, -а pickelig, voll(er) Mitesser

угро́бить, -блю, -бишь; -бленный, -блен, -а *v derb volksspr* 1. kaltmachen, umbringen 2. verderben, ruinieren

угрожа́емый, -ая, -ое *umg* bedrohlich, gefährlich

угрожа́ть, -а́ю, -а́ешь *uv* 1. *I* drohen (mit), bedrohen, androhen 2. bevorstehen

угро́за, -ы *f* 1. Drohung, Bedrohung, Androhung; держа́ть кого́-н. под -ой j-n in Schach halten 2. (drohende) Gefahr; поста́вить под -у gefährden, aufs Spiel setzen

угро́зыск, -а *m* (уголо́вный ро́зыск) Kriminalamt, Kriminalabteilung

у́гро-фи́нский, -ая, -ое *ling* ugro-finnisch

угрызе́ние, -я *n*: -я со́вести Gewissensbisse

угрю́мый, -ая, -ое; *Kzf* -ю́м, -а mürrisch, verdrießlich; finster, düster

уда́бривать *uv zu* удо́брить

уда́в, -а *m zool* Boa

удава́ться *uv zu* уда́ться

удави́ть, удавлю́, уда́вишь; уда́вленный, -ен, -а *v* erwürgen, erdrosseln ‖ *uv* уда́вливать, -аю, -аешь

удави́ться, удавлю́сь, уда́вишься *v umg* sich aufhängen, sich erhängen ‖ *uv* уда́вливаться, -аюсь, -аешься

удавле́ние, -я *n* Erwürgen, Erdrosseln

уда́вливать(ся) *uv zu* удави́ть(ся)

удале́ние, -я *n* **1.** Entfernung, Beseitigung; ~ зу́ба Zahnextraktion **2.** *buchspr* Entfernung, Ferne

удалённый, -ая, -ое entfernt; fern, entlegen, einsam

удале́ц, -льца́, *I* -лцо́м, *G Pl* -льцо́в *m* kühner Mensch, wagehalsiger Bursche, Draufgänger

удали́ть, -лю́, -ли́шь; -лённый, -лён, -лена́ *v* **1.** in einen größeren Abstand bringen, wegrücken **2.** entfernen, beseitigen, fortschaffen; ~ зуб einen Zahn ziehen ‖ *uv* удаля́ть, -я́ю, -я́ешь

удали́ться, -лю́сь, -ли́шься *v* sich entfernen, weggehen; sich zurückziehen ‖ *uv* удаля́ться, -я́юсь, -я́ешься

удало́й, -а́я, -о́е *u.* **уда́лый,** -ая, -ое; *Kzf* уда́л, -а́! kühn, verwegen, draufgängerisch ◇ мал, да уда́л *Sprichw* klein, aber oho

удаль, -и *f* Kühnheit, Verwegenheit, Schneid

удальство́, -а́ *n umg* Kühnheit, Verwegenheit, Schneid

удаля́ть(ся) *uv zu* удали́ть(ся)

уда́р, -а *m* **1.** Schlag, Hieb, Stoß; Anprall; свобо́дный ~ *Sport* Freistoß; пу́шечный ~ *Sport* Bombenschuß; сопротивле́ние -у *tech* Schlagfestigkeit; нанести́ кому́-н. ~ в спи́ну *übtr* j-m in den Rücken fallen **2.** *übtr* Schlag, Erschütterung **3.** *mil* Schlag, Stoß, Angriff **4.** *med* Schlag, Schlaganfall; с ним случи́лся ~ er hatte [bekam] einen Schlaganfall; со́лнечный ~ Sonnenstich; теплово́й ~ Hitzschlag ◇ быть в -е in Stimmung sein, gut aufgelegt sein; быть под -ом in Gefahr sein [schweben]; ста́вить под ~ in Gefahr bringen, gefährden

ударе́ние, -я *n* **1.** *ling* Betonung, Akzent **2.** *übtr* Betonung, Hervorhebung, Nachdruck; де́лать ~ на чём-н. etw. betonen, etw. unterstreichen

уда́ренный, -ая, -ое *ling* betont

уда́рить, -рю, -ришь; -ренный, -рен, -а *v* **1.** schlagen, einen Hieb versetzen; ~ в бараба́н die Trommel schlagen, trommeln; ~ в ко́локол (die Glocke) läuten; ~ в ладо́ши (in die Hände) klatschen; ~ в наба́т Sturm läuten; уда́рил гром der Donner rollte, es donnerte; мо́лния уда́рила в де́рево der Blitz hat in den Baum eingeschlagen **2.** *mil* schießen, feuern **3.** *umg* energisch (etw. zu tun) beginnen; ~ в ко́сы kraftvoll [schwungvoll] zu mähen beginnen; уда́рил моро́з der Frost setzte ein **4.** по *D übtr umg* einschreiten (gegen), Schluß machen (mit) ◇ ~ по карма́ну ins Geld laufen, Verlust einbringen; ~ по рука́м durch Handschlag bekräftigen, abmachen; кровь уда́рила в го́лову das Blut stieg in den Kopf; лицо́м в грязь не ~ sich nicht blamieren, seine Ehre rein halten ‖ *uv* ударя́ть, -я́ю, -я́ешь

уда́риться, -рюсь, -ришься *v* **1.** sich stoßen, prallen (в *A* gegen) **2.** в *A übtr umg* sich begeistern (für), verfallen (*D u.* in), sich ergeben *einer Sache*; ~ в слёзы in Tränen ausbrechen ◇ ~ в кра́йность ins Extrem fallen; ~ в бе́гство die Flucht ergreifen ‖ *uv* ударя́ться, -я́юсь, -я́ешься

[1]**уда́рник,** -а *m* **1.** Udarnik, Stoßarbeiter, Bestarbeiter **2.** *hist mil* Angehöriger eines Stoßtrupps

[2]**уда́рник,** -а *m mil* Schlagbolzen

[1]**уда́рный,** -ая, -ое **1.** Stoß-; -ая рабо́та Stoßarbeit; -ая брига́да Stoßbrigade, Brigade von Stoßarbeitern [Bestarbeitern]; -ая кома́нда *mil* Stoßtrupp **2.** wichtig, Haupt-; eilig, dringend; -ые стро́йки Schwerpunktbauten

[2]**уда́рный,** -ая, -ое Schlag-, Stoß-; ~ молото́к *med* Perkussionshammer; -ые инструме́нты *mus* Schlagzeug

ударя́емый, -ая, -ое *ling* betont

ударя́ть(ся) *uv zu* уда́рить(ся)

у|да́ться*; удали́сь *v* **1.** erfolgreich verlaufen, gelingen **2.** *D unpers* gelingen, glücken; э́то ему́ не удало́сь das ist ihm mißlungen [nicht geglückt] ‖ *uv* у|дава́ться*

уда́ча, -и, *I* -ей *f* Gelingen, Glück, Erfolg

уда́чливый, -ая, -ое; *Kzf* -ив, -а erfolgreich

уда́чник, -а *m umg* Glückspilz, -kind

уда́чный, -ая, -ое; *Kzf* -чен, -чна erfolgreich, gelungen, glücklich; treffend

удва́ивать *uv zu* удво́ить
удво́ить, -о́ю, -о́ишь; -о́енный, -о́ен, -а *v* verdoppeln ‖ *uv* удва́ивать, -аю, -аешь
уде́л, -а *m hist* **1.** Landbesitz eines Fürsten, Teilfürstentum **2.** Immobilien der Zarenfamilie **3.** Schicksal, Los
удели́ть, -лю́, -ли́шь; -лённый, -лён, -лена́ *v* zuteilen, anweisen, zur Verfügung stellen; ~ внима́ние чему́-н. seine Aufmerksamkeit auf etw. richten (lenken); einer Sache Beachtung schenken; ~ кому́-н. вре́мя j-m Zeit widmen [schenken] ‖ *uv* уделя́ть, -я́ю, -я́ешь
[1]**уде́льный,** -ая, -ое *hist* **1.**: ~ князь Oberhaupt eines Teilfürstentums; ~ пери́од Periode der feudalen Zersplitterung **2.**: -ые зе́мли der Zarenfamilie gehörige Ländereien
[2]**уде́льный,** -ая, -ое *phys* spezifisch; ~ вес a) spezifisches Gewicht; b) *übtr* Anteil
уделя́ть *uv zu* удели́ть
у́держ, -у *m umg*: без -у hemmungslos; нет-у ему́ [на него́] er ist nicht zu bändigen, man kann ihn nicht zurückhalten; не знать -у sich nicht mäßigen können, keine Grenzen kennen
удержа́ние, -я *n* **1.** Einbehaltung, Abzug **2.** einbehaltene [abgezogene] Summe, Abzug
удержа́ть, удержу́, уде́ржишь; уде́ржанный, -ан, -а *v* **1.** (fest)halten; zum Stehen bringen, anhalten; aufhalten **2.** zurückhalten; abhalten (от *G* von) **3.** unterdrücken, bändigen; ~ язы́к die Zunge im Zaum halten **4.** halten, behalten, bewahren **5.** abziehen, einbehalten ‖ *uv* **уде́рживать,** -аю, -аешь
удержа́ться, удержу́сь, уде́ржишься *v* **1.** sich halten, sich behaupten; ~ в седле́ fest im Sattel sitzen; не ~ на нога́х sich nicht auf den Beinen halten können, das Gleichgewicht verlieren; кольцо́ не удержа́лось на па́льце der Ring hielt nicht am Finger [rutschte vom Finger] **2.** от *G* an sich halten, verzichten (auf), sich enthalten ‖ *uv* **уде́рживаться,** -аюсь, -аешься
удесятери́ть, -рю́, -ри́шь; -рённый, -рён, -рена́ *v* verzehnfachen; vervielfachen, verstärken ‖ *uv* **удесятеря́ть,** -я́ю, -я́ешь
удешеви́ть, -влю́, -ви́шь; -влённый, -влён, -влена́ *v* verbilligen, (den Preis) herabsetzen ‖ *uv* удешевля́ть, -я́ю, -я́ешь
удешевле́ние, -я *n* Verbilligung
удешевля́ть *uv zu* удешеви́ть
удиви́тельный, -ая, -ое; *Kzf* -лен, -льна **1.** erstaunlich, merkwürdig, bewundernswert; что -ого? ist es verwunderlich?; нет ничего́ -ого es ist nicht verwunderlich, es ist kein Wunder **2.** wunderbar, wundervoll
удиви́ть, -влю́, -ви́шь; -влённый, -влён, -влена́ *v* in Erstaunen versetzen; überraschen; меня́ удиви́ло es wunderte mich ‖ *uv* удивля́ть, -я́ю, -я́ешь
удиви́ться, -влю́сь, -ви́шься *v D* sich wundern (über), in Staunen geraten (über), etw. bestaunen ‖ *uv* удивля́ться, -я́юсь, -я́ешься
удивле́ние, -я *n* Verwunderung, Erstaunen; на ~ erstaunlich gut, ausgezeichnet
удивля́ть(ся) *uv zu* удиви́ть(ся)
удила́, уди́л, удила́м *Pl* Gebiß *am Zaum*
уди́лище, -а, *I* -ем *n* Angelrute
уди́льный, -ая, -ое Angel-
уди́льщик, -а *m* Angler
удира́ть *uv zu* удра́ть
уди́ть, ужу́, у́дишь *uv* angeln
уди́ться, *1. u. 2. Pers ungebr*, у́дится *uv* sich angeln lassen, anbeißen
удлини́тель, -я *m el* Verlängerungsschnur
удлини́ть, -ню́, -ни́шь; -нённый, -нён, -нена́ *v* verlängern, länger machen; ausdehnen ‖ *uv* **удлиня́ть,** -я́ю, -я́ешь
удлини́ться, *1. u. 2. Pers ungebr*, -и́тся *v* länger werden ‖ *uv* **удлиня́ться,** -я́ется
удму́рт, -а *m* Udmurte
удму́ртка, -и, *Pl G* -ток, *D* -ткам *f* Udmurtin
удму́ртский, -ая, -ое udmurtisch; Удму́ртская АССР Udmurtische ASSR
удо́бно 1. *Adv* bequem, passend **2.** *prädikativ* es ist bequem [passend]; мне ~ в э́том костю́ме ich fühle mich wohl in diesem Anzug; ~ ли вам? ist es Ihnen recht?, paßt es Ihnen?; как вам ~ ganz wie Sie wünschen, wie es Ihnen paßt; ~ ли прийти́ так по́здно? ist es Ihnen recht, wenn ich so spät komme? **3.** *prädikativ* es gehört sich; ~ ли говори́ть об э́том? schickt es sich, darüber zu sprechen?
удо́бный, -ая, -ое; *Kzf* **-бен, -бна**

1. bequem, angenehm 2. passend, geeignet
удобо- *in Zuss* leicht, bequem, gut
удобо|вари́мый, -ая, -ое; *Kzf* -и́м, -а leicht verdaulich; **~поня́тный,** -ая, -ое; *Kzf* -тен, -тна leicht verständlich; **~чита́емый,** -ая, -ое; *Kzf* -ем, -а gut lesbar, leserlich
удобре́ние, -я *n landw* 1. Düngen, Düngung 2. Düngemittel, Dünger
удо́брить, -рю, -ришь; -ренный, -рен, -а *v landw* düngen || *uv* уда́бривать, -аю, -аешь *u.* **удобря́ть,** -я́ю, -я́ешь
удо́бство, -а *n* Bequemlichkeit, Komfort
удовлетворе́ние, -я *n* Befriedigung, Genugtuung; *hist* Satisfaktion
удовлетворённый, -ая, -ое zufrieden, befriedigt
удовлетвори́тельный, -ая, -ое; *Kzf* -лен, -льна befriedigend, zufriedenstellend, genügend
удовлетвори́ть, -рю́, -ри́шь; -рённый, -рён, -рена́ *v* 1. befriedigen, zufriedenstellen; ~ жела́ние einen Wunsch erfüllen, einem Wunsch nachkommen 2. *D* entsprechen, genügen, gerecht werden 3. *I* (ausreichend) versorgen (mit) 4. *alt* entschädigen, abfinden; Genugtuung verschaffen, Satisfaktion geben || *uv* **удовлетворя́ть,** -я́ю, -я́ешь
удовлетвори́ться, -рю́сь, -ри́шься *v* sich zufriedengeben, sich begnügen || *uv* **удовлетворя́ться,** -я́юсь, -я́ешься
удово́льствие, -я *n* 1. Vergnügen, Freude; с -ем! mit Vergnügen!, sehr gern! 2. Vergnügung, Unterhaltung, Zerstreuung ◇ жить в своё ~ sein Leben genießen, sorglos leben
удово́льствовать, -твую, -твуешь *v alt* 1. befriedigen, (einen Wunsch) erfüllen 2. entsprechen, gerecht werden 3. *I* (ausreichend) versorgen (mit)
удово́льствоваться, -твуюсь, -твуешься *v alt I* sich zufriedengeben, sich begnügen (mit)
удо́д, -а *m zool* Wiedehopf
удо́й, -я *m landw* 1. Milchertrag, Milchleistung 2. Melken
удо́йность, -и *f* Milchertrag
удорожа́ть *uv zu* удорожи́ть
удорожи́ть, -жу́, -жи́шь; -жённый, -жён, -жена́ *v* verteuern, den Preis erhöhen || *uv* удорожа́ть, -а́ю, -а́ешь
удоста́ивать(ся) *uv zu* удосто́ить(ся)
удостовере́ние, -я *n* 1. Bestätigung, Beglaubigung; *alt* Überzeugung 2. Bescheinigung, Ausweis, Zeugnis; ~ ли́чности Personalausweis, Legitimation
удостове́рить, -рю, -ришь; -ренный, -рен, -а *v* beglaubigen, bestätigen, bescheinigen; *alt* überzeugen, vergewissern || *uv* **удостоверя́ть,** -я́ю, -я́ешь
удостове́риться, -рюсь, -ришься *v* sich überzeugen, sich vergewissern (в *P* von) || *uv* **удостоверя́ться,** -я́юсь, -я́ешься
удосто́ить, -о́ю, -о́ишь; -о́енный, -о́ен, -а *v* 1. *G* auszeichnen (mit), verleihen 2. *I* für würdig befinden [erachten], beehren (mit) || *uv* удоста́ивать, -аю, -аешь
удосто́иться, -о́юсь, -о́ишься *v* 1. *G* für würdig befunden werden 2. *meist iron G* gewürdigt werden || *uv* удоста́иваться, -аюсь, -аешься
удосу́живаться *uv zu* удосу́житься
удосу́житься, -жусь, -жишься *v umg* Zeit finden, Muße haben || *uv* удосу́живаться, -аюсь, -аешься
удочери́ть, -рю́, -ри́шь; -рённая, -рена́ *v* (als Tochter) annehmen, (ein Mädchen) adoptieren || *uv* **удочеря́ть,** -я́ю, -я́ешь
у́дочка, -и, *Pl G* -чек, *D* -чкам *f* Angel ◇ заки́нуть -у die Fühler ausstrekken, auf den Busch klopfen; пойма́ть [подцепи́ть, подде́ть] на -у überlisten; betrügen; попа́сться на -у auf den Leim gehen
у|дра́ть* *v umg* davonlaufen, sich davonmachen, sich drücken || *uv* удира́ть, -а́ю, -а́ешь
удружа́ть *uv zu* удружи́ть
удружи́ть, -жу́, -жи́шь *v umg* 1. einen Dienst erweisen, einen Gefallen tun 2. *iron* einen Bärendienst erweisen || *uv* удружа́ть, -а́ю, -а́ешь
удруча́ть *uv zu* удручи́ть
удручённый, -ая, -ое niedergeschlagen, bedrückt
удручи́ть, -чу́, -чи́шь; -чённый, -чён, -чена́ *v* 1. bedrücken, deprimieren 2. *I alt* erschöpfen, beugen (mit, von) || *uv* удруча́ть, -а́ю, -а́ешь
удуша́ть *uv zu* удуши́ть
удуши́ть, удушу́, уду́шишь; уду́шенный, -ен, -а *v* erwürgen, ersticken; *übtr buchspr* unterdrücken || *uv* удуша́ть, -а́ю, -а́ешь
уду́шливый, -ая, -ое; *Kzf* -ив, -а 1. stickig, schwül, drückend, beklemmend 2. erstickend; ~ газ Stickgas

уду́шье, -ья *n* Atemnot, Beklemmung
уедине́ние, -я *n* Zurückgezogenheit, Einsamkeit
уединённый, -ая, -ое; *Kzf* -ён, -ённа einsam, zurückgezogen, abgeschieden; entlegen
уедини́ться, -ню́сь, -ни́шься *v* sich zurückziehen, sich absondern ‖ *uv* **уединя́ться,** -я́юсь, -я́ешься
уе́зд, -а *m hist* Kreis *Teil eines Gouvernements*
уе́здный [зн], -ая, -ое **1.** *hist* Kreis- **2.** *alt* Provinz-, provinziell
уезжа́ть *uv zu* уе́хать
у|е́хать* *v* wegfahren, abfahren, verreisen ‖ *uv* уезжа́ть, -а́ю, -а́ешь
[1]**уж,** -а́, *I* -о́м, *G Pl* -е́й *m zool* Natter
[2]**уж** **1.** *Adv* schon, bereits **2.** *Part* wirklich, tatsächlich; schon
ужа́лить *v zu* жа́лить
ужа́риваться *uv zu* ужа́риться
ужа́риться, *1. u. 2. Pers ungebr*, -ится *v umg* **1.** völlig durchbraten *itr* **2.** beim Braten schrumpfen ‖ *uv* ужа́риваться, -ается
у́жас, -а *m* **1.** Entsetzen, Schreck(en), Grauen; в -е entsetzt, von Entsetzen gepackt; до -а *volksspr* äußerst, entsetzlich, schrecklich; како́й ~! wie entsetzlich!, wie schrecklich! **2.** Tragik, Ausweglosigkeit; *Pl* Schrecken, schreckliche [grauenvolle] Ereignisse **3.** (es ist) schrecklich, entsetzlich **4.** *Adv volksspr* äußerst, entsetzlich, furchtbar; ~ как хо́лодно es ist entsetzlich kalt; ~ ско́лько де́нег вы потра́тили Sie haben furchtbar viel Geld ausgegeben
ужаса́ть(ся) *uv zu* ужасну́ть(ся)
ужаса́ющий, -ая, -ее; *Kzf* -са́ющ, -а **1.** entsetzlich, grauenvoll **2.** *umg* außerordentlich, unerträglich
ужасну́ть, -ну́, -нёшь *v* in Schrecken versetzen, Grauen einflößen ‖ *uv* ужаса́ть, -а́ю, -а́ешь
ужасну́ться, -ну́сь, -нёшься *v* entsetzt sein, in Entsetzen [Schrecken] geraten, von Grauen gepackt werden ‖ *uv* ужаса́ться, -а́юсь, -а́ешься
ужа́сный, -ая, -ое; *Kzf* -сен, -сна **1.** entsetzlich, schrecklich, grauenvoll **2.** *umg* außerordentlich, maßlos, unerträglich **3.** -о *Adv auch* sehr, äußerst
у́же ↑ у́зкий
уже́ *Adv* schon, bereits; он ~ не ребёнок er ist kein Kind mehr
уже́ли *u.* **уже́ль** *Part alt* wirklich, tatsächlich
уже́ние, -я *n* Angeln
ужива́ться *uv zu* ужи́ться
ужи́вчивый, -ая, -ое; *Kzf* -ив, -а verträglich
ужи́мки *Pl* -мок, -мкам, *Sg* ужи́мка, -и *f* Grimassen; Gebärden
у́жин, -а *m* Abendessen, Abendbrot, Nachtmahl; за -ом beim Abendessen
у́жинать, -аю, -аешь *uv* zu Abend essen, Abendbrot essen
у|жи́ться*; ужили́сь *v* **1.** sich einleben, sich eingewöhnen **2.** sich vertragen, (gut) auskommen (с *I* mit) **3.** *übtr* koexistieren; sich verbinden ‖ *uv* ужива́ться, -а́юсь, -а́ешься
ужо́ *Adv volksspr* **1.** später (mal) **2.** warte nur! *Drohung*; ~ тебе́ (бу́дет)! dir werd ich's schon noch geben!
узаконе́ние, -я *n* **1.** Legitimierung **2.** *alt* Beschluß, Verordnung
узако́нивать *uv zu* узако́нить
узако́нить, -ню, -нишь; -ненный, -нен, -а *v* zum Gesetz machen, legitimieren ‖ *uv* узако́нивать, -аю, -аешь *u.* **узаконя́ть,** -я́ю, -я́ешь
узбе́к, -а *m* Usbeke
Узбекиста́н, -а *m* Usbekistan
узбе́кский, -ая, -ое usbekisch; Узбе́кская Сове́тская Социалисти́ческая Респу́блика Usbekische Sozialistische Sowjetrepublik
узбе́чка, -и, *Pl G* -чек, *D* -чкам *f* Usbekin
узда́, -ы́, *Pl* у́зды, узд, у́здам *f* Zaum, Zügel ◇ держа́ть кого́-н. в -е́ j-n im Zaum halten, j-n an der Kandare haben
узде́чка, -и, *Pl G* -чек, *D* -чкам *f* Zaum, Zügel
уздцы́: держа́ть [взять] под ~ beim Zaum halten [nehmen]
[1]**у́зел,** узла́ *m* **1.** Knoten; *übtr* Verknüpfung; завяза́ть ~ einen Knoten machen **2.** Knotenpunkt **3.** Bündel **4.** *anat* Knoten, Ganglion **5.** *tech* Baugruppe; Hauptteil; санита́рный ~ sanitäre Anlagen *Bad, WC*
[2]**у́зел,** узла́ *m naut* Knoten *Längenmaß von 1,87 km*
у́зкий, -ая, -ое; *Kzf* у́зок, узка́!; *Komp* у́же **1.** eng, schmal, knapp; -ое ме́сто Engpaß, schwache Stelle **2.** *übtr* eng, beschränkt, begrenzt **3.** *übtr* beschränkt, engstirnig
узко- *in Zuss* eng-, schmal-
узкогру́дый, -ая, -ое; *Kzf* -уд, -а schmalbrüstig
узко|коле́йка, -и, *Pl G* -еек, *D* -ейкам *f umg* Schmalspurbahn, Kleinbahn; **~коле́йный,** -ая, -ое Schmalspur-;

~ли́ст(н)ый, -ая, -ое *bot* schmalblättrig; **~ло́бый,** -ая, -ое; *Kzf* -ло́б, -а 1. mit schmaler [niedriger] Stirn 2. *übtr umg* engstirnig, beschränkt; **~по́сый,** -ая, -ое; *Kzf* -но́с, -а mit schmaler Spitze, spitz *von Schuhen*; **~плёночный,** -ая, -ое: ~ фильм Schmalfilm; **~пле́чий,** -ая, -ее; *Kzf* -плеч, -а schmalschultrig

узлова́тый, -ая, -ое; *Kzf* -а́т, -а knotig

узлово́й, -а́я, -о́е 1.: -а́я ста́нция Eisenbahnknotenpunkt 2. *übtr* hauptsächlich, wesentlich 3. knotig-, Knoten-

узнава́ть *uv zu* узна́ть

узна́ть, -а́ю, -а́ешь; у́знанный, -ан, -а *v* 1. *A oder* о *P* erfahren, in Erfahrung bringen, sich erkundigen (nach) 2. kennenlernen, erleben 3. erkennen ‖ *uv* у|знава́ть*

у́зник, -а *m alt, hoher Stil* Gefangener, Eingekerkerter

узо́р, -а *m* Muster, Zeichnung; ледяно́й ~ Eisblume

узо́рный, -ая, -ое gemustert; Muster-

узо́рчатый, -ая, -ое; *Kzf* -ат, -а 1. gemustert, mit Mustern [Ornamenten] verziert 2. gemasert *Holz*

у́зость, -и *f* 1. Enge 2. *übtr* Beschränktheit, Engstirnigkeit

узре́ть, узрю́, у́зри́шь *v alt* sehen, gewahr werden

узурпа́тор, -а *m buchspr* Usurpator

узурпа́ция, -и *f buchspr* Usurpation, gewaltsame [widerrechtliche] Aneignung

узурпи́ровать, -рую, -руешь; -рованный, -рован, -а *v, uv buchspr* usurpieren, sich gewaltsam [widerrechtlich] aneignen

у́зы, уз *Pl buchspr* Fesseln, Bande

у́йма, -ы *f umg* Unmenge

уйму́ ↑ уня́ть

у|йти́*; уйди́ *u. volksspr* уше́дши *v* 1. (weg)gehen, sich auf den Weg machen; verlassen; ~ вперёд vorauseilen, überholen; часы́ ушли́ вперёд die Uhr ging vor 2. entkommen, entgehen 3. verlassen, aufgeben; ausscheiden; ~ со сце́ны von der Bühne abtreten, sich vom öffentlichen Leben zurückziehen; ~ от ми́ра sich von der Welt zurückziehen 4. schwinden, vergehen; verstreichen *von der Zeit* 5. verausgabt werden, benötigt werden (на *A* für) 6. *umg* überkochen, überlaufen 7. в *A übtr* sich vertiefen (in), sich hingeben (*D*); ~ в себя́ sich seinen Gedanken hingeben ◇ ~ из жи́зни *oder* ~ в моги́лу sterben; ~ на дно untergehen, ertrinken; недалеко́ ~ в чём-н. es mit [in] etw. nicht weit bringen, mit etw. keinen Erfolg haben; э́то от нас не уйдёт wir werden nicht daran vorbeikommen; у него́ душа́ ушла́ в пя́тки das Herz sank ihm in die Hosen, er bekam schreckliche Angst [einen Riesenschreck]; по́чва ушла́ у него́ из-под ног er verlor den Boden unter den Füßen ‖ *uv* уходи́ть, ухожу́, ухо́дишь

ука́з, -а *m* Erlaß, Verordnung; *umg* Befehl, Anweisung ◇ ему́ никто́ не ~ für ihn gibt es keine Autorität

указа́ние, -я *n* 1. Angabe, Hinweis 2. Unterweisung, Instruktion; Rat

ука́занный, -ая, -ое genannt, erwähnt; vorgeschrieben

указа́тель, -я *m* 1. Anzeiger; доро́жный ~ Wegweiser; километро́вый ~ Kilometerstein; мига́ющий ~ поворо́та Blinkleuchte 2. Verzeichnis, Register; Nachschlagewerk; библиографи́ческий ~ Quellennachweis, Literaturangaben; предме́тный ~ Sachregister; ~ пассажи́рских сообще́ний Kursbuch

указа́тельный, -ая, -ое Hinweis-, hinweisend; -ое местоиме́ние *gram* Demonstrativpronomen; ~ па́лец Zeigefinger

у|каза́ть* *v* 1. zeigen, angeben; weisen (на *A* auf) 2. hinweisen, sich beziehen (на *A* auf) 3. eine Anweisung geben, instruieren ◇ ~ кому́-н. на дверь j-m die Tür weisen, j-n hinauswerfen ‖ *uv* ука́зывать, -аю, -аешь

ука́зка, -и, *Pl G* -зок, *D* -зкам 1. Zeigestock, Zeigestab 2. *umg* Weisung, Anweisung

ука́зывать *uv zu* указа́ть

ука́лывать *uv zu* уколо́ть

уката́ть, -а́ю, -а́ешь; ука́танный, -ан, -а *v* glattwalzen; ebnen ‖ *uv* ука́тывать, -аю, -аешь

укати́ть, укачу́, ука́тишь; ука́ченный, -ен, -а *v* 1. wegrollen 2. *umg* wegfahren, fortfahren ‖ *uv* ука́тывать, -аю, -аешь

укати́ться, укачу́сь, ука́тишься *v* 1. *1. u. 2. Pers ungebr* wegrollen 2. *umg* wegfahren, fortfahren ‖ *uv* ука́тываться, -аюсь, -аешься

[1]**ука́тывать** *uv zu* укати́ть

[2]**ука́тывать** *uv zu* уката́ть

ука́тываться *uv zu* укати́ться

укача́ть, -а́ю, -а́ешь; ука́чанный, -ан, -а *v* 1. einwiegen, in den Schlaf wiegen 2. *meist unpers* меня́ укача́ло a) ich wurde seekrank; b) ich wurde vom langen Fahren schläfrig || *uv* **ука́чивать,** -аю, -аешь

укла́д, -а *m* 1. Lebensweise 2. Ordnung, Formation

укла́дка, -и, *Pl G* -док, *D* -дкам *f* 1. Ordnen, Legen, (Ver-) Packen 2. *gbt* kleiner Koffer 3. *tech* Verlegung

укла́дчик, -а *m* 1. Packer; Stapler 2. Verlegekran *für Schienen u. ä.*

укла́дывать *uv zu* уложи́ть

[1]**укла́дываться** *uv zu* уложи́ться

[2]**укла́дываться** *uv zu* уле́чься

укле́йка, -и, *Pl G* -е́ек, *D* -е́йкам *f zool* Weißfisch, Karpfenfisch

укло́н, -а *m* 1. Neigung, Senkung, Gefälle; идти́ под ~ bergab gehen 2. *pol* Abweichung 3. Neigung, Einschlag

уклоне́ние, -я *n* 1. Ausweichen, Umgehen 2. Abweichung, Abschweifen; *med* Anomalie

уклони́ться, -оню́сь, -о́нишься *v* 1. ausweichen 2. *übtr* aus dem Wege gehen, sich entziehen 3. abweichen, abbiegen; ~ от те́мы vom Thema abkommen || *uv* уклоня́ться, -я́юсь, -я́ешься

укло́нчивый, -ая, -ое; *Kzf* -ив, -а ausweichend; unaufrichtig

уклоня́ться *uv zu* уклони́ться

уклю́чина, -ы *f* Ruderdolle

уко́л, -а *m* 1. Stechen; *übtr* Sticheln 2. Stich, Stichwunde; *med* Punktur 3. *med* Spritze; де́лать кому́-н. ~ j-m eine Spritze geben

у|коло́ть* *v* 1. stechen 2. *übtr* sticheln, verletzen, kränken || *uv* ука́лывать, -аю, -аешь

укомплекто́ванный, -ая, -ое komplett, vollständig

укомплектова́ть, -ту́ю, -ту́ешь; -то́ванный, -то́ван, -а *v* komplettieren, vervollständigen, ergänzen || *uv* **укомплекто́вывать,** -аю, -аешь

уко́р, -а *m* Vorwurf; ста́вить в ~ кому́-н. j-m vorwerfen, j-m zum Vorwurf machen

укора́чивать(ся) *uv zu* укороти́ть(ся)

укорени́ть, -ню́, -ни́шь; -нённый, -нён, -нена́ *v* 1. Wurzeln schlagen lassen 2. einführen, einbürgern || *uv* **укореня́ть,** -я́ю, -я́ешь

укорени́ться, *1. u. 2. Pers ungebr*, -и́тся *v* 1. Wurzeln schlagen 2. sich einbürgern, festen Fuß fassen, zur Gewohnheit werden || *uv* **укореня́ться,** -я́ется

укори́зна, -ы *f* Vorwurf

укори́зненный, -ая, -ое vorwurfsvoll

укори́ть, -рю́, -ри́шь; -рённый, -рён, -рена́ *v* Vorwürfe machen, rügen, tadeln; он укори́л его́ в несправедли́вости er warf ihm Ungerechtigkeit vor || *uv* укоря́ть, -я́ю, -я́ешь

укороти́ть, -очу́, -оти́шь *u. alt* -о́тишь; -о́ченный, -о́чен, -а *v* kürzen, abkürzen, verkürzen || *uv* укора́чивать, -аю, -аешь

укороти́ться, -очу́сь, -оти́шься *v* 1. kürzer werden 2. *übtr, volksspr* klein werden; он сра́зу укороти́лся er wurde gleich ganz klein || *uv* укора́чиваться, -аюсь, -аешься

укоря́ть *uv zu* укори́ть

уко́с, -а *m landw* Heuertrag

укра́дкой *Adv* verstohlen, heimlich

Украи́на, -ы *f* Ukraine

украи́нец, -нца, *I* -нцем, *G Pl* -нцев *m* Ukrainer

украи́нка, -и, *Pl G* -нок, *D* -нкам *f* Ukrainerin

украи́нский, -ая, -ое ukrainisch; Украи́нская Сове́тская Социалисти́ческая Респу́блика Ukrainische Sozialistische Sowjetrepublik

укра́сить, -а́шу, -а́сишь; -а́шенный, -а́шен, -а *v* (aus)schmücken, verzieren; *übtr* verschönen, bereichern || *uv* украша́ть, -а́ю, -а́ешь

укра́сть *v zu* красть

украша́ть *uv zu* укра́сить

украше́ние, -я *n* 1. Ausschmückung, Verschönerung 2. Verzierung, Schmuck 3. *übtr* Zierde

укрепи́ть, -плю́, -пи́шь; -плённый, -плён, -плена́ *v* 1. stärken, festigen 2. kräftigen; *übtr* Kraft geben 3. *mil* befestigen || *uv* укрепля́ть, -я́ю, -я́ешь

укрепи́ться, -плю́сь, -пи́шься *v* 1. erstarken, sich durchsetzen, festen Fuß fassen 2. erstarken, kräftiger werden 3. *mil* sich verschanzen || *uv* укрепля́ться, -я́юсь, -я́ешься

укрепле́ние, -я *n* 1. Stärkung, Festigung, Kräftigung 2. *mil* Befestigung; предмо́стное ~ Brückenkopf

укрепля́ть(ся) *uv zu* укрепи́ть(ся)

укрепля́ющий, -ая, -ее kräftigend-, Kräftigungs-

укро́мный, -ая, -ое; *Kzf* -мен, -мна abgelegen, verborgen, einsam

укро́п, -а (-у) *m bot* Dill

укроти́тель, -я *m* Tierbändiger, Dompteur

укроти́ть, -ощу́, -оти́шь; -щённый, -щён, -щена́ *v* 1. bändigen, zähmen, zum Gehorsam bringen 2. bezähmen,

zügeln, besänftigen ‖ *uv* **укроща́ть,** -а́ю, -а́ешь
укрупни́ть, -ню́, -ни́шь; -нённый, -нён, -нена́ *v* vergrößern, erweitern ‖ *uv* **укрупня́ть,** -я́ю, -я́ешь
укрыва́тель, -я *m jur* Hehler
укрыва́тельство, -а *n jur* Hehlerei, Begünstigung einer Straftat
укрыва́ть(ся) *uv zu* укры́ть(ся)
укры́тие, -я *n* Schutz; *mil* Deckung
у|кры́ть* *v* **1.** bedecken, verhüllen **2.** verbergen, verstecken, schützen; Obdach gewähren ‖ *uv* укрыва́ть, -а́ю, -а́ешь
у|кры́ться* *v* **1.** sich bedecken, sich verhüllen **2.** sich verbergen; Schutz suchen **3.**: не ~ nicht entgehen, nicht verborgen bleiben ‖ *uv* укрыва́ться, -а́юсь, -а́ешься
у́ксус, -а (-у) *m* Essig
уксусноки́слый, -ая, -ое essigsauer
у́ксусный, -ая, -ое Essig-
уку́поривать *uv zu* уку́порить
уку́порить, -рю, -ришь; -ренный, -рен, -а *v* verkorken ‖ *uv* уку́поривать, -аю, -аешь
уку́с, -а *m* Biß; Stich
укуси́ть, укушу́, уку́сишь; уку́шенный, -ен, -а *v* beißen; stechen ◇ кака́я му́ха тебя́ укуси́ла welche Laus ist dir denn über die Leber gelaufen
уку́тать, -аю, -аешь; -анный, -ан, -а *v* einhüllen, einwickeln ‖ *uv* **уку́тывать,** -аю, -аешь
ул. (у́лица) Straße
ула́вливать *uv zu* улови́ть
ула́дить, ула́жу, ула́дишь; ула́женный, -ен, -а *v* in Ordnung bringen, regeln, klären, schlichten ‖ *uv* **ула́живать,** -аю, -аешь
ула́диться, *1. u. 2. Pers ungebr*, -ится *v* sich regeln, in Ordnung kommen; всё ула́дилось alles hat sich in Wohlgefallen aufgelöst ‖ *uv* **ула́живаться,** -ается
ула́мывать *uv zu* улома́ть
Ула́н-Ба́тор, -а *m* Ulan-Bator
у́лей, у́лья *m* Bienenkorb, -stock
улета́ть *uv zu* улете́ть
улете́ть, улечу́, улети́шь *v* **1.** wegfliegen, abfliegen **2.** verfliegen, vergehen *von der Zeit* **3.** *umg* davoneilen, verschwinden ‖ *uv* улета́ть, -а́ю, -а́ешь
улету́чиваться *uv zu* улету́читься
улету́читься, -чусь, -чишься *v* sich verflüchtigen; *übtr umg* (unbemerkt) verschwinden ‖ *uv* улету́чиваться, -аюсь, -аешься
у|ле́чься* *v* **1.** sich (hin)legen, sich niederlegen; ~ спать zu Bett gehen **2.** sich einpassen; Platz haben **3.** *1. u. 2. Pers ungebr übtr* sich legen, sich beruhigen, nachlassen ‖ *uv* укла́дываться, -аюсь, -аешься *zu* 1, 2
улизну́ть, -ну́, -нёшь *v umg* sich davonmachen, entwischen
ули́ка, -и *f jur* Beweis(stück), corpus delicti; ко́свенные -и Indizien
ули́тка, -и, *Pl G* -ток, *D* -ткам *f* **1.** *zool* Schnecke **2.** *anat* Ohrschnecke
у́лица, -ы, *I* -ей *f* Straße; на -е auf der Straße, draußen; бокова́я ~ Nebenstraße
улича́ть *uv zu* уличи́ть
уличи́ть, -чу́, -чи́шь; -чённый, -чён, -чена́ *v* в *P* überführen, ertappen (bei) ‖ *uv* улича́ть, -а́ю, -а́ешь
у́личка, -и, *Pl G* -чек, *D* -чкам *f Dem zu* у́лица kleine [enge] Straße, Gasse
у́личный, -ая, -ое Straßen-; -ая дверь Tür nach der Straße; ~ мальчи́шка Gassenjunge
уло́в, -а *m* Fang, Beute
улови́мый, -ая, -ое; *Kzf* -и́м, -а bemerkbar, erfaßbar; hörbar
улови́ть, уловлю́, уло́вишь; уло́вленный, -влен, -а *v* **1.** wahrnehmen; auffangen, erhaschen; erfassen **2.** *umg* abpassen *einen Zeitpunkt* ‖ *uv* ула́вливать, -аю, -аешь
уло́вка, -и, *Pl G* -вок, *D* -вкам *f* Finte, Kniff, Ausflucht
уложе́ние, -я *n alt* Gesetzbuch
уложи́ть, уложу́, уло́жишь; уло́женный, -ен, -а *v* **1.** hinlegen; ~ (спать) zu Bett bringen **2.** *umg* niedermachen, umbringen, töten **3.** legen, ordnen, stapeln **4.** einpacken; *umg* unterbringen **5.** *I* auslegen, bedecken (mit) ‖ *uv* укла́дывать, -аю, -аешь
уложи́ться, уложу́сь, уло́жишься *v* **1.** *umg* (seine Sachen) packen **2.** hineinpassen, sich unterbringen lassen ◇ ~ в определённое вре́мя mit einer bestimmten Zeit auskommen, es in einer bestimmten Zeit schaffen; ~ в голове́ klar werden, zu Bewußtsein kommen ‖ *uv* укла́дываться, -аюсь, -аешься
улома́ть, -а́ю, -а́ешь *v umg* überreden, (mit Mühe) überzeugen ‖ *uv* ула́мывать, -аю, -аешь
улуча́ть *uv zu* улучи́ть
улучи́ть, -чу́, -чи́шь; -чённый, -чён, -чена́ *v* (die Zeit) finden, abpassen ‖ *uv* улуча́ть, -а́ю, -а́ешь
улучша́ть(ся) *uv zu* улу́чшить(ся)

улучше́ние, -я *n* Besserung, Verbesserung; Neuerung

улу́чшить, -шу, -шишь; -шенный, -шен, -а *v* verbessern; veredeln ‖ *uv* улучша́ть, -а́ю, -а́ешь

улу́чшиться, *1. u. 2. Pers ungebr,* -ится *v* sich verbessern, sich bessern ‖ *uv* улучша́ться, -ается

улыба́ться, -а́юсь, -а́ешься *uv* **1.** lächeln **2.** *D übtr* (j-m) hold sein, (j-m) winken **3.** *D übtr umg* (j-m) zusagen, (j-m) gefallen ‖ *v* улыбну́ться, -ну́сь, -нёшься

улы́бка, -и, *Pl G* -бок, *D* -бкам *f* Lächeln

улыбну́ться *v zu* улыба́ться

ультразву́к, -а *m* Ultraschall

ультракоро́ткий, -ая, -ое ultrakurz; -ие во́лны Ultrakurzwellen

ультракоротково́лновый, -ая, -ое *phys* Kurzwellen-

ультрасовреме́нный, -ая, -ое; *Kzf* -е́нен, -е́нна hypermodern

Улья́новск, -а *m* Uljanowsk

ум, ума́ *m* **1.** Verstand, Denkfähigkeit, Geist; Sinn; склад ума́ Mentalität **2.** intelligenter Mensch, kluger Kopf, Geist ◇ быть без ума́ от чего́-н. von etw. entzückt [hingerissen] sein; быть в своём [в здра́вом] уме́ bei Verstande [bei Sinnen] sein, zurechnungsfähig sein; в уме́ ли ты? du bist wohl nicht gescheit!; счита́ть в уме́ im Kopf rechnen; пять в уме́ merke fünf *beim Rechnen*; взя́ться за ум Vernunft annehmen, zur Einsicht kommen; быть себе́ на уме́ verschlagen sein, es (faustdick) hinter den Ohren haben; прийти́ на ум in den Sinn kommen, einfallen; сойти́ с ума́ den Verstand verlieren, verrückt werden; свести́ с ума́ um den Verstand bringen; den Kopf verdrehen; ума́ не приложу́ ich weiß nicht, ich kann nicht begreifen; э́то не его́ ума́ де́ло das ist zu hoch für ihn, davon versteht er nichts; у него́ ум за ра́зум захо́дит er weiß nicht, wo ihm der Kopf steht, er ist wie vor den Kopf geschlagen; он за́дним умо́м кре́пок die besten Gedanken kommen ihm erst hinterher; ум хорошо́, а два лу́чше vier Augen sehen mehr als zwei

ума́ливать *uv zu* умоли́ть

умали́ть, -лю́, -ли́шь; -лённый, -лён, -лена́ *v* **1.** schmälern, herabsetzen, herabmindern **2.** *alt* verringern, verkleinern ‖ *uv* умаля́ть, -я́ю, -я́ешь

умалишённый, -ая, -ое geisteskrank; дом -ых Irrenhaus

ума́лчивать *uv zu* умолча́ть

умаля́ть *uv zu* умали́ть

ума́сливать *uv zu* ума́слить

ума́слить, -лю, -лишь; -ленный, -лен -а *v umg* (j-m) Honig um den Bart streichen, (j-n) durch Schmeicheleien bereden ‖ *uv* ума́сливать, -аю, -аешь

ума́яться, -аюсь, -аешься *v volksspr* sich abrackern, abquälen; abgerackert [ermüdet] sein, von Kräften kommen

уме́лец, -льца, *I* -льцем, *G Pl* -льцев *m* Meister (seines Faches), Könner

уме́лый, -ая, -ое geschickt, gewandt, sachkundig

уме́ние, -я *n* Fähigkeit, Fertigkeit, Geschicklichkeit; Sachkenntnis

уменьша́емое, -ого *Subst n math* Minuend

уменьша́ть(ся) *uv zu* уме́ньши́ть(ся)

уменьше́ние, -я *n* Verringerung, Verkleinerung

уменьши́тельный, -ая, -ое Verkleinerungs-; (и́мя) -ое *gram* Deminutiv

уме́ньшить, -шу, -шишь; уме́ньшенный, -ен, -а *u.* **уменьши́ть,** -шу́, -ши́шь; уменьшённый, -ён, -ена́ *v* verkleinern, verringern, vermindern ‖ *uv* уменьша́ть, -а́ю, -а́ешь

уме́ньшиться, -шусь, -шишься *u.* **уменьши́ться,** -шу́сь, -ши́шься *v* sich verringern; abnehmen, zurückgehen ‖ *uv* уменьша́ться, -а́юсь, -а́ешься

уме́ренность, -и *f* Mäßigkeit; Enthaltsamkeit

уме́ренный, -ая, -ое; *Kzf* -ен, -енна gemäßigt; maßvoll; beherrscht

у|мере́ть*; у́мер *v* **1.** sterben **2.** *übtr* vergehen, schwinden ◇ хоть умри́ unter allen Umständen, es koste, was es wolle ‖ *uv* умира́ть, -а́ю, -а́ешь

уме́ривать *uv zu* уме́рить

уме́рить, -рю, -ришь; -ренный, -рен, ´-а *v* einschränken, mäßigen ‖ *uv* уме́ривать, -аю, -аешь *u.* умеря́ть, -я́ю, -я́ешь

умертви́ть, -рщвлю́, -ртви́шь; -рщвлённый, -рщвлён, -рщвлена́ *v* **1.** töten, umbringen **2.** *übtr* abtöten, unterdrücken ‖ *uv* умерщвля́ть, -я́ю, -я́ешь

уме́рший, -его *Subst m* Verstorbener

умерщвле́ние, -я *n* Tötung, Abtötung

умерщвля́ть *uv zu* умертви́ть

умеря́ть *uv zu* уме́рить

умести́ть, умещу́, умести́шь; умещённый, -ён, -ена́ *v* unterbringen ‖ *uv* умеща́ть, -а́ю, -а́ешь

умести́ться, умещу́сь, умести́шься *v* sich unterbringen lassen; (hinein)passen, Platz finden ‖ *uv* умеща́ться, -а́юсь, -а́ешься

уме́стный [сн], -ая, -ое; *Kzf* -тен, -тна passend, geeignet, angebracht

уме́ть, -е́ю, -е́ешь; уме́я *uv* können, verstehen, vermögen

умеща́ть(ся) *uv zu* умести́ть(ся)

уме́ючи *Adv volkssprr* mit Sachkenntnis, fachmännisch

умиле́ние, -я *n* Rührung, zärtliche Bewegtheit

умили́тельный, -ая, -ое; *Kzf* -лен, -льна rührend, ergreifend

умили́ть, -лю́, -ли́шь; -лённый, -лён, -лена́ *v* rühren, bewegen ‖ *uv* умиля́ть, -я́ю, -я́ешь

умили́ться, -лю́сь, -ли́шься *v* gerührt sein, Rührung empfinden ‖ *uv* умиля́ться, -я́юсь, -я́ешься

уми́лостивить, -влю, -вишь; -вленный, -влен, -а *v* begütigen, gnädig [barmherzig] stimmen ‖ *uv alt, buchspr* **умилостивля́ть,** -я́ю, -я́ешь

уми́льный, -ая, -ое; *Kzf* -лен, -льна 1. lieblich, sanft 2. schmeichlerisch, liebedienerisch; -ая улы́бка zuckersüßes Lächeln

умиля́ть(ся) *uv zu* умили́ть(ся)

умина́ть *uv zu* умя́ть

умира́ть, -а́ю, -а́ешь *uv* 1. *uv zu* умере́ть 2. vergehen, sterben (с *G oder* от *G* vor); ~ со сме́ха sich totlachen; ~ со ску́ки sich zu Tode langweilen

умиротвори́ть, -рю́, -ри́шь; -рённый, -рён, -рена́ *v* befrieden, versöhnen; beruhigen ‖ *uv* **умиротворя́ть,** -я́ю, -я́ешь

умиротвори́ться, -рю́сь, -ри́шься *v* Frieden schließen, sich aussöhnen; sich beruhigen ‖ *uv* **умиротворя́ться,** -я́юсь, -я́ешься

умне́ть, -е́ю, -е́ешь *uv* klug [klüger] werden, vernünftig(er) werden

у́мник, -а *m u.* **у́мница,** -ы, *I* -ей *m, f umg* 1. kluger Mensch, gescheiter Kopf 2. vernünftiges [artiges] Kind

у́мничать, -аю, -аешь *uv umg* klug reden, kluge Reden führen; es besser wissen [machen] wollen

умножа́ть *uv zu* умно́жить

умноже́ние, -я *n* 1. Vermehrung, Vergrößerung; Verstärkung 2. *math* Multiplikation; табли́ца -я Einmaleins

умно́жить, -жу, -жишь; -женный, -жен, -а *v* 1. vermehren, vergrößern, verstärken 2. *math* multiplizieren; ~ на пять mit fünf multiplizieren ‖ *uv* умножа́ть, -а́ю, -а́ешь

у́мный, -ая, -ое; *Kzf* умён, умна́, у́мно́, у́мны́ klug, gescheit; vernünftig, artig

умозаключа́ть *uv zu* умозаключи́ть

умозаключе́ние, -я *n buchspr* Schlußfolgerung; *phil* Syllogismus

умозаключи́ть, -чу́, -чи́шь; -чённый, -чён, -чена́ *v buchspr* folgern, schließen, schlußfolgern ‖ *uv* умозаключа́ть, -а́ю, -а́ешь

умо|зре́ние, -я *n buchspr* (geistige) Spekulation; **~зри́тельный,** -ая, -ое; *Kzf* -лен, -льна *buchspr* spekulativ; abstrakt; **~исступле́ние,** -я *n buchspr* Geistesverwirrung, Anfall von Raserei

умоли́ть, умолю́, умо́лишь; умолённый, -ён, -ена́ *v* beschwören, anflehen ‖ *uv* ума́ливать, -аю, -аешь *u.* умоля́ть, -я́ю, -я́ешь; я вас умоля́ю bitte seien Sie so gut

у́молк, -у: без -у ununterbrochen, ohne Unterlaß

умолка́ть *uv zu* умо́лкнуть

умо́лкнуть, -ну, -нешь; умо́лк *u. alt* умо́лкнул, умо́лкла; умо́лк(нув)ший *v* verstummen; *übtr* vergehen, (ver)schwinden ‖ *uv* умолка́ть, -а́ю, -а́ешь

умоло́т, -а *m landw* Drusch, Dreschertrag

умолча́ть, -чу́, -чи́шь *v* о *P* verschweigen, (mit Stillschweigen) übergehen, für sich behalten ‖ *uv* ума́лчивать, -аю, -аешь

умоля́ть *uv zu* умоли́ть

умоля́ющий, -ая, -ее flehentlich

умонастрое́ние, -я *n buchspr* Geisteshaltung

умопомеша́тельство, -а *n buchspr* Geistesverwirrung

умопомраче́ние, -я *n* geistige Umnachtung ◇ до -я außerordentlich, verblüffend

умопомрачи́тельный, -ая, -ое; *Kzf* -лен, -льна *umg* ungewöhnlich, außerordentlich, verblüffend

умо́ра, -ы *f*: э́то ~ *volksspr* das ist zum Totlachen

умори́тельный, -ая, -ое; *Kzf* -лен, -льна *umg* urkomisch, äußerst spaßig

умори́ть, -рю́, -ри́шь; -рённый, -рён,

-рена́ *v umg* 1. umbringen, zu Tode quälen 2. erschöpfen, entkräften
умори́ться, -рю́сь, -ри́шься *v umg* von Kräften kommen, ermatten, ermüden
у́мственный, -ая, -ое geistig, Geistes-
у́мствовать, -твую, -твуешь *uv umg, iron* philosophieren, abstrakte Überlegungen anstellen
умудри́ть, -рю́, -ри́шь; -рённый, -рён, -рена́ *v* belehren, klug [weise] machen || *uv* **умудря́ть,** -я́ю, -я́ешь
умудри́ться, -рю́сь, -ри́шься *v* 1. *buchspr* klug werden, sich belehren lassen, (er)lernen 2. *umg* es fertigbringen || *uv* **умудря́ться,** -я́юсь, -я́ешься
умча́ть, умчу́, умчи́шь *v* (in schneller Fahrt) fortbringen; entführen
умча́ться, умчу́сь, умчи́шься *v* 1. davoneilen, davonjagen 2. verfliegen *von der Zeit*
умыва́льник, -а *m* Waschbecken, Waschtisch
умыва́льный, -ая, -ое 1. Wasch- 2. -ая, -ой *Subst f* Waschraum
умыва́ть(ся) *uv zu* умы́ть(ся)
у́мысел, -сла *m* (böse) Absicht, Vorhaben; э́то ска́зано без зло́го -сла das war nicht böse gemeint
у|мы́ть* *v* waschen; ~ лицо́ sich das Gesicht waschen ◇ ~ ру́ки *a. übtr* seine Hände in Unschuld waschen || *uv* умыва́ть, -а́ю, -а́ешь
у|мы́ться* *v* sich waschen || *uv* умыва́ться, -а́юсь, -а́ешься
умы́шленный, -ая, -ое absichtlich, vorsätzlich
умягча́ть *uv zu* умягчи́ть
умягчи́ть, -чу́, -чи́шь; -чённый, -чён, -чена́ *v alt* 1. weich machen; enthärten *Wasser* 2. *übtr* erweichen, milder stimmen || *uv* умягча́ть, -а́ю, -а́ешь
у|мя́ть* *v* 1. *umg* kneten; zusammendrücken; niedertreten 2. *volksspr* herunterschlingen, gierig essen || *uv* умина́ть, -а́ю, -а́ешь
унаво́живать *uv zu* унаво́зить
унаво́зить, -о́жу, -о́зишь; -о́женный, -о́жен, -а *v landw* (mit Stallmist) düngen || *uv* унаво́живать, -аю, -аешь
унасле́довать, -дую, -дуешь; -дованный, -дован, -а *v* erben; *übtr* übernehmen
у|нести́* *v* 1. davontragen, wegbringen; ~ с собо́й mitnehmen; wegblasen *vom Wind*; wegschwemmen *vom Wasser*; ло́дку далеко́ унесло́ тече́нием die Strömung riß das Boot weit mit sich fort 2. *umg* stehlen, rauben ◇ е́ле [едва́] но́ги ~ sich mit knapper Not retten, davonkommen || *uv* уноси́ть, уношу́, уно́сишь
у|нести́сь* *v* 1. davoneilen, davonjagen 2. *1. u. 2. Pers ungebr* enteilen, verstreichen, schwinden 3. *übtr* sich versetzen; schweifen *von den Gedanken* || *uv* уноси́ться, уношу́сь, уно́сишься
универма́г, -а *m* (универса́льный магази́н) Warenhaus, Kaufhaus
универса́л, -а́ *m* 1. Mensch mit vielseitigen Fachkenntnissen 2. Kombiwagen; москви́ч-~ Moskwitsch-Kombi
универса́льный, -ая, -ое; *Kzf* -лен, -льна universal, universell; Universal-; ~ магази́н Warenhaus; -ое сре́дство Allheil-, Universalmittel
университе́т, -а *m* Universität; вече́рний ~ Volkshochschule; Fortbildungskurse; учи́ться в -е studieren
университе́тский, -ая, -ое Universitäts-; -ое образова́ние akademische Bildung
унижа́ть *uv zu* уни́зить
униже́ние, -я *n* Erniedrigung, Demütigung; Herabsetzung
уни́женный, -ая, -ое gedemütigt, erniedrigt
унижённый, -ая, -ое 1. *Kzf* -ён, -ённа erniedrigt, gedemütigt 2. -о *Adv* demütig
у|низа́ть* *v* (ganz, auf der ganzen Fläche) bedecken || *uv* уни́зывать, -аю, -аешь
унизи́тельный, -ая, -ое; *Kzf* -лен, -льна demütigend, erniedrigend
уни́зить, уни́жу, уни́зишь; уни́женный, -ен, -а *v* erniedrigen, demütigen; herabwürdigen || *uv* унижа́ть, -а́ю, -а́ешь
уни́зывать *uv zu* униза́ть
уника́льный, -ая, -ое; *Kzf* -лен, -льна 1. einzigartig; nur in einem Exemplar vorhanden 2. einzeln gefertigt *nicht in Serie*
унима́ть(ся) *uv zu* уня́ть(ся)
унисо́н, -а *m mus* Unisono ◇ в ~ einstimmig, einmütig
унита́з, -а *m* Klosettbecken
унита́рный, -ая, -ое *buchspr, tech* Einheits-, unitär
унифика́ция, -и *f* Vereinheitlichung, Unifikation
унифици́ровать, -рую, -руешь; -ро-

ванный, -рован, -а *v*, *uv* vereinheitlichen, unifizieren

уничтожáть *uv zu* уничтóжить

уничтожéние, -я *n* Vernichtung; Beseitigung, Abschaffung

уничтóжить, -жу, -жишь; -женный, -жен, -а *v* vernichten, zerstören; abschaffen, liquidieren ‖ *uv* уничтожáть, -áю, -áешь

ýния, -и *f buchspr* Union

уносúть(ся) *uv zu* унестú(сь)

ýнтер-офицéр, -а *m* Unteroffizier

унты́ *Pl* -óв, *Sg* унт, -á *m u.* **ýнты** *Pl* унт, *Sg* ýнта, -ы *f* Pelzstiefel

ýнция, -и *f* Unze *Gewicht von 29,86 g*

унывáть, -áю, -áешь *uv* verzagen, den Mut sinken lassen

уны́лый, -ая, -ое; *Kzf* уны́л, -а verzagt, niedergeschlagen; schwermütig, trostlos

уны́ние, -я *n* Verzagtheit, Niedergeschlagenheit, Schwermut

уня́ть* *v* 1. beruhigen, zur Ruhe bringen, beschwichtigen 2. stillen, dämmen, Einhalt gebieten ‖ *uv* унимáть, -áю, -áешь

уня́ться*; унялúсь *v* 1. sich beruhigen, zur Ruhe kommen, ruhig werden 2. *1. u. 2. Pers ungebr* nachlassen, aufhören ‖ *uv* унимáться, -áюсь, -áешься

упáвший, -ая, -ее schwach *Stimme*

упáд, -а (-у) *m*: до -у bis zum Umfallen; смея́ться до -у sich (halb)tot lachen, sich schief lachen

упáдок, -дка *m* Niedergang, Verfall; ~ дýха Depression, Schwermut; ~ сил Kräfteverfall, Schwäche; прийтú в ~ verfallen

упáдочнический, -ая, -ое dekadent

упáдочничество, -а *n* Dekadenz

упáдочный, -ая, -ое Verfalls-; dekadent; hoffnungslos

упаковáть, -кýю, -кýешь; -кóванный, -кóван, -а *v* einpacken, verpacken ‖ *uv* упакóвывать, -аю, -аешь

упаковáться, -кýюсь, -кýешься *v* (seine Sachen) packen, sich reisefertig machen ‖ *uv* упакóвываться, -аюсь, -аешься

упакóвка, -и *f* 1. Einpacken, Verpacken 2. Verpackungsmaterial, Verpackung, Tara

упакóвочный, -ая, -ое 1. Pack-, Verpackungs- 2. -ая, -ой *Subst f* Packraum

упакóвщик, -а *m* Packer

упакóвщица, -ы, *I* -ей *f* Packerin

упакóвывать(ся) *uv zu* упаковáть(ся)

упáриваться *uv zu* упáриться

упáриться, -рюсь, -ришься *v volksspr* sich abhetzen, in Schweiß geraten ‖ *uv* упáриваться, -аюсь, -аешься

у|пастú* *v alt, volkssspr* bewahren ◇ упасú бог [бóже, гóсподи]! Gott bewahre!

упáсть *v zu* пáдать

упекáть *uv zu* упéчь

уперéть* *v* 1. stemmen, stützen (в *A* auf, gegen) 2.: ~ глазá [взгляд] во чтó-н. *umg* den Blick unverwandt auf etw. richten, etw. anstarren 3. *volkssspr* klauen ‖ *uv* упирáть, -áю, -áешь

уперéться* *v* 1. sich stemmen, sich stützen (чем во чтó-н. mit etw. an [gegen] etw.) 2.: ~ глазáми в *A umg* anstarren, unverwandt ansehen 3. в *A umg* stoßen (auf), geraten (an, in) 4. *übtr umg* sich sträuben, sich weigern ‖ *uv* упирáться, -áюсь, -áешься

у|пéчь* *v* 1. *umg* durchbacken, ausbacken 2. *volkssspr* (gegen den Willen) verschicken, verfrachten; ~ в тюрьмý ins Gefängnis bringen, einsperren ‖ *uv* упекáть, -áю, -áешь

упивáться *uv zu* упúться

упирáть(ся) *uv zu* уперéть(ся)

у|писáть* *v* 1. *Geschriebenes auf einem bestimmten Raum* unterbringen 2. ganz beschreiben, vollschreiben 3. *volkssspr* hinterschlingen, aufessen ‖ *uv* **упúсывать,** -аю, -аешь

упúтанность, -и *f* Wohlgenährtheit, (guter) Ernährungszustand

упúтанный, -ая, -ое; *Kzf* -ан, -анна wohlgenährt, in gutem Ernährungszustand

у|пúться*; упилúсь *v* 1. *volkssspr* sich betrinken, sich einen Rausch antrinken 2. *I buchspr* sich berauschen, sich ergötzen (an) ‖ *uv* упивáться, áюсь, -áешься

уплáта, -ы *f* Zahlung, Bezahlung; ~ в счёт Akontozahlung; подлежáщий -е fällig, zahlbar

уплатúть, -ачý, -áтишь; -áченный, -áчен, -а *v* zahlen, bezahlen; ~ по счёту eine Rechnung bezahlen; ~ по частя́м in Raten bezahlen, abzahlen ‖ *uv* **уплáчивать,** -аю, -аешь

у|плестú* *v* 1. *umg* umschlingen, umwinden 2. *volkssspr* verschlingen, gierig essen ‖ *uv* **уплетáть,** -áю, -áешь

уплотнéние, -я *n* 1. Verdichtung; Auslastung 2. *med* Induration, Verhärtung, Verdichtung 3. *tech* (Ab-) Dichtung

уплотнить, -ню, -нишь; -нённый, -нён, -нена *v* 1. dichter [kompakter] machen, verdichten 2. *umg* (Wohnraum) stärker belegen, (Mieter) zusammendrängen 3. (maximal) auslasten, voll ausnützen ‖ *uv* **уплотнять,** -яю, -яешь

уплывать *uv zu* уплыть

у|плыть* *v* 1. fortschwimmen, wegschwimmen, (auf einem Schiff) fortfahren; wegrudern, wegsegeln 2. *1. u. 2. Pers ungebr*, *umg* vergehen, verfließen, verfliegen, schwinden ‖ *uv* уплывать, -аю, -аешь

уповать, -аю, -аешь *uv alt*, *buchspr*, *hoher Stil* vertrauen, bauen (на *A* auf)

уподобить, -блю, -бишь; -бленный, -блен, -а *v D* (bildlich) vergleichen (mit) ‖ *uv* уподоблять, -яю, -яешь

уподобиться, -блюсь, -бишься *v* 1. ähnlich werden, gleichen 2. *ling* sich angleichen, sich assimilieren ‖ *uv* уподобляться, -яюсь, -яешься

уподобление, -я *n* 1. Vergleichen, Gleichen 2. *lit* (bildlicher) Vergleich 3. *ling* Angleichung, Assimilation

уподоблять(ся) *uv zu* уподобить(ся)

упоение, -я *n buchspr* Begeisterung, Rausch, Ekstase

упоённый, -ая, -ое *buchspr* entzückt, begeistert, berauscht

упоительный, -ая, -ое; *Kzf* -лен, -льна *buchspr* berauschend, berückend

уползать *uv zu* уползти

у|ползти* *v* fortkriechen, wegkriechen ‖ *uv* уползать, -аю, -аешь

уполномоченный, -ого *Subst m* Bevollmächtigter, Beauftragter

уполномочивать *uv zu* уполномочить

уполномочие, -я *n*: по чьему-н. -ю in j-s Vollmacht

уполномочить, -чу, -чишь; -ченный, -чен, -а *v* bevollmächtigen, ermächtigen (на *A* zu) ‖ *uv* уполномочивать, -аю, -аешь

упоминание, -я *n* 1. Erwähnung, Nennung 2. Reminiszenz

упоминать *uv zu* упомянуть

упомнить, -ню, -нишь; -ненный, -нен, -а *v umg* sich merken

упомянуть, -яну, -янешь; -янутый, -янут, -а *v* о *P oder* про *A* erwähnen, nennen ‖ *uv* упоминать, -аю, -аешь

упор, -а *m* 1. Stützen 2. Stütze, Stützpunkt; *tech* Anschlag, Widerlager; Prellbock ◇ стрелять с -а aufgelegt schießen; выстрелить в ~ aus unmittelbarer Nähe [auf Gewehrlänge] schießen; сказать в ~ ohne Umschweife [auf den Kopf zu-] sagen; смотреть в ~ anstarren, unverwandt ansehen; делать ~ на что-н. *u.* на чём-н. etw. besonders hervorheben, etw. nachdrücklich betonen

[1]упорный, -ая, -ое *tech* Stütz-, Druck-

[2]упорный, -ая, -ое; *Kzf* -рен, -рна hartnäckig, beharrlich, unentwegt; ~ человек starrköpfiger Mensch

упорство, -а *n* Hartnäckigkeit; Starrköpfigkeit; Beharrlichkeit

упорствовать, -твую, -твуешь *uv* hartnäckig sein; beharren, (hartnäckig) bestehen (в *P* auf)

упорхнуть, -ну, -нёшь *v* davonflattern, fortfliegen

упорядочение, -я *n* Regelung

упорядочивать *uv zu* упорядочить

упорядочить, -чу, -чишь; -ченный, -чен, -а *v* regeln, ordnen, in Ordnung bringen ‖ *uv* упорядочивать, -аю, -аешь

употребительный, -ая, -ое; *Kzf* -лен, -льна gebräuchlich, üblich

употребить, -блю, -бишь; -блённый, -блён, -блена *v* gebrauchen, benutzen, anwenden ◇ ~ во зло mißbrauchen ‖ *uv* употреблять, -яю, -яешь

употребление, -я *n* Gebrauch, Benutzung, Anwendung; способ -я Gebrauchsanweisung; ввести в ~ einführen; выйти из -я aus dem Gebrauch kommen

употреблять *uv zu* употребить

употребляться, *1. u. 2. Pers ungebr*, -яется *uv* gebräuchlich [üblich] sein

управа, -ы *f* 1. *umg* Gerechtigkeit; найти -у на кого-н. j-m beikommen; на него нет -ы ihm ist nicht beizukommen 2. *hist* Amt, Behörde, Verwaltung

управдел, -а *m* (управляющий делами) Geschäftsführer

управдом, -а *m* (управляющий домом) Hausverwalter

управить *v zu* управлять

управиться, -влюсь, -вишься *v* с *I umg* fertigwerden (mit), erledigen ‖ *uv* управляться, -яюсь, -яешься

управление, -я *n* 1. Verwaltung, Leitung; Direktion; Administration; комендантское ~ *mil* Kommandantur 2. Führen, Führung; Lenken,

Lenkung; Steuern, Steuerung; рулевóе ~ Lenkung; пульт -я Schaltbrett; ~ бóем *mil* Gefechtsleitung; ~ на расстоя́ние *oder* дистанциóнное ~ Fernlenkung, -steuerung, -bedienung; систéма автомати́ческого -я automatisches Steuerungssystem; оркéстр под -ем когó-н. das Orchester, dirigiert von [unter der Leitung von] 3. *gram* Rektion

управля́емый, -ая, -ое lenkbar, gesteuert; ~ на расстоя́ние ferngelenkt, ferngesteuert

управля́ть, -я́ю, -я́ешь *uv I* 1. führen, lenken, steuern 2. verwalten, leiten, regieren; ~ оркéстром dirigieren 3. *gram* regieren, eine (bestimmte) Rektion haben ‖ *v* упрáвить, -влю, -вишь; -вленный, -влен, -а *zu* 2

управля́ться *uv zu* упрáвиться

управля́ющий, -его *Subst m* Verwalter; ~ делáми Geschäftsführer

упражнéние, -я *n* 1. Üben, Trainieren 2. Übung

упражня́ть, -я́ю, -я́ешь *uv* üben, trainieren

упражня́ться, -я́юсь, -я́ешься *uv* 1. (sich) üben (в *P u.* на *P* in, auf) 2. *umg scherz* sich beschäftigen (в *P oder* на *P* mit)

упразднéние, -я *n* Aufhebung, Abschaffung, Annullierung

упраздни́ть, -ню́, -ни́шь; -нённый, -нён, -ненá *v* aufheben, abschaffen, annullieren ‖ *uv* **упраздня́ть,** -я́ю, -я́ешь

упрáшивать *uv zu* упроси́ть

упревáть *uv zu* упрéть

упрёк, -а *m* Vorwurf, Tadel; стáвить комý-н. чтó-н. в ~ j-m etw. zum Vorwurf machen

упрекáть, -áю, -áешь *uv* tadeln, Vorwürfe machen; он упрекáл егó в легкомы́слии er warf ihm Leichtsinn vor, er machte ihm wegen seines Leichtsinns Vorwürfe ‖ *v mom* **упрекнýть,** -нý, -нёшь

упрéть, -éю, -éешь *v* 1. *umg* gar werden 2. *volksspr* schwitzen ‖ *uv* упревáть, -áю, -áешь

упроси́ть, -ошý, -óсишь; -óшенный, -óшен, -а *v* (durch Bitten) bewegen ‖ *uv* упрáшивать, -аю, -аешь

упрости́ть, -ощý, -ости́шь; -ощённый, -ощён, -ощенá *v* vereinfachen; simplifizieren, vulgarisieren ‖ *uv* упрощáть, -áю, -áешь

упрóчивать(ся) *uv zu* упрóчить(ся)

упрóчить, -чу, -чишь; -ченный, -чен, -а *v buchspr* 1. festigen, stärken, sichern 2. за *I* (für immer) verschaffen, sichern ‖ *uv* упрóчивать, -аю, -аешь

упрóчиться, -чусь, -чишься *v buchspr* 1. sich stärken, sich festigen, sich stabilisieren; eine dauerhafte Stellung einnehmen 2. за *I* (für immer) zuteil werden, (für immer) erhalten bleiben ‖ *uv* упрóчиваться, -аюсь, -аешься

упрощáть *uv zu* упрости́ть

упрощéние, -я *n* Vereinfachung; Simplifizierung, Vulgarisierung

упрощéнство, -а *u.* **упрощéнчество,** -а *n* Simplifizierung, Vulgarisierung

упрý ↑ уперéть

упрýгий, -ая, -ое; *Kzf* -ýг, -а; *Komp* упрýже elastisch, geschmeidig, spannkräftig

упрýгость, -и *f* Elastizität, Biegsamkeit, Geschmeidigkeit; Spannkraft

упрýже ↑ упрýгий

упря́жка, -и, *Pl G* -жек, *D* -жкам *f* 1. Gespann 2. Geschirr *für Zugtiere* ◇ идти́ в -е vor den Wagen gespannt sein, als Zugtier dienen

упряжнóй, -áя, -óе 1. Zug- 2. (Pferde-) Geschirr-

ýпряжь, -и *f* (Pferde-) Geschirr

упря́мец, -мца, *I* -мцем, *G Pl* -мцев *m umg* Dickkopf, eigensinniger Mensch

упря́миться, -млюсь, -мишься *uv* eigensinnig sein, dickköpfig sein

упря́мица, -ы, *I* -ей *f umg* Dickkopf, eigensinnige Person

упря́мство, -а *n* 1. Dickköpfigkeit, Eigensinn 2. Unnachgiebigkeit

упря́мствовать, -твую, -твуешь *uv buchspr* eigensinnig [dickköpfig] sein

упря́мый, -ая, -ое; *Kzf* -я́м, -а 1. dickköpfig, eigensinnig, widerspenstig 2. unnachgiebig, hartnäckig

у|пря́тать* *v umg* 1. sorgfältig verstecken [verwahren] 2.: ~ в тюрьмý ins Gefängnis stecken, hinter Schloß und Riegel bringen ‖ *uv* **упря́тывать,** -аю, -аешь

упускáть *uv zu* упусти́ть

упусти́ть, упущý, упýстишь; упýщенный, -ен, -а *v* 1. loslassen, verlieren; entkommen [entwischen] lassen 2. versäumen, verpassen; ~ из ви́ду außer acht lassen, nicht berücksichtigen; не ~ когó-н. из ви́ду j-n nicht aus den Augen lassen ‖ *uv* упускáть, -áю, -áешь

упущéние, -я *n* 1. Versäumnis, Nachlässigkeit 2. Auslassung, Lücke

упятери́ть, -рю́, -ри́шь; -рённый,

-рён, -ренá *v* verfünffachen ‖ *uv* **упятеря́ть,** -я́ю, -я́ешь
урá! *Interj* hurra! ◇ на ~ auf gut Glück; взять на ~ *mil* im Sturmangriff nehmen
уравнéние, -я *n* **1.** Ausgleichung, Gleichstellung **2.** *math* Gleichung
[1]**урáвнивать** *uv zu* уравня́ть
[2]**урáвнивать** *uv zu* уровня́ть
урáвниваться *uv zu* уравня́ться
уравни́ловка, -и *f umg* Gleichmacherei
уравни́тельный, -ая, -ое ausgleichend, Ausgleich-; ~ привóд *tech* Differentialgetriebe
уравновéсить, -éшу, -éсишь; -éшенный, -éшен, -а *v* **1.** ins Gleichgewicht bringen **2.** *übtr* ausgleichen **3.** *tech* auswuchten *Maschine* ‖ *uv* уравновéшивать, -аю, -аешь
уравновéшенный, -ая, -ое; *Kzf* -ен, -енна ausgeglichen, gleichmäßig
уравновéшивать *uv zu* уравновéсить
уравня́ть, -я́ю, -я́ешь; уравнённый, -ён, -енá *v* gleichmachen, ausgleichen, gleichstellen ‖ *uv* урáвнивать, -аю, -аешь
уравня́ться, -я́юсь, -я́ешься *v* gleichkommen, auf die gleiche Stufe gestellt werden ‖ *uv* урáвниваться, -аюсь, -аешься
урагáн, -а *m* Orkan; -ом blitzschnell, in Windeseile
урагáнный, -ая, -ое **1.** Orkan- **2.** stürmisch, orkanartig; ~ огóнь *mil* Trommelfeuer
уразумéть, -éю, -éешь *v* verstehen, begreifen
Урáл, -а *m* Ural
урáлец, -льца, *I* -льцем, *G Pl* -льцев *m* Bewohner des Uralgebiets
урáльский, -ая, -ое Ural-; Урáльские гóры Ural(gebirge)
урáн, -а *m chem* Uran
урáновый, -ая, -ое *chem* Uran-
у|рвáть* *v* **1.** *umg* abreißen; *übtr* an sich reißen [bringen], sich verschaffen **2.** *übtr* (Zeit) erübrigen ‖ *uv* урывáть, -áю, -áешь
урегули́ровать, -рую, -руешь; -рованный, -рован, а *v* regeln, in Ordnung bringen
у|рéзать* *v* **1.** *umg* abschneiden, kürzen **2.** *übtr* verringern, einschränken, kürzen, beschneiden ‖ *uv* **урезáть,** -áю, -áешь *u.* урéзывать, -аю, -аешь
урезóнивать *uv zu* урезóнить
урезóнить, -ню, -нишь; -ненный, -нен, -а *v umg* zur Vernunft bringen, überzeugen ‖ *uv* урезóнивать, -аю, -аешь
урéзывать *uv zu* урéзать
уреми́я, -и *f med* Urämie
ури́на, -ы *f med* Urin
у́рна, -ы *f* Urne
у́ровень, -вня *m* **1.** Höhe, (Wasser-) Stand; Spiegel; в ~ с чéм-н. auf gleicher Höhe mit etw.; над -внем мóря über dem Meeresspiegel **2.** Niveau, Stufe; жи́зненный ~ Lebensstandard; стать [идти́] в ~ с кéм-н. sich auf j-s Niveau erheben, in völlige Übereinstimmung mit j-m kommen; быть на -вне предъя́вленных трéбований den gestellten Anforderungen entsprechen **3.** *tech* Wasserwaage, Libelle
уровня́ть, -я́ю, -я́ешь; урóвненный, -ен, -а *v* ebnen, nivellieren ‖ *uv* урáвнивать, -аю, -аешь
урóд, -а *m* **1.** Mißgeburt, Mißgestalt **2.** häßlicher Mensch, Scheusal
уроди́ть, урожу́, уроди́шь; урождённый, -ён, -енá *v* **1.** *landw* erzeugen, hervorbringen **2.** *volksspr* zur Welt bringen ‖ *uv* урождáть, -áю, -áешь
уроди́ться, урожу́сь, уроди́шься *v* **1.** *landw* gedeihen, reifen, gut stehen **2.** *umg* geboren werden; ~ в когó-н. nach j-m geraten, j-m ähneln ‖ *uv* урождáться, -áюсь, -áешься
урóдливый, -ая, -ое; *Kzf* -ив, -а **1.** mißgestaltet **2.** häßlich, scheußlich, abstoßend **3.** *übtr* anomal, widersinnig
урóдовать, -дую, -дуешь *uv* entstellen, verunstalten, verstümmeln, (moralisch) verderben
урóдство, -а *n* **1.** Mißbildung **2.** Häßlichkeit, abstoßendes Aussehen **3.** *übtr* Abnormität, Unsinnigkeit, Entstellung
урожáй, -я, *G Pl* -ев *m* **1.** Ernte, Ernteertrag **2.** reiche Ernte; *übtr umg* Überfluß (на *A* an)
урожáйность, -и *f landw* Ergiebigkeit, Fruchtbarkeit; ~ с гéктара Hektarertrag
урожáйный, -ая, -ое **1.** Ernte- **2.** *Kzf* -áен, -áйна ergiebig, ertragreich
урождáть(ся) *uv zu* уроди́ть(ся)
урождённая, -ой geborene *vor der Angabe des Mädchennamens bei verheirateten Frauen*
урожéнец, -нца, *I* -нцем, *G Pl* -нцев *m* Gebürtiger, gebürtig (aus); он ~ Москвы́ er ist gebürtiger Moskauer;

он ~ Фрáнции er ist von Geburt [gebürtiger] Franzose
урожéнка, -и, *Pl G* -нок, *D* -нкам *f* Gebürtige, gebürtig (aus)
урóк, -а *m* **1.** (Unterrichts-) Stunde, Lektion; давáть -и a) unterrichten, Lehrer sein; b) Privatstunden geben **2.** Hausaufgabe, Schulaufgabe **3.** *übtr* Lehre
урóлог, -а *m med* Urologe
урóн, -а *m* Verlust, Schaden; понести́ ~ Schaden erleiden; причини́ть ~ Schaden verursachen, Abbruch tun
урони́ть *v zu* роня́ть
урóчище, -а, *I* -ем *n* **1.** (natürliche) Grenze **2.** Wald inmitten von Feldern oder Wiesen
урóчный, -ая, -ое **1.**: -ая рабóта *alt* Akkordarbeit **2.** bestimmt, festgesetzt, üblich
Уругвáй, -я *m* Uruguay
урчáние, -я *n* Knurren; Kollern; Kluckern, Glucksen
урчáть, урчý, урчи́шь *uv* knurren; schnurren; kollern; gurren; gluckern, glucksen
урывáть *uv zu* урвáть
уры́вками *Adv umg* mit Unterbrechungen, zeitweise
урю́к, -а *m Koll* kleine getrocknete Aprikosen
уря́дник, -а *m hist* **1.** Kosakenunteroffizier **2.** Wachtmeister der Landpolizei
ус ↑ усы́
усáдебный, -ая, -ое zum Bauernhof [Gutshaus] gehörig
усади́ть, усажý, усáдишь; усáженный, -ен, -а *v* **1.** Platz nehmen lassen, beim Einsteigen behilflich sein, hinsetzen **2.** за *A* (an eine bestimmte Beschäftigung) setzen, etw. tun lassen **3.** *I* bepflanzen (mit) **4.** *I* bedecken, besetzen (mit) ‖ *uv* усáживать, -аю, -аешь
усáдка, -и *f* Schrumpfen, Eingehen
усáдьба, -ы, *Pl G* -деб *u.* -дьб, *D* -дьбам *f* **1.** Bauernhof, Gehöft; Gutshaus **2.** *umg* zum Gehöft gehöriges Land
усáживать *uv zu* усади́ть
усáживаться *uv zu* усéсться
усáтый, -ая, -ое; *Kzf* -áт, -а schnurrbärtig, mit einem Schnurrbart
усáч, -á, *I* -óм, *G Pl* -éй *m* **1.** Mann mit einem dichten Schnurrbart **2.** *zool* Barbe **3.** *zool* Holzkäfer, Holzbock
усвáивать *uv zu* усвóить
усвоéние, -я *n* **1.** Aneignung, Erlernen, Erlernung **2.** Verarbeitung, Verdauung **3.** Assimilation
усвóить, -óю, -óишь; -óенный, -óен, -а *v* **1.** sich aneignen, sich zu eigen machen **2.** sich einprägen, erlernen, sich aneignen **3.** verarbeiten, verdauen ‖ *uv* усвáивать, -аю, -аешь
усвоя́емость, -и *f buchspr* **1.** Faßlichkeit, Erlernbarkeit **2.** Verdaulichkeit
усéивать *uv zu* усéять
усекáть *uv zu* усéчь
усéрдие, -я *n* Eifer, Fleiß
усéрдный, -ая, -ое; *Kzf* -ден, -дна eifrig, fleißig
усéрдствовать, -твую, -твуешь *uv* eifrig sein, fleißig sein, sich eifrig bemühen
у|сéсться* *v* **1.** sich (bequem) hinsetzen, sich niederlassen, Platz nehmen **2.** за *A* sich (an eine bestimmte Beschäftigung) setzen [machen] ‖ *uv* усáживаться, -аюсь, -аешься
усечённый, -ая, -ое *math* abgestumpft; ~ кóнус Kegelstumpf
у|сéчь* *v buchspr* abschlagen, abhauen, kürzen; *med* amputieren ‖ *uv* усекáть, -áю, -áешь
усéять, усéю, усéешь; усéянный, -ян, -а *v* besäen, (dicht) bedecken ‖ *uv* усéивать, -аю, -аешь
усидéть, усижý, усиди́шь *v* **1.** (ruhig) sitzen bleiben; рáзве он дóма усиди́т wird er denn ruhig zu Hause sitzen bleiben können **2.** *übtr umg* seinen Platz behaupten, sich halten ‖ *uv* уси́живать, -аю, -аешь
уси́дчивый, -ая, -ое; *Kzf* -ив, -а beharrlich, geduldig, ausdauernd
уси́живать *uv zu* усидéть
ýсики *Pl* -ов, *Sg* ýсик, -а *m* **1.** *Dem zu* усы́ kleiner [dünner] Schnurrbart **2.** *zool* Fühler, Fühlhorn **3.** *bot* Ranke
усилéние, -я *n* Verstärkung, Verschärfung; Steigerung
уси́ленный, -ая, -ое **1.** verstärkt, erhöht, gesteigert **2.** nachdrücklich, dringend
уси́ливать(ся) *uv zu* уси́лить(ся)
уси́лие, -я *n* Anstrengung, Bemühung; Kraft(aufwand)
усили́тель, -я *m tech* Verstärker; *chem* Aktivator
уси́лить, -лю, -лишь; -ленный, -лен, -а *v* verstärken, verschärfen, steigern ‖ *uv* уси́ливать, -аю, -аешь
уси́литься, *1. u. 2. Pers ungebr,*

-лится *v* sich verstärken, stärker werden || *uv* усиливаться, -ается

у|скакать* *v* 1. fortspringen, davonhüpfen 2. davonsprengen, davongaloppieren || *uv* **уска́кивать,** -аю, -аешь

ускольза́ть *uv zu* ускользну́ть

ускользну́ть, -ну́, -нёшь *v* 1. entschlüpfen, entgleiten 2. *umg* sich davonstehlen, entwischen 3. verlorengehen, entschwinden; ~ от внима́ния *umg* (der Aufmerksamkeit) entgehen 4. от *G übtr umg* ausweichen, sich entziehen || *uv* ускольза́ть, -а́ю, -а́ешь

ускоре́ние, -я *n* Beschleunigung

уско́рить, -рю, -ришь; -ренный, -рен, -а *v* beschleunigen || *uv* **ускоря́ть,** -я́ю, -я́ешь

уско́риться, *1. u. 2. Pers ungebr,* -ится *v* 1. sich beschleunigen, schneller werden, an Geschwindigkeit zunehmen 2. schneller (als erwartet) eintreten || *uv* **ускоря́ться,** -я́ется

усла́вливаться *uv zu* усло́виться

услади́ть, -ажу́, -ади́шь; -аждённый, -аждён, -аждена́ *v alt* 1. erquicken, laben, ergötzen 2. angenehmer machen, verschönen, versüßen || *uv* **услажда́ть,** -а́ю, -а́ешь

у|сла́ть* *v* fortschicken, wegschicken || *uv* усыла́ть, -а́ю, -а́ешь

уследи́ть, -ежу́, -еди́шь; -е́женный, -е́жен, -а *v* 1. aufpassen (за *I* auf), beobachten; im Auge behalten, verfolgen 2. *umg* feststellen || *uv* **усле́живать,** -аю, -аешь

усло́вие, -я *n* 1. Bedingung, Voraussetzung; ста́вить -ем zur Bedingung machen; при -и vorbehaltlich 2. Vereinbarung, Abmachung; по -ю laut Vertrag 3. *Pl* Bestimmungen, Regeln, Bedingungen 4. *Pl* Verhältnisse, Umstände

усло́виться, -влюсь, -вишься *v* übereinkommen, eine Vereinbarung treffen; ~ с ке́м-н. о вре́мени mit j-m die Zeit vereinbaren || *uv* усла́вливаться, -аюсь, -аешься *u.* усло́вливаться, -аюсь, -аешься

усло́вленный, -ая, -ое; *Kzf* -ен, -а vereinbart, verabredet, abgemacht

усло́вливаться *uv zu* усло́виться

усло́вность, -и *f* 1. Bedingtheit; Wirksamkeit unter bestimmten Bedingungen 2. Relativität 3. Konvention, Förmlichkeit

усло́вный, -ая, -ое 1. vereinbart, verabredet; ~ а́дрес Deckadresse; -ые зна́ки Kartenzeichen, Legende 2. *gram* konditional; -ое наклоне́ние Konditionalis 3. *Kzf* -вен, -вна bedingt; unter bestimmten Bedingungen wirksam 4. relativ, veränderlich 5. angenommen, gedacht 6. *Kunst* symbolisch

усложне́ние, -я *n* Komplikation

усложни́ть, -ню́, -ни́шь; -нённый, -нён, -нена́ *v* komplizieren, erschweren, verwickeln || *uv* **усложня́ть,** -я́ю, -я́ешь

услу́га, -и *f* 1. Dienst, Gefälligkeit 2. *Pl* (Dienst-) Leistungen; ко́мната с -ами Zimmer mit Bedienung

услу́живать *uv zu* услужи́ть

услужи́ть, -ужу́, -у́жишь *v* einen Dienst erweisen, einen Gefallen tun || *uv* услу́живать, -аю, -аешь

услу́жливый, -ая, -ое; *Kzf* -ив, -а dienstfertig, gefällig, hilfsbereit

услыха́ть *u.* **услы́шать,** -ы́шу -ы́шишь; -ы́шанный, -ы́шан, -а *v* 1. hören, wahrnehmen 2. erfahren 3. wittern

усма́тривать *uv zu* усмотре́ть

усмеха́ться *uv zu* усмехну́ться

усмехну́ться, -ну́сь, -нёшься *v* (spöttisch) lächeln; schmunzeln || *uv* усмеха́ться, -а́юсь, -а́ешься

усме́шка, -и *f* spöttisches [ungläubiges] Lächeln

усмире́ние, -я *n* 1. Bändigung, Zähmung 2. Niederschlagung, -werfung

усмири́ть, -рю́, -ри́шь; -рённый, -рён, -рена́ *v* 1. bändigen, zähmen, zum Gehorsam bringen 2. niederwerfen, unterdrücken || *uv* **усмиря́ть,** -я́ю, -я́ешь

усмири́ться, -рю́сь, -ри́шься *v* gehorsam [ruhig] werden; zahm werden || *uv* **усмиря́ться,** -я́юсь, -я́ешься

усмотре́ние, -я *n* Ermessen, Belieben, Gutdünken; предоста́вить на чьё-н. ~ es j-m anheimstellen, es j-s Entscheidung überlassen

усмотре́ть, -отрю́, -о́тришь; -о́тренный, -о́трен, -а *v* 1. aufpassen, achtgeben (за *I* auf) 2. *umg* bemerken, entdecken; *buchspr* sich überzeugen 3. в *P* auslegen (als), zu erkennen glauben || *uv* усма́тривать, -аю, -аешь

уснасти́ть, -ащу́, -асти́шь; -ащённый, -ащён, -ащена́ *v umg* 1. *I* reichlich versehen (mit) 2. *I übtr* ausschmücken (mit) || *uv* **уснаща́ть,** -а́ю, -а́ешь *u.* **усна́щивать,** -аю, -аешь

усну́ть, усну́, уснёшь *v* 1. einschlafen;

übtr still werden, ersterben **2.** absterben, krepieren *von Fischen* ◇ ~ вечным сном [навеки] sterben, für immer einschlafen

усобица, -ы, *I* -ей *f hist* Zwietracht, Feindschaft, Fehde

усовершенствование, -я *n* **1.** Vervollkommnung; курсы -я Weiterbildungskurse **2.** Verbesserung

усовершенствовать *v zu* совершенствовать

усовестить, -ещу, -естишь; -ещенный, -ещен, -а *v umg* ins Gewissen reden, ermahnen ‖ *uv* **усовещивать,** -аю, -аешь

усомниться, -нюсь, -нишься *v* zweifeln, Zweifel hegen (в *P* an)

усопший, -ая, -ее *alt* **1.** entschlafen, gestorben **2.** -его *Subst m* Verstorbener, Entschlafener

усохнуть, -ну, -нешь; усох, -ла *v* **1.** eintrocknen; усохший *übtr umg* verhutzelt **2.** *umg* vertrocknen ‖ *uv* усыхать, -аю, -аешь

успеваемость, -и *f* Leistungsstand, Fortschritte *bei Schülern*

успевать, -аю, -аешь *uv* **1.** *uv zu* успеть **2.** Fortschritte machen, vorankommen, mitkommen *von Schülern*

успевающий, -ая, -ее gut vorankommend, erfolgreich; ~ ученик guter Schüler

успеется *unpers v umg* man braucht sich nicht zu beeilen, es ist noch Zeit

успеть, -ею, -еешь *v* **1.** rechtzeitig kommen, zurechtkommen, schaffen; ~ на поезд [к поезду] den Zug (noch) erreichen; ~ пообедать noch Zeit haben, Mittag zu essen **2.** в *P alt* Erfolg haben; не успел он оглянуться, как ehe er sich's versah ‖ *uv* успевать, -аю, -аешь

успех, -а *m* **1.** Erfolg, Gelingen **2.** *Pl* Fortschritte ◇ с -ом ohne Schwierigkeiten, sehr leicht; с тем же -ом mit dem gleichen Ergebnis, genauso

успешность, -и *f* erfolgreicher Verlauf, Gelingen

успешный, -ая, -ое; *Kzf* -шен, -шна erfolgreich

успокаивать(ся) *uv zu* успокоить(ся)

успокаивающий, -ая, -ее beruhigend, beschwichtigend

успокоение, -я *n* Beruhigung, Besänftigung, Linderung

успокоительный, -ая, -ое; *Kzf* -лен, -льна **1.** beruhigend, besänftigend **2.** -ое, -ого *Subst n umg* Beruhigungsmittel

успокоить, -ою, -оишь; -оенный, -оен, -а *v* **1.** beruhigen, zur Ruhe bringen, besänftigen **2.** lindern, mildern ‖ *uv* успокаивать, -аю, -аешь

успокоиться, -оюсь, -оишься *v* **1.** sich beruhigen; успокойтесь! nur Ruhe!, nur ruhig Blut! **2.** *1. u. 2. Pers ungebr* sich legen, nachlassen ‖ *uv* успокаиваться, -аюсь, -аешься

уста, уст *Pl alt* Lippen, Mund ◇ это у всех на -ах alle sprechen davon, das ist in aller Leute Munde

[1]**устав,** -а *m* Statut, Ordnung, Satzung; полевой ~ *mil* Felddienstordnung

[2]**устав,** -а *m hist* Ustawschrift, aus großen, steilen und einzeln geschriebenen Buchstaben bestehende Schrift alter Handschriften

уставать *uv zu* устать

уставить, -влю, -вишь; -вленный, -влен, -а *v umg* **1.** aufstellen, unterbringen **2.** *I* besetzen, vollstellen (mit) **3.** (unverwandt) richten (на *A* auf); ~ глаза на кого-н. j-n unverwandt ansehen, j-n anstarren ‖ *uv* **уставлять,** -яю, -яешь

уставиться, -влюсь, -вишься *v umg* **1.** Platz finden, sich unterbringen lassen **2.** *I* sich bedecken, vollgestellt werden (mit) **3.**: ~ глазами на кого-н. den Blick unverwandt auf j-n richten, j-n anstarren ‖ *uv* **уставляться,** -яюсь, -яешься

уставный, -ая, -ое **1.** vorschriftsmäßig; dem Statut entsprechend **2.**: -ое письмо *oder* ~ почерк Ustawschrift, aus großen, steilen und einzeln geschriebenen Buchstaben bestehende Schrift alter Handschriften

усталость, -и *f* Müdigkeit, Ermüdung

усталый, -ая, -ое müde, matt; erschöpft

устать, -и *f*: без -и unermüdlich, ohne Rast und Ruh

устанавливать(ся) *uv zu* установить(ся)

установить, -овлю, -овишь; -овленный, -овлен, -а *v* **1.** aufstellen, zurechtstellen; installieren; montieren; *mil* richten **2.** herstellen, errichten; ~ контакт Verbindung aufnehmen **3.** bestimmen, festsetzen, einführen **4.** feststellen, konstatieren ‖ *uv* устанавливать, -аю, -аешь

установиться, *1. u. 2. Pers ungebr*, -овится *v* **1.** sich herausbilden, sich festigen, (feste) Gestalt gewinnen **2.** eintreten, in Kraft treten; beständig werden *vom Wetter* || *uv* устана́вливаться, -ается

устано́вка, -и, *Pl G* -вок, *D* -вкам *f* **1.** Aufstellen, Aufstellung; Installation, Montage; *mil* Richten **2.** Anlage, Mechanismus, Vorrichtung **3.** Einstellung; Richtlinie, Direktive; име́ть -у на что́-н. auf etw. eingestellt sein, etw. im Auge haben

установле́ние, -я *n* **1.** Aufstellen, Aufstellung **2.** Herstellung, Errichtung **3.** Bestimmung, Festsetzung, Einführung **4.** Feststellung, Konstatierung

устано́вленный, -ая, -ое festgesetzt, vorgeschrieben

устано́вочный, -ая, -ое **1.** *tech* Einstellungs-, Aufstellungs-; ~ винт Stellschraube **2.** richtungweisend, prinzipiell

устано́вщик, -а *m* **1.** Montagearbeiter, Monteur, Installateur **2.** Einrichter *an Werkzeugmaschinen*

устарева́ть *uv zu* устаре́ть

устаре́лый, -ая, -ое veraltet, unmodern

устаре́ть, -е́ю, -е́ешь *v* veralten, aus der Mode kommen, überholt sein || *uv* устарева́ть, -а́ю, -а́ешь

у|ста́ть* *v* müde werden, ermüden, ermatten; *übtr* überdrüssig werden || *uv* у|става́ть*

устели́ть, -елю́, -е́лешь; -е́ленный, -е́лен, -а *v umg den Boden* bedecken || *uv* устила́ть, -а́ю, -а́ешь

устерега́ться *uv zu* устере́чься

у|стере́чься* *v umg* sich hüten, sich in acht nehmen (от *G* vor) || *uv* устерега́ться, -а́юсь, -а́ешься

[1]**устила́ть** *uv zu* устели́ть

[2]**устила́ть** *uv zu* устла́ть

у|стла́ть* *v* (völlig) bedecken, auslegen || *uv* устила́ть, -а́ю, -а́ешь

у́стный [сн], -ая, -ое mündlich

усто́й, -я, *G Pl* -ев *m* **1.** Brückenpfeiler; Pfeiler, Stütze **2.** *Pl übtr, buchspr* Prinzipien, Grundsätze, Normen

усто́йчивость, -и *f* **1.** Standfestigkeit, Stabilität **2.** *übtr* Standhaftigkeit, Beharrlichkeit **3.** *tech* Widerstandsfähigkeit, Beständigkeit, Festigkeit; ~ к сти́рке Waschechtheit

усто́йчивый, -ая, -ое; *Kzf* -ив, -а **1.** standfest; stabil, dauerhaft, beständig **2.** *übtr* standhaft, beharrlich

устоя́ть, -ою́, -ои́шь *v* **1.** stehen bleiben, das Gleichgewicht bewahren **2.** *übtr* standhalten, widerstehen, fest bleiben

устоя́ться, *1. u. 2. Pers ungebr*, -ои́тся *v umg* **1.** sich klären, klar werden *von Flüssigkeiten*; молоко́ устоя́лось die Milch rahmt **2.** *übtr* beständig werden, ausgeglichen werden

устра́ивать(ся) *uv zu* устро́ить(ся)

устране́ние, -я *n* Beseitigung; ~ конкуре́нции Ausschaltung der Konkurrenz; ~ угро́зы Bannung der Gefahr

устрани́ть, -ню́, -ни́шь; -нённый, -нён, -нена́ *v* **1.** entfernen, beseitigen, beheben **2.** entlassen, des Amtes entheben || *uv* **устраня́ть,** -я́ю, -я́ешь

устрани́ться, -ню́сь, -ни́шься *v* **1.** sich fernhalten, sich zurückziehen **2.** verschwinden, beseitigt werden || *uv* **устраня́ться,** -я́юсь, -я́ешься

устраша́ть(ся) *uv zu* устраши́ть(ся)

устраше́ние, -я *n* Einschüchterung, Abschreckung; для -я als abschreckendes Beispiel

устраши́ть, -шу́, -ши́шь; -шённый, -шён, -шена́ *v* erschrecken, einschüchtern, in Angst versetzen || *uv* устраша́ть, -а́ю, -а́ешь

устраши́ться, -шу́сь, -ши́шься *v* erschrecken, sich einschüchtern lassen, in Angst geraten || *uv* устраша́ться, -а́юсь, -а́ешься

устреми́ть, -млю́, -ми́шь; -млённый, -млён, -млена́ *v* richten, lenken; ~ взгляд на что́-н. den Blick auf etw. heften, etw. scharf ins Auge fassen || *uv* устремля́ть, -я́ю, -я́ешь

устреми́ться, -млю́сь, -ми́шься *v* **1.** sich richten, sich wenden; *übtr* sich konzentrieren **2.** streben, stürzen, zusteuern (на *A* auf) || *uv* устремля́ться, -я́юсь, -я́ешься

устремле́ние, -я *n* **1.** Richten, Wenden; *übtr* Konzentration **2.** Streben, Bestrebung, Absicht

устремлённость, -и *f buchspr* Tendenz

устремля́ть(ся) *uv zu* устреми́ть(ся)

у́стрица, -ы, *I* -ей *f zool* Auster

устрои́тель, -я *m* Veranstalter, Organisator

устро́ить, -о́ю, -о́ишь; -о́енный, -о́ен, -а *v* **1.** veranstalten, organisieren; einrichten; ~ неприя́тности Unannehmlichkeiten verursachen [machen] **2.** regeln, ordnen, in Ordnung bringen **3.** unterbringen; *umg* verschaffen; ~ кого́-н. на слу́жбу j-m eine Stelle verschaffen **4.** *umg* befriedigen, recht sein || *uv* устрáивать, -аю, -аешь

устрóиться, -óюсь, -óишься *v* 1. in Ordnung kommen, sich regeln 2. sich einrichten, unterkommen 3. Arbeit finden, (gut) unterkommen || *uv* устрáиваться, -аюсь, -аешься

устрóйство, -а *n* 1. Veranstaltung, Organisierung, Einrichtung 2. Regelung, Ordnung 3. Unterbringung 4. Struktur, Aufbau 5. Einrichtung, Vorrichtung, Anlage; арифметúческое ~ Rechenwerk; холодúльное ~ Kühlanlage

устýп, -а *m* Absatz, Stufe; -**ами** stufenförmig, terrassenförmig

уступáть *uv zu* уступúть

уступúтельный, -ая, -ое *gram* konzessiv

уступúть, -уплю́, -ýпишь; -ýпленный, -ýплен, -а *v* 1. abtreten, überlassen; ~ дорóгу den Weg freigeben 2. nachgeben, seinen Widerstand aufgeben 3. *D* nachstehen, zurückstehen (hinter) 4. *A umg* ablassen, verkaufen; billiger verkaufen; den Preis herabsetzen (um) || *uv* уступáть, -áю, -áешь

устýпка, -и, *Pl G* -пок, *D* -пкам *f* 1. Abtretung, Überlassung 2. Zugeständnis, Konzession; идтú на -и Zugeständnisse machen 3. Preisermäßigung

устýпчатый, -ая, -ое; *Kzf* -ат, -а terrassenförmig, abgestuft

устýпчивый, -ая, -ое; *Kzf* -ив, -а nachgiebig, entgegenkommend

устыдúть, -ыжý, -ыдúшь; -ыжённый, -ыжён, -ыженá *v* beschämen || *uv* **устыжáть,** -áю, -áешь

устыдúться, -ыжýсь, -ыдúшься *v G* sich schämen, Scham empfinden (über) || *uv* **устыжáться,** -áюсь, -áешься

ýстье, -ья, *G Pl* -ьев *n* 1. Mündung 2. Öffnung, Ausgang

ýстьице, -а, *I* -ем *n* 1. *Dem zu* ýстье kleine Öffnung 2. *bot* Pore

усугýбить, -гýблю, -гýбишь; -гýбленный, -гýблен, -а *u.* **усугубúть,** -гублю́, -губúшь; -гублённый, -гублён, -гублена́ *v buchspr* vergrößern, verstärken, vertiefen || *uv* **усугубля́ть,** -я́ю, -я́ешь

усýшка, -и *f wirtsch* Gewichtsverlust durch Eintrocknen, Trockenschwund

усы́ *Pl* -óв, *Sg* ус, -а *m* 1. Schnurrbart 2. *zool* Barthaare 3. *zool* Fühler, Fühlhorn 4. *bot* Ranke ◇ китóвый ус Fischbein; и в ус себé не дуть sich nichts daraus machen; мотáть себé на ус sich hinter die Ohren schreiben; мы сáми с усáми wir sind auch nicht dümmer als die andern

усылáть *uv zu* услáть

усыновúть, -влю́, -вúшь; -влённый, -влён, -вленá *v* adoptieren, (an Kindes Statt) annehmen || *uv* усыновля́ть, -я́ю, -я́ешь

усыновлéние, -я *n* Adoption

усыновля́ть *uv zu* усыновúть

усыпáльница, -ы, *I* -ей *f* (Familien-) Gruft

у|сы́пать* *v* bestreuen; *übtr* besäen, überschütten || *uv* **усыпáть,** -áю, -áешь

усыпúтельный, -ая, -ое; *Kzf* -лен, -льна einschläfernd, ermüdend; ~ порошóк Schlafpulver

усыпúть, -плю́, -пúшь; -плённый, -плён, -пленá *v* 1. einschläfern; *med* narkotisieren 2. *übtr* abschwächen, vermindern, einschläfern 3. vergiften *von Tieren* || *uv* **усыпля́ть,** -я́ю, -я́ешь

усыхáть *uv zu* усóхнуть

утáивать *uv zu* утаúть

утаúть, утаю́, утаúшь; утаённый, -ён, -енá *v* 1. verbergen, verheimlichen 2. sich heimlich aneignen || *uv* утáивать, -аю, -аешь

утáйка, -и *f umg* 1. Verbergen, Verheimlichen, Verheimlichung; без -и offen, unverhohlen 2. heimliche Aneignung

утáптывать *uv zu* утоптáть

утáскивать *uv zu* утащúть

утащúть, утащý, утáщишь; утáщенный, -ен, -а *v* 1. fortschleppen, davonschleppen; *umg* mitschleppen, mitnehmen 2. *umg* stehlen, entwenden || *uv* утáскивать, -аю, -аешь

ýтварь, -и *f Koll* Gerät, Gerätschaften

утвердúтельный, -ая, -ое; *Kzf* -лен, -льна bejahend, zustimmend

утвердúть, -ржý, -рдúшь; -рждённый, -рждён, -ржденá *v* 1. stärken, festigen 2. bestätigen, sanktionieren 3. zuerkennen, zusprechen (за *I* j-m) 4. в *P* bestärken (in), überzeugen (von) || *uv* утверждáть, -áю, -áешь

утвердúться, -ржýсь, -рдúшься *v* 1. *umg übtr* festen Fuß fassen *Menschen* 2. sich einbürgern; sich festigen 3. *alt* sich fest setzen *z. B. in den Sattel*; festen Fuß fassen 4. bestärkt werden (в *P* in) ‖ *uv* утвержда́ться, -а́юсь, -а́ешься

утвержда́ть, -а́ю, -а́ешь *uv* **1.** *uv zu* утверди́ть **2.** behaupten, versichern

утвержда́ться *uv zu* утверди́ться

утвержде́ние, -я *n* **1.** Stärkung, Festigung **2.** Bestätigung, Sanktionierung **3.** Zuerkennung **4.** Bestärkung **5.** Behauptung

утека́ть *uv zu* уте́чь

утёнок, -нка, *Pl* утя́та, **утя́т,** утя́там *m* Entenküken

утепли́ть, -лю́, -ли́шь; -лённый, -лён, -лена́ *v* (be)heizen, erwärmen; abdichten ‖ *uv* **утепля́ть,** -я́ю, -я́ешь

у|тере́ть*; утере́в u. утёрши *v* abwischen, abtrocknen ◇ ~ кому́-н. нос j-n übertrumpfen, j-m seine Überlegenheit zeigen ‖ *uv* утира́ть, -а́ю, -а́ешь

утерпе́ть, утерплю́, уте́рпишь *v* sich enthalten, es aushalten (können)

утéря, -и *f* Verlust, Einbuße

утеря́ть, -я́ю, -я́ешь; уте́рянный, -ян, -а *v* verlieren; einbüßen

утёс, -а *m* Felsen, Klippe

утёсистый, -ая, -ое; *Kzf* -ист, -а felsig, voller Klippen

уте́ха, -и *f umg* Freude, Vergnügen; Trost

уте́чка, -и *f* **1.** Abfließen, Aussickern, Ausströmen **2.** *wirtsch* Leckage, Verlust durch Aussickern

у|те́чь*, *1. u. 2. Pers ungebr v* **1.** auslaufen, aussickern, ausströmen, entweichen **2.** *umg* verfließen, vergehen, verfliegen; с тех пор мно́го воды́ утекло́ seither ist schon viel Wasser den Rhein hinabgeflossen ‖ *uv* утека́ть, -а́ет

утеша́ть *uv zu* уте́шить

утеше́ние, -я *n* Tröstung, Trost; Freude

утеши́тель, -я *m* Tröster

утеши́тельный, -ая, -ое; *Kzf* -лен, -льна tröstlich, tröstend; ~ приз *Sport* Trostpreis

уте́шить, -шу, -шишь *v* **1.** trösten **2.** *umg* erfreuen ‖ *uv* утеша́ть, -а́ю, -а́ешь

утилиза́ция, -и *f* Verwertung, Ausnutzung, Nutzbarmachung

утилизи́ровать, -рую, -руешь; -рованный, -рован, -а *v, uv* verwerten, ausnutzen, nutzbar machen

утилитари́зм, -а *m phil, übtr* Utilitarismus

утилита́рный, -ая, -ое; *Kzf* -рен, -рна **1.** (rein) praktisch, angewandt **2.** utilitaristisch, nur auf den Nützlichkeitswert bedacht [gerichtet]

ути́ль, -я *m u.* **утильсырьё,** -ья́ *n Koll* verwendbare Abfälle, Altmaterial; сбор -я Altstoffsammlung

ути́ный, -ая, -ое Enten-

утира́ть *uv zu* утере́ть

утиха́ть *uv zu* ути́хнуть

ути́хнуть, -ну, -нешь; ути́х, -ла; ути́х(нув)ший *v* **1.** verstummen, still werden, aufhören **2.** sich beruhigen, ruhig(er) werden **3.** *1. u. 2. Pers ungebr übtr* sich legen, nachlassen ‖ *uv* утиха́ть, -а́ю, -а́ешь

утихоми́ривать *uv zu* утихоми́рить

утихоми́рить, -рю, -ришь; -ренный, -рен, -а *v umg* beruhigen, beschwichtigen, besänftigen ‖ *uv* утихоми́ривать, -аю, -аешь

у́тка, -и, *Pl G* у́ток, *D* у́ткам *f* **1.** *zool* Ente **2.** *übtr* Ente, (sensationelle) Falschmeldung **3.** *med* Uringlas

у|тка́ть* *v umg* durchweben *mit einem Muster*

уткну́ть, -ну́, -нёшь; у́ткнутый, -ут, -а *v umg* (hinein)stecken; verstecken, vergraben

уткну́ться, -ну́сь, -нёшься *v* **1.:** ~ голово́й в поду́шку den Kopf im Kissen vergraben; ~ в у́гол sich in einen Winkel verkriechen **2.** *übtr* sich vertiefen, sich vergraben

утконо́с, -а *m zool* Schnabeltier

у́тлый, -ая, -ое zerbrechlich; armselig; alt, schwach

уто́к, -тка́ *m text* Schuß, Einschuß, Einschlag

утоли́ть, -лю́, -ли́шь; -лённый, -лён, -лена́ *v* stillen, befriedigen; lindern ‖ *uv* утоля́ть, -я́ю, -я́ешь

утолсти́ть, -лщу́, -лсти́шь; -лщённый, -лщён, -лщена́ *v* dicker machen, verdicken ‖ *uv* **утолща́ть,** -а́ю, -а́ешь

утолсти́ться, *1. u. 2. Pers ungebr*, -лсти́тся *v* sich verdicken, dicker werden ‖ *uv* **утолща́ться,** -а́ется

утолще́ние, -я *n* Verdickung, Wulst; ~ ко́сти *med* Überbein

утоля́ть *uv zu* утоли́ть

утоми́тельный, -ая, -ое; *Kzf* -лен, -льна ermüdend, anstrengend

утоми́ть, -млю́, -ми́шь; -млённый, -млён, -млена́ *v* ermüden, anstrengen ‖ *uv* утомля́ть, -я́ю, -я́ешь

утоми́ться, -млю́сь, -ми́шься *v* ermüden, ermatten, sich überanstrengen ‖ *uv* утомля́ться, -я́юсь, -я́ешься

утомле́ние, -я *n* Ermüdung, Erschöpfung

утомлённый, -ая, -ое ermüdet, erschöpft
утомля́ть(ся) *uv zu* утоми́ть(ся)
утону́ть, утону́, уто́нешь *v* ertrinken, untergehen, versinken ‖ *uv* утопа́ть, -а́ю, -а́ешь
утонча́ть *uv zu* утончи́ть
утончённый, -ая, -ое verfeinert; raffiniert; erlesen, von erlesenem Geschmack
утончи́ть, -чу́, -чи́шь; -чённый, -чён, -чена́ *v* 1. dünner machen; *tech* verjüngen 2. *übtr* verfeinern ‖ *uv* утонча́ть, -а́ю, -а́ешь
утопа́ть *uv zu* утону́ть
утопа́ющий, -его *Subst m* Ertrinkender
утопи́зм, -а *m buchspr* Utopismus; Unerfüllbarkeit
утопи́ть, утоплю́, уто́пишь; уто́пленный, -ен, -а *v* 1. ertränken 2. *übtr umg* ruinieren, zugrunde richten
утопи́ться, -оплю́сь, -о́пишься *v* 1. sich ertränken, ins Wasser gehen 2. *umg* lange kochen *Milch*
утопи́ческий, -ая, -ое utopisch
уто́пия, -и *f* Utopie
уто́пленник, -а *m* Ertrunkener
уто́пленница, -ы, *I* -ей *f* Ertrunkene
у|топта́ть* *v* festtreten, feststampfen ‖ *uv* утáптывать, -аю, -аешь
уточне́ние, -я *n* Präzisierung, genaue(re) Angabe
уточни́ть, -ню́, -ни́шь; -нённый, -нён, -нена́ *v* präzisieren, genauer bestimmen, genauer formulieren ‖ *uv* уточня́ть, -я́ю, -я́ешь
уто́чный, -ая, -ое *text* Einschuß-, Einschlag-
уточня́ть *uv zu* уточни́ть
утра́ивать *uv zu* утро́ить
утрамбова́ть, -бу́ю, -бу́ешь; -бо́ванный, -бо́ван, -а *v* feststampfen ‖ *uv* **утрамбо́вывать,** -аю, -аешь
утра́та, -ы *f* 1. Verlieren, Verlust 2. Schaden, Einbuße, Verlust
утра́тить, -а́чу, -а́тишь; -а́ченный, -а́чен, -а *v* verlieren, einbüßen ‖ *uv* **утра́чивать,** -аю, -аешь
утра́титься, *1. u. 2. Pers ungebr*, -ится *v* verlorengehen ‖ *uv* **утра́чиваться,** -ается
у́тренний, -яя, -ее Morgen-, morgendlich; Früh-, Vormittags-
[1]**у́тренник,** -а *m* Vormittagsveranstaltung, Matinee
[2]**у́тренник,** -а *m* Morgenfrost
утри́ровать, -рую, -руешь; -рованный, -рован, -а *v*, *uv* übertreiben, überbetonen
утриро́вка, -и, *Pl G* -вок, *D* -вкам *f* Übertreibung
у́тро, у́тра (с утра́, до утра́), у́тру (к утру́, по утру́), *Pl* у́тра, утр, у́трам *u.* утра́м *n* Morgen, Frühe; под ~ gegen Morgen, im Morgengrauen; ра́нним -ом am frühen Morgen, vor Tau und Tag; с до́брым -ом! Guten Morgen! ◇ ~ ве́чера мудрене́е *Sprichw* man muß die Sache erst beschlafen, guter Rat kommt über Nacht
утро́ба, -ы *f* 1. Mutterleib, Schoß 2. *alt, volksspr* Bauch, Magen
утро́бный, -ая, -ое 1. Leibes-; -ое разви́тие embryonale Entwicklung (im Mutterleib) 2. aus der Tiefe [aus dem Inneren] kommend
утро́ить, -о́ю, -о́ишь; -о́енный, -о́ен, -а *v* verdreifachen ‖ *uv* утра́ивать, -аю, -аешь
у́тром *Adv* morgens, am Morgen, früh
утруди́ть, -ужу́, -уди́шь; -уждённый, -уждён, -уждена́ *v alt* belästigen, zur Last fallen, bemühen ‖ *uv* **утружда́ть,** -а́ю, -а́ешь
утряса́ть *uv zu* утрясти́
у|трясти́* *v* 1. *umg* zusammenschütteln, zusammenstauchen 2. *volksspr* durchrütteln 3. *volksspr* regeln, in Ordnung bringen ‖ *uv* утряса́ть, -а́ю, -а́ешь
утучни́ть, -ню́, -ни́шь; -нённый, -нён, -нена́ *v alt* düngen ‖ *uv* **утучня́ть,** -я́ю, -я́ешь
уты́кать, -аю, -аешь *v umg* bestecken, vollstecken, besetzen ‖ *uv* **утыка́ть,** -а́ю, -а́ешь *u.* **уты́кивать,** -аю, -аешь
утю́г, -а́ *m* Bügeleisen, Plätte
утю́жить, -жу, -жишь; -женный, -жен, -а *uv* plätten, bügeln
утю́жка, -и *f* Bügeln, Plätten; отда́ть в -у zum Bügeln weggeben
утя́тина, -ы *f* Entenfleisch
Уфа́, -ы́ *f* Ufa *Stadt*
ух! *Interj* ach!; uff!
уха́, -и́ *f* Fischsuppe
уха́б, -а *m* Schlagloch
уха́бистый, -ая, -ое; *Kzf* **-ист,** -а holperig, voller Schlaglöcher
ухажёр, -а *m volksspr* Schürzenjäger, Courmacher
уха́живать, -аю, -аешь *uv* за *I* 1. pflegen, sorgen (für) 2. j-m den Hof machen; sich bemühen (um), um j-s Gunst werben
у́харский, -ая, -ое *umg* verwegen, (toll)kühn
у́харство, -а *n umg* Verwegenheit, (Toll-) Kühnheit

ýхарь, -я *m umg* verwegener Kerl, Wagehals

ухвáт, -а *m* Topfgabel, Ofengabel

ухвати́ть, -ачý, -áтишь; -áченный, -áчен, -а *v* **1.** (er)greifen, packen, fassen **2.** *übtr umg* erfassen, begreifen, kapieren || *uv* ухвáтывать, -аю, -аешь

ухвати́ться, -ачýсь, -áтишься *v* за *A* **1.** sich festhalten, sich klammern (an) **2.** *übtr umg* sich begeben, sich machen (an), mit Eifer etw. beginnen || *uv* ухвáтываться, -аюсь, -аешься

ухвáтка, -и, *Pl G* -ток, *D* -ткам *f umg* **1.** Gebärde; Kunstgriff, Geschicklichkeit **2.** Gebaren, Benehmen, Manier

ухвáтывать(ся) *uv zu* ухвати́ть(ся)

ухитри́ться, -рю́сь, -ри́шься *v umg* zuwege bringen, es verstehen || *uv* **ухитря́ться,** -я́юсь, -я́ешься

ухищрéние, -я *n* List, Kniff, Schlich

ухищрённый, -ая, -ое raffiniert, schlau

ухищря́ться, -я́юсь, -я́ешься *uv* raffiniert [listig] vorgehen, (etw.) schlau anstellen

ухлóпать, -аю, -аешь *v volksspr* **1.** umbringen, um die Ecke bringen **2.** verschwenden || *uv* **ухлóпывать,** -аю, -аешь

ухмыльнýться, -нýсь, -нёшься *v umg* grinsen, (spöttisch) lächeln || *uv* **ухмыля́ться,** -я́юсь, -я́ешься

ýхнуть, -ну, -нешь *v mom volksspr* **1.** hinunterstürzen, zu Boden stürzen, zusammenbrechen **2.** (herunter)-werfen, fallen lassen; *übtr* verschleudern *Geld*

ýхо, -а, *Pl* ýши, ушéй, ушáм *n* **1.** Ohr; пó уши bis über die Ohren; тупóй на ~ schwerhörig **2.** Ohrenklappe *der Mütze* **3.** Öse ◇ не видáть как своих ушéй nie mehr zu sehen bekommen; и ýхом не вести́ sich nicht darum kümmern, sich nichts daraus machen; ýши вя́нут от э́того das ist widerlich anzuhören; говори́ть нá ~ ins Ohr sagen; дать в ~ [пó уху] eine Ohrfeige geben [verabreichen]; держáть ~ востpó auf der Hut sein; навостри́ть ýши die Ohren spitzen; получи́ть пó уху eine Ohrfeige kriegen [abbekommen]; прокричáть [прожужжáть] ýши комý-н. j-m in den Ohren liegen; пропусти́ть ми́мо ушéй überhören, nicht beachten; развéсить ýши ganz Ohr sein, andächtig [hingerissen] zuhören; слýшать во все ýши angespannt [aufmerksam] zuhören; слýшать крáем ýха mit halbem Ohr hinhören

уховёртка, -и, *Pl G* -ток, *D* -ткам *f zool* Ohrwurm

[1]ухóд, -а *m* Weggehen, Weggang, Abgang, Abfahrt

[2]ухóд, -а *m* Pflege, Wartung; ~ за больны́ми Krankenpflege

уходи́ть, ухожý, ухóдишь *uv* **1.** *uv zu* уйти́ **2.** *1. u. 2. Pers ungebr* sich erstrecken, führen

ухудшáть *uv zu* ухýдшить

ухудшéние, -я *n* Verschlechterung

ухýдшить, -шу, -шишь; -шенный, -шен, -а *v* verschlimmern, verschlechtern || *uv* ухудшáть, -áю, -áешь

уцелéть, -éю, -éешь *v* unversehrt bleiben, am Leben bleiben

уцéнивать *uv zu* уцени́ть

уцени́ть, уценю́, уцéнишь; уценённый, -ён, -енá *v* im Preis herabsetzen || *uv* уцéнивать, -аю, -аешь

уцепи́ться, уцеплю́сь, уцéпишься *v* sich klammern, sich festhalten (за *A* an) || *uv* **уцепля́ться,** -я́юсь, -я́ешься

учáствовать, -вую, -вуешь *uv* в *P* **1.** teilnehmen, sich beteiligen, mitarbeiten, mitwirken (an) **2.** Anteil haben (an)

учáствующий, -его *Subst m* Teilnehmer, Mitwirkender

учáстие, -я *n* **1.** Teilnahme, Beteiligung, Mitwirkung; принимáть ~ в чём-н. an etw. teilnehmen, bei etw. mitwirken **2.** Anteil **3.** Anteilnahme, Mitgefühl; принимáть ~ в кóм-н. mit j-m mitfühlen

участи́ть, учащý, участи́шь; учащённый, -ён, -енá *v* häufiger aufeinander folgen lassen, beschleunigen || *uv* учащáть, -áю, -áешь

участи́ться, *1. u. 2. Pers ungebr,* -и́тся *v* häufiger werden, sich häufen, sich wiederholen; sich beschleunigen || *uv* учащáться, -áется

участкóвый, -ая, -ое **1.** Grundstücks-, Abschnitts- **2.** *mil* (Front-) Abschnitts- **3.** Arbeitsgebiets- **4.** Distrikts-, Bezirks- **5.** -ого *Subst m* Abschnittsbevollmächtigter *der Miliz*

учáстливый, -ая, -ое; *Kzf* -ив, -а teilnahmsvoll, mitfühlend

учáстник, -а *m* **1.** Teilnehmer **2.** Teilhaber

учáстница, -ы, *I* -ей *f* Teilnehmerin

уча́сток, -тка *m* 1. Grundstück, Parzelle; Abschnitt, Terrain 2. *mil* (Front-) Abschnitt, Bereich 3. Arbeitsgebiet, Produktionsabschnitt; Bauabschnitt 4. Distrikt, Bezirk; избира́тельный ~ Wahllokal 5. *hist* Polizeirevier

у́часть, -и *f* Schicksal, Los, Geschick

учаща́ть(ся) *uv zu* участи́ть(ся)

уча́щийся, -егося *Subst m* Schüler, Studierender, Student

учёба, -ы *f* Ausbildung, Lehre, Studium; Schulung

учёбник, -а *m* Lehrbuch

учёбный, -ая, -ое Lehr-, Unterrichts-, Schul-; ~ год Lehrjahr, Schuljahr, Studienjahr; -ое заведе́ние Lehranstalt; вы́сшее -ое заведе́ние Hochschule; -ая стрельба́ *mil* Übungsschießen; ~ плац *mil* Übungsplatz

уче́ние, -я *n* 1. Lernen; Lehre, Studium 2. Unterrichten, Unterricht 3. *meist Pl mil* Übung 4. Lehre, Theorie

учени́к, -а́ *m* Schüler, Lehrling

учени́ца, -ы, *I* -ей *f* Schülerin, Lehrling

учени́ческий, -ая, -ое 1. Schüler-, Lehrlings-; Schul-, Lehr- 2. unselbständig, unreif, schülerhaft

учени́чество, -а *n* Lehrzeit, Lehre; Schulzeit

учёность, -и *f* Gelehrsamkeit; große wissenschaftliche Kenntnisse

учёный, -ая, -ое; *Kzf* -ён, -а 1. gelehrt 2. wissenschaftlich; -ая сте́пень akademischer Grad 3. ausgebildet; abgerichtet, dressiert 4. -ого *Subst m* Gelehrter, Wissenschaftler

у|че́сть* *v* 1. berechnen, registrieren 2. berücksichtigen, in Betracht ziehen, einkalkulieren 3. *finanz einen Wechsel* diskontieren ‖ *uv* учи́тывать, -аю, -аешь

учёт, -а *m* 1. Berechnung, Statistik, Inventur; вести́ ~ eintragen, kontrollieren; веде́ние -а Buchführung 2. Berücksichtigung, Einkalkulierung 3. Registrierung, Registratur; встать на ~ sich anmelden; сня́ться с -а sich abmelden 4. Buchführung 5. *finanz* Diskont (*eines Wechsels*)

учетвери́ть, -рю́, -ри́шь; -рённый, -рён, -рена́ *v* vervierfachen ‖ *uv* **учетверя́ть,** -я́ю, -я́ешь

учётный, -ая, -ое 1. Berechnungs-, Kontroll- 2. Registrierungs-, Registratur- 3. *finanz* Diskont-

учи́лище, -а, *I* -ем *n* Lehranstalt, (Fach-) Schule

учини́ть, -ню́, -ни́шь; -нённый, -нён, -нена́ *v umg* verüben, vollführen, begehen ‖ *uv* **учиня́ть,** -я́ю, -я́ешь

учи́тель, -я *m* 1. *Pl* учителя́, учителе́й, учителя́м Lehrer 2. *Pl* учи́тели Lehrmeister, Autorität, Vorbild

учи́тельница, -ы, *I* -ей *f* Lehrerin

учи́тельский, -ая, -ое 1. Lehrer-; ~ институ́т Lehrerbildungsinstitut 2. -ая, -ой *Subst f* Lehrerzimmer

учи́тельство, -а *n* 1. Lehramt, Lehrtätigkeit 2. *Koll* Lehrerschaft

учи́тельствовать, -вую, -вуешь *uv* als Lehrer tätig sein, unterrichten

учи́тывать *uv zu* уче́сть

учи́ть, учу́, у́чишь; у́ченный, -ен, -а *uv* 1. lehren, unterrichten (*D* etw.), ausbilden 2. einstudieren, sich einprägen 3. *umg* bestrafen

учи́ться, учу́сь, у́чишься *uv D* lernen, studieren; ~ в шко́ле die Schule besuchen; ~ на второ́м ку́рсе im zweiten Studienjahr stehen [sein]

уч-к (уча́сток) Abschnitt; Revier

учко́м, -а *m* 1. (учени́ческий комите́т) Schülerkomitee 2. (учи́тельская коми́ссия) Lehrerkommission

Учпедги́з, -а *m* (Госуда́рственное уче́бно-педагоги́ческое изда́тельство) Staatsverlag für Schul- und Lehrbücher und für pädagogische Literatur

учреди́тель, -я *m* (Be-) Gründer, Stifter

учреди́тельный, -ая, -ое Gründungs-; -ое собра́ние konstituierende Versammlung

учреди́ть, -ежу́, -еди́шь; -еждённый, -еждён, -еждена́ *v* gründen, schaffen, organisieren ‖ *uv* **учрежда́ть,** -а́ю, -а́ешь

учрежде́ние, -я *n* 1. Gründung, Schaffung 2. Institution, Einrichtung; Dienststelle, Behörde

учти́вый, -ая, -ое; *Kzf* -и́в, -а höflich, ehrerbietig

уша́нка, -и, *Pl G* -нок, *D* -нкам *f umg* Mütze mit Ohrenklappen

уша́стый, -ая, -ое; *Kzf* -а́ст, -а langohrig, großohrig

уша́т, -а *m* Zuber, Kübel

у́ши ↑ у́хо

уши́б, -а *m* 1. Stoß, Schlag 2. Quetschung, Verletzung

ушиба́ть *uv zu* ушиби́ть

у|шиби́ть* *v* stoßen, schlagen, verletzen ‖ *uv* ушиба́ть, -а́ю, -а́ешь

ушива́ть *uv zu* уши́ть

у|ши́ть* *v* 1. abnähen, enger machen 2. *med* (ver)nähen 3. besticken, besetzen ‖ *uv* ушива́ть, -а́ю, -а́ешь

у́шко, -а, *Pl* у́шки, у́шек, у́шкам *u.* **ушко́,** -а́, *Pl* ушки́, -о́в, -а́м *n Dem zu* у́хо kleines Ohr ◇ у него́ у́шки на маку́шке er spitzt die Ohren, er ist auf der Hut

ушко́, -а́, *Pl* ушки́, -о́в, -а́м *n* 1. Griff, Henkel, Öse 2. Nadelöhr 3. *Pl* Sternchennudeln

ушни́к, -а́ *m umg* Ohrenarzt

ушно́й, -а́я, -о́е Ohren-

уще́листый, -ая, -ое; *Kzf* -ист, -а zerklüftet

уще́лье, -ья, *Pl G* -лий, *D* -льям *n* Schlucht, Kluft

ущеми́ть, -млю́, -ми́шь; -млённый, -млён, -млена́ *v* 1. einklemmen, quetschen; *übtr* verletzen, kränken 2. *übtr* schmälern, beengen ‖ *uv* **ущемля́ть,** -я́ю, -я́ешь

уще́рб, -а *m* 1. Schaden, Verlust, Nachteil 2. Abnehmen *vom Mond*; луна́ на -е es ist abnehmender Mond

ущерблённый, -ая, -ое; *Kzf* -лён, -лена́ 1. beleidigt, gekränkt 2.: -ая луна́ abnehmender Mond

ущипну́ть, -ну́, -нёшь; ущи́пнутый, -ут, -а *v* 1. kneifen, zwicken 2. *übtr umg* verletzen, kränken

ую́т, -а *m* Behaglichkeit, Gemütlichkeit

ую́тный, -ая, -ое; *Kzf* -тен, -тна behaglich, gemütlich, wohnlich

уязви́мый, -ая, -ое; *Kzf* -и́м, -а 1. (leicht) verwundbar, leicht zu verletzen 2. schwach, wenig geschützt

уязви́ть, -влю́, -ви́шь; -влённый, -влён, -влена́ *v* verletzen; kränken ‖ *uv* **уязвля́ть,** -я́ю, -я́ешь

уясне́ние, -я *n* Klärung; Erklärung

уясни́ть, -ню́, -ни́шь; -нённый, -нён, -нена́ *v* erfassen, sich klar werden, Klarheit gewinnen (*A* über) ‖ *uv* **уясня́ть,** -я́ю, -я́ешь

Ф

фа *n idkl mus* F; фа-дие́з [иэ] Fis

фаб- *in Zuss Abk für* фабри́чный Fabrik-, Werks-

фабзавко́м, -а *m* (фабри́чно-заводско́й комите́т) Betriebsgewerkschaftsleitung

фабзавместко́м, -а *m* (фабри́чно-заводско́й ме́стный комите́т) (Betriebs-) Gewerkschaftsleitung

фабза́вуч, -а, *I* -ем *m* (фабри́чно-заводско́е учени́чество) Nachwuchsschulung in Betriebsschulen

фабко́м, -а *m* (фабри́чный комите́т) Betriebskomitee, BGL

фа́брика, -и *f* Fabrik; пряди́льная ~ Spinnerei; тка́цкая ~ Weberei; ~-ку́хня Großküche; шве́йная ~ Bekleidungswerk; обогати́тельная ~ *berg* Aufbereitungsanlage

фабрика́нт, -а *m* Fabrikant, Fabrikbesitzer

фабрика́ция, -и *f* Fabrikation, Erzeugung, Anfertigung

фабрикова́ть, -ку́ю, -ку́ешь; -ко́ванный, -ко́ван, -а *uv* 1. *alt* fabrikmäßig herstellen 2. *umg iron* fabrizieren, in großer Menge herstellen; *übtr* fabrizieren, zusammenbrauen ‖ *v* сфабрикова́ть

фабри́чно-заво́дский, -ая, -ое *u.* **фабри́чно-заводско́й,** -а́я, -о́е Betriebs-, Fabriks-

фабри́чный, -ая, -ое 1. Fabrik-, fabrikmäßig 2. Industrie-

фа́була, -ы *f lit* Fabel, Handlungsschema

фаво́р, -а *m buchspr* Gunst; быть в -е у кого́-н. j-s Gunst genießen, bei j-m gut angeschrieben sein

фаворит. -а *m* Güstling, Liebling; *Sport* Favorit

фаворити́зм, -а *m buchspr* Günstlingswirtschaft

фаго́т, -а *m mus* Fagott

фагоци́т, -а *m biol* Phagozyte

Фadде́й, -я *m* Thaddäus

фа́за, -ы *f* Phase; (Entwicklungs-) Stufe

фаза́н, -а *m* Fasan

фа́кел, -а *m* Fackel

фа́кельный, -ая, -ое: -ое ше́ствие Fackelzug

фа́кельщик, -а *m* 1. *alt* Fackelträger *im Trauerzug* 2. Brandstifter

факси́миле 1. *n idkl* Faksimile 2. *n idkl* Unterschriftenstempel 3. *idkl Adj, Adv* vorlagengetreu nachgebildet

факт, -а *m* Tatsache; ста́вить кого́-н. пе́ред соверши́вшимся -ом j-n vor die vollendete Tatsache stellen
факти́ческий, -ая, -ое tatsächlich, wirklich, faktisch
факультати́вный, -ая, -ое; *Kzf* -вен, -вна fakultativ, wahlfrei
факульте́т, -а *m* Fakultät; он у́чится на медици́нском -е er studiert Medizin
факульте́тский, -ая, -ое Fakultäts-
фала́нга, -и *f hist, anat* Phalanx
фа́лда, -ы *f* (Rock-) Schoß; встре́чные -ы Quetschfalten *an Kleidung*
фальсифика́тор, -а *m* Fälscher
фальсифика́ция, -и *f* Fälschung
фальсифици́ровать, -рую, -руешь; -рованный, -рован, -а *v, uv* fälschen, verfälschen
фальцева́ть, -цу́ю, -цу́ешь; -цо́ванный, -цо́ван, -а *uv* falzen ‖ *v* сфальцева́ть
фальце́т, -а *m mus* Falsett, Fistelstimme
фальцо́вка, -и *f* Falzen, Falzung
фальши́вить, -влю, -вишь *uv* 1. heucheln; unaufrichtig handeln 2. *mus* unrein singen [spielen] ‖ *v* сфальши́вить
фальши́вка, -и, *Pl G* -вок, *D* -вкам *f umg* Fälschung, gefälschtes Dokument
фальшивомоне́тчик, -а *m* Falschmünzer
фальши́вый, -ая, -ое; *Kzf* -и́в, -а 1. falsch, gefälscht 2. falsch, unaufrichtig, heuchlerisch; unnatürlich 3. *mus* falsch, unrein, Miß-
фальшь, -и *f* 1. Unaufrichtigkeit, Heuchelei; Unnatürlichkeit 2. *mus* falsches Singen [Spielen] 3. *alt* Betrug
фами́лия, -и *f* 1. Familienname; как ва́ша ~? wie heißen Sie?; де́вичья ~ Mädchenname 2. Geschlecht, Familie
фамилья́рничать, -аю, -аешь *uv umg* vertraulich tun, einen familiären [vertraulichen] Ton anschlagen
фамилья́рность, -и *f* Vertraulichkeit, Familiarität; не допуска́ть -и den Abstand wahren
фамилья́рный, -ая, -ое; *Kzf* -рен, -рна vertraulich, familiär; plump vertraulich
фанабе́рия, -и *f* 1. *umg* Arroganz, Dünkel 2. *volkesspr* Laune
фана́тик, -а *m* Fanatiker
фанати́ческий, -ая, -ое *u.* **фанати́чный,** -ая, -ое; *Kzf* -чен, -чна fanatisch
фане́ра, -ы *f* Furnier; (клеёная) ~ Sperrholz
фане́рный, -ая, -ое furniert, Furnier-; Sperrholz-
фант, -а *m* Pfand; игра́ в -ы Pfänderspiel
фантазёр, -а *m* Phantast
фантази́ровать, -рую, -руешь *uv* 1. phantasieren 2. *mus* improvisieren ‖ *v* сфантази́ровать *zu* 2
фанта́зия, -и *f* 1. Phantasie, Einbildungskraft 2. Traum, Luftschloß, Phantasterei 3. *umg* Laune, Grille 4. *mus* Fantasie, Improvisation
фантасти́ческий, -ая, -ое *u.* **фантасти́чный,** -ая, -ое; *Kzf* -чен, -чна phantastisch
фанфа́ра, -ы *f* Fanfare; Fanfarenstoß
фанфари́ст, -а *m* Fanfarenbläser
фа́ра, -ы *f* Scheinwerfer *z. B. am Auto*
фара́да, -ы *f phys* Farad
фарва́тер, -а *m naut* Fahrwasser, Fahrtrinne
фарисе́йство, -а *n* Heuchelei, Scheinheiligkeit
фармако́лог, -а *m* Pharmakologe
фармаце́вт, -а *m* Pharmazeut
фармаце́втика, -и *f* Pharmazeutik
фармацевти́ческий, -ая, -ое pharmazeutisch
фармаци́я, -и *f* Pharmazie
фарс, -а *m* 1. *lit* Farce, Posse 2. Farce, Verhöhnung
фа́ртук, -а *m* 1. Schürze; закры́тый ~ Kittelschürze 2. *tech* Überzug, Hülle
фарфо́р, -а *m* 1. Porzellan 2. Porzellangeschirr, Porzellanerzeugnisse
фарфо́ровый, -ая, -ое Porzellan-
фарш, -а, *I* -ем, *G Pl* -ей *m* 1. Gehacktes, Hackfleisch 2. Farce, Füllung
фарширова́ть, -ру́ю, -ру́ешь; -ро́ванный, -ро́ван, -а *uv* farcieren, füllen
фаса́д, -а *m* 1. Fassade 2. Vorderansicht, Aufriß
фасова́ть, фасу́ю, фасу́ешь; фасо́ванный, -ан, -а *uv wirtsch* abpacken, verpacken
фасо́левый, -ая, -ое Bohnen-
фасо́ль, -и *f* Bohne
фасо́н, -а *m* 1. Fasson, Schnitt, Modell 2. Manier, Mode; держа́ть ~ *volkssp*r großtun, sich wichtig machen
фасо́нистый, -ая, -ое; *Kzf* -ист, -а *volkssp*r schick
фасо́нный, -ая, -ое Fasson-, Form-; -ая сталь Profilstahl

фат, -а *m* (eitler) Geck, Wichtigtuer
фата́, -ы́ *f* (Braut-) Schleier; Stola
фата́льный, -ая, -ое; *Kzf* -лен, -льна *buchspr* fatal, verhängnisvoll
фатова́тый, -ая, -ое; *Kzf* -а́т, -а *umg alt* stutzerhaft
фатовство́, -а́ *n* Geckenhaftigkeit, Wichtigtuerei
фа́уна, -ы *f* Fauna, Tierwelt
фашизи́ровать, -рую, -руешь; -рованный, -рован, -а *v, uv* den Faschismus einführen, im faschistischen Sinn organisieren [umgestalten]
фаши́на, -ы *f* Faschine, Reisigbündel
фаши́стский [исск], -ая, -ое faschistisch
фая́нс, -а *m* 1. Fayence, Steingut 2. Fayencegeschirr, Fayenceerzeugnisse
фая́нсовый, -ая, -ое Fayence-
февра́ль, -я́ *m* Februar
февра́льский, -ая, -ое Februar-
федерали́зм, -а *m* Föderalismus
федера́льный, -ая, -ое *u.* **федерати́вный,** -ая, -ое föderativ, Bundes-: Федерати́вная Респу́блика Герма́нии Bundesrepublik Deutschland
федера́ция, -и *f* 1. Föderation, Vereinigung 2. Föderation, Bundesstaat 3. Bund; всеми́рная ~ профсою́зов Weltgewerkschaftsbund
Фёдор, -а *m* Theodor
Фёд(ен)ька, -и *m u.* **Фе́дя,** -и *m Dem zu* Фёдор
феери́ческий, -ая, -ое *u.* **феери́чный,** -ая, -ое; *Kzf* -чен, -чна märchenhaft, zauberhaft
фее́рия, -и *f* 1. Feerie, Märchenaufführung (mit großer Ausstattung) 2. *übtr* märchenhafter [großartiger] Anblick
фейерве́рк, -а *m* 1. Feuerwerkskörper 2. Feuerwerk
фека́лии, -ий *Pl* Fäkalien
Фёкла, -ы *f* Thekla
фельдма́ршал, -а *m mil* Feldmarschall
фе́льдшер, -а *m* Arzthelfer, Feldscher
фельдшери́ца, -ы, *I* -ей *f* Arzthelferin, Heilgehilfin
фельето́н, -а *m* Feuilleton
фелю́га, -и *f naut* Feluke
фе́никс, -а *m myth* Phönix
фено́л, -а *m chem* Phenol
фено́мен, -а *m* Phänomen
феномена́льный, -ая, -ое; *Kzf* -лен, -льна phänomenal, außergewöhnlich
феода́л, -а *m hist* Feudalherr
феодали́зм, -а *m* Feudalismus
феода́льный, -ая, -ое feudal, Feudal-
Феб́дор, -а *m alt* Theodor
Феодо́сий, -я, *P* -и *männl Vn*
Феодо́сия, -и *f* 1. Feodosia *Stadt* 2. *weibl Vn*
Феодо́т, -а *m männl Vn*
Фергана́, -ы́ *f* Fergana *Stadt*
ферзь, -я́ *m* Königin, Dame *Schachspiel*
[1]фе́рма, -ы *f landw* Farm, Zuchtbetrieb
[2]фе́рма, -ы *f tech* Träger
ферме́нт, -а *m biol, chem* Ferment
фе́рмер, -а *m* Farmer
ферроспла́в, -а *m* Ferrolegierung
ферт, -а *m* 1. alter Name des Buchstabens ф 2. *umg* selbstzufriedener, stutzerhafter Mensch
фестива́ль, -я *m* Festspiele, Festival
фесто́н, -а *m* 1. Zacke, Verzierung 2. (Blumen-) Girlande
фети́ш, -а, *I* -ем *m buchspr* Fetisch *a. übtr*
фетиши́зм, -а *m buchspr* Fetischismus; *übtr* blinde Verehrung
фетр, -а *m* (feiner) Filz
фе́тровый, -ая, -ое Filz-
фефёла, -ы *f volksspr* dicke Schlampe; dicke, schlampige Frau
фехтова́льный, -ая, -ое *Sport* Fecht-; -ая ма́ска Fechtkorb
фехтова́льщик, -а *m Sport* Fechter
фехтова́ние, -я *n* Fechten
фехтова́ть, -ту́ю, -ту́ешь *uv Sport* fechten
фе́я, -и *f* Fee
фи! *Interj* pfui!
фиалка, -и, *Pl G* -лок, *D* -лкам *f* Veilchen
фиаско *n idkl buchspr* Fiasko, Mißerfolg
фи́бра, -ы *f* 1. *anat, bot* Faser; все́ми -ами души́ mit allen Fasern des Herzens, aus ganzer Seele 2. Fiber, Kunstfaserstoff
фи́бровый, -ая, -ое Fiber-, aus Kunstfaserstoff (hergestellt)
фибро́зный, -ая, -ое *anat* fibrös, Faser-
фи́га, -и *f* Feige; Feigenbaum ◇ смотре́ть в кни́гу и ви́деть -у nichts verstehen; пока́зывать -у кому́-н. *derb* j-m eine Nase drehen
фигаро́ *n idkl* Bolero, kurzes Damenjäckchen
фи́гли-ми́гли, фи́глей-ми́глей *Pl umg* Tricks
фигля́р, -а *m* 1. *alt* Gaukler, Possenreißer 2. *umg* Poseur
фигля́рить, -рю, -ришь *u.* **фигля́р-**

ничать, -аю, -аешь *uv umg* schauspielern, Hokuspokus (vor)machen
фи́говый, -ая, -ое Feigen-
фигу́ра, -ы *f* 1. Figur, Gestalt, Statur 2. Figur, Persönlichkeit, Person 3. *math* Figur, Schema 4. *lit* Figur, Wendung 5. Bild *beim Kartenspiel*, Offizier *beim Schachspiel*
фигура́льный, -ая, -ое; *Kzf* -лен, -льна 1. bildlich, übertragen 2. -о *Adv* in übertragener Bedeutung
фигура́нт, -а *m* 1. *alt* Tänzer in einer Ballettgruppe 2. *theat* Statist
фигури́ровать, -рую, -руешь *uv* figurieren, erscheinen, auftreten
фигури́ст, -а *m* (Eis-) Kunstläufer
фигури́стка, -и, *Pl G* -ток, *D* -ткам *f* (Eis-) Kunstläuferin
фигу́рный, -ая, -ое Figuren-, mit Figuren verziert; -ая стро́чка Ziersteppperei; -ые ско́бки *math* geschweifte Klammern; ~ полёт *flug* Kunstflug; -ое ката́ние на конька́х Eiskunstlauf
Фи́джи *idkl* Fidschiinseln
физ- *in Zuss Abk für* 1. физи́ческий physisch, Körper- 2. физкульту́рный Sport-
фи́зик, -а *m* Physiker
фи́зика, -и *f* Physik
физио́лог, -а *m* Physiologe
физионо́мия, -и *f* 1. Physiognomie, Gesicht 2. *übtr* Charakter, individuelle Besonderheit(en)
физиотерапи́я, -и *f med* Physiotherapie
физи́ческий, -ая, -ое 1. physisch, körperlich 2. physikalisch, Physik-
физкультмину́тка, -и, *Pl G* -ток, *D* -ткам *f* Pausengymnastik
физкульту́ра, -ы *f* (физи́ческая культу́ра) Körperkultur
физку́льт-ура́! *Interj* Sport frei!
физкульту́рник, -а *m* Sportler
физкульту́рница, -ы, *I* -ей *f* Sportlerin
физкульту́рный, -ая, -ое Sport-, Sportler-; ~ костю́м Turndreß
физма́т, -а *m* (фи́зико-математи́ческий факульте́т) mathematisch-physikalische Fakultät
физо́рг, -а *m* (физкульту́рный организа́тор) Sportorganisator, Sportfunktionär
фикса́ж, -а, *I* -ем, *G Pl* -ей *m phot* Fixierbad
фиксатуа́р, -а *m* Haarfixativ, Pomade
фикси́ровать, -рую, -руешь; -рованный, -рован, -а *v, uv* 1. fixieren, festlegen, festsetzen 2. fixieren, konzentrieren 3. *phot* fixieren
фикти́вный, -ая, -ое; *Kzf* -вен, -вна fiktiv; fingiert
фи́кус, -а *m bot* Gummibaum
фи́кция, -и *f* Fiktion
филармо́ния, -и *f* Philharmonie
филатели́ст [тэ], -а *m* Philatelist
[1]**филе́** *n idkl* Filet(handarbeit)
[2]**филе́** *n idkl u.* **филе́й,** -я *m* Filet, Lendenstück
филёнка, -и, *Pl G* -нок, *D* -нкам *f* Türfüllung
филёр, -а *m* (Polizei-) Spitzel
филиа́л, -а *m* Zweigstelle, Filiale
филигра́н ↑ филигра́нь
филигра́нный, -ая, -ое 1. Filigran-, filigranartig 2. Wasserzeichen- 3. fein, sorgfältig
филигра́нь, -и *f u.* **филигра́н,** -а *m* 1. Filigran(arbeit) 2. Wasserzeichen; Papier mit Wasserzeichen
Филимо́н, -а *m männl Vn*
фи́лин, -а *m zool* Uhu
филиппи́нский, -ая, -ое: Филиппи́нские острова́ die Philippinen
фили́стер, -а *m buchspr* Philister, Spießbürger
фили́стерство, -а *m buchspr* Philistertum, Spießbürgertum
филлоксе́ра, -ы *f*: виногра́дная ~ *zool* Reblaus
фило́лог, -а *m* Philologe
фило́соф, -а *m* Philosoph
филосо́фский, -ая, -ое 1. philosophisch 2. *umg* ernst, unerschütterlich, tiefsinnig ◇ ~ ка́мень Stein der Weisen
филосо́фствовать, -вую, -вуешь *uv* 1. philosophieren 2. *umg* tiefsinnige Betrachtungen anstellen; klug reden
фильм, -а *m* Film; снима́ть ~ einen Film drehen, filmen; нау́чно-популя́рный ~ Kulturfilm
фильмоско́п, -а *m* Projektionsapparat für Diafilme
фильтр, -а *m* Filter
фильтрова́льный, -ая, -ое Filter-
фильтрова́ть, -ру́ю, -ру́ешь; -ро́ванный, -ро́ван, -а *uv* 1. filtern, filtrieren 2. *übtr umg* (aus)sieben
фильтру́ющийся, -аяся, -ееся: ~ ви́рус *med* filtrierbares Virus
фимиа́м, -а *m* Weihrauch; кури́ть кому́-н. ~ j-n beweihräuchern, j-m schmeicheln
фин- *in Zuss Abk für* фина́нсовый Finanz-
фина́л, -а *m* 1. Finale 2. *Sport* Endspiel
фина́льный, -ая, -ое End-, Schluß-

финанси́ровать, -рую, -руешь; -рованный, -рован, -а *v*, *uv* finanzieren
финанси́ст, -а *m* 1. Finanzfachmann 2. Finanzier
фина́нсовый, -ая, -ое 1. Finanz-, finanziell 2. *umg* Geld-
фина́нсы, -ов *Pl* 1. Finanzen, Finanzlage 2. *volksspr* Geld
фи́ник, -а *m* Dattel
фи́никовый, -ая, -ое Dattel-
фини́фть, -и *f alt* Email
фи́ниш, -а, *I* -ем *m Sport* 1. Finish, Endspurt 2. Ziel
финиши́ровать, -рую, -руешь *v*, *uv Sport* 1. zum Endspurt übergehen 2. durchs Ziel gehen
фи́нишный, -ая, -ое *Sport* Ziel-; -ая ле́нта Zielband
[1]**фи́нка,** -и, *Pl G* фи́нок, *D* фи́нкам *f* Finnin
[2]**фи́нка,** -и, *Pl G* фи́нок, *D* фи́нкам *f umg* finnisches Messer
[3]**фи́нка,** -и, *Pl G* фи́нок, *D* фи́нкам *f zool* Finne
Финля́ндия, -и *f* Finnland
финля́ндский [нск], -ая, -ое finnisch
финн, -а *m* Finne
фи́нна, -ы *f zool* Finne
финотде́л, -а *m* (фина́нсовый отде́л) Finanzamt
фи́нский, -ая, -ое finnisch; Фи́нский зали́в Finnischer Meerbusen
финти́ть, финчу́, финти́шь *uv umg* 1. sich verstellen; Ausflüchte machen 2. schmeicheln
финтифлю́шка, -и, *Pl G* -шек, *D* -шкам *f* 1. *umg* Kleinigkeit, Kinkerlitzchen 2. *volksspr* leichtsinnige, vergnügungssüchtige Frau, Flittchen
фиоле́товый, -ая, -ое violett, lila
фио́рд [фьё], -а *m u.* **фьорд,** -а *m* Fjord
фи́рма, -ы *f* 1. Firma 2. *übtr umg* Deckmantel, Vorwand
фи́рменный, -ая, -ое Firmen-; ~ магази́н Industrieladen
фисгармо́ния, -и *f mus* Harmonium
фиск, -а *m* Fiskus, Staatskasse
фиска́л, -а *m umg* Denunziant, Verleumder
фиска́лить, -лю, -лишь *uv umg* denunzieren, verleumden || *v* сфиска́лить
фиста́шка, -и, *Pl G* -шек, *D* -шкам *f bot* Pistazie
фи́стула, -ы *u.* **фистула́,** -ы́ *f* 1. *mus* Falsett, Fistelstimme 2. *med* Fistel
фити́ль, -я́ *m* Docht; Lunte, Zündschnur
фитю́лька, -и, *Pl G* -лек, *D* -лькам *f volksspr* 1. kleiner Gegenstand, Sächelchen 2. unbedeutender Mensch
фи́шка, -и, *Pl G* фи́шек, *D* фи́шкам *f* Spielmarke
флаг, -а *m* Fahne, Flagge; подня́ть ~ die Fahne hissen, flaggen; спусти́ть ~ die Fahne einholen; приспусти́ть ~ halbmast flaggen; оста́ться за -ом sein Ziel nicht erreichen, nicht zugelassen werden; под -ом чего́-н. a) unter der Flagge, im Namen von etw.; b) unter dem Deckmantel (*G*)
фла́гман, -а *m naut* 1. Flaggoffizier 2. Flaggschiff
фла́гманский, -ая, -ое *naut* Flagg-
флагшто́к, -а *m* Fahnenmast, Flaggstock
флажо́к, -жка́ *m Dem zu* флаг kleine Fahne; сигна́льный ~ Signalflagge
флако́н, -а *m* Flakon, (Parfüm-) Fläschchen
флама́ндец, -дца, *I* -дцем, *G Pl* -дцев *m* Flame
флама́ндка, -и, *Pl G* -док, *D* -дкам *f* Flamin
флама́ндский, -ая, -ое flämisch
флами́нго *m idkl* Flamingo
фланг, -а *m mil* Flanke, Flügel, Seite
фланго́вый, -ая, -ое *mil* 1. Flanken- 2. -о́го *Subst m* Flügelmann
Фла́ндрия, -и *f* Flandern
флане́левый, -ая, -ое Flanell-
флане́ль, -и *f* Flanell
фланёр, -а *m umg* Müßiggänger
фла́нец, -нца, *I* -нцем, *G Pl* -нцев *m tech* Flansch, Ansatzring
флани́ровать, -рую, -руешь *uv umg* (herum)bummeln, (umher)schlendern
флегма, -ы *f* 1. Phlegma 2. *umg* Phlegmatiker
флегма́тик, -а *m* Phlegmatiker
флегмати́чный, -ая, -ое; *Kzf* -чен, -чна phlegmatisch; gleichgültig
фле́йта, -ы *f* Flöte
флейти́ст, -а *m mus* Flötist
фле́ксия, -и *f ling* Flexion
флекти́вный, -ая, -ое *ling* Flexions-, flektierbar; -ые языки́ flektierende Sprachen
флёр, -а *m* Schleier, Flor
фли́гель, -я, *Pl* флигеля́, -е́й, -я́м *u. alt* фли́гели, -ей, -ям *m* Flügel, Seitengebäude
флирт, -а *m* Flirt
флиртова́ть, -ту́ю, -ту́ешь *uv* flirten
фло́ра, -ы *f* Flora, Pflanzenwelt
Флоре́нция, -и *f* Florenz
Флори́да, -ы *f* Florida

флот, -а *m naut* Flotte; (вое́нно-) морско́й ~ (Kriegs-) Marine
флоти́лия, -и *f naut* Flotille
фло́тский, -ая, -ое *naut* 1. Flotten-, Marine- 2. -ого *Subst m* Matrose, Seemann
флюга́рка, -и, *Pl G* -рок, *D* -ркам *f* 1. Wetterfahne, Wetterhahn 2. Schornsteinhaube
флю́гер, -а, *Pl* флюгера́, -о́в, -а́м *u.* флю́геры, -ов, -ам *m* 1. Wetterfahne, Wetterhahn 2. wetterwendischer Mensch
[1]**флюс,** -а *m med* Zahngeschwür
[2]**флюс,** -а, *Pl* флюсы́, -о́в, -а́м *m tech* Flußmittel, Zuschlag
фля́га, -и *u.* **фля́жка,** -и, *Pl G* -жек, *D* -жкам *f* 1. Feldflasche, Taschenflasche 2. Kanne
фойе́ *n idkl* Foyer
фок, -а *m naut* Fock(e)
фокстерье́р [тэ], -а *m* Foxterrier
фокстро́т, -а *m* Foxtrott
[1]**фо́кус,** -а *m* 1. *phys* Fokus, Brennpunkt 2. *med* Fokus, Krankheitsherd 3. *übtr* Brennpunkt, Mittelpunkt
[2]**фо́кус,** -а *m* 1. (Zauber-) Kunststück, Hokuspokus 2. Trick, Kniff 3. *meist Pl übtr umg* Launen, Grillen ◇ в то́м-то и ~ da liegt der Hase im Pfeffer
фо́кусник, -а *m* 1. Zauberkünstler, Taschenspieler 2. *übtr umg* gerissener Kunde 3. *übtr umg* launischer Mensch
фо́кусничать, -аю, -аешь *uv* 1. *alt* (Zauber-) Kunststücke [Hokuspokus] vormachen 2. *übtr umg* launisch sein, seine Grillen haben ‖ *v* сфо́кусничать *zu* 2
фо́кусный, -ая, -ое *phys* Fokus-, Brennpunkt-; -ое расстоя́ние Brennweite
фольва́рк, -а *m* Vorwerk *in Belorußland u. der Ukraine*
фо́льга, -и *f* Folie; (алюми́ниевая) ~ Silberpapier
фолькло́р, -а *m* 1. Folklore 2. *umg* Folkloristik, Volkskunde
фольклори́ст, -а *m* Folklorist, Volkskundler
фолькло́рный, -ая, -ое 1. die Folklore betreffend 2. folkloristisch
Фома́, -ы́ *m* Thomas
[1]**фон,** -а *m* Grund; Hintergrund
[2]**фон,** -а *m phys* Phon *Einheit der Lautstärke*
фона́рик, -а *m Dem zu* фона́рь kleine Laterne; кита́йский ~ Lampion; карма́нный электри́ческий ~ Taschenlampe
фона́рщик, -а *m alt* Laternenanzünder
фона́рь, -я́ *m* 1. Laterne, Scheinwerfer; за́дний ~ Rücklicht *Auto* 2. *arch* verglaster Erker 3. *volksspr scherz* blauer Fleck 4. *arch* Oberlicht ◇ проекцио́нный ~ Projektionslampe, Projektor
фонд, -а *m* 1. Fond, Geldmittel; ~ предприя́тия Betriebsfond 2. Bestand 3. *Pl finanz* Wertpapiere, Effekten 4. *Pl übtr buchspr, alt* Chancen
фо́ндовый, -ая, -ое 1. Fond- 2. *finanz* Effekten-
фоне́ма [нэ], -ы *f ling* Phonem
фоне́тика [нэ], -и *f ling* 1. Phonetik, Lautlehre 2. Lautbestand
фонети́ческий [нэ], -ая, -ое *ling* phonetisch; -ая транскри́пция Lautschrift, phonetische Umschrift
фоно́граф, -а *m* Phonograph, Tonaufnahmegerät
фоноло́гия, -и *f ling* Phonologie, Wissenschaft von den Phonemen
фонта́н, -а *m* 1. Fontäne, Springbrunnen 2. *übtr umg* Schwall ◇ бить -ом hervorquellen
фо́ра, -ы *f Sport* Vorgabe
фордыба́чить, -чу, -чишь *uv volksspr* frech widersprechen, sich frech benehmen
форе́ль, -и *f zool* Forelle
фо́рма, -ы *f* 1. Form 2. Uniform 3. Formular, Vordruck
формали́зм, -а *m* 1. *phil, Kunst* Formalismus 2. Überbetonung der (äußeren) Form
формали́стика, -и *f umg* 1. Überbetonung der (äußeren) Form; übertriebene Förmlichkeit 2. Formalitäten, Erledigung der Formalitäten
формалисти́ческий, -ая, -ое formalistisch
форма́льность, -и *f* 1. Überbetonung der (äußeren) Form 2. Formalität
форма́льный, -ая, -ое 1. offiziell, gesetzmäßig 2. formalistisch, auf dem Formalismus begründet 3. *Kzf* -лен, -льна formal, formell
форма́т, -а *m* Format
форма́ция, -и *f buchspr* Formation
фо́рменный, -ая, -ое 1. Form-, geformt; formgemäß 2. Uniform-; -ая фура́жка Dienstmütze 3. *übtr umg* richtig, echt, ausgemacht
формирова́ние, -я *n* 1. Bildung, Formierung 2. *mil* Formation
формирова́ть, -ру́ю, -ру́ешь; -ро́-

ванный, -рóван, -а *uv* **1.** formen, (aus)bilden, prägen **2.** formieren, zusammenstellen, organisieren

формировáться, -рýюсь, -рýешься *uv* **1.** sich herausbilden **2.** sich körperlich entwickeln **3.** sich formieren

формовáть, -мýю, -мýешь; -мóванный, -мóван, -а *uv* **1.** formen, modellieren **2.** eine Gießform herstellen ‖ *v* сформовáть *zu* 2

формóвка, -и, *Pl G* -вок, *D* -вкам *f* **1.** Formung, Modellierung; *tech* Formen **2.** Form, Gießform

формовóй, -áя, -óе Form-; ~ хлеб Kastenbrot

формóвщик, -а *m* Former, Modellierer

фóрмула, -ы *f* Formel

формули́ровать, -рую, -руешь; -рованный, -рован, -а *v, uv* formulieren, in Worte fassen

формулирóвка, -и, *Pl G* -вок, *D* -вкам *f* Formulierung; Definition

формуля́р, -а *m* **1.** Vordruck **2.** Lesekarte *in der Bibliothek* **3.** *alt* Personalakte

форпóст, -а *m mil, übtr buchspr* Vorposten

форс, -а (-у) *m volksspr* **1.** Angeberei **2.** Hochmut, Dünkel

форси́ровать, -рую, -руешь; -рованный, -рован, -а *v, uv* **1.** forcieren, verstärken, beschleunigen **2.** *mil* erzwingen

форси́ть, форшý, форси́шь *uv volksspr* **1.** sich herausputzen, Staat machen **2.** wichtig tun, angeben

форсýнка, -и, *Pl G* -нок, *D* -нкам *f tech* Zerstäuber, (Einspritz-) Düse

форт, -а, *P* о фóрте, в фортý, *Pl* форты́, -óв, -áм *m mil* Fort, Verteidigungswerk

фортепья́нный [тэ], -ая, -ое Klavier-

фортепья́но [тэ] *n idkl* Klavier

фортификациóнный, -ая, -ое *mil* Befestigungs-

фортификáция, -и *f mil* **1.** Fortifikation, Befestigungslehre **2.** Befestigungs(anlagen)

фóрточка, -и, *Pl G* -чек, *D* -чкам *f* Lüftungsklappe, Klappfenster

фортýна, -ы *f buchspr* Fortuna, Schicksal, Glück

фосфори́ческий, -ая, -ое phosphorartig, phosphoreszierend

фóсфорный, -ая, -ое *chem* Phosphor-

фóто *n idkl umg* Photo, Photographie

фото- *in Zuss* Foto-

фотоаппарáт, -а *m* Photoapparat; зеркáльный ~ Spiegelreflexkamera

фотовспы́шка, -и, *Pl G* -шек, *D* -шкам Blitzlicht

фотогени́чный, -ая, -ое; *Kzf* -чен, -чна photogen

фотóграф, -а *m* Photograph

фотографи́ровать, -рую, -руешь; -рованный, -рован, -а *uv* photographieren ‖ *v* сфотографи́ровать

фотографи́роваться, -руюсь, -руешься *uv* **1.** sich fotografieren lassen **2.** photographiert werden ‖ *v* сфотографи́роваться *zu* 1

фотографи́ческий, -ая, -ое photographisch, Photo-

фото|грáфия, -и *f* **1.** Photographieren **2.** Photo, Aufnahme, Lichtbild **3.** Photoatelier; **~кáрточка,** -и, *Pl G* -чек, *D* -чкам *f umg* Photo, Lichtbild; **~люби́тель,** -я *m* Amateurphotograph; **~плёнка,** -и, *Pl G* нок, *D* -нкам *f phot* Film; **~репортáж,** -а, *I* -ем, *G Pl* -ей *m* Bildbericht; **~репортёр,** -а *m* Bildberichterstatter; **~сни́мок,** -мка *m* Photo, Lichtbild

фототéка, -и *f* Photothek, Lichtbildsammlung; Bildstelle

фото|телегрáф, -а *m* Bildtelegraph; **~ти́пия,** -и *f typ* Phototypie, Lichtbilddruck; **~увеличи́тель,** -я *m phot* Vergrößerungsapparat; **~элемéнт,** -а *m* Photozelle

фрагмéнт, -а *m* Fragment, Bruchstück

фрагментáрный, -ая, -ое; *Kzf* -рен, -рна *buchspr* fragmentarisch

фрáза, -ы *f* **1.** Satz **2.** Phrase, leeres Geschwätz

фразеологи́ческий, -ая, -ое *ling* phraseologisch

фразеолóгия, -и *f* **1.** *ling* Phraseologie **2.** *ling* Bestand an Redewendungen **3.** Phrasen, leere Redensarten

фразёр, -а *m* Schönredner, Schwätzer, Phrasendrescher

фразёрство, -а *n* Schönrednerei, leeres Geschwätz, Phrasendrescherei

фрази́ровать, -рую, -руешь; -рованный, -рован, -а *uv mus, ling* phrasieren, in sinngemäßer Gliederung vortragen

фрак, -а *m* Frack

[1]**фракциóнный,** -ая, -ое *pol* Fraktions-, Parteigruppen-

[2]**фракциóнный,** -ая, -ое *chem* Fraktions-, Fraktionier-; -ая перегóнка fraktionierte Destillation

[1]**фрáкция,** -и *f pol* Fraktion, Parteigruppe

[2]**фрáкция,** -и *f chem* Fraktion

фраму́га, -и *f* Oberteil des Fensters [der Tür], Oberlicht
франк, -а *m* Frank *Währungseinheit*
фра́нко- *in Zuss* franko, frei
Фра́нкфурт, -а *m*: ~-на-Ма́йне Frankfurt am Main; ~-на-О́дере Frankfurt an der Oder
франт, -а *m* Modenarr, Geck
франти́ть, -нчу́, -нти́шь *uv umg* sich putzen, sich herausputzen
франти́ха, -и *f umg* Modedame, Modepuppe
франтовство́, -а́ *n* Putzsucht
Фра́нция, -и *f* Frankreich
францу́женка, -и, *Pl G* -нок, *D* -нкам *f* Französin
францу́з, -а *m* Franzose
францу́зский [уск], -ая, -ое französisch
фрахт, -а *m wirtsch* Fracht; Fracht(kosten)
фрахтова́ть, -ту́ю, -ту́ешь; -то́ванный, -то́ван, -на *uv naut, wirtsch* chartern
фра́чный, -ая, -ое Frack-; -ая па́ра Frack(anzug)
фрега́т, -а *m naut* Fregatte
фре́за, -ы *f u.* **фре́зер,** -а *m* 1. *tech* Fräser 2. *landw* Fräse
фре́зерный, -ая, -ое Fräs-, Fräser-
фрезерова́ть, -ру́ю, -ру́ешь; -ро́ванный, -ро́ван, -а *v, uv* 1. *tech* fräsen 2. *landw* mit der Fräse bearbeiten
фрезеро́вщик, -а *m* Fräser; ~-скоростни́к Schnellfräser
фре́йлина [рэ], -ы *f alt* Hofdame
френч, -а *I* -ем, *G Pl* -ей *m mil* Feldrock
фре́ска, -и, *Pl G* -сок, *D* -скам *f* Freske
фре́сковый, -ая, -ое Fresken-; -ая живопись Fresko-, Wandmalerei
фриво́льный, -ая, -ое; *Kzf* -лен, -льна frivol, leichtfertig; schlüpfrig
фриз, -а *m arch* Fries
фри́зер, -а *m* Tiefkühltruhe
фрикаде́лька [дэ], -и, *Pl G* -лек, *D* -лькам *f* Frikadelle, Klops, (gekochtes) Fleischklößchen
фро́нда, -ы *f* 1. *hist* Fronde 2. *übtr buchspr* Opposition, Auflehnung
фрондёрство, -а *n buchspr* Unzufriedenheit, Auflehnung
фронт, -а, *Pl* фро́нты, фронто́в, фронта́м *m mil, übtr* Front ◇ на два -а in zwei Richtungen; перемени́ть ~ die Farbe wechseln, sein Verhalten ändern; стать во ~ strammstehen
фронта́льный, -ая, -ое frontal
фронтиспи́с, -а *m typ* Titelvignette
фронти́т, -а *m med* Stirnhöhlenentzündung
фронтови́к, -а́ *m* Frontkämpfer
фронтово́й, -а́я, -о́е Front-
фронто́н, -а *m arch* Giebel
фру́кт, -а *m* 1. *meist Pl* Obst, Früchte 2. *volksspr* Früchtchen, Type
фрукто́вый, -ая, -ое Frucht-, Obst-
Фру́нзе *m idkl* Frunse *Stadt*
фтор, -а *m chem* Fluor
фу! *Interj* 1. pfui! 2. uff!
фу́га, -и *f mus* Fuge
фуга́нок, -нка *m tech* Schlichthobel
фуга́с, -а *m mil* Landmine, (eingebaute) Sprengladung
фуга́ска, -и, *Pl G* -сок, *D* -скам *f umg mil* Sprengbombe, Sprenggeschoß
фуга́сный, -ая, -ое *mil* Spreng-
фуже́р, -а *m* Pokal, Römer
фу́кать *uv zu* фу́кнуть
фу́кнуть, -ну, -нешь *v umg* blasen, (aus)pusten || *uv* фу́кать, -аю, -аешь
фу́ксия, -и *f bot* Fuchsie
фунда́мент, -а *m arch* Fundament *a. übtr*; подвести́ ~ untermauern
фундамента́льный, -ая, -ое 1. Grund-, Haupt-, Stamm- 2. *Kzf* -лен, -льна fundamental; solide
фуникулёр, -а *m* Zahnradbahn
функциона́льный, -ая, -ое funktional, funktionell
функциони́ровать, -рую, -руешь *uv* funktionieren, seine Funktion ausüben
фу́нкция, -и *f* Funktion
фунт, -а *m* Pfund 1. *alt* russische Gewichtseinheit von 409,5 g 2. englische Gewichtseinheit von 453,6 g 3.: ~ (сте́рлингов) Pfund Sterling *englische Währungseinheit*
фу́нтик, -а *m umg* Tüte
фу́ра, -ы *f* Lastfuhrwerk
фура́ж, -а́, *I* -о́м *m* Viehfutter
фуражи́р, -а *m landw* Futtermeister
фура́жка, -и, *Pl G* -жек, *D* -жкам *f* Schirmmütze
фура́жный, -ая, -ое Futter-
фурго́н, -а *m* Planwagen
фу́рия, -и *f myth, übtr* Furie
фурниту́ра, -ы *f* Zubehör
фуро́р, -а *m buchspr* Furore, rauschender Beifall; произвести́ ~ Aufsehen erregen
фуру́нкул, -а *m med* Furunkel
фут, -а *m* Fuß *Längenmaß von 30,5 cm*
футбо́л, -а *m* Fußball(spiel)
футболи́ст, -а *m* Fußballspieler
футбо́лка, -и, *Pl G* -лок, *D* -лкам *f* Turnhemd
футбо́льный, -ая, -ое Fußball-; -ая

комáнда Fußballmannschaft, Fußballelf
футля́р, -а *m* Futteral, Etui, Hülle
футури́ст, -а *m Kunst, lit* Futurist
футуристи́ческий, -ая, -ое *Kunst, lit* futuristisch
футшто́к, -а *m naut* Pegel
фуфа́йка, -и, *Pl G* -áек, *D* -áйкам *f* Unterziehjacke, Sweater, Strickjacke
фуфу́: на ~ nachlässig, leichtfertig
фы́ркать, -аю, -аешь *uv* 1. schnauben, schnaufen, fauchen 2. *umg* losplatzen, herausplatzen, prustend lachen ‖ *v mom* **фы́ркнуть,** -ну, -нешь
фьорд ↑ фиóрд
фюзеля́ж, -а, *I* -ем, *G Pl* -ей *m flug* Flugzeugrumpf

X

Хаба́ровск, -а *m* Chabarowsk *Stadt*
ха́живать, *Präs ungebr*; ха́живал, -а *uv umg iterativ zu* ходи́ть häufig gehen, zu gehen pflegen
Ха́йфа, -ы *f* Haifa
хака́сский, -ая, -ое chakassisch; Хака́сская Автонóмная óбласть Chakassisches Autonomes Gebiet
ха́ки *idkl* 1. *Adj* khakifarben 2. *Subst n* Khaki, Khakiuniform
ха́ла, -ы *f* Zopf *Backwerk*; ~ с ма́ком Mohnzopf
хала́т, -а *m* 1. Morgenrock, Schlafrock 2. Bademantel 3. Kittel, Arbeitskittel; маскирóвочный ~ *mil* Tarnhemd
хала́тный, -ая, -ое; *Kzf* -тен, -тна nachlässig, nicht gewissenhaft, pflichtvergessen
халва́, -ы́ *f* Chalwa *Süßigkeit* (*Art Nußmarzipan*)
халту́ра, -ы *f umg* 1. *verächtl* Nebenverdienst 2. Pfuscherei, Stümperei
халту́рить, -рю, -ришь *uv umg verächtl* 1. einen Nebenverdienst haben 2. pfuschen, liederlich arbeiten
халту́рщик, -а *m umg* Pfuscher, Stümper
халу́па, -ы *f* kleine Hütte *Ukraine, Belorußland*
хам, -а *m umg* Flegel, Grobian
хамелео́н, -а *m zool* Chamäleon *a. übtr*
хами́ть, -млю, -ми́шь *uv volksspr* sich flegelhaft benehmen
хамса́, -ы́ *f* Anchovis
ха́мский, -ая, -ое *umg* flegelhaft, grob
ха́мство, -а *n umg* Flegelei, Grobheit
хан, -а *m* Khan *Herrschertitel*
хандра́, -ы́ *f* Schwermut, Trübsal
хандри́ть, -рю́, -ри́шь *uv* schwermütig sein, Trübsal blasen
ханжа́, -и́, *I* -óй, *G Pl* -éй *m, f umg* Scheinheilige(r), Heuchler(in) Frömmler(in)
ха́нжеский, -ая, -ое *u.* **ханжеско́й,** -áя, -óе scheinheilig, heuchlerisch, bigott
ха́нжество́, ха́нжествá *n* Scheinheiligkeit, Heuchelei, Bigotterie
Хано́й, -я *m* Hanoi
ха́нский, -ая, -ое Khan-
ха́ос *u.* **хао́с,** -а *m* 1. (ха́ос) *myth* Chaos 2. (хаóс) *übtr* Chaos, Durcheinander
хаоти́ческий, -ая, -ое *u.* **хаоти́чный,** -ая, -ое; *Kzf* -чен, -чна chaotisch, verworren, wüst
ха́пать *uv zu* ха́пнуть
ха́пнуть, -ну, -нешь; -нутый, -нут, -а *v volksspr* 1. ergreifen, packen, zu fassen kriegen 2. stehlen ‖ *uv* ха́пать, -аю, -аешь
хара́ктер, -а *m* 1. Charakter, Wesen; starker [fester] Charakter 2. Charakter, Eigenschaft, Beschaffenheit ◇ вы́держать ~ Charakterfestigkeit zeigen
характеризова́ть, -зу́ю, -зу́ешь; -зóванный, -зóван, -а *v, uv* charakterisieren
характери́стика, -и *f* 1. Charakteristik, Charakterisierung 2. Gutachten, Beurteilung 3. *math* Charakteristik, Kennziffer; Kennlinie
характе́рный, -ая, -ое 1. *theat* Charakter- 2. *Kzf* -рен, -рна charaktervoll, ausdrucksvoll 3. *Kzf* -рен, -рна charakteristisch, bezeichnend
хара́ктерный, -ая, -ое; *Kzf* -рен, -рна *alt, volksspr* mit starkem [festem] Charakter; eigenwillig, eigensinnig
ха́ркать, -аю, -аешь *uv umg* spucken, speien, Schleim auswerfen ‖ *v mom* **ха́ркнуть,** -ну, -нешь
ха́ртия, -и *f* 1. *pol* Charta, Verfas-

sungsurkunde 2. *hist* Charta, Urkunde; Pergament

харчéвня, -и, *Pl G* -вен, *D* -вням *f alt* Garküche

харчи́ *Pl* -éй, *Sg* харч, -а, *I* -ем *m alt, volksspr* Essen, Kost

Хáрьков, -а *m* Charkow

хáта, -ы *f* Hütte ◇ моя́ ~ с крáю das geht mich nichts an, mein Name ist Hase

хáять, хáю, хáешь *uv volksspr* schmähen, beschimpfen

хвалá, -ы́ *f* 1. Lob 2. *buchspr* Ruhm, Ehre ◇ воздавáть -ý preisen

хвалéбный, -ая, -ое; *Kzf* -бен, -бна Lobes-, lobend

хвалёный, -ая, -ое *iron* vielgerühmt, gepriesen

хвали́ть, хвалю́, хвáлишь; хвáленный, -ен, -а *uv* loben, belobigen, rühmen ‖ *v* похвали́ть

хвали́ться, хвалю́сь, хвáлишься *uv* prahlen ‖ *v* похвали́ться; (не) могý похвали́ться хорóшим здорóвьем ich kann mich (k)einer guten Gesundheit rühmen

хвáстать, -аю, -аешь *uv umg* prahlen, sich rühmen ‖ *v* похвáстать

хвáстаться, -аюсь, -аешься *uv umg* prahlen, sich rühmen ‖ *v* похвáстаться; (не) могý похвáстаться хорóшим здорóвьем ich kann mich (k)einer guten Gesundheit rühmen

хвастли́вый, -ая, -ое; *Kzf* -и́в, -а prahlerisch, angeberisch

хвастовствó, -á *n* Prahlerei, Angeberei

хвастýн, -á *m umg* Prahler, Angeber

хвастýнья, -ьи, *Pl G* -ний, *D* -ньям *f umg* Prahlerin, Angeberin

хват, -а *m* 1. *umg* gewandter Kerl 2. Griff *beim Turnen*

хватáть, -áю, -áешь *uv* 1. (er)greifen, fassen, packen 2. *unpers* ausreichen, langen 3. *unpers* на *A umg* zu etw. fähig [imstande] sein ◇ мне не хватáет врéмени ich habe keine Zeit; э́того ещё не хватáло das hätte gerade noch gefehlt ‖ *v umg* хвати́ть, хвачý, хвáтишь; хвáченный, -ен, -а

хватáться, -áюсь, -áешься *uv* за *A* 1. *umg* greifen (nach), sich festhalten, sich festklammern (an) 2. mit Eifer zu tun beginnen, greifen (zu), sich stürzen (auf) ◇ ~ зá ум zur Vernunft kommen ‖ *v volksspr* хвати́ться, хвачýсь, хвáтишься

хвати́ть, хвачý, хвáтишь; хвáченный, -ен, -а *v* 1. *umg v zu* хватáть 2. *volksspr* einen Schlag versetzen, heftig schlagen 3. *umg* plötzlich auftreten *von Naturerscheinungen*; plötzlich befallen *von Krankheiten*; хвати́л морóз plötzlich setzte Frost ein; егó хвати́л удáр er erlitt einen Schlaganfall 4. *umg* erleiden, ertragen; ~ гóря Kummer [Sorgen] haben 5. *umg* maßlos übertreiben, zu weit gehen; unbedacht etw. Taktloses sagen 6. *unpers* ausreichen, langen 7. *unpers G* на *A umg* zu etw. fähig [imstande] sein; егó на э́то хвáтит dazu ist er in der Lage 8. *unpers* хвáтит *umg* genug, es genügt; с меня́ хвáтит ich habe genug davon ◇ ~ ли́шнего ein Glas zu viel trinken

хвати́ться, хвачýсь, хвáтишься *v* 1. *umg* (plötzlich) vermissen, sich (plötzlich) entsinnen 2. *volksspr* sich stoßen 3. *v zu* хватáться

хвáтка, -и *f* 1. Griff; Biß 2. *übtr* Manier, Art; Geschick

хвáтский, -ая, -ое *volksspr* verwegen

хвать *Interj prädikativ umg* 1. packte, ergriff; я ~ егó за пóяс ich packte ihn am Gürtel 2. begann hastig zu suchen

хвóйный, -ая, -ое *bot* 1. Nadel- 2. -ые, -ых *Subst Pl* Nadelbäume

хворáть, -áю, -áешь *uv umg* krank sein, kränkeln

хвóрост, -а (-у) *m* 1. *Koll* Reisig 2. streifig geschnittenes Fettgebäck

хворости́на, -ы *f* Gerte, Rute

хвóрый, -ая, -ое; *Kzf* хвор, -á! *volksspr* krank, kränklich, kränkelnd

хворь, -и *f volksspr* Krankheit

хвост, -á *m* 1. Schwanz, Schweif; Schluß, Ende; павли́н распусти́л ~ der Pfau schlug ein Rad 2. *umg* Schleppe 3. *umg* Schlange, Reihe; стоя́ть в -é anstehen, Schlange stehen 4. *übtr umg* Rest, Rückstände ◇ вертéть -óм a) mit dem Schwanz wedeln; b) *übtr volksspr* Winkelzüge (Ausflüchte) machen; поджáть ~ a) den Schwanz einziehen; b) *übtr volksspr* bescheidener [kleinlaut] werden; плести́сь в -é zurückbleiben, hinterhertrotten; показáть ~ *volksspr* wegrennen, abhauen

хвости́зм, -а *m pol* Nachtrabpolitik

хвостовóй, -áя, -óе Schwanz-; -óе оперéние *flug* Schwanzleitwerk

хвощ, -á, *I* -óм, *G Pl* -éй *m bot* Schachtelhalm

хвоя́, -и *f Koll bot* 1. Nadeln 2. Zweige von Nadelbäumen

Хе́льсинки *idkl m* Helsinki
Херсо́н, -а *m* Cherson *Stadt*
хи́жина, -ы *f* Hütte, ärmliches Häuschen
хиле́ть, -е́ю, -е́ешь *uv umg* schwach werden, kränkeln
хи́лый, -ая, -ое; *Kzf* хил, -а́! *umg* kränklich, siech, schwächlich
хим- *in Zuss Abk für* хими́ческий chemisch
химе́ра, -ы *f* Schimäre, Trugbild, Hirngespinst
химери́ческий, -ая, -ое *u.* **химери́чный,** -ая, -ое; *Kzf* -чен, -чна schimärisch, trügerisch, phantastisch
хи́мик, -а *m* Chemiker
химика́лии, -ий *u.* **химика́ты,** -ов *Pl* Chemikalien
хими́ческий, -ая, -ое chemisch; ~ каранда́ш Kopierstift; -ое нападе́ние *mil* Gasangriff, Angriff mit chemischen Vernichtungsmitteln
хи́мия, -и *f* **1.** Chemie **2.** chemische Zusammensetzung
химчи́стка, -и *f* (хими́ческая чи́стка) chemische Reinigung
хи́на, -ы *f u.* **хини́н,** -а *m* Chinin
хи́нный, -ая, -ое China-, Chinin-; -ая ко́рка Chinarinde
хире́ть, -е́ю, -е́ешь *uv umg* **1.** kränkeln, dahinsiechen; verkümmern *von Pflanzen* **2.** *übtr* verfallen, verkümmern
Хироси́ма, -ы *f* Hiroschima
хиру́рг, -а *m* Chirurg
хирурги́ческий, -ая, -ое chirurgisch
хирурги́я, -и *f* Chirurgie
хитре́ц, -а́, *I* -о́м, *G Pl* -о́в *m* Schlaukopf, Schlaumeier
хитреца́, -ы́, *I* -о́й *f umg* Pfiffigkeit; с -о́й schlau, pfiffig
хитри́ть, -рю́, -ри́шь *uv* **1.** eine List anwenden, ein falsches Spiel treiben **2.** *umg* klügeln
хитросплетённый, -ая, -ое *buchspr* ausgeklügelt, spitzfindig
хи́трость, -и *f* **1.** Schlauheit, List **2.** *umg* Geschicklichkeit; Trick **3.** *umg* Schwierigkeit, Kniffligkeit
хитроу́мный, -ая, -ое; *Kzf* -мен, -мна **1.** findig, erfinderisch **2.** kompliziert, verzwickt
хи́трый, -ая, -ое; хитёр, хитра́! **1.** (hinter)listig, durchtrieben **2.** *umg* geschickt, gewandt **3.** *umg* kompliziert, knifflig
хихи́канье, -ья *n* Gekicher, Kichern
хихи́кать, -аю, -аешь *uv* kichern || *v mom* **хихи́кнуть,** -ну, -нешь
хище́ние, -я *n buchspr* Raub, Diebstahl
хи́щник, -а *m* **1.** Raubtier, Raubvogel **2.** *übtr* Räuber, Dieb
хи́щнический, -ая, -ое **1.** Raubtier- **2.** Räuber-, räuberisch; -ая разрабо́тка Raubbau
хи́щничество, -а *n* Raub, Räuberei
хи́щный, -ая, -ое; *Kzf* хи́щен, хи́щна **1.** Raub-; -ые живо́тные Raubtiere **2.** *übtr* raubgierig, gierig
хладнокро́вие, -я *n* Kaltblütigkeit
хладнокро́вный, -ая, -ое; *Kzf* -вен, -вна kaltblütig
хладо|бо́йня, -и, *Pl G* -бо́ен, *D* -бо́йням *f* Schlachthof mit Kühlhaus; **~комбина́т,** -а *m* (Groß-) Kühlhaus
хлам, -а *m Koll* Gerümpel, (alter) Plunder
хлеб, -а, *Pl* хле́бы *u.* хлеба́, хлебо́в, хлеба́м *m* **1.** (*Pl* хле́бы) Brot, Brotlaib; формово́й ~ Kastenbrot **2.** (*Pl* хлеба́) Getreide, Korn **3.** (*Pl* хлеба́ *umg*) Kost, Nahrung; Lebensunterhalt; зараба́тывать себе́ на ~ sich sein Brot [seinen Lebensunterhalt] verdienen; лиши́ться куска́ -а brotlos werden; жить на чужи́х -а́х у кого́-н. bei j-m das Gnadenbrot essen ◇ ~ насу́щный das tägliche Brot [das Allernotwendigste]; ~ да соль! guten Appetit!; ~-соль Bewirtung, Gastfreundschaft; с -а на квас перебива́ться ärmlich [von der Hand in den Mund] leben
хлеба́ть, -а́ю, -а́ешь *uv* **1.** (mit großen Schlucken) trinken, schlürfen **2.** *volksspr* löffeln ◇ уйти́ несо́лоно хлеба́вши *volksspr* unverrichteter Dinge [in seinen Erwartungen enttäuscht] abziehen; за семь верст киселя́ ~ *Sprichw etwa* mit der Kirche ums Dorf laufen || *v mom* хлебну́ть, -ну́, -нёшь
хле́бница, -ы, *I* -ей *f* Brotteller, Brotkorb
хлебну́ть, -ну́, -нёшь *v* **1.** *v mom zu* хлеба́ть **2.** *umg* trinken, einen Schluck nehmen **3.** *übtr umg* ertragen, erleiden, erleben
хле́бный, -ая, -ое **1.** Brot- **2.** Getreide-, Korn-; -ое вино́ Kornbranntwein **3.** *übtr umg* vorteilhaft, einträglich
хлебо- *in Zuss* Brot-; Getreide-
хлебобу́лочный, -ая, -ое: -ые изде́лия Backwaren
хлебо|заво́д, -а *m* Brotfabrik; **~загото́вки** *Pl* -вок, -вкам, *Sg* хлебозаго́товка, -и *f* Getreidebeschaffung;

~заку́пки *Pl* -пок, -пкам, *Sg* ~заку́пка, -и *f* Getreideaufkauf; **~па́шество,** -а *n* Ackerbau; **~па́шец,** -шца, *I* -шцем, *G Pl* -шцев *m* Landmann; **~пёк,** -а *m* Bäcker; **~пека́рня,** -и, *Pl G* -рен, *D* -рням *f* Bäckerei; **~поста́вки** *Pl* -вок, -вкам, *Sg* хлебопоста́вка, -и *f* Getreideablieferung; **~проду́кты,** -ов *Pl* Backwaren; **~ре́зка,** -и, *Pl G* -зок, *D* -зкам *f* Brotschneidemaschine; **~ро́б,** -а *m* Bauer; Getreidebauer; **~ро́дный,** -ая, -ое; *Kzf* -ден, -дна fruchtbar, ertragreich; **~сда́ча,** -и, *I* -ей *f* Getreideablieferung; **~со́л,** -а *m* gastfreundlicher Mensch; **~со́льный,** -ая, -ое; *Kzf* -лен, -льна gastfreundlich; **~со́льство,** -а *n* Gastfreundschaft; **~торго́вля,** -и *f* Getreidehandel; **~убо́рочный,** -ая, -ое Getreideernte-

хлеб-со́ль, -и *f* Bewirtung, Gastfreundschaft

хлев, -а, *P* в хле́ве *u.* в хлеву́, *Pl* хлева́, хлево́в, хлева́м *m* Stall

хлеста́ть* *uv* **1.** peitschen, schlagen **2.** *1. u. 2. Pers ungebr* strömen, sprudeln, sich ergießen **3.** *volksspr* (viel) trinken, saufen || *v mom* хлестну́ть [сн], -ну́, -нёшь

хлёсткий, -ая, -ое; *Kzf* хлёсток, хлестка́!; *Komp* хлёстче [ёще] **1.** treffend, scharf, peitschend **2.** *übtr* keck, forsch, flott

хлестну́ть *v mom zu* хлеста́ть

хлёстче ↑ хлёсткий

хлещу́ ↑ хлеста́ть

хли́пать, -аю, -аешь *uv volksspr* schluchzen

хлоп! *Interj umg* plumps!, klatsch!

хло́пать, -аю, -аешь *uv* **1.** schlagen, klappen, knallen **2.**: ~ (в ладо́ши) (in die Hände) klatschen, applaudieren **3.** *volksspr* hinter die Binde gießen ◇ ~ глаза́ми verständnislos [erstaunt] dreinschauen; keine Antwort wissen || *v mom* хло́пнуть, -ну, -нешь

хло́паться, -аюсь, -аешься *uv umg* hinstürzen, hinfallen; *volksspr* sich stoßen || *v mom* хло́пнуться, -нусь, -нешься

хло́пец, -пца, *I* -пцем, *G Pl* -пцев *m volksspr, gbt* Bursche

хлопко- *in Zuss* Baumwoll-

хлопково́дство, -а *n* Baumwollanbau

хло́пковый, -ая, -ое Baumwoll-; -ое ма́сло Baumwollsamenöl

хлопкоро́б, -а *m* Baumwollbauer

хло́пнуть(ся) *v mom zu* хло́пать(ся)

хло́пок, -пка *m* Baumwolle

хлопо́к, -пка́ *m* **1.** Klaps, Schlag **2.** *Pl* Applaus; жи́дкие -пки́ schwacher Beifall

хлопота́ть* *uv* **1.** geschäftig sein, sich zu schaffen machen **2.** sich bemühen (о *P* um) **3.** ein gutes Wort einlegen, sich einsetzen (за *A* für) || *v* похлопота́ть *zu* 2, 3

хлопотли́вый, -ая, -ое; *Kzf* -и́в, -а **1.** geschäftig, hastig **2.** mühevoll, schwierig

хло́потный, -ая, -ое; *Kzf* -тен, -тна *umg* mühevoll, schwierig

хло́поты, хлопо́т, хло́потам *Pl* Bemühungen; Scherereien; Sorgen ◇ у него́ хлопо́т по́лон рот er hat den Kopf voll(er) Sorgen

хлопочу́ ↑ хлопота́ть

хлопу́шка, -и, *Pl G* -шек, *D* -шкам *f* **1.** Knallbonbon **2.** Fliegenklappe

хлопча́тник, -а *m* Baumwollstaude

хлопчатобума́жный, -ая, -ое Baumwoll-

хло́пья, -ьев *Pl* Flocken

хлор, -а *m chem* Chlor

хлори́ровать, -рую, -руешь; -рованный, -рован, -а *v, uv* chlorieren

хло́ристый, -ая, -ое chlorhaltig, -chlorid; ~ ка́лий Kaliumchlorid

хло́рный, -ая, -ое *chem* Chlor-

хлорофи́лл, -а *m bot* Chlorophyll

хлорофо́рм, -а *m chem* Chloroform

хлы́нуть, -ну, -нешь *v* (hervor)strömen, (hervor)sprudeln, sich ergießen

хлыст, -а́ *m* Gerte, Reitpeitsche

хлыщ, -а́, *I* -о́м, *G Pl* -е́й *m umg* Laffe, Modenarr

хлю́пать, -аю, -аешь *uv umg* glucksen; ~ но́сом schnaufen || *v mom* хлю́пнуть, -ну, -нешь

хлю́паться *uv zu* хлю́пнуться

хлю́пнуть *v mom zu* хлю́пать

хлю́пнуться, -нусь, -нешься *v volksspr* plumpsen *in etw. Flüssiges oder Matschiges* || *uv* хлю́паться, -аюсь, -аешься

хля́бать, *1. u. 2. Pers ungebr,* -ает *uv volksspr* locker sitzen, wackeln

хля́стик, -а *m* Rückengürtel, Riegel

хмелево́дство, -а *n landw* Hopfenbau

хмелево́й, -а́я, -о́е Hopfen-

хмелёк, -лька́ *m* Schwips; под -лько́м beschwipst, angeheitert

хмеле́ть, -е́ю, -е́ешь *uv umg* betrunken werden, einen Rausch bekommen

хмель, -я *m* **1.** Hopfen **2.** *P* о хме́ле, во хмелю́ Rausch, Schwips

хме́льник, -а *m* Hopfenfeld

хмельно́й, -а́я, -о́е; *Kzf* -лён, -льна́ **1.** berauschend **2.** berauscht, (be)-

trunken 3. -óe, -óго *Subst n* alkoholisches Getränk

хмýрить, -рю, -ришь *uv* die Stirn runzeln, die Augenbrauen zusammenziehen

хмýриться, -рюсь, -ришься *uv* 1. finster dreinschauen 2. sich verfinstern, trübe sein *vom Himmel*

хмýрый, -ая, -ое; *Kzf* хмур, -á! 1. finster, düster, mürrisch 2. trübe, düster, bewölkt

хны́кать* *u.* -аю, -аешь *uv umg* flennen, greinen; jammern

хны́чу ↑ хны́кать

хóбот, -а *m* 1. *zool* Rüssel 2. *mil* Lafettenschwanz 3. *tech* Ausleger

хоботóк, -ткá *m zool* Saugrüssel

ход, -а (-у), *P* в хóде *u.* в ходý, на хóде *u.* на ходý, *Pl* хóды *u.* ходы́, ходóв, ходáм *m* 1. (*P* в хóде, на ходý) Gang, Lauf, Fahrt, Bewegung; на -ý a) während der Fahrt; b) im Gehen; c) in Betrieb; d) schnell, gleichzeitig; холостóй ~ Leerlauf; гýсеничный ~ Raupenantrieb; зáдний ~ Rückwärtsgang *Auto*; мёртвый ~ *tech* Spiel; срéдний ~ *naut* halbe Fahrt; пóлный ~ вперёд! mit Volldampf voraus!; идти́ своим -ом sich mit eigner Kraft vorwärtsbewegen; *übtr* seinen Gang gehen; пусти́ть в ~ маши́ну eine Maschine einschalten [anlassen] 2. (*P* в хóде) Verlauf, Gang, Entwicklung; в -е собы́тий im Zuge der Ereignisse 3. (*P* на хóде *u.* на ходý, *Pl* хóды) Zug *bei Brettspielen*; Ausspielen *bei Kartenspielen*; чей ~? wer ist am Zuge?; wer spielt aus? 4. (*P* в хóде *u.* в ходý, *Pl* ходы́) Gang, Eingang; ~ сообщéний *mil* Verbindungsgraben 5. (в ходý) Umlauf, Gebrauch; быть в -ý im Gebrauch sein, allgemein gebräuchlich sein; э́тот товáр в большóм -ý diese Ware ist sehr gefragt; пусти́ть в ~ чтó-н. etw. zum Einsatz bringen, von etw. Gebrauch machen ◇ не давáть -у комý-н. j-n nicht vorwärtskommen lassen; дать ~ дéлу eine Sache in Gang setzen [ins Rollen bringen]; знать все -ы и вы́ходы alle Schliche kennen

ходáтай, -я, *G Pl* -ев *m* 1. Fürsprecher 2. *jur alt* Sachwalter, Anwalt

ходáтайство, -а *n* Gesuch, Ansuchen; Fürsprache

ходáтайствовать, -твую, -твуешь *uv*, *Prät a. v* 1. ein Gesuch machen, ansuchen (о *P* um) 2. sich verwenden, einsetzen (за *A* für) ‖ *v* походáтайствовать

хóдики, -ов *Pl umg* Wanduhr mit Gewichten

ходи́ть, хожý, хóдишь *uv* 1. *unbest zu* идти́; ~ взад и вперёд hin- und hergehen; ~ на лы́жах Ski laufen; ~ под парусáми segeln; тýчи хóдят die Wolken ziehen; ~ по травé воспрещáется das Betreten des Rasens ist verboten; часы́ не хóдят die Uhr steht 2. gehen [laufen] können, fähig sein zu gehen [laufen] 3. (hin)gehen, besuchen; ~ в шкóлу die Schule besuchen, Schüler sein 4. за *I* pflegen, beaufsichtigen 5. verkehren, fahren *Verkehrsmittel* 6. ausspielen *Karte*; ziehen *Brettspiel*; ~ кóзырем einen Trumpf ausspielen; ~ слонóм mit dem Läufer ziehen; вам ~ Sie sind am Zug; Sie spielen aus 7. в *P* tragen; ~ в шýбе einen Pelz tragen 8. *umg* austreten, seine Notdurft verrichten ◇ ~ пó миру betteln gehen; ~ вокрýг да óколо wie die Katze um den heißen Brei gehen | *uv iterativ* хáживать

хóдкий, -ая, -ое; *Kzf* хóдок, ходкá! *umg* 1. gängig; gebräuchlich, verbreitet 2. schnell

ходовóй, -áя, -óе 1. *tech* Lauf-, Zug- 2. gängig; gebräuchlich, verbreitet 3. *volksspr* fix, gewandt, geschickt

ходóк, -á *m* 1. Fußgänger 2. *hist* Abgesandter, Fürsprecher 3. *umg* gewandter [geschickter] Mensch

ходýли *Pl* -ей, *Sg* ходýля, -и *f* Stelzen

ходýльный, -ая, -ое; *Kzf* -лен, -льна aufgeblasen; geschraubt

ходунóм: ходи́ть ~ wackeln, zittern

ходьбá, -ы́ *f* Gehen, Wandern; три часá -ы́ drei Stunden zu Fuß [Fußmarsch]

ходя́чий, -ая, -ее 1. gehend; ~ больнóй nicht bettlägeriger Kranker 2. weit verbreitet, gebräuchlich; -ая и́стина Binsenwahrheit 3. *übtr umg iron* verkörpert; -ая добродéтель die Tugend in Person; -ая энциклопéдия wandelndes Lexikon

хождéние, -я *n* Gehen; Umlauf; Kursieren; ~ по мýкам Leidensweg; имéть ~ *buchspr* im Umlauf sein, gelten

хóжено *unpers, prädikativ, umg* es ist gegangen worden, man ist gegangen

хоз- *in Zuss Abk für* хозя́йственный Wirtschafts-

хозрасчёт, -а *m* (хозя́йственный рас-

чёт) wirtschaftliche Rechnungsführung
хозрасчётный, -ая, -ое ohne staatliche Zuschüsse arbeitend
хозя́ин, -а, *Pl* хозя́ева, -я́ев, -я́евам *m* 1. Besitzer; privater Arbeitgeber 2. (Haus-) Wirt; Wirtschafter 3. Hausherr 4. Herr; он сам себе́ ~ er ist sein eigener Herr 5. *biol* Wirt 6. *volksspr u. gbt* (Ehe-) Mann
хозя́йка, -и, *Pl G* -я́ек, *D* -я́йкам *f* 1. Besitzerin; private Arbeitgeberin 2. (Haus-) Wirtin; Wirtschafterin 3. Hausfrau, Hausherrin 4.: дома́шняя ~ Hausfrau 5. *volksspr u. gbt* (Ehe-) Frau
хозя́йничать, -аю, -аешь *uv* 1. wirtschaften, die Wirtschaft führen 2. schalten und walten, herumwirtschaften
хозя́йский, -ая, -ое 1. dem Wirt gehörig 2. sorgsam 3. herrisch ◇ де́ло -ое *umg* mach, was du willst
хозя́йственник, -а *m* Wirtschafter; Wirtschaftsfunktionär
хозя́йственный, -ая, -ое 1. Wirtschafts-, Haushalts- 2. *Kzf* -ен, -енна wirtschaftlich, ökonomisch, rationell, sparsam
хозя́йство, -а *n* 1. Wirtschaft; дома́шнее ~ Haushalt 2. *landw* Wirtschaft, Betrieb, Hof; единоли́чное ~ Einzelwirtschaft; па́сечное ~ Imkerei
хоккеи́ст, -а *m Sport* Hockeyspieler
хокке́й, -я *m Sport* Hockey; игра́ть в ~ Hockey spielen
хо́леный, -ая, -ое gepflegt; gestriegelt
холе́ра, -ы *f med* Cholera
холери́ческий, -ая, -ое cholerisch
холе́рный, -ая, -ое *med* Cholera-
хо́лить, хо́лю, хо́лишь; хо́ленный, -ен, -а *uv* pflegen, warten; striegeln
хо́лка, -и, *Pl G* хо́лок, *D* хо́лкам *f anat* Widerrist
холм, -а́ *m* Hügel
холми́стый, -ая, -ое; *Kzf* -и́ст, -а Hügel-, hügelig
хо́лод, -а (-у), *P* на хо́лоде *u.* на холоду́, *Pl* холода́, холодо́в, холода́м *m* Kälte
холода́ть, -а́ю, -а́ешь *uv* 1. kälter werden 2. *umg* erkalten *von Toten* ◇ ~ и голода́ть hungern und frieren; in großer Not sein
холоде́ть, -е́ю, -е́ешь *uv* kalt [kälter] werden, sich abkühlen; erstarren
холоде́ц, -дца́, *I* -дцо́м, *G Pl* -дцо́в *m* Sülze
холоди́льник, -а *m* 1. Kühlschrank, Eisschrank, Kühlhaus; Kühlanlage; ваго́н-~ Kühlwagen 2. *tech* Kondensator, Kühler
холоди́льный, -ая, -ое Kühl-, Gefrier-; -ая те́хника Kältetechnik; -ая устано́вка Kühlanlage
холоди́ть, -ожу́, -оди́шь *uv* 1. *umg* kalt werden lassen, abkühlen lassen 2. kühlen ◇ ~ се́рдце *übtr* das Herz erstarren lassen
холодне́ть, -е́ет *unpers uv umg* kühl(er) werden *Wetter*
холо́дное, -ого *Subst n* Fleisch [Fisch] in Sülze
холоднокро́вные, -ых *Subst Pl zool* Kaltblüter
холо́дный, -ая, -ое; *Kzf* хо́лоден, -дна́! 1. kalt; -ые заку́ски kalte Platte 2. *nur Langform* leicht, ungefüttert *von der Kleidung* 3. *übtr* kalt, kühl, gleichgültig, zurückhaltend ◇ -ое ору́жие blanke Waffe
холодо́к, -дка́ *m umg* 1. Kühle, Frische 2. *übtr* Kühle, Gleichgültigkeit, Reserviertheit
холодосто́йкий, -ая, -ое; *Kzf* -то́ек, -то́йка kältebeständig
холо́п, -а, *Pl* холо́пы, -ов, -ам u. *alt* холо́пья, -ьев, -ьям *m* 1. *hist* Leibeigener 2. *übtr* Kriecher
холо́пство, -а *n* 1. *hist* Knechtschaft 2. *Koll* Leibeigene 3. *übtr* Kriecherei, Unterwürfigkeit, Servilismus
холости́ть, -ощу́, -ости́шь; -ощённый, -ощён, -ощена́ *uv* kastrieren
холосто́й, -ая, -ое 1. *Kzf* хо́лост, -а́! ledig, unverheiratet 2. Junggesellen- 3. *tech* leer, Leer-; ~ ход Leerlauf 4. *Kzf* хо́лост, -а́! blind, Blind-; ~ патро́н *mil* Platzpatrone
холостя́к, -а́ *m* Junggeselle; ста́рый ~ Hagestolz
холощёный, -ая, -ое kastriert
холст, -а́ *m u.* **холсти́на,** -ы *f* 1. Leinwand, Leinen 2. Leinwand, Ölgemälde
холсти́нный, -ая, -ое *u.* **холстяно́й,** -а́я, -о́е Leinen-, Leinwand-
холу́йствовать, -твую, -твуешь *uv* liebedienern, schmeicheln
холщо́вый, -ая, -ое Leinen-, Leinwand-
хо́ля, -и *f umg*: держа́ть в -е verhätscheln; быть [жить] в -е verhätschelt werden
хому́т, -а́ *m* 1. Kummet 2. *tech* Bügel, Schelle ◇ ве́шать (себе́) на ше́ю ~ sich ein Joch auferlegen
хомя́к, -а́ *m zool* Hamster

хор, -а, *Pl* хóры́, хóрóв, хóрáм *m* 1. Chor; Chorlied 2. *alt* Orchester ◇ всем -ом a) einstimmig, im Chor; b) *volksspr* alle zusammen
хорáл, -а *m mus* Choral
хорвáт, -а *m* Kroate
Хорвáтия, -и *f* Kroatien
хорвáтка, -и, *Pl G* -ток, *D* -ткам *f* Kroatin
хорвáтский, -ая, -ое kroatisch
хóрда. -ы *f math* Sehne
хорéй, -я, *G Pl* -ев *m lit* Choreus, Trochäus
хорёк, хорькá *m zool* Iltis
хореографи́ческий, -ая, -ое choreographisch
хореогрáфия, -и *f* Choreographie
хорéя, -и *f med* Veitstanz
хори́ст, -а *m mus* Chorsänger
хори́стка, -и, *Pl G* -ток, *D* -ткам *f mus* Chorsängerin
хоровóд, -а *m* Reigen(tanz)
хоровóдный, -ая, -ое Reigen-
хоровóй, -áя, -óе Chor-; -áя декламáция Sprechchor
хорóмы, -óм *Pl* 1. *alt, gbt* Holzhaus 2. *umg* großes Haus 3. *scherz* Haus
[1]**хорони́ть,** -оню́, -óнишь *uv* 1. begraben, beerdigen, beisetzen 2. *übtr* begraben, vergessen sein lassen ‖ *v* похорони́ть; -óненный, -óнен, -а
[2]**хорони́ть,** -оню́, -óнишь *uv alt u. volksspr* verstecken, verbergen; verheimlichen, geheimhalten ◇ ~ концы́ *volksspr* die Spuren verwischen ‖ *v* схорони́ть; схорóненный, -ен, -а
хорони́ться, -оню́сь, -óнишься *uv* 1. *volksspr* sich verstecken, verborgen sein 2. *umg übtr* Versteck spielen (от когó-н. vor j-m) ‖ *v* схорони́ться
хорохóриться, -рюсь, -ришься *uv umg* prahlen, den Mutigen markieren
хорóшенький, -ая, -ое hübsch, niedlich, nett ◇ -ого понемнóжку *umg iron* genug, nicht zuviel des Guten
хорошéнько *Adv umg* ordentlich, gehörig, tüchtig
хорошéть, -éю, -éешь *uv* hübscher werden
хорóший, -ая, -ее; *Kzf* -óш, -á; *Komp* лу́чше *u.* лу́чший; *Sup* лу́чший gut; schön; она -á собóй sie ist hübsch, sie ist eine Schöhneit ◇ что -его? was gibt es Neues? жить по хорóшему in Eintracht leben; мне -ó ich fühle mich wohl, mir geht es gut

хорошó 1. *Adv*, *Komp* лу́чше gut, schön 2. *Part* gut!, schön!, einverstanden! 3. *prädikativ* es ist gut; мне ~ mir ist wohl, ich fühle mich wohl; ~ вам говори́ть Sie haben gut reden; ~ то, что ~ кончáется *Sprichw* Ende gut, alles gut; вот ~! ach wie schön!
хóры, хор *u.* хóров, *P* на хóрах *Pl arch* Empore
хорь, -я́ *m zool* Iltis
хорькóвый, -ая, -ое Iltis-
хотéть* *uv* wollen, mögen, wünschen; я хочу́ есть ich bin hungrig; я хочу́ пить ich bin durstig; я хочу́ спать ich bin müde, ich will schlafen; хóчешь не хóчешь ob man will oder nicht, wohl oder übel
хотéться* *unpers uv* wollen, mögen, wünschen, Lust haben; мне хóчется есть ich bin hungrig; мне хóчется пить ich bin durstig; мне хóчется спать ich bin müde, ich will schlafen
хоть 1. *Konj* obwohl, wenn auch 2. *Konj* mag (man) auch, wenn (man) auch; ~ убéй, не знáю und wenn du mich totschlägst, ich weiß es nicht 3. *Konj*: ~ . . . ~ ob . . . ob, sei es . . . oder 4. *Part*: ~ *oder* ~ бы wenigstens, auch nur 5. *Part* sogar, sei es 6. *Part* zum Beispiel 7. *Part* beliebig; ~ кто jeder beliebige; ~ где an einem beliebigen Ort, überall ◇ ~ бы a) wenn doch, es wäre schön, wenn; ~ бы отдохну́ть гдé-нибудь wenn man sich doch irgendwo ausruhen könnte; b) wenn auch, und wenn; я закóнчу рабóту, ~ бы ночь пришлóсь просидéть ich werde die Arbeit fertigmachen, und wenn ich [wenn ich auch] die Nacht durch sitze; c) ~ бы и так es ist nicht schlimm; und wenn es auch so wäre; емý ~ бы что es ist ihm völlig gleichgültig; ~ кудá prächtig, tüchtig, vortrefflich
хотя́ 1. *Konj* obwohl 2. *Konj* jedoch 3.: ~ бы a) *Part* wenigstens, auch nur; b) wenn doch, es wäre schön, wenn; ~ бы отдохну́ть гдé-нибудь wenn man sich doch irgendwo ausruhen könnte; c) wenn auch, und wenn; я закóнчу рабóту, ~ бы ночь пришлóсь просидéть ich werde die Arbeit fertigmachen, und wenn ich [wenn ich auch] die Nacht durchsitze; ~ бы и так es ist nicht so schlimm; und wenn es auch so wäre
хохлáтый, -ая, -ое; *Kzf* -áт, -а mit

einem Schopf, mit einer Federhaube
хо́хлиться, -люсь, -лишься *uv* **1.** sich aufplustern *Vögel* **2.** *übtr umg* finster dreinschauen, ein finsteres Gesicht machen
хохо́л, хохла́ *m* Federbusch, Haube; Haarschopf
хо́хот, -а *m* (schallendes) Gelächter, lautes Lachen
хохота́ть* *uv* laut [schallend] lachen
хохоту́н, -а́ *m* lachlustiger Mensch
хохоту́шка, -и, *Pl G* -шек, *D* -шкам *f* lachlustiges Mädchen; lachlustige Person
хохочу́ ↑ хохота́ть
хочу́ ↑ хоте́ть
храбре́ть, -е́ю, -е́ешь *uv umg* kühn(er) werden
храбре́ц, -а́, *I* -о́м, *G Pl* -о́в *m* tapferer Mensch
храбри́ться, -рю́сь, -ри́шься *uv umg* den Tapferen spielen, tapfer tun
хра́брость, -и *f* Tapferkeit, Kühnheit
хра́брый, -ая, -ое; *Kzf* храбр, -а́! tapfer, mutig, kühn ◇ он не из -ого деся́тка er ist ein Angsthase
храм, -а *m* Tempel
хране́ние, -я *n* Aufbewahrung, Verwahrung; ка́мера -я Gepäckaufbewahrung; ~ на скла́де (Ein-) Lagerung
храни́лище, -а, *I* -ем *n* Aufbewahrungsort, -raum
храни́тель, -я *m* Hüter, Beschützer; Kustos ◇ а́нгель-~ Schutzengel
храни́ть, -ню́, -ни́шь *uv* **1.** aufbewahren, verwahren, bewahren; ~ де́ньги в сберка́ссе sein Geld auf der Sparkasse haben **2.** wahren, hüten; ~ в та́йне geheimhalten
храни́ться, *1. u. 2. Pers ungebr*, -и́тся *uv* **1.** aufbewahrt werden; ~ на скла́де lagern **2.** erhalten bleiben, nicht verlorengehen **3.** geschützt werden
храп, -а *m* **1.** Schnarchen **2.** Schnauben *von Tieren*
храпе́ть, -плю́, -пи́шь *uv* **1.** schnarchen **2.** schnauben *von Tieren*
храпови́к, -а́ *m tech* Sperrad
хребе́т, -бта́ *m* **1.** *anat* Rückgrat *von Tieren*; *volksspr* Rücken **2.** Gebirgskette
хрен, -а (-у) *m* Meerrettich ◇ ста́рый ~ *volksspr* alter Knacker; ~ ре́дьки не сла́ще es ist gehupft wie gesprungen, eins ist nicht besser als das andere
хрестома́тия, -и *f* Lesebuch, Chrestomatie
хризанте́ма [тэ], -ы *f bot* Chrysantheme
хрип, -а *m* **1.** Röcheln **2.** *med* Röcheln, Rasselgeräusch
хрипе́ние, -я *n* Röcheln
хрипе́ть, -плю́, -пи́шь *uv* **1.** röcheln **2.** *umg* heiser sein
хри́плый, -ая, -ое; *Kzf* хрипл, -а́! **1.** röchelnd **2.** heiser
хри́пнуть, -ну, -нешь; хрип *u.* хри́пнул, хри́пла *uv* heiser werden
хрипота́, -ы́ *f* Heiserkeit
христиани́н, -а, *Pl* христиа́не, христиа́н, христиа́нам *m* Christ
христиа́нский, -ая, -ое christlich
христиа́нство, -а *n* Christentum
Христо́с, Христа́ *m* Christus
хром, -а *m* **1.** *chem* Chrom **2.** Chromgelb **3.** Chromleder
хромати́ческий, -ая, -ое *mus*, *phys* chromatisch
хрома́ть, -а́ю, -а́ешь *uv* **1.** hinken, lahmen **2.** *übtr umg* zurückbleiben; nicht genügen
хроме́ть, -е́ю, -е́ешь *uv umg* lahm werden
хроми́ровать, -рую, -руешь; -рованный, -рован, -а *v*, *uv* verchromen
хро́мистый, -ая, -ое *chem* chromhaltig, Chrom-
хро́мовый, -ая, -ое **1.** *chem* Chrom- **2.** Chromleder-
хромо́й, -а́я, -о́е; *Kzf* хром, -а́! **1.** lahm, hinkend **2.** *umg* wackelig *von Möbeln* **3.** -о́го *Subst m* Lahmer
хромоно́гий, -ая, -ое; *Kzf* -о́г, -а lahm, hinkend
хромосо́ма, -ы *f biol* Chromosom
хромота́, -ы́ *f* Hinken, Lahmen
хро́ник, -а *m umg* chronisch Kranker
хро́ника, -и *f* **1.** *hist*, *lit* Chronik **2.** Bericht (über laufende Ereignisse); ме́стная ~ Lokalnachrichten; (кино) ~ Wochenschau
хроникёр, -а *m* Tagesberichterstatter
хрони́ческий, -ая, -ое chronisch
хронологи́ческий, -ая, -ое chronologisch, in zeitlicher Reihenfolge
хроноло́гия, -и *f* Chronologie, Zeitfolge
хроно́метр, -а *m* Chronometer, Zeitmesser
хронометра́ж, -а, *I* -ем, *G Pl* -ей *m* Arbeitszeitermittlung, Zeitstudie, Zeitmessung
хронометражи́ст, -а *m* Zeitnehmer
хру́пать, -аю, -аешь *uv umg* **1.** knir-

schen, knacken **2.** knirschend zerbeißen

хру́пкий, -ая, -ое; *Kzf* -пок, -пка́! **1.** brüchig, spröde **2.** schwächlich, kränklich **3.** *übtr* zart, gebrechlich

хруст, -а *m* Knirschen, Geknirsch, Krachen

хруста́лик, -а *m anat* Augenlinse

хруста́ль, -я́ *m* **1.** Kristallglas **2.** Kristallwaren, Kristallgeschirr **3.**: (го́рный) ~ Bergkristall

хруста́льный, -ая, -ое Kristall-; kristallen, kristallklar

хрусте́ть, хрущу́, хрусти́шь *uv* knirschen, krachen || *v mom* **хру́стнуть** [сн], -ну, -нешь

хрущ, -а́, *I* -о́м, *G Pl* -е́й *m zool* Maikäfer

хрыч, -а́, *I* -о́м, *G Pl* -е́й *m volksspr verächtl*: ста́рый ~ alter Knacker

хрю́канье, -ья *n* Grunzen

хрю́кать, -аю, -аешь *uv* grunzen || *v mom* **хрю́кнуть,** -ну, -нешь

хряк, -а́ *m zool* Eber

[1]**хрящ,** -а́, *I* -о́м, *G Pl* -е́й *m anat* Knorpel

[2]**хрящ,** -а́, *I* -о́м *m geol* Kies

[1]**хрящево́й,** -а́я, -о́е *anat* Knorpel-, knorpelig

[2]**хрящево́й,** -а́я, -о́е *geol* Kies-, kiesig

худе́е ↑ худо́й

ху́денький, -ая, -ое mager, schmächtig

худе́ть, -е́ю, -е́ешь *uv* abmagern, abnehmen

ху́до, -а *n umg alt* Unheil, Böses

худоба́, -ы́ *f* Magerkeit

худо́жественный, -ая, -ое; *Kzf* -ен, *u.* -енен, -енна Kunst-, künstlerisch; -ая литерату́ра schön(geistig)e Literatur; -ая карти́на Spielfilm

худо́жество, -а *n* **1.** *alt* Kunst **2.** *umg* Streich, Schabernack

худо́жник, -а *m* **1.** Künstler **2.** Maler; Graphiker; Bildhauer **3.** Meister (seines Faches)

худо́жница, -ы, *I* -ей *f* **1.** Künstlerin **2.** Malerin; Graphikerin; Bildhauerin **3.** Meister(in) (ihres Faches)

[1]**худо́й,** -а́я, -о́е; *Kzf* худ, -а́!; *Komp* худе́е mager, hager, schmächtig

[2]**худо́й,** -а́я, -о́е; *Kzf* худ, -а́!; *Komp* ху́же; *Komp, Sup* ху́дший **1.** schlecht, schlimm, übel **2.** *Komp* худе́е *umg* abgenutzt, zerrissen, durchlöchert ◇ на ~ коне́ц schlimmstenfalls, für den schlimmsten Fall; не говоря́ -о́го сло́ва ohne ein Wort zu verlieren, auf einmal

худосо́чие, -я *n umg* Abzehrung, Kräfteverfall

худосо́чный, -ая, -ое; *Kzf* -чен, -чна abgezehrt, kachektisch

худоща́вый, -ая, -ое; *Kzf* -а́в, -а hager, mager

ху́дший, -ая, -ее schlechte(ste)r; в -ем слу́чае schlimmstenfalls

ху́же ↑ [2]худо́й *u.* плохо́й; тем ~ um so schlimmer; всё ~ и ~ immer schlechter [schlimmer]; ~ не приду́маешь es ist denkbar schlecht, schlimmer kann es auch nicht sein

хула́, -ы́ *f buchspr* Schmähung, Mißbilligung

хулига́н, -а *m* Rowdy, Flegel, Raufbold

хулига́нить, -ню, -нишь *uv* Unfug treiben, sich wie ein Rowdy benehmen

хулига́нский, -ая, -ое Rowdy-, rowdyhaft, flegelhaft

хулига́нство, -а *n* grober Unfug, Rowdytum

хули́ть, хулю́, хули́шь *uv* tadeln, kritisieren

хурма́, -ы́ *f* **1.** Dattelpflaume **2.** Dattelpflaumenbaum

ху́тор, -а, *Pl* хутора́, хуторо́в, хутора́м *m* einzelnstehendes Gehöft, Vorwerk

хуторя́нин, -а, *Pl* -я́не, -я́н, -я́нам *m* Besitzer [Bewohner] eines einzelnstehenden Gehöfts, Bauer

Ц

ца́пля, -и, *Pl G* -пель, *D* -плям *f* Reiher

ца́пфа, -ы *f tech* Zapfen

цара́пать, -аю, -аешь *uv* **1.** (zer)kratzen, ritzen; ~ кому́-н. лицо́ j-m das Gesicht zerkratzen **2.** *umg* kritzeln || *v mom* цара́пнуть, -ну, -нешь; цара́пнутый, -ут, -а *zu* **1**

цара́пина, -ы *f* Schramme, Kratzer, Kratzwunde

цара́пнуть *v mom zu* цара́пать
царе́вич, -а, *I* -ем, *G Pl* -ей *m* Sohn des Zaren, Zarensohn
царе́вна, -ы, *Pl G* -вен, *D* -внам *f* Tochter des Zaren, Zarentochter
цари́зм, -а *m* Zarismus
цари́ть, царю́, цари́шь *uv* **1.** *alt* Zar sein, als Zar herrschen **2.** *übtr* herrschen; цари́ло глубо́кое молча́ние tiefes Schweigen herrschte
цари́ца, -ы, *I* -ей *f* Zarin
ца́рский, -ая, -ое **1.** Zaren-; ~ двор Zarenhof **2.** zaristisch **3.** *übtr* königlich, reich; ~ пода́рок königliches Geschenk
ца́рственный, -ая, -ое; *Kzf* -ен, -енна *buchspr* majestätisch, stolz
ца́рство, -а *n* **1.** Zarenreich, Kaiserreich **2.** Regierungszeit, Regierung eines Zaren; в ~ Петра́ Пе́рвого zur Zeit [während der Herrschaft] Peters des Ersten **3.** *übtr* Reich, Sphäre; расти́тельное ~ Pflanzenreich
ца́рствование, -я *n* Regierungszeit eines Zaren; в ~ Екатери́ны Второ́й während der Herrschaft der Zarin Katharina der Zweiten
ца́рствовать, -вую, -вуешь *uv* **1.** Zar sein, als Zar herrschen **2.** *übtr* herrschen; ца́рствует тишина́ es herrscht Stille
царь, -я́ *m* Zar, Kaiser; *übtr* König, Fürst, Erster, Größter
цвести́* *uv* **1.** blühen **2.** *übtr* blühen, gedeihen **3.** *gbt* sich mit Pickeln [Ausschlag] bedecken
[1]**цвет,** -а, *Pl* цвета́, -о́в, -а́м *m* Farbe, Färbung, Farbton
[2]**цвет,** -а, *Pl* цветы́, -о́в, -а́м *m* **1.** *nur Pl* Blüten; Blumen **2.** Blütezeit **3.** *übtr buchspr* Blüte, bester Teil ◇ в [во] -е лет in der Blüte der Jahre
цвете́ние, -я *n* Blüte, Blühen
цвети́стый, -ая, -ое; *Kzf* -ист, -а **1.** voller Blumen, mit vielen Blumen bedeckt **2.** farbenfroh, bunt **3.** *übtr* (zu) blumenreich, schwülstig
цветни́к, -а́ *m* Blumenbeet; kleiner Blumengarten
цветно́й, -а́я, -о́е farbig, bunt; ~ фильм Farbfilm; -ы́е мета́ллы Nichteisenmetalle, Buntmetalle ◇ -а́я капу́ста Blumenkohl
цветово́д, -а *m* Blumenzüchter
цветово́дство, -а *n* **1.** Blumenzucht **2.** (Blumen-) Gärtnerei
цвето́к, -тка́, *Pl* цветы́, -о́в, -а́м *u.* цветки́, -о́в, -а́м *m* **1.** (цветы́ *u. in der Fachsprache* цветки́) Blüte **2.** (цветы́) Blume; полевы́е цветы́ Feldblumen
цвето́чек, -чка *m* Blümchen ◇ э́то то́лько -чки das ist erst der Anfang, das dicke Ende kommt noch
цвето́чный, -ая, -ое Blumen-, Blüten-; ~ горшо́к Blumentopf; ~ магази́н Blumengeschäft
цвету́ ↑ цвести́
цвету́щий, -ая, -ее blühend *a. übtr*
цеди́ть, цежу́, це́дишь *uv* **1.** durchseihen; durch einen Filter [ein Sieb] gießen **2.** langsam gießen *durch eine enge Öffnung* ◇ ~ сквозь зу́бы *umg* durch die Zähne sprechen
Цейло́н, -а *m* Ceylon
цейтно́т, -а *m Schach* Zeitnot
целе́бный, -ая, -ое; *Kzf* -бен, -бна heilkräftig, Heil-; -ые тра́вы Heilkräuter
целево́й, -а́я, -о́е **1.** zweckbestimmt, auf ein bestimmtes Ziel gerichtet, Zweck-, Ziel-; ~ ава́нс für einen bestimmten Zweck vorgesehene Vorauszahlung **2.** zielgerichtet, ein bestimmtes Ziel verfolgend; -а́я устано́вка Zielstellung
целесообра́зность, -и *f* Zweckmäßigkeit
целесообра́зный, -ая, -ое; *Kzf* -зен, -зна zweckmäßig
целеустремлённость, -и *f* Zielstrebigkeit
целеустремлённый, -ая, -ое; *Kzf* -лён, -лена́ zielstrebig
целико́м *Adv* gänzlich, völlig
целина́, -ы́ *f* **1.** Neuland, Rodeland **2.** unberührte Fläche *Schnee, Wasser u. ä.*
цели́тельный, -ая, -ое; *Kzf* -лен, -льна *buchspr* heilkräftig
це́лить, це́лю, це́лишь *uv* **1.** zielen (в *A* auf) **2.** *alt* anspielen, es abgesehen haben (auf)
це́литься, це́люсь, це́лишься *uv* zielen
целко́вый, -ого *Subst m volksspr* ein Rubel
целлуло́ид, -а *m* Zelluloid
целлюло́за, -ы *f* Zellulose
целова́ть, целу́ю, целу́ешь; цело́ванный, -ан, -а *uv* küssen ‖ *v* поцелова́ть
целова́ться, целу́юсь, целу́ешься *uv* sich küssen ‖ *v* поцелова́ться
це́лое, -ого *Subst n* **1.** das Ganze; еди́ное ~ ein einheitliches Ganzes **2.** *math* ganze Zahl
целому́дренный, -ая, -ое; *Kzf* -рен, -ренна *buchspr* keusch

целому́дрие, -я *n* Keuschheit; Unberührtheit
це́лостность [сн], -и *f* Ganzheit, Ungeteiltheit, Abgeschlossenheit
це́лостный [сн], -ая, -ое; *Kzf* -тен, -тна ganz, ungeteilt, in sich (ab)geschlossen, einheitlich
це́лость, -и *f* Unversehrtheit, Ganzheit
це́лый, -ая, -ое **1.** ganz, vollständig, ungemindert; ~ час eine ganze Stunde **2.** *Kzf* цел, -á! unversehrt, heil; всё бы́ло це́ло alles war unversehrt ◇ в -ом im ganzen; в о́бщем и -ом im allgemeinen
цель, -и *f* **1.** Ziel **2.** *übtr* Ziel, Zweck
цельнокро́еный, -ая, -ое: -ые рукава́ angeschnittene Ärmel
цельно|металли́ческий, -ая, -ое ganz aus Metall bestehend, Ganzmetall-; **~тя́нутый,** -ая, -ое nahtlos (gezogen) *Rohr*
це́льный, -ая, -ое **1.** aus einem Stück bestehend; коло́нна из -ого мра́мора Säule aus einem Stück Marmor **2.** ganz, unversehrt, heil, unbeschädigt **3.** *Kzf* -лен, -льна́! ganzheitlich, in sich geschlossen, einheitlich, wie aus einem Guß; ~ хара́ктер ein ganzer Mann ◇ -ое молоко́ Vollmilch
Це́льсий, -я, *P* -и *m* Celsius; пять гра́дусов по -ю fünf Grad Celsius
цеме́нт, -а *m* Zement
цементи́ровать, -рую, -руешь; -рованный, -рован, -а *v*, *uv* **1.** *tech* zementieren **2.** *übtr* fest zusammenschweißen, zusammenschmieden
цеме́нтный, -ая, -ое Zement-; ~ заво́д Zementfabrik
цена́, -ы́, *A* це́ну, *Pl* це́ны, цен, це́нам *f* **1.** Preis; сниже́ние цен Preissenkung **2.** *übtr* Wert; э́то не име́ет никако́й -ы́ das hat keinerlei Wert ◇ получи́ть что́-н. цено́ю бо́льших уси́лий etw. um den Preis großer Mühen erhalten; э́тот това́р в -е́ diese Ware steht hoch im Preis; э́тому -ы́ нет das ist nicht (mit Geld) zu bezahlen
ценз, -а *m* Zensus; Bedingung *für Ausübung bestimmter Rechte, meist bei der Wahl*; иму́щественный ~ Vermögenszensus
це́нзор, -а *m* Zensor
цензу́ра, -ы *f* Zensur
цензурова́ть, -ру́ю, -ру́ешь; -ро́ванный, -ро́ван, -а *uv alt* zensieren, einer Zensur unterziehen
цени́тель, -я *m* Kenner; ~ иску́сства Kunstkenner
цени́ть, ценю́, це́нишь *uv* **1.** *volksspr* schätzen, taxieren **2.** *übtr* schätzen, wertschätzen, zu schätzen wissen
це́нность, -и *f* **1.** Geld(es)wert **2.** Bedeutung, Wert **3.** wertvoller Gegenstand, Wertsache ◇ материа́льные -и materielle Werte
це́нный, -ая, -ое; *Kzf* це́нен, це́нна **1.** *nur Langform* Wert-; -ое письмо́ Wertbrief **2.** teuer, wertvoll **3.** bedeutungsvoll, wertvoll; -ая мысль wertvoller Gedanke
це́нтнер, -а *m* Doppelzentner, Dezitonne, 100 kg
центр, -а *m* **1.** *math*, *phys* Mittelpunkt, Konzentrations-, Schnittpunkt; ~ тя́жести Schwerpunkt **2.** *übtr* Mittelpunkt, Zentrum; промы́шленный ~ Industriezentrum **3.** höchstes Leitungsorgan
централиза́ция, -и *f* Zentralisierung
централизова́ть, -зу́ю, -зу́ешь; -зо́ванный, -зо́ван, -а *v*, *uv* zentralisieren
центра́льный, -ая, -ое Zentral-; Mittel-; ~ напада́ющий *Sport* Mittelstürmer; Центра́льная Евро́па Mitteleuropa
центрифу́га, -и *f* Zentrifuge, Schleuder; Wäscheschleuder
центробе́жный, -ая, -ое zentrifugal, Schleuder-; ~ насо́с Schleuderpumpe
центро́вка, -и *f* Zentrierung
центростреми́тельный, -ая, -ое zentripetal
цеп, -а́ *m* Dreschflegel
цепене́ть, -е́ю, -е́ешь *uv* erstarren, steif [starr] werden; ~ от у́жаса vor Entsetzen erstarren; но́ги нача́ли ~ die Beine begannen, steif zu werden
це́пкий, -ая, -ое; *Kzf* -пок, -пка́! **1.** festhaltend, nicht loslassend; -ие ру́ки nicht loslassende Hände **2.** festhaftend, fest anhaftend **3.** *übtr*, *umg* hartnäckig, zäh, nicht lockerlassend
цепля́ться, -я́юсь, -я́ешься *uv* hängenbleiben; sich festklammern *a. übtr* (за *A* an); ~ за су́чья an den Ästen hängenbleiben; ~ за ше́ю ма́тери sich am Hals der Mutter festklammern; ~ за мысль sich an einen Gedanken klammern
цепно́й, -а́я, -о́е Ketten-; -о́е звено́ Kettenglied; -а́я соба́ка Kettenhund; -ы́е рефле́ксы Kettenreflexe
цепо́чка, -и, *Pl G* -чек, *D* -чкам *f* kleine Kette
цепь, -и, *P* о це́пи, на цепи́, *Pl* це́пи,

цепе́й, цепя́м *f* 1. Kette 2. *el* Kreis; электри́ческая ~ Stromkreis ◇ он как с -и сорва́лся er ist wie losgelassen [wie toll]
церемониа́л, -я *m* Zeremoniell
церемониа́льный, -ая, -ое zeremoniell; ~ марш Parademarsch
церемо́ниться, -нюсь, -нишься *uv* 1. sich zieren, Umstände machen 2. с *I* übermäßig Rücksicht nehmen (auf), viel Umstände machen (mit) || *v* поцеремо́ниться
церемо́ния, -и *f* 1. Zeremonie 2. *meist Pl umg* Förmlichkeiten, Umstände; прошу́ без -й bitte ohne Umstände
церемо́нный, -ая, -ое; *Kzf* -о́нен, -о́нна (überaus) förmlich, zeremoniell, höflich
церко́вный, -ая, -ое Kirchen-, kirchlich
це́рковь, -кви, *I* -ко́вью, *Pl* це́ркви церкве́й, церква́м *f* Kirche
цеса́рка, -и, *Pl G* -рок, *D* -ркам *f* Perlhuhn
цех, -а, *P* це́хе *u. umg* в цеху́ *m* 1. (*Pl* це́хи) *hist* Zunft 2. (*Pl* це́хи *u. umg* цеха́) Werksabteilung, Werkshalle; инструмента́льный ~ Werkzeugmacherei; набо́рный ~ *typ* Setzerei
цехово́й, -а́я, -о́е 1. Abteilungs-, Hallen-; ~ ма́стер Hallenmeister 2. Zunft- ◇ -ы́е интере́сы engstirnige Berufsinteressen
циа́н, -а *m* Zyan
циа́нистый, -ая, -ое in Verbindung mit Zyan befindlich, Zyan-; ~ ка́лий Zyankali
циа́новый, -ая, -ое Zyan mit bestimmter Sauerstoffmenge enthaltend, Zyan-; -ая кислота́ Zyansäure
цивилиза́ция, -и *f* Zivilisation
цивилизо́ванный, -ая, -ое zivilisiert
цивилизова́ть, -зу́ю, -зу́ешь; -зо́ванный, -зо́ван, -а *v, uv* zivilisieren
цигейка, -и *f* geschorenes, gefärbtes Ziegenfell
ЦИК [цик], -а *m* (Центра́льный исполни́тельный комите́т) Zentralexekutivkomitee *1924 - 1937*
цика́да, -ы *f zool* Zikade, Heuschrecke
цикл, -а *m* Zyklus, Kreislauf
цикламе́н, -а *m* Alpenveilchen
цикли́ческий, -ая, -ое zyklisch
цикло́н, -а *m* 1. Zyklon, Wirbelsturm 2. *met* Tief(druckgebiet)
цико́рий, -я, *P* -и *m bot* Zichorie
цили́ндр, -а *m* 1. *math, tech* Zylinder 2. Zylinder(hut)
цилиндри́ческий, -ая, -ое zylindrisch, walzenförmig
цимба́лы, -а́л *Pl mus* Zimbel
цинга́, -и́ *f* Skorbut
цинго́тный, -ая, -ое Skorbut-
цини́зм, -а *m* 1. *phil* Zynismus, Kynismus 2. Zynismus, zynische Art
ци́ник, -а *m* 1. *phil* Zyniker, Kyniker 2. Zyniker, zynischer Mensch
цини́чность, -и *f* Zynismus, zynische Art
цини́чный, -ая, -ое; *Kzf* -чен, -чна 1. zynisch, von zynischer Art 2. schamlos
цинк, -а *m* Zink
ци́нковый, -ая, -ое Zink-, aus Zink
цинкогра́фия, -и *f typ* Zinkographie
цино́вка, -и, *Pl G* -вок, *D* -вкам *f* Bastmatte
цирк, -а *m* Zirkus
цирка́ч, -а́, *I* -о́м, *G Pl* -е́й *m umg* Zirkusartist
цирково́й, -а́я, -о́е Zirkus-
циркули́ровать, -рую, -руешь *uv* zirkulieren, umlaufen
ци́ркуль, -я *m* Zirkel
циркуля́р, -а *m* Zirkular, Rundschreiben
циркуля́рный, -ая, -ое Zirkular-
циркуля́ция, -и *f* Zirkulation, Kreislauf; Umlauf; ~ де́нег Geldumlauf
цисте́рна, -ы *f* 1. *großer* Behälter *für Flüssigkeiten* 2. Tankwagen, Tankschiff, Spezialwaggon *für den Transport von Flüssigkeiten*
цитаде́ль, -и *f* 1. Zitadelle 2. *übtr buchspr* Bollwerk
цита́та, -ы *f* Zitat
цити́ровать, -рую, -руешь; -рованный, -рован, -а *uv* zitieren
ци́тра, -ы *f mus* Zither
ци́трус, -а *m* Citrusgewächs
ци́трусовые, -ых *Subst Pl* Citrusgewächse
цифербла́т, -а *m* Zifferblatt
ци́фра, -ы *f* 1. Ziffer, Zahlenzeichen 2. *meist Pl umg* Kennziffern; контро́льные -ы Kontrollziffern
цифрово́й, -а́я, -о́е Ziffern-, zahlenmäßig; ~ результа́т zahlenmäßiges Ergebnis
ЦК (Центра́льный комите́т) Zentralkomitee, ZK
цо́коль, -я *m* 1. *arch* Sockel 2. *el* Sockel, Fassung; ~ ла́мпы Lampensockel, Röhrenfassung
цо́кольный, -ая, -ое Sockel-; ~ эта́ж Hochparterre
ЦСУ (Центра́льное статисти́ческое

управле́ние) Statistische Zentralverwaltung

цуг, -а *m* Gespann *bei dem die Zugtiere hintereinander eingeschirrt sind*

цука́т, -а *m* kandierte Frucht

ЦУМ [цум], -а *m* (Центра́льный универса́льный магази́н) Zentrales Warenhaus

цыга́н, -а, *Pl* цыга́не, -а́н, -а́нам *m* Zigeuner

цыга́нский, -ая, -ое Zigeuner-

цыплёнок, -нка, *Pl* цыпля́та, -я́т, -я́там *m* Küken ◇ цыпля́т по о́сени счита́ют *etwa* man soll den Tag nicht vor dem Abend loben

цыпля́чий, -ья, -ье Küken-, Hühner-; -ья грудь Hühnerbrust

цы́почки, -чек, -чкам *Pl*: на -чках auf den Zehenspitzen; на ~ auf die Zehenspitzen

Цю́рих, -а *m* Zürich

Ч

ч. (час; часть; че́рез; число́) Stunde; Teil; über *Eisenbahn*; Zahl

чаба́н, -а́ *m* Hirt, Schafhirt

ча́вканье, -ья *n* Schmatzen, Geschmatze

ча́вкать, -аю, -аешь *uv* schmatzen ‖ *v mom* **ча́вкнуть,** -ну, -нешь

чад, -а (-у), *P* о ча́де, в чаду́ *m* **1.** Dunst, Qualm; Dampf **2.** *übtr* Rausch, Verblendung

Чад *n idkl* Tschadsee

чади́ть, чажу́, чади́шь *uv* dunsten, qualmen; печь чади́т der Ofen qualmt

ча́дный, -ая, -ое; *Kzf* -ден, -дна **1.** dunstig, qualmig, stickig **2.** *übtr* berauschend, betäubt, benebelt

ча́до, *-а n alt* Kind, *jetzt scherz, iron* ◇ с -ами и домоча́дцами mit Kind und Kegel

чадра́, -ы́ *f* Schleier *der mohammedanischen Frauen*; сбро́сить -у́ den Schleier ablegen

чаёвничать, -аю, -аешь *uv umg* sich am Tee gütlich tun; gemütlich [behaglich] Tee trinken

чае|во́д, -а *m* Teezüchter; **~во́дство,** -а *n* Teeanbau; **~во́дческий,** -ая, -ое Teeanbau-

чаевы́е, -ы́х *Subst Pl umg* Trinkgeld

чаёк, чайка́ (чайку́) *m umg* Tee

чаепи́тие, -я *n* Teetrinken

[1]**чай,** ча́я (ча́ю), *P* в ча́е, **в чаю** *m* **1.** (*Pl zur Bezeichnung von Sorten* чаи́, чаёв, чая́м) Tee, getrocknete Teeblätter; кита́йский ~ chinesischer Tee; кирпи́чный ~ gepreßter Tee **2.** Tee *Getränk*; ча́шка ча́ю eine Tasse Tee; кре́пкий ~ starker Tee; жи́дкий ~ schwacher Tee **3.** (*Pl* чаи́, чаёв, чая́м) Tee, Teegesellschaft; устро́ить ~ eine Teegesellschaft geben; его́ пригласи́ли на ча́шку ча́я er wurde zum Tee eingeladen ◇ дать на ~ Trinkgeld geben

[2]**чай** *mod volksspr* wohl, wahrscheinlich, vermutlich; ты, ~, проголода́лся du bist wohl hungrig

ча́йка, -и, *Pl G* ча́ек, *D* ча́йкам *f* Möwe

ча́йная, -ой *Subst f* Teehaus, Teestube

ча́йник, -а *m* Teekanne; Teekessel

ча́йница, -ы, *I* -ей *f* Teebüchse

ча́йный, -ая, -ое Tee-; -ое де́рево *bot* Teestrauch; -ая ло́жка Teelöffel; ~ серви́з Teeservice ◇ -ая ро́за *bot* Teerose

чайхана́, -ы́ *f* Teestube

чалма́, -ы́ *f* Turban

ча́лый, -ая, -ое graugefleckt, graugesprenkelt, grau (mit anderen Farben vermischt) *Farbe bei Pferden*

чан, -а, *P* в ча́не *u.* в чану́, *Pl* чаны́, -о́в, -а́м *m* Bottich, Kübel, Zuber

ча́ра, -ы *f alt, poet u. buchspr* Becher, kleines Weinglas

чарда́ш, -а, *I* -ем, *G Pl* -ей *m* Csárdás, Tschardasch *Tanz*

ча́рка, -и, *Pl G* -рок, *D* -ркам *f alt, poet* Becher, kleines Weinglas

чарова́ть, -ру́ю, -ру́ешь *uv* **1.** *alt* verzaubern, verhexen **2.** *buchspr* bezaubern, berücken, entzücken

чароде́й, -я, *G Pl* -ев *m buchspr* **1.** Zauberer, Hexenmeister **2.** bezaubernder Mann

чароде́йка, -и, *Pl G* -е́ек, *D* -е́йкам *f buchspr* **1.** Zauberin, Hexe **2.** bezaubernde Frau

чароде́йский, -ая, -ое *buchspr* Zauber-; zauberisch

чароде́йство, -а *n alt* **1.** Zauberei,

Zauberkunst, Hexerei **2.** Anmut, Zauber

чару́ющий, -ая, -ее bezaubernd

ча́ры, чар *Pl* **1.** *alt* Zauberei, Hexerei **2.** *übtr* Zauber, Reiz, Charme

час, -а, *mit den Grundzahlen* 2, 3, 4 *G* **часа́;** *P* **в ча́се** *u.* **в часу́,** *Pl* часы́, -о́в, -а́м *m* **1.** Stunde; Uhr; двена́дцать -о́в дня zwölf Uhr mittags; двена́дцать -о́в но́чи Mitternacht; ~ дня ein Uhr (nach)mittags; в четвёртом -у́ kurz nach drei Uhr; че́рез ~ nach [in] einer Stunde; кото́рый ~? wie spät ist es?; в кото́ром -у́? um wieviel Uhr?; он придёт в во́семь -о́в утра́ er kommt um acht Uhr morgens; он опозда́л на два -а́ er kam um zwei Stunden zu spät; в три -а́ um drei Uhr; in drei Stunden, im Laufe von drei Stunden; с ~ ungefähr eine Stunde; е́хать со ско́ростью ста киломе́тров в ~ mit einer Geschwindigkeit von hundert Kilometern in der Stunde fahren; би́тый ~ eine geschlagene Stunde **2.** *Pl* Unterricht(sstunden), Vorlesung(sstund)en; академи́ческий ~ eine akademische Stunde **3.** Zeit, Stunde; вече́рний ~ Abendzeit, Abendstunde; приёмные -ы́ Sprechstunde, Empfangszeit; в свобо́дные -ы́ in den Mußestunden; in der Freizeit; мёртвый ~ Ruhestunde ◇ в до́брый ~! glückliche Reise!; gut Glück!; *mil* стоя́ть на -а́х Wache stehen; наста́л (че́й-н.) после́дний ~ *oder* проби́л (че́й-н.) ~ j-s letzte Stunde hat geschlagen; с -у на ~ in der nächsten Minute, jeden Augenblick; stündlich; ~ о́т -у von Stunde zu Stunde; он растёт не по дням, а по -а́м er wächst zusehends

ча́сик, -а *m Dem zu* час Stündchen

часо́вня, -и, *Pl G* -вен, *D* -вням *f* Kapelle, kleines Bethaus

[1]**часово́й,** -а́я, -о́е **1.** Stunden-, stundenweise; -а́я опла́та Stundenlohn **2.** einstündig; ~ переры́в einstündige Pause **3.**: ~ по́езд der Ein-Uhr-Zug

[2]**часово́й,** -а́я, -о́е Uhr-, Uhren-; -а́я стре́лка Uhrzeiger; ~ магази́н Uhrengeschäft; -ы́х дел ма́стер *alt* Uhrmacher

[3]**часово́й,** -о́го *Subst m mil* Wache, Posten, Schildwache; сменя́ть -о́го den Posten ablösen

часовщи́к, -а́ *m* Uhrmacher

часо́к, -ска́ *m Dem zu* час Stündchen; на ~ auf ein Stündchen

часосло́в, -а *m* Kirchengebetbuch

частéнько *Adv umg* sehr [ziemlich] oft

части́ть, чащу́, части́шь *uv* **1.** *umg* etw. schnell [oft] tun; eilen, hasten **2.** *volksspr* oft besuchen, oft (zu-j-m) gehen, oft kommen

части́ца, -ы, *I* -ей *f* **1.** Teilchen, kleiner Teil; geringe Menge **2.** *gram* Partikel

части́чный, -ая, -ое; *Kzf* -чен, -чна teilweise; Teil-; -о безрабо́тный Kurzarbeiter

ча́стник, -а *m umg* Privateigentümer, Privatunternehmer

частновладе́льческий [сн], -ая, -ое *wirtsch* privat

ча́стное [сн], -ого *Subst n math* Quotient

ча́стность [сн], -и *f* Einzelheit, Detail; в -и insbesondere

ча́стный [сн], -ая, -ое **1.** privat, Privat-; -ая со́бственность Privateigentum; -ое лицо́ Privatperson; -ые уро́ки Privatstunden; -ым о́бразом privatim; privat; по -ому де́лу in privater Angelegenheit [Sache] **2.** besonderer, speziell; Sonder-; ~ слу́чай spezieller Fall, Sonderfall

частоко́л, -а *m* Staketenzaun, Pfahlzaun

частота́, -ы́, *Pl* часто́ты, -о́т, -о́там *f* **1.** Häufigkeit; schnelle Aufeinanderfolge; Dichte, Dichtigkeit **2.** Frequenz; ~ ка́дров Bildfrequenz

часто́тность, -и *f* Häufigkeitsindex

часто́тный, -ая, -ое Freqenz-; Häufigkeits-

часту́шка, -и, *Pl G* -шек, *D* -шкам *f folkl* kurzes Lied (der russischen mündlichen Volksdichtung mit lyrischem oder aktuellem Inhalt, vorw. Vierzeiler)

ча́стый, -ая, -ое; *Kzf* част, части́!; *Komp* ча́ще **1.** häufig, wiederholt, oft(malig) **2.** dicht; -ая ткань dichtes Gewebe; ~ лес dichter Wald; ~ не́вод engmaschiges Netz **3.** schnell(aufeinanderfolgend); ~ ого́нь Schnellfeuer **4.** nah beieinanderliegend **5.** -о *Adv* oft(mals), des öfteren ◇ ча́ще всего́ meistens

часть, -и, *Pl* ча́сти, часте́й, частя́м *f* **1.** Stück, Teil, Anteil; бо́льшая ~ der größte Teil; тре́тья ~ der dritte Teil, Drittel; ~ те́ла Körperteil; -и све́та Erdteile; ~ ре́чи *gram* Wortart; составна́я ~ Bestandteil; запасны́е -и Ersatzteile; по -я́м teilweise, in Teilen, in Raten **2.** Abschnitt, Teil **3.** Abteilung; *umg* Bereich, Fach, Ressort; учéбная ~ Lehrkörper; хозя́йственная ~ Verwaltung 4. *mil* Truppe, Einheit, Verband; войскова́я ~ Truppenteil; дежу́рная ~*mil* diensthabender Truppenteil; Bereitschaft; охраня́ющая ~ Sicherungsabteilung; уда́рная ~ Sturmtrupp; пожа́рная ~ Feuerwehrkommando 5. *alt* (*P* в части́) Polizeirevier 6. Teil, Anteil, Aktie; быть в -и с ке́м-н. *volksspr* j-m Kompagnon sein ◇ бо́льшей -ью *oder* по бо́льшей -и größtenteils, zum größten Teil, meistens; э́то не по мо́ей -и das schlägt nicht in mein Fach; он знато́к по э́той -и er kennt dieses Fach

ча́стью *Adv* teilweise, teils

часы́, -о́в *Pl* Uhr; карма́нные ~ Taschenuhr; ручны́е ~ Armbanduhr; стенны́е ~ Wanduhr; ба́шенные ~ Turmuhr; завести́ ~ die Uhr aufziehen; ~ спеша́т die Uhr geht vor; ~ отстаю́т die Uhr geht nach; по мои́м -а́м уже́ 12 nach meiner Uhr ist es bereits 12

ча́хлый, -ая, -ое; *Kzf* чахл, -а 1. welk, verkümmert, spärlich; ~ куст verkümmerter Strauch 2. kränklich, siech, schwächlich; ~ ребёнок kränkliches Kind

ча́хнуть, -ну, -нешь; чах *u.* ча́хнул, ча́хла *uv* 1. welk werden, eingehen, verkümmern 2. kränklich, schwächlich werden; dahinsiechen; ~ от тоски́ vor Sehnsucht vergehen

чахо́тка, -и *f alt u. volksspr* Lungenschwindsucht, Auszehrung; скороте́чная ~ galoppierende Schwindsucht; карма́нная ~ *scherz* Geldmangel

чахо́точный, -ая, -ое 1. *alt* schwindsüchtig; ~ румя́нец hektische Röte 2. -ого *Subst m* Schwindsüchtiger

ча́ша, -и, *I* -ей *f* 1. Becher, Schale 2. *übtr* Becher, Kelch ◇ ~ стадио́на Stadionrund; испи́ть -у до дна den bitteren Kelch bis zur Neige leeren; у них дом — по́лная ~ sie leben im Überfluß; перепо́лнить -у терпе́ния das Maß der Geduld erschöpfen

чашели́стик, -а *m bot* Kelchblatt

ча́шечка, -и, *Pl G* -чек, *D* -чкам *f* 1. *Dem zu* ча́шка kleine Tasse, Täßchen; kleine Schale, Schälchen 2. *bot* Blütenkelch 3.: надколе́нная ~ *anat* Kniescheibe

ча́шка, -и, *Pl G* -шек, *D* -шкам *f* 1. Tasse, Schale; вы́пить -у ча́ю eine Tasse Tee trinken 2. Waagschale, Schale 3.: надколе́нная ~ Kniescheibe ◇ ~ эфе́са Degenkorb

ча́ща, -и, *I* -ей *f* Dickicht

ча́ще ↑ ча́стый

чащо́ба, -ы *f umg* Dickicht

ча́яние, -я *n buchspr* Erwartung, Hoffnung, Wunschtraum; сверх вся́кого -я *oder* па́че -я wider Erwarten, unverhofft

ча́ять, ча́ю, ча́ешь *uv alt u. volksspr G* erwarten, hoffen (auf) ◇ души́ не ~ в ко́м-н. einen Narren an j-m gefressen haben; j-n über alles lieben

чва́ниться, -нюсь, -нишься *uv* sich brüsten, hochnäsig sein; не чва́нься родне́й sei auf deine Verwandtschaft nicht eingebildet

чванли́вый, -ая, -ое; *Kzf* -и́в, -а hochnäsig; zur Wichtigtuerei neigend

чва́нный, -ая, -ое hochmütig, hochnäsig

чва́нство, -а *n* Hochnäsigkeit, Wichtigtuerei

чего́ [во] 1. *Adv volksspr* wozu, weshalb, warum 2. ↑ [1]что

чей, чьего́ [во] *m*; чья, чьей *f*; чьё, чьего́ [во] *n*; *Pl* чьи, чьих, чьим 1. *Interr Pron* wessen, wem gehörig; чья э́то кни́га? Wessen Buch ist das? 2. *Rel Pron* dessen, deren *anstelle des G von* кото́рый; геро́й, чьё и́мя (= и́мя кото́рого) изве́стно всем der Held, dessen Name allen bekannt ist

чек, -а *m* 1. Scheck; вы́писать ~ einen Scheck schreiben [ausstellen]; плати́ть по -у einen Scheck einlösen; просро́ченный ~ verfallener Scheck 2. Kassenzettel

чека́, -и́ *f tech* Achsennagel, Splint

Чека́ *f idkl umg* Tscheka (*vgl. a.* ЧК)

чека́н, -а *m* 1. Prägestempel 2. Prägung 3. *hist* Streitaxt

чека́нить, -ню, -нишь *uv* 1. prägen, schlagen; ~ моне́ту münzen, Münzen prägen [schlagen] 2. *tech* verstemmen, ziselieren 3. *übtr* etwas sorgfältig tun; ~ слова́ die Wörter klar und deutlich aussprechen 4. *landw* beschneiden *Pflanzen*

чека́нка, -и *f* 1. Prägen, Prägung; ~ моне́ты Münzprägung 2. *tech* Verstemmen, Zieselieren 3. Stemmeißel 4. eingeprägtes Bild, Zeichen

чека́нный, -ая, -ое 1. Präge-; geprägt 2. *übtr* klar, ausgeprägt

чеки́ст, -а *m* Tschekist, Angehöriger der ЧК

чекмéнь, -я́ *m* kurzer Kosakenrock; kurzer Rock mit Taille

чéковый, -ая, -ое Scheck-; -ая кни́жка Scheckbuch

чёлка, -и, *Pl G* -лок, *D* -лкам *f* 1. Stirnhaar 2. Ponyfrisur

чёлн, челна́, *Pl* челны́, -óв, -áм *u.* чёлны, -ов, -ам *m* Kahn *aus einem Baumstamm*

челнóк, -á *m* 1. Kahn *aus einem Baumstamm* 2. *tech* Weberschiffchen 3. Schiffchen *Nähmaschine*

чело́, -á, *Pl* чёла, чёл, чёлам *n* 1. *buchspr, alt* Stirn 2. Ofenloch ◇ бить -óм комý-н. *alt, jetzt iron* sich tief vor j-m verbeugen; *übtr* j-n demütig [untertänigst] um etwas bitten

челоби́тная, -ой *Subst f hist* Bittschrift

челоби́тчик, -а *m hist* Bittsteller

человéк, -а, *Pl* лю́ди, людéй, лю́дям, людьми́, о лю́дях *m*; *G Pl* человéк *nur mit Grundzahlen* 1. Mensch; молодóй ~ junger Mann *meist in der Anrede*; вóсемь ~ acht Mann, acht Leute; нас бы́ло дéсять ~ wir waren zehn Personen [zehn Mann]; деловóй ~ Geschäftsmann 2. *hist* Diener, Bedienter; Kellner

человéко-дéнь, -дня́ *m* Tagesarbeitsleistung eines Arbeiters

человеко|люби́вый, -ая, -ое; *Kzf* -и́в, -а *buchspr* menschenfreundlich, menschlich gesinnt, human; **~лю́бие,** -я *n buchspr* Menschenliebe, Menschenfreundlichkeit; **~ненави́стник,** -а *m buchspr* Menschenhasser, Menschenfeind; **~ненави́стничество,** -а *m buchspr* Menschenhaß; **~обрáзный,** -ая, -ое; *Kzf* -зен, -зна menschenähnlich; ~обрáзная обезья́на Menschenaffe

человéческий, -ая, -ое 1. Menschen-, menschlich 2. human, mitfühlend

человéчество, -а *n* Menschheit, Menschengeschlecht

человéчность, -и *f* Humanität, Menschlichkeit, Mitgefühl

человéчный, -ая, -ое; *Kzf* -чен, -чна human, menschlich, mitfühlend

Челю́скин, -а, -о: Челю́скин мыс Kap Tscheljuskin

челюстнóй [сн], -áя, -óе *anat* Kiefer-

чéлюсть, -и *f* 1. Kiefer; вéрхняя ~ Oberkiefer; ни́жняя ~ Unterkiefer 2. Zahnprothese 3. *tech* Greifer; (Gleit-) Backen

Челя́бинск, -а *m* Tscheljabinsk *Stadt*

чéлядь, -и *f Koll hist* leibeigenes Gesinde, Hausgesinde

¹чем *Konj* 1. als *nach Komp*; лу́чше пóздно, ~ никогдá besser zu spät als niemals 2. statt zu, anstatt (daß); ~ срáзу писáть, вы бы сначáла спроси́ли anstatt zu schreiben, hätten Sie doch lieber erst gefragt 3.: ~ ... тем *mit Komp* je ... desto; ~ бóльше, тем лу́чше je mehr, desto besser ◇ ~ свет in aller Frühe

²чем, чём ↑ ¹что

чемери́ца, -ы, *I* -ей *f bot* (weiße) Nieswurz

чемодáн, -а *m* Koffer; уложи́ть ~ den Koffer packen

чемодáнный, -ая, -ое Koffer- ◇ -ое настроéние *scherz* Reisefieber

чемодáнчик, -а *m Dem zu* чемодáн kleiner Koffer

чемпиóн, -а *m Sport* Meister, Champion; ~ ми́ра Weltmeister; ~ страны́ Landesmeister

чемпионáт, -а *m Sport* Meisterschaft, Meisterschaftskampf, Championat; шáхматный ~ Schachmeisterschaft; ~ по футбóлу Fußballmeisterschaft

чемпиóнский, -ая, -ое Meister-, Champion-

чемпиóнство, -а *m Sport* Meisterschaftstitel, Meisterschaft

чемý ↑ ¹что

чепéц, -пцá, *I* -пцóм, *G Pl* -пцóв *m* Haube

чепрáк, -á *m* Schabracke, Satteldecke

чепухá, -и́ *f umg* Unsinn, dummes Zeug, Blödsinn; нести́ [болтáть, городи́ть] -ý dummes Zeug [Unsinn] reden, faseln

чепухóвый, -ая, -ое *volksspr* 1. dumm, blödsinnig, gehaltlos 2. gering, unbedeutend

чéпчик, -а *m Dem zu* чепéц Haube, Häubchen

червеобрáзный, -ая, -ое; *Kzf* -зен, -зна wurmförmig, -artig; ~ отрóсток слепóй кишки́ Wurmfortsatz des Blinddarms

чéрви *Pl* червéй, червя́м *u.* **чéрвы** *Pl* черв, чéрвам, *Sg volksspr* чéрва, -ы *f* Herz, Coeur *Spielkarten*

черви́веть, *1. u. 2. Pers ungebr*, -еет *uv* wurmstichig werden, von Würmern zerfressen werden

черви́вый, -ая, -ое; *Kzf* -и́в, -а wurmstichig, von Würmern zerfressen, madig

червóнец, -нца, *I* -нцем, *G Pl* -нцев *m* 1. Zehnrubelschein *in Umlauf von*

1922 bis 1947 **2.** Fünf- oder Zehnrubelmünze in Gold *vor 1917* **3.** *hist* Goldmünze, Dukate

[1]**червóнный,** -ая, -ое *alt* hochrot, hellrot; -ое зóлото Dukatengold

[2]**червóнный,** -ая, -ое Herz-, Coeur-; ~ валéт Herzbube *Kartenspiel*

червотóчина, -ы *f* Wurmstich, Wurmfraß

чéрвы ↑ чéрви

червь, -я́, *Pl* чéрви, червéй, червя́м *m* Wurm; шелкови́чный ~ Seidenraupe

червя́к, -á *m* **1.** Wurm; ивáновский ~ *gbt* Glühwürmchen **2.** *tech* Schnecke

червя́чный, -ая, -ое *tech* Schnecken-; -ая передáча Schneckengetriebe

чердáк, -á *m* Boden, Dachboden, Trockenboden

чердáчный, -ая, -ое Boden-, Dachboden-, Dachkammer-; -ое помещéние Dachkammer, Bodenkammer, Mansarde

черевúки *Pl* -ов, *Sg* черевúк, -а *m* Stiefelchen mit hohen Absätzen

черёд, -редá, *P* о чередé, в чередý *m* *umg* Reihe, Reihenfolge; ◇ идти́ свои́м чередóм seinen Gang gehen, seinen Lauf nehmen; **пришёл и наш** ~ nun sind wir an der Reihe

[1]**чередá,** -ы́ *f* **1.** geordnete Folge, Reihe, Zug; дли́нной -óй in langem Zug **2.** *alt* Zeit; пришлá худáя ~ eine böse [schlimme] Zeit ist angebrochen

[2]**чередá,** -ы́ *f bot* Zweizahn

чередовáние, -я *n* Reihenfolge; Wechsel; Alternation; ~ глáсных *gram* Ablaut; ~ соглáсных *gram* Konsonantenwechsel

чередовáть, -дýю, -дýешь *uv* (ab)wechseln, aufeinander folgen lassen

чередовáться, -дýюсь, -дýешься *uv* sich abwechseln, miteinander wechseln, aufeinanderfolgen

чéрез *Präpos mit A* **1.** über *örtlich*; перейти́ ~ ýлицу über die Straße gehen; перелéзть ~ забóр über den Zaun klettern; мост ~ Э́льбу eine Brücke über die Elbe, Elbbrücke **2.** durch (... hindurch), über; пройти́ ~ лес durch den Wald gehen; влезть ~ окнó durchs Fenster steigen; éхать ~ Москвý über Moskau fahren **3.** nach, in *zeitlich*; вернýться ~ час in [nach] einer Stunde zurückkommen; ~ год пóсле войны́ ein Jahr nach dem Krieg; ~ год übers Jahr; ~ однý (останóвку) an der zweiten [übernächsten] Haltestelle **4.** alle(r); смéна ~ кáждые вóсемь часóв Ablösung alle(r) acht Stunden; бри́ться ~ день sich jeden zweiten Tag rasieren; sich alle(r) zwei Tage rasieren **5.** durch, mit Hilfe von; узнáть ~ знакóмого durch einen Bekannten erfahren; разговáривать ~ перевóдчика sich mit Hilfe eines Dolmetschers unterhalten; э́то пи́шется ~ чёрточку das wird mit einem Bindestrich geschrieben

черёмуха, -и *f* **1.** Faulbeerbaum **2.** Faulbeere

черемшá, -и́, *I* -óй *f bot* Bärenlauch

черенковáть, -кýю, -кýешь *uv* aufpfropfen; einpflanzen

черенкóвый, -ая, -ое gestielt

черенóк, -нкá *m* **1.** Griff, Stiel, Heft **2.** Halm, Stiel; ~ листá Blattstiel **3.** Pfropf-, Steckreis

чéреп, -а, *Pl* черепá, -óв, -áм *m* Schädel

черепáха, -и *f* **1.** Schildkröte **2.** *Koll* Schildpatt

черепáховый, -ая, -ое **1.** Schildkröten-; ~ суп Schildkrötensuppe **2.** Schildpatt-; ~ грéбень Schildpattkamm

черепáший, -ья, -ье **1.** Schildkröten- **2.** Schildpatt- ◇ идти́ -ьим шáгом im Schneckentempo gehen

черепи́ца, -ы, *I* -ей *f* Dachziegel *a. Koll*

черепи́чный, -ая, -ое Dachziegel-, Ziegel-; -ая кры́ша Ziegeldach

черепнóй, -áя, -óе Schädel-; -áя корóбка Hirnschale

черепóк, -пкá *m* Scherbe

чересполóсица, -ы, *I* -ей *f* Gemeng(e)lage *der Felder*

чересседéльник, -а *m* Rückengurt, Sattelriemen

чересчýр *Adv* übermäßig, über die Maßen, zu (sehr), zuviel, viel zu; ~ мнóго zu viel; viel zuviel ◇ э́то уж(é) ~! das geht zu weit!; das übersteigt alle Grenzen!

чeрéшневый, -ая, -ое Süßkirschen-

черéшня, -и, *Pl G* -шен, *D* -шням *f* **1.** Süßkirsch(en)baum **2.** Süßkirsche

черешóк, -шкá *m* **1.** Griff, Stiel, Heft **2.** *bot* Halm, (Blatt-) Stiel

Черкáссы, -асс *Pl* Tscherkassy *Stadt*

черкáть, -áю, -áешь *u.* **чёркать,** -аю, -аешь *uv* **1.** *uv zu* черкнýть **2.** *umg* streichen, ausstreichen, durchstreichen

черкéс, -а *m* Tscherkesse

черке́ска, -и, *Pl G* -сок, *D* -скам *f* Tscherkessenrock
Черке́сск, -а *m* Tscherkessk *Stadt*
черке́сский, -ая, -ое tscherkessisch; Черке́сская Автоно́мная о́бласть Tscherkessisches Autonomes Gebiet
черке́шенка, -и, *Pl G* -нок, *D* -нкам *f* Tscherkessin
черкну́ть, -ну́, -нёшь *v mom umg* **1.** Striche ziehen; kritzeln; kratzen; streifen **2.** schnell hinschreiben, hinkritzeln; черкни́ мне не́сколько строк schreib mir ein paar Zeilen ‖ *uv* черка́ть, -а́ю, -а́ешь *u.* чёркать, -аю, -аешь *zu* 1
черне́ный, -ая, -ое geschwärzt
черне́ть, -е́ю, -е́ешь *uv* **1.** schwarz werden, dunkler werden **2.** *1. u. 2. Pers ungebr* sich schwarz abheben, schwarz schimmern
черне́ться, *1. u. 2. Pers ungebr*, -е́ется *uv* sich schwarz abheben, schwarz schimmern
черни́ка, -и *f* **1.** Heidelbeerstrauch **2.** *Koll* Heidelbeeren
черни́ла, -и́л *Pl* Tinte; кра́сные ~ rote Tinte; симпати́ческие ~ Geheimtinte
черни́льница, -ы, *I* -ей *f* Tintenfaß
черни́льный, -ая, -ое Tinten-; ~ каранда́ш Tintenstift; -ое пятно́ Tintenfleck ◇ ~ оре́шек *bot* Gallapfel; -ая душа́ *verächtl* Schreiberseele
черни́ть, -ню́, -ни́шь; -нённый, -нён, -нена́ *uv* **1.** schwärzen, schwarz färben; ~ во́лосы die Haare schwarz färben **2.** *übtr* anschwärzen, verleumden, Schlechtes nachsagen, in Verruf bringen
черни́чина, -ы *f volksspr* eine Heidelbeere
черни́чный, -ая, -ое **1.** Heidelbeerstrauch- **2.** Heidelbeer-
черно- *in Zuss* schwarz-
черно|боро́дый, -ая, -ое; *Kzf* -о́д, -а schwarzbärtig; **~бро́вый,** -ая, -ое; *Kzf* -о́в, -а mit schwarzen Augenbrauen
черно-бу́рый, -ая, -ое; *Kzf* -у́р, -а schwarzbraun; -ая лиси́ца Silberfuchs
чернобы́льник, -а *m bot* Beifuß
чернови́к, -а́ *m* Entwurf, Konzept; в -е́ im Unreinen
черново́й, -а́я, -о́е im Entwurf, im Konzept, ins Unreine geschrieben; -а́я ру́копись noch nicht ins reine geschriebenes Manuskript
черно|воло́сый, -ая, -ое; *Kzf* -о́с, -а schwarzhaarig, dunkelhaarig; **~гла́зый,** -ая, -ое; *Kzf* -а́з, -а schwarzäugig
черного́рец, -рца, *I* -рцем, *G Pl* -рцев *m* Montenegriner
Черного́рия, -и *f* Montenegro
черного́рка, -и, *Pl G* -рок, *D* -ркам *f* Montenegrinerin
черного́рский, -ая, -ое montenegrinisch
черно|гри́вый, -ая, -ое; *Kzf* -и́в, -а mit schwarzer Mähne; **~зём,** -а *m* Schwarzerde; **~зёмный,** -ая, -ое Schwarzerde-; **~кни́жник,** -а *m alt* Schwarzkünstler, Magier; **~ко́жий,** -ая, -ое; *Kzf* -о́ж, -а schwarz-, dunkelhäutig; **~ле́сье,** -ья *n* Laubwald; **~ма́зый,** -ая, -ое; *Kzf* -а́з, -а *umg* mit brauner [dunkler] Gesichtsfarbe, dunkelhäutig, brünett
черномо́рец, -рца, *I* -рцем, *G Pl* -рцев *m* Matrose der Schwarzmeerflotte
черномо́рский, -ая, -ое Schwarzmeer-; -ое побере́жье Schwarzmeerküste
чернорабо́чий, -его *Subst m* ungelernter Arbeiter
черносли́в, -а (-у) *m Koll* gedörrte Pflaumen, Backpflaumen
черносо́тенец, -нца, *I* -нцем, *G Pl* -нцев *m pøl*, *hist* Erzreaktionär, Chauvinist
чернота́, -ы́ *f* **1.** Schwarz, Schwärze **2.** Finsternis
чернота́л, -а *m bot* Lorbeerweide
черно|у́сый, -ая, -ое; *Kzf* -у́с, -а mit schwarzem Schnurrbart; **~шёрстый,** -ая, -ое; *Kzf* -шёрст, -а mit schwarzem Fell
чёрный, -ая, -ое; *Kzf* чёрен, черна́ **1.** schwarz; dunkel; ~ хлеб Schwarzbrot, Roggenbrot; -ое де́рево Ebenholz; -ые мета́ллы Eisenmetalle; ходи́ть в -ом sich schwarz kleiden **2.** *übtr* schwarz, trübselig, finster, düster, unheilvoll; -ые мы́сли trübselige [düstere] Gedanken; -ая неблагода́рность schnöder Undank; -ое де́ло schwarze [böse] Tat; Missetat; ~ день schwarzer Tag; -ые си́лы реа́кции finstere Kräfte der Reaktion ◇ -ая рабо́та körperlich schwere, unqualifizierte Arbeit; schmutzige, grobe Arbeit; -ые лю́ди *alt* Angehörige der nicht privilegierten Klassen; -ые зе́мли *hist* staatliche Ländereien, Staatsland; ~ двор Hinterhof; ~ ход Neben-, Hintereingang; -ая ле́стница Hinter-

treppe; -ая доска́ Schwarzes Brett, Schwarze Tafel; ~ ры́нок schwarzer Markt, Schwarzmarkt; -ая би́ржа Winkelbörse; -ые спи́ски schwarze Listen; черны́м-черно́ pechschwarz, kohlrabenschwarz; schwarz wie die Nacht; -ым по бе́лому schwarz auf weiß; держа́ть кого́-н. в -ом те́ле j-n kurz [streng, knapp] halten; j-n benachteiligen; на ~ день für den Notfall; отложи́ть де́ньги на ~ день Geld auf die hohe Kante legen; Чёрное мо́ре Schwarzes Meer

чернь, -и *f* **1.** Niello, geschwärztes Silber in Juwelierarbeiten **2.** Schwärze **3.** *alt* Pöbel

черпа́к, -а́ *m* **1.** Schöpfkelle **2.** *tech* Schöpfeimer, Schaufel; Baggereimer; ~ экскава́тора Baggerschaufel

черпа́лка, -и, *Pl G* -лок, *D* -лкам *f umg* **1.** Schöpfkelle, Schöpfgefäß **2.** *tech* Baggereimer

черпа́льный, -ая, -ое Schöpf-, Bagger-

че́рпать, -аю, -аешь *uv* **1.** schöpfen; baggern; ~ во́ду из ведра́ Wasser aus dem Eimer schöpfen **2.** *übtr* schöpfen, erwerben, erlangen; entlehnen, entnehmen; ~ си́лы Kraft schöpfen ‖ *v mom* **черпну́ть,** -ну́, -нёшь *zu* 1

черстве́ть, -е́ю, -е́ешь *uv* **1.** hart werden, trocken werden, vertrocknen **2.** *übtr* hartherzig werden, gefühllos werden

чёрствость, -и *f* Härte; *übtr* Härte, Hartherzigkeit, Gefühllosigkeit

чёрствый, -ая, -ое; *Kzf* чёрств, черства́, чёрство, чёрствы *u.* черствы́ **1.** hart, trocken, hartgetrocknet, altbacken; есть ~ хлеб trockenes Brot essen; Schmalhans als Küchenmeister haben **2.** *übtr* hart, hartherzig, gefühllos

чёрт, -а (*aber* ни черта́), *Pl* че́рти, черте́й, чертя́м *m* Teufel ◇ *volksspr* иди́ к -у! geh zum Teufel!; scher dich zum Teufel!; ~ возьми́! *oder* ~ побери́! *oder* ~ подери́! hol's der Teufel!; Teufel auch!; сам ~ не разберёт! kein Teufel kann daraus klug werden!; чем ~ не шу́тит! wer weiß, was noch alles kommen mag!; жить у -а на кули́чках beim Teufel auf der Rinne wohnen; sehr weit wohnen; не так стра́шен ~, как его́ малю́ют es ist nicht so schlimm, wie es aussieht; es wird nichts so heiß gegessen, wie es gekocht wird; всё к -у пошло́! alles ist zum Teufel gegangen!; es ist völlig mißraten!; посла́ть к -у zum Teufel jagen; на кой ~ wozu, zum Teufel; wofür; ни черта́ absolut nichts; ни черта́ нет nichts da, nichts vorhanden; до -а sehr; überaus viel, sehr viel; ~ его́ зна́ет weiß der Teufel; ich weiß es nicht; -а с два nichts dergleichen; ~ с ним! mag er sich zum Teufel scheren!

черта́, -ы́ *f* **1.** Strich, Linie; провести́ -у́ einen Strich ziehen **2.** Grenze; Gebiet; пограни́чная ~ Grenzlinie, Grenzgebiet; в -е́ го́рода innerhalb der Stadtgrenzen, im Weichbild der Stadt **3.** *übtr* Zug *des Charakters, des Gesichts*, auszeichnende Besonderheit, Eigenschaft; отличи́тельная ~ kennzeichnender Zug, hervorstechende Eigenschaft, Charakteristikum; -ы́ лица́ Gesichtszüge ◇ в о́бщих -а́х in großen Zügen; im großen und ganzen; im allgemeinen

чертёж, -ежа́, *I* -ежо́м, *G Pl* -еже́й *m* Plan, Zeichnung, Aufriß

чертёжная, -ой *Subst f* Zeichensaal

чертёжник, -а *m* technischer Zeichner

чертёжница, -ы, *I* -ей *f* technische Zeichnerin

чертёжный, -ая, -ое Zeichen-, Reiß-; ~ прибо́р Reißgerät, Zeichengerät; -ая доска́ Reißbrett, Zeichenbrett

чертёнок, -нка, *Pl* чертеня́та, -я́т, -я́там *m umg* **1.** kleiner Teufel **2.** Schlingel, Wildfang

черти́ть, черчу́, че́ртишь; че́ртящий; че́рченный, -ен, -а *uv* **1.** ziehen, zeichnen *Linie, Strich*; ~ ли́нию eine Linie ziehen **2.** eine technische Zeichnung anfertigen, zeichnen, reißen; entwerfen; ~ план зда́ния den Grundriß eines Gebäudes zeichnen

чёртов, -а, -о Teufels- ◇ -а дю́жина *scherz* Teufelsdutzend, die Zahl 13; -о колесо́ *umg* Riesenrad

черто́вски *Adv umg* außerordentlich, sehr; tüchtig; verdammt; ~ уста́л verdammt müde; ~ тру́дно es ist verteufelt schwer

черто́вский, -ая, -ое *umg* teuflisch, verteufelt, verflixt, furchtbar; -ая рабо́та verflixte Arbeit; -ая хи́трость teuflische List, verteufelte Schlauheit

чертовщи́на, -ы *f umg* Teufelei, Teufelskram, Teufelswerk

черто́г, -а *m alt* Prunkgemach, Paradezimmer; *alt, poet* Palast, Schloß

чертополо́х, -а *m bot* Distel

чёрточка, -и, *Pl G* -чек, *D* -чкам *f* 1. *Dem zu* черта́ Strichlein, Strichelchen; feiner Strich 2. Bindestrich

черче́ние, -я *n* Zeichnen, Reißen

чеса́лка, -и, *PlG* -лок, -лкам *f text* Wollkamm, Kamm, Karde; Hechel

чеса́льный, -ая, -ое *text* Kamm-; Hechel-; -ая маши́на 1. *text* Krempel 2. Hechelmaschine *für Flachs*

чеса́ние, -я *n text* Kämmen, Hecheln

чёсаный, -ая, -ое *text* gekämmt, gehechelt

чеса́ть* *uv* 1. kämmen; ~ во́лосы Haare kämmen 2. *text* kämmen, hecheln; ~ лён Flachs hecheln 3. kratzen; ~ заты́лок [в заты́лке] sich im Nacken kraulen ◇ ~ язы́к *volksspr* klatschen ‖ *v* почеса́ть *zu* 3

чеса́ться* *uv* 1. sich kämmen 2. sich kratzen 3. *1. u. 2. Pers ungebr* jucken; у меня́ че́шется нос mir juckt die Nase ◇ у меня́ ру́ки че́шутся es juckt mir in allen Fingern; у него́ язы́к че́шется er kann seine Zunge nicht im Zaum halten ‖ *v* почеса́ться *zu* 2

чесно́к, -а́ (-у́) *m* Knoblauch

чесно́чный, -ая, -ое Knoblauch-; ~ за́пах Knoblauchgeruch

чесо́тка, -и *f med* Krätze, Räude

чесо́точный, -ая, -ое krätzig

че́ствование, -я *n* Ehrung, Ehrenbezeigung

че́ствовать, -твую, -твуешь *uv* ehren; feiern; Ehre bezeigen, Ehre erweisen

чести́ть, чещу́, чести́шь *uv umg* schimpfen, beschimpfen, schelten, lästern

че́стность [сн], -и *f* Ehrlichkeit, Redlichkeit, Rechtschaffenheit

че́стный [сн], -ая, -ое; *Kzf* -тен, -тна́! 1. ehrlich, redlich, rechtschaffen; -ое сло́во Ehrenwort; ~ па́рень ehrliche Haut 2. -о *Adv*: -о говоря́ ehrlich gesagt

често|лю́бец, -бца, *I* -бцем, *G Pl* -бцев *m* Ehrsüchtiger, Ehrgeiziger; **~люби́вый,** -ая, -ое; *Kzf* -и́в, -а ehrsüchtig, ehrgeizig; **~лю́бие,** -я *n* Ehrsucht, Ehrgeiz

честь, -и, *P* в че́сти *oder* в чести́ *f* 1. Ehre, Ehrgefühl; де́ло -и Ehrensache; его́ ~ заде́та er fühlt sich in seiner Ehre gekränkt; счита́ю за ~ ich halte es für eine Ehre; име́ю ~ ich habe die Ehre; кляну́сь -ью! bei meiner Ehre!; э́то де́лает тебе́ ~ das gereicht dir zur Ehre; на мою́ до́лю вы́пала ~ mir wurde die Ehre zuteil; ich hatte die Ehre; es war mir eine Ehre; с -ью in Ehren; с -ью вы́йти из тру́дного положе́ния mit Ehren aus einer schwierigen Lage hervorgehen 2. weibliche Ehre, Unberührtheit, Unschuld 3. Ehrung, Ehrenbezeigung; оказа́ть ~ Ehre erweisen; в ~ (кого́-н.) zu Ehren (von j-m *oder G*); он в -и́ er steht in hohem Ansehen; отда́ть ~ *mil* die Ehrenbezeigung erweisen; salutieren ◇ пора́ и ~ знать! jetzt ist es aber genug!, jetzt hört aber auf!; es ist höchste Zeit aufzubrechen!; ~ и ме́сто! *alt* bitte auf den Ehrenplatz!, bitte, nehmen Sie Platz!; по́ле -и *alt* Feld der Ehre; Schlachtfeld; -ью проси́ть höflich bitten; по -и *alt* aufrichtig, offen, freimütig

чёт, -а *m umg* gerade Zahl; ~ и не́чет paar oder unpaar

чета́, -ы́ *f* Paar; супру́жеская ~ Ehepaar; счастли́вая ~ ein glückliches Paar; он тебе́ не ~ du bist ihm nicht ebenbürtig; du paßt nicht zu ihm

четве́рг, -а́ *m* Donnerstag

четвере́ньки, -нек, -нькам *Pl umg*: на ~ (стать) (sich) auf alle viere (stellen); на -нках (по́лзать, стоя́ть, ходи́ть) auf allen vieren (kriechen, stehen, gehen)

четвери́к, -а́ *m alt* 1. Tschetwerik (altes russisches Getreidemaß = 26 Liter) 2. Viergespann

четвёрка, -и, *Pl G* -рок, *D* -ркам *f* 1. Vier, Vierer *Ziffer*; *umg Straßenbahn, Omnibus der Linie 4*; Gruppe von vier Personen oder Gegenständen 2. Vier *Schulzensur „gut" in der UdSSR* 3. Vier *Spielkarte* 4. Gespann mit vier Pferden; ~ лошаде́й Viergespann 5. Vierer(boot), Vierriemer

четверно́й, -а́я, -о́е *umg* vierfach, viermal so groß

четверня́, -и́, *G Pl* -е́й *f umg* Viergespann, Vierspänner

че́тверо, -ы́х *kollektives Num* 1. vier *bei männlichen Subst, die Personen bezeichnen u. bei Pluraliatantum*; их бы́ло ~ es waren ihrer vier, sie waren vier; пришло́ ~ es kamen vier Personen; ~ но́жниц vier Scheren 2. vier Paare; ~ глаз vier Augenpaare

четверо|кла́ссник, -а *m* Schüler der 4. Klasse; **~кла́ссница,** -ы, *I* -ей *f* Schülerin der 4. Klasse; **~но́гий,** -ая, -ое 1. vierfüßig 2. -ое, -ого *Subst n*

Vierfüß(l)er; **~ру́кий,** -ая, -ое vierarmig; **~сти́шие,** -я *n* vierzeiliges Gedicht, vierzeilige Strophe, Vierzeiler
четверти́чный, -ая, -ое *geol* quartär: Четверти́чный пери́од Quartär
четвёртка, -и, *Pl G* -ток, *D* -ткам *f alt* Viertel, der vierte Teil; Viertelpfund; Viertelbogen Schreibpapier
четвертно́й, -а́я, -о́е Viertel-; -а́я но́та *mus* Viertelnote; ~ биле́т *alt* Fünfundzwanzigrubelschein
четвертова́ть, -ту́ю, -ту́ешь; -то́ванный, -то́ван, -а *v, uv hist* vierteilen
четвёртый, -ая, -ое **1.** *Num* vierter; -ого числа́ am Vierten (des Monats); -ого ию́ня am vierten Juni; ~ час es geht auf vier; в -ом часу́ kurz nach drei; -ая часть Viertel **2.** -ая, -ой *Subst f* Viertel
че́тверть, -и, *Pl* че́тверти, четверте́й, четвертя́м *f* **1.** Viertel; ~ ча́са eine Viertelstunde; ~ второ́го Viertel zwei; без -и час Viertel vor eins **2.** Quartal, Viertel des Schuljahres; ~ го́да Vierteljahr **3.** $^1/_4$ einer Maßeinheit **4.** *mus* Viertelnote
чётки, чёток, чёткам *Pl kirch* Rosenkranz
чёткий, -ая, -ое; *Kzf* чёток, четка́, чётко; *Komp* чётче **1.** klar, deutlich; leserlich; ~ по́черк leserliche Handschrift **2.** *übtr* genau, exakt, klar, verständlich **3.** gut, organisiert; sorgfältig
чёткость, -и *f* **1.** Klarheit, Deutlichkeit, Leserlichkeit **2.** Genauigkeit, Exaktheit **3.**: ~ изображе́ния Bildschärfe
чётный, -ая, -ое gerade *bei Zahlen*
чётче ↑ чёткий
четы́ре, четырёх, четырём, четырьмя́, о четырёх *Num* vier; стро́иться по ~ челове́ка sich in Viererreihen aufstellen; иди́ на все ~ сто́роны! mach, daß du Land gewinnst!
четы́режды *Adv* **1.** viermal **2.** vier mal, mit vier malgenommen; ~ пять — два́дцать vier mal fünf ist zwanzig
четы́реста, четырёхсо́т, четырёмста́м, четырьмяста́ми, о четырёхста́х *Num* vierhundert
четырёх- *in Zuss* vier-
четырёх|годи́чный, -ая, -ое vierjährig; **~голо́сный,** -ая, -ое vierstimmig; **~гра́нник,** -а *m math* Vierflach, Tetraeder; **~гра́нный,** -ая, -ое vierflächig; vierkantig; **~дне́вный,** -ая, -ое viertägig; **~зна́чный,** -ая, -ое vierstellig; **~кла́ссный,** -ая, -ое vierklassig; **~колёсный,** -ая, -ое vierrädrig; **~кра́сочный,** -ая, -ое: ~кра́сочная печа́ть Vierfarbendruck; **~кра́тный,** -ая, -ое viermalig
четырёхле́тие, -я *n* **1.** vier Jahre *Zeitraum* **2.** vierter Jahrestag; vierjähriges Jubiläum
четырёх|ле́тний, -яя, -ее vierjährig; **~ме́стный** [сн], -ая, -ое viersitzig; **~ме́сячный,** -ая, -ое **1.** viermonatig *Dauer oder Alter* **2.** viermonatlich; **~мото́рный,** -ая, -ое viermotorig; **~неде́льный,** -ая, -ое **1.** vierwöchig *Dauer oder Alter* **2.** vierwöchentlich; **~по́лье,** -ья *n* Vierfelderwirtschaft; **~сло́жный,** -ая, -ое viersilbig
четырёхсотле́тие, -я *n* **1.** vierhundert Jahre *Zeitraum* **2.** vierhundertster Jahrestag, Vierhundertjahrfeier
четырёх|сотле́тний, -яя, -ее vierhundertjährig; **~со́тый,** -ая, -ое *Num* vierhundertster; **~сто́пный,** -ая, -ое *lit* vierfüßig; **~сторо́нний,** -яя, -ее vierseitig; **~стру́нный,** -ая, -ое viersaitig; **~та́ктный,** -ая, -ое Viertakt-; **~ты́сячный,** -ая, -ое **1.** *Num* viertausendster **2.** aus viertausend bestehend **3.** *umg* im Wert von viertausend Rubeln; **~уго́льник,** -а *m* Viereck; **~уго́льный,** -ая, -ое viereckig; **~часово́й,** -а́я, -о́е vierstündig; ~часово́й по́езд 4-Uhr-Zug; **~эта́жный,** -ая, -ое dreistöckig, viergeschossig
четырнадцатиле́тний, -яя, -ее vierzehnjährig
четы́рнадцатый, -ая, -ое *Num* vierzehnter
четы́рнадцать, -и *Num* vierzehn
чех, -а *m* Tscheche
чехарда́, -ы́ *f* Bockspringen *Spiel*
чехли́ть, -лю́, -ли́шь *uv* mit einem Überzug versehen
чехо́л, -хла́ *m* Überzug; Futteral; Kappe; ду́льный ~ *mil* Mündungskappe; шлю́почный ~ *naut* Bootskleid
чехо́льчик, -а *m* kleines Futteral
Чехослова́кия, -и *f* Tschechoslowakei
чехослова́цкий, -ая, -ое tschechoslowakisch; Чехослова́цкая Социалисти́ческая Респу́блика Tschechoslowakische Sozialistische Republik
чечеви́ца, -ы, *I* -ей *f* **1.** Linse *Pflanze* **2.** Linsen *Frucht* **3.** *alt phys* Linse
чечеви́чный, -ая, -ое *bot* Linsen-; -ая похлёбка Linsengericht
чече́нец, -нца, *I* -нцем, *G Pl* -нцев *m* Tschetschene

чече́нка, -и, *PlG* -нок, *D* -нкам Tschetschenin
чече́но-ингу́шский, -ая, -ое: Чече́но-Ингу́шская АССР ASSR der Tschetschen und Inguschen
чече́нский, -ая, -ое tschetschenisch
че́чет, -а *m* männlicher Hänfling, Leinfink
чечётка, -и, *Pl G* -ток, *D* -ткам *f* **1.** *zool* Hänfling **2.** russischer Tanz mit häufigem Aufstampfen; Steptanz
че́шка, -и, *Pl G* -шек, *D* -шкам *f* Tschechin
че́шский, -ая, -ое tschechisch
чешу́ ↑ чеса́ть
чешу́йка, -и, *PlG* -шу́ек, *D* -шу́йкам *f* *Dem zu* чешуя́ kleine Schuppe, Schüppchen
чешу́йчатый, -ая, -ое; *Kzf* -ат, -а schuppig; Schuppen-
чешуя́, -и́ *f Koll* Schuppen, Schutzhautplättchen *Fisch, Eidechse u. ä.*; сбро́сить -ю sich schuppen; sich häuten; снима́ть -ю (ab)schuppen
чи́бис, -а *m zool* Kiebitz
чиж, -а́, *I* -о́м, *G Pl* -е́й *m* Zeisig
чи́жик, -а *m Dem zu* чиж Zeisig
Чика́го *m idkl* Chikago
Чи́ли *n idkl* Chile
чилибу́ха, -и *f* **1.** Brechnußbaum **2.** Brechnuß
чили́ец, -и́йца, *I* -и́йцем, *G Pl* -и́йцев *m* Chilene
чили́йка, -и, *PlG* -и́ек, *D* -и́йкам *f* Chilenin
чили́йский, -ая, -ое chilenisch
чин, -а, *Pl* чины́, -о́в, -а́м *m* **1.** Rang, Dienstrang, Dienstgrad; име́ть высо́кий ~ einen hohen Rang bekleiden; eine hohe Stellung einnehmen; повыше́ние в -е Rangerhöhung, Beförderung; лиши́ть -о́в aller Ämter entheben; degradieren; в -а́х von Rang und Würden; in Amt und Würden **2.** *alt* Beamter, Vertreter eines Amtes; -ы́ диплома́тического ко́рпуса die Mitglieder des diplomatischen Korps **3.** *alt* Ordnung, Zeremonie, Ritual; ~ погребе́ния die Zeremonie der Bestattung ◇ ~ чи́ном *oder* ~ по -у *volksspr* wie es sich gehört; без -о́в *alt* ohne Umstände, ungeniert
чина́р, -а *m u.* **чина́ра,** -ы *f bot* Platane
чинёный, -ая, -ое *umg* repariert, ausgebessert
[1]**чини́ть,** чиню́, чи́нишь; чи́ненный, -ен, -а *uv* **1.** ausbessern, reparieren; ~ бельё Wäsche ausbessern **2.** (an)spitzen; ~ каранда́ш einen Bleistift (an)spitzen
[2]**чини́ть,** чиню́, чини́шь *uv buchspr* machen, begehen, bereiten, durchführen; ~ препя́тствия Hindernisse bereiten [in den Weg legen]; ~ суд и распра́ву Gericht über j-n halten; zu Gericht über j-n sitzen
чини́ться, чиню́сь, чини́шься *uv alt* sich zieren, Umstände machen
чи́нка, -и, *Pl G* -нок, *D* -нкам *f umg* **1.** Ausbesserung, Reparieren **2.** Anspitzen
чи́нность, -и *f* Manierlichkeit; gute Gesittung; Anständigkeit; Anstand
чи́нный, -ая, -ое; *Kzf* чи́нен, чинна́! manierlich, gebührend, gesittet, anständig
чино́вник, -а *m* **1.** *hist u. auländ* Beamter **2.** *verächtl* Bürokrat; Schreiberseele
чино́внический, -ая, -ое **1.** Beamten- **2.** bürokratisch
чино́вничество, -а *n Koll* Beamtentum, Beamtenschaft
чино́вный, -ая, -ое; *Kzf* -вен, -вна *alt* Beamten-; einen (hohen) Rang habend; -ое дворя́нство Beamtenadel
чинопочита́ние, -я *n alt* rangmäßige Ehrenbezeigung, Beamtendisziplin
чи́рей, чи́рья, *G Pl* чи́рьев *m umg* Furunkel, Geschwür
чири́канье, -ья *n* Zwitschern, Gezwitscher
чири́кать, -аю, -аешь *uv* zwitschern ‖ *v mom* **чири́кнуть,** -ну, -нешь
чирк *prädikativ* rieb an, strich an
чи́ркать *uv zu* чи́ркнуть
чи́ркнуть, -ну, -нешь *v mom* anstreichen, entzünden; ~ спи́чкой ein Streichholz anzünden ‖ *uv* чи́ркать, -аю, -аешь
чиро́к, -рка́ *m zool* Krickente
чи́сленность, -и *f* Anzahl, Zahl; *mil* Stärke; -ью в два́дцать челове́к zwanzig Mann stark; по -и der Zahl nach
чи́сленный, -ая, -ое zahlenmäßig, mengenmäßig, quantitativ; ~ соста́в а́рмии Stärke der Armee
числи́тель, -я *m math* Zähler
числи́тельный, -ая, -ое **1.**: и́мя числи́тельное Zahlwort **2.** -ое, -ого *Subst n*: коли́чественное -ое Grundzahlwort; поря́дковое -ое Ordnungszahlwort
чи́слить, -лю, -лишь *uv I* rechnen (zu), zählen (zu); ~ кого́-н. больны́м j-n. als krank führen
чи́слиться, -люсь, -лишься *uv* ge-

rechnet werden, geführt werden, gezählt werden; gelten; ~ больны́м als krank geführt werden; krank geschrieben sein; ~ в спи́ске in der Liste stehen, in der Liste geführt werden

число́, -а́, *Pl* чи́сла, -сел, -слам *n* **1.** *math* Zahl; дро́бное ~ Bruch, Bruchzahl; це́лое ~ ganze Zahl; просто́е ~ Primzahl; мни́мое ~ imaginäre Zahl; имено́ванное ~ benannte Zahl **2.** *gram* Numerus, Zahl; еди́нственное ~ Einzahl, Singular; мно́жественное ~ Mehrzahl, Plural **3.** Zahl, Anzahl, Menge; в большо́м -е́ in großer Zahl [Anzahl]; -о́м в два́дцать челове́к zwanzig Mann stark; по -у́ чле́нов nach der Anzahl der Mitglieder **4.** Datum; како́е сего́дня ~? der wievielte ist heute?, welches Datum haben wir heute?; помеча́ть -о́м datieren; поме́тить за́дним -о́м zurückdatieren, nachdatieren; от сего́ -а́ *Kanzleisprache* von heute ab; в пе́рвых -ах января́ in den ersten Tagen des Januars; Anfang Januar ◇ без -а́ zahllos; в -е́ unter; в том -е́ darunter, einschließlich; сре́дним -о́м durchschnittlich, im Durchschnitt; оди́н из их -а́ einer von ihnen

числово́й, -а́я, -о́е zahlenmäßig, Zahlen-

чисти́лище, -а, *I* -ем *n* *kirch* Fegefeuer

чи́стильщик, -а *m* Putzer, Reiniger; ~ сапо́г Stiefelputzer

чи́стить, чи́щу, чи́стишь; чи́щенный, -ен, -а *uv* **1.** reinigen, säubern, putzen; ~ щёткой bürsten; ~ зу́бы Zähne putzen; ~ посу́ду Geschirr waschen; ~ скребни́цей striegeln; ~ кана́ву einen Graben auswerfen; ~ му́сорные я́мы Müllgruben ausnehmen **2.** schälen, putzen *Obst*, *Gemüse*; ~ карто́фель Kartoffeln schälen; ~ ры́бу einen Fisch abschuppen; ~ селёдку einen Hering ausnehmen

чи́ститься, чи́щусь, чи́стишься *uv* sich putzen

чи́стка, -и *f* **1.** Putzen, Reinigen, Säubern; Säuberung, Reinigung; отда́ть в -у reinigen lassen; zum Reinigen geben **2.** Schälen, Putzen

чи́сто *Adv* **1.** rein, sauber; здесь ~ hier ist es sauber **2.** rein; ~ вне́шний rein äußerlich ◇ здесь де́ло не ~ hier geht es nicht mit rechten Dingen zu; ~-на́чисто ganz rein

чистови́к, -а́ *m umg* Reinschrift

чистово́й, -а́я, -о́е Rein-, ins Reine geschrieben, reinschriftlich; ~ экземпля́р Reinschrift

чистога́н, -а (-у) *m volksspr* Bargeld; заплати́ть -ом (in) bar zahlen

чистокро́вный, -ая, -ое; *Kzf* -вен, -вна reinrassig, reinblütig; -ая ло́шадь Vollblut, Vollblüter; -ая соба́ка Rassehund

чисто|писа́ние, -я *n* Schönschreiben, Schönschrift *als Unterrichtsfach*; **~пло́тность,** -и *f* **1.** Reinlichkeit, Sauberkeit **2.** *übtr* Ehrlichkeit, Rechtschaffenheit, Anständigkeit; **~пло́тный,** -ая, -ое; *Kzf* -тен, -тна **1.** reinlich, sauber **2.** *übtr* ehrlich, anständig, moralisch sauber; **~поро́дный,** -ая, -ое-; *Kzf* -ден, -дна reinrassig, Zucht-; **~серде́чный,** -ая, -ое; *Kzf* -чен, -чна offenherzig, aufrichtig, treuherzig; ~серде́чное призна́ние offenes [rückhaltloses] Geständnis; **~со́ртный,** -ая, -ое *landw* rein, sortenrein, sortenecht

чистота́, -ы́ *f* **1.** Reinheit, Reinlichkeit, Sauberkeit **2.** Sorgfalt, Genauigkeit **3.** Reinheit; ~ воды́ Reinheit des Wassers **4.** *übtr* Reinheit, Redlichkeit, Klarheit ◇ говори́ть на -у́ frei von der Leber weg sprechen

чистоте́л, -а *m bot* Warzenkraut

чи́стый, -ая, -ое; *Kzf* чист, чиста́!; *Komp* чи́ще **1.** sauber, rein; -ая страни́ца reine [unbeschriebene] Seite **2.** sorgfältig, sauber, genau; -ая рабо́та sorgfältige Arbeit; qualifiziertere, feinere Arbeit **3.** rein, pur, ohne Beimischung; -ое вино́ reiner Wein; -ое зо́лото pures Gold; -ое серебро́ Reinsilber **4.** *übtr* rein, klar, frei; Rein-; ~ вес Rein-, Nettogewicht; ~ го́лос klare Stimme; ~ дохо́д Reingewinn; -ое по́ле freies [offenes] Feld; -ое не́бо wolkenloser Himmel; ~ вздор purer Unsinn; -ая пра́вда reine Wahrheit; э́то -ая случа́йность das ist reiner Zufall ◇ принима́ть что́-н. за -ую моне́ту etw. für bare Münze nehmen; за -ые де́ньги *volksspr* in bar; вы́вести на -ую во́ду кого́-н. j-n entlarven, j-n überführen

Чита́, -ы́ *f* Tschita *Stadt*

чита́емость, -и *f* Beliebtheit [Bekanntheit] eines Buches

чита́льный, -ая, -ое Lese-; ~ зал Lesesaal, Lesehalle

чита́льня, -и, *Pl G* -лен, *D* -льням *f* Lesesaal

чита́тель, -я *m* Leser

чита́тельница, -ы, *I* -ей *f* Leserin
чита́тельский, -ая, -ое Leser-; ~ биле́т Lesekarte
чита́ть, -а́ю, -а́ешь; чи́танный, -ан, -а *uv* **1.** lesen; ~ вслух laut lesen, vorlesen; ~ по склада́м buchstabieren **2.** vortragen, vorlesen, sprechen; ~ стихотворе́ния Gedichte vortragen; ~ ле́кцию eine Vorlesung halten ◇ ~ мы́сли Gedanken lesen [erraten]; ~ ме́жду строк zwischen den Zeilen lesen; ~ нота́цию die Leviten lesen; eine Gardinenpredigt halten | *uv iterativ* чи́тывать *Präs ungebr umg*
чита́ться, *1. u. 2. Pers ungebr*, -а́ется *uv* lesbar sein; sich lesen lassen; э́тот текст легко́ чита́ется dieser Text liest sich leicht
чити́нец, -нца, *I* -нцем, *G Pl* -нцев *m* Einwohner von Tschita
чи́тка, -и, *Pl G* -ток, *D* -ткам *f umg* **1.** lautes Lesen, Vorlesen **2.** *theat* Rollenprobe, Leseprobe; Vortrag
чи́тывать *uv iterativ zu* чита́ть
чиха́нье, -ья *n* Niesen ◇ на вся́кое ~ не наздра́вствуешься *Sprichw* man kann es nicht allen recht machen
чиха́тельный, -ая, -ое Nies-, Niesen hervorrufend; ~ таба́к Schnupftabak
чиха́ть, -а́ю, -а́ешь *uv* **1.** niesen **2.** *übtr volksspr* на *A* mißachten, geringschätzen, pfeifen (auf); ~ мне на него́ ich pfeife auf ihn ‖ *v mom* чихну́ть, -ну́, -нёшь *zu* 1
чихи́рь, -я́ *m* kaukasischer Rotwein
чихну́ть *v mom zu* чиха́ть
чи́ще ↑ чи́стый
чи́щеный, -ая, -ое geputzt, gereinigt
ЧК (Чрезвыча́йная Коми́ссия [по борьбе́ с контрреволю́цией, спекуля́цией и сабота́жем]) *hist* Tscheka (Sonderkommission [zur Bekämpfung der Konterrevolution, der Spekulation und der Sabotage])
член, -а *m* **1.** Mitglied; ~ прави́тельства Mitglied der Regierung; ~ профсою́за Gewerkschaftsmitglied; ~-корреспонде́нт korrespondierendes Mitglied; ~ прези́диума Mitglied des Präsidiums, Vorstandsmitglied; почётный ~ Ehrenmitglied; стать -ом Mitglied werden **2.** Körperglied, Glied; -ы те́ла Gliedmaßen; страх скова́л его́ -ы der Schreck fuhr ihm in alle Glieder **3.** *math* Glied; ~ уравне́ния Glied einer Gleichung **4.** *gram* Teil, Glied; -ы предложе́ния Satzglieder, Satzteile **5.** *gram* Artikel; определённый ~ bestimmter Artikel; неопределённый ~ unbestimmter Artikel
члене́ние, -я *n* Gliederung, Aufgliederung
чле́ник, -а *m zool* Körperabschnitt, Glied *z. B. bei Insekten*
членистоно́гие *Pl* -их, *Sg* членистоно́гое, -ого *Subst n zool* Gliederfüßer
члени́ть, -ню́, -ни́шь *uv* in Teile zerlegen; gliedern, zergliedern, aufteilen
члени́ться, *1. u. 2. Pers ungebr*, -и́тся *uv* sich zerlegen lassen, sich gliedern lassen
членовреди́тельство, -а *n* **1.** Verstümmelung **2.** Selbstverstümmelung
членоразде́льный, -ая, -ое; *Kzf* -лен, -льна artikuliert, deutlich; klar gegliedert; -ая речь artikulierte Rede
чле́нский, -ая, -ое Mitglieds-; ~ биле́т Mitgliedsausweis, Mitgliedskarte; ~ взнос Mitgliedsbeitrag
чле́нство, -а *n* Mitgliedschaft
чмо́канье, -ья *n* Schmatzen
чмо́кать, -аю, -аешь *uv* **1.** schmatzen; schnalzen **2.** *volksspr, scherz* schmatzend küssen ‖ *v mom* **чмо́кнуть,** -ну, -нешь
чо́каться, -аюсь, -аешься *uv* anstoßen (за *A* auf, *I* mit); ~ за чьё-н. здоро́вье auf j-s Gesundheit anstoßen, auf j-s Wohl trinken; ~ стака́нами mit den Gläsern anstoßen ‖ *v* **чо́кнуться,** -нусь, -нешься
чо́порность, -и *f* Geziertheit, Prüderie, Zimperlichkeit
чо́порный, -ая, -ое; *Kzf* -рен, -рна **1.** geziert, prüde, zimperlich; steif, affektiert **2.** -о *Adv*: -о держа́ться sich zieren; zimperlich tun
чо́хом *Adv volksspr* alles zusammen; auf einen Schlag; im großen, in größeren Mengen
чрева́тый, -ая, -ое; *Kzf* -а́т, -а *I* **1.** *übtr* schwanger (mit); ~ опа́сностями gefahrdrohend; ~ несча́стьями unheilschwanger, -drohend; ~ после́дствиями folgenschwer **2.** *umg* überfüllt, voll (von)
чре́во, -а *n buchspr, alt* Leib, Mutterleib
чревовеща́тель, -я *m* Bauchredner
чревоуго́дник, -а *m* Vielfraß
чреда́, -ы́ *f alt* Reihe, Reihenfolge
чрез *Präpos mit A buchspr dasselbe wie* че́рез
чрезвыча́йный, -ая, -ое; *Kzf* -а́ен, -а́йна **1.** außerordentlich, ungewöhn-

lich **2.** besonderer, speziell, unvorhergesehen; -ые полномо́чия außerordentliche [besondere] Befugnisse; -ые ме́ры Sondermaßnahmen; -ое положе́ние Ausnahmezustand

чрезме́рный, -ая, -ое; *Kzf* -рен, -рна übermäßig; maßlos; äußerst [überaus] groß

чте́ние, -я *n* **1.** Lesen; Vorlesen **2.** Lektüre, Lesestoff; интере́сное ~ interessante Lektüre **3.** Lesung *eines Gesetzentwurfs*; Vortrag, Vortragen; ~ ле́кций Abhalten des Kollegs; во вре́мя -я ле́кции während der Vorlesung **4.** *Pl* Vorlesungsreihe, Vortragsreihe

чтец, -а́, *I* -о́м, *G Pl* -о́в *m* **1.** *volksspr* Leser **2.** Vorleser; Vortragskünstler

чтить* *uv buchspr* ehren, (hoch)achten, (hoch)schätzen

[1]**что** [што], чего́ [во], чему́, чем, о чём **1.** *Interr Pron* was; ~ вы говори́те? was sagen Sie?; ~ случи́лось? was ist geschehen?, was ist los?; что? wie, bitte?; из чего́ woraus; за ~ wofür; к чему́ wozu; чем womit, wodurch; на ~ worauf; wozu, wofür; для чего́ wozu, wofür; о чём вы ду́маете? woran denken Sie?; чему́ вы смеётесь? worüber lachen Sie?; а ~ я говори́л? ich habe es doch gesagt; ich habe es im voraus gesagt **2.** *Rel Pron* der, die, das; die; welcher, welche, welches; welche; was; всё, ~ я зна́ю alles was ich weiß; кни́га, ~ лежи́т на столе́ das Buch, das [welches, was] auf dem Tisch liegt; я прочту́ вам то, ~ вы захоти́те ich werde Ihnen (das) vorlesen, was Sie wollen **3.** *Interr Pron prädikativ* in welcher Lage, wie befindet sich; ~ больно́й? was macht der Kranke?, wie geht es dem Kranken? **4.** *Interr Pron als Adverb* warum, wozu, weshalb; was; ~ вы там медли́те? was [warum, weshalb] zögert ihr?; ~ вы там смеётесь? was habt ihr da zu lachen?, warum lachen Sie? **5.** *Interr u. Rel Pron* wieviel; ~ сто́ит кни́га? wieviel [was] kostet das Buch? **6.** *Indef Pron, umg* etwas; чуть ~ — сра́зу сообщи́! falls etwas [was] passieren sollte, melde sofort! **7.** *Interr Pron* wie? *im Sinne von*: was hast du gesagt? ◇ ~ за was für ein, welch ein; ~ за шум? was ist das für ein Lärm?; ~ за де́рзость? welch [was für] eine Frechheit?; ~ вы! was Sie nicht sagen!, wo denken Sie hin!; ~ вы? was fehlt Ihnen?, was ist Ihnen?; не́ за ~! keine Ursache!, bitte sehr!; ~ ни ... *oder* ~ бы ни ... was auch (immer) ...; ~ бы ни случи́лось was auch immer geschehen möge; ~ ни сло́во, то ложь jedes Wort eine Lüge; ~ до меня́ was mich anbetrifft; не ста́вить ни во ~ gering einschätzen; mißachten; ни за ~! auf keinen Fall!, um keinen Preis!; ни за ~, ни про ~! mir nichts, dir nichts!, für nichts und wieder nichts!, vergeblich; ну и ~ же! was ist denn dabei!; чего́ там! meinetwegen!; ~ ли etwa, vielleicht; пойти́ мне ~ ли туда́? soll ich etwa hingehen?; мне не́ на ~ купи́ть кни́гу ich habe kein Geld, das Buch zu kaufen; ни к чему́ unnütz; (das hat) keinen Zweck; оста́ться ни при чём *oder* оста́ться ни с чем zu kurz kommen, leer ausgehen, das Nachsehen haben; ~ ему́ де́лается! Unkraut vergeht nicht!

[2]**что** [што] *Konj* **1.** daß; говоря́т, ~ ... man sagt, daß ... **2.** *alt* (ebenso) wie; глуп, ~ пень dumm wie Bohnenstroh **3.** *mit oder ohne Part* ни was auch immer; jeder; ~ ни день, растёт движе́ние за мир mit jedem Tag wächst die Friedensbewegung **4.** ob ... oder (ob) ...; ~ ты пойдёшь, ~ я — всё равно́ ob du gehst oder ich, das ist gleich

чтоб *und* **что́бы** [што] *Konj u. Part* **1.** *Konj* damit; auf daß; um ... zu; я пришёл, ~ поговори́ть с ва́ми ich bin gekommen, um mit Ihnen zu sprechen; для того́, ~ damit, daß, auf daß; вме́сто того́, ~ anstatt zu **2.** *Konj* daß; я хочу́, ~ вы э́то прочли́ ich will, daß Sie dies lesen **3.** *Part zum Ausdruck eines Wunsches, einer Erlaubnis*; ~ э́того бо́льше не́ было! daß das nicht mehr vorkommt!

что́-либо [што], чего́-л. [во], чему́-л., че́м-л., о чём-л. etwas, irgend etwas beliebiges

что́-нибудь [што], чего́-н. [во], чему́-н., че́м-н., о чём-н. *Indef Pron* etwas, irgend etwas, etwas beliebiges; расскажи́ мне ~! erzähl mir irgend etwas!; я не зна́ю, принёс ли он ~! ich weiß nicht, ob er irgend etwas mitgebracht hat

[1]**что́-то** [што], чего́-то [во], чему́-то, че́м-то, о чём-то *Indef Pron* etwas, irgend etwas, etwas Bestimmtes; он сказа́л мне ~, но я не расслы́шал er hat mir etwas gesagt, doch ich habe es nicht recht verstanden; я

вижу, что он ~ принёс ich sehe, daß er etwas mitgebracht hat; тут ~ не так *umg* da stimmt was nicht

[2]что-то [што] *Adv* 1. ein wenig, etwas, leicht; мне ~ нездоровится ich fühle mich etwas unwohl 2. mir scheint, ich glaube; ты ~ невесел mir scheint, du bist traurig; ты ~ врёшь mir scheint, du lügst; ~ не помню ich erinnere mich nicht ganz recht

чту ↑ чтить

чу! *Interj* horch!

чуб, -а, *Pl* чубы, -ов, -ам *m* Schopf, Haarsträhne

чубарый, -ая, -ое scheckig; gesprenkelt, gefleckt

чубук, -а *m* (langes) Pfeifenrohr; türkische Tabakpfeife

чуваш, -а *oder* -а, *I* -ем *oder* -ом, *G Pl* -ей *oder* -ей *m* Tschuwasche

чувашка, -и, *Pl G* -шек, *D* -шкам *f* Tschuwaschin

чувашский, -ая, -ое tschuwaschisch; Чувашская АССР ASSR der Tschuwaschen

чувственность, -и *f* Sinnlichkeit

чувственный, -ая, -ое; *Kzf* -вен, -венна 1. Sinnes-; -ое восприятие Sinneswahrnehmung 2. sinnlich

чувствительность, -и *f* 1. Empfindlichkeit, Fühlbarkeit 2. Empfindsamkeit 3. Sentimentalität, Gefühlsduselei, Gefühlsseligkeit

чувствительный, -ая, -ое; *Kzf* -лен, -льна 1. empfindlich, fühlbar, merklich; feinfühlig; ~ холод empfindliche Kälte; -ая утрата schwerer Verlust; -ое место empfindliche Stelle; *übtr* wunder Punkt 2. empfindsam, gefühlvoll; ~ человек gefühlvoller Mensch 3. sentimental, gefühlsselig, rührselig

чувство, -а *n* 1. Gefühl, Empfindung; ~ жалости Mitleid, Mitgefühl; ~ собственного достоинства Selbstbewußtsein, Selbstgefühl; ~ меры Gefühl für das rechte Maß 2. Sinn; Besinnung, Bewußtsein; прийти в ~ zu sich kommen; zur Besinnung kommen; без чувств besinnungslos, ohnmächtig; лишиться чувств die Besinnung verlieren, ohnmächtig werden; органы чувств Sinnesorgane; обман чувств Sinnestäuschung; ~ вкуса Geschmackssinn; ~ юмора Sinn für Humor 3. Liebe, Zuneigung

чувствовать, -твую, -твуешь *uv* 1. fühlen, enpfinden, spüren; ~ радость Freude empfinden; sich freuen; ~ себя больным sich krank fühlen; ~ жалость Mitleid empfinden; ~ жажду Durst spüren; dürsten; как вы себя чувствуете? wie fühlen Sie sich? 2. in sich aufnehmen können, verstehen; ~ музыку einen (feinen) Sinn für Musik haben ‖ *v* почувствовать; -анный, ан, а

чувствоваться, -твуется *uv unpers* zu spüren sein, fühlbar sein; чувствуется свежесть die Frische macht sich bemerkbar ‖ *v* почувствоваться

чугун, -а *m* 1. Gußeisen; Roheisen; Grauguß 2. gußeisernes Gefäß, gußeiserner Topf

чугунный, -ая, -ое Gußeisen-; gußeisern, aus Gußeisen; Grauguß-

чугунолитейный, -ая, -ое Eisengieß(erei)-; ~ завод Eisengießerei

чудак, -а *m* Sonderling, (komischer) Kauz

чудаковатый, -ая, -ое; *Kzf* -ат, -а wunderlich, seltsam

чудачество, -а *n* Absonderlichkeit; sonderbare Handlung, seltsames Verhalten [Benehmen]

чудачка, -и, *Pl G* -чек, *D* -чкам *f* verschrobene Person; sonderbares Frauenzimmer

чудесный, -ая, -ое; *Kzf* -сен, -сна 1. wunderbar; wie durch ein Wunder 2. wunderschön, wundervoll, herrlich

чудить, *1. Pers ungebr*, -ишь *uv umg* sich wunderlich benehmen; Schrullen haben; dumme Streiche verüben

чудиться, *1. Pers ungebr*, -ишься *uv* (er)scheinen, vorkommen, vorschweben; мне чудится es scheint mir, es kommt mir vor ‖ *v* почудиться

чудище, -а, *I* -ем *n alt* märchenhaftes Ungeheuer

чудной, -ая, -ое; *Kzf* -дён, -дна *umg* wunderlich, absonderlich, seltsam; komisch, lächerlich, ungewöhnlich

чудный, -ая, -ое; *Kzf* -ден, -дна 1. wunderschön, wundervoll, wunderbar, entzückend 2. ausgezeichnet, prächtig, großartig

чудо, -а, *Pl* чудеса, чудес, чудесам *u.* чуда, чуд, чудам *n* 1. Wunder; страна чудес Wunder-, Schlaraffenland; насмотреться чудес sein blaues Wunder erleben 2. Wunderding, -werk ◇ ~-юдо märchenhaftes Ungeheuer

чудовище, -а, *I* -ем *n* 1. Untier,

(märchenhaftes) Ungeheuer 2. *übtr* Scheusal, Unmensch, Ungeheuer

чудо́вищный, -ая, -ое; *Kzf* -щен, -щна 1. ungeheuer(lich); ~ зверь ungeheuerliches Tier 2. ungeheuerlich, abscheulich; -ое преступле́ние ungeheuerliches Verbrechen 3. riesig, ungeheuer; -ые разме́ры ungeheure Ausmaße

чудоде́й, -я, *G Pl* -ев *m alt* Wundertäter

чудоде́йственный, -ая, -ое; *Kzf* -вен, -венна wundertätig, wunderwirkend

чу́дом *Adv* durch ein Wunder, auf seltsame Weise

чудотво́рец, -рца, *I* -рцем, *G Pl* -рцев *m* Wundertäter

чудотво́рный, -ая, -ое; *Kzf* -рен, -рна wundertätig, wunderwirkend

чудско́й, -а́я, -о́е: Чудско́е о́зеро Peipussee

чужа́к, -а́ *m umg* Fremdling, Fremder; Neuling, Laie

чужби́на, -ы *f* Fremde, fremdes Land; на -е in der Fremde

чужда́ться, -а́юсь, -а́ешься *uv G* 1. meiden, scheuen, aus dem Wege gehen, sich fernhalten (von); ~ люде́й die Menschen meiden 2. frei sein (von); (etwas) nicht kennen

чу́ждый, -ая, -ое; *Kzf* чужд, чужда́! 1. (innerlich) fremd; кла́ссово-~ элеме́нт klassenfremdes Element 2. *G* fern, frei (von); э́то ему́ -о das steht ihm fern; ~ интри́г allen Intrigen fern; челове́к, ~ ре́вности ein von Eifersucht freier Mensch; ~ жи́зни lebensfremd; ~ наро́ду volksfremd

чужезе́мец, -мца, *I* -мцем, *G Pl* -мцев *m alt* Ausländer

чужезе́мный, -ая, -ое *alt* ausländisch, fremdländisch

чужестра́нец, -нца, *I* -нцем, *G Pl* -нцев *m alt* Ausländer

чужея́дный, -ая, -ое; *Kzf* -ден, -дна *biol* parasitär

чужо́й, -а́я, -о́е fremd; -и́е края́ fremde Länder, Fremde; -и́е лю́ди fremde Leute; жить на ~ счёт auf Kosten [Rechnung] anderer leben; под -и́м и́менем unter falschem Namen ◇ -и́ми рука́ми жар загреба́ть sich die Kastanien aus dem Feuer holen lassen

чуко́тский, -ая, -ое Tschuktschen-; Чуко́тский полуо́стров Tschuktschenhalbinsel; Чуко́тское мо́ре Tschuktschenmeer

чу́кча, -и, *I* -ей, *G Pl* -ей *m, f* Tschuktsche

чукча́нка, -и, *Pl G* -нок, *D* -нкам *f* Tschuktschin

чула́н, -а *m* Kammer, Vorratskammer, Rumpelkammer

чулки́, *Pl* -ло́к, -лка́м, *Sg* чуло́к, -лка́ *m* Strümpfe; шёлковые ~ Seidenstrümpfe ◇ си́ний чуло́к Blaustrumpf

чуло́чки, *Pl* -чек, -чкам, *Sg* чуло́чек, -чка *m Dem zu* чулки́ Strümpfchen; kleine Kinderstrümpfe

чуло́чница, -ы, *I* -ей *f* Strumpfwirkerin

чуло́чный, -ая, -ое Strumpf-

чум, -а *m* Nomadenzelt *in Sibirien*

чума́, -ы, *f* Pest; ~ рога́того скота́ Rinderpest; бубо́нная ~ Beulenpest

чума́зый, -ая, -ое; *Kzf* -а́з, -а *umg* schmierig, schmutzig

чума́к, -а́ *m alt* Frachtfuhrmann

чуми́за, -ы *f* Kolbenhirse

чуми́чка, -и, *Pl G* -чек, *D* -чкам *f* *gbt* 1. Schöpflöffel, Schöpfkelle 2. *volksspr* Schmierfink, Schmutzfink

чумно́й, -а́я, -о́е Pest-; ~ больно́й Pestkranker

чур *Interj* halt!, nicht weiter!; ~ меня́! nicht anrühren! *beim Haschen*; ~ молча́ть! daß du (mir) aber schweigst!; ~ попола́м! jedem die Hälfte! *bei einem Funde*; то́лько ~, я остаю́сь! laß mich aus dem Spiel, ich bleibe!

чура́ться, -а́юсь, -а́ешься *uv G umg* (ängstlich) meiden, scheuen; aus dem Weg gehen

чурба́н, -а *m* 1. Klotz, Holzblock 2. *übtr* Dummkopf, Tolpatsch, Tölpel

чу́рка, -и, *Pl G* -рок, *D* -ркам *f* Klötzchen, kleiner Block

чу́ткий, -ая, -ое; *Kzf* -ток, -тка́!; *Komp* чу́тче 1. scharf(sinnig), feinhörig, hellhörig; feinsinnig; ~ сон leiser Schlaf; -ая соба́ка wachsamer Hund; ~ слух scharfes Gehör 2. *übtr* feinfühlig, zartfühlend, mitfühlend; taktvoll ◇ -о прислу́шиваться к чему́-н. ein feines Ohr für etwas haben

чу́ткость, -и *f* 1. Schärfe *des Gehörs*, Hellhörigkeit; Feinsinnigkeit 2. *übtr* Feinfühligkeit, Zartgefühl, Taktgefühl

чу́точку *Adv* ein (klein) wenig, ein

(kleines) bißchen; ◇ ни -ки kein bißchen, keine Spur

чу́тче *Komp zu* чу́ткий

чуть 1. *Adv* kaum; ein wenig, ein bißchen; он ~ ды́шит er atmet kaum; ~ заме́тная улы́бка kaum merkliches Lächeln; ~ тёплый lauwarm; ~ бо́льше ein bißchen mehr; ~ не fast, beinahe; я ~ не упа́л beinahe wäre ich gefallen **2.** *Konj* sobald; ~ то́лько kaum; ~ то́лько взошло́ со́лнце kaum war die Sonne aufgegangen; ~ кто войдёт, услы́шу sobald jemand eintritt, höre ich es; ~ что beim geringsten Anlaß; ~-чу́ть ein ganz klein wenig, ein bißchen; fast ◇ ~ свет bei Tagesanbruch; in aller Frühe

чутьё, -ья́ *n* **1.** Spürsinn, Witterung, Instinkt *bei Tieren* **2.** *übtr* Einfühlungsvermögen, Feingefühl; Taktgefühl

чу́чело, -а *n* **1.** Balg, ausgestopftes Tier; ~ пти́цы ausgestopfter Vogel **2.** Vogelscheuche; **3.** Puppe; соло́менное ~ Strohmann **4.** *übtr* Vogelscheuche, Schreckgespenst, Popanz

чу́шка, -и, *Pl G* -шек, *D* -шкам *f volksspr* **1.** Ferkel **2.** Schweinerüssel **3.** *tech* Barren

чушь, -и *f umg* Unsinn, dummes Zeug

чу́ю ↑ чу́ять

чу́ять* *uv* **1.** wittern, riechen **2.** *übtr umg* spüren, fühlen, empfinden; чу́ет се́рдце ich ahne, es schwant mir ‖ *v* п о ч у́ я т ь

чу́ятся*, *1. u. 2. Pers ungebr uv* spürbar sein, zu fühlen sein ‖ *v* п о ч у́ я т ь с я

чьё, чьи, чья ↑ чей

Ш

ша́баш, -а, *I* -ем, *G Pl* -ей *m* **1.** Sabbat **2.** *übtr* Hexensabbat

шаба́ш! *prädikativ volksspr* basta!, genug damit!

шабло́н, -а *m* **1.** Schablone, Muster; Modell **2.** *tech* Lehre **3.** *übtr* Schablone, Schema; рабо́тать по -у nach der Schablone arbeiten, schematisch arbeiten

шабло́нный, -ая, -ое 1. Schablonen- **2.** *Kzf* -о́нен, -о́нна schablonenhaft, abgedroschen; -ая фра́за abgedroschene [banale] Phrase

шаг, -а (-у), *mit den Grundzahlen 2, 3, 4* шага́, *P* в ша́ге *u.* в шагу́, *Pl* шаги́, -о́в, -а́м *m* **1.** Schritt, Gang; похо́дный ~ Marschschritt; бе́глый ~ Laufschritt; ро́вный ~ Gleichschritt; бы́стрым -ом im Schnellschritt; заме́длить ~ den Gang [Schritt] verlangsamen; приба́вить -у einen Schritt zulegen; на ка́ждом -у́ auf Schritt und Tritt; ~ за -ом Schritt für Schritt; напра́вить свои́ -и́ seine Schritte lenken; ни -у да́льше! keinen Schritt weiter! отме́рить 20 -о́в 20 Schritte abmessen **2.** *übtr* Handlung, Tat, Maßnahme; дипломати́ческий ~ diplomatischer Schritt; сде́лать реши́тельный ~ einen entscheidenden Schritt tun; ло́жный ~ Fehltritt; ло́вкий ~ ein kluger Schachzug; предприня́ть -и́ Schritte unternehmen; ~ вперёд ein Schritt vorwärts; не отступа́ть ни на оди́н ~ keinen Fußbreit nachgeben; не отходи́ть ни на оди́н ~ от кого́-н. j-m auf Schritt und Tritt folgen; гига́нтскими -а́ми mit Riesenschritten; сде́лать пе́рвый ~ den ersten Schritt tun **3.**: гига́нтские -и́ *Sport* Rundlauf **4.**: ~ винта́ *tech* Schraubensteigung ◇ в двух -а́х отсю́да einen Katzensprung von hier entfernt; -у ступи́ть не даю́т man läßt nicht frei handeln, man gibt keine Bewegungsfreiheit [Handlungsfreiheit]

шага́ть, -а́ю, -а́ешь *uv* **1.** schreiten **2.** че́рез *A* überschreiten, darübergehen; ~ че́рез поро́г die Schwelle überschreiten ‖ *v mom* **шагну́ть,** -ну́, -нёшь *zu* 2

ша́гом *Adv* im Schritt; е́хать ~ (im) Schritt fahren

шагоме́р, -а *m* Schrittmesser

шажко́м *Adv umg* mit kleinen Schritten

ша́йба, -ы, *G Pl* шайб *f* **1.** *tech* Unterlegscheibe **2.** *Sport* Hockeyscheibe, Puck

[1]ша́йка, -и, *Pl G* ша́ек, *D* ша́йкам *f* Bande *von Gaunern, Dieben*; разбо́йничья ~ Räuberbande

²ша́йка, -и, *Pl G* ша́ек, *D* ша́йкам *f* Kübel

шайта́н, -а *m* Satan, Teufel *bei den Turkvölkern*

шака́л, -а *m* Schakal

шала́нда, -ы *f naut* Prahm, flacher Lastkahn

шала́ш, -а́, *I* -о́м, *G Pl* -е́й *m* Hütte *aus Stroh, Laub, Ästen, Fellen u. ä.*

ша́левый, -ая, -ое Schal-; ~ воротни́к Schalkragen

шале́ть, -е́ю, -е́ешь *uv volksspr* verrückt [närrisch] werden; den (klaren) Kopf verlieren

шали́ть, -лю́, -ли́шь *uv* 1. unartig [ausgelassen] sein; не шали́! sei artig! 2. *umg, alt* Unwesen treiben, räubern; здесь шаля́т hier kommen Überfälle vor, hier ist es nicht geheuer 3. *1. u. 2. Pers ungebr umg* nicht richtig funktionieren; часы́ шаля́т die Uhr funktioniert nicht richtig 4. *nur 2. Pers Sg in der Bedeutung* nein; шали́шь! so siehst du aus!, daraus wird nichts!, das hätte noch gefehlt!

шаловли́вость, -и *f* Mutwille, Ausgelassenheit

шаловли́вый, -ая, -ое; *Kzf* -и́в, -а mutwillig, ausgelassen, zu Streichen aufgelegt; unartig; übermütig, leichtsinnig und spielerisch

шалопа́й, -я, *G Pl* -ев *m umg* Taugenichts, Faulenzer, Tagedieb

ша́лость, -и *f* Unart, Unfug; lustiger [loser] Streich, Schelmerei

шалу́н, -а́ *m* Schelm, Wildfang, Schalk

шалу́нья, -ьи, *Pl G* -ний, *D* -ньям *f* Schelm, Wildfang, Schalk *Frau*

шалфе́й, -я *m bot* Salbei

ша́лый, -ая, -ое *volksspr* toll, wild, rasend, ausgelassen; unausgeglichen, närrisch, unbesonnen

шаль, -и *f* Schal, großes Umschlagtuch; воротни́к -ью *oder* воротни́к-шаль Schalkragen

шально́й, -а́я, -о́е *umg* toll, wild, unsinnig, zügellos ◇ -а́я пу́ля verirrte Kugel; Zufallstreffer

шама́н, -а *m* Schamane, Zauberpriester

ша́мкать, -аю, -аешь *uv umg* murmeln, undeutlich sprechen

шамо́т, -а *m tech* Schamotte

шамо́тный, -ая, -ое Schamotte-; ~ кирпи́ч Schamottestein

шамо́товый, -ая, -ое Schamotte-

шампа́нское, -ого *Subst n* Champagner, Sekt

шампиньо́н, -а *m bot* Champignon

шампу́нь, -я *m* Shampoon

шанкр, -а *m med* Schanker

шанс, -а *m* Chance

шансоне́тка, -и, *PlG* -ток, *D* -ткам *f* Chansonette *Lied, Sängerin*

шанта́ж, -а́, *I* -о́м, *G Pl* -е́й *m* Erpressung

шантажи́ровать, -рую, -руешь; -рованный, -рован, -а *uv* erpressen

шантажи́ст, -а *m* Erpresser

шантрапа́, -ы́ *m, f volksspr, verächtl* nichtsnutziger Mensch; *Koll f* Pack, Gesindel

Шанха́й, -я *m* Schanghai

ша́пка, -и, *Pl G* -пок, *D* -пкам *f* 1. Mütze, Kappe; наде́ть -у die Mütze aufsetzen; мехова́я ~ Pelzmütze; без -и barhäuptig; ~ воло́с *oder* во́лосы -ой dichtes Haar; ~-невиди́мка Tarnkappe 2. Zeitungskopf ◇ получи́ть по -е *volksspr* eins auf den Deckel kriegen; лома́ть -у пе́ред ке́м-н. *volksspr* vor j-m kriechen, j-m unterwürfig sein; на во́ре ~ гори́т das böse Gewissen verrät den Täter

ша́почка, -и, *PlG* -чек, *D* -чкам *f Dem zu* ша́пка Mützchen, Käppchen; Кра́сная Ша́почка Rotkäppchen

ша́почник, -а *m* Mützenmacher

ша́почный, -ая, -ое Mützen- ◇ -ое знако́мство oberflächliche Bekanntschaft; к -ому разбо́ру прийти́ ganz zum Ende [Schluß] kommen, kurz vor Torschluß kommen

шар, -а, *mit den Grundzahlen 2, 3, 4, G* шара́, *Pl* шары́, -о́в, -а́м *m* Kugel, Ball; земно́й ~ Erdkugel, Erdball; возду́шный ~ Ballon, Luftballon; билья́рдный ~ Billardkugel ◇ хоть -о́м покати́ ganz leer, wie ausgekehrt

шара́да, -ы *f* Scharade, Silbenrätsel

шара́хаться *uv zu* шара́хнуться

шара́хнуться, -нусь, -нешься *v mom* 1. *umg* zurückschrecken, -fahren; scheu werden, scheuen 2. *volksspr* sich stark stoßen (о *A* an) ‖ *uv* шара́хаться, -аюсь, -аешься

шарж, -а, *I* -ем, *G Pl* -ей *m* Karikatur

шаржи́ровать, -рую, -руешь; -рованный, -рован, -а *uv* karikieren, übertrieben darstellen

ша́рик, -а *m* 1. *Dem zu* шар Kügelchen, kleine Kugel 2. Blutkörperchen; кра́сные кровяны́е -и rote Blutkörperchen

ша́риковый, -ая, -ое Kugel-; ~ подши́пник Kugellager; -ая (авто)ру́чка Kugelschreiber
шарикоподши́пник, -а *m tech* Kugellager
шарикоподши́пниковый, -ая, -ое Kugellager-
ша́рить, -рю, -ришь *uv* tastend suchen, durchsuchen, -wühlen; ~ в карма́нах die Taschen durchstöbern
ша́рканье, -ья *n* Scharren, Gescharre, Schlurfen
ша́ркать, -аю, -аешь *uv* schlurfen, scharren *mit den Füßen*; ~ нога́ми schlurfen ‖ *v mom* **ша́ркнуть**, -ну, -нешь
шарлата́н, -а *m* Scharlatan, Kurpfuscher, Quacksalber
шарлата́нить, -ню, -нишь *uv umg* ein Scharlatan sein
шарлата́нский, -ая, -ое einem Scharlatan eigen, marktschreierisch, betrügerisch
шарлата́нство, -а *n* Scharlatanerie, Kurpfuscherei, Quacksalberei
шарло́тка, -и, *Pl G* -ток, *D* -ткам *f* süße Speise aus gebackenem Zwieback mit Äpfeln
шарма́нка, -и, *Pl G* -нок, *D* -нкам *f* 1. Drehorgel, Leierkasten; игра́ть на -е die Drehorgel spielen 2. *übtr* langweiliges Gespräch; alte Leier
шарма́нщик, -а *m* Leierkastenmann
шарни́р, -а *m* Scharnier ◇ как на -ах быть *oder* сиде́ть sich hastig, unruhig bewegen
шарова́ры, -а́р *Pl* Pluderhosen, Pumphosen
шарови́дный, -ая, -ое; *Kzf* -ден, -дна kugelförmig, kuglig; Kugel-; -ая мо́лния Kugelblitz
шарово́й, -а́я, -о́е Kugel-; -а́я пове́рхность Kugelfläche
шарообра́зный, -ая, -ое; *Kzf* -зен, -зна kugelförmig, kugelähnlich
шарф, -а *m* Schal, Halstuch; *alt* Schärpe
шасси́ *n idkl* Chassis, Fahrgestell, -werk *Auto, Flugzeug*; Gestell; убира́ющееся ~ einziehbares Fahrgestell; лы́жное ~ Kufengestell
шата́ние, -я *n* 1. Schaukeln, Schwanken 2. *umg* Herumstrolchen, Schlendern 3. *übtr* Unschlüssigkeit, Zaudern, Schwanken
шата́ть, -а́ю, -а́ешь *uv* schütteln, rütteln; schaukeln ‖ *v mom* шатну́ть, -ну́, -нёшь
шата́ться, -а́юсь, -а́ешься *uv* 1. wackeln, schwanken, wanken, taumeln; зуб шата́ется der Zahn wackelt [ist locker] 2. *volksspr* schlendern, müßig gehen; bummeln; ~ по го́роду sich in der Stadt herumtreiben ‖ *v mom* шатну́ться, -ну́сь, -нёшься *zu* 1
шате́н [тэ], -а *m* Braunhaariger
шате́нка [тэ], -и, *Pl G* -нок, *D* -нкам *f* Braunhaarige
шатёр, -тра́ *m* 1. Zelt 2. *arch* achteckiger, kegelförmiger Turm *in der altrussischen Architektur*
ша́ткий, -ая, -ое; *Kzf* -ток, -тка 1. wacklig, schwankend 2. *übtr* schwankend, unbeständig, veränderlich, unsicher; -ое здоро́вье schwache Gesundheit
ша́ткость, -и *f* Unbeständigkeit, Unsicherheit
шатну́ть(ся) *v mom zu* шата́ть(ся)
шатро́вый, -ая, -ое 1. Zelt- 2. pyramidenförmig; -ая кры́ша Kegeldach
шату́н, -а́ *m* 1. *tech* Triebstange 2. *volksspr* Herumtreiber
шафра́н, -а *m bot* Safran
[1]**шах**, -а *m* Schah *Herrschertitel*
[2]**шах**, -а *m* Schach *im Schachspiel*; объяви́ть ~ Schach bieten; ~ и мат! Schach und matt!
шахмати́ст, -а *m* Schachspieler
ша́хматный, -ая, -ое Schach-; -ая доска́ Schachbrett; ~ ход Schachzug; в -ом поря́дке schachbrettförmig
ша́хматы, -ат *Pl* 1. Schachspiel; игра́ть в ~ Schach spielen 2. Schachfiguren
ша́хта, -ы *f* Schacht, Grube
шахтёр, -а *m* Grubenarbeiter, Bergmann, Kumpel
шахтёрка, -и, *Pl G* -рок, *D* -ркам 1. Bergarbeiterfrau 2. Bergarbeiterkittel
шахтёрский, -ая, -ое Bergmanns-
ша́хтный, -ая, -ое Schacht-, Gruben-
ша́шечница, -ы, *I* -ей *f* 1. *alt* Dambrett, Schachbrett 2. Schachspielkasten, Kasten für Damesteine
ша́шечный, -ая, -ое 1. Dam-, Dambrett-; -ая доска́ Dambrett 2. schachbrettartig
[1]**ша́шка**, -и, *Pl G* -шек, *D* -шкам *f* 1. *Pl* Damespiel; играть в -и Dame spielen 2. Damestein 3. Holz-, Metallblock 4. würfelförmiger Sprengkörper
[2]**ша́шка**, -и, *Pl G* -шек, *D* -шкам *f* Säbel
шашлы́к, -а́ *m* Schaschlyk
шваб, -а *m* Schwabe

шва́бра, -ы *f* Bastbesen
шва́бский, -ая, -ое schwäbisch; Шва́бская Юра́ Schwäbische Alb
швартóв, -а *m flug naut* Haltetau, Festmacheleine; отда́ть -ы! Leinen los!, die Taue losmachen!
швартова́ть, -ту́ю, -ту́ешь *uv* vertäuen, festmachen
швед, -а *m* Schwede
шве́дка, -и, *Pl G* -док, *D* -дкам *f* Schwedin
шве́дский, -ая, -ое schwedisch; -ая сте́нка *Sport* Sprossenwand
шве́йник, -а *m* Konfektionsarbeiter
шве́йница, -ы, *I* -ей *f* Konfektionsarbeiterin
шве́йный, -ая, -ое Näh-, Schneider-; Konfektions-, Bekleidungs-; -ая маши́на Nähmaschine; -ая мастерска́я Schneiderwerkstatt; -ая промы́шленность Konfektionsindustrie, Bekleidungsindustrie
швейца́р, -а *m* Pförtner, Portier
швейца́рец, -рца, *I* -рцем, *G Pl* -рцев *m* Schweizer *Bewohner*
Швейца́рия, -и *f* Schweiz
швейца́рка, -и, *Pl G* -рок, *D* -ркам *f* Schweizerin
швейца́рский, -ая, -ое **1.** schweizerisch, Schweizer- **2.** -ая, -ой *Subst f* Pförtnerloge
швелева́ть, -лю́ю, -лю́ешь *uv chem* (ver)schwelen
Шве́ция, -и *f* Schweden
швея́, -и́ *f* Näherin
швырну́ть *v mom zu* швыря́ть
швыря́лка, -и, *Pl G* -лок, *D* -лкам *landw* Schleuderroder
швыря́ть, -я́ю, -я́ешь *uv A oder I* **1.** schleudern, kräftig werfen, schmeißen; ~ ка́мни [камня́ми] mit Steinen werfen **2.** *übtr* verschwenden, vergeuden; ~ де́ньги [деньга́ми] Geld verschwenden, Geld auf die Straße [zum Fenster hinaus] werfen || *v mom* швырну́ть, -ну́, -нёшь *zu* 1
швыря́ться, -я́юсь, -я́ешься *uv I* **1.** *umg* einander bewerfen **2.** *übtr umg* verschwenden, vergeuden; geringschätzen, mißachten; ~ деньга́ми Geld verschwenden
шевели́ть, -елю́, -е́ли́шь *uv* **1.** *A oder I* bewegen, rühren; ~ губа́ми die Lippen bewegen **2.** *landw* wenden; ~ се́но Heu wenden ◇ ~ мозга́ми *scherz* das Köpfchen anstrengen, denken || *v mom* **шевельну́ть,** -ну́, -нёшь *zu* 1; он и па́льцем не шевельну́л er rührte keinen Finger
шевели́ться, -елю́сь, -е́ли́шься *uv* **1.** sich bewegen, sich rühren **2.** *übtr* sich regen; шевеля́тся сомне́ния Zweifel kommen auf || *v mom* **шевельну́ться,** -ну́сь, -нёшься
шевелю́ра, -ы *f* Kopfhaar, Haarschopf
шевио́т, -а *m* Cheviot *Gewebe*
шевро́ *n idkl* Chevreauleder
шевро́вый, -ая, -ое Chevreau(leder)-; -ые боти́нки Chevreauschuhe
шеде́вр [дэ], -а *m* Meisterwerk, -stück
шезло́нг, -а *m* Liegestuhl, Liege
ше́йка, -и, *Pl G* ше́ек, *D* ше́йкам *f* **1.** *Dem zu* ше́я Hals, Hälschen **2.**: ~ ва́ла [о́си] *tech* Hals einer Welle [Achse]; Halszapfen **3.**: ~ ма́тки *anat* Gebärmutterhals; ~ бедра́ Schenkelhals **4.**: ра́ковая ~ Krebsschwanz
ше́йный, -ая, -ое Hals-; ~ плато́к Halstuch; ~ позвоно́к *anat* Halswirbel
шейх, -а *m* Scheich
ше́лест, -а *m* Rauschen, Rascheln; Säuseln
шелесте́ть, *1. Pers ungebr,* -ти́шь *uv* rauschen, rascheln; säuseln
шёлк, -а (-у), *P* в шёлке *u.* на [в] шелку́, *Pl* шелка́, -о́в, -а́м *m* **1.** Seidenfäden; кручёный ~ gezwirnte Seide; ~ в кату́шках Seidenröllchen **2.** Seide *Stoff*; иску́сственный ~ Kunstseide; ~-сыре́ц Rohseide; на шелку́ auf Seide (gearbeitet), mit Seide gefüttert
шелкови́на, -ы *f* Seidenfaden, -faser
шелкови́стый, -ая, -ое; *Kzf* -и́ст, -а seidig; -ые во́лосы seidiges [seidenweiches] Haar
шелкови́ца, -ы, *I* -ей *f* Maulbeerbaum
шелкови́чный, -ая, -ое Seiden-; ~ червь Seidenraupe; -ые планта́ции Maulbeerbaumplantagen
шелково́д, -а *m* Seidenzüchter
шелково́дный, -ая, -ое Seidenzucht-
шелково́дство, -а *n* Seidenzucht, -bau
шелково́дческий, -ая, -ое Seidenzucht-
шёлковый, -ая, -ое **1.** seiden, aus Seide, Seiden-; -ая ткань Seidenstoff, -gewebe **2.** seidenweich, geschmeidig **3.** *übtr umg* gehorsam, sanft, gefügig
шелкопря́д, -а *m zool* Seidenspinner
шёлкопряде́ние, -я *n* das Seidespinnen
шёлкопряди́льный, -ая, -ое: -ая фа́брика Seidenspinnerei

шёлкотка́цкий, -ая, -ое: -ая фа́брика Seidenweberei
шелла́к, -а *m* Schellack
шелохну́ть, -ну́, -нёшь *v* leicht bewegen, leicht rühren
шелохну́ться, -ну́сь, -нёшься *v* sich leicht rühren, sich leicht bewegen; стоя́ть — не ~ dastehen wie ein Standbild, unbeweglich stehen
шелуди́вый, -ая, -ое; *Kzf* -и́в, -а *volksspr* grindig, räudig, krätzig
шелуха́, -и́ *f* Schale; Schuppen *Fisch*; карто́фельная ~ Kartoffelschale
шелуше́ние, -я *n* 1. Aushülsen; Enthülsung 2. (Haut-) Schuppung
шелуши́ть, -шу́, -ши́шь *uv* aushülsen
шелуши́ться, *1. u. 2. Pers ungebr*, -и́тся *uv* 1. sich schuppen, sich schälen, abgehen *Haut* 2. abblättern, abfallen *Putz, Farbe*
ше́льма, -ы *f volksspr* Schelm, Schalk, Spitzbube, Spitzbübin
шельмова́ть, -му́ю, -му́ешь; -мо́ванный, -мо́ван, -а *uv* 1. *umg* entehren, Schande antun 2. *hist* anprangern, an den Pranger stellen
шельф, -а *m geol* Schelf, Festlandssockel
шепелева́тый, -ая, -ое; *Kzf* -а́т, -а etwas lispelnd; ~ звук Lispellaut
шепеля́вить, -влю, -вишь *uv* lispeln
шепеля́вость, -и *f* lispelnde Aussprache
шепеля́вый, -ая, -ое; *Kzf* -я́в, -а lispelnd; ~ звук Lispellaut
шепну́ть *v mom zu* шепта́ть
шёпот, -а *m* 1. Flüstern, Geflüster 2. *übtr* Murmeln *Bach*
шёпотный, -ая, -ое Flüster-
шёпотом *Adv* im Flüsterton, leise
шептала́, -ы́ *f* getrocknete Aprikosen *oder* Pfirsiche mit Kernen
шепта́ть* *uv* flüstern; ~ на́ ухо ins Ohr flüstern ‖ *v mom* шепну́ть, -ну́, -нёшь
шепта́ться* *uv* miteinander flüstern, tuscheln
шепту́н, -а́ *m umg* 1. Flüsterer 2. Verleumder
шепчу́ ↑ шепта́ть
шере́нга, -и, *G Pl* -нг *f* Reihe, Glied; в -е in Reih und Glied, Schulter an Schulter; в две -и in zwei Reihen
шере́нгами *Adv* gliedweise
шери́ф, -а *m* Sheriff
шерохова́тость, -и *f* Unebenheit, Rauheit; Holprigkeit
шерохова́тый, -ая, -ое; *Kzf* -а́т, -а uneben, rauh; holprig; ~ стиль holpriger Stil
шерсти́нка, -и, *Pl G* -нок, *D* -нкам *f* Wollfädchen, Wollhaar
шерсти́стый, -ая, -ое; *Kzf* -и́ст, -а wollig
шерсти́ть, *1. u. 2. Pers ungebr*, -и́т *uv* 1. kratzen *von grobem Wollgewebe* 2. durchhecheln
шерстопряде́ние, -я *n* Wollspinnen
шерстопряди́льный, -ая, -ое: -ая фа́брика Wollspinnerei
шерсточеса́льный, -ая, -ое: -ая маши́на Wollkämmaschine
шерсть, -и, *Pl* (*zur Bezeichnung von Sorten*) ше́рсти, шерсте́й, шерстя́м *f* 1. Fell, Wolle, Haar *von Tieren*; густа́я ~ dichtes Fell 2. Wollgarn, Wolle; древе́сная ~ Holzwolle; аппара́тная ~ Streichwolle; верблю́жья ~ Kamelhaar 3. Wollstoff ◇ по -и mit dem Strich; про́тив -и gegen den Strich
шерстяно́й, -а́я, -о́е Woll-; wollen, aus Wolle; -а́я мате́рия Wollstoff
шерша́веть, *1. u. 2. Pers ungebr*, -еет *uv* rauh werden
шерша́вый, -ая, -ое; *Kzf* -а́в, -а 1. rauh *Haut*; -ые ру́ки rauhe Hände 2. uneben; *umg* zottig
ше́ршень, -шня *m* Hornisse
шест, -а́ *m* Stange
ше́ствие, -я *n feierlicher* Zug, Umzug, Prozession; первома́йское ~ Demonstrationszug zum 1. Mai; погреба́льное ~ Leichenzug; у́личное ~ Straßenumzug
ше́ствовать, -твую, -твуешь *uv buchspr* schreiten, einherschreiten; ва́жно ~ stolzieren
шестерёнка, -и, *Pl G* -нок, *D* -нкам *f Dem zu* ²шестерня́ Zahnrad, Triebrad
шестери́к, -а́ *m alt* Sechsgespann
шестёрка, -и, *Pl G* -рок, *D* -ркам *f* 1. Sechs *Ziffer*; *umg Straßenbahn, Omnibus der Linie 6*; Gruppe von sechs Personen oder Gegenständen 2. Sechs *Spielkarte* 3. Sechsgespann 4. Sechsriemer
¹**шестерня́,** -и́, *G Pl* -е́й *f umg* Sechsgespann
²**шестерня́,** -и́, *Pl G* -рён, *D* -рня́м *f* Zahnrad, Triebrad
ше́стеро, -ы́х *kollektives Num* 1. sechs *bei männlichen Subst, die Personen bezeichnen u. bei Pluraliatantum*; ~ гребцо́в sechs Ruderer; ~ но́жниц sechs Scheren; их бы́ло ~ es waren ihrer sechs, sie waren sechs

2. sechs Paare; ~ глаз sechs Augenpaare

шести- *in Zuss* sechs-

шести|борье, -ья *n Sport* Sechskampf; **~гранник,** -а *m math* Sechsflach, Hexaeder; **~гранный,** -ая, -ое sechskantig; **~десятилетие,** -я *n* 1. sechzig Jahre *Zeitraum* 2. sechzigster Jahrestag, Sechzigjahrfeier; sechzigjähriges Jubiläum; **~десятилетний,** -яя, -ее sechzigjährig; **~десятый,** -ая, -ое *Num* sechzigster; страница ~десятая Seite sechzig; ~десятые годы die sechziger Jahre; **~дневка,** -и, *PlG* -вок, *D* -вкам *f umg* Sechstagewoche; **~дневный,** -ая, -ое sechstägig; **~классник,** -а *m* Schüler der sechsten Klasse; **~классный,** -ая, -ое sechsklassig, aus sechs Klassen bestehend; **~кратный,** -ая, -ое sechsfach, sechsmalig

шестилетие, -я *n* 1. sechs Jahre *Zeitraum* 2. sechster Jahrestag; sechsjähriges Jubiläum

шести|летний, -яя, -ее sechsjährig; **~месячный,** -ая, -ое 1. sechsmonatig *Dauer oder Alter* 2. sechsmonatlich; **~недельный,** -ая, -ое sechswöchentlich; **~палый,** -ая, -ое sechsfingrig; mit sechs Zehen; **~сотлетие,** -я *n* sechshundert Jahre *Zeitraum*; sechshundertster Jahrestag, Sechshundertjahrfeier; **~сотлетний,** -яя, -ее sechshundertjährig; **~сотый,** -ая, -ое *Num* sechshundertster; **~тысячный,** -ая, -ое 1. *Num* sechstausendster 2. aus sechstausend bestehend 3. *umg* im Wert von sechstausend Rubeln; **~угольник,** -а *m math* Sechseck; **~угольный,** -ая, -ое sechseckig; **~этажный,** -ая, -ое sechsstöckig

шестнадцатилетний, -яя, -ее sechzehnjährig

шестнадцатый, -ая, -ое *Num* sechzehnter

шестнадцать, -и *f Num* sechzehn

шестовик, -а *m* Stabhochspringer

шестой, -ая, -ое 1. *Num* sechster; -ого числа am Sechsten (des Monats); -ое июня der sechste Juni; ~ час es geht auf sechs; в -ом часу kurz nach fünf; -ая часть Sechstel; ему ~ десяток (пошёл) er ist in den Fünfzigern 2. -ая, -ой *Subst f* Sechstel

шесток, -стка *m* Herd(stelle) *vor dem Ofenloch* des russischen Ofens

шесть, -и, *I* -ью *Num* sechs

шестьдесят, *G, D, P* шестидесяти, *I* шестьюдесятью *Num* sechzig

шестьсот, шестисот, шестистам, шестьюстами, о шестистах *Num* sechshundert

шестью *Adv* sechs mal, mit sechs malgenommen; ~ шесть sechs mal sechs

шетлендский, -ая, -ое: Шетлендские острова Shetland-Inseln

шеф, -а *m* 1. *umg* Vorgesetzter, Chef 2. Pate *Organisation, Betrieb*

шеф-повар, -а, *Pl* шеф-повара, -ов, -ам *m* Chefkoch

шефский, -ая, -ое Paten-

шефство, -а *n* Patenschaft, Betreuung *einer Organisation, eines Betriebes ц. ä.*; взять ~ над кем-н. die Patenschaft über j-n übernehmen

шефствовать, -твую, -твуешь *uv* 1. Chef sein 2. Pate sein, die Patenschaft ausüben (над *I* über)

Шеффилд, -а *m* Sheffield *Stadt*

шея, -и, *G Pl* шей *f* Hals ◇ бросаться кому-н. на шею j-m um den Hals fallen; вешаться кому-н. на шею sich j-m an den Hals werfen, sich j-m aufdrängen; сломать себе шею на чём-н. sich den Hals [das Genick] bei etwas brechen, einen völligen Mißerfolg erleiden; у него крепкая ~ *übtr* er hat einen breiten Rücken; иметь кого-н. на шее *übtr* j-n auf dem dem Halse haben; получить по шее *grob* eins ins Genick kriegen; выгнать [вытолкнуть] в шею *volksspr* hinausschmeißen

шибкий, -ая, -ое; *Kzf* -бок, -бка!; *Komp* шибче schnell, rasch, flink

шибко *Adv volksspr* sehr, heftig, stark; ~ любить heftig lieben; он ~ скучает er langweilt sich sehr

шибче ↑ шибкий

шиворот, -а *m*: взять за ~ am Kragen [beim Schlafittchen] fassen; ~-навыворот verkehrt, umgekehrt, falsch

шизофренический, -ая, -ое schizophren

шизофрения, -и *f med* Schizophrenie

шик, -а (-у) *m* Schick, Eleganz

шикарный, -ая, -ое; *Kzf* -рен, -рна 1. schick, fein, elegant; у неё ~ вид sie sieht fein [elegant] aus 2. *umg* auffällig, zur Schau gestellt

шикать, -аю, -аешь *uv umg* 1. на *A* zischen, durch Zischen zur Ruhe ermahnen 2. *D* auszischen; ~ плохому актёру einen schlechten Schauspieler auszischen ‖ *v mom* **шикнуть,** -ну, -нешь *zu* 1

шиллинг, -а *m* Schilling *Münze*

шило, -а, *Pl* шилья, -ьев, -ьям *n*

Ahle, Pfriem ◇ -а в мешке́ не ута́ишь *etwa* die Sonne bringt es an den Tag

шимпанзе́ [зэ] *m idkl* Schimpanse

ши́на, -ы *f* 1. Reifen, Radreifen; наде́ть -у на колесо́ ein Rad bereifen 2. *med* Schiene

шине́ль, -и *f* Mantel, Uniformmantel; солда́тская ~ Soldatenmantel

шинкова́ть, -ку́ю, -ку́ешь; -ко́ванный, -ко́ван, -а *uv* schnitzeln, hobeln *Gemüse*

шинко́вка, -и, *Pl G* -вок, *D* -вкам *f* Krauthobel

ши́нный, -ая, -ое: -ое произво́дство Reifenherstellung

шинши́лла, -ы *f* Chinchilla

[1]шип, -а́ *m* 1. *bot* Dorn, Stachel 2. *tech* Zapfen, Dorn; ту́фли с -а́ми *Sport* Spikes

[2]шип, -а́ *m zool* eine Abart des Störs

шипе́ние, -я *n* Zischen, Gezische; Fauchen; Surren

шипе́ть, -плю́, -пи́шь *uv* zischen; fauchen; surren; змея́ шипи́т die Schlange zischt; ко́шка шипи́т die Katze faucht

шипо́вник, -а *m* Heckenrose, Hagebuttenstrauch

шипу́чий, -ая, -ее; *Kzf* -у́ч, -а schäumend, brausend; Brause-; ~ напи́ток schäumendes Getränk

шипу́чка, -и, *Pl G* -чек, *D* -чкам *f umg* schäumendes Getränk; Brauselimonade

шипя́щий, -ая, -ее Zisch-, zischend; -ие согла́сные *ling* Zischlaute

ши́ре ↑ широ́кий

ширина́, -ы́ *f* Breite, Weite; -о́й в де́сять ме́тров zehn Meter breit; ко́мната име́ет три ме́тра в -у́ das Zimmer ist drei Meter breit

шири́нка, -и, *Pl G* -нок, *D* -нкам *f umg* Hosenschlitz

ши́рить, ши́рю, ши́ришь *uv* 1. *umg* breiter machen, erweitern, ausbreiten 2. *übtr* entfalten, erweitern

ши́риться, *1. u. 2. Pers ungebr,* -ится *uv* sich ausbreiten, sich verbreiten, anwachsen, sich entfalten; слу́хи ши́рятся die Gerüchte verbreiten sich

ши́рма, -ы *f* 1. Wandschirm; створ́чатая ~ spanische Wand 2. *übtr* Deckmantel ◇ служи́ть кому́-н. -ой j-m als Deckmantel dienen

широ́кий, -ая, -ое; *Kzf* -о́к, -ока́, -о́ко́, -оки́; *Komp* ши́ре; *Sup* широча́йший 1. breit, weit; -ая у́лица breite Straße 2. weit, zu weit; ~ пиджа́к weite Jacke; пальто́ широко́ в плеча́х der Mantel ist in den Schultern zu weit 3. breit, viel(e) umfassend; -ая обще́ственность die breite Öffentlichkeit; -ие слои́ населе́ния die breiten Bevölkerungsschichten 4. *übtr* weit, umfangreich, unbeschränkt; в -ом масшта́бе *oder* в -их разме́рах in großem Maßstab; -ие пла́ны groß angelegte [weitgehende] Pläne; в -ом смы́сле in weitem Sinne ◇ он -ая нату́ра er ist eine großzügige Natur; они́ живу́т на -ую но́гу sie leben auf großem Fuße

широко́ *Adv* breit, weit; ~ откры́тый weit geöffnet; ~ раскры́ть глаза́ *a. übtr* die Augen aufreißen, große Augen machen, sich wundern; ~ смотре́ть на ве́щи großzügig sein, großzügige Ansichten haben

широко- *in Zuss* breit-

широко|веща́ние, -я *n* Übertragung für breite Kreise *Rundfunk, Fernsehen*; **~веща́тельный,** -ая, -ое 1. Rundfunk-; ~веща́тельная ста́нция Rundfunkstation 2. *mißb* marktschreierisch, vielversprechend; **~гру́дый,** -ая, -ое; *Kzf* -у́д, -а breitbrüstig; **~коле́йный,** -ая, -ое breitspurig *von der Eisenbahn*

ширококо́стный *u.* **ширококо́стый,** -ая, -ое; *Kzf* -о́ст, -а starkknochig

широко|ли́цый, -ая, -ее; *Kzf* -и́ц, -а mit breitem Gesicht; **~пле́чий,** -ая, -ее; *Kzf* -е́ч, -а breitschultrig; **~по́лый,** -ая, -ое 1. weitschößig, mit breiten Schößen 2. breitrandig, breitkrempig; **~экра́нный,** -ая, -ое Breitwand-; ~экра́нный фильм Breitwandfilm

широта́, -ы́, *Pl* широ́ты, -о́т, -о́там *f* 1. Breite, Weite; ~ кругозо́ра Weitblick 2. *geogr* Breite, Breitengrad; тридца́тый гра́дус се́верной -ы́ der dreißigste Grad nördlicher Breite

широча́йший ↑ широ́кий

ширпотре́б, -а *m umg* (това́ры широ́кого потребле́ния) Gebrauchsartikel, Massenbedarfsartikel, Verbrauchsgüter

ширь, -и *f* 1. Breite, Weite 2. Ausdehnung, weiter Raum, weite Fläche, Weite *der Landschaft*

шить* *uv* 1. nähen; ~ пальто́ einen Mantel nähen; ~ себе́ костю́м у портно́го sich beim Schneider einen Anzug nähen lassen 2. *I oder* по *D* sticken ◇ э́то ши́то бе́лыми ни́тками das ist fadenscheinig;

ши́то-кры́то alle Spuren sind verwischt

шитьё, -ья́ *n* 1. Nähen; Sticken *als Tätigkeit* 2. Näharbeit; Stickarbeit *als Arbeitsresultat* 3. Stickerei *als Muster*; ~ гла́дью englische Stickerei

ши́фер, -а *m min* Schiefer

ши́ферный, -ая, -ое Schiefer-; -ая кро́вля Schieferdach

шифо́н, -а *m* Chiffon *Gewebe*

шифонье́рка, -и, *Pl G* -рок, *D* -ркам *f* Chiffonniere, kleiner Schrank für Wäsche und kleinere Utensilien, Wäscheschränkchen

шифр, -а *m* 1. Chiffre, Geheimschrift 2. Signatur *auf Büchern* 3. *alt* Monogramm

шифро́ванный, -ая, -ое chiffriert

шифрова́ть, -ру́ю, -ру́ешь; -ро́ванный, -ро́ван, -а *uv* chiffrieren, in Geheimschrift schreiben

шифро́вка, -и, *Pl G* -вок, *D* -вкам *f* 1. Chiffrieren 2. *umg* chiffriertes Telegramm

ши́хта, -ы *f* Charge, Einsatz, Beschickungsgut *für Schmelzöfen*

ши́шка, -и, *Pl G* -шек, *D* -шкам *f* 1. Zapfen *Fruchtstand der Nadelbäume*; ело́вая ~ Tannenzapfen 2. *tech* (Gieß-) Kern 3. Beule; весь в -ах verbeult 4. *volksspr scherz* wichtige, einflußreiche Persönlichkeit, „großes Tier“; ва́жная ~ „großes Tier“ ◇ на бе́дного Мака́ра все -и ва́лятся er ist der Sündenbock, er ist ein Pechvogel, er hat alles auszubaden

шишкова́тый, -ая, -ое; *Kzf* -а́т, -а uneben, beulig

шкала́, -ы́, *Pl* шка́лы, шкал, шка́лам *f* Skala 1. Gradeinteilung an Meßgeräten; ~ термо́метра Thermometerskala 2. Stufenfolge; ~ зарпла́ты Lohn-, Tarifskala

шкату́лка, -и, *Pl G* -лок, *D* -лкам *f* Schatulle, Kästchen *meist für Wertsachen*

шкаф, -а, *P* о шка́фе, в [на] шкафу́, *Pl* шкафы́, -о́в, -а́м *m* Schrank; кни́жный ~ Bücherschrank; платяно́й ~ Kleiderschrank; стенно́й ~ Wandschrank; несгора́емый ~ Geldschrank, feuerfester Tresor

шка́фчик, -а *m Dem zu* шкаф Schränkchen

шквал, -а *m* 1. Windstoß, Bö; ~ с дождём Regenbö 2. *übtr* Sturm; ~ огня́ plötzliche starke Artilleriefeuerwelle

шква́листый, -ая, -ое; *Kzf* -ист, -а böig, stoßend; ~ ве́тер Bö, böiger Wind

шква́рки *Pl* -рок, -ркам, *Sg* шква́рка, -и *f nahr* Grieben

шкив, -а, *Pl* шкивы́, -о́в, -а́м *m tech* (Antriebs-) Scheibe; приводно́й ~ Antriebsscheibe

шки́пер, -а, *Pl* шки́перы, -ов, -ам *u.* шкипера́, -о́в, -а́м *m* 1. Schiffskapitän 2. Verwalter des Inventars eines Schiffes

шко́ла, -ы *f* 1. Schule, Lehranstalt; Schulgebäude; нача́льная ~ Elementarschule; сре́дняя ~ Mittelschule; вы́сшая ~ Hochschule; общеобразова́тельная ~ allgemeinbildende Schule; ~-интерна́т Internatsschule; посеща́ть -у *oder* ходи́ть в -у die Schule besuchen, zur Schule gehen 2. Schulung, Lehre; он прошёл суро́вую -у er hat eine harte Schule durchgemacht 3. Schule, Richtung auf *dem Gebiet der Wissenschaft, Kunst u. ä.*; Ре́пинская ~ в жи́вописи die Repinsche Schule in der Malerei

шко́лить, -лю, -лишь *uv umg* streng halten, drillen; abrichten

шко́льник, -а *m* Schüler

шко́льница, -ы, *I* -ей *f* Schülerin

шко́льнический, -ая, -ое Schüler-, schülerhaft

шко́льничество, -а *n* schülerhaftes Benehmen [Verhalten]; Kinderei, Übermut, (Schuljungen-) Streich

шко́льный, -ая, -ое Schul-; -ое зда́ние Schulgebäude; ~ рабо́тник Pädagoge; ~ сове́т Schulrat; ребёнок -ого во́зраста ein Kind im schulpflichtigen Alter

шку́ра, -ы *f* Balg, Fell, Haut; сдира́ть -у das Fell abziehen, abbalgen ◇ спаса́ть свою́ -у seine Haut retten; почу́вствовать на со́бственной -е am eigenen Leibe zu spüren bekommen; дрожа́ть за свою́ -у um sein Leben bangen; драть -у с кого́-н. j-m das Fell über die Ohren ziehen, j-n prellen; волк в ове́чьей -е Wolf im Schafspelz

шку́рка, -и, *Pl G* -рок, *D* -ркам *f* 1. *Dem zu* шку́ра Balg, kleines Fell 2. Schale *einer Frucht* 3. Schmirgelpapier

шку́рник, -а *m umg verächtl* selbstsüchtiger Mensch, Egoist

шку́рничество, -а *n umg* Selbstsucht, Egoismus

шку́рный, -ая, -ое *umg* selbstsüchtig, egoistisch
шлагба́ум, -а *m* Schlagbaum, Schranke
шлак, -а *m* Schlacke
шлакобето́н, -а *m* Schlackenbeton
шланг, -а *m* Schlauch; пожа́рный ~ Feuerwehrschlauch
Шле́звиг-Го́льштейн, -а *m* Schleswig-Holstein
шлейф, -а *m* Schleppe
[1]**шлем,** -а *m* 1. Helm; водола́зный ~ Taucherhelm; ~ от тропи́ческого со́лнца Tropenhelm 2. Kappe; (Schi-) Mütze; лётный ~ Fliegerkappe
[2]**шлем,** -а *m* Schlemm *im Kartenspiel*
шлемофо́н, -а *m mil, flug* Kopfhaube *mit Hörer*
шлёпанцы *Pl* -ев, -ам, *Sg* шлёпанец, -нца *m umg* Pantoffeln, Hausschuhe
шлёпать, -аю, -аешь *uv* по *D* 1. klatschen, patschen; schlagen, einen Klaps geben; ~ кого́-н. по спине́ j-m auf den Rücken schlagen [hauen] 2. *volksspr* schlurfen, latschen; ~ ту́флями mit den Pantoffeln schlurfen; ~ по воде́ im Wasser waten [patschen] || *v mom* **шлёпнуть,** -ну, -нешь *zu* 1
шлёпаться, -аюсь, -аешься *uv umg* hinplumpsen; ~ в грязь in den Dreck plumpsen || *v mom* **шлёпнуться,** -нусь, -нешься
шлепо́к, -пка́ *m* Klaps, leichter Schlag
шлея́, -и́, *Pl* шлеи, шлей, шлея́м *f* Hintergeschirr; Umgangsriemen *am Pferdegeschirr*
шлифова́льный, -ая, -ое Schleif-; ~ стано́к Schleifmaschine
шлифова́ть, -фу́ю, -фу́ешь; -фо́ванный, -фо́ван, -а *uv* 1. *tech* schleifen; feilen 2. *übtr* feilen, verbessern, den letzten Schliff geben
шлифова́ться, *1. u. 2. Pers ungebr*, -фу́ется *uv* 1. sich schleifen lassen, sich feilen lassen; э́тот мета́лл хорошо́ шлифу́ется dieses Metall läßt sich gut feilen 2. *übtr* sich verbessern, sich vervollkommnen
шлифо́вка, -и *f* 1. *tech* Schleifen, Feilen 2. *übtr* Feilen, Verbessern
шлифо́вщик, -а *m* Schleifer
шлю ↑ слать
шлюз, -а *m* Schleuse
шлю́зный, -ая, -ое Schleusen-; -ые воро́та Schleusentor
шлюзова́ть, -зу́ю, -зу́ешь; -зо́ванный, -зо́ван, -а *v*, *uv* 1. mit einer Schleuse ausrüsten 2. (durch)schleusen
шлюзово́й, -а́я, -о́е Schleusen-; -а́я ка́мера Schleusenkammer
шлю́пка, -и, *Pl G* -пок, *D* -пкам *f* Schaluppe, Boot; гребна́я ~ Ruderboot; спаса́тельная ~ Rettungsboot
шлю́почный, -ая, -ое Schaluppen-, Boots-; -ая па́луба Bootsdeck
шля́па, -ы *f* 1. Hut; наде́ть -у den Hut aufsetzen; снять -у den Hut abnehmen; надви́нуть -у на лоб [на глаза́] den Hut ins Gesicht ziehen [drücken] 2. *übtr* Schlafmütze, Tölpel ◇ де́ло в -е die Sache ist in Ordnung, die Sache hat geklappt
шля́пка, -и, *Pl G* -пок, *D* -пкам *f* 1. Hütchen, Damenhut 2. Kopf, Hut; ~ гвоздя́ Nagelkopf; ~ ги́льзы Hülsenboden einer Patrone; ~ гриба́ Hut eines Pilzes
шля́пник, -а *m* Hutmacher
шля́пница, -ы, *I* -ей *f* Hutmacherin
шля́пный, -ая, -ое Hut-
шля́ться, -я́юсь, -я́ешься *uv volksspr* sich herumtreiben, umherschlendern, bummeln
шля́хта, -ы *f hist* Schlachta, polnischer Kleinadel
шмель, -я́ *m* Hummel
шмуцти́тул, -а *m typ* Schmutztitel
шмыга́ть, -аю, -аешь *uv umg* 1. hin und her huschen, huschen; ~ по ко́мнате im Zimmer umherhuschen 2. *I* schnell bewegen, reiben ◇ ~ но́сом schnauben, schnaufen || *v mom* **шмыгну́ть,** -ну́, -нёшь
шни́цель, -я *m nahr* 1. Schnitzel; ~ отбивно́й *oder* ~ по-ве́нски Wiener Schnitzel 2. gebratenes Hackfleisch (in Form eines Schnitzels)
шнур, -а́ *m* 1. Schnur; запа́льный ~ Zündschnur; бикфо́рдов ~ Zeitzündschnur; спусково́й ~ Abzugsleine 2. *el* Leitungsschnur
шнурова́ть, -ру́ю, -ру́ешь; -ро́ванный, -ро́ван, -а *uv* schnüren, zubinden; ~ боти́нки Schuhe zuschnüren
шнурова́ться, -ру́юсь, -ру́ешься *uv* sich schnüren
шнуро́вка, -и, *Pl G* -вок, *D* -вкам *f* Schnüren; Verschnürung
шнуро́к, -рка́ *m* 1. (dünne) Schnur 2. Litze, Schnürsenkel; ~ для боти́нок Schnürsenkel
шныря́ть, -я́ю, -я́ешь *uv umg* schnell hin und her laufen, hin und her flitzen
шов, шва *m* 1. Naht *a. tech*; без шва nahtlos 2. *arch* (Stein-) Fuge 3. Stick-

art ◇ ру́ки по шва́м Hände an der *oder* an die Hosennaht; треща́ть по всем шва́м in allen Fugen krachen

шок, -а *m med* Schock; не́рвный ~ Nervenschock

шоки́ровать, -рую, -руешь; -рованный, -рован, -а *uv buchspr* schockieren

шокола́д, -а (-у) *m* **1.** Schokolade; пли́тка -а Tafel Schokolade; ~ с начи́нкой gefüllte Schokolade **2.** Schokolade *Getränk*

шокола́дка, -и, *Pl G* -док, *D* -дкам *f umg* kleine Tafel Schokolade, Praline

шокола́дный, -ая, -ое **1.** Schokoladen-; -ая фа́брика Schokoladenfabrik **2.**: ~ цвет dunkelbraun, schokolade(n)farben

шо́мпол, -а, *Pl* шомпола́, -о́в, -а́м *u.* шо́мполы, -ов, -ам *m* **1.** Wischstock *für Schießwaffen* **2.** *hist* Ladestock

шо́рник, -а *m* Sattler

шо́рный, -ая, -ое Sattler-; -ая мастерска́я Sattlerei

шо́рня, -и, *PlG* -рен, *D* -рням *f* Sattlerei

шо́рох, -а *m* Geräusch, Rauschen, Rascheln

шо́ры, шор, шо́рам *Pl* **1.** Scheuklappen *a. übtr* **2.** Sielengeschirr

шоссе́ [сэ] *n idkl* Chaussee

шоссе́йный [сэ], -ая, -ое Chaussee-

шотла́ндец, -дца, *I* -дцем, *G Pl* -дцев *m* Schotte

Шотла́ндия, -и *f* Schottland

шотла́ндка, -и, *PlG* -док, *D* -дкам Schottin

шотла́ндский, -ая, -ое schottisch

шофёр, -а *m* Chauffeur, Kraftfahrer, Fahrer

шофёрский, -ая, -ое Chauffeur-; -ие ку́рсы Fahrschule

шпа́га, -и *f* Degen; обнажи́ть -у den Degen ziehen; скрести́ть -и die Klingen kreuzen

шпага́т, -а *m* **1.** Spagat, Bindfaden; *landw* Bindegarn **2.** *Sport* Spagat

шпаклева́ть, -лю́ю, -лю́ешь; -лёванный, -лёван, -а *uv* spachteln, verkitten, verschmieren; ~ сте́ны die Wände verspachteln

шпаклёвка, -и *f* **1.** Spachteln, Verschmieren, Verkitten **2.** Spachtel, Spachtelkitt

шпа́ла, -ы *f* Schwelle, Eisenbahnschwelle

шпале́ра, -ы *f* **1.** Spalier; стоя́ть -ами Spalier stehen [bilden] **2.** Baum-, Strauchspalier

шпанго́ут, -а *m naut, flug* Spant, Schiffsgerippe, Flugzeuggerippe

шпарга́лка, -и, *Pl G* -лок, *D* -лкам *f umg* Spicker, Spickzettel *in der Schule*

шпа́рить, -рю, -ришь *uv umg* brühen, abbrühen, mit kochendem Wasser übergießen

шпат, -а *m min* Spat; полево́й ~ Feldspat

шпенёк, -нька́ *m tech* Zapfen, Stift

шпигова́ть, -гу́ю, -гу́ешь; -го́ванный, -го́ван, -а *uv* spicken, mit Speckstreifen durchziehen; ~ са́лом mit Speck spicken

[1]**шпик,** -а (-у) *m* Speck, Schweinespeck

[2]**шпик,** -а́ *m umg* Spitzel, Spion

шпиль, -я *m* **1.** lange, hohe Spitze *Gebäude* **2.** *tech* Stiftschraube **3.** *naut* Anker-, Schiffswinde

шпи́лька, -и, *PlG* -лек, *D* -лькам *f* **1.** Haarnadel **2.** Hutnadel **3.** Stift, Zwecke *Schuhmacherei* **4.** *übtr* Stichelei **5.**: (каблу́к-)~ Pfennigabsatz ◇ пуска́ть -и sticheln, giftige Bemerkungen machen

шпина́т, -а *m* Spinat

шпи́ндель [дэ], -я *m tech* Spindel

шпио́н, -а *m* **1.** Spion **2.** *umg* Spitzel

шпиона́ж, -а, *I* -ем *m* Spionage

шпио́нить, -ню, -нишь *uv* **1.** spionieren, Spionage treiben **2.** Spitzeldienste leisten

шпио́нский, -ая, -ое Spion(en)-, Spionage-; Spitzel-

[1]**шпиц,** -а, *I* -ем, *G Pl* -ев *m alt* Spitze, Turmspitze

[2]**шпиц,** -а, *I* -ем, *G Pl* -ев *m* Spitz *Hunderasse*

Шпи́цберген, -а *m geogr* Spitzbergen

шпон, -а *m u.* **шпо́на,** -ы *f* **1.** *typ* Durchschuß **2.** Furnier

шпо́нка, -и, *Pl G* -нок, *D* -нкам *f tech* Dübel

шпо́ра, -ы *f* **1.** Sporn *am Reitstiefel*; дать -ы коню́ dem Pferd die Sporen geben **2.** Sporn *Hornfortsatz am Fuß einiger Vögel*

Шпре *f idkl* Spree *Fluß*

шприц, -а, *I* -ем, *G Pl* -ев *m med* Spritze *Instrument*

шпро́ты *Pl* шпрот, *Sg* **шпро́та,** -ы *f u.* шпрот, -а *m* Sprotten

шпу́лька, -и, *Pl G* -лек, *D* -лькам *f* Spule *an Näh-, Webmaschinen u. ä.*

шпунт, -а́ *m tech* Spund

шрам, -а *m* Narbe, Schramme

шрапне́ль, -и *f* Schrapnell

шрифт, -а, *Pl* шрифты́, -о́в, -а́м *u.* шри́фты, -ов, -ам *m* **1.** *typ* Schrift,

Schrifttype, Druckschrift; жи́рный ~ Fettdruck; све́тлый ~ magere Schrift; ме́лкий ~ Kleinschrift 2. Schrift(art) *der Handschrift*

шт. (шту́ка) Stück

штаб, -а, *Pl* штабы́, -о́в, -а́м *m* 1. *mil* Stab; генера́льный ~ Generalstab; ~ а́рмии Armee(general)stab 2. *übtr* führendes Organ

шта́бель, -я, *Pl* штабеля́, -е́й, -я́м *u.* шта́бели, -ей, -ям *m* Stapel

штаби́ст, -а *m umg* Stabsoffizier

штаб-кварти́ра, -ы *f mil* Stabsquartier

штабно́й, -а́я, -о́е *mil* Stabs-; ~ офице́р Stabsoffizier

штаб-офице́р, -а *m* Stabsoffizier

штамп, -а *m* 1. Stempel, Firmenstempel 2. *tech* Stanze 3. *übtr* Schablone

штампова́льный, -ая, -ое *tech* Stanz-; ~ пресс Stanzpresse

штампова́ть, -пу́ю, -пу́ешь; -по́ванный, -по́ван, -а *uv* 1. stempeln 2. *tech* stanzen 3. *umg* schablonenhaft machen, mechanisch und ohne Nachdenken billigen

штампо́вка, -и, *Pl G* -вок, *D* -вкам *f* Stanzen

шта́нга, -и *f* 1. Metallstange 2. *Sport* Latte (des Tores) 3.: спорти́вная ~ Hantel, Stange zum Gewichtheben 4.: бурова́я ~ *tech* Bohrstange

штанги́ст, -а *m Sport* Gewichtheber

штанда́рт, -а *m alt* Standarte

штани́на, -ы *f umg* Hosenbein

штани́шки, -шек, -шкам *Pl Dem zu* штаны́ kurze *oder* kleine Hosen, Höschen; де́тские ~ Kinderhöschen

штаны́, -о́в, -а́м *Pl umg* Hose, Hosen; лы́жные ~ Schihose

шта́пель, -я *m* Stapelfaser

шта́пельный, -ая, -ое: -ое волокно́ Stapelfaser, Zellwolle; -ая ткань Zellwollstoff

[1]**штат,** -а *m* 1. Personaletat; Personal(bestand); вне -а außer Etat; быть [состоя́ть] в -е fest [etatmäßig] angestellt sein; включи́ть в ~ etatmäßig anstellen 2. *meist Pl* Stellenplan; Planstellen; утвержде́ние -ов Bestätigung des Stellenplans; сокраще́ние -ов Stellenplankürzung

[2]**штат,** -а *m pol* Staat; Соединённые Шта́ты Аме́рики Vereinigte Staaten von Amerika

штати́в, -а *m* Stativ, Gestell

шта́тный, -ая, -ое 1. Etat-, etatmäßig, fest angestellt 2. Stellenplan-; -ое расписа́ние Stellenplan; -ая до́лжность Planstelle, etatmäßige Stelle

шта́тский, -ая, -ое 1. zivil; Zivil-; в -ом пла́тье in Zivil, in Zivilkleidern 2. -ого *Subst m* Zivilist

ште́йгер [тэ], -а *m berg, alt* Steiger

штемпелева́ть [тэ], -лю́ю, -лю́ешь; -лёванный, -лёван, -а *uv* stempeln, abstempeln

ште́мпель [тэ], -я, *Pl* штемпеля́, -е́й, -я́м *m* Stempel; почто́вый ~ Poststempel

ште́мпельный [тэ], -ая, -ое Stempel-; -ая поду́шка Stempelkissen

ште́псель [тэ], -я, *Pl* штепселя́, -е́й, -я́м *m el* Stecker

ште́псельный [тэ], -ая, -ое Stecker-; -ая коро́бка Steckdose; -ая ви́лка Doppelstecker

штиль, -я *m naut* Windstille; мёртвый ~ völlige Windstille

Шти́рия, -и *f* Steiermark

штифт, -а́, *P* о штифте́, на штифту́ *m tech* Stift

шти́фтик, -а *m Dem zu* штифт kleiner Stift

што́льня, -и, *Pl G* -лен, *D* -льням *f berg* Stollen

што́пальный, -ая, -ое Stopf-; -ая игла́ Stopfnadel

што́паный, -ая, -ое gestopft; -ые чулки́ gestopfte Strümpfe

што́пать, -аю, -аешь; -анный, -ан, -а *uv* stopfen; ~ чулки́ Strümpfe stopfen

што́пка, -и *f* 1. Stopfen *von Strümpfen u. ä.* 2. Stopfgarn 3. gestopfte Stelle, Gestopftes

што́пор, -а *m* 1. Korkenzieher, Pfropfenzieher 2. *flug* Trudeln; входи́ть в ~ ins Trudeln geraten

што́порить, -рю, -ришь *uv flug* trudeln

што́пором *Adv* spiralförmig, schraubenförmig

што́ра, -ы *f* Rouleau, Rollvorhang, Vorhang; спусти́ть -ы die Vorhänge herunterlassen

шторм, -а *m naut* heftiger Sturm

штормово́й, -а́я, -о́е Sturm-, stürmisch; ~ сигна́л Sturmsignal

штраф, -а *m* Geldstrafe; заплати́ть ~ Strafe (be)zahlen; уплати́ть пять рубле́й -а fünf Rubel Strafe bezahlen

штрафно́й, -а́я, -о́е Straf-; ~ уда́р *Sport* Strafstoß; -а́я площа́дка *Sport* Strafraum

штрафова́ть, -фу́ю, -фу́ешь; -фо́ванный, -фо́ван, -a *uv A* eine Geldstrafe auferlegen

штрейкбре́хер, -a *m* Streikbrecher

штрек, -a *m berg* Strecke

штри́пка, -и, *Pl G* -пок, *D* -пкам *f* Steg *an Keilhosen u. ä.*; брю́ки со -ой Steghose

штрих, -а́ *m* 1. Strich 2. *übtr* charakteristischer Zug

штрихова́ть, -иху́ю, -иху́ешь; -ихо́ванный, -ихо́ван, -a *uv* schraffieren

штрихо́вка, -и *f* Schraffieren; Schraffierung

штрихово́й, -а́я, -о́е schraffiert

штуди́ровать, -рую, -руешь; -рованный, -рован, -a *uv* genau studieren, gründlich lernen, durcharbeiten

шту́ка, -и *f* 1. Stück *beim Zählen*; не́сколько штук ein paar, einige; штук де́сять ungefähr zehn Stück 2. Stück *z. B. Stoff*; ~ полотна́ ein Stück Leinwand 3. *umg* Gegenstand, Sache, Ding, Erscheinung; сра́зу ви́дно, что он за ~ man sieht gleich, was er für einer ist 4. Streich, „Stückchen"; вот так ~! eine schöne Geschichte!; в то́м-то и ~! das ist es ja eben!, da liegt der Hase im Pfeffer!; сыгра́ть -у с ке́м-н. j-m einen Streich spielen

штукату́р, -a *m* Stuckarbeiter, Putzer

штукату́рить, -рю, -ришь; -ренный, -рен, -a *uv* verputzen, mit Stuck bewerfen

штукату́рка, -и *f* 1. Verputzen 2. Putz, Stuck

штукату́рный, -ая, -ое Stuck-; -ые рабо́ты Stuckarbeit

штукова́ть, -ку́ю, -ку́ешь; -ко́ванный, -ко́ван, -a *uv* fein stopfen, geschickt zusammennähen

штурва́л, -a *m* Steuerrad, Lenkrad

штурва́льный, -ая, -ое Steuer-; -ое колесо́ Steuerrad

штурм, -a *m* Sturm, Sturmangriff; брать -ом im Sturm (ein)nehmen [erobern]; erstürmen

шту́рман, -a, *Pl* шту́рманы, -ов, -ам *u.* штурмана́, -о́в, -а́м *m* Steuermann; Pilot, Navigationsoffizier

штурмова́ть, -му́ю, -му́ешь; -мо́ванный, -мо́ван, -a *uv mil* stürmen, erstürmen, zum Sturm vorgehen

штурмови́к, -а́ *m mil* 1. Jagdbomber 2. Pilot eines Schlachtflugzeuges

штурмо́вка, -и, *Pl G* -вок, *D* -вкам *f flug* Tiefangriff, Luftangriff

штурмово́й, -а́я, -о́е *mil* Sturm-; -а́я гру́ппа Stoßtrupp; -а́я авиа́ция Schlachtflieger

штурмовщи́на, -ы *f umg* äußerste Arbeitsanstrengung, um (Plan-) Rückstände aufzuholen

шту́цер, -a, *Pl* штуцера́, -о́в, -а́м *m* Stutzen *Gewehr*

шту́чный, -ая, -ое Stück-; stückweise; -ая рабо́та Stückarbeit; ~ това́р Stückware

штык, -а́ *m* 1. Bajonett, Seitengewehr; идти́ в -и́ mit gefälltem Bajonett vorgehen; примкну́ть -и́! Seitengewehr pflanzt auf! 2. Spatentiefe

штыково́й, -а́я, -о́е Bajonett-; ~ бой Bajonettkampf; ~ затво́р *tech* Bajonettverschluß

штырево́й, -а́я, -о́е *tech* Stab-; -а́я анте́нна Stabantenne

штырь, -я́ *m tech* Stift, Bolzen, Stab

шу́ба, -ы *f* Pelz, Pelzmantel; кры́тая ~ mit Pelz gefütterter Stoffmantel; наго́льная ~ Mantel mit dem Pelz nach außen

шубёнка, -и, *Pl G* -нок, *D* -нкам *f umg* schäbiger Pelz(mantel)

шу́бка, -и, *Pl G* -бок, *D* -бкам *f Dem zu* шу́ба kurzer, leichter Pelz

шу́лер, -a, *Pl* шулера́, -о́в, -а́м *m* Falschspieler, Betrüger

шу́лерский, -ая, -ое betrügerisch, unehrlich

шу́лерство, -a *n* Falschspielerei, Betrügerei

шум, -a (-y) *m* 1. Lärm, Geräusch; ~ ли́стьев Rauschen der Blätter; ~ мо́ря Brausen des Meeres; ~ в уша́х Ohrensausen; подня́ть ~ Lärm machen, Lärm schlagen 2. *übtr* Aufsehen; подня́ть большо́й ~ viel Aufhebens machen; наде́лать -у viel Staub aufwirbeln, (großes) Aufsehen erregen ◇ а́дский ~ Höllenlärm, Mordsspektakel; ~ и гам Heidenlärm

шуме́ть, -млю́, -ми́шь *uv* 1. lärmen, rauschen; ein Geräusch verursachen; ~ по по́воду чего́-н. viel Aufhebens von etw. machen 2. *umg* toben, randalieren 3. *umg* Aufsehen erregen

шуми́ха, -и *f umg* Sensation, Aufsehen; подня́ть -у Lärm machen

шумли́вый, -ая, -ое; *Kzf* -и́в, -a lärmend, polternd; laut

шу́мный, -ая, -ое; *Kzf* -мен, -мна́! 1. laut, lärmend; -ая компа́ния lärmende Gesellschaft 2. aufsehenerregend; ~ успе́х sensationeller Erfolg, Bombenerfolg 3. geräuschvoll, belebt ◇ -ые зву́ки *ling* Geräuschlaute

шумо́вка, -и, *Pl G* -вок, *D* -вкам *f* Schaumlöffel

шумово́й, -а́я, -о́е Lärm-, Geräusch-; ~ орке́стр Jazzorchester; Jazzband

шумо́к, -мка́ *m umg* schwacher Lärm ◇ под ~ unbemerkt, im geheimen

Шу́ра, -ы *m, f Dem zu* Алекса́ндр *u.* Алекса́ндра

шу́рин, -а, *Pl* шу́рья, -ьев, -ьям Schwager *Bruder der Ehefrau*

шурова́ть, -ру́ю, -ру́ешь; -ро́ванный, -ро́ван, -а *uv* **1.** schüren *Feuer* **2.** *volksspr* schuften; ~ до седьмо́го по́та bis zum Umfallen schuften

шуру́п, -а *m* Schraube, Holzschraube

шурф, -а *m berg* Schurf

шурфова́ть, -фу́ю, -фу́ешь *uv berg* schürfen

шурша́ние, -я *n* Rauschen, Rascheln; Knirschen

шурша́ть, -шу́, -ши́шь *uv* rauschen, rascheln; knirschen

шу́ры-му́ры *Pl idkl umg* Techtelmechtel

шу́стрый, -ая, -ое; *Kzf* шустёр, шустра́, шу́стро *umg* behend, gewandt, flink

шут, -а́ *m* **1.** *hist* Hofnarr **2.** *theat* Possenreißer, Clown **3.** Witzbold, Spaßvogel, Narr ◇ ~ горо́ховый Spaßmacher, Hanswurst; ~ его́ зна́ет! weiß der Kuckuck!

шути́ть, шучу́, шу́тишь *uv* scherzen, Spaß machen, spaßen; э́тим не шути́ damit mache [treibe] keinen Scherz; брось ~! mach keine Scherze!; я не шучу́ das ist mein voller Ernst, ich spreche in allem [vollem] Ernst; ~ над ке́м-н. sich lustig machen über j-n; шу́тки ~ witzeln, Späßchen machen, Witze reißen; ~ с огнём mit dem Feuer spielen

шу́тка, -и, *Pl G* -ток, *D* -ткам *f* **1.** Scherz, Spaß, Witz; в -у im [aus] Scherz; zum Spaß; не на [не в] -у nicht zum Spaß, ernsthaft; -и в сто́рону! Spaß beiseite!; мне не до -ток ich bin nicht zum Scherzen aufgelegt; сыгра́ть с ке́м-н. злу́ю -у sich mit j-m einen schlechten Scherz erlauben; не обижа́ться на -у einen Scherz verstehen; кро́ме-ток? ist das Ihr Ernst?; кро́ме -ток! ohne Spaß!, im Ernst! **2.** *theat* Schwank, Posse ◇ с ним -и пло́хи mit ihm ist nicht gut Kirschen essen

шутли́вый, -ая, -ое; *Kzf* -и́в, -а **1.** scherzhaft, spaßhaft **2.** -о *Adv*: -о сказа́ть что́-н. etwas zum Scherz sagen

шутни́к, -а́ *m* Spaßvogel, Spaßmacher, Witzbold

шутовско́й, -а́я, -о́е närrisch, Narren-; ~ наря́д Narrenrock; -а́я вы́ходка Narretei, närrischer Streich

шутовство́, -а́ *n* Narretei, Narrenpossen, Spaßmacherei

шу́точный, -ая, -ое Scherz-, scherzhaft; lustig; -ое стихотворе́ние Scherzgedicht; де́ло не -ое das ist keine Kleinigkeit

шутя́ *Adv* **1.** scherzend, im [zum] Scherz; не ~ im Ernst, ohne Spaß **2.** leicht, ohne Anstrengung, mühelos; spielend leicht

шуцли́ния, -и *f* Trennungslinie *zwischen zwei Fahrbahnen*

шушу́канье, -ья *n umg* Geflüster, Gezisch

шушу́кать, -аю, -аешь *uv volksspr* tuscheln, flüstern

шушу́каться, -аюсь, -аешься *uv umg* tuscheln, miteinander flüstern; klatschen, geheimnisvoll tun

шхе́ры, шхер *Pl geogr* Schären, Schäreninseln

шху́на, -ы *f naut* Schoner

шш! *Interj* pst!, sch-sch!

шью ↑ **шить**

Щ

щаве́левый, -ая, -ое Sauerampfer-; -ая кислота́ Oxalsäure

щаве́ль, -я́ *m* Sauerampfer

щади́ть, щажу́, щади́шь *uv* schonen; не ~ свои́х сил keine Mühe scheuen; не ~ себя́ schonungslos gegen sich selbst sein

щебёнка, -и *f* Schotter

щебёночный, -ая, -ое Schotter-; -ое покры́тие Schotterstraße

ще́бень, -бня *m* Schotter

ще́бет, -а *m oder* **щебета́ние,** -я *n* **1.** Gezwitscher **2.** *übtr* Geplapper *der Kinder*

щебета́ть* *uv* **1.** *1. u. 2. Pers ungebr* zwitschern **2.** *übtr* plappern, schwatzen
щебечу́ ↑ щебета́ть
щеглёнок, -нка, *Pl* щегля́та, -ля́т, -ля́там *m* Stieglitzjunges
щего́л, -гла́ *m* Stieglitz
щеголева́тый, -ая, -ое; *Kzf* -а́т, -а elegant; putzsüchtig
щеголи́ха, -и *f* Modenärrin
щёголь, -я *m* Modenarr, Dandy
щегольну́ть *v mom zu* щеголя́ть
щегольско́й, -а́я, -о́е elegant; putzsüchtig
щегольство́, -а́ *n* Putzsucht
щеголя́ть, -я́ю, -я́ешь *uv* **1.** sich putzen, sich dandyhaft kleiden **2.** *übtr I* zur Schau stellen, prahlen; ~ свои́ми зна́ниями mit seinen Kenntnissen prahlen ‖ *v mom* щегольну́ть, -ну́, -нёшь
ще́дрый, -ая, -ое; *Kzf* щедр, -а́! **1.** freigebig, großzügig **2.** reichlich
щека́, -и́, *A* щёку, *Pl* щёки, щёк, щека́м *f* Wange ◇ за о́бе -и́ есть *umg* gierig essen
щеко́лда, -ы *f* Türklinke
щёкот, -а *m* Nachtigallenschlag
щекота́ние, -я *n* Kitzeln, Gekitzel
щекота́ть* *uv* **1.** kitzeln; у меня́ в го́рле щеко́чет es kitzelt mir im Hals **2.** *übtr* kitzeln, reizen; ~ не́рвы die Nerven kitzeln
щеко́тка, -и *f* Kitzelgefühl; боя́ться -и kitzlig sein
щекотли́вый, -ая, -ое; *Kzf* -и́в, -а **1.** kitzlig **2.** heikel **3.** *alt* pedantisch, übertrieben korrekt
щеко́тно *prädikativ D*: мне ~ es kitzelt mich
щекочу́ ↑ шекота́ть
щелево́й, -а́я, -о́е: ~ звук Engelaut, Reibelaut
щели́стый, -ая, -ое; *Kzf* -и́ст, -а rissig, mit vielen Spalten
щёлк! *Interj umg* klatsch!, knips!
щёлка, -и, *Pl G* -лок, *D* -лкам *f* Spalte, Riß
щёлканье, -ья *n* **1.** (Zungen-) Schnalzen; Klappern *Zähne*; Schnipsen *Finger*; Knallen *Peitsche* **2.** Ein-, Zuschnappen *Türschloß* **3.** Knacken *Nüsse* **4.** Schlagen *Nachtigall*
щёлкать, -аю, -аешь *uv* **1.** *A* einen Schnipser geben; ~ кого́-н. по́ носу j-m einen Nasenstüber geben **2.** *I* knallen, klirren (mit); ~ языко́м mit der Zunge schnalzen; ~ зуба́ми mit den Zähnen klappern; ~ па́льцами mit den Fingern schnipsen **3.** ein-, zuschnappen *Türschloß* **4.** (auf)knacken; ~ оре́хи Nüsse knacken ‖ *v mom* **щёлкнуть,** -ну, -нешь
щёлок, -а (-у) *m* Lauge; стира́льный ~ Waschlauge
щелочно́й, -а́я, -о́е alkalisch
щёлочь, -и, *Pl* щёлочи, щелоче́й, щелоча́м *f* Alkali
щелчо́к, -чка́ *m* **1.** Schnipser, Nasenstüber **2.** Kränkung
щель, -и, *P* о ще́ли, в щели́, *Pl* щели́, щеле́й, щеля́м *f* **1.** Ritze, Spalte; голосова́я ~ Stimmritze **2.** Splitterschutzgraben
щеми́ть, *1. u. 2. Pers ungebr*, -и́т *uv* **1.** drücken, pressen; klemmen **2.** *unpers*: у меня́ щеми́т грудь ich habe Schmerzen in der Brust; у меня́ се́рдце щеми́т mir ist es schwer ums Herz
щени́ться, *1. u. 2. Pers ungebr*, -и́тся *uv* Junge werfen *Hunde u. ä.*
щено́к, -нка́, *Pl* щенки́, -ко́в, -ка́м *u.* щеня́та, -я́т, -я́там *m* **1.** Welpe, junger Hund **2.** *volksspr, verächtl* Grünschnabel
щеня́чий, -ья, -ье Welpen-
щепа́, -ы́, *Pl* ще́пы, щеп, щепа́м *f* **1.** Span **2.** *Koll* Späne
щепа́ть* *u. umg* -а́ю, -а́ешь *uv* spalten; schleißen
щепети́льность, -и *f* Pedanterie, Kleinlichkeit
щепети́льный, -ая, -ое; *Kzf* -лен, -льна pedantisch, kleinlich
ще́пка, -и, *Pl G* -пок, *D* -пкам *f* Span ◇ худо́й как ~ dürr wie eine Bohnenstange; лес ру́бят — -и летя́т *Sprichw* wo gehobelt wird, da fallen Späne
щеплю́ ↑ щепа́ть
щепо́тка, -и, *Pl G* -ток, *D* -ткам *f* Prise; ~ табаку́ eine Prise Tabak
ще́пота, -и *f* Prise
щерба́тый, -ая, -ое; *Kzf* -а́т, -а **1.** pockennarbig **2.** zerschrammt, schartig **3.** *umg* mit Zahnlücken
щерби́на, -ы *f* **1.** Pockennarbe **2.** Scharte
щети́на, -ы *f* Borste
щети́нистый, -ая, -ое; *Kzf* -ист, -а borstig
щети́нить, *1. u. 2. Pers ungebr*, -ит *uv* sträuben *Haare, Borsten*
щети́ниться, *1. u. 2. Pers ungebr*, -ится *uv Fell* sich sträuben *a. übtr*
щети́нка, -и, *Pl G* -нок, *D* -нкам *f* Borste
щети́нный, -ая, -ое Borsten-

щётка, -и, *Pl G* -ток, *D* -ткам *f* Bürste *a. el*; зубная ~ Zahnbürste; ~ для волос Haarbürste; платяная [одёжная *umg*] ~ Kleiderbürste; сапожная ~ Schuhbürste; полотёрная ~ Bohnerbesen; почистить -ой (ab)-bürsten
щёточный, -ая, -ое Bürsten-
Щецин, -а *m* Szczecin *Stadt*
щёчный, -ая, -ое Wangen-
щи, щей *Pl* Kohlsuppe; зелёные ~ Sauerampfersuppe
щиколотка, -и, *Pl G* -ток, *D* -ткам *f* *anat* Knöchel
щипать* *uv* **1.** kneifen, zwicken **2.** *übtr* beißen, brennen; мороз щиплет нос der Frost beißt an die Nase **3.** rupfen, zupfen; ~ траву [птицу] Gras [Geflügel] rupfen ‖ *v mom* щипнуть, -ну, -нёшь *zu* 1
щипаться* *uv* **1.** kneifen, zwicken **2.** einander kneifen
щипковый, -ая, -ое: -ые инструменты Zupfinstrumente
щипком *Adv mus* pizzicato, gezupft
щиплю ↑ щипать
щипнуть *v mom zu* щипать
щипок, -пка *m* Kneifen, Knuff
щипцы, -ов *Pl* Zange
щипчики, -ов *Pl* kleine Zange
щит, -а *m* **1.** *hist* Schild *m* **2.** Brett, Tafel; рекламный ~ Reklameschild, Plakattafel; распределительный ~ *el* Schalttafel **3.** Panzer *der Schildkröte* **4.** Schütze *zur Regelung des Wasserstandes* **5.** Vortriebsschild *bei Tunnelbauten* ◇ поднять кого-н. на ~ j-n übermäßig loben
щитовидный, -ая, -ое *anat* Schild-; -ая железа Schilddrüse
щитовой, -ая, -ое Schild-
щиток, -тка *m* **1.** kleines Brett, Schild; ~ водителя *Auto* Armaturenbrett **2.** Beinschiene *Fußball, Hockey* ◇ грязевой ~ Schutzblech
щука, -и *f* Hecht
щуп, -а *m* **1.** Sonde **2.** *tech* Fühler, Tastfinger
щупальце, -а, *I* -ем, *Pl G* -лец, *D* -льцам *n* Fühler *der Insekten*
щупанье, -ья *n* Befühlen, Betasten
щупать, -аю, -аешь *uv* befühlen, betasten ‖ *v* пощупать
щуплость, -и *f* Schmächtigkeit, Gebrechlichkeit
щуплый, -ая, -ое; *Kzf* щупл, -а! schmächtig, kraftlos
щурить, -рю, -ришь *uv* zusammenkneifen *Augen*
щуриться, -рюсь, -ришься *uv* die Augen zusammenkneifen, blinzeln
щучий, -ья, -ье Hecht- ◇ по -ьему веленью wie im Märchen, auf den ersten Wunsch hin

Э

э! *Interj zum Ausdruck von Verwunderung, Ärger, Verachtung usw., sowie zur Ablehnung fremder Rede* ach; э-э, глупости! ach, Unsinn!
эбеновый, -ая, -ое Ebenholz-; -ое дерево Ebenholz
эвакуационный, -ая, -ое Evakuations-: Räumungs-
эвакуация, -и *f* Evakuierung
эвакуировать, -рую, -руешь; -рованный, -рован, -а *v, uv* evakuieren
эвен, -а *m* Ewene *Angehöriger des Volkes, das am Ufer des Ochotskischen Meeres und in den nördlichen Gebieten der Jakutischen ASSR lebt*
эвенк, -а *m* Ewenke *frühere Benennung*: *Tunguse*
эвенкийка, -и, *Pl G* -йек, *D* -йкам *f* Ewenkin *frühere Benennung*: *Tungusin*
эвенкийский, -ая, -ое ewenkisch *früher*: *tungusisch*
эвенский, -ая, -ое ewenisch, Ewenen-
эвентуальный, -ая, -ое; *Kzf* -лен, -льна eventuell
Эверест, -а *m* (Mount) Everest
эвкалипт, -а *m* Eukalyptus
эвкалиптовый, -ая, -ое Eukalyptus-
эволюционировать, -рую, -руешь *v, uv* sich entwickeln
эволюционный, -ая, -ое Evolutions-; -ая теория Evolutionstheorie
эволюция, -и *f* Evolution
эвфемизм, -а *m* Euphemismus
эге! [he] *Interj* sieh mal an!
эгейский, -ая, -ое ägäisch; Эгейское море Ägäisches Meer
эгоист, -а *m* Egoist
эгоистка, -и, *Pl G* -ток, *D* -ткам *f* Egoistin

эгоцентри́зм, -а *m* Egozentrismus, Ichbezogenheit
эгоцентри́ческий, -ая, -ое egozentrisch
эдельве́йс, -а *m bot* Edelweiß
Э́динбург, -а *m* Edinburgh
эй! *Interj* he!
Э́йзенах, -а *m* Eisenach
Эквадо́р, -а *m* Ekuador
эквадо́рец, -рца, *I* -рцем, *G Pl* -рцев *m* Ekuadorianer
эквадо́рка, -и, *Pl G* -рок, *D* -ркам *f* Ekuadorianerin
экваториа́льный, -ая, -ое äquatorial, Äquatorial-
эквивале́нтный, -ая, -ое; *Kzf* -тен, -тна äquivalent, gleichwertig
эквилибри́стка, -и, *Pl G* -ток, *D* -ткам *f* Äquilibristin
экзальта́ция, -и *f buchspr* Exaltation, Überspanntheit
экзальтиро́ванный, -ая, -ое; *Kzf* -ан, -анна *buchspr* exaltiert, überspannt
экза́мен, -а *m* Examen, Prüfung; ~ по матема́тике Mathematikprüfung; приёмный [вступи́тельный] ~ Aufnahmeprüfung; ко́нкурсный ~ Aufnahmeprüfung in Form eines Wettbewerbs *an sowjet. Hochschulen*; перехо́дный ~ Zwischenprüfung; выпускно́й ~ Abschlußprüfung; ~ на аттеста́т зре́лости Abitur, Reifeprüfung; сдава́ть [держа́ть] ~ eine Prüfung ablegen; вы́держать [сдать] ~ на отли́чно die Prüfung mit „Ausgezeichnet" ablegen; провали́ться на -е *umg* durchs Examen fallen
экзамена́тор, -а *m* Prüfer
экзаменацио́нный, -ая, -ое Prüfungs-; -ая рабо́та Prüfungsarbeit; -ая се́ссия Prüfungsperiode
экзаменова́ть, -ную, -нуешь; -но́ванный, -но́ван, -а *uv* prüfen
экзаменова́ться, -ну́юсь, -ну́ешься *uv* **1.** sich einer Prüfung unterziehen **2.** geprüft werden
экзамену́ющийся, -щегося *Subst m* Prüfling
экза́рх, -а *m kirchl* Exarch
экзе́ма [зэ], -ы *f med* Ekzem
экземпля́р [зэ], -а *m* Exemplar
экзо́тика, -и *f* Exotik
экзоти́ческий, -ая, -ое exotisch
экзоти́чный, -ая, -ое; *Kzf* -чен, -чна exotisch
экиво́к, -а *m* Zweideutigkeit; без -ов ohne Umschweife, klipp und klar
э́кий *u.* **э́кой,** -ая, -ое *m Kzf ungebr*, э́ка, э́ко *umg* was für ein *in Ausrufen*; -ое сча́стье! so ein Glück!
экипа́ж, -а, *I* -ем, *G Pl* -ей *m* **1.** Equipage **2.** Besatzung *von Schiff, Panzer oder Flugzeug*; ~ су́дна Schiffsbesatzung, -mannschaft
эклекти́зм, -а *m* Eklektizismus
эклекти́ческий, -ая, -ое eklektisch
экли́птика, -и *f* Ekliptik
эклипти́ческий, -ая, -ое ekliptisch
эконо́м, -а *m alt* **1.** sparsamer Mensch **2.** Ökonom, Wirtschaftler
эконо́мика, -и *f* **1.** Wirtschaft(sstruktur) **2.** Ökonomie eines Wirtschaftszweiges; ~ промы́шленности Industrieökonomik
экономи́ст, -а *m* Wirtschaftswissenschaftler, Wirtschaftler
эконо́мить, -млю, -мишь *uv A oder* на *P* einsparen ‖ *v* сэконо́мить; -мленный, -млен, -млена
экономи́ческий, -ая, -ое ökonomisch; ~ кри́зис Wirtschaftskrise
экономи́чность, -и *f* Wirtschaftlichkeit, Rentabilität
экономи́чный, -ая, -ое; *Kzf* -чен, -чна ökonomisch, wirtschaftlich, rentabel
эконо́мия, -и *f* **1.** Sparsamkeit; Einsparung; строжа́йший режи́м **-и** strengstes Sparsamkeitsregime; ~ сырья́ [то́плива] Einsparung von Rohstoffen [Brennstoffen]; ~ электроэне́ргии Stromeinsparung; для -и вре́мени um Zeit zu sparen; соблюда́ть -ю сырья́ sparsam mit Rohstoffen umgehen **2.** *alt* großes Gut *mit kapitalistischem Betrieb* ◇ полити́ческая ~ politische Ökonomie
эконо́мка, -и *f alt* Wirtschafterin
эконо́мничать, -аю, -аешь *uv umg* übertrieben sparsam sein, geizen
эконо́мность, -и *f* Sparsamkeit
эконо́мный, -ая, -ое; *Kzf* -мен, -мна sparsam, wirtschaftlich
экра́н, -а *m* **1.** Schirm(wand) **2.** (Film-) Leinwand; широ́кий ~ Breitwand; фильм вы́шел на ~ der Film ist angelaufen; снять карти́ну с -а den Film zurückziehen **3.** Bildschirm *Fernsehen*
экраниза́ция, -и *f* Verfilmung; ~ рома́на Verfilmung eines Romans
экранизи́ровать, -рую, -руешь; -рованный, -рован, -а *v, uv* verfilmen
экраниро́вка, -и *f el* Störschutz
экс- *in Zuss* ex-
экскава́тор, -а *m* Bagger; шага́ющий ~ Schreitbagger; вскры́шный ~ Ab-

raumbagger; ~-канавокопатель Grabenbagger; многоковшовый ~ Eimerkettenbagger; роторный ~ Schaufelradbagger
экскаваторщик, -а *m* Baggerführer
экскременты, -ов *Pl* Exkremente
экскурс, -а *m* Exkurs, Abschweifung
экскурсант, -а *m* Exkursionsteilnehmer, Ausflügler
экскурсантка, -и, *Pl G* -ток, *D* -ткам *f* Exkursionsteilnehmerin, Ausflüglerin
экскурсионный, -ая, -ое Ausflugs-; -ая база Touristenheim
экскурсия, -и *f* **1.** Exkursion, Ausflug **2.** Gruppe von Ausflugsteilnehmern
экскурсовод, -а *m* Fremdenführer, Reiseleiter; Führer *in Museen*
экспансивный, -ая, -ое; *Kzf* -вен, -вна unbeherrscht
экспансионизм, -а *m* Expansionspolitik
экспансионистский, -ая, -ое Expansions-
экспансия, -и *f* Expansion
экспедировать, -рую, -руешь; -рованный, -рован, -а *v, uv* expedieren, absenden
экспедитор, -а *m* Absender; Spediteur
экспедиционный, -ая, -ое Expeditions-
экспедиция, -и *f* **1.** Expedition, Versand(abteilung) **2.** Expedition; научная ~ wissenschaftliche Expedition
эксперимент, -а *m* Experiment, (wissenschaftlicher) Versuch
экспериментальный, -ая, -ое experimentell, Versuchs-
экспериментировать, -рую, -руешь *uv* experimentieren, Versuche durchführen
эксперт, -а *m* Experte, Sachverständiger
экспертиза, -ы *f* Sachverständigengutachten
экспертный, -ая, -ое Experten-; -ая комиссия Sachverständigenkommission
эксплуататор, -а *m* Ausbeuter
эксплуататорский, -ая, -ое Ausbeuter-
эксплуатационный, -ая, -ое *tech* Betriebs-; ~ отдел Betriebsabteilung
эксплуатация, -и *f* **1.** Ausbeutung **2.** Ausnutzung, Ausbeutung; Betrieb; ~ железных дорог Bahnbetrieb **3.** *berg* Abbau; Förderung; хищническая ~ Raubbau
эксплуатировать, -рую, -руешь; -рованный, -рован, -а *uv* **1.** ausbeuten *Menschen* **2.** *wirtsch* ausnutzen, benutzen; betreiben
экспозиция, -и *f* **1.** *lit* Exposition **2.** Ausstellung **3.** *phot* Belichtung
экспонат, -а *m* Ausstellungsstück, Exponat
экспонент, -а *m* Aussteller
экспонировать, -рую, -руешь; -рованный, -рован, -а *v, uv* **1.** ausstellen **2.** *phot* belichten
экспонометр, -а *m* Belichtungsmesser
экспорт, -а *m* Export, Ausfuhr
экспортировать, -рую, -руешь; -рованный, -рован, -а *v, uv* exportieren, ausführen
экспортный, -ая, -ое Export-
экспресс, -а *m* Expreß *Zug, Bus, Schiff*
экспрессивный, -ая, -ое; *Kzf* -вен, -вна expressiv, ausdrucksvoll
экспрессионистический, -ая, -ое expressionistisch
экспрессия, -и *f* Ausdruckskraft
экспромт, -а *m* Improvisation
экспромтом *Adv* aus dem Stegreif
экспроприация, -и *f* Enteignung
экспроприировать, -рую, -руешь; -рованный, -рован, -а *v, uv* enteignen
экстаз, -а *m* Ekstase
экстенсивность [тэ], -и *f* Extensität
экстенсивный, [тэ], -ая, -ое; *Kzf* -вен, -вна extensiv
экстерн [тэ], -а *m* Externer; сдать экзамен -ом das Examen als Externer ablegen
экстерриториальность, -и *f* Exterritorialität
экстерриториальный, -ая, -ое; *Kzf* -лен, -льна exterritorial
экстра *Adj idkl* extra, besonders
экстравагантный, -ая, -ое; *Kzf* -тен, -тна extravagant
экстракт, -а *m* **1.** Extrakt **2.** Auszug, kurze Inhaltsangabe
экстраординарный, -ая, -ое; *Kzf* -рен, -рна außerordentlich; außergewöhnlich
экстренный, -ая, -ое **1.** Extra-, Sonder-; ~ поезд Sonderzug; ~ выпуск (газеты) Extrablatt; -ое заседание Sondersitzung, außerordentliche Sitzung **2.** *Kzf* -ен, -енна eilig; -ая телеграмма dringendes Telegramm

эксце́нтрик, -а *m* **1.** Exzentriker **2.** *tech* Exzenter
эксцентри́ческий. -ая, -ое exzentrisch
эксцентри́чный, -ая, -ое; *Kzf* -чен, -чна exzentrisch, überspannt
эксце́сс, -а *m* Exzeß, Ausschweifung; Ausschreitung
эласти́чность, -и *f* Elastizität
эласти́чный, -ая, -ое; *Kzf* -чен, -чна elastisch
элева́тор, -а *m* **1.** Getreidesilo, Getreidespeicher **2.** Elevator **3.:** ~-лопа́та Löffelbagger
элега́нтность, -и *f* Eleganz
элега́нтный, -ая, -ое; *Kzf* -тен, -тна elegant
элеги́ческий, -ая, -ое elegisch *a. übtr*
элеги́чный, -ая, -ое; *Kzf* -чен, -чна elegisch, wehmütig
эле́гия, -и *f* Elegie
электриза́ция, -и *f* **1.** Elektrisierung **2.** Elektrotherapie
электризова́ть, -зу́ю, -зу́ешь; -зо́ванный, -зо́ван, -а *v, uv* elektrisieren
эле́ктрик, -а *m* Elektriker; инжене́р-~ Elektroingenieur
электри́к *Adj idkl* taubenblau
электрифика́ция, -и *f* Elektrifizierung
электри́ческий, -ая, -ое elektrisch; ~ ток elektrischer Strom; ~ у́горь Zitteraal
электри́чество, -а *n* **1.** Elektrizität **2.** elektrisches Licht; заже́чь ~ das Licht anbrennen
электри́чка, -и, *Pl G* -чек, *D* -чкам *f umg* elektrisch betriebener Zug, elektrisch betriebene Stadtbahn
электро- *in Zuss* Elektro-
электро|бри́тва, -ы *f* elektrischer Rasierapparat, Trockenrasierer; **~во́з,** -а *m* elektrische Lokomotive; **~вспы́шка,** -и, *Pl G* -шек, *D* -шкам *f phot* Vakublitz
электро́д, -а *m* Elektrode
электро|дви́гатель, -я *m* Elektromotor; **~движо́к,** -жка́ *m umg* kleiner Elektromotor; **~дви́жущий,** -ая, -ее: ~ дви́жущая си́ла elektromotorische Kraft; **~ди́зельный,** -ая, -ое dieselelektrisch; ~ ди́зельный по́езд Dieseltriebwagen; **~динами́ческий,** -ая, -ое elektrodynamisch; **~до́йлка,** -и, *Pl G* -лок, *D* -лкам *f* elektrische Melkmaschine; **~дре́ль,** -и *f* Elektrobohrer; **~ка́р,** -а *m* Elektrokarren, Eidechse; **~кардиогра́мма,** -ы *f med* Elektrokardiogramm; **~констру́ктор,** -а *m* Elektrobaukasten; **~ла́мпа,** -ы *f* elektrische Lampe; **~ла́мповый,** -ая, -ое: ~ ла́мповый заво́д Glühlampenwerk; **~лече́ние,** -я *n* Elektrotherapie
электро́лиз, -а *m* Elektrolyse
электро|магнети́зм, -а *m* Elektromagnetismus; **~магни́т,** -а *m* Elektromagnet; **~магни́тный,** -ая, -ое elektromagnetisch; **~машинострое́ние,** -я *n* Elektromaschinenbau; **~меха́ник,** -а *m* Elektromechaniker; **~меха́ника,** -и *f* Elektromechanik; **~механи́ческий,** -ая, -ое elektromechanisch; **~монтёр,** -а *m* Elektromonteur; **~мото́р,** -а *m* Elektromotor
электро́н, -а *m* Elektron
электронасе́дка, -и, *Pl G* -док, *D* -дкам *f* elektrischer Brutapparat
электро́ника, -и *f* Elektronik
электро́нный, -ая, -ое Elektronen-; -ая счётная маши́на Elektronenrechenmaschine; -ая ла́мпа Elektronenröhre
электро|обору́дование, -я *n* elektrische Ausrüstung; **~пасту́х,** -а́ *m* Elektroweidezaun; **~переда́ча,** -и *f* Stromübertragung; **~пила́,** -ы́, *Pl* электропи́лы, -и́л, -и́лам *f* Elektrosäge; **~плита́,** -ы́, *Pl* электроплиты, -и́т, -и́там *f* Elektroherd; **~пли́тка,** -и, *Pl G* -ток, *D* -ткам *f* elektrische Kochplatte; **~погру́зчик,** -а *m* Elektrostapler; **~по́езд,** -а, *Pl* электропоезда́, -о́в, -а́м *m* elektrisch betriebener Zug; **~полотёр,** -а *m* elektrische Bohnermaschine; **~прибо́р,** -а *m* Elektrogerät; **~про́вод,** -а *m* elektrische Leitung; **~прово́дка,** -и *f* elektrisches Leitungsnetz; **~прово́дность,** -и *f* elektrische Leitfähigkeit; **~прово́дный,** -ая, -ое; *Kzf* -ден, -дна *el* leitfähig; **~прои́грыватель,** -я *m* Plattenspieler; **~промы́шленность,** -и *f* Elektroindustrie; **~сва́рка,** -и *f* Elektroschweißen; **~сва́рщик,** -а *m* Elektroschweißer; **~се́ть,** -и *f* elektrisches Netz; **~ста́нция,** -и *f* Kraftwerk; а́томная ~ ста́нция Atomkraftwerk; **~терапи́я,** -и *f* Elektrotherapie; **~те́хник,** -а *m* Elektrotechniker; **~те́хника,** -и *f* Elektrotechnik; **~техни́ческий,** -ая, -ое elektrotechnisch; **~тя́га,** -и *f* elektrische Zugkraft; elektrischer Fahrbetrieb *Eisenbahn*; **~устано́вка,** -и, *Pl G* -вок, *D* -вкам *f* elektrische Anlage; **~утю́г,** -а́ *m* elektrisches Bügeleisen; **~хими́ческий,** -ая, -ое elektrochemisch; **~хи́мия,** -и *f* Elektrochemie;

~хо́д, -а *m* elektrisch betriebenes Schiff
электроэне́ргия, -и *f* Elektroenergie; снабже́ние -ей Strom-, Energieversorgung; вы́работка -и Stromerzeugung; эконо́мия -и Stromeinsparung; расхо́д -и Stromverbrauch
элеме́нт, -а *m* 1. *chem, el, übtr* Element; вражде́бные -ы feindliche Elemente 2. *el* Zelle
элемента́рность, -и *f* Einfachheit
элемента́рный, -ая, -ое; *Kzf* -рен, -рна elementar
элекси́р, -а *m* Elixier
элимини́ровать, -рую, -руешь; -рованный, -рован, -а *v, uv* eliminieren, ausscheiden
э́ллин, -а *m* Hellene
э́ллинг, -а *m* Helling, Schiffbauhalle
эллини́зм, -а *m* Hellenismus
э́ллипс, -а *u.* **э́ллипсис,** -а *m* Ellipse
эллипти́ческий, -ая, -ое elliptisch *a. gram*
Э́льба, -ы *f* 1. Elbe 2. Elba *Insel*
Эльбру́с, -а *m* Elbrus
Эльза́с-Лотари́нгия, -и *f* Elsaß-Lothringen
Эльто́н, -а *m* Elton *Salzsee in der UdSSR*
эма́левый, -ая, -ое Emaille-
эмалиро́ванный, -ая, -ое emailliert
эмалирова́ть, -ру́ю, -ру́ешь; -ро́ванный, -ро́ван, -а *uv* emaillieren
эмалиро́вка, -и *f* 1. Emaillieren 2. Emaillierung
эма́ль, -и *f* 1. Emaille 2. Emaillegeschirr 3. Zahnschmelz
эмана́ция, -и *f* Emanation
эмансипа́ция, -и *f* Emanzipation
Эмануи́л, -а *m* Emanuel
эмба́рго *n idkl* Embargo; наложи́ть ~ на вы́воз ста́ли ein Embargo über die Stahlausfuhr verhängen
эмбле́ма, -ы *f* Emblem
эмболи́я, -и *f* Embolie
эмбрио́н, -а *m* Embryo
эмбриона́льный, -ая, -ое embryonal; в -ом состоя́нии im Keim
эмигра́нт, -а *m* Auswanderer, Emigrant
эмигра́нтка, -и, *Pl G* -ток, *D* -ткам *f* Auswanderin, Emigrantin
эмиграцио́нный, -ая, -ое Emigrations-
эмигра́ция, -и *f* Auswanderung, Emigration
эмигри́ровать, -рую, -руешь *v, uv* emigrieren, auswandern
эми́р, -а *m* Emir *orientalischer Titel*
эмиссио́нный, -ая, -ое Emissions-; ~ банк Emissionsbank
эми́ссия, -и *f* Emission, Ausgabe von Wertpapieren oder Papiergeld
эмоциона́льный, -ая, -ое; *Kzf* -лен, -льна emotional, gefühlsbetont
эмо́ция, -и *f* Emotion, Gefühlsbewegung
эмпире́й: вита́ть в -ях *iron* in höheren Regionen schweben
эмпи́рик, -а *m* Empiriker
эмпири́ческий, -ая, -ое empirisch
эмпири́чный, -ая, -ое; *Kzf* -чен, -чна empirisch
эмпири́я, -и *f* Empirie
эму́льсия, -и *f* Emulsion
эмфа́за, -ы *f* Emphase, Nachdruck
эмфати́ческий, -ая, -ое emphatisch, nachdrücklich
эндокри́нный, -ая, -ое *biol* endokrin, innersekretorisch
э́ндшпиль, -я *m* Endspiel *Schach*
энерге́тика, -и *f* Energetik, Energiewirtschaft
энергети́ческий, -ая, -ое energetisch; -ое хозя́йство Energiewirtschaft; -ие ресу́рсы Brennstoffreserven
энерги́чный, -ая, -ое; *Kzf* -чен, -чна energisch
эне́ргия, -и *f* 1. *phys* Energie; потенциа́льная ~ potentielle Energie, Energie der Lage 2. Energie, Tatkraft
энерго- *in Zuss* Energie-
энергоёмкий, -ая, -ое stromintensiv
энергомаши́на, -ы *f* Kraftmaschine
энергоснабже́ние, -я *n* Energieversorgung
э́нный, -ая, -ое beliebig
э́нский, -ая, -ое *wird an Stelle eines Namens gebraucht*; ~ полк das Regiment X
энтомоло́гия, -и *f* Entomologie, Insektenkunde
энтузиа́ст, -а *m* Enthusiast
энцефали́т, -а *m* Hirnhautentzündung
энциклопеди́ческий, -ая, -ое enzyklopädisch; ~ слова́рь Enzyklopädie, Konversationslexikon
энциклопе́дия, -и *f* Enzyklopädie; Больша́я сове́тская ~ Große Sowjet-Enzyklopädie ◇ он ходя́чая ~ *scherz* er ist ein wandelndes Lexikon
эпиго́н, -а *m* Epigone
эпигра́мма, -ы *f* Epigramm
эпи́граф, -а *m* Epigraph, Motto
эпидеми́ческий, -ая, -ое epidemisch
эпиде́мия, -и *f* Epidemie
эпизо́д, -а *m* Episode

эпизоди́ческий, -ая, -ое episodenhaft, episodisch
эпизоо́тия, -и *f* Viehseuche
э́пика, -и *f* Epik
эпиле́псия, -и *f* Epilepsie, Fallsucht
эпиле́птик, -а *m* Epileptiker, Fallsüchtiger
эпилепти́ческий, -ая, -ое epileptisch
эпистоля́рный, -ая, -ое *lit* in Briefform
эпите́лий, -я, *P* -и, *G Pl* -ев *m* Epithel
эпи́тет, -а *m* Epitheton, Beiwort
эпи́ческий, -ая, -ое episch
эполе́т, -а *m* Epaulette
эпопе́я, -и *f* Epopöe
эпо́ха, -и *f* Epoche
эпоха́льный, -ая, -ое epochemachend
э́ра, -ы *f* Ära, Zeitrechnung; до на́шей -ы vor unserer Zeitrechnung
Эрмита́ж, -а, *I* -ем *m* Eremitage *Staatliches Museum in Leningrad*
эро́зия, -и *f* Erosion
эро́тика, -и *f* Erotik
эроти́ческий, -ая, -ое erotisch, sinnlich
эроти́чный, -ая, -ое; *Kzf* -чен, -чна erotisch, sinnlich
эруди́рованный, -ая, -ое; *Kzf* -ан, -анна *buchspr* belesen, gelehrt
эруди́ция, -и *f* *buchspr* Belesenheit, Gelehrsamkeit
Э́рфурт, -а *m* Erfurt
эсде́к [дэ], -а *m* *alt* (социа́л-демокра́т) Sozialdemokrat
эсде́ковский, -ая, -ое *alt* sozialdemokratisch
эсе́р [сэ], -а *m* (социали́ст-революционе́р) Sozialrevolutionär
эсе́ровский, -ая, -ое sozialrevolutionär
эска́дра, -ы *f* Geschwader
эска́дренный, -ая, -ое Geschwader-
эскадри́льный, -ая, -ое (Flieger-) Staffel-
эскадри́лья, -ьи, *Pl G* -лий, *D* -льям *f* Fliegerstaffel
эскадро́н, -а *m* Schwadron
эскадро́нный, -ая, -ое Schwadrons-
эскала́тор, -а *m* Rolltreppe
эски́з, -а *m* Skizze
эски́зный, -ая, -ое; *Kzf* -зен, -зна skizzenhaft
эскимо́ *n idkl* Eis mit Schokoladenüberzug
эскимо́с, -а *m* Eskimo
эскимо́ска, -и, *Pl G* -сок, *D* -скам *f* Eskimofrau
эскимо́сский, -ая, -ое Eskimo-
эско́рт, -а *m* Eskorte, Geleit
эскорти́ровать, -рую, -руешь; -рованный, -рован, -а *v, uv* eskortieren, geleiten
эско́ртный, -ая, -ое Eskorten-
эсми́нец, -нца, *I* -нцем, *G Pl* -нцев *m* (эска́дренный миноно́сец) Zerstörer
эспаньо́лка, -и, *Pl G* -лок, *D* -лкам *f* Spitzbart
эспера́нто *n idkl* Esperanto
эссеи́ст, -а *m buchspr* Essayist
эссе́нция, -и *f* Essenz
эстака́да, -ы *f* Straßenüberführung auf Pfeilern
эстафе́та, -ы *f* **1.** Stafette(nlauf) **2.** Stafettenstab
эстафе́тный, -ая, -ое Stafetten-; ~ бег Stafettenlauf
эсте́т [тэ], -а *m* Ästhet
эстети́зм [тэ], -а *m* Ästhetizismus
эсте́тика [тэ], -и *f* Ästhetik
эстети́ческий [тэ], -ая, -ое ästhetisch
эстети́чный [тэ], -ая, -ое; *Kzf* -чен, -чна ästhetisch, schön
эсто́нец, -нца, *I* -нцем, *G Pl* -нцев *m* Este
Эсто́ния, -и *f* Estland
эсто́нка, -и, *Pl G* -нок, *D* -нкам *f* Estin
эсто́нский, -ая, -ое estnisch; Эсто́нская Сове́тская Социалисти́ческая Респу́блика Estnische Sozialistische Sowjetrepublik
эстра́да, -ы *f* Kleinkunstbühne
эстра́дник, -а *m* Estradenkünstler
эстра́дный, -ая, -ое Unterhaltungs-; ~ конце́рт Unterhaltungskonzert
э́та ↑ э́тот
эта́ж, -а́, *I* -о́м, *G Pl* -е́й *m* Stockwerk, Etage; на пе́рвом -е́ im Erdgeschoß; -о́м вы́ше ein Stockwerk höher
этаже́рка, -и, *Pl G* -рок, *D* -ркам *f* Büchergestell; ~ для нот Notenständer
эта́жный, -ая, -ое Etagen-
э́так *Adv* **1.** *umg* ungefähr; киломе́тров, ~, пять и́ли шесть so ungefähr fünf oder sechs Kilometer **2.** *volksspr* so; де́ло не выхо́дит ни так ни ~ was man auch tut, die Sache kommt nicht vom Fleck
э́такий, -ая, -ое *umg* solcher
этало́н, -а *m* Eichmaß
эта́н, -а *m* Äthan
эта́п, -а *m* **1.** *mil* Rastort **2.** Etappe, Abschnitt, Stufe **3.** *Sport* Etappe **4.** *alt* Rastort einer Arrestantengruppe; Arrestantentransport
эта́пный, -ая, -ое *mil* Etappen-
э́ти ↑ э́тот
э́тика, -и *f* Ethik

этикéт, -а *m* Etikette; соблюдáть ~ die Etikette einhalten
этикéтка, -и, *Pl G* -ток, *D* -ткам *f* Etikett, Aufklebezettel
эти́л, -а *m* Äthyl
этилéн, -а *m* Äthylen
эти́ловый, -ая, -ое Äthyl-
этимологи́ческий, -ая, -ое etymologisch
этимолóгия, -и *f* Etymologie; нарóдная ~ Volksetymologie
эти́ческий, -ая, -ое ethisch
этни́ческий, -ая, -ое ethnisch
эти́чный, -ая, -ое; *Kzf* -чен, -чна ethisch
этнографи́я, -и *f* Ethnographie, Völkerkunde
этнóлог, -а *m* Ethnologe
этнологи́ческий, -ая, -ое ethnologisch
этнолóгия, -и *f* Ethnologie
э́то 1. *Pron* ↑ э́тот 2. *Subst n* das, es; ~ плóхо das ist schlecht; ~ был её брат das war ihr Bruder; что ~ (такóе)? was ist das?; об э́том darüber; пóсле э́того danach; э́тим damit; при всём э́том bei alledem 3. *Part* denn; кто ~ пришёл? wer ist denn da gekommen?; что ~ с вáми? was fehlt Ihnen denn?; ~ я вам принёс виногрáд hier habe ich Ihnen Weintrauben gebracht
э́тот, э́того *m*; э́та, э́той *f*; э́то, э́того *n*; *Pl* э́ти, э́тих 1. *Dem Pron* dieser; ~ и́ли тот карандáш? dieser oder jener Bleistift? 2. *Subst* (eben) dieser; скóлько тебé плáтит вот ~? wieviel bezahlt dir dieser da?
этю́д, -а *m* 1. Studie, Skizze 2. *mus* Etüde 3. Übungsaufgabe *Schach* 4. *lit* Studie
эфемéрный, -ая, -ое; *Kzf* -рен, -рна ephemer, (schnell) vorübergehend
эфéс, -а *m* Griff *am Säbel*
эфиóп, -а *m* Äthiopier
Эфиóпия, -и *f* Äthiopien
эфиóпка, -и, *Pl G* -пок, *D* -пкам *f* Äthiopierin
эфиóпский, -ая, -ое äthiopisch
эфи́р, -а *m* 1. Äther 2. *chem* Ester
эфи́рный, -ая, -ое 1. ätherisch; -ые маслá ätherische Öle 2. *Kzf* -рен, -рна *übtr iron* zart, überirdisch
эфиропла́ст, -а *m* Polyester
эффéкт, -а *m* Effekt, Wirkung; экономи́ческий ~ Nutzeffekt; погóня за -ом Effekthascherei; рассчи́танный на ~ auf Effekt berechnet; дать бы́стрый ~ eine rasche Wirkung haben; произвести́ ~ на зри́телей Eindruck auf die Zuschauer machen
эффекти́вность, -и *f* Wirksamkeit, Effektivität, Nutzeffekt
эффекти́вный, -ая, -ое; *Kzf* -вен, -вна wirksam, effektiv; wirkungsvoll
эффéктный, -ая, -ое; *Kzf* -тен, -тна effektvoll, eindrucksvoll
эх! *Interj* ach!, oh!
э́хо, -а *n* Echo
эхолóт, -а *m* Echolot
эшафóт, -а *m* Schafott
эшелóн, -а *m* 1. Militärzug, -transport *Eisenbahn* 2. *mil* Staffel
эшелони́ровать, -рую, -руешь; -рованный, -рован, -а *v*, *uv mil* staffeln, gliedern

Ю

юáнь, -я *m* Yuan *Währungseinheit der Volksrepublik China*
юбилéй, -я, *G Pl* -ев *m* Jubiläum; столéтний ~ Hundertjahrfeier; прáздновать ~ ein Jubiläum feiern
юбилéйный, -ая, -ое Jubiläums-; -ые торжествá Jubiläumsfeierlichkeiten
юбиля́р, -а *m* Jubilar
юбиля́рша, -и, *I* -ей *f umg* Jubilarin
ю́бка, -и, *Pl G* ю́бок, *D* ю́бкам *f* 1. Rock, Frauenrock; ни́жняя ~ Unterrock; держáться за чью-н. -у *scherz* an j-s Rockzipfel hängen, sich von j-m am Gängelband führen lassen 2. *el* Mantel, Umhüllung
ю́бочка, -и, *Pl G* -чек, *D* -чкам *f Dem zu* ю́бка Röckchen, sehr kurzer Rock
ю́бочник, -а *m umg* Schürzenjäger, Frauenheld
ю́бочный, -ая, -ое Rock-; ~ покрóй Rockschnitt
ювели́р, -а *m* Juwelier
ювели́рный, -ая, -ое Juwelier-; -ые издéлия Juwelierwaren
юг, -а *m* Süden; на -е im Süden; на ~ nach Süden; к -у gegen Süden, südwärts
юго-востóк, -а *m* Südosten
юго-востóчный, -ая, -ое südöstlich, Südost-

юго-за́пад, -а *m* Südwesten
юго-за́падный, -ая, -ое südwestlich, Südwest-
Юго-Осети́нский, -ая, -ое: -ая Автоно́мная о́бласть Autonomes Gebiet der Südosseten
югосла́в, -а *m* Jugoslawe
Югосла́вия, -и *f* Jugoslawien; Социалисти́ческая Федерати́вная Респу́блика ~ Sozialistische Föderative Republik Jugoslawien
югосла́вка, -и, *Pl G* -вок, *D* -вкам *f* Jugoslawin
югосла́вский, -ая, -ое jugoslawisch
юдофо́б, -а *m* Judenhasser, Antisemit
южа́нин, -а, *Pl* южа́не, -а́н, -а́нам *m* Südländer
южа́нка, -и, *Pl G* -нок, *D* -нкам *f* Südländerin
южне́е südlich (*G* von)
ю́жно-америка́нский, -ая, -ое südamerikanisch
ю́жно-африка́нский, -ая, -ое südafrikanisch; Ю́жно-Африка́нская Респу́блика Republik Südafrika
ю́жный, -ая, -ое südlich, Süd-; ~ ве́тер Südwind; -ая широта́ südliche Breite; Ю́жный по́люс Südpol; Ю́жная Аме́рика Südamerika
ю́кка, -и *f bot* Yukka
юла́, -ы́ *f* 1. Kreisel *Kinderspielzeug* 2. *übtr* Wildfang, Quecksilbernatur
юлиа́нский, -ая, -ое julianisch
юли́ть, юлю́, юли́шь *uv umg* 1. kreisen, sich drehen und wenden 2. *übtr* scharwenzeln; sich einschmeicheln (пе́ред ке́м-н. *oder* о́коло кого́-н. bei j-m)
ю́мор, -а *m* Humor
юморе́ска, -и, *Pl G* -сок, *D* -скам *f* Humoreske
юмори́ст, -а *m* 1. Humorist 2. humorvoller Mensch
юмори́стика, -и *f* 1. Humoristik 2. etwas Humoristisches, Komisches
юмористи́ческий, -ая, -ое humoristisch, humorvoll
ю́нга, -и *m* Schiffsjunge
юне́ц, юнца́, *I* юнцо́м, *G Pl* юнцо́в *m alt, verächtl* Junge, Jüngling, Milchbart
ю́нкер, -а, *Pl* ю́нкеры, -ов, -ам *u.* юнкера́, -о́в, -а́м *m* 1. Junker, Großgrundbesitzer *in Deutschland* 2. Junker *Zögling einer Militärschule im zaristischen Rußland*
ю́нкерский, -ая, -ое Junker-
юнна́т, -а *m* (ю́ный натурали́ст) junger Naturforscher; кружо́к -ов Zirkel junger Naturforscher
ю́ность, -и *f* Jugend, Jugendalter
ю́ноша, -и, *G Pl* -ей *m* Jüngling
ю́ношеский, -ая, -ое Jünglings-, jugendlich; ~ пыл jugendlicher Eifer
ю́ношество, -а *n* 1. *Koll* Jugend, junge Leute 2. Jugendzeit, Jünglingsalter
ю́ный, -ая, -ое; *Kzf* юн, -а́! jung, jugendlich; с ю́ных лет von Jugend an, von jung auf
юпи́тер, -а *m* Jupiterlampe, starker Scheinwerfer
Юпи́тер, -а *m astr* Jupiter
юр: на -у́ *oder* на са́мом -у́ a) auf offenem, erhöhtem Platz; b) *übtr* allen sichtbar, wo alle vorbeigehen
Ю́ра, -ы *m Dem zu* Ю́рий
юра́, -ы́ *f geogr* Jura
юриди́ческий, -ая, -ое Rechts-, juristisch, juridisch
Ю́рий, -я, *P* -и *m männl Vn*
юрисди́кция, -и *f* Jurisdiktion, Gerichtsbarkeit
юриско́нсульт, -а *m* Rechtsberater
юриспруде́нция, -и *f* Jurisprudenz, Rechtswissenschaft
юри́ст, -а *m* Jurist; он студе́нт-~ er studiert Jura
Ю́рка, -и *m Dem zu* Ю́рий
ю́ркий, -ая, -ое; *Kzf* ю́рок, юрка́!; *Komp* ю́рче schnell, behend, flink; beweglich
юркну́ть, -ну, -нешь *u.* **юркну́ть,** -ну́, -нёшь *v* forthuschen, weghuschen, hineinschlüpfen, sich schnell verbergen; мышь ю́ркну́ла в но́рку die Maus huschte in das Versteck
ю́ркость, -и *f* Behendigkeit, Flinkheit; Beweglichkeit
юро́дивый, -ая, -ое 1. wunderlich, geistesgestört, beschränkt 2. -ого *Subst m* Blödsinniger, Schwachsinniger
юро́дство, -а *n* Blödsinn, Schwachsinn
юро́дствовать, -твую, -твуешь *uv* den Blödsinnigen spielen, den Narren machen
ю́рский, -ая, -ое *geol* Jura-; ~ пери́од Jura
ю́рта, -ы *f* Jurte, Filzzelt
ю́рче ↑ ю́ркий
Ю́рьев день: вот тебе́, ба́бушка, и Ю́рьев день! da haben wir den Salat [die Bescherung]!
юсти́ция, -и *f* Justiz, Rechtspflege
ют, -а *m naut* Achterdeck
юти́ться, ючу́сь, юти́шься *uv* untergebracht sein; zusammengepfercht wohnen; (elend) hausen
Ютла́ндия, -и *f* Jütland

ютла́ндский, -ая, -ое jütisch
ю́фтевый, -ая, -ое Juchten-, aus Juchtenleder
юфть, -и *f* Juchten *Lederart*
юфтяно́й, -а́я, -о́е Juchten-, aus Juchtenleder

Я

я, меня́, мне, меня́, мно́ю *u.* мной, обо мне́ *Pers Pron* ich ◇ я тебя́ ich werde dir *Drohung*
я́беда, -ы **1.** *m (f) umg* Verleumder(in) **2.** *f alt* Verleumdung, Ohrenbläserei
я́бедник, -а *m* Verleumder
я́бедничать, -аю, -аешь *uv* на *A* verleumden
я́блоко, -а, *Pl* я́блоки, я́блок, я́блокам *n* Apfel ◇ ада́мово ~ *anat* Adamsapfel; ло́шадь в -ах Apfelschimmel; ~ раздо́ра *buchspr* Zankapfel; -у не́где упа́сть es war für keine Stecknadel mehr Platz
я́блоневый, -ая, -ое Apfel(baum)-
Я́блоновый, -ая, -ое: ~ хребе́т Jablonowygebirge *in Transbaikalien*
я́блоня, -и, *G Pl* я́блонь *f* Apfelbaum
я́блочко, -а, *Pl G* -чек, *D* -чкам *n Dem zu* я́блоко kleiner Apfel, Äpfelchen ◇ кита́йское ~ Paradiesapfel
я́блочный, -ая, -ое Apfel-; ~ джем Apfelmarmelade
Я́ва, -ы *f* Java
яви́ться, явлю́сь, я́вишься *v* **1.** erscheinen, sich einfinden; sich melden (к *D* bei j-m, в *A* in, vor); ~ к дире́ктору sich beim Direktor melden; ~ в дире́кцию sich in der Direktion melden **2.** entstehen, aufkommen, erscheinen; у меня́ яви́лась мысль mir ist ein Gedanke gekommen **3.** *I* sein, sich erweisen (als); э́то для меня́ яви́лось большо́й неожи́данностью das war für mich eine große Überraschung ‖ *uv* явля́ться, -я́юсь, -я́ешься
я́вка, -и, *Pl G* я́вок, *D* я́вкам *f* **1.** Erscheinen; ~ обяза́тельна Erscheinen (ist) Pflicht **2.** *geheimer* Treffpunkt *für konspirative Zwecke*; *konspiratives* Erkennungszeichen
явле́ние, -я *n* **1.** Erscheinen, Eintreffen **2.** *theat* Auftritt **3.** Erscheinung; ~ приро́ды Naturerscheinung; отрица́тельные -я negative Erscheinungen
явля́ться *uv zu* **яви́ться**
я́вный, -ая, -ое; *Kzf* я́вен, я́вна **1.** offen (zur Schau getragen), unverhüllt, für jeden sichtbar; -ая вражда́ unverhüllte Feindschaft **2.** offensichtlich, unverkennbar, deutlich
я́вочный, -ая, -ое: -ая кварти́ра konspirativen Zwecken dienende Wohnung ◇ -ым поря́дком [путём] eigenmächtig
я́вственный, -ая, -ое; *Kzf* -вен *u.* -венен, -венна deutlich, klar
я́вствовать, *1. u. 2. Pers ungebr*, -твует *uv buchspr* klar hervorgehen, sich klar ergeben, deutlich ersichtlich sein; из э́того я́вствует, что hieraus folgt (mit aller Deutlichkeit), daß
явь, -и *f* reale Wirklichkeit
яга́, -и́ *folkl f* Hexe
ягдта́ш [кта], -а, *I* -ем, *G Pl* -ей *m* Jagdtasche
ягнёнок, -нка, *Pl* ягня́та, -я́т, -я́там *m* Lamm
ягни́ться, *1. u. 2. Pers ungebr*, -ится *uv* lammen
ягня́тник, -а *m* Lämmergeier
я́года, -ы *f* Beere ◇ он не на́шего по́ля ~ er ist nicht von unserem Schlag
я́годица, -ы, *I* -ей *f* Gesäßhälfte; Hinterbacke
я́годный, -ая, -ое Beeren-; -ое вино́ Beerenwein; ~ сезо́н Beerenzeit
ягуа́р, -а *m* Jaguar
яд, -а (-у) *m* Gift
я́дерный, -ая, -ое Kern-, nuklear; -ые испыта́ния Kern(waffen)versuche; -ое деле́ние Kernspaltung; -ая фи́зика Kernphysik
ядови́тый, -ая, -ое; *Kzf* -и́т, -а giftig, Gift- *a. übtr*
ядрёный, -ая, -ое; *Kzf* -ён, -а *umg* (kern)gesund, kräftig, kernig
я́дрица, -ы, *I* -ей *f* Buchweizengrütze
ядро́, -а́, *Pl* я́дра, я́дер, я́драм *n* **1.** Kern, Fruchtkern **2.** *phys* Kern; ~ а́тома Atomkern **3.** *übtr* Kern, wichtigster [wesentlicher] Teil **4.** *Sport* Kugel; толка́ние -а́ Kugelstoßen **5.** Kanonenkugel
я́зва, -ы *f* **1.** Geschwür, entzündete

Wunde; ~ желу́дка Magengeschwür 2. *übtr* Geschwür, Geißel, Krebsschaden 3. *umg* Spötter, Lästermaul

язви́тельный, -ая, -ое; *Kzf* -лен, -льна höhnisch, beißend, gehässig

язви́ть, язвлю́, язви́шь *uv* 1. *alt* verletzen *a. übtr* 2. höhnisch [beißend, gehässig] reden, sticheln

язы́к, -á *m* 1. Zunge 2. Sprache; дре́вние -и́ alte Sprachen; ~ Пу́шкина die Sprache Puschkins 3. Gefangener *der Informationen geben kann* 4. Glockenklöppel 5. *Pl* язы́ки́ *alt* Volk ◇ злы́е -и́ böse Zungen; держа́ть ~ за зуба́ми *oder* придержа́ть ~ die Zunge im Zaum halten; у неё ~ хорошо́ подве́шен sie ist schlagfertig; у него́ дли́нный ~ er ist ein Schwätzer; у него́ отня́лся ~ das Wort blieb ihm in der Kehle stecken; что на уме́, то и на -е́ *Sprichw* wes das Herz voll ist, des geht der Mund über

языко|ве́д, -а *m* Sprachwissenschaftler; **~ве́дение,** -я *n* Sprachwissenschaft; **~ве́дческий,** -ая, -ое sprachwissenschaftlich

языково́й, -а́я, -о́е sprachlich, Sprach-; -о́е чутьё Sprachgefühl

языко́вый, -ая, -ое Zungen-, aus Zunge gemacht; -ая колбаса́ Zungenwurst

языкозна́ние, -я *n* Sprachwissenschaft

язы́ческий, -ая, -ое heidnisch

язы́чество, -а *n* Heidentum

язы́чник, -а *m* Heide

язы́чный, -ая, -ое *anat* Zungen-; -ые мы́шцы Zungenmuskeln

язычо́к, -чка́ *m* 1. *Dem zu* язы́к Zunge 2. *anat* Zäpfchen 3. Riegel, Zunge, Lasche

язь, -я́ *m* Alant, Nerfling *Art Karpfen*

яи́чко, -а, *Pl G* яи́чек, *D* яи́чкам *n* 1. kleines Ei 2. *anat* Hode

яи́чник, -а *m anat* Eierstock

яи́чница [шн], -ы, *I* -ей *f* Eierspeise; ~-болту́нья Rührei; ~-глазу́нья Spiegelei, Setzei

яи́чный, -ая, -ое 1. Ei-, Eier-; ~ порошо́к Eipulver; -ая торго́вля Eierhandel 2. dotterfarben, eigelb

яйце|ви́дный, -ая, -ое; *Kzf* -ден, -дна ei(er)förmig, eirund; **~во́д,** -а *m anat* Eileiter; **~кле́тка,** -и, *Pl G* -ток, *D* -ткам *f* Eizelle; **~но́ский,** -ая, -ое (gut) eierlegend; ~но́ские ку́ры gute Legehennen

яйцо́, -á, *Pl* я́йца, яиц, я́йцам *n* 1. Eizelle, Ei 2. Vogelei, Hühnerei; ~ всмя́тку weichgekochtes Ei; ~ в мешо́чек pflaumenweiches Ei; круто́е ~ hartgekochtes Ei ◇ э́то вы́еденного -á не сто́ит die Sache ist keinen Pfifferling wert; колу́мбово ~ das Ei des Kolumbus

як, -а *m* Jak

Яки́м, -а *m männl Vn*

якоби́нец, -нца, *I* -нцем, *G Pl* -нцев *m* Jakobiner

я́кобы 1. *Konj* daß, angeblich *zum Ausdruck der Ungewißheit, des Zweifels hinsichtlich der Richtigkeit des Gesagten*; он ~ уе́хал er soll abgereist sein 2. *Adv* angeblich

Я́ков, -а *m männl Vn*

я́корный, -ая, -ое Anker-; ~ кана́т Ankertrosse

я́корь, -я, *Pl* якоря́, -е́й, -я́м *m naut, tech, el* Anker; стоя́ть на -е vor Anker liegen; сня́ться с -я den Anker lichten ◇ ~ спасе́ния letzte Rettung, Rettungsanker

яку́т, -а *m* Jakute

яку́тский, -ая, -ое jakutisch, Jakuten-

якутя́нин, -а, *Pl* -я́не, -я́н, -я́нам *m* Einwohner von Jakutsk

якша́ться, -а́юсь, -а́ешься *uv volksspr* verkehren (с *I* mit)

я́лик, -а *m* Jolle

я́ловый, -ая, -ое 1. *landw* unfruchtbar; -ая коро́ва unfruchtbare Kuh 2. aus dem Fell einer jungen Kuh gemacht

Я́лта, -ы *f* Jalta

я́ма, -ы *f* 1. Grube; выгребна́я ~ Müllgrube 2.: у́гольная ~ Kohlenbunker *auf Schiffen* 3. Talsenke 4. *alt* Gefängnis; долгова́я ~ Schuldturm ◇ возду́шная ~ *flug* Luftloch

Яма́йка, -и *f* Jamaika

ямб, -а *m lit* Jambus

ямби́ческий, -ая, -ое *lit* jambisch

я́мка, -и, *Pl G* я́мок, *D* я́мкам *f Dem zu* я́ма kleine Grube

я́мочка, -и, *Pl G* -чек, *D* -чкам *f* Grübchen

ямщи́к, -á *m* Postkutscher

янва́рский, -ая, -ое Januar-; ~ хо́лод Januarkälte

янва́рь, -я́ *m* Januar

я́нки *m idkl* Yankee

янта́рный, -ая, -ое 1. Bernstein-; ~ мундшту́к Bernsteinmundstück 2. bernsteingelb

янта́рь, -я́ *m* Bernstein

япо́нец, -нца, *I* -нцем, *G Pl* -нцев *m* Japaner

Япо́ния, -и *f* Japan
япо́нский, -ая, -ое japanisch
яр, -а, *P* на яру́ *m volksspr* **1.** Steilufer, steiler Abhang **2.** Schlucht
ярд, -а *m* Yard
я́ркий, -ая, -ое; *Kzf* я́рок, ярка́!; *Komp* я́рче; *Sup* ярча́йший **1.** grell, blendend; ~ свет grelles Licht **2.** hell, leuchtend, lebhaft, auffallend *von Farben*; -ие ле́нты leuchtende Bänder **3.** *übtr* leuchtend, auffallend, ausgeprägt, markant; ~ тала́нт ausgeprägtes Talent **4.** einprägsam, auffallend, überzeugend
я́ркость, -и *f* **1.** Grellheit **2.** Helligkeit, Lebhaftigkeit *von Farben* **3.** Ausgeprägtheit; Einprägsamkeit
ярлы́к, -а́ *m* Etikett
я́рмарка, -и, *Pl G* -рок, *D* -ркам *f* Jahrmarkt; Messe; Ле́йпцигская весе́нняя ~ Leipziger Frühjahrsmesse
я́рмарочный, -ая, -ое Jahrmarkts-, Messe-
ярмо́, -а́, *Pl* я́рма, ярм, я́рмам *n* Joch *a. übtr*
ярoвиза́ция, -и *f* Jarowisierung
ярово́й, -а́я, -о́е *landw* **1.** Sommer-; -а́я пшени́ца Sommerweizen **2.** mit Sommergetreide [Sommergräsern] bestellt
Яросла́в, -а *m männl Vn*
Яросла́вль, -я *m* Jaroslawl *Stadt*
я́ростный [сн], -ая, -ое; *Kzf* -тен, -тна wütend, grimmig, rasend *a. übtr*
я́рость, -и *f* **1.** Wut, Grimm, Zorn **2.** *übtr* Wucht, Unbezähmbarkeit
я́рус, -а *m* **1.** *theat* Rang **2.** Schicht, Lage
ярча́йший ↑ я́ркий
я́рче ↑ я́ркий
я́рый, -ая, -ое **1.** *Kzf* яр, я́ра wütend, rasend, grimmig *a. übtr* **2.** leidenschaftlich, eifrig; ~ патрио́т leidenschaftlicher Patriot
яса́к, -а́ *m hist* Naturalsteuer
я́сень, -я *m* Esche
я́сли, -ей *Pl* **1.** Futterkrippe **2.** Kinderkrippe
ясне́ть, *1. u. 2. Pers ungebr*, -е́ет *uv* hell werden
я́сно *prädikatives Adv* **1.** *met* wolkenlos, heiter **2.** (es ist) klar
ясновиде́ние, -я *n* Hellsehen
я́сность, -и *f* Klarheit, Deutlichkeit
я́сный, -ая, -ое; *Kzf* я́сен, ясна́, я́сно, я́сны́ **1.** hell, leuchtend, klar; wolkenlos; -ое не́бо klarer Himmel **2.** *übtr* licht, klar; gelassen, heiter; ~ взгляд klarer Blick **3.** deutlich, klar; ~ по́черк deutliche Handschrift **4.** logisch, klar, überzeugend; ~ отве́т klare Antwort
Я́ссы, Ясс *Pl* Jassy *Stadt*
я́стреб, -а, *Pl a.* ястреба́, -о́в, -а́м *m* Habicht
ять, -я *m* Bezeichnung eines Buchstabens im kirchenslawischen und altrussischen Alphabet, heute als e geschrieben ◇ знать что́-н. на ~ *volksspr* etw. aus dem Effeff kennen
я́хонт, -а *m alt* Rubin, Saphir
я́хта, -ы *f* Jacht
яче́йка, -и, *Pl G* яче́ек, *D* яче́йкам *f* **1.** Zelle *in Honigwabe* **2.** kleines Loch, Vertiefung **3.** Masche; ~ се́ти Masche im Netz **4.** *übtr* Zelle *als organisatorische Einheit*; парти́йная ~ Parteizelle
яче́я, -и́ *f* Zelle *in Honigwabe*
ячме́нный, -ая, -ое Gersten-; -ое по́ле Gerstenfeld
[1]**ячме́нь,** -я́ *m* Gerste
[2]**ячме́нь,** -я́ *m med* Gerstenkorn
я́чневый, -ая, -ое Gersten-; -ая крупа́ Gerstengrütze
Я́ша, -и, *I* -ей *m Dem zu* Я́ков
я́шма, -ы *f* Jaspis
я́щерица, -ы, *I* -ей *f* Eidechse
я́щеры *Pl* -ов, *Sg* я́щер, -а *m* Echsen
я́щик, -а *m* Kasten, Kiste; выдвижно́й ~ Schublade; почто́вый ~ Briefkasten ◇ откла́дывать в до́лгий ~ auf die lange Bank schieben
я́щичный, -ая, -ое **1.** Kasten-; -ая (фото)ка́мера Box(kamera) **2.** -ого *Subst m mil* Munitionskanonier
я́щур, -а *m* Maul- und Klauenseuche

RUSSISCHE FAMILIENNAMEN

zusammengestellt von Karlfried Leyn

In dieses Verzeichnis wurden häufige russische Familiennamen sowie die Namen von bekannten Persönlichkeiten und literarischen Gestalten aufgenommen. Namen mit nachfolgend angeführten Suffixen oder Endungen wurden nicht berücksichtigt, da ihre Betonung regelmäßig ist.

1. **-óвич, -éвич:** Богданóвич, Попóвич, Серафимóвич, Бонч-Бруéвич, Казакéвич. —Vatersnamen mit diesen Endungen werden abweichend betont, z. B. Ивáн Антóнович Ивaнóв.
2. **-áев, -я́ев, -éев:** Мамáев, Катáев, Беля́ев, Андрéев, Менделéев.
3. **-якóв, -укóв, -юкóв:** Белякóв, Байдукóв, Бирюкóв, Сердюкóв.
4. **-чýк, -щýк, -ю́к:** Бондарчýк, Корнейчýк, Полищýк, Сердю́к, Гаврилю́к, Diese Familiennamen ukrainischer Herkunft sind stets endbetont: пьéса Корнейчукá, говори́ть с Сердюкóм.
5. **-чёв:** Щипачёв, Пугачёв, Ильичёв.
6. **-шви́ли, -éли** (grusinische Familiennamen, undeklinierbar): Бараташви́ли, Мурадéли, Чиаурéли.
7. **-и́дзе, -áдзе** (grusinische Familiennamen, undeklinierbar): Орджоники́дзе, Бери́дзе, Махарáдзе.
8. **-я́н** (armenische Familiennamen): Хачатуря́н, Микоя́н, Сарья́н.

Zur Deklination der Familiennamen

1. Russische Familiennamen auf **-ов, -ев, -ёв, -ин, -ын:**

	m	*f*	*Pl*
N	Петрóв	Петрóва	Петрóвы
G	Петрóва	Петрóвой	Петрóвых
D	Петрóву	Петрóвой	Петрóвым
A	Петрóва	Петрóву	Петрóвых
I	Петрóвым	Петрóвой	Петрóвыми
P	Петрóве	Петрóвой	Петрóвых

2. Familiennamen auf **-ый, -ий, -ой** werden wie Adjektive dekliniert, z. B. Гóрький, Бéдный, Толстóй.
3. Ukrainische Familiennamen auf **-енко, -ко** werden in der Schriftsprache nicht dekliniert, z. B. Шевчéнко, Грéчко, Хмелькó. Namen auf -енко und nicht endbetonte Namen auf -ко werden in der Umgangssprache ähnlich wie Feminina dekliniert: Шевчéнко, -и, -е, -о, -ой, -е.
4. Folgende Familiennamen werden nicht dekliniert:
   a) Russische Familiennamen auf **-áго, -я́го, -ы́х, -и́х, -овó,** z. B. Живáго, Милы́х, Чутки́х, Дурновó.
   b) Familiennamen auf Vokal (außer auf unbetontes a): Мурадéли, Ландáу, Лансерé, Махнó, Золя́.

c) Familiennamen auf Konsonant, die weibliche Personen bezeichnen (außer den Namen auf -ов, -ев, -ёв, -ин, die eine weibliche Form auf -а haben): брига́да Ири́ны Волк, статья́ Татья́ны Кожуха́рь, брат Ве́ры Антоно́вич, а́дрес Гали́ны Сердю́к. Dieselben Namen werden aber dekliniert, wenn sie männliche Personen bezeichnen: статья́ Ива́на Кожухаря́, рома́ны Казаке́вича.

d) Nichtrussische Familiennamen auf Konsonant, die weibliche Personen bezeichnen: рома́ны А́нны Зе́герс, пи́сьма Кла́ры Це́ткин.

5. Familiennamen auf **-а, -я** werden dekliniert, wenn sie slawischen Ursprungs sind: о́перы Гли́нки, брига́да Середы́, труды́ Потебни́, о́перы Сме́таны, выступле́ние Гому́лки. Nichtslawische Namen auf unbetontes -а werden meist dekliniert, z. B. визи́т Ахме́да Бен Бе́ллы, бесе́да с Джо́мо Кениа́той. Nichtslawische Namen auf betontes -а sowie auf -а nach Vokal werden nicht dekliniert, z. B. Дюбуа́, Гу́лиа.

А

Аване́сов
А́вдиев
Авра́мов
Айвазо́вский
Аки́мов
Акса́ков
Аксёнов
Алекса́ндров
Александро́вский
Алёхин
Алиге́р
Али́ев
Алпа́тов
Анге́лин
Андриа́нов
Андро́нов
Ани́кин
Ани́симов
А́ничков
А́нненков
А́нненский
Анти́пов
Антоко́льский
Анто́нов
Антро́пов
Арбу́зов
Аргуно́в
Аре́нский
А́ристов
Арка́дьев
Арсе́ньев
Артамо́нов
Артёмов
Арте́мьев
Арха́нгельский
Архи́пенко
Архи́пов
Ауэ́зов
Афана́сьев
Ахме́дов
Аху́ндов

Б

Бабае́вский
Ба́бель, -я
Ба́бушкин
Багратио́н
Багри́цкий
Бажа́н
Баже́нов
Бажо́в
База́ров
Байко́в
Баку́нин
Бала́кирев
Балашо́в
Ба́льмонт
Барано́вский
Бараты́нский
Ба́рдин
Барто́ *idkl*
Бары́шников
Баря́тинский
Басма́нов
Ба́сов
Бата́лин
Ба́уман
Ба́хирев
Бахме́тьев
Бахру́шин
Безу́хов
Безыме́нский
Бе́ликов
Бели́нский
Бе́лкин
Бело́в
Белоу́сов
Бе́льтов
Бенеди́ктов
Бергго́льц
Бере́зин
Березо́вский
Бернште́йн
Бесту́жев
Бе́хтерев
Били́бин
Билль-Белоцерко́вский
Бирюко́в
Блаже́нов
Бобро́в
Бо́бчинский
Богатырёв
Богда́нов
Богомо́лец, -льца
Богоро́дицкий
Богоро́дский
Богоявле́нский
Бойцо́в
Боло́тников
Бори́сов
Боровико́вский
Бороди́н, -а́
Ботви́нник
Бре́жнев
Бро́вко
Бронште́йн
Бру́ммель
Брюлло́в
Брю́сов
Бря́нцев
Бубенно́в
Бу́бнов
Бугро́в
Будённый
Була́вин
Була́тов
Була́хов
Булахо́вский
Булга́ков
Булга́нин
Бу́нин
Бурде́нко
Бусы́гин
Буха́рин
Бы́ков
Быко́вский

В

Вави́лов
Варла́мов
Василе́вский
Василе́нко
Васи́льев
Василько́ *idkl*
Васильков́ский
Васи́льченко
Васнецо́в
Вата́гин
Вату́тин
Вахта́нгов
Ва́хтеров
Введе́нский
Венге́ров
Веневи́тинов
Венеди́ктов
Венециа́нов
Вере́йский
Вереща́гин
Верна́дский
Веселов́ский
Весни́н, -а́
Ви́кторов
Ви́ленский
Виногра́дов
Ви́ртанен
Вишне́вский
Влади́миров
Власе́нко
Вла́сов
Вовчо́к
Водово́зов
Вознесе́нский
Во́лгин
Во́лков
Волко́нский
Вологди́н, -а́
Волода́рский
Волоско́в
Во́лосов
Во́лченко
Волы́нский
Воробьёв
Воро́вский
Воро́нин
Ворони́хин
Во́ронов
Воронцо́в
Вороши́лов
Воскресе́нский
Восто́ков
Вру́бель, -я
Высо́тский
Вышин́ский
Вя́земский

Г

Гаври́лов
Га́врюшев
Гага́рин
Га́гин
Гаджибе́ков
Га́ев
Гайда́р
Галактио́нов
Гали́цкий
Га́лкин
Гапо́н
Гапо́ненко
Га́рин
Га́ршин
Гаса́нов
Гво́здев
Ге́оргиевский
Герасиме́нко
Гера́симов
Ге́рцен
Гладко́в
Глазуно́в
Гле́бов
Гли́нка, -и
Глиэ́р
Гнеде́нко
Гне́дич
Говорко́в
Го́воров
Го́голь, -я
Годуно́в
Голени́щев
Го́ликов
Голи́цын
Голови́н, -а́
Головко́ *idkl*
Головлёв
Головни́н, -а́
Го́лосов
Го́лубев
Голу́бкин
Голубко́в
Голубцо́в
Гонча́р, -а́
Гончаро́в
Горба́тов
Горбачо́в
Горбуно́в
Горе́лов
Горемы́кин
Городцо́в
Горчако́в
Го́рький
Господарёв
Граба́рь, -я́
Гра́нин
Грано́вский
Гребенщико́в
Гре́ков
Гречани́нов
Гре́чко
Гри́бов
Грибое́дов
Григо́рьев
Гринёв
Грица́й, -я
Гри́шин
Гро́мов
Громы́ко
Гру́здев
Гу́бкин
Гу́лиа *idkl*
Гумилёв
Гу́ров
Гу́сев

Д

Давы́дов
Даниле́вский
Дани́лов
Даргомы́жский
Дегтярёв
Дейне́ка, -и [дэйнэ]
Деме́нтьев
Деми́дов
Демья́нов
Дени́кин
Дени́сов
Держа́вин
Джали́ль, Муса́, *G* Мусы́ Джали́ля
Джамбу́л
Дзержи́нский
Ди́кий
Дико́й
Дми́триев
Добро́в
Добролю́бов
Добры́нин
До́бчинский
Довже́нко
Долго́в
Долмато́вский
Донско́й
Достое́вский
Дроздо́в
Дуби́нин
Дубовско́й
Дубро́вский
Дуди́нцев
Дунае́вский
Ду́ров
Дья́конов

Е

Евтуше́нко
Его́ров
Ежо́в
Елиза́ров

Емелья́нов
Ерма́к, -а́
Ермо́ленко
Ермо́лов
Ершо́в
Есе́нин
Е́сипов
Ефиме́нко
Е́фи́мов

Ж

Жа́ров
Жда́нов
Железня́к, -а́
Жема́йте *idkl*
Жемчуго́в
Житко́в
Жолто́вский
Жу́ков
Жуко́вский
Журавлёв

З

За́йцев
Заха́ров
Зве́рев
Згури́ди *idkl*
Зели́нский
Земцо́в
Зёрнов
Зими́н, -а́
Зино́вьев
Зло́бин
Зна́менский
Золотарёв
Зо́тов
Зо́щенко
Зуба́тов
Зу́бов

И

Ивано́в, *seltener* Ива́нов
Ивано́вский
И́волгин
Игна́тьев
И́жевский
Изма́йлов
Ильи́н, -а́
Илью́шин
Инса́ров
Иогансо́н
Исако́вский

К

Кабале́вский
Каблуко́в
Каве́рин
Ка́ган
Казако́в
Каза́нцев
Ка́йров
Кала́шников
Кали́нин
Калита́, -ы́
Ка́менев
Кантеми́р
Карамзи́н, -а́
Каре́лин
Каре́нин
Карпе́нко
Ка́рпов
Каса́ткин
Касси́ль, -я
Касы́мов
Катко́в
Кахо́вский
កача́лов
Каши́рин
Ква́сов
Ке́дров
Ке́лдыш
Кербаба́ев
Ке́ренский
Кетли́нский
Кипре́нский
Кириле́нко
Ки́риллов
Кириче́нко
Ки́ров
Кирса́нов
Киселёв
Кли́мов
Ключарёв
Ключе́вский
Княжни́н, -а́
Княз́ев
Ковалёв
Ковале́вский
Кова́ль, -я́
Ковпа́к, -а́
Ко́ган
Коже́вников
Кожуха́рь, -я́
Ко́зин
Козло́в
Ко́лас
Колмого́ров
Ко́лосов
Колча́к, -а́
Кольцо́в
Комаро́в
Кондрате́нко
Кондра́тьев
Ко́нев
Конова́лов
Ко́нонов
Кончало́вский
Корабе́льников
Корзу́хин
Корни́лов
Ко́робов
Коро́вин
Королёв
Короле́нко
Королько́в
Коростелёв
Коротко́в
Коро́тченко
Ко́рсаков
Корча́гин
Ко́ршунов
Космодемья́нский
Костома́ров
Костро́в
Костромско́й
Костылёв
Косы́гин
Коте́льников
Ко́тов
Кото́вский
Ко́четов
Кошево́й
Кошелёв
Кра́вченко
Крамско́й
Кра́син
Красно́в
Крашени́нников
Краю́хин
Кре́четов
Кропо́ткин
Кру́пский
Крыло́в
Кры́мов
Крю́ков
Кузнецо́в
Кузьми́н, -а́
Куи́нджи *idkl*
Ку́йбышев
Кукрыни́ксы (**Куприя́нов, Крыло́в, Никола́й Соколо́в**)
Кулешо́в
Кули́бин
Кулико́в
Купа́ла, -ы
Купри́н, -а́
Куприя́нов
Кусто́диев
Куту́зов
Ку́усинен
Кучере́нко
Ку́черов
Кюхельбе́кер

Л

Ла́вочкин
Лавренёв
Лавре́нтьев

Лавре́цкий
Лавро́в
Лады́нин
Ла́зарев
Лазо́ *idkl*
Лактио́нов
Ланда́у *idkl*
Лансере́ *idkl*
Ла́птев
Ла́рин
Латы́нин
Ла́тышев
Ла́цис
Ле́бедев
Ле́берехт
Ле́вин
Левинсо́н
Левита́н
Леви́тов
Леви́цкий
Ле́вченко
Ле́мешев
Ле́нин
Ле́нский
Лео́нов
Лепеши́нский
Ле́рмонтов
Леско́в
Литви́н, -а́
Литвине́нко
Литви́нов
Лоба́нов
Ло́гинов
Лоды́гин
Ломоно́сов
Лопа́хин
Лопухо́в
Ло́сев
Лосе́нко
Луговско́й
Луки́н -а́
Лунача́рский
Лу́нин
Лысе́нко (Biologe)
Лы́сенко (Komponist)
Ля́дов
Ляпуно́в
Ляшко́ *idkl*

М

Магоме́дов
Майда́нников
Ма́йков
Мака́ренко
Мака́ров
Мако́вский
Макси́мов
Малино́вский
Ма́лышев
Ма́льцев
Маля́вин
Мама́й, -я
Маме́дов
Ма́мин-Сибиря́к,
Ма́мина-Сибиряка́
Ма́монтов
Мандельшта́м
Ма́низер
Мани́лов
Маре́сьев
Ма́рков
Ма́ртов
Ма́ртос
Марты́нов
Марша́к, -а́
Ма́слов
Матро́сов
Матюше́нко
Махму́дов
Махно́ *idkl*
Мацкя́вичюс
Маяко́вский
Меды́нский
Ме́йерхольд
Ме́лехов
Мендельсо́н
Ме́ншиков
Мерку́ров
Ме́чников
Мешко́в
Мещани́нов
Миклу́хо-Макла́й, -я
Милю́тин
Ми́нин
Миро́нов
Митрофа́нов
Миха́йлов
Михайло́вский
Михалко́в
Михельсо́н
Мичу́рин
Моисе́енко
Мокроу́сов
Мордви́нов
Моро́зов
Москале́нко
Москви́н, -а́
Моча́лов
Муравьёв
Мураде́ли [дэ] *idkl*
Мура́тов
Му́соргский
Мухаме́дов
Му́хин
Мы́шкин
Мяско́вский
Мяснико́в
Мясое́дов

Н

Навои́ *idkl*, Алише́р
Нагу́льнов
Наза́ренко
Наза́ров
Найдёнов
Нау́мов
Неве́ров
Не́врев
Нее́лов
Некра́сов
Немиро́вич-Да́нченко
Неприн́цев
Не́рис
Не́стеров
Нефёдов
Нефе́дьев
Нехлю́дов
Низами́ Гянджеви́ *idkl*
Никите́нко
Ники́тин
Ники́форов
Нико́льский
Нику́лин
Ни́лин
Новико́в (Dichter)
Но́виков
Новосёлов
Ноздрёв
Ну́лин

О

Обло́мов
Обло́нский
Обно́рский
Обо́рин
Образцо́в
О́бручев
Обу́хов
Ове́чкин
Огарёв
О́гнёв
Одинцо́в
Одо́евский
О́жегов
О́зеров
Озо́лин
О́йстрах
О́кунев
Оле́нин
Оне́гин
Опа́рин
Оре́хов
Орло́в
Осипе́нко
О́сипов
Островитя́нов
Островно́в
Остро́вский

Остроу́мов
Охло́пков
Оша́нин

П

Павле́нко
Па́влов
Павло́вский
Пале́цкис
Па́льмин
Па́нин
Панкра́тов
Пано́в
Панфёров
Панфи́лов
Парфёнов
Пархо́менко
Пастерна́к, -а́
Пастухо́в
Пато́личев
Паусто́вский
Пахо́мов
Пашко́в
Певцо́в
Пе́ночкин
Пе́рвенцев
Перву́хин
Перо́в
Песко́в
Пе́стель, -я
Петерсо́н
Петлю́ра
Петраше́вский
Петре́нко
Петро́в
Петропа́вловский
Петрося́н
Печо́рин
Пе́шков
Пешко́вский
Пи́менов
Пимоне́нко
Пирого́в
Пи́сарев
Пи́семский
Пла́стов
Пла́тов
Плато́нов
Пла́хов
Плетнёв
Плеха́нов
Плисе́цкий
Пло́тников
Плю́шкин
Пого́дин
Погоре́лов
Подго́рный
Подтёлков
Подъя́чев
Пожа́рский
Полево́й
Поле́нов
Ползуно́в
По́ловцев
Поло́нский
Помяло́вский
Пономарёв
Пономаре́нко
Попо́в
Посошко́в
Поспе́лов
Пота́пенко
Пота́пов
Потебня́, -и́
Потёмкин
Поя́рков
Преображе́нский
Пржева́льский
При́швин
Проко́фьев
Проро́ков
Проскуряко́в
Проце́нко
Прутко́в
Пря́нишников
Птушко́ *idkl*
Пу́говкин
Пудо́вкин
Пузырько́в
Пу́кирев, *auch* Пукирёв
Пути́лов
Пу́шкин
Пу́щин
Пшени́цын
Пятако́в
Пя́тницкий

Р

Раго́зин
Ради́щев
Рае́вский
Ра́зин
Размётнов
Ра́йзман
Рако́вский
Ране́вский
Раско́в
Распу́тин
Растре́лли *idkl*
Рахма́нинов
Рахма́нов
Рахме́тов
Раши́дов
Ре́пин
Ре́рих
Реу́тов
Решётников
Ри́мский-Ко́рсаков
Рога́нов
Рого́жин
Рожде́ственский
Рожко́в
Рожнёв
Ро́занов
Ро́зов
Ро́котов
Рома́нов
Росто́вцев
Ростопчи́н
Рубинште́йн
Рублёв
Рудако́в
Руде́нко
Ру́дин
Ру́днев
Румя́нцев
Рыбако́в
Ры́бин
Ры́бников
Рыжо́в
Рыло́в
Ры́льский
Ряби́нин
Ря́бушкин
Ря́жский
Ряза́нцев

С

Сабу́ров
Саве́льев
Сави́цкий
Савра́сов
Садко́ *idkl*
Садо́вский
Сазо́нов
Са́йдов
Салтыко́в-Щедри́н, Салтыко́ва-Щедрина́
Сама́рин
Само́йлов
Са́нников
Са́рычев
Сая́нов
Свердло́в
Светло́в
Све́шников
Свири́дов
Севери́н
Се́верцов
Седо́в
Седы́х *idkl*
Сейфу́ллин
Сема́шко
Семёнов
Сёмушкин
Се́ргиев
Серё́бренников
Серёгин
Середа́, -ы́
Серо́в

Се́ченов
Сибиряко́в
Сидоре́нко
Си́доров
Сизо́в
Си́монов
Синцо́в
Скворцо́в
Ско́белев
Скобельцы́н, -а́
Ско́бликов
Сковороди́н, -а́
Скря́бин
Слепцо́в
Сло́нов
Симрно́в
Смоко́вников
Смýров
Смысло́в
Снегирёв
Собаке́вич
Собко́ *idkl*
Со́болев
Со́йкин
Соколо́в
Соколо́вский
Соловьёв
Сологу́б
Солома́ткин
Со́мов
Соро́кин
Сосни́цкий
Со́тник
Софро́нов
Спера́нский
Спи́цын
Срезне́вский
Сре́тенский
Станисла́вский
Старо́в
Ста́сов
Стаха́нов
Сте́льмах
Степа́нов
Стеце́нко
Столы́пин
Страви́нский
Стра́хов
Стре́жнев
Стро́ганов
Стро́гов
Струми́лин
Суво́ров
Судако́в
Сулейма́нов
Султа́нов
Сумаро́ков
Су́риков
Суса́нин
Су́слов
Су́хов
Сыромя́тников

Т

Талали́хин
Тара́сов
Тарха́нов
Тата́ринов
Твардо́вский
Тверско́й
Те́лешов
Терешко́в
Терновы́х *idkl*
Терпиго́ров
Тимиря́зев
Тимоше́нко
Тито́в
Тихоми́ров
Ти́хонов
Ткачёв
То́карев
Толбу́хин
Толсто́в
Толсто́й
То́полев
Топорко́в
Торцо́в
Тренёв
Три́фонов
Тро́ицкий
Тропи́нин
Трофи́мов
Трубецко́й
Труто́вский
Тума́нов
Ту́полев
Турге́нев
Турсу́н-заде́ [дэ] *idkl*
Турчани́нов
Тухаче́вский
Тучко́в
Тыня́нов
Тюле́нин
Тюме́нев
Тю́рин
Тю́тчев

У

Ува́ров
Удальцо́в
Украи́нка, Ле́ся
Ула́нов
Улья́нов
У́мов
У́пит
Ури́цкий
Усе́йнов
Усе́нко
У́сов
Успе́нский
Усти́нов
Уфи́мцев
Ушако́в
Уши́нский

Ф

Фаво́рский
Фа́мусов
Фе́дин
Федоре́нко
Фёдоров
Федоро́вский
Федо́тов
Фе́дченко
Фе́рсман
Фила́тов
Фи́лин
Фили́ппов
Фо́кин
Фоме́нко
Фоми́н
Фонви́зин
Фо́фанов
Франко́ (Ива́н) *idkl*
Фроле́нко
Фроло́в
Фру́нзе
Фу́рманов

Х

Хаба́ров
Халту́рин
Хамза́, -ы́
Харито́нов
Хвосто́в
Хера́сков
Хлестако́в
Хмелёв
Хмелько́ *idkl*
Хмельни́цкий
Хова́нский
Хопро́в
Хора́ва
Хохло́в
Хре́нников
Хрущёв

Ц

Царёв
Цветко́в
Цви́рка, -и
Це́ликов
Циолко́вский

Ч

Ча́йкин
Чайко́вский
Чапа́ев
Чаплы́гин
Чеботарёв

Че́бышев
Чева́кинский
Челю́скин
Черемны́х *idkl*
Черка́сов
Чернецо́в
Черни́говский
Чернышёв
Черныше́вский
Че́хов
Чи́бисов
Чи́жиков
Чижо́в
Чи́риков
Чиче́рин
Чи́чиков
Чка́лов
Чудако́в
Чуйко́в
Чуко́вский
Чутки́х *idkl*
Чухра́й

Ш

Ша́гов
Ша́дрин
Ша́льников
Шаля́пин
Шапо́рич
Ша́пошников
Ша́хматов
Шаховско́й
Ша́цкий
Шва́брин
Шве́дов
Шве́рник
Швецо́в
Шебали́н, -а́
Шевцо́в
Шевче́нко
Шевырёв
Шемя́кин
Шепи́лов
Шестако́в
Ши́лов
Ши́шкин
Шишко́в
Шишмарёв
Шма́ков
Шмелёв
Шмелько́в
Шо́лохов
Шо́рин
Шостако́вич
Шпа́гин
Шу́бин
Шува́лов
Шу́йский
Шульга́
Шу́хов

Щ

Щегло́в
Щёголев
Щедри́н, -а́
Ще́пкин
Ще́рба
Щербако́в
Щерба́тов
Щербатско́й
Щети́нский
Щу́кин
Щуко́ *idkl*
Щу́сев

Э

Энгельга́рдт
Эренбу́рг

Ю

Юде́нич
Ю́дин
Юсу́пов

Я

Ябло́нский
Я́блочкин
Яво́рский
Язы́ков
Яковлев
Якубо́вский
Яку́шкин
Я́ншин
Яросла́вский
Яроше́нко
Ясно́в
Я́стребов
Я́шин